Desenvolvimento
Humano

```
P213d   Papalia, Diane E.
            Desenvolvimento humano / Diane E. Papalia, Gabriela
        Martorell ; tradução : Francisco Araújo da Costa ; revisão
        técnica : Maria Adélia Minghelli Pieta, Odette de Godoy
        Pinheiro, Patricia Santos da Silva. – 14. ed. – Porto Alegre :
        AMGH, 2022.
            xxxii, 768 p. : il. color. ; 28 cm.

            ISBN 978-65-5804-012-5

            1. Psicologia do desenvolvimento. 2. Desenvolvimento
        humano. I. Martorell, Gabriela. II. Título.

                                                         CDU 159.922
```

Catalogação na publicação: Karin Lorien Menoncin – CRB 10/2147

Diane E. Papalia
Gabriela Martorell

Desenvolvimento Humano

14ª edição

Tradução:
Francisco Araújo da Costa

Revisão Técnica:
Maria Adélia Minghelli Pieta (Caps. 9-14)
Doutora em Psicologia pelo Programa de Pós-graduação em Psicologia da Universidade Federal do Rio Grande do Sul (PPG de Psicologia da UFRGS). Pós-doutorado junto ao PPG de Psicologia da UFRGS pelo Programa Nacional de Pós-doutorado da Coordenação de Aperfeiçoamento de Pessoal de Nível Superior (PNPD/CAPES).

Odette de Godoy Pinheiro (Caps. 1, 2, 15-19)
Professora aposentada da Faculdade de Psicologia da Pontifícia Universidade Católica de São Paulo (PUC-SP). Doutora em Psicologia Social pela PUC-SP.

Patricia Santos da Silva (Caps. 3-8)
Psicóloga clínica. Doutora em Psicologia pela UFRGS. Pós-doutoranda no PPG de Psicologia da UFRGS.

AMGH Editora Ltda.

Porto Alegre
2022

Obra originalmente publicada sob o título
Experience Human Development, 14th Edition
ISBN 126-072660-6 / 9781260726602

Original edition copyright © 2021 by McGraw-Hill Global Education Holdings, LLC., New York, New York 10019.
All Rights Reserved.

Portuguese language translation copyright © 2022 by AMGH Editora Ltda., a Grupo A Educação S.A. company.
All Rights Reserved.

Gerente editorial
Letícia Bispo de Lima

Colaboraram nesta edição:
Coordenadora editorial
Cláudia Bittencourt

Capa sobre arte original
Kaéle Finalizando Ideias

Leitura final
Heloísa Stefan

Editoração
Clic Editoração Eletrônica Ltda.

Reservados todos os direitos de publicação, em língua portuguesa, à
AMGH EDITORA LTDA., uma empresa GRUPO A EDUCAÇÃO S.A.
Rua Ernesto Alves, 150 – Bairro Floresta
90220-190 – Porto Alegre – RS
Fone: (51) 3027-7000

SAC 0800 703-3444 – www.grupoa.com.br

É proibida a duplicação ou reprodução deste volume, no todo ou em parte, sob quaisquer formas ou por quaisquer meios (eletrônico, mecânico, gravação, fotocópia, distribuição na Web e outros), sem permissão expressa da Editora.

IMPRESSO NO BRASIL
PRINTED IN BRAZIL

As Autoras

Diane E. Papalia A professora Diane E. Papalia lecionou para milhares de alunos de graduação na Universidade de Wisconsin–Madison. Cursou o bacharelado, com ênfase em Psicologia, no Vassar College. Tanto o mestrado em Desenvolvimento Infantil e Relações Familiares quanto o doutorado em Psicologia do Desenvolvimento do Ciclo de Vida foram obtidos na Universidade de West Virginia. Publicou diversos artigos em revistas acadêmicas como *Human Development, International Journal of Aging and Human Development, Sex Roles, Journal of Experimental Child Psychology* e *Journal of Gerontology.* A maioria desses artigos trata do seu foco de pesquisa principal, o desenvolvimento cognitivo da infância à velhice. Seu interesse se volta especialmente para a inteligência na velhice e os fatores que contribuem para a conservação do funcionamento intelectual na vida adulta tardia. É membro da Sociedade Americana de Gerontologia. É coautora de *Human Development,* hoje na sua 11ª edição, com Sally Wendkos Olds e Ruth Duskin Feldman; de *Adult Development and Aging,* hoje na sua 3ª edição, com Harvey L. Sterns, Ruth Duskin Feldman e Cameron J. Camp; e de *Child Development: A Topical Approach* com Dana Gross e Ruth Duskin Feldman.

Gabriela Alicia Martorell nasceu em Seattle, no estado de Washington, mas se mudou para a Guatemala ainda pequena. Aos 8 anos, voltou aos Estados Unidos e morou no norte da Califórnia até ir estudar na Universidade da Califórnia, Davis. Após formar-se em psicologia, obteve seu doutorado em Psicologia do Desenvolvimento e Evolucionista, com ênfase interdisciplinar em Desenvolvimento Humano, na Universidade da Califórnia, Santa Barbara. Hoje, trabalha como professora adjunta de psicologia na Virginia Wesleyan University e atua como presidente do Conselho de Revisão Institucional. Gabi leciona ativa e regularmente, trabalhando nas disciplinas de Introdução à Psicologia, Desenvolvimento Humano no Ciclo de Vida, Desenvolvimento na Primeira Infância, Desenvolvimento Infantil, Desenvolvimento na Adolescência, Cultura e Desenvolvimento, Psicologia Evolucionista, Métodos de Pesquisa, Projeto de Pesquisa Original e disciplinas de conclusão de curso de aprendizagem comunitária em Educação na Segunda Infância e Vida Adulta e Envelhecimento. Ela atua nas áreas de ensino, mentoria e orientação. Recentemente, Gabi concluiu uma bolsa longitudinal de 5 anos da Fundação Nacional de Ciência dos Estados Unidos para estudar a retenção de estudantes de ensino superior de grupos tradicionalmente sub-representados nas áreas de ciência, tecnologia, engenharia e matemática. Ela também é instrutora voluntária para Defensores Judiciais Especiais e instrutora de aulas de *fitness* na YMCA de South Hampton Roads.

Para Charles Robert Zappa,
com amor.

Para Alicia, minha avó. Não sei se posso
sonhar com a sua bondade e generosidade,
mas espero um dia ter a sua sabedoria.

Apresentação

Desenvolvimento humano, livro clássico de Papalia e Martorell, chega à sua 14ª edição reunindo conteúdos atualizados que proporcionam ao estudante uma visão ampla da experiência humana em toda sua complexidade e diversidade.

A partir de uma abordagem cronológica, os leitores podem acompanhar, capítulo a capítulo, todas as fases do desenvolvimento, desde a formação de uma nova vida até o momento da morte.

Para auxiliar na apreensão do conteúdo – guiando a leitura e reforçando a compreensão dos tópicos apresentados –, todos os capítulos desta edição incluem Pontos principais, Objetivos de aprendizagem, Verificadores "Você é capaz de...", Resumos e Palavras-chave.

Além disso, as seções Janela para o Mundo permitem uma visão de diferentes temas (p. ex., cuidados pré-natais, brigas entre irmãos, relação entre cultura e cognição, uso da internet, estereótipos sobre o envelhecimento, cuidado com os idosos, rituais fúnebres) sob uma perspectiva cultural, e as seções Pesquisa em Ação trazem dados recentes sobre assuntos atuais, como o uso de telas por bebês e crianças pequenas, novos conhecimentos sobre autismo, adolescência e o fenômeno multitarefa, violência nas relações íntimas, mudanças de carreira na meia-idade, abuso contra idosos, suicídio assistido, entre outros.

A seguir, são apresentadas as mudanças capítulo a capítulo implementadas pelas autoras nesta edição.

Mudanças por Capítulo

Esta é uma lista dos novos tópicos desta edição e do conteúdo que foi substancialmente revisado e/ou atualizado, capítulo a capítulo.

1 O Estudo do Desenvolvimento Humano

- Exemplo atualizado sobre o impacto aplicado da pesquisa psicológica sobre as vidas.
- Nova metáfora acrescentada sobre como os domínios do desenvolvimento interagem.
- Descrição revisada da natureza e experiência.
- Atualização das estatísticas sobre composição das famílias nos Estados Unidos, taxas de pobreza globais e norte-americanas e projeções populacionais de grupos majoritários/minoritários.
- Seção revisada sobre nível socioeconômico.
- Nova pesquisa acrescentada sobre riscos para crianças criadas em famílias afluentes.
- Novo conceito adicionado: generalização étnica.
- Seção Janela para o Mundo atualizada.
- Nova Seção Pesquisa em Ação sobre fala dirigida ao bebê.

2 Teoria e Pesquisa

- Discussão expandida sobre por que teorias são revisadas quando surgem novas evidências.
- Discussão expandida sobre mudança qualitativa e exemplo acrescentado.
- Crítica expandida e revisão sobre a teoria do desenvolvimento psicossocial de Erikson e seu impacto no campo.
- Discussão expandida, introdução e crítica às perspectivas de aprendizagem.
- Novo exemplo adicionado para aprendizagem observacional.
- Introdução revisada a Piaget.
- Descrição expandida do desequilíbrio.
- Novo exemplo adicionado para andaime conceitual (*scaffolding*).
- Discussão revisada das abordagens evolucionista e sociobiológica.
- Nova palavra-chave adicionada: definição operacional.
- Inclusão de pesquisa atualizada para ilustrar o modelo longitudinal.
- Novas informações acrescentadas sobre a crise de reprodutibilidade nas ciências sociais e o movimento da ciência aberta.

3 A Formação de uma Nova Vida

- Nova pesquisa acrescentada sobre o momento de "janela de fertilidade" de concepção.
- Informações expandidas e atualizadas sobre as causas e consequências dos nascimentos múltiplos e de gêmeos nos Estados Unidos e globalmente.
- Pesquisa revisada e atualizada sobre diferenciação sexual.
- Exemplo revisado de herança dominante/recessiva.
- Descrição revisada e novo exemplo sobre transmissão multifatorial de traços.
- Explicação revisada e atualizada sobre processos epigenéticos, com novos exemplos.
- Estatísticas atualizadas sobre taxas de anomalias genéticas e cromossômicas em bebês de diferentes grupos étnicos e raciais e taxas de crianças com síndrome de Down nos Estados Unidos.
- Pesquisa atualizada sobre resultados para pessoas com síndrome de Down.
- Nova Seção Pesquisa em Ação sobre epigenética.
- Explicação revisada sobre estimativas de herdabilidade e canalização.
- Estatísticas atualizadas sobre obesidade e atualização de fatores de risco genéticos e ambientais para obesidade.
- Pesquisa revisada e atualizada acerca das influências sobre a inteligência.
- Seção revisada sobre temperamento e pesquisa atualizada acerca das influências sobre o temperamento.
- Pesquisa atualizada sobre fatores de risco genéticos e ambientais para esquizofrenia.
- Nova palavra-chave adicionada: princípios cefalocaudal e próximo-distal do desenvolvimento.
- Nova pesquisa acrescentada sobre quando os fetos podem sentir dor.
- Pesquisa revisada e atualizada sobre o desenvolvimento perceptual e cognitivo fetal.
- Informações atualizadas sobre recomendações de dieta e ganho de peso durante a gravidez.
- Nova pesquisa acrescentada sobre déficits calóricos e deficiências de micronutrientes durante a gravidez.
- Nova seção acrescentada sobre uso e abuso de opioides durante a gravidez e síndrome de abstinência neonatal.

- Pesquisa atualizada sobre consumo de cafeína, maconha, cocaína e metanfetamina durante a gravidez.
- Estatísticas atualizadas sobre o risco de contrair sarampo e idade materna nos Estados Unidos.
- Pesquisa atualizada acerca da influência de riscos ambientais e idade paterna avançada sobre os resultados da gestação.
- Informações atualizadas sobre monitoramento de gestações, incluindo novas informações a respeito de exames de DNA fetal livre pré-natal, embrioscopia e amostra do cordão umbilical.
- Informações atualizadas sobre disparidades entre cuidados pré-natais nos Estados Unidos e mortalidade fetal e infantil.
- Nova Seção Janela para o Mundo sobre cuidados pré-natais em todo o mundo.

4 Nascimento e Desenvolvimento Físico nos Três Primeiros Anos

- Estatísticas atualizadas sobre complicações do parto nos Estados Unidos e no mundo.
- Estatísticas atualizadas sobre parto cesáreo e uso de fórceps durante o parto nos Estados Unidos.
- Estatísticas e pesquisas atualizadas sobre resultados para mulheres que tentam parto vaginal após cesariana (PVAC).
- Nova pesquisa acrescentada sobre o uso de anestesias epidurais para alívio da dor durante o parto.
- Expansão do material acerca de doulas, incluindo novas pesquisas sobre melhores resultados e benefícios econômicos associados com o uso de doulas.
- Novas pesquisas acrescentadas sobre mudanças no desenvolvimento e diferenças culturais nos padrões de sono e resultados associados com o sono de baixa qualidade.
- Estatísticas atualizadas sobre a prevalência de bebês com baixo peso ao nascer.
- Pesquisa revisada e atualizada sobre o tratamento e os resultados imediatos e de longo prazo para bebês pré-termo.
- Estatísticas atualizadas sobre a prevalência de parto pós-termo e natimortos nos Estados Unidos.
- Estatísticas atualizadas sobre mortalidade infantil e materna nos Estados Unidos e no mundo.
- Estatísticas atualizadas e pesquisa sobre diferenças étnicas e raciais em mortalidade infantil nos Estados Unidos.
- Estatísticas atualizadas sobre a prevalência de síndrome da morte súbita infantil (SMSI).
- Novas informações acrescentadas sobre o modelo de "triplo risco" da SMSI.
- Pesquisa atualizada sobre fatores genéticos e ambientais para SMSI.
- Estatísticas atualizadas sobre mortes de bebês por lesões não intencionais.
- Estatísticas atualizadas sobre imunização infantil nos Estados Unidos e no mundo e pesquisa demonstrando a ausência de relação entre vacinas e autismo.
- Pesquisa atualizada sobre padrões alimentares em bebês e crianças pequenas.
- Estatísticas atualizadas e pesquisa sobre a prevalência da obesidade em bebês e crianças pequenas e fatores de risco para a obesidade.
- Nova Seção Janela para o Mundo sobre os efeitos da desnutrição nos 1.000 primeiros dias de vida.
- Seção Pesquisa em Ação revisada sobre autismo.
- Seção revisada e atualizada sobre mielinização do cérebro.
- Seção expandida sobre percepção da dor na primeira infância.
- Pesquisa revisada e atualizada sobre o desenvolvimento do olfato, do paladar e do alcance orientado visualmente.
- Pesquisa revisada, atualizada e expandida sobre o desenvolvimento da audição.
- Nova pesquisa acrescentada sobre a preferência dos bebês por rostos.
- Pesquisa revisada e atualizada sobre percepção tátil.

5 Desenvolvimento Cognitivo nos Três Primeiros Anos

- Pesquisa revisada e atualizada sobre o uso de condicionamento operante para testar a memória infantil.
- Pesquisa atualizada sobre correlações entre o Inventário HOME de Observação Doméstica e os resultados de programas de intervenção precoce.
- Pesquisa revisada e atualizada sobre o desenvolvimento de habilidades de imitação em crianças pequenas.
- Pesquisa revisada e reorganizada sobre o conceito de objeto.
- Nova pesquisa acrescentada acerca do entendimento infantil sobre símbolos apresentados em livros com gravuras, em livros eletrônicos e na televisão.
- Pesquisa expandida e atualizada sobre discriminação auditiva em fetos e recém-nascidos e processos do desenvolvimento na atenção.
- Pesquisa atualizada sobre os domínios cognitivos fundamentais na primeira infância associados com o QI posterior.
- Seção Pesquisa em Ação atualizada sobre os efeitos de ver televisão na primeira infância.
- Nova pesquisa acrescentada sobre a categorização da linguagem e da música em bebês.
- Pesquisa atualizada a respeito do desenvolvimento do entendimento sobre causalidade em bebês.
- Descrição expandida de como a pesquisa sobre violação de expectativas permitiu que os pesquisadores investigassem os princípios ingênuos da física em bebês.

- Pesquisa atualizada sobre o desenvolvimento do sentido numérico em bebês.
- Defesa expandida da pesquisa sobre violação de expectativas e existência de módulos cognitivos e sistemas fundamentais de conhecimento.
- Novas informações acrescentadas sobre a aplicação da abordagem vygotskiana à educação infantil.
- Definição expandida de fonemas e novo exemplo acrescentado.
- Informações e pesquisas revisadas e atualizadas sobre o desenvolvimento da percepção de fonemas e o entendimento sobre as características estruturais da linguagem.
- Informações e pesquisas expandidas sobre gestos simbólicos em crianças pequenas.
- Pesquisa revisada e atualizada sobre as primeiras palavras.
- Nova seção acrescentada sobre variações no desenvolvimento da linguagem, incluindo novas pesquisas sobre crianças surdas e bilíngues.
- Pesquisa revisada e atualizada sobre desenvolvimento cerebral e linguagem e sobre o papel da interação social no desenvolvimento da linguagem.
- Informações e pesquisas expandidas sobre fala dirigida à criança (FDC) em diversas culturas e a relação entre FDC e o desenvolvimento posterior da linguagem.
- Nova Seção Janela para o Mundo sobre letramento e livros infantis.

6 Desenvolvimento Psicossocial nos Três Primeiros Anos

- Discussão expandida e revisada sobre choro, com maior foco na sua natureza funcional.
- Nova pesquisa acrescentada sobre trocas positivas recíprocas entre bebês e adultos.
- Pesquisa e teoria atualizada sobre o desenvolvimento de comportamentos altruístas em bebês.
- Pesquisa atualizada sobre neurônios-espelho e nova crítica acrescentada.
- Nova seção acrescentada sobre o desenvolvimento de atividades colaborativas e transmissão cultural.
- Seção revisada e atualizada sobre a estabilidade do temperamento, com nova pesquisa acrescentada a respeito de diferenças culturais.
- Pesquisa revisada e atualizada acerca das influências sobre adequação da educação.
- Pesquisa revisada e atualizada sobre inibição comportamental, com foco maior nas áreas do cérebro associadas à inibição e ao desenvolvimento de estratégias de autorregulação.
- Pesquisa revisada e atualizada acerca das diferenças de gênero na primeira infância, com novas pesquisas acrescentadas sobre diferenças em comportamento social, preferências por brinquedos tipificados por gênero e o papel da exposição pré-natal a androgênios.
- Pesquisa revisada e atualizada sobre a influência dos pais no gênero, com nova pesquisa acrescentada sobre mensagens implícitas e pesquisa expandida acerca de diferenças culturais nas interações dos pais.
- Nova pesquisa acrescentada sobre correlações neurológicas do histórico de apego dos pais e correlações cardíacas e hormonais da sincronia interacional nas interações entre pais e crianças.
- Seção Pesquisa em Ação revisada sobre depressão pós-parto.
- Pesquisa atualizada e expandida sobre o desenvolvimento da autoconsciência no segundo ano de vida e processos de socialização bem-sucedidos.
- Seção revisada e expandida sobre irmãos.
- Novas informações acrescentadas sobre as preferências de crianças pré-escolares por colegas de brincadeira.
- Estatísticas atualizadas sobre taxas de participação materna na força de trabalho, creches nos primeiros anos, maus-tratos na primeira infância e características de pais e famílias negligentes e abusivos.
- Nova pesquisa acrescentada sobre influências culturais no abuso e na negligência.
- Pesquisa revisada e atualizada sobre os efeitos dos maus-tratos a longo prazo.

7 Desenvolvimento Físico e Cognitivo na Segunda Infância

- Estatísticas atualizadas sobre normas de crescimento físico para crianças.
- Pesquisa revisada e atualizada e estatísticas sobre distúrbios do sono em crianças.
- Nova pesquisa acrescentada sobre relações entre sonambulismo, sonilóquio e terror noturno.
- Pesquisa revisada e atualizada sobre pesadelos, enurese e lateralidade manual.
- Nova pesquisa acrescentada sobre correlações com coordenação motora na infância.
- Estatísticas atualizadas sobre taxas de prevalência de obesidade infantil nos Estados Unidos e no mundo.
- Pesquisa atualizada sobre influências ambientais na obesidade.
- Pesquisa atualizada e discussão sobre prevenção da obesidade e programas de intervenção.
- Informações revisadas, atualizadas e expandidas sobre subnutrição, incluindo novo foco na diferenciação entre interrupção do crescimento e emaciamento.
- Seção Pesquisa em Ação revisada sobre insegurança alimentar.
- Estatísticas atualizadas sobre a prevalência de alergias alimentares entre crianças norte-americanas.

xiv Mudanças por Capítulo

- Pesquisa atualizada e teoria sobre as causas das alergias alimentares e dermatológicas.
- Nova seção acrescentada sobre saúde bucal.
- Estatísticas atualizadas sobre lesões acidentais e mortes nos Estados Unidos e no mundo.
- Informações expandidas sobre acidentes de automóvel e crianças pequenas.
- Estatísticas atualizadas sobre cobertura de seguro de saúde e disparidades raciais, étnicas e socioeconômicas na cobertura para crianças norte-americanas.
- Informações atualizadas sobre a Lei de Proteção e Cuidado ao Paciente dos Estados Unidos e a revogação da obrigatoriedade individual de adquirir seguro de saúde.
- Seção Janela para o Mundo revisada a respeito de sobreviver aos primeiros cinco anos de vida.
- Pesquisa e estatísticas atualizadas sobre falta de moradia entre crianças norte-americanas.
- Estatísticas atualizadas sobre exposição de crianças norte-americanas a poluentes ambientais.
- Nova pesquisa acrescentada sobre a capacidade infantil de raciocinar causalmente, dissimulação, capacidade da criança de mentir, a influência da religião na compreensão infantil de histórias, a relação entre imaginação e criatividade, influências culturais sobre o desenvolvimento da teoria da mente e função executiva.
- Pesquisa revisada e atualizada sobre animismo em crianças.
- Pesquisa revisada, atualizada e expandida sobre o entendimento de números entre crianças.
- Novo exemplo adicionado para ilustrar a teoria da mente.
- Pesquisa atualizada e discussão revisada sobre teoria da mente.
- Pesquisa atualizada sobre o conhecimento infantil acerca de pensamento e estados mentais.
- Novo exemplo adicionado para ilustrar falsas crenças.
- Pesquisa atualizada sobre a capacidade infantil de diferenciar entre aparência e realidade.
- Pesquisa revisada e atualizada sobre diferenças individuais no desenvolvimento da teoria da mente.
- Teoria e pesquisa revisadas e atualizadas sobre influências genéticas e ambientais na inteligência, com maior foco nas interações.
- Exemplos atualizados sobre o uso do andaime conceitual (*scaffolding*) na educação na infância.
- Teoria e pesquisa revisadas e atualizadas sobre discurso particular.
- Estatísticas atualizadas sobre transtornos da fala e linguagem em crianças.
- Pesquisa revisada e atualizada e discussão sobre preparação para a alfabetização.
- Pesquisa revisada, atualizada e expandida sobre mídia e cognição.

8 Desenvolvimento Psicossocial na Segunda Infância

- Nova seção acrescentada sobre diferenças culturais em autodefinição.
- Pesquisa revisada e atualizada sobre autoestima contingente.
- Pesquisa revisada e atualizada sobre regulação emocional, com maior ênfase dada a diferenças culturais.
- Pesquisa revisada, atualizada e expandida sobre compreensão das emoções e diferenças de gênero na cognição.
- Nova palavra-chave adicionada: emoções sociais.
- Pesquisa revisada e atualizada sobre a influência da exposição pré-natal a hormônios no desenvolvimento de gênero.
- Nova pesquisa acrescentada sobre influências biológicas no desenvolvimento do gênero transgênero.
- Discussão revisada das influências evolucionárias sobre o gênero.
- Crítica expandida e atualizada da análise de Kohlberg sobre as influências cognitivas no desenvolvimento de gênero.
- Crítica atualizada das teorias sobre esquemas de gênero relativas à tipificação de gênero.
- Pesquisa revisada e atualizada sobre influências familiares, de pares e culturais na tipificação de gênero em crianças.
- Seção Pesquisa em Ação revisada sobre a importância evolucionista das brincadeiras.
- Pesquisa revisada e atualizada sobre as dimensões sociais das brincadeiras e sobre gênero e brincadeiras.
- Seção revisada, atualizada e expandida sobre cultura, brincadeiras e castigo corporal, com ênfase na bidirecionalidade entre diferenças culturais e interações entre pais e filhos.
- Crítica expandida do modelo de Baumrind de estilos de parentalidade, com foco nas diferenças culturais.
- Pesquisa revisada e atualizada sobre o desenvolvimento do comportamento pró-social.
- Nova pesquisa acrescentada sobre diferenças transculturais em níveis de agressão relacional.
- Estatísticas atualizadas sobre filhos únicos nos Estados Unidos e na China.
- Nova Seção Janela para o Mundo sobre segregação por idade e brincadeiras com participantes de múltiplas idades entre crianças.

9 Desenvolvimento Físico e Cognitivo na Terceira Infância

- Estatísticas atualizadas sobre normas de crescimento físico na terceira infância.
- Nova seção acrescentada sobre desenvolvimento dos dentes e cuidados dentários.

Mudanças por Capítulo   xv

- Pesquisa revisada, atualizada e expandida sobre nutrição e sono na terceira infância.
- Nova pesquisa acrescentada sobre resultados associados com o sono de baixa qualidade.
- Pesquisa revisada e atualizada sobre o desenvolvimento cerebral na terceira infância.
- Estatísticas norte-americanas atualizadas sobre atividade física e tendências da obesidade na infância.
- Pesquisa revisada e atualizada sobre a hora do recreio e participação em esportes organizados.
- Estatísticas atualizadas a respeito de sobrepeso e obesidade infantil nos Estados Unidos e no mundo.
- Pesquisa revisada e atualizada sobre as causas e resultados da obesidade.
- Seção Pesquisa em Ação revisada sobre a influência das bonecas Barbie e a imagem corporal das meninas.
- Pesquisa atualizada e discussão sobre prevenção da obesidade infantil e programas de intervenção.
- Pesquisa revisada e atualizada sobre a prevalência e as causas da asma.
- Nova seção acrescentada sobre hipertensão infantil.
- Estatísticas atualizadas sobre lesões acidentais na terceira infância.
- Nova seção acrescentada sobre o entendimento da causalidade na terceira infância.
- Pesquisa revisada e atualizada sobre o desenvolvimento da categorização, entendimento matemático e sobre números, função executiva e a influência do desenvolvimento cerebral e da raça/etnia na inteligência.
- Nova pesquisa acrescentada sobre a influência dos programas de treinamento na memória de trabalho.
- Pesquisa revisada, atualizada e expandida sobre o desenvolvimento dos processos de metamemória e a influência da escolarização nos resultados de testes de QI.
- Nova Seção Janela para o Mundo sobre a influência da cultura nos escores de QI.
- Estatísticas atualizadas sobre crianças não anglófonas nos Estados Unidos.
- Nova pesquisa acrescentada sobre a influência dos livros eletrônicos nas habilidades de letramento emergentes.
- Pesquisa revisada e atualizada sobre a influência da autoeficácia, diferenças de gênero, envolvimento parental, nível socioeconômico e tamanho da classe no desempenho acadêmico.
- Pesquisa revisada, atualizada e expandida sobre a influência da aceitação pelos pares no desempenho acadêmico.
- Informações atualizadas sobre os processos regulatórios do governo dos Estados Unidos e seus efeitos nos resultados dos alunos em termos de desempenho acadêmico.
- Estatísticas atualizadas sobre o número de crianças norte-americanas ensinadas em casa e em escolas cooperativadas.
- Nova pesquisa e crítica acrescentada sobre a eficácia do ensino em casa.
- Estatísticas norte-americanas atualizadas sobre uso de mídia na sala de aula, hábitos de uso de mídia de crianças, prevalência de distúrbios de aprendizagem, uso de serviços de educação especial e o número de crianças superdotadas no sistema escolar público.
- Estatísticas atualizadas sobre a prevalência do transtorno de déficit de atenção/hiperatividade nos Estados Unidos e no mundo.

10 Desenvolvimento Psicossocial na Terceira Infância

- Pesquisa revisada e atualizada sobre crescimento emocional e corregulação, com conteúdo expandido sobre diferenças culturais.
- Pesquisa e estatísticas atualizadas sobre emprego materno e sistemas de cuidados para crianças.
- Estatísticas norte-americanas atualizadas sobre o número de crianças vivendo na pobreza, tendências na estrutura familiar, taxas de divórcio e famílias com mães e pais solteiros, com coabitação e homossexuais.
- Pesquisa revisada e atualizada sobre os efeitos da pobreza e do conflito familiar no desenvolvimento infantil, proteções contra resultados negativos e ajuste imediato e de longo prazo ao divórcio.
- Pesquisa revisada e expandida sobre a adaptação das crianças à custódia e coparentalidade e desfechos associados com famílias em coabitação.
- Pesquisa revisada e atualizada sobre resultados para crianças de famílias de mães e pais solteiros.
- Pesquisa e estatísticas atualizadas sobre famílias reconstituídas.
- Pesquisa atualizada sobre o desenvolvimento e resultados de filhos de famílias de pais homossexuais.
- Estatísticas atualizadas sobre adoção nos Estados Unidos, incluindo análise das mudanças sociais e econômicas que afetam as tendências na adoção.
- Pesquisa revisada e atualizada sobre os resultados de crianças adotadas.
- Pesquisa revisada, atualizada e expandida sobre relacionamentos entre irmãos.
- Pesquisa revisada e atualizada sobre preconceito no grupo de pares, rejeição e popularidade sociométrica, amizade na terceira infância, agressão física e relacional e fatores de risco no *bullying*.
- Nova seção acrescentada sobre gênero e grupos de pares.
- Pesquisa e estatísticas atualizadas acerca da influência da violência na mídia sobre a agressividade.
- Nova Seção Janela para o Mundo sobre *bullying* em todo o mundo.

xvi   Mudanças por Capítulo

- Novas estatísticas e pesquisa acrescentadas sobre intimidação pela internet (*cyberbullying*).
- Estatísticas atualizadas sobre a prevalência de problemas de saúde mental na terceira infância.
- Estatísticas e pesquisas atualizadas e revisadas sobre transtornos da conduta na terceira infância.
- Novas informações acrescentadas sobre taxas globais de depressão infantil e estatísticas atualizadas sobre a prevalência da depressão infantil nos Estados Unidos.
- Nova discussão acrescentada sobre o uso de terapia medicamentosa para tratar transtornos emocionais na infância.

11 Desenvolvimento Físico e Cognitivo na Adolescência

- Pesquisa revisada e atualizada sobre início da puberdade e etnia.
- Estatísticas atualizadas sobre a idade da menarca nos Estados Unidos.
- Pesquisa revisada, atualizada e expandida sobre o início do desenvolvimento puberal, com nova pesquisa acrescentada sobre o papel dos disruptores endócrinos.
- Nova seção acrescentada sobre as consequências do início do desenvolvimento puberal para desfechos físicos e psicossociais.
- Pesquisa revisada, atualizada e expandida sobre mudanças cerebrais na adolescência, incluindo novas pesquisas sobre suscetibilidade neurocomportamental a sinais de recompensas sociais.
- Nova seção acrescentada sobre atividade física na adolescência.
- Estatísticas atualizadas sobre padrões de sono na adolescência.
- Pesquisa revisada e atualizada sobre privação do sono na adolescência.
- Estatísticas atualizadas a respeito de sobrepeso e obesidade na adolescência nos Estados Unidos e no mundo.
- Pesquisa revisada e atualizada sobre as causas, consequências e intervenções para combater a obesidade na adolescência, imagem corporal, satisfação corporal e fatores de risco para comportamentos de controle de peso não saudáveis na adolescência.
- Estatísticas atualizadas sobre a prevalência de anorexia nervosa, bulimia nervosa e transtorno de compulsão alimentar.
- Nova palavra-chave adicionada: transtorno de compulsão alimentar.
- Pesquisa atualizada sobre o tratamento de transtornos alimentares.
- Estatísticas atualizadas sobre uso e abuso de drogas na adolescência nos Estados Unidos, incluindo informações sobre tendências gerais, dextrometorfano, narcóticos legais e ilegais, álcool, maconha e cigarros, com novas estatísticas acrescentadas sobre o uso de cigarros eletrônicos.
- Estatísticas atualizadas sobre tendências globais no consumo de álcool e tabaco na adolescência.
- Nova pesquisa acrescentada sobre mudanças cerebrais na adolescência associadas com o consumo de álcool.
- Pesquisa atualizada sobre fatores correlatos do uso de maconha.
- Estatísticas atualizadas sobre a prevalência de depressão entre adolescentes norte-americanos.
- Pesquisa atualizada sobre fatores de risco e opções de tratamento para a depressão.
- Estatísticas atualizadas sobre mortalidade na adolescência nos Estados Unidos e no mundo.
- Pesquisa revisada, atualizada e expandida sobre mortes por acidentes e armas de fogo entre adolescentes norte-americanos.
- Estatísticas atualizadas e pesquisa sobre os índices de prevalência de fatores de risco para o suicídio.
- Nova seção acrescentada sobre aspectos imaturos do pensamento adolescente.
- Nova Seção Janela para o Mundo sobre cultura e cognição.
- Crítica expandida da teoria do raciocínio moral de Kohlberg.
- Pesquisa revisada, atualizada e expandida sobre desenvolvimento pró-social.
- Estatísticas atualizadas sobre taxas de formatura no ensino médio nos Estados Unidos e comparações internacionais.
- Pesquisa revisada e atualizada sobre a influência da motivação e autoeficácia no desempenho acadêmico.
- Pesquisa revisada, atualizada e expandida sobre diferenças de gênero na organização e estrutura cerebral relevantes para o desempenho acadêmico e sobre a influência da parentalidade, da etnia e dos pares no desempenho acadêmico.
- Novas estatísticas adicionadas sobre o número de doutorados concedidos a homens e mulheres nos Estados Unidos e uso de mídia por adolescentes e professores.
- Pesquisa revisada, atualizada e expandida sobre a influência do uso de mídia nos processos cognitivos.
- Estatísticas atualizadas sobre taxas de evasão escolar, gênero e escolhas educacionais e taxas de emprego estudantil nos Estados Unidos.
- Novas estatísticas adicionadas sobre índices de desemprego e renda mediana por curso de ensino superior.
- Nova Seção Pesquisa em Ação sobre adolescentes e multitarefa de mídia.

12 Desenvolvimento Psicossocial na Adolescência

- Pesquisa revisada e atualizada sobre diferenças de gênero e étnicas na formação da identidade.
- Nova pesquisa acrescentada sobre percepção de discriminação.

- Estatísticas atualizadas sobre prevalência autoinformada de comportamentos e identidade *gay*, lésbica e bissexual entre adolescentes.
- Pesquisa revisada, atualizada e expandida sobre as origens da orientação sexual, desenvolvimento da identidade de gênero nos jovens de minorias sexuais e fatores de risco e de proteção para sexo inseguro na adolescência.
- Nova pesquisa acrescentada sobre a influência dos hormônios pré-natais na orientação sexual.
- Nova pesquisa acrescentada sobre o desenvolvimento da identidade em jovens transgênero.
- Estatísticas norte-americanas atualizadas sobre comportamento sexual, uso de contraceptivos e infecções pelo papilomavírus humano (HPV), clamídia e gonorreia.
- Estatísticas atualizadas sobre taxas de infecções por doenças sexualmente transmissíveis, hepatite B e vírus da imunodeficiência humana (HIV) em adolescentes nos Estados Unidos e no mundo.
- Nova pesquisa acrescentada sobre índices de vacinação contra HPV e seus riscos e benefícios entre adolescentes norte-americanos.
- Pesquisa revisada e atualizada sobre fatores de risco para gravidez na adolescência.
- Pesquisa revisada, atualizada e expandida sobre o impacto dos programas de educação sexual abrangentes *versus* programas baseados em abstinência, com novas informações acrescentadas sobre mudanças recentes nas prioridades de financiamento nos Estados Unidos.
- Nova Seção Janela para o Mundo sobre cultura e tempo livre na adolescência.
- Pesquisa revisada e atualizada sobre individuação e conflito familiar.
- Nova crítica acrescentada sobre o modelo de Baumrind de estilos de parentalidade.
- Pesquisa revisada e atualizada sobre a influência da coabitação e parentalidade homossexual, emprego materno, influências dos irmãos e amizades na adolescência.
- Nova seção acrescentada sobre mídias sociais e interações eletrônicas.
- Nova Seção Pesquisa em Ação sobre namoro na adolescência e tecnologia.
- Pesquisa revisada e atualizada sobre relacionamentos românticos.
- Estatísticas atualizadas sobre violência no namoro na adolescência.
- Pesquisa revisada, atualizada e expandida sobre as influências biológicas na delinquência juvenil, com novas informações acrescentadas sobre a influência dos processos de alerta e de atenção e diferenças neurobiológicas.
- Pesquisa revisada e atualizada sobre influências ambientais na delinquência juvenil, perspectivas de longo prazo dos delinquentes juvenis e a prevenção e o tratamento da delinquência juvenil.

13 Desenvolvimento Físico e Cognitivo nos Adultos Emergentes e Jovens Adultos

- Estatísticas atualizadas sobre condições de saúde entre jovens adultos nos Estados Unidos.
- Novas informações acrescentadas sobre cobertura do seguro-saúde nos Estados Unidos, a promulgação da Lei de Proteção e Cuidado ao Paciente dos Estados Unidos e a revogação da obrigatoriedade individual de adquirir seguro-saúde.
- Pesquisa revisada e atualizada sobre influências genéticas na saúde, como exemplificado pela depressão.
- Estatísticas atualizadas sobre dieta, nutrição e obesidade/sobrepeso nos Estados Unidos e no mundo.
- Pesquisa revisada e atualizada sobre as causas, consequências e tratamentos para a obesidade.
- Nova pesquisa acrescentada sobre cirurgia bariátrica.
- Pesquisa revisada e atualizada e estatísticas sobre atividade física em jovens adultos.
- Nova Seção Janela para o Mundo sobre o uso da internet em todo o mundo.
- Pesquisa atualizada sobre estresse e enfrentamento (*coping*) entre jovens adultos.
- Pesquisa revisada e atualizada sobre privação do sono e função cognitiva e psicossocial.
- Estatísticas atualizadas sobre a prevalência do tabagismo nos Estados Unidos e no mundo.
- Estatísticas atualizadas sobre consumo de álcool entre universitários e jovens adultos norte-americanos.
- Pesquisa atualizada sobre tabagismo, programas de cessação do tabagismo, consumo de álcool, consumo de risco de álcool e os efeitos da integração social e apoio social na saúde.
- Pesquisa e estatísticas atualizadas sobre a prevalência e os riscos associados com transtornos por uso de substâncias.
- Nova pesquisa acrescentada sobre tendências de desenvolvimento no diagnóstico da depressão.
- Pesquisa revisada e atualizada sobre atitudes e comportamentos sexuais no início da vida adulta.
- Estatísticas atualizadas sobre a prevalência de infecções sexualmente transmissíveis e infecção pelo vírus da imunodeficiência humana (HIV) nos Estados Unidos e no mundo.
- Pesquisa atualizada sobre programas de prevenção do HIV e intervenção.
- Pesquisa revisada e atualizada sobre transtornos menstruais.
- Estatísticas atualizadas sobre infertilidade nos Estados Unidos e no mundo.
- Pesquisa atualizada sobre as causas da infertilidade.
- Nova Seção Pesquisa em Ação sobre fertilização *in vitro*.
- Pesquisa atualizada sobre inteligência emocional.

- Estatísticas atualizadas sobre taxas de matrícula e formatura no ensino superior nos Estados Unidos, com novas informações acrescentadas acerca das taxas de matrícula no ensino superior internacionais.
- Pesquisa revisada, atualizada e expandida sobre a influência do gênero no sucesso profissional.
- Estatísticas e discussão atualizadas sobre a influência do nível socioeconômico e raça/etnia sobre o sucesso no ensino superior, renda e graduação, distância entre os gêneros na renda e trabalho enquanto cursa-se o ensino superior.
- Pesquisa revisada e atualizada sobre fatores relativos ao ajuste bem-sucedido ao ensino superior.

14 Desenvolvimento Psicossocial nos Adultos Emergentes e Jovens Adultos

- Nova pesquisa acrescentada sobre três trajetórias primárias para a vida adulta.
- Pesquisa revisada e atualizada sobre fatores étnicos e culturais na formação da identidade e relacionamentos com os pais no início da vida adulta.
- Novas estatísticas norte-americanas adicionadas sobre a incapacidade de "soltar as amarras".
- Pesquisa revisada e atualizada sobre a incapacidade de "soltar as amarras" nos Estados Unidos e transculturalmente.
- Nova pesquisa acrescentada sobre diferenças de gênero no desenvolvimento da intimidade.
- Pesquisa revisada e atualizada sobre continuidade e mudanças no modelo dos cinco fatores da personalidade, avaliações do modelo de cinco fatores, resiliência do ego, amizades e relacionamentos românticos.
- Nova pesquisa acrescentada sobre o papel das mídias sociais nas amizades.
- Pesquisa e estatísticas atualizadas sobre a vida de solteiro nos Estados Unidos.
- Nova pesquisa acrescentada sobre o padrão de relacionamento "amizade colorida".
- Informações atualizadas sobre legalidade internacional e norte-americana e aceitação das atividades e do casamento homossexual.
- Nova pesquisa acrescentada sobre a associação entre afiliação política e religiosa e aceitação da homossexualidade.
- Novas estatísticas e pesquisa acrescentadas sobre o casamento homossexual nos Estados Unidos.
- Pesquisa atualizada sobre os relacionamentos de casais homossexuais.
- Pesquisa e estatísticas atualizadas sobre taxas e atitudes de coabitação nos Estados Unidos e internacionalmente.
- Pesquisa revisada e atualizada sobre relacionamentos de coabitação.

- Estatísticas internacionais e norte-americanas atualizadas sobre casamento.
- Nova pesquisa acrescentada sobre a associação entre casamento e crenças religiosas.
- Nova Seção Janela para o Mundo sobre tradições das cerimônias de casamento nas diversas culturas.
- Pesquisa revisada, atualizada e expandida sobre infidelidade e satisfação conjugal.
- Nova pesquisa acrescentada sobre o uso da tecnologia para envolvimento em casos extraconjugais.
- Nova pesquisa acrescentada sobre o papel da atividade sexual na satisfação conjugal.
- Estatísticas norte-americanas atualizadas sobre aborto espontâneo e parentalidade, participação feminina na força de trabalho, participação paterna em atividades de cuidado dos filhos, famílias de duas rendas, novos casamentos e condição de padrasto/madrasta.
- Pesquisa atualizada sobre parentalidade e satisfação conjugal.
- Nova pesquisa acrescentada sobre diferenças culturais em famílias de renda dupla.
- Pesquisa e estatísticas atualizadas sobre taxas de divórcio, atitudes e fatores preditores nos Estados Unidos.
- Nova pesquisa acrescentada sobre diferenças de gênero na relação entre emprego e divórcio.
- Seção Pesquisa em Ação revisada sobre violência nas relações íntimas.
- Pesquisa atualizada sobre ajuste ao divórcio.

15 Desenvolvimento Físico e Cognitivo na Vida Adulta Intermediária

- Estatísticas norte-americanas atualizadas sobre adultos de meia-idade.
- Pesquisa revisada e atualizada sobre condições de saúde e psicológicas na meia-idade.
- Estatísticas atualizadas sobre problemas de visão e audição na meia-idade.
- Novas estatísticas adicionadas sobre a prevalência global da perda da audição.
- Pesquisa revisada, atualizada e estendida sobre perda de audição na meia-idade.
- Nova pesquisa acrescentada sobre a perda do olfato e do paladar na meia-idade.
- Pesquisa revisada e atualizada sobre fatores de risco e consequências da perda do olfato e do paladar.
- Pesquisa revisada, atualizada e expandida sobre a perda de força muscular e coordenação na meia-idade e o sobre o cérebro na meia-idade.

- Pesquisa atualizada sobre declínios na destreza manual na meia-idade.
- Nova pesquisa acrescentada sobre o papel da educação, estimulação cognitiva e atividade física no funcionamento cerebral.
- Pesquisa atualizada sobre mudanças sistêmicas na meia-idade.
- Informações revisadas, atualizadas e expandidas sobre a frequência e as consequências das ondas de calor e suores noturnos em mulheres na menopausa e tratamento dos sintomas da menopausa.
- Seção Janela para o Mundo revisada e atualizada sobre diferenças culturais na menopausa.
- Nova Seção Pesquisa em Ação sobre andropausa e terapia de reposição de testosterona.
- Nova pesquisa acrescentada sobre a prevalência internacional da disfunção erétil.
- Pesquisa atualizada sobre causas e tratamentos para a disfunção erétil.
- Estatísticas norte-americanas atualizadas sobre atividade sexual, saúde, câncer, ataques cardíacos e sobrepeso em adultos de meia-idade.
- Pesquisa revisada e atualizada sobre fatores correlatos para a atividade sexual e satisfação sexual entre adultos de meia-idade.
- Estatísticas atualizadas sobre hipertensão nos Estados Unidos e no mundo, com novas informações acrescentadas acerca de mudanças recentes nas diretrizes sobre níveis de corte para o risco.
- Pesquisa revisada e atualizada sobre a associação entre atividade física, nível socioeconômico, gênero e saúde na meia-idade.
- Novas informações acrescentadas sobre diretrizes de triagem para o câncer de próstata.
- Pesquisa revisada, atualizada e expandida sobre perda óssea em mulheres na meia-idade.
- Estatísticas atualizadas sobre a prevalência de câncer de mama nos Estados Unidos e mundialmente.
- Pesquisa atualizada sobre riscos e tratamento do câncer de mama.
- Pesquisa revisada e atualizada e recomendações relativas ao uso de terapia hormonal.
- Pesquisa revisada e atualizada sobre como o estresse e as emoções afetam a saúde.
- Estatísticas atualizadas sobre transtornos subclínicos e comportamentais ou emocionais que satisfazem critérios para diagnóstico entre adultos norte-americanos de meia-idade.
- Pesquisa revisada e atualizada sobre trajetórias de desenvolvimento da inteligência fluida e cristalizada e características dos realizadores criativos.
- Nova pesquisa acrescentada sobre fatores correlatos neurológicos dos realizadores criativos.
- Nova pesquisa acrescentada criticando achados prévios sobre declínios na produção criativa com a idade.
- Estatísticas atualizadas sobre participação norte-americana em programas de educação adulta.
- Estatísticas atualizadas sobre índices de alfabetização nos Estados Unidos e globais.

16 Desenvolvimento Psicossocial na Vida Adulta Intermediária

- Nova discussão acrescentada acerca das tendências recentes na pesquisa sobre a meia-idade.
- Pesquisa revisada e atualizada sobre modelos de traço de personalidade na meia-idade.
- Nova pesquisa acrescentada sobre influências contextuais e variações culturais na personalidade.
- Pesquisa revisada, atualizada e expandida sobre diferenças de gênero, expressão e consequências da generatividade.
- Nova pesquisa acrescentada sobre a sensação subjetiva do envelhecimento e resultados associados com um relógio social "desregulado".
- Pesquisa revisada e atualizada sobre crises da meia-idade.
- Nova Seção Pesquisa em Ação sobre mudanças de carreira na meia-idade.
- Pesquisa atualizada sobre generatividade e desfechos de vida positivos.
- Pesquisa revisada, atualizada e expandida sobre mudanças em emocionalidade e personalidade na meia-idade e mudanças de desenvolvimento no tamanho dos comboios sociais.
- Nova pesquisa acrescentada sobre dados internacionais relativos ao bem-estar.
- Nova pesquisa acrescentada sobre a associação da renda e do exercício com o bem-estar.
- Pesquisa revisada e atualizada sobre a escala de bem-estar de Ryff, a associação entre relacionamentos e bem-estar e mudanças na satisfação conjugal ao longo do tempo.
- Novas estatísticas adicionadas sobre a prevalência da coabitação entre adultos norte-americanos de meia-idade.
- Pesquisa revisada e atualizada sobre as razões e consequências da coabitação.
- Nova pesquisa transcultural acrescentada sobre coabitação.
- Novas estatísticas adicionadas sobre a prevalência do divórcio entre adultos norte-americanos de meia-idade.
- Pesquisa revisada, atualizada e expandida sobre as causas e resultados associados com o divórcio e o relacionamento entre o casamento e o bem-estar e a saúde.
- Nova pesquisa transcultural acrescentada sobre casamento e bem-estar.
- Pesquisa revisada, atualizada e expandida sobre relacionamentos homossexuais.

- Nova pesquisa acrescentada sobre os efeitos da legalização do casamento homossexual nos Estados Unidos.
- Pesquisa atualizada sobre a relação entre amizade e bem-estar.
- Pesquisa revisada e atualizada sobre o relacionamento entre filhos adolescentes e pais, o ninho vazio e prolongamento da parentalidade.
- Novas estatísticas acrescentadas sobre o número de adultos norte-americanos de meia-idade cuidando de parentes idosos.
- Pesquisa revisada e atualizada sobre as tensões provocadas pelo cuidar e relacionamentos com os irmãos na meia-idade.
- Nova Seção Janela para o Mundo sobre a geração sanduíche.
- Estatísticas norte-americanas atualizadas sobre ser avô/avó, lares de famílias estendidas e cuidados pelos avós.
- Pesquisa revisada e expandida sobre cuidados por avós em diversas culturas.
- Novas estatísticas adicionadas sobre cuidados por avós em outras culturas.
- Pesquisa atualizada sobre cuidados por avós após divórcios e novos casamentos.
- Pesquisa e estatísticas atualizadas sobre parentalidade sub-rogada por parte dos avós nos Estados Unidos.

17 Desenvolvimento Físico e Cognitivo na Vida Adulta Tardia

- Estatísticas atualizadas, nos Estados Unidos e no mundo, sobre a demografia da população cada vez mais velha, diferenças de gênero na mortalidade e disparidades em mortalidade e expectativa de vida entre países, grupos étnicos/raciais, nível socioeconômico e regiões.
- Nova Seção Janela para o Mundo sobre o cuidado de idosos em todo o mundo.
- Pesquisa revisada e atualizada sobre expectativa de vida, teorias de programação genética e taxas variáveis da morte e longevidade.
- Nova pesquisa acrescentada sobre teorias mitocondriais do envelhecimento.
- Nova pesquisa acrescentada sobre o papel de sinalização dos radicais livres.
- Nova Seção Pesquisa em Ação sobre os idosos mais velhos.
- Nova pesquisa acrescentada sobre compressão da morbidade.
- Pesquisa revisada e atualizada sobre mudanças sistêmicas com a idade.
- Pesquisa revisada, atualizada e expandida sobre mudanças cerebrais com a idade.
- Nova pesquisa acrescentada sobre cognição semantizada.
- Estatísticas norte-americanas e globais atualizadas sobre deficiência visual, catarata, glaucoma e perda de audição.
- Pesquisa atualizada sobre deficiências visuais e auditivas.
- Nova pesquisa sobre cirurgia de catarata e risco de mortalidade.
- Pesquisa e estatísticas atualizadas sobre mudanças físicas e quedas.
- Nova pesquisa acrescentada sobre programas de intervenção de adequação funcional.
- Nova palavra-chave adicionada: adequação funcional.
- Nova pesquisa acrescentada sobre a relação entre exercício e cognição.
- Pesquisa revisada, atualizada e expandida sobre o sono.
- Pesquisa e estatísticas atualizadas sobre função sexual e condições de saúde na velhice.
- Estatísticas atualizadas sobre as principais causas de morte e prevalência da demência nos Estados Unidos e no mundo.
- Estatísticas norte-americanas atualizadas sobre diabetes, hipertensão, condições crônicas comuns, deficiências funcionais, doenças nutricionais e periodontais, problemas mentais e de comportamento, depressão e diminuição da capacidade de memória na velhice.
- Pesquisa atualizada sobre inatividade, dieta e doença periodontal na velhice.
- Pesquisa revisada e atualizada sobre depressão.
- Novas estatísticas adicionadas sobre a prevalência do mal de Alzheimer e do mal de Parkinson nas populações idosas dos Estados Unidos.
- Pesquisa atualizada sobre fatores de risco e de proteção para demência, mal de Alzheimer e abordagens de tratamento para a demência.
- Nova pesquisa acrescentada sobre o papel do reparo da mielina no avanço da demência.
- Nova pesquisa acrescentada sobre o uso de algoritmos e biomarcadores no diagnóstico da demência e o resultado de testes iniciais sobre imunoterapia para o mal de Alzheimer.
- Pesquisa revisada e atualizada sobre processos cognitivos e direção nos idosos e a relação entre inteligência e risco de mortalidade.
- Nova pesquisa sobre o papel do nível socioeconômico como mediador entre inteligência e saúde.
- Pesquisa revisada e atualizada sobre mudanças neurológicas com a idade.
- Nova crítica metodológica à pesquisa sobre intervenções para a memória.

18 Desenvolvimento Psicossocial na Vida Adulta Tardia

- Pesquisa revisada, atualizada e expandida sobre a estabilidade e mudanças de personalidade na velhice e a sua relação com a saúde, diferenças de idade e resultados de estilos de enfrentamento e a relação entre religião e saúde.

- Nova pesquisa sobre o uso preditor de mudanças de personalidade na velhice.
- Nova pesquisa transcultural acrescentada sobre bem-estar na vida adulta tardia.
- Nova pesquisa acrescentada sobre seletividade socioemocional e bem-estar.
- Estatísticas norte-americanas atualizadas sobre religião.
- Novas estatísticas adicionadas sobre crenças e afiliação religiosa em todo o mundo.
- Pesquisa atualizada sobre modelos para o envelhecimento bem-sucedido.
- Pesquisa revisada e atualizada sobre produtividade e atividades de lazer na terceira idade, depois da aposentadoria, envelhecer em casa e morar sozinho na velhice.
- Estatísticas norte-americanas atualizadas sobre trabalho e aposentadoria, saúde financeira depois da aposentadoria, fontes de renda, índices de pobreza, institucionalização, envelhecer em casa, morar sozinho e morar com parentes na velhice.
- Nova Seção Janela para o Mundo acerca de estereótipos globais sobre envelhecimento.
- Novo modelo acrescentado de recursos da aposentadoria.
- Nova pesquisa acrescentada sobre o uso de auxiliares tecnológicos para postergar a institucionalização.
- Pesquisa revisada, atualizada e expandida sobre morar com os filhos adultos e em instituições.
- Nova Seção Pesquisa em Ação sobre abuso contra idosos.
- Estatísticas atualizadas sobre institucionalização na velhice nos Estados Unidos e no mundo.
- Novas estatísticas adicionadas sobre o custo médio da moradia assistida nos Estados Unidos.
- Pesquisa revisada e atualizada sobre relacionamentos pessoais na terceira idade e a relação entre relacionamentos sociais e saúde.
- Estatísticas norte-americanas atualizadas sobre famílias multigeracionais, divórcio e novo casamento e coabitação na velhice.
- Pesquisa revisada, atualizada e expandida sobre famílias multigeracionais e variações culturais.
- Pesquisa revisada, atualizada e expandida sobre relacionamentos conjugais na velhice, viuvez e coabitação.
- Nova pesquisa acrescentada sobre conflito matrimonial entre casais casados mais velhos.
- Estatísticas atualizadas sobre a vida de solteiro entre os idosos e corresidência com filhos adultos nos Estados Unidos e no mundo.
- Nova pesquisa acrescentada sobre namoro na velhice.
- Nova pesquisa acrescentada sobre relacionamentos de "convivência à distância".
- Pesquisa atualizada sobre relacionamentos homossexuais na velhice.
- Pesquisa revisada e atualizada sobre amizade e relacionamentos com os filhos adultos na velhice.
- Novas estatísticas norte-americanas e internacionais adicionadas sobre o número de adultos idosos sem filhos.
- Nova pesquisa acrescentada sobre bem-estar entre adultos mais velhos sem filhos.

19 Lidando com a Morte e o Sentimento de Perda

- Nova Seção Janela para o Mundo sobre rituais fúnebres em todo o mundo.
- Pesquisa atualizada sobre resultados associados com assistência ao doente terminal e cuidados paliativos, mudanças que precedem a morte e experiências de quase-morte.
- Nova pesquisa acrescentada sobre fatores correlatos neurológicos de experiências de quase-morte.
- Pesquisa revisada e atualizada sobre padrões de luto.
- Pesquisa revisada, atualizada e expandida sobre como as crianças entendem a morte e o seu sentimento de perda.
- Nova pesquisa acrescentada sobre o impacto da religião na forma como as crianças entendem a morte.
- Nova seção acrescentada sobre a teoria da gestão do terror.
- Pesquisa revisada e atualizada sobre a perda de um cônjuge e o luto por um aborto espontâneo.
- Pesquisa revisada, atualizada e expandida sobre a perda de um pai ou de um filho na vida adulta.
- Estatísticas atualizadas sobre suicídio nos Estados Unidos e no mundo.
- Pesquisa atualizada sobre fatores de risco, indicadores e métodos de suicídio.
- Estatísticas norte-americanas atualizadas sobre diretivas antecipadas, suicídio assistido, atitudes em relação ao suicídio assistido e utilização da Lei da Morte com Dignidade, no estado do Oregon.
- Pesquisa revisada e atualizada sobre diretivas antecipadas, serviços paliativos, assistência ao doente terminal e diferenças étnicas e culturais nas crenças sobre cuidados no fim da vida.
- Nova seção acrescentada sobre eutanásia.
- Nova Seção Pesquisa em Ação sobre suicídio assistido pelo médico.
- Dados internacionais atualizados sobre leis referentes à eutanásia.
- Pesquisa revisada e atualizada sobre atitudes norte-americanas e internacionais acerca de opções para o fim da vida.
- Nova pesquisa acrescentada sobre crenças e atitudes religiosas em relação a cuidados no fim da vida.

Sumário Resumido

Parte 1 SOBRE O DESENVOLVIMENTO HUMANO 2

Capítulo 1
O Estudo do Desenvolvimento Humano 2

Capítulo 2
Teoria e Pesquisa 20

Parte 2 INÍCIO 48

Capítulo 3
A Formação de uma Nova Vida 48

Capítulo 4
Nascimento e Desenvolvimento Físico nos Três Primeiros Anos 86

Capítulo 5
Desenvolvimento Cognitivo nos Três Primeiros Anos 124

Capítulo 6
Desenvolvimento Psicossocial nos Três Primeiros Anos 158

Parte 3 SEGUNDA INFÂNCIA 192

Capítulo 7
Desenvolvimento Físico e Cognitivo na Segunda Infância 192

Capítulo 8
Desenvolvimento Psicossocial na Segunda Infância 228

Parte 4 TERCEIRA INFÂNCIA 256

Capítulo 9
Desenvolvimento Físico e Cognitivo na Terceira Infância 256

Capítulo 10
Desenvolvimento Psicossocial na Terceira Infância 292

Parte 5 ADOLESCÊNCIA 320

Capítulo 11
Desenvolvimento Físico e Cognitivo na Adolescência 320

Capítulo 12
Desenvolvimento Psicossocial na Adolescência 352

Parte 6 ADULTEZ EMERGENTE E JOVENS ADULTOS 382

Capítulo 13
Desenvolvimento Físico e Cognitivo nos Adultos Emergentes e Jovens Adultos 382

Capítulo 14
Desenvolvimento Psicossocial nos Adultos Emergentes e Jovens Adultos 410

Parte 7 VIDA ADULTA INTERMEDIÁRIA 438

Capítulo 15
Desenvolvimento Físico e Cognitivo na Vida Adulta Intermediária 438

Capítulo 16
Desenvolvimento Psicossocial na Vida Adulta Intermediária 466

Parte 8 VIDA ADULTA TARDIA 496

Capítulo 17
Desenvolvimento Físico e Cognitivo na Vida Adulta Tardia 496

Capítulo 18
Desenvolvimento Psicossocial na Vida Adulta Tardia 528

Parte 9 O FINAL DA VIDA 556

Capítulo 19
Lidando com a Morte e o Sentimento de Perda 556

Glossário 579
Referências 589
Índice onomástico 715
Índice remissivo 749

Sumário

Parte 1 SOBRE O DESENVOLVIMENTO HUMANO 2

LightField Studios/Shutterstock

Capítulo 1
O Estudo do Desenvolvimento Humano 2

Desenvolvimento humano: um campo em constante evolução 3
- Estudando o ciclo de vida 3
- O desenvolvimento humano hoje 3

O estudo do desenvolvimento humano: conceitos básicos 4
- Domínios do desenvolvimento 4
- Períodos do ciclo de vida 5

Influências no desenvolvimento 8
- Hereditariedade, ambiente e maturação 8
- Contextos do desenvolvimento 9
- Influências normativas e não normativas 14
- Cronologia das influências: períodos críticos ou sensíveis 15

Abordagem ao desenvolvimento do ciclo de vida 17

Resumo e palavras-chave 18

Janela para o mundo Famílias de imigrantes 13

Pesquisa em ação Manhês 16

Capítulo 2
Teoria e Pesquisa 20

Questões teóricas básicas 21
- Questão 1: o desenvolvimento é ativo ou reativo? 22
- Questão 2: o desenvolvimento é contínuo ou descontínuo? 22

Perspectivas teóricas 23
- Perspectiva 1: psicanalítica 24
- Perspectiva 2: aprendizagem 27
- Perspectiva 3: cognitiva 29
- Perspectiva 4: contextual 32
- Perspectiva 5: evolucionista/sociobiológica 33

Métodos de pesquisa 34
- Pesquisa quantitativa e qualitativa 35
- Amostragem 35
- Métodos de coleta de dados 36
- Avaliando as pesquisas quantitativa e qualitativa 37
- Modelos básicos de pesquisa 38
- Modelos de pesquisa sobre desenvolvimento 42

Ética na pesquisa 45

Resumo e palavras-chave 46

Janela para o mundo Objetivos da pesquisa transcultural 40

Parte 2 INÍCIO 48

narikan/Shutterstock

Capítulo 3
A Formação de uma Nova Vida 48

Concebendo uma nova vida 49
- Como ocorre a fecundação 49
- Qual é a causa dos nascimentos múltiplos? 49

Mecanismos da hereditariedade 50
- O código genético 50
- O que determina o sexo? 51
- Padrões de transmissão genética 52

Anomalias genéticas e cromossômicas   56
Aconselhamento genético e testes   60
Genética e ambiente: influências da hereditariedade e do ambiente   61
Estudando a hereditariedade e o ambiente   61
Como hereditariedade e ambiente operam juntos   62
Algumas características influenciadas pela hereditariedade e pelo ambiente   65
Desenvolvimento pré-natal   67
Etapas do desenvolvimento pré-natal   67
Influências ambientais: fatores maternos   73
Influências ambientais: fatores paternos   80
Monitorando e promovendo o desenvolvimento pré-natal   81
Disparidades na assistência pré-natal   81
Resumo e palavras-chave   84
Pesquisa em ação Epigenética: gêmeos idênticos que não são idênticos   55
Janela para o mundo Cuidados pré-natais em todo o mundo   83

Capítulo 4
Nascimento e Desenvolvimento Físico nos Três Primeiros Anos   86

Nascimento e cultura: mudanças no ato de nascer   87
O processo de nascimento   89
Etapas do nascimento   89
Monitoramento eletrônico fetal   90
Parto vaginal *versus* parto cesáreo   90
Parto medicado *versus* parto não medicado   91
O recém-nascido   92
Tamanho e aparência   92
Sistemas corporais   92
Avaliação clínica e comportamental   93
Estados de alerta   94
Complicações do parto   96
Baixo peso ao nascer   96
Pós-maturidade   100
Natimortos   100
Sobrevivência e saúde   100
Mortalidade infantil   100
Imunização para uma saúde melhor   104
Desenvolvimento físico inicial   104
Princípios do desenvolvimento   104
Padrões de crescimento   105
Nutrição   106
O cérebro e o comportamento reflexo   107
Capacidades sensoriais iniciais   114

Desenvolvimento motor   116
Marcos do desenvolvimento motor   116
Desenvolvimento motor e percepção   118
A teoria ecológica da percepção de Eleanor e James Gibson   119
Como ocorre o desenvolvimento motor: a teoria dos sistemas dinâmicos de Thelen   120
Influências culturais sobre o desenvolvimento motor   121
Resumo e palavras-chave   122
Janela para o mundo Desnutrição: os primeiros 1.000 dias   108
Pesquisa em ação Autismo   111

Capítulo 5
Desenvolvimento Cognitivo nos Três Primeiros Anos   124

Estudando o desenvolvimento cognitivo   125
Abordagem behaviorista   125
Condicionamentos clássico e operante   125
Memória dos bebês   126
Abordagem psicométrica: testes de desenvolvimento e de inteligência   127
Testes de desenvolvimento infantil   127
Avaliando o impacto do ambiente doméstico   128
Intervenção precoce   128
Abordagem piagetiana   130
Subestágios do estágio sensório-motor   130
Imitação   132
Conceito de objeto   133
Desenvolvimento simbólico, competência imagética e compreensão de escala   134
Avaliando o estágio sensório-motor de Piaget   135
Abordagem do processamento da informação   135
Habituação   135
Ferramentas de pesquisa com bebês   136
Processos perceptuais   136
O processamento da informação como indicador de inteligência   138
Processamento da informação e habilidades piagetianas   138
Avaliando pesquisas em processamento da informação   142
Abordagem da neurociência cognitiva   143
Abordagem sociocontextual   143
Desenvolvimento da linguagem   144
Sequência do desenvolvimento inicial da linguagem   145
Características da fala inicial   149

Variações no desenvolvimento da linguagem 149

Teorias clássicas de aquisição da linguagem: o debate genética-ambiente 150

Influências no desenvolvimento inicial da linguagem 151

Preparação para o letramento: os benefícios da leitura em voz alta 153

Resumo e palavras-chave 155

Pesquisa em ação Bebês, crianças pequenas e as telas 139

Janela para o mundo Letramento e livros infantis 154

Capítulo 6
Desenvolvimento Psicossocial nos Três Primeiros Anos 158

Fundamentos do desenvolvimento psicossocial 159
   Emoções 159
   Temperamento 163
   As primeiras experiências sociais: a família 166
   Gênero 168

Questões desenvolvimentais durante o primeiro ano 170
   Desenvolvendo a confiança 170
   Desenvolvendo o apego 170
   Comunicação emocional com os cuidadores: regulação mútua 175
   Referenciação social 175

Questões desenvolvimentais do 1º ao 3º ano 177
   A emergência do senso de identidade 177
   Desenvolvimento da autonomia 178
   Desenvolvimento moral: socialização e internalização 179

Relacionamentos com outras crianças 182
   Irmãos 182
   Pares 183

Filhos de pais que trabalham fora 183
   Efeitos do trabalho da mãe 183
   Serviços de creche 184

Maus-tratos: abuso e negligência 186
   Maus-tratos na primeira infância 186
   Fatores contribuintes: uma visão ecológica 187
   Ajudando famílias com problemas 188
   Efeitos dos maus-tratos a longo prazo 188

Resumo e palavras-chave 189

Pesquisa em ação Depressão pós-parto e desenvolvimento inicial 176

Janela para o mundo As brigas entre irmãos são necessárias? 179

Parte 3 SEGUNDA INFÂNCIA 192

kali9/E+/Getty Images

Capítulo 7
Desenvolvimento Físico e Cognitivo na Segunda Infância 192

DESENVOLVIMENTO FÍSICO 193

Aspectos do desenvolvimento físico 193
   Crescimento e alteração corporal 193
   Padrões e distúrbios do sono 193
   Desenvolvimento cerebral 196
   Habilidades motoras 196

Saúde e segurança 198
   Obesidade 198
   Subnutrição 199
   Alergias alimentares 200
   Saúde bucal 200
   Mortes e lesões acidentais 201
   A saúde no contexto: influências ambientais 201

DESENVOLVIMENTO COGNITIVO 205

Abordagem piagetiana: a criança pré-operatória 205
   Avanços do pensamento pré-operatório 205
   Aspectos imaturos do pensamento pré-operatório 208
   Teoria da mente 210

Abordagem do processamento da informação: memória 213
   Processos e capacidades básicos 214
   Reconhecimento e lembrança 215
   Formação e retenção de memória da infância 215

Inteligências: abordagens psicométrica e vygotskiana 216
   Medidas psicométricas tradicionais 216
   Influências sobre a inteligência medida 217
   Teste e ensino baseados na teoria de Vygotsky 218

Desenvolvimento da linguagem 219
   Vocabulário 219

Gramática e sintaxe 219
Pragmática e discurso social 220
Discurso particular 220
Atraso no desenvolvimento da linguagem 220
Preparação para a alfabetização 221
Mídia e cognição 221
Educação na segunda infância 222
Tipos de pré-escola 222
Programas pré-escolares compensatórios 223
A criança na pré-escola 224
Resumo e palavras-chave 225
Pesquisa em ação Segurança alimentar 199
Janela para o mundo Sobrevivendo aos primeiros cinco anos de vida 203

Capítulo 8
Desenvolvimento Psicossocial na Segunda Infância 228
O desenvolvimento do *self* 229
O autoconceito e o desenvolvimento cognitivo 229
Autoestima 230
Regulando emoções 231
Compreendendo emoções 232
Erikson: iniciativa *versus* culpa 233
Gênero 233
Diferenças de gênero 233
Perspectivas do desenvolvimento de gênero 234
Brincadeira 240
Níveis cognitivos do brincar 241
A dimensão social do brincar 242
Gênero e brincadeira 243
Cultura e brincadeira 244
Parentalidade 244
Formas de disciplina 245
Estilos de parentalidade 246
Questões comportamentais especiais 248
Relacionamentos com outras crianças 251
Relacionamento entre irmãos 251
O filho único 252
Colegas e amigos 253
Resumo e palavras-chave 254
Pesquisa em ação A natureza adaptativa das brincadeiras 241
Janela para o mundo Segregação por idade *versus* brincadeiras com participantes de múltiplas idades 253

Parte 4 TERCEIRA INFÂNCIA 256

Adam Gray/Barcroft Images/Barcroft Media/Getty Images

Capítulo 9
Desenvolvimento Físico e Cognitivo na Terceira Infância 256

DESENVOLVIMENTO FÍSICO 257
Aspectos do desenvolvimento físico 257
Altura e peso 257
Desenvolvimento dos dentes e cuidados dentários 257
Nutrição 258
O sono 258
Desenvolvimento cerebral 259
Desenvolvimento motor e atividade física 260
Saúde, condição física e segurança 262
Obesidade e imagem corporal 262
Outras condições médicas 264
Lesões acidentais 266

DESENVOLVIMENTO COGNITIVO 266
Abordagem piagetiana: a criança operatório--concreta 266
Avanços cognitivos 267
Abordagem do processamento da informação: planejamento, atenção e memória 270
O desenvolvimento do funcionamento executivo 270
Atenção seletiva 271
Memória de trabalho 271
O desenvolvimento de estratégias de memorização 272
Abordagem psicométrica: avaliação da inteligência 273
A controvérsia sobre o QI 273
Influências sobre a inteligência (QI) 274
Há mais de uma inteligência? 275
Outras tendências em testes de inteligência 278

Linguagem e alfabetização 278
  Vocabulário, gramática e sintaxe 278
  Pragmática: conhecimento sobre comunicação 279
  Aprendizagem de uma segunda língua 279
  Alfabetização 280
A criança na escola 281
  Influências sobre o desempenho escolar 281
Educação de crianças com necessidades especiais 285
  Crianças com problemas de aprendizagem 285
  Crianças superdotadas 287
Resumo e palavras-chave 289
Pesquisa em ação As bonecas Barbie e a imagem corporal das meninas 263
Janela para o mundo Cultura e QI 276

Capítulo 10
Desenvolvimento Psicossocial na Terceira Infância 292
O *self* em desenvolvimento 293
  Desenvolvimento do autoconceito: sistemas representacionais 293
  Produtividade *versus* inferioridade 293
  Crescimento emocional 294
A criança na família 295
  Clima familiar 295
  Estrutura familiar 298
  Relacionamento entre irmãos 304
A criança no grupo de pares 305
  Efeitos positivos e negativos das relações entre pares 305
  Gênero e grupos de pares 306
  Popularidade 306
  Amizade 307
  Agressão e intimidação (*bullying*) 308
Saúde mental 313
  Problemas emocionais comuns 313
  Técnicas de tratamento 315
  Resiliência 316
Resumo e palavras-chave 318
Janela para o mundo Bullying: um problema mundial 312
Pesquisa em ação Experiências infantis com ataques terroristas 317

Parte 5 ADOLESCÊNCIA 320

SolStock/E+/Getty Images

Capítulo 11
Desenvolvimento Físico e Cognitivo na Adolescência 320
  Adolescência: uma transição no desenvolvimento 321
    A adolescência como uma construção social 321
    Adolescência: uma época de oportunidades e riscos 321
  DESENVOLVIMENTO FÍSICO 322
  Puberdade 322
    Como começa a puberdade: alterações hormonais 322
    Tempo, sinais e sequência da puberdade e do amadurecimento sexual 323
    Consequências do início do desenvolvimento puberal 325
  O cérebro do adolescente 326
  Saúde física e mental 328
    Atividade física 328
    Necessidades e distúrbios do sono 329
    Nutrição e transtornos alimentares 329
    Uso e abuso de drogas 333
    Depressão 335
    Morte na adolescência 336
  DESENVOLVIMENTO COGNITIVO 337
  Aspectos do amadurecimento cognitivo 337
    Estágio operatório-formal de Piaget 337
    Aspectos imaturos do pensamento adolescente 338
    Desenvolvimento da linguagem 340
    Raciocínio moral: teoria de Kohlberg 340
    A ética do cuidado: a teoria de Gilligan 343
    Comportamento pró-social 343

Questões educacionais e vocacionais 344
    Influências sobre o desempenho escolar 344
    Abandono da escola 347
    Preparação para a educação superior ou as vocações 349
Resumo e palavras-chave 350
Janela para o mundo Cultura e cognição 339
Pesquisa em ação Adolescentes e multitarefa de mídia 348

Capítulo 12
Desenvolvimento Psicossocial na Adolescência 352

A busca da identidade 353
    Identidade *versus* confusão de identidade 353
    Estados de identidade – crise e compromisso 354
    Diferenças de gênero na formação da identidade 355
    Fatores étnicos na formação da identidade 355
Sexualidade 357
    Orientação e identidade sexual 357
    Comportamento sexual 360
    Infecções sexualmente transmissíveis (ISTs) 362
    Gravidez e maternidade na adolescência 364
Relacionamentos com a família, os pares e a sociedade adulta 366
    O mito da rebeldia adolescente 366
    Os adolescentes e os pais 367
    Os adolescentes e os irmãos 372
    Os adolescentes e seus pares 372
Comportamento antissocial e delinquência juvenil 377
    Influências biológicas 377
    Influências ambientais 378
    Perspectiva de longo prazo 378
    Prevenindo e tratando a delinquência 379
Resumo e palavras-chave 380
Janela para o mundo Cultura e tempo livre 368
Pesquisa em ação Namoro na adolescência e tecnologia 376

Parte 6 ADULTEZ EMERGENTE E JOVENS ADULTOS 382

nycshooter/Vetta/Getty Images

Capítulo 13
Desenvolvimento Físico e Cognitivo nos Adultos Emergentes e Jovens Adultos 382

Adultez emergente 383

DESENVOLVIMENTO FÍSICO 383
Saúde e condição física 383
    Condição de saúde e aspectos de saúde 383
    Influências genéticas na saúde 384
    Influências comportamentais na saúde e na condição física 385
    Influências indiretas na saúde 390
    Problemas de saúde mental 392
Aspectos sexuais e reprodutivos 393
    Comportamento e atitudes sexuais 393
    Infecções sexualmente transmissíveis (ISTs) 394
    Transtornos menstruais 395
    Infertilidade 395

DESENVOLVIMENTO COGNITIVO 396
Perspectivas sobre a cognição adulta 396
    Além de Piaget: novas formas de pensar na vida adulta 396
    Schaie: modelo de desenvolvimento cognitivo para o ciclo de vida 398
    Sternberg: *insight* e conhecimento prático 399
    Inteligência emocional 399
Raciocínio moral 400
    Cultura e raciocínio moral 401
    Gênero e raciocínio moral 401
Educação e trabalho 401
    A transição para a faculdade 402
    O ingresso no mundo do trabalho 405

Resumo e palavras-chave 407

Janela para o mundo Uso da internet em todo o mundo 388

Pesquisa em ação Fertilização *in vitro* 397

Capítulo 14
Desenvolvimento Psicossocial nos Adultos Emergentes e Jovens Adultos 410

Adultez emergente: padrões e tarefas 411
- Caminhos variados para a vida adulta 411
- Desenvolvimento da identidade na adultez emergente 412
- Desenvolvendo relacionamentos adultos com os pais 413

Desenvolvimento da personalidade: quatro perspectivas 415
- Modelos de estágios normativos 415
- Modelo de momento dos eventos 417
- Modelos de traços: os cinco fatores de Costa e McCrae 417
- Modelos tipológicos 419

As bases dos relacionamentos íntimos 420
- Amizade 420
- Amor 421

Estilos de vida conjugais e não conjugais 422
- Vida de solteiro 422
- Relacionamentos homossexuais 423
- Coabitação 424
- Casamento 426

Parentalidade 429
- Envolvimento de homens e mulheres na parentalidade 429
- Parentalidade e satisfação conjugal 430
- Famílias de renda dupla 431

Quando o casamento chega ao fim 432
- Divórcio 432
- Novo casamento e a condição de padrasto/madrasta 434

Resumo e palavras-chave 435

Janela para o mundo Tradições de casamento populares nas diversas culturas 428

Pesquisa em ação Violência nas relações íntimas 433

Parte 7 VIDA ADULTA INTERMEDIÁRIA 438

Digital Vision/Alamy Stock Photo

Capítulo 15
Desenvolvimento Físico e Cognitivo na Vida Adulta Intermediária 438

A meia-idade: um construto social 439

DESENVOLVIMENTO FÍSICO 440

Mudanças físicas 440
- Funções sensoriais e psicomotoras 440
- O cérebro na meia-idade 442
- Transformações estruturais e sistêmicas 443
- Sexualidade e funcionamento reprodutivo 443

Saúde física e mental 447
- Tendências de saúde na meia-idade 448
- Influências comportamentais sobre a saúde 448
- Nível socioeconômico e saúde 449
- Raça/etnia e saúde 450
- Gênero e saúde 450
- O estresse na meia-idade 454
- Emoções e saúde 455
- Saúde mental 456

DESENVOLVIMENTO COGNITIVO 456

Medindo as capacidades cognitivas na meia-idade 456
- Schaie: o estudo longitudinal de Seattle 457
- Horn e Cattell: inteligências fluida e cristalizada 458

O caráter distinto da cognição do adulto 458
- O papel da especialização 459
- Pensamento integrativo 459

Criatividade 460
- Características dos realizadores criativos 460
- Criatividade e idade 461

Trabalho e educação 461
- Trabalho e idade da aposentadoria 461

Sumário **xxxi**

Trabalho e desenvolvimento cognitivo   462

O aprendiz maduro   462

Resumo e palavras-chave   463

Janela para o mundo Diferenças culturais na menopausa   445

Pesquisa em ação Andropausa e terapia de reposição de testosterona   446

Capítulo 16
Desenvolvimento Psicossocial na Vida Adulta Intermediária   466

A trajetória de vida na meia-idade   467

Mudanças da meia-idade: abordagens teóricas   467

Modelos de traço   467

Modelos do estágio normativo   468

O momento dos eventos: o relógio social   469

O *self* na meia-idade: problemas e temas   471

Existe a crise da meia-idade?   471

Desenvolvimento da identidade   472

Bem-estar psicológico e saúde mental positiva   475

Relacionamentos na meia-idade   478

Teorias do contato social   478

Relacionamentos, gênero e qualidade de vida   479

Relacionamentos consensuais   480

Casamento   480

Coabitação   480

Divórcio   481

Estado civil, bem-estar e saúde   482

Relacionamentos homossexuais   483

Amizades   484

Relacionamentos com filhos maduros   485

Filhos adolescentes   485

Quando os filhos vão embora: o ninho vazio   485

Cuidando de filhos crescidos   486

Outros laços de parentesco   487

Relacionamentos com pais idosos   487

Relacionamentos com irmãos   490

Tornando-se avós   490

Resumo e palavras-chave   493

Pesquisa em ação Mudanças de carreira na meia-idade   473

Janela para o mundo A "geração sanduíche" global   489

Parte 8 VIDA ADULTA TARDIA   496

Dave and Les Jacobs/Blend Images LLC

Capítulo 17
Desenvolvimento Físico e Cognitivo na Vida Adulta Tardia   496

A velhice hoje   497

O envelhecimento da população   497

Do idoso jovem ao idoso mais velho   499

DESENVOLVIMENTO FÍSICO   500

Longevidade e envelhecimento   500

Tendências e fatores na expectativa de vida   501

Por que as pessoas envelhecem   502

Por quanto tempo a vida pode ser prolongada?   504

Mudanças físicas   506

Mudanças orgânicas e sistêmicas   506

O envelhecimento do cérebro   507

Funções sensoriais e psicomotoras   508

O sono   511

Funções sexuais   511

Saúde física e mental   512

Condições de saúde   512

Doenças crônicas e incapacidades   512

Influências do estilo de vida na saúde e na longevidade   513

Problemas comportamentais e mentais   515

DESENVOLVIMENTO COGNITIVO   519

Aspectos do desenvolvimento cognitivo   519

Inteligência e habilidades de processamento   520

Memória e envelhecimento   522

Sabedoria   525

Resumo e palavras-chave   526

Janela para o mundo O cuidado de idosos ao redor do mundo   499

Pesquisa em ação Os idosos mais velhos   505

Capítulo 18
Desenvolvimento Psicossocial na Vida Adulta Tardia   528

Teoria e pesquisa sobre o desenvolvimento da personalidade   529
- Erik Erikson: questões e tarefas normativas   529
- O modelo dos cinco fatores: traços de personalidade na velhice   529

O bem-estar na vida adulta tardia   531
- Enfrentamento (*coping*) e saúde mental   532
- Modelos de envelhecimento "bem-sucedido" ou "ideal"   535

Questões práticas e sociais relacionadas ao envelhecimento   537
- Trabalho e aposentadoria   537
- Como os idosos lidam com o aspecto financeiro?   540
- Esquemas de vida   540

Relacionamentos pessoais na terceira idade   544
- Teorias do contato social e do apoio social   545
- A importância dos relacionamentos sociais   545
- A família multigeracional   546

Relacionamentos conjugais   546
- Casamento de longa duração   546
- Viuvez   548
- Divórcio e novo casamento   548

Estilos de vida e relacionamentos não conjugais   549
- Vida de solteiro   549
- Coabitação   550
- Relacionamentos homossexuais   550
- Amizades   551

Laços de parentesco não conjugais   551
- Relacionamentos com filhos adultos   551
- Relacionamentos com irmãos   552

Resumo e palavras-chave   553

Janela para o mundo Estereótipos sobre envelhecimento ao redor do mundo   538

Pesquisa em ação Abuso contra idosos   544

Parte 9   O FINAL DA VIDA   556

Daniel Allan/Getty Images

Capítulo 19
Lidando com a Morte e o Sentimento de Perda   556

Os diversos significados da morte e do morrer   557
- Contexto cultural   557
- A revolução da mortalidade   557
- Assistência ao doente terminal   559

Enfrentando a morte e as perdas   559
- Mudanças físicas e cognitivas que precedem a morte   559
- Confrontando a própria morte   560
- Padrões de luto   561
- Atitudes em relação à morte e ao morrer durante o curso da vida   562

Perdas significativas   565
- A perda do cônjuge   565
- A perda de um dos pais na idade adulta   566
- A perda de um filho   567
- O luto de um aborto espontâneo   567

Questões médicas, legais e éticas: o "direito à morte"   568
- Suicídio   568
- Apressando a morte   570

Encontrando significado e propósito para a vida e para a morte   575
- Reavaliação de vida   575
- Desenvolvimento: um processo para a vida toda   576

Resumo e palavras-chave   576

Variações culturais nos rituais fúnebres   558

Suicídio assistido pelo médico   574

Glossário   579
Referências   589
Índice onomástico   715
Índice remissivo   749

Desenvolvimento Humano

Parte 1 SOBRE O DESENVOLVIMENTO HUMANO

capítulo

1

O Estudo do Desenvolvimento Humano

Pontos principais

Desenvolvimento humano: um campo em constante evolução

O estudo do desenvolvimento humano: conceitos básicos

Influências no desenvolvimento

Abordagem ao desenvolvimento do ciclo de vida

Objetivos de aprendizagem

Descrever o desenvolvimento humano e como o seu estudo evoluiu.

Descrever os domínios e períodos do desenvolvimento humano.

Dar exemplos das influências que diferenciam uma pessoa das outras.

Discutir os princípios da perspectiva do ciclo de vida.

LightField Studios/Shutterstock

Você **sabia** que...

▷ Em algumas sociedades não existe o conceito de adolescência nem o de meia-idade?

▷ Hoje muitos acadêmicos concordam que o conceito de raça não tem base biológica?

▷ Quase 13 milhões de crianças norte-americanas vivem na pobreza e correm risco de problemas de saúde, cognitivos, emocionais e comportamentais?

Neste capítulo, descrevemos como o próprio campo do desenvolvimento humano desenvolveu-se, identificamos aspectos do desenvolvimento e mostramos como estão inter-relacionados, resumimos os principais desenvolvimentos durante cada período da vida e examinamos as influências sobre o desenvolvimento e os contextos nos quais cada uma ocorre.

> *A única verdade que persiste é a mudança.*
> —Octavia Butler

Desenvolvimento humano: um campo em constante evolução

Desde o momento da concepção, tem início nos seres humanos um processo de transformação que continuará até o último de nós morrer. Uma primeira célula se divide, então se divide de novo e de novo e de novo, de forma organizada e orquestrada. Cada criança que nasce desse processo é um indivíduo único e especial, mas o desenvolvimento humano é, ainda assim, um processo regular e que segue um padrão determinado pelo nosso histórico evolutivo. Com o tempo, nasce um bebê que respira, grita, chora e começa a ser influenciado pelo mundo ao seu redor e que o influencia também. Os bebês crescem e se tornam crianças, então adolescentes, depois adultos. É só quando o coração deixa de bater e os neurônios do cérebro param de disparar que nossas histórias terminam. Este livro explora esses padrões de desenvolvimento.

O campo do **desenvolvimento humano** concentra-se no estudo científico dos processos sistemáticos de mudança e estabilidade que ocorrem nas pessoas. Os cientistas do desenvolvimento observam como as pessoas se transformam desde a concepção até a maturidade, bem como as características que permanecem razoavelmente estáveis.

O trabalho dos cientistas do desenvolvimento pode causar um grande impacto na vida das pessoas. Os resultados das pesquisas muitas vezes têm aplicações na criação, educação e saúde das crianças, e também nas diretrizes sociais em relação a elas. Por exemplo, pesquisas indicam que adiar o horário de início das aulas na segunda metade do ensino fundamental e no ensino médio produz resultados melhores para os alunos em uma série de indicadores. Quando o horário de início das aulas é transferido para as 8:30 da manhã ou mais tarde, os alunos têm maior probabilidade de informar mais horas de sono totais, menor sonolência durante o dia, menos dificuldade para permanecerem acordados em sala de aula, níveis menores de depressão e maior participação em atividades extracurriculares. Além disso, sua maior atenção está associada à maior segurança no trânsito para os que dirigem. Esses efeitos ocorrem porque aulas que iniciam mais tarde estão sincronizadas com os ritmos circadianos biológicos dos adolescentes, que impedem que a maioria deles vá se deitar cedo o suficiente à noite para dormirem tudo o que precisam (Watson et al., 2017; Minges & Redeker, 2016).

ESTUDANDO O CICLO DE VIDA

Quando o campo da psicologia do desenvolvimento surgiu enquanto disciplina científica, a maioria dos pesquisadores concentrava suas energias no desenvolvimento infantil. O crescimento e o desenvolvimento são mais óbvios durante essas fases, dada a rapidez das mudanças. No entanto, à medida que a ciência amadurecia, ficava claro que o desenvolvimento ia além da infância. Os pesquisadores atuais consideram que o **desenvolvimento do ciclo de vida** vai "do útero ao túmulo" e abrange todo o tempo de vida dos seres humanos, desde a concepção até a morte. Além disso, eles reconhecem que o desenvolvimento pode ser positivo (p. ex., aprender a controlar as necessidades fisiológicas e matricular-se na faculdade após a aposentadoria) ou negativo (p. ex., voltar a fazer xixi na cama após um evento traumático ou isolar-se na aposentadoria). Por esses motivos, eventos como o momento da vida em que ocorre a paternidade, o emprego materno e a satisfação conjugal também são estudados pela psicologia do desenvolvimento.

O DESENVOLVIMENTO HUMANO HOJE

À medida que o campo do desenvolvimento humano se desenvolvia, seus objetivos passaram a incluir descrição, explicação, previsão e intervenção. Por exemplo, para *descrever* quando a maioria das crianças pronuncia sua primeira palavra ou qual o tamanho de seu vocabulário em uma certa

---

desenvolvimento humano
Estudo científico dos processos de transformação e estabilidade ao longo de todo o ciclo de vida humano.

Os psicólogos do desenvolvimento ajudaram a identificar os principais marcos do desenvolvimento durante toda a infância. Muitos sites na internet que falam sobre parentalidade apresentam uma lista de marcos importantes que ajudam os pais a acompanharem o desenvolvimento dos seus filhos.

desenvolvimento do ciclo de vida
Conceito sobre o desenvolvimento humano como um processo que dura a vida toda e que pode ser estudado cientificamente.

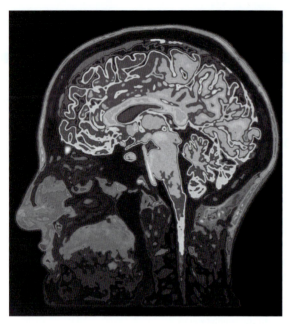

As técnicas de imageamento cerebral, como a ressonância magnética funcional (fMRI), a tomografia por emissão de pósitron (PET) e o eletroencefalograma (EEG), são usadas para mapear a localização de certos processos mentais nesse órgão.

SpeedKingz/Shutterstock

verificador
você é capaz de...

▷ Dar exemplos de aplicações práticas de pesquisas sobre desenvolvimento humano?

▷ Identificar quatro metas do estudo científico do desenvolvimento humano?

▷ Citar pelo menos seis disciplinas envolvidas no estudo do desenvolvimento humano?

desenvolvimento físico
Crescimento do corpo e do cérebro, incluindo os padrões de mudança nas capacidades sensoriais, habilidades motoras e saúde.

desenvolvimento cognitivo
Padrão de mudança nas habilidades mentais, como aprendizagem, atenção, memória, linguagem, pensamento, raciocínio e criatividade.

desenvolvimento psicossocial
Padrão de mudança nas emoções, personalidade e relações sociais.

idade, os cientistas do desenvolvimento observam grandes grupos de crianças e estabelecem normas, ou médias, para o comportamento em várias idades. Eles procuram assim *explicar* como as crianças adquirem a linguagem, e por que algumas crianças aprendem a falar mais tarde do que o usual. Com esse conhecimento, podem-se *prever* comportamentos futuros, tais como a probabilidade de uma criança ter sérios problemas com a fala. Por último, o conhecimento de como a linguagem se desenvolve pode ser utilizado para *intervir* no desenvolvimento, por exemplo, disponibilizando terapia fonoaudiológica para a criança.

O estudo científico do desenvolvimento humano está em constante evolução. As questões que os cientistas tentam responder, os métodos que utilizam e as explicações que propõem são mais sofisticados e mais diversificados do que eram há dez anos. Essas mudanças refletem o progresso no entendimento à medida que novas investigações questionam ou se apoiam naquelas que as antecederam. Também refletem os avanços na tecnologia. Hoje, os cientistas têm à sua disposição instrumentos mais precisos para medir movimentos oculares, ritmo cardíaco e tensão muscular. A tecnologia digital permite que analisem como mães e bebês se comunicam. Avanços nas técnicas de imageamento possibilitam sondar os mistérios do temperamento ou comparar o cérebro de um idoso com o cérebro de uma pessoa com demência.

O desenvolvimento é complicado. É um fenômeno complexo e multifacetado, moldado por arcos de influência que interagem entre si. Assim, o desenvolvimento deve ser estudado com o uso de múltiplas disciplinas e a sua interpretação deve ser informada por diversas orientações teóricas e de pesquisa. Logo, não surpreende que o estudo do desenvolvimento tenha sido interdisciplinar desde o início (Parke, 2004b). Os estudiosos do desenvolvimento humano recorrem colaborativamente a uma série de disciplinas, incluindo psicologia, psiquiatria, sociologia, antropologia, biologia, genética, ciência da família, educação, história e medicina. Este livro traz descobertas de pesquisas em todas essas áreas.

O estudo do desenvolvimento humano: conceitos básicos

Os cientistas do desenvolvimento estudam os processos de mudança e estabilidade em todos os domínios, ou aspectos, do desenvolvimento durante todos os períodos do ciclo de vida.

DOMÍNIOS DO DESENVOLVIMENTO

Os cientistas do desenvolvimento estudam os três principais *domínios*, ou aspectos, do eu: físico, cognitivo e psicossocial. O crescimento do corpo e do cérebro, as capacidades sensoriais, as habilidades motoras e a saúde fazem parte do **desenvolvimento físico**. Aprendizagem, atenção, memória, linguagem, pensamento, raciocínio e criatividade compõem o **desenvolvimento cognitivo**. Emoções, personalidade e relações sociais são aspectos do **desenvolvimento psicossocial**.

Embora neste livro tratemos separadamente do desenvolvimento físico, cognitivo e psicossocial, esses domínios estão intimamente interconectados. Mas para entender a sua complexidade, precisamos estabelecer limites. Logo, dividimos essas esferas de influência. Ainda assim, é importante lembrar que cada aspecto do desenvolvimento afeta os outros. O desenvolvimento infantil é uma rede complexa e entrelaçada de múltiplas influências, e entendê-las exige que pensemos com cuidado sobre as suas interações. Assim como uma mosca presa a um fio da teia reverbera por toda a estrutura, o desenvolvimento em uma área impacta todas as outras áreas. Por exemplo, o desenvolvimento físico afeta o cognitivo e o psicossocial. Uma criança com frequentes infecções no ouvido poderá desenvolver mais lentamente a linguagem do que outra que não tem esse problema físico. Durante a puberdade, mudanças físicas e hormonais dramáticas afetam o desenvolvimento do senso de identidade. Mudanças físicas no cérebro de alguns adultos idosos podem levar a uma deterioração intelectual e da personalidade.

Da mesma forma, avanços e declínios cognitivos estão relacionados a fatores físicos e psicossociais. Uma criança precoce no desenvolvimento da linguagem poderá provocar reações positivas nos outros e assim ter ganhos em termos de autovalor. O desenvolvimento da memória reflete ganhos ou perdas nas conexões físicas do cérebro. Um adulto que tem dificuldade para lembrar os nomes das pessoas pode sentir-se tímido em situações sociais.

E, por fim, o desenvolvimento psicossocial pode afetar o funcionamento cognitivo e físico. De fato, sem relações sociais significativas, a saúde física e mental terá problemas. A motivação e a autoconfiança são fatores importantes para o sucesso na escola, enquanto emoções negativas como a ansiedade podem prejudicar o desempenho. Pesquisadores chegaram a identificar possíveis ligações entre uma personalidade conscienciosa e a duração da vida.

Estas crianças estão empenhadas em todos os três domínios do desenvolvimento: percepção sensorial (desenvolvimento físico), aprendizagem (desenvolvimento cognitivo) e construção de relações sociais (desenvolvimento psicossocial).
Ariel Skelley/Blend Images LLC

PERÍODOS DO CICLO DE VIDA

A divisão do ciclo de vida em períodos é uma **construção social**: um conceito ou prática que é uma invenção de uma determinada cultura ou sociedade. Não há nenhum momento objetivamente definível em que uma criança se torna adulta ou um jovem torna-se velho. Como o conceito de infância é uma construção social, a forma que ela assume varia entre as culturas. Ao contrário da relativa liberdade que têm as crianças hoje nos Estados Unidos, esperava-se que as crianças pequenas no período colonial fizessem tarefas de adultos, como tricotar meias e fiar a lã (Ehrenreich & English, 2005). Pais da etnia inuit no Ártico canadense acreditam que crianças pequenas não são capazes de pensar e raciocinar e, portanto, são lenientes quando os filhos choram ou ficam bravos. Mas os pais da ilha de Tonga, no Pacífico, costumam bater nas crianças de 3 a 5 anos, cujo choro é atribuído à teimosia (Briggs, 1970; Morton, 1996).

Uma construção semelhante envolve a *adolescência*, um conceito recente que emergiu à medida que a sociedade se industrializou. Nos Estados Unidos, até o começo do século XX, os jovens eram considerados crianças até deixarem a escola, casarem ou arranjarem um emprego e entrarem no mundo adulto. Por volta da década de 1920, com a criação de escolas de ensino médio para satisfazer às necessidades de uma economia em crescimento, e com mais famílias capacitadas para sustentar uma educação formal ampliada para seus filhos, a fase da adolescência tornou-se um período distinto do desenvolvimento (Keller, 1999). Em algumas sociedades pré-industriais, como a dos índios chippewa, o conceito de adolescência não existe. Os chippewa têm apenas dois períodos na infância: do nascimento até quando a criança começa a andar, e daí até a puberdade. Aquilo que chamamos de adolescência faz parte da vida adulta (Broude, 1995).

Neste livro, seguimos uma sequência de oito períodos geralmente aceitos nas sociedades industriais ocidentais. Depois de descrever as mudanças cruciais que ocorrem no primeiro período, antes do nascimento, traçamos todos os três domínios do desenvolvimento na primeira infância, segunda infância, terceira infância, adolescência, adultez emergente, vida adulta intermediária e vida adulta tardia (Tabela 1.1). Para cada período após a primeira infância, combinamos o desenvolvimento físico e o cognitivo em um único capítulo.

As faixas etárias mostradas na Tabela 1.1 são aproximadas e um tanto arbitrárias. Isso é verdadeiro especialmente em relação à idade adulta, quando não há referenciais sociais ou físicos bem definidos, tais como o ingresso na escola ou a entrada na puberdade, para sinalizar a passagem de um período para o outro.

---

construção social
Conceito ou prática que pode parecer natural e óbvio àqueles que o aceitam, mas que na realidade é uma invenção de uma determinada cultura ou sociedade.

TABELA 1.1 Principais desenvolvimentos típicos em oito períodos do desenvolvimento humano

Faixa etária	Desenvolvimento físico	Desenvolvimento cognitivo	Desenvolvimento psicossocial
Período Pré-natal (da concepção ao nascimento)	Ocorre a concepção por fertilização normal ou por outros meios. Desde o começo, a dotação genética interage com as influências ambientais. Formam-se as estruturas e os órgãos corporais básicos: inicia-se o surto de crescimento do cérebro. O crescimento físico é o mais acelerado do ciclo de vida. É grande a vulnerabilidade às influências ambientais.	Desenvolvem-se as capacidades de aprender e lembrar, bem como as de responder aos estímulos sensoriais.	O feto responde à voz da mãe e desenvolve preferência por ela.
Primeira Infância (do nascimento aos 3 anos)	No nascimento, todos os sentidos e sistemas corporais funcionam em graus variados. O cérebro aumenta em complexidade e é altamente sensível à influência ambiental. O crescimento físico e o desenvolvimento das habilidades motoras são rápidos.	As capacidades de aprender e lembrar estão presentes, mesmo nas primeiras semanas. O uso de símbolos e a capacidade de resolver problemas se desenvolvem por volta do final do segundo ano de vida. A compreensão e o uso da linguagem se desenvolvem rapidamente.	Formam-se os vínculos afetivos com os pais e com outras pessoas. A autoconsciência se desenvolve. Ocorre a passagem da dependência para a autonomia. Aumenta o interesse por outras crianças.
Segunda Infância (3 a 6 anos)	O crescimento é constante; a aparência torna-se mais esguia e as proporções mais parecidas com as de um adulto. O apetite diminui e são comuns os distúrbios do sono. Surge a preferência pelo uso de uma das mãos; aprimoram-se as habilidades motoras finas e gerais e aumenta a força física.	O pensamento é um tanto egocêntrico, mas aumenta a compreensão do ponto de vista dos outros. A imaturidade cognitiva resulta em algumas ideias ilógicas sobre o mundo. Aprimoram-se a memória e a linguagem. A inteligência torna-se mais previsível. É comum a experiência do maternal e do jardim de infância.	O autoconceito e a compreensão das emoções tornam-se mais complexos; a autoestima é global. Aumentam a independência, a iniciativa e o autocontrole. Desenvolve-se a identidade de gênero. O brincar torna-se mais imaginativo, mais elaborado e, geralmente, mais social. Altruísmo, agressão e temor são comuns. A família ainda é o foco da vida social, mas outras crianças tornam-se mais importantes.
Terceira Infância (6 a 11 anos)	O crescimento torna-se mais lento. A força física e as habilidades atléticas aumentam. São comuns as doenças respiratórias, mas de um modo geral a saúde é melhor do que em qualquer outra fase do ciclo de vida.	Diminui o egocentrismo. As crianças começam a pensar com lógica, porém concretamente. As habilidades de memória e linguagem aumentam. Ganhos cognitivos permitem à criança beneficiar-se da instrução formal na escola. Algumas crianças demonstram necessidades educacionais e talentos especiais.	O autoconceito torna-se mais complexo, afetando a autoestima. A corregulação reflete um deslocamento gradual no controle dos pais para a criança. Os colegas assumem importância fundamental.

Faixa etária	Desenvolvimento físico	Desenvolvimento cognitivo	Desenvolvimento psicossocial
Adolescência (11 a aprox. 20 anos)	O crescimento físico e outras mudanças são rápidos e profundos. Ocorre a maturidade reprodutiva. Os principais riscos para a saúde emergem de questões comportamentais, como transtornos alimentares e abuso de drogas.	Desenvolve-se a capacidade de pensar em termos abstratos e de usar o raciocínio científico. O pensamento imaturo persiste em algumas atitudes e comportamentos. A educação concentra-se na preparação para a faculdade ou para a profissão.	A busca pela identidade, incluindo a identidade sexual, torna-se central. O relacionamento com os pais geralmente é bom. Os amigos podem exercer influência positiva ou negativa.
Adultez Emergente (20 a 40 anos)	A condição física atinge o auge, depois declina levemente. Opções de estilo de vida influenciam a saúde.	O pensamento e os julgamentos morais tornam-se mais complexos. São feitas as escolhas educacionais e vocacionais, às vezes após um período exploratório.	Traços e estilos de personalidade tornam-se relativamente estáveis, mas as mudanças na personalidade podem ser influenciadas pelas fases e acontecimentos da vida. São tomadas decisões sobre relacionamentos íntimos e estilos de vida pessoais, mas estes podem não ser duradouros. A maioria das pessoas casa-se e tem filhos.
Vida Adulta Intermediária (40 a 65 anos)	Pode ocorrer uma lenta deterioração das habilidades sensoriais, da saúde, do vigor e da força física, mas são grandes as diferenças individuais. As mulheres entram na menopausa.	As capacidades mentais atingem o auge; a especialização e as habilidades relativas à solução de problemas práticos são acentuadas. A produção criativa pode declinar, mas melhora em qualidade. Para alguns, o sucesso na carreira e o sucesso financeiro atingem seu máximo; para outros, poderá ocorrer esgotamento ou mudança de carreira.	O senso de identidade continua a se desenvolver; pode ocorrer uma transição para a meia-idade. A dupla responsabilidade pelo cuidado dos filhos e dos pais idosos pode causar estresse. A saída dos filhos deixa o ninho vazio.
Vida Adulta Tardia (65 anos em diante)	A maioria das pessoas é saudável e ativa, embora geralmente haja um declínio da saúde e das capacidades físicas. O tempo de reação mais lento afeta alguns aspectos funcionais.	A maioria das pessoas está mentalmente alerta. Embora inteligência e memória possam se deteriorar em algumas áreas, a maioria das pessoas encontra meios de compensação.	A aposentadoria pode oferecer novas opções para o aproveitamento do tempo. As pessoas desenvolvem estratégias mais flexíveis para enfrentar perdas pessoais e a morte iminente. O relacionamento com a família e com amigos íntimos pode proporcionar um importante apoio. A busca de significado para a vida assume uma importância fundamental.

Embora existam diferenças individuais na maneira como as pessoas lidam com eventos e questões características de cada período, os cientistas do desenvolvimento sugerem que certas necessidades básicas precisam ser satisfeitas e certas tarefas precisam ser dominadas para que ocorra um desenvolvimento normal. Os bebês, por exemplo, dependem dos adultos para comer, vestir-se e obter abrigo, além de contato humano e afeição. Eles formam vínculos com os pais e cuidadores, que também se apegam a eles. Com o desenvolvimento da fala e da autolocomoção, os bebês tornam-se mais autoconfiantes; eles precisam afirmar sua autonomia, mas também precisam da ajuda dos pais para estabelecer limites ao seu comportamento. Durante a segunda infância, as crianças passam a ter mais autocontrole e maior interesse por outras crianças. Durante a terceira infância, o controle sobre o comportamento aos poucos se desloca dos pais para os filhos e os colegas tornam-se cada vez mais importantes. A tarefa central da adolescência é a busca da identidade – pessoal, sexual e ocupacional. À medida que os adolescentes amadurecem fisicamente, passam a lidar com necessidades e emoções conflitantes enquanto se preparam para deixar o ninho parental.

Durante a adultez emergente, um período exploratório que vai do início a meados dos 20 anos, muitas pessoas ainda não estão prontas para se dedicar às tarefas típicas de jovens adultos: estabelecer estilos de vida independentes, ocupações e famílias. Por volta dos 30 anos, a maioria dos adultos já cumpriu com sucesso essas tarefas. Durante a vida adulta intermediária, é provável a ocorrência de algum declínio nas capacidades físicas. Ao mesmo tempo, muitos indivíduos de meia-idade encontram entusiasmo e desafios nas mudanças de vida – uma nova carreira e filhos adultos –, enquanto outros enfrentam a necessidade de cuidar de pais idosos. Na vida adulta tardia, as pessoas precisam enfrentar a perda de suas próprias faculdades, perdas de entes queridos e os preparativos para a morte. Se elas se aposentarem, deverão lidar com a perda de relacionamentos ligados ao trabalho, mas poderão sentir-se satisfeitas com as amizades, a família, com o trabalho voluntário e a oportunidade de explorar interesses antes negligenciados. Muitas pessoas idosas tornam-se mais introspectivas, buscando significado para suas vidas.

verificador
você é capaz de...

▷ Identificar os três domínios do desenvolvimento e dar exemplos de como eles estão inter-relacionados?

▷ Citar oito períodos do desenvolvimento humano e relacionar várias questões ou tarefas fundamentais de cada período?

Influências no desenvolvimento

O que torna cada pessoa única? Embora os estudiosos do desenvolvimento estejam interessados nos processos universais de desenvolvimento vivenciados por todos os seres humanos normais, eles também estudam as **diferenças individuais** nas características, nas influências e nos resultados do desenvolvimento. As pessoas diferem em gênero, altura, peso e compleição física; em saúde e nível de energia; em inteligência; e em temperamento, personalidade e reações emocionais. Os contextos de suas vidas também diferem: os lares, as comunidades e sociedades em que vivem, seus relacionamentos, as escolas que frequentam (ou se elas de fato vão para a escola) e o trabalho que fazem, e como passam seu tempo livre. Cada pessoa tem uma trajetória de desenvolvimento exclusiva, um caminho individual a trilhar. Um desafio da psicologia do desenvolvimento é identificar as influências universais sobre o desenvolvimento e então aplicá-las à compreensão das diferenças individuais nas trajetórias de desenvolvimento.

diferenças individuais
Diferenças nas características, nas influências ou nos resultados do desenvolvimento.

HEREDITARIEDADE, AMBIENTE E MATURAÇÃO

As influências sobre o desenvolvimento podem ser descritas de duas formas principais. Algumas influências são internas e motivadas pela **hereditariedade** e por processos biológicos. A hereditariedade pode ser conceitualizada como uma jogada de dados genética, consistindo em traços e características inatas fornecidas pelos pais biológicos da criança. Outras influências vêm do **ambiente** externo ao corpo, iniciando na concepção, com o ambiente pré-natal no útero, e continuando por toda a vida. A influência relativa da natureza (hereditariedade e processos biológicos) e da experiência (influências ambientais) é tema de debates acirrados, e os teóricos discordam sobre quanto peso dar a cada fator.

Atualmente, os cientistas encontraram meios de medir com mais precisão, em uma determinada população, o papel da hereditariedade e do ambiente no desenvolvimento de traços específicos. Quando, porém, consideramos uma determinada pessoa, a pesquisa relativa a quase todas as suas características aponta para uma combinação de hereditariedade e experiência. Assim, embora a inteligência seja fortemente influenciada pela hereditariedade, a estimulação parental, a educação, a influência dos amigos e outras variáveis também a afetam. Teóricos e pesquisadores contemporâneos estão mais interessados em descobrir meios de explicar como genética e ambiente operam juntos do que argumentar sobre qual dos fatores é mais importante.

hereditariedade
Traços ou características inatas herdadas dos pais biológicos.

ambiente
Totalidade das influências não hereditárias ou experienciais sobre o desenvolvimento.

Muitas mudanças típicas da primeira e da segunda infância, como a capacidade de andar e falar, estão vinculadas à **maturação** do corpo e do cérebro – o desdobramento de uma sequência natural de mudanças físicas e padrões de comportamento. À medida que as crianças tornam-se adolescentes e depois adultos, diferenças individuais nas características inatas e na experiência de vida passam a desempenhar um papel mais importante. Durante a vida toda, porém, a maturação continua influenciando certos processos biológicos como, por exemplo, o desenvolvimento do cérebro.

Mesmo nos processos a que todas as pessoas estão submetidas, os ritmos e os momentos do desenvolvimento variam. Ao longo deste livro, falamos sobre as idades médias para a ocorrência de certos eventos: a primeira palavra, o primeiro passo, a primeira menstruação, a emissão noturna, o desenvolvimento do pensamento lógico e a menopausa. Mas essas idades são apenas médias, e há uma grande variação entre as pessoas com respeito a essas normas. Somente quando o desvio da média for extremo é que devemos considerar o desenvolvimento como excepcionalmente adiantado ou atrasado.

Para entender o desenvolvimento humano, portanto, precisamos considerar as características *herdadas* que dão a cada pessoa um ponto de partida especial na vida. Também precisamos levar em conta os muitos fatores *ambientais* que afetam o desenvolvimento, especialmente contextos importantes como família, vizinhança, nível socioeconômico, raça/etnia e cultura. Precisamos considerar como a hereditariedade e o ambiente interagem. Precisamos entender quais dos processos de desenvolvimento são principalmente maturacionais e quais não são. Necessitamos observar as influências que afetam muitas ou a maioria das pessoas em determinada idade ou em determinado momento histórico, e também aquelas que afetam apenas certos indivíduos. Por último, precisamos observar como o momento da ocorrência pode afetar o impacto de certas influências.

maturação
Desdobramento de uma sequência natural de mudanças físicas e comportamentais.

Para ter um calo, você precisa de genes que de algum modo "façam calos", mas a ação ambiental de constante fricção da pele também é necessária, caso contrário nunca se formará um calo. Então, os calos têm mais a ver com a genética ou com o ambiente?

CONTEXTOS DO DESENVOLVIMENTO

Seres humanos são seres sociais. Desde o começo, desenvolvem-se em um contexto social e histórico. Para um bebê, o contexto imediato normalmente é a família, que, por sua vez, está sujeita às influências mais amplas e em constante transformação da vizinhança, da comunidade e da sociedade.

Família A **família nuclear** é uma unidade que compreende pai e mãe, ou apenas um deles, e seus filhos, sejam eles biológicos, adotados ou enteados. Historicamente, a família nuclear com pai e mãe foi a unidade familiar normativa nas sociedades ocidentais. Em 1960, 73% das crianças pertenciam a famílias com dois pais casados, em seu primeiro casamento, e 37% dos lares eram compostos de famílias nucleares. Em 2014, apenas 69% das crianças e 16% dos lares podiam ser descritos da mesma forma (Pew Research Center, 2015). Em vez de uma grande família rural em que pais e filhos trabalham lado a lado na propriedade da família, agora vemos famílias urbanas menores em que ambos os pais trabalham fora de casa e os filhos passam boa parte do tempo na escola ou na creche.

O número cada vez maior de divórcios também afetou a família nuclear. Filhos de pais divorciados talvez morem na casa da mãe ou do pai, ou poderão deslocar-se entre uma e outra. O lar dessa família pode incluir um padrasto ou madrasta e meios-irmãos, ou o

família nuclear
Unidade econômica e doméstica que compreende laços de parentesco envolvendo duas gerações e que consiste em pai e mãe, ou apenas um dos dois, e seus filhos biológicos, adotados ou enteados.

O lar de uma família extensa pode incluir avós, tias e primos.
Ronnie Kaufman/Blend Images/Alamy Stock Photo

família extensa
Rede de parentesco envolvendo muitas gerações e formada por pais, filhos e outros parentes, às vezes vivendo juntos no mesmo lar.

companheiro ou a companheira do pai ou da mãe. Há um número cada vez maior de adultos solteiros e sem filhos, pais não casados, lares de *gays* e lésbicas e lares inter-raciais (Krogstad, 2014). Não há mais uma forma dominante de família (Pew Research Center, 2015). Em vez disso, a melhor maneira de descrever as famílias na atualidade é observando que são caracterizadas pela diversidade.

Em muitas sociedades da Ásia, África e América Latina, e entre algumas famílias norte-americanas que remontam sua linhagem a países desses continentes, a **família extensa** – uma rede multigeracional que inclui avós, pai e mãe, tios, primos e outros parentes mais distantes – é a forma tradicional de família. Muitas pessoas vivem em lares extensos, onde têm contato diário com os familiares. Os adultos geralmente compartilham o sustento da família e as responsabilidades pela criação dos filhos, e os filhos mais velhos são responsáveis pelos irmãos e irmãs mais novos.

Hoje, lares extensos estão se tornando ligeiramente menos comuns em muitos países em desenvolvimento (Bradbury, Peterson, & Liu, 2014) devido em parte à industrialização e à migração para os centros urbanos (Kinsella & Phillips, 2005). Enquanto isso, nos Estados Unidos, pressões econômicas, escassez de moradias e crianças geradas fora do casamento ajudaram a alimentar uma tendência de lares de famílias com três e até quatro gerações. Em 2016, 20% da população dos Estados Unidos, totalizando 64 milhões de pessoas, viviam em famílias multigeracionais, um recorde. Esse número tem aumentado continuamente desde que atingiu seu menor ponto no começo da década de 1980 (Cohn & Passel, 2018).

Lares multigeracionais tornaram-se mais comuns nos últimos anos por diversas razões. Primeiro, porque tanto homens quanto mulheres estão casando mais tarde, e assim continuam morando em casa por mais tempo do que de costume. Isso passa a ser mais comum durante recessões na economia norte-americana. Segundo, por causa do influxo de populações imigrantes desde 1970. Esses imigrantes estão mais propensos do que as famílias nativas a procurar lares multigeracionais por questões de praticidade e também de preferência. De fato, mesmo entre os não imigrantes, raça e etnia influenciam. Latinos, afro-americanos e asiáticos estão mais propensos a viver em famílias multigeracionais do que os brancos. O último motivo para esse aumento é que as pessoas agora vivem mais, e pais idosos às vezes se beneficiam da inclusão na casa de seus filhos (Krogstad, 2015).

Nível socioeconômico A pobreza é um problema global. Apesar de o número de pessoas pobres ter diminuído em mais de 1,1 bilhão desde 1990, mais de 736 milhões sobreviviam com menos de 1,90 dólares por dia em 2015 (Figura 1.1). Algumas regiões já atingiram suas metas para 2030 de reduzir a pobreza para menos de 3%, incluindo Leste Asiático, Pacífico, Europa e Ásia Central, mas a África Subsaariana ainda tem fortes dificuldades nesse sentido. A maioria da população pobre mundial mora em zonas rurais, trabalha na agricultura e tem baixa escolaridade (World Bank, 2018).

A pobreza também é um problema nos Estados Unidos. O número de crianças em famílias pobres ou de baixa renda aumentou desde a recessão de 2008 (Jiang, Ekono, & Skinner, 2016). Em 2017, cerca de 12,8 milhões de crianças norte-americanas, ou 17,5% do total, viviam na pobreza, o que representava o grupo mais pobre do país. Quase 6 milhões delas viviam na pobreza extrema, definida como menos de 12.642 dólares por ano para uma família de quatro pessoas. As crianças mais jovens, que são as mais vulneráveis, também são aquelas com a maior probabilidade de viver na pobreza (Children's Defense Fund, 2018).

Embora não sejam afetadas na mesma proporção, as crianças de famílias de baixa e média renda, mesmo aquelas acima da linha da pobreza, ainda estão em desvantagem em relação aos seus colegas mais ricos quanto à estabilidade no emprego e desigualdade de renda (Foundation for Child Development, 2015). Nos Estados Unidos, raça ou etnia muitas vezes estão associadas ao **nível socioeconômico**. Crianças afro-americanas, asiáticas, ilhéus do Pacífico, nativas americanas, nativas do Alasca e hispânicas estão mais propensas a viver na pobreza do que suas colegas brancas (Kids Count Data Center, 2017; Children's Defense Fund, 2018).

A pobreza é estressante e pode prejudicar o bem-estar físico, cognitivo e psicossocial das crianças e das famílias. As crianças mais pobres têm maior probabilidade do que as outras de passar fome, ficam doentes com mais frequência, têm menos acesso a serviços de saúde, vivenciam mais situações de violência e conflito familiar e demonstram mais problemas emocionais ou comportamentais (National Academies of Sciences Engineering and Medicine, 2019; Schickedanz, Dreyer, & Halfon, 2015; Eckenrode, Smith, McCarthy, & Dineen, 2014; Yoshikawa, Aber, & Beardslee, 2012). Seu potencial cognitivo e o desempenho na escola também são mais prejudicados (Wolf, Magnuson, & Kimbro, 2017; Hair, Hanson, Wolfe, & Pollak, 2015).

Quando estamos imersos em uma cultura, é difícil perceber o quanto do que fazemos é afetado por ela. Por exemplo, há diferenças regionais nos Estados Unidos em relação a como são chamados os refrigerantes. O termo "pop" é mais comum no Meio-Oeste, nas Grandes Planícies e no Noroeste; "coke" é o termo geralmente usado no Sul e no Novo México; e "soda" é usado principalmente na Califórnia e nos estados da fronteira.

nível socioeconômico (NSE)
Combinação de fatores econômicos e sociais que descreve um indivíduo ou uma família, e que inclui renda, educação e ocupação.

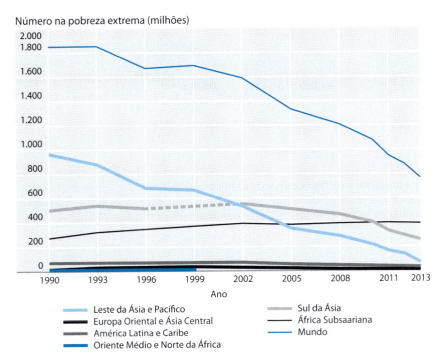

FIGURA 1.1
Número na pobreza extrema, 1990-2013.

Fonte: Grupo World Bank (2016).

O mal causado pela pobreza muitas vezes é indireto, pelo impacto causado no estado emocional dos pais e na parentalidade, bem como no ambiente doméstico. As ameaças ao bem-estar, como geralmente acontece, multiplicam-se quando vários **fatores de risco** – condições que aumentam a probabilidade de uma consequência negativa – estão presentes. Além disso, quanto mais cedo inicia a pobreza, mais tempo ela dura, e quanto maior a concentração de pobreza na comunidade em que as crianças moram, piores os resultados para elas (Chaudry & Wimer, 2016).

Contudo, os efeitos negativos da pobreza não são inevitáveis. O desenvolvimento positivo ainda pode ocorrer, apesar de sérios fatores de risco. Por exemplo, fatores como parentalidade apoiadora (Morris et al., 2017; Brody et al., 2017; Barton, Yu, Brody, & Ehrlich, 2018) ou determinados perfis de temperamento (Moran et al., 2017; Rudasill, Hawley, LoCasale-Crouch, & Buhs, 2017) podem proteger as crianças dos efeitos nocivos. Considere a escritora Maya Angelou, ganhadora do Prêmio Pulitzer; a cantora Shania Twain; o rapper, compositor e produtor musical Jay-Z; e a produtora e apresentadora de televisão Oprah Winfrey. Todos cresceram na pobreza.

A riqueza, além disso, nem sempre protege as crianças contra riscos. Pesquisas indicam que os adolescentes de famílias ricas, especialmente as meninas, correm risco maior de sofrer de problemas com uso de drogas e têm níveis mais elevados do que as médias nacionais. Teoriza-se que a causa seja a combinação de maiores níveis de renda disponível com maior tolerância dos pais a uso de drogas em relação a outras violações, como roubo ou problemas acadêmicos (Luthar & Goldstein, 2008). Embora parte desse risco maior possa ser causada pela pressão para ter sucesso e pela falta de supervisão dos pais ocupados (Luthar & Latendresse, 2005), grande parte do resultado parece ser causada pela associação com pares desviantes no contexto escolar (Coley, Sims, Dearing, & Spielvogel, 2018).

Cultura e raça/etnia   A **cultura** refere-se ao modo de vida global de uma sociedade ou grupo, que inclui costumes, tradições, leis, conhecimento, crenças, valores, linguagem e produtos materiais, de ferramentas a trabalhos artísticos – todo comportamento e todas as atitudes aprendidas, compartilhadas e transmitidas entre os membros de um grupo social. A cultura está em constante mudança, geralmente mediante contato com outras culturas. Hoje, o contato cultural é incrementado por computadores e pelas telecomunicações. O e-mail, as mensagens instantâneas e as mídias sociais oferecem uma comunicação quase imediata em todo o planeta, e serviços digitais como o iTunes dão a pessoas do mundo inteiro fácil acesso a músicas e filmes.

fatores de risco
Condições que aumentam a probabilidade de uma consequência negativa no desenvolvimento.

Nos Estados Unidos, as pessoas estão muito mais propensas a revelar informações pessoais do que no Japão. E por quê? Uma das razões pode ser a estrutura social mais livre naquele país. Quando você pode fazer e desfazer amizades com facilidade, é preciso fortalecer os vínculos sociais o máximo possível.

Schug, Yuki, & Maddux, 2010

cultura
O modo de vida global de uma sociedade ou de um grupo, que inclui costumes, tradições, crenças, valores, linguagem e produtos materiais – todo comportamento adquirido que é transmitido dos pais para os filhos.

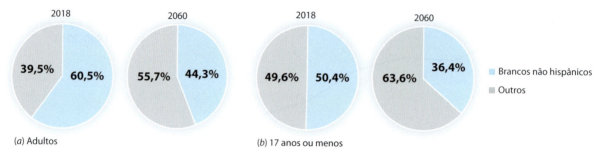

FIGURA 1.2
Projeções populacionais para grupos minoritários e de brancos não hispânicos, 2018-2060.
De acordo com projeções da Agência de Recenseamento dos Estados Unidos (U.S. Census Bureau), as minorias étnicas representarão a maioria da população do país até 2045. A população branca é mais velha, cresce mais lentamente e, prevê-se, irá diminuir.
Fonte: U.S. Census Bureau, 2008a; Frey, 2018.

grupo étnico
Grupo unido por ancestralidade, raça, religião, língua ou origens nacionais, que contribuem para formar um senso de identidade comum.

Um **grupo étnico** consiste em pessoas unidas por determinada cultura, ancestralidade, religião, língua ou origem nacional, tudo isso contribuindo para formar um senso de identidade, atitudes, crenças e valores comuns. Acredita-se que, até 2044, as minorias étnicas dos Estados Unidos representem a maioria da população (Figura 1.2). Essa marca já foi quase atingida pelas crianças de minorias étnicas, que compreendiam algo em torno de 48% de todas as crianças nos Estados Unidos em 2014. Prevê-se que, até 2060, 64% das crianças pertençam àqueles grupos que agora são minoritários, e a proporção de crianças hispânicas ou latinas – 33,5% – será quase igual aos 35,6% de brancos não hispânicos (Colby & Ortman, 2015).

Os padrões étnicos e culturais afetam o desenvolvimento por sua influência na composição de uma família, nos recursos econômicos e sociais, no modo como seus membros agem em relação uns aos outros, nos alimentos que comem, nos jogos e nas brincadeiras das crianças, na forma como aprendem, no aproveitamento escolar, nas profissões escolhidas pelos adultos e na maneira como os membros da família pensam e percebem o mundo (Parke, 2004b). Por exemplo, um estudo concluiu que pais imigrantes hispânicos têm menor probabilidade de bater nos filhos jovens do que pais hispânicos nascidos nos Estados Unidos (Lee & Altschul, 2015). Presume-se que as famílias hispânicas que moram nos Estados Unidos há mais tempo adotaram normas culturais norte-americanas sobre quando a punição corporal é uma estratégia disciplinar apropriada para crianças pequenas (Taylor et al., 2016).

Os Estados Unidos sempre foram uma nação de imigrantes e grupos étnicos, mas a principal origem étnica da população imigrante deslocou-se da Europa e do Canadá para a Ásia e a América Latina (Hernandez, 2004). Em 2007, mais de 20% da população era de imigrantes ou filhos de imigrantes. Mais imigrantes vieram do México do que de qualquer outro país, e o restante veio de nações do Caribe, do leste e do oeste da Ásia, Austrália, Américas Central e do Sul, Indochina, antiga União Soviética e África. Para informações atualizadas sobre a situação atual da imigração nos Estados Unidos, ver Seção Janela para o Mundo.

É importante lembrar que há uma grande diversidade dentro de amplos grupos étnicos. Americanos originários de Cuba, América do Sul e América Central são todos americanos hispânicos, mas têm diferentes histórias e culturas, e podem ser descendentes de africanos, europeus, nativos americanos ou uma mistura deles. Afro-americanos do sul rural diferem daqueles de ascendência caribenha. Americanos

A existência de Marcia e Millie Biggs, gêmeas fraternas que compartilham aproximadamente 50% dos seus genes, questiona o conceito de raça enquanto construto biológico.
Worldwide Features/Barcroft Media/Getty Images

JANELA para o mundo

FAMÍLIAS DE IMIGRANTES

Os Estados Unidos são uma nação de imigrantes, conhecida pela sua diversidade cultural e que atrai pessoas que buscam refúgio, liberdade, segurança financeira ou uma segunda chance na vida. Em 2016, estima-se que 43,7 milhões de imigrantes (13,5% da população) moravam nos Estados Unidos (Zong, Batalova, & Hallock, 2018).

As origens étnicas da população imigrante mudaram significativamente nos últimos 100 anos. Em 1910, a maioria dos imigrantes nos Estados Unidos vinham da Europa e do Canadá. Em 2010, a grande maioria dos imigrantes vinham do México, da Ásia e do Caribe. Desde então, os maiores aumentos percentuais ocorreram entre imigrantes do sul da Ásia, Oriente Médio e norte da África. Contudo, mais imigrantes vêm do México (25%) do que de qualquer outro país (Camarota & Zeigler, 2016). Mas esse cenário pode estar mudando: há indícios de que a imigração da China e da Índia está se acelerando, enquanto a mexicana está em queda (Chishti & Hipsman, 2015).

Um quarto (25,8%) das crianças nos Estados Unidos vivia em famílias de imigrantes em 2016, e 88,2% delas haviam nascido nos Estados Unidos, o que as tornava cidadãs norte-americanas (Children in U.S. Immigrant Families, 2016). As crianças imigrantes são o grupo que cresce mais rápido nos Estados Unidos. As ondas de imigração anteriores foram predominantemente de pessoas brancas e cristãs, mas a nova onda tem diversidade muito maior.

As famílias de imigrantes precisam navegar por diferenças culturais, religiosas e de linguagem, e muitas vezes também de ética e de valores. Os imigrantes podem chegar com pouca escolaridade e muitas vezes não possuem documentação. Assim, apesar de haver poucas diferenças nos indicadores de trabalho entre imigrantes e nativos nos Estados Unidos, os primeiros têm probabilidade maior de ter empregos com salários baixos e que envolvem trabalho manual. Não surpreende, então, que 21% das famílias de imigrantes vivam na pobreza. Em 2014, 42% das famílias de imigrantes usavam pelo menos um programa de bem-estar social do governo, em comparação com 27% dos nativos, um numero determinado principalmente pela presença de crianças nascidas nos Estados Unidos (Camarota & Zeigler, 2016). Apesar de a maioria dessas famílias estar legalmente qualificada para receber serviços e contribuir com impostos, 18% das famílias de imigrantes não tinham seguro saúde e acesso a serviços de saúde adequados.

Muitos imigrantes convivem com o medo de serem interrogados e deportados e são vítimas de racismo e discriminação. Em 2012, surgiu o programa DACA (*Deferred Action for Childhood Arrivals* — Ação Diferida para Chegadas na Infância), projetado para permitir que os filhos de imigrantes, muitas vezes levados aos Estados Unidos enquanto ainda bebês ou crianças pequenas, tivessem mais tempo para resolver sua documentação, obtivessem vistos de trabalho e ganhassem um período renovável de dois anos para diferir ações relativas à deportação. Indivíduos com crimes ou contravenções graves no seu histórico não tinham direito a participar do programa (Department of Homeland Security, 2016). Em 2014, o presidente Barack Obama tentou expandir o programa, embora este tenha sido bloqueado pela Suprema Corte. Em 2017, o presidente Donald Trump rescindiu a expansão e anunciou planos para eliminar gradualmente o DACA. A sua constitucionalidade foi questionada (*State of Texas v. United States of America*, 2018), mas o programa continua ativo. Seu futuro, no entanto, é incerto.

Apesar de a imigração poder ser difícil, quanto mais tempo ficam nos Estados Unidos, mais os imigrantes avançam. À medida que vão se aculturando, as mesmas lutas são menos proeminentes nas famílias de imigrantes de segunda e terceira geração. E os imigrantes trazem diversidade racial, cultural e étnica ao país, o que permite que os americanos descubram novas formas de viver, novas línguas, religiões e culinárias. Os imigrantes também trazem ideias inovadoras e benefícios econômicos. Um quarto de todas as empresas de engenharia e tecnologia dos Estados Unidos fundadas entre 1995 e 2005 tinham pelo menos um fundador imigrante (The Effects of Immigration on the United States' Economy, 2016). Mais de metade de todas as patentes concedidas em 2014 foram para indivíduos nascidos no exterior (Grenier, 2014). Os imigrantes muitas vezes trabalham na agricultura, serviços de alimentação, manutenção, construção e indústria. Muitos desses setores entrariam em colapso sem a mão de obra dos imigrantes (Jacobi, 2012). Às vezes, é fácil esquecer que os Estados Unidos foram fundados por imigrantes e qual foi o papel dos nossos ancestrais nesse processo. A imigração continuará a trazer profundidade e riqueza à nação e à sua cultura.

---

qual a sua opinião?

Você (ou algum membro da sua família) é imigrante ou filho de imigrantes? Em caso positivo, quais os fatores que favoreceram ou dificultaram sua adaptação à vida no país em que você mora? Como você imagina a vida dos filhos de imigrantes daqui a 40 anos?

generalização étnica
Generalização exagerada a respeito de um grupo étnico ou cultural que obscurece as diferenças existentes dentro do grupo.

normativo
Característica de um evento que ocorre de modo semelhante para a maioria das pessoas de um grupo.

geração histórica
Grupo de pessoas que, durante seu período de formação, recebeu forte influência de um importante evento histórico.

▷ **verificador**
você é capaz de...

▷ Dar exemplos das influências da composição familiar e vizinhança, nível socioeconômico, cultura, raça/etnia e contexto histórico?

O uso disseminado dos computadores é uma influência normativa sobre o desenvolvimento da criança, regulada pela história, e que não existia nas gerações anteriores.
JGI/Jamie Grill/Getty Images

asiáticos provêm de vários países com culturas distintas, do moderno Japão industrial à China e às montanhas remotas do Nepal, onde muitas pessoas ainda vivem à moda antiga. Os nativos americanos são constituídos por centenas de nações, tribos, bandos e vilas reconhecidos. Dada essa diversidade interna dos grupos, termos como *negro* ou *hispânico* podem ser uma **generalização étnica** exagerada, que obscurece ou confunde essas variações.

O termo *raça*, visto histórica e popularmente como uma categoria biológica identificável, é definido mais precisamente como um construto social. Não há nenhum consenso científico sobre sua definição, sendo impossível medi-lo de modo confiável (Helms, Jernigan, & Mascher, 2005; Smedley & Smedley, 2005). Todos os seres humanos pertencem à mesma classificação taxonômica: *Homo sapiens*. Contudo, pessoas de diferentes regiões geográficas possuem diferenças importantes de aparência; observe, por exemplo, as variações de cor de pele entre as pessoas de países do norte da Europa e as da África. Essas diferenças proeminentes levaram algumas pessoas a tratarem e falarem sobre as outras de forma diferente, apesar de 90% da variação humana ocorrer dentro das raças socialmente definidas, não entre elas (Bonham, Warshauer-Baker, & Collins, 2005; Ossorio & Duster, 2005). A raça, como categoria social, entretanto, continua sendo um dos fatores nas pesquisas porque faz diferença em relação a "como os indivíduos são tratados, onde vivem, suas oportunidades de emprego, a qualidade de sua assistência médica e se podem participar plenamente" em sua sociedade (Smedley & Smedley, 2005, p. 23).

As categorias de cultura, raça e etnia são fluidas e "continuamente moldadas e redefinidas por forças sociais e políticas" (Fisher et al., 2002, p. 1026). A dispersão geográfica e os casamentos inter-raciais, combinados com a adaptação às diversas condições locais, produziram uma grande heterogeneidade de características físicas e culturais nas populações (Smedley & Smedley, 2005). Assim, Barack Obama, cujo pai é negro e africano, e a mãe, americana e branca, poderá pertencer a mais de uma categoria racial/étnica e se identificar mais fortemente com uma ou outra em diferentes momentos (Hitlin, Brown, & Elder, 2006).

O contexto histórico Houve época em que os cientistas do desenvolvimento davam pouca atenção ao contexto histórico – o tempo, ou época, em que as pessoas vivem. Depois, quando os primeiros estudos longitudinais sobre a infância estenderam-se até a idade adulta, os pesquisadores começaram a se concentrar em como certas experiências, ligadas ao tempo e ao lugar, afetam o curso de vida das pessoas. Hoje, o contexto histórico é parte importante do estudo do desenvolvimento.

INFLUÊNCIAS NORMATIVAS E NÃO NORMATIVAS

Para entender semelhanças e diferenças no desenvolvimento, precisamos olhar para dois tipos de influências **normativas**: eventos biológicos ou ambientais que afetam muitas pessoas, ou a maioria delas, em uma sociedade, e eventos que atingem apenas certos indivíduos (Baltes & Smith, 2004).

Influências normativas reguladas pela idade (ou etárias) são muito semelhantes para pessoas de uma determinada faixa etária. O tempo de ocorrência de eventos biológicos é razoavelmente previsível dentro de uma faixa normal. Por exemplo, as pessoas não passam pela experiência da puberdade aos 35 anos ou da menopausa aos 12.

Influências normativas reguladas pela história são eventos significativos (tais como a Grande Depressão e a Segunda Guerra Mundial) que moldam o comportamento e as atitudes de uma **geração histórica**: um grupo de pessoas que passa pela experiência do evento em um momento formativo de suas vidas. Por exemplo, as gerações que se tornaram maiores de idade durante a Depressão e a Segunda Guerra tendem a mostrar um forte senso de interdependência e confiança social, que declinou entre as gerações mais recentes (Rogler, 2002). Dependendo de quando e onde vivem, gerações inteiras podem sentir o impacto da escassez de alimentos, das explosões nucleares ou dos ataques terroristas. Nos países ocidentais, os avanços da medicina, bem como os aperfeiçoamentos na nutrição e

Patinhos recém-nascidos seguiam e apegavam-se ao primeiro objeto em movimento que viam, no caso o etnólogo Konrad Lorenz. Lorenz chamou esse comportamento de imprinting.

Nina Leen/The LIFE Picture Collection/Getty Images

Atualmente, a presença da mídia acarreta uma influência normativa em crianças pequenas, que hoje utilizam com habilidade aplicativos de iPhone desenvolvidos especialmente para elas. Como isso poderá moldar seu desenvolvimento?

Stout, 2010

no saneamento, reduziram dramaticamente a mortalidade infantil. Hoje, à medida que as crianças vão crescendo, são influenciadas por computadores, televisão digital, internet e outras inovações tecnológicas. As mudanças sociais, como o aumento da presença de mães no mercado de trabalho e de lares de pais ou mães solteiros alteraram, e muito, a vida familiar.

Uma geração histórica não é a mesma coisa que uma **coorte** etária – um grupo de pessoas nascido aproximadamente na mesma época. Uma geração histórica pode conter mais de uma coorte, mas as coortes fazem parte de uma geração histórica somente se passarem pela experiência de importantes eventos históricos em um momento formativo de suas vidas (Rogler, 2002).

Influências **não normativas** são eventos incomuns que causam grande impacto na vida dos *indivíduos* por perturbarem a sequência esperada do ciclo de vida. Podem ser eventos típicos que acontecem em um momento atípico da vida (como a morte de um dos pais quando a criança é pequena) ou eventos atípicos (p. ex., sobreviver a um acidente aéreo). Algumas dessas influências estão além do controle da pessoa e podem apresentar raras oportunidades ou sérios desafios, que são percebidos como momentos decisivos na vida. Por outro lado, as pessoas às vezes ajudam a criar seus próprios eventos não normativos – digamos, ao decidirem ter um bebê, ou ao se interessarem por *hobbies* perigosos como praticar *skydiving* – e assim participar ativamente de seu próprio desenvolvimento. Juntos, esses três tipos de influência – normativa regulada pela idade, normativa regulada pela história e não normativa – contribuem para a complexidade do desenvolvimento humano, bem como para os desafios que as pessoas vivenciam ao tentar construir suas vidas.

coorte
Grupo de pessoas nascidas aproximadamente na mesma época.

não normativo
Característico de um evento incomum que acontece com uma determinada pessoa ou de um evento típico que ocorre fora de seu período usual.

verificador
você é capaz de...

▷ Dar exemplos de influências normativas reguladas pela idade, normativas reguladas pela história e não normativas?

CRONOLOGIA DAS INFLUÊNCIAS: PERÍODOS CRÍTICOS OU SENSÍVEIS

Em um estudo muito conhecido, o zoólogo austríaco Konrad Lorenz (1957) mostrou que patinhos recém-chocados seguem instintivamente o primeiro objeto em movimento que eles virem, seja um membro de sua espécie ou não. Esse fenômeno chama-se ***imprinting***, e Lorenz acreditava que fosse automático e irreversível. Geralmente, a ligação instintiva é com a mãe; quando o curso natural dos eventos for perturbado, porém, outros vínculos, como aquele estabelecido com Lorenz – ou nenhum vínculo – podem se formar. O *imprinting*, dizia Lorenz, é o resultado de uma *predisposição à aprendizagem*: a prontidão do sistema nervoso de um organismo para adquirir certas informações durante um breve *período crítico* no começo da vida.

Período crítico é um intervalo de tempo específico em que um determinado evento, ou a sua ausência, causa um impacto específico sobre o desenvolvimento. Se um evento necessário não ocorrer durante um período crítico de maturação, o desenvolvimento normal não ocorrerá, e os padrões anormais poderão ser irreversíveis (Kuhl, Conboy, Padden, Nelson, & Pruitt, 2005). No entanto, a extensão de um período crítico não é absolutamente fixa; se as condições de criação de patinhos forem alteradas para desacelerar seu crescimento, o período crítico usual para o *imprinting* poderá ser estendido e o próprio *imprinting* talvez seja até revertido (Bruer, 2001).

imprinting
Forma instintiva de aprendizagem em que um filhote de animal, durante um período crítico no início de seu desenvolvimento, estabelece um vínculo com o primeiro objeto que ele vê em movimento, geralmente a mãe.

período crítico
Intervalo de tempo específico em que um determinado evento ou sua ausência causa um impacto específico sobre o desenvolvimento.

pesquisa em ação

MANHÊS

Imagine que está com um bebezinho nos braços. Você começa a falar, ele abre um sorriso desdentado. Você nota alguma diferença na sua fala? Suas palavras são mais simples? Você faz sons bobos para chamar a atenção dele?

A pesquisa transcultural nos ajuda a descobrir quais aspectos do nosso comportamento são universais (ou seja, comuns a todos os seres humanos) e quais são culturalmente específicos, produtos da nossa criação. Uma área de pesquisa transcultural envolve o "manhês", os padrões de fala diferenciados usados com crianças pequenas pré-verbais. O manhês, ou fala dirigida ao bebê (ID – *infant-directed*), inclui gramática simplificada, ritmo mais lento, variações de tom, intonação exagerada e repetição de expressões e palavras-chave (Estes & Hurley, 2013; Ma, Golinkoff, Houston, & Hirsh-Pasek, 2011). Ambos os gêneros utilizam a fala ID (Pegg, Werker, & McLeod, 1992; Soderstrom, 2007). A fala ID é altamente envolvente para os bebês e atrai a sua atenção para a linguagem falada. Os adultos falam dessa forma até com os recém-nascidos (Johnson, Caskey, Rand, Tucker, & Vohr, 2014), e bebês de apenas 7 meses já demonstram preferências por fala ID. Na verdade, os bebês prestam atenção especial à fala ID até em idiomas que não o próprio. Pegg, Werker e McLeod (1992) descobriram que a intonação exagerada da fala ID (a elevação e diminuição da voz) atrai os bebês, seja ela apresentada no seu inglês nativo ou em cantonês.

O inglês dos Estados Unidos é o idioma mais estudado do mundo com relação à fala ID, mas há evidências de "manhês transcultural" (p. ex., francês, espanhol, hebraico, japonês, fijiano e luo, um idioma do Quênia e da Tanzânia). Também há semelhanças de prosódia (sílabas tônicas e intonação) entre diferentes idiomas (Broesch & Bryant, 2015; Soderstrom, 2007). Um estudo sobre vocalização de mãe para bebê em 11 países sugere que a fala ID envolve os bebês na função social da linguagem. O manhês captura a atenção e provoca vocalizações de uma forma conversacional que promove os turnos de fala (Bornstein, Putnick, Cote, Haynes, & Suwalsky, 2015).

A fala ID também pode ajudar a transmitir normas culturais. Fernald e Morikawa (1993) determinaram que as mães norte-americanas usam a identificação de substantivos com mais frequência ("Olha só o carro... Estas são as rodas"), enquanto as mães japonesas usam a fala ID para enfatizar interações sociais ("O carro faz 'vruuum'... Eu dou para você... Você me devolve"). As mães japonesas também enfatizavam as normas culturais de empatia e boa educação na fala ID, promovendo valores culturais de interdependência, interconexão e harmonia. Mastin e Vogt (2016) chegaram a uma conclusão parecida em um estudo com bebês moçambicanos. No interior do Moçambique, utilizam-se mais palavras relativas a parentesco, o que enfatiza valores coletivos, em relação às áreas mais urbanas.

Algumas culturas desencorajam a fala ID. No Quênia, os gusii não acreditam que seja útil ou necessário conversar com bebês (Richman, Miller, & LeVine, 2010). Os ifaluk da Micronésia não veem sentido no manhês, pois acredita-se que os bebês não possuem capacidade de entendimento (Le, 2000), e os moradores de vilarejos remotos no Senegal temem que espíritos maléficos venham a possuir os bebês com os quais alguém conversa (Weber, Fernald, & Dion, 2017; Zeitlin, 2011). Como consequência, nessas culturas, quase não ocorrem esforços no sentido de se falar com bebês, apesar do contato quase constante com seus cuidadores.

A fala ID está associada a diversos benefícios, incluindo a associação dos sons de palavras com sentidos (Estes & Hurley, 2013; Ma, Golinkoff, Houston, & Hirsch-Pasek, 2011; Bergelson & Swingley, 2012), maior reconhecimento de palavras no longo prazo (Singh, Nestor, Parikh, & Yull, 2009) e maior atividade neurológica quando as palavras são enunciadas em fala ID (Zangl & Mills, 2007). A natureza chamativa da fala ID orienta os bebês em direção à linguagem falada, enquanto a sua natureza simplificada e repetitiva funciona como uma estrutura que apoia a aquisição da linguagem. A fala ID não é a única fonte de linguagem e pode representar apenas 15% da linguagem total. As crianças também escutam os adultos falarem uns com os outros e com seus irmãos, e aprendem com isso. A preferência por fala ID começa a diminuir já aos 9 a 12 meses de idade, quando os bebês se tornam linguisticamente mais sofisticados (Soderstrom, 2007). É interessante que as crianças pequenas adquirem fluência mais ou menos na mesma época em todo o mundo, independentemente do uso ou não uso da fala ID. A linguagem, ao que parece, é importante demais para ser deixada ao acaso.

---

qual a sua opinião? O "manhês" é uma prática comum na sua cultura? E quanto a cantar músicas de ninar, ler livros e contar histórias para bebês pré-verbais? Como você continuaria a estimular o desenvolvimento da linguagem após os bebês começarem a reagir com balbucios ou suas primeiras palavras?

Os seres humanos passam por períodos críticos como os patinhos? Se uma mulher é submetida a raios X, ingere certos medicamentos ou contrai doenças em determinados períodos durante a gravidez, o feto poderá apresentar efeitos nocivos específicos, dependendo da natureza do dano, do momento em que ocorreu e das características do próprio feto. Se um problema muscular que interfere na capacidade de focar os dois olhos no mesmo objeto não for corrigido durante um período crítico no início da infância, os mecanismos do cérebro necessários para a percepção binocular de profundidade provavelmente não se desenvolverão (Bushnell & Boudreau, 1993). Todas as crianças precisam ser expostas a estímulos linguísticos e interação social no início da vida para desenvolver a linguagem da forma normal, ainda que, como discutido na Seção Pesquisa em Ação, nem todas as culturas usem "manhês" no mesmo nível.

No entanto, o conceito de períodos críticos nos seres humanos é polêmico. Como muitos aspectos do desenvolvimento, mesmo no domínio físico, mostraram **plasticidade**, ou desempenho passível de modificação, talvez seja mais útil pensar em termos de **períodos sensíveis**, quando uma pessoa em desenvolvimento é especialmente receptiva a certos tipos de experiências (Bruer, 2001).

São cada vez maiores as evidências de que a plasticidade não é apenas uma característica geral do desenvolvimento que se aplica a todos os membros de uma espécie, mas que também há diferenças individuais na plasticidade de respostas aos eventos do ambiente. Parece que algumas crianças – sobretudo aquelas de temperamento difícil, altamente reativas e portadoras de determinadas variantes de genes – podem ser mais profundamente afetadas pelas experiências da infância, sejam positivas ou negativas, do que outras (Belsky & Pluess, 2009). Essa nova pesquisa sugere que características supostamente negativas – como temperamento difícil ou reativo – podem ser adaptativas (positivas) quando o ambiente apoia o desenvolvimento. Por exemplo, um estudo recente descobriu que crianças que eram altamente reativas a eventos do ambiente apresentavam, como era de se esperar, respostas negativas como agressão e problemas comportamentais quando diante de fatores estressores como o conflito conjugal em suas famílias. Surpreendentemente, contudo, quando os níveis de adversidade da família eram baixos, crianças altamente reativas apresentavam perfis ainda mais adaptativos que as crianças de baixa reatividade. Essas crianças altamente reativas eram mais sociáveis, mais participativas na escola e demonstravam níveis menores de externalização de sintomas (Obradovic, Stamperdahl, Bush, Adler, & Boyce, 2010). Pesquisas como essa mostram claramente a necessidade de redefinir a natureza da plasticidade nas primeiras fases do desenvolvimento, atentando para as questões da resiliência e do risco.

plasticidade
Variação da modificabilidade do desempenho.

períodos sensíveis
Momentos do desenvolvimento em que a pessoa está particularmente receptiva para certos tipos de experiência.

A busca de atividades perigosas pode ter influência dos genes. Especificamente, uma mutação nos genes que codificam a dopamina parece estar relacionada a comportamentos de alto risco.
Derringer et al., 2011

verificador
você é capaz de...
▷ Diferenciar período crítico e período sensível e dar exemplos?

Abordagem ao desenvolvimento do ciclo de vida

Paul B. Baltes (1936-2006) e colaboradores (1987; Baltes & Smith, 2004; Baltes, Lindenberger, & Staudinger, 1998; Staudinger & Bluck, 2001) identificaram sete princípios básicos na abordagem ou teoria do desenvolvimento do ciclo de vida que retomam muitos dos conceitos discutidos neste capítulo. Juntos, esses princípios servem como uma estrutura conceitual amplamente aceita para o estudo do desenvolvimento do ciclo de vida:

1. *O desenvolvimento é vitalício.* O desenvolvimento é um processo vitalício de mudança. Cada período do ciclo de vida é afetado pelo que aconteceu antes e afetará o que está por vir. Cada período tem características e valores únicos. Nenhum período é mais ou menos importante que qualquer outro.

2. *O desenvolvimento é multidimensional.* Ocorre ao longo de múltiplas dimensões que interagem – biológica, psicológica e socialmente –, cada uma delas podendo se desenvolver em ritmos diferentes.

3. *O desenvolvimento é multidirecional.* Enquanto as pessoas ganham em uma área, podem perder em outra, às vezes ao mesmo tempo. As crianças crescem principalmente em uma direção – para cima – tanto em tamanho quanto em habilidades. Depois o equilíbrio aos poucos se desloca. Os adolescentes ganham em termos de habilidade física, mas sua facilidade em aprender uma nova língua declina. Algumas habilidades, como o vocabulário, geralmente continuam crescendo ao longo da idade adulta; outras, como a capacidade de resolver problemas com os

quais não estão familiarizados, poderão diminuir; mas alguns novos atributos, como a sabedoria, poderão aumentar com a idade.

4. *Influências relativas de mudanças biológicas e culturais sobre o ciclo de vida.* O processo de desenvolvimento é influenciado tanto pela biologia quanto pela cultura, mas o equilíbrio entre essas influências se altera. Habilidades biológicas, como acuidade sensorial, força e coordenação muscular, tornam-se mais fracas com a idade, mas apoios culturais, tais como educação, relacionamentos e ambientes tecnologicamente adequados à idade, podem ajudar a compensar.

5. *O desenvolvimento envolve mudança na alocação de recursos.* Os indivíduos escolhem como "investir" seus recursos de tempo, energia, talento, dinheiro e apoio social de várias maneiras. Os recursos podem ser usados para o crescimento (p. ex., aprender a tocar um instrumento ou aprimorar uma habilidade), para a conservação ou recuperação (praticar para manter ou recobrar uma proficiência), ou para lidar com a perda quando a conservação e a recuperação não forem possíveis. A alocação de recursos para essas três funções muda ao longo da vida, à medida que diminui o conjunto de recursos disponíveis. Na infância e na adultez emergente, a maior parte dos recursos é direcionada para o crescimento; na velhice, para a regulação da perda. Na meia-idade, a alocação é mais equilibrada entre as três funções.

6. *O desenvolvimento revela plasticidade.* Muitas capacidades, como a memória, a força física e a resistência, podem ser aperfeiçoadas com o treinamento e a prática, mesmo em idade avançada. Mas, até mesmo nas crianças, a plasticidade tem limites que em parte dependem das várias influências sobre o desenvolvimento. Uma das tarefas da pesquisa em desenvolvimento é descobrir até que ponto determinados tipos de desenvolvimento podem ser modificados nas diversas idades.

7. *O desenvolvimento é influenciado pelo contexto histórico e cultural.* Cada pessoa se desenvolve em múltiplos contextos – circunstâncias ou condições definidas em parte pela maturação e em parte pelo tempo e lugar. Os seres humanos não apenas influenciam, mas também são influenciados pelo contexto histórico-cultural. Conforme discutiremos ao longo deste livro, os cientistas do desenvolvimento descobriram diferenças significativas entre coortes, por exemplo, no funcionamento intelectual, no desenvolvimento emocional de mulheres na meia-idade e na flexibilidade da personalidade na velhice.

▶ **verificador**
você é capaz de...

▷ Fazer um resumo dos sete princípios da abordagem ao desenvolvimento do ciclo de vida?

resumo e palavras-chave

Desenvolvimento humano: um campo em constante evolução

- Desenvolvimento humano é o estudo científico de processos de mudança e estabilidade.
- A pesquisa sobre o desenvolvimento tem aplicações importantes em vários campos.
- À medida que os pesquisadores se interessaram em seguir o desenvolvimento ao longo da idade adulta, o desenvolvimento do ciclo de vida tornou-se um campo de estudo.
- O estudo do desenvolvimento humano procura descrever, explicar, prever e, quando apropriado, intervir no desenvolvimento.
- Os estudiosos do desenvolvimento humano recorrem a disciplinas como psicologia, psiquiatria, sociologia, antropologia, biologia, genética, ciência da família, educação, história, filosofia e medicina.
- Os métodos de estudo do desenvolvimento humano ainda estão evoluindo, fazendo uso de tecnologias avançadas.

desenvolvimento humano (3)
desenvolvimento do ciclo de vida (3)

O estudo do desenvolvimento humano: conceitos básicos

- Cientistas do desenvolvimento estudam a mudança e a estabilidade em todos os domínios do desenvolvimento durante todo o ciclo de vida.
- Os três principais domínios do desenvolvimento são o físico, o cognitivo e o psicossocial. Cada um deles afeta os demais.
- O conceito de períodos do desenvolvimento é uma construção social. Neste livro, o ciclo de vida é dividido em oito períodos: pré-natal, primeira infância, segunda infância, terceira infância, adolescência, adultez emergente, vida adulta intermediária e vida adulta tardia. Em cada período, as pessoas têm necessidades e tarefas específicas em termos de desenvolvimento.

desenvolvimento físico (4)
desenvolvimento cognitivo (4)
desenvolvimento psicossocial (4)
construção social (5)

Influências no desenvolvimento

- As influências sobre o desenvolvimento vêm tanto da hereditariedade quanto do ambiente. Muitas mudanças típicas da infância estão relacionadas à maturação. As diferenças individuais tendem a aumentar com a idade.
- Em algumas sociedades predomina a família nuclear; em outras, a família extensa.
- O nível socioeconômico (NSE) afeta os processos de desenvolvimento e suas consequências em virtude da qualidade dos ambientes, do lar e da vizinhança, da nutrição, da assistência médica e da escolaridade. Múltiplos fatores de risco aumentam a probabilidade de consequências danosas.
- Importantes influências ambientais se originam na cultura, na etnia e no contexto histórico. A raça é considerada pela maioria dos estudiosos uma construção social.
- As influências podem ser normativas (reguladas pela idade ou pela história) ou não normativas.
- Há evidências de períodos críticos ou períodos sensíveis para certos tipos de desenvolvimento precoce.

diferenças individuais (8)
hereditariedade (8)
ambiente (8)
maturação (9)
família nuclear (9)
família extensa (10)
nível socioeconômico (NSE) (10)
fatores de risco (11)
cultura (11)
grupo étnico (12)
generalização étnica (14)
normativo (14)
geração histórica (14)
coorte (15)
não normativo (15)
imprinting (15)
período crítico (15)
plasticidade (17)
períodos sensíveis (17)

Abordagem ao desenvolvimento do ciclo de vida

- Os princípios da abordagem de Baltes ao desenvolvimento do ciclo de vida incluem as seguintes proposições: (1) o desenvolvimento é vitalício, (2) o desenvolvimento é multidimensional, (3) o desenvolvimento é multidirecional, (4) as influências relativas da biologia e da cultura se alteram durante o ciclo de vida, (5) o desenvolvimento envolve mudança de alocação de recursos, (6) o desenvolvimento apresenta plasticidade, e (7) o desenvolvimento é influenciado pelo contexto histórico e cultural.

capítulo

2

Teoria e Pesquisa

Åke Ericson/Cavan Images

Pontos principais
Questões teóricas básicas
Perspectivas teóricas
Métodos de pesquisa
Ética na pesquisa

Objetivos de aprendizagem
Descrever o propósito de uma teoria na pesquisa e duas questões teóricas sobre as quais discordam os cientistas do desenvolvimento.

Resumir as principais teorias sobre o desenvolvimento humano.

Descrever os métodos que os pesquisadores do desenvolvimento usam para coletar dados e as vantagens e desvantagens de cada um.

Explicar as diretrizes éticas para pesquisadores que estudam pessoas.

Você **sabia** que...

▷ As teorias nunca são "cláusulas pétreas"; estão sempre abertas à mudança como resultado de novas descobertas?

▷ A pesquisa transcultural nos permite aprender quais são os aspectos universais e quais são aqueles influenciados pela cultura?

▷ Os resultados de experimentos em laboratório podem ser menos aplicáveis do que experimentos realizados em lares, escolas ou ambientes públicos?

Neste capítulo, apresentamos uma visão geral das principais teorias do desenvolvimento humano e dos métodos de pesquisa usados para estudá-lo. Exploramos questões importantes e perspectivas teóricas que formam a base do desenvolvimento humano, e mostramos como os pesquisadores adquirem e avaliam as informações. Também abordamos as questões éticas que podem surgir durante a pesquisa com humanos.

A frase mais empolgante de ouvir em ciência, a que prenuncia novas descobertas, não é "Eureka!", mas sim "Isto é estranho..."

—Isaac Asimov

Questões teóricas básicas

Uma **teoria** científica do desenvolvimento é um conjunto de conceitos ou enunciados logicamente relacionados que procura descrever e explicar o desenvolvimento e prever os tipos de comportamento que poderiam ocorrer em certas condições. Teorias organizam e explicam *dados*, que são as informações reunidas pela pesquisa. Assim como a pesquisa minuciosa faz crescer, pouco a pouco, o conhecimento, os conceitos teóricos nos ajudam a dar sentido aos dados isolados e a ver conexões entre eles.

Teoria e pesquisa são como fios entrelaçados no tecido sem costuras do estudo científico. Teorias inspiram mais pesquisas e preveem resultados. Isso é feito pela geração de **hipóteses**, explicações provisórias ou previsões que podem ser testadas por futuras pesquisas. A pesquisa pode indicar se uma teoria é precisa em suas previsões, mas não pode mostrar conclusivamente se uma teoria é verdadeira. Às vezes a pesquisa apoia uma hipótese e a teoria sobre a qual ela se baseava. Em outras oportunidades, os cientistas devem modificar suas teorias para dar conta de dados não explicados. As descobertas feitas durante as pesquisas geralmente sugerem hipóteses adicionais a serem examinadas e fornecem orientações para as questões práticas.

A ciência do desenvolvimento não pode ser completamente objetiva. Teorias e pesquisas sobre o comportamento humano são produtos de indivíduos humanos, cujas indagações e interpretações são inevitavelmente influenciadas por seus próprios valores e experiência. Ao se esforçarem na busca por objetividade, os pesquisadores devem analisar como eles e seus colegas conduzem o trabalho, as suposições em que se baseiam e como chegam a suas conclusões. Por exemplo, os primeiros cientistas do desenvolvimento supunham que a psicologia humana era a mesma em todas as culturas. No entanto, à medida que a ciência da psicologia progredia, ficava claro que as diferenças culturais existiam e eram importantes. As teorias do desenvolvimento tiveram que ser alteradas para acomodar essas descobertas.

Às vezes, as pessoas se frustram com os cientistas por "mudarem de ideia" com novos achados. Se não conseguem decidir o que é verdade, argumentam elas, como vamos acreditar no que dizem? Mas a disposição dos cientistas de utilizar novos dados para reavaliar suas crenças é um dos maiores pontos fortes da ciência. Se os cientistas aderissem rigidamente aos velhos sistemas e se recusassem a considerar novas informações, a ciência nunca avançaria. É o surgimento de novos dados, e estar disposto a considerá-los, que nos leva adiante.

Também pode ser frustrante encontrar múltiplas teorias, às vezes em conflito umas com as outras, e difícil decidir qual é a "certa". Mais uma vez, no entanto, essa é a abordagem errada. Todas as teorias têm algo a oferecer para o nosso entendimento sobre o desenvolvimento humano. Todas foram influentes. Um fenômeno tão maravilhosamente complexo quanto o desenvolvimento humano não é fácil de compreender e é improvável que seja capturado pelas limitações de um único sistema teórico. Cada teoria é uma peça do quebra-cabeça que estamos tentando resolver.

Contudo, as teorias ainda compartilham de alguns temas. O modo como os teóricos explicam o desenvolvimento depende em parte de seus pressupostos sobre duas questões básicas: (1) se as pessoas são ativas ou reativas em seu próprio desenvolvimento, e (2) se o desenvolvimento é contínuo ou ocorre em estágios.

teoria
Conjunto coerente de conceitos logicamente relacionados que procura organizar, explicar e prever dados.

hipóteses
Possíveis explicações para os fenômenos usadas para prever o resultado da pesquisa.

As pessoas geralmente pensam que as teorias são menos fundamentadas que as leis, mas em termos científicos o oposto é verdadeiro. Leis são observações sem explicação. Teorias, ao contrário, são observações e explicações. Portanto, as teorias têm mais fundamento, e não menos.

▷ **verificador**
você é capaz de...
▷ Explicar as relações entre teorias, hipóteses e pesquisa?

Essas questões também se aplicam ao mundo real. Por exemplo, se você acredita no valor de programas como o Head Start, isso implica que você acredita no poder das influências ambientais. Se considera que esses programas não valem um investimento financeiro, isso quer dizer que para você a hereditariedade é mais importante. Em que você acredita?

modelo mecanicista
Modelo que vê o desenvolvimento humano como uma série de respostas previsíveis a estímulos.

modelo organicista
Modelo que vê o desenvolvimento humano como algo iniciado internamente por um organismo ativo e que ocorre em uma sequência de etapas qualitativamente diferentes.

A mudança quantitativa é como contar maçãs; pode haver mais maçãs ou menos, mas todas são maçãs. A mudança qualitativa é como comparar maçãs e laranjas.

QUESTÃO 1: O DESENVOLVIMENTO É ATIVO OU REATIVO?

A psicologia é, em muitos sentidos, filha da filosofia, e muitos filósofos trabalharam em questões relacionadas à psicologia e ao desenvolvimento, levando ao surgimento de uma ampla variedade de perspectivas. Por exemplo, o filósofo inglês John Locke sustentava que uma criança pequena é uma *tabula rasa* – uma "tela em branco" – onde a sociedade "se inscreve". O desenvolvimento da criança, fosse ele positivo ou negativo, dependeria totalmente das experiências. Por outro lado, o filósofo francês Jean Jacques Rousseau acreditava que as crianças nascem como "bons selvagens" que se desenvolvem de acordo com suas próprias tendências naturais positivas, se não forem corrompidas pela sociedade. Esse debate ainda é importante, mas os termos modernos usados hoje em dia envolvem hereditariedade e influências ambientais.

Debates filosóficos adicionais sobre desenvolvimento, e as mesmas questões básicas antes debatidas pelos filósofos, têm seu reflexo nas teorias psicológicas da atualidade. Nesta seção, examinaremos o debate sobre desenvolvimento ativo *versus* reativo. Os psicólogos que acreditam no desenvolvimento reativo conceitualizam a criança em desenvolvimento como uma esponja sedenta por experiências, que as absorve e é moldada por esses insumos com o passar do tempo. Os psicólogos que acreditam no desenvolvimento ativo defendem que as pessoas criam experiências para si e são motivadas a aprender sobre o mundo à sua volta.

Modelo mecanicista O debate em torno das filosofias de Locke e de Rousseau levou a dois modelos, ou imagens, contrastantes do desenvolvimento: o *mecanicista* e o *organicista*. A visão de Locke foi precursora do **modelo mecanicista**. Nesse modelo, as pessoas são como máquinas que reagem a estímulos ambientais (Pepper, 1942, 1961).

Máquinas não funcionam sozinhas; reagem automaticamente a forças ou a entrada de dados. Encha o tanque do carro com gasolina, ligue a chave de ignição, pressione o acelerador e o carro irá se movimentar. Na visão mecanicista, o comportamento humano é a mesma coisa: resulta da operação de partes biológicas em resposta a estímulos externos ou internos. Se soubermos o suficiente sobre como a "máquina" humana é montada e conhecermos as forças que agem sobre ela, poderemos prever o que uma pessoa fará.

Pesquisadores mecanicistas procuram identificar os fatores que fazem os indivíduos se comportarem do modo como se comportam. Por exemplo, ao tentar explicar por que alguns estudantes universitários ingerem tanta bebida alcoólica, um teórico mecanicista poderá identificar influências ambientais, como a propaganda, e se os amigos do estudante bebem muito.

Modelo organicista Rousseau foi o precursor do **modelo organicista**. Esse modelo entende as pessoas como organismos ativos em crescimento que põem em marcha seu próprio desenvolvimento (Pepper, 1942, 1961). Elas iniciam eventos, e não apenas reagem. Assim, a força que impulsiona a mudança é interna. Influências ambientais não *causam* o desenvolvimento, embora possam acelerá-lo ou desacelerá-lo.

Como o comportamento humano é visto como um todo orgânico, não pode ser previsto subdividindo-o em simples respostas à estimulação ambiental. Um teórico organicista, ao estudar por que alguns estudantes bebem excessivamente, analisa os tipos de situação que eles escolhem participar, e com quem. Eles escolhem amigos que preferem ir a festas ou que preferem estudar?

Para os organicistas, o desenvolvimento apresenta uma estrutura subjacente e ordenada, embora possa não ser óbvia de um momento para o outro. Quando um óvulo fertilizado desenvolve-se em um embrião e depois em um feto, ele passa por uma série de transformações não claramente previsíveis a partir do que veio antes. Protuberâncias na cabeça tornam-se olhos, ouvidos, boca e nariz. O cérebro começa a coordenar a respiração, a digestão e a eliminação. Formam-se os órgãos sexuais. Do mesmo modo, os organicistas descrevem o desenvolvimento após o nascimento como uma sequência progressiva de estágios em direção à plena maturação.

QUESTÃO 2: O DESENVOLVIMENTO É CONTÍNUO OU DESCONTÍNUO?

Os modelos mecanicista e organicista também diferem na segunda questão: o desenvolvimento é *contínuo*, isto é, gradual e cumulativo, ou *descontínuo*, isto é, abrupto ou irregular? Para os teóricos mecanicistas, o desenvolvimento é contínuo, ocorrendo em pequenos estágios incrementais (Figura 2.1a). O desenvolvimento é sempre regido pelos mesmos processos e envolve o refinamento e a extensão graduais das primeiras habilidades, que se transformam em outras, e permitem que

 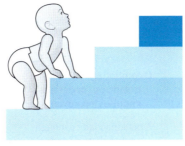

Continuidade
(a)

Teoria de estágios
(Descontinuidade)
(b)

FIGURA 2.1
Mudança quantitativa e qualitativa.
Uma diferença importante entre as teorias do desenvolvimento é (a) se ele ocorre continuamente, como propõem os teóricos da aprendizagem e do processamento de informação, ou (b) se ocorre em estágios distintos, como queriam Freud, Erikson e Piaget.

façamos previsões sobre características futuras com base no desempenho prévio. Essa é a chamada **mudança quantitativa**, ou seja, mudanças de número ou de quantidade, como altura, peso ou tamanho do vocabulário. Uma característica primária da mudança quantitativa é que o objeto medido é fundamentalmente o mesmo no longo prazo, mesmo que haja mais ou menos dele.

A **mudança qualitativa**, por outro lado, é descontínua, sendo marcada pela emergência de novos fenômenos que não poderiam ser previstos com facilidade com base no funcionamento anterior. Sob esse ponto de vista, o desenvolvimento em diferentes pontos do ciclo de vida possui uma natureza fundamentalmente diferente. São mudanças de tipo, estrutura ou organização, não apenas numéricas.

Tenha cuidado ao procurar "quantitativo" e "qualitativo" no Google, pois provavelmente encontrará páginas na web que tratam de estatística qualitativa ou quantitativa, e não de mudança. Embora sejam conceitos relacionados, não são a mesma coisa.

Um exemplo de diferença entre mudança quantitativa e qualitativa seria a gravidez. Estar grávida de 2 meses ou grávida de 6 meses é uma diferença quantitativa – ela envolve estar mais grávida ou menos. Contudo, estar grávida e não estar grávida representa uma mudança qualitativa. É um estado fundamentalmente diferente, não apenas um nível diferente do mesmo estado.

Os teóricos organicistas defendem *teorias de estágios*, nas quais o desenvolvimento é visto como algo que ocorre em uma série de estágios distintos, como os degraus de uma escada (Figura 2.1b). Aquilo que acontece em cada estágio é fundamentalmente diferente do que ocorreu nos anteriores. Além disso, os primeiros estágios servem de base para os posteriores. Os estágios não podem ser "pulados" e o desenvolvimento avança apenas na direção positiva. Acredita-se que esses processos são universais e expliquem o desenvolvimento de todos os seres humanos, em todos os lugares, ainda que o cronograma específico possa variar um pouco.

Perspectivas teóricas

Em linhas gerais, as teorias podem ser caracterizadas como mecanicistas ou organicistas e com descrições contínuas ou descontínuas da mudança, mesmo que essas crenças não sejam explicitadas diretamente. Contudo, todas as teorias do desenvolvimento têm pressupostos implícitos por trás das suas abordagens. Essas perspectivas influenciam as perguntas feitas pelos pesquisadores, os métodos que eles usam e o modo de interpretar os dados. Para avaliar e interpretar a pesquisa, é importante reconhecer a perspectiva teórica em que ela se baseia.

Cinco grandes perspectivas sustentam boa parte das teorias influentes e da pesquisa sobre desenvolvimento humano: (1) psicanalítica, que se concentra nas emoções e nos impulsos inconscientes; (2) da aprendizagem, que estuda o comportamento observável; (3) cognitiva, que analisa os processos do pensamento; (4) contextual, que enfatiza o impacto do contexto histórico, social e cultural; e (5) evolucionista/sociobiológica, que considera as bases evolucionistas e biológicas do comportamento. Daremos agora uma visão geral de cada uma dessas perspectivas e alguns de seus principais teóricos, o que está resumido na Tabela 2.1.

mudança quantitativa
Mudanças em número ou quantidade, como altura, peso, tamanho do vocabulário ou frequência da comunicação.

mudança qualitativa
Mudanças descontínuas de tipo, estrutura ou organização.

verificador
você é capaz de...

▷ Discutir duas questões relativas ao desenvolvimento humano?

▷ Mostrar a diferença entre os modelos mecanicista e organicista?

▷ Comparar mudança quantitativa e mudança qualitativa?

TABELA 2.1 Cinco perspectivas sobre o desenvolvimento humano

Perspectiva	Teorias importantes	Princípios básicos	Orientada por estágio	Ênfase causal	Indivíduo ativo/reativo
Psicanalítica	Teoria psicossexual de Freud	O comportamento é controlado por poderosos impulsos inconscientes.	Sim	Fatores inatos modificados pela experiência	Reativo
	Teoria psicossocial de Erikson	A personalidade é influenciada pela sociedade e se desenvolve por meio de uma série de crises.		Interação de fatores inatos e experienciais	Ativo
Aprendizagem	Behaviorismo, ou teoria tradicional da aprendizagem (Pavlov, Skinner, Watson)	As pessoas são reativas; o ambiente controla o comportamento.	Não	Experiência	Reativo
	Teoria da aprendizagem social (social cognitiva) (Bandura)	As crianças aprendem em um contexto social por meio da observação e imitação de modelos; elas são aprendizes ativos.		Experiência modificada por fatores inatos	Ativo e reativo
Cognitiva	Teoria dos estágios cognitivos de Piaget	Mudanças qualitativas no pensamento ocorrem com o desenvolvimento. As crianças desencadeiam ativamente o desenvolvimento.	Sim	Interação de fatores inatos e experienciais	Ativo
	Teoria sociocultural de Vygotsky	A interação social é central para o desenvolvimento cognitivo.	Sim (para formação de conceitos)	Experiência	
	Teoria do processamento de informação	Os seres humanos são processadores de símbolos.	Não	Interação de fatores inatos e experienciais	
Contextual	Teoria bioecológica de Bronfenbrenner	O desenvolvimento ocorre através da interação entre uma pessoa em desenvolvimento e cinco sistemas contextuais de influências circundantes e interligados.	Não	Interação de fatores inatos e experienciais	Ativo
Evolucionista/ Sociobiológica	Psicologia evolucionista; teoria do apego de Bowlby	Os seres humanos são o produto de processos adaptativos, que interagem com o ambiente atual para moldar o comportamento.	Não	Interação de fatores inatos e experienciais	Ativo e reativo (varia de acordo com o teórico)

PERSPECTIVA 1: PSICANALÍTICA

perspectiva psicanalítica
Visão do desenvolvimento humano como moldado por forças inconscientes que motivam o comportamento humano.

O médico vienense Sigmund Freud (1856-1939) teve um impacto profundo no campo da psicologia. Fundador da **perspectiva psicanalítica**, ele acreditava no desenvolvimento reativo e em mudanças qualitativas com o passar do tempo. Freud propôs que os seres humanos nascem com uma série de impulsos inatos, de base biológica, como fome, sexo e agressividade. Ele acreditava que as pessoas eram motivadas a satisfazer esses impulsos e que boa parte do desenvolvimento envolvia aprender a fazê-lo de formas socialmente aceitáveis. Além disso, Freud acreditava que as primeiras experiências moldariam o funcionamento posterior, e chamou a atenção para a infância enquanto precursor importante do comportamento adulto. Freud também promovia a ideia de que nossa mente possui uma face oculta enorme e que aquilo que sabemos e vivenciamos conscientemente é apenas a ponta do *iceberg* de quem somos.

Sigmund Freud: desenvolvimento psicossexual

Freud (1953, 1964a, 1964b) acreditava que as pessoas nascem com impulsos biológicos que devem ser redirecionados para tornar possível a vida em sociedade. Ele dividiu a personalidade em três componentes hipotéticos: *id*, *ego* e *superego*. Os recém-nascidos são governados pelo *id*, que opera sob o *princípio do prazer* – o impulso que busca satisfação imediata de suas necessidades e desejos. Quando a gratificação é adiada, como acontece quando os bebês precisam esperar para serem alimentados, eles começam a ver a si próprios como separados do mundo externo. O *ego*, que representa a razão, desenvolve-se gradualmente durante o primeiro ano de vida e opera sob o *princípio da realidade*. O objetivo do ego é encontrar maneiras realistas de gratificar o id que sejam aceitáveis para o *superego*, o qual se desenvolve por volta dos 5 ou 6 anos. O *superego* inclui a consciência e incorpora ao sistema de valores da criança "deveres" e "proibições" socialmente aprovados. O superego é altamente exigente; se os seus padrões não forem satisfeitos, a criança pode sentir-se culpada e ansiosa. O ego intermedia os impulsos do id e as demandas do superego.

Para Freud, a personalidade forma-se através dos conflitos inconscientes da infância entre os impulsos inatos do id e as exigências da sociedade. Esses conflitos ocorrem em uma sequência de cinco fases de **desenvolvimento psicossexual** (Tabela 2.2), em que o prazer se desloca de uma zona corporal para outra – da boca para o ânus e depois para os genitais. Em cada fase, o comportamento, que é a principal fonte de gratificação (ou frustração), muda – da alimentação para a eliminação e posteriormente para a atividade sexual.

Freud considerava as três primeiras fases cruciais para o desenvolvimento da personalidade. Segundo ele, se as crianças receberem pouca ou muita gratificação em qualquer uma dessas fases, correrão o risco de desenvolverem *fixação* – uma interrupção no desenvolvimento que pode aparecer na personalidade adulta. Bebês cujas necessidades não são satisfeitas durante a *fase oral*, quando a alimentação é a principal fonte de prazer sensual, poderão, na idade adulta, ter o hábito de roer as unhas ou fumar. A criança que, na primeira infância, teve um treinamento higiênico muito rígido pode fixar-se na *fase anal*, e poderá ter obsessão por limpeza, ser rigidamente ligada a horários e rotinas ou tornar-se provocadoramente desleixada.

De acordo com Freud, um evento fundamental do desenvolvimento psicossexual ocorre na *fase fálica* da segunda infância. Os meninos desenvolvem apegos sexuais às mães e as meninas aos pais, ao mesmo tempo em que apresentam impulsos agressivos em relação ao genitor do mesmo sexo, a quem eles consideram como um rival. Esses eventos foram denominados de *Complexo de Édipo* e *Complexo de Electra*, respectivamente.

Com o tempo, as crianças resolvem a ansiedade sobre os seus sentimentos identificando-se com o genitor do mesmo sexo e passando para a *fase de latência* na terceira infância, um período de relativa tranquilidade emocional e exploração intelectual e social. Elas redirecionam sua energia sexual para outros fins, como a escola, os relacionamentos e os *hobbies*.

A *fase genital*, a última, se estende por toda a vida adulta. Os impulsos sexuais reprimidos durante a latência agora ressurgem para fluir em canais socialmente aceitos, que Freud definiu como relações heterossexuais com pessoas de fora da família de origem.

A teoria de Freud trouxe contribuições históricas e inspirou toda uma geração de seguidores, alguns dos quais levaram a teoria psicanalítica para novas direções. Hoje, muitas das ideias freudianas são consideradas obsoletas, com vieses culturais ou impossíveis de investigar cientificamente. Os psicanalistas atuais rejeitam essa ênfase estrita nos impulsos sexuais e agressivos em detrimento de outras motivações. No entanto, vários de seus temas centrais "resistiram ao teste do tempo" (Westen, 1998, p. 334). Freud nos fez perceber a importância dos pensamentos, sentimentos e motivações inconscientes; o papel das experiências infantis na formação da personalidade; a ambivalência das respostas emocionais, especialmente as respostas aos pais; o papel das representações mentais do eu e dos outros no estabelecimento das relações íntimas; e o curso do desenvolvimento normal partindo de um estado imaturo e dependente para um estado maduro e independente.

Embora não seja seu significado original, uma maneira fácil de memorizar o que o id quer é lembrar-se dos "desejos instintivos".

desenvolvimento psicossexual
Na teoria freudiana, uma sequência invariável de fases do desenvolvimento da personalidade na infância, quando a gratificação se desloca da boca para o ânus e depois para os genitais.

Sigmund Freud criou uma teoria original sobre o desenvolvimento psicossexual. Sua filha, Anna, que aparece nesta foto, seguiu seus passos e construiu suas próprias teorias do desenvolvimento da personalidade.
Imagno/Getty Images

verificador
você é capaz de...

▷ Identificar o principal foco da perspectiva psicanalítica?

▷ Citar os cinco estágios do desenvolvimento e as três instâncias da personalidade segundo Freud?

TABELA 2.2 Estágios de desenvolvimento segundo diversas teorias		
Fases psicossexuais (Freud)	**Estágios psicossociais (Erikson)**	**Estágios cognitivos (Piaget)**
Oral (nascimento aos 12-18 meses). A principal fonte de prazer do bebê envolve atividades ligadas à boca (sugar e alimentar-se).	*Confiança básica* versus *desconfiança (nascimento aos 12-18 meses).* O bebê pode perceber o mundo como um lugar bom e seguro. Virtude: esperança.	*Sensório-motor (nascimento aos 2 anos).* Aos poucos o bebê torna-se capaz de organizar atividades em relação ao ambiente através das atividades sensorial e motora.
Anal (12-18 meses aos 3 anos). A criança obtém gratificação sensual retendo e expelindo as fezes. A zona de gratificação é a região anal, e o treinamento para o uso do toalete é importante.	*Autonomia* versus *vergonha e dúvida (12-18 meses aos 3 anos).* A criança desenvolve um equilíbrio de independência e autossuficiência em relação à vergonha e à dúvida. Virtude: vontade.	*Pré-operatório (2 a 7 anos).* A criança desenvolve um sistema representacional e utiliza símbolos para representar pessoas, lugares e eventos. A linguagem e o jogo imaginativo são importantes manifestações desse estágio. O pensamento ainda não é lógico.
Fálica (3 a 6 anos). A criança se apega ao genitor do sexo oposto e, posteriormente, se identifica com o genitor do mesmo sexo. O superego se desenvolve. A zona de gratificação transfere-se para a região genital.	*Iniciativa* versus *culpa (3 a 6 anos).* A criança desenvolve a iniciativa quando experimenta novas atividades e não é dominada pela culpa. Virtude: propósito.	
Latência (6 anos à puberdade). Época de relativa calma entre fases mais turbulentas.	*Produtividade* versus *inferioridade (6 anos à puberdade).* A criança deve aprender as habilidades da cultura ou enfrentar sentimentos de incompetência. Virtude: habilidade.	*Operatório-concreto (7 a 11 anos).* A criança pode resolver problemas logicamente se estiverem focados no aqui e agora, mas não consegue pensar abstratamente.
Genital (puberdade à idade adulta). Ressurgimento dos impulsos sexuais da fase fálica, canalizados na sexualidade adulta madura.	*Identidade* versus *confusão de identidade (puberdade ao adulto jovem).* O adolescente deve determinar seu próprio senso de eu ("quem sou eu?") ou experimentar uma confusão de papéis. Virtude: fidelidade. *Intimidade* versus *isolamento (adulto jovem).* A pessoa procura estabelecer compromissos com os outros; se não for bem-sucedida, poderá sofrer isolamento e autoabsorção. Virtude: amor. *Generatividade* versus *estagnação (vida adulta intermediária).* O adulto maduro preocupa-se em estabelecer e orientar a próxima geração, ou então sente um empobrecimento pessoal. Virtude: cuidado. *Integridade* versus *desespero (vida adulta tardia).* O idoso alcança a aceitação da própria vida, o que favorece a aceitação da morte, ou então se desespera com a incapacidade de reviver a vida. Virtude: sabedoria.	*Operatório-formal (11 anos até a idade adulta).* A pessoa consegue pensar abstratamente, lidar com situações hipotéticas e pensar sobre possibilidades.

Nota: Todas as idades são aproximadas.

Erik Erikson: desenvolvimento psicossocial Erik Erikson (1902-1994) modificou e ampliou a teoria freudiana, enfatizando a influência da sociedade no desenvolvimento da personalidade. Erikson foi também um pioneiro ao assumir a perspectiva do ciclo de vida. Observe que ambos os teóricos, proponentes de teorias de estágios, acreditavam em mudanças qualitativas.

A teoria do **desenvolvimento psicossocial** de Erikson (1950, 1982; Erikson, Erikson, & Kivnick, 1986) abrange oito estágios ao longo do ciclo de vida (Tabela 2.2), que serão vistos em outros capítulos deste livro. Cada estágio envolve aquilo que Erikson chamou de *crise* na personalidade[1] – um grande tema psicossocial, particularmente importante naquele momento e que até certo ponto

desenvolvimento psicossocial
Na teoria dos oito estágios de Erikson, o processo de desenvolvimento do ego, ou *self*, é influenciado por fatores sociais e culturais.

---
[1] Erikson ampliou o conceito de "crise" e mais tarde utilizou o termo conflito ou tendências competitivas.

continuará sendo um tema pelo resto da vida. Esses problemas devem ser satisfatoriamente resolvidos para o desenvolvimento de um ego saudável.

Cada estágio requer o equilíbrio entre uma tendência positiva e uma negativa. A qualidade positiva deve ser dominante, mas também é necessário um pouco da qualidade negativa para um desenvolvimento ideal. O tema crítico da primeira infância, por exemplo, é *confiança básica* versus *desconfiança*. É preciso confiar no mundo e nas pessoas. No entanto, também é preciso um pouco de desconfiança para se proteger do perigo. O êxito em cada estágio é o desenvolvimento de uma determinada *virtude*, ou força – nesse caso, a virtude da *esperança*.

A resolução bem-sucedida de cada crise coloca a pessoa em boa posição para lidar com a próxima, um processo que ocorre de forma iterativa durante todo o ciclo de vida. Assim, por exemplo, a criança que consegue desenvolver um senso de confiança durante a infância estaria preparada para desenvolver um senso de autonomia (o segundo desafio psicossocial) na primeira infância. Afinal, se você sente que os outros vão apoiá-lo, é mais provável que consiga desenvolver suas habilidades, pois sabe que eles estarão lá para reconfortá-lo caso não tenha sucesso.

A teoria de Erikson é importante por diversos motivos. Primeiro, embora as crises que Erikson descreveu fossem específicas a um determinado tempo e local (p. ex., em outras culturas, nem todas as crianças vão para a escola), ele deixou claro que as influências sociais e culturais importam. Erikson destacou o relógio social, o momento convencional e culturalmente preferido para a ocorrência de eventos de vida importantes. Além disso, enquanto a abordagem de Freud sugeria que o desenvolvimento parava na adolescência, Erikson percebeu que este seria um processo para a vida toda. Por fim, Erikson tinha uma visão muito mais positiva sobre o desenvolvimento do que Freud. Apesar de ainda reconhecer que as crises podiam ser mal resolvidas, Erikson deixava espaço para melhorias. Em um momento qualquer da vida, o desenvolvimento poderia mudar de direção de forma positiva, uma crise poderia ser resolvida com sucesso e um novo ponto forte se desenvolveria.

O psicanalista Erik H. Erikson enfatizou as influências sociais sobre a personalidade.
Bettmann/Getty Images

> **verificador**
> **você** é capaz de...
> ▷ Mostrar duas diferenças entre as teorias de Erikson e de Freud?

PERSPECTIVA 2: APRENDIZAGEM

Os teóricos da **perspectiva da aprendizagem** sustentavam que o desenvolvimento resulta da *aprendizagem*, uma mudança relativamente duradoura baseada na experiência ou adaptação ao ambiente. Os teóricos da aprendizagem não estavam interessados no funcionamento interno da mente, pois tais processos não poderiam ser observados diretamente. O comportamento é o foco por ser observável e contável e permitir maior objetividade. Na opinião dos defensores dessa perspectiva, os termos poderiam ser definidos com mais precisão e as teorias poderiam ser testadas cientificamente no laboratório, o que dá maior legitimidade e respeitabilidade à psicologia.

Os psicólogos da época também consideravam a mente uma *tabula rasa*, uma "tela em branco" a ser preenchida pela experiência. Nessa visão, tudo que a pessoa vem a ser depende da experiência. Assim, qualquer um, independentemente de raça ou outras características individuais, poderia ser qualquer coisa. A conclusão implícita é que os males do mundo poderiam ser consertados se os psicólogos ao menos descobrissem o jeito certo de se educar as crianças. As estratégias de educação das crianças propostas pelos behavioristas acabaram caindo em desuso, mas a ideia de que as pessoas são fundamentalmente iguais exerce uma atração moral poderosa.

Os behavioristas consideravam que o desenvolvimento é contínuo, enfatizando mudanças quantitativas com o tempo, e reativo, ocorrendo em resposta a estímulos ambientais. A abordagem de aprendizagem foi a ideologia dominante no campo da psicologia na década de 1950. Duas importantes subteorias foram o behaviorismo e a abordagem da aprendizagem social.

Behaviorismo O **behaviorismo** é uma teoria mecanicista que descreve o comportamento observado como uma resposta previsível à experiência. Os behavioristas consideram que o desenvolvimento é reativo e contínuo. Eles sustentam que os seres humanos, em todas as idades, aprendem sobre o mundo do mesmo modo que os outros organismos: reagindo a condições ou aspectos do ambiente que consideram agradáveis, dolorosos ou ameaçadores. A pesquisa behaviorista concentra-se na *aprendizagem associativa*, quando um vínculo mental é formado entre dois eventos. Os dois tipos de aprendizagem associativa são o *condicionamento clássico* e o *condicionamento operante*.

perspectiva da aprendizagem
Visão do desenvolvimento humano segundo a qual as mudanças no comportamento resultam da experiência ou da adaptação ao ambiente.

behaviorismo
Teoria da aprendizagem que enfatiza o papel previsível do ambiente como causa do comportamento observável.

condicionamento clássico
Aprendizagem baseada na associação de um estímulo que normalmente não elicia uma resposta com outro que a elicia.

Condicionamento clássico O fisiologista russo Ivan Pavlov (1849-1936) elaborou experimentos em que cães aprendiam a salivar ao som de um sino que tocava na hora da comida. Esses experimentos formaram a base do **condicionamento clássico**, segundo o qual uma resposta (neste caso, a salivação) a um estímulo (o sino) é evocada após repetidas associações a um estímulo que normalmente elicia a resposta (comida).

O behaviorista norte-americano John B. Watson (1878-1958) aplicou essas teorias de estímulo-resposta a crianças, alegando que poderia moldar qualquer bebê do jeito que quisesse. Em uma das primeiras e mais conhecidas demonstrações de condicionamento clássico em seres humanos (Watson & Rayner, 1920), Watson ensinou um bebê de 11 meses, conhecido como "Pequeno Albert", a ter medo de objetos brancos peludos.

Nesse experimento, Albert foi exposto a um barulho intenso quando começou a golpear um rato. Assustado com o barulho, ele começou a chorar. Depois de vários pareamentos do rato com o barulho, Albert choramingava de medo quando via o rato. Albert também começou a apresentar respostas de medo a coelhos e gatos brancos, e à barba de homens mais velhos. O estudo, apesar de antiético, demonstrou que o medo poderia ser condicionado.

O condicionamento clássico ocorre durante a vida toda. As preferências e aversões a determinados alimentos podem ser resultado da aprendizagem condicionada. Respostas de medo a objetos como carros ou cães podem ter origem em um acidente ou em uma experiência ruim.

> *Originalmente Pavlov estudava as enzimas salivares dos cães. Ele colocava um prato com carne na frente deles para que pudesse lhes coletar a saliva. Fez sua descoberta inovadora quando percebeu que os cães estavam salivando antes que a carne lhes fosse apresentada.*

Condicionamento operante Angel repousa em seu berço. Quando ele começa a balbuciar ("ma-ma-ma"), a mãe sorri e repete as sílabas. Angel aprende que seu comportamento (balbucio) pode produzir uma consequência desejável (a atenção carinhosa de um dos pais), e assim ele continua balbuciando para atrair a atenção da mãe. Um comportamento originalmente acidental (balbucio) tornou-se uma resposta condicionada.

condicionamento operante
Aprendizagem baseada na associação do comportamento com suas consequências.

Esse tipo de aprendizagem chama-se **condicionamento operante** porque o indivíduo aprende com as consequências de sua "operação" sobre o ambiente. Diferentemente do condicionamento clássico, o condicionamento operante envolve comportamento voluntário, como o balbucio de Angel, e envolve as consequências e não os preditores do comportamento.

O psicólogo norte-americano B. F. Skinner (1904-1990) defendia que um organismo, animal ou humano, tenderá a repetir uma resposta que foi reforçada por consequências desejáveis e suprimirá uma resposta que foi punida. Assim, **reforço** é o processo pelo qual um comportamento é fortalecido, *aumentando* a probabilidade de que seja repetido. No caso de Angel, a atenção da mãe reforça o balbucio. **Punição** é o processo pelo qual um comportamento é enfraquecido, *diminuindo* a probabilidade de repetição. Se a mãe de Angel franzisse a testa quando ele balbuciasse, diminuiria a probabilidade de ele balbuciar novamente.

> *Pense no condicionamento clássico como o antes — o que acontece para provocar uma resposta. O condicionamento operante é o depois — o que acontece após uma resposta ocorrer que molda a probabilidade de ela ocorrer novamente.*

reforço
Processo em que um comportamento é fortalecido, aumentando a probabilidade de que seja repetido.

punição
Processo em que um comportamento é enfraquecido, diminuindo a probabilidade de repetição.

O reforço é mais eficiente quando vem imediatamente após um comportamento. Se uma resposta não for mais reforçada, finalmente será *extinta*, isto é, voltará ao nível original (linha de base). Se, depois de algum tempo, ninguém repetir o balbucio de Angel, ele poderá balbuciar com menor frequência do que o faria se os seus balbucios ainda gerassem reforço.

A psicologia de Skinner foi muito influente. Por muitos anos, a maior parte dos trabalhos em psicologia ocorria dentro dessa abordagem. A modificação do comportamento, uma forma de condicionamento operante utilizada para moldar comportamentos, é uma abordagem terapêutica amplamente utilizada para crianças com necessidades especiais. Ela tem índices extraordinários de eficácia no manejo de comportamentos problemáticos e no incentivo aos comportamentos desejados. Contudo, enquanto teoria geral do desenvolvimento, o behaviorismo não funciona. Os teóricos da aprendizagem defendiam a ideia de *tabula rasa*, mas sabemos que as crianças vêm ao mundo com uma série de diferenças individuais que impactam profundamente o desenvolvimento. Não há espaço para esse tipo de variabilidade na abordagem da aprendizagem. Além disso, é cada vez mais claro que as "regras" da aprendizagem em diferentes domínios nem sempre seguem as previsões comportamentais e podem variar, dependendo do que está sendo aprendido. Por exemplo, as

teoria da aprendizagem social
Teoria segundo a qual os comportamentos são aprendidos pela observação e imitação de modelos. Também chamada de teoria social cognitiva.

determinismo recíproco
Termo usado por Bandura para as forças bidirecionais que afetam o desenvolvimento.

aprendizagem observacional
Aprendizagem por meio da observação do comportamento dos outros.

crianças adquirem linguagem muito mais rapidamente do que as associações aprendidas conseguem explicar, e o modo como aprendem a falar é fundamentalmente diferente do modo como aprendem a andar. Por fim, com o tempo, os psicólogos perceberam que apesar de não podermos acessar diretamente o que acontece dentro da cabeça das pessoas, podemos usar medidas indiretas (como tempos de reação) para expressar previsões científicas objetivas e coletar dados empíricos. Portanto, a relutância anterior em examinar processos mentais se atenuou à medida que o campo avançou.

Teoria da aprendizagem social (social cognitiva) À medida que a comunidade de psicologia começou a perceber que as teorias do desenvolvimento que ignoravam todos os processos cognitivos eram incompletas, os postulados originais da abordagem behaviorista foram expandidos pelo psicólogo norte-americano Albert Bandura (1925-), que desenvolveu boa parte dos princípios da **teoria da aprendizagem social**. Enquanto os behavioristas veem a ação do ambiente como o principal impulso para o desenvolvimento, Bandura (1977, 1989; Bandura & Walters, 1963) sugere que o impulso para o desenvolvimento é bidirecional. Ele chamou esse conceito de **determinismo recíproco** – a pessoa age sobre o mundo na medida em que o mundo age sobre a pessoa.

A teoria da aprendizagem social clássica sustenta que a pessoa aprende o comportamento social apropriado principalmente observando e imitando modelos – isto é, observando outras pessoas. Esse processo é chamado de **aprendizagem observacional** ou *modelamento*. As pessoas tendem a escolher modelos que tenham prestígio, controlem recursos ou que sejam recompensados pelo que fazem – em outras palavras, aqueles cujo comportamento é percebido como valorizado na cultura. A aprendizagem observacional pode ocorrer mesmo se uma pessoa não imitar o comportamento observado. Por exemplo, Clara vê a irmã sendo castigada por comer um biscoito que esfria no balcão da cozinha e, assim, se controla e não faz o mesmo.

A versão mais atualizada da teoria da aprendizagem social de Bandura (1989) é a *teoria social cognitiva*. A mudança no nome reflete uma ênfase maior nos processos cognitivos como essenciais para o desenvolvimento. Os processos cognitivos operam à medida que as pessoas observam modelos, aprendem "fragmentos" de comportamento e, mentalmente, juntam esses fragmentos em novos e complexos padrões de comportamento. Rita, por exemplo, imita o andar de sua professora de dança, mas modela seus passos de dança de acordo com os de Carmen, uma estudante um pouco mais avançada. Mesmo assim, ela desenvolve seu próprio estilo, juntando suas observações em um novo padrão.

Através do *feedback* de seu comportamento, a criança aos poucos forma padrões para julgar suas ações e tornar-se mais seletiva na escolha de modelos que demonstrem esses padrões. Também começa a desenvolver um senso de **autoeficácia**, ou seja, confiança nas próprias habilidades.

PERSPECTIVA 3: COGNITIVA

A **perspectiva cognitiva** concentra-se nos processos de pensamento e no comportamento que reflete esses processos. Essa perspectiva abrange tanto teorias mecanicistas quanto teorias organicistas. Inclui a teoria dos estágios cognitivos de Piaget, a teoria sociocultural do desenvolvimento cognitivo de Vygotsky e a abordagem do processamento da informação.

A teoria dos estágios cognitivos de Jean Piaget Tanto a psicologia cognitiva quanto a psicologia do desenvolvimento devem muito à obra do teórico suíço Jean Piaget (1896-1980). Por meio de observações cuidadosas e perguntas inteligentes, Piaget desenvolveu a **teoria dos estágios cognitivos**, que reintroduziu o conceito de investigação científica sobre estados mentais. Como desenvolvera uma série de paradigmas experimentais que produziram dados observacionais objetivos, Piaget demonstrou que a ciência "de verdade" poderia *sim* investigar fenômenos mentais ocultos, como veremos no restante deste livro.

De acordo com os princípios de Skinner, uma punição, como deixar uma criança de castigo, reduz a probabilidade de que um comportamento venha a se repetir.
Ron Nickel/Design Pics/age fotostock.

verificador
você é capaz de...

▷ Identificar as principais questões de interesse para a perspectiva da aprendizagem?
▷ Distinguir condicionamento clássico de condicionamento operante?
▷ Distinguir reforço de punição?
▷ Comparar o behaviorismo com a teoria da aprendizagem social?

autoeficácia
Percepção que a pessoa tem de sua própria capacidade de vencer desafios e atingir metas.

perspectiva cognitiva
Visão segundo a qual os processos do pensamento são essenciais para o desenvolvimento.

teoria dos estágios cognitivos
Teoria de Piaget segundo a qual o desenvolvimento cognitivo da criança avança em uma série de quatro estágios que envolvem tipos qualitativamente distintos de operações mentais.

Jean Piaget estudou o desenvolvimento cognitivo das crianças observando-as e conversando com elas em muitas situações, e fazendo perguntas para descobrir como suas mentes funcionavam.
Bill Anderson/Science Source

organização
Termo de Piaget para a criação de categorias ou sistemas de conhecimento.

esquemas
Na terminologia de Piaget, padrões de pensamento e comportamento utilizados em determinadas situações.

adaptação
Termo de Piaget para a adaptação a novas informações sobre o ambiente, obtida por meio dos processos de assimilação e acomodação.

assimilação
Termo de Piaget para a incorporação de novas informações em uma estrutura cognitiva existente.

acomodação
Termo de Piaget para as mudanças em uma estrutura cognitiva existente para incluir novas informações.

equilibração
Termo de Piaget para a tendência a procurar um equilíbrio estável entre os elementos cognitivos, obtido por meio do equilíbrio entre assimilação e acomodação.

▷ **verificador**
você é capaz de...

▷ Citar três princípios inter-relacionados que provocam o crescimento cognitivo, segundo Piaget, e dar um exemplo de cada?

Piaget tinha uma visão organicista do desenvolvimento como o produto dos esforços da criança para entender e agir em seu mundo. Ele também acreditava no desenvolvimento qualitativo, de modo que sua teoria delineia uma série de estágios que caracterizam o desenvolvimento em diferentes idades.

Piaget propôs que o desenvolvimento cognitivo começa com uma capacidade inata de se adaptar ao ambiente. Ao procurar o seio da mãe, pegar uma pedra ou explorar as fronteiras de um quarto, a criança pequena desenvolve um quadro mais preciso de seus arredores e maior competência para lidar com eles. Esse crescimento cognitivo ocorre através de três processos inter-relacionados: *organização*, *adaptação* e *equilibração*.

Organização é a tendência a criar categorias, tais como pássaros, observando as características que membros individuais de uma categoria, como pardais e cardeais, têm em comum. Segundo Piaget, as pessoas criam estruturas cognitivas cada vez mais complexas chamadas **esquemas**, que são modos de organizar informações sobre o mundo, que controlam a maneira como a criança pensa e se comporta em uma determinada situação. À medida que a criança adquire mais informações, seus esquemas tornam-se cada vez mais complexos. Veja, por exemplo, o ato de sugar. O recém-nascido tem um esquema simples para sugar, mas logo desenvolve esquemas diversos de como sugar o peito, a mamadeira ou o dedo. O bebê pode ter que abrir mais a boca, virar a cabeça para o lado ou variar a força com que suga. Os esquemas originalmente são de natureza concreta (p. ex., como sugar objetos), mas vão se tornando cada vez mais abstratos (p. ex., o que é um cachorro).

Adaptação é o termo de Piaget para o modo como a criança lida com as novas informações à luz do que ela já sabe. A adaptação ocorre por intermédio de dois processos complementares: (1) **assimilação**, que é absorver informação nova e incorporá-la às estruturas cognitivas existentes, e (2) **acomodação**, que é ajustar as próprias estruturas cognitivas para encaixar a informação nova.

Como ocorre essa mudança de assimilação para acomodação? Piaget defende que as crianças buscam a **equilibração** entre suas estruturas cognitivas e novas experiências. Em outras palavras, as crianças querem que o que entendem do mundo corresponda ao que observam ao seu redor. Quando o entendimento infantil sobre o mundo não corresponde às suas experiências, o resultado é um estado de desequilíbrio. O desequilíbrio pode ser comparado a um estado motivacional desconfortável, e ele leva as crianças à acomodação. Por exemplo, a criança sabe o que são pássaros e vê um avião pela primeira vez. A criança rotula o avião como "pássaro" (assimilação). Com o passar do tempo, ela nota diferenças entre aviões e pássaros. Por exemplo, a criança pode notar que, nos desenhos nos livros, os aviões parecem ser diferentes dos pássaros, apesar de ambos voarem nos céus, e que os pássaros têm penas, enquanto os aviões são feitos de uma superfície lisa. Essas observações produzem um estado motivacional desconfortável conhecido como desequilíbrio. Com isso, a criança sente-se motivada a alterar o seu entendimento para que este reflita melhor suas observações, talvez aprendendo o nome para o avião e percebendo que os aviões e os pássaros não são iguais afinal. Em outras palavras, ocorreu a acomodação e a criança encontra-se em equilíbrio. Durante a vida toda, a busca pelo equilíbrio é a força motivadora por trás do crescimento cognitivo.

Piaget descreveu o desenvolvimento cognitivo como ocorrendo em quatro estágios universais qualitativamente diferentes (ver Tabela 2.2). Da primeira infância até a adolescência, as operações mentais evoluem da aprendizagem baseada na atividade sensório-motora básica para o pensamento lógico, abstrato.

As observações de Piaget produziram muita informação e alguns *insights* surpreendentes. Piaget mostrou-nos que a mente da criança não é uma miniatura da mente adulta. Sua teoria forneceu referenciais aproximados sobre o que esperar da criança em várias idades e ajudou os educadores a elaborarem currículos apropriados aos diversos níveis de desenvolvimento.

> *Piaget escreveu seu primeiro artigo científico com 10 anos de idade – quando então avistou um pardal albino.*

Piaget, porém, parece ter subestimado seriamente as capacidades dos bebês e das crianças pequenas. Além disso, pesquisas transculturais indicam que o desempenho em tarefas de raciocínio formal é tanto uma função da cultura quanto do desenvolvimento; pessoas de sociedades industrializadas que participaram de um sistema de educação formal demonstram um desempenho melhor nessas tarefas (Buck-Morss, 1975). Por último, a pesquisa com adultos indica que o foco de Piaget na lógica formal como o ápice do desenvolvimento cognitivo é por demais estreito. Não explica a emergência de habilidades maduras como a resolução de problemas práticos, a sabedoria e a capacidade de lidar com situações ambíguas.

Teoria sociocultural de Lev Vygotsky O psicólogo russo Lev Semenovich Vygotsky (1896-1934) concentrou-se nos processos sociais e culturais que orientam o desenvolvimento cognitivo da criança. A **teoria sociocultural** de Vygotsky (1978) descreve o crescimento cognitivo como um processo *colaborativo*. As pessoas, segundo Vygotsky, aprendem por meio da interação social. Elas adquirem habilidades cognitivas como consequência de um modo de vida. Atividades compartilhadas ajudam a criança a internalizar os modos de pensar e comportamentos da sociedade. Vygotsky deu uma ênfase especial à *linguagem*, não simplesmente como uma expressão do conhecimento e do pensamento, mas como um meio essencial para aprender e pensar sobre o mundo.

Para Vygotsky, os adultos, ou os colegas mais desenvolvidos, devem ajudar a direcionar e organizar a aprendizagem da criança antes que esta possa dominá-la e internalizá-la. Essa orientação é muito eficaz para ajudar a criança a atravessar a **zona de desenvolvimento proximal (ZDP)**, a distância entre o que ela já é capaz de fazer sozinha e o que pode realizar com assistência. A instrução sensível e eficaz, portanto, deve ter como objetivo a ZDP e aumentar em complexidade à medida que as habilidades da criança são aperfeiçoadas. A responsabilidade de direcionar e monitorar da aprendizagem aos poucos passa a ser da criança – assim como quando um adulto ensina uma criança a boiar: primeiro ele apoia a criança na água e depois vai soltando-a aos poucos à medida que ela relaxa o corpo na posição horizontal.

O apoio e auxílio com uma tarefa oferecido por pais, professores ou outros é chamado de **andaime conceitual (*scaffolding*)**. Por exemplo, Noah ganha um novo quebra-cabeça de aniversário, mas após espalhar as peças na mesa da sala de jantar e tentar encaixá-las, não consegue avançar muito. Sua irmã mais velha vê o que ele está tentando fazer, senta ao seu lado e oferece conselhos sobre como começar. "Tente separar todas as peças da mesma cor em pilhas", ela sugere. "Assim é mais fácil enxergar o que se encaixa com o quê. Também dá para procurar pistas na caixa. E se fizer as bordas primeiro, a moldura já vai estar pronta". Com o andaime conceitual da irmã, Noah consegue começar a trabalhar no quebra-cabeça. Ele pode alcançar a parte superior da sua zona de desenvolvimento proximal e maximizar a sua aprendizagem.

As ideias de Vygotsky ganharam estatura e proeminência à medida que as suas consequências para a educação e para a testagem cognitiva se tornaram mais evidentes. Por exemplo, a maioria dos testes de inteligência avalia o que uma criança já aprendeu. Um teste de inteligência na tradição vygotskiana, por outro lado, permitiria que os avaliadores oferecessem dicas às crianças que estivessem tendo dificuldade para responder a uma pergunta, o que enfocaria o potencial de aprendizagem da criança. Além disso, as ideias de Vygotsky tiveram um impacto enorme na educação na segunda infância e se mostram promissoras em promover o desenvolvimento da autorregulação, o que afetará as futuras realizações escolares (Barnett et al., 2008).

Abordagem do processamento da informação Essa abordagem procura explicar o desenvolvimento cognitivo analisando o processo envolvido na compreensão da informação recebida e no desempenho eficaz de tarefas: processos como atenção, memória, estratégias de planejamento, tomadas de decisão e estabelecimento de metas. A abordagem do processamento da informação não é uma teoria única, mas um enquadramento teórico que sustenta um amplo espectro de teorias e de pesquisas.

Alguns teóricos do processamento de informação comparam o cérebro a um computador: existem dados de entrada (as impressões sensoriais) e dados de saída (o comportamento). Os teóricos do processamento de informação estão interessados no que acontece no meio. Por que os mesmos dados de entrada às vezes resultam em diferentes dados de saída? Boa parte dos pesquisadores do processamento de informação utiliza dados observacionais para *inferir* o que acontece entre um

Segundo Lev Vygotsky, as crianças aprendem por meio da interação social.
Sovfoto/Universal Images Group/Getty Images

teoria sociocultural
Teoria de Vygotsky sobre os fatores contextuais que afetam o desenvolvimento da criança.

zona de desenvolvimento proximal (ZDP)
Termo de Vygotsky para a diferença entre o que uma criança pode fazer sozinha e o que a criança pode fazer com ajuda.

andaime conceitual (*scaffolding*)
Apoio temporário para ajudar uma criança a dominar uma tarefa.

Vygotsky acreditava que as brincadeiras ocorrem com frequência na ZDP, forçando as habilidades da criança até seu limite. Por exemplo, se você pedir a uma criança que finja ser uma estátua, ela provavelmente será capaz de permanecer imóvel por mais tempo do que se lhe pedisse para não se mover. A criança conhece as "regras" de ser uma estátua, e essas regras fornecem o andaime conceitual.

abordagem do processamento da informação
Abordagem ao estudo do desenvolvimento cognitivo que analisa os processos envolvidos na percepção e no processamento da informação.

verificador
você é capaz de...

▷ Explicar como a teoria de Vygotsky se diferencia da teoria de Piaget e como ela se aplica ao ensino e à testagem?

▷ Descrever o que fazem os pesquisadores em processamento de informação e citar três aplicações dessa pesquisa?

estímulo e uma resposta. Por exemplo, eles poderão pedir a uma pessoa que recorde uma lista de palavras e depois observar diferenças no desempenho se a pessoa repetir a lista várias vezes antes de lhe pedirem para recordar as palavras ou se for impedida de fazê-lo. Por meio desses estudos, alguns pesquisadores desenvolveram *modelos computacionais* ou mapas de fluxo que analisam cada etapa em que a pessoa coleta, armazena, recupera e utiliza a informação.

Os teóricos do processamento de informação acreditam que o desenvolvimento é contínuo. Observam aumentos relacionados à idade, velocidade, complexidade e eficiência do processamento mental, e quantidade e variedade do material que pode ser armazenado na memória. Contudo, eles não consideram que esses processos são fundamentalmente diferentes em idades diferentes, apenas mais sofisticados.

A abordagem do processamento da informação tem aplicações práticas. Ao avaliar certos aspectos do processamento de informação de uma criança pequena, os pesquisadores são capazes de fazer uma estimativa da inteligência futura de um bebê. Isso possibilita aos pais e professores ajudar a criança a aprender, tornando-a mais consciente de seus processos mentais e de estratégias para incrementá-los. Os psicólogos geralmente fazem uso dos modelos de processamento para testar, diagnosticar e tratar problemas de aprendizagem.

PERSPECTIVA 4: CONTEXTUAL

Segundo a **perspectiva contextual**, o desenvolvimento pode ser entendido apenas em seu contexto social. Os contextualistas veem o indivíduo não como uma entidade separada interagindo com o ambiente, mas como parte inseparável deste. A teoria sociocultural de Vygotsky, que discutimos como parte da perspectiva cognitiva, também pode ser classificada como contextual.

A **teoria bioecológica** do psicólogo norte-americano Urie Bronfenbrenner (1917-2005) (1979, 1986, 1994; Bronfenbrenner & Morris, 1998) geralmente é representada como um conjunto de círculos, com a criança em desenvolvimento no centro (Figura 2.2). Aqui, estão presentes variáveis de diferenças individuais, como idade, sexo, saúde, habilidades ou temperamento. A criança não é considerada apenas um resultado do desenvolvimento; ela também tem um papel ativo em moldá-lo. Mas a existência da criança não é isolada. Para entender o desenvolvimento, devemos ver a criança dentro do contexto dos múltiplos ambientes ao seu redor.

perspectiva contextual
Visão do desenvolvimento humano que entende o indivíduo como inseparável do contexto social.

teoria bioecológica
Abordagem de Bronfenbrenner para entender processos e contextos do desenvolvimento humano e que identifica cinco níveis de influência ambiental.

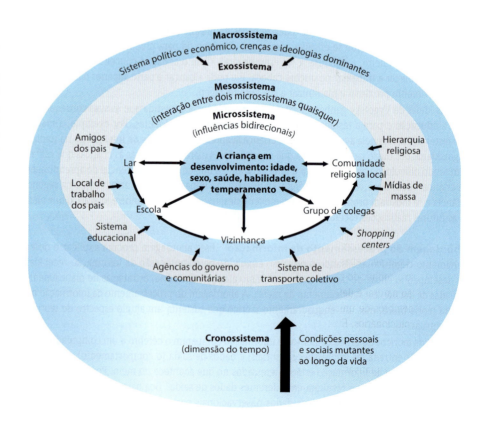

FIGURA 2.2
Teoria bioecológica de Bronfenbrenner.
Os círculos concêntricos mostram cinco níveis de influência ambiental sobre o indivíduo, do ambiente mais íntimo (o microssistema) ao mais amplo (o cronossistema), a dimensão perpendicular do tempo.

O *microssistema* é composto do ambiente cotidiano do lar, trabalho, escola ou vizinhança. Ele inclui interações diretas com colegas de classe, irmãos, pais, amigos, colegas de aula ou, posteriormente, cônjuges, colegas de trabalho ou empregadores.

O *mesossistema* é a influência entrelaçada dos microssistemas. Poderá incluir vínculos entre o lar e a escola (como as reuniões de pais e mestres) ou entre a família e o grupo de colegas (como as relações que se desenvolvem entre famílias em uma vizinhança). Devido às interações do mesossistema, os ambientes dos quais a criança não participa diretamente podem mesmo assim influenciá-la.

O *exossistema* consiste em interações entre um microssistema e um sistema ou instituição externo. Embora seus efeitos sejam indiretos, eles ainda podem ter um impacto profundo sobre a criança. Por exemplo, as leis sobre licença-maternidade e licença-paternidade variam de país para país, e não existem em todos. A possibilidade do pai e/ou mãe ficar em casa com o recém-nascido tem uma influência significativa no desenvolvimento. Assim, as políticas públicas têm ramificações que podem afetar as experiências cotidianas da criança.

O *macrossistema* consiste em padrões culturais abrangentes, como as crenças e ideologias dominantes, e sistemas econômicos e políticos. Por exemplo, os indivíduos são afetados pelo tipo de sistema político em que vivem e podem ter experiências razoavelmente diferentes se crescem em uma sociedade democrática aberta, em comparação com um regime autoritário no qual as liberdades são limitadas.

Por fim, o *cronossistema* representa a dimensão do tempo. O tempo avança e, com ele, mudanças ocorrem. Isso pode incluir mudanças na composição da família (p. ex., um novo filho, divórcio), lugar de residência, emprego dos pais e também eventos maiores, como guerras, mudanças ideológicas e ciclos econômicos.

Ao observar os sistemas que afetam os indivíduos na família e além dela, essa abordagem bioecológica nos ajuda a ver a variedade de influências sobre o desenvolvimento. A perspectiva contextual também nos adverte que as descobertas sobre o desenvolvimento de pessoas em uma determinada cultura ou em um grupo dentro de uma cultura (como norte-americanos brancos e de classe média) talvez não se aplique igualmente a pessoas de outras sociedades ou grupos culturais.

PERSPECTIVA 5: EVOLUCIONISTA/SOCIOBIOLÓGICA

A **perspectiva evolucionista/sociobiológica** proposta por E. O. Wilson (1975) concentra-se nas bases evolucionistas e biológicas do comportamento. Influenciada pela teoria da evolução de Darwin, recorre às descobertas da antropologia, ecologia, genética, etologia e psicologia evolucionista para explicar o valor adaptativo, ou de sobrevivência, do comportamento para um indivíduo ou uma espécie.

A teoria da seleção natural de Darwin é um dos avanços teóricos mais importantes da ciência moderna, elegante na sua simplicidade e profunda nas suas consequências. Apesar de controversa quando proposta originalmente por Darwin e ainda controversa hoje, a evolução é a pedra fundamental das ciências biológicas e tem muitas consequências para a psicologia humana.

Fundamentalmente, a teoria de Darwin pode ser dividida em alguns postulados mais importantes. Primeiro, os organismos variam. Segundo, nunca há recursos suficientes para que todos os organismos sobrevivam. Terceiro, as diferenças individuais entre os organismos são herdadas. A consequência lógica desses enunciados simples é que alguns organismos, devido às suas características específicas, sobrevivem e, logo, se reproduzem mais do que os outros. Suas características específicas são então repassadas para os seus descendentes em maiores proporções, enquanto as características dos organismos menos adaptados ao ambiente não são passadas adiante. No longuíssimo prazo, essas pequenas mudanças incrementais na herança produzem mudanças na espécie. Esse processo é conhecido por seleção natural.

A seleção natural é definida como a sobrevivência e reprodução diferencial de diferentes variantes de membros de uma espécie e é a ferramenta que o mundo natural usa para moldar os processos evolucionários. Embora o senso comum a descreva como "sobrevivência do mais forte" ou "do mais apto", na realidade, a característica mais importante é o sucesso reprodutivo. Os indivíduos com características mais adaptativas passam mais delas para as gerações futuras. Desse modo, características "adaptativas" são selecionadas para serem transmitidas, e as outras são extintas.

Observe que essas características podem ser físicas (como as listras do tigre, que permitem que ele se camufle melhor), comportamentais (como as danças de acasalamento de muitas espécies de

> **verificador**
> **você** é capaz de...
> ▷ Enunciar os principais pressupostos da perspectiva contextual?
> ▷ Diferenciar os cinco níveis de influência contextual de Bronfrenbrenner?

perspectiva evolucionista/sociobiológica
Visão do desenvolvimento humano que se concentra nas bases evolucionistas e biológicas do comportamento.

etologia
Estudo dos comportamentos adaptativos distintivos de espécies de animais, os quais evoluíram para aumentar a sobrevivência da espécie.

As adaptações cognitivas podem ser comparadas a aplicativos de um iPhone, úteis para funções específicas e restritas. Assim como acontece no seu telefone, há um aplicativo mental para quase todas as importantes funções humanas.

psicologia evolucionista
Aplicação dos princípios de Darwin da seleção natural e sobrevivência dos mais adaptados ao comportamento individual.

pássaro) ou psicológicas (como a necessidade do macaco bebê de se agarrar e aconchegar em um corpo quente e macio).

Etologia é o estudo dos comportamentos adaptativos das espécies animais em contextos naturais. O pressuposto é que tais comportamentos evoluem através da seleção natural. Os etologistas comparam animais de diferentes espécies e buscam identificar quais são os comportamentos universais e quais são específicos de uma determinada espécie ou que podem ser modificados pela experiência. Por exemplo, uma característica muito disseminada no reino animal é a chamada procura de proximidade ou, em um linguajar menos formal, "ficar perto da mamãe". Os animaizinhos que se afastam das suas mães não sobrevivem e, logo, não se reproduzem posteriormente. Mas por que discutir pesquisa animal em um texto sobre desenvolvimento humano? A resposta é que os seres humanos também possuem comportamentos adaptativos inatos. Na verdade, uma das teorias mais importantes da psicologia do desenvolvimento foi fortemente influenciada pela abordagem etológica. O psicólogo britânico John Bowlby (1969) usou o que sabia sobre o comportamento de procura de proximidade em animais quando formou suas ideias sobre apego em seres humanos. Para ele, o apego das crianças a um cuidador era um mecanismo que evoluiu para protegê-las de predadores.

Uma extensão da abordagem etológica se encontra na **psicologia evolucionista**. Os etologistas se concentram em comparações entre espécies diferentes, enquanto os psicólogos evolucionistas enfocam os seres humanos e aplicam os princípios de Darwin ao comportamento humano. Assim como temos polegares opositores que evoluíram para fins de destreza manual, um coração que evoluiu para bombear sangue e pulmões que evoluíram para trocar gases, também temos partes dos nossos cérebros que evoluíram para resolver problemas adaptativos específicos.

Os produtos psicológicos da seleção natural nos seres humanos são chamados de adaptações cognitivas. Assim, por exemplo, nossos cérebros evoluíram para considerar certos rostos e tipos corporais atraentes, lutar por dominância e achar bebês bonitinhos, pois essas propensões resolviam os problemas adaptativos da escolha de parceiros, acesso a recursos e sobrevivência dos mais jovens.

Os seres humanos possuem uma grande quantidade de adaptações cognitivas. A maioria das adaptações cognitivas corresponde a um problema específico. Por exemplo, teoriza-se que o enjoo matinal tenha evoluído para proteger o feto de teratógenos (substâncias nocivas) durante o primeiro trimestre da gravidez, o seu momento de maior vulnerabilidade. Uma evidência em favor dessa hipótese é que os tipos de alimentos aos quais as mulheres geralmente informam ter aversão são aqueles com alto conteúdo teratogênico; outra é que o enjoo matinal costuma se atenuar após o primeiro trimestre (Flaxman & Sherman, 2008). Outras adaptações, como a inteligência humana, são vistas como produtos da evolução para ajudar-nos a enfrentar uma ampla variedade de problemas de modo mais flexível (Chiappe & MacDonald, 2005). Adaptações cognitivas como essas, surgidas no passado distante, levaram a maiores índices de sobrevivência e reprodução.

A psicologia evolucionista, apesar de defender que o sucesso reprodutivo é a principal característica que determina nossas adaptações, não propõe que as pessoas buscam conscientemente maximizar a sua reprodução. Por exemplo, as pessoas gostam das atividades sexuais mesmo quando a sua intenção não é engravidar. No passado distante, quando não havia contraceptivos, a atividade sexual muitas vezes levava à gravidez e, logo, ao maior sucesso reprodutivo. Aqueles que tinham maior desejo sexual e, consequentemente, faziam mais sexo tinham maior probabilidade de serem bem-sucedidos reprodutivamente do que aqueles com menor desejo sexual. Assim, os genes que codificam o desejo sexual se tornaram mais comuns. Contudo, eles não estão necessariamente relacionados ao desejo consciente de ter filhos. Em vez disso, as pessoas tendem a fazer sexo porque isso produz uma sensação boa, que foi o que a seleção natural produziu.

Os primeiros críticos da psicologia evolucionista argumentavam que as abordagens evolucionistas reduziam o comportamento humano a doutrinas de imperativos genéticos. No entanto, apesar de defender que, em última análise, é a transmissão dos genes que está por trás dos comportamentos evoluídos, a psicologia evolucionista não é determinista. Os psicólogos evolucionistas colocam um grande peso no ambiente ao qual os seres humanos se adaptam e à flexibilidade da mente humana.

Métodos de pesquisa

Os pesquisadores do desenvolvimento humano trabalham de acordo com duas tradições metodológicas: quantitativa e qualitativa. Cada uma dessas tradições possui diferentes metas e maneiras de ver e interpretar a realidade, enfatizando diferentes meios de coletar e analisar dados.

▶ **verificador**
você é capaz de...

▷ Identificar o foco principal da perspectiva evolucionista/sociobiológica e explicar como a teoria da evolução de Darwin sustenta essa perspectiva?

▷ Dizer quais são os tópicos que etólogos e psicólogos evolucionistas estudam?

PESQUISA QUANTITATIVA E QUALITATIVA

Em geral, quando pensa em pesquisa científica, a maioria das pessoas pensa na chamada *pesquisa quantitativa*. A **pesquisa quantitativa** lida com dados numéricos objetivamente medidos que respondem as perguntas "quanto?" ou "quantos?" e se presta a análises estatísticas. Por exemplo, os pesquisadores quantitativos podem estudar o medo ou ansiedade que as crianças sentem antes de uma cirurgia; para isso, eles usariam perguntas e uma escala numérica para descobrir o quanto estão com medo ou ansiosas. Esses dados podem ser comparados, então, aos de crianças que não farão uma cirurgia para determinar se existe uma diferença estatisticamente significativa entre os dois grupos.

A pesquisa quantitativa sobre desenvolvimento humano baseia-se no **método científico**, que tradicionalmente tem caracterizado a maior parte da investigação. Suas etapas usuais são:

1. *identificação do problema* a ser estudado, geralmente com base em uma teoria ou pesquisa prévia;
2. *formulação de hipóteses* a serem testadas pela pesquisa;
3. *coleta de dados*;
4. *análise estatística dos dados* para determinar se sustentam a hipótese;
5. *formulação de conclusões provisórias*; e
6. *divulgação dos resultados*, de modo que outros observadores possam verificá-los, conhecê-los, analisá-los, repeti-los e aproveitá-los.

A **pesquisa qualitativa** concentra-se no como e no porquê do comportamento; envolve descrições não numéricas (verbais ou pictóricas) sobre a compreensão, sentimentos ou crenças subjetivas sobre as experiências. Os pesquisadores qualitativos podem estudar as mesmas áreas que os quantitativos, mas a sua perspectiva informa os modos como coletam e interpretam os dados. Por exemplo, se fossem estudar o estado emocional de crianças antes de cirurgias, os pesquisadores qualitativos poderiam usar entrevistas não estruturadas ou pedir às crianças que desenhassem suas percepções sobre o evento. Enquanto o objetivo da pesquisa quantitativa é gerar hipóteses a partir de pesquisas anteriores e testá-las empiricamente, o da qualitativa é entender a "história" do evento. A pesquisa qualitativa é mais flexível e informal e os pesquisadores que a praticam podem estar mais interessados em coletar e explorar grandes quantidades de dados para descobrir quais hipóteses emergem do que realizar análises estatísticas de dados numéricos.

AMOSTRAGEM

Como geralmente fica muito caro e leva muito tempo estudar uma *população* inteira (grupo ao qual os resultados poderão se aplicar), os pesquisadores selecionam uma **amostra**, um grupo menor pertencente à população. Para que se possa ter certeza de que os resultados da pesquisa quantitativa são verdadeiros em termos gerais, a amostra deve representar adequadamente a população em estudo; isto é, deve exibir características pertinentes nas mesmas proporções da população inteira. De outro modo, os resultados não poderão ser devidamente *generalizados*, ou aplicados à população como um todo.

Em geral, pesquisadores quantitativos procuram obter representatividade mediante **seleção randômica** ou *aleatória*, procedimento em que cada pessoa de uma população tem a mesma chance de ser escolhida. O resultado da seleção randômica é uma *amostra randômica*. Se quiséssemos estudar os efeitos de um programa educacional, por exemplo, uma das maneiras de selecionar uma amostra randômica de estudantes seria colocar seus nomes dentro de uma caixa, agitá-la e então retirar um certo número de nomes. Uma amostra randômica, sobretudo se for grande, provavelmente representará bem a população. Infelizmente, é difícil obter uma amostra randômica de uma população grande. Em vez disso, muitos estudos usam amostras selecionadas por conveniência ou acessibilidade (p. ex., crianças nascidas em um determinado hospital ou pacientes de uma determinada clínica de repouso). Os resultados de tais estudos podem não se aplicar à população como um todo.

Na pesquisa qualitativa, as amostras tendem a ser focalizadas e não randômicas. Os participantes podem ser escolhidos por sua capacidade de comunicar a natureza de alguma experiência, como descrever o que sentiram durante a puberdade ou a menopausa. Uma amostra qualitativa cuidadosamente selecionada possibilita um grau razoável de generalização.

---

pesquisa quantitativa
Pesquisa que trata de dados objetivamente medidos.

método científico
Sistema de princípios estabelecidos e de processos de investigação científica que inclui a identificação do problema a ser estudado, a formulação de uma hipótese a ser testada pela pesquisa, a coleta e análise de dados, a formulação de conclusões provisórias e a divulgação dos resultados.

pesquisa qualitativa
Pesquisa que se concentra em dados não numéricos, como experiências, sentimentos ou crenças subjetivas.

amostra
Grupo de participantes escolhidos para representar toda uma população a ser estudada.

seleção randômica
Seleção de uma amostra de tal modo que cada pessoa em uma população tenha chances iguais e independentes de ser escolhida.

verificador
você é capaz de...

▷ Comparar pesquisa quantitativa e pesquisa qualitativa e dar um exemplo de cada?

▷ Resumir as seis etapas do método científico e dizer por que cada uma é importante?

▷ Explicar o propósito da seleção randômica e dizer como pode ser feita?

Não existe a "melhor maneira" de coletar dados; cada técnica traz custos e benefícios a ela associados.

MÉTODOS DE COLETA DE DADOS

Alguns meios utilizados para coletar dados (Tabela 2.3) incluem: *autorrelatos* (relatos verbais ou visuais feitos por participantes do estudo), *observação* de participantes em laboratório ou em ambientes naturais, e *medidas de comportamento* ou *de desempenho*. Os pesquisadores podem fazer uso de uma ou mais dessas técnicas de coleta de dados em qualquer modelo de pesquisa. A pesquisa qualitativa tende a confiar em autorrelatos, geralmente na forma de entrevistas minuciosas e de perguntas abertas ou em técnicas visuais (como pedir aos participantes que desenhem suas impressões de uma experiência), e na observação em ambientes naturais. A pesquisa quantitativa utiliza métodos padronizados e estruturados que envolvem medidas numéricas de comportamento ou desempenho.

Autorrelatos: diários, técnicas visuais, entrevistas e questionários A forma mais simples de autorrelato é o *diário*. Pode-se pedir a adolescentes, por exemplo, que registrem o que comeram todos os dias ou os momentos nos quais eles se sentiram deprimidos. Para estudar crianças pequenas, é comum usar o *autorrelato parental* – diários, entrevistas ou questionários –, geralmente combinado com outros métodos como filmagem ou gravação de áudio. As técnicas de representação visual – pedir aos participantes que desenhem, pintem ou façam mapas ou gráficos que descrevam sua experiência – podem evitar a dependência de habilidades verbais.

Em uma *entrevista* face a face ou por telefone, os pesquisadores fazem perguntas sobre atitudes, opiniões ou comportamentos. Na entrevista *estruturada*, a cada participante são feitas as mesmas perguntas. Uma entrevista de *perguntas abertas* é mais flexível; o entrevistador pode variar os tópicos e a ordem das perguntas, e pode fazer outras perguntas com base nas respostas que foram dadas. Para atingir um número maior de pessoas e proteger sua privacidade, os pesquisadores às vezes distribuem um *questionário* impresso ou *on-line* que os participantes preenchem.

Ao fazer perguntas a um grande número de pessoas, os pesquisadores podem obter um quadro mais amplo – pelo menos sobre o que os sujeitos *dizem* que acreditam ou sobre o que fazem ou fizeram. No entanto, pessoas que desejam participar de entrevistas ou preencher questionários talvez não representem com precisão a população como um todo. Além disso, confiar demais em

Na sua opinião, qual é a técnica de entrevista que produz resultados mais confiáveis – a estruturada ou a de perguntas abertas?

TABELA 2.3 Principais métodos de coleta de dados

Tipo	Características principais	Vantagens	Desvantagens
Autorrelato: diário, relatos visuais, entrevista ou questionário	Os participantes são indagados sobre algum aspecto de suas vidas; as perguntas podem ser altamente estruturadas ou mais flexíveis; o autorrelato pode ser verbal ou visual.	Pode oferecer informação direta sobre a vida, atitudes ou opiniões de uma pessoa. Técnicas visuais (p. ex., desenhos, mapas, gráficos) evitam a necessidade de habilidades verbais.	O participante pode não se lembrar da informação com precisão ou pode distorcer as respostas de um modo socialmente desejável; a maneira como a pergunta é formulada ou por quem pode afetar a resposta.
Observação naturalista	As pessoas são observadas em seu ambiente natural, sem qualquer tentativa de manipular comportamento.	Oferece uma boa descrição do comportamento; não submete as pessoas a ambientes não naturais que possam distorcer o comportamento.	Falta de controle; viés do observador.
Observação laboratorial	Os participantes são observados no laboratório, sem qualquer tentativa de manipular comportamento.	Oferece boas descrições; proporciona maior controle que a observação naturalista, pois os participantes são observados sob as mesmas condições controladas.	Viés do observador; a situação controlada pode ser artificial.
Medidas de comportamento e de desempenho	Os participantes são testados em suas habilidades, aptidões, conhecimento, competências ou respostas físicas.	Oferecem informação objetivamente mensurável; evitam distorções subjetivas.	Não podem medir atitudes ou outros fenômenos não comportamentais; os resultados podem ser afetados por fatores não pertinentes.

autorrelatos pode ser imprudente, pois as pessoas talvez não tenham pensado sobre o que sentem e pensam, ou sinceramente podem não saber. Elas podem esquecer quando e como os eventos ocorreram, ou podem, consciente ou inconscientemente, distorcer suas respostas para se adequar ao que é considerado socialmente desejável.

A maneira como uma pergunta é formulada, e por quem, pode afetar a resposta. Quando indagados sobre comportamentos potencialmente perigosos ou socialmente desaprovados, tais como hábitos sexuais e uso de drogas, os participantes talvez sejam mais sinceros quando respondem pelo computador do que escrevendo em um papel para uma enquete (Turner et al., 1998).

Observação naturalista e laboratorial A observação ocorre de duas formas: *observação naturalista* e *observação laboratorial*. Na **observação naturalista**, os pesquisadores estudam as pessoas em ambientes da vida real. Eles não tentam alterar o comportamento ou o ambiente; simplesmente registram o que veem. Na **observação laboratorial**, os pesquisadores observam e registram o comportamento em um ambiente controlado, como o laboratório. Observando todos os participantes sob as mesmas condições, os cientistas podem identificar com mais clareza as diferenças comportamentais não atribuíveis ao ambiente.

Esses dois modos de observação podem oferecer descrições valiosas sobre o comportamento, mas têm suas limitações. Primeiro, não explicam *por que* as pessoas se comportam daquele jeito, embora os observadores possam sugerir interpretações. Segundo, a presença de um observador pode alterar o comportamento. Quando as pessoas sabem que estão sendo observadas, podem agir diferentemente. Por último, há o risco do *viés do observador*: a tendência do pesquisador a interpretar dados de modo a satisfazer expectativas ou enfatizar alguns aspectos e minimizar outros.

Medidas comportamentais e de desempenho Para a pesquisa quantitativa, os cientistas empregam medidas mais objetivas de comportamento e desempenho, em vez de, ou além de, autorrelatos ou observação. Testes e outras medidas comportamentais e neuropsicológicas podem ser usados para avaliar capacidades, aptidões, conhecimento, competências ou respostas fisiológicas como ritmo cardíaco e atividade cerebral.

Alguns testes escritos, como os testes de inteligência, comparam o desempenho da pessoa com o de outras que fizeram o mesmo teste. Esses testes podem ser significativos e úteis somente se forem *válidos* (os testes medem as capacidades que alegam medir) e *fidedignos* (os resultados forem razoavelmente coerentes em um certo intervalo de tempo). Para evitar algum viés, os testes devem ser *padronizados*, ou seja, aplicados e avaliados pelos mesmos métodos e critérios para todas as pessoas testadas.

Na maior parte da história da psicologia, teóricos e pesquisadores estudaram os processos cognitivos separadamente das estruturas cerebrais nas quais esses processos ocorrem. Hoje em dia, sofisticados instrumentos de imageamento, como o imageamento por ressonância magnética funcional (fMRI) e a tomografia por emissão de pósitron (PET), permitem ver o cérebro em ação, e o novo campo da **neurociência cognitiva** está associando a nossa compreensão das funções cognitivas com o que acontece no cérebro.

AVALIANDO AS PESQUISAS QUANTITATIVA E QUALITATIVA

Em comparação com a pesquisa quantitativa baseada no método científico, a pesquisa qualitativa tem seus pontos fortes e limitações. No lado positivo, a pesquisa qualitativa pode examinar uma questão em grande profundidade e detalhadamente, e o enquadramento da pesquisa pode ser prontamente revisado à luz de novos dados. As descobertas da pesquisa qualitativa podem ser uma rica fonte de *insights* sobre atitudes e comportamentos. A relação interativa entre pesquisadores e participantes pode humanizar o processo de pesquisa e revelar informações que não emergiriam nas condições mais impessoais da pesquisa quantitativa. Por outro lado, a pesquisa qualitativa tende a ser menos rigorosa e mais sujeita a vieses do que a pesquisa quantitativa. Como as amostras costumam ser pequenas e não randômicas, os resultados são menos generalizáveis e replicáveis do que os resultados da pesquisa quantitativa. O grande volume de dados torna a análise e a interpretação demoradas, e a qualidade das descobertas e das conclusões depende muito das habilidades do pesquisador (Mathie & Carnozzi, 2005).

> Um dos problemas com os resultados das pesquisas de opinião da revista Cosmo é que não se trata de uma amostra randômica ou aleatória. Os dados vêm de "pessoas que respondem às pesquisas da revista Cosmo", um grupo selecionado de indivíduos.

observação naturalista
Método de pesquisa em que o comportamento é estudado em ambientes naturais sem intervenção ou manipulação.

observação laboratorial
Método de pesquisa em que todos os participantes são observados sob as mesmas condições controladas.

Um bebê observado em um laboratório poderá ou não se comportar do mesmo modo como o faria em um ambiente natural, por exemplo, em casa, mas ambos os tipos de observação podem fornecer informações valiosas.

Thierry Berrod, Mona Lisa Production/Science Source

neurociência cognitiva
Estudos dos vínculos entre processos neurais e capacidades cognitivas.

> A observação também não funciona muito bem para eventos raros. Suponha que você quis pesquisar salvamentos heroicos e ficou perto de uma ponte observando se alguém irá ajudar quando uma pessoa tentar suicidar-se pulando da ponte. Quanto tempo você esperaria?

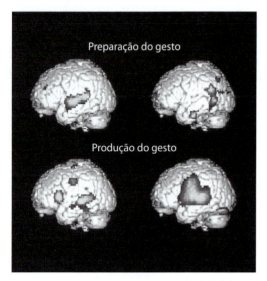

Pesquisadores podem analisar um escaneamento do cérebro por fMRI (imageamento por ressonância magnética funcional) feito durante uma atividade ou tarefa para observar a ligação entre a atividade cognitiva e o que acontece no cérebro. As regiões que aparecem em tom mais escuro são ativadas quando se pensa em fazer um gesto (preparação) e depois na sua execução (produção).
WDCN/Univ. College London/Science Source

estudo de caso
Estudo de um único sujeito, que pode ser um indivíduo ou uma família.

A linha demarcatória entre essas metodologias, porém, não é necessariamente bem definida. Os dados qualitativos podem ser analisados quantitativamente – por exemplo, pela análise estatística de transcrições de entrevistas ou observações filmadas para se ver quantas vezes certos temas ou comportamentos ocorrem. Inversamente, os dados quantitativos podem ser esclarecidos pela pesquisa qualitativa – por exemplo, por entrevistas elaboradas para examinar as motivações e atitudes de crianças com altas pontuações em testes de execução (Yoshikawa, Weisner, Kalil, & Way, 2008).

MODELOS BÁSICOS DE PESQUISA

Quatro dos modelos básicos utilizados na pesquisa sobre desenvolvimento são os *estudos de caso*, *estudos etnográficos*, *estudos correlacionais* e *experimentos*. Os dois primeiros modelos são qualitativos; os dois últimos são quantitativos. Cada modelo tem suas vantagens e desvantagens, e cada um é apropriado para certos tipos de problemas em pesquisa (Tabela 2.4).

Estudos de caso O **estudo de caso** é o estudo que se faz de um indivíduo. Esses estudos também podem fazer uso de medidas comportamentais ou fisiológicas e de material biográfico, autobiográfico ou documental. Estudos de caso têm particular utilidade no estudo de algo relativamente raro, quando simplesmente não é possível encontrar um grupo suficientemente grande de pessoas com a característica em questão para se conduzir uma investigação tradicional em laboratório. Estudos de caso oferecem informações úteis e detalhadas. Podem explorar fontes de comportamento e testar tratamentos, além de sugerir direções para pesquisas posteriores.

Entretanto, estudos de caso apresentam deficiências. Utilizando estudos de caso, podemos aprender muito sobre o desenvolvimento de uma única pessoa, mas não sobre como a informação se aplica às pessoas em geral. Além disso, estudos de caso não podem explicar o comportamento com certeza ou permitir sólidas afirmações causais, pois não há como testar suas conclusões.

TABELA 2.4 Modelos básicos de pesquisa

Tipo	Características principais	Vantagens	Desvantagens
Estudo de caso	Estudo detalhado de um único indivíduo.	Oferece um quadro detalhado do comportamento e do desenvolvimento da pessoa; pode gerar hipóteses.	Pode não ser generalizável para outros casos; conclusões não diretamente testáveis; não pode estabelecer causa e efeito.
Estudo etnográfico	Estudo detalhado de uma cultura ou subcultura.	Pode ajudar a superar o viés cultural na teoria e na pesquisa; pode testar a universalidade dos fenômenos do desenvolvimento.	Sujeito ao viés do observador.
Estudo correlacional	Tentativa de encontrar relações positivas ou negativas entre variáveis.	Permite a previsão de uma variável com base em outra; pode sugerir hipóteses sobre relações causais.	Não pode estabelecer causa e efeito.
Experimento	Procedimento controlado, conduzido no laboratório ou em campo, no qual uma variável independente é manipulada para determinar seu efeito na variável dependente.	Estabelece relações de causa e efeito; é altamente controlado e pode ser repetido por outro pesquisador.	Os resultados, especialmente quando derivados de experimentos em laboratório, podem não ser generalizáveis para situações fora do laboratório.

Estudos etnográficos O **estudo etnográfico** procura descrever o padrão de relacionamentos, costumes, crenças, tecnologia, artes e tradições que compõem um modo de vida em sociedade. De certo modo, é como um estudo de caso de uma cultura. A pesquisa etnográfica pode ser qualitativa, quantitativa ou ambas, utilizando uma combinação de métodos que incluem entrevistas informais, não estruturadas e **observação participante**. A observação participante é uma forma de observação naturalista em que os pesquisadores vivem nas sociedades ou grupos menores que observam ou deles participam, assim como geralmente o fazem os antropólogos por longos períodos.

Em virtude do envolvimento dos etnógrafos nos eventos ou nas sociedades que estão observando, suas descobertas ficam sujeitas ao viés do observador. Do lado positivo, a pesquisa etnográfica pode ajudar a superar o viés cultural na teoria e na pesquisa (ver Seção Janela para o Mundo). A etnografia demonstra o erro de supor que princípios desenvolvidos em pesquisas com culturas ocidentais sejam universalmente aplicáveis.

Estudos correlacionais O **estudo correlacional** procura determinar se existe uma *correlação*, ou relação estatística, entre *variáveis*, fenômenos que se alteram ou variam entre pessoas ou podem ser variados para efeitos de pesquisa. As correlações são expressas em termos de direção (positiva ou negativa) e magnitude (grau). Duas variáveis correlacionadas *positivamente* crescem ou decrescem conjuntamente. Estudos mostram uma correlação positiva, ou direta, entre violência televisionada e agressão; isto é, crianças que veem mais programas violentos na televisão tendem a brigar mais do que aquelas que assistem menos a esses programas. Duas variáveis têm uma correlação *negativa*, ou inversa, se quando uma aumenta a outra diminui. Estudos mostram uma correlação entre o grau de escolaridade e o risco de desenvolver demência (deterioração mental) devido ao mal de Alzheimer na velhice. Em outras palavras, quanto menos instrução, maior a demência (Katzman, 1993).

As correlações aparecem como números que variam de –1,0 (uma perfeita relação negativa) e +1,0 (uma perfeita relação positiva). Correlações perfeitas são raras. Quanto mais próxima de +1,0 ou –1,0, mais forte a relação, seja ela positiva ou negativa. Uma correlação igual a zero significa que as variáveis não têm nenhuma relação entre si.

Correlações nos permitem prever uma variável em relação à outra. Com base na correlação positiva entre ver programas violentos na televisão e agressão, podemos prever que crianças que assistem a muitos programas violentos têm maior probabilidade de se envolver em brigas do que aquelas que *não* assistem a esses programas. Quanto maior a magnitude da correlação entre as duas variáveis, maior a capacidade de prever uma delas a partir da outra.

Embora correlações fortes indiquem possíveis relações de causa e efeito, são apenas hipóteses e precisam ser examinadas e testadas com espírito crítico. Não podemos ter certeza, a partir de uma correlação positiva entre violência televisionada e agressividade, que ver programas violentos na televisão *causa* agressão; só podemos concluir que as duas variáveis estão relacionadas. É possível que a causa ocorra no sentido inverso: o comportamento agressivo talvez leve a criança a ver mais programas violentos. Ou uma terceira variável – uma predisposição inata à agressividade ou um ambiente violento – pode fazer com que a criança *tanto* assista a programas violentos *quanto* aja agressivamente. A única maneira de demonstrar com certeza que uma variável é a causa de outra é através do experimento – um método que, quando se estuda seres humanos, nem sempre é possível por razões práticas ou éticas.

Experimentos O **experimento** é um procedimento controlado em que o experimentador manipula variáveis para saber como uma afeta a outra. Experimentos científicos devem ser conduzidos e relatados de modo que outro experimentador possa *replicá-los*, isto é, repeti-los exatamente do mesmo jeito, mas com diferentes participantes, para verificar os resultados e as conclusões.

Recentemente, alguns psicólogos começaram a se preocupar com uma "crise de reprodutibilidade" nas ciências sociais. Dados de trabalhos como o Reproducibility Project (Aarts et al., 2015) sugerem que não há nenhuma garantia de replicação nas ciências sociais. Nesse projeto, mais de 100 estudos experimentais e correlacionais de psicologia foram reproduzidos cuidadosamente e, dependendo de como a replicação foi definida, apenas cerca de metade produziu as mesmas conclusões estatísticas, apesar dos resultados seguirem geralmente na mesma direção.

No teste Roscharch de manchas de tinta você deve dizer o que está vendo em uma mancha ou borrão de tinta. Presume-se que o que você vê revela verdades sobre a personalidade e seu funcionamento. O problema? É notoriamente não confiável. De que vale um teste em que não se pode obter uma resposta direta sobre o que ele significa?

estudo etnográfico
Estudo detalhado de uma cultura; utiliza uma combinação de métodos que inclui a observação participante.

observação participante
Método de pesquisa em que o observador vive com as pessoas ou participa da atividade que está sendo observada.

estudo correlacional
Modelo de pesquisa que visa descobrir se existe uma relação estatística entre variáveis.

Uma correlação de +/- 1,0 significa que você está medindo a mesma coisa de maneiras diferentes. Por exemplo, polegadas e centímetros estão perfeitamente correlacionados.

experimento
Procedimento controlado e replicável em que o pesquisador manipula variáveis para avaliar o efeito de uma sobre a outra.

JANELA para o mundo
OBJETIVOS DA PESQUISA TRANSCULTURAL

Quando David, uma criança norte-americana de origem europeia, foi solicitado a identificar o detalhe que faltava no retrato de um rosto sem boca, ele disse "a boca". Mas Ari, uma criança asiática imigrante em Israel, disse que o corpo é que estava faltando. Como em sua cultura a arte não apresenta a cabeça como um retrato completo, ele achou que a ausência de um corpo era mais importante que a omissão de "um mero detalhe como a boca" (Anastasi, 1988, p. 360).

É observando crianças de diferentes grupos culturais que os pesquisadores poderão saber sob quais aspectos o desenvolvimento é universal (e, portanto, intrínseco à condição humana) e sob quais aspectos é culturalmente determinado. Por exemplo, crianças de toda parte aprendem a falar na mesma sequência, passando de arrulhos e balbucios para palavras simples e depois para combinações de palavras. As palavras variam de cultura para cultura, mas no mundo inteiro crianças pequenas formam sentenças juntando as palavras da mesma maneira. Essas descobertas sugerem que a capacidade de aprender uma língua é universal e inata.

Por outro lado, a cultura influencia o conjunto específico de habilidades aprendidas. Nos Estados Unidos, a criança aprende a ler, escrever e, cada vez mais, a operar computadores. No Nepal, ela aprende a conduzir búfalos e a percorrer as trilhas nas montanhas.

Uma das importantes razões de fazer pesquisa entre diferentes grupos culturais é reconhecer vieses nas teorias e nas pesquisas ocidentais tradicionais, que geralmente não são questionados até que se mostre que são produto de influências culturais. Como boa parte das pesquisas sobre o desenvolvimento da criança concentra-se nas sociedades ocidentais industrializadas, o desenvolvimento típico nessas sociedades pode ser visto como norma ou padrão de comportamento. Medidas comparadas a essa "norma" resultam em ideias estreitas – e geralmente erradas – sobre o desenvolvimento. Levada ao extremo, essa crença pode fazer com que o desenvolvimento de crianças em outros grupos étnicos e culturais seja visto como desviante (Rogoff & Morelli, 1989).

Neste livro, discutimos várias teorias influentes desenvolvidas como resultados de pesquisas feitas em sociedades ocidentais que não se sustentam quando testadas em pessoas de outras culturas – teorias sobre papéis de gênero, pensamento abstrato, julgamento moral e outros aspectos do desenvolvimento humano. Ao longo de todo o livro, focalizamos constantemente crianças de culturas e subculturas diferentes da cultura dominante nos Estados Unidos, para mostrar o quanto o desenvolvimento está ligado à sociedade e à cultura e para ampliar nossa compreensão sobre desenvolvimento normal em muitos ambientes. Ao fazê-lo, porém, precisamos estar atentos às armadilhas envolvidas nas comparações transculturais.

> **qual a sua opinião?** Você consegue lembrar uma situação em que julgou incorretamente uma pessoa porque não estava familiarizado com sua cultura?

O número de igrejas em uma cidade está altamente correlacionado com o número de garrafas de bebida alcoólica encontradas nas latas de lixo da cidade. Mas seria inadequado concluir que a religião leva as pessoas a beberem. Em vez disso, uma terceira variável – o tamanho da população – explica a relação. Sempre precisamos incluir o pensamento crítico nas nossas observações.

Além disso, as revistas científicas nas quais as pesquisas psicológicas são publicadas têm o viés de darem maior preferência à publicação de achados novos e diferentes (Martin & Clarke, 2017) e menor a replicações de trabalhos anteriores. Isso ocorre especialmente quando os trabalhos não atingem significância estatística (em outras palavras, se não encontram um efeito esperado). Como a replicação dos resultados é uma pedra fundamental da abordagem científica, o campo da psicologia corre o risco de ser caracterizado por achados que podem não se sustentar quando examinados mais de perto.

Ademais, a forte pressão para que publiquem trabalhos faz com que alguns pesquisadores adotem o chamado *p-hacking*, apesar de a prática ser considerada antiética. *P-hacking* envolve analisar os dados até encontrar um resultado estatisticamente significativo e então desenvolver uma explicação *post hoc* (posterior) para o achado. Como um conjunto de dados grande o suficiente quase sempre produz algum tipo de resultado significativo, apenas por sorte, o *p-hacking* pode levar à publicação de resultados enganosos, com poucas aplicações no mundo real.

Problemas como esse levaram um número crescente de pesquisadores a defender a adoção de novas diretrizes para garantir a integridade dos achados no campo da psicologia. Entre elas, defende-se que a ciência seja mais aberta e transparente, que os estudos usem quantidades maiores de participantes e a preferência por efeitos mais fortes, com maior probabilidade de causar impacto no mundo real. Acima de tudo, pré-relatórios registrados sobre as hipóteses estatísticas a serem testadas antes da coleta de dados ajudariam a garantir a integridade da análise (Lindsay, 2015; Button et al., 2013; van't Veer & Giner-Sorolla, 2016).

Grupos e variáveis Um modo comum de conduzir um experimento é dividir os participantes em dois tipos de grupos. O **grupo experimental** consiste em pessoas que serão expostas à manipulação experimental ou *tratamento* – o fenômeno que o pesquisador quer estudar. Depois, o efeito do tratamento será medido uma ou mais vezes para verificar quais foram as mudanças que ele causou, se é que houve alguma. O **grupo-controle** consiste em pessoas semelhantes às do grupo experimental, mas que não recebem o tratamento experimental ou que talvez recebam um tratamento diferente. Um experimento pode incluir um ou mais de cada tipo de grupo. Se o experimentador quiser comparar os efeitos de diferentes tratamentos (digamos, de dois métodos de ensino), a amostra geral poderá ser dividida em *grupos de tratamento*, cada um deles recebendo um dos tratamentos em estudo. Para assegurar a objetividade, alguns experimentos, especialmente na pesquisa médica, usam procedimentos de *duplo-cego*, em que nem os participantes nem os experimentadores sabem quem está recebendo o tratamento e quem está recebendo o *placebo*.

Uma equipe de pesquisadores queria descobrir se bebês de 11 meses poderiam ser treinados para concentrarem sua atenção (Wass, Porayska-Pomsta, & Johnson, 2011). Os pesquisadores levaram 42 bebês ao seu laboratório e fizeram com que participassem de diversas tarefas. Metade recebeu cerca de uma hora de treinamento em atenção, no qual os bebês precisavam sustentar o seu olhar para fazer com que um evento divertido acontecesse no computador. Por exemplo, se os bebês olhavam fixamente para um elefante, este se mexia, mas se olhavam para outra coisa, o elefante parava de se mexer. O outro grupo de crianças assistiu a desenhos e vídeos da TV, mas não recebeu treinamento. Ao fim de duas semanas, os bebês foram testados novamente com uma série de tarefas cognitivas e os bebês que receberam treinamento tiveram desempenho melhor do que aqueles que não foram treinados. Seria razoável concluir, então, que o treinamento em atenção melhorou o desempenho dos bebês nas tarefas, pois esse foi o único fato que variou entre os dois grupos.

Nesse experimento, o tipo de atividade (treinamento *versus* assistir à televisão) era a *variável independente*, e o desempenho das crianças no teste era a *variável dependente*. Uma **variável independente** é algo sobre o qual o experimentador tem controle direto. Uma **variável dependente** é algo que pode ou não se alterar como resultado de mudanças na variável independente; em outras palavras, ela *depende* da variável independente. Em um experimento, o pesquisador manipula a variável independente para ver como as mudanças nela ocorridas afetarão a variável dependente. A hipótese para um estudo diz como o pesquisador julga que a variável independente afeta a variável dependente.

Ao conduzir uma pesquisa, é importante definir exatamente o que deve ser medido, de modo que os outros pesquisadores possam replicá-la, ou seja, reproduzi-la. Para isso, os pesquisadores usam uma **definição operacional** – uma definição enunciada apenas em termos das operações utilizadas para medir um fenômeno. No estudo de Wass e colaboradores (2011) antes citado, o desempenho cognitivo superior das crianças foi definido como a capacidade de sustentar a atenção dada a um objeto interessante por um período maior e ser capaz de alternar a atenção entre um objeto e uma pessoa mais rapidamente. Se os pesquisadores tivessem apenas afirmado que as crianças tiveram desempenho "melhor", não teria sido claro exatamente o que queriam dizer com essa palavra. Como especificaram a variável com precisão, outros pesquisadores sabem exatamente o que foi feito e poderiam reproduzir o estudo e comentar sobre os resultados.

Distribuição randômica Se em um experimento houver uma diferença significativa no desempenho dos grupos experimental e de controle, como saber que a causa foi a variável independente? Por exemplo, no experimento de treinamento em atenção, como podemos ter certeza de que foi o treinamento, e não algum outro fator (como a inteligência), que causou a diferença de desempenho no teste entre os dois grupos? A melhor maneira de controlar os efeitos de outros fatores é a **distribuição randômica**: distribuir os participantes em grupos, de tal modo que cada pessoa tenha a mesma chance de ser incluída em qualquer grupo.

Se a distribuição for randômica e a amostra for suficientemente grande, as diferenças em fatores como idade, gênero e etnia serão distribuídas de maneira uniforme, de modo que inicialmente os grupos devem ser tão semelhantes quanto possível em todos os aspectos, exceto na variável a ser testada. Não fosse assim, diferenças que não foram levadas em conta poderiam *confundir* ou contaminar os resultados, e quaisquer conclusões tiradas do experimento teriam de ser vistas com

---

grupo experimental
Em um experimento, o grupo que recebe o tratamento em estudo.

grupo-controle
Em um experimento, grupo de pessoas, semelhante ao grupo experimental, que não recebe o tratamento em estudo.

variável independente
Em um experimento, a condição sobre a qual o experimentador exerce controle direto.

variável dependente
Em um experimento, a condição que pode ou não se alterar como resultado de mudanças na variável independente.

definição operacional
Definição enunciada apenas em termos das operações utilizadas para medir um fenômeno.

distribuição randômica
Distribuição dos participantes de um experimento em grupos, de modo que cada pessoa tenha chances iguais de ser colocada em qualquer um dos grupos.

Variáveis dependentes também são conhecidas como "medidas finais" porque seus valores são usados para verificar, no final do estudo, se você está certo.

Uma pesquisa conduzida com os sobreviventes do Furacão Katrina que os comparou a pessoas de outras cidades, com as quais eram semelhantes em muitas medidas, exceto pela experiência de vivenciar os eventos traumáticos do furacão, é um exemplo de modelo quase-experimental.

verificador
você é capaz de...

▷ Comparar as vantagens e desvantagens dos estudos de caso, estudos etnográficos, estudos correlacionais e dos experimentos?

▷ Explicar por que somente um experimento controlado pode estabelecer relações causais?

▷ Distinguir entre experimentos laboratoriais, de campo e naturais e dizer que tipos de pesquisa parecem mais adequados para cada um deles?

▷ Comparar as vantagens e desvantagens dos vários métodos de coleta de dados?

estudo transversal
Estudo elaborado para avaliar diferenças relacionadas à idade em que pessoas de diferentes idades são avaliadas em uma determinada ocasião.

estudo longitudinal
Estudo elaborado para avaliar, em uma amostra, mudanças que ocorrem com a idade no decorrer do tempo.

estudo sequencial
Modelo de estudo que combina técnicas transversais e longitudinais.

suspeita. Para evitar contaminações, o experimentador deve certificar-se de que tudo, exceto a variável independente, é mantido constante no decorrer do experimento. Por exemplo, no estudo de treinamento em atenção, as crianças no grupo experimental e no grupo-controle devem dedicar o mesmo tempo às suas diferentes tarefas. Quando os participantes de um experimento são randomicamente distribuídos entre grupos de tratamento e quaisquer outras condições que não sejam a variável independente forem cuidadosamente controladas, o experimentador poderá estar razoavelmente confiante de que uma relação causal foi (ou não) estabelecida. Em outras palavras, quaisquer diferenças entre os grupos podem ser atribuídas à ação da variável independente (neste caso, o treinamento) e não a algum outro fator.

É claro que com respeito a algumas variáveis que quiséssemos estudar, como idade, gênero e raça/etnia, a distribuição randômica não é possível. Não podemos incluir Terry no grupo de 5 anos e Brett no de 10, ou decidir que Terry será um menino e Brett, uma menina. Ao estudar esse tipo de variável – por exemplo, se meninos ou meninas têm melhor desempenho em certas habilidades – os pesquisadores podem fortalecer a validade de suas conclusões selecionando randomicamente os participantes e tentando certificar-se de que são estatisticamente equivalentes em outros aspectos que pudessem fazer diferença no estudo.

Experimentos laboratoriais, de campo e naturais Existem muitas formas de se conduzir pesquisas, e uma diferença essencial é aquela entre experimentos laboratoriais, de campo e naturais. O experimento laboratorial é melhor para determinar causa e efeito; neles, em geral, pede-se que os participantes visitem um laboratório, onde são submetidos a condições manipuladas pelo experimentador. O experimento de treinamento em atenção, descrito anteriormente, foi um experimento laboratorial. O controle estrito de um estudo laboratorial permite que os pesquisadores tenham mais certeza de que a sua variável independente causou a mudança na variável dependente; no entanto, devido à artificialidade da experiência laboratorial, os resultados talvez sejam menos generalizáveis para a vida real. As pessoas podem não agir como normalmente fariam.

O experimento de campo é um estudo controlado conduzido em um ambiente cotidiano, como o lar ou a escola. As variáveis ainda podem ser manipuladas, então relações causais ainda podem ser investigadas. Como os experimentos ocorrem no mundo real, confia-se mais que os comportamentos observados podem ser generalizados como representativos de comportamentos naturais. Contudo, os pesquisadores exercem menos controle sobre os eventos que podem ocorrer – o mundo real costuma ser complicado e nem tudo acontece como planejado.

Quando, por motivos práticos ou éticos, é impossível conduzir um verdadeiro experimento, o *experimento natural*, também chamado de *quase-experimento*, poderá ser uma opção para estudar certos eventos. O experimento natural compara pessoas que foram acidentalmente "distribuídas" para separar grupos por circunstâncias de vida – um grupo, digamos, que foi atingido pela fome ou exposto ao HIV, ou que teve acesso à educação superior, e outro grupo que não teve. O experimento natural, apesar do nome, na verdade é um estudo correlacional porque a manipulação controlada das variáveis e a distribuição randômica entre os grupos de tratamento não é possível.

Experimentos controlados apresentam duas importantes vantagens sobre outros métodos de pesquisa: podem estabelecer relações de causa e efeito e permitem replicação. Entretanto, esses experimentos podem ser muito artificiais e seu foco, muito estreito. Nas últimas décadas, muitos pesquisadores concentraram-se menos na experimentação em laboratório ou complementaram-na com outros métodos.

MODELOS DE PESQUISA SOBRE DESENVOLVIMENTO

Um dos principais objetivos da pesquisa em desenvolvimento é estudar a mudança ao longo do tempo, e os psicólogos do desenvolvimento criaram diversos métodos para isso. As duas estratégias de pesquisa mais comuns são os *estudos transversais* e os *longitudinais* (Figura 2.3). **Estudos transversais** ilustram mais claramente as semelhanças e diferenças entre pessoas de diversas faixas etárias; **estudos longitudinais** acompanham as pessoas ao longo do tempo e se concentram nas mudanças individuais com a idade. Ambos os modelos têm prós e contras. Um terceiro tipo, os **estudos sequenciais**, combina as duas abordagens para minimizar as desvantagens de cada uma.

Estudos transversais, longitudinais e sequenciais No estudo transversal, pessoas de diferentes idades são avaliadas em um único momento. Em geral, as crianças são agrupadas de acordo com outras características importantes e suas idades são variadas. Por exemplo, em um estudo transversal, os pesquisadores apresentaram pares de objetos a 193 meninos e meninas com idades de 7 meses a 5 anos. As crianças foram convidadas a pegar um dos objetos, que eram idênticos em todos os sentidos, exceto que um objeto era sempre rosa, enquanto o outro podia ser verde, azul, amarelo ou laranja. Os pesquisadores observaram que as meninas não demonstravam preferência alguma por objetos rosa até os 2 anos, quando começavam a preferi-los com mais frequência. Aos 4 anos, as meninas escolhiam o objeto rosa quase 80% mais frequentemente do que os com outras cores. Os meninos, entretanto, demonstraram um padrão diferente. Assim como as meninas, no início, não havia preferência entre rosa ou outras cores. A partir de cerca de 2 anos, no entanto, a tendência a escolher o objeto rosa foi diminuindo progressivamente. Aos 5, eles escolhiam o objeto rosa apenas cerca de 20% das vezes. Os pesquisadores concluíram que a preferência feminina pela cor rosa era aprendida ao longo do tempo e teorizaram que estava relacionada à aquisição de conhecimento sobre gênero (LoBue & DeLoache, 2011).

Podemos ter certeza de tal conclusão? O problema dos estudos transversais é que não podemos saber se a preferência das crianças de 5 anos por determinadas cores quando tinham menos de 2 era a mesma que a dos bebês atuais no estudo. Por exemplo, se, no ano anterior ao estudo, surge um programa de TV popular para crianças com mais de 2 anos que promove estereótipos de gênero, as crianças mais velhas podem demonstrar preferências porque assistem ao programa, não porque o seu entendimento sobre gênero aumentou. A mudança pode parecer relacionada à idade, mas na verdade seria o resultado do programa de TV.

A única maneira de saber se a mudança ocorre com a idade é conduzir um estudo longitudinal de uma determinada pessoa ou grupo. No estudo longitudinal, os pesquisadores avaliam a mesma pessoa ou o mesmo grupo ao longo do tempo, às vezes no intervalo de alguns anos.

Um estudo longitudinal grande examinou os hábitos de internet de 754 pessoas e a relação do seu uso da internet com a solidão ao longo do tempo. Os pesquisadores descobriram que pessoas inicialmente solitárias e que passavam mais tempo na rede durante um ano informavam estar cada vez mais solitárias e terem satisfação com a vida menor no final do estudo (Stepanikova, Nie, & He, 2010).

Mas assim como nos estudos transversais, há um porém. Como os indivíduos são estudados ao longo do tempo, os pesquisadores têm acesso à trajetória individual específica de cada um. Entretanto, os resultados de uma coorte podem não se aplicar ao estudo de uma coorte diferente. O estudo usou dados coletados de 2004 a 2005, e a ligação entre histórico de navegação e solidão pode ser diferente hoje.

Quando tentamos determinar o melhor modelo de pesquisa, nem o transversal nem o longitudinal são superiores. Tanto um quanto o outro têm pontos fortes e pontos fracos (Tabela 2.5). Por exemplo, o modelo transversal é rápido — não precisamos esperar 30 anos para obter resultados. Isso significa que é também uma opção mais econômica. Além disso, como os participantes são avaliados apenas uma vez, não precisamos considerar desistências (participantes abandonando o estudo) ou repetição da testagem (que pode produzir efeitos de prática). Mas o modelo transversal usa médias de grupos, o que pode obscurecer as diferenças e trajetórias individuais. E o que é mais importante, os resultados podem ser afetados pelas experiências diferentes de pessoas nascidas em épocas diferentes, como explicado anteriormente.

A pesquisa longitudinal mostra um conjunto diferente e complementar de pontos fracos e fortes. Como as mesmas pessoas são estudadas repetidamente ao longo do tempo, os pesquisadores podem acompanhar padrões individuais de continuidade e mudança. Por isso, os estudos longitudinais são mais demorados e caros que os transversais. Além disso, o teste repetido dos participantes pode produzir efeitos de prática. Por exemplo, o seu desempenho em um teste de inteligência pode melhorar com o tempo porque você praticou o teste, não porque sua

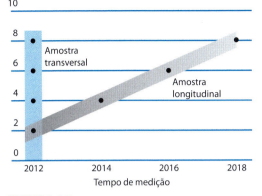

FIGURA 2.3
Modelos de pesquisa sobre desenvolvimento.
No estudo transversal, grupos de indivíduos com 2, 4, 6 e 8 anos de idade foram testados em 2012 para se obter dados sobre diferenças relacionadas à idade. No estudo longitudinal, uma amostra de crianças foi primeiramente medida em 2012, quando elas tinham 2 anos; testes de acompanhamento são feitos quando as crianças têm 4, 6 e 8 anos para medir mudanças relacionadas à idade. Nota: os pontos indicam os tempos das medidas.

> *A desistência não é randômica; quase sempre sofre algum tipo de viés. Por exemplo, as pessoas com maior probabilidade de desistir do estudo são aquelas com estilos de vida mais caóticos. As pessoas que ficaram até o fim poderiam parecer muito boas, mas talvez fosse porque as pessoas que não estavam se dando bem foram embora.*

TABELA 2.5 Pesquisas longitudinal, transversal e sequencial: prós e contras

Tipo de estudo	Procedimento	Vantagens	Desvantagens
Transversal	Dados sobre pessoas de diferentes idades são coletados ao mesmo tempo.	Pode mostrar semelhanças e diferenças entre grupos etários; rápida; econômica; não apresenta problema de desistência ou repetição da testagem.	Não estabelece efeitos de idade; encobre diferenças individuais; pode ser confundida com efeitos de coorte.
Longitudinal	Dados sobre a mesma pessoa ou pessoas são coletados por um determinado período.	Pode mostrar mudanças relacionadas à idade ou continuidade; evita confundir efeitos de idade com efeitos de coorte.	É muito demorada e cara; apresenta problemas de desistência, viés na amostra e efeitos de repetição da testagem; os resultados podem ser válidos apenas para a coorte testada ou para a amostra estudada.
Sequencial	Dados sobre amostras transversais ou longitudinais são coletados sucessivamente.	Pode evitar as desvantagens dos modelos transversal e longitudinal.	Exige muito tempo, esforço e análise de dados muito complexos.

inteligência aumentou. A desistência também pode ser problemática em pesquisas longitudinais, pois tende a ser não aleatória, o que pode introduzir um viés positivo no estudo. Aqueles que permanecem no estudo tendem a ter nível socioeconômico e inteligência acima da média, enquanto os desistentes tendem a ter vidas mais caóticas e resultados gerais piores. Além disso, questões práticas, como a rotatividade da equipe de pesquisa, perda de financiamento ou o desenvolvimento de novas medidas ou metodologias, pode criar problemas em potencial com a coleta de dados.

Os pesquisadores estão tentando superar as desvantagens dos modelos longitudinal e transversal com a criação de estudos sequenciais. Os modelos sequenciais acompanham pessoas de idades diferentes (como os modelos transversais) ao longo do tempo (como os longitudinais). A combinação de modelos transversais e longitudinais (como mostrado na Figura 2.4) permite que os pesquisadores separem mudanças relativas à idade dos efeitos de coorte e oferece um quadro mais completo do desenvolvimento do que seria possível apenas com um modelo de pesquisa. As maiores desvantagens dos estudos sequenciais estão relacionadas a tempo, esforço e complexidade. Modelos sequenciais exigem um grande número de participantes e a coleta e análise de enormes quantidades de dados durante anos. A interpretação dos resultados e das conclusões pode exigir um alto grau de sofisticação.

verificador
você é capaz de...

▷ Listar as vantagens e desvantagens das pesquisas longitudinal, transversal e sequencial?

FIGURA 2.4
Um modelo sequencial.
Dois grupos transversais sucessivos de indivíduos de 2, 4, 6 e 8 anos de idade foram testados em 2012 e 2014. Também, um estudo longitudinal de um grupo de crianças medido pela primeira vez em 2012, quando tinham 2 anos, é acompanhado de um estudo longitudinal similar de outro grupo de crianças que tinham 2 anos em 2014.

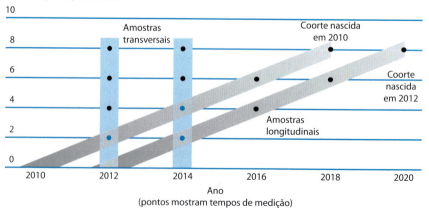

Ética na pesquisa

Pesquisas que podem causar algum mal aos participantes deveriam ser realizadas? Como podemos equilibrar os possíveis benefícios e o risco de danos mentais, emocionais ou físicos aos indivíduos?

Comitês institucionais de análise em faculdades, universidades e outras instituições examinam, de um ponto de vista ético, as pesquisas propostas. Diretrizes da American Psychological Association (APA, 2002) incluem questões como *consentimento informado* (consentimento dado livremente com pleno conhecimento das implicações da pesquisa), *evitação de logro*, proteção dos participantes contra *danos e perda da dignidade*, garantia de *privacidade* e *sigilo*, o *direito a recusar ou a se retirar* de um experimento a qualquer momento, e a responsabilidade dos pesquisadores em *corrigir quaisquer efeitos indesejáveis*, como ansiedade e vergonha.

Para resolver dilemas éticos, os pesquisadores devem ser guiados por três princípios: O primeiro é a *beneficência*, a obrigação de maximizar benefícios potenciais para os participantes e minimizar possíveis danos. Por exemplo, imagine que você é um pesquisador que estuda o efeito do fracasso na autoestima. Se vai enganar alguns dos seus participantes e dizer que fracassaram em uma tarefa de laboratório, quais medidas adotaria para tentar atenuar qualquer mal que poderia causar-lhes? O segundo princípio é o *respeito* pela autonomia dos participantes e proteção àqueles incapazes de exercer seu próprio julgamento. Por exemplo, se está conduzindo pesquisas com crianças pequenas e uma de 2 anos se recusa a participar, você deveria forçá-la? Qual é a ação apropriada nesse caso? O terceiro princípio é a *justiça*, que, neste caso, é a inclusão de grupos diversos, com sensibilidade para qualquer impacto especial que a pesquisa possa ter sobre eles. Por exemplo, pode ser importante que o estudo inclua uma seleção representativa e adequada de pessoas diversas. Nesse caso, você desenvolveu materiais e métodos culturalmente apropriados?

Os psicólogos do desenvolvimento em especial devem tomar cuidado, pois sua pesquisa muitas vezes envolve indivíduos vulneráveis, tais como bebês ou crianças. A Sociedade para a Pesquisa do Desenvolvimento da Criança (2007) criou padrões para o tratamento de crianças na pesquisa de acordo com a idade, que abrangem princípios como evitação de danos físicos ou psicológicos, obtenção da anuência da criança, bem como o consentimento informado de um dos pais ou de um tutor, e responsabilidade de verificar qualquer informação que possa pôr em risco o bem-estar da criança. Por exemplo, a capacidade dos bebês e de crianças muito pequenas de suportar o estresse da situação de pesquisa pode depender da presença de um dos pais ou de um cuidador de confiança, de um ambiente e procedimento conhecidos e de objetos familiares.

No consentimento informado você deveria contar aos participantes sobre suas hipóteses para a pesquisa? Por que sim ou por que não?

verificador
você é capaz de...

▷ Listar pelo menos três questões éticas que afetam os direitos dos participantes em pesquisa?

▷ Identificar três princípios que deveriam regulamentar a inclusão de participantes na pesquisa?

resumo e palavras-chave

Questões teóricas básicas

- A teoria é usada para organizar e explicar dados e gerar hipóteses que possam ser testadas pela pesquisa.
- As teorias do desenvolvimento diferem em duas questões básicas: o caráter ativo ou reativo do desenvolvimento e a existência de continuidade ou descontinuidade no desenvolvimento.
- Dois modelos contrastantes do desenvolvimento são o modelo mecanicista e o modelo organicista.

  teoria (21)
  hipóteses (21)
  modelo mecanicista (22)
  modelo organicista (22)
  mudança quantitativa (23)
  mudança qualitativa (23)

Perspectivas teóricas

- A perspectiva psicanalítica compreende o desenvolvimento como algo motivado por impulsos emocionais ou conflitos inconscientes. Os principais exemplos são as teorias de Freud e de Erikson.

  perspectiva psicanalítica (24)
  desenvolvimento psicossexual (25)
  desenvolvimento psicossocial (26)

- Para a perspectiva da aprendizagem, o desenvolvimento é resultado da aprendizagem baseada na experiência. Os principais exemplos são o behaviorismo de Watson e Skinner e a teoria da aprendizagem social (social cognitiva) de Bandura.

  perspectiva da aprendizagem (27)
  behaviorismo (27)
  condicionamento clássico (28)
  condicionamento operante (28)
  reforço (28)
  punição (28)
  teoria da aprendizagem social (28)
  determinismo recíproco (28)
  aprendizagem observacional (28)
  autoeficácia (29)

- A perspectiva cognitiva preocupa-se com os processos mentais. Os principais exemplos são a teoria dos estágios cognitivos de Piaget, a teoria sociocultural de Vygotsky e a abordagem do processamento da informação.

  perspectiva cognitiva (29)
  teoria dos estágios cognitivos (29)
  organização (30)
  esquemas (30)
  adaptação (30)
  assimilação (30)
  acomodação (30)
  equilibração (30)
  teoria sociocultural (31)
  zona de desenvolvimento proximal (ZDP) (31)
  andaime conceitual (*scaffolding*) (31)
  abordagem do processamento da informação (31)

- A perspectiva contextual focaliza o indivíduo em um contexto social. Um importante exemplo é a teoria bioecológica de Bronfenbrenner.

  perspectiva contextual (32)
  teoria bioecológica (32)

- A perspectiva evolucionista/sociobiológica concentra-se na adaptatividade, ou valor de sobrevivência, do comportamento. Ela propõe que a mente possui muitas adaptações cognitivas projetadas para lidar com problemas adaptativos recorrentes.

  perspectiva evolucionista/sociobiológica (33)
  etologia (34)
  psicologia evolucionista (34)

Métodos de pesquisa

- A pesquisa pode ser quantitativa, qualitativa ou ambas.
- Para chegar a conclusões seguras, os pesquisadores quantitativos utilizam o método científico.
- A seleção randômica de uma amostra para pesquisa pode assegurar a possibilidade de generalização.
- Três métodos de coleta de dados são: autorrelatos, observação e medidas comportamentais e de desempenho.

    pesquisa quantitativa (35)
    método científico (35)
    pesquisa qualitativa (35)
    amostra (35)
    seleção randômica (35)
    observação naturalista (37)
    observação laboratorial (37)
    neurociência cognitiva (37)

- O modelo é um plano para conduzir a pesquisa. Dois modelos qualitativos utilizados na pesquisa em desenvolvimento são o estudo de caso e o estudo etnográfico. A pesquisa transcultural pode indicar se certos aspectos do desenvolvimento são universais ou influenciados pela cultura.
- Dois modelos quantitativos são o estudo correlacional e o experimento. Somente experimentos podem estabelecer com segurança relações causais.
- Os experimentos devem ser rigorosamente controlados para serem válidos e replicáveis. A distribuição randômica dos participantes pode assegurar a validade.
- Experimentos em laboratório são mais fáceis de controlar e replicar, mas os resultados dos experimentos de campo talvez sejam mais generalizáveis. Experimentos naturais podem ser úteis em situações em que verdadeiros experimentos seriam impraticáveis ou antiéticos.
- Os dois modelos mais comuns para o estudo do desenvolvimento relacionado à idade são o transversal e o longitudinal. Estudos transversais comparam faixas etárias; estudos longitudinais descrevem continuidade ou mudança nos mesmos participantes. O estudo sequencial tem por objetivo superar os pontos fracos dos outros dois modelos.

    estudo de caso (38)
    estudo etnográfico (39)
    observação participante (39)
    estudo correlacional (39)
    experimento (39)
    grupo experimental (41)
    grupo-controle (41)
    variável independente (41)
    variável dependente (41)
    definição operacional (41)
    distribuição randômica (41)
    estudo transversal (42)
    estudo longitudinal (42)
    estudo sequencial (42)

Ética na pesquisa

- Os pesquisadores procuram resolver questões éticas com base em princípios de beneficência, respeito e justiça.
- Questões éticas na pesquisa incluem direito dos participantes ao consentimento informado, evitação de logro, proteção contra danos, perda da dignidade e da autoestima, bem como garantias de privacidade e sigilo.
- Os padrões de proteção de crianças utilizados na pesquisa incluem princípios como consentimento parental informado e proteção contra danos ou riscos ao bem-estar da criança.

Parte 2 INÍCIO

capítulo 3

A Formação de uma Nova Vida

narikan/Shutterstock

Pontos principais

Concebendo uma nova vida

Mecanismos da hereditariedade

Genética e ambiente: influências da hereditariedade e do ambiente

Desenvolvimento pré-natal

Monitorando e promovendo o desenvolvimento pré-natal

Objetivos de aprendizagem

Explicar como ocorre a concepção e o que causa nascimentos múltiplos.

Descrever os mecanismos de hereditariedade no desenvolvimento humano normal e anormal.

Explicar como a hereditariedade e o ambiente interagem no desenvolvimento humano.

Descrever o desenvolvimento pré-natal, incluindo as influências ambientais.

Discutir a importância dos cuidados pré-natais de alta qualidade.

Você **sabia** que...

▷ Os fetos podem aprender e lembrar das experiências intrauterinas, e que reagem à voz da mãe?
▷ Beber ou usar drogas durante a gravidez pode causar danos permanentes à criança?
▷ Os cuidados pré-natais deveriam começar *antes* da concepção?

Aqui descrevemos como normalmente ocorre a concepção, como operam os mecanismos da hereditariedade e como a herança biológica interage com as influências ambientais dentro e fora do útero. Acompanhamos o desenvolvimento pré-natal, descrevemos as influências sobre ele e discutimos alguns modos de monitorá-lo.

> A vida é sempre um momento valioso e constante em que esperamos que algo aconteça ou nasça.
>
> —E. B. White

Concebendo uma nova vida

A maioria das pessoas acha que o desenvolvimento começa no dia do nascimento, quando o bebê, chorando e se debatendo, é apresentado ao mundo. Mas o desenvolvimento começa mais cedo, na concepção, quando o espermatozoide e o óvulo se encontram e um indivíduo completamente novo é criado a partir dos genomas dos pais. O desenvolvimento continua enquanto o óvulo fertilizado cresce e se diferencia, e vai se aproximando da vida independente fora do útero. E ele persiste na dança entre genética e ambiente que molda esse indivíduo específico que é o produto desses processos. É dessa história que trata o presente capítulo.

COMO OCORRE A FECUNDAÇÃO

A **fecundação**, ou *concepção*, é o processo pelo qual o espermatozoide e o óvulo – os *gametas* masculino e feminino, ou células sexuais – combinam-se para criar uma única célula chamada **zigoto**, que se duplica várias vezes por divisão celular para produzir todas as células que compõem um bebê. Mas a concepção não é assim tão simples quanto parece. Vários eventos independentes precisam coincidir para que uma criança seja concebida, e nem todas as concepções culminam em um nascimento. A "janela de fertilidade", o período durante o qual a concepção é possível, pode ser incrivelmente imprevisível (Ecochard, Duterque, Leiva, Bouchard, & Vigil, 2015). Embora a concepção seja muito mais provável em períodos específicos, a mulher poderá ou não conceber a qualquer momento durante o mês.

No nascimento, acredita-se que uma menina tenha cerca de dois milhões de óvulos imaturos em seus dois ovários, cada óvulo alojado em sua própria cavidade ou *folículo*. Em mulheres sexualmente maduras, a *ovulação* – ruptura de um folículo maduro em um dos ovários e a expulsão do óvulo – ocorre aproximadamente uma vez a cada 28 dias, até a menopausa. O óvulo é arrastado ao longo de uma das tubas uterinas pelos *cílios*, minúsculas células filamentosas, em direção ao útero.

Os espermatozoides são produzidos nos testículos, ou glândulas reprodutivas, de um homem maduro em uma taxa de centenas de milhões por dia, e são ejaculados com o sêmen no clímax sexual. Depositados no canal vaginal, eles tentam nadar ao longo da *cérvix*, o colo do útero, até as tubas uterinas, mas somente uma pequena quantidade consegue alcançar essa distância.

A fecundação normalmente ocorre enquanto o óvulo percorre a tuba uterina. Se a fecundação não ocorrer, o óvulo e qualquer espermatozoide que houver no corpo da mulher morrerão. Os espermatozoides são absorvidos pelos leucócitos da mulher, enquanto o óvulo atravessa o útero e sai pela vagina.

QUAL É A CAUSA DOS NASCIMENTOS MÚLTIPLOS?

Os nascimentos múltiplos ocorrem de duas maneiras. Os gêmeos são a variação mais comum, mas trigêmeos, quadrigêmeos e outros nascimentos múltiplos também são possíveis.

Gêmeos dizigóticos, ou fraternos, são o resultado de dois óvulos separados que são fertilizados por dois espermatozoides diferentes para formar dois indivíduos únicos. Geneticamente, são como irmãos que habitaram o mesmo útero ao mesmo tempo, e podem ser do mesmo sexo ou de sexos diferentes. Gêmeos dizigóticos costumam ser comuns entre os membros de uma família e são o resultado de múltiplos ovos liberados ao mesmo tempo. Essa tendência pode ter uma base genética (Mbarek et al., 2016) e parece ser passada pela família materna (Painter et al., 2010; National Center for Health Statistics [NCHS], 1999). Quando não

fecundação
União entre espermatozoide e óvulo para produzir um zigoto; também denominada *concepção*.

zigoto
Organismo unicelular resultante da fecundação.

gêmeos dizigóticos
Gêmeos concebidos pela união de dois óvulos distintos (ou um único óvulo que se dividiu antes da fecundação) com dois espermatozoides diferentes; também chamados de *gêmeos fraternos*; não são mais geneticamente semelhantes do que quaisquer irmãos não gêmeos.

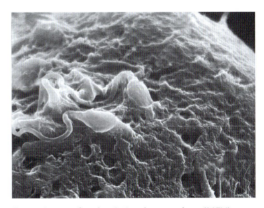

Esta micrografia eletrônica de varredura (MEV) mostra dois espermatozoides atraídos pela superfície de um óvulo. A longa cauda do espermatozoide permite que ele nade por toda a cérvix e suba até a tuba uterina. A cabeça arredondada do espermatozoide libera enzimas que o ajudam a penetrar na espessa superfície do óvulo e fertilizá-lo, fundindo-se com seu núcleo.

Pascal Goetgheluck/Science Source

gêmeos monozigóticos
Gêmeos resultantes da divisão de um único zigoto após a fecundação; também chamados de *gêmeos idênticos*; são geneticamente semelhantes.

ácido desoxirribonucleico (DNA)
Substância química que carrega instruções herdadas para o desenvolvimento de todas as formas de vida celular.

código genético
Sequência de bases que compõem a molécula de DNA; controla a produção de proteínas que determinam a estrutura e as funções das células vivas.

cromossomos
Espirais de DNA que contêm os genes.

verificador
você é capaz de...

▷ Explicar como e quando a fecundação normalmente ocorre?

▷ Distinguir entre gêmeos monozigóticos e dizigóticos e explicar as diferenças

▷ Explicar por que o número de nascimentos múltiplos aumentou nos Estados Unidos?

genes
Pequenos segmentos de DNA localizados em posições definidas em determinados cromossomos; unidades funcionais da hereditariedade.

genoma humano
Sequência completa dos genes do corpo humano.

mutações
Alterações permanentes nos genes ou nos cromossomos que podem produzir características prejudiciais.

autossomos
Em humanos, os 22 pares de cromossomos não relacionados à expressão sexual.

cromossomos sexuais
Par de cromossomos que determina o sexo: XX na mulher normal, XY no homem normal.

aparecem gêmeos dizigóticos em uma geração, normalmente é porque a mãe de dizigóticos tem somente filhos do sexo masculino, para os quais não transmite essa tendência (NCHS, 1999).

Gêmeos monozigóticos são o resultado de um processo muito diferente, no qual um único óvulo fertilizado se divide em dois. Em geral, são geneticamente idênticos. Os gêmeos monozigóticos ainda podem ter diferenças externas, no entanto, pois as pessoas são o produto da interação entre os genes e as influências ambientais. Por exemplo, em uma condição que afeta apenas gêmeos monozigóticos (a síndrome da transfusão intergemelar), os vasos sanguíneos da placenta se formam de maneira anormal e a placenta é dividida desigualmente entre os gêmeos. Então, um deles recebe uma parcela menor de nutrientes do que o outro. A mortalidade é alta, mas, se ambos sobreviverem, um gêmeo será significativamente maior do que o outro ao nascer, apesar de ambos serem geneticamente idênticos.

Além disso, as diferenças ambientais se acumulam com o tempo. As diferenças entre gêmeos idênticos tendem a crescer à medida que envelhecem. Assim, por exemplo, gêmeos monozigóticos de 3 anos são mais parecidos entre si do que gêmeos monozigóticos de 30 anos. Essas diferenças podem resultar de modificações químicas no genoma da pessoa pouco depois da concepção ou ser devidas a experiências posteriores ou a fatores ambientais, como exposição à fumaça ou a outros poluentes (Bell & Saffery, 2012; Wong et al., 2010). Esse processo, chamado de *epigênese*, é discutido posteriormente neste capítulo.

A taxa de gêmeos monozigóticos (ligeiramente menor do que 4 em cada 1.000 nascidos vivos) parece ser constante em todos os tempos e lugares, mas a taxa de gêmeos dizigóticos, os mais comuns, varia (Smits & Monden, 2011). Por exemplo, as taxas que ocorrem naturalmente em mulheres da África Ocidental são de 1 em cada 40, enquanto as taxas no Japão são muito menores, de 1 em cada 200 (Blencowe et al., 2013). Entretanto, influências maiores nos nascimentos múltiplos são (1) a tendência à gravidez tardia e (2) o uso cada vez maior de medicamentos para fertilidade que estimulam a ovulação e a utilização de técnicas de reprodução assistida, como a fertilização *in vitro*, que costumam ser adotadas por mulheres mais velhas (Martin, Kirmeyer, Osterman, & Shepherd, 2009).

As taxas globais de nascimentos múltiplos variam bastante, desde 9,1 por 1.000 nascimentos na Romênia até 26,5 no Chipre (Heino et al., 2016) e 27,2 na Coreia do Sul (Lim, 2011). As políticas que limitam o número de embriões transferidos durante a fertilização *in vitro* começaram a reverter essa tendência em alguns países (Blencowe et al., 2013).

A explosão dos nascimentos múltiplos é preocupante porque esses nascimentos estão associados a complicações na gravidez, parto prematuro, baixo peso ao nascer e deficiência ou morte do bebê. Por causa dessas preocupações, a proporção de reprodução assistida envolvendo três ou mais embriões vem diminuindo e a taxa de nascimento de trigêmeos ou mais, que quadruplicou durante as décadas de 1980 e 1990 nos Estados Unidos, tem declinado (Martin, Hamilton, Osterman, Driscoll, & Mathews, 2017).

Mecanismos da hereditariedade

A genética é o estudo da *hereditariedade*: a transmissão genética de características passadas de pais para filhos. Quando óvulo e espermatozoide se unem, eles conferem ao futuro bebê uma constituição genética que influencia um amplo espectro de características, desde a cor dos olhos e do cabelo até a saúde, o intelecto e a personalidade.

O CÓDIGO GENÉTICO

O "alicerce" da hereditariedade é uma substância química chamada **ácido desoxirribonucleico (DNA)**. A estrutura em dupla hélice de uma molécula de DNA lembra uma escada longa e espiralada, cujos degraus são feitos de pares de unidades químicas chamadas *bases* (Figura 3.1). As bases – adenina (A), timina (T), citosina (C) e guanina (G) – são as "letras" do **código genético**, que é "lido" pela maquinaria celular.

Os **cromossomos** são espirais de DNA que consistem em segmentos menores chamados de **genes**, as unidades funcionais da hereditariedade. Cada gene está localizado em uma posição definida de seu cromossomo e contém milhares de bases. A sequência de bases em um gene diz à célula como construir as proteínas que permitem que ela execute funções específicas. A sequência completa dos genes do corpo humano constitui o **genoma humano**. Obviamente, cada ser humano possui um genoma único. A ideia do genoma humano não é a de uma receita para se produzir um ser humano específico. Em vez disso, o genoma humano é um ponto de referência, ou genoma representativo, que mostra a localização de todos os seres humanos.

Uma analogia útil é considerar o DNA de um indivíduo como uma série de livros de uma biblioteca. Até que os livros sejam "lidos" por uma enzima chamada RNA polimerase e transcritos em uma cópia legível de RNA mensageiro (m-RNA), o conhecimento contido nos livros não é concretizado. E quais os livros que serão tirados da estante e lidos em parte é determinado por fatores ambientais que ativam e desativam genes em diferentes momentos do desenvolvimento (Champagne & Mashoodh, 2009).

Toda célula de um corpo humano normal, com exceção das células sexuais (espermatozoide e óvulo), possui 23 pares de cromossomos – 46 ao todo. Por meio de um tipo de divisão celular chamada *meiose*, que ocorre quando as células sexuais estão se desenvolvendo, cada célula, óvulo ou espermatozoide, termina com apenas 23 cromossomos – um de cada par. Assim, quando o espermatozoide e o óvulo se fundem na concepção, produzem um zigoto com 46 cromossomos, 23 do pai e 23 da mãe (Figura 3.2).

Na concepção, portanto, o zigoto unicelular possui toda a informação biológica necessária para guiar seu desenvolvimento até se tornar um indivíduo único. É através da *mitose*, um processo pelo qual as células não sexuais repetidamente se dividem pela metade, que o DNA se replica, de modo que cada célula recém-formada tem a mesma estrutura de DNA que todas as outras. Assim, cada divisão celular cria uma autêntica duplicata da célula original, com a mesma informação hereditária. Às vezes, pode ocorrer um erro na cópia, o que pode resultar em uma **mutação**. As mutações são alterações permanentes no material genético. Quando o desenvolvimento é normal, cada célula continua a ter 46 cromossomos idênticos àqueles do zigoto original (com exceção das células sexuais). À medida que as células do zigoto se dividem, elas se diferenciam, especializando-se em uma variedade de funções orgânicas complexas que permitem o crescimento e o desenvolvimento da criança.

A expressão dos genes entra em ação quando as condições fisiológicas e/ou ambientais solicitam a informação que eles têm para oferecer. A ação genética que dispara o crescimento do corpo e do cérebro geralmente é regulada por níveis hormonais – tanto na mãe quanto no bebê em desenvolvimento –, que são afetados por condições ambientais como nutrição e estresse. Assim, desde o início, a hereditariedade e o ambiente estão inter-relacionados.

O QUE DETERMINA O SEXO?

Em muitas vilas do Nepal, é comum para um homem cuja esposa não teve nenhum bebê do sexo masculino desposar uma segunda mulher. Em muitas sociedades, o fato de uma mulher não gerar filhos homens é motivo para divórcio. A ironia desses costumes está no fato de que o espermatozoide do pai é que geneticamente determina o sexo da criança.

No momento da fecundação, os 23 cromossomos do espermatozoide e os 23 do óvulo formam 23 pares. Vinte e dois pares são chamados de **autossomos**, ou seja, cromossomos que não estão relacionados à expressão sexual. O 23º par é de **cromossomos sexuais** – um do pai e o outro da mãe – que determinam o sexo do bebê.

Cromossomos sexuais são *cromossomos X* ou *cromossomos Y*. O cromossomo sexual de todo óvulo é sempre X, mas o espermatozoide pode conter um cromossomo X ou um cromossomo Y. O cromossomo Y contém o gene para a masculinidade, chamado gene *SRY*. Quando um óvulo (X) é fecundado por um espermatozoide X, o zigoto formado é XX, geneticamente uma fêmea. Quando um óvulo (X) é fecundado por um espermatozoide Y, o zigoto resultante é XY, geneticamente um macho (Figura 3.3).

A diferenciação sexual é um processo mais complexo do que uma simples determinação genética. No início do desenvolvimento, o sistema reprodutivo rudimentar do embrião parece quase idêntico em machos e fêmeas. Surpreendentemente, a diferenciação sexual não é automática. A pesquisa com ratos descobriu que apenas após os hormônios enviarem um sinal para ativar o gene *SRY* no cromossomo Y é que tem início a diferenciação celular e a formação dos testículos. De seis a oito semanas após a concepção, os

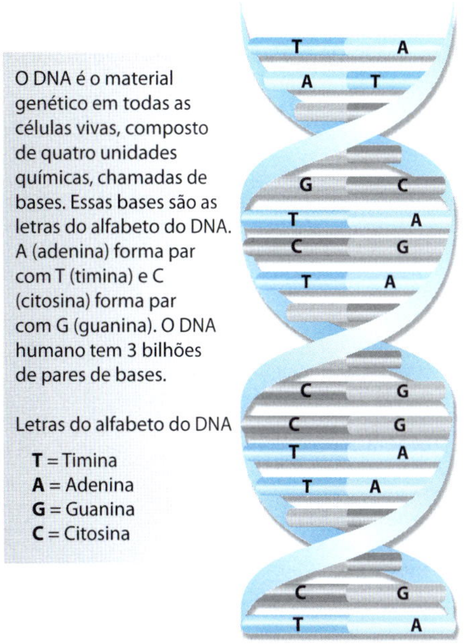

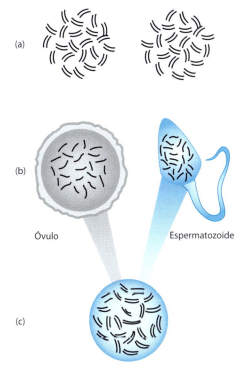

O DNA é o material genético em todas as células vivas, composto de quatro unidades químicas, chamadas de bases. Essas bases são as letras do alfabeto do DNA. A (adenina) forma par com T (timina) e C (citosina) forma par com G (guanina). O DNA humano tem 3 bilhões de pares de bases.

Letras do alfabeto do DNA

T = Timina
A = Adenina
G = Guanina
C = Citosina

FIGURA 3.1

DNA: o código genético.
Fonte: Chicago Sun-Times.

(a)

(b)

Óvulo   Espermatozoide

(c)

Zigoto

FIGURA 3.2

Composição hereditária do zigoto.
(a) Células de homens e mulheres contêm 23 pares de cromossomos que carregam os genes, as unidades básicas da hereditariedade. (b) Cada célula sexual (óvulo e espermatozoide) tem apenas 23 cromossomos devido ao tipo especial de divisão celular (meiose). (c) Quando ocorre a fecundação, os 23 cromossomos do espermatozoide juntam-se aos 23 do óvulo, de modo que o zigoto recebe 46 cromossomos, ou 23 pares.

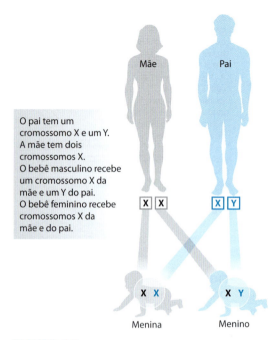

FIGURA 3.3
Determinação genética do sexo.
Como todos os bebês recebem um cromossomo X da mãe, o sexo é determinado pelo cromossomo X ou Y recebido do pai.

▶ verificador
você é capaz de...

▷ Descrever a estrutura do DNA e seu papel na hereditariedade das características?

▷ Distinguir entre meiose e mitose?

▷ Explicar por que o espermatozoide normalmente determina o sexo do bebê e discutir possíveis fatores complicadores?

testículos começam a produzir o hormônio masculino testosterona. A exposição de embriões geneticamente masculinos a níveis constantes e elevados de testosterona geralmente resulta no desenvolvimento de um corpo masculino com órgãos sexuais masculinos (Kashimada & Koopman, 2010). Sem essa influência hormonal, um rato geneticamente macho desenvolverá genitais que parecem femininos em vez de masculinos. É provável que um mecanismo semelhante ocorra em homens.

O desenvolvimento do sistema reprodutivo feminino é igualmente complexo e depende de diversas variantes genéticas. Essas variantes promovem o desenvolvimento ovariano e inibem o desenvolvimento testicular (Ono & Harley, 2013). Isso inclui os genes HOX (Taylor, 2000) e uma molécula sinalizadora chamada *Wnt-4*, uma forma variante que poderá "masculinizar" um feto geneticamente feminino (Biason-Lauber, Konrad, Navratil, & Schoenle, 2004). Assim, a diferenciação sexual não é uma questão de simplesmente receber um determinado par de cromossomos sexuais.

Maiores complexidades surgem do fato de as mulheres terem dois cromossomos X, ao passo que os homens têm apenas um. Em geral, um dos dois cromossomos X é ativado ou desativado aleatoriamente nos tecidos. Se uma célula contém um alelo deletério, suas células filhas tendem a morrer com o passar do tempo, e a proporção das células com os alelos "bons" deve aumentar (Short, Yang, & Jenkins, 2013). Além disso, apenas cerca de 75% dos genes no cromossomo X extra são inativos. Cerca de 15% permanecem ativos e 10% são ativos em algumas mulheres, mas não em outras (Carrel & Willard, 2005).* Assim, as alterações prejudiciais em um gene de um cromossomo X podem ser compensadas por uma cópia *backup* no outro cromossomo X (Migeon, 2006). Essa variabilidade na atividade do gene poderia ajudar a explicar diferenças de gênero em traços normais ou em distúrbios ligados ao cromossomo X e diferenças de saúde entre homens e mulheres (Short, Yang, & Jenkins, 2013).

> *O genoma humano foi sequenciado pela primeira vez em 2006. Mais recentemente, o genoma do Neandertal também foi sequenciado, e a análise dos pontos comuns entre genes de Neandertal e genes humanos sugere que houve um limitado cruzamento. Em outras palavras, alguns de seus genes vivem em nós.*
> Green et al., 2010

PADRÕES DE TRANSMISSÃO GENÉTICA

Durante a década de 1860, Gregor Mendel, um monge austríaco, cruzou ervilhas que produziam apenas sementes amarelas com ervilhas que produziam apenas sementes verdes. As plantas híbridas resultantes produziram apenas sementes amarelas, o que significava, segundo ele, que as amarelas eram *dominantes* em relação às verdes. No entanto, quando ele cruzava entre si as plantas híbridas de semente amarela, apenas 75% das descendentes tinham sementes amarelas e as outras 25% tinham sementes verdes. Isso mostrava, segundo Mendel, que uma característica hereditária (neste caso, a cor verde) pode ser *recessiva*, isto é, estar presente em um organismo que não a expressa ou manifesta.

Hoje sabemos que o quadro genético dos seres humanos é bem mais complexo do que Mendel imaginava. Embora alguns traços humanos sejam herdados via transmissão dominante simples, a maior parte se estende ao longo de um espectro contínuo e resulta das ações combinadas de muitos genes. No entanto, o trabalho inovador de Mendel lançou as bases para o nosso conhecimento moderno da genética.

---

*N. de R.T.: Essa desativação de alguns genes no segundo cromossomo X presente nas mulheres acontece em função da diferença do número de genes totais entre mulheres e homens devido às diferenças morfológicas existentes entre os cromossomos X e Y. Isso acontece para que as mulheres não tenham mais genes ativos do que os homens e mantenham as características subjacentes à espécie humana.

Referência: Jegalian, K., & Page, D. (1998). A proposed path by which genes common to mammalian X and Y chromosomes evolve to become X inactivated. *Nature, 394,* 776780.

Heranças dominante e recessiva Você tem covinhas nas bochechas? Se tiver, provavelmente herdou-as através de *herança dominante*. Se seus pais têm covinhas, mas você não, houve *herança recessiva*. Como funcionam esses dois tipos de herança?

Genes que podem produzir expressões alternativas de uma mesma característica (como a presença ou ausência de covinhas) são denominados **alelos**. Alelos são versões alternativas do mesmo gene. Cada pessoa recebe um alelo materno e paterno para um determinado traço. Quando ambos os alelos são idênticos, o indivíduo é **homozigótico** para uma dada característica; quando são diferentes, o indivíduo é **heterozigótico**. Na **herança dominante**, o alelo dominante é sempre expresso, ou seja, aparece como um traço na pessoa. A pessoa parecerá a mesma quer ela seja heterozigótica ou homozigótica, pois o alelo recessivo não se manifesta. Para o traço expresso na **herança recessiva**, a pessoa deve receber dois alelos recessivos, um do pai e o outro da mãe. Se um traço recessivo é expresso, a pessoa não pode ter um alelo dominante.

Tomemos o cabelo ruivo como exemplo. Como ser ruivo é um traço recessivo, é preciso ter duas cópias recessivas (r) do gene – uma do pai, a outra da mãe – para expressar o cabelo ruivo. Ter cabelo não ruivo (R; castanho, neste exemplo) é um traço dominante, portanto você terá cabelo castanho se receber pelo menos uma cópia (R) de um dos pais (Rr ou RR) (Figura 3.4). Se você receber uma cópia do alelo (r) para cabelo ruivo e uma cópia de um alelo para cabelo castanho (R), então você é heterozigótico (Rr ou rR); se tiver duas cópias do alelo para cabelo castanho, é homozigótico dominante (RR). Em ambos os casos, terá cabelo castanho. Se herdou do pai e da mãe alelos para cabelo ruivo, você é homozigótico recessivo para esse traço (rr) e será ruivo. A única situação em que você teria cabelo ruivo é se recebesse duas cópias recessivas (r), uma da mãe e outra do pai.

Não são muitos os traços determinados dessa maneira simples. A maioria dos traços resulta de **herança poligênica**, a interação de vários genes. Por exemplo, não existe um "gene da inteligência" que determina se você é ou não esperto. Em vez disso, uma grande quantidade de genes trabalha em conjunto para determinar o seu potencial intelectual. Assim como no caso da inteligência, a maioria das variações individuais em traços ou comportamentos complexos são governadas pelas influências aditivas de muitos genes cujos efeitos são pequenos, mas identificáveis. Em outras palavras, são poligênicas. Embora frequentemente genes individuais determinem traços anormais, não há um único gene que, por si só, seja o responsável por diferenças individuais em qualquer comportamento complexo normal.

Genótipos e fenótipos: transmissão multifatorial Se você tem cabelo castanho, isso faz parte do seu **fenótipo**, as características observáveis por meio das quais seu **genótipo**, ou constituição genética subjacente, é expresso. O fenótipo é produto do genótipo e de quaisquer influências

alelos
Duas ou mais formas alternativas de um gene que ocupa a mesma posição em cromossomos emparelhados e que afetam o mesmo traço.

homozigótico
Indivíduo que possui dois alelos idênticos para um determinado traço.

heterozigótico
Indivíduo que possui alelos diferentes para um determinado traço.

herança dominante
Padrão de hereditariedade no qual é expresso somente o dominante quando a criança recebe alelos diferentes.

herança recessiva
Padrão de hereditariedade em que a criança recebe alelos recessivos idênticos, resultando na expressão de um traço não dominante.

herança poligênica
Padrão de herança em que múltiplos genes, em diferentes posições nos cromossomos, afetam um traço complexo.

fenótipo
Características observáveis de uma pessoa.

genótipo
Constituição genética de uma pessoa, contendo tanto as características expressas quanto as não expressas.

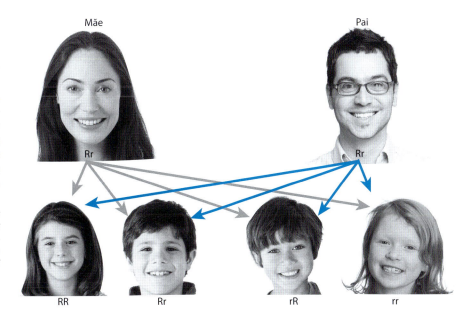

FIGURA 3.4
Heranças dominante e recessiva.
Por causa da herança dominante, o mesmo fenótipo observável (neste caso, cabelo castanho) pode resultar de dois genótipos diferentes (RR e Rr). Um fenótipo que expressa uma característica recessiva (como ser ruivo) deve ter um genótipo homozigótico recessivo (rr).

(Da esquerda para a direita) Dougal Waters/Photodisc/Getty Images; Ioannis Pantzi/Shutterstock; Ed-Imaging/McGraw-Hill Education; Ed-Imaging/McGraw-Hill Education; BDLM/Cultura/Getty Images; Pete Pahham/Shutterstock

Seu genótipo é a receita para fazer você. Seu fenótipo é como você ficou de fato.

ambientais relevantes. A diferença entre genótipo e fenótipo ajuda a explicar por que um clone (uma cópia genética do indivíduo) ou mesmo um gêmeo idêntico nunca poderá ser uma cópia exata de outra pessoa.

Como ilustra a Figura 3.4, pessoas com genótipos diferentes podem ter o mesmo fenótipo. Por exemplo, uma criança homozigótica para um alelo dominante para cabelo castanho terá cabelo dessa cor, mas uma criança heterozigótica para o mesmo alelo também terá cabelo castanho. Como é dominante, o cabelo castanho é expresso, enquanto o alelo recessivo para o cabelo ruivo fica oculto.

Além disso, os alelos ocultos podem passar despercebidos por gerações e então serem expressos se pai e mãe tiverem uma cópia oculta. Por exemplo, se você for heterozigótico para cabelo castanho/ruivo e tiver filhos com uma pessoa também heterozigótica para cabelo castanho/ruivo, aproximadamente um quarto da prole deve ser ruiva. Ou, em termos de probabilidade, qualquer filho ou filha teria 25% de chance de herdar ambos os alelos recessivos e, logo, ser ruivo. Observe que qualquer criança de cabelo castanho pode ser homozigótica (25% de chance) ou heterozigótica (50% de chance) para o traço. Como o traço dominante sempre é expresso, tudo que você precisa saber, ao ver uma criança de cabelo castanho, é que ela precisa ter no mínimo um gene para essa coloração.

A experiência ambiental modifica a expressão do genótipo para a maioria dos traços – um fenômeno chamado **transmissão multifatorial**. A transmissão multifatorial ilustra a interação entre genética e ambiente e como ambos afetam os resultados. Imagine que Rio herdou o talento atlético e vem de uma família de fanáticos pelo esporte. Se a família cultiva o seu talento e ele treina regularmente, Rio pode se tornar um atleta habilidoso. Mas, se não for incentivado e motivado a praticar esporte, seu genótipo para capacidade atlética talvez não seja expresso (ou poderá ser expresso em nível mais modesto) em seu fenótipo. Algumas características físicas (entre elas peso e altura) e a maior parte das características psicológicas (como inteligência e capacidade musical) são produtos de transmissão multifatorial. Muitos distúrbios (como o transtorno de déficit de atenção/hiperatividade) surgem quando uma predisposição herdada (uma variante anormal de um gene normal) interage com um fator ambiental, seja antes ou depois do nascimento (Yang et al., 2013).

Mais adiante neste capítulo, discutimos com mais detalhes como as influências ambientais operam juntas com as dotações genéticas para influenciar o desenvolvimento.

Epigênese: influência ambiental na expressão do gene Até recentemente, a maioria dos cientistas acreditava que os genes que uma criança herdava eram solidamente estabelecidos durante o desenvolvimento fetal, embora seus efeitos sobre o comportamento pudessem ser modificados pela experiência. Agora, cada vez mais evidências sugerem que a própria expressão do gene é controlada por um terceiro componente, um mecanismo que regula o funcionamento dos genes dentro da célula sem afetar a sua estrutura do DNA. Os genes são ligados ou desligados quando necessário pelo corpo em desenvolvimento ou quando ativados pelo ambiente. Esse fenômeno chama-se **epigênese** ou *epigenética*. Longe de estar fixada de uma vez por todas, a atividade epigenética é afetada por uma contínua interação bidirecional com influências não genéticas (Mazzio & Soliman, 2012). Em outras palavras, o ambiente pode influenciar quando e quais genes ativar e desativar.

A *epigênese* (que significa "sobre ou acima do genoma") refere-se a moléculas químicas (ou "marcadores") ligadas a um gene que alteram o modo como a célula "lê" o DNA dele. Se imaginarmos o genoma humano como um teclado de piano, podemos visualizar a estrutura epigenética como a música tocada naquele momento (Stelmach & Nerlich, 2015). Uma vez que toda célula do corpo herda a mesma sequência de DNA, a função dos marcadores químicos é diferenciar vários tipos de células, como as células do cérebro, pele e fígado. Dessa forma, os genes para os tipos de células necessários são ativados e os genes para as células desnecessárias são deixados de lado.

Fatores ambientais como nutrição, tabagismo, hábitos de sono, estresse e atividade física podem causar mudanças epigenéticas (Wong et al., 2014). Essas mudanças epigenéticas podem contribuir para doenças tão comuns quanto câncer, diabetes e cardiopatias (Dawson & Kouzarides, 2012; Slomko, Heo, & Einstein, 2012; Webster, Yan, & Marsden, 2013). As influências ambientais também podem ser de natureza social. Por exemplo, o isolamento social pode resultar em diversas vulnerabilidades na saúde, incluindo doenças cardiovasculares, diminuição da resposta imunológica e risco elevado de doenças inflamatórias (Cole, 2009). Os processos epigenéticos explicam por que gêmeos idênticos, apesar de terem o mesmo genoma, não parecem exatamente iguais. Como não têm experiências idênticas, nem mesmo no útero, seus epigenomas são diferentes. Para uma análise mais detalhada desse processo, ver a Seção Pesquisa em Ação.

---

transmissão multifatorial
Combinação de fatores genéticos e ambientais que produz certos traços complexos.

epigênese
Mecanismo que ativa ou desativa os genes e determina funções das células.

pesquisa em ação

EPIGENÉTICA: GÊMEOS IDÊNTICOS QUE NÃO SÃO IDÊNTICOS

Você já se perguntou por que os gêmeos idênticos – aqueles que têm 100% do seu código genético igual – têm visual e comportamento ligeiramente diferentes?

A variação epigenética pode ajudar a explicar. O campo da epigenética inclui o estudo das modificações bioquímicas da expressão genética "acima do genoma" – sem alterar a sequência de DNA (van IJzendoorn, Bakermans-Kranenburg, & Ebstein, 2011). A epigenética explica por que uma célula da pele é diferente de uma cardíaca, apesar de ambas terem todo o código genético. As diferenças ocorrem quando determinados genes são ativados ou desativados, dependendo da necessidade ou de influências ambientais (Wong et al., 2010).

No passado, os pesquisadores teorizavam que deveria haver um alto nível de mudança epigenética no período embrionário, quando as células são altamente suscetíveis a fatores maternos como dieta, nutrição e estresse (Champagne, 2014). Quais fatores ambientais poderiam influenciar os gêmeos idênticos nesse cenário? Um fator provável é se os gêmeos são monocoriônicos (dividem uma placenta) e, logo, estão sujeitos a influências ambientais semelhantes, ou dicoriônicos (têm placentas separadas) e, portanto, estão expostos a ambientes placentários ligeiramente diferentes. Gordon e colaboradores (2011) usaram a análise de amostras de tecido amniótico obtidos no parto para examinar as mudanças epigenéticas de gêmeos no útero. Nesse estudo, os gêmeos monocoriônicos demonstraram maior semelhança epigenética ao nascer; a expressão genética era mais "parecida" do que nos gêmeos dicoriônicos, com ambientes uterinos separados.

Essas diferenças epigenéticas persistiram após o nascimento. O Estudo Epigenético de Gêmeos Peri/Pós-Natal (PETS – *Peri/Post-natal Epigenetic Twins Study*) é um estudo longitudinal de gêmeos do nascimento até os 5 anos de idade (Saffrey et al., 2012). O estudo também identificou uma série de diferenças epigenéticas entre gêmeos recém-nascidos. Semelhante ao que vemos no estudo de Gordon (2011), os gêmeos idênticos monocoriônicos tinham expressão genética mais semelhante do que os dicoriônicos. Um estudo de acompanhamento de pares de gêmeos revelou que um terço do epigenoma muda "significativamente" entre o nascimento e os 18 meses de idade (Loke, Novaknovic, Ollikainen, & Wallace, 2013) — uma mudança fenomenal para gêmeos que compartilham do mesmo ambiente pós-natal.

À medida que envelhecem, mesmo quando idênticos e criados na mesma família, os gêmeos têm experiências ligeiramente diferentes e são expostos a influências ambientais diversas. Com o tempo, e especialmente na vida adulta, na qual a maioria dos gêmeos segue trajetórias de vida diferentes, essas divergências vão se somando. As diferenças acumuladas resultam no chamado

Rainbow, à esquerda, faz carinho em Cc, seu clone, à direita. Os dois são geneticamente idênticos, mas têm aparências e personalidades diferentes.
Pat Sullivan/AP Images

"impulso epigenético" (*epigenetic drift*). Quanto mais velhos os gêmeos, maior a diferença entre os seus epigenomas (Bell & Spector, 2011; Martino et al., 2013; Wong et al., 2010). O impulso epigenético muitas vezes está associado à adoção de estilos de vida diferentes e menos tempo juntos. Na velhice, as escolhas de estilo de vida podem resultar em trajetórias de desenvolvimento bastante diferentes. Martin (2005) descreve gêmeos idênticos com variações na idade do início do mal de Alzheimer — um com menos de setenta anos, o outro com mais de oitenta. Outro estudo longitudinal de gêmeos idênticos idosos observou biomarcadores epigenéticos específicos que influenciam a doença ou a longevidade ao longo de 10 anos (Tan et al., 2016).

Os estudos epigenéticos são um forte argumento em prol da ideia de que gêmeos idênticos não são iguais, mesmo ao nascer e mesmo dado o código genético idêntico. Os estudos epigenéticos podem confirmar o que muitos gêmeos idênticos sempre disseram: eles são e sempre foram indivíduos de verdade.

qual a sua opinião? Uma vez que o impulso epigenético produz gêmeos idênticos cada vez mais diferentes, como as respostas de terceiros a essas diferenças crescentes ajudam a moldar o processo? Como o conceito de epigenética explica as diferenças entre irmãos não idênticos, que compartilham apenas cerca de 50% do seu código genético?

As células são particularmente suscetíveis à modificação epigenética durante períodos críticos como a puberdade e a gravidez (Padmanabhan, Cardoso, & Puttabyatappa, 2016; Morrison, Rodgers, Morgan, & Bale, 2014; Ho et al., 2012). Além disso, modificações epigenéticas, especialmente aquelas que ocorrem no começo da vida, podem ser herdáveis. Estudos de células espermáticas humanas constataram variações epigenéticas relacionadas à idade capazes de ser transmitidas às gerações futuras (Rakyan & Beck, 2006).

Um exemplo de epigênese é o *imprinting* genômico, ou genético. *Imprinting* (que pode ser superficialmente traduzido como marcação) é a expressão diferencial de certos traços genéticos, dependendo de o traço ter sido herdado da mãe ou do pai. Em pares de genes marcados (*imprinted*), a informação genética herdada da mãe ou do pai é ativada, mas a informação genética do outro genitor é suprimida. Genes marcados desempenham um importante papel na regulação do crescimento e desenvolvimento fetal. Quando um padrão normal de *imprinting* é rompido, o resultado pode ser o crescimento anormal do feto ou distúrbios congênitos no crescimento (Hitchins & Moore, 2002).

Um exemplo de *imprinting* genômico é a síndrome de Prader-Willi, uma doença genética que leva a transtornos alimentares, problemas de comportamento e deficiência intelectual. A forma mais comum do distúrbio ocorre com a deleção de um segmento genético do cromossomo 15 paterno, enquanto os genes do cromossomo 15 materno são desativados (Ishida & Moore, 2013).

ANOMALIAS GENÉTICAS E CROMOSSÔMICAS

A maioria dos distúrbios congênitos é relativamente rara (Tabela 3.1) e afeta apenas 3% dos nascidos vivos (Centers for Disease Control, 2018a). No entanto, eles são a principal causa de morte de lactentes nos Estados Unidos, sendo responsáveis por cerca de 20% de todas as mortes de bebês (Mathews, MacDorman, & Thoma, 2015). A incidência dos distúrbios varia conforme raça e etnia. Por exemplo, há maior ocorrência de defeitos de ouvido e tubo neural entre bebês hispânicos do que entre bebês brancos não hispânicos, mas também menores taxas de hipospadias quando a abertura do pênis ocorre na região inferior e não na extremidade da glande. Os bebês afro-americanos têm maior probabilidade de sofrerem de um tipo específico de defeito do tubo neural chamado encefalocele (no qual o crânio não se fecha corretamente e parte do cérebro fica saliente fora da cabeça) e trissomia-18 quando a criança herda um cromossomo 18 extra, resultando não em um par, mas em três, ocasionando uma condição chamada síndrome de Edwards e atrasos graves no desenvolvimento) e menor de sofrerem de fenda palatina, lábio leporino e anormalidades gastrintestinais. Os bebês asiático-americanos correm menor de risco de sofrerem de diversos distúrbios e defeitos congênitos (Canfield et al., 2014). As taxas de sobrevivência também variam conforme a etnia. Em especial, os bebês afro-americanos e hispânicos têm riscos maiores do que os bebês brancos não hispânicos (Wang et al., 2015).

É nos defeitos e nas doenças genéticas que podemos ver com maior clareza a operação de transmissão dominante e recessiva, e também de uma variação, a *herança ligada ao sexo*, discutida na próxima seção.

Problemas no imprinting *genômico podem explicar por que uma criança cuja mãe é asmática é mais propensa a ter asma do que uma criança cujo pai é asmático.*

Ian Hooton/Science Photo Library/Getty Images

> **verificador**
> **você é capaz de...**
>
> ▷ Dizer como funcionam as heranças dominante e recessiva, e por que a maioria dos traços normais não são produtos de uma simples transmissão recessiva ou dominante?
>
> ▷ Explicar como ocorrem a epigênese e o *imprinting* genômico e dar exemplos?

Defeitos transmitidos por herança dominante ou recessiva Na maior parte das vezes, os genes normais são dominantes em relação àqueles que contêm os traços anormais. Porém, algumas vezes, o gene para um traço anormal é dominante. Quando um dos pais tem um gene anormal dominante e um gene normal recessivo e o outro tem dois genes normais recessivos, cada um de seus filhos terá 50% de chance de herdar o gene anormal. Dentre as 1,8 mil doenças conhecidas transmitidas por herança dominante estão a acondroplasia (um tipo de nanismo) e a doença de Huntington*. Defeitos transmitidos por herança dominante têm menor probabilidade de serem letais no começo da vida do que aqueles transmitidos por herança recessiva, pois as crianças afetadas provavelmente morreriam antes de se reproduzirem. Esse gene, portanto, não passaria para a próxima geração e logo desapareceria da população.

---

*N. de R.T.: A doença de Huntington é uma condição neurodegenerativa que acomete principalmente as mulheres e causa sérios distúrbios de movimento denominados "coreia", além de demência.

TABELA 3.1 Alguns defeitos congênitos e distúrbios genéticos

Problema	Características da condição	Quem está em risco	O que pode ser feito
Deficiência de alfa-1-antitripsina	Deficiência enzimática que pode resultar em cirrose hepática na primeira infância e enfisema e doença pulmonar degenerativa na meia-idade.	1 em cada 1.000 nascimentos de pessoas brancas	Não há tratamento
Alfa-talassemia	Anemia grave que reduz a capacidade do sangue de transportar oxigênio; quase todos os bebês afetados são natimortos ou morrem logo após o nascimento.	Principalmente famílias provenientes da Malásia, da África e do Sudeste Asiático	Frequentes transfusões de sangue
Beta-talassemia (anemia de Cooley)	Anemia grave que resulta em fraqueza, fadiga e doenças frequentes; geralmente é fatal na adolescência ou no adulto jovem.	Principalmente famílias de ascendência mediterrânica	Frequentes transfusões de sangue
Fibrose cística	Secreção excessiva de muco que se acumula nos pulmões e no trato digestivo; as crianças têm um crescimento anormal; tempo de vida curto; a mais comum das deficiências letais herdadas por pessoas brancas.	1 em cada 2.000 nascimentos de pessoas brancas	Fisioterapia para liberar o muco; antibióticos para infecção pulmonar; enzimas para melhorar a digestão; terapia genética experimental
Distrofia muscular de Duchenne	Doença fatal geralmente encontrada nos homens e caracterizada por fraqueza muscular; é comum deficiência intelectual leve; insuficiência respiratória e morte costumam ocorrer no adulto jovem.	1 em cada 3.000 a 5.000 mil nascimentos masculinos	Não há tratamento
Hemofilia	Sangramento excessivo, geralmente afetando mais os homens que as mulheres; em sua forma mais grave, pode resultar em artrite comprometedora na vida adulta.	1 em cada 10.000 famílias com um histórico de hemofilia	Frequentes transfusões de sangue com fatores de coagulação
Anencefalia	Ausência de tecidos cerebrais; os bebês são natimortos ou morrem logo após o nascimento.	1 em cada 1.000	Não há tratamento
Espinha bífida	Canal espinhal não completamente fechado, fraqueza muscular ou paralisia e perda do controle da bexiga e dos intestinos; frequentemente acompanhado de hidrocefalia, um acúmulo de líquido espinhal no cérebro, e deficiência intelectual.	1 em cada 1.000	Cirurgia impede a ocorrência de mais danos; derivação introduzida no cérebro drena o excesso de líquido
Fenilcetonúria (PKU)	Distúrbio metabólico que provoca deficiência intelectual.	1 em cada 15.000 nascimentos	Dieta especial logo nas primeiras semanas de vida pode impedir a deficiência intelectual
Doença policística renal	*Forma infantil*: dilatação dos rins, resultando em problemas respiratórios e insuficiência cardíaca congestiva. *Forma adulta*: dores renais, pedras nos rins e hipertensão, resultando em insuficiência renal crônica.	1 em cada 1.000	Transplante de rins
Anemia falciforme	Glóbulos vermelhos deformados, em formato de foice, incapazes de carregarem oxigênio suficiente, que podem obstruir os vasos sanguíneos, privando o corpo de oxigênio; os sintomas incluem dores intensas, interrupção do crescimento, infecções, ulcerações nas pernas, pneumonia e acidente vascular cerebral.	1 em cada 500 afro-americanos	Analgésicos, transfusões para anemia e para prevenir acidente vascular cerebral, antibióticos para infecções
Doença de Tay-Sachs	Doença degenerativa do cérebro e das células nervosas, resultando em morte antes dos 5 anos.	Encontrada historicamente em judeus do Leste Europeu	Não há tratamento

Fonte: Adaptada de AAP Committee on Genetics, 1996; Tisdale, 1988, pp. 68-69.

Os defeitos recessivos são expressos somente se a criança for homozigótica para esse gene; em outras palavras, a criança deve herdar uma cópia do gene recessivo de cada um dos pais para ser afetada. Como os genes recessivos não são expressos se o pai ou a mãe forem homozigóticos para aquele traço, nem sempre poderá ser evidente que uma criança correrá risco por receber dois alelos de um gene recessivo. Defeitos transmitidos por genes recessivos tendem a ser letais no começo da vida, ao contrário daqueles transmitidos por genes dominantes, isso porque genes recessivos podem ser transmitidos por portadores heterozigóticos que não tenham, eles mesmos, a doença. Assim, eles são capazes de se reproduzir e transmitir os genes para a próxima geração.

Na **dominância incompleta**, um traço não é totalmente expresso. Normalmente, a presença de um par dominante/recessivo resulta na plena expressão do gene dominante e no ocultamento do recessivo. Na dominância incompleta, o fenótipo resultante é uma combinação de ambos os genes. Por exemplo, pessoas com apenas um alelo de célula falciforme e um alelo "normal" não apresentam anemia falciforme, com os glóbulos vermelhos característicos de formato anormal, mas as células também não possuem a forma arredondada típica. A célula tem um formato intermediário, o que mostra que o gene da anemia falciforme tem dominância incompleta nesses indivíduos.

Defeitos transmitidos por herança ligada ao sexo Na **herança ligada ao sexo** (Figura 3.5), certos distúrbios recessivos afetam meninos e meninas diferentemente, pois os machos são XY e as fêmeas são XX. Em humanos, o cromossomo Y é menor e contém menos genes que o cromossomo X. Um resultado é que os homens recebem apenas uma cópia do gene contido nos cromossomos sexuais, enquanto as mulheres recebem duas. Assim, se uma mulher tem uma cópia "ruim" de um determinado gene, ainda tem uma cópia de reserva no outro cromossomo. Contudo, se um homem tem uma cópia "ruim" de um determinado gene, este será expresso.

As mulheres heterozigóticas que têm uma cópia "ruim" de um gene recessivo e uma "boa" são chamadas de portadoras. Se têm filhos com homens não afetados (um homem com uma cópia "boa" do gene), elas têm 50% de chance de transmitir o distúrbio para os filhos homens que tiverem. Se tiverem um filho (que é XY, pois é macho), o pai contribui com um cromossomo Y, enquanto a mãe contribui com um X. Como ela tem uma cópia "boa" e outra "ruim", ambos os resultados são igualmente prováveis. As filhas (que são XX, pois são fêmeas) podem estar protegidas, pois o pai transmite a sua cópia "boa", então as meninas têm 50% de chance de estarem completamente protegidas e 50% de serem portadoras de uma cópia recessiva oculta do gene.

Distúrbios recessivos ligados ao sexo são mais comuns nos homens do que nas mulheres. Por exemplo, a deficiência vermelho-verde (daltonismo), a hemofilia (doença na qual o sangue não coagula quando deveria) e a distrofia muscular de Duchenne (distúrbio que causa degeneração

---

dominância incompleta
Padrão hereditário em que a criança recebe dois alelos diferentes, resultando na expressão parcial de um traço.

herança ligada ao sexo
Padrão hereditário em que certas características contidas no cromossomo X, herdadas da mãe, são transmitidas diferentemente às proles masculina e feminina.

FIGURA 3.5
Herança ligada ao sexo.

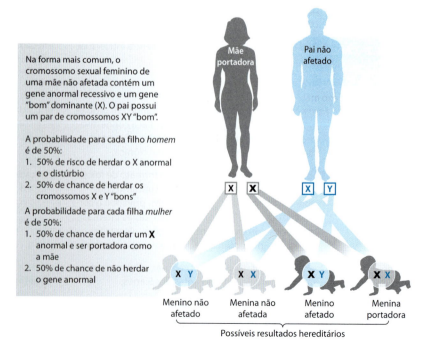

muscular e leva à morte) são todos mais comuns entre homens, e todos resultam de genes localizados no cromossomo X. Ocasionalmente, uma menina pode herdar uma condição ligada ao sexo. Para que isso aconteça, o pai precisa ter uma cópia "ruim" e a mãe também precisa ser portadora ou sofrer ela própria do distúrbio.

Anomalias cromossômicas Anomalias cromossômicas ocorrem por causa de erros na divisão celular, resultando em um cromossomo a mais ou a menos. Por exemplo, a síndrome de Klinefelter é causada por um cromossomo sexual feminino a mais (cujo padrão é XXY). A síndrome de Turner resulta de um cromossomo sexual a menos (XO). A probabilidade de erros aumenta em proles de mulheres de 35 anos ou mais devido à idade dos óvulos que são liberados na ovulação. As características dos distúrbios cromossômicos sexuais mais comuns são mostradas na Tabela 3.2.

A **síndrome de Down**, a mais comum delas, é responsável por cerca de 40% de todos os casos de deficiência intelectual em níveis moderados e severos (Pennington, Moon, Edgin, Stedron, & Nadel, 2003). Essa condição é também chamada de trissomia-21, por ser caracterizada, em mais de 90% dos casos, por um 21º cromossomo extra.

Aproximadamente 1 em cada 792 bebês nascidos vivos tem síndrome de Down (de Graaf, Buckley, & Skotko, 2015). Embora o risco de ter uma criança com síndrome de Down aumente com a idade, devido às taxas de nascimento mais altas em mulheres mais jovens, existem mais jovens mães cujos filhos têm síndrome de Down (National Institute of Child Health and Development, 2008). Entre 1979 e 2003, a maior tendência de retardar a gravidez e, portanto, produzir um maior número de mães mais velhas, parece ter levado a um aumento correspondente no número de crianças nascidas com síndrome de Down (Shin et al., 2009). Contudo, essa tendência foi compensada pelo desenvolvimento de testes pré-natais não invasivos em 2011, que permitiram que as mulheres grávidas testassem a presença de distúrbios genéticos sem correrem o risco de sofrer um aborto espontâneo. Estima-se que aproximadamente 30% das gravidezes nas quais há um diagnóstico de síndrome de Down sejam interrompidas eletivamente (de Graaf et al., 2015).*

O cérebro das crianças com síndrome de Down parece quase normal no nascimento, mas encolhe em volume até o início da vida adulta, principalmente na região do hipocampo e córtex pré-frontal, resultando em disfunção cognitiva, e no cerebelo, que também gera problemas com a coordenação motora e o equilíbrio (Davis, 2008; Pennington et al., 2003). Com uma intervenção precoce, porém, o prognóstico para essas crianças é mais favorável hoje do que se pensava algum tempo atrás. Crianças com síndrome de Down, assim como outras crianças com necessidades especiais, tendem a se beneficiar cognitivamente, socialmente e emocionalmente quando colocadas em classes comuns e não em escolas especiais (Davis, 2008), e quando têm acesso a terapias regulares e intensivas destinadas a ajudá-las a obter habilidades importantes. Quando adultos, muitos vivem

Crianças com síndrome de Turner são sempre meninas. Devido ao fato de o cromossomo Y conter muito pouca informação, um embrião apenas com um cromossomo Y e nenhum cromossomo X não é viável. Ao contrário, um embrião com cromossomo X, mas sem o Y, geralmente é.

síndrome de Down
Distúrbio cromossômico caracterizado por deficiência intelectual em níveis moderados e severos e por diversos sinais físicos como a pele dobrada para baixo nos cantos internos dos olhos. Também chamado de *trissomia-21*.

Outro sinal comum de síndrome de Down envolve as linhas que as quiromantes usam para prever o futuro. Nas crianças com síndrome de Down, há uma única linha horizontal atravessando a palma da mão.

---

*N. de R.T.: Em alguns países, o aborto é permitido para casos de diagnóstico da síndrome de Down.

TABELA 3.2	Anomalias dos cromossomos sexuais		
Padrão/nome	**Características***	**Incidência**	**Tratamento**
XYY	Sexo masculino; estatura alta; tendência a ter QI baixo, especialmente verbal.	1 em cada 1.000 nascimentos masculinos	Não há tratamento especial
XXX (triplo X)	Sexo feminino; aparência normal, irregularidades menstruais, transtornos da aprendizagem, deficiência intelectual.	1 em cada 1.000 nascimentos femininos	Educação especial
XXY (Klinefelter)	Sexo masculino; esterilidade, características sexuais secundárias subdesenvolvidas, testículos pequenos, transtornos da aprendizagem.	1 em cada 1.000 nascimentos masculinos	Terapia hormonal, educação especial
XO (Turner)	Sexo feminino; estatura baixa, pescoço grosso, habilidades espaciais prejudicadas, ausência de menstruação, infertilidade, órgãos sexuais subdesenvolvidos.	1 em cada 1.500 a 2.500 nascimentos femininos	Terapia hormonal, educação especial
X frágil	Deficiência intelectual entre leve e severa; sintomas mais graves no sexo masculino; atraso na fala e no desenvolvimento motor; hiperatividade; a forma *herdada* de deficiência intelectual mais comum.	1 em cada 1.200 nascimentos masculinos; 1 em cada 2.000 nascimentos femininos	Terapias educacional e comportamental quando necessário

*Nem todas as pessoas afetadas apresentam todas as características.

Embora a síndrome de Down seja uma importante causa de deficiência intelectual, pessoas com essa anomalia cromossômica podem viver vidas produtivas.

George Doyle/Stockbyte/Veer

aconselhamento genético
Serviço clínico que aconselha futuros pais sobre seus prováveis riscos de ter filhos com anomalias hereditárias.

em pequenos grupos, oferecendo apoio uns aos outros; eles tendem a se dar bem em situações estruturadas de trabalho. Mais de 70% das pessoas com síndrome de Down vivem até os 60 anos ou mais. Apesar do risco de morte precoce por diversas causas, incluindo leucemia, câncer, mal de Alzheimer e doenças cardiovasculares, com cuidados e serviços de saúde apropriados, elas podem levar vidas relativamente longas e saudáveis (Zigman, 2013; Irving & Chaudhari, 2012).

ACONSELHAMENTO GENÉTICO E TESTES

O **aconselhamento genético** pode ajudar futuros pais a avaliarem seus riscos de gerar filhos com anomalias genéticas ou cromossômicas. Pessoas que já tiveram um filho com anomalias genéticas, que têm um histórico familiar de doença hereditária, que sofrem de condições sabidamente ou suspeitas de serem hereditárias ou originárias de grupos étnicos, cujo risco de transmissão de genes para certas doenças é elevado, podem obter informações sobre a probabilidade de seus filhos serem afetados.

Os geneticistas têm dado grandes contribuições para evitar as anomalias congênitas. Por exemplo, os testes genéticos praticamente eliminaram a doença de Tay-Sachs da população judaica. Igualmente, o rastreamento e aconselhamento para mulheres em idade fértil de países do Mediterrâneo, onde a beta-talassemia (ver Tabela 3.1) é comum, resultou em declínio no nascimento de bebês afetados e mais conhecimento sobre os riscos de ser portador (Cao & Kan, 2013).

O conselheiro genético, conhecendo o histórico familiar, prescreve exames físicos, seja aos futuros pais, seja aos filhos biológicos. Análises laboratoriais de sangue, pele, urina ou de impressões digitais poderão ser feitas. Cromossomos dos tecidos sanguíneos poderão ser analisados e fotografados, e as fotografias, ampliadas e organizadas de acordo com o tamanho e a estrutura. Esse mapeamento é chamado de *cariótipo* e pode revelar anomalias cromossômicas e também indicar se uma pessoa poderia transmitir defeitos genéticos aos filhos (Figura 3.6). O conselheiro tenta ajudar seus clientes a entender o risco matemático

> **verificador**
> **você** é capaz de...
> ▷ Explicar como funciona a herança dominante, herança recessiva, dominância incompleta, herança ligada ao sexo e as mutações na transmissão de defeitos de nascimento?
> ▷ Dizer como ocorrem três doenças cromossômicas?
> ▷ Explicar os objetivos do aconselhamento genético?

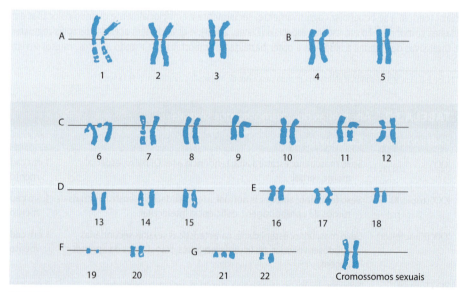

FIGURA 3.6
Cariótipo de uma mulher com síndrome de Down.
Cariótipo é uma fotografia que mostra os cromossomos quando estão separados e alinhados para a divisão celular. Sabemos que este é um cariótipo de uma pessoa com síndrome de Down porque o par 21 tem três cromossomos em vez de dois. Como o par 23 consiste em dois cromossomos X, sabemos que se trata de um cariótipo de mulher.
Fonte: Babu e Hirschhorn, 1992; March of Dimes Birth Defects Foundation, 1987.

de uma determinada condição, explica suas consequências e apresenta informações sobre medidas alternativas.

Atualmente, os pesquisadores estão identificando rapidamente genes que contribuem para muitas doenças e distúrbios graves, bem como aqueles que influenciam traços normais.

Genética e ambiente: influências da hereditariedade e do ambiente

A importância relativa da hereditariedade e do ambiente foi uma questão importante para os primeiros psicólogos e o público em geral. Hoje é nítido que, embora certos distúrbios físicos sejam praticamente 100% herdados, os fenótipos para a maioria dos traços normais, como aqueles relacionados à inteligência e à personalidade, estão sujeitos a um complexo conjunto de forças hereditárias e ambientais. Vejamos como os cientistas estudam e explicam as influências da hereditariedade e do ambiente, e como essas duas forças operam juntas.

ESTUDANDO A HEREDITARIEDADE E O AMBIENTE

Um dos métodos de estudo da hereditariedade e do ambiente é o quantitativo: procura medir o *quanto* hereditariedade e ambiente influenciam determinados traços. Essa é a meta tradicional da ciência da **genética comportamental**.

Medindo a herdabilidade Os geneticistas comportamentais desenvolveram uma maneira de estimar quanto de um traço se deve à genética e quanto é o resultado das influências ambientais usando um conceito chamado **herdabilidade**. Todos os traços são consequência dos genes e do ambiente. Analisando grupos de pessoas com relações genéticas conhecidas e avaliando se são ou não **concordantes**, ou seja, *iguais*, para um determinado traço, os geneticistas comportamentais conseguem estimar a influência relativa dos genes e do ambiente.

Não há como medir a herdabilidade diretamente. Assim, os pesquisadores no campo da genética comportamental desenvolveram métodos indiretos para avaliar a relação entre a expressão de traços e os fatores genéticos e ambientais que os influenciam. Apesar de haver variações nos detalhes, a lógica fundamental das abordagens nesses tipos de estudos é a mesma.

Se duas pessoas não têm parentesco, sabemos que é improvável que compartilhem genes. Se duas pessoas são gêmeas idênticas, sabemos que compartilham todos os seus genes. Se duas pessoas são gêmeas fraternas, irmãs ou pai/mãe e filho, sabemos que compartilham aproximadamente 50% dos seus genes. E se sabemos, em média, quantos genes as pessoas compartilham umas com as outras, podemos medir a sua semelhança em determinados traços (ou seja, sua taxa de concordância) e calcular retrospectivamente as influências ambientais relativas. Portanto, se a hereditariedade exerce uma forte influência para um determinado traço, gêmeos idênticos devem ser mais semelhantes neles do que gêmeos fraternos e irmãos adotados devem ser mais parecidos com os seus pais biológicos do que com os pais adotivos. Observe que o método também pode ser aplicado a parentescos genéticos mais distantes. Para traços com influências genéticas fortes, por exemplo, os irmãos podem ser mais parecidos do que os primos.

Também podemos usar o ambiente para estimar influências. Se o ambiente exerce uma influência importante em um traço, as pessoas que moram juntas devem ser mais parecidas do que as que moram separadas, com os genes compartilhados sendo menos importantes. Por exemplo, nessa situação, poderíamos comparar os filhos adotivos a seus pais biológicos e adotivos. Se são mais parecidos com os pais adotivos do que com os biológicos para um determinado traço, então é provável que tal traço seja fortemente influenciado pelo ambiente.

Basicamente, essa abordagem se resume a comparações de genes compartilhados, ambientes iguais ou diferentes e taxas de concordância. Com essas três variáveis, os pesquisadores conseguem estimar a influência relativa dos genes e do ambiente sobre um traço.

genética comportamental
Estudo quantitativo das influências relativas da hereditariedade e do ambiente no comportamento.

herdabilidade
Estimativa estatística da contribuição da hereditariedade para diferenças individuais em um traço específico e em uma determinada população.

concordante
Termo que descreve a tendência de gêmeos compartilharem o mesmo traço ou distúrbio.

Lembre-se de que a estimativa de uma alta herdabilidade não significa que um traço não possa ser influenciado pelo ambiente. Se o ambiente mudar, a estimativa de herdabilidade poderá mudar também.

Gêmeos monozigóticos separados quando nasceram são procurados por pesquisadores que querem estudar o impacto dos genes na personalidade. Estes gêmeos, adotados por diferentes famílias e que só voltaram a se reunir aos 31 anos de idade, tornaram-se ambos bombeiros. Foi uma coincidência ou isso refletiu a influência da hereditariedade?

Thomas Wanstall/The Image Works

verificador
você é capaz de...

▷ Descrever o pressuposto básico subjacente aos estudos de genética comportamental, e como ele se aplica aos estudos sobre família, gêmeos e adoção?

A herdabilidade expressa-se como um número que varia entre 0,0 e 1,0; quanto maior o número, maior a herdabilidade. Uma estimativa de 1,0 indica que os genes são 100% responsáveis pela variância do traço em uma população, enquanto uma estimativa de 0,0% indicaria que o ambiente moldou o traço exclusivamente. Observe que a herdabilidade não se refere às influências que moldaram qualquer indivíduo específico, pois estas são praticamente impossíveis de serem separadas. Nem tampouco nos diz como os traços se desenvolvem. A herdabilidade apenas indica a extensão estatística com que os genes contribuem para um traço em um determinado momento e em uma determinada população.

COMO HEREDITARIEDADE E AMBIENTE OPERAM JUNTOS

Hoje muitos cientistas do desenvolvimento consideram muito simplista uma abordagem ao estudo da hereditariedade e do ambiente que seja unicamente quantitativa. Eles veem essas duas forças como fundamentalmente inter-relacionadas. Em vez de considerar que os genes e a experiência operam diretamente em um organismo, eles veem ambos como parte de um *sistema de desenvolvimento* complexo (Gottlieb, 1991, 1997; Lickliter & Honeycutt, 2003). Da concepção em diante, ao longo de toda a vida, uma combinação de fatores constitucionais (relacionados à constituição biológica e psicológica) e fatores sociais, econômicos e culturais ajudam a moldar o desenvolvimento.

Faixa de reação Muitas características variam, dentro de certos limites, sob diversas condições hereditárias e ambientais. O conceito de *faixa de reação* pode nos ajudar a visualizar como isso acontece.

faixa de reação
Variabilidade potencial, na expressão de um traço hereditário, que depende das condições ambientais.

A **faixa de reação** refere-se a uma amplitude de expressões potenciais de um traço hereditário. O tamanho do corpo, por exemplo, depende em grande parte de processos biológicos que são geneticamente regulados. Mesmo assim, pode-se falar de uma amplitude de tamanho, que depende de oportunidades e restrições ambientais e do comportamento da pessoa. Em sociedades em que a nutrição foi notavelmente aprimorada, toda uma geração cresceu e superou em tamanho a geração anterior. Os filhos mais bem alimentados compartilharam os genes dos pais, mas responderam a um mundo mais saudável. Uma vez, porém, que a dieta média de uma sociedade torna-se adequada para mais de uma geração, os filhos tendem a atingir estaturas semelhantes a de seus pais. Em última análise, a altura tem limites genéticos; não vemos pessoas com apenas 30 centímetros de altura ou alguém de 3 metros.

A hereditariedade pode influenciar uma faixa de reação, tornando-a larga ou estreita. Por exemplo, uma criança nascida com uma anomalia que produz limitações cognitivas moderadas está mais capacitada a responder a um ambiente favorável do que uma criança nascida com limitações mais graves. Do mesmo modo, uma criança com inteligência inata de maior nível provavelmente se beneficiará mais de um ambiente enriquecido no lar ou na escola do que aquela com um nível mais típico de inteligência (Figura 3.7).

Canalização Alguns traços têm uma faixa de reação extremamente pequena. A metáfora da **canalização** ilustra como a hereditariedade restringe a amplitude do desenvolvimento para certos traços. Depois de uma forte tempestade, a água da chuva que caiu sobre o asfalto precisa ir para algum lugar. Se a rua tiver buracos, a água irá enchê-los. Se houver profundos canais ladeando as ruas, a água fluirá para esses canais.

Traços altamente canalizados, como a cor dos olhos, são análogos a canais profundos. Eles são altamente programados pelos genes e há poucas chances de variância nessa expressão. Devido a esse canal profundo escavado geneticamente, seria preciso uma mudança radical no ambiente para alterar seu curso. O canal é profundo demais para que a água transborde facilmente.

No passado distante, uma incapacidade de caminhar ou falar teria tido consequências adaptativas profundas. Um ser humano que não conseguisse fazer essas coisas provavelmente não teria sobrevivido. Como são tão importantes, a seleção natural projetou-as para se desenvolver, de modo previsível e confiável, nos mais diversos ambientes. São muito importantes para serem deixadas ao acaso. Assim, traços como esses tendem a ser altamente canalizados. Com relação ao desenvolvimento motor, os bebês típicos seguem uma sequência previsível: engatinhar ou arrastar-se sentado, andar e então correr, nessa ordem, em idades aproximadas. Essa é uma sequência canalizada, no sentido de que as crianças seguirão esse mesmo esquema, independente das muitas variações no ambiente. Um processo semelhante ocorre com a linguagem. Apesar das diferenças nos ambientes linguísticos, os bebês de todo o mundo atingem os mesmos marcos no desenvolvimento da linguagem aproximadamente ao mesmo tempo e na mesma ordem.

A cognição e a personalidade, contudo, não são altamente canalizadas. Ambas são mais sujeitas a variações na experiência. Considere a leitura. Não somos programados de nascença para ler – a seleção natural não nos criou para desenvolver essa habilidade naturalmente. O ambiente desempenha um papel fundamental. Pais que brincam com jogos de letras e palavras com os filhos e leem para eles provavelmente farão com que aprendam a ler mais cedo do que se não incentivassem ou reforçassem essas habilidades. As crianças que não são ensinadas a ler não aprendem espontaneamente.

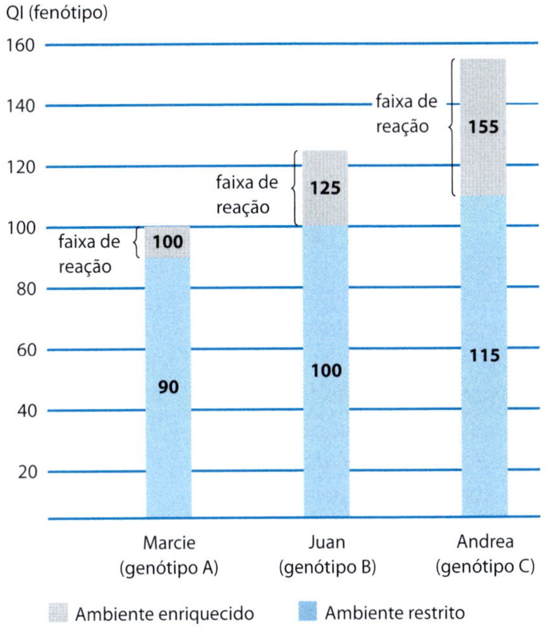

FIGURA 3.7
Inteligência e faixa de reação.
Crianças com diferentes genótipos para inteligência apresentarão faixas de reação variadas quando expostas a um ambiente restrito (porção azul da barra) ou a um ambiente enriquecido (barra inteira).

> Em humanos, caminhar e conversar são traços canalizados. Você consegue imaginar outras características físicas ou comportamentais humanas que poderiam ser altamente canalizadas?

canalização
Limitação na variante de expressão de certas características herdadas.

Interação genótipo-ambiente A **interação genótipo-ambiente** de modo geral se refere a efeitos de condições ambientais semelhantes sobre indivíduos geneticamente diferentes, e uma discussão sobre essas interações é uma maneira de conceitualizar e falar sobre os diferentes modos de interação entre genética e ambiente. Consideremos um exemplo familiar. Muitas crianças estão expostas ao pólen e à poeira, mas aquelas com predisposição genética têm maior probabilidade de desenvolver reações alérgicas. As interações também podem funcionar no sentido inverso: crianças geneticamente semelhantes costumam desenvolver-se diferentemente, dependendo dos ambientes domésticos (Collins et al., 2000). Uma criança que nasce com um temperamento difícil poderá ter problemas de ajustamento em uma família e prosperar em outra, dependendo muito do manejo parental. Assim, é a interação entre fatores hereditários e ambientais, e não apenas um ou outro, que produz certos resultados.

interação genótipo-ambiente
A parcela de variação fenotípica que resulta das reações de indivíduos geneticamente diferentes a condições ambientais similares.

> Um dos fatores ambientais que tem sido identificado como uma proteção contra alergias severas em crianças é o contato desde cedo com animais.
> Wegienka et al., 2011

Correlação genótipo-ambiente Como os genes influenciam a exposição de uma pessoa a determinados ambientes, o ambiente

correlação genótipo-ambiente
Tendência de certas influências genéticas e ambientais a se reforçarem mutuamente; pode ser passiva, reativa (evocativa) ou ativa. Também chamada de *covariância genótipo-ambiente*.

A maneira mais fácil de lembrar o que são correlações passivas é recordar que, quando você vive com seus pais biológicos, você herda deles tanto os genes quanto o ambiente. Às vezes, esses dois complementam um ao outro com precisão porque vieram da mesma fonte.

Outra maneira de pensar sobre correlações evocativas é que as crianças evocam, ou provocam, certas respostas dos outros.

escolha de nicho
Tendência de uma pessoa, especialmente após a segunda infância, a procurar ambientes compatíveis com seu genótipo.

efeitos ambientais não compartilhados
O ambiente único em que cada criança cresce e que consiste em influências distintas ou influências que afetam cada uma diferentemente.

Um adolescente com habilidades musicais pode buscar amigos que gostam de música e até começar a sua própria banda. Este é um exemplo de escolha de nicho.
Hero Images/Getty Images

geralmente reforça as diferenças genéticas (Rutter, 2012). A isso chamamos de **correlação genótipo-ambiente** ou *covariância genótipo-ambiente*; e para fortalecer a expressão fenotípica de uma tendência genotípica, ela funciona de três maneiras (Bergeman & Plomin, 1989; Scarr, 1992; Scarr & McCartney, 1983). As duas primeiras são comuns entre crianças pequenas, a terceira entre crianças maiores, adolescentes e adultos.

- *Correlações passivas:* Pais que fornecem os genes que predispõem o filho a um determinado traço também tendem a fornecer um ambiente incentivador do desenvolvimento daquele traço. Por exemplo, um pai que gosta de música provavelmente cria um ambiente doméstico onde se ouve música regularmente, ensina música para o filho e leva a criança a eventos musicais. Se a criança herdou o talento musical do pai, sua musicalidade refletirá uma combinação de influências genéticas e ambientais. Esse tipo de correlação é chamado de *passivo* porque o filho não o controla. A criança herdou o ambiente assim como os genes que poderiam fazê-la particularmente bem adaptada para responder a essas influências ambientais específicas. Correlações passivas aplicam-se mais às crianças pequenas, cujos pais também possuem grande controle sobre suas primeiras experiências. Além disso, correlações passivas funcionam somente quando a criança vive com o pai ou a mãe biológicos.

- *Correlações reativas ou evocativas:* Crianças com diferentes constituições genéticas evocam diferentes reações das outras pessoas. Assim, pais que não são inclinados à música e à musicalidade poderão fazer um esforço todo especial para oferecer experiências musicais a uma criança que demonstra interesse e habilidade em música. Essa resposta, por sua vez, fortalecerá a inclinação genética da criança à música. Esse tipo de correlação chama-se *reativa* porque as outras pessoas reagem à constituição genética da criança.

- *Correlações ativas:* À medida que a criança cresce e passa a ter mais liberdade para escolher suas próprias atividades e ambientes, ela seleciona *ativamente* ou cria experiências coerentes com suas tendências genéticas. Um adolescente com talento para música provavelmente procurará amigos que gostem de música, aprenderá música e irá a concertos se essas oportunidades estiverem disponíveis. Essa tendência a procurar ambientes compatíveis com o genótipo da pessoa chama-se **escolha de nicho**; isso ajuda a explicar por que gêmeos idênticos criados separadamente tendem a ter características semelhantes.

O que torna cada pessoa única? O ambiente não compartilhado Embora duas crianças da mesma família possam apresentar uma semelhança física surpreendente, irmãos podem ser muito diferentes em termos de intelecto e, principalmente, de personalidade (Plomin & Daniels, 2011). Uma das razões pode ser a diferença genética que leva as crianças a precisar de diferentes tipos de estimulação ou a responder diferentemente a um ambiente doméstico semelhante. Por exemplo, uma criança poderá ser mais afetada pela discórdia na família do que outra (Horowitz et al., 2010). Além disso, estudos em genética comportamental indicam que muitas das experiências que afetam consideravelmente o desenvolvimento variam para diferentes crianças de uma família (McGuffin, Riley, & Plomin, 2001; Plomin & DeFries, 1999). As crianças podem pertencer à mesma família, mas isso não significa que as suas experiências são idênticas.

Esses **efeitos ambientais não compartilhados** resultam do ambiente único onde cresce cada criança em uma família. As crianças de uma família vivem em um ambiente compartilhado – o lar em que elas vivem, as pessoas da casa e as atividades em que a família se envolve – mas também, mesmo que sejam gêmeas, vivenciam experiências não compartilhadas com seus irmãos. Pais e irmãos podem tratar cada criança diferentemente. Certos eventos, como doenças e acidentes, e experiências fora do lar afetam uma criança e não a outra. Por exemplo, se é o filho mais velho, uma das suas primeiras influências foi a capacidade de conquistar a atenção exclusiva dos pais. Os filhos subsequentes não nascem no mesmo ambiente. Os irmãos mais novos precisam dividir a atenção dos pais. Assim, apesar de serem membros da mesma família, as influências não são idênticas. De fato, alguns geneticistas comportamentais chegaram à conclusão que, embora a hereditariedade seja responsável pela maior parte das semelhanças entre irmãos, o ambiente não compartilhado é o responsável pela maior parte das diferenças (Hetherington, Reiss, & Plomin, 2013).

Também podemos estender a discussão a correlações genótipo-ambiente para explicar alguns dos efeitos do ambiente não compartilhado nas experiências dos irmãos. As diferenças genéticas entre as crianças talvez levem os pais a reagirem e tratá-las diferentemente. Uma criança pode ser tímida e provocar um comportamento mais atencioso dos pais, enquanto outra pode ser audaciosa e receber mais liberdade e incentivo para explorar. As crianças também moldam seu ambiente com as escolhas que fazem – o que fazem e com quem –, e sua constituição genética influencia essas escolhas. Uma criança que adora ler pode passar horas sozinha, enquanto uma mais atlética e sociável pode preferir brincar com os outros fora de casa. Assim, não só os talentos das crianças (p. ex., leitura ou esportes) vão se desenvolver diferentemente, mas sua vida social também. Essas diferenças tendem a ser acentuadas à medida que as crianças crescem e passam a ter mais experiências fora da família (Plomin, 1996; Scarr, 1992).

ALGUMAS CARACTERÍSTICAS INFLUENCIADAS PELA HEREDITARIEDADE E PELO AMBIENTE

Sabendo da complexidade resultante do entrelaçamento das influências hereditárias e ambientais, vejamos o que se conhece sobre o papel de cada uma na produção de certas características.

Obesidade A **obesidade** é medida pelo índice de massa corporal, ou IMC (comparação entre o peso e a altura). As crianças entre o 85º e o 95º percentis são definidas como tendo excesso de peso e aquelas acima do 95º percentil como obesas (Ogden, Carroll, Curtin, Lamb, & Flegal, 2010). O risco de obesidade é de duas a três vezes maior para uma criança com histórico familiar de obesidade, especialmente a obesidade severa (Nirmala, Reddy, & Reddy, 2008). Assim, seria razoável concluir que a obesidade envolve contribuições genéticas.

Na verdade, não existe "o" gene da obesidade. É uma condição multifatorial; estudos de gêmeos, estudos de adoção e outras pesquisas indicam que entre 40 e 70% do risco é genético (Willyard, 2014). Mais de 430 genes ou regiões de cromossomos estão associados à obesidade (Nirmala et al., 2008; Snyder et al., 2004). Também há pequenos subconjuntos de obesos que possuem um perfil genético que os torna particularmente propensos à obesidade; por exemplo, um desses subconjuntos inclui adultos obesos que sofrem da deleção de aproximadamente 30 genes (Bochukova et al., 2009).

Esse risco cada vez maior, porém, não é unicamente genético. As experiências ambientais também contribuem para a obesidade (Willyard, 2014). O tipo e a quantidade de comida ingerida em um determinado lar e a quantidade de exercício incentivada poderão aumentar ou diminuir a probabilidade de uma criança se tornar obesa. Além disso, o contexto social como um todo também tem seu impacto. As taxas de obesidade aumentam em países que atingem crescimento socioeconômico rápido e com maior aumento do produto interno bruto (Min, Chiu, & Wang, 2013). No Ocidente, a obesidade provavelmente resulta da interação de uma predisposição genética com a qualidade da alimentação, porções muito grandes e exercício físico insuficiente (Arner, 2000).

Inteligência A hereditariedade exerce uma forte influência sobre a inteligência geral (conforme medida pelos testes de inteligência) e tem efeito moderado sobre capacidades específicas como memória, habilidade verbal e habilidade espacial (Plomin & Spinath, 2004). Genes específicos podem contribuir para a inteligência (Posthuma & de Geus, 2006), mas ela é moldada por um grande número de genes operando conjuntamente.

A evidência indireta do papel da hereditariedade na inteligência vem dos estudos sobre adoção e sobre gêmeos. Os resultados de crianças adotadas em testes de inteligência padronizados são coerentemente mais próximos dos resultados das suas mães biológicas do que dos pais e irmãos adotivos, e gêmeos monozigóticos são mais semelhantes na inteligência do que gêmeos dizigóticos (Petrill et al., 2004; Plomin & DeFries, 1999).

---

verificador
você é capaz de...

▷ Explicar e dar pelo menos um exemplo de faixa de reação e canalização?

▷ Diferenciar os três tipos de correlação genótipo-ambiente?

▷ Citar três tipos de influência que contribuem para os efeitos ambientais não compartilhados?

obesidade
Sobrepeso extremo em relação à idade, sexo, altura e tipo corporal, conforme definido por um índice de massa corporal no ou acima do 95º percentil.

Este menino tímido de 3 anos pode estar "apenas vivendo uma fase", ou sua timidez talvez seja um aspecto inato de seu temperamento.
Digital Vision/Getty Images

A inteligência também depende em parte do tamanho e da estrutura do cérebro, que estão sob forte influência genética (Savage et al., 2018; Toga & Thompson, 2005). A experiência também conta. Um ambiente enriquecido ou empobrecido pode afetar substancialmente o desenvolvimento e a expressão das capacidades inatas (Ceci & Gilstrap, 2000). A influência do ambiente é maior, e da hereditariedade é menor entre as famílias pobres do que entre as famílias economicamente privilegiadas (Nisbett et al., 2012).

A influência dos genes aumenta rapidamente com a idade (Plomin & Dreary, 2015). Esse aumento provavelmente é resultado da escolha de nicho. O ambiente familiar compartilhado tem forte influência sobre a criança pequena, mas quase nenhuma sobre os adolescentes, que estão mais aptos a encontrar seu próprio nicho selecionando ativamente ambientes compatíveis com as suas capacidades herdadas e interesses relacionados (Bouchard, 2013).

Temperamento e personalidade Quando são expostos a uma nova experiência (quando andam de trem ou brincam com um novo brinquedo barulhento), alguns bebês respondem com interesse e ficam animados, enquanto outros ficam apreensivos e encolhidos. Alguns bebês são mais ativos, outros menos. Alguns bebês comem e dormem no mesmo horário todos os dias, outros têm dificuldade de se adaptar a um cronograma consistente. Desde o início, toda criança é diferente.

Os psicólogos chamam os modos únicos e característicos dos bebês de abordar e reagir a estímulos ambientais de **temperamento**. O temperamento é, em grande parte, inato e relativamente coerente ao longo dos anos, embora possa responder às experiências especiais ou ao tratamento parental (Thomas & Chess, 1984; Thomas, Chess, & Birch, 1968). Os irmãos – gêmeos ou não – tendem a ser semelhantes no temperamento em traços como afeto positivo, nível de atividade (Saudino & Micalizzi, 2015) e regulação comportamental (Gagne & Saudino, 2010), o que corrobora o papel dos genes.

O temperamento está na base da personalidade na vida adulta. Dadas as contribuições genéticas que vemos para o temperamento, seria possível prever que as pesquisas sobre personalidade também ilustrariam influências hereditárias. E é realmente o caso. Os cientistas identificaram genes diretamente relacionados a aspectos específicos da personalidade, como o neuroticismo e a extroversão (Vinkhuyzen et al., 2012). Em geral, a herdabilidade de traços de personalidade parece estar em torno de 40% (Vukasovic & Bratko, 2015), e há poucas evidências de influência ambiental compartilhada (Plomin, 2011). Assim como no caso da inteligência, as influências genéticas sobre a personalidade parecem se tornar mais importantes com a idade (Briley & Tucker-Drob, 2014) e são moldadas, em parte, pela escolha ativa de nicho (Kandler & Zapko-Willmes, 2017).

Esquizofrenia A esquizofrenia ilustra a interação entre hereditariedade e genética. A **esquizofrenia**, um transtorno neurológico que a cada ano afeta cerca de 1% da população dos Estados Unidos (Society for Neuroscience, 2008), é caracterizada pela perda do contato com a realidade, alucinações e delírios, perda do raciocínio coerente e lógico, e resposta emocional inadequada. As estimativas de herdabilidade variam de 60 a 80% (Schwab & Wildenauer, 2013). Um amplo conjunto de mutações gênicas raras, algumas envolvendo ausência ou duplicação de segmentos de DNA, pode aumentar a suscetibilidade à esquizofrenia (Chen et al., 2009; Vrijenhoek et al., 2008; Walsh et al., 2008). Gêmeos monozigóticos, porém, nem sempre são concordantes para esquizofrenia, talvez devido a processos epigenéticos (Bönsch et al., 2012).

Os pesquisadores também voltaram sua atenção para possíveis influências não genéticas, como, por exemplo, uma série de traumas neurológicos na vida fetal (Debnath, Venkatasubramanian, & Berk, 2015) ou exposição à influenza ou rubéola (Brown, 2012). Bebês nascidos em áreas urbanas, cujas mães passaram por complicações obstétricas ou que eram pobres ou gravemente carentes devido à guerra ou à escassez de alimentos (Rapoport, Giedd, & Gogtay, 2012) estão sujeitos a riscos maiores, assim como bebês nascidos no inverno (Martinez-Ortega et al., 2011). A maior idade paterna também é um fator de risco para a esquizofrenia (Janecka et al., 2017; Sharma et al., 2015) e há indícios de que, ao menos para os meninos, ter pais muito jovens também pode elevar os riscos para os filhos (Miller et al., 2010).

---

temperamento
Disposição característica ou estilo de abordagem e reação a situações.

Outro traço influenciado pela genética é a religiosidade. A pesquisa em genética comportamental sugere que a tendência a acreditar fortemente em uma religião é moderadamente herdável; isto é, aproximadamente no mesmo nível que a inteligência.
Waller et al., 1990

esquizofrenia
Transtorno mental marcado pela perda de contato com a realidade. Os sintomas incluem alucinações e delírios.

▶ **verificador**
você é capaz de...

▷ Avaliar as evidências para influências genéticas e ambientais em traços físicos e fisiológicos, inteligência, temperamento e esquizofrenia?

Desenvolvimento pré-natal

Para muitas mulheres, o primeiro (embora não necessariamente confiável) sinal de gravidez é a ausência do período menstrual. No entanto, mesmo antes da ausência desse período, o corpo de uma mulher grávida passa por alterações sutis, porém perceptíveis. A Tabela 3.3 descreve os primeiros sinais e sintomas da gravidez.

Durante a **gestação**, o período entre a concepção e o nascimento, o nascituro passa por processos dramáticos de desenvolvimento. Normalmente a gestação varia entre 37 e 41 semanas (Martin, Hamilton et al., 2009). A **idade gestacional** costuma ser contada a partir do primeiro dia do último ciclo menstrual da gestante.

Nesta seção, acompanhamos o curso da gestação ou desenvolvimento pré-natal e discutimos os fatores ambientais que podem afetar o desenvolvimento do futuro indivíduo. Na seção seguinte, avaliamos técnicas para determinar se o desenvolvimento será normal e explicamos a importância do acompanhamento pré-natal.

ETAPAS DO DESENVOLVIMENTO PRÉ-NATAL

O desenvolvimento pré-natal ocorre em três etapas ou períodos: *germinal*, *embrionário* e *fetal*. (A Tabela 3.4 fornece uma descrição mês a mês.) Durante esses três períodos de gestação, o zigoto unicelular original cresce e se transforma em *embrião* e depois em *feto*.

Tanto antes quanto depois do nascimento, o desenvolvimento procede de acordo com dois princípios fundamentais: crescimento e desenvolvimento motor ocorrem de cima para baixo e do centro para a periferia do corpo. O **princípio cefalocaudal** (da cabeça à cauda) determina que o

gestação
Período de desenvolvimento entre a concepção e o nascimento.

idade gestacional
Idade do nascituro geralmente contada a partir do primeiro dia do último ciclo menstrual da gestante.

princípio cefalocaudal
As partes superiores do corpo desenvolvem-se antes das partes inferiores.

O teste para gravidez identifica a presença da gonadotrofina coriônica humana, que, sob circunstâncias normais, somente é produzida por embriões e fetos. Portanto, não há falso-positivos. A gravidez poderá não ser viável, mas um teste positivo para gravidez certamente indica a ocorrência da concepção.

TABELA 3.3	Primeiros sinais e sintomas da gravidez
Mudanças físicas	**Causas e momento de ocorrência**
Mamas ou mamilos sensíveis e inchados	O aumento da produção dos hormônios femininos estrogênio e progesterona estimula o crescimento das mamas que se preparam para a produção de leite (mais perceptível em uma primeira gravidez).
Fadiga: necessidade de tirar mais cochilos	O coração da mulher bate mais forte e rápido para levar mais sangue e nutrientes ao feto. Aumenta ainda mais a produção de hormônios. A progesterona deprime o sistema nervoso central e pode causar sonolência. Preocupação com a gravidez pode diminuir a energia também.
Sangramento leve ou cólicas	*Sangramento de implantação* pode ocorrer entre 10 e 14 dias após a fecundação, quando o óvulo fecundado prende-se ao revestimento do útero. Muitas mulheres também têm cólicas (semelhantes às cólicas menstruais) à medida que o útero começa a aumentar.
Desejos por comidas específicas	Mudanças hormonais podem alterar as preferências alimentares, especialmente durante o primeiro trimestre, quando os hormônios causam maior impacto.
Náusea com ou sem vômito	A elevação dos níveis de estrogênio produzidos pela placenta e pelo feto faz o estômago esvaziar mais lentamente. Maior sensibilidade olfativa pode causar náusea em resposta a certos odores, como o de café, carne, laticínios ou alimentos picantes. A *náusea matinal* pode começar já duas semanas após a concepção, mas geralmente por volta de quatro a oito semanas, e pode ocorrer a qualquer hora do dia.
Vontade frequente de urinar	O alargamento do útero durante o 1º trimestre exerce pressão sobre a bexiga.
Leves dores de cabeça frequentes	A intensificação da circulação sanguínea causada por mudanças hormonais pode provocar essas dores.
Constipação	O aumento nos níveis de progesterona pode retardar a digestão, assim o alimento atravessa mais lentamente o trato intestinal.
Variações de humor	O fluxo de hormônios no começo da gravidez pode provocar altos e baixos emocionais.
Fraqueza e tontura	Sensação de tontura pode ser causada pela dilatação dos vasos sanguíneos e baixa pressão, ou baixos níveis de açúcar no sangue.
Aumento na temperatura basal do corpo	A temperatura basal do corpo (a primeira medida feita pela manhã) normalmente sobe logo após a ovulação a cada mês, e depois cai durante a menstruação. Quando cessa a menstruação, a temperatura permanece elevada.

Fonte: Mayo Clinic, 2005.

TABELA 3.4 Desenvolvimento pré-natal

Mês	Descrição

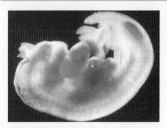

1 mês
Petit Format/Nestle/Science Source

Ao longo do primeiro mês, o crescimento é mais rápido do que em qualquer outra fase durante a vida; o embrião alcança um tamanho 10 mil vezes maior que o zigoto. No final do primeiro mês, ele mede pouco mais de 1 centímetro de comprimento. O sangue flui em suas veias e artérias. Seu coração é minúsculo e bate 65 vezes por minuto. Ele já possui um esboço de cérebro, rins, fígado e trato digestivo. O cordão umbilical já está funcionando. Um olhar atento pelo microscópio permite ver as protuberâncias na cabeça que futuramente serão os olhos, ouvidos, boca e nariz. O sexo ainda não pode ser identificado.

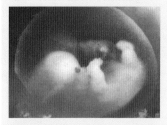

7 semanas
Claude Edelmann/Science Source

No final do segundo mês, o embrião se torna um feto. Ele mede cerca de 2 centímetros e pesa aproximadamente 9 gramas. A cabeça é metade do comprimento total do corpo. As partes da face estão desenvolvidas, com brotamentos de língua e dentes. Os braços têm mãos, dedos e polegares, e as pernas têm joelhos, tornozelos, pés e dedos. O feto possui uma fina camada de pele. Impulsos cerebrais coordenam os sistemas de órgãos. Os órgãos sexuais estão se desenvolvendo; as batidas cardíacas são regulares. O estômago produz sucos digestivos; o fígado produz células sanguíneas. Os rins retiram ácido úrico do sangue. A pele agora é suficientemente sensível para reagir à estimulação tátil.

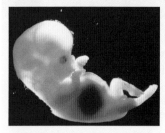

3 meses
Science Pictures Ltd./Science Source

No final do terceiro mês, o feto pesa em torno de 28 gramas e mede aproximadamente 7,5 centímetros de comprimento. Ele tem as unhas das mãos e dos pés, pálpebras (ainda fechadas), cordas vocais, lábios e um nariz proeminente. A cabeça ainda é grande – cerca de um terço do comprimento total – e a testa é alta. O sexo pode ser detectado. Os órgãos funcionam, mas não à plena capacidade. As costelas e vértebras transformaram-se em cartilagem. O feto consegue movimentar as pernas, pés, polegares e cabeça; abrir e fechar a boca e engolir; se a palma da mão for tocada, ele a fecha parcialmente; se forem os lábios, ele suga; e se for a sola do pé, os dedos se abrem. Esses reflexos estarão presentes ao nascer, mas desaparecerão durante os primeiros meses de vida.

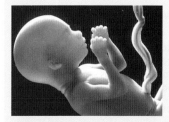

4 meses
Tissuepix/Science Source

A cabeça tem agora apenas um quarto do comprimento total do corpo, a mesma proporção que terá ao nascer. O feto agora mede de 20 a 25 centímetros e pesa em torno de 170 gramas. A placenta está totalmente desenvolvida. A mãe consegue sentir os chutes do feto, um movimento conhecido como *quickening*. As atividades reflexas que apareceram no terceiro mês agora são mais enérgicas em virtude do desenvolvimento muscular.

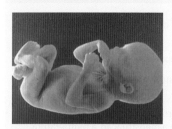

5 meses
James Stevenson/Science Source

O feto, pesando agora entre 300 e 500 gramas e medindo em torno de 30 centímetros, já tem padrões definidos de sono e vigília, tem uma posição favorita no útero (sua inclinação) e torna-se mais ativo – chuta, contorce-se, estica-se e até soluça. As glândulas sudoríparas e sebáceas estão funcionando. O sistema respiratório ainda não é adequado para sustentar a vida fora do útero; o bebê que nasce nessa fase geralmente não sobrevive. Um pelo áspero começa a crescer como sobrancelhas e cílios; na cabeça, um cabelo ralo; cobrindo o corpo, uma penugem chamada *lanugo*.

Mês	Descrição
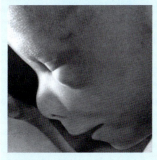 6 meses Anatomical Travelogue/Science Source	A taxa de crescimento fetal diminui um pouco – no final do sexto mês, o feto mede cerca de 35 centímetros de comprimento e pesa em torno de 570 gramas. Ele tem camadas de gordura sob a pele; os olhos se abrem, fecham e veem em todas as direções. Ele pode ouvir e pode fechar a mão com força. O feto que nasce prematuramente aos seis meses tem poucas chances de sobrevivência, pois o aparato respiratório ainda não amadureceu. Os avanços da medicina, no entanto, estão aumentando cada vez mais as chances de sobrevivência se o nascimento ocorrer no final deste período.
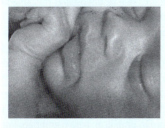 7 meses Petit Format/Nestle/Science Source	No final do sétimo mês, o feto, com cerca de 40 centímetros de comprimento, pesando entre 1,5 e 2,5 quilos, agora desenvolveu plenamente os padrões de reflexo. Ele chora, respira e engole, e pode sugar o polegar. A lanugem poderá desaparecer neste período ou talvez permaneça até pouco depois do nascimento. O cabelo poderá continuar crescendo. As chances de sobrevivência para um feto que pese pelo menos 1,5 quilo são relativamente boas, contanto que receba assistência médica intensiva.
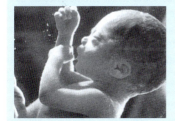 8 meses Petit Format/Nestle/Science Source	O feto de 8 meses tem entre 45 e 50 centímetros de comprimento e pesa de 2,5 a 3 quilos. Sua moradia está ficando apertada e, portanto, seus movimentos tornam-se mais limitados. Durante este mês e no próximo, desenvolve-se uma camada de gordura sobre o corpo do feto, a qual lhe permitirá ajustar-se às temperaturas variáveis fora do útero.
 9 meses – recém-nascido Luke Schmidt/Shutterstock	Por volta de uma semana antes do nascimento, o feto para de crescer, tendo alcançado um peso médio de aproximadamente 3,5 quilos e um comprimento em torno de 50 centímetros; os meninos geralmente são um pouco maiores. Camadas de gordura continuam a se formar, os sistemas de órgãos estão operando com mais eficiência, o ritmo cardíaco aumenta e mais dejetos são expelidos através do cordão umbilical. A cor avermelhada da pele vai desaparecendo. Ao nascer, terá permanecido no útero por cerca de 266 dias, embora a idade gestacional geralmente seja estimada em 280 dias, pois a maioria dos médicos registra o início da gravidez a partir do último período menstrual da mãe.

Nota: Mesmo nesses períodos iniciais, os indivíduos apresentam diferenças. Os números e as descrições aqui apresentados representam médias.

desenvolvimento avança da cabeça para a parte inferior do tronco. A cabeça, o cérebro e os olhos do embrião se desenvolvem primeiro e são desproporcionalmente maiores até o restante alcançá-los. Segundo o **princípio próximo-distal** (de dentro para fora), o desenvolvimento ocorre das partes próximas ao centro do corpo para as extremidades. A cabeça e o tronco do embrião desenvolvem-se antes dos membros, e os braços e pernas, antes dos dedos das mãos e dos pés.

Período germinal (da fecundação até a segunda semana) Durante o **período germinal**, da fecundação até aproximadamente duas semanas de idade gestacional, o zigoto se divide, torna-se mais complexo e é implantado na parede do útero.

princípio próximo-distal
As partes do corpo próximas ao centro desenvolvem-se antes das extremidades.

período germinal
As duas primeiras semanas do desenvolvimento pré-natal, caracterizadas por rápida divisão celular, formação do blastocisto e implantação na parede do útero.

implantação
A ligação do blastocisto à parede uterina, que ocorre aproximadamente no sexto dia.

Nas 36 horas após a fecundação, o zigoto entra em uma fase de rápida divisão e duplicação celular, ou mitose. Setenta e duas horas após a fecundação, ele se dividiu primeiro em 16 e depois em 32 células; um dia depois já são 64 células. Enquanto o óvulo fecundado está se dividindo, ele também vai descendo pela tuba uterina até chegar ao útero, uma viagem que dura de três a quatro dias. Ele então assume a forma de um *blastocisto*, uma esfera cheia de líquido que flutua livremente no útero até o sexto dia após a fecundação, quando começa a se implantar na parede uterina. Apenas de 10 a 20% dos óvulos fecundados completam a **implantação** e continuam a se desenvolver. O local da implantação do óvulo determina a localização da placenta.

Antes da implantação, quando começa a diferenciação, algumas células em torno da borda do blastocisto agrupam-se em um dos lados para formar o *disco embrionário*, uma espessa massa celular a partir da qual o embrião começa a se desenvolver. Essa massa se diferenciará em três camadas. A camada superior, o *ectoderma*, vai se transformar na camada exterior da pele, unhas, cabelo, dentes, órgãos sensoriais e sistema nervoso, incluindo o cérebro e a medula espinhal. A camada interna, o *endoderma*, será o futuro sistema digestivo, fígado, pâncreas, glândulas salivares e sistema respiratório. A camada do meio, o *mesoderma*, vai desenvolver-se e se diferenciar na camada interna da pele, músculos, esqueleto e os sistemas excretor e circulatório.

Outras partes do blastocisto começam a se desenvolver em órgãos que vão amadurecer e proteger o desenvolvimento no útero: a *cavidade amniótica*, ou *saco amniótico*, com suas camadas externas, o *âmnio* e o *córion*; a *placenta* e o *cordão umbilical*. O *saco amniótico* é uma membrana cheia de líquido que envolve o embrião em desenvolvimento, protegendo-o e dando-lhe espaço para se movimentar. A *placenta* permite a passagem de oxigênio, nutrientes e dejetos entre a mãe e o embrião. Ela está conectada ao embrião pelo *cordão umbilical*. Nutrientes passam do sangue da mãe para os vasos sanguíneos embrionários, e são levados, via cordão umbilical, para o embrião. Por sua vez, os vasos sanguíneos embrionários no cordão umbilical transportam dejetos para a placenta, de onde podem ser eliminados pelos vasos sanguíneos maternos. Os sistemas circulatórios da mãe e do embrião não estão diretamente ligados; essa troca ocorre por difusão através das paredes do vaso sanguíneo. A placenta também ajuda a combater infecção interna e confere à futura criança imunidade a várias doenças. Ela produz os hormônios que sustentam a gravidez, prepara as mamas da mãe para a lactação e, por fim, estimula as contrações uterinas que vão expelir o bebê do corpo da mãe.

período embrionário
Segundo período da gestação (da segunda à oitava semana), caracterizado pelo rápido crescimento e desenvolvimento dos principais sistemas e órgãos do corpo.

Período embrionário (da segunda à oitava semana) Durante o **período embrionário**, entre a 2ª e a 8ª semana, os órgãos e os principais sistemas do corpo – respiratório, digestivo e nervoso – desenvolvem-se rapidamente. Esse processo é conhecido por *organogênese*. Esse é um período crítico, quando o embrião encontra-se muito vulnerável às influências destrutivas do ambiente pré-natal (Figura 3.8). É muito provável que qualquer sistema de órgãos ou estrutura que ainda esteja se desenvolvendo no período da exposição seja afetado. Por causa disso, alterações que ocorrem mais tarde na gravidez provavelmente serão de menor gravidade quando os principais sistemas de órgãos e estruturas físicas do corpo estiverem completos. O crescimento e desenvolvimento do cérebro começa durante o período embrionário e continua após o nascimento.

aborto espontâneo
Expulsão natural do útero sofrida por um embrião que não pode sobreviver fora do útero.

Os embriões com anomalias mais graves geralmente não sobrevivem além do primeiro trimestre da gravidez. **Aborto espontâneo** é o nome que se dá à expulsão do embrião ou feto que se encontra no útero e é incapaz de sobreviver fora dele. O aborto espontâneo que ocorrer após as primeiras 20 semanas de gestação geralmente é caracterizado como nascimento de natimorto ou perda fetal. Calcula-se que 1 em cada 4 condições de reconhecida gravidez termina em aborto espontâneo, e os números reais podem chegar a 1 em cada 2 porque muitos abortos espontâneos ocorrem antes de a mulher perceber que está grávida. As estimativas são de 1 milhão de abortos espontâneos ou mortes fetais a cada ano somente nos Estados Unidos (MacDorman & Kirmeyer, 2009). A maior parte dos abortos espontâneos ocorre durante o primeiro trimestre (American College of Obstetrics and Gynecologists, 2015); entre 50 e 70% envolvem anomalias cromossômicas (Hogge, 2003). Tabagismo, ingestão de bebidas alcoólicas e uso de drogas aumentam os riscos desse tipo de aborto, especialmente nos trimestres posteriores. Abortos espontâneos são mais comuns em mulheres afro-americanas, nativas americanas e nativas do Alasca, tanto em mães jovens quanto em mães mais velhas (mais de 35 anos), e são mais frequentes nas gestações que envolvem gêmeos ou outros múltiplos (MacDorman & Kirmeyer, 2009).

Desenvolvimento Humano 71

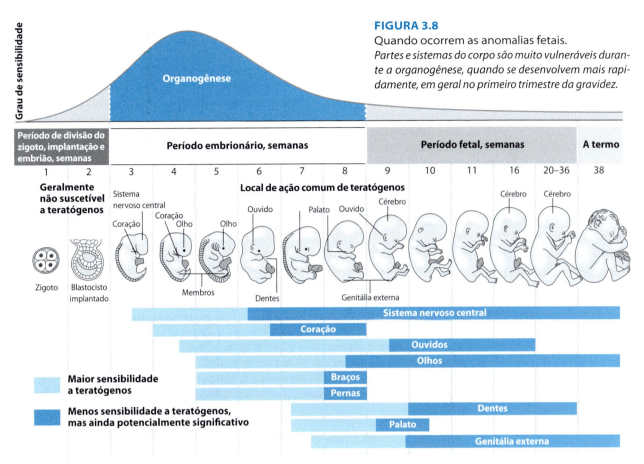

FIGURA 3.8
Quando ocorrem as anomalias fetais.
Partes e sistemas do corpo são muito vulneráveis durante a organogênese, quando se desenvolvem mais rapidamente, em geral no primeiro trimestre da gravidez.

Nota: Os intervalos de tempo não são todos iguais.
Fonte: E. Brody, 1995; dados da March of Dimes Foundation.

O aborto espontâneo é mais comum em embriões do sexo masculino, assim como também é maior o número de *natimortos* (mortos na ou após a vigésima semana de gestação) comparado a embriões do sexo feminino. Assim, embora sejam concebidos 125 meninos para cada 100 meninas – fato que tem sido atribuído à maior mobilidade do espermatozoide que transporta o cromossomo Y, que é menor que o X –, nascem apenas em torno de 105 meninos para cada 100 meninas. A maior vulnerabilidade dos homens continua após o nascimento: morrem mais homens com pouco tempo de vida, e em todas as idades eles são mais suscetíveis a muitos distúrbios. Em consequência disso, há apenas cerca de 96 indivíduos do sexo masculino para cada 100 do sexo feminino nos Estados Unidos (Martin, Hamilton et al., 2009; Spraggins, 2003).

Período fetal (da oitava semana até o nascimento) O aparecimento das primeiras células ósseas em torno da oitava semana sinaliza o começo do **período fetal**, a fase final da gestação. Durante esse período, o feto cresce rapidamente até cerca de 20 vezes seu comprimento anterior, e os órgãos e sistemas do corpo tornam-se mais complexos. Até o nascimento, continuam a se desenvolver os "últimos retoques", tais como as unhas dos dedos das mãos e dos pés e as pálpebras.

Fetos não são passageiros passivos no útero das mães. Eles respiram, chutam, viram-se, flexionam o corpo, dão cambalhotas, movimentam os olhos, engolem, cerram os punhos, soluçam e sugam os polegares. As membranas flexíveis das paredes uterinas e do saco amniótico, as quais envolvem o anteparo protetor de líquido amniótico, permitem e estimulam movimentos limitados. Os fetos podem responder ao toque e à pressão, mas é altamente improvável que sintam dor antes do terceiro trimestre, pois muitas estruturas relevantes, especialmente o córtex cerebral (onde acredita-se que resida a consciência) ainda estão imaturos (Bellieni & Buonocore, 2012). Por exemplo, os caminhos talamocorticais responsáveis pela percepção da dor não parecem estar funcionais até

verificador
você é capaz de...

▷ Descrever como um zigoto torna-se um embrião, e explicar por que defeitos, anomalias e abortos espontâneos ocorrem com mais frequência durante o período embrionário?

período fetal
Período final da gestação (da oitava semana até o nascimento), caracterizado pela crescente diferenciação das partes do corpo e grande aumento de seu tamanho.

ultrassom
Procedimento clínico pré-natal que utiliza ondas sonoras de alta frequência para detectar os contornos do feto e seus movimentos, de modo a determinar se a gravidez segue normalmente.

a 29ª ou 30ª semana de gestação (Kostović & Judaš, 2010). Além disso, as expressões faciais de dor estão quase ausentes na 24ª semana de gestação (5% dos eventos faciais), mas ocorrem com maior frequência (21,2% dos eventos faciais) na 36ª semana (Reissland, Francis, & Mason, 2013).

Os cientistas podem observar os movimentos fetais por meio de um exame denominado ultrassonografia ou **ultrassom**, que é o uso de ondas sonoras de alta frequência para detectar os contornos do feto. Outros instrumentos podem monitorar o ritmo cardíaco, mudanças no nível de atividade, estados de sono e vigília e reatividade cardíaca.

Os movimentos e o nível de atividade dos fetos mostram diferenças individuais bem marcantes e seus ritmos cardíacos variam em regularidade e velocidade. Os fetos masculinos, independentemente de tamanho, são mais ativos e tendem a se movimentar com mais vigor do que os fetos femininos ao longo da gestação (Almli, Ball, & Wheeler, 2001). Assim, a tendência de meninos serem mais ativos que meninas pode ser, pelo menos em parte, inata (DiPietro, Hodgson, Costigan, Hilton, & Johnson, 1996; DiPietro et al., 2002).

Começando por volta da 12ª semana de gestação, o feto engole e inala parte do líquido amniótico em que ele flutua. Como o líquido amniótico contém substâncias que atravessam a placenta vindas da corrente sanguínea da mãe, engoli-lo pode estimular o paladar e o olfato incipientes (Mennella & Beauchamp, 1996). Células gustativas aparecem por volta da 14ª semana de gestação. O sistema olfativo, que controla o sentido do olfato, também se encontra bem desenvolvido antes do nascimento (Savage, Fisher, & Birch, 2007). A maioria das crianças demonstra uma preferência inata por comidas doces ao passo que, as preferências por sabores amargos ou específicos (p. ex., alho) são mais variáveis. Pesquisas mostram que a exposição em múltiplas ocasiões a esses sabores durante a gravidez, o que pode ocorrer caso as dietas da mulher grávida contenham alto teor desses alimentos, leva posteriormente à sua alta aceitação nas dietas das crianças (De Cosmi, Scaglioni, & Agostoni, 2017; Nehring, Kostka, von Kries, & Rehfuess, 2015).

O feto responde à voz, às batidas cardíacas e às vibrações do corpo da mãe, o que sugere que pode ouvir e sentir. Respostas ao som e à vibração parecem começar na 26ª semana de gestação, aumentam e depois estabilizam-se na 32ª semana (Kisilevsky & Hains, 2010; Kisilevsky, Muir, & Low, 1992). As vozes, especialmente as femininas e mais ainda a da mãe, parecem ser relevantes para os fetos. Por exemplo, os dados sobre ritmo cardíaco indicam que os fetos reconhecem a voz da mãe e preferem ela às vozes de outras mulheres (Jardri et al., 2012; Voegtline, Costigan, Pater, & DiPietro, 2013), o que também acontece com a voz do pai (Lee & Kisilevsky, 2014). Aproximadamente a partir da 33ª semana de gestação, os fetos prestam atenção à música e se orientam a ela (Kisilevsky, Hains, Jacquest, Granier-Deferre, & Lecanuet, 2004). Algumas pesquisas sugerem que

A obesidade pode afetar a qualidade do ultrassom. Normalmente, as ondas sonoras chegam ao feto, que flutua no líquido amniótico, e são refletidas, processo dificultado pela presença de altos níveis de gordura abdominal.

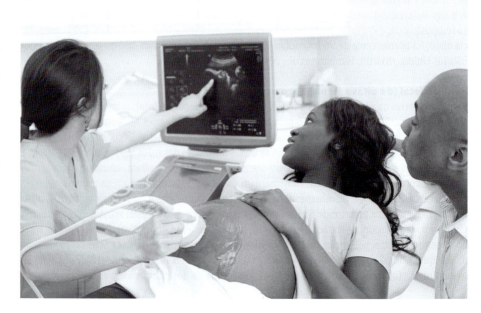

O ultrassom, procedimento aplicado a esta mulher, é uma ferramenta de diagnóstico que apresenta uma imagem imediata do feto no útero. Ondas sonoras de alta frequência dirigidas ao abdome da mulher revelam os contornos e os movimentos do feto. O ultrassom é muito utilizado para monitorar o desenvolvimento fetal e para detectar anomalias.

Monkey Business Images/Getty Images

fetos próximos ao nascimento expostos à música ou à fala mostram variações de ritmo cardíaco consistentes com a maior atenção concentrada e maior processamento para música do que para fala (Granier-Deferre, Ribiero, Jacquet, & Bassareau, 2011). Após o nascimento, os neonatos preferem vozes femininas às masculinas e a língua nativa da mãe a outros idiomas (Pino, 2016). Esses experimentos foram realizados utilizando-se uma chupeta acoplada a um equipamento sonoro. Percebeu-se que os bebês mudam o padrão de sucção conforme o tipo de áudio que é apresentado. Bebês famintos, não importa em que lado estejam sendo segurados, voltam-se para o peito na direção de onde ouvirem a voz da mãe (Noirot & Alegria, 1983), possivelmente como forma de localizar a fonte do alimento.

Os fetos aprendem e lembram à medida que se aproximam do fim da gravidez. Os dados de ritmo cardíaco indicam que alguns têm a capacidade de lembrar de materiais auditivos por breves períodos (Pino, 2016). Estimativas atuais sugerem que a memória fetal começa a funcionar aproximadamente na 30ª semana gestacional, quando os fetos são capazes de reter informação na memória por 10 minutos. Na 34ª semana, conseguem se lembrar de informações por um período de um mês (Dirix, Nijhuis, Jongsma, & Hornstra, 2009). Além disso, não apenas lembram e reconhecem vozes, mas também possuem algumas habilidades para reproduzi-las. Em um estudo, bebês recém-nascidos usaram distintamente diferentes padrões de entonação em seus choros que refletiam aspectos da língua nativa da mãe (Mampe, Friederici, Christophe, & Wermke, 2009).

INFLUÊNCIAS AMBIENTAIS: FATORES MATERNOS

Como o ambiente pré-natal é o corpo da mãe, praticamente tudo o que influencia seu bem-estar, da dieta ao humor, pode alterar o ambiente do feto e afetar seu crescimento.

Teratógeno é um agente ambiental, como, por exemplo, vírus, drogas ou radiações, que pode interferir com o desenvolvimento pré-natal normal. Nem todos os riscos ambientais, porém, são igualmente nocivos a todos os fetos. Um evento, substância ou processo pode ser teratogênico para alguns fetos, mas ter pouco ou nenhum efeito para outros. Às vezes, a vulnerabilidade pode depender de um gene, seja no feto ou na mãe. Por exemplo, fetos com determinada variante de um gene de crescimento, chamado de *fator de crescimento transformador α*, apresentam risco maior do que outros fetos de desenvolver uma fenda palatina se a mãe fumar durante a gravidez (Zeiger, Beaty, & Liang, 2005). O tempo de exposição, a dose, a duração e a interação com outros fatores teratogênicos também podem fazer diferença.

Nutrição e peso da mãe Mulheres grávidas precisam de 300 a 500 calorias adicionais por dia, incluindo proteína extra. Mulheres com peso e constituição física normal que ganham entre 7 e 18 quilos têm menor probabilidade de apresentar complicações no nascimento ou de gerar bebês cujo peso ao nascer seja perigosamente baixo ou excessivamente alto. No entanto, cerca de um terço das mães norte-americanas ganha mais ou menos peso que o recomendado (Martin et al., 2009). Um ganho excessivo ou insuficiente de peso pode ser perigoso. Se a mulher não ganhar peso suficiente, o bebê pode ter seu crescimento retardado no útero, nascer prematuramente, sofrer durante o trabalho de parto ou morrer ao nascer. Algumas pesquisas mostram que restrições nas calorias maternas durante a gravidez podem causar riscos de obesidade para a criança mais tarde, talvez tornando seu metabolismo mais parcimonioso (Caballero, 2006). Uma mulher com peso excessivo corre o risco de ter um bebê grande que precisará nascer por parto induzido ou cesariana (Chu et al., 2008; Martin, Hamilton et al., 2009).

Um ganho de peso desejável depende do índice de massa corporal (IMC) antes da gravidez. Mulheres com excesso de peso ou obesas antes ou nos primeiros meses da gravidez tendem a ter partos mais longos, precisar mais dos serviços de assistência, ter maior risco de pré-eclâmpsia, parto cesáreo, gerar bebês com defeitos de nascimento e anormalidades congênitas e sofrer de hemorragia pós-parto ou morte perinatal (Marchi, Berg, Dencker, Olander, & Begley, 2015; Schummers, Hutcheon, Bodnar, Lieberman, & Himes, 2015). Além disso, aquelas que são obesas ou ganham peso em excesso no início da gestação aumentam o risco para a criança de desenvolver fatores de risco para sobrepeso ou cardiometabólicos posteriormente (Catalano, 2015; Gaillard, Steegers, Franco, Hofman, & Jaddoe, 2015). Segundo as recomendações atuais, mulheres abaixo do peso deveriam ganhar entre 13 e 18 quilos; aquelas com peso normal, entre 11 e 16 quilos; mulheres com sobrepeso, entre 7 e 11 quilos; e mulheres obesas, apenas de 5 a 9 quilos (American College of Obstetricians and Gynecologists, 2013).

> **verificador**
> **você é capaz de...**
> ▷ Citar as várias mudanças que ocorrem durante o período fetal?
> ▷ Discutir as descobertas sobre atividade fetal, desenvolvimento sensorial e memória?

teratógeno
Agente ambiental, como, por exemplo, vírus, drogas, radiações, que pode interferir no desenvolvimento pré-natal normal e causar anormalidades.

O ganho de peso apropriado é um fator importante para a saúde na gravidez, mas não é o único. É muito importante o que uma gestante come. Por exemplo, pesquisas indicam que o ácido docosahexaenoico (DHA), um ácido graxo ômega-3 encontrado em certos peixes, como o atum e o salmão, impacta diversos resultados. O DHA é encontrado no sistema nervoso central e na retina, e acredita-se que seja importante para o desenvolvimento dessas áreas (Bradbury, 2011). Os recém-nascidos cujas mães consumiram DHA, por exemplo, mostraram padrões de sono mais maduros (um sinal de desenvolvimento avançado do cérebro) que bebês cujo sangue materno tinha níveis mais baixos de DHA (Cheruku, Montgomery-Downs, Farkas, Thoman, & Lammie-Keefe, 2002) e eram mais atentos aos 12 e 18 meses de idade (Colombo et al., 2004). Também há efeitos na saúde da gravidez. Mães que consomem níveis mais elevados de DHA tendem a ter bebês mais pesados (um sinal de boa saúde) e períodos gestacionais maiores e têm menor risco de nascimentos pré-termo (Carlson et al., 2013; Salvig & Lamont, 2011).

O ácido fólico ou folato (uma vitamina do grupo B), encontrado em hortaliças e cereais fortificados, é fundamental na dieta de uma gestante. Níveis inadequados de ácido fólico podem colocar os bebês em risco de desenvolvimento de defeitos neurológicos como anencefalia, condição na qual o cérebro se forma incompleta ou inadequadamente, ou espinha bífida, condição na qual a medula espinhal do bebê não se fecha completamente. A adição de ácido fólico a grãos enriquecidos é obrigatória nos Estados Unidos desde 1998, reduzindo assim a incidência desses problemas em aproximadamente 1.300 crianças por ano (Williams et al., 2015). Deficiências mais leves nos níveis de ácido fólico em gestantes podem resultar em problemas menos graves, mas ainda assim preocupantes. Por exemplo, baixos níveis de folato durante a gravidez têm sido associados a déficit de atenção/hiperatividade em crianças de 7 a 9 anos (Schlotz et al., 2009).

Recomenda-se que as mulheres em idade fértil consumam frutas, legumes e verduras frescas em grande quantidade ou tomem suplementos de folato mesmo antes de engravidarem, pois os danos podem ocorrer durante as primeiras semanas da gestação (American Academy of Pediatrics [AAP] Committee on Genetics, 1999). Estimou-se que, se todas as mulheres ingerissem 5 miligramas de ácido fólico por dia antes da gravidez e durante o primeiro trimestre da gestação, seria possível evitar em torno de 85% dos defeitos no tubo neural (Wald, 2004).

Desnutrição A desnutrição é um problema global, causado por fatores como pobreza, conflitos e mudança climática (World Health Organization, 2018c). No mundo todo, cerca de 821 milhões de pessoas sofrem de déficit calórico (Food and Agricultural Organization of the United Nations, 2018). Os dados são incompletos, mas estima-se que aproximadamente 2 bilhões de pessoas no mundo todo sofram de deficiências crônicas de micronutrientes (World Health Organization, 2018c), as vitaminas e sais minerais que são necessários em pequenas quantidades, mas que têm efeitos negativos profundos quando ausentes. Ambas as formas de desnutrição durante a gestação representam um problema urgente que pode prejudicar a mãe e o bebê e, mais do que isso, exercer efeitos por múltiplas gerações (Martorell & Zongrone, 2012). Por exemplo, crianças desnutridas na infância podem sofrer de interrupção do crescimento, o que, em mulheres, está associado a riscos mais elevados de complicações do parto (Black et al., 2008) e nascimento de bebês menores (Victora et al., 2008).

Algumas mulheres grávidas sofrem de déficits calóricos, o que pode resultar em restrição do crescimento fetal e baixo peso ao nascer. Além disso, bebês nascidos de mães que não consomem calorias suficientes correm riscos maiores de morrer, enquanto os bebês sobreviventes podem sofrer de crescimento interrompido (Black et al., 2013), um efeito que pode persistir nas próximas gerações (DeOnis & Branca, 2016). As grávidas também podem sofrer de deficiências de micronutrientes em vitaminas ou sais minerais. Por exemplo, deficiências de vitamina A e zinco resultam em um risco elevado de morte para mãe e filho (Black et al., 2013) e bebês nascidos de mães com deficiências de vitamina D podem sofrer de ossos fracos e moles (Anastasiou, Karras, Bais, Grant, Kotsa, & Goulis, 2017).

A subnutrição fetal também está associada com diversos riscos elevados de doenças na vida adulta. Por exemplo, vários estudos identificaram uma relação entre escassez de alimentos durante a gestação e a ocorrência posterior de esquizofrenia em crianças nascidas durante o período (Rapoport, Giedd, & Gogtay, 2012; Lumey, Stein, & Susser, 2011). Achados semelhantes têm sido publicados para maiores riscos de diabetes (Wang et al., 2017) e sobrepeso/obesidade na vida adulta (Lumey et al, 2011).

É importante identificar a desnutrição logo no início da gravidez para que possa ser tratada. Mulheres desnutridas que tomam suplementos dietéticos quando grávidas tendem a ter bebês maiores, mais saudáveis, mais ativos e visualmente mais alertas (Brown, 1987; Vuori et al., 1979; Imdad & Bhutta, 2011). Da mesma forma, suplementos de micronutrientes para mulheres grávidas desnutridas produzem bebês maiores e menos natimortos (Haider & Bhutta, 2017).

Atividade física e trabalho Exercícios moderados a qualquer momento da gravidez não parecem pôr em risco os fetos de mulheres saudáveis. Os exercícios regulares previnem a constipação, reduzem as dores nas costas e podem diminuir o risco de complicações como diabetes gestacional, pré-eclâmpsia ou parto cesáreo. O American College of Obstetrics and Gynecology (2017) recomenda que as mulheres com gravidez de baixo risco façam, no mínimo, 150 minutos de exercício aeróbico intenso por semana, lembrem-se de tomar bastante água e evitem o superaquecimento. Esportes de contato e atividades que podem provocar quedas devem ser evitados. A atividade profissional durante a gestação geralmente não acarreta riscos em especial. Entretanto, condições de trabalho exaustivas, fadiga ocupacional e longas horas de trabalho podem estar associadas a um maior risco de nascimento prematuro (Bell, Zimmerman, & Diehr, 2008).

Consumo de drogas Praticamente tudo o que uma gestante ingere chega até o útero. Drogas podem atravessar a placenta, assim como o oxigênio, o dióxido de carbono e a água o fazem. A vulnerabilidade é maior nos primeiros meses de gestação, quando o desenvolvimento é mais rápido.

A talidomida, que causa defeitos congênitos graves, foi testada em ratos, e as pesquisas não sugeriram que ocorreriam problemas. A pesquisa animal pode ser uma ferramenta útil, mas deve ser interpretada com cautela, pois os resultados podem não ser generalizados para espécies diferentes.

Medicamentos Já se acreditou que a placenta protegia o feto contra medicamentos que a mãe tomasse durante a gravidez – até o começo da década de 1960,* quando um tranquilizante chamado *talidomida* foi proibido depois de se descobrir que ele era a causa de membros atrofiados, ou mesmo da ausência deles, sérias deformidades faciais e órgãos defeituosos em cerca de 12 mil bebês. O desastre da talidomida sensibilizou os médicos e o público para os perigos potenciais da ingestão de remédios durante a gravidez.

Entre os medicamentos que podem ser prejudiciais durante a gravidez estão o antibiótico tetraciclina; certos barbitúricos, opiáceos e outros depressores do sistema nervoso central; vários hormônios, incluindo o dietilestilbestrol (DES) e andrógenos; certos medicamentos anticancerígenos como o metotrexato; Roacutan, um medicamento geralmente prescrito para casos agudos de acne; medicamentos usados para tratar a epilepsia; e diversos medicamentos antipsicóticos (Briggs, Freeman, & Yaffe, 2012; Einarson & Boskovic, 2009; Koren, Pastuszak, & Ito, 1998). Os inibidores da enzima conversora da angiotensina (ECA) e os anti-inflamatórios não esteroides (AINEs), como o naproxeno e o ibuprofeno, têm sido associados a defeitos de nascimento quando ingeridos a partir do primeiro trimestre (Cooper et al., 2006; Ofori, Oraichi, Blais, Rey, & Berard, 2006). Além disso, certos medicamentos antipsicóticos usados para tratar transtornos psiquiátricos graves podem causar sérios efeitos potenciais no feto, incluindo síndrome de abstinência no nascimento (Hudak & Tan, 2012). O Comitê sobre Drogas (2001) da Academia Americana de Pediatria (AAP) recomenda que nenhum medicamento seja tomado por uma gestante ou lactante, salvo se for essencial para a sua saúde ou da criança (Koren et al., 1998), e que a escolha recaia sobre o medicamento mais seguro disponível.

Opiáceos Nos últimos anos, aumentou o número de mulheres grávidas que abusam de opioides legais e ilegais (Martin, Longinaker, & Terplan, 2015; Kocherlakota, 2014). O uso de opioides não foi relacionado a defeitos congênitos, mas está ligado ao nascimento de bebês pequenos, morte fetal, parto prematuro e aspiração do mecônio (Center for Substance Abuse Treatment, 2008). Além disso, bebês de mulheres dependentes químicas muitas vezes nascem eles próprios dependentes e sofrem de abstinência após o parto, quando param de receber a substância. O resultado é a síndrome de abstinência neonatal, condição na qual recém-nascidos podem sofrer de perturbações do sono, tremores, dificuldade de regular seus corpos, irritabilidade e choro, diarreia, febre e dificuldades para se alimentar (Jansoon & Velez, 2012). Na última década, a prevalência desse transtorno quintuplicou, passando de 1 em 1.000 nascimentos em hospitais para 5,8 em 1.000

---

*N. de R.T.: A talidomida foi um medicamento amplamente utilizado para diminuir os enjoos durante a gestação, antes de serem conhecidos os seus efeitos teratogênicos. No Brasil, continuou sendo usada ainda na década de 1970. Foi somente em 1982 que o governo brasileiro exigiu a responsabilização dos laboratórios encarregados pela comercialização do medicamento.
Referência: Oliveira, M. A., Bermudez, J. A. Z., & Souza, Arthur Custódio Moreira de. (1999). Talidomida no Brasil: Vigilância com responsabilidade compartilhada? *Cadernos de Saúde Pública, 15*(1), 99-112.

A mãe que bebe durante a gravidez corre o risco de ter uma criança nascida com síndrome alcoólica fetal.

PhotoMediaGroup/Shutterstock

síndrome alcoólica fetal (SAF)
Combinação de anomalias mentais, motoras e do desenvolvimento que afeta os filhos de algumas mulheres que bebem muito durante a gravidez.

Tendo em vista que seria antiético conduzir o tipo de pesquisa experimental randomizada que responderia a pergunta, não podemos determinar quais são os níveis "seguros" de bebida.

(Reddy, Davis, Ren, & Greene, 2017). Os efeitos de longo prazo incluem déficits de crescimento e problemas de atenção, memória e percepção. Contudo, os estudos sobre os desfechos cognitivos são contraditórios, e os resultados podem ser explicados por outras variáveis (como nível socioeconômico ou outros usos de drogas) que são correlacionadas com o uso de opioides (Behnke, Smith, & Committee on Substance Abuse, 2013). Medidas punitivas, como criminalizar e prender mulheres grávidas que usam drogas, se mostraram ineficazes. O problema levou a recomendações de que a crise dos opioides entre mulheres grávidas seja tratada como um problema de saúde pública, não de polícia (Patrick & Schiff, 2017).

Álcool A exposição ao álcool no período pré-natal é a causa mais comum de deficiência intelectual e a principal causa evitável de defeitos do nascimento nos Estados Unidos (Sacks, Gonzalez, Bouchery, Tomedi, & Brewer, 2015). A **síndrome alcoólica fetal (SAF)** é caracterizada por uma combinação de retardo no crescimento, malformações da face e do corpo e distúrbios do sistema nervoso central.

Mesmo o consumo social moderado de bebida alcoólica pode prejudicar o feto (Sokol, Delaney-Black, & Nordstrom, 2003), e quanto mais a mãe bebe, maior é o efeito. O consumo moderado ou excessivo durante a gravidez parece perturbar o funcionamento neurológico e comportamental do bebê, e isso pode afetar as primeiras interações sociais com a mãe, que são vitais para o desenvolvimento afetivo (Hannigan & Armant, 2000; Nugent, Lester, Greene, Wieczorek-Deering, & Mahony, 1996). Mulheres que bebem muito e continuam bebendo depois que ficam grávidas provavelmente terão bebês com o crânio e o desenvolvimento do cérebro reduzidos quando comparados a bebês de mulheres que não bebem ou gestantes que param de beber (Handmaker et al., 2006).

Os problemas relacionados à SAF podem incluir, na primeira infância, reduzida capacidade de resposta a estímulos, tempo de reação lento e diminuição da acuidade visual (nitidez da visão) (Carter et al., 2005; Sokol et al., 2003) e, durante toda a infância, déficit de atenção, distração, agitação, hiperatividade, transtornos da aprendizagem, déficit de memória e transtornos do humor (Sokol et al., 2003), bem como agressividade e problemas de comportamento (Sood et al., 2001). A exposição pré-natal ao álcool é um fator de risco para o desenvolvimento de problemas de alcoolismo e transtornos por uso de ácool no adulto jovem (Alati et al., 2006; Baer, Sampson, Barr, Connor, & Streissguth, 2003).

Alguns problemas relacionados à SAF desaparecem após o nascimento; outros, porém, como a deficiência intelectual, problemas comportamentais e de aprendizagem e a hiperatividade tendem a persistir. Enriquecer a educação ou o ambiente geral dessas crianças não contribui significativamente para o seu desenvolvimento cognitivo (Kerns, Don, Mateer, & Streissguth, 1997; Spohr, Willms, & Steinhausen, 1993; Streissguth et al., 1991; Strömland & Hellström, 1996), mas intervenções recentes direcionadas às habilidades cognitivas de crianças com SAF parecem promissoras (Paley & O'Connor, 2011). As crianças com SAF podem ter menor probabilidade de desenvolver problemas comportamentais e de saúde mental se forem diagnosticadas logo no início e forem criadas em ambientes estáveis, onde elas recebam os cuidados necessários (Streissguth et al., 2004).

Nicotina O tabagismo materno durante a gravidez tem sido identificado como o fator mais importante para nascimento de bebês com baixo peso em países desenvolvidos (DiFranza, Aligne, & Weitzman, 2004). Mulheres norte-americanas que fumam durante a gravidez estão uma vez e meia mais propensas a ter bebês de baixo peso (pesando menos de 2,5 quilos) do que as não fumantes. Mesmo o tabagismo moderado (menos de cinco cigarros por dia) está associado a um maior risco de baixo peso ao nascer (Martin, Hamilton et al., 2007), mas o efeito depende da dosagem. Assim, mães que fumam mais de 20 cigarros por dia têm os menores bebês (Ko et al., 2014).

O uso do tabaco durante a gravidez também aumenta o risco de aborto espontâneo, atraso no crescimento, parto de natimorto, menor circunferência craniana, morte súbita do lactente, cólica na primeira infância (choro incontrolável e prolongado, sem razão aparente), problemas respiratórios, neurológicos e comportamentais de longo prazo e obesidade e doença cardiovascular posteriormente (Froehlich et al., 2009; Linnet et al., 2005; Shah, Sullivan, & Carter, 2006; Smith et al., 2006; Han et al, 2015; Banderali et al., 2015; Rayfield, & Plugge, 2017). Os efeitos da exposição pré-natal passiva à nicotina no desenvolvimento tendem a ser piores quando a criança também vivencia dificuldades socioeconômicas durante os dois primeiros anos de vida (Rauh et al., 2004), quando é exposta a outros teratógenos como o chumbo (Froehlich et al., 2009) ou ao mesmo tempo é privada de nutrientes necessários, como o ácido fólico (Mook-Kanamori et al., 2010).

Cafeína A cafeína que a gestante ingere no café, no chá, nos refrigerantes à base de cola ou no chocolate pode causar problemas para o feto? Diversas análises em larga escala indicam que o consumo de cafeína de menos de 300 miligramas por dia não está associado a maiores riscos de aborto espontâneo, parto de natimorto ou defeitos congênitos (Peck, Leviton, & Coman, 2010; Wikoff et al., 2017). Contudo, outras análises identificaram aumentos ligeiramente maiores de aborto espontâneo, parto de natimorto e baixo peso ao nascer em mães que consomem cafeína durante a gestação (Greenwood et al., 2014) e há sugestões de que o risco pode aumentar com a dosagem (Chen et al., 2014). Assim, as recomendações atuais ainda são de limitar a cafeína a 200 miligramas ou menos (cerca de uma xícara de café).*

Maconha, cocaína e metanfetamina A maconha é a droga recreacional mais comumente utilizada durante a gestação, e o número de mulheres que informa usar maconha durante a gravidez tem aumentado rapidamente (Martin, Longinaker, Mark, Chisholm, & Terplan, 2015), possivelmente resultado da liberação do uso em muitos estados dos Estados Unidos. As pesquisas sobre maconha são difíceis de realizar. Por exemplo, muitas grávidas que fumam maconha também fumam cigarros de tabaco ou consomem álcool, e fatores socioeconômicos também parecem ser importantes (Metz & Stickrath, 2015).

A exposição à maconha durante a gestação não está associada com defeitos congênitos (Viteri et al., 2015) e não parece estar associada consistentemente com qualquer padrão específico de resultados cognitivos ou comportamentais na primeira infância, mas alguns bebês podem demonstrar leves sinais de irritabilidade ou padrões de sono alterados (Huizink, 2014). Além disso, ela não está associada com baixo peso ao nascer, parto prematuro (Mark, Desai, & Terplan, 2016) ou reduções em inteligência geral (Behnke, Smith, & Committee on Substance Abuse, 2013). Contudo, a droga foi responsabilizada por déficits sutis em habilidades de solução de problemas (Viteri et al., 2015) e pode alterar os padrões de fluxo sanguíneo cerebral (Smith et al., 2016), o que pode ajudar a explicar por que a exposição à maconha durante o período pré-natal também está associada com menor desempenho acadêmico (Goldschmidt, Richardson, Cornelius, & Day, 2004).

O uso de cocaína durante a gravidez tem sido associado a aborto espontâneo, retardo no crescimento, parto prematuro, baixo peso ao nascer, menor circunferência craniana, defeitos congênitos e desenvolvimento neurológico deficiente (Chiriboga, Brust, Bateman, & Hauser, 1999; March of Dimes Birth Defects Foundation, 2004a; Shankaran et al., 2004). Em alguns estudos, recém-nascidos expostos à cocaína demonstram síndrome de abstinência aguda e perturbações do sono (O'Brien & Jeffery, 2002). A cocaína parece afetar preferencialmente as áreas do cérebro envolvidas com a atenção e a função executiva (Behnke & Smith, 2013). Outros estudos, porém, não constataram nenhuma ligação específica entre exposição pré-natal à cocaína e déficits físicos, motores, cognitivos, afetivos ou comportamentais que não possam também ser atribuídos a outros fatores de risco, como baixo peso ao nascer; exposição ao tabaco, álcool ou maconha; ou um ambiente doméstico empobrecido (Messinger et al., 2004; Singer et al., 2004).

A exposição pré-natal à metanfetamina está associada com parto prematuro e baixo peso ao nascer (Wright, Schuetter, Tellei, & Sauvage, 2015). Além disso, a exposição pré-natal à metanfetamina tem sido associada a danos no cérebro fetal em áreas envolvidas com a aprendizagem, memória e controle (Roussotte et al., 2011). Crianças expostas à metanfetamina também possuem menos substância branca no cérebro, uma descoberta que tem implicações para o atraso no desenvolvimento geralmente encontrado nessas crianças (Cloak, Ernst, Hedemark, & Chang, 2009).

Doenças maternas Tanto a futura mãe quanto o futuro pai deveriam prevenir-se contra todas as infecções – resfriados comuns, gripes, infecções no trato urinário e no canal vaginal, bem como as doenças sexualmente transmissíveis. Se a mãe contrair uma infecção, deverá tratá-la imediatamente.

A **síndrome da imunodeficiência adquirida (aids)** é uma doença causada pelo vírus da imunodeficiência humana (HIV), o qual debilita o funcionamento do sistema imunológico. Se a

---

*N. de R.T.: O consumo de chimarrão, comum no Sul do Brasil, também é contraindicado se em excesso.

O medicamento Roacutan é bastante usado para casos severos de acne, mas tem múltiplas outras aplicações, incluindo o tratamento de alguns cânceres. O Roacutan é altamente teratogênico e pode causar diversos defeitos congênitos, incluindo deficiência intelectual, anomalias faciais e problemas de visão e audição.
O uso de Roacutan deveria ser permitido para mulheres em idade fértil? Quais salvaguardas deveriam ser providenciadas?

Outra maneira de dizer isso é que muitos dos efeitos da exposição pré-natal à cocaína são consequências indiretas e não diretas. É semelhante ao fato de a adição materna à heroína estar relacionada a um maior risco de ser HIV-positivo. Não que a heroína diretamente cause infecção por HIV, mas está relacionada a questões de estilo de vida que podem causar a infecção.

O interesse da sociedade em proteger nascituros justifica medidas coercitivas contra gestantes que ingerem substâncias prejudiciais à saúde?

síndrome da imunodeficiência adquirida (aids)
Doença viral que enfraquece o funcionamento eficaz do sistema imunológico.

gestante tiver o vírus presente no sangue, poderá haver uma *transmissão perinatal*: o vírus poderá passar para a corrente sanguínea do feto através da placenta durante a gestação, no parto, ao nascer ou após o nascimento através da amamentação.

O maior fator de risco para a transmissão perinatal do HIV é a mãe não saber que está infectada. Nos Estados Unidos, os casos pediátricos de aids vêm diminuindo regularmente desde 1992 em virtude dos testes de rotina e do tratamento de gestantes e bebês recém-nascidos, assim como pelos avanços na prevenção, detecção e tratamento da infecção de HIV em bebês. O risco de infecção perinatal por HIV pode ser de apenas 1% quando a mãe portadora toma medicamentos para combater o vírus diariamente durante a gestação e trabalho de parto, administra medicamentos contra o HIV para o bebê durante 4-6 semanas após o parto, opta pela cesariana caso a sua carga viral não seja suficientemente baixa e evita o aleitamento e a pré-mastigação dos alimentos do bebê (Centers for Disease Control, 2018b).

A rubéola, quando contraída pela mulher antes da 11ª semana gestacional, provavelmente causará surdez e deficiências cardíacas no bebê. As chances de contrair rubéola durante a gravidez diminuíram bastante na Europa e nos Estados Unidos desde o final da década de 1960, quando foi desenvolvida uma vacina que agora é rotineiramente administrada aos bebês e às crianças. Os esforços nos países menos desenvolvidos no sentido de oferecer vacinação contra a rubéola resultaram em uma redução de mais de 80% nos casos de rubéola entre 2000 e 2009 (Reef et al., 2011). Nos Estados Unidos, surtos recentes de sarampo foram causados principalmente pela importação da doença através de viagens internacionais. Em 2018, foi informado um total de 372 casos de sarampo. Até 3 de julho de 2019, 1.109 casos haviam sido informados para os Centers for Disease Control de 28 estados, e o surto ainda não terminou (Centers for Disease Control, 2019a). A maioria das pessoas infectadas não havia sido vacinada (Centers for Disease Control, 2019a).

Uma infecção chamada *toxoplasmose*, causada por um parasita alojado no corpo de bovinos, ovelhas e porcos e no trato intestinal de gatos, produz normalmente sintomas parecidos com os do resfriado comum ou mesmo nenhum sintoma. Em uma gestante, porém, sobretudo no segundo e no terceiro trimestres da gravidez, pode causar danos ao cérebro do feto, distúrbio visual grave ou cegueira, convulsões ou aborto espontâneo, parto de natimorto ou morte do bebê. Se ele sobreviver, poderá ter problemas mais tarde, incluindo infecção nos olhos, perda de audição e transtornos da aprendizagem. O tratamento com medicamentos antiparasitários durante o primeiro ano de vida poderá reduzir os danos ao cérebro e aos olhos (McLeod et al., 2006). Para evitar a infecção, as gestantes não devem comer carne crua ou mal passada, devem lavar as mãos e toda superfície onde carne crua tenha sido manuseada, descascar frutas e legumes crus ou lavá-los muito bem e não devem cavar terra de jardim onde fezes de gato podem estar enterradas. Mulheres que têm gato devem verificar se o animal tem a doença, não devem alimentá-lo com carne crua e, se possível, ter alguém para esvaziar a lixeira (March of Dimes Foundation, 2012).

A prole de mães com diabetes está de 3 a 4 vezes mais propensa a desenvolver um amplo espectro de defeitos de nascimento do que a prole de outras mulheres (Correa et al., 2008), mas os defeitos cardíacos e do tubo neural são os mais comuns (Ornoy, Reece, Pavlinkova, Kappen, & Miller, 2015). Mulheres com diabetes precisam ter certeza de que os níveis de glicose de seu sangue estão controlados antes de engravidar (Li, Chase, Jung, Smith, & Loeken, 2005) e devem manter controle estrito do seu nível de glicose também durante a gestação (American Diabetes Association, 2016). O uso de suplementos multivitamínicos durante os três meses que antecedem a concepção e nos três primeiros meses de gestação pode ajudar a reduzir o risco de defeitos de nascimento associados ao diabetes (Correa, Botto, Liu, Mulinare, & Erickson, 2003).

Ansiedade, estresse e depressão materna Alguma tensão e preocupação durante a gravidez é normal e não necessariamente aumenta os riscos de complicações no nascimento como, por exemplo, o baixo peso (Littleton, Breitkopf, & Berenson, 2006). A ansiedade materna moderada pode até estimular a organização do cérebro em desenvolvimento. Em um estudo, recém-nascidos cujas mães tiveram níveis moderados tanto de estresse positivo quanto negativo mostraram sinais de desenvolvimento neurológico acelerado (DiPietro et al., 2010), e esses ganhos podem persistir com o passar do tempo. Em uma série de estudos, crianças de 2 anos cujas mães tinham mostrado ansiedade moderada durante a gravidez pontuaram mais alto em medidas de desenvolvimento motor e mental que outras da mesma idade cujas mães não haviam demonstrado ansiedade durante a gravidez (DiPietro, 2004; DiPietro, Novak, Costigan, Atella, & Reusing, 2006).

O seu veterinário poderá fazer um exame de sangue com o seu gato para verificar a presença do parasita. Outra possibilidade é testar o seu próprio sangue para anticorpos da toxoplasmose. Se você foi previamente exposto, está livre de perigo.

Por outro lado, o **estresse** e a ansiedade autorrelatados pela mãe durante a gravidez foram associados a recém-nascidos com temperamento mais ativo e irritável (DiPietro et al., 2010), à falta de atenção durante a avaliação do desenvolvimento em bebês de oito meses (Huizink, Robles de Medina, Mulder, Visser, & Buitelaar, 2002) e à afetividade negativa ou transtornos comportamentais na segunda infância (Martin, Noyes, Wisenbaker, & Huttunen, 2000; O'Connor, Heron, Golding, Beveridge, & Glover, 2002). Além disso, o estresse crônico pode resultar em parto prematuro, talvez por meio da ação de níveis elevados de hormônios do estresse (que estão envolvidos no início do trabalho de parto), ou na redução do funcionamento do sistema imunológico, o que torna as mulheres mais vulneráveis a doenças inflamatórias e à infecção, ativando também o trabalho de parto (Schetter, 2009).

A depressão também pode ter efeitos negativos sobre o desenvolvimento. Os filhos de mães deprimidas durante a gravidez têm maior probabilidade de nascerem prematuros (Grigoriadis et al., 2013), de sofrerem de atrasos de desenvolvimento durante o segundo e terceiro ano de vida (Deave, Heron, Evants, & Emond, 2008) e demonstram níveis elevados de comportamentos violentos e antissociais na adolescência (Hay, Pawlby, Water, Perra, & Sharp, 2010).

estresse
Pressões físicas e psicológicas sobre uma pessoa ou organismo.

Idade materna As taxas de nascimento de mulheres norte-americanas que dão à luz na faixa dos trinta e dos quarenta anos (Figura 3.9) estão em seus níveis mais altos desde a década de 1960, em parte devido aos tratamentos de fertilidade – um exemplo de influência regulada pela história (Martin et al., 2010). De 2000 a 2014, houve um aumento de 23% nos números de primeiros partos para mulheres com mais de 35 anos, para todos os grupos étnicos e raciais e em todos os estados do país (Mathews & Hamilton, 2016), e o índice continuou a aumentar até 2016 para todas as faixas etárias até mulheres com 45 anos ou mais (Martin, Hamilton, Osterman, Driscoll, & Drake, 2018).

A probabilidade de aborto espontâneo e parto de natimorto aumenta com a idade materna. Mulheres entre 30 e 35 anos têm maior probabilidade de sofrer complicações por diabetes, pressão alta ou hemorragia grave. Também há risco maior de parto prematuro, retardo no crescimento fetal, defeitos fetais e anomalias cromossômicas, como síndrome de Down. Contudo, devido à disseminação dos testes e à interrupção eletiva de gestações afetadas entre mulheres grávidas mais velhas, o número de crianças acometidas em muitos países permaneceu relativamente estável ao longo do tempo, ainda que varie conforme a região (Loane et al., 2013). Por exemplo, os nascidos vivos com síndrome de Down nos Estados Unidos aumentaram ligeiramente com o tempo, apesar de cerca de 30% das gravidezes afetadas serem interrompidas (de Graaf, Buckley, & Skotko, 2015).

Mães adolescentes também tendem a ter bebês prematuros ou com peso abaixo do normal – talvez porque o corpo de uma jovem ainda em crescimento consuma nutrientes vitais de que o feto precisa (Martin, Hamilton et al., 2007) ou, mais provavelmente, devido à ausência ou inadequação dos cuidados pré-natais (Malabarey, Balayla, Klam, Shrim, & Abenhaim, 2012). Esses recém-nascidos correm maior risco de morte no primeiro mês, incapacidades ou problemas de saúde. As taxas de natalidade das adolescentes norte-americanas têm diminuído continuamente e atingiram o mínimo histórico de 18,8% em 2017 (Martin, Hamilton, & Osterman, 2018), mas ainda são uma das maiores entre os países industrializados (Hamilton & Ventura, 2012).

Ameaças ambientais externas O desenvolvimento pré-natal também pode ser afetado por poluição do ar, substâncias químicas, radiação, extremos de

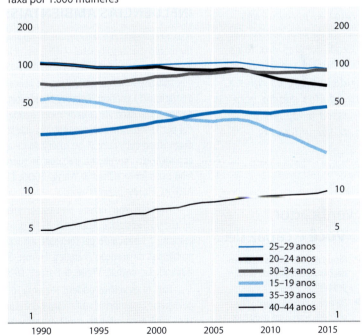

FIGURA 3.9
Taxas de natalidade dos Estados Unidos por idade da mãe, 1990-2015.
Fonte: Martin, Hamilton, Osterman, Driscoll e Mathews, 2017.

calor e umidade e outras ameaças ambientais. Gestantes que respiram regularmente ar contendo altos níveis de finas partículas relacionadas à combustão estão mais propensas a gerar bebês prematuros ou abaixo do tamanho normal (Parker, Woodruff, Basu, & Shoendorf, 2005; Pedersen et al., 2013), ou que tenham anomalias cromossômicas (Bocskay et al., 2005). A exposição a altas concentrações de subprodutos de desinfetantes está associada a baixo peso ao nascer e anormalidades congênitas (Nieuwenhuijsen, Dadvand, Grellier, Martinez, & Vrijheid, 2013). Dois inseticidas, clorpirifós e diazinona, estão associados com a interrupção do crescimento pré-natal (Whyatt et al., 2004).

A exposição fetal a baixos níveis de toxinas ambientais, como chumbo, mercúrio e dioxina, e também nicotina e etanol, podem explicar o súbito aumento na ocorrência de asma, alergias e doenças autoimunes como o lúpus (Dietert, 2005). Tanto a exposição materna a hidrocarbonetos quanto os sintomas de asma nas crianças estavam associados a mudanças epigenéticas no gene ACSL3, que afeta os pulmões (Perera et al., 2009). O câncer em crianças, incluindo a leucemia, tem sido associado à ingestão, por parte de gestantes, de água subterrânea contaminada por substâncias químicas (Boyles, 2002) e ao uso de pesticidas domésticos (Menegaux et al., 2006). Bebês expostos, no período pré-natal, mesmo a baixos níveis de chumbo, nascem menores e mais baixos do que bebês não expostos (Xie et al., 2013) e tendem a apresentar déficits de QI durante a infância (Schnaas et al., 2006).

Mulheres submetidas rotineiramente a raios X dentários durante a gravidez triplicam o risco de terem bebês de gestação completa com baixo peso (Hujoel, Bollen, Noonan, & del Aguila, 2004). A exposição no útero a radiação tem sido associada a aborto espontâneo, deficiência intelectual, menor circunferência craniana, maior risco de câncer e menor quociente de inteligência (QI). (Groen, Bay e Lim, 2012). O risco de problemas causados pelo uso isolado de procedimentos diagnósticos médicos é baixo. Entretanto, em desastres nucleares como os acidentes das usinas nucleares de Chernobyl e Fukushima Daiichi em 1986 e 2011, respectivamente, nos quais a exposição à radiação é alta, as gestantes provavelmente sofrem de riscos extremamente elevados de desfechos adversos (Groen et al., 2012).

INFLUÊNCIAS AMBIENTAIS: FATORES PATERNOS

A exposição ao chumbo, maconha ou fumaça de tabaco, álcool ou radiação em grande quantidade, hormônio dietilestilbestrol (DES), pesticidas ou altos níveis de ozônio pode resultar em espermatozoides anormais ou de baixa qualidade (Sokol et al., 2006; Swan et al., 2003). A prole de homens que trabalhavam em uma usina de processamento de material nuclear tinha risco elevado de parto de natimorto (Parker, Pearce, Dickinson, Aitkin, & Craft, 1999) e a de militares acantonados em navios tinha risco elevado de mortalidade infantil, enquanto suas mães corriam risco de pressão arterial perigosamente alta durante a gestação (Baste et al., 2012). Bebês cujos pais foram submetidos a diagnóstico com raios X no intervalo de até um ano antes da concepção ou sofreram altos níveis de exposição ao chumbo no trabalho frequentemente apresentavam baixo peso ao nascer e crescimento fetal mais lento (Chen & Wang, 2006; Lin, Hwang, Marshall, & Marion, 1998; Shea, Little, & the ALSPAC Study Team, 1997).

Homens que fumam têm maior probabilidade de transmitir anomalias genéticas (AAP Committee on Substance Abuse, 2001) e defeitos cardíacos (Deng et al., 2013). A exposição passiva da gestante à fumaça do pai tem sido associada à asma (Simons, To, Moneiddin, Stieb, & Dell, 2014), problemas de atenção (Langley, Heron, Smith, & Thapar, 2012), baixo peso ao nascer (Rubin, Krasilnikoff, Leventhal, Weile, & Berget, 1986) e câncer na infância e na vida adulta (Ji et al., 1997).

Pais mais velhos podem ser uma fonte significativa de defeitos congênitos devido à presença de espermatozoides danificados ou deteriorados. As taxas de nascimento para pais entre 30 e 49 anos vêm aumentando substancialmente desde 1980 (Martin, Hamilton et al., 2009). A idade paterna avançada está associada a um risco maior na ocorrência de várias condições raras, entre elas o nanismo (Wyrobek et al., 2006). Ter um pai mais velho é um fator de risco para esquizofrenia (Janecka et al., 2017; Sharma et al., 2015), assim como ter, ao menos para os meninos, um pai muito jovem (Miller et al., 2010). A idade avançada do pai também pode ser um fator para transtorno bipolar, autismo e transtornos relacionados (Andersen & Urhoj, 2017; Malaspina, Gilman, & Kranz, 2015).

Das décadas de 1920 a 1970, havia uma máquina de calçar sapatos que, mediante a ação de raios X, permitia aos clientes ver seus pés dentro do calçado. Eram comuns nas lojas de sapatos. Agora que sabemos quão prejudiciais são os raios X, tanto para adultos quanto para crianças, essas máquinas deixaram de ser utilizadas.

▷ **verificador**
você é capaz de...

▷ Resumir quais são as recomendações para a dieta de uma gestante?

▷ Discutir os efeitos para o feto em desenvolvimento, do uso, por parte de um dos pais, de medicamentos, álcool, tabaco, cafeína, maconha, cocaína e metanfetamina?

▷ Avaliar os riscos de doenças, ansiedade, estresse e idade avançada na gestação?

Monitorando e promovendo o desenvolvimento pré-natal

Até pouco tempo atrás, praticamente a única decisão que os pais tinham de tomar sobre seus bebês antes do nascimento era a de engravidar; a maior parte do que acontecia nos meses seguintes não estava sob seu controle. Atualmente os cientistas desenvolveram uma série de ferramentas para avaliar o progresso e o bem-estar da futura criança e mesmo intervir para corrigir algumas condições anormais (Tabela 3.5).

Exames de ultrassom e de sangue para detectar anomalias cromossômicas revelam progresso no uso de procedimentos não invasivos. Em um estudo, uma combinação de três exames não invasivos conduzidos na 11ª semana de gestação previu a presença de síndrome de Down com 87% de precisão. Quando os exames da 11ª semana foram seguidos por outros não invasivos no começo do segundo trimestre, a precisão chegou a 96% (Malone et al., 2005). Outras técnicas de avaliação incluem *testes de DNA fetal livre pré-natal*, nos quais o DNA fetal é extraído do sangue materno e testado. Os testes têm demonstrado a sua utilidade para a detecção antecipada de problemas genéticos (Sparks, Struble, Wang, Song, & Oliphant, 2012; Mazloom et al., 2013), apesar de não serem definitivos (Goldwater & Klugman, 2018).

Também estão disponíveis outras técnicas de avaliação, mais invasivas. A *amniocentese* é um procedimento no qual uma amostra de fluido amniótico é extraída para análise. Na *amostra das vilosidades coriônicas*, tecidos da membrana em torno do feto são removidos e analisados. Ambos os procedimentos fornecem evidências definitivas de problemas genéticos. Ao contrário de constatações anteriores, as amostras de amniocentese e vilosidades coriônicas, que podem ser usadas em fase anterior da gestação, apresentam risco de aborto espontâneo apenas ligeiramente maior que a desses procedimentos não invasivos, como ultrassom e exames de sangue (Caughey, Hopkins, & Norton, 2006; Eddleman, 2006). A *embrioscopia*, a inserção de uma pequena câmera no útero da mãe através da parede abdominal para permitir a visualização direta do embrião, pode ajudar a diagnosticar distúrbios não cromossômicos, enquanto a *amostra do cordão umbilical* permite o acesso direto ao DNA fetal nos vasos sanguíneos do cordão umbilical para fins diagnósticos.

O rastreamento genético de defeitos e doenças é apenas uma das razões para uma assistência pré-natal logo no início da gestação. Cuidados pré-natais de alta qualidade, quando disponíveis logo no início, e que incluem serviços educacionais, sociais e nutricionais, podem ajudar a evitar a morte da mãe ou do bebê, bem como outras complicações no parto (ver Seção Janela para o Mundo). O nível de cuidados pré-natais recebidos pela mulher está linearmente relacionado com desfechos positivos (Partridge, Balayla, Holcroft, & Abenhaim, 2012).

DISPARIDADES NA ASSISTÊNCIA PRÉ-NATAL

Nos Estados Unidos, a assistência pré-natal é amplamente disseminada, mas não é universal, como em muitos países europeus, faltando padronizações nacionais e garantia de suporte financeiro. O uso da assistência pré-natal (durante os três primeiros meses da gravidez) teve um pequeno aumento entre 1990 e 2003, mas depois atingiu o ponto máximo e apresentou um ligeiro declínio em 2006, possivelmente devido a mudanças nas políticas de bem-estar e do Medicaid (programa de assistência a indivíduos de baixa renda) (Martin et al., 2010). Em 2014, 6% das gestantes não recebeu cuidados pré-natais ou recebeu apenas cuidados atrasados durante a gravidez (Child Trends Databank, 2015a).*

Historicamente, as taxas de baixo peso ao nascer e de parto prematuro continuam a subir. Por quê? Uma das respostas é o número crescente de nascimentos múltiplos, que geralmente são nascimentos prematuros com maior risco de morte no primeiro ano. No entanto, novos dados sugerem que esse aumento pode finalmente ter alcançado o seu máximo, já que as taxas de parto prematuro declinaram, especialmente para trigêmeos e outros múltiplos de alta ordem (Martin, Hamilton, Osterman, Driscoll, & Mathews, 2017).

Uma segunda resposta é que os benefícios da assistência pré-natal não estão distribuídos igualmente. Embora tenha crescido o uso da assistência pré-natal, sobretudo entre os grupos étnicos que

Você é capaz de sugerir meios de induzir um número maior de gestantes a procurar assistência no período pré-concepção ou no pré-natal logo no início da gravidez?

---
*N. de R.T.: No Brasil, a assistência pré-natal é um direito da mulher e da criança, sendo realizada gratuitamente pelo Sistema Único de Saúde (SUS). Basta que a gestante procure a unidade básica de saúde mais próxima de sua residência.

TABELA 3.5 Técnicas de avaliação pré-natal

Técnica	Descrição	Usos e vantagens	Riscos e observações
Ultrassom (sonograma), sonoembriologia	Ondas sonoras de alta frequência dirigidas ao abdome da mãe produzem uma imagem do feto no útero. A sonoembriologia utiliza sondas transvaginais de alta frequência para gerar uma imagem do embrião no útero.	Monitorar o crescimento, movimento, posição e forma do feto; avaliar o volume do líquido amniótico; avaliar a idade gestacional; detectar gravidez múltipla. Detectar as principais anomalias estruturais ou a morte de um feto. Orientar amostra de amniocentese e de vilosidades coriônicas. Auxiliar no diagnóstico de distúrbios ligados ao sexo. A sonoembriologia pode detectar defeitos incomuns durante o período embrionário.	Feito rotineiramente em muitos lugares. Pode ser usado para detectar o sexo do bebê.
Embrioscopia, fetoscopia	Uma pequena câmera é inserida no abdome da mulher para mostrar imagens do embrião ou do feto. Pode auxiliar no diagnóstico de distúrbios genéticos não cromossômicos.	Pode orientar transfusões do sangue fetal e transplantes de medula óssea.	É mais arriscada do que outros procedimentos diagnósticos pré-natais.
Amniocentese	Amostra de líquido amniótico é retirada e analisada sob orientação do ultrassom. Procedimento mais comum para obter células fetais para teste.	Pode detectar distúrbios cromossômicos e certos defeitos genéticos ou multifatoriais; mais de 99% de precisão. Geralmente é feita em mulheres de 35 anos ou mais; recomendada quando os futuros pais são portadores da doença de Tay-Sachs ou de anemia falciforme, ou têm um histórico familiar de síndrome de Down, espinha bífida ou distrofia muscular. Pode auxiliar no diagnóstico de distúrbios ligados ao sexo.	Normalmente não é realizada antes da 15ª semana de gestação. Os resultados geralmente demoram de 1 a 2 semanas. Pequeno risco (entre 0,5 e 1%) adicional de perda do feto ou danos; feita entre a 11ª e a 13ª semana, a amniocentese é mais arriscada e não é recomendada. Pode ser usada para detectar o sexo do bebê.
Amostra das vilosidades coriônicas	Tecidos ciliares das vilosidades coriônicas (projeções da membrana em torno do feto) são removidos da placenta e analisados.	Diagnóstico precoce de defeitos e distúrbios congênitos. Podem ser retiradas entre a 10ª e a 12ª semanas de gestação; produz resultados altamente precisos em uma semana.	Não deve ser feita antes da 10ª semana de gestação. Alguns estudos indicam que é de 1 a 4% mais arriscada para perda fetal do que a amniocentese.
Diagnóstico genético de pré-implantação	Após a fertilização *in vitro*, uma célula de amostra é removida do blastocisto e analisada.	Pode evitar a transmissão de defeitos ou predisposições genéticas que se propagam na família; um blastocisto defeituoso não é implantado no útero.	Não há risco conhecido.
Amostra do cordão umbilical (cordocentese ou amostra do sangue fetal)	Uma agulha guiada por ultrassom é inserida nos vasos sanguíneos do cordão umbilical.	Permite acesso direto ao DNA fetal para medidas de diagnóstico, incluindo avaliação de distúrbios sanguíneos e infecções, e medidas terapêuticas como transfusões de sangue.	Perda do feto ou aborto espontâneo de 1 a 2% dos casos; aumenta o risco de sangramento do cordão umbilical e sofrimento fetal.
Teste do sangue materno (incluindo exame de DNA fetal livre pré-natal)	Uma amostra de sangue da futura mãe é testada para alfa-fetoproteína (AFP) ou para DNA fetal.	Para indicar defeitos na formação do cérebro ou da medula espinhal (anencefalia ou espinha bífida); também pode prever síndrome de Down e outras anomalias. Permite monitorar gestações com risco de baixo peso ao nascer ou parto de natimorto.	Não há risco conhecido, mas falso-negativos são possíveis. Ultrassom e/ou amniocentese necessários para confirmar condições suspeitas.

Fonte: Chodirker et al., 2001; Cicero, Curcio, Papageorghiou, Sonek e Nicolaides, 2001; Cunniff e Committee on Genetics, 2004; Kurjak, Kupesic, Matijevic, Kos e Marton, 1999; Verlinsky et al., 2002.

JANELA para o mundo
CUIDADOS PRÉ-NATAIS EM TODO O MUNDO

A Organização das Nações Unidas (United Nations, 2018) estima que aproximadamente 130 milhões de bebês nascem todos os anos no mundo. Cerca de 830 mulheres morrem todos os dias de complicações relacionadas ao parto, sendo que 99% das mortes ocorre em áreas com escassez de recursos (World Health Organization, 2016a). Hemorragia, hipertensão e infecção são responsáveis por mais de metade de todas as mortes maternas; a maioria delas poderia ter sido evitada com medidas educacionais e cuidados pré-natais adequados (UNICEF Millennium Development Goals, 2015).

Os cuidados pré-natais apropriados são essenciais para a sobrevivência da gestante e dos seus filhos. A Organização Mundial de Saúde (OMS) recomenda um mínimo de quatro, e preferencialmente oito, consultas pré-natais a um prestador de serviços de saúde capacitado. Os serviços pré-natais devem incluir, no mínimo, educação sobre nutrição apropriada, níveis de atividade e uso de substâncias químicas. Além disso, os serviços médicos devem incluir vacinação contra tétano e suplementos vitamínicos; estes devem incluir, no mínimo, ácido fólico e ferro (March of Dimes, 2014).

Os padrões de cuidado pré-natal não são iguais em todo o mundo. Nos países desenvolvidos, os cuidados recebidos pelas mulheres grávidas normalmente atendem esse padrão. Em países de baixa renda/em desenvolvimento, apenas 40% das mulheres recebe o mínimo de quatro visitas, padrão da OMS (World Health Organization, 2016b). A pobreza muitas vezes limita o acesso e a disponibilidade dos serviços. As mulheres que moram em áreas remotas têm acesso limitado a serviços de saúde; às vezes a distância até as instalações de saúde é grande demais, ou então não há trabalhadores capacitados em quantidade suficiente para atender a população. Assistência habilitada no parto leva a uma redução de 54% da mortalidade materna (World Health Organization, 2016a).

Quase metade dos partos do mundo acontece em casa. Nos países em desenvolvimento, muitos desses partos não são assistidos, ou contam com a assistência de um familiar ou uma parteira. Muitas parteiras têm pouco treinamento formal. As parteiras costumam ser mulheres mais velhas que aprenderam o que sabem na prática. Elas muitas vezes oferecem conselhos sobre o que comer, fitoterápicos para a dor, massagens abdominais, apoio e assistência no parto. O seu acesso limitado a serviços e equipamentos médicos coloca mãe e criança em risco elevado caso ocorram complicações (Garces et al., 2011).

A taxa de mortalidade infantil/materna tem diminuído nos últimos 20 anos, mas ainda é alta demais. Estima-se que 2,6 milhões de bebês foram natimortos e outros 2,6 milhões morreram durante o primeiro mês de vida em 2016 (UNICEF, 2018c). O parto ainda é a maior causa de morte entre meninas adolescentes nos países em desenvolvimento (Patton et al., 2009). Esforços globais de organizações como OMS, Centers for Disease Control, Save the Children, Médicos Sem Fronteiras, Care e UNICEF, entre outras, estão ajudando a fazer a diferença. Todas as mulheres precisam de acesso a cuidados pré-natais, educação, planejamento familiar e apoio durante a gestação e nas semanas subsequentes ao parto.

qual a sua opinião? Os Estados Unidos têm uma das piores taxas de mortalidade materna dos países desenvolvidos. Em 2015, eram 14 mortes por 100.000 nascidos vivos (Central Intelligence Agency, 2015). Quais são os fatores que contribuem para isso? Por que os Estados Unidos se saem tão mal em comparação com os outros países desenvolvidos?

normalmente tendem a não receber esse tipo de assistência logo no início da gestação, as mulheres com maior risco de gerar bebês abaixo do peso normal – adolescentes e mulheres solteiras, de baixo nível de instrução e pertencentes a grupos minoritários – ainda são aquelas com menor probabilidade de receber esse benefício (Partridge, Balayla, Holcroft, & Abelhaim, 2012; Martin et al., 2006).

Outra preocupação é quanto à disparidade étnica na mortalidade fetal e pós-nascimento. Depois de controlar fatores de risco como nível socioeconômico (NSE), excesso de peso, tabagismo, hipertensão e diabetes, as chances de morte perinatal (morte entre a 20ª semana de gestação e a primeira semana após o nascimento) continuam sendo 3,4 vezes maiores para mulheres negras, 1,5 para hispânicas e 1,9 para outros grupos minoritários do que para mulheres brancas (Healy et al., 2006).

Uma boa assistência no pré-natal poderá dar a todas as crianças a melhor chance possível de chegar ao mundo em boas condições para enfrentar os desafios da vida fora do útero – desafios que são discutidos no próximo capítulo.

verificador
você é capaz de...

▷ Descrever sete técnicas para identificar defeitos ou distúrbios no período pré-natal?

▷ Discutir possíveis razões para as disparidades na assistência pré--natal?

▷ Dizer por que a assistência pré--natal é importante e por que a assistência à pré-concepção é necessária?

resumo e palavras-chave

Concebendo uma nova vida

- A fecundação, união de um óvulo e um espermatozoide, resulta na formação de um zigoto unicelular, o qual se duplica por divisão celular.
- Nascimentos múltiplos podem ocorrer pela fecundação de dois óvulos (ou de um óvulo que se dividiu) ou pela divisão de um óvulo fecundado. Nascimentos múltiplos em maior número resultam de um desses processos ou de uma combinação de ambos.
- Gêmeos dizigóticos (fraternos) têm constituições genéticas diferentes e podem ser de sexos diferentes. Embora os gêmeos monozigóticos (idênticos) tenham a mesma constituição genética, podem diferir em temperamento ou outros aspectos.

fecundação (49)
zigoto (49)
gêmeos dizigóticos (49)
gêmeos monozigóticos (50)

Mecanismos da hereditariedade

- As unidades funcionais básicas da hereditariedade são os genes, constituídos de ácido desoxirribonucleico (DNA). O DNA carrega as instruções bioquímicas, ou o código genético, que governam o desenvolvimento das funções da célula. Cada gene é localizado por função em uma posição definida em um determinado cromossomo. A sequência completa dos genes no corpo humano é chamada de *genoma humano*.

ácido desoxirribonucleico (DNA) (50)
código genético (50)
cromossomos (50)
genes (50)
genoma humano (50)
mutações (50)

- Na concepção, cada ser humano normal recebe 23 cromossomos da mãe e 23 do pai, formando 23 pares de cromossomos – 22 pares de autossomos e 1 par de cromossomos sexuais. Uma criança que recebe um cromossomo X do pai e um cromossomo X da mãe é geneticamente do sexo feminino. Uma criança que recebe um cromossomo Y do pai é geneticamente do sexo masculino.
- Os padrões mais simples de transmissão genética são as heranças dominante e recessiva. Quando um par de alelos é igual, a pessoa é homozigótica para aquele traço; quando são diferentes, a pessoa é heterozigótica.

autossomos (50)
cromossomos sexuais (50)
alelos (53)
homozigótico (53)
heterozigótico (53)
herança dominante (53)
herança recessiva (53)

- As características humanas mais comuns são resultado de transmissão poligênica ou multifatorial. Com exceção da maioria dos gêmeos monozigóticos, cada criança herda um genótipo único. A herança dominante e a transmissão multifatorial explicam por que o fenótipo de uma pessoa nem sempre expressa o genótipo subjacente.

herança poligênica (53)

- A estrutura epigenética controla as funções de determinados genes; pode ser afetada por fatores ambientais.

fenótipo (53)
genótipo (53)
transmissão multifatorial (54)
epigênese (54)

- Defeitos e doenças congênitos podem resultar de simples herança dominante, recessiva ou ligada ao sexo, de mutações ou de *imprinting* genômico. Anomalias cromossômicas também podem causar defeitos congênitos.
- Pelo aconselhamento genético, futuros pais podem receber informação sobre as probabilidades de gerarem filhos com certos defeitos.
- Testes genéticos envolvem riscos e também benefícios.

dominância incompleta (58)
herança ligada ao sexo (58)
síndrome de Down (59)
aconselhamento genético (60)

Genética e ambiente: influências da hereditariedade e do ambiente

- A pesquisa em genética comportamental baseia-se no pressuposto de que as influências relativas da hereditariedade e do ambiente em uma população podem ser medidas estatisticamente. Se a hereditariedade é uma influência importante em determinado traço, pessoas geneticamente mais próximas serão mais semelhantes nesse traço. Estudos sobre famílias, adoção e gêmeos permitem aos pesquisadores medir a herdabilidade de traços específicos.
- Conceitos como faixa de reação, canalização, interação genótipo-ambiente, correlação (ou covariância) genótipo-ambiente e escolha de nicho descrevem de que maneira a hereditariedade e o ambiente operam juntos.
- Irmãos tendem a ser mais diferentes que semelhantes em inteligência e personalidade. Segundo alguns geneticistas do comportamento, a hereditariedade é responsável pela maior parte das semelhanças e os efeitos ambientais não compartilhados respondem pela maior parte da diferença.

genética comportamental (61)
herdabilidade (61)
concordante (61)
faixa de reação (62)
canalização (63)
interação genótipo-ambiente (63)

correlação genótipo-ambiente (64)
escolha de nicho (64)
efeitos ambientais não compartilhados (64)
- Obesidade, longevidade, inteligência, temperamento e outros aspectos da personalidade são influenciados tanto pela hereditariedade quanto pelo ambiente.
- A esquizofrenia é um transtorno neurológico altamente herdável, mas também é influenciada pelo ambiente.
obesidade (65)
temperamento (66)
esquizofrenia (66)

Desenvolvimento pré-natal

- O desenvolvimento pré-natal ocorre em três períodos da gestação: o germinal, o embrionário e o fetal.
- Embriões portadores de defeitos graves em geral são espontaneamente abortados durante o 1º trimestre de gravidez.
- À medida que os fetos crescem, eles se movimentam menos, porém com mais vigor. Ao engolir o líquido amniótico, que contém substâncias do corpo materno, o paladar e o olfato são estimulados. Os fetos parecem ser capazes de ouvir, exercitar a discriminação sensorial, aprender e lembrar.
gestação (67)
idade gestacional (67)
princípio cefalocaudal (67)
princípio próximo-distal (69)
período germinal (69)
implantação (70)
período embrionário (70)
aborto espontâneo (70)
período fetal (71)
ultrassom (72)

- O organismo em desenvolvimento pode ser muito afetado por um ambiente pré-natal. A probabilidade de um defeito congênito pode depender do momento e da intensidade de um evento ambiental e de sua interação com fatores genéticos.
- Influências ambientais importantes envolvendo a mãe incluem nutrição, tabagismo, ingestão de álcool ou outras drogas, transmissão de doenças ou infecções maternas, estresse, ansiedade ou depressão materna, idade materna e atividade física, e ameaças ambientais externas, como substâncias químicas e radiação. Influências externas também podem afetar o espermatozoide.
teratógeno (73)
síndrome alcoólica fetal (SAF) (76)
síndrome da imunodeficiência adquirida (aids) (77)
estresse (79)

Monitorando e promovendo o desenvolvimento pré-natal

- Ultrassom, sonoembriologia, amniocentese, amostra das vilosidades coriônicas, fetoscopia, diagnóstico genético de pré-implantação, amostra do cordão umbilical e testes de sangue materno podem ser utilizados para determinar se o futuro bebê está se desenvolvendo normalmente.
- A assistência pré-natal de alta qualidade logo no início da gestação é essencial para o desenvolvimento saudável. Pode detectar defeitos e distúrbios, principalmente se for prestada no começo e dirigida às necessidades de mulheres de risco; ajuda a reduzir a possibilidade de morte da mãe e do bebê, o baixo peso ao nascer e outras complicações do nascimento.
- Disparidades raciais/étnicas na assistência pré-natal podem ser um dos fatores das disparidades em baixo peso ao nascer e morte perinatal.

capítulo 4

Nascimento e Desenvolvimento Físico nos Três Primeiros Anos

Rosemarie Gearhart/Getty Images

Pontos principais

Nascimento e cultura: mudanças no ato de nascer

O processo de nascimento

O recém-nascido

Complicações do parto

Sobrevivência e saúde

Desenvolvimento físico inicial

Desenvolvimento motor

Objetivos de aprendizagem

Especificar como o ato de nascer tem mudado em países desenvolvidos.

Descrever o processo de nascimento.

Descrever a adaptação de um recém-nascido saudável e as técnicas para avaliar a sua saúde.

Explicar as complicações em potencial do nascimento e as perspectivas para bebês com partos complicados.

Identificar os fatores que afetam as chances de sobrevivência e saúde dos bebês.

Discutir os padrões de desenvolvimento e crescimento físico durante a primeira infância.

Descrever o desenvolvimento motor dos bebês.

Você **sabia** que...

▷ As taxas de cesarianas nos Estados Unidos estão entre as mais altas do mundo?

▷ No mundo industrializado, o tabagismo durante a gravidez é o principal fator de baixo peso ao nascer?

▷ Os primeiros mil dias de vida são um período crítico para o desenvolvimento físico, cognitivo e social saudável?

Neste capítulo, descrevemos como os bebês vêm ao mundo, como é sua aparência e como funciona seu sistema corporal. Discutimos meios de proteger a vida e a saúde dos bebês e observamos seu rápido desenvolvimento físico inicial. Vemos como os bebês se tornam crianças ocupadas e ativas, e como os cuidadores podem promover um crescimento e um desenvolvimento saudáveis.

> *Uma criança de dois anos é como um liquidificador, mas sem tampa.*
> —Jerry Seinfeld

Nascimento e cultura: mudanças no ato de nascer

Os costumes em torno do nascimento refletem as crenças, valores e recursos de cada cultura. Uma mulher maia no Iucatã dá à luz na rede na qual dorme todas as noites, e espera-se que tanto o futuro pai quanto uma parteira estejam presentes. Para afugentar os maus espíritos, mãe e filho permanecem em casa por uma semana (Jordan, 1993). Entre os ngoni da África Oriental, por outro lado, os homens são excluídos da experiência, e no interior da Tailândia, a nova mãe geralmente retoma as atividades normais poucas horas após dar à luz (Gardiner & Kozmitzki, 2005).

Historicamente, o parto muitas vezes foi uma "luta contra a morte" (Fontanel & d'Harcourt, 1997) tanto para a mãe quanto para o bebê. Nos séculos XVII e XVIII, na França, a mulher tinha uma chance em dez de morrer ao dar à luz, ou pouco depois. Milhares de bebês eram natimortos e um em cada quatro que nasciam vivos morria no primeiro ano de vida. No final do século XIX, uma gestante na Inglaterra e no País de Gales tinha probabilidade quase 50 vezes maior de morrer no parto do que uma mulher que dá à luz na atualidade (Saunders, 1997). O parto seguiu padrões semelhantes na Europa e nos Estados Unidos no final do século XIX (Fontanel & d'Harcourt, 1997).

No início do século XX, o ato de nascer começou a ser profissionalizado nos Estados Unidos, pelo menos nas áreas urbanas. O uso crescente de hospitais resultou em condições de maior segurança e assepsia, o que reduziu a mortalidade materna (Figura 4.1). Em 1900, apenas 5% dos partos nos Estados Unidos ocorriam em hospitais; em 1920, em algumas cidades, 65% já eram feitos em hospitais (Scholten, 1985). Uma tendência semelhante aconteceu na Europa. Nos Estados Unidos hoje, 98,5% dos bebês nascem em hospitais e 84% dos nascimentos são atendidos por médicos (Martin, Hamilton, Osterman, Driscoll, & Mathews, 2017).

As notáveis reduções nos riscos que envolvem a gravidez e o nascimento de um bebê em países industrializados são devidas em grande parte à disponibilidade de antibióticos, transfusões de sangue, anestesia segura, melhorias de higiene e medicamentos para induzir o parto. Além disso, o aprimoramento da avaliação e da assistência pré-natais aumenta sobremaneira a probabilidade de o bebê nascer saudável. Em 1940, havia 47,0 mortes de bebês (do nascimento ao primeiro aniversário) por 1.000 nascidos vivos (Figura 4.2); até 2016, essa taxa havia caído para 5,87 mortes por 1.000 nascidos vivos. As taxas de sobrevivência pós-neonatal (de 28 dias a 1 ano) também aumentaram. Em 1940, a mortalidade pós-neonatal era de 18,3 mortes por 1.000 nascidos vivos, um número que caiu para 2,0 mortes em 2016 (Xu, Murphy, Kochanek, Bastian, & Arias, 2018).

Mas os riscos não foram eliminados do processo. Entre os quase 4 milhões de mulheres norte-americanas que deram à luz em 2014, aproximadamente 14,4 de cada 1.000 mulheres sofreram complicações, número que tem aumentado continuamente desde meados da década de 1990. Esse aumento (quase 200% entre 1993 e 2014) provavelmente se deve a diversos fatores, incluindo aumento da idade materna, obesidade pré-gravidez, doenças preexistentes e parto cesáreo. Mulheres negras, obesas, com históricos médicos difíceis, com cesarianas prévias e aquelas que já tiveram diversos filhos correm riscos elevados de eventos cardiovasculares, infecção, sepse, hemorragia e outras complicações perigosas (Centers for Disease Control, 2018c; 2019b).

O nascimento de uma criança ainda é algo perigoso em muitos países em desenvolvimento, especialmente na África Subsaariana e no Sul da Ásia (World Health Organization, 2018a). Ali, a cada ano, 60 milhões de mulheres dão à luz em casa, sem o benefício de uma assistência habilitada, e até recentemente mais de 500 mil mulheres e 4 milhões de recém-nascidos morriam durante o nascimento ou logo depois (Sines, Syed, Wall, & Worley, 2007). Contudo, algumas tendências são promissoras. As estimativas sugerem que cerca de 303.000 mulheres morreram durante ou após a gravidez e o parto em 2015, um número que, apesar de elevado, representa uma queda de quase 44% desde 1990 (Alkema et al., 2016).

O Livro Guinness de Recordes Mundiais registra que o maior número de nascimentos de uma única mulher pertence a uma russa que, de 1725 a 1765, deu à luz gêmeos 16 vezes, trigêmeos sete vezes e quadrigêmeos quatro vezes ao longo de 27 gestações.

FIGURA 4.1
Taxas de mortalidade materna dos Estados Unidos.
Desde 1915, as taxas de mortalidade materna nos Estados Unidos diminuíram de 607,9 mortes em cada 100 mil nascidos vivos para 12,1 mortes em cada 100 mil nascidos vivos em 2003, nesta área de registro.

Antes de 1933, os dados se referem somente aos estados. Interrupções na curva aparecem entre as sucessivas revisões da Classificação Internacional de Doenças. O National Center for Health Statistics não publica estatísticas de mortalidade materna desde 2007.

Fonte: National Center for Health Statistics, 2007; Clark, S. L., 2012.

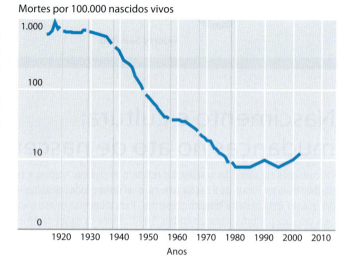

verificador
você é capaz de...

▷ Identificar pelo menos dois aspectos em que houve mudanças relativas ao nascimento de bebês em países desenvolvidos e dizer por que agora é menos arriscado?

▷ Comparar as vantagens dos vários ambientes e profissionais envolvidos no nascimento de um bebê?

Sem dúvida alguma, os avanços da medicina moderna tornaram o parto mais seguro, mas a medicalização do parto ainda criou custos sociais e emocionais que algumas mulheres estão rejeitando. Hoje, uma pequena, porém crescente, parcela de mulheres em países desenvolvidos está voltando para as experiências íntimas e pessoais de um parto doméstico. Partos domésticos geralmente são assistidos por uma enfermeira-obstetra treinada, com a disponibilidade dos recursos da ciência médica. Algumas providências talvez precisem ser tomadas com um médico e um hospital próximo, no caso de surgir alguma emergência. Alguns estudos indicam que para partos de baixo risco, com a assistência de parteiras ou enfermeiras-obstetras credenciadas, partos domésticos planejados com rápida transferência para um hospital em caso de necessidade podem ser tão seguros quanto aqueles feitos em hospitais (American College of Nurse-Midwives, 2016). No entanto, o American College of Obstetricians and Gynecologists (ACOG, 2017) e a Associação Médica Americana (AMA House of Delegates, 2008) sustentam que complicações podem surgir a qualquer momento e que hospitais ou maternidades estão mais bem equipados para cuidar dessas emergências.

Hoje os hospitais também estão buscando meios de "humanizar"* o nascimento da criança. O trabalho de parto poderá ocorrer em um quarto confortável, e o sistema de permanência no quarto permite que o bebê fique com a mãe uma boa parte do tempo. Essas mudanças permitem que os hospitais respondam a preocupações sobre uma experiência excessivamente medicalizada, mas ainda ofereçam um ambiente seguro em caso de complicações.

---

*N. de R.T.: No Brasil, inclusive, alguns hospitais têm se equipado com salas exclusivas para o parto utilizando equipamentos como bolas de pilates e piscinas térmicas para humanizar as experiências das mães e famílias. Além disso, no Sistema Único de Saúde (SUS), é um direito das mulheres contarem com um acompanhante durante todo o processo.

FIGURA 4.2
Taxas de mortalidade infantil dos Estados Unidos, 1940-2014.
A mortalidade infantil nos Estados Unidos diminuiu de 47 mortes em cada 1.000 nascidos vivos em 1940 para 5,8 em 2014. No mesmo período, a taxa neonatal caiu 85%, de 28,8 para 3,94 mortes em cada 1.000 nascidos vivos, e a taxa pós-neonatal diminuiu em 88%, de 18,3 para 1,88 mortes em cada 1.000 nascidos vivos.

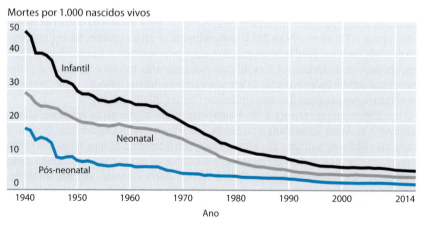

Fonte: Kochanek, Murphy, Xu e Tejada-Vera, 2016.

O PROCESSO DE NASCIMENTO

Trabalho de parto é um termo adequado para o processo de dar à luz. O nascimento é um trabalho duro tanto para a mãe quanto para o bebê. Esse trabalho é ativado por uma série de mudanças uterinas e cervicais, entre outras, a que se dá o nome de parturição. A **parturição** é o processo de dar à luz, que geralmente começa cerca de duas semanas antes do parto.

As contrações uterinas que expulsam o feto começam – normalmente por volta de 266 dias após a concepção – como um aperto no útero. A mulher pode por vezes sentir falsas contrações (conhecidas como *contrações de Braxton-Hicks*) durante os meses finais da gestação, ou mesmo no segundo trimestre, quando os músculos do útero se retesam por até dois minutos. Em comparação com as contrações de Braxton-Hicks, relativamente mais suaves e irregulares, as verdadeiras contrações do parto são mais frequentes, rítmicas e dolorosas, aumentando em frequência e intensidade.

parturição
O processo de dar à luz.

ETAPAS DO NASCIMENTO

O trabalho de parto ocorre em três etapas sobrepostas (Figura 4.3).

Estágio 1: Dilatação do colo do útero   A primeira etapa, a dilatação do colo do útero (cérvix), geralmente é a mais longa, durando de 12 a 14 horas para a mulher que tem seu primeiro filho, mas tende a ser mais curta em partos posteriores. Durante essa etapa, contrações uterinas regulares (com 15-20 minutos de intervalo entre uma e outra), e cada vez mais frequentes, causam a dilatação ou alargamento da cérvix em preparação para o parto. Perto do fim da primeira etapa, as contrações ocorrem a cada 2 a 5 minutos. Essa etapa dura até a cérvix estar completamente aberta (10 cm) para que o bebê possa descer para o canal vaginal.

Estágio 2: Descida e nascimento do bebê   A segunda etapa, a descida e nascimento do bebê, normalmente dura até uma ou duas horas. Ela tem início quando a cabeça do bebê começa a se deslocar pela cérvix em direção ao canal vaginal, e termina quando o bebê emerge por completo do corpo da mãe. No final dessa etapa nasce o bebê; mas ele ainda está ligado à placenta no corpo da mãe pelo cordão umbilical, que deve ser cortado e grampeado.

Estágio 3: Expulsão da placenta   A terceira etapa, a expulsão da placenta, dura de 10 minutos a 1 hora. Durante essa etapa, a placenta e o restante do cordão umbilical são expelidos do corpo da mãe.

FIGURA 4.3
As três etapas do nascimento.
(a) Durante a primeira etapa do trabalho de parto, uma série de contrações cada vez mais fortes dilata a cérvix, a abertura que leva ao útero. (b) Durante a segunda etapa, a cabeça do bebê desce pelo canal vaginal e emerge da vagina. (c) Durante a breve terceira etapa, a placenta e o cordão umbilical são expelidos do útero. Então, corta-se o cordão.

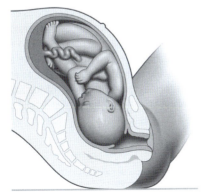
Etapa 1: O bebê se posiciona

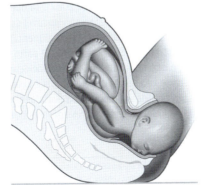
Etapa 2: O bebê começa a emergir

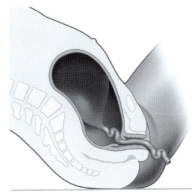
Etapa 3: A placenta é expelida

monitoramento eletrônico fetal
Monitoramento mecânico das batidas cardíacas do feto durante o trabalho de parto.

MONITORAMENTO ELETRÔNICO FETAL

A maioria dos partos tem final feliz, mas o trabalho de parto ainda tem seus riscos. Para reduzi-los, foram desenvolvidas tecnologias para monitorar o feto antes do parto. O **monitoramento eletrônico fetal** pode ser usado para acompanhar as batidas cardíacas do feto durante o trabalho de parto e indicar como o coração do feto responde ao estresse das contrações uterinas. A forma mais comum de monitoramento usa sensores ligados à cintura da gestante e presos por uma cinta elétrica. Os sensores monitoram a frequência cardíaca e avisam a equipe médica sobre mudanças possivelmente problemáticas. O procedimento foi usado em 89% dos nascimentos de bebês vivos nos Estados Unidos em 2004 (Chen, Chauhan, Ananth, Vintzileos, & Abuhamad, 2013).

O monitoramento eletrônico fetal pode oferecer informações valiosas no caso de nascimentos de alto risco. No entanto, o monitoramento pode apresentar desvantagens se for usado rotineiramente em gestações de baixo risco. É caro; restringe os movimentos da mãe durante o trabalho de parto; e, o que é mais importante, tem uma taxa de falso-positivo extremamente alta, sugerindo que o feto está com problemas, quando na verdade não está. Tais advertências podem levar os médicos a fazerem o parto pelo método mais arriscado da cesariana, em vez do parto vaginal (Banta & Thacker, 2001; Nelson, Dambrosia, Ting, & Grether, 1996).

PARTO VAGINAL *VERSUS* PARTO CESÁREO

parto cesáreo (ou cesariana)
Parto em que o bebê é removido cirurgicamente do útero.

O método mais comum de parto, anteriormente descrito, é o *parto vaginal*. Uma alternativa é o **parto cesáreo (ou cesariana)**, que pode ser usado para remover cirurgicamente o bebê do útero através de uma incisão no abdome da mãe. Em 2008, 32,2% dos partos nos Estados Unidos, um recorde, eram feitos com esse procedimento, um aumento de 56% desde 1996 (Martin, Hamilton et al., 2010). O uso desse procedimento também aumentou nos países europeus durante a década de 1990 (Gibbons et al., 2010). Nos Estados Unidos, os partos cesáreos atingiram seu recorde de 32,9% em 2009. A taxa em 2017 era de 32%, um ligeiro aumento após quatro anos de redução (Hamilton, Martin, Osterman, Driscoll, & Rossen, 2018).*

A cirurgia costuma ser executada quando o trabalho de parto progride muito lentamente, o feto parece estar com problemas ou a mãe apresenta sangramento vaginal. O uso de fórceps (um instrumento no formato de um pegador de salada gigante, usado para agarrar e puxar a cabeça) é cada vez mais raro, ocorrendo em menos de 1% dos partos (Martin, Hamilton, Osterman, Driscoll, & Mathews, 2017). A cesariana geralmente é necessária se o feto está em posição invertida (pés ou nádegas para baixo) ou na posição transversal (atravessado no útero) ou se a cabeça for muito grande para passar pela pélvis da mãe.

O aumento nas taxas de cesarianas é atribuído em grande parte à maior proporção de mães mais velhas que estão gerando seu primeiro bebê, e que tendem a ter nascimentos múltiplos, e de bebês muito prematuros (Martin, Hamilton et al., 2009, 2010), para quem o parto cesáreo reduz significativamente o risco de morte no primeiro mês de vida (Malloy, 2008). O temor dos médicos de processos por negligência e as preferências das mulheres também podem influenciar a opção pelas cesarianas (Ecker & Frigoletto, 2007; Martin, Hamilton et al., 2009), assim como o aumento na receita dos hospitais quando uma mulher opta pela cesariana e não pelo parto vaginal.

A oxitocina está envolvida em diversas interações sociais positivas, fora da relação materna inclusive. Por exemplo, sprays nasais de oxitocina podem ajudar pessoas de baixa competência social a interpretarem as emoções dos outros.
Bartz, 2010

As cesarianas apresentam riscos de sérias complicações para a mãe, como sangramento, infecção, danos a órgãos pélvicos, dor pós-operatória, além de aumentar os riscos de problemas em futuras gestações (Ecker & Frigoletto, 2007). Também privam o bebê dos importantes benefícios do nascimento normal: um súbito aumento no nível de hormônios que limpam os pulmões do excesso de fluido, mobilização de nutrientes para alimentar as células e envio de sangue para o coração e o cérebro (Lagercrantz & Slotkin, 1986). O parto cesáreo também pode afetar negativamente a amamentação, o que pode influenciar o estabelecimento do vínculo entre mãe e bebê (Zanardo et al., 2010). O parto vaginal também estimula a liberação de oxitocina, um hormônio envolvido nas contrações uterinas que estimula o comportamento maternal em animais. Há indicações de que a oxitocina pode ter efeitos semelhantes em seres humanos (Swain et al., 2008).

---

*N. de R.T.: No Brasil, os dados são ainda mais alarmantes: desde 2009, o número de cesarianas tem superado o número de partos vaginais. Muitas delas são, inclusive, consideradas desnecessárias segundo as orientações da Organização Mundial da Saúde (OMS). Referência: Mascarello, K. C., Horta, B. L. & Silveira, M. F (2017). Maternal complications and cesarean section without indication: systematic review and meta-analysis. *Revista de Saúde Pública, 51*, 105.

Em 2010, o American College of Obstetricians and Gynecologists publicou diretrizes que apoiam a tentativa de parto vaginal após cesariana (PVAC) para mulheres que previamente tiveram uma incisão uterina transversal baixa e de baixo risco em outros aspectos (Grady, 2010). Ainda que o PVAC esteja associado a um risco maior (embora baixo) de complicações, incluindo ruptura uterina e morte do bebê (Landon et al., 2004; Smith, Pell, Cameron, & Dobbie, 2002), uma nova cesariana também está associada a um risco mais elevado. Os riscos incluem hemorragias, coágulos, infecções, endometriose pós-parto (uma condição dolorosa, na qual as células do endométrio estão presentes fora do útero), complicações relacionadas à anestesia, histerectomia, maior mortalidade ou morbidade materna e maior tempo de recuperação (ACOG, 2017; Fong et al., 2016). Assim, para algumas mulheres, um PVAC pode ser uma opção razoável. Em geral, as mulheres que tentam trabalho de parto após uma ou duas cesarianas são bem-sucedidas de 60 a 80% das vezes (ACOG, 2017) e representam 12,4% de todos os nascimentos em 2016 (Martin, Hamilton, Osterman, Driscoll, & Drake, 2018). O PVAC não é recomendado para partos domésticos ou para mulheres com condições que reduzem a sua probabilidade de sucesso, tais como idade avançada, índice de massa corporal alto, bebê muito grande ou cesariana prévia resultante da não dilatação da cérvix (ACOG, 2017).

PARTO MEDICADO *VERSUS* PARTO NÃO MEDICADO

Durante séculos, a dor foi considerada um elemento inevitável do parto. Depois, em meados do século XIX, a sedação com éter ou clorofórmio tornou-se prática comum à medida que ocorriam mais nascimentos em hospitais (Fontanel & d'Harcourt, 1997).

Durante o século XX, foram desenvolvidos vários métodos alternativos de **parto natural** ou **parto preparado**. Esses métodos minimizam ou eliminam o uso de medicamentos que possam pôr em risco o bebê e possibilitam à mãe e ao pai participar plenamente de uma experiência natural e enriquecedora.

O método Lamaze, introduzido pelo obstetra francês Fernand Lamaze no final da década de 1950, reconhece que o parto é doloroso e ensina as gestantes a trabalharem ativamente com seu corpo por meio de respiração controlada. A mulher aprende a relaxar os músculos como uma resposta condicionada à voz de seu instrutor (geralmente o futuro pai ou um amigo), que frequenta as aulas com ela, participa do parto e ajuda nos exercícios. Utilizando o método LeBoyer, introduzido na década de 1970, a mulher dá à luz em uma sala tranquila com iluminação suave para reduzir o estresse, e o recém-nascido é delicadamente massageado para facilitar o choro. Outra técnica, desenvolvida pelo médico francês Michael Odent, é a submersão da mãe em uma piscina com água de efeito relaxante. Outros métodos fazem uso de imagens mentais, massagem, expulsão suave e respiração profunda. O mais radical talvez seja o método Bradley, que rejeita todos os procedimentos obstétricos e outras intervenções médicas.

Hoje, o aperfeiçoamento do parto medicado leva muitas mulheres a escolherem o alívio da dor, às vezes combinado com métodos naturais. A mulher poderá receber anestesia local (vaginal), também chamada de *bloqueio pudendo*, geralmente durante a segunda etapa do trabalho de parto. Ou ela poderá receber um *analgésico*, que reduz a percepção da dor deprimindo a atividade do sistema nervoso central. No entanto, os analgésicos podem tornar o trabalho de parto mais lento, causar complicações na mãe e fazer o bebê ficar menos alerta após o nascimento.

Outra forma de alívio da dor é a anestesia regional, ou *epidural*, que é injetada em um espaço da medula espinhal entre as vértebras da região lombar, que bloqueia as vias neurais que transmitem a sensação de dor para o cérebro. Aproximadamente 71% das mulheres recebem anestesias epidurais ou outras formas de anestesia espinhal durante o trabalho de parto, um aumento de 10% desde 2008 (Butwick, Wong, & Guo, 2018). Os pesquisadores anteriores acreditavam que as anestesias epidurais administradas no início do trabalho de parto poderiam bloquear a dor e até mesmo encurtar o processo, sem aumentar o risco de parto cesáreo (Wong et al., 2005), mas dados mais recentes sugerem que o seu uso desacelera significativamente a segunda etapa do trabalho de parto e pode levar a intervenções desnecessárias (Cheng, Shaffer, Nicholson, & Caughey, 2014).

Com qualquer uma dessas formas de anestesia, a mulher pode ver e participar do processo de nascimento e pode segurar o recém-nascido imediatamente. Todos esses medicamentos, porém, atravessam a placenta e entram na corrente sanguínea do feto, podendo pôr em risco o bebê.

Em muitas culturas tradicionais, as gestantes são auxiliadas por uma **doula**, uma mentora, instrutora e ajudante experiente que pode oferecer apoio emocional e informações, além de permanecer na cabeceira da cama da mulher durante todo o trabalho de parto. Há evidências crescentes

---

parto natural
Método que procura evitar a dor eliminando o medo por meio da educação sobre a fisiologia da reprodução e treinando respiração e relaxamento durante o parto.

parto preparado
Método que utiliza instrução, exercícios de respiração e apoio social para induzir respostas físicas controladas às contrações uterinas e reduzir o medo e a dor.

Em 1914, o presidente Woodrow Wilson proclamou o Dia das Mães feriado nacional.

doula
Uma mentora experiente que oferece apoio emocional e informações para a mulher durante o trabalho de parto.

verificador
você é capaz de...

▷ Descrever as três etapas do parto vaginal?

▷ Discutir razões para o súbito aumento das cesarianas?

▷ Comparar o parto medicado com métodos alternativos para o nascimento?

Uma doula, ou ajudante experiente, fica ao lado da mulher durante todo o trabalho de parto, dando apoio emocional. Pesquisas constataram que mulheres atendidas por doulas tendem a ter um trabalho de parto mais curto e mais fácil.

Andersen Ross/Brand X Pictures/Jupiterimages

período neonatal
As primeiras quatro semanas de vida, um período de transição entre a dependência intrauterina e a existência independente.

neonato
O bebê recém-nascido, com até quatro semanas de idade.

Crianças superdotadas tendem a ser mais pesadas ao nascimento.

de que oferecer esse apoio às mulheres está associado a resultados melhores. Por exemplo, em um estudo, as gestantes que participaram de aulas pré-natais com uma doula tiveram menor probabilidade de dar à luz bebês com baixo peso ao nascer e de ter complicações e maior probabilidade de iniciar o aleitamento com sucesso do que as gestantes que participaram das mesmas aulas sem o apoio de uma doula (Gruber, Cupito, & Dobson, 2013). Outros estudos indicam que mulheres que dão à luz com o auxílio de uma doula têm probabilidade quase 41% menor de terem partos cesáreos do que mulheres que dão à luz sem uma doula (Kozhimannil, Hardeman, Attanasio, Blauer-Peterson, & O'Brien, 2013).

As doulas também criam um benefício econômico. Bebês nascidos antes da 37ª semana de gestação (atualmente, 1 em 9 nos Estados Unidos) incorrem em custos médicos iguais a cerca de 10 vezes os custos incorridos para um bebê nascido a termo. Além disso, os partos cesáreos custam o dobro dos vaginais. Assim, o uso de doulas é uma estratégia com boa relação custo-benefício e, se financiado por sistemas de seguro de saúde, produziria uma economia líquida significativa (Kozhimmanil et al., 2016). Infelizmente, os seguros muitas vezes não cobrem o serviço das doulas, e o custo é o maior obstáculo enfrentado pelas mulheres interessadas em obter o auxílio de uma doula (Strauss, Giessler, & McAllister, 2015).

O recém-nascido

O **período neonatal**, que são as primeiras quatro semanas de vida, é um tempo de transição do útero, onde o feto é totalmente sustentado pela mãe, para uma existência independente. Quais são as características físicas dos bebês recém-nascidos e como eles estão preparados para essa transição crucial?

TAMANHO E APARÊNCIA

Nos Estados Unidos, o **neonato**, ou recém-nascido, mede em média cerca de 50 centímetros de comprimento e pesa aproximadamente 3,5 kg. Os meninos tendem a ser um pouco maiores e mais pesados do que as meninas, e o primogênito provavelmente pesará menos ao nascer do que os filhos posteriores. Em seus primeiros dias de vida, os neonatos perdem 10% de seu peso, principalmente por causa da perda de fluidos. Eles começam a ganhar peso novamente em torno do quinto dia, e em geral voltam ao peso que tinham ao nascer entre o 10º e o 14º dia.

Bebês recém-nascidos apresentam características distintivas, que incluem uma cabeça grande (um quarto do comprimento do corpo) e um queixo recuado (que facilita a amamentação). Os recém-nascidos também possuem uma área no alto da cabeça chamada de *fontanela*, onde os ossos do crânio não se encontram. As fontanelas são cobertas por uma membrana rígida que permite a flexibilidade do formato, o que facilita a passagem do neonato através do canal vaginal. As placas do crânio se fundem gradualmente ao longo dos 18 primeiros meses de vida.

Muitos recém-nascidos têm uma aparência rosada; sua pele é tão fina que mal esconde os capilares onde o sangue circula. Durante os primeiros dias, alguns neonatos são muito peludos porque parte do *lanugo*, uma lanugem felpuda pré-natal, ainda não caiu. Quase todos os bebês recém-nascidos estão cobertos com *vernix caseosa* ("verniz caseoso"), uma proteção gordurosa contra infecções que resseca já nos primeiros dias.

Acreditava-se durante a Idade Média que o "leite de bruxa", uma secreção que às vezes vaza do peito inchado de meninos e meninas recém-nascidos por volta do terceiro dia de vida, tinha poderes especiais de cura. Assim como o corrimento vaginal esbranquiçado ou tingido de sangue de algumas meninas recém-nascidas, essa emissão fluida resulta dos altos níveis do hormônio estrógeno, que é secretado pela placenta pouco antes do nascimento e desaparece depois de alguns dias ou semanas. Um recém-nascido, especialmente se for prematuro, também poderá ter os genitais inchados.

SISTEMAS CORPORAIS

Antes do nascimento, a circulação sanguínea, a respiração, a nutrição, a eliminação de resíduos e a regulação da temperatura são realizadas através do corpo da mãe. Todos esses sistemas, com exceção dos pulmões, funcionam em algum nível quando o parto a termo ocorre, mas os sistemas da própria mãe continuam envolvidos e o feto ainda não é uma entidade independente. Após o nascimento, todos os sistemas e funções do bebê devem operar por conta própria. A maior parte dessa transição ocorre de quatro a seis horas após o parto (Ferber & Makhoul, 2004).

Durante a gravidez, feto e mãe possuem sistemas circulatórios e batimentos cardíacos separados; o feto recebe oxigênio através do cordão umbilical, o qual transporta o sangue "usado" para a placenta e retorna com um novo suprimento. Após nascer, o neonato assume plenamente essa função. E o recém-nascido precisa de muito mais oxigênio que antes. A maioria dos bebês começa a respirar assim que entra em contato com o ar. Os batimentos cardíacos a princípio são rápidos e irregulares, e a pressão arterial só se estabiliza por volta do décimo dia de vida. Caso o neonato não comece a respirar em até cerca de cinco minutos, o bebê pode sofrer dano cerebral permanente causado por **anóxia**, falta de oxigênio, ou *hipóxia*, uma redução no fornecimento de oxigênio. Como os pulmões do bebê têm apenas um décimo da quantidade de alvéolos pulmonares que têm os adultos, os bebês (especialmente aqueles que nasceram prematuros) são suscetíveis a apresentar problemas respiratórios. Anóxia ou hipóxia podem ocorrer durante o parto (embora isso seja raro) em decorrência de repetidas compressões da placenta e do cordão umbilical a cada contração. Essa forma de *trauma de nascimento* pode ocasionar danos permanentes ao cérebro, causando deficiência intelectual, problemas comportamentais ou mesmo a morte.

No útero, o feto depende do cordão umbilical para receber alimento da mãe e para eliminar seus resíduos corporais. Ao nascerem, os bebês instintivamente sugam para ingerir o leite, que é digerido por suas secreções gastrintestinais. Nos primeiros dias, os bebês excretam o *mecônio*, uma substância pastosa, de cor verde escura, formada no trato intestinal do feto. Quando os intestinos e a bexiga estão cheios, os músculos dos esfíncteres abrem-se automaticamente; o bebê não será capaz de controlá-los durante muitos meses.

As camadas de gordura que se desenvolvem durante os dois últimos meses de vida fetal permitem que bebês saudáveis não prematuros mantenham a temperatura de seus corpos constante após o nascimento, apesar das mudanças na temperatura do ar. Os recém-nascidos também mantêm a temperatura corporal aumentando sua atividade quando a temperatura do ar diminui.

Três ou quatro dias após o nascimento, aproximadamente metade de todos os bebês (e uma proporção ainda maior de bebês nascidos prematuramente) desenvolve **icterícia neonatal**: sua pele e seus globos oculares mostram-se amarelados. Esse tipo de icterícia é causado pela imaturidade do fígado. Geralmente não é grave, não precisa de tratamento e não apresenta efeitos de longo prazo. Entretanto, uma icterícia grave não monitorada e não imediatamente tratada pode resultar em dano cerebral.

AVALIAÇÃO CLÍNICA E COMPORTAMENTAL

Os primeiros minutos, dias e semanas após o nascimento são cruciais para o desenvolvimento. É importante saber, o mais rápido possível, se o bebê tem algum problema que necessita de cuidados especiais.

A Escala de Apgar Um minuto após o parto, e depois novamente cinco minutos após o nascimento, a maioria dos bebês é avaliada pela **Escala de Apgar** (Tabela 4.1). A escala leva o nome de sua autora, Dra. Virginia Apgar (1953), que ajuda a nos lembrar dos cinco subtestes: *a*parência (cor), *p*ulso (frequência cardíaca), *g*esticulação (irritabilidade reflexa), *a*tividade (tônus muscular) e *r*espiração. O recém-nascido é classificado em 0, 1 ou 2 em cada medida, para uma pontuação total de 10. Uma pontuação aos cinco minutos de 7 a 10 – obtida por 98,4% dos bebês nascidos nos Estados Unidos – indica que o bebê está em uma condição que vai de boa a excelente (Martin, Hamilton et al., 2009). Uma pontuação abaixo de 5 a 7 significa que o bebê precisa de auxílio para começar a respirar; uma pontuação abaixo de 4 indica que precisa de medidas de reanimação imediatas. Caso a ressuscitação seja bem-sucedida, elevando a pontuação do bebê para 4 ou mais em dez minutos, provavelmente não haverá danos no longo prazo. Dez, 15 e 20 minutos após o parto, pontuações de 0 a 3 estão progressivamente associadas com paralisia cerebral (deficiência muscular causada por dano cerebral pré-natal ou durante o parto) ou outros problemas neurológicos (American College of Obstetricians and Gynecologists, 2015).

Avaliando a condição neurológica: a Escala Brazelton A **Escala Brazelton de Avaliação do Comportamento Neonatal (NBAS, na sigla em inglês)** é um teste neurológico e comportamental

---

anóxia
Falta de oxigênio que pode causar dano cerebral.

icterícia neonatal
Condição de muitos neonatos causada por imaturidade do fígado e evidenciada pela aparência amarelada; pode causar dano cerebral se não for tratada imediatamente.

verificador
você é capaz de...

▷ Descrever o tamanho e a aparência normais de um recém-nascido, e citar as várias mudanças que ocorrem nos primeiros dias?

▷ Comparar cinco sistemas corporais fetais e neonatais?

▷ Identificar duas condições perigosas que podem aparecer logo após o nascimento?

Escala de Apgar
Medida padronizada da condição de um recém-nascido; avalia cor, frequência cardíaca, reflexos, tônus muscular e respiração.

A escala de Apgar é popular porque é fácil de lembrar e não exige o uso de equipamentos médicos sofisticados, de modo que fornece uma maneira rápida de avaliar a saúde do recém-nascido.

Escala Brazelton de Avaliação do Comportamento Neonatal (NBAS)
Teste neurológico e comportamental para medir as respostas do neonato ao ambiente.

TABELA 4.1   Escala de Apgar

Sinal*	0	1	2
Aparência (cor)	Azulada, pálida	Corpo rosado, extremidades azuladas	Totalmente rosada
Pulsação (frequência cardíaca)	Ausente	Lenta (abaixo de 100)	Rápida (acima de 100)
Gesticulação (irritabilidade reflexa)	Nenhuma resposta	Expressões faciais de dor ou desconforto	Tosse, espirro, choro
Atividade (tônus muscular)	Inerte	Fraca, inativa	Forte, ativa
Respiração	Ausente	Irregular, lenta	Boa, choro

*Cada sinal é classificado em termos de ausência ou presença de 0 a 2; a pontuação geral mais alta é 10.
Fonte: Adaptada de Apgar, 1953.

para medir as respostas do neonato ao ambiente. A escala é utilizada para ajudar pais, profissionais de saúde e pesquisadores a avaliarem a resposta de neonatos a seu ambiente físico e social, a identificarem pontos fortes e possíveis vulnerabilidades no funcionamento neurológico e a preverem o desenvolvimento futuro. O teste, adequado para bebês de até dois meses de idade, leva o nome de seu idealizador, o Dr. T. Berry Brazelton (1973, 1984; Brazelton & Nugent, 1995). Ele avalia a *organização motora* conforme ela é revelada por comportamentos como nível de atividade e capacidade de levar a mão à boca; *reflexos*; *mudanças de estado*, tais como irritabilidade, excitabilidade e capacidade de se acalmar depois de ficar perturbado; *capacidade de prestar atenção e interagir*, conforme ela é revelada pelo estado de alerta e resposta a estímulos visuais e auditivos; e indicações de *instabilidade no sistema nervoso central*, como tremores e mudanças na cor da pele. A NBAS leva cerca de 30 minutos e a pontuação se baseia no melhor desempenho do bebê.

Triagem neonatal para condições clínicas   Crianças que herdam o distúrbio enzimático fenilcetonúria, ou PKU, desenvolvem deficiência intelectual permanente, a não ser que sejam alimentadas com uma dieta especial entre a terceira e a sexta semana de vida (National Institute of Child Health and Human Development, 2017). O rastreamento administrado logo após o nascimento frequentemente pode descobrir esse e outros defeitos corrigíveis.*

A triagem de rotina em todos os recém-nascidos para condições raras como a PKU (1 caso em cada 15 mil nascimentos), hipotireoidismo congênito (1 caso em cada 3.600 a 5 mil nascimentos), galactosemia (1 caso em cada 60 mil a 80 mil nascimentos) e outros distúrbios até mais raros é dispendiosa. Entretanto, o custo de avaliar milhares de recém-nascidos para detectar o caso de uma doença rara pode sair mais barato do que cuidar de uma pessoa com retardo mental por toda a vida. O Painel de Testagem Uniforme Recomendada (*Recommended Uniform Screening Panel*), desenvolvido pelo governo dos Estados Unidos junto de profissionais do campo, inclui 34 condições fundamentais e 26 condições secundárias para as quais recomenda-se que todos os recém-nascidos sejam testados. Contudo, os diversos estados norte-americanos variam em relação a quais condições incluem nos testes (U.S. Department of Health and Human Services, 2017).

ESTADOS DE ALERTA

Você madruga ou vira a noite? Trabalha melhor pela manhã ou à tarde? Quando sente fome? Todos temos relógios biológicos internos que regulam os nossos **estados de alerta** e atividade durante o dia. Os bebês possuem um "relógio" interno que regula seus ciclos diários de alimentação, sono e eliminação, e até seu humor. Esses ciclos periódicos de vigília, sono e atividade, que governam o

> **verificador**
> **você** é capaz de...
> ▷ Discutir os usos da escala de Apgar e da Escala Brazelton?
> ▷ Pesar os prós e contras da triagem de rotina para distúrbios raros?

estado de alerta
A condição fisiológica e comportamental de um bebê em um determinado momento no ciclo periódico diário de vigília, sono e atividade.

---

*N. de R.T.: No Brasil, existe o Programa Nacional de Triagem Neonatal, que determina que todos os neonatos passem por esta avaliação. O exame é popularmente conhecido como "teste do pezinho".
Referência: Brasil. (2016). *Triagem neonatal biológica: Manual técnico*. Ministério da Saúde. https://bvsms.saude.gov.br/bvs/publicacoes/triagem_neonatal_biologica_manual_tecnico.pdf

TABELA 4.2 Estados de alerta nos bebês

Estado	Olhos	Respiração	Movimentos	Resposta
Sono regular	Fechados; nenhum movimento	Regular e lenta	Nenhum, exceto sobressaltos generalizados e repentinos	Não pode ser despertado por estímulos leves.
Sono irregular	Fechados; rápidos movimentos oculares ocasionais	Irregular	Contrações musculares, mas sem maiores movimentos	Sons ou luzes provocam sorrisos ou esgares (caretas) durante o sono.
Sonolência	Abertos ou fechados	Irregular	Ligeiramente ativo	Pode sorrir, sobressaltar-se, mamar ou ter ereções em resposta aos estímulos.
Inatividade alerta	Abertos	Regular	Tranquilo; pode mover a cabeça, os membros e o tronco enquanto olha ao redor	Um ambiente interessante (com pessoas ou coisas para observar) pode iniciar ou manter esse estado.
Atividade desperta (vigília) e choro	Abertos	Irregular	Muita atividade	Estímulos externos (como fome, frio, dor, ser contido ou ser colocado para deitar) provocam mais atividade, talvez começando com choramingos e movimentos suaves, tornando-se um crescendo rítmico de choro ou chutes.

Fonte: Adaptada de Information in Prechtl and Beintema, 1964; Wolff, 1966.

estado de alerta do bebê, ou grau de alerta (Tabela 4.2), parecem ser inatos e altamente individuais. Mudanças de estado são coordenadas por múltiplas áreas do cérebro (Tokariev, Videman, Palva, & Vanhatalo, 2016) e são acompanhadas por mudanças no funcionamento de praticamente todos os sistemas corporais (Scher, Epstein, & Tirosh, 2004). O estabelecimento de estados de alerta "estáveis e distintos" está associado com a saúde e resultados positivos para o recém-nascido, pois é um indicador de organização neurológica. Por exemplo, bebês pré-termo que demonstram padrões de sono mais organizados no início da vida têm resultados melhores aos 5 anos (Weisman, Magori-Cohen, Louzoun, Eidelman, & Feldman, 2011).

Os bebês mais jovens dormem mais e acordam com maior frequência. Segundo os pais, dos 0 aos 2 meses, os bebês dormem cerca de 14,5 horas ao dia e acordam 1,7 vezes por noite (Galland, Taylor, Elder, & Herbison, 2012). Durante o dia, bebês de 0 a 5 meses normalmente tiram cerca de 3 horas de cochilo por dia. O sono dos recém-nascidos se alterna entre um sono tranquilo (regular) e um sono ativo (irregular). O sono ativo provavelmente é o equivalente aos movimentos rápidos dos olhos (REM), que nos adultos estão associados aos sonhos. O sono ativo aparece ritmicamente em ciclos de cerca de uma hora e responde por até 50% do tempo total de sono do recém-nascido (Hoban, 2004).

Aos 2 meses de idade, o período de sono noturno mais longo do bebê médio será de 5,7 horas, número que aumenta para 8,3 horas entre os 6 e 24 meses. Com um ano, a maioria dos bebês dorme 12,6 horas por noite, acordando 0,7 vezes em média. Tendências de desenvolvimento semelhantes ocorrem com relação aos cochilos durante o dia. Com 1 a 2 anos, a maioria das crianças tira cochilos de apenas cerca de uma hora por dia (Galland, Taylor, Elder, & Herbison, 2012). Uma típica criança de 2 anos dorme umas 13 horas por dia, incluindo cochilos. A quantidade de sono REM também diminui. A quantidade de sono REM declina para menos de 30% do tempo total de sono aos 3 anos de idade e continua diminuindo ao longo da vida (Hoban, 2004).

Os horários de sono dos bebês variam de uma cultura para outra. Entre os truk da Micronésia, bebês e crianças não têm horários regulares de sono; caem no sono sempre que se sentem

Os ciclos de sono diários não são os únicos dos nossos corpos. Por exemplo, temos ciclos de dominância nasal: uma narina é dominante, e elas se alternam regularmente durante o dia.

Eccles, 1978

> **verificador**
> **você é capaz de...**
>
> ▷ Explicar como os estados de alerta refletem o estado neurológico, e discutir as variações nos estados dos recém-nascidos?
>
> ▷ Dizer como ocorrem as mudanças dos padrões de sono, e como as práticas culturais podem afetar esses padrões?

cansados (Broude, 1995). Quando há um horário de dormir, este pode variar bastante de um país para outro; o horário médio na Austrália e Nova Zelândia é 19:43, mas na Índia é 22:26 (Mindell, Sadeh, Kwon, & Goh, 2013). As mães da zona rural do Quênia permitem que seus bebês sejam amamentados quando bem quiserem e aqueles de quatro meses continuam dormindo direto apenas por quatro horas (Broude, 1995). Em muitos países predominantemente asiáticos, os horários de dormir são mais tarde e o tempo de sono total é menor do que nos países de população predominantemente branca (Mindell, Sadeh, Wiegand, How, & Goh, 2010; Galland, Taylor, Elder, & Herbison, 2010).

Nos Estados Unidos, muitos pais dedicam muita energia a tentar acalmar bebês agitados e fazê-los dormir, muitas vezes sem lograr sucesso. Isso é comum; os pais tendem a informar problemas de sono nas mais diferentes culturas. Contudo, apesar dos diferentes padrões de sono, durante cada período de 24 horas, crianças pequenas dormem um número equivalente de horas, em geral compensando as horas de sono perdidas durante a madrugada com cochilos durante o dia (Mindell et al., 2013). Ainda assim, os distúrbios do sono são um problema importante a ser resolvido, pois o sono de baixa qualidade ou insuficiente entre crianças pequenas está associado a problemas de atenção e comportamentais em fases posteriores (Sadeh et al., 2015).

Complicações do parto

Embora a grande maioria dos nascimentos resulte em bebês normais e saudáveis, alguns, infelizmente, não são. Alguns nascem prematuramente ou muito pequenos, outros permanecem no útero por muito tempo, outros ainda nascem mortos ou morrem após o nascimento. Vejamos essas possíveis complicações do nascimento e como podem ser evitadas ou tratadas, de modo a maximizar as chances de resultados favoráveis.

BAIXO PESO AO NASCER

> **bebês com baixo peso ao nascer**
> Peso menor que 2,5 kg ao nascer, em razão de prematuridade ou de ser pequeno para a idade gestacional.
>
> **bebês pré-termo (prematuros)**
> Bebês que nascem antes de completar a 37ª semana de gestação.
>
> **bebês pequenos para a idade gestacional**
> Bebês cujo peso ao nascer é menor que o peso de 90% das crianças da mesma idade gestacional, em razão de um crescimento fetal lento.

Bebês com baixo peso ao nascer nascem pesando menos de 2.500 gramas. Existem dois tipos de bebê com baixo peso ao nascer: os que nascem cedo e os que nascem pequenos. A gestação típica dura 40 semanas, e os bebês nascidos antes da 37ª são chamados de **bebês pré-termo (prematuros)**. Nascer precocemente está fortemente associado, como seria de esperar, a ser menor do que um bebê nascido a termo (Figura 4.4). Mais de 43% dos bebês pré-termo apresenta baixo peso ao nascer, comparados a apenas 3% dos bebês nascidos a termo (Martin et al., 2009). Alguns bebês, chamados de **bebês pequenos para a idade gestacional**, nascem na data esperada, mas são menores do que o esperado, pesando menos que 90% das crianças com a mesma idade gestacional. Eles não são pequenos porque nasceram cedo demais e não tiveram tempo de terminar de ganhar peso, mas sim por outros motivos, geralmente nutrição pré-natal inadequada, o que retarda o crescimento fetal.

Estima-se que, no mundo inteiro, 15% de todos os bebês nascem com baixo peso, e as porcentagens são bem maiores em países menos desenvolvidos. A verdadeira extensão do baixo peso ao nascer pode ser muito mais alta, pois quase metade dos recém-nascidos em países em desenvolvimento não são pesados ao nascer (UNICEF, 2013). O baixo peso ao nascer em regiões em desenvolvimento é resultado principalmente da saúde e nutrição precárias da mãe. No mundo industrializado, fumar durante a gravidez é o principal fator (UNICEF & WHO, 2004).

Nos Estados Unidos, 8,27% dos bebês nascidos em 2017 apresentavam baixo peso ao nascer. No mesmo ano, 9,93% dos bebês norte-americanos eram pré-termo. Ambos os números representam um terceiro aumento anual consecutivo (Hamilton et al., 2018). Uma boa parte da incidência de baixo peso ao nascer e nascimento pré-termo se deve a gestação tardia, múltiplos nascimentos, uso de medicamentos para fertilidade e parto induzido ou cesáreo. O risco do nascimento pré-termo e do baixo peso ao nascer aumenta com o número de bebês na mesma gestação, sendo de quase 100% para quadrigêmeos (Martin et al., 2017).

O aumento na taxa total de partos pré-termo entre 2016 e 2017 se deveu quase completamente ao aumento dos nascimentos pré-termo tardios, de 7,09 para 7,17% (Hamilton et al., 2018). Bebês pré-termo tardios, nascidos entre a 34ª e a 36ª semana de gestação, tendem a pesar mais e a apresentar melhores condições do que aqueles que nasceram antes; mas em comparação com bebês a termo, correm maior risco de morte prematura ou de apresentar efeitos adversos, como

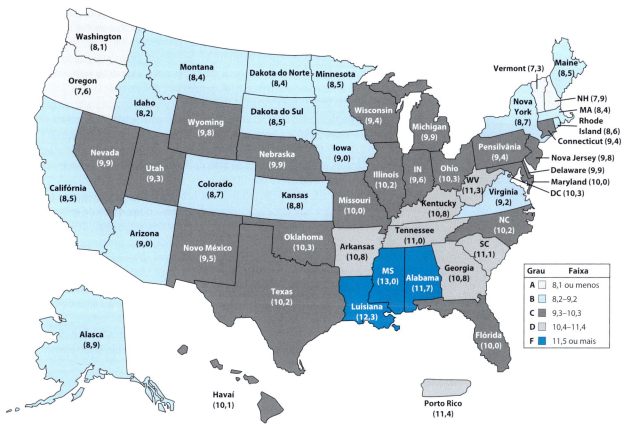

Fonte: March of Dimes, 2016.

FIGURA 4.4
Taxas de nascimento pré-termo e graus por estado.

insuficiência respiratória, hospitalização e lesões no cérebro (Martin, Hamilton et al., 2009). As meninas tendem a ser mais resistentes do que os meninos (Glass et al., 2015).

Peso ao nascer e idade gestacional são os dois mais importantes fatores de previsão de sobrevivência e saúde para o bebê (Mathews & MacDorman, 2008). Juntos constituem a segunda causa de morte na primeira infância nos Estados Unidos, depois das anomalias de nascimento (Kochanek, Murphy, Xu, & Tejada-Vera, 2016). O nascimento pré-termo está envolvido em quase metade dos problemas neurológicos ao nascer, como a paralisia cerebral, e em mais de um terço das mortes de bebês; ao todo, bebês com baixo peso ao nascer respondem por mais de dois terços das mortes nesse período. No mundo todo, o baixo peso ao nascer é um fator subjacente entre 60 e 80% das mortes neonatais (UNICEF, 2008). Os Estados Unidos têm sido mais bem-sucedidos que qualquer outro país em salvar bebês de baixo peso ao nascer, mas a taxa desses nascimentos em mulheres norte-americanas permanece mais alta do que em algumas nações europeias e asiáticas (MacDorman & Mathews, 2009).

A prevenção de nascimentos pré-termo aumentaria muito o número de bebês que sobrevivem ao primeiro ano de vida. Na última década, alguns países cortaram pela metade as mortes atribuídas ao parto prematuro, principalmente com treinamento e com a provisão de equipamentos e materiais. Por exemplo, mesmo mudanças que exigem pouca tecnologia avançada, como garantir temperaturas adequadas, apoiar a amamentação e oferecer educação sobre cuidados básicos contra infecções e problemas respiratórios, podem reduzir as taxas de mortalidade.

Fatores de risco para baixo peso ao nascer Dentre os fatores que aumentam a probabilidade de uma mulher ter um bebê abaixo do peso estão: (1) *fatores demográficos e socioeconômicos*, tais como ser afro-americana, ter menos de 17 anos ou mais de 40, ser pobre, não casada ou ter baixa instrução, e nascer em certas regiões, como os estados do sul ou os estados das planícies [nos Estados Unidos] (Thompson, Goodman, Chang, & Stukel, 2005); (2) *fatores clínicos que antecedem a gravidez*, tais como não ter filhos ou ter mais de quatro, estatura baixa, ser magra, já ter tido um bebê com baixo peso ao nascer ou vários abortos espontâneos, ela própria ter nascido com

Uma menina com menos de 17 anos que fuma durante a gravidez apresenta dois fatores de risco para gerar um bebê com baixo peso ao nascer.
PhotoAlto/Sigrid Olsson/Getty Images

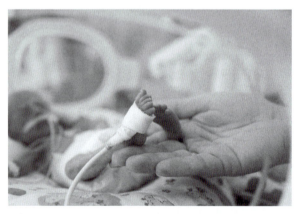

O berço antisséptico com temperatura controlada, ou incubadora, onde se encontra este bebê prematuro possui aberturas através das quais a criança pode ser examinada, tocada e massageada. O contato humano frequente ajuda bebês com baixo peso ao nascer a se desenvolverem.
Kristina Bessolova/Shutterstock

baixo peso, ter determinadas variantes genéticas associadas a um risco maior (National Institutes of Health, 2010a), ou apresentar anomalias genitais ou urinárias, ou hipertensão crônica; (3) *fatores pré-natais comportamentais e ambientais*, tais como subnutrição, assistência pré-natal inadequada, tabagismo, uso de álcool ou de outras drogas, estresse, exposição a altitudes elevadas ou a substâncias tóxicas; e (4) *condições clínicas associadas à gravidez*, tais como sangramento vaginal, infecções, pressão sanguínea alta ou baixa, anemia, depressão e ganho de peso muito pequeno (Arias, MacDorman, Strobino, & Guyer, 2003; Chomitz, Cheung, & Lieberman, 1995; Nathanielsz, 1995; Shiono & Behrman, 1995; Yonkers, citado em Bernstein, 2003), e ter dado à luz há menos de 6 meses ou mais de 5 anos antes (Conde-Agudelo, Rosas-Bermúdez, & Kafury-Goeta, 2006).

A alta proporção (13,88%) de bebês de baixo peso ao nascer na população negra não hispânica – quase duas vezes maior que a de bebês brancos e hispânicos (7% e 7,42%, respectivamente) (Hamilton et al., 2018) – é um dos principais fatores das altas taxas de mortalidade em bebês negros (Martin, Hamilton, et al., 2007; MacDorman & Mathews, 2008). Outras razões sugeridas para a maior predominância de baixo peso ao nascer, nascimentos pré-termo e mortalidade infantil entre bebês afro-americanos incluem (1) comportamentos relativos à saúde e nível socioeconômico; (2) níveis mais altos de estresse em mulheres afro-americanas; (3) maior suscetibilidade ao estresse; (4) o impacto do racismo, que pode contribuir para ou exacerbar o estresse; e (5) diferenças étnicas nos processos corporais relacionados ao estresse, como pressão arterial e reações imunológicas (Giscombé & Lobel, 2005).

Tratamento imediato e consequências O medo mais premente em relação a bebês muito pequenos é de que morram logo cedo, dada a quantidade de desafios que enfrentam. Como seus sistemas imunológicos não estão plenamente desenvolvidos e porque muitas vezes passam por múltiplos procedimentos médicos invasivos, eles são especialmente vulneráveis a infecções. Além disso, seu sistema nervoso pode não estar suficientemente maduro para desempenhar funções básicas à sobrevivência, como sugar, então muitas vezes é preciso que sejam alimentados por via intravenosa. Por fim, eles têm dificuldade para manterem-se aquecidos, pois não possuem uma quantidade suficiente de gordura para servir de isolante e para gerar calor. Essas primeiras experiências são estressantes, o que prejudica ainda mais as suas capacidades iniciais de enfrentamento.

Um transtorno particularmente difícil enfrentado pelos bebês pré-termo é a síndrome de insuficiência respiratória. Bebês prematuros carecem de uma quantidade adequada de uma substância essencial que cobre o pulmão, chamada surfactante, e que impede o colapso dos alvéolos pulmonares. Esses bebês podem respirar de modo irregular ou parar completamente de respirar. Administrar surfactante a recém-nascidos pré-termo de alto risco aumentou radicalmente as suas taxas de sobrevivência desde o final da década de 1990 (Glass et al., 2015).

Um bebê de baixo peso ao nascer, ou pré-termo de risco, é colocado em uma incubadora (berço antisséptico com temperatura controlada) e alimentado por tubos. Para compensar o empobrecimento sensorial em uma incubadora,* os funcionários do hospital e os pais

---

*N. de R.T.: Mesmo que seja indicado o contato físico com bebês pré-termo, deve-se ter muita cautela ao fazê-lo. Como os contatos que esses bebês frequentemente recebem são estressantes, como perfurações para novos acessos venosos ou intubações para alimentação ou respiração, qualquer toque executado de maneira não controlada pode gerar ainda mais estresse. Algumas intervenções musicoterápicas têm sido testadas, apresentando resultados positivos no controle dos sinais vitais dos bebês pré-termo. Referência: Palazzi, A., Meschini, R., & Piccinini, C. (2017). Music Therapy Intervention for the Mother-Preterm Infant Dyad: Evidence from a Case Study in a Brazilian NICU. *Voices: A World Forum for Music Therapy, 17*(2).

são encorajados a dar atenção especial a esses pequenos bebês. Massagens suaves podem promover crescimento, ganho de peso, atividade motora, vivacidade e organização comportamental (Field, Diego, & Hernandez-Reif, 2007), mas os resultados não são consistentes e ainda é preciso realizar mais pesquisas (Badr, Abdallah, & Kahale, 2015).

Teoriza-se que o **método canguru**, intervenção que envolve contato íntimo prolongado, pode ajudar os prematuros – e os nascidos a termo – a fazerem a transição da vida fetal para a confusão de estímulos sensoriais que é o mundo exterior. Esse contato tranquilizador parece reduzir o estresse no sistema nervoso central e ajuda na autorregulação do sono e da atividade. Uma metanálise recente demonstrou que o uso do método canguru está associado a uma redução de 36% no risco de mortalidade em comparação com os cuidados convencionais. Além disso, o método está associado a uma maior probabilidade de amamentação exclusiva até os 4 meses; menor risco de sepse neonatal (uma resposta à infecção que representa risco de morte), hipotermia (baixa temperatura corporal) e hipoglicemia (baixo nível de açúcar no sangue); menor probabilidade de readmissão hospitalar; sinais vitais melhores; maior crescimento da circunferência da cabeça; e pontuações menores em escalas de dor. Esses achados se aplicam especialmente aos países em desenvolvimento, nos quais tecnologias como incubadoras podem não estar disponíveis, já que o método canguru é ao mesmo tempo barato e altamente eficaz (Boundy et al., 2016).

Consequências a longo prazo Mesmo que bebês de baixo peso ao nascer sobrevivam ao perigo dos primeiros dias, o desafio não acabou. A maioria dos bebês que sobrevivem à prematuridade, mesmo os que nascem muito jovens e pequenos, levam vidas felizes e produtivas, mas eles ainda correm riscos maiores de sofrer diversos resultados de saúde adversos em comparação com adultos que foram bebês nascidos a termo (Doyle & Anderson, 2010). Por exemplo, bebês pré-termo correm risco maior de pressão alta (Parkinson, Hyde, Gale, Santhakumaran, & Modi, 2013) e síndrome metabólica (Markopoulou et al., 2019), tanto bebês pré-termo quanto bebês pequenos para a idade gestacional correm risco maior de diabetes na idade adulta, e bebês pequenos para a idade gestacional parecem correr risco maior de doença cardiovascular (Crump, Sundquist, Sundquist, & Winkleby, 2011; Sperling, 2004). Além disso, o nascimento pré-termo está associado com um risco maior de morte ao longo de toda a infância, taxas de reprodução menores na idade adulta e, para as mulheres, maior risco de elas mesmas terem partos prematuros (Swamy, Ostbye, & Skjaerven, 2008). Em geral, quanto mais curto o período da gestação, maior a probabilidade de paralisia cerebral, atraso cognitivo e baixos níveis de instrução e de renda relativa ao trabalho (Johnson & Marlow, 2017).

Em estudos longitudinais de bebês de extremo baixo peso ao nascer (entre 0,5 e 1 kg ao nascer) e bebês nascidos antes da 26ª semana de gestação, os sobreviventes tendem a ser menores que crianças a termo quando comparados a crianças da mesma idade e tinham maiores chances de apresentar problemas neurológicos, sensoriais, cognitivos, educacionais e comportamentais (Hutchinson, De Luca, Doyle, Roberts, Anderson, & the Victorian Infant Collaborative Study Group, 2013; Johnson & Marlow, 2017). Déficits cognitivos, especialmente na memória e na velocidade de processamento, têm sido observados entre bebês com muito baixo peso ao nascer (de menos de 1,5 kg ao nascer) até os 5 ou 6 meses, continuando ao longo da infância (Rose, Feldman, & Jankowski, 2002), adolescência (Litt et al., 2012) e persistindo até a idade adulta (Johnson & Marlow, 2017). Crianças e adolescentes com muito baixo peso ao nascer também tendem a apresentar mais problemas comportamentais e mentais do que aqueles que nasceram com peso normal (Johnson & Marlow, 2014), além de desenvolvimento motor deficiente no início da vida adulta (Husby et al., 2016).

Entretanto, os fatores ambientais podem fazer diferença. Fatores como escolaridade materna, estrutura familiar com duas figuras parentais e maior nível socioeconômico estão associados com resultados de desenvolvimento positivos para bebês pré-termo (Voss, Jungmann, Wachtendorf, & Neubauer, 2012; Saigal et al., 2006). O efeito dos pais também é importante. Quando os pais demonstram baixos níveis de raiva e crítica, ou quando as mães têm alto nível de sensibilidade ou baixos de ansiedade, os bebês pré-termo têm resultados melhores (Poehlmann-Tynan et al., 2015; Faure et al., 2017; Zelkowitz, Na, Wang, Bardin, & Papagergiou, 2011). Os bebês são muito resilientes, e um ambiente pós-natal de alta qualidade pode compensar muito os efeitos potenciais de nascer pequeno.

---

*N. de R.T.: Esse contato em geral é realizado pele a pele.

método canguru
Método de contato íntimo em que o recém-nascido é colocado de bruços entre os seios da mãe por cerca de uma hora após o nascimento.*

Graças à própria resiliência, muitas crianças que vivem em circunstâncias distantes do ideal, como este menino no Afeganistão destruído pela guerra, tornam-se adultos autoconfiantes e bem-sucedidos.

Fonte: Foto do Sgt. Marcus McDonald, da Força Aérea dos Estados Unidos.

PÓS-MATURIDADE

Quando pensam nas complicações do parto, as pessoas normalmente consideram questões relativas a nascer cedo demais ou pequeno demais. Entretanto, os bebês também podem ser afetados negativamente por ficarem por mais tempo no útero. A incidência de gravidez pós-termo nos Estados Unidos é de aproximadamente 5,5% (Martin, Hamilton, Osterman, Curtin, & Mathews, 2013).

Bebês **pós-maduros** tendem a ser compridos e magros porque continuaram crescendo no útero, mas, no final da gestação, tiveram uma provisão sanguínea insuficiente. Possivelmente, pelo fato de a placenta ter envelhecido e se tornado menos eficiente, talvez forneça menos oxigênio. As dimensões do bebê também complicam o parto; a mãe tem de dar à luz uma criança do tamanho de um bebê normal de 1 mês. Esse tipo de gestação coloca a mãe em maior risco de uma cesariana, lacerações perineais e hemorragia pós-parto, enquanto o neonato tem maior risco de distocia de ombros (condição na qual os ombros do bebê ficam presos atrás do osso pélvico da mãe durante o parto), aspiração de mecônio, pontuações baixas no teste de Apgar, lesões cerebrais e morte (American College of Obstetricians and Gynecologists, 2014). O American College of Obstetricians and Gynecologists (2014) aconselha que a indução do parto seja considerada em 41 semanas de gestação e recomenda-a para 42 semanas; contudo, há indícios de que induções menos tardias podem produzir resultados melhores (Bleicher et al., 2017).

pós-maduro
Refere-se ao feto que ainda não nasceu passadas duas semanas da data devida ou 42 semanas após o último ciclo menstrual da mãe.

NATIMORTOS

O **natimorto** é uma trágica união de opostos – nascimento e morte – que ocorre na 20ª semana de gestação ou após. Às vezes, a morte fetal é diagnosticada na fase pré-natal; em outros casos, a morte é detectada durante o trabalho de parto.

Nos Estados Unidos, a incidência de natimortos diminuiu em um terço entre 1990 e 2011 e permaneceu estável por três anos. Em 2014, o National Center for Health Statistics alterou o padrão usado para medir a idade gestacional, problematizando a comparação direta com os anos anteriores. O novo padrão define natimorto como morte fetal tardia a partir da 28ª semana. Por essa métrica, a mortalidade perinatal permaneceu basicamente estável entre 2014 e 2016, com média de 2,85%. As taxas eram mais altas para mulheres de 40 anos ou mais (9,86% em 2016). Além disso, elas variam por etnia, com o risco mais do que dobrando para mulheres negras não hispânicas (10,66%) em relação a mulheres brancas não hispânicas (4,98%) em 2016 (Gregory, Drake, & Martin, 2018). Meninos, gêmeos e outros múltiplos têm maior probabilidade de serem natimortos do que bebês de gestação única (MacDorman & Gregory, 2015).

Embora a causa da morte geralmente não seja específica, muitos fetos natimortos são pequenos para a idade gestacional, indicando subnutrição no útero (MacDorman & Gregory, 2015). Fetos supostamente com problemas podem ser submetidos a uma cirurgia pré-natal no útero para corrigir problemas congênitos ou para serem retirados prematuramente (Goldenberg, Kirby, & Culhane, 2004). Intervenções como essas poderiam prevenir uma grande parcela dos natimortos (Bhutta et al., 2011).

natimorto
Morte do feto na ou após a 20ª semana de gestação.

▶ **verificador**
você é capaz de...

▷ Discutir os fatores de risco, o tratamento e as consequências para bebês com baixo peso ao nascer?

▷ Explicar os riscos relativos à pós-maturidade?

▷ Discutir as tendências e os fatores de risco para partos de bebês que nascem mortos?

Sobrevivência e saúde

A primeira infância é uma fase da vida que traz muitos riscos. Quantos bebês morrem durante o primeiro ano e por quê? O que pode ser feito para evitar doenças perigosas e debilitantes na infância? Como podemos assegurar que os bebês vivam, cresçam e se desenvolvam como deveriam?

MORTALIDADE INFANTIL

Grandes passos já foram dados para proteger a vida de novos bebês, mas esses avanços não estão distribuídos por igual. Em todo o mundo, morreram 5,4 milhões de crianças com 5 anos ou menos em 2017 (World Health Organization, 2018b). Destes, 2,5 milhões foram de crianças de 28 dias ou menos (UNICEF, 2018a). A grande maioria dessas mortes prematuras ocorre em países em desenvolvimento (Figura 4.5), especialmente do Sul da Ásia e África Ocidental e Central (World Health Organization, 2013).

As principais causas de morte neonatal no mundo são complicações do nascimento pré-termo (35%), complicações do parto (24%) e sepse (15%). Muitas dessas mortes podem ser evitadas, resultando de uma combinação de pobreza, saúde e nutrição materna precárias, infecção e assistência

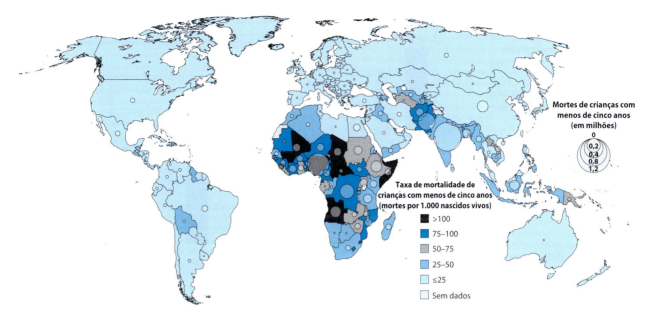

FIGURA 4.5
Taxa de mortalidade de crianças com menos de cinco anos, 2015.
A maioria das mortes neonatais ocorrem na África Subsaariana e na Ásia.
Fonte: UNICEF, 2016.

taxa de mortalidade infantil
Proporção de bebês nascidos vivos que morrem no primeiro ano de vida.

médica inadequada (UNICEF, 2015). Apesar de a mortalidade materna ter diminuído 44% entre 1990 e 2015, o número de mulheres e meninas que morrem no parto ainda é de cerca de 303.000 por ano. A maior parte dessas mortes (27%) se deve a hemorragia, mas também têm seu papel as doenças preexistentes, eclâmpsia, embolismos e complicações de abortos inseguros (UNICEF, 2017). Por volta de dois terços das mortes maternas ocorrem durante o período pós-natal imediato, e bebês cujas mães morreram estão mais propensos a morrer do que bebês cujas mães continuam vivas (Sines, Syed, Wall, & Worley, 2007). Assim como nas mortes neonatais, muitas dessas mortes poderiam ser evitadas.

Nos Estados Unidos, a **taxa de mortalidade infantil** – a proporção de bebês que morrem no primeiro ano de vida – tem diminuído quase que constantemente desde o começo do século XX, quando 100 bebês morriam para cada 1.000 nascidos vivos. Em 2017, a mortalidade infantil era de 5,87 por 1.000 nascidos vivos (Xu et al., 2018). Mais da metade de todas as mortes de bebês nos Estados Unidos ocorre na primeira semana de vida, e cerca de dois terços durante o período neonatal (Heron et al., 2009).

Intercorrências no nascimento são a principal causa de mortes infantis nos Estados Unidos, seguidas por distúrbios relacionados à prematuridade ou baixo peso ao nascer, síndrome da morte súbita infantil (SMSI), complicações na gravidez e complicações da placenta, cordão umbilical e membranas (Xu et al., 2018).

A queda geral nas taxas de mortalidade infantil nos Estados Unidos desde 1990 é atribuída em grande parte à prevenção da SMSI (discutida na próxima seção), bem como ao tratamento eficaz de distúrbios respiratórios e aos avanços da medicina que permitem manter vivos bebês que nascem muito pequenos (Arias, MacDorman, Strobino, & Guyer, 2003). No entanto, principalmente por causa do predomínio dos nascimentos pré-termo e do baixo peso ao nascer, bebês norte-americanos têm menos chance de chegar ao seu primeiro aniversário do que bebês de muitos outros países desenvolvidos (MacDorman & Mathews, 2009). A taxa de mortalidade infantil nos Estados Unidos, em 2008 (Figura 4.6), foi maior do que em outros 44 países (Kaiser Family Foundation, 2017).

Disparidades raciais/étnicas na mortalidade infantil A mortalidade infantil nos Estados Unidos declinou de 47% em 1940 para 5,87% em 2017. Embora esse declínio exista para todas as raças e grupos étnicos, ainda persistem grandes disparidades (Figura 4.7). A taxa de mortalidade infantil dos bebês negros (11,76%) é duas vezes maior que a dos bebês brancos (4,8%) e hispânicos (5,24%) (Xu et al., 2018). Essa disparidade foi atribuída à maior prevalência do baixo peso ao nascer e da morte súbita entre afro-americanos. Da mesma forma, a mortalidade infantil entre nativos americanos e nativos do Alasca é aproximadamente 1,5 vezes maior do que a de bebês brancos, principalmente devido à SMSI e à síndrome alcoólica fetal (American Public Health Association, 2004; Mathews & MacDorman, 2008).

FIGURA 4.6
Taxas de mortalidade infantil em países comparáveis.
Apesar das notáveis melhorias, os Estados Unidos têm uma taxa de mortalidade mais alta que as de nações comparáveis.
Fonte: Kaiser Family Foundation, 2017.

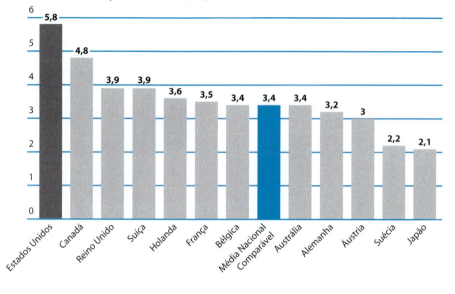

Os países são definidos como aqueles com PIB e PIB *per capita* acima da mediana em ao menos um dos últimos 10 anos. Dados canadenses estimados a partir de 2012.

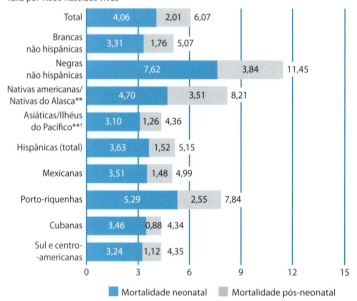

As mortes infantis são aquelas que ocorrem com menos de 1 ano de idade; mortes neonatais, menos de 28 dias; mortes pós-neonatais, entre 28 dias e 1 ano. **Pode incluir hispânicos.
†Dados separados para asiáticos, havaianos nativos e outros ilhéus do Pacífico não estão disponíveis.

FIGURA 4.7
Taxas de mortalidade infantil por raça/etnia materna, Estados Unidos.
A etnia influencia a mortalidade, sendo que bebês afro-americanos apresentam as maiores taxas de mortalidade.
Fonte: U.S. Department of Health and Human Services, Health Resources and Services Administration, Maternal and Child Health Bureau, 2015.

Condições preexistentes como obesidade e doenças cardiovasculares podem aumentar o risco associado à gravidez, sendo que a prevalência dessas condições varia entre diferentes grupos étnicos e raciais. Por exemplo, em 2016, 47% dos adultos hispânicos, 46,8% dos adultos negros e 37,9% dos adultos brancos não hispânicos eram obesos, mas apenas 12,7% dos adultos asiáticos se encaixavam nos mesmos critérios (Hales, Carroll, Fryar, & Ogden, 2017). A comunidade médica sabe há décadas que os afro-americanos correm riscos maiores de pressão alta do que os pacientes brancos (Lackland, 2014). Assim, parte da disparidade nas taxas de mortalidade infantil poderia ser atribuída a fatores como esses (Creanga, Syverson, Seed, & Callaghan, 2017). Fatores comportamentais também desempenham um papel. Por exemplo, o tabagismo e o consumo de álcool contribuem para maus resultados na gravidez, e pesquisas indicam que os nativos americanos e nativos do Alasca tendem a fumar e beber mais (National Center for Health Statistics, 2006). Por fim, há diferenças nítidas de acesso e qualidade nos serviços de saúde para minorias étnicas e raciais, sendo que adultos hispânicos e latinos têm menor probabilidade de terem seguro de saúde (Berchick, Hood, & Barnett, 2018). Como os fatores de risco para mortalidade infantil variam entre os grupos étnicos, os esforços para reduzir ainda mais as mortes infantis precisam concentrar-se em fatores específicos para cada grupo (Hesso & Fuentes, 2005; De Jongh, Paul, Hoffman, & Locke, 2014).

Síndrome da morte súbita infantil (SMSI)* Às vezes chamada de morte no berço, a **síndrome da morte**

---
*N. de R.T.: Também conhecida mais tradicionalmente como síndrome da morte súbita do lactente (SMSL).

súbita infantil (SMSI) é a morte repentina de uma criança com menos de um ano de idade, em que a causa da morte permanece sem explicação após uma completa investigação, que inclui autópsia. A SMSI representa 6,5% das taxas de mortalidade infantil (Heron, 2018). Atinge o seu máximo entre o segundo e o quarto mês de vida, e é mais comum entre bebês afro-americanos, de baixo peso ao nascer, pré-termos, gêmeos ou trigêmeos e aqueles cujas mães são jovens, tiveram três ou mais filhos anteriormente, tiveram pressão alta durante a gravidez ou receberam assistência pré-natal tardia ou nenhuma (Hakeem, Oddy, Holcroft, & Abenhaim, 2015). A exposição ao tabagismo, durante a gestação e após o parto, também é um fator de risco crítico (Zhang & Wang, 2013).

A busca pela causa da SMSI está estruturada em torno do modelo do "triplo risco". Nele, a SMSI é o resultado de três fatores que se sobrepõem. Primeiro, há um bebê com alguma vulnerabilidade. Segundo, há um período crítico durante o qual o bebê está em risco. Terceiro, há um estressor exógeno. A SMSI ocorre apenas se um bebê vulnerável é exposto a um estressor durante um período crítico, e todos os três fatores devem ocorrer em conjunto (Filiano & Kinney, 1994). Assim, boa parte da pesquisa se dedica a investigar quais fatores poderiam tornar os bebês vulneráveis e quais fatores ambientais causam a expressão dessa vulnerabilidade.

Em alguns casos, um defeito biológico subjacente pode tornar alguns bebês vulneráveis. Para aproximadamente 14% dos casos de SMSI, parece haver mutações genéticas que afetam o coração e desencadeiam as circunstâncias que podem levar à morte (Baruteau, Tester, Kapplinger, Ackerman, & Behr, 2017). Mais frequentemente, alguns bebês parecem nascer com atrasos ou defeitos no tronco encefálico, que regula a respiração, os batimentos cardíacos, a temperatura do corpo e o nível de excitação (Machaalani & Waters, 2014). Esses defeitos podem impedir o bebê com SMSI, que estiver dormindo de bruços ou de lado, de acordar ou virar a cabeça quando estiver respirando o ar "viciado" com dióxido de carbono contido sob o cobertor (Panigrahy et al., 2000). Igualmente, bebês com baixos níveis de serotonina podem não acordar sob condições de privação de oxigênio e aumento de dióxido de carbono, e dessa forma também correm maior risco (Duncan et al., 2010).

Assim, o fator ambiental para esses bebês vulneráveis é dormir de barriga para baixo durante o primeiro ano de vida, um período crítico, e as pesquisas apoiam fortemente a relação entre isso e a SMSI. As taxas de SMSI declinaram nos Estados Unidos em mais de 50% nos dez anos após o início da campanha "Back-to-Sleep" ("dormindo de costas"), que defende que bebês saudáveis sejam colocados para dormir de barriga para cima (Trachtenberg, Haas, Kinner, Stanley, & Krous, 2012).

A Academia Norte-Americana de Pediatria (Moon & Fu, 2012) também recomenda que os bebês *não* durmam em superfícies moles ou muito macias, como travesseiros, acolchoados ou cobertores de lã de carneiro, ou sob cobertas soltas, o que, especialmente quando o bebê está com a face para baixo, pode aumentar o risco de superaquecimento ou reinalação (a respiração do próprio dióxido de carbono exalado). As recomendações atuais para a redução de riscos também incluem dormir no quarto dos pais, mas em uma superfície separada; evitar fumaça de tabaco e o uso de monitores respiratórios; e usar um bico como estratégia para reduzir o risco de SMSI. Além disso, a amamentação e as imunizações parecem oferecer alguma proteção (Moon & Hauck, 2016).

Morte por lesões Lesões involuntárias constituem a quinta causa de morte na primeira infância nos Estados Unidos (Xu et al., 2018). Os bebês apresentam a segunda maior taxa de mortalidade por lesões não intencionais entre as crianças e os adolescentes, superados apenas por jovens de 15 a 19 anos. Cerca de dois terços das mortes por lesão no primeiro ano ocorrem por sufocação. Entre crianças de 1 a 4 anos, os acidentes de trânsito são a principal causa de mortes por lesão não intencional, seguidos de afogamento e queimaduras. As quedas são de longe a maior causa de lesões não fatais entre os bebês (52%) e entre as crianças de 2 anos (43%). Os meninos de todas as idades são mais propensos a serem feridos e morrer em consequência dos ferimentos do que as meninas. Os bebês afro-americanos, nativos americanos e nativos do Alasca têm probabilidade 2 a 3 vezes maior do que os bebês brancos e 4 a 6 vezes maior do que os asiáticos, ilhéus do Pacífico e hispânicos de morrer por lesões acidentais (Hauck, Tanabe, & Moon, 2011). Essas estatísticas chamam a atenção para a importância de tornar o ambiente seguro para o bebê, pois muitos acidentes poderiam ser evitados.

Aproximadamente 90% de todas as mortes por lesão na primeira infância são devidas a uma destas quatro causas: sufocação, acidente com veículo motor, afogamento e incêndios residenciais ou queimaduras (Pressley et al., 2007). Muitas dessas lesões acidentais ocorrem em casa. Algumas lesões relatadas como acidentais, na verdade, podem ter sido provocadas por cuidadores incapazes de suportar o choro do bebê.

---

síndrome da morte súbita infantil (SMSI)
Morte súbita inexplicável de um bebê aparentemente saudável.

A campanha "dormindo de costas" é um grande exemplo de campanha pública de saúde bem-sucedida. No entanto, traz consequências inesperadas. Como os bebês passam menos tempo tentando se erguer para ver o mundo à sua volta, vários marcos indicadores do desenvolvimento motor (como rolar o corpo) agora podem sofrer atraso em relação ao momento em que costumavam ocorrer.

Davis, Moon, Sachs, & Ottolini, 1998

verificador
você é capaz de...

▷ Resumir as tendências da mortalidade infantil e das mortes por lesões em bebês, e explicar as disparidades raciais/étnicas?

▷ Discutir os fatores de risco, causas e prevenção da síndrome da morte súbita infantil?

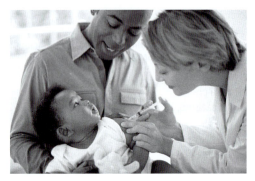

As taxas de doenças infecciosas diminuíram drasticamente nos Estados Unidos graças à imunização em massa; muitas crianças em áreas urbanas de baixo nível socioeconômico, porém, não são devidamente imunizadas.

Ian Hooton/Science Photo Library/Science Source

O artigo do Dr. Andrew Wakefield, publicado em 1998, que pela primeira vez associou autismo e vacinas foi desmentido em fevereiro de 2010 pelo The Lancet entre alegações de viés e conduta antiética do Dr. Wakefield.

verificador
você é capaz de...

▷ Explicar por que a completa imunização de todos os bebês e crianças em idade pré-escolar é importante?

IMUNIZAÇÃO PARA UMA SAÚDE MELHOR

Doenças infantis outrora muito conhecidas e às vezes fatais, como sarampo, coqueluche e poliomielite, agora, em sua maior parte, podem ser evitadas graças ao desenvolvimento de vacinas que mobilizam as defesas naturais do corpo. Infelizmente, muitas crianças ainda não estão adequadamente protegidas.

No mundo, 85% das crianças (123 milhões) receberam vacinações rotineiras durante o primeiro ano de vida em 2017. Estima-se que elas evitem de 2 a 3 milhões de mortes todos os anos. Infelizmente, mais de 20 milhões de crianças com menos de 1 ano não receberam nenhuma imunização, em muitos casos por morarem em países afetados por conflitos, onde os serviços de saúde entraram em colapso (UNICEF, 2018b).

Nos Estados Unidos, graças a uma iniciativa de imunização nacional, mais de 90% das crianças entre 19 e 35 meses completaram uma série recomendada de vacinações para crianças, incluindo sarampo, caxumba, rubéola, hepatite B e catapora. Entretanto, muitas crianças, especialmente as de nível socioeconômico baixo, ficam sem uma ou mais doses necessárias, e a abrangência do atendimento apresenta diferenças regionais (Centers for Disease Control and Prevention, 2018).

Alguns pais hesitam em imunizar seus filhos por causa da especulação de que certas vacinas – particularmente as vacinas contra difteria-coqueluche-tétano (DCT) e sarampo-caxumba-rubéola (SCR) – podem causar autismo ou outros transtornos do neurodesenvolvimento, mas não há evidências de que exista alguma relação. Uma metanálise recente, representando dados de mais de 1,26 milhão de crianças, não encontrou nenhuma relação entre autismo, transtornos do espectro autista, déficit cognitivo e vacinas (Taylor, Swerdfeger, & Eslick, 2014). Apesar desses dados, muitos pais escolhem não vacinar seus filhos ou então vaciná-los incompletamente ou com atrasos. Esse fato, combinado com a importação de patógenos por meio de viagens internacionais, resultou no ressurgimento de algumas doenças (Ventola, 2016). Por exemplo, até meados de julho de 2019, o Centers for Disease Control havia registrado quase 1.200 casos de sarampo em 30 estados dos Estados Unidos, o maior surto no país desde 1944 (Centers for Disease Control, 2019a). Atualmente, muitos estados permitem exceções na vacinação por motivos religiosos ou filosóficos, sendo que estas chegam a 20% da população em algumas regiões (Ventola, 2016).

Outra preocupação dos pais é os filhos tomarem vacinas demais e o sistema imunológico não se desenvolver apropriadamente. Na verdade, ocorre justamente o oposto. Vacinas múltiplas fortificam o sistema imunológico contra uma série de bactérias e vírus, além de reduzir as infecções relacionadas (Offit et al., 2002).

Desenvolvimento físico inicial

Felizmente, a maioria dos bebês sobrevive, desenvolve-se normalmente e cresce saudável. Quais os princípios que governam seu desenvolvimento? Quais são os padrões de crescimento típicos do corpo e do cérebro? Como se alteram as necessidades de nutrição e sono dos bebês? Como se desenvolvem suas habilidades sensoriais e motoras?

PRINCÍPIOS DO DESENVOLVIMENTO

Assim como acontece antes do nascimento, o crescimento e o desenvolvimento físico seguem o *princípio cefalocaudal* e o *princípio próximo-distal*.

De acordo com o princípio cefalocaudal, o crescimento ocorre de cima para baixo. Como o cérebro cresce rapidamente antes do nascimento, a cabeça do recém-nascido é desproporcionalmente grande. A cabeça torna-se proporcionalmente menor à medida que a criança cresce em altura e as partes inferiores do corpo se desenvolvem (Figura 4.8). O desenvolvimento sensorial e o motor seguem o mesmo princípio: os bebês aprendem a usar as partes superiores do corpo antes das partes inferiores. Assim, por exemplo, o bebê aprende a usar os braços para agarrar antes de aprender a usar as pernas para caminhar, e firma sua cabeça antes de aprender a sentar-se sozinho.

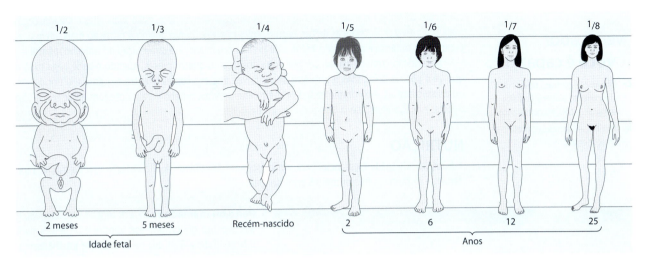

FIGURA 4.8
Mudanças de proporção no corpo humano durante o crescimento.
A mudança mais notável é que a cabeça torna-se menor em relação ao resto do corpo. As frações indicam o tamanho da cabeça como uma proporção do comprimento total do corpo em várias idades. Mais sutil é a estabilidade da proporção do tronco (do pescoço até o ponto de junção das pernas). A proporção crescente das pernas é quase exatamente o inverso da proporção decrescente da cabeça.

Segundo o princípio próximo-distal (de dentro para fora), o crescimento e o desenvolvimento motor ocorrem do centro do corpo para as extremidades. No útero, a cabeça e o tronco se desenvolvem antes dos braços e das pernas, depois são as mãos e os pés e, em seguida, os dedos das mãos e dos pés. Durante a primeira e a segunda infância, os membros superiores e inferiores continuam crescendo mais rápido que as mãos e os pés. Os bebês aprendem a usar as partes do corpo mais próximas do centro antes de aprenderem a usar as mais distantes. Por exemplo, os bebês primeiro aprendem a controlar os braços para alcançar objetos, depois as mãos em movimentos de concha, até que finalmente usam o polegar e o indicador para a preensão em pinça.

PADRÕES DE CRESCIMENTO

A criança cresce mais rápido durante os três primeiros anos, especialmente durante os primeiros meses, do que em qualquer outro período da vida (Figura 4.9). Aos cinco meses, o peso ao nascer de um bebê médio norte-americano do sexo masculino dobra para quase 7 kg e, com 1 ano de idade, mais do que triplica, ultrapassando os 10 kg. Essa taxa de crescimento diminui gradualmente durante o segundo e o terceiro anos de vida. O menino ganha pouco mais de 2 kg até seu segundo aniversário e mais 1,5 kg até o terceiro, quando inclina a balança para cerca de 15 kg. A altura do menino aumenta 25 centímetros durante o primeiro ano (a altura média de um menino de 1 ano é de aproximadamente 76 centímetros), 12,5 centímetros durante o segundo ano (de modo que a altura média de um menino de 2 anos é em torno de 91 centímetros), e 6 centímetros durante o terceiro ano, chegando aos 99 centímetros (0,99 metros). As meninas seguem um padrão semelhante, mas são um pouco menores em quase todas as idades (Kuczmarski et al., 2000; McDowell et al., 2008). À medida que o bebê cresce, forma e proporção também se alteram; uma criança de 3 anos é mais esguia do que outra de 1 ano, roliça e barrigudinha.

Os genes herdados pelo bebê têm forte influência sobre o fato de a criança ser alta ou baixa, magra ou atarracada, ou algo intermediário. Essa influência genética interage com influências ambientais como nutrição e

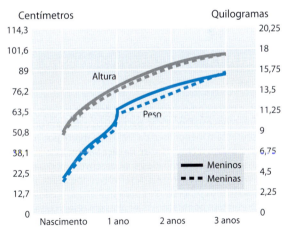

FIGURA 4.9
Crescimento em altura e peso durante a primeira infância.
Os bebês crescem mais rapidamente tanto em altura quanto em peso durante os primeiros meses de vida e depois o crescimento diminui um pouco até os 3 anos. Os meninos, em média, são levemente maiores que as meninas.

Nota: As curvas do gráfico referem-se ao 50º percentil para cada sexo.

> **verificador**
> **você é capaz de...**
>
> ▷ Resumir os padrões típicos de crescimento e alteração física durante os três primeiros anos?
>
> ▷ Identificar fatores que afetam o crescimento?

condições de vida. Hoje, as crianças de muitos países desenvolvidos estão mais altas e amadurecem mais cedo do que as crianças de um século atrás, provavelmente devido à nutrição mais adequada, condições sanitárias e assistência médica de melhor qualidade, e à diminuição do trabalho infantil.

A dentição começa a aparecer por volta dos três ou quatro meses, quando o bebê pega tudo o que vê e põe na boca; mas o primeiro dente talvez apareça somente entre o quinto e o nono mês, ou mesmo depois. Ao completar seu primeiro ano de vida, o bebê geralmente tem entre seis e oito dentes. Aos 2,5 anos, ele já tem todos os 20 dentes.

NUTRIÇÃO

A nutrição adequada é essencial para um crescimento saudável. A alimentação precisa mudar rapidamente durante os três primeiros anos de vida.

O leite materno pode ser chamado de "alimento saudável por excelência" porque oferece muitos benefícios aos bebês – físicos, cognitivos e afetivos.
Westend61/Getty Images

Peito ou mamadeira? Em termos nutricionais, o aleitamento materno quase sempre é o melhor para o bebê (Tabela 4.3). Ele deve começar imediatamente após o nascimento e continuar pelo menos até o primeiro ano de vida ou até mais tarde, se a mãe e o bebê assim o desejarem (Eidelman et al., 2012). A Academia Norte-Americana de Pediatria, Seção de Aleitamento Materno (AAP Section on Breastfeeding, 2005), recomenda que o bebê seja alimentado exclusivamente com leite materno durante seis meses. Além de positiva para a saúde, a amamentação tem benefícios econômicos. Se 90% das mães norte-americanas seguissem a recomendação da AAP de 6 meses de aleitamento, 911 mortes de bebês seriam evitadas e se poupariam 13 bilhões de dólares anualmente (Bartick & Reinhold, 2010).

Diversos fatores sociais impõem dificuldades para que as mulheres sigam essa iniciativa, como licença-maternidade curta demais ou inexistente, falta de horários flexíveis, impossibilidade de fazer pausas

TABELA 4.3 Benefícios do aleitamento materno em relação à alimentação por fórmulas

BEBÊS ALIMENTADOS COM LEITE MATERNO...
- Estão menos propensos a contrair doenças infecciosas como diarreia, infecções respiratórias, otite média (infecção do ouvido médio) e infecções estafilocócicas, bacterianas e do trato urinário.
- Apresentam menor risco de SMSI e de morte pós-neonatal.
- Apresentam menor risco de doença inflamatória intestinal.
- Possuem melhor acuidade visual, desenvolvimento neurológico e saúde cardiovascular de longo prazo, incluindo níveis de colesterol.
- Estão menos propensos a desenvolver obesidade, asma, eczema, diabetes, linfoma, leucemia infantil e doença de Hodgkin.
- Estão menos propensos a apresentar atraso no desenvolvimento motor ou na linguagem.
- Apresentam pontuações mais altas em testes cognitivos na idade escolar e no começo da vida adulta.
- Possuem menos cáries e estão menos propensos a precisar de aparelhos dentários.

MÃES QUE AMAMENTAM...
- Recuperam-se mais rapidamente do parto com menor risco de sangramento pós-parto.
- Estão mais propensas a retornar ao seu peso pré-gestação e menos propensas a desenvolver obesidade de longo prazo.
- Apresentam risco reduzido de anemia e menor risco de reincidência de gravidez durante a amamentação.
- Declaram que se sentem mais confiantes e menos ansiosas.
- Estão menos propensas a desenvolver osteoporose e câncer de mama pré-menopáusico.

Fonte: AAP Section on Breastfeeding, 2005; Black, Morris e Bryce, 2003; Chen e Rogan, 2004; Dee Li, Lee e Grummer-Strawn, 2007; Kramer et al., 2008; Lanting, Fidler, Huisman, Touwen, Boersma, 1994; Mortensen, Michaelsen, Sanders e Reinisch, 2002; Owen, Whincup, Odoki, Gilg e Cook, 2002; Singhal, Cole, Fewtrell e Lucas, 2004; United States Breastfeeding Committee, 2002.

relativamente frequentes e extensas no trabalho para bombear leite e falta de privacidade (Guendelman et al., 2009). Assim, muitas mulheres não conseguem amamentar, mesmo que queiram, e precisam recorrer à mamadeira com leites especiais.

A única alternativa aceitável ao leite materno é uma fórmula enriquecida com ferro, baseada em leite de vaca ou proteína de soja, e que contenha suplementos de vitaminas e sais minerais. Bebês desmamados durante o primeiro ano devem receber um suplemento de ferro. Com 1 ano de idade, o bebê pode passar a tomar leite de vaca.

O aleitamento materno é desaconselhável se a mãe estiver infectada com o vírus da imunodeficiência humana (HIV), ou se tiver qualquer outra infecção; se tiver tuberculose ativa não tratada; se tiver sido exposta a radiação; ou se estiver tomando qualquer medicação que não seja segura para o bebê (AAP Section on Breastfeeding, 2005). O risco de transmitir o HIV para a criança continua enquanto a mãe infectada estiver amamentando (Breastfeeding and HIV International Transmission Study Group, 2004), mas pode ser reduzido com o uso de zidovudina e/ou nevirapina durante as 14 primeiras semanas de vida (Kumwenda et al., 2008).

Outras preocupações nutricionais Bebês saudáveis não devem consumir *nada* além de leite materno ou fórmula enriquecida com ferro durante os 6 primeiros meses. Os pediatras recomendam que sejam introduzidos, gradualmente, alimentos sólidos enriquecidos com ferro – geralmente começando com os cereais – durante a segunda metade do primeiro ano. A água pode ser introduzida nesse momento (American Academy of Pediatrics, 2018).

Infelizmente, apesar das melhorias na alimentação das crianças pequenas durante a última década, muitos pais não seguem essas recomendações. Segundo entrevistas feitas aleatoriamente por telefone com pais e pessoas que cuidam de mais de 3 mil bebês e crianças norte-americanas, 29% recebem alimentos sólidos antes dos quatro meses, 17% ingerem sucos antes dos seis meses e 20% bebem leite de vaca antes de completar 12 meses. Além disso, a maioria das crianças pequenas não come frutas, legumes e verduras em quantidade ou variedade suficiente e, à medida que se aproximam da segunda infância, podem consumir quantidades cada vez maiores de bebidas com alto teor de açúcar (Roess et al., 2018).

A obesidade, definida como bebês com peso no 95º percentil para a sua altura, aumentou na primeira infância, bem como em todas as faixas etárias, nos Estados Unidos. Em 2011-2012, a prevalência de obesidade entre crianças de 0 a 2 anos era de 8,1% (Ogden, Carroll, Kit, & Flegal, 2014), com as maiores taxas entre os nativos americanos ou nativos do Alasca (20,7%) e latinos (17,9%) (Polhamus, Dalenius, Mackintosh, Smith, & Grummer-Strawn, 2011).

Uma análise recente, abrangendo dados de 282 estudos, identificou diversos fatores de risco em crianças de 0 a 2 anos associados ao risco posterior de obesidade infantil. Filhos de mães com maior índice de massa corporal (IMC) pré-gravidez ou que ganharam bastante peso durante a gestação tinham risco mais elevado, assim como bebês com alto peso ao nascer ou que ganharam peso rapidamente. A exposição pré-natal ao tabaco também estava associada. A associação com outros fatores não foi tão forte, incluindo diagnóstico materno de diabetes gestacional, matrícula em creche, uso impróprio da mamadeira, receber alimentos sólidos antes dos 4 meses de idade e uso de antibióticos para o bebê (Baidal et al., 2016). Em geral, os dados apoiam o achado de que a prevenção da obesidade nas crianças tem mais chances de sucesso se ocorrer mais cedo (Cheung, Cunningham, Narayan, & Kramer, 2016).

Os bebês norte-americanos comem demais, mas em muitas comunidades de baixa renda do mundo, eles podem não comer o suficiente. A Seção Janela para o Mundo deste capítulo analisa os efeitos da desnutrição e os esforços no sentido de estudá-la.

O CÉREBRO E O COMPORTAMENTO REFLEXO

O que faz o recém-nascido responder ao mamilo? O que o induz a começar os movimentos de sucção que lhe permitem controlar a ingestão de líquidos? Essas funções pertencem ao **sistema nervoso central** – o cérebro e a *medula espinhal* (um feixe de nervos que percorre a coluna vertebral) – e a uma rede periférica crescente de nervos que se estende a todas as partes do corpo. Por intermédio dessa rede, mensagens sensoriais seguem para o cérebro e comandos motores voltam como resposta.

Uma criança com menos de 3 anos, com um dos pais obeso, provavelmente será obesa quando adulta, independentemente do seu próprio peso.
Dennis MacDonald/PhotoEdit

Em média, 28 gramas de leite materno possuem cerca de 22 calorias.
Kellymom Breastfeeding and Parenting, 2006

verificador
você é capaz de...

▷ Resumir as recomendações dos pediatras sobre alimentação infantil e a introdução de leite de vaca, alimentos sólidos e sucos de frutas?

▷ Citar os fatores que contribuem para a obesidade após a infância?

sistema nervoso central
O cérebro e a medula espinhal.

JANELA para o mundo

DESNUTRIÇÃO: OS PRIMEIROS MIL DIAS

Em muitas comunidades de baixa renda existentes no mundo, a desnutrição infantil é generalizada – e geralmente fatal. A desnutrição crônica é causada por fatores como pobreza, alimentos e padrões de dieta de baixa qualidade, água contaminada, condições insalubres, serviços de saúde inadequados, higiene insuficiente, doenças que causam diarreia e outras infecções.

Cerca de 3,1 milhões de crianças morrem todos os anos de desnutrição crônica ao redor do mundo, o que representa 45% de todas as mortes de crianças de menos de 5 anos (UNICEF, 2017, May). Mundialmente, 25% das crianças com menos de 5 anos são desnutridas, a maioria mora na África Central e Ocidental, Sudeste Asiático, América Latina e Caribe (Lake, 2015). A desnutrição não está limitada aos países em desenvolvimento. Na América do Norte, 13,1 milhões de crianças nos Estados Unidos, 1,1 milhão no Canadá e 2,5 milhões no México são subnutridas (Patterson, 2017).

Pesquisar a desnutrição é um projeto difícil, dadas as considerações éticas e práticas envolvidas. Entretanto, o Instituto de Nutrição da América Central e Panamá (INCAP) conseguiu conduzir um estudo quase-experimental longitudinal sobre essa questão. Nesse estudo, foram identificados dois vilarejos grandes (900 pessoas) e dois pequenos (500 pessoas) na Guatemala, equivalentes em variáveis sabidamente importantes para o desenvolvimento, como saúde geral e nível socioeconômico. As crianças com menos de 7 anos em todos os vilarejos recebiam um suplemento vitamínico e de sais minerais duas vezes ao dia e eram monitoradas de perto. Em um vilarejo de cada tamanho, o suplemento também continha mais proteína.

A pesquisa mostrou que suplementos de proteína na infância produziam melhorias significativas em habilidades cognitivas, desenvolvimento físico e produtividade econômica. As crianças que receberam os suplementos de proteína ficaram mais altas, tiveram melhor desempenho em uma série de exercícios cognitivos e tinham maior massa magra. Na vida adulta, elas tinham risco menor de viver na pobreza e os homens demonstravam maior capacidade para o trabalho. Essas crianças, que hoje têm de 39 a 53 anos, seguem sendo avaliadas quanto à sua suscetibilidade às doenças crônicas da vida adulta. Os resultados iniciais indicam que os suplementos também tiveram resultados positivos nesse sentido (Martorell, 2016).

Mas há um porém. Os efeitos positivos da suplementação ocorreram apenas para as crianças que participaram do estudo antes dos 3 anos, sem o mesmo efeito para as mais velhas. Por quê?

O autor do estudo argumenta que os primeiros mil dias de vida são um período crítico para o desenvolvimento físico e cognitivo saudável. Mas por quê? Primeiro, este é um período de crescimento físico e desenvolvimento cerebral incrivelmente rápidos. Logo, quaisquer deficiências enfrentadas nele tendem a ter um efeito mais forte. Esse crescimento rápido também implica necessidades calóricas maiores em relação ao tamanho do corpo, de modo que as crianças mais jovens são ainda mais vulneráveis a privações. Segundo, as crianças menores são mais suscetíveis a infecções, tais como doenças que provocam diarreias, que podem impactar a sua capacidade de digerir nutrientes. Por fim, as crianças mais jovens dependem mais dos outros para cuidar das suas necessidades e, logo, são menos capazes de adotar ações compensatórias (Martorell, 2016).

Essa pesquisa, junto de diversos outros trabalhos, levou o Fundo das Nações Unidas para a Infância (UNICEF) a implementar iniciativas projetadas para avaliar as necessidades nutricionais e de saúde das pessoas afetadas, educar mulheres sobre a amamentação e apoiá-las nessa prática, fornecer vitaminas e nutrientes essenciais e levar comida e água potável a crianças subnutridas (UNICEF, 2015). Dezenas de organizações se juntaram à luta contra a fome mundial. O World Hunger Education Service informa uma redução de 42% na prevalência de pessoas subnutridas nos países em desenvolvimento entre 1990 e 2014.

Apesar de 13,5% da população total nos países em desenvolvimento continuar cronicamente subnutrida, esse valor representa uma queda em relação à taxa de 23,4% em 1990 (Hunger Notes, 2016). Estamos progredindo na luta contra a fome no mundo, mas este não é um problema que possa ser resolvido da noite para o dia.

qual a sua opinião? O que você pensa de algumas das considerações éticas na condução de pesquisas com crianças desnutridas? Qual é a responsabilidade dos países mais ricos para com os países em desenvolvimento?

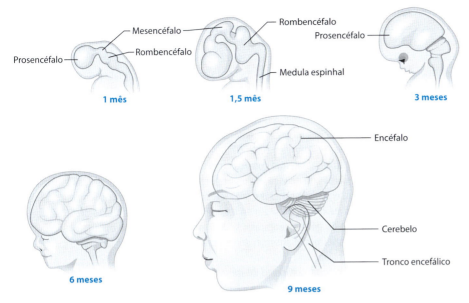

FIGURA 4.10
Desenvolvimento do cérebro durante a gestação.
O desenvolvimento do sistema nervoso fetal começa aproximadamente na terceira semana. Com 1 mês, surgem as principais regiões do cérebro: prosencéfalo, mesencéfalo e rombencéfalo. À medida que o cérebro vai crescendo, a parte da frente se expande para formar o encéfalo, lugar da atividade consciente do cérebro. O cerebelo cresce mais rápido durante o primeiro ano de vida.

Fonte: 1979. Cowan

Construindo o cérebro O crescimento do cérebro é um processo que dura a vida toda e que é fundamental para o desenvolvimento físico, cognitivo e emocional. Por meio de várias técnicas de imageamento do cérebro, os pesquisadores estão obtendo um quadro mais nítido de como ocorre o desenvolvimento desse órgão.

Ao nascer, o cérebro tem somente de um quarto a um terço de seu volume adulto definitivo (Toga, Thompson, & Sowell, 2006). Aos 6 anos, está próximo do tamanho adulto, mas partes específicas do cérebro continuam crescendo e se desenvolvendo funcionalmente até a idade adulta. O crescimento do cérebro ocorre de forma intermitente. É o que chamamos de *surtos de crescimento cerebral*, quando diferentes partes do cérebro crescem mais rapidamente em diferentes momentos.

lateralização
Tendência de cada um dos hemisférios cerebrais a apresentar funções especializadas.

Principais partes do cérebro Começando em torno de três semanas após a fecundação, o cérebro aos poucos se desenvolve, a partir de um tubo oco, em uma massa celular esférica (Figura 4.10). Até o nascimento, o surto de crescimento da medula espinhal e do *tronco encefálico* (a parte do cérebro responsável por funções corporais básicas como respiração, ritmo cardíaco, temperatura do corpo e o ciclo de sono e vigília) está quase concluído. O *cerebelo* (a parte do cérebro que mantém o equilíbrio e a coordenação motora) cresce mais rápido durante o primeiro ano de vida (Casaer, 1993; Knickmeyer et al., 2008).

O *encéfalo*, a maior parte do cérebro, divide-se em metades direita e esquerda, ou hemisférios, cada qual com funções especializadas. Essa especialização dos hemisférios é chamada de **lateralização**. O hemisfério esquerdo ocupa-se principalmente da linguagem e do raciocínio lógico; o hemisfério direito, com as funções visuais e espaciais, como a leitura de um mapa e o desenho. Juntando os dois hemisférios, há uma espessa faixa de tecido chamada *corpo caloso*, que lhes permite compartilhar informações e coordenar comandos. O corpo caloso cresce significativamente durante a infância, atingindo o tamanho definitivo aos 10 anos. Cada hemisfério cerebral possui quatro lobos ou seções, que controlam diferentes funções. Eles são os *lobos occipital, parietal, temporal* e *frontal* (Figura 4.11). O lobo occipital é o menor dos quatro e

FIGURA 4.11
O cérebro humano.

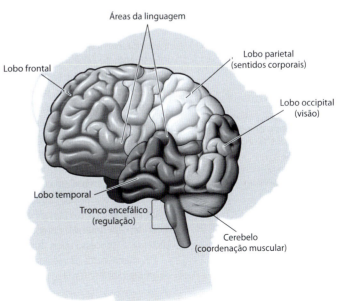

trata principalmente do processamento visual. O lobo parietal está envolvido com a integração de informações sensoriais do corpo e nos ajuda a mover nossos corpos pelo espaço e manipular os objetos em nosso mundo. O lobo temporal nos ajuda a interpretar sons e cheiros e está envolvido com a memória. Os lobos frontais, a região mais nova do cérebro, estão envolvidos em diversos processos de ordem superior, como estabelecimento de metas, inibição, raciocínio, planejamento e resolução de problemas. As regiões do *córtex cerebral* (a superfície mais externa do cérebro) que controlam visão, audição e outras informações sensoriais crescem rapidamente nos primeiros meses após o nascimento e amadurecem aos seis meses de idade, mas as áreas do córtex frontal responsáveis pelo pensamento abstrato, associações mentais, memória e respostas motoras deliberadas permanecem imaturas durante vários anos (Gilmore et al., 2007).

O surto de crescimento cerebral, que começa por volta do terceiro trimestre da gestação e continua até pelo menos o quarto ano de vida, é importante para o desenvolvimento das funções neurológicas. Sorrir, balbuciar, engatinhar, andar e falar – todos os principais marcos sensoriais, motores e cognitivos que ocorrem até o final do segundo ano de vida – refletem o rápido desenvolvimento do cérebro, especialmente do córtex cerebral. (A Seção Pesquisa em Ação discute o autismo, um distúrbio relacionado ao crescimento anormal do cérebro.)

Células cerebrais   O cérebro é composto de *neurônios* e *células gliais*. Os **neurônios**, ou células nervosas, enviam e recebem informação. A *glia*, ou células gliais, nutre e protege os neurônios. São os sistemas de apoio dos nossos neurônios.

Começando no segundo mês de gestação, estima-se que 250 mil neurônios não maduros são produzidos a cada minuto por meio da divisão celular (mitose). No nascimento, a maioria dos mais de 100 bilhões de neurônios de um cérebro maduro já está formada, mas não ainda plenamente desenvolvida. O número de neurônios aumenta muito rapidamente entre a 25ª semana de gestação e os primeiros meses após o nascimento. Essa proliferação celular é acompanhada de um notável crescimento no tamanho da célula.

Originalmente, os neurônios são simplesmente corpos celulares dotados de um núcleo, ou centro, formado por ácido desoxirribonucleico (DNA), que contém a programação genética da célula. À medida que o cérebro cresce, essas células rudimentares migram para as várias partes do cérebro (Bystron, Rakic, Molnar, & Blakemore, 2006). A maior parte dos neurônios do córtex já está em seu lugar na 20ª semana de gestação, e sua estrutura torna-se razoavelmente bem definida durante as próximas 12 semanas.

Uma vez no lugar, os neurônios dão origem aos *axônios* e *dendritos*, que são extensões filamentosas e ramificadas. Os axônios enviam sinais para outros neurônios e os dendritos recebem essas mensagens que chegam até eles através das *sinapses*, pequenos espaços entre os neurônios que se comunicam através de substâncias químicas chamadas *neurotransmissores*, que são liberadas pelos neurônios. Um determinado neurônio pode vir a ter entre 5 mil e 100 mil conexões sinápticas.

A multiplicação de dendritos e conexões sinápticas, especialmente durante os últimos dois meses e meio de gestação e os primeiros 6 meses a 2 anos de vida, é responsável por boa parte do crescimento do cérebro, permitindo a emergência de novas capacidades perceptuais, cognitivas e motoras. À medida que os neurônios se multiplicam, migram para os locais que lhes são designados e desenvolvem conexões, passam pelos processos complementares de *integração* e *diferenciação*. Pela **integração**, neurônios que controlam vários grupos de músculos coordenam suas atividades. Pela **diferenciação**, cada neurônio assume uma estrutura e função específica e especializada.

A princípio, o cérebro produz mais neurônios e sinapses do que o necessário. A quantidade de neurônios em excesso advindos dessa proliferação inicial dá ao cérebro flexibilidade — com mais conexões disponíveis do que ele poderia precisar pelo resto da vida, abrem-se muitas vias em potencial para o cérebro em crescimento. À medida que as primeiras experiências moldam o cérebro, as vias são selecionadas, enquanto as não utilizadas vão sendo podadas. Esse processo denominado **poda neural** envolve morte celular, que pode parecer algo negativo, mas é uma forma de calibrar o cérebro em desenvolvimento, ajustá-lo ao ambiente local e ajudá-lo a funcionar de modo mais eficiente. O processo inicia durante o período pré-natal e continua após o nascimento.

Somente cerca de metade dos neurônios originalmente produzidos sobrevive e funciona na idade adulta (Society for Neuroscience, 2008). No entanto, mesmo quando neurônios desnecessários

---

neurônios
Células nervosas.

Para usar uma analogia, pense nisso como uma equipe esportiva. A integração envolve todos os jogadores trabalhando juntos, de maneira coordenada. A diferenciação envolve cada jogador assumindo uma posição específica em campo.

integração
Processo pelo qual os neurônios coordenam as atividades de todas as funções e órgãos do corpo.

diferenciação
Processo pelo qual as células adquirem estruturas e funções especializadas.

poda neural
No desenvolvimento cerebral, a eliminação normal do excesso de células cerebrais para obter um funcionamento mais eficiente.

pesquisa em ação

AUTISMO

Os transtornos do espectro autista (TEA) são caracterizados por déficits de linguagem e comunicação social, dificuldades para interação social e padrões de comportamento, interesses ou atividades restritivos e repetitivos (American Psychiatric Association, 2013). Estudos recentes indicam que 1 em cada 68 crianças são diagnosticadas com TEA nos Estados Unidos (Centers for Disease Control, 2016), um aumento aparente em relação aos anos anteriores. A que poderíamos atribuir esse aumento? E o que as pesquisas nos dizem sobre o que está acontecendo?

Teoriza-se que um fator importante esteja centrado nos critérios diagnósticos. O DSM-5 combinou diversos transtornos para formar um único diagnóstico de TEA. Diversos *transtornos autistas*, além da *síndrome de Asperger*, hoje são classificados como parte do espectro autista (Zylstra, Prater, Walthour, & Aponte, 2014), o que não acontecia antes. Assim, muitas crianças e adultos que antes não eram diagnosticados com TEA hoje se encaixam nesses critérios. As mudanças nas taxas de TEA também podem ser explicadas pela conscientização do público, encaminhamentos de médicos e educadores e o uso de ferramentas de diagnóstico mais precisas (Zylstra et al., 2014). No entanto, o aumento das taxas não pode ser explicado completamente pelas mudanças nos métodos diagnósticos (Hansen, Schendel, & Parner, 2015).

As pesquisas indicam que o TEA tem forte base genética. Irmãos de crianças com TEA têm risco elevado (Ozonoff et al., 2011), e estudos de genética comportamental confirmam que o risco maior está associado com o parentesco genético (Sandin et al., 2014). Contudo, os genes não são totalmente deterministas, e as variações genéticas críticas propostas também estão presentes em indivíduos com TEA (Nardone & Elliot, 2016). Além disso, é improvável que seja possível atribuir o aumento da prevalência exclusivamente à genética, já que ocorreu rápido demais para que seja o reflexo de mudanças genômicas significativas.

Que outros fatores foram investigados? Ng e colaboradores (2017) conduziram uma metanálise de 315 estudos internacionais, e encontraram uma "vasta literatura repleta de achados incoerentes". Ainda assim, diversos fatores críticos vieram à tona, incluindo fatores fisiológicos, como idade paterna e materna avançada, nascimento pré-termo, baixo peso ao nascer e combinação de complicações da gravidez. Outros fatores incluem pesticidas, chumbo, metais pesados, poluentes atmosféricos relacionados ao tráfego de veículos, substâncias químicas usadas em produtos de limpeza domésticos (Boggess, Faber, Kern, & Kingston, 2016; Wong, Wais, & Crawford, 2015) e outras substâncias que poderiam atravessar a barreira placentária e afetar o desenvolvimento cerebral (Kalkbrenner, Schmidt, & Penlesky, 2014; Nardone & Elliot, 2016), mas ainda não há evidências conclusivas.

O fator ambiental que recebeu mais atenção é a suposta ligação entre vacinas e autismo. Os ativistas antivacinas defendem que as vacinas causam autismo em determinados indivíduos, uma teoria que foi desmentida inúmeras vezes (Taylor, Swerdfeger, & Eslick, 2014). Contudo, as atitudes antivacinas estão se proliferando e se espalhando através de *sites*, fóruns e mídias sociais (Basch, Zybert, Reeves, & Basch, 2017; Venkatraman, Garg, & Kumar, 2015). O timerosal, um conservante antibacteriano que contém mercúrio, esteve no centro dessa controvérsia em determinado momento, apesar de ser "muito menos tóxico" do que o mercúrio presente em peixes e em outras fontes (Roy, Aggarwal, Dhangar, & Aneja, 2016). As metanálises não sustentaram nenhuma das acusações sobre a relação entre timerosal e TEA (Ng, De Montigny, Ofner, & Do, 2017; Roy et al., 2016). Mesmo assim, a substância foi praticamente eliminada das vacinas em resposta ao debate público. As vacinas são seguras para praticamente todas as crianças e muito menos arriscadas do que não imunizá-las contra doenças que as colocam em risco de morte (Roy et al., 2016).

Mais pesquisas são necessárias para determinar as possíveis causas do TEA. Uma inter-relação complexa entre genética e fatores ambientais é responsável pelas mudanças cerebrais e comportamentais associadas com o TEA. As perguntas de pesquisa relevantes a serem exploradas representam um desafio considerável, dadas as janelas críticas de exposição, subtipos de TEA, variações de gênero e suscetibilidade genética individual (Kalkbrenner et al., 2014). A ciência nos oferece respostas, mas não todas e não imediatamente.

 qual a sua opinião? Você apoia a visão de que as taxas de autismo estão mesmo aumentando? Dado o que você sabe hoje, como responderia às alegações de que as vacinas estão relacionadas ao autismo?

deixam de existir, outras conexões podem continuar a se formar durante a vida adulta (Deng, Aimone, & Gage, 2010). Enquanto isso, conexões entre células corticais continuam a se fortalecer e a se tornar mais confiáveis e precisas, possibilitando que as funções motoras e cognitivas tornem-se mais flexíveis e avançadas (Society for Neuroscience, 2008).

Mielinização Boa parte do crédito pela eficiência da comunicação neural vai para as células gliais, que revestem as vias neurais com uma substância gordurosa chamada mielina. Esse processo de **mielinização** permite que os sinais se propaguem mais rapidamente e com maior fluidez. A mielinização começa aproximadamente na metade da gestação, tem seu auge durante o primeiro ano de vida, continua na adolescência (Dubois et al., 2014) e persiste durante a terceira década de vida (Bartzokis et al., 2010).

No feto, o desenvolvimento da mielina avança do centro para fora. As vias sensoriais, incluindo as somatossensoriais, visuais e auditivas, geralmente são mielinizadas antes das vias motoras, e o polo occipital (a região posterior do lobo occipital) é mielinizado antes dos polos temporal e frontal. Por fim, as fibras de projeção (tratos nervosos que ligam o córtex às partes inferiores do cérebro e à medula espinhal) são mielinizadas antes das fibras de associação (tratos nervosos que ligam as áreas corticais dentro do hemisfério cerebral) (Qui, Mori, & Miller, 2015). Alguns autores argumentam que essa sequência existe porque antes que possam usar informações, as áreas corticais devem poder acessar informações estáveis, então as áreas corticais primárias são mielinizadas primeiro (Guillery, 2005).

A mielinização continua a ocorrer rapidamente durante toda a primeira infância, acelerando-se aos 12 a 16 meses e então desacelerando de novo dos 2 aos 5 anos (Deoni, Dean, O'muircheartaigh, Dirks, & Jerskey, 2012). Aos 5 anos, o volume de substância branca mielinizada do cérebro representa aproximadamente 80% do volume adulto (Deoni et al., 2011).

Reflexos primitivos No momento em que as suas pupilas se contraem quando você se vira para uma luz intensa, elas agem involuntariamente. Essa resposta automática e inata à estimulação é chamada de **comportamento reflexo**. Os comportamentos reflexos são controlados por centros inferiores do cérebro que governam outros processos involuntários, tais como a respiração e o ritmo cardíaco.

Estima-se que bebês humanos tenham 27 reflexos importantes (Tabela 4.4), muitos dos quais estão presentes no nascimento ou pouco depois (Noble & Boyd, 2012). Os *reflexos primitivos*, tais como o de sucção, rotação do pescoço (buscar o mamilo) e o reflexo de Moro (resposta a um susto ou quando o bebê começa a cair), estão relacionados a necessidades instintivas por sobrevivência e proteção, ou talvez sustentem a ligação inicial com o cuidador. Alguns reflexos primitivos possivelmente fazem parte do legado evolutivo da humanidade. Um exemplo é o reflexo de preensão, que permite a macacos bebês se agarrarem ao pelo da mãe. Bebês humanos exibem um reflexo semelhante quando agarram com força qualquer objeto colocado na palma de sua mão, gesto remanescente de nosso passado ancestral.

À medida que os centros superiores do cérebro tornam-se ativos entre o segundo e o quarto meses de vida, os bebês começam a exibir *reflexos posturais:* reações a mudanças de posição ou de equilíbrio. Por exemplo, bebês que são inclinados para baixo estendem os braços no reflexo de paraquedas, uma tentativa instintiva de amenizar a queda. *Reflexos locomotores*, como os reflexos de marcha automática e natatório, lembram movimentos voluntários que só vão aparecer meses depois que os reflexos desaparecerem.

A maior parte dos reflexos iniciais desaparece durante os primeiros 6 a 12 meses. Reflexos que continuam servindo a funções protetoras permanecem – tais como piscar, bocejar, tossir, engasgar, espirrar, tremer e a dilatação das pupilas no escuro. O desaparecimento, em determinado momento, de reflexos desnecessários é sinal de que as vias motoras no córtex foram parcialmente mielinizadas, permitindo a passagem para o comportamento voluntário. Assim, podemos avaliar o desenvolvimento neurológico de um bebê observando se certos reflexos estão presentes ou ausentes.

Plasticidade cerebral Embora o desenvolvimento inicial do cérebro seja geneticamente orientado, ele é continuamente modificado pela experiência ambiental. A arquitetura física do cérebro reflete as experiências que temos durante a vida. Nossos cérebros não são estáticos; são órgãos vivos, que mudam e respondem a influências ambientais. O termo técnico para essa maleabilidade do cérebro é **plasticidade**. Essa plasticidade pode ser um mecanismo evolutivo para possibilitar a adaptação às mudanças no ambiente (Gomez-Robles, Hopkins, & Sherwood, 2013).

---

mielinização
Processo de revestimento das vias neurais com uma substância gordurosa (mielina) que permite maior rapidez de comunicação entre as células.

A mielina é composta principalmente de gordura. Como o leite materno é produzido para ser ideal à nutrição do bebê, ele contém níveis relativamente altos mas saudáveis deste ingrediente essencial.

comportamentos reflexos
Respostas à estimulação, automáticas, involuntárias e inatas.

verificador
você é capaz de...

▷ Descrever o desenvolvimento inicial do cérebro?
▷ Explicar as funções dos comportamentos reflexos e por que alguns desaparecem?

plasticidade
Capacidade do cérebro de se modificar e criar novas conexões a partir da experiência.

Desenvolvimento Humano 113

TABELA 4.4 Reflexos humanos primitivos

Reflexo	Estimulação	Comportamento do bebê	Idade típica de aparecimento	Idade típica de desaparecimento
Moro	O bebê é derrubado ou ouve um estampido.	Estica pernas, braços e dedos; curva-se e joga a cabeça para trás.	7º mês de gestação	3 meses
Darwiniano (preensão)	Toca-se a palma da mão do bebê.	Fecha o punho com força; pode ser erguido se ambos os punhos agarrarem um bastão.	7º mês de gestação	4 meses
Tônico cervical assimétrico	Deita-se o bebê de costas.	Vira a cabeça para o lado, assume posição de "esgrimista", estende braços e pernas para o lado preferido e flexiona os membros opostos.	7º mês de gestação	5 meses
Babkin	Tocam-se ao mesmo tempo ambas as palmas das mãos do bebê.	Abre a boca, fecha os olhos, flexiona o pescoço, inclina a cabeça para frente.	Nascimento	3 meses
Babinski	Acaricia-se a planta do pé do bebê.	Abre os dedos dos pés em leque; o pé se retorce.	Nascimento	4 meses
Sucção	Tocam-se os lábios, gengivas ou palato do bebê.	Inicia automaticamente o movimento de sucção.	Nascimento	9 meses
Marcha automática	Segura-se o bebê por baixo dos braços, com os pés descalços tocando uma superfície plana.	Faz movimentos semelhantes ao de uma caminhada coordenada.	1 mês	4 meses
Natatório	O bebê é colocado na água com o rosto voltado para baixo.	Faz movimentos natatórios coordenados.	1 mês	4 meses

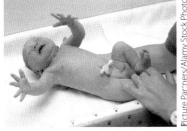
Reflexo de Moro

Reflexo darwiniano (de preensão)

Reflexo tônico cervical assimétrico

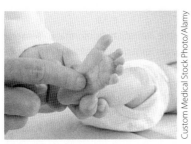
Reflexo de Babinski

Reflexo de sucção

Reflexo de marcha automática

A plasticidade possibilita a aprendizagem. As diferenças individuais de inteligência talvez reflitam diferenças na capacidade do cérebro de desenvolver conexões neurais em resposta à experiência (Brant et al., 2013; Garlick, 2003). As primeiras experiências podem ter efeitos duradouros na capacidade do sistema nervoso central de aprender e armazenar informações (Society for Neuroscience, 2008).

Há dois lados para toda moeda: assim como nos permite aprender em resposta aos estímulos ambientais, a plasticidade também pode levar a danos no caso de estímulos nocivos. Durante o período formativo no início da vida, quando a plasticidade é máxima, o cérebro é especialmente vulnerável. A exposição a drogas perigosas, toxinas ambientais ou estresse materno antes ou depois do nascimento pode ameaçar o desenvolvimento do cérebro, e a desnutrição pode interferir no desenvolvimento cognitivo normal. Excessos ou falta de estímulos sensoriais nos primeiros anos de vida podem deixar sequelas no cérebro à medida que ele se adapta ao ambiente onde a criança em desenvolvimento vive, retardando o desenvolvimento neural ou afetando a estrutura do cérebro (AAP, Stirling and the Committee on Child Abuse and Neglect and Section on Adoption and Foster Care; American Academy of Child and Adolescent Psychiatry, Amaya-Jackson; & National Center for Child Traumatic Stress, Amya-Jackson, 2008). Outra pesquisa sugere que a falta de estímulo ambiental pode inibir o processo normal de poda neural e a otimização das conexões neurais, resultando em uma cabeça de menor tamanho e atividade reduzida do cérebro (C. A. Nelson, 2008).

Em contrapartida, uma experiência enriquecida pode estimular o desenvolvimento do cérebro (Society for Neuroscience, 2008) e até mesmo compensar privações passadas (J. E. Black, 1998). Animais criados em gaiolas cheias de brinquedos produzem mais axônios, dendritos e sinapses que aqueles criados em gaiolas vazias (Society for Neuroscience, 2008). A plasticidade continua por toda a vida enquanto os neurônios mudam de tamanho e de formato em resposta à experiência ambiental (Rutter, 2002). Essas descobertas foram um incentivo para esforços bem-sucedidos em estimular o desenvolvimento do cérebro de bebês prematuros (Als et al., 2004) e de crianças com síndrome de Down, bem como em ajudar vítimas de dano cerebral a recuperarem suas funções.

Restrições éticas impedem a realização de experimentos controlados sobre os efeitos da privação em bebês humanos. No entanto, a descoberta de milhares de bebês e crianças pequenas criadas em instituições de acolhimento superlotadas na Romênia proporcionou a oportunidade para um experimento natural (Becket, et al., 2006). Essas crianças abandonadas ou órfãs de pai e mãe haviam passado muito tempo deitadas em seus berços ou em camas, em silêncio e sem nada para olhar. A maioria das crianças com 2 e 3 anos não andava nem falava, e as mais velhas brincavam sem propósito. Exames de PET *scan* realizados mostraram extrema inatividade nos lobos temporais, que regulam a emoção e a recepção de informação sensorial.

Algumas dessas crianças foram encaminhadas para adoção ou acolhimento familiar no Canadá ou no Reino Unido. Em um estudo longitudinal, por exemplo, crianças romenas que haviam sido removidas de instituições *antes* dos 6 meses de idade e adotadas por famílias inglesas não apresentaram nenhuma deficiência cognitiva até os 11 anos, comparadas a um grupo-controle de crianças inglesas adotadas no próprio Reino Unido. Por outro lado, o QI médio das crianças romenas adotadas por famílias inglesas *após* os 6 meses de idade era 15 pontos mais baixo. Aos 6 e aos 11 anos, aqueles que foram adotados mais tarde eram os que tinham maior deficiência cognitiva, embora esse grupo tenha progredido modestamente (Beckett et al., 2006). Essas descobertas sugerem que o acolhimento familiar de alta qualidade pode em parte superar os efeitos adversos da institucionalização no processamento de informação socioemocional (Moulson, Fox, Zeanah, & Nelson, 2009). Da mesma forma, uma família adotiva de alta qualidade, especialmente se a adoção ocorre antes dos 4 meses de idade, pode atenuar os efeitos da institucionalização inicial (Audet & Le Mare, 2011).

CAPACIDADES SENSORIAIS INICIAIS

As áreas de recompensa do cérebro em desenvolvimento, que controlam a informação sensorial, crescem rapidamente durante os primeiros meses de vida, permitindo ao recém-nascido ter um entendimento razoável daquilo que ele toca, vê, cheira, degusta e ouve (Gilmore et al., 2007).

Tato e dor Sempre que se abraça um bebê chorando para reconfortá-lo ou se faz cócegas em uma criança sonolenta para acordá-la, você recorre àquele que é provavelmente o sentido mais importante na primeira infância: o tato. O tato é o primeiro sentido a se desenvolver, e nos primeiros meses é o sistema sensorial mais maduro. Com 32 semanas de gestação, todas as partes do corpo são sensíveis ao toque, sensibilidade esta que aumenta durante os 5 primeiros dias de vida (Haith, 1986; Field, 2010).

---

verificador
você é capaz de...

▷ Discutir como as primeiras experiências podem afetar o crescimento e o desenvolvimento do cérebro, seja positivamente ou negativamente, e dar exemplos?

No passado, os médicos que faziam cirurgia (como, por exemplo, a circuncisão) em recém-nascidos em geral não usavam anestesia, em razão de uma crença equivocada de que o neonato não sente dor, ou pode senti-la apenas por um breve momento, ou não tem memória com capacidade para lembrar a dor e, portanto, ser afetado por ela. Os recém-nascidos podem sentir e de fato sentem dor; e eles tornam-se mais sensíveis nos primeiros dias. Mas a anestesia é perigosa para bebês pequenos, então, quando possível, utilizam-se métodos alternativos de manejo da dor para procedimentos menores, tais como circuncisão, teste do pezinho e vacinas. Por exemplo, os bebês demonstram reações menores à dor quando abraçados ou apertados, especialmente com a pele em contato direto, e quando amamentados ou se recebem uma solução doce para sugar (Riddell et al., 2015; Campbell-Yeo, Fernandes, & Johnston, 2011).

Olfato e paladar Os sentidos do olfato e do paladar começam a se desenvolver no útero. Os sabores dos alimentos que a mãe consumiu estão presentes no fluido amniótico (Cooke & Fildes, 2011), então a preferência por determinados gostos e cheiros pode se desenvolver ainda no útero. Além disso, os sabores dos alimentos que a mãe consome também são transmitidos pelo leite materno (Ventura & Worobey, 2013). Assim, a exposição aos sabores de alimentos saudáveis através da amamentação pode favorecer a aceitação de alimentos saudáveis após o desmame e mais tarde na vida (Mennella, 2014). As preferências de paladar desenvolvidas nos primeiros meses podem durar por toda a segunda infância; crianças para as quais se oferecem sabores diferentes na primeira infância têm preferências alimentares menos restritas posteriormente (Trabulsi & Mennella, 2012).

Determinadas preferências de paladar parecem ser basicamente inatas e refletir uma preferência adaptativa por sinais de alimentos com alto teor calórico e proteico e aversão a alimentos que podem ser venenosos ou tóxicos (Mennella & Bobowski, 2015; Ventura & Worobey, 2013). Os recém-nascidos preferem sabores doces, como leite materno, a sabores azedos ou amargos (Mennella, 2014; Ventura & Mennella, 2011). Os recém-nascidos também demonstram forte aversão a sabores amargos, provavelmente um mecanismo de sobrevivência, dada a natureza tóxica de muitas substâncias amargas (Beauchamp & Mennella, 2009).

Audição A discriminação auditiva se desenvolve rapidamente após o nascimento. Com apenas 2 dias de idade, bebês já conseguem reconhecer uma palavra escutada no dia anterior (Swain, Zelano, & Clitfon, 1993). Com um mês de idade, o bebê pode distinguir sons parecidos como *ba* e *pa* (Eimas, Siqueland, Jusczyk, & Vigorito, 1971). Com 11 a 17 semanas, os bebês conseguem reconhecer e lembrar frases inteiras após um curto período de tempo (Dehaene-Lambertz et al., 2006). Com 4 meses, os cérebros dos bebês mostram lateralização para a linguagem, como ocorre nos adultos. Com essa idade, o lado esquerdo dos cérebros dos bebês responde preferencialmente à fala, especialmente na sua língua materna, em comparação com outros sons (Minagawa-Kawai et al., 2010). Há ainda indícios de que os bebês conseguem reconhecer a música típica da sua cultura desde cedo (Virtala, Huotilainen, Partanen, Fellman, & Tervaniemi, 2013) e que, aos 4 meses, preferem as músicas típicas da sua experiência cultural (Soley & Hannon, 2010).

Como a audição é fundamental para o desenvolvimento da linguagem, deficiências auditivas devem ser identificadas o mais cedo possível.* A perda da audição ocorre entre 1 e 3 de cada 1.000 nascidos vivos (Gaffney, Gamble, Costa, Holstrum, & Boyle, 2003).

Visão A visão é o sentido menos desenvolvido quando o bebê nasce, talvez porque haja muito pouco para ver no útero. A percepção visual e a capacidade de utilizar a informação visual – identificar cuidadores, encontrar comida e evitar perigos – torna-se mais importante à medida que os bebês ficam mais alertas e ativos (Rakison, 2005).

Os olhos do recém-nascido são proporcionalmente menores do que os de um adulto, as estruturas da retina estão incompletas e o nervo óptico ainda não se desenvolveu totalmente. Os olhos do neonato focalizam melhor a uma distância de 30 centímetros – aproximadamente a distância típica da face de uma pessoa que segura um recém-nascido. Os recém-nascidos piscam em presença de luz intensa. Seu campo de visão periférico é muito estreito, mas ele mais do que dobra entre

---

*N. de R.T.: No Brasil, visando ao reconhecimento de déficits auditivos precocemente, é recomendada a realização do teste da orelhinha, ou triagem auditiva neonatal, executado por fonoaudiólogos ainda na maternidade, antes da alta hospitalar. A Lei Federal nº 12.303/2010 tornou obrigatória e gratuita a realização do exame.
Referência: Conselho Federal de Fonoaudiologia. (2011). *Teste da orelhinha*. (Folder impresso).

a 2ª e 10ª semana de vida e já está bem desenvolvido no terceiro mês (Maurer & Lewis, 1979; E. Tronick, 1972). A capacidade de seguir um alvo móvel também se desenvolve rapidamente nos primeiros meses, assim como a percepção das cores (Haith, 1986). O desenvolvimento dessas habilidades está intimamente relacionado ao amadurecimento do córtex (Braddick & Atkinson, 2011).

Ao nascer, a acuidade visual é de aproximadamente 20/400, mas melhora rapidamente, alcançando o nível 20/20 por volta dos 8 meses (Kellman & Arterberry, 1998; Kellman & Banks, 1998). A *visão binocular* – o uso de ambos os olhos para focar, possibilitando a percepção de profundidade e distância – geralmente não se desenvolve antes do quarto ou quinto mês (Bushnell & Boudreau, 1993).

Os bebês têm uma afinidade especial por rostos. Desde o início, eles preferem olhar para rostos humanos em comparação com praticamente todas as outras formas de estímulo (Pascalis & Kelly, 2009) e já conseguem diferenciar rostos individuais algumas horas após o nascimento (Sugden & Marquis, 2017). Os bebês também preferem olhar para o rosto da própria mãe e os rostos de estranhos atraentes a olhar para estranhos menos atraentes (Pascalis & Kelly, 2009). Alguns meses após nascerem, os bebês começam a prestar mais atenção aos olhos humanos, em comparação com outras características (Dupierrix et al., 2014). Entre os 4 e os 8 meses, enquanto aprendem o uso da linguagem, os bebês dão atenção especial à boca. Depois, com cerca de um ano, quando começam a dominar alguns dos elementos básicos da linguagem, sua atenção é transferida de volta para os olhos (Lewkowicz & Hansen-Tift, 2012). Os bebês também demonstram alguma capacidade de categorizar grupos raciais com base em dados faciais. Aos 3 meses, os bebês olham por mais tempo para rostos da própria raça. Aos 9 meses, olham por mais tempo para os rostos de outras raças e parecem processar rostos da própria raça com maior eficiência (Liu et al., 2015), dando mais atenção aos olhos (Xiao, Xiao, Quinn, Anzures, & Lee, 2013). Em geral, os bebês parecem demonstrar atenção privilegiada aos rostos, uma tendência que provavelmente resulta de um sistema neural dedicado ao processamento de estímulos faciais.

Uma triagem feita logo no começo é essencial para detectar quaisquer problemas que interfiram com a visão. Os bebês devem ser examinados aos 6 meses para verificar a sua preferência por fixação visual, alinhamento ocular e sinais de doenças oftalmológicas. Testes de visão formais devem começar aos 3 anos de idade (American Optometric Association, 2018). Os consultórios médicos possuem escalas optométricas especiais para crianças pequenas, projetadas especificamente para esse fim; no lugar de letras, são utilizadas formas que as crianças reconhecem facilmente, como estrelas, corações e círculos.

verificador
você é capaz de...

▷ Fornecer evidências do desenvolvimento inicial dos sentidos?

▷ Dizer como o aleitamento materno desempenha seu papel no desenvolvimento do olfato e do paladar?

▷ Citar três causas do subdesenvolvimento da visão em recém-nascidos?

Desenvolvimento motor

Ninguém precisa ensinar aos bebês habilidades motoras básicas como agarrar, engatinhar e andar. Eles apenas precisam de espaço para se movimentar e liberdade para ver o que podem fazer. Quando o sistema nervoso central, músculos e ossos estão preparados e o ambiente oferece as devidas oportunidades para a exploração e a prática, os bebês continuam surpreendendo os adultos ao seu redor com novas habilidades.

MARCOS DO DESENVOLVIMENTO MOTOR

O desenvolvimento motor é caracterizado por uma série de marcos: conquistas que se desenvolvem sistematicamente; cada habilidade recém-adquirida prepara o bebê para lidar com a próxima. Os bebês primeiro aprendem habilidades simples e depois as combinam em **sistemas de ação** cada vez mais complexos, permitindo um espectro mais amplo ou mais preciso de movimentos e um controle mais eficaz do ambiente. Ao desenvolver a preensão, por exemplo, o bebê primeiro tenta pegar as coisas com a mão inteira, fechando os dedos sobre a palma da mão. Mais tarde, ele passa a dominar o *movimento em pinça*, em que polegar e indicador se tocam nas extremidades formando um círculo, o que torna possível pegar objetos pequenos. Quando aprende a andar, o bebê consegue controlar movimentos separados dos braços, pernas e pés antes de juntar esses movimentos para dar aquele importante primeiro passo.

O **Teste de Avaliação do Desenvolvimento de Denver** (Frankenburg, Dodds, Fandal, Kazuk, & Cohrs, 1975) é utilizado para mapear o progresso de crianças de 1 mês a 6 anos, e para identificar aquelas que não estão se desenvolvendo normalmente. O teste avalia as **habilidades motoras grossas** (as que envolvem os músculos maiores), como rolar e apanhar uma bola, e as **habilidades motoras finas** (as que envolvem os músculos menores), como pegar um chocalho e desenhar um círculo. Também avalia o desenvolvimento da linguagem (p. ex., saber a definição das palavras), da personalidade e o desenvolvimento social (como sorrir espontaneamente e se vestir

sistemas de ação
Combinações cada vez mais complexas de habilidades motoras que permitem um espectro mais amplo ou mais preciso de movimentos e um maior controle do ambiente.

Teste de Avaliação do Desenvolvimento de Denver
Teste aplicado a crianças de 1 mês a 6 anos para determinar se elas estão se desenvolvendo normalmente.

habilidades motoras grossas
Habilidades físicas que envolvem os grandes músculos.

habilidades motoras finas
Habilidades físicas que envolvem os pequenos músculos e a coordenação olhos-mãos.

Erguer a cabeça e sustentá-la quando se está deitado de bruços, engatinhar no chão para pegar algo que seja atraente, como um brinquedo chamativo, e saber andar o suficiente para empurrar um carrinho cheio de blocos são importantes marcos iniciais do desenvolvimento motor.

sem ajuda). A edição mais recente, a Escala Denver II (Frankenburg et al., 1992), inclui normas revisadas (a Tabela 4.5 fornece alguns exemplos).

Quando falamos sobre o que um bebê "mediano" sabe fazer, referimo-nos a 50% das normas de Denver, mas a normalidade abrange uma ampla faixa; cerca de metade de todos os bebês domina essas habilidades antes da idade referida, e metade depois. As normas de Denver foram desenvolvidas com referência a uma população ocidental norte-americana e não são necessariamente válidas para avaliar crianças de outras culturas.

Quando acompanhamos o progresso típico do controle da cabeça, das mãos e da locomoção, notamos como esses desenvolvimentos seguem os princípios cefalocaudal (da cabeça para a cauda) e próximo-distal (do centro para as extremidades) apresentados anteriormente.

TABELA 4.5 Marcos do desenvolvimento motor

Habilidade	50%	90%
Rolar	3,2 meses	5,4 meses
Pegar um chocalho	3,3 meses	3,9 meses
Sentar-se sem apoio	5,9 meses	6,8 meses
Ficar em pé com apoio	7,2 meses	8,5 meses
Pegar com o polegar e o indicador (movimento de pinça)	8,2 meses	10,2 meses
Ficar em pé sem apoio	11,5 meses	13,7 meses
Andar bem	12,3 meses	14,9 meses
Montar uma torre com dois cubos	14,8 meses	20,6 meses
Subir escadas	16,6 meses	21,6 meses
Pular no mesmo lugar	23,8 meses	2,4 anos
Copiar um círculo	3,4 anos	4,0 anos

Nota: Esta tabela mostra a idade aproximada em que 50% e 90% das crianças podem executar cada habilidade, de acordo com o Denver Training Manual II.

Fonte: Adaptada de Frankenburg et al., 1992.

Durante os seis primeiros meses de vida, os bebês revelam uma ligeira preferência por virar a cabeça para a direita e não para a esquerda. Pesquisadores sugerem que nossa propensão adulta a beijar com a cabeça inclinada para a direita – como o fazem 64% dos adultos – é uma reemergência desse viés da infância.
Gunturkun, 2003

Embora nossa tendência seja pensar que o engatinhar é um marco do desenvolvimento, isso não é universal. Alguns bebês passam diretamente do sentar-se para o andar, sem engatinhar.

Controle da cabeça Ao nascer, a maioria dos bebês consegue virar a cabeça de um lado para o outro enquanto estão deitados de costas. Enquanto deitados de bruços, muitos podem erguer a cabeça o suficiente para virá-la. Nos dois ou três primeiros meses, eles erguem a cabeça cada vez mais alto – às vezes a ponto de perder o equilíbrio e virar de costas. Por volta dos quatro meses de idade, quase todos os bebês conseguem manter a cabeça ereta quando alguém os segura ou os apoia em posição sentada.

Controle da mão Os bebês nascem com um reflexo de preensão. Se a palma da mão do bebê for acariciada, a mão fecha com firmeza. Por volta dos três meses e meio de idade, a maioria dos bebês consegue agarrar um objeto de tamanho moderado, como um chocalho, mas tem dificuldade em segurar objetos pequenos. Depois eles começam a pegar objetos com uma das mãos e transferi-los para a outra, e em seguida segurar (mas não apanhar) pequenos objetos. Entre 7 e 11 meses, as mãos tornam-se suficientemente coordenadas para apanhar objetos pequenos, como uma ervilha, usando a preensão em pinça. Por volta dos 15 meses, um bebê mediano sabe montar uma torre com dois cubos. Alguns meses após o terceiro aniversário, uma criança mediana consegue copiar um círculo razoavelmente.

Locomoção Depois de três meses, um bebê mediano começa a rolar por vontade própria (e não acidentalmente, como antes) –, primeiro de frente para trás, depois de trás para frente. Um bebê mediano consegue sentar-se sem apoio por volta dos 6 meses de idade e assume a posição sentada sem auxílio por volta dos 8 meses e meio.

Entre os 6 e os 10 meses, a maioria dos bebês começa a se deslocar por conta própria arrastando-se ou engatinhando. Essa nova realização de *autolocomoção* tem notáveis ramificações cognitivas e psicossociais (Bertenthal & Campos, 1987; Bertenthal, Campos, & Barrett, 1984; Bertenthal, Campos, & Kermoian, 1994; J. Campos, Bertenthal, & Benson, 1980; Karasik, Tamis-LeMonda, & Adolph, 2011). Bebês que engatinham tornam-se mais sensíveis ao lugar onde os objetos estão, seu tamanho, se podem ser deslocados e como se parecem. O ato de engatinhar ajuda a avaliar distâncias e a perceber profundidade. Os bebês aprendem a olhar para os cuidadores para saber se uma situação é segura ou perigosa – uma habilidade conhecida como *referência social* (Campos, Sorce, Emde, & Svejda, 2013).

Segurando na mão de alguém ou apoiando-se em um móvel, o bebê mediano consegue ficar de pé pouco depois dos 7 meses. O bebê mediano pode largar o apoio e ficar de pé sozinho por volta dos 11 meses.

Todos esses desenvolvimentos levam à principal realização da infância: andar. Os humanos começam a andar mais tarde que as outras espécies, provavelmente porque a cabeça pesada e as pernas curtas do bebê dificultam o equilíbrio. Durante alguns meses antes de poderem ficar de pé sem apoio, os bebês ficam circulando apoiando-se nos móveis. Logo depois de poder ficar em pé sozinhas, a maioria das crianças dá seu primeiro passo sem precisar de ajuda. Depois de algumas semanas, logo após o primeiro aniversário, uma criança mediana consegue andar razoavelmente bem.

Durante o segundo ano, a criança começa a subir degraus, um de cada vez, colocando um pé após o outro no mesmo degrau; mais tarde ela alternará os pés. Só depois ela passa a descer degraus. Também no segundo ano, a criança corre e pula. Aos 3 anos e meio, a maioria delas consegue equilibrar-se brevemente em um pé só e começa a saltar.

DESENVOLVIMENTO MOTOR E PERCEPÇÃO

A percepção sensorial permite aos bebês aprenderem sobre si próprios e seu ambiente, de modo que possam fazer melhores avaliações sobre como percorrê-lo. A experiência motora, junto com a consciência das mudanças que ocorrem em seus corpos, molda e modifica a compreensão perceptual do que provavelmente acontecerá se eles se movimentarem de determinada maneira. Essa conexão bidirecional entre percepção e ação, mediada pelo cérebro em desenvolvimento, proporciona aos bebês muitas informações úteis sobre si próprios e sobre seu mundo (Adolph & Eppler, 2002).

Os bebês começam a querer agarrar objetos por volta dos 4 ou 5 meses, mas no início não são muito bons nisso. Sua trajetória de alcance contém múltiplas correções e mudanças de direção antes que consigam apreender um objeto. Por muitos anos, os pesquisadores acreditavam que esse processo dependia da **orientação visual**: o uso dos olhos para guiar o movimento das mãos (ou de outras partes do corpo) (White, Castle, & Held, 1964; McDonnell, 1975; Bushnell, 1985). Porém, investigando mais profundamente, os pesquisadores passaram a questionar essa afirmação. Por exemplo, eles perceberam que os bebês pequenos sabiam localizar objetos ocultos usando sons e que conseguiam localizar objetos no escuro e usando a memória sobre onde os itens estavam, mesmo que os objetos mudassem de lugar (McCall & Clifton, 1999; McCarty, Clifton, Ashmead, Lee, & Goubet, 2001; Robin, Berthier, & Clifton, 1996). Na verdade, aos 6 meses, os bebês conseguem alcançar objetos no escuro mais rapidamente do que na luz (Berthier & Carrico, 2010).

Mais recentemente, os pesquisadores perceberam que, nos bebês mais jovens, os movimentos corretivos desajeitados tendem a ilustrar um desenvolvimento cerebelar imaturo. O cerebelo imaturo só consegue fornecer indicações grosseiras dos movimentos necessários para alcançar, que precisam ser corrigidos para que sejam bem-sucedidos (Berthier, 2011). Os bebês mais jovens têm maior probabilidade de corrigir seus movimentos de alcance usando a retroalimentação propriocetiva dos seus músculos e articulações e informações táteis do que a visão (Berthier & Carrico, 2010; Corbetta, Thurman, Weiner, Guan, & Williams, 2014). Em vez de usar seus olhos para corrigir os movimentos, os bebês primeiro tentam alcançar, e depois usam seus olhos (Corbetta et al., 2014).

A **percepção de profundidade**, capacidade de perceber objetos e superfícies em três dimensões, depende de vários tipos de indicativos que afetam a imagem de um objeto na retina. Esses indicativos envolvem não apenas a coordenação binocular, mas também o controle motor (Bushnell & Boudreau, 1993). *Indicativos cinéticos* são produzidos pelo movimento, seja do objeto, seja do observador, ou de ambos. Para saber se um objeto se move, o bebê poderia manter a cabeça parada por um momento, habilidade que já está bem estabelecida por volta dos 3 meses.

A **percepção tátil** envolve a capacidade de adquirir informação pelo manuseio de objetos e não meramente olhar para eles. Isso inclui colocar objetos na boca, uma forma comum de exploração na primeira infância. Os múltiplos receptores da língua são capazes de realizar diferenciações sutis e fornecer uma grande quantidade de informações.

Os bebês parecem capazes de utilizar informações do tato mesmo no período pré-natal. Bebês nascidos com apenas 28 semanas de gestação já conseguem reconhecer e lembrar das características de objetos colocados nas suas mãos (Marcus, Lejeune, Berne-Audéoud, Gentaz, & Debillon, 2012). Contudo, os bebês são limitados pelo seu desenvolvimento motor. É apenas após desenvolverem coordenação olhos-mãos suficiente para alcançar e agarrar objetos, em geral dos 5 a 7 meses, que os bebês conseguem aplicar o sentido do tato de forma mais eficaz para explorar os objetos ao seu redor (Bushnell & Bondreau, 1993).

A TEORIA ECOLÓGICA DA PERCEPÇÃO DE ELEANOR E JAMES GIBSON

A percepção de profundidade tem consequências para o desenvolvimento do movimento automotor, que, para a maioria das crianças, envolve aprender a engatinhar. Em um experimento clássico feito por Richard Walk e Eleanor Gibson (1961), bebês de 6 meses foram sentados em um tampo de mesa de plástico transparente sobre dois apoios, dando ao bebê a ideia de que havia um "abismo" entre eles. O "abismo" era destacado com o uso de baixa iluminação, para minimizar os reflexos do plástico transparente, e de um tecido xadrez com cores fortes. No outro lado da mesa, as mães dos bebês os chamavam. Para os bebês, parecia que suas mães estavam pedindo que engatinhassem sobre um **abismo visual**, o que dava a ideia de que haveria uma queda súbita até o chão. Walk e Gibson queriam saber se os bebês estariam dispostos a engatinhar sobre o abismo visual quando chamados pelas mães.

Walk e Gibson estavam investigando os fatores que ajudam os bebês a decidir se devem seguir por uma beirada ou inclinação; experimentos como este foram essenciais para o desenvolvimento da **teoria ecológica da percepção** de Eleanor Gibson e James J. Gibson (E. J. Gibson, 1969; J. J. Gibson, 1979; Gibson & Pick, 2000). Nessa abordagem, o desenvolvimento locomotor depende do aumento da sensibilidade à interação entre suas características físicas em transformação e as novas e variadas características do seu ambiente. Os corpos dos bebês mudam continuamente com a idade: peso, centro de gravidade, força muscular e habilidades. E cada novo ambiente oferece um novo

orientação visual
O uso dos olhos para orientar movimentos das mãos ou de outras partes do corpo.

percepção de profundidade
Capacidade de perceber objetos e superfícies em três dimensões.

percepção tátil
Capacidade de adquirir informação sobre propriedades de objetos, tais como tamanho, peso e textura, por meio de seu manuseio.

abismo visual
Aparato projetado para dar a ilusão de profundidade e utilizado para avaliar a percepção de profundidade em bebês.

teoria ecológica da percepção
Teoria desenvolvida por Eleanor e James Gibson que descreve o desenvolvimento das habilidades motoras e perceptuais como partes interdependentes de um sistema funcional que orienta o comportamento em diversos contextos.

Não importa quão atraentes sejam os braços da mãe, este bebê fica longe deles. Apesar da idade, ele pode perceber a profundidade e não quer cair no que lhe parece ser um abismo.
Mark Richard/PhotoEdit

desafio para os bebês dominarem. Por exemplo, às vezes, o bebê pode ter que descer uma leve inclinação; em outras, precisa subir ou descer escadas. Em vez de depender de soluções que funcionaram no passado, com a experiência, os bebês aprendem a avaliar continuamente suas capacidades e ajustar seus movimentos para se adaptarem às demandas do ambiente atual.

Esse processo de "aprender a aprender" (Adolph, 2008, p. 214) é uma consequência tanto da percepção quanto da ação; envolve exploração visual e manual, testagem de alternativas e resolução flexível de problemas. O que funcionou antes pode não funcionar agora, e o que deu certo em um ambiente pode dar errado em outro. Por exemplo, quando estão diante de declives íngremes, os bebês que recém começaram a engatinhar ou andar parecem não estar cientes dos seus limites e têm maior probabilidade de mergulhar imprudentemente. Os bebês que engatinham há algum tempo sabem melhor como avaliar as inclinações e até onde podem forçar seus limites sem perder o equilíbrio. Eles também exploram o declive antes de tentar avançar (Adolph, 2000, 2008; Adolph & Eppler, 2002; Adolph, Vereijken, & Shrout, 2003). Por exemplo, eles podem primeiro avaliar a inclinação com as mãos, ou virarem para descer de costas, como se estivessem descendo escadas. Suas experiências cotidianas os ensinaram a aprender sobre a inclinação.

Essa abordagem não considera que o desenvolvimento aconteça em estágios fixos e, logo, não implica a ideia de que a locomoção se desenvolve em etapas universais relacionadas por função. Em vez disso, é como se o bebê fosse um minicientista, que testa novas ideias em cada situação. De acordo com Gibson, "cada espaço de problema tem seu próprio conjunto de comportamentos geradores de informação e sua própria curva de aprendizagem" (Adolph, 2008, p. 214). Assim, por exemplo, bebês que aprendem até aonde podem ir em um brinquedo com um espaço (ou abismo) na posição sentada devem readquirir esse conhecimento para situações que envolvem engatinhar. Diferentemente, quando bebês que engatinham e que já dominaram declives começam a andar, eles têm de aprender novamente a lidar com declives (Adolph, 1997; Adolph & Eppler, 2002).

COMO OCORRE O DESENVOLVIMENTO MOTOR: A TEORIA DOS SISTEMAS DINÂMICOS DE THELEN

Tradicionalmente, o desenvolvimento motor era tido como geneticamente programado e basicamente automático. Supostamente, o cérebro em amadurecimento produziria um conjunto predeterminado de habilidades motoras no ponto apropriado do desenvolvimento. Hoje, muitos psicólogos do desenvolvimento consideram essa visão por demais simplista. Em vez disso, o desenvolvimento motor é considerado um processo contínuo de interação entre o bebê e o ambiente (Thelen, 1995; Smith & Thelen, 2003).

Ester Thelen, na sua influente **teoria dos sistemas dinâmicos (TSD)**, defende que "o comportamento emerge em um determinado momento da auto-organização de componentes múltiplos" (Spencer et al. 2006, p. 1523). O bebê e o ambiente formam um sistema dinâmico interconectado. As oportunidades e restrições apresentadas pelas características físicas do bebê, motivação, nível de energia e posição no ambiente em um determinado momento afetam como e se ele poderá atingir seu objetivo. Por fim, emerge uma solução enquanto o bebê experimenta várias combinações de movimentos e junta aqueles que contribuem com mais eficiência para atingir o objetivo. Além do mais, a solução deve ser flexível e sujeita a modificação em circunstâncias

teoria dos sistemas dinâmicos (TSD)
Teoria de Esther Thelen, segundo a qual o desenvolvimento motor é um processo dinâmico de coordenação ativa de múltiplos sistemas do bebê em relação ao ambiente.

variáveis. Em vez de ser o único responsável, o cérebro em amadurecimento é apenas um componente de um processo dinâmico. Na verdade, nenhum fator isolado determina a velocidade do desenvolvimento e não existe um cronograma fixo que especifica quando uma habilidade específica irá emergir. Em vez disso, os bebês neurotípicos desenvolvem as mesmas habilidades na mesma ordem porque elas são construídas aproximadamente da mesma maneira e passam por desafios e necessidades semelhantes. Contudo, como esses fatores podem variar de um bebê para outro, essa abordagem também permite variabilidade no cronograma de desenvolvimento individual.

Thelen usou o reflexo de marcha automática para ilustrar a sua abordagem. Quando são erguidos com os pés encostando na superfície, os neonatos espontaneamente fazem movimentos de passos coordenados. Esse comportamento geralmente desaparece no quarto mês. Só pouco antes de completar o primeiro ano de vida, quando o bebê se prepara para andar, é que esses movimentos aparecem novamente. A explicação tradicional enfocava o controle cortical: acreditava-se que a marcha deliberada de um bebê mais amadurecido seria uma nova habilidade que reflete o desenvolvimento do cérebro. Contudo, essa explicação não fazia sentido para Thelen. Ela se perguntou por que o reflexo de marcha, que usava a mesma série de movimentos que se tornariam a caminhada, desaparece, particularmente quando outros comportamentos iniciais, como os chutes, persistem. A resposta, ela sugeriu, poderia emergir de uma consideração sobre outras variáveis relevantes que poderiam afetar os movimentos. Por exemplo, as pernas do bebê engrossam e ficam mais pesadas durante os primeiros meses, mas os músculos maiores usados para controlar os movimentos ainda não estão suficientemente fortes para carregar o peso maior (Thelen & Fisher, 1982, 1983). Apoiando essa hipótese está o fato de que bebês que já não mais apresentavam esse reflexo de caminhada, ao serem segurados em água morna, voltavam a apresentá-lo. Presume-se que a água ajuda a apoiar as suas pernas e reduz o empuxo da gravidade sobre os músculos, o que permite que voltem a demonstrar a habilidade. A capacidade de produzir o movimento não havia mudado – apenas as condições físicas e ambientais que o inibiam ou promoviam. Apenas a maturação não pode explicar essa observação, dizia Thelen. Esses mesmos sistemas de influências dinâmicas afetam todos os movimentos motores, desde buscar um chocalho a sentar-se sozinho e aprender a caminhar.

Alguns observadores sugeriram que bebês do lucatã desenvolvem habilidades motoras mais tarde porque ficam enfaixados. No entanto, bebês navajo (como este da foto) também ficam enfaixados a maior parte do dia e começam a andar aproximadamente na mesma época que outros bebês, o que sugere uma explicação hereditária.

Sue Bennett/Alamy Stock Photo

INFLUÊNCIAS CULTURAIS SOBRE O DESENVOLVIMENTO MOTOR

Embora o desenvolvimento motor siga uma sequência praticamente universal, seu *ritmo* não responde a certos fatores culturais. De acordo com algumas pesquisas, os bebês africanos tendem a ser mais avançados do que os norte-americanos e europeus em sentar, andar e correr. Em Uganda, por exemplo, os bebês costumam andar aos 10 meses, enquanto nos Estados Unidos o mais comum é isso ocorrer aos 12 meses, e na França, aos 15 meses. Essas diferenças em parte podem estar relacionadas a diferenças étnicas de temperamento (H. Kaplan & Dove, 1987) ou podem refletir práticas de educação infantil próprias de uma cultura (Gardiner & Kosmitzki, 2005).

Algumas culturas encorajam desde muito cedo o desenvolvimento das habilidades motoras. Em muitas culturas africanas e das Índias Ocidentais, onde os bebês demonstram um avançado desenvolvimento motor, os adultos usam *rotinas de manejo* especiais, tais como exercícios de pulo e de marcha, para fortalecer os músculos do bebê. Em um estudo, os bebês jamaicanos – cujas mães utilizavam diariamente essas rotinas de manejo – sentavam, engatinhavam e andavam mais cedo que os bebês ingleses, cujas mães não lhes davam nenhum treinamento especial (Hopkins & Westra, 1988, 1990).

Por outro lado, algumas culturas desencorajam o desenvolvimento motor muito cedo. As crianças ache, no leste do Paraguai, só começam a andar entre os 18 e os 20 meses de idade (H. Kaplan & Dove, 1987). As mães ache puxam seus bebês de volta para o colo quando eles começam a engatinhar e se afastar. Elas supervisionam bem de perto os bebês para protegê-los dos perigos da vida nômade. Entre os 8 e 10 anos de idade, contudo, as crianças ache sobem em árvores altas, cortam galhos e brincam de modo a incrementar suas habilidades motoras (H. Kaplan & Dove, 1987). O desenvolvimento normal, portanto, não precisa seguir o mesmo cronograma para atingir os mesmos fins.

> **verificador**
> **você é capaz de...**
>
> ▷ Descrever o progresso típico de um bebê no controle da cabeça, das mãos e da locomoção segundo as normas de Denver?
>
> ▷ Discutir como a maturação, a percepção e as influências culturais estão relacionadas ao início do desenvolvimento motor?
>
> ▷ Comparar a teoria ecológica da percepção de Gibson e a teoria dos sistemas dinâmicos de Thelen?

resumo e palavras-chave

Nascimento e cultura: mudanças no ato de nascer

- Na Europa e nos Estados Unidos, antes do século XX, o nascimento de uma criança não era muito diferente do que ocorre hoje em dia em alguns países em desenvolvimento. O nascimento era um ritual feminino que acontecia em casa e era atendido por uma parteira. O alívio da dor era mínimo e os riscos para a mãe e para o bebê eram altos.
- O desenvolvimento da ciência da obstetrícia profissionalizou o nascimento. Este passou a ter lugar em hospitais, com o atendimento de médicos. Os avanços da medicina melhoraram consideravelmente a segurança.
- Hoje, dar à luz em casa ou em centros de parto, com o atendimento de parteiras, pode ser uma alternativa segura ao atendimento em hospital para mulheres com gravidez normal e de baixo risco.

O processo de nascimento

- O nascimento normalmente ocorre após um período preparatório de parturição.
- O processo de nascimento consiste em três etapas: (1) dilatação do colo do útero (cérvix); (2) descida e nascimento do bebê; e (3) expulsão do cordão umbilical e da placenta.
- O monitoramento eletrônico fetal pode detectar sinais de sofrimento do feto, especialmente em nascimentos de alto risco.
- Em torno de 32% dos nascimentos nos Estados Unidos são por cesariana.
- Métodos alternativos podem minimizar a necessidade de analgésicos e maximizar o envolvimento ativo dos pais.
- As anestesias epidurais modernas podem oferecer alívio efetivo da dor com doses menores que no passado.
- A presença de uma acompanhante de suporte emocional (doula) pode oferecer benefícios físicos além de apoio emocional.

  parturição (89)
  monitoramento eletrônico fetal (90)
  parto cesáreo (ou cesariana) (90)
  parto natural (91)
  parto preparado (91)
  doula (91)

O recém-nascido

- O período neonatal é um tempo de transição entre a vida intrauterina e a vida extrauterina.
- No nascimento, os sistemas circulatório, respiratório, digestivo, de eliminação e de regulação da temperatura tornam-se independentes da mãe. Se o recém-nascido não puder respirar após 5 minutos, poderá ocorrer dano cerebral.
- Os recém-nascidos possuem um forte reflexo de sucção e secretam mecônio do trato intestinal. É comum estarem sujeitos à icterícia neonatal em função da imaturidade do fígado.
- Entre 1 minuto e 5 minutos após o nascimento, a pontuação Apgar do neonato pode indicar como ele está se adaptando à vida extrauterina. A Escala Brazelton de Avaliação do Comportamento Neonatal pode avaliar respostas ao ambiente e prever o desenvolvimento futuro.
- A triagem neonatal é feita para certas condições raras, tais como PKU e hipotireoidismo congênito.
- O estado de alerta em um recém-nascido é governado por ciclos periódicos de vigília, sono e atividade. O sono toma a maior parte do tempo de um neonato, mas sua duração é decrescente. Por volta dos 6 meses de vida, os bebês passam a dormir mais à noite.
- Costumes culturais afetam os padrões de sono.

  período neonatal (92)
  neonato (92)
  anóxia (93)
  icterícia neonatal (93)
  Escala de Apgar (93)
  Escala Brazelton de Avaliação do Comportamento Neonatal (NBAS) (93)
  estado de alerta (94)

Complicações do parto

- Complicações do parto incluem baixo peso ao nascer, nascimento pós-maduro e nascimento de natimorto.
- Bebês de baixo peso ao nascer podem ser pré-termo (prematuros) ou pequenos para a idade gestacional. O baixo peso ao nascer é um importante fator na mortalidade infantil e pode causar problemas físicos e cognitivos de longo prazo. Bebês de muito baixo peso ao nascer apresentam um prognóstico menos promissor que aqueles que pesam mais.

  bebês com baixo peso ao nascer (96)
  bebês pré-termo (prematuros) (96)
  bebês pequenos para a idade gestacional (96)
  método canguru (99)
  pós-maduro (100)
  natimorto (100)

Desenvolvimento Humano

Sobrevivência e saúde

- A grande maioria das mortes de bebês ocorre em países em desenvolvimento. A assistência pós-natal pode reduzir a mortalidade infantil.
- Embora a mortalidade infantil tenha diminuído nos Estados Unidos, ainda é alta, especialmente entre bebês afro-americanos. Problemas do nascimento são a principal causa de morte na primeira infância, seguidos por doenças relacionadas à prematuridade e ao baixo peso ao nascer, síndrome da morte súbita infantil (SMSI), complicações da gravidez e complicações da placenta, cordão umbilical e membranas.
- A síndrome da morte súbita infantil (SMSI) é a principal causa de morte pós-natal nos Estados Unidos. As taxas de SMSI têm diminuído acentuadamente com as recomendações de deitar os bebês de costas antes de dormir.
- As doenças que podem ser prevenidas com vacinação diminuíram à medida que as taxas de imunização subiram. Muitas crianças em idade pré-escolar, porém, não estão totalmente protegidas.

taxa de mortalidade infantil (101)
síndrome da morte súbita infantil (SMSI) (103)

Desenvolvimento físico inicial

- O crescimento físico normal e o desenvolvimento sensório-motor ocorrem de acordo com os princípios cefalocaudal e próximo-distal.
- O corpo de uma criança cresce muito mais durante o primeiro ano de vida; o crescimento prossegue em ritmo acelerado, mas decrescente, ao longo dos três primeiros anos.
- O aleitamento materno oferece muitas vantagens para a saúde e benefícios sensoriais e cognitivos, e deve ser feito exclusivamente pelo menos nos seis primeiros meses de vida.
- O sistema nervoso central controla a atividade sensório-motora. A lateralização possibilita a cada hemisfério do cérebro especializar-se em diferentes funções.
- O cérebro cresce mais rápido durante os meses que precedem e imediatamente após o nascimento, quando os neurônios migram para suas posições designadas, formam conexões sinápticas e sofrem integração e diferenciação. A poda neural e a mielinização melhoram a eficiência do sistema nervoso.
- Comportamentos reflexos – primitivo, locomotor e postural – são indicações da condição neurológica. A maior parte dos reflexos desaparece no primeiro ano de vida à medida que se desenvolve o controle cortical voluntário.
- Especialmente durante o período inicial de rápido crescimento, a experiência ambiental pode influenciar o desenvolvimento do cérebro positiva ou negativamente.
- Capacidades sensoriais, presentes desde o nascimento e mesmo no útero, desenvolvem-se rapidamente nos primeiros meses de vida. Bebês muito novos apresentam habilidades bastante pronunciadas para discriminar estímulos.
- O tato é o primeiro sentido a se desenvolver e amadurecer. Recém-nascidos são sensíveis à dor. Olfato, tato e audição também começam a se desenvolver no útero.
- A visão é o sentido menos desenvolvido no nascimento. Visão periférica, percepção das cores, acuidade de foco, visão binocular e capacidade de acompanhar com os olhos um objeto em movimento, tudo isso se desenvolve nos primeiros meses de vida.

sistema nervoso central (107)
lateralização (109)
neurônios (110)
integração (110)
diferenciação (110)
poda neural (110)
mielinização (112)
comportamentos reflexos (112)
plasticidade (112)

Desenvolvimento motor

- Habilidades motoras desenvolvem-se em uma certa sequência, que pode depender em grande parte da maturação, mas também do contexto, da experiência e da motivação. Habilidades simples se combinam em sistemas complexos cada vez maiores.
- A autolocomoção gera mudanças em todos os domínios do desenvolvimento.
- A percepção está intimamente relacionada ao desenvolvimento motor. A percepção de profundidade e a percepção tátil desenvolvem-se nos seis primeiros meses de vida.
- Segundo a teoria ecológica de Gibson, a percepção sensorial e a atividade motora estão coordenadas desde o nascimento, ajudando os bebês a navegarem em seu ambiente.
- A teoria dos sistemas dinâmicos de Thelen sustenta que os bebês desenvolvem habilidades motoras não somente devido à maturação, mas também pela coordenação ativa de múltiplos sistemas de ação dentro de um ambiente em transformação.
- Práticas culturais podem influenciar o ritmo no início do desenvolvimento motor.

sistemas de ação (116)
Teste de Avaliação do Desenvolvimento de Denver (116)
habilidades motoras grossas (116)
habilidades motoras finas (116)
orientação visual (119)
percepção de profundidade (119)
percepção tátil (119)
abismo visual (119)
teoria ecológica da percepção (119)
teoria dos sistemas dinâmicos (TSD) (120)

capítulo 5
Desenvolvimento Cognitivo nos Três Primeiros Anos

Ariel Skelley/SuperStock

Pontos principais

Estudando o desenvolvimento cognitivo

Abordagem behaviorista

Abordagem psicométrica

Abordagem piagetiana

Abordagem do processamento da informação

Abordagem da neurociência cognitiva

Abordagem sociocontextual

Desenvolvimento da linguagem

Objetivos de aprendizagem

Identificar seis abordagens ao estudo do desenvolvimento cognitivo.

Descrever como os bebês aprendem e lembram.

Discutir as medidas de avaliação da inteligência infantil e a previsão da inteligência.

Resumir e avaliar a teoria de Piaget do desenvolvimento cognitivo.

Explicar como os bebês processam informações e começam a entender as características do mundo físico.

Descrever o desenvolvimento da linguagem na primeira infância.

Você sabia que...

▷ Os surtos de crescimento cerebral coincidem com as mudanças no comportamento cognitivo?

▷ Recém-nascidos com 2 dias preferem ver cenas novas a cenas familiares?

▷ Bebês e crianças pequenas cujos pais leem para elas aprendem a ler mais cedo?

Neste capítulo, tratamos das habilidades cognitivas de bebês e de crianças até 3 anos, a partir de de várias perspectivas – behaviorista, psicométrica, piagetiana, do processamento da informação, da neurociência cognitiva e sociocontextual. Também seguimos o desenvolvimento inicial da linguagem.

> *É impossível escrever para crianças. Elas são complicadas demais. Só se pode escrever livros que as interessem.*
>
> —Maurice Sendak

Estudando o desenvolvimento cognitivo

Como os bebês aprendem a resolver problemas? Quando a memória se desenvolve? Como explicar as diferenças individuais nas habilidades cognitivas? Podemos prever o quanto um bebê será inteligente no futuro? Essas questões há muito intrigam os cientistas do desenvolvimento, muitos dos quais escolheram uma entre seis abordagens para seus estudos:

- A **abordagem behaviorista** estuda os *mecanismos* básicos da aprendizagem. Os behavioristas querem saber como o comportamento muda em resposta à experiência.
- A **abordagem psicométrica** mede as *diferenças quantitativas* nas habilidades que compõem a inteligência, utilizando testes que indicam ou predizem essas habilidades.
- A **abordagem piagetiana** volta-se para as mudanças, ou estágios, na *qualidade* do funcionamento cognitivo. Ela quer saber como a mente estrutura suas atividades e se adapta ao ambiente.
- A **abordagem do processamento da informação** focaliza a percepção, aprendizagem, memória e resolução de problemas. Seu objetivo é descobrir como as crianças processam as informações do momento em que as recebem até utilizá-las.
- A **abordagem da neurociência cognitiva** busca identificar quais estruturas do cérebro estão envolvidas em aspectos específicos da cognição.
- A **abordagem sociocontextual** examina os efeitos dos aspectos ambientais nos processos de aprendizagem, particularmente o papel dos pais e de outros cuidadores.

Abordagem behaviorista

Os bebês nascem com a capacidade de ver, ouvir, cheirar, degustar e tocar, além de terem certa capacidade de lembrar o que aprenderam. Os teóricos da aprendizagem estão interessados nos mecanismos da aprendizagem. A seguir, analisamos os *condicionamentos clássico e operante* e então enfocamos a *habituação*.

CONDICIONAMENTOS CLÁSSICO E OPERANTE

Ansioso por captar os momentos memoráveis de Anna, seu pai a fotografou sorrindo, engatinhando e fazendo outras proezas. Toda vez que disparava o *flash*, Anna piscava. Certa tarde, ela viu o pai segurando a câmera na altura dos olhos – e ela piscou *antes* do *flash*. Ela havia aprendido a associar a câmera ao brilho da luz, de modo que a simples visão da câmera ativou seu reflexo de piscar.

O ato de Anna piscar ao ver a câmera é um exemplo de **condicionamento clássico** em que a pessoa aprende a emitir uma resposta reflexa, ou involuntária (neste caso, piscar), diante de um estímulo (a câmera) que originalmente não foi aquele que provocou a resposta. O condicionamento clássico permite aos bebês anteciparem um evento antes que aconteça. A aprendizagem por condicionamento clássico será *extinta* ou desaparecerá aos poucos se não for reforçada por repetição. Assim, se Anna frequentemente visse a câmera sem o *flash*, acabaria parando de piscar ao ver apenas a câmera.

---

abordagem behaviorista
Abordagem ao estudo do desenvolvimento cognitivo cuja preocupação é conhecer os mecanismos básicos da aprendizagem.

abordagem psicométrica
Abordagem ao estudo do desenvolvimento cognitivo que procura medir a inteligência quantitativamente.

abordagem piagetiana
Abordagem ao estudo do desenvolvimento cognitivo que descreve qualitativamente os estágios do funcionamento cognitivo.

abordagem do processamento da informação
Abordagem ao estudo do desenvolvimento cognitivo que analisa os processos envolvidos na percepção e no processamento da informação.

abordagem da neurociência cognitiva
Abordagem ao estudo do desenvolvimento cognitivo que vincula os processos cerebrais aos processos cognitivos.

abordagem sociocontextual
Abordagem ao estudo do desenvolvimento cognitivo que focaliza as influências ambientais, particularmente os pais e outros cuidadores.

condicionamento clássico
Aprendizagem baseada na associação de um estímulo que normalmente não elicia uma resposta com outro que a elicia.

O filho de um encantador de serpentes indiano brinca com uma cobra que o pai treinou, sugerindo que o medo de cobra é uma resposta aprendida. Muitas crianças aprendem a temer animais por meio de associações condicionadas com experiências desagradáveis ou assustadoras.

Rajesh Kumar Singh/AP Images

condicionamento operante
Aprendizagem baseada na associação do comportamento com suas consequências.

O condicionamento clássico se concentra na previsão de eventos (o *flash*) com base nos elementos associados (a câmera), enquanto o **condicionamento operante** enfoca as consequências de comportamentos e o modo como afetam a probabilidade de o comportamento ocorrer novamente. Mais especificamente, os comportamentos podem ser reforçados e se tornar mais prováveis de ocorrer, ou então podem ser punidos e se tornar menos prováveis. Por exemplo, um bebê pode aprender que, quando balbucia, seus pais respondem com sorrisos e atenção e pode aumentar esse comportamento para receber ainda mais sorrisos e atenção. Em outras palavras, o comportamento de balbuciar foi reforçado. Por outro lado, o bebê pode ver que, quando atira a comida longe, seus pais tendem a franzir a testa e falar rispidamente. Para evitar essa punição, ele pode aprender a não atirar a comida.

MEMÓRIA DOS BEBÊS

Você consegue se lembrar de alguma coisa que aconteceu antes dos seus 2 anos de idade? Provavelmente não. Parte do motivo é que o conhecimento procedural (p. ex., como colocar um pino de madeira em um furo) e perceptual (p. ex., qual é o gosto de uma maçã) não é a mesma coisa que a memória explícita e baseada na linguagem usada por adultos (p. ex., o que você fez no domingo passado). A primeira infância é uma fase de grandes transformações, e é improvável que a retenção dessas primeiras experiências seja útil por muito tempo.

Como determinamos o que os bebês sabem? Os bebês não sabem falar, e seu controle motor é limitado, então os pesquisadores precisam ser criativos para determinar o que eles sabem e entendem. Felizmente, os paradigmas de condicionamento na pesquisa permitem que façamos perguntas aos bebês de formas que eles consigam responder. Por exemplo, em um experimento, os pesquisadores submeteram bebês de 3 meses a condicionamento operante para ativar um móbile preso a um dos tornozelos por uma fita. Os bebês foram treinados nessa tarefa na presença de um cheiro de coco ou de cereja, condicionando classicamente a tarefa do odor e a capacidade de controlar o móbile com os seus movimentos corporais. Pesquisas anteriores haviam demonstrado que bebês tão jovens esqueciam o que aprenderam uma semana depois. Contudo, quando eram lembrados sobre o que haviam aprendido em relação ao cheiro e o móbile um dia antes de serem testados novamente, os bebês conseguiam lembrar da relação entre o chute e os movimentos do móbile.

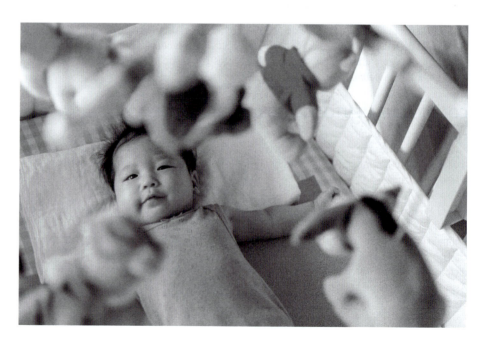

As técnicas de condicionamento operante podem nos ajudar a "perguntar" aos bebês do que lembram. Bebês de 2 a 6 meses condicionados a chutar para ativar um móbile lembram-se dessa habilidade mesmo se o móbile for removido por até duas semanas. Quando o móbile retorna, o bebê começa a chutar logo que vê o brinquedo.

Taweepat/Shutterstock

Assim, as respostas dos bebês mostraram que eles conseguiam usar indicativos contextuais (ou seja, o odor) para recuperar memórias (Suss, Gaylord, & Fagen, 2012). Pesquisas semelhantes determinaram que a duração da resposta condicionada aumenta com a idade. Aos dois meses, o bebê típico retém uma resposta condicionada por dois dias; crianças de 18 meses a retém por 13 semanas (Hartshorn et al., 1998; Rovee-Collier, 1999; Rovee-Collier, 1996). Contudo, a memória do bebê é dependente do contexto e parece estar fortemente ligada às indicações originais codificadas durante a aprendizagem. Por exemplo, bebês de 1, 6 e 9 meses não conseguiram reconhecer uma imagem em um quarto diferente daquele no qual a encontraram pela primeira vez, mas os de 12 e 18 meses conseguiram (Jones, Pascalis, Eacott, & Herbert, 2011).

Abordagem psicométrica: testes de desenvolvimento e de inteligência

Embora não haja um consenso científico claro sobre a definição de inteligência, a maioria dos profissionais concorda com alguns critérios básicos. A inteligência permite às pessoas adquirir, lembrar e utilizar conhecimento; entender conceitos e relações; e resolver os problemas do dia a dia. Além disso, presume-se que o **comportamento inteligente** seja orientado para metas, ou seja, que existe com o fim de atingir um objetivo. Também se presume que seja adaptativo, no sentido de ajudar o organismo a se ajustar às circunstâncias diversas da vida.

O movimento moderno para testar a inteligência teve início no começo do século XX, quando administradores de escolas em Paris pediram ao psicólogo Alfred Binet que elaborasse um modo de identificar crianças que não pudessem acompanhar o trabalho escolar e precisassem de instruções especiais. O teste desenvolvido por Binet e seu colega Theodore Simon foi o precursor dos testes psicométricos que avaliam a inteligência por números.

O objetivo da aplicação de testes psicométricos é medir quantitativamente os fatores que supostamente constituem a inteligência (tais como compreensão e raciocínio) e, a partir dos resultados dessa medida, predizer o desempenho futuro (como o desempenho escolar). Os **testes de QI (quociente de inteligência)** consistem em perguntas ou tarefas que devem mostrar quanto das habilidades medidas a pessoa possui, comparando seu desempenho com normas estabelecidas para um grupo extenso que compôs a amostra de padronização.

Para crianças em idade escolar, as pontuações no teste de inteligência podem servir para prever o desempenho na escola com razoável precisão e confiabilidade. Testar bebês e crianças pequenas já é outra questão. Como os bebês não podem nos dizer o que sabem e como pensam, a maneira mais óbvia de aferir sua inteligência é avaliando o que sabem fazer. Mas se eles não pegarem um chocalho, é difícil saber se não o fizeram porque não sabiam como, não estavam com vontade, não perceberam o que se esperava deles ou simplesmente perderam o interesse.

TESTES DE DESENVOLVIMENTO INFANTIL

Embora seja praticamente impossível medir a inteligência de um bebê, é possível testar o seu funcionamento com testes de desenvolvimento. Os testes avaliam o desempenho do bebê em tarefas e o comparam com normas estabelecidas com base no que um grande número de bebês e crianças pequenas sabe fazer em determinadas idades. Assim, por exemplo, se uma criança não consegue realizar uma tarefa que o "bebê típico" consegue em uma determinada idade, ela pode estar atrasada naquela área. Por outro lado, o bebê também pode estar adiantado e ter desempenho melhor que os pares da mesma idade.

As **Escalas Bayley de Desenvolvimento Infantil** (Bayley, 1969, 1993, 2005) constituem um teste de desenvolvimento amplamente utilizado e elaborado para avaliar crianças entre 1 mês e 3 anos e meio. Pontuações na Bayley-III indicam as competências da criança em cada uma das cinco áreas do desenvolvimento: *cognitivo*, *linguístico*, *motor*, *socioemocional* e *comportamento adaptativo*. Uma escala opcional de classificação do comportamento pode ser preenchida pelo examinador, em parte com base nas informações dadas pelo cuidador. Pontuações separadas, chamadas de *quocientes de desenvolvimento* (QDs), são calculadas para cada escala. Os QDs são muito úteis para detectar, logo no início, perturbações emocionais e déficits sensoriais, neurológicos e ambientais, e podem ajudar pais e profissionais a planejarem o atendimento das necessidades da criança.

verificador
você é capaz de...

▷ Comparar as seis abordagens ao estudo do desenvolvimento cognitivo e identificar seus objetivos?

▷ Dar exemplos de condicionamento clássico e condicionamento operante e discutir o que os estudos de condicionamento operante descobriram sobre a memória dos bebês?

comportamento inteligente
Comportamento que é orientado para uma meta e que se adapta às circunstâncias e condições de vida.

testes de QI (quociente de inteligência)
Testes psicométricos que procuram medir a inteligência comparando o desempenho de quem responde ao teste com normas padronizadas.

Piaget, que você conhecerá mais adiante, interessou-se pela cognição das crianças quando trabalhava neste projeto. Designado para padronizar tarefas para o raciocínio em testes de inteligência, ele acabou se interessando mais pelos erros lógicos cometidos pelas crianças do que pelas respostas corretas.

Somente dois itens das Escalas Bayley se correlacionam com o futuro QI: velocidade de habituação (quanto tempo as crianças levam para ficar entediadas com os itens) e preferência por novidade (se elas gostam ou não de novos estímulos). Outras informações sobre isso mais adiante.

AVALIANDO O IMPACTO DO AMBIENTE DOMÉSTICO

A inteligência já foi considerada como algo fixado desde o nascimento, mas agora sabemos que é influenciada tanto pela hereditariedade quanto pelo ambiente. A estimulação precoce do cérebro é fundamental para o desenvolvimento cognitivo futuro. Quais as características do ambiente doméstico da infância que podem influenciar as medidas de inteligência e outras medidas do desenvolvimento cognitivo?

Utilizando o **Inventário HOME de Observação Doméstica** (R. H. Bradley, 1989; Caldwell & Bradley, 1984), observadores treinados entrevistam o cuidador principal e classificam com sim ou não a estimulação intelectual e o suporte observado no lar da criança. As pontuações do HOME estão significativamente relacionadas às medidas do desenvolvimento cognitivo (Totsika & Sylva, 2004).

Um fator importante avaliado pelo HOME é a qualidade do ambiente doméstico. A escala inclui seis subescalas, que medem o número de livros e materiais lúdicos apropriados no lar, o envolvimento dos pais com a criança, a resposta emocional e verbal dos pais, a aceitação do comportamento da criança, a organização do ambiente e oportunidades para estímulos diários e diversos.

As pesquisas indicam que a qualidade do lar é uma variável importante. Por exemplo, para crianças do 1º ao 3º ano, a qualidade do lar está associada com habilidades de linguagem e letramento precoce na pré-escola (Pinto, Pessanha, & Aguiar, 2013), e a qualidade do lar no primeiro ano da pré-escola prediz as habilidades de numeramento no terceiro ano de pré-escola (Anders et al., 2012). As pontuações de preparação para a escola, habilidade verbal e habilidade espacial da criança dos 3 aos 5 anos estão associadas com as suas pontuações de qualidade do lar (Kelly, Sacker, Del Bono, Francesconi, & Marmot, 2011), e quando os pais mudam o seu comportamento doméstico à medida que os filhos se preparam para entrar na escola, os filhos melhoram no desenvolvimento da linguagem (Son & Morrison, 2010).

Em alguns momentos, os pesquisadores se concentram mais em determinadas subescalas. Por exemplo, o HOME pontua melhor os pais que acariciam e beijam o filho durante a visita do examinador. Os pesquisadores dão atenção especial a isso porque a responsividade dos pais aos 6 meses está positivamente correlacionada com o QI, os escores em testes de desempenho e o comportamento em sala de aula aos 13 anos de idade. Outras variáveis importantes identificadas com o HOME incluem o número de livros na casa, a presença de brinquedos que incentivam o desenvolvimento de conceitos e o envolvimento dos pais nas brincadeiras dos filhos. Isso ocorre porque o estímulo à aprendizagem mostrou-se sistematicamente associado aos escores de desempenho, competência na linguagem e desenvolvimentos motor e social no jardim de infância (Bradley, Corwyn, Burchinal, McAdoo, & Coll, 2001). A Tabela 5.1 lista itens específicos para ajudar o bebê a desenvolver sua competência cognitiva.

INTERVENÇÃO PRECOCE

A **intervenção precoce** é um processo sistemático de planejamento e acompanhamentos terapêuticos e educacionais para famílias que precisam de ajuda para prover as demandas desenvolvimentais de bebês e crianças em idade pré-escolar. Esses programas são caros, e normalmente são necessárias pesquisas de avaliação desses programas para justificar a continuidade do financiamento. Diversas propostas de pesquisa buscaram determinar a eficácia dos programas de intervenção precoce. Por exemplo, o Projeto CARE (Wasik, Ramey, Bryant, & Sparling, 1990), o Projeto Abcedarian (ABC) (Ramey, 2018) e o Head Start (Lee, Zhai, Brooks-Gunn, Han, & Waldfogel, 2014) foram investigados profundamente.

Em geral, esses programas envolvem educação infantil em tempo integral durante o ano inteiro, da primeira infância à idade pré-escolar, além de serviços sociais orientados para a família, educação na segunda infância, serviços médicos e de saúde e educação familiar sobre desenvolvimento infantil. Os grupos-controle variam, mas podem, por exemplo, ser compostos de crianças que recebem serviços pediátricos e assistência social, mas não participam de creches (Ramey & Ramey, 2003), ou crianças cuidadas pelos pais em casa ou uma creche em um centro (Lee et al., 2014; Zhai, Brooks-Gunn, & Waldfogel, 2014).

O Inventário HOME de Observação Doméstica faz avaliações positivas de pais que elogiam o filho ou respondem às suas perguntas.
Fuse/Getty Images

Escalas Bayley de Desenvolvimento Infantil
Teste padronizado que avalia o desenvolvimento mental e motor de bebês e crianças até 3 anos.

Inventário HOME de Observação Doméstica
Instrumento para medir a influência do ambiente doméstico no desenvolvimento cognitivo da criança.

intervenção precoce
Processo sistemático de acompanhamento que ajuda as famílias a satisfazerem as necessidades de desenvolvimento das crianças pequenas.

TABELA 5.1 Promovendo competência

Descobertas feitas pelo inventário HOME, por estudos neurológicos e outras pesquisas sugerem as seguintes diretrizes para promover o desenvolvimento cognitivo de bebês e crianças pequenas:

- Nos primeiros meses, *forneça estimulação sensorial*, mas evite a superestimulação e ruídos que distraem.
- À medida que o bebê for crescendo, *crie um ambiente que promova a aprendizagem* – um ambiente que inclua livros, objetos interessantes (que não precisam ser brinquedos caros) e um lugar para brincar.
- *Responda aos sinais do bebê*. Isso estabelece um senso de confiança de que o mundo é um lugar amigável e lhe dá um senso de controle sobre sua vida.
- *Dê ao bebê poder de efetuar mudanças* com brinquedos que possam ser chacoalhados, moldados ou movimentados. Ajude o bebê a descobrir que girar a maçaneta faz abrir a porta, pressionar um interruptor faz acender a luz e abrir uma torneira faz correr a água para tomar banho.
- *Dê ao bebê liberdade para explorar*. Não o confine regularmente, durante o dia, em um berço, cadeirinha ou em um quarto pequeno e, mesmo por curtos períodos, em um cercado. Torne o ambiente seguro para ele e solte-o!
- *Converse com o bebê*. Ele não vai aprender a falar ouvindo rádio ou televisão; precisa de interação com adultos.
- Ao falar ou brincar com o bebê, *envolva-se naquilo que ele estiver interessado* no momento, em vez de tentar redirecionar a atenção dele para outra coisa.
- *Arranje oportunidades para ele aprender as habilidades básicas*, como nomear, comparar e separar objetos (por tamanho, cor, etc.), colocando itens em sequência e observando as consequências das ações.
- *Aplauda as novas habilidades e ajude o bebê a praticá-las e expandi-las*. Fique por perto, mas não sufoque.
- *Desde a mais tenra idade, leia para o bebê em um ambiente aconchegante e afetuoso*. Ler em voz alta e falar sobre as histórias desenvolve as habilidades precursoras da alfabetização.
- *Utilize a punição com moderação*. Não puna nem ridicularize os resultados da exploração normal de tentativa e erro.

Fonte: Bradley e Caldwell, 1982; Bradley, Caldwell e Rock, 1988; Bradley, et al., 1989; Ramey e Ramey 1998a, 1998b; Ramey e Ramey, 1992; Staso, citado em Blakeslee, 1997; Stevens e Bakeman, 1985; White, 1971; White, Kaban e Attanucci, 1979.

O padrão típico dos achados sobre os programas de intervenção precoce mostra uma vantagem para crianças que participaram deles em relação aos membros dos grupos-controle. Em geral, os participantes têm resultados positivos em termos de desenvolvimento cognitivo, incluindo leitura, matemática, QI e progresso na escola (Lee et al., 2014; Ramey, 2018; Camilli, Vargas, Ryan, & Barnett, 2010). Entretanto, a força dessa vantagem varia dependendo do grupo de comparação. Quando os participantes são comparados com crianças que não frequentaram nenhuma turma de creche ou jardim da infância, eles tendem a demonstrar vantagens impressionantes. Quando são comparados com crianças que receberam *alguma* forma de educação na segunda infância, os ganhos demonstrados pelos participantes nos programas de intervenção precoce são menos significativos (Shager et al., 2013; Lee et al., 2014). Além disso, os ganhos são maiores no início e vão se reduzindo ao longo do tempo (Lee, Brooks-Gunn, Schnur, & Law, 1990). Ao que parece, sem apoio ambiental contínuo suficiente, os ganhos iniciais diminuem.

Contudo, os estudos de acompanhamento a longo prazo determinaram que, apesar da queda inicial nos ganhos, os programas de intervenção precoce têm efeitos duradouros. As crianças que participam de programas de intervenção precoce têm menor probabilidade de precisar de serviços de educação especial no ensino fundamental e no ensino médio, maiores chances de se formar no ensino médio e conseguir emprego e menores chances de ser presas, além de informarem salários mais altos ao longo da vida (Melhuish et al., 2015). Assim, do ponto de vista econômico, os benefícios dos programas de intervenção precoce podem compensar seus altos custos (Ramey, 2018).

Estudos mostram que a intervenção educacional na infância pode ajudar a compensar os riscos ambientais.
Glow Images

> **verificador**
> **você é capaz de...**
>
> ▷ Dizer por que testes de desenvolvimento são às vezes aplicados em bebês e crianças de até 3 anos?
>
> ▷ Identificar aspectos do ambiente doméstico infantil que podem influenciar o desenvolvimento cognitivo?
>
> ▷ Discutir o valor da intervenção feita na infância?

As intervenções mais eficazes na infância são aquelas que (1) começam bem cedo e continuam ao longo dos anos pré-escolares; (2) são intensivas (isto é, ocupam mais tempo em um dia ou mais dias em uma semana, mês ou ano); (3) são centralizadas, proporcionando experiências educacionais diretamente às crianças, não apenas treinamento parental; (4) adotam uma abordagem abrangente, incluindo saúde, aconselhamento familiar e serviços sociais; e (5) são adaptadas às diferenças e necessidades individuais.

Abordagem piagetiana

O primeiro dos quatro estágios de Piaget para o desenvolvimento cognitivo é o **estágio sensório-motor**. Durante esse estágio (do nascimento até os 2 anos, aproximadamente), os bebês aprendem sobre si mesmos e sobre o mundo mediante suas atividades sensoriais e motoras. Os bebês passam de seres que respondem basicamente por meio de comportamentos aleatórios e reflexos a crianças orientadas para uma meta.

estágio sensório-motor
Na teoria de Piaget, o primeiro estágio do desenvolvimento cognitivo, durante o qual os bebês aprendem por meio dos sentidos e da atividade motora.

SUBESTÁGIOS DO ESTÁGIO SENSÓRIO-MOTOR

O estágio sensório-motor consiste em seis subestágios (Tabela 5.2), que fluem de um para o outro à medida que os **esquemas** do bebê, os padrões de pensamento e comportamento, tornam-se mais

TABELA 5.2 Os subestágios do estágio sensório-motor do desenvolvimento cognitivo de Piaget*

Subestágio	Idades	Descrição	Comportamento
1. Uso de reflexos	Nascimento até 1 mês	Os bebês exercitam seus reflexos inatos e desenvolvem algum controle sobre eles. Não coordenam as informações dos sentidos.	Denise começa a sugar quando o peito da mãe está em sua boca.
2. Reações circulares primárias	1 a 4 meses	Os bebês repetem comportamentos agradáveis que primeiro ocorrem ao acaso (como sugar o dedo). As atividades são focadas em seu corpo e não nos efeitos do comportamento sobre o ambiente. Desenvolvem as primeiras adaptações adquiridas. Começam a coordenar a informação sensorial e agarrar objetos.	Quando lhe dão a mamadeira, Daniel, que geralmente mama no peito, consegue ajustar a sucção ao bico de borracha.
3. Reações circulares secundárias	4 a 8 meses	Os bebês ficam mais interessados pelo ambiente; repetem ações que produzem resultados interessantes e prolongam tais experiências. As ações são intencionais, mas inicialmente não orientadas para uma meta.	Alexandre empurra pedacinhos de cereal até a borda de sua cadeirinha e observa cada pedaço caindo no chão.
4. Coordenação de esquemas secundários	8 a 12 meses	O comportamento é mais deliberado e proposital à medida que os bebês coordenam esquemas previamente aprendidos e usam comportamentos previamente aprendidos para atingir suas metas. Podem antecipar eventos.	Ana aperta o botão de seu livrinho de músicas infantis e ouve uma canção. Em vez de apertar os botões das outras músicas, ela prefere apertar esse botão repetidas vezes.
5. Reações circulares terciárias	12 a 18 meses	As crianças demonstram curiosidade e experimentação; variam propositadamente suas ações para ver os resultados. Exploram ativamente seu mundo para determinar o que é novidade sobre um objeto, evento ou situação. Experimentam novas atividades e fazem uso da tentativa e erro para resolver problemas.	Os primeiros esforços de Bruno para trazer seu livro favorito para dentro do berço não dão certo, pois o livro é muito largo. Logo, porém, Bruno vira o livro de lado e o abraça, encantado com o sucesso.
6. Combinações mentais	18 a 24 meses	Como as crianças são capazes de representar eventos mentalmente, podem pensar sobre eventos e antecipar suas consequências sem precisar recorrer sempre à ação. Começam a demonstrar *insights*. Sabem usar símbolos como gestos e palavras, e sabem fantasiar.	Júlia brinca com sua caixa-encaixa procurando cuidadosamente o encaixe certo para cada forma antes de tentar – e conseguir.

*Nota: Os bebês apresentam um enorme crescimento cognitivo durante o estágio sensório-motor de Piaget, pois aprendem sobre o mundo por meio dos sentidos e das atividades motoras. Observe seu progresso na resolução de problemas e a coordenação de informações sensoriais. Todas as idades são aproximadas.

elaborados. Durante os cinco primeiros subestágios, o bebê aprende a coordenar os dados provenientes dos sentidos e a organizar suas atividades em relação ao ambiente. Durante o sexto e último subestágio, ele evolui para o uso de símbolos e conceitos a fim de resolver problemas simples.

Boa parte desse crescimento cognitivo inicial surge por meio de **reações circulares**, quando o bebê aprende a reproduzir eventos originalmente descobertos ao acaso. Inicialmente, uma atividade como sugar produz uma sensação agradável que o bebê quer repetir. A repetição novamente gera prazer, o que motiva o bebê a fazê-lo mais uma vez (Figura 5.1). O comportamento originalmente aleatório foi consolidado em um novo esquema.

No *primeiro subestágio* (do nascimento a 1 mês, aproximadamente), o recém-nascido treina seus reflexos, iniciando um comportamento mesmo quando o estímulo inicial não está presente. Assim, por reflexo, o recém-nascido suga quando seus lábios são tocados. Mas logo aprende a encontrar o mamilo, mesmo quando seus lábios não são tocados, e suga em momentos em que não tem fome. Assim, os bebês modificam e ampliam o esquema de sucção.

No *segundo subestágio* (por volta de 1 a 4 meses), o bebê aprende a repetir propositadamente uma sensação corporal agradável obtida ao acaso (sugando o polegar, como na Figura 5.1a). Ele também começa a se voltar para os sons, demonstrando a capacidade de coordenar diferentes tipos de informação sensorial (visão e audição).

O *terceiro subestágio* (em torno de 4 a 8 meses) coincide com um novo interesse em manipular objetos e aprender sobre suas propriedades. Os bebês repetem intencionalmente uma ação não simplesmente por repetir, como no segundo estágio, mas para obter resultados *além do próprio corpo da criança*. Nessa idade, por exemplo, o bebê repetidamente agita o chocalho para ouvir o barulho.

Na época em que os bebês chegam ao *quarto subestágio* (em torno de 8 a 12 meses), eles aprenderam a fazer generalizações a partir da experiência passada para resolver novos problemas. Eles modificam e coordenam esquemas anteriores, como os de engatinhar, empurrar e agarrar, para encontrar um que funcione. Esse subestágio marca o desenvolvimento de comportamentos complexos orientados para uma meta.

No *quinto subestágio* (entre 12 e 18 meses), os bebês começam a experimentar com novos comportamentos para ver o que acontece. Agora eles se envolvem em *reações circulares terciárias*, variando uma ação para obter resultado semelhante, em vez de meramente repetir o comportamento agradável que acidentalmente descobriram. Por exemplo, a criança poderá apertar um pato de borracha que fez barulho quando ela pisou nele, para ver se fará o barulho novamente (como na Figura 5.1c). Pela primeira vez, as crianças demonstram originalidade na resolução de problemas. Por tentativa e erro, elas experimentam comportamentos até encontrarem a melhor maneira de atingir uma meta.

O *sexto subestágio* (entre 18 meses e 2 anos) é uma transição para o estágio pré-operatório da primeira infância. A **capacidade de representação** – capacidade de representar mentalmente objetos e ações na memória, principalmente por meio de símbolos como palavras, números e imagens mentais – liberta as crianças da experiência imediata. Elas sabem fantasiar e sua capacidade de representação aumenta a sofisticação do faz de conta (Bornstein, Haynes, O'Reilly, & Painter, 1996). Elas sabem pensar em ações antes de realizá-las. Não precisam mais recorrer à laboriosa tentativa e erro para resolver problemas – elas podem experimentar soluções mentalmente.

Durante esses seis subestágios, os bebês desenvolvem a capacidade de pensar e lembrar. Também desenvolvem conhecimento sobre certos aspectos do mundo físico, tais como objetos e relações espaciais. Pesquisadores inspirados por Piaget descobriram que alguns desses processos desenvolvimentais estão muito próximos das observações desse autor, mas outros, incluindo a capacidade de representação, podem ocorrer mais cedo do que ele afirmava ser possível. (A Tabela 5.3 compara as opiniões de Piaget sobre esses e outros tópicos com descobertas mais recentes.)

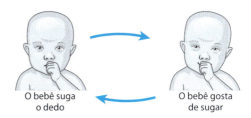

(a) Reação circular primária: Tanto a ação quanto a resposta envolvem o corpo do próprio bebê (1 a 4 meses).

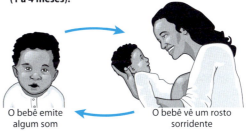

(b) Reação circular secundária: A ação obtém a resposta de outra pessoa ou objeto, levando o bebê a repetir a ação original (4 a 8 meses).

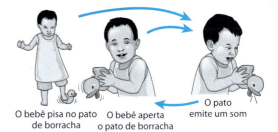

(c) Reação circular terciária: A ação obtém um resultado agradável, levando o bebê a realizar ações semelhantes para obter resultados semelhantes (12 a 18 meses).

FIGURA 5.1
Reações circulares primárias, secundárias e terciárias.

esquemas
Na terminologia de Piaget, padrões de pensamento e comportamento utilizados em determinadas situações.

reações circulares
Na terminologia de Piaget, processos pelos quais o bebê aprende a reproduzir ocorrências desejadas originalmente descobertas ao acaso.

capacidade de representação
Terminologia de Piaget para a capacidade de armazenar imagens mentais ou símbolos de objetos e eventos.

TABELA 5.3	Aquisições-chave do estágio sensório-motor	
Conceito ou habilidade	**Visão de Piaget**	**Descobertas mais recentes**
Imitação	A imitação invisível desenvolve-se por volta dos 9 meses; a imitação diferida começa após o desenvolvimento de representações mentais no sexto subestágio (18-24 meses).	Estudos controversos constataram a imitação invisível em recém-nascidos e a imitação diferida já na sexta semana. A imitação diferida de atividades complexas parece existir já aos 6 meses.
Permanência do objeto	Desenvolve-se gradualmente entre o terceiro e o sexto subestágios.	Bebês ainda com 3,5 meses (segundo subestágio) parecem demonstrar conhecimento do objeto através do seu comportamento observável.
Desenvolvimento simbólico	Depende do pensamento representacional, que se desenvolve no sexto subestágio (18-24 meses).	O entendimento de que as imagens representam outra coisa ocorre por volta dos 19 meses. Crianças com menos de 3 anos tendem a ter dificuldade em interpretar modelos em escala.
Categorização	Depende do pensamento representacional, que se desenvolve durante o sexto subestágio (18-24 meses).	Bebês de 3 meses parecem reconhecer categorias perceptuais; no final do primeiro ano sabem categorizar por função.
Causalidade	Desenvolve-se lentamente entre 4-6 meses e 1 ano, com base nas descobertas do bebê, primeiro dos efeitos de suas próprias ações, e depois dos efeitos das forças externas.	Algumas evidências sugerem consciência de eventos causais específicos no mundo físico nos primeiros meses, mas a compreensão geral de causalidade talvez se desenvolva mais lentamente.
Aptidão numérica	Depende do uso de símbolos, que começa no sexto subestágio (18-24 meses).	Bebês de 5 meses podem reconhecer e manipular mentalmente números pequenos, mas a interpretação desses dados ainda é controversa.

verificador
você é capaz de...

▷ Resumir as principais aquisições desenvolvimentais durante os seis subestágios do estágio sensório-motor?

▷ Explicar como funcionam as reações circulares primárias, secundárias e terciárias?

▷ Dizer por que o desenvolvimento da capacidade de representação é importante?

imitação diferida
Na terminologia de Piaget, a reprodução de um comportamento observado após algum tempo, evocando-se um símbolo armazenado desse comportamento.

IMITAÇÃO

Com 1 ano de idade, Clara vê a irmã mais velha escovar o cabelo. Quando a irmã solta a escova, Clara pega-a e tenta escovar o próprio cabelo.

A imitação se torna cada vez mais valiosa no final do primeiro ano de vida, quando os bebês experimentam novas habilidades (K. Nelson, 2005). Piaget indicou esse comportamento nas suas próprias observações e defendeu que a imitação visível (que usa partes do corpo como mãos e pés, que os bebês enxergam) se desenvolve primeiro, sendo seguida pela imitação invisível (que envolve partes do corpo que os bebês não enxergam) aos 9 meses.

Alguns pesquisadores argumentam que a capacidade de imitação começa ainda antes, a partir do período neonatal. Contudo, a capacidade de imitar ou não dos recém-nascidos é uma questão controversa. Inicialmente, os estudos pareciam indicar que os recém-nascidos conseguiam imitar os adultos quando abriam a boca e colocavam a língua para fora (Meltzoff & Moore, 1989). Alguns pesquisadores afirmavam que esse comportamento de imitação inicial seria a base para a cognição social posterior (Meltzoff, 2007). Outros defendem que os bebês têm uma predisposição inata a imitar faces humanas, o que pode servir ao propósito evolutivo de comunicação com um cuidador (Rakison, 2005). Por fim, alguns pesquisadores argumentam que mostrar a língua não era imitação, mas simplesmente um comportamento exploratório provocado pela observação de um objeto estreito e com ponta se aproximando da boca do bebê (Kagan, 2008). Pesquisas longitudinais mais recentes concluíram que, sob condições de teste controladas mais cuidadosamente, a suposta imitação desaparece (Oostenbroek et al., 2018). Esse achado ainda é controverso, no entanto (Meltzoff et al., 2018).

Piaget sustentava que crianças com menos de 18 meses não podiam fazer **imitação diferida**, uma habilidade mais complexa e que exige memória de longo prazo. A imitação diferida é a reprodução de um comportamento observado após algum tempo. Como o comportamento não está mais acontecendo, a imitação diferida exigiria uma representação armazenada da ação a ser lembrada. Piaget defendia que crianças pequenas não podiam fazer imitação diferida porque não tinham a capacidade de reter representações mentais.

Contudo, a imitação diferida de eventos novos ou complexos parece começar antes do que Piaget imaginava, entre 6 e 9 meses (Bauer, 2002). Por exemplo, em um estudo, bebês de 6 meses da Alemanha e de Camarões conseguiam imitar como um adulto interagia com uma boneca após um período de 10 minutos (Goertz et al., 2011). A capacidade de reter o material na memória por mais tempo aumenta com a idade. Por exemplo, aos 9 meses, mais de 40% dos bebês consegue reproduzir um procedimento simples de duas etapas, como deixar um carro de brinquedo descer por um tubo e depois empurrá-lo com um bastão para fazê-lo seguir até o final de uma rampa e acender uma luz. Além disso, eles conseguem executar a ação passado um mês (Bauer 2002; Bauer, Wiebe, Carver, Waters, & Nelson, 2003). Aos 14 meses, as crianças demonstram preferências em relação a quem imitam. Por exemplo, têm maior tendência a imitar as pessoas que falam o mesmo idioma que elas (Buttelmann, Zmyj, Daum, & Carpenter, 2013). Aos 15 meses, preferem imitar seus pares, mas a atenção passa a ser os adultos quando têm 24 meses (Seehagen & Herbert, 2011). Aos 4 anos, é mais provável que imitem indivíduos do seu próprio gênero (Grace, David, & Ryan, 2008). Para explicar resultados como esses, alguns teóricos afirmam que a imitação das crianças varia com os seus objetivos. Quando tentam comunicar semelhança ou formar laços sociais, as crianças tendem a imitar pessoas mais parecidas consigo, como outras crianças. Quando tentam aprender coisas novas, tendem a imitar pessoas de quem acreditam que mais podem aprender, como os adultos (Zmyj & Seehagen, 2013).

CONCEITO DE OBJETO

Em suas observações detalhadas de crianças, Piaget notou que bebês com menos de aproximadamente 8 meses agem como se um objeto não existisse mais após desaparecer de seu campo de visão, o que o levou a teorizar sobre o conceito de objeto – o entendimento de que objetos possuem existência, características e localização espacial independentes.

Um dos aspectos do conceito de objeto é a noção de **permanência do objeto**, a percepção de que algo continua existindo quando está fora do campo de visão. A princípio, o bebê parece não ter essa noção. Se você esconde um brinquedo interessante, os bebês não dão nenhum sinal óbvio de que entendem que ele ainda existe. Contudo, entre 18 e 24 meses, quase todos os bebês parecem entender que os objetos possuem existências independentes e procuram objetos escondidos de maneira confiável. De acordo com Piaget, a permanência do objeto se desenvolve gradualmente durante o estágio sensório-motor, à medida que as crianças desenvolvem a capacidade de representar simbolicamente objetos.

permanência do objeto
Na terminologia de Piaget, compreensão de que uma pessoa ou objeto ainda existe quando está fora do campo de visão.

Mas Piaget estava correto? Algumas pesquisas sugerem que os bebês talvez não consigam procurar objetos escondidos porque não podem executar uma sequência de ações em duas etapas, como deslocar uma almofada ou levantar a tampa de uma caixa para pegar o objeto, não por não terem o entendimento necessário. Métodos baseados somente no comportamento visual do bebê eliminam a necessidade de qualquer atividade motora e assim podem ser utilizados em idades bem precoces. Com essa técnica, é possível obter uma avaliação melhor do que os bebês sabem de fato.

Essa habilidade continua a se desenvolver nos meses seguintes. Por exemplo, os bebês continuam a procurar um objeto no lugar onde o encontraram pela primeira vez após vê-lo escondido, mesmo se depois lhes mostram o objeto sendo removido para outro lugar (erro A-não-B). Em algum momento entre 5 e 8 meses, eles começam a *procurar* no local correto onde o objeto foi levado, mas não tentam alcançá-lo. Com cerca de 9 a 10 meses, os bebês começam a procurar e tentar alcançar o objeto no local correto (Cuevas & Bell, 2010). Entre 12 e 18 meses, a maioria sempre busca o objeto no último local em que o viram escondido. Entretanto, não procurarão em um lugar onde não o viram escondido. Entre 18 e 24 meses, a permanência do objeto é plenamente conquistada; crianças pequenas procuram um objeto mesmo se não o virem escondido.

Esta menina parece demonstrar ter alguma noção do conceito de permanência do objeto ao procurar um objeto parcialmente escondido. A idade em que a noção de permanência do objeto começa a se desenvolver é alvo de controvérsias.

Doug Goodman/Science Source

DESENVOLVIMENTO SIMBÓLICO, COMPETÊNCIA IMAGÉTICA E COMPREENSÃO DE ESCALA

Boa parte do conhecimento que as pessoas adquirem sobre seu mundo é obtida por meio de símbolos, que são representações intencionais da realidade. Aprender a interpretar símbolos é uma tarefa essencial na infância. Um dos aspectos do desenvolvimento simbólico é o desenvolvimento da competência imagética, a capacidade de entender a natureza das imagens (DeLoache, Pierroutsakos, & Uttal, 2003). Por exemplo, pense em como o sol é representado nos livros infantis. Em geral, o desenho é de um círculo amarelo com raios curvos. Uma criança que entende que esse desenho indica a bola de luz no céu já obteve algum nível de competência imagética.

O que as crianças entendem sobre figuras? Até os 15 meses, os bebês utilizam as mãos para explorar imagens como se fossem objetos – esfregando-as, afagando-as ou tentando tirar da página um objeto retratado. Por volta dos 19 meses, as crianças são capazes de apontar para a figura de um objeto enquanto o nomeiam, demonstrando uma compreensão de que a imagem ou figura é símbolo de uma outra coisa (DeLoache et al., 2003). Por volta dos 2 anos de idade, as crianças entendem que uma imagem é tanto um objeto quanto um símbolo (Preissler & Bloom, 2007).

Os livros com gravuras apoiam a criança na aquisição de informações sobre o mundo. Entretanto, as pesquisas sugerem que a capacidade de aprender com livros é influenciada pelas experiências culturais. Crianças tanzanianas de 20 meses que não tinham experiência alguma com livros conseguiam reconhecer objetos familiares apresentados a elas em livros por um pesquisador, mas não conseguiam aprender nomes para um objeto novo (um gancho dourado em forma de S) apresentado primeiro no livro e depois na vida real. Com aproximadamente 27 meses, elas conseguiam aprender a palavra para o objeto novo de um livro com gravuras e aplicá-la corretamente a objetos reais; com 34 meses, conseguiam aplicar o que haviam aprendido a um exemplo diferente do objeto novo (um gancho prateado em forma de S) (Walker, Walker, & Ganea, 2013).

O que pode ser aprendido com imagens também é afetado pela mídia na qual a informação é apresentada. Em um estudo, crianças com menos de 2 anos não aprenderam a palavra para um objeto novo apresentada em um livro eletrônico, apesar de aprenderem facilmente quando a palavra era apresentada em um livro impresso tradicional. Foi apenas após os 2 anos que as crianças conseguiram utilizar livros eletrônicos dessa forma (Strouse & Ganea, 2017).

E quanto à televisão? Embora as crianças de até 3 anos passem uma boa parte do tempo assistindo à televisão, a princípio elas parecem não perceber que estão vendo uma representação da realidade (Troseth, Saylor, & Archer, 2006). Por isso, elas têm dificuldade para usar as informações apresentadas na tela de forma eficaz (Barr, 2010). Por exemplo, crianças de 12 a 18 meses tinham maior capacidade de imitar as ações de um adulto (ajudar um fantoche a tocar um sino) quando viam um adulto realizar a ação na sua frente do que quando assistiam a um vídeo da mesma coisa (Barr, Muentener, & Garcia, 2007). Em uma série de experimentos, crianças de 2 anos e meio que observavam um vídeo em que um adulto escondia um objeto em uma sala ao lado conseguiam localizá-lo depois, mas crianças de 2 anos que assistiam ao mesmo vídeo não conseguiam. Entretanto, as crianças mais novas conseguiam encontrar o objeto quando o observavam sendo escondido através de uma janela (Troseth & DeLoache, 1998). Aparentemente, o que faltava às crianças de 2 anos era o entendimento da representação das imagens na tela.

Você já viu uma criancinha tentando colocar um chapéu pequeno demais para sua cabeça ou sentar em uma cadeirinha pequena demais? O nome disso é erro de escala, um erro de percepção momentâneo sobre os tamanhos relativos dos objetos (DeLoache, LoBue, Vanderborght, & Chiong, 2013). Em um estudo, crianças de 18 a 36 meses podiam primeiro interagir com objetos que correspondiam ao tamanho dos seus corpos, como um carrinho em que entravam ou um escorregador do tamanho certo. A seguir, os objetos em tamanho real eram substituídos por réplicas em miniatura. As crianças tentavam escorregar pelos brinquedos e se enfiar nos carrinhos. Por que tratavam os objetos como se fossem de tamanho normal?

Os pesquisadores sugerem que essas ações poderiam se basear, em parte, na falta de controle do impulso – as crianças queriam tanto brincar com os objetos que ignoravam as informações perceptuais sobre o seu tamanho. Contudo, elas também podiam estar sinalizando problemas de comunicação entre sistemas cerebrais imaturos. Um sistema possibilita à criança reconhecer e categorizar um objeto ("Isto é uma cadeira") e planejar o que fazer com ele ("Vou sentar nela"). O outro pode estar envolvido na percepção do tamanho do objeto e na utilização de informações visuais para controlar ações pertinentes ("é grande o suficiente para sentar"). Quando a comunicação entre essas áreas entra em colapso, as crianças tratam os objetos momentaneamente como se fossem de tamanho normal (DeLoache, Uttal, & Rosengren, 2004).

A **hipótese da dupla representação** oferece outra explicação para os erros de escala. Objetos como cadeiras de brinquedo têm duas representações potenciais. A cadeira é um objeto em si e também um símbolo para uma classe de itens ("cadeiras"). Segundo essa hipótese, é difícil para essas crianças representar mentalmente, e ao mesmo tempo, tanto o objeto real quanto a natureza simbólica que ele representa. Em outras palavras, elas podem se concentrar na cadeira específica que encontram ("é uma cadeirinha em miniatura") ou no símbolo e no que ele representa ("cadeiras são para sentar"), o que as leva a confundir os dois (DeLoache, 2011).

As crianças conseguem aprender palavras para objetos novos a partir de livros impressos aos 2 anos, mas não conseguem usar livros eletrônicos dessa forma antes de completarem 2 anos.
Albert Mollon/Moment/Getty Images

AVALIANDO O ESTÁGIO SENSÓRIO-MOTOR DE PIAGET

Segundo Piaget, a jornada de desenvolvimento desde o comportamento reflexo até chegar ao começo do pensamento é longa e lenta. Durante aproximadamente um ano e meio, o bebê aprende apenas a partir de seus sentidos e movimentos; não antes da última metade do segundo ano, ele avança para o pensamento conceitual. Contudo, as pesquisas que fazem uso de tarefas simplificadas e instrumentos modernos sugerem que certas limitações vistas por Piaget nas primeiras habilidades cognitivas da criança, como a permanência do objeto, talvez reflitam habilidades linguísticas e motoras ainda imaturas. As respostas obtidas por Piaget foram tanto uma função do modo como ele formulou as perguntas quanto um reflexo das reais capacidades de uma criança pequena.

Em termos de descrever o que crianças fazem em certas circunstâncias e a progressão básica de suas habilidades, Piaget estava certo. Entretanto, bebês e crianças pequenas têm mais competências cognitivas do que Piaget imaginava. Isso não significa que os bebês vêm ao mundo com a mente já formada. Como ele observou, formas imaturas de cognição precedem formas mais maduras. Piaget, no entanto, pode ter se equivocado em sua ênfase na experiência motora como o principal mecanismo de desenvolvimento cognitivo. A percepção dos bebês está bem à frente de suas habilidades motoras, e os métodos atuais permitem aos pesquisadores fazerem observações e inferências sobre essas percepções, como analisamos na próxima seção.

hipótese da dupla representação
Hipótese segundo a qual as crianças com menos de 3 anos têm dificuldade para entender relações espaciais devido à necessidade de manter mais de uma representação mental ao mesmo tempo.

▶ **verificador**
você é capaz de...

▷ Explicar por que Piaget pode ter subestimado algumas capacidades cognitivas dos bebês, e discutir as implicações de pesquisas mais recentes?

Abordagem do processamento da informação

Os pesquisadores do processamento da informação analisam separadamente cada parte de uma tarefa complexa para tentar entender quais são as habilidades necessárias para cada parte da tarefa e em que idade essas habilidades se desenvolvem. Esses pesquisadores também medem aquilo a que os bebês prestam atenção, e por quanto tempo, e fazem inferências com base nesses dados.

HABITUAÇÃO

Com cerca de 6 semanas de vida, Serginho está deitado calmamente em seu berço perto de uma janela com uma chupeta na boca. O dia está nublado, mas de repente o sol aparece e um raio de luz surge na extremidade do berço. Por alguns momentos Serginho para de sugar sua chupeta e fica olhando para o padrão de luz e sombra. Então, ele desvia o olhar e começa a sugar novamente.

Não sabemos o que se passou na mente de Serginho quando ele viu o raio de luz, mas podemos identificar, por seu comportamento de sucção e por seu olhar, em que momento ele começou a prestar atenção e quando parou. Boa parte da pesquisa em processamento da informação com bebês baseia-se na **habituação**, um tipo de aprendizagem em que a exposição repetida e contínua a um estímulo (o raio de luz, por exemplo) reduz a atenção a esse estímulo. Em outras palavras, a familiaridade gera perda de interesse.

habituação
Tipo de aprendizagem em que a familiaridade com um estímulo reduz, torna mais lenta ou faz cessar uma resposta.

Nas pesquisas com bebês, os pesquisadores precisam desvendar como fazer perguntas de modos que os bebês consigam respondê-las. Comportamentos naturais, como os que Serginho realiza, dão aos pesquisadores um meio para tanto. A habituação é um tipo de aprendizagem em que a exposição repetida ou contínua a um estímulo (o raio de luz, por exemplo) reduz a atenção a esse estímulo (afastar o olhar). Ela pode ser comparada ao tédio, e a velocidade de habituação (a rapidez com que os bebês desviam o olhar) pode ser usada para perguntar aos bebês sobre o seu interesse por diversos objetos.

Os pesquisadores estudam a habituação em recém-nascidos apresentando repetidamente um estímulo (p. ex., um padrão sonoro ou visual) e depois monitoram respostas como ritmo cardíaco, sucção, movimento dos olhos e atividade cerebral. O bebê que vinha sugando costuma parar, ou suga com menos vigor, quando o estímulo é apresentado pela primeira vez, de modo a prestar atenção ao novo estímulo. Depois que o estímulo deixa de ser novidade, o bebê normalmente volta a sugar vigorosamente, o que indica que a habituação ocorreu. Se um novo som ou imagem é apresentado, a atenção do bebê geralmente é recapturada e ele mais uma vez se reorienta para o estímulo interessante e reduz a sucção. Essa resposta a um novo estímulo é chamada de **desabituação**.

desabituação
Aumento da resposta após a apresentação de um novo estímulo.

Os pesquisadores aferem a eficiência do processamento da informação por parte do bebê medindo a rapidez com que a criança se habitua a estímulos familiares, recupera a atenção quando exposta a um novo estímulo e quanto tempo se entretém olhando para o novo e para o velho estímulo. Gostar de olhar para coisas novas e a elas habituar-se rapidamente correlaciona-se com sinais posteriores de desenvolvimento cognitivo, como preferência pela complexidade, rápida exploração do ambiente, brincadeiras sofisticadas, rápida resolução de problemas e a capacidade de comparar figuras. De fato, como veremos, a velocidade de habituação e outras habilidades de processamento da informação mostram-se promissoras como indicadores de inteligência (Rose, Feldman, Jankowski, & Van Rossem, 2012).

FERRAMENTAS DE PESQUISA COM BEBÊS

A tendência a passar mais tempo olhando para uma imagem e não para outra é chamada de **preferência visual**. Os pesquisadores usam essa tendência natural para perguntar aos bebês qual de dois objetos eles preferem. Por exemplo, se os bebês recebem a opção de olhar para uma linha curva ou uma reta e passam mais tempo focados na primeira, fica implícito que os bebês gostam de linhas curvas mais do que de linhas retas. Com essa técnica, pesquisadores determinaram que bebês com menos de 2 dias de idade preferem linhas curvas a linhas retas, padrões complexos a padrões simples, objetos tridimensionais a objetos bidimensionais, figuras de faces, ou configurações semelhantes a faces, a figuras de outras coisas, e objetos móveis a estacionários. Os recém-nascidos também preferem faces, ou configurações semelhantes a faces, a imagens de outras coisas. Por fim, os bebês preferem novas imagens às familiares (Rakison, 2005; Turati, Simion, Milani, & Umilta, 2002), o que é chamado de preferência por novidade.

preferência visual
Tendência dos bebês a passar mais tempo olhando para uma imagem e não para outra.

O achado de que os bebês gostam de olhar para coisas novas deu aos pesquisadores mais uma ferramenta para lhes fazer perguntas. Um estímulo pode ser apresentado aos bebês, que então se habituam a ele. Depois, eles podem ser apresentados ao estímulo conhecido ao mesmo tempo que um estímulo novo adicional, e então a sua preferência visual pode ser medida. Se o bebê passa mais tempo olhando para o estímulo novo, isso sugere que ele reconhece o estímulo familiar. Em outras palavras, porque o estímulo é novo e bebês gostam de coisas novas, ele é mais interessante e, portanto, justifica um olhar mais atento do que o do estímulo anterior, mais entediante. Esse comportamento demonstra a **memória de reconhecimento visual**, uma habilidade que depende da capacidade de formar e se referir a representações mentais (P. R. Zelazo, Kearsley, & Stack, 1995).

memória de reconhecimento visual
Capacidade de distinguir um estímulo visual familiar de outro não familiar quando ambos são mostrados ao mesmo tempo.

PROCESSOS PERCEPTUAIS

Contrários à visão de Piaget sobre habilidades representacionais, os estudos que usam o paradigma da preferência visual sugerem que uma forma rudimentar desta existe desde o nascimento ou logo após, e que rapidamente torna-se mais eficiente. A velocidade de processamento aumenta rapidamente durante o primeiro ano de vida (Colombo & Mitchell, 2009). Continua a aumentar durante o segundo e o terceiro ano à medida que a criança torna-se mais capacitada para distinguir informações novas daquelas que já processou (Rose, Jankowski, & Feldman, 2002; Zelazo et al., 1995). Além disso, há diferenças individuais na velocidade com que os bebês formam e eliciam imagens mentais. Quando duas imagens lhes são mostradas ao mesmo tempo, os bebês que rapidamente deslocam a atenção de uma para a outra tendem a ter uma memória de reconhecimento melhor e uma preferência por novidade mais acentuada do que aqueles que se detêm mais tempo em uma única imagem (Jankowski, Rose, & Feldman, 2001).

Estudos sobre discriminação auditiva normalmente também se baseiam na preferência da atenção. Essa habilidade pode surgir no período pré-natal. Em um estudo, os fetos ouviam gravações de diversos adultos lendo uma história na língua materna dos pais ou em um idioma que não conheciam. Os dados de frequência cardíaca indicavam que os fetos prestavam mais atenção tanto à voz da mãe quanto a histórias lidas no novo idioma (Kisilevsky et al., 2009). Os bebês recém-nascidos também têm a capacidade de lembrar de alguns sons. Os bebês que ouviram o som de certa fala um dia após o nascimento lembraram-se dele 24 horas depois, conforme foi revelado pela reduzida tendência a virar a cabeça na direção desse som (Swain, Zelazo, & Clifton, 1993). A pesquisa de imageamento do cérebro reproduz esse achado, pois as regiões frontais do cérebro ativas em adultos durante tarefas de reconhecimento de palavras são ativadas de forma semelhante em bebês, especialmente para sons de vogais (Benavides-Varela, Hochmann, Macagno, Nespor, & Mehler, 2012). Contudo, esses traços de memórias, ao menos inicialmente, são breves e sujeitos à interferência e ao esquecimento (Benavides-Varela et al., 2011). É interessante que a memória infantil para palavras é melhor após uma refeição, apesar de o efeito ser independente do nível de glicose no sangue (Valiante, Barr, Zelazo, Papageorgiou, & Young, 2006).

Piaget sustentava que os sentidos não estão interligados desde o nascimento e só gradualmente são integrados mediante a experiência. Entretanto, essa integração começa quase imediatamente. O fato de que os neonatos olham para uma fonte sonora mostra que eles, no mínimo, associam audição e visão. Uma habilidade mais sofisticada é a **transferência intermodal**, a capacidade de utilizar informações obtidas por intermédio de um dos sentidos para orientar outro – por exemplo, quando uma pessoa atravessa uma sala escura tateando para localizar objetos familiares.

transferência intermodal
Capacidade de utilizar informações obtidas por meio de um dos sentidos para orientar outro.

A transferência intermodal de algumas modalidades, mas não todas, parece estar disponível quase desde o nascimento. Por exemplo, em um estudo, os recém-nascidos conseguiam reconhecer visualmente um cilindro ou um prisma que haviam segurado no passado, mas não conseguiam usar informações táteis para reconhecer uma forma que já haviam visto. Contudo, objetos com texturas eram utilizados bidirecionalmente. Em outras palavras, se os objetos usados como estímulo são lisos ou têm protuberâncias, os bebês conseguiam transferir a visão para o tato e o tato para a visão igualmente bem (Sann & Streri, 2007). Da mesma forma, bebês de 1 mês transferem informações obtidas da sucção (tato) para a visão (Gibson & Walker, 1984), e bebês de 2 a 8 meses esperam que objetos quicando e os seus sons estejam sincronizados (Lewkowicz, 1996).

Os pesquisadores também estudam o desenvolvimento da atenção. Do nascimento até aproximadamente o segundo mês de vida, a quantidade de tempo que os bebês ficam olhando para uma imagem nova aumenta (Colombo, 2002). Entre 4 e 8 meses, o tempo de visão diminui, com a redução mais rápida entre os 4 e 6 meses (Colombo et al., 2010). Supostamente, isso ocorre porque os bebês aprendem a examinar os objetos com mais eficiência e a deslocar a atenção mais rapidamente. Na verdade, os bebês que observam estímulos novos por menos tempo demonstram memória melhor para eles posteriormente (Reynolds, Guy, & Zhang, 2011) e têm controle executivo melhor na segunda infância (Cuevas & Bell, 2014). Mais tarde, no primeiro e no segundo ano, quando a sustentação da atenção torna-se mais voluntária e orientada para uma tarefa, o tempo de visão permanece o mesmo ou aumenta, especialmente para estímulos mais complexos (Colombo et al., 2004).

A capacidade de **atenção conjunta** – que é de fundamental importância para a interação social, a aquisição da linguagem e a compreensão dos estados mentais e das intenções alheias – desenvolve-se entre 10 e 12 meses, quando os bebês acompanham o olhar dos adultos, olhando ou apontando na mesma direção (Behne, Liszkowski, Carpenter, & Tomasello, 2012). Crianças pequenas que acompanham o olhar dos adultos aos 10-11 meses têm vocabulários maiores aos 18 meses, 2 anos e 2,5 anos do que aquelas que não o acompanham (Brooks & Meltzoff, 2005; 2008; 2015). Além disso, apontar para capturar a atenção dos adultos ao seu redor tem efeitos positivos fortes sobre a compreensão e produção de linguagem (Colonnesi, Stams, Koster, & Noom, 2010).

atenção conjunta
Foco de atenção compartilhado, geralmente iniciado com olhar ou apontando.

> **verificador**
> **você é capaz de...**
>
> ▷ Resumir a abordagem do processamento da informação ao estudo do desenvolvimento cognitivo?
>
> ▷ Explicar como a habituação mede a eficiência do processamento da informação no bebê?
>
> ▷ Identificar várias habilidades perceptuais e de processamento na infância que servem como indicadores de inteligência?

Aos 4 anos, as meninas geralmente se convencem de que são mais espertas do que os meninos; os meninos precisam aproximadamente de mais três ou quatro anos para chegar à mesma conclusão.
Shepherd, 2010

Assistir à televisão pode prejudicar o desenvolvimento da atenção, mas os dados não são conclusivos. Em um estudo bastante citado, quanto mais horas crianças de 1 ano e 3 anos passavam assistindo à televisão, maior era a probabilidade de apresentarem problemas de atenção aos 7 anos (Christakis, Zimmerman, DiGiuseppe, & McCarty, 2004). No entanto, estudos de seguimento nessa área sugerem que a associação entre ver televisão e problemas atencionais existia apenas para aquelas crianças que assistiam a mais de 7 horas de televisão por dia, e mesmo essa associação desaparecia com a inclusão da realização materna e do nível de renda familiar nas análises (Foster & Watkins, 2010). A Seção Pesquisa em Ação deste capítulo analisa a questão de os bebês e crianças até 3 anos verem muita televisão.

O PROCESSAMENTO DA INFORMAÇÃO COMO INDICADOR DE INTELIGÊNCIA

Em razão da fraca correlação entre a pontuação de bebês nos testes de desenvolvimento, como as Escalas Bayley, e posteriormente seu QI (Bjorklund & Causey, 2017), muitos psicólogos presumiam que o funcionamento cognitivo dos bebês tinha pouco em comum com o de crianças mais velhas e adultos. Entretanto, quando o funcionamento cognitivo é examinado mais de perto, alguns aspectos do desenvolvimento mental parecem razoavelmente contínuos desde o nascimento (Courage & Howe, 2002).

Quatro domínios cognitivos fundamentais parecem estar associados com o QI em idades posteriores: atenção, velocidade de processamento, memória e competência representacional (indicada pela transferência intermodal e a capacidade de esperar eventos futuros). Em um estudo, o desempenho nessas tarefas quando bebê (7 a 12 meses) estava relacionado com o desempenho posteriormente na primeira infância (24 a 36 meses), assim como o desempenho em testes de QI aos 11 anos (Rose, Feldman, Jankowski, & Van Rossem, 2012). Também foram encontradas relações semelhantes entre desempenho escolar e a capacidade de deslocar a atenção rapidamente (Hitzert, Van Braeckel, Bos, Hunnius, & Geuze, 2014) e a capacidade de inibir a atenção de modo a ignorar estímulos irrelevantes (Markant & Amso, 2014). Isso nos dá evidências sobre a continuidade dos processos cognitivos. Basicamente, crianças que desde o começo são eficientes em observar, assimilar e interpretar informações sensoriais apresentam, mais tarde, boas pontuações em testes de inteligência (Colombo, Kapa, & Curtindale, 2010). Contudo, outros itens, como o desempenho em habilidades motoras, têm relação mais fraca com o QI posteriormente.

PROCESSAMENTO DA INFORMAÇÃO E HABILIDADES PIAGETIANAS

Conforme já discutimos no começo do capítulo, há evidências de que várias das habilidades cognitivas que, segundo Piaget, desenvolvem-se por volta do final do estágio sensório-motor parecem surgir bem antes. Independentemente de como consideramos a categorização, a causalidade, a permanência do objeto e o número, todos são dependentes da formação de representações mentais (ver Tabela 5.3).

Categorização Os adultos entendem que tanto as plantas quanto os animais são seres vivos. Além disso, entendem que alguns animais podem ser bichos de estimação, que entre eles contamos os cães e os gatos e que o chihuahua é um tipo de cão. Essas relações hierárquicas são chamadas de *categorias*. Dividir o mundo em categorias significativas é essencial para pensar os objetos ou conceitos e suas relações. É o fundamento da linguagem, raciocínio, resolução de problemas e memória; sem ela o mundo pareceria caótico e sem sentido.

Segundo Piaget, a capacidade de agrupar as coisas em categorias não aparece até por volta dos 18 meses. No entanto, ao observarem por mais tempo itens em uma nova categoria, mesmo crianças de 3 meses parecem saber, por exemplo, que um cão não é um gato (French, Mareschal, Mermillod, & Quinn, 2004). De fato, técnicas de imageamento do cérebro mostraram que componentes básicos das estruturas neurais necessários para sustentar a categorização são funcionais nos primeiros seis meses de vida (Quinn, Westerlund, & Nelson, 2006). A princípio, os bebês

pesquisa em ação

BEBÊS, CRIANÇAS PEQUENAS E AS TELAS

Carol, 18 meses, pega seu *tablet* LeapPad e aperta um ícone. Uma música alegre toca e ela dá risadinhas enquanto imagens coloridas saltam da tela. Sua mãe está preparando o jantar e fica feliz em deixar a filha se entreter com um jogo educativo.

Cerca de 90% dos pais informam que seus filhos com menos de 2 anos usam mídias eletrônicas (AAP, 2011). As tecnologias de mídia direcionadas para crianças pequenas são amplas, e incluem TV, DVDs, *tablets*, aplicativos e *streaming* de vídeo (AAP, 2013). A TV supera as outras mídias em termos de consumo (Vittrup, Snider, Rose, & Rippy, 2016), com o acesso quase constante possibilitado pela proliferação dos dispositivos móveis (AAP, 2013; Northwestern University Center on Human Development, 2014).

A "mídia para bebês", direcionada para crianças de menos de 3 anos, sugere direta ou indiretamente benefícios educacionais precoces, e os pais consideram que o seu valor pedagógico representa um ponto de partida para a aprendizagem. Ao contrário dos programas para o público pré-escolar, não há evidências conclusivas de que a mídia para bebês impacte positivamente a aprendizagem (Wartella, Richert, & Robb, 2010). Sons e imagens atraem a atenção, mas as restrições à memória, cognição e desenvolvimento relacionadas à memória limitam a aprendizagem inicial. Os pesquisadores acreditam que as crianças de até 3 anos não conseguem compreender os significados do que estão assistindo. Acredita-se que a TV, os DVDs e outros vídeos educativos tenham pouco valor antes de cerca de 24 meses de idade (Courage & Howe, 2010).

A Academia Americana de Pediatria (AAP, *American Academy of Pediatrics*) renovou a sua recomendação de que crianças com menos de 2 anos sejam desencorajadas a ver televisão (AAP, 2013). O comitê repete os conselhos de especialistas de que as crianças aprendem melhor com atividades práticas e recomenda que crianças pequenas participem de atividades interpessoais, tais como conversar, ler ou brincar com brinquedos. Ainda assim, poucos pais aplicam as restrições ao uso da TV para crianças pequenas (Barr, Daniger, Hilliar, Andolina, & Ruskis, 2010). À medida que as crianças demonstram mais interesse e se tornam mais competentes, os pais tendem a incentivá-las a usar mais mídia (Lauricella, Wartella, & Rideout, 2015). As atitudes positivas com relação à "mídia para bebês" se mantêm apesar dos alertas. Os especialistas questionam se os pais não conhecem ou simplesmente discordam das recomendações da AAP (Vittrup et al., 2016).

É preciso mais pesquisas para determinar os efeitos a longo prazo do consumo de mídia nos primeiros anos. O uso de TV e outras mídias digitais resulta no efeito de deslocamento, mesmo com a programação educacional, tomando tempo precioso que seria destinado a atividades mais benéficas (Christakis, 2014). Estudos preliminares exploraram o uso da TV em segundo plano e sugerem que o ruído quase constante da TV interfere com o funcionamento cognitivo e os jogos sociais das crianças (Lapierre et al., 2012). Outros estudos relacionam o alto uso da mídia com problemas de autorregulação na segunda infância (Radesky, Silverstein, Zuckerman, & Christakis, 2014). Outros questionam o impacto das tendências de uso cada vez mais privado por meio de dispositivos móveis (Lauricella et al., 2015) e se as interações sociais iniciais são alteradas em termos de comunicação de alta qualidade e tempo passado com os membros da família (Vittrup et al., 2016).

Os pais representam os parceiros sociais mais influentes nas vidas dos filhos, modelando o uso da mídia desde o nascimento (Vittrup et al., 2016). Está cada vez mais claro que a mudança no uso da mídia na primeira infância exige esforços familiares consideráveis, pois o uso paterno e materno se reflete no uso dos filhos de diversos tipos de mídia (Lauricella et al., 2015; Northwestern University Center on Human Development, 2014).*

qual a sua opinião Quais restrições você imporia ao uso de TV, vídeo ou mídias móveis por parte de bebês e crianças pequenas? Ou não imporia nenhuma? Você acredita que o uso da mídia por crianças pequenas produz consequências negativas?

---

parecem categorizar com base em aspectos *perceptuais*, tais como forma, cor e padrão; mas entre 12 e 14 meses suas categorias tornam-se *conceituais*, baseadas no conhecimento do mundo real, particularmente da função (Mandler, 1998, 2007). Em uma série de experimentos, crianças de 10 e 11 meses identificaram que cadeiras com estofado de listras semelhantes às de uma zebra pertencem à categoria dos móveis, e não à dos animais (Pauen, 2002). À medida que o tempo passa, esses conceitos amplos tornam-se mais específicos. Por exemplo, crianças de 2 anos identificam categorias particulares como "carro" e "avião" dentro da categoria mais geral de "veículos" (Mandler, 2007).

---

*N. de R.T.: O tempo e a qualidade da exposição das crianças às mídias digitais e tecnologias touchscreen têm sido amplamente investigados em estudos nacionais e internacionais recentes. O que parece ser relevante nesse contexto é que haja uma mediação dos adultos enquanto as crianças utilizam essas tecnologias.
Referência: Coyne, S. M., Radesky, J., Collier, K. M., Gentile, D. A., Linder, J. R. L., Nathanson, A. I., Rasmussen, E.E., Reich, S. M. and Rogers, J. (2017). Parenting and Digital Media. *Pediatrics*, *140* (Supplement 2), S112-S116.

Bebês de 7 meses parecem entender que um objeto incapaz de autolocomoção, como um saquinho ou uma bola de tênis, precisa ser posto em movimento por um agente causal, a mão, por exemplo.
Pixelbliss/Shutterstock

violação de expectativas
Método de pesquisa em que a desabituação a um estímulo que conflita com a experiência é tomada como evidência de que o bebê reconhece o novo estímulo como algo que o surpreende.

A categorização não se limita a estímulos visuais. Há evidências de que bebês de 3 meses categorizam as palavras de forma diferente de como dividem os tons da fala (Ferry, Hespos, & Waxman, 2010) e que podem até categorizar acordes entre dissonantes e consonantes e entre maiores e menores (Virtala, Huotilainen, Partanen, Fellman, & Tervaniemi, 2013). Além disso, no segundo ano, a linguagem torna-se um fator importante na capacidade de categorizar. Em um estudo, crianças de 14 meses que entendiam mais palavras eram mais flexíveis em sua categorização do que aquelas de vocabulário menor (Ellis & Oakes, 2006).

Causalidade Julinha, oito meses, aperta seu patinho de borracha por acidente, e ele grasna. Assustada, ela o deixa cair, então olha fixamente para o pato e o aperta de novo. Julinha está começando a entender a causalidade – o princípio de que um evento (apertar) causa outro (grasnar). Piaget acreditava que entre 4 e 6 meses, quando o bebê torna-se capaz de agarrar objetos, ele começa a reconhecer que pode agir sobre o ambiente. Entretanto, ele acreditava que os bebês ainda não sabem que as causas vêm antes dos efeitos e que forças externas a si podem fazer coisas acontecerem. Piaget sustentava que esse entendimento desenvolve-se lentamente durante o primeiro ano de vida.

No entanto, estudos em processamento da informação sugerem que algum entendimento sobre causalidade emerge mais cedo. Em um estudo, bebês de apenas 4,5 conseguiam entender a causalidade simples (uma bola desloca outra). Entretanto, apenas as crianças que haviam treinado usando bolas e luvas cobertas de Velcro – que permitem que manipulem a bola facilmente, apesar do controle motor imaturo, e, logo, pratiquem ações causais – foram capazes desse entendimento (Rakinson & Krogh, 2012). Com 6 meses, essa capacidade é mais robusta e não exige treinamento (Leslie, 1995). Além disso, com 8 meses, os bebês realizam atribuições causais para eventos simples mesmo quando não enxergam o momento de contato entre os dois objetos (Muetener & Carey, 2010). E com 10 a 12 meses, os tipos de inferências realizadas pelos bebês se tornam ainda mais sofisticados. Por exemplo, crianças entre 10 e 12 meses olharam por mais tempo quando uma mão apareceu do lado oposto de um palco iluminado onde um saquinho havia sido atirado do que quando a mão apareceu do mesmo lado que o saquinho, sugerindo que os bebês entenderam que a mão provavelmente o havia atirado. Os bebês não tiveram a mesma reação quando apareceu um trem de brinquedo, e não a mão, ou quando o objeto atirado era uma marionete automática (Saxe, Tenenbaum, & Carey, 2005).

É possível que, com a idade, os bebês acumulem mais informações sobre o comportamento dos objetos, então tornam-se mais aptos a ver a causalidade como um princípio geral que opera em diversas situações (Cohen & Amsel, 1998; Cohen, Chaput, & Cashon, 2002). A maior experiência com o ambiente também pode ser um fator relevante. Por exemplo, crianças de 7 meses que tinham começado a engatinhar reconheceram a autopropulsão dos objetos, mas crianças da mesma idade que não engatinhavam não reconheceram. Essa constatação sugere que a capacidade dos bebês de identificar o movimento autopropulsado está ligada ao desenvolvimento da autolocomoção, que lhes confere novas maneiras de entender os objetos de seu mundo (Cicchino & Rakison, 2008). A autolocomoção também está ligada à capacidade dos bebês de prever ações intencionais falhas de outras pessoas (como tentar alcançar um objeto, mas não conseguir) (Brandone, 2015).

Permanência do objeto Quando investigou a noção de permanência do objeto, Piaget usou as respostas motoras para avaliar se os bebês entendiam ou não que um objeto oculto ainda existia. Não procurar o objeto oculto era interpretado como um sinal de que não entendiam. Contudo, era possível que os bebês entendessem a permanência do objeto, mas não tivessem como demonstrar esse conhecimento usando atividade motora. Na época, os métodos de pesquisa sobre desenvolvimento na primeira infância eram limitados, e não existiam meios de investigação melhores. Após os pesquisadores desenvolverem os paradigmas básicos de preferência visual e habituação descritos anteriormente, no entanto, tornou-se possível fazer perguntas a bebês de uma forma diferente, utilizando o paradigma que veio a ser conhecido como violação de expectativas.

A **violação de expectativas** começa com uma fase de familiarização em que o bebê vê um evento acontecer normalmente. Depois que a criança se entediava e se habituava a esse procedimento, o evento era alterado de modo a conflitar com (ou seja, violar) as expectativas normais.

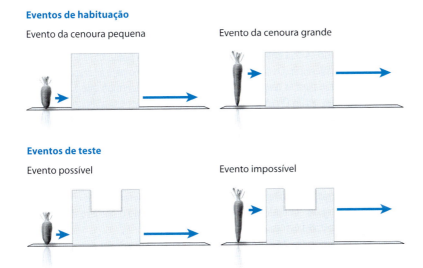

FIGURA 5.2
Com que idade os bebês passam a entender a permanência do objeto?
Neste experimento, crianças de 3 meses e meio observavam uma cenoura pequena e depois uma cenoura grande deslocar-se ao longo de um trilho, desaparecer atrás de uma tela e depois reaparecer. Após terem se acostumado a ver esses eventos, a tela opaca foi substituída por uma tela com uma abertura na parte superior. A cenoura pequena não apareceu na abertura quando passou atrás da tela; a cenoura grande, que devia ter aparecido na abertura, também não apareceu. Os bebês olhavam por mais tempo para o evento cenoura grande do que para o evento cenoura pequena, o que sugere que ficaram surpresos com o fato de a cenoura grande não reaparecer na abertura.
Fonte: Adaptada de Baillargeon e DeVos, 1991.

Se o bebê olha por mais tempo para o evento alterado, os pesquisadores pressupõem que o interesse adicional demonstrado pelo bebê significa que ele está surpreso.

Por exemplo, em um experimento, bebês de apenas 3,5 meses eram apresentados a uma animação em que uma cenoura ia de um lado para o outro atrás de uma tela (Hespos & Baillargeon, 2008). O centro da tela tinha uma abertura, e uma cenoura alta deveria estar visível momentaneamente durante o movimento, como mostra a Figura 5.2. No evento "possível", a cenoura fica visível quando passa em frente à abertura. No evento "impossível", a cenoura aparece em um lado e depois sai pelo outro, sem nunca ser vista no meio. Os bebês demonstram surpresa olhando por mais tempo para esse evento "impossível", indicando que este violou as suas expectativas.

O procedimento foi importante para o estudo da permanência do objeto, pois para que os bebês ficassem surpresos com o desaparecimento da cenoura, era preciso lembrar que a cenoura continuava a existir. Assim, o experimento forneceu evidências sobre o desenvolvimento dessa capacidade em idades muito menores do que Piaget imaginava ser possível. Além disso, essa metodologia permitiu que os pesquisadores investigassem uma série mais ampla de questões sobre o que os bebês esperam ou não do mundo, em idades muito menores do que teria sido possível. Por exemplo, hoje sabemos que os bebês têm a noção de permanência do objeto, esperam que os objetos não devem aparecer e desaparecer aleatoriamente e percebem que não deveria ser possível esconder objetos altos dentro de objetos baixos (Baillargeon, 2004). Em termos mais gerais, os bebês parecem ter um entendimento elementar de conceitos físicos como gravidade, inércia e continuidade física. Alguns pesquisadores defendem que, em algum nível, os bebês possuem expectativas ingênuas e inatas sobre os princípios físicos do mundo ao seu redor (Baillargeon & Carey, 2012).

Número O paradigma da violação de expectativas também pode ser usado para fazer perguntas sobre o entendimento dos bebês sobre números. Em um estudo clássico, os bebês observavam uma tela, enquanto bonecos do Mickey eram colocados em sua parte posterior; em seguida um boneco era adicionado ou retirado. A tela então era erguida para revelar o número de bonecos que deveria estar lá ou um número diferente. Os bebês olhavam por mais tempo para as respostas surpreendentemente "erradas" do que para as respostas "certas" esperadas, sugerindo que haviam "calculado" mentalmente as respostas certas (Wynn, 1992). Posteriormente a esse estudo, múltiplos programas de pesquisa confirmaram a capacidade dos bebês de discriminar entre pequenos conjuntos de números (Baillargeon & Carey, 2012). Os teóricos argumentam que esses dados sugerem que os bebês possuem uma capacidade rudimentar inata de somar e subtrair.

Os críticos respondem que os bebês poderiam estar simplesmente respondendo perceptualmente à presença ou ausência enigmática do boneco atrás da tela (Cohen & Marks, 2002; Haith, 1998). Em outras palavras, eles podem ter meramente notado diferenças nos contornos gerais, na área ou na massa coletiva do conjunto de objetos, e não comparado o número de objetos nos conjuntos (Mix, Huttenlocher, & Levine, 2002).

Em resposta a essas críticas, McCrink e Wynn (2004) elaboraram um experimento que usava números grandes demais para uma mera discriminação perceptual. Os bebês de 9 meses viam cinco objetos abstratos irem para trás de um quadrado opaco. Cinco outros objetos depois apareceram e foram para trás do quadrado. Os bebês olharam por mais tempo quando a tela caiu revelando cinco objetos do que quando revelou 10 objetos. O experimento apoiou o envolvimento de um sistema numérico inicial, não um processo perceptual. Outras pesquisas chegaram a conclusões semelhantes. Por exemplo, os recém-nascidos conseguem relacionar um conjunto visual de 4 ou 12 triângulos ou círculos com a apresentação auditiva de 4 ou 12 sons (p. ex., "tu-tu-tu-tu" ou "ra-ra-ra-ra"), o que sugere que, mesmo nessa tenra idade, o número é um conceito abstrato que pode ser representado em diferentes modalidades sensoriais (Izard, Sann, Spelke, & Streri, 2009). Além disso, na pré-escola, a capacidade de estimar números aproximados está relacionada ao sucesso matemático posterior, o que sugere que há continuidade nesse processo (Bonny & Lourenco, 2013).

Alguns teóricos sugerem que a representação de números possui dois sistemas fundamentais. Um é projetado para controlar um pequeno número de objetos individuais. O segundo, para representar números grandes de magnitude aproximada (Feigenson, Dehaene, & Spelke, 2004). Em apoio a essa afirmação, pesquisas de imageamento do cérebro realizadas com bebês de 6 a 7 meses demonstram que, quando veem conjuntos visuais de 1 a 3 itens, áreas nas regiões occipital e temporal do cérebro ficam muito mais ativas, enquanto conjuntos de 8 a 32 objetos levam a uma maior atividade em áreas parietais (Hyde & Spelke, 2011).

AVALIANDO PESQUISAS EM PROCESSAMENTO DA INFORMAÇÃO

Alguns teóricos argumentam que devemos ser cautelosos para não superestimar as habilidades cognitivas dos bebês com base em dados que podem ter explicações mais simples (Kagan, 2008). Eles argumentam que o interesse visual de um bebê por uma condição "impossível" pode revelar uma consciência *perceptual* de que algo incomum aconteceu, não uma compreensão *conceitual* do modo como as coisas funcionam. Por exemplo, se um bebê olha por mais tempo para uma cena do que para outra, talvez isso mostre apenas que as duas cenas são diferentes uma da outra, sem ser o resultado de processos conceituais (Goubet & Clifton, 1998; Haith, 1998).

No entanto, os estudos de violação de expectativas e outras recentes pesquisas em processamento da informação com bebês trazem a possibilidade de que pelo menos formas rudimentares de categorização, raciocínio causal, física inata e noção de número possam estar presentes nos primeiros meses de vida. Uma das propostas é que os bebês nascem com capacidade de raciocínio – *mecanismos inatos de aprendizagem* que os ajudam a compreender as informações que encontram – ou que adquirem essas capacidades já bem cedo (Baillargeon, Gertner, & Wu, 2011). Alguns pesquisadores vão além, sugerindo que os bebês ao nascerem já podem ter um *conhecimento essencial* intuitivo dos princípios físicos básicos na forma de módulos especializados do cérebro que os ajudam a organizarem suas percepções e experiências (Spelke, 2017; Baillargeon & Carey, 2012).

Os bebês talvez façam uso de uma compreensão rudimentar de probabilidade para descobrir as preferências das outras pessoas. Por exemplo, se virem alguém pegar um brinquedo azul de uma caixa cheia de brinquedos vermelhos, irão supor que a pessoa gosta de brinquedos azuis. Se alguém pegar um brinquedo azul de uma caixa cheia de quantidades iguais de brinquedos vermelhos e azuis, estarão menos propensos a supor que havia uma preferência por brinquedos azuis. De certo modo, estão executando uma análise estatística da probabilidade de cada ato, e baseando suas suposições nisso.

Kushnir, Xu, & Wellman, 2010

---

verificador
você é capaz de...

▷ Discutir sobre três áreas onde a pesquisa em processamento da informação questiona a explicação de Piaget sobre o desenvolvimento?

▷ Descrever o método de pesquisa em violação de expectativas, dizer como e por que ele é usado e mencionar algumas críticas que lhe são feitas?

Abordagem da neurociência cognitiva

A abordagem da neurociência cognitiva examina os elementos físicos do sistema nervoso central para identificar quais estruturas do cérebro estão envolvidas em áreas específicas da cognição. A pesquisa recente sobre o cérebro corrobora a suposição de Piaget de que a maturação neurológica é um importante fator no desenvolvimento cognitivo. Os surtos de crescimento cerebral (períodos de rápido crescimento e desenvolvimento) coincidem com as mudanças no comportamento cognitivo (Fischer, 2008).

Alguns pesquisadores têm utilizado técnicas de escaneamento do cérebro para determinar quais estruturas estão ligadas a funções cognitivas e mapear as mudanças no desenvolvimento. Esses escaneamentos fornecem evidências físicas da localização de dois sistemas distintos de memória de longo prazo – implícita e explícita – que adquirem e armazenam diferentes tipos de informação e amadurecem em ritmos diferentes (Bauer, DeBoer, & Lukowski, 2007). A **memória implícita** refere-se à recordação que ocorre sem esforço ou mesmo inconscientemente; por exemplo, saber como amarrar os cadarços ou jogar uma bola. Ela normalmente diz respeito a hábitos e habilidades. A memória implícita parece se desenvolver cedo e é demonstrada por ações como os chutes de um bebê quando vê um móbile familiar (Nelson, 2005). A **memória explícita**, também chamada de memória declarativa, é a recordação consciente ou intencional, geralmente de fatos, nomes, eventos ou outras coisas que podem ser enunciadas ou declaradas. A demora na imitação de comportamentos complexos é evidência de que a memória declarativa se desenvolveu, pois essa forma de imitação exige que uma representação de um comportamento seja armazenada na memória. Os bebês ainda não sabem falar, então a memória não pode tecnicamente ser "declarada", mas ainda demonstra uma representação simbólica (Bauer et al., 2007).

No começo da primeira infância, quando as estruturas responsáveis pelo armazenamento da memória não estão plenamente formadas, as lembranças são relativamente fugazes. O crescimento rápido do *hipocampo*, uma estrutura localizada no interior dos lobos temporais, e mais o desenvolvimento de estruturas corticais coordenadas pela formação do hipocampo, torna possível a memória de longa duração (Lavenex & Lavenex, 2013; Uematsu et al., 2012).

Acredita-se que o *córtex pré-frontal* (uma extensa região localizada no lobo frontal bem atrás da testa) controla muitos aspectos da cognição. Essa parte do cérebro desenvolve-se mais lentamente do que qualquer outra (Teffer & Semendeferi, 2012; Diamond, 2002), o que a torna mais sensível a perturbações ambientais (Kolb et al., 2012). Durante a segunda metade do primeiro ano, o córtex pré-frontal e circuitos associados desenvolvem a capacidade para a **memória de trabalho** (Pelphrey et al., 2004), que é o armazenamento de informações de curto prazo que o cérebro está ativamente processando ou utilizando. Por exemplo, quando tenta estimar quanto custa um item em promoção, você usa a memória de trabalho para fazer o cálculo. A memória de trabalho pode ficar sobrecarregada, como quando alguém fala conosco enquanto tentamos calcular o desconto da promoção.

A memória de trabalho aparece relativamente tarde no desenvolvimento e pode ser responsável pelo desenvolvimento lento da permanência do objeto, que parece localizar-se em uma área posterior do córtex pré-frontal (Bell, 2012; Nelson, 1995). Aos 12 meses, essa região pode estar suficientemente desenvolvida para permitir que o bebê evite o erro A-não-B controlando o impulso para procurar no lugar onde o objeto foi encontrado anteriormente (Bell & Fox, 1992; Diamond, 1991).

Embora os sistemas de memória continuem a se desenvolver após a primeira infância, a emergência das estruturas de memória do cérebro destaca a importância da estimulação ambiental a partir dos primeiros meses de vida. Teóricos e pesquisadores sociocontextuais dão especial atenção ao impacto das influências ambientais.

Abordagem sociocontextual

Pesquisadores influenciados pela teoria sociocultural de Vygotsky estudam como o contexto cultural afeta as primeiras interações sociais que podem promover a competência cognitiva. A **participação guiada** refere-se a interações mútuas com adultos que ajudam a estruturar as atividades da criança e preenchem a lacuna entre a compreensão da criança e a do adulto. Esse conceito foi inspirado pela visão que Vygotsky tinha da aprendizagem como um processo colaborativo. A participação guiada geralmente ocorre em brincadeiras compartilhadas e nas atividades normais do dia a dia, quando

---

Pesquisas sugerem que o sono e os sonhos ajudam na consolidação da memória. E os bebês, assim como os adultos, apresentam memória melhor em testes após um cochilo.

Konrad, Seehagen, Schneider, & Herbert, 2016

memória implícita
Recordação inconsciente, geralmente de hábitos e habilidades; às vezes chamada de *memória de procedimentos* ou *procedural*.

memória explícita
Memória intencional e consciente, geralmente de fatos, nomes e eventos.

memória de trabalho
Armazenamento de curto prazo das informações que estão sendo ativamente processadas.

▷ **verificador**
você é capaz de...

▷ Identificar as estruturas do cérebro aparentemente envolvidas nas memórias explícita, implícita e de trabalho, e mencionar uma tarefa praticada em cada uma delas?

participação guiada
Participação do adulto em uma atividade da criança, ajudando a estruturá-la e a aproximar a compreensão da criança da compreensão do próprio adulto.

> *Rogoff mostra que, apesar das várias maneiras como as crianças aprendem, todas aprendem o que precisam aprender para serem adultos eficazes em sua cultura. Ela argumenta que não existe uma "melhor maneira"; em vez disso, há múltiplas maneiras igualmente válidas de aprender.*

a criança aprende informalmente as habilidades, o conhecimento e os valores importantes em sua cultura, como faria um aprendiz.

Em uma série de estudos transculturais (Göncü, Mistry, & Mosier, 2000; Rogoff, Mistry, Göncü, & Mosier, 1993), os pesquisadores visitaram lares de crianças entre 1 e 2 anos de idade, distribuídos em quatro localidades culturalmente diferentes: uma cidade maia na Guatemala, uma vila tribal na Índia e áreas urbanas de classe média em Salt Lake City e na Turquia. Os investigadores entrevistaram os cuidadores sobre suas práticas de educação e os observaram enquanto estes ajudavam as crianças pequenas a se vestir e a brincar com brinquedos que não lhes eram familiares.

Na cidade da Guatemala e na vila indiana, as crianças costumavam brincar sozinhas enquanto a mãe estava por perto trabalhando. Quando as crianças precisavam ser ensinadas a fazer algo, como amarrar os cadarços, as mães tendiam a oferecer uma instrução e demonstração inicial e então deixar os filhos assumirem o controle, permanecendo disponíveis para ajudar em caso de necessidade. A instrução era primariamente não verbal. As crianças norte-americanas, que tinham cuidadores em tempo integral, interagiam com os adultos no contexto das brincadeiras infantis, e não no trabalho ou no mundo social. Os cuidadores administravam e motivavam a aprendizagem das crianças com elogios e entusiasmo. Suas instruções eram de natureza altamente verbal, muitas vezes no formato de "aulas". Famílias turcas, que viviam uma transição entre o modo de vida rural e o urbano, exibiam um padrão intermediário.

O contexto cultural influencia o modo como os cuidadores contribuem para o desenvolvimento cognitivo. O envolvimento direto do adulto nas brincadeiras e no aprendizado das crianças pode estar mais bem adaptado a uma comunidade urbana de classe média, em que pais ou cuidadores dispõem de mais tempo, maior habilidade verbal e possivelmente mais interesse na brincadeira e na aprendizagem das crianças do que em uma comunidade rural de um país em desenvolvimento, onde as crianças frequentemente observam as atividades de trabalho dos adultos e também participam (Rogoff et al., 1993). Contudo, apesar dos modos diferentes usados pelos cuidadores para ensinar habilidades valiosas, todas as crianças aprendiam o que precisavam para serem bons membros das suas sociedades.

A abordagem construcionista social é influente na educação na segunda infância. As pesquisas mostram que os programas pré-escolares altamente focados em habilidades acadêmicas não são necessariamente ideais para crianças pequenas (Bordrova, 2008; Hirsch-Pasek, 1991). Na verdade, esses programas podem até mesmo piorar o desempenho acadêmico em anos posteriores (Marcon, 2002). No entanto, as pesquisas também mostram que os programas baseados nas filosofias de Vygotsky são um caminho eficaz para a transmissão de conceitos acadêmicos dentro do contexto das rotinas de sala de aula e brincadeira. Por exemplo, uma aula de geometria na qual crianças de 4 a 5 anos usavam chapéus de detetives e eram orientadas enquanto resolviam o "mistério das formas", uma tarefa de classificação na qual precisavam descobrir o segredo que separava as formas "reais" das "falsas", teve mais sucesso em ensinar o conhecimento sobre formas do que tanto o ensino didático quanto a brincadeira não estruturada (Fisher, Hirsh-Pasek, Newcombe, & Golinkoff, 2013). Além disso, as abordagens construcionistas sociais à educação na segunda infância podem ter efeitos positivos em outras variáveis importantes para o sucesso acadêmico posterior. Por exemplo, em comparação com crianças matriculadas em um jardim de infância ou pré-escola centrado na criança, os alunos de um programa altamente acadêmico tiveram desempenho significativamente pior em diversas medidas motivacionais. As crianças nos programas com orientação acadêmica* consideraram que suas próprias habilidades eram piores, esperavam menos sucesso acadêmico para si, dependiam mais dos adultos, tinham menos orgulho das suas conquistas e consideravam a escola mais preocupante (Stipek, Feiler, Daniels, & Milburn, 1995).

verificador
você é capaz de...

▷ Dar um exemplo de como os padrões sociais afetam as contribuições dos cuidadores à aprendizagem das crianças pequenas?

Desenvolvimento da linguagem

A **linguagem** é um sistema de comunicação baseado em palavras e gramática. Uma vez conhecidas as palavras, a criança pode usá-las para representar objetos e ações. Ela pode refletir sobre pessoas, lugares e coisas; e pode comunicar suas necessidades, sentimentos e ideias a fim de exercer mais controle sobre sua vida.

linguagem
Sistema de comunicação baseado em palavras e na gramática.

---

*N. de R.T.: Pode-se pensar nos programas com orientação acadêmica como altamente baseados no desempenho final apresentado pelas crianças, não levando em consideração o processo de aprendizagem.

TABELA 5.4 Marcos no desenvolvimento da linguagem: do nascimento aos 3 anos

Idade em meses	Desenvolvimento
Nascimento	É capaz de perceber a fala, chorar, dar alguma resposta ao som.
1,5 a 3	Emite sons estridentes e agudos e ri.
3	Brinca com os sons da fala.
5 a 6	Frequentemente reconhece os padrões sonoros ouvidos.
6 a 7	Reconhece todos os fonemas da língua nativa.
6 a 10	Balbucia sequências de consoantes e vogais.
9	Utiliza gestos para se comunicar e brinca de gesticular.
9 a 10	Imita sons intencionalmente.
9 a 12	Utiliza alguns gestos sociais.
10 a 12	Não consegue mais discriminar sons que não sejam da sua própria língua.
10 a 14	Fala a primeira palavra (geralmente o nome de alguma coisa).
10 a 18	Fala palavras simples.
12 a 13	Entende a função simbólica da nomeação; desenvolve o vocabulário passivo.
13	Faz gestos mais elaborados.
14	Faz gesticulação simbólica.
16 a 24	Aprende muitas palavras novas, expandindo rapidamente o vocabulário expressivo, passando de cerca de 50 palavras para 400; utiliza verbos e adjetivos.
18 a 24	Fala a primeira sentença (duas palavras).
20	Utiliza menos gestos; nomeia mais coisas.
20 a 22	Tem um surto de compreensão.
24	Utiliza muitas frases de duas palavras; deixa de balbuciar; quer conversar.
30	Aprende palavras novas quase todos os dias; fala em combinações de três ou mais palavras; comete erros gramaticais.
36	Sabe dizer até 1.000 palavras, 80% inteligíveis; comete alguns erros de sintaxe.

Fonte: Bates, O'Connell, Shore, 1987; Capute, Shapiro e Palmer, 1987; Kuhl, 2004; Lalonde e Werker, 1995; Lenneberg, 1969; Newman, 2005.

Nesta seção, vemos primeiramente a sequência típica de marcos no desenvolvimento da linguagem (Tabela 5.4) e algumas características da fala inicial. Depois consideramos como o bebê adquire a linguagem, de que modo o crescimento do cérebro está associado ao desenvolvimento da linguagem e como os pais e outros cuidadores contribuem para isso.

SEQUÊNCIA DO DESENVOLVIMENTO INICIAL DA LINGUAGEM

Antes de utilizar palavras, o bebê dá a conhecer suas necessidades e sentimentos por meio de sons que evoluem do choro para o arrulho e o balbucio, depois para a imitação acidental e então para a imitação intencional. Esses sons são conhecidos como **fala pré-linguística**. Também evolui a capacidade do bebê de reconhecer e entender sons de fala e usar gestos significativos. É comum o bebê pronunciar sua primeira palavra por volta do final do primeiro ano de vida e começar a falar utilizando sentenças entre oito meses e um ano depois.

fala pré-linguística
Precursora da fala linguística; emissão de sons que não são palavras. Inclui choro, arrulho, balbucio e imitação acidental e intencional de sons sem compreensão do significado.

Às vezes, produzir um determinado som resulta em uma posição da língua mais ou menos adequada para produzir outro som. Assim, por exemplo, é mais fácil para o bebê dizer "da" do que "bi". Quando procuramos termos de maior afinidade entre as diversas culturas, quase todas usam alguma variação de "ba", "pa", "da" e "ma". E não é coincidência que esses sejam os sons mais fáceis para o bebê reproduzir.

Vocalização inicial O *choro* é o primeiro meio de comunicação do recém-nascido. Diferentes tons, padrões e intensidades sinalizam fome, sono ou raiva (Lester & Boukydis, 1985). Os adultos têm motivo para ter aversão ao choro – ele motiva-os a encontrar a causa do problema e querer resolvê-lo (Leerkes, Weaver, & O'Brien, 2012). Assim, o choro tem um grande valor adaptativo.

Entre 6 semanas e 3 meses, o bebê começa a arrulhar quando está feliz – emitindo gritos agudos, gorgolejando e pronunciando sons de vogal como "ahhh". O *balbucio* – repetição de sequências de consoantes e vogais, como "ma-ma-ma-ma" – ocorre entre 6 e 10 meses de idade e geralmente é confundido com a primeira palavra do bebê. O balbucio, apesar de não fazer sentido, vai se tornando cada vez mais parecido com palavras.

A imitação é a chave para o início do desenvolvimento da linguagem. Primeiro, os bebês acidentalmente imitam sons do idioma. Em geral, eles são reforçados pelas respostas positivas dos pais, o que os incentiva cada vez mais a produzir esses sons. Entre 9 e 10 meses, o bebê imita sons intencionalmente, mas sem entendê-los. Quando já possui um repertório de sons, ele os encadeia em padrões de fala pré-linguística que soam como uma linguagem, mas parecem não ter sentido. Finalmente, quando se familiarizam com os sons de palavras e frases, os bebês começam a lhes atribuir significados (Fernald, Perfors, & Marchman, 2006; Jusczyk & Hohne, 1997).

Reconhecendo os sons e a estrutura da linguagem A imitação dos sons da linguagem requer a capacidade de perceber sutis diferenças entre sons. O cérebro dos bebês parece estar pré-configurado para discriminar as unidades linguísticas básicas, perceber padrões linguísticos e categorizá-los como semelhantes ou diferentes (Kuhl, 2004).

Os fonemas são as menores unidades de som na fala. Por exemplo, a palavra *gato* tem quatro fonemas: os sons de *g*, *a*, *t* e *o*. Toda língua natural tem sua própria fonologia, ou sistema de sons, que é utilizada na produção da fala. Ao nascer, os bebês podem perceber e discriminar os sons usados em qualquer língua. Com o tempo, porém, a exposição à sua língua nativa compromete as redes neurais do cérebro com a aprendizagem dos padrões desta língua e restringe a futura aprendizagem de padrões diferentes (Kuhl & Rivera-Gaxiola, 2008). Essa exposição pode ser pré-natal ou pós-natal. Se a mãe fala duas línguas regularmente durante a gravidez, seu bebê, ao nascer, reconhecerá ambas as línguas e estará mais interessado em ouvir falantes das línguas a que foi previamente exposto. E o que é mais importante, o bebê apresentará respostas diferenciais a ambas as línguas, sugerindo que mesmo os recém-nascidos possuem alguma compreensão de que dois sistemas linguísticos estão envolvidos, e que eles são sensíveis não só aos sons em geral, mas aos padrões e ritmos que distinguem as duas línguas (Byers-Heinlein, Burns, & Werker, 2010).

Entre os 6 e 7 meses de idade, os bebês ouvintes já aprenderam a reconhecer os fonemas usados na sua língua nativa (Kuhl, Williams, Lacerda, Stevens, & Lindblom, 1992); aos 8 meses, eles começam a perder a sensibilidade a fonemas não utilizados na sua língua (Gervain & Mehler, 2010). Até o final do primeiro ano de vida, os bebês perdem sua sensibilidade aos sons que não fazem parte da língua ou das línguas que eles costumam ouvir. O processo começa pelas vogais e depois se estende para as consoantes (Kuhl & Rivera-Gaxiola, 2008). A capacidade de discriminar sons da língua nativa nessa idade prevê diferenças individuais na capacidade linguística durante o segundo ano de vida (Tsao, Liu, & Kuhl, 2004), o que não acontece com a discriminação de sons não nativos (Kuhl, Conboy, Padden, Nelson, & Pruitt, 2005). A maior sensibilidade aos sons nativos ajuda a criança a adquirir a linguagem mais eficientemente. É interessante observar que ocorrem processos análogos em crianças surdas com relação aos gestos (Kuhl & Rivera-Gaxiola, 2008).

Como essa mudança ocorre? Uma das hipóteses é que os bebês computam mentalmente a frequência relativa de determinadas sequências fonéticas de sua língua e aprendem a ignorar sequências que pouco ouvem (Werker, Yeung, & Yoshida, 2012; Kuhl, 2004). Outra hipótese é que as primeiras experiências com a linguagem modificam as estruturas neurais, facilitando a detecção de padrões de palavras na língua nativa, enquanto suprimem a atenção a padrões não nativos que tornariam mais lenta a aprendizagem da língua nativa. Em um estudo, crianças de até 3 anos, que aos 7 meses e meio haviam demonstrado melhor discriminação neural de fonemas nativos, eram mais avançadas na produção de palavras em complexidade de sentenças aos 24 meses e aos 30 meses do que crianças que, aos 7 meses e meio, tinham sido mais capacitadas a discriminar contrastes fonéticos em outras línguas não nativas (Kuhl & Rivera-Gaxiola, 2008).

Uma das maneiras onde essa estrutura se reflete é no balbucio dos bebês. Crianças de um ano balbuciam na sua língua nativa. Em outras palavras, seu balbucio segue as regras fonéticas de sua língua nativa.

Além de aprender quais são os fonemas do seu idioma, os bebês também aprendem as regras sobre como eles se encaixam. Por exemplo, em português, a combinação de sons "milo" é aceitável, embora "milo" não seja uma palavra. Por outro lado, a palavra inventada "mlu" desrespeita as regras fonológicas do português, pois "m" e "l" normalmente não aparecem um ao lado do outro no início de uma palavra. Entre os 6 e os 12 meses, os bebês começam a se conscientizar das regras fonológicas de sua língua. As pesquisas com bebês apoiam essa ideia e sugerem que eles podem ter um mecanismo para discernir regras abstratas da estrutura da sentença (Saffran, Pollak, Seibel, & Shkolnik, 2007).

Os bebês também começam a reconhecer padrões sonoros que ouvem frequentemente, como o próprio nome. Bebês de 5 meses ouvem seu nome por mais tempo do que qualquer outro nome (Newman, 2005). Bebês de 8 meses discernem indicações perceptuais como sílabas que geralmente ocorrem juntas (como *pa* e *pai*) e armazenam essas formas possíveis de palavras (*papai*) na memória. Eles também notam a pronúncia, a ênfase nas sílabas e mudanças de tom. Esse aprendizado auditivo inicial é a base para o crescimento do vocabulário (Swingley, 2008).

Gestos Antes de poderem falar, os bebês apontam (Liszkowski, Carpenter, & Tomasello, 2008). Aos 11 meses, Maika apontava para a sua xícara para mostrar que a queria. Aos 12 meses, Maika aprendeu alguns gestos sociais convencionais: dar tchau, inclinar a cabeça para sinalizar "sim". Por volta dos 13 meses, ela usava gestos representacionais mais elaborados; por exemplo, segurava uma xícara vazia na altura da boca para mostrar que queria beber alguma coisa ou esticava os braços para mostrar que queria que a pegassem no colo.

Gestos simbólicos, como soprar para significar "quente" ou cheirar para significar "flor", geralmente emergem próximo da mesma idade em que o bebê pronuncia suas primeiras palavras e acabam funcionando como tais. Ao utilizá-los, os bebês demonstram o entendimento de que símbolos podem referir-se a objetos, eventos, desejos e condições específicos. Os gestos geralmente aparecem antes de a criança possuir um vocabulário de 25 palavras e são abandonados quando ela aprende a palavra correspondente à ideia do gesto (Lock, Young, Service, & Chandler, 1990). As meninas demonstram vantagens no seu desenvolvimento e usam gestos um pouco antes que os meninos (Özçaliskan & Goldin-Meadow, 2010).

Tanto bebês ouvintes quanto bebês surdos utilizam gestos quase do mesmo modo (Goldin-Meadow, 2007). O uso de gestos parece ajudar o bebê a aprender a falar. O ato de apontar, por exemplo, está positivamente correlacionado com o desenvolvimento da linguagem posteriormente (Colonnesi, Stams, Koster, & Noom, 2010), enquanto os primeiros gestos são um bom indicador do tamanho do vocabulário futuro (Goldin-Meadow, 2007). O uso que os pais faziam dos gestos pôde predizer os gestos do filho aos 14 meses, o que por sua vez prediz o tamanho do vocabulário da criança aos 42 meses (Rowe, Özçaliskan, & Goldin-Meadow, 2008). Entretanto, esses dados se referem ao uso espontâneo de gestos e podem não se aplicar ao ensino intencional de gestos para os bebês. Pesquisas não demonstram que ensinar linguagem de sinais a crianças pré-verbais acelera o desenvolvimento da linguagem, mas a prática também não parece ser nociva (Kirk, Howlett, Pine, & Fletcher, 2013; Fitzpatrick, Thibert, Grandpierre, & Johnston, 2014).

Os bebês geralmente começam apontando com a mão inteira e depois passam a usar o dedo indicador.

Primeiras palavras Os bebês entendem muitas palavras antes de poder usá-las. Os bebês de 6 meses têm maior probabilidade de olhar para a imagem de uma banana quando escutam a palavra *banana* do que quando escutam outros substantivos comuns (Bergelson & Swingley, 2012). Por volta

Esta criança está se comunicando com o pai apontando para algo que lhe chama a atenção. A gesticulação parece surgir naturalmente nas crianças pequenas e parece ser parte importante do aprendizado da linguagem.
Photodisc/Getty Images

dos 13 meses, a maioria das crianças entende que uma palavra representa uma coisa ou evento específico, e pode aprender rapidamente o significado de uma palavra nova (Woodward, Markman, & Fitzsimmons, 1994; Gurteen, Horne, & Erjavec, 2011). Além disso, elas podem usar uma sílaba simples para representar mais de um significado, dependendo do contexto em que é usada ou da intonação vocal. Por exemplo, "Pa!" pode significar "Eu quero o papai agora!", enquanto "Papai?" pode significar "Onde está o papai?". Uma oração complexa expressa em uma palavra é chamada de **holofrase** (Bruner, 1974).

holofrase
Uma única palavra que transmite um pensamento completo.

Entre os 10 meses e os 2 anos, há uma transição de associações simples para a detecção de indicações sociais. Aos 10 meses, os bebês tendem a pressupor que uma nova palavra que escutam se refere ao objeto que consideram mais interessante, seja ela o nome correto ou não para aquele objeto. Aos 12 meses, começam a prestar atenção a indicações dos adultos, tais como olhar ou apontar para um objeto enquanto dizem seu nome. Entretanto, eles ainda aprendem nomes somente para objetos interessantes e ignoram os não interessantes. Entre 18 e 24 meses, as crianças seguem indicações sociais na aprendizagem dos nomes, não importando o interesse intrínseco dos objetos (Golinkoff & Hirsh-Pasek, 2006; Pruden, Hirsh-Pasek, Golinkoff, & Hennon, 2006). Aos 24 meses, as crianças reconhecem rapidamente nomes de objetos familiares na ausência de indicações visuais (Swingley e Fernald, 2002). Além disso, se um objeto familiar ou novo é apresentado, uma criança de 24 meses pressupõe que o termo novo se refere ao objeto novo e logo aprende e lembra da palavra (Spiegel & Halberda, 2011).

O *vocabulário receptivo* (o que os bebês entendem) continua a crescer à medida que a compreensão verbal torna-se cada vez mais rápida, precisa e eficiente (Fernald, Perfors, & Marchman, 2006). Em geral, os bebês possuem um vocabulário receptivo muito maior do que um vocabulário expressivo (falado). Aos 18 meses, 3 de cada 4 crianças conseguem entender 150 palavras e pronunciar 50 delas (Kuhl, 2004). Crianças com vocabulários maiores e tempo de reação mais rápido reconhecem palavras faladas já na primeira parte da palavra. Por exemplo, quando ouvem "lei" ou "ga", apontarão para a imagem de um pacote de leite ou um gato (Fernald, Swingley, & Pinto, 2001). Essa aprendizagem inicial da língua está intimamente ligada ao desenvolvimento cognitivo posterior. As crianças que aprendem a falar tardiamente mas que reconhecem palavras aos 18 meses têm maior probabilidade de demonstrar crescimento acelerado do vocabulário no ano seguinte do que aquelas que demoram a reconhecer palavras (Fernald & Marchman, 2012), e a velocidade de reconhecimento de palavras faladas e o tamanho do vocabulário aos 25 meses são preditores de habilidades linguísticas e cognitivas aos 8 anos (Marchman & Fernald, 2008).

A princípio, o acréscimo de novas palavras ao *vocabulário expressivo* (falado) é lento. Depois, entre 16 e 24 meses, pode ocorrer uma "explosão de vocabulário" (Ganger & Brent, 2004). Dentro de alguns meses, muitas crianças que antes diziam por volta de 50 palavras passam a várias centenas (Samuelson & McMurray, 2017). Rápidas aquisições no vocabulário falado refletem aumentos na velocidade e na precisão do reconhecimento das palavras durante o segundo ano de vida (Fernald et al., 2006). As crianças também usam o seu conhecimento crescente de sintaxe para desvendar o significado das palavras (Fisher, Gertner, & Yuan, 2010) e para entender que as coisas pertencem a categorias (Samuelson & McMurray, 2017).

Os substantivos parecem ser o tipo de palavra mais fácil de aprender, talvez por ser mais fácil formar uma imagem mental deles (McDonough, Song, Hirsh-Pasek, Golinkoff, & Lannon, 2011). Em um estudo transcultural, pais espanhóis, holandeses, franceses, israelenses, italianos, coreanos e norte-americanos relataram que seus filhos de 20 meses conheciam mais substantivos do que qualquer outra classe de palavras (Bornstein et al., 2004). Uma vantagem semelhante foi identificada para substantivos em estudos de laboratório nos quais se ensinavam às crianças substantivos e verbos que não conheciam (Imai et al., 2008). Em geral, as pesquisas mostram que, em diferentes idiomas, as crianças consistentemente aprendem substantivos mais rápida e facilmente, mas têm mais dificuldade para aprender novos verbos. As crianças tendem a aprender verbos mais facilmente em idiomas nos quais as expressões nominais ao seu redor são mencionadas explicitamente ("a menina joga a bola") e mais dificuldade para mapear o significado de verbos quando as expressões verbais ao redor são eliminadas ("ela está jogando") (Waxman, Fu, Arunachalam, Leddon, Geraghty, & Song, 2013; Arunachalam & Waxman, 2011).

Se você quiser ajudar uma criança pequena a aprender as palavras relativas às cores, rotule o objeto a que está se referindo, e depois dê o nome da cor.
Dye, 2010

Primeiras sentenças O próximo avanço linguístico importante ocorre quando a criança junta duas palavras para expressar uma ideia ("Dodô caiu"). Geralmente ela faz isso entre 18 e 24 meses. Entretanto, essa faixa etária varia bastante. Embora a fala pré-linguística (como o balbucio) esteja de certa forma ligada à idade cronológica, a fala linguística não está. A maioria das crianças que começa a falar tardiamente acaba alcançando as outras.

As primeiras sentenças de uma criança geralmente tratam de eventos, coisas, pessoas ou atividades do dia a dia. É comum as crianças utilizarem a **fala telegráfica**, que consiste em apenas algumas poucas palavras essenciais. Quando Rita diz "Bobó endo", parece querer dizer "Vovó está varrendo o chão". O uso da fala telegráfica por parte da criança e a forma assumida variam dependendo da língua a ser aprendida (Slobin, 1983). A ordem das palavras está de acordo com aquilo que a criança ouve; Rita não diz "Endo bobó" quando vê a avó varrendo.

As crianças mostram o seu entendimento implícito das regras fundamentais para se montar frases, a **sintaxe**, com a ordem das palavras que usam. A sintaxe é a diferença entre as frases "o homem morde o cachorro" e "o cachorro morde o homem" e nos permite entender e produzir um número infinito de enunciados.

Entre 20 e 30 meses, as crianças demonstram uma competência cada vez maior na sintaxe. Nessa idade, as crianças também tornam-se mais fluentes com artigos (*um, uma, o, a*), preposições (*em, de*), conjunções (*e, mas*), plurais, formas verbais e formas dos verbos *ser* e *estar* (*é, sou, estão somos*). Também ficam cada vez mais conscientes do propósito comunicativo da fala e do fato de suas palavras serem entendidas (Dunham, Dunham, & O'Keefe, 2000; Shwe & Markman, 1997) – um sinal de crescente sensibilidade à vida mental dos outros. Por volta dos 3 anos, a fala é fluente, mais longa e mais complexa. No terceiro ano de vida, a frase média da criança tem aproximadamente três ou quatro palavras (Rice et al., 2010).

CARACTERÍSTICAS DA FALA INICIAL

A fala inicial tem uma característica bastante própria – não importa que língua a criança esteja falando (Slobin, 1971). Como já vimos, a criança pequena *simplifica*. Ela usa a fala telegráfica para dizer o suficiente sobre suas intenções ("Não toma leite!").

A criança pequena *entende relações gramaticais que ainda não consegue expressar*. Por exemplo, Nina entende que um cão persegue um gato, mas ainda não produz facilmente orações com múltiplas palavras, então sua frase sai como "cachorrinho corre", não "o cachorrinho corre atrás do gatinho". A ordem das palavras mostra que ela entende as regras sintáticas subjacentes, pois não diz "gatinho corre".

Outro modo de as crianças ilustrarem o seu conhecimento crescente de sintaxe é a *super-regularização*, que ocorre quando as crianças aplicam uma regra sintática de maneira imprópria. Por exemplo, quando crianças dizem frases do tipo "papai iu à loja" ou "eu sabi desenhar", estão aplicando as regras da língua portuguesa para a conjugação de verbos no pretérito. Demora um tempo até que as crianças aprendam tanto a regra quanto as exceções. Por exemplo, as crianças normalmente usam as exceções à regra antes. Em geral, elas as decoram para expressões que escutam no cotidiano ("papai foi à loja"). Depois aprendem a regra e usam para preencher as lacunas quando não lembram da exceção ("papai iu a loja"). No início da idade escolar, quando se tornam mais proficientes, elas memorizam as exceções e começam a aplicá-las, então voltam a enunciar a frase corretamente ("papai foi à loja").

As crianças também cometem erros categóricos quando *restringem* ou *supergeneralizam* o significado das palavras. Quando restringem os significados, elas usam as palavras em uma categoria estreita demais. Por exemplo, Lisa sabe que o bichinho de estimação da família é um "cachorro", mas balança a cabeça quando a mãe indica outros cães fora de casa. Para ela, o cão dela, e só o dela, é um "cachorro". Lisa está restringindo a palavra *cachorro* ao limitá-la apenas ao próprio bichinho. Por outro lado, as crianças também supergeneralizam os significados e aplicam palavras a categorias amplas demais. Aos 14 meses, Almir pulou de alegria ao ver um homem de cabelo grisalho na televisão e gritou "Vovô!". Almir estava supergeneralizando uma palavra; ele pensou que, por seu avô ter cabelo grisalho, todos os homens de cabelo grisalho poderiam ser chamados de "vovô".

VARIAÇÕES NO DESENVOLVIMENTO DA LINGUAGEM

Bebês surdos parecem aprender a linguagem de sinais da mesma forma e na mesma sequência que os outros aprendem a linguagem falada, desde que sejam criados em um ambiente rico em linguagem (Lederberg, Schick, & Spencer, 2013). Assim como bebês ouvintes filhos de pais ouvintes

fala telegráfica
Forma inicial do uso de sentenças que consiste em falar apenas algumas palavras essenciais.

sintaxe
Regras para formar sentenças em uma determinada língua.

O termo "fala telegráfica" é derivado do fato dos telegramas serem cobrados por palavra. Para economizar, as pessoas eliminavam todos os componentes da fala além do absolutamente essencial, da mesma forma que os bebês usam apenas as palavras mais capazes de comunicar a sua intenção.

verificador
você é capaz de...

▷ Descrever uma típica sequência de marcos no desenvolvimento inicial da linguagem?

▷ Descrever cinco aspectos em que a fala inicial difere da fala adulta?

imitam expressões vocais, bebês surdos de pais igualmente surdos parecem imitar a linguagem de sinais que veem os pais utilizar, primeiro formando uma sequência de movimentos sem sentido e depois repetindo-os seguidamente no que tem sido chamado de balbucio manual. À medida que os pais reforçam esses gestos, os bebês associam significado a eles (Petitto & Marentette, 1991; Petitto, Holowka, Sergio, & Ostry, 2001).

Bebês surdos começam o balbucio manual entre 7 e 10 meses, aproximadamente a idade em que bebês ouvintes começam o balbucio vocal (Petitto et al., 2001). Bebês surdos também começam a usar sentenças na língua de sinais por volta da mesma idade em que bebês que ouvem começam a falar por meio de sentenças (Meier, 1991). Essas observações sugerem que uma capacidade inata para a linguagem pode estar subjacente à aquisição tanto da língua falada quanto da língua de sinais, e que os avanços em ambas as linguagens estão vinculados à maturação do cérebro (Kuhl, 2010).

Em lares onde se fala mais de uma língua, os bebês atingem marcos de desenvolvimento semelhantes em cada uma das línguas, no mesmo esquema de crianças que ouvem apenas uma (Petitto & Kovelman, 2003). Crianças que aprendem duas línguas tendem, no entanto, a ter vocabulário menor em cada uma delas do que crianças que aprendem somente uma língua (Hoff, 2006). Apesar de poderem ter vocabulários menores, elas demonstram vantagens em outras áreas. Crianças bilíngues tendem a ter habilidades de controle executivo não verbal mais avançadas, maior teoria da mente e uma compreensão das regras sintáticas e morfológicas da linguagem mais cedo (Barac, Bialystok, Castro, & Sanchez, 2014).

Crianças bilíngues geralmente utilizam elementos de ambas as línguas, às vezes na mesma expressão – um fenômeno chamado **mistura de código** (Petitto & Kovelman, 2003). Em Montreal, crianças de 2 anos de lares bilíngues sabem diferenciar as duas línguas, utilizando o francês com o pai francófono e o inglês com o anglófono (Genesee, Nicoladis, & Paradis, 1995). Essa capacidade de mudar de uma língua para outra se chama **troca de código**.

mistura de código
O uso de elementos de duas línguas, às vezes na mesma expressão, por crianças pequenas em lares onde ambas as línguas são faladas.

troca de código
Mudança na fala para corresponder à situação, como acontece com pessoas que são bilíngues.

TEORIAS CLÁSSICAS DE AQUISIÇÃO DA LINGUAGEM: O DEBATE GENÉTICA-AMBIENTE

A habilidade linguística é aprendida ou inata? Na década de 1950, travou-se um debate entre duas escolas de pensamento: uma liderada por B. F. Skinner, o principal proponente da teoria da aprendizagem, e outra pelo linguista Noam Chomsky.

Skinner (1957) sustentava que o aprendizado da linguagem, como qualquer outro aprendizado, baseia-se na experiência e em associações aprendidas. Segundo a teoria clássica da aprendizagem, a criança aprende a linguagem por meio de processos de condicionamento operante. A princípio, o bebê emite sons aleatórios. Os cuidadores reforçam os sons que se assemelham à fala adulta. O bebê então repete esses sons reforçados, e a linguagem vai se formando gradualmente. Os teóricos da aprendizagem social estendem esse modelo inicial incluindo a ideia de imitação. Segundo essa teoria, o bebê imita os sons que ouve dos adultos e, novamente, é reforçado a fazer isso.

Por exemplo, enquanto balbucia para si, Lilian diz "pa" sem querer. Seus pais escutam e dão sorrisos, atenção e elogios pelo som. Assim, Lilian é reforçada e continua a dizer "pa". Com o tempo, os pais não dão mais tanto reforço pelo som. Mas então Lilian, por acaso, diz "papa", talvez imitando os pais, que voltam a recompensá-la intensamente. Depois que os elogios voltam a se reduzir, a palavra só é reforçada quando o pai está presente. Com o tempo, o reforço seletivo para aproximações cada vez maiores da fala no contexto certo, por parte dos pais, leva a linguagem a ser moldada.

A habilidade linguística é aprendida ou inata? Embora a capacidade linguística inata possa ser a base da capacidade de fala do bebê, quando esta mãe repete os sons que seu bebê produz, ela está reforçando a probabilidade de que a criança irá repetir esses sons – o que realça as influências tanto da genética quanto do ambiente.

leolintang/Shutterstock

Observação, imitação e reforço contribuem para o desenvolvimento da linguagem, mas, como persuasivamente argumentou Chomsky (1957), não podem explicá-lo totalmente. Em primeiro lugar, as combinações e nuanças de palavras são tão numerosas e tão complexas que não podem ser todas adquiridas por imitação específica e reforço. Além disso, os cuidadores geralmente reforçam expressões que não são estritamente gramaticais, contanto que façam sentido ("Vovô vai tchau tchau"). A própria fala do adulto não é um modelo confiável para imitar, pois frequentemente é agramatical e contém falsos inícios, sentenças inacabadas e desvios do idioma. E a teoria da aprendizagem não explica as maneiras imaginativas que as crianças têm de dizer coisas que nunca ouviram – como quando Isabela, de 2 anos, diz que quer "chocolé" quando a mãe lhe oferece um "picolé de chocolate".

A concepção de Chomsky é chamada de **inatismo**. Diferentemente da teoria da aprendizagem de Skinner, o inatismo enfatiza o papel ativo daquele que aprende. Chomsky (1957, 1972, 1995) propôs que o cérebro humano tem uma capacidade inata para adquirir linguagem; bebês aprendem a falar tão naturalmente quanto aprendem a andar. Ele sugeriu que um **dispositivo de aquisição da linguagem (DAL)** programa o cérebro da criança para analisar a língua que ela ouve e a inferir suas regras.

O fundamento da concepção inatista vem da capacidade dos recém-nascidos de diferenciar fonemas facilmente, o que sugere que eles nascem com "sintonizadores" que captam as características da fala. Os inatistas apontam para o fato de que quase todas as crianças dominam sua língua nativa na mesma sequência relacionada à idade sem aprendizagem formal. Além disso, as pesquisas demonstram que nossos cérebros possuem estruturas ligadas diretamente ao uso da linguagem (Friederici, 2011), que é o que a posição inatista nos levaria a prever. Não nos diz por que algumas crianças adquirem linguagem com mais rapidez e eficiência que outras, por que as crianças diferem em habilidade e fluência linguística ou por que (como veremos) o desenvolvimento da fala parece depender de se ter alguém para conversar, e não somente de ouvir a linguagem falada.

Hoje, a maioria dos cientistas do desenvolvimento sustenta que a aquisição da linguagem, assim como muitos outros aspectos do desenvolvimento, depende de um entrelaçamento de genética e ambiente. A criança possui uma capacidade inata de adquirir linguagem, o que pode ser ativado ou restringido pela experiência.

INFLUÊNCIAS NO DESENVOLVIMENTO INICIAL DA LINGUAGEM

O que determina a rapidez e a eficácia com que a criança aprende a entender e usar a linguagem? As pesquisas têm se concentrado tanto nas influências neurológicas quanto ambientais.

Desenvolvimento do cérebro Escaneamentos do cérebro, que medem mudanças no potencial elétrico em determinadas partes desse órgão durante a atividade cognitiva, nos oferecem uma imagem do desenvolvimento do cérebro na primeira infância. Nossos cérebros possuem estruturas ligadas diretamente ao uso da linguagem (Friederici, 2011). Assim, não surpreende que o enorme crescimento do cérebro durante os primeiros meses e anos esteja intimamente ligado ao desenvolvimento da linguagem.

O tronco encefálico e a ponte, as partes mais primitivas do cérebro e as primeiras a se desenvolver, controlam o choro do recém-nascido. É possível que o balbucio repetitivo surja com a maturação de partes do córtex motor, que controla os movimentos da face e da laringe. Existe um vínculo entre a percepção fonética e os sistemas motores do cérebro já aos 6 meses – uma ligação que se fortalece dos 6 aos 12 meses (Imada et al., 2006). O desenvolvimento da linguagem afeta ativamente as redes neurais, comprometendo-as com o reconhecimento dos sons da língua nativa apenas (Kuhl, 2010). Em outras palavras, a exposição à linguagem ajuda a moldar o desenvolvimento do cérebro, que, por sua vez, ajuda o bebê a aprender a linguagem. Em crianças pequenas com vocabulário extenso, a ativação do cérebro tende a focalizar os lobos temporal e parietal esquerdos, enquanto em crianças com vocabulário mais modesto, a ativação é mais dispersa (Kuhl & Rivera-Gaxiola, 2008). As regiões corticais associadas à linguagem continuam a se desenvolver até pelo menos os últimos anos da pré-escola ou além – algumas até a idade adulta.

inatismo
Teoria de que os seres humanos possuem uma capacidade inata para adquirir linguagem.

dispositivo de aquisição da linguagem (DAL)
Na terminologia de Chomsky, mecanismo inato que permite à criança inferir regras linguísticas do idioma que ouve.

verificador
você é capaz de...

▷ Resumir como a teoria da aprendizagem e o inatismo procuram explicar a aquisição da linguagem, e mostrar os pontos fortes e fracos de cada teoria?

▷ Discutir as implicações do modo como os bebês surdos adquirem linguagem?

Em muitos sentidos, os cérebros das crianças pequenas, mesmo antes de aprenderem a falar, processam a linguagem de forma semelhante aos cérebros adultos. Por exemplo, ambos processam os sons da fala em fluxos paralelos e hierárquicos. Em outras palavras, os dois processam múltiplas características da fala (p. ex., quem é o falante, emoção, intensidade, som, timbre, familiaridade) em múltiplas regiões do cérebro. Além disso, as regiões frontais do cérebro estão envolvidas no processamento da fala tanto em bebês quanto em adultos, apesar de o processo ser mais lento entre os primeiros. Por fim, o processamento de informações linguísticas está localizado no hemisfério esquerdo nos bebês, como ocorre em quase todos os adultos (Dehaene-Lambertz, 2017; Dehaene-Lambertz & Spelke, 2015).

Interação social: o papel dos pais e cuidadores A linguagem é um ato social. Ela exige interação. Não bastam o mecanismo biológico e a capacidade cognitiva necessários, é preciso também interação com um interlocutor vivo. Crianças que crescem sem um contato social regular não desenvolvem a linguagem normalmente (Fromkin, Krashen, Curtiss, Rigler, & Rigler, 1974). Nem aquelas expostas à linguagem somente através da televisão. Por exemplo, em um experimento, bebês anglófonos de 9 meses aprendiam e retinham chinês quando brincavam e interagiam com adultos que falam chinês, mas não quando apenas assistiam à televisão em chinês (Kuhl & Rivera-Gaxiola, 2008). Uma série de experimentos sobre vídeos de vocabulário para bebês mostra que crianças bem pequenas não aprendem novas palavras com vídeos (DeLoache et al., 2010; Richert, Robb, Fender, & Wartella, 2010), mesmo quando os pesquisadores certificam-se de que elas estão prestando atenção ao conteúdo do vídeo (Krcmar, 2011). Não era culpa do vídeo, era a falta de interações sociais contingentes que impedia a aprendizagem. Quando participam de conversas por vídeo socialmente contingentes, bebês conseguem aprender novas palavras (Roseberry, Hirsh-Pasek, & Golinkoff, 2014).

Na fase de balbucio, os adultos ajudam o bebê a avançar na direção da fala verdadeira repetindo os sons emitidos pela criança e recompensando seus esforços. A maioria dos bebês acha o processo envolvente e repete os sons. A imitação dos sons da criança por parte dos pais afeta a quantidade de vocalização do bebê (Goldstein, King, & West, 2003) e o ritmo de aprendizagem da linguagem (Schmitt, Simpson, & Friend, 2011). Também ajuda o bebê a vivenciar o aspecto social da fala (Kuhl, 2004).

Existe uma forte relação entre a frequência de palavras específicas na fala das mães e a ordem em que a criança as aprende (Brent & Siskind, 2001), bem como entre a loquacidade das mães e o tamanho do vocabulário dos bebês (Schmitt et al., 2011). Mães de condição socioeconômica mais elevada tendem a usar vocabulários mais ricos e expressões mais longas, e seus filhos de 2 anos têm um vocabulário falado mais extenso (Hoff, 2003; Ramey & Ramey, 2003; Rowe, 2012). Aos 3 anos, o vocabulário de crianças de baixa renda varia muito, dependendo em grande parte da diversidade dos tipos de palavra que ouvem a mãe usar (Pan, Rowe, Singer, & Snow, 2005). A sensibilidade e responsividade dos pais pode, no entanto, atuar como um amortecedor. Mais especificamente, o envolvimento conjunto dos pais de baixa renda, as rotinas compartilhadas e a conexão com os filhos aos 2 anos são preditivos da sua linguagem expressiva aos 3 anos (Hirsh-Pasek et al., 2015).

Fala dirigida à criança Se ao falar com um bebê ou com uma criança pequena você fala devagar, com a voz em um tom agudo e exagerando nos altos e baixos, simplifica sua fala, exagera nos sons vocálicos e utiliza palavras e sentenças curtas, e também muita repetição, você está praticando a **fala dirigida à criança (FDC)**, às vezes chamada de *manhês*. A maioria dos adultos e mesmo crianças o fazem

---

fala dirigida à criança (FDC)
Tipo de fala geralmente usado para conversar com bebês ou crianças pequenas; trata-se de uma fala lenta e simplificada, com tonalidade alta, sons vocálicos exagerados, palavras e sentenças curtas e muita repetição; também chamada de *manhês*.

Brincar de esconder envolve revezamento, o mesmo que acontece nas conversas e na maior parte das interações sociais.

Crianças de lares bilíngues geralmente usam elementos de ambas as línguas, mas isso não significa que confundam as duas.

Uniquely India/photosindia/Getty Images

naturalmente, e outros estímulos que lembram bebês, tais como gatinhos e cachorrinhos, também a provocam. Alguns pesquisadores questionam o valor da FDC e afirmam que os bebês falam mais cedo e melhor se expostos à fala adulta mais complexa (Oshima-Takane, Goodz, & Derevensky, 1996). Entretanto, o "manhês" foi documentado em diversas culturas, incluindo Estados Unidos, Rússia, Suécia, Austrália, Tailândia, Espanha, Síria, Inglaterra, Itália, França, Alemanha e outras (Kuhl et al., 1997; Kitamura, Thanavishuth, Burnham, & Luksaneeyanawin, 2001; Cooper & Asling, 1990; Ferguson, 1964). A onipresença dessa forma de linguagem em todas as culturas sugere a universalidade da sua natureza e também que ela serve a uma função.

Muitos pesquisadores acreditam que a FDC ajuda o bebê a aprender sua língua nativa ou pelo menos a captá-la mais rápido ao exagerar e direcionar a atenção para os aspectos distintivos dos sons da fala. Além disso, a atenção dos bebês é "capturada" pelo som, que consideram altamente envolvente, o que resulta em uma aprendizagem mais rápida (Golinkoff, Can, Soderstrom, & Hirsh-Pasek, 2015; Spinelli, Fasolo, & Mesman, 2017). Dados de pesquisas apoiam essa ideia. Por exemplo, mesmo antes da idade de 1 mês, os bebês claramente preferem escutar FDC (Dunst, Gorman & Hanby, 2012; Cooper & Aslin, 1990). Em um estudo, os bebês que receberam mais FDC tinham vocabulários expressivos maiores aos 2 anos e pareciam ter mais desenvoltura no processamento da linguagem (Weisleder & Fernald, 2013). Os dados de laboratório também destacam o apoio oferecido pela FDC. Por exemplo, crianças de 21 meses somente conseguiam aprender novas palavras quando a FDC era utilizada. Por outro lado, crianças de 27 meses, mais sofisticadas nas suas habilidades linguísticas, conseguiam usar fala direcionada ao adulto para aprender novas palavras (Ma, Golinkoff, Houston, & Hirsh-Pasek, 2011).

Ao ler em voz alta para os filhos e fazer perguntas sobre as figuras do livro, os pais ajudam as crianças a construírem habilidades linguísticas e a identificarem as letras e seus sons.
Keith Brofsky/Blend Images LLC

Quando os bebês ouvem a FDC, o ritmo cardíaco diminui, um estado fisiológico coerente com a orientação para absorver informação.

PREPARAÇÃO PARA O LETRAMENTO: OS BENEFÍCIOS DA LEITURA EM VOZ ALTA

A maioria dos bebês adora ouvir uma leitura. A frequência com que os cuidadores leem para eles pode influenciar a qualidade da fala de uma criança e, por fim, a qualidade e a época do **letramento** – a capacidade de ler e escrever. Em um estudo com 2.581 famílias de baixa renda, aproximadamente metade das mães declarou que lia diariamente para seus filhos em idade pré-escolar entre 14 meses e 3 anos. As crianças para quem os pais haviam lido diariamente tinham melhores habilidades cognitivas e linguísticas com 3 anos (Raikes et al., 2006). E suas capacidades linguísticas emergentes repercutem mais tarde no desempenho escolar. Um estudo recente com quase 700 pares de gêmeos constatou que essas crianças que desenvolveram a linguagem mais cedo estavam mais bem preparadas para frequentar a escola. Além do mais, a capacidade linguística inicial é mais afetada pelo ambiente doméstico do que pela genética, sugerindo que os programas de intervenção que visam as variáveis domésticas (como incentivar os pais a lerem para seus filhos) poderiam ser muito eficazes (Forget-Dubois, Dionne, Lemelin, Perusse, Tremblay, & Boivin, 2009).

A interação social na leitura em voz alta e outras atividades diárias são fundamentais para uma boa parte do desenvolvimento infantil. As crianças provocam respostas nas pessoas ao seu redor e, por sua vez, reagem a essas respostas.

letramento
Habilidade para ler e escrever.

verificador
você é capaz de...

▷ Citar áreas do cérebro envolvidas no desenvolvimento inicial da linguagem, e dizer a função de cada uma delas?

▷ Explicar a importância da interação social e dar pelo menos três exemplos de como os pais ou cuidadores ajudam os bebês a aprenderem a falar?

▷ Avaliar os argumentos a favor e contra o valor da fala dirigida à criança (FDC)?

▷ Dizer por que é benéfico ler em voz alta para a criança quando ela ainda é pequena, e descrever um modo eficaz de fazê-lo?

JANELA para o mundo
LETRAMENTO E LIVROS INFANTIS

A maioria dos bebês adora ouvir uma leitura. A frequência com que os cuidadores leem para eles pode influenciar a qualidade da fala de uma criança e, por fim, a qualidade e a época do *letramento* – a capacidade de ler e escrever. Ler para as crianças melhora as suas habilidades de linguagem e cognitivas, incentiva a criatividade e promove o desenvolvimento social, emocional e moral (Crippen, 2017). Quando os pais falam, cantam e leem em voz alta para as crianças, os cérebros dos seus filhos são estimulados e fortalecidos. As histórias infantis nos ensinam sobre moral, valores, justiça, habilidades sociais e amizade. Ensinam a rir, amar e usar nossa imaginação. As histórias comunicam a autoaceitação e modelam as estratégias de enfrentamento para que as crianças aprendam a lidar com as suas emoções (Bradbery, 2012). Ler desde cedo ajuda a criar um laço afetivo com os cuidadores e cria um amor pela leitura que perdura por toda a vida (O'Keefe, 2014).

As capacidades linguísticas emergentes das crianças repercutem na preparação para a escola e, mais tarde, no desempenho escolar, e aquelas que desenvolvem a linguagem mais cedo estão mais bem preparadas para frequentar a escola. Além do mais, a capacidade linguística inicial é afetada fortemente pelo ambiente doméstico, sugerindo que os programas de intervenção que visam as variáveis domésticas (como ler para as crianças) poderiam ser muito eficazes (Forget-Dubois et al., 2009).

Os livros e as histórias são a principal forma como transmitimos a nossa tradição para as próximas gerações (Norton, 2010). A leitura é incentivada na maioria dos países, mas o acesso aos livros e a habilidade de ler e escrever podem ser obstáculos. Quase 250 milhões de crianças não sabem ler e escrever no mundo (All Children Reading, 2017), e 21% das crianças do mundo têm menos de cinco livros em casa (World Literacy Foundation, 2018). Em 2015, a Finlândia tinha o maior índice de alfabetização do mundo, de quase 100%, enquanto o Sudão do Sul tinha o pior, com 27% (CIA, 2015). Independentemente de como são transmitidas, as histórias são importantes para os mundos educacional e social das crianças.

Apresentamos aqui alguns títulos publicados em 2018:

Ropotarna, de Peter Svetina (Eslovênia); uma coleção de contos de fadas sobre pessoas e objetos.

Tschipo, de Franz Hohler (Suíça); uma história sobre um menino que tem um problema com os sonhos que se materializam.

The Duck and the Gun, de Joy Cowley (Nova Zelândia); um general suspende a guerra que está prestes a iniciar até que a pata que fez ninho no seu único canhão termine de chocar seus ovos.

---

qual a sua opinião? Qual era o seu livro favorito na infância? Quais lições aprendeu com a sua leitura?

resumo e palavras-chave

Estudando o desenvolvimento cognitivo

- As seis abordagens ao estudo do desenvolvimento cognitivo são: behaviorista, psicométrica, piagetiana, do processamento da informação, da neurociência cognitiva e sociocontextual.
- Todas essas abordagens podem trazer indícios de como a cognição se desenvolve no início da vida.
  abordagem behaviorista (125)
  abordagem psicométrica (125)
  abordagem piagetiana (125)
  abordagem do processamento da informação (125)
  abordagem da neurociência cognitiva (125)
  abordagem sociocontextual (125)

Abordagem behaviorista

- Dois tipos de aprendizagem simples estudados pelos behavioristas são o condicionamento clássico e o condicionamento operante.
- A pesquisa de Rovee-Collier sugere que os processos da memória nos bebês são muito semelhantes aos dos adultos, embora essa conclusão tenha sido questionada. As memórias dos bebês podem ser estimuladas por lembretes periódicos.
  condicionamento clássico (125)
  condicionamento operante (126)

Abordagem psicométrica: testes de desenvolvimento e de inteligência

- Os testes psicométricos medem fatores que supostamente constituem a inteligência.
- Testes de desenvolvimento, como as Escalas Bayley de Desenvolvimento Infantil, podem indicar o atual funcionamento da inteligência, mas geralmente têm pouca utilidade para prever o funcionamento futuro.
- O ambiente doméstico pode afetar a inteligência avaliada.
- Se o ambiente doméstico não oferecer as condições necessárias que servirão de base para a competência cognitiva, talvez seja preciso fazer uma intervenção precoce.
  comportamento inteligente (127)
  testes de QI (quociente de inteligência) (127)
  Escalas Bayley de Desenvolvimento Infantil (128)
  Inventário HOME de Observação Doméstica (128)
  intervenção precoce (128)

Abordagem piagetiana

- Durante o estágio sensório-motor proposto por Piaget, os esquemas dos bebês tornam-se mais elaborados. Eles progridem de reações circulares primárias para secundárias e terciárias, e finalmente para o desenvolvimento da capacidade de representação, que torna possível a imitação diferida, o faz de conta e a resolução de problemas.
- A noção de permanência do objeto desenvolve-se gradualmente, segundo Piaget, e só se torna plenamente funcional entre os 18 e 24 meses.
- A pesquisa sugere que várias capacidades, incluindo a imitação e a permanência do objeto, desenvolvem-se antes do período indicado por Piaget.
  estágio sensório-motor (130)
  esquemas (131)
  reações circulares (131)
  capacidade de representação (131)
  imitação diferida (132)
  permanência do objeto (133)
  hipótese da dupla representação (135)

Abordagem do processamento da informação

- Os pesquisadores em processamento da informação medem processos mentais por meio da habituação e de outros indicativos de habilidades visuais e perceptuais. Contrariamente às ideias de Piaget, essa pesquisa sugere que a capacidade de representação interna está presente praticamente desde o nascimento.
- Indicadores da eficiência do processamento da informação no bebê, como a velocidade de habituação, tendem a predizer a inteligência futura.
- Técnicas de processamento da informação como habituação, preferência por novidade e o método da violação de expectativas têm produzido evidências de que bebês entre 3 e 6 meses podem ter um entendimento rudimentar das habilidades propostas por Piaget, como categorização, causalidade, permanência do objeto, noção de número e capacidade de raciocinar sobre características do mundo físico. Alguns pesquisadores sugerem que os bebês podem ter mecanismos inatos de aprendizagem para a aquisição desse conhecimento.

habituação (135)
desabituação (136)
preferência visual (136)
memória de reconhecimento visual (136)
transferência intermodal (137)
atenção conjunta (137)
violação de expectativas (140)

Abordagem da neurociência cognitiva

- Memória explícita e memória implícita estão localizadas em estruturas distintas do cérebro.
- A memória de trabalho emerge entre os 6 e 12 meses.
- Os desenvolvimentos neurológicos ajudam a explicar a emergência das habilidades piagetianas e as habilidades de memória.

memória implícita (143)
memória explícita (143)
memória de trabalho (143)

Abordagem sociocontextual

- As interações sociais com adultos contribuem para a competência cognitiva por intermédio de atividades compartilhadas que ajudam a criança a aprender habilidades, conhecimentos e valores importantes em sua cultura.

participação guiada (143)

Desenvolvimento da linguagem

- A aquisição da linguagem é um aspecto importante do desenvolvimento cognitivo.
- A fala pré-linguística inclui choro, arrulho, balbucio e imitação dos sons da língua. Aos 6 meses, o bebê aprendeu os sons básicos de sua língua e começou a vincular som e significado. A percepção das categorias sonoras na linguagem nativa pode comprometer os circuitos neurais com o futuro aprendizado dessa língua apenas.
- Antes de pronunciar sua primeira palavra, o bebê utiliza gestos.
- A primeira palavra costuma surgir entre 10 e 14 meses, dando início à fala linguística. Para muitas crianças, ocorre uma "explosão de nomeação" entre os 16 e os 24 meses de idade.
- As primeiras sentenças breves geralmente surgem entre os 18 e 24 meses. Por volta dos 3 anos, a sintaxe e a capacidade de comunicação estão razoavelmente desenvolvidas.
- A fala inicial é caracterizada pela supersimplificação, restrição e supergeneralização dos significados das palavras, e pela universalização das regras.
- Crianças surdas parecem aprender a linguagem de sinais de forma semelhante a como crianças ouvintes aprendem a linguagem falada.
- Duas visões teóricas clássicas sobre como a criança adquire a linguagem são a teoria da aprendizagem e o inatismo. Hoje, a maioria dos cientistas do desenvolvimento afirma que a capacidade inata de aprender a linguagem pode ser ativada ou restringida pela experiência.
- As influências sobre o desenvolvimento da linguagem são a maturação do cérebro e a interação social.
- Características de família, como nível socioeconômico, uso da língua adulta e responsividade materna, afetam o desenvolvimento do vocabulário da criança.
- Crianças que ouvem duas línguas em casa geralmente aprendem ambas no mesmo ritmo que crianças que ouvem apenas uma língua, e sabem utilizar cada uma delas na circunstância apropriada.
- A fala dirigida à criança (FDC) parece trazer benefícios cognitivos, emocionais e sociais, e os bebês demonstram preferência por ela. Entretanto, alguns pesquisadores questionam esse valor.

linguagem (144)
fala pré-linguística (145)
holofrase (148)
fala telegráfica (149)
sintaxe (149)
mistura de código (150)
troca de código (150)
inatismo (151)
dispositivo de aquisição da linguagem (DAL) (151)
fala dirigida à criança (FDC) (152)
letramento (153)

capítulo

6

Desenvolvimento Psicossocial nos Três Primeiros Anos

Pontos principais

Fundamentos do desenvolvimento psicossocial

Questões desenvolvimentais durante o primeiro ano

Questões desenvolvimentais do 1º ao 3º ano

Relacionamentos com outras crianças

Filhos de pais que trabalham fora

Maus-tratos: abuso e negligência

Objetivos de aprendizagem

Discutir o desenvolvimento das emoções e da personalidade durante a primeira infância.

Descrever os relacionamentos sociais dos bebês com os cuidadores, incluindo o apego.

Discutir a emergência do senso de identidade, autonomia e desenvolvimento moral do 1º ao 3º ano.

Explicar como os contextos sociais influenciam o desenvolvimento inicial.

Explicar os maus-tratos contra as crianças e os seus efeitos.

kali9/Getty Images

Você **sabia** que...

▷ O orgulho, a vergonha e a culpa são algumas das últimas emoções a se desenvolver?

▷ Conflitos com irmãos e pares podem ajudar crianças pequenas a aprenderem a negociar e resolver disputas?

▷ O impacto do trabalho dos pais e da creche nos primeiros anos é muito menor que o das características da família, como a sensibilidade dos pais ao filho?

Neste capítulo, examinamos os fundamentos do desenvolvimento psicossocial e consideramos as ideias de Erikson sobre o desenvolvimento da confiança e da autonomia. Focalizamos o relacionamento com cuidadores, o senso emergente de identidade e as bases da consciência. Exploramos o relacionamento com os irmãos e com outras crianças, e consideramos o impacto do trabalho dos pais e dos primeiros cuidados com o filho. Por último, discutimos os maus-tratos contra as crianças e o que pode ser feito para protegê-las dos danos.

> **B**rincar é a mais elevada forma de pesquisa.
> —Albert Einstein

Fundamentos do desenvolvimento psicossocial

Embora os bebês apresentem os mesmos padrões de desenvolvimento, cada um deles, desde o início, exibe uma **personalidade** distinta: a combinação relativamente coerente de emoções, temperamento, pensamentos e comportamentos é que torna cada pessoa única. Esses modos característicos de sentir, pensar e agir, que refletem influências tanto inatas quanto ambientais, afetam a maneira como a criança responde aos outros e se adapta ao seu mundo. Da primeira infância em diante, o desenvolvimento da personalidade se entrelaça com as relações sociais, e essa combinação chama-se *desenvolvimento psicossocial*. Os aspectos mais importantes do desenvolvimento psicossocial durante os três primeiros anos estão descritos na Tabela 6.1.

Ao explorar o desenvolvimento psicossocial, primeiro analisamos as emoções, que moldam as respostas ao mundo. Em seguida, focalizamos o temperamento, um dos elementos fundamentais da personalidade. Por último, discutimos as primeiras experiências sociais da criança na família e como os pais influenciam as diferenças comportamentais entre meninos e meninas.

personalidade
Combinação relativamente consistente de emoções, temperamento, pensamentos e comportamentos que torna a pessoa única.

EMOÇÕES

Lembre-se da primeira vez que você se assustou durante um filme de terror. Seu coração provavelmente disparou, você pode ter respirado mais pesado. É provável que seus olhos tenham se fixado na tela e você tenha concentrado toda a sua atenção. Se alguém o agarrasse de repente, provavelmente teria dado um salto. A emoção que você deveria estar sentindo é o medo. **Emoções**, como o medo, são reações subjetivas à experiência e que estão associadas a mudanças fisiológicas e comportamentais. As pessoas diferem na frequência e na intensidade com que sentem uma determinada

emoções
Reações subjetivas a experiências que estão associadas a mudanças fisiológicas e comportamentais.

TABELA 6.1	Aspectos mais importantes do desenvolvimento psicossocial, do nascimento ao 36º mês
Idade aproximada, em meses	**Características**
0-3	Os bebês estão abertos à estimulação. Eles começam a demonstrar interesse e curiosidade e sorriem prontamente para as pessoas.
3-6	Os bebês podem antecipar o que está prestes a acontecer e se decepcionam se isso não acontece. Demonstram isso ficando zangados ou agindo de modo cauteloso. Sorriem, arrulham e riem com frequência. Essa é uma fase de despertar social e de trocas recíprocas entre o bebê e o cuidador.
6-9	Os bebês se engajam em "jogos sociais" e tentam obter respostas das pessoas. Eles "conversam", tocam e agradam outros bebês para fazê-los responder. Expressam emoções mais diferenciadas, demonstrando alegria, medo, raiva e surpresa.
9-12	Os bebês preocupam-se muito com seu principal cuidador, podem ter medo de estranhos e agem de modo submisso em situações novas. Por volta de um ano, comunicam suas emoções de maneira mais clara, demonstrando variações de humor, ambivalência e gradação de sentimentos.
12-18	As crianças exploram seu ambiente utilizando as pessoas a quem estão mais ligadas como base segura. À medida que vão dominando o ambiente, tornam-se mais confiantes e mais ansiosas por se autoafirmar.
18-36	Crianças pequenas às vezes ficam ansiosas porque agora percebem o quanto estão se separando do cuidador. Elaboram a consciência de suas limitações na fantasia, nas brincadeiras e identificando-se com os adultos.

Fonte: Adaptada de Sroufe, 1979.

emoção, nos tipos de eventos que podem produzi-la, nas manifestações físicas que demonstram e no modo como agem em consequência disso. A cultura também influencia o modo como as pessoas se sentem em relação a uma situação e a maneira como expressam suas emoções. Algumas culturas que enfatizam a harmonia social, incluindo as da Ásia, Alemanha e Israel, desincentivam a livre expressão da raiva, por exemplo. Quando expressões de raiva ocorrem, parecem chamar a atenção. O oposto geralmente é verdadeiro em culturas como a norte-americana e a grega, que enfatizam a autoexpressão, a autoafirmação e a autoestima e nas quais emoções como a tristeza recebem mais atenção (Hareli, Kafetsios, & Hess, 2015; Cole, Bruschi, & Tamang, 2002).

Os primeiros sinais de emoção Durante o primeiro mês, os bebês choram quando estão infelizes e se acalmam ao som de uma voz humana ou quando alguém os pega no colo. Poderão sorrir quando um adulto pegar suas mãos para fazer com que batam palmas. À medida que o tempo passa, os bebês tornam-se mais responsivos às pessoas – sorriem, arrulham, esticam os braços e finalmente vão ao seu encontro.

Esses primeiros sinais ou indícios de sentimentos nos bebês são importantes indicativos de desenvolvimento. Quando suas mensagens trazem uma resposta, aumenta a sensação de ligação com as outras pessoas. A sensação de controle sobre seu mundo também aumenta quando percebem que seu choro traz ajuda e conforto, e que seu sorriso e sua risada provocam uma reação também de sorriso e risada.

Choro Os recém-nascidos sabem evidenciar quando estão se sentindo infelizes: soltam gritos agudos, agitam os braços e as pernas e enrijecem o corpo. Os adultos acham o som do choro desagradável — e essa é a sua função. O choro é a principal forma usada pelos bebês para comunicar suas necessidades e é considerado um sinal honesto de carência. Os cérebros humanos, especialmente os dos pais, são programados para responder a esses sons com comportamentos de cuidados (Swain, Lorberbaum, Kose, & Strathearn, 2007; Kim et al., 2011).

Chorar é a maneira mais veemente de os bebês comunicarem suas necessidades. Algumas pesquisas distinguiram quatro padrões de choro (Wolff, 1969): o choro de fome (um choro rítmico, que nem sempre está associado à fome); o choro de raiva (uma variação do choro rítmico em que o excesso de ar é forçado pelas cordas vocais); o choro de dor (um súbito ataque de choro intenso sem gemidos preliminares, às vezes seguido por retenção do fôlego); e o choro de frustração (dois ou três choros prolongados, sem retenção prolongada do fôlego) (Wood & Gustafson, 2001). As características dos choros dos bebês estão relacionadas ao seu estado fisiológico. Um tom mais agudo e a vocalização monotônica estão associados com atividade do sistema autonômico durante procedimentos estressantes em bebês (Stewart et al., 2013) e são mais característicos dos choros de bebês prematuros, que geralmente têm necessidades maiores, do que de bebês nascidos a termo de idade equivalente (Shinya, Kawai, Niwa, & Myowa-Yamakoshi, 2016).

À medida que crescem, as crianças começam a perceber que o choro serve a uma função comunicativa. Aos 5 meses, os bebês aprenderam a monitorar as expressões dos cuidadores, e se forem ignorados primeiro choram com mais intensidade em uma tentativa de obter atenção, e depois param de chorar se a tentativa não for bem-sucedida (Goldstein, Schwade, & Bornstein, 2009). Meninos e meninas demonstram padrões semelhantes de tristeza e raiva quando bebês, mas do 1º ao 3º ano, os meninos expressam mais raiva do que as meninas (Chaplin & Aldao, 2013).

Alguns pais preocupam-se com o fato de que, ao pegar constantemente o bebê chorão no colo, estarão mimando a criança. Contudo, isso não é verdade, especialmente quando são altos os níveis de aflição. Por exemplo, se os pais esperam, talvez fique mais difícil acalmar o bebê; e esse padrão, se repetidamente vivenciado, pode interferir na capacidade da criança de regular seus próprios estados emocionais (R. A. Thompson, 2011). De fato, a resposta rápida e sensível dos cuidadores ao choro infantil está associada a uma futura competência social e ajustamento positivo, independentemente de os bebês chorarem com frequência ou raramente (Leerkes, Blankson, & O'Brien, 2009).

Sorriso e risada Os primeiros sorrisos ocorrem espontaneamente logo após o nascimento, aparentemente como resultado da atividade do sistema nervoso subcortical. Esses sorrisos involuntários aparecem frequentemente durante os períodos de sono REM.

O **sorriso social**, quando os recém-nascidos olham e sorriem para os pais, se desenvolve no segundo mês de vida. Em geral, os bebês começam a usar um sorriso social ao mesmo tempo e da

Chorar é a maneira mais veemente, e às vezes a única, de os bebês comunicarem suas necessidades. Os pais logo aprendem a reconhecer se o bebê está chorando de fome, raiva, frustração ou dor.
Irina Rogova/Shutterstock

Esses primeiros sorrisos às vezes são conhecidos como "sorrisos instintivos" porque geralmente ocorrem em resposta a processos fisiológicos.

sorriso social
Começando no segundo mês, bebês recém-nascidos olham para seus pais e sorriem para eles, sinalizando participação positiva no relacionamento.

mesma maneira, independentemente da sua cultura de origem. Contudo, a 12 semanas, os bebês sorriem para os outros com maior ou menor frequência, dependendo da resposta dos adultos ao seu redor (Wörmann, Holodynski, Kärtner, & Keller, 2012). A risada é uma vocalização ligada ao sorriso que se torna mais comum entre os 4 e os 12 meses, quando pode significar a mais intensa e positiva emoção (Salkind, 2005).

Os pais muitas vezes usam palhaçadas para provocar sorrisos e risadas dos seus filhos pequenos. As palhaçadas incluem comportamentos não verbais bobos, como sons ou expressões faciais esquisitas, ações como revelar partes do corpo que costumam ficar ocultas (como o umbigo) e imitar as ações esquisitas alheias. A forma mais comum com que os bebês tentam participar da brincadeira, a partir dos 3 meses de idade, é com gritos estridentes ou caretas (Mireault et al., 2012). O humor dos bebês torna-se mais complexo com a idade. Uma criança de 6 meses poderá dar risadinhas em resposta à mãe quando esta produzir sons incomuns ou aparecer com uma toalha cobrindo o rosto; aos 10 meses, se a toalha cair, talvez tente, rindo, colocá-la de volta no rosto da mãe. Essa mudança reflete o desenvolvimento cognitivo: quando ri do inesperado, o bebê demonstra que sabe o que espera; ao inverter as ações, ele mostra que tem consciência de que pode fazer as coisas acontecerem (Sroufe, 1997).

Dos 12 aos 15 meses, os bebês comunicam-se intencionalmente com os outros a respeito de objetos. O **sorriso antecipatório** – quando os bebês sorriem ao ver um objeto e depois olham para um adulto enquanto continuam sorrindo – aumenta abruptamente sua frequência entre os 8 e 10 meses e parece estar entre os primeiros tipos de comunicação em que o bebê refere-se a um objeto ou experiência.

Processos afetivos positivos são recíprocos. Mães com baixo nível de estresse e alto nível de emocionalidade positiva e controle voluntário tendem a ter bebês que sorriem e riem bastante. Por sua vez, bebês que sorriem e riem bastante provocam menos comportamentos parentais negativos (Bridgett, Laake, Gartstein, & Dorn, 2013). Os bebês que têm mais interações positivas com os pais aos 3 e 6 meses tendem a demonstrar apego seguro com 1 ano (Mireault, Sparrow, Poutre, Perdue, & Macke, 2012).

Quando aparecem as emoções? O desenvolvimento emocional é um processo ordenado; emoções complexas desdobram-se a partir de emoções mais simples. De acordo com um dos modelos (Lewis, 1997; Figura 6.1), o bebê revela sinais de contentamento, interesse e aflição logo após o nascimento. São respostas difusas, reflexas, a maior parte fisiológicas, à estimulação sensorial ou a processos internos. Aproximadamente nos próximos seis meses, esses estados emocionais iniciais se diferenciam em verdadeiras emoções: alegria, surpresa, tristeza, repugnância, e depois raiva e medo – reações a eventos que têm significado para o bebê. Conforme discutido mais adiante, a emergência dessas emoções básicas, ou primárias, está relacionada à maturação neurológica.

As **emoções autoconscientes**, como o constrangimento, a empatia e a inveja, surgem somente depois que a criança desenvolveu a **autoconsciência**: compreensão cognitiva de que ela tem uma identidade reconhecível, separada e diferente do resto de seu mundo. Essa consciência da própria identidade parece emergir entre 15 e 24 meses. A autoconsciência é necessária para que a criança seja capaz de compreender o que é ser o foco da atenção, identificar-se com o que outros "eus" estão sentindo, ou desejar o que os outros têm.

Por volta dos 3 anos, tendo adquirido autoconsciência e mais algum conhecimento sobre os padrões, regras e metas aceitas de sua sociedade, a criança torna-se mais capacitada para avaliar seus próprios pensamentos, planos, desejos e comportamento com relação àquilo que é considerado socialmente apropriado. Só então ela pode demonstrar **emoções autoavaliadoras** como orgulho, culpa e vergonha (Lewis, 1995, 1997, 1998, 2007).*

Ajuda altruísta, empatia e cognição social Um hóspede do pai de Alex, de 18 meses de idade – uma pessoa que Alex nunca vira antes –, deixou cair sua caneta no chão, e ela rolou para debaixo de um armário, onde o hóspede não podia alcançá-la. Alex, sendo suficientemente pequeno, arrastou-se debaixo do armário, recuperou a caneta e entregou-a ao hóspede. Ao se preocupar com um estranho, sem nenhuma expectativa de recompensa, Alex demonstrou um **comportamento altruísta** (Warneken & Tomasello, 2006).

---

*N. de R.T.: Cabe pontuar que, antes de a criança adquirir a autoconsciência, é impossível para ela saber que os outros sentem as coisas de maneira diferente dos seus próprios sentimentos. Então algumas ideias sobre a intencionalidade dos bebês em gerarem sofrimento precisam ser questionadas.

---

sorriso antecipatório
O bebê sorri ao ver um objeto e depois olha para um adulto enquanto ainda sorri.

verificador
você é capaz de...

▷ Explicar o significado de padrões de choro, sorriso e risada?

A autoconsciência e a compreensão de que os outros podem pensar coisas que você sabe não serem verdadeiras estão relacionadas a outro marco do desenvolvimento: mentir. Embora geralmente não pensemos nisso como tal, a mentira na verdade é uma profunda conquista do desenvolvimento.

emoções autoconscientes
Emoções como constrangimento, empatia e inveja, que dependem da autoconsciência.

autoconsciência
Percepção de que a própria existência e funcionamento estão separados dos de outras pessoas e coisas.

emoções autoavaliadoras
Emoções como orgulho, vergonha e culpa, que dependem tanto da autoconsciência quanto do conhecimento de padrões de comportamento socialmente aceitos.

comportamento altruísta
Atividade em que se pretende ajudar outra pessoa sem esperar recompensa.

FIGURA 6.1
Diferenciação das emoções durante os três primeiros anos.

As emoções primárias, ou básicas, surgem aproximadamente durante os primeiros seis meses; as emoções autoconscientes desenvolvem-se no começo do segundo ano como resultado da emergência da autoconsciência junto com a acumulação de conhecimento sobre padrões sociais. Nota: Há dois tipos de constrangimento. O primeiro não envolve avaliação do comportamento e pode simplesmente ser uma resposta ao fato de ser destacado como objeto de atenção. O constrangimento avaliativo, que surge durante o terceiro ano, é uma forma branda do sentimento de vergonha.

Fonte: Adaptada de Lewis, 1997.
(Bebê): Frare/Davis Photography/Brand X Pictures/Corbis/Getty Images; (Menina): Amos Morgan/Photodisc/Getty Images; (Menino): Comstock Images

empatia
Capacidade de se colocar no lugar de outra pessoa e sentir o que ela sente.

Crianças que não vivem conforme os padrões comportamentais podem sentir-se culpadas. Acredita-se que a culpa desenvolve-se entre 2 anos e meio e 3 anos.
enterphoto/Shutterstock

As origens do altruísmo ficam evidentes nas primeiras reações empáticas na primeira infância. Por exemplo, bebês de 1, 3, 6 e 9 meses respondem aos choros de outros bebês com expressões faciais de aflição e com o próprio choro (Geangu, Benga, Stahl, & Striano, 2010). Os bebês também formam "opiniões" sobre os outros com base nos seus comportamentos sociais. Em uma série de experimentos (Hamlin & Wynn, 2011), os bebês assistiam a um boneco tentar abrir uma caixa. Em uma condição, um segundo boneco "Abridor" ajudava o primeiro a abrir a caixa, enquanto em outra condição, um boneco "Fechador" interferia e saltava em cima da caixa. Quando recebiam a opção, os bebês de 3 meses preferiam olhar para o boneco "Abridor", e os de 5 meses preferiam tentar alcançá-lo.

O comportamento altruísta é natural para os bebês. Em outro estudo, bebês de 12 meses ajudavam espontaneamente um adulto a alcançar ou achar um brinquedo caído. Com 15 meses, os bebês também parecem ter expectativas sobre justiça, como ilustra a sua tendência a olhar mais tempo para uma distribuição desigual de bens do que para uma igualitária. Além disso, os mesmos bebês que olhavam mais tempo para a partilha desigual também tendiam a compartilhar mais os seus brinquedos posteriormente (Sommerville, Schmidt, Yun, & Burns, 2013). Outras pesquisas também documentaram que, bem antes do segundo aniversário, as crianças costumam oferecer ajuda a outros, compartilhar pertences e alimentos e prestar consolo quando outros estão aflitos (Dunfield, Kuhlmeier, O'Connell, & Kelley, 2011; Warneken & Tomasello, 2009). É interessante que as tendências a compartilhar, ajudar e consolar parecem não estar relacionadas entre si, o que supostamente reflete trajetórias de desenvolvimento separadas. Em outras palavras, um bebê que divide seus brinquedos não necessariamente tende a consolar ou ajudar (Dunfield & Kuhlmeier, 2013). Ainda assim, Zahn-Waxler e colaboradores (1992) concluíram que tal comportamento pode refletir coletivamente **empatia**, a capacidade de imaginar como outra pessoa poderia estar se sentindo em uma determinada situação.

As pesquisas em neurobiologia identificaram células especiais do cérebro chamadas **neurônios-espelho**, que podem ser a base da empatia e do altruísmo. Os neurônios-espelho são ativados quando uma pessoa faz alguma coisa, mas também quando ela observa outro indivíduo fazendo o mesmo. Ao "espelharem" as atividades e motivações dos outros, permitem que se veja o mundo do ponto de vista da outra pessoa (Iacoboni, 2008; Iacoboni & Mazziotta, 2007; Oberman & Ramachandran, 2007). É interessante que os bebês também demonstram uma ativação semelhante do sistema nervoso simpático quando ajudam alguém diretamente *e* quando assistem a outra pessoa ajudar. Eles não demonstram o mesmo padrão de alerta se a outra pessoa não é ajudada (Hepach, Vaish, & Tomasello, 2012).

Alguns teóricos duvidam das conclusões sobre os neurônios-espelho. Segundo eles, por exemplo, as pessoas às vezes sentem empatia pelas outras mesmo sem a ação dos neurônios-espelho. Também argumentam que essa teoria, apesar de intrigante, ainda carece de apoio empírico direto (Lamm & Majdandzic, 2015).

Atividades colaborativas e transmissão cultural A motivação para ajudar e compartilhar se combina com a capacidade de entender as intenções alheias e ambas contribuem para um desenvolvimento importante entre os 9 e 12 meses: a colaboração com os cuidadores em atividades conjuntas, como a criança que alcança um par de meias para a mãe para ajudá-la a se vestir pela manhã. As atividades colaborativas aumentam durante o segundo ano de vida, à medida que as crianças aprendem a se comunicar. A explosão do vocabulário que costuma ocorrer no segundo ano permite uma comunicação colaborativa mais complexa e flexível com as outras pessoas (Tomasello, 2007).

Essas interações são fundamentalmente humanas. Apesar de muitos dos nossos primos mais próximos, como os chimpanzés, conseguirem se comunicar e aprender uns com os outros de formas sofisticadas e impressionantes, eles não têm a nossa capacidade e motivação para realizar ações socialmente coordenadas com objetivos compartilhados. Por exemplo, crianças pequenas se empenham em algo conhecido como superimitação, copiando detalhadamente todas as ações dos adultos, mesmo se algumas dessas ações forem claramente irrelevantes ou impraticáveis. Chimpanzés, ao contrário, pulam as etapas em que não se realiza nada importante (Nielsen & Tomaselli, 2010). Alguns pesquisadores defendem que a nossa propensão universal à superimitação e a participar de outras atividades colaborativas semelhantes explica a nossa incrível criação de instituições e artefatos culturais. De acordo com essa perspectiva, nossa transmissão biologicamente determinada da aprendizagem colaborativa levou ao nosso tremendo sucesso enquanto espécie nessa área (Tomasello & Moll, 2010).

TEMPERAMENTO

Desde o primeiro dia de vida, todos os bebês são especiais. Alguns são agitados, outros são felizes e contentes. Alguns são ativos, chutando e se retorcendo sem descanso, enquanto outros deitam e relaxam. Alguns bebês gostam de encontrar novas pessoas, outros fogem do contato.

Os psicólogos chamam essas primeiras diferenças individuais de **temperamento**, que pode ser definido como uma tendência de base biológica, que aparece desde cedo, a responder ao ambiente de maneiras previsíveis. O temperamento afeta como a criança se aproxima e reage ao mundo exterior e também como regula suas funções mentais, emocionais e comportamentais (Rothbart, Ahadi, & Evans, 2000). O temperamento está intimamente ligado às respostas emocionais ao ambiente, e muitas respostas, tais como sorrisos ou choros, têm natureza emocional. Mas diferentemente de emoções como o medo, a excitação e o tédio, que aparecem e desaparecem, o temperamento é relativamente estável e duradouro. As diferenças individuais no temperamento, que derivam da constituição biológica básica da pessoa, formam o núcleo da personalidade em desenvolvimento.

Estudando os padrões de temperamento: o Estudo Longitudinal de Nova York Em uma pesquisa pioneira sobre o temperamento, o Estudo Longitudinal de Nova York (NYLS, na sigla em inglês), pesquisadores acompanharam 133 bebês até a idade adulta. Eles observaram o nível de atividade das crianças; o grau de regularidade de seus hábitos de alimentação, sono e evacuação; a disposição para aceitar pessoas e situações novas; a forma como se adaptavam a mudanças na rotina;

---

neurônios-espelho
Neurônios que são ativados quando uma pessoa faz alguma coisa ou observa outro fazendo a mesma coisa.

▶ **verificador**
você é capaz de...

▷ Traçar uma sequência típica de aparecimento das emoções básicas, autoconscientes e avaliativas e explicar sua conexão com o desenvolvimento neurológico e cognitivo?

temperamento
Disposição característica ou estilo de abordagem e reação a situações.

sua sensibilidade a estímulos sensoriais; se tendiam a ser alegres ou infelizes; e se eram persistentes em suas tarefas (A. Thomas, Chess, & Birch, 1968).

Os pesquisadores conseguiram incluir a maioria das crianças em uma destas três categorias (Tabela 6.2).

crianças "fáceis"
Crianças de temperamento alegre, ritmos biológicos regulares e dispostas a aceitar novas experiências.

crianças "difíceis"
Crianças de temperamento irritadiço, ritmos biológicos irregulares e respostas emocionais intensas.

crianças de "aquecimento lento"
Crianças cujo temperamento é geralmente moderado, mas que hesitam em aceitar novas experiências.

- Quarenta por cento eram **crianças "fáceis"**: geralmente alegres, funcionam dentro do ritmo biológico e aceitam experiências novas.
- Dez por cento eram o que os pesquisadores chamaram de **crianças "difíceis"**: mais irritáveis e mais difíceis de agradar, com ritmos biológicos irregulares e mais intensas na expressão emocional.
- Quinze por cento eram crianças de **"aquecimento lento"**: moderadas, mas lentas em se adaptar a pessoas desconhecidas e a situações novas (A. Thomas & Chess, 1977, 1984).

Muitas crianças (incluindo 35% da amostra do NYLS) não se encaixam perfeitamente em nenhuma dessas três categorias. Um bebê pode comer e dormir regularmente, mas ter medo de estranhos. Outra criança pode interessar-se lentamente por novos alimentos, mas adaptar-se rapidamente a novas babás (A. Thomas & Chess, 1984). Uma criança pode rir intensamente, mas não demonstrar frustração intensa, e outra com hábitos regulares de higiene pode apresentar padrão de sono irregular (Rothbart, Ahadi, & Evans, 2000). Todas essas variações são normais.

A maneira como você faz uma pergunta influencia a resposta que terá. Os pesquisadores deste estudo basearam seus dados em relatos dos pais – o que os pais disseram sobre seus filhos –, portanto não causa surpresa que as dimensões mais destacadas foram aquelas relativas à dificuldade ou facilidade dos filhos.

Estabilidade do temperamento Apesar de as habilidades dos bebês mudarem radicalmente em quase todas as áreas durante o primeiro ano de vida, o temperamento permanece muito estável dos 2 aos 13 meses (Bornstein et al., 2015). Estudos que utilizam o Questionário sobre o Comportamento Infantil (IBQ, na sigla em inglês), um instrumento que compila informações parentais, estabeleceu uma forte relação entre o temperamento na primeira infância e a personalidade infantil aos 7 anos (Rothbart, Ahadi, Hershey, & Fisher, 2001). Da mesma forma, os pesquisadores que investigam a emocionalidade positiva, a emocionalidade negativa e a restrição (dimensão que reflete a tendência a se comportar de forma controlada) encontraram estabilidade nesses traços da primeira à segunda infância e depois entre a segunda e a terceira (Neppl et al., 2010). Outras pesquisas utilizaram tipos de temperamento semelhantes àqueles do NYLS e descobriram que o temperamento aos 3 anos prevê aproximadamente a personalidade aos 18 e aos 21 anos (Caspi, 2000). Assim, diversas pesquisas sugerem que o temperamento é uma diferença individual relativamente estável, talvez por ser, em grande parte, inato e fortemente influenciado pela genética (Braungart, Plomin, DeFries, & Fulker,

TABELA 6.2 Três padrões de temperamento (segundo o Estudo Longitudinal de Nova York)

Criança "fácil"	Criança "difícil"	Criança de "aquecimento lento"
O humor oscila entre brando e moderado, e geralmente é positivo.	Expressa humores intensos e geralmente negativos; chora com frequência e aos berros; ri com estardalhaço.	Apresenta reações razoavelmente intensas, tanto positivas quanto negativas.
Responde bem à novidade e à mudança.	Não responde bem à novidade e à mudança.	Responde lentamente à novidade e à mudança.
Desenvolve rapidamente horários regulares para o sono e a alimentação.	Dorme e se alimenta de maneira irregular.	Dorme e se alimenta com mais regularidade que a criança difícil, e com menos regularidade que a criança fácil.
Passa a ingerir novos alimentos com facilidade. Sorri para estranhos. Adapta-se facilmente a novas situações. Aceita a maior parte das frustrações sem muito estardalhaço.	Demora a aceitar novos alimentos. Desconfia de estranhos. Adapta-se lentamente a novas situações. Reage furiosamente à frustração.	A resposta inicial a novos estímulos é moderadamente negativa (primeiros contatos com pessoas, lugares ou situações desconhecidos).
Adapta-se rapidamente a novas rotinas e a regras de novas brincadeiras.	Ajusta-se lentamente a novas rotinas.	Aceita gradualmente novos estímulos, depois de repetidas exposições e sem pressão.

Fonte: Adaptada de Thomas e Chess, 1984. Reproduzida com permissão de American Journal of Psychiatry, 141, © 1984, p 1-9. Copyright © 1984 pela American Psychiatric Association.

1992; Schmitz, Saudino, Plomin, Fulker, & DeFries, 1996). Isso não significa, porém, que o temperamento esteja plenamente formado no nascimento.

Por exemplo, práticas de educação dos filhos influenciadas pela cultura podem, por sua vez, influenciar o temperamento. As pesquisas mostram que os pais norte-americanos consideram que seus filhos têm níveis mais altos de atividade, vocalização, frustração e prazer do que os pais italianos e norueguenses, que consideram seus filhos mais tranquilos e fáceis de acalmar (Montirosso, Cozzi, Putnam, Gartstein, & Borgatti, 2011; Cozzi et al., 2013; Sung, Beijer, Gartstein, de Weerth, & Putnam, 2015). Os pesquisadores sugerem que a explicação pode ser que as mães norte-americanas promovem maior individualidade e assertividade. Contudo, os bebês dos Estados Unidos são considerados mais tranquilos do que os da Etiópia, que têm índices mais elevados de emocionalidade negativa e medo e cujos pais dizem que sorriem e riem menos do que os bebês norte-americanos (Gartstein, Bogale, & Meehan, 2016). Em outra série de estudos, bebês japoneses e russos tendiam a mostrar níveis maiores de medo, enquanto bebês poloneses e norte-americanos tinham maior afetividade positiva e reatividade vocal (Gartstein, Slobodskaya, Olaf Zylicz, Gozszyla, & Nakagawa, 2010), sendo que os poloneses também demonstravam maior afetividade negativa e menor extroversão (Dragan, Kmita, & Fronczyk, 2011). Nesse caso, uma influência proposta é a dimensão cultural do coletivismo e do individualismo. Outras dimensões culturais que afetam o temperamento do bebê foram identificadas: distância do poder (se o poder é distribuído igualmente em uma cultura), orientação de longo prazo (quanto a cultura é focada no futuro), masculinidade e aversão à incerteza (Putnam & Gartstein, 2017).

As concepções atuais sobre o temperamento consideram que as influências genéticas são mais fortes no início da vida, mas que o ambiente vai se tornando mais influente ao longo do tempo (Shiner et al., 2012). O temperamento se desenvolve à medida que aparecem as várias emoções e capacidades autorregulatórias (Rothbart et al., 2000), e pode mudar em resposta ao tratamento dado pelos pais, cultura e a outras experiências da vida (Kagan & Snidman, 2004).

O hábito de Liz de sorrir para estranhos e brincar alegremente no carrinho durante as idas ao supermercado é um sinal de temperamento fácil.
Ipatov/Shutterstock

Adequação da educação As crianças são diferentes, e os seus ambientes ideais são diferentes também. Segundo o NYLS, a chave para uma adaptação saudável é a **adequação da educação** – a combinação entre o temperamento de uma criança e as exigências e restrições ambientais que ela deve enfrentar. Se o que se espera é que uma criança muito ativa fique quieta por longos períodos, se uma criança de aquecimento lento for constantemente forçada a lidar com novas situações, ou se uma criança persistente for constantemente afastada de projetos interessantes, poderá haver tensões. As crianças também diferem na sua suscetibilidade às influências ambientais. Por exemplo, bebês com temperamentos difíceis ou inflexíveis podem ser mais suscetíveis à qualidade dos cuidados parentais do que bebês de temperamento fácil (Stright, Gallagher, & Kelley, 2008). Por exemplo, eles correm risco maior de transtornos internalizantes e externalizantes, além de problemas sociais e cognitivos, *mas apenas* quando expostos à parentalidade negativa (Slagt, Dubas, Deković, & van Aken, 2016). Alguns pesquisadores sugerem que as crianças em risco devido a características temperamentais podem até demonstrar resultados melhores em comparação com seus pares em risco menor, mas, nesse caso, apenas na presença de uma parentalidade ótima (Kochanska, Boldt, Kim, Yoon, & Philibert, 2015; Belsky & Pluess, 2009).

adequação da educação
Adequação das exigências e restrições ambientais ao temperamento da criança.

Inibição comportamental Em uma pesquisa longitudinal com 500 crianças, começando na primeira infância, Jerome Kagan e colaboradores estudaram um aspecto do temperamento chamado *inibição comportamental*. A inibição comportamental tem a ver com o grau de ousadia ou de cautela com o qual a criança se aproxima de objetos e situações não familiares (Kagan, Reznick, Clarke, Snidman, & Garcia-Coll, 1984).

A inibição comportamental é mais evidente quando estímulos novos são apresentados aos bebês. Quando um novo estímulo é apresentado a um bebê com alto nível de inibição comportamental, este fica fisiologicamente alerta, sacode os braços e pernas vigorosamente e pode também arquear suas costas. Esse sentimento de excitação excessiva é desagradável, então a maioria dos

Há uma relação entre o que o pai ou a mãe dizem sobre como o bebê será antes de nascer e o que dizem depois que ele já nasceu. A percepção específica de que a criança será difícil precede o nascimento dessa criança. O que explica isso?
Pauli-Pott, Mertesacker, Bade, Haverkock, & Beckmann, 2003

bebês começa a chorar e fazer estardalhaço. Cerca de 20% dos bebês reagem assim. Contudo, os bebês com baixa inibição comportamental respondem de modo muito diferente. Quando um novo estímulo é apresentado, eles relaxam. Esses bebês demonstram pouca aflição ou atividade motora e em geral olham fixa e calmamente para os novos estímulos; alguns até sorriem. Cerca de 40% dos bebês reagem dessa forma (Kagan & Snidman, 2004).

Teoriza-se que essas diferenças entre os bebês sejam o resultado de uma diferença fisiológica fundamental. Crianças inibidas podem ter nascido com uma amígdala mais excitável do que a média. A amígdala detecta e reage a eventos não familiares e, no caso de crianças com inibição comportamental, responde vigorosa e facilmente à maioria dos eventos novos (Kagan, 2012). Metanálises de diferenças cerebrais entre crianças altamente inibidas e desinibidas apoiam esse achado e, além disso, observaram maior ativação nas partes do cérebro associadas com o processamento da novidade, ameaça, recompensas e controle inibitório. Mais especificamente, estas incluem regiões nos gânglios basais (globo pálido, putâmen e núcleo caudado) e no córtex pré-frontal (giro frontal médio) (Clauss, Avery, & Blackford, 2015). Além disso, crianças com alta inibição comportamental tendem a demonstrar maior assimetria EEG (eletroencefalográfica) frontal direita (Fox, Henderson, Rubin, Calkins, & Schmidt, 2001; Smith & Bell, 2010), um padrão associado, de forma mais geral, à retração e retirada (Coan & Allen, 2004).

Se a inibição comportamental se deve mesmo a um padrão fisiológico de alerta subjacente, seria esperado que houvesse alguma consistência nos padrões de comportamento ao longo do tempo. E é realmente o caso. Bebês identificados como inibidos ou desinibidos parecem manter esses padrões com o tempo (Kagan, 1997; Kagan & Snidman, 2004). Muitos bebês altamente inibidos permanecem assim durante os dois primeiros anos de vida (Fox et al., 2001). Crianças de 1 a 3 anos inibidas se transformam em crianças tímidas de 7 anos (Kagan, Reznick, Snidman, Gibbons, & Johnson, 1988), e aquelas que são comportamentalmente inibidas dos 8 aos 12 anos têm menor tendência a ter vidas sociais ativas quando jovens adultos e maior probabilidade de morar perto da família de origem na vida adulta (Gest, 1997). A inibição comportamental também está associada ao risco elevado de desenvolver um transtorno de ansiedade social posteriormente (Clauss & Blackford, 2012). Não surpreende, assim, que suas amígdalas continuem a responder de forma constante e vigorosa até a vida adulta (Blackford, Avery, Cowan, Shelton, & Zald, 2010).

No entanto, a experiência pode moderar ou acentuar as tendências iniciais. Crianças com inibição comportamental têm maior probabilidade de superá-la caso seus pais não tentem protegê-las completamente de novas situações e prefiram ser simpáticos ao oferecer apoio e encorajamento durante situações que provocam ansiedade (Kiel, Premo, & Buss, 2016; Park, Belsky, Putnam, & Crnic, 1997); elas não têm maior tendência a sofrer de transtornos de ansiedade caso suas mães incentivem a independência sem ser excessivamente controladoras (Lewis-Morrarty et al., 2012). Em outra pesquisa, quando mães responderam de forma neutra a bebês inibidos e não ofereceram esse mesmo apoio, a inibição tendeu a permanecer estável ou aumentar (Fox, Hane, & Pine, 2007). Observe que esses achados ilustram o conceito de adequação da educação. A inibição comportamental pode ser um risco, mas apenas quando aliada à parentalidade superprotetora ou controladora.

Além disso, as próprias crianças podem desenvolver estratégias de proteção e amortecimento. Por exemplo, crianças pequenas com inibição comportamental e viés de atenção para ameaça correm risco de retraimento social posteriormente na infância e adolescência (Pérez-Edgar et al., 2013; Pérez-Edgar et al., 2010), mas outras pesquisas mostram que as crianças de 1 a 3 anos que sabem desviar melhor sua atenção de ameaças ou então que são melhores em desviar sua atenção na direção de estímulos positivos estão protegidas contra sintomas de ansiedade em fases posteriores. Presume-se que isso ocorra porque sabem utilizar seus processos cognitivos para regular a sua reatividade negativa (White et al., 2017). Em outras palavras, quando consegue tirar a atenção de coisas assustadoras ou quando lembra das suas coisas favoritas, você não se sente tão mal. Outras influências ambientais, como ordem de nascimento, raça/etnia, cultura, relacionamento com professores e com os pares, bem como eventos imprevisíveis, também podem reforçar ou abrandar o temperamento original de uma criança (Kagan & Snidman, 2004).

AS PRIMEIRAS EXPERIÊNCIAS SOCIAIS: A FAMÍLIA

As práticas educativas e os padrões de interação variam muito em todo o mundo. Em Bali, acredita-se que os bebês são ancestrais renascidos ou deuses que nasceram em forma humana e, portanto, devem ser tratados com o máximo de dignidade e respeito. Para os beng da África Ocidental,

---

verificador
você é capaz de...

▷ Descrever os três padrões de temperamento identificados pelo Estudo Longitudinal de Nova York?

▷ Avaliar evidências de estabilidade do temperamento?

▷ Explicar a importância da adequação da educação?

▷ Discutir as evidências de influências biológicas na timidez e na ousadia?

os bebês podem entender qualquer língua, ao passo que povos do atol de Ifaluk, na Micronésia, acreditam que os bebês não conseguem entender nenhuma língua, e por isso não falam com eles (DeLoache & Gottlieb, 2000).

Entre o povo efe da África Central, os bebês recebem cuidados de cinco ou mais pessoas em determinado momento e é comum serem amamentados por outras mulheres e pela mãe (Tronick, Morelli, & Ivey, 1992). Entre os gusii, na parte ocidental do Quênia, onde a mortalidade infantil é alta, os pais mantêm seus bebês próximos de si, respondem rapidamente quando eles choram e os alimentam por livre demanda (LeVine, 1994). A mesma coisa acontece com os nômades aka (caçadores-coletores) na África Central, que circulam frequentemente em grupos pequenos, bastante coesos, marcados por amplo compartilhamento, cooperação e preocupação com o perigo. No entanto, os agricultores ngandu, da mesma região, que tendem a viver mais separados e a ficar em um mesmo lugar por longos períodos, estão mais propensos a deixar seus bebês sozinhos e a permitir que façam estardalhaço, chorem, sorriam, vocalizem ou brinquem (Hewlett, Lamb, Shannon, Leyendecker, & Schölmerich, 1998).

Quando discutimos padrões de interação adulto-bebê, precisamos considerar que muitos desses padrões são de origem cultural. Além disso, é importante reconhecer a ampla diversidade de sistemas familiares, mesmo apenas dentro dos Estados Unidos, onde o número de famílias não tradicionais, como aquelas chefiadas por mães solteiras e casais homossexuais, cresceu nos últimos anos.

O papel da mãe   Em uma série de experimentos pioneiros realizados por Harry Harlow e colaboradores, macacos rhesus foram separados de suas mães de 6 a 12 horas após o nascimento. Os bebês macacos foram colocados em gaiolas onde havia dois tipos de "mães" substitutas: uma simples tela cilíndrica de arame ou uma mesma forma de arame porém coberta de pelúcia. Alguns macacos eram alimentados por mamadeiras ligadas às mães de arame; outros eram alimentados pelas aconchegantes mães de pelúcia. Quando se deixava os macacos escolherem entre uma e outra, todos eles passavam mais tempo agarrados à mãe substituta de pelúcia, mesmo se estivessem sendo alimentados apenas pela mãe de arame. Em uma sala não familiar, os bebês "criados" pelas mães substitutas de pelúcia demonstravam um interesse mais natural em explorar o ambiente do que aqueles "criados" pelas mães substitutas de arame. Nenhum dos macacos, qualquer que fosse o grupo, cresceu normalmente (Harlow & Harlow, 1962) e nenhum foi capaz de criar sua própria prole (Suomi & Harlow, 1972).

Não causa surpresa que a mãe postiça não forneça os mesmos tipos de estimulação e oportunidade para um desenvolvimento positivo que a mãe de verdade. Esses experimentos produziram uma transformação conceitual no entendimento sobre as mães e a maternidade, demonstrando que os modelos anteriores de maternidade defendidos por teóricos como Freud e os behavioristas, de que o apego resultava de uma associação aprendida com a alimentação, eram incorretos. Esses experimentos mostram que a alimentação não é a única coisa, ou mesmo a mais importante, que bebês recebem de suas mães. A maternidade inclui o conforto do contato íntimo com o corpo e, pelo menos em macacos, a satisfação de uma necessidade inata de se agarrar à mãe.

Bebês humanos também têm necessidades que precisam ser satisfeitas para que cresçam normalmente. Uma dessas necessidades é por uma mãe que responda afetuosa e prontamente ao bebê. Mais adiante neste capítulo, discutimos como a responsividade contribui para o apego mútuo entre bebês e mães que se desenvolve durante a primeira infância, com efeitos duradouros sobre o desenvolvimento psicossocial e cognitivo.

Quando macacos rhesus bebês podiam escolher entre ficar com a "mãe" de arame ou a "mãe" de pelúcia, macia e aconchegante, eles passavam mais tempo agarrados à mãe de pelúcia, mesmo se estivessem sendo alimentados pela mãe de arame.

Harlow Primate Laboratory, University of Wisconsin

O papel do pai   O papel da paternidade é, em muitos sentidos, uma construção social (Doherty, Kouneski, & Erickson, 1998), tendo diferentes significados em diversas culturas. O papel pode ser assumido ou compartilhado por alguém que não seja o pai biológico: o irmão da mãe, como na Botsuana; ou um avô, como no Vietnã (Engle & Breaux, 1998; Richardson, 1995; Townsend, 1997). Em algumas sociedades, os pais estão mais envolvidos na vida de seus filhos pequenos – economicamente, emocionalmente e no tempo

Há indicações de que o pai participativo apresenta diminuição no nível de testosterona e aumento no nível de estradiol durante a gestação da parceira, o que teoricamente estaria preparando os novos pais para cuidar dos filhos.
Berg & Wynne-Edwards, 2001

À medida que um número maior de mães trabalha fora, o pai passa a assumir mais responsabilidades nos cuidados com o filho, e em alguns casos é o principal cuidador.
Elyse Lewin/Brand X Pictures/Jupiterimages

gênero
O significado de ser homem ou mulher.

que lhes é dedicado – do que em outras. Em muitas partes do mundo, o significado de ser pai mudou dramaticamente, e continua mudando (Engle & Breaux, 1998).

Entre os huhot da Mongólia Interior, os pais tradicionalmente são responsáveis pelo sustento e pela disciplina, e as mães pela criação (Jankowiak, 1992). Os homens nunca seguram os bebês. O pai interage mais com o filho ou filha quando ele/ela começa a andar, mas cuida dos filhos na ausência da mãe. No entanto, a urbanização e o trabalho materno estão mudando essas atitudes. O pai – especialmente aquele com educação de nível superior – agora procura ter um relacionamento mais íntimo com os filhos, especialmente os meninos (Engle & Breaux, 1998).

Entre os aka da África Central, diferentemente dos huhot, "o pai dá mais atenção ao bebê do que pais de qualquer outra sociedade conhecida" (Hewlett, 1992, p. 169). Em famílias aka, marido e mulher frequentemente cooperam nas tarefas de subsistência e em outras atividades (Hewlett, 1992). Assim, o envolvimento do pai nos cuidados com o filho faz parte do seu papel geral na família.

Nos Estados Unidos, o envolvimento do pai nos cuidados com a criança aumentou consideravelmente à medida que um número maior de mães começou a trabalhar fora e que mudaram os conceitos sobre o que é ser pai (Cabrera et al., 2000; Casper, 1997; Pleck, 1997). O envolvimento frequente e positivo do pai com seu filho, desde a primeira infância, está diretamente relacionado ao bem-estar e ao desenvolvimento físico, cognitivo e social da criança (Cabrera et al., 2000; Kelley, Smith, Green, Berndt, & Rogers, 1998; Shannon, Tamis-LeMonda, London, & Cabrera, 2002).

GÊNERO

Identificar-se como homem ou mulher afeta a aparência das pessoas, o modo como elas movimentam o corpo e como trabalham, se vestem e se divertem. Influencia o que pensam de si próprias e o que os outros pensam delas. Todas essas características – e outras mais – estão incluídas na palavra **gênero**: o que significa ser homem ou mulher.

Diferenças de gênero em bebês e crianças pequenas Diferenças mensuráveis entre bebês do sexo masculino e do sexo feminino são poucas, pelo menos em amostras norte-americanas. Os meninos são um pouco mais compridos e mais pesados, e talvez ligeiramente mais fortes e mais ativos, mas são fisicamente mais vulneráveis desde a concepção. As meninas são menos reativas ao estresse e mais propensas a sobreviverem à primeira infância (Fryar, Gu, Ogden, & Flegal, 2016; Bale & Epperson, 2015; Stevenson et al., 2000). O cérebro dos meninos ao nascer é aproximadamente 10% maior que o das meninas, uma diferença que continua na vida adulta (Gilmore et al., 2007; Ruigrok et al., 2014). Apesar dessas diferenças, ambos atingem os marcos motores da primeira infância mais ou menos ao mesmo tempo.

Há evidências de diferenças em comportamentos sociais entre meninos e meninas. Por exemplo, as meninas são consideradas mais delicadas (Benenson, Philippoussis, & Leeb, 1999), mais interessadas em rostos e mais capazes de diferenciar expressões faciais (Connellan, Baron-Cohen, Wheelwright, Batki, & Aluwalia, 2000; McClure, 2000), demonstram menos emoções externalizantes (Chaplin & Aldao, 2013) e são melhores do que os meninos em regular sua aflição durante, e se recuperam mais rapidamente de, experimentos de "rosto imóvel" do que os meninos (Weinberg, Tronick, Cohn, & Olson, 1999). Contudo, essas diferenças são relativamente pequenas e nem sempre identificadas de maneira consistente (Alexander & Wilcox, 2012).

Entretanto, algumas diferenças de comportamento iniciais robustas entre meninos e meninas são identificadas consistentemente, incluindo a preferência por brinquedos, atividades lúdicas e companheiros de brincadeira do mesmo sexo. A preferência por brinquedos tipificados por gênero, como caminhões para meninos e bonecas para meninas, pode surgir desde os 3 meses de idade (Alexander, Wilcox, & Woods, 2009). Embora crianças de 12, 18 e 24 meses não demonstrem muita preferência por cores tipificadas por gênero (na verdade, ambos parecem preferir tons de vermelho aos de azul), elas ainda continuam a demonstrar preferências por brinquedos tipificados por gênero (Jadva, Hines, & Golombok, 2010). Aos 2,5 anos, as meninas começam a preferir o rosa, enquanto os meninos passam a evitá-lo ativamente (LoBue & DeLoache, 2011). Com 3 anos, as meninas, mas não os meninos, demonstram mais interesse em brinquedos novos indicados para o seu sexo e decorados tanto com cores masculinas quanto com femininas (Weisgram, Fulcher, & Dinella, 2014).

As preferências por brinquedos tipificados por gênero são inatas ou o resultado de processos de socialização? Diversos conjuntos de evidências são relevantes para essa questão. Primeiro, as preferências por brinquedos emergem no início do processo de desenvolvimento, aos 3 meses, antes que os bebês possam ter formado um entendimento sobre categorias conceituais de masculino ou feminino. Segundo, preferências semelhantes por brinquedos tipificados por gênero foram identificadas em primatas não humanos (Hassett, Siebert, & Wallen, 2008). Em um estudo, por exemplo, macacas-vervet brincavam mais com bonecas e potes, enquanto os machos passavam mais tempo brincando com carros e bolas (Alexander & Hines, 2002). Terceiro, os níveis de testosterona na infância predizem preferências posteriores por brinquedos tipificados por gênero (Lamminmäki et al., 2012). Esses achados sugerem que as preferências por brinquedos tipificados por gênero são, em certa medida, inatas, não somente o resultado de processos de socialização de gênero. Outros fatores* que emergem posteriormente, tais como preferências por cores ou formatos, podem ser mais sujeitos a influências sociais.

Crianças de 1 a 3 anos e bebês (estes em menor nível) preferem brincar com outros do mesmo sexo (Campbell, Shirley, Heywood, & Crook, 2000). Isso pode ocorrer porque meninos já aos 17 meses tendem a brincar mais agressivamente do que as meninas (Baillargeon et al., 2007). Meninos muito ativos e agressivos e meninas muito sensíveis são os que menos tendem a brincar com pares do sexo oposto (Moller & Serbin, 1996). Alguns teóricos argumentam que a segregação de gênero observada nas brincadeiras de meninos e meninas é um resultado dessas diferenças de estilo. As meninas brincam com meninas e os meninos com meninos não porque necessariamente querem brincar com alguém do mesmo sexo, mas porque a maioria das crianças gosta de brincar com alguém que brinca do seu jeito (Maccoby, 1990).

O estilo de brincadeira provavelmente é influenciado pela exposição pré-natal a andrógenios. Um indício disso vem da pesquisa com meninas que sofrem de hiperplasia congênita da suprarrenal (CAH, na sigla em inglês), um distúrbio genético que envolve a superprodução de andrógenios (como a testosterona) no útero. Em geral, essas meninas têm estilos de brincar mais comuns entre os meninos. Além disso, apesar de se identificar como meninas, elas têm maior preferência por brincar com meninos do que com meninas não afetadas (Paterski et al., 2011).

Psicólogos encontraram evidência de que bebês começam a perceber diferenças entre homens e mulheres bem antes de seu comportamento ser diferenciado por gênero, e mesmo antes de poder falar. Estudos de habituação constataram que bebês de 6 meses respondem diferentemente a vozes masculinas e femininas. Entre 9 e 12 meses, os bebês conseguem distinguir a diferença entre faces masculinas e femininas, aparentemente com base no cabelo e no vestuário. Aproximadamente aos 19 meses, as crianças começam a usar rótulos de gênero como "mamãe" e "papai" para descrever pessoas de seu mundo social, e aquelas que começam a usar esses rótulos mais cedo geralmente também se envolvem mais cedo em brincadeiras ligadas ao gênero (Zosuls et al., 2009). Durante o segundo ano, as crianças começam a associar brinquedos típicos de gênero, como bonecas, com a face do gênero apropriado (Martin, Ruble, & Szkrybalo, 2002).

Influências parentais nas diferenças de gênero   Normalmente, os pais usam estilos de parentalidade bastante semelhantes com seus filhos e filhas. No geral, parecem ser igualmente carinhosos, sensíveis e receptivos a ambos e utilizam níveis similares de controle (Jennings et al., 2008; Hallers-Haalboom et al., 2014; Endendijk, Groeneveld, Bakersman-Kranenburg, & Mesman, 2016). No entanto, os pais nos Estados Unidos ainda tendem a estereotipar os bebês do sexo masculino e do sexo feminino. Por exemplo, apesar de não haver diferenças reais de tom, os choros agudos de bebês são atribuídos mais frequentemente a meninas e os choros mais graves, a meninos (Reby, Levréro, Gustafsson, & Mathevon, 2016), e apesar do desempenho idêntico, as mães de bebês de 11 meses esperam que os filhos engatinhem com mais sucesso do que as filhas (Mondschein et al., 2000).

Em vez de dizer explicitamente aos filhos como devem se comportar em relação ao seu gênero, especialmente nas culturas que valorizam a igualdade de gênero, os pais muitas vezes transmitem esse conhecimento inconscientemente por meio das suas práticas parentais. Por exemplo, uma mãe pode responder de forma menos negativa às brincadeiras mais ríspidas do filho do que faria com a filha. Um pai pode oferecer mais elogios e atenção para o menino corajoso em um livro e identificar mais um coelhinho triste em uma história como uma menina. As crianças também observam atentamente os comportamentos dos pais: quem faz tarefas domésticas, o que dizem, quais são seus interesses e *hobbies*. Todas essas ações representam mensagens implícitas sobre gênero que as crianças internalizam com o tempo (Mesman & Groeneveld, 2018).

---

*N. de R.T.: É importante uma relativização e reflexão acerca de achados com espécies não humanas.

tipificação de gênero
Processo de socialização pelo qual a criança, ainda pequena, aprende a se apropriar dos papéis de gênero.

Além disso, apesar dos muitos pontos em comum, os pais ainda demonstram algumas diferenças de gênero no seu tratamento. Por exemplo, as meninas normalmente recebem um pouco mais de liberdade para expressar emoções negativas (Brown, Craig, & Halberstadt, 2015; Grady, 2018). O pai, especialmente, promove a **tipificação de gênero**, processo em que os filhos aprendem o comportamento que sua cultura considera apropriado para cada sexo (Chaplin, Cole, & Zahn-Waxler, 2005; Lytton & Romney, 1991). O pai trata meninos e meninas mais diferenciadamente do que a mãe, mesmo durante o primeiro ano (Snow, Jacklin, & Maccoby, 1983). Durante o segundo ano, o pai conversa mais e passa mais tempo com os filhos do que com as filhas (Lamb, 1981). Os pais, em geral, brincam mais com os filhos do que as mães (Lewis & Lamb, 2003), brincam de modo mais bruto com os filhos e demonstram mais sensibilidade com as filhas (Kelley, Smith, Green, Berndt, & Rogers, 1998; Lindsey, Cremeens, & Caldera, 2010). A mãe conversa mais, e é mais atenciosa, com as filhas do que com os filhos (Leaper, Anderson, & Sanders, 1998), e as meninas nessa idade tendem a ser mais falantes do que os meninos (Leaper & Smith, 2004).

A cultura influencia essas interações. Nos Estados Unidos, um estilo marcadamente físico de brincar é característico de muitos pais, mas não na Suécia e na Alemanha, onde os pais geralmente não brincam com seus bebês dessa maneira (Lamb, Frodi, Frodi, & Hwang, 1982). Pais africanos aka (Hewlett, 1987) e de Nova Délhi, na Índia, também tendem a brincar delicadamente com seus filhos pequenos (Roopnarine, Hooper, Ahmeduzzaman, & Pollack, 1993). Os pais efe e lese, caçadores-coletores do Zaire, passam bastante tempo próximos aos filhos, dedicando-se a cuidados diretos e educação, apesar de relativamente pouco tempo ser reservado a brincadeiras ativas (Tronick, Morelli, & Ivey, 1992; Roopnarine & Davidson, 2015). Essas variações transculturais sugerem que apesar de os comportamentos afetuosos por parte das mães e de as brincadeiras brutas por parte dos pais poderem ser diferenças de gênero com base biológica, ainda há um forte elemento de influência cultural.

> **verificador**
> **você** é capaz de...
> ▷ Dar exemplos de diferenças de gênero em bebês e crianças pequenas?
> ▷ Discutir os modos como os pais podem influenciar inconscientemente o desenvolvimento de gênero dos seus filhos?

> *Pesquisas mostraram que mães que levavam seus bebês para aprender a linguagem dos sinais ficavam mais estressadas do que aquelas que não levavam. Considerando que não havia relação entre o tempo decorrido nas aulas e o aumento do estresse, os pesquisadores concluíram que as aulas não causavam estresse. Qual é a explicação alternativa para essa constatação?*
> Howlett, Kirk, & Pine, 2010

Questões desenvolvimentais durante o primeiro ano

Como um recém-nascido dependente, com um repertório emocional limitado e com necessidades físicas urgentes, torna-se uma criança com sentimentos complexos e com a capacidade de entendê-los e controlá-los? Uma grande parte desse desenvolvimento gira em torno das relações com os cuidadores.

DESENVOLVENDO A CONFIANÇA

Os bebês humanos dependem dos outros para obter alimento, proteção e cuidados por um período muito mais longo do que a maioria dos mamíferos. Segundo Erikson, esse período prolongado faz com que o primeiro estágio do desenvolvimento psicossocial seja centrado na formação de um sentido de confiança.

Erikson (1950) defende que, em cada estágio do ciclo de vida, enfrentamos um desafio e um risco complementar. Quando bebês, nosso primeiro desafio envolve formar um **sentido básico de confiança *versus* desconfiança**. Se formos bem-sucedidos, desenvolvemos o senso de confiança nas pessoas e nos objetos de seu mundo. Sentimo-nos seguros e amados. O risco, no entanto, é que, se não tivermos nossas necessidades físicas e de afeto satisfatoriamente atendidas, podemos desenvolver um sentido de desconfiança e sentir que não podemos contar com as pessoas ao nosso redor em momentos de necessidade.

Esse estágio começa no início da primeira infância e continua até por volta dos 18 meses. O ideal é que os bebês desenvolvam um equilíbrio entre confiança (que lhes permite formar relacionamentos íntimos) e desconfiança (que lhes permite aprender a se proteger). Se predominar a confiança, como deveria, a criança desenvolve a esperança e a crença de que poderá satisfazer suas necessidades e desejos (Erikson, 1982). Se predominar a desconfiança, a criança vê o mundo como hostil e imprevisível e tem dificuldade para estabelecer relacionamentos.

confiança básica *versus* desconfiança
Primeiro estágio no desenvolvimento psicossocial, segundo Erikson, quando os bebês desenvolvem um senso de confiança nas pessoas e nos objetos.

> **verificador**
> **você** é capaz de...
> ▷ Explicar a importância da confiança básica e identificar o elemento crítico em seu desenvolvimento?

DESENVOLVENDO O APEGO

Quando a mãe de Ahmed está por perto, ele olha para ela, sorri, balbucia e vai engatinhando até ela. Quando ela sai, ele chora; quando ela volta, ele solta um gritinho estridente de alegria. Quando ele está assustado ou infeliz, agarra-se a ela. Ahmed formou seu primeiro apego a outra pessoa.

O **apego** é um vínculo recíproco e duradouro entre o bebê e o cuidador, cada um contribuindo para a qualidade do relacionamento. De um ponto de vista evolucionista, o apego tem valor adaptativo para o bebê, assegurando que suas necessidades tanto psicossociais quanto físicas sejam satisfeitas. Segundo a teoria etológica, bebês e seus pais estão biologicamente predispostos a se apegarem entre si, e o apego promove a sobrevivência da criança.

Estudos sobre padrões de apego A **Situação Estranha** é uma técnica clássica de laboratório, elaborada para avaliar padrões de apego entre bebê e adulto. O adulto quase sempre é a mãe (embora outros adultos também tenham participado) e o bebê tem entre 10 e 24 meses de idade.

A Situação Estranha consiste em uma sequência de episódios e dura menos de meia hora. Os episódios são elaborados para ativar a emergência de comportamentos relacionados ao apego. Durante esse tempo, a mãe deixa o bebê duas vezes em um ambiente não familiar, a primeira vez com um estranho. Na segunda vez, ela deixa o bebê sozinho, e o estranho volta antes de a mãe chegar. A mãe então incentiva o bebê a explorar e brincar novamente e o conforta se ele precisar (Ainsworth, Blehar, Waters, & Wall, 1978). É de particular interesse a resposta do bebê a cada vez que a mãe retorna.

Quando Ainsworth e colaboradores observaram crianças de 1 ano na Situação Estranha e em casa, identificaram três padrões principais de apego. São esses o *apego seguro* (a categoria mais comum, a que pertencem entre 60 e 75% dos bebês norte-americanos de baixo risco) e duas formas de apego ansioso ou inseguro: *evitativo* (entre 15 e 25%) e *ambivalente* ou *resistente* (entre 10 e 15%) (Vondra & Barnett, 1999).

Bebês com **apego seguro** são flexíveis e resilientes em situações de estresse. Eles podem chorar quando o cuidador se ausenta, mas logo obtêm o conforto de que precisam quando ele volta. Alguns bebês com apego seguro ficam à vontade quando são deixados com um estranho por um breve período de tempo, mas indicam claramente que preferem o cuidador ao estranho no episódio de reunião, muitas vezes sorrindo, cumprimentando ou se aproximando do cuidador. Bebês com **apego evitativo**, por outro lado, não são afetados por um cuidador que se ausenta ou retorna. Em geral, continuam a brincar e muitas vezes interagem com o estranho. Quando o cuidador volta, no entanto, eles ignoram ou rejeitam o cuidador, e às vezes viram-se de costas propositalmente. Os bebês com apego evitativo tendem a demonstrar pouca emoção, tanto positiva quanto negativa. Os bebês que demonstram **apego ambivalente (resistente)** geralmente ficam ansiosos antes mesmo de o cuidador se ausentar, e às vezes se aproximam do cuidador em busca de conforto quando o estranho olha para eles ou chega mais perto para tentar interagir. São extremamente reativos à saída do cuidador da sala e geralmente ficam muito incomodados. Quando o cuidador volta, esses bebês tendem a permanecer incomodados por bastante tempo, chutam, gritam, recusam-se a ser entretidos com brinquedos e podem arquear as costas para fugir do contato. Eles demonstram um misto de comportamentos de raiva e busca da proximidade e são difíceis de acalmar.

Observe que, em todos esses casos, o que o bebê faz durante a ausência do cuidador não serve para diagnosticar a categorização de apego. O fator diagnóstico é o que os bebês fazem quando o cuidador *volta*. O componente importante é o relacionamento de apego e como os bebês usam o cuidador para obter conforto *enquanto* estão na sua presença.

Esses três *padrões* de apego são universais em todas as culturas onde foram estudados – culturas tão diferentes como as da África, China e Israel –, embora a porcentagem de bebês em cada categoria tenha variado (van IJzendoorn & Kroonenberg, 1988; van IJzendoorn & Sagi, 1999). De modo geral, porém, o apego seguro é a categoria mais ampla (van IJzendoorn & Sagi, 1999).

Tanto o pai quanto o bebê contribuem para o apego que há entre eles pela maneira como agem um em relação ao outro. O modo como o bebê se molda ao corpo do pai mostra sua confiança e reforça os sentimentos do pai pela filha, que ele demonstra por meio da sensibilidade às necessidades dela.
Noriko Cooper/123RF

apego
Vínculo recíproco e duradouro entre duas pessoas, especialmente entre bebê e cuidador – cada um contribuindo para a qualidade do relacionamento.

Situação Estranha
Técnica de laboratório utilizada para estudar o apego do bebê.

apego seguro
Padrão no qual o bebê obtém rápida e eficazmente conforto de uma pessoa à qual é apegada em uma situação estressante.

apego evitativo
Padrão em que o bebê raramente chora quando separado do cuidador principal, evitando o contato quando ele retorna.

apego ambivalente (resistente)
Padrão em que o bebê torna-se ansioso antes da ausência do cuidador principal, fica extremamente perturbado com sua ausência e, ao mesmo tempo em que procura o cuidador quando este retorna, resiste ao contato.

apego desorganizado-desorientado
Padrão em que o bebê, após a ausência do principal cuidador, demonstra comportamentos contraditórios, repetitivos ou mal direcionados quando ele volta.

Determina-se melhor o estilo de apego de um bebê pelo modo como a mãe tranquiliza uma criança inquieta do que pelo modo como a criança age quando a mãe não está por perto.

Cuidados maternos sensíveis estão relacionados a outra importante aquisição do desenvolvimento, pelo menos aos olhos dos pais. Mães que respondem de modo sensível aos seus bebês têm como resultado bebês que adormecem mais rápido, dormem por mais tempo e despertam com menor frequência.
Teti, Bo-Ram, Mayer, & Countermine, 2010

Outra pesquisa (Main & Solomon, 1986) identificou um quarto padrão, o **apego desorganizado-desorientado**. Bebês que apresentam o padrão desorganizado parecem não ter uma estratégia coesa para lidar com o estresse da Situação Estranha. Em vez disso, apresentam comportamentos contraditórios, repetitivos ou mal direcionados (p. ex., procuram intimidade com o estranho e não com a mãe ou demonstram uma resposta de medo quando o cuidador entra). Parecem confusos e temerosos (Carlson, 1998; van IJzendoorn, Schuengel, & Bakermans-Kranenburg, 1999).

Acredita-se que o apego desorganizado ocorra em pelo menos 10% dos bebês (Vondra & Barnett, 1999). Predomina em bebês cujas mães são insensíveis, intrusivas ou abusivas, temerosas ou assustadas, deixando-os assim sem ninguém que possa aliviar o medo que a mãe faz despertar; ou que sofreram perdas não resolvidas ou que possuem sentimentos não resolvidos sobre o apego aos seus próprios pais na infância. A probabilidade de apego desorganizado aumenta na presença de múltiplos fatores de risco, como baixa sensibilidade materna, conflito conjugal e estresse parental. O apego desorganizado é um preditor confiável do comportamento futuro e de problemas de ajustamento (Bernier & Meins, 2008; Carlson, 1998; van IJzendoorn et al., 1999).

Como se estabelece o apego Quando completam 1 ano, os bebês já estabeleceram um estilo característico de apego. De acordo com Bowlby, os estilos de apego são o resultado de interações repetidas com um cuidador. Por exemplo, se sempre que um bebê chora, a mãe responde rápida e sensivelmente ao pedido de conforto, com o tempo, o bebê passa a esperá-lo. Por outro lado, se a resposta da mãe aos choros for inconsistente, os bebês formam um conjunto muito diferente de expectativas em relação às respostas prováveis da mãe aos seus choros.

Bowlby chamou esses conjuntos de expectativas de modelos de trabalho e teorizou que esses primeiros modelos se tornavam a base para a dinâmica do relacionamento. Contanto que a mãe continue agindo da mesma maneira, o modelo se sustenta. Se o comportamento dela mudar – não só uma ou duas vezes, mas constantemente – o bebê poderá rever esse modelo, e a segurança do apego poderá ser alterada. Como o modelo de trabalho nasce das interações entre ambas as partes do relacionamento, os bebês podem ter modelos de trabalho (e estilos de apego) diferentes com pessoas diferentes.

O modelo de trabalho do bebê está relacionado ao conceito de confiança básica de Erikson. O apego seguro reflete confiança; o apego inseguro, desconfiança. Bebês de apego seguro aprenderam a confiar não só em seus cuidadores, mas em sua própria capacidade para obter aquilo de que precisam. Não por acaso, as mães de bebês e crianças pequenas com apego seguro tendem a ser sensíveis (Ainsworth, Blehar, Waters, & Wall, 1978; Braungart-Rieker, Garwood, Powers, & Wang, 2001). Uma base segura permite que as crianças explorem o seu ambiente com maior eficácia, pois sabem que podem confiar nos seus cuidadores para salvá-las rapidamente, se necessário. Igualmente importantes são a interação mútua, estímulo, atitude positiva, afeto, aceitação e apoio emocional (Wolff & van IJzendoorn, 1997; Lundy, 2003).

Métodos alternativos para estudar o apego Embora muitas pesquisas sobre o apego tenham se baseado na Situação Estranha, alguns investigadores questionam sua validade. A Situação Estranha *é* estranha; ela ocorre em um laboratório, e os adultos seguem um roteiro em vez de se comportarem naturalmente. A Situação Estranha também pode ser menos válida em algumas culturas não ocidentais (Miyake, Chen, & Campos, 1985).

Em resposta a essas preocupações, pesquisadores elaboraram métodos para estudar crianças em ambientes naturais. O Questionário de Classificação do Apego (AQS, na sigla em inglês), de Waters e Deane (1985), pede que as mães ou outros observadores da família escolham um conjunto de palavras ou frases descritivas ("chora muito"; "tende a ficar agarrado") em categorias que variam de "o mais característico" até "o menos característico" da criança e depois compara essas descrições com as de especialistas sobre um modelo esperado de criança com apego seguro.

Em um estudo em que se utilizou o AQS, mães da China, Colômbia, Alemanha, Israel, Japão, Noruega e Estados Unidos descreveram o comportamento do filho como sendo mais semelhante do que diferente do comportamento da "criança mais segura". Além disso, as descrições feitas pelas mães sobre o comportamento de "base segura" foram semelhantes tanto entre culturas quanto dentro de uma cultura específica. Essas constatações sugerem que a tendência a usar a mãe como base segura é universal, embora possa assumir formas variadas (Posada et al., 1995).

Estudos neurobiológicos podem proporcionar outra forma de estudar o apego. Exames de ressonância magnética funcional feitos com mães japonesas revelaram que certas áreas do cérebro eram ativadas quando elas viam seu bebê sorrindo ou chorando, mas não quando viam comportamento semelhante em outros bebês, o que sugere que o apego pode ter uma base neurológica (Strathearn, 2011; Noriuchi, Kikuchi, & Senoo, 2008).

O papel do temperamento Até que ponto e de que maneira o temperamento influencia o apego? Condições neurológicas ou fisiológicas podem ser a base das diferenças de temperamento no apego. Por exemplo, a variabilidade no ritmo cardíaco de um bebê está associada à irritabilidade, e o ritmo cardíaco parece variar mais em bebês de apego inseguro (Izard, Porges, Simons, Haynes, & Cohen, 1991).

Mas o apego é um processo relacional — em outras palavras, o temperamento da criança e a parentalidade interagem. Por exemplo, em uma série de estudos, bebês de 15 dias, avaliados como irritáveis, estavam muito mais propensos do que bebês não irritáveis a apresentar um apego inseguro com 1 ano de idade, a menos que suas mães fossem ensinadas a acalmar seus bebês (Van den Boom, 1994). Assim, a irritabilidade do bebê pode jogar contra o desenvolvimento de um apego seguro, mas não se a mãe tiver habilidade para lidar com o temperamento do filho (Rothbart et al., 2000). A adequação da educação entre pais e filhos pode muito bem ser a chave para entender a segurança do apego. Dentro da mesma lógica, no entanto, a inadequação pode elevar o risco para a criança. Por exemplo, em outro estudo, bebês com alta inibição comportamental tinham risco particularmente alto de desenvolver apego resistente quando suas mães informavam terem, elas próprias, altos níveis de ansiedade (Stevenson-Hinde, Shouldice, & Chicot, 2011).

Ansiedade diante de estranhos e ansiedade de separação Sofia costumava ser um bebê amistoso, sorria para estranhos e se deixava pegar, continuando a arrulhar toda feliz, contanto que alguém – qualquer um – estivesse por perto. Agora, aos 8 meses, ela se afasta quando uma pessoa desconhecida se aproxima, e berra quando os pais tentam deixá-la com uma babá. Sofia está vivenciando a **ansiedade diante de estranhos**, cautela com pessoas que não conhece, e a **ansiedade de separação**, aflição sentida quando um cuidador familiar se ausenta.

Os bebês raras vezes reagem negativamente a estranhos antes dos 6 meses de idade, mas é comum fazê-lo aos 8 ou 9 meses (Sroufe, 1997). Essa mudança talvez reflita o desenvolvimento cognitivo. A ansiedade diante de estranhos em Sofia envolve a memória de faces, a capacidade de comparar a aparência do estranho com a da mãe e, talvez, a recordação de situações em que foi deixada com um estranho. Se permitirem a Sofia acostumar-se aos poucos com o estranho em um ambiente familiar, talvez ela possa reagir positivamente (Lewis, 1997; Sroufe, 1997).

A ansiedade de separação deve-se, por vezes, menos à separação em si do que à qualidade dos cuidados substitutos. Quando cuidadores substitutos são afetuosos e responsivos e brincam com crianças de 9 meses *antes* que elas chorem, a tendência dessas crianças é de chorar menos do que quando estão com cuidadores pouco responsivos (Gunnar, Larson, Hertsgaard, Harris, & Brodersen, 1992).

A estabilidade nos cuidados com o bebê também é importante. O trabalho pioneiro de René Spitz (1945, 1946) sobre crianças em instituições enfatiza a necessidade de os cuidados substitutos estarem tão próximos quanto possível de uma boa atenção materna. A pesquisa tem destacado o valor da continuidade e da consistência nos cuidados com a criança, de modo que esta possa formar vínculos emocionais com seus cuidadores.

Efeitos de longo prazo do apego Conforme propõe a teoria do apego, a segurança do apego parece afetar a competência emocional, social e cognitiva, e presume-se que por meio da ação de modelos de trabalho internos (Sroufe, Coffino, & Carlson, 2010). Em especial, quanto mais seguro o apego com um adulto atencioso, maior a probabilidade de a criança desenvolver um bom relacionamento com os outros. Uma metanálise recente, incluindo mais de 80 estudos e 4.000 crianças, concluiu que a segurança do apego na primeira infância está associada com a competência social no resto da infância

Recentemente, o procedimento de Situação Estranha de Ainsworth foi modificado para uso em cães. Os cães podem ter apego seguro ou inseguro e usar seus cuidadores como base segura quando ameaçados, como na presença de um estranho assustador vestindo casaco preto, chapéu e máscara de esqui.

Solomon, Beetz, Schoberl, Gee, & Kotrschal, 2018

ansiedade diante de estranhos
Cautela diante de pessoas e lugares desconhecidos, demonstrada por alguns bebês durante a segunda metade do primeiro ano de vida.

ansiedade de separação
Aflição demonstrada por alguém, geralmente um bebê, na ausência do cuidador familiar.

Bebês, pelo menos quando estão no chão, respondem mais negativamente aos estranhos de estatura alta do que aos de estatura baixa.

Weinraub, 1978

A relutância de Maria em deixar que a amiga da mãe a segure é um sinal de ansiedade diante de estranhos.

Christina Kennedy/Alamy Stock Photo

e no início da adolescência, enquanto a insegurança, independentemente de subtipo, está associada com menor competência social (Groh et al., 2014).

Crianças de apego seguro tendem a ter vocabulário maior e mais variado do que aquelas de apego inseguro (Meins, 1998); na pré-escola, essas crianças usam mais palavras que refletem estados mentais (McQuaid, Bigelow, McLaughlin, & MacLean, 2008). Elas apresentam menos estresse para se adaptar a uma creche (Ahnert, Gunnar, Lamb, & Barthel, 2004), apresentam interações mais positivas com seus pares e suas tentativas de aproximação tendem a ser aceitas (Fagot, 1997). Crianças de apego inseguro tendem a demonstrar emoções mais negativas (medo, aflição e raiva), ao passo que crianças de apego seguro são mais alegres (Kochanska, 2001).

Entre 3 e 5 anos, crianças de apego seguro provavelmente são mais curiosas, competentes, empáticas, resilientes e autoconfiantes, têm um melhor relacionamento com outras crianças e formam amizades mais íntimas do que aquelas de apego inseguro (Elicker, Egelund, & Sroufe, 1992; Jacobson & Wille, 1986; Youngblade & Belsky, 1992). Elas interagem mais positivamente com os pais, professores da pré-escola e com seus pares; estão mais aptas a resolver conflitos e tendem a ter uma autoimagem mais positiva (Elicker et al., 1992; Verschueren, Marcoen, & Schoefs, 1996; Sroufe, Egeland, Carlson, & Collins, 2005). Na terceira infância e na adolescência, crianças de apego seguro tendem a ter as amizades mais íntimas e estáveis (Schneider, Atkinson, & Tardif, 2001; Sroufe, Carlson, & Shulman, 1993) e a ser mais ajustadas (Jaffari-Bimmel, Juffer, van IJzendoorn, Bakersmans-Kranenburg, & Mooijaart, 2006). O apego seguro na primeira infância também influencia a qualidade do apego a um parceiro afetivo no adulto jovem (Simpson, Collins, Tran, & Haydon, 2007).

Crianças de apego inseguro, ao contrário, costumam apresentar inibições e emoções negativas entre o 1º e o 3º ano de vida, hostilidade em relação a outras crianças aos 5 anos e dependência durante a fase escolar (Calkins & Fox, 1992; Fearon, Bakersman-Kranenburg, van IJzendoorn, Lapsley, & Roisman, 2010; Kochanska, 2001; Lyons-Ruth, Alpern, & Repacholi, 1993; Sroufe, Carlson, & Shulman, 1993). Elas também estão mais propensas a evidenciar comportamentos agressivos e problemas de conduta. Isso parece ser mais verdadeiro para os meninos, em amostras clínicas, e quando as avaliações do apego baseiam-se em dados observacionais (Fearon et al., 2010). Aquelas com apego desorganizado tendem a apresentar problemas de comportamento em todos os níveis escolares e transtornos psiquiátricos aos 17 anos (Carlson, 1998).

Transmissão intergeracional de padrões de apego A Entrevista de Apego do Adulto (EAA) (George, Kaplan, & Main, 1985; Main, 1995; Main, Kaplan, & Cassidy, 1985) solicita ao adulto que recorde e interprete sentimentos e experiências relacionadas aos apegos da infância. Estudos que fazem uso da EAA constataram que o modo como os adultos se recordam das primeiras experiências com os pais ou cuidadores está relacionado ao seu bem-estar emocional e pode influenciar a maneira como respondem a seus próprios filhos (Dykas & Cassidy, 2011; Adam, Gunnar, & Tanaka, 2004). A mãe que tinha um apego seguro com a *própria* mãe ou que entende por que tinha um apego inseguro pode identificar com precisão os comportamentos de apego do bebê, responder com incentivos e ajudar a criança a formar um apego seguro com ela (Bretherton, 1990). Mães que estão preocupadas com suas relações de apego passadas tendem a demonstrar raiva e intrusão nas interações com os filhos. Mães deprimidas que rejeitam as lembranças de seus apegos passados tendem a ser frias e não responsivas com os filhos (Adam et al., 2004). A história de apego dos pais também influencia a percepção do temperamento do seu bebê, e essas percepções podem afetar a relação entre pais e filhos (Pesonen, Raïkkönen, Keltikangas-Järvinen, Strandberg, & Järvenpää, 2003). Alguns desses processos podem ocorrer além do nível da consciência, em um nível fisiológico. Por exemplo, quando veem o sorriso do próprio bebê, as mães que informaram um estilo de apego seguro na EAA tiveram maior ativação nas áreas do cérebro (hipotálamo/estriado ventral e pituitária) associadas com a recompensa, assim como liberação de oxitocina (um neurotransmissor envolvido em processos sociais), ao contrário das mães com estilos inseguros ou evitativos. As diferenças quando viam os rostos tristes dos próprios bebês eram ainda maiores. Nesse caso, as mães com estilo EAA seguro continuaram com a ativação nas áreas de recompensa, enquanto as mães com estilos inseguros/evitativos mostravam ativação nas áreas (estriado ventral) mais intimamente associadas com sentimentos de dor ou repulsa (Strathearn, Fonagy, Amico, & Montague, 2009). Pesquisas adicionais sugeriram que adultos com representações de apego inseguro também mostram maior ativação da amígdala e respondem com maior irritação aos choros do bebê do que adultos com apego seguro (Riem, Bakersmans-Kranenburg, van IJzendoorn, Out, & Rombouts, 2012).

Felizmente, um ciclo de apego inseguro pode ser interrompido. Em um estudo, 54 mulheres holandesas, mães pela primeira vez, que foram classificadas pela EAA como de apego inseguro receberam visitas domiciliares em que lhes foram passadas informações em vídeo para aprimorar os cuidados parentais, ou então participaram de discussões sobre suas experiências na infância em relação aos atuais cuidados com os filhos. Após as intervenções, essas mães estavam mais sensíveis do que o grupo-controle que não havia recebido as visitas. O aumento da sensibilidade das mães em relação às necessidades dos filhos afetou consideravelmente a segurança dos bebês com temperamento altamente reativo (negativamente emocionais) (Klein-Velderman, Bakermans-Kranenburg, Juffer, & van IJzendoorn, 2006).

COMUNICAÇÃO EMOCIONAL COM OS CUIDADORES: REGULAÇÃO MÚTUA

Com 1 mês de idade, Max olha com atenção para o rosto de sua mãe. Aos 2 meses, quando a mãe sorri para ele e esfrega sua barriguinha, ele também sorri. Aos 3 meses, Max sorri primeiro, convidando a mãe para brincar (Lavelli & Fogel, 2005).

Os bebês são seres comunicativos; possuem um forte desejo de interagir com os outros. A capacidade tanto do bebê quanto do cuidador de responder adequadamente e com sensibilidade aos estados mentais e emocionais um do outro é conhecida como **regulação mútua**. Os bebês participam ativamente na regulação mútua enviando sinais comportamentais, como o sorriso de Max, que influenciam o modo como os cuidadores se comportam em relação a eles.

Parte dessa sincronia interacional pode ser expressa em nível biológico. Por exemplo, quando mães e bebês interagem diretamente de modo síncrono, seus ritmos cardíacos se tornam sincronizados, com atrasos de menos de um segundo. Esse processo não ocorre durante períodos assíncronos de interação (Feldman, Magori-Cohen, Galili, Singer, & Louzoun, 2011). Além disso, a liberação de oxitocina, um hormônio relacionado a processos de vínculo nos mamíferos, está relacionada a comportamentos parentais em seres humanos. Nos pais, os níveis de oxitocina estão relacionados a comportamentos de brincadeira. Nas mães, os níveis de oxitocina estão relacionados ao afeto positivo, toques afetuosos e "manhês", todos sinais de parentalidade sensível (Gordon, Zagoory-Sharon, Leckman, & Feldman, 2010). Normalmente, a interação oscila entre estados bem regulados e mal regulados. Por exemplo, quando as metas do bebê são atingidas, este fica contente ou pelo menos interessado (Lowe et al., 2012; Tronick, 1989). Contudo, quando a mãe ou cuidador não está em sincronia na sua interação com o bebê – por exemplo, se um convite para brincar é ignorado ou o adulto é excessivamente intrusivo – o bebê pode ficar frustrado ou triste. Na verdade, até mesmo crianças muito novas podem perceber as emoções expressas pelos outros e podem ajustar seu comportamento de acordo para consertar a interação (Legerstee & Varghese, 2001; Montague & Walker-Andrews, 2001). Com esse processo, o bebê aprende como enviar sinais e o que fazer quando seus sinais iniciais não são eficazes. Não causa surpresa que haja relações com comportamentos sociais posteriores. Crianças cujas mães estão em alta sincronia interacional, quando jovens, serão mais propensas a regular melhor seu comportamento posteriormente, concordar com pedidos dos pais, ter um QI mais alto, usar mais palavras que se referem a estados mentais (como "penso") e ter menos problemas de comportamento (Feldman, 2007). É possível que os processos de regulação mútua as ajudem a ler o comportamento alheio e responder da maneira apropriada. A Seção Pesquisa em Ação deste capítulo discute como a depressão da mãe pode contribuir para problemas no desenvolvimento do bebê.

REFERENCIAÇÃO SOCIAL

Ana tenta caminhar em direção à nova pracinha e para na entrada, admirando as crianças que riem e gritam enquanto escalam a estrutura reluzente. Insegura, ela se vira para a mãe e faz contato visual. Sua mãe sorri para ela e Ana, encorajada pela resposta, segue caminhando e começa a subir

---

verificador
você é capaz de...

▷ Descrever os quatro padrões de apego?

▷ Discutir como se estabelece o apego, considerando o papel do temperamento do bebê?

▷ Discutir os fatores que afetam a ansiedade diante de estranhos e a ansiedade de separação?

▷ Descrever influências de longo prazo dos padrões de apego e da transmissão intergeracional do apego no comportamento?

regulação mútua
Processo em que o bebê e o cuidador comunicam estados emocionais um para o outro e respondem de acordo.

pesquisa em ação

DEPRESSÃO PÓS-PARTO E DESENVOLVIMENTO INICIAL

A mídia tem dado muita atenção à questão da depressão pós-parto. Mães famosas, incluindo a modelo Chrissy Teigen e as atrizes Hayden Panettiere e Alyssa Milano, falaram publicamente sobre as suas dificuldades pessoais na tentativa de conscientizar, desestigmatizar e defender que novas mães busquem tratamento.

A depressão pós-parto (DPP) inclui sintomas de transtorno depressivo maior sofridos até 4 semanas após o parto que interferem com o funcionamento materno (Vliegen, Casalin, & Luyten, 2014). Entre 13 e 19% das mães sofrem desse problema, talvez em parte devido às quedas drásticas nos níveis de estrogênio e progesterona (O'Hara & McCabe, 2013). Mudanças emocionais e em estilo de vida significativas após o nascimento de um bebê também podem causar sintomas depressivos. As mães de primeira viagem podem ser especialmente suscetíveis, pois em geral têm menos experiência com cuidar de um recém-nascido e, por isso, podem ter dificuldade com seu bebê (Leahy-Warren, McCarthy, & Corcoran, 2012). Outros fatores de risco incluem histórico prévio de depressão, relacionamento de baixa qualidade com o parceiro, estresse parental, preocupações financeiras e eventos de vida negativos recentes (Parsons, Young, Rochat, Kringelbach, & Stein, 2012; Vliegen et al., 2014).

A depressão pós-parto tem efeitos profundamente negativos nas interações entre mãe e bebê e está ligada a baixos resultados cognitivos e emocionais a longo prazo. A depressão em si está associada com problemas de concentração, letargia, perturbações do sono e desânimo. Esses sintomas interferem com a capacidade de realizar tarefas relativas ao cuidado dos filhos (Parsons et al., 2012). Mães deprimidas também se irritam mais e se envolvem menos com a criação dos filhos, e suas interações sociais com os bebês geralmente são menos positivas (Field, 2010). As mães com DPP sofrem dificuldades para reconhecer e responder aos sinais de interesse dos bebês (Murray, Cooper, & Fearon, 2014). Desde os 2 meses de idade, os bebês olham menos para as mães deprimidas, demonstram menos engajamento com objetos e têm níveis de atividade mais baixos (Earls, 2010). A DPP também pode interferir com o processo de vinculação. Algumas mães informam ter pouco ou nenhum envolvimento emocional com o bebê, e problemas de apego podem persistir durante todo o primeiro ano (O'Higgins, Roberts, Glover, & Taylor, 2013). Práticas inadequadas ou inconsistentes nos cuidados com a criança afetam a alimentação, rotinas de sono, consultas médicas e práticas de segurança (Field, 2010). No curto prazo, os bebês que crescem com pais deprimidos têm deficiências nas suas interações sociais e atrasos de desenvolvimento (Earls, 2010). Estudos de longo prazo destacam problemas comportamentais e emocionais no ensino fundamental (Fihrer, McMahon, & Taylor, 2009; Closa-Monasterolo et al., 2017).

Se não for tratada, a depressão pós-parto representa uma ameaça ao desenvolvimento ideal da criança, com efeitos que persistem durante toda a infância. A intervenção logo no começo da DPP é essencial para melhorar os resultados cognitivos, sociais e comportamentais da criança (Earls, 2010). Os especialistas defendem intervenções multimodais, incluindo avaliações de saúde mental para mulheres grávidas e que deram à luz recentemente, educação sobre práticas de parentalidade e maior apoio social e envolvimento do parceiro com as mães (Field, 2010; O'Hara & McCabe, 2013).

---

qual a sua opinião? Você pode sugerir algumas técnicas para ajudar mães deprimidas e bebês, além daquelas aqui mencionadas?

---

referenciação social
Compreensão de uma situação ambígua baseada na percepção de outra pessoa.

na estrutura. Quando, diante de um evento ambíguo, o bebê olhar para o seu cuidador, isso significa que ele estará estabelecendo uma **referenciação social** em busca de informações emocionais para orientar o seu comportamento. Na referenciação social, a pessoa é levada à compreensão de como agir em uma situação ambígua, confusa ou não familiar, verificando e interpretando a percepção que outro indivíduo tem dessa situação.

A pesquisa oferece evidências experimentais de referenciação social aos 12 meses (Moses, Baldwin, Rosicky, & Tidball, 2001). Quando expostos a brinquedos que, fixados no chão ou no teto, balançavam de um lado para o outro, ou vibravam, crianças de 12 e 18 meses aproximavam-se ou se afastavam dos brinquedos dependendo das reações emocionais expressas pelos experimentadores ("Ihh!" ou "Legal!"). Em um par de estudos, crianças de 12 meses (mas não as de 10 meses) ajustavam seu comportamento em relação a certos objetos não familiares de acordo com sinais emocionais não vocalizados dados por uma atriz em uma tela de televisão (Mumme & Fernald, 2003). Em outro par de experimentos (Hertenstein & Campos, 2004), crianças de 14 meses tocavam criaturas de plástico que caíam perto delas, e isso estava relacionado às emoções positivas ou negativas que tinham visto um adulto expressar a respeito dos mesmos objetos uma hora antes. À medida que a criança cresce, a referenciação social torna-se mais complexa. Por exemplo, torna-se menos dependente da expressão facial e mais dependente da linguagem. Além disso, enquanto os bebês mais jovens tendem a buscar a confirmação de um adulto independentemente do tipo de estímulo que encontram, os mais velhos buscam o adulto apenas quando o estímulo ou situação é ambíguo (Kim & Kwak, 2011). As crianças também tornam-se mais seletivas quanto à fonte das informações que buscam. Crianças entre 4 e 5 anos estão mais propensas a confiar em informações vindas da mãe do que de um estranho (Corriveau et al., 2009).

A referenciação social e a capacidade de reter informação obtida com ela podem desempenhar um papel importante em desenvolvimentos fundamentais na infância, como o surgimento das emoções inibitórias (constrangimento e orgulho), o desenvolvimento do senso de identidade e os processos de *socialização* e *internalização*, assunto abordado no próximo segmento deste capítulo.

> **verificador**
> **você** é capaz de...
> ▷ Descrever como funciona a regulação mútua e explicar sua importância?
> ▷ Dar exemplos de como os bebês parecem usar a referenciação social?

Questões desenvolvimentais do 1º ao 3º ano

Aproximadamente no ponto médio entre o primeiro e o segundo aniversário, o bebê torna-se uma criança. Vejamos três questões psicológicas com as quais as crianças mais novas – e seus cuidadores – têm de lidar: emergência do *senso de identidade*; desenvolvimento da *autonomia* ou autodeterminação; e *socialização* ou *internalização de padrões comportamentais*.

A EMERGÊNCIA DO SENSO DE IDENTIDADE

O **autoconceito** é a imagem que temos de nós mesmos – o quadro total de nossas capacidades e traços. Descreve o que sabemos e sentimos sobre nós mesmos e orienta nossas ações (Harter, 1996).

Quando e como se desenvolve o autoconceito? De uma miscelânea de experiências aparentemente isoladas (entre uma sessão de amamentação e outra), o bebê começa a extrair padrões regulares que formam conceitos rudimentares de si mesmo e do outro. Dependendo do tipo de cuidado recebido pelo bebê e de como ele responde, emoções agradáveis ou desagradáveis são associadas a experiências que desempenham um papel importante no desenvolvimento do conceito de identidade (Harter, 1998).

autoconceito
Senso de identidade; quadro mental descritivo e avaliativo das próprias capacidades e traços.

Aos 3 meses, no mínimo, os bebês prestam atenção à sua imagem no espelho (Courage & Howe, 2002); crianças entre 4 e 9 meses demonstram mais interesse pelas imagens dos outros do que de si próprias (Rochat & Striano, 2002). Essa discriminação *perceptual* inicial pode ser a base da autoconsciência conceitual que se desenvolve entre 15 e 18 meses. Entre 4 e 10 meses, quando os bebês aprendem a esticar os braços, a agarrar e a fazer as coisas acontecerem, eles passam a ter a experiência de um senso de agência pessoal, a percepção de que podem controlar eventos externos. É aproximadamente nessa época que o bebê desenvolve a *autocoerência*, a noção de ser uma totalidade física com limites separados do resto do mundo. Esses desenvolvimentos ocorrem, na interação com cuidadores, em brincadeiras como a de esconder, em que o bebê torna-se cada vez mais consciente da diferença entre ele e o outro.

A emergência da *autoconsciência* – conhecimento consciente de si como um ser distinto e identificável – apoia-se nesse despertar da distinção perceptual entre si e os outros.

Bebês entre 4 e 9 meses de idade demonstram mais interesse em imagens dos outros do que em imagens de si próprios.
Zdravinjo/Shutterstock

Passar blush no nariz da criança é conhecido como a Tarefa do Ruge, e a pesquisa tem mostrado que golfinhos, chimpanzés e elefantes também compartilham nossa capacidade de autorreconhecimento. Os pandas-gigantes, por outro lado, não.
Ma et al., 2015

Aprender a controlar o seu humor é uma forma de autocontrole.
Steve Wisbauer/Digital Vision/Getty Images

autonomia *versus* vergonha e dúvida
Para Erikson, é o segundo estágio do desenvolvimento psicossocial, quando a criança atinge o equilíbrio entre a autodeterminação e o controle por parte de outros.

verificador
você é capaz de...

▷ Identificar o desenvolvimento inicial do autoconceito?

▷ Descrever o conflito autonomia *versus* vergonha e dúvida, e explicar por que os "terríveis dois anos" são considerados um fenômeno normal?

A autoconsciência pode ser testada examinando-se se o bebê reconhece sua própria imagem. Em uma linha de pesquisa clássica, investigadores aplicaram um *blush* avermelhado no nariz de crianças entre 6 e 24 meses e as colocaram diante de um espelho. Três quartos dos bebês de 18 meses e todas as crianças de 24 meses tocaram o próprio nariz, agora vermelho, com mais frequência do que antes, ao passo que bebês com menos de 15 meses não o fizeram. Esse comportamento sugere que essas crianças um pouco mais velhas tinham autoconsciência. Elas sabiam que normalmente seu nariz não é vermelho, e reconheceram a imagem no espelho como sendo de si próprias (Lewis, 1997; Lewis & Brooks, 1974). Em um estudo posterior, crianças entre 18 e 24 meses tanto tocavam em um adesivo que estava em sua perna, que somente era visível no espelho, quanto em um adesivo que estava no rosto (Nielsen, Suddendorf, & Slaughter, 2006). Uma vez que possa reconhecer a si mesma, a criança prefere olhar para sua própria imagem no vídeo em vez da imagem de outra criança da mesma idade (Nielsen, Dissanayake, & Kashima, 2003).

As brincadeiras de faz de conta, que normalmente começam durante a última metade do segundo ano, são uma indicação inicial da capacidade de compreender os estados mentais das outras pessoas e não apenas os da própria criança (Lewis & Carmody, 2008). Uma terceira medida ou sinal de autorreconhecimento é o uso de pronomes da primeira pessoa, como "eu" e "meu", em geral entre 20 e 24 meses (Lewis & Carmody, 2008). Uma correlação positiva entre o uso de pronomes e o autorreconhecimento no espelho foi identificada transculturalmente (Kärtner, Keller, Chaudhary, & Yovsi, 2012). Entre 19 e 30 meses, o desenvolvimento rápido da linguagem também permite que as crianças pensem e falem sobre si. As crianças começam a incorporar as descrições verbais dos pais ("Você é tão esperto!", "Que meninão!") às suas autoimagens emergentes (Stipek, Gralinski, & Kopp, 1990), e aquelas que atingem o autorreconhecimento mais cedo entendem e dão nomes para mais partes do corpo (Waugh & Brownell, 2015). Da mesma forma, as crianças dessa idade demonstram autocompreensão ao reconhecerem objetos que pertencem a si e aos outros (Fasig, 2000). É interessante que as crianças com irmãos mais velhos demonstram maior autoconsciência e compreensão social do que aquelas sem irmãos mais velhos (Taumoepeau & Reese, 2014). A cultura também importa; crianças de contextos culturais que apoiam a autonomia, como amostras urbanas indianas e alemãs, reconhecem-se no espelho antes daquelas advindas de culturas que enfatizam a inter-relação e metas interacionais, como as de amostras rurais nso e indianas (Kärtner et al., 2012).

DESENVOLVIMENTO DA AUTONOMIA

Erikson (1950) identificou o período entre 18 meses e 3 anos como o segundo estágio no desenvolvimento da personalidade, **autonomia *versus* vergonha e dúvida**, marcado pela passagem do controle externo para o autocontrole. Tendo atravessado a primeira infância com um senso de confiança básica no mundo e uma autoconsciência florescente, a criança pequena começa a substituir o julgamento dos cuidadores pelo seu próprio. A "virtude" que emerge durante esse estágio é a *vontade*. O treinamento do controle das necessidades fisiológicas é um passo importante em direção à autonomia e ao autocontrole; o mesmo acontece com a linguagem. À medida que a criança torna-se mais apta a expressar seus desejos, ela passa a ter mais poder. Como a liberdade sem limites não é segura nem saudável, disse Erikson, vergonha e dúvida ocupam um lugar necessário. As crianças pequenas precisam que os adultos estabeleçam limites apropriados; assim, a vergonha e a dúvida ajudam-nas a reconhecer a necessidade desses limites.

Nos Estados Unidos, as crianças pequenas gostam de testar as noções de que são indivíduos, têm algum controle sobre seu mundo e possuem novos e emocionantes poderes. São levadas a experimentar suas novas ideias, exercitar suas próprias preferências e tomar suas próprias decisões. Esse desejo se manifesta na forma de *negativismo*, a tendência a gritar "Não!" só para resistir à autoridade. Quase todas as crianças ocidentais exibem algum grau de negativismo; geralmente começa antes dos 2 anos de idade, com tendência a atingir o máximo aos 3 anos e meio ou 4 anos e declina por volta dos 6 anos. Cuidadores que consideram as expressões de autoafirmação da criança como um esforço normal e saudável por independência contribuem para seu senso de competência e evitam excesso de conflitos.

Surpreendentemente, o período conhecido como os "terríveis dois anos" não é universal. Em alguns países em desenvolvimento, a transição da primeira para a segunda infância é relativamente suave e harmoniosa (Mosier & Rogoff, 2003; ver Seção Janela para o Mundo).

JANELA para o mundo

AS BRIGAS ENTRE IRMÃOS SÃO NECESSÁRIAS?

Os "terríveis dois anos" constituem uma fase normal no desenvolvimento da criança? Muitos pais e psicólogos ocidentais acham que sim. Na verdade, os "terríveis dois anos" não parecem ser universais.

Um estudo transcultural comparou 16 famílias maias de San Pedro, Guatemala, com outras 16 famílias norte-americanas em Salt Lake City, Utah (Mosier & Rogoff, 2003). Todas as famílias tinham crianças pequenas entre 14 e 20 meses e irmãs e irmãos mais velhos entre 3 e 5 anos. Os pesquisadores entrevistaram cada uma das mães sobre as práticas de educação da criança. Com os pais e os irmãos presentes, os pesquisadores entregaram à mãe uma série de brinquedos (como uma marionete) e, na presença da irmã ou do irmão mais velho, pediram à mãe que ajudasse o menor a manejá-los. Os pesquisadores constataram diferenças surpreendentes no modo como os irmãos interagem nas duas culturas e no modo como as mães viam e lidavam com o conflito.

Os irmãos mais velhos norte-americanos muitas vezes tentavam pegar os brinquedos para si e brincar sozinhos, sem considerar os irmãos mais novos. As crianças mais velhas guatemaltecas, por outro lado, frequentemente ofereciam-se para ajudar os irmãos mais novos, ou as duas crianças brincavam juntas com os brinquedos. Quando havia um conflito envolvendo a posse dos brinquedos, as mães da Guatemala favoreciam os pequenos 94% das vezes, até mesmo tirando o objeto da criança mais velha se a mais nova o quisesse. Quando as mães pediam, os irmãos mais velhos entregavam de bom grado os objetos para os mais novos ou os deixavam ficar com eles desde o início. Contudo, em mais de um terço das famílias norte-americanas, as mães tratavam as duas crianças igualmente, negociando com elas ou sugerindo que se revezassem ou compartilhassem os objetos. Essas observações eram coerentes com relatos de mães de ambas as culturas quanto ao modo como lidavam com essas questões em casa.

Qual a explicação para esses contrastes culturais? Duas diferenças vêm à tona: a idade em que os pais acreditam que os filhos podem ser responsabilizados pelas suas ações e a quantidade de supervisão parental direta que as crianças recebem. A maioria das mães norte-americanas afirmou que, com 1 ano, seus filhos já entendiam as consequências das suas ações. A maioria das mães guatemaltecas identificavam a idade em que se entende as consequências sociais como muito posterior, entre 2 e 3 anos. As mães norte-americanas consideravam seus filhos pequenos capazes de mau comportamento intencional e os puniam por isso; o mesmo não acontecia com a maioria das mães da Guatemala. Todas as crianças norte-americanas ficavam sob supervisão direta de um cuidador, mas 11 das 16 crianças guatemaltecas ficavam sozinhas boa parte do tempo e assumiam responsabilidades domésticas que exigiam maior maturidade.

Os pesquisadores sugerem que os "terríveis dois anos" sejam talvez uma fase específica de sociedades que colocam a liberdade individual acima das necessidades do grupo. As pesquisas indicam que existe liberdade de escolha nas sociedades que dão mais valor às necessidades do grupo, mas a interdependência, a responsabilidade e as expectativas de cooperação são mais importantes. Os pais norte-americanos parecem acreditar que o comportamento responsável se desenvolve gradualmente a partir do envolvimento em competições e negociações justas. Os pais da Guatemala parecem acreditar que o comportamento responsável se desenvolve rapidamente quando a criança já tem idade suficiente para entender a necessidade de respeitar os desejos dos outros tanto quanto os seus próprios. Assim, os "terríveis dois anos" não são universais.

> **qual a sua opinião?** Dado o que acaba de ler sobre a visão dos adultos maias e norte-americanos sobre crianças de 1 a 3 anos, quanto você acha que os adultos de cada cultura se preocupariam quando as crianças pequenas estivessem ao redor de objetos perigosos, tais como facas ou chamas? Em qual cultura os adultos têm maior probabilidade de acreditar que crianças pequenas entenderiam o perigo em uma idade mais jovem?

DESENVOLVIMENTO MORAL: SOCIALIZAÇÃO E INTERNALIZAÇÃO

Socialização é o processo pelo qual a criança desenvolve hábitos, habilidades, valores e motivações que as tornam membros responsáveis e produtivos de uma sociedade. A aquiescência às expectativas parentais pode ser vista como um primeiro passo em direção à submissão aos padrões sociais. A socialização depende da **internalização** desses padrões. Crianças bem-sucedidas na socialização não mais obedecem a regras ou comandos apenas para obter recompensas ou evitar punições; elas internalizaram os padrões e os transformaram em seus (Grusec & Goodnow, 1994; Kochanska,

socialização
O desenvolvimento de hábitos, habilidades, valores e motivações compartilhadas por membros responsáveis e produtivos de uma sociedade.

internalização
Durante a socialização, processo em que as crianças aceitam padrões societais de conduta como sendo seus.

2002). Elas não obedecem às doutrinas dos pais ou da sociedade por temerem sofrer as consequências, mas por elas próprias acreditarem que estas são certas e verdadeiras.

O desenvolvimento da autorregulação Letícia, de 2 anos, está prestes a introduzir o dedo em uma tomada elétrica. No apartamento onde ela vive, as tomadas são cobertas, mas não aqui na casa da vovó. Quando Letícia ouve o grito do pai, "Não!", ela recolhe o braço. Na próxima vez que chegar perto de uma tomada e começar a introduzir o dedo, ela hesitará e depois dirá "Não". Ela não se permitiu fazer algo que ela lembrou que não deve fazer. Letícia começa a demonstrar **autorregulação**: o controle de seu próprio comportamento para se conformar às exigências ou expectativas de um cuidador, mesmo quando este não está presente.

A autorregulação é a base da socialização e vincula todos os domínios do desenvolvimento – físico, cognitivo, emocional e social. Enquanto Letícia não era capaz de circular sozinha, as tomadas elétricas não representavam perigo. Para não introduzir o dedo na tomada, é preciso que ela conscientemente lembre e entenda o que o pai havia lhe dito. A consciência cognitiva, porém, não é suficiente; a autorrestrição também requer controle emocional. Ao interpretar as respostas emocionais dos pais ao seu comportamento, a criança continuamente absorve informação sobre a conduta que os pais aprovam. À medida que a criança processa, armazena e age com base nessa informação, seu forte desejo de agradar aos pais a leva a fazer o que eles querem, estejam presentes ou não. Além do mais, a qualidade do relacionamento com os pais afeta essa habilidade emergente. A sensibilidade materna, a tendência dos pais a usar termos mentais quando conversam com os filhos e o apoio ao comportamento autônomo da criança são influências importantes na autorregulação (Bernier, Carlson, & Whipple, 2010).

Antes que possa controlar o próprio comportamento, a criança talvez precise regular, ou controlar, seus *processos de atenção* e modular as emoções negativas (Eisenberg, 2000; Rueda, Posner, & Rothbart, 2005). A regulação da atenção permite-lhe desenvolver a força de vontade e lidar com a frustração (Duckworth, Gendler, & Gross, 2014; Sethi, Mischel, Aber, Shoda, & Rodriguez, 2000). Por exemplo, o controle dos processos de atenção pode permitir que a criança se distraia o suficiente para conseguir não roubar os biscoitos tentadores que estão esfriando no balcão da cozinha.

O desenvolvimento da autorregulação segue paralelo ao desenvolvimento das emoções autoconscientes e valorativas como empatia, vergonha e culpa (Lewis, 1995, 1997, 1998). Requer a capacidade de esperar pela gratificação. Está correlacionado às medidas de desenvolvimento da consciência, como resistir à tentação e corrigir os erros (Eisenberg, 2000). Na maioria das crianças, o pleno desenvolvimento da autorregulação leva pelo menos três anos (Rothbart, Sheese, Rueda, & Posner, 2011).

Obediência comprometida As crianças mais jovens cooperam com as doutrinas dos pais porque sabem que devem fazê-lo. Embora essa autorregulação seja importante, a meta da educação é que a moral dos pais seja internalizada. Os pais querem que os filhos façam a coisa certa porque realmente acreditam que é certa. Em outras palavras, o objetivo final é o desenvolvimento de uma **consciência moral**, o que envolve tanto a capacidade de se conter e não realizar determinados atos quanto o desconforto emocional quando a pessoa não consegue se segurar.

Grazyna Kochanska e colaboradores buscaram as origens da consciência em um estudo longitudinal de um grupo de 103 crianças, cuja idade variava entre 26 e 41 meses, e suas mães enquanto brincavam juntas por duas ou três horas, tanto em casa quanto em um cenário semelhante a um lar, no laboratório (Kochanska & Aksan, 1995). Após um período em que a criança poderia brincar livremente, a mãe lhe dava 15 minutos para guardar os brinquedos. O laboratório tinha um armário especial com outros brinquedos, pouco comuns e atraentes, como uma máquina de chicletes, um *walkie-talkie* e uma caixa de música. A criança era avisada para não mexer em nada que estava naquele armário. Depois de aproximadamente uma hora, o pesquisador pedia à mãe para que entrasse em uma sala ao lado, deixando a criança sozinha com os brinquedos. Passados alguns minutos, uma mulher entrava, brincava com vários daqueles brinquedos proibidos e depois saía, deixando a criança sozinha novamente por oito minutos.

Algumas crianças guardavam os brinquedos enquanto os pais estavam presentes para lembrá-las disso. Estas demonstravam a chamada **obediência situacional**. Elas precisavam do auxílio extra dos pais para lembrá-las e pedir que completassem a tarefa. Em uma situação diferente, que

---

autorregulação
Controle independente do comportamento que a criança apresenta em conformidade com as expectativas sociais.

consciência moral
Padrões internos de comportamento que geralmente controlam a conduta, e que ao serem violados produzem desconforto emocional.

obediência situacional
Na terminologia de Kochanska, obediência às ordens parentais somente na presença de sinais de controle constante dos pais.

não incluía os lembretes, essas crianças poderiam não guardar os brinquedos. Entretanto, outras crianças parecem ter internalizado mais completamente os pedidos dos pais. Estas demonstravam **obediência comprometida**, ou seja, estavam comprometidas com atender os pedidos e o faziam sem a intervenção direta dos pais (Kochanska, Coy, & Murray, 2001).

As raízes da obediência comprometida remontam à primeira infância. Obedientes comprometidos, normalmente meninas, tendem a ser aqueles que, entre 8 e 10 meses, podem deixar de mexer nas coisas quando alguém lhes diz "Não!" (Kochanska, Tjebkes, & Forman, 1998). Mães de obedientes comprometidos, diferentemente de mães de obedientes situacionais, eram mais sensíveis e respondiam melhor aos seus filhos quando estes eram bebês (Kochanska et al., 2010); entre o 1º e o 3º ano, elas tendiam a adotar uma orientação delicada, em vez de fazer uso de força, ameaças ou outras formas de controle coercitivo (Eisenberg, 2000; Kochanska, Friesenborg, Lange, & Martel, 2004). A obediência comprometida tende a aumentar com a idade, enquanto a obediência situacional diminui.

A **cooperação receptiva** vai além da obediência comprometida. Trata-se de uma ansiosa disposição da criança em cooperar harmoniosamente com o pai ou a mãe, não apenas em situações disciplinares, mas também em diversas interações cotidianas, incluindo rotinas, pequenas tarefas, higiene e brincadeiras. Em um estudo longitudinal envolvendo 101 crianças, que começou quando elas tinham 7 meses de idade, aquelas propensas a manifestações de raiva, que recebiam cuidados parentais não responsivos, ou que tinham apego inseguro aos 15 meses, tendiam a apresentar baixa cooperação receptiva. Crianças de apego seguro e cujas mães tinham sido responsivas ao filho durante a primeira infância tendiam a apresentar uma alta cooperação receptiva (Kochanska, Aksan, & Carlson, 2005).

Fatores que favorecem a socialização O modo como os pais cuidam de socializar o filho e a qualidade do relacionamento entre eles podem ajudar a prever se a socialização será fácil ou difícil. No entanto, nem todas as crianças respondem da mesma maneira. Por exemplo, uma criança de temperamento temeroso poderá responder melhor a lembretes gentis do que a duras repreensões, enquanto uma criança mais ousada poderá exigir ações mais categóricas (Kochanska, Aksan, & Joy, 2007).

O contrário também é verdade: crianças com temperamentos semelhantes reagem de maneiras diferentes a estratégias de parentalidade diferentes. Por exemplo, crianças pequenas temperamentalmente audaciosas cujas mães respondiam aos seus comportamentos de aproximação de forma construtiva (p. ex., ensinando habilidades de enfrentamento) tendiam a ser descritas pelos seus professores como sendo comportadas e socialmente competentes, enquanto crianças audaciosas cujas mães reagiam aos seus comportamentos de aproximação de forma pouca apoiadora (p. ex., com críticas ou punições) tendiam a ser descritas como problemáticas em sala de aula (Root & Stifter, 2010).

O apego seguro e um relacionamento afetuoso e mutuamente responsivo entre pais e filhos parecem favorecer a obediência comprometida e o desenvolvimento da consciência moral (Kochanska et al., 2010). A socialização emocional também parece ser importante. Os pais que falam com seus filhos de 18 a 30 meses sobre emoções tendem a ter crianças mais prestativas (Brownell, Svetlova, Anderson, Nichols, & Drummond, 2013). Ao interpretar as respostas emocionais dos pais ao seu comportamento, a criança continuamente absorve informação sobre a conduta que os pais aprovam. A qualidade do relacionamento com os pais afeta essa habilidade emergente. A sensibilidade materna, a tendência dos pais a usar termos mentais quando conversam com os filhos e o apoio ao comportamento autônomo da criança são influências importantes na autorregulação (Bernier, Carlson, & Whipple, 2010). Em um estudo, os pesquisadores observaram mães e filhos em longas interações naturais: cuidados rotineiros, preparar e ingerir as refeições, brincar, relaxar e executar pequenas tarefas domésticas. Crianças que estabeleciam relações mutuamente responsivas com a mãe aos 2 anos tendiam, no início da idade escolar, a apresentar *emoções morais* como culpa e empatia; *conduta moral* diante da forte tentação de desobedecer às normas; e *cognição moral*, de acordo com a sua resposta a dilemas morais hipotéticos apropriados para a idade (Kochanska, 2002).

O conflito construtivo relacionado ao comportamento inadequado da criança – conflito que envolve negociação, argumentação e solução – pode ajudar a desenvolver sua compreensão moral, permitindo que ela veja outro ponto de vista. Em um estudo observacional, crianças de 2 anos e meio cujas mães deram explicações claras para suas ordens, negociaram ou barganharam com o

obediência comprometida
Na terminologia de Kochanska, obediência incondicional às ordens dos pais, sem advertências ou deslizes.

cooperação receptiva
Na terminologia de Kochanska, disposição ansiosa para cooperar harmoniosamente com o pai ou a mãe nas interações cotidianas, incluindo rotinas, pequenas tarefas, higiene e brincadeiras.

Uma novidade no domínio dos cuidados parentais é a influência da sempre e imediatamente disponível tecnologia. Pesquisa feita por Sherry Turkle do Massachusetts Institute of Technology (MIT) sugere que crianças pequenas experimentam cada vez mais sentimentos de mágoa como resultado da competição com computadores e smartphones.
Turkle, 2011

verificador
você é capaz de...

▷ Dizer quando e como a autorregulação se desenvolve, e como ela contribui para a socialização?

▷ Distinguir entre obediência comprometida, obediência situacional e cooperação receptiva?

▷ Discutir como o temperamento, o apego e os cuidados parentais afetam a socialização?

filho, mostraram-se mais capazes de resistir à tentação com 3 anos do que crianças cujas mães haviam recorrido a ameaças ou provocações, ou que insistiram ou desistiram. A discussão sobre emoções em situações de conflito ("Como você se sentiria se...") também levou ao desenvolvimento da consciência moral, provavelmente por promover o desenvolvimento das emoções morais (Laible & Thompson, 2002).

Relacionamentos com outras crianças

Embora os pais exerçam uma grande influência sobre a vida dos filhos, o relacionamento com as outras crianças – seja dentro de casa ou fora – também é importante já a partir da primeira infância.

IRMÃOS

As relações com irmãos começam com a chegada de uma nova criança e continuam a se desenvolver durante a infância, tanto positiva quanto negativamente. Embora adultos mais irritadiços possam nem sempre ver dessa maneira, brigas e reconciliações entre irmãos são oportunidades de socialização, quando as crianças aprendem a defender princípios e a negociar desacordos, em parte porque a natureza involuntária do relacionamento garante a continuidade das interações (Howe, Rinaldi, Jennings, & Petrakos, 2002). Outra arena para socialização é o jogo dramático conjunto. Irmãos que frequentemente brincam de "fazer de conta" desenvolvem uma história de entendimentos compartilhados que lhes permite resolver mais facilmente os problemas e aceitar as ideias um do outro (Howe, Petrakos, Rinaldi, & LeFebvre, 2005).

À medida que os bebês tornam-se mais independentes e autoconfiantes, inevitavelmente entram em conflito com os irmãos – pelo menos na cultura norte-americana. As primeiras brigas entre irmãos, mais frequentes e mais intensas, são por direitos de propriedade ou acesso à mãe. O conflito entre irmãos aumenta dramaticamente depois que a criança mais nova atinge os 18 meses (Vandell & Bailey, 1992). Durante os próximos meses, os irmãos mais novos começam a ter uma participação mais intensa nas interações familiares. À medida que isso acontece, eles tornam-se mais conscientes das intenções e dos sentimentos dos outros. Começam a reconhecer o tipo de comportamento que vai transtornar ou irritar os irmãos mais velhos e quais os comportamentos considerados "feios" ou "bons" (Dunn & Munn, 1985; Recchia & Howe, 2009).

Apesar da frequência do conflito, a rivalidade entre irmãos *não* é o principal padrão entre irmãos e irmãs no começo da vida. Afeição, interesse, companheirismo e influência também são prevalentes nos relacionamentos entre irmãos. Na verdade, o comportamento pró-social e o comportamento orientado para o brincar é mais comum do que a rivalidade, a hostilidade e a competição. Os irmãos mais velhos são os que mais tomam a iniciativa de um comportamento tanto amistoso quanto hostil; os irmãos mais novos tendem a imitar os mais velhos. À medida que envelhecem, as crianças tendem a se tornar menos físicas e mais verbais nas suas demonstrações de agressão e nas de carinho e afeto (Abramovitch, Corter, Pepler, & Stanhope, 1986). Visto que os irmãos mais velhos tendem a dominar os mais novos, a qualidade do relacionamento é mais afetada pelo ajustamento emocional e social da criança mais velha do que da mais nova (Pike, Coldwell, & Dunn, 2005). Em geral, irmãos do mesmo sexo, principalmente meninas, são mais próximos e brincam juntos de forma mais pacífica do que pares de menino e menina (Kier & Lewis, 1998).

Lições e habilidades aprendidas nas interações com os irmãos, como conflito e cooperação, são passadas para os relacionamentos fora de casa (Brody, 1998; Kim, McHale, Crouter, & Osgood, 2007). Uma criança que é agressiva com os irmãos provavelmente é agressiva também com os amigos (Abramovitch et al., 1986). Por exemplo, as crianças que vitimizam seus irmãos têm maior tendência de sofrer e infligir *bullying*, e as crianças que são vitimizadas pelos seus irmãos têm maior probabilidade de sofrer *bullying* (Tippett & Wolke, 2015). Dentro da mesma lógica, irmãos que frequentemente brincam amigavelmente juntos tendem a desenvolver comportamentos pró-sociais (Pike et al., 2005).

Em muitas culturas não ocidentais, é comum ver os irmãos mais velhos cuidando dos mais novos.
Wigbert Roth/imageBROKER/Shutterstock

Da mesma forma, as amizades podem influenciar os relacionamentos de irmãos. Irmãos mais velhos que experimentaram um bom relacionamento com um amigo antes do nascimento de um irmão provavelmente tratarão seus irmãos mais novos melhor e pouco provavelmente desenvolverão comportamento antissocial na adolescência (Kramer & Kowal, 2005). Para uma criança pequena com risco de problemas comportamentais, um relacionamento positivo *tanto* com um irmão *quanto* com um amigo pode amortecer os efeitos de um relacionamento negativo com o outro (McElwain & Volling, 2005).

PARES

Bebês e – mais ainda – crianças pequenas mostram interesse por pessoas de fora do círculo familiar, principalmente pessoas de seu tamanho. Nos primeiros meses, eles olham, sorriem e arrulham para outros bebês (T. M. Field, 1978). Dos 6 aos 12 meses, cada vez mais querem tocá-los, além de sorrir e balbuciar para eles (Hay, Pedersen, & Nash, 1982). Por volta de 1 ano, quando os principais itens de sua agenda são aprender a andar e a manipular objetos, os bebês prestam menos atenção às outras pessoas (T. M. Field & Roopnarine, 1982). Essa fase, porém, é curta. A partir de aproximadamente 1 ano e meio até quase 3 anos de idade, a criança demonstra cada vez mais interesse pelo que as outras crianças fazem e uma compreensão cada vez maior de como lidar com elas (Eckerman, Davis, & Didow, 1989).

Crianças pequenas aprendem imitando umas às outras. Brincadeiras como a de seguir o líder ajudam a estabelecer um vínculo com as outras crianças, preparando-as para brincadeiras mais complexas durante os anos pré-escolares (Eckerman et al., 1989). A imitação das ações uns dos outros resulta em uma comunicação verbal mais frequente (algo como "Entre na casinha", "Não faça isso!" ou "Olhe pra mim"), que ajuda os pares a coordenarem atividades conjuntas (Eckerman & Didow, 1996). A atividade cooperativa desenvolve-se durante o segundo e o terceiro ano à medida que cresce a compreensão social (Brownell, Ramani, & Zerwas, 2006). Assim como acontece com os irmãos, o conflito também pode ter um propósito: ajuda a criança a aprender a negociar e a resolver disputas (Kramer, 2010).

Crianças em idade pré-escolar geralmente gostam de brincar com crianças da mesma idade, sexo e gênero. Elas também preferem colegas de brincadeira pró-sociais, que conseguem oferecer experiências positivas (Hartup & Stevens, 1999; Hart, DeWolf, Wozniak, & Burts, 1992; Fishbein & Imai, 1993) e cuja teoria da mente é mais avançada (Slaughter, Imuta, Peterson, & Henry, 2015). As crianças pré-escolares rejeitam crianças destrutivas, exigentes, intrometidas ou agressivas (Ramsey & Lasquade, 1996; Roopnarine & Honig, 1985; Sebanc, 2003). À medida que envelhecem, as preferências das crianças se tornam mais sofisticadas e elas começam a enfocar cada vez menos os traços físicos e mais características como fazer coisas juntas, gostar uns dos outros e compartilhar e ajudar uns aos outros (Furman & Bierman, 1983). A partir de cerca de 4 anos, as crianças começam a se sujeitar à pressão dos pares e, às vezes, seguem as ações do grupo mesmo quando discordam delas (Haun & Tomasello, 2011).

Evidentemente, algumas crianças são mais sociáveis que outras, refletindo traços de temperamento como o seu humor habitual, disposição para aceitar pessoas desconhecidas e capacidade para se adaptar a mudança. A sociabilidade também é influenciada pela experiência. Bebês que passam algum tempo com outros bebês, como nas creches, tornam-se sociáveis mais cedo do que aqueles que passam quase todo o tempo em casa.

verificador
você é capaz de...
▷ Explicar o papel desempenhado pelo relacionamento entre irmãos na socialização?
▷ Descrever as mudanças nas interações entre irmãos do 1º ao 3º ano de idade?
▷ Identificar mudanças na sociabilidade durante os três primeiros anos, e citar dois fatores que a influenciam?

Filhos de pais que trabalham fora

O trabalho dos pais é mais determinante do que os recursos financeiros da família. Boa parte do tempo, do esforço e do envolvimento emocional dos adultos é dirigida à vida profissional. Como o trabalho e os cuidados iniciais em relação aos filhos afetam os bebês e as crianças pequenas? A maior parte das pesquisas sobre o assunto refere-se ao trabalho da mãe.

EFEITOS DO TRABALHO DA MÃE

A participação de mães com crianças de todas as idades no mercado de trabalho aumentou consideravelmente nas últimas quatro décadas. Em 1975, menos da metade de todas as mães trabalhava fora de casa ou procurava emprego. Em 2017, mais da metade (58,5%) das mães de bebês no seu

> *Embora os pais possam se sentir culpados pelo tempo que passam com seus filhos, considerando-se as demandas modernas conflitantes do trabalho e da família, pesquisas sugerem que na verdade eles passam mais tempo com suas crianças que as gerações anteriores. Como eles fazem isso? Aparentemente, as mães passam menos tempo cozinhando e fazendo limpeza, e os pais passam menos tempo no escritório.*
>
> Ramey & Ramey, 2010

primeiro ano de vida e 65,1% das mulheres com crianças com menos de 6 anos participavam da força de trabalho (U.S. Bureau of Labor Statistics, 2018; Figura 6.2).

Como o trabalho da mãe afeta os filhos? Dados longitudinais do Instituto Nacional de Saúde Infantil e Desenvolvimento Humano (NICHD, na sigla em inglês) sobre 900 crianças euro-americanas mostraram efeitos negativos no desenvolvimento cognitivo entre 15 meses e 3 anos quando as mães trabalhavam 30 horas ou mais por semana até o nono mês de vida da criança. No entanto, a sensibilidade materna, a alta qualidade do ambiente doméstico e a qualidade dos cuidados com a criança minimizavam esses efeitos negativos (Brooks-Gunn, Han, & Waldfogel, 2002).

Do mesmo modo, entre 6.114 crianças do Estudo Longitudinal Nacional sobre a Juventude (NLSY, na sigla em inglês), aquelas cujas mães trabalharam em tempo integral no primeiro ano de vida do bebê tinham maior probabilidade de apresentar resultados cognitivos e comportamentais negativos entre 3 e 8 anos do que as crianças cujas mães trabalharam meio turno ou não trabalharam durante o primeiro ano. Entretanto, crianças de famílias desfavorecidas apresentaram menos efeitos cognitivos negativos do que crianças de famílias mais favorecidas (Hill, Waldfogel, Brooks-Gunn, & Han, 2005).

SERVIÇOS DE CRECHE

O impacto de ficar em uma creche ou outros sistemas de cuidados nos primeiros anos depende de diversos fatores, incluindo o temperamento e gênero da criança, a qualidade dos cuidados e as características do cuidador.

Fatores de impacto da creche Um dos fatores associados ao impacto da ausência da mãe que trabalha fora é o tipo de assistência substituta recebida pela criança. Cerca de 61% das crianças com menos de 5 anos estão em algum sistema regular de cuidados ou creches. Destas, 42% são cuidadas por parentes, principalmente avós e pais. Cerca de um terço das crianças são cuidadas regularmente por pessoas com quem não têm parentesco, e aproximadamente 12% são cuidadas por um misto de parentes e não parentes. Cerca de um quarto são cuidadas em alguma forma de creche organizada. O custo relativo a esses cuidados profissionais nos Estados Unidos é de, em média, 143 dólares por semana, e a qualidade dos serviços e o preço são problemas urgentes (Laughlin, 2013).

Temperamento e gênero podem fazer diferença (Crockenberg, 2003). Crianças tímidas ficam mais estressadas, conforme indicam os níveis de cortisol, do que as sociáveis (Watamura, Donzella,

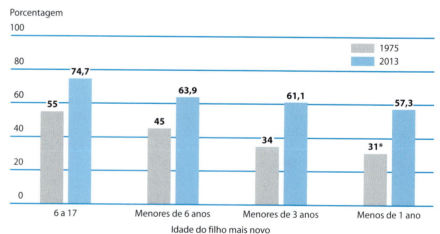

FIGURA 6.2
Índices de participação de mães com crianças no mercado de trabalho, 1975 e 2013.
A participação de mães com crianças de todas as idades no mercado de trabalho aumentou consideravelmente nas últimas três décadas. Em 1975, menos de metade de todas as mães trabalhava fora de casa ou procurava emprego. Os índices de participação em 2013 variavam de quase 60% para mães cujos filhos mais novos tinham menos de 1 ano a quase três quartos para mães cujos filhos tinham entre 6 e 17 anos.

Fonte: Dados de Hayghe, 1986; U.S. Bureau of Labor Statistics, 2014.

Alwin, & Gunnar, 2003), e crianças com apego inseguro ficam mais estressadas do que crianças com apego seguro quando a creche é de período integral (Ahnert et al., 2004). Os meninos são mais vulneráveis ao estresse, na creche e em outros lugares, do que as meninas (Crockenberg, 2003).

Um fator crítico na determinação dos efeitos da creche é a qualidade dos cuidados que a criança recebe. A qualidade da creche pode ser medida por *características estruturais*, como treinamento dos funcionários e proporção entre crianças e cuidadores; e por *características de processo*, como afetividade, sensibilidade e responsividade dos cuidadores e a adequação das atividades ao nível de desenvolvimento da criança. A qualidade estrutural e a qualidade do processo podem estar relacionadas. Em um estudo, cuidadores bem treinados e a baixa proporção criança-funcionário estão associados a um processo de alta qualidade, o que, por sua vez, está associado a melhores resultados cognitivos e sociais (Marshall, 2004).

O elemento mais importante na qualidade da assistência prestada à criança é o cuidador. Interações estimulantes com adultos responsivos são cruciais para o desenvolvimento cognitivo, linguístico e psicossocial. Em um estudo, interações afetuosas e dedicadas com funcionários de creches estavam associadas a uma incidência menor de comportamentos problemáticos em crianças. É interessante observar, porém, que a afetividade *não* estava associada a diminuições na ativação do hormônio do estresse (conforme medidas de cortisol, o principal hormônio do estresse). Por outro lado, cuidados intrusivos e exageradamente controladores não resultaram em aumento dos níveis de cortisol. Os autores sugeriram que creches muito estruturadas e com múltiplas transições sobrecarregam as aptidões da criança e aumentam o estresse ao longo do dia. No entanto, isso não é necessariamente mal-adaptativo. Todos nós precisamos aprender como lidar com o estresse ao longo da vida, portanto essa prática na infância pode não ser prejudicial (Gunnar, Kryzer, Van Ryzin, & Phillips, 2010).

Uma baixa rotatividade de funcionários é outro importante fator na qualidade da creche. As crianças precisam de consistência nos cuidados para que possam desenvolver confiança e relações de apego seguras (Burchinal, Roberts, Nabors, & Bryant, 1996; Shonkoff & Phillips, 2000). A estabilidade facilita a coordenação entre os pais e os cuidadores da creche, o que pode ajudar a evitar os efeitos negativos das longas horas de permanência nesse lugar (Ahnert & Lamb, 2003). A Tabela 6.3 oferece algumas orientações para a escolha de uma creche de alta qualidade.

> **verificador**
> **você é capaz de...**
> ▷ Avaliar o impacto do trabalho materno no bem-estar do bebê?
> ▷ Citar pelo menos cinco critérios para uma boa creche?
> ▷ Comparar o impacto da creche e das características da família no desenvolvimento emocional, social e cognitivo?

TABELA 6.3 Critérios para a escolha de uma boa creche

- As instalações estão licenciadas? Atendem aos requisitos mínimos de saúde, incêndio e segurança? (Muitas creches não têm instalações devidamente licenciadas ou regulamentadas.)
- As instalações são limpas e seguras? Possuem espaço coberto e ao ar livre suficientes?
- A creche funciona com pequenos grupos, apresenta uma alta proporção adulto-criança e um quadro de funcionários estável, competente e com alto grau de envolvimento?
- Os cuidadores receberam treinamento em desenvolvimento infantil?
- Os cuidadores são afetuosos, carinhosos, acolhedores, responsivos e sensíveis? Fazem valer sua autoridade, mas sem ser muito restritivos ou controladores, ou apenas tomam conta das crianças?
- O programa promove bons hábitos de saúde?
- A creche proporciona um equilíbrio entre atividades estruturadas e liberdade para brincar? As atividades são apropriadas para a idade?
- As crianças têm acesso a materiais e a brinquedos educativos que estimulam o domínio das habilidades cognitivas e comunicativas, respeitando o ritmo da criança?
- O programa incentiva a autoconfiança, a curiosidade, a criatividade e a autodisciplina?
- A creche encoraja as crianças a fazerem perguntas, a resolverem problemas, a expressarem sentimentos e opiniões e a tomarem decisões?
- Promove a autoestima, o respeito pelos outros e as habilidades sociais?
- Ajuda os pais a aprimorarem habilidades para educar a criança?
- Promove a cooperação com escolas públicas e privadas e com a comunidade?

Fonte: American Academy of Pediatrics (AAP), 1986; Belsky, 1984; Clarke-Stewart, 1987; NICHD Early Child Care Research Network, 1996; Olds, 1989; Scarr, 1998.

abuso físico
Ação deliberada para pôr em perigo outra pessoa e que envolve possíveis danos corporais.

negligência
Não atendimento das necessidades básicas de um dependente.

abuso sexual
Atividade sexual física e psicologicamente prejudicial ou qualquer atividade sexual que envolva uma criança e uma pessoa mais velha.

maus-tratos emocionais
Rejeição, aterrorização, isolamento, exploração, ridicularização ou negação de apoio emocional, amor e afeição; ou outras ações ou inações que possam causar transtornos comportamentais, cognitivos, emocionais ou mentais.

déficit de crescimento não orgânico
Crescimento físico mais lento ou atrasado, sem causa clínica conhecida, acompanhado de desenvolvimento precário e problemas emocionais.

síndrome do bebê sacudido
Forma de maus-tratos em que sacudir um bebê ou uma criança pequena pode causar danos cerebrais, paralisia ou morte.

MAUS-TRATOS: ABUSO E NEGLIGÊNCIA

Embora a maioria dos pais seja amorosa e afetuosa, alguns não podem ou não querem prestar os devidos cuidados a seus filhos, e outros deliberadamente lhes causam danos. Os *maus-tratos*, sejam eles perpetrados pelos pais ou por outras pessoas, consistem em pôr a criança em risco, propositadamente ou quando isso poderia ser evitado.

Os maus-tratos podem assumir diversas formas específicas, e a mesma criança pode ser vítima de mais de um tipo (USDHHS, Administration on Children, Youth and Families, 2019). Esses tipos incluem:

- **Abuso físico**, envolve ferimentos causados por socos, espancamentos, chutes ou queimaduras.
- **Negligência**, o não atendimento das necessidades básicas da criança, como alimento, vestuário, assistência médica, proteção e supervisão.
- **Abuso sexual**, qualquer atividade sexual que envolva uma criança e uma pessoa mais velha.
- **Maus-tratos emocionais**, incluem rejeição, aterrorização, isolamento, exploração, degradação, ridicularização ou negação de apoio emocional, amor e afeição.

Estima-se que as agências estaduais e locais de proteção à criança tenham recebido 3,5 milhões de queixas de maus-tratos de 6,2 milhões de crianças em 2017, um aumento de 10% em relação a 2013. Cerca de 75% das crianças identificadas como vítimas de maus-tratos foram negligenciadas, 18,3% sofreram abusos físicos e 8,6% sofreram abusos sexuais. A análise não inclui os maus-tratos emocionais, no entanto, que muitas vezes coocorrem com outras formas de abuso. As crianças menores, especialmente aquelas com menos de 3 anos, têm maior probabilidade de serem vítimas de abuso do que as mais velhas. Estima-se que 1.720 crianças morreram de maus-tratos, e a quantidade real pode ser bem mais alta (USDHHS, Administration on Children, Youth and Families, 2019).

MAUS-TRATOS NA PRIMEIRA INFÂNCIA

As crianças são vítimas de abuso e negligência em todas as idades, mas os índices mais altos de vitimização e morte por maus-tratos são para aquelas de 3 anos ou menos (Child Welfare Information Gateway, 2019; Figura 6.3).*

Os bebês precisam formar apegos com os outros tanto quanto precisam que as suas necessidades de sobrevivência básicas sejam atendidas. Bebês que não recebem cuidados e afeto ou que são negligenciados podem sofrer de **déficit de crescimento não orgânico**, um tipo de crescimento físico mais lento ou atrasado, sem causa clínica conhecida, acompanhado de desenvolvimento precário e problemas emocionais. Os sintomas podem incluir ganho de peso insuficiente, irritabilidade, sonolência excessiva e fadiga, evitação de contato visual, ausência de sorriso ou vocalização e desenvolvimento motor atrasado. Em suma, eles não crescem nem se desenvolvem normalmente, apesar da ausência de causas médicas ou físicas subjacentes. O déficit de crescimento pode resultar de uma combinação de nutrição inadequada, dificuldades na amamentação, preparação de fórmulas ou técnicas de alimentação impróprias e interações conturbadas com os pais ou outros cuidadores. No mundo inteiro, a pobreza é o maior fator de risco do déficit de crescimento. Bebês cuja mãe, ou cuidador principal, é deprimida, abusa do álcool ou de outras substâncias, vive sob forte estresse ou não demonstra afeto ou afeição também correm maior risco (Block, Krebs, the Committee on Child Abuse and Neglect, & the Committee on Nutrition, 2005; Lucile Packard Childrens's Hospital at Stanford, 2009).

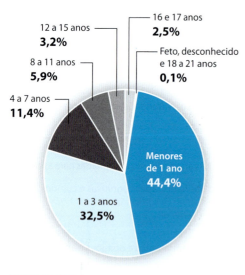

FIGURA 6.3
Mortes por maus-tratos por idade, 2016.
Mais de três quartos das fatalidades são de crianças com menos de 3 anos.
Fonte: Child Welfare Information Gateway, 2017.

---

*N. de R.T.: Durante a pandemia da Covid-19 e do isolamento social imposto como medida de proteção, o número de ocorrências registradas de maus-tratos contra crianças e adolescentes aumentou consideravelmente no Brasil.
Veja mais em Levandowski, M. L., Stahnke, D. N., Munhoz, T. N., Von Hohendorf, J. & Salvador-Silva, R. (2021). Impacto do distanciamento social nas notificações de violência contra crianças e adolescentes no Rio Grande do Sul. *Cadernos de Saúde Pública*, *37*(1):e00140020.

A **síndrome do bebê sacudido** é uma forma de maus-tratos encontrada principalmente em crianças com menos de 2 anos, geralmente bebês. Como o bebê tem uma musculatura fraca no pescoço e uma cabeça grande e pesada, sacudi-lo faz o cérebro deslocar-se de um lado para outro dentro da caixa craniana. Isso causa hematomas, sangramento e edema, e pode trazer danos permanentes ao cérebro, paralisia e até morte (AAP, 2000; National Institute of Neurological Disorders and Stroke [NINDS], 2006). Os danos serão piores se o bebê for jogado na cama ou contra a parede. Traumas cranianos são a causa principal de morte em casos de abusos contra crianças nos Estados Unidos (Dowshen, Crowley, & Palusci, 2004). Aproximadamente 20% dos bebês sacudidos morrem em poucos dias. Os sobreviventes podem apresentar um amplo espectro de deficiências, desde transtornos da aprendizagem e comportamentais até lesões neurológicas, paralisia ou cegueira, ou mesmo um estado vegetativo permanente (King, McKay, Sirnick, & The Canadian Shaken Baby Study Group, 2003; National Center on Shaken Baby Syndrome, 2000; NINDS, 2006).

FATORES CONTRIBUINTES: UMA VISÃO ECOLÓGICA

Conforme sugere a teoria bioecológica de Bronfenbrenner, há mais de uma causa para o abuso e a negligência. As causas do abuso não estão no indivíduo, não estão na família e não estão no ambiente social e cultural como um todo. As causas estão em *todos* esses lugares, e para entender por que acontece, precisamos considerar *todos* os fatores contribuintes.

Características de pais e familiares agressivos e negligentes Muitas vezes, os adultos abusadores se parecem com todos os outros; não existem comportamentos ou características identificadores que determinam quem irá ou não abusar de uma criança. Em 2017, cerca de 78% dos abusadores eram pais, e um pouco mais da metade deles (54,1%) mulheres. Cerca de 6,3% eram parentes que não o pai ou mãe, e outros 4% possuíam um relacionamento com a criança classificado como "outros". A categoria "outros" inclui irmãos adotivos, babás, vizinhos, amigos da família e outros não parentes. A maioria dos abusadores (83,4%) tinha entre 18 e 44 anos e era principalmente branca (50,3%), afro-americana (20,7%) e hispânica (18,6%) (USDHHS, 2019).

Maus-tratos por parte dos pais são sintomas de extrema perturbação na criação dos filhos, geralmente agravados por outros problemas da família, como pobreza, falta de instrução, alcoolismo, depressão ou comportamento antissocial. Um número desproporcional de crianças vítimas de abuso e negligência encontra-se em famílias grandes, pobres ou de mães ou pais solteiros, que tendem a viver sob estresse e a ter dificuldade para atender às necessidades dos filhos (Sedlak & Broadhurst, 1996; USDHHS, 2019; Dubowitz et al., 2011). Embora muitos dos casos de negligência ocorram em famílias muito pobres, a maioria dos pais de baixa renda não negligencia seus filhos.

O abuso pode começar quando um dos pais, que já está ansioso, deprimido ou hostil, tenta controlar o filho fisicamente, mas perde o autocontrole e termina por sacudir ou agredir a criança. Pais que agridem os filhos tendem a ter problemas conjugais e a brigar fisicamente. O lar geralmente é desorganizado e eles passam por situações mais estressantes do que as outras famílias.

Abuso e negligência às vezes ocorrem nas mesmas famílias (USDHHS, 2019). Em cerca de um quarto dos casos, o abuso de substâncias químicas é um dos fatores que leva à agressão e à negligência (USDHHS, 2017). O abuso sexual frequentemente ocorre junto com outros distúrbios familiares, como abuso físico, maus-tratos emocionais, abuso de substâncias químicas e violência doméstica (Kellog & the Committee on Child Abuse and Neglect, 2005).

Influências culturais A cultura pode impactar a probabilidade de abuso e negligência infantil. Por exemplo, as normas relativas a como as crianças são cuidadas afetam a definição do que representa negligência. Em alguns países, deixar bebês e crianças pequenas aos cuidados de irmãos jovens é normal; em outros, como os Estados Unidos, provavelmente seria considerado negligência (Korbin & Spilsbury, 1999).

A cultura também impacta a probabilidade de alguns tipos de abuso. Entre os diversos valores culturais associados com maiores índices de maus-tratos temos a glorificação da violência, papéis de gênero inflexíveis e crenças que minimizam o *status* da criança na relação com os pais (World Health Organization, 2019). As atitudes em relação ao castigo corporal são outro fator particularmente importante. Em famílias individuais em uma mesma cultura e entre culturas diferentes, a crença de que o castigo corporal é necessário e normativo está associada com maior probabilidade de ele ser usado e, por consequência, maior risco de abuso e negligência (Lansford et al., 2015). Nos Estados Unidos, homicídio, violência doméstica e estupro são comuns, e em muitos estados ainda se permite a punição física nas escolas. A tendência nas últimas décadas tem sido da redução do castigo corporal, mas quase 8 em cada 10 pais de crianças em idade pré-escolar e cerca de metade dos pais de crianças em idade escolar ainda relatam o uso de punição física em casa (Zolotor, Theodore, Runyan, Chang, & Laskey, 2011).

AJUDANDO FAMÍLIAS COM PROBLEMAS

Agências estaduais e locais que prestam serviço de proteção à criança investigam queixas de maus-tratos. Após constatar os maus-tratos, elas determinam quais as medidas a serem tomadas. Os funcionários da agência podem tentar ajudar a família a resolver seus problemas ou providenciar cuidados alternativos para as crianças que não puderem permanecer em casa (USDHHS, Administration on Children, Youth and Families, 2019). Serviços para crianças que foram vítimas de abuso e para seus pais incluem serviços de acolhimento, orientação na criação dos filhos e terapia. No entanto, a disponibilidade dos serviços geralmente é limitada (Burns et al., 2004).

Quando as autoridades retiram uma criança de seu lar, geralmente a alternativa é o acolhimento em alguma instituição ou família acolhedora. O acolhimento afasta a criança do perigo imediato, mas costuma ser instável, aliena ainda mais a criança da família e pode tornar-se mais uma situação de abuso. É comum as necessidades básicas de saúde e educação da criança não serem atendidas (David and Lucile Packard Foundation, 2004; National Research Council [NRC], 1993b).

Em parte devido à escassez de instituições de acolhimento e do aumento no número de casos, a adoção pelos avós ou outros membros da família é cada vez maior (Berrick, 1998; Green, 2004). Embora a maioria das crianças acolhidas que deixam o sistema volte para suas famílias, cerca de 28% retornam ao serviço de acolhimento nos próximos dez anos (Wulczyn, 2004). Crianças que estiveram sob os cuidados de uma instituição de acolhimento estão mais propensas a viver na rua, cometer crimes e se tornar mães na adolescência (David and Lucile Packard Foundation, 2004), assim como sofrer de problemas de saúde física ou mental na vida adulta (Zlotnick, Tam, & Soman, 2012).*

EFEITOS DOS MAUS-TRATOS A LONGO PRAZO

As consequências dos maus-tratos podem ser físicas, emocionais, cognitivas e/ou sociais. Uma pancada na cabeça de uma criança pode causar lesão cerebral que resulta em atraso cognitivo e problemas emocionais e sociais. Da mesma forma, negligência grave ou pais indiferentes podem causar efeitos traumáticos no desenvolvimento do cérebro (Fries, Ziegler, Kurian, Jacoris, & Pollak, 2005).

Consequências a longo prazo devidas a maus-tratos podem incluir saúde física, mental e emocional deficiente; desenvolvimento cerebral comprometido (Romano, Babchishin, Marquiz, & Frechette, 2015; Glaser, 2000); dificuldades cognitivas, linguísticas e no desempenho escolar; problemas na formação de vínculos afetivos e relacionamentos sociais (National Clearinghouse on Child Abuse and Neglect Information 2004; Child Welfare Information Gateway, 2013; Romano et al., 2015); e, na adolescência, é maior o risco de fraco desempenho escolar, delinquência, gravidez, uso de álcool e drogas e suicídio (Romano et al., 2015; Dube et al., 2003; Garwood, Gerassi, Jonson-Reid, Plax, & Drake, 2015; Halpern et al., 2018; Gomez et al., 2017). O abuso e a negligência na infância resultam em um risco maior de que as vítimas irão, quando crescer, envolver-se em atividades criminosas ou se tornarem elas próprias abusadoras (Widom, 2017; Child Welfare Information Gateway, 2013). Além disso, os sobreviventes de maus-tratos infantis informam menor qualidade de vida (Weber, Jud, & Landolt, 2016) e saúde pior na vida adulta, incluindo maior incidência de doenças cardíacas, câncer, doenças pulmonares crônicas e doenças hepáticas (Chartier, Walker, & Naimark, 2010; Levine, Miller, Lachman, Seeman, & Chen, 2017).

Também existem riscos a curto prazo. Mesmo crianças de pré-escola podem passar por experiências de depressão clínica, embora possa parecer um pouco diferente do que nos adultos. Por exemplo, crianças deprimidas na pré-escola podem ter experiências normais entremeadas por períodos de tristeza ou irritação ao longo do dia.

---

*N. de R.T.: O sistema brasileiro é um pouco diferente do sistema americano, descrito neste livro. No Brasil, o acolhimento de crianças e adolescentes em situação de risco acontece em sua maioria em instituições que prestam esse serviço, sejam abrigos instituicionais ou casas-lares. Um movimento recente tem incentivado a modalidade chamada de família acolhedora (conhecido em inglês como *foster care*). O acolhimento em família acolhedora não caracteriza a adoção da criança, sendo apenas uma forma de cuidado temporário até que os vínculos com a família de origem sejam restituídos ou encerrados completamente (o que se chama juridicamente de Destituição do Poder Familiar). Quando isso acontece, esses vínculos não podem mais ser retomados e a criança pode ser encaminhada à adoção. Essa regulamentação é feita pelo Poder Judiciário e está determinada no Estatuto da Criança e do Adolescente (1990).

Quais são as consequências a longo prazo do abuso sexual? Em um estudo que acompanhou 68 crianças vítimas de abuso sexual durante cinco anos, constatou-se que essas crianças apresentavam um comportamento mais perturbado, nível de autoestima mais baixo e eram mais deprimidas, ansiosas ou infelizes do que um grupo-controle (Swanston, Tebbutt, O'Toole, & Oates, 1997). Crianças que sofreram abuso sexual muitas vezes tornam-se sexualmente ativas mais cedo e tendem a ter um número maior de parceiros sexuais do que aquelas que não foram abusadas sexualmente. Quando adultas, tendem a ser mais ansiosas, deprimidas e suicidas e têm maior probabilidade de ser diagnosticadas com transtorno de estresse pós-traumático. Elas também têm maior probabilidade de abusar de drogas e álcool (Fergusson, McLeod, & Horwood, 2013). Além disso, o abuso sexual também compromete a saúde física: os sobreviventes do abuso sexual têm maior probabilidade de ser obesos ou de sofrer de doenças autoimunes ou relacionadas ao estresse (Wilson, 2010).

Por que algumas crianças que sofreram abuso crescem e tornam-se antissociais ou abusivas, enquanto outras não? Muitas crianças maltratadas apresentam uma resiliência extraordinária. Otimismo, autoestima, inteligência, criatividade, humor e independência são fatores de proteção, assim como o apoio social de um adulto afetuoso (Levine et al., 2017; NCCANI, 2004). Da mesma maneira como um relacionamento disfuncional e abusivo pode desviar a trajetória de desenvolvimento de uma criança pequena em uma direção negativa, uma relação carinhosa e solidária com um adulto diferente pode proteger a criança dos efeitos de uma infância difícil.

verificador
você é capaz de...

▷ Definir quatro tipos de abuso e negligência infantil?

▷ Discutir a incidência de maus-tratos e explicar por que é difícil medi-la?

▷ Identificar fatores relacionados aos maus-tratos?

▷ Citar maneiras de evitar ou eliminar os maus-tratos e de ajudar as vítimas?

▷ Dar exemplos de efeitos de longo prazo do abuso e da negligência infantil e de fatores que promovem a resiliência?

resumo e palavras-chave

Fundamentos do desenvolvimento psicossocial

- O desenvolvimento emocional é ordenado; emoções complexas parecem desenvolver-se a partir de emoções anteriores mais simples.
- O choro, o sorriso e a risada são os primeiros sinais de emoção. Outros indicativos são as expressões faciais, atividade motora, linguagem corporal e mudanças fisiológicas.
- O desenvolvimento do cérebro está intimamente ligado ao desenvolvimento emocional.
- Emoções autoconscientes e autoavaliativas surgem após o desenvolvimento da autoconsciência.
  personalidade (159)
  emoções (159)
  sorriso social (160)
  sorriso antecipatório (161)
  emoções autoconscientes (161)
  autoconsciência (161)
  emoções autoavaliadoras (161)
  comportamento altruísta (161)
  empatia (162)
  neurônios-espelho (163)
- Muitas crianças parecem pertencer a uma destas três categorias de temperamento: "fácil", "difícil" e de "aquecimento lento".

- Padrões de temperamento parecem ser, em grande parte, inatos e de base biológica. Geralmente são estáveis, mas podem ser modificados pela experiência.
- A adequação das exigências ambientais ao temperamento da criança ajuda na adaptação.
- Diferenças transculturais no temperamento podem refletir práticas de educação dos filhos.
  temperamento (163)
  crianças "fáceis" (164)
  crianças "difíceis" (164)
  crianças de "aquecimento lento" (164)
  adequação da educação (165)
- As práticas de educação dos filhos e os papéis de assistência à criança variam de acordo com a cultura.
- Os bebês têm grande necessidade de proximidade com a mãe, afeto e responsividade, bem como de cuidados físicos.
- A paternidade é uma construção social. O papel do pai difere nas várias culturas.
- Embora diferenças significativas de gênero não costumem aparecer antes da primeira infância, o pai promove desde cedo a tipificação de gênero.
  gênero (168)
  tipificação de gênero (170)

Questões desenvolvimentais durante o primeiro ano

- Segundo Erikson, os bebês nos primeiros 18 meses de idade estão no primeiro estágio de desenvolvimento da personalidade, confiança básica *versus* desconfiança. Um cuidado sensível, responsivo e coerente é a chave para o êxito na resolução desse conflito.
- Pesquisa baseada na Situação Estranha constatou a existência de quatro padrões de apego: seguro, evitativo, ambivalente (resistente) e desorganizado-desorientado.
- Instrumentos mais recentes medem o apego no ambiente cotidiano e em diferentes culturas.
- Os padrões de apego podem depender do temperamento do bebê, bem como da qualidade da educação dos filhos, e podem apresentar implicações a longo prazo para o desenvolvimento.
- A ansiedade diante de estranhos e a ansiedade de separação podem surgir durante a segunda metade do primeiro ano de vida e parecem estar relacionadas ao temperamento e às circunstâncias ambientais.
- As memórias de apego infantil dos pais podem influenciar o apego de seus próprios filhos.
- A regulação mútua permite ao bebê desempenhar um papel ativo na regulação de seus estados emocionais.
- A depressão materna, principalmente se for grave ou crônica, poderá ter sérias consequências para o desenvolvimento do bebê.
- A referenciação social tem sido observada aos 12 meses.

confiança básica *versus* desconfiança (170)
apego (171)
Situação Estranha (171)
apego seguro (171)
apego evitativo (171)
apego ambivalente (resistente) (171)
apego desorganizado-desorientado (172)
ansiedade diante de estranhos (173)
ansiedade de separação (173)
regulação mútua (175)
referenciação social (176)

Questões desenvolvimentais do 1º ao 3º ano

- O senso de identidade surge entre 4 e 10 meses, à medida que o bebê começa a perceber uma diferença entre ele próprio e os outros e a experimentar um senso de atuação e autocoerência.
- O autoconceito se forma a partir desse senso perceptual de identidade e se desenvolve entre 15 e 24 meses, com o surgimento da autoconsciência e do autorreconhecimento.
- O segundo estágio de Erikson diz respeito à autonomia *versus* vergonha e dúvida. O negativismo é uma manifestação normal da passagem do controle externo para o autocontrole.
- A socialização, que tem por base a internalização de padrões socialmente aprovados, começa com o desenvolvimento da autorregulação.
- Um precursor da consciência moral é a obediência comprometida com as exigências do cuidador; crianças pequenas que demonstram esse comprometimento tendem a internalizar as regras dos adultos mais prontamente do que aquelas que demonstram obediência situacional. Crianças que demonstram cooperação receptiva podem ser parceiros ativos de sua socialização.
- A maneira de educar os filhos, o temperamento da criança, a qualidade da relação entre pais e filhos e fatores culturais e socioeconômicos podem afetar o sucesso da socialização.

autoconceito (177)
autonomia *versus* vergonha e dúvida (178)
socialização (179)
internalização (179)
autorregulação (180)
consciência moral (180)
obediência situacional (180)
obediência comprometida (181)
cooperação receptiva (181)

Relacionamentos com outras crianças

- O relacionamento entre irmãos desempenha um importante papel na socialização; o que as crianças aprendem na relação com os irmãos é transferido para os relacionamentos fora de casa.
- Entre 1 ano e meio e 3 anos, a criança tende a demonstrar mais interesse pelas outras crianças e entende cada vez mais como lidar com elas.

Filhos de pais que trabalham fora

- De modo geral, o fato de a mãe trabalhar fora durante os três primeiros anos parece ter pouco impacto sobre o desenvolvimento, mas o desenvolvimento cognitivo poderá sofrer quando a mãe trabalha 30 horas ou mais por semana até o nono mês de vida da criança.
- Os serviços de creche variam em qualidade. O elemento mais importante na qualidade da assistência prestada à criança é o cuidador.
- Embora qualidade, frequência, estabilidade e tipo de assistência prestada pela creche influenciem o desenvolvimento psicossocial e cognitivo, de modo geral a influência das características da família parece ser maior.

Maus-tratos: abuso e negligência

- Os maus-tratos podem se manifestar sob a forma de abuso físico, negligência, abuso sexual e maus-tratos emocionais.
- A maioria das vítimas de maus-tratos são bebês e crianças pequenas. Alguns morrem devido ao déficit de crescimento. Outros são vítimas da síndrome do bebê sacudido.
- As características de quem pratica o abuso ou a negligência, a família, a comunidade e a cultura de um modo geral, tudo isso contribui para o abuso e a negligência infantil.
- Os maus-tratos podem interferir no desenvolvimento físico, cognitivo, emocional e social, e seus efeitos podem continuar na idade adulta. Entretanto, muitas crianças maltratadas demonstram uma notável resiliência.

abuso físico (186)
negligência (186)
abuso sexual (186)
maus-tratos emocionais (186)
déficit de crescimento não orgânico (186)
síndrome do bebê sacudido (186)

Parte 3 — SEGUNDA INFÂNCIA

capítulo 7
Desenvolvimento Físico e Cognitivo na Segunda Infância

kali9/E+/Getty Images

Pontos principais

DESENVOLVIMENTO FÍSICO

Aspectos do desenvolvimento físico

Saúde e segurança

DESENVOLVIMENTO COGNITIVO

Abordagem piagetiana: a criança pré-operatória

Abordagem do processamento da informação: memória

Inteligências: abordagens psicométrica e vygotskiana

Desenvolvimento da linguagem

Educação na segunda infância

Objetivos de aprendizagem

Identificar as mudanças físicas na segunda infância.

Descrever três visões sobre as mudanças cognitivas que ocorrem na segunda infância.

Resumir como a linguagem se desenvolve na segunda infância.

Avaliar abordagens diferentes à educação na segunda infância.

Você **sabia** que...

▷ A principal causa de morte na segunda infância nos Estados Unidos são os acidentes?

▷ A forma como os pais conversam com uma criança sobre uma memória compartilhada pode afetar quão bem a criança se lembrará dela?

▷ Quando as crianças falam sozinhas, elas podem estar tentando resolver um problema pensando em voz alta?

Neste capítulo, examinamos o desenvolvimento físico e cognitivo nas idades de 3 a 6 anos. As crianças crescem mais lentamente do que antes, mas fazem enormes progressos no desenvolvimento e na coordenação muscular. Acompanhamos seus avanços nas capacidades de pensar, falar, lembrar e considerar diversas preocupações relativas à saúde. Terminamos com uma discussão da educação na segunda infância.

> **V**erdadeiramente maravilhosa, a mente de uma criança é.
>
> —Yoda. *Star Wars: Episódio II – Ataque dos Clones.*

DESENVOLVIMENTO FÍSICO

Aspectos do desenvolvimento físico

Na segunda infância, as crianças emagrecem e crescem rapidamente. Precisam dormir menos do que antes e têm maior probabilidade de desenvolver distúrbios do sono. Melhoram a capacidade para correr, saltar, pular e jogar bola. Tornam-se também melhores em amarrar cadarços, desenhar com lápis de cor e despejar caixas de cereais, e começam a demonstrar uma preferência por usar a mão direita ou esquerda.

CRESCIMENTO E ALTERAÇÃO CORPORAL

As crianças crescem rapidamente entre os 3 e 6 anos de idade, mas em um ritmo diferente. Ao redor dos 3 anos, as crianças normalmente começam a perder a forma roliça característica dos bebês e assumem a aparência mais esguia e atlética da infância. À medida que os músculos abdominais se desenvolvem, a barriga grande da criança entre 1 e 3 anos se fortalece. O tronco, os braços e as pernas ficam mais longos. A cabeça ainda é relativamente grande, mas as outras partes do corpo continuam a se conformar à medida que as proporções corporais se tornam gradualmente mais similares às de um adulto.

A criança de 3 anos "média" pesa agora aproximadamente 15,4 quilos. Tanto meninos quanto meninas normalmente crescem cerca de 5 a 7,6 centímetros por ano durante a segunda infância e ganham por volta de 1,8 a 2,7 quilos anualmente (Tabela 7.1). A ligeira margem de peso e altura dos meninos prossegue até o estirão de crescimento que ocorre na puberdade.

O crescimento muscular e esquelético avança, tornando a criança mais forte. As cartilagens transformam-se em ossos a uma taxa mais rápida do que antes e os ossos se tornam mais rígidos, dando à criança uma forma mais firme e garantindo a proteção dos órgãos internos. Essas mudanças, coordenadas pelo cérebro ainda em amadurecimento e pelo sistema nervoso, promovem o desenvolvimento de uma ampla variedade de habilidades motoras.

▶ **verificador**
você é capaz de...

▷ Resumir as necessidades da dieta de uma criança em idade pré-escolar, descrever as alterações físicas típicas entre as idades de 3 e 6 anos e comparar o crescimento de meninos e meninas?

PADRÕES E DISTÚRBIOS DO SONO

Os padrões de sono se modificam ao longo da fase de crescimento (Figura 7.1), e a segunda infância tem seus próprios ritmos distintos. Aos 5 anos, a maioria das crianças dorme em média cerca de 11 horas por noite e desiste dos cochilos durante o dia (Hoban, 2004). Em algumas outras culturas, a hora de dormir pode variar. Entre a comunidade gusii do Quênia, os javaneses da Indonésia e os zuni do Novo México, as crianças pequenas não têm um horário fixo para ir para a cama e podem ficar acordadas até sentirem sono. Entre os hare canadenses, as crianças de 3 anos não tiram cochilos, mas são postas para dormir logo após o jantar e dormem o quanto quiserem pela manhã (Broude, 1995).

TABELA 7.1 Desenvolvimento físico, 3 a 6 anos de idade (50º percentil*)

Idade	ALTURA, EM CENTÍMETROS Meninos	Meninas	PESO, EM QUILOS Meninos	Meninas
3	99	93	16	15,6
4	106,6	106	18,5	18,2
5	113,8	112	21,1	20
6	120	118	24	23,7

*Cinquenta por cento das crianças de cada categoria estão acima deste nível de altura ou de peso e 50% estão abaixo dele.
Fonte: Fryar, Gu e Flegal, 2016.

FIGURA 7.1

Exigências de sono típicas da infância.

As crianças em idade pré-escolar obtêm todo o seu sono em um período noturno prolongado. O número de horas de sono diminui regularmente ao longo da infância, mas cada criança pode precisar de mais ou menos horas do que é mostrado aqui.

Fonte: Ferber, 1985; dados similares em Iglowstein, Jenni, Molinari e Largo, 2003. Fireside, divisão de Simon & Schuster, Inc., de *Solve Your Child's Sleep Problems*, New Revised & Expanded by Richard Ferber, M.D. 1985, 2006.

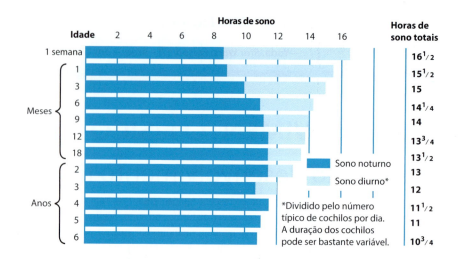

Cerca de um terço dos pais ou cuidadores de crianças de 1 a 5 anos afirma que seus filhos possuem um distúrbio do sono (Mindell, Li, Sadeh, Kwon, & Goh, 2015). Os distúrbios do sono podem ser causados por ativação acidental do sistema de controle motor do cérebro (Hobson & Silvestri, 1999), pelo despertar incompleto de um sono profundo (Hoban, 2004) ou podem ser desencadeados pela respiração desordenada ou movimentos agitados das pernas (Guilleminault, Palombini, Pelayo, & Chervin, 2003). Esses distúrbios tendem a se manifestar em famílias (Caylak, 2009) e estão frequentemente associados com ansiedade de separação (Petit, Touchette, Tremblay, Boivin, & Montplaisir, 2007), anormalidades nasais e sobrepeso (Bixler et al., 2009). Os problemas são particularmente prevalentes em crianças com deficiências físicas ou transtornos da aprendizagem. Os distúrbios do sono são relatados em 86% dessas crianças com menos de 6 anos de idade (Bruni & Novelli, 2010).

Na maioria dos casos, os problemas do sono são ocasionais e geralmente desaparecem (Mason & Pack, 2007). Muitos dos problemas do sono são de natureza comportamental, sendo suas formas mais comuns a recusa a ir para a cama, uma grande demora para dormir ou despertares noturnos frequentes (Owens, Chervin, & Hoppin, 2019). Muitos problemas do sono são o resultado de práticas parentais ineficazes, que os exacerbam em vez de atenuá-los (Sadeh, Tikotsky, & Scher, 2010; Tabela 7.2). Por exemplo, permitir que crianças pequenas cochilem durante o dia para compensar a falta de sono pode fazer com que seja mais difícil dormir à noite. Problemas persistentes do sono podem indicar um transtorno emocional, psicológico ou neurológico que precisa ser examinado. Por exemplo, cólicas, temperamento difícil, nascimento prematuro e ritmo circadiano alterado foram propostos como mecanismos responsáveis pelo início do sono desordenado (Bruni & Novelli, 2010). Os distúrbios do sono possíveis incluem terrores noturnos, caminhar e falar durante o sono (sonambulismo e sonilóquio*) e pesadelos.

Uma criança que experimenta terror noturno parece despertar abruptamente no início da noite de um sono profundo em um estado de agitação. A criança pode gritar e sentar-se na cama, ofegante e com os olhos arregalados. Contudo, ela não está realmente acordada, se acalma rapidamente, e na manhã seguinte não lembra nada sobre o episódio. Os terrores noturnos em geral têm seu auge aos 1,5 anos (Petit et al., 2015), são comuns entre 2,5 e 4 anos e diminuem subsequentemente (Petit et al., 2007). As estimativas de prevalência do terror noturno variam bastante, mas os dados atuais sugerem que cerca de 56% das crianças sofram pelo menos um episódio (Petit et al., 2015).

Caminhar e falar durante o sono são comportamentos razoavelmente comuns na segunda e terceira infâncias. Estima-se que aproximadamente 5% das crianças sejam sonâmbulas (Stallman & Kohler, 2016) e que cerca de 37% falem durante o sono (Laberge, Tremblay, Vitaro, & Montplaisir, 2000). O sonambulismo e o sonilóquio normalmente são inofensivos, e sua frequência diminui à medida que a criança envelhece.

Pesadelos são comuns em crianças e estão associados com temperamento difícil, ansiedade, dependência e estresse.

Yuliya Evstratenko/Shutterstock

---

*N. de R.T.: Sonilóquio é quando as crianças vocalizam sons incoerentes ou conversam durante o sono.

TABELA 7.2	Encorajando bons hábitos de sono
AJUDANDO AS CRIANÇAS A IREM DORMIR	

- Estabeleça uma rotina para a hora de dormir, regular e sem pressa – cerca de 20 minutos de atividades tranquilas, como ler uma história, cantar canções de ninar ou ter uma conversa tranquila.
- Não permita programas de televisão assustadores ou em volume alto.
- Evite brincadeiras estimulantes antes de dormir.
- Mantenha uma luz noturna acesa se isso fizer a criança sentir-se mais confortável.
- Não alimente ou balance uma criança na hora de dormir.
- Permaneça calmo, mas não ceda a pedidos por "só mais uma" história, mais um copo de água ou mais uma ida ao banheiro.
- Ofereça recompensas por bom comportamento na hora de dormir, como adesivos em um quadro ou um elogio simples.
- Tente estabelecer a hora de dormir para um pouco mais tarde. Mandar a criança ir dormir muito cedo é uma causa comum de distúrbios do sono.

Fonte: American Academy of Child and Adolescent Psychiatry, 1997; American Academy of Pediatrics, 1992; Adams e Rickert, 1989; Graziano e Mooney, 1982.

O sonambulismo, o sonilóquio e os terrores noturnos têm muitas características em comum. Todos ocorrem durante o sono de ondas lentas e são mais comuns quando as crianças tiveram privação do sono, têm febre, estão tomando medicamentos ou em condições de barulho. Além disso, durante a sua ocorrência, as crianças normalmente ficam confusas e não respondem a estímulos externos. Alguns pesquisadores sugerem que esses eventos representam manifestações diferentes do mesmo distúrbio fundamental, e há diversos conjuntos de evidências que apoiam essa afirmação. Os sonâmbulos e as pessoas com terrores noturnos tendem a ter familiares sonâmbulos e/ou com terrores noturnos. Além disso, os pais com um histórico de sonambulismo ou sonilóquio tendem a ter filhos que sofrem de terrores noturnos. Crianças pequenas com terrores noturnos tendem a ser sonâmbulas posteriormente (Petit et al., 2015).

Os pesadelos são comuns na segunda infância (Petit et al., 2007). A ocorrência de pesadelos está relacionada a temperamento difícil da criança, alta ansiedade geral na infância e práticas de parentalidade na hora de dormir que promovem a dependência (Moore, 2012). Em geral, ocorrem na parte da manhã e frequentemente se manifestam quando a criança vai para a cama muito tarde, ao fazer uma refeição pesada antes de deitar-se ou por excitação excessiva (Vgontzas & Kales, 1999). Em alguns casos, há uma associação com assistir a um programa de televisão com muita ação ou um filme assustador, ou então ouvir uma história assustadora antes de dormir, mas os resultados nesse sentido são inconsistentes (Schredl, Anders, Hellriegel, & Rehm, 2008).

Um sonho mau ocasional não é causa de alarme, mas pesadelos frequentes ou persistentes, especialmente aqueles que deixam a criança temerosa ou ansiosa nas horas em que está acordada, podem indicar estresse excessivo (Kovachy et al., 2013; Hoban, 2004) e estão correlacionados com problemas emocionais, de atenção e de conduta (Schredl, Frieke-Oekermann, Mitschke, Wiater, & Lehmkuhl, 2009; Li et al., 2011).

A maioria das crianças permanece seca, dia e noite, dos 3 aos 5 anos, mas a **enurese** – ato de urinar involuntária e repetidamente à noite em crianças com idade suficiente para manter o controle dos esfíncteres – não é incomum. Cerca de 10 a 15% das crianças de 5 anos, mais comumente os meninos, urinam na cama regularmente, talvez enquanto dormem profundamente. Mais da metade superam a condição por volta dos 8 anos sem ajuda especial (Community Paediatrics Committee, 2005).

A enurese ocorre em famílias, o que sugere que a genética pode ser um fator. A descoberta do local aproximado de um gene ligado à enurese (Eiberg, 1995; von Gontard, Heron, & Joinson, 2011) indica que a hereditariedade é um fator crítico, possivelmente em combinação com maturação motora lenta (von Gontard, Schmelzer, Seifen, & Pukrop, 2001), apneia do sono (Umlauf & Chasens, 2003), alergias ou controle comportamental ruim (Goleman, 1995).

As crianças (e seus pais) precisam ser tranquilizados de que a enurese é comum e não é séria. A criança não deve ser culpada e não deve ser punida. Geralmente, os pais não precisam buscar ajuda profissional, a menos que as próprias crianças estejam sofrendo por urinarem na cama. A enurese especialmente persistente costuma ser tratada com um hormônio antidiurético ou com um alarme noturno (Walle et al., 2012).

Os pais frequentemente consideram o comportamento prolongado de urinar na cama intencional, mas em geral não é. Trata-se de um problema do desenvolvimento, e nenhuma quantidade de adesivos, estrelas ou punições ajudará uma criança a superar a enurese até que ela esteja pronta em seu desenvolvimento.

enurese
Urinar repetidamente nas roupas ou na cama.

DESENVOLVIMENTO CEREBRAL

Durante os primeiros anos de vida, o desenvolvimento cerebral é rápido e profundo. Aos 3 anos, o cérebro tem aproximadamente 90% do peso adulto (Gabbard, 1996). Dos 3 aos 6 anos de idade, o crescimento mais rápido ocorre nas áreas frontais que regulam o planejamento e o estabelecimento de metas. A densidade das sinapses no córtex pré-frontal atinge um pico aos 4 anos de idade (Lenroot & Giedd, 2006). Aos poucos, essa "conectividade exuberante" vai sendo podada pela experiência, um processo que está por trás da enorme plasticidade do cérebro humano (Innocenti & Price, 2005). Além disso, a mielina (uma substância gordurosa que recobre os axônios das fibras nervosas e acelera a condução neural) continua se formar (Giedd & Rapoport, 2010). Aos 6 anos de idade, o cérebro alcançou aproximadamente 90% de seu volume máximo (Stiles & Jernigan, 2010). Dos 6 aos 11 anos, o crescimento rápido ocorre em áreas que permitem o pensamento associativo, a linguagem e as relações espaciais (Thompson et al., 2000).

O *corpo caloso* é um feixe espesso de fibras nervosas que conecta os dois hemisférios do cérebro e permite que se comuniquem mais rápida e eficazmente um com o outro (Toga, Thompson, & Sowell, 2006), o que possibilita a melhor coordenação dos sentidos, atenção, alerta, fala e audição (Lenroot & Giedd, 2006). O corpo caloso continua a ser mielinizado durante toda a infância e adolescência, com o volume máximo sendo atingido antes entre as meninas do que entre os meninos (Luders, Thompson, & Toga, 2010).

HABILIDADES MOTORAS

O desenvolvimento das áreas sensoriais e motoras do córtex cerebral permite uma melhor coordenação entre o que as crianças querem fazer e o que elas podem fazer. Crianças em idade escolar fazem grandes avanços nas **habilidades motoras grossas**, tais como correr e saltar, que envolvem os grandes músculos (Tabela 7.3).

As crianças variam quanto à aptidão, dependendo de seus dotes genéticos e de suas oportunidades para aprender e praticar habilidades motoras. A coordenação motora na infância tende a ser um traço relativamente estável ao longo do tempo (Vandorpe et al., 2012). As habilidades motoras gerais desenvolvidas durante a segunda infância são a base para os esportes, a dança e outras atividades que muitas vezes começam na terceira infância. Assim, provavelmente não surpreende que a coordenação motora seja preditiva da participação em esportes (Vandorpe et al., 2012). A coordenação motora também está associada com níveis de atividade física na infância e na adolescência (Lopes, Rodrigues, Maia, & Malina, 2011; Barnett, Van Beurden, Morgan, Brooks, & Beard, 2009). Além disso, a falta de coordenação motora está associada com o maior risco de obesidade ou sobrepeso em crianças, o que provavelmente representa uma relação recíproca (D'Hondt et al., 2013; D'Hondt et al., 2014).

> **verificador**
> **você é capaz de...**
> ▷ Identificar cinco distúrbios do sono comuns e fazer recomendações para seu tratamento?
> ▷ Resumir as mudanças no cérebro durante a infância e discutir seus possíveis efeitos?
>
> **habilidades motoras grossas**
> Habilidades físicas que envolvem os grandes músculos.

TABELA 7.3 Habilidades motoras na segunda infância

3 anos	4 anos	5 anos
Não sabe girar ou parar de repente ou rapidamente.	Tem um controle mais eficiente do ato de parar, arrancar e girar.	Pode arrancar, girar e parar efetivamente em jogos.
Pode saltar uma distância de 38 a 60 centímetros.	Pode saltar uma distância de 60 a 84 centímetros.	Pode correr e dar um salto à distância de 71 a 91 centímetros.
Pode subir escadas sem ajuda, alternando os pés.	Pode descer escadas alternando os pés se estiver apoiada.	Pode descer escadas longas sem ajuda, alternando os pés.
Pode saltitar usando amplamente uma série de saltos irregulares, com a adição de algumas variações.	Pode saltitar de quatro a seis passos com um único pé.	Pode saltar facilmente por uma distância de cinco metros.

Fonte: Corbin, 1973.

As crianças fazem progressos significativos nas habilidades motoras durante os anos pré-escolares. À medida que se desenvolvem fisicamente, elas são mais capazes de fazer o que querem com seus corpos. O desenvolvimento dos grandes músculos lhes permite andar de triciclo ou de balanço; o aumento da coordenação olhos-mãos as ajuda no manuseio de tesouras.

(triciclo): Elena Zakh/Shutterstock; (balanço): Ariel Skelley/Blend Images/Getty Images; (tesoura): Fertnig/E+/Getty Images

Crianças com menos de 6 anos raramente estão preparadas para participar de esportes organizados. Se as demandas do esporte forem maiores do que as capacidades físicas e motoras da criança, ela pode ficar frustrada (AAP Committee on Sports Medicine and Fitness and Committee on School Health, 2001). O desenvolvimento físico floresce em brincadeiras livres, ativas e não estruturadas.

As **habilidades motoras finas**, como abotoar a camisa e desenhar imagens, envolvem a coordenação olhos-mãos e dos pequenos músculos. A aquisição dessas habilidades permite às crianças pequenas assumirem mais responsabilidades por seus cuidados pessoais.

À medida que desenvolvem habilidades motoras, as crianças em idade pré-escolar mesclam continuamente as habilidades que já possuem com aquelas que estão adquirindo para produzir capacidades mais complexas. Essas combinações de habilidades são conhecidas como **sistemas de ação**.

Lateralidade manual   A **lateralidade manual**, a preferência por usar uma das mãos em vez da outra, geralmente fica evidente por volta dos 3 anos de idade. Uma vez que o hemisfério esquerdo do cérebro, o qual controla o lado direito do corpo, costuma ser dominante, 90% das pessoas prefere seu lado direito (Coren, 2012). A lateralidade manual nem sempre é bem definida; nem todos preferem uma das mãos para cada tarefa. Meninos têm mais probabilidade de serem canhotos do que meninas. Para cada 100 meninas canhotas há 123 meninos canhotos (Papadatou-Pastou, Martin, Munafo, & Jones, 2008).

A lateralidade manual é genética ou ambiental? Alguns pesquisadores defendem explicações genéticas, citando, por exemplo, que ser canhoto ocorre em famílias e que há altas estimativas de herdabilidade entre gêmeos (Medland et al., 2009; Lien, Chen, Hsiao, & Tsuang, 2015). Identificar o mecanismo genético tem se revelado difícil; os padrões de herança parecem sugerir que se trata de herança monogênica, os genes em si não têm sido fáceis de achar, e algumas evidências sugerem que a lateralidade manual pode mesmo ser o resultado de muitos genes funcionando em conjunto (McManus, Davison, & Armour, 2013; Armour, Davison, & McManus, 2014).

Outros pesquisadores afirmam que o ambiente deve ser mais importante. Por exemplo, crianças de baixo peso ao nascer ou que tiveram partos difíceis têm maior probabilidade de serem canhotas (Alibeik & Angaji, 2010; Domellöf, Johansson, & Rönnqvist, 2011). Além disso, as irmãs em pares de gêmeos de sexos opostos têm menos tendência a serem canhotas do que quando ambas as gêmeas são meninas, possivelmente devido à influência da testosterona fornecida pelo gêmeo do sexo masculino (Vuoksimaa, Eriksson, Pulkkinen, Rose, & Kaprio, 2010). Uma evidência adicional dos efeitos ambientais é que as crianças que vão à escola têm maior tendência a serem destras do que aquelas que não recebem educação formal (Geuze et al., 2012). Ambos os pontos de vista, da genética e do ambiente, podem guardar parte da resposta.

habilidades motoras finas
Habilidades físicas que envolvem os pequenos músculos e a coordenação olhos-mãos.

sistemas de ação
Combinações cada vez mais complexas de habilidades motoras que permitem um espectro mais amplo ou mais preciso de movimentos e um maior controle do ambiente.

lateralidade manual
Preferência por usar uma das mãos.

▼
verificador
você é capaz de...

▷ Diferenciar entre habilidades motoras grossas e habilidades motoras finas, e dar exemplos de habilidades de cada tipo que se aperfeiçoam durante a segunda infância?

▷ Dizer como o funcionamento cerebral está relacionado às habilidades motoras e à lateralidade manual?

Saúde e segurança

Em razão das amplas campanhas de imunização, muitas daquelas que outrora eram as maiores doenças da infância hoje são muito menos comuns nas nações ocidentais industrializadas. Nos países em desenvolvimento, entretanto, doenças que podem ser evitadas pela vacinação como sarampo, coqueluche (tosse aguda) e tétano ainda custam caro demais. Mesmo nas sociedades tecnologicamente avançadas, esta é uma época menos saudável para algumas crianças do que para outras.

OBESIDADE

Uma criança obesa pode ter dificuldade para acompanhar seus pares – fisicamente e socialmente. A obesidade entre crianças pequenas tem aumentado.
kwanchai.c/Shutterstock

Em 2008, o estúdio cinematográfico Pixar lançou Wall-E, uma animação de ficção científica na qual os seres humanos são retratados como obesos e sedentários, flutuando em um ambiente mecanizado. Onde você acha que os seres humanos vão acabar se não mudarmos nossos caminhos? Essa visão da humanidade pode um dia tornar-se realidade?

No mundo todo, estimava-se um número de 41 milhões de crianças com menos de 5 anos obesas em 2016. Se as tendências atuais se mantiverem, 70 milhões de crianças de até 5 anos sofrerão de sobrepeso/obesidade em 2025. Os índices estão aumentando mais rapidamente nos países em desenvolvimento com mais baixa renda (World Health Organization, 2018).

A obesidade é um problema sério entre crianças em idade escolar nos Estados Unidos. Em 2015-2016, quase 14% das crianças de 2 a 5 anos tinham um índice de massa corporal (IMC) no ou acima do 95º percentil para sua idade, um número ligeiramente maior para os meninos do que para as meninas. O número era maior entre crianças hispânicas (25,8%), seguidas pelas afro-americanas (22%) e brancas (14,1%), com as menores taxas de obesidade entre as crianças asiáticas (11%) (Hales, Carroll, Fryar, & Ogden, 2017). O sobrepeso também é um problema: cerca de 23% das crianças de 2 a 5 anos têm IMC no ou acima do 85º percentil, sendo que os achados referentes a gênero e etnia refletem o que vemos no caso da obesidade (Ogden, Carroll, Kit, & Flegal, 2014). As crianças de famílias de nível socioeconômico mais baixo têm maior probabilidade de ser obesas (Ogden, Lamb, Caroll, & Flegal, 2010). Os índices de prevalência se estabilizaram por algum tempo nos Estados Unidos (Ogden, Carroll, Fryar, & Flegal, 2015), mas depois voltaram a subir (Hales et al., 2017).

Uma tendência à obesidade pode ser hereditária, mas os principais fatores que levam à epidemia de obesidade são ambientais (AAP, 2004). O ganho de peso excessivo depende de ingestão calórica, mudanças na composição da dieta, reduções no nível de atividade física e mudanças na microbiota intestinal (Sahoo et al., 2015; Ng et al., 2014). Um fator particularmente importante pode ser a disponibilidade de alimentos altamente processados, densos em energia e pobres em nutrientes (Crino, Sacks, Vandevijvere, Swinburn, & Neal, 2015).

A prevenção da obesidade nos primeiros anos de vida, quando normalmente tem início o ganho de peso excessivo, é crítica; o sucesso do tratamento a longo prazo, especialmente quando demora a começar, é limitado (AAP Committee on Nutrition, 2003; Quattrin, Liu, Shaw, Shine, & Chiang, 2005). Crianças acima do peso, especialmente aquelas cujos pais têm sobrepeso, tendem a tornar-se adultos obesos (Singh, Mulder, Twisk, Van Mechelen, & Chinapaw, 2008), e o excesso de massa corporal é uma ameaça à saúde (Biro & Wein, 2010; Franks et al., 2010). Portanto, a segunda infância é um bom momento para tratar a obesidade, quando a dieta de uma criança ainda está sujeita à influência e ao controle dos pais (Quattrin et al., 2005). As tendências em relação à obesidade na infância podem ser identificadas desde os 6 meses de idade, e quanto mais cedo as intervenções começarem para as crianças em risco, maiores as suas chances de terem sucesso (De Onis, Blössner, & Borghi, 2010).

Os dados sugerem que três fatores são importantes na prevenção da obesidade: (1) comer regularmente uma refeição noturna em família, (2) ter uma quantidade adequada de horas de sono, e (3) assistir a menos de 2 horas de televisão por dia (Anderson & Whitaker, 2010). Cada hora de TV adicional acima de 2 horas aumenta a probabilidade de obesidade aos 30 anos de idade em 7%, provavelmente porque cada hora adicional assistindo a televisão substituiria uma hora de atividade física (Viner & Cole, 2005).

O que as crianças comem e quanto comem é igualmente importante. Para evitar a obesidade e prevenir problemas cardíacos, as crianças pequenas devem consumir apenas 30% de calorias totais de gordura, e não mais de um terço dessas calorias deve vir de gordura saturada. Dietas vegetarianas bem-planejadas são saudáveis, mas a maioria das crianças precisa consumir carne magra e laticínios para obter proteína, ferro e cálcio. O leite e outros laticínios devem ser desnatados ou semidesnatados (AAP Committee on Nutrition, 2006).

pesquisa em ação

SEGURANÇA ALIMENTAR

A insegurança alimentar ocorre quando as famílias não têm acesso assegurado a quantidades suficientes de comida para manter uma vida saudável. Estima-se que 15,8 milhões de lares nos Estados Unidos tenham sofrido com insegurança alimentar durante algum período no ano de 2015 (Coleman-Jensen, Rabbit, Gregory, & Singh, 2016). As famílias com baixíssima segurança alimentar demonstram menor consumo de alimentos e padrões alimentares disfuncionais, com pelo menos um membro periodicamente perdendo refeições.

Cerca de 20% dos lares de baixa renda com insegurança alimentar têm crianças de 0 a 5 anos (Johnson & Markowitz, 2017). Quando os orçamentos familiares ficam apertados, alimentos saudáveis, como cereais integrais, carnes magras e frutas e vegetais frescos, podem acabar sendo trocados pelas calorias vazias dos alimentos altamente processados e produtos assados. As calorias vazias tendem a ser mais baratas, mas esses alimentos têm alto teor calórico e poucos nutrientes (Drewnowski, 2009). Na segunda infância, a insegurança alimentar e dietas de baixa qualidade estão ligadas a deficiências de vitaminas e minerais, maior peso corporal e menores habilidades cognitivas e socioemocionais (Barroso et al., 2016; Johnson & Markowitz, 2017; Skalicky et al., 2006).

A má nutrição também pode ser exacerbada pelos chamados desertos alimentares. Presentes principalmente em áreas rurais e urbanas de baixa renda, os desertos alimentares não têm supermercados geograficamente acessíveis (Centers for Disease Control and Prevention, 2013d). Em vez disso, os alimentos são comprados em lojas de conveniência ou restaurantes de *fast-food* – e, em ambos, predominam as opções de *junk food* (literalmente, "comida lixo"). Para as famílias à beira do abismo, financeiramente, sair da sua vizinhança ou cidade para obter alimentos frescos e saudáveis representa um ônus econômico e de tempo muito grande (Walker, Keane, & Burke, 2010). As pesquisas mostram que as crianças que moram em desertos alimentares possuem índice de massa corporal maior (Thomsen, Nayga, Alviola, & Rouse, 2016) e enfrentam maior probabilidade de terem sobrepeso (Shafft, Jensen, & Hinrichs, 2009).

Devido ao seu desenvolvimento e crescimento rápido, as questões de acessibilidade a alimentos impactam especialmente as crianças pequenas. As estimativas sugerem que as crianças provavelmente consomem quantidades inadequadas de micronutrientes, como vitamina A, zinco, ferro e iodo (Barrett, 2010). As crianças precisam de nutrientes adequados, não apenas calorias, para manter o crescimento corporal ideal (Lobstein et al., 2015). As deficiências nutricionais na segunda infância têm consequências para o crescimento físico, desenvolvimento cerebral e funcionamento social e cognitivo a longo prazo (Johnson & Markowitz, 2017).

Muitos associam a desnutrição à fome, mas a má nutrição também pode ocorrer quando a dieta é composta consistentemente de "comidas vazias" altamente calóricas e com poucos nutrientes. Esse tipo de dieta é responsável pelo ganho de peso rápido na segunda infância (Lobstein et al., 2015). Para algumas crianças, o ganho de peso excessivo leva ao início da obesidade infantil. Crianças obesas tendem a continuar obesas. Estudos recentes sugerem que 55% das crianças obesas permanecem obesas na adolescência e que cerca de 80% desses adolescentes se tornam adultos obesos (Simmonds, Llewellyn, Owen, & Woolacott, 2016). A obesidade infantil está ligada a diversas complicações de saúde a longo prazo, incluindo maior risco de síndrome metabólica e doenças cardiovasculares na vida adulta (Kelsey, Zaepfel, Bjornstad, & Nadeau, 2014).

 qual a sua opinião Nos Estados Unidos, os programas federais de nutrição fornecem assistência a famílias de baixa renda. De quais programas você tem conhecimento? Quais são os benefícios (e desvantagens) desses tipos de programas?

SUBNUTRIÇÃO

Em países desenvolvidos, como os Estados Unidos, o sobrepeso e a obesidade são os padrões comuns. Em muitos países em desenvolvimento, entretanto, vemos surgir um padrão diferente. Algumas crianças parecem ter peso normal, mas são mais baixas do que deveriam para a sua idade e podem ter deficiências físicas e cognitivas. Essas crianças sofrem de interrupção do crescimento, uma forma de desnutrição que geralmente é o resultado de fome crônica e persistente. Outras crianças podem ter alturas adequadas para a sua idade, mas serem mais magras do que deveriam. Nesse caso, dizemos que sofrem de emaciamento, uma forma de desnutrição que geralmente é o resultado da perda de peso rápida e recente. Em 2017, cerca de 150,8 milhões de crianças sofriam de interrupção do crescimento e 50,5 milhões estavam emaciadas devido à falta de calorias

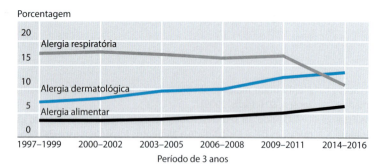

FIGURA 7.2
Crianças norte-americanas de até 18 anos com condição alérgica informada nos 12 meses anteriores, 1997-2016.
Dados recentes mostram que as alergias alimentares e dermatológicas aumentaram entre crianças do nascimento aos 17 anos.
Fonte: CDC/NCHS, Health Data Interactive, National Health Interview Survey.

e nutrientes adequados (World Health Organization, 2018). Mesmo nos Estados Unidos, 18% das crianças com menos de 18 anos viviam em lares com insegurança alimentar em 2015 (Federal Interagency Forum on Child and Family Statistics, 2017; ver Seção Pesquisa em Ação para mais detalhes).

A subnutrição é uma causa subjacente em cerca de um terço das mortes antes dos 5 anos de idade no mundo (World Health Organization, 2013). O sul da Ásia tem o nível mais alto de subnutrição; 35 milhões de crianças com menos de 5 anos na região estão moderada ou gravemente abaixo do peso, em comparação com 13,8 milhões na África Subsaariana, 700.000 na América Latina e no Caribe, e 50,5 milhões no mundo todo (World Health Organization, 2018).

Visto que crianças subnutridas geralmente vivem em circunstâncias de extrema privação, é difícil determinar os efeitos específicos da má nutrição. Entretanto, juntas, essas privações podem afetar negativamente não apenas o crescimento e o bem-estar físico mas também o desenvolvimento cognitivo e psicossocial (Martorell, Melgar, Maluccio, Stein, & Rivera, 2010), e seus efeitos são duradouros (Liu, Raine, Venables, Dalais, & Mednick, 2003).

ALERGIAS ALIMENTARES

Noventa por cento das alergias alimentares podem ser atribuídas a oito alimentos: leite, ovos, nozes, amendoim, peixe, soja, trigo e frutos do mar (Boyce et al., 2010). As alergias alimentares são mais prevalentes em crianças do que em adultos, e a maioria das crianças superarão suas alergias (Branun & Lukacs, 2008). Em 2012, cerca de 6 em cada 100 crianças sofriam de algum tipo de alergia alimentar (Bloom, Jones, & Freeman, 2013). As crianças que sofrem de alergias alimentares são, em média, menores e mais baixas do que as crianças sem esse tipo de alergia (Sova et al., 2013; Flammarion et al., 2011). Além disso, embora a morbidade e a mortalidade resultantes de reações alérgicas geralmente sejam baixas, dada a vigilância da maioria das famílias no monitoramento do que as crianças ingerem, sofrer de alergias alimentares pode ter consequências psicossociais negativas. Estas incluem o maior risco de ansiedade e depressão, restrições aos tipos de atividades nas quais a família pode participar e influências negativas na participação e presença na escola (Cummings, Knibb, King, & Lucas, 2010).

Pesquisas sobre crianças com menos de 18 anos demonstraram um aumento na prevalência de alergias alimentares durante os últimos 30 anos (Sicherer & Sampson, 2018; Figura 7.2). Não há um padrão claro para este aumento, e ele existe igualmente para meninos e meninas e entre diferentes raças e etnias (Branum & Lukacs, 2008; Jackson, Howie, & Akinbami, 2013). Contudo, crianças das mais diversas culturas, com uma ampla variedade de alergias, incluindo alergias a ambientes internos e externos, dermatológicas e alimentares, têm maior probabilidade de vir de famílias de maior nível socioeconômico (Uphoff et al., 2015).

Mudanças na dieta, a forma como os alimentos são processados, o momento em que os alimentos são introduzidos e a diminuição da vitamina D com base em menos exposição ao sol foram sugeridos como fatores contribuintes para o aumento nas taxas de alergia. Uma teoria de que a sociedade é muito limpa e que os sistemas imunológicos das crianças são menos maduros porque elas não são suficientemente expostas a germes e sujeira também tem sido explorada. A relação entre eczema e alergias alimentares também levou alguns pesquisadores a teorizar que a sensibilização a alérgenos é desenvolvida por meio da exposição cutânea. Além disso, o melhor conhecimento por médicos e pais poderia ser um fator nos aumentos relatados (Sicherer & Sampson, 2018; Lack, 2008). Embora haja muitas explicações possíveis, não existe evidência suficiente para apontar uma causa.

SAÚDE BUCAL

A saúde bucal é um componente importante da saúde em geral. Ela começa na infância, quando duas questões comuns preocupam os pais: sugar o dedo e cáries.

Aos 3 anos, todos os dentes primários (de leite) já nasceram, e os dentes permanentes, que começam a aparecer em torno dos 6 anos, estão se desenvolvendo. Assim, os pais normalmente podem ignorar com segurança o hábito de sugar o dedo, comum nas crianças de menos de 4 anos. Se as crianças param de sugar o dedo com essa idade, seus dentes permanentes provavelmente não serão afetados (American Dental Association, 2007).

As cáries na segunda infância geralmente são consequência do consumo excessivo de sucos e leite adoçados, em combinação com a falta de cuidados odontológicos regulares. Alguns dos piores efeitos foram identificados entre crianças que tomam mamadeira na cama e que enchem seus dentes de açúcar durante a tarde ou noite. A cárie nos dentes de leite diminuiu em relação aos índices do início da década de 1970, mas a tendência se inverteu ligeiramente desde meados dos anos noventa (Centers for Disease Control and Prevention, 2007c). As crianças carentes ainda têm mais cáries não tratadas do que as outras (Bloom, Cohen, Vickerie, & Wondimu, 2000).

O flúor é um mineral essencial para a manutenção e solidificação dos ossos (Giri, 2016). Em níveis baixos, está comprovado que o flúor reduz a incidência das cáries (dos Santos, Nadanovsky, & de Oliveira, 2013). O flúor pode ser administrado de forma tópica, com cremes dentais, enxaguantes bucais ou géis; ou sistemicamente, com suplementos ou no abastecimento de água (Buzalaf & Levy, 2011). Dado o baixo risco e a alta eficácia dos cremes dentais fluoretados, hoje geralmente recomenda-se a administração tópica (Tubert-Jeannin et al., 2011).

verificador
você é capaz de...
▷ Resumir as tendências à obesidade entre crianças em idade pré-escolar e explicar por que o sobrepeso é uma preocupação na segunda infância?
▷ Comparar o nível de saúde das crianças pequenas nos países desenvolvidos e nos países em desenvolvimento?

MORTES E LESÕES ACIDENTAIS

No mundo todo, estima-se que cerca de 5,4 milhões de crianças de menos de 5 anos morreram em 2017 (Hug, Sharrow, Zhong, & You, 2018). A Seção Janela para o Mundo deste capítulo discute as chances de sobrevivência das crianças aos primeiros 5 anos de vida em todo o mundo.

Os acidentes são a principal causa de morte das crianças pequenas nos Estados Unidos (Heron, 2018). A maioria das mortes por lesões entre crianças em idade escolar ocorrem em casa – frequentemente por incêndios, afogamento em banheiras, sufocamento, intoxicação ou quedas (Nagaraia et al., 2005). Medicamentos comuns, como aspirina, paracetamol, xaropes para tosse e mesmo vitaminas podem ser perigosos para crianças pequenas curiosas.

Os acidentes de automóvel são a causa mais comum de morte acidental de crianças de mais de 4 anos (Durbin, 2011). Todos os 50 estados dos Estados Unidos e a capital Washington D.C. exigem que crianças pequenas usem cintos de segurança ou estejam sentadas em assentos especiais. Recomenda-se que crianças de 4 anos usem assentos infantis virados para a frente, com arreios, até chegarem ao limite de peso ou altura do assento. Depois, assentos devem ser utilizados para reposicionar o cinto de segurança até a criança ser grande o suficiente para usar o cinto da maneira correta. Os *airbags* são projetados para proteger adultos, não crianças. Pesquisas demonstram que eles aumentam o risco de ferimentos fatais para crianças de menos de 13 anos sentadas no banco da frente.

Outras causas comuns de morte na segunda infância incluem câncer, anomalias congênitas e doenças cromossômicas, agressão e homicídio, doenças cardíacas, doenças respiratórias (incluindo gripe e pneumonia, além de doenças crônicas) e septicemia (infecção bacteriana que afeta o sangue e leva à falência dos órgãos) (Heron, 2018).

Nos Estados Unidos, o símbolo típico usado para venenos agora é o "Mr. Yuk" – uma careta de desenho animado, verde, mostrando a língua. Essa imagem foi adotada quando os pesquisadores e os órgãos de saúde pública perceberam que a tradicional caveira com ossos cruzados, em vez de indicar perigo para crianças pequenas, as intrigava e despertava seu interesse sobre os conteúdos das embalagens.

A SAÚDE NO CONTEXTO: INFLUÊNCIAS AMBIENTAIS

Por que algumas crianças têm mais doenças ou lesões do que outras? Algumas parecem geneticamente predispostas a certas condições médicas. Além disso, os fatores ambientais desempenham papéis importantes.

Nível socioeconômico e raça/etnia   Quanto mais baixo o nível socioeconômico de uma família, maiores os riscos de a criança enfrentar doenças, lesões e morte (Braveman, Cubbin, Egerter, Williams, & Pamuk, 2010; Olson, Diekema, Elliott, & Renier, 2010). As crianças pobres têm mais probabilidade do que as outras de terem condições crônicas e limitações de atividade, de não terem planos de saúde e de não terem suas necessidades médicas e dentárias atendidas. Fatores sociais ligados à pobreza, como aumento do estresse, também impactam a saúde (Murray et al., 2013). As crianças que vivem na pobreza (21% das crianças com menos de 6 anos, desproporcionalmente membros de minorias) têm maior probabilidade de terem condições crônicas e limitações de atividade, de não terem planos de saúde e de não terem suas necessidades médicas e dentárias atendidas (Federal Interagency Forum on Child and Family Statistics, 2017).

O Medicaid, um programa governamental norte-americano que presta assistência médica a pessoas e famílias de baixa renda habilitadas, tem sido uma rede de auxílio para crianças pobres desde 1965. Entretanto, ele não atinge milhares de crianças cujas famílias ganham demais para se qualificarem, mas muito pouco para poderem pagar um plano de saúde particular. Em 1993, 14% das crianças não tinham seguro de saúde (Federal Interagency Forum on Child and Family Statistics, 2017). Em 1997, o governo federal criou o State Children's Health Insurance Program (SCHIP) para ajudar os estados a estenderem a cobertura de cuidados de saúde a crianças não seguradas de famílias pobres e quase pobres. A lei aprovada em 2009 expandiu o programa e estendeu a cobertura de 7 milhões para 11 milhões de crianças (Centers for Medicare and Medicaid Services, 2009). Mesmo com a expansão, há aproximadamente 9 milhões de crianças não seguradas nos Estados Unidos (Devoe, Ray, Krois, & Carlson, 2010). A promulgação da Lei de Proteção e Cuidado ao Paciente dos Estados Unidos em 2010 reduziu esse número. Entre outras disposições, a lei expande os benefícios para muitas famílias pobres que antes não tinham direito a eles, elimina exclusões de cobertura de condições preexistentes, inclui cobertura odontológica e oftalmológica para crianças e estabelece iniciativas para prevenir e tratar a obesidade infantil. Em 2015, o número de crianças sem plano de saúde caiu para 4,5% um recorde histórico (Federal Interagency Forum on Child and Family Statistics, 2017). Infelizmente, essa tendência promissora se inverteu em 2017, quando se estimou que o número de crianças seguradas tenha diminuído em 276.000. A queda ocorreu principalmente nos estados norte-americanos que optaram por não expandir a cobertura do Medicaid para os pais (Alker & Pham, 2018). Em dezembro de 2017, o presidente Donald Trump promulgou a Lei de Cortes de Tributos e Geração de Empregos de 2017, que revogava a obrigatoriedade individual de adquirir seguro de saúde, sob a qual os norte-americanos que não tinham um nível mínimo de seguro eram obrigados a pagar uma multa. A revogação da obrigatoriedade individual entrou em vigor em 2018. Os efeitos da revogação ainda não se manifestaram, mas o Escritório de Orçamento do Congresso dos Estados Unidos (Congressional Budget Office, 2017), um departamento sem influência política, estimou que o efeito seria um aumento de 4 milhões de pessoas sem seguro até 2019 e de 13 milhões até 2027.

O acesso a cuidados de saúde de qualidade é um problema principalmente entre crianças negras e de origem latina, sobretudo as que são pobres (Flores, 2010). De acordo com o Children's Defense Fund (2014), 1 em cada 7 crianças latinas e 1 em cada 11 crianças negras não tem plano de saúde comparado com uma taxa de 1 em cada 15 para crianças brancas. Barreiras linguísticas e culturais e a necessidade de mais profissionais de saúde latino-americanos podem ajudar a explicar algumas dessas disparidades (Betancourt, Green, Carrillo, & Ananeh-Firempong, 2016). Mesmo as crianças asiático-americanas, que tendem a ter saúde melhor do que as brancas não hispânicas, têm menos possibilidade de acessar e usar os recursos de assistência à saúde, talvez devido a barreiras semelhantes (NCHS, 2005; Yu, Huang, & Singh, 2004).

Falta de moradia A falta de moradia é o resultado de circunstâncias que forçam as pessoas a escolher entre comida, teto e outras necessidades básicas. Desde a década de 1980, residências com aluguéis acessíveis se tornaram escassas e a pobreza se espalhou, aumentando radicalmente o problema da falta de moradia nos Estados Unidos. Os fatores que contribuem para a falta de moradia incluem a falta de oportunidades de emprego, reduções nos orçamentos de assistência social, falta de planos de saúde acessíveis, violência doméstica, doença mental e abuso de substâncias (National Coalition for the Homeless, 2017). Em 2011, estimava-se que havia 1,6 milhão de crianças em situação de rua nos Estados Unidos (Bassuk, Murphy, Coupe, Kenney, & Beach, 2011), número que aumentou para 2,5 milhões em 2014 (America's Youngest Outcasts, 2014).

Hoje, as famílias compõem cerca de 33% da população sem moradia todas as noites, e a proporção é maior nas zonas rurais (Henry, Watt, Rosenthal, & Shivji, 2018). A economia norte-americana como um todo está em bom estado, mas os benefícios não chegaram aos mais pobres, e o número de crianças sem moradia aumentou para cerca de 1 a cada 30 (Bassuk, DeCandia, Beach, & Berman, 2014). Muitas famílias sem moradia são chefiadas por mães solteiras na faixa dos 20 anos (Park, Metraux, & Culhane, 2010), frequentemente fugindo da violência doméstica (National Coalition for the Homeless, 2018).

JANELA para o mundo

SOBREVIVENDO AOS PRIMEIROS CINCO ANOS DE VIDA

Os esforços internacionais para melhorar a saúde da criança concentram-se nos primeiros cinco anos porque mais de 80% das mortes de crianças com menos de 15 anos ocorrem durante esse período inicial. Mundialmente, cerca de três quartos das mortes de crianças de menos de 5 anos podem ser atribuídos a sete problemas: complicações do nascimento prematuro (18%), pneumonia (16%), complicações perinatais (12%), anormalidades congênitas (9%), diarreia (8%), sepse neonatal (7%) e malária (5%) (Hug et al., 2018). Excluindo as complicações do parto, quase 50% de todas as mortes infantis são causadas por doenças transmissíveis, tais como pneumonia, meningite, tétano, diarreia, malária, sarampo, sepse e aids (UNICEF, 2016b). As chances de uma criança sobreviver ao seu quinto aniversário quase triplicaram nos últimos 50 anos (Hug et al., 2018).

Quase todas as mortes infantis (98%) ocorrem nas regiões mais pobres dos países em desenvolvimento, onde a nutrição é inadequada, a água é imprópria para consumo e faltam instalações sanitárias (UNICEF, 2015b). A qualidade do ar parece estar fortemente associada ao maior risco de mortalidade. As variáveis maternas também são importantes com relação à mortalidade de crianças de até 5 anos, especialmente no caso das mortes de recém-nascidos. Crianças nascidas de mães jovens, de baixa escolaridade ou que tiveram pouco tempo entre mais de uma gravidez correm riscos maiores (Hug et al., 2018).

Os avanços entre 1990 e 2015 foram significativos. Para colocar os números em termos humanos, em 1990, 34.000 crianças morreram por dia; em 2017, 15.000 morreram a cada dia. Embora seja um número chocante quando consideramos os custos humanos, ainda assim representa uma redução de 58%. As maiores taxas de mortalidade para crianças com menos de 5 anos ocorrem na África Subsaariana, onde, em média, 1 criança a cada 13 morre antes do seu quinto aniversário. Na Austrália e na Nova Zelândia, por outro lado, onde as taxas são as menores do mundo, em média, 1 criança em cada 263 morre antes dos 5 anos (Hug et al., 2018).

Existe um esforço global no sentido de reduzir as taxas de mortalidade infantil. O grande foco está em melhorar a educação e os cuidados familiares, suplementação nutricional e práticas de amamentação. Essas abordagens são acompanhadas por intervenções na saúde materna, incluindo a prestação de serviços capacitados durante a gravidez e o parto. Outros programas bem-sucedidos se concentram em vacinações, antibióticos e mosquiteiros tratados com inseticida (UNICEF, 2015b).

> **qual a sua opinião?** O que poderia ser feito para produzir melhoras mais rápidas e equilibradamente distribuídas na mortalidade infantil em todo o mundo?

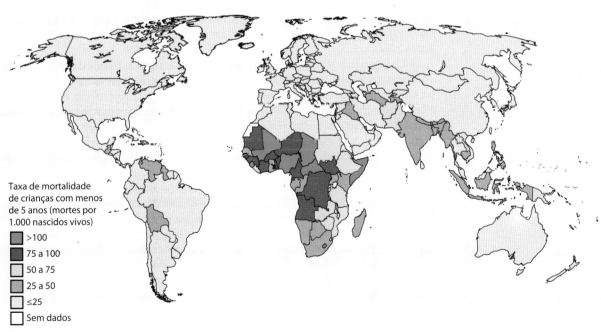

Fonte: Hug, Sharrow, Zhong e Danzhen, 2018.

Famílias com crianças são a parte da população sem moradia de crescimento mais rápido. Crianças sem moradia tendem a ter mais problemas de saúde do que crianças que têm onde morar.
Tony Freeman/PhotoEdit

▶ verificador
você é capaz de...

▷ Comparar o nível de saúde das crianças pequenas nos países desenvolvidos e nos países em desenvolvimento?

▷ Dizer onde e como as crianças pequenas têm mais probabilidade de sofrer lesões?

▷ Discutir as influências ambientais que colocam em risco a saúde das crianças?

Muitas crianças sem moradia passam seus primeiros anos em ambientes instáveis, inseguros e frequentemente insalubres. Elas e seus pais podem não ter acesso ao apoio da comunidade, família e recursos institucionais, e também não ter acesso fácil a tratamento médico e educação. Essas crianças sofrem de mais problemas de saúde do que as crianças pobres que têm moradia, e têm mais probabilidade de ter baixo peso ao nascer ou de precisar de cuidados neonatais. As crianças sem moradia também tendem a sofrer de depressão e ansiedade e a ter problemas acadêmicos e de comportamento (Bassuk, Richard, & Tsertvadze, 2015; Herbers et al., 2012; Richards, Merrill, & Baksh, 2011). Mais pesquisas são necessárias sobre intervenções baseadas em evidências para enfrentar os inúmeros fatores de risco aos quais estão expostas as crianças sem moradia (Zlotnick, Tam, & Zerger, 2012).

Exposição a poluentes ambientais   O tabagismo é ruim para todos, mas as crianças, com seus pulmões ainda em desenvolvimento e respiração mais rápida, são particularmente sensíveis aos efeitos nocivos da exposição à fumaça do tabaco (Constant et al., 2011). O hábito de fumar dos pais é uma causa evitável de doença e morte na infância. Crianças expostas ao tabagismo dos pais têm um risco aumentado de infecções respiratórias como bronquite e pneumonia, problemas de ouvido, agravamento da asma e atraso do desenvolvimento pulmonar. De 1988 a 1994, cerca de 85% das crianças entre 4 e 11 anos de idade tinham sinais de exposição ao tabagismo passivo. De 2011 a 2012, esse número diminuiu para 40% (Federal Interagency Forum on Child and Family Statistics, 2017).

A poluição atmosférica está associada a riscos aumentados de morte e doença respiratória crônica. Os contaminantes ambientais também podem desempenhar um papel em certos tipos de câncer, distúrbios neurológicos, transtorno de déficit de atenção/hiperatividade e deficiência intelectual da infância (Woodruff et al., 2004). Em 2015, 59% das crianças dos Estados Unidos viviam em cidades que não satisfaziam um ou mais padrões nacionais de qualidade do ar (Federal Interagency Forum for Child and Family Statistics, 2017).

As crianças são mais vulneráveis que os adultos ao dano crônico causado por pesticidas (Federal Interagency Forum on Child and Family Statistics, 2017). Há algumas evidências de que a exposição a baixas doses de pesticidas pode afetar o desenvolvimento cerebral (Jurewicz & Hanke, 2008). A exposição a pesticidas é maior entre crianças de famílias de agricultores e famílias pobres (Dilworth-Bart & Moore, 2006). Mais da metade de todas as intoxicações por pesticidas informadas (quase 50.000 por ano) ocorrem em crianças com menos de 6 anos (Weiss, Amler, & Amler, 2004).

As crianças podem apresentar concentrações elevadas de chumbo pela ingestão de alimentos ou água contaminados, por resíduos industriais no ar, por colocar dedos contaminados na boca ou por inalar poeira ou brincar com lascas de tinta em casas ou escolas onde há tinta à base de chumbo. A intoxicação por chumbo pode interferir no desenvolvimento cognitivo e pode levar a problemas neurológicos e comportamentais (Federal Interagency Forum on Child and Family Statistics, 2017). Níveis muito altos de chumbo na corrente sanguínea podem causar cefaleias, dores abdominais, perda de apetite, agitação ou letargia e possivelmente vômito, estupor e convulsões (AAP Committee on Environmental Health, 2005).

Os níveis sanguíneos médios de chumbo das crianças caíram em 89% nos Estados Unidos entre 1976 e 2002 devido a leis obrigando a retirada de chumbo da gasolina e de tintas e reduzindo as emissões de fumaça das chaminés (Federal Interagency Forum on Child and Family Statistics, 2005). O número de crianças com níveis elevados de chumbo no sangue diminuiu, de cerca de 25% em 1994 para 1,2% em 2014, mas muitas crianças ainda correm risco devido à poeira, lascas de tinta e outras fontes, e as taxas de chumbo elevado no sangue são maiores entre crianças negras não hispânicas e crianças que vivem na pobreza (Federal Interagency Forum for Child and Family Statistics, 2017).

DESENVOLVIMENTO COGNITIVO

Abordagem piagetiana: a criança pré-operatória

Na teoria de Jean Piaget, os bebês aprendem sobre o mundo usando os sentidos e a atividade motora durante o estágio sensório-motor. Agora, voltamos nossa atenção para o segundo estágio piagetiano, o **estágio pré-operatório**, que vai aproximadamente dos 2 aos 7 anos e é caracterizado por uma grande expansão no uso do pensamento simbólico. Contudo, as crianças ainda não estão preparadas para se envolver em operações mentais lógicas. Vamos examinar alguns avanços e alguns aspectos imaturos do pensamento pré-operatório (Tabelas 7.4 e 7.5), bem como a pesquisa recente, algumas das quais contestam as conclusões de Piaget.

estágio pré-operatório
Na teoria de Piaget, o segundo maior estágio do desenvolvimento cognitivo, no qual o pensamento simbólico se expande, mas as crianças ainda não são capazes de usar a lógica.

AVANÇOS DO PENSAMENTO PRÉ-OPERATÓRIO

Os avanços no pensamento simbólico são acompanhados por um crescente entendimento de espaço, causalidade, identidades, categorização e número.

A função simbólica "Quero sorvete!", anuncia Joana, de 4 anos, andando com dificuldade porta adentro, fugindo do quintal quente e empoeirado. Ela não viu nem sentiu o cheiro de nada que pudesse ter acionado esse desejo – nenhuma porta de geladeira aberta, nenhum comercial de televisão, nenhum pote de sorvete tentador no balcão da cozinha, esperando para ser comido. Em vez disso, ela recuperou o conceito da memória.

Crianças com amigos imaginários têm melhores habilidades para contar histórias.
Trionfi & Reese, 2009

TABELA 7.4 Avanços cognitivos durante a segunda infância

Avanço	Significância	Exemplo
Uso de símbolos	As crianças não precisam estar em contato sensório-motor com um objeto, pessoa ou evento para pensar neles.	Simon pergunta à sua mãe sobre os elefantes que viu na ida ao circo vários meses atrás.
	As crianças podem imaginar que objetos ou pessoas têm outras propriedades além das que eles realmente têm.	Rafael faz de conta que uma fatia de maçã é um aspirador de pó "limpando" a mesa da cozinha.
Compreensão de identidades	As crianças têm consciência de que alterações superficiais não mudam a natureza das coisas.	Antônio sabe que seu professor está vestido como um pirata, mas ele ainda é o seu professor que está sob a fantasia.
Entendimento de causa e efeito	As crianças percebem que os acontecimentos têm causas.	Ao ver uma bola rolar por trás de um muro, Ariel olha por cima do muro para ver a pessoa que a chutou.
Capacidade de classificar	As crianças organizam objetos, pessoas e eventos em categorias significativas.	Rosa classifica as pinhas que coletou em um passeio no parque em duas pilhas: "grandes" e "pequenas".
Compreensão de números	As crianças sabem contar e lidar com quantidades.	Larissa reparte balas com suas amigas, contando para certificar-se de que cada uma receba a mesma quantidade.
Empatia	As crianças tornam-se mais capazes de imaginar como os outros podem se sentir.	Emílio tenta consolar seu amigo quando vê que ele está chateado.
Teoria da mente	As crianças tornam-se mais conscientes da atividade mental e do funcionamento da mente.	Bianca quer guardar alguns biscoitos para si mesma, de forma que os esconde em uma caixa de macarrão, pois sabe que seu irmão não procurará em um lugar onde ele não espera encontrar biscoitos.

TABELA 7.5	Aspectos imaturos do pensamento pré-operatório (de acordo com Piaget)	
Limitação	**Descrição**	**Exemplo**
Centração: incapacidade para descentrar	As crianças concentram-se em um aspecto de uma situação e negligenciam outros.	João provoca sua irmã mais nova afirmando que tem mais suco porque sua caixa de suco foi servida em um copo alto e estreito, mas a dela foi servida em um copo baixo e largo.
Irreversibilidade	As crianças não entendem que algumas operações ou ações podem ser revertidas, restaurando a situação original.	João não percebe que o líquido contido em cada copo pode ser despejado novamente nas respectivas caixas, o que significa que as quantidades devem ser iguais.
Foco mais nos estados do que nas transformações	As crianças não entendem a importância da transformação entre estados.	Na tarefa de conservação, João não entende que transformar a forma de um líquido (passá-lo de um recipiente para outro) não altera a quantidade.
Raciocínio transdutivo	As crianças não usam raciocínio dedutivo ou indutivo; em vez disso, elas veem uma causa onde não existe nenhuma.	Luis foi mesquinho com sua irmã. Sua irmã fica doente. Luis conclui que ele a fez adoecer.
Egocentrismo	As crianças presumem que todas as pessoas pensam, percebem e sentem do mesmo jeito que elas.	Carla segura um livro de modo que apenas ela enxergue a figura que ela quer que o pai lhe explique.
Animismo	As crianças atribuem vida a objetos inanimados.	Amanda diz que o carro está com fome e quer comer gasolina.
Incapacidade de distinguir a aparência da realidade	As crianças confundem o que é real com a aparência externa.	Carol acredita que se usa óculos de lentes azuis, tudo que enxerga ficou azul de verdade.

função simbólica
Termo de Piaget para a capacidade de usar representações mentais (palavras, números ou imagens) às quais uma criança atribui um significado.

brincadeira de faz de conta
Brincadeira envolvendo pessoas e situações imaginárias; também chamada de *jogo de fantasia, jogo dramático* ou *jogo imaginativo*.

Quando a menina finge escutar o coração do ursinho, ela está demonstrando imitação diferida, a capacidade de imitar um comportamento que ela observou há algum tempo.
Duplass/Shutterstock

Ser capaz de pensar em algo na ausência de estímulos sensoriais ou motores caracteriza a **função simbólica**. As crianças nesse estágio têm a capacidade de usar símbolos, ou representações mentais (p. ex., palavras, números ou imagens) para as quais uma pessoa atribui um significado. É um avanço essencial, pois, sem símbolos, as pessoas não poderiam comunicar-se verbalmente, fazer mudanças, ler mapas ou guardar fotos de pessoas queridas distantes.

As crianças em idade pré-escolar demonstram a função simbólica de diversas maneiras. Por exemplo, a *imitação diferida*, na qual as crianças imitam uma ação após a terem observado, se torna mais robusta após os 18 meses. A imitação diferida está relacionada à função simbólica porque exige que a criança tenha retido uma representação mental de uma ação observada. A criança deve recuperar a representação da memória para conseguir repeti-la. Outro marco da função simbólica é a **brincadeira de faz de conta**. Nas brincadeiras de faz de conta, também chamadas de *jogo de fantasia, jogo dramático (encenação)* ou *jogo imaginativo*, as crianças podem fazer um objeto representar outra coisa. Por exemplo, a criança pode levar um controle remoto à orelha e fingir que fala no telefone. O controle remoto é um símbolo do telefone que viu a mãe utilizar. De longe, o maior uso da função simbólica é a linguagem. A linguagem é, fundamentalmente, um sistema de símbolos. Por exemplo, a palavra "chave" é um símbolo para a classe de objetos usados para abrir portas. Quando observamos a emergência da linguagem em crianças pequenas, temos uma imagem clara e ampla do seu uso crescente da função simbólica.

Entendimento de objetos no espaço Além da sua capacidade crescente de usar a função simbólica, as crianças também começam a conseguir entender os símbolos que descrevem espaços físicos, ainda que esse processo seja lento. Até pelo menos os 3 anos de idade, a maioria das crianças não entende seguramente a relação entre figuras, mapas ou maquetes e os objetos ou espaços que eles representam. Crianças de idade pré-escolar mais velhas sabem usar mapas simples e conseguem transferir o entendimento espacial adquirido do trabalho com modelos para mapas e vice-versa. Assim, por exemplo, quando se aproximam dos 5 anos, a maioria das crianças em idade pré-escolar consegue observar um modelo em escala de um recinto, ser informada de onde um brinquedo está escondido usando o modelo e então encontrá-lo no ambiente real (DeLoache, 2011).

Entendimento da causalidade

Piaget afirmava que a criança pré-operatória ainda não era capaz de raciocinar de modo lógico sobre causa e efeito. Ao contrário, dizia ele, elas raciocinam por **transdução**. Elas vinculam mentalmente dois eventos, sobretudo os que são próximos no tempo, haja ou não uma relação causal lógica. Por exemplo, Luis pode achar que seus "maus" pensamentos ou comportamentos fizeram que ele próprio ou sua irmã ficassem doentes ou que tenham causado o divórcio de seus pais.

Piaget estava errado em acreditar que crianças pequenas não entendem a causalidade. Quando testadas em situações apropriadas para o seu nível geral de desenvolvimento cognitivo, as crianças pequenas compreendem causa e efeito. Por exemplo, observações naturalistas de conversas diárias espontâneas de crianças de 2 anos e meio a 5 anos de idade demonstraram um raciocínio causal flexível. As crianças listavam causas físicas ("a tesoura precisa estar limpa para que eu possa cortar melhor") e socioconvencionais ("preciso parar agora porque você pediu") para as suas ações (Hickling & Wellman, 2001).

Outras pesquisas também apoiam a ideia de que elas têm capacidade de realizar raciocínios causais mais complexos. Em um experimento, duas luzes pequenas e uma grande foram mostradas às crianças. Quando apertavam uma das luzes pequenas, ligada à luz grande por um fio, a maior se acendia. As crianças de 4 anos conseguiam entender que uma mudança relevante (trocar a ligação do fio para a outra luz pequena) alteraria a sequência causal, mas que uma mudança irrelevante (aproximar o bloco da luz) não surtiria efeito (Buchanan & Sobel, 2011).

Entendimento de identidades e categorização

O mundo torna-se mais ordenado e previsível quando a criança em idade pré-escolar desenvolve um melhor entendimento do que são *identidades*: o conceito segundo o qual as pessoas e muitas coisas basicamente são as mesmas, mesmo que mudem de forma, tamanho ou aparência. Por exemplo, vestir uma peruca não transforma ninguém em uma pessoa diferente; é apenas uma mudança superficial de aparência. Esse entendimento fundamenta o emergente conceito de *self*, e muitos dos processos envolvidos na compreensão da identidade alheia se refletem no entendimento sobre a própria identidade.

A categorização, ou classificação, exige que a criança identifique semelhanças e diferenças. Aos 4 anos, muitas crianças sabem classificar por meio de dois critérios; por exemplo, cor e forma. As crianças usam essa capacidade para organizar muitos aspectos de suas vidas, categorizando pessoas como "boas", "más", "legais", "chatas" e assim por diante.

Um tipo de categorização é a capacidade de distinguir coisas vivas de coisas inanimadas. Quando Piaget perguntou a crianças pequenas se o vento e as nuvens estavam vivos, suas respostas levaram-no a pensar que estavam confusas. A tendência de atribuir vida a objetos não vivos é chamada de **animismo**. Entretanto, quando pesquisadores perguntaram a crianças de 3 e 4 anos sobre coisas que lhes eram mais familiares – as diferenças entre uma pedra, uma pessoa e uma boneca –, elas demonstraram que entendiam que as pessoas estavam vivas e que as pedras e as bonecas não (Gelman, Spelke, & Meck, 1983; Jipson & Gelman, 2007). Em geral, as crianças parecem atribuir animismo a itens que dividem características com os seres vivos: objetos que se movem, produzem sons ou têm características vitais, como olhos (Opfer & Gelman, 2011). Por exemplo, após assistir a um robô empilhar blocos, as crianças tendiam a atribuir características cognitivas, comportamentais e, especialmente, afetivas ao robô (Beran, Ramirez-Serrano, Kuzyk, Firo, & Nugent, 2011).

Entendimento de números

Múltiplas linhas de pesquisa demonstram que os bebês têm um conceito rudimentar de número. As pesquisas sugerem que bebês de apenas 4 meses e meio indicam, ao olhar por mais tempo e com maior intensidade, que, se uma boneca for acrescentada a outra boneca, deve haver duas bonecas, não apenas uma. Aos 6 meses, eles conseguem "contar" mais e sabem que 8 pontos são diferentes de 16 pontos (Libertus & Brannon, 2010). Outra pesquisa verificou que a ordinalidade – o conceito de comparar quantidades (mais ou menos, maior ou menor) parece iniciar-se por volta dos 9 a 11 meses (Suanda, Tompson, & Brannon, 2008).

O princípio da cardinalidade, no qual as crianças entendem que o número de itens de um conjunto é o mesmo, independentemente de como estão organizados, e que o último número contado

---

transdução
Termo de Piaget para a tendência de uma criança pré-operatória a vincular mentalmente determinados fenômenos, havendo ou não uma relação causal lógica.

animismo
Tendência a atribuir vida a objetos inanimados.

é o número total de itens do conjunto, independentemente da forma como são contados, começa a se desenvolver em torno dos 2 anos e meio. Entretanto, essa habilidade se baseia em situações práticas, tais como verificar qual de dois pratos tem mais biscoitos (Gelman, 2006). Quando solicitadas a contar seis itens, crianças com menos de 3 anos e meio tendem a recitar os nomes dos números (1 a 6) mas não a dizer quantos itens há ao todo (6). A maioria das crianças não aplica o princípio da cardinalidade de forma consistente quando contam até os 3 anos e meio ou depois (Sarnecka & Carey, 2007).

Aos 4 anos, a maioria sabe dizer que uma árvore é maior que outra ou que um copo contém mais suco que outro. Se têm um biscoito e então pegarem outro biscoito, elas sabem que terão mais biscoitos do que tinham antes. Aos 5 anos de idade, a maioria das crianças consegue contar até 20 ou mais e sabe os tamanhos relativos dos números 1 a 10 (Siegler, 1998). Quando entram no ensino fundamental, a maioria das crianças desenvolveu o sentido numérico básico (Jordan, Kaplan, Oláh, & Locuniak, 2006). Este nível básico de habilidades numéricas inclui contagem, conhecimento numérico (ordinalidade), transformações numéricas (adição e subtração simples), estimativa ("este grupo de pontos é maior ou menor que 5?") e reconhecimento de padrões numéricos (2 mais 2 é igual a 4, do mesmo modo que 3 mais 1).

O nível socioeconômico (NSE) e a experiência da pré-escola afetam o ritmo em que a criança avançará em matemática. Aos 4 anos de idade, crianças de famílias de renda média têm habilidades numéricas marcadamente melhores do que crianças de famílias de baixa renda, e sua vantagem inicial tende a continuar. Crianças cujos professores da pré-escola fazem muita "conversa matemática" (tal como pedir às crianças para ajudar a contar os dias em um calendário) tendem a fazer maiores progressos do que crianças cujos professores não utilizam essa técnica (Klibanoff, Levine, Huttenlocher, Vasilyeva, & Hedges, 2006). Da mesma forma, a quantidade de "conversa matemática" que as mães usam nas suas interações naturalistas com as crianças está positivamente correlacionada com as capacidades matemáticas pré-escolares posteriores (Susperreguy & Davis-Kean, 2016). Por fim, brincar com as crianças usando jogos de tabuleiro envolvendo números aumenta o conhecimento numérico das crianças, especialmente aquelas de NSEs mais baixos (Siegler, 2009). Em parte, isso ocorre porque os jogos deixam a matemática divertida. A brincadeira pode ajudar a despertar o interesse da criança pela matemática, que está associado a habilidades matemáticas mais sólidas, mesmo quando usamos estatística para controlar o efeito da inteligência (Fisher, Dobbs-Oates, Doctoroff, & Arnold, 2012). A competência numérica é importante; o quanto as crianças entendem bem os números na pré-escola prediz seu desempenho acadêmico em matemática na terceira série (Jordan, Glutting, & Ramineni, 2010), e deficiências no sentido numérico estão associadas com transtornos da aprendizagem matemática (Mazzocco, Feigenson, & Halberda, 2011).

ASPECTOS IMATUROS DO PENSAMENTO PRÉ-OPERATÓRIO

Uma das principais características do pensamento pré-operatório é a **centração**: a tendência a concentrar-se em um aspecto de uma situação e negligenciar outros. De acordo com Piaget, as crianças em idade pré-escolar chegam a conclusões ilógicas porque não sabem **descentrar** – pensar em diversos aspectos de uma situação simultaneamente. A centração pode limitar o pensamento das crianças pequenas tanto sobre relacionamentos sociais como sobre relacionamentos físicos.

Egocentrismo O **egocentrismo** é uma forma de centração. De acordo com Piaget, as crianças pequenas centram-se de tal modo em seus próprios pontos de vista que não conseguem assumir um outro. O egocentrismo pode ajudar a explicar por que as crianças pequenas às vezes têm problemas para separar a realidade daquilo que se passa em suas mentes, e por que demonstram confusão sobre qual é a causa de cada coisa. Quando Luis acredita que seus "maus pensamentos" acarretaram a doença de sua irmã ou causaram os problemas conjugais de seus pais, ele está pensando egocentricamente.

Para estudar o egocentrismo, Piaget idealizou a *tarefa das três montanhas* (Figura 7.3). Uma criança senta-se diante de uma mesa que contém três grandes montes. Uma boneca é colocada em uma cadeira no lado oposto da mesa. O pesquisador pergunta à criança como as "montanhas" seriam vistas pela boneca. Piaget descobriu que as crianças pequenas só conseguiam descrever as montanhas a partir das suas próprias perspectivas. Piaget via isso como uma prova de que as crianças em idade pré-operatória não conseguem imaginar um ponto de vista diferente (Piaget & Inhelder, 1967).

Entretanto, apresentar o problema de uma maneira diferente pode produzir resultados diferentes. Em um estudo, uma criança foi instruída a selecionar um objeto a partir de um conjunto por um

---

▷ **verificador**
você é capaz de...

▷ Resumir as descobertas sobre o entendimento das crianças em idade pré-escolar de símbolos, espaço, causalidade, identidades, categorização e números?

centração
Na teoria de Piaget, a tendência da criança pré-operatória a concentrar-se em um aspecto de uma situação e negligenciar outros.

descentrar
Na terminologia de Piaget, pensar simultaneamente a respeito de diversos aspectos de uma situação.

egocentrismo
Termo usado por Piaget para denominar a incapacidade de considerar o ponto de vista de outra pessoa; uma característica do pensamento das crianças pequenas.

experimentador que via apenas parte dos objetos. Os pesquisadores descobriram que crianças de apenas 3 anos eram capazes de adotar a perspectiva do experimentador. Por exemplo, dois dos objetos eram patos de borracha. Em uma condição, o experimentador via apenas um dos patos. Quando ouvia a instrução de buscar o pato de borracha, a criança tendia a selecionar o pato que o experimentador enxergava, apesar de ela conseguir ver os dois (Nilsen & Graham, 2009).

Por que essas crianças eram capazes de assumir o ponto de vista de outra pessoa? Talvez isso se deva ao fato de a prova do "pato de borracha" exigir um raciocínio mais familiar, menos abstrato e menos complexo. A maioria das crianças não olha para montanhas e não pensa sobre o que outras pessoas poderiam ver quando olham para uma, mas a maioria das crianças em idade pré-escolar sabe alguma coisa sobre passar objetos para outras pessoas. Portanto, as crianças pequenas podem demonstrar egocentrismo primeiramente em situações que estão além de suas experiências imediatas.

Conservação Outro exemplo clássico de centração é o fracasso em entender a **conservação**, que é o fato de duas coisas permanecerem iguais se sua aparência for alterada, desde que nada seja acrescentado ou retirado. Piaget descobriu que as crianças não entendem plenamente esse princípio até atingirem o estágio operatório-concreto, e que elas desenvolvem diferentes tipos de conservação em diferentes idades. A Tabela 7.6 mostra como as várias dimensões da conservação foram testadas.

Em um tipo de prova de conservação de líquidos, são apresentados dois copos transparentes a uma criança de 5 anos, a quem chamaremos José, sendo cada um deles baixo e largo contendo a mesma quantidade de água. Pergunta-se a José, "A quantidade de água nos dois copos é igual?".

FIGURA 7.3
Tarefa das três montanhas de Piaget.
Uma criança em idade pré-operatória é incapaz de descrever as montanhas do ponto de vista da boneca – um indício de egocentrismo, de acordo com Piaget.

conservação
Termo de Piaget para a consciência de que dois objetos que são iguais, de acordo com determinada medida, permanecem iguais mesmo em face de alteração da percepção, desde que nada seja acrescentado ou retirado de nenhum deles.

TABELA 7.6	Testes de vários tipos de conservação			
Tarefa de conservação	**O que é mostrado à criança***	**Transformação**	**Pergunta à criança**	**Respostas habituais da criança pré-operatória**
Aptidão numérica	Duas fileiras de balas iguais e paralelas.	Espaçar as balas em uma única fileira separadas.	"Há o mesmo número de balas em cada fileira ou uma fileira tem mais?"	"A mais longa tem mais."
Tamanho	Dois palitos paralelos do mesmo tamanho.	Mover um palito para à direita.	"Ambos os palitos têm o mesmo tamanho ou um deles é maior?"	"O da direita (ou esquerda) é maior."
Líquido	Dois copos idênticos contendo quantidades iguais de líquido.	Despejar o líquido de um copo em um copo mais alto e em um mais estreito.	"Ambos os copos têm a mesma quantidade de líquido ou um deles tem mais?"	"O mais alto tem mais."
Matéria (massa)	Duas bolas de argila do mesmo tamanho.	Rolar uma bola até que ela adquira um formato de salsicha.	"Ambos os pedaços têm a mesma quantidade de argila ou um deles tem mais?"	"A salsicha tem mais."
Peso	Duas bolas de argila de pesos iguais.	Rolar uma bola até que ela adquira um formato de salsicha.	"Ambos têm o mesmo peso ou um deles é mais pesado?"	"A salsicha pesa mais."

*A criança reconhece, portanto, que ambos os itens são iguais.

irreversibilidade
Termo de Piaget para o fracasso da criança no estágio pré-operatório em entender que uma operação pode seguir em duas ou mais direções.

Quando ele concorda, o pesquisador despeja a água de um dos copos em um terceiro, alto e delgado. Pergunta-se agora a José, "Ambos os copos contêm a mesma quantidade de água? Ou um deles contém mais? Por quê?". Na segunda infância, mesmo após observar a água ser despejada de um dos copos baixo e largo em um copo alto e delgado, ou até mesmo ele próprio despejá-la, José dirá que o copo mais alto ou o mais largo contém mais água.

Por que as crianças cometem esse erro? Suas respostas são influenciadas por dois aspectos imaturos do pensamento: centração e **irreversibilidade**. A centração envolve enfocar uma dimensão e ignorar a outra. As crianças no estágio pré-operatório não sabem considerar altura e largura simultaneamente, uma vez que elas não conseguem *descentrar*, ou seja, considerar múltiplos atributos de um objeto ou situação. Além disso, as crianças são limitadas pela irreversibilidade: não conseguir entender que uma ação pode ir em duas ou mais direções. Como o seu raciocínio é concreto, as crianças no estágio pré-operatório não conseguem inverter mentalmente a ação e perceber que o estado original da água pode ser restaurado se ela for despejada de volta no copo original, o que significa que deve ser a mesma quantidade. As crianças no estágio pré-operatório comumente pensam como se estivessem assistindo a uma apresentação de *slides* com uma série de quadros estáticos: elas *se concentram em estados sucessivos*, dizia Piaget, e não reconhecem transformações de um estado para outro.

▷ **verificador**
você é capaz de...

▷ Dizer como a centração limita o pensamento pré-operatório?
▷ Discutir a pesquisa que contesta as opiniões de Piaget sobre egocentrismo na segunda infância?

TEORIA DA MENTE

Clara, 4 anos, odeia brócolis, mas quando a mãe pede que o alcance, ela coloca o prato nas mãos da mãe. Ela agora entende que a mãe pode gostar da verdura, mesmo que ela própria desconfie do seu gosto. Ao entender isso, Clara demonstra a sua consciência crescente sobre as mentes dos outros.

A **teoria da mente** é a consciência da ampla variedade de estados mentais humanos – crenças, intenções, desejos, sonhos, etc. – e o entendimento de que os outros têm suas próprias crenças, desejos e intenções particulares. Ter uma teoria da mente nos permite entender e prever o comportamento dos outros e torna o mundo social compreensível.

teoria da mente
Consciência e entendimento de processos mentais.

Piaget (1929) estava interessado nessa habilidade crescente e, para investigá-la, fazia às crianças perguntas do tipo "De onde vêm os sonhos?" e "Com o que você pensa?". Com base nas respostas, ele concluiu que crianças com menos de 6 anos não sabem estabelecer a distinção entre pensamentos ou sonhos e entidades físicas reais. As perguntas de Piaget eram abstratas, e ele esperava que as crianças fossem capazes de colocar sua compreensão em palavras.

Pesquisas mais recentes, usando tarefas mais concretas do cotidiano, indicam que entre os 2 e os 5 anos, o conhecimento das crianças sobre processos mentais cresce drasticamente, assim como a sua capacidade de diferenciar entre estados mentais e a realidade. Por exemplo, aos 2 anos, as crianças participam facilmente de brincadeiras de faz de conta. Aos 3 anos, conseguem usar a dissimulação em jogos simples e prever as ações alheias com base nos seus desejos (Frye, 2014). Também sabem dizer qual é a diferença entre um menino que tem um biscoito e um menino que está pensando em um biscoito; e sabem qual menino pode pegá-lo, reparti-lo e comê-lo (Astington, 1993). E aos 4 a 5 anos, entendem que uma pessoa pode acreditar em algo que elas próprias sabem não ser verdade (Frye, 2014).

Conhecimento do pensamento e de estados mentais Entre as idades de 3 e 5 anos, as crianças passam a entender que o pensamento ocorre dentro da mente; que ela pode lidar com coisas reais ou imaginárias; e que pensar é diferente de ver, falar, tocar e saber (Flavell, 2000). Elas entendem que pensar sobre o passado ou o futuro pode deixar alguém triste ou feliz (Lagattuta, 2014) e que outra criança ficaria triste se um brinquedo fosse tirado dela (Pesowski & Friedman, 2015). Elas começam a esperar que as pessoas ajam de acordo com as suas crenças e, quando solicitadas a explicar o comportamento de alguém, empregam palavras como *querer* ou *achar*. Elas também sabem que as expressões das pessoas não correspondem necessariamente ao seu estado interno (Wellman, 2014) e percebem que é possível manipular os estados mentais alheios para enganá-las ou provocá-las (Miller, 2009). As crianças inferem conhecimento com base em enganos; por exemplo, ao perceber que um boneco que joga errado provavelmente não entende as regras do jogo (Ronfard & Corriveau, 2016). Aos 5 anos, entendem que se estão tristes com alguma coisa, podem tentar pensar em outra (Davis, Levine, Lench, & Quas, 2010).

Entretanto, as crianças em idade pré-escolar geralmente acreditam que a atividade mental inicia-se e para. As crianças em idade pré-escolar também têm pouca ou nenhuma consciência de que elas ou outras pessoas pensam em palavras ou "pensam para si mesmas em suas mentes" (Flavell, Green, Flavell, & Grossman, 1997). Demora alguns anos para que entendam que podem estar erradas sobre o que outra pessoa acha (Miller, 2009) e que a mente permanece ativa continuamente (Flavell, 2000).

O reconhecimento de que outras pessoas têm estados mentais acompanha o declínio do egocentrismo e o desenvolvimento da empatia (Povinelli & Giambrone, 2001). Nas seções seguintes, analisamos mais de perto algumas das habilidades relacionadas ao entendimento dos estados mentais.

Falsas crenças e dissimulação O entendimento de que as pessoas podem sustentar falsas crenças decorre da percepção de que elas mantêm representações mentais da realidade. Por exemplo, se vê sua mãe procurando um guarda-chuva, mas sabe que não está chovendo, você pode entender que ela *acha* que está chovendo, mesmo que não esteja. Para testar essa capacidade, normalmente utilizamos uma tarefa de falsa crença. As crianças não completam consistentemente as tarefas de falsa crença até cerca de 4 anos de idade (Baillargeon, Scott, & He, 2010). É só aos 5 ou 6 anos que as crianças entendem as falsas crenças de segunda ordem, ou seja, que podem ter uma crença incorreta sobre o que outra pessoa acredita (Miller, 2009).

Os pesquisadores piagetianos sugerem que o fato de as crianças pequenas não conseguirem reconhecer falsas crenças pode originar-se do pensamento egocêntrico (Lillard & Curenton, 1999). Outros pesquisadores destacam os mecanismos de processamento geral e capacidades preditivas (Berthiaume, Shultz, & Onishi, 2013). Outros ainda defendem que o raciocínio sobre falsas crenças provavelmente representa uma habilidade altamente especializada, com capacidades de processamento independentes (Leslie, Friedman, & German, 2004).

Há relações entre a capacidade de completar tarefas de falsa crença e linguagem (Low, 2010; Rubio-Fernández, & Geurts, 2013) e processos de atenção e inibitórios (Leslie et al., 2004). Pesquisas culturalmente diversas revelam uma associação consistente entre a capacidade de funcionamento executivo e a teoria da mente (Devine & Hughes, 2014). Pesquisas sobre o cérebro mostram que áreas ligeiramente diferentes do cérebro estão ativas durante diferentes tipos de tarefa de falsa crença (Shurz, Aichhorn, Martin, & Perner, 2013). Além disso, mesmo após dominar as tarefas de falsa crença, as formas de onda do cérebro infantil são diferentes das do cérebro adulto, o que sugere a continuidade da mudança ao longo do tempo (Meinhardt, Sodian, Thoermer, Döhnel, & Sommer, 2011). Assim, é possível que diversos processos diferentes estejam por trás do desenvolvimento das habilidades da criança nessa área.

A dissimulação é um esforço para plantar uma falsa crença na mente de outra pessoa. Não surpreende, então, que o desempenho na tarefa de falsa crença seja preditivo da capacidade de mentir (Lee, 2013; Talwar & Lee, 2008; Bigelow & Dugas, 2009), e crianças em idade pré-escolar com um entendimento melhor sobre os estados mentais alheios mentem melhor (Leduc, Williams, Gomez-Garibello, & Talwar, 2017). Embora a maioria de nós não considere a capacidade de mentir um traço positivo, ele ainda é um marco no desenvolvimento que ilustra o avanço do indivíduo.

Em geral, as crianças se tornam capazes de contar mentiras simples, como dizer que receberam a carta vencedora em um jogo (Ahern, Lyon, & Quas, 2011) ou negar que viram um brinquedo oculto que foram instruídas a evitar (Evans & Lee, 2013), com cerca de 3 anos de idade. Contudo, quando tentam responder perguntas de seguimento que revelariam a tentativa de dissimulação, como o tipo de brinquedo que está escondido, crianças pequenas tendem a não conseguir ocultar o seu conhecimento (Evans & Lee, 2013). É só quase aos 8 anos que as crianças são mais capazes de pensar sobre o que deveriam ou não saber e, logo, têm mais sucesso em esconder suas transgressões (Talwar & Lee, 2002). Além disso, à medida que envelhecem e se conscientizam sobre as convenções sociais e os sentimentos alheios, as crianças tendem a mentir mais por educação ou pelo desejo de não ferir os sentimentos dos outros. Por exemplo, elas têm maior probabilidade de dizer a um pesquisador que gostaram de um presente feio quando, na verdade, não gostaram (Xu, Bau, Fu, Talwar, & Lee, 2010).

Distinção entre aparência e realidade De acordo com Piaget, somente aos 5 ou 6 anos de idade as crianças começam a entender a distinção entre aquilo que *parece* ser e aquilo que *é*.

As pesquisas iniciais pareciam apoiar essa perspectiva, mas estudos mais recentes revelam que essa habilidade emerge entre os 3 e 4 anos de idade.

Em uma série clássica de experimentos (Flavell, Green, & Flavell, 1986), crianças de 3 anos pareciam confundir aparência e realidade em uma grande variedade de testes. Por exemplo, quando elas colocavam óculos de sol que faziam o leite parecer verde, diziam que o leite *era* verde. Da mesma forma, as crianças de 3 anos achavam que uma esponja parecida com uma pedra era mesmo uma pedra, mesmo após uma demonstração da esponja em uso (Flavell, Flavell, & Green, 1983).

Pesquisas posteriores mostram que crianças de 3 anos sabem responder perguntas sobre aparência e realidade corretamente sob determinadas circunstâncias. Por exemplo, quando eram perguntadas sobre como usar uma esponja que parece uma pedra, elas respondiam incorretamente. Contudo, quando o experimentador indicava que uma esponja seria necessária para limpar uma poça de água, as crianças sabiam entregar o item correto (Sapp, Lee, & Muir, 2000). Pesquisas posteriores demonstraram que quando são apresentadas a dois objetos, como uma borracha que se parece com uma barra de chocolate e uma barra de chocolate real, e pede-se que entreguem "a de verdade" para o pesquisador, as crianças sabem escolher o item correto (Moll & Tomasello, 2012). Da mesma forma, as crianças de 3 anos conseguiam entender que um adulto olhando um objeto azul através de uma tela amarela o enxergava verde, como demonstrado quando selecionavam corretamente o brinquedo azul após serem perguntadas se podiam "colocar o verde na sacola" (Moll & Meltzoff, 2011). É possível que as crianças entendam a diferença entre aparência e realidade, mas tenham dificuldade para demonstrar esse conhecimento em tarefas tradicionais, que exigem respostas verbais. Quando pede-se que mostrem o seu conhecimento por meio de ações, elas se saem melhor.

Distinção entre fantasia e realidade Em algum momento entre os 18 meses e os 3 anos, as crianças aprendem a distinguir entre eventos reais e coisas imaginadas. Crianças de 3 anos sabem a diferença entre um cachorro real e um cachorro em um sonho, e entre algo invisível (como o ar) e algo imaginário. Elas sabem fingir e sabem dizer quando alguém está fingindo (Flavell, 2000). Aos 3 anos e, em alguns casos, aos 2 anos, elas sabem que o faz de conta é intencional; elas podem dizer a diferença entre tentar fazer algo e fingir que se faz a mesma coisa (Rakoczy, Tomasello, & Striano, 2004).

As crianças de 3 anos tendem a acreditar mais em personagens de faz de conta do que as mais velhas, mas ainda duvidam que os personagens dos livros sejam reais, especialmente quando as histórias contêm elementos fantásticos (Woolley & Cox, 2007). Aos 4 anos, a maioria, dada a opção, completa histórias usando as leis da causalidade do mundo real, não elementos mágicos ou fantásticos (Weisberg, Sobel, Goodstein, & Bloom, 2013). A religião pode influenciar esse processo. Crianças educadas em lares religiosos, em comparação com aquelas criadas em ambientes laicos, tendem mais a acreditar que os protagonistas de histórias com elementos fantásticos são reais se acreditam que as histórias são de natureza religiosa (Corriveau, Chen, & Harris, 2015). E, se informadas que uma determinada história veio da Bíblia, crianças de 5 anos têm maior probabilidade de afirmar que os eventos mágicos na história são possíveis na vida real (Woolley & Cox, 2007).

O *pensamento mágico* em crianças de 3 anos ou mais *não* parece originar-se da confusão entre fantasia e realidade. Frequentemente, o pensamento mágico é uma forma de explicar eventos que não parecem ter explicações realistas óbvias (normalmente porque lhes falta o conhecimento sobre elas), ou simplesmente é uma maneira de se entregar aos prazeres do brincar de faz de conta, como com a crença em amigos imaginários. As crianças, como os adultos, geralmente estão conscientes da natureza mágica das figuras de fantasia, mas estão mais inclinadas a cogitar a possibilidade de que elas podem ser reais (Woolley, 1997). Além disso, há indícios de que as atividades imaginativas podem oferecer benefícios para o desenvolvimento. Em um estudo, as crianças que tinham amigos imaginários, quando pedia-se que recontassem uma história pessoal, usavam uma estrutura narrativa mais rica e complexa do que aquelas sem (Trionfi & Reese, 2009). Outras pesquisas mostram que crianças que assistiam a um filme com temática mágica tinham escores posteriores mais altos em testes de criatividade e desenhavam objetos impossíveis mais imaginativos, apesar de as suas crenças sobre magia não serem afetadas (Subbotsky, Hysted, & Jones, 2010).

O Mickey existe de verdade? A capacidade de diferenciar fantasia de realidade se desenvolve aos 3 anos, mas crianças de 4 a 6 anos podem gostar ainda assim de fingir que um personagem é real.
Broadimage/Shutterstock

Diferenças individuais no desenvolvimento da teoria da mente Algumas crianças desenvolvem capacidades de teoria da mente antes das outras. Em parte, esse desenvolvimento reflete o amadurecimento do cérebro e melhorias gerais de cognição. Quais outras influências explicam essas diferenças individuais?

Diversas linhas de pesquisa mostram que crianças que prestam mais atenção nos outros na primeira infância têm maior facilidade em completar tarefas de teoria da mente aos 4 anos (Wellman, Lopez-Duran, LaBounty, & Hamilton, 2008; Aschersleben, Hofer, & Jovanovic, 2008). A competência social também importa: crianças cujos professores e colegas avaliam que elas têm um nível elevado de habilidades sociais são mais capazes de reconhecer falsas crenças, de distinguir entre emoção real e simulada e de adotar o ponto de vista de outra pessoa (Cassidy, Werner, Rourke, Zubernis, & Balaraman, 2003). Esses achados sugerem que há continuidade na cognição social e que as habilidades se acumulam com o tempo.

O tipo de conversa que uma criança ouve em casa pode afetar seu entendimento dos estados mentais. A referência de uma mãe a pensamentos e conhecimento é um preditor consistente da linguagem do estado mental posterior de uma criança (Dunn, 2006). Ser bilíngue também pode ajudar. Crianças bilíngues saem-se um pouco melhor em certas tarefas de teoria da mente (Kovács, 2009). Crianças bilíngues sabem que um objeto ou ideia podem ser representados de mais de uma maneira, e esse conhecimento pode ajudá-las a ver que diferentes pessoas podem ter perspectivas diferentes. Elas também reconhecem a necessidade de coincidir o idioma que usam com o de seus colegas, o que as torna mais conscientes dos estados mentais dos outros (Bialystok & Senman, 2004; Goetz, 2003).

Famílias que encorajam brincadeiras de faz de conta estimulam o desenvolvimento de habilidades de teoria da mente. Quando as crianças desempenham papéis, elas assumem as perspectivas das outras pessoas. Pesquisas também relacionaram a teoria da mente positivamente com a leitura de livros de história, possivelmente porque pais e filhos muitas vezes conversam sobre os personagens e seus desejos, crenças ou emoções (Mar, Tackett, & Moore, 2010). Conversar com elas sobre como os personagens de uma história se sentem ajuda no desenvolvimento do entendimento social (Lillard & Curenton, 1999). Ter irmãos também está positivamente associado com o desenvolvimento da teoria da mente (McAlister & Peterson, 2013).

Estudos transculturais mostram poucas diferenças nas habilidades básicas (Callaghan et al., 2005), mas a cultura pode levar a variações nos padrões de desenvolvimento. Por exemplo, em um estudo, crianças britânicas de 5 a 6 anos tinham desenvolvimento avançado da teoria da mente em relação a crianças japonesas e italianas, e os pesquisadores sugerem que o efeito provavelmente seria o resultado da escolarização formal (Hughes et al., 2014). Em outro estudo, crianças iranianas e australianas de 3 a 9 anos tinham pontuações gerais equivalentes na teoria da mente, mas as primeiras entendiam o sarcasmo mais cedo, enquanto as segundas entendiam antes que os outros podem ter crenças diferentes das suas próprias (Shahaeian, Nielsen, Peterson, & Slaughter, 2014).

O desenvolvimento do cérebro é necessário para a teoria da mente. Em particular, a atividade neural no córtex pré-frontal foi identificada como importante (Mitchell, Banaji, & MacRae, 2005). Em um estudo, crianças que eram capazes de raciocinar corretamente sobre os estados mentais dos personagens em cenários de animação mostravam ativação de ondas cerebrais em seu córtex frontal esquerdo, muito semelhante aos adultos no estudo. Entretanto, aquelas crianças que não eram capazes de realizar a tarefa corretamente não apresentavam tal ativação (Liu, Sabbagh, Gehring, & Wellman, 2009).

Uma teoria da mente incompleta ou ineficaz pode ser um sinal de prejuízo cognitivo ou do desenvolvimento. Indivíduos desse tipo têm dificuldade para determinar as intenções dos outros, não entendem como seu comportamento afeta os outros e têm dificuldade com a reciprocidade social. A pesquisa sugere que crianças com autismo têm teoria da mente deficiente e que essa é uma característica fundamental do transtorno (Baron-Cohen, Leslie, & Frith, 1985).

Os bebês têm um grande interesse pelos olhos das outras pessoas. Que relação isso poderia ter com a teoria da mente? Que tipo de informação social o olhar transmite?

verificador
você é capaz de...

▷ Dar exemplos de pesquisas que contestam os pontos de vista de Piaget sobre as limitações cognitivas das crianças pequenas?

▷ Descrever as mudanças que ocorrem entre 3 e 6 anos de idade no conhecimento das crianças sobre como suas mentes funcionam, e identificar as influências sobre esse desenvolvimento?

Abordagem do processamento da informação: memória

Durante a segunda infância, as crianças melhoram a atenção e a rapidez e eficiência com que processam as informações; e começam a formar memórias de longo prazo.

PROCESSOS E CAPACIDADES BÁSICOS

Os teóricos do processamento da informação enfocam os processos que afetam a cognição. De acordo com esse ponto de visa, a memória pode ser descrita como um sistema de arquivamento que tem três passos ou processos: *codificação, armazenamento* e *recuperação*. A **codificação** é como colocar informações em uma pasta para ser arquivada na memória; ela anexa um "código" ou "rótulo" à informação a fim de que ela seja mais fácil de encontrar, quando necessário. Por exemplo, se lhe pedissem para listar "coisas que são vermelhas", você poderia citar maçãs, placas de "pare" e corações. Supostamente, todos esses itens foram marcados na memória com o conceito de "vermelho" quando codificados originalmente. Esse código é o que permite que você acesse esses objetos aparentemente díspares. O **armazenamento** é a colocação da pasta no arquivo. É onde as informações são mantidas. Quando as informações são necessárias, você acessa o armazenamento e, por meio do processo de **recuperação**, busca o arquivo e o pega.

Os modelos de processamento de informação descrevem o cérebro como um sistema que contém três tipos de armazenamento: *memória sensorial, memória de trabalho* e *memória de longo prazo*. A **memória sensorial** é um depósito temporário para as informações sensoriais recebidas. Por exemplo, o rastro de luz visível quando um fogo de artifício se move rapidamente em uma noite escura ilustra a memória sensorial visual. A memória sensorial muda pouco desde a primeira infância (Siegler, 1998). Entretanto, sem processamento (codificação), a memória sensorial desaparece rapidamente.

A informação a ser codificada ou recuperada é mantida na **memória de trabalho**, um "depósito" de curto prazo para informações em que a pessoa está trabalhando ativamente, tentando entender, lembrar ou pensar. De acordo com um modelo muito usado, uma central executiva controla as operações de processamento na memória de trabalho (Baddeley, 1998, 2001). A central executiva organiza a informação codificada a ser transferida para a **memória de longo prazo**, um "depósito" de capacidade virtualmente ilimitada que guarda a informação durante longos intervalos de tempo. A central executiva também recupera informações da memória de longo prazo para processamento adicional. Ela é auxiliada por dois subsistemas: o circuito fonológico, que ajuda no processamento de informações verbais, e o rascunho visuoespacial, que preserva e manipula informações visuais.

Estudos de imageamento do cérebro revelaram que a memória de trabalho está localizada parcialmente no córtex pré-frontal (Nelson et al., 2000). As funções controladas pela **central executiva** estão presentes em diversas regiões dos lobos frontais e algumas áreas posteriores, principalmente as parietais. As funções controladas pelo circuito fonológico estão presentes no hemisfério esquerdo, nas áreas parietais inferiores e frontais temporais anteriores, incluindo a área de Broca, o córtex pré-motor e o córtex de associação motora sensorial. As funções controladas pelo rascunho visuoespacial se encontram no hemisfério direito, nas áreas frontais occipital e inferior (Gathercole, Pickering, Ambridge, & Wearing, 2004).

A eficiência da memória de trabalho é limitada por sua capacidade. Os pesquisadores podem avaliar a capacidade da memória de trabalho pedindo às crianças que se lembrem de uma série de dígitos embaralhados na ordem inversa (p. ex., 2-8-3-7-5-1 se elas tiverem ouvido 1-5-7-3-8-2). A capacidade da memória de trabalho (nesse caso, o número de dígitos que uma criança pode recordar) aumenta rapidamente. Com 4 anos, as crianças habitualmente se lembram somente de dois dígitos; aos 12 anos, normalmente se lembram de seis (Zelazo, Müller, Frye, & Marcovitch, 2003). Todos os componentes básicos da memória de trabalho estão presentes aos 6 anos e aumentam linearmente com a idade até por volta dos 14 a 15 anos (Gathercole et al., 2004).

O aumento da memória de trabalho permite o desenvolvimento da **função executiva**, o controle consciente de pensamentos, emoções e ações para atingir metas ou solucionar problemas (McCabe, Roediger, McDaniel, Balota, & Hambrick, 2010). A função executiva permite que as crianças planejem e executem atividade mental dirigida a um objetivo (Zelazo & Carlson, 2012), e muitas vezes é útil quando as crianças precisam concentrar a sua atenção em algo ou dominar uma resposta imprópria. Por exemplo, apesar de ansiosa pela sua vez, a criança pode esperar na fila para descer no escorregador. A função executiva surge em torno do final do primeiro ano do bebê e se desenvolve em estirões com a idade. Alterações na função executiva entre as idades de 2 e 5 anos permitem que as crianças criem e usem regras complexas para resolver problemas (Zelazo et al., 2003).

---

codificação
Processo pelo qual a informação é preparada para armazenamento de longo prazo e posterior recuperação.

armazenamento
Retenção da informação na memória para uso futuro.

recuperação
Processo pelo qual a informação é acessada ou trazida de volta do armazenamento na memória.

memória sensorial
Armazenamento temporário, breve, inicial das informações sensoriais.

memória de trabalho
Armazenamento de curto prazo das informações que estão sendo ativamente processadas.

memória de longo prazo
Depósito com capacidade virtualmente ilimitada que retém informações por longos períodos.

Aos 3 ou 4 anos de idade, as crianças diferenciam entre os mundos dos desenhos animados ficcionais. Portanto, se Barney aparecesse na Vila Sésamo, elas ficariam extremamente surpresas.
Skolnick Weisberg & Bloom, 2009.

central executiva
No modelo de Baddeley, um elemento da memória de trabalho que controla o processamento da informação.

função executiva
Controle consciente dos pensamentos, emoções e ações para alcançar objetivos ou solucionar problemas.

A função executiva pode explicar por que a memória de trabalho está positivamente associada com o desempenho acadêmico até mais do que o QI (Alloway & Alloway, 2010). Esses achados valem para as habilidades de letramento e para as de numeramento, e para crianças de famílias de baixa renda, de minorias étnicas, nascidas prematuras e com problemas de atenção (Welsh, Nix, Blair, Bierman, & Nelson, 2010; Mulder, Pitchford, & Marlow, 2010; Alloway, Gathercole, & Elliot, 2010). Devido a essa associação, foram feitas tentativas de aumentar a capacidade da memória de trabalho usando programas de intervenção e treinamento. Em geral, essas tentativas tiveram sucesso na melhoria da memória de trabalho (Melby-Lervåg & Hulme, 2013; Diamond & Lee, 2011) e estão associadas com mudanças na atividade cerebral e na densidade dos receptores de dopamina (Klingberg, 2010). Alguns programas, especialmente aqueles que se concentram na alfabetização, tiveram sucesso comprovado (Dahlin, 2011; Titz & Karbach, 2014; Holmes & Gathercole, 2014). Outros, no entanto, tiveram dificuldade com a capacidade de generalização do treinamento para outras áreas e não resultaram em melhorias no desempenho acadêmico (Rapport, Orban, Kofler, & Friedman, 2013; Dunning, Holmes, & Gathercole, 2013); alguns demonstraram, inclusive, perdas de desempenho devido ao treinamento (Roberts et al., 2016).

RECONHECIMENTO E LEMBRANÇA

Guardar material na memória não basta; ele também precisa ser recuperado para que possa ser usado. O reconhecimento e a lembrança são tipos de recuperação. **Reconhecimento** é a capacidade de identificar algo encontrado antes; por exemplo, reconhecer uma luva em uma caixa de achados e perdidos. **Lembrança** é a capacidade de reproduzir conhecimento contido na memória; por exemplo, descrever a luva para outra pessoa.

Crianças em idade pré-escolar, como todos os grupos etários, saem-se melhor no reconhecimento do que na lembrança, mas ambas as capacidades melhoram com a idade. Quanto mais familiaridade uma criança tem com um item, melhor ela se lembra dele. No entanto, crianças pequenas com frequência não são capazes de usar estratégias para lembrar-se – até mesmo estratégias que elas já sabem –, a menos que sejam lembradas, e algumas vezes escolhem estratégias de memorização ineficientes (Schwenck, Bjorklund, & Schneider, 2009; Whitebread et al., 2009). Essa tendência de não gerar estratégias eficientes pode refletir a falta de consciência do quanto uma estratégia seria útil (Sophian, Wood, & Vong, 1995). Crianças mais velhas, especialmente após o início da educação formal, tendem a se tornar mais eficientes na utilização espontânea de estratégias de memorização (Schneider, 2008).

reconhecimento
A capacidade de identificar um estímulo encontrado anteriormente.

lembrança
A capacidade de reproduzir material da memória.

> **verificador**
> **você** é capaz de...
> ▷ Identificar três processos e três "depósitos" de memória?
> ▷ Comparar reconhecimento e lembrança?

FORMAÇÃO E RETENÇÃO DE MEMÓRIA DA INFÂNCIA

A memória de experiências vividas na segunda infância raramente é intencional: as crianças pequenas simplesmente se lembram de eventos que lhes causaram uma impressão forte. A maioria dessas primeiras lembranças conscientes parece ser de curta duração.

A **memória genérica**, que se inicia aproximadamente aos 2 anos de idade, produz um roteiro (*script*), ou esboço geral de um evento familiar, repetido, como ir de ônibus à pré-escola ou almoçar na casa da vovó. Ela ajuda uma criança a saber o que esperar e como agir.

A **memória episódica** se refere à consciência de ter experimentado um determinado evento em particular em um tempo e lugar específicos. Dada a capacidade de memória limitada de uma criança pequena, as memórias episódicas são temporárias. A menos que se repitam diversas vezes (neste caso são transferidas para a memória genérica), elas perduram algumas semanas ou meses e depois se desvanecem (Nelson, 2005). Por exemplo, ser vacinado no consultório do pediatra poderia originalmente ser uma memória episódica — a criança poderia lembrar do evento específico. Com o tempo e mais consultas, a criança poderia formar uma memória genérica de o consultório ser um lugar onde recebe injeções.

A **memória autobiográfica**, um tipo de memória episódica, refere-se a memórias de experiências características que formam a história de vida de uma pessoa. Nem tudo na memória episódica torna-se parte da memória autobiográfica – apenas aquelas memórias que têm um significado especial e pessoal para a criança (Fivush, 2011). A memória autobiográfica geralmente surge entre as idades de 3 ou 4 anos (Nelson, 2005).

Uma explicação sugerida para a chegada relativamente lenta da memória autobiográfica é que as crianças não sabem armazenar na memória eventos que pertençam às suas próprias vidas até

memória genérica
Memória que produz roteiros de rotinas familiares para guiar o comportamento.

roteiro (*script*)
Esboço geral memorizado de um evento familiar e repetido, usado para guiar o comportamento.

memória episódica
Memória de longo prazo de experiências ou acontecimentos específicos, ligados a tempo e lugar.

memória autobiográfica
Memória de eventos específicos da própria vida.

desenvolverem um conceito de *self* (Howe, 2003; Nelson & Fivush, 2004). Fundamental também é o surgimento da linguagem, que permite que as crianças compartilhem memórias e as organizem em suas mentes em narrativas pessoais (Fivush & Nelson, 2004; Nelson & Fivush, 2004; Nelson, 2005). Por exemplo, os pais que passam mais tempo conversando e lembrando de eventos passados têm filhos que formam memórias autobiográficas mais coerentes (Fivush, Habermas, Waters, & Zaman, 2011).

Influências na retenção de memórias Por que algumas lembranças perduram mais do que outras? Um fator importante é a singularidade do evento. Quando eventos são raros ou incomuns, as crianças parecem lembrar melhor deles (Peterson, 2011). À medida que envelhecem, as crianças também tendem mais a lembrar dos detalhes diferenciados de um evento para o qual possuem um roteiro genérico (Brubacher, Glisic, Powers, & Powell, 2011). Além disso, eventos com impacto emocional parecem ser mais bem lembrados (Buchanan, 2007), apesar de algumas evidências sugerirem que a atenção enfoca os aspectos centrais da situação, não os detalhes periféricos (Levine & Edelstein, 2009). Assim, por exemplo, se você ficasse assustado com um filme de terror, teria memória melhor para os eventos do filme, mas esqueceria dos doces que comprou ou de quem o acompanhou ao cinema. Outro fator, ainda, é a participação ativa das crianças. As crianças em idade pré-escolar tendem a lembrar melhor das coisas que *fizeram* do que das coisas que simplesmente viram (Murachver, Pipe, Gordon, Owens, & Fivush, 1996).

Finalmente, a forma como os adultos falam com uma criança sobre experiências compartilhadas afeta fortemente a memória autobiográfica (Fivush, Habermas, Waters, & Zaman, 2011; Fivush & Haden, 2006). Mas por quê? O **modelo de interação social**, baseado na abordagem sociocultural de Vygotsky, oferece uma explicação. Os teóricos defendem que as crianças constroem colaborativamente memórias autobiográficas com os pais ou outros adultos quando conversam sobre eventos, como poderia ocorrer quando mãe e filho folheiam um álbum de fotos e conversam sobre eventos passados.

"Lembra quando todos brincamos juntos na neve no inverno passado?" As crianças pequenas são mais propensas a lembrar eventos raros e únicos, e podem lembrar detalhes de uma viagem especial por um ano ou mais.
Don Hammond/Design Pics

modelo de interação social
Modelo, baseado na teoria sociocultural de Vygotsky, que propõe que as crianças constroem memórias autobiográficas por meio da conversação com adultos sobre eventos compartilhados.

▶ **verificador**
  você é capaz de...

▷ Identificar três tipos de memórias remotas e quatro fatores que afetam a retenção?

▷ Discutir como a interação social e a cultura influenciam a memória?

Escalas de Inteligência de Stanford-Binet
Testes individuais de inteligência para crianças a partir de 2 anos e usado para medir a fluidez de raciocínio, o conhecimento, o raciocínio quantitativo e a memória de trabalho.

Inteligências: abordagens psicométrica e vygotskiana

Um fator que pode afetar a intensidade das primeiras habilidades cognitivas é a inteligência. Embora a definição de inteligência seja controversa, a maioria dos psicólogos concorda que a inteligência envolve a capacidade de aprender com as situações, adaptar-se a novas experiências e manipular conceitos abstratos. Vamos examinar duas maneiras pelas quais a inteligência é medida – por meio de testes psicométricos tradicionais e por meio de testes mais modernos do potencial cognitivo – e as influências sobre o desempenho das crianças.

MEDIDAS PSICOMÉTRICAS TRADICIONAIS

Uma vez que as crianças de 3 a 5 anos são mais proficientes com a linguagem do que as mais novas, os testes de inteligência para esta faixa etária podem incluir mais itens verbais. A partir dos 5 anos de idade, esses testes tendem a ser razoavelmente confiáveis para prever a inteligência medida e o sucesso escolar posteriormente durante a infância. Os dois testes individuais mais usados para crianças em idade pré-escolar são as Escalas de Inteligência de Stanford-Binet (Stanford-Binet Intelligence Scales) e a Escala de Inteligência Wechsler Pré-escolar e Primária (Wechsler Preschool and Primary Scale of Intelligence).

As **Escalas de Inteligência de Stanford-Binet** são usadas para crianças a partir dos 2 anos e sua aplicação demora de 45 a 60 minutos. A criança é solicitada a definir palavras, colocar miçangas em uma linha, construir com blocos, identificar partes que faltam em uma figura, traçar o percurso em labirintos e demonstrar o entendimento de números. A pontuação obtida por ela pretende medir a fluidez de raciocínio (a capacidade para resolver problemas abstratos ou novos), conhecimento, raciocínio quantitativo, processamento visual e espacial e memória de trabalho. A quinta edição, revisada em 2003, inclui métodos não verbais de teste de todas essas cinco dimensões da cognição e permite comparações do desempenho verbal e não verbal. Além de fornecer o QI da escala total, a escala de Stanford-Binet produz medições separadas do QI verbal e não verbal, além de pontuações compostas que abrangem as cinco dimensões cognitivas.

A **Escala de Inteligência Wechsler Pré-escolar e Primária Revisada (WPPSI-IV)** é um teste individual cuja aplicação demora de 30 a 60 minutos, com níveis separados para as idades de 2 anos e meio a 4 anos e de 4 a 7 anos, e produz pontuações verbais e de desempenho separadas, bem como uma pontuação conjunta. A escala inclui novos testes secundários idealizados para medir tanto a fluidez de raciocínio verbal como não verbal, o vocabulário receptivo *versus* o expressivo e a velocidade de processamento. Tanto a escala de Stanford-Binet quanto a Wechsler tiveram suas padronizações revistas em amostras de crianças representantes da população de pré-escolares nos Estados Unidos. A Escala Wechsler também foi validada para populações especiais, como crianças com deficiências intelectuais, atrasos de desenvolvimento, transtornos da linguagem e transtorno do espectro autista.

Escala de Inteligência Wechsler Pré-escolar e Primária Revisada (WPPSI-IV)
Teste de inteligência individual para crianças de 2 anos e meio a 7 anos de idade que produz pontuações verbais e de desempenho, bem como uma pontuação combinada.

INFLUÊNCIAS SOBRE A INTELIGÊNCIA MEDIDA

Um equívoco comum é o de que as pontuações de QI representam uma quantidade fixa de inteligência inata. Na realidade, uma pontuação de QI é simplesmente uma medida do quanto uma criança pode realizar certas tarefas em um tempo determinado em comparação com outras crianças da mesma idade. De fato, as pontuações de testes de crianças em muitos países industrializados se elevaram abruptamente desde o seu aparecimento, obrigando seus criadores a produzirem normas padronizadas (Flynn, 1984, 1987). Acreditava-se que essa tendência pudesse refletir parcialmente a exposição à televisão educativa, a pré-escolas, a pais mais bem-educados, a famílias menores nas quais cada criança recebe mais atenção e a uma ampla variedade de jogos exigindo habilidades mentais, bem como a alterações nos próprios testes. Alguns pesquisadores acreditavam que a tendência havia se desacelerado e mesmo revertido desde as décadas de 1970 e 1980, ao menos nos países industrializados, talvez porque essas influências haviam alcançado um ponto de saturação (Sundet, Barlaug, & Torjussen, 2004; Teasdale & Owen, 2008). Contudo, metanálises recentes sugerem que o QI médio continua a aumentar a uma taxa de 2,3 pontos por década (Trahan, Stuebing, Fletcher, & Hiscock, 2014).

O grau com que o ambiente familiar influencia a inteligência de uma criança é difícil de especificar. Parte da influência dos pais sobre a inteligência vem da contribuição genética e parte provém do fato de eles oferecerem um ambiente de aprendizagem mais precoce. Estudos de gêmeos e de casos de adoção sugerem que a vida familiar tem sua mais forte influência na segunda infância, mas esta diminui muito na adolescência (Bouchard, 2013; Haworth et al., 2010).

A correlação entre nível socioeconômico e QI é bem documentada (Strenze, 2007). A renda familiar está associada ao desenvolvimento e a aquisições cognitivas a partir da idade pré-escolar. As circunstâncias econômicas familiares podem exercer uma influência poderosa, visto que afetam outros fatores como a saúde, o estresse, a parentalidade e o clima do lar (Jenkins, Woolley, Hooper, & De Bellis, 2014; NICHD Early Child Care Research Network, 2005a).

A relação entre QI e nível socioeconômico interage com outras variáveis. Por exemplo, as crianças de famílias carentes tendem a ter QIs menores. Entretanto, crianças pobres com um temperamento expansivo, mães afetuosas e atividades estimulantes em casa (os quais podem ser influenciados pelo QI dos pais) tendiam a se sair melhor do que outras crianças com privação econômica (Kim-Cohen, Moffitt, Caspi, & Taylor, 2004). As diferenças ambientais também parecem ser mais relevantes para algumas crianças do que para outras. As crianças em risco podem ser mais influenciadas pelos ambientes negativos. Por exemplo, pesquisas mostram que crianças com QI baixo demonstram efeitos negativos maiores advindos do nível socioeconômico do que aquelas com QI alto (Hanscombe et al., 2012). O QI das crianças de lares com alto nível socioeconômico é mais afetado pelas influências genéticas, enquanto o QI das crianças de lares com níveis socioeconômicos mais baixos é mais determinado pela privação ambiental (Turkheimer, Haley, Waldron, d'Onofrio, & Gottesman, 2003).

Mas isso não se aplica universalmente. Nos Estados Unidos, onde o baixo nível socioeconômico está associado com maior privação, a pobreza e o QI estão fortemente correlacionados. As crianças mais pobres dos Estados Unidos não demonstram influências genéticas fortes sobre a inteligência, ao contrário das crianças que crescem em lares mais afluentes. Contudo, em países com serviços sociais mais robustos, como a Holanda, a relação entre genes e inteligência permanece forte nas crianças que

Ao dar sugestões para resolver um quebra-cabeça até que o filho seja capaz de fazê-lo sozinho, este pai auxilia o progresso cognitivo do seu filho.

Africa Studio/Shutterstock

zona de desenvolvimento proximal (ZDP)
Termo de Vygotsky para a diferença entre o que uma criança pode fazer sozinha e o que a criança pode fazer com ajuda.

andaime conceitual (*scaffolding*)
Apoio temporário para ajudar uma criança a dominar uma tarefa.

▶ **verificador**
você é capaz de...

▷ Descrever dois testes de inteligência individuais para crianças de idade pré-escolar?

▷ Discutir a relação entre NSE e QI?

▷ Explicar como uma pontuação de teste baseado na ZDP difere de uma pontuação de teste psicométrico?

crescem na pobreza (Tucker-Drob & Bates, 2016). Presume-se que isso ocorra porque, apesar de viverem na pobreza, elas ainda têm acesso a experiências enriquecedoras e, logo, são capazes de expressar suas habilidades inatas.

TESTE E ENSINO BASEADOS NA TEORIA DE VYGOTSKY

De acordo com Vygotsky, as crianças aprendem interiorizando os resultados das interações com os adultos. Essa aprendizagem interativa é mais eficaz para ajudá-las a passarem pela **zona de desenvolvimento proximal (ZDP)**, o espaço psicológico imaginário entre aquilo que elas sabem ou conseguem fazer por si e o que poderiam fazer ou saber com ajuda. A ZDP pode ser avaliada por meio de *testes dinâmicos* (ver Capítulo 9), os quais, de acordo com a teoria de Vygotsky, fornecem uma medida melhor do potencial intelectual das crianças do que os testes psicométricos tradicionais, que medem aquilo que a criança já dominou. Os testes dinâmicos enfatizam mais o potencial do que a realização atual. Os examinadores podem ajudar a criança quando necessário fazendo perguntas, dando exemplos ou demonstrações e oferecendo *feedback*, tornando o próprio teste uma situação de aprendizagem.

A ZDP, em combinação com o conceito relacionado de **andaime conceitual (*scaffolding*)**, pode ajudar mais eficientemente pais e professores a orientarem o progresso cognitivo das crianças. O andaime conceitual é o auxílio e o apoio oferecido por um parceiro de interação mais sofisticado e, em um mundo ideal, seria direcionado para a ZDP. Por exemplo, considere o que acontece quando você tenta aprender uma nova habilidade — jogar bilhar, por exemplo. Quando joga com alguém pior do que você, é difícil melhorar. Da mesma forma, quando joga contra um mestre, as habilidades dele são tão superiores às suas que é como se você ficasse soterrado por elas. Contudo, jogar com alguém um pouco melhor tende a desafiá-lo, a ilustrar estratégias que você poderia usar com sucesso e a produzir o maior nível possível de aprendizagem.

Em um mundo ideal, o andaime conceitual se atenua à medida que a criança adquire habilidades. Quanto menos capaz uma criança é de realizar uma tarefa, mais "andaime", ou apoio, um adulto precisa dar. Quanto mais ela é capaz de fazer, menos ajuda o adulto dá. Quando a criança é capaz de fazer a tarefa sozinha, o adulto retira o "andaime", que não mais é necessário.

O andaime conceitual ajuda a criança a aprender. Por exemplo, quando mães de crianças de 2 anos de idade ajudavam a manter o interesse do filho com o uso de um andaime conceitual para sustentar a sua atenção (fazendo perguntas, sugestões ou comentários, ou oferecendo escolhas), as crianças tendiam, aos 3 anos e meio e aos 4 anos e meio, a mostrar mais independência e sofisticação cognitiva (Landry, Smith, Swank, & Miller-Loncar, 2000). Os professores também influenciam as habilidades crescentes das crianças. Crianças em idade pré-escolar que recebem esse "andaime conceitual" estão mais bem capacitadas a regular sua própria aprendizagem quando chegam ao jardim de infância (Neitzel & Stright, 2003). Os alunos de primeiro ano com dificuldade para leitura tiveram ganhos de habilidade maiores quando seus professores os incentivaram a usar fontes de informações que estavam ignorando para decodificar palavras difíceis quando "empacavam" (Rodgers, D'Agostino, Harmey, Kelly, & Brownfield, 2016). Os professores que criavam andaimes conceituais para as discussões em grupo nas suas salas de aula de quarto ano tinham alunos que baseavam seu comportamento posterior no dos professores; por exemplo, lembrando-se de usar evidências para sustentar suas declarações (Jadallah et al., 2011).

> *Vygotsky acreditava que a brincadeira proporcionava às crianças um andaime conceitual, permitindo-lhes funcionar na extremidade mais alta de sua ZDP. Se solicitadas a fingir que são uma estátua, as crianças são capazes de permanecer imóveis por mais tempo do que se solicitadas a simplesmente permanecer paradas. As "regras" sobre ser uma estátua fornecem apoio para as capacidades reguladoras emergentes das crianças.*

Desenvolvimento da linguagem

Crianças em idade pré-escolar são cheias de perguntas: "Quem encheu o rio de água?", "O que a raposa fiz?", "Os cheiros vêm de dentro do meu nariz?". Entre as idades de 3 e 6 anos, as crianças fazem avanços rápidos no vocabulário, na gramática e na sintaxe. A criança que, aos 3 anos, descreve como o papai "iu" à loja ou pede à mamãe para "dividir" sua comida (cortá-la em pedaços menores) pode, aos 5 anos, dizer à sua mãe "Não seja ridícula!" ou apontar orgulhosamente para os seus brinquedos e dizer "Vê como eu organizei tudo?".

VOCABULÁRIO

Aos 3 anos, a criança média sabe e pode usar de 900 a 1.000 palavras. Aos 6, uma criança típica tem um vocabulário expressivo (fala) de 2,6 mil palavras e entende mais de 20 mil. Com a ajuda de instrução escolar formal, o vocabulário passivo, ou receptivo (palavras que ela pode entender), de uma criança se quadruplicará para 80 mil palavras quando entrar para a escola (Owens, 1996).

Esta rápida expansão do vocabulário pode ocorrer por meio de **associação rápida**, a qual permite à criança captar o significado aproximado de uma nova palavra depois de ouvi-la uma ou duas vezes em uma conversa (Spiegel & Halberda, 2011). A partir do contexto, as crianças parecem formar uma hipótese rápida a respeito do significado da palavra. Por exemplo, imagine que a criança vai ao zoológico e encontra uma ema pela primeira vez. A mãe poderia apontar para a ave e dizer "olha lá, uma ema!". A criança poderia então usar o que sabe sobre as regras para formar palavras, o contexto e o tópico para formar uma hipótese sobre o significado da palavra *ema*. Nomes de objetos (substantivos) parecem ser mais fáceis de associar rapidamente do que nomes de ações (verbos), mesmo em diferentes idiomas (Imai et al., 2008).

GRAMÁTICA E SINTAXE

A maneira pela qual as crianças combinam sílabas em palavras e palavras em sentenças torna-se cada vez mais sofisticada durante a segunda infância, à medida que o seu entendimento da gramática e da sintaxe se torna mais complexo. Quando os psicólogos falam de gramática, estão se referindo à estrutura profunda subjacente da linguagem, que nos permite produzir e compreender enunciados. A sintaxe é um conceito relacionado e envolve as regras para formar sentenças em uma determinada língua.

Na idade de 3 anos, as crianças normalmente começam a usar plurais, possessivos e pretérito, e sabem a diferença entre *eu*, *você* e *nós*. Elas podem fazer – e responder – perguntas de o quê e onde. Entretanto, suas sentenças geralmente são curtas, simples e declarativas ("Mimi quer leite").

Entre as idades de 4 e 5 anos, as frases têm, em média, quatro a cinco palavras e podem ser declarativas, negativas ("Não estou com fome"), interrogativas ("Por que eu não posso ir lá fora?") ou imperativas ("Pegue a bola!"). Crianças de 4 anos usam frases complexas, de múltiplas regras gramaticais ("Estou comendo porque estou com fome") com mais frequência se seus pais assim o fizerem (Huttenlocher, Vasilyeva, Cymerman, & Levine, 2002). Elas também são afetadas por seus pares. Quando as crianças interagem com outras crianças que têm habilidades de linguagem fortes, isso resulta em um efeito positivo pequeno, mas significativo sobre sua própria linguagem (Mashburn, Justice, Downer, & Pianta, 2009). As crianças desta idade tendem a encadear frases em longas narrativas contínuas ("[...] E daí [...]"... E daí [...]")..."). Sob certos aspectos, a compreensão pode ser imatura. Por exemplo, Noah, de 4 anos, sabe executar uma ordem que inclui mais de um passo ("Pegue seus brinquedos e coloque-os no armário"). Entretanto, se sua mãe lhe disser "Você pode assistir à TV depois de pegar seus brinquedos", ele pode processar as palavras na ordem em que as ouviu, assistindo à televisão primeiro e pegando os brinquedos depois.

Dos 5 aos 7 anos, a fala das crianças assemelha-se muito à dos adultos. Elas falam utilizando frases mais longas e mais complicadas. Usam mais conjunções, preposições e artigos. Usam frases compostas e complexas e podem lidar com todas as partes da fala. Ainda assim, embora as crianças dessa idade falem fluentemente, compreensivelmente e razoavelmente bem do ponto de vista gramatical, elas ainda precisam dominar muitas sutilezas da linguagem. Raramente elas usam a

---

Quando expostas a rimas, crianças de 5 anos de famílias mais ricas mostram mais localização da linguagem no hemisfério esquerdo (exatamente como os adultos) do que crianças de famílias mais pobres. Isso pode ser consequência do fato de as crianças de famílias mais ricas serem expostas a vocabulário e sintaxe mais complexos.

Raizada, Richards, Metlzoff, & Kuhl, 2008

associação rápida
Processo pelo qual uma criança absorve o significado de uma palavra nova após ouvi-la uma ou duas vezes em uma conversa.

voz passiva ("Eu fui vestido pelo vovô"), frases condicionais ("Se eu fosse grande, poderia dirigir o ônibus") ou verbo auxiliar (C. S. Chomsky, 1969).

As crianças pequenas frequentemente cometem erros porque ainda não aprenderam as regras e suas exceções. Dizer "prendido" em vez de "preso" ou "fazido" em vez de "feito" é um sinal normal de progresso linguístico. Quando as crianças pequenas descobrem uma regra, tal como colocar um verbo no tempo passado, elas tendem a generalizar – a usá-la mesmo com palavras às quais a regra não se aplica. Com tempo, elas percebem que as regras que aprenderam têm exceções. O treinamento pode ajudar as crianças a dominarem essas formas sintáticas (Vasilyeva, Huttenlocher, & Waterfall, 2006).

PRAGMÁTICA E DISCURSO SOCIAL

A linguagem é um processo social. À medida que as crianças aprendem vocabulário, gramática e sintaxe, elas se tornam mais competentes em **pragmática** — o conhecimento prático de como usar a linguagem para se comunicar. Por exemplo, a criança provavelmente terá mais sucesso com um pedido na forma "Pode me alcançar um biscoito, por favor?" do que com "Me dá um biscoito agora".

A pragmática está relacionada à teoria da mente porque, para entender como usar a linguagem socialmente, é preciso saber colocar-se no lugar da outra pessoa. Isso inclui saber pedir coisas, contar uma história ou piada, iniciar e continuar uma conversa e ajustar os comentários à perspectiva do ouvinte (M. L. Rice, 1982). Todos eles são aspectos do **discurso social**: a fala que se destina a ser entendida por um ouvinte. A maioria das crianças de 3 anos presta atenção no efeito de sua fala sobre os outros. Se as pessoas não puderem entendê-las, elas tentarão explicar-se mais claramente. Crianças de 4 anos, principalmente meninas, simplificam sua linguagem e usam um registro mais alto quando falam com crianças de 2 anos (Owens, 1996; Shatz & Gelman, 1973).

A maioria das crianças de 5 anos sabe adaptar aquilo que diz àquilo que o ouvinte sabe. Sabem também usar palavras para resolver disputas e usam uma linguagem mais polida com menos ordens diretas ao conversar com adultos do que com outras crianças. Quase metade das crianças de 5 anos sabe ater-se a um tópico conversacional durante aproximadamente uma dúzia de vezes – se estiverem à vontade com seu interlocutor e se o tópico referir-se a algo que conhecem e com o qual se importam.

DISCURSO PARTICULAR

Clara, de 4 anos, estava sozinha no seu quarto, construindo uma casinha com os blocos que ganhou de aniversário. Confusa com as instruções, ouviram-na dizer em voz alta: "Agora os blocos azuis têm que ir nos lados. São quatro de cada lado".

Discurso particular – falar alto consigo mesmo, sem nenhuma intenção de comunicar-se com os outros – é normal e comum na infância. Os teóricos discordam sobre a natureza exata do discurso particular. Piaget (1962) via o discurso particular (que chamava de fala egocêntrica) como um sinal de imaturidade cognitiva. Para ele, as crianças estavam simplesmente vocalizando o que pensavam no momento. Vygotsky (1962) acreditava que o discurso particular era uma forma especial de comunicação: conversação consigo mesmo. Para ele, o discurso particular era parte do processo de aprendizagem.

A pesquisa geralmente apoia Vygotsky. Também há evidências de um papel do discurso particular na autorregulação (Day & Smith, 2013; Lidstone, Meins, & Fernyhough, 2011). O discurso particular tende a aumentar quando a criança está tentando solucionar problemas ou realizar tarefas difíceis, especialmente sem a supervisão de um adulto (Berk, 1992). O uso do discurso particular em crianças pequenas também é preditivo da sua memória autobiográfica (Al-Namlah, Meins, & Fernyhough, 2012), criatividade (Daugherty & White, 2008) e proficiência na ortografia (Aram, Abiri, & Elad, 2014). Esses achados apoiam a opinião de Vygotsky de que o discurso particular é parte da aprendizagem, não a visão piagetiana de que meramente reflete a atividade mental corrente.

ATRASO NO DESENVOLVIMENTO DA LINGUAGEM

O fato de que Albert Einstein só começou a usar as palavras quando tinha entre 2 e 3 anos de idade (Isaacson, 2007) pode encorajar os pais de outras crianças cuja fala se desenvolve mais tarde do

---

pragmática
O conhecimento prático necessário para usar a linguagem para fins de comunicação.

discurso social
Fala que se destina a ser entendida por um ouvinte.

discurso particular
Conversar em voz alta consigo mesmo, sem nenhuma intenção de comunicar-se com os outros.

que o usual. Cerca de 11% das crianças de 3 a 6 anos sofrem de algum transtorno de comunicação, sendo problemas de fala ou linguagem os mais frequentes (Black, Vahratian, & Hoffman, 2015).

As crianças que falam tardiamente não carecem necessariamente de estímulo linguístico em casa. Problemas de audição e anormalidades da cabeça e da face podem estar associados com atrasos de fala e linguagem, assim como nascimento prematuro, histórico familiar, fatores socioeconômicos e outros atrasos do desenvolvimento (Dale et al., 1998; U.S. Preventive Services Task Force, 2006). A hereditariedade também parece desempenhar um papel (Newbury & Monaco, 2010; Spinath, Price, Dale, & Plomin, 2004). Os meninos têm maior probabilidade do que as meninas de começar a falar tardiamente (U.S. Preventive Services Task Force, 2006).

Muitas crianças que falam tardiamente – sobretudo aquelas cuja compreensão é normal – acabam recuperando o tempo perdido. Um dos maiores estudos feitos até hoje determinou que 80% das crianças com atrasos de linguagem aos 2 anos de idade alcançam seus pares aos 7 anos de idade (Rice, Taylor, & Zubrick, 2008). Entretanto, algumas crianças com atrasos da primeira linguagem, se não forem tratadas, podem experimentar consequências cognitivas, sociais e emocionais a longo prazo (McLaughlin, 2011; U.S. Preventive Services Task Force, 2006).

PREPARAÇÃO PARA A ALFABETIZAÇÃO

Para entender o conteúdo de uma página impressa, as crianças primeiramente precisam dominar certas habilidades de pré-leitura. O desenvolvimento de habilidades fundamentais que levam à capacidade de ler é conhecido como **alfabetização emergente**.

As habilidades de pré-leitura podem ser divididas em dois tipos: (1) habilidades de linguagem oral, tais como vocabulário, sintaxe, estrutura narrativa e o entendimento de que a linguagem é usada para se comunicar; e (2) habilidades fonológicas específicas (ligar letras com sons) que ajudam a decodificar a palavra impressa.

A interação social promove a alfabetização emergente. As crianças têm maior probabilidade de ler e escrever melhor se, durante a fase pré-escolar, os pais apresentarem desafios conversacionais – se usarem um vocabulário rico, lerem e falarem sobre livros e centralizarem as conversas à mesa de jantar nas atividades do dia a dia, em eventos passados mutuamente lembrados ou em questões referentes ao motivo pelo qual as pessoas fazem as coisas e como as coisas funcionam (Reese, 1995; Reese, Sparks, & Leyva, 2010). Efeitos positivos semelhantes foram identificados para professores de pré-escola. Crianças em idade pré-escolar cujos professores usavam vocabulário sofisticado durante brincadeiras não estruturadas tinham vocabulários maiores e melhor compreensão de leitura no quarto ano, desde que tivessem bom vocabulário receptivo no jardim de infância (Dickinson & Porsche, 2011).

Ler para crianças é um dos caminhos mais eficazes para a alfabetização (Evans & Shaw, 2008). Entre crianças norte-americanas de 3 a 5 anos não matriculadas no jardim de infância, um familiar lê para 81% delas três ou mais vezes por semana (Federal Interagency Forum on Child and Family Statistics, 2017). Crianças que ouvem histórias desde os primeiros anos de vida aprendem a sequência da palavra escrita – por exemplo, que a leitura e a escrita se dão da esquerda para a direita e de cima para baixo e que as palavras são separadas por espaços. Elas também são motivadas a aprender a ler (Whitehurst & Lonigan, 2001; Baker, 2013). Há sugestões de que esses processos possam ser alterados (Korat & Or, 2010) ou interrompidos (Parish-Morris, Mahajan, Hirsh-Pasek, Golinkoff, & Collins, 2013) quando a leitura é conduzida em dispositivos eletrônicos.

alfabetização emergente
Desenvolvimento de habilidades, conhecimento e atitudes de crianças em idade pré-escolar subjacentes à capacidade de leitura e escrita.

MÍDIA E COGNIÇÃO

Ao contrário dos bebês e das crianças pequenas, as crianças em idade pré-escolar compreendem a natureza simbólica da televisão e podem facilmente iniciar comportamentos que observam. A exposição à televisão durante os primeiros anos de vida está negativamente associada com o desempenho acadêmico (Pagani, Fitzpatrick, Barnett, & Dubow, 2010) e com o desenvolvimento cognitivo, especialmente quando a televisão é usada por longos períodos ou quando crianças pequenas são expostas a altos níveis de programação adulta (Barr, Lauricella, Zack, & Calvert, 2010). Alguns pesquisadores também determinaram

Brinquedos e jogos que familiarizam as crianças com o alfabeto e com os sons das letras podem dar-lhes um impulso inicial para aprender a ler.

Oksana Kuzmina/Shutterstock

TABELA 7.7	Usando a mídia com responsabilidade

- Limite o tempo de televisão e computador para a menor quantidade possível.
- Estabeleça diretrizes para o uso adequado de todas as mídias, incluindo TV, vídeos/DVDs, filmes e jogos.
- Proteja as crianças da mídia com conteúdo inadequado.
- Exija que as crianças peçam permissão antes de ligar dispositivos de mídia.
- Retire TVs, *videogames* e computadores dos quartos.
- Assista a programas e filmes junto com as crianças e discuta o que vocês estão assistindo.
- Use a mídia de uma forma positiva para despertar a imaginação e a criatividade.
- Limite o número de produtos que você compra para seu filho que estejam associados a programas de TV.

Fonte: Teachers Resisting Unhealthy Children's Entertainment, 2008.

verificador
você é capaz de...

▷ Traçar o progresso normal em vocabulário, gramática, sintaxe e capacidades conversacionais de crianças de 3 a 6 anos?

▷ Explicar por que as crianças usam o discurso particular?

▷ Discutir as possíveis causas, consequências e o tratamento do atraso no desenvolvimento da linguagem?

▷ Identificar os fatores que promovem a preparação para a alfabetização?

▷ Discutir a relação entre uso da mídia e cognição?

que programas em ritmo acelerado, comuns em muitos programas infantis da atualidade, impactam negativamente o funcionamento executivo e a capacidade de sustentar a atenção entre crianças em idade pré-escolar (Lillard & Peterson, 2011). Além disso, a televisão e os *videogames* que são puro entretenimento ou têm conteúdo violento estão negativamente associados com competência cognitiva e desempenho acadêmico (Kirkorian, Wartella, & Anderson, 2008).

Nem todo conteúdo é ruim, entretanto; a programação infantil de alta qualidade pode produzir melhorias cognitivas (Kirkorian et al., 2008). Por exemplo, a *Vila Sésamo*, desenvolvida especificamente para melhorar a preparação para a escola entre crianças de ambientes urbanos de baixa renda, demonstrou, em diversos estudos, que melhora os resultados para as crianças, incluindo proficiência cognitiva, letramento e numeramento (Mares & Pan, 2013). Achados semelhantes têm sido publicados para outros programas educativos, como *As Pistas de Blue* e *Dora, a Aventureira* (Kirkorian et al., 2008). Pais que limitam o tempo de televisão, selecionam programas bem planejados e adequados para a idade e assistem aos programas com seus filhos podem aumentar os benefícios da mídia (Tabela 7.7).

A televisão foi, por muitos anos, a fonte de mídia utilizada mais frequentemente, mas o uso de computadores, *tablets*, *smartphones* e dispositivos assemelhados tem crescido rapidamente nos últimos anos. A Academia Americana de Pediatria (American Academy of Pediatrics, 2016) recomenda que crianças de 2 a 5 anos não passem mais de uma hora por dia consumindo *qualquer* mídia em telas e que os pais devem assistir a programação junto com os filhos e conversar sobre ela. Para crianças de 6 anos ou mais, deve haver limites consistentes e horários sem mídia designados.

> *Os livreiros dos Estados Unidos notaram uma tendência de diminuição dos livros de figuras e aumento dos livros de leitura para crianças pequenas, presumivelmente como resultado da preocupação dos pais com a alfabetização. Os livros de leitura com menos figuras e mais texto ajudam a desenvolver a imaginação das crianças ou exigem demais delas prematuramente?*
>
> Bosman, 2010

Educação na segunda infância

Ir à pré-escola é um passo importante, pois amplia o ambiente físico, cognitivo e social da criança. A transição para o jardim de infância, o início da "escola de verdade", é outro passo considerável. Examinemos essas duas transições.

TIPOS DE PRÉ-ESCOLA

Os objetivos e currículos das pré-escolas variam muito. Alguns programas enfatizam a realização acadêmica, e outros focalizam o desenvolvimento social e emocional. Dois dos programas mais influentes, o Montessori e o Reggio Emilia, foram baseados em premissas filosóficas semelhantes.

O método Montessori O método Montessori é baseado na crença de que a inteligência natural das crianças envolve aspectos racionais, espirituais e empíricos (Edwards, 2003). Montessori salienta a importância de as crianças aprenderem independentemente em seu próprio ritmo, à medida que trabalham com materiais adequados ao desenvolvimento e com tarefas escolhidas por elas. Os professores atuam como guias, e as crianças mais velhas ajudam as menores. O currículo é individualizado, mas tem uma abrangência definida e uma sequência prescrita. Os professores fornecem um ambiente de produtividade calma e as salas de aula são organizadas para serem ambientes disciplinados, agradáveis.

A abordagem de Montessori provou ser eficaz. Uma avaliação da educação Montessori em Milwaukee revelou que estudantes de Montessori de 5 anos de idade estavam mais bem preparados para o ensino fundamental em leitura e matemática do que crianças que frequentaram outros tipos de pré-escola (Lillard & Else-Quest, 2006).

A abordagem de Reggio Emilia A abordagem de Reggio Emilia, batizada em homenagem à cidade italiana onde o movimento teve início na década de 1940, é um modelo menos formal do que o de Montessori. Os professores seguem os interesses das crianças e os apoiam enquanto exploram e investigam suas ideias e sentimentos usando palavras, movimentos, jogos dramáticos e música. A aprendizagem é proposital, mas menos definida do que o currículo de Montessori. Os professores fazem perguntas para que as crianças expressem suas ideias e então criam planos flexíveis para explorá-las ao seu lado. As salas de aula são projetadas cuidadosamente para oferecer complexidade, beleza, organização e um sentimento de bem-estar (Ceppi & Zini, 1998; Edwards, 2002).

A Zona das Crianças do Harlem é um programa atual extremamente bem-sucedido baseado no modelo bioecológico de Bronfenbrenner. Uma razão para seu sucesso extraordinário é a abordagem de sistemas utilizada para tratar as deficiências das crianças. O foco é tanto a comunidade quanto as crianças, com o objetivo de realizar um "ponto de virada" de eventos e ambientes enriquecidos que, espera-se, em algum momento torne-se autoperpetuador.

PROGRAMAS PRÉ-ESCOLARES COMPENSATÓRIOS

Desde a década de 1960, foram desenvolvidos grandes programas pré-escolares compensatórios que visam ajudar as crianças que entrariam na escola mal preparadas para aprender a compensar o que perderam e prepará-las para a escola. Os professores e pesquisadores em educação na segunda infância geralmente trabalham com o modelo da "criança como um todo", buscando não unicamente aumentar as habilidades cognitivas, mas também melhorar a saúde física e estimular a autoconfiança e as habilidades sociais.

O programa de intervenção precoce mais conhecido nos Estados Unidos é o projeto Head Start, um projeto financiado pelo governo federal, lançado em 1965. O programa oferece cuidados médicos, dentários e de saúde mental, serviços sociais e, no mínimo, uma refeição quente por dia. Cerca de 72,1% das crianças que participam do Head Start vêm de famílias onde se fala inglês e 13% dos participantes foram diagnosticados com deficiências (Administration for Children and Families, 2019).

As pesquisas sobre o Head Start e outros programas semelhantes demonstram que as crianças matriculadas em programas pré-escolares compensatórios têm ganhos acadêmicos e sociais em múltiplas áreas-alvo, mas não todas, imediatamente após a sua participação. As crianças do projeto Head Start fazem progresso em vocabulário, reconhecimento de letras, habilidades de escrita precoce, habilidades matemáticas e habilidades sociais (Figura 7.4). O hiato entre seu vocabulário e as pontuações de primeira leitura e as normas nacionais diminui significativamente. Além disso, suas habilidades continuam a progredir no jardim de infância. Os ganhos estão fortemente ligados ao envolvimento dos pais e são maiores para crianças de baixo potencial cognitivo, cujos pais têm baixa escolaridade ou que participaram de mais horas por semana do programa (Camilli, Vargas, Ryan, & Barnett, 2010; Lee, Zhai, Brooks-Gunn, Han, & Waldfogel, 2014; Bitler, Hoynes, & Domina, 2014).

Contudo, alguns relatos sugerem que esses ganhos não se sustentam a longo prazo. É uma tese controversa, no entanto, em parte devido à complexidade de comparar os resultados de crianças diversas em programas diferentes. Aproximadamente metade das crianças que se candidataram, mas não participaram do Head Start, encontraram arranjos escolares alternativos, portanto o

FIGURA 7.4
Resultados acadêmicos no início e no final do programa Head Start.
Esses resultados representam todas as crianças matriculadas no Head Start pela primeira vez em 2009 que completaram 1 ou 2 anos do programa e se matricularam no jardim de infância em 2010 ou 2011. Os ganhos imediatos são os que mais chamam a atenção, mas os resultados melhores persistem a longo prazo.

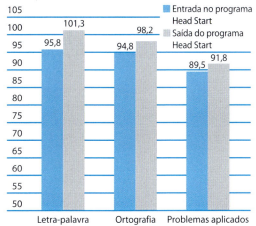

Fonte: Aikens, Kopack Klein, Tarullo e West, 2013.

O objetivo principal da pré-escola deve ser fornecer uma base acadêmica forte ou promover o desenvolvimento social e emocional?

grupo-controle – as crianças que não participaram do Head Start – experimentaram uma variedade de diferentes situações escolares em vez da falta de *qualquer* experiência escolar enriquecedora. Alguns pesquisadores argumentam que isso poderia ajudar a explicar por que muitas crianças que não participaram do Head Start na primeira série pareceram "emparelhar" com os participantes do programa (National Forum on Early Childhood Policy and Programs, 2010).

Uma análise dos efeitos a longo prazo do projeto Head Start sugere que apesar de diminuírem com o tempo (Ludwig & Phillips, 2007), os benefícios superam os custos (Puma et al., 2012). As crianças do Head Start e de outros programas compensatórios têm menor probabilidade de serem colocadas em escolas de educação especial ou de repetirem uma série e têm maior probabilidade de concluírem o ensino médio do que as crianças de famílias de baixa renda que não participam desses programas (Deming, 2009). Os "diplomados" de programas semelhantes tiveram muito menor probabilidade de se tornar delinquentes juvenis ou de engravidar na adolescência (Schweihart, 2007). Também havia diferenças entre meninos e meninas em relação aos resultados de longo prazo. Aos 27 e 40 anos, os homens tinham menor probabilidade de estarem envolvidos em atividades criminais, maior probabilidade de terem emprego e tinham renda maior do que os membros do grupo-controle. Para as mulheres, foram identificados efeitos positivos na educação e no trabalho aos 19 e 27 anos, e efeitos negativos na atividade criminal aos 40 anos (Heckman, Moon, Pinto, Savelyev, & Yavitz, 2010; Reynolds, Temple, Ou, Arteaga, & White, 2011). Os desfechos são melhores quando a intervenção ocorre mais cedo e dura mais tempo por meio de programas centralizados e de alta qualidade (Brooks-Gunn, 2003; Zigler & Styfco, 2001).

A CRIANÇA NA PRÉ-ESCOLA

Embora alguns estados não exijam programas de pré-escola ou a frequência a um deles, a maioria das crianças de 5 anos os frequentam. Desde o final da década de 1970, um número cada vez maior de crianças da pré-escola passa o dia inteiro na escola, em vez do tradicional meio período (Kena et al., 2014). Um impulso prático para essa tendência é o crescente número de famílias monoparentais e pessoas que trabalham em dois empregos.

As crianças aprendem mais ao passarem o dia inteiro na pré-escola? A presença no jardim de infância em turno integral está associada com pequenos aumentos nas habilidades de leitura e matemática em comparação com o meio período (Votruba-Drzal, Li-Grining, & Maldonado-Carreno, 2008), mas, ao final do terceiro ano, essas diferenças desaparecem (Cooper, Allen, Patall, & Dent, 2010; Rathbun, West, & Germino-Hausken, 2004).

Os achados ressaltam a importância da preparação que uma criança recebe antes da pré-escola. Os recursos com que as crianças ingressam na pré-escola – pré-alfabetização e a riqueza de um ambiente doméstico voltado à alfabetização – predizem o desempenho de leitura na 1ª série, e essas diferenças individuais tendem a persistir ou a aumentar durante os primeiros quatro anos de escola (Rathbun et al., 2004). O ajustamento emocional e social também afeta a preparação para a pré-escola e prediz fortemente o sucesso escolar. É importante que as crianças tenham a capacidade de sentar-se tranquilamente, seguir instruções, esperar a vez e regular a própria aprendizagem (Raver, 2002). Em linhas gerais, a preparação para a pré-escola está associada com resultados acadêmicos e sociais positivos para as crianças (Goldstein, McCoach, & Yu, 2017; Jones, Greenberg, & Crowley, 2015).

verificador
você é capaz de...

▷ Comparar as metas e a eficácia de tipos variáveis de programas pré-escolares?

▷ Avaliar os benefícios da educação pré-escolar compensatória?

▷ Discutir fatores que afetam o ajustamento ao jardim de infância?

resumo e palavras-chave

DESENVOLVIMENTO FÍSICO

Aspectos do desenvolvimento físico

- O crescimento físico continua durante as idades de 3 a 6 anos, porém mais lentamente do que durante a fase de bebê e a primeira infância. Em média, os meninos são um pouco mais altos, mais pesados e mais fortes do que as meninas. Os sistemas corporais internos estão amadurecendo.
- Os padrões de sono se alteram durante a segunda infância, como ocorre ao longo da vida, e são afetados por expectativas culturais. Sonambulismo, terrores noturnos e pesadelos ocasionais são comuns, mas problemas persistentes de sono podem indicar transtornos emocionais.
- Urinar na cama é algo que normalmente desaparece sem ajuda especial.
- O desenvolvimento cerebral continua regularmente durante toda a infância e afeta o desenvolvimento motor.
- As crianças progridem rapidamente na aquisição de habilidades motoras grossas e finas, desenvolvendo sistemas de ação mais complexos.
- A lateralidade manual é geralmente evidente aos 3 anos de idade, refletindo a dominância de um dos hemisférios cerebrais.

enurese (195)
habilidades motoras grossas (196)
habilidades motoras finas (197)
sistemas de ação (197)
lateralidade manual (197)

Saúde e segurança

- Embora as principais doenças contagiosas sejam raras atualmente nos países industrializados em razão das campanhas de vacinação em massa, doenças evitáveis continuam a ser um grande problema nos países em desenvolvimento.
- A prevalência de obesidade entre crianças de idade pré-escolar tem aumentado.
- A subnutrição pode afetar todos os aspectos do desenvolvimento.
- A saúde bucal das crianças pode melhorar quando recebem suplementos de flúor e cuidados odontológicos regulares.
- As alergias alimentares estão se tornando cada vez mais comuns.
- Os acidentes, com mais frequência domésticos, são a causa principal de mortalidade infantil nos Estados Unidos.
- Fatores ambientais como exposição à pobreza, falta de moradia, tabagismo, poluição atmosférica e pesticidas aumentam o risco de doenças ou lesões. A intoxicação por chumbo pode ter sérios efeitos físicos, cognitivos e comportamentais.

DESENVOLVIMENTO COGNITIVO

Abordagem piagetiana: a criança pré-operatória

- As crianças que se encontram no estágio pré-operatório apresentam diversos avanços importantes, bem como alguns aspectos imaturos do pensamento.
- A função simbólica permite que as crianças reflitam sobre as pessoas, objetos e eventos que não estão fisicamente presentes. Ela se apresenta na imitação diferida, nas brincadeiras de faz de conta e na linguagem.
- O desenvolvimento simbólico ajuda a criança pré-operatória a fazer julgamentos mais precisos das relações espaciais. Elas podem vincular causa e efeito a respeito de situações familiares, categorizar, comparar qualidades e entender princípios de contagem.
- As crianças pré-operatórias parecem ser menos egocêntricas do que Piaget imaginava.
- A centração impede as crianças pré-operatórias de entenderem os princípios da conservação. Sua lógica também pode ser limitada pela irreversibilidade e por se concentrarem mais nos estados do que nas transformações.
- A teoria da mente, que se desenvolve notavelmente entre os 3 e os 5 anos, inclui a consciência que a criança tem dos seus próprios processos de pensamento, cognição social, entendimento de que as pessoas podem ter falsas crenças, capacidade para dissimular, capacidade para distinguir entre aparência e realidade e capacidade para distinguir entre fantasia e realidade.
- O amadurecimento e as influências ambientais afetam as diferenças individuais no desenvolvimento da teoria da mente.

estágio pré-operatório (205)
função simbólica (206)
brincadeiras de faz de conta (206)
transdução (207)
animismo (207)
centração (208)
descentrar (208)
egocentrismo (208)
conservação (209)
irreversibilidade (210)
teoria da mente (210)

Abordagem do processamento da informação: memória

- Os modelos de processamento da informação descrevem três etapas da memória: codificação, armazenamento e recuperação.
- Embora a memória sensorial apresente poucas mudanças com a idade, a capacidade da memória de trabalho aumenta muito. A central executiva controla o fluxo de informação que entra e que sai da memória de longo prazo.
- Em todas as idades, o reconhecimento é melhor do que a lembrança, mas ambos aumentam durante a segunda infância.
- A memória episódica inicial é somente temporária; ela desaparece ou é transferida para a memória genérica.
- A memória autobiográfica normalmente se inicia aos 3 ou 4 anos; ela pode estar relacionada ao autorreconhecimento e ao desenvolvimento da linguagem.
- De acordo com o modelo de interação social, crianças e adultos constroem conjuntamente as memórias autobiográficas ao conversarem a respeito de experiências compartilhadas.
- As crianças têm maior probabilidade de se lembrarem de atividades incomuns das quais participam ativamente. A maneira como os adultos conversam com as crianças a respeito dos eventos influencia a formação da memória.

codificação (214)
armazenamento (214)
recuperação (214)
memória sensorial (214)
memória de trabalho (214)
memória de longo prazo (214)
central executiva (214)
função executiva (214)
reconhecimento (215)
lembrança (215)
memória genérica (215)
roteiro (*script*) (215)
memória episódica (215)
memória autobiográfica (215)
modelo de interação social (216)

Inteligências: abordagens psicométrica e vygotskiana

- Os dois testes psicométricos de inteligência mais usados para crianças pequenas são as Escalas de Inteligência de Stanford-Binet e a Escala de Inteligência Wechsler Pré-escolar e Primária Revisada (WPPSI-IV).
- As pontuações obtidas nos testes de inteligência têm aumentado nos países industrializados.
- As pontuações obtidas nos testes de inteligência podem ser influenciadas por uma série de fatores, incluindo o ambiente familiar e o nível socioeconômico.
- Testes mais recentes baseados no conceito de zona de desenvolvimento proximal (ZDP) de Vygotsky indicam um potencial imediato da capacidade de realização.

Escalas de Inteligência de Stanford-Binet (216)
Escala de Inteligência Wechsler Pré-escolar e Primária Revisada (WPPSI-IV) (217)
zona de desenvolvimento proximal (ZDP) (218)
andaime conceitual (*scaffolding*) (218)

Desenvolvimento da linguagem

- Durante a segunda infância, o vocabulário aumenta consideravelmente, e a gramática e a sintaxe tornam-se razoavelmente elaboradas. As crianças tornam-se mais competentes em pragmática.
- O discurso particular é normal e comum; ele pode ajudar na mudança para a autorregulação.
- As causas para o atraso no desenvolvimento da linguagem não são precisas. Se não forem tratados, os atrasos de linguagem podem ter sérias consequências cognitivas, sociais e emocionais.
- A interação com adultos pode promover o surgimento da alfabetização.
- Programas bem planejados, adequados para a idade estão associados com aumento do desenvolvimento cognitivo.

associação rápida (219)
pragmática (220)
discurso social (220)
discurso particular (220)
alfabetização emergente (221)

Educação na segunda infância

- As metas da educação pré-escolar variam de acordo com as culturas.
- Os programas pré-escolares compensatórios têm tido resultados positivos, e o desempenho dos participantes está se aproximando das normas nacionais.
- Os programas compensatórios pré-escolares têm resultados positivos. Os programas compensatórios que se iniciam cedo podem ter melhores resultados.
- Muitas crianças atualmente frequentam a pré-escola durante o dia inteiro. O sucesso na pré-escola depende muito do ajuste emocional e social e da preparação anterior.

capítulo

8

Desenvolvimento Psicossocial na Segunda Infância

Pontos principais
O desenvolvimento do *self*
Gênero
Brincadeira
Parentalidade
Relacionamentos com outras crianças

Objetivos de aprendizagem
Discutir o desenvolvimento emocional e da personalidade na segunda infância.

Discutir o desenvolvimento de gênero na segunda infância.

Descrever as brincadeiras na segunda infância.

Explicar como as práticas parentais influenciam o desenvolvimento.

Avaliar os relacionamentos das crianças pequenas com irmãos e outras crianças.

Pauline Cutler/Alamy Stock Photo

Você **sabia** que...

▷ Crianças pequenas acham difícil entender que podem ter emoções conflitantes?
▷ As preferências de gênero por brinquedos e companheiros aparecem já dos 12 aos 24 meses?
▷ As crianças com amigos imaginários geralmente têm maior competência social?

Neste capítulo, discutimos a compreensão que crianças em idade pré-escolar têm de si próprias e de seus sentimentos. Vemos como surge seu senso de identidade masculina ou feminina e como isso afeta o comportamento. Descrevemos o brincar, a atividade na qual as crianças em países industrializados costumam passar a maior parte do tempo. Consideramos a influência, positiva ou negativa, do comportamento dos pais. Por último, discutimos o relacionamento com os irmãos e as outras crianças.

> **M**uito se fala da brincadeira como se fosse um descanso da aprendizagem formal. Mas, para as crianças, a brincadeira é o verdadeiro trabalho da infância.
>
> —Fred Rogers

O desenvolvimento do *self*

O AUTOCONCEITO E O DESENVOLVIMENTO COGNITIVO

O **autoconceito** é o nosso quadro total de nossas capacidades e traços. É "uma *construção cognitiva* [. . .] um sistema de representações descritivas e avaliativas sobre a nossa pessoa", que determina como nos sentimos sobre nós mesmos e orienta nossas ações (Harter, 1996, p. 207). O senso de identidade também tem um aspecto social: a criança incorpora em sua autoimagem a crescente compreensão de como os outros a veem.

Mudanças na autodefinição: a passagem dos 5 para os 7 anos A **autodefinição** das crianças – o modo como elas se descrevem – normalmente muda entre os 5 e os 7 anos de idade, refletindo o desenvolvimento do autoconceito. Aos 4 anos de idade, Jason diz,

> Meu nome é Jason e eu moro em uma casa grande com a minha mãe, o meu pai e a minha irmã, Lisa. Eu tenho um gatinho laranja e uma televisão no meu quarto... Eu gosto de pizza e [...] a minha professora é legal. Sei contar até 100, quer ouvir? Gosto muito do meu cachorro, o Thor. Eu consigo subir no trepa-trepa até o topo, e não tenho medo! Eu me divirto. Você não pode ser feliz e ter medo, de jeito nenhum! Meu cabelo é castanho e eu estou no pré. Eu sou muito forte. Eu consigo levantar esta cadeira, olha só! (Harter, 1996, p. 208)

O modo como Jason descreve a si próprio é típico de crianças de sua idade. Seu pensamento é bastante concreto. Jason se concentra no que faz, na sua aparência, nas coisas de que gosta e nas pessoas e animais na sua vida. Ele fala sobre coisas específicas, mencionando determinadas habilidades (escalar ou contar) e não capacidades gerais (ser atlético ou bom em matemática). Como a maioria das crianças, ele tem uma opinião positiva irrealista acerca das próprias habilidades e não entende bem como emoções conflitantes podem existir simultaneamente. Por volta dos 7 anos, Jason descreverá a si próprio em traços gerais, tais como popular, inteligente ou idiota; reconhecerá que pode ter emoções conflitantes; e terá autocrítica ao mesmo tempo em que sustenta um *autoconceito* geral positivo.

Aos 4 anos, as declarações de Jason sobre si mesmo são unidimensionais ("Eu gosto de pizza... Eu sou muito forte"). Ele não imagina ter duas emoções ao mesmo tempo ("Você não pode ser feliz *e* ter medo") porque não pode considerar diferentes aspectos de si mesmo ao mesmo tempo. Seu pensamento sobre si mesmo é do tipo tudo ou nada. Ele não consegue reconhecer que sua **identidade real**, a pessoa que ele é na verdade, não é a mesma que sua **identidade ideal**, a pessoa que ele gostaria de ser.

Por volta dos 5 ou 6, Jason começa a fazer associações lógicas entre dois aspectos de si mesmo. "Eu posso correr rápido e posso subir bem alto. Eu também sou forte. Posso jogar a bola bem longe, um dia vou entrar em um time!" (Harter, 1996, p. 215). Entretanto, sua imagem de si mesmo ainda é expressa em termos totalmente positivos de tudo ou nada. Ele não consegue ver como ele poderia ser bom em algumas coisas e não em outras.

autoconceito
Senso de identidade; quadro mental descritivo e avaliativo das próprias capacidades e traços.

autodefinição
Conjunto de características usadas para descrever a si próprio.

identidade real
O que a pessoa realmente é.

identidade ideal
O que a pessoa gostaria de ser.

Embora nossas autodescrições fiquem mais precisas com a idade, mesmo os adultos superestimam irrefletidamente suas qualidades positivas. As únicas pessoas que são exatas? As clinicamente deprimidas.

Jason descreve-se em termos de sua aparência (cabelo castanho) e de suas posses (seu cão, Thor).
Rob Hainer/Shutterstock

Na terceira infância, as crianças começam a integrar aspectos específicos de sua identidade em um conceito geral e multidimensional. À medida que declina o pensamento do tipo tudo ou nada, as autodescrições de Jason tornam-se mais equilibradas e realistas: "Eu sou bom no hóquei, mas sou ruim em matemática."

Diferenças culturais em autodefinição   A cultura ajuda a moldar o entendimento do *self*. Por exemplo, uma dimensão cultural importante – individualismo *versus* coletivismo – impacta o entendimento do *self* em relação aos outros. Em culturas altamente individualistas como a dos Estados Unidos, os indivíduos são considerados separados uns dos outros, e a independência e a autoconfiança são bastante valorizadas. Em culturas coletivistas, como as da Índia e da China, considera-se que há uma inter-relação fundamental entre os indivíduos, e a coesão e a harmonia do grupo precedem as preocupações individuais (Oyserman, Coon, & Kemmelmeir, 2002).

Os pais transmitem ideias e crenças culturais sobre como definir o *self*, muitas vezes por meio das conversas que têm no cotidiano. Por exemplo, os pais chineses tendem a encorajar os aspectos interdependentes do *self*, como obediência à autoridade, comportamento apropriado, humildade e sensação de pertencimento à comunidade. Os pais norte-americanos de origem europeia tendem a encorajar os aspectos independentes do *self*: individualidade, autoexpressão e autoestima. As crianças absorvem esses estilos culturais diversos de autodefinição já aos 3 ou 4 anos, e as diferenças aumentam com a idade (Wang, 2004). Essas diferenças ficam evidentes até mesmo nos desenhos das crianças. Crianças de culturas nas quais autonomia, individualismo e autoexpressão são valorizadas tendem a se desenhar maiores, enquanto crianças de culturas nas quais a inter-relação e as conexões sociais são consideradas mais importantes se desenham menores (Rübeling et al., 2011; Gernhardt, Rübeling, & Keller, 2014).

AUTOESTIMA

A **autoestima** é a parte autoavaliativa do autoconceito, o julgamento que a criança faz sobre seu valor geral. A autoestima baseia-se, em parte, na crescente capacidade cognitiva da criança de descrever e definir a si própria.

autoestima
Julgamento que um indivíduo faz sobre seu valor pessoal.

Mudanças no desenvolvimento da autoestima   Embora as crianças geralmente não falem sobre um conceito de valor pessoal antes dos 8 anos, as crianças pequenas demonstram, por seu comportamento, que o possuem. Por exemplo, o modo como se sentem sobre si mesmas demonstra consistência; autopercepções positivas ou negativas aos 5 anos predizem a autopercepção e o funcionamento socioemocional aos 8 anos (Verschueren, Buyck, & Maroen, 2001).

Apesar de existirem diferenças individuais em autoestima, a maioria das crianças pequenas superestima radicalmente as próprias habilidades. A sua autoestima não tem base na realidade. Um motivo para isso é que a autoestima resulta, em parte, do *feedback* que recebem das outras pessoas, e os adultos tendem a oferecer *feedback* positivo e não crítico (Harter, 1998, 2006). Por exemplo, as letras grosseiras da criança no jardim de infância geralmente não são criticadas; em vez disso, pais e professores tendem a elogiar e encorajar os esforços da criança.

Além disso, a autoestima das crianças tende a ser unidimensional. Em outras palavras, as crianças acreditam que são completamente boas ou completamente ruins (Harter, 1998). A partir da terceira infância, a autoestima se torna mais realista, quando as avaliações pessoais de competência baseadas na internalização dos padrões parentais e sociais passam a moldar e manter um senso de valor pessoal (Harter, 1998).

Autoestima contingente: o padrão "incapaz"   Considere o elogio que os pais oferecem às crianças quando têm sucesso. Se a criança costuma ser elogiada por se esforçar e fracassa na tarefa, a conclusão lógica é que não se esforçou o suficiente. Essa criança pode, então, ficar motivada para se dedicar mais na próxima vez. Se a criança é elogiada por ser inteligente e fracassa na tarefa, a lógica é muito diferente. Agora, a conclusão é que a criança não é mais esperta. A motivação para esforçar-se foi eliminada.

Não surpreende, então, que as crianças cuja autoestima é contingente ao sucesso tendem a se sentir desmoralizadas quando fracassam. Frequentemente essas crianças atribuem o fracasso às suas deficiências, que acreditam serem incapazes de mudar. Cerca de um terço a metade das crianças que frequentam a pré-escola, o jardim de infância e a primeira série mostram um padrão de

---

A pesquisa original sobre o desamparo aprendido envolveu cães presos que recebiam choques repetidamente. No fim, eles paravam de lutar para fugir e desistiam. A pesquisa com seres humanos precisa satisfazer critérios éticos rígidos, enquanto a pesquisa com animais é menos limitada. O que você pensa de pesquisas como esta? Mesmo nos fornecendo informações valiosas, ela é ética?

"desamparo aprendido" (Dweck & Grant, 2008). Por exemplo, quando recebem um quebra-cabeças difícil, as crianças "incapazes" tendem a desistir. Elas presumem que não serão bem-sucedidas e, por isso, nem tentam.

Crianças com autoestima não contingente, em contrapartida, tendem a atribuir o fracasso ou a decepção a fatores externos ou à necessidade de se esforçarem mais. Por exemplo, quando recebe o mesmo quebra-cabeças, a criança poderia presumir que ele se destina a crianças mais velhas ou continuaria tentando montá-lo, apesar das dificuldades iniciais. Se de início forem mal-sucedidas ou rejeitadas, elas persistem, tentando novas estratégias até encontrar alguma que funcione (Harter, 1998; Pomerantz & Saxon, 2001). As crianças que acreditam que terão sucesso se tentarem, que gostam de desafios e que têm fé na sua capacidade de enfrentá-los tendem a ter pais que elogiam os seus esforços, não as suas habilidades inerentes, e que dão preferência ao *feedback* específico e focado, não a elogios genéricos (Gunderson et al., 2013).

A aprovação desta mãe ao trabalho de arte da sua filha de 3 anos é uma importante contribuição para a autoestima dela.
Don Hammond/Design Pics/Getty Images

Os elogios genéricos – "bom trabalho!", por exemplo, após verem uma imagem de um desenho – estão associados com a desistência após a falha, pois se falha, a criança tende a pressupor que não possui a capacidade crítica de desenhar bem. Contudo, quando o elogio é dirigido ("bom trabalho desenhando!"), as crianças tendem a perseverar frente a um fracasso, pois isso sugere que o seu sucesso inferior se devia aos seus esforços relacionados especificamente a desenhar. Mesmo um pouquinho de elogio não genérico surte bastante efeito. Quando os elogios são mistos, como na vida real, mesmo pequenas quantidades de elogios não genéricos preservam o domínio nas crianças (Zentall & Morris, 2010).

> *Aquele armário cheio de troféus de participação pode não ser a melhor coisa para o seu filho. A pesquisa sobre autoestima sugere que quando as crianças são elogiadas e recompensadas por tudo o que fazem, independentemente do desempenho, elas acreditam naquele elogio sem reservas. Quando inevitavelmente fracassam em uma tarefa, elas consideram isso um sinal de que são deficientes.*
> Dweck, 2008

verificador
você é capaz de...
▷ Sinalizar o início do desenvolvimento do autoconceito?
▷ Explicar a importância da passagem dos 5 para os 7 anos?
▷ Dizer como a autoestima de crianças pequenas difere da de crianças mais velhas e explicar como o padrão de desamparo surge?

REGULANDO EMOÇÕES

Na sua festinha de 5 anos, Kayla abre um presente da avó e, em vez da boneca que esperava ganhar, recebe um jogo de tabuleiro. Seu rosto fica triste e a mãe cochicha no seu ouvido: "Sorria e agradeça à sua avó. Você não quer magoá-la". Kayla tenta, mas seu sorriso não é convincente.

A capacidade de regular, ou controlar, os próprios sentimentos é um dos avanços importantes da segunda infância (Dennis, 2006). A autorregulação emocional ajuda as crianças a guiarem seu comportamento (Eisenberg, Fabes, & Spinrad, 2006) e ajustarem suas respostas para atender as expectativas da sociedade. A capacidade das crianças de exercer controle sobre si mesmas está relacionada à adaptação (Eisenberg et al., 2004). Por exemplo, as crianças que tinham dificuldade com tarefas de adiamento de gratificação aos 3-4 anos de idade eram mais propensas a ter problemas de comportamento aos 5-8 anos. Da mesma forma, as crianças pequenas que eram piores em desacelerar intencionalmente, inibir seus movimentos em um jogo ou prestar mais atenção tendiam a ter mais dificuldades acadêmicas posteriormente (Kim, Nordling, Yoon, Boldt, & Kochanska, 2013). As crianças desenvolvem a capacidade de regular suas emoções lentamente, passando da dependência inicial de processos de orientação apoiados pelas áreas parietal e frontal do cérebro para o controle emocional usando as redes frontais no giro cingulado anterior (Rothbart, Sheese, Rueda, & Posner, 2011).

A cultura também é uma influência importante. As culturas individualistas, como a dos Estados Unidos, tendem a valorizar a livre expressão das emoções, enquanto as culturas asiáticas com valores coletivistas tendem a reprimir a expressão das emoções negativas (Murata, Moser, & Kitayama, 2012). Não surpreende, assim, que as pesquisas determinem que os pais de diferentes culturas apresentem padrões de socialização diversos, que refletem seus valores culturais. Por exemplo, os pais dos Estados Unidos e da Alemanha tendem a incentivar os filhos a expressarem suas emoções quando ficam perturbados e veem nisso uma expressão saudável de autonomia, enquanto os pais indianos e nepaleses tendem a ficar aflitos quando seus filhos expressam emoções negativas

> *As crianças pequenas podem ser capazes de ler suas emoções melhor do que você pensa. Novas pesquisas sugerem que as crianças já aos 6 anos podem dizer a diferença entre um sorriso verdadeiro e um sorriso falso. Mas elas não são peritas nisso: elas estão certas apenas cerca de 60% das vezes.*
> Gosselin, Perron, & Maassarani, 2009

(Heikamp, Trommsdorff, & Fäsche, 2013). Outro estudo determinou que as crianças nos Estados Unidos expressam mais orgulho; as japonesas, mais vergonha; e as coreanas, mais culpa (Furukawa, Tangney, & Higashibara, 2012).

COMPREENDENDO EMOÇÕES

A compreensão emocional parece proceder de forma ordenada e hierárquica. Primeiro, em torno dos 5 anos, as crianças entendem os aspectos públicos das emoções. Em outras palavras, elas entendem as coisas que fazem com que outras pessoas se sintam tristes ou felizes, como essas emoções se manifestam nas outras pessoas e que lembrar alguém sobre algo que aconteceu pode trazer a emoção à tona novamente (Pons, Harris, & de Rosnay, 2004). Crianças em idade pré-escolar podem falar sobre seus sentimentos e geralmente os dos outros também, e compreendem que as emoções estão ligadas a experiências e desejos (Saarni, Campos, Camras, & Witherington, 2006). Elas também entendem que alguém que consegue o que quer ficará feliz, e alguém que não consegue ficará triste (Lagattuta, 2005). Com cerca de 4 a 5 anos, a maioria das crianças consegue reconhecer expressões faciais de alegria, tristeza, medo, raiva, surpresa e nojo (Widen & Russell, 2008), mas as meninas tendem a se sair um pouco melhor do que os meninos nisso (Denham, Bassett, Brown, Way, & Steed, 2015). Elas também reconhecem as emoções que se refletem em sinais vocais (Sauter, Panattoni, & Happé, 2013) e postura corporal, como os ombros caídos de uma pessoa triste ou a postura agressiva de quem está zangado (Parker, Mathis, & Kupersmidt, 2013).

Em torno dos 7 anos, as crianças começam a entender que os estados mentais podem provocar emoções. Por exemplo, elas entendem que é possível sentir uma coisa e parecer outra. Elas também entendem que o que uma pessoa acredita, mesmo que não seja verdade, pode afetar o seu estado emocional, e que o que alguém quer, mesmo que elas próprias não o queiram, também pode afetar o estado emocional (Pons et al., 2004). Esse processo está envolvido com o desenvolvimento do comportamento moral. Em um estudo, crianças de 4 a 8 anos foram instruídas a descrever como um menininho se sentiria se sua bola rolasse para o meio da rua e ele a buscasse (o que desobedeceria à regra de não ir para a rua) ou refreasse o impulso de ir buscá-la. As crianças de 4 e 5 anos tendiam a acreditar que o menino ficaria feliz se recuperasse a bola – ainda que ele estivesse quebrando uma regra – e infeliz se não a recuperasse. As crianças mais velhas, como os adultos, eram mais inclinadas a acreditar que a obediência a uma regra faria o menino sentir-se bem e a desobediência o faria sentir-se mal (Lagattuta, 2005).

Por fim, com cerca de 9 anos, as crianças começam a entender os aspectos mais complexos das emoções. Por exemplo, elas entendem que as situações podem ser vistas de múltiplos pontos de vista, que as pessoas podem ter emoções conflitantes, como ficar com raiva de alguém e ainda amá-lo, e que podem usar estratégias cognitivas para regular o seu estado emocional (Pons et al., 2004). Esse processo é discutido mais detalhadamente no Capítulo 14.

Compreensão das emoções direcionadas a si mesmo **Emoções sociais** envolvem comparar a si e as próprias ações aos padrões sociais. As emoções direcionadas a si próprio incluem a culpa, a vergonha e o orgulho, e normalmente se desenvolvem ao final do terceiro ano, depois que as crianças adquirem consciência de si mesmas e aceitam os padrões de comportamento estabelecidos pelos pais. Elas exigem que os pontos de vista dos outros sejam considerados.

Em um estudo (Harter, 1993), foram contadas duas histórias a crianças com idade entre 4 e 8 anos. Na primeira história, uma criança pega algumas moedas de um pote depois de ser avisada para não fazer isso; na segunda história, uma criança executa uma difícil proeza na ginástica – um salto nas barras. Cada história foi apresentada em duas versões: uma em que um dos pais vê a criança praticando o exercício e outra em que ninguém a vê. Perguntou-se às crianças como elas e os pais se sentiriam em cada circunstância.

As respostas revelaram uma progressão gradual na compreensão de sentimentos sobre si próprio (Harter, 1996). As crianças de 4 a 5 anos não disseram que elas ou seus pais sentiriam orgulho ou vergonha. Em vez disso, elas usaram termos como "preocupado" ou "assustado" (para o incidente do pote de dinheiro) e "excitado" ou "feliz" (sobre a proeza da ginástica). As crianças de 5 a 6 anos disseram que os pais ficariam envergonhados ou orgulhosos delas, mas não reconheceram sentir essas emoções elas próprias. As crianças de 6 a 7 anos disseram que sentiriam orgulho ou

Crianças aos 2 ou 3 anos de idade já podem sofrer de depressão clínica genuína, embora sejam incapazes de verbalizar o que está acontecendo.

emoções sociais
Emoções envolvidas na regulação do comportamento social que exigem autoconsciência e a compreensão dos pontos de vista dos outros.

vergonha, mas somente se fossem observadas. Só as crianças de 7 a 8 anos disseram que se sentiriam envergonhadas ou orgulhosas de si mesmas ainda que ninguém estivesse olhando.

ERIKSON: INICIATIVA *VERSUS* CULPA

A necessidade de lidar com sentimentos conflitantes sobre si próprio está na essência do terceiro estágio do desenvolvimento psicossocial identificado por Erikson (1950): **iniciativa *versus* culpa**. Crianças em idade pré-escolar podem fazer – e querem fazer – cada vez mais. Ao mesmo tempo, elas estão aprendendo que algumas das coisas que querem fazer são aprovadas socialmente, enquanto outras não.

Esse conflito marca uma divisão entre duas partes da personalidade: a parte que permanece criança, cheia de exuberância e ansiosa por experimentar coisas novas e testar novos poderes, e a parte que está se tornando adulta, que constantemente examina a propriedade dos motivos e das ações. Crianças que aprendem a regular esses impulsos conflitantes desenvolvem a "virtude" do *propósito*, a coragem de imaginar e buscar metas sem serem indevidamente inibidas pela culpa ou pelo medo da punição (Erikson, 1982).

iniciativa *versus* culpa
O terceiro estágio no desenvolvimento psicossocial de Erikson, quando a criança equilibra o desejo de atingir metas com ressalvas em relação a fazê-lo.

verificador
você é capaz de...

▷ Descrever dois desenvolvimentos típicos na compreensão das emoções?

▷ Explicar a importância do terceiro estágio do desenvolvimento da personalidade de Erikson?

Gênero

A **identidade de gênero**, a consciência de ser do sexo feminino ou masculino, e tudo o que isso implica na sociedade de origem, é um aspecto importante do desenvolvimento do autoconceito.

identidade de gênero
Consciência, desenvolvida na segunda infância, de ser do sexo masculino ou feminino.

DIFERENÇAS DE GÊNERO

Diferenças de gênero são diferenças psicológicas ou comportamentais entre homens e mulheres. É uma área controversa da psicologia. As diferenças mensuráveis entre bebês meninos e meninas são poucas. Embora algumas diferenças de gênero tornem-se mais pronunciadas após os 3 anos, em média, meninos e meninas apresentam mais semelhanças do que diferenças (Hyde, 2005).

Fisicamente, entre as maiores diferenças de gênero estão o nível de atividade mais alto dos meninos, o desempenho motor superior, especialmente após a puberdade, e sua propensão maior à agressividade física (Hyde, 2005; Archer, 2004; Baillargeon et al., 2007; Pellegrini & Archer, 2005; Nielsen, Pfister, & Anderson, 2011). Essas diferenças físicas impactam a natureza das brincadeiras. Os meninos participam de brincadeiras mais impetuosas e fisicamente ativas do que as meninas (LaFreniere, 2011). Também há preferências por brinquedos tipificados por gênero; as meninas preferem brincar com bonecas e seus acessórios, enquanto os meninos preferem brinquedos de transporte e construção (Pasterski et al., 2011). As preferências sobre sexo aumentam entre a primeira infância e a terceira infância, e o grau de comportamento sexual exibido nessa idade é um forte indicador de comportamento futuro baseado no gênero (Golombok et al., 2008).

As diferenças de gênero na cognição são poucas e pequenas, e afetadas pelas características da tarefa (Miller & Halpern, 2014; Ardila, Rosselli, Matute, & Inozemtseva, 2011). Existem diferenças sutis em áreas específicas, mas não parece haver diferenças de gênero na inteligência geral (Nisbett et al., 2012).

Meninos e meninas saem-se igualmente bem em tarefas envolvendo habilidades matemáticas básicas e são igualmente capazes de aprender matemática, mas demonstram variações em habilidades específicas. A maioria dessas diferenças não aparece até o ensino fundamental ou mais tarde (Spelke, 2005). As meninas tendem a ter melhor desempenho em testes de cálculo matemático e na memória para listas de números e objetos. As meninas também tendem a ter desempenho superior ao dos meninos em problemas que exigem soluções algébricas ou respostas curtas. Os meninos normalmente demonstram vantagem em rotações mentais, especialmente quando a tarefa envolve objetos tridimensionais e quando é cronometrada (Miller & Halpern, 2014). Os meninos tendem a ter melhor desempenho em problemas matemáticos escritos e na memória para configurações espaciais (Spelke, 2005). Além disso, as capacidades matemáticas dos meninos variam mais do que as das meninas, com mais meninos em ambas as extremidades mais alta e mais baixa da variação de capacidade (Halpern et al., 2007). Entretanto, na maioria dos estudos, o desempenho em testes de matemática tende a ser mais ou menos igual (Miller & Halpern, 2014).

Mesmo no útero, os fetos masculinos já são mais ativos do que os fetos femininos.

Uma diferença comportamental clara entre meninos e meninas é a maior agressividade física dos meninos.

RichVintage/iStock/Getty Images

> **verificador**
> **você é capaz de...**
> ▷ Resumir as principais diferenças comportamentais e cognitivas entre meninos e meninas?

As meninas em geral demonstram possuir uma vantagem verbal (Bornstein, Hahn, & Haynes, 2004). Em diferentes idiomas, elas tendem a começar a usar a linguagem antes, a falar mais e a combinar palavras mais cedo (Eriksson et al., 2012). Os meninos têm maior probabilidade de gaguejar ou de sofrer de algum déficit de leitura do que as meninas (Wallentin, 2009; Rutter et al., 2004b). As meninas tendem a usar mais elogios, concordância, reconhecimento e elaboração sobre o que outra pessoa disse (Leaper & Smith, 2004). As meninas também tendem a ter vantagem na escola e a obter notas melhores, especialmente nas aulas relacionadas à linguagem (Voyer & Voyer, 2014).

PERSPECTIVAS DO DESENVOLVIMENTO DE GÊNERO

Como explicar as diferenças de gênero e por que algumas aparecem com a idade? Algumas explicações centralizam-se nas diferentes experiências e expectativas sociais que meninos e meninas encontram quase desde o nascimento.

Papéis de gênero são os comportamentos, interesses, atitudes, habilidades e traços de personalidade que uma cultura considera apropriada para homens e mulheres. Historicamente, na maioria das culturas, espera-se que as mulheres dediquem a maior parte de seu tempo para cuidar da casa e das crianças, enquanto os homens são provedores e protetores. Espera-se que elas sejam obedientes e sustentadoras; os homens, ativos, agressivos e competitivos. Hoje, os papéis de gênero tornaram-se mais diversos e flexíveis.

A **tipificação de gênero**, a aquisição de um papel de gênero, ocorre logo no começo da infância (Iervolino, Hines, Golombok, Rust, & Plomin, 2005). Os **estereótipos de gênero** são generalizações preconcebidas sobre o comportamento masculino ou feminino: "Todas as mulheres são passivas e dependentes; todos os homens são agressivos e independentes". Aparecem até certo ponto em crianças de 2 ou 3 anos, aumentam durante os anos pré-escolares e atingem um máximo aos 5 anos (Campbell, Shirley, & Candy, 2004; Ruble & Martin, 1998).

Como as crianças adquirem os papéis de gênero e por que adotam os estereótipos? Examinemos cinco perspectivas teóricas sobre o desenvolvimento de gênero (resumidas na Tabela 8.1): *biológica, evolucionista, psicanalítica, cognitiva* e da *aprendizagem social*.

Abordagem biológica A existência de papéis de gênero semelhantes em muitas culturas sugere que algumas diferenças de gênero podem ter uma base biológica. Na verdade, se as diferenças de gênero fossem puramente invenções culturais, seria de se esperar que houvesse mais variabilidade nas características e papéis masculinos e femininos entre as culturas. Os investigadores estão descobrindo evidências de explicações neurológicas, hormonais e evolucionistas para algumas dessas diferenças.

Desse ponto de vista, as diferenças vistas entre os meninos e as meninas são influenciadas pela anatomia cerebral. Essas diferenças surgem, entre outros motivos, devido aos genes que codificam diferenças anatômicas e funcionais entre os sexos, exposição hormonal pré-natal, experiências ambientais diferentes ou os efeitos ativadores da puberdade na adolescência.

Ao longo do ciclo de vida e desde as fases iniciais do desenvolvimento, os homens têm, em média, volume cerebral maior do que as mulheres (Ruigrok et al., 2014; Reiss, Abrams, Singer, Ross, & Denckla, 1996). Contudo, quando levamos em conta o volume cerebral total, os cérebros das meninas têm uma proporção maior de substância cinzenta (neurônios) e demonstram maior fluxo sanguíneo cerebral, enquanto os cérebros dos meninos contêm mais substância branca (axônios para comunicação entre os neurônios) (Cosgrove, Mazure, & Staley, 2007; Luders, Gaser, Narr, & Toga, 2009).

Uma influência importante pode ser o que ocorre no útero, onde os hormônios afetam o cérebro em desenvolvimento. Uma análise dos níveis de testosterona fetal mostrou uma ligação entre níveis mais altos de testosterona e brincadeiras normalmente masculinas em meninos (Auyeng et al., 2009). Além disso, a testosterona foi associada ao comportamento de competição por *status* e dominância nos seres humanos (Eisenegger, Haushofer, & Fehr, 2011). Pistas adicionais vêm das pesquisas centradas em meninas que sofrem de um transtorno chamado *hiperplasia congênita da suprarrenal* (CAH – *congenital adrenal hyperplasia*). Essas meninas têm altos níveis pré-natais de *andrógenos* (hormônios sexuais masculinos). Elas tendem a demonstrar preferência por brinquedos de menino, brincadeiras ríspidas e colegas masculinos, além de acentuadas habilidades espaciais. Isso sugere que a exposição pré-natal no útero afeta o estabelecimento dessas diferenças físicas iniciais entre meninos e meninas. Os *estrógenos* (hormônios sexuais femininos), por outro lado, parecem ter menos influência sobre o comportamento típico de gênero dos meninos (Pasterski et al., 2005).

---

papéis de gênero
Comportamentos, interesses, atitudes, habilidades e traços de personalidade que uma cultura considera apropriada para cada sexo diferem para homens e mulheres.

tipificação de gênero
Processo de socialização pelo qual a criança, ainda pequena, aprende a se apropriar dos papéis de gênero.

estereótipos de gênero
Generalizações preconcebidas sobre o comportamento masculino ou feminino.

TABELA 8.1 Cinco perspectivas sobre o desenvolvimento de gênero

Teorias	Principais teóricos	Processos básicos	Crenças básicas
Abordagem biológica		Atividade genética, neurológica e hormonal	Muitas das diferenças de comportamento entre os sexos podem ser atribuídas a diferenças biológicas.
Abordagem evolucionista	Charles Darwin	Seleção sexual e natural	A criança desenvolve papéis de gênero em preparação para atividades sexuais adultas e comportamentos que visem à reprodução.
Abordagem psicanalítica	Sigmund Freud	Resolução do conflito emocional inconsciente	A identidade de gênero se estabelece quando a criança se identifica com o genitor do mesmo sexo.
Abordagem cognitiva Teoria cognitivo-desenvolvimental	Lawrence Kohlberg	Autocategorização	Uma vez que a criança aprende que é menina ou menino, ela separa a informação sobre comportamento por gênero e age de acordo.
Teoria do esquema de gênero	Sandra Bem, Carol Lynn Martin e Charles F. Halverson	Autocategorização baseada no processamento de informações culturais	A criança organiza as informações sobre o que é considerado apropriado para um menino ou para uma menina com base no que é estabelecido por uma determinada cultura. A criança faz a separação por gênero porque o gênero é um esquema importante.
Abordagem da aprendizagem social Teoria social cognitiva	Albert Bandura, Walter Mischel	Observação de modelos, reforço	A criança combina mentalmente observações de comportamentos de gênero e cria suas próprias variações comportamentais.

Talvez os exemplos mais dramáticos da pesquisa de base biológica sejam de bebês nascidos com órgãos sexuais ambíguos, que não parecem ser claramente masculinos ou femininos. John Money e colaboradores (Money, Hampson, & Hampson, 1955) recomendaram que essas crianças fossem atribuídas o mais cedo possível ao gênero que possuísse o potencial para o funcionamento mais próximo do normal. Eles basearam essa recomendação na aparência das genitálias.

Entretanto, estudos mais recentes demonstram a dificuldade de prever o desfecho da atribuição do sexo no nascimento. Em um estudo, 14 crianças que nasceram geneticamente masculinas mas sem um pênis normal, porém com testículos, foram legalmente e cirurgicamente atribuídas ao sexo feminino durante o primeiro mês de vida, tendo sido criadas como meninas. Com o tempo, oito se declararam masculinos; cinco declararam uma identidade feminina, mas expressaram dificuldade em se encaixar com as outras meninas; e uma recusou-se a discutir o assunto. Enquanto isso, dois meninos cujos pais haviam recusado a atribuição sexual inicial permaneceram homens (Reiner & Gearhart, 2004). Estes e outros casos sugerem que a identidade de gênero tem raízes em fatores biológicos e não é mudada facilmente (Meyer-Bahlburg, 2005; Reiner, 2005; Diamond & Sigmundson, 1997). Simplesmente dizer a um menino ou menina o que ele ou ela é não basta para alterar a identidade de gênero.

Recentemente, a questão das crianças transgênero tem recebido atenção, em parte devido aos processos judiciais sobre qual banheiro público é apropriado para os indivíduos que se identificam com o gênero oposto. As pessoas transgênero são indivíduos cuja identidade de gênero é diferente do seu sexo biológico. Muitas crianças pequenas brincam com a sua identidade – por exemplo, vestem roupas diferentes ou fingem ser algo que não são – mas as crianças, sobretudo as meninas, que posteriormente se identificam como transgênero apresentam disforia de gênero forte e persistente no início da infância (Steensma, McGuire, Kreukels, Beekman, & Cohen-Kettenis, 2013).

Há indicações de que a disparidade entre gênero e sexo nas pessoas transgênero é influenciada pela biologia. Por exemplo, as mulheres biológicas que posteriormente se identificam como membros do sexo masculino possuem marcadores que sugerem alta exposição a andrógenos no útero

Por muitos anos, John Money promoveu o suposto sucesso do seu estudo mais famoso, no qual um menino gêmeo biologicamente masculino foi criado como menina após um acidente na circuncisão. Mais tarde soube-se que o menino nunca havia se ajustado verdadeiramente à vida como menina, havia sido infeliz durante toda sua infância e fizera várias tentativas de suicídio em sua juventude, finalmente matando-se na idade adulta. Devido à pesquisa de Money, milhares de cirurgias de reatribuição de gênero foram realizadas em bebês. Esta série de eventos ilustra uma das principais razões por que a ciência precisa ser transparente e honesta – ela pode ter repercussões profundas no mundo real.

teoria da seleção sexual
Teoria de Darwin de que os papéis de gênero se desenvolveram em resposta às necessidades reprodutivas diferentes dos homens e das mulheres.

Esta abordagem não significa que os homens e as mulheres estão lutando conscientemente para ter montes de filhos e transmitir seus genes. Antes, argumenta-se que os homens e as mulheres fazem coisas – como o sexo – que tornam mais provável que eles tenham descendentes.

identificação
Na teoria freudiana, processo pelo qual a criança pequena adota características, crenças, atitudes, valores e comportamentos do genitor do mesmo sexo.

(Leinung & Wi, 2017; Wu & Leinung, 2015). As pesquisas com gêmeos sugerem que também pode haver influências genéticas em jogo (Diamond, 2013). Além do mais, o volume da estria terminal (uma área do cérebro envolvida no comportamento sexual) em homens biológicos que posteriormente se identificam como mulheres é mais parecido com o de outras mulheres do que com o de outros homens (Zhou, Hofman, Gooren & Swaab, 1995). A densidade dos neurônios, mas não o volume, também se parece mais com a das mulheres biológicas (Luders et al., 2009). Em suma, há evidências crescentes de que a identidade de gênero, um construto psicológico estabelecido no cérebro, é influenciada pela biologia e não mera consequência do sexo biológico ou de práticas de educação. Mais pesquisas são necessárias nessa área controversa.

Abordagem evolucionista A abordagem evolucionista considera o comportamento de gênero biologicamente influenciado. Deste ponto de vista controverso, os papéis de gênero das crianças acontecem de acordo com a evolução das estratégias de acasalamento e de criação de filhos de homens e mulheres adultos.

De acordo com a **teoria da seleção sexual** de Darwin (1871), a escolha de parceiros sexuais é uma resposta às diferentes pressões reprodutivas que os primeiros homens e mulheres enfrentaram na luta pela sobrevivência (Wood & Eagly, 2002). Nos seres humanos, as fêmeas precisam contribuir muito mais para a criação das crianças devido às restrições impostas pela gravidez e pelo aleitamento. Os machos, entretanto, podem não contribuir com nada além de algumas gotas de sêmen. A sobrevivência da criança pode ser muito mais provável se o homem investe recursos nela, mas esse investimento não é obrigatório.

Isso cria dinâmicas reprodutivas diferentes para cada sexo. Quanto mais um homem puder praticar atividades sexuais, maiores suas chances de transmitir sua herança genética. Logo, os homens tendem a preferir mais parceiras sexuais do que as mulheres. Eles valorizam a coragem física porque ela lhes permite competir por companheiras e por controle de recursos e posição social, que as mulheres valorizam. Visto que uma mulher investe mais tempo e energia na gravidez e pode gerar apenas um número limitado de filhos, a sobrevivência de cada filho é da maior importância para ela, portanto ela procura um companheiro que permaneça com ela e sustente sua prole. Mais atividade sexual após a gravidez já ter iniciado não resulta em mais filhos para a mulher até o bebê ter nascido e a mulher estar pronta para engravidar de novo. A necessidade de criar os filhos também explica por que as mulheres tendem a ser mais atenciosas do que os homens (Bjorklund & Pellegrini, 2000; Wood & Eagly, 2002). De acordo com a teoria evolucionista, a competitividade e agressividade do homem e o cuidado físico e emocional da mulher desenvolvem-se durante a infância como preparação para esses papéis adultos (Pellegrini & Archer, 2005). Os meninos brincam de lutar; as meninas brincam de boneca.

Os críticos da teoria evolucionista defendem que a sociedade e a cultura são mais importantes do que a biologia na determinação dos papéis de gênero. Mas os teóricos evolucionistas nunca defenderam que a cultura seria irrelevante. Em vez disso, eles afirmam que homens e mulheres possuem adaptações cognitivas projetadas para sensibilizá-los aos estímulos ambientais. Além disso, os teóricos lembram que a cultura não existe no vácuo, ela é um produto das nossas mentes, sujeitas à evolução. Assim, a cultura reflete nossas tendências e quem somos. Nós é que criamos a cultura. Assim, dizer que a cultura nos torna quem somos é um argumento tautológico (Tooby & Cosmides, 1992).

E mais: a psicologia evolucionista não é, como afirmam alguns críticos, determinista. A evolução nos deu uma arquitetura mental evoluída que nos leva em determinadas direções, mas também nos deu a habilidade de refletir sobre as nossas escolhas e tomar decisões baseadas na razão. Assim, nosso comportamento é flexível e adaptativo. Por exemplo, em algumas sociedades não industrializadas, as mulheres são as principais provedoras ou estão em pé de igualdade, e as preferências de ambos os sexos por parceiros parecem menos salientes em sociedades mais igualitárias, onde as mulheres têm liberdade reprodutiva e oportunidades educativas (Wood & Eagly, 2012).

Abordagem psicanalítica "Papai, onde você vai morar quando eu crescer e casar com a mamãe?", pergunta Mário, de 4 anos. Do ponto de vista psicanalítico, a pergunta de Mário faz parte de sua aquisição de identidade de gênero. Segundo Freud, esse é um processo de **identificação**, adoção de características, crenças, atitudes, valores e comportamentos do genitor do mesmo sexo. Freud considerava a identificação um importante desenvolvimento da personalidade na segunda infância.

Segundo Freud, a identificação ocorrerá para Mário quando ele reprimir ou abandonar o desejo de possuir o genitor do sexo oposto (a mãe) e identificar-se com o genitor do mesmo sexo (o pai). Acreditava-se que um processo semelhante ocorria para as meninas. Embora essa explicação para o desenvolvimento do gênero tenha sido influente, ela é difícil de testar e tem pouco apoio da pesquisa (Maccoby, 2000). A maioria dos psicólogos do desenvolvimento da atualidade preferem outras explicações.

Abordagem cognitiva   Sarah entende que é uma menina porque as pessoas a chamam de menina. À medida que ela continua a observar e a pensar sobre seu mundo, ela conclui que sempre será mulher. Ela passa a compreender o gênero pensando ativamente sobre isso e construindo sua própria tipificação de gênero. Essa é a essência da teoria cognitivo-desenvolvimental de Lawrence Kohlberg (1966).

Teoria cognitivo-desenvolvimental de Kohlberg   Na teoria de Kohlberg, o conhecimento do gênero ("eu sou menino") precede o comportamento de gênero ("portanto, gosto de fazer coisas de menino"). As crianças buscam ativamente indicações sobre o gênero em seu mundo. À medida que ela percebe a que gênero pertence, adota comportamentos que vê como coerentes com ser homem ou mulher. Assim, Sarah, de 3 anos, prefere bonecas a caminhões porque vê as meninas brincando com bonecas e, portanto, considera brincar de boneca coerente com ela ser uma menina (Martin & Ruble, 2004).

A aquisição dos papéis de gênero, disse Kohlberg, depende da **constância de gênero**, a percepção que a criança tem de que seu gênero será sempre o mesmo. Quando as crianças alcançam essa percepção, elas são motivadas a adotar comportamentos apropriados ao seu gênero. A constância de gênero desenvolve a *identidade de gênero, estabilidade de gênero* e *consistência de gênero* (Martin et al., 2002):

- *Identidade de gênero:* consciência do próprio gênero e do gênero dos outros que normalmente ocorre entre as idades de 2 e 3 anos.

- *Estabilidade de gênero:* consciência de que o gênero não muda. Entretanto, as crianças neste estágio podem basear os julgamentos sobre gênero em aspectos superficiais (vestuário, penteado) e em comportamentos estereotipados.

- *Consistência de gênero:* a percepção de que uma menina permanece menina mesmo se ela tiver cabelo curto e brincar com caminhões, e um menino permanece menino mesmo se tiver cabelo longo e usar brincos normalmente ocorre entre os 3 e 7 anos (Martin et al., 2002).

constância de gênero
Consciência de que a pessoa sempre será homem ou mulher. Também chamada constância da categoria sexual.

O que sustenta a teoria de Kohlberg? As crianças começam a usar linguagem de gênero e mostrar consciência sobre a identidade de gênero com cerca de 2 anos, mas são melhores nisso para o seu próprio gênero do que para o oposto (Stennes, Burch, Sen, & Bauer, 2005; Gelman, Taylor, Nguyen, Leaper, & Bigler, 2004). O uso de rótulos de gênero, tais como "menina" e "menino", durante as brincadeiras é preditor do uso de brinquedos tipificados por gênero entre crianças pequenas (Zosuls et al., 2009). Além disso, a estabilidade de gênero parece estar relacionada à maior atenção a modelos do mesmo sexo, à adoção de vestuário estereotipado para o seu gênero, sentimentos mais positivos pelo próprio grupo de gênero e adesão mais rígida aos estereótipos de gênero (Slaby & Frey, 1975; Halim et al., 2014). Esses achados estão de acordo com a abordagem de Kohlberg.

Entretanto, a teoria de Kohlberg não funciona tão bem em relação a previsões baseadas na consistência de gênero. Uma das consequências dessa teoria é que a consistência de gênero deve vir antes da tipificação de gênero. Mas bem antes de as crianças atingirem a fase final de constância de gênero elas demonstram preferências típicas do gênero (Martin & Ruble, 2004). Por exemplo, as preferências de gênero por brinquedos e companheiros(as) aparecem já dos 12 aos 24 meses (Jadva, Hines, & Golombok, 2010); aos 24 meses, as crianças parecem reconhecer a qual grupo de gênero pertencem (Stennes et al., 2005).

Ainda assim, esses achados não contestam o *insight* básico de Kohlberg: de que os conceitos de gênero influenciam o comportamento (Martin et al., 2002). Hoje, os teóricos cognitivo-desenvolvimentais não alegam mais que a constância de gênero deve preceder a tipificação de gênero. Em vez disso, a tipificação de gênero pode ser intensificada pela compreensão mais sofisticada trazida pela constância de gênero. Cada estágio da constância de gênero aumenta a atenção e a memória das crianças em relação a informações relevantes ao gênero.

teoria do esquema de gênero
Teoria proposta por Sandra Bem, segundo a qual a criança socializa-se em seus papéis de gênero desenvolvendo uma rede de informações mentalmente organizada sobre o que significa ser masculino ou feminino em uma determinada cultura.

Teoria do esquema de gênero Outra abordagem cognitiva é a **teoria do esquema de gênero**. Da mesma forma que a teoria cognitivo-desenvolvimental, ela vê as crianças como extraindo ativamente conhecimento sobre gênero de seu ambiente antes de iniciar o comportamento típico do gênero. Entretanto, a teoria do esquema de gênero dá maior ênfase à influência da cultura. Quando as crianças sabem a que sexo pertencem, elas desenvolvem um conceito do que significa ser homem ou mulher *em sua cultura*. A criança então ajusta seu comportamento à visão de sua cultura do que meninos e meninas "devem" ser e fazer (Bem, 1993; Martin et al., 2002).

Sandra Bem sugere que a criança demonstra comportamentos estereotipados em consequência da pressão por conformidade de gênero. No entanto, há poucas evidências de que os esquemas de gênero estão na raiz do comportamento estereotipado ou que a criança altamente tipificada por gênero sinta pressão para se conformar (Yunger, Carver, & Perry, 2004).

Outro problema com a teoria do esquema de gênero e com a teoria de Kohlberg é que a estereotipagem de gênero nem sempre se fortalece com o maior conhecimento do gênero (Bandura & Bussey, 2004; Banse, Gawronski, Rebetez, Gutt, & Morton, 2010). Na verdade, o estereótipo de gênero surge e depois diminui à medida que as crianças aprendem mais sobre os gêneros (Ruble & Martin, 1998; Welch-Ross & Schmidt, 1996). Entre os 4 e os 6 anos, quando, de acordo com a teoria do esquema de gênero, a criança está construindo e consolidando seus esquemas de gênero, ela tende a observar e lembrar apenas das informações coerentes com esses esquemas. De fato, ela tende a *não* se lembrar bem de informações que desafiam os estereótipos de gênero, como fotos de uma menina serrando madeira ou de um menino cozinhando. Elas aceitam rapidamente os rótulos de gênero; quando dizem a elas que um brinquedo não familiar é para o sexo oposto, o descartam imediatamente (Martin & Ruble, 2004). Entre os 5 e os 6 anos, a criança desenvolve estereótipos rígidos sobre gênero. Um menino presta mais atenção àquilo que ele considera brinquedos de menino e uma menina aos brinquedos de menina, e ambos buscarão informações dos outros quando encontram um tipo de brinquedo novo para determinar se ele é ou não destinado ao seu grupo de gênero (Weisgram, Fulcher, & Dinella, 2014; Shutts, Banaji, & Spelke, 2010). Por volta dos 7 ou 8 anos, os esquemas tornam-se mais complexos à medida que a criança assimila e integra informações contraditórias, como o fato de que muitas meninas têm cabelo curto. Neste ponto, as crianças desenvolvem crenças mais complexas sobre gênero e tornam-se mais flexíveis em suas ideias (Martin & Ruble, 2004; Trautner et al., 2005).

As abordagens cognitivas ao desenvolvimento do gênero foram uma importante contribuição. Entretanto, essas abordagens podem não explicar totalmente a ligação entre conhecimento e conduta. Há discordância precisamente sobre qual o mecanismo que induz a criança a representar os papéis de gênero e por que algumas tornam-se mais tipificadas por gênero do que outras (Bussey & Bandura, 1992; 1999; Martin & Ruble, 2004).

Os livros de colorir e os personagens das caixas de cereal não são imunes aos estereótipos de gênero. As mulheres têm mais probabilidade de serem retratadas como crianças ou seres humanos, e os homens têm mais probabilidade de serem retratados como animais, adultos e super-heróis.

Abordagem da aprendizagem social De acordo com Walter Mischel (1966), teórico da aprendizagem social tradicional, as crianças adquirem os papéis de gênero imitando modelos e sendo recompensadas por comportamento apropriado ao gênero. O *feedback* comportamental, junto com os ensinamentos diretos dos pais e de outros adultos, reforça a tipificação de gênero. Um menino que modela o seu comportamento de acordo com o pai é elogiado por agir "como um menino". Uma garota recebe elogios pelo vestido bonito ou pelo penteado. Neste modelo, *o comportamento de gênero precede o conhecimento do gênero* ("Eu sou recompensado por fazer coisas de menino, portanto eu devo ser um menino").

Desde a década de 1970, entretanto, estudos têm questionado o poder da modelagem do mesmo sexo como única responsável pelas diferenças de gênero. À medida que surgiram explicações cognitivas, a teoria da aprendizagem social tradicional perdeu força (Martin et al., 2002). A mais recente **teoria social cognitiva** de Albert Bandura (1986; Bussey & Bandura, 1999), uma expansão da teoria da aprendizagem social, incorpora alguns elementos cognitivos.

teoria social cognitiva
Expansão da teoria da aprendizagem social, de Albert Bandura; afirma que as crianças aprendem os papéis de gênero por meio da socialização.

De acordo com a teoria social cognitiva, a observação permite que as crianças aprendam muito sobre comportamentos típicos do gênero antes de realizá-los. Elas podem combinar mentalmente observações de múltiplos modelos e gerar suas próprias variações comportamentais. Em vez de ver o ambiente como uma dádiva, a teoria social cognitiva reconhece que as crianças selecionam ou mesmo criam seus ambientes através de suas escolhas de companhias e atividades. Entretanto, os críticos dizem que a teoria social cognitiva não explica como as crianças diferenciam entre meninos e meninas antes de terem um conceito de gênero, ou o que inicialmente motiva as crianças a adquirirem conhecimento de gênero (Martin et al., 2002).

Para esses teóricos, a socialização – o modo como uma criança interpreta e internaliza experiências com os pais, professores, colegas e instituições culturais – desempenha um papel central no desenvolvimento do gênero. A socialização começa na primeira infância, bem antes da compreensão consciente do gênero. Gradualmente, à medida que a criança começa a regular suas atividades, os padrões de comportamento passam a ser internalizados. A criança não mais precisa de elogios, de reprimendas ou da presença de um modelo para agir de maneira socialmente aprovada. As crianças sentem-se bem consigo mesmas quando vivem de acordo com seus padrões internos, e sentem-se mal quando não o fazem. Nas seções a seguir, tratamos as três fontes primárias das influências sociais sobre o desenvolvimento de gênero: família, colegas e cultura.

Influências familiares. Geralmente, as experiências na família reforçam as preferências e atitudes típicas do gênero. É um elemento difícil de determinar, no entanto, porque é difícil separar a influência genética dos pais da influência do ambiente que eles criam. Além disso, os pais podem estar respondendo ao comportamento típico do gênero das crianças mais do que o encorajando (Iervolino et al., 2005).

Os meninos tendem a ser mais acentuadamente socializados por gênero no que diz respeito às brincadeiras do que as meninas. Os pais, principalmente o genitor do sexo masculino, costumam demonstrar mais desconforto se o menino brincar de boneca do que se a menina brincar de caminhão (Ruble, Martin, & Berenbaum, 2006; Sandnabba & Ahlberg, 1999). As meninas têm mais liberdade que os meninos para escolher roupas, jogos e colegas (Fagot, Rogers, & Leinbach, 2000).

Os pais que aderem a esquemas de gênero tradicionais tendem a ter crianças com tipificação de gênero mais forte (Tenenbaum & Leaper, 2002), e o contrário também é verdade. As crianças de famílias com pais homossexuais tendem a demonstrar menos comportamentos de brincadeiras tipificadas por gênero (Goldberg, Kashy, & Smith, 2012), e isso vale especialmente para meninas e para crianças de famílias com mães lésbicas (Goldberg & Garcia, 2016). Há sinais de que o papel do pai na socialização de gênero é especialmente importante e que observar os pais envolvidos com o trabalho doméstico e cuidado dos filhos está associado com a menor tipificação de gênero (Deutsch, Servis, & Payne, 2001; Turner & Gervai, 1995).

Os irmãos também influenciam o desenvolvimento de gênero. Os segundos filhos tendem a se tornar mais parecidos com os irmãos mais velhos em suas atitudes, personalidade e atividades de lazer, enquanto os primogênitos são mais influenciados pelos pais e menos pelos irmãos mais jovens (McHale, Updegraff, Helms-Erikson, & Crouter, 2001). Crianças pequenas com um irmão mais velho do mesmo sexo tendem a ser mais típicos do gênero do que aquelas cujo irmão mais velho é do sexo oposto (Iervolino et al., 2005; Rust et al., 2000).

Influências dos colegas Mesmo na segunda infância, o grupo de colegas é uma influência importante na tipificação de gênero. As crianças em idade pré-escolar geralmente brincam em grupos segregados por sexo que reforçam o comportamento tipificado por gênero (Martin et al., 2013), e a influência do grupo igual aumenta com a idade (Martin et al., 2002). As crianças que brincam em grupos do mesmo sexo (Maccoby, 2002; Martin & Fabes, 2001) ou sozinhas (Goble, Martin, Hanish, & Fabes, 2012) tendem a ser mais tipificadas por gênero do que crianças que não o fazem. Além disso, quanto mais as crianças escolhem brincar com determinados amigos, mais se influenciam mutuamente (Martin et al., 2013).

Os pares podem exercer pressão negativa um sobre o outro para que se comportem de formas normativas. A atipicidade de gênero está associada com a vitimização pelos pares (Zosuls, Andrews, Martin, England, & Field, 2016), embora a relação não seja sempre tão simples. Por exemplo, em um estudo, o assédio dos colegas estava associado com menor atipicidade de gênero em crianças com muitos amigos do sexo masculino. Contudo, ele também estava associado com a maior tipicidade de gênero em crianças com muitas amigas do sexo feminino (Lee & Troop-Gordon, 2011). Isso ilustra a influência interativa dos processos de pares e da autossocialização. Os colegas podem ter uma influência negativa, mas os amigos também servem de proteção contra a vitimização (Zosuls et al., 2016).

Influências culturais Os livros para crianças há muito têm sido uma fonte de estereótipos de gênero. Análises de livros infantis revelam quase duas vezes mais personagens principais do sexo masculino do que do feminino, maior representação masculina nos títulos dos livros e forte estereotipagem de gênero (McCabe, Fairchild, Grauerholz, Pescosolido, & Tope, 2011). Os personagens principais

---

Essa explicação sobre desenvolvimento de gênero enfoca as abordagens de aprendizagem. As teorias nos ajudam a entender e dar sentido ao mundo; neste caso, usamos os princípios do reforço e da punição para explicar o gênero. Observe que as teorias mudam em resposta a novos dados. Quando as pesquisas começaram a indicar que a cognição também é importante, a abordagem original foi expandida para acomodar esses achados.

Você sabia que o rosa costumava ser considerado masculino e o azul feminino? O azul era considerado calmante e, portanto, mais apropriado para meninas. O rosa era uma variação do vermelho, uma cor forte e ativa, considerada mais apropriada para meninos.

do sexo feminino eram retratados com mais frequência em ambientes domésticos e pareciam não ter ocupações remuneradas (Hamilton, Anderson, Broaddus, & Young, 2006). Os pais, em grande parte, eram ausentes, e quando apareciam eram mostrados como retraídos e ineficientes (Anderson & Hamilton, 2005). Resultados foram identificados nos livros de colorir, nos quais os personagens do sexo feminino são mais tipicamente representados como crianças, enquanto os meninos aparecem como super-heróis, animais ou adultos (Fitzpatric & McPhearson, 2010).

Nos Estados Unidos, a televisão é um formato importante para a transmissão de atitudes culturais em relação ao gênero (Collins, 2011). Isso inclui tanto os programas de TV em si quanto os comerciais (Eisend, 2010) e os videoclipes (Wallis, 2011). Tanto na programação infantil quanto na do horário nobre, os meninos e os homens estão super-representados e recebem mais tempo em tela. Além disso, na programação infantil, os meninos demonstram uma gama mais ampla de emoções do que as meninas; na programação adulta, por sua vez, os homens são representados como dominantes, enquanto as mulheres tendem a ser representadas como sexualmente provocantes (Martin, 2017; Sink & Mastro, 2017). Não surpreende que as crianças que assistem mais à televisão fiquem mais tipificadas por gênero (Kimball, 1986).

Os filmes também impactam o entendimento sobre gênero. As pesquisas mostram que os personagens do sexo masculino nos filmes de censura livre tendem a ser os protagonistas, enquanto os do sexo feminino tendem a ser representados como jovens e detentores de traços como inteligência e beleza (Smith, Pieper, Granados, & Choueiti, 2010). Os filmes da Disney, em parte devido à sua popularidade, são alvos frequentes de críticas por sua representação estereotípica de papéis masculinos e femininos. A Disney tem feito tentativas no sentido de introduzir ideais mais igualitários na sua linha de filmes de princesa (England, Descartes, & Collier-Meek, 2011), mas ainda há muito trabalho pela frente. Um estudo recente mostrou que as meninas em idade pré-escolar altamente engajadas com os filmes de princesa da Disney demonstravam maior comportamento estereotípico de gênero um ano depois do que as crianças menos engajadas (Coyne, Linder, Rasmussen, Nelson, & Birkbeck, 2016).

Os aspectos mais convincentes da abordagem da socialização incluem a amplitude e multiplicidade de processos que ela examina e o campo para as diferenças individuais que revela. Mas sua própria complexidade dificulta o estabelecimento de conexões causais bem definidas entre o modo como a criança é educada e o modo como ela pensa e age. Pesquisas adicionais poderão nos ajudar a ver como os agentes socializadores se envolvem com as tendências biológicas da criança e a compreensão cognitiva no que diz respeito às atitudes e comportamentos relacionados ao gênero.

verificador
você é capaz de...

▷ Comparar cinco abordagens ao estudo do desenvolvimento de gênero?

▷ Avaliar a evidência para explicações biológicas de diferenças de gênero?

▷ Discutir como várias teorias explicam a aquisição de papéis de gênero, e avaliar o apoio para cada teoria?

Brincadeira

Carmen, 3 anos de idade, finge que os pedaços de cereal flutuando em sua tigela são "peixinhos" nadando no leite. Após o desjejum, ela coloca o chapéu de sua mãe, pega uma pasta, e é uma "mamãe" indo para o trabalho. Ela dirige seu triciclo pelas poças, entra em casa para dar um telefonema imaginário, transforma um bloco de madeira em um caminhão e diz "Vrum, vrum!".

Seria um erro desdenhar das atividades de Carmen como se fossem "apenas diversão". As brincadeiras são de suma importância para o desenvolvimento e têm funções significativas no momento e a longo prazo (Bjorklund & Pellegrini, 2002; Whitebread, Basilio, Kuvalja, & Verma, 2012). O brincar é importante para o desenvolvimento saudável do corpo e do cérebro. Ele permite que as crianças envolvam-se com o mundo à volta delas, usem sua imaginação, descubram formas flexíveis de usar objetos e solucionar problemas e preparem-se para papéis adultos. Brincar não é o que as crianças fazem para gastar energia antes de começarem o trabalho real da aprendizagem. As brincadeiras são o contexto no qual ocorre boa parte da aprendizagem mais importante (ver Seção Pesquisa em Ação).

O brincar contribui para todos os domínios do desenvolvimento. De fato, o brincar é tão importante para o desenvolvimento das crianças que o Alto Comissariado das Nações Unidas para os Direitos Humanos (United Nations High Commissioner for Human Rights, 1989) reconheceu-o como um direito de toda criança.

Os pesquisadores classificam o brincar das crianças de várias formas. Um sistema de classificação comum é por *complexidade cognitiva*. Outra classificação é baseada na *dimensão social* do brincar.

Entre muitas espécies de animais, o brincar é uma prática para as habilidades necessárias na idade adulta. As jovens presas correm e saltam em grupos, os predadores espreitam e atacam suas ninhadas. Como o modo de brincar das crianças as prepara para a vida adulta? Que habilidades sociais estão sendo praticadas?

pesquisa em ação

A NATUREZA ADAPTATIVA DAS BRINCADEIRAS

As brincadeiras são onipresentes, e não apenas entre os jovens humanos (que aproveitam praticamente qualquer oportunidade para brincarem), mas também entre os jovens de muitas espécies, especialmente as inteligentes (Bjorklund & Pellegrini, 2000; Graham & Burghardt, 2010). Por que esse padrão de comportamento é tão comum entre espécies diferentes? Por que brincar é tão divertido?

A psicologia evolucionista pode nos ajudar a responder essa pergunta. De um ponto de vista evolucionista, o brincar serve a um propósito. Durante as brincadeiras, praticam-se os atributos físicos e as habilidades cognitivas e sociais necessárias para a vida adulta. Os gatinhos atacam e perseguem, os cãezinhos brigam, os potros correm e chutam. Brincar é uma forma de experimentar, de uma maneira relativamente sem riscos, novas rotinas de comportamento que serão necessárias na vida adulta (Pellegrini, Dupuis, & Smith, 2007).

Nos seres humanos, acredita-se que o jogo locomotor inicial auxilia o desenvolvimento neuromuscular e das habilidades motoras gerais (Burdette & Whitaker, 2005). Os exercícios aumentam entre a segunda infância e os primeiros anos da idade escolar, e atividades vigorosas podem ajudar a desenvolver a força muscular, a resistência, a eficiência dos movimentos e a coordenação atlética (Graham & Burghardt, 2010; Smith & Pellegrini, 2013).

A lição mais complexa e difícil de aprender é navegar em nosso mundo social, e os jogos sociais nos ajudam a treinar. As brincadeiras sociais são abundantes na infância. Nas diversas culturas, as brincadeiras sociais dão às crianças a oportunidade de desenvolver e manter amizades, treinar a cooperação, negociar conflitos e fortalecer habilidades sociais complexas de coordenação com seus pares (Jarvis, Newman, & Swiniarski, 2014; Kamp, 2001). O jogo de faz de conta está associado com funções cognitivas como a criatividade, o pensamento flexível, a perspectiva social e a exploração dos limites entre fantasia e realidade (Russ & Wallace, 2013). As brincadeiras de lutinha, muitas vezes desincentivadas pelos adultos, possuem funções adaptativas, pois as crianças inovam as narrativas, treinam movimentos físicos controlados e experimentam com os temas de competição e agressão (Hart & Tannock, 2013).

Os psicólogos evolucionistas acreditam que, para que a brincadeira seja uma adaptação, seus benefícios devem superar os custos. Os custos em potencial incluem o gasto de energia, lesões, agressão e menor vigilância contra predadores ou outros perigos (Graham & Burghardt, 2010). Em comparação, diversas funções de desenvolvimento adaptativas são aprendidas, treinadas e refinadas com as brincadeiras. Há benefícios imediatos para o bem-estar psicológico, com possíveis efeitos na saúde social e emocional para o resto da vida (Hewes, 2014). Uma coisa parece clara: as brincadeiras são um tempo bem gasto, não uma atividade frívola.

qual a sua opinião? A partir de suas observações das brincadeiras das crianças, a que propósitos imediatos e a longo prazo elas parecem servir? Você nota diferenças nos modos como meninos e meninas brincam juntos? Qual seria a justificativa evolucionista para isso?

NÍVEIS COGNITIVOS DO BRINCAR

Carol, aos 3 anos, falava pela boneca, com uma voz mais grave que a sua própria. Miguel, aos 4 anos, usava uma toalha de cozinha como capa e voava como o Batman. Essas crianças estavam envolvidas em brincadeiras ligadas a pessoas ou situações fictícias – um dos quatro níveis do brincar identificados por Smilansky (1968) que apresentam níveis crescentes de complexidade cognitiva. Embora certos tipos de brincadeiras sejam mais comuns em determinadas idades, os tipos de brincadeiras podem ocorrer em qualquer tempo.

O nível mais simples, que começa durante a primeira infância, é o **jogo funcional** (às vezes denominado *jogo locomotor*), consistindo na prática repetida de movimentos dos grandes músculos, como rolar uma bola (Bjorklund & Pellegrini, 2002).

O segundo nível, o **jogo construtivo** (também denominado *jogo com objetos*), é o uso de objetos ou materiais para fazer coisas, como uma casa de blocos ou um desenho com lápis de cor (Bjorklund & Pellegrini, 2002).

jogo funcional
Brincadeira envolvendo a prática repetida de movimentos dos grandes músculos.

jogo construtivo
Brincadeira envolvendo o uso de objetos ou materiais para fazer algo.

Esta jovem "borboleta" participa do jogo dramático baseado na capacidade de usar símbolos para representar pessoas ou coisas.

Sean Justice/Corbis/Fuse/Getty Images

jogo dramático
Brincadeira envolvendo pessoas ou situações imaginárias; também chamado de jogo de faz de conta, jogo de fantasia ou jogo imaginativo.

jogos formais com regras
Jogos organizados com procedimentos e penalidades conhecidos.

O terceiro nível, o **jogo dramático** (também chamado de *jogo de faz de conta, jogo de fantasia* ou *jogo imaginativo*), envolve objetos, ações ou papéis imaginários. O desenvolvimento cognitivo mais avançado permite brincadeiras mais sofisticadas, mas também ajuda a fortalecer o desenvolvimento de conexões densas no cérebro e fortalecer a posterior capacidade para o pensamento abstrato. As brincadeiras não são apenas a resposta a um intelecto em desenvolvimento; elas também são um fator por trás desse desenvolvimento. Por exemplo, estudos revelaram que a qualidade do jogo dramático está associada à competência social e linguística (Bergen, 2002). O jogo de faz de conta também pode intensificar o desenvolvimento das habilidades da teoria da mente (Smith, 2005b). Fingir que uma banana é um telefone, por exemplo, e entender que você e eu concordamos com esse fingimento, pode ajudar as crianças a começarem a entender as ideias das outras pessoas.

O jogo dramático atinge seu auge durante os anos pré-escolares (Bjorklund & Pellegrini, 2002; Smith, 2005a) e então declina quando a criança, já em idade escolar, torna-se mais envolvida em **jogos formais com regras** – jogos organizados com procedimentos conhecidos e penalidades, como esconde-esconde e pega-pega. Entretanto, muitas crianças continuam no faz de conta bem além dos anos do ensino fundamental.

A DIMENSÃO SOCIAL DO BRINCAR

Em um clássico estudo, Mildred B. Parten (1932) identificou seis tipos de brincadeiras (Tabela 8.2). Ela verificou que, quando a criança fica mais velha, seus jogos tendem a se tornar mais sociais – isto é, mais interativos e mais cooperativos. Esse progresso geral é comum, mas crianças de todas as idades se envolvem em todas as categorias do brincar descritas por Parten (K. H. Rubin, Bukowski, & Parker, 1998).

Parten, incorretamente, considerava o jogo não social menos maduro que o jogo social. Ela sugeriu que crianças pequenas que continuam a brincar sozinhas podem desenvolver problemas sociais, psicológicos ou educacionais. É verdade que o jogo solitário muitas vezes é um sinal de timidez, ansiedade, medo ou rejeição social (Coplan, Ooi, Rose-Krasnor, & Nocita, 2014; Degnan et al., 2014; Coplan, Prakash, O'Neill, & Armer, 2004; Henderson, Marshall, Fox, & Rubin, 2004). Contudo, os pesquisadores hoje examinam não apenas *se* uma criança brinca sozinha, mas *por quê*. Algumas crianças podem simplesmente preferir brincar sozinhas (Coplan, Ooi, & Nocita, 2015). A preferência pela solidão não está necessariamente associada a desfechos negativos na vida adulta, então seria razoável imaginar que o mesmo pode ser verdade para as crianças (Ooi, Baldwin, Coplan, & Rose-Krasnor, 2018). Na verdade, a maioria das crianças que gostam de brincar sozinhas são consideradas social e cognitivamente competentes pelas outras pessoas (Harrist, Zain, Bates, Dodge, & Pettit, 1997).

O *jogo reticente*, uma combinação das categorias de desocupação e observação de Parten, é frequentemente uma manifestação de timidez (Coplan et al., 2004). Esses comportamentos, como brincar perto de outras crianças, observar o que estão fazendo ou perambular sem rumo, podem ser um ensaio para se juntar às brincadeiras (Spinrad et al., 2004). Muitas crianças superam esse padrão. Em um estudo, 43% das crianças pequenas, avaliadas inicialmente como de alto nível aos 2 anos, haviam declinado em reticência social aos 5, e apenas 16% permaneciam em nível alto (Degnan et al., 2014). Mesmo que reticentes, essas crianças ainda podem ser bem aceitas e apresentar poucos comportamentos problemáticos (Spinrad et al., 2004). O jogo não social, então, parece ser muito mais complexo do que Parten imaginava.

Um tipo de brincadeira que costuma tornar-se cada vez mais social durante os anos pré-escolares é o jogo dramático (Rubin, Bukowski, & Parker, 1998). As crianças normalmente utilizam mais o jogo dramático quando brincam com outra pessoa do que quando brincam sozinhas (Bjorkund & Pellegrini, 2002). No jogo de faz de conta conjunto, as crianças desenvolvem juntas as habilidades de resolução de problemas, de planejamento e de busca do objetivo; adquirem a compreensão das perspectivas das outras pessoas e constroem uma imagem do mundo social (Bergen, 2002; Bjorklund & Pellegrini, 2002; Smith, 2005a).

Um tipo comum de jogo dramático envolve amigos imaginários. Esse fenômeno normal da infância é visto muito frequentemente em primogênitos e filhos únicos, a quem falta a companhia de irmãos, e é mais comum nas meninas (Carlson & Taylor, 2005). Crianças que têm amigos

TABELA 8.2 Categorias de jogos sociais e não sociais de Parten

Categoria	Descrição
Comportamento de desocupação	A criança não parece estar brincando, mas observa qualquer coisa que seja de interesse momentâneo.
Comportamento de observação	A criança passa a maior parte do tempo observando as outras brincarem. O observador pode conversar com elas, mas não entra na brincadeira.
Jogo independente solitário	A criança brinca sozinha com brinquedos diferentes daqueles usados pelas crianças que estão próximas e não faz qualquer esforço para se aproximar delas.
Jogo paralelo	A criança brinca independentemente ao lado de, não com, outras crianças, com brinquedos parecidos, e não tenta influenciar as brincadeiras das outras.
Jogo associativo	As crianças conversam, tomam emprestado e emprestam brinquedos, seguem umas às outras e brincam de forma parecida. Não há divisão de trabalho e nenhuma organização em torno de metas. As crianças se comportam como querem e se interessam mais em estar perto umas das outras do que na atividade propriamente dita.
Jogo suplementar cooperativo ou organizado	A criança brinca em um grupo organizado em função de algum objetivo – fazer algo, engajar-se em um jogo formal ou dramatizar uma situação. Uma ou duas crianças dirigem as atividades. As crianças assumem diferentes papéis e suplementam os esforços umas das outras.

Fonte: Adaptada de Parten, 1932, p. 249-251.

imaginários sabem perfeitamente distinguir fantasia de realidade (Taylor, Cartwright, & Carlson, 1993). Elas brincam de forma mais imaginativa e cooperativa do que as outras crianças (Singer & Singer, 1990), não têm poucos amigos (Gleason, Sebanc, & Hartrup, 2000) e têm desempenho melhor em tarefas de falsa crença (como diferenciar aparência e realidade e reconhecer falsas crenças) e em tarefas de entendimento emocional (Giménez-Dasí, Pons, & Bender, 2016). Na avaliação dos professores, crianças com amigos imaginários têm competência social maior (Gleason & Kalpidou, 2014); embora crianças de 5 anos e meio com amigos imaginários não tenham um vocabulário maior do que crianças sem amigos imaginários, demonstram mais discurso particular (Davis, Meins, & Fernyhough, 2013) e contam histórias mais elaboradas tanto sobre experiências sociais como sobre histórias de livros (Trionfi & Reese, 2009). Além disso, quando as crianças são incentivadas a participar de mais jogo de fantasia, como fingir que viajaram à Lua e estão interagindo com criaturas espaciais, ter um amigo imaginário está associado com melhorias na sua memória de trabalho e tarefas de controle da atenção (Thibodeau, Gilpin, Brown, & Meyer, 2016). Esses tipos de resultados, como um todo, destacam o papel do brincar e da imaginação no desenvolvimento de habilidades cognitivas e socioemocionais essenciais.

Como você acha que o uso cada vez maior de computadores para jogos e para atividades educativas poderia afetar o brincar das crianças de idade pré-escolar?

segregação de gênero
Tendência a escolher companheiros de brincadeira do próprio sexo.

GÊNERO E BRINCADEIRA

Como já mencionamos, a segregação sexual é comum entre crianças em idade pré-escolar e torna-se ainda mais predominante na terceira infância. Esta tendência parece ser universal entre as culturas (Smith, 2005a). Aos 3 anos de idade, as meninas têm probabilidade muito maior de brincar com bonecas e conjuntos de chá, enquanto os meninos preferem armas e caminhões de brinquedo (Dunn & Hughes, 2001). Às vezes, as crianças repreendem umas às outras por brincarem com os brinquedos "errados" para o seu gênero (Mayeza, 2017). Meninos e meninas também preferem se vestir de formas estereotipicamente tipificadas por gênero (meninas em vestidos cor de rosa, meninos em chapéus de caubói), e essa tendência ocorre independentemente dos desejos dos pais sobre como vesti-los (Halim et al., 2014).

As meninas tendem a escolher outras meninas como companheiras de brincadeira, e os meninos preferem outros meninos (Maccoby & Jacklin, 1987; Martin & Fabes, 2001), um fenômeno conhecido como **segregação de gênero**. A tendência dos meninos a serem mais ativos e fisicamente agressivos nas suas brincadeiras, comparados com os estilos de brincadeiras

Meninas e meninos de idade pré-escolar não costumam brincar juntos. Quando o fazem, geralmente brincam com brinquedos "masculinos" como carros, trens ou blocos.
Romrodphoto/Shutterstock

mais afetivas das meninas, é um fator contribuinte importante (Martin, Fabes, Hanish, Leonard, & Dinella, 2011). Meninos têm níveis mais elevados de brincadeiras impetuosas; meninas tendem a escolher atividades mais estruturadas e supervisionadas por adultos (Fabes, Martin, & Hanish, 2003; Smith, 2005a). As histórias de faz de conta das meninas geralmente enfocam relacionamentos sociais e cuidados (Pellegrini & Archer, 2005; Smith, 2005a). A brincadeira de faz de conta dos meninos frequentemente envolve perigo ou discórdia e papéis dominantes competitivos, como nas batalhas simuladas. Além disso, o brincar dos meninos é mais fortemente estereotipado por gênero do que o das meninas (Bjorklund & Pellegrini, 2002). Portanto, nos grupos mistos de sexo, as brincadeiras tendem a girar em torno de atividades tradicionalmente masculinas (Goble, Martin, Hanish, & Fabes, 2012).

Essas diferenças em estilos de brincadeira não são determinadas exclusivamente por influências sociais. Independentemente do grupo cultural ao qual pertencem, os meninos tendem a participar de brincadeiras mais exploratórias, e as meninas apreciam brincadeiras mais simbólicas e de faz de conta (Cote & Bornstein, 2009; Smith, 2005a). Isso não significa, contudo, que as influências sociais não têm efeito. Quanto mais o gênero ganha proeminência (p. ex., com o uso de vestuário diferente para homens e mulheres, ou quando as crianças são divididas em grupos por gênero), mais as crianças acreditam nos estereótipos de gênero e menos brincam com colegas do sexo oposto (Hilliard & Liben, 2010). Os filhos e filhas criados em famílias de casais homossexuais, cujas crenças sobre gênero são mais flexíveis (Goldberg, 2007), têm brincadeiras menos estereotipadas (Goldberg, Kashy, & Smith, 2012). As influências sociais podem minimizar ou maximizar as diferenças existentes, mas não parecem criá-las.

CULTURA E BRINCADEIRA

Os valores culturais influenciam as crenças sobre a importância de brincar. Nas culturas ocidentais, como a dos Estados Unidos, alguns autores defendem que quantidades adequadas de brincadeira livre dirigida à criança são necessárias para o desenvolvimento ideal. Em outras culturas, as brincadeiras podem ser vistas com outros olhos. Por exemplo, em um estudo, pais chineses, coreanos, paquistaneses, nepaleses e indianos foram perguntados sobre as suas crenças e responderam que não viam muito valor nas brincadeiras para o desenvolvimento e que preferiam incentivar as atividades acadêmicas. Os pais europeus no mesmo estudo, por outro lado, acreditavam que brincar era importante para o desenvolvimento (Parmar, Harkness, & Super, 2004). Da mesma forma, em outro estudo, professores na Suécia e nos Estados Unidos viam a brincadeira como "o trabalho das crianças", mas não os educadores japoneses (Izumi-Taylor, Samuelsson, & Rogers, 2010). Os valores culturais afetam os ambientes lúdicos que os adultos constroem para as crianças, e esses ambientes por sua vez afetam a frequência de formas específicas de brincar entre culturas (Bodrova & Leong, 2005).

A cultura também influencia a natureza da brincadeira por meio das interações entre pares. As crianças que se comportam de modos contrários a valores culturais podem ser rejeitadas pelos colegas, enquanto aquelas que representam esses valores tendem a ser mais aceitas (Chen, 2012). Por exemplo, culturas de estilo ocidental têm maior probabilidade de valorizar a independência e a iniciativa, enquanto culturas coletivistas dão mais valor a traços como autocontrole e harmonia do grupo (Chen, 2012; Rogoff, 2003). Um estudo de observação comparou crianças coreano-americanas e anglo-americanas de classe média em pré-escolas separadas. As crianças coreano-americanas brincavam mais cooperativamente, muitas vezes oferecendo brinquedos umas às outras – muito provavelmente um reflexo da ênfase de sua cultura na harmonia do grupo. As crianças anglo-americanas eram mais agressivas e em geral respondiam negativamente às sugestões das outras, refletindo a competitividade da cultura norte-americana (Farver, Kim, & Lee, 1995). Da mesma forma, em outro estudo, as crianças andaluzas (de uma cultura coletivista) que inesperadamente participavam de encontros mais agressivos do que crianças holandesas (de uma cultura individualista) durante uma interação lúdica naturalista ainda assim foram capazes de negociar uma resolução mais frequentemente do que encerrar a interação. Esse resultado reflete a ênfase da sua cultura nos objetivos sociais e na acomodação (Martinez-Lozano, Sánchez-Medina, & Goudena, 2011).

Parentalidade

A parentalidade pode ser um desafio complexo. Os pais deverão lidar com pequenos indivíduos que possuem mentes e vontades independentes, mas que ainda têm muito a aprender sobre quais tipos de comportamentos funcionam bem em sociedade.

---

verificador
você é capaz de...

▷ Identificar quatro níveis cognitivos do brincar e seis categorias do jogo social e não social?

▷ Explicar como as dimensões cognitiva e social do brincar podem estar associadas?

▷ Explicar e dar exemplos de como o gênero e a cultura influenciam o modo como as crianças brincam?

FORMAS DE DISCIPLINA

No campo do desenvolvimento humano, a **disciplina** refere-se aos métodos de moldar o caráter e ensinar autocontrole e comportamento aceitável. Os leigos tendem a falar sobre disciplina como algo que envolve apenas punição, mas a definição psicológica da palavra também inclui técnicas como recompensar comportamentos desejados e chamar a atenção para como as ações afetam as outras pessoas.

Reforço e punição "Você é um ajudante maravilhoso, Nick! Muito obrigada por arrumar seus brinquedos." A mãe de Nick sorri calorosamente para seu filho enquanto ele coloca seu caminhão dentro da caixa de brinquedos.

Os pais às vezes punem os filhos para acabar com um comportamento indesejável, mas geralmente eles aprendem mais com um reforço para o bom comportamento. Os reforços *externos* podem ser tangíveis (divertimentos, mais horas de brincadeira) ou intangíveis (um sorriso, uma palavra de elogio ou um privilégio especial). Qualquer que seja o reforço, a criança deve vê-lo como uma recompensa e deve recebê-lo de modo razoavelmente coerente depois de apresentar o comportamento desejado. Eventualmente, o comportamento deve fornecer um reforço *interno*: uma sensação de prazer ou de realização.

Há ocasiões, entretanto, em que a punição, tal como o isolamento ou a negação de privilégios, é necessária. Não pode ser permitido que as crianças saiam correndo em uma rua movimentada ou batam em outra criança. Em tais situações, a punição, se for coerente, imediata e nitidamente associada à ofensa, poderá ser eficaz. Deverá ser administrada com calma, em particular e com o intuito de induzir obediência, e não culpa. É mais eficiente quando acompanhada por uma breve e simples explicação (AAP Committee on Psychosocial Aspects of Child and Family Health, 1998; Baumrind, 1996a). É importante lembrar que, além do castigo por comportamentos indesejados, deve ficar claro quais comportamentos são desejados. As crianças precisam saber o que deve tomar o lugar do mau comportamento.

A punição muito severa pode ser prejudicial. Crianças que são punidas severa e frequentemente podem ter problemas para interpretar as ações e palavras das outras pessoas; elas podem ver intenções hostis onde não há (Weiss, Dodge, Bates, & Pettit, 1992). Crianças pequenas que foram punidas severamente também podem demonstrar mais comportamentos externalizantes, como agressividade física e impulsividade (Erath, El-Sheikh, & Cummings, 2009). A relação entre parentalidade severa e agressividade é transcultural e foi identificada em pesquisas sobre pares de mãe e filho(a) na China, Índia, Itália, Quênia, Filipinas e Tailândia (Gershoff et al., 2010). A parentalidade severa também foi ligada à agressão relacional, na qual ocorrem tentativas de prejudicar o *status* social ou reputação do outro (Kawabata, Alink, Tseng, Van IJzendoorn, & Crick, 2011).

A influência da parentalidade severa é bidirecional; crianças difíceis produzem parentalidade mais coercitiva por parte dos seus pais (Pettit & Arsiwalla, 2008). Além disso, crianças diferentes reagem de maneiras diferentes à parentalidade severa. Por exemplo, as crianças com problemas de atenção são particularmente propensas a reagir à parentalidade coercitiva com problemas de comportamento (Scott, Doolan, Beckett, Harry, & Cartwright, 2012), o que exacerba o problema original e pode iniciar uma reação em cadeia de interações cada vez mais negativas entre pais e filhos. Por outro lado, as crianças podem ficar amedrontadas se os pais perdem o controle e podem acabar tentando evitar um pai punitivo, destruindo a capacidade do pai de influenciar comportamento (Grusec & Goodnow, 1994). Basicamente, a eficácia e a influência das táticas de parentalidade varia com o temperamento da criança (Kochanska, 1993).

Uma das formas mais severas de parentalidade envolve o uso do **castigo corporal**. O castigo corporal tem sido definido como "o uso da força física com a intenção de causar dor na criança, e não ferimentos, de modo a corrigir ou controlar o comportamento infantil" (Straus, 1994, p. 4). Pode incluir palmadas, tapas, bofetadas, beliscões, sacudidas e outras ações físicas. Os índices de castigo corporal para crianças em idade pré-escolar diminuíram 18% nos Estados Unidos entre 1975 e 2002, mas a maioria dos pais de crianças dessa faixa etária (quase 80%) ainda informava ter dado tapas ou palmadas nos seus filhos (Zolotor, Theodore, Runyan, Chang, & Laskey, 2011). Em 2015, 4% dos pais informaram dar palmadas nos seus filhos "frequentemente" e quase 17% dos pais informavam bater nos filhos ao menos algumas vezes (Parker, Horowitz, & Rohal, 2015). O castigo corporal é comum em muitas culturas e está presente em todos os níveis de renda (Runyan et al., 2010). Popularmente, acredita-se que o castigo corporal seja mais eficiente que outros métodos,

---

disciplina
Métodos para moldar o caráter das crianças e para ensiná-las a exercer o autocontrole e ter um comportamento aceitável.

Um apego seguro aos pais ou a um professor na segunda infância tem sido relacionado à visão que as crianças têm de Deus como um "amigo amoroso" – alguém que é bom, que o ama e o faz feliz. Se você é religioso, você acha que seu relacionamento com seus pais afeta suas crenças religiosas?
de Roos, 2006

Crianças oriundas de famílias nas quais há abuso doméstico, seja físico ou emocional, têm mais probabilidade de serem espancadas.
Taylor, Lee, Guterman, & Rice, 2010

Dante Cicchetti, da Universidade de Minnesota, verificou que crianças de famílias abusivas têm mais probabilidade de responder ao choro de um colega com agressividade ou afastamento do que crianças de famílias amorosas, que têm mais probabilidade de tentar consolar seu colega ou de chamar a professora. Por que crianças abusadas podem ter desenvolvido esta tendência? Como as respostas dos pais ao seu sofrimento poderiam tê-la moldado?

castigo corporal
Utilização da força física com a intenção de causar dor para corrigir ou controlar o comportamento, sem causar ferimentos.

para incutir respeito pela autoridade dos pais, e inofensivo, se aplicado com moderação por pais amorosos (Kazdin & Benjet, 2003; McLoyd & Smith, 2002).

Uma série de evidências sugere que o castigo corporal é frequentemente contraproducente e deve ser evitado (Straus & Stewart, 1999; Gershoff, 2010). Além do risco de ferimento, as crianças que sofrem castigo corporal podem falhar em internalizar mensagens morais, desenvolver relacionamentos de pai e filho insatisfatórios e apresentar agressividade física ou comportamento antissocial aumentados. Na idade adulta, elas estão mais propensas a sofrer de problemas de saúde mental, envolver-se em comportamentos criminosos e abusar dos próprios filhos (Gershoff, 2013). A relação entre palmadas e comportamentos externalizantes foi identificada em crianças de diferentes grupos étnicos e culturais, e também entre famílias brancas, afro-americanas, latinas e asiáticas nos Estados Unidos (Gershoff et al., 2010; Gershoff, Lansford, Sexton, Davis-Kean, & Sameroff, 2012; Berlin et al., 2009). Além disso, o espancamento tem sido associado negativamente ao desenvolvimento cognitivo (MacKenzie, Nicklas, Waldfogel, & Brooks-Gunn, 2013; Berlin et al., 2009), e não há uma linha clara entre espancamento leve e severo, e um frequentemente leva ao outro (Kazdiz & Benjet, 2003).

Mais de 110 países proibiram o uso de castigo corporal nas escolas (Center for Effective Discipline, 2009). A Convenção Internacional sobre os Direitos da Criança se opõe a todas as formas de violência física contra crianças; os Estados Unidos e a Somália são os últimos dois países que ainda não ratificaram a convenção (Zolotor et al., 2011). Nos Estados Unidos, 15 estados permitem especificamente o uso de castigo corporal nas escolas, 7 estados não proíbem e 28 estados o proíbem especificamente (U.S. Department of Education, 2017). Contudo, a sua prevalência varia radicalmente por local. Em alguns estados, ele quase não existe. Em outros, é relativamente comum. Por exemplo, no Mississippi, 1 em cada 14 crianças sofre uma experiência de castigo corporal durante o ano acadêmico (Gershoff & Font, 2016). Alguns educadores acreditam que ele é um impedimento efetivo a maus comportamentos perigosos, como brigas, mas outros afirmam que o castigo corporal degrada o ambiente educativo. Além disso, os críticos observam o fato de que crianças de minorias étnicas e crianças com deficiências são sujeitadas com mais frequência a castigos corporais (U.S. Department of Education, 2017).

Raciocínio indutivo, afirmação de poder e retirada do amor   Quando Sara pegou um doce em uma loja, seu pai não fez um discurso sobre honestidade, não bateu nela, nem disse que ela tinha sido uma menina má. Em vez disso, ele explicou como o dono da loja seria prejudicado por ela não ter pago pelo doce e como ficaria triste de perdê-lo. Ele perguntou como Sara se sentiria na mesma situação, então a levou de volta à loja para devolver o doce. Apesar de não pedir que ela o fizesse, Sara pediu desculpas ao dono da loja por entristecê-lo.

As **técnicas indutivas**, como as que o pai de Sara usou, visam encorajar o comportamento desejável ou a desencorajar o comportamento indesejável ao estabelecer limites, demonstrar as consequências lógicas de uma ação, explicar, discutir, negociar e obter ideias da criança sobre o que é justo. Elas também tendem a incluir apelos para considerar como as suas ações afetam os sentimentos dos outros.

As técnicas indutivas são geralmente o método mais eficaz para conseguir que as crianças aceitem os padrões parentais, despertar empatia pela vítima e o sentimento de culpa por parte do transgressor e enxergar o erro moral dos maus comportamentos (Hoffman, 1970; Kerr, Lopez, Olson, & Sameroff, 2004; Kochanska, Gross, Lin, & Nichols, 2002).

Duas outras amplas categorias de disciplina são *afirmação de poder* e *retirada temporária do amor*. A **afirmação de poder** visa interromper ou desencorajar o comportamento indesejável por meio da aplicação física ou verbal do controle parental; ela inclui exigências, ameaças, retirada de privilégios, palmadas e outros tipos de castigo. A **retirada do amor** pode incluir ignorar, isolar ou mostrar desagrado por uma criança. Nenhuma delas é tão eficaz quanto o raciocínio indutivo na maioria das circunstâncias, e ambas podem ser prejudiciais (Baumrind, Larzelere, & Owens, 2010; Jagers et al., 1996; McCord, 1996).

ESTILOS DE PARENTALIDADE

Assim como as crianças diferem em temperamento, os pais diferem nas suas abordagens à parentalidade.

---

técnicas indutivas
Técnicas disciplinares destinadas a induzir o comportamento desejável por apelo à racionalidade e ao senso de justiça da criança.

afirmação de poder
Estratégia disciplinar destinada a desencorajar o comportamento indesejável por meio da aplicação física ou verbal do controle parental.

retirada do amor
Estratégia disciplinar que envolve ignorar, isolar ou mostrar desagrado por uma criança.

▷ **verificador**
você é capaz de...
▷ Comparar cinco formas de disciplina e discutir sua eficácia?

Modelo de Baumrind de estilos de parentalidade Em uma pesquisa pioneira, Diana Baumrind (1971, 1996b; Baumrind & Black, 1967) estudou 103 crianças em idade pré-escolar de 95 famílias. Por meio de entrevistas, testes e estudos realizados nos próprios lares, ela mediu o comportamento das crianças, identificou três tipos de parentalidade e descreveu os padrões comportamentais típicos de crianças educadas em cada um deles (Baumrind, 1989; Darling & Steinberg, 1993; Pettit, Bates, & Dodge, 1997; ver Tabela 8.3).

A **parentalidade autoritária** enfatiza o controle e a obediência sem questionamentos. Os pais autoritários tentam fazer a criança se conformar a um padrão estabelecido de conduta, punindo-a com rigor se ela violar esse padrão. São menos carinhosos que os outros pais. Os filhos tendem a ser mais descontentes, retraídos e desconfiados.

A **parentalidade permissiva** enfatiza a autoexpressão e a autorregulação. Pais permissivos fazem poucas exigências. Consultam as crianças sobre decisões e raramente punem. São carinhosos, não controladores e não exigentes. Quando na pré-escola, seus filhos tendem a ser imaturos – apresentam muito pouco autocontrole e pouca curiosidade exploratória.

A **parentalidade autoritativa (democrática)** enfatiza a individualidade da criança, embora também destaque os limites. Os pais autoritativos são amorosos e tolerantes, mas também exigem bom comportamento e são firmes para manter padrões. Eles impõem punições limitadas e criteriosas quando necessário, dentro do contexto de um relacionamento carinhoso e apoiador. As crianças em idade pré-escolar com pais autoritativos tendem a ser mais autoconfiantes, autocontroladas, autoafirmativas, exploradoras e satisfeitas.

Eleanor Maccoby e John Martin (1983) acrescentaram um quarto estilo de parentalidade – *negligente* ou *omissa* – para descrever pais que, às vezes, por conta do estresse ou da depressão, concentram-se mais em suas necessidades do que nas dos filhos. A parentalidade negligente tem sido associada a vários transtornos comportamentais na infância e na adolescência (Steinberg, Eisengard, & Cauffman, 2006).

Por que a parentalidade autoritativa parece aumentar a competência social da criança? Talvez seja porque pais autoritativos estabelecem expectativas sensatas e padrões realistas. Ao criarem regras claras e coerentes, sinalizam para a criança o que se espera dela. Em lares autoritários, a criança é controlada com tal rigor que geralmente não pode fazer escolhas independentes sobre seu próprio comportamento. Em lares permissivos, a criança recebe tão pouca orientação que pode tornar-se insegura e ansiosa quanto a fazer a coisa certa. Em lares autoritativos, a criança sabe quando está atendendo às expectativas e pode decidir se vale a pena arriscar a desaprovação parental para perseguir uma meta. Espera-se um bom desempenho dessa criança, que ela cumpra seus compromissos e participe ativamente dos deveres da família, bem como das diversões. Ela conhece a satisfação de aceitar responsabilidades e ser bem-sucedida.

Críticas ao modelo de Baumrind Em geral, as pesquisas baseadas no trabalho de Baumrind apoiam os benefícios da parentalidade autoritativa. Identificar e promover práticas parentais positivas é crucial para prevenir o início precoce de comportamentos problemáticos (Dishion & Stormshak, 2007). Famílias com alto risco para comportamento problemático em crianças que participaram de serviços de apoio aos pais foram capazes de melhorar os desfechos da infância por meio de um foco precoce em práticas parentais positivas e proativas (Dishion et al., 2008).

parentalidade autoritária
Na terminologia de Baumrind, estilo de parentalidade que enfatiza o controle e a obediência.

parentalidade permissiva
Na terminologia de Baumrind, estilo de parentalidade que enfatiza a autoexpressão e a autorregulação.

parentalidade autoritativa (democrática)
Na terminologia de Baumrind, estilo de parentalidade que combina respeito pela individualidade da criança com uma tentativa de incutir valores sociais.

Como pai, que forma de disciplina você adotaria se seu filho de 3 anos pegasse um biscoito do pote sem permissão? Se recusasse a cochilar? Batesse na irmãzinha? Diga por quê.

TABELA 8.3 Estilos de parentalidade

CONTROLE		AFETO	
		Alto	Baixo
	Alto	Autoritativa	Autoritária
	Baixo	Permissiva	Negligente

A cultura asiática tradicional enfatiza a responsabilidade dos adultos em manter a ordem social, ensinando às crianças o comportamento socialmente adequado.

Anurak Pongpatimet/Shutterstock

verificador
você é capaz de...

▷ Resumir o modelo de Baumrind de estilos de parentalidade?

▷ Explicar como os meios utilizados pelos pais para resolver conflitos com crianças pequenas podem contribuir para o sucesso da criação autoritativa?

▷ Discutir as críticas ao modelo de Baumrind e as variações culturais nos estilos de parentalidade?

altruísmo
Comportamento que visa ajudar os outros, motivado por uma preocupação interior e sem expectativa de recompensa externa; pode envolver autonegação e autossacrifício.

comportamento pró-social
Qualquer comportamento voluntário que visa ajudar os outros.

Mas os achados de Baumrind são correlacionais. Portanto, eles apenas estabelecem associações entre cada estilo de parentalidade e um determinado conjunto de comportamentos infantis. Não mostram que diferentes estilos de criação dos filhos são a *causa* de as crianças serem mais ou menos competentes. Como ocorre em todas as correlações, não podemos ter certeza absoluta sobre a direção dos efeitos.

Além disso, Baumrind não levou em conta fatores inatos, como o temperamento, que poderiam ter influenciado os pais. Uma criança fácil poderia, por exemplo, induzir a parentalidade autoritativa, enquanto uma criança difícil provocaria técnicas mais ligadas à afirmação de poder, pois os pais buscariam uma forma de administrar o seu questionamento.

Outra questão é que as categorias de Baumrind refletem vieses na visão sobre o desenvolvimento da criança. Alguns pesquisadores argumentam que a parentalidade autoritativa pode ser uma estratégia benéfica para as crianças na cultura dominante norte-americana, mas não funcionar da mesma forma em diferentes grupos étnicos ou culturais. Por exemplo, algumas evidências sugerem que apesar de o estilo de parentalidade estar associado com o desempenho acadêmico posterior entre adolescentes norte-americanos de origem europeia, eles não estão necessariamente associados com os mesmos resultados entre adolescentes latinos, asiáticos ou afro-americanos (Dornbusch, Ritter, Leiderman, Roberts, & Fraleigh, 1987; Steinberg, Lamborn, Dornsbusch, & Darling, 1992).

Mas por quê? As estratégias de parentalidade refletem valores culturais e, logo, são interpretadas pelas crianças nesse contexto. Em países como os Estados Unidos, os traços de independência e iniciativa são altamente valorizados. Além disso, restrições ao comportamento muitas vezes não são bem vistas. Entre norte-americanos de origem asiática, obediência e rigor não estão associados a rispidez e dominação, mas, antes, a cuidados, preocupação e envolvimento. A cultura tradicional chinesa, com sua ênfase no respeito pelos mais velhos, ressalta a responsabilidade individual em manter a ordem social. Essa obrigação é apreendida por meio de controle firme e justo, orientação da criança e mesmo punição física se necessário (Zhao, 2002). Embora a parentalidade por parte de norte-americanos de origem asiática seja frequentemente descrita como autoritária, a afetividade e o apoio que caracterizam os relacionamentos da família asiática talvez se assemelhem mais ao estilo de parentalidade autoritativa de Baumrind, mas sem a ênfase nos valores euro-americanos de individualidade, escolha e liberdade (Chao, 1994) e com um controle parental mais rigoroso (Chao, 2001). Em outro exemplo, as famílias mexicano-americanas tendem a usar mais parentalidade autoritária do que as famílias americanas de origem europeia, o que pode estar alinhado ao respeito por autoridade que é característico da cultura mexicana (Varela et al., 2004). Por fim, nas famílias afro-americanas, que tendem a usar mais castigos físicos, a parentalidade autoritária não está relacionada com desfechos comportamentais negativos, embora essa relação esteja presente entre famílias brancas (Baumrind, 1987; McLeod, Kruttschnitt, & Dornfield, 1994).

QUESTÕES COMPORTAMENTAIS ESPECIAIS

Três questões específicas de especial interesse para pais, cuidadores e professores de crianças de pré-escola são como promover o altruísmo, controlar a agressividade e lidar com os medos que geralmente surgem nessa idade.

Comportamento pró-social Alex, aos 3 anos e meio, respondeu às queixas de dois colegas de pré-escola que não tinham massa de modelar suficiente, seu brinquedo favorito, dando-lhes metade da sua. Alex estava demonstrando **altruísmo**: motivação para ajudar outra pessoa sem expectativa de recompensa. O altruísmo é a essência do **comportamento pró-social**, ações positivas e voluntárias para ajudar os outros.

Mesmo antes de completar 2 anos, a criança frequentemente ajuda os outros, compartilha seus pertences e alimentos e oferece consolo. As crianças mais avançadas em termos de entendimento emocional aos 3 anos geralmente têm mais comportamentos pró-sociais aos 4 (Ensor, Spencer, & Hughes, 2011). Além disso, as crianças com teoria da mente melhor, mais capazes de modelar os pontos de vista alheios, são mais eficazes quando ajudam, cooperam e consolam os outros (Imuta, Henry, Slaughter, Selcuk, & Ruffman, 2016).

Diferenças individuais estáveis que surgem cedo, como é o caso aqui, sugerem influências genéticas, e as pesquisas sobre herdabilidade realmente sugerem que essa relação está presente (Knafo-Noam, Vertsberger, & Israel, 2018). Mas o ambiente também importa, não só os genes. As culturas variam no grau em que promovem o comportamento pró-social. Culturas tradicionais em que as pessoas vivem em grupos familiares estendidos e compartilham o trabalho incutem mais os valores pró-sociais do que aquelas que enfatizam a realização individual (Carlo, 2014; Eisenberg & Fabes, 1998). O ambiente mais imediato também é relevante. Pais que demonstram afeição e utilizam estratégias disciplinares positivas (indutivas) encorajam a tendência natural de seus filhos ao comportamento pró-social (Knafo & Plomin, 2006). Além disso, os pais de crianças pró-sociais tendem a indicar modelos de comportamento pró-social e direcionam os filhos para histórias, filmes e programas de televisão que retratam cooperação, compartilhamento e empatia, e os estimulam a ser solidários, generosos e prestativos (Singer & Singer, 1998), o que, as pesquisas indicam, intensifica o altruísmo, a cooperação e mesmo a tolerância em relação aos outros (Wilson, 2008). Os relacionamentos com irmãos, colegas e professores também podem servir de modelo e reforçar o comportamento pró-social (Eisenberg, 1992).

Agressividade Noah vai até Jake, que está brincando discretamente com um carrinho de brinquedo. Noah bate em Jake e rouba o carrinho. Ele usou a agressão como ferramenta para obter acesso a um objeto desejado. Trata-se de uma **agressão instrumental** ou agressão utilizada como instrumento para atingir um objetivo – o tipo mais comum de agressão na segunda infância. Entre 2 anos e meio e 5 anos, é comum as crianças brigarem por brinquedos e controle de espaço. A agressão surge principalmente durante os jogos sociais; as crianças que mais brigam também tendem a ser as mais sociáveis e competentes. À medida que a criança desenvolve mais o autocontrole e torna-se mais capacitada para se expressar verbalmente, ela passa da agressão com socos para a agressão com palavras (Coie & Dodge, 1998; Tremblay et al., 2004).

Diferenças de gênero na agressividade A agressividade é uma exceção à generalização de que meninos e meninas são mais semelhantes do que diferentes (Hyde, 2005). Em todas as culturas estudadas, como entre a maioria dos mamíferos, os meninos são mais agressivos física e verbalmente do que as meninas. Esta diferença de gênero é aparente aos 2 anos de idade (Baillargeon et al., 2007; Pellegrini & Archer, 2005).

Contudo, quando a agressividade é analisada mais de perto, meninos e meninas parecem tender a usar tipos diferentes. Os meninos envolvem-se mais em **agressão explícita (direta)**, e tendem a optar por atos abertamente agressivos e diretos contra um alvo. As meninas, por outro lado, tendem a recorrer a uma forma de agressão social indireta, chamada de **agressão relacional** (Putallaz & Bierman, 2004). Esse tipo mais sutil de agressão consiste em prejudicar ou interferir no relacionamento, reputação ou bem-estar psicológico de outra pessoa, geralmente por meio de provocação, manipulação, ostracismo ou tentativas de controle. Pode incluir propagação de boatos, xingamentos, humilhações ou a exclusão da pessoa de um grupo. Pode ser explícita ou velada (indireta) – por exemplo, fazer "cara feia" ou ignorar alguém. Entre crianças em idade pré-escolar, ela tende a ser direta e face a face – "Você não pode ir à minha festa se não me der aquele brinquedo" (Archer, 2004; Brendgen et al., 2005).

As pesquisas transculturais apoiam a ideia de que os meninos têm uma clara propensão a usar níveis mais elevados de agressão física. Contudo, os dados sobre agressão relacional são menos claros. Alguns estudos determinaram que as meninas usam níveis maiores de agressão relacional, enquanto outros não identificaram uma diferença entre os gêneros (Lansford et al., 2012; Hyde, 2014; Archer, 2004). É seguro dizer que, se existe de fato, a diferença é pequena.

De uma perspectiva evolucionária, a maior agressividade explícita dos meninos, assim como o seu maior tamanho e força, pode prepará-los para competir por uma parceira (Archer, 2004). Os machos podem aumentar a

> Você se lembra de "harmonizar" com seus colegas nos círculos de música da pré-escola? Uma pesquisa na Alemanha sugere que quando as crianças fazem música juntas, elas têm mais probabilidade de cooperar e ajudar umas às outras.
> Kirschner & Tomasello, 2010

> As crianças pensam em termos concretos. Ao tentar encorajar o compartilhamento entre crianças pequenas, é melhor encorajá-las a revezar-se (um comportamento concreto) do que a compartilhar (um conceito abstrato).

agressão instrumental
Comportamento agressivo utilizado como um meio para atingir um objetivo.

agressão explícita (direta)
Agressão abertamente direcionada ao seu alvo.

agressão relacional
Agressão com o intuito de prejudicar ou interferir no relacionamento, reputação ou bem-estar psicológico de outra pessoa.

O tipo de agressão envolvido na briga por um brinquedo, sem intenção de ferir ou dominar a outra criança, é a agressão instrumental. Ela aparece principalmente durante o jogo social e costuma diminuir à medida que as crianças aprendem a pedir o que querem.
Fuse/Getty Images

sua prole ao ter acesso a fêmeas. Assim, prevê-se que os homens e meninos geralmente sejam mais competitivos e tendam a correr mais os riscos da agressão física (Pellegrini & Archer, 2005).

Influências sobre a agressividade Por que algumas crianças são mais agressivas do que outras? O temperamento pode ter o seu papel. Crianças muito emotivas e com baixo autocontrole tendem a expressar a raiva de modo agressivo (Eisenberg, Fabes, Nyman, Bernzweig, & Pinuelas, 1994; Rubin, Burgess, Dwyer, & Hastings, 2003; Yaman, Mesman, van IJzendoorn, & Bakersmans-Kranenburg, 2010; Röll, Koglin, & Petermann, 2012). Isso vale tanto para a agressão física quanto para a relacional, que está associada com emocionalidade negativa e problemas de autorregulação (Tackett, Kushner, Herzhoff, Smack, & Reardon, 2014; Han, Cho, & Kim, 2014).

A agressividade tanto física quanto social tem fontes genéticas e ambientais, mas a influência relativa das duas difere. Entre 234 gêmeos de 6 anos de idade, a agressividade física era 50 a 60% hereditária; o restante da variação era atribuível a influências ambientais não compartilhadas ou únicas. A agressividade social era muito mais influenciada pelo ambiente; a variação era apenas 20% genética, 20% explicada por influências ambientais compartilhadas e 60% por experiências não compartilhadas (Brendgen et al., 2005).

O comportamento dos pais influencia fortemente a agressividade. Em diversos estudos longitudinais, o apego inseguro e a falta de carinho e afeição materna na primeira infância puderam prever a agressividade na segunda infância (Coie & Dodge, 1998; MacKinnon-Lewis, Starnes, Volling, & Johnson, 1997; Rubin, Burgess, & Hastings, 2002). Comportamentos manipulativos como retirada de amor e fazer a criança sentir-se culpada ou envergonhada podem estimular a agressividade social (Brendgen et al., 2005).

A agressividade pode resultar da combinação de um clima familiar estressante e não estimulante, disciplina severa, falta de afeto materno e de apoio social, disfunção familiar, exposição a adultos agressivos e violência urbana, pobreza e grupos de pares transitórios, que impedem amizades estáveis (Dodge, Pettit, & Bates, 1994; Grusec & Goodnow, 1994; Romano, Tremblay, Boulerice, & Swisher, 2005). Por exemplo, as crianças que testemunham atividade de gangues, tráfico de drogas, perseguições policiais e prisões, ou pessoas portando armas, tendiam a apresentar sintomas de sofrimento em casa e comportamento agressivo na escola (Farver, Xu, Eppe, Fernandez, & Schwartz, 2005). Essa violência não precisa sequer ser real. Transculturalmente, as crianças expostas a *videogames* violentos demonstram aumentos em emoção, cognição e comportamento violento (Anderson et al., 2010). A influência da violência na mídia é discutida em mais detalhes no Capítulo 14.

A cultura pode influenciar o quanto de comportamento agressivo uma criança apresenta. Por exemplo, em países como o Japão e a China, há uma ênfase cultural na harmonia, autocontrole e coesão de grupo. A raiva e a agressividade contradizem esses valores culturais. Assim, as mães chinesas e japonesas têm maior probabilidade que as mães norte-americanas de usar disciplina indutiva, enfatizando como o comportamento agressivo fere os outros. Elas também demonstram maior desapontamento quando os filhos não obedecem aos padrões comportamentais. Além disso, professores e colegas tendem a rejeitar ou excluir mais essas crianças, e seu *status* social tende a ser pior que o das crianças menos agressivas (Zahn-Waxler, Friedman, Cole, Mizuta, & Hiruma, 1996; Chen, 2010).

Medo Medos passageiros são comuns na segunda infância. Muitas crianças entre 2 e 4 anos têm medo de animais, sobretudo cães, cobras e aranhas. Aos 6 anos, é mais provável que a criança tenha medo do escuro. Outros medos bastante comuns são o medo de tempestades, médicos e criaturas imaginárias (DuPont, 1983; Stevenson-Hinde & Shouldice, 1996; LoBue, 2013).

Os medos das crianças pequenas têm origem, em grande parte, nas suas intensas fantasias e na tendência a confundir fantasia com realidade. Às vezes sua imaginação vai longe, fazendo-as se preocupar com o ataque de um leão ou com a possibilidade de serem abandonadas. É mais provável que crianças pequenas sintam medo de alguma coisa que pareça assustadora, como um monstro de desenho animado, do que de algo capaz de causar um grande mal, como uma explosão nuclear (Cantor, 1994). Na maioria das vezes, os medos

Uma menininha é corajosa e pega um caranguejo, apesar do risco de ser beliscada.
Johner Images/Getty Images

de crianças mais velhas são mais realistas (ser sequestrado) e autoavaliativos (não passar em uma prova) (Stevenson-Hinde & Shouldice, 1996).

Os medos podem originar-se ao se tomar conhecimento das experiências de outras pessoas ou do "contágio" das suas respostas de medo (LoBue, 2013; Muris, Merckelbach, & Collaris, 1997). Além disso, os medos também estão ligados a eventos negativos que as crianças vivenciaram diretamente. Apesar de entrarem em contato com facas mais frequentemente do que com agulhas, a maioria das crianças presta mais atenção e teme mais as agulhas, provavelmente devido às vacinações (LoBue, Rakinson, & DeLoache, 2010).

É normal e inclusive adequado que crianças pequenas tenham medos. Também é normal que esses medos desapareçam com a idade. Parte da razão de muitos medos serem superados é porque as crianças pequenas conseguem distinguir melhor o real do imaginário. Além disso, quando as crianças dominam novas habilidades, elas desenvolvem um senso de autonomia. Quando aquele senso de autonomia se junta com a crescente capacidade delas de entender e prever eventos em seu ambiente, as crianças sentem-se mais no controle, e portanto menos amedrontadas (National Scientific Council on the Developing Child, 2010).

Os pais podem ajudar a evitar os medos dos filhos incutindo um senso de confiança e cautela normal, sem ser muito protetores, pela superação de seus próprios medos irreais e, em particular, modelando comportamentos positivos na presença dos objetos temidos. Eles podem ajudar uma criança temerosa tranquilizando-a e encorajando a livre expressão dos sentimentos: "Eu sei que é assustador, mas o trovão não pode feri-lo". Ridicularização ("Você não é mais criancinha!"), coerção ("Passe a mão no cachorrinho – ele não vai machucá-lo") e persuasão lógica ("O urso mais próximo está a 30 quilômetros de distância, trancado em um zoológico") não ajudam muito (Cantor, 1994; Broeren, Lester, Muris, & Field, 2011; Egliston & Rapee, 2007).

Quando as crianças são pequenas, seus medos envolvem o escuro, monstros assustadores e ameaças imaginárias. Quando elas crescem, seus medos tornam-se cada vez mais realistas. Por que você acha que isso acontece?

verificador
você é capaz de...
▷ Discutir as influências sobre o altruísmo, a agressão e o medo?

Relacionamentos com outras crianças

Embora as pessoas mais importantes no mundo de uma criança pequena sejam os adultos que tomam conta dela, o relacionamento com irmãos e colegas torna-se mais importante na segunda infância.

RELACIONAMENTO ENTRE IRMÃOS

As primeiras brigas entre irmãos, mais frequentes e mais intensas, são por direitos de propriedade ou acesso à mãe. Embora adultos irritados possam nem sempre ver dessa maneira, brigas e reconciliações entre irmãos são oportunidades de socialização, quando as crianças aprendem a defender princípios e a negociar desacordos, em parte porque a natureza involuntária do relacionamento garante a continuidade das interações (Kramer, 2014). Outra arena para socialização é o jogo dramático conjunto. Irmãos que frequentemente brincam de "fazer de conta" desenvolvem uma história de entendimentos compartilhados que lhes permite resolver mais facilmente os problemas e aceitar as ideias um do outro (Howe, Petrakos, Rinaldi, & LeFebvre, 2005).

O conflito é comum entre os irmãos – em uma hora, irmãos de 2 a 4 anos têm, em média, 7,65 disputas (Perlman & Ross, 2005). Apesar da frequência do conflito, a rivalidade entre irmãos *não* é o principal padrão entre irmãos e irmãs no começo da vida. Afeição, interesse, companheirismo e influência também são prevalentes nos relacionamentos entre irmãos. Na verdade, o comportamento pró-social e o comportamento orientado para o brincar é mais comum do que a rivalidade, a hostilidade e a competição. Os irmãos mais velhos eram os que mais tomavam a iniciativa de um comportamento tanto amistoso quanto hostil; os irmãos mais novos tendiam a imitar os mais velhos. À medida que envelhecem, as crianças tendem a se tornar menos físicas e mais verbais nas suas demonstrações de agressão e nas de carinho e afeto (Abramovitch, Corter, Pepler, & Stanhope, 1986). Visto que os irmãos mais velhos tendem a dominar os mais novos, a qualidade do relacionamento é mais afetada pelo ajustamento emocional e social da criança mais

Irmãos mais novos têm mais probabilidade de arriscar-se do que irmãos mais velhos. Em um estudo sobre estatísticas de beisebol, 90% de irmãos mais novos em times de beisebol da liga principal roubam mais bases do que suas contrapartes mais velhas.
Sulloway & Zweigenhaft, 2010

velha do que da mais nova (Pike, Coldwell, & Dunn, 2005). Em geral, irmãos do mesmo sexo, principalmente meninas, são mais próximos e brincam juntos de forma mais pacífica do que pares de menino e menina (Kier & Lewis, 1998).

A qualidade do relacionamento de irmãos tende a se transferir para o relacionamento com outras crianças. Uma criança que é agressiva com os irmãos provavelmente é agressiva também com os amigos (Vlachou, Andreou, Botsoglou, & Didaskalou, 2011; Abramovitch et al., 1986). Irmãos que costumam brincar amigavelmente juntos tendem a desenvolver comportamentos pró-sociais (Pike et al., 2005). Da mesma forma, as amizades podem influenciar os relacionamentos de irmãos. Irmãos mais velhos que experimentaram um bom relacionamento com um amigo antes do nascimento de um irmão provavelmente tratarão seus irmãos mais novos melhor e pouco provavelmente desenvolverão comportamento antissocial na adolescência (Kramer & Kowal, 2005). Para uma criança pequena com risco de problemas comportamentais, um relacionamento positivo *tanto* com um irmão *quanto* com um amigo pode amenizar os efeitos de um relacionamento negativo com o outro (McElwain & Volling, 2005).

O FILHO ÚNICO

Nos Estados Unidos, cerca de 18% das famílias têm apenas um filho ou filha (Gao, 2015). Os filhos únicos são egoístas, solitários ou mimados? Em geral, esse esterótipo sobre filhos únicos parece ser falso. Uma metanálise de 115 estudos revela que a maioria dos filhos únicos se sai bem. Com relação ao desempenho acadêmico e sucesso no trabalho, os filhos únicos têm desempenho ligeiramente melhor do que crianças com irmãos. Eles tendem a ser mais motivados para realizações e a ter uma autoestima levemente mais alta; e não diferem, em ajustamento emocional, sociabilidade ou popularidade (Mancillas, 2006).

Por que os filhos únicos se saem melhor em alguns indicadores do que as crianças com irmãos? Os filhos únicos se saem melhor porque os pais focalizam mais atenção neles, falam mais com eles e esperam mais deles do que pais com mais de um filho (Falbo, 2006). Quanto mais crianças na família, menos tempo individual cada uma recebe. Dado que a maioria das crianças hoje passa um tempo considerável em grupos de brincadeira, creches e pré-escolas, não falta aos filhos únicos oportunidades para interação social com pares.

A pesquisa na China também produziu achados encorajadores sobre filhos únicos. Em 1979, para controlar uma explosão populacional, a República Popular da China estabeleceu uma política oficial de limitar as famílias a um filho cada. Embora a política tenha desde então sido relaxada, a maioria das famílias urbanas agora têm apenas um filho, e a maioria das famílias rurais não mais de dois (Feng, Gu, & Cai, 2016; Hesketh, Lu, & Xing, 2005). Esta situação ofereceu aos pesquisadores um experimento natural: uma oportunidade de estudar o ajustamento de grandes números de filhos únicos.

Os filhos únicos parecem estar em vantagem, ao menos na China. Aqueles com irmãos relataram níveis mais altos de medo, ansiedade e depressão do que os filhos únicos, independentemente de sexo ou idade (Yang, Ollendick, Dong, Xia, & Lin, 1995). Quando adultos, os filhos únicos em geral tendem a apresentar menos sinais de ansiedade e depressão do que quem nasceu em famílias com irmãos, especialmente se nascidos após o término dessa política (Falbo & Hooper, 2015). Entre 4 mil crianças de 3ª e 6ª séries, as diferenças de personalidade entre filhos únicos e crianças com irmãos – avaliadas por pais, professores, colegas e pelas próprias crianças – foram poucas. O desempenho escolar e o desenvolvimento físico dos filhos únicos eram aproximadamente os mesmos, ou melhores, do que os de crianças com irmãos, mas as diferenças eram pequenas (Falbo, 2012; Falbo &

As crianças pequenas aprendem a importância de serem amigas para ter amigos.
Cortesia de Gabriela Martorell

JANELA para o mundo

SEGREGAÇÃO POR IDADE *VERSUS* BRINCADEIRAS COM PARTICIPANTES DE MÚLTIPLAS IDADES

Historicamente, as pessoas de diferentes idades conviviam juntas. As famílias eram maiores e as crianças e os adultos muitas vezes trabalhavam e brincavam lado a lado. Se iam para a escola, as crianças muitas vezes eram colocadas em turmas baseadas em quanto sabiam, não quando haviam nascido (Neyfakh, 2014); especialmente nas zonas rurais, muitas escolas consistiam em uma ou algumas salas, em que crianças de idades diferentes aprendiam juntas.

Na maioria dos países desenvolvidos da atualidade, assim que entram na creche ou na escola, muitas das atividades das crianças são estruturadas por idade. É uma mudança recente, dos últimos 100 anos, relacionada à maior industrialização na sociedade e ao advento da educação obrigatória (Rogoff, 2003).

Às vezes, os pais acreditam que as crianças mais jovens e mais velhas não têm muito em comum e presumem que elas aprendem pouco em grupos em que os participantes têm idades diferentes. Contudo, as crianças mais jovens e as mais velhas se beneficiam da mistura. As mais jovens aprendem quando observam e modelam o comportamento das mais velhas e participam de atividades ao seu lado. As mais velhas podem desenvolver as suas habilidades de liderança e atuar como mentores. O ensino permite que expandam a sua compreensão. Essa interação ajuda a fortalecer a sua criatividade e permite que desenvolvam a sua capacidade de cuidar dos outros (Gray, 2011).

As pesquisas apoiam essas afirmações. Por exemplo, no México, um estudo mostrou que os irmãos mais velhos demonstravam comportamentos de ensino e os mais jovens aprendiam pela observação e pelo auxílio direto dos irmãos durante os momentos de brincadeira (Maynard, 2002). No Quênia, outro estudo mostrou que os meninos que ajudavam as mães a cuidar dos irmãos mais jovens eram, em média, mais gentis, mais prestativos e menos agressivos do que os irmãos que não tinham a mesma experiência (Gray, 2011). Na Samoa, pesquisadores determinaram que crianças pequenas aprendiam a pescar e sobre política na presença de adultos, por observação, sem nenhuma instrução intencional (Odden & Rochat, 2004). Por fim, as pesquisas em ambientes de sala de aula indicam que o desempenho acadêmico em turmas mistas é o mesmo, ou ligeiramente melhor, do que em salas de aula em que todos estão na mesma série. Crianças em salas de aula com múltiplas idades são autodirigidas e tendem a cooperar mais uns com os outros, a participar de colaboração e a assumir mais controle da própria educação (Reese, 1998).

As crianças podem aprender muito com outras de idade parecida, mas interações com crianças de idades diferentes também são valiosas. As culturas tendem a gravitar em direção a uma dimensão ou outra, mas é possível que a situação ideal seja um misto das duas abordagens.

qual a sua opinião? O que você acha que é melhor para as crianças: participantes de múltiplas idades ou segregação por idade? Você acha que o fato de as interações ocorrerem em brincadeiras ou em ambientes pedagógicos importa?

Poston, 1993). Este achado pode refletir a maior atenção, estimulação, esperanças e expectativas que os pais dão a um bebê que eles sabem que será seu primeiro e único filho.

COLEGAS E AMIGOS

As amizades se desenvolvem à medida que as pessoas também se desenvolvem. Crianças pequenas brincam lado a lado ou perto uma da outra, mas só a partir dos 3 anos, aproximadamente, começam a ter amigos. Por meio das amizades e interações com colegas casuais, a criança aprende a se relacionar com os outros. Aprende que sendo amiga é que se tem amigos. Aprende a resolver problemas nos relacionamentos e a se colocar no lugar da outra pessoa, além de ver modelos de vários tipos de comportamento. Aprende valores morais e normas de papel de gênero e pratica papéis sociais adultos.

verificador
você é capaz de...

▷ Explicar como a resolução de disputas entre irmãos contribui para a socialização?

▷ Dizer como a ordem de nascimento e o gênero afetam os padrões típicos da interação entre irmãos?

▷ Comparar o desenvolvimento dos filhos únicos com o das crianças que têm irmãos?

▷ Discutir como crianças em idade pré-escolar escolhem companheiros de brincadeira e amigos, como elas se comportam com os amigos e como elas se beneficiam das amizades?

Crianças em idade pré-escolar geralmente gostam de brincar com crianças da mesma idade, ao menos nos países desenvolvidos (ver Seção Janela para o Mundo para mais informações sobre variações culturais). As crianças dessa idade também tendem a se dividir entre meninos e meninas. Crianças que têm frequentes experiências positivas entre si muito provavelmente se tornam amigas (Rubin et al., 1998; Snyder, West, Stockemer, Gibbons, & Almquist-Parks, 1996; Shin et al., 2011). Aproximadamente 3 em cada 4 crianças em idade pré-escolar desenvolvem essas amizades mútuas (Hartup & Stevens, 1999).

Os traços que uma criança pequena procura em um parceiro para brincadeiras são semelhantes aos que ela procura em um amigo (C. H. Hart, DeWolf, Wozniak, & Burts, 1992). Em um estudo, crianças entre 4 e 7 anos avaliaram os aspectos mais importantes da amizade como: fazer coisas juntos, gostar um do outro e preocupar-se um com o outro, compartilhar coisas e ajudar um ao outro e, secundariamente, viver próximos ou frequentar a mesma escola. Crianças mais novas deram mais importância a traços físicos, como aparência e tamanho, do que crianças mais velhas, e menos importância a afeição e apoio (Furman & Bierman, 1983). As crianças pré-escolares preferem colegas de brincadeira pró-sociais, que gostam de brincar do mesmo jeito e com as mesmas coisas que eles, e rejeitam crianças destrutivas, exigentes, intrometidas ou agressivas (Hart, DeWolf, Wozniak, & Burts, 1992; Rekalidou & Petrogiannis, 2012; Ramsey & Lasquade, 1996; Roopnarine & Honig, 1985).

Crianças estimadas em idade pré-escolar e de jardim de infância, bem como aquelas avaliadas pelos pais e professores como socialmente competentes, geralmente lidam bem com a raiva. Elas evitam insultos e ameaças. Em vez disso, respondem diretamente, de modo a minimizar futuros conflitos e preservar o relacionamento. Crianças menos estimadas tendem a vingar-se ou a delatar (Fabes & Eisenberg, 1992).

resumo e palavras-chave

O desenvolvimento do self

- O autoconceito sofre grandes mudanças na segunda infância. De acordo com um modelo neopiagetiano, a autodefinição passa de simples representações a mapeamentos representacionais. Crianças pequenas não veem a diferença entre a identidade real e a identidade ideal.
- A autoestima na segunda infância tende a ser global e irrealista, refletindo a aprovação dos adultos.
- A compreensão das emoções direcionadas à própria criança e das emoções simultâneas se desenvolve gradualmente.
- Segundo Erikson, o conflito de desenvolvimento na segunda infância é o de iniciativa *versus* culpa. A resolução bem-sucedida desse conflito resulta na virtude do *propósito*.

autoconceito (229)
autodefinição (229)
identidade real (229)
identidade ideal (229)
autoestima (230)
emoções sociais (232)
iniciativa *versus* culpa (233)

Gênero

- A identidade de gênero é um aspecto do autoconceito em desenvolvimento.

- A principal diferença de gênero na segunda infância é a maior agressividade dos meninos. As meninas tendem a ser mais empáticas e pró-sociais e menos propensas a ter problemas comportamentais. Algumas diferenças cognitivas aparecem já bem cedo, outras somente na pré-adolescência ou mais tarde.
- As crianças aprendem os papéis de gênero bem cedo por meio da tipificação de gênero. Os estereótipos de gênero atingem um ponto máximo durante os anos de pré-escola.
- Cinco importantes perspectivas sobre o desenvolvimento do gênero são a biológica, a evolucionista, a psicanalítica, a cognitiva e a da aprendizagem social.
- Evidências sugerem que algumas diferenças de gênero podem ser de base biológica.
- A teoria evolucionista considera os papéis de gênero das crianças uma preparação para o comportamento de acasalamento adulto.
- Na teoria freudiana, a criança se identifica com o genitor do mesmo sexo depois de ter desistido do desejo de possuir o genitor do sexo oposto.
- A teoria cognitivo-desenvolvimental sustenta que a identidade de gênero se desenvolve sobre a consciência que se tem do próprio gênero. Segundo Kohlberg, a constância de gênero leva à aquisição de seus papéis. A teoria do esquema de gênero sustenta que a criança categoriza as informações relacionadas ao gênero, observando o que homens e mulheres fazem em sua cultura.

- Segundo a teoria social cognitiva, a criança aprende os papéis de gênero por meio da socialização. Os pais, os colegas e a cultura influenciam a tipificação de gênero.
  identidade de gênero (233)
  papéis de gênero (234)
  tipificação de gênero (234)
  estereótipos de gênero (234)
  teoria da seleção sexual (236)
  identificação (236)
  constância de gênero (237)
  teoria do esquema de gênero (238)
  teoria social cognitiva (238)

Brincadeira

- O brincar traz benefícios físicos, cognitivos e psicossociais. As mudanças nos tipos de brincadeira em que a criança se envolve refletem os desenvolvimentos cognitivo e social.
- Segundo Smilansky, a criança progride cognitivamente do jogo funcional para o jogo construtivo, o jogo dramático e então para jogos formais com regras. O jogo dramático torna-se cada vez mais comum durante a segunda infância e ajuda a criança a desenvolver habilidades sociais e cognitivas. Brincadeiras impetuosas também têm início durante a segunda infância.
- Segundo Parten, o brincar torna-se mais social durante a segunda infância. No entanto, pesquisas posteriores constataram que jogos não sociais não são necessariamente um sinal de imaturidade.
- As crianças preferem brincar (e brincar mais socialmente) com outras do mesmo sexo.
- Aspectos cognitivos e sociais do brincar são influenciados pelos ambientes culturalmente aprovados que os adultos criam para as crianças.
  jogo funcional (241)
  jogo construtivo (241)
  jogo dramático (242)
  jogos formais com regras (242)
  segregação de gênero (243)

Parentalidade

- A disciplina pode ser uma poderosa ferramenta de socialização.
- Tanto o reforço positivo quanto a punição administrada com prudência podem ser instrumentos apropriados de disciplina no contexto de um relacionamento positivo entre pais e filhos.
- Afirmação de poder, técnicas indutivas e retirada do amor são três categorias de disciplina. A argumentação geralmente é o recurso mais eficaz, e a afirmação de poder é a de menos eficácia, pois promove a internalização de padrões parentais. Palmadas e outras formas de castigo corporal podem trazer consequências negativas.

- Baumrind identificou três estilos de parentalidade: autoritário, permissivo e autoritativo. Um quarto estilo, negligente ou omisso, foi identificado mais tarde. Pais autoritativos tendem a criar filhos mais competentes. Entretanto, os resultados obtidos por Baumrind foram criticados por serem simplistas demais e por terem vieses culturais.
- As primeiras manifestações do altruísmo e do comportamento pró-social surgem bem cedo. Talvez se trate de uma disposição inata, que pode ser cultivada pelo modelo parental e por incentivo.
- Agressão instrumental – primeiro física, depois verbal – é mais comum na segunda infância.
- Os meninos tendem a praticar a agressão explícita, enquanto as meninas geralmente se envolvem em agressão relacional.
- Crianças em idade pré-escolar demonstram medos temporários de objetos e eventos reais e imaginários; os medos de crianças mais velhas tendem a ser mais realistas.
  disciplina (245)
  castigo corporal (245)
  técnicas indutivas (246)
  afirmação de poder (246)
  retirada do amor (246)
  parentalidade autoritária (247)
  parentalidade permissiva (247)
  parentalidade autoritativa (democrática) (247)
  altruísmo (248)
  comportamento pró-social (248)
  agressão instrumental (249)
  agressão explícita (direta) (249)
  agressão relacional (249)

Relacionamentos com outras crianças

- A maioria das interações entre irmãos é positiva. Os irmãos mais velhos tendem a tomar as iniciativas e os irmãos mais novos imitam. Irmãos do mesmo sexo, sobretudo meninas, relacionam-se melhor.
- Irmãos tendem a resolver conflitos com base em princípios morais.
- O tipo de relacionamento que a criança tem com os irmãos geralmente se transfere para o relacionamento com os colegas.
- Filhos únicos parecem se desenvolver pelo menos tão bem quanto crianças que têm irmãos.
- Crianças em idade pré-escolar escolhem colegas e amigos que sejam como elas e com quem tenham experiências positivas.
- Crianças agressivas são menos populares do que crianças pró-sociais.

Parte 4 — TERCEIRA INFÂNCIA

capítulo 9

Desenvolvimento Físico e Cognitivo na Terceira Infância

Pontos principais

DESENVOLVIMENTO FÍSICO

Aspectos do desenvolvimento físico

Saúde, condição física e segurança

DESENVOLVIMENTO COGNITIVO

Abordagem piagetiana: a criança operatório-concreta

Abordagem do processamento da informação: planejamento, atenção e memória

Abordagem psicométrica: avaliação da inteligência

Linguagem e alfabetização

A criança na escola

Educação de crianças com necessidades especiais

Objetivos de aprendizagem

Descrever as mudanças físicas e a saúde nas crianças em idade escolar.

Descrever o desenvolvimento cognitivo das crianças em idade escolar.

Explicar como as habilidades de linguagem continuam a se desenvolver nas crianças em idade escolar.

Resumir como as crianças se adaptam à escola e o que influencia o desempenho escolar.

Descrever como as escolas educam as crianças com necessidades especiais.

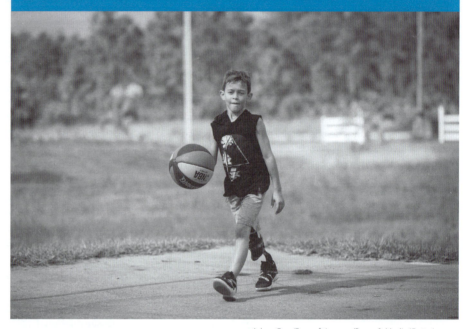

Adam Gray/Barcroft Images/Barcroft Media/Getty Images

Você **sabia** que...

▷ O neuropsicólogo Howard Gardner identificou oito tipos diferentes de inteligência?
▷ Crianças que acreditam que podem dominar o trabalho escolar têm mais probabilidade de fazê-lo?
▷ Estudos apoiam o valor da educação bilíngue?

Neste capítulo, examinamos a força, a resistência, a proficiência motora e outros desenvolvimentos físicos. No aspecto cognitivo, examinamos o estágio operatório-concreto, a memória, a resolução de problemas, os testes de inteligência e o letramento. Discutimos o desempenho escolar, os métodos de ensino da leitura e a educação em uma segunda língua. Por último, abordamos a educação de crianças com necessidades especiais.

> É mais fácil formar crianças fortes do que consertar homens quebrados.
> —Frederick Douglass

DESENVOLVIMENTO FÍSICO

Aspectos do desenvolvimento físico

O crescimento durante a terceira infância é consideravelmente mais lento. Entretanto, embora as mudanças possam não ser evidentes no dia a dia, contribuem para uma surpreendente diferença entre as crianças de 6 anos, que ainda são pequenas, e as de 11 anos, que, em muitos casos, começam a parecer adultos.

ALTURA E PESO

As crianças crescem de 5 a 7,5 centímetros por ano entre os 6 e os 11 anos, adquirindo aproximadamente o dobro do peso nesse mesmo período (Tabela 9.1). As meninas retêm muito mais tecido adiposo do que os meninos, uma característica que persistirá na idade adulta. A média de peso aos 10 anos de idade é cerca de 8 quilos a mais em relação a 40 anos atrás (Fryar, Gu, Ogden, & Flegal, 2016). As crianças afro-americanas de ambos os sexos tendem a crescer mais rapidamente do que as crianças brancas. Perto dos 6 anos, as meninas afro-americanas têm mais músculos e massa óssea do que as euro-americanas (brancas) ou mexicanas, e as meninas mexicanas têm maior porcentagem de gordura corporal do que as meninas brancas da mesma altura (Ellis, Abrams, & Wong, 1997).

DESENVOLVIMENTO DOS DENTES E CUIDADOS DENTÁRIOS

Nos últimos 20 anos, o número de crianças norte-americanas de 6 a 18 anos com cáries não tratadas diminuiu quase 80% (Centers for Disease Control and Prevention, 2014). Mesmo assim, a cárie ainda é uma das doenças crônicas não tratadas mais comuns da infância nos Estados Unidos. Cerca de 21% das crianças de 6 a 11 anos teve pelo menos uma cárie, e aproximadamente 5,6% delas não tratou o problema. Além disso, há disparidades entre os grupos raciais e

TABELA 9.1 Desenvolvimento físico, 6 a 11 anos de idade (50º percentil*)

Idade	ALTURA, EM METROS - Meninas	ALTURA, EM METROS - Meninos	PESO, EM QUILOS - Meninas	PESO, EM QUILOS - Meninos
6	1,18	1,20	22,1	23,6
7	1,26	1,25	25,6	25,5
8	1,30	1,30	28,1	29
9	1,38	1,37	34	32,2
10	1,43	1,41	40,5	37,3
11	1,51	1,49	47,3	44,2

*Cinquenta por cento das crianças em cada categoria estão acima deste nível de altura ou peso e 50% estão abaixo dele.
Fonte: Fryar, C. D., Q. Gu, C. L. Ogden e K. M. Flegal. "Anthropometric Reference Data for Children and Adults: United States, 2011-2014." National Center for Health Statistics. Vital Health Stat 3 no 39(2016).

> *Quase metade das crianças norte-americanas dos 6 aos 17 anos tem televisão em seus quartos.*
> Sisson, Broyles, Newton, Baker, & Chernausek, 2011

étnicos. Quatro por cento das crianças brancas não hispânicas nos Estados Unidos têm cáries não tratadas, mas o número salta para 5,7% entre as asiáticas, 7,1% das afro-americanas e 8,8% das hispânicas (Dye, Thornton-Evans, Li, & Iafolla, 2015). Da mesma forma, também existem disparidades em função do nível socioeconômico: 25% das crianças de 5 a 19 anos das famílias de baixa renda têm cáries não tratadas, em comparação com 11% das crianças das famílias de mais alta renda (Dye, Li, & Beltrán-Aguilar, 2012).

As melhorias observadas podem ser atribuídas a diversos fatores, incluindo educação dos pais, acesso a cuidados odontológicos, fluoretação no abastecimento de água ou uso de suplementos de flúor, bem como uso de seladores adesivos nas superfícies ásperas de mastigação (Centers for Disease Control, 2014).

O acesso a cuidados dentários adequados é importante para as crianças pequenas. Durante 2013–2014, 11% das crianças não consultou um dentista (Federal Interagency Forum on Child and Family Statistics, 2016). As cáries não tratadas podem causar dor, dificuldade para mastigar, absenteísmo na escola, problemas de concentração e desconforto com a aparência (National Center for Chronic Disease Prevention and Health Promotion, 2016).

NUTRIÇÃO

Recomenda-se que crianças em idade escolar de 9 a 13 anos consumam de 1.400 a 2.600 calorias por dia, dependendo do gênero e do nível de atividade. Os nutricionistas recomendam uma dieta variada que contenha grande quantidade de grãos, frutas, vegetais e elevados níveis de carboidratos complexos, tais como cereais integrais. Para evitar o excesso de peso e prevenir problemas cardíacos, as crianças (como os adultos) devem consumir apenas 25 a 30% de calorias totais de gordura e menos de 10% do total de gorduras saturadas. Elas devem consumir menos de 10% das calorias de açúcares adicionados (DeSalvo, Olson, & Casavale, 2016).

À medida que as crianças crescem, aumentam as pressões e oportunidades para comer alimentos pouco saudáveis. Cerca de 20% das crianças não tomam café da manhã, um hábito associado com um risco maior de obesidade (Deshmukh-Taskar et al., 2010). A maioria das crianças obtém quase um terço das suas calorias diárias de lanches (Shriver et al., 2018) e comem quase três lanches por dia, além das refeições mais tradicionais, ou seja, café da manhã, almoço e jantar (Piernas & Popkin, 2010). Nas escolas onde há máquinas de venda automática, 18% das crianças informam comprar lanches ou bebidas delas duas ou mais vezes por semana no lugar do almoço (Park, Sappenfield, Huang, Sherry, & Bensyl, 2010).

Aproximadamente um terço das crianças comem em restaurantes de *fast-food* todos os dias. As crianças afro-americanas (9,8%) e brancas (9,1%) são mais propensas do que as hispânicas (8,4%) e asiáticas (5,0%) a comer *fast-food* nos Estados Unidos (Vikraman, Fryar, & Ogden, 2015). A mídia tem forte influência sobre as escolhas alimentares infantis, e não no sentido positivo. Por exemplo, comerciais que enfocam restaurantes de *fast-food* e os brinquedos tentadores que oferecem são comuns durante a programação de TV infantil. A exposição a anúncios de *fast-food* e refrigerantes está associada com o maior consumo de ambos os tipos de produtos, especialmente em crianças obesas ou com sobrepeso (Cairns, Angus, Hastings, & Caraher, 2013; Andreyeva, Kelly, & Harris, 2011).

A educação nutricional nas escolas pode ser útil quando combinada com a educação dos pais e mudanças nos cardápios escolares, mas essas medidas tiveram mais sucesso em melhorar o consumo de frutas do que o de verduras e legumes. Além disso, os esforços no sentido de combater a obesidade também são potencializados pelo foco adicional em mais atividades para aumentar o gasto de energia (Evans, Christian, Cleghorn, Greenwood, & Cade, 2012; De Bourdeauhuij et al., 2011).

O SONO

As necessidades de sono diminuem de aproximadamente 12,5 horas por dia aos 3 a 5 anos para 10 horas por dia dos 6 aos 13 (National Sleep Foundation, 2016). Contudo, muitas crianças não dormem o suficiente, e os problemas de sono estão piorando. Em 2011–2012, 41,9% das crianças e adolescentes de 6 a 17 anos informaram ter problemas de sono ao menos um dia por semana, e 13,6% informaram ter sono perturbado ao menos dois dias por semana, um aumento significativo em relação a 2003. Diversos fatores parecem ser relevantes aqui, incluindo exposição a telas, falta de atividade física, tabagismo passivo, problemas de moradia, vandalismo e falta de parques e pracinhas (Singh & Kenney, 2013). A presença de um televisor no quarto também pode ser altamente problemática. Aos 7 anos, 23% das crianças tinham um televisor no quarto, e mais tempo assistindo à televisão está associado com menos horas de sono (Cespedes et al., 2014).

As estimativas sobre quantas crianças roncam com frequência variam bastante, de 7 a 21%. O ronco infantil pode ser afetado por diversos fatores, incluindo idade, gênero, raça, suscetibilidade familiar, problemas crônicos de saúde e sobrepeso (Goldstein et al., 2011; Bonuck et al., 2011; Li et al., 2010). As crianças que roncam dormem tanto quanto as que não roncam, mas o seu sono é mais fragmentado, e tal característica está associada com déficits na linguagem e nas habilidades cognitivas, no controle motor fino e nas atividades da vida diária, além de resultados piores em testes de desenvolvimento (Yorbik, Mutlu, Koc, & Mutluer, 2014). O ronco persistente, ao menos três vezes por semana, pode indicar que a criança sofre de respiração desordenada do sono (SDB – *sleep-disordered breathing*), uma condição ligada a dificuldades de comportamento e de aprendizagem (Halbower et al., 2006).

O sono insuficiente está associado a diversos problemas de ajustamento, e esse efeito é particularmente marcante quando as crianças são afro-americanas ou vêm de famílias de nível socioeconômico baixo (El-Sheikh, Kelly, Buckhalt, & Hinnant, 2010; Beebe, 2011). A qualidade e a duração do sono, bem como a sonolência durante o dia, estão ligadas ao desempenho acadêmico e parecem afetar mais as crianças mais jovens, especialmente os meninos (Dewald, Meijer, Oort, Kerkhof, & Bögels, 2010). Além disso, períodos curtos de sono em crianças estão associados a riscos posteriores maiores de obesidade e sobrepeso (Fatima & Mamun, 2015).

DESENVOLVIMENTO CEREBRAL

Diversos avanços cognitivos ocorrem na terceira infância, os quais podem ser atribuídos a mudanças na estrutura e no funcionamento do cérebro. Em geral, essas mudanças podem ser caracterizadas pelo processamento mais rápido e eficiente de informações e pela maior capacidade de ignorar informações distratoras (Amso & Casey, 2006; Wendelken, Baym, Gazzaley, & Bunge, 2011). Por exemplo, fica mais fácil para as crianças se concentrarem no professor (mesmo que a lição seja maçante) e ignorarem as palhaçadas de um colega.

A tecnologia de ressonância magnética (MRI – *magnetic resonance imaging*) mostra que o cérebro é composto de substância branca e de substância cinzenta. A substância cinzenta é composta de neurônios compactados no córtex cerebral, enquanto a substância branca é composta de células gliais, que dão suporte aos neurônios, e axônios mielinizados, que transmitem informações entre os neurônios.

A quantidade de substância cinzenta no córtex frontal é fortemente influenciada pela genética e provavelmente está ligada a diferenças de QI (Toga & Thompson, 2005; Deary, Penke, & Johnson, 2010). O volume da substância cinzenta apresenta uma trajetória em U invertido. O volume total aumenta na pré-puberdade e então diminui na pós-puberdade (Gogtay & Thompson, 2010; Taki et al., 2013). A queda no volume total é determinada principalmente pela perda de densidade na substância cinzenta. Ter "menos" substância cinzenta pode soar negativo, mas, na verdade, o resultado é o oposto. A "perda" reflete a poda de dendritos não utilizados. Em outras palavras, as conexões em uso permanecem ativas; as não utilizadas acabam por desaparecer. O resultado é que o cérebro fica "sintonizado" às experiências da criança. Dessa maneira, podemos calibrar nossos cérebros em crescimento às condições locais.

As mudanças no volume de substância cinzenta atingem um pico em momentos diferentes em lobos diferentes (Figura 9.1). Abaixo do córtex, o volume de substância cinzenta no núcleo caudado – uma parte dos gânglios basais envolvida no controle do movimento e do tônus muscular e na mediação de funções cognitivas superiores, atenção e estados emocionais – alcança um pico aos 7 anos e meio em meninas e aos 10 anos em meninos (Lenroot & Giedd, 2006). O volume de substância cinzenta nos lobos parietais, que se ocupam da compreensão espacial, e nos lobos frontais, que controlam funções de ordem superior, atinge seu volume máximo aos 11 anos. A substância cinzenta nos lobos temporais, que lidam com a linguagem, tem seu auge aos 14 anos, enquanto o cerebelo, que regula os movimentos motores, demora mais. Os cérebros infantis também apresentam mudanças na espessura do córtex. No geral, o volume do córtex atinge seu pico no final da infância e início da adolescência (Raznahan et al., 2011). Geralmente, o volume de substância cinzenta tem seu auge de 1 a 2 anos antes nas meninas do que nos meninos (Gogtay & Thompson, 2010).

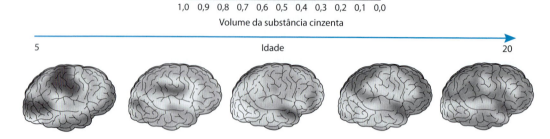

FIGURA 9.1
Amadurecimento da substância cinzenta no córtex cerebral, dos 5 aos 20 anos de idade.
Perdas na densidade da substância cinzenta refletem o amadurecimento de várias regiões do córtex, permitindo um funcionamento mais eficiente. As áreas azuis correspondem a partes específicas do córtex que estão sofrendo perda de substância cinzenta em uma determinada idade. Essas estruturas e sua importância funcional estão descritas na figura (veja esta figura em cores nas orelhas deste livro).
Fonte: Amso e Casey, 2006; adaptada de Gogtay et al., 2004.

verificador
você é capaz de...

▷ Resumir os padrões de crescimento típicos de meninos e meninas na terceira infância, incluindo variações étnicas?

▷ Resumir as necessidades nutricionais e de sono de crianças em idade escolar?

▷ Discutir as mudanças no cérebro nesta idade e seus efeitos?

As brincadeiras da hora do recreio, como pular corda, tendem a ser informais. Elas promovem tanto a agilidade como a competência social.
Lane Oatey/Blue Jean Images/Getty Images

A perda de densidade da substância cinzenta é equilibrada por outra mudança: o aumento contínuo da substância branca. As conexões entre os neurônios tornam-se espessas e mielinizadas, começando com os lobos frontais e movendo-se em direção à parte posterior do cérebro. Entre as idades de 6 e 13 anos, um notável crescimento ocorre nas conexões entre os lobos temporal e parietal e continua até a vida adulta (Giedd & Rapoport, 2010; Kuhn, 2006; Lenroot & Giedd, 2006). Além disso, as mudanças na densidade da substância branca no corpo caloso podem estar por trás dos avanços em controle motor fino no final da infância (Muetzel et al., 2008), como a melhor caligrafia e a capacidade de amarrar cadarços ou tocar instrumentos musicais.

DESENVOLVIMENTO MOTOR E ATIVIDADE FÍSICA

As habilidades motoras continuam a melhorar na terceira infância (Tabela 9.2). Com essa idade, a maioria das crianças nos países em desenvolvimento começa a trabalhar, o que as deixa com pouco tempo e liberdade para brincadeiras físicas (Larson & Verma, 1999). Hoje, as crianças em idade escolar nos Estados Unidos passam menos tempo por semana praticando esportes e outras atividades ao ar livre do que no início da década de 1980, e mais horas na escola, fazendo a lição de casa e em atividades de mídia (Juster, Ono, & Stafford, 2004; Basterfield et al., 2011). Em 2016, apenas 21,6% das crianças de 6 a 19 anos atingia as recomendações de atividade física em 5 dos 7 dias da semana (Centers for Disease Control, 2018d). Ao mesmo tempo, muitas crianças participam de esportes organizados.

Recreio As brincadeiras das crianças no recreio tendem a ser informais. A maior parte das atividades na hora do recreio envolve a socialização com os pares (Holmes, 2012). Os meninos brincam de jogos mais fisicamente ativos (Rose & Rudolf, 2006), enquanto as meninas preferem jogos que incluem expressão verbal ou contagem em voz alta, como amarelinha e pular corda (Pellegrini, Kato, Blatchford, & Baines, 2002). Quando dada a escolha, a maioria das crianças opta por brincar em áreas verdes ou naturais, não no concreto (Lucas & Dyment, 2010). Contudo, quando têm mais brinquedos disponíveis na pracinha, as crianças tendem a ser mais ativas durante o recreio. Não surpreende, então, que mais espaço para brincar também leve a níveis mais elevados de atividade e que as crianças tendam a diminuir seus níveis de atividade à medida que a temperatura aumenta (Ridgers, Fairclough, & Stratton, 2010).

TABELA 9.2	Desenvolvimento motor na terceira infância
Idade	Comportamentos selecionados
6	As meninas são superiores na precisão de movimentos; os meninos são superiores em ações vigorosas e menos complexas. Conseguem pular. Conseguem arremessar com mudança adequada de peso e passo.
7	Conseguem equilibrar-se em um pé só sem olhar. Conseguem equilibrar-se andando em uma barra de 5 centímetros de largura. Conseguem pular sobre um só pé e saltar com precisão dentro de pequenos quadrados. Conseguem executar com facilidade qualquer exercício de saltos.
8	As crianças têm uma força de preensão de aproximadamente 5 quilos. O número de jogos em que as crianças de ambos os sexos podem participar nesta idade é maior. As crianças podem executar saltos rítmicos alternados em um padrão de 2-2, 2-3 ou 3-3. As meninas conseguem arremessar uma bola pequena a aproximadamente 12 metros de distância.
9	Os meninos podem correr a uma velocidade de 4,9 metros por segundo. Os meninos conseguem arremessar uma bola pequena a aproximadamente 21,3 metros de distância.
10	As crianças conseguem calcular e interceptar o trajeto de pequenas bolas arremessadas de longe. As meninas conseguem correr 5,2 metros por segundo.
11	Os meninos conseguem saltar a uma distância de 1,5 metro e as meninas, de 1,2 metro.

Fonte: Adaptada de Cratty, Bryant J. *Perceptual and Motor Development in Infants and Children*, 3rd ed. Englewood Cliffs, NJ: Prentice Hall, 1986.

As crianças mais jovens passam mais tempo correndo e perseguindo umas às outras (Holmes, 2012). Cerca de 10% das brincadeiras livres de crianças em idade escolar nas primeiras séries consistem em **brincadeiras impetuosas** que envolvem lutas, chutes, quedas e perseguições, com frequência acompanhados por risadas e gritos. O fenômeno parece ser universal, e os meninos praticam essas brincadeiras em níveis maiores do que as meninas (Pellegrini, Kato, Blatchford, & Baines, 2002; Smith, 2005a). Este tipo de brincadeira pode parecer briga, mas é feito alegremente entre amigos (Jarvis, 2010).

Apesar da percepção de que rouba tempo da aprendizagem, o recreio está associado com melhoras no desempenho acadêmico (Murray et al., 2013). As melhoras podem ser consequência das mudanças de comportamento que ocorrem quando as crianças têm tempo livre. Uma metanálise mostrou que, após o recreio, as crianças são mais capazes de se concentrarem no material de aula, ficam menos inquietas, menos apáticas, mais focadas e mais centradas na tarefa, e isso independentemente de o recreio envolver interações físicas ou atividades sociais (Rasberry et al., 2011).

Esportes organizados Estima-se que aproximadamente 37% das crianças de 6 a 12 anos participavam de esportes coletivos regularmente em 2016, uma queda lenta, mas constante, em relação aos 44,5% de 2008. A renda familiar é um fator crítico que impacta a capacidade das crianças de participar. Em 2016, um pouco menos de 35% das crianças de famílias norte-americanas que ganhavam menos de 25.000 dólares por ano participavam de esportes organizados ao menos um dia por ano, em comparação com 68% das de famílias que ganhavam mais de 100.000 dólares por ano (The Aspen Institute, 2018). A participação em atividades físicas não organizadas, como andar de bicicleta e arremessos de cesta, é maior, atingindo 77,4% (Duke, Huhman, & Heitzler, 2003).

As mudanças no desenvolvimento determinam quais tipos de esporte organizado são os mais eficazes. Crianças de 6 a 9 anos precisam de regras mais flexíveis, tempos de instrução menores e mais tempo livre para praticar do que as mais velhas. Nessa idade, meninas e meninos têm mais ou menos o mesmo peso, altura, resistência e desenvolvimento das habilidades motoras. As crianças mais velhas são mais capazes do processar instruções e aprender estratégias de equipe.

brincadeiras impetuosas
Brincadeira vigorosa envolvendo lutas, chutes e perseguições, com frequência acompanhados por risadas e gritos.

verificador
você é capaz de...
▷ Comparar as atividades da hora do recreio de meninos e meninas?
▷ Explicar a importância de brincadeiras de luta ou impetuosas?
▷ Dizer que tipos de jogos físicos as crianças praticam à medida que crescem?

Saúde, condição física e segurança

O desenvolvimento de vacinas para as principais doenças da infância tornou a terceira infância um tempo de vida relativamente seguro na maior parte do mundo. A taxa de mortalidade nesses anos é a mais baixa no ciclo vital. Contudo, muitas crianças estão acima do peso, e algumas sofrem de condições médicas crônicas ou lesões acidentais ou de falta de acesso a tratamento de saúde.

OBESIDADE E IMAGEM CORPORAL

O sobrepeso, um índice de massa corporal (IMC) entre o 85º e o 95º percentil, e a obesidade, um IMC acima do 95º percentil, se tornaram uma questão de saúde importante no mundo todo. A sua prevalência aumentou radicalmente: em 1975, apenas pouco mais de 4% das crianças e adolescentes de 5 a 19 anos eram obesas ou tinham sobrepeso. Em 2016, 18% – mais de 340 milhões de crianças e adolescentes – tinham sobrepeso ou eram obesas. Mundialmente, a taxa de obesidade triplicou desde 1975. O sobrepeso e a obesidade eram considerados problemas dos países urbanizados e de alta renda, mas hoje também estão presentes nos países de baixa e média renda. Na verdade, muitos deles hoje têm um ônus duplo e precisam lidar com os problemas gêmeos de subnutrição e de obesidade e sobrepeso ao mesmo tempo (World Health Organization, 2018).

Nos Estados Unidos, cerca de 18,5% das crianças entre as idades de 2 e 19 anos são obesas e 16,6% estão acima do peso. Meninos têm mais probabilidade de terem sobrepeso do que meninas. Embora o sobrepeso tenha aumentado em todos os grupos étnicos, ele é mais prevalente entre meninos mexicano-americanos (29,2%) e meninas afro-americanas (25,1%) (Fryar, Carroll, & Ogden, 2018). Nos Estados Unidos, as pessoas de origem asiática têm taxas menores de sobrepeso e obesidade, mas há indícios de que têm mais gordura corporal do que as crianças brancas e, assim, seus riscos de saúde podem começar em pesos menores em comparação com os outros grupos étnicos (Fryar, Carroll, & Odgen, 2016).

Infelizmente, as crianças que tentam perder peso nem sempre são aquelas que necessitam. A preocupação com a **imagem corporal** – como a pessoa acredita que parece – torna-se importante na terceira infância, especialmente para as meninas, e pode evoluir para transtornos alimentares na adolescência. Em um estudo recente sobre o desenvolvimento da imagem corporal em meninas de 9 a 12 anos, entre 49 e 55% estavam insatisfeitas com seu peso, com as meninas mais pesadas experimentando insatisfação geral mais alta (Clark & Tiggeman, 2008). Brincar com bonecas fisicamente irreais, como a Barbie, pode ser uma influência nessa direção (ver Seção Pesquisa em Ação).

Causas de obesidade A obesidade pode resultar de uma tendência hereditária agravada por falta de exercício e alimentação excessiva dos tipos errados de alimentos (Sahoo et al., 2015). As crianças têm maior probabilidade de estar acima do peso se tiverem pais ou outros parentes acima do peso. A má nutrição, incentivada pelos anúncios na mídia e pela ampla disponibilidade de lanches e bebidas pouco saudáveis, também é um fator. O consumo de *fast-food* está associado com o sobrepeso e a obesidade (Braithwaite et al., 2014) e, em um dia típico, aproximadamente um terço das crianças e adolescentes informa consumir esses alimentos (Vikraman, Fryar, & Ogden, 2015). As crianças (como os adultos) devem obter cerca de 10% das suas calorias totais de gorduras saturadas (U.S. Department of Agriculture, 2010). O açúcar, especialmente na forma de bebidas açucaradas, deve ser consumido em quantidades limitadas (Malik, Pan, Willet, & Hu, 2013; Davis, Bennett, Befort, & Nollen, 2011).

A inatividade é um fator importante no aumento acentuado no sobrepeso infantil. Os níveis de atividade diminuem significativamente à medida que as crianças ficam mais velhas, de uma média de 180 minutos de atividade por dia, para crianças de 9 anos, para 40 minutos por dia para adolescentes de 15 anos (Nader, Bradley, Houts, McRitchie, & O'Brien, 2008). A televisão parece ser uma variável importante e está associada com o maior risco de obesidade, tanto nos países desenvolvidos quanto nos em desenvolvimento (Katzmarzyk et al., 2015). Meninas pré-adolescentes, crianças com deficiências, crianças residentes em moradias públicas e crianças que moram em bairros inseguros, sem instalações para exercícios ao ar livre, têm maior probabilidade de serem sedentárias

---

imagem corporal
Crenças descritivas e avaliativas sobre a própria aparência.

O que contêm as lancheiras das crianças? A composição típica é 1 sanduíche, 1 porção de fruta e 1,5 "extras". O número de extras, que provavelmente são alimentos processados e de baixo valor nutritivo, atinge seu pico nas quartas-feiras.
Miles, Matthews, Brennan, & Mitchell, 2010

pesquisa em ação

AS BONECAS BARBIE E A IMAGEM CORPORAL DAS MENINAS

A boneca Barbie é a mais vendida para várias gerações de meninas. As Barbies são modelos para as meninas, transmitindo ideais culturais de beleza. Entretanto, embora vendida como "uma menina comum", a Barbie está muito distante da média. Suas proporções corporais representam uma imagem feminina irreal e inatingível. Se fosse uma mulher de verdade, Barbie teria um busto de 99 cm, cintura de 46 cm e quadris de 84 cm (Dittmar, Halliwell, & Ive, 2006; Lind & Brzuzy, 2008). As meninas que não se encaixam nas medidas – todas elas, dadas as proporções irrealistas das bonecas – podem experimentar insatisfação corporal.

Rice e colaboradores (2016) examinaram o impacto da Barbie nos ideais de magreza e insatisfação corporal em meninas de 5 a 8 anos. A mera presença da Barbie, seja por foto, observação física ou envolvimento em brincadeiras, estava associada com a maior internalização do ideal de magreza. O efeito também se estende à avaliação de outras pessoas. Worobey e Worobey (2014) mostraram a meninas em idade pré-escolar diversas bonecas do estilo Barbie com tipos corporais diferentes e pediram que atribuíssem traços positivos e negativos às bonecas. A única diferença entre as bonecas era o tipo corporal, pois todas tinham cabeças e roupas idênticas. Os resultados foram surpreendentes. Os traços positivos eram atribuídos frequentemente a bonecas magras e de tamanho médio (ou seja, esperta, bonita, feliz, tem melhor amiga), enquanto as bonecas gordinhas eram quase exclusivamente ligadas a traços negativos (ou seja, triste, sem amigos, sofre provocações). Quase dois terços das meninas disseram que a boneca magra era bonita, mas não atribuíram o mesmo traço à boneca gorda.

A Barbie é alvo de muitas críticas, mas outras marcas de bonecas da moda podem ser igualmente problemáticas. Boyd e Murnen (2017) examinaram 72 bonecas populares vendidas nos Estados Unidos. Cerca de 62% das bonecas na amostra também eram claramente magras. Elementos da cultura popular norte-americana criticaram as bonecas Barbie inúmeras vezes por expor meninas pequenas a ideais corporais irrealistas, mas outros tipos de bonecas direcionadas a esse público também têm culpa por promoverem a insatisfação corporal.

Em resposta a reclamações dos consumidores, a Barbie passou por uma série de alterações nas suas proporções ao longo dos anos. Em 2016, foram lançadas Barbies de três tipos corporais (baixa, alta e curvilínea), com uma gama mais ampla de tons de pele, texturas de cabelo e cores dos olhos, na tentativa de representar formas mais diversas e inclusivas de beleza. A Barbie curvilínea tem a barriga mais arredondada e quadris e coxas mais largos, mas seu corpo como um todo ainda é magro, embora não tão irrealista quanto antes (Jarman, 2016). Por ora, não foi publicado nenhum estudo para determinar se a Barbie curvilínea pode afastar as meninas do risco da insatisfação corporal, da má imagem corporal e de todos os seus malefícios.

> **qual a sua opinião?** Se você tivesse (ou tem) uma filha pequena e ela pedisse uma Barbie, você tentaria desencorajá-la? Que medidas proativas você acha que os pais poderiam adotar para incutir uma imagem corporal saudável?

(Council on Sports Medicine and Fitness & Council on School Health, 2006). A inatividade física e os comportamentos sedentários diferem entre as crianças de diversos grupos étnicos. Por exemplo, as crianças imigrantes são significativamente menos fisicamente ativas e menos propensas a participar em esportes do que as crianças nativas (Singh, Yu, Siahpush, & Kogan, 2008). O lugar onde as crianças moram também importa. Nas zonas rurais, o risco de obesidade é 26% maior do que para crianças que moram em áreas urbanas (Johnson & Johnson, 2015).

Impacto do sobrepeso Os efeitos adversos da obesidade para a saúde das crianças são semelhantes aos enfrentados pelos adultos. Elas comumente têm problemas médicos, incluindo pressão arterial alta, colesterol alto e níveis de insulina altos, ou podem desenvolver esses males ainda jovens (National Center for Health Statistics, 2004; Sahoo et al., 2015). Alguns dados indicam que meninos obesos têm níveis maiores de fatores de risco cardiometabólicos do que meninas obesas, o que sugere que podem correr um risco ainda maior de desenvolverem doenças (Skinner, Perrin, Moss, & Skelton, 2015). O diabetes infantil é um dos principais resultados da elevação das taxas de obesidade (Malik, Popkin, Bray, Després, & Hu, 2010).

As crianças com sobrepeso também estão em risco para problemas de comportamento, depressão, autoestima baixa e atrasos no funcionamento físico e social (Datar & Sturm, 2006; Williams, Wake, Hesketh, Maher, & Waters, 2005; Sahoo et al., 2015). Usar a comida como fonte de consolo

A ingestão de calorias através de lanches em vez de refeições é cada vez mais comum nas crianças hoje. A criança média faz lanches aproximadamente três vezes por dia e consome 600 calorias por dia nessas pequenas refeições.

Piernas & Popkin, 2010

Promover um estilo de vida ativo por meio de esportes tanto informais como organizados é uma forma importante de combater o problema da obesidade infantil.

Ingram Publishing/SuperStock

Os biscoitos favoritos do Come-Come (personagem de Vila Sésamo) são os de chocolate, seguidos pelos de aveia. Entretanto, desde 2006, ele admite que é melhor usar biscoitos como "lanches ocasionais".

▷ **verificador**
você é capaz de...

▷ Discutir o nível de obesidade infantil, como ela pode afetar a saúde e como pode ser tratada?

doenças agudas
Doenças que duram pouco tempo.

doenças crônicas
Doenças ou comprometimentos que persistem por pelo menos três meses.

pode ativar os circuitos de prazer do cérebro, semelhante à experiência do vício em drogas (Kenny, 2011). Assim, as crianças acima do peso podem compensar o seu sofrimento entregando-se à comida, tornando seus problemas físicos e sociais ainda piores.

As crianças com sobrepeso são 5 vezes mais propensas à obesidade na vida adulta do que as crianças que não são obesas (Simmonds, Llewellyn, Owen, & Woolacott, 2016), estando em risco de hipertensão (pressão arterial alta), doença cardíaca, problemas ortopédicos, diabetes e outros (Sahoo et al., 2015). De fato, a obesidade na infância pode ser um preditor mais forte de algumas doenças do que a obesidade do adulto (AAP, 2004; Baker, Olsen, & Sorensen, 2007) e pode fazer com que as crianças corram risco de morte prematura (Franks et al., 2010).

Prevenção e tratamento As taxas de obesidade infantil são um problema relevante de saúde pública. Uma estabilização temporária entre crianças pequenas (Ogden, Carroll, Kit, & Flegal, 2014; Ogden et al., 2016) deu aos pesquisadores a esperança de que o combate à obesidade estava finalmente surtindo resultado, porém dados mais recentes sugerem que a redução foi apenas ilusória. As taxas de obesidade infantil continuam a subir a velocidades alarmantes (Skinner, Ravanbakht, Skelton, Perrin, & Armstrong, 2018; Ludwig, 2018). A Força Tarefa de Serviços Preventivos dos Estados Unidos (USPSTF, 2010) recomenda a avaliação das crianças para sobrepeso e obesidade a partir dos 6 anos de idade.

A obesidade infantil é um fator de risco para a obesidade na vida adulta; 55% das crianças obesas tornam-se adultos obesos. Contudo, um peso típico na infância não garante um peso saudável quando adulto. Setenta por cento dos adultos obesos não o eram na infância (Simmonds, Llewellyn, Owen, & Woolacott, 2016). Assim, programas de prevenção e intervenção devem ser direcionados para todas as crianças, não apenas as que estão acima do peso.

Geralmente, a pesquisa apoia os esforços concentrados mais em mudanças globais no estilo de vida do que em dietas ou programas de exercícios estritamente definidos. As recomendações incluem menos tempo na frente da televisão e do computador, mudanças de marcas de alimentos, refeições escolares mais saudáveis, uma educação que ajude as crianças a fazerem melhores escolhas alimentares, e mais tempo gasto na educação física e em exercícios informais com a família e os amigos, tais como caminhadas e esportes não organizados (AAP, 2004). As intervenções mais efetivas são aquelas nas quais os pais são ajudados a mudarem seus próprios comportamentos, bem como os dos seus filhos (Kitzmann et al., 2010).

As escolas que servem alimentos saudáveis e oferecem educação nutricional reduzem o número de crianças com sobrepeso nas suas salas de aula em 50% (Foster et al., 2008). A atividade física também é um fator importante. O Centers for Disease Control (2018d) recomenda que crianças e adolescentes façam uma hora de exercício físico por dia. A maioria das escolas de ensino fundamental inclui um período de recreio diário de 30 minutos e dois períodos de educação física por semana. Contudo, em média, os alunos do ensino fundamental praticam apenas 15 minutos de atividades físicas de alta ou média intensidade por dia letivo, número este que cai para 5 minutos por dia letivo no ensino médio (Kohl & Cook, 2013).

OUTRAS CONDIÇÕES MÉDICAS

A doença na terceira infância tende a ser breve. São comuns **doenças agudas**, ocasionais ou de curta duração, como as infecções. Seis ou sete vezes por ano é normal a criança pegar resfriados, gripes ou viroses, porque os germes passam de uma criança para a outra na escola ou durante as brincadeiras (Behrman, 1992).

De acordo com um levantamento nacionalmente representativo de mais de 200 mil famílias, uma estimativa de 12,8% de crianças norte-americanas têm ou correm o risco de ter **doenças crônicas**: condições físicas, comportamentais, emocionais ou do desenvolvimento que persistem por três meses ou mais (Kogan, Newacheck, Honberg, & Strickland, 2005). Duas doenças crônicas que têm se tornado cada vez mais comuns são asma e diabetes.

Asma A **asma** é uma doença respiratória crônica, de base alérgica, caracterizada por repentinos acessos de tosse, que provoca chiado e dificuldade para respirar. Sua prevalência nos Estados Unidos mais que duplicou entre 1980 e 1995 e permanece alta desde então (Akinbami, 2006). Mais de 9,5% das crianças e adolescentes norte-americanos até os 17 anos foram diagnosticados com asma em algum momento (Akinbami et al., 2012). Ela tem probabilidade 20% maior de ser diagnosticada em crianças negras do que em crianças brancas (McDaniel, Paxson, & Waldfogel, 2006). Sua prevalência se estabilizou nos países desenvolvidos, mas continua a aumentar nos países em desenvolvimento (Asher, 2010).

As causas do aumento da asma são incertas, mas é provável que haja uma predisposição genética (Eder, Ege, & von Mutius, 2006). Por exemplo, os pesquisadores identificaram uma variação genética que aumenta o risco de desenvolver asma, um efeito que é exacerbado nos lares em que as crianças são expostas à fumaça (Calişkan et al., 2013). A exposição à fumaça é um fator de risco ambiental importante por si só, assim como a poluição advinda das emissões de automóveis (Burke et al., 2012; Gasana, Dillikar, Mendy, Forno, & Vieira, 2012). Aproximadamente 54% das crianças norte-americanas moram em condados em que as concentrações de poluentes não cumprem os padrões de qualidade do ar por 8 horas ao menos uma vez por ano, e 28% das crianças moram em condados onde as concentrações ficam acima do padrão por 24 horas ao menos uma vez por ano (Federal Interagency Forum on Child and Family Statistics, 2016). Cada vez mais as evidências indicam uma associação entre obesidade e asma (Weinmayr et al., 2014). Também há uma associação entre baixos níveis de vitamina D e maior incidência de asma entre crianças (Bener, Ehlayel, Tulic, & Hamid, 2012). Além disso, a vitamina D intensifica os efeitos anti-inflamatórios dos esteroides inalados, muito usados para tratar crises de asma em crianças (Searing et al., 2010).

Diabetes O **diabetes** é uma das doenças mais comuns em crianças de idade escolar. Em 2015, mais de 132.000 crianças nos Estados Unidos sofriam de diabetes (Centers for Disease Control, 2017e). O diabetes é caracterizado por altos níveis de glicose no sangue como resultado de produção deficiente de insulina, ação ineficaz da insulina, ou ambos.

O diabetes tipo 1 é resultado de uma deficiência de insulina que ocorre quando as células produtoras de insulina no pâncreas são destruídas. Esse tipo responde por 5 a 10% de todos os casos de diabetes e pela maioria dos casos de diabetes em crianças com menos de 10 anos de idade. Os sintomas incluem aumento da sede e do volume urinário, fome, perda de peso, visão borrada e fadiga. O tratamento inclui administração de insulina, manejo da nutrição e atividade física (National Diabetes Education Program, 2008).

O diabetes tipo 2 é caracterizado por resistência à insulina e costuma ser encontrado em adultos acima do peso e mais velhos. O aumento da obesidade infantil foi acompanhado pelo do diabetes tipo 2. Os aumentos foram observados entre crianças brancas, hispânicas e afro-americanas (Dabelea et al., 2014) e, caso as tendências atuais persistam, estima-se que mais de 84.000 crianças serão diagnosticadas com diabetes tipo 2 nos Estados Unidos até 2050 (Imperatore et al., 2012). Os sintomas são semelhantes aos do diabetes tipo 1 (Zylke & DeAngelis, 2007). O manejo da nutrição e o aumento da atividade física podem ser tratamentos eficazes, embora medicamentos para baixar a glicose ou insulina possam ser necessários em casos resistentes.

Hipertensão infantil A **hipertensão**, ou pressão arterial alta, costumava ser um problema relativamente raro na infância, mas as estimativas atuais são que 19,2% dos meninos e 12,6% das meninas têm pressão alta no 90º percentil ou mais (Rosner, Cook, Daniels, & Falkner, 2013). Os fatores de risco incluem obesidade ou sobrepeso, consumo de sal, estilo de vida sedentário, sono de baixa qualidade e raça (Bucher et al., 2013; Rosner et al., 2013).

A pressão alta na infância geralmente não está associada com mortalidade, como ocorre na vida adulta, mas ainda coloca as crianças em risco de doenças posteriores e está associada com danos a órgãos. Por exemplo, ela pode provocar hipertrofia ventricular esquerda (espessamento e enrijecimento da parede esquerda do coração), lesões retinianas e danos às artérias (Falkner, 2010). Além disso, há indícios de que a pressão alta pode afetar negativamente o desenvolvimento cerebral. As crianças com hipertensão são mais propensas a apresentar dificuldades de

---

Embora não seja um problema nos Estados Unidos e na maioria das nações industrializadas, crianças em países tropicais correm o risco de contrair doenças que causam letargia e problemas de atenção. A causa? Parasitas tropicais como ancilostomose e esquistossomose.

Out of sight, out of mind: Hidden cost of neglected tropical diseases, 2010

asma
Doença respiratória crônica, caracterizada por acessos repentinos de tosse, chiados e dificuldade para respirar.

diabetes
Uma das doenças mais comuns da infância. É caracterizada por altos níveis de glicose no sangue como resultado de produção deficiente de insulina, ação ineficaz da insulina, ou ambos.

hipertensão
Pressão arterial cronicamente alta.

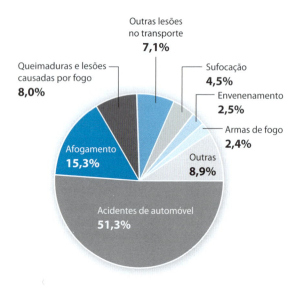

FIGURA 9.2
Mortes acidentais de crianças com menos de 18 anos. *Acidentes de trânsito, afogamento e queimaduras são as causas mais comuns de mortes acidentais em crianças com menos de 18 anos de idade.*

Fonte: Centers for Disease Control and Prevention, National Center for Injury Prevention and Control. "Web-based Injury Statistics Query and Reporting System (WISQARS)," *Unintentional Injury Deaths*. United States 2016, (2018): 5-14 Disponível em www.cdc.gov/injury/wisqars.

verificador
você é capaz de...

▷ Diferenciar entre doenças agudas e crônicas?
▷ Discutir a incidência e as causas de asma e diabetes?
▷ Identificar os fatores que aumentam os riscos de lesões acidentais?

operatório-concreto
Terceiro estágio do desenvolvimento cognitivo piagetiano (aproximadamente dos 7 aos 12 anos), durante o qual as crianças desenvolvem pensamento lógico, mas não abstrato.

aprendizagem e podem ter problemas com o funcionamento executivo (Sharma et al., 2010).

A redução do peso por meio da modificação da dieta e prática de atividades físicas regulares é o principal tratamento para a hipertensão relacionada ao sobrepeso. As recomendações também incluem a redução do estresse, possivelmente com o uso de meditação. Se a pressão arterial não diminui, o tratamento com medicamentos pode ser considerado (Flynn et al., 2017). Contudo, é preciso tomar cuidado ao prescrevê-los, pois seus efeitos de longo prazo nas crianças são desconhecidos.

LESÕES ACIDENTAIS

Como na segunda infância, as lesões acidentais são as causas mais frequentes de morte em crianças de idade escolar nos Estados Unidos (Centers for Disease Control and Prevention, 2018d; Figura 9.2). Em 2016, 1.634 crianças norte-americanas entre 5 e 14 anos morreram em acidentes, a maioria delas (944) em acidentes de automóvel (Xu, Murphy, Kochanek, Bastian, & Arias, 2018).

Estima-se que 70% das crianças nos Estados Unidos andem de bicicleta (Mattei et al., 2012). Infelizmente, apesar da existência de leis que obriguem a prática, o uso de capacetes ainda é pouco frequente (Kaushik, Krisch, Schroeder, Flick, & Nemergut, 2015). Estima-se que cerca de 23 mil crianças por ano sofram lesões cerebrais por acidentes de bicicleta, e aproximadamente 88% dessas lesões poderiam ser evitadas pelo uso de capacetes (AAP Council on Injury and Poison Prevention, 2001). Os capacetes também são vitais em beisebol e *softball*, futebol, patinação na terra ou no gelo, *skate*, patinete, equitação, hóquei, esqui e tobogã. No futebol, as cabeçadas na bola deveriam ser evitadas devido ao risco de lesão cerebral (AAP Committee on Sports Medicine and Fitness & Committee on School Health, 2001). Além disso, a maioria dos pediatras recomenda que os pais não comprem camas elásticas devido ao seu potencial para acidentes e que as crianças só as utilizem como parte de programas de treinamento estruturados (Briskin et al., 2012).

> Aproximadamente metade dos afogamentos de crianças acontece a uma distância de 25 metros de um adulto. Em parte isso acontece porque o afogamento não se parece com o que vemos nos filmes. Uma criança que está se afogando não grita por socorro nem se debate na água. Os sinais que devem ser observados são: cabeça dentro da água, talvez inclinada para trás com os cabelos cobrindo os olhos, silenciosa, olhos vidrados ou fechados, boca ao nível da água ou ligeiramente abaixo, e tentativas ineficazes de virar-se ou nadar.
> Vittone, 2010

DESENVOLVIMENTO COGNITIVO

Abordagem piagetiana: a criança operatório-concreta

Por volta dos 7 anos, segundo Piaget, as crianças atingem o estágio **operatório-concreto**, em que fazem uso de operações mentais para resolver problemas concretos (reais). As crianças podem pensar logicamente porque conseguem levar em conta os vários aspectos de uma situação. Entretanto, a maneira de pensar delas é ainda limitada a situações reais no aqui e agora. A seguir, concentramo-nos nos avanços cognitivos típicos desse estágio do desenvolvimento.

AVANÇOS COGNITIVOS

No estágio operatório-concreto, as crianças têm, em relação ao estágio pré-operatório, um melhor entendimento dos conceitos espaciais, causalidade, categorização, raciocínio indutivo e dedutivo, conservação e números (Tabela 9.3).

Relações espaciais   Ema, 8 anos, olha fixamente para o mapa. "A estrela significa que estamos aqui", ela diz, apontando. "Então isso quer dizer que a loja fica lá!" Ema se vira para a mãe com um sorriso e ambas saem caminhando.

Ema entrou no estágio operatório-concreto e entende melhor as relações espaciais. Isso permite que interprete um mapa, estime o tempo para ir de um lugar para outro e lembre de rotas e marcos no caminho. As crianças aprendem a navegar melhor o ambiente físico com o qual têm experiência, e o treinamento também pode ajudá-las a aprimorarem as suas habilidades espaciais (Uttal et al., 2013).

Causalidade   Outro avanço crítico durante a terceira infância envolve a capacidade de avaliar causas e efeitos. Por exemplo, quando se pede a crianças de 5 a 12 anos que prevejam como funcionam as balanças de equilíbrio, as mais velhas dão respostas mais corretas. Além disso, no início da terceira infância, elas entendem que o número de objetos em cada lado da balança importa, mas é só mais tarde que reconhecem que a distância dos objetos em relação ao centro da balança também é importante (Amsel, Goodman, Savoie, & Clarke, 1996).

As crianças também aprendem mais sobre o mundo, e o seu conhecimento crescente informa a qualidade do seu raciocínio. Por exemplo, em um estudo, crianças de 3 a 11 anos receberam informações sobre saúde oral que eram consistentes (p. ex., ir ao dentista é bom para os dentes) ou inconsistentes (p. ex., beber refrigerante é bom para os dentes) com a realidade e cenários nos quais o resultado era bom ou ruim para a saúde oral. A seguir, perguntava-se às crianças como a associação causal apresentada nos cenários poderia ser testada. Quando as informações eram consistentes com a realidade e tinham um bom resultado, ou inconsistentes e tinham um mau resultado, as crianças tendiam mais a usar testes adequados de hipóteses (ou seja, manipular apenas uma variável

TABELA 9.3 Avanços em capacidades cognitivas selecionadas durante a terceira infância

Capacidade	Exemplo
Pensamento espacial	Daniela pode usar um mapa para auxiliar na procura de um objeto escondido e fornecer as indicações aos outros. Ela é capaz de ir para a escola e voltar, consegue calcular distâncias e avaliar quanto tempo precisaria para ir de um lugar a outro.
Causa e efeito	Douglas sabe quais atributos físicos de objetos em cada lado de uma balança afetarão o resultado (isto é, o número de objetos importa, mas a cor deles não). Ele ainda não sabe que fatores espaciais fazem diferença.
Categorização	Helena é capaz de classificar objetos em categorias, tais como forma, cor ou ambas. Ela sabe que uma subclasse (rosas) tem menos membros que a classe da qual ela faz parte (flores).
Seriação	Catarina consegue organizar um grupo de varetas, da mais curta para a mais comprida, e pode inserir uma vareta de tamanho médio no lugar certo. Ela sabe que se uma vareta é mais comprida que uma segunda vareta e esta é mais comprida que a terceira, então a primeira vareta é mais comprida que a terceira.
Raciocínios indutivo e dedutivo	Dominique consegue resolver problemas indutivos e dedutivos e sabe que as conclusões indutivas (com base em determinadas premissas) são menos corretas que as conclusões dedutivas (baseadas em premissas gerais).
Conservação	Filipe, aos 7 anos, sabe que se uma bola de argila for enrolada em forma de salsicha, continua tendo a mesma quantidade de argila (conservação de substância). Aos 9, acha que a bola e a salsicha têm o mesmo peso. Só no início da adolescência ele entenderá que elas deslocam a mesma quantidade de líquido.
Números e matemática	Kevin é capaz de fazer contas de cabeça, pode somar contando em ordem crescente e consegue resolver problemas simples.

por vez). Em outras condições, elas usavam procedimentos cientificamente inválidos (p. ex., mudar todas as variáveis de uma vez só) (Croker & Buchanan, 2011). Assim, a qualidade do seu raciocínio era melhor quando podiam usar o seu entendimento sobre o mundo para informar as suas ideias.

Categorização   John senta-se à mesa para trabalhar no seu projeto de aula. O menino está criando uma linha do tempo da sua vida. A mãe lhe deu seis fotos, desde que era bebê até o presente, e John as ordena cuidadosamente, da mais velha para a mais nova.

Parte do motivo pelo qual John agora consegue completar tarefas como esse projeto é que ele entende melhor como categorizar objetos. Uma dessas habilidades é a **seriação**, ou seja, colocar objetos em série de acordo com uma ou mais dimensões. As crianças se tornam cada vez melhores na seriação de dimensões como tempo (mais antigo para mais novo), comprimento (mais curto para mais longo) ou cor (mais clara para mais escura) (Piaget, 1952). O sucesso matemático posterior das crianças depende do numeramento no início da vida (Aunio & Niemivirta, 2010), e as dificuldades na seriação são preditivas de transtornos da aprendizagem de matemática nos anos seguintes (Desoete, 2015; Stock, Desoete, & Roeyers, 2010).

As **inferências transitivas** (se a < b e b < c, então a < c) são outra característica dessa idade. Por exemplo, três varetas são apresentadas a Mateo. Mostram-lhe que a amarela é mais curta que a verde e que a verde é mais comprida que a azul. Contudo, ele não vê todas as três varetas em ordem de comprimento. Se consegue entender inferências transitivas, Mateo deve conseguir inferir rápida e facilmente que a vareta amarela é mais curta que a azul sem compará-las fisicamente (Piaget & Inhelder, 1967). Piaget acreditava que as crianças não desenvolviam essa habilidade até a terceira infância, mas pesquisas mais recentes sobre preferências visuais mostram que crianças de apenas 15 meses já possuem habilidades limitadas de raciocínio nesse estilo, ao menos para estímulos sociais (Gazes, Hampton, & Lourenco, 2017; Mascaro & Csibra, 2014; Mou, Province, & Luo, 2014).

A inclusão de classes também é facilitada. **Inclusão de classes** é a capacidade de perceber a relação entre um todo e suas partes e de entender as categorias como parte do todo. Por exemplo, Piaget (1964) mostrou 10 flores a crianças no estágio pré-operatório – sete rosas, três cravos – e perguntou se havia mais rosas ou mais flores. As crianças em idade pré-operatória tendiam a dizer que havia mais rosas, pois comparavam as rosas com os cravos e não com o ramalhete todo. Só aos 7 ou 8 anos é que elas conseguem concluir que rosas são uma subclasse de flores (Flavell, Miller, & Miller, 2002). Pesquisas mais recentes indicam que as crianças têm a capacidade de entender a lógica da inclusão de classes, mas geralmente não conseguem inibir a resposta correta, preferindo a comparação perceptual enganosa (Borst, Poirel, Pineau, Cassotti, & Houdé, 2013).

Raciocínios indutivo e dedutivo   O **raciocínio indutivo** envolve fazer observações sobre determinados membros de uma classe de pessoas, animais, objetos ou eventos, e então tirar conclusões gerais sobre a classe como um todo. Por exemplo, se o cão de um vizinho late e o de outro late também, a conclusão poderia ser que todos os cães latem.

O **raciocínio dedutivo**, por sua vez, começa com um enunciado geral (uma premissa) sobre uma classe e aplica-a a um determinado membro da classe. Se a premissa é verdadeira para toda a classe e o raciocínio é lógico, então a conclusão deve ser verdadeira. Assim, por exemplo, se a crença é que todos os cães latem, e um novo cão aparece, seria razoável concluir que o novo cão também latirá.

Piaget acreditava que as crianças no estágio operatório-concreto do desenvolvimento cognitivo usavam apenas o raciocínio indutivo. De acordo com ele, o raciocínio dedutivo não se desenvolveria até a adolescência. Contudo, pesquisas sugerem que Piaget subestimou as habilidades das crianças. Em um estudo, os pesquisadores deram problemas indutivos e dedutivos a crianças na pré-escola, da 2ª série, da 4ª série e da 6ª série. Como não queriam que as crianças usassem o conhecimento do mundo real, usaram palavras e termos imaginários para criar problemas de raciocínio indutivo e dedutivo. Por exemplo, um dos problemas indutivos era "Tombor é um pogopi. Tombor usa botas azuis. Será que todos os pogopis usam botas azuis?". O problema dedutivo correspondente era: "Todos os pogopis usam botas azuis. Tombor é um pogopi. Tombor usa botas azuis?". Contrariando a teoria de Piaget, as crianças da 2ª série (mas não as da pré-escola)

---

seriação
Capacidade de ordenar itens segundo a sua dimensão.

inferência transitiva
Compreensão da relação entre dois objetos, conhecendo-se a relação de cada um deles com um terceiro.

inclusão de classes
Compreensão da relação entre um todo e suas partes.

raciocínio indutivo
Tipo de raciocínio lógico que parte de observações particulares sobre membros de uma classe para uma conclusão geral sobre aquela classe.

raciocínio dedutivo
Tipo de raciocínio lógico que parte de uma premissa geral sobre uma classe para uma conclusão sobre um determinado membro ou membros da classe.

Como os pais e os professores podem ajudar as crianças a desenvolverem sua capacidade de raciocínio?

conseguiram responder corretamente aos dois problemas (Galotti, Komatsu, & Voelz, 1997; Pillow, 2002). Além do mais, as crianças podem ser incentivadas a raciocinar em níveis mais elevados através de programas de treinamento e intervenção (Molnar, 2011; Barkl, Porter, & Ginns, 2012).

Conservação No estágio pré-operatório do desenvolvimento, as crianças se concentram nas aparências e têm dificuldade com conceitos abstratos. Por exemplo, Camilla, que está no estágio pré-operatório, provavelmente pensa que se uma de duas bolas de argila idênticas for rolada e transformada em uma cobra fina e comprida, agora conterá mais argila, pois é mais comprida. Ela é enganada pelas aparências e, assim, não completa a tarefa de conservação. Contudo, Michael, que está no estágio operatório-concreto, dirá que a bola e a cobra ainda contêm a mesma quantidade de argila. O que explica essa capacidade de entender que a quantidade de argila permanece inalterada, independentemente da forma assumida?

Uma criança que entendeu a conservação de líquidos sabe que despejar a água de um copo baixo e largo em um fino e alto não altera o volume de água, apesar de a forma ser diferente.

Marmaduke St. John/Alamy Stock Photo

Resolvendo vários tipos de problemas de conservação, as crianças no estágio operatório-concreto podem elaborar respostas mentalmente. Três avanços primários possibilitam a resposta. Primeiro, elas entendem o princípio da *identidade*. Por exemplo, Michael entende que a argila é a mesma, ainda que tenha uma forma diferente, pois nada foi adicionado ou retirado dela. Segundo, as crianças no estágio operatório-concreto entendem o princípio da *reversibilidade*. Michael consegue imaginar o que aconteceria se rolasse a cobra e a transformasse novamente em uma bola. Terceiro, as crianças nesse estágio conseguem *descentrar*. Quando olhou para a cobra, Camilla se concentrou apenas no comprimento, ignorando que era mais fina e mais plana que a bola de argila. Ela centraliza a sua atenção em uma única dimensão (o comprimento) enquanto exclui a outra (a espessura). Michael, entretanto, consegue descentrar e analisar mais de um aspecto de dois objetos ao mesmo tempo. Assim, embora a bola seja mais curta que a cobra, ela é também mais grossa.

Normalmente, as crianças podem resolver problemas envolvendo a conservação da matéria, como a tarefa da argila, aos 7 ou 8 anos. Contudo, é só em torno dos 8 ou 9 anos que as crianças resolvem corretamente tarefas de conservação do peso nas quais lhes perguntam, por exemplo, se a bola e a cobra pesam o mesmo. Em tarefas envolvendo conservação de volume – em que elas têm de julgar se a cobra e a bola fazem deslocar a mesma quantidade de líquido quando mergulhadas em um copo de água –, respostas corretas são raras antes dos 12 anos. O pensamento das crianças nesse estágio é tão concreto, tão intimamente ligado a uma situação, que não conseguem transferir facilmente o que aprenderam sobre um tipo de conservação para outro tipo, ainda que os princípios sejam os mesmos.

Números e matemática Quando crianças de 4 a 5 anos lidam com um baralho ou distribuem fatias de pizza, estão demonstrando que possuem um entendimento intuitivo de frações (Bialystock & Codd, 2000; McCrink, Bloom, & Santos, 2010). Contudo, as crianças têm mais dificuldade quando lidam com números, que são mais abstratos. Elas tendem a não pensar na quantidade que a fração representa; em vez disso, concentram-se nos números que a compõem. Assim, podem dizer que ½ mais ⅓ é igual a ⅖. É também difícil para as crianças compreender que ½ é maior que ¼ – que a fração menor (¼) tem o denominador maior (Geary, 2006; Sophian, & Wood, 1997).

Aos 6 ou 7 anos, muitas crianças conseguem fazer contas de cabeça. Também aprendem a somar contando: para somar 5 e 3, começam a contar até 5 e depois vão para 6, 7 e 8. Pode demorar mais 2 ou 3 anos para fazerem o processo contrário para a subtração, mas aos 9 anos a maior parte das crianças consegue contar para baixo. As crianças também conseguem resolver mais facilmente problemas simples como: "Pedro entrou em uma loja com 5 reais e gastou 2 reais em balas. Com quanto ficou?". Quando a quantia inicial não é conhecida – "Pedro entrou em uma loja, gastou 2 reais e lhe sobraram 3 reais. Quanto tinha inicialmente?" – o problema fica mais difícil, porque a operação aritmética necessária para o resolver não está indicada claramente. Poucas crianças conseguem resolver esse tipo de problema antes dos 8 ou 9 anos de idade (Resnick, 1989).

A capacidade de calcular progride com a idade. Quando solicitadas a colocarem 24 números de 0 a 100 ao longo de uma linha, quase todas as crianças da pré-escola exageram as distâncias entre os números baixos e minimizam as distâncias entre os números altos. A maioria das crianças da 2ª série produz linhas de números com espaçamento mais uniforme (Siegler & Booth, 2004). Crianças de 2ª, 4ª e 6ª séries mostram um progresso semelhante na produção de linhas de números de 0 a 1.000 (Siegler & Opfer, 2003), muito provavelmente refletindo a experiência que as crianças mais velhas ganham ao lidar com números maiores (Berteletti, Lucangeli, Piazza, Dehaene, & Zorzi, 2010). A prática é importante; as crianças que jogam jogos de tabuleiro que incluem sequências lineares apresentam uma vantagem nas suas habilidades de *estimativa da linha de números*, de estimativa de números e de contagem (Whyte & Bull, 2008; Laski & Siegler, 2014). Além de melhorar na estimativa da linha de números, as crianças em idade escolar também melhoram em *estimativa computacional*, como, por exemplo, estimar a soma em um problema de adição; *estimativa de numerosidade*, como, por exemplo, estimar o número de balas em um jarro; e *estimativa de medida*, como, por exemplo, estimar o comprimento de uma linha (Booth & Siegler, 2006).

Pesquisas com pessoas com escolaridade mínima, em países em desenvolvimento, sugerem que a capacidade de usar matemática pode se desenvolver a partir de experiências concretas em um contexto cultural (Guberman, 1996; Resnick, 1989). Por exemplo, em um estudo com vendedores de rua brasileiros de 9 a 15 anos de idade, uma pesquisadora disse: "Vou levar dois cocos". Cada um custava 40 cruzeiros (moeda vigente na época da pesquisa); ela pagou com uma nota de 500 cruzeiros e perguntou: "Quanto é o meu troco?". A criança contou para cima a partir de 80: "Oitenta, 90, 100..." e devolveu à cliente 420 cruzeiros. Contudo, quando a essa mesma criança foi apresentado um problema semelhante na sala de aula ("Quanto é 500 menos 80?"), ela deu uma resposta errada por ter usado incorretamente uma série de passos aprendidos na escola (Carraher, Schliemann, & Carraher, 1988). Em contextos culturais nos quais a educação formal não é de fácil acesso, as crianças desenvolvem habilidades matemáticas nas suas vidas cotidianas que não são capturadas pelo seu desempenho em ambientes acadêmicos, apesar de ainda chegarem às respostas corretas (Guberman, 2004; Taylor, 2009; Guberman, 1999).

verificador
você é capaz de...

▷ Identificar seis avanços cognitivos durante a terceira infância?
▷ Citar três princípios que ajudam as crianças a entenderem a conservação, e discutir as influências sobre seu domínio?

Abordagem do processamento da informação: planejamento, atenção e memória

Clara passa pela cozinha e sente o cheiro de um bolo esfriando no balcão. Alguns anos antes, ela talvez tivesse voado para a cozinha e roubado algumas mordidas. Mas agora ela pensa consigo: "Não, o bolo é para depois. Se der uma mordida, mamãe vai ficar zangada comigo". As habilidades cognitivas mais sofisticadas de Clara permitem que ela controle seu comportamento de modos que antes não estavam ao seu alcance.

No decorrer dos anos escolares, as crianças fazem um progresso constante nas capacidades de regular e manter a atenção, processar e reter informação, e planejar e monitorar seus comportamentos. Todos esses desenvolvimentos inter-relacionados contribuem para a **função executiva**, o controle consciente de pensamentos, emoções e ações para alcançar objetivos ou solucionar problemas. As crianças em idade escolar também entendem mais sobre o funcionamento da memória, e este conhecimento lhes permite planejar e usar estratégias, ou técnicas deliberadas, para ajudar a lembrá-las.

função executiva
Controle consciente dos pensamentos, emoções e ações para alcançar objetivos ou solucionar problemas.

O DESENVOLVIMENTO DO FUNCIONAMENTO EXECUTIVO

O desenvolvimento gradual da função executiva da primeira infância até a adolescência resulta de mudanças no desenvolvimento da estrutura do cérebro. O córtex pré-frontal – a região que possibilita o planejamento, a avaliação e a tomada de decisões – apresenta desenvolvimento significativo durante esse período (Lamm, Zelazo, & Lewis, 2006). À medida que sinapses desnecessárias são podadas e os caminhos tornam-se mielinizados, a velocidade de processamento – geralmente medida pelo tempo de reação – melhora dramaticamente (Camarata & Woodcock, 2006). O processamento mais rápido e mais eficiente aumenta a quantidade de informação que as crianças podem manter na memória de trabalho (McAuley & White, 2011). À medida que desenvolvem a capacidade de considerar mais conceitos ao mesmo tempo, as crianças também desenvolvem um raciocínio mais complexo e planejamento orientado para metas (Luna, Garver, Urban, Lazar, & Sweeney, 2004). Outro aspecto do funcionamento executivo envolve o desenvolvimento da capacidade autorregulatória, incluindo a capacidade de regular a atenção, inibir respostas e monitorar erros. Os avanços nessas áreas, assim como na memória de trabalho, ocorrem lado a lado com aumentos na atividade dos circuitos frontoparietal e frontoestriatal (Hughes, 2011; Tau & Peterson, 2010).

Além do desenvolvimento físico do cérebro, as influências ambientais também são importantes. Devido à lentidão do desenvolvimento do córtex frontal, as influências ambientais exercem um efeito relativamente grande. Por exemplo, a qualidade da parentalidade e o ambiente familiar (incluindo fatores como estímulos cognitivos, andaime conceitual (*scaffolding*) dos pais, sensibilidade e apego maternos e baixo controle parental) são preditores do controle executivo posterior (Fay-Stammbach, Hawes, & Meredith, 2014; Bernier, Carlson, Deschênes, & Matte-Gagné, 2012; Hammond, Müller, Carpendale, Bibok, & Liebermann-Finestone, 2012). Além disso, assim como os ambientes familiares de alta qualidade promovem o desenvolvimento do funcionamento executivo, circunstâncias inadequadas o prejudicam. Por exemplo, crianças em famílias desorganizadas e caóticas tendem a apresentar habilidades de funcionamento executivo menos avançadas (Hughes & Ensor, 2009). As circunstâncias ambientais também podem interagir com as características individuais. Em uma série de estudos, a pobreza não impactava as habilidades de funcionamento executivo das crianças de baixa reatividade temperamental, mas afetava de forma negativa aquelas altamente reativas (Raver, Blair, & Willoughby, 2013). Outra característica individual que parece ser importante é a linguagem. As crianças com habilidades de linguagem robustas têm alto nível de funcionamento executivo, mas aquelas com atrasos de linguagem têm dificuldades (Gooch, Thompson, Nash, Snowling, & Hulme, 2016).

ATENÇÃO SELETIVA

Crianças em idade escolar podem concentrar-se por mais tempo do que crianças mais novas e podem focalizar-se na informação de que necessitam e que desejam enquanto filtram informações irrelevantes. Por exemplo, na escola, a criança pode precisar se concentrar em uma aula pouco emocionante do professor ao mesmo tempo que ignora as palhaçadas de um colega. Esse crescimento na *atenção seletiva* – a capacidade de deliberadamente direcionar a atenção e afastar distrações – pode depender da habilidade executiva de *controle inibitório* – a supressão voluntária de respostas indesejadas (Luna et al., 2004).

Acredita-se que a crescente capacidade para atenção seletiva seja devida à maturação neurobiológica, sendo uma das razões de a memória melhorar durante a terceira infância (Sanders, Stevens, Coch, & Neville, 2006). Crianças mais velhas cometem menos erros de lembrança do que crianças mais novas porque elas são mais capazes de esperar e prever o que pode ser importante de lembrar e então selecionar e se atentar ao estímulo apropriado quando este é apresentado; depois, quando questionadas, elas recuperam as informações relevantes da memória e ignoram as irrelevantes (Gazzaley & Nobre, 2012).

MEMÓRIA DE TRABALHO

A memória de trabalho envolve o armazenamento de curto prazo de informações que estão sendo ativamente processadas. Por exemplo, se alguém lhe pedisse para calcular quanto é 42 × 60, você usaria a sua memória de trabalho para guardar parte da resposta enquanto resolve o resto.

A eficiência da memória de trabalho aumenta muito na terceira infância, estabelecendo as bases para uma ampla variedade de habilidades cognitivas. Por exemplo, entre os 6 e os 10 anos, ocorrem melhoras na velocidade de processamento (a rapidez com a qual as informações são processadas) e na capacidade de armazenamento

Os concorrentes em uma competição de soletração fazem uso de estratégias mnemônicas (para auxiliar a memória) como ensaio (repetição), organização e elaboração.

Jim Lo Scalzo/EPA/Shutterstock

(quantas informações podem ser guardadas na memória de trabalho simultaneamente) (Bayliss, Jarrod, Baddeley, Gunn, & Leigh, 2005). Visto que a memória de trabalho é necessária para armazenar informação enquanto outro material está sendo manipulado mentalmente, a capacidade da memória de trabalho de uma criança pode afetar diretamente o sucesso escolar (Alloway & Alloway, 2010). Por exemplo, crianças com memória de trabalho baixa têm dificuldade com atividades de aprendizagem estruturadas, especialmente na presença de instruções longas (Gathercole & Alloway, 2008). As diferenças individuais na capacidade da memória de trabalho estão associadas à capacidade de uma criança de adquirir conhecimento e novas habilidades (Alloway, 2006).

As pesquisas indicam que até 10% das crianças em idade escolar sofrem de memória de trabalho baixa (Alloway, Gathercole, Kirkwood, & Elliot, 2009). Contudo, a memória de trabalho não é uma entidade fixa. Os programas de treinamento podem melhorar a capacidade da memória de trabalho e, na verdade, foi demonstrado que estão associados com mudanças na atividade cerebral no córtex frontal e parietal, nos gânglios basais e na densidade dos receptores de dopamina (Klingberg, 2010). Isso vale especialmente para a memória de trabalho visuoespacial, como aquela necessária em jogos de concentração nos quais é preciso combinar pares de cartas. Por ora, esses efeitos de treinamento tendem a estar ausentes, serem de curta duração ou não serem transferíveis para outras áreas além da forma específica de memória de trabalho treinada (Melby-Lervåg & Hulme, 2013; Rapport, Orban, Kofler, & Friedman, 2013). Contudo, mais pesquisas são necessárias nessa área, e há sugestões de que a adoção de ferramentas para avaliação da memória de trabalho na sala de aula ainda poderia influenciar o desempenho dessas crianças.

O DESENVOLVIMENTO DE ESTRATÉGIAS DE MEMORIZAÇÃO

Alguém lhe ensinou a expressão "raio forte caiu ontem fazendo grande estrago" como uma técnica para ajudá-lo a lembrar da ordem da classificação dos seres vivos (reino, filo, classe, ordem, família, gênero e espécie)? Este é um exemplo de **estratégia mnemônica**, uma estratégia para ajudar a memória.

Estratégias de memorização comuns incluem ensaio, organização e elaboração. Anotar um número de telefone, fazer uma lista, programar um despertador e colocar um livro da biblioteca na porta da frente são exemplos de **auxiliares de memória externos**: estímulos provenientes de alguma coisa fora da pessoa. Dizer o número de um telefone repetidamente após olhá-lo, a fim de não esquecê-lo antes de discar, é uma forma de **ensaio**, ou repetição consciente. **Organização** é colocar mentalmente a informação em categorias (p. ex., animais, mobília, veículos e roupas) para facilitar a lembrança. Na **elaboração**, as crianças associam itens a alguma outra coisa, tal como uma cena ou história imaginada. Para lembrar-se de comprar limões, *ketchup* e guardanapos, por exemplo, uma criança poderia visualizar um vidro de *ketchup* equilibrado sobre um limão, segurando uma pilha de guardanapos para limpar eventuais respingos.

A **metamemória** pode ser descrita como o conhecimento e a reflexão sobre os processos de memória. Da pré-escola até a primeira metade do ensino fundamental, o entendimento da memória das crianças avança regularmente (Schneider, 2008). Crianças de pré-escola e de 1ª série sabem que as pessoas lembram melhor se estudarem bastante, que as pessoas esquecem as coisas com o tempo, e que reaprender alguma coisa é mais fácil do que aprendê-la pela primeira vez (Flavell et al., 2002). No entanto, as crianças mais jovens tendem a não usar estratégias de memória organizacional, como o agrupamento de itens por categorias para que sejam mais fáceis de lembrar, e tendem a superestimar a capacidade da sua memória (Karably & Zabrucky, 2017). Além disso, mesmo quando ensinadas a usar estratégias de memória, elas tendem a usá-las apenas no contexto em que foram ensinadas e não as generalizam para outras tarefas nas quais poderiam ser úteis. Na 3ª série, as crianças sabem que algumas pessoas lembram melhor que outras e que algumas coisas são mais fáceis de lembrar do que outras (Flavell et al., 2002) e tornam-se mais proficientes no uso de estratégias de memória (Karably & Zabrucky, 2017). Por exemplo, elas muitas vezes usam uma estratégia para uma tarefa, escolhem tipos diferentes de estratégia para problemas diferentes e sabem avaliar melhor se estão atingindo as suas metas de memória (Bjorklund, Miller, Coyle, & Slawinski, 1997; Schneider, 2008). A capacidade de metamemória das crianças continua a evoluir durante a adolescência e possivelmente além dela (van der Stel & Veenman, 2014).

---

estratégia mnemônica
Estratégia para ajudar a memória.

auxiliares de memória externos
Estratégias mnemônicas usando alguma coisa fora da pessoa.

ensaio
Estratégia mnemônica para manter um item na memória de trabalho por meio de repetição consciente.

organização
Estratégia mnemônica de categorizar o material a ser lembrado.

elaboração
Estratégia mnemônica de fazer associações mentais envolvendo os itens a serem lembrados.

metamemória
O conhecimento e a reflexão sobre os processos de memória.

A metamemória é um componente da metacognição e está associada com diversas variáveis. Por exemplo, o conhecimento infantil sobre a própria mente está relacionado com o entendimento sobre as mentes dos outros. A compreensão anterior sobre os estados mentais alheios prevê habilidades metacognitivas superiores posteriormente (Ebert, 2015; Lecce, Zocci, Pagnin, Palladino, & Taumoepeau, 2010). A linguagem também parece ser um fator importante, e está ligada a habilidades metacognitivas melhores (Ebert, 2015).

A metacognição está relacionada com o desempenho acadêmico porque permite que os aprendizes reflitam sobre as estratégias que estão utilizando e selecionem as mais eficazes (Vrugt & Oort, 2008). A metamemória permite que os aprendizes calibrem se a avaliação subjetiva da precisão das respostas ("parece certo?") está alinhada ou não com a realidade, monitorando as falhas. Essa habilidade é apoiada por achados de afinamento cortical na ínsula anterior e um aumento da espessura do córtex pré-frontal ventromedial desde a infância até a adolescência (Fandakova et al., 2017).

Abordagem psicométrica: avaliação da inteligência

A psicometria é o ramo da psicologia envolvido na mensuração quantitativa de variáveis psicológicas, e técnicas psicométricas têm sido bastante utilizadas no desenvolvimento de maneiras de medir a inteligência. O teste individual mais amplamente utilizado é a **Escala de Inteligência Wechsler para Crianças (WISC-IV – Wechsler Intelligence Scale for Children 4th Edition)**. Esse teste para as idades de 6 a 16 anos mede as habilidades verbais e de desempenho, produzindo pontuações separadas para cada uma, bem como uma pontuação total. As pontuações de subteste separadas indicam os pontos fortes da criança e ajudam a diagnosticar problemas específicos. Por exemplo, se uma criança vai bem em testes verbais (tais como informação geral e operações aritméticas básicas), mas mal em testes de desempenho (tais como montar um quebra-cabeça ou desenhar a parte que falta de uma figura), pode ser lenta no desenvolvimento perceptual ou motor. Uma criança que vai bem em testes de desempenho, mas mal em testes verbais, pode ter um problema de linguagem. Outro teste individual comumente utilizado é o das Escalas de Inteligência de Stanford-Binet.

Um teste coletivo popular, o **Teste de Habilidade Escolar de Otis-Lennon (OLSAT 8 – Otis-Lennon School Ability Test 8th Edition)**, tem níveis desde o jardim de infância até o ensino médio. É solicitado às crianças que classifiquem itens, que demonstrem entendimento de conceitos verbais e numéricos, de informações gerais e que sigam instruções. Pontuações separadas para compreensão verbal, raciocínio verbal, raciocínio pictórico, raciocínio figurativo e raciocínio quantitativo podem identificar forças e fraquezas específicas.

A CONTROVÉRSIA SOBRE O QI

O uso de testes de inteligência psicométricos como aqueles que acabamos de descrever é controverso. Por um lado, como os testes de QI foram padronizados e bastante utilizados, há informação abundante sobre as suas normas, a sua validade e a sua confiabilidade. As pontuações em testes de QI obtidas durante a terceira infância permitem fazer boas previsões do desempenho escolar, sobretudo para crianças altamente verbais, e essas pontuações são mais confiáveis do que as obtidas no período pré-escolar. O QI aos 11 anos tem permitido predizer a duração da vida, a independência funcional na idade adulta e a presença ou ausência de demência (Starr, Deary, Lemmon, & Whalley, 2000; Whalley & Deary, 2001; Whalley et al., 2000).

Por outro lado, os críticos alegam que os testes subestimam a inteligência de crianças em más condições de saúde ou que, por uma razão ou outra, não vão bem nos testes (Ceci, 1991; Sternberg, 2004). Por serem cronometrados, os testes equiparam a inteligência com a velocidade e penalizam as crianças que trabalham lenta e refletidamente. Sua eficácia para o diagnóstico de transtornos da aprendizagem tem sido contestada (Benson, 2003). Além disso, pesquisas indicam que variáveis como a memória de trabalho (Alloway & Alloway, 2010) e o autocontrole (Duckworth, Quinn, & Tsukayama, 2012) são preditores importantes do desempenho acadêmico.

---

verificador
você é capaz de...

▷ Identificar quatro formas nas quais o processamento de informação melhora durante a terceira infância?

▷ Explicar a importância da função executiva, da atenção seletiva, da memória de trabalho e da metamemória?

▷ Citar quatro auxiliares mnemônicos comuns e discutir as diferenças em seu uso durante o desenvolvimento?

▷ Dar exemplos de como o processamento de informação melhorado explica os avanços cognitivos que Piaget descreveu?

Escala de Inteligência Wechsler para Crianças (WISC-IV)
Teste de inteligência para crianças em idade escolar, que produz pontuações verbais e de desempenho bem como uma pontuação combinada.

Teste de Habilidade Escolar de Otis-Lennon (OLSAT 8)
Teste de inteligência coletivo para crianças desde o jardim da infância até o ensino médio.

> **verificador**
> **você é capaz de...**
>
> ▷ Citar e descrever dois testes de inteligência tradicionais para crianças em idade escolar?
>
> ▷ Argumentar a favor e contra os testes de QI?

A crítica mais importante é que os testes de QI não medem diretamente as habilidades inatas; em vez disso, *inferem* a inteligência do que as crianças sabem no momento. Como veremos, é praticamente impossível conceber um teste que não exija conhecimento prévio. Além disso, os testes são validados em comparação com medidas de rendimento, por exemplo, o desempenho escolar, e são afetados por fatores como escolaridade e cultura. Como discutiremos em uma seção posterior, também há controvérsia sobre se a inteligência é uma habilidade única e geral ou se há tipos de inteligência que não são captados pelos testes de QI. Por essa e outras razões, existe uma forte discordância quanto à exatidão com que esses testes avaliam a inteligência das crianças.

INFLUÊNCIAS SOBRE A INTELIGÊNCIA (QI)

Tanto a hereditariedade como o ambiente influenciam a inteligência. Tendo em mente a controvérsia em relação a se os testes de QI realmente medem a inteligência, examinaremos mais detalhadamente essas influências.

Desenvolvimento cerebral   A inteligência é altamente herdável, e um dos mecanismos de ação genética pode funcionar através da estrutura e do desenvolvimento do cérebro. A pesquisa sobre imageamento cerebral mostra uma correlação moderada entre tamanho do cérebro ou quantidade de substância cinzenta e inteligência geral (Rushton & Ankney, 2009), especialmente habilidades de raciocínio, resolução de problemas e medidas de desempenho não verbal (Gray & Thompson, 2004; Lange, Froimowitz, Bigler, Lainhart, & Brain Development Cooperative Group, 2010). Um estudo revelou que a quantidade de substância cinzenta no córtex frontal é em grande medida hereditária, varia amplamente entre indivíduos e está associada a diferenças no QI (Thompson et al., 2001). Além disso, a conectividade entre as regiões frontal e parietal do cérebro, especialmente nas meninas, também está associada com a inteligência não verbal (Langeslag et al., 2013).

As mudanças de desenvolvimento ocorridas na espessura cortical também são muito influenciadas pelos genes (Fjell et al., 2015). Pesquisas recentes determinaram que a inteligência é mais elevada nas crianças cujo córtex se afina mais rapidamente (Schnack et al., 2014) ou cuja substância branca se desenvolve mais rapidamente (Tamnes et al., 2010). Além disso, apesar de o QI geralmente ser um traço estável, pode haver flutuações. Pesquisas mostram que crianças e adolescentes que apresentam quedas no QI ao longo do tempo têm reduções da espessura cortical, o que sugere um substrato neurológico para os declínios em desempenho intelectual (Burgaleta, Johnson, Waber, Colom, & Karama, 2014).

Embora o raciocínio, a resolução de problemas e a função executiva estejam associados ao córtex pré-frontal, outras regiões cerebrais sob forte influência genética contribuem para o comportamento inteligente (Davis, Hayworth, & Plomin, 2009), assim como a velocidade e a confiabilidade da transmissão de mensagens no cérebro. A eficiência e a integração dos processos cerebrais, tanto no nível global quanto no específico, estão associadas com a função intelectual (Kim et al., 2016).

Crianças asiático-americanas frequentemente se saem melhor na escola. Assim como ocorre com outras diferenças acadêmicas identificadas entre grupos étnicos e raciais, as razões parecem ser culturais, não genéticas.

image100 Ltd

Influência da escolaridade sobre o QI   A escolaridade aumenta a inteligência testada (Adey, Csapó, Demetriou, Hautamäki, & Shayer, 2007). Os escores de QI caem durante o período de férias de verão e voltam a crescer durante o ano letivo (Ceci & Williams, 1997; Huttenlocher, Levine, & Vevea, 1998). Além disso, os resultados obtidos em diversos testes de avaliação pedagógica – que testam conhecimentos que provavelmente não seriam aprendidos fora do ambiente escolar, como matemática e ciências – estão fortemente correlacionados com o QI, e essa relação existe em todos os países para os quais há dados disponíveis (Lynn & Meisenberg, 2010; Lynn & Vanhanen, 2012). Uma metanálise recente sugere que o efeito da educação sobre a inteligência varia de 1 a 5 pontos de QI por ano de estudo (Ritchie & Tucker-Drob, 2018).

Contudo, os ganhos cognitivos associados com a escolaridade não parecem ser de natureza geral. Em vez disso, eles consistem em ganhos diretos em habilidades cognitivas específicas que são avaliadas pelos testes de QI (Ritchie, Bates, & Deary, 2015). Não surpreende, então, que o tipo de educação também importe. As crianças matriculadas em escolas com foco acadêmico tendem a apresentar ganhos maiores em desempenho intelectual do que aquelas matriculadas em escolas com foco vocacional (Becker, Lüdtke, Trautwein, Köller, & Baumert, 2012).

Influências de raça/etnia e nível socioeconômico sobre o QI

A média das pontuações dos testes varia entre grupos raciais/étnicos. Historicamente, em média, crianças negras tiveram pontuações aproximadamente 15 pontos abaixo das pontuações de crianças brancas e apresentaram uma diferença comparável em testes de desempenho escolar (Neisser et al., 1996). Entretanto, essas diferenças diminuíram até 4 a 7 pontos (Dickens & Flynn, 2006). Os escores de QI médios de crianças hispano-americanas estão entre os de crianças negras e crianças brancas (Ang, Rodgers, & Wangstrom, 2010). As projeções indicam que as diferenças nos testes de QI para afro-americanos e hispânicos nos Estados Unidos diminuirão ainda mais nas próximas décadas (Rindermann & Pichelmann, 2015).

O que explica as diferenças raciais/étnicas no QI? Alguns pesquisadores têm apoiado o argumento do fator genético (Herrnstein & Murray, 1994; Jensen, 1969; Rushton & Jensen, 2005). Mas, embora haja fortes evidências de uma influência genética sobre as diferenças *individuais* na inteligência, não há evidência direta de que as diferenças de QI entre *grupos* étnicos, culturais ou raciais sejam hereditárias (Gray & Thompson, 2004; Neisser et al., 1996; Sternberg et al., 2005). Ao contrário, muitos estudos atribuem as diferenças étnicas no QI a desigualdades no ambiente (Nisbett et al., 2012) – em renda, nutrição, condições de vida, saúde, práticas de parentalidade, cuidado com os filhos pequenos, estímulos intelectuais, escolaridade, cultura ou outras circunstâncias, como os efeitos da opressão e da discriminação que podem afetar a autoestima, a motivação e o desempenho acadêmico.

A força das influências genéticas e ambientais varia com o nível socioeconômico (NSE) (Nisbett et al., 2012). Em um estudo longitudinal com 8.716 pares de gêmeos, os pesquisadores observaram que as influências genéticas sobre a inteligência eram altas, mas relativamente parecidas para gêmeos de alto e de baixo NSE. Todavia, uma história diferente surgiu para as influências ambientais. Experiências ambientais não compartilhadas (os eventos e influências vividos de forma diferente por cada gêmeo) tinham impacto maior no QI das crianças de baixo NSE (Hanscombe et al., 2012). Resultados como esse têm consequências para as políticas públicas, pois sugerem que as influências genéticas são mais importantes para as crianças de famílias mais abastadas, mas que o ambiente pode ser mais relevante para as crianças de menor NSE, ao menos em países como os Estados Unidos. Contudo, em países onde os serviços sociais são oferecidos mais consistentemente para as pessoas de menor nível socioeconômico e, portanto, a pobreza não está associada com o mesmo nível de privação, as influências genéticas sobre a inteligência funcionam de modo similar para crianças de alto e de baixo nível socioeconômico (Tucker-Drob & Bates, 2016).

E quanto aos asiático-americanos, cujos desempenhos escolares estão consistentemente acima dos de outros grupos étnicos? O desempenho escolar forte das crianças asiático-americanas parece ser mais bem explicado pela ênfase de sua cultura na obediência e no respeito pelos mais velhos, pela importância que os pais asiático-americanos dão à educação como uma via para mobilidade ascendente, e pela dedicação dos estudantes asiático-americanos ao dever de casa e ao estudo (Nisbett et al., 2012).

HÁ MAIS DE UMA INTELIGÊNCIA?

Uma crítica séria aos testes de QI é que eles se concentram quase inteiramente em habilidades úteis na escola. Muitos testes de QI não abrangem outros aspectos importantes do comportamento inteligente como bom senso, aptidão social, percepção criativa e autoconhecimento. Contudo, essas habilidades, nas quais algumas crianças com modestas aptidões acadêmicas têm excelente desempenho, podem ser iguais ou mais importantes em um período avançado da vida e podem ser consideradas formas separadas de inteligência. Dois dos principais defensores desta posição são Howard Gardner e Robert Sternberg.

A teoria das inteligências múltiplas de Gardner

Uma criança que é boa em analisar parágrafos e fazer analogias é mais inteligente que outra que pode tocar um solo de violino difícil ou organizar um armário ou lançar uma bola curva no momento certo? A resposta é não, de acordo com a **teoria das inteligências múltiplas** de Gardner (1993, 1998).

---

verificador
você é capaz de...

▷ Avaliar os efeitos do desenvolvimento cerebral sobre o funcionamento intelectual?

▷ Avaliar os efeitos de escolaridade, raça/etnia, NSE e cultura sobre o QI?

---

teoria das inteligências múltiplas de Gardner
Teoria de Gardner de que cada pessoa tem várias formas diferentes de inteligência.

JANELA para o mundo
CULTURA E QI

Inteligência e cultura estão inextricavelmente ligadas, e um comportamento considerado inteligente em uma cultura pode ser visto como insensato em outra (Sternberg, 2004). Por exemplo, em uma tarefa de classificação, os norte-americanos provavelmente colocariam um tordo sob a categoria de pássaros, enquanto o povo kpelle no norte da África consideraria mais inteligente colocar o tordo em uma categoria funcional de coisas que voam (Cole, 1998). Portanto, um teste de inteligência desenvolvido em uma cultura pode não ser igualmente válido em outra. Além disso, a escolaridade oferecida em uma cultura pode preparar uma criança para se sair bem em algumas tarefas e não em outras, e as competências ensinadas e testadas na escola não são necessariamente as mesmas habilidades práticas exigidas para se obter sucesso na vida diária (Sternberg, 2004, 2005). Assim, uma definição melhor de inteligência seria as habilidades e o conhecimento necessários para se ter sucesso em um determinado contexto social e cultural. Os processos mentais, que são a base da inteligência, podem ser os mesmos em várias culturas, mas seus produtos podem ser diferentes, e assim devem ser os meios de avaliar o desempenho (Sternberg, 2004).

Esses argumentos levaram a afirmações de que as diferenças de QI entre grupos étnicos são um artefato de vieses culturais e não um reflexo da inteligência. É possível que algumas questões usem vocabulário ou exijam informações ou habilidades mais familiares a alguns grupos culturais do que a outros (Sternberg, 1985, 1987). Como esses testes de inteligência são concebidos em conformidade com o estilo de pensamento dominante e com a linguagem de pessoas de ascendência europeia, as crianças de grupos minoritários ficam em desvantagem (Heath, 1989; Helms, 1992; Matsumoto & Juang, 2008).

Alguns peritos tentaram desenvolver **testes livres de aspectos culturais** – testes sem conteúdo cultural – propondo tarefas que não exigissem linguagem, como traçar caminhos em labirintos, colocar formas nos espaços certos e completar desenhos, mas foram incapazes de eliminar todas as influências culturais. Concluíram, portanto, que é quase impossível produzir **testes culturalmente justos**, que consistam em experiências comuns aos povos de várias regiões diferentes. Os psicólogos continuam a trabalhar na construção de testes apropriados e a interpretar o significado dos achados sobre inteligência.

> **qual a sua opinião**
> Você acha que a inteligência será definida da mesma maneira daqui a 100 anos no futuro? Algum aspecto da inteligência é sempre o mesmo, em todos os locais e em todo o tempo?

testes livres de aspectos culturais
Testes de inteligência que, se fossem possíveis de conceber, não teriam nenhum conteúdo cultural associado.

testes culturalmente justos
Testes de inteligência que lidam com experiências comuns a várias culturas, visando eliminar o viés cultural.

Gardner, um neuropsicólogo e pesquisador educacional na Universidade de Harvard, identificou oito tipos independentes de inteligência. De acordo com ele, os testes de inteligência convencionais medem apenas três "inteligências": linguística, lógico-matemática, e, em algum grau, espacial. As outras cinco, que não são refletidas nas pontuações de QI, são musical, corporal-cinestésica, interpessoal, intrapessoal e naturalista (a Tabela 9.4 define cada uma das inteligências e dá exemplos de campos nos quais elas são mais úteis).

Gardner argumentou que essas inteligências são diferentes umas das outras e que a alta inteligência em uma área não acompanha necessariamente a alta inteligência em qualquer uma das outras. Uma pessoa pode ser extremamente dotada em artes (uma habilidade espacial), em precisão de movimento (corporal-cinestésica), em relações sociais (interpessoal) ou em autoentendimento (intrapessoal), mas não ter um QI alto. Portanto, um atleta, um artista e um músico poderiam ser igualmente inteligentes, cada um em uma área diferente.

Gardner (1995) avaliaria cada inteligência diretamente, observando seus produtos – quão bem uma criança pode contar uma história, lembrar uma melodia, ou andar em uma área estranha – e não por meio de testes padronizados. O tipo de inteligência avaliado determinaria o tipo de teste necessário. O propósito seria não comparar os indivíduos, mas revelar pontos fortes e pontos fracos, a fim de ajudar as pessoas a concretizarem o seu potencial.

Os críticos de Gardner afirmam que suas inteligências múltiplas são rotuladas mais corretamente como talentos ou habilidades e afirmam que a *inteligência* está mais estreitamente associada a habilidades que levam à realização acadêmica. Eles questionam também seus critérios

Em quais tipos de inteligência de Gardner você é mais forte? Sua educação se concentrou em algum deles?

TABELA 9.4 — As oito inteligências, segundo Gardner

Inteligências	Definição	Campos ou ocupações onde são usadas
Linguística	Capacidade de usar e entender palavras e as nuances de significados.	Escrita, edição, tradução
Lógico-matemática	Capacidade de manipular números e resolver problemas lógicos.	Ciências, negócios, medicina
Espacial	Capacidade de encontrar o caminho em um ambiente e avaliar as relações entre objetos no espaço.	Arquitetura, marcenaria, urbanismo
Musical	Capacidade de perceber e criar padrões de som e ritmo.	Composição musical, regência
Corporal-cinestésica	Capacidade de se movimentar com precisão.	Dança, esportes, cirurgia
Interpessoal	Capacidade de entender os outros e de comunicar-se com eles.	Ensino, atuação cênica, política
Intrapessoal	Capacidade de entender a si mesmo.	Aconselhamento, psiquiatria, liderança espiritual
Naturalista	Capacidade de diferenciar espécies e suas características.	Caça, pesca, agricultura, jardinagem, cozinha

Fonte: Baseada em Gardner, 1993, 1998.

para definir as inteligências separadas que se sobrepõem grandemente, tal como a inteligência matemática e a espacial (Willingham, 2004).

Teoria triárquica da inteligência de Sternberg Gardner segmentou a inteligência com base nas áreas de habilidade, enquanto a **teoria triárquica da inteligência** de Sternberg (1985, 2004) enfoca os processos envolvidos no comportamento inteligente. Nessa abordagem, a inteligência é composta de três elementos: *componencial*, *experiencial* e *contextual*.

- O **elemento componencial** é o aspecto analítico da inteligência; ele determina o quão eficientemente a informação é processada pelas pessoas. Ele nos ajuda a resolver problemas, monitorar soluções e avaliar os resultados. Algumas pessoas processam informações de forma mais eficaz do que outras.
- O **elemento experiencial** é introspectivo ou criativo; determina como as pessoas abordam tarefas novas ou familiares. Permite que comparem a nova informação com aquilo que já sabem e descubram novas maneiras de juntar fatos – em outras palavras, a pensar originalmente.
- O **elemento contextual** é prático; ele ajuda as pessoas a lidarem com o ambiente. É a habilidade que permite avaliar uma situação e decidir o que fazer. As ações mais apropriadas para uma determinada situação dependem do contexto; a pessoa poderia decidir adaptar-se a ela, modificá-la ou sair dela.

De acordo com Sternberg, todas as pessoas têm essas três habilidades, em maior ou menor grau; uma pessoa pode destacar-se em uma, duas ou em todas as três. O *Teste de Habilidades Triárquicas de Sternberg* (STAT – Sternberg Triarchic Abilities Test) (Sternberg, 1993) busca medir cada um dos três aspectos da inteligência por meio de perguntas de múltipla escolha e questões dissertativas. Como Sternberg concentrou-se em processos, não em conteúdo, e tais processos devem prever comportamentos inteligentes em diversos domínios do conhecimento, foram avaliados três domínios da inteligência: *verbal*, *quantitativa* e *figurativa* (ou espacial). Por exemplo, um item para testar a inteligência prático-quantitativa poderia ser resolver um problema de matemática cotidiano envolvendo comprar ingressos para um jogo de futebol ou seguir uma receita de biscoitos. Um teste criativo-verbal poderia pedir que a criança resolvesse problemas de raciocínio dedutivo a partir de premissas concretamente falsas (tais como "O dinheiro dá em árvores"). Um item analítico-figurativo poderia ser identificar o pedaço que falta em uma figura. Como já dito, os três tipos de habilidades são apenas ligeiramente relacionados uns aos outros (Sternberg, 1997; Sternberg & Clinkenbeard, 1995). Contudo, estudos

teoria triárquica da inteligência
Teoria de Sternberg descrevendo três elementos da inteligência: componencial, experiencial e contextual.

elemento componencial
Termo de Sternberg para o aspecto analítico da inteligência.

elemento experiencial
Termo de Sternberg para o aspecto introspectivo ou criativo da inteligência.

elemento contextual
Termo de Sternberg para o aspecto prático da inteligência.

A Bateria de Avaliação de Kaufman para Crianças (K-ABC-II) destina-se a avaliar as capacidades cognitivas em crianças com diferentes necessidades, tais como prejuízos auditivos e distúrbios de linguagem.
Juan Silva/The Image Bank/Getty Images

conhecimento tácito
Termo de Sternberg para a informação que não é ensinada formalmente ou expressa abertamente, mas é necessária para ir adiante.

Bateria de Avaliação de Kaufman para Crianças (K-ABC-II)
Teste de inteligência individual não tradicional que visa fornecer avaliações justas de crianças pertencentes a grupos minoritários e de crianças com necessidades especiais.

testes dinâmicos
Testes baseados na teoria de Vygotsky que enfatizam mais o potencial do que a aprendizagem passada.

> **verificador**
> **você é capaz de...**
>
> ▷ Comparar as teorias da inteligência de Sternberg e Gardner?
> ▷ Descrever três novos tipos de testes de inteligência?

de validação encontraram correlações entre o STAT e vários outros testes de pensamento crítico, criatividade e solução prática de problemas. Além disso, a pontuação total no STAT é preditora do desempenho acadêmico (Sternberg, Castejon, Prieto, Hautamaki, & Grigorenko, 2001; Ekinci, 2014).

No mundo real, o conhecimento acadêmico nem sempre é útil. Por exemplo, as crianças de muitas culturas precisam aprender habilidades práticas, conhecidas como **conhecimento tácito**, para serem bem-sucedidas. Em estudos feitos em Usenge, Quênia, e em crianças esquimós de Yup'ik, sudoeste do Alasca, o conhecimento tácito das crianças sobre plantas medicinais, caça, pesca e preservação de vegetais não apresentou relação com medidas convencionais de inteligência, mas era necessário para a sobrevivência (Grigorenko et al., 2004; Sternberg, 2004).

OUTRAS TENDÊNCIAS EM TESTES DE INTELIGÊNCIA

Alguns outros instrumentos para diagnóstico e prognóstico são baseados na pesquisa neurológica e na teoria do processamento de informação. A segunda edição da **Bateria de Avaliação de Kaufman para Crianças (K-ABC-II – Kaufman Assessment Battery for Children 2nd Edition)** (Kaufman & Kaufman, 1983, 2003) é um teste individual feito entre 3 e 18 anos, que tem o propósito de avaliar as habilidades cognitivas em crianças com diferentes necessidades (como autismo, disfunções auditivas e transtornos da linguagem) e que são provenientes de diversos meios culturais e linguísticos. Compreende subtestes com o objetivo de reduzir ao mínimo as instruções e as respostas verbais, assim como itens com limitado conteúdo cultural.

Os **testes dinâmicos** baseados nas teorias de Vygotsky enfatizam mais os resultados potenciais do que os atuais. Em contraste com os tradicionais *testes estáticos*, com os quais se avaliam as habilidades comuns das crianças, esses testes buscam captar a natureza *dinâmica* da inteligência, mais pela avaliação direta dos processos de aprendizagem do que pelos resultados do que foi aprendido anteriormente (Sternberg, 2004). Os testes dinâmicos contêm itens até dois anos acima do nível de competência atual da criança. Quando necessário, os examinadores ajudam a criança fazendo perguntas direcionadas, dando exemplos ou demonstrações e oferecendo *feedback*; portanto o próprio teste constitui uma situação de aprendizagem (Resing, 2013). Como Vygotsky enfocava a interação como o contexto no qual o desenvolvimento ocorre, parte do que significa ser inteligente inclui a capacidade de aprender através de interações que apoiam a aprendizagem (*scaffolded interactions*).

Linguagem e alfabetização

As habilidades de linguagem continuam a se desenvolver durante a terceira infância. As crianças em idade escolar são mais capazes de compreender e interpretar comunicações verbais e escritas e conseguem fazer-se entender melhor. Essas tarefas são especialmente desafiadoras para crianças que não falam a língua local.

VOCABULÁRIO, GRAMÁTICA E SINTAXE

À medida que o vocabulário aumenta durante os anos escolares, as crianças usam cada vez mais verbos específicos. Elas aprendem que uma palavra como *manga* pode ter mais de um significado e, pelo contexto, podem deduzir o significado pretendido. A *alegoria* e a *metáfora*, figuras de linguagem em que uma palavra ou uma frase que normalmente significam uma coisa são postas em comparação ou aplicadas a outra, tornam-se progressivamente comuns (Owens, 1996). Embora a gramática seja bastante complexa para a idade de 6 anos, as crianças nos primeiros anos escolares usam raramente a voz passiva (como em "A calçada está sendo varrida").

A compreensão das crianças das regras de *sintaxe* (a estrutura profunda por trás da linguagem que organiza as palavras em frases e sentenças) torna-se mais sofisticada com a idade (C. S. Chomsky, 1969). Por exemplo, a maioria das crianças com menos de 5 ou 6 anos acham que as sentenças "John prometeu a Bill fazer compras" e "John disse para Bill fazer compras" significam, ambas, que quem tem que ir à loja é Bill. Aos 8 anos, a maioria das crianças consegue interpretar a primeira sentença corretamente e, aos 9 anos, praticamente todas as crianças conseguem. Elas agora olham o significado de uma sentença como um todo em vez de focalizar-se apenas na ordem das palavras.

A estrutura das sentenças continua a tornar-se mais elaborada. Outras crianças usam mais orações subordinadas ("O menino que entrega os jornais tocou a campainha"). Contudo, algumas construções, como as que começam com entretanto e embora, não se tornam comuns até os primeiros anos da adolescência (Owens, 1996).

PRAGMÁTICA: CONHECIMENTO SOBRE COMUNICAÇÃO

A área que mais se desenvolve nos anos escolares é a **pragmática**: o contexto social da linguagem. A pragmática compreende as habilidades de conversação e de narração.

A pessoa que se comunica bem é aquela que sonda com perguntas, antes de introduzir um tema com o qual a outra parte pode não ter familiaridade. Ela logo reconhece uma falha na comunicação e faz alguma coisa para resolver o problema. São muitas as diferenças individuais nessa habilidade: algumas crianças de 7 anos conversam melhor entre si do que alguns adultos (Anderson, Clark, & Mullin). Há também diferenças de gênero. Os meninos tendem a usar enunciados mais controladores, intervenções negativas e declarações competitivas, enquanto as meninas fazem seus comentários de modo mais hesitante e apaziguador, e são mais cooperativas e bem-educadas (Leman, Ahmed, & Ozarow, 2005; Cook-Gumperz & Syzmanski, 2001). No entanto, nem todas as crianças demonstram essa diferença de gênero, ou não no mesmo nível. Em um estudo, crianças de 6 anos e meio apresentavam diferenças de gênero fortes que diminuíam aos 9 anos e meio (Bablekou, 2009). Em outro estudo, tanto meninos quanto meninas da Holanda tendiam a ser igualmente assertivos e controladores nas suas brincadeiras (Ladegaard, 2004).

A maioria das crianças de 6 anos consegue reproduzir a trama de um pequeno livro, filme ou programa de televisão. Elas começam a descrever motivos e relações causais. Lá pela 2ª série, as histórias das crianças passam a ser mais longas e complexas. As que são fruto da imaginação muitas vezes têm começo e final convencionais ("Era uma vez..." e "Eles viveram felizes para sempre"). A variedade de palavras usadas é maior do que antes, mas os personagens não crescem nem mudam, e as tramas não são completamente desenvolvidas.

As crianças maiores normalmente dão uma visão preliminar com informações introdutórias sobre o contexto e os personagens, indicando também, claramente, mudanças de tempo e lugar ao longo do relato. Constroem episódios mais complexos do que as crianças menores, com menos detalhes desnecessários. Concentram-se mais nos motivos e nos pensamentos dos personagens e pensam em como resolver os problemas da trama.

Se você quer que seus filhos lhe falem a verdade, peça que eles prometam fazê-lo antes de fazer sua pergunta. Os pesquisadores verificaram que as crianças têm menor probabilidade de mentir após prometerem dizer a verdade.
Evans & Lee, 2010

APRENDIZAGEM DE UMA SEGUNDA LÍNGUA

Em 2014, 21% das crianças norte-americanas com idades de 5 a 17 anos falava outra língua além do inglês em casa. A língua primária que a maioria dessas crianças falava era o espanhol, e mais de 5% tinham dificuldade para falar inglês (Federal Interagency Forum on Child and Family Statistics, 2016). Cerca de 11% da população das escolas públicas são definidos como aprendizes da língua inglesa (ELLs – *English-language learners*) (NCES, 2017).

Algumas escolas usam uma **abordagem de imersão na língua inglesa**, às vezes chamada de ESL, ou inglês como segunda língua (*English as second language*), na qual as crianças em minoria na língua são ensinadas em inglês desde o início, em classes especiais. Outras escolas adotaram programas de **educação bilíngue**, nos quais as crianças são ensinadas em duas línguas, primeiro aprendendo em sua língua nativa e então mudando para classes regulares em inglês quando se tornam mais proficientes nela. Esses programas podem encorajar as crianças a tornarem-se **bilíngues** (fluentes em duas línguas) e a sentirem orgulho de sua identidade cultural.

Em 1939, pesquisadores na Universidade de Iowa conduziram um estudo no qual a gagueira foi induzida deliberadamente em crianças pequenas. Nesse "estudo Monstro," um grupo de órfãos era insultado e atormentado em relação à sua fala na tentativa de demonstrar que a gagueira era resultado de pressão psicológica. Nenhuma das crianças desenvolveu gagueira, mas muitas delas desenvolveram problemas psicológicos como resultado da experiência. Evidentemente, esse estudo teve problemas éticos profundos, e em 2007 seis das crianças iniciaram uma ação judicial e ganharam indenizações de aproximadamente 1 milhão de dólares.
Huge payout in U.S. stuttering case, 2007

pragmática
O contexto social da linguagem.

verificador
você é capaz de...
▷ Resumir as melhoras nas habilidades de linguagem durante a terceira infância?

abordagem de imersão na língua inglesa
Abordagem de ensino de inglês como segunda língua na qual a instrução é apresentada apenas em inglês.

educação bilíngue
Sistema de ensinar crianças que não falam inglês em suas línguas nativas enquanto aprendem o inglês, e mais tarde mudando para instrução totalmente em inglês.

bilíngue
Fluente em duas línguas.

aprendizagem simultânea (bilíngue)
Abordagem de ensino de segunda língua na qual os estudantes que estão aprendendo inglês e aqueles que têm o inglês como língua materna aprendem juntos em ambas as línguas.

> **verificador**
> **você é capaz de...**
>
> ▷ Descrever e avaliar três tipos de educação de uma segunda língua?

decodificação
Processo de análise fonética pelo qual uma palavra impressa é convertida para a forma falada antes da recuperação na memória de longo prazo.

abordagem fonética (com ênfase no código)
Ensino da leitura enfatizando a decodificação de palavras desconhecidas.

abordagem da linguagem integral
Ensino da leitura enfatizando a recuperação visual e o uso de sugestões contextuais.

recuperação baseada na visualização
Processo de recuperar o som de uma palavra impressa ao ver a palavra inteira.

Os defensores da imersão na língua inglesa alegam que quanto mais cedo as crianças são expostas ao inglês, melhor elas aprendem essa língua. Os proponentes dos programas bilíngues alegam que as crianças progridem mais rápido academicamente em suas línguas nativas e mais tarde fazem uma transição mais suave para salas de aula exclusivamente em inglês (Padilla et al., 1991).

Análises estatísticas de múltiplos estudos concluem que crianças em programas bilíngues normalmente superam aquelas de programas apenas em uma língua nos testes de competência na língua (Crawford, 2007; Krashen & McField, 2005). Outra abordagem, menos comum, é a **aprendizagem simultânea (bilíngue)**, na qual os estudantes que estão aprendendo inglês e aqueles que têm o inglês como língua materna aprendem juntos em ambas as línguas. Ao valorizar ambas as línguas igualmente, ela reforça a autoestima e melhora o desempenho escolar. Entretanto, menos de 2% dos aprendizes da língua inglesa em todo o país estão inscritos em programas de línguas simultâneas (Crawford, 2007).

ALFABETIZAÇÃO

A partir do momento em que as crianças conseguem ler e escrever, elas podem traduzir os sinais de uma página em um padrão de sons e significado, desenvolver estratégias progressivas e sofisticadas para entender o que leem e usar a palavra escrita para expressar ideias, pensamentos e sentimentos.

Leitura e escrita Pense no que acontece para que uma criança aprenda a ler palavras. Primeiro, ela precisa lembrar das formas específicas das letras – por exemplo, que um "c" é um semicírculo encurvado e que um "o" é um círculo fechado. Depois, ela deve ser capaz de dividir as palavras nos seus elementos fundamentais para reconhecer os diferentes fonemas. Por exemplo, a criança deve ser capaz de entender que a palavra *gato* é composta de quatro sons diferentes: "g", "a", "t" e "o". Por fim, ela deve ser capaz de combinar as características visuais das letras com os fonemas e lembrar de quais se juntam a quais. Esse processo é conhecido por **decodificação**. É apenas quando essas habilidades são dominadas que as crianças começam a ler. Não surpreende, então, que aprender a ler seja uma habilidade complexa e difícil.

Devido às dificuldades envolvidas em aprender a ler, os pedagogos desenvolveram diversas maneiras de ensiná-las. Na abordagem tradicional, chamada de **abordagem fonética (com ênfase no código)**, a criança ouve a palavra e a converte da escrita para a fala antes de recuperá-la da memória de longo prazo. Para fazer isso, a criança tem de dominar o código fonético que associa o alfabeto impresso aos sons falados (como recém-descrito). As instruções geralmente envolvem tarefas rigorosas, direcionadas pelo professor, com foco em memorizar correspondências entre sons e letras.

A **abordagem da linguagem integral** enfatiza a recuperação visual e o uso de sugestões contextuais. Essa abordagem está fundamentada na crença de que as crianças podem aprender a ler e a escrever naturalmente, tanto quanto aprendem a falar. Com o uso da **recuperação baseada na visualização**, a criança simplesmente vê a palavra e a recupera. Os proponentes da abordagem integral alegam que elas aprendem a ler com melhor compreensão e mais prazer ao experimentarem a linguagem escrita desde o princípio, como um modo de aumentar a informação e de expressar ideias e sentimentos, e não como um sistema de sons e sílabas isolados a ser aprendido por memorização e treino. Os programas de linguagem exibem literatura real e atividades abertas, iniciadas pelos estudantes.

Apesar da popularidade da abordagem da linguagem integral, as pesquisas encontraram pouco apoio para suas alegações. Os seres humanos têm cérebros criados para a linguagem falada, mas não há nenhum motivo teórico para pressupormos que a linguagem escrita, uma invenção relativamente nova na história humana, possua raízes evolucionárias semelhantes e, consequentemente, devesse ser aprendida com a mesma naturalidade que a falada. Uma longa linha de pesquisa apoia a visão de que a consciência fonêmica e o treinamento precoce da fonética são fundamentais para a competência na leitura para a maioria das crianças (Jeynes & Littell, 2000; National Reading Panel, 2000).

Muitos especialistas recomendam uma mistura dos melhores aspectos de ambas as abordagens (National Reading Panel, 2000). As crianças podem aprender as habilidades fonéticas juntamente com estratégias que as ajudem a entender o que leem. Por exemplo, elas podem ser ensinadas e reensinadas sobre correspondências entre sons e letras, mas também devem ser solicitadas a memorizar certas palavras comuns, como *"que"*, que são mais difíceis de decodificar. As crianças que conseguem unir as duas estratégias, baseadas na visualização e fonética, tornam-se leitores melhores e mais versáteis (Siegler, 1998, 2000).

As habilidades metacognitivas ajudam as crianças a se alfabetizarem. A **metacognição** envolve pensar sobre pensar. O processo pode ajudar as crianças a monitorarem o seu entendimento sobre o que leram e desenvolverem estratégias para trabalhar os desafios que enfrentam. Por exemplo, crianças com boas habilidades metacognitivas poderiam usar estratégias como ler mais lentamente, reler passagens difíceis, tentar visualizar informações ou pensar sobre exemplos adicionais quando tentam aprender informações em uma passagem escrita mais difícil. Pedir que os estudantes memorizem, resumam e façam perguntas sobre o que leram incentiva as habilidades metacognitivas (National Reading Panel, 2000).

A aquisição das habilidades de escrita ocorre paralelamente ao desenvolvimento da leitura. As crianças da pré-escola começam a usar letras, números, formas e símbolos que lembram letras para representar palavras ou partes de palavras – sílabas ou fonemas. Muitas vezes, o modo como soletram é muito criativo – tanto que depois a leitura pode se tornar difícil (Ouellette & Sénéchal, 2008; Whitehurst & Lonigan, 1998).

Escrever é difícil para as crianças pequenas. Ao contrário do que acontece com a conversação, que oferece um retorno imediato, a escrita requer que a criança julgue independentemente de a meta de comunicação ter sido atingida. A criança também tem de se ater a uma série de outras dificuldades: ortografia, pontuação, gramática, letras maiúsculas e minúsculas, bem como à tarefa física básica de desenhar as letras (Siegler, 1998).

As crianças de hoje estão crescendo em um mundo saturado de tecnologia, e muitas das suas experiências literárias ocorrerão em telas digitais, não com livros impressos. Apesar de alguns pesquisadores afirmarem que os livros eletrônicos prejudicam o entendimento infantil sobre o conteúdo temático das histórias e incentivam uma abordagem passiva à leitura (Labbo & Kuhn, 2000), outros sugerem que os livros eletrônicos podem ser usados com sucesso para ajudar crianças, especialmente leitores relutantes, a desenvolverem habilidades de letramento (Maynard, 2010). As pesquisas apoiam esta última afirmação; diversas intervenções em ambientes escolares determinaram que o livro eletrônico ajuda o desenvolvimento da alfabetização mais do que os livros impressos, sobretudo para crianças com transtornos da aprendizagem (Ihmeideh, 2014; Shamir, Korat, & Fellah, 2012; Shamir & Shlafer, 2011). Contudo, para que seja útil, a tecnologia precisa ser composta de aplicativos projetados com cuidado para incentivar atividades colaborativas e ser apoiada para a aprendizagem pelos pais ou professores (Moody, 2010; Flewitt, Messer, & Kucirkova, 2015).

metacognição
Pensar sobre pensar, ou a consciência dos próprios processos mentais.

verificador
você é capaz de...

▷ Comparar os métodos de ensino da leitura fonético e de linguagem integral, e discutir como a compreensão melhora?

▷ Identificar fatores que afetam a melhora da leitura em leitores iniciantes fracos?

▷ Explicar por que escrever é difícil para crianças pequenas?

A criança na escola

O primeiro ano marca a entrada na "escola de verdade". É um marco no desenvolvimento acadêmico e determina o futuro sucesso ou fracasso. A seguir, examinamos as influências sobre o desempenho escolar.

INFLUÊNCIAS SOBRE O DESEMPENHO ESCOLAR

Como a teoria bioecológica de Bronfenbrenner previa, além das características próprias das crianças, cada nível do contexto de suas vidas – a família, a sala de aula, as mensagens recebidas dos amigos, ou a cultura em geral – tem influência sobre o desempenho escolar.

Crenças de autoeficácia   Pense em como se sentiu da última vez que estudou para uma prova importante. Você achou que iria bem desde que estudasse e tinha confiança na sua capacidade de dominar o material? Ou sentiu que nada que fizesse adiantaria e que tudo era simplesmente difícil demais? Uma descrição da sua atitude poderia envolver um construto chamado de autoeficácia. Os alunos com alto nível de *autoeficácia* acreditam que podem dominar a matéria e regular a própria aprendizagem (Komarraju & Nadler, 2013). Eles tendem a ter mais sucesso do que os alunos que não acreditam nas próprias habilidades (Caprara et al., 2008), em parte porque a alta autoeficácia tem um efeito positivo na motivação (Skaalvik, Federici, & Klassen, 2015). Estudantes

Você estudou psicologia porque pensou que seria fácil? Você não é o único. Aos 7 anos de idade as crianças acreditam que psicologia é mais fácil que ciências naturais.
Keil, Lockhart, & Schlegel, 2010

Interesse, atenção e participação ativa contribuem para o sucesso escolar de uma criança.

Andersen Ross/Blend Images/Getty Images

autorregulados tentam mais, persistem, a despeito de dificuldades, e buscam ajuda quando necessário. Além disso, ir bem na escola produz aumentos na autoeficácia, o que, mais uma vez, leva a atitudes e comportamentos que tendem a produzir sucesso acadêmico (Schöber, Schütte, Köller, McElvany, & Gebauer, 2018). Infelizmente, o contrário também é verdade. Estudantes que não acreditam na própria capacidade de sucesso tendem a ficar frustrados e deprimidos – sentimentos que tornam o sucesso cada vez mais ilusório com o passar do tempo.

Gênero As meninas tendem a ter melhor aproveitamento na escola do que os meninos. As meninas tiram notas mais altas, em média, em cada matéria (Voyer & Voyer, 2014; Halpern et al., 2007); têm menor probabilidade de serem reprovadas; têm menos problemas escolares (Freeman, 2004); superam os meninos nas avaliações nacionais de leitura e escrita (Scheiber, Reynolds, Hajovsky, & Kaufman, 2015); e tendem a se sair melhor em testes cronometrados do que os meninos (Camarata & Woodcock, 2006). Algumas pesquisas sugerem que os meninos têm desempenho superior ao das meninas em ciências e matemática (Reilly, Neumann, & Andrews, 2015), mas outras não identificaram uma diferença de gênero (Lindberg, Hyde, Petersen, & Linn, 2010) ou determinaram que ela varia conforme a cultura (Else-Quest, Hyde, & Linn, 2010). As pesquisas com adultos mostraram uma vantagem masculina consistente para rotações mentais, mas, na 2ª série, não há diferença entre o desempenho dos meninos e o das meninas nesse tipo de tarefa. A partir da 4ª série, no entanto, os meninos começam a superar as meninas (Neuberger, Jansen, Heil, & Quaiser-Pohl, 2011).

As diferenças de gênero tendem a tornar-se mais proeminentes no ensino médio. Uma combinação de vários fatores, incluindo experiência precoce, diferenças biológicas e expectativas culturais, pode ajudar a explicar essas diferenças (Nisbett et al., 2012; Halpern et al., 2007).

Práticas de parentalidade Em geral, independentemente de como é definido, o envolvimento dos pais tem um efeito positivo no desempenho acadêmico (Wilder, 2014; LaRocque, Kleiman, & Darling, 2011). No entanto, algumas formas de envolvimento parecem ser mais eficazes do que outras. Por exemplo, ajudar com o dever de casa não está consistentemente relacionado com o desempenho acadêmico (Hill & Tyson, 2009; McNeal, 2012). O envolvimento com a escola, incluindo a participação dos pais em eventos e atividades escolares e boa comunicação com os professores, apresenta uma associação mais forte com o melhor desempenho (Overstreet, Devine, Bevans, & Efreom, 2005; Topor, Keane, Shelton, & Calkins, 2010). Os efeitos mais fortes do envolvimento dos pais, no entanto, centram-se nas suas expectativas. Os pais que esperam que os filhos se saiam bem na escola têm filhos que cumprem essas expectativas (Wilder, 2014; Davis-Kean, 2005), talvez porque os filhos também adotem a mesma atitude em relação às suas habilidades (Topor et al., 2010).

Nível socioeconômico O nível socioeconômico (NSE) pode ser um fator poderoso no desempenho escolar – não isoladamente, mas devido à sua influência sobre o clima familiar, a escolha da vizinhança e os estilos de parentalidade (Evans, 2004; Rouse, Brooks-Gunn, & McLanahan, 2005), e sobre as expectativas dos pais para os filhos (Davis-Kean, 2005). As diferenças de desempenho entre estudantes favorecidos e desfavorecidos aumentam entre o jardim da infância e o terceiro ano (Rathbun, West, & Germino-Hausken, 2004). As férias de verão contribuem para essas diferenças devido à mudança no ambiente doméstico típico e às experiências de aprendizagem que as crianças têm no verão, especialmente com relação à leitura (Johnston, Riley, Ryan, & Kelly-Vance, 2015). Isso ajuda a explicar as diferenças posteriores no desempenho e na conclusão do ensino médio, bem como na entrada na faculdade (Alexander, Entwisle, & Olson, 2007). Além disso, à medida que a diferença de renda entre as famílias pobres aumenta, a diferença de desempenho entre os filhos segue a mesma tendência (Reardon, 2011).

Além desses fatores, o nível socioeconômico pode influenciar o desenvolvimento cerebral em si. Por exemplo, crianças que vivem na pobreza têm maior probabilidade de estarem expostas a toxinas ambientais, como o chumbo, que podem impactar negativamente o desenvolvimento do

---

Em janeiro de 2011 uma escola de Roslyn, Nova York, comprou 47 iPads para fornecer aos estudantes como parte de um programa piloto. O argumento dos administradores era que os iPads irão substituir os livros, aumentar a conclusão do dever de casa, fornecer material interativo e tornar a comunicação com os professores mais provável. O que você acha?

Hu, 2011

cérebro. As crianças mais pobres também estão menos propensas a ter acesso a alimentos saudáveis e sofrem de mais deficiências de nutrientes. Além disso, a pobreza está associada com maior estresse, e altos níveis de estresse crônico podem ter um efeito negativo direto no desenvolvimento, assim como efeitos indiretos no desenvolvimento por meio do seu impacto nos processos relacionais (Hackman, Farah, & Meaney, 2010; Blair & Raver, 2016). As pesquisas demonstram que crianças que vivem na pobreza têm de 3 a 4% menos volume de substância cinzenta no lobo frontal, no lobo temporal e no hipocampo, um achado com consequências para o funcionamento acadêmico (Hair, Hanson, & Wolfe, 2015).

Aceitação pelos pares   Crianças que não são apreciadas por seus pares tendem a se sair mal na escola, uma associação que vale para meninos e meninas (Nakamoto & Schwartz, 2010; van Lier et al., 2012). É possível que as características de algumas crianças, incluindo agressividade e comportamento desafiador, as levem a ir mal na escola e a não serem apreciadas por seus colegas. Nesse caso, o baixo desempenho e a vitimização pelos pares leva à ansiedade, depressão e mais quedas no desempenho acadêmico (van Lier at al., 2012). Também há evidências de que esse efeito é bidirecional; os alunos que vão mal na escola também parecem apresentar dificuldades sociais posteriormente (Caemmerer & Keith, 2015).

A identificação precoce, pelos professores, de crianças que apresentam problemas sociais poderia levar a intervenções que melhorariam os resultados acadêmicos, emocionais e sociais dessas crianças (Flook, Repetti, & Yllman, 2005). Além disso, os professores podem servir como proteção contra alguns dos efeitos das interações negativas com os colegas, seja ao estabelecer uma relação carinhosa com a criança rejeitada ou ao promover um clima em sala de aula no qual a vitimização das crianças impopulares é desincentivada e as identidades sociais positivas são encorajadas (Elledge, Elledge, Newgent, & Cavell, 2016; Serdiouk, Rodkin, Madill, Logis, & Gest, 2015).

Métodos educativos   O decreto "Nenhuma Criança Deixada para Trás" (No Children Left Behind – NCLB) de 2001 é uma grande reforma educacional que enfatiza a responsabilidade, as opções parentais expandidas, o controle local e a flexibilidade. A intenção foi canalizar fundos federais para programas e práticas baseadas em pesquisa. Alunos de 3ª à 8ª série eram testados anualmente para determinar se conseguiam atingir os objetivos de progresso definidos. A NCLB foi substituída em 2015 pela Lei Todos os Alunos são Bem-Sucedidos (ESSA – Every Student Succeeds Act), com o apoio dos dois grandes partidos dos Estados Unidos. A ESSA manteve os requisitos de testes padronizados da NCLB, mas transferiu a responsabilidade e o dever de supervisão para os governos estaduais.

Qual foi a influência desses sistemas regulatórios? O padrão de melhora nos escores de desempenho foi altamente variável entre os estados, séries e disciplinas (Lee & Reeves, 2012). No entanto, as pontuações nos testes apresentam melhora. Em 2007, por exemplo, as pontuações de matemática para alunos de 4ª a 8ª séries na Avaliação Nacional de Progresso Educacional (NAEP – National Assessment of Educational Progress) atingiram seus níveis mais altos desde que o teste começou em 1990. Os estudantes negros, brancos e hispânicos melhoraram (NCES, 2007c), mas as diferenças de grupo étnico permaneceram (Hernandez & Macartney, 2008). Os esforços para melhorar o ensino da leitura parecem estar andando mais lentamente (Dee & Jacob, 2011). Na NAEP em 2007, as pontuações de leitura de estudantes da 4ª série aumentaram apenas modestamente comparadas às de 1990, e as pontuações dos estudantes da 8ª série diminuíram um pouco, mas foram melhores do que em 2005 (NCES, 2007).

Muitos educadores afirmam que a única solução real para evitar um elevado nível de fracassos é identificar com antecedência os estudantes em risco e intervir *antes* que eles falhem. Uma forma é fornecer escolas ou programas alternativos para estudantes de risco, oferecendo-lhes classes menores, instrução corretiva, aconselhamento e intervenção na crise (NCES, 2003).

Tamanho da classe   As evidências sobre a importância do tamanho da classe no desempenho acadêmico são mistas (Schneider, 2002). Alguns pesquisadores não observaram evidências de que reduzir o tamanho da classe beneficia o desempenho acadêmico (Chingos, 2012; Hoxby, 2000). Outras pesquisas mostram que reduzir o tamanho da classe tem efeitos benéficos sobre o desempenho acadêmico, mas que os efeitos são pequenos e é improvável que levem a aumentos consideráveis na aprendizagem dos alunos (Cho, Glewwe, & Whitler, 2012).

> **verificador**
> **você** é capaz de...
> ▷ Avaliar como as crenças de eficácia, o gênero, os estilos de parentalidade, o NSE e a aceitação pelos pares afetam o desempenho escolar?

Crianças que têm uma rede social e que são apreciadas e aceitas pelos pares tendem a se sair melhor na escola.
Stockbyte/Digital Vision/Getty Images

Contudo, muitos educadores argumentam que classes menores têm benefícios para os alunos. Nas classes menores, os alunos passam mais tempo interagindo com o professor, são mais propensos a serem o foco da atenção do professor e passam mais tempo concentrados na tarefa e menos tempo focados em outras questões (Blatchford, Bassett, & Brown, 2011; Folmer-Annevelink, Doolaard, Macareño, & Bosker, 2010). As classes menores estão associadas com notas melhores em testes de leitura, matemática e reconhecimento de palavras (Shin & Raudenbush, 2011).

Alguns dados sugerem que os alunos em maior risco, incluindo os de nível socioeconômico inferior ou de grupos marginalizados ou privados de alguma forma, são os que mais se beneficiam de estudar em classes menores. Além disso, as classes menores parecem ser mais vantajosas para as crianças mais jovens (Zyngier, 2014; Blatchford et al., 2011; Watson, Handal, Maher, & McGinty, 2013).

Inovações educacionais Quando as escolas públicas de Chicago eliminaram a *promoção social* – prática de aprovar crianças ainda que não atinjam os padrões de aproveitamento escolar, para que continuem junto com seus colegas da mesma idade –, muitos observadores aclamaram a mudança. Outros avisaram que, embora a reprovação em alguns casos possa ser um alerta, na maioria das vezes é o primeiro passo em um caminho negativo, que leva a expectativas mais baixas, ao mau desempenho e à evasão escolar (J. M. Fields & Smith, 1998; Lugaila, 2003; Temple, Reynolds, & Miedel, 2000). Na verdade, estudos revelaram que a política de reprovação de Chicago *não* tinha melhorado os resultados dos alunos da 3ª série, tinha prejudicado os alunos da 6ª série e promovido um sensível aumento na evasão escolar de alunos reprovados da 8ª série e do ensino médio (Nagaoka & Roderick, 2004).

Muitos educadores afirmam que a única solução real para evitar um elevado nível de fracassos é identificar com antecedência os estudantes em risco e intervir *antes* que eles falhem. Uma forma é fornecer escolas ou programas alternativos para estudantes de risco, oferecendo-lhes classes menores, instrução corretiva, aconselhamento e intervenção na crise (NCES, 2003).

Alguns pais, descontentes com as escolas públicas ou desejando um estilo particular de ensino, preferem escolas cooperativadas ou o ensino em casa. Em 2016–2017, estimava-se que 3,1 milhões de crianças tenham estudado em escolas cooperativadas (National Alliance for Public Charter Schools, 2018). As escolas cooperativadas tendem a ser menores que as escolas públicas normais e tendem a ter uma filosofia, currículo, estrutura e estilo de organização únicos. Alguns estudos identificaram ganhos no desempenho dos alunos de escolas cooperativadas, especialmente em matemática (Betts & Tang, 2016), alguns estudos tiveram resultados mistos (Berends, 2015) e alguns observaram resultados negativos (Clark, Gleason, Tuttle, & Silverberg, 2015). Atualmente, não há dados suficientes disponíveis para oferecer recomendações gerais.

O ensino em casa é legal em todos os 50 estados norte-americanos. Em 2012, 1,8 milhão de estudantes norte-americanos, representando 3,4% da população em idade escolar, eram ensinados em casa (Snyder, de Brey, & Dillow, 2016). As principais razões que levam os pais a preferirem que seus filhos estudem em casa estavam relacionadas ao ambiente de aprendizagem insatisfatório e inseguro nas escolas e ao desejo de fornecer uma instrução religiosa e moral (NCES, 2008). A maioria dos estudantes ensinados em casa eram brancos (89%) e quase todos (cerca de 90%) viviam acima da linha da pobreza (Redford, Battle, & Bielick, 2016).

Os defensores do ensino em casa argumentam que a prática está associada com o bom desempenho acadêmico (Christian Home Educators Association of California, 2013; Ray, 2010), mas os estudos conduzidos têm falhas metodológicas graves e tendem a vir de um grupo limitado de organizações e pesquisadores que sofrem de potenciais vieses (Kunzman & Gaither, 2012; Lubienski, Puckett, & Brewer, 2013). Assim, a eficácia do ensino em casa permanece em questão. Dada a diversidade de métodos e materiais utilizados (Redford et al., 2016), é provável que a qualidade do ensino varie radicalmente.

Uso de mídias Em 1994, apenas 4% das salas de aula tinham acesso à internet, em comparação com 97% em 2008 (Snyder, deBrey, & Dillow, 2018). Entretanto, menos crianças negras, hispânicas e indígenas do que crianças brancas e asiáticas, e menos crianças pobres do que não pobres, usam essas tecnologias.

Em 2003, crianças de 6 a 12 anos passavam aproximadamente 14 horas por semana assistindo à televisão. Muito menos tempo (1 hora e 20 minutos por semana) foi gasto com o uso de

▶ **verificador**
você é capaz de...

▷ Discutir as mudanças e as inovações na filosofia e na prática de educação?

computadores. Desse tempo, a maior parte é passada jogando *videogames*, com o restante sendo gasto enviando *e-mails*, usando a internet e estudando. Tal exposição à mídia tem influências variáveis dependendo do tipo de mídia que é examinada e do gênero da criança. Por exemplo, a televisão está associada à substituição de outras experiências mais benéficas, como brincar ou dormir, para todas as crianças. O uso do computador está associado ao aumento na capacidade de realização e solução de problemas para as meninas. Entretanto, para os meninos, que têm maior probabilidade de jogar *videogames* violentos, o uso do computador está associado ao aumento nos problemas de comportamento agressivo (Hofferth, 2010).

A alfabetização digital é uma habilidade importante no mundo atual. Entretanto, essa ferramenta representa perigos. Primeiramente, o risco de exposição a material nocivo ou inadequado. Além disso, os estudantes precisam aprender a avaliar criteriosamente a informação encontrada no ciberespaço e a separar fatos de opiniões e de publicidade.

> **verificador**
> **você** é capaz de...
> ▷ Avaliar o impacto do uso de mídias pelas crianças?

Educação de crianças com necessidades especiais

As escolas públicas têm um papel fundamental na educação de crianças com habilidades variadas, de todos os tipos de famílias e formações culturais, incluindo aquelas com necessidades especiais. Quando consideramos as necessidades especiais, a maioria de nós tende a se concentrar nas crianças com transtornos da aprendizagem ou de comportamento. Contudo, as necessidades especiais também incluem o foco em crianças superdotadas, talentosas ou criativas, pois elas têm necessidades educacionais diferentes das crianças típicas.

CRIANÇAS COM PROBLEMAS DE APRENDIZAGEM

No momento em que os educadores se tornaram mais sensíveis à questão do ensino de crianças de diferentes origens culturais, eles também buscaram satisfazer necessidades de crianças com necessidades especiais de educação.

Deficiência intelectual A **deficiência intelectual** é o funcionamento cognitivo significativamente abaixo do normal. Ele é indicado por um QI de 70 ou menos, aliado a uma deficiência de adaptação comportamental adequada à idade (tal como comunicação, habilidades sociais e autocuidado), aparecendo antes dos 18 anos (American Psychiatric Association, 2013). A deficiência intelectual é às vezes referida como deficiência cognitiva ou retardo mental. Menos de 1% das crianças nos Estados Unidos são intelectualmente deficientes (NCHS, 2004). Em nível mundial, aproximadamente 1 em cada 100 pessoas tem deficiências intelectuais (Maulik, Mascrenhas, Mathers, Dua, & Saxena, 2011).

Em 30 a 50% dos casos, a causa da deficiência intelectual é desconhecida. As causas conhecidas incluem disfunções genéticas, acidentes traumáticos, exposição a infecções ou a álcool antes do nascimento, e exposição ambiental ao chumbo e a elevados níveis de mercúrio (Woodruff et al., 2004). Muitos casos podem ser prevenidos por meio de aconselhamento genético, cuidado pré-natal – incluindo a amniocentese (o exame do líquido amniótico) –, exames de rotina, assistência à saúde do recém-nascido e serviços nutricionais para grávidas e bebês.

A maioria das crianças com deficiências intelectuais podem ser beneficiadas ao frequentarem a escola. Programas de intervenção têm ajudado muitos daqueles com deficiência intelectual leve ou moderada e os considerados limítrofes (com QIs variando de 70 até 85) a se manter nos empregos, a viver em comunidade e a viver em sociedade. Aqueles com deficiência profunda necessitam de cuidados e supervisão constantes, geralmente em instituições especializadas. Para alguns, centros de cuidados diários, abrigos para adultos intelectualmente deficientes e serviços domiciliares de cuidadores podem ser alternativas menos dispendiosas e mais humanas.

deficiência intelectual
Função cognitiva significativamente abaixo do normal. Também chamada de retardo mental.

Transtornos da aprendizagem Nelson Rockefeller, ex-vice-presidente dos Estados Unidos, foi uma das muitas pessoas célebres com **dislexia**, um transtorno do desenvolvimento da linguagem no qual a aquisição da leitura é substancialmente abaixo do nível previsto pelo QI ou pela idade.

dislexia
Transtorno do desenvolvimento no qual a aquisição da leitura é substancialmente mais baixa do que o previsto pelo QI ou pela idade.

transtornos da aprendizagem (TAs)
Transtornos que interferem em aspectos específicos da aprendizagem e do desempenho escolar.

Pessoas com dislexia frequentemente não desenvolvem a consciência fonológica e têm dificuldade em dividir os sons da fala em suas partes constituintes. Se você não pode "ouvir" que a palavra "céu" é composta de três fonemas distintos, então a leitura definitivamente será um desafio.
Shaywitz et al., 2006

transtorno de déficit de atenção/hiperatividade (TDAH)
Síndrome caracterizada por desatenção e distração persistentes, impulsividade, baixa tolerância à frustração e atividade excessiva inoportuna.

A dislexia é a disfunção mais comumente diagnosticada entre os que apresentam **transtornos da aprendizagem (TAs)**. Esses transtornos interferem em aspectos específicos do desempenho escolar, como a escuta, a fala, a leitura, a escrita, ou a matemática, resultando em desempenho substancialmente mais baixo que o esperado, considerando-se a idade, a inteligência e o nível de instrução da criança. Aproximadamente 2,4 milhões de crianças nos Estados Unidos no sistema escolar público, dois terços delas meninos, foram identificadas como tendo algum transtorno da aprendizagem em 2011. Esse número representa uma queda de 18% desde 2002. O declínio pode ser atribuído a serviços de diagnóstico e triagem nos primeiros anos, assim como a influência da educação na segunda infância. Nos últimos anos, em vez de esperar que as crianças fracassem e então oferecer serviços, é mais comum oferecer assistência mais cedo (e mais eficaz) para essas crianças (National Center for Learning Disabilities, 2014).

As crianças com TAs muitas vezes têm inteligência média e acima da média, visão e audição normais, mas parecem ter problemas no processamento de informação. Embora as causas sejam incertas, um fator é genético. As pesquisas sugerem que os principais genes responsáveis pela alta hereditariedade dos TAs mais comuns – prejuízo de linguagem, deficiência de leitura e deficiência matemática – também são responsáveis por variações normais nas capacidades de aprendizagem (Plomin & Kovas, 2005). Os fatores ambientais podem incluir complicações de gravidez ou parto, lesões após o nascimento, privações nutricionais e exposição a chumbo (National Center for Learning Disabilities, 2014).

Aproximadamente 4 em cada 5 crianças que têm TAs foram identificadas como disléxicas. A dislexia é um problema crônico de saúde que persiste e tende a se manifestar na família (S.E. Shaywitz, 2003). Atrapalha o desenvolvimento tanto da linguagem oral quanto da escrita e pode acarretar problemas em escrever, soletrar, de gramática e em compreender tanto a fala quanto a leitura (National Center for Learning Disabilities, 2014). A dificuldade de leitura é mais frequente em meninos do que em meninas (Rutter et al., 2004). Embora leitura e inteligência estejam relacionadas em crianças sem dislexia, elas não estão ligadas dessa forma em crianças com dislexia. Em outras palavras, a dislexia não é uma questão de inteligência (Ferrer et al., 2010).

Estudos de imageamento cerebral revelam que a dislexia deve-se a um defeito neurológico que perturba o reconhecimento dos sons da fala (Shaywitz, Mody, & Shaywitz, 2006). Diversos genes identificados contribuem para essa perturbação (Eicher & Gruen, 2013; Carrion-Castillo, Franke, & Fisher, 2013). Muitas crianças – e até adultos – com dislexia podem aprender a ler por meio de um treinamento fonoaudiológico sistemático, mas o processo não se torna automático, como no caso dos outros leitores (Eden et al., 2004; S. E. Shaywitz, 2003).

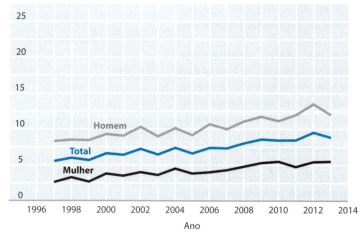

FIGURA 9.3
Diagnóstico de transtorno de déficit de atenção/hiperatividade (TDAH) nos Estados Unidos por ano.
O diagnóstico de transtornos da aprendizagem tem permanecido constante, mas o diagnóstico de TDAH aumentou entre 1997 e 2009.
Fonte: Child Trends DataBank, www.childtrends.org/wp-content/uploads/2014/08/76_ADHD.pdf.

Transtorno de déficit de atenção/hiperatividade (TDAH) O **transtorno de déficit de atenção/hiperatividade (TDAH)** tem sido considerado o transtorno mental mais comum na infância (Wolraich et al., 2005). Ele é uma condição crônica geralmente caracterizada por desatenção persistente, tendência à distração, impulsividade e pouca tolerância à frustração. Entre as pessoas famosas que relataram ter tido TDAH estão o músico John Lennon, o senador norte-americano Robert Kennedy e os atores Robin Williams e Jim Carrey.

Estima-se que o TDAH afete 7,2% das crianças em idade escolar em todo o mundo (Figura 9.3) (Thomas, Sanders, Doust, Beller, & Glasziou, 2015). Em 2016, cerca de 5,4 milhões de crianças nos Estados Unidos foram diagnosticadas com TDAH, uma taxa de aproximadamente 8,4% (Danielson et al., 2018). A taxa de TDAH aumentou cerca de 3% nos últimos 10 anos (Pastor & Reuben, 2008).

Assim como no caso do TA, as taxas de diagnóstico de TDAH variam bastante conforme gênero, etnia, área geográfica e outros fatores contextuais.

Os meninos têm maior probabilidade do que as meninas de receber cada um dos diagnósticos, e duas vezes mais de serem diagnosticados com TDAH (Pastor & Reuben, 2008). As taxas de prevalência são mais altas entre as crianças brancas não hispânicas (12,5%) do que as negras (9,6%) e hispânicas (6,4%) (Pastor, Duran, & Reuben, 2015). Alguns desses diagnósticos podem ser motivados por fatores ambientais e estar relacionados às demandas ou características da escola envolvida.

Os estudos de imageamento revelam que determinadas regiões dos cérebros de crianças com TDAH, particularmente áreas do córtex frontal, apresentam atrasos de desenvolvimento. O córtex motor é a única área que amadurece mais rápido que o normal, e tal incompatibilidade pode explicar a inquietação e a agitação características do transtorno (Shaw, Krause, Liang, & Bennett, 2007). Durante tarefas que exigem a implementação de processos de atenção, as crianças com TDAH apresentam menor ativação nas áreas das redes de atenção frontoparietal e ventral (Cortese et al., 2012). Essas regiões permitem que uma pessoa estabeleça metas, focalize a atenção, monitore o progresso e iniba impulsos negativos – todas as funções perturbadas em crianças com TDAH.

Muitas vezes o TDAH é controlado com medicamentos, às vezes combinado com sessões de terapia comportamental, aconselhamento, treinamento em habilidades sociais e participação em classes especiais. A ritalina é um medicamento prescrito com frequência e geralmente muito eficaz. No entanto, o medicamento está relacionado com crescimento mais lento em termos de altura e peso (Powell, Frydenberg, & Thomsen, 2015); outros efeitos de longo prazo da ritalina são desconhecidos (Wolraich et al., 2005).

Os efeitos dos tratamentos no longo prazo para o TDAH, à base de medicamentos, são desconhecidos, mas não tratar quando há a condição também acarreta riscos. O que você faria se tivesse um filho com TDAH?

verificador
você é capaz de...
▷ Discutir as causas, os tratamentos e os prognósticos para três condições que interferem na aprendizagem?

Educando crianças com necessidades especiais Em 2014–2015, cerca de 13% dos estudantes das escolas públicas nos Estados Unidos estavam recebendo serviços educacionais especiais sob a proteção da Lei de Educação de Indivíduos com Necessidades Especiais (*Individuals with Disabilities Education Act*) (U.S. Department of Education, 2016). A maioria dessas crianças tinha transtornos da aprendizagem ou prejuízos de fala ou linguagem. As crianças devem ser educadas no "ambiente menos restritivo" adequado às suas necessidades – o que significa, sempre que possível, a sala de aula regular.

Programas nos quais crianças com necessidades especiais estão incluídas na sala de aula normal são chamados de programas de inclusão. Neles, as crianças com deficiências são integradas em salas de aulas para crianças sem deficiências, durante parte do dia ou no período integral, às vezes com algum auxílio. Em 2014, 52% dos estudantes com necessidades especiais passaram pelo menos 80% do seu tempo em salas de aula regulares (NCES, 2017).

CRIANÇAS SUPERDOTADAS

O critério tradicional de superdotação é a inteligência geral alta, demonstrada por uma pontuação de QI igual ou maior que 130. Tal definição tende a excluir crianças altamente criativas (cujas respostas fora do comum diminuem sua pontuação nos testes), crianças provenientes de grupos minoritários (cujas habilidades podem não estar bem desenvolvidas, embora existam em potencial) e crianças com aptidões específicas (que podem ser avaliadas como medianas ou mesmo mostrar problemas de aprendizagem em outras áreas). Assim, todos os 50 estados dos Estados Unidos abandonaram definições de superdotação baseadas em um único escore (McClain & Pfeiffer, 2012).

A maioria dos distritos escolares e estados adotou uma definição mais ampla de criatividade. Em geral, são utilizados múltiplos critérios de admissão aos programas para superdotados, que incluem resultados em testes de desempenho, desempenho em sala de aula, produção criativa, indicação de pais e professores e entrevistas com os alunos. Estima-se que 6% da população de estudantes é considerada superdotada (National Association for Gifted Children [NAGC], s.d.). No ano acadêmico de 2013–2014, aproximadamente 3,32 milhões de crianças foram matriculadas em programas para crianças superdotadas nos Estados Unidos (U.S. Department of Education, 2017).

As crianças com deficiências ou necessidades especiais se beneficiam quando é possível acomodá-las de forma a propiciar a sua inclusão em salas de aula com crianças sem deficiências ou neurotípicas.
FatCamera/E+/Getty Images

Causas da superdotação Altos níveis de desempenho exigem motivação forte e anos de treinamento rigoroso (Gardner, 1993;

Uma possível razão para criatividade e desempenho acadêmico nem sempre estarem relacionados é que as características de personalidade relacionadas à criatividade em geral são vistas negativamente pelos professores.

Westby & Dawson, 1995

criatividade
Capacidade de ver as coisas de uma maneira nova, de produzir inovações, ou de reconhecer problemas não identificados e encontrar soluções inovadoras.

pensamento convergente
Pensamento visando encontrar a resposta correta para um problema.

pensamento divergente
Pensamento que produz uma variedade de possibilidades novas e diferentes.

programas de enriquecimento
Programas para educação de superdotados que ampliam e aprofundam o conhecimento e as habilidades por meio de atividades extras, projetos, estudos de campo ou tutoria.

programas de aceleração
Programas para educação de superdotados que os fazem avançar no currículo em um ritmo excepcionalmente rápido.

verificador
você é capaz de...

▷ Dizer como crianças superdotadas são identificadas?

▷ Explicar por que a criatividade é difícil de medir?

▷ Comparar duas abordagens de educação de crianças superdotadas?

Clinkenbeard, 2012; Al-Dhamit & Kreishan, 2016). Entretanto, motivação e treinamento não produzirão superdotação a menos que uma criança seja dotada de uma habilidade incomum (Winner, 2000). Inversamente, é pouco provável que crianças com dotes inatos apresentem desempenho excepcional sem motivação e esforço (Achter & Lubinski, 2003).

As crianças superdotadas tendem a crescer em ambientes familiares enriquecidos com muita estimulação intelectual ou artística. Seus pais reconhecem e com frequência dedicam-se a alimentar os talentos e a curiosidade das crianças, e tendem a dar-lhes um grau incomum de independência e a expô-las a novas experiências. Os pais de crianças superdotadas normalmente têm altas expectativas e são eles próprios esforçados e empreendedores (Winner, 2000; Al-Dhamit & Kreishan, 2016; Garn, Matthews, & Jolly, 2010; Gottfried et al., 2016).

Definindo e medindo a criatividade Uma definição de **criatividade** é a capacidade de ver as coisas sob uma nova perspectiva – de produzir algo nunca visto antes, ou de reconhecer problemas que outros não conseguem identificar e de encontrar soluções novas e fora do comum. A alta criatividade e a alta inteligência acadêmica (QI) não andam necessariamente de mãos dadas (Anastasi & Schaefer, 1971; Getzels, 1984; Getzels & Jackson, 1963).

Contudo, parece haver um limite mínimo de inteligência, que varia com a complexidade da atividade criativa. Após a superação desse limiar, fatores de personalidade tornam-se mais importantes (Jauk, Benedek, Dunst, & Neubauer, 2013).

A razão de a criatividade não estar altamente correlacionada com os testes de QI tradicionais é que estes medem um tipo diferente de pensamento, não aquele característico da criatividade. J. P. Guilford (1986) identificou dois tipos de pensamento: o convergente e o divergente. O **pensamento convergente**, que é o tipo que os testes de QI medem, busca uma única resposta correta. Por exemplo, para resolver um problema de aritmética, há uma única resposta correta e espera-se que todos a encontrem. O **pensamento divergente**, por outro lado, envolve uma ampla gama de novas possibilidades, como quando se pede que as crianças listem quantas utilidades diferentes um clipe de papel poderia ter ou que escrevam o que imaginam quando escutam um som. Não há uma resposta certa. Os testes de criatividade exigem pensamento divergente. Essa capacidade pode ser avaliada com o uso de Testes de Pensamento Criativo de Torrance (TTCT – Torrance Tests of Creative Thinking) (Torrance & Ball, 1984).

Educando crianças superdotadas Os programas para crianças superdotadas geralmente enfatizam o enriquecimento ou a aceleração. Os **programas de enriquecimento** aprofundam o conhecimento e as habilidades por meio de atividades extraescolares, projetos de pesquisa, estudos de campo ou treinamento com a ajuda de especialistas. Os **programas de aceleração** aceleram a educação pelo ingresso precoce na escola, a prática de pular anos escolares e a participação em classes mais adiantadas ou em cursos avançados. Outras opções incluem o agrupamento por habilidade dentro da sala de aula, que mostrou ajudar as crianças academicamente e não prejudicá-las socialmente (Winner, 2000), matrícula dupla (p. ex., um estudante da 8ª série tendo aulas de matemática em uma classe de ensino médio em outra escola), e escolas especializadas para superdotados.

Uma aceleração moderada não parece prejudicar o ajustamento social, pelo menos no longo prazo (Winner, 1997). Um estudo realizado ao longo de 30 anos com 3.937 jovens que foram colocados em cursos avançados no ensino médio revelou que eles estavam mais satisfeitos com sua experiência escolar e, em última análise, tiveram mais realizações do que os jovens igualmente superdotados que não foram colocados em cursos avançados (Bleske-Rechek, Lubinski, & Benbow, 2004).

resumo e palavras-chave

DESENVOLVIMENTO FÍSICO

Aspectos do desenvolvimento físico

- O desenvolvimento físico é menos rápido na terceira infância do que nos anos anteriores. Existem grandes diferenças na altura e no peso.
- Cuidados odontológicos, nutrição e sono adequados são essenciais para o crescimento normal e para uma boa saúde.
- Mudanças na estrutura e no funcionamento cerebral sustentam os avanços cognitivos.
- Devido ao progresso do desenvolvimento motor, meninos e meninas na terceira infância podem dedicar-se a uma ampla variedade de atividades motoras.
- As atividades informais do recreio ajudam a desenvolver as habilidades físicas e sociais. Os jogos dos meninos tendem a ser mais físicos, enquanto os das meninas são mais verbais.
- Dez por cento das brincadeiras das crianças em idade escolar, sobretudo dos meninos, são impetuosas.
- Muitas crianças, sobretudo os meninos, dedicam-se a esportes organizados e competitivos. Um bom programa de educação física deve enfocar o desenvolvimento de habilidades e a saúde física de todas as crianças.

brincadeiras impetuosas (261)

Saúde, condição física e segurança

- A terceira infância é um período da vida relativamente saudável; a maior parte das crianças está imunizada contra a maioria das doenças, e a taxa de mortalidade é a mais baixa em relação ao resto da vida.
- O excesso de peso, que está aumentando entre as crianças, acarreta múltiplos riscos. É influenciado por fatores genéticos e ambientais, sendo mais fácil evitá-lo do que tratá-lo. Muitas crianças não fazem exercício físico suficiente.
- A hipertensão tem ocorrido com mais frequência à medida que aumenta a incidência de excesso de peso.
- A prevalência de asma é alta e parece ser causada por uma série de fatores de risco genéticos e ambientais. Nesta idade são comuns as infecções respiratórias e outras doenças agudas. Doenças crônicas, como a asma, são mais comuns em crianças pobres ou pertencentes a grupos minoritários. O diabetes é uma das doenças crônicas mais comuns da infância.
- Os acidentes são a principal causa de morte na terceira infância. As lesões podem ser muito reduzidas pelo uso de capacetes e outros dispositivos de proteção, assim como pela eliminação do uso de brinquedos e da prática de esportes perigosos.

imagem corporal (262)
doenças agudas (264)
doenças crônicas (264)
asma (265)
diabetes (265)
hipertensão (265)

DESENVOLVIMENTO COGNITIVO

Abordagem piagetiana: a criança operatório-concreta

- Uma criança entre 7 e 12 anos está no estágio operatório-concreto. As crianças são menos egocêntricas do que antes e mais competentes para tarefas que requerem raciocínio lógico, como relações espaciais, causalidade, categorização, raciocínios indutivo e dedutivo e conservação. Contudo, o raciocínio é amplamente limitado ao aqui e agora.
- O desenvolvimento neurológico, a cultura e a escolaridade parecem contribuir para a taxa de desenvolvimento das habilidades piagetianas.

operatório-concreto (266)
seriação (268)
inferência transitiva (268)
inclusão de classes (268)
raciocínio indutivo (268)
raciocínio dedutivo (268)

Abordagem do processamento da informação: planejamento, atenção e memória

- As habilidades executivas, o tempo de reação, a velocidade de processamento, a atenção seletiva, a metamemória e o uso de estratégias mnemônicas melhoram durante os anos escolares.

função executiva (270)
estratégia mnemônica (272)
auxiliares de memória externos (272)
ensaio (272)
organização (272)
elaboração (272)
metamemória (272)

Abordagem psicométrica: avaliação da inteligência

- Os testes de QI são bastante eficazes na previsão de sucesso escolar, mas podem ser injustos para algumas crianças.
- As diferenças de QI entre grupos étnicos parecem ter, em grau elevado, origem nas diferenças socioeconômicas e ambientais.
- A frequência escolar aumenta a inteligência medida.
- As tentativas de conceber testes livres de aspectos culturais ou culturalmente justos foram malsucedidas. Na realidade, os testes de inteligência parecem estar inextricavelmente ligados à cultura.
- Os testes de QI medem apenas três das inteligências da teoria das inteligências múltiplas de Gardner.
- Segundo a teoria triárquica de Robert Sternberg, os testes de QI medem, sobretudo, o elemento componencial da inteligência, mas não os elementos experiencial e contextual.
- Outras direções nos testes de inteligência incluem os Testes de Habilidades Triárquicas de Sternberg (STAT), a Bateria de Avaliação de Kaufman para Crianças (K-ABC-II) e os testes dinâmicos baseados na teoria de Vygotsky.

Escala de Inteligência Wechsler para Crianças (WISC-IV) (273)
Teste de Habilidade Escolar de Otis-Lennon (OLSAT 8) (273)
teoria das inteligências múltiplas de Gardner (275)
testes livres de aspectos culturais (276)
testes culturalmente justos (276)
teoria triárquica da inteligência (277)
elemento componencial (277)
elemento experiencial (277)
elemento contextual (277)
conhecimento tácito (278)
Bateria de Avaliação de Kaufman para Crianças (K-ABC-II) (278)
testes dinâmicos (278)

Linguagem e alfabetização

- O uso do vocabulário, da gramática e da sintaxe torna-se progressivamente mais sofisticado, mas a área linguística de maior crescimento é a pragmática.
- Os métodos de ensino de uma segunda língua são controversos. Os problemas incluem velocidade e facilidade com a língua local, realizações de longo prazo nas matérias acadêmicas e orgulho da identidade cultural.
- Apesar da popularidade dos programas de ensino integral da linguagem, o treinamento fonético precoce é essencial para a proficiência em leitura.

pragmática (279)
abordagem de imersão na língua inglesa (279)
educação bilíngue (279)
bilíngue (279)
aprendizagem simultânea (bilíngue) (280)
decodificação (280)
abordagem fonética (com ênfase no código) (280)
abordagem da linguagem integral (280)
recuperação baseada na visualização (280)
metacognição (281)

A criança na escola

- As crenças de autoeficácia das crianças afetam o seu desempenho escolar.
- As meninas tendem a se sair melhor na escola do que os meninos.
- Os pais influenciam a aprendizagem das crianças envolvendo-se nas atividades escolares, motivando-as ao sucesso e transmitindo-lhes uma postura em relação à aprendizagem.
- O nível socioeconômico pode influenciar as crenças e as práticas dos pais, que, por sua vez, influenciam o desempenho.
- A aceitação pelos pares e o tamanho da classe afetam o aprendizado.
- As questões e inovações educacionais atuais incluem promoção social, escolas cooperativadas, ensino em casa e a alfabetização digital.

Educação de crianças com necessidades especiais

- Três fontes frequentes de problemas de aprendizagem são a deficiência intelectual, os transtornos da aprendizagem (TAs) e o transtorno de déficit de atenção/hiperatividade (TDAH). A dislexia é o transtorno da aprendizagem mais comum.
- Nos Estados Unidos, todas as crianças com transtornos da aprendizagem têm direito à educação gratuita e apropriada. As crianças devem ser educadas no ambiente menos restritivo possível, frequentemente em salas de aula regulares.
- Um QI de 130 ou superior é um padrão comum para a identificação de crianças superdotadas.
- A criatividade e o QI *não* estão intimamente ligados. Os testes de criatividade buscam medir o pensamento divergente, mas a sua validade tem sido questionada.
- Os programas de educação especial para crianças superdotadas enfatizam o enriquecimento ou a aceleração.

deficiência intelectual (285)
dislexia (285)
transtornos da aprendizagem (TAs) (286)
transtorno de déficit de atenção/hiperatividade (TDAH) (286)
criatividade (288)
pensamento convergente (288)
pensamento divergente (288)
programas de enriquecimento (288)
programas de aceleração (288)

capítulo

10

Desenvolvimento Psicossocial na Terceira Infância

imagenavi/Getty Images

Pontos principais

O *self* em desenvolvimento
A criança na família
A criança no grupo de pares
Saúde mental

Objetivos de aprendizagem

Discutir o desenvolvimento emocional e da personalidade nas crianças em idade escolar.

Descrever mudanças nos relacionamentos com a família durante os anos escolares.

Identificar mudanças nas relações com os pares em crianças em idade escolar.

Descrever os transtornos emocionais que podem se desenvolver em crianças em idade escolar, junto com técnicas de tratamento, e a capacidade das crianças de lidar com o estresse.

Você sabia que...

▷ As crianças em famílias em que somente um pai está presente se saem melhor em testes de desempenho em países com políticas de apoio à família?
▷ Há poucas diferenças significativas no ajustamento entre crianças adotadas e não adotadas?
▷ Os padrões de intimidação (*bullying*) e vitimização podem se estabelecer já no jardim de infância?

Neste capítulo, observamos como as crianças desenvolvem um autoconceito mais realista. Por meio da interação com seus pares, elas fazem descobertas sobre suas próprias atitudes, valores e habilidades. O número de jogos em que as crianças de ambos os sexos podem participar nesta idade é maior. Examinamos diversos problemas mentais e as crianças resilientes, que são capazes de emergir do estresse saudáveis e fortes.

> **N**ão existe revelação mais nítida da alma de uma sociedade do que a forma como ela trata as suas crianças.
>
> —Nelson Mandela, ex-presidente da África do Sul e revolucionário anti-Apartheid

O *self* em desenvolvimento

O crescimento cognitivo que ocorre durante a terceira infância permite à criança desenvolver conceitos mais complexos sobre si mesma e ganhar compreensão e controle emocional.

DESENVOLVIMENTO DO AUTOCONCEITO: SISTEMAS REPRESENTACIONAIS

"Na escola, estou ficando bem esperta em certas matérias, Português e Estudos Sociais", diz Lisa, de 8 anos. "Tirei A nessas matérias, no meu último boletim, e fiquei toda orgulhosa. Mas estou me sentindo bem burra em Matemática e Ciências, principalmente quando vejo como as outras crianças estão indo bem...... Mas ainda gosto de mim como pessoa, porque Matemática e Ciências simplesmente não são importantes para mim. Minha aparência e minha popularidade são mais importantes" (Harter, 1996, p. 208).

No início do desenvolvimento, as crianças pequenas têm dificuldade com conceitos abstratos e com a integração das diversas dimensões do *self*. Seus autoconceitos se concentram em atributos físicos, posses e descrições globais. Por volta dos 7 ou 8 anos, as crianças alcançam o terceiro estágio do desenvolvimento do autoconceito. Nessa época, os julgamentos sobre si mesmas tornam-se mais conscientes, realistas, equilibrados e abrangentes à medida que as crianças formam os **sistemas representacionais**: autoconceitos amplos e inclusivos que integram vários aspectos da identidade (Harter, 1993, 1996, 1998).

Vemos essas mudanças na autodescrição de Lisa. Ela consegue agora focalizar-se em mais de uma dimensão de si própria. Ela superou a fase anterior da autodefinição do tipo tudo ou nada, preto ou branco. Agora, ela reconhece que pode ser "esperta" em certas matérias e "burra" em outras. Ela consegue verbalizar melhor seu autoconceito e avaliar os diferentes aspectos dele. Ela pode comparar sua *identidade real* (quem é) com sua *identidade ideal* (quem quer ser), e sabe julgar sua medida em certos padrões sociais em comparação com outros. Todas essas mudanças contribuem para o desenvolvimento da autoestima, a avaliação de seu *autovalor geral* ("Mas ainda gosto de mim como pessoa").

sistemas representacionais
Na terminologia neopiagetiana, o terceiro estágio no desenvolvimento da autodefinição, caracterizado por tolerância, equilíbrio e pela integração e avaliação de vários aspectos da identidade.

PRODUTIVIDADE *VERSUS* INFERIORIDADE

De acordo com Erikson (1982), um importante determinante da autoestima é a visão que a criança tem de sua capacidade para o trabalho produtivo, que se desenvolve no seu quarto estágio do desenvolvimento psicossocial: **produtividade *versus* inferioridade**. Assim como em todos os estágios de Erikson, há uma oportunidade para crescimento, representada pelo sentimento de produtividade, e um risco complementar, representado pela inferioridade.

Caso não consigam obter elogios dos adultos ou colegas em suas vidas, ou não tenham motivação e autoestima, as crianças podem desenvolver um sentimento de baixo autovalor e, logo, um sentimento de inferioridade. É um fato problemático, pois, durante a terceira infância, as crianças devem aprender habilidades valorizadas em sua sociedade. Se as crianças se sentem inadequadas comparadas com seus pares, elas podem retrair-se para o seio protetor da família e não se aventurar além do próprio lar.

produtividade *versus* inferioridade
Quarto estágio do desenvolvimento psicossocial de Erikson, no qual a criança deve aprender as habilidades produtivas que sua cultura requer ou então enfrentar sentimentos de inferioridade.

Hie leva gansos ao mercado, desenvolvendo seu senso de competência e elevando sua autoestima. Ao assumir responsabilidades de acordo com as capacidades do seu estágio de desenvolvimento, ela também aprende como funciona sua sociedade vietnamita, qual é seu papel nela e o que significa fazer bem um trabalho.
Michael Justice/The Image Works

Desenvolver um sentimento de produtividade, por outro lado, envolve aprender a se esforçar para atingir suas metas. Os detalhes variam de uma sociedade para a outra: os meninos arapesh, na Nova Guiné, aprendem a fazer arcos e flechas e a colocar armadilhas para ratos; as meninas arapesh aprendem a plantar, a semear e a colher; crianças inuit do Alasca aprendem a caçar e a pescar, enquanto crianças de países industrializados aprendem a ler, a escrever, a fazer contas e a usar computadores. O que essas diferentes experiências têm em comum, no entanto, é uma ênfase em desenvolver responsabilidade e motivação para progredir. Se o estágio for resolvido com sucesso, a criança desenvolve uma visão de si mesmo como capaz de dominar certas habilidades e de realizar tarefas. Mas isso pode ir longe demais: se as crianças tornam-se muito diligentes, elas podem negligenciar as relações sociais e transformar-se em viciadas em trabalho.

Os pais influenciam fortemente as crenças das crianças sobre competência e, como resultado, a quantidade de esforço que elas dedicam às diversas atividades. Em um estudo longitudinal com 987 crianças europeias, as crenças dos pais sobre a competência de seus filhos em esportes, música e matemática estavam fortemente associadas às crenças dos filhos sobre as suas habilidades e seus autorrelatos sobre motivação. Seis anos depois, as crenças das crianças previam a quantidade de tempo que dedicavam a aulas ou à participação nessas atividades (Yamamoto & Holloway, 2010).

CRESCIMENTO EMOCIONAL

À medida que as crianças crescem, elas tornam-se mais conscientes de seus próprios sentimentos e dos sentimentos das outras pessoas. Elas podem regular ou controlar melhor suas emoções e responder ao sofrimento emocional alheio (Saarni, Campos, Camras, & Witherington, 2006). Elas aprendem o que as deixa com raiva, com medo ou tristes e como as outras pessoas reagem à expressão dessas emoções. Elas sabem que lembrar de coisas que aconteceram no passado e pensar sobre coisas que acontecerão no futuro pode afetar o seu estado mental (Lagattuta, 2014). As crianças também começam a entender emoções conflitantes (Zajdel, Bloom, Fireman, & Larsen, 2013). Como diz Emily, "Meu irmão é legal, mas às vezes me incomoda. Eu gosto dele, mas ele faz coisas que me deixam furiosa. Mas eu não grito com ele porque, se grito, ele chora e daí eu me sinto culpada".

Por volta dos 7 ou 8 anos, as crianças têm consciência de que sentem vergonha e orgulho, e têm uma ideia mais clara da diferença entre culpa e vergonha (Olthof, Shouten, Kuiper, Stegge, & Jennekens-Schinkel, 2000). Além disso, valores culturais afetam a expressão e a experiência dessas emoções. Por exemplo, um estudo determinou que as crianças nos Estados Unidos expressam mais orgulho; as japonesas, mais vergonha; e as coreanas, mais culpa (Furukawa, Tangney, & Higashibara, 2012). Em outro estudo, quando crianças brâmanes na Índia eram questionadas sobre como se sentiriam em uma situação interpessoal difícil, informaram que teriam raiva, enquanto crianças tamang, no Tibete, relataram que o seu sentimento mais provável seria vergonha (Cole, Bruschi, & Tamang, 2002). Os adultos brâmanes geralmente ignoram a vergonha e respondem às crianças zangadas com o uso da razão e cedem às suas exigências. Os adultos tamang esperam que as crianças sejam socialmente obedientes e não toleram a raiva, mas usam a razão e cedem a crianças envergonhadas. Assim, as crianças aprendem a moldar as suas respostas emocionais ao que é esperado e tolerado delas (Cole, Tamang, & Shrestha, 2006).

Quando os pais sabem reconhecer as emoções dos outros, dão nome a elas e permitem que as crianças tenham espaço para expressá-las, seus filhos entendem e reconhecem melhor as emoções (Castro, Halberstadt, Lozada, & Craig, 2015). Pais que reconhecem os sentimentos de dor de seus filhos e os ajudam a focar-se na solução da fonte do problema estimulam a empatia, o desenvolvimento pró-social e as habilidades sociais (Bryant, 1987; Eisenberg et al., 1996). Por outro lado, quando os pais respondem à expressão de emoções com desaprovação ou punição em excesso, emoções como raiva e medo podem tornar-se mais intensas e prejudicar o ajustamento social da

Em torno dos 9 anos de idade, as crianças norte-americanas brancas começam a autocensurar sua fala de modo a não mencionar a raça das outras na tentativa de parecer sem preconceitos.
Apfelbaum et al., 2008

criança (Fabes, Leonard, Kupanoff, & Martin, 2001) ou ela poderá tornar-se reservada ou ficar ansiosa em relação aos sentimentos negativos (Almas, Grusec, & Tackett, 2011). À medida que a criança se aproxima do início da adolescência, a intolerância parental com as emoções negativas poderá intensificar o conflito entre pais e filhos (Eisenberg et al., 2001).

Você já recebeu um presente do qual não gostou e teve que conter sua raiva para não arranjar encrenca? A capacidade de fingir gostar de um presente ou sorrir quando está zangado envolve a autorregulação emocional. A autorregulação emocional é o controle (voluntário) das emoções, da atenção e do comportamento (Eisenberg et al., 2004), algo no qual as crianças melhoram com a idade. Contudo, algumas crianças são melhores nisso do que outras (Eisenberg, 2004). Por exemplo, crianças com apego seguro, especialmente as meninas, sabem melhor reconhecer emoções e produzir estratégias de regulação emocional para lidar com situações hipotéticas do que crianças com apego inseguro (Colle & Del Giudice, 2011). A competência da criança no uso de estratégias regulatórias tem consequências acadêmicas e comportamentais. As crianças que tinham dificuldade com tarefas de adiamento de gratificação aos 3-4 anos de idade eram mais propensas a ter problemas de comportamento aos 5-8 anos. Da mesma forma, as crianças pequenas que eram piores em desacelerar intencionalmente, inibir seus movimentos em um jogo ou prestar mais atenção tendiam a ter mais dificuldades acadêmicas posteriormente (Kim, Nordling, Yoon, Boldt, & Kochanksa, 2013).

As crianças que têm dificuldade para identificar e entender emoções podem ter problemas sociais e de comportamento. Felizmente, as crianças podem ser treinadas para entender emoções com maior precisão (Sprung, Münch, Harris, Ebesutani, & Hofmann, 2015). Por exemplo, foi demonstrado que intervenções em aula ajudam as crianças a desenvolver empatia pelos outros, aumentam o comportamento pró-social espontâneo e reduzem os atos agressivos (Schonert-Reichl, Smith, Zaidman-Zait, & Hertzman, 2012).

As crianças tendem a tornar-se mais empáticas e mais inclinadas a comportamento pró-social na terceira infância. A empatia, a capacidade de entender e sentir as emoções da outra pessoa, provavelmente é um dos maiores motivadores para o comportamento pró-social (Eisenberg, Eggum, & DiGiunta, 2010). Crianças pró-sociais tendem a agir adequadamente em situações sociais, a serem relativamente livres de emoção negativa, e a lidar com os problemas de forma construtiva (Eisenberg, Fabes, & Murphy, 1996). A empatia parece ser "pré-programada" nos cérebros de crianças típicas. Como acontece com os adultos, a empatia foi associada com ativação pré-frontal em crianças de 4 anos de idade, o que continua durante toda a infância (Brink et al., 2011; Light et al., 2009; Decety, Michalalaska, Akisuki, & Lahey, 2009).

verificador
você é capaz de...

▷ Discutir como o autoconceito se desenvolve na terceira infância?

▷ Descrever o quarto estágio de desenvolvimento psicossocial de Erikson?

▷ Identificar diversos aspectos do desenvolvimento emocional na terceira infância?

A criança na família

As crianças em idade escolar passam mais tempo fora de casa visitando e socializando com os colegas do que quando eram mais novas. Elas também passam mais tempo na escola e envolvidas com os estudos e menos tempo nas refeições com a família do que as crianças de uma geração atrás (Juster et al., 2004). Contudo, o lar e as pessoas que ali vivem continuam sendo uma parte importante da vida da maioria delas.

Para entender a criança na família, precisamos olhar para a família no ambiente – seu clima e estrutura. Conforme prevê a teoria de Bronfenbrenner, níveis mais amplos de influência – incluindo o trabalho e o nível socioeconômico dos pais, e tendências sociais, como urbanização, alteração no tamanho da família, divórcio e novo casamento – ajudam a formar o ambiente familiar e, portanto, o desenvolvimento da criança.

CLIMA FAMILIAR

O clima familiar é uma influência crucial no desenvolvimento. Um fator importante é se o conflito está ou não presente em casa. Outras influências importantes incluem o trabalho dos pais e o nível socioeconômico da família.

Questões de parentalidade: do controle para a corregulação Os bebês não opinam muito sobre o que acontece com eles; sua experiência é o que os pais decidem que vai ser. Contudo, à medida que as crianças ganham autonomia, o controle gradualmente passa dos pais para o filho.

Em geral, os adultos não são muito bons em perceber quando as crianças mentem. Os adultos são capazes de identificar mentiras apenas um pouco melhor do que seria previsto pelo acaso.

Stromwall, Granhag, & Landstrom, 2007

corregulação
Estágio de transição no controle do comportamento, quando os pais exercem uma supervisão geral e os filhos exercem a autorregulação a cada momento.

As crianças começam a solicitar certos tipos de experiência, negociam em busca de objetos desejados e comunicam suas novas necessidades aos pais. Uma das maiores influências na família é como pais e filhos lidam com essas mudanças no equilíbrio de forças.

Na terceira infância ocorre uma fase de transição, a **corregulação**, quando pais e filhos dividem o poder. Os pais exercem supervisão, mas os filhos gozam de autorregulação a cada momento (Maccoby, 1984; 1992). Por exemplo, em relação aos problemas entre as próprias crianças, os pais agora recorrem menos à intervenção direta e mais a conversas com os filhos (Parke & Buriel, 1998).

O nível de autonomia oferecido pelos pais afeta o modo como os filhos os veem. Por exemplo, em um estudo, quando eram autoritários e dominadores com os filhos na primeira infância, os pais tendiam também a apresentar baixo apoio à autonomia do filho aos 10 anos, o que, por sua vez, estava associado com menor expressão de sentimentos positivos por parte da criança em relação aos pais (Ispa et al., 2015). Mas o processo funciona nos dois sentidos. O modo como as crianças reagem às tentativas dos pais de regular o seu comportamento é afetado pela relação entre pais e filhos como um todo. As crianças estão mais aptas a seguir os desejos dos pais quando acreditam que eles são justos e se preocupam com o bem-estar delas, e que podem "saber mais" em razão da experiência. Isso vale particularmente quando os pais assumem posições mais inflexíveis somente em questões importantes (Maccoby, 1984, 1992).

A passagem para a corregulação afeta a disciplina (Kochanska, Aksan, Prisco, & Adams, 2008). Pais de crianças em idade escolar são mais propensos a usar técnicas indutivas. Por exemplo, eles podem explicar como as suas ações afetam as outras pessoas, destacar valores morais ou deixar que os filhos sintam as consequências naturais dos seus comportamentos. Por exemplo, o pai de Emily, 8 anos, pode observar: "Bater no John machuca ele e faz com que se sinta mal". Em outras situações, os pais de Emily poderão apelar para sua autoestima ("O que aconteceu com aquela menina prestativa que estava aqui ontem?") ou valores morais ("Uma menina grande como você deveria dar seu lugar para uma pessoa mais velha no ônibus."). Os pais de Emily também a ensinam que deve arcar com as consequências de seu comportamento ("É claro que perdeu o ônibus escolar hoje – você ficou acordada até tarde ontem à noite! Agora terá que ir andando").

Algumas famílias variam em relação ao tipo de disciplina que utilizam, no entanto. Algumas são mais propensas a usar práticas de parentalidade coercitiva, como castigos físicos, ainda que o uso destes diminua à medida que as crianças envelhecem. Geralmente, o castigo físico está associado com desfechos negativos para as crianças. Pais que continuam a bater nos filhos após os 10 anos de idade tendem a ter relacionamentos piores com seus filhos na adolescência, e a ter adolescentes com problemas de comportamento graves (Lansford et al., 2009). A exposição a qualquer forma de violência e conflito tende a ser nociva para as crianças, tanto em termos de exposição direta à discórdia entre os pais (Kaczynski, Lindahl, Malik, & Laurenceau, 2006) quanto por influências indiretas sobre variáveis como baixa coesão familiar e estratégias ineficazes de regulação da raiva (Houltberg, Henry, & Morris, 2012).

comportamentos internalizantes
Comportamentos por meio dos quais problemas emocionais são voltados para dentro da pessoa; por exemplo, ansiedade ou depressão.

comportamentos externalizantes
Comportamentos por meio dos quais uma criança representa suas dificuldades emocionais; por exemplo, agressão e hostilidade.

As crianças expostas a altos níveis de conflito familiar tendem a demonstrar uma série de respostas, incluindo comportamentos externalizantes ou internalizantes (Kaczynski et al., 2006; Fear et al., 2009; Houltberg et al., 2012). **Comportamentos internalizantes** incluem ansiedade, medo e depressão – a raiva voltada para dentro. **Comportamentos externalizantes** incluem agressividade, brigas, desobediência e hostilidade – a raiva voltada para fora.

A forma como o conflito familiar é resolvido também é importante. Se o conflito familiar for construtivo, pode ajudar as crianças a verem a necessidade de regras e padrões, bem como a aprenderem sobre quais questões vale a pena discutir e quais estratégias podem ser eficazes (Eisenberg, 1996). Por exemplo, em um estudo longitudinal, quando o conflito familiar era resolvido de maneiras construtivas, as crianças informavam mais segurança emocional um ano depois e, no ano subsequente, mais comportamento pró-social (McCoy, Cummings, & Davies, 2009).

As diferenças culturais também são importantes e tendem a exercer efeitos complexos. Em geral, os pesquisadores verificam que em culturas que enfatizam a interdependência familiar (como na

Embora as crianças em idade escolar passem menos tempo em casa, as influências familiares continuam sendo importantes na vida delas.
Denis Kuvaev/Shutterstock

Turquia, Índia e América Latina), a parentalidade autoritária, com o seu alto nível de controle, não está associada com sentimentos maternos negativos ou autoestima baixa nas crianças em comparação com as culturas mais individualistas (Rudy & Grusec, 2006). Os pais latinos, por exemplo, têm filhos bem ajustados tanto quanto os outros grupos, apesar de tenderem a exercer mais controle sobre as crianças em idade escolar do que os pais euro-americanos (Halgunseth, Ispa, & Rudy, 2006) e terem expectativas ainda mais estritas para as meninas (Domènech, Rodriguez, Donovick, & Crowley, 2009). No entanto, as crianças na China, uma cultura coletivista, tendem a ser negativamente afetadas pelo alto controle tanto quanto as crianças de um país individualista como os Estados Unidos (Pomerantz & Wang, 2009). Com relação ao baixo controle, filhos de pais iranianos (Kazemi, Ardabili, & Solokian, 2010), espanhóis (Garcia & Garcia, 2009) e de algumas partes da Europa (Calafat, García, Juan, Becoña, & Fernández-Hermida, 2014), com estilo de parentalidade permissiva, têm bons resultados, ao contrário do que foi observado em amostras norte-americanas (Pinquart, 2017). Assim, a influência das estratégias de controle dos pais é moldada pelo contexto cultural em que ocorre. Não podemos dizer que uma determinada estratégia de parentalidade é "boa" ou "ruim" sem levar em consideração a cultura em que ocorre.

Emprego materno Como não houve muita variabilidade no emprego paterno, mas as mulheres têm se juntado cada vez mais à força de trabalho, a maioria dos estudos sobre o impacto do trabalho dos pais no bem-estar dos filhos concentrou-se em mães empregadas. Em 1975, o índice de participação de mães com filhos no mercado de trabalho era de 47% (U.S. Bureau of Labor Statistics, 2008a). Em 2016, 70,8% das mães norte-americanas trabalhavam fora em período integral ou em meio turno (U.S. Department of Labor, 2018).

De modo geral, quanto mais satisfeita a mãe está com o *status* de seu emprego, maior a probabilidade de sua eficácia como mãe. Entretanto, o impacto do trabalho de uma mãe depende de muitos outros fatores, que incluem idade, sexo, temperamento e personalidade da criança; se a mãe trabalha em período integral ou meio turno; por que ela está trabalhando; se o parceiro lhe dá apoio ou não; o nível socioeconômico da família; e o tipo de cuidados que a criança recebe antes e/ou depois da escola (Parke & Buriel, 2013). Frequentemente, uma mãe solteira precisa trabalhar para evitar o desastre econômico. De que forma seu trabalho afeta seus filhos pode depender da quantidade de tempo e energia que ela reservará para eles. Quanto conhecimento os pais têm da vida dos filhos e quanto monitoram as suas atividades pode ser mais importante do que o fato de a mãe trabalhar mediante remuneração ou não (Fosco, Stormshak, Dishion, & Winter, 2012).

As mães são muito mais propensas do que os pais a trabalhar em meio turno (Weeden, Cha, & Bucca, 2016) e, se possível, essa estrutura pode ser preferível. As crianças tendem a se sair ligeiramente melhor na escola se um dos pais consegue trabalhar apenas em meio turno, e as mães que trabalham nesse sistema tendem a informar níveis menores de depressão e saúde melhor do que aquelas que não trabalham fora de casa (Goldberg, Prause, Lucas-Thompson, & Himsel, 2008; Buehler & O'Brien, 2011). Independentemente de as mães trabalharem em tempo integral ou em meio turno, as pesquisas indicam que, no geral, os filhos de famílias com duas rendas têm bons resultados, e pode até mesmo haver vantagens associadas com ter pais que trabalham (Gottfried & Gottfried, 2008).

Quando ambos os pais trabalham fora, é comum ter alguma forma de sistema de creche ou cuidados. Metade das crianças no ensino fundamental é cuidada de alguma outra forma fora da escola, muitas vezes por parentes (Laughlin, 2013), enquanto outras ficam em programas organizados. A qualidade desses programas varia bastante. Dois indicadores importantes de qualidade são os recursos estruturais (como as instalações físicas e as características da equipe) e processuais (como as atividades disponíveis para as crianças e a cultura geral do programa). Quando são matriculadas em programas de alta qualidade, as crianças apresentam mudanças positivas nos resultados acadêmicos, apego à escola, relacionamentos com os colegas e autoconfiança, assim como reduções nos comportamentos problemáticos e uso de drogas (Durlack, Mahoney, Bohnert, & Parente, 2010).

Aproximadamente 11% das crianças em idade escolar e no início da adolescência cuidam de si mesmas regularmente em casa, sem a supervisão de um adulto (Laughlin, 2013). Esse esquema é aconselhável apenas para crianças mais velhas, maduras, responsáveis e desembaraçadas, e que sabem como obter ajuda em uma emergência – e, mesmo assim, somente se puderem manter contato por telefone com pelo menos um dos pais.

> **verificador**
> **você é capaz de...**
> ▷ Descrever como funciona a corregulação e como a disciplina e o manejo dos conflitos familiares mudam durante a terceira infância?

Se as finanças permitirem, um dos pais deveria ficar em casa para tomar conta dos filhos?

Pobreza e parentalidade Em 1999, cerca de 16% das crianças norte-americanas vivia na pobreza, número que permaneceu relativamente estável até cerca de 2006. Em 2007, no entanto, teve início uma recessão econômica que começou a aumentar a proporção das crianças que vive na pobreza (Child Trends, 2019). Em 2017, 17,5% dos norte-americanos com 17 anos ou menos vivia na pobreza (Fontenot, Semega, & Kollar, 2018). A taxa de pobreza era de 15,2% para as crianças brancas, mas maior para as negras (28,3%) e hispânicas (25%). Crianças que viviam apenas com a mãe solteira tinham aproximadamente 4 vezes maior probabilidade de serem pobres do que crianças que viviam com pais casados – 46% em comparação com 11% (Federal Interagency Forum on Child and Family Statistics, 2016).

As crianças pobres estão mais propensas do que as outras crianças a apresentar problemas emocionais ou comportamentais (Wadsworth et al., 2008), e seu potencial cognitivo e o desempenho na escola são mais prejudicados (Najman et al., 2009).

A pobreza pode prejudicar o desenvolvimento das crianças de inúmeras maneiras. Pais que vivem na pobreza estão propensos a se tornar ansiosos, deprimidos e irritáveis e, portanto, podem ser menos afetuosos com os filhos e menos responsivos. Também pode haver níveis maiores de conflito entre pais e filhos, bem como disciplina severa. Além disso, a pobreza também afeta onde as crianças estudam e o bairro onde moram, características que podem exacerbar os estressores da infância. Essas características, por sua vez, também afetam os pais e a sua percepção sobre estresse. Em suma, pode haver cadeias de interações negativas que levam a um impacto deletério nos desfechos da criança, incluindo saúde física, comportamentos, saúde mental e desenvolvimento cognitivo e intelectual (Chaudry & Wimer, 2016; Morris et al., 2017; Yoshikawa, Aber, & Beardslee, 2012).

A parentalidade de alto nível pode proteger as crianças das consequências potenciais da pobreza. Intervenções familiares eficazes promovem interações positivas entre pais e filhos (p. ex., encorajando os pais a elogiarem os filhos, e ao mesmo tempo os ajudando a desenvolverem regras e limites razoáveis) e oferecem apoio social para os pais (Morris et al., 2017). Pais que podem recorrer aos parentes ou a outros recursos em busca de apoio emocional, ajuda para cuidar dos filhos e informação sobre educação dos filhos frequentemente conseguem criá-los com mais eficácia (Brody, Kim, Murry, & Brown, 2004). Organizações comunitárias, escolas e pediatras também podem ser utilizados para oferecer serviços e defender os interesses das crianças afetadas pela pobreza (Ellis & Dietz, 2017; Dreyer, Chung, Szilagyi, & Wong, 2016; Durlak, Weissberg, Dymnicki, Taylor, & Schellinger, 2011).

ESTRUTURA FAMILIAR

Nas gerações mais antigas, a imensa maioria das crianças crescia em famílias com dois pais casados. Hoje, embora cerca de 2 em cada 3 crianças com menos de 18 anos vivam com dois pais biológicos ou adotivos casados, ou com um padrasto/madrasta, essa proporção representa um considerável declínio – de 85% em 1960 para 65% em 2017 (Figura 10.1). Aproximadamente 2,9 desses casais heterossexuais está em coabitação, o que representa um aumento constante durante as últimas décadas (Child Trends Databank, 2017). Outros tipos de famílias cada vez mais comuns são as de *gays* e lésbicas, além de famílias comandadas por avós.

> **verificador**
> **você é capaz de...**
> ▷ Identificar como o trabalho dos pais pode afetar os filhos?
> ▷ Discutir os efeitos da pobreza sobre a parentalidade?

FIGURA 10.1
Arranjos de moradia de crianças com menos de 18 anos, de 1970 a 2017.
A maioria das crianças com menos de 18 anos nos Estados Unidos vive com os dois pais, mas a prevalência desse tipo de família tem diminuído.
Fonte: Child Trends DataBank, 2017.

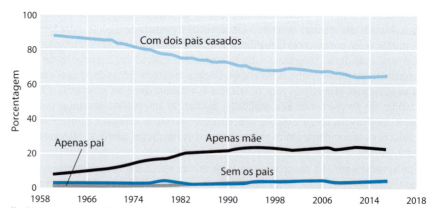

Obs.: Crianças que moram com dois pais casados podem morar com pais biológicos, adotivos ou não biológicos. Antes de 2007, crianças que moravam apenas com o pai ou mãe podiam também morar com o companheiro não casado do pai ou mãe.

Em igualdade de circunstâncias, as crianças tendem a se desenvolver melhor em famílias com dois pais que permanecem casados do que em famílias em coabitação, divorciadas, de pai ou mãe solteiros ou segundas famílias (Brown, 2010). A diferença é ainda mais forte para crianças que crescem com dois pais em um casamento *feliz*. Isso sugere que o relacionamento dos pais, a qualidade da parentalidade e sua capacidade de criar um clima familiar favorável podem afetar o ajustamento das crianças mais do que seu estado civil (Amato, 2005).

As diferenças no bem-estar das crianças são relativamente pequenas, independentemente de morarem com famílias biológicas em coabitação, famílias reconstituídas casadas/em coabitação ou em famílias mistas (Artis, 2007). A instabilidade familiar, no entanto, pode ser nociva. As crianças que passam por mais transições familiares, como divórcios ou novos casamentos, são mais propensas a ter problemas de comportamento e a envolver-se em comportamento delinquente do que as crianças em famílias estáveis (Fomby & Cherlin, 2007; Magnuson & Berger, 2009). O efeito negativo das transições familiares parece ser mais forte se ocorre mais cedo no desenvolvimento e para os meninos (Cavanagh & Huston, 2008).

O envolvimento frequente e positivo do pai com seu filho está diretamente relacionado ao bem-estar e ao desenvolvimento físico, cognitivo e social da criança (McLanahan, Tach, & Schneider, 2013; Cabrera, Tamis-LeMonda, Bradley, Hofferth, & Lamb, 2000). Infelizmente, em 2014, mais de 23,6% das crianças moravam em lares sem a presença do pai biológico (National Fatherhood Initiative, 2016).

Adaptando-se ao divórcio Os Estados Unidos têm um alto índice de divórcio, ainda que não tão alto quanto o de muitos países europeus (Organisation for Economic Co-operation and Development, 2018). A taxa de divórcio dos Estados Unidos aumentou de 2,2 por 1.000 pessoas em 1960 para o nível recorde de 3,5 por 1.000 em 1980 (Amato, 2014; Cherlin, 2010). Desde então, a taxa diminuiu lentamente e atingiu 2,9 por 1.000 pessoas (Centers for Disease Control, 2017k).

O divórcio dos pais O divórcio é estressante para os filhos. Primeiro é o estresse do conflito conjugal e então o da separação dos pais com a partida de um dos genitores, geralmente o pai. As crianças podem não entender totalmente o que está acontecendo. É claro que o divórcio também é estressante para os pais, e pode afetar negativamente a educação dos filhos. O padrão de vida da família provavelmente vai cair e, se o pai ou a mãe for embora, o relacionamento com aquele que não terá a guarda da criança poderá se deteriorar (Kelly & Emery, 2003; Amato, 2014). Um novo casamento de um dos pais ou um segundo divórcio após o segundo casamento poderá aumentar o estresse da criança, reforçando os sentimentos de perda (Ahrons & Tanner, 2003; Amato, 2003).

O conflito familiar é identificado consistentemente como fator de risco para as crianças (Stallman & Ohan, 2016). Assim, quando crianças apresentam problemas emocionais e comportamentais após um divórcio, o fato pode, na verdade, refletir o nível de conflito parental *antes* do divórcio. Crianças cujos pais se divorciam posteriormente apresentam mais ansiedade, depressão ou comportamento antissocial antes do divórcio do que aquelas cujos pais permanecem casados (Strohschein, 2012). Na verdade, se a discórdia parental que antecede o divórcio é crônica, explícita ou destrutiva, as crianças podem ter resultados iguais ou melhores após o divórcio (Amato, 2005). Além disso, a qualidade das práticas de parentalidade antes do divórcio também importa, sendo que o apoio e a sensibilidade materna atuam como fator de proteção (Weaver & Schofield, 2015).

A adaptação das crianças ao divórcio tem alto grau de variabilidade. A adaptação de uma criança ao divórcio depende em parte da idade, da maturidade, do gênero, do temperamento e da adaptação psicossocial da criança antes dele. Crianças que são muito pequenas quando seus pais se divorciam tendem a sofrer de mais problemas comportamentais. Em contrapartida, crianças mais velhas têm um risco mais alto em relação a desfechos acadêmicos e sociais (Lansford, 2009). Embora pesquisas anteriores tenham sugerido que os meninos tinham um risco mais alto que as meninas (Amato, 2005), dados atuais sugerem que a relação entre gênero e desfechos negativos é menos clara, sem desvantagem aparente identificada para os meninos. O que é claro, entretanto, é que as crianças que mostram ajustamento insatisfatório antes do divórcio dos pais geralmente se saem pior a longo prazo (Lansford, 2009). A maioria das crianças cujos pais se divorciam acaba por apresentar boa adaptação (Amato & Anthony, 2014).

Filhos de pais divorciados tendem a ser mais bem ajustados se tiverem contato confiável e frequente com o genitor que não tem a guarda.

Eric Audras/Onoky/SuperStock

Guarda, visitação e coparentalidade Existem diversos tipos de sistemas de guarda. Na maior parte dos divórcios, a mãe obtém a guarda, embora a guarda paterna seja uma tendência em crescimento. A guarda compartilhada, dividida por ambos os pais, é um segundo tipo. Quando os pais têm a guarda compartilhada jurídica, eles dividem os direitos e a responsabilidade para tomar decisões com relação ao bem-estar da criança. Quando têm a guarda compartilhada física (que é menos comum), a criança vive metade do tempo com cada um deles.

Mantendo todos os outros fatores constantes, as pesquisas sugerem que as crianças têm desfechos melhores sob guarda compartilhada (Warshak, 2014; Baude, Pearson, & Drapeau, 2016), talvez porque isso tende a aumentar o envolvimento do pai. Muitos filhos de pais divorciados dizem que perder o contato com o pai é um dos resultados mais dolorosos do divórcio (Fabricius, 2003). Crianças que vivem com mães divorciadas ajustam-se melhor quando o pai sustenta o filho, o que pode indicar um laço forte entre pai e filho (Kelly & Emery, 2003).

Quando um dos pais tem a guarda, os filhos se saem melhor após o divórcio se o genitor que detém a guarda é afetuoso, apoiador e autoritativo (expressa autoridade de maneira participativa, não repressiva), monitora suas atividades e mantém expectativas apropriadas à idade da criança. Além disso, o conflito entre os pais divorciados deve ser mínimo, e o genitor não residente deve manter um alto nível de envolvimento (Stallman & Ohan, 2016; Ahrons & Tanner, 2003). O conflito, assim como antes do divórcio, é prejudicial e pode levar à menor satisfação com a vida, afeto negativo, sintomas externalizantes e delinquência adolescente (Lamela, Figueiredo, Bastos, & Feinberg, 2016; Teubert & Pinquart, 2010; Esmaelli & Yaacob, 2011). O alto conflito entre os pais, especialmente se a criança é inserida na disputa e forçada a escolher um lado, pode ser extremamente nocivo (Fosco & Grych, 2010).

A coparentalidade é uma relação de parentalidade na qual duas pessoas trabalham juntas e cooperam para criar o filho. Com relação a casais divorciados, a coparentalidade envolve a responsabilidade compartilhada e a deliberação ativa por parte de ambos os genitores sobre as decisões em relação aos filhos. A coparentalidade foi relacionada consistentemente a desfechos positivos para a criança (Teubert & Pinquart, 2010), em parte por estar fortemente associada com o contato mais frequente entre pai e filhos (Sobolewski & King, 2005). Por exemplo, crianças cujos pais conseguem cooperar na sua criação após o divórcio tendem a ter laços mais fortes com o pai (e menos problemas de comportamento) do que aquelas cujos pais entram em mais conflito após o divórcio (Amato, Kane, & James, 2011). Infelizmente, a parentalidade cooperativa não é a regra (Amato, 2005). Programas de educação para os pais que ensinam casais separados ou divorciados a prevenir ou lidar com conflito, manter linhas de comunicação abertas e ajudar as crianças a adaptar-se ao divórcio foram introduzidos em muitos estados norte-americanos e tiveram sucesso significativo (Ferraro, Malespin, Oehme, Bruker, & Opel, 2016).

Efeitos de longo prazo A maioria das crianças com pais divorciados adapta-se bem (Amato & Anthony, 2014). Ainda assim, pode haver consequências negativas. Crianças que vivenciam o divórcio dos pais são mais propensas a desenvolver problemas internalizantes ou externalizantes (Lansford, 2009), ter problemas emocionais, iniciar atividades sexuais mais cedo e sofrer de depressão e pensamentos suicidas (D'Onofrio et al., 2006); na adolescência, correm maior risco de comportamento antissocial e dificuldades com figuras de autoridade (Amato, 2005; Kelly & Emery, 2003). Quando adultos, tendem a ter bem-estar psicológico mais insatisfatório e correm maior risco de depressão (Amato, 2005; Uphold-Carrier & Utz, 2012).

Os filhos de pais divorciados também tendem a ter desempenho acadêmico pior (Lansford, 2009). Em um estudo abrangendo 14 países, crianças de famílias divorciadas tinham menor probabilidade de se formar na faculdade, e a diferença era mais destacada para aquelas que vinham de famílias com alto nível de escolaridade (Bernardi & Radl, 2014). Isso pode explicar o achado de que os filhos de pais divorciados tendem a ter nível socioeconômico inferior na vida adulta (Amato, 2005; Gruber, 2004). Além disso, há indícios de que esses efeitos persistem por múltiplas gerações. O divórcio dos pais pode resultar em menor sucesso acadêmico nos filhos adultos, e os desafios criados por esse menor sucesso podem afetar a geração subsequente da mesma forma (Amato & Cheadle, 2005).

A ansiedade associada ao divórcio dos pais pode surgir quando a criança chega à idade adulta e estabelece suas próprias relações íntimas. Por exemplo, os filhos de pais divorciados têm também índices maiores de divórcio e separação (Mustonen, Huurre, Kiviruusu, Huakkala, & Aro, 2011).

Tendo vivenciado o divórcio dos pais, alguns jovens adultos têm medo de firmar compromissos que poderiam terminar em decepção (Glenn & Marquardt, 2001). Embora as diferenças sejam pequenas, quando adultos, os filhos de pais divorciados são mais propensos a ter um filho fora do casamento. Seus casamentos tendem a ser menos satisfatórios e são mais propensos a terminar em divórcio (Amato, 2005). Além disso, os adultos cujos pais se divorciaram quando eram crianças e que vivenciaram múltiplas separações de um deles, ou separações prolongadas, podem ter, eles próprios, práticas de parentalidade comprometida, incluindo menor sensibilidade e carinho, mais conflito entre pais e filhos e mais castigos físicos (Friesen, Horwood, Fergusson, & Woodward, 2017).

Entretanto, muita coisa depende de como o jovem resolve e interpreta a experiência do divórcio parental. Alguns, que veem um alto grau de conflito entre os pais, são capazes de extrair um aprendizado desse exemplo negativo e eles próprios estabelecerem relacionamentos de grande intimidade (Shulman et al., 2001). Algumas intervenções podem ajudar. Uma intervenção de aconselhamento projetada para melhorar a adaptação das crianças após o divórcio dos pais se concentrava em fortalecer as estratégias de enfrentamento eficazes delas, reduzir os pensamentos negativos sobre estressores relativos ao divórcio e melhorar os relacionamentos entre mães e filhos; tanto seis meses quanto seis anos após a conclusão das sessões de aconselhamento, os efeitos foram positivos (Vélez, Wolchik, Tein, & Sandler, 2011). Assim, os efeitos negativos não são inevitáveis.

Vivendo em uma família monoparental Famílias monoparentais (constituídas de apenas um dos pais) resultam de divórcio ou separação, de pais/mães solteiros ou de perda por morte. O número de famílias com apenas um dos pais nos Estados Unidos aumentou aproximadamente 3,4 vezes desde 1960 (U.S. Census Bureau, 2017). Atualmente, cerca de 27% das crianças moram em lares com apenas um pai ou uma mãe. Mais da metade (52,8%) de todas as crianças negras vivem com apenas um dos pais, em comparação com 22,4% das crianças brancas não hispânicas e 29,1% das crianças hispânicas (U.S. Census Bureau, 2017). Embora seja muito mais provável que as crianças vivam com uma mãe solteira do que com um pai solteiro, o número de famílias apenas com o pai mais que quadruplicou desde 1960, aparentemente devido em grande parte ao aumento na guarda paterna após o divórcio (Fields, 2004). Atualmente, cerca de 16% das famílias com apenas um dos pais são chefiadas por um homem (U.S. Census Bureau, 2017).

As crianças em famílias de pais ou mães solteiros se saem razoavelmente bem de um modo geral, mas tendem a ficar social e educativamente atrás de seus pares que vivem em famílias com ambos os pais (Waldfogel, Craigie, & Brooks-Gunn, 2010; Brown, 2010). Entretanto, as consequências negativas para crianças que vivem com apenas um dos pais não são inevitáveis. A idade e o nível de desenvolvimento da criança, as circunstâncias financeiras da família, o fato de haver ou não mudanças frequentes de moradia e o envolvimento com o pai não residente fazem diferença (Amato, 2005; Seltzer, 2000; Ricciuti, 2004).

Uma variável crítica parece ser a estabilidade familiar, ou se as crianças cresceram ou não com o(s) mesmo(s) pai(s) que estava(m) presente(s) no nascimento (Heiland & Liu, 2006). Em geral, as famílias de pais ou mães solteiros são mais instáveis do que as famílias de pais casados (Craigie, Brooks-Gunn, & Waldfogel, 2012). No entanto, quando famílias de pais ou mães solteiros ou coabitantes são estáveis, as crianças têm resultados de saúde e cognitivos tão bons quanto aquelas advindas de famílias com dois pais (Waldfogel et al., 2010). Além disso, o tipo de instabilidade também importa. Por exemplo, a transição de uma família de pai ou mãe solteiro para uma família de dois pais muitas vezes é benéfica (Lee & McLanahan, 2015).

A renda é outro fator importante. Muitos dos efeitos negativos da paternidade ou maternidade solteira parecem ser determinados pelo menor nível socioeconômico. Visto que os pais e mães solteiros geralmente não possuem recursos, os riscos potenciais para a criança nessas famílias poderiam ser reduzidos por meio do acesso maior a apoio econômico, social, educacional e parental. Na verdade, em países com um sistema de bem-estar social robusto para apoio às mães solteiras, os filhos dessas famílias informam níveis de bem-estar mais elevados do que as crianças em países que não oferecem o mesmo nível de apoio às mães solteiras (Bjarnason et al., 2012).

Vivendo em uma família coabitante Aproximadamente 17% dos nascimentos nos Estados Unidos são de casais coabitantes – em outras palavras, duas pessoas não casadas que moram juntas (U.S. Census Bureau, 2016), e cerca de 40% dos filhos passarão ao menos parte da vida em um lar baseado na coabitação (Manning, 2017). As famílias coabitantes são semelhantes em muitos aspectos às famílias casadas, mas os pais tendem a ser mais desfavorecidos (Mather, 2010). Elas tradicionalmente têm menos renda e educação, relatam relacionamentos mais insatisfatórios e têm mais problemas de saúde mental.

As pesquisas mostram piores resultados emocionais, comportamentais e acadêmicos para crianças que vivem com pais biológicos coabitantes do que para aquelas que vivem com pais biológicos casados (Waldfogel et al., 2010; Brown, 2004). Contudo, essa diferença de resultado se deve principalmente às diferenças em recursos econômicos e instabilidade familiar (Manning, 2017). As diferenças na parentalidade explicam apenas uma pequena parcela da variação nos desfechos dos filhos de casais coabitantes *versus* casados (Thomson & McLanahan, 2012).

As famílias coabitantes são mais propensas a desintegrar-se do que as famílias casadas. Embora aproximadamente 40% das mães não casadas estejam vivendo com o pai de seus filhos no momento do nascimento, 25% dos pais coabitantes não estão mais juntos um ano mais tarde, e 31% se separam após cinco anos (Amato, 2005). O relacionamento de coabitação médio dura 18 meses (Kennedy & Bumpass, 2008). Entretanto, existem diferenças de classe social. Quando os casais coabitantes vêm de classes sociais mais elevadas, a coabitação tende mais a ser considerada um passo em direção ao casamento e a levar de fato ao casamento. Por outro lado, os casais das classes socioeconômicas mais baixas têm maior propensão a romper o seu relacionamento de coabitação (Kroeger & Smock, 2014).

Vivendo em uma família com padrasto/madrasta

A maioria dos pais divorciados acaba se casando novamente, e muitas mães solteiras casam-se com homens que não eram os pais de seus filhos, formando as famílias com padrasto/madrasta, ou recompostas. Quinze por cento das crianças norte-americanas vivem em famílias recompostas (Livingston, 2014).

A adaptação ao novo padrasto/madrasta pode ser estressante. A lealdade de uma criança para com a mãe ou o pai ausente ou morto(a) pode interferir na formação de vínculos com o padrasto ou a madrasta (Amato, 2005). Por exemplo, quando os filhos são emocionalmente próximos de um pai biológico não residente, o fato está associado com maiores níveis de estresse durante a formação da família do novo casamento em comparação com os filhos que não são próximos do pai ou mãe não residente (Jensen, Shafer, & Holmes, 2015). Filhos e pais precisam lidar com relacionamentos em mutação, adaptar-se a uma nova estrutura de poder na família e ajustar-se a mudanças no lar. Estudos mostram efeitos negativos, de pequenos a moderados, mas consistentes, para crianças que vivem em famílias com padrastos e madrastas em comparação com aquelas que moram com pais que permanecem casados (Sweeney, 2010; Hofferth, 2006).

O ajuste aos padrastos e madrastas e a possível influência negativa dessa ocorrência parecem ser influenciados pelas relações familiares anteriores à formação da família do novo casamento. Quanto há uma boa relação com o genitor biológico (em geral, a mãe) antes da introdução de um padrasto ou madrasta, as crianças apresentam relacionamentos mais positivos com a nova figura e melhor adaptação (King, Amato, & Lindstrom, 2015; Jensen & Shafer, 2013).

Vivendo com pais homossexuais

Estima-se que aproximadamente 2 a 3,7 milhões de crianças e adolescentes nos Estados Unidos tenham um ou mais pais/mães lésbicas, *gays*, bissexuais ou transgênero (LGBT); destes, aproximadamente 200.000 eram criados por casais do mesmo sexo. Ainda há muita discriminação contra relacionamentos entre pessoas do mesmo sexo, mas a legalização do casamento homossexual e a redução do estigma social fizeram com que muitas pessoas LGBT "saíssem do armário" mais cedo. No passado, esses adultos eram mais propensos a antes envolver-se em relacionamentos heterossexuais que produziam filhos. Hoje, os casais homossexuais têm probabilidade menor de criar filhos frutos dessas relações e maior de criar juntos filhos que são produto de tecnologias reprodutivas, tais como inseminação artificial, ou adoção (Gates, 2015).

Uma considerável quantidade de pesquisas examinou o desenvolvimento de filhos de *gays* e lésbicas e não revelou preocupações especiais (APA, 2004). Não há *nenhuma* diferença consistente entre

---

verificador
você é capaz de...

▷ Avaliar o impacto do divórcio dos pais sobre os filhos?

▷ Discutir de que modo viver em uma família de pai monoparental ou de pais coabitantes pode afetar as crianças?

A pesquisa mostra que crianças que vivem com pais homossexuais não são mais propensas do que outras crianças a ter problemas sociais ou psicológicos ou a virem a ser elas próprias homossexuais.

Nick Cardillicchio/Corbis/VCG/Getty Images

pais homossexuais e heterossexuais em termos de saúde emocional ou de aptidões e atitudes para a parentalidade; e onde existem diferenças, elas tendem a ser favoráveis aos pais homossexuais (Golombok et al., 2013; Meezan & Rauch, 2005; Pawelski et al., 2006; Wainright, Russell, & Patterson, 2004; Biblarz & Stacey, 2010). Os pais homossexuais geralmente têm um relacionamento positivo com seus filhos, e as crianças não são mais propensas do que outras crianças criadas por pais heterossexuais a ter problemas emocionais, sociais, acadêmicos ou psicológicos (APA, 2004; Perrin, Siegel, & Committee on Psychosocial Aspects of Child and Family Health, 2013; Fedewa, Black, & Ahn, 2015; Manning, Fettro, & Lamidi, 2014). Além disso, os filhos de *gays* e lésbicas não têm maior probabilidade de ser homossexuais ou de ficar confusos sobre seu próprio gênero do que os filhos de heterossexuais (Fedewa et al., 2015; Meezan & Rauch, 2005; Pawelski et al., 2006; Wainright et al., 2004).

Esses achados têm implicações sociais para decisões legais sobre guarda e disputas sobre visitas, adoções temporárias (ou acolhimentos) e adoções definitivas (Manning et al., 2014). Em face da controvérsia, vários estados têm considerado ou adotado legislação sancionando a adoção por parceiros do mesmo sexo. A Academia Americana de Pediatria apoia o direito ao casamento civil para *gays* e lésbicas (Pawelski et al., 2006) e os esforços legislativos e legais para permitir que um parceiro em um casal de mesmo sexo possa adotar o filho ou a filha do outro parceiro (AAP Committee on Psychosocial Aspects of Child and Family Health, 2002).

> *Aqueles que citam os benefícios da parentalidade heterossexual estão tirando conclusões que a pesquisa não justifica. Especificamente, eles costumam comparar famílias de dois pais com famílias monoparentais. As comparações apropriadas são entre famílias de dois pais homossexuais e heterossexuais. E, quando tal comparação é feita, não são encontrados efeitos negativos.*
> Biblarz & Stacey, 2010

Famílias adotivas A adoção é encontrada em todas as culturas ao longo da história. Não apenas para pessoas inférteis; pessoas solteiras, pessoas mais velhas, casais homossexuais e pessoas que já têm filhos biológicos têm se tornado pais adotivos. Aproximadamente 1,5 milhão de crianças norte-americanas com menos de 18 anos (cerca de 2%) vivem com pelo menos um pai adotivo (Kreider & Lofquist, 2014). É difícil compilar estatísticas precisas, pois não há uma única fonte de dados, mas estima-se que, em 2012, aproximadamente 119.500 crianças foram adotadas, o que representa uma redução de 15% desde 2001 (Child Welfare Information Gateway, 2016).

As adoções em geral acontecem por meio de agências públicas ou privadas. Tradicionalmente, as adoções por meio das agências eram confidenciais, sem contato entre a mãe biológica e os pais adotivos. Entretanto, as adoções independentes, feitas por acordo direto entre os pais biológicos e os pais adotivos, têm se tornado mais comuns. Frequentemente essas são *adoções abertas*, nas quais ambas as partes compartilham informações ou têm contato direto com a criança (Grotevant, 2012).

Em geral, as adoções abertas são benéficas para todas as partes. As mães biológicas que participam de adoções abertas têm menos luto não resolvido do que aquelas que participam de adoções fechadas, e muitas tendem a apresentar menos interesse em contato à medida que a criança envelhece e têm mais certeza de que ela está sendo bem cuidada (Grotevant, McRoy, Wrobel, & Ayers-Lopez, 2013). O fato de uma adoção ser aberta ou fechada não tem relação com a adaptação das crianças ou com a satisfação dos pais com a adoção, ambas geralmente altas (Berry, Dylla, Barth, & Needell, 1998). Da mesma forma, pais adotivos de adolescentes não relatam diferença significativa na adaptação de seus filhos no caso de a adoção ter sido aberta ou confidencial (VonKorff, Grotevant, & McRoy, 2006).

As crianças adotadas tendem a ter mais dificuldades psicológicas e acadêmicas do que as não adotadas, mas as diferenças são pequenas, e a maioria das crianças adotadas tende a ficar na faixa normal de desenvolvimento (Palacios & Brodzinsky, 2010; Haugaard, 1998). A idade no momento da adoção também importa. Por exemplo, uma grande metanálise de mais de 62 estudos, incluindo 17.767 crianças, mostrou que os filhos adotados não corriam risco de ter menor inteligência. Contudo, as crianças adotadas após o primeiro aniversário, especialmente aquelas que sofriam de adversidades significativas pré-adoção, eram mais propensas a ter desempenho acadêmico pior (Juffer et al., 2011). As crianças adotadas após o primeiro ano de vida também tinham maior probabilidade de apresentar perturbações nos seus padrões de apego do que aquelas adotadas antes do seu primeiro aniversário (Mesman, van IJzendoorn, & Bakersman-Kranenburg, 2009). Achados semelhantes foram identificados em relação a problemas de adaptação. Crianças adotadas na primeira infância são menos propensas a ter problemas de ajustamento (Julian, 2013; Sharma, McGue, & Benson, 1996b). Quaisquer problemas que ocorram podem aparecer durante a terceira infância, quando as crianças tomam consciência de diferenças na maneira como as famílias são formadas (Freeark et al., 2005), ou na adolescência (Goodman, Emery, & Haugaard, 1998; Sharma,

> *Você já pensou em adotar uma criança? Nesse caso, você gostaria que a adoção fosse aberta? Por que sim ou por que não?*

McGue, & Benson, 1996a), particularmente entre os meninos (Freeark et al., 2005) e frutos de adoções internacionais (Juffer et al., 2011).

Antes da década de 1960, a maioria das crianças adotadas nos Estados Unidos eram bebês brancos saudáveis, adotados quando recém-nascidos e entregues por mães solteiras adolescentes. As taxas de adoção de crianças nascidas de mães de cor eram extremamente baixas. Nos anos sessenta, uma série de mudanças sociais e econômicas, incluindo a aceitação crescente da maternidade solteira e o surgimento de programas de apoio social, levaram a um aumento no número de mulheres que ficavam com os seus bebês. Além disso, a disponibilidade crescente dos contraceptivos e a legalização do aborto levaram à redução das gravidezes não intencionais. Essas mudanças resultaram na menor disponibilidade de bebês brancos para adoção (Brodzinsky & Pinderhughes, 2002). Atualmente, apenas cerca de 37% das crianças adotadas são brancas não hispânicas. O restante é composto de crianças negras (23%), hispânicas (15%), asiáticas (15%) e de outros grupos (9%). As adoções transraciais, nas quais ao menos um pai é de raça diferente do filho ou filha, são comuns, representando cerca de 40% das adoções (Vandivere, Malm, & Radel, 2009).

Com a redução do número de bebês disponíveis para adoção nos Estados Unidos, a adoção de crianças estrangeiras quase quadruplicou entre 1978 e 2004, de 5.315 para 20.679 (Bosch et al., 2003; Crary, 2007). Desde então, os índices diminuíram significativamente devido a mudanças nos protocolos de adoção internacional e, em 2012, o número havia caído para 8.650 (Child Welfare Information Gateway, 2016).

A adoção de crianças estrangeiras acarreta problemas especiais? Com exceção da possibilidade de subnutrição ou de outras condições médicas sérias em crianças de países em desenvolvimento (Bosch et al., 2003), os vários estudos que foram realizados não encontraram problemas significativos com o desempenho e a adaptação psicológica e escolar das crianças (Palacios & Brodzinsky, 2010). Quando os adotados estrangeiros chegam à adolescência, eles podem experimentar sentimentos de perda de sua cultura nativa e uma consciência crescente de racismo e discriminação em sua cultura adotada. Pais que expõem seus filhos adotados a experiências que os ajudem a identificar-se com sua cultura nativa e a conversar com seus filhos sobre racismo e discriminação podem ajudar a protegê-los dos efeitos negativos (Lee, Grotevant, Hellerstedt, Gunnar, & The Minnesota International Adoption Project Team, 2006).

verificador
você é capaz de...

▷ Identificar algumas questões e desafios especiais de uma família recomposta?

▷ Resumir os achados sobre os desfechos da criação de uma criança por pais homossexuais?

▷ Discutir as tendências na adoção e a adaptação das crianças adotadas?

RELACIONAMENTO ENTRE IRMÃOS

Em áreas rurais remotas da Ásia, África, Oceania e Américas do Sul e Central, é comum ver meninas mais velhas cuidarem de três ou quatro irmãos mais novos (Cicirelli, 1994). Esse padrão também está presente entre imigrantes recentes para sociedades industrializadas, como a norte-americana (Hafford, 2010). No entanto, na maioria das sociedades industrializadas, os pais tentam não "sobrecarregar" os filhos mais velhos com a tarefa de cuidar regularmente dos irmãos (Weisner, 1993). Os irmãos mais velhos costumam ensinar os irmãos mais novos, mas isso quase sempre acontece informalmente e não como algo estabelecido pelo sistema social (Cicirelli, 1994).

O número de irmãos em uma família e o espaçamento entre eles, a ordem de nascimento e o gênero costumam determinar papéis e relacionamentos. Os relacionamentos entre irmãos têm aspectos positivos e negativos. Ter um relacionamento afetuoso e apoiador com os irmãos está associado com melhor adaptação (Noller, 2005), competência social (Kim, McHale, Crouter, & Osgood, 2007) e melhor regulação das emoções (Kennedy & Kramer, 2008). Os relacionamentos com os irmãos também são marcados por conflitos. Apesar de geralmente considerado negativo, o conflito pode, ainda assim, ser um laboratório para a resolução de conflitos. Os irmãos são motivados a fazer as pazes depois das brigas, já que sabem que verão um ao outro todos os dias. Eles aprendem que expressar raiva não significa pôr fim a um relacionamento. Por meio desses conflitos, os irmãos aprendem sobre os pontos de vista dos outros, negociação e resolução de problemas (McHale, Updegraff, & Whiteman, 2012).

Contudo, o conflito entre irmãos nem sempre é benéfico. O alto nível de conflito entre irmãos está associado com problemas de internalização (p. ex., depressão e ansiedade) e externalização (p. ex., delinquência e agressão), e também com

A cultura influencia como interpretamos as escolhas dos pais. Em muitas culturas não industrializadas, as crianças frequentemente cuidam dos irmãos mais jovens. Em países como os Estados Unidos, a prática poderia ser considerada negligente, mas, em muitas culturas, representa um papel importante para os irmãos, definido culturalmente.

Lucian Coman/Shutterstock

comportamentos de risco (Buist, Deković, & Prinzie, 2012; Solmeyer, McHale, & Crouter, 2012). Os irmãos podem exercer um efeito negativo por meio do modelamento de ações antissociais, introdução de comportamentos indesejáveis para os irmãos mais novos ou encorajamento de atos antissociais ou conspiração contra os pais (McHale et al., 2012). Por exemplo, quando os irmãos mais velhos usam drogas ou álcool, ou iniciam atividades sexuais precoces, seus irmãos menores são mais propensos a fazer o mesmo (Low, Shortt, & Snyder, 2012; McHale, Bissell & Kim, 2009). É interessante que os efeitos positivos do carinho entre os irmãos também têm outro lado. Na presença de comportamentos antissociais, esse carinho pode ser um fator de risco (McHale et al., 2009). Por exemplo, um adolescente mais velho que usa drogas pode ter maior probabilidade de apresentá-las a um irmão de quem é próximo do que a um de quem não é.

O gênero também parece influenciar os relacionamentos de irmãos. As irmãs têm maior intimidade do que os irmãos e do que pares irmão-irmã (Kim, McHale, Osgood, & Crouter, 2006). As crianças estão mais propensas a discutir com irmãos do mesmo sexo. Contudo, dois meninos brigam mais (Cicirelli, 1976; 1995) e demonstram menos afeto e intimidade do que qualquer outra combinação (Cole & Kerns, 2001). Além disso, em algumas pesquisas, a influência negativa de um irmão mais velho antissocial sobre um mais novo se limita a irmãos do mesmo sexo (Buist, 2010).

Os irmãos influenciam um ao outro indiretamente, por meio do impacto sobre o relacionamento de cada um com seus pais. A experiência dos pais com o irmão mais velho influencia as expectativas e o tratamento em relação ao mais novo (Brody, 2004). Quando o relacionamento entre pai e filho é caloroso e afetuoso, os irmãos tendem a ter relacionamentos positivos também. Quando o relacionamento entre pai e filho é conflituoso, o conflito entre os irmãos é mais provável (Pike, Coldwell, & Dunn, 2005).

> **verificador**
> **você é capaz de...**
> ▷ Comparar os papéis dos irmãos em países industrializados e não industrializados?
> ▷ Discutir como os irmãos afetam o desenvolvimento uns dos outros?

A criança no grupo de pares

Como o grupo de pares influencia as crianças? O que determina a aceitação delas por seus pares e sua capacidade de fazer amizades?

EFEITOS POSITIVOS E NEGATIVOS DAS RELAÇÕES ENTRE PARES

À medida que as crianças se afastam da influência parental, o grupo de pares abre novas perspectivas. O grupo de pares ajuda as crianças a aprenderem como ajustar suas necessidades e seus desejos às necessidades e desejos dos outros, quando ceder e quando permanecer firme. Ao se comparar com outras de sua idade, as crianças podem aferir suas capacidades e adquirir um senso mais claro de autoeficácia (Bandura, 1994).

O grupo de pares pode, às vezes, alimentar tendências antissociais. Um certo grau de conformidade aos padrões do grupo é saudável, mas não é saudável quando se torna destrutivo ou incita jovens a agir contra seus melhores julgamentos. Geralmente é na companhia dos pares que algumas crianças cometem pequenos furtos e começam a usar drogas (Dishion & Tipsord, 2011; Hartup, 1992).

Infelizmente, os grupos de pares podem reforçar o **preconceito**: atitudes desfavoráveis para com os de fora, especialmente membros de certos grupos raciais ou étnicos. As crianças tendem a ter preconceito contra crianças iguais a elas. Esses vieses têm seu auge em torno dos 5-7 anos e então diminuem durante o resto da infância. À medida que entram na adolescência, o contexto social e o que as crianças aprendem umas com as outras parecem importar mais (Raabe & Beelmann, 2011).

As crianças podem ser afetadas negativamente pela discriminação. A percepção de sofrer discriminação está ligada a reduções no bem-estar, na autoestima e na satisfação com a vida, assim como aumentos em ansiedade, depressão e problemas de conduta (Schmitt, Branscombe, Postmes, & Garcia, 2014; Brody et al., 2006).

Contudo, o preconceito não é inevitável. Em um estudo, as crianças com preconceito contra refugiados tiveram reduções nesse viés após escutarem histórias sobre amizades estreitas entre crianças inglesas e crianças refugiadas, seguidas por discussões de grupo (Cameron, Rutland, Brown, & Douch, 2006). Em outro estudo, o grau de viés contra imigrantes estava relacionado ao fato de os adolescentes no estudo terem ou não amigos imigrantes. Aqueles que tinham toleravam mais as diferenças e apresentavam menos preconceito em relação a imigrantes (van Zalk & Kerr,

preconceito
Atitude desfavorável em relação a membros de certos grupos diferentes do da própria pessoa, principalmente grupos raciais ou étnicos.

Em torno dos 10 anos de idade, as crianças tanto nos Estados Unidos como na Coreia acham que não é errado não gostar de outra criança porque ela é agressiva ou tímida, mas que é menos aceitável não gostar de outra criança por causa de sua raça ou gênero, características que não podem mudar.

Park & Killen, 2010

2014). As normas do grupo também importam. Crianças cujos grupos sociais ou escolas têm uma norma de inclusão são menos propensas a apresentar comportamentos preconceituosos (Nesdale, 2011; Tropp, O'Brien, & Migacheva, 2014; Tezanos-Pinto, Bratt, & Brown, 2010). Programas de intervenção, incluindo contato direto ou prolongado, contato imaginado, promoção da empatia e perspectiva social, foram moderadamente bem-sucedidos na redução do preconceito (Beelmann & Heinemann, 2014; Jones & Rutland, 2018).

GÊNERO E GRUPOS DE PARES

Os grupos de pares de meninos e meninas participam de tipos diferentes de atividades. Os grupos de meninos são consistentes em buscar mais atividades tipificadas por gênero (Rose & Rudolph, 2006), enquanto os de meninas tendem mais a participar de atividades que transcendem gêneros, como esportes coletivos (McHale, Kim, Whiteman, & Crouter, 2004). Os meninos brincam em grandes grupos com hierarquias de liderança claramente definidas e praticam mais brincadeiras competitivas e impetuosas. As meninas têm mais conversas íntimas, caracterizadas por interações pró-sociais e trocas de segredos (Rose & Rudolph, 2006). Meninos e meninas também preferem amigos com características diferentes. Os meninos informam preferir amigos com alto afeto positivo e baixa ansiedade e não se preocupam muito com o nível de empatia dos seus amigos. As meninas, por outro lado, preferem amigos com alta empatia e otimismo, mas baixo afeto positivo (Oberle, Schonert-Reichl, & Thomson, 2010).

Por que as crianças se segregam por sexo e praticam atividades tão diferentes? Um dos motivos identificados mais claramente é o nível mais elevado de atividade e as brincadeiras mais vigorosas dos meninos (Pellegrini & Archer, 2005; Trost, Rozencranz, & Dzewaltowski, 2008). Entretanto, influências de socialização também parecem ser importantes. Mesmo meninas bastante ativas geralmente acabam em grupos do mesmo sexo (Pellegrini, Long, Roseth, Bohn, & Van Ryzin, 2007). Um motivo possível é que grupos de pares do mesmo sexo ajudam as crianças a aprenderem comportamentos apropriados ao gênero e a incorporarem papéis de gênero ao seu autoconceito. O senso de ser típico de um gênero e estar satisfeito com ele aumenta a autoestima e o bem-estar, ao passo que sentir pressão – dos pais, de si ou, nesse caso, dos pares – para se conformar a estereótipos de gênero diminui o bem-estar (Yunger, Carver, & Perry, 2004). Na verdade, essas pressões podem levar as crianças a adotarem comportamentos mais típicos do seu gênero. Em um estudo, o assédio dos colegas foi preditor de diminuição do comportamento atípico para o seu gênero entre meninos. Para as meninas, ao menos aquelas com muitas amigas, o assédio dos pares não estava associado com uma redução na atipicidade de gênero (Lee & Troop-Gordon, 2011), talvez por geralmente estarem sujeitas a menos pressão para se conformarem às normas de gênero nessa idade (Katz & Walsh, 1991).

POPULARIDADE

Boa parte das pesquisas sobre desenvolvimento infantil depende de fazer as perguntas certas, do jeito certo, às crianças. Se um(a) pesquisador(a) pedisse que as crianças em idade escolar ordenassem todos os colegas de classe em função do *status* social, a resposta provavelmente seria silêncio e confusão. Contudo, as crianças sabem facilmente dizer com quem gostam de brincar, de quem mais gostam ou de quem acham que as outras crianças mais gostam. Esse fenômeno é chamado de *nomeação positiva*.

As crianças também sabem facilmente descrever com quais outras crianças não gostam de brincar, de quem menos gostam ou de quem acham que as outras crianças não gostam. É a chamada *nomeação negativa*. Ao fazer perguntas desse tipo a todas as crianças em uma sala de aula, o(a) pesquisador(a) pode usar as respostas agregadas para determinar um escore geral, ou contagem, para cada uma. A contagem pode ser composta de nomeações positivas, nomeações negativas ou não nomeações. Essa medida é chamada de *popularidade sociométrica*.

Crianças sociometricamente *populares* recebem muitas nomeações positivas e poucas negativas. Em geral, elas têm boas habilidades cognitivas, são realizadoras, têm facilidade para resolver problemas sociais, ajudam as outras crianças e são autoconfiantes sem serem problemáticas ou agressivas. Suas aptidões sociais superiores fazem com que os outros apreciem sua companhia (Cillessen & Mayeux, 2004; LaFontana & Cillessen, 2002; Masten & Coatsworth, 1998).

As crianças podem ser impopulares de duas maneiras. Algumas são *rejeitadas* e recebem muitas nomeações negativas. Outras são *negligenciadas* e recebem poucas nomeações de ambos os

Crianças que se desviam da norma são convidadas para menos festas de aniversário.
Mojon-Azzi, Kunz, & Mozon, 2010

tipos. Algumas crianças impopulares são agressivas, outras são hiperativas, desatentas ou retraídas (Dodge, Coie, Pettit, & Price, 1990; LaFontana & Cillessen, 2002; Masten & Coatsworth, 1998). Outras ainda agem de maneira tola e imatura ou ansiosa e insegura. Crianças impopulares geralmente são insensíveis aos sentimentos das outras e não se adaptam bem a novas situações (Bierman, Smoot, & Aumiller, 1993).

Outras crianças podem ter avaliações *médias* e não receber um número anômalo de nomeações positivas ou negativas. Finalmente, algumas crianças são *controversas* e recebem muitas nomeações positivas e negativas, o que indica que algumas gostam bastante delas e outras desgostam bastante. Sabe-se menos sobre os resultados relativos às categorias sociométricas "média" e "controversa".

A popularidade é importante na terceira infância. Crianças em idade escolar cujos colegas gostam delas estão mais propensas a ser bem-ajustadas quando adolescentes. Aquelas que têm dificuldade para se relacionar com seus pares estão mais propensas a desenvolver problemas psicológicos, abandonar a escola ou a se tornar delinquentes (Dishion & Tipsord, 2011; Mrug et al., 2012; Hartup, 1992). A rejeição pelos pares também está ligada a níveis menores de participação em sala de aula e baixo desempenho acadêmico (Ladd, Herald-Brown, & Reiser, 2008; Wentzel & Muenks, 2016).

A popularidade sociométrica das crianças é influenciada pelo contexto familiar. É na família que frequentemente as crianças adquirem comportamentos que afetam a popularidade. Em um estudo, crianças da 4ª série eram mais competentes socialmente ao final do estudo quando elas vinham de famílias nas quais o relacionamento entre pais e filhos era caloroso e afetuoso, os pais forneciam conselho direto sobre como lidar com interações sociais conflituosas, e proporcionavam às crianças experiências com o grupo de pares adequadas e de alta qualidade (McDowell & Parke, 2009). Por outro lado, os pais que são muito controladores ou negativos nas suas interações com os filhos são mais propensos a ter filhos agressivos, de baixa competência social e que são rejeitados pelos pares (Li, Putallaz, & Su, 2011; Attili, Vermigli, & Roazzi, 2011; Attili, Vermigli, & Roazzi, 2010).

verificador
você é capaz de...

▷ Identificar os efeitos positivos e negativos do grupo de pares?

▷ Identificar as características das crianças populares e impopulares e discutir as influências sobre a popularidade?

AMIZADE

As crianças procuram por amigos que sejam iguais a elas em idade, sexo, nível de atividade e interesses (McDonald et al., 2013; Macdonald-Wallis, Jago, Page, Brockman, & Thompson, 2011). Embora as crianças tendam a escolher os amigos com características étnicas semelhantes, amizades transraciais/étnicas estão associadas com desfechos positivos do desenvolvimento (Kawabata & Crick, 2008). Os amigos concordam que são amigos, têm prazer com a companhia um do outro e o seu relacionamento é voluntário, ao contrário daquele entre irmãos (Bagwell & Schmidt, 2011).

Com seus amigos, as crianças aprendem a se comunicar e a cooperar. Elas ajudam umas às outras a suportar situações estressantes, como o começo em uma nova escola ou a adaptação ao divórcio dos pais. As brigas inevitáveis ajudam as crianças a aprenderem a resolver conflitos. Em suma, as amizades são um meio pelo qual as crianças treinam e aprimoram as suas habilidades de interação social (Click & Rose, 2011; Newcomb & Bagwell, 1995).

Os conceitos de amizade das crianças e a maneira como elas agem com seus amigos mudam com a idade, refletindo o crescimento cognitivo e emocional. Com base em entrevistas feitas com pessoas entre 3 e 45 anos, Robert Selman (1980; Selman & Selman, 1979) acompanhou as mudanças na concepção de amizade ao longo do desenvolvimento (Tabela 10.1). Amigos em idade pré-escolar brincam juntos e têm colegas preferidos, mas não são amigos no mesmo sentido que as crianças mais velhas. As crianças não podem ser ou ter amigos verdadeiros até alcançarem a maturidade cognitiva para considerar as opiniões e necessidades das outras pessoas, bem como as suas próprias (Dodge, Coie, & Lynam, 2006; Hartup & Stevens, 1999). Assim, a amizade entre crianças em idade escolar é mais profunda, recíproca e estável.

Crianças em idade escolar fazem distinção entre "melhores amigos", "bons amigos" e "amigos casuais" com base na intimidade e no tempo que passam juntos. Crianças nessa idade costumam ter entre três e cinco melhores amigos, mas geralmente brincam somente com um ou dois ao mesmo tempo (Hartup

Amigos frequentemente compartilham segredos – e risadas. As amizades se aprofundam e se tornam mais estáveis na terceira infância, refletindo o desenvolvimento cognitivo e emocional. As meninas tendem a ter menos amigos que os meninos, mas suas amizades são mais íntimas.

Jupiterimages/Getty Images

TABELA 10.1	Os estágios da amizade de Selman	
Estágio	**Descrição**	**Exemplo**
Estágio 0: Parceria momentânea (3 a 7 anos)	Neste nível *indiferenciado* de amizade, as crianças pensam apenas sobre o que querem de um relacionamento. A maioria das crianças valoriza seus amigos por atributos materiais ou físicos.	"Ela mora na minha rua" ou "Ele tem o Power Rangers."
Estágio 1: Assistência unidirecional (4 a 9 anos)	Neste nível *unilateral*, um "bom amigo" é aquele que faz o que a criança quer que ele faça.	"Ela não é mais minha amiga porque não quis ir comigo quando eu queria que ela fosse."
Estágio 2: Cooperação bidirecional "nos bons momentos" (6 a 12 anos)	O nível *recíproco* se sobrepõe ao estágio 1. Envolve trocas, mas ainda serve a muitos interesses próprios separados, em vez dos interesses comuns dos dois amigos.	"Nós somos amigos: fazemos coisas um para o outro" ou "Amigo é aquele que brinca com você quando você não tem com quem brincar."
Estágio 3: Relacionamentos íntimos, mutuamente compartilhados (9 a 15 anos)	Neste nível *mútuo*, a criança vê a amizade como tendo uma relação contínua, sistemática e comprometida. Os amigos tornam-se possessivos e exigem exclusividade.	"Construir uma amizade íntima leva tempo, por isso é ruim quando você descobre que seu amigo está tentando fazer outras amizades também."
Estágio 4: Interdependência autônoma (começando aos 12 anos)	Neste estágio *interdependente*, as crianças respeitam as necessidades dos amigos tanto de dependência quanto de autonomia.	"Uma boa amizade é um compromisso real; você deve apoiar, confiar e dar, mas também precisa ser capaz de se desprender."

Fonte: Selman, 1980; Selman e Selman, 1979.

▷ **verificador**
você é capaz de...
▷ Listar as características que as crianças procuram nos amigos?
▷ Explicar como idade e gênero afetam as amizades?

& Stevens, 1999). Meninas em idade escolar parecem se importar menos em ter muitos amigos, pois preferem ter poucos amigos íntimos em quem possam confiar. Os meninos têm mais amigos, mas tendem a ser menos íntimos e afetuosos (Furman & Buhrmester, 1985; Hartup & Stevens, 1999). A prevalência das amizades varia pouco entre as culturas (French, Purwono, & Rodkin, 2012).

As crianças impopulares sabem fazer amigos, mas tendem a ter menos amigos do que as populares, e demonstram preferência por amigos mais jovens, outras crianças impopulares ou crianças de classes ou escolas diferentes (Hartup, 1996b; Deptula & Cohen, 2004). Esses fatos podem colocar as crianças em uma trajetória negativa, pois ter poucos amigos ou amizades de baixa qualidade na primeira metade do ensino fundamental está longitudinalmente associado com solidão na segunda metade do ensino fundamental (Kingery, Erdley, & Marshall, 2011).

AGRESSÃO E INTIMIDAÇÃO (*BULLYING*)

A agressividade diminui e muda de forma durante os primeiros anos de escola. Após os 6 ou 7 anos, a maioria das crianças torna-se menos agressiva à medida que fica menos egocêntrica, mais empática, mais cooperativa e mais capaz de se comunicar. Elas podem agora colocar-se no lugar das outras pessoas, podem entender os motivos das outras pessoas e podem encontrar formas positivas de afirmar-se. A *agressão instrumental*, agressão que visa atingir um objetivo – característica do período pré-escolar – torna-se bem menos comum. Entretanto, à medida que a agressividade diminui de modo geral, a *agressão hostil*, agressão com o fim de ferir outra pessoa, aumenta proporcionalmente (Dodge, Coie, & Lynam, 2006), com frequência assumindo a forma mais verbal do que física (Pellegrini & Archer, 2005). Os meninos continuam a empregar *agressão direta* e as meninas são cada vez mais propensas a empregar a *agressão social* ou *indireta*, mas alguns pesquisadores afirmam que a intensidade das diferenças é superestimada (Card, Stucky, Sawalani, & Little, 2008).

Uma pequena minoria não aprende a controlar a agressão física (Coie & Dodge, 1998). Essas crianças tendem a ter problemas sociais e psicológicos, mas não está claro se a agressão causa esses problemas ou se é uma resposta a eles, ou ambas as coisas (Crick & Grotpeter, 1995). Não surpreende, assim, que meninos em idade escolar fisicamente agressivos podem tornar-se delinquentes juvenis na adolescência (Hay, Meldrum, Widdowson, & Piquero, 2017). Pesquisas determinaram que ser menino, ter temperamento reativo, separação dos pais, início precoce da maternidade e parentalidade controladora contribuem para a agressividade física em crianças de 6 a 12 anos (Joussemet et al., 2008). As crianças com alto nível de agressividade física, especialmente meninas, não são apreciadas, apesar de haver indícios de que o quanto essas crianças não são apreciadas é moderado pela idade. Crianças fisicamente agressivas às vezes podem conquistar um *status* social mais elevado à medida que envelhecem, e a popularidade pode levar a um aumento da agressividade enquanto estratégia para manutenção da posição social (Garandeau, Ahn, & Rodkin, 2011; Cillessen & Mayeux, 2004; Garandeau, Wilson, & Rodkin, 2010).

A agressão relacional não parece ter a mesma dinâmica e está associada com maior influência social e popularidade (Vaillencourt & Hymel, 2006). Meninas que, por exemplo, falam de outras pelas costas ou as excluem socialmente às vezes são percebidas entre as mais populares em uma sala de aula (Cillessen & Mayeux, 2004; Rodkin, Farmer, Pearl, & Van Acker, 2000). Há evidências de que crianças relacionalmente agressivas buscam outras com o mesmo tipo de agressividade para ser suas amigas, e que os membros da interação se influenciam mutuamente (Sijtsema et al., 2010; Dikjstra, Berger, & Lindenberg, 2011). As crianças com alto nível de agressividade relacional tendem a ter pais com baixa parentalidade positiva e alta parentalidade severa, mães pouco envolvidas e pais psicologicamente controladores (Kawabata, Alink, Tseng, Van IJzendoorn, & Crick, 2011).

Tipos de agressão e o processamento de informação social

O que faz as crianças agirem agressivamente? Uma das respostas pode ser o modo como elas processam informações sociais.

Os agressores instrumentais – ou *proativos* – consideram a força e a coerção meios eficazes de conseguir o que querem. Eles agem deliberadamente e não por raiva. Por exemplo, essas crianças poderiam aprender que podem forçar outra criança a trocar parte do lanche com elas se a ameaçassem fisicamente. Se a estratégia funciona, a criança foi reforçada nos seus atos agressivos, e a sua crença na agressão foi confirmada. Outras crianças são mais propensas a praticar a agressão *hostil* ou *reativa*. Essas crianças poderiam, após empurradas por acidente na fila da lancheria, presumir que o empurrão foi proposital e contra-atacar com raiva. Todas as crianças pressupõem o pior dos outros, às vezes, mas dizemos que as crianças que habitualmente pressupõem o pior dos outros nessas situações têm **viés de atribuição hostil**. Em situações ambíguas, elas concluem rapidamente que os outros estão agindo de má-fé e tendem a revidar como retaliação ou autodefesa. Em geral, as outras crianças respondem a essa hostilidade com agressividade, o que confirma e fortalece o viés de atribuição hostil original (Crick & Dodge, 1996; de Castro, Veerman, Koops, Bosch, & Monshouwer, 2002; Waldman, 1996).

Crianças rejeitadas e aquelas que recebem uma parentalidade ríspida tendem a ter uma predisposição à hostilidade, assim como crianças que buscam domínio e controle (Coie & Dodge, 1998; de Castro et al., 2002; Erdley et al., 1997; Masten & Coatsworth, 1998; Weiss et al., 1992). Visto que as pessoas em geral tornam-se hostis com alguém que age agressivamente contra elas, a predisposição à hostilidade é uma profecia que pode se autorrealizar, iniciando um ciclo de agressão (de Castro et al., 2002; Lansford, Malone, Dodge, Pettit, & Bates, 2010). O viés de atribuição hostil torna-se mais comum entre as idades de 6 e 12 anos (Aber, Brown, & Jones, 2003).

A influência da violência na mídia sobre a agressividade

Em média, as crianças passam mais de 7 horas por dia na frente de uma televisão ou da tela de um computador – algumas muito mais que isso (Anderson, Bushman, Donnerstein, Hummer, & Warburton, 2015; Rideout, Foehr, & Roberts, 2010). À medida que a televisão, o cinema, os *videogames*, os telefones celulares e os computadores assumem papéis maiores na vida diária das crianças, é fundamental entender o impacto que a mídia de massa exerce sobre o comportamento delas.

A violência é predominante na mídia norte-americana. Cerca de 6 em cada 10 programas de televisão retratam violência, geralmente glamourizada, glorificada ou banalizada (Yokota & Thompson, 2000). Os vídeos musicais mostram violência desproporcional contra mulheres e

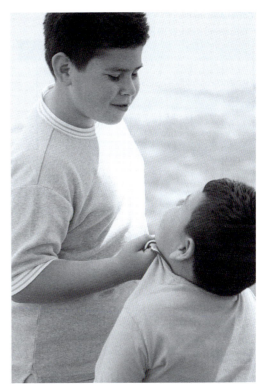

Meninos agressivos tendem a ganhar status *social ao final da 5ª série, sugerindo que o comportamento "valentão" pode ser visto como "legal" ou glamouroso pelos pré-adolescentes.*

Don Hammond/Design Pics Inc./Alamy Stock Photo

viés de atribuição hostil
Tendência a perceber os outros como querendo machucá-lo e a revidar como retaliação ou autodefesa.

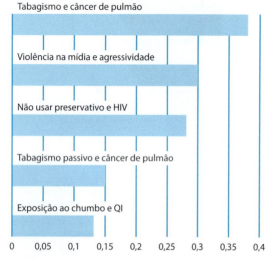

FIGURA 10.2
Efeitos de ameaças à saúde pública.
O efeito da violência na mídia é o mesmo ou maior do que o efeito de muitas outras ameaças reconhecidas à saúde pública.
Fonte: Bushman, B. J. e L. Rowell Huesmann. "Effects of Televised Violence on Aggression." In Handbook of Children and the Media, edited by Dorothy G. Singer and Jerome L. Singer. 235, Figure 11.5, 2001.

negros. As indústrias cinematográficas, fonográficas e de *videogames* anunciam agressivamente para crianças produtos classificados para adultos (AAP Committee on Public Education, 2001). Em um estudo com crianças norte-americanas, 40 filmes que eram classificados como R (censura para menores de 18 anos) para violência foram assistidos por uma média de 12,5% de aproximadamente 22 milhões de crianças entre 10 e 14 anos (Worth et al., 2008).

A evidência de pesquisas conduzidas durante os últimos 50 anos sobre exposição à violência na TV, no cinema e nos *videogames* apoia uma relação causal entre violência na mídia e comportamento violento dos espectadores (Huesmann, 2007). Embora a correlação mais forte com o comportamento violento seja a exposição prévia à violência (AAP Committee on Public Education, 2001; Anderson et al., 2003; Huesmann, Moise-Titus, Podolski, & Eron, 2003), o efeito da exposição à violência por meio da mídia de massa é significativo (Figura 10.2). Além disso, as pesquisas transculturais demonstram que a relação positiva entre exposição à mídia violenta e aumento em comportamento agressivo se sustenta em diferentes culturas (C. A. Anderson et al., 2017; C. A. Anderson et al., 2010).

No longo prazo, de que modo a violência na mídia resulta em agressividade? Estudos longitudinais demonstraram que a exposição das crianças à mídia violenta aumenta os riscos para efeitos de longo prazo baseados em aprendizagem observacional, dessensibilização e aprendizagem enativa que ocorrem automaticamente em crianças (Huesmann, 2007). Crianças que veem os personagens usar de violência para atingir seus objetivos concluem que a força é uma maneira eficaz para resolver conflitos. A mídia fornece emoções viscerais sem mostrar o custo humano, leva as crianças a considerar a agressão como algo aceitável e as dessensibiliza. Foi demonstrado que as reações negativas a cenas violentas diminuem de intensidade com a exposição repetida (Huesmann & Kirwil, 2007). Quanto mais realista é a violência retratada, maior a probabilidade de ela ser aceita (AAP Committee on Public Education, 2001; Anderson, Berkowitz et al., 2003).

As crianças são mais vulneráveis que os adultos à influência da violência na televisão (AAP Committee on Public Education, 2001; Coie & Dodge, 1998). A influência é mais forte se a criança acredita que a violência na tela é real, identifica-se com o personagem violento, o considera atraente, e assiste a televisão sem supervisão ou intervenção dos pais (Anderson, Berkowitz et al., 2003; Coie & Dodge, 1998). Crianças altamente agressivas são mais afetadas pela violência na mídia do que crianças menos agressivas (Anderson et al., 2003).

Mais de 90% das crianças jogam *videogame* (Gentile, 2009). Alguns psicólogos afirmam que a pesquisa sobre os efeitos dos *videogames* e da internet sugere que os aumentos de longo prazo no comportamento violento poderiam ser mesmo maiores para os *videogames* do que para a TV e o cinema. Crianças que jogam jogos violentos são participantes ativos que recebem reforço positivo por ações violentas (Huesmann, 2007). Os usuários de jogos de *videogame* violentos apresentam menos comportamento pró-social e empatia, mais comportamentos e pensamentos agressivos, mais sentimentos de raiva, excitação fisiológica, avaliações hostis e dessensibilização à violência e maior propensão a responder com violência a provocações (Anderson et al., 2017; Ferguson, 2015; Gentile, Bender, & Anderson, 2017).

Apesar de a maioria dos pesquisadores apoiar a associação entre agressividade e violência nos jogos de *videogame* (Bushman, Gollwitzer, & Cruz, 2015), outros acreditam que a relação está sendo exagerada (Ferguson, 2013). Por exemplo, eles afirmam que falhas metodológicas, como ignorar variáveis de confusão, dificuldade de generalizar a partir de estudos em laboratório sobre agressão para atos agressivos no mundo real e modelagem estatística inadequada, levam ao questionamento de algumas dessas afirmações (Ferguson & Savage, 2012). Além disso, os pesquisadores também indicam que a violência na mídia é apenas um fator entre muitos, e talvez nem seja o mais importante (Bushman, Anderson, Donnerstein, Hummer, & Warburton, 2016). Para apoiar essas afirmações, temos dados indicando que a violência juvenil diminuiu apesar de a exposição à mídia violenta ter permanecido estável (Ferguson, 2013) e que o consumo de jogos de *videogame* está inversamente relacionado com a violência juvenil (Ferguson, 2015).

Evidências experimentais recentes lançam ainda mais dúvidas sobre a existência de uma relação causal direta entre agressão mediada eletronicamente nos *videogames* e agressividade no mundo real. Nesse estudo, 275 alunos de faculdade do sexo masculino jogaram um de dois jogos de *videogame*. Uma versão era um jogo violento de tiro em primeira pessoa (FPS – *first person shooter*), o segundo uma versão não violenta bastante semelhante, em que monstros de meleca precisavam ser mandados de volta para a sua dimensão de origem. Após o jogo, os participantes foram provocados na vida real por um membro da equipe e tiveram a oportunidade de responder agressivamente. Os pesquisadores não identificaram um efeito relacionado à violência no jogo. Em outras palavras, a violência no contexto dos jogos de *videogame* não levou, ao menos no curto prazo, a comportamentos no mundo real (Hilgard, Englehardt, Rouder, Segert, & Bartholow, 2019).

As pesquisas mostram que crianças que assistem a violência na televisão tendem a agir agressivamente. Quando a iniciativa violenta é da criança, como nos videogames, *o efeito pode ser ainda mais forte.*
Andrey_Popov/Shutterstock

Contudo, isso não significa que as crianças devem poder assistir a conteúdos violentos sem limites ou que os modelos de agressividade em todas as mídias não têm efeitos. A agressividade induzida pela mídia pode ser minimizada com a redução do tempo de uso da televisão e pela monitoração e orientação, por parte dos pais, dos programas a que as crianças assistem (Anderson et al., 2003). Além disso, assim como assistir a mídia violenta promove a agressividade, assistir a mídia que promove mensagens de empatia e auxílio promove comportamentos pró-sociais entre as crianças (Anderson et al., 2015).

O que pode e deve ser feito em relação à exposição das crianças à mídia violenta?

Valentões e vítimas A agressão torna-se **intimidação (*bullying*)** quando é deliberada e persistentemente dirigida contra um alvo específico: uma vítima. A intimidação (*bullying*) pode ser física (bater, socar, chutar ou danificar ou apossar-se de pertences pessoais), verbal (xingar ou ameaçar), ou relacional ou emocional (isolar e fazer intriga, frequentemente pelas costas da vítima). A intimidação (*bullying*) pode ser proativa – feita para mostrar dominância, sustentar poder ou ganhar admiração – ou reativa, em resposta a um ataque real ou imaginado. A *intimidação pela internet (cyberbullying)* – postar comentários negativos ou fotos depreciativas da vítima na rede – tem se tornado cada vez mais comum (Berger, 2007). O aumento no uso de telefones celulares, mensagens de texto, *e-mail* e redes sociais tem aberto novos caminhos para valentões que têm acesso às vítimas sem a proteção da família e da comunidade (Huesmann, 2007).

intimidação (*bullying*)
Agressão deliberada e persistentemente dirigida a um alvo específico, ou vítima, que normalmente é fraco, vulnerável e indefeso.

A intimidação pode refletir uma tendência genética à agressividade combinada com influências ambientais, como pais coercitivos e amigos antissociais (Berger, 2007). Os valentões também tendem a ter baixo nível de empatia, especialmente com relação à capacidade de vivenciar as emoções que os outros estão sentindo, o componente afetivo da empatia (Fink, Deighton, Humphrey, & Wolpert, 2015). Tanto os valentões como as vítimas tendem a ser deficientes em habilidades para solucionar problemas sociais, e aqueles que também têm problemas acadêmicos são mais propensos a serem valentões do que vítimas (Cook et al., 2010). A maioria dos valentões são meninos que tendem a vitimar outros meninos; as valentonas tendem a ter como alvo outras meninas (Berger, 2007; Pellegrini & Long, 2002; Veenstra et al., 2005).

Os padrões de intimidação (*bullying*) e vitimização podem se estabelecer já no jardim de infância. À medida que os grupos de pares experimentais se formam, os agressores logo ficam sabendo quais crianças são os alvos mais fáceis. A frequência da intimidação aumenta ao longo do ensino fundamental, antes de diminuir novamente no ensino médio (Hong & Espelage, 2012). Nos Estados Unidos, cerca de 24% das escolas dos anos iniciais do ensino fundamental, 42% das escolas dos anos finais do ensino fundamental e 21% das escolas de ensino médio informam intimidação na escola ao menos uma vez por semana (Guerino, Hurwitz, Noonan, & Kaffenberger, 2006). Enquanto as crianças mais novas rejeitam uma criança agressiva, no início da adolescência os valentões são frequentemente dominantes, respeitados, temidos e até apreciados (Berger, 2007).

Os fatores de risco para a vitimização parecem ser semelhantes em diversas culturas (Schwartz, Chang, & Farver, 2001). As vítimas não se ajustam. Elas tendem a ser ansiosas, deprimidas, desconfiadas, quietas e submissas e a chorar com facilidade, ou a ser encrenqueiras e provocadoras (Hodges et al., 1999; Olweus, 1995; Veenstra et al., 2005). Elas têm poucos amigos e podem viver em ambientes familiares severos e punitivos (Nansel et al., 2001; Schwartz, Dodge, Pettit, Bates, & Conduct Problems Prevention Research Group, 2000). As vítimas tendem a ter baixa autoestima – embora não seja claro se a baixa autoestima é causa ou efeito da vitimização (Boulton & Smith, 1994; Olweus,

JANELA para o mundo

BULLYING: UM PROBLEMA MUNDIAL

Nos Estados Unidos, 28% dos alunos do 6º ano do ensino fundamental ao 3º ano do ensino médio informam que sofreram intimidação, aproximadamente 30% dos jovens admitem já ter praticado *bullying* contra outros e 70,6% dos jovens dizem que já observaram a prática nas suas escolas (U.S. Department of Health and Human Services, 2014). Como são esses números em outros países? Na França, 32% dos alunos informam ser vítimas de intimidação verbal e 35%, de ataques físicos. No Quênia, entre 63 e 82% dos alunos informam estar sujeitos a diversos tipos de intimidação, enquanto mais de metade dos respondentes na África do Sul informam ter sofrido *bullying*. As informações variam radicalmente: na Suécia, 15% informavam *bullying*, mas, na Lituânia, o número chegava a 67% dos alunos (UNESCO, 2017). As estatísticas variam de um país para o outro, mas o *bullying* é um problema global.

A intimidação ocorre independentemente de o país ser rico ou pobre e em todos os países nos quais foi medida. Por exemplo, o *bullying* varia de 7% no Tajiquistão a 74% em Samoa. Os países mais ricos têm prevalências semelhantes, com taxas que variam de apenas 14% na República Tcheca a um máximo de 69% na Letônia e Romênia (UNICEF, 2014).

O *bullying* e ambientes inseguros criam um clima de medo e insegurança que levam a resultados negativos no desenvolvimento. As pesquisas transculturais conduzidas com adultos de 30 países europeus indicam que aqueles que sofreram intimidação na infância apresentavam menor satisfação com a vida (29%) do que aqueles que não haviam sido vitimados (40%) (UNESCO, 2017). Estratégias de prevenção e promoção da saúde precisam trabalhar os problemas da intimidação para criar um mundo seguro para todos.

qual a sua opinião
Apesar de a riqueza do país não explicar as taxas de prevalência de *bullying*, as taxas nesses países apresentam grandes disparidades entre si. Na sua opinião, quais poderiam ser as variáveis relevantes em âmbito nacional? A cultura poderia impactar as características que colocam as crianças em risco de sofrer intimidação?

1995). Algumas vítimas são pequenas, passivas, fracas e submissas. Outras vítimas são provocadoras; elas incitam seus agressores e podem elas próprias agredir outras crianças (Berger, 2007; Veenstra et al., 2005). As crianças acima do peso têm maior probabilidade de se tornar vítimas ou valentonas (Janssen, Craig, Boyce, & Pickett, 2004; Bacchini et al., 2015; Van Geel, Vedder, & Tanilon, 2014).

A intimidação é prejudicial tanto para os valentões como para as vítimas (Berger, 2007). Ambos tendem a ter problemas de conduta e baixo desempenho acadêmico (Golmaryami et al., 2016; Shetgiri, Espelage, & Carroll, 2015). Os valentões têm um risco aumentado de delinquência, crimes ou abuso de álcool. Eles também têm maior probabilidade de ser diagnosticados com ansiedade ou depressão. As vítimas de intimidação crônica tendem a desenvolver problemas de comportamento. Podem tornar-se elas próprias mais agressivas ou deprimidas (Schwartz, McFadyen-Ketchum, Dodge, Pettit, & Bates, 1998; Veenstra et al., 2005; Turcotte Benedict, Vivier, & Gjelsvik, 2015). Além disso, a intimidação frequente afeta a atmosfera escolar, levando a baixo rendimento, alienação da escola, dores de estômago e dores de cabeça, relutância em ir para a escola e ausências frequentes (Berger, 2007).

À medida que mais crianças têm acesso a dispositivos eletrônicos (Kowalski, Giumetti, Schroeder, & Lattanner, 2014), aumenta o número de incidentes de intimidação pela internet. As pesquisas sugerem que essa forma de intimidação muitas vezes é uma extensão da intimidação presencial, pois os valentões *on-line* também tendem a praticar atos agressivos em pessoa (Modecki, Minchin, Harbaugh, Guerra, & Runions, 2014; Kowalski et al., 2014). Os valentões da internet tendem a acreditar que a agressão é normativa e demonstram menos empatia pelos outros (Kowalski et al., 2014). Em geral, os meninos praticam mais intimidação pela internet do que as meninas, mas elas praticam mais no início e meados da adolescência, enquanto os meninos atingem seu auge nesse sentido posteriormente (Barlett & Coyne, 2014). Ser vítima da intimidação pela internet está associado com uma série de problemas acadêmicos e de saúde mental e, para algumas crianças, um risco elevado de ideação suicida e de suicídio (Van Geel, Vedder, & Tanilon, 2014).

O Departamento de Saúde e Serviços Humanos dos Estados Unidos promoveu os Passos para o Respeito, um programa para as 3ª a 6ª séries visando (1) aumentar a consciência e a responsividade dos funcionários da escola à intimidação (*bullying*), (2) ensinar aos estudantes habilidades sociais e emocionais e (3) promover crenças de responsabilidade social. Pesquisas encontraram uma redução na intimidação e nas discussões da hora do recreio e um aumento nas interações harmoniosas entre crianças que participaram do programa (Frey et al., 2005). Entretanto, outros dados indicam que o impacto sobre o comportamento de intimidação real é mínimo, embora os programas possam aumentar a competência social e a autoestima dos estudantes (Merrell, Gueldner, Ross, & Isava, 2008).

Saúde mental

Embora a maioria das crianças seja bem ajustada, mundialmente, a prevalência de transtornos mentais em crianças e adolescentes é de cerca de 13,4% (Polancyzk, Salum, Sugaya, Caye, & Rodhe, 2015). Estima-se que a prevalência nos Estados Unidos seja de 13 a 20%, e há sugestões de que a taxa possa estar aumentando (Perou et al., 2013).

Examinamos agora diversos transtornos emocionais comuns e então os tipos de tratamento.

PROBLEMAS EMOCIONAIS COMUNS

Crianças com problemas emocionais, comportamentais e do desenvolvimento tendem a ser um grupo mal atendido. Apenas metade de todas as crianças nos Estados Unidos que necessitam de serviços para problemas de saúde mental recebem atualmente a ajuda necessária (Merikangas et al., 2010).

Relatos indicam que 55,7% das crianças diagnosticadas com problemas emocionais, comportamentais e do desenvolvimento têm *transtornos disruptivos da conduta*: comportamento agressivo, desafiador ou antissocial. Quase todo o restante, 45,3%, têm *transtornos de ansiedade* ou *do humor*: sentir-se triste, deprimido, rejeitado, nervoso, com medo ou solitário (Bethell, Read, & Blumberg, 2005).

Transtornos da conduta Acessos de raiva e comportamento desafiador, questionador, hostil ou deliberadamente irritante – comuns em crianças de 4 e 5 anos – costumam ser superados na terceira infância quando as crianças adquirem um melhor controle desses comportamentos (Miner & Clarke-Stewart, 2009). Quando esse padrão de comportamento persiste até os 8 anos, as crianças (geralmente os meninos) podem ser diagnosticadas com **transtorno de oposição desafiante (TOD)**, um padrão de desafio, desobediência e hostilidade em relação a figuras de autoridade adultas, durando pelo menos seis meses e ultrapassando os limites do comportamento infantil normal. Crianças com TOD estão constantemente brigando, discutindo, perdendo o controle, tomando coisas dos outros, culpando os outros, e são raivosas e ressentidas. Elas têm poucos amigos, costumam arrumar confusão na escola e testar os limites da paciência dos adultos (American Academy of Child and Adolescent Psychiatry, 2013a; Matthys & John, 2017).

Algumas crianças com TOD também apresentam **transtorno da conduta (TC)**, um padrão persistente e repetitivo, desde jovem, de ações agressivas e antissociais como cabular aula, provocar incêndios, mentir sistematicamente, brigar, intimidar, roubar, provocar atos de vandalismo e agressão, usar drogas e ingerir álcool (American Academy of Child and Adolescent Psychiatry, 2013b; Matthys & John, 2017).

Um pouco mais de 6% dos meninos e 3% das meninas com menos de 18 anos nos Estados Unidos recebem um diagnóstico de problemas de conduta ou comportamentais. As taxas são mais elevadas (8,1%) entre crianças e adolescentes afro-americanas, e menores entre as hispânicas (3,9%) (Perou et al., 2013). O transtorno da conduta na infância é um forte preditor de comportamentos criminosos e antissociais na vida adulta (Mordre, Groholt, Kjelsberg, Sandstad, & Myhre, 2011; Lynam, Caspi, Moffitt, Loeber, & Stouthamer-Loeber, 2007).

O que determina se uma criança com tendências antissociais se tornará grave ou cronicamente antissocial? Os déficits neurobiológicos podem ser importantes. Esses déficits podem afetar a sua capacidade de sentir empatia pelos outros, o que leva a uma falta de emoção e indiferença

---

verificador
você é capaz de...

▷ Explicar como a agressão muda durante a terceira infância e como o processamento de informação social e a violência na mídia podem contribuir para isso?

▷ Descrever como se estabelecem e se alteram os padrões de intimidação e vitimização?

A Paraplush, uma indústria de brinquedos europeia, lançou uma linha de animais de pelúcia ilustrando transtornos psicológicos comuns. A linha se chama "Psiquiatria para Brinquedos Abusados".
Os animais incluem uma cobra hiperativa, um jabuti deprimido, um crocodilo paranoide, entre outros. Você acredita que essa abordagem ajuda a acabar com o estigma dos transtornos mentais, ou promove estereótipos negativos e percepções errôneas?

transtorno de oposição desafiante (TOD)
Padrão de comportamento que persiste até a terceira infância, marcado por negatividade, hostilidade e desafio.

transtorno da conduta (TC)
Padrão repetitivo e persistente de comportamento agressivo e antissocial violando as normas sociais ou os direitos dos outros.

características (Lockwood et al., 2013; Michalska, Zeffiro, & Decety, 2016). As crianças sob risco elevado de se tornar adultos antissociais também tendem a ser impulsivas e ter baixo QI e desempenho acadêmico pior (Murray & Farrington, 2010). Elas também tendem a estar sujeitas a práticas de parentalidade de baixa qualidade. Os seus pais podem não supervisioná-las bem, ou podem ser excessivamente punitivos ou erráticos. Eles podem ser frios ou antissociais, abusivos, usar estratégias de parentalidade hostil ou ter altos níveis de conflito familiar (van Goozen, Fairchild, Snoek, & Harold, 2007; Miner & Clarke-Stewart, 2009). Suas famílias têm maior probabilidade de ser grandes ou pobres. Além disso, as crianças que se tornam antissociais posteriormente estão mais propensas a ter pares antissociais, a frequentar escolas com altas taxas de delinquência e a morar em bairros com alto nível de criminalidade. Esses fatores de risco são aditivos – ou seja, quanto mais deles estão presentes, maior o risco (Murray & Farrington, 2010).

Fobia escolar e outros transtornos de ansiedade Algumas crianças têm motivos reais para ter medo de ir à escola: um professor sarcástico, excesso de tarefas ou um valentão a evitar. Nesses casos, o ambiente pode precisar de uma mudança, não a criança. Mas algumas crianças têm **fobia escolar**, um medo anormal de ir à escola. A verdadeira fobia escolar pode ser um tipo de **transtorno de ansiedade de separação**, uma condição que envolve ansiedade excessiva por pelo menos quatro semanas por estar longe de casa ou de pessoas a quem a criança está ligada. Embora a ansiedade de separação seja normal na primeira infância, quando persiste em crianças mais velhas, é motivo de preocupação. O transtorno de ansiedade de separação afeta cerca de 4% das crianças e adolescentes e pode persistir até a época da faculdade. Essas crianças em geral vêm de famílias estruturadas e afetuosas. Elas poderão desenvolver o transtorno espontaneamente ou após um evento estressante, como a morte de um animal de estimação, uma doença ou mudança para uma nova escola (American Psychiatric Association, 2000; Harvard Medical School, 2004a).

Às vezes, a fobia escolar pode ser uma forma de **fobia social**, ou *ansiedade social*: medo extremo e/ou esquiva de situações sociais, como falar diante da classe ou encontrar um conhecido na rua. A fobia social afeta cerca de 5% das crianças; ela ocorre em famílias, portanto pode haver um componente genético. Geralmente as fobias são desencadeadas por experiências traumáticas, como quando a criança tem um "branco" ao ser solicitada na sala de aula (Beidel & Turner, 1998). A ansiedade social tende a aumentar com a idade, enquanto a ansiedade de separação diminui (Costello et al., 2003).

Algumas crianças apresentam o **transtorno de ansiedade generalizada**, que não se concentra em nenhum aspecto específico de sua vida. Essas crianças se preocupam praticamente com tudo: notas na escola, tempestades, terremotos e machucar-se no recreio. Elas tendem a ser envergonhadas, inseguras e excessivamente preocupadas em atender às expectativas dos outros. Elas buscam aprovação e precisam constantemente de consolo, mas sua preocupação parece ser independente do desempenho ou de como são vistas pelas outras pessoas (Harvard Medical School, 2004a; USDHHS, 1999b). Bem menos comum é o **transtorno obsessivo-compulsivo (TOC)**. As crianças com esse transtorno podem ficar obcecadas por pensamentos, imagens ou impulsos intrusivos e repetitivos (geralmente envolvendo medos irracionais); ou podem apresentar comportamentos compulsivos, como lavar as mãos constantemente, ou ambos (American Psychiatric Association, 2000; Harvard Medical School, 2004a; USDHHS, 1999b).

Depressão infantil A **depressão infantil** é um transtorno de humor que vai além da tristeza normal e temporária. Uma metanálise recente, incluindo 41 estudos de 27 culturas, estima que a prevalência dos transtornos depressivos na infância e na adolescência é de 2,6% (Polanczyk et al., 2015). Nos Estados Unidos, estima-se que a taxa de depressão entre crianças de 6 a 17 anos seja de 2,1% e se torna proporcionalmente mais comum em meninas com o avanço da idade (Perou et al., 2013). Os sintomas incluem incapacidade de se divertir ou se concentrar, fadiga, atividade extrema ou apatia, choro, distúrbios do sono, alteração de peso, queixas físicas, sentimentos de inutilidade, uma sensação prolongada de falta de amigos ou pensamentos frequentes sobre morte ou suicídio. A depressão infantil pode sinalizar o começo de um problema recorrente que poderá persistir até a idade adulta (Birmaher, 1998; Katz, Conway, Hammen, Brennan, & Najman, 2011).

As causas exatas da depressão infantil são desconhecidas, mas crianças depressivas tendem a vir de famílias com altos níveis de depressão parental, ansiedade, abuso de drogas ou comportamento antissocial. O clima nessas famílias pode aumentar o risco de depressão nas crianças (Cicchetti

---

fobia escolar
Medo irreal de ir para a escola; pode ser uma forma de transtorno de ansiedade de separação ou de fobia social.

transtorno de ansiedade de separação
Condição envolvendo ansiedade excessiva e prolongada por estar longe de casa ou de pessoas a quem a criança é ligada.

fobia social
Medo extremo e/ou esquiva de situações sociais.

transtorno de ansiedade generalizada
Ansiedade que não se concentra em nenhum alvo específico.

transtorno obsessivo-compulsivo (TOC)
Ansiedade despertada por pensamentos repetitivos e intrusivos, imagens ou impulsos, que em geral levam a comportamentos ritualísticos compulsivos.

depressão infantil
Transtorno do humor caracterizado por sintomas como sensação prolongada de falta de amigos, incapacidade de se divertir ou se concentrar, fadiga, atividade extrema ou apatia, sentimentos de inutilidade, alteração de peso, queixas físicas e pensamentos de morte ou suicídio.

& Toth, 1998; USDHHS, 1999b). A genética também é importante, dada a existência de variantes gênicas que aumentam o risco de depressão (Dunn et al., 2015; Aguilera et al., 2009; Caspi et al., 2003; Young et al., 2007).

Crianças de 5 ou 6 anos já sabem relatar com precisão sentimentos e comportamentos de depressão que preveem problemas futuros, de dificuldades na escola à depressão maior e ideias de suicídio (Ialongo, Edelsohn, & Kellam, 2001). A depressão geralmente surge durante a transição para os anos finais do ensino fundamental e pode estar relacionada a pressões escolares mais severas (Cicchetti & Toth, 1998), a crenças de autoeficácia insuficiente e à falta de investimento pessoal no sucesso escolar (Rudolph et al., 2001). A depressão fica mais predominante durante a adolescência (Perou et al., 2013).

TÉCNICAS DE TRATAMENTO

O tratamento psicológico para transtornos emocionais pode assumir várias formas. Na **psicoterapia individual**, o terapeuta atende cada criança individualmente para ajudá-la a entender sua personalidade e seus relacionamentos e para interpretar sentimentos e comportamentos. Esse tipo de tratamento pode ser útil em um momento de estresse, como a morte de um dos pais ou o divórcio parental, mesmo quando a criança ainda não deu sinais de perturbação. A psicoterapia infantil costuma ser mais eficaz quando combinada com aconselhamento dos pais.

Na **terapia familiar**, o terapeuta atende toda a família em conjunto, observa como os membros interagem e mostra padrões de atividades familiares que produzem ou inibem o desenvolvimento. A terapia pode ajudar os pais a enfrentarem seus conflitos e a começarem a resolvê-los. Em geral esse é o primeiro passo para resolver também os problemas da criança.

A **terapia comportamental**, ou *modificação comportamental*, é uma forma de psicoterapia que utiliza princípios da teoria da aprendizagem para eliminar comportamentos indesejáveis ou desenvolver comportamentos desejáveis. Uma análise estatística de muitos estudos verificou que a psicoterapia geralmente é eficaz com crianças e adolescentes, mas a terapia comportamental é mais eficaz do que os métodos não comportamentais. Os resultados são melhores quando o tratamento tem como objetivo problemas específicos e resultados desejáveis (Weisz et al., 1995). A *terapia cognitivo-comportamental*, que procura mudar pensamentos negativos por meio de exposição gradual, modelagem, recompensas ou "conversas" da pessoa consigo mesma, tem-se mostrado o tratamento mais eficaz para transtornos de ansiedade em crianças e adolescentes (Hofmann, Asnaani, Vonk, Sawyer, & Fang, 2012).

Quando a criança possui habilidades verbais e conceituais limitadas ou sofreu um trauma emocional, a **arteterapia** pode ajudá-la a descrever o que a atormenta sem que precise expressar seus sentimentos em palavras. A criança poderá expressar emoções profundas por meio da escolha de cores e temas (Kozlowska & Hanney, 1999). Pesquisas demonstram que a arteterapia é benéfica e muitas vezes é usada em conjunto com outras formas de terapia (Slayton, D'Archer, & Kaplan, 2010).

A **ludoterapia**, método em que a criança brinca livremente enquanto o terapeuta faz comentários ocasionais, perguntas ou sugestões, tem se mostrado eficaz para vários problemas emocionais, cognitivos e sociais, principalmente quando a consulta com os pais ou com outros membros da família faz parte do processo (Lin & Bratton, 2015; Ray, Armstrong, Balkin, & Jayne, 2015; Leblanc & Ritchie, 2001).

O uso da **terapia medicamentosa** – medicamentos antidepressivos, estimulantes, tranquilizantes ou antipsicóticos – para tratar transtornos emocionais da infância é controverso. Durante um período de dez anos, a taxa na qual medicamentos antipsicóticos eram prescritos para crianças e adolescentes mais que quintuplicou (Olfson et al., 2006). Por exemplo, de 1999 a 2001, aproximadamente 1 em 650 crianças estava recebendo antipsicóticos; esse número subiu para 1 em 329 em 2007 (Olfson et al., 2010). Não há pesquisas suficientes sobre a eficácia e a segurança de muitos desses medicamentos, especialmente para crianças.

Apesar da falta de dados, o uso desses medicamentos entre crianças tem aumentado rapidamente. Boa parte desse aumento envolveu o uso *off-label*

psicoterapia individual
Tratamento psicológico em que o terapeuta atende cada pessoa com problema individualmente.

terapia familiar
Tratamento psicológico em que o terapeuta trata toda a família em conjunto para analisar padrões de atividade familiar.

terapia comportamental
Abordagem terapêutica que utiliza princípios da teoria da aprendizagem para encorajar comportamentos desejáveis ou eliminar comportamentos indesejáveis; também chamada de *modificação comportamental*.

arteterapia
Abordagem terapêutica que permite à pessoa expressar sentimentos perturbadores sem o uso de palavras, com diversos materiais e mídias artísticos.

ludoterapia
Abordagem terapêutica que utiliza brinquedos para ajudar uma criança a lidar com o sofrimento emocional.

terapia medicamentosa
Administração de medicamentos para tratar transtornos emocionais.

Na ludoterapia, o terapeuta observa enquanto uma criança representa sentimentos perturbadores, frequentemente utilizando materiais adequados ao desenvolvimento, como bonecos.
Photographee.eu/Shutterstock

verificador
você é capaz de...

▷ Discutir as causas, os sintomas e os tratamentos de transtornos emocionais comuns?

crianças resilientes
Crianças que resistem a circunstâncias adversas, vivem bem apesar dos desafios ou das ameaças, ou que se recuperam de eventos traumáticos.

fatores de proteção
Fatores que reduzem o impacto de influências potencialmente negativas e tendem a predizer consequências positivas.

(diferente do aprovado em bula). Em outras palavras, a maioria das crianças que usa esses medicamentos os recebe para condições psiquiátricas não aprovadas (Pathak, West, Martin, Help, & Henderson, 2010). Os motivos para isso são diversos. Em alguns casos, a escassez de provedores treinados, o reembolso por tratamento comportamental ou a falta de opções de tratamento deixam os pais com poucas opções disponíveis para lidar com crianças difíceis. Além disso, o maior conhecimento e conscientização das ofertas de medicamentos, assim como a maior aceitação do seu uso, também é um fator relevante (Alexander, Gallagher, Mascola, Moloney, & Stafford, 2011). Não há pesquisas suficientes sobre a eficácia e a segurança de muitos desses medicamentos, especialmente para crianças.

RESILIÊNCIA

Boa parte da história inicial da psicologia foi marcada por investigações sobre os diversos riscos que podem colocar a criança em uma trajetória de desenvolvimento negativa. Contudo, os psicólogos estão percebendo cada vez mais que examinar a resiliência também tem seu valor. **Crianças resilientes** são aquelas que suportam circunstâncias que poderiam atormentar outras, que mantêm o equilíbrio e a competência sob condições de perigo ou ameaça ou que se recuperam de eventos traumáticos. Os dois **fatores de proteção** mais importantes que parecem ajudar a criança e o adolescente a superar o estresse e que contribuem para a resiliência são um *bom relacionamento familiar* e a *atividade cognitiva* (Masten & Coatsworth, 1998; ver Tabela 10.2).

Crianças resilientes também tendem a ter QIs altos e a resolver problemas com facilidade, e sua capacidade cognitiva pode ajudá-las a lidar com a adversidade, a se autoproteger, a regular seu próprio comportamento e a aprender com a experiência. Elas poderão atrair o interesse dos professores, que passam a agir como guias, confidentes ou mentores (Masten & Coatsworth, 1998). Elas podem até ter genes de proteção, que podem amortecer os efeitos de um ambiente desfavorável (Caspi et al., 2002, Kim-Cohen et al., 2004).

Outros fatores de proteção frequentemente citados incluem os seguintes (Ackerman, Kogos, Youngstrom, Schoff, & Izard, 1999; Eisenberg et al., 2004; Masten & Coatsworth, 1998; E. E. Werner, 1993):

- *O temperamento ou personalidade da criança:* Crianças resilientes são adaptáveis, amistosas, queridas, independentes e sensíveis. São competentes e têm autoestima elevada. Quando estressadas, sabem regular suas emoções deslocando a atenção para outras coisas.

TABELA 10.2	Características das crianças e dos adolescentes resilientes
Fonte	**Característica**
Individual	Bom funcionamento intelectual
	Atraente, sociável, descontraído
	Autoeficácia, autoconfiança, autoestima alta
	Talentos
	Fé
Família	Relacionamento próximo com figura parental cuidadosa
	Parentalidade autoritativa: afeto, estrutura, expectativas altas
	Vantagens socioeconômicas
	Ligações com redes familiares estendidas apoiadoras
Contexto extrafamiliar	Vínculos com adultos pró-sociais fora da família
	Ligações com organizações pró-sociais
	Frequência a escolas eficazes

Fonte: Masten e Coatsworth, 1998, 212.

pesquisa em ação

EXPERIÊNCIAS INFANTIS COM ATAQUES TERRORISTAS

Em 22 de maio de 2017, ocorreu um ataque terrorista em um *show* da cantora Ariana Grande na cidade de Manchester, na Inglaterra. Muitas das vítimas foram crianças que haviam sido levadas pelos pais para assistir ao *show*. Centenas de outras crianças foram separadas dos pais durante o caos que se seguiu ao ataque (Smith & Chan, 2017). Em comparação com os desastres naturais, os ataques terroristas estão associados com níveis mais elevados de sofrimento (Hagan, Committee of Psychosocial Aspects of Child and Family Health, & Task Force on Terrorism, 2005), e a sua natureza intermitente e imprevisível pode contribuir para os níveis elevados de estresse e ansiedade que perduram muito após o evento (Fremont, 2004).

Crianças expostas a ataques terroristas apresentam sintomas elevados de estresse pós-traumático por vários meses após o ocorrido (Comer, Bry, Poznanski, & Golik, 2016). Os sintomas muitas vezes são proporcionais à ameaça direta à vida, perda de entes queridos e devastação da comunidade local (Drury & Williams, 2012). Perturbações do sono, problemas de atenção, queixas de dores de cabeça e de estômago, esquiva à escola ou medos irracionais também são comuns (Saraiya, Garakani, & Billick, 2013). Apenas assistir a vídeos gravados na televisão pode ser suficiente para induzir percepções de ameaça e sintomas de ansiedade elevados (Comer et al., 2008).

Infelizmente, os pais muitas vezes são forçados a enfrentar perguntas dos filhos sobre violência em massa e terrorismo, fatos que observam no mundo ao seu redor. Embora difíceis, essas conversas são importantes. A American Academy of Child and Adolescent Psychiatry publicou diretrizes (2017):

1. *Escute as crianças*. Deixe as crianças fazerem perguntas e ajude-as a se expressarem. Às vezes, as crianças se sentem mais à vontade desenhando ou brincando, em vez de conversando sobre seus sentimentos.

Tomsickova Tatyana/Shutterstock

2. *Responda às perguntas delas*. Seja honesto quando responder a perguntas difíceis. Use palavras que a criança possa entender e tente não sobrecarregá-la com informações demais. Você pode ter que se repetir. Seja consistente e tranquilizador.
3. *Dê apoio*. As crianças se sentem à vontade com estrutura e familiaridade. Mantenha uma rotina previsível. Evite exposição a imagens violentas. Observe sinais físicos de estresse, tais como sono agitado ou ansiedade de separação, e busque ajuda profissional se os sintomas forem persistentes.

qual a sua opinião

O que você diria para acalmar uma criança transtornada e com medo de ataques terroristas? Qual seria a diferença entre as respostas que você daria para uma criança de 6 anos que lhe perguntasse sobre o que aconteceu e para uma de 11 anos?

- *Experiências compensadoras:* Um ambiente escolar protetor ou experiências bem-sucedidas nos estudos, esportes ou na música, ou com outras crianças ou adultos podem ajudar a compensar uma vida destrutiva no lar.
- *Risco reduzido:* Crianças que foram expostas a apenas um dos vários fatores de transtorno psiquiátrico (como discórdia parental, mãe perturbada, pai criminoso e experiência em adoção temporária) geralmente estão mais aptas a superar o estresse do que aquelas que foram expostas a mais de um fator de risco.

Isso não significa que coisas ruins que acontecem na vida de uma criança não têm importância. De modo geral, crianças com antecedentes desfavoráveis têm mais problemas de adaptação do que aquelas com antecedentes mais favoráveis, e mesmo algumas crianças aparentemente resilientes podem apresentar sofrimento interno com possíveis consequências de longo prazo (Masten & Coatsworth, 1998). Entretanto, o que é encorajador a respeito desses achados é que experiências infantis negativas não necessariamente determinam a vida de uma pessoa, e que muitas crianças têm força suficiente para superar as circunstâncias mais difíceis.

verificador
você é capaz de...

▷ Citar as fontes mais comuns de medo, estresse e ansiedade em crianças?

▷ Identificar os fatores de proteção que contribuem para a resiliência?

resumo e palavras-chave

O *self* em desenvolvimento

- O autoconceito torna-se mais realista durante a terceira infância, quando, de acordo com um modelo neopiagetiano, a criança forma sistemas representacionais.
- De acordo com Erikson, a principal fonte de autoestima é como a criança vê sua competência produtiva. Essa virtude se desenvolve por meio da resolução do quarto conflito psicossocial – produtividade *versus* inferioridade.
- As crianças em idade escolar internalizaram a vergonha e o orgulho e podem entender melhor e regular as emoções negativas.
- A empatia e o comportamento pró-social aumentam.
- O crescimento emocional é afetado pelas reações dos pais à expressão de emoções negativas.
- A autorregulação emocional envolve controle voluntário.

sistemas representacionais (293)
produtividade *versus* inferioridade (293)

A criança na família

- Crianças em idade escolar passam menos tempo com os pais e estão menos próximas a eles do que antes, mas o relacionamento com os pais continua sendo importante. A cultura influencia as relações e os papéis familiares.
- O ambiente familiar tem dois grandes componentes: a estrutura familiar e o clima familiar.
- O tom emocional do lar, a forma como os pais lidam com questões disciplinares e conflitos, os efeitos do trabalho dos pais e a adequação dos recursos financeiros contribuem para o clima familiar.
- O desenvolvimento da corregulação pode afetar o modo como as famílias lidam com conflitos e disciplina.
- O impacto causado pelo fato de a mãe trabalhar fora depende de muitos fatores relativos à criança, ao trabalho da mãe e ao que ela sente a respeito; depende ainda de ela ter um parceiro que a apoia; do nível socioeconômico da família; e do tipo de cuidados e grau de monitoração recebidos pela criança.
- A pobreza pode prejudicar o desenvolvimento das crianças indiretamente por meio de seus efeitos sobre o bem-estar dos pais e seus estilos de parentalidade.
- Muitas crianças hoje crescem em estruturas familiares não tradicionais. Em igualdade de circunstâncias, as crianças tendem a se desenvolver melhor em famílias tradicionais com pai e mãe do que em famílias coabitantes, divorciadas, monoparentais ou com padrasto/madrasta. A estrutura da família, porém, é menos importante do que seus efeitos sobre o clima familiar.
- A adaptação dos filhos ao divórcio depende de fatores relativos à criança, do modo como os pais lidam com a situação, da guarda e de esquemas de visitação, circunstâncias financeiras, contato com o genitor que não detém a guarda (geralmente o pai), e o segundo casamento do pai ou da mãe.
- A quantidade de conflitos em um casamento e a probabilidade de sua continuação após o divórcio podem influenciar o fato de as crianças estarem em melhor situação se os pais ficarem juntos.
- Na maior parte dos divórcios, a mãe obtém a guarda, embora a guarda paterna seja uma tendência em crescimento. A qualidade do contato com o pai, quando este não detém a guarda, é mais importante do que a frequência desses contatos.
- A guarda compartilhada pode ser benéfica para crianças quando os pais podem cooperar. A guarda compartilhada jurídica é mais comum do que a guarda compartilhada física.
- Embora o divórcio parental aumente o risco de problemas no longo prazo para os filhos, a maioria das crianças se adapta razoavelmente bem.
- Crianças que vivem apenas com um dos pais correm um risco maior de ter problemas comportamentais e escolares, em grande parte relacionados ao nível socioeconômico.
- Estudos têm constatado desfechos positivos de desenvolvimento em crianças que vivem com pais homossexuais.
- Crianças adotadas são geralmente bem ajustadas, embora enfrentem desafios especiais.
- Os papéis e responsabilidades dos irmãos em sociedades não industrializadas são mais estruturados do que em sociedades industrializadas.
- Os irmãos aprendem sobre resolução de conflitos em seu relacionamento um com o outro. O relacionamento com os pais afeta o relacionamento entre os irmãos.

corregulação (296)
comportamentos internalizantes (296)
comportamentos externalizantes (296)

A criança no grupo de pares

- O grupo de pares torna-se mais importante na terceira infância. Os grupos de pares geralmente consistem em crianças de idade, sexo, etnia e nível socioeconômico semelhantes e que vivem próximas umas das outras ou que vão juntas para a escola.
- O grupo de pares ajuda a criança a desenvolver habilidades sociais, permite que ela teste e adote valores independentemente dos pais, proporciona um senso de afiliação e ajuda a desenvolver seu autoconceito e a identidade de gênero. Também pode encorajar a conformidade e o preconceito.
- Na terceira infância, a popularidade tende a influenciar a adaptação futura. A popularidade pode ser medida sociometricamente ou pela condição social percebida. Os resultados podem ser diferentes. Crianças populares tendem a ter boas habilidades cognitivas e sociais. Comportamentos que afetam a popularidade podem resultar de relacionamentos familiares e valores culturais.
- A intimidade e a estabilidade das amizades aumentam durante a terceira infância. Os meninos tendem a ter mais amigos, enquanto as meninas tendem a ter amizades mais íntimas.
- Durante a terceira infância, a agressão tipicamente diminui. A agressão instrumental costuma dar lugar à agressão hostil, quase sempre com um viés de hostilidade. Crianças altamente agressivas tendem a ser impopulares, mas podem ganhar *status* à medida que passam para a adolescência.
- A agressividade é promovida pela exposição à violência na mídia e pode se estender até a idade adulta.
- A terceira infância é um período propício para a intimidação, mas padrões de intimidação e vitimização podem ser estabelecidos bem antes. As vítimas tendem a ser fracas e submissas ou encrenqueiras e provocadoras, e a ter baixa autoestima.

preconceito (305)
viés de atribuição hostil (309)
intimidação (*bullying*) (311)

Saúde mental

- Transtornos emocionais e comportamentais comuns em crianças em idade escolar incluem transtornos da conduta, transtornos de ansiedade e depressão infantil.
- Técnicas de tratamento incluem psicoterapia individual, terapia familiar, terapia comportamental, arteterapia, ludoterapia e terapia medicamentosa. Normalmente as terapias são utilizadas em combinação.
- As crianças podem ficar traumatizadas diante do terrorismo e da guerra.
- Crianças resilientes são mais capazes do que outras de suportar o estresse. Os fatores de proteção envolvem relacionamentos familiares, capacidade cognitiva, personalidade, grau de risco e experiências compensatórias.

transtorno de oposição desafiante (TOD) (313)
transtorno da conduta (TC) (313)
fobia escolar (314)
transtorno de ansiedade de separação (314)
fobia social (314)
transtorno de ansiedade generalizada (314)
transtorno obsessivo-compulsivo (TOC) (314)
depressão infantil (314)
psicoterapia individual (315)
terapia familiar (315)
terapia comportamental (315)
arteterapia (315)
ludoterapia (315)
terapia medicamentosa (315)
crianças resilientes (316)
fatores de proteção (316)

Parte 5 ADOLESCÊNCIA

capítulo 11

Desenvolvimento Físico e Cognitivo na Adolescência

SolStock/E+/Getty Images

Pontos principais

Adolescência: uma transição no desenvolvimento

DESENVOLVIMENTO FÍSICO

Puberdade
O cérebro do adolescente
Saúde física e mental

DESENVOLVIMENTO COGNITIVO

Aspectos do amadurecimento cognitivo
Questões educacionais e vocacionais

Objetivos de aprendizagem

Discutir a natureza da adolescência.

Descrever as mudanças envolvidas na puberdade, assim como as mudanças no cérebro do adolescente.

Identificar problemas dos adolescentes relativos à saúde.

Explicar as mudanças cognitivas na adolescência.

Resumir os principais aspectos de como as escolas influenciam o desenvolvimento na adolescência.

Você **sabia** que...

▷ Cerca de 40% dos adolescentes norte-americanos experimentam drogas ilícitas até o final do ensino médio?

▷ A depressão em pessoas jovens pode se manifestar como irritabilidade ou tédio?

▷ A participação em atividades extraclasse está associada com o desempenho acadêmico?

Neste capítulo, descrevemos as transformações físicas da adolescência e como elas afetam os sentimentos dos jovens. Observamos o cérebro do adolescente, ainda não amadurecido, e discutimos questões de saúde associadas a essa fase da vida. Examinamos o estágio operatório-formal de Piaget e o desenvolvimento linguístico e moral. Por último, exploramos questões educacionais e vocacionais.

A vida seria infinitamente mais feliz se ao menos pudéssemos nascer aos 80 e nos aproximarmos gradualmente dos 18.

—Mark Twain (1835–1910), escritor e humorista norte-americano

Adolescência: uma transição no desenvolvimento

Este capítulo concentra-se nos processos que ocorrem durante o longo período conhecido como **adolescência** – uma transição no desenvolvimento que envolve mudanças físicas, cognitivas, emocionais e sociais, e assume formas variadas em diferentes contextos sociais, culturais e econômicos.

Uma mudança física importante é o início da **puberdade**, o processo que leva à maturidade sexual, ou fertilidade – a capacidade de se reproduzir. Neste livro, definimos adolescência aproximadamente como o período que compreende as idades entre 11 e 19 ou 20 anos.

A ADOLESCÊNCIA COMO UMA CONSTRUÇÃO SOCIAL

A adolescência não é uma categoria física ou biológica claramente definida – é uma construção social. Nas culturas tradicionais e pré-industriais, as crianças em geral entravam no mundo adulto quando amadureciam fisicamente ou quando iniciavam um aprendizado profissional. No mundo ocidental, a adolescência foi reconhecida como um período único de desenvolvimento no ciclo de vida no século XX.

Na maior parte do mundo, a adolescência leva mais tempo e é menos definida do que no passado. Existem inúmeros motivos para essa mudança social. Primeiro, a puberdade geralmente começa mais cedo. Além disso, à medida que o mundo passa a ser movido pela tecnologia e pela informação, a quantidade de treinamento necessário para praticar ocupações mais bem-remuneradas aumentou. Por causa disso, o período da adolescência se estendeu, pois os jovens adultos tendem a permanecer na escola por mais tempo, casar e ter filhos mais tarde e estabelecer-se em carreiras permanentes posteriormente e com menos firmeza do que no passado.

ADOLESCÊNCIA: UMA ÉPOCA DE OPORTUNIDADES E RISCOS

Qualquer momento de transição e mudança no ciclo de vida oferece oportunidades para avanços, mas riscos também. A adolescência não é diferente. Ela oferece oportunidades para o crescimento em competência cognitiva e social, autonomia, autoestima e intimidade.

Entretanto, a adolescência também é um momento de risco, e os adolescentes norte-americanos de hoje enfrentam riscos ao seu bem-estar, incluindo mortes por acidentes, homicídio e suicídio (Xu, Murphy, Kochanek, Bastian, & Arias, 2018). Por que a adolescência é um estágio tão cheio de riscos no ciclo de vida? Os psicólogos acreditam que a tendência a praticar comportamentos de risco pode refletir a imaturidade do cérebro adolescente. Ainda assim, os adolescentes tendem a responder a mensagens sobre segurança e responsabilidade. Desde a década de 1990, os adolescentes tornaram-se menos propensos a usar álcool, tabaco ou maconha; a dirigir automóveis sem usar o cinto de segurança ou a aceitar carona de um motorista que ingeriu bebida alcoólica; a portar armas; a ter relações sexuais ou a tê-las sem usar preservativo; ou a tentar o suicídio (Centers for Disease Control and Prevention [CDC], 2012; Eaton et al., 2008). Essas tendências positivas aumentam as chances dos jovens de passar pelos anos da adolescência com boa saúde.

adolescência
Transição no desenvolvimento entre a infância e a vida adulta que impõe grandes mudanças físicas, cognitivas e psicossociais.

puberdade
Processo pelo qual o indivíduo atinge a maturidade sexual e a capacidade de se reproduzir.

▶ **verificador**
você é capaz de...

▷ Apontar semelhanças e diferenças entre os adolescentes em várias partes do mundo?

▷ Identificar padrões de comportamento de risco comuns durante a adolescência?

DESENVOLVIMENTO FÍSICO

Puberdade

A puberdade envolve alterações físicas notáveis. Essas mudanças fazem parte de um longo e complexo processo de maturação que começa antes do nascimento, e suas implicações psicológicas podem continuar até a vida adulta.

COMO COMEÇA A PUBERDADE: ALTERAÇÕES HORMONAIS

O advento da puberdade não é causado por nenhum fator isolado. Em vez disso, a puberdade resulta de uma cadeia de respostas hormonais (Figura 11.1). Primeiro, o hipotálamo libera níveis elevados de hormônio liberador de gonadotrofina (GnRH – *gonadotropin releasing hormone*). O aumento do GnRH leva, então, a uma elevação no hormônio luteinizante (LH – *luteinizing hormone*) e no hormônio folículo-estimulante (FSH – *follicle-stimulating hormone*). Esses hormônios exercem suas ações de formas diferentes nos meninos e nas meninas. Nas meninas, os níveis aumentados de FSH levam ao início da menstruação. Nos meninos, o LH inicia a liberação de dois hormônios adicionais: a testosterona e a androstenediona (Buck Louis et al., 2008).

A puberdade pode ser dividida em dois estágios básicos: adrenarca e gonadarca. A adrenarca ocorre entre os 6 e 8 anos. Durante esse estágio, as glândulas adrenais secretam níveis cada vez maiores de androgênios, principalmente dehidroepiandrosterona (DHEA – *dehydroepiandrosterone*) (Susman & Rogol, 2004). Os níveis aumentam de forma gradual, mas consistente, e aos 10 anos de idade, os níveis de DHEA são 10 vezes mais altos do que eram entre as idades de 1 e 4 anos. O DHEA influencia o crescimento de pelos púbicos, axilares e faciais. Ele também contribui para o crescimento mais rápido do corpo, para a maior oleosidade na pele e para o desenvolvimento de odores corporais.

FIGURA 11.1
Regulação do início e progressão da puberdade em seres humanos.
A ativação do eixo HPG (hipotálamo-pituitário-gonadal) requer um sinal do sistema nervoso central (SNC) para o hipotálamo, que estimula a produção de LH e FSH pela pituitária.
Fonte: American Academy of Pediatrics.

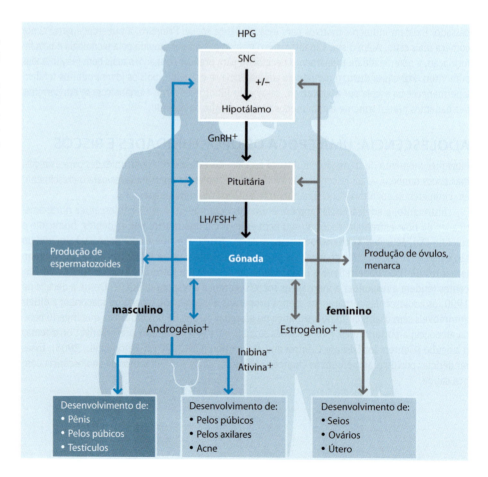

O segundo estágio, a gonadarca, é marcado pelo amadurecimento dos órgãos sexuais, que ativa um segundo surto de produção de DHEA (McClintock & Herdt, 1996). Durante esse período, os ovários da menina aumentam sua produção de estrogênio, que estimula o crescimento dos órgãos genitais femininos, os seios e o desenvolvimento dos pelos púbicos e axilares. Nos meninos, os testículos aumentam a produção de androgênios, principalmente a testosterona, o que leva ao crescimento dos órgãos genitais masculinos, da massa muscular e dos pelos do corpo.

TEMPO, SINAIS E SEQUÊNCIA DA PUBERDADE E DO AMADURECIMENTO SEXUAL

As mudanças que anunciam a puberdade começam agora normalmente aos 8 anos nas meninas e aos 9 anos nos meninos (Susman & Rogol, 2004), mas existe uma ampla variação etária para diversas mudanças. O processo puberal leva normalmente de 3 a 4 anos para ambos os sexos.

Raça e etnia também influenciam o desenvolvimento puberal. Meninas afro-americanas e mexicano-americanas geralmente entram na puberdade mais cedo do que meninas brancas e asiáticas (Wu, Mendola, & Buck, 2002; Biro et al., 2013), embora dados recentes sugiram que a proporção de meninas brancas que entram na puberdade cedo está aumentando (Biro et al., 2010). Dados recentes sobre meninos sugerem um padrão semelhante, com os afro-americanos se desenvolvendo mais rapidamente do que os brancos e hispânicos (Papadimitriou, 2016; Herman-Giddens et al., 2012).

Caracteres sexuais primários e secundários
Os **caracteres sexuais primários** são os órgãos necessários para a reprodução. Nas mulheres, os órgãos sexuais incluem os ovários, as tubas uterinas, o útero, o clitóris e a vagina. Nos homens, eles incluem os testículos, o pênis, o saco escrotal, as vesículas seminais e a próstata. Durante a puberdade, esses órgãos aumentam de tamanho e amadurecem.

Os **caracteres sexuais secundários** são sinais fisiológicos do amadurecimento sexual que não envolvem diretamente os órgãos sexuais: por exemplo, os seios das meninas e os ombros largos dos meninos. Outros caracteres sexuais secundários são as alterações na voz e na textura da pele, o desenvolvimento muscular e o crescimento de pelos púbicos, faciais, axilares e corporais.

Essas mudanças ocorrem em uma sequência que é muito mais consistente do que o momento em que ocorrem. Uma menina pode desenvolver seios e pelo corporal aproximadamente no mesmo ritmo; em outra menina, os pelos corporais podem alcançar um crescimento semelhante ao adulto aproximadamente um ano antes do desenvolvimento dos seios. Variações semelhantes na condição (grau de desenvolvimento) e época da puberdade ocorrem entre os meninos.

caracteres sexuais primários
Órgãos diretamente relacionados à reprodução, que aumentam de tamanho e amadurecem durante a adolescência.

caracteres sexuais secundários
Sinais fisiológicos de amadurecimento sexual (como o desenvolvimento dos seios e o crescimento de pelos corporais) que não envolvem os órgãos sexuais.

Sinais da puberdade
Os primeiros sinais externos de puberdade normalmente são tecido mamário e pelos púbicos nas meninas e aumento dos testículos nos meninos (Susman & Rogol, 2004). Os mamilos de uma menina ficam maiores e salientes, as *aréolas* (áreas pigmentadas em torno dos mamilos) aumentam de tamanho, e os seios assumem primeiro uma forma cônica e depois arredondada. Alguns meninos adolescentes, para sua aflição, experimentam um aumento temporário das mamas; esse desenvolvimento é normal e geralmente não dura mais de 18 meses.

Os pelos púbicos, a princípio lisos e sedosos, acabam ficando grossos, escuros e encaracolados. Eles aparecem em padrões diferentes em homens e mulheres. Os meninos adolescentes geralmente ficam felizes de ver pelos no rosto e no peito, mas as meninas em geral ficam desanimadas com o aparecimento mesmo de uma pequena quantidade de pelos no rosto ou em torno dos mamilos, embora isso, também, seja normal.

A voz torna-se mais grave, principalmente nos meninos, em parte por causa do crescimento da laringe, e em parte em resposta à produção de hormônios masculinos. A pele torna-se mais grossa e oleosa, dando origem a espinhas e cravos. A acne é mais comum nos meninos e parece estar relacionada ao aumento nas quantidades de testosterona.

O estirão de crescimento adolescente
O **estirão de crescimento adolescente** – um aumento rápido em altura, peso, musculatura e ossatura que ocorre durante a puberdade – costuma começar, nas meninas, entre os 9 anos e meio e os 14 anos e meio (geralmente por volta dos 10), e nos meninos entre os 10 anos e meio e os 16 anos e meio (em geral aos 12 ou 13). Ele dura normalmente em torno de dois anos; pouco depois de seu término, o jovem atinge a maturidade sexual. Tanto o hormônio de crescimento como os hormônios sexuais (androgênios e estrogênio) contribuem para esse padrão de crescimento normal (Susman & Rogol, 2004).

estirão de crescimento adolescente
Aumento rápido na altura e no peso que precede a maturidade sexual.

A maioria das meninas experimenta um estirão de crescimento dois anos antes que a maioria dos meninos, de modo que entre as idades de 11 e 13 anos as meninas tendem a ser mais altas, mais pesadas e mais fortes do que os meninos da mesma idade.
Brocreative/Shutterstock

espermarca
A primeira ejaculação do menino.

menarca
A primeira menstruação da menina.

tendência secular
Tendência que pode ser vista apenas observando diversas gerações, tal como a tendência a alcançar mais cedo a altura adulta e a maturidade sexual, que começou um século atrás em alguns países.

Visto que o estirão de crescimento das meninas ocorre geralmente dois anos antes que o dos meninos, as meninas entre as idades de 11 e 13 anos tendem a ser mais altas, mais pesadas e mais fortes do que os meninos da mesma idade. Após seu estirão de crescimento, os meninos ficam novamente maiores. As meninas normalmente atingem sua altura total aos 15 anos, e os meninos, aos 17 anos (Gans, 1990).

Meninos e meninas crescem de maneira diferente, não apenas nos ritmos de crescimento, mas também na forma e no feitio. O menino torna-se maior de um modo geral: os ombros ficam mais largos, as pernas mais longas em relação ao tronco, e o antebraço mais longo em relação à parte superior do braço e à estatura. A pelve da menina fica mais larga para facilitar o parto, e camadas de gordura se acumulam sob a pele, dando-lhe uma aparência mais arredondada (Susman & Rogol, 2004). Visto que cada uma dessas mudanças segue seu próprio ritmo, por algum tempo partes do corpo podem ficar desproporcionais.

Sinais de maturidade sexual: produção de espermatozoides e menstruação O amadurecimento dos órgãos reprodutores traz o início da menstruação nas meninas e a produção de espermatozoides nos meninos. O principal sinal de maturidade sexual nos meninos é a produção de esperma. A primeira ejaculação, ou **espermarca**, ocorre em média aos 13 anos. O menino pode acordar e encontrar uma mancha úmida ou ressecada no lençol – resultado de uma *polução noturna*, uma ejaculação involuntária de sêmen (em geral chamada de *sonho molhado*). A maioria dos adolescentes do sexo masculino tem essas emissões, às vezes associadas a um sonho erótico.

O principal sinal de maturidade sexual na menina é a *menstruação*, uma eliminação mensal do revestimento uterino. A primeira menstruação, denominada **menarca**, ocorre relativamente tarde na sequência do desenvolvimento feminino; seu tempo normal de ocorrência pode variar dos 10 aos 16 anos e meio. A média de idade da menarca em meninas caiu de mais de 14 anos antes de 1900 para 12,8 anos atualmente. Em média, as meninas negras menstruam pela primeira vez 6 meses antes das meninas brancas (Cabrera, Bright, Frane, Blethen, & Lee, 2014). A menarca é um evento significativo, mas o sistema reprodutor pode ainda não estar funcionalmente maduro, pois ciclos menstruais podem ocorrer sem óvulos, especialmente em meninas muito jovens (Eveleth, 2017).

Início do desenvolvimento puberal Muitos estudos indicam que o início do desenvolvimento puberal antecipou-se no século XX (Papadimitriou, 2016). Os cientistas do desenvolvimento chamam padrões como esse de **tendência secular**, ou seja, uma tendência que abrange diversas gerações. A tendência, que também envolve aumentos na altura e peso adultos, começou há aproximadamente 100 anos. Ela ocorreu em lugares como os Estados Unidos, a Europa Ocidental e o Japão (Anderson, Dallal, & Must, 2003), com evidências melhores sobre o fenômeno em meninas do que em meninos (Papadimitriou, 2016; Euling, Selevan, Pescovitz, & Skakkebaek, 2008). Essa pode não ser a única mudança nos processos puberais; pesquisas recentes indicam que pode haver um atraso compensatório na maturação puberal associado com a puberdade precoce. Em outras palavras, as crianças podem estar começando a puberdade mais cedo, mas demorando mais para atingir a maturidade sexual plena (Papadimitrious, 2016; Mendle, 2014).

Um conjunto de explicações proposto para a tendência secular se concentra em fatores ambientais que influenciam o ritmo do desenvolvimento puberal. Um dos fatores é o padrão de vida mais elevado. A subnutrição, seja ela causada por escassez de alimentos ou por doença, está associada com o atraso do início da puberdade e a redução do estirão de crescimento da puberdade (Soliman, De Sanctis, & Elalaily, 2014). Poderia se esperar que crianças saudáveis, mais bem nutridas e mais bem cuidadas amadurecessem mais cedo e ficassem mais altas (Slyper, 2006). Portanto, a idade média da maturidade sexual é mais precoce em países desenvolvidos do que em países em desenvolvimento.

O momento de início da atividade hormonal que sinaliza o início da puberdade parece depender, em parte, de ser alcançada uma quantidade crítica de gordura corporal necessária para o sucesso da reprodução. Assim, um fator que contribuiu para isso nos Estados Unidos durante a última parte do século XX pode ter sido o aumento na obesidade entre as meninas (Anderson et al., 2003; Lee et al., 2007). Portanto, meninas com uma porcentagem de gordura corporal mais alta na segunda infância e aquelas que experimentam um ganho de peso incomum entre as idades de 5 e 9 anos tendem a apresentar um desenvolvimento puberal mais precoce (Davison, Susman, & Birch, 2003; Lee et al., 2007).

Estudos sugerem que um acúmulo de leptina, um hormônio associado à obesidade, pode ser a ligação entre gordura corporal e puberdade mais precoce (Kaplowitz, 2008). Níveis aumentados de leptina podem enviar sinais à pituitária e às glândulas sexuais para que aumentem sua secreção de hormônios (Susman & Rogol, 2004). Isso sugere que a leptina pode desempenhar uma função de permissão para que a puberdade possa ter início. Em outras palavras, a leptina pode precisar estar presente em quantidades suficientes para que a puberdade ocorra, mas não inicia a puberdade por si só (Kaplowitz, 2008).

O peso e a leptina parecem influenciar o início do desenvolvimento puberal de forma diferente nos meninos. A leptina ainda tem um papel de permissão (Clayton et al., 1997), mas ter maior índice de massa corporal na infância ou ser obeso parece atrasar a puberdade, não acelerá-la (Lee et al., 2010; Wang, 2002). Na verdade, pesquisas recentes determinaram que ter sobrepeso, em contraste com ser magro ou obeso, leva ao início precoce da puberdade em meninos (Lee et al., 2016). Mais pesquisas são necessárias nessa área.

Outra explicação se concentra na exposição a disruptores endócrinos, tais como aqueles encontrados em alguns plásticos, produtos retardantes de chamas e pesticidas. Pesquisas indicam que a exposição a essas substâncias parece estar relacionada ao início precoce do desenvolvimento puberal (Lee & Styne, 2013; Özen & Darcan, 2011). Parte dessa exposição pode ocorrer durante a infância e adolescência, em geral por meio da ingestão de alimentos e líquidos ou da inalação de poeira ou material borrifado, e parte provavelmente se deve à exposição pré-natal no útero (Frye et al., 2012). Outras toxinas também podem ter algum efeito. Com relação a influências pré-natais, estudos mostram também que a menarca mais precoce está associada com tabagismo materno durante a gravidez (Maisonet et al., 2010).

Diversos fatores sociais também influenciam o início da puberdade. Por exemplo, os estudos sobre influências maternas demonstram que a menarca precoce está associada com ser a primogênita (Maisonet et al., 2010), assim como nascer de mãe solteira (Belsky et al., 2007; Ellis, McFadyen-Ketchum, Dodge, Pettit, & Bates, 1999) e práticas de parentalidade materna severas (Belsky, Steinberg, Houts, & Halpren-Felsher, 2010). Os pais também desempenham um papel. Meninas com relacionamentos ausentes, distantes ou conflituosos com os pais tendem a ter a menarca mais cedo do que aquelas com relacionamentos paternos apoiadores (Belsky et al., 2007; Mendle et al., 2006; Ellis et al., 1999; Tither & Ellis, 2008). O tema que unifica todas essas influências é o estresse. A hipótese é que ele seja responsável por mediar as associações recém-descritas. Em outras palavras, o que influencia a puberdade em si não é ser a primogênita, nascer de mãe solteira ou ter um relacionamento conflituoso com o pai, mas a presença ou ausência de altos níveis de estresse. Crianças que são expostas a altos níveis de estresse na juventude tendem a atingir os marcos puberais mais cedo do que aquelas que não são (Belsky, Ruttle, Boyce, Armstrong, & Essex, 2015; Ellis & Del Guiduce, 2014; Bleil et al., 2013).

Fatores genéticos também são importantes. Uma influência genética parece ser a idade na qual os próprios pais iniciam a puberdade. O início do desenvolvimento puberal materno e o paterno estão associados com o início dos seus filhos (Wohlfahrt-Veje et al., 2016). Além disso, estudos com gêmeos documentaram a herdabilidade da idade da menarca (Mendle et al., 2006), e o achado de que a idade da primeira menstruação de uma menina tende a ser semelhante à de sua mãe (Maisonet et al., 2010) se a nutrição e o padrão de vida permanecerem estáveis de uma geração para a seguinte (Susman & Rogol, 2004) ajuda a ilustrar a importância das influências genéticas.

CONSEQUÊNCIAS DO INÍCIO DO DESENVOLVIMENTO PUBERAL

O início da puberdade pode variar em até 5 anos entre meninos e meninas típicos. A maturação precoce aumenta a probabilidade de maturação esquelética acelerada e dificuldades psicossociais e está associada com problemas de saúde na vida adulta, incluindo câncer do sistema reprodutor, diabetes tipo 2 e doenças cardiovasculares (Golub et al., 2008). O início precoce da puberdade também é

Você amadureceu cedo, tarde ou "na hora certa"? Como você se sentiu em relação à época de seu amadurecimento?

verificador
você é capaz de...

▷ Explicar como a puberdade começa e como sua época e duração variam?

▷ Descrever mudanças típicas da puberdade em meninos e meninas, e identificar fatores que afetam as reações psicológicas a essas mudanças?

preditor de obesidade na vida adulta, e o efeito é parcialmente independente do índice de massa corporal na infância. Em outras palavras, o achado de que a puberdade prediz a obesidade adulta não é totalmente consequência de a obesidade infantil acelerar a puberdade ou a associação entre obesidade na infância e na vida adulta (Prentice & Viner, 2013). Quando adultas, mulheres que entram na puberdade mais cedo têm probabilidade um pouco menor de sofrer da síndrome do ovário policístico, um distúrbio hormonal que causa acne, menstruação irregular, crescimento excessivo de pelos e crescimento de cistos nos ovários (Fuqua, 2013; Franceschi et al., 2010). Outros efeitos da maturação precoce e tardia variam nos meninos e nas meninas, e o momento da maturação tende a influenciar a saúde mental na adolescência e comportamentos relativos à saúde na vida adulta (Susman & Rogol, 2004).

As pesquisas sobre meninos com maturação precoce produzem resultados mistos. As tendências mais consistentes a emergir da literatura científica são que os meninos que amadurecem mais cedo correm risco significativo de sofrer uma ampla variedade de resultados negativos (Mendle & Ferrero, 2012). Estudos anteriores mostravam que meninos que amadureciam mais cedo informavam ser mais bem ajustados do que aqueles que amadureciam mais tarde (Graber, Brooks-Gunn, & Warren, 2006). Contudo, pesquisas mais recentes sugerem maiores riscos para meninos com amadurecimento precoce, especialmente em relação ao uso de drogas e comportamento delinquente (Hummel, Shelton, Heron, Moore, & Bree, 2013; Westling, Andrews, Hampson, & Peterson, 2008). Meninos que amadurecem mais cedo também apresentam maior incidência de transtornos da conduta e de comportamento durante a adolescência (Golub et al., 2008). Os dados referentes a meninos com amadurecimento tardio são menos consistentes e mais característicos de sintomas internalizantes (Mendle & Ferrero, 2012). As pesquisas indicam que os meninos que amadurecem mais tarde se sentem mais inadequados, inseguros, rejeitados e dominados; são mais dependentes, agressivos, inseguros ou deprimidos; têm mais conflitos com os pais e mais problemas na escola; e têm habilidades sociais e de enfrentamento piores e mais risco de problemas de agressão (Graber, Lewinsohn, Seeley, & Brooks-Gunn, et al., 1997; Sontag, Graber, & Clemans, 2011).

As meninas que amadurecem cedo correm risco maior de ansiedade e depressão, comportamentos problemáticos, transtornos alimentares, consumo de álcool, uso de drogas e tabagismo precoce, comportamentos antissociais, atividade sexual precoce, gravidez precoce e tentativas de suicídio (Copeland et al., 2010; Galvao et al., 2014; Blumenthal et al., 2011; Belsky et al., 2010; Deardorff, Gonzalez, Christopher, Roosa, & Millsap, 2005; Susman & Rogol, 2004; Golub et al., 2008). Aquelas que amadurecem mais cedo tendem a ser particularmente vulneráveis a comportamentos de risco e à influência de pares desviantes (Mrug et al., 2014; Orr & Ingersoll, 1995; Susman & Rogol, 2004). Os dados sobre meninas com amadurecimento tardio são mais escassos. Em geral, elas não correm riscos de desfechos psicológicos piores em comparação com as meninas "pontuais" (Ge, Conger, & Elder, 2001); contudo, há indícios de que podem ser mais reativas ao estresse interpessoal (Smith & Powers, 2009).

É difícil fazer generalizações sobre os efeitos psicológicos do início do desenvolvimento puberal, pois estes dependem de como o adolescente e as outras pessoas no seu mundo interpretam as mudanças associadas. Os efeitos de maturação precoce ou tardia na maior parte das vezes são negativos quando os adolescentes são muito mais ou muito menos desenvolvidos que seus pares; quando não veem as mudanças como vantajosas; e quando vários eventos estressantes, tais como a chegada da puberdade e a transição para o ensino médio, ocorrem quase ao mesmo tempo (Petersen, 1993; Simmons, Blyth, & McKinney, 1983). Fatores contextuais como etnia, escola e vizinhança podem fazer diferença. Por exemplo, adolescentes afro-americanos e hispânicos que amadurecem mais tarde informam menos satisfação com seus corpos, mas o início da puberdade entre jovens de descendência asiática e europeia não parece afetar a imagem corporal no mesmo nível (Susman & Rogol, 2004). Além disso, meninas que amadurecem cedo são mais propensas a apresentar problemas de comportamento em escolas mistas do que em escolas só de meninas, e em comunidades urbanas carentes do que em comunidades rurais ou urbanas de classe média (Dick, Rose, Kaprio, & Viken, 2000; Ge, Brody, Conger, Simons, & Murry, 2002).

O cérebro do adolescente

Adolescentes tendem a praticar certos tipos de comportamento. Eles se interessam e são mais influenciados por seus pares e relações sociais. Além disso, eles demonstram maior tendência à impulsividade e a comportamentos de risco e têm maior probabilidade de experimentar drogas e bebidas alcoólicas, propensão a comportamentos imprudentes e dificuldade de se concentrar em objetivos de longo prazo. Ainda assim, eles conseguem pensar de maneiras mais complexas e sofisticadas e conseguem imaginar futuros possíveis e realidades alternativas. O cérebro adolescente contribui para alguns desses comportamentos adolescentes característicos. Os adolescentes processam informação de forma diferente dos adultos. Para entender a imaturidade do cérebro do adolescente, precisamos examinar as mudanças na estrutura e na composição do cérebro (Figura 11.2).

Pelo lado positivo, um aumento contínuo na substância branca, as fibras nervosas que interligam porções distantes do cérebro, permite a transmissão mais rápida de informações e a melhor comunicação entre os hemisférios (Casey, Jones, & Somerville, 2011). Na adolescência, o processo continua nos lobos frontais (Bava et al., 2010; Blakemore & Choudhury, 2006), ocorrendo mais cedo nas mulheres do que nos homens (Asato, Terwilliger, Woo, & Luna, 2010). Além disso, ocorre um surto importante na produção de substância cinzenta nos lobos frontais (Blakemore & Choudhury, 2006; Kuhn, 2006). A desativação de conexões dendríticas não utilizadas durante a infância resulta em uma redução na densidade da substância cinzenta, ou células nervosas, o que aumenta a eficiência do cérebro. Este processo começa nas porções posteriores do cérebro e move-se para a frente (Konrad, Firk, & Uhlhaas, 2013; Casey et al., 2011). Portanto, da metade ao final da adolescência os jovens têm menos conexões neuronais, porém mais fortes, mais regulares e mais eficazes, tornando o processamento cognitivo mais eficiente (Kuhn, 2006).

Os lobos frontais normalmente estão associados com resolução de problemas, controle do impulso, estabelecimento de metas, planejamento e outros comportamentos semelhantes, em geral associados com o monitoramento de comportamentos sociais. Dado o desenvolvimento relativamente lento do córtex pré-frontal, seria de esperar que observássemos melhoras lentas similares em comportamento social e tomada de decisões em crianças que se tornam adolescentes. Contudo, é mais comum observar uma mudança rápida de trajetória na direção da impulsividade e de comportamentos de risco (Casey et al., 2011; Windle et al., 2008).

Uma explicação possível para essa transição acelerada para comportamentos de risco se baseia nos padrões de desenvolvimento cerebral. Como o desenvolvimento começa na porção posterior do cérebro e avança para a frente (Konrad et al., 2013; Casey et al., 2011), as áreas subcorticais,

A imaturidade desses centros cerebrais e a consequente propensão a agir impulsivamente e sem considerar totalmente as consequências é uma das razões por que algumas pessoas são contra a aplicação da pena de morte a adolescentes. Você acha que este é um argumento válido? Por que sim ou por que não?

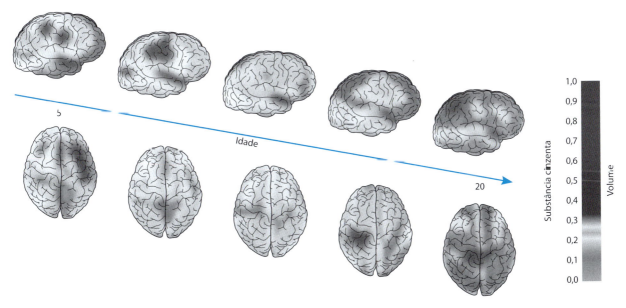

FIGURA 11.2
Desenvolvimento cerebral dos 5 aos 15 anos.
Construídas a partir de exames de ressonância magnética de crianças e adolescentes saudáveis, essas imagens resumem 15 anos de desenvolvimento cerebral (5 a 20 anos de idade). A cor vermelha indica mais substância cinzenta, ao passo que azul menos substância cinzenta. (veja esta figura em cores nas orelhas deste livro).
Fonte: Gogtay et al., 2004.

incluindo os sistemas límbico e de recompensa, amadurecem mais cedo (Konrad et al., 2013; Albert, Chein, & Steinberg, 2013). O subdesenvolvimento dos sistemas corticais frontais, em comparação, pode ajudar a explicar por que os adolescentes tendem a buscar excitações e novidades e por que muitos deles têm dificuldade para se concentrar em metas de longo prazo (Bjork et al., 2004; Chambers, Taylor, & Potenza, 2003). Os adolescentes têm a *capacidade* de pensar de forma sofisticada, mas o desenvolvimento mais avançado das áreas de recompensa os leva a pensar com o "acelerador" subcortical, não com os freios que seriam fornecidos pelo córtex pré-frontal (Casey et al., 2011).

A adolescência é um período de mudanças sociais. Em comparação com as crianças, os adolescentes tendem a formar relacionamentos mais complexos e se preocupam mais com hierarquias sociais (Steinberg & Morris, 2001). Os adolescentes lidam com mudanças de identidade e sentimentos de autoconsciência e tornam-se mais sensíveis à aceitação e rejeição dos seus pares (Blakemore, 2012). Os pares tendem a exercer uma influência mais forte na adolescência em parte devido à suscetibilidade neurocomportamental elevada a sinais de recompensas sociais e à imaturidade simultânea no sistema de controle cognitivo (Albert et al., 2013). As mudanças no processamento de informações sociais têm paralelo na estrutura cerebral, especialmente na junção temporoparietal e no sulco temporal superior posterior. Em geral, essas áreas diminuem de volume (o que sugere a poda de dendritos) entre a adolescência e os 25 anos (Mills, Lalonde, Clasen, Giedd, & Blakemore, 2012). Além disso, ao mesmo tempo, ocorre um declínio na atividade do córtex pré-frontal medial e no volume de substância cinzenta (Blakemore, 2012).

Levamos vidas de alta complexidade, e nossos cérebros, com o seu desenvolvimento lento, nos dão tempo e flexibilidade para aprender sobre os diversos ambientes nos quais podemos nos encontrar. Contudo, como o cérebro se desenvolve tão lenta e amplamente durante a adolescência, isso o torna especialmente suscetível a influências ambientais, tanto benéficas quanto nocivas (Konrad et al., 2013). Assim, a estimulação cognitiva na adolescência faz uma diferença crítica no desenvolvimento do cérebro. Da mesma forma, o uso de drogas na adolescência pode ser particularmente devastador, dependendo de como as drogas interagem com o cérebro em crescimento.

Saúde física e mental

Cerca de 1,2 bilhão de pessoas no mundo todo (1 em 6) são adolescentes. Em muitos países, os adolescentes de famílias menos abastadas tendem a se queixar de saúde mais precária e de sintomas mais frequentes. Adolescentes de famílias mais abastadas tendem a ter dietas mais saudáveis e a ser fisicamente mais ativos (Elgar et al., 2015; Mullan & Currie, 2000; Scheidt, Overpeck, Whatt, & Aszmann, 2000).

Muitos problemas de saúde podem ser evitados e têm como causa o estilo de vida (World Health Organization, 2018a). Como os adolescentes geralmente são saudáveis, pode demorar décadas até que sintam os efeitos das suas escolhas. Os padrões de estilo de vida tendem a se solidificar na adolescência, o que pode resultar em hábitos de saúde piores durante toda a vida e morte precoce na vida adulta.

Preocupações de saúde relativas à adolescência incluem forma física, necessidades de sono, transtornos alimentares, abuso de drogas, depressão e causas de morte na adolescência.

ATIVIDADE FÍSICA

O exercício – ou a falta dele – afeta tanto a saúde física quanto a mental. Os benefícios do exercício regular incluem maior força e resistência, ossos e músculos mais saudáveis, controle do peso e redução de ansiedade e estresse, bem como aumento na autoestima, nas notas escolares e no bem-estar geral. O exercício também diminui a probabilidade de um adolescente se envolver em comportamentos de risco. Mesmo a atividade física moderada traz benefícios à saúde se realizada regularmente pelo menos durante 30 minutos por dia. Um estilo de vida sedentário pode resultar em maior risco de problemas de saúde mental, obesidade e diabetes tipo 2 e maior probabilidade de doenças cardíacas e câncer na vida adulta (Janssen & LeBlanc, 2010; Nelson & Gordon-Larsen, 2006; Biddle & Asare, 2011).

Os Centers for Disease Control (2016b) recomendam que os adolescentes façam uma hora ou mais de exercício físico por dia. Infelizmente, apenas 27,1% dos estudantes de ensino médio norte-americanos praticam atividades físicas na quantidade recomendada. Os adolescentes do sexo masculino têm duas vezes mais chances de cumprir essa recomendação do que as do sexo feminino

(CDC, 2016c). A idade também importa. Os adolescentes apresentam uma queda acentuada na atividade física quando entram na puberdade, passando de uma média de 3 horas de atividade física por dia aos 9 anos para uma média de apenas 49 minutos de atividade física por dia aos 15 anos (Nader et al., 2008), e a proporção de jovens inativos aumenta ainda mais durante os anos do ensino médio (CDC, 2016c; Eaton et al., 2008). Além disso, os adolescentes de famílias menos abastadas e de minorias étnicas tendem a ser menos fisicamente ativos (Foltz et al., 2011). Os adolescentes norte-americanos se exercitam menos frequentemente do que no passado e menos do que os adolescentes na maioria dos outros países industrializados (Centers for Disease Control, 2000a; Hickman, Roberts, & de Matos, 2000).

NECESSIDADES E DISTÚRBIOS DO SONO

A privação de sono entre adolescentes tem sido chamada de epidemia (Hansen, Janssen, Schiff, Zee, & Dubocovich, 2005). A American Academy of Sleep Medicine (2016) recomenda que os adolescentes de 13 a 18 anos durmam regularmente de 8 a 10 horas, no mínimo, a cada período de 24 horas. Contudo, a maioria não dorme tanto. As crianças geralmente vão dormir mais tarde e dormem menos nos dias de escola à medida que ficam mais velhas. Nos Estados Unidos, 61,3% dos alunos do 6º ano dormem menos de 8 horas por noite, mas o número aumenta para quase 78% no 3º ano do ensino médio (Wheaton, Jones, Cooper, & Croft, 2018), um padrão que se repete em âmbito internacional (Owens & Adolescent Sleep Working Group, 2014). Isso é particularmente preocupante porque crianças e adolescentes necessitam de sono, e os adolescentes, de mais sono do que quando eram menores (Hoban, 2004). Muitos adolescentes tentam compensar o déficit de sono nos finais de semana (Owens & Adolescent Sleep Working Group, 2014), mas dormir mais nos fins de semana não compensa a perda de sono nas noites de escola (Hoban, 2004).

Adolescentes que praticam esportes tendem a se sentir melhor do que aqueles que não praticam.
Fuse/Getty Images

A privação do sono pode diminuir a motivação e causar irritabilidade, e a concentração e o desempenho escolar podem ser afetados. A sonolência está associada com problemas para dirigir e acidentes de automóvel (Garner et al., 2015; Owens & Adolescent Sleep Working Group, 2014). Estudos revelaram que jovens entre 16 e 29 anos são mais propensos a estar envolvidos em acidentes causados por adolescentes que dormem ao volante (Millman et al., 2005). Além disso, o sono insuficiente está associado com maior risco de obesidade, diabetes, lesões, problemas de saúde mental, transtornos de atenção e comportamento e baixo desempenho acadêmico (Wheaton et al., 2018).

Por que os adolescentes ficam acordados até tarde? Eles podem estar fazendo o dever de casa, ouvindo música, jogando *videogame*, conversando ou trocando mensagens com amigos e navegando na internet. Esses comportamentos estão claramente ligados à privação de sono crônica nos adolescentes modernos (Bartel, Gradisar, & Williamson, 2015; Owens & Adolescent Sleep Working Group, 2014). Entretanto, especialistas em sono reconhecem agora que mudanças biológicas estão por trás dos distúrbios do sono dos adolescentes. O momento da secreção do hormônio *melatonina* é um indicador de quando o cérebro está pronto para dormir. Após a puberdade, essa secreção ocorre durante a noite (Carskadon, Vieira, & Acebo, 1993), o que faz com que os adolescentes tenham dificuldade para dormir cedo. Mas os adolescentes ainda necessitam de tanto sono quanto antes; portanto, quando eles dormem mais tarde do que crianças mais novas, eles também precisam levantar mais tarde. Contudo, na maioria das escolas de ensino médio, as aulas começam *mais cedo* do que nas de ensino fundamental. Seus horários estão fora de sincronia com os ritmos biológicos dos estudantes (Carskadon, 2011). Começar as aulas mais tarde, ou pelo menos ministrar os cursos mais difíceis mais tarde, influenciaria positivamente resultados críticos, como absenteísmo, fadiga e desempenho acadêmico (Adolescent Sleep Working Group, 2014; Boergers, Gable, & Owens, 2014; Carrell, Maghakian, & West, 2011).

NUTRIÇÃO E TRANSTORNOS ALIMENTARES

A boa nutrição é importante para sustentar o crescimento rápido da adolescência e para estabelecer hábitos alimentares saudáveis que vão persistir até a idade adulta. Infelizmente, muitos adolescentes norte-americanos comem menos frutas e vegetais e consomem mais alimentos com alto nível de colesterol, gordura e calorias e baixo teor de nutrientes do que deveriam. Com relação à qualidade da dieta, o norte-americano médio de 12 a 19 anos atinge uma pontuação de 46 na escala de 0 a 100 medida pelo Índice de Alimentação Saudável (*Healthy Eating Index*) (U.S. Department of Health and Human Services, 2014).

Globalmente, a falta de nutrientes e calorias suficientes é um problema mais provável para muitos adolescentes nos países em desenvolvimento, especialmente com relação à anemia por deficiência de ferro. Em países de baixa, média e alta renda, os adolescentes cada vez mais sofrem de sobrepeso e obesidade (World Health Organization, 2018b).

Sobrepeso e obesidade O sobrepeso e a obesidade em crianças e adolescentes aumentaram significativamente no mundo todo. Nos países em desenvolvimento, quase 13% dos meninos e mais de 13% das meninas tinham sobrepeso ou eram obesos em 2013. Nos desenvolvidos, mais de 22% das meninas e quase 24% dos meninos tinham sobrepeso ou eram obesos (Murray & Ng, 2017).

Em países de renda alta, como Estados Unidos, Canadá, Grécia e Itália, cerca de um terço dos adolescentes estão acima do peso, sendo os meninos mais propensos ao sobrepeso do que as meninas. Em países de média e (especialmente) baixa renda, a subnutrição muitas vezes ocorre junto com o sobrepeso. Por exemplo, entre um quinto e um terço dos meninos da China, Mediterrâneo Oriental, América Latina, Mauritânia, Tailândia e Oceania têm sobrepeso (Patton et al., 2012).

Cerca de 34% dos adolescentes norte-americanos têm um índice de massa corporal (IMC) no ou acima do 85º percentil para a idade e o sexo. A porcentagem de adolescentes norte-americanos com IMCs nesse nível subiu de 5% em 1980 (Ogden et al., 2010) para mais de 20% em 2014 (National Center for Health Statistics, 2017). Em adolescentes mais velhos, a obesidade é 50% mais prevalente naqueles de famílias pobres (Miech et al., 2006). Meninas e meninos mexicano-americanos e meninas negras não hispânicas, que tendem a ser mais pobres que seus pares, são mais propensos a estar acima do peso do que adolescentes brancos não hispânicos (Hernandez & Macartney, 2008; NCHS, 2006; Ogden et al., 2010).

Há contribuições genéticas claras para a obesidade. Nascer de pais obesos ou com sobrepeso é um fator de risco para a obesidade na infância e na adolescência, e o sobrepeso e o IMC parecem estar sujeitos a fortes influências genéticas (Wardle, Carnell, Haworth, & Plomin, 2008; Silventoinen, Rokholm, Kaprio, & Sørenson, 2010). Contudo, o aumento nas taxas de obesidade foi rápido demais para que se deva exclusivamente a influências genéticas. A combinação das influências genéticas com um ambiente obesogênico é a culpada. A tendência é motivada pelo aumento do consumo de gordura e proteína animal, cereais refinados e adição de açúcar nos alimentos, assim como reduções simultâneas no nível de atividade física. Essas mudanças de dieta e estilo de vida são causadas pela liberalização do comércio internacional, crescimento econômico e urbanização (Malik, Willett, & Hu, 2013).

Adolescentes acima do peso tendem a ter a saúde mais debilitada que seus pares e estão mais propensos a ter dificuldade para frequentar a escola, praticar atividades que exijam esforço físico ou se dedicar aos cuidados pessoais (Swallen, Reither, Haas, & Meier, 2005). Eles têm risco maior de hipertensão, diabetes e doenças cardíacas (Sahoo et al., 2015; Flynn, 2013; Pulgarón, 2013). Um em cada 5 tem níveis de lipídeos anormais, incluindo altas taxas de colesterol ruim, baixas taxas de colesterol bom ou triglicerídeos sanguíneos altos (Centers for Disease Control, 2010). Eles tendem a se tornar adultos obesos, sujeitos a uma variedade de problemas de ordem física, social e psicológica (Singh, Mulder, Twist, Van Mechelen, & Chinapaw, 2008).

Para adolescentes, fazer dieta pode ser contraproducente, pois as intervenções nas quais as dietas são incentivadas podem levar ao ganho de peso dos participantes (Field et al., 2003). Programas que utilizam técnicas de modificação comportamental para ajudar adolescentes a fazerem mudanças de estilo de vida têm obtido mais sucesso. Por exemplo, pesquisas indicam que intervenções que incentivam aumentos na atividade física, reduções no tempo assistindo à televisão e hábitos alimentares mais saudáveis (na escola ou em casa) reduzem o IMC e outras medidas de desfecho relativas ao peso (Wang et al., 2013; Doak, Visscher, Renders, & Seidell, 2006). Ainda assim, apesar de muitas intervenções, um estudo recente mostrou que o número de adolescentes de 15 anos com sobrepeso ou obesidade aumentou continuamente desde 2000 na maioria dos países que implementaram programas do tipo (World Health Organization, 2018b).

Imagem e satisfação corporal Meninos e meninas respondem de maneiras diferentes às mudanças corporais decorrentes da puberdade. A **imagem corporal**, ou as percepções, pensamentos e sentimentos que temos sobre nossos próprios corpos, pode ser afetada pela puberdade. Em geral, os meninos tendem a estar mais satisfeitos com seus corpos do que as meninas (Mäkinen, Puukko-Viertomies, Lindberg, Siimes, & Aalberg, 2012; Lawler & Nixon, 2011). Em

---

imagem corporal
Crenças descritivas e avaliativas sobre a própria aparência.

razão do aumento normal de gordura corporal nas meninas durante a puberdade, muitas ficam descontentes com a aparência, refletindo a ênfase cultural nos atributos físicos das mulheres (Susman & Rogol, 2004). As meninas tendem a expressar níveis mais elevados de satisfação corporal quando estão abaixo do peso, alguma insatisfação quando têm peso médio e insatisfação máxima quando têm sobrepeso. Os meninos expressam mais insatisfação quando estão acima ou abaixo do peso, mas ficam mais satisfeitos com um peso corporal médio (Mäkinen et al., 2012; Lawler & Nixon, 2011).

A satisfação corporal é importante porque está relacionada à autoestima (Wichstrøm & von Soest, 2016), dietas e alimentação desordenada (Bucchianeri et al., 2016). A satisfação corporal pode ser um fator de proteção para meninas com sobrepeso. Em um estudo, meninas com sobrepeso e baixa satisfação corporal ganharam significativamente mais peso durante uma década – um aumento de quase 3 unidades no IMC – em relação às meninas com sobrepeso e maior satisfação corporal. Assim, estar insatisfeito com o próprio corpo, ao menos entre meninas, não motiva a perda de peso, como muitos acreditam (Loth, Watts, Van Den Berg, & Newmark-Sztainer, 2015).

Existem diferenças étnicas nos índices de satisfação corporal. Nos Estados Unidos, meninos e meninas de origem asiática têm os maiores níveis de insatisfação corporal, seguidos pelos hispânicos, brancos e afro-americanos (Bucchianeri et al., 2016). As meninas afro-americanas de modo geral estão mais satisfeitas com o corpo e menos preocupadas com peso e dieta do que as meninas brancas (Gillen & Lefkowitz, 2012).

Aos 15 anos, mais da metade das meninas em amostras de 16 países estava fazendo dieta ou achava que devia fazer. Os Estados Unidos ocupavam o topo da lista, com 47% das meninas de 11 anos e 62% das meninas de 15 anos preocupadas com seu peso (Vereecken & Maes, 2000). Parte do fenômeno pode ser motivada pelos modos como os pais discutem preocupações sobre peso com seus filhos. Quando falam com seus filhos, os pais tendem a se concentrar mais em alimentação saudável e exercícios físicos. Quando as mães falam com as filhas, por outro lado, é mais provável que conversem sobre como controlar o peso (Berge et al., 2015).

Claramente, outras influências também estão em jogo. Os amigos são uma influência importante. Por exemplo, as dietas dos amigos, piadas envolvendo peso e pressão para se conformar a ideais relativos ao peso são preditores de comportamentos de controle do peso e imagem corporal negativa (Balantekin, Birch, & Savage, 2018; Kenny, O'Malley-Keighran, Molcho, & Kelly, 2017; Eisenberg & Neumark-Sztainer, 2010). A influência da mídia também é enorme. Quando expostas a imagens de um ideal de magreza na mídia de massa, adolescentes, especialmente as jovens, apresentam maior insatisfação com seus corpos, maior preocupação com a sua aparência e maior aprovação para comportamentos de alimentação desordenada (Grabe, Ward, & Hyde, 2008). Achados semelhantes foram identificados em relação às mídias sociais. Pesquisas indicam que o uso de mídias sociais como Facebook e Instagram está associado com preocupações com a imagem corporal entre adolescentes e que tais preocupações ganham proeminência com o tempo (Fardouly & Vartanian, 2016).

A preocupação excessiva com o controle do peso e a imagem corporal podem ser sinais de anorexia nervosa ou bulimia nervosa, ambas envolvendo padrões anormais de ingestão de alimentos (Tabela 11.1).

Anorexia nervosa A **anorexia nervosa**, ou a *autoinanição*, é potencialmente fatal. Estima-se que 0,3% dos habitantes dos países ocidentais será diagnosticado com anorexia em algum momento da sua adolescência (Swanson, Crow, Le Grange, Swendsen, & Merikangas, 2011). As pesquisas tendem a constatar índices de prevalência maiores entre mulheres e meninas. As pessoas com anorexia têm uma imagem corporal distorcida e, embora costumem estar gravemente abaixo do peso, acreditam que estão gordas. Em geral vão bem na escola, mas podem ser retraídas ou deprimidas e assumir comportamentos repetitivos e perfeccionistas. Elas têm um medo extremo de perder o controle e ficar acima do peso (National Institutes of Mental Health, 2016; Wilson, Grilo, & Vitousek, 2007). Os primeiros sinais de advertência incluem uma dieta determinada e secreta; insatisfação após perder peso; metas de peso mais baixo após atingir um peso inicial desejado; excesso de exercícios; e interrupção da menstruação regular.

anorexia nervosa
Transtorno alimentar caracterizado pela autoinanição.

Pessoas com anorexia, como esta adolescente, têm uma imagem corporal distorcida. Elas se enxergam gordas mesmo quando estão extremamente magras.

Ted Foxx/Alamy Stock Photo

TABELA 11.1 Transtornos alimentares: Sintomas

Anorexia	Bulimia
• Usar laxantes, enemas ou diuréticos inadequadamente	• Abuso de laxantes, diuréticos ou enemas para evitar ganho de peso
• Compulsão alimentar	• Compulsão alimentar
• Ir ao banheiro logo após as refeições	• Ir ao banheiro logo após as refeições
• Exercitar-se compulsivamente	• Pesagem frequente
• Restringir a quantidade de alimento ingerido	• Vômito autoinduzido
• Cortar o alimento em pedaços pequenos	• Comportamento perfeccionista
• Cáries dentárias devido ao vômito autoinduzido	• Cáries dentárias devido ao vômito autoinduzido
• Confusão ou pensamento lento, memória ou julgamento deficientes	
• Depressão	
• Sensibilidade extrema ao frio	
• Cabelo fino	
• Pressão arterial baixa	
• Ausência de menstruação	
• Perda de peso significativa e perda de massa muscular	

A anorexia, paradoxalmente, é ao mesmo tempo deliberada e involuntária: a pessoa afetada deliberadamente recusa a comida necessária para o sustento, porém, não consegue parar de fazer isso mesmo quando recompensada ou punida. Esses padrões de comportamento remontam aos tempos medievais e parecem ter existido em todas as partes do mundo. Portanto, a anorexia pode ser em parte uma reação à pressão social para ser magro, mas esse não parece ser o único fator (Keel & Klump, 2003; Striegel-Moore & Bulik, 2007).

bulimia nervosa
Transtorno alimentar no qual a pessoa ingere regularmente grandes quantidades de alimento e depois esvazia o corpo com laxantes, vômito induzido, jejum ou excesso de exercícios.

Bulimia nervosa e transtorno de compulsão alimentar A **bulimia nervosa** afeta aproximadamente 1 a 2% das populações internacionais (Wilson et al., 2007). Uma pessoa com bulimia nervosa regularmente ingere quantidades enormes de alimento em um curto período (duas horas ou menos) e então pode tentar purgar a alta ingestão por meio da autoindução do vômito, de dietas rigorosas ou jejum, de exercícios excessivamente vigorosos, ou de laxantes, enemas ou diuréticos. Esses episódios ocorrem pelo menos duas vezes por semana por pelo menos três meses (American Psychiatric Association, 2000). As pessoas com bulimia geralmente não estão acima do peso, mas são obcecadas com seu peso e forma. Elas tendem a ter autoestima baixa e podem ser dominadas pela vergonha, pelo autodesprezo e pela depressão (Wilson et al., 2007).

transtorno de compulsão alimentar
Transtorno alimentar no qual a pessoa perde o controle sobre o que come e consome grandes quantidades de comida de uma vez só.

Um problema relacionado é o **transtorno de compulsão alimentar** (TCA), que envolve compulsões frequentes, mas sem o subsequente jejum, exercício ou vômito (American Psychiatric Association, 2013). Não surpreendentemente, pessoas com compulsão alimentar em geral tendem a estar acima do peso e a experimentar sofrimento emocional e outros problemas físicos e psicológicos. O TCA é o transtorno alimentar mais comum dos Estados Unidos, afetando aproximadamente 1,6% dos adolescentes e tornando-se mais frequente na vida adulta. Aproximadamente 2% dos homens adultos e 3,5% das mulheres adultas satisfazem os critérios para esse diagnóstico (Swanson et al., 2011).

Tratamento e consequências O objetivo imediato do tratamento para anorexia é fazer o paciente comer e ganhar peso – metas frequentemente difíceis, dada a força das crenças dos pacientes sobre seus corpos. Pacientes que apresentam sinais de desnutrição grave, que resistem ao tratamento, ou não fazem progresso como pacientes ambulatoriais podem ser internados em um hospital, onde poderão receber atendimento 24 horas por dia. Uma vez estabilizado o peso, poderão passar a ter cuidados diários menos intensivos (McCallum & Bruton, 2003).

Um tratamento amplamente utilizado é um tipo de terapia familiar no qual os pais assumem o controle dos padrões alimentares de seu filho. Quando a criança começa a obedecer às diretrizes dos pais, ela pode ter mais autonomia adequada à idade. A terapia cognitivo-comportamental, que busca mudar uma imagem corporal distorcida e recompensar a alimentação com privilégios como ter permissão para levantar da cama e sair do quarto, parece ser o tratamento mais eficaz (Hay, 2013). Os pacientes mantêm registros diários de seus padrões alimentares e são ensinados a evitar a tentação à compulsão. A bulimia também é mais bem tratada com terapia cognitivo-comportamental (Wilson, Grilo, & Vitousek, 2007).

Psicoterapia individual, de grupo ou familiar pode ajudar pacientes com anorexia e bulimia, geralmente após a terapia comportamental inicial ter colocado os sintomas sob controle. Inicialmente, tanto a terapia individual quanto a familiar apresentaram resultados semelhantes. Contudo, de 6 a 12 meses após o tratamento, os adolescentes que participaram da terapia familiar apresentavam ganhos mais duradouros do que aqueles que haviam participado da terapia individual (Courturier, Kimber, & Szatmari, 2013).

Visto que esses pacientes estão sob risco de depressão e suicídio, medicamentos antidepressivos são frequentemente associados à psicoterapia (Chesney, Goodwin, & Fazel, 2014; McCallum & Bruton, 2003), mas não há evidência de sua eficácia a longo prazo na anorexia ou na bulimia (Wilson et al., 2007).

As taxas de mortalidade entre pessoas afetadas com anorexia nervosa foram estimadas em cerca de 10% dos casos. Entre os sobreviventes da anorexia, menos da metade tem uma recuperação total; 20% permanecem cronicamente doentes (Steinhausen, 2002). Até um terço dos pacientes abandonam o tratamento antes de alcançar um peso adequado (McCallum & Bruton, 2003). Os indivíduos que abandonam o tratamento tendem a ser aqueles com menor motivação e os que praticam mais comportamentos de compulsão alimentar e purgação (Vall & Wade, 2015). As taxas de recuperação da bulimia são um pouco melhores e chegam a 30 a 50% após a terapia cognitivo-comportamental (Wilson et al., 2007).

USO E ABUSO DE DROGAS

Embora a grande maioria dos adolescentes não abuse de drogas, uma minoria significativa o faz. O **abuso de substâncias** é o uso prejudicial de álcool ou outras drogas. O abuso pode levar à **dependência química**, ou *adição*, que pode ser fisiológica, psicológica ou ambas, e que provavelmente continuará até a idade adulta.

Tendências no uso de drogas Quase metade (47%) dos adolescentes norte-americanos experimenta drogas ilícitas até o final do ensino médio (Johnston, O'Malley, Bachman, & Schulenberg, 2013). Houve um surto no uso de drogas em meados da década de 1990, mas este foi seguido de uma redução entre o final da década e 2008, quando começou a aumentar de novo (Figura 11.3). Esse padrão se inverteu mais uma vez em 2011, e o uso de drogas ilícitas voltou a diminuir, porém menos no caso da maconha (Johnston, O'Malley, Bachman, Schulenberg, & Miech, 2016).

Uma tendência recente é o abuso de medicamentos para tosse e resfriado. Uma pesquisa mostrou que 3% dos estudantes da 8ª série, 4,7% do 1º ano do ensino médio e 5,6% do 3º ano do ensino médio relataram ter tomado remédios contendo dextrometorfano (DXM – *dextromethorphan*) – um supressor da tosse para "ficar chapado" – no último ano (Johnston et al., 2013).

Nas últimas duas décadas, também houve um aumento geral no abuso de opioides. A prática envolve medicamentos prescritos e drogas de rua (Dart et al., 2015; Substance Abuse and Mental Health Services Administration, 2013). Com relação aos adolescentes, o uso de narcóticos legais triplicou entre 1992 e 2009 e então diminuiu um pouco. O uso de heroína entre adolescentes da 8ª série ao 3º ano do ensino médio teve seu auge no final da década de 1990 e está em trajetória descendente desde então (Johnston, O'Malley, Miech, Bachman, & Schulenberg, 2017). O forte aumento no uso de heroína nos Estados Unidos se limitou principalmente aos adolescentes mais velhos e adultos emergentes, com as taxas mais altas de uso em meados da década de 2000 (Schulenberg et al., 2017).

verificador
você é capaz de...

▷ Identificar as deficiências dietéticas típicas dos adolescentes?

▷ Discutir os fatores de risco, os efeitos, o tratamento e os prognósticos para obesidade, anorexia e bulimia?

abuso de substâncias
Uso repetido e prejudicial de uma substância, geralmente álcool ou outras drogas.

dependência química
Dependência (física, psicológica ou ambas) de uma substância química prejudicial.

FIGURA 11.3
Tendências no uso de drogas ilícitas de estudantes do ensino médio nos últimos 12 meses.
Fonte: Johnston, O'Malley, Bachman e Schulenberg, 2013.

Álcool, maconha e tabaco O álcool é uma droga potente, que altera a consciência e provoca graves efeitos sobre o bem-estar físico, emocional e social. Em todo o mundo, 34,1% dos adolescentes de 15 a 19 anos relataram consumo atual de álcool, e outros 12% informaram já ter consumido álcool no passado. O consumo de álcool era mais comum nas Américas e na Europa e menos comum no Sudeste Asiático e Mediterrâneo Oriental. Os adolescentes também informaram taxas relativamente altas de consumo episódico de álcool no último mês – 11,7%, em comparação com 7,5% para adultos. Mulheres adolescentes relataram, em média, beber menos, menos frequentemente e com menor propensão ao consumo episódico excessivo do que adolescentes do sexo masculino (World Health Organization and WHO Management of Substance Abuse Unit, 2014).

O uso de álcool entre adolescentes norte-americanos teve um aumento drástico na década de 1990, seguido por uma redução menor e gradual desde então (Johnston et al., 2013; Johnston et al., 2016). Em 2016, 26% dos estudantes de 8ª série norte-americanos, 47% dos estudantes do 1º ano do ensino médio e 64% dos estudantes do 3º ano do ensino médio disseram que haviam experimentado álcool, sendo que o uso era corrente (nos últimos 30 dias) e também alto (Johnston et al., 2016). A maioria dos estudantes do ensino médio que bebem praticam o **binge drinking** – consumir cinco ou mais doses de bebida em uma ocasião. Aproximadamente 25% dos estudantes do 3º ano do ensino médio admitem beber em um padrão *binge* (McQueeny et al., 2009). Estudos baseados em ressonância magnética revelam que a prática do *binge drinking* em adolescentes pode afetar o raciocínio e a memória ao prejudicar a "substância branca" sensível no cérebro (McQueeny et al., 2009).

binge drinking
Consumir 5 ou mais doses de álcool (para homens) ou 4 ou mais doses (para mulheres) em uma única ocasião.

A partir de uma perspectiva teórica, seria de esperar que a adolescência, quando o cérebro passa por mudanças estruturais e funcionais significativas, poderia ser um período do ciclo de vida no qual os indivíduos seriam particularmente sensíveis a influências ambientais (Gogtay et al., 2004). Além disso, o álcool interage com sistemas receptores inibitórios (p. ex., GABA) e excitatórios (p. ex., N-metil-D-Aspartato) que se desenvolvem durante a adolescência, o que torna os adolescentes mais sensíveis aos efeitos de recompensa do álcool e menos sensíveis às suas características negativas (Spear, 2014).

Os estudos de imageamento do cérebro documentaram mudanças estruturais causadas pelo consumo de álcool em adolescentes. Em geral, essas alterações podem ser caracterizadas como menor volume de substância cinzenta dependente da dose e menor integridade de substância branca como resultado do uso de álcool. Uma metanálise recente mostra que, em comparação com adolescentes que não bebem álcool, os consumidores de álcool apresentam alterações em áreas pré-frontais críticas, incluindo o giro frontal médio, o giro frontal superior, o córtex frontal esquerdo, o polo frontal e o giro frontal esquerdo, todas essas áreas envolvidas com o controle executivo. Diferenças estruturais também foram identificadas em áreas do cérebro envolvidas nos mecanismos de recompensa, incluindo o estriado dorsal, o tálamo, o cingulado anterior e o giro frontal inferior (Ewing, Sakhardande, & Blakemore, 2014).

Apesar do declínio no uso de maconha desde 1996-1997, ela ainda é de longe a droga ilícita mais usada nos Estados Unidos. Em 2012, cerca de 12% dos estudantes da 8ª série, 27% dos estudantes do 1º ano do ensino médio e 33% dos estudantes do 3º ano do ensino médio admitiram ter usado a droga no último ano (Johnston et al., 2013). Aproximadamente 1 em cada 17 alunos do 3º ano do ensino médio usa maconha diariamente (Johnston et al., 2016). Ainda não se sabe qual será o impacto de movimentos recentes em prol da legalização da maconha para uso recreacional, como já havia ocorrido, até 2019, em 11 estados norte-americanos e em Washington, D.C.

A potência da maconha quadruplicou entre 1980 e 2014 (ElSohly et al., 2014). O uso pesado de maconha está associado a danos ao cérebro, coração e pulmões e está correlacionado com pioras no desempenho acadêmico, problemas de memória e maior risco de ansiedade e depressão. Como qualquer droga, se usada ao dirigir, a maconha pode contribuir para acidentes de trânsito. Dada a maior potência da maconha moderna, estudos mais antigos podem não capturar totalmente o potencial nocivo dos níveis atuais. O debate sobre o uso da maconha se torna mais complexo

A maconha é a droga ilícita mais amplamente usada nos Estados Unidos. Além de seus próprios efeitos prejudiciais, a maconha pode levar a outras adições.
Doug Menuez/Photodisc/Getty Images

> Embora a maconha tenha evidentemente efeitos negativos, também há aplicações médicas documentadas. Por exemplo, a maconha é eficaz no tratamento para náusea em pacientes com câncer, e tem sido usada para reduzir a pressão ocular em pacientes com glaucoma.

pelo fato de ela ter aplicações médicas legítimas e ter sido usada para tratar condições como náusea, dor crônica e epilepsia (Volkow, Baler, Compton, & Weiss, 2014).

O uso de cigarros e outros produtos de tabaco é um problema de saúde mundial. O uso na adolescência é particularmente preocupante, pois a grande maioria dos fumantes começa com o tabagismo antes da vida adulta e se torna dependente na adolescência. Os cigarros matam aproximadamente metade de todos os usuários de longo prazo e aumentam o risco de diversos cânceres, especialmente de pulmão, assim como o de doença cardíaca, acidente vascular cerebral, enfisema e múltiplas outras doenças (Eriksen, Mackay, & Ross, 2013).

O uso de tabaco por adolescentes é um problema menos generalizado nos Estados Unidos do que na maioria dos outros países industrializados (Gabhainn & François, 2000). Contudo, nos Estados Unidos, cerca de 5% dos estudantes da 8ª série, 11% dos estudantes do 1º ano do ensino médio e 17% dos estudantes do 3º ano do ensino médio são fumantes correntes (no último mês) (Johnston et al., 2013). Os adolescentes negros tendem a fumar menos, mas metabolizam a nicotina mais lentamente do que os adolescentes brancos, portanto seus corpos levam mais tempo para livrar-se dela e eles ficam dependentes mais rapidamente (Moolchan, Franken, & Jaszyna-Gasior, 2006).

Embora o número seja alto e cause preocupação, temos boas notícias. No final da década de 1990, cerca de 28% dos estudantes do ensino médio informavam ser fumantes. Os dados atuais colocam esse valor em 7% (Johnston et al., 2016). Em 2015, os cigarros eletrônicos eram a forma mais comum de uso de tabaco entre estudantes da segunda metade do ensino fundamental e do ensino médio (Signh et al., 2016). É um fato preocupante, pois há motivos para suspeitar que os usuários de cigarros eletrônicos possam, no futuro, passar a fumar cigarros tradicionais.

Um ensaio clínico controlado e randomizado considerou a terapia de reposição de nicotina aliada ao treinamento de habilidades comportamentais eficaz para ajudar adolescentes a pararem de fumar (Killen et al., 2004). Além disso, os pais podem oferecer uma influência positiva ao desincentivar amizades com colegas fumantes (Simons-Morton & Farhat, 2010).

Jogar Tetris pode ajudar a melhorar os flashbacks associados com transtorno de estresse pós-traumático.
Holmes, James, Kilford, & Deeprose, 2010

> **verificador**
> **você é capaz de...**
> ▷ Resumir as tendências recentes no uso de substâncias entre adolescentes?
> ▷ Discutir os fatores de risco e as influências ligadas ao uso de drogas, especificamente álcool, maconha e tabaco?
> ▷ Explicar por que a iniciação precoce no uso de substâncias é perigosa?

DEPRESSÃO

A prevalência de depressão aumenta durante a adolescência. Em 2017, 13,3% dos jovens de 12 a 17 anos experimentaram pelo menos um episódio de depressão maior, e apenas 41,5% deles foram tratados (Substance Abuse and Mental Health Services Administration, 2018; ver Figura 11.4). A depressão em pessoas jovens não se manifesta necessariamente como tristeza, podendo se manifestar como irritabilidade, tédio ou incapacidade para experimentar prazer. Pelo menos 1 em cada 5 pessoas que experimentam surtos de depressão na infância ou na adolescência correm risco de vir a apresentar transtorno bipolar, quando episódios depressivos (períodos de "baixa") se alternam com episódios maníacos (períodos de "alta"), caracterizados por aumento de energia, euforia, grandiosidade e ousadia (Brent & Birmaher, 2002).

Ser do sexo feminino é um fator de risco para depressão. Meninas adolescentes, especialmente aquelas que amadurecem cedo, são mais propensas a ficar deprimidas do que meninos adolescentes (Galvao et al., 2014; NSDUH, 2012). As diferenças de gênero podem estar relacionadas a mudanças biológicas associadas com a puberdade, influências da socialização ou à maior vulnerabilidade das meninas ao estresse nas relações sociais (Susman & Rogol, 2004; Birmaher et al., 1996; Hankin, Mermelstein, & Roesch, 2007).

Além do gênero feminino, os fatores de risco para depressão incluem ansiedade, medo do contato social, eventos estressantes, doenças crônicas como diabetes ou epilepsia, conflito entre pais e filhos, abuso ou negligência, uso de álcool e drogas, atividade

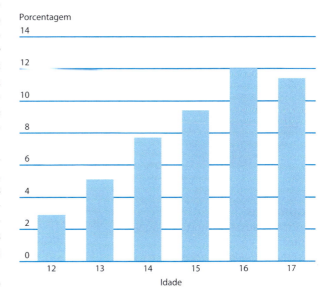

FIGURA 11.4
Taxas de depressão para adolescentes de 12 a 17 anos.
Fonte: NSDUH, 2012.

Esta menina pode estar triste ou preocupada com suas notas ou com um relacionamento – preocupações normais para uma adolescente. Mas se a tristeza persistir, acompanhada de sintomas como incapacidade para se concentrar, fadiga, apatia, ou sentimentos de inutilidade, isso pode indicar depressão.

Tomas Rodriguez/Fancy/SuperStock

sexual e ter um dos pais com histórico de depressão. Uso de álcool e drogas e atividade sexual têm mais probabilidade de resultar em depressão em meninas do que em meninos (Hallfors, Waller, Bauer, Ford, & Halpern, 2005; NSDUH, 2012; Waller et al., 2006).

Adolescentes deprimidos que não respondem a tratamento ambulatorial, que são dependentes de substância, psicóticos ou aparentam ser suicidas precisam ser hospitalizados. A psicoterapia é muita usada como tratamento, mas os estudos indicam que, apesar de poder ser eficaz a curto prazo, seus efeitos não duram mais que um ano (Weisz, McCarty, & Valeri, 2006). O mais comum é que sejam utilizados medicamentos. Os inibidores seletivos da recaptação de serotonina (ISRSs) atualmente estão aprovados para uso em crianças e adolescentes e são prescritos regularmente. Embora haja preocupações em relação à segurança desses medicamentos, as pesquisas sugerem que os benefícios superam os riscos (Bridge et al., 2007). O tratamento mais eficaz para adolescentes deprimidos, pelo menos a curto prazo, parece ser uma combinação de medicamentos e terapia cognitivo-comportamental (Dubicka et al., 2010; March & the TADS Team, 2007).

MORTE NA ADOLESCÊNCIA

A morte nessa fase da vida é sempre trágica e geralmente acidental. Mundialmente, em 2012, a tendência descendente de menor mortalidade na adolescência nos últimos 50 anos continuou, apesar de o número ainda representar cerca de 1,3 milhão de adolescentes. Também em nível mundial, as principais causas de morte na adolescência incluem acidentes de trânsito, HIV/aids, suicídio, infecções do trato respiratório inferior e violência interpessoal (World Health Organization, 2014).

Após diminuir entre 1999 e 2013, a taxa de mortalidade dos adolescentes norte-americanos aumentou 12% devido ao maior número de colisões automotivas, outras lesões não intencionais, homicídios e suicídios. As mortes por causas médicas, como câncer, doença cardíaca e malformações congênitas, permaneceram relativamente estáveis (Curtin, Heron, Minono, & Warner, 2018) (ver Figura 11.5).

Morte por acidentes de automóvel e armas de fogo   Colisões envolvendo veículos motores são a principal causa de morte entre adolescentes norte-americanos (Cunningham, Walton, & Carter, 2018). O risco de colisão é maior para jovens entre 16 e 19 anos do que para qualquer outra faixa etária, e especialmente para os meninos (Miniño, Anderson, Fingerhut, Boudreault, & Warner, 2006; Centers for Disease Control, 2018e). As colisões têm maior probabilidade de serem fatais quando há passageiros adolescentes no veículo, provavelmente porque os adolescentes tendem a dirigir de maneira mais imprudente na presença dos amigos (Centers for Disease Control, 2018e). Nos Estados Unidos, cerca de 1 em cada 5 adolescentes envolvidos em acidentes de trânsito fatais haviam bebido, o que sugere que o álcool ainda é um fator crítico em mortes relacionadas a acidentes (National Highway Traffic Safety Administration, 2017).

Outro fator de risco importante é a distração ao volante, o que inclui enviar mensagens de texto, conversar no celular ou comer. Todos os motoristas correm risco de acidente quando distraídos, mas o nível é máximo entre os menos experientes (Miniño et al., 2006). Por exemplo, eles são 8 vezes mais propensos a sofrer acidentes ou quase isso quando estão discando para alguém, em comparação com os motoristas experientes, cuja propensão apenas dobra (Klauer et al., 2014).

Apesar dos esforços visando aumentar o uso do cinto de segurança entre adolescentes, o uso observado entre adolescentes e adultos jovens foi de 59% em 2017 – o mais baixo de qualquer faixa etária (Centers for Disease Control, 2018e). De fato, em 2015, 58% dos jovens de 16 a 20 anos envolvidos em acidentes de automóvel fatais não estavam usando o cinto de segurança (National Highway Traffic Safety Administration, 2017).

Os homicídios são a terceira causa de morte em adolescentes nos Estados Unidos (Heron, 2018). As mortes relacionadas a armas de fogo são muito mais comuns nos Estados Unidos do que em outros países industrializados (Cunningham et al., 2018). Os Estados Unidos possuem uma taxa de mortalidade por armas de fogo mais elevada do que a soma dos próximos 25 países industrializados na lista (Blum & Qureshi, 2011).

É oito vezes mais provável que um menino adolescente morra por arma de fogo do que uma menina (Price & Khubchandani, 2017). Raça e etnia também importam; a taxa

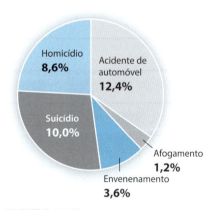

FIGURA 11.5
Principais causas de morte em adolescentes.
Nos Estados Unidos, os acidentes com veículos motores são responsáveis pela maior porcentagem de mortes em adolescentes de 15 a 19 anos, seguidos por suicídio e homicídio.

Fonte: Curtin, Heron, Miniño, & Warner, 2018.

de homicídio para adolescentes afro-americanos do sexo masculino é quase 20 vezes maior do que para brancos (Child Trends Databank, 2015; Price & Khubchandani, 2017). As mortes por arma de fogo constituem cerca de um terço de todas as mortes por lesões e mais de 85% dos homicídios nessa faixa etária. A principal razão para essa cruel estatística parece ser a facilidade de se obter uma arma no país (AAP Committee on Injury and Poison Prevention, 2000). Na verdade, ter uma arma de fogo em casa está correlacionado com ser vítima de homicídio (Anglemyer, Horvath, & Rutherford, 2014).

Suicídio O suicídio é a segunda causa de morte entre jovens de 15 a 19 anos nos Estados Unidos (Heron, 2018). Ter uma arma de fogo em casa está fortemente associado com um maior risco de suicídio bem-sucedido (Anglemyer et al., 2014), e as armas de fogo são o método mais comum usado para cometer suicídio (Kegler, 2017).

As meninas adolescentes são mais propensas a tentar suicídio, mas tendem a usar métodos menos letais, como sufocamento ou envenenamento, então têm maior probabilidade de sobreviver. Embora os adolescentes do sexo masculino tenham menor tendência a tentar suicídio, a sua maior propensão ao uso de armas de fogo resulta em uma probabilidade maior de serem bem-sucedidos (Price & Khubchandani, 2017; Child Trends Databank, 2015).

Embora o suicídio ocorra em todos os grupos étnicos, os adolescentes brancos apresentam os maiores índices, seguidos pelos hispânicos e afro-americanos (Price & Khubchandani, 2017). *Gays*, lésbicas e jovens bissexuais que apresentam altos índices de depressão também apresentam altas taxas de suicídio e tentativas (AAP Committee on Adolescence, 2000). As maiores taxas de suicídio ocorrem entre indivíduos transgênero e inconformistas de gênero. Quarenta e um por cento dos adultos com essas características informam ter tentado cometer suicídio em algum momento de suas vidas (Herman, Haas, & Rodgers, 2014).

Jovens que tentam suicídio ou pensam nele tendem a ter históricos de doença emocional. Eles são mais propensos a ser perpetradores ou vítimas de violência e a ter problemas escolares, acadêmicos ou comportamentais. Muitos sofreram maus-tratos na infância e têm graves problemas de relacionamento. Eles tendem a desvalorizar-se, a sentir-se desamparados e a ter pouco controle sobre os impulsos, além de uma baixa tolerância a frustração e estresse. Esses jovens geralmente estão alienados dos pais e não têm ninguém fora da família a quem recorrer. É possível que tenham tentado o suicídio antes ou tenham amigos ou membros da família que o fizeram, ou a informar ideação suicida (Borowsky, Ireland, & Resnick, 2001; Brent & Mann, 2006; Nock et al., 2013). O abuso de substâncias, especialmente a heroína, também é um fator de risco, e esse risco aumenta com o número de substâncias ilícitas utilizadas (Wong, Zhou, Goebert, & Hishinuma, 2013). Os fatores de proteção que reduzem o risco de suicídio incluem a ligação com a família e a escola, o bem-estar emocional e o bom desempenho nos estudos (Taliaferro & Muehlenkamp, 2014; Borowsky et al., 2001).

> **verificador**
> **você é capaz de...**
> ▷ Discutir os fatores que afetam as diferenças de gênero na depressão durante a adolescência?
> ▷ Identificar fatores de risco para o suicídio na adolescência?

DESENVOLVIMENTO COGNITIVO

Aspectos do amadurecimento cognitivo

Não apenas a aparência dos adolescentes é diferente de quando eram crianças, mas eles também pensam e falam de maneira diferente. A velocidade do processamento de informação deles continua a aumentar. Embora o pensamento possa permanecer imaturo em alguns aspectos, muitos são capazes de raciocinar em termos abstratos e de emitir julgamentos morais sofisticados, além de poder planejar o futuro de modo mais realista.

ESTÁGIO OPERATÓRIO-FORMAL DE PIAGET

Os adolescentes entram no que Piaget chamou de o nível mais alto de desenvolvimento cognitivo – o **operatório-formal** – quando abandonam a dependência de estímulos concretos do mundo real e desenvolvem a capacidade de pensar em termos abstratos. Esse desenvolvimento, que geralmente

operatório-formal
Segundo Piaget, o estágio final do desenvolvimento cognitivo, caracterizado pela capacidade de pensar em termos abstratos.

ocorre por volta dos 11 anos, lhes proporciona uma maneira mais flexível de manipular informações. Podem utilizar símbolos para representar outros símbolos (p. ex., fazendo a letra X representar um numeral desconhecido) e, assim, aprender álgebra e cálculo. Podem apreciar melhor as mensagens ocultas nas metáforas e alegorias e, assim, descobrir significados mais profundos na literatura. Estão aptos a pensar em termos do que *poderia ser*, não somente do que *é*. São capazes de imaginar possibilidades e sabem formular e testar hipóteses.

A capacidade de pensar em termos abstratos também traz implicações emocionais. Enquanto uma criança pequena podia amar os pais ou odiar um colega, "o adolescente pode amar a liberdade ou odiar a exploração... O possível e o ideal cativam tanto a mente quanto os sentimentos" (H. Ginsburg & Opper, 1979, p. 201).

Raciocínio hipotético-dedutivo O **raciocínio hipotético-dedutivo** envolve uma abordagem metódica e científica à resolução de problemas e caracteriza o pensamento operatório-formal. Ele envolve a capacidade de desenvolver, considerar e testar hipóteses; podemos comparar o jovem a um cientista que explora um problema. Para avaliar a diferença que faz o raciocínio formal, sigamos o progresso de uma criança típica ao lidar com um problema piagetiano clássico, o problema do pêndulo.*

Mostra-se à criança, Adam, o pêndulo – um objeto pendendo de um cordão. Depois lhe é explicado como ela pode mudar qualquer um de quatro fatores: o comprimento do cordão, o peso do objeto, a altura da qual o objeto está suspenso e a quantidade de força que ela pode usar para empurrar o objeto. Pede-se então a ela que pense qual o fator ou a combinação de fatores que determina a velocidade em que o pêndulo oscila.

Quando Adam vê o pêndulo pela primeira vez, ele ainda não tem 7 anos e está no estágio pré-operatório. Ele tenta uma solução depois da outra na base da tentativa e erro. Primeiro ele coloca um peso leve em um cordão longo e o empurra; depois ele tenta fazer oscilar um peso maior em um cordão curto; em seguida ele remove o peso. Mas não consegue resolver o problema.

Depois disso, Adam volta a ter contato com o pêndulo aos 10 anos, quando ele se encontra no estágio operatório-concreto. Dessa vez, ele descobre que, variando o comprimento do cordão e o peso do objeto, a velocidade de oscilação do objeto é afetada. Entretanto, como ele faz variarem ambos os fatores ao mesmo tempo, não consegue distinguir qual deles faz diferença ou se ambos fazem.

Aos 15 anos, Adam enfrenta o problema sistematicamente. Ele faz variar um fator por vez, mantendo os outros três constantes. Assim, ele é capaz de resolver o problema e verificar que apenas um fator – o comprimento do cordão – afeta a velocidade de oscilação do pêndulo. Agora ele é capaz de usar raciocínio hipotético-dedutivo.

A solução que Adam dá ao problema do pêndulo mostra que ele chegou ao estágio operatório-formal. Agora ele é capaz de fazer uso do raciocínio hipotético-dedutivo. Ele considera todas as relações que pode imaginar e as testa sistematicamente, uma por uma, para eliminar as falsas e chegar à verdadeira. O raciocínio hipotético-dedutivo lhe proporciona um instrumento para resolver problemas, desde consertar o carro da família a elaborar uma teoria política.

O que provoca a mudança para o raciocínio formal? Piaget atribuiu essa mudança a uma combinação de maturação cerebral e expansão das oportunidades ambientais. Ambas são essenciais: mesmo que o desenvolvimento neurológico do jovem tenha avançado o suficiente para permitir o raciocínio formal, ele só poderá realizá-lo com a estimulação apropriada.

Como acontece com o desenvolvimento operatório-concreto, a escolarização e a cultura desempenham um papel – como Piaget (1972) enfim reconheceu (ver Seção Janela para o Mundo).

ASPECTOS IMATUROS DO PENSAMENTO ADOLESCENTE

À medida que o seu pensamento se torna mais complexo, as crianças se transformam de seres egocêntricos em pessoas capazes de resolver problemas abstratos e imaginar sociedades ideais. Sob certos aspectos, no entanto, o pensamento adolescente parece estranhamente imaturo. De acordo com o psicólogo David Elkind (1967), esse comportamento advém das investidas inexperientes dos adolescentes no pensamento operatório-formal. Esse novo modo de pensar, que transforma

---

raciocínio hipotético-dedutivo
Capacidade, segundo Piaget, que acompanha o estágio operatório-formal, de desenvolver, considerar e testar hipóteses.

Como os pais e os professores podem ajudar os adolescentes a melhorar sua capacidade de raciocínio?

Cinquenta por cento dos estudantes universitários, mesmo aqueles matriculados em cursos de psicologia onde a questão da percepção é tratada, acreditavam que a visão inclui raios que entram nos nossos olhos (o que é correto) bem como raios que saem para fora dos nossos olhos (o que não é). Em outras palavras, 50% dos estudantes acham que podemos enxergar com algo semelhante à visão de raio X.

Gregg, Winer, Cottrell, Hedman, & Fournier, 2001

---

*Esta descrição de diferenças relacionadas à idade na abordagem ao problema do pêndulo é adaptada de H. Ginsburg e Opper, 1979.

JANELA para o mundo
CULTURA E COGNIÇÃO

Quando Piaget inicialmente desenvolveu suas teorias, supunha-se que os seus estágios do desenvolvimento cognitivo representavam aspectos universais do desenvolvimento humano e que todas as pessoas, de todas as culturas, passavam pelos mesmos processos que os cidadãos dos países ocidentais. Contudo, quando as pesquisas começaram a analisar as diferentes culturas, ficou evidente que essa concepção original era simplista e que a cultura afeta profundamente a trajetória do desenvolvimento.

Por exemplo, quando adolescentes na Nova Guiné foram testados em relação ao problema do pêndulo, nenhum foi capaz de resolvê-lo. Em Ruanda (Gardiner & Kozmitzki, 2005) e na Nigéria (Hollos & Richards, 1993), alguns poucos adolescentes foram capazes de resolver o desafio adequadamente. Por outro lado, crianças chinesas em Hong Kong, que tinham frequentado escolas britânicas, saíram-se tão bem quanto as norte-americanas e europeias, ou até melhor. Aparentemente, o raciocínio formal é uma capacidade aprendida que não é igualmente necessária ou igualmente valorizada em todas as culturas, e as experiências das crianças moldam o desenvolvimento das suas habilidades.

Mas isso significa que os adultos em culturas fora do Ocidente funcionam em níveis inferiores de complexidade cognitiva? Até o próprio Piaget (1972) acabou por perceber que isso não era verdade. Em vez disso, os adultos aprendem a raciocinar nos modos exigidos pela sua cultura e enquanto realizam atividades culturalmente relevantes. Por exemplo, quando homens africanos da Costa do Marfim jogam *baoule*, um jogo de tabuleiro no qual os adversários capturam sementes uns dos outros, eles aplicam uma série de estratégias cognitivas sofisticadas, incluindo regras complexas, táticas de ataque e defesa e cálculos abstratos (Retschitzki, 1989).

O fato de que Piaget precisou mudar suas teorias não significa que eram más teorias. Afinal, é assim que a ciência funciona. Piaget foi essencial para o desenvolvimento dos campos da psicologia cognitiva e do desenvolvimento. Contudo, suas teorias originais precisaram ser modificadas à luz do que sabemos hoje.

qual a sua opinião Você acha que seria possível construir uma tarefa de raciocínio isenta de conteúdo cultural? Por que sim ou por que não?

---

fundamentalmente o modo como enxergam o mundo e a si mesmos, é tão estranho a eles quanto seus próprios corpos em evolução, e ambos podem ser igualmente desastrados.

A imaturidade do pensamento adolescente, sugere Elkind, se manifesta de diversas formas características. Por exemplo, os adolescentes tendem a ser idealistas e a criticar os outros. À medida que imaginam um mundo ideal, os adolescentes percebem o quanto o mundo real – pelo qual eles consideram os adultos responsáveis – não está à altura deles. Convencidos de que sabem como governar o mundo melhor do que os adultos, frequentemente culpam seus pais e outras figuras de autoridade. Além disso, os adolescentes podem pensar sobre muitas alternativas ao mesmo tempo, mas não têm estratégias eficazes para escolher entre elas. Eles podem ter dificuldade para tomar decisões simples, como se deveriam ir ao *shopping* com um amigo ou trabalhar em uma tarefa da escola. Os adolescentes mais jovens também têm dificuldade para reconhecer a diferença entre expressar um ideal, como a conservação de energia, e fazer os sacrifícios necessários para realizá-los, como dirigir menos.

Outra característica do pensamento adolescente é a autoconsciência: os adolescentes podem pensar sobre o pensar, tanto o seu quanto o alheio. Contudo, na sua preocupação com o próprio estado mental, os adolescentes muitas vezes pressupõem que todos estão pensando no mesmo que eles: neles próprios. Elkind chama isso de *público imaginário*, um "observador" conceitualizado que se preocupa com os pensamentos e comportamentos do jovem tanto quanto ele próprio. A certeza, por exemplo, de que todos estão encarando uma espinhazinha no seu rosto o dia inteiro é um exemplo disso. A fantasia do público imaginário é especialmente forte nos primeiros anos da adolescência, mas estende-se, com menos intensidade, até a vida adulta.

Por fim, Elkind usa o termo *fábula pessoal* para descrever a crença dos adolescentes de que são especiais, de que suas experiências são únicas e de que não estão sujeitos às regras que governam todo o resto do mundo. Essa crença pode incentivar os adolescentes a acreditar que podem dirigir rápido e descuidadamente e não sofrer acidentes. De acordo com Elking, essa forma de

Pesquisas têm mostrado que os liberais são mais criativos que os conservadores, mas que os conservadores são mais felizes.
Dollinger, 2007; Napier & Jost, 2008

egocentrismo está por trás de boa parte do comportamento arriscado e autodestrutivo. Assim como o público imaginário, a fábula pessoal continua até a vida adulta.

O que as pesquisas têm a dizer sobre o modelo de Elkind? Em geral, poucos estudos o apoiam. Por exemplo, as pesquisas geralmente mostram que, em vez de serem indecisos, os adolescentes tendem mais a tomar decisões impulsivas ou arriscadas (Albert & Steinberg, 2011). Essa tendência a tomar decisões arriscadas não nasce da incapacidade de raciocinar efetivamente sobre as consequências ou sobre a crença adolescente de ser especial ou único. Em vez disso, a imaturidade cerebral descrita anteriormente faz com que os adolescentes tendam a correr mais riscos nas suas decisões.

Os dados sobre o declínio do egocentrismo, outra característica crítica, também são ambíguos. Alguns estudos identificaram níveis semelhantes de egocentrismo em adolescentes e adultos (Rai, Mitchell, Kadar, & Mackenzie, 2016), enquanto outros identificaram que o egocentrismo, especialmente nas meninas, diminui ao longo da adolescência (Van der Graaf et al., 2014). Outros pesquisadores não observaram a influência do egocentrismo ou do público imaginário, mas veem evidências em prol do papel da autoconsciência (Galanaki, 2012).

Além disso, os padrões de raciocínio característicos descritos por Elkind não parecem estar limitados à adolescência. Por exemplo, pesquisas mostram que fumantes e ex-fumantes desenvolvem uma fábula pessoal sobre o risco de problemas de saúde causados pelo seu tabagismo. Os fumantes são excessivamente otimistas quanto aos riscos à saúde, enquanto os ex-fumantes acreditam que parar de fumar e adotar um estilo de vida mais saudável reduz o seu risco mais do que acontece de fato. Esse fenômeno não se limita aos adolescentes – a faixa etária desse estudo específico ia dos 19 aos 74 anos (Masiero, Lucchiari, & Pravettoni, 2015).

DESENVOLVIMENTO DA LINGUAGEM

O uso da linguagem pelas crianças geralmente reflete seu nível de desenvolvimento cognitivo. Crianças em idade escolar são bastante competentes no uso da linguagem, mas a adolescência traz novos refinamentos. O vocabulário continua a crescer à medida que o conteúdo de leitura torna-se mais adulto. Entre os 16 e os 18 anos, o jovem médio conhece aproximadamente 80 mil palavras (Owens, 1996). Isso é importante para o sucesso nos estudos; o conhecimento de vocabulário é crucial para a compreensão de leitura (Lesaux, Crosson, Kieffer, & Pierce, 2010).

Com o advento do pensamento abstrato, os adolescentes podem definir e discutir abstrações como amor, justiça e liberdade. Passam a usar com mais frequência termos como *entretanto, caso contrário, de qualquer maneira, portanto, na verdade* e *provavelmente* para expressar relações lógicas. Eles tornam-se mais conscientes das palavras como símbolos que podem ter múltiplos significados; e têm prazer em usar ironias, trocadilhos e metáforas (Duthie, Nippold, Billow, & Mansfield, 2008; Katz, Blasko, & Kazmerski, 2004).

Os adolescentes também se tornam mais habilidosos em assumir uma perspectiva social, a capacidade de adaptar sua conversa ao ponto de vista da outra pessoa. Assim, por exemplo, um adolescente usaria palavras mais simples ao falar com uma criança, palavrões entre amigos e termos mais respeitosos ao falar com um adulto. Essa capacidade é essencial para a boa conversação.

A linguagem não é estática, é fluida, e as palavras e expressões que as pessoas usam mudam com o tempo. Essas mudanças são mais proeminentes na fala dos adolescentes, que muitas vezes desenvolvem seus próprios termos especiais. O vocabulário pode diferir por gênero, etnia, idade, região geográfica, vizinhança e tipo de escola (Eckert, 2003), e varia de um grupo para outro. A gíria adolescente é parte do processo de desenvolvimento de uma identidade separada, independente dos pais e do mundo adulto. Esse vocabulário especializado se estende até mesmo à comunicação eletrônica, que tem suas próprias regras de ortografia, abreviaturas e uso de emoticons e emojis para representar conteúdos emocionais (Haas, Takayoshi, Carr, Hudson, & Pollock, 2011).

RACIOCÍNIO MORAL: TEORIA DE KOHLBERG

À medida que as crianças alcançam níveis cognitivos mais altos, elas tornam-se capazes de raciocínios mais complexos sobre questões morais. Os adolescentes são mais capazes que as crianças mais novas de adotar o ponto de vista de outra pessoa, de solucionar problemas sociais, de lidar com relacionamentos interpessoais e de verem-se como seres sociais. Todas essas tendências promovem o desenvolvimento moral.

---

verificador
você é capaz de...

▷ Explicar a diferença entre pensamento operatório-formal e operatório-concreto, conforme exemplificado pelo problema do pêndulo?

▷ Identificar os fatores que influenciam o desenvolvimento do raciocínio formal dos adolescentes?

▷ Avaliar os pontos fortes e os pontos fracos da teoria das operações formais de Piaget?

verificador
você é capaz de...

▷ Listar dois aspectos imaturos do pensamento adolescente?

▷ Identificar as características do desenvolvimento da linguagem dos adolescentes que refletem avanços cognitivos?

Examinemos a teoria inovadora do raciocínio moral de Lawrence Kohlberg, o trabalho influente de Carol Gilligan sobre desenvolvimento moral em mulheres e meninas, e a pesquisa sobre comportamento pró-social na adolescência.

O dilema de Heinz Uma mulher com câncer está próxima da morte. Um farmacêutico descobriu um medicamento que os médicos acreditam que pode salvá-la. O farmacêutico está cobrando 2.000 dólares por uma pequena dose – 10 vezes o que o medicamento custa para ele fabricar. O marido da mulher doente, Heinz, pede dinheiro emprestado a todos os conhecidos, mas consegue juntar apenas 1.000 dólares. Ele implora ao farmacêutico para lhe vender o medicamento por 1.000 dólares ou deixar que ele pague o restante mais tarde. O farmacêutico recusa, dizendo "Eu descobri o medicamento e vou ficar rico com ele". Heinz, desesperado, arromba a loja do homem e rouba o medicamento. Heinz deveria ter feito isso? Por que sim ou por que não? (Kohlberg, 1969).

O problema de Heinz é o exemplo mais famoso da abordagem de Lawrence Kohlberg para o estudo do desenvolvimento moral. A partir de 1950, Kohlberg e colaboradores propuseram dilemas hipotéticos como este a 75 meninos de 10, 13 e 16 anos de idade e continuaram a questioná-los periodicamente por mais de 30 anos. Kohlberg acabou por acreditar que o desenvolvimento moral seria uma consequência do raciocínio moral, que dependia fortemente do desenvolvimento cognitivo. Além disso, ele acreditava que o conceito de justiça, um princípio universal, estava no centro de todos os dilemas.

Níveis e estágios de Kohlberg Com base nos processos de pensamento demonstrados pelas respostas a seus dilemas, Kohlberg (1969) descreveu três níveis de raciocínio moral, cada um dividido em dois estágios (Tabela 11.2):

- *Nível I:* **Moralidade pré-convencional.** As pessoas agem sob controle externo. Obedecem a regras para evitar punição ou obter recompensas, ou agem por interesse pessoal. Esse nível é típico de crianças de 4 a 10 anos.
- *Nível II:* **Moralidade convencional (ou moralidade em conformidade com o papel convencional).** As pessoas internalizaram os padrões das figuras de autoridade. Elas se preocupam em ser "boas", agradáveis com os outros e em manter a ordem social. Esse nível é normalmente alcançado depois dos 10 anos de idade; muitas pessoas nunca o ultrapassam, mesmo na vida adulta.
- *Nível III:* **Moralidade pós-convencional (ou moralidade dos princípios morais autônomos).** As pessoas reconhecem conflitos entre padrões morais e fazem seus próprios julgamentos com base em princípios de direito, equidade e justiça. Geralmente as pessoas atingem esse nível de julgamento moral apenas no começo da adolescência ou, o que é mais comum, no começo da vida adulta, se é que o atingem.

Na teoria de Kohlberg, é o raciocínio que está por trás da resposta a um dilema moral, e não a resposta em si, que indica o estágio de desenvolvimento moral. Duas pessoas que dão respostas opostas podem estar no mesmo estágio se o raciocínio delas for baseado em fatores semelhantes.

Alguns adolescentes, e mesmo alguns adultos, permanecem no nível I de Kohlberg. Assim como as crianças pequenas, eles procuram evitar punição ou satisfazer suas próprias necessidades. A maioria dos adolescentes e dos adultos parece estar no nível II. Eles se sujeitam às convenções sociais, apoiam o *status quo* e fazem a coisa certa para agradar aos outros e obedecer à lei. O raciocínio do estágio 4 (apoio a normas sociais) é menos comum, mas aumenta a partir do início da adolescência até a idade adulta.

Posteriormente, ele propôs um sétimo estágio, o cósmico, em que as pessoas consideram o efeito de suas ações não somente sobre os outros, mas sobre o universo como um todo (Kohlberg, 1981; Kohlberg & Ryncarz, 1990).

Avaliando a teoria de Kohlberg Kohlberg, baseando-se em Piaget, pôs em vigor uma profunda mudança na maneira como vemos o desenvolvimento moral. Em vez de considerar a moralidade apenas como a aquisição de controle sobre os impulsos autogratificantes, os investigadores agora estudam como as crianças e os adultos baseiam os julgamentos morais em sua crescente compreensão do mundo social.

A pesquisa inicial deu suporte à teoria de Kohlberg. Os meninos norte-americanos que Kohlberg e colaboradores acompanharam ao longo da vida adulta progrediram pelos estágios de

---

moralidade pré-convencional
Primeiro nível da teoria de Kohlberg sobre o julgamento moral em que o controle é externo e as regras são obedecidas para se obter recompensas ou evitar punição, ou por interesse pessoal.

moralidade convencional (ou moralidade em conformidade com o papel convencional)
Segundo nível da teoria do raciocínio moral de Kohlberg no qual os padrões das figuras de autoridade são internalizados.

moralidade pós-convencional (ou moralidade dos princípios morais autônomos)
Terceiro nível da teoria do raciocínio moral de Kohlberg, em que as pessoas seguem princípios morais internos e podem decidir entre padrões morais conflitantes.

TABELA 11.2	Os seis estágios do raciocínio moral de Kohlberg
Níveis	**Estágios do raciocínio**
Nível I: Moralidade pré-convencional (4 a 10 anos)	*Estágio 1: Orientação à punição e obediência.* "O que vai acontecer comigo?" As crianças obedecem às regras para evitar punição. Ignoram os motivos de uma ação e se concentram em sua forma física (como o tamanho de uma mentira) ou em suas consequências (p. ex., a quantidade de dano físico).
	Estágio 2: Finalidade instrumental e troca. "Uma mão lava a outra." As crianças se sujeitam às regras por interesse pessoal e por consideração pelo que os outros podem fazer por elas. Elas veem uma ação em termos das necessidades humanas que a ação satisfaz e diferenciam esse valor de sua forma física e de suas consequências.
Nível II: Moralidade convencional (10 a 13 anos ou mais)	*Estágio 3: Manter relações mútuas, aprovação dos outros, a regra de ouro.* "Eu sou um bom menino (ou uma boa menina)? As crianças querem agradar e ajudar os outros, sabem julgar intenções e desenvolvem suas próprias ideias do que é uma pessoa boa. Avaliam uma ação de acordo com o motivo que há por trás dela ou segundo a pessoa que a pratica e também levam em consideração as circunstâncias.
	Estágio 4: Preocupação e consciência sociais. "E se todos fizessem o mesmo?" As pessoas preocupam-se em cumprir com seu dever, respeitar as autoridades e manter a ordem social. Consideram sempre errada a ação que, independentemente do motivo ou das circunstâncias, viola uma regra e prejudica os outros.
Nível III: Moralidade pós-convencional (início da adolescência ou apenas no início da vida adulta, ou nunca)	*Estágio 5: Moralidade do contrato, dos direitos individuais e da lei democraticamente aceita.* As pessoas pensam em termos racionais, valorizando a vontade da maioria e o bem-estar da sociedade. Geralmente elas veem a obediência à lei como o melhor apoio para esses valores. Embora reconheçam que há momentos de conflito entre as necessidades humanas e a lei, acreditam que é melhor para a sociedade, no longo prazo, obedecer à lei.
	Estágio 6: Moralidade dos princípios éticos universais. As pessoas fazem aquilo que, como indivíduos, acham que é certo, independentemente de restrições legais ou da opinião dos outros. Agem de acordo com padrões internalizados, sabendo que condenariam a si próprias se não o fizessem.

Fonte: Adaptada de Kohlberg, 1969; Lickona, 1976.

Você se lembra de alguma vez em que você ou algum conhecido seu agiu contrariamente ao seu próprio julgamento moral pessoal? Por que você acha que isso aconteceu?

Kohlberg em sequência, sem pular nenhum deles. Seus julgamentos morais correlacionaram-se positivamente com faixa etária, educação, QI e nível socioeconômico (Colby, Kohlberg, Gibbs, & Lieberman, 1983). A pesquisa mais recente, entretanto, lançou dúvidas sobre o delineamento de alguns dos estágios de Kohlberg (Eisenberg & Morris, 2004). Um estudo do julgamento das crianças sobre leis e transgressão da lei sugere que algumas sabem raciocinar de modo flexível sobre tais questões já aos 6 anos (Helwig & Jasiobedzka, 2001).

Uma das razões de as idades associadas aos níveis de Kohlberg serem tão variáveis é que as pessoas que atingiram um alto nível de desenvolvimento cognitivo nem sempre alcançam um nível semelhante de desenvolvimento moral. Um certo nível de desenvolvimento cognitivo é *necessário*, mas não *suficiente* para um nível comparável de desenvolvimento moral. Em outras palavras, o mero fato de que uma pessoa é capaz de raciocínio moral não significa necessariamente que ela o pratica de verdade. Alguns investigadores sugerem que a atividade moral é motivada não apenas por considerações abstratas de justiça, mas também por emoções como empatia, culpa e sofrimento, bem como a internalização de normas pró-sociais (Eisenberg & Morris, 2004; Gibbs, 1991, 1995; Gibbs & Schnell, 1985).

Além disso, nem sempre há uma relação clara entre raciocínio moral e comportamento moral. Por exemplo, a maioria das pessoas caracterizaria as ações de Pol Pot, o líder despótico do Khmer Rouge cambojano, como amorais. De 1974 a 1979, o Khmer Rouge matou de 1 a 3 milhões de cambojanos. A maioria das pessoas consideraria esse assassinato em massa como profundamente maléfico. Mas Pol Pot foi motivado pela sua crença em uma sociedade agrária comunista idílica. Ele acreditava que seus atos serviam a um ideal maior, e as justificativas para as ações adotadas eram cognitivamente complexas e bem formadas. Trata-se de um exemplo extremo, mas é evidente que as pessoas em níveis de raciocínio pós-convencionais não agem necessariamente de forma mais moral do que aquelas em níveis mais baixos. Outros fatores, como situações específicas, concepções de virtude e preocupação com os outros, contribuem para o comportamento moral (Colby & Damon, 1992; Fischer & Pruyne, 2003).

Por fim, o sistema de Kohlberg não parece representar o raciocínio moral em culturas não ocidentais com a mesma precisão que atinge na cultura ocidental, na qual foi desenvolvido originalmente (Eisenberg & Morris, 2004). As pessoas mais velhas em países que não os Estados Unidos tendem a obter pontuações mais altas do que os jovens. Contudo, membros de culturas não ocidentais raramente têm pontuações acima do estágio 4 (Shweder et al., 2006), o que sugere que alguns aspectos do modelo de Kohlberg podem não se adaptar aos valores culturais dessas sociedades. O contexto no qual o raciocínio ocorre afeta o tipo de raciocínio que as pessoas tendem a demonstrar. Por exemplo, uma análise do conteúdo moral das cartas anuais aos *stakeholders* escritas pelos CEOs (diretores-presidentes) de grandes montadoras apresentaram nível de raciocínio moral de natureza esmagadoramente convencional no estágio 2, apesar de a idade média dos autores ser de 58 anos, mas CEOs de empresas sediadas na Ásia tinham uma tendência um pouco maior ao raciocínio do estágio 3 (Weber, 2010).

A ÉTICA DO CUIDADO: A TEORIA DE GILLIGAN

Homens e mulheres raciocinam da mesma maneira? A pergunta foi respondida por Carol Gilligan (1982/1993), que afirmou que a teoria de Kohlberg é sexista e orientada para valores mais importantes para os homens do que para as mulheres. Segundo Gilligan, os homens, incluindo Kohlberg, veem a moralidade em termos de justiça e equidade. As mulheres teriam um conjunto de valores diferente, no entanto, que consideraria o afeto e a evitação de danos como objetivos mais elevados do que a justiça. A tipologia de Kohlberg categorizava as mulheres injustamente como sendo menos moral e cognitivamente complexas devido ao seu foco exclusivo na justiça (Eisenberg & Morris, 2004).

A pesquisa encontrou pouco suporte à alegação de Gilligan de um viés masculino nos estágios de Kohlberg (Brabeck & Shore, 2003; Jaffee & Hyde, 2000), o que a levou a modificar sua posição. Em geral, as diferenças de gênero no raciocínio moral são pequenas (Jaffee & Hyde, 2000).

COMPORTAMENTO PRÓ-SOCIAL

O comportamento pró-social normalmente aumenta da infância até a adolescência (Eisenberg & Morris, 2004). Os pais têm seu papel nisso; pais carinhosos, solidários e que usam raciocínio pró-social tendem a ter adolescentes que se comportam de modos pró-sociais (Carlo, Mestre, Samper, & Armenta, 2011; Padilla-Walker, Nielson, & Day, 2016). As meninas tendem a apresentar mais comportamento pró-social do que os meninos (Landazabal, 2009; Van der Graaf et al., 2014), e essa diferença torna-se mais pronunciada na adolescência (Eisenberg, Fabes, & Spinrad, 2006). Isso pode ocorrer porque, transculturalmente, os pais das meninas enfatizam a responsabilidade social mais do que os pais dos meninos. A afirmação foi validada na Austrália, Estados Unidos, Suécia, Hungria, República Tcheca, Bulgária e Rússia (Flannagan, Bowes, Jonsson, Csapo, & Sheblanova, 1998).

Os pares também importam. Embora as pessoas geralmente conceitualizem a pressão dos pares como negativa, os pares podem reforçar o desenvolvimento pró-social positivo uns dos outros (Farrell, Thompson, & Mehari, 2017; Lee, Padilla-Walker, & Memmott-Elison, 2017). Experimentos mostram que o *feedback* dos pares sobre o valor do comportamento pró-social pode, dependendo da percepção de que o grupo apoia ou reprova tal comportamento, aumentar ou reduzir a ocorrência de comportamentos pró-sociais (Hoorn, Dijk, Meuwese, Rieffe, & Crone, 2016), o que é particularmente verdadeiro quando os pares são vistos como tendo alto *status* (Choukas-Bradley, Giletta, Cohen, & Prinstein, 2015).

O voluntariado é uma forma comum de comportamento pró-social. Aproximadamente metade dos adolescentes envolvem-se em algum tipo de serviço comunitário ou atividade voluntária, mas adolescentes com NSE alto tendem a fazer mais trabalho voluntário do que aqueles com NSE mais baixo (Schmidt, Shumow, & Kackar, 2007). Estudantes que fazem trabalho voluntário tendem, quando adultos, a serem mais envolvidos em suas comunidades do que aqueles que não fazem. Além disso, os voluntários adolescentes tendem a ter um grau de autoentendimento e compromisso com os outros mais elevado (Eccles, 2004) e melhores desfechos acadêmicos e cívicos (Schmidt et al., 2007). Os efeitos do serviço comunitário também se aplicam a jovens de minorias raciais que moram em comunidades pobres (Chan, Ou, & Reynolds, 2014), sugerindo que programas de intervenção que promovem serviço comunitário podem ser um meio importante para promover as características associadas com o desenvolvimento positivo.

> **verificador**
> **você** é capaz de...
> ▷ Listar os níveis e estágios de Kohlberg?
> ▷ Avaliar a teoria de Kohlberg com respeito ao papel da emoção e da socialização, das influências dos pais e dos pares, e da validade transcultural?
> ▷ Explicar as diferenças entre os padrões de raciocínio moral de Gilligan e de Kohlberg?
> ▷ Discutir as diferenças individuais no comportamento pró-social, tal como o voluntariado?

Questões educacionais e vocacionais

A escola constitui uma experiência organizadora central na vida da maioria dos adolescentes. Ela oferece oportunidades para obter informação, aprender novas habilidades e aperfeiçoar habilidades antigas; participar de atividades esportivas, artísticas e outras; explorar opções vocacionais; e fazer amigos. Amplia os horizontes intelectual e social. Alguns adolescentes, porém, vivenciam a escola não como uma oportunidade, mas como mais um obstáculo no caminho para a vida adulta.

Nos países industrializados e também em alguns países em desenvolvimento, cada vez mais estudantes concluem o ensino médio e muitos se matriculam no ensino superior (OECD, 2004). No ano acadêmico de 2016-2017, o índice de conclusão de curso de 4 anos para alunos do ensino médio das escolas públicas norte-americanas atingiu o recorde de 84,6% (National Center for Education Statistics, 2019).

Entre os 35 países membros da Organização para a Cooperação e o Desenvolvimento Econômico (OECD, 2008), as taxas de conclusão variam de 15% na Turquia a 62% na Islândia. Os Estados Unidos, com uma média de 12,7 anos de escolaridade, destacou-se nesta comparação internacional. Contudo, apesar da riqueza e sofisticação tecnológica, os adolescentes norte-americanos continuam a ser medianos em relação ao desempenho acadêmico. Em comparação com outros países, os estudantes norte-americanos têm resultados médios em alfabetização científica e leitura e abaixo da média em matemática (OECD, 2016). Como acontece no ensino fundamental, fatores como o estilo parental dos pais, o nível socioeconômico e a qualidade do ambiente doméstico influenciam o desempenho escolar na adolescência. Outros fatores incluem gênero, etnia, influência dos pares, qualidade do ensino e a confiança dos estudantes em si mesmos.

Examinamos agora as influências sobre o desempenho escolar e na sequência os jovens que abandonam a escola. Por último, consideramos o planejamento para a educação superior e as vocações.

INFLUÊNCIAS SOBRE O DESEMPENHO ESCOLAR

Na adolescência, fatores como o estilo parental dos pais, o nível socioeconômico e a qualidade do ambiente doméstico influenciam o desempenho escolar na adolescência. Outros fatores incluem gênero, etnia, influência dos pares, qualidade do ensino e a confiança dos estudantes em si mesmos.

Motivação e autoeficácia do estudante   Nos países ocidentais, particularmente nos Estados Unidos, as práticas educativas são baseadas na suposição de que os estudantes são, ou podem ser, motivados a aprender. Os educadores enfatizam o valor da motivação intrínseca – o desejo dos estudantes de aprender pelo valor da aprendizagem – porque as pesquisas mostram que essa orientação está associada com o desempenho acadêmico (Cerasoli, Nicklin, & Ford, 2014). Infelizmente, muitos estudantes norte-americanos *não* são automotivados, e a motivação frequentemente diminui quando eles entram no ensino médio (Eccles, 2004; Larson & Wilson, 2004).

Os estudantes com autoeficácia alta – que acreditam que podem aprender a fazer as coisas e regular sua própria aprendizagem – são propensos a ter sucesso na escola (Komarraju & Nadler, 2013). Assim, por exemplo, após ser reprovado em uma prova, um aluno com alto nível de autoeficácia poderia concluir que não estudou o suficiente e que, para se sair melhor no futuro, deveria estudar mais. Alguém com baixa autoeficácia, por outro lado, poderia concluir que o material é difícil demais ou que a prova era injusta, um sistema de crenças que prejudica a ética de trabalho e a motivação. Da mesma forma, as crenças dos estudantes sobre a capacidade de autorregulação da própria aprendizagem (Zuffianò et al., 2013) e seus níveis reais de autodisciplina (Duckworth & Seligman, 2005) impactam o seu desempenho acadêmico.

Nos Estados Unidos, onde existem oportunidades para muitas crianças, a motivação pessoal pode ter um efeito forte no quanto as

Os estudantes que assumem responsabilidade pela própria aprendizagem têm maior probabilidade de tirar boas notas.
Purestock/Getty Images

crianças aprendem. Cognições orientadas para o futuro – esperanças e sonhos sobre futuros empregos – estão relacionadas à maior realização, assim como à participação em atividades extracurriculares. Pode ser que as cognições orientadas para o futuro sejam úteis precisamente porque elas motivam a participação em atividades relacionadas a sucesso posterior (Beal & Crockett, 2010).

Em muitas culturas, no entanto, a educação é baseada em fatores como dever (Índia), submissão à autoridade (países islâmicos) e participação na família e na comunidade (África Subsaariana). Nos países do leste asiático, é esperado que os estudantes aprendam para satisfazer expectativas familiares e sociais. É esperado que a aprendizagem requeira esforço intenso, e os estudantes que fracassam ou ficam para trás sentem-se obrigados a tentar novamente. Essa expectativa pode ajudar a explicar por que, em comparações internacionais em ciências e matemática, os estudantes do leste asiático ultrapassam substancialmente os estudantes norte-americanos. Nos países em desenvolvimento, as questões de motivação perdem a importância à luz de barreiras sociais e econômicas à educação: escolas inadequadas ou a ausência delas, a necessidade do trabalho infantil para sustentar a família, barreiras à escolarização para meninas e casamento precoce (Larson & Wilson, 2004). Portanto, enquanto discutimos os fatores no sucesso educacional, que são grandemente baseados em estudos nos Estados Unidos e em outros países ocidentais, precisamos lembrar que eles não se aplicam a todas as culturas.

Gênero Os testes de leitura realizados em adolescentes de 15 anos de 72 países mostram uma vantagem para as meninas, mas a diferença entre as pontuações masculinas e femininas diminuiu entre 2009 e 2015. Apesar de as diferenças de gênero em ciências serem pequenas, os meninos são maioria entre aqueles com melhor desempenho em todos os países, exceto na Finlândia (OECD, 2016). Contudo, apesar de haver uma proporção maior de meninos com alto desempenho, eles têm maior probabilidade de não atingir um nível mínimo de proficiência em leitura, matemática e ciências (OECD, 2015). De modo geral, a partir da adolescência, as meninas se saem melhor em tarefas verbais que envolvem uso de escrita e linguagem; os meninos, em atividades que envolvem funções visuais e espaciais úteis em matemática e ciências. Uma avaliação dos resultados do SAT e de pontuações em matemática de 7 milhões de estudantes não encontrou diferenças de gênero no desempenho em matemática (Hyde, Lindberg, Linn, Ellis, & Williams, 2008).

Por que seria de esperar que houvesse diferenças de gênero? Assim como em todos os aspectos do desenvolvimento, as pesquisas indicam a interação entre as contribuições biológicas e ambientais. Os cérebros masculinos e femininos apresentam diferenças de estrutura e organização, e essas diferenças tendem a tornar-se maiores com a idade. As meninas têm mais substância cinzenta, e o crescimento desta atinge o seu auge mais cedo. Seus neurônios também têm mais conexões (Halpern et al., 2007). A estrutura cerebral das meninas parece integrar melhor as tarefas verbais e analíticas (que ocorrem no hemisfério esquerdo) com as tarefas espaciais e holísticas (que ocorrem no direito) (Ingalhalikar et al., 2014).

Em média, os meninos têm cérebros maiores (Ruigrok et al., 2014). Os meninos também têm mais substância branca conectiva (Ingalhalikar et al., 2014) e mais líquido cefalorraquidiano, que envolve os trajetos mais longos dos impulsos nervosos. Os cérebros dos meninos parecem ser otimizados para a atividade em cada hemisfério – seus cérebros são mais modulares e apresentam uma vantagem para o desempenho visual e espacial (Halpern et al., 2007; Ingalhalikar et al., 2014). Os relatórios anteriores sobre diferenças de sexo no tamanho do corpo caloso (o feixe de fibras nervosas que conecta os dois hemisférios do cérebro) parecem ser um artefato do tamanho total do cérebro (Luders, Toga, & Thompson, 2014).

As forças sociais e culturais que influenciam as diferenças de gênero incluem o seguinte (Halpern et al., 2007):

- *Influências da família:* Entre as culturas, o nível educacional dos pais está correlacionado com o desempenho de seus filhos em matemática. A quantidade de envolvimento dos pais na educação dos filhos afeta o desempenho em matemática. As atitudes e expectativas de gênero dos pais também têm um efeito.

- *Influências da escola:* As diferenças sutis na forma como os professores tratam meninos e meninas, especialmente em aulas de matemática e ciências, foram documentadas.

- *Influências da vizinhança:* Os meninos se beneficiam mais de vizinhanças estimuladoras e são mais afetados por vizinhanças desfavorecidas.

- *Os papéis dos homens e das mulheres* na sociedade ajudam a moldar as escolhas de cursos e ocupações das meninas e dos meninos.

- *Influências culturais:* Estudos entre culturas mostram que o tamanho das diferenças de gênero no desempenho em matemática varia entre nações e torna-se maior ao final do ensino médio. Essas diferenças estão correlacionadas com o grau de igualdade de gênero na sociedade.

A ciência continua investigando de que maneiras as habilidades acadêmicas entre meninos e meninas diferem e o porquê dessas diferenças existirem. À medida que mudanças de atitude e percepção abrem novas oportunidades, as consequências das diferenças estruturais parecem estar se reduzindo. A proporção dos doutorados nas ciências e na matemática obtidos por mulheres nos Estados Unidos é uma evidência forte nesse sentido: em 1970, apenas 14% dos títulos de doutorado em biologia e 8% em matemática e estatística foram concedidos a mulheres. Em 2006, os mesmos índices atingiram 46 e 32%, respectivamente (Hyde & Mertz, 2009). Em 2016, 50,1% dos doutores em biologia e 37,8% dos doutores em matemática e ciência da computação eram mulheres. No total, 52,1% dos doutorados em todas as áreas de estudo foram concedidos a mulheres (Okahana & Zhou, 2017).

Família, etnia e influência dos pares As experiências escolares e na família estão sujeitas a um fenômeno chamado de extravasamento, no qual experiências em diferentes contextos influenciam umas às outras (Grzywacz, Almeida, & McDonald, 2002). Pesquisas mostram que o estresse doméstico é preditor de problemas de absenteísmo e dificuldade de aprendizagem; por sua vez, esses mesmos problemas na escola contribuem para o estresse familiar (Flook & Fuligni, 2008).

O estilo parental influencia o desempenho acadêmico? Os *pais autoritativos*, que estabelecem um equilíbrio entre ser exigente e ser receptivo, tendem a ter adolescentes com melhor desempenho na escola. Tanto *pais autoritários*, que tendem a usar mais castigos e controle severo, quanto *pais permissivos*, que parecem indiferentes às notas, têm filhos que apresentam desempenho um pouco inferior. Contudo, apesar de estatisticamente significativas, todas essas diferenças são pequenas ou minúsculas (Pinquart, 2016). Em outras palavras, seu valor preditor no mundo real é mínimo.

O envolvimento dos pais em atividades acadêmicas é um preditor muito melhor do desempenho acadêmico dos adolescentes (Castro et al., 2015). Os pais que enfatizam o valor da educação, associam o desempenho acadêmico a metas futuras e discutem estratégias de aprendizagem têm um impacto significativo sobre o desempenho acadêmico do estudante (Hill & Tyson, 2009). O nível educacional dos pais e a renda da família afetam indiretamente o sucesso escolar, com base em como eles influenciam o estilo parental, os relacionamentos entre irmãos e o envolvimento acadêmico do adolescente (Melby, Conger, Fang, Wickrama, & Conger, 2008).

Jovens de grupos minoritários, embora compartilhem muitas influências comuns de desenvolvimento com seus pares de grupos majoritários, são expostos a outras influências potencialmente negativas, como discriminação e racismo (Coll et al., 1996). Também nos Estados Unidos, o *status* minoritário geralmente está correlacionado com a pobreza, e o nível socioeconômico, por sua vez, tem forte associação com o sucesso na escola. Assim, podemos esperar que a etnia seja um fator importante. E é realmente o caso. As taxas de conclusão do ensino médio em 2015-2016 foram maiores para os norte-americanos de descendência asiática (91%), seguidos pelos brancos (88%), hispânicos (79%), negros (76%) e nativos americanos (72%) (National Center for Education Statistics, 2018a).

As influências dos colegas na motivação também são importantes. Em um estudo, adolescentes norte-americanos de origem latina e afro-americanos tiveram desempenho escolar inferior ao de estudantes norte-americanos de origem europeia, aparentemente devido à falta de apoio dos colegas para o desempenho escolar (Steinberg, Dornbusch, & Brown, 1992). Por outro lado, alunos norte-americanos de origem asiática obtêm notas altas e apresentam melhor pontuação em testes de matemática do que estudantes norte-americanos de origem europeia, aparentemente porque os pais e os colegas valorizam o êxito (Chen & Stevenson, 1995). Em geral, estudantes engajados academicamente se associam com outros também engajados (Véronneau & Dishion, 2011) e, especialmente para as meninas, esse fator é preditor do desempenho posterior (Crosnoe, Cavanagh, & Elder, 2003; Riegle-Crumb, Farkas, & Muller, 2006). Além disso, os estudantes que se saem bem tendem a ser populares com os colegas, enquanto os de mau desempenho estão mais propensos a serem rejeitados ou a sofrer *bullying* (Véronneau, Vitaro, Brendgen, Dishion, & Tremblay, 2010; Nakamot & Schwartz, 2010).

Um dos problemas em comparar a pesquisa histórica com a pesquisa atual é que os tempos mudam, assim como pode mudar a influência de determinadas variáveis. Dispositivos eletrônicos para leitura de livros digitais como o Kindle estão se tornando cada vez mais populares. O que essa tendência poderia significar para o achado anterior de que o número de livros em casa está correlacionado com o desempenho acadêmico?

A escola   A qualidade da educação influencia fortemente o desempenho do estudante. A boa escola de ensino fundamental II e de ensino médio tem um ambiente organizado e seguro, recursos materiais adequados, uma equipe de professores estável e um senso de comunidade positivo. A cultura escolar coloca uma forte ênfase nos estudos e cursos e promove a crença de que todos os estudantes podem aprender. Ela também oferece oportunidades para atividades extracurriculares, que mantêm os estudantes envolvidos e impede que eles arrumem problemas após a escola. Os professores confiam, respeitam e se preocupam com os estudantes e têm altas expectativas para eles bem como confiança em sua própria capacidade de ajudar os estudantes a ter sucesso (Eccles, 2004).

Os adolescentes ficam mais satisfeitos com a escola se podem participar da formulação das regras, se sentem-se apoiados pelos professores e pelos outros alunos (Samdal & Dür, 2000) e se o currículo e a instrução são relevantes, têm nível apropriado de desafio e se adaptam aos seus interesses, nível de habilidade e necessidades (Eccles, 2004). Em parte, os efeitos positivos da escola são uma função da cultura única dos pares – incluindo como os estudantes se relacionam entre si e a sua percepção sobre a cultura acadêmica da escola (Lynch, Lerner, & Leventhal, 2013). As altas expectativas do professor são o preditor positivo mais consistente de metas e interesses dos estudantes, e o *feedback* negativo é o preditor negativo mais consistente de desempenho acadêmico e comportamento na sala de aula (Wentzel, 2002).

Um declínio na motivação e desempenho acadêmicos frequentemente começa com a transição da intimidade e familiaridade do ensino fundamental I para o ambiente maior, com maior pressão e menos apoio do ensino fundamental II (Eccles, 2004). Por essa razão, algumas cidades tentaram eliminar a transição entre as séries estendendo o ensino fundamental I para a 8ª série ou unificaram algumas escolas de ensino fundamental II com escolas de ensino médio pequenas (Gootman, 2007).

Tecnologia   Em 2013, aproximadamente 78% dos adolescentes tinham telefone celular, 23% tinham *tablet* e 93% tinham acesso a um computador em casa (Madden, Lenhart, Duggan, Cortesi, & Gasser, 2013). A expansão da tecnologia e o papel importante que ela desempenha na vida das crianças têm afetado a aprendizagem. Os professores muitas vezes pedem aos alunos que façam pesquisas *on-line*, e também que acessem (79%) e enviem (76%) deveres de casa e trabalhos pela internet (Purcell, Heaps, Buchanan, & Fried, 2013). Infelizmente, a pesquisa indica que, embora as habilidades visuais tenham melhorado como resultado do uso aumentado de computadores e *videogames*, as habilidades de análise e pensamento crítico pioraram. Além disso, os estudantes estão passando mais tempo com a mídia visual e menos tempo lendo por prazer (Greenfield, 2009). A leitura desenvolve o vocabulário, a imaginação e a indução, habilidades fundamentais para resolver problemas mais complexos.

ABANDONO DA ESCOLA

Como observado, mais jovens norte-americanos estão concluindo o ensino médio hoje do que em qualquer outra época. A porcentagem daqueles que saem da escola, conhecida como taxa de evasão escolar, inclui todas as pessoas na faixa etária de 16 a 24 anos que não estão matriculadas na escola e que não completaram o ensino médio, independentemente de quando abandonaram os estudos. Em 2016, a taxa de evasão escolar para esse grupo era de 6,1%, sendo maior para meninos (7,1%) do que para meninas (5,1%). A evasão escolar média é menor para os estudantes brancos (5,2%) do que para os negros (6,2) e hispânicos (8,6%) (National Center for Education Statistics, 2018a).

Por que adolescentes pobres e de grupos minoritários são mais propensos a abandonar os estudos? Os motivos incluem baixas expectativas por parte dos professores, tratamento diferenciado desses estudantes, menos apoio dos professores do que no ensino fundamental I e a percepção de irrelevância do currículo para grupos culturalmente pouco representados. A transição para o ensino médio para estudantes norte-americanos de origem latina e afro-americanos parece ter mais riscos para aqueles que estão na transição de escolas de ensino fundamental II menores, mais apoiadoras, com números significativos de colegas de grupos minoritários, para escolas de ensino médio maiores, mais impessoais, onde há menos colegas pertencentes a minorias (Benner & Graham, 2009).

A evasão escolar tem consequências para a sociedade e para os indivíduos. A sociedade se ressente quando os jovens não terminam a escola. Aqueles que abandonam os estudos são mais propensos a ficar desempregados ou ter baixos salários, a depender da previdência e a envolver-se com drogas, crime e delinquência. Eles também tendem a ter mais problemas de saúde (Laird, Lew, DeBell, & Chapman, 2006; National Center for Education Statistics, 2004).

> **verificador**
> **você** é capaz de...
> ▷ Explicar como as escolas em várias culturas motivam os estudantes a aprender?
> ▷ Avaliar as influências de qualidades pessoais, nível socioeconômico, gênero, etnia, pais e pares sobre o desempenho acadêmico?
> ▷ Dar exemplos de práticas educativas que podem ajudar os estudantes do ensino médio a terem um bom desempenho?

pesquisa em ação

ADOLESCENTES E MULTITAREFA DE MÍDIA

A multitarefa é agora um fenômeno novo. As pessoas sempre tiveram que prestar atenção a mais de uma coisa ao mesmo tempo. O que mudou drasticamente, no entanto, é o impacto que a mídia eletrônica teve sobre a capacidade de realizar múltiplas tarefas. Os adolescentes, que cresceram com mídias eletrônicas portáteis na palma da mão, são particularmente dados a realizar múltiplas tarefas ao mesmo tempo (Voorveld & van der Goot, 2013). Os estudos mostram que mais de 25% do consumo de mídia dos adolescentes ocorre usando, no mínimo, dois tipos de mídia simultaneamente (Rideout et al., 2010).

Os adolescentes são mais propensos à multitarefa de mídia; por exemplo, eles combinam música com atividades *on-line* (Voorveld & van der Goot, 2013). Os adolescentes podem acreditar que estão produzindo resultados de alta qualidade enquanto trocam mensagens com os amigos ou escutam música, mas as evidências indicam o contrário. Baumgartner e colaboradores (2014) determinaram que os adolescentes que praticam a multitarefa de mídia com mais frequência informam mais problemas de concentração, inibição de comportamentos impróprios e alternância eficaz entre tarefas. Os possíveis déficits em funcionamento executivo associados com a multitarefa de mídia têm consequências acadêmicas de longo prazo. Estudos mostram que há uma associação entre a multitarefa de mídia e o baixo desempenho acadêmico em testes padronizados de matemática e de inglês, assim como redução na capacidade da memória de trabalho (Cain, Leonard, Gabrieli, & Finn, 2016). Os estudantes que têm acesso à internet durante as aulas não processam tão bem o que foi apresentado e têm um desempenho mais insatisfatório do que os estudantes sem acesso (Greenfield, 2009).

Ainda mais perturbadoras são as estatísticas que ligam a multitarefa de mídia às distrações ao volante entre adolescentes. As distrações assumem muitas formas, mas o uso de telefones celulares e mensagens de texto ao volante está relacionado a muitos acidentes envolvendo adolescentes, resultando em lesões e mortes. Carter (2014) informa que 92% dos adolescentes pratica comportamentos de distração ao volante e que os adolescentes têm índices muito maiores de acidentes causados por distrações do que os motoristas mais velhos. Em 2015, 42% dos estudantes do ensino médio que haviam dirigido nos últimos 30 dias informavam ter enviado uma mensagem de texto ou *e-mail* enquanto dirigiam (Kann et al., 2016). Os adolescentes não são o único grupo a usar seus celulares enquanto dirigem, mas os estudos mostram que motoristas novatos são particularmente sensíveis aos efeitos negativos de discar e digitar ao volante (Klauer et al., 2014). Em um estudo comparando uso do telefone celular enquanto se dirige e dirigir embriagado, foi constatado que os prejuízos associados com usar um telefone celular eram tão profundos quanto aqueles associados com dirigir embriagado (Strayer, Drews, & Crouch, 2006).

> **qual a sua opinião?** Quais são os benefícios e os riscos da multitarefa de mídia para adolescentes? Que ações poderiam ser adotadas para reduzir o número de mortes de adolescentes associadas com distrações ao volante e uso de telefones celulares?

Também há consequências pessoais. Quando adultos, aqueles que completam com sucesso o ensino médio têm maior probabilidade de obter educação superior, de arranjar emprego e de permanecer empregado (Finn, 2006; U.S. Department of Labor, 2013). Por exemplo, em 2017, a taxa de desemprego entre jovens adultos norte-americanos sem ensino médio completo era de 13%, enquanto para aqueles com ensino médio completo ou mais era de 7%, e para aqueles que se formaram na faculdade era de 3% (National Center for Education Statistics, 2018b). Aqueles que completam o ensino médio também tendem a ganhar mais. Em 2012, a renda mediana anual dos norte-americanos que não completaram o ensino médio era de aproximadamente 25.000 dólares. Contudo, para aqueles com, no mínimo, diploma do ensino médio, a renda mediana era de cerca de 46.000 dólares. Durante toda a vida profissional, o resultado é uma diferença de 670.000 dólares (Stark & Noel, 2015).

Os estudantes aprendem mais quando precisam ler os materiais em uma fonte mais difícil de entender. O processamento adicional requerido para decodificar as palavras ajuda a reter melhor o material.

Diemand-Yauman, Oppenheimer, & Vaughan, 2011

verificador
você é capaz de...

▷ Discutir as tendências na conclusão do ensino médio e as causas e efeitos da evasão escolar?

▷ Explicar a importância da participação ativa na escola?

PREPARAÇÃO PARA A EDUCAÇÃO SUPERIOR OU AS VOCAÇÕES

Como os jovens desenvolvem metas em relação à carreira que querem seguir? Como decidem se vão para a faculdade e, caso contrário, como entrar no mercado de trabalho? Vamos discutir agora algumas influências sobre as aspirações educacionais e vocacionais. Então examinamos as medidas para os jovens que não planejam ir para a faculdade. Discutimos na sequência os prós e os contras de trabalhar fora para estudantes do ensino médio.

Estudantes cuja força está no pensamento criativo frequentemente não têm uma chance de mostrar o que são capazes de fazer. O ensino mais flexível e o aconselhamento de carreira poderiam permitir que mais estudantes dessem as contribuições de que são capazes.
Jacob Lund/Shutterstock

Influências sobre as aspirações dos estudantes As crenças de autoeficácia ajudam a moldar as opções ocupacionais que os estudantes consideram e o modo como eles se preparam para carreiras futuras (Bandura, Barbaranelli, Caprara, & Pastorelli, 2001). Além disso, os valores dos pais com relação ao desempenho escolar influenciam os valores e as metas ocupacionais dos adolescentes (Jodl, Michael, Malanchuk, Eccles, & Sameroff, 2001).

Apesar da maior flexibilidade nas metas de carreira nos dias de hoje, ainda há diferenças de gênero na escolha da profissão. As mulheres recebem mais da metade de todos os diplomas em biologia, química e matemática. Contudo, elas estão sub-representadas em ciência da computação, engenharia e física, áreas em que são apenas 20% dos formandos (Cheryan, Ziegler, Montoya, & Jiang, 2017). Os motivos para isso são diversos, mas os estereótipos de gênero, que ainda influenciam a escolha da profissão, são um fator importante. Os jovens norte-americanos de ambos os sexos têm hoje a mesma probabilidade de planejar carreiras em matemática e ciências. Entretanto, as mulheres ainda são mais propensas a seguir profissões como enfermagem, assistência social e ensino (Eccles, 2004). Em outros países industrializados, a realidade é semelhante (OECD, 2004). Outra possibilidade é que os indivíduos com habilidades matemáticas e verbais elevadas, a maioria dos quais são do sexo feminino, têm mais opções de carreira disponíveis e, portanto, têm menor probabilidade de escolher carreiras nas áreas da ciência, tecnologia, engenharia ou matemática (Wang, Eccles, & Kenny, 2013).

O próprio sistema educacional pode agir como um freio às aspirações vocacionais. Estudantes que sabem memorizar e analisar tendem a se sair bem na escola. Estudantes cujo forte é o pensamento criativo ou prático – áreas críticas para o sucesso em certas áreas – raramente têm uma chance de mostrar o que podem fazer (Sternberg, 1997). O reconhecimento de uma ampla variedade de inteligências, um ensino mais flexível e o aconselhamento de carreira poderiam permitir que mais estudantes atingissem suas metas educacionais.

Orientando estudantes que não vão para a faculdade Os adolescentes decidem não ir para a faculdade por diversos motivos. Alguns jovens adultos, que tendem a vir de famílias de baixa renda e ter desempenho acadêmico pior, têm limitações financeiras que os impedem de entrar na faculdade, apesar de desejarem fazê-lo. Um segundo grupo, menor, é composto de jovens que têm os meios financeiros necessários para ir à faculdade, assim como a habilidade acadêmica, mas preferem começar a trabalhar e ganhar dinheiro. O restante dos jovens adultos que opta por não ir para a faculdade oferece diversos motivos para explicar a sua decisão (Bozick & DeLuca, 2011). A maioria dos países industrializados oferece orientação para estudantes que não desejam ir para a faculdade. Na Alemanha, por exemplo, há um sistema voltado para o estagiário, em que os alunos do ensino médio ficam meio período na escola e passam o restante da semana em treinamento remunerado em local de trabalho, supervisionados por um empregador-mentor.

Os Estados Unidos não possuem políticas coordenadas para ajudar os jovens que não vão para a faculdade a fazer uma transição bem-sucedida do ensino médio para o mercado de trabalho. O aconselhamento de carreira geralmente é dirigido aos jovens que vão para a faculdade. Todos os programas de treinamento profissional existentes para os jovens que terminam o ensino médio e não vão imediatamente para a faculdade tendem a ser menos abrangentes que o modelo alemão e menos atrelados às necessidades das empresas e das indústrias. A maioria desses jovens devem ser treinados no local de trabalho ou em cursos de faculdades comunitárias. A maioria, sem conhecer o mercado de trabalho, não aprende aquilo que é necessário. Outros conseguem empregos que estão aquém de sua capacidade. Alguns não encontram nenhum tipo de emprego (NRC, 1993a).

Em algumas comunidades, programas de demonstração ajudam na transição escola-trabalho. Os mais bem-sucedidos oferecem instrução em qualificações básicas, aconselhamento, apoio de colegas, supervisão, estágio e colocação no emprego (NCR, 1993a). Em 1994, o Congresso norte-americano disponibilizou 1,1 bilhão de dólares para ajudar os estados e os governos locais a estabelecer programas de transição escola-trabalho em parceria com os empregadores. Os estudantes participantes melhoraram seu desempenho escolar e as taxas de conclusão do curso e, quando ingressaram no mercado de trabalho, tiveram mais probabilidade de encontrar empregos e ganhar salários mais altos do que os estudantes que não participaram do programa (Hughes, Bailey, & Mechur, 2001).

Adolescentes no mercado de trabalho Nos Estados Unidos, cerca de 18% dos estudantes trabalha durante o ano letivo (Child Trends Databank, 2016), sendo que a grande maioria dos adolescentes está trabalhando em algum momento durante o ensino médio, principalmente em empregos nos setores de serviços e comércio. Os pesquisadores discordam sobre se o emprego de meio turno é benéfico para os estudantes do ensino médio (ajudando-os a desenvolver habilidades do mundo real e uma ética de trabalho) ou prejudicial (distraindo-os das metas educacionais e ocupacionais de longo prazo).

Quanto os estudantes trabalham importa: aqueles que trabalham mais de 20 horas por semana geralmente têm o desempenho acadêmico prejudicado e maior probabilidade de abandonar a escola (Warren & Lee, 2003). Contudo, as pesquisas sugerem que essa associação não é causal, sendo consequência do fato de que os estudantes que já têm maus resultados preferem trabalhar mais horas (Staff, Schulenberg, & Bachman, 2010). Alguns dados, no entanto, sugerem que embora possa não afetar o desempenho acadêmico no ensino médio, trabalhar ainda pode reduzir a probabilidade de o estudante entrar na universidade posteriormente (Lee & Orazem, 2010).

Para os estudantes do ensino médio que precisam ou escolhem trabalhar fora da escola, então, os efeitos têm maior probabilidade de ser positivos se eles tentarem limitar as horas de trabalho e permanecer envolvidos nas atividades escolares. Programas educacionais cooperativos que permitem que os estudantes trabalhem meio turno como parte de seu programa escolar podem ser especialmente protetores (Staff et al., 2004).

verificador
você é capaz de...
▷ Discutir as influências sobre as aspirações e o planejamento educacionais e vocacionais?

resumo e palavras-chave

Adolescência: uma transição no desenvolvimento

- A adolescência, nas sociedades industriais modernas, é a transição da infância para a idade adulta. Ela vai aproximadamente dos 11 aos 19 ou 20 anos.
- O começo da adolescência é cheio de oportunidades para os crescimentos físico, cognitivo e psicológico e também de riscos para o desenvolvimento saudável. Padrões de comportamento de risco, como o consumo de álcool, o abuso de drogas, atividades sexuais e o uso de armas de fogo tendem a aumentar ao longo da adolescência, mas a maioria dos jovens não experimenta problemas mais sérios.
  adolescência (321)
  puberdade (321)

DESENVOLVIMENTO FÍSICO
Puberdade

- A puberdade é desencadeada por mudanças hormonais. Ela dura cerca de quatro anos, normalmente começa mais cedo nas meninas e termina quando a pessoa é capaz de se reproduzir; mas o momento da ocorrência desses eventos varia consideravelmente.
- A puberdade é marcada por dois estágios: (1) a ativação das glândulas adrenais e (2) o amadurecimento dos órgãos sexuais alguns anos mais tarde.
- Durante a puberdade, tanto os meninos quanto as meninas passam por um estirão de crescimento adolescente. Os órgãos reprodutores aumentam de tamanho e amadurecem, aparecendo os caracteres sexuais secundários.
- Uma tendência secular de atingir mais cedo a estatura adulta e a maturidade sexual começou há cerca de cem anos, provavelmente em razão de uma melhora nos padrões de vida.
- Os principais sinais de maturidade sexual são a produção de espermatozoides (para os meninos) e a menstruação (para as meninas).
  caracteres sexuais primários (323)
  caracteres sexuais secundários (323)
  estirão de crescimento adolescente (323)
  espermarca (324)
  menarca (324)
  tendência secular (324)

O cérebro do adolescente

- O cérebro do adolescente ainda não está plenamente maduro. Ele passa por uma segunda fase de superprodução de substância cinzenta, sobretudo nos lobos frontais, seguida de supressão do excesso de células nervosas. A mielinização contínua dos lobos frontais facilita a maturação do processamento cognitivo.
- Como as áreas límbicas do cérebro amadurecem primeiro e os lobos frontais amadurecem mais lentamente, isso predispõe os adolescentes à impulsividade e a comportamentos de risco.

Saúde física e mental

- Em geral, os anos da adolescência são relativamente saudáveis. Problemas de saúde costumam estar associados à pobreza ou ao estilo de vida.
- Muitos adolescentes não fazem atividade física vigorosa regularmente.
- Muitos adolescentes não dormem o suficiente porque o horário da escola não está sincronizado com os ritmos naturais do seu corpo.
- A preocupação com a imagem corporal, principalmente entre as meninas, pode resultar em transtornos alimentares.
- Três transtornos alimentares comuns na adolescência são a anorexia nervosa, a bulimia nervosa e o transtorno de compulsão alimentar. Todos eles podem ter sérios efeitos de longo prazo. A anorexia e a bulimia afetam principalmente meninas e mulheres jovens. O prognóstico para a bulimia tende a ser melhor do que para a anorexia.
- O uso de substâncias pelos adolescentes diminuiu nos últimos anos; no entanto, o uso de drogas frequentemente começa quando os jovens passam para o ensino médio.
- Maconha, álcool e tabaco são as drogas mais populares entre os adolescentes. Todas envolvem sérios riscos. O uso não médico de medicamentos prescritos ou vendidos sem receita é um problema que está crescendo.
- A prevalência de depressão aumenta na adolescência, principalmente entre as meninas.
- As causas principais de morte entre adolescentes incluem acidentes com veículos motores, uso de arma de fogo e suicídio.
  imagem corporal (330)
  anorexia nervosa (331)
  bulimia nervosa (332)
  transtorno de compulsão alimentar (332)
  abuso de substâncias (333)
  dependência química (333)
  binge drinking (334)

DESENVOLVIMENTO COGNITIVO

Aspectos do amadurecimento cognitivo

- Os adolescentes que alcançam o estágio operatório-formal de Piaget podem utilizar o raciocínio hipotético-dedutivo. Eles podem pensar em termos de possibilidades, lidar com problemas de modo flexível e testar hipóteses.
- Como a estimulação ambiental desempenha um papel importante para se atingir esse estágio, nem todas as pessoas tornam-se capazes de operações formais; e aquelas que são capazes nem sempre as utilizam.
- Os adolescentes ilustram a sua imaturidade cognitiva de diversas maneiras características, incluindo o público imaginário, no qual acreditam que todos estão focados neles, e a fábula pessoal, na qual acreditam que são especiais e que não estão sujeitos às mesmas regras que governam o resto do mundo.
- O vocabulário e outros aspectos do desenvolvimento da linguagem, sobretudo aqueles relacionados ao pensamento abstrato, como perspectiva social, são aprimorados na adolescência. Os adolescentes gostam de jogos de palavras e criam seu próprio dialeto.
- Segundo Kohlberg, o raciocínio moral baseia-se no desenvolvimento de um senso de justiça e da capacidade cognitiva. Kohlberg propôs que o desenvolvimento moral progride a partir do controle externo, passando por padrões sociais internalizados, até os códigos de princípios morais.
- A teoria de Kohlberg tem sido criticada em vários aspectos, incluindo a ausência do papel da emoção, da socialização e da orientação parental. A aplicabilidade do sistema de Kohlberg a mulheres e meninas, e a pessoas em culturas não ocidentais, tem sido questionada.
  operatório-formal (337)
  raciocínio hipotético-dedutivo (338)
  moralidade pré-convencional (341)
  moralidade convencional (ou moralidade em conformidade com o papel convencional) (341)
  moralidade pós-convencional (ou moralidade dos princípios morais autônomos) (341)

Questões educacionais e vocacionais

- Crenças de autoeficácia, práticas parentais, influências culturais e dos pares, gênero e qualidade da escolarização afetam o desempenho educacional do adolescente.
- Embora a maioria dos norte-americanos conclua o ensino médio, a taxa de evasão escolar é mais alta entre os estudantes pobres, hispânicos e afro-americanos. Entretanto, essa diferença racial/étnica está diminuindo. A participação ativa nos estudos é um fator importante para manter os adolescentes na escola.
- As aspirações educacionais e vocacionais são influenciadas por vários fatores, incluindo autoeficácia e valores parentais. Os estereótipos de gênero têm menos influência do que no passado.
- Jovens que concluem o ensino médio e que não vão imediatamente para a faculdade podem beneficiar-se do treinamento vocacional.
- O emprego de meio turno parece ter efeitos positivos e negativos sobre o desenvolvimento educacional, social e ocupacional. Os efeitos de longo prazo tendem a ser melhores quando as horas de trabalho são limitadas.

capítulo

12

Desenvolvimento Psicossocial na Adolescência

Pontos principais

A busca da identidade

Sexualidade

Relacionamentos com a família, os pares e a sociedade adulta

Comportamento antissocial e delinquência juvenil

Objetivos de aprendizagem

Discutir a formação da identidade na adolescência.

Descrever a sexualidade adolescente.

Caracterizar as mudanças nos relacionamentos dos adolescentes com seus familiares e pares.

Descrever os problemas de adaptação dos adolescentes e estratégias para intervenção e redução de riscos.

Pressmaster/Shutterstock

Você **sabia** que...

▷ A adolescência é uma invenção cultural, e nem todas as culturas têm "adolescentes"?

▷ Os programas de educação sexual que incentivam a abstinência e as práticas sexuais seguras são mais eficazes em atrasar a iniciação sexual do que aqueles que promovem apenas a abstinência?

▷ A maioria dos adolescentes diz que tem um bom relacionamento com seus pais?

Neste capítulo, voltamo-nos aos aspectos psicossociais da busca de identidade. Discutimos como os adolescentes podem conciliar-se com sua sexualidade. Consideramos como a individualidade florescente dos adolescentes se expressa nos relacionamentos com os pais, os irmãos, os pares e os amigos. Examinamos as fontes de comportamento antissocial e maneiras de reduzir os riscos para os adolescentes de modo a tornar a adolescência um tempo de crescimento positivo e de expansão das possibilidades.

> **É** *preciso coragem para crescer e se tornar quem você é de verdade.*
>
> —E. E. Cummings, poeta norte-americano (1894–1962)

A busca da identidade

A busca da **identidade** – que Erikson definiu como uma concepção coerente do *self*, constituída de metas, valores e crenças com os quais a pessoa está solidamente comprometida – entra em foco durante os anos da adolescência. Como Erikson (1950) enfatizou, o esforço de um adolescente para compreender o *self* faz parte de um processo saudável e vital, fundamentado nas realizações das etapas anteriores, e lança os alicerces para lidar com os desafios da idade adulta.

IDENTIDADE *VERSUS* CONFUSÃO DE IDENTIDADE

A principal tarefa da adolescência, dizia Erikson (1968), é confrontar a crise de **identidade *versus* confusão de identidade**, ou *confusão de identidade* versus *confusão de papel*, de modo a tornar-se um adulto singular com uma percepção coerente do *self* e com um papel valorizado na sociedade. A identidade, segundo Erikson, forma-se quando os jovens resolvem três questões importantes: a escolha de uma *ocupação*, a adoção de *valores* sob os quais viver e o desenvolvimento de uma *identidade sexual* satisfatória.

Durante a terceira infância, as crianças adquirem as habilidades necessárias para obter sucesso em suas respectivas culturas. Ao menos em países ocidentais como os Estados Unidos, a adolescência é um período relativamente longo, durante o qual os jovens começam a assumir responsabilidades adultas, mas ainda não têm independência plena. Erikson acreditava que esse período de "pausa", que chamava de *moratória psicossocial*, seria ideal para o desenvolvimento da identidade e permitia que os jovens buscassem compromissos aos quais poderiam ser fiéis.

Os adolescentes que resolvem essa crise de identidade satisfatoriamente desenvolvem a virtude da **fidelidade**: lealdade constante, fé ou um sentimento de integração com uma pessoa amada ou com amigos e companheiros. Fidelidade também pode ser uma identificação com um conjunto de valores, uma ideologia, uma religião, um movimento político ou um grupo étnico (Erikson, 1982). Os indivíduos que não desenvolvem uma ideia firme da própria identidade e não desenvolvem fidelidade podem ter um senso instável de si mesmos, ser inseguros e não planejar para si e para o futuro.

Para Erikson, essa confusão de identidade ou de papel é o maior perigo desse estágio. A incapacidade de formar um senso de identidade coeso pode atrasar consideravelmente a maturidade psicológica. Algum grau de confusão de identidade é normal. De acordo com Erikson, ela é responsável pela natureza aparentemente caótica de grande parte do comportamento dos adolescentes e pela penosa autoconsciência deles. Grupos fechados e intolerância com as diferenças, ambos marcas registradas do cenário social adolescente, são defesas contra a confusão de identidade.

A teoria de Erikson descreve o desenvolvimento da identidade masculina como norma. De acordo com ele, um homem não é capaz de estabelecer uma intimidade real até ter adquirido uma identidade estável, enquanto as mulheres se definem através do casamento e da maternidade. Conforme veremos, essa orientação masculina da teoria de Erikson foi alvo de críticas.

identidade
De acordo com Erikson, uma concepção coerente do *self*, constituída de metas, valores e crenças com os quais a pessoa está solidamente comprometida.

identidade *versus* confusão de identidade
O quinto estágio do desenvolvimento psicossocial de Erikson, no qual o adolescente procura desenvolver uma percepção coerente do *self*, incluindo o papel que ele precisa desempenhar na sociedade. Também chamado de *confusão de identidade versus confusão de papel*.

fidelidade
Lealdade constante, fé ou um sentimento de integração resultante da resolução bem-sucedida do estágio de desenvolvimento psicossocial da identidade *versus* confusão de identidade de Erikson.

Vencer o desafio de descer uma corredeira pode ajudar esta adolescente a avaliar suas capacidades, interesses e desejos.

Michael DeYoung/Blend Images

ESTADOS DE IDENTIDADE – CRISE E COMPROMISSO

Por meio de entrevistas semiestruturadas de 30 minutos sobre o *estado de identidade* (Tabela 12.1), James E. Marcia (1966, 1980) distinguiu quatro tipos de estados de identidade: *realização de identidade, execução, moratória* e *difusão de identidade*. As quatro categorias diferem de acordo com a presença ou ausência de **crise** e **compromisso**, os dois elementos que Erikson via como cruciais para a formação da identidade. Marcia definiu *crise* como um período de tomada de decisão consciente. A crise, no contexto das teorias de Erikson, não se refere a um evento estressante, como perder o emprego ou não conseguir pagar as contas. Na verdade, o termo se refere ao processo de lidar com a questão de em que acreditar e quem ser.

Compromisso (ou *comprometimento*), o outro aspecto da formação da identidade, envolve um investimento pessoal em uma ocupação ou em uma ideologia (sistema de crenças). Os compromissos podem ser adotados após considerações profundas, ou seja, após uma crise, ou sem muita reflexão. Eis um esboço dos jovens em cada estado de identidade:

- **Realização de identidade** (*a crise que leva ao compromisso*). Olívia resolveu sua crise de identidade. Durante o período da crise, ela dedicou-se a pensar muito e lutou um pouco com aspectos emocionais referentes a questões importantes em sua vida. Fez escolhas e expressou um forte compromisso com elas. Por exemplo, na escola, Olívia ponderou sobre seus interesses e talentos e decidiu tornar-se engenheira. Então, escolheu uma faculdade com base no seu programa de engenharia e de estágios e está se saindo muito bem. Seus pais encorajaram-na a tomar suas próprias decisões. Eles ouviram suas ideias e deram suas opiniões sem pressioná-la. Pesquisas realizadas em uma série de culturas revelaram que as pessoas dessa categoria são mais maduras e mais competentes socialmente do que as pessoas das outras três (Kroger, 2003; Marcia, 1993).

- **Execução** (*compromisso sem crise*). Isabella assumiu compromissos, não como resultado da exploração de possíveis opções, mas aceitando os planos de outra pessoa para a sua vida. Ela não considerou se acredita nos seus compromissos e aceitou as opiniões alheias sem reservas. Ela está feliz e confiante, mas torna-se dogmática quando suas opiniões são questionadas. Tem estreitos laços familiares, é obediente e tende a seguir um líder poderoso, como sua mãe, que não aceita discordâncias. Por exemplo, a mãe de Isabella, uma líder sindical de uma fábrica de plásticos, conseguiu um estágio para ela na fábrica. Isabella nunca pensou em fazer outra coisa.

- **Moratória** (*crise sem ainda haver compromisso*). Josh está trabalhando ativamente na sua identidade e tentando decidir para onde quer ir na vida. Não sabe se frequenta uma universidade ou se entra para o exército. É jovial, comunicativo, autoconfiante e escrupuloso,

crise
Termo de Marcia para o período de tomada de decisão consciente relativa à formação de identidade.

compromisso
Termo de Marcia para o investimento pessoal em uma ocupação ou em um sistema de crenças.

realização de identidade
Estado de identidade, descrito por Marcia, que é caracterizado por compromisso com as escolhas feitas após uma crise, um período gasto na exploração de alternativas.

execução
Estado de identidade, descrito por Marcia, no qual uma pessoa que não passou um tempo considerando alternativas (ou seja, não esteve em crise) está comprometida com os planos de outras pessoas para sua vida.

moratória
Estado de identidade, descrito por Marcia, no qual uma pessoa está atualmente considerando alternativas (em crise) e parece estar rumando para o compromisso.

TABELA 12.1 Entrevista do estado de identidade

Exemplo de perguntas	Respostas típicas para os quatro estados
Sobre o compromisso ocupacional: "Até que ponto você estaria disposto(a) a pensar em desistir de entrar no(a)_____ se surgisse algo melhor?	*Realização de identidade:* "Bem, eu poderia fazê-lo, mas duvido. Não consigo imaginar o que seria esse 'melhor' para mim." *Execução:* "Não estaria muito disposto(a). Isso é o que eu sempre quis fazer. O pessoal está feliz com isso e eu também." *Moratória:* "Imagino que se eu soubesse com certeza poderia responder melhor. Teria que ser algo em uma área geral – algo relacionado com..." *Difusão de identidade:* "Ah, certamente. Se surgisse algo melhor, eu mudaria."
Sobre o compromisso ideológico: "Você já teve alguma dúvida quanto a suas crenças religiosas?"	*Realização de identidade:* "Sim, comecei a me perguntar se Deus existe. Agora isso está resolvido. A mim, parece-me que..." *Execução:* "Não, na verdade, não; nossa família está praticamente de acordo com essas coisas." *Moratória:* "Sim, acho que estou passando por isso agora. Simplesmente, não vejo como pode existir Deus e haver tanto mal no mundo..." *Difusão de identidade:* "Ah, não sei. Acho que sim. Mas eu realmente não me preocupo muito. Imagino que uma religião é tão boa quanto outra."

Fonte: Adaptada de Marcia, J. E. "Development and Validation of Ego-Identity Status." Journal of Personality and Social Psychology 3, no. 5 (1966): 551-58.

mas também ansioso e medroso. Tem intimidade com a mãe, mas resiste à sua autoridade. É provável que por fim saia da crise com a capacidade de assumir compromissos e de construir sua identidade.

- **Difusão de identidade** (*nenhum compromisso, nenhuma crise*). Jayden não pensou seriamente em nenhuma opção e evitou compromissos. É inseguro em relação a si mesmo e tende a não cooperar. Seus pais dizem que compete a ele decidir. Imagina que poderá arranjar algum emprego e decidir-se a respeito do futuro quando estiver preparado. Pessoas dessa categoria tendem a ser infelizes e frequentemente solitárias.

Essas categorias não são estágios; elas representam o estado do desenvolvimento da personalidade em um determinado momento, e elas podem mudar em qualquer direção à medida que os jovens se desenvolvem (Marcia, 1979). Além disso, como nossa identidade é multidimensional, o seu desenvolvimento também é. Por exemplo, um jovem pode ter decidido por uma carreira, mas ainda não ter considerado a sua afiliação política ou religiosa. Quando as pessoas de meia-idade fazem um retrospecto de suas vidas, muito comumente traçam um caminho do estado de execução para a moratória e para a realização de identidade (Kroger & Haslett, 1991). Ao final da adolescência, conforme propôs Marcia, um número cada vez maior de pessoas se encontra na fase de moratória ou de realização: procurando ou encontrando sua própria identidade. Aproximadamente metade das pessoas no final da adolescência permanece na fase de execução ou de difusão, mas quando o desenvolvimento ocorre, é normalmente na direção que Marcia descreveu (Kroger, 2003).

DIFERENÇAS DE GÊNERO NA FORMAÇÃO DA IDENTIDADE

Algumas pesquisas anteriores apoiam a visão de Erikson de que, para as mulheres, a identidade e a intimidade se desenvolvem juntas. Contudo, alguns dados sugerem que as diferenças de gênero podem ser menos importantes do que no passado e que as diferenças individuais se tornaram mais relevantes (Archer, 1993; Marcia, 1993). Os estudos anteriores descrevem as jovens mulheres como tendo maior competência na intimidade do que os homens (Fischer, 1981). Algumas pesquisas também sugerem que a intimidade está mais ligada à formação da identidade entre as mulheres do que entre os homens (Hodgson & Fischer, 1979). Além do mais, uma metanálise que utilizou dados de estudos conduzidos nas décadas de 1970 e 1980 mostrou que o estado de identidade e a intimidade estavam associados um ao outro tanto para homens quanto para mulheres, mas que a relação era mais robusta para os homens (Arseth, Kroger, Martinussen, & Marcia, 2009).

Contudo, pesquisas mais recentes indicam que há poucas diferenças de gênero no estado de identidade (Kroger, 2003). Por exemplo, uma pesquisa longitudinal de jovens adultos alemães, realizada algumas décadas depois, no final dos anos 1990 e início da década de 2000, não identificou diferenças de gênero. A identidade do ego aos 15 anos era um forte preditor da intimidade em relacionamentos amorosos aos 25, mas isso é verdade para ambos os sexos (Beyers & Seiffge-Krenke, 2010). Da mesma forma, outras pesquisas não conseguiram identificar diferenças de gênero na relação entre o apego romântico adolescente e a exploração da identidade (Kerpelman et al., 2012). As mudanças na estrutura social e o papel mais proeminente das mulheres na força de trabalho podem ter levado a mais reduções nas diferenças de gênero.

FATORES ÉTNICOS NA FORMAÇÃO DA IDENTIDADE

Para um jovem norte-americano de descendência europeia crescendo em uma cultura predominantemente branca, o processo de formação da identidade étnica não é particularmente problemático. Para muitos jovens de grupos minoritários, a raça ou a etnia é fundamental na formação da identidade. Seguindo o modelo de Marcia, algumas pesquisas identificaram quatro estados de identidade étnica (Phinney, 1998):

1. *Difusa:* Juanita não pensou muito sobre a sua identidade. Ela pouco ou nada explorou sobre o que a sua tradição significa ou o que acha dela.
2. *Execução:* Caleb tem sentimentos fortes em relação à sua identidade, mas estes não se baseiam em nenhuma exploração séria dele. Em vez disso, ele absorveu as atitudes de outras pessoas importantes em sua vida. Esses sentimentos podem ser positivos ou negativos.

A formação da identidade inclui atitudes em relação à religião. A pesquisa indica que 84% dos adolescentes norte-americanos com idades de 13 a 17 anos acreditam em Deus, e aproximadamente metade deles diz que a religião é muito importante para eles. Este número diminui um pouco à medida que eles crescem; entretanto, em comparação com países europeus, os adolescentes norte-americanos demonstram maior religiosidade.

Lippman & McIntosh, 2010

difusão de identidade
Estado de identidade, descrito por Marcia, que é caracterizado por ausência de compromissos e falta de uma consideração séria de alternativas.

TABELA 12.2 Citações representativas de cada estágio do desenvolvimento da identidade étnica

Difusão
"É, meus pais são latinos, então acho que provavelmente sou também". (mulher latina)

Execução
"Fico muito feliz em ser chinês. Meus pais sempre me obrigaram a fazer aula de chinês e a participar de eventos culturais chineses, então é como sempre fui". (homem chinês)

Moratória
"Já ouvi pessoas dizerem que o racismo não existe mais, mas discordo. Tive algumas experiências que me fizeram parar para pensar. Não resolvi tudo ainda, mas sei que ser negra é diferente de ser branca". (mulher negra)

Realização
"Meus pais são filhos de imigrantes e eu nasci aqui. Quando reflito sobre quem sou, acho que sou uma mistura da cultura deles e da cultura americana também. Acho que isso me ajuda a ser flexível em situações sociais. Sei que as pessoas são diferentes em muitos aspectos, mas também iguais em vários outros". (homem latino)

Fonte: Adaptada de Phinney, 1998, p. 277, Table 2.

3. *Moratória:* Cho-san começou a pensar sobre o que a sua etnia significa para ela, mas ainda está confusa a respeito do assunto. Ela faz perguntas, conversa sobre o assunto com os pais e reflete bastante acerca da questão.
4. *Realizada:* Diego passou bastante tempo pensando sobre quem é e o que sua etnia significa nesse contexto. Ele hoje entende e aceita sua etnia.

A Tabela 12.2 cita as declarações representativas feitas por jovens de grupos minoritários em cada estado. Pesquisas com adolescentes afro-americanos mostram que os jovens podem ser divididos de acordo com esses estados de identidade e que as proporções de cada um variam por idade. Como esperado, uma parcela maior dos estudantes universitários (47%) estava no estado de identidade do que os do ensino médio. Em ambas as faixas etárias, os participantes que atingiam o estado de identidade eram mais propensos a informar que ser afro-americano era um elemento central da sua identidade do que aqueles em estado de moratória, execução ou difuso (Yip, Seaton, & Sellers, 2006).

Pesquisas mais recentes, em vez de enfocar a categorização dos adolescentes e jovens adultos em estados de identidade, passaram a examinar as mudanças longitudinais e consequências da exploração e do compromisso/pertencimento a um grupo étnico (Phinney & Ong, 2007). A exploração do significado da etnia, que aumenta na metade da adolescência e muitas vezes reflete a transição para escolas etnicamente mais diversas, é uma variável importante (French, Seidman, Allen, & Aber, 2006).

Os pares e o gênero também impactam esse processo. Os amigos tendem a informar níveis semelhantes de exploração da identidade e compromisso, especialmente se ambos pertencem a uma minoria étnica e se frequentemente conversam sobre questões raciais ou étnicas (Syed & Juan, 2012). As meninas parecem passar pelo processo de formação de identidade mais cedo que os meninos (Portes, Dunham, & Del Castillo, 2000). Por exemplo, um estudo mostrou que durante um período de quatro anos meninas latinas passaram por exploração, resolução e afirmação de sentimentos positivos em relação a suas identidades étnicas, enquanto os meninos apresentaram aumentos apenas na afirmação (Umana-Taylor, Gonzales-Backen, & Guimond, 2009).

Em geral, as pesquisas determinaram que desenvolver um senso de identidade étnica produz benefícios. Diversas análises observaram que o desenvolvimento da identidade étnica está relacionado à maior autoestima e melhor bem-estar, saúde física e mental e resultados acadêmicos, especialmente entre adolescentes afro-americanos (Smith & Silvia, 2011; Rivas-Drake et al., 2014). Por exemplo, embora o efeito seja mais forte para os homens do que para as mulheres, aumentos na identidade racial do período de um ano foram relacionados com uma diminuição no risco de sintomas depressivos (Mandara, Gaylord-Harden, Richards, & Ragsdale, 2009).

A percepção de discriminação durante a transição para a adolescência pode interferir na formação da identidade positiva e levar a problemas de conduta ou a depressão. Como exemplo, as percepções de discriminação em adolescentes sino-americanos estão associadas com sintomas depressivos, alienação e queda no desempenho acadêmico (Benner & Kim, 2009) e com pioras na autoestima e aumentos da depressão em adolescentes afro-americanos e de descendência latina e asiática (Greene, Way, & Pahl, 2006). Contudo, os adolescentes podem ser protegidos dos efeitos da percepção de discriminação por diversos fatores, incluindo pais afetuosos e envolvidos, apego seguro com os pais, amigos pró-sociais e desempenho acadêmico forte (Myrick & Martorell, 2011; Brody et al., 2006).

A **socialização cultural** inclui práticas que ensinam as crianças sobre sua herança racial ou étnica, promovem costumes e tradições culturais e alimentam o orgulho racial/étnico e cultural. Por exemplo, pense nos feriados que comemora. Participar nessas tradições e rituais foi parte da sua socialização cultural e impacta a formação da identidade. Os adolescentes que passaram por socialização cultural tendem a ter identidades étnicas mais fortes e mais positivas do que aqueles que não a experimentaram (Juang & Syed, 2010; Hughes et al., 2006). Observe que, em alguns casos, a socialização cultural não é positiva. Por exemplo, em algumas famílias afro-americanas, algumas práticas de socialização étnica envolvem preparar os filhos para vivenciar a opressão e o racismo ou enfatizar a necessidade de exercer cautela nas interações com membros do grupo majoritário (Else-Quest & Morse, 2015).

socialização cultural
Práticas parentais que ensinam as crianças sobre sua herança racial/étnica e promovem as práticas culturais e o orgulho cultural.

verificador
você é capaz de...
▷ Citar as três questões principais envolvidas na formação da identidade, de acordo com Erikson?
▷ Descrever quatro tipos de estados de identidade encontrados por Marcia?
▷ Discutir como o gênero e a etnia afetam a formação da identidade?

Sexualidade

Ver-se como um ser sexual, reconhecer a própria orientação sexual e formar uniões afetivas ou sexuais, tudo isso faz parte da aquisição da *identidade sexual*. A consciência da sexualidade é um aspecto importante da formação da identidade.

Durante o século XX, uma mudança importante nas atitudes e no comportamento sexual nos Estados Unidos e em outros países industrializados trouxe uma aceitação mais generalizada do sexo antes do casamento, da homossexualidade e de outras formas de atividade sexual anteriormente desaprovadas. Com o acesso difundido à internet, o sexo casual com conhecidos virtuais que se conhecem em salas de bate-papo *on-line* ou de *sites* de namoro tornou-se mais comum. Telefones celulares, *e-mail* e mensagens instantâneas facilitam que adolescentes solitários arranjem esses contatos com pessoas anônimas. Todas essas mudanças acarretaram uma maior preocupação em relação aos riscos da atividade sexual. Por outro lado, a epidemia de aids levou muitos jovens a abster-se de atividades sexuais fora dos relacionamentos estáveis ou a envolver-se em práticas sexuais mais seguras.

orientação sexual
Foco de interesse sexual, romântico e afetuoso consistente, seja heterossexual, homossexual ou bissexual.

ORIENTAÇÃO E IDENTIDADE SEXUAL

É na adolescência que a **orientação sexual** de uma pessoa geralmente se torna uma questão premente: se essa pessoa se tornará consistentemente atraída por pessoas do outro sexo (*heterossexual*), do mesmo sexo (*homossexual*) ou de ambos os sexos (*bissexual*). E, assim como em outras áreas importantes do desenvolvimento, os adolescentes podem ter estados de identidade variáveis à medida que formam a sua identidade sexual. A prevalência da orientação homossexual varia amplamente. Dependendo de se ela é medida por *atração ou excitação* sexual ou romântica ou por *comportamento* sexual ou *identidade* sexual, a taxa de homossexualidade na população dos Estados Unidos varia de 1 a 21% (Savin-Williams, 2006).

Muitos jovens têm uma ou mais experiências homossexuais, mas experiências isoladas ou mesmo atrações ou fantasias ocasionais não determinam a orientação sexual. Em um levantamento nacional,

As atitudes em relação à sexualidade tornaram-se mais liberais nos Estados Unidos nos últimos 50 anos. Esta tendência inclui uma aceitação mais aberta da atividade sexual e um declínio no duplo padrão segundo o qual os homens são sexualmente mais livres do que as mulheres.
Ryan McVay/Photodisc/Getty Images

A maioria das pessoas experimenta sua primeira paixão por volta dos 10 anos de idade, um processo que parece estar relacionado ao amadurecimento das glândulas adrenais. Para aqueles que mais tarde se identificarão como homossexuais, esta primeira paixão é frequentemente por alguém do mesmo sexo.

Herdt & McClintock, 2000

Adolescentes homossexuais têm risco para depressão e suicídio basicamente devido a variáveis contextuais como bullying e falta de aceitação. Em 2010, o cronista e escritor Dan Savage criou um vídeo no YouTube que se tornou viral e resultou agora na campanha "As Coisas Vão Melhorar" ("It Gets Better"). Neste vídeo, os adolescentes são assegurados de que felicidade e esperança são uma nítida possibilidade para o futuro – e que, na verdade, as coisas vão melhorar.

3% dos meninos de 18 e 19 anos e 8% das meninas naquela faixa etária relataram ser *gays*, lésbicas ou bissexuais, mas 4% dos meninos e 12% das meninas relataram comportamentos com parceiros do mesmo sexo (Guttmacher Institute, 2019). O estigma social pode influenciar esses relatos pessoais, subestimando a prevalência da homossexualidade ou da bissexualidade. Apesar da aceitação crescente nos Estados Unidos, os afro-americanos, hispânicos e adultos mais velhos são mais propensos a ter uma visão negativa sobre a homossexualidade (Glick, Cleary, & Golden, 2015; Brown, 2017).

Origens da orientação sexual Grande parte das pesquisas sobre orientação sexual tem se concentrado em esforços para explicar a homossexualidade. Não obstante ela já ter sido considerada uma doença mental, diversas décadas de pesquisa não revelaram nenhuma associação entre orientação homossexual e problemas emocionais ou sexuais – além daqueles aparentemente causados pelo tratamento que a sociedade dispensa aos homossexuais (APA, s. d.; Meyer, 2003; C. J. Patterson, 1992, 1995a, 1995b). Esses achados levaram a classe psiquiátrica em 1973 a deixar de classificar a homossexualidade como um transtorno mental.

A orientação sexual parece ser pelo menos parcialmente genética (Diamond & Savin-Williams, 2003). Por exemplo, pesquisas indicam que segmentos de DNA nos cromossomos 7, 8, 10 e 28 parecem estar envolvidos (Mustanski et al., 2005; Sanders et al., 2015). Estudos sobre gêmeos levaram a conclusões semelhantes sobre influências genéticas. Os pesquisadores observaram que as taxas de concordância dos gêmeos monozigóticos (idênticos) é sempre mais elevada que as dos gêmeos dizigóticos (fraternos). Contudo, apesar de terem cópias exatamente idênticas dos genes, a concordância dos gêmeos idênticos para orientação sexual não é perfeita (Ngun & Vilain, 2014), o que sugere que fatores não genéticos também devem ser relevantes. Um estudo sobre gêmeos determinou que os genes explicam aproximadamente 34% da variação nos homens e 18% nas mulheres (Långström, Rahman, Carlström, & Lichtenstein, 2008). Mas e quanto às influências restantes? Quais experiências ambientais poderiam impactar a orientação sexual?

Ao discutir as influências ambientais, é importante observar que os pesquisadores não estão se referindo às antigas teorias, já desacreditadas, sobre mães dominadoras, pais ausentes ou abuso sexual como fatores causais no desenvolvimento da orientação homossexual (Ngun & Vilain, 2014). Hoje em dia, as experiências ambientais se referem, em geral, aos 9 meses de influências pré-natais no útero. São experiências que moldam o cérebro de modos significativos que podem afetar a orientação sexual posteriormente.

Uma influência ambiental sobre o desenvolvimento envolve fatores correlatos biológicos da estrutura familiar. Quanto mais irmãos biológicos mais velhos um homem tiver, maior a probabilidade de ele ser homossexual (Blanchard, 2017). Cada irmão biológico mais velho aumenta as chances de homossexualidade em um irmão mais novo em 33% (Bogaert, 2006). Além disso, há indícios de que os bebês do sexo masculino que se identificarão como *gays* no futuro tendem a pesar menos ao nascer e ter mães que sofrem abortos espontâneos (VanderLaan, Blanchard, Wood, Garzon, & Zucker, 2015; Skorska, Blanchard, VanderLaan, Zucker, & Bogaert, 2017). Tais fenômenos podem indicar uma resposta cumulativa, de tipo imunológico, à presença de fetos masculinos sucessivos no útero.

Outra variável envolvida com a orientação sexual em algumas pesquisas é a razão 2D:4D. Essa razão, entre o dedo indicador e o anelar, é, por um acaso do desenvolvimento, afetada pela exposição a hormônios no útero. Uma razão 2D:4D menor indica alta exposição pré-natal a andrógenos e é mais típica de homens do que de mulheres. Uma metanálise mostrou que mulheres lésbicas tinham razões 2D:4D significativamente mais masculinizadas em comparação com as mulheres heterossexuais, o que sugere que a exposição a andrógenos no útero afetou a sua orientação sexual. Os homens *gays*, por outro lado, não pareceram ter razões 2D:4D diferentes dos heterossexuais (Grimbos, Dawood, Buriss, Zucker, & Puts, 2010). Outras pesquisas, com meninas com uma condição chamada hiperplasia congênita da suprarrenal (CAH – *congenital adrenal hyperplasia*), também indicam a influência da exposição pré-natal a hormônios. As meninas com CAH, expostas a níveis acima da média de andrógenos no útero, têm maior probabilidade de se identificarem como lésbicas ou bissexuais posteriormente (Bao & Swaab, 2010).

Estudos de imageamento revelaram semelhanças notáveis de estrutura e função cerebral entre homossexuais e heterossexuais do sexo oposto. Apesar de correlacionais, os estudos são intrigantes. Os cérebros de homens homossexuais e mulheres heterossexuais são simétricos, enquanto em lésbicas e homens heterossexuais o hemisfério direito é ligeiramente maior. Além disso, em homens e mulheres homossexuais, as conexões na amígdala, que está envolvida na emoção, são típicas do sexo oposto (Savic & Lindström, 2008). Um pesquisador relatou uma diferença no tamanho do hipotálamo, a estrutura cerebral que rege a atividade sexual, em homens heterossexuais e homossexuais (LeVay, 1991). Em estudos de imageamento do cérebro sobre os feromônios, odores que atraem companheiros, o odor do suor masculino ativava o hipotálamo em homens homossexuais tanto quanto em mulheres heterossexuais. Similarmente, mulheres lésbicas e homens heterossexuais reagiam mais positivamente aos feromônios femininos do que aos masculinos (Savic, Berglund, & Lindström, 2005, 2006).

Desenvolvimento da identidade homossexual, bissexual e transgênero A maioria dos jovens *gays*, lésbicas e bissexuais começa a se identificar como tal entre os 12 e os 17 anos (Calzo, Masyn, Austin, Jun, & Corliss, 2017). Os jovens homossexuais que são incapazes de estabelecer grupos de pares que compartilhem sua orientação sexual podem lutar contra o reconhecimento das atrações pelo mesmo sexo (Bouchey & Furman, 2003), mas a internet cada vez mais oferece meios anônimos e acessíveis para que os jovens adultos explorem a sua sexualidade (Harper, Serrano, Bruce, & Bauermeister, 2016).

Jovens homossexuais que sofrem rejeição e recebem pouco apoio dos pais para a sua orientação sexual após "saírem do armário" tendem a ter mais dificuldade para aceitar a sua identidade sexual (Bregman, Malik, Page, Makynen, & Lindahl, 2013). Jovens que não conseguem integrar a sua identidade sexual ao seu autoconceito correm risco de problemas de ansiedade, depressão e conduta (Rosario, Schrimshaw, & Hunter, 2011). Outros adolescentes rejeitados pelos pais ao "saírem do armário" podem adotar uma visão negativa da sua sexualidade (Bregman et al., 2013). A rejeição familiar está associada com baixa autoestima, depressão, abuso de substâncias e ideação suicida (Ryan, Russell, Huebner, Diaz, & Sanchez, 2010), talvez porque a visão negativa dos pais sobre a homossexualidade seja incorporada à sua autoimagem (Baiocco et al., 2016).

Transgênero é um termo que se refere aos indivíduos cujo sexo biológico ao nascer não é o mesmo que a sua identidade de gênero. Os indivíduos que buscam auxílio médico para realizar uma transição permanente para o seu gênero preferencial normalmente são chamados de *transexuais*, enquanto outros usam termos como *genderqueer* para se referir a uma ampla gama de identidades variáveis, que podem não ser completamente masculinas ou femininas (Haas et al., 2010). Formar uma identidade de gênero é uma questão complexa para pessoas que não se encaixam no binário tradicional. Como ser transgênero é relativamente raro – aproximadamente 0,3% da população (Gates, 2011) – é provável que muitos jovens e crianças transgênero não tenham acesso a modelos de adultos transgênero para embasar o seu entendimento da mesma forma que acontece com as crianças homossexuais. Além disso, como o próprio conceito é controverso, este muitas vezes não é discutido em programas de educação sexual no contexto escolar (Boskey, 2014). Ainda assim, a maioria das crianças transgênero sabe, desde cedo, que algo nelas é diferente, mesmo que demorem para entender o quê. Por exemplo, em um estudo retrospectivo de adolescentes transgênero, todos informaram sentir-se diferentes das outras pessoas em uma idade média de 7 anos e meio, mas não entenderem plenamente que eram transgênero até os 13-15 anos (Grossman, D'Augelli, Howell, & Hubbard, 2005).

Assim como os jovens *gays* e lésbicas, os jovens transgênero correm risco significativamente elevado de uma série de desfechos negativos; na verdade, o risco parece ser ainda mais elevado para eles. E assim como os jovens homossexuais, esses resultados parecem ser motivados por estigma, rejeição e falta de apoio social. Por exemplo, os jovens transgênero estão mais propensos a sofrer intimidação, e essa prática está associada a um risco elevado de tentativas de suicídio (Goldblum et al., 2012). Os jovens transgênero também estão sujeitos a riscos elevados de vitimização sexual, depressão, ansiedade e abuso de substâncias (Johns et al., 2019; Borgogna, McDermott, Aita, & Kridel, 2018; Grossman, D'Augelli, & Frank 2011). A rejeição dos pais, uma ocorrência comum, parece ser um fator de risco particularmente importante (Grossman & D'Augelli, 2007; Grossman et al., 2005).

Encontrar um senso de comunidade é um fator de proteção e está relacionado a menos temor, menor risco de suicidalidade, sentimento de conforto e maior resiliência (Testa, Jimenez, & Rankin, 2014; Bariola et al., 2015). O senso de comunidade é particularmente poderoso quando combinado

---

verificador
você é capaz de...

▷ Resumir os achados de pesquisa relativos às origens da orientação sexual?

▷ Discutir a identidade homossexual e a formação de relacionamentos?

a uma identidade de gênero bem desenvolvida. Em um estudo, pessoas com um forte senso da sua identidade transgênero que também tinham um forte senso de pertencer à comunidade transgênero apresentavam efeitos positivos em termos de bem-estar, autoestima e satisfação com a vida (Barr, Budge, & Adelson, 2016).

COMPORTAMENTO SEXUAL

De acordo com levantamentos realizados nos Estados Unidos, 39,5% dos alunos do ensino médio já tiveram relações sexuais (Kann et al., 2018), e 65% dos jovens fazem sexo até os 18 anos (Guttmacher Institute, 2018b). Um pouco mais de 85% dos alunos do ensino médio se identificam como heterossexuais, 2,4% como homossexuais, 8% como bissexuais e 4,2% não têm certeza sobre a sua identidade sexual (Kann et al., 2018). Embora os meninos adolescentes historicamente fossem propensos a ser mais experientes sexualmente do que as meninas, as tendências estão mudando. Em 2015, 45,4% dos meninos do 3º ano do ensino médio e 46,5% das meninas daquela faixa etária relataram ser sexualmente ativos (Child Trends Databank, 2017; Figura 12.1). A idade mediana em que as meninas fazem sexo pela primeira vez é de 17,8 anos, e os meninos vêm logo atrás com uma mediana de 18,1 anos (Finer & Philbin, 2014).

Os adolescentes afro-americanos tendem a iniciar a atividade sexual mais cedo do que os jovens brancos (Kaiser Family Foundation, Hoff, Greene, & Davis, 2003). Os meninos latinos também tendem a fazer sexo mais jovens, mas as meninas tendem a fazer sexo um pouco mais tarde do que suas colegas brancas não latinas (Finer & Philbin, 2014).

Condutas sexuais de risco   Duas preocupações importantes relativas à atividade sexual na adolescência são os riscos de contrair infecções sexualmente transmissíveis (ISTs) e, para os heterossexuais, de gravidez. Os que correm mais risco são os jovens com iniciação sexual precoce, pois têm múltiplos parceiros, não fazem uso de contraceptivos regularmente e possuem informações inadequadas – ou errôneas – sobre sexo (Meade & Ickovics, 2005; Abma et al., 1997). Outros fatores de risco são viver em comunidades carentes, usar drogas, ter comportamento antissocial e associação com pares desviantes. O monitoramento dos pais pode ajudar a reduzir esses riscos (Centers for Disease Control, 2017c; Baumer & South, 2001; Capaldi, Stoolmiller, Clark, & Owen, 2002).

Por que certos adolescentes tornam-se sexualmente ativos precocemente? A entrada precoce na puberdade, o mau desempenho escolar, a falta de objetivos acadêmicos e de carreira, um histórico de violência sexual ou negligência dos pais e padrões culturais e familiares de experiência sexual precoce podem ter influência (Klein & AAP Committee on Adolescence, 2005).

FIGURA 12.1
Porcentagem de estudantes do ensino médio que relataram ser sexualmente ativos.
Fonte: Child Trends Databank, 2015.

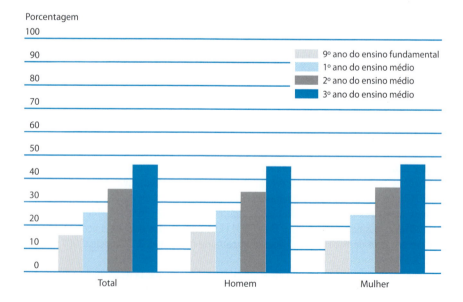

De modo geral, um relacionamento envolvido e engajado entre pais e adolescentes está associado a um menor risco de atividade sexual precoce. Por exemplo, participar de atividades familiares regulares prediz declínios na atividade sexual adolescente (Coley, Votruba-Drzal, & Schindler, 2009), enquanto maior comunicação entre pais e filhos está associada com postergação das relações sexuais (Parkes, Henderson, Wight, & Nixon, 2011). Os adolescentes cujas relações com os pais são de apoio estão mais propensos a adiar o início das relações sexuais e a usar práticas de sexo seguro quando finalmente começam a fazer sexo (Deptula, Henry, & Schoeny, 2010). Adolescentes que têm relacionamentos próximos e calorosos com suas mães também têm maior probabilidade de retardar a atividade sexual, especialmente se acreditam que suas mães não aprovariam a prática (Jaccard & Dittus, 2000; Sieving, McNeely, & Blum, 2000). A parentalidade afetuosa e com alta aceitação é particularmente importante para as meninas (Kincaid, Jones, Sterrett, & McKee, 2012). Para aqueles em famílias com os dois genitores, ter pais que sabem mais sobre suas amizades e atividades está associado a atrasos no início da atividade sexual (Coley et al., 2009), enquanto a ausência do pai, especialmente no início da vida, é um preditor de atividade sexual precoce (Ellis et al., 2003).

Um fator de proteção proposto é a noção de ter uma vida com significado; teoriza-se que ela oferece proteção contra comportamentos que incorrem em riscos para a saúde. O significado está associado com menor risco de atividades sexuais arriscadas, mas apenas em mulheres adolescentes (Brassai, Piko, & Steger, 2011). Contudo, a religiosidade, que para muitas pessoas oferece uma sensação de significado e comunidade, foi associada em diversas pesquisas à redução do risco (Haglund & Fehring, 2010; Abma, Martinez, & Copen, 2010).

A relação entre religiosidade e menor risco de atividade sexual pode ser determinada, em parte, pelos pares. As normas dos grupos de pares exercem uma influência poderosa sobre o comportamento adolescente, e os adolescentes religiosos têm menor probabilidade de serem amigos de pares que têm uma visão positiva das atividades sexuais (Landor, Simons, Simons, Brody, & Gibbons, 2011). Os jovens frequentemente sentem-se pressionados a envolver-se em atividades para as quais não se sentem preparados. Os adolescentes são mais propensos a fazer sexo e a correr riscos nas suas práticas sexuais se acreditam que os seus pares também praticam e aprovam o sexo ou os pressionam a fazer sexo também (Van de Bongardt, Reitz, Sandfort, & Deković, 2015). À medida que cresce o número de amigos íntimos do adolescente que iniciaram a sua vida sexual, a probabilidade dele próprio começar a fazer sexo também aumenta (Ali & Dwyer, 2011).

O uso de contraceptivos O uso de contraceptivos entre adolescentes sexualmente ativos aumentou desde a década de 1990 (Guttmacher Institute, 2017a) e inclui a pílula anticoncepcional e novos métodos hormonais e injetáveis, ou combinações de métodos (CDC, 2012b). Adolescentes que, em seu primeiro relacionamento, retardam a prática sexual, discutem métodos de contracepção antes da relação ou usam mais de um método contraceptivo têm maior probabilidade de utilizar anticoncepcionais consistentemente ao longo desse relacionamento (Manlove, Ryan, & Franzetta, 2003). Por outro lado, as adolescentes que não usam contraceptivos durante a primeira vez que fazem sexo têm probabilidade duas vezes maior de se tornarem mães na adolescência (Martinez & Abma, 2015). Um estudo norte-americano em âmbito nacional revelou que 13,8% dos adolescentes sexualmente ativos atualmente não usaram nenhuma forma de contracepção durante o seu último encontro sexual (Kann et al., 2018).

A melhor proteção para adolescentes sexualmente ativos é o uso regular de preservativos, que dão alguma proteção contra ISTs e gravidez. Um pouco mais de 80% das meninas adolescentes e quase 80% dos meninos que fazem sexo pela primeira vez usam preservativos (Abma e Martinez, 2017). Contudo, isso não significa necessariamente que continuem a usá-los. Os preservativos ainda são a forma mais comum de contracepção, mas quase metade das adolescentes do sexo feminino e cerca de um terço dos adolescentes do sexo masculino informam não o terem utilizado na última vez que tiveram relações sexuais (Martinez & Abma, 2015). Aproximadamente 5,8% das adolescentes usam métodos reversíveis de longo prazo, como um dispositivo intrauterino (Abma & Martinez, 2017). Adolescentes que começam usando contraceptivos prescritos pelo médico frequentemente param de usar preservativos, em alguns casos não percebendo que isso os deixa sem proteção contra ISTs (Klein & AAP Committee on Adolescence, 2005).

Os adolescentes na Europa e nos Estados Unidos têm níveis semelhantes de atividade sexual, mas os Estados Unidos têm níveis muito mais elevados de gravidez na adolescência. O motivo? Os adolescentes norte-americanos são menos propensos a usar controle da natalidade.
Sedgh et al., 2015

Preservativos têm sido usados há pelo menos 400 anos.

verificador
você é capaz de...

▷ Citar as tendências na atividade sexual entre adolescentes?

▷ Identificar os fatores que aumentam ou diminuem os riscos da atividade sexual?

INFECÇÕES SEXUALMENTE TRANSMISSÍVEIS (ISTs)

Infecções sexualmente transmissíveis (ISTs) são doenças transmitidas por contato sexual. Em nível global, mais de 1 milhão de ISTs são contraídas todos os dias (World Health Organization, 2016). Adolescentes e jovens adultos de 15 a 24 anos contraem metade de todas as novas ISTs (Centers for Disease Control, 2018f). As taxas nos Estados Unidos são mais elevadas do que em outros países desenvolvidos, mas a maioria dos casos ainda ocorre nos países em desenvolvimento (Advocates for Youth, 2010).

Nos Estados Unidos, estima-se que 19,7 milhões de novas ISTs sejam diagnosticadas por ano. Aproximadamente 65 milhões de norte-americanos têm uma IST incurável (Wildsmith, Schelar, Peterson, & Manlove, 2010). Estima-se que 3,2 milhões de meninas adolescentes nos Estados Unidos – aproximadamente 1 em cada 4 daquelas de 14 a 19 anos – tenham pelo menos uma IST (Forhan et al., 2008; Centers for Disease Control, 2018f). As principais razões para a prevalência de ISTs entre adolescentes incluem a atividade sexual precoce, múltiplos parceiros, a falta de uso ou o uso irregular e incorreto de preservativos e, para as mulheres, uma tendência de se relacionarem sexualmente com parceiros mais velhos (Centers for Disease Control, 2000b; Forhan et al., 2008). Além disso, muitas vezes existem obstáculos aos serviços de saúde sexual, como falta de transporte até as clínicas, impossibilidade de pagar, conflito entre horário escolar e de atendimento e preocupações com a confidencialidade (Centers for Disease Control, 2016e). Apesar do fato de que os adolescentes têm um risco mais alto de contrair ISTs, eles consideram seu próprio risco pessoal baixo (Wildsmith et al., 2010).

As ISTs em meninas adolescentes têm maior probabilidade de não ser detectadas. Em uma *única* relação sexual sem proteção com um parceiro infectado, uma menina corre um risco de 1% de contrair o HIV, um risco de 30% de contrair herpes genital, e um risco de 50% de contrair gonorreia (Alan Guttmacher Institute [AGI], 1999). Embora os adolescentes tendam a considerar o sexo oral menos arriscado que o intercurso vaginal, uma série de ISTs, especialmente gonorreia faríngea, podem ser transmitidas daquela forma (Remez, 2000).

A IST mais comum, representando cerca de metade de todas as ISTs diagnosticadas em pessoas de 15 a 24 anos por ano, é o papilomavírus humano (HPV), ou verrugas genitais, a principal causa de câncer cervical em mulheres (Weinstock, Berman, & Cates, 2004). Entre meninas com três ou mais parceiros, o risco salta para 50% (Forhan et al., 2008). Há aproximadamente 40 tipos de vírus HPV, uma série dos quais foram identificados como sendo a causa principal de câncer cervical em mulheres.

Em 2006, foi disponibilizada uma vacina que previne os tipos de HPV que causam a maioria dos casos de câncer cervical e verrugas genitais. Os Centers for Disease Control (2016d) recomendam vacinação rotineira para todas as adolescentes e jovens adultas do sexo feminino a partir dos 11 ou 12 anos. Em 2010, apenas 32% das meninas adolescentes havia recebido as três doses recomendadas (Markowitz et al., 2013). As taxas são ainda menores para meninos adolescentes; em 2013, apenas 13,9% deles havia recebido toda a série (Lu et al., 2015). Em 2017, aproximadamente metade dos adolescentes recebeu toda a série, e 66% recebeu a primeira dose (Centers for Disease Control, 2018g).

Alguns pais evitam vacinar seus filhos por temerem que isso os levaria a aumentar a sua atividade sexual. Contudo, as pesquisas mostram que a vacinação contra o HPV não leva os adolescentes a aumentarem seu comportamento sexual nem a práticas mais arriscadas (Mayhew et al., 2014). Ademais, as preocupações dos pais com relação à segurança da vacina também não têm fundamento, pois diversos estudos em larga escala não identificaram evidências de efeitos colaterais adversos ou de riscos à segurança (Chao et al., 2012; Lu, Kumar, Castellsagué, & Giuliano, 2011; Gee et al., 2011). Ademais, a incidência de HPV desde a introdução da vacina despencou, o que indica que esta oferece um alto nível de proteção (Markowitz et al., 2013).

As ISTs mais *curáveis* são a clamídia e a gonorreia. Essas doenças, se não detectadas e não tratadas, podem levar a problemas de saúde graves, incluindo, em mulheres, a doença inflamatória pélvica (DIP), uma infecção abdominal grave. As taxas de três ISTs aumentaram recentemente (Figura 12.2). Em 2016–2017, a incidência informada de clamídia aumentou 7,5% entre jovens de 15 a 19 anos. Após um período de queda, as taxas de sífilis (9,8%) e gonorreia (15,5%) aumentaram durante o mesmo período (Centers for Disease Control, 2018f). Ambas são tratadas atualmente com antibióticos. Há uma preocupação crescente com a possibilidade de que a resistência a antibióticos resulte na impossibilidade de tratar a gonorreia com sucesso (Kirkcaldy, 2016; Centers for Disease Control, 2018h).

---

infecções sexualmente transmissíveis (ISTs)
Infecções e doenças transmitidas por contato sexual.

De acordo com Piaget, a percepção dos jovens de risco pessoal baixo é um exemplo do egocentrismo adolescente. Piaget chamava isso de fábula pessoal. Os adolescentes frequentemente parecem comportar-se como se acreditassem que coisas ruins não acontecerão a eles porque sua "história pessoal" é diferente e única.

O herpes genital simples é uma doença crônica, recorrente, frequentemente dolorosa e altamente contagiosa. Ela pode ser fatal para uma pessoa com deficiência no sistema imunológico ou para recém-nascidos cujas mães estejam com uma erupção no momento do parto. Existem duas variantes: o vírus do herpes simples tipo 1 (HSV-1), que causa o herpes labial, e o vírus do herpes simples tipo 2 (HSV-2), que causa o herpes genital. Os adolescentes hoje têm menor probabilidade de terem sido infectados com o HSV-1 devido a esforços de educação de saúde pública, como desincentivar o compartilhamento de cosméticos. Contudo, a falta de exposição ao vírus significa que não tiveram a oportunidade de formar anticorpos contra o HSV-1, o que pode levar a um maior risco de HSV-2 se expostos a ele quando se tornam sexualmente ativos (Bradley, Markowitz, Gibson, & McQuillan, 2013).

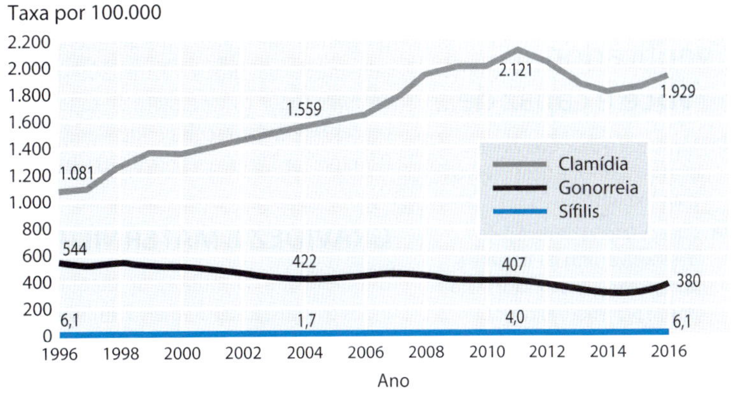

FIGURA 12.2
Taxas de clamídia, gonorreia e sífilis em adolescentes de 15 a 19 anos.
Fonte: U.S. Department of Health and Human Services, Centers for Disease Control and Prevention. "Sexually Transmitted Disease Surveillance, 2000–2016." Atlanta, GA, 2001–2017. https://www.cdc.gov/std/stats/default.htm.

A hepatite B é um vírus que afeta o fígado, provocando problemas crônicos e agudos que podem causar cirrose, câncer de fígado e morte. A hepatite B afeta os seres humanos há pelo menos 4.500 anos, como prova a sua presença nos ossos de seres humanos da antiguidade (Mühlemann et al., 2018). Atualmente, estima-se que afeta 257 milhões de pessoas em todo o mundo (World Health Organization, 2018d); em 2012, havia aproximadamente 847.000 pessoas infectadas nos Estados Unidos (Roberts et al., 2016). A incidência diminuiu bastante devido à disponibilidade, há mais de 20 anos, de uma vacina preventiva.

Também comum entre os jovens é a tricomoníase, uma infecção parasitária normalmente transmitida durante a atividade sexual, mas que também pode ser transmitida por toalhas úmidas ou maiôs (Weinstock et al., 2004). Estima-se que 3,7 milhões de norte-americanos estejam infectados, mas a maioria não apresenta sintomas. A tricomoníase é tratada facilmente com medicamentos como metronidazol ou tinidazol (Centers for Disease Control, 2017d).

O vírus da imunodeficiência humana (HIV), que causa a síndrome da imunodeficiência adquirida (aids), é transmitido por meio de fluidos corporais, sobretudo quando se compartilham seringas para uso de drogas endovenosas ou por meio de contato sexual com um parceiro infectado. O vírus ataca o sistema imunológico do corpo, deixando a pessoa vulnerável a uma série de doenças fatais. Os sintomas da aids incluem cansaço extremo, febre, edema dos gânglios linfáticos, perda de peso, diarreia e sudorese noturna. Houve 1,8 milhão de novas infecções por HIV mundialmente em 2017, o que representa um declínio de 36% em relação a 2000. Até o momento, a aids é incurável, mas cada vez mais as infecções relacionadas que matam pessoas estão sendo controladas com tratamentos antivirais (World Health Organization, 2018h).

Mundialmente, estimava-se que 36,9 milhões de pessoas viviam com HIV/aids em 2017. Destas, aproximadamente 1,8 milhão eram jovens entre os 10 e 19 anos. Além disso, 250.000 adolescentes de 15 a 19 anos foram infectados pelo HIV naquele mesmo ano (World Health Organization, 2018c).

Nos Estados Unidos, no final de 2015, um pouco mais de 60.000 jovens adultos viviam com o HIV. Em 2017, 6.416 jovens adultos entre 20 e 24 anos receberam um novo diagnóstico de infecção por HIV, sendo que a maioria havia contraído o vírus por contato sexual (Centers for Disease Control, 2019f), o que representa uma redução promissora em relação a 2010. Contudo, apesar de cerca de metade dos jovens adultos serem diagnosticados, apenas por volta de 40% recebem tratamento para HIV, e aproximadamente um quarto deles têm a carga viral suprimida (sinal de controle bem-sucedido da doença) (Centers for Disease Control, 2018i).

A educação abrangente sobre sexo e IST/HIV é fundamental para promover a tomada de decisão responsável e para controlar a disseminação dessas doenças. A evidência de um impacto positivo desses programas é forte: mais de 60% dos programas que enfatizaram a abstinência e o uso de preservativo postergaram e/ou reduziram a atividade sexual e aumentaram o uso de preservativos

> **verificador**
> **você é capaz de...**
>
> ▷ Identificar e descrever as infecções sexualmente transmissíveis mais comuns?
>
> ▷ Citar os fatores de risco para desenvolver uma IST durante a adolescência, e identificar métodos de prevenção eficazes?

ou contraceptivos. Além disso, os programas não aumentaram a atividade sexual. Em contrapartida, programas que enfatizam a abstinência têm mostrado pouca evidência de influência sobre comportamento sexual (Kirby & Laris, 2009). Infelizmente, menos de metade das escolas norte-americanas ensinam todos os 19 tópicos de saúde sexual recomendados pelos Centers for Disease Control, e a porcentagem das escolas obrigadas a fornecer informações sobre prevenção do HIV está diminuindo (Centers for Disease Control, 2018i).

GRAVIDEZ E MATERNIDADE NA ADOLESCÊNCIA

Estima-se que 21 milhões de meninas adolescentes das regiões em desenvolvimento engravidem todos os anos, além de mais 2 milhões de adolescentes com menos de 15 anos. Além disso, aproximadamente 3,9 milhões de meninas de 15 a 19 anos realizam um aborto inseguro (World Health Organization, 2018e).

As taxas de gravidez variam radicalmente entre os países para os quais os dados estão disponíveis. Com relação ao mundo desenvolvido, os Estados Unidos têm taxas maiores de gravidez na adolescência do que países semelhantes, apesar de taxas comparáveis de atividade sexual na adolescência. Por exemplo, a taxa de gravidez e natalidade na adolescência é seis vezes maior do que a suíça e mais que o dobro da francesa (Lindberg, Maddow-Zimet, & Boonstra, 2016).

As taxas de natalidade em adolescentes norte-americanas atingiram seu nível recorde em 1957, com 96,3 nascimentos por 1.000 mulheres, e caíram drasticamente desde então, atingindo 18,8 nascimentos por 1.000 mulheres em 2013 (Ventura, Hamilton, & Mathews, 2014; Martin, Hamilton, Osterman, Driscoll, & Drake, 2018; ver Figura 12.3). As reduções refletem uma série de fatores, incluindo, acima de tudo, o aumento do uso de contraceptivos (Lindberg, Santelli, & Desai, 2016). Os declínios também acompanharam diminuições regulares nas relações sexuais precoces e no sexo com parceiros múltiplos (Martin et al., 2017). As reduções não refletem o aumento da prática do aborto (Kost & Henshaw, 2013).

Mais da metade (61%) das adolescentes grávidas nos Estados Unidos têm seus bebês (Kost, Maddow-Zimet, & Arpaia, 2017). Setenta e sete por cento das adolescentes que levam a gravidez a termo estão entre os 18 e 19 anos de idade, e 31% têm de 15 a 17 anos de idade, com adolescentes com menos de 15 anos respondendo por 2% dos nascidos vivos (National Center for Health Statistics, 2009a). Em geral, 24% das adolescentes escolhem abortar (Kost et al., 2017), a menor porcentagem registrada desde a legalização do aborto em 1973 (Santelli & Melnikas, 2010). Quinze por cento das gestações de adolescentes terminam em aborto espontâneo ou natimortos (Kost et al., 2017).

Embora o declínio dos índices de gravidez e maternidade na adolescência tenha ocorrido em todos os grupos populacionais, as taxas de natalidade caíram mais nitidamente entre as adolescentes negras. Contudo, as adolescentes negras e hispânicas são mais propensas a ter bebês do que as adolescentes brancas, ameríndias ou asiático-americanas (Martin et al., 2012).

Setenta e cinco por cento das adolescentes grávidas descrevem suas gestações como não planejadas, e 50% das gestações adolescentes ocorrem dentro de seis meses da iniciação sexual (Kost et al., 2017; Klein & AAP Committee on Adolescence, 2005). As pesquisas sugerem que os fatores contribuintes incluem ter sofrido abuso físico ou sexual e/ou ter sido exposta a divórcio ou separação dos pais, violência doméstica, abuso de substâncias ou ter um membro da família com doença mental ou envolvido em comportamentos criminosos, e crescer sem o pai (Madigan, Wade, Tarabulsy, Jenkins, & Shouldice, 2014; Hillis et al., 2004; Ellis et al., 2003). Os pais adolescentes, também, tendem a ter recursos financeiros limitados, desempenho acadêmico deficiente e altas taxas de evasão escolar. Muitos pais adolescentes são eles próprios frutos de gravidez na adolescência (Campa & Eckenrode, 2006).

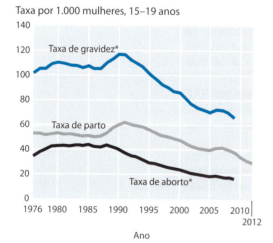

FIGURA 12.3
Taxas de gravidez, parto e aborto em adolescentes norte-americanas de 15 a 19 anos.
Fonte: Centers for Disease Control and Prevention (CDC). Pregnancy rates for U.S. women continue to drop, 2013b, Figura 3.

Desfechos da gravidez na adolescência A gravidez na adolescência frequentemente tem desfechos negativos. Muitas das mães são pobres e têm pouca escolaridade, e algumas são usuárias de drogas. Muitas não se alimentam adequadamente, não ganham peso suficiente e têm atendimento pré-natal inadequado ou nulo. Seus bebês tendem a ser prematuros ou perigosamente pequenos e terão um risco maior de outras complicações do parto (Jeha, Usta, Ghulmiyyah, & Nassar, 2015; Wen et al., 2007). Eles também correm risco elevado de problemas escolares e de saúde, abuso e negligência e deficiências de desenvolvimento que podem prosseguir na adolescência (Children's Defense Fund, 2004; Menacker, Martin, MacDorman, & Ventura, 2004).

As mães adolescentes solteiras e suas famílias tendem a ter problemas financeiros. As leis sobre pensão alimentícia são aplicadas apenas esporadicamente, as pensões definidas judicialmente muitas vezes são inadequadas e muitos pais jovens não têm recursos para pagá-las. Além disso, as mães adolescentes têm maior probabilidade de abandonar a escola e de ter repetidas ocorrências de gravidez e menor probabilidade de ir para a faculdade. Elas e seus parceiros podem não ter maturidade, uma profissão e apoio social para serem bons pais. Seus filhos, por sua vez, tendem a ter problemas de desenvolvimento e escolares, a ser deprimidos, a envolver-se em gangues, a ficar desempregados, e a tornar-se, eles próprios, pais adolescentes (Basch, 2011; Klein & AAP Committee on Adolescence, 2005; Pogarsky, Thornberry, & Lizotte, 2006).

A franquia Jovens e Mães de reality shows da MTV (Teen Mom, no original), criticada originalmente por glamorizar a gravidez na adolescência, pode ser parcialmente responsável pelas quedas recentes da maternidade na adolescência (Kearney & Levine, 2014).
DFree/Shutterstock

Os desfechos infelizes da parentalidade adolescente estão longe de ser inevitáveis, entretanto. Diversos estudos de longo prazo revelam que, duas décadas após dar à luz, a maioria das mães adolescentes não estão dependendo da previdência social: muitas terminaram o ensino médio e garantiram empregos estáveis; e não têm famílias grandes. Programas abrangentes de atendimento à gravidez na adolescência e de visitação domiciliar parecem contribuir para bons desfechos (Basch, 2011; Klein & AAP Committee on Adolescence, 2005), assim como o contato com o pai (Howard, Lefever, Borkowski, & Whitman, 2006) e o envolvimento em uma comunidade religiosa (Carothers, Borkowski, Lefever, & Whitman, 2005).

Educação sexual e prevenção da gravidez Os adolescentes obtêm informações sobre sexo especialmente por meio dos amigos, dos pais, da educação sexual na escola e dos meios de comunicação (Kaiser Foundation et al., 2003). Adolescentes que podem conversar sobre sexo com irmãos mais velhos ou com os pais estão mais propensos a assumir posturas positivas em relação às práticas sexuais mais seguras (Kowal & Pike, 2004). Contudo, aproximadamente 22% das meninas adolescentes e 30% dos meninos informam que seus pais não conversam com eles sobre nenhum tópico de saúde sexual ou reprodutiva (Lindberg, Maddow-Zimet, & Boonstra, 2016).

Infelizmente, muitos adolescentes obtêm grande parte de sua "educação sexual" a partir dos meios de comunicação, os quais apresentam uma visão distorcida da atividade sexual, associando-a a diversão, excitação, competição, perigo ou violência, raramente mostrando os riscos das relações sexuais desprotegidas. Surpreendentemente, os adolescentes informam mais exposição a conteúdos sexuais através de filmes, televisão e música do que da internet (Ybarra, Strasburger, & Mitchell, 2014). Os adolescentes que assistem a conteúdo televisivo altamente sexual tiveram probabilidade duas vezes maior de vivenciar uma gravidez em comparação com nível mais baixo ou nenhuma exposição (Chandra et al., 2008). Além disso, adolescentes expostos a conteúdo sexualmente explícito (incluindo pornografia e erotismo) têm maior probabilidade de praticar sexo oral e de ter relações sexuais mais cedo (Brown & L'Engle, 2009).

Entre 2011 e 2013, aproximadamente 80% dos adolescentes receberam educação sexual formal – geralmente na escola, igreja ou centro comunitário – sobre como prevenir ISTs ou como dizer não ao sexo. Contudo, apenas 55% dos meninos e 60% das meninas receberam informações sobre o uso de métodos contraceptivos (Lindberg, Maddow-Zimet, & Boonstra, 2016). Verificou-se que os programas que encorajam a abstinência mas também discutem a prevenção da gravidez e práticas sexuais mais seguras, chamados de educação sexual abrangente, retardam a iniciação sexual e aumentam o uso de contraceptivos (AAP Committee on Psychosocial Aspects of Child and Family Health and Committee on Adolescence, 2001). Desde 1998, programas de educação sexual financiados pelos governos federal e estaduais dos Estados Unidos enfatizando a abstinência até o casamento como a melhor opção tornaram-se comuns.

Alguns programas escolares promovem a abstinência como a *única* opção, embora esses cursos ainda não tenham apresentado resultados de adiamento da atividade sexual (AAP Committee on Psychosocial Aspects of Child and Family Health and Committee on Adolescence, 2001; Satcher, 2001; Trenholm et al., 2007). Mesmo quando as pesquisas indicam que reduzem algumas atividades sexuais, os cursos baseados em abstinência não reduzem as taxas de gravidez ou de infecções sexualmente transmissíveis. Isso pode ocorrer porque os programas que promovem a abstinência não impactam a adoção de práticas de sexo seguro entre adolescentes, como o uso de preservativos (Chin et al., 2012). Assim, se fazem sexo, os adolescentes tendem a não estar protegidos. Igualmente, as promessas de manter a virgindade têm mostrado pouco ou nenhum impacto sobre o comportamento sexual exceto uma *diminuição* na probabilidade de tomar precauções durante o sexo (Rosenbaum, 2009).

Em 2010, o Congresso dos Estados Unidos revogou o apoio financeiro aos programas que promovem a abstinência e passou a dar preferência a modelos baseados em evidências. Assim, os programas de educação sexual abrangente foram financiados e receberam crédito pelas reduções nas taxas de gravidez na adolescência, que atingiram os níveis mais baixos da história (Guttmacher Institute, 2018a). Contudo, durante o governo Trump, os fundos federais para programas de educação baseados em abstinência voltaram a crescer, enquanto os programas de educação sexual abrangente, cuja eficácia fora comprovada, perderam recursos (Guttmacher Institute, 2017). Em abril de 2018, foi anunciada uma oportunidade de financiamento, com 83 milhões de dólares a serem distribuídos em até 345 verbas de dois anos, para novos programas que promovem a abstinência (U.S. Department of Health and Human Services, 2018). O efeito nas taxas de gravidez na adolescência ainda não é conhecido, mas pesquisas anteriores sugerem que tais programas provocarão a erosão dos ganhos recentes nessa área.

Os programas de educação sexual abrangente também mostraram-se eficazes na prevenção da gravidez e de doenças em diversos outros países (Fonner, Armstrong, Kennedy, O'Reilly, & Sweat, 2014). Infelizmente, as políticas que promovem os programas de abstinência prejudicaram a qualidade das informações ensinadas nos Estados Unidos e também nos programas de ajuda ao estrangeiro. Essas políticas tiveram um impacto negativo nos programas de planejamento familiar e de prevenção do HIV em outros países (Santelli et al., 2017).

Os países industrializados da Europa que fornecem educação sexual abrangente e universal para os seus jovens adultos, por outro lado, têm taxas de gravidez e natalidade na adolescência muito menores do que os Estados Unidos, apesar de níveis semelhantes de atividade sexual (Guttmacher Institute, 2013). Um fator importante da prevenção da gravidez em países europeus é o acesso a serviços de reprodução. Por exemplo, contraceptivos são fornecidos gratuitamente para adolescentes em muitos países.

O problema da gravidez na adolescência requer uma solução multifacetada. Ela deve incluir programas e políticas para encorajar o adiamento ou a abstinência da atividade sexual, mas também deve reconhecer que muitos jovens tornam-se sexualmente ativos e necessitam de educação e informação para prevenir a gravidez e as ISTs. Ela requer atenção a fatores subjacentes que colocam os adolescentes e as famílias em risco – redução da pobreza, da reprovação escolar, dos problemas comportamentais e familiares, e aumento de empregos, treinamento de habilidades e educação sobre a vida familiar (CDC, 2013c) – e deve visar aqueles jovens com risco mais alto (Klein & AAP Committee on Adolescence, 2005). Programas de intervenção precoce abrangentes para pré-escolares e estudantes do ensino fundamental têm reduzido a gravidez na adolescência (Lonczak, Abbott, Hawkins, Kosterman, & Catalano, 2002; Schweinhart et al., 1993).

Relacionamentos com a família, os pares e a sociedade adulta

A idade torna-se um poderoso agente de união na adolescência. Os adolescentes passam mais tempo com os amigos e menos com a família. Mesmo quando se voltam aos amigos para atender muitas das suas necessidades sociais, os adolescentes ainda veem nos pais uma "base segura" a partir da qual podem experimentar sua liberdade.

O MITO DA REBELDIA ADOLESCENTE

Os anos da adolescência têm sido chamados de época de **rebeldia adolescente**. Contudo, a completa rebeldia parece ser relativamente incomum, mesmo nas sociedades ocidentais. A maioria

---

Você é a favor ou contra programas que fornecem contraceptivos para adolescentes?

verificador
você é capaz de...

▷ Resumir as tendências nas taxas de gravidez e de natalidade na adolescência.

▷ Discutir os fatores de risco, problemas e desfechos associados à gravidez na adolescência.

▷ Descrever programas educacionais que podem prevenir a gravidez na adolescência.

rebeldia adolescente
Padrão de tumulto emocional, característico de uma minoria de adolescentes, que pode envolver conflito com a família, alienação da sociedade adulta, comportamento impulsivo e rejeição dos valores adultos.

dos jovens sente-se próxima e positiva em relação aos seus pais, compartilha opiniões idênticas sobre questões importantes e valoriza a aprovação deles (Blum & Rinehart, 2000; Offer & Church, 1991). A rebeldia na adolescência não é normativa; pelo contrário, ela tende a estar associada a variáveis como parentalidade abusiva, indiferente ou negligente (McDermott & Barik, 2014). Os poucos adolescentes profundamente problemáticos tendem a vir de famílias perturbadas e, quando adultos, continuam a ter uma vida familiar instável e a rejeitar as normas culturais. Aqueles criados em lares com um clima familiar positivo tendem a atravessar a adolescência sem nenhum problema sério e, quando adultos, a ter casamentos sólidos e a levar uma vida bem ajustada (Offer, Kaiz, Ostrov, & Albert, 2002).

Ainda assim, a adolescência pode ser uma época difícil para os jovens e seus pais. Conflito familiar, depressão e comportamento de risco são mais comuns do que em outras fases da vida (Arnett, 1999; Petersen et al., 1993). O conflito familiar pode ter um impacto significativo no estresse emocional, especialmente entre meninas e adolescentes com pais nascidos no estrangeiro (Chung, Flook, & Fuligni, 2009).

Contrariamente à crença popular, a maioria dos adolescentes não são bombas-relógio. Aqueles criados em famílias com um clima positivo tendem a atravessar a adolescência sem problemas sérios.

Hero Images/Getty Images

As emoções negativas e as variações de humor são mais intensas no início da adolescência. No final da adolescência, as emoções tendem a tornar-se mais estáveis (Larson, Moneta, Richards, & Wilson, 2002). Reconhecer que a adolescência pode ser tumultuada pode ajudar pais e professores a tentar compreender os comportamentos de experimentação. Mas adultos que pressupõem que o tumulto adolescente é normal e necessário podem deixar de captar os sinais dos poucos jovens que necessitam de ajuda especial.

> **verificador**
> **você é capaz de...**
> ▷ Avaliar o grau de tumulto e estresse durante os anos da adolescência?

OS ADOLESCENTES E OS PAIS

A maioria dos adolescentes relata boas relações com seus pais (Gutman & Eccles, 2007). Contudo, a adolescência traz consigo desafios especiais. Da mesma forma que os adolescentes sentem a tensão entre a dependência dos pais e a necessidade de se libertar, os pais querem os filhos sejam independentes; contudo, acham difícil deixá-los partir.

Individuação e conflito familiar Se você era como a maioria dos adolescentes, provavelmente ouvia música diferente da dos seus pais, vestia-se com um estilo diferente e achava razoável esconder certas coisas deles para preservar a sua privacidade. Esse processo, chamado pelos psicólogos de **individuação**, começa na primeira infância e estende-se por toda a adolescência. Ele envolve a luta por autonomia e diferenciação, ou identidade pessoal. Um aspecto importante da individuação é a criação de fronteiras de controle entre si e os pais (Nucci, Hasebe, & Lins-Dyer, 2005), e esse processo pode acarretar conflito familiar. Um tanto paradoxalmente, uma relação afetuosa e interconectada com os pais pode ajudar os adolescentes a terem sucesso na individuação (Ponappa, Bartle-Haring, & Day, 2014).

individuação
A luta do adolescente por autonomia e identidade pessoal.

Tanto o conflito familiar como a identificação positiva com os pais atingem seu auge aos 13 anos de idade e então diminuem até os 17 anos, quando se estabilizam ou aumentam um pouco. Esta mudança reflete o aumento das oportunidades para tomada de decisão independente pelo adolescente (Gutman & Eccles, 2007). Os pais de adolescentes devem encontrar um equilíbrio delicado entre liberdade excessiva e intromissão excessiva durante esse processo. Por exemplo, os alunos do 7º e 8º anos correm risco elevado de comportamentos problemáticos devido ao menor envolvimento e monitoramento por parte dos pais, que permite que o comportamento de pares antissociais exerça maior influência (Van Ryzin, Stormshak, & Dishion, 2012). No 2º ano do ensino médio, os jovens que se veem como tendo bastante autonomia tendem a passar mais tempo socializando com seus pares sem supervisão, o que aumenta o risco mais uma vez. Mas autonomia de menos também

JANELA para o mundo
CULTURA E TEMPO LIVRE

Uma maneira de medir as alterações nos relacionamentos dos adolescentes com as pessoas importantes em suas vidas é observar como eles usam o tempo livre. As variações culturais no uso do tempo refletem necessidades, valores e práticas culturais diversas (Verma & Larson, 2003).

Os jovens de sociedades tribais ou agrárias passam a maior parte de seu tempo produzindo o indispensável para a vida e têm muito menos tempo para participar de uma atividade social do que os adolescentes de sociedades tecnologicamente avançadas (Larson & Verma, 1999). Em algumas sociedades pós-industriais como Coreia e Japão, onde as pressões das tarefas acadêmicas e das obrigações familiares são fortes, os adolescentes têm relativamente pouco tempo livre. Para aliviar o estresse, eles passam seu tempo em ocupações passivas, como assistindo à televisão e "fazendo nada" (Verma & Larson, 2003). Em algumas comunidades carentes, como aquelas que vemos na Malásia, mídias como a internet e jogos de *videogame* violentos ocupam uma parcela cada vez maior do tempo livre e substituíram atividades físicas, como jogos e esportes. Embora não ideais, elas parecem oferecer alguma proteção contra comportamentos antissociais, como fumar, beber, usar drogas e participar de corridas ilegais, que seriam ocorrências comuns sem elas (Rahim, Kadir, Mahmud, Mohamed, & Kee, 2011). Na cultura centrada na família da Índia, estudantes urbanos de classe média da 8ª série passam 39% de suas horas de vigília com a família, em comparação com 23% para os mesmos estudantes nos Estados Unidos, e relatam ser mais felizes quando estão com suas famílias do que os estudantes norte-americanos da mesma faixa etária. Para esses jovens, a tarefa da adolescência não é separar-se da família, mas tornar-se mais integrado a ela. Achados semelhantes foram relatados em países como Indonésia, Bangladesh, Marrocos e Argentina (Larson & Wilson, 2004).

Os adolescentes norte-americanos, em comparação, têm bastante tempo livre. Cerca de metade do tempo que os adolescentes passam acordados fora da escola é dedicada a atividades livres (Larson & Verma, 1999). Os norte-americanos passam bastante tempo usando mídias eletrônicas ou interagindo com os amigos, cada vez mais do sexo oposto, e menos tempo, em comparação com outros países, fazendo as lições de casa (Larson, 2001; Rideout, Foehr, & Roberts, 2010). Alguns estudantes participam de atividades extracurriculares, como esportes organizados, serviço comunitário ou clubes escolares. Em geral, a participação nessas atividades está associada com resultados acadêmicos positivos, menor risco de comportamentos internalizantes e externalizantes, menos consumo de álcool e drogas e maior engajamento cívico após a conclusão do ensino médio (Fredericks & Eccles, 2010; Sharp, Tucker, Baril, Van Gundy, & Rebellon, 2015).

A etnia pode afetar a ligação com a família. Em algumas pesquisas, adolescentes afro-americanos, que podem considerar suas famílias como refúgios em um mundo hostil, tendiam a manter relacionamentos familiares mais íntimos e relações menos intensas com os amigos do que os adolescentes brancos (Giordano, Cernkovich, & DeMaris, 1993). Adolescentes de famílias mexicanas e chinesas, particularmente de famílias de imigrantes, relataram um sentimento mais forte de obrigação e assistência para com a família e passavam mais tempo em atividades que envolviam tais obrigações (Hardway & Fuligni, 2006). Adolescentes norte-americanos de origem asiática, latina e europeia tendem todos a apresentar níveis mais altos de felicidade quando participam de atividades que ajudam a família (Telzer & Fuligni, 2009). Para alguns grupos étnicos e culturais, dar assistência à família está associado com sentimentos de conexão, e, portanto, é benéfico.

> **qual a sua opinião?** O que você faz com o seu tempo livre? O que acha que isso diz sobre o que você valoriza?

verificador
você é capaz de...
▷ Identificar e discutir diferenças de idade e cultura na forma como os jovens passam seu tempo?

pode ter efeitos negativos. Os estudantes que consideram seus pais altamente intrometidos em suas vidas pessoais também tendem a ser mais influenciados pelas interações negativas com seus pares (Goldstein, Davis-Kean, & Eccles, 2005).

Embora o senso comum sobre a adolescência afirme que é um período de muita rebeldia e caos, as discussões familiares geralmente dizem respeito ao controle sobre as questões pessoais cotidianas – tarefas diárias, dever de casa, roupas, dinheiro, horários, namoro e amizades – mais do que sobre questões de saúde e segurança ou certo e errado (Steinberg, 2005). A intensidade emocional desses conflitos – muitas vezes fora de proporção com o assunto em questão – pode refletir o processo de individuação subjacente.

Também há diferenças culturais. Uma distinção fundamental é aquela entre sociedades coletivistas e individualistas. As pesquisas nessa área mostram que a ligação entre pais e adolescentes é maior em países coletivistas, como Índia, Arábia Saudita e Argélia, do que nos individualistas ocidentais, como França, Polônia e Argentina. Nas culturas coletivistas, enfatiza-se mais a família do que os desejos individuais (Dwairy & Achoui, 2010). Em culturas como essas, o objetivo do desenvolvimento na adolescência centra-se menos em estabelecer independência em relação à família e mais em criar interdependência com ela e fortalecer os laços emocionais com os familiares (Bornstein & Putnick, 2018).

As relações familiares podem afetar a saúde mental. O conflito familiar é preditor de múltiplos problemas de adaptação, incluindo depressão, ansiedade, problemas de conduta e problemas com os pares (Gutman & Eccles, 2007; Cummings, Koss, & Davies, 2015), e tende a aumentar ao longo do tempo em famílias severas, coercitivas ou hostis (Rueter & Conger, 1995), especialmente para as meninas. Além disso, os maus-tratos na adolescência estão ligados a delitos criminais e crimes violentos, uso de álcool e drogas, comportamento sexual arriscado e pensamentos suicidas (Thornberry, Henry, Ireland, & Smith, 2010).

Por outro lado, interações familiares saudáveis têm um efeito positivo. O conflito familiar tende a diminuir com o tempo em famílias afetuosas e apoiadoras (Rueter & Conger, 1995). Além disso, o apoio à autonomia por parte dos pais está associado com maior autorregulação adaptativa de emoções negativas e envolvimento acadêmico (Roth, Assor, Niemiec, Ryan, & Deci, 2009), e a identificação familiar positiva está relacionada a menos depressão (Gutman & Eccles, 2007). Adolescentes que têm mais oportunidades para tomar decisões relatam autoestima mais alta do que aqueles que têm menos oportunidades (Gutman & Eccles, 2007). Por fim, tanto a individuação como a conexão familiar durante a adolescência predizem bem-estar na meia-idade (Bell & Bell, 2005).

Quais questões causavam mais conflito em sua família quando você era adolescente, e como elas eram resolvidas?

Estilos de parentalidade e autoridade dos pais O estilo de parentalidade autoritativo (democrático) continua a promover o desenvolvimento psicossocial saudável (Baumrind, 2005; Hoskins, 2014). Pais autoritativos insistem em regras, normas e valores importantes, mas estão dispostos a ouvir, explicar e negociar. Eles exercem o controle apropriado sobre a conduta de um filho (*controle comportamental*), mas não sobre os sentimentos, as crenças e o senso de identidade dele (*controle psicológico*) (Steinberg & Darling, 1994). Assim, por exemplo, eles poderiam colocar o filho adolescente de castigo por desrespeitar uma regra, mas não insistiriam que este concordasse com eles sobre a sabedoria da regra. Em geral, o controle comportamental é melhor. O controle psicológico e o controle severo podem prejudicar o desenvolvimento psicossocial e a saúde mental dos adolescentes (Steinberg, 2005) e estão associados com problemas externalizantes (Pinquart, 2017). Por exemplo, a retirada do amor como estratégia de controle está associada com aumento nos sentimentos de ressentimento em relação aos pais e diminuição na capacidade dos adolescentes de autorregular as emoções negativas (Roth et al., 2009). Pais que são psicologicamente controladores tendem a não responder à necessidade crescente de seus filhos por *autonomia psicológica*, o direito a seus próprios pensamentos e sentimentos (Steinberg, 2005). Em contrapartida, pais que são abertos a novas experiências são mais propensos a permitir maior liberdade a seus filhos adolescentes (Denissen, van Aken, & Dubas, 2009).

As pesquisas indicam que os pais que oferecem estrutura e autonomia ajudam os adolescentes a desenvolver regras de conduta, habilidades psicossociais e boa saúde mental (Gray & Steinberg, 1999). Os problemas surgem quando os pais ultrapassam o que os adolescentes consideram limites adequados de autoridade parental legítima. A existência de um espaço pessoal, estabelecido de mútuo acordo, no qual a autoridade pertence ao adolescente, tem sido encontrada em várias culturas e classes sociais, do Japão ao Brasil (Nucci et al., 2005). Quando os adolescentes acham que seus pais estão tentando dominar o seu comportamento, e especialmente suas experiências psicológicas, sua saúde emocional sofre mais.

O modelo original de estilos de parentalidade foi criticado por ser primariamente unidirecional. Em outras palavras, o modelo considerava o efeito da parentalidade nos adolescentes, mas minimizava o efeito dos comportamentos dos filhos na parentalidade. Por exemplo, um adolescente rebelde e confrontativo tende a provocar um conjunto diferente de comportamentos de parentalidade do que um jovem obediente e cooperativo. Há evidências de que os efeitos da parentalidade no comportamento adolescente são bidirecionais (Pinquart, 2017). Além disso, algumas pesquisas sugerem que os adolescentes podem exercer um efeito mais forte no comportamento dos pais do que a parentalidade exerce no seu (Kerr, Stattin, & Özdemir, 2012), talvez por meio dos seus próprios traços de personalidade influenciados pela genética (Klahr & Burt, 2014).

Monitoramento parental e autorrevelação dos adolescentes   Parte do monitoramento envolve saber o que o adolescente está fazendo. A crescente autonomia dos jovens e o estreitamento das áreas de autoridade parental percebida redefinem os tipos de comportamento que os pais esperam que os adolescentes revelem para eles (Smetana, Crean, & Campione-Barr, 2005; Tabela 12.3). Tanto os adolescentes como os pais consideram as questões de *prudência*, comportamento relacionado à saúde e à segurança (como fumar, beber e usar drogas), como mais sujeitas à revelação, seguidas por questões *morais* (como mentir); questões *convencionais* (como comportar-se mal ou falar palavrões) e questões *multifacetadas*, ou limítrofes (como assistir a um filme impróprio para a idade), que estão na fronteira entre questões pessoais e uma das outras categorias. Tanto os adolescentes como os pais consideravam as questões *pessoais* (como o adolescente gastar seu tempo e dinheiro) como menos sujeitas à revelação. Entretanto, para cada tipo de comportamento os pais tendem a querer mais informações do que os adolescentes estão dispostos a revelar, ainda que a discrepância diminua com a idade (Smetana, Metzger, Gettman, & Campione-Barr, 2006). É importante observar que as divulgações dos adolescentes para os pais são preditoras da delinquência, ou seja, os adolescentes que revelam mais informações têm menor propensão a praticar comportamentos problemáticos (Keijsers, Branje, VanderValk, & Meeus, 2010).

Os adolescentes tendem a revelar informações quando os pais mantêm um clima familiar afetuoso e responsivo e oferecem expectativas claras sem serem abertamente controladores (Soenens, Vansteenkiste, Luyckx, & Goossens, 2006) – em outras palavras, quando o estilo de parentalidade é autoritativa. Essa ligação entre afeto e revelação também foi encontrada em vários grupos étnicos nos Estados Unidos, incluindo adolescentes de origem chinesa, mexicana e europeia (Yau, Tasopoulos-Chan, & Smetana, 2009). Os adolescentes, especialmente as meninas, tendem a ter relacionamentos mais íntimos e de apoio com suas mães do que com seus pais (Smetana et al., 2006), e as meninas confiam mais em suas mães (Yau et al., 2009). Além disso, a qualidade do relacionamento parece pesar mais na disposição das meninas em confiar em seus pais. Em outras palavras, a manutenção de segredos dos meninos depende menos da afetividade do relacionamento do que a das meninas (Keijsers et al., 2010).

Clima e estrutura familiar   O conflito no lar pode afetar o processo de individuação, e mudanças no sofrimento ou no conflito conjugal são preditoras de mudanças correspondentes no ajustamento dos adolescentes (Cui, Conger, & Lorenz, 2005). O divórcio também afeta esse processo. Adolescentes cujos pais se divorciaram mais tarde apresentam mais problemas escolares,

TABELA 12.3	Itens usados para avaliar percepção sobre áreas de autoridade dos pais *versus* do adolescente				
Itens morais	**Itens convencionais**	**Itens de prudência**	**Itens multifacetados**	**Amizade multifacetada**	**Itens pessoais**
Roubar dinheiro dos pais	Não fazer suas tarefas	Fumar cigarros	Não arrumar o quarto	Quando começar a namorar	Dormir tarde no final de semana
Bater nos irmãos	Responder para os pais com grosseria	Beber cerveja ou vinho	Fazer múltiplos furos na orelha	Passar a noite na casa de um amigo	Escolher como gastar a mesada
Mentir para os pais	Ter maus modos	Usar drogas	Ficar fora até tarde	Ter amigos de quem os pais não gostam	Escolher a própria roupa e corte de cabelo
Quebrar uma promessa para os pais	Usar palavrões	Fazer sexo	Assistir TV a cabo	Ficar com os amigos em vez de sair com a família	Preferência musical

Fonte: Adaptada de Smetana, Crean e Campione-Barr, 2005.

psicológicos e comportamentais antes da separação do que colegas cujos pais não se divorciaram mais tarde (Sun, 2001).

Adolescentes que vivem com seus pais casados tendem a ter significativamente menos problemas comportamentais do que aqueles em outras estruturas familiares (pais solteiros, coabitação ou família com padrasto/madrasta – recomposta). O divórcio impacta negativamente os resultados através, em parte, da sua influência na relação paterna. Adolescentes cujos pais permaneciam casados informavam uma relação mais próxima com o pai 48% das vezes, enquanto aqueles cujos pais haviam se divorciado informavam proximidade com o pai apenas 25% das vezes (Scott, Booth, King, & Johnson, 2007). O envolvimento de alta qualidade de um pai não residente ajuda muito, mas não tanto quanto o envolvimento de um pai que vive na mesma casa (Carlson, 2006).

Adolescentes de famílias com pai ou mãe solteira, especialmente os meninos, correm risco maior de problemas de comportamento, como abuso de substâncias ou agressividade. Contudo, o risco pode ser atenuado por outras estruturas familiares. Por exemplo, o monitoramento dos pais (Griffin, Botvin, Scheier, Diaz, & Miller, 2000) e o nível educacional da mãe, a renda familiar e a qualidade do ambiente doméstico (Ricciuti, 2004) estão associados com uma redução nos riscos.

Adolescentes em famílias coabitantes, assim como as crianças pequenas, tendem a apresentar mais problemas comportamentais e emocionais do que adolescentes filhos de pais casados (Brown, 2004). Contudo, os adolescentes de famílias recompostas podem representar um grupo de comparação melhor. Alguns dos dados sobre coabitação são determinados pela instabilidade familiar – uma influência negativa documentada no desenvolvimento – e não pela coabitação em si. Os adolescentes de famílias com padrastos ou madrastas também passaram por instabilidade familiar e, portanto, podem ser considerados um grupo de comparação melhor. Uma análise recente sugere que os adolescentes de famílias recompostas com pais casados e de famílias coabitantes apresentam resultados similares, com taxas semelhantes de delinquência, abuso de substâncias, atividade sexual de risco, resultados acadêmicos, saúde física e bem-estar emocional (Manning, 2017).

Os adolescentes de famílias chefiadas por pais homossexuais parecem não apresentar diferenças em uma ampla variedade de resultados, incluindo desenvolvimento cognitivo, identidade de gênero e problemas de adaptação (Fedewa, Black, & Ahn, 2015). Assim como nas famílias tradicionais, a qualidade da relação, não a orientação sexual dos pais, é a principal variável que influencia os resultados (Wainright & Patterson, 2006).

Mães que trabalham e pressão econômica O impacto de uma mãe que trabalha fora de casa pode depender do fato de quantos pais estão presentes em casa. O trabalho pode afetar quanto tempo e energia as mães solteiras têm para dedicar aos filhos ou ao monitoramento das suas atividades. Por exemplo, em um estudo, as mães que trabalhavam à noite passavam menos tempo com os filhos adolescentes, tinham ambientes domésticos de pior qualidade e eram menos próximas dos filhos. Por sua vez, essas variáveis estão relacionadas a um aumento em comportamentos de risco entre os adolescentes (Han, Miller, & Waldfogel, 2010). Além disso, o emprego materno foi associado diversas vezes a um ambiente nutricional menos saudável em casa (Bauer, Hearst, Escoto, Berge, & Neumark-Sztainer, 2012) e maior risco de sobrepeso (Miller, 2011; Morrissey, 2013).

O tipo de cuidados e supervisão após o horário escolar é importante. Os adolescentes que ficam sozinhos depois da escola, fora de casa, tendem a envolver-se no uso de álcool e drogas e a ter má conduta na escola, especialmente se tiverem uma história anterior de comportamento problemático (Coley, Morris, & Hernandez, 2004). A participação em atividades extracurriculares organizadas pode funcionar como fator de proteção (Mahatmya & Lohman, 2011; Sharp et al., 2015).

Conforme discutido antes, um problema importante em muitas famílias de pais solteiros é a falta de dinheiro. Por exemplo, os adolescentes são mais propensos a abandonar a escola e apresentar declínios na autoestima e no autocontrole se suas mães têm instabilidade no emprego ou ficam desempregadas por dois anos (Kalil & Ziol-Guest, 2005). Perdas de emprego por causas estruturais, em que os funcionários são demitidos devido a mudanças organizacionais, como reestruturações, *downsizing* ou realocação, também estão associadas com quedas no sucesso educacional e bem-estar entre adolescentes de famílias com mães ou pais solteiros (Brand & Simon Thomas, 2014). Dificuldades econômicas familiares durante a adolescência afetam o bem-estar na vida adulta, em parte por serem estressantes, e o estresse interfere nos relacionamentos familiares e afeta as conquistas educacionais e ocupacionais dos filhos (Sobolewski & Amato, 2005).

verificador
você é capaz de...

▷ Identificar fatores que afetam o conflito com os pais e a autorrevelação dos adolescentes?

▷ Discutir o impacto sobre os adolescentes dos estilos de parentalidade e da situação conjugal, do trabalho das mães e da pressão econômica?

OS ADOLESCENTES E OS IRMÃOS

Mudanças nos relacionamentos entre os irmãos refletem, em muitos aspectos, as mudanças que vemos nas relações entre os adolescentes e seus pais. À medida que os adolescentes passam mais tempo com os amigos, eles passam menos com os irmãos. Em geral, e talvez por causa disso, os adolescentes tendem a ser menos próximos dos seus irmãos do que dos amigos e menos tempo influenciados por eles. Essa distância cresce durante a adolescência (Laursen, 1996). Além disso, à medida que os adolescentes envelhecem, suas relações com os irmãos tornam-se progressivamente mais uniformes (Campione-Barr, 2017).

O conflito entre irmãos diminui a partir da metade da adolescência. Pesquisas mostram que as irmãs relatam mais intimidade do que os irmãos ou pares mistos. Irmãos de sexo distinto tornam-se menos íntimos entre a terceira infância e o início da adolescência, porém mais íntimos na metade da adolescência, uma época em que a maioria dos jovens começa a interessar-se pelo sexo oposto (Kim, McHale, Osgood, & Crouter, 2006). Os adolescentes com irmãos do sexo oposto relatam aumentos na sua percepção de competência romântica desde o início da adolescência até a vida adulta (Doughty, Lam, Stanik, & McHale, 2015).

As relações entre irmãos também interagem com as relações entre pais e filhos e o relacionamento conjugal dos pais. Por exemplo, em um estudo, os irmãos eram mais íntimos se a mãe fosse afetuosa e compreensiva. O conflito entre pais e filhos estava associado ao conflito entre irmãos. Entretanto, quando o pai estava menos feliz no casamento, os irmãos se tornavam mais íntimos e brigavam menos (Kim et al., 2006). Além disso, as pesquisas mostram que o tratamento diferencial, no qual os adolescentes acreditam que um pai prefere um irmão, está associado a problemas de comportamentos externalizantes e internalizantes (Buist, Dekovic, & Prinzie, 2013).

Os irmãos podem exercer efeitos positivos ou negativos uns sobre os outros. Irmãos mais velhos podem influenciar um irmão mais novo a fumar, beber ou usar drogas (Pomery et al., 2005; Rende, Slomkowski, Lloyd-Richardson, & Niaura, 2005). Os irmãos mais novos que andam com um irmão mais velho antissocial correm sério risco de comportamento antissocial, uso de drogas, comportamento sexual e violência na adolescência (Snyder, Bank, & Burraston, 2005; Solmeyer, McHale, & Crouter, 2014). Um relacionamento afetuoso normalmente oferece proteção e contribui para bons resultados, mas uma relação emocionalmente próxima entre irmãos pode levar a um maior risco de a criança imitar o comportamento antissocial de um irmão delinquente (Dirks, Persram, Recchia, & Howe, 2015).

Mas os irmãos também podem ser protetores. Em famílias de mães solteiras, um relacionamento afetuoso com uma irmã mais velha tende a prevenir o envolvimento de uma irmã mais nova com uso de drogas e comportamento sexual de risco (East & Khoo, 2005). Uma metanálise recente apoia a ligação entre relacionamentos afetuosos com baixo nível de conflito e adaptação psicológica mais saudável em irmãos (Buist et al., 2013). Por exemplo, quando irmãos apresentam maior afetuosidade e menor conflito ao longo do tempo, esses fatos indicam uma redução nos sintomas depressivos (Harper, Padilla-Walker, & Jensen, 2016).

O relacionamento entre irmãos torna-se mais equilibrado à medida que os irmãos mais jovens se aproximam ou alcançam a adolescência e a diferença de idade relativa diminui. Mesmo assim, os irmãos mais jovens ainda admiram seus irmãos mais velhos e podem tentar imitá-los.
Kristy-Anne Glubish/Design Pics/Getty Images

> *Se você tem um ou mais irmãos ou irmãs, seus relacionamentos com eles mudaram durante a adolescência?*

verificador
você é capaz de...

▷ Identificar mudanças típicas nos relacionamentos entre irmãos durante a adolescência e os fatores que afetam esses relacionamentos?

> *Quando adolescente, você fez parte de uma panelinha ou uma turma? Nesse caso, como isso afetou seus relacionamentos e atitudes sociais?*

OS ADOLESCENTES E SEUS PARES

O grupo de pares representa uma influência importante na adolescência. O grupo de pares é uma fonte de afeto, acolhimento, compreensão e orientação moral; um lugar para experimentação; e um ambiente para conquistar autonomia e independência dos pais. É um lugar para formar relacionamentos íntimos que servem de ensaio para a intimidade adulta.

Na infância, a maior parte das interações com os pares são *diádicas*, ou *interações um a um*, embora agrupamentos maiores comecem a se formar na terceira infância. À medida que as crianças passam para a adolescência, o sistema social de pares torna-se mais diverso. As *panelinhas*, grupos estruturados de amigos que fazem as coisas juntos, tornam-se mais importantes. Um tipo de agrupamento maior, as *turmas*, que normalmente não existem antes da adolescência, baseiam-se não nas interações pessoais, mas na reputação, imagem ou identidade. A admissão como membro da turma é uma construção social: por exemplo, os sarados, os cabeças ou *nerds*, ou os drogados. Os três níveis de agrupamento de pares podem existir simultaneamente, e alguns podem se sobrepor em termos de afiliação, a qual pode mudar ao longo do tempo. As afiliações a panelinhas e turmas tendem a tornar-se mais frouxas no decorrer da adolescência (B. B. Brown & Klute, 2003).

A influência dos pares normalmente atinge seu pico entre os 12 e 13 anos e diminui da metade ao final da adolescência. A propensão ao risco, especialmente no início da adolescência, é mais alta na companhia dos pares do que sozinho (Gardner & Steinberg, 2005), mesmo quando as consequências negativas em potencial são esclarecidas (Smith, Chein, & Steinberg, 2014). Aos 13 ou 14 anos, adolescentes populares podem envolver-se em comportamentos leves antissociais, tais como experimentar drogas ou entrar no cinema sem pagar, para demonstrar a seus amigos sua independência das regras parentais (Allen, Porter, McFarland, Marsh, & McElhaney, 2005). Entretanto, não é provável que o apego aos pares no início da adolescência seja preditor de problemas reais a menos que esse apego seja tão forte que o jovem esteja disposto a violar as regras de obediência da família, a deixar de fazer sua lição de casa e a desenvolver seus próprios talentos a fim de obter aprovação dos pares e popularidade (Fuligni, Eccles, Barber, & Clements, 2001).

Amizades A intensidade e a importância das amizades, e a quantidade de tempo passado com os amigos podem ser maiores na adolescência do que em qualquer outra fase da vida. As amizades tendem a tornar-se mais recíprocas, mais simétricas e mais estáveis, apesar de muitas ainda serem breves. Amizades de mais alta qualidade são mais estáveis (Hiatt, Laursen, Mooney, & Rubin, 2015). As que são menos satisfatórias tornam-se menos importantes ou são abandonadas. Muitas vezes, diferenças em áreas como aceitação dos pares, agressividade física, competência escolar e sexo (o último em especial) predizem a dissolução da amizade (Hartl, Laursen, & Cillessen, 2016).

A maior intimidade, lealdade e troca com os amigos marcam uma transição rumo a amizades típicas dos adultos. Os adolescentes começam a confiar mais nos amigos do que nos pais na busca de intimidade e apoio e trocam confidências mais intensamente do que os amigos mais jovens (Hartup & Stevens, 1999; Nickerson & Nagle, 2005). As amizades das garotas podem ser mais íntimas do que as dos rapazes, com frequente troca de confidências (B. B. Brown & Klute, 2003). A intimidade com amigos do mesmo sexo aumenta durante o início até a metade da adolescência, e depois normalmente diminui à medida que a intimidade com o sexo oposto aumenta (Laursen, 1996).

A intimidade cada vez maior da amizade dos adolescentes reflete o desenvolvimento cognitivo e emocional. Os adolescentes são agora mais capazes de expressar seus pensamentos e sentimentos particulares e considerar o ponto de vista de outra pessoa. A capacidade de intimidade está relacionada ao ajustamento psicológico e à competência social, e adolescentes que são mais íntimos de seus amigos se sentem mais próximos e têm menos conflitos com eles (Chow, Ruhl, & Buhrmester, 2013).

Adolescentes com amizades de alta qualidade têm uma opinião favorável a respeito de si mesmos, têm bom desempenho escolar, são sociáveis e tendem a ser menos hostis, ansiosos ou deprimidos (Berndt & Perry, 1990; Hartup & Stevens, 1999; Hiatt et al., 2015). Eles também tendem a ter estabelecido vínculos fortes com os pais (B. B. Brown & Klute, 2003). Isso pode ser parte

A intimidade cada vez maior da amizade dos adolescentes reflete o desenvolvimento cognitivo e emocional. O estreitamento da amizade significa maior capacidade e desejo de compartilhar emoções e sentimentos.

Mauritius/Pixtal/age fotostock

> *Há indicações de que a administração de oxitocina, um hormônio envolvido na afiliação social, resulta em melhores capacidades cognitivas sociais, mas apenas para pessoas que tinham deficiência desse hormônio.*
> Bartz, 2010

> *É verdade que aqueles à sua volta influenciam sua tendência a assumir riscos, mas também é verdade que algumas pessoas, em virtude de sua constituição genética, têm maior propensão a assumir riscos. Os pesquisadores descobriram recentemente que mutações ligadas à produção de dopamina estão envolvidas na busca de sensações intensas.*
> Derringer et al., 2011

de um processo mais geral. Quando adolescentes têm amizades de alta qualidade, estas tendem a estar profundamente integradas a outras relações sociais apoiadoras, incluindo outros amigos, parceiros amorosos e familiares (Flynn, Felmlee, & Conger, 2017). Um processo bidirecional parece estar em ação: bons relacionamentos promovem o ajustamento, que por sua vez, promove bons relacionamentos.

Mídias sociais e interações eletrônicas

A explosão das tecnologias de comunicação virtual como *e-mail*, redes sociais e mensagens de texto mudou a forma como muitos adolescentes se comunicam. Enquanto grupo, os adolescentes são os principais usuários dessas tecnologias. Mais de 99% dos adolescentes usam a internet (Van den Eijnden, Meerkerk, Vermulst, Spijkerman, & Engels, 2008), 88% usam a internet diariamente para interação e comunicação com seus pares (Pew Research Center, 2012) e 88% informam usar ao menos um *site* de mídias sociais (Pew Research Center, 2018). Os adolescentes que são usuários ativos de mídias sociais, especialmente se não protegem sua privacidade pessoal, estão mais vulneráveis a assédio *on-line* e *cyberbullying* (Ang, 2015).

Em geral, o uso de mídias em telas está relacionado à pior saúde física, qualidade de vida e qualidade das relações familiares (Iannotti, Kogan, Janssen, & Boyce, 2009). Contudo, o tipo de mídia utilizado parece ser importante. Por exemplo, estudos indicam que mensagens instantâneas (van den Eijnden et al., 2008) e uso de jogos de *videogame* (Mathers et al., 2009) estão associados com depressão, enquanto a televisão está associada com obesidade, problemas socioemocionais e baixa autoestima (Russ, Larson, Franke, & Halfon, 2009). Além disso, algumas pessoas podem desenvolver um padrão de uso problemático da internet, um transtorno semelhante ao vício, no qual o uso contínuo da internet e de mídias eletrônicas pode impactar o funcionamento cotidiano, os relacionamentos e o bem-estar em geral (Akin, 2012). Os homens, possivelmente devido ao seu maior interesse por *videogames* e jogos *on-line*, correm risco maior de desenvolver problemas relacionados ao vício, embora haja indícios de que, quando algumas mulheres desenvolvem dificuldades semelhantes, elas podem ser afetadas mais profundamente (Anderson, Steen, & Stavropoulos, 2017).

Contudo, nem todo acesso à internet é prejudicial. À medida que o acesso aumentou e a tecnologia se tornou mais sofisticada e fácil de usar, estudos começaram a demonstrar que a comunicação *on-line* pode estimular as conexões sociais em vez de reduzi-las (Kraut et al., 2002). Por exemplo, estudos mostram que as mensagens instantâneas podem ter um efeito positivo na qualidade dos relacionamentos na adolescência (Valkenburg & Peter, 2009) e que a competência social de adolescentes solitários pode ser fortalecida pelo uso da internet para se comunicar com outras pessoas e experimentar suas identidades (Valkenburg & Peter, 2008). Isso vale especialmente para jovens de minorias sexuais, talvez por terem dificuldade de encontrar parceiros ou espaços seguros e apoiadores nos quais podem ser eles mesmos na vida real (Korchmaros, Ybarro, & Mitchell, 2015).

Os indivíduos muitas vezes tornam-se incomumente íntimos em um ambiente virtual e sentem-se livres para se expressarem. Visto que os adolescentes associam autorrevelação com amizades de qualidade, isso está ligado à qualidade e formação de amizades (Valkenburg & Peter, 2009), que por sua vez eleva a conexão e o bem-estar sociais. Entretanto, essa história tem um lado sombrio. Um aspecto da comunicação virtual que aumenta a intimidade, o anonimato, a torna atraente aos intimidadores eletrônicos. Em conjunto com os indicativos contextuais limitados, especialmente para adolescentes cujos pais não monitoram suas atividades *on-line*, o resultado é um maior risco de *cyberbullying* (Ang, 2015). Estima-se que a prevalência nos últimos anos no ensino fundamental e médio varie radicalmente, com intimidação pela internet relatada de 1 a 41%, vitimização de 3 a

72% e taxas de intimidação/vitimização (indivíduos que foram tanto intimidadores como vítimas) de 2,3 a 16,7% (Selkie, Fales, & Moreno, 2016). A maioria dos estudos sobre *cyberbullying* foi conduzida na América do Norte, mas pesquisas transculturais também mostram estimativas variáveis nos diferentes países, com o Canadá (23,8%) e a China (23%) tendo medianas de prevalência mais elevadas, em contraste com os níveis menores de países como Austrália (5%), Suécia (5,2%) e Alemanha (6,3%) (Brochado, Soares, & Fraga, 2017).

Relacionamentos amorosos   Os relacionamentos amorosos são uma parte central do mundo social dos adolescentes. Com o início da puberdade, a maioria dos meninos e meninas heterossexuais começa a pensar e a interagir mais com pessoas do sexo oposto. Os relacionamentos amorosos tendem a tornar-se mais intensos e mais íntimos no decorrer da adolescência. Aos 16 anos, os adolescentes interagem e pensam nos parceiros afetivos mais do que nos pais, amigos ou irmãos (Bouchey & Furman, 2003).

Normalmente, os relacionamentos amorosos passam dos grupos mistos ou de encontros grupais para relacionamentos amorosos pessoais que, ao contrário das amizades com o sexo oposto, são descritos como envolvendo paixão e um sentimento de compromisso (Lantagne & Furman, 2017). Enquanto os adolescentes praticam a interação com o sexo oposto no contexto das amizades, os amigos do sexo oposto raramente se tornam parceiros românticos. Em vez disso, os parceiros em relacionamentos amorosos tendem a vir de redes de amizade diferentes (Kreager, Molloy, Moody, & Feinberg, 2016). Os meninos parecem ser menos confiantes que as meninas em relação a esses primeiros relacionamentos amorosos (Giordano, Longmore, & Manning, 2006).

No início da adolescência, os jovens pensam primeiramente em como um relacionamento pode afetar sua posição no grupo de amigos e prestam pouca atenção às necessidades de apoio ou apego (Bouchey & Furman, 2003). Na metade da adolescência, a maioria dos jovens tem pelo menos um parceiro exclusivo que dura de diversos meses a cerca de um ano, e o efeito da escolha do parceiro sobre a posição entre os pares pode tornar-se menos importante. Não antes do final da adolescência ou início da vida adulta, entretanto, é que os relacionamentos amorosos começam a atender a toda a gama de necessidades emocionais possíveis em relacionamentos relativamente duradouros (Furman & Wehner, 1997).

Os relacionamentos com os pais podem afetar a qualidade do relacionamento amoroso. Por exemplo, os adolescentes que têm bons relacionamentos com seus pais na juventude têm autoestima mais elevada e relacionamentos de melhor qualidade quando se tornam jovens adultos (Johnson & Galambos, 2014). Além disso, o divórcio dos pais e o conflito conjugal estão associados com relacionamentos de pior qualidade na adolescência, expressos na forma de baixo comprometimento e alto conflito (Cui & Fincham, 2010; Cui, Fincham, & Durtschi, 2011).

Violência no namoro   A violência no namoro é um problema significativo nos Estados Unidos. As três formas comuns de violência no namoro são:

Física – quando um dos parceiros é esbofeteado, sacudido, empurrado ou chutado

Emocional – quando um dos parceiros é ameaçado ou agredido verbalmente

Sexual – quando um dos parceiros é forçado a praticar ato sexual contra sua vontade

As estatísticas indicam que aproximadamente 10% dos estudantes foram vítimas de violência física durante o namoro, incluindo abuso físico e sexual, mas é quase certo que a taxa é subnotificada. Quando as análises se limitam apenas aos estudantes que namoraram no último ano, quase 21% das meninas e 10,4% dos meninos informa ter sofrido alguma forma de violência no namoro na adolescência (Vagi, Olsen, Basile, & Vivole-Kantor, 2015). As taxas de abuso emocional são ainda mais altas: até 3 em cada 10 adolescentes relatam ser agredidos verbal ou psicologicamente (Halpern, Young, Waller, Martin, & Kupper, 2003). Os estudantes brancos geralmente informam níveis menores de violência no namoro na adolescência do que os afro-americanos e hispânicos (Vagi et al., 2015).

Além do dano físico causado por esse tipo de violência, os adolescentes que são vítimas de agressão no namoro são mais propensos a irem mal na escola e a envolver-se em comportamentos

pesquisa em ação

NAMORO NA ADOLESCÊNCIA E TECNOLOGIA

O namoro na adolescência é um desenvolvimento normativo em muitas culturas ocidentais. Os adolescentes se envolvem com diversas experiências românticas, incluindo relações reconhecidas mutuamente, fantasias, atrações não correspondidas e envolvimento sexual extrarrelacional. Assim como ocorre em outras relações sociais, a tecnologia desempenha um papel cada vez maior nos relacionamentos amorosos dos adolescentes (Vaterlaus, Tulane, Porter, & Beckert, 2017).

A maioria dos adolescentes conhece seus parceiros românticos na escola, mas alguns desenvolvem relacionamentos *on-line*. Os adolescentes com parceiros encontrados na internet se dividem em dois grupos: os que são populares fora das redes e aqueles que têm dificuldade para formar relacionamentos fora delas. Pesquisas identificam que os adolescentes LGBTQ são especialmente propensos a iniciar relacionamentos *on-line*, possivelmente devido à falta de parceiros ou de espaços seguros e apoiadores nos quais podem ser eles mesmos na vida real (Korchmaros, Ybarra, & Mitchell, 2015).

As informações em *sites* de mídias sociais muitas vezes são usadas para "conferir" novos alvos de interesses românticos, avaliar e sinalizar interesse em parceiros em potencial e iniciar a comunicação (Subrahmanyam & Greenfield, 2008; Van Ouystel, Van Gool, Walrave, Ponnet, & Peeters, 2016). Os adolescentes também informam "sinalizar" interesse romântico ao curtirem fotos antigas e usar ferramentas de mensagens privadas integradas, consideradas formas menos intimidadoras de iniciar mais comunicações (Van Ouystel et al., 2016). Depois que um relacionamento é estabelecido, as mídias sociais também podem ser utilizadas para se comunicar diariamente, demonstrar afeto, discutir, anunciar publicamente o *status* do relacionamento, brigar e fazer as pazes (Vaterlaus et al., 2017; Van Oustel et al., 2016). Os adolescentes informam que, em vez de alterar oficialmente seu *status* do relacionamento, preferem publicar fotos de si com o parceiro para informar indiretamente a existência da relação (Van Ouystel et al., 2016).

Mais problemático é que a comunicação eletrônica também pode ser usada para trocar conversas de teor sexual ou fotografias explícitas, uma prática chamada de *sexting* (mistura de *sex* e *texting*, ou seja, "sexo" e "troca de mensagens de texto"). Uma metanálise transnacional de grande porte, envolvendo 34 estudos, incluindo mais de 110.000 respondentes dos Estados Unidos, Europa, Canadá, Austrália, África do Sul e Coreia do Sul, sugere que cerca de 14,8% dos adolescentes, com idade média de aproximadamente 15 anos, já praticou *sexting* (Madigan, Ly, Rash, Van Ouytsel, & Temple, 2018). Esses adolescentes tendem a ser sexualmente ativos e pretendem compartilhar as fotos de modo privado com um parceiro romântico (Kletke, Hallford, & Mellor, 2014). O *sexting* está ligado a outros comportamentos de risco, como maior uso de drogas, ter parceiros sexuais simultâneos e ter mais parceiros sexuais atuais (Ybarra & Mitchell, 2014).

qual a sua opinião Como você acha que as mídias sociais, mensagens de texto e outras tecnologias afetaram a natureza do namoro na adolescência? Você acha que o *sexting* é um comportamento de risco para os adolescentes?

---

de risco como uso de drogas e de álcool. Esses estudantes também estão sujeitos a transtornos alimentares, depressão e suicídio. As meninas são desproporcionalmente as vítimas em casos de violência grave (Mulford & Giordano, 2008).

Os fatores de risco que podem predizer esse tipo de violência incluem abuso de substâncias, conflito e/ou violência doméstica e viver em bairros com altas taxas de criminalidade e uso de drogas (Child Trends, 2010a, 2010b). Além disso, as atitudes relativas à aceitação da violência em relacionamentos, baixa qualidade das relações familiares, problemas de saúde mental e consumo de conteúdos agressivos nas mídias também são preditores da violência (Vagi et al., 2013). Os pares são uma influência particularmente importante. Uma metanálise recente determinou que diversos comportamentos dos pares, mas especialmente a sua violência no namoro, comportamentos agressivos e/ou antissociais e ser vitimizado por eles, estão significativamente relacionados com perpetrar e ser vitimizado pela violência no namoro (Garthe, Sullivan, & McDaniel, 2017).

Os relacionamentos nocivos podem durar a vida inteira quando as vítimas carregam os padrões de violência para futuros relacionamentos. A violência no namoro entre adolescentes é preditora da violência nas relações íntimas na vida adulta (Exner-Cortens, Eckenrode, Bunge, & Rothman, 2017).

verificador
você é capaz de...

▷ Citar as diversas funções do grupo de pares na adolescência e discutir sua influência?

▷ Identificar aspectos importantes das amizades dos adolescentes?

▷ Indicar as mudanças de desenvolvimento nos relacionamentos amorosos?

Comportamento antissocial e delinquência juvenil

O que leva os jovens a engajarem-se em – ou absterem-se de – violência ou outros atos antissociais? Por meio de que processos as tendências antissociais se desenvolvem? O que determina se um delinquente juvenil se tornará um criminoso contumaz?

INFLUÊNCIAS BIOLÓGICAS

O comportamento antissocial tende a ocorrer em famílias. Análises de muitos estudos concluíram que os genes influenciam de 40 a 50% da variação no comportamento antissocial dentro de uma população, e de 60 a 65% da variação no comportamento antissocial agressivo (Ferguson, 2010; Tackett, Krueger, Iacono, & McGue, 2005). Os genes sozinhos, entretanto, não são preditores de comportamento antissocial. As pesquisas sugerem que embora a genética influencie a delinquência, as influências ambientais, incluindo família, amigos e escola, afetam a expressão genética (Guo, Roettger, & Cai, 2008; Silberg, Maes, & Eaves, 2012).

Déficits neurobiológicos, particularmente nas porções do cérebro que regulam as reações ao estresse, podem ajudar a explicar por que algumas crianças se tornam antissociais. Como resultado desses déficits neurológicos, as crianças podem não receber ou não perceber sinais de alerta normais para refrear o comportamento impulsivo ou imprudente (van Goozen, Fairchild, Snoek, & Harold, 2007). Por exemplo, elas tendem a ter respostas anormais ou atenuadas a eventos que normalmente provocam medo nos outros (Marsh et al., 2011).

Parte desse perfil fisiológico anormal pode envolver processos de alerta. Mais especificamente, indivíduos com baixos níveis de alerta podem estar propensos a comportamentos antissociais como forma de busca de sensações intensas na tentativa de obter os níveis de alerta vivenciados por pessoas típicas. Uma evidência favorável a essa hipótese é que a alta potência de EEG frontal (associada com baixo alerta cerebral) está associada com comportamento antissocial agressivo em gêmeos adolescentes do sexo masculino (Niv et al., 2015). O ritmo cardíaco baixo também foi associado, em diversos estudos, a comportamentos antissociais tanto em homens quanto em mulheres (Portnoy & Farrington, 2015; Hammerton et al., 2018).

Os processos de atenção também podem estar envolvidos. Crianças com transtorno de déficit de atenção/hiperatividade (TDAH) têm risco maior de desenvolver transtorno da conduta (TC) comórbido e depressão, que contribuem para o comportamento antissocial (Drabick, Gadow, & Sprafkin, 2006). Há controvérsias em relação a se o TDAH é ou não, por si só, um fator de risco direto para o desenvolvimento de comportamento antissocial, mas pesquisas mais recentes parecem indicar que sim (Storebø & Simonsen, 2016).

Além disso, os achados de uma pesquisa utilizando tecnologia de ressonância magnética (MRI) sobre a resposta empática indicam que jovens com transtorno de conduta agressiva têm respostas atípicas quando veem outras pessoas em sofrimento (Decety, Michalaska, Akitsuki, & Lahey, 2009). Os indivíduos que possuem traços associados com a psicopatia parecem ter volume reduzido de substância cinzenta no córtex pré-frontal anterior rostral e polos temporais, áreas envolvidas no processamento da empatia, do raciocínio moral e de emoções como vergonha e culpa (Gregory et al., 2012).

Uma variável crucial parece ser a idade em que o comportamento antissocial tem início. Os pesquisadores identificaram dois tipos de comportamento antissocial: um tipo de início precoce, começando aos 11 anos de idade, que tende a levar à delinquência juvenil crônica na adolescência; e um tipo mais leve, de início tardio, começando após a puberdade, que tende a aparecer temporariamente na adolescência. Os adolescentes com comportamento antissocial de início tardio tendem a cometer infrações relativamente mais leves (Schulenberg & Zarret, 2006) e tendem a vir de famílias com antecedentes normais (Collins, Maccoby, Steinberg, Hetherington, & Bornstein, 2000). As evidências sugerem que esses infratores de início precoce provavelmente são diferentes desde cedo e parecem ser mais influenciados por fatores biológicos. Por exemplo, esses adolescentes demonstram pouco controle dos impulsos, são agressivos e tendem a não pensar no futuro (Barker, Oliver, & Maughan, 2010; Monahan, Steinberg, Cauffman, & Mulvey, 2009).

Adolescentes que abandonam o ensino médio custam à sociedade aproximadamente 240 mil dólares em receita fiscal perdida, aumento no uso de serviços sociais e maior probabilidade de depender da previdência ou de estar na prisão. Em outubro de 2008, aproximadamente 30 milhões de jovens de 16 a 24 anos não estavam na escola e não tinham um diploma do ensino médio. Isso representa aproximadamente 8% dos adolescentes elegíveis.

Chapman et al., 2010

INFLUÊNCIAS AMBIENTAIS

Os pais de crianças que se tornam cronicamente antissociais podem ter deixado de reforçar o bom comportamento na segunda infância e podem ter sido rigorosos ou inconsistentes na disciplina (Coie & Dodge, 1998; Snyder, Cramer, Afrank, & Patterson, 2005; Neppl, Dhalewadikar, & Lohman, 2016). Os filhos podem ter compensações pelo comportamento antissocial: quando agem contra as regras, podem receber atenção ou obter o que querem. Quando as interações entre pais e filhos são caracterizadas por crítica constante, coerção raivosa ou comportamento rude e não cooperativo, a criança tende a apresentar problemas de comportamento agressivo, o que piora o relacionamento entre pais e filhos (Buehler, 2006). Contudo, quando os pais têm alta afetuosidade e baixa hostilidade, mesmo adolescentes delinquentes tendem a reduzir o seu comportamento problemático e se comportar de maneira mais positiva (Williams & Steinberg, 2011). Os adolescentes mais honestos com seus pais e que revelam informações são menos propensos a praticar atos antissociais (Criss et al., 2015), ainda que seja perfeitamente possível que os adolescentes que praticam atos que seus pais não aprovariam tenham menor probabilidade de divulgá-los.

Os adolescentes antissociais tendem a ter amigos antissociais, e seu comportamento antissocial aumenta quando eles se associam uns aos outros (Monahan, Steinberg, Cauffman, & Mulvey, 2009). A maneira como os adolescentes antissociais conversam, riem ou sorriem maliciosamente a respeito da quebra de uma regra e acenam intencionalmente entre si parece constituir uma espécie de "treinamento para o desvio" (Dishion & Tipsord, 2011). No entanto, nem todas as crianças respondem da mesma maneira. Os adolescentes geneticamente predispostos a comportamentos antissociais, respondem mais fortemente do que outras crianças a normas desadaptativas dos grupos de pares (Brendgen, Girar, Vitaro, Dionne, & Boivin, 2015). Esses adolescentes continuam a induzir uma parentalidade ineficaz, que prediz comportamento delinquente e associação com grupos de pares desviantes (Simons, Chao, Conger, & Elder, 2001; Tolan, Gorman-Smith, & Henry, 2003). É importante observar que as influências dos pares também podem ser positivas. Por exemplo, a exposição a pares altruístas pode proteger os adolescentes dos efeitos negativos de morar em bairros violentos ou perigosos (Criss, Smith, Morris, Liu, & Hubbard, 2017; Rious & Cunningham, 2018).

As circunstâncias econômicas familiares também influenciam o desenvolvimento de comportamento antissocial. Crianças pobres têm maior probabilidade do que outras crianças de cometer atos antissociais, e aquelas cujas famílias são continuamente pobres tendem a tornar-se mais antissociais com o tempo (Macmillan, McMorris, & Kruttschnitt, 2004). Crianças cujas famílias entraram e saíram da pobreza apresentaram mais comportamentos delinquentes quando suas famílias tinham menos dinheiro do que quando sua situação financeira era melhor (Rekker et al., 2015). Quando as famílias saem da pobreza enquanto a criança ainda é pequena, ela não tem maior probabilidade de desenvolver problemas de comportamento do que uma criança cuja família nunca foi pobre (Macmillan et al., 2004). Meninos, mas não meninas, que moram em bairros vizinhos a zonas mais abastadas correm risco maior de comportamentos antissociais do que meninos que vivem em áreas de pobreza concentrada, talvez devido aos sentimentos de injustiça decorrentes das disparidades sociais evidentes (Odgers, Donley, Caspi, Bates, & Moffitt, 2015).

A organização social fraca da comunidade em uma região desfavorecida pode influenciar a delinquência por meio de seus efeitos sobre o comportamento dos pais e desvio dos pares (Chung & Steinberg, 2006), assim como sobre normas relativas a atos antissociais ou violentos (Stewart & Simons, 2010). Por exemplo, a exposição à violência na comunidade e morar em uma comunidade perigosa são fortes preditores de comportamentos antissociais no futuro (Slatterly & Meyers, 2014; Criss et al., 2017). Em contraste, a eficácia coletiva – a força das conexões sociais dentro de uma comunidade e o grau em que os moradores monitoram ou supervisionam mutuamente os filhos dos outros – pode influenciar os desfechos positivamente (Odgers et al., 2009).

PERSPECTIVA DE LONGO PRAZO

A imensa maioria dos jovens envolvidos em atos delinquentes não se torna adultos criminosos (Kosterman, Graham, Hawkins, Catalano, & Herrenkohl, 2001). A delinquência tem seu auge em torno dos 15 anos e então diminui. Entretanto, adolescentes que não enxergam alternativas positivas ou que vêm de famílias problemáticas são mais propensos a adotarem permanentemente um estilo de vida antissocial (Schulenberg & Zarrett, 2006).

Quais são as chances deste jovem tornar-se um criminoso insensível? Adolescentes que não têm alternativas positivas são mais propensos a adotar estilos de vida antissociais.
Rubberball/Getty Images

Os que têm maior probabilidade de persistir na violência são meninos que tiveram influências antissociais muito precocemente. Por exemplo, adolescentes que apresentam comportamento antissocial antes dos 15 anos correm maior risco de morte, abuso de substâncias, autolesão, criminalidade e pobreza (Samuelson, Hodgins, Larsson, Larm, & Tengström, 2010). Em um estudo, 75% dos indivíduos que eram delinquentes aos 14 anos continuavam a ter níveis entre altos e moderados de delinquência aos 29 anos (Brooks, Lee, Finch, Brown, & Brook, 2013). O desempenho escolar é outra variável crítica. Problemas acadêmicos, suspensões da escola e cabular aula na infância e adolescência estão fortemente associados com a prática de crimes violentos no início da vida adulta (Katsiyannis, Thompson, Barrett, & Kingree, 2012). Os que têm menor probabilidade de persistir são meninos e meninas que sempre tiveram um bom desempenho escolar (Kosterman, Graham, Hawkins, Catalano, & Herrenkohl, 2001) ou que tiveram experiências positivas na infância (Kosterman et al., 2011).

PREVENINDO E TRATANDO A DELINQUÊNCIA

Considerando que a delinquência juvenil tem raízes na infância, o mesmo deveria ocorrer com esforços preventivos que ataquem os múltiplos fatores que podem levar à delinquência. Adolescentes que participaram de certos programas de intervenção na segunda infância têm menor probabilidade de se envolver em problemas do que seus pares igualmente desprivilegiados (Piquero et al., 2016; Reynolds, Temple, Ou, Arteaga, & White, 2011). Os programas eficazes têm como alvo crianças urbanas de alto risco e duram pelo menos dois dos primeiros cinco anos de vida da criança. Eles influenciam as crianças diretamente, por meio de creches ou de educação de alta qualidade e, ao mesmo tempo, indiretamente, oferecendo assistência e apoio voltados às suas necessidades (Yoshikawa, 1994; Loeber, Farrington, & Petechuk, 2003).

Esses programas operam no mesossistema de Bronfenbrenner afetando as interações entre a casa e a escola ou creche. Eles também deram um passo adiante, até o exossistema, criando redes familiares de apoio e ligando os pais a serviços comunitários como cuidados pré-natais e pós-natais e orientação educacional e vocacional (Yoshikawa, 1994; Zigler, Taussig, & Black, 1992; Reynolds et al., 2011).

Tão logo as crianças atinjam a adolescência, especialmente em regiões pobres e propensas ao crime, as intervenções precisam concentrar-se em detectar adolescentes com problemas e evitar o recrutamento para gangues (Tolan, Gorman-Smith, & Henry, 2003). Os programas bem-sucedidos encorajam as habilidades parentais por meio de melhor monitoramento, manejo comportamental e apoio social da comunidade. Por exemplo, a pesquisa recente mostrou que, no início da adolescência, manter níveis de controle adequados ao desenvolvimento e nutrir um relacionamento estreito e positivo tem efeitos protetores contra comportamentos antissociais da criança na adolescência, especialmente no que diz respeito às mães (Vieno, Nation, Pastore, & Santinello, 2009).

Programas como diversões e acampamentos de verão para jovens com problemas de comportamento podem ser contraproducentes porque trazem consigo grupos de jovens desviantes que tendem a reforçar o desvio uns dos outros. Da mesma forma, programas como o Scared Straight ("Corrigir pelo Susto"), no qual jovens de alto risco visitam prisões e falam com prisioneiros, tendem a resultar em níveis mais elevados de delinquência e, por esse motivo, estão sendo abandonados (Petrosino, Turpin-Petrosino, Hollis-Peel, & Lavenberg, 2013). Colocar os menores infratores no sistema judicial e não em programas de dissuasão (como, por exemplo, encaminhá-los para aconselhamento) também tende a aumentar a probabilidade de infrações futuras (Petitclerc, Gatti, Vitaro, & Tremblay, 2013; Petrosino, Guckenburg, & Turpin-Petrosino, 2013). Programas mais efetivos – escoteiros, esportes e atividades da igreja – integram jovens desviantes à corrente não desviante. Atividades monitoradas por adultos ou dentro da escola, fora do horário de aulas, nas tardes dos fins de semana e no verão, quando os adolescentes são mais propensos a ficarem ociosos e a se envolverem em problemas, podem reduzir sua exposição a ambientes que encorajam o comportamento antissocial (Dodge, Dishion, & Lansford, 2006).

Felizmente, a grande maioria dos adolescentes não se envolve em problemas sérios. Aqueles que apresentam um comportamento perturbado podem – e devem – ser ajudados. Com amor, orientação e apoio, os adolescentes podem evitar riscos, desenvolver suas potencialidades e explorar suas possibilidades à medida que se aproximam da vida adulta.

verificador
você é capaz de...

▷ Explicar como as influências dos pais, dos pares e da comunidade podem interagir para promover comportamento antissocial e delinquência?

▷ Identificar as características de programas que tiveram sucesso na prevenção ou interrupção da delinquência e de outros comportamentos de risco?

resumo e palavras-chave

A busca da identidade

- Uma preocupação central durante a adolescência é a busca da identidade, que tem componentes ocupacionais, sexuais e de valores. Erik Erikson descreveu o conflito psicossocial da adolescência como *identidade* versus *confusão de identidade*. A virtude que deve surgir deste conflito é a *fidelidade*.
- James Marcia, em pesquisa baseada na teoria de Erikson, descreveu quatro estados de identidade: realização de identidade, execução, moratória e difusão de identidade.
- Os pesquisadores têm opiniões divergentes quando questionados se meninos e meninas seguem caminhos diferentes na formação da identidade. Apesar de algumas pesquisas sugerirem que a autoestima das meninas tende a diminuir na adolescência, pesquisas posteriores não sustentam esses achados.
- A etnia é uma parte importante da identidade. Adolescentes integrantes de grupos minoritários parecem atravessar estágios de desenvolvimento da identidade étnica de uma forma muito similar aos estados de identidade de Marcia.

identidade (353)
identidade *versus* **confusão de identidade** (353)
fidelidade (353)
crise (354)
compromisso (354)
realização da identidade (354)
execução (354)
moratória (354)
difusão de identidade (355)
socialização cultural (357)

Sexualidade

- A orientação sexual parece ser influenciada por uma interação de fatores biológicos e ambientais, e parece ser, pelo menos parcialmente, de origem genética.
- Devido à falta de aceitação social, o curso da identidade homossexual e do desenvolvimento dos relacionamentos pode variar.
- A atividade sexual adolescente envolve riscos de gravidez e de infecções sexualmente transmissíveis. Os adolescentes que correm maior risco são aqueles que iniciam cedo a atividade sexual, têm múltiplos parceiros, não usam contraceptivos e são mal informados sobre sexo.
- O uso regular de preservativos é a melhor segurança para adolescentes sexualmente ativos.
- Programas de educação sexual abrangentes retardam a iniciação sexual e estimulam o uso de contraceptivos. Programas que somente promovem a abstinência não têm sido tão eficazes.
- As ISTs têm maior probabilidade de se desenvolver sem serem detectadas nas meninas.
- As taxas de gravidez e de parto em adolescentes nos Estados Unidos decresceram.
- A maternidade na adolescência frequentemente tem desfechos negativos. As mães adolescentes e suas famílias tendem a ter problemas de saúde e a enfrentar dificuldades financeiras, e as crianças muitas vezes se ressentem da parentalidade ineficaz.

orientação sexual (357)
infecções sexualmente transmissíveis (ISTs) (362)

Relacionamentos com a família, os pares e a sociedade adulta

- Embora os relacionamentos entre os adolescentes e seus pais nem sempre sejam fáceis, a rebeldia adolescente em ampla escala é incomum. Para a maioria dos jovens, a adolescência é uma transição razoavelmente tranquila. Para a minoria que parece ser mais profundamente problemática, pode-se prever uma vida adulta difícil.
- Os adolescentes passam uma quantidade de tempo cada vez maior com seus pares, mas o relacionamento com os pais continua a ser influente.
- O conflito com os pais tende a ser maior durante o início da adolescência. O estilo de parentalidade autoritativa está associado a resultados mais positivos.
- Os efeitos da estrutura familiar e do trabalho materno sobre o desenvolvimento dos adolescentes podem depender de fatores como recursos econômicos, qualidade do ambiente doméstico e de quanto os pais monitoram de perto o paradeiro dos filhos.
- O relacionamento com os irmãos tende a tornar-se mais distante durante a adolescência, e o equilíbrio de forças entre os irmãos mais velhos e os mais jovens fica mais simétrico.
- A influência do grupo de pares é mais forte no início da adolescência. A estrutura do grupo de amigos torna-se mais elaborada, envolvendo panelinhas e turmas, bem como amizades.
- As amizades, especialmente entre as meninas, ficam mais íntimas, estáveis e solidárias na adolescência.
- As mídias sociais e comunicação eletrônica podem ser usadas de forma positiva para estabelecer conexões sociais e aumentar a intimidade, mas também podem levar a efeitos negativos, como comportamentos semelhantes ao vício e intimidação.
- Os relacionamentos amorosos satisfazem a uma série de necessidades e se desenvolvem com a idade e a experiência.

rebeldia adolescente (366)
individuação (367)

Comportamento antissocial e delinquência juvenil

- A delinquência crônica geralmente origina-se de comportamentos antissociais de início precoce. Ela está associada com a interação de múltiplos fatores de risco, incluindo educação familiar ineficaz, fracasso escolar, influência dos pares e da vizinhança e nível socioeconômico baixo. Programas que atacam os fatores de risco desde os primeiros anos de vida têm obtido êxito.

Parte 6 — ADULTEZ EMERGENTE E JOVENS ADULTOS

capítulo 13

Desenvolvimento Físico e Cognitivo nos Adultos Emergentes e Jovens Adultos

nycshooter/Vetta/Getty Images

Pontos principais

Adultez emergente

DESENVOLVIMENTO FÍSICO

Saúde e condição física

Aspectos sexuais e reprodutivos

DESENVOLVIMENTO COGNITIVO

Perspectivas sobre a cognição adulta

Raciocínio moral

Educação e trabalho

Objetivos de aprendizagem

Descrever a transição da adolescência para a vida adulta.

Resumir o desenvolvimento físico em jovens adultos.

Discutir a sexualidade em jovens adultos.

Caracterizar as mudanças cognitivas no início da vida adulta.

Identificar exemplos dos papéis da experiência, da cultura e do gênero no desenvolvimento moral adulto.

Explicar como os adultos emergentes fazem a transição para o ensino superior e para o trabalho.

Você sabia que...

▷ Adultos norte-americanos entre 20 e 40 anos de idade são os mais propensos a ser pobres e os menos propensos a ter seguro-saúde?

▷ A tendência a exercer o pensamento reflexivo parece surgir entre as idades de 20 e 25 anos?

▷ Para benefícios cognitivos imediatos e de longo prazo, entrar na faculdade – qualquer faculdade – é mais importante do que a faculdade que a pessoa frequenta?

Neste capítulo, examinamos o funcionamento físico de adultos emergentes e jovens adultos e os fatores que podem afetar a saúde, a condição física, a sexualidade e a reprodução. Discutimos os aspectos de sua cognição e como a educação pode estimular seu crescimento. Examinamos o desenvolvimento moral. Por último, discutimos o ingresso no mundo do trabalho.

> **B**ons hábitos formados na juventude fazem toda a diferença.
> —Aristóteles

Adultez emergente

Quando uma pessoa se torna adulta? Para a maioria dos indivíduos leigos, três critérios definem a idade adulta: (1) aceitar a responsabilidade por si mesmo, (2) tomar decisões independentes e (3) tornar-se financeiramente independente (Arnett, 2006). Em países industrializados, alcançar esses objetivos demora mais tempo e segue caminhos muito mais variados do que no passado. Antes da metade do século XX, um homem jovem mal saído do ensino médio normalmente procurava um emprego estável, casava e iniciava uma família. Para uma mulher jovem, o caminho usual para a vida adulta era o casamento, que ocorria tão logo ela encontrasse um companheiro adequado.

A partir da década de 1950, a revolução tecnológica tornou a educação universitária ou a formação especializada cada vez mais essencial. As idades típicas do primeiro casamento e do primeiro filho aumentaram acentuadamente à medida que as mulheres e os homens buscavam uma educação ou oportunidades vocacionais superiores, e conforme a coabitação, parentalidade solteira e relacionamentos homossexuais se tornaram mais socialmente aceitáveis (Furstenberg, Rumbaut, & Setterstein, 2005; Lundberg & Pollack, 2014; Daugherty & Copen, 2016). Hoje, o caminho para a vida adulta é marcado por múltiplas etapas – ingressar na universidade (em tempo integral ou em meio período), sair da casa dos pais, casar-se e ter filhos – e a ordem e o momento dessas transições variam (Schulenberg, O'Malley, Bachman, & Johnston, 2005; Elzinga & Liefbroer, 2007).

Portanto, alguns cientistas do desenvolvimento sugerem que, para os muitos jovens nas sociedades industrializadas, o fim da adolescência até meados e final da década dos 20 anos tornou-se um período distinto da vida. Esse período do ciclo de vida é chamado de **adultez emergente** e representa um momento durante o qual os jovens adultos podem descobrir quem são e quem querem ser. Basicamente, é uma fase durante a qual os jovens não são mais adolescentes, mas ainda não se firmaram nos papéis adultos (Arnett, 2000, 2004, 2006; Furstenberg et al., 2005). Embora a incerteza e o tumulto que pode marcar esse processo possam ser angustiantes, de modo geral a maioria dos jovens têm uma visão positiva de seu futuro e anseiam pela vida adulta (Arnett, 2007a).

Enquanto examinamos mais detalhadamente os diversos caminhos dos adultos emergentes, é importante observar que esse processo exploratório não é compartilhado por todos os jovens adultos do mundo. Ele está largamente associado com países ocidentais em desenvolvimento, em especial entre jovens relativamente ricos.

Quais critérios para a idade adulta você considera mais relevantes? Você acha que esses critérios são influenciados pela cultura na qual você vive ou foi criado?

adultez emergente
Período de transição entre a adolescência e a idade adulta, comumente encontrado em países industrializados.

▷ **verificador**
você é capaz de...
▷ Explicar como a entrada na vida adulta mudou em sociedades industrializadas?

DESENVOLVIMENTO FÍSICO

Saúde e condição física

Os jovens adultos nos Estados Unidos geralmente desfrutam dos benefícios da boa saúde, mas eles cada vez mais padecem de uma série de riscos relacionados à saúde associados a estilos de vida modernos. Na próxima seção, revisamos algumas das influências mais importantes.

CONDIÇÃO DE SAÚDE E ASPECTOS DE SAÚDE

A saúde pode ser influenciada pelos genes, mas fatores comportamentais – o que os jovens adultos comem, se são fisicamente ativos e se fumam, bebem ou usam drogas – contribuem enormemente para a saúde e o bem-estar. Além disso, esses fatores ambientais podem resultar em mudanças epigenéticas na expressão de determinados genes que podem ter consequências para a vida inteira (Motta, Bonzini, Grevendonk, Iodice, & Bollati, 2017). Os hábitos que os jovens adultos desenvolvem durante esse período da sua vida são altamente preditores da sua probabilidade de ter boa saúde nos anos subsequentes (Liu et al., 2012).

Aproximadamente 96% dos adultos de 19 a 24 anos nos Estados Unidos relatam ter boa a excelente saúde (National Center for Health Statistics, 2017a). Os acidentes são a causa principal de morte para os jovens norte-americanos de 20 a 44 anos (Centers for Disease Control, 2017f). Contudo, as taxas de mortalidade para esse grupo como um todo diminuíram quase pela metade nos últimos 50 anos (Kochanek, Murphy, Anderson, & Scott, 2004). As questões de saúde desse período da vida espelham as da adolescência; entretanto, as taxas de lesões, homicídio e uso de substâncias estão em seu nível máximo nessa época. O menor nível socioeconômico está consistentemente, mas não invariavelmente, associado com saúde pior (Braveman, Cubbin, Egerter, Williams, & Pamuk, 2010), e disparidades adicionais se combinam a ele para quem vive em áreas rurais dos Estados Unidos, em comparação com zonas urbanas (Caldwell, Ford, Wallace, Wang, & Takahashi, 2016). A raça também é importante. Brancos e asiáticos são os mais propensos a ter boa saúde, embora a saúde dos brancos tenda a declinar à medida que eles chegam à idade adulta. O pior prognóstico de saúde é geralmente encontrado para os ameríndios, seguido pelos afro-americanos. Os latinos em geral ocupam uma posição intermediária (Harris, Gordon-Larsen, Chantala, & Urdy, 2006).

No passado, os jovens costumavam ser excluídos de muitos programas de serviço social como o Medicaid, o Children's Health Insurance Program ou os sistemas de apoio dentro do sistema escolar. Ao mesmo tempo, muitos saíam de casa e iniciavam uma vida independente. Adultos emergentes e jovens adultos tinham, então, a mais alta taxa de pobreza e o nível mais baixo de seguro-saúde do que qualquer outra faixa etária, e com frequência não tinham acesso regular a tratamento de saúde (Callahan & Cooper, 2005; Park, Mulye, Adams, Brindis, & Irwin, 2006). A implementação da Lei de Proteção e Cuidado ao Paciente dos Estados Unidos (*Affordable Care Act*) em 2010, incluindo a obrigatoriedade individual de adquirir seguro-saúde e a disposição permitindo que filhos de até 26 anos permanecessem no plano de saúde dos pais, resultou em aumentos rápidos no acesso a serviços de saúde, utilização desses serviços e indicadores de saúde relatados entre jovens adultos (Barbaresco, Courtemanche, & Oi, 2015; Antwi, Moriya, & Simon, 2015; Sommers, Gunja, Finegold, & Musco, 2015). Contudo, em dezembro de 2017, o governo Trump basicamente revogou essa obrigatoriedade individual, que forçava todos os adultos a adquirir seguro-saúde ou pagar uma multa, ao reduzir a multa a zero. O Escritório de Orçamento do Congresso dos Estados Unidos estimou que essa mudança, em vigor desde janeiro de 2019, levaria a mais 4 milhões de pessoas sem seguro em 2019 e 13 milhões até 2027, assim como aumentos anuais de 10% nas anuidades e mensalidades para os usuários do mercado de seguro (Congressional Budget Office, 2017). Em resposta a essa mudança, cinco estados sancionaram independentemente leis de obrigatoriedade individual que obrigavam seus moradores a adquirir seguro-saúde, enquanto sete outros estavam considerando leis semelhantes (National Conference of State Legislators, 2018; Pak, 2019). O resultado dessas ações nacionais relativas à cobertura de seguro-saúde ainda é incerto.

INFLUÊNCIAS GENÉTICAS NA SAÚDE

O mapeamento do genoma humano nos permite examinar mais claramente as raízes genéticas de muitos distúrbios. A expressão de qualquer um deles (obesidade, certos cânceres, asma) é o produto da interação entre genes e ambiente (Ritz et al., 2017).

Por exemplo, podemos examinar o papel das influências genéticas no desenvolvimento da depressão. Diversas variantes genéticas elevam os riscos dos seus portadores. Por exemplo, uma variante responde ao ambiente familiar. Quando criada em um ambiente apoiador, a criança com tal variante não corre risco adicional em comparação com uma criança que não a possui. Contudo, na ausência de uma família apoiadora, o risco de depressão é elevado (Taylor, Lehman, Kiefe, & Seeman, 2006). Da mesma forma, foram identificadas variantes genéticas que elevam o risco de maus-tratos na infância, morte do pai no início da vida e eventos de vida estressantes na vida adulta (Uher, 2014; Agid et al., 1999; Caspi et al., 2003).

O mecanismo de ação de muitas das influências genéticas sobre a depressão provavelmente se deve à sua influência em fatores neurobiológicos. Em outras palavras, os genes que

A prática do wakeboarding *requer força, energia, resistência e coordenação muscular. A maioria dos adultos, como este jovem, estão em condições físicas excelentes.*

Digital Vision/Getty Images

afetam a ação de receptores hormonais, sistemas de resposta ao estresse e plasticidade sináptica podem influenciar a capacidade da pessoa de reagir adaptativamente a eventos estressantes. A sensibilidade pode tornar a pessoa mais sensível à influência do estresse ambiental, especialmente no início do desenvolvimento (Hornung & Heim, 2014). Em um ambiente de baixo estresse, essa sensibilidade pode não ser expressa. Assim, não é apenas o gene ou apenas o ambiente que leva à depressão; a interação entre os dois é fundamental.

INFLUÊNCIAS COMPORTAMENTAIS NA SAÚDE E NA CONDIÇÃO FÍSICA

A associação entre comportamento e saúde ilustra as inter-relações entre aspectos físicos, cognitivos e emocionais do desenvolvimento. O que as pessoas sabem sobre saúde afeta o que elas fazem, e o que elas fazem afeta como elas se sentem. Contudo, *conhecer* os bons (e maus) hábitos de saúde não basta. A personalidade, as emoções e o ambiente social frequentemente pesam mais do que aquilo que as pessoas sabem que devem fazer e levam a comportamentos não saudáveis. Na próxima seção, analisamos influências diretas e indiretas sobre a saúde.

Dieta e nutrição O que as pessoas comem e quanto movem seus corpos afeta sua aparência, como se sentem e a probabilidade de adoecer e mesmo de morrer. Mundialmente, a má alimentação e a falta de atividade física estão entre as principais causas de doenças evitáveis, sobrepeso e obesidade (World Health Organization, 2018f). Nos Estados Unidos, estima-se que metade das mortes prematuras poderiam ser prevenidas por meio da modificação de fatores de estilo de vida, incluindo melhorias na alimentação e exercícios e a cessação do tabagismo (Yoon, Bastion, Anderson, Collins, & Jaffee, 2014).

A Organização Mundial da Saúde (OMS) recomenda uma dieta mediterrânea, rica em frutas, vegetais, grãos integrais e gorduras insaturadas. Esse tipo de dieta está associado a um risco reduzido para uma ampla variedade de cânceres (Cuoto et al., 2011). Em um estudo longitudinal de 15 anos com jovens de 18 a 30 anos de idade, aqueles que comiam muitas frutas, vegetais e outros alimentos de origem vegetal eram menos propensos a desenvolver hipertensão arterial do que aqueles que comiam uma dieta pesada baseada em carne vermelha (Steffen et al., 2005). É possível, claro, que as pessoas que se alimentam com essa dieta escolham viver vidas mais saudáveis em geral (Boffeta et al., 2010).

Obesidade/sobrepeso A tendência mundial indica que a obesidade está em ascensão. Desde 1975, a taxa de obesidade quase triplicou. Em 2016, havia 1,9 bilhão de adultos acima do peso, 650 milhões dos quais eram obesos. Boa parte desse aumento pode ser atribuída às consequências inesperadas da globalização, incluindo a maior disponibilidade de alimentos processados, ricos em calorias e pobres em nutrientes, e a urbanização do ambiente. Muitos países agora precisam enfrentar o duplo flagelo do sobrepeso e das doenças infecciosas e subnutrição, mas o sobrepeso e a obesidade estão ligados a mais mortes mundialmente do que estar abaixo do peso (UNICEF/WHO/World Bank Group, 2019, Figura 13.1).

Nos Estados Unidos, o homem ou a mulher médios estão mais de 10,8 kg mais pesados do que no início da década de 1960, mas somente cerca de 2,54 cm mais altos (Flegal, Carrol, Ogden, & Curtin, 2010). Quase 40% dos homens e mulheres com 20 anos ou mais eram obesos em 2016. Se o sobrepeso e a obesidade forem considerados juntos (IMC maior que 25), 71,6% da população dos Estados Unidos atinge os critérios (Fryar, Carroll, & Ogden, 2018b).

Como se explica a epidemia de obesidade? Especialistas apontam para um aumento do hábito de comer fora de hora (Zizza, Siega-Riz, & Popkin, 2001), disponibilidade de *fast-food* de baixo custo, porções fartas, tecnologias que poupam mão de obra, dietas ricas em gorduras, incluindo alimentos altamente processados, e ocupações recreativas sedentárias, tais como televisão e computadores (Centers for Disease Control, 2017g; Pereira et al., 2005). Como na infância e na adolescência, uma tendência hereditária para a obesidade pode interagir com fatores ambientais e comportamentais (Choquet & Meyre, 2011; Albuquerque, Stice, Rodríguez-López, Manco, & Nóbrega, 2015).

A obesidade também acarreta riscos de hipertensão arterial, doença cardíaca, acidente vascular cerebral (AVC), diabetes, cálculos biliares, artrite e outros problemas musculares e esqueléticos, e

O americano médio come fast-food *aproximadamente duas vezes por semana.*
Pereira et al., 2005

Que coisas específicas você poderia fazer para ter um estilo de vida mais saudável?

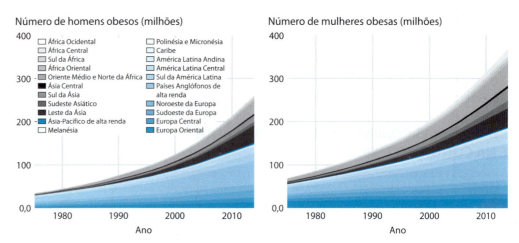

FIGURA 13.1
Tendências globais do índice de massa corporal, 1975–2015.
Mundialmente, a obesidade está crescendo. Em 1975, cerca de 34 milhões de homens e 71 milhões de mulheres eram medicamente obesos. Em 2014, esse número havia saltado para 266 milhões de homens e 375 milhões de mulheres (veja esta imagem colorida nas orelhas do livro).

Fonte: NCD Risk Factor Collaboration. "Trends in Adult Body-Mass Index in 200 Countries from 1975 to 2014: A pooled Analysis of 1698 Population-Based Measurement Studies with 19.2 Million Participants." *The Lancet* 387, no. 10026 (2016): 1377-1396.

alguns tipos de câncer, além de diminuir a qualidade e o tempo de vida (USDHHS, 2013; Gregg et al., 2005; Ogden, Carroll, McDowell, & Flegal, 2007). Além das consequências físicas, a obesidade também traz consigo um risco de consequências psicossociais. Pessoas com sobrepeso ou obesas estão mais propensas a ser estigmatizadas, ter baixa autoestima e baixa satisfação corporal e sofrer de depressão (Williams, Mesidor, Winters, Dubbert, & Wyatt, 2015; Papadopoulous & Brennan, 2015; Tomiyama, 2014). A obesidade também impacta os custos da saúde. Estima-se que a obesidade custe aos Estados Unidos aproximadamente 190 bilhões de dólares ao ano em despesas relativas à saúde, ou 21% dos gastos totais com saúde (Hruby & Hu, 2015).

Mudanças no estilo de vida (mudança da dieta e exercício) ou tratamentos medicamentosos sustentaram as metas de perda de peso por dois anos ou mais (Powell, Calvin, & Calvin, 2007), mas para muitas pessoas é difícil manter essas perdas por períodos mais longos. Entretanto, a pesquisa com modelos animais sugere que a restrição de calorias e a consequente manutenção do peso de uma estrutura mais delgada está associada a mais saúde e mais longevidade (Bodkin, Alexander, Ortmeyer, Johnson, & Hansen, 2003; Omodei & Fontana, 2011). Muitas pessoas são bem-sucedidas nos seus esforços iniciais de dieta e conseguem perder peso, mas a manutenção da perda de peso é difícil, sendo complicada por fatores ambientais e fisiológicos (Greenway, 2015). Ainda assim, a perda de peso de longo prazo bem-sucedida é possível (Ramage, Farmer, Apps Eccles, & McCargar, 2013; Dombrowski, Knittle, Avenell, Araujo-Soares, & Sniehotta, 2014; Montesi et al., 2016). Entretanto, apenas cerca de 1 em 6 pessoas consegue, de fato, perder 10% do seu peso corporal sem recuperá-lo posteriormente (Kraschnewski et al., 2010).

Outra opção disponível para adultos obesos que desejam perder peso é a cirurgia bariátrica. O termo se refere a qualquer cirurgia realizada para induzir a perda de peso, geralmente envolvendo o redirecionamento ou a remoção de partes do estômago ou do intestino delgado. A cirurgia bariátrica produz perda de peso mais consistente e sustentada e reduz mais os riscos para doenças relacionadas à obesidade na maioria dos adultos do que dietas e mudanças no estilo de vida. Contudo, ela tem riscos, e de 10 a 17% dos adultos sofrem complicações devido à cirurgia (Chang et al., 2014). Em geral, a cirurgia bariátrica representa uma opção eficaz apenas para os adultos mais obesos de todos (Williams et al., 2015). As tendências atuais sugerem que a obesidade e o sobrepeso continuarão sendo fatores de risco para a saúde nos próximos anos.

Transtornos alimentares Embora comer demais e engordar seja a questão nutricional mais comum, os transtornos alimentares que se focalizam em tentativas de manter um peso baixo também são um problema em muitos países, especialmente nos desenvolvidos como os Estados Unidos (Qian et al., 2013). De modo geral, as taxas de prevalência de transtornos alimentares ao longo da vida são baixas, algo entre 0,3 e 0,6% (Favaro, Ferrara, & Santonastaso, 2004), mas ainda representam uma quantidade substancial de dor e sofrimento, especialmente porque muitos dos que sofrem de transtornos alimentares não procuram tratamento (Campbell & Peebles, 2013). Embora as terapias cognitivo-comportamentais tenham obtido algum sucesso no tratamento de transtornos alimentares, as taxas de sucesso são baixas (Wilson, Grilo, & Vitousek, 2007). Os transtornos alimentares mais comuns são anorexia nervosa e bulimia nervosa.

Atividade física Adultos que são fisicamente ativos colhem muitos benefícios. Além de ajudar a manter o peso corporal saudável, a atividade física desenvolve a musculatura; fortalece o coração e os pulmões; diminui a pressão arterial; protege de doenças cardíacas, AVC, diabetes, diversos tipos de câncer e osteoporose (um enfraquecimento dos ossos que é mais comum em mulheres de meia-idade e em mulheres mais velhas); alivia a ansiedade e a depressão; e prolonga a vida (Reiner, Niermann, Jekauc, & Woll, 2013; Bernstein et al., 2005; NCHS, 2004). Além do mais, as pesquisas sugerem que o exercício também está relacionado ao funcionamento cognitivo, e que um corpo saudável é uma das variáveis relacionadas ao estabelecimento e manutenção de uma mente saudável (Guiney, Lucas, Cotter, & Machado, 2015; Kramer, Erickson, & Colcombe, 2006). Além disso, os exercícios físicos, incluindo atividades estruturadas e não estruturadas, com diversos níveis de intensidade, parecem ser uma ferramenta eficaz para lidar com a depressão, a ansiedade e o estresse (Hearing et al., 2016; Meyer, Koltyn, Stegner, Kim, & Cook, 2016; Anderson, Moon, & Flood, 2018).

Mesmo exercícios moderados trazem benefícios para a saúde. Incorporar mais atividade física à vida diária – por exemplo, caminhar em vez de percorrer de carro pequenas distâncias – pode ser tão eficiente quanto o exercício estruturado com relação aos benefícios para a saúde. Entretanto, manter um peso saudável geralmente requer tanto atividade física como mudanças na dieta. Mais especificamente, a perda de peso costuma exigir restrição calórica (Swift et al., 2018).

Infelizmente, embora as pessoas tenham consciência da necessidade de monitorar seu peso e de estabelecer hábitos saudáveis, é mais fácil falar do que fazer. Em geral, adultos de 18 a 64 anos devem realizar de 75 a 150 minutos de exercícios aeróbicos (dependendo dos níveis de intensidade) e de atividades de fortalecimento muscular, preferencialmente divididos em segmentos ao longo da semana, para obter benefícios significativos para a saúde. Benefícios adicionais são possíveis com a realização de mais de 300 minutos de atividade física por semana, incluindo atividades de fortalecimento muscular dois ou mais dias por semana (Centers for Disease Control, 2019c). Embora as diretrizes mínimas representem menos de meia hora de exercícios por dia, apenas 51,6% dos norte-americanos as atendem, e 15,2% relatam não realizar nenhuma atividade física (Centers for Disease Control, 2014b).

Estresse Apesar das experiências geralmente positivas da maioria dos adultos emergentes, as dinâmicas desse estágio da vida podem levar a aumentos na percepção do estresse (Arnett, 2005; Brougham, Zail, Mendoza, & Miller, 2009). Uma quantidade cada vez maior de pesquisas sugere que nossa saúde psicológica afeta nossa saúde física, e que altos níveis de estresse crônico estão relacionados a uma série de prejuízos físicos e imunológicos (Ho, Neo, Chua, Cheak, & Mak, 2010).

Existem diferenças individuais na forma como os jovens adultos lidam com o estresse (Howland, Armeli, Feinn, & Tennen, 2017). Em alguns casos, o estresse pode levá-los a se envolver em comportamentos de risco, tais como beber ou fumar, para lidar com esse estresse (Pedersen, 2017; White et al., 2006; Rice & Van Arsdale, 2010), comportamentos que têm consequências para a saúde deles. Além disso, estudantes universitários estressados são mais propensos a ter uma dieta

Está estressado? Dar uma boa risada ao longo de um dia ruim pode ser útil. Embora a pesquisa ainda seja ambígua a esse respeito, há indicações de que o humor pode ser uma estratégia eficaz para lidar com o estresse. Portanto, ria um pouco!
Moran & Hughes, 2006

verificador
você é capaz de...

▷ Resumir o estado de saúde típico dos jovens adultos nos Estados Unidos e identificar a causa principal de óbito nessa faixa etária?

▷ Dizer como alguns fatores dietéticos podem afetar a probabilidade de câncer e de doenças cardíacas?

▷ Apresentar razões para a epidemia de obesidade?

Incorporar mais atividade na vida diária, digamos, ir de bicicleta para o trabalho em vez de ir de carro, pode ser tão eficaz quanto exercícios estruturados.
LarsZ/Shutterstock

JANELA para o mundo

USO DA INTERNET EM TODO O MUNDO

Nosso mundo está mudando e nossos riscos também. Pesquisas mostram que um novo desafio está surgindo para a saúde global: o uso excessivo da internet. Em 2008, as estatísticas indicavam que o uso médio da internet entre os adultos era de 2,7 horas por dia. Em 2017, esse número havia mais do que dobrado, atingindo 5,9 horas por dia (Meeker, 2018). Na Grã-Bretanha, onde as pesquisas mostram que 78% dos adultos usam a internet diariamente (Office for National Statistics, 2015), um estudo indicou que o uso da internet e das mídias sociais causa uma redução do contato humano físico. A queda está associada a dificuldades nas habilidades sociais básicas e reações emocionais apropriadas, assim como pior capacidade de atenção e autocontrole (Paton, 2012). Um estudo sueco analisou o uso de telefones celulares e mostrou que indivíduos com altos níveis de uso do celular relatavam transtornos do sono e sintomas de depressão (Thomee, Harenstam, & Hagberg, 2011). Ambos os estudos indicavam que o risco de fatores de saúde negativos aumentava com o uso de mais de uma hora por dia.

À medida que o uso da tecnologia se dissemina além das fronteiras do mundo desenvolvido, a influência desse novo risco tende a se expandir. Atualmente, os países em desenvolvimento mais vulneráveis do mundo estão se encaminhando para a universalização do acesso à internet e à telefonia móvel (United Nations, 2018). Apesar de essa mudança ser essencial para os esforços de modernização, a introdução dessas tecnologias é uma faca de dois gumes.

qual a sua opinião? Como são seus hábitos de uso da internet? O que você precisaria mudar para levar uma vida mais saudável?

---

alimentar não saudável e se exercitar menos (Hudd et al., 2000), tendem a ter sono de baixa qualidade ou insuficiente (Lund, Reider, Whiting, & Prichard, 2010) e tendem a ter suas notas e saúde prejudicadas (Leppink, Odlaug, Lust, Christenson, & Grant, 2016).

Há diferenças de gênero na forma como os jovens adultos normalmente lidam com o estresse. Em geral, o enfrentamento do estresse tem sido dividido em duas amplas categorias. O enfrentamento focado na emoção consiste em tentativas de lidar com as emoções associadas à experiência de um determinado evento por meio de táticas como recusar pensar sobre o problema ou recolocar o evento sob uma perspectiva positiva. O enfrentamento focado no problema envolve abordar um problema de frente e desenvolver formas de ação para enfrentar e mudar uma situação desfavorável (Lazarus & Folkman, 1984). Mulheres de idade universitária são mais propensas a usar estratégias focadas na emoção do que homens da mesma idade (Crăciun, 2013; Nolen-Hoeksema & Aldao, 2011). Além disso, ao mesmo tempo, as mulheres de idade universitária experimentam de modo geral níveis de estresse mais altos (Brougham, Zail, Mendoza, & Miller, 2009).

Sono Muitos adultos emergentes e jovens adultos frequentemente não dormem de forma adequada. Entre estudantes universitários, o estresse da vida familiar, juntamente com o estresse acadêmico, está associado a altos níveis de insônia (Lund et al., 2010). Em um estudo recente de mais de 1.300 alunos de graduação, 47% informaram insônia leve e 22,5% informaram insônia de moderada a grave (Gress-Smith, Roubinov, Andreotti, Compas, & Luecken, 2015). Hábitos de uso excessivo do telefone e da internet podem ser outro fator relacionado a problemas com o sono (ver Seção Janela para o Mundo).

A privação do sono afeta não apenas a saúde física, mas também o funcionamento cognitivo, emocional e social. A principal consequência cognitiva da falta de sono é a baixa atenção e vigilância (de Bruin, van Run, Staaks, & Meijer, 2017; Kerkhof & Van Dongen, 2010; Lim & Dinges, 2010). Contudo, também há consequências para a aprendizagem verbal (Horne, 2000), alguns aspectos da memória (Lowe, Safati, & Hall, 2017), a tomada de decisão de alto nível (Harrison & Horne, 2000a), processos inibitórios (Anderson & Platten, 2011) e articulação da fala (Harrison & Horne, 1997). A privação de sono crônica (menos de 6 horas de sono por noite durante três ou mais noites) pode piorar seriamente o desempenho cognitivo (Van Dongen, Maislin, Mullington, & Dinges, 2003).

Por fim, a privação de sono crônica foi associada à depressão (Murphy & Peterson, 2015; Gress-Smith et al., 2015), e insônia e distúrbios do sono também estão relacionados a risco de depressão pós-parto (Bhati & Richards, 2015). A privação do sono pode ser perigosa na estrada. De fato, foi demonstrado que os prejuízos de desempenho relacionados à privação de sono, mesmo parcial, são semelhantes aos encontrados após a ingestão de álcool (Elmenhorst et al., 2009).

O sono adequado melhora a aprendizagem de habilidades motoras complexas e consolida o aprendizado anterior (Tucker et al., 2017). Em comparação com adultos que não dormiram bem na noite anterior, os adultos que tiveram uma boa noite de sono ficam mais engajados com o seu trabalho no dia seguinte (Kühnel, Zacher, De Bloom, & Bledow, 2017). Até mesmo um pequeno cochilo pode evitar o *burnout* (esgotamento) – a supersaturação dos sistemas de processamento perceptual do cérebro (Mednick et al., 2002).

Desempenho cognitivo insatisfatório devido à privação de sono é a razão por que passar a noite em claro estudando para uma prova é uma má ideia.

Tabagismo O tabagismo é a principal causa evitável de morte, doença e empobrecimento no mundo todo, ligado não somente ao câncer de pulmão, mas também a um maior risco de doenças cardíacas, AVC e doenças pulmonares crônicas. O tabaco mata mais de 7 milhões de pessoas todos os anos e, no longo prazo, mata metade de todos os usuários. A exposição ao tabagismo passivo também é perigosa, e aproximadamente 890.000 das mortes resultam da exposição dos não fumantes ao fumo passivo (World Health Organization, 2019a).

Cerca de 80% dos 1,1 bilhão de fumantes do mundo se encontra nos países de baixa e média renda. Os impostos altos sobre produtos de tabaco, a forma com melhor relação custo-benefício de desincentivar o uso, foram instituídos em apenas 32 países, representando cerca de 10% da população global (World Health Organization, 2019a).

O tabagismo está ligado a aproximadamente 1 de cada 5 mortes norte-americanas, o que representa mais de 480.000 mortes ao ano. Cerca de 15,8% dos homens e 12,2% das mulheres com mais de 18 anos de idade nos Estados Unidos são atualmente fumantes. As taxas de tabagismo são mais elevadas entre a população branca (15,2%) e afro-americana (14,9%) e menor entre adultos hispânicos (9,9%) (Centers for Disease Control, 2019d). Nos últimos anos, os cigarros eletrônicos se popularizaram, e estima-se que 2,8% dos adultos sejam usuários (Centers for Disease Control, 2018).

Uma vez que o tabagismo é um vício, é difícil abandoná-lo, apesar do conhecimento dos riscos para a saúde. Fumar é especialmente prejudicial para os afro-americanos, cujo sangue metaboliza a nicotina rapidamente, aumentando o risco de câncer de pulmão.
Ryan McVay/Photodisc/Getty Images

As pessoas começam a fumar por diversos motivos, mas o principal para continuarem a fazê-lo, mesmo quando prefeririam parar, é a natureza viciante da nicotina, uma substância encontrada no tabaco. A tendência para o vício pode ser genética (Ware & Munafò, 2015; Lerman et al., 1999; Sabol et al., 1999). A ligação entre suscetibilidade genética e probabilidade de adição é mais forte para aqueles que começaram a fumar em uma idade precoce (Weiss et al., 2008). O tabagismo também está fortemente associado ao nível socioeconômico; adultos norte-americanos que ganham menos de 35 mil dólares por ano são três vezes mais propensos a serem fumantes do que aqueles que ganham mais de 100 mil (Centers for Disease Control, 2019d).

Deixar de fumar reduz os riscos de doenças cardíacas, câncer e AVC (USDHHS, 2010). Chicletes, adesivos e *sprays* nasais feitos à base de nicotina, especialmente quando combinados com psicoterapia, podem ajudar pessoas dependentes a abandonar o vício de modo gradual e seguro (Cepeda-Benito, Reynoso, & Erath, 2004). Substituir os cigarros tradicionais por cigarros eletrônicos também parece promissor (Siegel, Tanwar, & Wood, 2011). Apesar de ainda nocivos, os eletrônicos causam menos danos do que os cigarros tradicionais. Medicamentos que ajudam a lidar com a "fissura" sem o fornecimento de nicotina também podem ser úteis (Centers for Disease Control, 2018g; Gonzalez et al., 2006).

Parar de fumar é difícil, e muitos programas de cessação do tabagismo têm taxas de sucesso baixas. Entretanto, menos de um terço dos fumantes que tentam parar usam terapias de cessação do tabagismo de eficácia comprovada, e apenas 1 de 10 conseguem parar durante um ano (Babb, 2017). Contudo, o uso de medicações pode aumentar os índices de sucesso no período de 6 meses, de aproximadamente 25% para 33% (American Cancer Society, 2011); no geral, quase 60% dos adultos norte-americanos que já fumaram conseguiram parar (Babb, 2017).

Uso de álcool Nos Estados Unidos, as pessoas são consumidoras frequentes de bebidas alcoólicas, prática que atinge o auge na adultez emergente. Entre os adultos de 18 a 25 anos, aproximadamente 56% relataram ter consumido álcool durante o último mês (SAMHSA, 2017; Figura 13.2), e

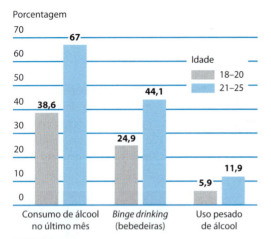

FIGURA 13.2
Uso corrente de álcool (no último mês), *binge drinking* (bebedeiras) e uso pesado de álcool entre estudantes universitários de 18 a 25 anos.
Fonte: SAMHSA, 2018.

consumo de risco
Consumir mais de 14 doses de álcool por semana ou 4 doses em um único dia para homens, e mais de 7 doses por semana ou 3 doses em um único dia para mulheres.

▶ **verificador**
você é capaz de...

▷ Citar os benefícios dos exercícios físicos?

▷ Explicar por que a privação do sono é prejudicial?

▷ Discutir as tendências e os riscos envolvidos no tabagismo e no uso de álcool?

quase 32% dos homens e 19% das mulheres haviam tido um episódio de *binge drinking* (bebedeira – consumo abusivo de álcool, de 5 ou mais doses para homens e de 4 ou mais doses para mulheres, em uma única ocasião) durante o último ano (Clarke, Norris, & Schiller, 2017).

A faculdade é um período e um local de apogeu para a bebida, e os estudantes universitários tendem a beber com mais assiduidade e intensidade do que seus pares não universitários. Em 2017, quase 54% dos estudantes universitários com idades de 18 a 22 anos tinham consumido álcool no mês anterior, em comparação com um pouco mais de 48% dos seus pares não universitários. Além disso, 9,7% dos universitários bebiam pesado, e 34,8% praticavam *binge drinking* (SAMHSA, 2017). Embora o consumo leve a moderado de álcool não seja nocivo (Ruitenberg et al, 2002), o consumo pesado de álcool (*heavy drinking* – consumo abusivo e frequente de álcool) ao longo dos anos pode levar a cirrose hepática, a outros distúrbios gastrintestinais (incluindo úlceras), doenças do pâncreas, certos tipos de câncer, insuficiência cardíaca, AVC, danos ao sistema nervoso, psicoses e outros problemas médicos (NIAAA, 2017; Fuchs et al., 1995).

O álcool está associado a outros riscos característicos da adultez emergente, como acidentes de trânsito, crimes, infecção por HIV (Leigh, 1999), uso de drogas ilícitas e de tabaco (Hingson, Heeren, Winter, & Wechsler, 2005), e à probabilidade de cometer agressão sexual (Brecklin & Ullman, 2010). Consequências acadêmicas são comuns para estudantes universitários (NIAAA, 2016). Um terço dos óbitos em acidentes de trânsito estão relacionados ao álcool, e estima-se que haja 121 milhões de eventos de direção prejudicada pelo álcool todos os anos (Jewett, Shults, Banerjee, & Bergen, 2015).

O **consumo de risco** de álcool é definido como o consumo de mais de 14 doses por semana ou de 4 doses em um único dia para homens, e mais de 7 doses por semana ou de 3 doses em um único dia para mulheres. Aproximadamente 1 em cada 4 pessoas são consumidores de risco, com probabilidade de se tornar dependentes ou de contrair doenças hepáticas, bem como de ter problemas físicos, mentais e sociais decorrentes do hábito (NIAAA, 2016).

Variáveis individuais afetam a probabilidade de consumir álcool. Por exemplo, a raça e a etnia podem afetar os padrões do beber. O grupo que relata o consumo de álcool mais alto são os ameríndios, seguido pelos brancos, e os níveis de uso mais baixos são relatados por mexicano-americanos, afro-americanos e asiático-americanos (Wallace et al., 2005). O gênero também afeta os padrões de consumo, com as mulheres geralmente consumindo menos álcool de modo geral, bem como tendo os níveis mais baixos de *binge drinking* (bebedeiras) (NIAAA, 2016).

INFLUÊNCIAS INDIRETAS NA SAÚDE

Além das coisas que as pessoas fazem, ou deixam de fazer, que afetam sua saúde diretamente, há influências indiretas sobre a saúde. Entre estas estão a renda, a educação e a raça/etnia. Os relacionamentos também parecem fazer diferença, assim como os caminhos que os jovens seguem até a idade adulta.

Nível socioeconômico e raça/etnia A associação entre nível socioeconômico (NSE) e saúde está amplamente documentada (Williams, Priest, & Anderson, 2016). Pessoas com renda mais alta classificam sua saúde como melhor e vivem mais tempo do que pessoas com renda mais baixa (NCHS, 2017b). A educação também é importante. Quanto menos escolaridade as pessoas tiverem, maior a chance de desenvolver e de morrer de doenças transmissíveis, lesões ou moléstias crônicas, ou de se tornar vítimas de homicídio ou suicídio (NCHS, 2017; Pamuk, Makuc, Heck, Reuben, & Lochner, 1998). As circunstâncias socioeconômicas, tanto na infância como na idade adulta, são determinantes importantes do risco para doença cardiovascular, e, mais ainda, para AVC (Galobardes, Smith, & Lynch, 2006).

Isso não significa que renda e educação *causem* boa saúde; antes, elas estão relacionadas a fatores ambientais e a estilos de vida que tendem a ser causadores. Em outras palavras, suas influências são indiretas. Pessoas com melhor educação e mais ricas tendem a ter dietas mais saudáveis, melhor assistência de saúde preventiva e tratamento médico. Elas se exercitam mais e são menos propensas a estar acima do peso, fumam menos e são menos propensas a usar drogas ilegais, e são mais propensas a usar álcool com moderação (NCHS, 2017; SAMHSA, 2017). Além disso, os menos ricos são mais propensos a viver próximo a uma indústria poluente (Mohai, Lantz, Morenoff, House, & Mero, 2009) e a apresentar níveis elevados de chumbo e outras toxinas no sangue (Bellinger, 2008).

Como as minorias tendem a ter NSE menor nos Estados Unidos, seus problemas de saúde são causados por isso, não pelo fato de pertencerem a minorias em si (Kiefe et al., 2000). Trinta e nove por cento dos homens afro-americanos e 43% das mulheres afro-americanas com 20 anos ou mais sofrem de hipertensão arterial (CDC, 2011a). Os afro-americanos também são mais propensos a receber um diagnóstico de diabetes e mais propensos a morrer da doença (Kirk et al., 2006). Os afro-americanos têm mais de 60% de probabilidade do que os brancos de morrer na adultez jovem, em parte porque homens jovens afro-americanos têm probabilidade muito maior de serem vítimas de homicídios (NCHS, 2017).

Viver na pobreza, como esta mãe e sua filha, que compartilham um único quarto em um albergue, pode afetar a saúde como consequência de má nutrição, moradia abaixo do padrão e cuidados de saúde inadequados.
David Wells/The Image Works

Relacionamentos e saúde   As relações sociais parecem ser vitais para a saúde e o bem-estar. Pesquisas identificaram pelo menos dois aspectos inter-relacionados do ambiente social que podem promover a saúde: *integração social* e *apoio social* (Cohen, 2004).

A *integração social* é o envolvimento ativo em uma ampla faixa de relacionamentos, atividades e papéis sociais. A integração social tem sido repetidamente associada a menores índices de mortalidade (Holt-Lunstad, Smith, & Layton, 2010; Holt-Lunstad, Smith, Baker, Harris, & Stephenson, 2015). Pessoas com redes sociais amplas e papéis sociais múltiplos têm maior probabilidade de sobreviver a ataques cardíacos e menor probabilidade de ser ansiosas ou deprimidas do que pessoas com redes e papéis sociais mais limitados (Cohen, Gottlieb, & Underwood, 2000) e são até menos suscetíveis a resfriados (Cohen, Janicki-Deverts, Turner, & Doyle, 2015). Além disso, parece que as redes sociais da internet, como o Facebook, podem proporcionar alguns desses benefícios por meio da interação e do apoio virtuais (Hobbs, Burke, Christakis, & Fowler, 2016; Ellis, Steinfield, & Lampe, 2007). Alguns desses processos podem ser mediados por hormônios do estresse, como o cortisol. Em outras palavras, os efeitos benéficos da integração social podem dever-se em parte às diminuições nos níveis de estresse que vínculos sociais fortes podem gerar (Grant, Hamer, & Steptoe, 2009).

O *apoio social* se refere a recursos materiais, informativos e psicológicos derivados da rede social aos quais a pessoa pode recorrer em busca de ajuda para lidar com o estresse. Em situações altamente estressantes, pessoas que mantêm contato com outras têm maior propensão a se alimentar e a dormir adequadamente, a fazer exercícios físicos suficientes e a evitar o abuso de substâncias, e são menos propensas a ser angustiadas, ansiosas, deprimidas ou mesmo a morrer (Cohen, 2004; Thoits, 2011).

Visto que o casamento oferece um sistema prontamente disponível tanto de integração social quanto de apoio social, não é de surpreender que ele seja benéfico para a saúde (Robles, Slatcher, Trombello, & McGinn, 2014). As pessoas casadas, principalmente jovens adultos, tendem a ser física e psicologicamente mais saudáveis do que aquelas que nunca se casaram, vivem em concubinato, são viúvas, separadas ou divorciadas (Schoenborn, 2004). A dissolução de um casamento, ou de um concubinato, tende a ter efeitos negativos sobre a saúde física ou mental, ou ambas – mas, aparentemente, ocorre a mesma coisa quando os indivíduos permanecem em um mau relacionamento (Wu & Hart, 2002). As pessoas em um casamento infeliz têm saúde mais precária do que adultos solteiros, e nem mesmo uma rede de apoio de amigos e da família pode atenuar esse efeito (Holt-Lundstad, Birmingham, & Jones, 2008).

> **verificador**
> **você é capaz de...**
> ▷ Indicar as diferenças na saúde e na mortalidade que refletem a renda, a educação e a raça/etnia?
> ▷ Discutir como os relacionamentos podem afetar a saúde física e mental?

Este casal feliz é a imagem da boa saúde. Embora haja uma associação clara entre relacionamentos e saúde, não está evidente qual é a causa e qual é o efeito.
Don Hammond/Design Pics

PROBLEMAS DE SAÚDE MENTAL

A transição para a adultez emergente marca o final dos anos relativamente estruturados do ensino médio. A independência para tomar decisões e escolher diferentes caminhos é frequentemente libertadora, mas a responsabilidade de contar consigo mesmo e de sustentar-se financeiramente pode ser esmagadora (Schulenberg & Zarrett, 2006). Na sequência, examinamos alguns transtornos específicos que podem ocorrer nos jovens adultos: alcoolismo, abuso de drogas e depressão.

Alcoolismo O abuso e a dependência de álcool são os transtornos relacionados a substâncias mais prevalentes, relatados por 6,2% da população adulta dos Estados Unidos (NIAAA, 2018). A dependência do álcool, ou **alcoolismo**, é uma condição física de longo prazo caracterizada pelo beber compulsivo que a pessoa é incapaz de controlar. A hereditariedade de uma tendência ao alcoolismo é de cerca de 50% (Verhulst, Neale, & Kendler, 2015). O alcoolismo, assim como outras adições, como a dependência do cigarro, parece resultar de alterações duradouras nos padrões de transmissão do sinal neural no cérebro. A exposição a uma substância que causa dependência (neste caso, o álcool) cria um estado mental eufórico acompanhado por alterações neurológicas que produzem sensações de desconforto e fissura quando ela não está mais presente. De 6 a 48 horas após a última dose, os alcoolistas experimentam sintomas físicos de abstinência fortes (ansiedade, agitação, tremores, pressão arterial elevada e, às vezes, convulsões). Os alcoolistas, como os dependentes de drogas, desenvolvem uma tolerância à substância e necessitam cada vez mais para obter o "barato" desejado (NIAAA, 1996).

O tratamento para alcoolismo pode incluir desintoxicação (remoção de todo o álcool do corpo), hospitalização, medicamento, psicoterapia individual e de grupo e encaminhamento a uma organização de apoio, como os Alcoólicos Anônimos. Embora não haja uma cura, o tratamento pode dar aos alcoolistas novas ferramentas para lidar com sua dependência e levar uma vida produtiva.

Uso e abuso de drogas O uso de drogas ilícitas atinge seu auge entre as idades de 18 e 25 anos; quase 20% dessa faixa etária relata ter usado drogas ilícitas no último mês. Quando se estabelecem e assumem a responsabilidade por seu futuro, os jovens adultos tendem a reduzir o uso de drogas. As taxas de uso caem drasticamente após o 20º aniversário e então continuam a diminuir, embora mais lentamente, à medida que as pessoas entram na vida adulta tardia e velhice (SAMHSA, 2017). Embora algumas pessoas consigam usar drogas ocasionalmente sem desenvolver vício ou dependência, outras desenvolvem transtornos de abuso de substâncias. Apesar de o álcool ser a substância mais comum para esse tipo de transtornos, as drogas ilícitas e os medicamentos prescritos também têm riscos. As drogas viciantes mais comuns incluem a maconha e os analgésicos, seguidos pela cocaína e a heroína (Lipari & Van Horn, 2017).

Como na adolescência, a maconha é de longe a droga ilícita mais popular entre jovens adultos. Em 2017, 16,3% dos jovens de 18 a 25 anos tinham usado maconha no último mês (SAMHSA, 2007a). Em geral, embora uma proporção substancial de jovens adultos experimentem álcool, cigarros ou maconha, uma proporção muito menor experimentará outras drogas como *ecstasy*, metanfetaminas ou heroína; e um número ainda menor se tornará usuário crônico e pesado de drogas ilegais (Johnston, O'Malley, Bachman, & Schulenberg, 2009). Entretanto, a despeito dos números de prevalência relativamente moderados de abuso pesado, o abuso de drogas ainda resulta em custos significativos para o usuário pessoalmente e para a sociedade como um todo. O National Drug Intelligence Center (2011) estima que o uso de drogas ilegais custe à sociedade cerca de 193 bilhões de dólares anualmente.

Há uma forte associação entre os transtornos de abuso de substâncias e a dependência de álcool e drogas e os transtornos do humor (depressão) ou de ansiedade (Lai, Cleary, Sitharthan, & Hunt, 2015). Além disso, há uma relação entre a ocorrência de transtornos da personalidade e o abuso tanto de drogas ilegais como de álcool (Grant et al., 2007). A relação causal aqui não é clara. Pode ser que o uso de drogas ilegais coloque os jovens em risco de desenvolver uma variedade de psicopatologias. Alternativamente, poderia ser o caso de que aquelas pessoas que enfrentam sofrimento psíquico se automediquem e, portanto, sejam mais propensas à dependência e a outros comportamentos de risco.

---

alcoolismo
Doença crônica envolvendo dependência do uso de álcool, que causa interferência no funcionamento normal e no cumprimento de obrigações.

Depressão A adolescência e a adultez emergente parecem ser períodos sensíveis para o início de transtornos depressivos. A partir dos 13 anos, os índices de depressão começam a aumentar, primeiro entre as meninas e depois entre os meninos. O aumento continua durante a adolescência e início da vida adulta, com as diferenças de gênero iniciais tendo seu auge na adolescência e então diminuindo um pouco na vida adulta (Salk, Hyde, & Abramson, 2017; Salk, Petersen, Abramson, & Hyde, 2016). A depressão pode ser caracterizada de inúmeras formas diferentes. O humor depressivo é um período de tristeza prolongado. A síndrome depressiva é um período prolongado de tristeza juntamente com uma variedade de outros sintomas como choro e sentimentos de inutilidade ou impotência. Um transtorno depressivo maior, em contrapartida, é um diagnóstico clínico com um conjunto específico de sintomas, é considerado o mais sério e geralmente requer intervenção médica. Pessoas que são diagnosticadas com transtorno depressivo maior frequentemente têm humores deprimidos ou instáveis na maior parte do dia, quase todos os dias, mostram pouco interesse e prazer em atividades anteriormente prazerosas, com frequência ganham ou perdem quantidades significativas de peso, têm problemas de sono, dormem pouco ou dormem demais e frequentemente apresentam uma variedade de vieses cognitivos e pensamentos recorrentes mal-adaptativos (American Psychiatric Association, n.d.).

A depressão com início na infância ou na adolescência e a depressão com início na idade adulta parecem ter origens e caminhos de desenvolvimento diferentes. Adolescentes que são deprimidos, e cuja depressão persiste até a idade adulta, tendem a ter tido fatores de risco significativos na infância, como transtornos neurológicos ou do desenvolvimento, famílias problemáticas ou instáveis, e transtornos de comportamento na infância. Eles podem ter dificuldade para negociar a transição para a adultez emergente. Para alguns deles, por outro lado, a adultez emergente representa um novo começo, uma chance de encontrar novos papéis e contextos sociais mais propícios à saúde mental. O grupo com início na idade adulta tende a ter tido níveis baixos de fatores de risco na infância e a possuir mais recursos para lidar com os desafios do início da vida adulta, mas o súbito declínio na estrutura e no apoio que acompanham a vida adulta pode desviá-los do rumo (Schulenberg & Zarrett, 2006).

Geralmente, as jovens mulheres são mais propensas a sofrer de um episódio depressivo maior, e esta diferença na prevalência torna-se particularmente aguda após o início da puberdade (Wasserman, 2006; Allen, Latham, Barrett, Sheeber, & Davis, 2016). As mulheres também são mais propensas que os homens a apresentar sintomas atípicos, a ter uma psicopatologia adicional juntamente com seus transtornos depressivos e a tentar o suicídio (porém sem êxito) (Gorman, 2006). Além disso, mulheres e homens podem responder a antidepressivos de forma diferente, com as mulheres apresentando maior probabilidade de reações adversas aos medicamentos (Franconi, Brunelleschi, Steardo, & Cuomo, 2007).

verificador
você é capaz de...
▷ Discutir os problemas de saúde mental comuns nos adultos emergentes e jovens adultos?

Aspectos sexuais e reprodutivos

As atividades sexuais e reprodutivas são frequentemente uma preocupação primária em adultos emergentes e jovens adultos. Essas funções naturais e importantes podem envolver preocupações físicas. Três dessas preocupações são os transtornos relacionados à menstruação, as infecções sexualmente transmissíveis (ISTs) e a infertilidade.

COMPORTAMENTO E ATITUDES SEXUAIS

Quais são as tendências recentes nos comportamentos sexuais dos jovens adultos? Hoje, quase todos os adultos norte-americanos que nunca se casaram e que estão em coabitação (81,5%) realizaram sexo vaginal antes do casamento (Copen, Chandra, & Febo-Vazquez, 2016). Cada vez mais, os adultos norte-americanos concordam com afirmações sobre a aceitabilidade do sexo pré-conjugal para adultos com mais de 18 anos e da coabitação (Daugherty & Copen, 2016). De acordo com um levantamento de representatividade nacional feito pessoalmente com homens e mulheres de 18 a 44 anos, 86,2% das mulheres e 87,4% dos homens já fizeram sexo oral, 35,9% das mulheres e 42,3% dos homens já fizeram sexo anal e 94,2% das mulheres e 92% dos homens já fizeram sexo vaginal (Copen et al., 2016).

O beijo é um hábito comum em mais de 90% das culturas. Quando beijam, os homens tendem a preferir beijos úmidos usando mais a língua. Os homens devem pensar sobre isto: a pesquisa mostrou que 66% das mulheres podem ser desencorajadas por um homem que beija mal.
Hughes, Harrison, & Gallup, 2007

Além disso, a aceitação dos relacionamentos homossexuais está aumentando, especialmente entre jovens e mulheres (Daugherty & Copen, 2016). As mulheres (17,4%) também estão mais propensas do que os homens (6,2%) a informar contato com indivíduos do mesmo sexo. Com relação à orientação sexual, 1,3% das mulheres e 1,9% dos homens relataram ser homossexuais, enquanto 5,5% das mulheres e 2% dos homens informaram ser bissexuais (Copen et al., 2016).

Os adultos emergentes tendem a ter mais parceiros sexuais do que outros grupos etários, mas fazem sexo com menos frequência. Pessoas que se tornaram sexualmente ativas durante a adultez emergente tendem a envolver-se em menos comportamentos de risco – que podem levar a ISTs ou a gestações não planejadas – do que aqueles que começaram na adolescência (Lefkowitz & Gillen, 2006). As formas mais comuns de contraceptivo são a pílula anticoncepcional, a laqueadura e os preservativos (camisinhas). Houve um aumento recente no uso de DIUs e uma queda nas vasectomias (Kavanaugh & Jerman, 2018).

O sexo casual (o "ficar") é razoavelmente comum, especialmente nos *campi* universitários. As agressões sexuais a mulheres também são um problema nessa faixa etária. Ambos estão frequentemente associados com outros comportamentos de risco não sexuais, como beber e usar drogas (Santelli, Carter, Orr, & Dittus, 2007). Os estudantes universitários, em particular, estão se tornando menos críticos e mais abertos em relação à atividade sexual. Entretanto, ainda existe um padrão duplo: é esperado que os homens tenham mais liberdade sexual que as mulheres (Kreager, Staff, Gauthier, Lefkowitz, & Feinberg, 2016).

Na adultez emergente, a maioria das pessoas homossexuais, bissexuais e transgênero são claras em relação à sua identidade sexual. Na verdade, a mediana da idade em que adultos *gays*, lésbicas e bissexuais relatam suspeitar que poderiam não ser heterossexuais é de cerca de 12 anos, e aquela em que informam ter certeza é de 17 anos (Pew Research Center, 2013a). Em geral, as gerações mais recentes nos Estados Unidos estão se revelando em uma idade mais precoce, sendo os homens mais propensos a se revelar mais cedo (aproximadamente dois anos antes) do que as mulheres. Jovens de minorias étnicas são igualmente propensos a ser abertos sobre sua orientação sexual aos seus amigos, mas são mais propensos a manter essa informação em segredo de seus pais (Grov, Bimbi, Nanin, & Parsons, 2006).

INFECÇÕES SEXUALMENTE TRANSMISSÍVEIS (ISTs)

As infecções sexualmente transmissíveis, também conhecidas como doenças sexualmente transmissíveis (DSTs), são doenças transmitidas pelo sexo. Visto que as pessoas podem ser portadoras de infecções durante anos sem exibir sinais da doença ativa, o termo ISTs está se tornando o preferido. Por uma ampla margem, as taxas mais altas de ISTs nos Estados Unidos são encontradas em adultos emergentes de 18 a 25 anos (Centers for Disease Control, 2018f). Estima-se que 1 em cada 4 pessoas são sexualmente ativas, mas quase metade dos novos casos de ISTs estão nessa faixa etária, e muitas não recebem diagnóstico médico e tratamento (Lefkowitz & Gillen, 2006). O risco tem aumentado – as prevalências de clamídia, gonorreia e sífilis aumentaram em quatro anos consecutivos (Centers for Disease Control, 2017h, 2018j). Além disso, o risco é mais alto entre certos grupos étnicos. Por exemplo, há taxas elevadas de ISTs entre afro-americanos (Hallfors, Iritani, Miller, & Bauer, 2006; Kaplan, Crespo, Huguet, & Marks, 2009) e entre jovens adultos latinos (Kaplan et al., 2009).

O número de pessoas portadoras do HIV cresceu em todas as regiões do mundo desde 2002, com os aumentos mais acentuados na Ásia oriental e central e na Europa oriental. Contudo, a África Subsaariana continua a ser de longe a mais afetada (UNAIDS/WHO, 2004). Globalmente, 36,9 milhões de pessoas estão infectadas com o HIV, sendo que 1,8 milhão de adultos foram infectados em 2017. Teoricamente, a infecção pode ocorrer com qualquer transmissão de fluidos corporais, mas algumas atividades são claramente mais arriscadas do que outras. As populações que correm maior risco incluem homens que fazem sexo com outros homens, pessoas que compartilham agulhas hipodérmicas contaminadas, populações carcerárias, trabalhadores do sexo e seus clientes e indivíduos transgênero (World Health Organization, 2018h).

Nos Estados Unidos, 1,1 milhão de pessoas têm HIV, e estima-se que aproximadamente 15% não saibam. Os afro-americanos têm as mais elevadas taxas de infecção, de 43%, seguidos pelas populações brancas hispânica e não hispânica, iguais em 26%, e os descendentes de asiáticos, que têm as menores taxas, de 2%. A maioria das infecções por HIV nos Estados Unidos ocorre através do contato sexual entre homens (Centers for Disease Control, 2018k). Com a terapia antiviral altamente ativa, as taxas de mortes de pessoas diagnosticadas com o HIV caíram drasticamente, e sua expectativa de vida média aumentou para mais de 35 anos (Bhaskaran et al., 2008; Lohse et al., 2007).

Diversas intervenções foram utilizadas para tentar conter a maré das infecções por HIV. Infelizmente, em geral, programas que fornecem informações, educação e intervenções dos pares não são bem-sucedidos. No entanto, intervenções que oferecem circuncisão masculina (que reduz o risco de transmissão), profilaxia pré-exposição (uma vacina que reduza o risco de transmissão), fornecimento de preservativos e programas de troca de seringas e agulhas tiveram mais sucesso (Krishnaratne, Hensen, Cordes, Enstone, & Hargreaves, 2016).

TRANSTORNOS MENSTRUAIS

A **síndrome de tensão pré-menstrual (STPM ou TPM)** é um transtorno que produz desconforto físico e tensão emocional por até duas semanas antes do período menstrual. Os sintomas podem incluir fadiga, cefaleias, inchaço e sensibilidade dos seios, edema de mãos ou pés, distensão abdominal, náusea, cólicas, constipação, desejos por comida, ganho de peso, ansiedade, depressão, irritabilidade, mudanças de humor, choro e dificuldades de concentração e memória (ACOG, 2015). Transculturalmente, cerca de 50% das mulheres informam sofrer de TPM, com variação de 10 a 98% (Direkvand-Moghadam, Sayehmiri, Delpisheh, & Kaikhavandi, 2014).

A causa da TPM não é completamente conhecida, mas parece ser uma resposta aos surtos mensais normais dos hormônios femininos estrógeno e progesterona, bem como aos níveis do hormônio masculino testosterona e de serotonina, uma substância química cerebral (Biggs & Demuth, 2011). O tabagismo pode colocar as mulheres em maior risco de desenvolvimento de TPM (Bertone-Johnson, Hankinson, Johnson, & Manson, 2008; del mar Fernández, Saulyte, Inskip, & Takkouche, 2018). A cafeína, que as mulheres ocasionalmente são aconselhadas a evitar, parece não estar associada com a TPM (Purdue-Smithe, Manson, Hankinson, & Bertone-Johnson, 2016).

Os sintomas de TPM podem às vezes ser aliviados por meio de exercícios aeróbicos, ingestão frequente de refeições pequenas, uma dieta rica em carboidratos complexos e pobre em sal e rotinas de sono regulares. A suplementação de cálcio, magnésio e vitamina E pode ajudar. Medicamentos podem aliviar sintomas específicos – por exemplo, um diurético para o inchaço e o ganho de peso (ACOG, 2015).

A TPM pode incluir a presença de cólicas, mas as duas não são sinônimos. A TPM pode ser confundida com *dismenorreia* (menstruação dolorosa, ou "cólicas"). As cólicas tendem a afetar mulheres mais jovens, enquanto a TPM é mais típica em mulheres na faixa dos 30 anos ou mais. A dismenorreia é causada por contrações do útero, que são desencadeadas pela prostaglandina, uma substância semelhante a um hormônio; ela pode ser tratada com inibidores da prostaglandina, como o ibuprofeno (Wang et al., 2004). Estima-se que a dismenorreia afete até 90% das mulheres, e aproximadamente 15% experimentam sintomas graves (Mannix, 2008).

> **síndrome de tensão pré-menstrual (STPM ou TPM)**
> Transtorno produzindo sintomas de desconforto físico e tensão emocional por até duas semanas antes do período menstrual.

> **infertilidade**
> Incapacidade de conceber um filho após 12 meses de tentativas sem o uso de contraceptivos.

INFERTILIDADE

Estima-se que 6% das mulheres norte-americanas de 15 a 44 anos sofram de **infertilidade**: a incapacidade para conceber um bebê após 12 meses de tentativas na ausência de métodos contraceptivos. Além disso, cerca de 12% das mulheres têm dificuldade para levar uma gestação a termo (Centers for Disease Control, 2019e). Mundialmente, cerca de 1 em cada 4 casais tem dificuldade para engravidar ou levar a gravidez a termo (Marscarenhas, Flaxman, Boerma, Vanderpoel, & Stevens, 2012).

A fertilidade feminina começa a decrescer no final da segunda década de vida, com diminuições substanciais durante a terceira década. Na quarta década de vida, muitas mulheres não são capazes de ficar grávidas sem o uso da tecnologia de reprodução assistida (TRA). A fertilidade masculina é menos afetada pela idade, mas começa a diminuir à medida que o homem se aproxima dos 40 anos (Dunson, Colombo, & Baird, 2002). Cerca de 30% dos casais

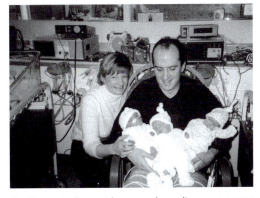

O adiamento da gravidez, o uso de medicamentos para fertilidade e as técnicas de reprodução assistida como a fertilização in vitro *aumentam a probabilidade de partos de múltiplos, geralmente prematuros.*
Shutterstock

não consegue se tornar pais, e estes apresentam resultados de saúde mental piores do que os casais que conseguem (Gameiro & Finnigan, 2017).

A causa mais comum de infertilidade nos homens é a produção de um número muito pequeno de espermatozoides. Em alguns casos, um canal ejaculatório pode estar bloqueado, impedindo a saída dos espermatozoides, ou estes podem ser incapazes de nadar suficientemente bem para alcançar o colo do útero (cérvix) (O'Flynn O'Brien, Varghese, & Agarwal, 2010).

Em mulheres, as causas mais comuns de infertilidade incluem a falha em produzir óvulos ou em produzir óvulos normais; o muco do colo uterino, que pode impedir que o espermatozoide o penetre; ou uma doença do revestimento uterino que pode impedir a implantação do óvulo fertilizado. Uma causa importante do declínio da fertilidade nas mulheres após os 30 anos é a deterioração na qualidade dos óvulos (Centers for Disease Control, 2019e). Entretanto, a causa mais comum é o bloqueio das tubas uterinas, impedindo que os óvulos alcancem o útero. Em aproximadamente metade desses casos, as tubas são bloqueadas por tecido cicatricial oriundo de infecções sexualmente transmissíveis (King, 1996). Além disso, algumas mulheres sofrem de distúrbios físicos que afetam a fertilidade, tais como síndrome do ovário policístico (Franks, 2009) ou insuficiência ovariana primária (Welt, 2008).

Tanto em homens como em mulheres, fatores ambientais que podem ser modificados estão relacionados à infertilidade. Por exemplo, homens e mulheres (Centers for Disease Control, 2019e; Sallmen, Sandler, Hoppin, Blair, & Day, 2006; Maheshwari, 2010) que estão acima do peso são mais propensos a ter problemas de fertilidade. O tabagismo também parece ter um forte efeito negativo sobre a fertilidade. Outros fatores, como estresse psicológico, consumo de altos níveis de cafeína e álcool e exposição a poluentes ambientais foram implicados, mas a evidência de seus efeitos negativos é menos forte (Hofman, Davies, & Norman, 2007).

Às vezes, tratamento hormonal, terapia medicamentosa ou cirurgia podem corrigir o problema. Para os casais que lutam com a infertilidade, a ciência oferece atualmente diversas alternativas à paternidade; estas são discutidas na Seção Pesquisa em Ação.

> **verificador**
> **você** é capaz de...
> ▷ Resumir as tendências no comportamento e nas atitudes sexuais entre adultos emergentes e jovens adultos?
> ▷ Discutir a disseminação das ISTs e as formas de controlá-las?
> ▷ Discutir os sintomas e as prováveis causas da TPM e as formas de tratá-la?
> ▷ Identificar as causas comuns de infertilidade masculina e feminina?

DESENVOLVIMENTO COGNITIVO

Perspectivas sobre a cognição adulta

Os cientistas do desenvolvimento estudaram a cognição sob diversas perspectivas. Aqui, trabalhamos distintas perspectivas sobre a cognição nos jovens adultos.

ALÉM DE PIAGET: NOVAS FORMAS DE PENSAR NA VIDA ADULTA

Piaget acreditava que o auge do desenvolvimento cognitivo era o pensamento operatório-formal. Entretanto, alguns cientistas do desenvolvimento afirmam que as mudanças na cognição se estendem para além desse estágio. Uma linha da teoria e da pesquisa neopiagetiana diz respeito aos níveis mais altos de *pensamento reflexivo*, ou raciocínio abstrato. Outra linha de investigação trata do *pensamento pós-formal*, que combina lógica com emoção e experiência prática para solucionar problemas ambíguos.

Pensamento reflexivo O **pensamento reflexivo** foi definido originalmente pelo filósofo e educador americano John Dewey (1910-1991) como "consideração ativa, persistente e cuidadosa" das informações ou crenças. Pensadores reflexivos questionam continuamente os fatos e fazem inferências e conexões. Em outras palavras, eles praticam o pensamento crítico frequente e espontaneamente. Elaborando a partir do estágio operatório-formal de Piaget, os pensadores reflexivos podem criar sistemas intelectuais complexos que conciliam ideias ou considerações aparentemente conflitantes – por exemplo, reunindo várias teorias do desenvolvimento humano em uma única teoria geral que explica muitos tipos diferentes de comportamento (Fischer & Pruyne, 2003).

pensamento reflexivo
Tipo de pensamento lógico que se torna mais proeminente na vida adulta, envolvendo avaliação contínua e ativa das informações e crenças levando em conta as evidências e implicações.

Por que é tão mais irritante escutar uma conversa ao telefone celular do que uma conversa entre duas pessoas fisicamente presentes? Bem, uma vez que ouvimos apenas metade da conversa, dá mais trabalho interpretar e entender este diálogo parcial ("meiálogo") – e por isso nos desconcentramos mais.
Emberson, Lupyan, Goldstein, & Spivey, 2010

pesquisa em ação

FERTILIZAÇÃO *IN VITRO*

As tecnologias de reprodução assistida (TRAs) oferecem esperança para quem sofre de infertilidade. Várias técnicas estão disponíveis, mas a fertilização *in vitro* (FIV) é a abordagem mais comum, representando 99% das TRAs (Centers for Disease Control, 2017i). Com a FIV, as mulheres recebem medicamentos para fertilidade para estimular a produção de óvulos. Os óvulos são removidos cirurgicamente, fertilizados em uma lâmina de laboratório, colocados em uma cultura especial e monitorados em termos de crescimento. Aproximadamente de 3 a 5 dias depois, os maiores e mais saudáveis óvulos fertilizados, chamados de blastocistos, são implantados no útero. Se tiver sucesso, o blastocisto continua a crescer e se dividir, e o resultado é uma gravidez.

Em geral, mais óvulos fertilizados são produzidos do que são usados durante um ciclo. Os óvulos não utilizados podem ser congelados e armazenados para implantação posterior. As transferências de embriões frescos têm mais sucesso em FIVs, mas transferências de embriões congelados e descongelados estão começando a alcançar essas taxas de sucesso nos últimos anos (Wong, Mastenbroek, & Repping, 2014). Mais recentemente, as mulheres também começaram a empregar a criopreservação, ou congelamento de óvulos, para estender a sua fertilidade. Os óvulos são colhidos com a intenção de conceber um filho posteriormente, com a ajuda da FIV (Brezina & Zhao, 2012).

As taxas de sucesso da FIV não são muito altas. Em 2015, aproximadamente 30% dos procedimentos de FIV usando óvulos frescos, não provenientes de doadoras, resultaram em gravidez (Centers for Disease Control, 2017i). A transferência de múltiplos embriões aumenta a probabilidade de sucesso da FIV, mas tem riscos para a mãe e o bebê, incluindo nascimentos múltiplos, parto prematuro e complicações na gravidez (Reddy, Wapner, Rebar, & Tasca, 2007). Assim, muitos defensores argumentam em prol de transferências de um único embrião, com transferências subsequentes de embriões congelados e descongelados, para casais inférteis que desejam múltiplos filhos, e muitos países impõem restrições ao número de embriões transferidos por ciclo de FIV (Brezina & Zhao, 2012).

A reprodução assistida pode resultar em uma emaranhada teia de dilemas legais e éticos. Quem é o dono dos embriões congelados caso o casal se separe? O que deve ser feito com os embriões que "sobraram"? Além disso, por motivos religiosos, muitas pessoas se opõem à criação e/ou destruição de embriões em laboratório. Em muitos sentidos, nosso sistema jurídico precisa correr atrás desses novos dilemas éticos criados pelas tecnologias de reprodução modernas.

> **qual a sua opinião?** Se você ou seu/sua companheiro(a) fossem inférteis, você consideraria seriamente ou se submeteria à fertilização *in vitro*? Por que sim ou por que não?

Aproximadamente dos 20 a 25 anos, o cérebro forma novos neurônios, sinapses e conexões dendríticas, e as regiões corticais do cérebro que cuidam do pensamento de nível superior tornam-se totalmente mielinizadas. Um ambiente rico e estimulante pode impulsionar o desenvolvimento de conexões corticais mais espessas e mais densas. Essas mudanças físicas no cérebro permitem o pensamento mais complexo. Embora quase todos os adultos desenvolvam a *capacidade* de se tornar pensadores reflexivos, poucos obtêm uma ótima proficiência nessa habilidade, e um número ainda menor sabe aplicá-la consistentemente a vários tipos de problemas. Para muitos adultos, a educação universitária estimula o progresso rumo ao pensamento reflexivo (Fischer & Pruyne, 2003).

Pensamento pós-formal Pesquisas e trabalhos teóricos a partir da década de 1970 sugerem que o pensamento maduro é mais complexo do que Piaget descreveu e que abrange mais do que apenas a capacidade de abstração. Esse estágio superior da cognição adulta, que tende a surgir no início da vida adulta, é chamado às vezes de **pensamento pós-formal**. Assim como o pensamento reflexivo, a exposição à educação superior muitas vezes atua como catalisador para o desenvolvimento dessa habilidade (Labouvie-Vief, 2006).

O pensamento pós-formal é caracterizado pela capacidade de lidar com inconsistência, contradição e tolerância. A vida é complicada, e algumas pessoas sabem melhor do que as outras como lidar com essa incerteza inerente. Assim, o pensamento pós-formal é, de certa forma, tanto um estilo de personalidade quanto um modo de pensar.

Você já teve conhecimento de seminários ou de aulas oferecidas que alegam ser capazes de ajudá-lo a pensar com o lado direito do cérebro e portanto a liberar seus fluxos criativos de forma mais eficaz? Embora isso soe agradável, infelizmente não parece haver qualquer base científica para esse tipo de alegações. Uma revisão de 72 estudos de imageamento do cérebro não mostrou relação entre criatividade e ativação do lado direito do cérebro.

Dietrich & Kanso, 2010

pensamento pós-formal
Tipo de pensamento maduro que recorre à experiência subjetiva e à intuição, bem como à lógica, e dá espaço para ambiguidade, incerteza, inconsistência, contradição, imperfeição e tolerância.

Outra característica do pensamento pós-formal é a sua flexibilidade. Às vezes, o pensamento lógico formal é a ferramenta apropriada para resolver um problema. Em outras, no entanto, especialmente em circunstâncias ambíguas, os frutos da experiência podem nos ajudar a entender a situação de forma mais eficaz. O pensamento pós-formal recorre à intuição e à emoção, bem como à lógica, para ajudar as pessoas a lidarem com determinadas situações, como dilemas sociais, que muitas vezes são menos claramente estruturadas e que são carregadas de emoção (Berg & Klaczynski, 1996; Sinnot, 2003).

O pensamento pós-formal também é relativista. O pensamento imaturo tende a ver o mundo como preto e branco – só existe uma resposta certa e uma errada. O pensamento relativista, por outro lado, reconhece que pode haver mais de um ponto de vista válido para cada questão e que o mundo é composto de tons de cinza. Isso permite que os adultos transcendam um único sistema lógico (p. ex., um sistema político e ideológico estabelecido) e conciliem ou escolham entre ideias conflitantes quando cada uma pode ter algum mérito como verdade (Sinnott, 2003). O pensamento relativista com frequência se desenvolve em resposta a eventos e interações que revelam maneiras inusitadas de enxergar as coisas e contestam uma visão simples e polarizada do mundo. As pesquisas encontraram um progresso rumo ao pensamento pós-formal durante o início e a metade da vida adulta (Blanchard-Fields & Norris, 1994).

SCHAIE: MODELO DE DESENVOLVIMENTO COGNITIVO PARA O CICLO DE VIDA

O modelo de desenvolvimento cognitivo para o ciclo de vida de K. Warner Schaie (1977-1978; Schaie & Willis, 2000) aborda o desenvolvimento dos usos do intelecto dentro de um contexto social. Essas metas mudam da aquisição de informação e habilidades (*o que eu preciso saber*) para a integração prática do conhecimento e das habilidades (*como utilizar o que sei*) e para a busca de significado e propósito (*por que eu deveria saber*). Os sete estágios são os seguintes:

1. *Estágio aquisitivo* (infância e adolescência). As crianças e os adolescentes adquirem informação e habilidades principalmente por interesse próprio ou como preparação para participar na sociedade. Por exemplo, uma criança poderia ler sobre dinossauros por puro interesse no assunto.

2. *Estágio realizador* (final da adolescência ou início dos 20 anos até o início dos 30). Os jovens adultos não adquirem mais o conhecimento por interesse próprio: utilizam o que sabem para atingir metas como carreira profissional e família. Por exemplo, um jovem adulto poderia matricular-se em uma disciplina na universidade para se preparar para uma determinada carreira.

3. *Estágio responsável* (final dos 30 anos até o início dos 60). As pessoas de meia-idade utilizam a mente para resolver problemas práticos associados a responsabilidades com os outros, como os membros da família ou empregados. Por exemplo, um adulto poderia descobrir uma forma mais eficiente de completar uma tarefa no trabalho.

4. *Estágio executivo* (dos 30 ou 40 anos até a meia-idade). As pessoas no estágio executivo são responsáveis por sistemas sociais (organizações governamentais ou comerciais) ou movimentos sociais. Lidam com relacionamentos complexos em múltiplos níveis. Por exemplo, um adulto poderia mediar uma disputa entre dois colegas de trabalho para que tudo corra melhor no escritório.

5. *Estágio reorganizativo* (final da meia-idade e início da vida adulta tardia). As pessoas que entram na aposentadoria reorganizam suas vidas e energias intelectuais em torno de propósitos significativos que ocupem o lugar do trabalho remunerado. Um adulto aposentado, por exemplo, poderia decidir se oferecer para fazer trabalho voluntário no jardim botânico local.

6. *Estágio reintegrativo* (vida adulta tardia). Adultos mais velhos podem estar vivenciando mudanças biológicas e cognitivas e tendem a ser mais seletivos em relação às tarefas a que dedicarão esforço. Concentram-se no propósito do que fazem e nas tarefas que têm mais significado para eles. Por exemplo, uma pessoa que sente os efeitos da idade nas suas articulações poderia decidir trocar a corrida diária para a sua saúde por uma caminhada.

7. *Estágio de criação de herança* (velhice avançada). Próximo do fim da vida, tão logo a reintegração tenha sido concluída (ou juntamente com ela), as pessoas muito idosas podem criar instruções para a distribuição das posses de valor, tomar providências para o funeral, contar histórias oralmente ou escrever a autobiografia como um legado para seus entes queridos. Um idoso poderia, por exemplo, preencher uma diretiva antecipada e distribuí-la para os filhos.

verificador
você é capaz de...

▷ Diferenciar entre pensamento reflexivo e pensamento pós-formal?

▷ Explicar por que o pensamento pós-formal pode ser especialmente adequado para resolver problemas sociais?

▷ Identificar os sete estágios de desenvolvimento cognitivo de Schaie?

STERNBERG: *INSIGHT* E CONHECIMENTO PRÁTICO

Alix, Barbara e Courtney inscreveram-se em programas de pós-graduação na Universidade de Yale. Alix havia tirado A em quase todas as disciplinas da graduação e obteve altas pontuações no Graduate Record Examination/GRE (Exame de Desempenho Universitário). As notas de Barbara foram razoáveis e suas pontuações no GRE foram baixas para os padrões de Yale, mas suas cartas de recomendação elogiavam entusiasticamente sua pesquisa e suas ideias criativas. As notas, as pontuações no GRE e as recomendações de Courtney eram boas, mas não estavam entre as melhores.

Alix e Courtney foram admitidas no programa de pós-graduação. Barbara não foi admitida, mas foi contratada como pesquisadora adjunta e frequentou as aulas de pós-graduação como ouvinte. Alix se saiu muito bem no primeiro ano, mas não tão bem nos subsequentes, quando foi convidada a desenvolver ideias de pesquisa independentes. Barbara deixou perplexo o comitê de admissões ao realizar um trabalho notável. O desempenho de Courtney no curso de pós-graduação foi apenas razoável, mas foi ela quem obteve com mais facilidade um bom emprego depois disso (Trotter, 1986).

Essa pequena história ilustra que dar-se bem na vida envolve mais do que tirar boas notas. A teoria triárquica da inteligência é composta de três elementos: *conhecimento componencial, experiencial* e *contextual* (Sternberg, 1985, 1987). As habilidades analíticas de Alix ilustram o conhecimento componencial, que a ajudou a passar com excelentes notas nas provas e se sair bem em situações nas quais o rigor acadêmico era importante. Ela teve ótimos resultados nos testes psicométricos tradicionais, altamente preditivos do sucesso acadêmico. Contudo, o conhecimento componencial em si nem sempre é suficiente para se dar bem na vida. Os elementos experienciais (o quanto a pessoa é perspicaz ou criativa) e o conhecimento contextual (os aspectos práticos da inteligência) também são importantes.

No curso de pós-graduação, em que se espera um raciocínio com originalidade, a inteligência empírica superior de Barbara – seus *insights* e suas ideias originais – começou a desabrochar. O mesmo ocorreu com a inteligência prática e contextual de Courtney. Ela sabia se virar. Escolhia temas de pesquisa empolgantes, enviava seus trabalhos às revistas certas e sabia onde e como se candidatar para empregos.

Um aspecto importante da inteligência prática é o **conhecimento tácito**: "informação privilegiada", "know-how" ou "perspicácia" que não é formalmente ensinado ou expresso abertamente. O conhecimento tácito é o bom senso sobre como prosseguir – como ganhar uma promoção ou contornar a burocracia. Ele não se correlaciona bem com medidas de capacidade cognitiva geral, mas pode ser um melhor indicador de sucesso gerencial (Sternberg, Grigorenko, & Oh, 2001).

O conhecimento tácito pode incluir *autogestão* (saber como motivar-se e organizar o tempo e a energia), *gestão de tarefas* (saber como escrever o trabalho do semestre ou redigir uma solicitação de verba) e *gestão de outras pessoas* (saber quando e como recompensar ou criticar subordinados) (E. A. Smith, 2001). O método de teste do conhecimento tácito em adultos de Sternberg é comparar o curso de ação escolhido por quem é submetido ao teste em situações hipotéticas relacionadas ao trabalho (como se posicionar melhor para receber uma promoção) com as escolhas de especialistas na área e com princípios básicos consagrados. O conhecimento tácito, medido dessa maneira, parece não estar relacionado com o QI e prediz melhor o desempenho no emprego do que os testes psicométricos (Herbig, Büssing, & Ewert, 2001; Sternberg, Wagner, Williams, & Horvath, 1995).

INTELIGÊNCIA EMOCIONAL

Peter Salovey e John Mayer (1990) cunharam o termo **inteligência emocional (IE)**. Ele se refere a quatro habilidades relacionadas: as capacidades de *perceber, usar, entender* e *administrar*, ou regular, as emoções – nossas e dos outros – a fim de alcançar objetivos. A inteligência emocional permite que uma pessoa utilize as emoções para lidar mais efetivamente com o ambiente social. Ela requer a consciência do tipo de comportamento adequado em uma determinada situação. Os escores médios para as quatro categorias variam por país, mas o teste é válido transculturalmente (Karim & Weisz, 2010).

Para medir a inteligência emocional, os psicólogos usam o Teste de Inteligência Emocional de Mayer-Salovey-Caruso (MSCEIT) (Mayer, Salovey, & Caruso, 2002), uma bateria de questões de 40 minutos que produz uma pontuação para cada uma das quatro capacidades, bem como uma pontuação total. O teste inclui questões como "Tom ficou ansioso e um pouco tenso quando pensou em todo o trabalho que precisava fazer. Quando seu supervisor lhe trouxe um projeto adicional, ele sentiu-se (a) sobrecarregado, (b) deprimido, (c) envergonhado, (d) inseguro, ou (e) nervoso".

Lembramos mais eventos de nossos anos de juventude do que de qualquer outro ponto no ciclo de vida, um fenômeno conhecido como a curva de reminiscência ou explosão mnésica.

Janssen, Murre, & Meeter, 2007

conhecimento tácito
Termo de Sternberg para a informação que não é ensinada formalmente ou expressa abertamente, mas é necessária para ir adiante.

▶ **verificador**
você é capaz de...
▷ Explicar por que os três tipos de inteligência de Sternberg podem aplicar-se especialmente aos adultos?

inteligência emocional (IE)
Termo de Salovey e Mayer para a capacidade de entender e regular as emoções; um componente importante do comportamento inteligente efetivo.

> Em geral, pensamos na capacidade de ter empatia com os outros como uma coisa boa. Mas e se você tiver um emprego onde frequentemente você vê pessoas sofrendo? A pesquisa mostrou que os médicos suprimem essa resposta empática, permitindo que eles se concentrem no tratamento do paciente mais efetivamente.
>
> Decety, Yang, & Cheng, 2010

A inteligência emocional afeta a qualidade dos relacionamentos pessoais. Estudos revelaram que estudantes universitários com pontuações altas no MSCEIT são mais propensos a relatar relacionamentos positivos com os pais e com os amigos (Lopes, Salovey, & Straus, 2003); homens de idade universitária com pontuações altas no MSCEIT relatam menos envolvimento com álcool e drogas e têm resultados mais elevados em medidas de bem-estar (Brackett, Mayer, & Warner, 2004; Lanciano & Curci, 2015); e amigos íntimos de estudantes universitários que têm boas pontuações no MSCEIT os avaliam como mais propensos a dar apoio emocional em momentos de necessidade (Lopes et al., 2004). Casais de idade universitária nos quais ambos os parceiros tinham pontuações altas no MSCEIT relataram relacionamentos mais felizes, enquanto casais com pontuações baixas eram mais infelizes (Brackett, Cox, Gaines, & Salovey, 2005). Em geral, as mulheres têm pontuações mais altas do que os homens em inteligência emocional (Lanciano & Curci, 2015).

> Em quais tipos de situações a inteligência emocional seria mais útil? Cite exemplos específicos. Faça o mesmo em relação ao pensamento reflexivo, ao pensamento pós-formal e ao conhecimento tácito.

A inteligência emocional também afeta a eficácia no trabalho. Entre uma amostra de empregados de uma das maiores companhias de seguros dos Estados Unidos, aqueles com pontuações mais altas no MSCEIT eram altamente avaliados por colegas e supervisores nos quesitos de sociabilidade, sensibilidade interpessoal, potencial de liderança e capacidade de lidar com estresse e conflito. Pontuações altas também estavam relacionadas a salários mais altos e mais promoções (Lopes, Grewal, Kadis, Gall, & Salovey, 2006).

Em última análise, agir de acordo com as emoções frequentemente se reduz a um juízo de valor. É mais inteligente obedecer ou desobedecer à autoridade? Inspirar os outros ou explorá-los? "As habilidades emocionais, como as intelectuais, são moralmente neutras... Sem uma bússola moral para guiar as pessoas em relação a como empregar seus dons, a inteligência emocional pode ser usada para o bem ou para o mal" (Gibbs, 1995, p. 68). Examinamos a seguir o desenvolvimento da "bússola moral" na idade adulta.

verificador
você é capaz de...

▷ Explicar o conceito de inteligência emocional e como ela é testada?

Raciocínio moral

Na teoria de Kohlberg, o desenvolvimento moral das crianças e dos adolescentes acompanha de perto o amadurecimento cognitivo. Os jovens avançam no julgamento moral à medida que superam o egocentrismo e se tornam capazes de utilizar o pensamento abstrato. Na vida adulta, entretanto, os julgamentos morais se tornam mais complexos.

Lembre-se que Kohlberg dividiu o desenvolvimento moral em três estágios. No estágio final, a moralidade pós-convencional, Kohlberg acreditava que as pessoas se tornavam capazes de raciocínio moral plenamente baseado em princípios e que tomavam decisões morais com base em princípios universais de justiça. Kohlberg argumentava que a maioria das pessoas não atinge esse nível até após os 20 anos, se é que atinge (Kohlberg, 1973). Ele acreditava que a aquisição desse estilo de pensamento era principalmente uma função da experiência. Em especial, quando os jovens encontram valores que entram em conflito com os seus (como pode acontecer na universidade ou em viagens ao estrangeiro) ou quando se tornam responsáveis pelo bem-estar alheio (como na paternidade ou maternidade), o desenvolvimento das suas capacidades de raciocínio moral aumenta.

As evidências oferecem algum apoio à ideia de que a experiência pode levar os adultos a reavaliarem seus critérios em relação ao que é certo e justo. Estudantes que frequentam a igreja são menos propensos a colar em uma prova do que aqueles que frequentam a igreja menos regularmente (Bloodgood, Turnley, & Mudrack, 2008). Por outro lado, pessoas expostas à guerra (Haskuka, Sunar, & Alp, 2008) ou que sofrem de transtorno de estresse pós-traumático como resultado de experiência de combate (Taylor, 2007) mostram uma tendência reduzida a alcançar os níveis mais altos de raciocínio moral de Kohlberg. Em suma, as experiências pessoais ainda podem afetar a probabilidade de envolvimento em certos tipos de raciocínio moral.

Pouco antes de morrer, Kohlberg propôs um sétimo estágio de raciocínio moral. Ele acreditava que era possível atingir "um senso de unidade com o cosmo, com a natureza ou com Deus", que possibilitaria ver as questões morais "do ponto de vista do universo como um todo" (Kohlberg & Ryncarz, 1990, p. 191, 207). Em vez de enxergar a moralidade como uma questão presa à justiça, nesse estágio, os adultos refletem sobre a questão "Por que ser moral?".

CULTURA E RACIOCÍNIO MORAL

A cultura afeta o entendimento sobre moralidade. Culturas como a dos Estados Unidos tendem a enfocar a autonomia individual, enquanto culturas como a da China se preocupam mais com harmonia e dinâmicas de grupo. Isso pode ajudar a explicar algumas das diferenças culturais em termos de raciocínio moral. Enquanto o sistema de Kohlberg se baseia na justiça, o *ethos* chinês inclina-se para a conciliação e a harmonia. No formato de Kohlberg, os entrevistados tomam uma decisão do tipo "isso ou aquilo" baseados em seu próprio sistema de valores. Na sociedade chinesa, espera-se que as pessoas que se defrontam com dilemas morais discutam-nos abertamente, que sejam guiadas pelos padrões comunitários e tentem encontrar uma maneira de resolver o problema para agradar o máximo possível as partes envolvidas. No Ocidente, até mesmo pessoas boas podem ser severamente punidas se, sob a força das circunstâncias, violarem a lei. Os chineses não estão acostumados a leis aplicadas universalmente; eles são ensinados a obedecer às decisões de um juiz sábio (Dien, 1982).

Esse exemplo ilustra uma crítica mais ampla dirigida contra a abordagem de Kohlberg. Ele acreditava que certas culturas tinham maior probabilidade de dar oportunidades às pessoas permitindo-lhes alcançar os níveis mais altos de raciocínio moral (Jenson, 1997). Essa crença subjacente na superioridade de uma determinada visão de mundo foi criticada como sendo demasiado estreita e como sendo tendenciosa às normas culturais ocidentais de individualidade e de uma mentalidade não religiosa. Por exemplo, muitas culturas oferecem doutrinas morais focadas na autoridade divina e na tradição, e não há razão para essas crenças serem consideradas moralmente inferiores ou refletindo uma forma de raciocínio menos sofisticada (Shweder et al., 2006). Da mesma maneira, quem pode saber se importar-se com justiça é moralmente superior ou não a importar-se com os outros?

Você já observou ou teve experiência com uma pessoa de outra cultura que revelou diferenças culturais em termos de princípios morais?

GÊNERO E RACIOCÍNIO MORAL

Carol Gilligan ficava incomodada com o que considerava ser um viés masculino na abordagem de Kohlberg. Ela acreditava que o dilema central feminino era o conflito entre as suas necessidades e as dos outros, não os princípios de justiça e imparcialidade abstratas descritos por Kohlberg. Segundo ela, o raciocínio moral das mulheres não era menos complexo do que o dos homens, ele tinha apenas um foco diferente.

Em sua pesquisa, Gilligan (1982/1993) entrevistou 29 mulheres grávidas a respeito de suas decisões de continuar ou interromper a gravidez. Assim como no caso de Kohlberg, a característica mais importante não era a decisão específica que cada mulher tomava, mas o raciocínio por trás dela. Gilligan descobriu que as entrevistadas viam a moralidade em termos de egoísmo *versus* responsabilidade, geralmente entendida como uma obrigação de exercer cuidado e evitar ferir os outros. Gilligan concluiu que as mulheres se preocupavam mais com as suas responsabilidades em relação aos outros do que com ideais abstratos derivados de forma independente.

Na sua opinião, o que tem prioridade moral superior: justiça e direitos ou compaixão e responsabilidade?

As pesquisas sobre as suas opiniões são inconclusivas. Algumas determinaram que, ao contrário do que Kohlberg previa, as mulheres raciocinam em um nível mais elevado do que os homens (Eisenberg, Hofer, Sulik, & Liew, 2014). Outras não encontraram diferenças de gênero consistentes em raciocínio moral (Brabeck & Shore, 2003). Outras ainda argumentam que embora as mulheres sejam mais propensas a pensar em termos de cuidado, e os homens em termos de justiça, essas diferenças são pequenas (Blakemore, Berenbaum, & Liben, 2009). É interessante notar, entretanto, que em estudos de imageamento do cérebro (Harenski, Antonenko, Shane, & Keihl, 2008), as mulheres mostraram mais atividade em áreas do cérebro associadas com raciocínio baseado no cuidado (ínsula posterior, cingulada anterior e ínsula anterior) e os homens mostraram mais atividade em áreas do cérebro associadas com processamento baseado em justiça (sulco temporal superior). Contudo, o peso das evidências não parece apoiar as alegações originais de Gilligan (Walker, 1995).

verificador
você é capaz de...

▷ Dar exemplos dos papéis da experiência e da cultura no desenvolvimento moral adulto?

▷ Estabelecer a posição original de Gilligan sobre as diferenças de gênero no desenvolvimento moral e resumir as constatações da pesquisa sobre o assunto?

Educação e trabalho

Ao contrário dos jovens de gerações passadas, que em geral saíam diretamente da escola para o trabalho e para a independência financeira, muitos adultos emergentes hoje não têm um plano de carreira claro. Alguns alternam entre educação e trabalho; outros buscam ambos simultaneamente. A maioria daqueles que não se matricula em cursos superiores, ou que não os conclui,

As matrículas nas universidades dos Estados Unidos são as mais altas de todos os tempos. Mais de 2 em cada 3 formandos do ensino médio vão direto para a faculdade.
Oleksii Didok/Shutterstock

> Menos de um terço dos jovens adultos têm conhecimento básico sobre taxas de juros, inflação e diversificação de risco. Ir para a faculdade ajuda: o ensino superior está associado com aumentos no conhecimento financeiro.
>
> Lusardi, Mitchell, & Curto, 2009

> Apesar dos aumentos nas anuidades e nas taxas, os dados obtidos pelo Conselho de Faculdades Norte-americano sugerem que ainda há benefícios de longo prazo em frequentar a universidade, e eles na verdade estão aumentando.
>
> Baum, Ma, & Payea, 2010

ingressa no mercado de trabalho, mas muitos retornam mais tarde para obter um melhor nível educacional (Furstenberg et al., 2005; Hamilton & Hamilton, 2006; NCES, 2005b). Alguns, especialmente no Reino Unido, tiram um ano de folga da educação formal ou do trabalho – um *ano sabático* – para adquirir novas habilidades, fazer trabalho voluntário, viajar ou estudar no exterior (Jones, 2004). Muitos se matriculam em programas de experiência de trabalho ou de credenciamento que não fornecem diplomas (McFarland et al., 2018). E alguns combinam faculdade com casamento e criação de filhos (Fitzpatrick & Turner, 2007). Muitos adultos emergentes que estão na escola ou que moram na casa dos pais são financeiramente dependentes (Schoeni & Ross, 2005).

A TRANSIÇÃO PARA A FACULDADE

A faculdade é um caminho cada vez mais importante para a vida adulta, embora seja somente um dos caminhos e, até recentemente, não o mais comum (Montgomery & Côté, 2003). Entre 1975 e 2017, a proporção de graduados no ensino médio nos Estados Unidos que entrou direto para um curso universitário de dois ou quatro anos cresceu de cerca de metade (51%) para mais de dois terços (67%) (McFarland et al., 2017).

Cursos universitários e mesmo graus completos ou programas certificados estão agora amplamente disponíveis em *ensino a distância*, no qual os cursos são oferecidos por correio, e-mail, internet ou outros meios tecnológicos. Aproximadamente 6,35 milhões de estudantes faziam pelo menos um curso virtual em 2016, o que representava um terço de todos os estudantes (Seaman, Allen, & Seaman, 2018). De fato, as matrículas em cursos virtuais estão agora crescendo mais rápido do que os números de matrículas em cursos superiores tradicionais (Allen & Seeman, 2010). As universidades também estão fazendo experiências com cursos híbridos, que utilizam uma mistura de técnicas virtuais e presenciais. Em geral, a pesquisa parece sugerir que os resultados da aprendizagem são semelhantes para estudantes virtuais, híbridos e tradicionais, embora uma série de variáveis possa afetar os resultados (Tallent-Runnels et al., 2006).

Algumas universidades, incluindo Stanford e MIT, oferecem cursos *on-line* abertos e massivos (MOOCs – *massive, open, online courses*) que permitem que qualquer pessoa com acesso à internet faça o curso de graça. Apesar de promissores, especialmente com relação a abrir caminhos para o conhecimento disponível em locais distantes e inacessíveis, esses cursos também sofrem de altos índices de abandono e estão sujeitos à "cola" e práticas assemelhadas (Daniel, 2012).

Gênero, nível socioeconômico e raça/etnia   As matrículas em universidades norte-americanas atingiram seu recorde em 2010, mas então diminuíram 7% até chegar em 16,9 milhões de estudantes em 2016. Projeta-se que o número deve aumentar em 3% até 2027 (McFarland et al., 2017). Em uma inversão da diferença de gênero tradicional, as mulheres agora constituem uma maior porcentagem da população estudantil (56%), apesar de a matrícula dos homens estar aumentando mais rapidamente (19% vs. 15%) (McFarland et al., 2017; Synder, de Brey, & Dillow, 2016). Em comparação, em 1970, as mulheres constituíam apenas 42% daqueles que receberam diplomas universitários (NCES, 2009a). Similarmente, as mulheres têm taxas de matrícula pós-ensino médio mais altas que os homens na maioria dos países europeus, bem como na Austrália, no Canadá, na Nova Zelândia, no Japão e na Federação Russa (Buchman & DiPrete, 2006; Sen, Partelow, & Miller, 2005). Desde meados da década de 1980, mais mulheres norte-americanas se formaram na graduação e no mestrado do que homens, e desde 2005–2006, o mesmo vale para o doutorado (Snyder et al., 2016).

Contudo, as diferenças de gênero são evidentes em alguns campos nos níveis educacionais mais altos (Halpern et al., 2007) e, após a formatura, nos empregos em ciência, tecnologia, engenharia e matemática (STEM – *science, technology, engineering, and math*) (Funk & Parker,

2018). Nos Estados Unidos, as mulheres continuam sendo mais propensas do que os homens a se especializarem em áreas tradicionalmente femininas como magistério, enfermagem, literatura e psicologia, e não em matemática e ciências (Wang & Degol, 2017; Beede et al., 2011). Ainda assim, as mulheres fizeram progressos em quase todas as áreas, com as áreas intensivas de matemática sendo as únicas restantes em que as mulheres ainda não atingiram índices de conclusão de curso iguais ou superiores aos masculinos (Wang & Degol, 2017). Para explicar as disparidades persistentes entre homens e mulheres, diversos fatores parecem ser importantes. Alguns pesquisadores apontam para as diferenças cognitivas entre homens e mulheres nas faixas superiores de capacidade matemática, visual e espacial ou para as opções mais variadas disponíveis para mulheres com habilidades tanto matemáticas quanto verbais elevadas (Halpern et al., 2007; Wang, Eccles, & Kenny, 2013). Outras explicações também enfocam os interesses e preferências das mulheres, incluindo aqueles que giram em torno do equilíbrio entre trabalho e família (Wang & Degol, 2017). A influência dos estereótipos de gênero também é considerada importante (Miller, Eagly, & Linn, 2015). Por fim, chama-se a atenção para os relatos femininos persistentes sobre discriminação de gênero nas áreas em que encontramos as maiores diferenças entre homens e mulheres (Pew Research Center, 2018).

O nível socioeconômico e a raça/etnia afetam o acesso ao ensino superior. Em 2017, 78% dos estudantes do ensino médio de famílias pertencentes ao quartil de renda mais elevada se matriculavam na universidade imediatamente após a formatura. Por outro lado, apenas 46% dos estudantes do quartil de renda mais baixa se matriculavam na universidade durante um período semelhante (Cahalan, Perna, Yamashita, Wright, & Santillan, 2018). No ano acadêmico de 2015–2016, o preço líquido médio da matrícula em uma faculdade ou universidade de quatro anos para um curso de graduação em tempo integral era de 13.400 dólares em uma instituição pública. O valor para instituições privadas sem fins lucrativos era aproximadamente o dobro, 26.300 dólares, enquanto o custo médio para instituições privadas com fins lucrativos era de 22.300 dólares (McFarland et al., 2018). Entre os anos acadêmicos de 2004–2005 a 2014–2015, os preços de mensalidade e hospedagem aumentaram 33% nas instituições públicas e 26% nas privadas sem fins lucrativos (Snyder, de Brey, & Dillow, 2016), o que torna o ensino superior cada vez menos acessível para as famílias de baixa e média renda. Portanto, muitos estudantes de condições mais modestas tendem a trabalhar enquanto cursam a faculdade, o que, com frequência, serve para retardar seu progresso (Dey & Hurtado, 1999). Além disso, estudantes de famílias mais ricas são menos propensos a desistir da faculdade antes da formatura (Hamilton & Hamilton, 2006).

Atualmente, a taxa de conclusão de curso em até seis anos é de aproximadamente 60%, mas esse índice varia por etnia. As maiores taxas de conclusão são as dos estudantes de origem asiática (74%) seguidos pelos brancos e miscigenados (60%), hispânicos (54%), ilhéus do Pacífico (51%), afro-americanos (40%) e nativos americanos e nativos do Alasca (39%) (NCES, 2019a). A participação de grupos minoritários aumentou em todos os níveis. Mais de 71% dos estudantes hispânicos e 50% dos negros que concluíram o ensino médio em 2016 foram diretamente para a universidade (NCES, 2019b). E a porcentagem de estudantes universitários de grupos minoritários está aumentando, principalmente devido aos números cada vez maiores de latinos, ilhéus do Pacífico e asiático-americanos (NCES, 2009b). Dada a atual composição demográfica dos Estados Unidos, é provável que essa tendência persista.

Adaptação à universidade Muitos calouros se sentem sobrecarregados pelas demandas da vida universitária. O apoio familiar parece ser um fator fundamental na adaptação, tanto para estudantes que vão e voltam para casa quanto para os que moram no *campus*. Mais especificamente, uma relação adulta de apego seguro parece ajudar a adaptação (Credé & Niehorster, 2012; Montgomery & Côté, 2003). As características pessoais também têm importância. Os estudantes com alta autoestima e autoeficácia acadêmica e que são adaptáveis, conscienciosos, amáveis, extrovertidos e com maior propensão a usar estratégias de enfrentamento focalizado no problema tendem a se adaptar melhor e aproveitar mais a universidade (Credé & Niehorster, 2012; Krumrei-Mancuso, Newton, Kim, & Wilcox, 2013). Também é importante ser capaz de construir uma rede social e acadêmica forte entre colegas e professores (Credé & Niehorster, 2012; Montgomery & Côté, 2003). Na verdade, intervenções de apoio dos pares na relação custo-benefício podem facilitar muito a transição para a universidade (Mattanah et al., 2010). A adaptação à faculdade é uma variável importante, pois está fortemente relacionada ao desempenho acadêmico e à não evasão (Credé & Niehorster, 2012).

As mídias sociais são boas para você? Depende. Estudos mostram que ser lurker – observar o conteúdo postado pelos outros, mas raramente comentar – está associado com ciúme, comparação social e piora no bem-estar. Contudo, o engajamento ativo com os outros tende a aumentar a conexão social e o bem-estar.

Veryduyn et al., 2014

O futuro parece brilhante para este jovem. Hoje, muitas faculdades oferecem apoio e recursos para estudantes com necessidades especiais. Fazer faculdade muitas vezes é essencial para uma carreira de sucesso e para uma vida saudável e gratificante.

Sean Cayton/The Image Works

Crescimento cognitivo na universidade A universidade pode ser um tempo de descoberta intelectual e crescimento pessoal (Montgomery & Côté, 2003). Os estudantes se modificam em resposta (1) ao currículo escolar, que oferece novos *insights* e novas maneiras de pensar; (2) a outros estudantes que contestam visões e valores mantidos há muito tempo; (3) à cultura estudantil, que é diferente da cultura da sociedade como um todo; e (4) aos membros do corpo docente, que apresentam novos modelos a serem seguidos. Em termos de benefícios tanto imediatos quanto de longa duração, ingressar em uma universidade – qualquer universidade – é mais importante do que o curso escolhido (Montgomery & Côté, 2003).

Muitos estudantes entram na universidade com ideias rígidas sobre o mundo. Eles tendem a acreditar que há uma resposta "certa" que pode ser identificada e defendida. Quando começam a encontrar uma maior diversidade de ideias e pontos de vista, eles são forçados a examinar seus pressupostos sobre "a verdade". Quando conquistam mais experiência e refletem mais profundamente e a partir de um conjunto mais amplo de conhecimentos acumulados, os estudantes começam a perceber que boa parte do conhecimento e muitos valores são relativos, ao menos em parte. Eles percebem que diferentes indivíduos e culturas podem ter valores diferentes dos seus e, logo, ver o mundo de maneiras diferentes.

Como decidem no que acreditar? Em última análise, os estudantes adquirem o chamado compromisso dentro do relativismo. Neste ponto, em uma situação ideal, os estudantes decidem por si mesmos no que querem acreditar. Eles entendem e acreditam na incerteza inerente das crenças, mas têm confiança nas suas escolhas e valores e confiam nas próprias opiniões (Perry, 1970).

O que está por trás dessa mudança? No geral, a exposição à diversidade, especialmente em relação à raça (com frequência, a dimensão mais evidente), leva a aumentos da complexidade cognitiva. Essa influência é maior quando assume a forma de interações interpessoais do que, por exemplo, cursos ou *workshops* (Bowman, 2010; Bowman, 2013). Por exemplo, debates que incluíam participantes de raças mais diversas produziam mais novidade e complexidade de ideias do que aqueles em que todos os participantes eram brancos (Antonio et al., 2004). O resultado tem consequências para decisões sobre matrículas e ação afirmativa. Alguns autores argumentam que grupos de alunos mais diversos e alta qualidade acadêmica são prioridades concorrentes (Bowman, 2010). As pesquisas, por outro lado, sugerem uma história diferente. Os *campi* com corpos discentes mais diversos tendem a apresentar maiores quantidades de amizades inter-raciais do que em casos de segregação contínua ou aumentada (Fischer, 2008). Essa integração, por sua vez, contribui para o desempenho acadêmico e os ganhos intelectuais (Gurin, Dey, Gurin, & Hurtado, 2003).

Concluindo a faculdade Embora o ingresso na faculdade tenha se tornado mais comum, concluir o curso não. Somente 40% dos jovens que iniciam a faculdade recebem o diploma após quatro anos. Isso não significa que o restante tenha abandonado os estudos. Um número crescente de estudantes permanece na universidade mais de 5 anos ou muda de cursos de dois anos para cursos de quatro anos. Após seis anos, as taxas de conclusão de curso são de aproximadamente 60% (McFarland et al., 2018).

O fato de uma pessoa concluir ou não a faculdade é algo que pode depender não apenas de motivação, aptidão e preparo acadêmico, bem como capacidade para trabalhar independentemente, mas também de integração e apoio social: oportunidades de emprego, suporte financeiro, adequação das condições de vida, qualidade das interações sociais e acadêmicas, e o ajuste entre o que a universidade oferece e o que o estudante quer e precisa. Programas de intervenção social para estudantes em risco melhoraram os índices de frequência às aulas, criando vínculos significativos entre alunos e professores, encontrando oportunidades de trabalho para os estudantes enquanto cursam a universidade, fornecendo assistência acadêmica e ajudando os estudantes a verem como a universidade pode levá-los a um futuro melhor (Montgomery & Côté, 2003).

verificador
você é capaz de...

▷ Discutir os fatores que afetam quem ingressa na universidade e quem a conclui?

▷ Dizer como a universidade afeta o desenvolvimento cognitivo?

O INGRESSO NO MUNDO DO TRABALHO

Na faixa dos 20 anos, a maioria dos adultos emergentes ou estão trabalhando ou buscando educação superior, ou ambos (McFarland et al., 2018). Aqueles que entram no mercado de trabalho se deparam com um quadro em rápida mudança. A natureza do trabalho está se modificando, e os contratos de trabalho estão se tornando mais variados e menos estáveis. Antes, gerações anteriores de empregados com frequência podiam esperar permanecer na mesma empresa até a aposentadoria, mas hoje esse padrão de emprego está se tornando cada vez mais raro. Um número cada vez maior de adultos trabalha por conta própria, em casa, utilizando computadores, com horários de trabalho flexíveis ou atuando como fornecedores independentes. Essas mudanças, juntamente com um mercado de trabalho mais competitivo e com a exigência de uma força de trabalho altamente especializada, tornam a educação e o treinamento ainda mais vitais do que antes (Corcoran & Matsudaira, 2005).

O ensino superior aumenta as oportunidades de emprego e os salários, diminui a probabilidade de desemprego (Figura 13.3) e melhora a longo prazo a qualidade de vida dos adultos em todo o mundo (McFarland et al., 2018; Centre for Educational Research and Innovation, 2004). Nos Estados Unidos em 2017, adultos de 25 a 34 anos com mestrado ou mais e que trabalhavam em tempo integral tinham renda mediana de 65 mil dólares, 26% a mais do que aqueles apenas com graduação (51.800 dólares) e 62% a mais do que aqueles que completaram o ensino médio, mas não foram à faculdade (32.000 dólares) (NCES, 2019c). Além disso, para adultos sem educação suficiente, os índices de desemprego são altos. Os jovens adultos com diploma de graduação ou mais tinham taxa de emprego de 86% em 2017, enquanto aqueles que não completaram o ensino médio tinham taxa de emprego de 56% (NCES, 2018a). Esses desafios podem fazer com que seja difícil ganhar o suficiente para estabelecer uma família independente. Um levantamento de âmbito nacional na Bélgica, Canadá, Alemanha e Itália encontrou um declínio na autossuficiência econômica entre homens de 18 a 34 anos e entre mulheres na faixa dos 20 anos entre meados da década de 1980 e 1995-2000 (Bell, Burtless, Gornick, & Smeeding, 2007). E os trabalhadores na faixa dos 20 anos, especialmente no início da segunda década, tendem a estar concentrados em posições de baixos salários e baixa qualificação e com frequência mudam de emprego (Hamilton & Hamilton, 2006).

Embora existam diferenças de renda entre trabalhadores de ambos os sexos em todos os níveis de realização educacional, elas diminuíram consideravelmente. Ainda assim, a renda mediana dos jovens era maior para os homens do que para as mulheres em todos os níveis de escolaridade (NCES, 2019c). Em 1979, as mulheres ganhavam 62% do que os homens ganhavam. Em 2017, as mulheres ganhavam 82% da renda dos homens, e essa diferença de gênero é maior para mulheres mais velhas do que para as mais jovens (U.S. Bureau of Labor Statistics, 2017). Além disso, um relatório da American Association of University Women (2007) revelou que a diferença de salários aumenta durante os 10 anos após a formatura. E mais, um quarto dessa diferença não é explicada por fatores como horas de trabalho, ocupações e maternidade, sugerindo que ela é derivada da discriminação de gênero.

Combinando trabalho e estudos

Em 2014, cerca de 41% dos estudantes universitários em tempo integral e 80% dos estudantes em tempo parcial trabalhavam e estudavam ao mesmo tempo (Kena et al., 2016). O trabalho de meio turno tem poucos efeitos, ou até positivos, sobre o desempenho acadêmico, desde que o estudante não trabalhe mais de 15 horas por semana, mas trabalhar mais de 20

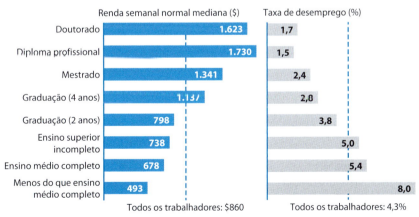

FIGURA 13.3

Salários esperados ao longo da vida por nível educacional: Estados Unidos, 2015. *Mesmo considerando o custo de uma educação, os níveis superiores significam salários mais altos ao longo da vida.*

Fonte: Vilorio, Dennis. "Education matters." Career Outlook. U.S. Bureau of Labor Statistics, março de 2016.

horas por semana tende a ter um impacto negativo (Pascarella, Edison, Nora, Hagedorn, & Terenzini, 1998) e está associado ao abandono dos estudos. Em geral, há uma troca: quanto mais tempo os estudantes passam trabalhando, menos se dedicam à vida acadêmica (Greene & Maggs, 2015).

Trabalhar durante a faculdade também pode afetar a probabilidade de frequentar programas de pós-graduação. Embora subsídios e empréstimos estejam disponíveis para alguns estudantes, muitos precisam trabalhar para ajudar a sustentar suas aspirações educacionais. Esse trabalho diminui o tempo que eles têm disponível para realizar outras atividades, tais como participar de grupos de pesquisa, de estágios e de trabalho voluntário. Essas atividades são opcionais, mas permitem aos estudantes uma candidatura para a pós-graduação. Portanto, embora o trabalho em si possa não ser prejudicial para uma graduação, ele pode estar relacionado a dificuldades em satisfazer os critérios para programas de pós-graduação.

Crescimento cognitivo no trabalho As pessoas mudam como resultado do tipo de trabalho que fazem? Algumas pesquisas dizem que sim: as pessoas parecem crescer em empregos desafiadores, do tipo que está se tornando cada vez mais prevalente hoje. Essas pesquisas revelaram uma relação recíproca entre a **complexidade substantiva** do trabalho – o grau de reflexão e julgamento independente que ele requer – e a flexibilidade de uma pessoa para lidar com as demandas cognitivas (Kohn, 1980).

Um grande desenvolvimento nos lobos frontais ocorre no jovem adulto (Luciana, 2010). Imagens de ressonância magnética mostram que a parte mais anterior dos lobos frontais tem uma função especial e um papel importante na solução de problemas e no planejamento. Essa porção do cérebro entra em ação quando uma pessoa necessita interromper uma tarefa não terminada e desviar sua atenção para outra tarefa. Ela permite que um trabalhador mantenha a primeira tarefa na memória de trabalho enquanto presta atenção à segunda – por exemplo, voltar a ler um relatório após ter sido interrompido pelo telefone (Koechlin, Basso, Pietrini, Panzer, & Grafman, 1999). Outros aspectos do desenvolvimento cerebral também influenciam por que, quando os jovens entram na idade adulta, eles se tornam menos propensos a assumir riscos e são mais capazes de controlar seus comportamentos (Luciana, 2010).

O crescimento cognitivo não precisa parar ao final do dia de trabalho. De acordo com a **hipótese do extravasamento**, os ganhos cognitivos do trabalho se transferem para as horas de folga. Estudos apoiam esta hipótese: a complexidade substantiva do trabalho influencia fortemente o nível intelectual das atividades de lazer (Kohn, 1980; K. Miller & Kohn, 1983).

Suavizando a transição para o local de trabalho O que é preciso para realizar uma transição bem-sucedida da escola para o trabalho? Uma revisão da literatura aponta quatro fatores fundamentais: (1) competência (em geral e no trabalho); (2) características pessoais como iniciativa, flexibilidade, objetividade e um sentido de urgência; (3) relacionamentos pessoais positivos; e (4) ligações entre educação e emprego (Blustein, Juntunen, & Worthington, 2000).

Alguns cientistas do desenvolvimento (Furstenberg et al., 2005; Settersten, 2005) sugerem medidas para fortalecer as ligações entre o trabalho e as instituições de ensino, especialmente universidades comunitárias:

- Melhorar o diálogo entre os educadores e os empregadores.
- Modificar os horários de estudo e de trabalho para que se adaptem às necessidades dos estudantes que trabalham.
- Permitir que os empregadores ajudem a planejar programas de trabalho-estudo.
- Aumentar a disponibilidade de trabalho temporário e de meio turno.
- Relacionar melhor o que os estudantes aprendem no trabalho e na escola.
- Melhorar o treinamento de orientadores vocacionais.
- Fazer um melhor uso de grupos de estudo e de apoio e de programas de instrução e orientação.
- Oferecer bolsas de estudo, ajuda financeira e plano de saúde para estudantes e empregados que trabalham tanto em meio turno quanto em tempo integral.

---

complexidade substantiva
Grau com que o trabalho de uma pessoa requer reflexão e julgamento independente.

hipótese do extravasamento
Hipótese de que há uma transferência dos ganhos cognitivos do trabalho para o lazer que explica a relação positiva entre atividades na qualidade do funcionamento intelectual.

▶ **verificador**
você é capaz de...

▷ Resumir as mudanças recentes no local de trabalho?
▷ Discutir o impacto da combinação entre trabalho e escola?
▷ Explicar a relação entre complexidade substantiva do trabalho e desenvolvimento cognitivo?
▷ Listar propostas para facilitar a transição para o local de trabalho?

resumo e palavras-chave

Adultez emergente

- Para muitos jovens em sociedades tecnologicamente avançadas, a entrada na vida adulta não é claramente demarcada; ela leva mais tempo e segue caminhos mais variados do que no passado. Alguns cientistas do desenvolvimento sugerem que o final da adolescência até meados da década dos 20 anos é um período de transição denominado adultez emergente.
- A adultez emergente consiste em múltiplos marcos ou transições, e sua ordem e momento variam. A passagem desses marcos pode determinar quando um jovem se torna um adulto.

adultez emergente (383)

DESENVOLVIMENTO FÍSICO

Saúde e condição física

- As capacidades físicas e sensoriais estão normalmente no auge na adultez emergente e no jovem adulto.
- Os acidentes são a causa principal de morte nessa faixa etária.
- O mapeamento do genoma humano está possibilitando a descoberta das bases genéticas para certos distúrbios.
- Fatores relacionados ao estilo de vida como dieta, obesidade, exercício, sono, tabagismo e uso ou abuso de substâncias podem afetar a saúde e a sobrevivência, e podem ter consequências epigenéticas para a regulação de quando os genes são ativados e desativados.
- Uma boa saúde está relacionada a renda mais alta e educação superior. Os afro-americanos e alguns outros grupos minoritários tendem a ser menos saudáveis do que outros norte-americanos. Embora muito disso seja devido ao nível socioeconômico, também há indicadores de que pessoas de diferentes etnias poderiam responder de forma diferente a algumas influências ambientais sobre a saúde.
- Os relacionamentos sociais, especialmente o casamento, tendem a estar associados à saúde física e mental.
- A saúde mental é geralmente boa no início da idade adulta, mas certas condições, como a depressão, tornam-se mais prevalentes. Abuso de álcool e alcoolismo são os transtornos relacionados a substâncias mais comuns.

consumo de risco (390)
alcoolismo (392)

Aspectos sexuais e reprodutivos

- Quase todos os jovens adultos norte-americanos têm relações sexuais antes do casamento.
- Infecções sexualmente transmissíveis, transtornos menstruais e infertilidade podem ser preocupações para o jovem adulto.
- As taxas mais altas de ISTs nos Estados Unidos são entre adultos emergentes, particularmente entre jovens mulheres.
- A causa mais comum de infertilidade nos homens é a baixa contagem de espermatozoides; a causa mais comum nas mulheres é o bloqueio das tubas uterinas.
- Os casais inférteis contam agora com muitas opções de reprodução assistida. Essas técnicas envolvem questões éticas e práticas.

síndrome de tensão pré-menstrual (STPM ou TPM) (395)
infertilidade (395)

DESENVOLVIMENTO COGNITIVO
Perspectivas sobre a cognição adulta

- Alguns pesquisadores propõem formas de cognição adulta distintas além das operações formais. O pensamento reflexivo enfatiza a lógica complexa; o pensamento pós-formal envolve intuição, tanto quanto emoção.
- Schaie propôs sete estágios do desenvolvimento cognitivo relacionados à idade: aquisitivo (infância e adolescência), realizador (jovem adulto), responsável e executivo (vida adulta intermediária) e reorganizativo, reintegrativo e de criação de herança (vida adulta tardia).
- De acordo com a teoria triárquica da inteligência de Sternberg, os elementos empíricos e contextuais são particularmente importantes durante a vida adulta. Testes que medem o conhecimento tácito podem ser complementos úteis aos testes de inteligência tradicionais.
- A inteligência emocional desempenha um papel importante no sucesso na vida.

pensamento reflexivo (396)
pensamento pós-formal (398)
conhecimento tácito (399)
inteligência emocional (IE) (399)

Raciocínio moral

- De acordo com Kohlberg, o desenvolvimento moral na vida adulta depende principalmente da experiência, considerando-se que ela não pode ultrapassar os limites fixados pelo desenvolvimento cognitivo. A experiência pode ser interpretada diferentemente em vários contextos culturais, e nem todas as culturas apoiam os estágios mais avançados de desenvolvimento moral de Kohlberg.
- Gilligan propôs inicialmente que as mulheres têm uma ética do cuidado, enquanto a teoria de Kohlberg enfatiza a justiça. Entretanto, pesquisas posteriores, incluindo a dela própria, não sustentaram uma distinção entre a perspectiva moral masculina e a feminina.

Educação e trabalho

- A maioria dos adultos emergentes atualmente entra na universidade. Mais mulheres do que homens entram na universidade hoje, e uma porcentagem cada vez maior delas busca especialização avançada mesmo em áreas tradicionalmente dominadas pelos homens. A participação das minorias está aumentando. Muitos estudantes entram na universidade, mas poucos fazem pós-graduação.
- O pensamento dos estudantes universitários tende a progredir da rigidez para a flexibilidade e, depois, para compromissos livremente escolhidos.
- Pesquisas identificam uma relação entre complexidade substantiva do trabalho e crescimento cognitivo.
- Mudanças no local de trabalho exigem educação ou treinamento superior. O ensino superior aumenta muito as oportunidades de trabalho e os salários.
- A transição para o trabalho poderia ser facilitada por meio de medidas para fortalecer a orientação vocacional e seus elos com o trabalho.

complexidade substantiva (406)
hipótese do extravasamento (406)

capítulo

14

Desenvolvimento Psicossocial nos Adultos Emergentes e Jovens Adultos

Rawpixel.com/Shutterstock

Pontos principais

Adultez emergente: padrões e tarefas

Desenvolvimento da personalidade: quatro perspectivas

As bases dos relacionamentos íntimos

Estilos de vida conjugais e não conjugais

Parentalidade

Quando o casamento chega ao fim

Objetivos de aprendizagem

Descrever o desenvolvimento da identidade e o relacionamento com os pais na adultez emergente.

Resumir as perspectivas teóricas sobre o desenvolvimento da personalidade adulta.

Identificar os principais aspectos dos relacionamentos íntimos e do amor.

Caracterizar estilos de vida conjugais e não conjugais.

Discutir a parentalidade e as pressões nas famílias de renda dupla.

Identificar tendências no divórcio e em novos casamentos.

Você **sabia** que...

▷ Historicamente e em todas as culturas, casamentos arranjados pelos pais ou por casamenteiros profissionais são os meios mais comuns de encontrar um(a) companheiro(a)?

▷ Em 1970, apenas 4% das mulheres de 35 a 44 anos de idade ganharam mais dinheiro que seus maridos e que em 2015 esse número tinha aumentado para 22%?

▷ Metade dos jovens pais dizem que têm pouco tempo para ficar com seus filhos, de acordo com levantamentos realizados nos Estados Unidos?

As escolhas pessoais feitas na adultez emergente estabelecem uma base para o resto da vida. Neste capítulo, examinamos as escolhas que estruturam a vida pessoal e social: adotar um estilo de vida sexual; casar, viver em coabitação ou permanecer solteiro; ter filhos ou não; e estabelecer e manter amizades.

> *O grande desafio na vida adulta é manter seu idealismo depois de perder a inocência.*
> —Bruce Springsteen

Adultez emergente: padrões e tarefas

CAMINHOS VARIADOS PARA A VIDA ADULTA

Os caminhos para a vida adulta estão hoje mais variados do que nunca (Arnett, 2014). Antes da década de 1960, os jovens nos Estados Unidos normalmente concluíam o ensino médio, saíam de casa, arrumavam um emprego, casavam-se e tinham filhos, nessa ordem.

Para muitos jovens hoje, a adultez emergente é um tempo de experimentação antes de assumir os papéis e as responsabilidades da vida adulta. Um homem ou uma mulher jovem pode arranjar um emprego e um apartamento e desfrutar a vida de solteiro(a). Dois jovens casados podem mudar-se para a casa dos pais enquanto terminam os estudos ou organizam a vida. Encontrar um emprego estável e desenvolver relacionamentos amorosos de longo prazo podem ser adiados até os 30 anos ou mais. O que influencia esses caminhos variados para a vida adulta?

Caminhos para a vida adulta Os caminhos individuais para a vida adulta são influenciados por fatores como gênero, capacidade acadêmica, primeiras atitudes em relação à educação, raça e etnia, expectativas do final da adolescência e classe social. Tradicionalmente, a vida era definida por marcos como sair de casa, casar, ter filhos, arranjar um emprego ou estabelecer uma carreira. Contudo, à medida que o contexto social mudou nos Estados Unidos, o caminho da infância para a idade adulta mudou também. Há muitas maneiras de se tornar adulto, mas as pesquisas identificaram três caminhos principais que, cada vez mais, caracterizam a trajetória dos jovens adultos nos Estados Unidos (Scales et al., 2016).

O primeiro grupo inclui os jovens adultos que começam família cedo e, em geral, não fazem faculdade. Casar e formar família cedo estão associados com pobreza e uso de substâncias (Oesterle, Hawkins, Hill, & Bailey; 2010; Oesterle, Hawkins, & Hill, 2011). A parentalidade precoce, em particular, limita as perspectivas de futuro (Boden, Fergusson, & Horwood, 2008; Dariotis, Pleck, Astone, & Sonenstein, 2011), especialmente para as mulheres que não se casam (Assini-Meytin & Green, 2015; Driscoll, 2014). No entanto, nem todas as consequências da gravidez na adolescência são negativas. Em alguns casos, a gravidez pode ser um catalisador para mudanças. Algumas jovens mães que escolhem levar a cabo uma gravidez indesejada relatam menos parceiros sexuais e menos uso de substâncias em comparação com mulheres que interromperam uma gravidez indesejada ou que nunca engravidaram (Gomez-Scott & Cooney, 2014).

O segundo grupo inclui os jovens adultos que esperam para ter filhos no início da vida adulta, mas que, em vez de investir em fazer faculdade, começam a trabalhar em tempo integral. Em comparação com os que se formam no ensino superior, esses jovens adultos têm mais filhos até os 30 e poucos anos, trabalham mais horas, têm menos crescimento de renda e dependem mais de auxílio do governo (Mitchell & Syed, 2015).

O terceiro grupo envolve os adultos emergentes de ambos os sexos que postergam a parentalidade e outros marcos tradicionais da vida adulta em busca de objetivos educacionais ou de carreira (Oesterle et al., 2010; Eliason, Mortimer, & Vuolo, 2015). Esse grupo tende a começar da posição mais privilegiada e tem os resultados mais positivos. Em um estudo longitudinal que acompanhou uma amostra nacionalmente representativa de estudantes do último ano do ensino médio anualmente desde 1975, os adultos emergentes que tinham o nível de bem-estar mais alto eram aqueles

Que caminho você seguiu, ou está seguindo, para a vida adulta? Você tem amigos que seguiram outros caminhos?

> **verificador**
> **você é capaz de...**
>
> ▷ Dar exemplos dos vários caminhos para a vida adulta?
> ▷ Discutir as influências sobre os caminhos que os jovens seguem para a vida adulta?

que ainda não haviam casado, não tinham filhos, frequentavam a universidade e viviam fora de sua casa da infância (Schulenberg et al., 2005).

DESENVOLVIMENTO DA IDENTIDADE NA ADULTEZ EMERGENTE

A adolescência é uma época de grandes mudanças, desde o desenvolvimento do corpo até mudanças cerebrais e o surgimento de novos papéis sociais para os jovens à medida que avançam em direção à independência. Erikson considerava a busca por identidade uma tarefa para a vida toda, focalizada, em grande parte, nessa fase do ciclo de vida. A adultez emergente oferece uma moratória, ou um alívio, das pressões do desenvolvimento e permite aos jovens a liberdade de experimentar vários papéis e estilos de vida. Entretanto, ela também representa um ponto crucial durante o qual os compromissos do papel adulto gradualmente se cristalizam. Nos países pós-industrializados de hoje, a busca ativa por identidade cada vez mais tende a estender-se até a adultez emergente (Côté, 2006).

recentralização
Processo subjacente à mudança para uma identidade adulta.

Recentralização Recentralização (*recentering*) é o nome dado ao processo subjacente à mudança para uma identidade adulta. É a tarefa primária na adultez emergente. É um processo de três estágios no qual poder, responsabilidade e tomada de decisão gradualmente passam da família de origem para o jovem adulto independente (Tanner, 2006):

- No *estágio 1*, o início da adultez emergente, o indivíduo ainda está inserido na família de origem, mas as expectativas de autoconfiança e autodirecionamento começam a aumentar. Assim, por exemplo, um jovem adulto pode ainda morar na casa dos pais e estudar no ensino médio, mas ter a expectativa de programar e monitorar suas próprias atividades fora do horário de aula.

- No *estágio 2*, durante a adultez emergente, o indivíduo permanece conectado à família de origem, mas não está mais inserido nela. Assim, por exemplo, uma aluna de faculdade pode morar no dormitório da instituição, mas ainda ser sustentada financeiramente pelos pais enquanto está matriculada. Envolvimentos temporários e exploratórios em uma variedade de cursos universitários, empregos e relacionamentos íntimos marcam esse estágio. Próximo do seu final, o indivíduo está começando a assumir compromissos sérios e obtendo os recursos para sustentá-los.

- No *estágio 3*, geralmente em torno dos 30 anos, o indivíduo entra no período jovem adulto. Esse estágio é marcado por independência da família de origem (embora mantendo vínculos estreitos com ela) e compromisso com uma carreira, com um relacionamento amoroso e possivelmente com filhos. Aqui, um jovem adulto pode estar se estabelecendo na carreira ou no casamento e criando uma vida independente, mas ainda permanece próximo aos pais e à família de origem.

A moratória contemporânea Uma sociedade pós-industrial e fragmentada oferece a muitos adultos emergentes pouca orientação e menos pressão para crescer (Heinz, 2002), e nem todos estão igualmente preparados para a tarefa (Côté, 2006). A pesquisa do estado de identidade constatou que apenas cerca de um terço dos jovens ocidentais parece passar pelo que Marcia denominou o estado de *moratória*, uma crise autoconsciente que, em um mundo ideal, leva à resolução e à realização da identidade. Aproximadamente 15% parecem regredir durante a adultez emergente, e cerca da metade não apresenta mudanças significativas (Kroger, Martinussen, & Marcia, 2009). Em vez de explorar ativa e cuidadosamente sua identidade, muitos jovens adultos parecem fazer pouca deliberação ativa e consciente, em vez disso adotando uma abordagem passiva (difusa) ou deixando os pais tomarem as rédeas de sua vida (execução). Não obstante, aproximadamente 3 em cada 4 jovens estabelecem algum tipo de identidade ocupacional no final da década dos 20 anos. A confusão de identidade persiste para 10 a 20%, que não possuem o que Erikson chamou de fidelidade: fé em alguma coisa maior do que eles próprios (Côté, 2006).

Fatores étnicos e culturais na exploração da identidade A abordagem ao estudo do desenvolvimento da identidade foi conceitualizada nos Estados Unidos, com ênfase no individualismo e na autonomia pessoal. Em uma cultura como essa, o estado de realização de identidade é adaptativo e benéfico. Contudo, em países que enfatizam o coletivismo e se concentram mais fortemente na participação no grupo, esse modelo pode não se aplicar da mesma forma. Por exemplo, em um estudo conduzido na China, Taiwan, Japão e Estados Unidos, a identidade era aceita sem muita dificuldade, exploração ou questionamento nas amostras menos ocidentalizadas, mas ainda detinha bastante significado interpessoal (Berman, You, Schwartz, Teo, & Mochizuki, 2011). Essa estratégia (execução) pode ser menos adaptativa nos Estados Unidos, mas confere benefícios em contextos culturais diferentes (Cheng & Berman, 2012).

A exploração da identidade também é diferente para os grupos minoritários raciais/étnicos dentro das fronteiras dos Estados Unidos em comparação com a maioria da população branca. A identidade étnica pode ser definida como a identidade da pessoa como membro de um determinado grupo étnico (Phinney, 2003) e é parte da identidade social mais ampla de um indivíduo (Tajfel, 1981). Para jovens do grupo majoritário, esse processo normalmente é ponto pacífico. Contudo, os grupos minoritários devem vir a entender-se como parte de um grupo étnico e como parte da sociedade mais ampla e diversa e, em um mundo ideal, ter uma visão positiva das culturas tanto da minoria como da maioria na qual eles vivem. Jovens multirraciais têm o desafio adicional de descobrir onde eles se enquadram. Contudo, muitos alcançam uma resolução que leva à realização da identidade, como na seguinte afirmação:

> Quando eu era mais jovem, achava que não pertencia a lugar nenhum. Mas agora simplesmente cheguei à conclusão de que... eu sou do jeito que sou... e a minha casa é dentro de mim mesmo... eu não sinto mais a compulsão de me enquadrar, porque se você ficar tentando se enquadrar você nunca vai conseguir. (Alipuria, 2002, p. 143)

Como seria de esperar, a formação de uma identidade étnica realizada e positiva tem amplas repercussões, incluindo efeitos positivos na depressão, percepção de estresse, enfrentamento, competência social, autoestima, bem-estar, sintomatologia internalizante e externalizante, desempenho acadêmico e atitudes e riscos de saúde. Os efeitos geralmente são de leves a moderados, mas foram identificados em inúmeros estudos, especialmente entre adultos afro-americanos (Rivas-Drake et al., 2014a; Rivas-Drake et al., 2014b; Smith & Silva, 2011). Visto que uma identidade étnica segura envolve sentimentos positivos tanto em relação à própria identidade pessoal (Yip, 2014) quanto em relação à cultura mais ampla (Phinney, 1989), não é surpresa descobrir que a identidade étnica segura está relacionada à maior aceitação de outros grupos (Phinney, Ferguson, & Tate, 1997). Presumivelmente, então, esses sentimentos podem resultar em interações mais positivas entre grupos diferentes e em reduções na discriminação (Phinney, Jacoby, & Silva, 2007). Além disso, um senso forte de identidade étnica pode ajudar os jovens adultos a suportar a discriminação e a estereotipagem (Schwartz, Zamboanga, Luyckx, Meca, & Ritchie, 2013). Essa resiliência pode ser necessária quando os jovens se tornam mais independentes e assumem as rédeas da própria vida.

Quais são alguns exemplos, em sua comunidade, de identidade étnica influenciando interações entre grupos?

verificador
você é capaz de...

▷ Definir a recentralização e resumir seus três estágios?

▷ Discutir a pesquisa do estado de identidade em adultos emergentes em sociedades pós-industriais?

▷ Explicar por que o desenvolvimento da identidade de grupos minoritários raciais/étnicos é complexo?

DESENVOLVENDO RELACIONAMENTOS ADULTOS COM OS PAIS

Quando os jovens saem de casa, eles precisam concluir a negociação de autonomia iniciada na adolescência e redefinir seu relacionamento com seus pais como um relacionamento entre adultos. Pais que são incapazes de reconhecer essa mudança podem retardar o desenvolvimento de seus filhos (Aquilino, 2006).

Embora os adultos emergentes possam não depender mais dos pais para o sustento básico, eles ainda se beneficiam de sua companhia e de seu apoio social.
Jupiterimages/Thinkstock/Alamy Stock Photo

Influências nos relacionamentos com os pais   Embora não sejam mais crianças, os adultos emergentes ainda precisam de aceitação, empatia e apoio dos pais, e o apego a eles continua sendo um ingrediente fundamental do bem-estar (Lindell & Campione-Barr, 2017). O apoio financeiro dos pais, especialmente para a educação, aumenta as chances de sucesso dos adultos emergentes nos papéis da vida adulta (Aquilino, 2006; Terriquez & Gurantz, 2015).

Relações positivas entre pais e filhos no início da adolescência predizem relacionamentos mais afetuosos e menos conflitantes com ambos os pais quando os filhos chegam aos 26 anos (Belsky, Jaffee, Hsieh, & Silva, 2001). Quando os adultos emergentes têm pais envolvidos, afetuosos e amorosos, eles apresentam níveis mais elevados de autovalorização (Nelson, Padilla-Walker, & Nielson, 2015). Em geral, os pais e os filhos jovens adultos se entendem melhor quando o jovem adulto está seguindo um curso de vida esperado, mas adiou a responsabilidade da parentalidade até que outros papéis adultos estejam bem estabelecidos (Belsky, Jaffee, Caspi, Moffitt, & Silva, 2003).

A qualidade do relacionamento entre pais e filhos adultos pode ser afetada pelo relacionamento entre a mãe e o pai (Aquilino, 2006). Quando o jovem adulto vê-se "preso no meio" de dois pais conflitantes, pode haver consequências negativas (Amato & Afifi, 2006; Cunningham & Waldock, 2016). Por exemplo, um estudo mostrou que essas situações resultaram em níveis mais altos de sintomas internalizantes e pensamentos depressivos três anos mais tarde (Buehler & Welsh, 2009). Essa relação é bidirecional; os pais de jovens adultos problemáticos também podem experimentar maior sofrimento devido às ações dos seus filhos (McClelland & McKinney, 2016), particularmente dada a alteração do equilíbrio de forças quando os jovens adultos se tornam mais independentes e menos sujeitos ao controle dos pais.

Incapacidade de "soltar as amarras"   As mudanças econômicas e sociais nos Estados Unidos, incluindo automação, globalização e mudanças tecnológicas, dificultaram as tentativas dos jovens adultos de estabelecer uma família independente economicamente viável (Hill & Holzer, 2007). Cinquenta e três por cento dos adultos de 21 a 37 anos recebe auxílio financeiro de um pai, responsável ou familiar, sendo que 37% deles recebe tal assistência mensalmente. Cerca de um terço (35,3%) mora com os pais (Country Financial Security Index, 2018).

Dizer que esses jovens adultos – que não "soltam as amarras" e não se mudam da casa dos pais – são preguiçosos e egoístas que se recusam a crescer é, em grande parte, incorreto (Arnett, 2007b). Em vez disso, eles são forçados a permanecer um pouco dependentes principalmente por preocupações econômicas e pela necessidade de obter treinamento ou escolarização em um grau maior que as gerações anteriores. Na verdade, a média de idade em que os jovens adultos entram na força de trabalho aumentou nas últimas décadas e, em comparação com as gerações anteriores, eles não alcançam os mesmos níveis de renda até fases posteriores da vida (Carnevale, Hanson, & Gulish, 2013). Permanecer na casa dos pais oferece a oportunidade de o jovem adulto continuar a trabalhar para progredir na sua carreira, mas também pode causar ameaças à sua autonomia e independência (Burn & Szoeke, 2016). Por exemplo, afro-americanos, hispânicos e pessoas com renda familiar inferior a 50.000 dólares por ano nos Estados Unidos, que tendem a receber menos auxílio dos pais, acreditam que a independência financeira deve começar entre os 16 e 18 anos (Country Financial Security Index, 2018).

A tendência de adultos emergentes morarem com os pais também existe em outros países. Em boa parte da Europa, assim como em Hong Kong, a crise financeira global, o desemprego, salários baixos e custos de moradia altos levaram a um aumento na proporção dos adultos emergentes que continuam na casa dos pais (Lennartz, Arundel, & Ronald, 2016; Victor, 2015; ver Figura 14.1). No Japão, onde os filhos em geral moram com os pais até o casamento, a média de idade em que jovens adultos se casam aumentou rapidamente (Newman, 2008). As projeções econômicas sugerem que essa tendência irá continuar (Seiffge-Krenke, 2016).

verificador
você é capaz de...

▷ Explicar como os relacionamentos com os pais afetam o ajustamento à vida adulta e como os adultos emergentes renegociam seus relacionamentos com os pais?

▷ Discutir a tendência dos jovens adultos de viverem na casa dos pais?

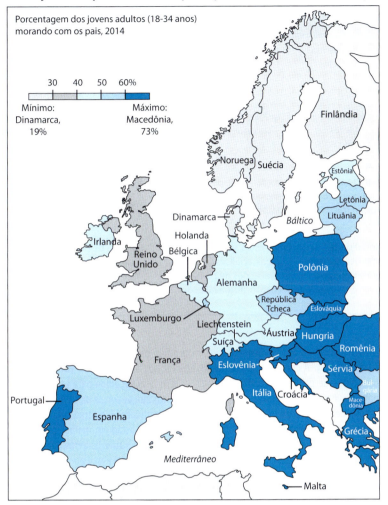

FIGURA 14.1
Porcentagem dos jovens adultos europeus (18-34 anos) morando com os pais, 2014.

Pela primeira vez na era moderna, morar com os pais é o arranjo de moradia mais comum para adultos de 18 a 34 anos.

Fonte: DeSilver, D. *In the U.S. and Abroad, More Young Adults are Living with Their Parents.* Washington, DC: Pew Research Center, 2016.

Desenvolvimento da personalidade: quatro perspectivas

O que é a personalidade? A resposta depende, em parte, de como a estudamos e medimos. As quatro abordagens ao desenvolvimento psicossocial do adulto são representadas pelos *modelos de estágios normativos*, *modelo de momento dos eventos*, *modelos de traços* e *modelos tipológicos* (Tabela 14.1).

MODELOS DE ESTÁGIOS NORMATIVOS

Em que idade as pessoas deveriam se casar? Ter filhos? Escolher uma carreira? Toda cultura possui normas sobre a hora "certa" para grandes eventos de vida. Os **modelos de estágios normativos** sustentam que os adultos seguem uma sequência básica de mudanças psicossociais relacionadas à idade. As mudanças são normativas no sentido de que são comuns à maioria dos membros de uma população em um dado momento. Entretanto, o que é normativo depende das expectativas sobre o momento dos eventos da vida naquele grupo cultural específico.

modelos de estágios normativos
Modelos teóricos que descrevem o desenvolvimento psicossocial em termos de uma sequência definida de mudanças relacionadas à idade.

TABELA 14.1	Quatro perspectivas sobre o desenvolvimento da personalidade		
Modelos	**Perguntas feitas**	**Métodos usados**	**Mudança ou estabilidade**
Modelos de estágios normativos	A personalidade se modifica de maneira típica em certos períodos no curso da vida?	Entrevistas detalhadas, materiais biográficos	As mudanças de personalidade normativas que têm a ver com metas pessoais, trabalho e relacionamentos ocorrem em estágios.
Modelo de momento dos eventos	Quando normalmente ocorrem eventos de vida importantes? E se eles ocorressem mais cedo ou mais tarde que o usual?	Estudos estatísticos, entrevistas, questionários	O momento não normativo dos eventos de vida pode causar estresse e afetar o desenvolvimento da personalidade.
Modelos de traços	Os traços de personalidade se enquadram em grupos ou em conjuntos? Esses grupos de traços se alteram com a idade?	Inventários de personalidade, questionários, análise fatorial	A personalidade muda substancialmente até os 30 anos, e mais lentamente daí em diante.
Modelos tipológicos	Tipos básicos de personalidade podem ser identificados? Até que ponto eles predizem a trajetória de vida?	Entrevistas, julgamentos clínicos, análises fatoriais Q, avaliações de comportamento, autoavaliações	Os tipos de personalidade tendem a apresentar uma continuidade da infância até a idade adulta, mas certos eventos podem alterar a trajetória de vida.

intimidade *versus* isolamento
O sexto estágio do desenvolvimento psicossocial de Erikson, no qual jovens adultos formam vínculos fortes e duradouros com amigos e parceiros afetivos ou enfrentam um possível sentimento de isolamento e autoabsorção.

Erikson: intimidade *versus* isolamento Um modelo de estágios normativos é a abordagem psicossocial de Erikson. A crise normativa dos jovens adultos é **intimidade *versus* isolamento**.

Lembre-se de que Erikson defendia que uma solução bem-sucedida para uma crise psicossocial coloca o indivíduo em uma boa posição para lidar com a próxima de forma exitosa. A crise psicossocial na adolescência, de acordo com Erikson, é a formação da identidade. Ele acreditava que os jovens que desenvolveram um forte sentido do *self* durante a adolescência estão em melhor posição para fundir sua identidade com a de outra pessoa no início da vida adulta. Em outras palavras, saber quem você é e o que quer o torna mais propenso a encontrar um parceiro compatível e que atende suas necessidades.

Por que a intimidade é um traço a ser buscado? De acordo com Erikson, se não conseguem assumir compromissos pessoais profundos com os outros, os adultos correm o risco de tornarem-se excessivamente isolados e absorvidos em si mesmos. O processo de formar um senso de intimidade também é importante. Relacionamentos íntimos demandam sacrifício e compromisso. À medida que os jovens adultos trabalham para resolver demandas conflitantes de intimidade e competitividade, eles desenvolvem um sentido ético, que Erikson considerava um marcador da vida adulta.

A resolução desse estágio resulta na virtude do amor: a dedicação mútua entre parceiros que escolheram compartilhar suas vidas e ter filhos. Erikson acreditava que não conseguir cumprir aquilo que acreditava ser o impulso procriador natural tem consequências negativas para o desenvolvimento. Sua teoria foi criticada, muito corretamente, por excluir pessoas solteiras, celibatárias, homossexuais e sem filhos de seu esquema de desenvolvimento saudável.

Além disso, pesquisas indicam que homens e mulheres podem seguir trajetórias de desenvolvimento diferentes. Por exemplo, a realização do estado de identidade parece estar relacionada à formação de relacionamentos entre os homens, porém mais fortemente à estabilidade do relacionamento entre as mulheres (Kahn, Zimmerman, Csikszentmihalyi, & Getzels, 2014). Além disso, ao menos no início dos casamentos, as mulheres tendem a relatar maior intimidade do que os homens, o que tem consequências para a saúde do casamento posteriormente (Boden, Fischer, & Niehuis, 2010).

Jovens adultos que têm um forte senso de self *provavelmente estão prontos para as demandas de um relacionamento íntimo, de acordo com Erikson.*
David Lok/Purestock/SuperStock

Por fim, os primeiros estudos sobre estágios de vida normativos foram baseados em pequenos grupos de homens e mulheres nascidos nas décadas de 1920, 1930 e 1940. Hoje, os jovens adultos seguem caminhos evolutivos muito mais diversos e, como resultado, podem desenvolver-se diferentemente das pessoas nesses estudos. Além disso, os achados de pesquisas sobre estágios normativos podem não se aplicar a outras culturas, algumas das quais têm padrões muito diferentes de desenvolvimento ao longo da vida.

Apesar dessas críticas, a pesquisa sobre os estágios normativos teve impacto no campo e chamou atenção para a ideia de que os seres humanos continuam a mudar e a se desenvolver durante toda a vida. Os psicólogos, baseando-se no trabalho de Erikson, identificaram tarefas do desenvolvimento que precisam ser realizadas para a adaptação bem-sucedida a cada estágio de vida (Roisman, Masten, Coatsworth, & Tellegen, 2004). Dentre as tarefas do desenvolvimento do jovem adulto estão: deixar a casa da infância para entrar na universidade, para trabalhar, ou para ingressar no serviço militar; desenvolver amizades novas e mais íntimas e relacionamentos afetivos; e desenvolver independência e autoconfiança (Arnett, 2004; Scharf, Mayseless, & Kivenson-Baron, 2004).

MODELO DE MOMENTO DOS EVENTOS

Em vez de examinar o desenvolvimento da personalidade adulta puramente em função da idade, o **modelo de momento (*timing*) dos eventos** (Neugarten, Moore, & Lowe, 1965; Neugarten & Neugarten, 1987) sustenta que o curso do desenvolvimento depende de quando certos eventos ocorrem na vida das pessoas. Os **eventos de vida normativos** (também chamados de *eventos normativos ordenados pela idade*) são aqueles que normalmente acontecem em determinadas épocas da vida – tais como casar, ter filhos, tornar-se avô/avó e aposentar-se. De acordo com esse modelo, as pessoas geralmente têm plena consciência tanto do seu momento quanto do **relógio social** – as normas e expectativas de sua sociedade para o momento apropriado dos eventos de vida.

Se os eventos ocorrem na hora certa, o desenvolvimento prossegue sem problemas. Se não, pode ocorrer estresse. O estresse pode originar-se de um evento inesperado (tal como perder um emprego), de um evento que acontece fora de hora (ficar viúvo[a] aos 35 anos), ou da não ocorrência de um evento esperado e desejado (ser incapaz de gerar um filho). As diferenças de personalidade influenciam a forma como as pessoas respondem aos eventos de vida e podem mesmo influenciar seu momento. Por exemplo, uma pessoa resiliente tem probabilidade de experimentar uma transição mais fácil para a idade adulta e para as tarefas e eventos que se apresentam do que uma pessoa excessivamente ansiosa.

O momento típico dos eventos varia de uma cultura para outra e de uma geração para outra. De fato, coortes mais recentes de jovens adultos estão completando as tarefas do desenvolvimento desse período em idades mais tardias do que era anteriormente normativo, indicando que o momento do relógio social na cultura ocidental mudou um pouco nos últimos anos (Arnett, 2010).

O aumento na média de idade em que os adultos se casam nos Estados Unidos (U.S. Census Bureau, 2018) e a tendência a adiar a primeira gravidez (Martin, Hamilton, Osterman, Driscoll, & Drale, 2018) são dois exemplos de eventos para os quais o momento mudou. Um cronograma que parece correto para pessoas em uma coorte ou grupo cultural pode não parecer correto para as seguintes.

A partir de meados do século XX, os relógios sociais em muitas sociedades ocidentais se tornaram mais amplamente marcados pela idade. Hoje as pessoas aceitam melhor pais que têm seu primeiro filho aos 40 anos de idade e avós de 40 anos, aposentados de 50 anos de idade e trabalhadores de 75 anos, pessoas de 60 anos usando calças *jeans* e reitores de universidade de 30 anos. Essa variação mais ampla de normas etárias prejudica a previsibilidade na qual o modelo de momento dos eventos é baseada.

O modelo de momento dos eventos deu uma contribuição importante para nosso entendimento da personalidade adulta ao enfatizar o curso de vida individual e desafiar a ideia de mudança universal, relacionada à idade. Entretanto, sua utilidade pode ser limitada a culturas e a períodos históricos nos quais as normas de comportamento são estáveis e generalizadas.

MODELOS DE TRAÇOS: OS CINCO FATORES DE COSTA E McCRAE

Quando pedimos que descrevam a si mesmas, a maioria das pessoas costumam listar adjetivos. Elas podem se descrever como tímidas ou expansivas, simpáticas ou neuróticas, ou honestas

---

modelo de momento dos eventos
Modelo teórico do desenvolvimento da personalidade que descreve o desenvolvimento psicossocial adulto como resposta à ocorrência e ao momento previsto ou imprevisto de eventos de vida importantes.

eventos de vida normativos
No modelo de momento dos eventos, experiências de vida comumente esperadas que ocorrem em épocas habituais.

relógio social
Conjunto de normas ou expectativas culturais para os momentos da vida em que certos eventos importantes, como casar, ter filhos, começar a trabalhar e aposentar-se, devem ocorrer.

modelos de traços
Modelos teóricos do desenvolvimento da personalidade que se concentram nos traços, ou atributos, mentais, emocionais, temperamentais e comportamentais.

modelo dos cinco fatores
Modelo teórico da personalidade, desenvolvido e testado por Costa e McCrae, baseado nos fatores subjacentes a agrupamentos de traços de personalidade relacionados do "Big Five": abertura à experiência, conscienciosidade, extroversão, amabilidade e neuroticismo.

Você tem um blog? Nesse caso, as palavras que você usa podem refletir qual seria a sua pontuação nas medidas do "Big Five". Pessoas com pontuações altas em neuroticismo são propensas a usar palavras associadas a emoções negativas e a ter uma predileção pela palavra "ironia". Pessoas extrovertidas usam palavras positivas, e são mais propensas a usar a palavra "bebidas" e menos propensas a usar a palavra "computador". Pessoas abertas usam muitas preposições e palavras longas, bem como, estranhamente, a palavra "tinta". Pessoas conscienciosas gostam da palavra "concluído", e pessoas amáveis preferem "maravilhoso" e não gostam particularmente de "pornô".
Yarkoni, 2010

e trabalhadoras. Todas essas descrições se concentram naquilo que os psicólogos chamam de *traços*. Os **modelos de traços** são modelos psicológicos que focalizam a medição e análise desses diferentes traços. Um dos modelos mais conhecidos é o **modelo dos cinco fatores** (Figura 14.2), desenvolvido por Paul T. Costa e Robert R. McCrae, composto de fatores, ou dimensões, que parecem estar por trás de cinco grupos de traços associados, conhecidos como "Big Five". São eles: (1) abertura à experiência, (2) conscienciosidade, (3) extroversão, (4) amabilidade e (5) neuroticismo.

Continuidade e mudança no modelo dos cinco fatores As pessoas mudam ou permanecem as mesmas? Em média, as mudanças de personalidade são pequenas (Cobb-Clark & Schurer, 2012). Em análises de amostras longitudinais e transversais de homens e mulheres norte-americanos, Costa & McCrae (1994a, 1994b, 2006; Costa et al., 1986; McCrae, 2002; McCrae, Costa, & Busch, 1986) encontraram considerável continuidade.

A observação de que as personalidades das pessoas permanecem semelhantes, em média, não significa que não ocorram mudanças (Roberts & Mroczek, 2008). Mudanças de desenvolvimento normativas ocorrem em todas as cinco dimensões entre a adolescência e os 30 anos, com mudanças muito mais lentas após esse período. As mudanças ocorrem quase exclusivamente na direção positiva, com aumentos na dominância social (assertividade, uma faceta da extroversão), na conscienciosidade, na estabilidade emocional e na amabilidade (Soto, John, Gosling, & Potter, 2011; Roberts et al., 2006a; Borghuis et al., 2017). Também há uma tendência de redução em neuroticismo, extroversão e abertura à experiência (McCrae et al., 2000; Specht, Egloff, & Schmukle, 2011; Borghuis et al., 2017).

O "Big Five" parece estar ligado a vários aspectos da saúde e do bem-estar. Traços dos Cinco Grandes Fatores também foram associados com satisfação conjugal (Gattis, Berns, Simpson, & Christensen, 2004), relacionamentos entre pais e bebês (Kochanska, Friesenborg, Lange, & Martel, 2004), conflito entre trabalho e família (Wayne, Musisca, & Fleeson, 2004) e transtornos da personalidade. Com relação a fatores específicos, a abertura à experiência está relacionada à inteligência verbal e à capacidade criativa (DeYoung, Quilty, Peterson, & Gray, 2014; Kaufman et al., 2016), assim como à saúde melhor (Strickhouser, Zell, & Krizan, 2017). A conscienciosidade foi associada com comportamentos relacionados à saúde que contribuem para a longevidade (Bogg & Roberts, 2013; Strickhouser et al., 2017). Pessoas com baixa extroversão são propensas a agorafobia (medo de lugares abertos) e a fobias sociais (Bienvenu et al., 2001), enquanto aquelas com alto nível de extroversão tendem a ter níveis elevados de bem-estar (Soto, 2015), mas são mais propensas ao uso de substâncias (Atherton, Robins, Rentfrow, & Lamb, 2014). A amabilidade está associada com menos respostas negativas ao estresse, mas também parece estar associada com declínios maiores em afeto positivo após um estressor (Leger, Charles, Turiano, & Almeida, 2016). Por fim, pessoas com alto neuroticismo tendem a ser suscetíveis a ansiedade e depressão (Bienvenu et al., 2001) e têm maior probabilidade de desenvolverem uma dependência química e de ter baixo bem-estar (Valero et al., 2014; Soto, 2015).

Abertura à experiência	**C**onscienciosidade	**E**xtroversão	**A**mabilidade	**N**euroticismo (estabilidade emocional)
Imaginativo ou prático	Organizado ou desorganizado	Sociável ou retraído	Compassivo ou insensível	Calmo ou ansioso
Interessado em variedade ou rotina	Cuidadoso ou descuidado	Divertido ou taciturno	Confiante ou desconfiado	Seguro ou inseguro
Independente ou conformista	Disciplinado ou impulsivo	Afetuoso ou reservado	Prestativo ou não cooperativo	Dado à autossatisfação ou à autopiedade

FIGURA 14.2
Os Cinco Fatores de Personalidade de Costa e McCrae.
Cada fator, ou dimensão, da personalidade representa um conjunto de traços relacionados. Em inglês, utiliza-se, o acrônimo OCEAN para lembrar dos cinco fatores: abertura à experiência (openness), conscienciosidade (conscientiousness), extroversão (extraversion), amabilidade (agreeableness) e neuroticismo (neuroticism).

Avaliando o modelo dos cinco fatores Uma das maiores vantagens da abordagem científica é que as teorias são modificadas e atualizadas à medida que novos dados são revelados. O conjunto de trabalhos de Costa e McCrae originalmente levantou argumentos poderosos a favor da continuidade da personalidade, especialmente após os 30 anos de idade. Pesquisas mais recentes minaram aquela conclusão, ao ponto de Costa e McCrae terem modificado a sua perspectiva e reconhecerem que mudanças ocorrem durante toda a vida.

Parte dessas mudanças de personalidade pode ser influenciada pelas experiências de vida. As evidências nesse sentido estão aumentando. Eventos isolados parecem influenciar pouco as mudanças de personalidade, mas estressores de longo prazo, como problemas crônicos de saúde, parecem exercer alguma influência (Elkins, Kassenboehmer, & Schurer, 2017). As pessoas com carreiras bem-sucedidas e gratificantes no período de jovem adultez tendem a mostrar aumentos desproporcionais na estabilidade emocional e na conscienciosidade ao longo do tempo (Roberts & Mroczek, 2008). Além disso, casar-se, divorciar-se ou ter um filho também podem afetar os níveis dos traços do "Big Five" (Specht et al., 2011). Por fim, estimativas de herdabilidade para traços de personalidade diminuem com a idade, o que sugere que as influências ambientais se tornam progressivamente mais importantes (Briley & Tucker-Drob, 2017).

É importante lembrar que embora os eventos de vida afetem a personalidade, esta também afeta a probabilidade de determinados eventos ocorrerem. Pessoas com alto nível de amabilidade têm maior probabilidade de perder seus empregos, as altamente extrovertidas são mais propensas a ir morar com um parceiro e mulheres com alto neuroticismo têm maior probabilidade de casar (Specht et al., 2011). Além disso, os efeitos são interativos. Por exemplo, adolescentes que são sociáveis e afáveis tendem a subir mais rápido no início de suas carreiras; por sua vez, aqueles que têm empregos de *status* mais alto, mais gratificantes, tendem a tornar-se mais sociáveis e afáveis (Roberts, Caspi, & Moffitt, 2003).

> *Os perfis do Facebook têm maior probabilidade de refletir diferenças individuais reais nos Cinco Grandes Fatores de personalidade do que uma versão idealizada de quem você é. Isso é mais verdadeiro para extroversão e abertura à experiência, e menos para neuroticismo. Portanto, tenha cuidado com o que você escreve!*
> Back et al., 2010

MODELOS TIPOLÓGICOS

Jack Block (1971; Block & Block, 2006) foi um pioneiro na **abordagem tipológica**. A pesquisa tipológica busca complementar e expandir a pesquisa sobre traços examinando a personalidade como uma unidade funcional.

Pesquisadores identificaram três tipos de personalidade: *ego-resiliente, supercontrolado* e *subcontrolado*. Esses três tipos diferem na **resiliência do ego**, ou adaptabilidade sob estresse, e no **controle do ego**, ou autocontrole. Pessoas *ego-resilientes* são bem ajustadas: autoconfiantes, independentes, articuladas, atentas, prestativas, cooperativas e focadas na tarefa. As pessoas *supercontroladas* são tímidas, caladas, ansiosas e confiáveis; elas tendem a manter seus pensamentos para si e a afastar-se de conflito, e são mais sujeitas a depressão. As pessoas *subcontroladas* são ativas, enérgicas, impulsivas, teimosas e facilmente distraídas. A resiliência do ego interage com o controle do ego para determinar se o comportamento é ou não adaptativo ou mal-adaptativo. Por exemplo, o subcontrole pode levar à criatividade e ao empreendedorismo, ou a comportamentos externalizantes e antissociais, se for excessivo. Dentro da mesma lógica, o supercontrole pode ajudar a tornar uma pessoa altamente focada e planejada, ou pode levar a um estilo de comportamento inflexível e inibido. Formas mais extremas de supercontrole ou de subcontrole estão geralmente associadas com baixos níveis de resiliência do ego (Kremen & Block, 1998). Esses tipos de personalidade, ou tipos semelhantes, existem em ambos os sexos, em todas as culturas e grupos étnicos, assim como em crianças, adolescentes e adultos (Caspi, 1998; Hart, Hofmann, Edelstein, & Keller, 1997; Pulkkinen, 1996; Robins, John, Caspi, Moffitt, & Stouthamer-Loeber, 1996; van Lieshout, Haselager, Riksen-Walraven, & van Aken, 1995).

Muitos dos efeitos positivos da resiliência do ego provavelmente se devem à sua associação com emoções positivas e crenças sobre autoeficácia, elas próprias associadas com resultados positivos. Por exemplo, a resiliência do ego está associada com crenças sobre autoeficácia e com a expressão de emoções positivas durante a adolescência e o início da vida adulta (Alessandri, Eisenberg, Vecchione, Caprara, & Milioni, 2016). Por sua vez, as emoções positivas são preditoras da resiliência do ego (Vulpe & Dafinoiu, 2012; Milioni, Alessandri, Eisenberg, & Caprara, 2016). Além disso, a resiliência do ego está associada com percepções de apoio da família e dos amigos (Alessandri et al., 2016; Taylor, Doane, & Eisenberg, 2014) e pode ser predita pelo controle voluntário (Alessandri et al., 2014).

abordagem tipológica
Abordagem teórica que identifica tipos ou estilos amplos de personalidade.

resiliência do ego
Capacidade dinâmica de modificar o próprio nível de controle do ego em resposta a influências ambientais e contextuais.

controle do ego
Autocontrole e autorregulação dos impulsos.

> *Na sua opinião, qual dos modelos aqui apresentados parece descrever mais precisamente o desenvolvimento psicossocial na idade adulta?*

verificador
você é capaz de...

▷ Comparar quatro abordagens teóricas ao desenvolvimento psicossocial adulto?

Pessoas com amígdalas maiores – uma parte do cérebro envolvida nas emoções – tendem a ter círculos sociais maiores.
(Bickart, Wright, Duatoff, Dickerson, & Feldman, 2010)

As bases dos relacionamentos íntimos

Erikson considerava o desenvolvimento dos relacionamentos íntimos a tarefa crucial no período da jovem adultez. A necessidade de estabelecer relacionamentos fortes, estáveis, próximos e afetuosos é um forte motivador do comportamento humano.

Os relacionamentos íntimos requerem autoconsciência; empatia; capacidade de comunicar emoções, resolver conflitos e manter compromissos; e, se o relacionamento é potencialmente sexual, tomar decisões sobre sexo. Essas habilidades são fundamentais quando os jovens adultos decidem se querem se casar ou formar parcerias íntimas e ter ou não ter filhos (Lambeth & Hallett, 2002).

Examinemos duas expressões de intimidade no jovem adulto: a amizade e o amor.

AMIZADE

Em geral, os jovens adultos têm as maiores redes de amizade; contudo, as amizades nesse período muitas vezes são menos estáveis do que na adolescência ou posteriormente na vida adulta, pois as pessoas se mudam com mais frequência durante a adultez emergente (Wrzus, Zimmermann, Mund, & Neyer, 2015; Collins & Van Dulmen, 2006). Ainda assim, muitos jovens adultos conseguem manter amizades de longa distância comprometidas e de alta qualidade (Johnson, Becker, Craig, Gilchrist, & Haigh, 2009), às vezes usando *sites* de redes sociais para manter-se em contato através de grandes distâncias geográficas (Subrahmanyam, Reich, Waecheter, & Espinoza, 2008). Mas sejam as amizades virtuais ou não, elas tendem a centrar-se nas atividades de trabalho e de parentalidade e na troca de confidências e conselhos.

Jovens adultos solteiros recorrem mais às amizades para satisfazer às suas necessidades sociais do que jovens adultos casados ou jovens pais. Durante a jovem adultez, o número de amigos e o tempo passado com eles diminuem gradualmente, supostamente porque o tempo livre diminui também e as responsabilidades para com os outros aumentam. Por exemplo, ter um filho está associado com uma diminuição acentuada no tamanho da rede de amizades (Wrzus, Hänel, Wagner, & Neyer, 2013). Mas os amigos continuam a ser importantes. Pessoas que têm amigos tendem a ter uma sensação de bem-estar, ainda que não esteja claro se a amizade causa o bem-estar ou se pessoas que se sentem bem consigo mesmas têm mais facilidade para fazer amigos (Myers, 2000).

As mulheres normalmente têm amizades mais íntimas do que os homens (Hall, 2011). As mulheres têm mais tendência a contar segredos para as amigas (Rosenbluth & Steil, 1995), conversar com elas sobre seus problemas conjugais e receber conselhos e apoio (Helms, Crouter, & McHale, 2003). Os homens, por outro lado, são mais propensos a compartilhar informações e atividades (Rosenbluth & Steil, 1995). Entretanto, quando revelam detalhes íntimos, como fazem as mulheres, o resultado é a maior proximidade (Bowman, 2009).

Amizades íntimas e apoiadoras podem ser incorporadas às redes familiares. Amigos desse tipo são chamados de **parentes fictícios** – são tratados como familiares, apesar da ausência de um parentesco genético. Por exemplo, as relações de parentesco fictício muitas vezes ocorrem entre homossexuais que têm amigos héteros do sexo oposto, especialmente se tais amigos não são casados ou se têm um estilo de vida não convencional (Muraco, 2006). Adultos solteiros sem filhos também são mais propensos a desenvolver relações de parentesco fictício mais fortes do que adultos casados com família (Casper, Marquardt, Roberto, & Buss, 2016).

Nos últimos anos, o uso dos *sites* de redes sociais por jovens adultos aumentou substancialmente. O número de jovens adultos que usa esse tipo de *site* aumentou 78% desde 2005. Atualmente, 90% dos adultos de 18 a 29

parente fictício
Amigos que são considerados e se comportam como membros da família.

Os relacionamentos íntimos envolvem autoconhecimento, empatia e capacidade de comunicação. Essas habilidades são fundamentais quando jovens adultos decidem se querem se casar ou formar parcerias.
Creatas/Getty Images

anos usam mídias sociais, com fortes semelhanças nos padrões de uso entre os gêneros e entre os grupos étnicos e raciais (Perrin, 2015).

Algumas pessoas têm argumentado que essas redes sociais podem ser prejudiciais e que as relações *on-line* podem interferir com a formação de amizades de alta qualidade na vida real (McPherson, Smith-Lovin, & Brashears, 2006). É verdade que os estudos indicam que o uso de mídias sociais está associado com efeitos negativos sobre o bem-estar, depressão e imagem corporal negativa (Kross et al., 2013; Primack et al., 2017; Holland & Tiggemann, 2016). Entretanto, outras pesquisas mostram que os *sites* de redes sociais oferecem vantagens. Por exemplo, pesquisas recentes indicam que muitas vezes são usados para manter e fortalecer laços (Hampton, Goulet, Rainie, & Purcell, 2011; Subrahmanyam et al., 2008; Manago, Taylor, & Greenfield, 2012) e que estão relacionados à maior participação em atividades e debates políticos (Boulianne, 2015; Skoric, Zhu, Goh, & Pang, 2016). Também estão associados com aumentos na percepção de apoio social, reduções no estresse e na solidão e melhores resultados de saúde (Nabi, Prestin, & So, 2013; Deters & Mehl, 2013; Korda & Itani, 2013). Como conciliar esses achados em conflito? Pode ser que a forma *como* as pessoas usam os *sites* de redes sociais determine os seus efeitos. Algumas usam a comunicação eletrônica como forma de ampliar suas interações com os outros. Esse tipo de uso pode servir para aumentar as conexões com outras pessoas e, assim, promover o bem-estar. Entretanto, algumas usam a comunicação eletrônica como forma de evitar o isolamento social, em cujo caso as mídias sociais podem estar tomando o lugar das interações presenciais e têm efeitos negativos sobre o bem-estar (Ahn & Shin, 2013).

Você gosta de filmes sentimentais? Bem, esses filmes podem ter um efeito não intencional. Foi demonstrado que as lágrimas das mulheres conduzem a níveis mais baixos de excitação sexual nos homens. Os pesquisadores acreditam que o contato íntimo envia uma mensagem química olfativa ao cérebro dos homens, e a mensagem que as lágrimas estão enviando é "afaste-se".
Gelstein et al., 2011

AMOR

A maioria das pessoas aprecia histórias de amor, incluindo as delas próprias. De acordo com a **teoria triangular do amor**, de Robert J. Sternberg (1995, 1998b, 2006), a maneira pela qual o amor se desenvolve é uma história. Os amantes são seus autores, e a história que eles criam reflete suas personalidades e suas concepções de amor.

Imaginar o amor como uma história pode nos ajudar a ver como as pessoas escolhem e misturam os elementos da "trama". De acordo com Sternberg (1986; 1998a, 2006), os três elementos, ou componentes, do amor são intimidade, paixão e compromisso. *Intimidade*, o elemento emocional, envolve autorrevelação, que leva à ligação, ternura e confiança. Por exemplo, casais que começaram a namorar há pouco tempo contam histórias da sua infância e suas esperanças para o futuro. *Paixão*, o elemento motivacional, baseia-se em impulsos interiores que transformam a excitação fisiológica em desejo sexual. A paixão pode incluir sentimentos de atração sexual, pensamentos intrusivos sobre o parceiro romântico ou sobre a atividade sexual em si. *Compromisso*, o elemento cognitivo, é a decisão de amar e permanecer com a pessoa amada. Assim, por exemplo, o compromisso pode incluir a decisão de firmar a exclusividade do relacionamento ou de casar-se. O grau em que cada um dos três elementos está presente determina que tipo de amor as pessoas sentem (Tabela 14.2).

À medida que entram na vida adulta, os adolescentes tendem a sentir níveis crescentes de intimidade, paixão e compromisso nos seus relacionamentos amorosos (Sumter, Valkenburg, & Peter, 2013). A formação de um sentido de realização da identidade parece afetar a qualidade dos relacionamentos amorosos. Por exemplo, o estado de realização da identidade está associado com sentimentos mais fortes de companheirismo, valor, afeição e apoio emocional dentro de relacionamentos amorosos (Barry, Madsen, Nelson, Carrol, & Badger, 2009). Isso apoia as afirmações de Erikson (1973) de que a formação de um sentido de identidade seguro é necessária para o estabelecimento de relacionamentos íntimos de alta qualidade.

Apesar de mais parecidos do que diferentes, homens e mulheres apresentam diferenças modestas em intimidade, paixão e compromisso nos seus relacionamentos amorosos. Em geral, as mulheres relatam maior intimidade nos relacionamentos, enquanto os homens informam mais paixão. Os níveis de compromisso, entretanto, parecem semelhantes para ambos os gêneros (Sumter et al., 2013). A duração do relacionamento afeta a sua dinâmica. Em geral, a paixão é maior no início do relacionamento e diminui com o tempo, à medida que o compromisso aumenta (Ahmetoglu, Swami, & Chamorro-Pemuzic, 2010).

teoria triangular do amor
Teoria de Sternberg de que os padrões de amor dependem do equilíbrio entre três elementos: intimidade, paixão e compromisso.

verificador
você é capaz de...

▷ Listar as habilidades que promovem e mantêm a intimidade?

▷ Identificar aspectos característicos da amizade no período jovem adulto?

▷ Identificar três componentes do amor, de acordo com Sternberg?

TABELA 14.2	Padrões de amor
Tipo	**Descrição**
Ausência de amor	Os três componentes do amor – intimidade, paixão e compromisso – estão ausentes. Isso descreve a maioria das relações interpessoais, que são simplesmente interações casuais.
Gostar	Intimidade é o único componente presente. Há intimidade, compreensão, apoio emocional, afeição, ligação e calor humano. Não há paixão nem compromisso.
Paixão	A paixão é o único componente presente. Este é o "amor à primeira vista", uma atração física e excitação sexual fortes, sem intimidade ou compromisso.
Amor vazio	Compromisso é o único componente presente. O amor vazio é encontrado com frequência em relacionamentos duradouros que perderam tanto a intimidade quanto a paixão, ou em casamentos arranjados.
Amor romântico	Intimidade e paixão estão presentes. Os amantes românticos são atraídos um pelo outro fisicamente e estão emocionalmente ligados. Entretanto, não estão mutuamente comprometidos.
Amor companheiro	Intimidade e compromisso estão presentes. Esse amor é uma amizade comprometida, de longo prazo, que ocorre com frequência em casamentos nos quais a atração física se esgotou, mas os parceiros se sentem mutuamente íntimos e tomaram a decisão de permanecer juntos.
Amor fatual	Paixão e compromisso estão presentes sem intimidade. Isso muitas vezes leva a um namoro-relâmpago, no qual o casal assume um compromisso sem se permitir o tempo necessário para desenvolver intimidade. Este tipo de amor geralmente não dura.
Amor pleno	Os três componentes estão presentes neste amor "completo". É mais fácil atingi-lo do que mantê-lo.

Fonte: Baseada em Sternberg, 1986.

Estilos de vida conjugais e não conjugais

Em muitos países ocidentais, as normas atuais para estilos de vida socialmente aceitáveis são mais flexíveis do que eram durante a primeira metade do século XX. As pessoas casam mais tarde, quando se casam; mais pessoas têm filhos fora do casamento, se tiverem filhos; e mais pessoas rompem seus casamentos. Algumas pessoas permanecem solteiras, algumas casam novamente, e outras vivem com um parceiro de qualquer sexo. Em síntese, não existe o tal casamento ou família "típicos".

Nesta seção, examinamos mais de perto os estilos de vida conjugais e não conjugais. Na próxima seção, examinamos a parentalidade.

> *Cada vez mais, as pessoas estão usando sites da internet para encontrar possíveis namorados e parceiros amorosos. Mas podemos confiar no que as pessoas dizem? Na maior parte das vezes parece que podemos, mas as pessoas tendem a mentir sobre (nesta ordem) peso, idade e altura.*
>
> Toma, Hancock, & Ellison, 2008

Venus Williams é apenas uma das muitas mulheres afro-americanas que permanecem solteiras durante a jovem adultez.

Cameron Spencer/Getty Images

VIDA DE SOLTEIRO

A proporção dos jovens adultos de 18 a 34 anos que ainda não se casaram aumentou rapidamente ao longo das últimas décadas, de 31% em 1978 para 71% em 2018 (U.S. Census Bureau, 2018a). Em 1960, a idade ao primeiro casamento era de 20 anos para as mulheres e 23 anos para os homens. Em 2017, o número havia subido para 28,1 anos para as mulheres e 29,9 anos para os homens (U.S. Census Bureau, 2019). Esse declínio no casamento ocorreu em todas as faixas etárias, mas é mais destacado entre os jovens adultos (Cohn, Passel, Wang, & Livingston, 2011). A tendência é particularmente pronunciada entre as mulheres afro-americanas (Wang & Parker, 2014). Entre 1970 e 2007, houve um declínio significativo na taxa de casamento em quase todos os países (Figura 14.3).

Alguns jovens adultos permanecem solteiros porque não encontraram os parceiros certos; outros são solteiros por opção. Mais mulheres hoje se sustentam sozinhas, e há menos pressão social para casar. Ao mesmo tempo, muitos adultos solteiros estão adiando o casamento e os filhos devido à instabilidade econômica (Cohn, 2018), o desejo de coordenar metas de carreira com metas para relacionamentos de longo prazo (Shulman & Connolly, 2013) ou o desejo por autorrealização. Alguns gostam de liberdade sexual. Alguns acham o estilo de vida excitante. Alguns apenas gostam de estar sozinhos. Outros adiam ou evitam o casamento por medo de que ele acabe em divórcio.

Desde a década de 1960, os norte-americanos se tornaram mais permissivos em questões sexuais. Eles tendem a ter mais parceiros sexuais, praticar sexo casual e aceitar mais o sexo antes do casamento (Twenge, Sherman, & Wells, 2015). Um padrão cada vez mais comum é o da "amizade colorida" (FWB – *friends with benefits*). As relações de FWB são aquelas em que há uma mescla de amizade e intimidade física, mas pouco compromisso. Os homens são mais propensos a buscar amizades coloridas, interessados em intimidade sexual, enquanto as mulheres tendem a expressar mais desejo de conexão emocional e de que a relação progrida na direção de um relacionamento amoroso comprometido (Lehmiller, VanderDrift, & Kelly, 2011; Gusarova, Fraser, & Alderson, 2012). Dadas essas motivações diferentes, provavelmente não surpreende que as mulheres informem maiores níveis de decepção com as amizades coloridas (Quirk, Owen, & Fincham, 2014). Apesar disso, tanto homens quanto mulheres geralmente informam emoções positivas sobre suas FWBs, apesar de os homens terem maior probabilidade de fazê-lo (Owen & Fincham, 2011). No geral, os jovens adultos nesse tipo de relação parecem não correr maior risco de sofrimento psicológico do que seus pares em relacionamentos amorosos comprometidos (Eisenberg, Ackard, Resnick, & Neumark-Sztainer, 2009).

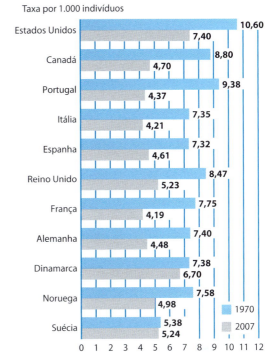

FIGURA 14.3
Taxas de casamento por país, 1970 e 2007.
Fonte: National Healthy Marriage Resource Center, s. d.

RELACIONAMENTOS HOMOSSEXUAIS

Quarenta e cinco anos atrás, os casais homossexuais não eram reconhecidos legalmente em nenhum país (Saez, 2011). Contudo, mudanças de atitude levaram a grandes transformações. Em janeiro de 2019, o casamento homossexual foi legalizado na Áustria, elevando para 27 o número de países em que adultos *gays* e lésbicas podem se casar. A maioria dos países fica na Europa Ocidental (com exceção da Itália e da Suíça) e nas Américas, onde a aceitação da homossexualidade é alta (Masci & DeSilver, 2017; Masci, Sciupac, & Lipka, 2017).

Contudo, a discriminação não desapareceu. Os países da Ásia e da África tendem a tolerar menos a homossexualidade (McGee, 2016). Na Rússia, é crime distribuir "propaganda das relações sexuais não tradicionais entre menores". As relações homossexuais entre homens são proibidas em partes da Indonésia, Malásia, Myanmar e boa parte do continente africano, e em Brunei, na Mauritânia, no Sudão e em partes da Nigéria, podem ser punidas com a pena de morte (Council on Foreign Relations, 2017).

Nos Estados Unidos, a maior aceitação da homossexualidade levou mais adultos a "saírem do armário" e viverem abertamente. Cerca de 87% dos norte-americanos conhece uma pessoa *gay* ou lésbica, e cerca de metade relata ter um familiar ou amigo próximo não heterossexual (Drake, 2013). É possível que a abertura crescente com a qual *gays* e lésbicas levam suas vidas esteja afetando a opinião pública. Aqueles que são próximos de uma pessoa homossexual são mais propensos a apoiar o casamento homossexual e as leis antidiscriminação (Neidorf & Morin, 2011); atualmente, 67% dos norte-americanos apoiam o casamento homossexual, um nível recorde (McCarthy, 2018).

As crenças sobre o casamento homossexual existem em paralelo com a orientação política, mas as fortes diferenças partidárias do passado se atenuaram. Em 2012, aproximadamente 69% dos democratas apoiava o casamento homossexual. Por outro lado, o apoio entre os republicanos era de apenas 32% (Pew Research Center, 2012). Seis anos depois, entretanto, 44% dos republicanos apoiava o casamento homossexual (McCarthy, 2018). A religião também desempenha um papel. Daquelas pessoas que se caracterizam como não afiliadas a nenhuma religião, 60% apoiam o casamento homossexual. Indivíduos com afiliação religiosa tendem a apoiar menos o casamento

Deveria ser permitido que casais homossexuais se casem, adotem crianças e tenham cobertura pelo plano de saúde do(a) companheiro(a)?

homossexual, mas o número dos que o apoiam também aumentou. Por exemplo, em 2007, aproximadamente 14% dos cristãos evangélicos brancos eram a favor do casamento homossexual. Em 2017, esse número subiu para 35%. Além disso, a idade foi implicada no debate, com gerações mais jovens aceitando cada vez mais o casamento entre pessoas do mesmo sexo (Pew Research Center, 2009b).

Nos Estados Unidos, os homossexuais lutaram por décadas para obter o reconhecimento legal de suas uniões. O argumento deles é que o casamento entre casais do mesmo sexo oferece benefícios que as uniões civis não oferecem (Herek, 2006; King & Bartlett, 2006). As pesquisas apoiam essa afirmação: *gays* e lésbicas nos estados que legalizaram o casamento homossexual e que, portanto, podiam se casar, apresentavam níveis mais baixos de depressão, estresse e homofobia internalizada, e sentiam que suas vidas tinham mais significado (Riggle, Rotosky, & Home, 2010). Em 26 de junho de 2015, a Suprema Corte dos Estados Unidos legalizou o casamento homossexual, determinando que as proibições à prática eram inconstitucionais. Antes da decisão da Suprema Corte, cerca de 8% dos *gays*, lésbicas, bissexuais ou transgêneros eram casados com parceiros do mesmo sexo. Atualmente, o número aumentou ligeiramente e ultrapassou 10% (Gallup News, 2017), ou cerca de 1,1 milhão de adultos norte-americanos (Romero, 2017).

Em muitos aspectos, os relacionamentos homossexuais espelham os relacionamentos heterossexuais. Casais homossexuais tendem a ser pelo menos tão satisfeitos com seus relacionamentos quanto casais heterossexuais (Farr, Forssell, & Patterson, 2010). Os fatores que predizem a qualidade dos relacionamentos tanto homossexuais como heterossexuais – traços de personalidade, percepções do relacionamento pelos parceiros, formas de comunicação e resolução de conflitos e apoio social – são semelhantes (Kurdek, 2005, 2006). De fato, os relacionamentos do mesmo sexo comprometidos dificilmente podem ser diferenciados em qualidade dos relacionamentos heterossexuais comprometidos (Roisman, Clausell, Holland, Fortuna, & Elieff, 2008). Assim como nas relações heterossexuais, o apoio da família e dos amigos está relacionado à duração e à harmonia do relacionamento (Kurdek, 2008). Da mesma forma, variáveis relativas a separações são semelhantes e incluem baixa qualidade do relacionamento e infidelidade (Balsam, Rothblum, & Wickham, 2017).

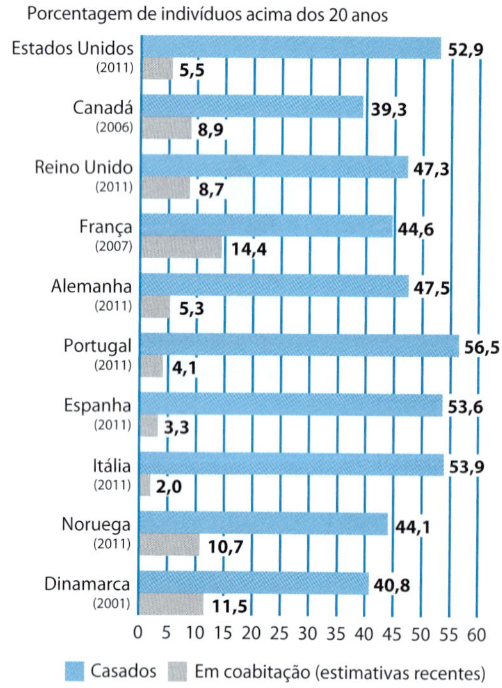

Diferenças entre casais homossexuais e casais heterossexuais também foram encontradas em pesquisa (Kurdek, 2006). Primeiro, os casais homossexuais são mais propensos do que os casais heterossexuais a negociar os afazeres domésticos de forma mais igualitária. Segundo, eles tendem a resolver os conflitos em uma atmosfera mais positiva do que os casais heterossexuais. Terceiro, os relacionamentos homossexuais tendem a ser menos estáveis do que os relacionamentos heterossexuais, principalmente devido à ausência de apoio institucional (Pope, Murray, & Mobley, 2010). Com relação à dissolução do relacionamento, os casais de lésbicas são mais propensos ao divórcio do que os de homens *gays* (Balsam et al., 2017).

COABITAÇÃO

A coabitação é um estilo de vida cada vez mais comum, no qual um casal não casado envolvido em um relacionamento sexual mora junto.

Comparações internacionais A prevalência da coabitação varia bastante entre os países (ver Figura 14.4). Por exemplo, nas Américas, as taxas são relativamente baixas no México e nos Estados Unidos, mas maiores na América Central, Caribe e região amazônica (Lopez-Gay et al., 2014). Levantamentos em 14 países europeus, no Canadá, na Nova Zelândia e nos Estados Unidos encontraram amplas variações nas taxas de coabitação, variando de mais de 14% na França a menos de 2% na Itália (Organization for Economic Cooperation and Development, 2013). No Japão, as taxas de coabitação são relativamente altas, de 15% (Raymo, Iwasawa, & Bumpass, 2009).

Há evidências de que as atitudes em relação à coabitação estão mudando, com jovens adultos de diversos países apresentando maior aceitação da coabitação e de outras alternativas conjugais (Treas, Lui, & Gubernskaya,

Porcentagem de indivíduos acima dos 20 anos

País	Casados	Em coabitação
Estados Unidos (2011)	52,9	5,5
Canadá (2006)	39,3	8,9
Reino Unido (2011)	47,3	8,7
França (2007)	44,6	14,4
Alemanha (2011)	47,5	5,3
Portugal (2011)	56,5	4,1
Espanha (2011)	53,6	3,3
Itália (2011)	53,9	2,0
Noruega (2011)	44,1	10,7
Dinamarca (2001)	40,8	11,5

FIGURA 14.4
Taxas de casamento e coabitação de indivíduos acima dos 20 anos por país.
Fonte: Organisation for Economic Co-operation and Development. Cohabitation Rate and Prevalence of Other Forms of Partnership [data report], 2013.

2014). Não surpreende, assim, que os padrões de coabitação também estejam mudando. Em muitos países, incluindo China, Espanha e Canadá, a prevalência da coabitação é maior em coortes mais recentes do que em adultos mais velhos (Yu & Xie, 2015; Dominguez-Folgueras & Castro-Martin, 2013; Le Bourdais & Lapierre-Adamcyk, 2004).

A coabitação nos Estados Unidos   Em 2016, estimava-se que 9 milhões de casais não casados moravam juntos nos Estados Unidos, cerca de metade dos quais com menos de 35 anos (Stepler, 2017). Embora o número de coabitações tenha diminuído um pouco em 2016, talvez devido à maior disponibilidade do casamento para casais homossexuais (U.S. Census Bureau, 2016), a coabitação hoje é mais comum para adultos de 18 a 24 anos do que o casamento. Em 2018, a taxa de coabitação para adultos de 18 a 24 anos era de 9%, e maior ainda para adultos de 25 a 34 anos, atingindo 15% (Gurrentz, 2018). O aumento na coabitação nos Estados Unidos ocorreu entre todos os grupos raciais/étnicos e em todos os níveis educacionais, mas as pessoas com menos educação formal têm mais propensão a viver em coabitação do que aquelas com educação superior (Seltzer, 2004; Manning, 2013; Gurrentz, 2018). Os casais que vivem em coabitação também tendem a ser menos religiosos, menos tradicionais, a ter menos confiança em seus relacionamentos, a aceitar mais o divórcio, a ser mais negativos e agressivos em suas interações com seus parceiros românticos e a comunicar-se menos eficazmente (Jose, O'Leary, & Moyer, 2010).

As crenças sobre coabitação, padrões de coabitação e a estabilidade da coabitação variam entre grupos raciais/étnicos. Os casais que coabitam, em média, são mais jovens, são negros e são menos religiosos (Pew Research Center, 2007a). Talvez por questões econômicas, casais negros e hispânicos são menos propensos do que casais brancos não hispânicos a considerar a coabitação como uma experiência antes do casamento e mais propensos a considerá-la um substituto para o casamento (Phillips & Sweeney, 2005; Manning, Smock, & Fettro, 2016). Casais brancos que coabitam são mais propensos do que outros grupos a terminar o relacionamento; seus filhos têm um risco quase 10 vezes maior de passar por uma separação dos pais (Osborne, Manning, & Smock, 2007). Adultos mais velhos e mais jovens apresentam uma diferença marcante em suas visões da moralidade da coabitação, com os adultos mais jovens muito mais propensos a pensar que viver junto sem casar não é errado (Pew Research Center, 2007a).

Os relacionamentos de coabitação tendem a ser menos satisfatórios e menos estáveis do que os casamentos (Binstock & Thornton, 2003; Heuveline & Timberlake, 2004; Seltzer, 2004). Em geral, as relações de pior qualidade são relatadas por quem vive em coabitação sem planos de casar ou em relações nas quais um membro deseja se casar e o outro, não (Brown, Manning, & Payne, 2017; Willoughby & Belt, 2016). Outro estressor comum envolve expectativas divergentes sobre a divisão do trabalho doméstico; os casais coabitantes nessa situação são altamente propensos a romper a relação (Hohmann-Marriott, 2006).

As taxas de coabitação em série, especialmente nos grupos desfavorecidos, aumentou quase 40% no final da década de 1990 e início da de 2000 (Lichter, Turner, & Sassler, 2010). A coabitação após o divórcio é mais comum do que a coabitação pré-conjugal e pode funcionar como uma forma de seleção do parceiro para um novo casamento. Entretanto, a coabitação pós-divórcio, especialmente com vários parceiros, adia enormemente um novo casamento e contribui para sua instabilidade (Xu, Hudspeth, & Bartkowski, 2006).

Algumas pesquisas sugerem que casais coabitantes que se casam tendem a ter casamentos mais infelizes e maior probabilidade de divórcio do que aqueles que esperam para viver juntos somente depois do casamento (Bramlett & Mosher, 2002; Dush, Cohan, & Amato, 2003). Contudo, alguns dos coabitantes não parecem correr risco maior de dissolução do matrimônio (Teachman, 2003). Os coabitantes que desejam se casar adiam o casamento até sentirem que suas circunstâncias econômicas o permitem (Smock, Manning, & Porter, 2005) e consideram a coabitação um passo na direção do casamento, não um substituto para ele (Manning, Longmore, & Giordano, 2007). Além disso, parece que pode haver diferenças fundamentais nos tipos de casais coabitantes, com aqueles casais que por fim se casam tendo relacionamentos mais estáveis e mais felizes do que aqueles que não se casam, talvez como resultado de um compromisso inicial mais forte com o relacionamento (Jose et al., 2010).

Embora o direito de família norte-americano atualmente conceda aos casais que vivem em coabitação poucos dos direitos e benefícios legais do casamento, alguns autores argumentam que

Considerando sua experiência ou observação, é uma boa ideia morar junto antes do casamento? Por que sim ou por que não? Faz diferença se houver filhos?

> **verificador**
> **você é capaz de...**
> ▷ Citar razões pelas quais as pessoas permanecem solteiras?
> ▷ Comparar relacionamentos homossexuais com relacionamentos heterossexuais?

essa situação deve ser alterada para que os parceiros desses relacionamentos, assim como possíveis filhos, estejam legalmente protegidos em caso de dissolução do relacionamento (Waggoner, 2016). Outros países, incluindo Reino Unido, Austrália, Canadá e Nova Zelândia, adotaram leis que dão aos casais coabitantes comprometidos direitos semelhantes aos dos casais casados (Waggoner, 2015).

CASAMENTO

O casamento nos Estados Unidos foi afetado por amplas mudanças demográficas e econômicas na população. Por exemplo, as coortes mais recentes de mulheres jovens são mais propensas a ter alcançado um nível educacional superior do que as gerações anteriores de mulheres e em geral são mais bem-sucedidas economicamente. Para muitos casais, isso tem alterado as dinâmicas do casamento. Especificamente, em 1970, apenas 4% das mulheres de 35 a 44 anos de idade ganhavam mais do que seus maridos, mas em 2015 este número tinha aumentado para 38% (Murray-Close & Heggeness, 2018). Uma consequência é que o casamento agora é associado com aumento na segurança econômica tanto para os homens como para as mulheres (Cohn & Fry, 2010). As crenças religiosas também são uma influência importante. Pessoas religiosas são mais propensas a aprovar o casamento mais cedo (Fuller, Frost, & Burr, 2015), a casar-se mais cedo (Uecker & Stokes, 2008) e a considerar o casamento fundamental para as suas vidas (Willoughby, Hall, & Goff, 2015).

O significado do casamento Em 2016, quase 111 milhões de adultos não eram casados nos Estados Unidos (U.S. Census Bureau, 2019b). No total, metade dos norte-americanos com mais de 18 anos não eram casados, o que representava uma queda de 8% desde 1990 (Geiger & Livingston, 2019).

A maioria dos jovens adultos planejam se casar, mas apenas quando se sentirem prontos. Eles acreditam que ser independentes financeiramente e estabelecer-se em empregos ou carreiras estáveis são tremendos obstáculos (Cohn, 2018; Kefalas, Furstenberg, & Napolitano, 2005). Essa orientação em relação ao casamento inclui cerca de 80% dos jovens adultos e é mais característica daqueles oriundos de ambientes urbanos. Os norte-americanos das zonas rurais, por outro lado, tendem a considerar o casamento um passo inevitável em direção à vida adulta, a casar-se cedo e a ter opiniões tradicionais sobre o casamento (Kefalas, Fursternberg, Carr, & Napolitano, 2011).

Quase 90% dos norte-americanos diz que o amor é o motivo mais importante para se casar, seguido de perto pelo compromisso para a vida toda e o companheirismo (Geiger & Livingston, 2019). Eles também esperam ter espaço para interesses e buscas individuais e dão forte ênfase à amizade e à compatibilidade (Kefalas et al., 2005). De fato, a vasta maioria dos adultos nos Estados Unidos hoje considera o propósito primário do casamento como sendo "a felicidade e satisfação mútua dos adultos" mais do que como sendo baseado em parentalidade e filhos (Pew Research Center, 2007a). Os adultos norte-americanos são mais propensos a casar-se com uma pessoa de outra raça ou etnia, ou que pratica uma religião diferente, do que com alguém de um partido político diferente (Geiger & Livingston, 2019).

Ingresso no matrimônio Pelas razões que acabamos de mencionar – bem como devido ao número cada vez maior de pessoas que entram para a universidade – a idade típica de casar-se aumentou nos países industrializados. Há 30 a 50 anos, a maioria das pessoas se casava no início ou antes dos 20 anos de idade. Nos Estados Unidos, em 2018, a média de idade no primeiro casamento para os homens foi de 29,9 anos, e para as mulheres, de 28,1 anos (U.S. Census Bureau, 2010a). Na maioria dos países da União Europeia, a idade no primeiro casamento aumentou em aproximadamente 4 anos durante a última década. Atualmente, a maioria da população, com exceção dos adultos da Polônia, Lituânia e Suécia, se casa após os 30 anos de idade. Em geral, a média de idade no casamento é maior para os homens do que para as mulheres (Corselli-Nordblad & Gereoffy, 2015).

Historicamente e entre culturas, a maneira mais comum de escolher um parceiro tem sido mediante acordos entre os pais ou casamenteiros

Este casamento coletivo na Índia, organizado por assistentes sociais para membros de famílias pobres, é um exemplo da variedade de costumes matrimoniais ao redor do mundo.
Vishal Owe/EPA/Shutterstock

profissionais. Geralmente, uma das crenças primárias sobre o papel do casamento está focalizada na união de duas famílias, mais do que no amor entre dois indivíduos. Dada essa orientação, talvez não seja surpresa descobrir que os casais em casamentos arranjados têm expectativas muito diferentes das de seus cônjuges. Há menos expectativa de intimidade e amor, e responsabilidade e compromisso são enfatizados. Entretanto, a despeito dessas variações nas crenças sobre como deveria ser o casamento, os casais em casamentos arranjados parecem ser igualmente felizes em seus relacionamentos (Regan, Lakhanpal, & Anguiano, 2012; Myers, Madathil, & Tingle, 2005). Em muitas culturas, o ideal ocidental de um relacionamento baseado no amor e na atração pessoal parece ter alterado a natureza do casamento arranjado, com casamentos "semiarranjados" tornando-se cada vez mais comuns (Naito & Gielen, 2005). Nessas situações, os pais estão fortemente envolvidos no processo de encontrar um noivo, mas o jovem adulto mantém o poder de veto em relação aos possíveis cônjuges.

A transição para a vida de casado provoca grandes mudanças em relação a funcionamento sexual, disposições de vida, direitos e responsabilidades, apegos e fidelidades. Entre outras tarefas, os cônjuges precisam redefinir a ligação com suas famílias originais, equilibrar intimidade com autonomia e estabelecer um relacionamento sexual gratificante.

Atividade sexual depois do casamento Estima-se que aproximadamente 20 a 25% dos casamentos sofram com a infidelidade, com prevalência anual de 2 a 4% e auge no verão (Fincham & May, 2017). A atividade extraconjugal é mais prevalente entre os jovens adultos e é mais comum entre os maridos do que entre as esposas (T. W. Smith, 2003; Labrecque & Whisman, 2017). Determinados fatores de personalidade são preditores; indivíduos com alto grau de neuroticismo e baixo grau de amabilidade e conscienciosidade são mais propensos à infidelidade (Fincham & May, 2017; Zare, 2011). As relações extraconjugais são mais frequentes com amigos íntimos, vizinhos, colegas de trabalho ou conhecidos de longa data, mas os homens têm probabilidade ligeiramente maior de ter casos com conhecidos mais distantes (Labrecque & Whisman, 2017). Em geral, a atividade extraconjugal ocorre no início do relacionamento; casamentos que duram longos períodos de tempo apresentam menor risco (DeMaris, 2009). Mais de metade daqueles que praticam sexo extraconjugal se divorciam ou se separam dos seus parceiros (Allen & Atkins, 2012).

Jovens adultos de ambos os sexos tornaram-se menos permissivos em suas atitudes em relação ao sexo extraconjugal (Twenge, Sherman, & Wells, 2015). Essas crenças não estão limitadas aos Estados Unidos. Em 40 países, os adultos concordaram que seria moralmente inaceitável que um adulto tivesse um caso extraconjugal, sendo que a vasta maioria listou a infidelidade como uma transgressão maior do que jogos de azar, homossexualidade, sexo antes do casamento e aborto. O único país onde os adultos não concordaram com essa avaliação foi a França, onde apenas 47% dos adultos consideraram a infidelidade imoral (Poushter, 2014).

A mudança do cenário tecnológico levou ao maior uso da internet como forma de iniciar casos extraconjugais (Hertlein & Piercy, 2006). Casais diferentes têm definições diferentes de quais atos eletrônicos representam um ato de infidelidade, mas estes geralmente incluem ações como assistir ou participar de pornografia, enviar ou receber fotos ou vídeos sexualmente explícitos, participar de atividade sexual *on-line* ou no telefone ou trocar mensagens impróprias, de conteúdo íntimo ou sexual, com uma pessoa que não o cônjuge. Os atos de infidelidade *on-line* nem sempre consistem em contato físico real, mas ainda podem ser considerados traições e resultar em consequências negativas similares para a relação conjugal (Whitty, 2003), incluindo perda de confiança, sofrimento psicológico e trauma (Schneider, Weiss, & Samenow, 2012).

Apenas cerca de um terço dos casais casados praticam sexo pelo menos duas vezes por semana.
Laumann & Michael, 2000

Satisfação conjugal As pessoas casadas tendem a ser mais felizes do que as não casadas, embora as que estão em casamentos infelizes sejam menos felizes do que as não casadas ou as divorciadas (Ben-Zur, 2012; Myers, 2000). Em geral, maridos e mulheres relatam níveis semelhantes de satisfação conjugal (Jackson, Miller, Oka, & Henry, 2014). A felicidade conjugal é afetada positivamente pelo aumento dos recursos econômicos, tomada de decisões iguais, atitudes não tradicionais quanto ao gênero e apoio à norma do casamento para a vida inteira; e negativamente afetada pela coabitação antes do casamento, por romances extraconjugais, pelas demandas de emprego e horas de trabalho mais longas das esposas. O aumento das responsabilidades dos maridos

JANELA para o mundo
TRADIÇÕES DE CASAMENTO POPULARES NAS DIVERSAS CULTURAS

A maioria das culturas tem longas tradições quando se trata da cerimônia de casamento. Muitas vezes, elas foram criadas para rechaçar os maus espíritos e trazer sorte e prosperidade para o novo casal. A cerimônia normalmente envolve roupas especiais, elementos simbólicos e ritos tradicionais.

Em boa parte da Europa e das Américas, as noivas vestem branco. A cor simboliza a pureza e virgindade da noiva. A tradição começou com a Rainha Vitória, que usou um vestido branco quando se casou em 1840. Antes disso, o branco era usado como símbolo de luto, enquanto a cor mais popular para o casamento era o vermelho (Smithsonian, 2014). Na China, as noivas ainda usam vermelho, considerado um símbolo de sorte e riqueza (Traditional Chinese Weddings, 2014).

Nos casamentos tradicionais da África Ocidental, os casais saltam juntos sobre uma vassoura, o que simboliza a união de duas famílias e o início de uma nova vida juntos para o casal. O ritual se tornou uma parte popular da cerimônia para muitos casais afro-americanos da atualidade, como forma de demonstrar respeito pelos seus ancestrais (African Wedding Traditions, 2013).

Uma das tradições mais comuns é jogar arroz, aveia, trigo, feijão, ervilha ou outras sementes sobre o novo casal quando este sai da cerimônia. A prática simboliza nova vida, fertilidade e prosperidade para o casal. Hoje, também se usa alpiste, confetes ou bolhas. A tradição foi observada na Grécia, França, Alemanha, Checoslováquia, Espanha, Itália, Estados Unidos e em diversos outros países (Monger, 2013).

O véu da noiva também é uma tradição comum. Seu propósito ancestral era ocultar a noiva para afastar os maus espíritos. Além disso, as madrinhas usavam vestidos semelhantes aos da noiva para confundir e derrotar os espíritos. A tradição também era utilizada em casamentos arranjados nas culturas do Oriente Médio para esconder a noiva do novo marido até após a cerimônia para que ele não mudasse de ideia caso não gostasse do que visse (Monger, 2013). As variações dessa tradição incluem o véu vermelho completo usado pelas noivas chinesas tradicionais para ocultar seus rostos enquanto são escoltadas até a cerimônia sob uma sombrinha vermelha para protegê-la dos maus espíritos e incentivar a fertilidade e prosperidade do novo casal (Traditional Chinese Weddings, 2014).

Uma festa ou recepção de casamento também é comum na maioria das culturas. Dependendo da religião, *status* e costumes, os eventos podem incluir discursos, brindes, danças e alimentos tradicionais. É um momento para amigos e familiares celebrarem com o novo casal. A duração e a formalidade da recepção podem variar. Por exemplo, na Índia, a festa dura vários dias, mas na Rússia, apenas duas horas (Monger, 2013).

qual a sua opinião? Você já pensou sobre casar-se e sobre as tradições que poderia seguir algum dia? De onde você acha que vêm essas tradições? Qual é o significado delas?

---

no trabalho doméstico pareceu diminuir a satisfação conjugal entre eles, mas melhorou entre as esposas (Amato, Johnson, Booth, & Rogers, 2003). De fato, "compartilhar as tarefas domésticas" é visto como muito importante para o sucesso conjugal por aproximadamente 62% dos entrevistados norte-americanos (Pew Research Center, 2007b).

Para a maioria dos casais, o sexo impacta a qualidade do relacionamento. A frequência do sexo, a satisfação sexual e a satisfação conjugal estão intimamente relacionadas e predizem umas às outras (McNulty, Wenner, & Fisher, 2016). Os norte-americanos fazem sexo com menos frequência do que as imagens da mídia sugerem, e as pessoas casadas fazem sexo mais frequentemente do que as solteiras, embora não com tanta frequência quanto as coabitantes. Entretanto, os casais casados relatam mais satisfação emocional no sexo do que os solteiros ou os casais coabitantes (Waite & Joyner, 2000). Mais importante que a quantidade de sexo que o casal casado pratica provavelmente é se ambos desejam ou não níveis semelhantes de atividade sexual. A alta discrepância com relação ao desejo por atividades sexuais está associada com maior insatisfação com o relacionamento, menor estabilidade do relacionamento e mais conflito (Willoughby, Farero, & Busby, 2014).

Um fator subjacente à satisfação conjugal pode ser uma diferença no que o homem e a mulher esperam do casamento. As mulheres tendem a dar mais importância à expressividade emocional do que os homens (Lavee & Ben-Ari, 2004). Empatia, validação e cuidado estão relacionados a sentimentos de intimidade e melhor qualidade do relacionamento (Sullivan, Pasch, Johnson, & Bradbury, 2010). Os esforços dos homens para expressar emoção positiva a suas esposas, prestar atenção às dinâmicas do relacionamento e reservar um tempo para atividades focadas na construção do relacionamento são importantes para as percepções das mulheres da qualidade do casamento (Wilcox & Nock, 2006).

As pessoas que se casam e permanecem casadas, principalmente as mulheres, tendem a ficar em melhor situação financeira do que aquelas que não se casam ou que se divorciam (Hirschl, Altobelli, & Rank, 2003; De Vaus, Gray, Qu, & Stanton, 2017). Entretanto, uma grande diferença no potencial de ganhos salariais entre as esposas está associada com diminuições na felicidade (Stutzer & Frey, 2006).

verificador
você é capaz de...

▷ Identificar diversos benefícios do casamento?

▷ Discutir as diferenças entre as visões tradicionais do casamento e a forma como adultos emergentes e jovens o veem hoje?

▷ Observar as diferenças culturais nos métodos de escolha do parceiro e as mudanças históricas na idade de casar?

▷ Citar os achados sobre relações sexuais no casamento e fora dele?

▷ Identificar fatores que influenciam a satisfação conjugal?

Parentalidade

As pessoas em sociedades industrializadas normalmente têm menos filhos hoje do que em gerações anteriores, e começam a tê-los mais tarde na vida, em muitos casos porque passam os anos de sua idade adulta emergente aprimorando a educação e estabelecendo uma carreira. Em 2016, a média de idade das primeiras gestações nos Estados Unidos subiu para 26,8 anos (Martin et al., 2018; Figura 14.5) e a porcentagem de mulheres que dá à luz pela primeira vez com mais idade aumentou substancialmente. O aumento foi mais drástico para as mulheres com mais de 40 anos, cuja taxa de natalidade aumentou 19% entre 2007 e 2016 (National Center for Health Statistics, 2017).

A idade de uma mulher no primeiro parto varia de acordo com a etnia e a cultura. Em 2017, mulheres asiático-americanas tiveram seus primeiros bebês com uma média de idade de 30,3 anos, enquanto mulheres nativas americanas e nativas do Alasca deram à luz pela primeira vez, em média, com 23,3 anos de idade. As mulheres negras tinham seu primeiro filho aos 24,9 anos, as hispânicas aos 24,8 e as brancas aos 27,6 anos (Martin et al., 2018).

Em 2017, 39,8% das crianças norte-americanas nasceram de mulheres não casadas, uma queda em relação ao recorde histórico de 41% em 2009 (Martin et al., 2018). A taxa de fertilidade nos Estados Unidos é mais alta do que em diversos outros países desenvolvidos como o Japão e o Reino Unido, onde a média de idade no primeiro parto é de aproximadamente 29 anos (Martin, Ruble, & Szkrybalo, 2002; van Dyk, 2005).

Tanto as mães quanto os pais preferem segurar os bebês do lado esquerdo de seus corpos.
Scola & Vauclair, 2010

Ao mesmo tempo, uma proporção cada vez maior de casais norte-americanos permanece sem filhos. A porcentagem de famílias com filhos caiu de 45% em 1970 (Fields, 2004) para cerca de 28,7% em 2016 (Schondelmyer, 2017). O envelhecimento da população, tanto quanto o adiamento dos casamentos e da geração de filhos, podem ajudar a explicar esses dados, mas alguns casais inquestionavelmente permanecem sem filhos por opção. Alguns veem o casamento primeiramente como uma forma de aumentar sua intimidade, não como uma instituição dedicada a gerar e a criar filhos (Popenoe & Whitehead, 2003). Outros podem ser desencorajados pelos encargos financeiros da parentalidade e pela dificuldade de combinar essa condição com o emprego. Creches melhores e outros serviços de apoio poderiam ajudar os casais a tomar decisões verdadeiramente voluntárias.

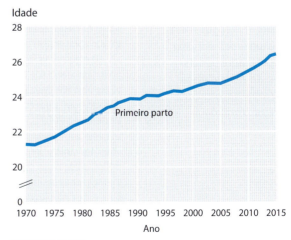

FIGURA 14.5
Idade média da mãe no primeiro parto: Estados Unidos. *Muitas mulheres hoje iniciam famílias em uma idade mais avançada do que na geração de seus pais, elevando a média de idade no primeiro parto.*
Fonte: National Center for Health Statistics, 2016.

ENVOLVIMENTO DE HOMENS E MULHERES NA PARENTALIDADE

Hoje, a maioria das mães trabalha fora de casa. O índice de participação de mães com filhos menores de 6 anos no mercado de trabalho é de 65,1%, um número que sobe para 75,7% quando são incluídas as

Celebrar o aniversário de um filho é uma das muitas alegrias da parentalidade.
image100/VCG/Corbis/Getty Images

> Ter filhos não apenas muda a vida dos pais, mas também a sua fisiologia. Pais que estão envolvidos em uma gravidez apresentam níveis mais baixos de testosterona durante o curso da gravidez.
> Berg & Wynne-Edwards, 2001

mães com filhos de 7 a 17 anos (U.S. Bureau of Labor Statistics, 2018). Apesar de trabalharem fora de casa, as mulheres passam mais tempo cuidando dos filhos do que suas contrapartes na década de 1960, quando 60% das crianças viviam com um pai provedor de família e uma mãe dona de casa (Bianchi, Robinson, & Milkie, 2006). Hoje, apenas aproximadamente 20% das crianças vivem nesse tipo de família (Livingston, 2018). Contudo, as mães casadas passaram 12,9 horas por semana cuidando dos filhos em 2000 em comparação com 10,6 horas em 1965, e as mães solteiras passaram 11,8 horas por semana envolvidas com o cuidado dos filhos em comparação com 7,5 horas em 1965 (Bianchi et al., 2006).

E quanto aos pais? Em geral, a maioria dos genitores masculinos não é tão envolvida quanto as mães (Yeung, Sandberg, Davis-Kean, & Hofferth, 2001). Entretanto, o tempo que os pais passam com os filhos aumentou. Por exemplo, os pais casados passavam mais do que o dobro das horas cuidando dos filhos (6,5 horas) e fazendo trabalho doméstico (9,7 horas) em 2000 do que em 1965 (Bianchi et al., 2006). Em 2011, o tempo passado com os filhos semanalmente havia subido para 7,3 horas por semana (Parker & Wang, 2013). Nos finais de semana, à medida que os filhos envelhecem, o tempo que os pais passam com seus filhos se aproxima daquele passado com as mães (Yeung et al., 2001). E apesar de serem muito menos numerosos do que as donas de casa, houve um aumento no número de pais que ficam em casa, que hoje representam 7% do total (Livingston, 2018).

Os impactos de ter filhos também são indiretos. Além do tempo dedicado a cuidar dos filhos em si, os pais que moram com filhos dependentes também estão menos propensos a se envolver nas suas próprias atividades sociais independentes. Entretanto, eles têm maior probabilidade de estar envolvidos em atividades relacionadas à escola, a grupos da igreja e a organizações de serviço comunitário. O resultado disso geralmente é positivo – os pais mais envolvidos também relatam níveis mais elevados de satisfação (Eggebeen & Knoester, 2001).

PARENTALIDADE E SATISFAÇÃO CONJUGAL

Como a parentalidade afeta a relação entre os membros do casal? Os resultados são mistos. Alguns estudos mostram que a satisfação conjugal normalmente diminui durante os anos de criação dos filhos – e quanto mais filhos, maior o declínio. Além disso, as mães de crianças pequenas tendem a sentir os efeitos mais do que qualquer um. Por exemplo, apenas 38% relatam alta satisfação conjugal em comparação com 62% das esposas sem filhos (Twenge, Campbell, & Foster, 2003).

Por que esses declínios ocorrem? Os novos pais provavelmente experimentam estressores que poderiam afetar sua saúde e seu estado mental. Tomar conta de recém-nascidos é difícil e muitas vezes envolve privação do sono, incerteza e isolamento. O choro noturno, por exemplo, está associado com a queda da satisfação conjugal no primeiro ano de vida do bebê (Meijer & van den Wittenboer, 2007). Se a mulher estava trabalhando fora de casa e agora está em casa, a carga do trabalho doméstico e do cuidado da criança cai principalmente sobre seus ombros. Na verdade, a divisão das tarefas domésticas é um problema comum para os novos pais (Schulz, Cowan, & Cowan, 2006). Além disso, muitos casais veem seus relacionamentos tornarem-se mais "tradicionais" após o nascimento de um filho, com a mulher frequentemente envolvida com a carga de cuidar de um filho e da casa (Cox & Paley, 2003). As percepções de injustiça resultantes desse processo podem prejudicar a relação conjugal (Dew & Wilcox, 2011).

Contudo, a imagem não é de todo ruim. Outros estudos contam uma história diferente e não observaram diferenças em satisfação conjugal no primeiro ano de casamento entre casais com e sem filhos (McHale & Huston, 1985). Alguns dados indicam que os pais têm maior felicidade, emoções positivas e significado em suas vidas do que os não pais (Nelson, Kushlev, English, Dunn, & Lyubomirsky, 2013).

É provável que famílias diferentes respondam de maneiras diferentes ao nascimento de uma criança, e os casais que tinham uma relação saudável antes do nascimento de uma criança conseguem se adaptar melhor. Por exemplo, um estudo identificou sete trajetórias do sistema familiar diferentes que moldaram as respostas dos pais ao nascimento de uma criança. As famílias coesas, com alta afetuosidade e baixo conflito, apresentavam aumentos em autonomia e intimidade no primeiro ano após o nascimento. Por outro lado, sistemas familiares com relações disfuncionais apresentavam exacerbação dos padrões mal-adaptativos com o tempo (Lindblom et al., 2014). Da mesma forma, outras pesquisas mostram que o fato de o casal ser ou não feliz antes da gravidez, de a gravidez ter sido ou não planejada, a idade dos pais e a relação de apego dos pais afetam a satisfação conjugal após o nascimento de um filho (Lawrence, Rothman, Cobb, Rothman, & Bradbury, 2008; Nelson, Kushlev, English, Dunn, & Lyobomirsky, 2013; Kohn et al., 2012). Fatores externos ao lar também são importantes. Um bom equilíbrio entre trabalho e vida pessoal, e a redução subsequente do estresse, também estão associados com uma redução menor da satisfação conjugal após o nascimento de uma criança (van Steenbergen, Kluwer, & Karney, 2011). Pais que participam de grupos de discussão de casais, conduzidos por profissionais, sobre questões de parentalidade e de relacionamentos, a partir do último trimestre da gravidez, relatam diminuições significativamente menores na satisfação (Schulz et al., 2006).

FAMÍLIAS DE RENDA DUPLA

Na vida de casados de antigamente, os homens eram tradicionalmente considerados os principais provedores, enquanto as mulheres, se trabalhavam, eram provedoras secundárias. Esses papéis de gênero tradicionais estão mudando. Nos Estados Unidos de hoje, um pouco mais de 61,9% das famílias com pais casados e filhos têm dois pais que trabalham (Bureau of Labor Statistics, 2018), e em quase metade delas, as mães trabalham em tempo integral (Livingston, 2018). Apesar de ainda haver uma diferença de gênero na renda, as mulheres representam uma parcela cada vez maior da renda familiar. Por exemplo, em 2003, 25% das esposas que trabalhavam ganhavam *mais* do que seus maridos (Bureau of Labor Statistics, 2005). Em 2015, esse número havia subido para 38% (Murray-Close & Heggeness, 2018).

Qual o efeito nas famílias de ter dois pais que trabalham? Em geral, combinar trabalho e papéis familiares é bom para a saúde mental e física tanto dos homens quanto das mulheres e tem efeitos positivos para a vitalidade do relacionamento (Barnett & Hyde, 2001). Contudo, muitas vezes é difícil equilibrar múltiplos papéis – parceiro, pai e empregado. Os casais que têm trabalhos remunerados podem enfrentar demandas extras de tempo e energia, conflitos entre o trabalho e a família, possível rivalidade entre os cônjuges e ansiedade e complexo de culpa em relação a satisfazer as necessidades dos filhos. O papel familiar é mais exigente, especialmente para as mulheres, quando as crianças são pequenas (Milkie & Peltola, 1999; Warren & Johnson, 1995) e a carreira é mais exigente quando o trabalhador está se estabelecendo ou sendo promovido. Assim, os benefícios dos papéis múltiplos dependem de quantos papéis cada parceiro assume, das demandas de tempo de cada papel, do sucesso ou satisfação que os parceiros obtêm de seus papéis e do grau em que os casais mantêm atitudes tradicionais ou não tradicionais a respeito dos papéis de gênero (Barnett & Hyde, 2001; Voydanoff, 2004). Tanto os homens quanto as mulheres dizem que é difícil equilibrar trabalho e família, mas as mulheres relatam mais dificuldade com esse desafio e dizem que assumem mais responsabilidades relacionadas aos filhos (Livingston, 2018).

Para os pais que não conseguem estabelecer um equilíbrio satisfatório entre trabalho e família, pode haver uma avalanche de efeitos negativos. Quanto maior o número de horas trabalhadas, maior o efeito negativo sobre o equilíbrio entre trabalho e família (McNamara, Pitt-Catsouphes, Matz-Costa, Brown, & Valcour, 2013). Os efeitos negativos podem transferir-se do trabalho para a família ou da família para o trabalho, embora o estresse do trabalho pareça afetar a vida em um grau maior (Ford, Heinen, & Langkamer, 2007; Schulz, Cowan, Cowan, & Brennan, 2004). Para enfrentar essa situação, os novos pais podem diminuir as horas de trabalho, recusar-se a fazer horas extras ou rejeitar empregos que exigem viagens excessivas como forma de aumentar o tempo com a família e reduzir o estresse (Barnett & Hyde, 2001; Becker & Moen, 1999; Crouter & Manke, 1994). Ou o casal pode fazer concessões: trocar uma carreira por um emprego ou encontrar meios-termos em que o trabalho assuma precedência, dependendo das mudanças de oportunidades na carreira e das responsabilidades familiares. As mulheres são mais propensas a reduzir o ritmo de trabalho, o que geralmente ocorre nos primeiros anos de criação dos filhos (Becker & Moen, 1999; Gauthier & Furstenberg, 2005).

> **verificador**
> **você é capaz de...**
> ▷ Descrever as tendências no tamanho da família e na idade para a parentalidade?
> ▷ Comparar as atitudes dos homens e das mulheres em relação às responsabilidades e ao exercício da parentalidade?
> ▷ Discutir como a parentalidade afeta a satisfação conjugal?

Estudos transculturais sugerem que a relação geral entre o equilíbrio entre trabalho e família e o bem-estar é válida internacionalmente. Contudo, os efeitos são mais fortes nas culturas individualistas do que nas coletivistas e nas culturas mais igualitárias em relação aos papéis de gênero (Haar, Russo, Suñe, & Ollier-Malaterre, 2014). Para diminuir as pressões sobre as famílias em que ambos os pais trabalham, a maioria dos países adotou proteção no local de trabalho para elas (Heymann, Siebert, & Wei, 2007). Os pais em 65 países – mas não nos Estados Unidos – têm licenças-paternidade *remuneradas*. (A lei norte-americana Family and Medical Leave, de 1993, concede 12 semanas de licença *não remunerada*.) Pelo menos 34 países – mas não os Estados Unidos – estabelecem uma duração máxima para o trabalho semanal. Nos Estados Unidos, aproximadamente 48% dos trabalhadores no setor privado não têm licença remunerada para tratamento médico, e não têm licença remunerada para cuidar de outros membros da família, como crianças. Além disso, mesmo entre aqueles que são legalmente qualificados para tirar licença familiar, 78% não o fazem porque não podem arcar com os custos (Quamie, 2010). Os Estados Unidos são a única nação industrializada sem licença-maternidade remunerada, embora Califórnia, Nova Jersey, Nova York e Rhode Island tenham adotado planos familiares remunerados em nível estadual.

> **verificador**
> **você é capaz de...**
> ▷ Identificar os benefícios e inconvenientes de uma família em que ambos os cônjuges têm trabalhos remunerados?

Quando o casamento chega ao fim

Nos Estados Unidos, a duração média dos casamentos que terminam em divórcio é de 7 ou 8 anos (Kreider, 2005). O divórcio, muito frequentemente, leva a um novo casamento com um novo parceiro e à recomposição de uma família, que inclui filhos biológicos ou adotados por um ou ambos os parceiros antes do casamento atual.

DIVÓRCIO

A taxa de divórcio norte-americana diminuiu radicalmente desde 1970 e era de cerca de 2,9 adultos por 1.000 pessoas em 2017 (Centers for Disease Control, 2018l). Cerca de 1 em cada 5 adultos norte-americanos se divorciou (Kreider, 2005).

As taxas de divórcio variam com a faixa etária analisada. A queda mais acentuada na taxa de divórcio ocorreu entre as coortes mais jovens – aqueles nascidos em meados da década de 1950 (U.S. Census Bureau, 2007b). Contudo, a taxa de divórcio para adultos com mais de 35 anos dobrou nos últimos 20 anos (Kennedy & Ruggles, 2014). A educação também é importante. Mulheres com curso universitário, que anteriormente tinham as opiniões mais permissivas sobre divórcio, tornaram-se mais conservadoras, enquanto mulheres com níveis educacionais mais baixos tornaram-se mais permissivas e portanto mais propensas a se divorciar (Martin & Parashar, 2006). A idade no casamento é outro preditor da duração de uma união. O declínio na taxa de divórcio pode refletir níveis educacionais mais altos bem como a idade mais tardia para o primeiro casamento, ambos os fatores estando associados com estabilidade conjugal (Popenoe & Whitehead, 2004). Também pode refletir o aumento na coabitação, que, quando termina, não envolve divórcio (Kennedy & Ruggles, 2013). Os adolescentes, as pessoas que não concluíram o ensino médio e as pessoas não religiosas têm os índices de divórcio mais elevados (Bramlett & Mosher, 2002; Popenoe & Whitehead, 2004). Os índices de ruptura conjugal para mulheres negras permanecem mais altos do que para mulheres brancas ou latinas (Bulanda & Brown, 2007; Sweeney & Phillips, 2004); no total, as taxas de divórcio são mais elevadas entre os afro-americanos (Amato, 2010). Além disso, casais inter-raciais, particularmente aqueles envolvendo mulheres brancas com homens asiáticos ou negros, são mais propensos a divorciar-se do que casais da mesma raça (Bratter & King, 2008).

Por que os casamentos fracassam? Fazendo uma retrospectiva de seus casamentos, 130 mulheres norte-americanas divorciadas que tinham sido casadas por uma média de 8 anos mostraram uma notável concordância sobre as razões para o fracasso de seus casamentos. As razões citadas com mais frequência eram incompatibilidade e falta de apoio emocional; para as mulheres divorciadas mais recentemente, presumivelmente mais jovens, os motivos incluíam uma falta de apoio na carreira. Agressão do cônjuge estava em terceiro lugar, sugerindo que a violência doméstica pode ser mais frequente do que geralmente se pensa (Dolan & Hoffman, 1998; ver Seção Pesquisa em Ação). Outros fatores de risco comuns para o divórcio incluem a coabitação pré-conjugal (Tach & Halpern-Meekin, 2009) e a infidelidade (Balsam, Rothblum, & Wickham, 2017; Hall & Fincham, 2006).

As taxas de divórcio mais altas nos Estados Unidos são no estado de Nevada, portanto reconsidere aquele casamento em Las Vegas!
National Center for Health Statistics, 2009b

Em relação aos casos extraconjugais, os homens são menos propensos a romper com uma mulher que teve um caso homossexual do que um caso heterossexual. Para as mulheres, por outro lado, um caso homossexual da parte do parceiro tem maior probabilidade de acabar com o relacionamento.
Confer & Cloud, 2011

pesquisa em ação

VIOLÊNCIA NAS RELAÇÕES ÍNTIMAS

A violência nas relações íntimas (VRI) significa a perpetração de maus-tratos físicos, sexuais ou psicológicos de um cônjuge ou parceiro íntimo, atual ou ex. Cerca de 27% das mulheres e 11% dos homens nos Estados Unidos já sofreram alguma forma de violência física ou sexual ou perseguição por um parceiro íntimo (Centers for Disease Control, 2017j). É difícil determinar a verdadeira extensão da VRI porque as vítimas frequentemente estão envergonhadas ou amedrontadas demais para contar aos outros ou prestar queixa às autoridades.

As mulheres sofrem desproporcionalmente múltiplas formas e níveis mais graves de VRI nos relacionamentos e ao longo da vida (Centers for Disease Control, 2017j). A violência íntima perpetrada pelo parceiro do sexo masculino contra o parceiro do sexo feminino é mais repetitiva e tem maior probabilidade de resultar em lesões ou morte (Caetano, Shafer, & Cunradi, 2001). Mais de um terço dos homicídios de mulheres é cometido pelo atual parceiro íntimo ou um ex. Estimativas conservadoras sugerem que as mulheres têm cerca de seis vezes mais chance de morrerem nas mãos de um parceiro íntimo do que os homens, sendo que o homicídio normalmente é a conclusão de um longo histórico de abusos (Stock et al., 2013).

Em comparação, existem muito menos estudos que analisam a vitimização masculina na VRI. Nas pesquisas, os homens revelam tanto abuso físico quanto psicológico. A violência psicológica, em especial, tende a não ser informada, o que inclui ameaças de chantagem, prejuízos financeiros e impedimento de contato com os filhos. Com o abuso físico, seus parceiros e parceiras são especialmente propensos a usar objetos para infligir lesões. A vergonha e o medo do ridículo são os principais motivos para os homens não revelarem a VRI. Incidentes de agressões físicas graves têm probabilidade muito maior de serem informados à polícia, que pode não acreditar nas alegações ou levá-las a sério (Drijber, Rejinders, & Ceelen, 2013).

As relações homossexuais também são afetadas pela VRI. As taxas de VRI entre membros do mesmo sexo são semelhantes àquelas encontradas em relacionamentos heterossexuais (Edwards, Sylaska, & Neal, 2015). Estudos realizados nos Estados Unidos indicam que a prevalência de violência física, estupro ou perseguição por um parceiro íntimo ao longo da vida nos homens *gays* é semelhante aos níveis nos heterossexuais. As mulheres bissexuais têm prevalência significativamente maior de violência física, estupro ou perseguição por um parceiro íntimo do que as mulheres heterossexuais ou lésbicas (Black et al., 2011). Apesar dessas taxas indicarem a ocorrência de VRI, sabe-se muito menos sobre os fatores de risco e padrões específicos da VRI entre casais de minorias sexuais (Edwards et al., 2015).

qual a sua opinião? Na sua opinião, quais fatores individuais ou psicológicos estão relacionados à perpetração e vitimização de violência nas relações íntimas? O que pode ser feito para ajudar a proteger as vítimas, no nível do indivíduo e da sociedade?

Os recursos econômicos e o trabalho também estão relacionados ao risco de divórcio. Entretanto, os efeitos variam com relação ao gênero. O desemprego do marido está associado com um risco maior de divórcio (Killewald, 2016). Para as esposas, a relação é mais complexa. Os riscos associados com o emprego das esposas são, acima de tudo, aqueles ligados à tensão relativa à divisão do trabalho (Ruppaner, Brandén, & Turunen, 2018), uma relação que aumenta conforme o número de horas trabalhadas pela esposa. Além disso, a maior independência econômica significa que, quando desejam romper um casamento, as mulheres têm maior capacidade para tomar essa decisão. Contudo, o trabalho das esposas também tem efeitos positivos sobre a estabilidade do casamento, por meio do aumento da renda e das reduções subsequentes nas preocupações econômicas geradas quando as mulheres trabalham (Amato, 2010).

Em geral, os casais são mais propensos a permanecer casados quando têm filhos (Bernardi & Martínez-Pastor, 2011). Em vez de permanecer juntos "por causa dos filhos", no entanto, alguns cônjuges em disputa concluem que expor os filhos a um contínuo conflito entre os pais causa maiores estragos (Eisenberg, 1998).

Divórcio gera mais divórcio. Adultos com pais divorciados são mais propensos a esperar que seus casamentos não durem (Glenn & Marquardt, 2001) e a se divorciar, eles próprios, do que aqueles cujos pais permaneceram juntos (Schulman et al., 2001). Entretanto, esse processo pode ser afetado por um casamento subsequente dos pais. Jovens adultos que tiveram pais que se casaram novamente e tiveram um relacionamento de alta qualidade em seu segundo casamento não eram mais propensos a divorciar-se eles próprios, sugerindo que as influências atuais desempenham um papel forte nos relacionamentos (Yu & Adler-Baeder, 2007).

Adaptando-se ao divórcio Terminar até mesmo um casamento infeliz pode ser doloroso para ambos os parceiros, especialmente quando há filhos pequenos em casa. As questões referentes a guarda e visitação com frequência forçam pais divorciados a manter contato um com o outro, e esses contatos podem ser estressantes (Williams & Dunne-Bryant, 2006). Entretanto, pela mesma lógica, uma relação positiva de coparentalidade após um divórcio pode ser protetora tanto para os pais quanto para os filhos (Lamela, Figueiredo, Bastos, & Feinberg, 2016).

> *O divórcio pode ser contagioso. Pessoas que têm outros em sua rede social que estão se divorciando são mais propensas a divorciar-se.*
> McDermott, Fowler, & Christakis, 2009

O divórcio tende a reduzir o bem-estar de longo prazo, principalmente para o parceiro que não o pediu ou que não se casa novamente (Amato, 2010; Amato, 2000). Especialmente para os homens, o divórcio pode ter efeitos negativos sobre a saúde física ou mental, ou ambas (Wu & Hart, 2002). As mulheres têm maior probabilidade do que os homens de experimentar uma redução acentuada nos recursos econômicos e nos padrões de vida após a separação ou o divórcio (De Vaus, Gray, Qu, & Stantaon, 2017; Kreider & Fields, 2002; Williams & Dunne-Bryant, 2006); entretanto, as mulheres em casamentos infelizes se beneficiam mais da dissolução do relacionamento do que os homens em casamentos infelizes (Waite, Luo, & Lewin, 2009). As pessoas que eram – ou pensavam que eram – felizes no casamento tendem a reagir mais negativamente e a se adaptar mais lentamente ao divórcio (Lucas et al., 2003). Por outro lado, quando o casamento é altamente conflituoso, seu término pode melhorar o bem-estar a longo prazo (Amato, 2000).

Um fator importante no ajuste é o desapego emocional do ex-cônjuge. Pessoas que discutem com seus ex-parceiros sofrem mais. Uma vida social ativa, tanto durante como depois do divórcio, ajuda (Amato, 2000; Thabes, 1997; Barutçu, Yildirim, & Demir, 2015). Encontrar um novo parceiro, em especial, está associado com o bem-estar após o divórcio (Symoens, Bastaits, Mortelmans, & Bracke, 2013).

NOVO CASAMENTO E A CONDIÇÃO DE PADRASTO/MADRASTA

Casar-se de novo, dizia o ensaísta Samuel Johnson, "é o triunfo da esperança sobre a experiência". A evidência da verdade dessa afirmação é que os novos casamentos têm maior probabilidade do que os primeiros casamentos de terminar em divórcio (Adams, 2004).

Aproximadamente 20% dos casamentos nos Estados Unidos são novos casamentos tanto para a noiva quanto para o noivo, e 8% dos adultos recém-casados já se casaram três ou mais vezes. Contudo, as taxas de novos casamentos variam com a faixa etária analisada. As taxas dos adultos mais velhos são relativamente altas, mas as taxas dos adultos mais jovens diminuíram nas últimas décadas. Por exemplo, em 1960, 72% dos jovens adultos que haviam se divorciado ou enviuvado casavam-se novamente até os 35 anos. Em 2013, apenas 42% dos adultos de 35 anos ou menos haviam se casado novamente sob as mesmas circunstâncias (Livingston, 2014).

Homens e mulheres que vivem com os filhos de um relacionamento anterior têm maior probabilidade de formar uma nova união com alguém que também vive com os filhos, desse modo formando uma família recomposta ou reconstituída (Goldscheider & Sassler, 2006). E as famílias nas quais ambos os pais trazem seus filhos para o casamento são marcadas por níveis mais altos de conflito (Heatherington, 2006). Os novos casamentos têm maior probabilidade do que os primeiros casamentos de terminar em divórcio (Adams, 2004).

Quanto mais recente o casamento atual e mais velhos os enteados, mais difícil parece ser a condição de padrasto ou madrasta. As mulheres, principalmente, parecem ter mais dificuldades para criar enteados do que para criar seus filhos biológicos, talvez porque as mulheres passem mais tempo com as crianças do que os homens (MacDonald & DeMaris, 1996). O conflito vivenciado pelos padrastos e madrastas pode ser atenuado por uma comunicação saudável e franca entre os dois parceiros (Pace, Shafer, Jensen, & Larson, 2015). A família reconstituída tem o potencial para proporcionar um ambiente caloroso e protetor para os filhos.

---

verificador
você é capaz de...

▷ Citar as razões para a diminuição no índice de divórcios a partir de 1981?

▷ Discutir os fatores na adaptação ao divórcio?

▷ Discutir os fatores na adaptação a um novo casamento e à condição de padrasto ou madrasta?

resumo e palavras-chave

Adultez emergente: padrões e tarefas

- A adultez emergente é frequentemente um tempo de experimentação antes de assumir papéis e responsabilidades adultos. Tarefas tradicionais do desenvolvimento como encontrar um emprego estável e desenvolver relacionamentos amorosos de longo prazo podem ser adiadas até os 30 anos ou até mais tarde.
- Os caminhos para a vida adulta podem ser influenciados por fatores como gênero, capacidade acadêmica, primeiras atitudes em relação à educação, expectativas no final da adolescência, classe social e desenvolvimento do ego.
- O desenvolvimento da personalidade na adultez emergente pode assumir a forma de recentralização, o desenvolvimento gradual de uma identidade adulta estável. Para os grupos minoritários raciais/étnicos, a tarefa de formação da identidade pode ser acelerada.
- A adultez emergente oferece uma moratória, um período no qual os jovens estão livres da pressão de formar compromissos duradouros.
- Uma medida de como os adultos emergentes lidam de maneira bem-sucedida com a tarefa do desenvolvimento de sair da casa da infância é sua capacidade de manter relacionamentos próximos, mas autônomos com seus pais.
- Permanecer na casa dos pais é cada vez mais comum entre adultos emergentes e jovens, que o fazem frequentemente por questões financeiras. Isso pode complicar a negociação de um relacionamento adulto com os pais.

recentralização (412)

Desenvolvimento da personalidade: quatro perspectivas

- As quatro perspectivas teóricas sobre o desenvolvimento da personalidade adulta são os modelos de estágios normativos, o modelo de momento dos eventos, os modelos de traços e os modelos tipológicos.
- Os modelos de estágios normativos defendem que a mudança social e emocional associada à idade emerge em períodos sucessivos às vezes marcados por crises. Na teoria de Erikson, a questão principal do jovem adulto é intimidade *versus* isolamento.
- O modelo de momento dos eventos, defendido por Neugarten, propõe que o desenvolvimento psicossocial adulto é influenciado pela ocorrência e pelo momentos (*timing*) de eventos de vida normativos. À medida que a sociedade torna-se menos preocupada com a idade, entretanto, o relógio social tem menos significado.
- O modelo dos cinco fatores de Costa e McCrae é organizado em torno de cinco grupos de traços relacionados: neuroticismo, extroversão, abertura à experiência, conscienciosidade e amabilidade. Estudos atuais revelam que cada um desses traços muda durante o período da jovem adultez e em alguma medida durante toda a vida.
- A pesquisa tipológica, que teve como pioneiro Jack Block, identificou tipos de personalidade que diferem em termos de resiliência do ego e de controle do ego. Esses tipos parecem persistir da infância à idade adulta.

modelos de estágios normativos (415)
intimidade *versus* isolamento (416)
modelo de momento dos eventos (417)
eventos de vida normativos (417)
relógio social (417)
modelos de traços (418)
modelo dos cinco fatores (418)
abordagem tipológica (419)
resiliência do ego (419)
controle do ego (419)

As bases dos relacionamentos íntimos

- Os jovens adultos buscam intimidade nos relacionamentos com pares e parceiros amorosos. A autorrevelação é um aspecto importante da intimidade.
- A maioria dos jovens adultos tem amigos, mas um tempo cada vez mais limitado para passar com eles. As amizades das mulheres tendem a ser mais íntimas do que as dos homens.
- Muitos jovens adultos têm amigos que são considerados parentes fictícios ou família psicológica.
- De acordo com a teoria triangular do amor de Sternberg, o amor tem três aspectos: intimidade, paixão e compromisso.

parente fictício (420)
teoria triangular do amor (421)

Estilos de vida conjugais e não conjugais

- Hoje, mais do que no passado, mais adultos adiam o casamento ou nunca se casam. A tendência é particularmente pronunciada entre as mulheres afro-americanas e entre pessoas de classes socioeconômicas mais baixas.
- As razões para uma pessoa permanecer solteira incluem as oportunidades de carreira, viagens, liberdade sexual e de estilo de vida, desejo de autorrealização, maior autossuficiência das mulheres, menor pressão social para casar, restrições financeiras, medo de divórcio, dificuldade para encontrar um parceiro adequado e falta de oportunidades de namoro ou de parceiros disponíveis.
- Os ingredientes da satisfação de longo prazo são semelhantes nos relacionamentos homossexuais e heterossexuais.
- Nos Estados Unidos, os homossexuais estão lutando para obter os mesmos direitos das outras pessoas, tal como o direito ao casamento.
- Com o novo estágio de adultez emergente e o atraso na idade de casamento, a coabitação aumentou e tornou-se a norma em alguns países.
- A coabitação pode ser um casamento experimental, uma alternativa ao casamento ou, em alguns lugares, praticamente indistinguível do casamento. Nos Estados Unidos, as relações de coabitação tendem a ser menos estáveis do que os casamentos.
- O casamento (em uma variedade de formas) é universal e satisfaz necessidades básicas econômicas, emocionais, sexuais, sociais e de criação dos filhos.
- A escolha do parceiro e a idade para casar variam de uma cultura para outra. Nos países industrializados, as pessoas agora casam-se mais tarde do que em gerações passadas.
- As expectativas diferentes de homens e mulheres podem ser fatores importantes na satisfação conjugal.

Parentalidade

- Hoje, as mulheres em sociedades industrializadas estão tendo menos filhos e os tendo mais tarde na vida, e um número cada vez maior opta por não tê-los.
- Os pais geralmente se envolvem menos na criação dos filhos do que as mães, porém mais do que em gerações anteriores.
- A satisfação conjugal normalmente diminui durante os anos de criação dos filhos.
- Na maioria dos casos, a carga de um estilo de vida em que ambos os cônjuges têm trabalhos remunerados recai mais fortemente sobre a mulher.
- Políticas no local de trabalho, voltadas ao bem-estar da família, podem ajudar a aliviar o estresse conjugal.

Quando o casamento chega ao fim

- As taxas de divórcio nos Estados Unidos diminuíram desde o seu ápice em 1981. Entre as prováveis razões estão o aumento nos níveis educacionais, o atraso na idade de casamento e o aumento na coabitação.
- A adaptação ao divórcio pode ser dolorosa. A distância emocional do ex-cônjuge é o segredo para uma boa adaptação.
- Muitas pessoas divorciadas casam-se novamente dentro de poucos anos, mas os novos casamentos tendem a ser menos estáveis do que os primeiros.
- As famílias reconstituídas podem passar por diversos estágios de ajustamento.

Parte 7 — VIDA ADULTA INTERMEDIÁRIA

capítulo 15

Desenvolvimento Físico e Cognitivo na Vida Adulta Intermediária

Digital Vision/Alamy Stock Photo

Pontos principais

A meia-idade: um construto social

DESENVOLVIMENTO FÍSICO

Mudanças físicas

Saúde física e mental

DESENVOLVIMENTO COGNITIVO

Medindo as capacidades cognitivas na meia-idade

O caráter distinto da cognição do adulto

Criatividade

Trabalho e educação

Objetivos de aprendizagem

Explicar como a meia-idade está mudando e definir *vida adulta intermediária*.

Discutir as mudanças físicas na vida adulta intermediária.

Caracterizar a saúde e o bem-estar na meia-idade.

Identificar mudanças cognitivas na vida adulta intermediária.

Descrever a realização criativa e a relação entre criatividade e idade.

Discutir as tendências no trabalho, aposentadoria e educação na meia-idade.

Você **sabia** que...

▷ Um terço dos norte-americanos na faixa dos 60 anos considera que está na meia-idade?

▷ Os traços de personalidade positivos estão relacionados a boa saúde e vida longa?

▷ Pessoas de meia-idade que realizam trabalho complexo tendem a apresentar um desempenho cognitivo mais forte do que seus pares?

Neste capítulo, examinamos as transformações físicas durante a meia-idade, bem como as questões de saúde física, sexual e mental. Examinamos os fatores que afetam a inteligência, os processos de pensamento e a criatividade. Por último, focalizamos o trabalho, a aposentadoria e as buscas educacionais.

> **P**arece-me que todos os outros da minha idade são adultos, enquanto eu estou apenas disfarçando.
>
> —Margaret Atwood

A meia-idade: um construto social

Descrevemos a adolescência como um estágio da vida que é, em última análise, um construto social. O mesmo vale para a meia-idade (Cohen, 2012). O termo *meia-idade* apareceu pela primeira vez nos dicionários em 1895 (Lachman, 2004), quando a expectativa de vida começou a se prolongar. Hoje, nas sociedades industrializadas, a vida adulta intermediária é considerada um estágio distinto da vida com suas próprias normas sociais, papéis, oportunidades e desafios. Entretanto, algumas sociedades tradicionais como os hindus da casta superior na zona rural da Índia (Menon, 2001) e os gusii no Quênia não reconhecem absolutamente um estágio intermediário da vida adulta.

Definimos *vida adulta intermediária* em termos cronológicos como o período entre as idades de 40 e 65 anos, mas esta definição é arbitrária. Não há consenso sobre quando a meia-idade começa ou termina. Em 2017, um pouco menos de 84,4 milhões de pessoas nos Estados Unidos, ou 26% da população, tinha de 45 a 64 anos (U.S. Census Bureau, 2018), o que representa um aumento de 12% desde 2006 (Administration for Community Living, 2018).

O estudo Meia-Idade nos Estados Unidos (MIDUS), um levantamento abrangente de uma amostra nacional de 7.189 adultos, com idades de 25 a 75 anos, possibilitou aos pesquisadores estudar os fatores que influenciam a saúde, o bem-estar e a produtividade na meia-idade (Brim, Ryff, & Kessler, 2004). De acordo com os dados do MIDUS, a maioria das pessoas de meia-idade está em boas condições físicas, cognitivas e emocionais, e se sente bem em relação à qualidade de sua vida (Lachman, Teshale, & Agrigoroaei, 2015; Fleeson, 2004; ver Figura 15.1).

Entretanto, a experiência da meia-idade varia de acordo com a saúde, o gênero, a raça/etnia, o nível socioeconômico, a coorte e a cultura, bem como com a personalidade, a situação conjugal e parental e o emprego (Lachman, 2004). Por exemplo, altos níveis de bem-estar psicológico ao longo do tempo predizem indicadores de saúde como perfil lipídico (níveis de colesterol e gordura), pressão alta, resistência à insulina, saúde cardiovascular, obesidade e problemas crônicos de saúde (Radler, Rogotti, & Ryff, 2018; Boylan & Ryff, 2015). Contudo, o *status* social também importa. Outras pesquisas mostram que fatores psicológicos, como bem-estar e um senso de controle pessoal, exercem seus efeitos com mais força quando as pessoas têm pouca escolaridade ou baixo *status* social. Quando têm recursos em abundância, as pessoas tendem a se sair bem, independentemente de sentirem ou não que estão indo bem ou que estão no controle. Mas quando têm poucos recursos, suas características sociais podem protegê-las das crises de saúde emergentes da meia-idade (Ryff, Radler, & Friedman, 2015; Turiano, Chapman, Agrigoroaei, Infurna, & Lachman, 2014).

A meia-idade é marcada por crescentes diferenças individuais e por uma multiplicidade de trajetórias de vida

Muitas pessoas de meia-idade estão no auge de suas carreiras, desfrutando de um senso de liberdade, responsabilidade e controle sobre suas vidas e dando importantes contribuições para a melhoria social. Bono, o vocalista da banda de rock U2, fez exatamente isso com a sua filantropia. Cofundador e porta-voz da campanha ONE, ele ajuda com muitas causas, especialmente aquelas relacionadas à aids e à pobreza nos países africanos.

Rene Macura/AP Images

FIGURA 15.1
Como adultos norte-americanos de várias idades avaliam aspectos de sua qualidade de vida e da qualidade de vida em geral.
Fonte: Fleeson, 2004; dados da Research Network on Successful Midlife Development da fundação MacArthur (o levantamento nacional MIDUS).

▶ **verificador**
você é capaz de...
▷ Citar as diferenças individuais na experiência da meia-idade?

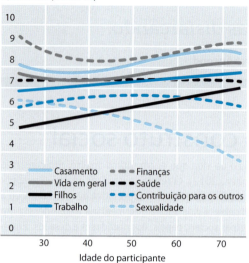

(Lachman, 2004). Algumas pessoas de meia-idade podem correr maratonas; outras ficam sem fôlego ao subir um lance de escadas. Algumas têm um sentido estável de controle sobre suas vidas, outras sentem-se sobrecarregadas por assumir pesadas responsabilidades e papéis múltiplos e exigentes: governar a casa, chefiar departamentos ou empresas; ajudar os filhos a soltarem as amarras; e, talvez, cuidar de pais idosos ou iniciar novas atividades profissionais. Outros, já tendo deixado sua marca e criado os filhos, têm uma maior sensação de liberdade e independência (Lachman, 2001). A meia-idade pode ser um tempo de declínio e perda, ou de domínio, competência e crescimento.

DESENVOLVIMENTO FÍSICO

Mudanças físicas

Apesar de algumas transformações fisiológicas serem resultado direto do envelhecimento biológico e da constituição genética, fatores comportamentais e de estilo de vida desde a juventude podem afetar a probabilidade, o tempo de ocorrência e a extensão das transformações físicas.

FUNÇÕES SENSORIAIS E PSICOMOTORAS

As pessoas percebem suas mãos mais curtas e mais gordas do que elas realmente são.
Longo & Haggard, 2010

Do período adulto jovem até os anos intermediários, as mudanças sensoriais e motoras são quase imperceptíveis – até que um dia um homem de 45 anos percebe que não consegue ler um livro sem óculos, ou uma mulher de 60 anos precisa admitir que não consegue andar com a mesma rapidez que antes. Com o aumento da idade, é comum que os adultos experimentem uma variedade de declínios perceptuais, incluindo dificuldades de audição e de visão (Pleis & Lucas, 2009).

Problemas visuais relacionados à idade ocorrem principalmente em cinco áreas: visão de perto, visão dinâmica (ler sinais em movimento), sensibilidade à luz, busca visual (p. ex., localizar um carro em um estacionamento) e velocidade de processamento de informação visual (Kline & Scialfa, 1996). Talvez você já tenha visto pessoas mais velhas usando óculos de leitura ou afastando livros ou jornais ao máximo com um braço quando tentam focar a visão. Quando envelhecem, as pessoas desenvolvem a dificuldade de focalizar objetos próximos, uma condição chamada de **presbiopia**. A incidência de **miopia** (vista curta) também aumenta durante toda a meia-idade (Rosenthal & Fischer, 2014). De modo geral, aproximadamente 12% dos adultos de 45 a 64 anos experimentam declínios em sua visão (Pleis & Lucas, 2009). Aos 65 anos, 36,6% dos adultos terão alguma forma de deficiência visual (Rosenthal & Fischer, 2014).

presbiopia
Perda progressiva, associada à idade, da capacidade dos olhos de focalizar objetos próximos devido à perda de elasticidade do cristalino.

miopia
Vista curta.

Como as pessoas se adaptam a essas mudanças? Pessoas de meia-idade muitas vezes precisam de luzes mais fortes para enxergar bem. Devido a alterações no olho, elas precisam de aproximadamente um terço a mais de luminosidade para compensar a perda de luz que chega à retina (Troll, 1985). Óculos de leitura, bifocais e trifocais também são utilizados para ajudar o olho a focalizar objetos.

presbiacusia
Perda gradual da audição associada à idade, que se acelera depois dos 55 anos, especialmente em relação a sons de frequências mais altas.

A perda de audição gradual relacionada à idade é chamada de **presbiacusia**. Ela raramente é percebida mais cedo na vida, mas geralmente acelera-se e torna-se perceptível na faixa dos 50 anos (Merrill & Verbrugge, 1999). A presbiacusia normalmente começa com sons mais agudos, menos importantes para entender a fala, e aos poucos vai se estendendo aos mais graves. A perda de audição em geral é leve até a pessoa ficar mais velha. Dos 40 aos 49 anos, aproximadamente 7% dos adultos têm perda de audição moderada, um número que sobe para 13% entre os 50 e 59 anos. Assim, na meia-idade, a perda de audição não causa deficiências ou problemas significativos para a grande maioria dos adultos. Entretanto, dos 70 aos 79, quando mais de 50% dos adultos têm perda de audição entre leve e moderada, alguns começam a apresentar perda profunda ou total (Goman & Lin, 2016) e o problema torna-se um fator significativo. A perda da capacidade de escutar bem a fala pode isolar os adultos, o que leva à solidão e à depressão (Ciorba, Bianchini, Pelucci, & Pastore, 2012).

Embora a força e a coordenação possam declinar, muitas pessoas de meia-idade que permanecem ativas apresentam benefícios em sua saúde física e psicológica.
Ronnie Kaufman/Blend Images LLC

Que fatores afetam a perda de audição? O gênero importa; a perda de audição avança mais rapidamente nos homens do que nas mulheres (Ozmeral, Eddins, Frisina, & Eddins, 2016). A prevalência é maior entre adultos brancos hispânicos e não hispânicos do que entre afro-americanos (Goman & Lin, 2016). Contudo, o fator mais importante na perda de audição é o ruído ambiental. Estima-se que, mundialmente, 16% da perda de audição em adultos possa ser atribuída aos ruídos no ambiente de trabalho (Nelson, Nelson, Concha-Barrientos, & Fingerhut, 2005). Protetores auriculares, como tampões de ouvido, diminuíram o impacto do ruído ocupacional, mas o "ruído social" (incluindo *shows* e aparelhos com fones de ouvido) aumentou (Sliwinska-Kowalska & Davis, 2012).

A sensibilidade gustativa e olfativa costuma diminuir na meia-idade (Stevens, Cain, Demarque, & Ruthruff, 1991). Cerca de 13,5% dos adultos com mais de 40 anos têm problemas com o seu olfato, 17,3% com o paladar e 2,2% com ambos (Liu, Zong, Doty, & Sun, 2016). Aos 80 anos, mais de 75% dos adultos apresentam declínios (Doty, 2018). Estes são mais comuns em homens, afro-americanos, pessoas que consomem grandes quantidades de álcool e adultos com doenças cardiovasculares (Liu et al., 2016).

À medida que as papilas gustativas tornam-se menos sensíveis e o número de células olfativas diminui, os alimentos podem parecer mais insípidos (Merrill & Verbrugge, 1999). Além disso, o uso de medicamentos para tratar muitas das doenças do envelhecimento também pode ter um efeito negativo sobre os sentidos gustativos (Imoscopi, Inelmen, Sergi, Miotto, & Manzato, 2012), assim como o tabagismo (Vennemann, Hummel, & Berger, 2008). Esses declínios têm consequências para a qualidade de vida e estão associados com os males de Alzheimer e Parkinson e com o risco de mortalidade (Doty, 2018).

Manter-se fisicamente ativo tem amplos efeitos positivos sobre quase todos os sistemas corporais, incluindo marcadores da saúde física, como menor risco cardiovascular; marcadores psicológicos, como risco declarado de depressão; e marcadores cognitivos, como menor risco de demência (Bauman, Merom, Bull, Buchner, & Fiatarone Singh, 2016). Quanto mais as pessoas fazem, mais elas *podem* fazer, e por mais tempo.

Certa perda da força muscular geralmente é notada aos 45 anos; de 10 a 15% da força máxima podem ter se esgotado aos 60 anos. Isso se deve em parte à perda de fibra muscular, que é substituída por gordura (Guralnik, Butterworth, Wadsworth, & Kuh, 2006; Schaap, Koster, & Visser, 2012). Além disso, mudanças na fibra muscular esquelética em si causam decréscimos na capacidade de contração rápida e forte (Brocca et al., 2017), e as fibras perdem parte da sua capacidade de produção de ATP com a idade, de modo que produzem menos energia molecular (Porter et al., 2015). Mas a redução da capacidade ainda não é inevitável; a musculação e uma dieta rica em proteína podem proteger contra esses declínios (Bradlee, Mustafa, Singer, & Moore, 2017; Francis et al., 2017).

O **metabolismo basal** é a quantidade mínima de energia, geralmente medida em calorias, que o seu corpo precisa para preservar as funções vitais em repouso. Conforme envelhecem, a quantidade de energia que as pessoas precisam para manter seus corpos diminui, especialmente após os 40 anos. Assim, por exemplo, as pessoas mais velhas tendem a ganhar peso com a idade, apesar de não alterarem seus hábitos alimentares ou de exercício (Merrill & Verbrugge, 1999). O ganho de peso no início da vida adulta é preditivo de doenças crônicas importantes posteriormente (Zheng et al., 2017). Entretanto, continuar ativo pode ajudar os adultos a manter seu peso atual, preservar suas habilidades físicas e desacelerar os declínios.

metabolismo basal
Uso de energia para manter as funções vitais.

A destreza manual, especialmente para homens e na mão não dominante (neste estudo, a esquerda), em geral torna-se menos eficiente com a idade (Vasylenko, Gorecka, & Rodríguez-Aranda,

2018). O tempo de reação simples (como ao pressionar um botão quando uma luz se acende) diminui muito pouco em torno dos 50 anos, mas o tempo de reação de escolha (como ao pressionar um de quatro botões numerados quando o mesmo número aparece em uma tela) fica gradualmente mais lento no decorrer da idade adulta (Woods, Wyma, Yund, Herron, & Reed, 2015; Der & Deary, 2006). Quando uma resposta vocal em vez de uma manual é necessária, as diferenças de idade no tempo de reação simples são substancialmente menores (S. J. Johnson & Rybash, 1993).

O CÉREBRO NA MEIA-IDADE

Em geral, o cérebro em processo de envelhecimento pode ser descrito de duas formas: ele trabalha mais lentamente e tem dificuldade para administrar múltiplas tarefas ao mesmo tempo (Zanto & Gazzaley, 2014). O processo geral afeta múltiplas tarefas, em muitas áreas diferentes – desde entender linguagem complexa a dirigir um automóvel com destreza e aprender novas habilidades. O que essas tarefas díspares têm em comum é a necessidade de processar rapidamente informações complexas e prestar atenção a estímulos relevantes ao mesmo tempo em que se ignoram estímulos irrelevantes. Em especial, a capacidade de ignorar distrações declina gradualmente com a idade, o que torna a multitarefa cada vez mais desafiadora (Madden & Langley, 2003; Stevens, Hasher, Chiew, & Grady, 2008).

Um grupo de pesquisadores notou esta distratibilidade durante varreduras do cérebro de adultos mais jovens e mais velhos. Eles perceberam que o desempenho dos adultos mais velhos estava sendo prejudicado pelos ruídos da máquina de ressonância magnética.
Stevens et al., 2008

Por que essas mudanças ocorrem? As mudanças físicas no cérebro que está envelhecendo contribuem para as reduções do funcionamento. Com a idade, diminui o volume de substância cinzenta (Fjell et al, 2009; Chee et al., 2009). A mielina, a bainha de gordura que envolve nossos axônios nervosos e ajuda a acelerar os impulsos através de nosso cérebro, começa a se degenerar com a idade (Lu et al., 2013; Chopra et al., 2018; Salami, Eriksson, Nilsson, & Nyberg, 2012). A dimensão e o local específico dessas mudanças na substância cinzenta e na branca estão associados com a gravidade da desaceleração do processamento e a área da cognição em que ocorrem (Eckert, 2011; Hong et al., 2015). Por exemplo, as pessoas que apresentam atrofia na ínsula esquerda, uma área do cérebro associada à produção da fala, são mais propensas a sofrer do fenômeno "na-ponta-da-língua" (TOT – *tip-of-the-tongue*), no qual a pessoa sabe que sabe uma palavra, mas não consegue acessá-la (Shafto et al., 2007).

Apesar de alguns serem prováveis, os declínios não são inevitáveis nem necessariamente permanentes. No passado, acreditava-se que a educação ajudava a desacelerar os declínios associados com a idade. Contudo, apesar de a educação estar associada com QI maior e desempenho melhor em diversas tarefas cognitivas, ela parece não atrasar os declínios em velocidade de processamento ou funcionamento cognitivo. Em vez disso, os adultos com um nível alto de educação começam na frente e, logo, podem funcionar em um patamar mais elevado por um período maior (Zahodne et al., 2011; Lenehan, Summers, Saunders, Summers, & Vickers, 2015; Ritchie, Bates, Der, Starr, & Deary, 2013).

Dois fatores que parecem ser importantes são manter a mente e o corpo ocupados. Apesar de os tamanhos dos efeitos serem pequenos, metanálises revelam que a atividade física e a forma física estão associadas com maior volume de substância branca e cinzenta (Sexton et al., 2016; Erickson, Leckie, & Weinstein, 2014). Além disso, a atividade física na meia-idade está positivamente associada com a função cognitiva durante a meia-idade em si e também com proteção contra declínios cognitivos futuros (Cox et al., 2016; Sofi et al., 2011). Por fim, análises de intervenções de exercício aeróbico e treino de resistência mostram que são eficazes na melhoria da atenção, velocidade de processamento, funcionamento executivo e memória, ainda que os efeitos sejam modestos (Smith et al., 2010; Chang, Pan, Chen, Tsai, & Huang, 2012).

Outra forma de manter seu cérebro afiado? Use o Google. Adultos mais velhos que navegam na internet apresentam ativação significativa de áreas do cérebro relativas ao raciocínio e à tomada de decisão. O efeito é mais forte para os usuários experientes, mas os pesquisadores defendem que mesmo adultos com pouco conhecimento de tecnologia devem se beneficiar.
Small, Moody, Siddarth, & Bookheimer, 2009

Ocupar a mente também é importante. Os adultos que leem e escrevem regularmente ou que trabalham em um ambiente cognitivamente estimulante estão mais propensos a preservar suas funções cognitivas (Cortrena, Branco, Cardoso, Wong, & Fonseca, 2016; Smart, Gow, & Deary, 2014). Também há algumas evidências de que a meditação oferece benefícios cognitivos para adultos de meia-idade e pode ajudar a compensar os declínios (Gard, Hölzel, & Lazar, 2014). Intervenções cognitivas e estimulação mental também são eficazes na melhoria do funcionamento (Lampit, Hallock, & Valenzuela, 2014).

Mesmo que ocorram declínios, o conhecimento baseado na experiência pode compensar as alterações físicas. Por exemplo, adultos de meia-idade são melhores motoristas do que os mais jovens (McFarland, Tune, & Welford, 1964). Motoristas mais experientes sabem antecipar possíveis riscos antes que se tornem perigosos, usando seu olhar para analisar o ambiente, enquanto motoristas novatos tendem a olhar diretamente para a frente e reagem apenas a riscos claros e iminentes (Borowsky, Shinar, & Oron-Gilad, 2010). Da mesma forma, datilógrafos de 60 anos são tão eficientes quanto os de 20 (Spirduso & MacRae, 1990) e trabalhadores especializados do setor industrial na faixa dos 40 e 50 anos costumam ser mais produtivos do que os mais jovens e, na verdade, tendem a ser mais meticulosos e cuidadosos (Salthouse & Maurer, 1996).

TRANSFORMAÇÕES ESTRUTURAIS E SISTÊMICAS

As mudanças na aparência podem tornar-se perceptíveis durante os anos intermediários. Por volta da quinta ou sexta década de vida, a pele pode tornar-se flácida e menos firme à medida que a camada de gordura abaixo da superfície fica mais fina, as moléculas de colágeno mais rígidas e as fibras de elastina mais frágeis. Os cabelos podem ficar mais finos em razão da diminuição da taxa de substituição, e mais grisalhos à medida que a produção de melanina, o agente de pigmentação, diminui. Pessoas de meia-idade tendem a ganhar peso como resultado do acúmulo de gordura corporal e a perder altura em razão da contração dos discos intervertebrais (Merrill & Verbrugge, 1999; Whitbourne, 2001).

A densidade óssea normalmente atinge o auge em torno dos 20 ou 30 anos. A partir daí, as pessoas experimentam alguma perda óssea à medida que mais cálcio é absorvido do que reposto, fazendo com que os ossos fiquem mais finos e mais frágeis. A perda óssea se acelera aos 50 e 60 anos; isso ocorre duas vezes mais rápido nas mulheres do que nos homens, às vezes levando à osteoporose (Merrill & Verbrugge, 1999; Whitbourne, 2001). O tabagismo, o consumo de bebidas alcoólicas e a má alimentação no início da vida adulta contribuem para agilizar a perda óssea; ela pode ser diminuída por meio de exercícios aeróbicos, musculação e maior ingestão de cálcio e vitamina C (Whitbourne, 2001; Yoon, Maalouf, & Sakhaee, 2012). Menor nível socioeconômico na infância e sucesso educacional na vida adulta estão ligados à menor densidade óssea na vida adulta tardia. Essa associação pode existir devido ao estresse, que é maior em pessoas de baixo nível socioeconômico, o que prejudica a sua saúde óssea (Crandall et al., 2012).

Um grande número de pessoas de meia-idade e até mais velhas apresenta pouco ou nenhum declínio no funcionamento dos órgãos (Gallagher, 1993). Em algumas, no entanto, as doenças cardíacas começam a surgir no final dos 40 ou início dos 50 anos. As paredes arteriais podem tornar-se mais espessas e mais rígidas. O coração pode começar a bombear mais lenta e irregularmente na faixa dos 50 anos; aos 65, ele pode perder até 40% de sua força aeróbica. A **capacidade vital** – o volume máximo de ar que os pulmões são capazes de inspirar e expirar – pode começar a diminuir por volta dos 40 anos e pode chegar a 40% aos 70 anos (Merrill & Verbrugge, 1999; Whitbourne, 2001). A temperatura corporal das pessoas mais velhas é menor, e elas são menos capazes de manter uma temperatura apropriada em ambientes extremamente quentes ou frios (Blatteis, 2012). O sono também é afetado pela idade; os adultos de meia-idade têm menos tendência a cair no sono durante o dia, precisam de menos sono para se manterem alertas e apresentam reduções no sono de ondas lentas à noite em comparação com os adolescentes e adultos jovens (Dijk, Groeger, Stanley, & Deacon, 2010).

SEXUALIDADE E FUNCIONAMENTO REPRODUTIVO

A sexualidade não é somente uma marca registrada da juventude. Embora ambos os sexos enfrentem perdas em sua capacidade reprodutiva durante a vida adulta intermediária – as mulheres tornam-se incapazes de gerar filhos e a fertilidade masculina começa a declinar – o prazer sexual pode continuar por toda a vida adulta. (Ver Tabela 15.1.)

A menopausa e seus significados A **menopausa** se desenvolve quando uma mulher para permanentemente de ovular e de menstruar, e quando não é mais capaz de conceber um filho: geralmente considera-se que isso ocorra um ano após o último ciclo menstrual. Isso acontece, em média, dos 50 aos 52 anos, mas na maioria das mulheres se dá entre os 45 e os 55 anos (Avis & Crawford, 2006).

A menopausa não é um evento único, mas um processo, denominado *transição menopáusica*. Ela começa com a **perimenopausa**, também chamada de *climatério*. Durante esse período, a produção de óvulos de uma mulher começa a diminuir e os ovários produzem menos estrogênio. A menstruação torna-se menos regular, com menos fluxo do que antes e com período mais longo

A pesquisa sugere que é a quantidade e a profundidade de suas rugas, não a sua localização, que faz você parecer mais velho.
Aznar-Casanova, Torro-Alves, & Fukusima, 2010

capacidade vital
Quantidade de ar que pode ser inspirada e expirada na respiração.

verificador
você é capaz de...
▷ Resumir as mudanças no funcionamento sensorial e motor e na estrutura e nos sistemas corporais que podem se iniciar durante a meia-idade?
▷ Identificar fatores que contribuem para as diferenças individuais na condição física?

menopausa
Cessação da menstruação e da capacidade de gerar filhos.

perimenopausa
Período de vários anos durante o qual uma mulher enfrenta as mudanças fisiológicas da menopausa; inclui o primeiro ano após o término da menstruação; também denominado *climatério*.

TABELA 15.1	Mudanças nos sistemas reprodutivos humanos durante a meia-idade	
	Mulher	**Homem**
Mudança hormonal	Diminuição do estrogênio e da progesterona	Queda na testosterona
Sintomas	Ondas de calor, secura vaginal, disfunção urinária	Indeterminados
Mudanças sexuais	Excitação menos intensa, orgasmos frequentes e mais rápidos	Ereções menos frequentes, tempo de recuperação mais longo entre ereções, risco de disfunção erétil
Capacidade reprodutiva	Término	Alguma diminuição na fertilidade

TABELA 15.2	Sintomas da menopausa e do envelhecimento
Sintoma	
Ondas de calor, suores noturnos	
Secura vaginal, relações sexuais dolorosas	
Distúrbios do sono	
Transtornos do humor (depressão, ansiedade, irritabilidade)	
Incontinência urinária	
Transtornos cognitivos (p. ex., esquecimento)	
Sintomas somáticos (dor nas costas, cansaço, articulações rígidas ou doloridas)	
Disfunção sexual	

Fonte: NCCAM, 2008.

entre os ciclos menstruais. Por fim, a menstruação cessa completamente. A transição menopáusica geralmente começa entre os 35 e 45 anos e pode demorar cerca de 3 a 5 anos.

Sintomas A maioria das mulheres vivencia alguns sintomas durante a menopausa. Algumas não têm absolutamente nenhum sintoma, e existem variações raciais/étnicas (ver Tabela 15.2).

Os mais comuns são as ondas de calor e os suores noturnos, sensações repentinas de calor que perpassam o corpo em razão de alterações erráticas de secreção hormonal que afetam os centros cerebrais de controle da temperatura. As ondas de calor estão associadas com ansiedade, depressão e maior risco de doenças cardíacas (Fu, Gibson, Mendes, Schembri, & Huang, 2018; Thurston et al., 2017). Oitenta por cento das mulheres na menopausa sentem ondas de calor, que são o motivo mais comum para que busquem cuidados médicos relativos à menopausa. A duração média dos sintomas é de mais de 5 anos, mas as mulheres afro-americanas, as com alto nível de estresse e as com baixa escolaridade podem sofrê-los por mais tempo (Col, Guthrie, Politi, & Dennerstein, 2009; Avis et al., 2015).

Algumas mulheres consideram a relação sexual dolorosa por causa do adelgaçamento dos tecidos vaginais e da lubrificação insuficiente (NIH, 2005). Os lubrificantes à base de água podem ajudar a aliviar esse problema. Os problemas sexuais também podem ser aliviados por meio da terapia de casais para mulheres na pós-menopausa e seus maridos (Tiznobeck, Mirmolaei, Momenimovahed, Kazemnejad, & Taheri, 2017). Além disso, algumas mulheres em idade de menopausa podem sofrer de transtornos do humor, como irritabilidade, nervosismo e depressão (Gracia & Freeman, 2018; NIH, 2005).

De modo geral, as pesquisas sugerem que alguns dos sintomas da menopausa podem estar relacionados a outras alterações naturais do envelhecimento (National Center for Complementary and Alternative Medicine [NCCAM], 2008). Eles também podem refletir a visão que a sociedade tem das mulheres e do envelhecimento (ver Seção Janela para o Mundo).

As mulheres em idade de menopausa relatam muitos sintomas diferentes. Os exercícios físicos podem aliviar alguns deles.
Ty Milford/Aurora Open/Getty Images

Tratamento dos sintomas da menopausa A terapia hormonal na menopausa (MHT – *menopause hormone therapy*) parece ser a intervenção mais eficaz para os suores noturnos, ondas de calor e deterioração do trato urinário e vaginal. A MHT também ajuda a enfrentar outros sintomas,

JANELA para o mundo
DIFERENÇAS CULTURAIS NA MENOPAUSA

Muitas mulheres aceitam as ondas de calor, os suores noturnos e transtornos do humor como manifestações normais da menopausa. Contudo, as mulheres em algumas culturas raramente ou nunca experimentam esses sintomas. Os motivos para as diferenças culturais são complexos e incluem diferenças genéticas, alimentares, no estilo de vida e na percepção sobre envelhecimento e o que a menopausa significa na cultura (Scheid, 2007).

As atitudes em relação à menopausa variam muito de uma cultura para outra. O envelhecimento é menos temido no Oriente do que no Ocidente; muitas vezes, é um evento bem-vindo, que traz respeito para a idosa e nova liberdade reprodutiva e de tabus de impureza. Em muitas culturas asiáticas, como as do Japão, Cingapura, Taiwan e China, não há termos específicos para "onda de calor", ainda que muitas pessoas reconheçam que ocorrem mudanças e distinções entre os estados corporais. As dores musculares e nas articulações são informadas com frequência, mas muitas vezes não são interpretadas como estando relacionadas à menopausa (Scheid, 2007). Em algumas culturas, como as das mulheres maias do México ou as nativas australianas, os sintomas da menopausa são raros, com muitas observando apenas o fim da menstruação (Jones, Jurgenson, Katzenellenbogen, & Thompson, 2012).

Esse pode ser o motivo pelo qual as taxas de prevalência informadas variem entre as culturas. Por exemplo, as mulheres dos Estados Unidos, Reino Unido e Canadá informam sintomas mais numerosos e severos da menopausa do que as de outros países europeus, sendo que as suecas e as italianas informam o menor número deles (Minkin, Reiter, & Maamari, 2015). Pesquisas anteriores indicavam que as amostras norte-americanas e canadenses também informavam mais sintomas que as japonesas (Lock, 1993), apesar de dados recentes lançarem dúvida sobre se este ainda é o caso atualmente (Mueck & Ruan, 2017; Islam, Bell, Rizvi, & Davis, 2017).

Mesmo dentro dos Estados Unidos, diferentes grupos étnicos e raciais têm experiências diferentes com a menopausa. Por exemplo, 75% das mulheres sofrem ondas de calor, mas a prevalência varia radicalmente. A prevalência das ondas de calor é de 18% entre as nipo-americanas, 21% entre as sino-americanas, 35% entre as hispânicas, 46% entre as afro-americanas e 53% entre as brancas (Tepper et al., 2016).

As pesquisas mostram que esse evento biológico universal tem fortes variações. As percepções da mulher sobre a menopausa, a sua alimentação, saúde em geral, níveis de atividade e a cultura são todos fatores que influenciam a sua experiência com os sintomas da menopausa.

> **qual a sua opinião?** O que poderia explicar as diferenças culturais na experiência da menopausa entre as mulheres? O que tem mais influência, as mudanças biológicas ou as crenças sobre o envelhecimento? Por quê?

como dores musculares e nas articulações, variações de humor, problemas para dormir e disfunção sexual. Contudo, a MHT deve ser usada na menor dose possível e considerada no contexto de outras variáveis de saúde, incluindo dieta, exercícios, histórico pessoal e familiar e consumo de cigarros e álcool. As mulheres que usam MHT também devem realizar avaliações de saúde anuais, pois o uso de hormônios traz alguns riscos (Baber, Panay, & Fenton, 2016). O mais importante é que a terapia hormonal aumenta o risco de doenças cardíacas, problemas de coagulação perigosos, acidente vascular cerebral (AVC) e perda óssea, especialmente para mulheres com mais de 60 anos ou que usam hormônios por períodos prolongados (Pinkerton et al., 2017).

Devido a esses riscos, muitas mulheres preferem não recorrer à terapia hormonal. Nesse caso, os inibidores seletivos da recaptação de serotonina, geralmente prescritos para depressão, podem ser utilizados (De Villiers et al., 2016). O anti-hipertensivo clonidina, o anticonvulsivante gabapentina e isoflavonas de soja (uma classe de fitoestrogênios encontrados em legumes e grãos) também têm alguma eficácia, segundo pesquisas (Li, Xu, Wu, Zhao, & Zheng, 2016).

Mudanças no funcionamento sexual masculino Os homens permanecem férteis durante toda a vida e não passam pela menopausa da mesma forma radical que as mulheres. Entretanto, os homens ainda têm um relógio biológico e também vivenciam mudanças associadas à idade. A partir dos 30 anos, os níveis de testosterona começam a diminuir a uma taxa de cerca de 1% ao

pesquisa em ação

ANDROPAUSA E TERAPIA DE REPOSIÇÃO DE TESTOSTERONA

As terapias de reposição de testosterona (TRT) são usadas nos homens há décadas para tratar os declínios na testosterona na meia-idade, o que por vezes é chamado de *andropausa*. Muitos homens buscam esses tratamentos, em parte em resposta ao *marketing* agressivo dos fabricantes. Um estudo recente estima que as vendas de suplementos de testosterona aumentaram 65% entre 2009 e 2013, com os homens de 40 a 60 anos representando cerca de 70% das prescrições (Baillargeon, Urban, Ottenbacher, Pierson, & Goodwin, 2013). Tornou-se normal encontrar anúncios de suplementos fitoterápicos e "medicamentos" sem prescrição médica que supostamente ajudam os homens a recuperarem sua vitalidade juvenil, atletismo e virilidade sexual.

A Food and Drug Administration (FDA), órgão do governo norte-americano, emite alertas claros e diretos para os consumidores interessados em elevar os níveis de testosterona dos homens mais velhos. Os suplementos de testosterona foram desenvolvidos originalmente para homens que não produzem testosterona endógena, e a FDA não aprova nem recomenda tais produtos para o combate ao envelhecimento masculino (U.S. Food and Drug Administration, 2016). Uma grande preocupação é que os suplementos de testosterona possam aumentar os riscos de eventos cardiovasculares, AVCs ou morte (Garnick, 2015). É verdade que os estudos encontram benefícios advindos do uso de TRT entre homens de meia-idade em termos de melhoria da função sexual (Corona et al., 2017), redução da frequência das micções noturnas, melhor qualidade do sono (Shigehara et al., 2015) e redução da gordura corporal (Fui et al., 2016). Contudo, muitos estudos utilizam amostras pequenas e não aleatórias que não avaliam os riscos do tratamento no longo prazo (U.S. Food and Drug Administration, 2016).

Estudos recentes consideraram essas críticas ao analisar os riscos em potencial. Anderson e colaboradores (2015) acompanharam homens que receberam suplementação de testosterona durante um período de três anos. Os resultados mostraram que a suplementação para atingir níveis típicos de testosterona estava associada com taxas reduzidas de eventos cardiovasculares. Entretanto, os homens com os níveis mais altos de suplementação tinham um risco maior de AVC. Da mesma forma, Wallis e colaboradores (2016) conduziram um estudo longitudinal de cinco anos com homens recebendo TRT. Os resultados mostravam taxas de mortalidade menores e menos eventos cardiovasculares e diagnósticos de câncer de próstata. Entretanto, regimes de tratamento mais curtos estavam associados com níveis de risco maiores. Uma metanálise recente produziu resultados inconclusivos quando examinou especificamente o risco de AVC no longo prazo (Loo, Chen, Yu, Azoulay, & Renoux, 2017), o que sugere que ainda não podemos tomar uma decisão final sobre o uso desses suplementos durante períodos mais prolongados.

Atualmente, aconselha-se que os homens com câncer de próstata ou de mama não tratados evitem a TRT (Osterberg, Bernie, & Ramasamy, 2014). Todos os medicamentos têm custos e benefícios, e a TRT não é diferente. A questão é se os benefícios no curto prazo superam os riscos à saúde em potencial, que podem levar à morte precoce.

qual a sua opinião? Você acredita que a andropausa é análoga às mudanças pelas quais as mulheres passam na menopausa? Que conselho você daria a um homem de meia-idade interessado em tomar suplementos de reposição de testosterona?

---

ano, embora com amplas variações individuais (Asthana et al., 2004; Lewis, Legato, & Fisch, 2006). Embora os homens ainda possam continuar a gerar filhos, sua contagem de esperma diminui. Além disso, a qualidade genética do esperma também diminui, e pesquisas indicam que a idade paterna avançada pode ser uma fonte de defeitos congênitos (Almeida, Rato, Sousa, Alves, & Oliveira, 2018; Yatsenko & Turek, 2018).

A mudança dos níveis hormonais masculinos afeta mais do que apenas seus órgãos sexuais. O declínio da testosterona foi associado a reduções na densidade óssea e na massa muscular (Asthana et al., 2004), bem como a diminuição da energia, impulso sexual mais baixo, sobrepeso, irritabilidade emocional e humor deprimido. A testosterona baixa também foi associada ao diabetes e a doenças cardiovasculares e teoriza-se que aumente a mortalidade (Lewis et al., 2006; Kelly & Jones, 2014; Johnson, Nachtigall, & Stern, 2013; Fui, Dupuis, & Grossmann, 2014).

Muitos homens não têm efeitos prejudiciais devido à menor produção de testosterona, mas alguns homens de meia-idade e mais velhos sofrem de disfunção erétil (DE, mais conhecida como impotência). A **disfunção erétil** é definida como a incapacidade persistente de obter e manter o pênis suficientemente ereto para um desempenho sexual satisfatório. Uma análise recente de estudos internacionais sobre DE observou estimativas altamente divergentes entre diversos países, mas, em

disfunção erétil
Incapacidade de um homem alcançar ou manter o pênis suficientemente ereto para um desempenho sexual satisfatório.

todos eles, a DE aumenta com a idade. No geral, em homens com menos de 40 anos, as taxas de prevalência variam de 1 a 10%. Dos 40 aos 49 anos, a prevalência internacional varia de 2 a 15%, subindo para 20 a 40% na década dos 60 aos 69 anos. Com mais de 70 e 80 anos, praticamente todos os países apresentavam taxas de prevalência de 50 a 100% (McCabe et al., 2016). Nos Estados Unidos, cerca de 61% dos homens de 40 a 69 anos e mais de 77% dos homens de mais de 70 anos têm DE (Wagle, Carrejo, & Tan, 2012).

A DE tem múltiplas causas possíveis. Diabetes, hipertensão, colesterol alto, depressão, transtornos neurológicos e muitas doenças crônicas já foram relacionadas à DE. Além disso, o uso de álcool e drogas pode contribuir para o problema, assim como o tabagismo. Recursos sexuais limitados, falta de conhecimento, relacionamentos insatisfatórios, ansiedade e estresse também podem ser fatores contribuintes (Rosen & Kupelian, 2016; Sartorius et al., 2012). As diretrizes de tratamento afirmam que os médicos devem primeiro aconselhar os homens a instituírem modificações em seus estilos de vida para melhorar a sua saúde, o que também melhoraria a DE. Se não forem eficazes, o sildenafil (viagra) e outras terapias de testosterona semelhantes têm sido prescritos (Burnett et al., 2018). Se não houver problema físico aparente, psicoterapia ou terapia sexual (com o apoio e envolvimento da parceria) pode ajudar (NIH, 1992).

Atividade sexual   Os mitos sobre a sexualidade na meia-idade – por exemplo, a ideia de que o sexo satisfatório acaba na menopausa – têm às vezes se tornado profecias autorrealizáveis. Avanços nos tratamentos de saúde e atitudes mais liberais em relação ao sexo estão tornando as pessoas mais conscientes de que o sexo pode ser uma parte essencial da vida durante a vida adulta intermediária e tardia.

O fator mais importante para determinar a atividade sexual é a presença de um parceiro. Mulheres casadas e coabitantes têm probabilidade cerca de 8 vezes maior de serem sexualmente ativas. Dos 40 aos 49 anos, quase 75% das mulheres que moravam sozinhas haviam feito sexo nos 6 meses anteriores, contra quase 90% das casadas ou coabitantes, e dos 50 aos 59 anos, 67,7% das mulheres que moravam sozinhas haviam feito sexo nos últimos 6 meses, contra quase 87% das casadas e coabitantes (Thomas, Hess, & Thurston, 2015).

A saúde também é importante, e a boa saúde foi associada diversas vezes à atividade e satisfação sexual (Thomas et al., 2015; Fisher et al., 2015). A menopausa também importa; 61% das mulheres casadas ou coabitantes que estavam na pré-menopausa, mas apenas 41% das que já estavam na menopausa, relataram ter relações sexuais uma vez por semana ou mais (Rossi, 2004), e as "ondas de calor" estão associadas com declínios na atividade sexual (Thomas et al., 2015). Outros fatores que podem impactar a atividade sexual incluem cirurgias, medicações e excesso de comida ou bebidas alcoólicas (Rossi, 2004).

Questões não fisiológicas também impactam a atividade sexual. Por exemplo, a imagem corporal pode influenciar o desejo de fazer sexo. Mulheres que têm confiança em relação aos seus corpos e alto nível de autoaceitação tendem a ter níveis maiores de satisfação sexual, enquanto as mais inseguras sobre a sua aparência têm maior tendência a informar declínios (Thomas, Hamm, Borrero, Hess, & Thurston, 2018). A qualidade do relacionamento do casal também é importante. Quando um casal se comunica bem, beija-se e aconchega-se frequentemente e é fisicamente carinhoso, essas características estão associadas com maior satisfação sexual. É importante observar que os casais que se comunicam sobre suas atividades e preferências sexuais, que se importam com o prazer do outro e que desejam aproximadamente o mesmo nível de atividade sexual também tendem a ter maior satisfação (Thomas et al., 2018; Fisher et al., 2015; Freak-Poli et al., 2017; Gillespie, 2017).

> **verificador**
> **você é capaz de...**
> ▷ Comparar as alterações reprodutivas de homens e mulheres na meia-idade?
> ▷ Identificar fatores que podem afetar a experiência das mulheres na menopausa?
> ▷ Citar quais sintomas estavam de fato relacionados à menopausa e quais não estavam?
> ▷ Identificar mudanças no funcionamento sexual masculino na meia-idade?
> ▷ Discutir as mudanças na atividade sexual durante a meia-idade?

Saúde física e mental

A maioria dos norte-americanos de meia-idade, assim como as pessoas em outros países industrializados, é bastante saudável. Apenas 16,7% das pessoas de 45 a 64 anos não consideram que têm saúde boa ou excelente (National Center for Health Statistics, 2018), e apenas 2,2% das pessoas de 45 a 54 anos e 3,5% daquelas com 65 a 74 anos estão atualmente limitadas nas suas atividades da vida diária, realizando tarefas cotidianas como preparar o jantar e ir ao banheiro (National Center for Health Statistics, 2018).

Ainda assim, essa faixa etária (os *baby-boomers*) pode ser menos saudável do que gerações anteriores. Pesquisas mostram aumentos no uso de serviços médicos, taxas de hospitalização para inserção de *stent* coronariano e cirurgia de substituição do quadril e da patela (Freid & Bernstein, 2010), e há indícios de que grupos mais jovens podem estar apresentando aumentos mais acelerados em problemas associados com as atividades da vida diária (Seeman, Merkin, Crimmins, & Karlamangla, 2009).

TENDÊNCIAS DE SAÚDE NA MEIA-IDADE

hipertensão
Pressão arterial cronicamente alta.

A **hipertensão** (pressão arterial cronicamente alta) é uma preocupação cada vez mais importante na meia-idade como um fator de risco para doenças cardiovasculares e doenças renais. Em 2015–2016, 43,4% dos homens norte-americanos e 38% das mulheres com 45 a 64 anos foram diagnosticados com hipertensão (National Center for Health Statistics, 2018), embora esses números precisem ser ajustados à luz das novas recomendações publicadas em novembro de 2017 (American College of Cardiology, 2017). As diretrizes anteriores definiam a pressão alta como 14 por 9; contudo, devido a pesquisas demonstrando maior risco de doenças em níveis mais baixos, o ponto de corte recomendado atual para a pressão alta é 13 por 8 (Ettehad et al., 2016). Os números ainda são altos, mas, nos Estados Unidos, cada vez mais pessoas identificam e controlam sua pressão alta (Yoon et al., 2015). Alguns adultos reduzem sua pressão arterial com modificações em seu estilo de vida, como perda de peso, mais atividade física, consumo de uma dieta com pouco sal e muitas frutas, legumes e verduras, maior ingestão de potássio e consumo de quantidades pequenas de bebidas alcoólicas. Se as modificações no estilo de vida não são eficazes, em geral, medicamentos também são utilizados (Frisoli, Schmieder, Grodzicki, & Messerli, 2011).

Uma pergunta relativamente simples, "como você está?", pode ajudar a alertar os médicos para a qualidade dos problemas de vida que poderiam afetar a saúde e as ocorrências de saúde. Os pesquisadores sugerem que tais perguntas sejam incorporadas em todas as consultas médicas para adultos mais velhos.
Hahn et al., 2007

A hipertensão é a maior causa prevenível de morte precoce no mundo. Atualmente, cerca de 31% das pessoas em todo o mundo têm pressão alta. Nos países de alta renda, as taxas diminuíram 2,6% entre 2000 e 2010, supostamente devido a melhorias no diagnóstico e tratamento. Por outro lado, as taxas aumentaram 7,7% nos países de baixa e média renda (Mills et al., 2016). São valores preocupantes, dado o fato de que a hipertensão é um fator de risco para doenças cardiovasculares e AVCs (Forouzanfar et al., 2015). Hoje em dia, essas duas doenças são as principais causas de morte mundialmente, e estima-se que 1 morte em cada 4 possa ser atribuída a elas (Abubakar, Tillmann, & Banerjee, 2015).

Nos Estados Unidos, o câncer tomou o lugar das doenças cardíacas como principal causa de morte entre pessoas de 45 a 64 anos (National Center for Health Statistics, 2018). No mundo todo, os índices de mortalidade diminuíram desde a década de 1970 para as pessoas dessa faixa etária, em grande parte devido a melhorias no tratamento de pacientes infartados (Hoyert, Arias, Smith, Murphy, & Kochanek, 2001). Dor no peito é o sintoma mais comum de ataque cardíaco tanto em homens como em mulheres, mas as mulheres podem experimentar outros sintomas como dores nas costas e no maxilar, náusea e vômitos, indigestão, dificuldade para respirar ou palpitações (Patel, Rosengren, & Ekman, 2004).

diabetes
Doença na qual o corpo não produz ou não utiliza adequadamente a insulina, um hormônio que converte açúcar, amidos e outros alimentos na energia necessária para a vida.

A prevalência do **diabetes** duplicou na década de 1990 (Weinstein et al., 2004). Aproximadamente 13,2% dos adultos de 45 a 64 anos foram diagnosticados com diabetes (National Center for Health Statistics, 2018). O tipo mais comum, o diabetes com início na idade adulta (tipo 2), normalmente se desenvolve após os 30 anos e é mais prevalente à medida que a pessoa envelhece. Diferentemente do diabetes juvenil (tipo 1), ou diabetes insulino-dependente, no qual o nível de açúcar no sangue aumenta porque o corpo não produz insulina suficiente, no diabetes com início na idade adulta os níveis se elevam porque as células perdem sua capacidade de usar a insulina que o corpo produz. Como resultado, o corpo tentará compensar essa perda produzindo insulina em excesso. Pessoas com diabetes com início na idade adulta com frequência não percebem que a têm até desenvolverem complicações graves como doenças cardíacas, AVCs, cegueira, doenças renais ou perda de membros (American Diabetes Association, 1992).

INFLUÊNCIAS COMPORTAMENTAIS SOBRE A SAÚDE

Em média, os norte-americanos que fumam, estão acima do peso e têm pressão arterial alta e níveis elevados de açúcar no sangue têm expectativa de vida de 4 anos a menos do que os outros (Danaei et al., 2010). Pela mesma lógica, pessoas que não fumam, que se exercitam regularmente, bebem álcool com moderação e comem muitas frutas e vegetais têm risco quatro vezes menor de morrer na meia-idade e na velhice (Khaw et al., 2008). Talvez mais importante, do ponto de vista da qualidade de vida, pessoas que cuidam da saúde não apenas vivem mais tempo como também têm períodos mais breves de incapacidade no fim da vida (Vita, Terry, Hubert, & Fries, 1998).

O peso, em especial, parece afetar a saúde. O excesso de peso na meia-idade aumenta o risco de problemas de saúde e de morte (Jee et al., 2006), mesmo em pessoas saudáveis (Yan et al., 2006) e naquelas que nunca fumaram (Adams et al., 2006). O sobrepeso, definido como um índice de massa corporal (IMC) de 25 a 29,9, é um fator de risco. Contudo, a obesidade, definida como IMC de 30 ou mais, é um risco ainda maior e está associado com níveis cada vez maiores de mortalidade (Flegal, Kit, Orpana, & Graubard, 2013). O peso também interage com a etnia, o que faz com que os membros de alguns grupos étnicos tenham maior probabilidade de desenvolverem sobrepeso ou obesidade. Por exemplo, ao considerar o sobrepeso, hispânicos têm a taxa de prevalência mais alta, de 84,2%, em comparação com brancos não hispânicos, de 70,8%, e negros não hispânicos, de 76% (Flegal, Carroll, Ogden, & Curtin, 2010). Ao considerar a obesidade, negros não hispânicos (48,1%) apresentam as taxas de prevalência mais altas, enquanto brancos não hispânicos (34,5%) e hispânicos (42,5%) têm o risco mais baixo (Ogden, Carroll, Fryar, & Flegal, 2015).

A atividade física na meia-idade é um fator de proteção importante, especialmente dado que os declínios na saúde cardiovascular são abruptos após os 45 anos de idade (Jackson, Sui, Hébert, Church, & Blair, 2009). Infelizmente, as pesquisas sugerem que a pessoa média realiza cerca de meia hora menos de atividade física por dia ao longo de 10 anos, do início da vida adulta à meia-idade, trocando momentos de atividade por sedentarismo (Pettee Gabriel et al., 2018). A atividade física pode aumentar as chances de permanecer com mobilidade na velhice (Patel et al., 2006), de evitar ganho de peso (Lee, Djoussé, & Sesso, 2010) e de permanecer saudável por mais tempo (Jackson et al., 2009). Adultos que praticam exercícios moderados ou vigorosos regularmente têm probabilidade cerca de 35% menor de morrer nos oito anos seguintes do que aqueles com estilos de vida sedentários. Aqueles com fatores de risco cardiovasculares e histórico de doença arterial coronariana beneficiam-se mais da atividade física (Richardson, Kriska, Lantz, & Hayward, 2004). Por fim, a atividade física está associada com melhor função cognitiva na meia-idade (Hoang et al., 2016) e menor risco de demência na vida adulta tardia (Blondell, Hammersley-Mather, & Veerman, 2014; Tolppanen et al., 2015).

Infelizmente, apenas cerca de um terço dos adultos norte-americanos demonstram uma boa adesão às recomendações de saúde, especialmente em relação a aderir às diretrizes alimentares sugeridas (Wright, Hirsch, & Wang 2009). Apesar de o ideal ser a adesão a um estilo de vida saudável durante toda a vida, mudanças em décadas posteriores podem reverter parte dos danos (Tolppanen et al., 2015).

NÍVEL SOCIOECONÔMICO E SAÚDE

Pessoas com nível socioeconômico (NSE) baixo tendem a ter saúde mais fraca, expectativa de vida mais curta, mais limitações da atividade devido a doenças crônicas e nível de bem-estar mais baixo do que as pessoas com NSE mais alto. Em parte, isso se deve aos custos dos serviços de saúde. Em 2017, quase 38% das pessoas pobres ou próximas da pobreza postergaram ou não receberam cuidados médicos devido aos seus custos (National Center for Health Statistics, 2018b).

As razões para a associação entre NSE e saúde também podem ser psicológicas. Pessoas com NSE baixo tendem a morar em ambientes mais estressantes e, logo, a informar níveis mais elevados de percepção de estresse. Esses altos níveis de estresse, por sua vez, estão associados com uma maior probabilidade de praticar comportamentos que não são saudáveis, tais como se alimentar mal, fumar e não se exercitar (Algren et al., 2018). Pessoas com NSE mais alto, em contrapartida, tendem a ter maior sensação de controle sobre o que lhes acontece, o que atenua a sua resposta ao estresse (Mooney, Elliott, Douthit, Marquiz, & Seplaki, 2016). Elas tendem a escolher estilos de vida mais saudáveis e a procurar cuidados médicos e apoio social quando precisam (Lachman & Firth, 2004; Marmot & Fuhrer, 2004), e tendem a mostrar maior adesão a modificações de estilo de vida recomendadas para melhorar os índices de saúde (Wright, Hirsch, & Wang, 2009).

A pesquisa sugere que frequência regular à igreja está relacionada a diminuições no risco de morte e melhora na saúde. Algumas dessas influências parecem ser indiretas – por exemplo, aquelas pessoas que vão à igreja frequentemente são menos propensas a abusar do álcool e do cigarro – mas outras podem ser diretas – aquelas pessoas que frequentam a igreja regularmente demonstram bem-estar subjetivo mais alto. Em outras palavras, elas simplesmente se sentem melhor.
Koenig & Vaillant, 2009

Entretanto, existem amplas diferenças individuais em termos de saúde entre os adultos de NSE baixo. As influências protetoras incluem a qualidade dos relacionamentos sociais e o nível de envolvimento religioso desde a infância (Ryff, Singer, & Palmersheim, 2004). As influências negativas incluem a solidão, que tem um efeito negativo no bem-estar físico e mental e representa um risco para a saúde e para a mortalidade (Cacioppo & Cacioppo, 2014).

RAÇA/ETNIA E SAÚDE

Embora as disparidades raciais e étnicas em termos de saúde tenham diminuído nos Estados Unidos desde 1990, diferenças substanciais persistem (National Center for Health Statistics, 2018b). Ao tentar determinar a causa dessas disparidades, alguns pesquisadores recorreram ao genoma humano. As pesquisas nessa área encontraram variações características no código genético (DNA) entre pessoas de diferentes ascendências. Essas variações estão ligadas a predisposições a diversas doenças, do câncer à obesidade, e os dados podem, em última análise, abrir caminho para tratamentos ou medidas preventivas direcionados (Antonarakis & Cooper, 2019).

Apesar de a genética poder oferecer algumas pistas sobre as diferenças de saúde como função da raça ou da etnia, a absoluta maioria das pesquisas se concentra em fatores correlatos da etnia e como estes podem estar relacionados a diferenças na saúde. A pobreza é, muito provavelmente, o maior fator por trás dessa relação. Indivíduos que vivem na pobreza geralmente têm acesso pior a serviços de saúde, vidas mais estressantes e maior exposição a toxinas em potencial no seu ambiente cotidiano (Smedley & Smedley, 2005).

Também há outras diferenças entre pessoas de diferentes etnias. Do início da vida adulta à intermediária, os afro-americanos têm taxas globais de mortalidade mais elevadas e maior incidência de hipertensão, obesidade e diabetes (National Center for Health Statistics, 2018b). Dada a forte relação entre raça e nível socioeconômico nos Estados Unidos, muitas dessas disparidades de saúde podem ser atribuídas aos efeitos da pobreza. Para os afro-americanos, por exemplo, a pobreza está relacionada à má nutrição, a condições de moradia abaixo do padrão e a pouco acesso aos serviços de assistência à saúde (Smedley & Smedley, 2005). Contudo, mesmo quando os afro-americanos têm nível socioeconômico maior, ainda existem disparidades sociais na saúde. Os efeitos aditivos da discriminação, racismo e desigualdade social são um fator identificado como possível influência causal. O ônus desses fatores se soma ao longo da vida e pode resultar em um desgaste acumulado do corpo, com consequentes efeitos negativos para a saúde e o bem-estar (Colen, Ramey, Cooksey, & Williams, 2018; Williams, Priest, & Anderson, 2016).

Os hispano-americanos, assim como os afro-americanos, têm uma incidência desproporcional de AVC, doenças hepáticas, diabetes, infecção por HIV, homicídios e cânceres do colo uterino e do estômago (Office of Minority Health, CDC, 2005; National Center for Health Statistics, 2016). Em 2017, os hispânicos tinham as menores taxas de cobertura de seguro saúde (83,9%) em comparação com afro-americanos (89,4%), asiáticos (92,7%) e brancos não hispânicos (93,7%) (Berchick, Hood, & Barnett, 2018). Eles têm probabilidade particularmente menor de ter planos de saúde e uma fonte regular de assistência à saúde caso o seu domínio da língua inglesa seja pior (Martorell & Martorell, 2006). Não surpreende, então, que também sejam menos propensos a fazer exames de colesterol e exames preventivos de câncer de mama, do colo do útero e colorretal ou de receber vacinas contra gripe e pneumonia (Balluz, Okoro, & Strine, 2004).

GÊNERO E SAÚDE

As mulheres têm uma expectativa de vida mais alta do que os homens e taxas de mortalidade mais baixas ao longo da vida (Murphy, Xu, Kochanek, & Arias, 2018). A maior longevidade das mulheres foi atribuída à proteção genética conferida pelo segundo cromossomo X (que os homens não possuem) e, antes da menopausa, aos efeitos benéficos do hormônio feminino estrogênio, tanto sobre a saúde cardiovascular quanto sobre a cognitiva (Rodin & Ickovics, 1990; USDHHS, 1992; Hara, Waters, McEwen, & Morrison, 2015). Entretanto, fatores psicossociais e culturais, como a maior propensão dos homens a assumir riscos, também podem desempenhar um papel (Mahalik et al., 2013; Cortenay, 2011).

Apesar de viverem mais, as mulheres têm probabilidade ligeiramente maior que os homens de informarem que sua saúde é ruim ou média. De acordo com o levantamento MIDUS, as mulheres de meia-idade tendem a relatar sintomas e condições crônicas mais específicos e a dedicar

---

▷ **verificador**
você é capaz de...

▷ Descrever o estado de saúde típico na meia-idade e identificar as preocupações de saúde que se tornam mais preponderantes nessa fase da vida?

▷ Discutir os fatores socioeconômicos e raciais/étnicos que influenciam a saúde e a mortalidade na meia-idade?

mais energia a cuidar da sua saúde (Cleary, Zaborski, & Ayanian, 2004). Os homens acham que admitir uma doença não é masculino, e buscar ajuda significa uma perda de controle (Seidler, Dawes, Rice, Oliffe, & Dhillon, 2016) e são menos propensos a buscar ajuda profissional para problemas de saúde ou a passar a noite no hospital (National Center for Health Statistics, 2018b). Eles também tendem a sofrer mais de problemas crônicos de saúde, como câncer ou pressão alta (Siegel, Miller, & Jemal, 2015; Maranon & Reckelhoff, 2013), e a informar problemas com álcool ou drogas (Seidler et al., 2016). Ambos os gêneros, no entanto, apresentam mais ou menos o mesmo nível de limitações nas atividades diárias (12,8% para os homens vs. 12,5% para as mulheres) devido a doenças crônicas (National Center for Health Statistics, 2018b).

Na medida em que os estilos de vida das mulheres ficaram mais parecidos com os dos homens, o mesmo ocorreu com seus padrões de saúde. Por exemplo, a diferença de gênero nas mortes por doença cardíaca diminuiu principalmente porque as taxas de ataque cardíaco em mulheres aumentaram. As explicações para esse aumento baseiam-se em parte nas taxas crescentes de obesidade e diabetes nas mulheres, e em parte na tendência dos médicos de supor que doenças cardíacas são menos prováveis em mulheres. Assim, os médicos têm maior probabilidade de reconhecer e tratar o risco de doenças cardíacas em homens, levando a um foco maior no controle dos fatores de risco nos homens do que nas mulheres (Towfighi, Zheng, & Ovbiagele, 2009; Vaccarino et al., 2009). Esta tendência pode ajudar a explicar por que a diferença entre a expectativa de vida de mulheres e homens diminuiu de 7,6 anos em 1970 para 5 anos em 2017 (Murphy et al., 2018).

A maior longevidade das mulheres tem sido atribuída à proteção genética conferida pelo segundo cromossomo X (que os homens não possuem) e, antes da menopausa, aos efeitos benéficos do hormônio feminino estrogênio, particularmente sobre a saúde cardiovascular.

Dave and Les Jacobs/Blend Images LLC

Com a maior expectativa de vida, agora as mulheres de muitos países desenvolvidos podem esperar viver a metade de suas vidas adultas após a menopausa, período durante o qual correm um risco maior de osteoporose, câncer de mama e doença cardíaca. Em consequência, uma maior atenção às questões da saúde da mulher é dada nessa fase da vida (Barrett-Connor et al., 2002). A conscientização sobre os problemas de saúde dos homens também aumentou. Por exemplo, à medida que envelhecem, os homens enfrentam um risco maior de disfunção erétil, especialmente se a sua saúde já é ruim (Gupta et al., 2011).

Por muitos anos, os homens mais velhos estavam sujeitos a um programa agressivo de exames para detectar o câncer de próstata. Às vezes, pequenos cânceres eram descobertos, e muitos homens recebiam tratamento para eles. Contudo, dado o crescimento lento desse tipo de câncer, é provável que muitas dessas neoplasias nunca teriam se tornado perigosas. Assim, foram desenvolvidas novas recomendações para reduzir a ênfase nos procedimentos de rastreamento mais agressivos, com o objetivo de reduzir os tratamentos médicos desnecessários. Hoje, a menos que os homens satisfaçam um fator de risco de um determinado conjunto, o rastreamento do câncer de próstata nem sempre é recomendado (Moyer, 2012; Heidenreich et al., 2011).

Mesmo apenas uma hora por dia de exercícios moderados como caminhar, fazer o trabalho doméstico ou andar de bicicleta pode prevenir ganho de peso em mulheres.

Perda óssea e osteoporose Nas mulheres, a perda óssea acelera-se rapidamente nos primeiros 5 a 10 anos após a menopausa, quando os níveis de estrogênio, que ajuda na absorção do cálcio, diminuem. A perda óssea extrema pode levar à **osteoporose** ("ossos porosos"), uma condição na qual os ossos tornam-se finos e frágeis em consequência da redução de cálcio. Os sinais comuns de osteoporose são a acentuada perda de altura e uma postura encurvada resultante da compressão e colapso de uma coluna vertebral enfraquecida. Em um estudo de observação nacional com mais de 200 mil mulheres no período pós-menopausa, quase a metade tinha uma baixa densidade mineral óssea não detectada anteriormente, e 7% dessas mulheres tinham osteoporose (Siris et al., 2001). A osteoporose é a principal causa de fraturas ósseas na velhice, podendo afetar enormemente a qualidade de vida e até mesmo a sobrevivência (NIH, 2003).

Quase três em cada quatro casos de osteoporose ocorrem em mulheres brancas, mais frequentemente naquelas que têm pele clara, baixa estatura, peso e IMC baixos e um histórico familiar dessa condição, e naquelas cujos ovários foram retirados cirurgicamente antes da menopausa (NIH Consensus Development Panel, 2001; Siris et al., 2001). Outros fatores de risco, além da idade,

osteoporose
Condição na qual os ossos se tornam finos e frágeis em consequência da rápida redução de cálcio.

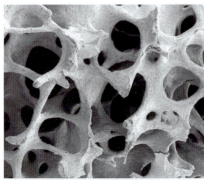

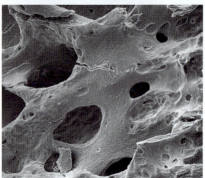

Imagens de ossos normais (acima) e afetados pela osteoporose (abaixo).

(acima) Steve Gschmeissner/Science Photo Library/Brand X Pictures/Getty Images
(abaixo) Steve Gschmeissner/Science Photo Library/Getty Images

incluem o tabagismo e a falta de exercícios físicos (Siris et al., 2001). A predisposição para a osteoporose parece ter uma base genética, especialmente dado que há indícios de que marcadores genéticos podem ter implicações sobre quais medicamentos serão mais eficazes para um determinado indivíduo (Richards, Zheng, & Spector, 2012).

As abordagens de tratamento para a osteoporose passaram a ser questionadas nos últimos anos (Gualler & Laine, 2014). As filosofias de tratamento anteriores pressupunham que aumentar o cálcio disponível fortaleceria os ossos. Contudo, as pesquisas indicam que a suplementação de cálcio não afeta o risco de fraturas ósseas. Além disso, os suplementos de cálcio aumentam o risco de outros problemas de saúde, incluindo pedras nos rins e problemas cardiovasculares e gastrintestinais (Reid, 2014). Há também alguma confusão sobre o papel da terapia de reposição hormonal (TRH) para mulheres. A TRH pode atenuar os sintomas da menopausa e desacelerar a perda óssea, mas também tem riscos significativos (De Villiers et al., 2013).

Em 2017, o American College of Physicians (ACP) publicou um novo conjunto de diretrizes baseadas em evidências para o tratamento e manejo da osteoporose em homens e mulheres (Qaseem, Forciea, McLean, & Denberg, 2017). Recomendava-se fortemente o uso de, por exemplo, bifosfonatos (medicamentos que desaceleram ou previnem a perda óssea) como alendronato, risedronato, ácido zoledrônico ou denosumab para mulheres diagnosticadas com osteoporose. Esses medicamentos reduzem o risco de fraturas vertebrais ou do quadril em mulheres, mas as evidências sobre a sua eficácia em homens são mais fracas. Em contraste com as recomendações anteriores, o ACP hoje recomenda fortemente que a TRH não seja usada para o tratamento da osteoporose em mulheres, pois as novas evidências não demonstram a sua eficácia. O ACP também recomenda terapia com bifosfonato por 5 anos, mas o monitoramento da densidade óssea não parece conferir benefícios adicionais aos pacientes e não é necessário. Por fim, o ACP recomenda que as decisões de tratamento sejam holísticas e levem em conta as preferências e perfis dos pacientes, assim como os custos e benefícios médicos e financeiros dos medicamentos.

Bons hábitos de vida podem reduzir o risco, especialmente quando iniciados cedo (NIH Consensus Development Panel, 2001). Estudos longitudinais sugerem que os exercícios podem ajudar a desacelerar a perda de densidade óssea (Kemmler, Bebenek, Kohl, & von Stengel, 2015). Alguns pesquisadores argumentam que os dados sobre exercícios são inconclusivos (Qaseem et al., 2017), outros observam que os seus benefícios são promissores e vão além da saúde óssea. Por exemplo, manter-se ativo pode preservar a força, a agilidade e o equilíbrio, o que protege contra as quedas que são causa frequente de fraturas em idosos. Os adultos mais velhos também se beneficiam de ter uma alimentação adequada e de evitar o tabagismo e o consumo excessivo de álcool (Cosman et al., 2014).

Câncer de mama e mamografia Uma em cada oito mulheres norte-americanas desenvolve câncer de mama em algum momento da vida (American Cancer Society, 2017b). Em 2017, 42.510 pessoas nos Estados Unidos morreram de câncer de mama (Kochanek, Murphy, Xu, & Arias, 2019).

Acredita-se que cerca de 5 a 10% dos casos de câncer de mama sejam hereditários, resultantes de mutações herdadas. As mais comuns são as mutações dos genes *BRCA1* e *BRCA2*. Mulheres sem essas mutações têm aproximadamente 10% de chance de desenvolver câncer de mama. Entretanto, mulheres que têm uma mutação de *BRCA1* ou de *BRCA2* têm até 70% de chance de desenvolver câncer de mama. Outro gene, o *PALB2*, também pode predispor mulheres a um risco mais elevado de câncer de mama (American Cancer Society, 2017d).

Entretanto, a vasta maioria dos casos de câncer de mama é influenciada pelo ambiente. Outrora encontrado principalmente em países ricos, o câncer de mama está se tornando um problema

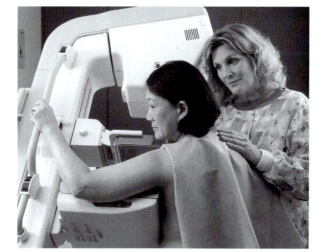

Em geral, recomenda-se que mulheres mais velhas realizem exames de mamografia rotineiros para prevenção contra o câncer de mama. Se o câncer é detectado antes de se espalhar, as mulheres têm cerca de 98% de chance de sobreviver ao menos 5 anos após o diagnóstico.

Fonte: Rhoda Baer/National Cancer Institute (NCI).

mundial à medida que os estilos de vida ocidentais são adotados pelos países em desenvolvimento (Porter, 2008). No mundo todo, cerca de 627.000 mulheres morreram de câncer de mama em 2018. O câncer de mama é responsável pelo maior número de mortes relacionadas ao câncer entre mulheres (World Health Organization, 2019c).

Mulheres com sobrepeso, que consomem bebidas alcoólicas, que tiveram menarca precoce e menopausa tardia, que têm histórico familiar de câncer de mama e as que não têm filhos, não amamentaram ou que tiveram filhos tardiamente têm maior risco de desenvolver câncer de mama, enquanto as que praticam atividades físicas moderadamente e têm uma dieta pobre em gordura e rica em fibras correm menos riscos (American Cancer Society, 2017b; McTiernan et al., 2003). O ganho de peso, especialmente após a menopausa, aumenta o risco de câncer de mama das mulheres, e a perda de peso diminui o risco (Eliassen, Colditz, Rosner, Willett, & Hankinson, 2006).

Os avanços nos diagnósticos precoces e nos tratamentos melhoraram substancialmente as perspectivas para as pacientes com câncer de mama. Oitenta e nove por cento das mulheres norte-americanas com câncer de mama agora sobrevivem no mínimo cinco anos após o diagnóstico. Se o câncer ainda está localizado e não se espalhou, a taxa de sobrevivência em cinco anos é de 99% (Miller et al., 2016). O câncer pode ser tratado com a remoção de parte do seio ou todo ele, acompanhada de radioterapia ou quimioterapia.

Os benefícios da **mamografia**, um exame radiológico de diagnóstico dos seios, parecem ser maiores para mulheres acima dos 50 anos. Em 2009, a Preventive Services Task Force dos Estados Unidos publicou um novo conjunto de diretrizes, recomendando que as mulheres iniciem avaliações de rotina para câncer de mama aos 50 anos em vez de aos 40, como tinha sido sugerido anteriormente. Contudo, a adesão a esse roteiro diagnóstico varia, e organizações e profissionais médicos frequentemente discordam das diretrizes para diagnóstico recomendadas (Corbelli et al., 2014).

mamografia
Exame radiológico de diagnóstico dos seios.

Terapia hormonal Os efeitos físicos mais incômodos da menopausa estão ligados aos níveis reduzidos de estrogênio, e a **terapia hormonal (TH)** é utilizada para tratá-los. A TH é um tratamento com estrogênio artificial, às vezes em combinação com a progesterona, para ajudar a aliviar os sintomas da menopausa. A TH é marcada por um padrão complexo de riscos e benefícios.

No lado positivo, a TH é a forma mais eficaz de tratar sintomas como suores noturnos e ondas de calor, especialmente para mulheres com menos de 60 anos ou que entraram na menopausa menos de 10 anos atrás (De Villiers et al., 2013). Contudo, ela não é tão eficaz no manejo da osteoporose. Quando iniciada na menopausa e continuada por pelo menos cinco anos, a TH pode desacelerar a perda óssea após a menopausa (Barrett-Connor et al., 2002; Lindsay, Gallagher, Keerekoper, & Pickar, 2002). Entretanto, a perda óssea retorna dentro de três anos se e quando a TH é interrompida (Heiss et al., 2008). Além disso, a TH não reduz o risco de fratura (Reid, 2014).

terapia hormonal (TH)
Tratamento com estrogênio artificial, às vezes em combinação com a progesterona hormonal, para aliviar ou evitar os sintomas causados pela queda dos níveis de estrogênio após a menopausa.

As primeiras pesquisas oferecem menos certezas, porém as mais recentes sugerem que a TH não impacta o risco de doenças cardiovasculares ou de mortalidade (Manson et al., 2017; Benkhadra et al., 2015). Devido ao perfil de risco complexo desses medicamentos, a TH não deve ser usada na prevenção da doença, mas é apropriada para enfrentar os sintomas da menopausa em mulheres afetadas (Manson et al., 2013). Mudanças de estilo de vida como perder peso e parar de fumar, juntamente com quaisquer medicamentos necessários para baixar o colesterol e a pressão arterial, parecem ser caminhos mais prudentes para a prevenção de doença cardíaca na maioria das mulheres (Manson & Martin, 2001). A TH, especialmente quando administrada por via oral, está associada com um risco maior, embora ainda pequeno, de AVC ou coágulos (De Villiers et al., 2013).

Assim como acontece com os dados cardíacos, as relações entre TRH e risco de câncer de mama são complexas. Um risco maior de câncer de mama parece ocorrer principalmente entre usuárias recentes de estrogênio, se o estrogênio e a progestina são usados juntos, e o risco aumenta com o tempo de uso (Chen, Weiss, Newcomb, Barlow, & White, 2002; De Villiers et al., 2013). Contudo, o risco total ainda é bastante baixo, com incidência de menos de 1 mulher em cada 1.000 por ano. É um risco comparável ao aumento causado por fatores de estilo de vida como ser sedentária ou consumir álcool (De Villiers et al., 2013).

Os resultados sobre os efeitos da TH sobre a função cognitiva e o risco de demência também são difíceis de interpretar. Alguns estudos mostram que a TH reduz o risco de diminuição da capacidade cognitiva (Zandi et al., 2002), enquanto outros mostram que ela aumenta o risco (Espeland et al., 2004; Shumaker et al., 2004). Aqui, o momento em que se inicia o tratamento pode fazer a

verificador
você é capaz de...

▷ Discutir as mudanças nos riscos para a saúde das mulheres após a menopausa e pesar os riscos e os benefícios da terapia de reposição hormonal?

estresse
Resposta a demandas físicas ou psicológicas.

estressores
Demandas ambientais percebidas que podem produzir estresse.

Pessoas que mascam chiclete regularmente relatam ser menos estressadas.
Smith, 2009

diferença. A TH que começa no início da menopausa parece não ter efeitos negativos sobre a cognição; contudo, o início tardio da TH está associado com risco mais elevado de demência (De Villiers et al., 2013). Pesquisas adicionais nessa área indicam que quando as mulheres usam a TH *apenas* na meia-idade, seu risco de demência é menor do que o das mulheres que usam a TH no início da menopausa e continuam a usá-la na vida adulta tardia e do que as mulheres que começam a usar a TH na vida adulta tardia. É possível que haja um período crítico em que a TH é protetora, mas que seja nociva fora dele (Whitmer, Quesenberry, Zhou, & Yaffe, 2011; Shao et al., 2012).

O ESTRESSE NA MEIA-IDADE

Estresse é o dano que ocorre quando as demandas ambientais percebidas, ou **estressores**, excedem a capacidade de uma pessoa de enfrentá-los. A capacidade que o corpo tem de se adaptar ao estresse envolve o cérebro, que percebe o perigo (real ou imaginário); as glândulas suprarrenais, que mobilizam o corpo para combatê-lo; e o sistema imunológico, que fornece as defesas. O estresse na meia-idade pode se originar de mudanças de papel, transições na carreira, filhos crescidos saindo de casa e a renegociação de relacionamentos familiares. A meia-idade pode ser um período crítico no ciclo de vida, e a forma como os desafios são enfrentados nesse ponto crítico pode ter consequências para a trajetória do indivíduo nas fases posteriores, que pode tomar uma direção positiva ou negativa (Lachman, Teshale, & Agrigoroaei, 2015).

Fontes comuns de estresse informadas por respondentes incluem saúde, trabalho e dinheiro, dívidas, instabilidade habitacional e fome. Cinquenta e oito por cento dos adultos de 40 a 72 anos também listam tiroteios em massa como uma fonte de estresse. A discriminação também é problemática, sendo que as preocupações nessa área diferem conforme raça e etnia. Os adultos afro-americanos informam a discriminação como fonte de estresse 46% das vezes, os hispânicos 36% e os brancos 14% (American Psychological Association, 2018).

As mulheres tendem a relatar estresse mais extremo do que os homens (35% comparado com 28%) e a ser mais preocupadas com o estresse (American Psychological Association, 2007). A resposta clássica ao estresse – *luta ou fuga* – pode ser mais característica dos homens, ativada em parte pela testosterona. O padrão de resposta das mulheres é mais caracteristicamente de *cuidar e ajudar* – atividades carinhosas que promovem segurança e confiança nas redes de apoio para troca de recursos e responsabilidades. Esses padrões podem ter evoluído por meio da seleção natural e podem influenciar o envolvimento das mulheres no apego e no cuidado (Taylor, 2006).

Estresse e saúde O sistema de resposta ao estresse e o sistema imunológico estão interligados e trabalham juntos para manter o corpo saudável. Contudo, às vezes, sobretudo durante eventos altamente estressantes, o corpo pode não conseguir lidar com a situação (Figura 15.2). O estresse crônico pode levar a um estado inflamatório persistente e, com o tempo, à doença (Cohen et al., 2012; Miller & Blackwell, 2006). Além disso, a propensão a responder de forma negativa ao estresse pode interagir com predisposições genéticas. Assim, mesmo que encontrem estressores semelhantes, algumas pessoas respondem mais negativamente do que outras.

Pesquisas mostram que diversos eventos de vida podem ser altamente estressantes, incluindo o divórcio, a morte de um cônjuge ou de outro membro da família ou a perda de um emprego. Quanto mais estressantes são as mudanças que se desenvolvem na vida de uma pessoa, maior a probabilidade de doenças sérias dentro de um ou dois anos (Holmes & Rahe, 1976; Cooper, 2005).

Em geral, o estresse agudo, ou de curto prazo, como o desafio de realizar um exame ou de falar em público, fortalece o sistema imunológico (Segerstrom & Miller, 2004). Estamos adaptados para lidar com eventos assim, e nossos corpos

As mulheres são mais propensas a cuidar e a conviver como uma forma de lidar com o estresse.
BananaStock/Alamy Stock Photo

reagem rápida e eficientemente e então se recuperam deles (Sapolsky, 1992). Mas o estresse intenso ou prolongado, como as consequências da pobreza ou de uma deficiência física, pode enfraquecer ou pôr em colapso o sistema imunológico, aumentando a suscetibilidade a doenças (Sapolsky, 1992; Segerstrom & Miller, 2004). Pesquisas revelam que a função imunológica é suprimida em pacientes com câncer de mama (Compas & Luecken, 2002), em mulheres vítimas de abuso, em sobreviventes de furacões e em homens com histórico de transtorno de estresse pós-traumático (TEPT) (Harvard Medical School, 2002). Os estressores diários, como irritações, frustrações e sobrecargas, podem ter um impacto menos grave do que as mudanças de vida, mas seu acúmulo também pode afetar a saúde e o ajustamento emocional (Almeida, Serido, & McDonald, 2006). Para os membros de grupos minoritários, a discriminação e o racismo também podem levar ao aumento do estresse crônico e estão associados com um maior risco de doença (Thoits, 2010). Esses processos são preocupantes porque o estresse é cada vez mais reconhecido como um dos fatores de certas doenças associadas à idade como hipertensão, problemas cardíacos, AVC, diabetes, osteoporose, úlceras pépticas, depressão, HIV/aids e câncer (Baum, Cacioppo, Melamed, Gallant, & Travis, 1995; Cohen, Janicki-Deverts, & Miller, 2007; Levenstein, Ackerman, Kiecolt-Glaser, & Dubois, 1999; Light et al., 1999; Sapolsky, 1992; Wittstein et al., 2005).

> *Quais são as principais fontes de estresse em sua vida? Como você lida com o estresse? Que métodos você considerou mais bem-sucedidos?*

EMOÇÕES E SAÚDE

O antigo provérbio de Salomão, "O coração alegre é como o bom remédio" (Provérbios 17:22), está sendo confirmado pela pesquisa contemporânea. Visto que o cérebro interage com todos os sistemas biológicos do corpo, sentimentos e crenças afetam as funções corporais, incluindo o funcionamento do sistema imunológico (Ray, 2004; Richman et al., 2005). Emoções negativas, como ansiedade e desespero, estão frequentemente associadas com saúde física e mental precária, e emoções positivas, como esperança, com boa saúde e vida mais longa (Ray, 2004; Salovey, Rothman, Detweiler, & Steward, 2000; Spiro, 2001).

As emoções negativas servem a funções adaptativas importantes e, sob as circunstâncias apropriadas, são uma resposta saudável aos eventos vivenciados. Quando são induzidas em contextos negativos, as emoções negativas podem ter consequências benéficas, como quando o medo de uma doença motiva o indivíduo a marcar uma consulta e fazer um exame (Coifman, Flynn, & Pinto, 2016). Entretanto, quando os humores negativos são excessivos, duradouros ou frequentes demais, os efeitos podem prejudicar o corpo, suprimir o sistema imunológico e aumentar a suscetibilidade a doenças. Emoções negativas, como ansiedade e desespero, estão frequentemente associadas com saúde física e mental precária (Ray, 2004; Salovey et al., 2000; Spiro, 2001). Pessoas com alto neuroticismo e hostilidade, propensas a

> *Pessoas que sorriem mais nas fotografias tendem a viver mais tempo do que as que não sorriem.*
> Abel & Kruger, 2010

FIGURA 15.2
Fontes significativas de estresse: Estados Unidos, 2010.
Um levantamento nacional revelou que trabalho e dinheiro são estressores maiores do que relacionamentos ou saúde.
Fonte: American Psychological Association, 2011.

Uma perspectiva positiva pode proteger contra doenças e amortecer o impacto do estresse. Pessoas com uma perspectiva positiva tendem a cuidar de sua saúde.
Rolf Bruderer/Blend Images LLC

esses sentimentos com regularidade, tendem mais a sofrer de doenças graves e menor longevidade. A hostilidade está associada com o maior risco de doença cardíaca coronariana e mortalidade para mulheres após a menopausa (Lahey, 2009; T. W. Smith, 2006; Tindle et al., 2009) e com maior risco de mortalidade por ataque cardíaco para os homens (Assari, 2017).

O padrão oposto ocorre para emoções positivas. O bem-estar e as emoções positivas estão associados com desfechos de saúde positivos de curto e longo prazo (Diener & Chan, 2011; Howell, Kern, & Lyubomirsky, 2007) e com menor mortalidade (Chida & Steptoe, 2008). A esperança e a curiosidade são preditivas da menor probabilidade de hipertensão, diabetes e infecções do trato respiratório (Richman et al., 2005). Os traços de personalidade também afetam a saúde: o otimismo e a conscienciosidade estão associados com melhor saúde e vida mais longa (Kern & Friedman, 2008; T. W. Smith, 2006).

As emoções positivas também têm efeitos indiretos na saúde. Uma perspectiva emocional positiva motiva as pessoas a terem atitudes mais saudáveis, como sono e exercício regulares, e a prestarem mais atenção a informações relacionadas à saúde. As emoções positivas também podem afetar a saúde indiretamente, suavizando o impacto de eventos de vida estressantes e ajudando as pessoas a se sentirem mais ligadas às outras (Armenta, Fritz, & Lyubomirsky, 2016; Cohen & Pressman, 2006; Richman et al., 2005).

SAÚDE MENTAL

Em 2017, aproximadamente 22,3 milhões de adultos norte-americanos de 26 a 49 anos sofriam de alguma forma de transtorno mental, comportamental ou emocional que atendiam aos critérios do DSM-IV no último ano (excluindo transtornos do desenvolvimento e transtornos por uso de substâncias). Destes, 7,6 milhões sofreram um episódio depressivo maior, e um pouco mais de 67% deles receberam tratamento (Substance Abuse and Mental Health Services Administration, 2018). A depressão afeta negativamente a saúde, o que faz com que a prevenção e o tratamento representem questões importantes (Bromberger, Harlow, Avis, Kravitz, & Cordal, 2004). Adultos com angústia psicológica séria são mais propensos do que seus pares a ser diagnosticados com doenças cardíacas, diabetes, artrite ou AVC e a relatar necessidade de ajuda para as atividades da vida diária, como tomar banho e vestir-se (Pratt, Dey, & Cohen, 2007).

Mesmo os adultos não diagnosticados com transtornos mentais podem sofrer os efeitos negativos em nível subclínico. Por exemplo, quando perguntados sobre a presença de sintomas relativos à saúde mental no último mês, 42% dos adultos informaram sentir-se nervosos ou ansiosos, 37% deprimidos ou tristes, 33% constantemente preocupados e 37% irritados ou enraivecidos. Além disso, quase metade dos adultos informaram ter ficado acordados na cama à noite por causa do estresse no último mês (American Psychological Association, 2016).

verificador
você é capaz de...
▷ Explicar como as emoções e a personalidade podem afetar a saúde?
▷ Identificar os fatores de risco para angústia psicológica e sintomas depressivos?

verificador
você é capaz de...
▷ Discutir as tendências no trabalho e na aposentadoria na meia-idade?
▷ Explicar como o trabalho pode afetar o funcionamento cognitivo?

DESENVOLVIMENTO COGNITIVO

O que acontece com as capacidades cognitivas na meia-idade? Elas melhoram, pioram ou acontecem as duas coisas? As pessoas desenvolvem maneiras de pensar típicas dessa etapa da vida? Como a idade afeta a capacidade para resolver problemas, aprender, criar e ter bom desempenho no trabalho?

Medindo as capacidades cognitivas na meia-idade

O estado das capacidades cognitivas na meia-idade tem sido um tema de muita discussão. Aqui, analisamos duas linhas de pesquisa importantes, o Estudo Longitudinal de Seattle, de K. Warner Schaie, e as pesquisas de Horn e Cattell sobre a inteligência fluida e cristalizada.

Pessoas que eram boas em soletrar parecem continuar boas à medida que envelhecem. Maus soletradores, entretanto, ficam piores.
Margolin & Abrams, 2007

Desenvolvimento Humano

TABELA 15.3 Testes de capacidades mentais primárias aplicados no estudo longitudinal de Seattle

Teste	Capacidade medida	Tarefa	Tipo de inteligência*
Compreensão verbal	Reconhecimento e entendimento de palavras	Encontrar sinônimo combinando uma palavra de estímulo com outra de uma lista de múltipla escolha	Cristalizada
Fluência verbal	Recuperação de palavras da memória de longo prazo	Pensar no maior número possível de palavras que se iniciam com determinada letra	Parte cristalizada, parte fluida
Aptidão numérica	Realização de cálculos	Resolver problemas de adição simples	Cristalizada
Orientação espacial	Manipulação mental de objetos no espaço bidimensional	Selecionar exemplos de figuras em rotação que correspondam à figura de estímulo	Fluida
Raciocínio indutivo	Identificação de padrões e inferência de princípios e regras para resolver problemas lógicos	Completar uma sequência de letras	Fluida
Rapidez perceptiva	Realização de discriminações rápidas e precisas entre estímulos visuais	Identificar imagens coincidentes e não coincidentes apresentadas rapidamente em uma tela	Fluida

*As inteligências fluida e cristalizada são definidas na próxima seção.
Fonte: Schaie, 1989; Willis e Schaie, 1999.

SCHAIE: O ESTUDO LONGITUDINAL DE SEATTLE

Em termos de cognição, sob muitos aspectos as pessoas de meia-idade estão em seu ápice. O Estudo Longitudinal da Inteligência Adulta de Seattle, conduzido por K. Warner Schaie e colaboradores (Schaie, 1990, 1994, 1996a, 1996b, 2005; Willis & Schaie, 1999, 2006), demonstra este fato.

O estudo teve início em 1956, com 500 homens e mulheres escolhidos aleatoriamente, de diversas faixas etárias, variando dos 22 aos 67 anos de idade. Os participantes foram acompanhados longitudinalmente e avaliados a cada 7 anos em testes cronometrados de seis capacidades mentais primárias (Tabela 15.3). Com o uso de múltiplas coortes (pessoas de diferentes idades, todas acompanhadas ao longo do tempo), Schaie e colaboradores foram capazes de identificar as diferentes influências e conduzir análises mais sofisticadas.

A maioria dos participantes apresentou uma incrível estabilidade ao longo do tempo, sem reduções significativas na maioria das capacidades até após os 60 anos, e mesmo então em uma minoria das áreas. Virtualmente, nenhum decaiu nos diversos aspectos, e a maioria melhorou em algumas áreas. Entretanto, ocorreram amplas diferenças individuais.

Da mesma forma, não houve padrões uniformes de mudança relacionada à idade entre capacidades cognitivas. Por exemplo, diversas capacidades tinham seu pico durante a meia-idade, e a compreensão verbal apresentou melhorias até a velhice. Por outro lado, cerca de 13 a 17% dos adultos diminuíram em aptidão numérica, memória de evocação ou fluência verbal entre as idades de 39 e 53 anos (Schaie, 1994, 2005; Willis & Schaie, 2006).

Schaie e colaboradores também observaram que coortes sucessivas obtiveram pontuações progressivamente maiores nas mesmas idades na maioria das habilidades, possivelmente devido a melhorias educacionais, estilos de vida saudáveis e outras influências ambientais positivas. Entretanto, a capacidade numérica declinou a partir da coorte nascida em 1924, enquanto a compreensão verbal declinou após a coorte de 1952 (Willis & Schaie, 2006; Figura 15.3).

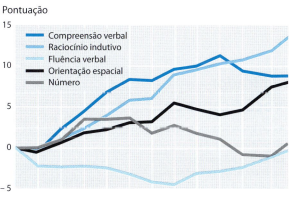

FIGURA 15.3
Diferenças de coorte nas pontuações de testes de capacidades mentais.
Coortes mais recentes obtiveram pontuações mais altas em raciocínio indutivo, fluência verbal e orientação espacial.
Fonte: Schaie, K. W. Developmental Influences on Adult Intelligence: The Seattle Longitudinal Study, Fig. 6.1, 137, 2005.

Os indivíduos com maior pontuação tendiam a ter níveis educacionais altos, a ter personalidades flexíveis, a viver em famílias intactas, a buscar ocupações e outras atividades cognitivamente complexas, a ser casados com alguém cognitivamente mais avançado, a estar satisfeitos com suas realizações (Schaie, 1994, 2005; Willis & Schaie, 2006) e a ter alta pontuação na dimensão da personalidade de abertura à experiência (Sharp, Reynolds, Pedersen, & Gatz, 2010). Dado o forte desempenho cognitivo da maioria das pessoas de meia-idade, a evidência de declínio cognitivo substancial em pessoas com menos de 60 anos pode indicar um problema neurológico (Schaie, 2005; Willis & Schaie, 1999). Particularmente, o declínio na meia-idade em memória de evocação e fluência verbal, uma medida do funcionamento executivo, pode predizer prejuízo cognitivo na velhice (Willis & Schaie, 2006).

HORN E CATTELL: INTELIGÊNCIAS FLUIDA E CRISTALIZADA

Imagine um copo d'água. Se você o inclina, a água se ondula e rodopia aleatoriamente. Um bloco de gelo, por outro lado, possui uma estrutura cristalina rígida, com cada molécula no seu lugar. Esta é a metáfora utilizada por um outro conjunto de pesquisadores sobre cognição (Cattell, 1965; Horn, 1967, 1968, 1970, 1982a, 1982b; Horn & Hofer, 1992) para descrever os diferentes tipos de inteligência. Eles diferenciam entre dois aspectos da inteligência: a *fluida* e a *cristalizada*. **Inteligência fluida** é a capacidade de resolver problemas novos de improviso. São problemas que exigem pouco ou nenhum conhecimento prévio, como perceber que um cabide pode ser usado para consertar uma privada com vazamento ou descobrir o padrão em uma sequência de imagens. Ela envolve perceber relações, formar conceitos e fazer inferências. **Inteligência cristalizada**, por outro lado, é a capacidade de lembrar e utilizar a informação adquirida ao longo da vida, como encontrar um sinônimo para uma palavra ou resolver um problema de matemática. É fixa, como a estrutura do gelo. A inteligência cristalizada é medida por testes de vocabulário, conhecimentos gerais e respostas a situações e dilemas sociais, capacidades que dependem largamente da experiência educacional e cultural.

Normalmente, a inteligência fluida atinge o ápice no período adulto jovem. Isso vale especialmente para a rapidez perceptual, que atinge o ápice bastante cedo, a partir dos 20 anos. Dos 20 aos 60 anos, o indivíduo médio perde mais de um desvio padrão em termos de inteligência fluida (Salthouse, 2010). A capacidade da memória de trabalho também declina com a idade. Entretanto, muitos adultos mais velhos têm desempenho de alto nível no mundo real, apesar dos declínios aparentes em inteligência fluida (Salthouse, 2012). Como interpretar essa discrepância entre declínios cognitivos e desempenho no mundo real?

Uma explicação é oferecida pelas melhorias na inteligência cristalizada, que aumenta ao longo da meia-idade e frequentemente até próximo do final da vida (Horn, 1982a, 1982b; Horn & Donaldson, 1980). Os adultos mais velhos podem usar o conhecimento que acumularam ao longo da vida para compensar os declínios em tarefas nas quais a tomada de decisão pode se beneficiar da experiência prévia (Li, Baldassi, Johnson, & Weber, 2013). Assim, seria de esperar que os adultos mais velhos se saíssem tão bem quanto, ou melhor, em tarefas como preencher a declaração do imposto de renda, nas quais a inteligência cristalizada seria útil, mas não em tarefas como aprender a usar um novo *smartphone*, nas quais a inteligência fluida seria mais importante (Zaval, Li, Johnson, & Weber, 2015).

O desempenho cognitivo dos indivíduos oferece informações sobre a sua saúde em geral. A inteligência cristalizada não está associada com o risco de mortalidade quando levamos em conta fatores sociodemográficos, mas a inteligência fluida é altamente preditiva do risco de mortalidade (Batterham, Chistensen, & Mackinnon, 2009; Aichele, Rabbitt, & Ghisletta, 2015). Além disso, uma grande discrepância entre inteligência fluida e cristalizada, especialmente para indivíduos com alta escolaridade, pode ser indicativa de declínio cognitivo (O'Shea et al., 2018).

O caráter distinto da cognição do adulto

Em vez de medir as mesmas capacidades cognitivas em diferentes idades, alguns cientistas do desenvolvimento procuram qualidades peculiares no pensamento de adultos maduros.

---

inteligência fluida
Tipo de inteligência, proposto por Horn e Cattell, que é aplicado a problemas novos e é relativamente independente de influências educacionais e culturais.

inteligência cristalizada
Tipo de inteligência, proposto por Horn e Cattell, que envolve a capacidade de lembrar e utilizar informações adquiridas; é largamente dependente de educação e cultura.

verificador
você é capaz de...

▷ Resumir os resultados do Estudo Longitudinal de Seattle?

▷ Estabelecer a diferença entre inteligência fluida e inteligência cristalizada, e dizer como elas são afetadas pela idade?

▷ Comparar os achados do Estudo de Seattle com os de Horn e Cattell?

O PAPEL DA ESPECIALIZAÇÃO

Dois jovens médicos residentes no laboratório de radiologia de um hospital examinam um raio X de tórax. Eles estudam uma mancha branca incomum no lado esquerdo. "Parece um grande tumor", diz um deles finalmente. O outro acena com a cabeça, concordando. Exatamente nesse momento entra na sala um antigo radiologista da equipe e olha sobre os ombros deles para a radiografia. "Esse paciente tem um colapso pulmonar e precisa ser operado imediatamente", declara (Lesgold et al., 1988).

Por que adultos maduros demonstram uma crescente competência para resolver problemas em seus campos de trabalho? Uma resposta parece ser o *conhecimento especializado*, ou *expertise* – uma forma de inteligência cristalizada relacionada ao processo de encapsulação.

O tipo de conhecimento que as crianças acumulam – como saber ler, completar problemas de matemática ou entender metáforas – é relativamente uniforme. A maioria das crianças aprende coisas parecidas, mais ou menos na mesma época. Na vida adulta, entretanto, as trajetórias de vida divergem, e os adultos aprendem mais sobre os domínios do conhecimento pelos quais se interessam e menos sobre os outros. Os avanços no conhecimento especializado continuam pelo menos durante a vida adulta intermediária e, em geral, não estão relacionados com a inteligência geral. Além disso, eles geralmente não dependem do sistema de processamento de informações do cérebro, pois as habilidades de inteligência fluida de alguns adultos se tornam *encapsuladas*, ou seja, dedicadas ao trabalho com tipos específicos de conhecimento. Esse processo de **encapsulação** torna o conhecimento mais acessível, expansível e utilizável. Pessoas de meia-idade podem demorar mais que os jovens para processar informações *novas*. Quando se trata de resolver problemas *dentro* do seu campo de especialização, no entanto, o conhecimento encapsulado compensa o déficit e permite que resolvam o problema de forma rápida e eficaz (Hoyer & Rybash, 1994; Rybash, Hoyer, & Roodin, 1986).

Os especialistas percebem os aspectos diferentes de uma situação que os novatos não percebem, e processam informação e resolvem problemas diferentemente. O raciocínio deles costuma ser mais flexível e adaptável. Eles assimilam e interpretam novos conhecimentos com maior eficiência consultando uma fonte rica e altamente organizada de representações mentais daquilo que já sabem. Por exemplo, estudos de imagem mostram que, ao completar uma tarefa no seu domínio, os especialistas apresentam ativação do cérebro em áreas associadas com a memória de longo prazo, o que permite que integrem informações nesse tipo de memória à memória de trabalho em *chunks* (fragmentos) e, logo, tenham desempenho superior ao dos novatos (Guida, Gobet, Tardieu, & Nicolas, 2012). Classificam a informação baseados mais em princípios fundamentais do que em semelhanças e diferenças superficiais. E têm mais consciência daquilo que *não* sabem (Charness & Schultetus, 1999; Goldman, Petrosino, & Cognition and Technology Group at Vanderbilt, 1999).

O desempenho cognitivo não é o único ingrediente da *expertise*. A resolução de problemas ocorre em um contexto social. A capacidade de fazer julgamentos baseados na experiência depende da familiaridade com a maneira como as coisas são feitas – com as expectativas e demandas do trabalho e da cultura da comunidade ou empresa. Até mesmo pianistas concertistas, que passam horas praticando em isolamento, precisam adaptar-se a várias salas de concerto com diferentes acústicas, às convenções musicais do tempo e do lugar, e ao gosto musical de suas plateias (Billet, 2001).

O pensamento especializado muitas vezes parece automático e intuitivo. Os especialistas em geral não têm plena consciência dos processos mentais que sustentam suas decisões (Charness & Schultetus, 1999; Salas, Rosen, & Diaz Granados, 2010). Eles não sabem explicar facilmente como chegaram a determinada conclusão ou onde um não especialista errou. Esse tipo de pensamento intuitivo, baseado na experiência, também é característico do que foi denominado pensamento pós-formal.

PENSAMENTO INTEGRATIVO

Embora não seja limitado a nenhum período específico da idade adulta, o pensamento pós-formal parece bem adequado às tarefas complexas, aos papéis múltiplos e às difíceis escolhas e desafios da meia-idade, como a necessidade de sintetizar e equilibrar as demandas de trabalho e família

A perícia para interpretar radiografias, à semelhança do que ocorre em muitas outras áreas, depende de um conhecimento acumulado e especializado, que continua a aumentar com a idade. Os especialistas frequentemente parecem ser guiados pela intuição e não sabem explicar como chegam às conclusões.
Terry Vine/Blend Images LLC

encapsulação
Na terminologia de Hoyer, o processo que permite que o conhecimento especializado agrupe conhecimentos relevantes para compensar declínios na capacidade de processamento de informações.

Se você necessitasse de uma cirurgia, você preferiria ir a um médico de meia-idade ou a um que fosse consideravelmente mais velho ou mais jovem? Por quê?

(Sinnott, 2003). Uma característica importante do pensamento pós-formal é sua natureza *integrativa* (Kallio, 2011). Os adultos maduros interpretam o que leem, veem ou ouvem em termos do significado que isso tem para eles. Em vez de aceitar algo por seu resultado visível, eles o filtram por meio de suas respectivas experiências de vida e aprendizado anterior.

Em um estudo (C. Adams, 1991), foi solicitado que jovens no início e no fim da adolescência e adultos de meia-idade e mais velhos resumissem um conto dos ensinamentos Sufi. No conto, um riacho era incapaz de atravessar um deserto, até que uma voz lhe disse para deixar que o vento o carregasse; o riacho ficou em dúvida, mas finalmente concordou e foi soprado ao longo do deserto. Os adolescentes se lembravam de mais detalhes da história do que os adultos, mas seus resumos se limitavam amplamente a repetir o desenrolar da história. Os adultos, especialmente as mulheres, apresentavam resumos mais ricos em interpretação, integrando aquilo que estava no texto com o significado psicológico e metafórico para eles, como nesta resposta de uma mulher de 39 anos de idade:

> Acredito que essa história esteja tentando dizer que há momentos em que todos precisam de ajuda e que às vezes precisam efetuar mudanças para atingir suas metas. Algumas pessoas podem resistir à mudança por um longo tempo até perceberem que certas coisas estão além de seu controle e que precisam de ajuda. Quando isso finalmente é obtido e elas são capazes de aceitar ajuda e confiar em alguém, podem dominar até mesmo coisas grandiosas como um deserto. (p. 333)

A sociedade se beneficia dessa característica integrativa do pensamento adulto. Geralmente, são os adultos maduros que traduzem seus conhecimentos sobre a condição humana em histórias inspiradoras para as quais as gerações mais jovens podem se voltar em busca de orientação.

verificador
você é capaz de...

▷ Discutir a relação entre *expertise*, conhecimento e inteligência?

▷ Dar um exemplo de pensamento integrativo?

Criatividade

Com aproximadamente 40 anos de idade, Frank Lloyd Wright projetou a Robie House em Chicago. Charles Darwin tinha 50 anos quando apresentou sua teoria da evolução. Toni Morrison ganhou o Prêmio Pulitzer pelo romance *Beloved*, escrito quando ela tinha 55 anos. Muitas pessoas criativas alcançaram suas maiores realizações na meia-idade.

CARACTERÍSTICAS DOS REALIZADORES CRIATIVOS

Inteligência e criatividade não são a mesma coisa. Apesar de um nível básico de inteligência geral, ou QI, ser necessário (Guilford, 1956), a realização criativa não está fortemente relacionada com a inteligência geral após ultrapassado esse limiar (Simonton, 2000). Isso vale apesar de o QI básico necessário para o desempenho criativo ser mais elevado para realizações criativas mais complexas (Jauk, Benedek, Dunst, & Neubauer, 2013).

A inteligência parece ser mais influenciada por processos genéticos do que a criatividade. A inteligência apresenta alta herdabilidade, que aumenta com a idade à medida que os indivíduos envelhecem e buscam mais experiências alinhadas com as suas inclinações (Plomin & Deary, 2015). Por outro lado, não foram identificadas fortes contribuições genéticas para o desempenho criativo (Runco et al., 2011; Reuter, Roth, Holve, & Hennig, 2006). Muitas crianças demonstram forte potencial criativo, mas, nos adultos, o que conta é o desempenho criativo – o que e quanto uma mente criativa produz (Sternberg & Lubart, 1995).

A criatividade parece ser o produto de contextos sociais específicos assim como de inclinações individuais. Com relação ao ambiente, a criatividade parece desenvolver-se a partir de experiências diversas que enfraquecem as restrições convencionais e de experiências desafiadoras que fortalecem a capacidade de perseverar e de superar obstáculos (Sternberg & Lubart, 1995).

As diferenças individuais também podem tornar a criatividade mais provável. Por exemplo, pessoas altamente criativas têm iniciativa própria e assumem riscos. Elas tendem a ser independentes, não são conformistas nem convencionais, têm alta inteligência emocional e afeto positivo e são abertas a novas ideias e experiências. Seus processos de pensamento são frequentemente inconscientes, levando a momentos repentinos de iluminação (Simonton, 2000; Torrance, 1988; Da Costa, Páez, Sánchez, Garaigordobil, & Gondim, 2015). Elas examinam um problema mais profundamente e apresentam soluções que não ocorrem aos outros (Sternberg & Horvath, 1998). Elas pensam de formas flexíveis e exploram muitas soluções possíveis para os problemas (Baas, Nijstad, & De Dreu, 2015).

Helen Mirren, uma atriz altamente respeitada com uma preparação clássica, alcançou o ápice de sua carreira aos 61 anos, quando ganhou o Oscar de Melhor Atriz por sua representação de uma Rainha Elizabeth II orgulhosa e envelhecida no filme A Rainha.

Jamie Rector/EPA/Shutterstock

Mas isso não basta. A realização criativa extraordinária exige conhecimento profundo e altamente organizado de um assunto e de uma forte ligação emocional com o trabalho, que incentiva o criador a perseverar diante dos obstáculos. Uma pessoa precisa, primeiro, estar meticulosamente fundamentada em uma área antes de poder ver as suas limitações, antever mudanças radicais e desenvolver um ponto de vista novo e único (Keegan, 1996; Baer, 2015).

Não surpreende, assim, que os pesquisadores tenham buscado fatores cerebrais correlatos com a solução criativa de problemas. Essa pesquisa é um grande desafio – as ideias criativas são, pela sua própria natureza, amplas e divergentes. Uma metanálise que incluiu 34 estudos de imagem mostrou que, quando estão engajadas em tarefas criativas, as pessoas apresentam mais ativação no córtex pré-fontal, independentemente do tipo de tarefa criativa que estão realizando. Contudo, dependendo do que a tarefa exige, áreas diferentes se ativam mais. Por exemplo, tarefas que exigem processos inibitórios, fluência e controle tendem a gerar atividade no córtex pré-frontal lateral, enquanto aquelas que exigem a ativação de associações semânticas (baseadas em significados) tendem a provocar mais atividade nos giros centrais superior e inferior (Gonen-Yaacovi et al., 2013).

CRIATIVIDADE E IDADE

Há uma relação entre desempenho criativo e idade? Em testes psicométricos de pensamento divergente, as diferenças de idade aparecem consistentemente. Sejam os dados transversais ou longitudinais, as pontuações atingem o pico, em média, perto dos 40 anos (Simonton, 1990). Depois disso, elas permanecem relativamente estáveis por algum tempo e então decaem após os 70 anos (Massimiliano, 2015). Uma curva de idade similar é produzida quando a criatividade é medida pelas variações dos resultados (número de publicações, pinturas ou composições). Uma pessoa na última década de uma carreira criativa produz somente a metade do que produzia no final dos 30 anos de vida ou início dos 40, ainda que bem mais do que aos 20 anos (Simonton, 1990).

Entretanto, a curva de idade varia dependendo da área de atuação. Poetas, matemáticos e físicos teóricos tendem a ser mais prolíficos no final da terceira década de vida ou no início da quarta. Psicólogos que trabalham com pesquisa atingem o auge por volta dos 40 anos, seguindo-se um declínio moderado. Romancistas, historiadores e filósofos tornam-se cada vez mais produtivos no final dos seus 40 ou 50 anos e então se estabilizam. Esses padrões se mantêm verdadeiros em todas as culturas e períodos históricos (Dixon & Hultsch, 1999; Simonton, 1990).

No entanto, há indícios de que pode haver falhas nesses dados, ou interpretações deles. Por exemplo, não está claro que a produtividade é a métrica certa para medir a criatividade, especialmente já que algumas pesquisas sugerem que o trabalho dos adultos mais velhos permanece inovador ao longo do tempo. Por exemplo, metanálises sobre idade e criatividade no trabalho sugerem que não há relação direta entre as duas e que muito depende de como definimos a criatividade (Rietzschel, Zacher, & Stroebe, 2016; Ng & Feldman, 2013). Além disso, os padrões de produção criativa podem ter mudado para grupos mais recentes. Por exemplo, algumas pesquisas anteriores pareciam sugerir que a produtividade dos pesquisadores atingia seu auge entre os 40 e 50 anos, mas dados mais recentes sugerem que os pesquisadores que eram produtivos na juventude continuam a publicar artigos acadêmicos em maior volume até se aposentarem (Stroebe, 2010).

Pense em um adulto que você conhece que é um realizador criativo. A qual combinação de qualidades pessoais e forças ambientais você atribuiria o desempenho criativo dele?

verificador
você é capaz de...
▷ Discutir os pré-requisitos para a realização criativa?
▷ Resumir a relação entre desempenho criativo e idade?

Trabalho e educação

Nas sociedades industrializadas, os papéis ocupacionais se baseiam na idade. Pessoas jovens são estudantes; adultos jovens e de meia-idade são trabalhadores; adultos idosos organizam suas vidas em torno da aposentadoria e do lazer. Nas sociedades pós-industriais, as pessoas fazem múltiplas transições durante toda a sua vida adulta (Czaja, 2006).

TRABALHO E IDADE DA APOSENTADORIA

Até 1985, a idade média da aposentadoria foi diminuindo progressivamente. Desde então, a tendência se inverteu. Antes de interromper completamente suas vidas profissionais, as pessoas podem reduzir as horas ou dias de trabalho, entrando gradualmente na aposentadoria durante alguns anos. Esta prática é denominada *aposentadoria gradual*. Ou elas podem mudar para uma outra empresa ou para uma nova linha de trabalho, uma prática denominada *emprego-ponte* (Czaja, 2006).

Nós nos tornamos mais ambidestros – usando qualquer uma das mãos em vez da mão dominante para realizar funções – à medida que envelhecemos. Os pesquisadores sugerem que isto pode estar ligado à aposentadoria. Em geral, intensificamos esta dominância nas atividades diárias. Quando a aposentadoria ocorre e aquelas atividades mudam, também pode mudar nossa dominância.

Kalisch et al., 2006

Hoje, a maioria dos norte-americanos mais velhos permanecem na força de trabalho após se aposentarem da sua carreira original (Cahill, Giandrea, & Quinn, 2013). Assim, não surpreende que indivíduos que se aposentaram ou semiaposentaram têm, em geral, maior interesse pelo voluntariado (Tang, 2016).

O que ocasionou esta mudança? As pessoas podem continuar trabalhando para manter sua saúde física e emocional e seus papéis pessoal e social, ou simplesmente porque apreciam a estimulação do trabalho (Czaja, 2006; Sterns & Huyck, 2001). Outros trabalham principalmente por razões financeiras. Por exemplo, dados mostram que a implementação da Lei de Proteção e Cuidado ao Paciente dos Estados Unidos (ACA – *Affordable Care Act*), que tornou o seguro saúde completo mais acessível, levou ao adiantamento da aposentadoria e ao aumento do trabalho em meio turno (que geralmente não inclui plano de saúde) entre mulheres e entre homens de baixa renda (Heim & Lim, 2017).

O aumento na idade de aposentadoria da previdência social para 67 anos para benefícios integrais constitui uma motivação para continuar trabalhando. A Lei de Discriminação de Idade no Emprego, que eliminou idades obrigatórias de aposentadoria para a maioria das ocupações, e a Lei de Americanos com Necessidades Especiais, que exige que os empregadores disponibilizem vagas para trabalhadores com necessidades especiais, ajudaram trabalhadores maduros a manterem seus empregos.

TRABALHO E DESENVOLVIMENTO COGNITIVO

O ditado "use ou perca" aplica-se tanto à mente quanto ao corpo. O trabalho pode influenciar o funcionamento cognitivo.

Os adultos podem influenciar seu desenvolvimento cognitivo pelas escolhas ocupacionais que fazem. Por exemplo, pensadores flexíveis tendem a buscar e obter trabalhos substancialmente complexos, que exigem pensamento e julgamento independente. Esse tipo de trabalho, por sua vez, estimula a pessoa a ter mais pensamento flexível, que então aumenta a capacidade para realizar tais trabalhos complexos (Kohn, 1980). O trabalho não precisa necessariamente ser interpretado da maneira tradicional, e o mesmo se aplica a homens e mulheres que realizam trabalho doméstico complexo, tal como planejar o orçamento ou fazer reparos complicados, como trocar o encanamento (Caplan & Schooler, 2006). Independentemente dos detalhes, pessoas que estão profundamente envolvidas em um trabalho complexo ou estilos de vida cognitivamente estimulantes tendem a apresentar um desempenho cognitivo mais forte do que seus pares à medida que envelhecem (Avolio & Sosik, 1999; Schaie, 1984; Schooler, 1990; La Rue, 2010).

A abertura à experiência – uma variável da personalidade – também afeta o desempenho cognitivo ao longo do tempo (Sharp et al., 2010). Pessoas altamente abertas para o novo têm maior propensão a preservar suas faculdades e apresentar alto desempenho no trabalho. Da mesma forma, aqueles que constantemente procuram oportunidades mais estimulantes tendem a se manter mentalmente ativos (Avolio & Sosik, 1999). É interessante que essa associação é bidirecional. Os adultos mais velhos matriculados em um programa de treino cognitivo de 30 semanas apresentaram aumentos na abertura à experiência ao final do programa (Jackson, Hill, Payne, Roberts, & Stine-Morrow, 2012).

Isso sugere que se o trabalho, tanto na empresa como em casa, pudesse tornar-se algo significativo e desafiador, mais adultos poderiam manter ou aperfeiçoar suas capacidades cognitivas. Isso parece já estar acontecendo, até certo ponto. Os ganhos nas capacidades cognitivas encontrados em coortes mais velhas podem refletir alterações no ambiente de trabalho que valorizam a adaptabilidade, a iniciativa e a descentralização na tomada de decisões.

O APRENDIZ MADURO

Em 2016, 23,6% dos adultos norte-americanos de 45 a 54 anos e 20,2% daqueles com 55 a 65 anos completaram uma experiência profissional ou programa de credenciamento (National Center for Education Statistics, 2018b).

Educação adulta e habilidades de trabalho As mudanças na área de trabalho frequentemente trazem a necessidade de mais treinamento ou educação. A tecnologia em expansão e as mudanças nos mercados de trabalho requerem aprendizado e atualização constantes. A maior área de programas de credenciamento profissional que não confere diplomas de ensino superior envolve

---

▶ **verificador**
você é capaz de...

▷ Discutir as causas e os efeitos do estresse e as fontes de estresse na meia-idade?

▷ Explicar como o estresse afeta a saúde?

capacitação na saúde (National Center for Education Statistics, 2018b). As habilidades tecnológicas são cada vez mais necessárias para o sucesso no mundo moderno e são um componente importante da educação adulta relacionada ao trabalho. Com experiência, pessoas de meia-idade podem realizar tarefas no computador tão bem quanto adultos jovens (Czaja, 2006), especialmente quando têm altos níveis de afeto positivo e senso de controle e preservaram sua velocidade psicomotora (Zhang, Grenhart, McLaughlin, & Allaire, 2017).

Os empregadores também enxergam os benefícios da educação na área de trabalho, tais como moral melhorada, aumento da qualidade do trabalho, melhor trabalho em equipe e resolução de problemas e maior capacidade de lidar com novas tecnologias e com outras mudanças na área de trabalho (Conference Board, 1999).

Letramento Ser letrado é um requisito fundamental para participar não apenas na área de trabalho, mas em todas as facetas de uma sociedade moderna, movida pela informação. Na virada do século, uma pessoa com uma educação de 4ª série era considerada letrada; hoje, um diploma do ensino médio mal dá para o gasto, por assim dizer.

Em 2014, 17% dos adultos norte-americanos não conseguiam localizar claramente informações identificáveis em textos curtos, 27% não conseguiam realizar operações numéricas simples, como adição, e 23% não conseguiam usar ferramentas tecnológicas simples, como *e-mail* ou internet. Em comparação com outros países, os Estados Unidos são medianos nos testes de alfabetização. Contudo, os adultos norte-americanos se aglomeram nas duas extremidades da escala (Rampey et al., 2016).

Adultos de meia-idade e mais velhos tendem a ter níveis de letramento mais baixos do que adultos jovens, mas o nível médio de letramento de adultos de 50 a 59 anos aumentou a partir de 1992. Adultos com letramento abaixo dos níveis básicos são menos propensos a estar empregados do que adultos com níveis de letramento mais altos (Kutner et al., 2007; Rampey et al., 2016). Nos Estados Unidos, a National Literacy Act (Lei Nacional de Alfabetização) requer que os estados estabeleçam centros de treinamento de alfabetização com auxílio de fundos federais.

Globalmente, 750 milhões de adultos – cerca de 12% da população mundial – são analfabetos, principalmente na África Subsaariana e no sul da Ásia. As mulheres representam dois terços dos adultos analfabetos mundialmente (UNESCO, 2017). O analfabetismo é especialmente comum entre as mulheres em nações em desenvolvimento, onde a educação caracteristicamente é considerada pouco importante para elas. Em 1990, a Organização das Nações Unidas (ONU) lançou programas de alfabetização em países em desenvolvimento como Bangladesh, Nepal e Somália (Linder, 1990). A Organização das Nações Unidas para a Educação, a Ciência e a Cultura (UNESCO) está envolvida com o Desenvolvimento de Capacidade da Educação, um programa que oferece auxílio direcionado e baseado em evidências para a reforma educacional em países vulneráveis.

Pelo que você tem visto, os estudantes de idade não tradicional parecem se sair melhor ou pior na universidade do que os estudantes mais jovens? Como você explicaria sua observação?

letramento
Em um adulto, a capacidade de usar informação impressa e escrita para atuar em sociedade, alcançar objetivos e desenvolver o conhecimento e o potencial.

verificador
você é capaz de...

▷ Explicar as razões por que adultos maduros retornam à sala de aula?

▷ Discutir a importância do letramento e do treinamento do letramento nos Estados Unidos e no resto do mundo?

resumo e palavras-chave

A meia-idade: um construto social

- O conceito de meia-idade é um construto social. Ele passou a ser usado nas sociedades industriais quando a crescente expectativa de vida levou a novos papéis nessa fase da vida.
- O intervalo de tempo da vida adulta intermediária é frequentemente subjetivo.
- A vida adulta intermediária é uma época de ganhos e de perdas.
- A maioria das pessoas de meia-idade está em boas condições físicas, cognitivas e emocionais. Elas têm muitas responsabilidades e múltiplos papéis, e se sentem competentes para lidar com eles.
- A meia-idade é uma época para fazer um balanço e tomar decisões sobre os anos de vida restantes.

DESENVOLVIMENTO FÍSICO

Mudanças físicas

- Embora algumas mudanças fisiológicas resultem do envelhecimento e da constituição genética, o comportamento e o estilo de vida podem afetar seu tempo de ocorrência e extensão.
- A maioria dos adultos de meia-idade compensa bem os pequenos e graduais declínios nas capacidades sensórias e psicomotoras. Perdas de densidade óssea e da capacidade vital são comuns.
- Os sintomas da menopausa e as atitudes em relação a ela podem depender de fatores culturais e de alterações naturais do envelhecimento.

- Embora os homens possam continuar a gerar filhos em idade avançada, muitos homens de meia-idade sofrem um declínio na fertilidade e na frequência de orgasmo.
- Uma grande proporção de homens de meia-idade sofre de disfunção erétil. A disfunção erétil pode ter causas físicas, mas também pode estar relacionada à saúde, ao estilo de vida e ao bem-estar emocional.
- A atividade sexual em geral diminui gradualmente na meia-idade.

presbiopia (440)
miopia (440)
presbiacusia (440)
metabolismo basal (441)
capacidade vital (443)
menopausa (443)
perimenopausa (443)
disfunção erétil (446)

Saúde física e mental

- A maioria das pessoas de meia-idade é saudável e não tem limitações funcionais; entretanto, os *baby-boomers* podem ser menos saudáveis do que gerações anteriores na meia-idade.
- A hipertensão é um problema de saúde importante que se inicia na meia-idade. O câncer superou as doenças cardíacas como causa principal de morte na meia-idade. A prevalência de diabetes duplicou.
- Dieta, exercícios, uso de álcool e tabagismo afetam a saúde presente e futura. O cuidado preventivo é importante.
- A baixa renda está associada a condições de saúde mais precárias.
- As disparidades raciais e étnicas na saúde e no cuidado que ela demanda diminuíram, mas ainda persistem.
- Mulheres após a menopausa tornam-se mais suscetíveis a doenças cardíacas bem como a perda óssea, levando à osteoporose. As chances de desenvolver câncer de mama também aumentam com a idade.
- A terapia hormonal é altamente eficaz para o tratamento de alguns dos sintomas da menopausa, mas tem um padrão complexo de riscos e benefícios.
- O estresse ocorre quando a capacidade do corpo para lidar com os problemas não é igual ao que se exige dele. O estresse está relacionado a diversos problemas práticos. Estresse grave pode afetar o funcionamento imunológico.
- As mudanças de papel e de carreira e outras experiências características da meia-idade podem ser estressantes, mas a resiliência é comum.
- A personalidade e a emotividade negativa podem afetar a saúde. Emoções positivas tendem a estar associadas com boa saúde.
- A angústia psicológica é prevalente na meia-idade.

hipertensão (448)
diabetes (448)
osteoporose (451)
mamografia (453)
terapia hormonal (TH) (453)
estresse (454)
estressores (454)

DESENVOLVIMENTO COGNITIVO

Medindo as capacidades cognitivas na meia-idade

- O Estudo Longitudinal de Seattle revelou que várias das capacidades mentais básicas permanecem fortes durante a meia-idade, mas há uma grande variabilidade individual.
- A inteligência fluida declina mais cedo do que a inteligência cristalizada.

inteligência fluida (458)
inteligência cristalizada (458)

O caráter distinto da cognição do adulto

- Alguns teóricos propõem que a cognição assume formas características na meia-idade. Os avanços na *expertise*, ou conhecimento especializado, têm sido atribuídos à encapsulação das capacidades fluidas dentro da área de atuação de uma pessoa.
- O pensamento pós-formal parece especialmente útil em situações que exigem pensamento integrativo.

encapsulação (459)

Criatividade

- O desempenho criativo depende de atributos pessoais e de forças ambientais.
- A criatividade não está fortemente relacionada à inteligência.
- Pesquisas anteriores sugeriam que a idade levava a um declínio na produção criativa por ocupação, mas dados mais recentes sugerem que os achados são mais complexos do que se imaginava originalmente.

Trabalho e educação

- Uma mudança da aposentadoria precoce para opções mais flexíveis está ocorrendo.
- Um trabalho complexo pode melhorar a flexibilidade cognitiva.
- Muitos adultos participam de atividades educacionais, frequentemente para aperfeiçoar habilidades e conhecimentos relacionados ao trabalho.
- O treinamento do letramento é uma necessidade urgente nos Estados Unidos e no resto do mundo.

letramento (463)

capítulo

16

Desenvolvimento Psicossocial na Vida Adulta Intermediária

Streetangel/Getty Images

Pontos principais

A trajetória de vida na meia-idade

Mudanças da meia-idade: abordagens teóricas

O *self* na meia-idade: problemas e temas

Relacionamentos na meia-idade

Relacionamentos consensuais

Relacionamentos com filhos maduros

Outros laços de parentesco

Objetivos de aprendizagem

Discutir a estabilidade e as mudanças no desenvolvimento na vida adulta intermediária.

Resumir o desenvolvimento da personalidade e o ajuste psicológico na meia-idade.

Identificar aspectos importantes dos relacionamentos íntimos na vida adulta intermediária.

Você sabia que...

▷ A ideia de uma crise da meia-idade tem sido largamente desacreditada, e que é razoavelmente incomum passar por uma?

▷ A satisfação conjugal geralmente é mais baixa no início da meia-idade e chega ao ápice quando os filhos estão criados?

▷ Com o apoio adequado, cuidar de um pai enfermo pode ser uma oportunidade para crescimento pessoal?

Neste capítulo, examinamos as perspectivas teóricas e as pesquisas sobre questões e temas psicossociais na meia-idade. Então nos concentramos nos relacionamentos íntimos: casamento, concubinato e divórcio; relacionamentos homossexuais; amizades; e relacionamentos com filhos em fase de crescimento, pais idosos, irmãos e netos. Tudo isso pode ser urdido na textura rica dos anos da meia-idade.

> **U**ma das muitas coisas que ninguém lhe conta sobre a meia-idade é que é tão bom deixar de ser jovem.
>
> —William Feather

A trajetória de vida na meia-idade

Os cientistas do desenvolvimento examinam o curso do desenvolvimento psicossocial da meia-idade de diversas maneiras. *Objetivamente*, eles consideram as trajetórias ou caminhos, tal como a busca de uma carreira na meia-idade por uma outrora tradicional esposa e mãe. *Subjetivamente*, eles observam como as pessoas constroem sua identidade e a estrutura de suas vidas (Moen & Wethington, 1999).

As vidas não progridem isoladamente. Os caminhos individuais se cruzam com os caminhos dos membros da família, dos amigos, de conhecidos e de desconhecidos. O trabalho e os papéis pessoais são interdependentes, e esses papéis são afetados pelas tendências na sociedade. Geração, gênero, etnia, cultura e nível socioeconômico também afetam o curso da vida. Todos esses fatores, e outros mais, fazem parte do estudo do desenvolvimento psicossocial na meia-idade.

verificador
você é capaz de...
▷ Diferenciar entre as visões objetiva e subjetiva da trajetória de vida?
▷ Identificar os fatores que afetam a trajetória de vida na meia-idade?

Mudanças da meia-idade: abordagens teóricas

Em termos psicossociais, a vida adulta intermediária já foi considerada um período relativamente estável do desenvolvimento, no qual havia poucas mudanças. Os adultos de meia-idade raramente eram objeto de estudo direto. Quando participavam de pesquisas, estas tendiam a se concentrar no seu papel de pais e nos modos como afetavam o desenvolvimento dos filhos ou no seu papel como cuidadores de pais idosos (Lachman, 2004).

Quando era conduzida pesquisa sobre a meia-idade, usavam-se principalmente modelos transversais, nos quais adultos de diversas idades eram comparados uns aos outros. Esses trabalhos turvavam a imagem que tínhamos das trajetórias individuais e dos padrões de mudança e estabilidade (Willis, Martin, & Röcke, 2010). A ênfase ficava principalmente nas mudanças médias dos adultos de meia-idade, com o pressuposto de que, após as mudanças rápidas da infância e adolescência e antes dos declínios da vida adulta tardia, o desenvolvimento era relativamente estável (Schaie, 2005).

Contudo, há um interesse renovado por pesquisas sobre meia-idade. A mudança na demografia de países como os Estados Unidos, onde uma grande parcela dos adultos de meia-idade estão entrando na vida adulta tardia, fez com que estudar as dinâmicas dessa idade se tornasse mais essencial. Além disso, o campo e as ferramentas disponíveis para os pesquisadores mudaram. Trabalhos mais recentes, utilizando dados longitudinais antes indisponíveis e técnicas estatísticas mais sofisticadas, permitem que os pesquisadores analisem mais detalhadamente as trajetórias individuais de mudança e estabilidade (Willis et al., 2010). Na próxima seção, concentramo-nos em alguns dos modelos clássicos da vida adulta intermediária que tiveram o maior impacto no campo como forma de contextualizar o nosso entendimento sobre o desenvolvimento na meia-idade.

MODELOS DE TRAÇO

Lembre-se de que o modelo de traços de personalidade mais conhecido descrevia as diferenças individuais como uma função de cinco fatores: abertura à experiência, conscienciosidade, extroversão, amabilidade e neuroticismo (Costa & McCrae, 1980). As pesquisas nessa área afirmavam que

> Os Cinco Grandes traços estão relacionados a diferenças físicas reais nas estruturas cerebrais dos adultos. Por exemplo, a extroversão está correlacionada ao tamanho do córtex órbito-frontal medial – uma área do cérebro envolvida no processamento de recompensas – e o neuroticismo está relacionado ao volume de áreas do cérebro associadas à ameaça e à punição. Isso dá suporte ao modelo biológico dos Cinco Grandes.
>
> DeYoung et al., 2010.

esses traços, os chamados Cinco Grandes, eram relativamente contínuos, e acreditava-se que não sofriam mudanças significativas após os 30 anos. Dados mais recentes sugerem que mudanças são possíveis durante esses anos (Roberts & Mroczek, 2008).

Que mudanças específicas foram observadas? A conscienciosidade (ser intencional, organizado e disciplinado) tende a ser mais alta na meia-idade (Donellan & Lucas, 2008), talvez devido às experiências de trabalho (Roberts & Mroczek, 2008). As trajetórias de vida individuais podem afetar o processo. Por exemplo, comparados com pessoas que continuam a trabalhar, os aposentados tendem a aumentar a amabilidade (ser diretos, altruístas e modestos) e a diminuir a atividade (Lockenhoff, Terracciano, & Costa, 2009). Contudo, pessoas que ficam desempregadas contra a sua vontade apresentam reduções em amabilidade e conscienciosidade. Essa relação se fortalece, especialmente nos homens, à medida que o desemprego persiste (Boyce, Wood, Daly, & Sedikides, 2015). Os relacionamentos sociais também importam. Os homens de meia-idade que se casam novamente tendem a se tornar menos neuróticos (Roberts & Mroczek, 2008); os que se divorciam diminuem a sua extroversão (Allemand, Hill, & Lehmann, 2015); e aumentos em extroversão e amabilidade, assim como reduções no neuroticismo, estão associados com a percepção maior de apoio social (Allemand, Schaffhuser, & Martin, 2015; Hill, Weston, & Jackson, 2017).

Os Cinco Grandes são universais nos seres humanos. Aparentemente, ao menos em amostras urbanas e letradas de diversas culturas, os traços dos Cinco Grandes são uma boa representação da personalidade (McCrae & Costa, 1997; McCrae & Terracciano, 2005). Todavia, os traços em si ou os processos por trás deles provavelmente não são universais. Por exemplo, em um estudo, os pesquisadores observaram os mesmos traços representados em amostras japonesas e norte-americanas durante um período de 9 anos, mas houve muito menos flutuações nos níveis de traços na amostra japonesa do que na norte-americana (Chopik & Kitayama, 2018). Esse processo interage com o gênero. Uma pesquisa entre 55 nações mostrou que as diferenças de sexo nos traços de personalidade são maiores em nações mais prósperas onde as mulheres têm mais igualdade. Nessas nações, as mulheres tendem a relatar níveis mais altos de neuroticismo, extroversão, amabilidade e conscienciosidade do que os homens (Schmitt, Realo, Voracek, & Allik, 2008).

Além disso, os mesmos cinco fatores podem não existir em todas as culturas. Um estudo que envolvia indivíduos tsimané, membros de uma sociedade indígena pré-letrada de caçadores-coletores, não encontrou a mesma estrutura de personalidade de cinco fatores. A estrutura que emergiu dos dados poderia ser caracterizada de forma mais precisa com dois fatores primários organizados em torno da "pró-socialidade" e da "diligência", talvez mais importantes em uma sociedade que depende da mão de obra de subsistência para sobreviver (Gurven, von Rueden, Massenkoff, Kaplan, & Lero Vie, 2013). Assim, a cultura pode ter influência sobre quais características da personalidade emergem como importantes ou sobre os processos que envolvem mudanças na personalidade ao longo do tempo.

MODELOS DO ESTÁGIO NORMATIVO

Erik Erikson foi o mais influente dos teóricos dos modelos do estágio normativo. Como ocorre com todos os estágios do ciclo de vida, Erikson acreditava que havia um desafio a ser enfrentado na meia-idade, com a possibilidade de riscos e de desfechos positivos.

Erikson via os anos em torno dos 40 como a época em que as pessoas entram em seu sétimo estágio normativo, **generatividade *versus* estagnação**. A **generatividade**, de acordo com a definição de Erikson, envolveria encontrar significado através de contribuições para a sociedade e a criação de um legado para as gerações futuras. A virtude desse período é o *cuidado*: "um compromisso amplo no sentido de *cuidar* das pessoas, dos produtos e das ideias com as quais a pessoa aprendeu a se *importar*" (Erikson, 1985, p. 67). As pessoas que não encontram uma saída para a generatividade correm o risco de tornar-se centradas em si mesmas, autoindulgentes e estagnadas. Os adultos que vão se estagnando podem se descobrir desconectados das suas comunidades por não ter encontrado uma maneira de contribuir.

Erikson acreditava que a generatividade é especialmente proeminente durante a meia-idade por causa das demandas de trabalho e família. As pesquisas (ver Tabela 16.1) corroboram a ideia de que pessoas de meia-idade têm pontuações mais altas em generatividade do que as mais jovens ou as mais velhas. A idade em que os indivíduos alcançam a generatividade varia, assim como sua

generatividade *versus* estagnação
O sétimo estágio do desenvolvimento psicossocial de Erikson, no qual o adulto de meia-idade desenvolve uma preocupação relacionada a estabelecer, orientar e influenciar a próxima geração ou então experimenta a estagnação (um senso de inatividade ou falta de significado para a vida).

generatividade
Termo de Erikson para as preocupações dos adultos maduros com encontrar significado através de contribuições para a sociedade e a criação de um legado para as gerações futuras.

força em um determinado momento, e algumas pessoas são mais generativas do que as outras (Keyes & Ryff, 1998; McAdams, 2006; Steward & Vandewater, 1998).

Em geral, as mulheres relatam níveis mais altos de generatividade do que os homens, particularmente no início da vida adulta (Keyes & Ryff, 1998). Além disso, para as mulheres, tornar-se mãe não parece ser um momento crucial no desenvolvimento da generatividade. Para os homens, no entanto, ter um filho no início da vida adulta está associado com maior generatividade. Em um estudo, os pais jovens tinham pontuações maiores em comportamento generativo do que os pais mais velhos (Karacan, 2014). Na vida adulta tardia, os níveis de generatividade são mais semelhantes entre homens e mulheres (Keyes & Ryff, 1998; Cox, Wilt, Olson, & McAdams, 2010). Aparentemente, mesmo aqueles adultos que entram na meia-idade com baixos níveis de generatividade podem igualar-se a seus pares (Whitbourne, Sneed, & Sayer, 2009). É possível que o alívio das responsabilidades familiares e profissionais primárias liberte os adultos de meia-idade e mais velhos para que possam expressar generatividade em uma escala mais ampla (Keyes & Ryff, 1998).

Para muitos adultos, a generatividade é expressa por meio da parentalidade, assim como pelo fato de tornarem-se avós, geralmente uma atividade mais tranquila do que ser pai ou mãe (Hebblethwaite & Norris, 2011). Mas esse não é o único caminho; a generatividade pode ser derivada do envolvimento em múltiplos papéis (McAdams, 2013; Chen, Krahn, Galambos, & Johnson, 2019) e expressa por meio de ensino ou aconselhamento, da produtividade ou criatividade, da autogeração ou autodesenvolvimento. Pode se estender ao mundo do trabalho, à política, à religião, aos passatempos, à arte, à música e a outras esferas – ou, como Erikson chamava, à "manutenção do mundo". Independentemente da forma que assume, a generatividade tende a estar associada ao comportamento pró-social (McAdams, 2006). Assim, por exemplo, oferecer-se como voluntário para serviços comunitários ou para uma causa política é uma expressão de generatividade (Hart, Southerland, & Atkins, 2003; Matsuba et al., 2012).

Generatividade, uma preocupação em orientar a geração mais jovem, pode ser expressa por meio do treinamento ou do aconselhamento. A generatividade pode ser o segredo para o bem-estar na meia-idade.

SW Productions/Photodisc/Getty Images

Altos níveis de generatividade estão ligados a desfechos positivos. Por exemplo, pessoas altamente generativas tendem a informar maior bem-estar e satisfação na meia-idade (McAdams, 2001; Adams-Price, Nadorff, Morse, Davis, & Sterns, 2018) e posteriormente na vida adulta (Sheldon & Kasser, 2001; Adams-Price et al., 2018), talvez por meio da sensação de ter contribuído significativamente para a sociedade (Roman, 2018). Além disso, os efeitos positivos também são de natureza física; a generatividade está associada com boa saúde e menor risco de incapacidade, declínio cognitivo e mortalidade (Gruenewald, Liao, & Seeman, 2012; Malone, Liu, Vaillant, Rentz, & Waldinger, 2016).

O MOMENTO DOS EVENTOS: O RELÓGIO SOCIAL

Toda cultura possui um relógio social que descreve as idades nas quais espera-se que as pessoas atinjam determinados marcos. Modelos de momentos dos eventos sugerem que, em vez de se basear nos anos de vida, o desenvolvimento é mais afetado por *quando* os eventos ocorrem na vida da pessoa. Em outras palavras, o que importa não é ter feito 65 anos, mas aposentar-se.

Nas gerações anteriores, o momento em que os grandes eventos ocorriam no relógio social era razoavelmente previsível. Quando os padrões ocupacionais eram mais estáveis e a aposentadoria aos 65 anos era quase universal, o significado do trabalho era mais parecido para todos os adultos que se aproximavam da idade da aposentadoria. Contudo, em momentos de mudanças de trabalho frequentes, redução do quadro de funcionários e aposentadoria precoce ou prorrogada, o significado do trabalho é mais variável. Da mesma forma, quando a vida da maioria das mulheres girava em torno da concepção e da educação dos filhos, o fim do ciclo reprodutivo tinha um significado diferente. Quando as pessoas morriam mais cedo, os sobreviventes na meia-idade estavam mais propensos a

TABELA 16.1 — Teste de autoavaliação para generatividade

- Eu tento passar adiante o conhecimento que obtive por meio da minha experiência.
- Eu não acho que as outras pessoas precisem de mim.
- Eu acho que gostaria de ser professor(a).
- Eu sinto que fiz uma diferença para muitas pessoas.
- Eu não me ofereço como voluntário para trabalhos de caridade.
- Eu fiz e criei coisas que tiveram um impacto sobre outras pessoas.
- Eu tento ser criativo na maioria das coisas que faço.
- Eu acredito que serei lembrado por um longo tempo após a minha morte.
- Acredito que a sociedade não pode ser responsável por prover alimento e abrigo para todas as pessoas sem residência.
- Os outros diriam que eu dei contribuições únicas à sociedade.
- Se eu fosse incapaz de ter meus próprios filhos, eu gostaria de adotar uma criança.
- Eu tenho habilidades importantes que tento ensinar aos outros.
- Eu sinto que não fiz nada que sobreviva após a minha morte.
- Em geral, minhas ações não têm um efeito positivo sobre os outros.
- Eu sinto como se não tivesse feito nada de valor para contribuir para os outros.
- Eu assumi muitos compromissos com muitos tipos diferentes de pessoas, grupos e atividades em minha vida.
- As outras pessoas dizem que eu sou uma pessoa muito produtiva.
- Eu tenho a responsabilidade de melhorar o bairro em que vivo.
- As pessoas me procuram para pedir conselhos.
- Eu sinto que minhas contribuições sobreviverão a mim.

Fonte: McAdams, Dan P. e Ed de St. Aubin. "A Theory of Generativity and its Assessment through Self-Report, Behavioral Acts, and Narrative Themes in Autobiography." *Journal of Personality and Social Psychology* 62, no. 6 (1992): 1003--015. https://psycnet.apa.org/buy/1992-33565-001.

sentir que estavam se aproximando do final de suas vidas. Hoje, pessoas de meia-idade podem estar criando filhos pequenos, ser pais de adolescentes e de adultos jovens ou se tornaram cuidadores dos pais idosos. Como os caminhos trilhados por cada um são mais variados, o mesmo ocorre com os limites da meia-idade.

Pesquisas mostram que diversos fatores afetam o senso de envelhecimento subjetivo das pessoas e a sua entrada na meia-idade. Por exemplo, os membros de grupos étnicos minoritários, pessoas com nível socioeconômico ou escolaridade menor, pais jovens, divorciados ou pessoas cujos pais morreram tendem a relatar uma idade de entrada mais jovem na meia-idade (Toothman & Barrett, 2011; Barrett & Toothman, 2017). O gênero também altera a linha do tempo subjetiva. As mulheres informam que a meia-idade começa e termina mais tarde do que os homens, talvez na tentativa de evitar a desvalorização social sofrida pelas "velhas" (Toothman & Barrett, 2011). Envelhecer também importa. À medida que envelhecem, as pessoas tendem a informar que se sentem mais jovens do que são de fato, e que o que consideram "meia-idade", em contraste com "velho", desloca-se para adiante (Shinan-Altman & Werner, 2019).

Muitos adultos de meia-idade parecem bastante capazes de lidar com esse estágio da vida (Lachman, 2004), mas as pesquisas sugerem que os adultos que "saem dos trilhos" podem ter mais dificuldades do que aqueles que seguem a trajetória esperada para os indivíduos da sua cultura. Por exemplo, um estudo de quase 700 adultos turcos descobriu que aqueles que consideravam ter se casado "no prazo" apresentavam níveis mais elevados de bem-estar, autonomia, competência e conexão do que aqueles que se consideravam precoces ou atrasados (Pekel-Uludağlı & Akbaş, 2016). Da mesma forma, uma pesquisa longitudinal com 405 adultos canadenses revelou que se casar mais cedo estava associado com um risco menor de depressão na meia-idade, o que confirma a influência das normas sociais sobre a idade (Johnson, Krahn, & Galambos, 2017).

Existem muitas normas relativas ao momento "certo" para os eventos de vida, mas uma influência particularmente forte, em especial entre as mulheres, envolve as normas em torno da parentalidade (Billari et al., 2010). Tornar-se pai ou mãe cedo, por exemplo, está associado com declínios no bem-estar e com um risco maior de depressão em comparação com a parentalidade "na hora certa" (Koropeckyj-Cox, Pienta, & Brown, 2007; Pekel-Uludağlı & Akbaş, 2018).

Como a fertilidade das mulheres decai com a idade, as normas relativas a ter filhos tarde costumam ser mais sentidas pelas mulheres do que pelos homens. Em dados de um levantamento realizado em 25 países europeus, envolvendo mais de 43.000 pessoas, 57,2% dos respondentes disseram que as mulheres com mais de 40 anos geralmente são velhas demais para considerarem ter um filho (Billari et al., 2010), apesar das estimativas de que apenas cerca de 17% das mulheres de 40 anos com certeza são estéreis (Leridon, 2008). Ainda assim, devido às normas sociais intensas e determinadas pelo tempo em relação à maternidade, as mulheres tendem a sentir cada vez mais pressão para terem filhos à medida que envelhecem, o que afeta a sua adaptação à meia-idade. As mulheres com filhos informam declínios na ansiedade relativa à reprodução ao longo do tempo, mas as que não têm estão mais propensas a expressar ansiedade em relação ao envelhecimento reprodutivo (Barrett & Toothman, 2017). Esse processo pode interagir com a cultura. Por exemplo, uma pesquisa em 12 países europeus descobriu que as mulheres que tinham filhos mais de dois anos após a média do seu país para a sua coorte eram, na velhice, mais solitárias do que aquelas que tinham filhos "no tempo certo". Além disso, o efeito era mais forte nos países mais tradicionalistas.

Felizmente, apesar dos múltiplos desafios e eventos variáveis da meia-idade, muitos adultos de meia-idade demonstram resiliência incrível (Ryff et al., 2012). Na próxima seção, concentramo-nos nos desafios psicossociais da meia-idade, em como as pessoas resolvem as mudanças na sua identidade e na manutenção do bem-estar psicológico e da saúde mental positiva durante o envelhecimento.

> *Pesquisas sugerem que pessoas obrigadas a usarem uniforme no trabalho têm morbidade geral mais baixa do que aquelas que podem escolher o que vestem. Os pesquisadores sugerem que as roupas muitas vezes atuam como indicador ambiental para o envelhecimento, e como todos precisam vestir o mesmo, os uniformes anulam esse indicador e predispõem o indivíduo para a melhoria na saúde.*
>
> Hsu, Chung, & Langer, 2010

verificador
você é capaz de...

▷ Resumir as mudanças importantes que ocorrem na meia-idade, de acordo com a teoria e a pesquisa do traço e do estágio normativo?

▷ Dizer de que forma as mudanças históricas e culturais afetaram o relógio social para a meia-idade?

O *self* na meia-idade: problemas e temas

Independentemente de olharmos para as pessoas de meia-idade de forma objetiva, em termos de seus comportamentos externos, ou de forma subjetiva, em termos de como elas descrevem a si próprias, é inevitável o surgimento de determinados problemas e temas. Será que existe a chamada crise da meia-idade? Como a identidade se desenvolve na meia-idade? O que contribui para o bem-estar psicológico?

EXISTE A CRISE DA MEIA-IDADE?

O homem de meia-idade que compra impulsivamente um carro esportivo caro ou a mulher que abandona o emprego e o lar de repente para viajar e se encontrar são estereótipos conhecidos. Muitas vezes, mudanças na personalidade e no estilo de vida que ocorrem dos 40 aos 45 anos são atribuídas à chamada **crise da meia-idade**. Em torno dessa idade, muitas pessoas percebem que não poderão realizar seus sonhos de juventude ou que a realização deles não lhes trouxe a satisfação que esperavam, e também conscientizam-se mais da própria mortalidade. A crise da meia-idade é um período supostamente estressante desencadeado pela revisão e reavaliação da própria vida.

Existem evidências longitudinais e transversais, de múltiplos países, de que, em média, o bem-estar dos homens e das mulheres diminui gradualmente até atingirem a meia-idade. A partir desse ponto, ele aumenta lenta e gradativamente até os 70 anos, no mínimo, embora a transição ocorra mais cedo para aqueles com bem-estar temperamentalmente mais alto ou que vêm de países com níveis mais altos de bem-estar em geral (Cheng, Powdthavee, & Oswald, 2015; Graham & Pozuelo, 2017).

crise da meia-idade
Em alguns modelos normativos de crise, período estressante da vida desencadeado pela revisão e pela reavaliação do passado, ocorrendo caracteristicamente dos 40 aos 45 anos.

Até onde você sabe, algum de seus pais passou pelo que parecia ser uma crise da meia-idade? Se você está na meia-idade ou é mais velho, você passou por esta crise? Nesse caso, que problemas a tornaram uma crise? Ela pareceu mais séria do que transições em outras épocas da vida?

Apesar da queda em bem-estar na meia-idade, o termo *crise da meia-idade* é agora considerado uma representação imprecisa do que a maioria das pessoas vivencia (Wethington, 2000). As crises não são vivenciadas apenas durante a meia-idade, apesar de serem ligeiramente mais comuns durante esse período, e nem todos as enfrentam. Por exemplo, dos 20 aos mais de 40 anos, de 39 a 46% dos homens e de 49 a 59% das mulheres informam uma crise (Robinson & Wright, 2013). Pessoas que têm crises na meia-idade geralmente também têm crises em outros momentos da vida, de modo que a crise da meia-idade pode ser uma manifestação de uma personalidade neurótica, não um estágio do desenvolvimento (Lachman, Teshale, & Agrigoroaei, 2015).

As crises podem ser provocadas por eventos ou circunstâncias. Assim, por exemplo, em um estudo, os adultos coreanos mais velhos com escolaridade e nível econômico mais elevados eram menos propensos a sofrer uma crise da meia-idade, mas saúde pior, baixo apoio social e alto estresse estavam associados com maior probabilidade de enfrentar uma crise (Chang, 2018). Homens e mulheres também diferem com relação aos tipos de questões que precipitam uma crise. Os homens informam mais crises centradas no trabalho, enquanto as mulheres relatam mais preocupações em torno de relacionamentos e problemas familiares (Robinson & Wright, 2013).

Pode ser melhor considerar a meia-idade um **momento decisivo da vida**, uma transição psicológica que envolve mudanças ou transformações significativas na percepção do significado, propósito ou direção da própria vida. Os momentos decisivos podem ser desencadeados pelos principais eventos da vida, mudanças normativas ou por uma nova compreensão da experiência passada, seja ela positiva ou negativa, podendo ser estressantes. Entretanto, no estudo MIDUS e em outros estudos sobre resiliência, muitos respondentes relatam crescimento positivo a partir de uma resolução bem-sucedida dos desafios encontrados na vida (Ryff et al., 2012).

Pesquisas recentes com chimpanzés e orangotangos mostram que o bem-estar segue uma curva em forma de U invertido. Os pesquisadores interpretam esse achado como uma sugestão de que, assim como nós, os grandes primatas passam por uma espécie de crise da meia-idade.
Weiss, King, Inoue-Murayama, Matsuzawa, & Oswald, 2012

Os momentos decisivos frequentemente envolvem uma revisão e reavaliação introspectiva de valores e prioridades (Bauer & McAdams, 2004). A **revisão da meia-idade** envolve reconhecer a finitude da vida e pode ser um momento de balanço geral, gerar novas descobertas sobre si mesmo e estimular correções no projeto e na trajetória da própria vida. No entanto, ela também pode envolver arrependimento por não ter alcançado um sonho ou a consciência clara dos *prazos evolutivos* – limites de tempo para, digamos, a capacidade de gerar um filho ou fazer as pazes com um amigo ou um membro da família distante (Heckhausen, 2001).

O que determina se um momento decisivo se tornará uma crise pode depender menos da idade do que das circunstâncias e recursos pessoais do indivíduo. Pessoas com **resiliência do ego** – a capacidade de adaptar-se flexível e desembaraçadamente às possíveis fontes de estresse – e que têm um senso de domínio e controle são mais propensas a atravessar a meia-idade com sucesso (Heckhausen, 2001; Lachman, 2004; Kremen, Lachman, Pruessner, Sliwinski, & Wilson, 2012). Elas se recuperam do estresse mais rapidamente (Tugade, Frederickson, & Feldman Barrett, 2004), são menos propensas a ficar deprimidas após sofrer um trauma (Frederickson, Tugade, Waugh, & Larkin, 2003) e têm menos tendência a passar por uma crise da meia-idade (Chang, 2018). Para pessoas com personalidades resilientes, mesmo eventos negativos, tais como um divórcio não desejado, podem se transformar em trampolins para um crescimento positivo (Klohnen, 1996; Moen & Wethington, 1999) (ver Tabela 16.2).

momentos decisivos
Transições psicológicas que envolvem mudanças ou transformações significativas na percepção do significado, propósito ou direção da própria vida.

revisão da meia-idade
Exame introspectivo que frequentemente ocorre na meia-idade, levando à reavaliação e à revisão de valores e prioridades.

resiliência do ego
A capacidade de adaptar-se flexível e desembaraçadamente a possíveis fontes de estresse.

Uma revisão da meia-idade poderia inspirar uma mulher que sente que seu relógio biológico está adiantado em relação ao seu desejo de ter um filho.
thechatat/Shutterstock

DESENVOLVIMENTO DA IDENTIDADE

Embora Erikson tenha definido a formação da identidade como a maior preocupação da adolescência, ele notou que a identidade continua a se desenvolver durante toda a vida adulta também.

pesquisa em ação

MUDANÇAS DE CARREIRA NA MEIA-IDADE

De acordo com a descrição original de Erik Erikson, a meia-idade é caracterizada pela inclusão de um período de "reavaliação de vida" que envolve avaliar prioridades passadas e presentes, mudanças de responsabilidade e busca de atividades mais recompensadoras. Uma área na qual as pessoas podem vivenciar a reavaliação de vida envolve as suas carreiras.

Nas gerações anteriores, as pessoas muitas vezes trabalhavam para a mesma empresa do início da vida adulta até a velhice, mas esse padrão é cada vez mais raro nos dias de hoje. Reestruturações corporativas, *downsizing* organizacional, demissões em massa e mudanças tecnológicas rápidas podem eliminar determinadas classes de emprego (Myers & Harper, 2014) e, no processo, levar a uma reavaliação de vida centrada na identidade ocupacional. Para alguns adultos de meia-idade, avaliar a satisfação com a carreira leva a uma mudança e a uma busca voluntária por novas carreiras quando já são profissionais experientes.

As motivações para a mudança de carreira voluntária na meia-idade incluem satisfação pessoal, satisfação na carreira, contribuição para o bem maior da sociedade, mais prestígio ou busca intencional de carreiras colocadas em suspenso no início da vida adulta (Etaugh, 2013). Phanse e Kaur (2015) conduziram entrevistas com gerentes próximos ao auge das suas carreiras que optaram pela mudança. Foram citados múltiplos motivos, mas a maioria centrava-se em temas de "autorrenovação" e no desejo de realizar trabalhos novos e mais criativos. Outras razões comuns incluem falta de desafio, estresse e ansiedade devido à insegurança no emprego, *bullying* no ambiente de trabalho e conflitos com a gerência (Barclay, Stoltz, & Chung, 2011).

A transição de carreira pode ou não dar certo para o profissional. Uma transição de carreira fracassada pode resultar em aflição psicológica ou prejuízos à reputação profissional (Barclay et al., 2011). Alguns buscam um novo interesse de carreira claramente definido, mas, para outros, as opções levam anos até se cristalizar e formar uma trajetória clara e firme (Etaugh, 2013). Um senso forte de identidade de carreira também pode nublar a visão sobre quais habilidades profissionais são valiosas e se aplicam a múltiplos setores da economia, o que leva algumas pessoas a ignorarem empregos que lhes seriam adequados (Howes & Goodman-Delahunty, 2014).

Muitos descrevem a mudança de carreira na meia-idade como um "aprofundamento na alma" e "estressante", mas ela também pode ser recompensadora. A autoeficácia e a confiança funcionam como catalisadores para uma mudança de carreira bem-sucedida na meia-idade (Etaugh, 2013). As "necessidades de sobrevivência" – ou seja, poder cuidar da família financeiramente – estão ligadas ao bem-estar psicológico e são a principal área de consideração nas mudanças de carreira na meia-idade (Kim, Fouad, Maeda, Xie, & Nazan, 2017).

qual a sua opinião? O que você recomendaria para quem busca uma transição de carreira na meia-idade? Que abordagens os ambientes de trabalho poderiam adotar para apoiar melhor as necessidades dos profissionais de meia-idade?

Susan Krauss Whitbourne: os processos de identidade   De acordo com a **teoria do processo de identidade (TPI)** de Susan Krauss Whitbourne (1987, 1996; Jones, Whitbourne, & Skultety, 2006), as características físicas, as habilidades cognitivas e os traços de personalidade são incorporados a **esquemas da identidade**. Essas percepções de si mesmo são continuamente confirmadas ou revisadas em resposta a novas informações.

Piaget descreveu dois processos que foram aplicados no trabalho de entender o desenvolvimento da identidade. A *assimilação* é a interpretação de novas informações através de estruturas cognitivas existentes. A *acomodação* envolve alterar estruturas cognitivas para se alinhar mais de perto ao que é encontrado. A **assimilação da identidade** envolve manter um sentido consistente de *self* em face de novas experiências que não se ajustam ao entendimento atual. Informações contraditórias ou confusas são absorvidas sem alterar o próprio esquema de identidade. A **acomodação da identidade**, por outro lado, envolve ajustar o esquema da identidade para adequar-se a novas experiências. Aqui, o resultado é a descontinuidade do *self*, pois a acomodação da identidade envolve alterar o entendimento sobre si mesmo.

Em um mundo ideal, as pessoas conseguem atingir o **equilíbrio da identidade** e manter um sentido de *self* estável enquanto se ajustam aos esquemas do *self* para incorporar novas informações, tal como os efeitos do envelhecimento. Pessoas que atingem o equilíbrio da identidade reconhecem as mudanças que estão ocorrendo e respondem com flexibilidade; elas buscam controlar o que pode ser controlado e aceitar aquilo que não pode.

O uso excessivo da assimilação ou da acomodação não é saudável. Pessoas que assimilam constantemente podem buscar manter uma autoimagem jovem e ignorar o que está acontecendo

teoria do processo de identidade (TPI)
Teoria do desenvolvimento da identidade de Whitbourne baseada em processos de assimilação e acomodação.

esquemas da identidade
Percepções acumuladas do *self* moldadas por informação proveniente de relacionamentos íntimos, de situações relacionadas ao trabalho e da comunidade e de outras experiências.

assimilação da identidade
Termo de Whitbourne para o esforço de adaptar uma nova experiência a um autoconceito existente.

acomodação da identidade
Termo de Whitbourne para o ajustamento do autoconceito para adequar-se a novas experiências.

equilíbrio da identidade
Termo de Whitbourne para uma tendência a equilibrar assimilação e acomodação.

TABELA 16.2 Características de adultos com egos resilientes	
Mais característico	**Mais atípico**
Entende seus próprios motivos e comportamentos	Tem defesa do ego frágil; má adaptação sob estresse
Tem calor humano; capacidade para relacionamentos íntimos	É autodestrutivo
Tem atitude e presença social	Não se sente confortável com incertezas e complexidades
É produtivo; realiza seus planos	Reage exageradamente às menores frustrações; irrita-se com facilidade
Tem maneiras calmas, relaxadas	Rejeita pensamentos e experiências negativas
É habilidoso nas técnicas sociais de papel imaginário	Não varia os papéis; relaciona-se com todos da mesma forma
É socialmente sensível a pistas interpessoais	É basicamente ansioso
Pode ver o âmago dos problemas	Desiste e se afasta diante de frustração e adversidade
É genuinamente confiável e responsável	É emocionalmente afável
Responde bem ao humor	É vulnerável a ameaças reais ou falsas; medroso
Valoriza a própria independência e autonomia	Tende a ruminar e a preocupar-se
Tende a despertar simpatia e aceitação	Sente-se lesado e vitimizado pela vida
Faz brincadeiras	Sente uma falta de sentido pessoal na vida

Nota: Esses itens são usados como critérios para avaliar a resiliência do ego, usando o teste California Adult Q-Set.
Fonte: Adaptada de Block, 1991, reimpressa em Klohnen, 1996.

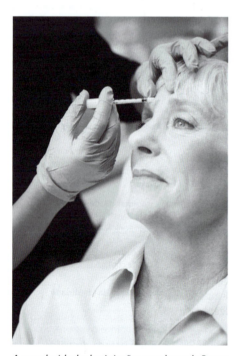

A popularidade das injeções regulares de Botox (toxina botulínica) para suavizar temporariamente as linhas de expressão e as rugas pode expressar o que Whitbourne chama de um estilo de identidade assimilativa.

Monkey Business Images/Shutterstock

com seus corpos. Este processo de negação pode dificultar a confrontação da realidade do envelhecimento quando ela não puder mais ser ignorada. Por outro lado, as pessoas que se acomodam constantemente são fracas e altamente vulneráveis à crítica; suas identidades são facilmente minadas. Elas podem reagir de forma exagerada aos primeiros sinais de envelhecimento, tal como o primeiro cabelo branco, e o seu pessimismo pode apressar seus declínios físico e cognitivo.

Generatividade e identidade Erikson considerava a generatividade um aspecto da formação da identidade. Pesquisas corroboram essa associação. A realização bem-sucedida da identidade está associada com a generatividade; juntas, ambas estão associadas com desfechos positivos.

Uma forma particularmente produtiva de analisar esse fenômeno envolve estudar o equilíbrio entre as demandas do lar e da família, algo geralmente mais difícil para as mulheres do que para os homens (Allen, Herts, Bruck, & Sutton, 2000). O processo de cumprir múltiplos papéis, o que pode envolver o questionamento de normas e estereótipos tradicionais para as mulheres, tende a afetar os processos identitários. Além disso, o trabalho e os filhos são áreas em que muitas pessoas buscam ações generativas. Assim, a maior parte do trabalho nessa área concentra-se nas mulheres.

As pesquisas mostram que, para as mulheres, habitar múltiplos papéis no início da vida (casada ou solteira, com filhos ou sem, trabalhando fora ou não) impacta o desenvolvimento da identidade. As mulheres que cumpriam mais papéis sociais tinham maior tendência a desenvolver um forte senso de identidade e, após desenvolvido, o seu equilíbrio da identidade estava associado com generatividade e, por consequência, bem-estar, saúde psicológica e resolução bem-sucedida do conflito entre trabalho e família (Vandewater, Ostrove, & Stewart, 1997; DeHaan & MacDermid, 1994; Peterson & Stewart, 1996).

Uma vez estabelecida, a generatividade abre caminho para desfechos de vida positivos. Por exemplo, a generatividade está associada com sentimentos positivos sobre o casamento, a maternidade e o cuidado dos pais idosos, assim como a uma maior certeza sobre a identidade e um senso de confiança no final da vida (Peterson & Duncan, 2007; Peterson, 2002; Zucker, Ostrove, & Stewart, 2002).

O relacionamento entre identidade e generatividade também pode afetar o comportamento. Em um estudo que comparava ativistas ambientais e não ativistas, a maturidade da identidade estava associada com mais ativismo. Supostamente, isso ocorria porque ter uma identidade madura motivava os indivíduos a agirem de forma mais generativa (Matsuba et al., 2012). Esses comportamentos podem ter consequências de longo prazo para a saúde. Em um estudo, pessoas altamente generativas de 60 a 75 anos tinham contato social mais frequente e ofereciam mais apoio aos outros, faziam mais trabalho voluntário e tinham níveis menores de afetividade negativa, maior probabilidade de casar, escolaridade mais alta e menor probabilidade de fumar, todas variáveis que afetam a saúde. Ao longo de 10 anos, também foi observado que elas tinham menor risco de prejuízo nas atividades da vida diária e de mortalidade (Gruenewald, Liao, & Seeman, 2012).

Psicologia narrativa: a identidade como uma história da vida   Todos levamos conosco a história de quem somos. O campo da *psicologia narrativa* considera o desenvolvimento do *self* um processo contínuo de construção da própria história – uma narrativa dramática para ajudar a dar sentido à vida e ligar o passado e o presente com o futuro (McAdams, 2006). O desenvolvimento dessa história oferece à pessoa uma "identidade narrativa" (Singer, 2004). De fato, alguns psicólogos narrativos consideram a própria identidade um *roteiro* ou história internalizada. As pessoas seguem o roteiro que elas próprias criaram à medida que expressam suas identidades por meio de ações (McAdams et al., 1997). A meia-idade frequentemente é uma época para revisar a própria história de vida (McAdams, 1993; Rosenberg, Rosenberg, & Farrell, 1999).

Os estudos na psicologia narrativa são baseados em uma entrevista de história de vida padronizada de duas horas de duração. O participante é instruído a pensar em sua vida como um livro, dividir o livro em capítulos e recordar oito cenas fundamentais, cada uma delas incluindo um momento decisivo. As pesquisas utilizando essa técnica constataram que os roteiros das pessoas tendem a refletir suas personalidades (McAdams, 2006).

Adultos altamente generativos tendem a construir *roteiros de generatividade*. Esses roteiros frequentemente exibem um tema de *redenção*, ou libertação do sofrimento, e estão associados com bem-estar psicológico. Em uma dessas histórias, uma enfermeira dedica-se a cuidar de uma boa amiga durante uma doença fatal. Embora devastada pela morte da amiga, ela sai da experiência com um sentido renovado de confiança e determinação de ajudar os outros (McAdams, 2006). A tendência a desenvolver narrativas nas quais os eventos geralmente são interpretados como positivos, enquanto os negativos são analisados de perto e processados em busca de significado, está associada ao bem-estar e à adaptação (Lilgendahl & McAdams, 2011; Weststrate & Glück, 2017).

BEM-ESTAR PSICOLÓGICO E SAÚDE MENTAL POSITIVA

Saúde mental não é apenas a ausência de doença mental. A saúde mental *positiva* envolve um sentido de bem-estar psicológico que anda de mãos dadas com uma percepção saudável de si mesmo (Keyes & Shapiro, 2004). Como os cientistas do desenvolvimento medem o bem-estar e quais fatores o afetam na meia-idade?

Emotividade, personalidade e idade   Muitos estudos, incluindo o MIDUS, encontraram um declínio gradual nas emoções negativas e um aumento nas positivas desde o início da vida adulta até a velhice (Mroczek, 2004; Carstensen et al., 2011; Diehl, Hay, & Berg, 2011). De acordo com o MIDUS, as mulheres relatam ligeiramente mais emotividade negativa (tal como raiva, medo, ansiedade) do que os homens em todas as idades. A emotividade positiva (tal como a alegria) aumenta, em média, entre os homens, mas cai entre as mulheres na meia-idade e então aumenta acentuadamente para ambos os sexos, mas especialmente nos homens, na vida adulta tardia (Mroczek, 2004). Em geral, a maior idade está associada com regulação emocional eficaz, maior bem-estar emocional e mais co-ocorrência de emoções positivas e negativas (Carstensen et al., 2011).

A capacidade de regular as próprias emoções tem consequências para os estressores do cotidiano. Os adultos jovens apresentam maior variação individual na emotividade do que os adultos mais velhos. Em outras palavras, enquanto os níveis médios de emotividade são semelhantes entre adultos jovens e mais velhos, estes apresentam uma reação positiva menor em resposta a eventos positivos, mas também uma reação negativa menor em resposta a eventos negativos (Röcke, Li,

▷ **verificador**
você é capaz de...

▷ Comparar os conceitos da crise da meia-idade e dos momentos decisivos e discutir sua prevalência relativa?

▷ Especificar as preocupações características da transição da meia-idade e os fatores que afetam a forma como as pessoas passam por ela?

▷ Resumir a teoria do processo identitário de Whitbourne e explicar de que forma a assimilação da identidade, a acomodação da identidade e o equilíbrio da identidade diferem, especialmente em resposta aos sinais de envelhecimento?

▷ **verificador**
você é capaz de...

▷ Explicar a ligação entre generatividade e identidade e discutir a pesquisa sobre generatividade e idade?

▷ Explicar o conceito de identidade como história de vida e como ele se relaciona com generatividade?

Ficamos mais nostálgicos à medida que envelhecemos. Uma das consequências disso é que nos tornamos mais suscetíveis a propagandas que apelam para a nostalgia, e que nos fazem mais propensos a comprar um produto.
Kusumi, Matsuda, & Sugimori, 2010

Assim como a emotividade, a autoestima se torna mais estável com a idade.
Meier, Orth, Denissen, & Kuhnel, 2011

A Red Hat Society (Sociedade do Chapéu Vermelho), cujos membros vão ao chá com chapéus vermelhos e vestidos roxos, começou com a decisão de algumas amigas de saudar a meia-idade com entusiasmo, bom humor e dignidade.

nano/Getty Images

& Smight, 2009). Contudo, os adultos jovens podem enfrentar mais eventos estressantes do que os adultos mais velhos. Quando adultos de diferentes idades com números semelhantes de estressores diários enfrentados são comparados, parte da variabilidade das suas respostas emocionais é reduzida (Brose, Scheibe, & Schmiedek, 2013).

Os relacionamentos também podem afetar as experiências emocionais e, consequentemente, o estresse. As pessoas casadas nesta fase da vida tendiam a relatar emoções mais positivas e menos emoções negativas do que as não casadas (Mroczek, 2004), mas a qualidade do relacionamento afeta o processo. Pessoas que permaneceram casadas, especialmente aquelas que informavam maior satisfação conjugal ao longo do tempo, apresentavam marcadores associados com boa saúde cardiovascular em comparação com adultos em novos casamentos. Isso sugere que a tensão e a discórdia conjugal enfrentadas pelos adultos em novos casamentos tinham efeitos duradouros na sua saúde (Donoho, Seeman, Sloan, & Crimmins, 2015).

O bem-estar subjetivo (o quanto uma pessoa se sente feliz) está relacionado a traços de personalidade, especialmente o neuroticismo. Pessoas com neuroticismo elevado são mais propensas a vivenciar um baixo senso de bem-estar subjetivo. A alta extroversão e a alta conscienciosidade, por outro lado, estão associadas com bem-estar subjetivo elevado (Weiss, Bates, & Luciano, 2008; Anglim & Grant, 2016; Grant, Langan-Fox, & Anglim, 2009).

Há algumas tendências de desenvolvimento normativas na personalidade. Mais especificamente, na vida adulta, as pessoas costumam apresentar aumentos em amabilidade, conscienciosidade e estabilidade emocional e reduções na extroversão, neuroticismo e abertura à experiência (Roberts, Walton, & Viechtbauer, 2006; Milojev & Sibley, 2017). Entretanto, elas também demonstram mudanças individuais, que podem ser respostas a suas trajetórias de vida pessoais e exclusivas, e esses fatores interagem uns com os outros. Por exemplo, indivíduos com alta extroversão, amabilidade, estabilidade emocional e abertura para à experiência também tendem a ter alto bem-estar. Os aumentos no bem-estar, por sua vez, indicam aumentos nesses mesmos quatro fatores. Logo, algumas pessoas podem estar mais aptas para lidar de forma positiva e adaptativa com os desafios da meia-idade (Hill, Turiano, Mroczek, & Roberts, 2012).

Satisfação com a vida e idade Inúmeros levantamentos realizados no mundo inteiro originalmente relatavam que a maioria dos adultos de todas as idades, de ambos os sexos e de todas as raças estavam satisfeitos com suas vidas (Myers, 2000; Walker, Skowronski, & Thompson, 2003), mas dados mais recentes sugerem que, quando países muito pobres ou em situação precária são incluídos na análise, não podemos caracterizar todas as pessoas como satisfeitas com as suas vidas. Entretanto, ainda é verdade que a maioria das sociedades atende as necessidades humanas básicas em nível suficiente para que a felicidade seja a condição padrão das pessoas em muitas culturas (Diener, Diener, Choi, & Oishi, 2018). Uma razão para esse achado geral de satisfação com a vida sob muitas circunstâncias é que as emoções positivas associadas com memórias agradáveis tendem a persistir, enquanto os sentimentos negativos associados com memórias desagradáveis tendem a desaparecer. A maioria das pessoas também apresenta boas habilidades de enfrentamento (Walker et al., 2003). Após eventos especialmente felizes ou estressantes, como casamento ou divórcio, elas em geral se adaptam e o bem-estar subjetivo retorna praticamente ao seu nível anterior (Lucas et al., 2003; Diener, 2000).

O apoio social – amigos e cônjuges – e a religiosidade são contribuintes importantes para a satisfação com a vida (Diener, 2000; Myers, 2000). Igualmente importantes são determinadas dimensões da personalidade – extroversão e conscienciosidade (Mroczek & Spiro, 2005; Siegler & Brummett, 2000) – e a qualidade do trabalho e do lazer (Diener, 2000; Myers, 2000). Além disso, a relação entre muitos desses fatores é interativa. Por exemplo, ter boas relações sociais deixa as pessoas mais felizes, o que resulta, por sua vez, em relações sociais melhores (Lyubomirsky, King, & Diener, 2005). A felicidade no trabalho está associada com maior satisfação com a vida, o que indica maior produtividade no trabalho e comprometimento ocupacional (Erdogan, Bauer, Truxillo, & Mansfield, 2012).

Não surpreende, então, que a renda também afete a satisfação com a vida. Os adultos que ganham mais informam maior satisfação com a vida, e essa relação é mais forte na vida adulta intermediária (Cheung & Lucas, 2015). Além disso, as pessoas dos países mais ricos informam maior bem-estar subjetivo do que aquelas que moram nos países mais pobres (Ng & Diener, 2018). Entretanto, adquirir bens materiais não aumenta a satisfação com a vida, ainda que gastar dinheiro com experiências aumente (Gilovich, Kumar, & Jampol, 2014).

Os exercícios também contam. Em um estudo com uso de diário, adultos de meia-idade e mais velhos que praticavam mais atividade física regularmente informavam maior satisfação com a vida do que adultos mais sedentários, sendo que todos os participantes do estudo relatavam maior satisfação com a vida nos dias em que eram mais ativos do que de costume (Maher, Pincus, Ram, & Conroy, 2015). É possível que a associação entre satisfação com a vida e exercício físico seja determinada pela saúde física em geral, pois pessoas mais saudáveis são mais propensas a participar de atividades físicas.

A satisfação com a vida se altera com a idade? Embora uma maioria de adultos mais velhos relate níveis crescentes de satisfação com a vida à medida que envelhecem, este certamente não é o caso para todos os adultos. Adultos que relatam relacionamentos sociais insatisfatórios e a falta de um senso de controle tendem a relatar declínios na satisfação com a vida (Rocke & Lachman, 2008). Também há mudanças do desenvolvimento que podem ser mais bem descritas como uma curva em forma de U. Em geral, a satisfação com a vida é menor no início da vida adulta, aumenta na parte média e declina novamente na vida adulta tardia (Maher et al., 2015; Mroczek & Spiro, 2005; Helson & Wink, 1992). O fato pode ser motivado, em parte, pela forma como os adultos se sentem sobre si mesmos, pois a autoestima mostra uma trajetória semelhante à da satisfação com a vida, o que sugere uma ligação entre as duas. A autoestima parece aumentar até a vida adulta intermediária, atingir um pico aos 60 anos e então declinar (Orth, Trzesniewski, & Robins, 2010).

As múltiplas dimensões do bem-estar Dentro da disciplina da psicologia, um sentimento subjetivo de felicidade é caracterizado como bem-estar. Embora as pessoas costumem ter uma ideia geral de quanto são felizes, a felicidade é multidimensional, e as pessoas podem estar mais contentes ou menos contentes com diversos aspectos da sua vida. Carol Ryff e colaboradores desenvolveram um modelo que inclui seis dimensões de bem-estar: o Inventário do Bem-Estar de Ryff (Keyes & Ryff, 1999; Ryff, 1995; Ryff & Keyes, 1995; Ryff & Singer, 1998). As seis dimensões são estas: autoaceitação, relações positivas com os outros, autonomia, domínio sobre o ambiente, propósito na vida e crescimento pessoal. Como descrito na Tabela 16.3, quem obtém pontuações maiores nessas dimensões pode ter um senso mais forte de bem-estar do que quem obtém pontuações menores.

Estudos que usam a escala de Ryff mostram que a meia-idade é um período de saúde mental geralmente positiva. Em pesquisas transversais, as pessoas de meia-idade eram mais autônomas do que os adultos jovens, mas um pouco menos objetivas e menos focadas no crescimento pessoal – dimensões de orientação ao futuro que declinaram na idade adulta tardia. O domínio sobre o ambiente, por outro lado, aumentou para todos os grupos ao longo do tempo. A autoaceitação era relativamente estável em todas as faixas etárias. De modo geral, o bem-estar de homens e mulheres foi bastante semelhante, mas as mulheres tinham relacionamentos sociais mais positivos (Ryff, 1998; Ryff, 2014, Springer, Pudrovska, & Hauser, 2011).

Quando a escala de Ryff foi usada para medir o bem-estar psicológico de membros de grupos minoritários, o retrato coletivo reproduziu esses padrões. Contudo, mulheres negras e hispânicas tiveram pontuações mais baixas do que homens negros e hispânicos em diversas áreas. Entretanto, quando a situação de trabalho e o estado civil foram controlados, uma condição de minoria previu bem-estar positivo em diversas áreas, mesmo quando a educação e a percepção de discriminação foram consideradas. Pode ser que fatores como amor-próprio, domínio e crescimento pessoal sejam fortalecidos quando os desafios da vida dos grupos minoritários são enfrentados (Ryff et al., 2004).

Pesquisas sugerem que os imigrantes podem ser física e mentalmente mais saudáveis do que aqueles que já se encontravam no país há duas ou mais gerações. A resistência à assimilação pode promover o bem-estar na geração de imigrantes, especialmente no que se refere à autonomia, qualidade dos relacionamentos e propósito na vida. Os pesquisadores propõem o termo *conservadorismo étnico* para essa tendência a resistir à assimilação e a apegar-se a valores e práticas familiares que dão sentido à vida. O conservadorismo étnico é menos efetivo em promover o bem-estar entre os imigrantes da segunda geração, que podem achar mais difícil resistir à atração da assimilação (Horton & Schweder, 2004). Por outro lado, a identidade bicultural (ser capaz de se identificar com a cultura minoritária e com a majoritária) está associada com o bem-estar (Yamaguchi, Kim, Oshio, & Akutsu, 2016; Ferrari, Rosnati, Manzi, & Benet-Martínez, 2015).

verificador
você é capaz de...

▷ Explicar o conceito de saúde mental positiva?

▷ Discutir as tendências de idade na emotividade, na personalidade, na satisfação com a vida e no bem-estar psicológico?

▷ Explicar a importância de uma medida de bem-estar multifacetada e nomear e descrever as seis dimensões do modelo de Ryff?

TABELA 16.3 — Definições das dimensões de bem-estar orientadas pela teoria

AUTOACEITAÇÃO

Pontuações mais altas: mantém sentimentos positivos sobre o *self*, integrando aspectos positivos e negativos do *self* multidimensional; está satisfeito com as escolhas pregressas.

Pontuações mais baixas: está insatisfeito com o *self* e não gosta das suas características pessoais; preferiria ser diferente e fica perturbado e decepcionado com as escolhas pregressas.

RELAÇÕES POSITIVAS COM OS OUTROS

Pontuações mais altas: tem relacionamentos de alta qualidade, afetuosos e de confiança com os outros; expressa empatia pelos outros e preocupação com o seu bem-estar; valoriza a dinâmica e as trocas interativas que as relações humanas exigem.

Pontuações mais baixas: é distante e desconfiado; demonstra pouca empatia ou afeto pelos outros; tende a permanecer isolado e infeliz nos relacionamentos; não está disposto a ceder.

AUTONOMIA

Pontuações mais altas: é autossuficiente e independente; age de acordo com normas pessoais e não é facilmente seduzido pelas pressões da sociedade; tem regulação interna do comportamento.

Pontuações mais baixas: preocupa-se com as opiniões alheias; busca padrões de comportamento e orientações sobre decisões importantes nas outras pessoas; tende à conformidade.

DOMÍNIO SOBRE O AMBIENTE

Pontuações mais altas: sente confiança nas suas habilidades e é capaz de manejar o ambiente; consegue utilizar oportunidades emergentes de forma eficaz; usa as necessidades pessoais para orientar a criação ou seleção de contextos adequados a elas.

Pontuações mais baixas: é ineficaz no manejo das responsabilidades cotidianas; sente-se incapaz perante as dificuldades; não consegue reconhecer as oportunidades disponíveis ou mudanças em potencial que poderiam melhorar as situações; não tem um senso de controle pessoal sobre os eventos.

OBJETIVO DE VIDA

Pontuações mais altas: articulou objetivos pessoais e tem um senso de propósito na vida; tem crenças, metas e objetivos que guiam as suas escolhas; tem um senso de significado que incorpora a vida passada e presente.

Pontuações mais baixas: vaga pela vida sem um senso de direção claro; não tem metas pessoais e não vê propósito na vida passada; sente que a vida não tem sentido.

CRESCIMENTO PESSOAL

Pontuações mais altas: sente que o *self* se desenvolve e expande continuamente ao longo do tempo e tem o senso de realizar o seu potencial; é aberto a novas experiências; acredita que a melhoria pessoal do *self* e do comportamento é contínua; trabalha para melhorar e expandir o autoconhecimento.

Pontuações mais baixas: sente-se preso no *self* atual e estagnado na vida presente; não desenvolve novas atitudes ou padrões de comportamento; é apático e entediado com a vida.

Fonte: Adaptada de Keyes e Ryff, 1999, p. 163, Table 1.

Relacionamentos na meia-idade

É difícil generalizar o significado dos relacionamentos na meia-idade hoje. Esse período não apenas cobre um quarto de século de desenvolvimento, como também abrange uma multiplicidade de trajetórias de vida jamais vista (S. L. Brown, Bulanda, & Lee, 2005).

TEORIAS DO CONTATO SOCIAL

teoria do comboio social
Teoria, proposta por Kahn e Antonucci, de que as pessoas passam pela vida cercadas por círculos concêntricos de relacionamentos íntimos, dos quais elas se valem em busca de assistência, bem-estar e apoio social.

De acordo com a **teoria do comboio social**, as pessoas se movimentam pela vida cercadas por comboios sociais: círculos de amigos e de membros da família de graus variados de intimidade, com quem elas podem contar para assistência, bem-estar e apoio social, e para quem elas se voltam também para oferecer cuidado, preocupação e apoio (Antonucci & Akiyama, 1997; Kahn & Antonucci, 1980). Características da pessoa (sexo, raça, religião, idade, educação e estado civil) juntamente com características da situação daquela pessoa (expectativas de papéis, eventos de vida, estresse financeiro, lutas diárias, demandas e recursos) influenciam o tamanho e a composição do comboio, ou rede de apoio; a quantidade e os tipos de apoio social que uma pessoa recebe; e a satisfação derivada desse apoio. Todos esses fatores contribuem para a saúde e o bem-estar (Antonucci, Akiyama, & Merline, 2001).

Em geral, o tamanho da rede social está no auge no início da vida adulta, mas diminui subsequentemente. As reduções de tamanho ocorrem sobretudo nas redes de amizades, pois o tamanho da rede familiar permanece relativamente estável ao longo do tempo. Os pesquisadores já aplicaram diversas descrições à redução da rede de amizades, dividindo-se entre mudanças nas circunstâncias (p. ex., mais tempo ocupado pela vida profissional e familiar) ou nas metas motivacionais (p. ex., permanecer mais próximo de quem nos ajuda a regular nossas emoções). Outros relacionamentos, tais como aqueles com colegas de trabalho ou vizinhos, tendem a ser importantes em momentos específicos. Por exemplo, quando trocam de emprego ou se mudam, pessoas podem ser excluídas da rede social ou incluídas nela (Wrzus, Hänel, Wagner, & Neyer, 2013). Posteriormente na vida adulta, se a família passa a exigir menos delas, as mulheres tendem mais que os homens a adicionar novos membros às suas redes sociais (Schwartz & Litwin, 2018).

A **teoria da seletividade socioemocional** de Laura Carstensen (1991, 1995, 1996; Carstensen, Isaacowitz, & Charles, 1999) pressupõe que escolhemos nossos amigos com base na sua capacidade de atender nossos objetivos. Segundo Carstensen, a interação social tem três objetivos principais: (1) é uma fonte de informação; (2) ajuda pessoas a desenvolverem e manterem uma noção de si próprias; e (3) é uma fonte de bem-estar emocional. Na primeira infância, o terceiro objetivo, a necessidade de apoio emocional, é de importância suprema. Da infância ao período adulto jovem, a busca por informação vem na frente. Na meia-idade, embora a busca pela informação continue sendo importante (Fung, Carstensen, & Lang, 2001), a função original reguladora da emoção e dos contatos sociais começa a se reafirmar. Em outras palavras, as pessoas de meia-idade buscam cada vez mais outras pessoas que as façam sentir-se bem (Figura 16.1). Por exemplo, embora as suas redes sociais sejam menores do que as dos adultos mais jovens, os idosos descrevem os membros de suas redes sociais de forma mais positiva e menos negativa. Em outras palavras, os adultos mais velhos optam por limitar suas interações àqueles que considerem fontes de apoio e satisfação emocional (English & Carstensen, 2014; Carmichael, Reis, & Duberstein, 2015).

FIGURA 16.1
De que forma os motivos para contatos sociais mudam ao longo da vida?
De acordo com a teoria da seletividade socioemocional, as crianças buscam contato social principalmente para o conforto emocional. Na adolescência e no período adulto jovem, as pessoas tendem a estar mais interessadas em buscar informações dos outros. Da meia-idade em diante, as necessidades emocionais predominam cada vez mais.

Fonte: Annual Review of Gerontology and Geriatrics.

teoria da seletividade socioemocional
Teoria, proposta por Carstensen, de que as pessoas selecionam contatos sociais com base na evolução da importância relativa das interações sociais como fonte de informação, auxílio no desenvolvimento e manutenção de um autoconceito e como uma fonte de bem-estar emocional.

RELACIONAMENTOS, GÊNERO E QUALIDADE DE VIDA

Para a maioria dos adultos na meia-idade, os relacionamentos são fundamentais para o bem-estar (Markus et al., 2004; Thomas, Liu, & Umberson, 2017). Por exemplo, o apoio social dos cônjuges – e, em menor nível, dos filhos e amigos – está relacionado ao bem-estar nos adultos mais velhos (Chen & Feeley, 2014; Lee & Szinovacz, 2016), enquanto o apoio social está ligado à satisfação com a vida em todas as idades (Siedlecki, Salthouse, Oishi, & Jeswani, 2014). De acordo com dois levantamentos em âmbito nacional nos Estados Unidos, ter um(a) companheiro(a) e estar com boa saúde são os maiores fatores no bem-estar para as mulheres na faixa dos 50 anos. Ser solteira, divorciada ou viúva, no entanto, estava associado com depressão, solidão e reduções no nível de felicidade (Koropeckyj-Cox, Pienta, & Brown, 2007). Ter uma relação tensa com um cônjuge, mãe ou irmão, em outras pesquisas, estava associado com risco de depressão, especialmente para as mulheres (Gilligan et al., 2017).

Entretanto, os relacionamentos também podem apresentar demandas estressantes (Lachman, 2004; Lee & Szinovacz, 2016), que tendem a pesar mais sobre as mulheres. Um senso de responsabilidade e preocupação pelos outros pode prejudicar o bem-estar de uma mulher quando problemas ou infortúnios afligem outras pessoas; os homens tendem a ser menos afetados dessa maneira (Revenson et al., 2016). Assim, os homens tendem a se beneficiar mais com os relacionamentos do que as mulheres (Liu & Waite, 2014; Lui, Waite, & Shen, 2016). Essa maior preocupação com o bem-estar alheio pode ajudar a explicar por que mulheres de meia-idade tendem a ser mais infelizes em seus casamentos do que os homens (Antonucci & Akiyama, 1997; S. P. Thomas, 1997).

Ao estudarmos os relacionamentos sociais da meia-idade, precisamos ter em mente que seus efeitos podem ser tanto positivos quanto negativos (Arnett, 2018; Lee & Szinovacz, 2016). Nas seções subsequentes deste capítulo, examinamos os relacionamentos íntimos durante os anos da meia-idade. Vamos examinar primeiro os relacionamentos com cônjuges, parceiros de coabitação, parceiros homossexuais e amigos; em seguida, as ligações com os filhos maduros; e, então, os laços com pais idosos, irmãos e netos.

▷ **verificador**
você é capaz de...

▷ Resumir dois modelos teóricos da seleção de contatos sociais?

▷ Discutir como os relacionamentos podem afetar a qualidade de vida na vida adulta intermediária?

Relacionamentos consensuais

Casamentos, concubinatos, uniões homossexuais e amizades normalmente envolvem duas pessoas da mesma geração que escolhem uma à outra. Como são esses relacionamentos na meia-idade?

CASAMENTO

O casamento na meia-idade é muito diferente do que costumava ser. Quando as expectativas de vida eram mais curtas, os casais que permaneciam juntos por 25, 30 ou 40 anos eram raros. O padrão mais comum era os casamentos serem interrompidos por morte e os sobreviventes casarem-se novamente. As pessoas tinham muitos filhos e esperava-se que eles vivessem com os pais até se casarem. Não era comum o marido e a esposa na meia-idade ficarem juntos e sozinhos. Atualmente, mais casamentos terminam em divórcio, mas os casais que permanecem juntos podem frequentemente esperar por 20 anos ou mais de vida em comum após o último filho sair de casa.

Os pesquisadores costumavam acreditar que os casamentos seguiam uma curva em U, marcados por níveis decrescentes de satisfação durante cerca de duas décadas, quando começavam a retomar uma trajetória positiva. Na terceira e quarta décadas, acreditava-se, a satisfação conjugal era tão alta quanto nos primeiros anos do casamento (Rollins & Feldman, 1970; Orbuch, House, Mero, & Webster, 1996). No entanto, essa ideia agora parece incorreta. Em geral, os casamentos seguem uma sequência de desenvolvimento, com fortes declínios iniciais da satisfação conjugal, seguidos por um período de estabilidade e então por declínios mais lentos no longo prazo. Não surpreende, então, que os divorciados informem satisfação conjugal ainda menor (Bradbury, Fincham, & Beach, 2000; Kurdek, 1999).

Por que ocorrem essas mudanças na satisfação conjugal? Um fator que impacta negativa e consistentemente a satisfação conjugal é o nascimento de uma criança (Twenge, Campbell, & Foster, 2003). Mães e pais informam menor satisfação após esse evento, mas muitos casais se recuperam à medida que as crianças ficam mais velhas, um pouco mais autossuficientes e, em especial, entram na escola primária (Keizer & Schenk, 2012). A satisfação conjugal também pode sofrer na meia-idade, quando muitos casais têm filhos adolescentes e estão fortemente envolvidos com as carreiras (Orbuch et al., 1996). Apesar dos estereótipos em torno do ninho vazio, em média, quando os filhos saem de casa, o resultado geralmente é um aumento médio na satisfação conjugal dos pais, ainda que também aumente ligeiramente o risco de dissolução do casamento (Bouchard, 2014). A satisfação em geral alcança um ponto alto quando os filhos estão crescidos; muitas pessoas estão aposentadas ou se preparando para a aposentadoria, e um acúmulo de recursos de toda uma vida ajuda a diminuir as preocupações financeiras (Orbuch et al., 1996).

A satisfação sexual afeta a satisfação e a estabilidade conjugal. Os casais satisfeitos com suas vidas sexuais tendem a estar satisfeitos com seus casamentos (Fallis, Rehman, Woody, & Purdon, 2016), e a melhor qualidade de vida conjugal levava a casamentos mais longos tanto para os homens como para as mulheres (Yeh, Lorenz, Wickrama, Conger, & Elder, 2006). Resultados parecidos foram identificados no Brasil, Alemanha, Espanha, Japão e Estados Unidos (Heiman et al., 2011).

COABITAÇÃO

A coabitação aumentou bastante nos Estados Unidos. Em geral, estimava-se um número de aproximadamente 18 milhões de adultos coabitantes do sexo oposto em 2016, um aumento de quase um terço desde 2007. A coabitação costuma ser menos comum na meia-idade do que no início da vida adulta, mas, com o envelhecimento dos *baby-boomers*, ela está se tornando mais comum (Stepler, 2017a). Cerca de 8% dos adultos de 35 a 49 anos e 4% dos adultos de 50 anos ou mais coabitavam em 2016 (Stepler, 2017a). Os *baby-boomers* apresentaram o maior aumento percentual nas taxas de coabitação entre todas as faixas etárias (Manning, 2013). Quando os adultos mais velhos coabitam, seus relacionamentos em geral são mais estáveis do que os dos coabitantes mais jovens, sendo a coabitação vista mais frequentemente como uma alternativa ao casamento, não um prelúdio a ele (Brown, Bulanda, & Lee, 2012).

Quantos casamentos felizes de longa duração você conhece? Você é capaz de dizer se os casamentos deles seguiram padrões semelhantes àqueles mencionados nesta seção?

Diamantes não são para sempre. Quanto mais se gasta em um anel de noivado e cerimônia de casamento, menor a duração provável da relação.
Francis-Tan & Mialon, 2015

O que explica o aumento da coabitação entre os adultos mais velhos? Um dos motivos é o desejo por companhia íntima sem o compromisso do casamento formal – um compromisso que, na meia-idade, pode vir a significar a possibilidade de ter que cuidar de um parceiro enfermo. A maioria dos membros de casais coabitantes mais jovens não vem de casamentos anteriores, ao contrário dos mais velhos (Stepler, 2017a). Além disso, os adultos coabitantes com parceiros enfermos ou com incapacidades prestam menos cuidados do que os casais casados na mesma situação (Noël-Miller, 2011). O processo parece ser especialmente relevante entre as mulheres viúvas (Davidson, 2001). Homens idosos, por outro lado, podem ser motivados a coabitar por anteciparem a necessidade do tipo de cuidado que as esposas tradicionalmente fornecem e podem preocupar-se com a possibilidade de não obtê-lo (S.L. Brown, Bulanda, & Lee, 2005).

Os coabitantes obtêm as mesmas recompensas que as pessoas casadas? Embora haja pouca pesquisa sobre a coabitação entre pessoas na meia-idade e mais velhas, um estudo sugere que a resposta, pelo menos para os homens, é não. Entre 18.598 norte-americanos com mais de 50 anos, os homens que coabitam (mas não as mulheres) eram mais propensos a ser depressivos do que suas contrapartes casadas, mesmo quando variáveis como saúde física, apoio social e recursos econômicos foram controladas. De fato, os homens coabitantes eram tão propensos a ser depressivos quanto os homens sem uma companheira (S.L. Brown et al., 2005). Contudo, os resultados da coabitação variam por país. Embora a coabitação não ofereça o mesmo nível de benefícios para a saúde que o casamento nos Estados Unidos, na Grã-Bretanha e na Austrália, os adultos coabitantes e casados são igualmente saudáveis na Noruega e na Alemanha. Na Austrália, as mulheres coabitantes, mas não os homens, são tão saudáveis quanto as pessoas casadas (Perelli-Harris et al., 2017).

DIVÓRCIO

As taxas de divórcio para os adultos jovens caíram nos últimos anos, mas estão em ascensão para os adultos de meia-idade. De 1990 a 2015, a taxa de divórcio dos adultos de 40 a 49 anos aumentou 14%, enquanto a dos adultos de mais de 50 anos subiu incríveis 109% (Stepler, 2017b). Embora o divórcio na meia-idade seja mais comum do que no passado, a ruptura ainda pode ser traumática. Em um levantamento da American Association of Retired Persons (AARP – Associação Norte-Americana de Aposentados) com homens e mulheres que tinham se divorciado pelo menos uma vez na faixa dos 40, 50 ou 60 anos, a maioria dos entrevistados descreveu a experiência como tão emocionalmente devastadora quanto perder um emprego ou ter uma doença grave, embora menos devastadora do que a morte de um cônjuge. O divórcio na meia-idade parece ser especialmente difícil para as mulheres, que são mais negativamente afetadas em qualquer idade do que os homens (Marks & Lambert, 1998; Montenegro, 2004).

Com relação à saúde física, a dissolução conjugal está associada com desfechos de saúde aparentemente contraditórios (Sbarra, Hasselmo, & Bourassa, 2015). Primeiro, o divórcio está associado com uma chance elevada de condições de saúde crônicas e mortalidade em ambos os sexos, mas especialmente nos homens (Sbarra & Coan, 2017; Hughes & Waite, 2009; Amato, 2010). Segundo, a maioria das pessoas se ajusta bem ao divórcio e acaba por ficar bem (Amato, 2010; Mancini, Bonanno, & Clark, 2011; Luhmann, Hofmann, Eid, & Lucas, 2012). Como explicar esses achados discrepantes?

É possível que as diferenças individuais na resposta ao divórcio expliquem as discrepâncias entre os achados. Por exemplo, uma parcela relativamente pequena dos adultos pode apresentar uma resposta extrema ao divórcio e consequências de saúde, como aumentos na pressão arterial ou doenças cardiovasculares, o que pode criar um viés em direção ao risco nos achados. Outros adultos podem ser mais resilientes e se ajustar melhor, o que explica outros achados. Assim, para entender os efeitos do divórcio, precisamos analisar os fatores de risco e resiliência individuais (Sbarra et al., 2015).

Casamentos de longa duração têm menor probabilidade de serem rompidos do que os mais recentes. Uma explicação possível está no conceito de **capital conjugal**. Quanto maior o tempo de casado, maior a probabilidade de que o casal tenha acumulado ativos financeiros conjuntos, tenha os mesmos amigos, passe por experiências importantes juntos e se acostume aos benefícios emocionais que o casamento oferece. Pode ser difícil abrir mão desse "capital" acumulado (Becker, 1991; Jones, Tepperman, & Wilson, 1995).

capital conjugal
Benefícios emocionais e financeiros construídos ao longo de um casamento, que tendem a manter os casais juntos.

Tudo o mais sendo igual, casais com filhas são mais propensos a se divorciar do que casais com filhos.
Dahl & Moretti, 2004

Outro fator importante que impede muitos casais de se divorciar é o dinheiro. O nível socioeconômico mais alto está associado com o menor risco de divórcio nos Estados Unidos, Israel e Finlândia (Kaplan & Herbst, 2015; Jalovaara, 2003, 2001). Além disso, pesquisas mostram que a estabilidade do casamento e o endividamento do consumidor estão associados, e que casamentos estáveis tendem a ter menos dívidas e maior satisfação financeira (Dew, 2011; Archuleta, Britt, Tonn, & Grable, 2011). Discordar sobre as finanças também é preditivo do divórcio (Dew, Britt, & Huston, 2012). Uma interpretação desses achados é que os casamentos saudáveis estão mais propensos a ter finanças saudáveis e, portanto, presume-se que o casal tenha mais a perder em ambas as frentes em caso de divórcio.

O gênero interage com a renda, no entanto. Quando as mulheres ganham mais do que seus maridos, o risco de divórcio aumenta (Kaplan & Herbst, 2015; Jalovaara, 2003, 2001). Na maior parte do tempo, contudo, quando os casamentos terminam, os divorciados de meia-idade, sobretudo as mulheres que não se casam novamente, tendem a ter menos segurança financeira do que as que permanecem casadas (Wilmoth & Koso, 2002; Lin, Brown, & Hammersmith, 2017).

Quando as pessoas na meia-idade se divorciam, por que fazem essa escolha? A principal razão dada é o abuso pelo(a) parceiro(a) – verbal, físico ou emocional. Outras razões frequentes são diferenças de valores ou de estilos de vida, infidelidade, abuso de álcool ou drogas, problemas de relacionamento ou simplesmente porque deixaram de se amar (Marks & Lambert, 1998; Cohen & Finzi-Dottan, 2012).

O sentimento de expectativas frustradas pode estar diminuindo à medida que o divórcio na meia-idade se torna mais comum (Marks & Lambert, 1998; Norton & Moorman, 1987). Mesmo nos casamentos longos, o número de anos que as pessoas podem esperar viver com boa saúde, terminada a fase de criação dos filhos, pode tornar a dissolução de um casamento marginal uma opção atraente e, ao menos para as mulheres, a crescente independência econômica faz com que esta também seja uma opção mais prática (Hiedemann, Suhomilinova, & O'Rand, 1998). Além disso, embora possa ser estressante, o divórcio também pode levar a crescimento pessoal (Aldwin & Levenson, 2001; Luhmann et al., 2012). As melhores estratégias regulatórias emocionais dos adultos mais velhos e o seu conhecimento de vida maior também os habilitam a lidar melhor com os transtornos da dissolução do casamento.

ESTADO CIVIL, BEM-ESTAR E SAÚDE

Assim como no início da vida adulta, o casamento oferece benefícios importantes. Em estudos transversais, as pessoas casadas parecem ser mais saudáveis, tanto física como mentalmente, na meia-idade, e tendem a viver mais do que pessoas solteiras, separadas ou divorciadas (S. L. Brown et al., 2005; Kaplan & Kronick, 2006; Zhang, 2006). No geral, as pessoas casadas têm saúde geral melhor, mortalidade menor e saúde cardiovascular melhor do que suas contrapartes solteiras (Robles, Slatcher, Trombello, & McGinn, 2014).

Mas por que o casamento (uma relação social) afeta a saúde (um estado biológico)? Duas classes de teorias foram propostas para explicar esses achados. A primeira supõe que o casamento está associado com o incentivo a comportamentos que promovem a saúde. Assim, por exemplo, um marido poderia convencer ou encorajar a esposa a parar de fumar. A segunda teoria se concentra no sistema de resposta ao estresse. Dessa perspectiva, o apoio social oferecido pelo casamento protege os indivíduos dos estressores da vida. Como o estresse crônico afeta a saúde negativamente, os casados ficam protegidos contra parte dos seus efeitos (Robles et al., 2014). Tudo isso pode ser mediado pela função imunológica. O estresse de longo prazo enfraquece o funcionamento do sistema imunológico (Dhabhar, 2014). Logo, estar em um bom casamento, com o seu apoio social protetor, pode fortalecer o sistema imunológico (Graham, Christian, & Kiecolt-Glaser, 2006).

A qualidade da vida conjugal parece ser um fator-chave. Em uma metanálise recente de 126 estudos, incluindo mais de 72.000 indivíduos dos Estados Unidos, Brasil, Canadá, China, Finlândia, Alemanha, Hong Kong, Israel, Holanda, Suécia e Reino Unido, a qualidade conjugal estava associada com saúde melhor e menor reatividade cardiovascular durante os conflitos conjugais (Robles et al., 2014). Os efeitos protetores da qualidade do casamento também foram identificados na China, Japão, Taiwan e Coreia do Sul (Chung & Kim, 2014). Diversos estudos determinaram que esses efeitos são mais elevados nos homens e estendem-se à mortalidade (Robards, Evandrou, Falkingham, & Vlanchantoni, 2012; Rendall, Weden, Favreault, & Waldron, 2011).

Uma boa relação conjugal pode proteger as pessoas dos estressores da vida, mas uma relação ruim pode torná-las mais vulneráveis. Por exemplo, a depressão de um membro do casal aumenta o risco para o cônjuge de declínios cognitivos e depressão (Monin et al., 2018). Os efeitos também podem ser físicos. As tensões conjugais aumentam os declínios na saúde relacionados ao envelhecimento de homens e mulheres, e este efeito é mais forte à medida que o casal envelhece (Umberson, Williams, Powers, Liu, & Needham, 2006). Da mesma forma, as mulheres em casamentos ou relacionamentos de coabitação não satisfatórios correm risco maior de doenças cardiovasculares e outros problemas de saúde, especialmente quando envolvem conflitos conjugais (Gallo, Troxel, Matthews, & Kuller, 2003; Kiecolt-Glaser & Newton, 2001). Além disso, assim como podem encorajar uns aos outros a ter comportamentos saudáveis, os cônjuges também podem encorajar os não saudáveis. Por exemplo, quando um membro do casal se torna obeso, o risco do outro tornar-se obeso também praticamente dobra (Cobb et al., 2015). Quando tentam parar de fumar, os casados têm mais sucesso se o cônjuge tenta parar ao mesmo tempo ou não é fumante (Franks, Pienta, & Wray, 2002; Foulstone, Kelly, & Kifle, 2017).

E quanto aos adultos solteiros? Em comparação com os seus pares casados, os adultos solteiros estão em desvantagem. Na amostra do MIDUS, os solteiros, especialmente os homens, tendiam a ser mais ansiosos, tristes ou inquietos e menos generativos do que suas contrapartes mais jovens. Mulheres e homens casados anteriormente, não coabitantes, relataram mais emotividade negativa do que aqueles que ainda estavam no primeiro casamento (Marks, Bumpass, & Jun, 2004). Aqueles que nunca se casaram podem ter risco mais alto de doenças cardiovasculares e outras doenças (Kaplan & Kronick, 2006). No entanto, ser solteiro pode ser melhor do que estar em um mau casamento. Por exemplo, a pressão arterial dos adultos em casamentos de baixa qualidade era mais alta do que a dos adultos solteiros (Holt-Lunstad, Birmingham, & Jones, 2008).

> **verificador**
> **você** é capaz de...
> ▷ Descrever o padrão característico de satisfação conjugal relacionado à idade e citar os fatores que podem ajudar a explicá-la?
> ▷ Comparar os benefícios do casamento e da coabitação na meia-idade?
> ▷ Discutir os efeitos do casamento, da coabitação e do divórcio sobre o bem-estar e a saúde física e mental?

RELACIONAMENTOS HOMOSSEXUAIS

As coortes de homossexuais masculinos e femininos que hoje estão na meia-idade cresceram em uma época em que a homossexualidade não era aceita e, em alguns casos, era considerada uma doença mental. Na época, os homossexuais tendiam a isolar-se não apenas da comunidade em geral, mas também uns dos outros. Foi apenas na década de 1990 que a aceitação dos relacionamentos homossexuais começou a aumentar rapidamente e que a percepção negativa do público em geral sobre *gays* e lésbicas tornou-se mais positiva (Keleher & Smith, 2012; Hicks & Lee, 2006).

Um fator que parece afetar a qualidade do relacionamento nos homossexuais é se eles têm internalizadas ou não visões negativas da sociedade sobre homossexualidade. Em geral, os homossexuais que internalizaram uma visão negativa da sua sexualidade informam ter relacionamentos de pior qualidade (Cao et al., 2017; Frost & Meyer, 2009). Isso pode ocorrer porque, quando enfrentam um episódio de discriminação, comum para as minorias sexuais, *gays* e lésbicas com crenças negativas internalizadas sobre si mesmos são mais propensos a reagir com ansiedade ou depressão (Feinstein, Goldfried, & Davila, 2012). Mesmo na ausência de eventos específicos, os homossexuais que internalizaram as atitudes homofóbicas alheias são mais propensos a apresentar sintomas de depressão, presumivelmente porque essas atitudes afetam seu autoconceito geral. E quando os sintomas depressivos aumentam, também aumentam os problemas de relacionamento (Frost & Meyer, 2009).

"Sair do armário" pode ser um grande desafio. Alguns homossexuais de meia-idade ainda estão elaborando os conflitos com os pais e com outros membros da família (às vezes incluindo cônjuges) ou escondendo sua homossexualidade deles. Alguns se mudam para cidades com populações homossexuais grandes onde podem mais facilmente buscar e criar relacionamentos. Os tempos mudaram e a sociedade aceita mais os relacionamentos homossexuais, mas muitos *gays* e lésbicas mais velhos ainda relutam em "sair totalmente do armário". Por exemplo, um estudo recente mostrou que cerca de um terço dos adultos mais velhos ainda têm medo de serem completamente abertos em relação à sua sexualidade (Gardner, DeVries, & Mockus, 2014).

Em 26 de junho de 2015, o casamento homossexual foi legalizado em todos os estados dos Estados Unidos. A American Medical Association publicou uma declaração em 2009 afirmando que a exclusão do casamento poderia contribuir para as disparidades de saúde entre casais homossexuais e heterossexuais (American Medical Association, 2009),

Alguns homens e mulheres homossexuais não se assumem até a idade adulta e, portanto, podem desenvolver relacionamentos íntimos mais tarde na vida do que suas contrapartes heterossexuais.

Lars A. Niki

mas não há muitas pesquisas sobre os possíveis benefícios do casamento para *gays* e lésbicas. Tendo em vista os achados estabelecidos para os casais heterossexuais, as mesmas dinâmicas existem nos casais homossexuais?

Ainda há muito trabalho a ser feito, mas os dados iniciais sobre a igualdade no casamento mostram que os casais homossexuais também se beneficiam do casamento. Em um estudo, 1.166 casais homossexuais e bissexuais informaram menos aflição do que seus pares solteiros, assim como os heterossexuais casados em comparação com os adultos solteiros (Wight, LeBlanc, & Badgett, 2013). E assim como os casais heterossexuais, o casamento parece impactar mais o bem-estar do que a coabitação (Chen & van Ours, 2018). Presume-se que os mesmos fatores que influenciam a saúde e o bem-estar nos casamentos heterossexuais estejam afetando também os casamentos dos homossexuais e bissexuais.

Contudo, há um caminho mais direto entre casamento e saúde: o seguro saúde. Antes das leis de igualdade no casamento, os casais do mesmo sexo muitas vezes eram excluídos da cobertura dos planos de saúde dos seus parceiros, mesmo em estados com legislação relativamente liberal que especificavam diretrizes para uniões civis (Ponce, Cochran, Pizer, & Mays, 2010). Uma vez que o casamento se tornou possível, muitas pessoas ganharam acesso ao seguro saúde através dos seus cônjuges do mesmo sexo. Assim, após a promulgação das leis de igualdade no casamento, os casais de *gays* e lésbicas apresentaram maiores índices de cobertura por plano de saúde e acesso a serviços de saúde; pesquisas também mostram evidências de maior utilização de saúde preventiva por parte dos homens (Carpenter, Eppink, Gonzales, & McKay, 2018).

Pesquisas anteriores sugeriam que os casais homossexuais eram mais propensos a se separar do que os heterossexuais, mas como o casamento não estava disponível para muitos, os dados eram raros e os estudos tinham problemas metodológicos. Dados mais recentes, de representatividade nacional nos Estados Unidos, sugerem que os casais homossexuais e heterossexuais têm taxas semelhantes de duração e estabilidade do relacionamento (Rosenfeld, 2014).

▶ **verificador**
você é capaz de...

▷ Discutir questões relativas a relacionamentos entre casais de *gays* e lésbicas na meia-idade?

AMIZADES

As relações sociais são vitais, e tanto a quantidade quanto a qualidade são preditivas da saúde mental, saúde física e mortalidade (Holt-Lunstad, Smith, & Layton, 2010). Como prevê a teoria de Carstensen, as redes sociais tendem a se tornar menores e mais íntimas na meia-idade. Não obstante, as amizades persistem e são a fonte mais poderosa de apoio emocional e bem-estar, especialmente para as mulheres (Carmichael, Reis, & Duberstein, 2015; Antonucci et al., 2001).

A qualidade das amizades da meia-idade complementa o que elas não têm em termos de tempo. Especialmente durante uma crise, tal como um divórcio ou um problema com um pai idoso, os adultos recorrem a amigos em busca de apoio emocional, orientação prática, conforto, companheirismo e conversa (Antonucci & Akiyama, 1997; Hartup & Stevens, 1999; Suitor & Pillemer, 1993). A qualidade dessas amizades pode afetar a saúde, assim como a falta de amizades. A solidão, por exemplo, prediz aumentos na pressão sanguínea, mesmo quando variáveis como idade, gênero, raça e fatores de risco cardiovascular são levados em consideração (Hawkley, Thisted, Masi, & Cacioppo, 2010).

A qualidade da amizade também impacta as variáveis psicológicas. No início da vida adulta, a solidão, a depressão, o bem-estar e a integração social são afetados pelo número de amigos que a pessoa tem, mas na vida adulta tardia é a qualidade dos amigos que importa. Os mais idosos não têm confidentes e muitas vezes sentem-se sozinhos por causa disso, mas, quando têm bons amigos, informam mais satisfação devido ao contato com os seus amigos do que os adultos mais jovens (Nicolaisen & Thorsen, 2017). Os adultos mais velhos com amizades de maior qualidade têm bem-estar psicossocial melhor (Carmichael et al., 2015). Isso vale especialmente em momentos de crise: os adultos deprimidos com amizades de alta qualidade têm risco de suicídio menor do que aqueles que não têm bons amigos (Marver et al., 2017).

> *A solidão é contagiosa. Uma pesquisa recente conduzida sobre as redes sociais sugere que pessoas solitárias agem de formas menos positivas com os outros. Seu comportamento é frequentemente interpretado como significando rejeição ou indiferença, o que então faz com que aquelas pessoas se sintam mais solitárias também.*
>
> Hawkley & Cacioppo, 2010

▶ **verificador**
você é capaz de...

▷ Resumir a quantidade, qualidade e importância dos amigos na meia-idade?

Relacionamentos com filhos maduros

A paternidade é um processo de renúncia, e esse processo geralmente alcança seu clímax, ou dele se aproxima, durante a meia-idade dos pais (Marks et al., 2004). É verdade que, com as tendências contemporâneas a adiar o casamento e a paternidade, algumas pessoas de meia-idade agora se veem diante de problemas como achar uma boa creche ou pré-escola e selecionar os desenhos animados das manhãs de sábado. Entretanto, a maioria dos pais nos primeiros anos da meia-idade devem lidar com um conjunto diferente de problemas que surgem do fato de conviver com filhos que em breve sairão de casa. Quando os filhos se tornam adultos e têm seus próprios filhos, a família intergeracional se multiplica em número e em conexões. Cada vez mais os pais de meia-idade têm de lidar com um filho adulto que continua a viver com eles ou que retorna para junto deles.

FILHOS ADOLESCENTES

Ironicamente, pessoas que se encontram em duas épocas da vida popularmente ligadas a crises emocionais – adolescência e meia-idade – frequentemente vivem na mesma casa. Em geral, adultos de meia-idade são pais de filhos adolescentes. Enquanto lidam com suas próprias preocupações, os pais têm de lidar diariamente com jovens que estão passando por grandes mudanças físicas, emocionais e sociais.

Em geral, a maioria dos pais na meia-idade expressa estar feliz com o seu papel. Por exemplo, o carinho e aceitação mútuos estão associados com a satisfação na parentalidade entre mães chinesas e norte-americanas de origem europeia (Chang & Greenberger, 2012). Contudo, variáveis contextuais e relacionais afetam a felicidade. Por exemplo, os pais tendem mais a informar felicidade quando estão financeiramente seguros, saudáveis, próximos dos filhos ou aposentados ou quando foram pais mais jovens (Mitchell, 2010). A satisfação com a parentalidade também está positivamente relacionada com a escolaridade e estado civil dos pais e negativamente com o conflito entre os pais (Downing-Matibag, 2009).

Emoções negativas também são possíveis. Embora as pesquisas discordem do estereótipo da adolescência como uma época de inevitáveis tumultos e rebeldias, alguma rejeição da autoridade parental é normativa, o que pode ser difícil para os pais. Um apego saudável entre pais e adolescente pode, um tanto paradoxalmente, fazer com que o processo de separação da adolescência e início da vida adulta ocorra com mais tranquilidade (Ponappa, Bartle-Haring, & Day, 2014; Inguglia, Ingoglia, Liga, Coco, & Cricchio, 2015).

Uma tarefa importante para os pais é aceitar seus filhos como eles são, não como esperavam que eles fossem. Quando os pais consideram seus filhos maduros e aprovam as suas escolhas de vida, esse processo é mais fácil. Por outro lado, quando não aprovam as escolhas dos filhos, os pais estão mais propensos a ver a busca por autonomia por parte dos filhos como hostil ou imatura (Kloep & Hendry, 2010). A satisfação dos pais diminui quando veem seus filhos adolescentes envolvidos em comportamentos negativos ou quando acreditam que nao estao superando os desafios da vida (Downing-Matibag, 2009). Felizmente, o relacionamento entre pais e filhos costuma melhorar com a idade (Blieszner & Roberto, 2006).

QUANDO OS FILHOS VÃO EMBORA: O NINHO VAZIO

As pesquisas têm questionado ideias populares sobre o **ninho vazio** – uma transição supostamente difícil, sobretudo para as mulheres, que ocorre quando o filho mais jovem deixa a casa dos pais. Embora alguns pais tenham, de fato, problemas para ajustar-se ao ninho vazio, eles são superados em número por aqueles que consideram essa partida libertadora (Mitchell & Lovegreen, 2009; Antonucci et al., 2001). Em geral, os pais cujos filhos deixaram o ninho informam níveis mais altos de bem-estar, especialmente quando os filhos permanecem em contato frequente (Gorchoff, John, & Helson, 2008; White & Edwards, 1990). Eles são particularmente propensos a se adaptar bem quando os filhos saem "na hora certa", são considerados bem-sucedidos e honrados e quando têm bons laços familiares (Mitchell, 2010). O fato de as famílias serem ou não recompostas

ninho vazio
Fase de transição que acompanha a saída do último filho da casa dos pais.

> *Sentindo-se sozinho? Tente aquecer a sua casa. Pesquisas sugerem que a temperatura de um cômodo da casa afeta o quanto nos sentimos socialmente conectados. Cômodos mais quentes estão associados a sentimentos de proximidade com os outros.*
> Ijzerman & Semin, 2009

também importa. Padrastos e madrastas cujos filhos com parceiros anteriores saem de casa informam maiores aumentos na satisfação com a vida com a saída dos filhos da casa da família do que outros grupos (Ivanova, 2019).

Quando os filhos não se realizam, entretanto, este processo pode ser mais difícil. Normalmente, quando filhos adultos têm necessidades maiores, os pais fornecem mais apoio material e financeiro a eles (Fingerman, Miller, Birditt, & Zarit, 2009), um processo que pode proteger os pais dos humores negativos (Huo, Graham, Kim, Birditt, & Fingerman, 2017). Dada essa tendência, não é surpresa descobrir que esses pais provavelmente se sentem divididos entre querer que seus filhos adultos adquiram sua independência e um desejo de intervir e ajudar. Os homens, em particular, parecem ser mais afetados pelos sucessos e fracassos de seus filhos (Birditt, Fingerman, & Zarit, 2010). Alguma ambivalência durante essas situações é padrão, mas muito mais estresse resulta quando já há tensão no relacionamento (Birditt, Miller, Fingerman, & Lefkowitz, 2009) ou quando os filhos crescidos retornam à casa dos pais (Thomas, 1997). Pesquisas demonstram que esse estresse aumenta os níveis de hormônios do estresse dos pais (Birditt, Kim, Zarit, Fingerman, & Loving, 2016), um achado com consequências negativas para a sua saúde.

Os efeitos do ninho vazio sobre um casamento dependem de sua qualidade e duração. Em um bom casamento, a partida dos filhos crescidos pode prenunciar uma segunda lua de mel. A partida dos filhos da casa da família aumenta a satisfação conjugal, talvez devido ao tempo adicional que o casal agora tem para passar um com o outro (Bouchard, 2014; Gorchoff, John, & Helson, 2008). O ninho vazio pode ser mais difícil para casais cujas identidades dependem de seus papéis de pais, ou que agora devem encarar problemas conjugais já existentes e adiados pela pressão das responsabilidades parentais (Antonucci et al., 2001).

O ninho vazio não significa o fim da maternidade e da paternidade. É uma transição para um novo estágio: o relacionamento entre pais e filhos adultos.

CUIDANDO DE FILHOS CRESCIDOS

Mesmo após os filhos terem deixado a casa para sempre, os pais ainda são pais. O papel de pais de meia-idade de filhos adultos jovens levanta novas questões por parte de ambas as gerações (Marks et al., 2004).

> *Os pais são mais propensos a demonstrar favoritismo pelos filhos adultos do que pelos filhos pequenos, particularmente quando se trata de filhas que vivem próximas, compartilham seus valores, evitaram comportamentos desviantes e os ajudaram no passado.*
> Suitor, Seechrist, Plikuhn, & Pillemer, 2008

Os pais de meia-idade geralmente dão mais ajuda e apoio aos seus filhos adultos jovens do que recebem deles (Antonucci et al., 2001). Essa ajuda melhora as suas chances de fazer faculdade, estabelecer uma carreira ou comprar uma casa (Johnson & Benson, 2012). Estima-se que a proporção dos pais que fornece ajuda financeira aos filhos adultos varie de 32 a 75% (Shoeni & Ross, 2005; Siennick, 2011). Os pais dão mais ajuda aos filhos que mais necessitam, normalmente àqueles que são solteiros ou são pais solteiros, ou que cometeram crimes (Blieszner & Roberto, 2006; Siennick, 2011).

Alguns pais têm dificuldades em tratar os filhos como adultos e muitos adultos jovens têm dificuldades em aceitar a contínua preocupação de seus pais com eles. Em um ambiente familiar de apoio e afeição, tais conflitos podem ser gerenciados por meio da exposição dos sentimentos (Putney & Bengtson, 2001). Ao mesmo tempo, no entanto, os problemas dos filhos adultos têm o potencial de reduzir o bem-estar de seus pais (Greenfield & Marks, 2006).

Desde a década de 1980, na maioria das nações ocidentais, cada vez mais os filhos adultos vêm adiando a saída da casa dos pais para o final dos 20 anos ou até mesmo para mais tarde (Mouw, 2005). Além disso, a **síndrome da porta giratória**, às vezes chamada de fenômeno bumerangue, tem se tornado mais comum. Um número cada vez maior de adultos jovens, especialmente de homens, retorna para a casa de seus pais, em alguns casos mais de uma vez, e em outros com suas próprias famílias (Aquilino, 1996; Blieszner & Roberto, 2006; Putney & Bengtson, 2001). Muitas vezes, o retorno à casa da família é precipitado por preocupações emocionais ou financeiras ou problemas com o álcool (Sandberg-Thoma, Snyder, & Jang, 2015; Smits, Van Gaalen, & Mulder, 2010). Às vezes, filhos adultos voltam para casa porque precisam cuidar dos pais doentes (South & Lei, 2015).

síndrome da porta giratória
Tendência dos adultos jovens que já deixaram a casa dos pais a voltar quando enfrentam problemas financeiros, conjugais ou outros.

> *Você acha que é uma boa ideia os filhos adultos viverem com seus pais?*

O prolongamento da função dos pais pode levar a uma tensão intergeracional quando ela contradiz as expectativas normativas dos pais. À medida que os filhos passam da adolescência para o período adulto jovem, os pais esperam que eles se tornem independentes, e os filhos esperam fazê-lo. Como prevê o modelo do momento dos eventos, então, o adiamento da saída de casa de um filho crescido ou seu retorno a ela pode gerar estresse familiar (Antonucci et al., 2001; Aquilino, 1996). Do ponto de vista do filho adulto, o apoio financeiro dado por um pai ou mãe pode ameaçar a sua autoeficácia (Mortimer, Kim, Staff, & Vuolo, 2016), e embora possa ser uma fonte de apoio financeiro e emocional, ambos extremamente necessários, morar com os pais também pode ameaçar o seu senso de independência (Burn & Szoeke, 2016).

A experiência não normativa da corresidência de pais e filhos, entretanto, está se tornando mais normal. Isso passou a ser comum em momentos de crise na economia. Por exemplo, em 2008, os pesquisadores americanos observaram que a presença de filhos adultos morando na casa dos pais estava associada com um declínio na qualidade da vida conjugal. Entretanto, de 2008 a 2012, a porcentagem de filhos adultos que voltaram para a casa dos pais nos Estados Unidos devido à Grande Recessão subiu para 36%. Quando coletaram dados sobre as mesmas variáveis em 2013, os pesquisadores observaram que a presença de filhos adultos morando na casa dos pais não estava mais associada com a baixa qualidade da vida conjugal, a menos que o filho também tivesse problemas. Segundo os pesquisadores, a corresidência dos filhos só prejudicava a qualidade do casamento quando era não normativa. Quando a economia tornou a corresidência cada vez mais comum, isso alterou a interpretação e as consequências do fenômeno (Davis, Kim, & Fingerman, 2016).

> **verificador**
> **você** é capaz de...
> ▷ Discutir as mudanças que os pais de filhos adolescentes enfrentam?
> ▷ Comparar como mulheres e homens respondem ao ninho vazio?
> ▷ Descrever os aspectos característicos dos relacionamentos entre pais e filhos crescidos?
> ▷ Dar as razões para o fenômeno da parentalidade prolongada e discutir seus efeitos?

Outros laços de parentesco

Na meia-idade, a responsabilidade por cuidar e sustentar pais idosos pode começar a passar para seus filhos de meia-idade. Além disso, um novo relacionamento frequentemente se inicia nesta fase da vida: o de avós.

RELACIONAMENTOS COM PAIS IDOSOS

Os anos da meia-idade podem trazer mudanças dramáticas, embora graduais, aos relacionamentos entre pais e filhos. Outra coisa pode acontecer durante esses anos: um dia, um adulto de meia-idade pode olhar para sua mãe ou seu pai e ver uma pessoa idosa, que pode precisar do cuidado do filho ou da filha.

Tornar-se um cuidador de pais idosos Mesmo quando não vivem próximos, a maioria dos adultos de meia-idade e seus pais têm relacionamentos calorosos e afetuosos baseados em contato frequente, apoio mútuo, sentimentos de apego e valores comuns. Os relacionamentos positivos com os pais contribuem para um sentido forte de identidade e para o bem-estar emocional na meia-idade (Blieszner & Roberto, 2006).

A maioria dos adultos de meia-idade e seus pais idosos mantêm relacionamentos calorosos e afetuosos.
Hero/Fancy/Corbis/Glow Images

Na maior parte das vezes, a ajuda e a assistência continuam a fluir dos adultos para os próprios filhos, não para os seus pais. Contudo, com as mudanças demográficas nos Estados Unidos, especialmente a maior longevidade, muitos adultos de meia-idade estão gradualmente assumindo mais responsabilidades pelos seus pais. Por exemplo, um filho pode perceber que a mãe não consegue mais dirigir e decide ir ao supermercado para ela uma vez por semana, ou uma filha pode notar que o pai não lembra mais de pagar as contas da casa sem ajuda e configura o débito automático para ele. Esse desenvolvimento normativo é visto como um desfecho saudável de uma **crise filial**, na qual os adultos aprendem a equilibrar amor e dever para com seus pais com autonomia em um relacionamento de mão dupla.

A maioria da ajuda consiste em assistência nas necessidades diárias e, menos comumente, em emergências e crises. Este padrão é verdadeiro na maioria das famílias; entretanto, as dinâmicas mudam em situações nas quais os pais são incapacitados ou estão passando por algum tipo de crise. Não surpreendentemente, nesses casos, os filhos adultos costumam fornecer os recursos para seus pais de meia-idade (Fingerman et al., 2010).

Os membros desta geração, às vezes chamada de **geração sanduíche**, podem encontrar-se espremidos entre as necessidades concorrentes dos próprios filhos e as necessidades emergentes dos seus pais (ver Seção Janela para o Mundo).

crise filial
Na terminologia de Marcoen, o desenvolvimento normativo da meia-idade, no qual os adultos aprendem a equilibrar amor e dever para com seus pais com autonomia dentro de um relacionamento de mão dupla.

geração sanduíche
Adultos de meia-idade "espremidos" pelas necessidades concorrentes de criar ou orientar os filhos e cuidar de pais idosos.

No mundo inteiro, cuidar é normalmente uma função feminina (Kinsella & Velkoff, 2001). Quando uma mãe doente é viúva ou divorciada e não pode mais cuidar de si mesma, é mais provável que uma filha assuma o papel de cuidadora (Pinquart & Sörenson, 2006; Schulz & Martire, 2004). As relações entre filhas e mães idosas tendem a ser especialmente próximas (Fingerman & Dolbin-MacNab, 2006). As filhas tendem a cuidar mais dos pais idosos, mas a proporção entre filhos e filhas na família afeta o processo. Se uma mulher tem irmãos, ela tende a prestar mais cuidados. Se um homem tem irmãs, ele tende a prestar menos cuidados (Grigoryeva, 2017).

As relações familiares na vida adulta intermediária e tardia podem ser complexas. Com o aumento da expectativa de vida, casais de meia-idade com recursos emocionais e financeiros limitados podem ter de se responsabilizar por dois casais de pais idosos, assim como prover as suas próprias necessidades (e, possivelmente, as de seus próprios filhos adultos). Não surpreende que muitos filhos adultos expressem ambivalência em relação a cuidar dos pais ou sogros idosos (Willson, Shuey, & Elder, 2003). A ambivalência pode surgir em consequência da dificuldade envolvida em fazer malabarismos com necessidades que competem entre si. A maioria dos casais está disposta a contribuir com tempo ou dinheiro, mas não ambos, e poucos têm os recursos ou disposição necessários para apoiar ambas as duplas de pais. Os casais tendiam a responder mais prontamente às necessidades dos pais da esposa, presumivelmente em razão da maior proximidade dela com eles. Casais afro-americanos e hispânicos tinham maior probabilidade do que casais brancos de prestar assistência consistente de todos os tipos aos pais de ambos os lados da família (Shuey & Hardy, 2003).

Tensões provocadas pelo cuidar Cuidar de outra pessoa pode ser estressante. Muitos cuidadores consideram a tarefa uma carga física, emocional e financeira, especialmente se eles trabalham em tempo integral, têm recursos financeiros limitados ou não têm apoio e assistência (Lund, 1993a; Schulz & Martire, 2004). É difícil para as mulheres que trabalham fora de casa assumir o papel adicional de cuidadoras, e reduzir as horas de trabalho ou deixá-lo para atender as obrigações como cuidadora pode aumentar o estresse financeiro.

A tensão emocional pode originar-se não apenas do papel de cuidador, mas da necessidade de equilibrá-lo com as muitas outras responsabilidades da meia-idade (Antonucci et al., 2001; Climo & Stewart, 2003). Os pais idosos podem tornar-se dependentes em uma época em que os adultos de meia-idade precisam orientar seus filhos adultos ou, se a paternidade/maternidade foi adiada, criá-los.

O papel de cuidador também pode criar problemas no casamento. Cuidadores adultos relatam menor felicidade conjugal, grande desigualdade conjugal, mais hostilidade, e, para as mulheres, maior grau de sintomatologia depressiva e depressão com o passar do tempo (Bookwala, 2009). Algumas pesquisas mostram que ser cuidador está associado com maior risco de dissolução do relacionamento para as mulheres em relações de coabitação, mas não necessariamente para os homens ou para as mulheres casadas (Penning & Wu, 2019).

Estima-se que aproximadamente 59% dos cuidadores das famílias cuidem de um pai ou mãe com limitações físicas (National Alliance for Caregiving, 2015). Cuidar de uma pessoa com limitações físicas é difícil. A perda de capacidade por parte dos pais que envelhecem está associada com declínios na qualidade do relacionamento entre pais e filhos (Kim et al., 2016). Pode ser ainda mais difícil cuidar de uma pessoa com demência, situação enfrentada por 26% dos cuidadores. Além disso, 37% dos indivíduos que recebem cuidados sofrem de mais de uma condição ou doença (National Alliance for Caregiving, 2015).

A demência e as condições relacionadas a ela estão entre as mais difíceis de enfrentar. Além de ser incapazes de desempenhar as funções básicas da vida diária, pessoas com demência podem ser incontinentes, desconfiadas, agitadas ou deprimidas, sujeitas a alucinações, podendo vagar à noite, ser perigosas para si mesmas e para os outros e necessitar de supervisão constante (Schultz & Martire, 2004). Às vezes o cuidador torna-se física ou mentalmente doente sob tal tensão (Richardson, Lee, Berg-Weger, & Grossberg, 2013). Visto que as mulheres são mais propensas do que os homens a prestar assistência pessoal, sua saúde mental e seu bem-estar podem ter maior probabilidade de ser afetados (Friedemann & Buckwalter, 2014; Amirkhanyan & Wolf, 2006; Pinquart & Sörenson, 2006). Algumas vezes o estresse criado pelas demandas pesadas e incessantes do papel de cuidador é tão grande a ponto de levar a abuso, negligência ou mesmo abandono da pessoa idosa dependente (Lachs & Pillemer, 2015).

JANELA para o mundo

A "GERAÇÃO SANDUÍCHE" GLOBAL

Os pais estão vivendo mais e os filhos adultos precisam de apoio por mais tempo, o que cria novos desafios para os adultos de meia-idade. Nos últimos anos, os pesquisadores batizaram os indivíduos de 40 a 60 anos espremidos entre cuidar dos próprios filhos e dos pais idosos de "geração sanduíche". À medida que a população idosa mundial aumenta, equilibrar os papéis de cuidar dos pais e de cuidar dos filhos passará a ser uma questão global cada vez mais importante.

De acordo com o Pew Research Center, 47% dos adultos de meia-idade pertencem à geração sanduíche nos Estados Unidos. Cerca de 15% dos adultos de meia-idade norte-americanos dão auxílio financeiro e 61% dão auxílio emocional e ajuda diária para os seus pais idosos e para os próprios filhos (Parker & Patten, 2013). Cerca de 29% dos filhos adultos de 30 anos ou menos ainda moram com os pais ou voltaram para casa após a faculdade e são sustentados, ao menos em parte, pelos pais (Parker, 2012).

Tendências semelhantes também foram observadas em outras partes do mundo. Estima-se que até 2050, a geração sanduíche mundial será três vezes maior, cuidando de aproximadamente 2 bilhões de pais idosos (Nações Unidas, 2007). Na Austrália, 2,6 milhões de pessoas se consideravam "cuidadores-sanduíche"; no Reino Unido, havia outros 2,4 milhões nesse grupo (Carers UK Staff, 2012; Carers Australia Staff, 2012).

Em muitas partes do mundo, especialmente nos países em desenvolvimento, é comum que múltiplas gerações da mesma família morem juntas. Por exemplo, no Japão, quase 50% dos idosos moram com seus filhos (National Institutes of Health, 2007); na China, 35 a 45% dos idosos moram com seus filhos (Ren & Treiman, 2014). Mesmo que os idosos não morem com os filhos, o apoio da família é muito importante no Japão e na China, e os filhos adultos muitas vezes estão disponíveis para oferecer auxílio e cuidados diários.

Cuidar dos pais idosos pode ser uma tarefa desafiadora, estressante e até avassaladora. Um estudo da American Psychological Association descobriu que 40% dos adultos de 35 a 55 anos que são cuidadores dos pais e dos filhos informam níveis extremos de estresse e listam a família como a sua principal fonte de estresse. Esse estresse cria um ônus que impacta as relações familiares e o bem-estar dos próprios cuidadores (American Psychological Association, 2007). É importante que os cuidadores "recarreguem as baterias" e cuidem de si mesmos, física e mentalmente. Pode ser um desafio enorme às vezes, mas as pessoas cuidadas geralmente são as mais importantes do mundo para os cuidadores, e seus cuidados representam um ato de amor e dedicação aos familiares.

qual a sua opinião Como você lidaria com as responsabilidades de cuidar de pais idosos? O que você poderia fazer para apoiar um ente querido que está nessa situação?

Um resultado dessas e de outras tensões pode ser o **esgotamento do cuidador**, uma exaustão física, mental e emocional do cuidador que pode afetar adultos que cuidam de parentes idosos (Hategan, Bourgeois, Cheng, & Young, 2018). Mesmo o cuidador mais paciente e amoroso pode ficar frustrado, ansioso ou ressentido sob a constante tensão de satisfazer as necessidades aparentemente infinitas de uma pessoa idosa. Muitas vezes as famílias e os amigos não reconhecem que os cuidadores têm o direito de se sentir desencorajados, frustrados e fartos. Os cuidadores precisam ter uma vida própria, paralelamente à invalidez ou doença das pessoas amadas. Às vezes outros arranjos, como a colocação em uma instituição, assistência em domicílio, ou uma divisão de responsabilidades entre os irmãos, devem ser feitos (Shuey & Hardy, 2003).

Programas comunitários de apoio podem reduzir as tensões e os encargos do cuidador. Os serviços de apoio podem incluir refeições e cuidados da casa; serviços de transporte e acompanhamento; e creches para adultos, que oferecem cuidados e atividades supervisionadas enquanto os cuidadores trabalham ou cuidam de suas necessidades pessoais. A *assistência temporária* (cuidado supervisionado substituto fornecido por enfermeiros ou assistentes de saúde em domicílio) permite que os cuidadores tenham algum tempo livre. Por meio de grupos de aconselhamento, de apoio e de autoajuda, os cuidadores podem compartilhar seus problemas, obter informações sobre os recursos das comunidades e melhorar suas habilidades.

esgotamento do cuidador
Condição de exaustão física, mental e emocional que afeta adultos que cuidam constantemente de pessoas idosas ou doentes.

O que você faria se um ou ambos os seus pais precisassem de cuidado de longo prazo? Em que grau os filhos ou outros parentes devem ser responsáveis por esse cuidado? Em que grau, e de que forma, a sociedade deve ajudar?

Alguns cuidadores da família, fazendo uma retrospectiva, consideram a experiência excepcionalmente gratificante. Quando um cuidador ama profundamente um parente enfermo, se preocupa com a continuidade da família, considera o cuidar um desafio e dispõe de recursos pessoais, familiares e comunitários adequados para enfrentar aquele desafio, esta pode ser uma oportunidade de crescimento pessoal em competência, compaixão, autoconhecimento e autotranscendência. Além disso, os cuidadores da família informam um sentimento de crescimento espiritual e religioso e de dever cumprido (Lloyd, Patterson, & Muers, 2016; Bengstron, 2001; Climo & Stewart, 2003). Quando conseguem identificar e articular os aspectos positivos de cuidar de uma pessoa com demência, os cuidadores da família têm menor probabilidade de sofrer de depressão e maior de relatar bem-estar, satisfação com a vida e autoeficácia maiores (Quinn & Toms, 2018).

RELACIONAMENTOS COM IRMÃOS

Os laços entre irmãos são os relacionamentos de mais longa duração na vida da maioria das pessoas. Em algumas pesquisas transversais, os relacionamentos entre irmãos ao longo da vida lembram uma ampulheta, com o maior contato nas duas extremidades – infância e meia-idade em diante – e contato mínimo durante os anos de criação dos filhos. Após estabelecerem carreiras e famílias, os irmãos podem renovar seus laços (White, 2001; Putney & Bengston, 2001; Conger & Little, 2010). Outros estudos indicam um declínio no contato durante a idade adulta. Os conflitos entre irmãos tendem a diminuir com a idade – talvez porque irmãos que não se dão bem se vejam menos (Putney & Bengtson, 2001).

Os relacionamentos entre irmãos que permanecem em contato podem ser centrais ao bem-estar psicológico na meia-idade (Thomas, 2009; Spitze & Trent, 2006). Como no período adulto jovem, as irmãs tendem a ser mais próximas que os irmãos (Blieszner & Roberto, 2006; Spitze & Trent, 2006). Os relacionamentos entre irmãos podem ser particularmente benéficos para os adultos que não tiveram filhos. Por exemplo, os irmãos podem atuar como cuidadores uns dos outros; quando o fazem, são menos afetados negativamente do que quando cuidam dos pais ou dos cônjuges (Namkung, Greenberg, & Mailick, 2016).

O cuidado de pais idosos pode trazer mais união entre os irmãos, mas também pode causar ressentimento e conflito. Divergências podem surgir em relação à divisão do cuidado ou em relação a uma herança, especialmente se o relacionamento entre os irmãos não tem sido bom (Ngangana, Davis, Burns, McGee, & Montgomery, 2016; Blieszner & Roberto, 2006). Também surgem problemas quando há percepções de favoritismo, seja ele uma percepção do presente ou uma lembrança da infância, particularmente para a relação materna (Peng, Suitor, & Gilligan, 2016; Suitor, Gilligan, Peng, Jung, & Pillemer, 2015).

TORNANDO-SE AVÓS

Frequentemente, o papel de avô ou avó começa antes de terminar as suas funções como pais. Em 2014, os Estados Unidos tinham uma população de 69,5 milhões de avós (Monte, 2017). Oitenta e três por cento das pessoas com mais de 65 anos de idade têm netos, e aproximadamente um terço delas consideram que ter mais tempo para dedicar à família é o aspecto do envelhecer que mais valorizam (Krogstad, 2015).

O papel dos avós Em muitas sociedades em desenvolvimento, os lares de famílias estendidas são comuns, e os avós participam integralmente da criação da criança e das decisões familiares. Sua ajuda muitas vezes é precipitada por fatores como pobreza, doença, migração e outros desafios e crises familiares. Em países da Ásia como Tailândia e Taiwan, aproximadamente 40% da população com 50 anos ou mais vive na mesma casa com um neto pequeno, e metade daqueles com netos de 10 anos ou menos – geralmente as avós – são os responsáveis pelo cuidado da criança (Kinsella & Velkoff, 2001). Na China e na Romênia, a migração das mães em busca de trabalho fez com que um grande número de crianças pequenas fossem "deixadas para trás" com familiares, geralmente as avós (Ban et al., 2017; Piperno, 2012). Em alguns países da África

verificador
você é capaz de...

▷ Descrever a mudança no equilíbrio das relações filiais que frequentemente ocorre entre filhos de meia-idade e pais idosos?

▷ Citar as fontes de possíveis tensões no cuidado de pais idosos?

▷ Discutir a natureza dos relacionamentos entre irmãos na meia-idade?

Em muitos países asiáticos, os avós moram na mesma casa que os netos e desempenham um papel importante nas suas vidas.

Kohei Hara/Digital Vision/Getty Images

Subsaariana, as altas taxas de mortalidade dos adultos jovens em consequência da aids fazem com que os avós sejam um recurso crítico para cuidar das crianças que ficaram órfãs por causa da doença (Uhlenberg & Cheuk, 2010). O cuidado pelos avós é comum na Europa, onde um pouco mais de 40% deles cuidam regular ou ocasionalmente dos netos. A oferta de creches regulares é um pouco mais comum no sul do que no norte da Europa (Glaser et al., 2013; Iacovou & Skew, 2011). Em suma, os avós são, globalmente, parte importante das vidas dos netos.

Nos Estados Unidos, lares de famílias estendidas são comuns em algumas comunidades de grupos minoritários, mas o padrão familiar dominante é a família nuclear. Em 2014, estimava-se que aproximadamente 4% dos avós norte-americanos viviam na mesma residência que seus netos (Glaser et al., 2018). Embora 68% dos avós em um levantamento da AARP vejam pelo menos um neto a cada uma ou duas semanas, 45% vivem muito longe para vê-los regularmente (Davies & Williams, 2002).

Em geral, as avós têm relacionamentos mais estreitos, mais calorosos, mais afetuosos com seus netos (especialmente com as netas) do que os avôs, e os veem mais (Putney & Bengtson, 2001). Avós que mantêm contato frequente com seus netos, que se sentem bem em relação ao fato de serem avós, que atribuem importância a esse papel e que têm autoestima elevada tendem a ser mais satisfeitas por serem avós (Reitzes & Mutran, 2004). Às vezes, os avós têm dificuldade para equilibrar a conexão com seus netos e permitir que os próprios filhos sejam os pais das suas famílias, de acordo com as próprias crenças e valores (Breheny, Stephens, & Spilsbury, 2013).

Aproximadamente 22% dos avós norte-americanos cuidam dos netos enquanto os pais trabalham (Krogstad, 2015). De fato, os avós têm quase tanta probabilidade de serem os cuidadores dos netos quanto creches ou pré-escolas organizadas; 23,7% das crianças com menos de 5 anos e 31,7% do total das crianças com mães empregadas ficam sob o cuidado de um avô enquanto as mães estão no trabalho (Laughlin, 2013). Nos países em que os governos dedicam mais fundos ao auxílio para creches, os cuidados pelos avós são menos comuns. Por exemplo, na Dinamarca e na Suécia, aproximadamente 2% das famílias usam o cuidado dos avós, em comparação com 15% na Alemanha e cerca de 30% na Itália e na Espanha (Del Boca, 2015). A proximidade geográfica dos avós dispostos a ajudar a cuidar das crianças, incluindo os cuidados regulares e os inesperados "emergenciais", tem efeito positivo na probabilidade de as mulheres trabalharem fora de casa (Compton & Pollak, 2014).

Você teve um relacionamento próximo com uma avó ou um avô? Neste caso, de que formas específicas aquele relacionamento influenciou seu desenvolvimento?

Os avós após o divórcio e um novo casamento Um resultado do aumento nas taxas de divórcio e de novos casamentos é o número cada vez maior de avós e netos cujos relacionamentos são afetados ou interrompidos. Após um divórcio, visto que a mãe geralmente fica com a custódia, os avós maternos tendem a ter mais contato e relacionamentos mais fortes com seus netos, e os avós paternos tendem a ter menos (Doyle, O'Dywer, & Timonen, 2010). Quando os pais têm guarda primária ou conjunta, os avós paternos continuam a ter contato com os netos, e o grau de contato pode até aumentar se o pai divorciado precisar de ajuda (Jappens & Van Bavel, 2016). Se a mãe for próxima da avó paterna, os filhos podem permanecer próximos desta também em caso de divórcio (Attar-Schwartz & Fuller-Thomson, 2017).

O novo casamento de uma mãe divorciada reduz sua necessidade do apoio de seus pais, mas não o contato deles com seus netos. Para os avós paternos, entretanto, um novo casamento aumenta a probabilidade de que eles sejam descartados ou de que a família se mude para longe deles, tornando o contato ainda mais difícil (Cherlin & Furstenberg, 1986). É um desfecho infeliz, pois o contato contínuo e a boa relação com os avós estão associados com a maior satisfação com a vida, autoestima e domínio mais altos e menor ansiedade em crianças cujos pais se divorciaram (Jappens, 2018).

Antes de 1965, os avós não tinham o direito legal de ver seus netos em caso de divórcio ou morte do filho adulto. Visto que os laços com os avós são importantes para o desenvolvimento das crianças, cada estado concedeu aos avós (e, em alguns estados, aos bisavós, aos irmãos e a outros) o direito à visitação após um divórcio ou a morte de um dos pais se o juiz considerar que é o melhor para a criança (Mason, 2011). Entretanto, alguns tribunais estaduais derrubaram essas leis por serem muito amplas e possivelmente infringirem os direitos parentais (Greenhouse, 2000), e algumas legislaturas restringiram os direitos de visitação dos avós. Atualmente, as leis variam de um estado para outro, e o ônus da prova recai geralmente sobre os avós.

Criando os netos   Nos Estados Unidos, aproximadamente 1 em 10 avós está criando um neto, e este número está aumentando (U.S. Census Bureau, 2014). Muitos estão atuando como pais à revelia de crianças cujos pais são incapazes de cuidar deles – frequentemente como resultado de gravidez na adolescência, abuso de substância, doença, divórcio ou morte (Glaser et al., 2018). Cada vez mais, com os efeitos da epidemia de opioides, aumenta o número de crianças que entram no sistema de adoção temporária ou que são cuidadas pelos avós devido à morte, prisão ou vício dos pais (United, 2016).

A parentagem sub-rogada pelos avós é um padrão bem estabelecido em famílias afro-americanas e latinas. Ela é mais comum entre avós, especialmente aquelas que vivem na pobreza. Elas também tendem a ser mais jovens e ter escolaridade menor (Blieszner & Roberto, 2006; Dolbin-McNab & Hayslip, 2014; Dunifon, Ziol-Guest, & Kopko, 2014).

A parentalidade sub-rogada inesperada pode trazer esgotamento físico, emocional e financeiro para adultos de meia-idade ou mais velhos (Blieszner & Roberto, 2006). Eles podem ter de abandonar seus trabalhos, adiar seus planos de aposentadoria, reduzir drasticamente seus momentos de lazer e sua vida social e pôr em risco sua saúde.

A maioria dos avós que assumem a responsabilidade de criar seus netos o faz porque não os querem ver colocados em um lar adotivo estranho. Os avós frequentemente têm de lidar com um sentimento de culpa porque os filhos que eles criaram, agora adultos, falharam com seus próprios filhos e também com o rancor que eles podem sentir em relação a estes filhos adultos. Para alguns casais de cuidadores, as dificuldades geram tensão em seu relacionamento. Se um dos pais, ou ambos, reassume seu papel normal, pode ser emocionalmente doloroso abrir mão da criança (Crowley, 1993; Larsen, 1990, 1991).

Assumir o cuidado dos netos pode ser física e psicologicamente exaustivo (Hadfield, 2014). Com relação à saúde física, estudos indicam que os avós que cuidam dos netos correm risco maior de problemas de saúde física (Neely-Barnes, Graff, & Washington, 2010; Musil et al., 2010). Os avós que cuidam dos netos também informam níveis mais elevados de ansiedade, estresse e, em especial, depressão, e aqueles que cuidam de crianças com problemas sociais, comportamentais ou emocionais correm risco particularmente alto (Doley, Bell, Watt, & Simpson, 2015; Minkler & Fuller-Thomson, 2001; Neely-Barnes et al., 2010). Eles também podem se sentir julgados, pois não teriam criado bem os próprios filhos, ou envergonhados por estarem na situação de criar os netos (Hayslip, Fruhauf, & Doblin-MacNab, 2017). Altos níveis de apoio social podem ajudar os avós a lidarem com as dificuldades de criar seus netos e estão associados com melhor saúde psicológica (Hayslip, Blumenthal, & Garner, 2014).

Os avós que fornecem **cuidado de parentesco** sem se tornar pais adotivos ou obter a custódia têm poucos direitos e nenhum *status* legal. Eles podem enfrentar muitos problemas práticos, desde matricular a criança na escola a ter acesso aos registros acadêmicos para obter seguro médico para a criança. Os netos geralmente não usufruem dos direitos que um plano de saúde oferece a um funcionário, mesmo que os avós tenham a sua custódia. Além disso, as famílias estendidas não têm direito a tantos benefícios quanto as famílias de criação (Lin, 2014), apesar de as pesquisas indicarem que o cuidado por parentes permite que as crianças permaneçam ligadas às suas redes familiares e tradições culturais (Kiraly & Humphreys, 2013). Como os pais, os avós que trabalham fora precisam de um lugar seguro para que seus netos possam ficar, além de uma política familiar no ambiente de trabalho, tal como licença para cuidar de filho doente. A lei federal Family and Medical Leave, de 1993, dá cobertura a avós que criam seus netos, mas muitos não têm conhecimento dela.

Os avós podem ser fontes de orientação, companhias para brincar, vínculos com o passado e símbolos de continuidade familiar. Eles expressam generatividade, um desejo de transcender a mortalidade investindo eles próprios nas vidas das futuras gerações. Homens e mulheres que não se tornam avós podem preencher as necessidades generativas tornando-se avós adotivos ou sendo voluntários em escolas ou hospitais. Ao encontrar formas de desenvolver o que Erikson chamou de a virtude do *cuidado*, os adultos preparam-se para entrar no período culminante do desenvolvimento adulto.

cuidado de parentesco
O cuidado de crianças que vivem sem os pais na casa dos avós ou de outros parentes, com ou sem uma mudança da custódia legal.

verificador
você é capaz de...

▷ Dizer como o divórcio dos pais e um segundo casamento podem afetar o relacionamento dos avós com os netos?

▷ Discutir os desafios envolvidos em criar os netos?

▷ Dizer como o papel dos avós mudou nas últimas gerações?

▷ Descrever os papéis dos avós na vida da família?

resumo e palavras-chave

A trajetória de vida na meia-idade

- Os cientistas do desenvolvimento consideram o desenvolvimento psicossocial da meia-idade de duas formas: objetivamente, em termos das trajetórias ou caminhos, e subjetivamente, em termos da percepção que as pessoas têm de si mesmas e da forma como elas construíram ativamente as suas vidas.
- Mudança e continuidade devem ser vistas no contexto e em termos da vida como um todo.

Mudanças da meia-idade: abordagens teóricas

- As pesquisas sobre a meia-idade costumavam ser relativamente raras, mas as mudanças demográficas nos Estados Unidos levaram ao ressurgimento do interesse pela meia-idade.
- Os modelos de traço sugerem mudanças de desenvolvimento assim como mudanças em resposta a eventos de vida. Alguns processos podem ser culturalmente específicos.
- O sétimo estágio psicossocial de Erikson é a generatividade *versus* estagnação. A generatividade pode ser expressa por meio da parentalidade e do fato de tornar-se avô, do ensino ou aconselhamento, da produtividade ou criatividade, do autodesenvolvimento e da "manutenção do mundo". A virtude deste período é o cuidado. A pesquisa atual sobre generatividade a considera mais prevalente na meia-idade, mas esse padrão não é universal.
- A maior fluidez do ciclo de vida hoje tem enfraquecido parcialmente a suposição de um "relógio social".

generatividade *versus* estagnação (468)
generatividade (468)

O *self* na meia-idade: problemas e temas

- Problemas e temas psicossociais cruciais durante a vida adulta intermediária dizem respeito à existência de uma crise de meia-idade, desenvolvimento da identidade (incluindo identidade de gênero) e bem-estar psicossocial.
- Pesquisas não confirmam uma crise normativa da meia-idade. É mais correto referir-se a uma transição que pode ser um momento psicológico decisivo.
- De acordo com a teoria do processo de identidade de Whitbourne, as pessoas continuamente confirmam ou revisam as suas percepções sobre si mesmas com base na experiência e no *feedback* dos outros. Os processos de identidade característicos de um indivíduo podem prever adaptação ao envelhecimento.
- Generatividade é um aspecto do desenvolvimento da identidade.
- A psicologia narrativa descreve o desenvolvimento da identidade como um processo contínuo de construção da história de vida. Pessoas altamente generativas tendem a focalizar-se em um tema de redenção.
- Emotividade e personalidade estão relacionadas a bem-estar psicológico.
- Uma pesquisa baseada na escala de seis dimensões de Ryff revelou que a meia-idade é geralmente um período de saúde mental positiva e bem-estar, embora o nível socioeconômico seja um fator.

crise da meia-idade (471)
momentos decisivos (472)
revisão da meia-idade (472)
resiliência do ego (472)
teoria do processo de identidade (TPI) (473)
esquemas da identidade (473)
assimilação da identidade (473)
acomodação da identidade (473)
equilíbrio da identidade (473)

Relacionamentos na meia-idade

- Duas teorias sobre a importância da mudança dos relacionamentos são a teoria do comboio social de Kahn e Antonucci e a teoria da seletividade socioemocional de Carstensen. De acordo com ambas as teorias, o apoio socioemocional é um elemento importante na interação social da meia-idade em diante.
- Os relacionamentos na meia-idade são importantes para a saúde física e mental, mas também podem apresentar demandas estressantes.

teoria do comboio social (478)
teoria da seletividade socioemocional (479)

Relacionamentos consensuais

- Pesquisas sobre satisfação conjugal indicam que geralmente há um declínio rápido inicial, seguido por uma estabilização, e então novos declínios mais lentos no longo prazo. O nascimento de uma criança está associado com declínios abruptos, enquanto a satisfação sexual está associada com a satisfação conjugal.
- A coabitação está aumentando na meia-idade, mas pode afetar negativamente o bem-estar dos homens.
- Divórcio na meia-idade pode ser estressante e pode acarretar uma mudança de vida. O capital conjugal tende a dissuadir o divórcio na meia-idade.
- O divórcio hoje pode ser menos ameaçador ao bem-estar na meia-idade do que no período adulto jovem.
- As pessoas casadas tendem a ser mais felizes na meia-idade do que as pessoas em qualquer outro estado civil.
- Em razão de alguns homossexuais adiarem assumir sua orientação sexual, na meia-idade eles podem estar apenas começando a estabelecer relacionamentos íntimos.
- As pessoas de meia-idade tendem a investir menos tempo nas amizades do que os adultos mais jovens, mas dependem do apoio emocional e da orientação prática dos amigos.

capital conjugal (481)

Relacionamentos com filhos maduros

- Pais de adolescentes têm de enfrentar a perda do controle sobre as vidas de seus filhos.
- O esvaziamento do ninho é libertador para muitas mulheres, mas pode ser estressante para casais cuja identidade depende do papel de pais, ou para aqueles que agora têm de enfrentar problemas conjugais anteriormente ignorados.
- Pais de meia-idade tendem a permanecer envolvidos com seus filhos adultos, e a maioria, em geral, é feliz com o rumo das vidas de seus filhos. Podem surgir conflitos sobre a necessidade de os filhos adultos serem tratados como tais e os pais continuarem a se preocupar com eles.
- Atualmente, mais adultos jovens estão adiando a partida da casa dos pais ou estão retornando a ela. Os ajustes tendem a ser mais tranquilos quando os pais veem os filhos adultos se encaminhando para a autonomia.

ninho vazio (485)
síndrome da porta giratória (486)

Outros laços de parentesco

- Relacionamentos entre adultos de meia-idade e seus pais costumam ser caracterizados por uma forte ligação afetiva. As duas gerações geralmente mantêm contato frequente e oferecem e recebem assistência. O auxílio flui dos pais para os filhos.
- À medida que a vida passa, mais e mais pais idosos se tornam dependentes dos cuidados de seus filhos de meia-idade. A aceitação dessas necessidades de dependência pode ser o desfecho de uma crise filial.
- As chances de tornar-se um cuidador de um pai idoso aumentam na meia-idade, sobretudo para as mulheres.
- Cuidar pode ser uma fonte de considerável estresse, mas também de satisfação. Programas de apoio da comunidade podem ajudar a evitar o esgotamento do cuidador.
- Embora os irmãos tendam a ter menos contato na meia-idade do que antes e depois, a maioria dos irmãos de meia-idade permanece em contato, e seus relacionamentos são importantes para o bem-estar.
- A maioria dos adultos norte-americanos tornam-se avós na meia-idade e têm menos netos que as gerações anteriores.
- A separação geográfica não afeta necessariamente a qualidade dos relacionamentos entre avós e netos.
- O divórcio e um novo casamento de um filho adulto pode afetar o relacionamento entre avós e netos.
- Um número cada vez maior de avós está criando netos cujos pais são incapazes de fazê-lo. Criar os netos pode acarretar tensões físicas, emocionais e financeiras.

crise filial (487)
geração sanduíche (487)
esgotamento do cuidador (489)
cuidado de parentesco (492)

Parte 8 VIDA ADULTA TARDIA

capítulo 17

Desenvolvimento Físico e Cognitivo na Vida Adulta Tardia

Pontos principais

A velhice hoje

DESENVOLVIMENTO FÍSICO

Longevidade e envelhecimento
Mudanças físicas
Saúde física e mental

DESENVOLVIMENTO COGNITIVO

Aspectos do desenvolvimento cognitivo

Objetivos de aprendizagem

Discutir as causas e o impacto do envelhecimento da população.

Caracterizar a longevidade e discutir as teorias biológicas do envelhecimento.

Descrever as mudanças físicas na vida adulta tardia.

Identificar fatores que influenciam a saúde e o bem-estar na vida adulta tardia.

Descrever o funcionamento cognitivo dos idosos.

Dave and Les Jacobs/Blend Images LLC

Você **sabia** que...

▷ Estima-se que em 2040 a população de pessoas com 65 anos ou mais no mundo inteiro será de 1,6 bilhão?

▷ Em muitas partes do mundo, a faixa etária que cresce mais rápido é a de pessoas com 80 anos ou mais?

▷ Cérebros mais velhos podem gerar novas células nervosas – algo que antes era considerado impossível?

Neste capítulo, verificamos as tendências demográficas da população idosa hoje. Vemos o aumento crescente da longevidade e da qualidade de vida na vida adulta tardia e as causas do envelhecimento biológico. Examinamos as alterações físicas e a saúde. Depois, voltamos a atenção para o desenvolvimento cognitivo: alterações na inteligência e na memória, o surgimento da sabedoria e a influência da educação contínua na terceira idade.

> As rugas devem apenas indicar onde estiveram os sorrisos.
> —Mark Twain (1835–1910)

A velhice hoje

No Japão, a velhice é um símbolo de *status*. Lá, geralmente, quando os viajantes se registram em hotéis, eles dizem a idade para assegurar que receberão a deferência apropriada. Em muitas outras culturas, ao contrário, envelhecer é visto como indesejável. Na pesquisa, os estereótipos mais consistentes a respeito dos idosos são que, embora de um modo geral sejam vistos como afetuosos e carinhosos, eles são incompetentes e de baixo *status* (Cuddy, Norton, & Fiske, 2005; Cary & Chasteen, 2015). Esses estereótipos inconscientes sobre envelhecimento, internalizados na juventude e reforçados durante décadas por atitudes da sociedade, podem ter se tornado autoestereótipos, que inconscientemente afetam as expectativas dos idosos em relação ao seu comportamento e que frequentemente atuam como profecias autorrealizáveis (Levy, 2003).

Hoje, os esforços para combater o **idadismo** – preconceito ou discriminação com base na idade – estão em pleno crescimento, graças à visibilidade cada vez maior de idosos ativos e saudáveis. Relatos sobre idosos que atingem idades avançadas aparecem com frequência na mídia. Na televisão, os idosos são cada vez menos retratados como pessoas decrépitas e desamparadas, e mais como indivíduos equilibrados, respeitados e sábios, ou astutos, mudança que pode ser importante na redução dos estereótipos negativos sobre eles (Bodner, 2009).

Precisamos olhar para além das imagens distorcidas da idade, para a sua realidade verdadeira e multifacetada. Qual é o perfil da população idosa atual?

Quais são os estereótipos sobre idosos que você tem visto na mídia e no cotidiano?

idadismo
Preconceito ou discriminação contra uma pessoa (geralmente o idoso) baseado na idade.

O ENVELHECIMENTO DA POPULAÇÃO

A população global está envelhecendo. Em 2015, 617 milhões de pessoas no mundo tinham 65 anos ou mais, e até 2050, projeta-se uma população total dessa faixa etária de 1,6 bilhão (He, Goodkind, & Kowal, 2016). Para 2020, estimava-se que houvesse mais pessoas com 60 anos ou mais no planeta do que crianças com menos de 5 anos; em 2050, a maioria delas morará em países de baixa e média renda e não nos países de alta renda onde essa transição demográfica começou (World Health Organization, 2018i). O envelhecimento da população é resultado de declínio na fertilidade acompanhado de crescimento econômico, melhor nutrição, estilos de vida mais saudáveis, melhor controle de doenças infecciosas, melhorias no acesso a água e saneamento básico e avanços na ciência, tecnologia e medicina (He et al., 2016).

Os países variam com relação à idade das suas populações (ver Figura 17.1). Por exemplo, no Japão, 26,6% da população tinha 65 anos ou mais em 2015, e projeta-se que o número alcançará 40,1% até 2050. A população de 65 anos ou mais do Qatar, por outro lado, era de apenas 0,9% em 2015, com crescimento projetado para 22,1% até 2050. Muitas das populações mais idosas se encontram na Europa e na América do Norte (Federal Interagency Forum on Aging-Related Statistics, 2019). Em muitas partes do mundo, a faixa etária que cresce mais rápido é a de pessoas com 80 anos ou mais. Projeta-se que a população mundial com mais de 80 anos irá quase triplicar entre 2015 e 2050, de 126,5 milhões para 446,6 milhões. Por outro lado, a taxa de aumento prevista para adultos com 65 anos ou mais é de cerca de 1,5 vez os números atuais, e prevê-se uma mudança percentual quase estável para pessoas com menos de 20 anos (He et al., 2016). Diferentes países atendem as necessidades crescentes do envelhecimento das suas populações com diversos níveis de sucesso (ver Seção Janela para o Mundo).

A crescente visibilidade de adultos mais velhos ativos e saudáveis como a atriz Diana Rigg está mudando a percepção da velhice. Aos 75 anos, ela interpretou a brilhante e ferina Lady Oleanna Tyrell no popular programa de TV Game of Thrones.

HBO/Kobal/Shutterstock

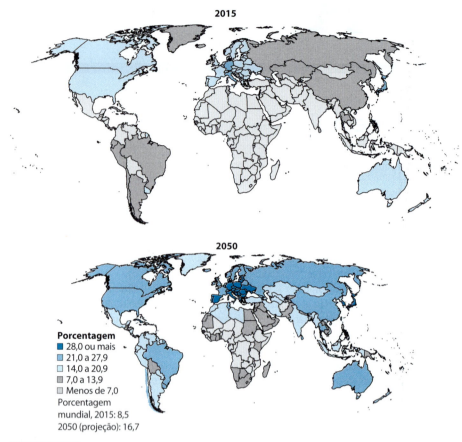

FIGURA 17.1
Porcentagem da população com 65 anos ou mais: 2015 e 2050.
Projeta-se que a população com 65 anos ou mais crescerá rapidamente nas próximas décadas. O crescimento será maior em grande parte dos países em desenvolvimento.

Fonte: He, W., D. Goodkind e P. Kowal. International Population Reports. P95/16-1, An Aging World: 2015. US Census Bureau, ed. Washington, DC: US Government Publishing Office, 2016.

Nos Estados Unidos, o envelhecimento da população se deve às altas taxas de natalidade e de imigração no começo e meados do século XX e a uma tendência para famílias menores, o que tem reduzido o número relativo de grupos mais jovens. O envelhecimento dos *baby-boomers* – a geração nascida após a Segunda Guerra Mundial – é um fator significativo (Administration on Aging, 2010). Desde 1900, a proporção de norte-americanos com ou acima de 65 anos mais do que triplicou, de 4,1 para 15,2% em 2016. Os primeiros *baby-boomers* completaram 65 anos em 2011, e cerca de 21,7% dos norte-americanos provavelmente terá 65 anos ou mais em 2040. Até 2060, as projeções populacionais sugerem que os Estados Unidos terão 98,2 milhões de adultos com 65 anos ou mais. Também espera-se que a população com 85 anos ou mais cresça, atingindo aproximadamente 14,6 milhões em 2040 – um aumento de 129% em relação a 2016 (Administration for Community Living, 2018).

As populações de minorias étnicas e raciais nos Estados Unidos são, em geral, mais jovens do que a população branca, mas a diversidade étnica dos idosos está aumentando ainda assim. Em 2016, 23% dos norte-americanos com 65 anos ou mais eram membros de grupos minoritários; em 2060, serão 45%. Os afro-americanos representam o maior grupo (9%), seguidos pelos asiáticos ou ilhéus do Pacífico (4%), nativos americanos (0,5%), nativos do Havaí/ilhéus do Pacífico (0,1%) e

JANELA para o mundo

O CUIDADO DE IDOSOS AO REDOR DO MUNDO

À medida que o mundo envelhece, os países precisam se ajustar às suas transições demográficas e às novas necessidades das suas populações. Uma necessidade urgente diz respeito ao cuidado de idosos. Tanto o número de pessoas com direito a programas de apoio aos idosos quanto o período durante o qual essas pessoas precisam de auxílio estão aumentando.

O índice Global Age Watch classifica os países com base em como os seus idosos estão se saindo. O índice mede quatro aspectos do bem-estar dos idosos: segurança financeira, estado de saúde, capacidade e ambiente capacitador (aspectos que ajudam os idosos a cuidarem de si mesmos de forma independente). Em 2015, os dados estavam disponíveis e foram usados para classificar 96 dos 195 países do mundo. Suíça (1), Noruega (2) e Suécia (3) ficaram no topo da lista, enquanto Afeganistão (96), Malawi (95) e Moçambique (94) ocuparam as últimas posições. Na América do Norte, os Estados Unidos ficaram em 9º, o Canadá em 5º e o México em 33º. A maioria dos países europeus está na primeira metade, sendo que os 20 piores eram quase todos países da África, do Oriente Médio e do Sudeste Asiático (HelpAge International Staff, 2015).

A primeira colocação ficou com a Suíça, onde um quarto da população tem mais de 60 anos, devido aos seus muitos programas de promoção da saúde, capacidade e atividade para a população mais velha, assim como o seguro saúde universal e os planos de pensão para todos os cidadãos. Quase um terço da população japonesa tem mais de 60 anos; na oitava posição do *ranking*, o Japão é considerado um dos países mais velhos e mais saudáveis do mundo. Os japoneses implementaram políticas abrangentes para os idosos, incluindo planos de pensão e de saúde universais (HelpAge International Staff, 2015).

Tanto a Índia (71) quanto a China (52) têm muitos idosos e grandes disparidades na qualidade dos serviços de saúde. Na Índia, 80% dos idosos moram nas zonas rurais, 40% vivem abaixo da linha da pobreza e não há um plano de pensão ou de seguridade social oficial para os idosos. Na China, os idosos estão em situação um pouco melhor em relação à saúde física e mental. As discrepâncias são piores em ambos os países para indivíduos com mais de 75 anos (HelpAge International Staff, 2015).

Malawi e Moçambique têm pouquíssimos programas para idosos. Os dois países estão nas piores posições em segurança financeira e, por causa disso, 95% dos idosos ainda trabalham. Não há programas de pensão universais e o acesso à saúde é limitadíssimo. Em ambos os países, as doenças crônicas são extremamente comuns. O abuso de idosos – financeiro, físico e sexual – é comum. Muitas pessoas idosas informam que se sentem inseguras e desvalorizadas (HelpAge International Staff, 2015).

A desigualdade na saúde, renda, educação e oportunidades é evidente entre os países mais ricos e os mais pobres. Nos países de mais alta renda, praticamente todas as pessoas com mais de 65 anos recebem alguma forma de pensão e serviços de saúde. Nos países de baixa e média renda, cerca de 25% recebem uma pensão ou serviços de saúde de qualidade. Ainda há muito trabalho pela frente no sentido de equalizar o cuidado de idosos no mundo todo.

> **qual a sua opinião?** Em países com orçamentos limitados, qual deve ser a prioridade dos idosos nas considerações sobre o financiamento de serviços sociais? Eles são tão, mais ou menos importantes do que as outras faixas etárias? Por quê?

adultos multirraciais (0,7%). Os hispânicos, que podem ser de qualquer raça, são aproximadamente 8% da população. A projeção é de que a população hispânica idosa crescerá mais rapidamente, para quase 22% em 2060 (Administration for Community Living, 2018; Federal Interagency Forum on Aging-Related Statistics, 2016).

DO IDOSO JOVEM AO IDOSO MAIS VELHO

O impacto econômico de uma população que está envelhecendo depende da proporção de pessoas saudáveis e fisicamente capazes dessa população. Nesse sentido, a tendência é encorajadora. Hoje sabemos que muitos problemas que antes eram considerados resultado da idade são consequência de doenças ou de fatores do estilo de vida.

envelhecimento primário
Processo gradual inevitável de deterioração física ao longo da vida.

envelhecimento secundário
Processo de envelhecimento que resulta de doenças, abusos e maus hábitos físicos e que pode muitas vezes ser evitado.

atividades da vida diária (AVDs)
Atividades essenciais que são a base da sobrevivência, como alimentar-se, vestir-se, banhar-se e realizar tarefas domésticas.

idade funcional
Medida da capacidade de uma pessoa de funcionar efetivamente em seu ambiente físico e social em comparação com outras da mesma idade cronológica.

gerontologia
Estudo dos idosos e dos processos de envelhecimento.

geriatria
Área da medicina relacionada aos processos de envelhecimento e aos problemas de saúde que surgem com a velhice.

verificador
você é capaz de...

▷ Discutir as causas e o impacto do envelhecimento da população?

▷ Indicar dois critérios usados para identificar a diferença entre idosos jovens, idosos idosos e idosos mais velhos?

▷ Diferenciar envelhecimento primário de envelhecimento secundário?

expectativa de vida
Idade máxima que uma pessoa em uma determinada coorte provavelmente viverá (dada a sua idade atual e condições de saúde), com base na média de longevidade de uma população.

longevidade
Duração da vida de um indivíduo.

tempo de vida
O período mais longo que os membros de uma espécie podem viver.

O **envelhecimento primário** é um processo gradual e inevitável de deterioração física que começa cedo na vida e continua ao longo dos anos, independentemente do que as pessoas façam para evitá-lo. Nessa visão, o envelhecimento é uma consequência inevitável de ficar velho. O **envelhecimento secundário** resulta de doenças, abusos e maus hábitos, fatores que em geral podem ser controlados (J. C. Horn & Meer, 1987). Essas duas filosofias do envelhecimento podem ser comparadas ao conhecido debate natureza-experiência. O envelhecimento primário é um processo da natureza, governado pela biologia. O envelhecimento secundário é resultado do ambiente, ou seja, dos traumas ambientais que se acumulam ao longo da vida. Como sempre, a verdade está em algum ponto entre os dois extremos e ambos os fatores são importantes.

Hoje em dia, os cientistas sociais especialistas em envelhecimento referem-se a três grupos de adultos mais velhos: o "idoso jovem", o "idoso idoso" e o "idoso mais velho". Esses termos representam construções sociais, de modo semelhante ao que acontece com o conceito de adolescência. Cronologicamente, os *idosos jovens* são pessoas entre 65 e 74 anos, que em geral são ativas, animadas e vigorosas. Os *idosos idosos*, pessoas entre 75 e 84 anos, e os *idosos mais velhos*, pessoas de 85 anos em diante, estão mais propensos a uma condição de fragilidade e doença, e têm dificuldade em administrar as **atividades da vida diária (AVDs)**. Consequentemente, o idoso mais velho consome uma quantidade desproporcional de recursos como pensões ou custos de assistência médica, tendo em vista o tamanho da população de idosos mais velhos (Kinsella & He, 2009).

Uma classificação mais significativa é a **idade funcional**: a capacidade de uma pessoa interagir em um ambiente físico e social em comparação com outros da mesma idade cronológica. Por exemplo, uma pessoa de 90 anos que está com boa saúde pode ser funcionalmente mais jovem do que uma de 75 que esteja sofrendo os efeitos da demência.

O uso desses termos e distinções de idade nasceu das necessidades de pesquisa e de serviço. A **gerontologia** é o estudo dos idosos e dos processos de envelhecimento. Os gerontologistas estão interessados nas diferenças entre os idosos porque estas podem influenciar os resultados. Da mesma forma, os pesquisadores e praticantes da **geriatria**, o ramo da medicina que trata do envelhecimento, preocupam-se com as diferenças entre os idosos. Entender as diferenças entre eles chama a atenção para a necessidade de serviços de apoio que pessoas em faixas etárias como a dos *idosos mais velhos* podem precisar. Por exemplo, alguns membros desse grupo sobreviveram às suas economias e não podem pagar pelos próprios cuidados.

DESENVOLVIMENTO FÍSICO

Longevidade e envelhecimento

Expectativa de vida é a idade máxima que uma pessoa nascida em um determinado período e lugar provavelmente viverá, considerando-se a idade atual e a saúde dessa pessoa. A expectativa de vida baseia-se na média de **longevidade**, ou quanto tempo vivem os membros de uma população. Ganhos em expectativa de vida refletem declínio nas *taxas de mortalidade* (a proporção de uma população ou de certos grupos de idade que morre em um dado ano). O tempo de vida humano é o período mais longo que os membros de nossa espécie podem viver. O **tempo de vida** mais longo documentado até hoje é o de Jeanne Clement, uma francesa que morreu aos 122 anos de idade.

A expectativa de vida não reflete a idade média em que alguém morre. Ela inclui mortes ao longo do ciclo de vida. Portanto, uma baixa expectativa de vida geralmente significa uma alta taxa de mortalidade infantil, que puxa o número para baixo.

TENDÊNCIAS E FATORES NA EXPECTATIVA DE VIDA

Espera-se que um bebê nascido nos Estados Unidos em 2016 viva até os 78,6 anos, aproximadamente 30 anos a mais do que um bebê nascido em 1900, e mais de quatro vezes mais do que no início da história da humanidade (National Center for Health Statistics, 2018; Wilmoth, 2000; Figura 17.2). Boa parte desse aumento pode ser atribuída à influência dos antibióticos, programas de vacinação e melhorias nas práticas sanitárias. As taxas de expectativa de vida começaram, então, a ser mais afetadas pelas mortes causadas por doenças crônicas, como câncer e doenças cardíacas, e apesar de continuarem a aumentar em meados do século XX, a mudança foi menos drástica. Mais recentemente, a expectativa de vida nos Estados Unidos sofreu uma ligeira queda, em parte devido ao aumento da taxa de mortalidade por *overdoses* não intencionais (National Center for Health Statistics, 2018). Mundialmente, projeta-se que a expectativa de vida continuará a aumentar nos países industrializados, ainda que os ganhos previstos sejam relativamente baixos nos Estados Unidos (Kontis et al., 2017).

Diferenças de gênero Em praticamente todo o mundo, as mulheres vivem mais tempo e apresentam taxas de mortalidade mais baixas em todas as idades do que os homens. Aos 65 anos, há aproximadamente 80,3 homens para cada 100 mulheres; aos 85, há apenas 50 homens para cada 100 mulheres; e aos 100, há 4 mulheres para cada 1 homem (He et al., 2016). A distância entre os gêneros é maior em nações industrializadas onde a renda é mais alta e a mortalidade feminina diminuiu acentuadamente com as melhorias na assistência pré-natal e obstetrícia (Kinsella & He, 2009). Na verdade, os modelos preveem que a probabilidade da expectativa de vida feminina superar os 90 anos até 2030 é de mais de 50% (Kontis et al., 2017). A vida mais longa das mulheres também tem sido atribuída à sua tendência maior de tomar conta de si próprias e de buscar cuidados médicos, ao nível mais alto de apoio social que recebem e à elevação de seu nível socioeconômico nas últimas décadas. Além disso, os homens tendem a fumar e a beber mais, e também estão mais expostos a toxinas perigosas (Kinsella & He, 2009).

Nos Estados Unidos, a distância entre os gêneros aumentou para 7,8 anos no final da década de 1970, principalmente porque mais homens estavam morrendo de doenças relacionadas ao tabagismo (doenças cardíacas e câncer de pulmão) e menos mulheres morriam no parto. Desde então, a diferença diminuiu para 5 anos (National Center for Health Statistics, 2018). A disparidade de gênero nos Estados Unidos reflete os índices mundiais. Aos 65 anos, há cerca de 79,6 homens para cada 100 mulheres. Essa disparidade aumenta com a idade; aos 85 anos, há 52 homens para cada 100 mulheres (Federal Interagency Forum on Aging-Related Statistics, 2016).

Diferenças regionais e raciais/étnicas A expectativa de vida global era de 72 anos em 2016. Entretanto, a diferença nas expectativas de vida entre países desenvolvidos e países em desenvolvimento é enorme. Em Serra Leoa, país africano, um homem nascido em 2016 podia esperar viver 52,5 anos, comparado a 87,1 anos para uma mulher nascida no Japão (World Health Organization, 2018i). As melhorias mais drásticas em expectativa de vida entre 2000 e 2015 ocorreram na África, onde melhorias na sobrevivência infantil e no tratamento da malária e do HIV aumentaram a expectativa de vida em 9,4 anos (World Health Organization, 2016b).

Nos Estados Unidos existem grandes disparidades raciais e étnicas no que diz respeito à expectativa de vida (ver Tabela 17.1).

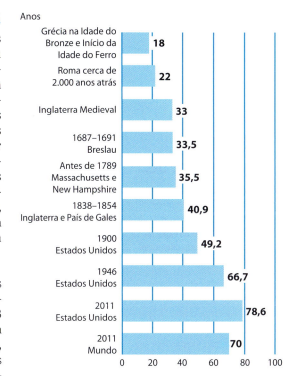

FIGURA 17.2
Mudanças na expectativa de vida da antiguidade aos tempos modernos.
Fonte: Adaptada de Katchadourian, 1987; dados de 2011 referentes aos Estados Unidos e ao mundo do Banco Mundial, s/d, e WHO, s/d, respectivamente.

TABELA 17.1 Expectativa de vida em anos para...

	Ao nascer
Homens hispânicos	79,3
Mulheres hispânicas	84,3
Homens brancos	76,3
Mulheres brancas	81,0
Homens afro-americanos	71,9
Mulheres afro-americanas	78,1

Fonte: Arias, E. e J. Xu. "United States life tables, 2015." *National Vital Statistics Reports* 67, no. 7 (2018): 1-64.

Em média, os norte-americanos brancos vivem 3,7 anos mais (78,5) do que os afro-americanos (74,8). Os afro-americanos, principalmente os homens, são mais vulneráveis a doenças e morte desde a primeira infância até a vida adulta intermediária do que os norte-americanos brancos. Causa certa surpresa que norte-americanos hispânicos tenham a expectativa de vida mais elevada (80,3 anos). As razões para essa diferença ainda não são claras, mas podem estar relacionadas a questões de estilo de vida ou efeitos de migração (p. ex., aqueles que migram para os Estados Unidos tendem a ser mais saudáveis) (Arias, 2010).

A renda e a geografia também afetam a expectativa de vida. O alto nível socioeconômico está associado com um aumento na expectativa de vida, sendo que a disparidade na expectativa de vida entre as faixas de renda aumentou durante a última década. Além disso, a expectativa de vida é menor no sul dos Estados Unidos. É provável que essas diferenças regionais estejam relacionadas a comportamentos de saúde, incluindo tabagismo, obesidade e exercícios físicos, e não ao acesso diferenciado a serviços de saúde (Chetty et al., 2016).

Uma nova forma de olhar para a expectativa de vida é em termos do número de anos que uma pessoa pode esperar viver com boa saúde, livre de incapacidades. Em nível global, a expectativa de vida saudável (EVS) é de 62 anos para os homens e 64,8 anos para as mulheres. Nos Estados Unidos, estima-se que a EVS seja de 68,5 anos (World Health Organization, 2018j).

> **verificador**
> **você é capaz de...**
> ▷ Distinguir entre expectativa de vida, longevidade e tempo de vida?
> ▷ Resumir tendências na expectativa de vida, incluindo diferenças de gênero, regionais e étnicas?

POR QUE AS PESSOAS ENVELHECEM

À medida que envelhecemos, podemos sentir os efeitos de diversas doenças ou condições crônicas. Esse processo é chamado de **senescência**, o declínio no funcionamento físico associado ao envelhecimento. Por que a senescência ocorre? Por que envelhecemos? A maioria das teorias do envelhecimento biológico pode ser classificada em uma de duas categorias (resumidas na Tabela 17.2): *teorias de programação genética* e *taxas variáveis*.

senescência
Período da vida marcado por declínios no funcionamento físico, normalmente associados à idade; começa em idades diferentes para pessoas diferentes.

teorias de programação genética
Teorias que explicam o envelhecimento biológico como resultado de uma programação geneticamente determinada.

Teorias de programação genética O envelhecimento é um processo biológico inevitável? As **teorias de programação genética** propõem que o corpo da pessoa envelhece de acordo com instruções inatas ao código genético e que o envelhecimento é uma parte normal do desenvolvimento.

Estudos sobre gêmeos constataram que as diferenças genéticas são responsáveis por aproximadamente um quarto da variância no tempo de vida adulto humano. As influências genéticas sobre o envelhecimento parecem se fortalecer com o tempo, especialmente após os 60 anos (Willcox et al., 2008; Finkel, Gerritsen, Reynolds, Dahl, & Pedersen, 2014). Com a exceção de algumas disfunções genéticas raras, "o" gene do envelhecimento não existe. Na verdade, o envelhecimento de um indivíduo típico envolve muitas variantes gênicas, cada uma das quais tem efeitos pequenos.

TABELA 17.2 Teorias sobre o envelhecimento biológico

Teorias de programação genética	Teorias de taxas variáveis
Teoria da Senescência Programada. Envelhecer é o resultado de uma ativação e desativação contínua de certos genes. Senescência é o tempo em que os déficits associados ao resultado da idade ficam evidentes.	*Teoria do Desgaste Normal*. Células e tecidos têm partes vitais que se desgastam.
Teoria Endócrina. Relógios biológicos atuam por meio de hormônios para controlar o ritmo do envelhecimento.	*Teoria dos Radicais Livres*. Danos acumulados de radicais de oxigênio causam paradas no funcionamento de células e órgãos.
Teoria Imunológica. Um declínio programado em funções do sistema imunológico leva a uma crescente vulnerabilidade com predisposição para doenças infecciosas e, portanto, para o envelhecimento e morte.	*Teoria da Taxa de Vida*. Quanto maior a taxa de metabolismo de um organismo, menor é o seu tempo de vida.
Teoria Evolucionista. O envelhecimento é um traço criado pela evolução; assim, os genes que promovem a reprodução são selecionados a taxas maiores do que os genes que prolongam a vida.	*Teoria da Autoimunidade*. O sistema imunológico torna-se confuso e ataca suas próprias células corporais.

Fonte: Adaptada de NIH/NIA (1993, 2).

O envelhecimento também pode ser influenciado pelo "desligamento" de genes específicos, após o qual ocorrem perdas relativas à idade (p. ex., declínios na visão, audição e controle motor). Esse processo, descrito pelo termo geral *epigênese*, envolve a ativação e desativação de "marcadores" (ou instruções) moleculares. Mudanças epigenéticas não envolvem mudanças no código genético em si, e sim no modo como os genes são expressos. O acúmulo de mudanças epigenéticas é parcialmente responsável pelo envelhecimento (Kim et al., 2018; D'Aquila, Rose, Bellizzi, & Passarino, 2013; Sierra, Fernández, & Fraga, 2015). Como as mudanças epigenéticas são dinâmicas e modificáveis por influências ambientais, intervenções positivas podem combater os efeitos do envelhecimento (Field et al., 2018). Por exemplo, mudanças na alimentação e no estilo de vida podem alterar a nossa expressão epigenética e desacelerar a taxa de declínio (Pal & Tyler, 2016).

Outro processo celular envolve os *telômeros*, os fragmentos repetitivos de DNA nas extremidades dos cromossomos. Cada vez que uma célula se divide e replica seu código genético, os telômeros ficam mais curtos. Alguns teóricos defendem que as células somente podem se dividir um determinado número de vezes, e que ficam sem telômeros depois disso. Leonard Hayflick (1974) descobriu que células humanas se dividem no laboratório não mais do que 50 vezes, número hoje chamado de **limite de Hayflick**. Hayflick (1981) argumentou que as células passam pelo mesmo processo tanto no corpo quanto na cultura de laboratório. Depois que as células não podem mais se replicar, o corpo perde a capacidade de reparar tecidos danificados e, assim, começa a envelhecer.

limite de Hayflick
Limite geneticamente controlado, proposto por Hayflick, sobre o número de vezes que as células podem se dividir em membros de uma espécie.

A favor dessa teoria, as pesquisas mostram que os telômeros ficam mais curtos com a idade e que a taxa de encurtamento telomérico está relacionada à taxa de envelhecimento (Honig et al., 2015; Shammas, 2011). Telômeros mais curtos resultam no envelhecimento acelerado e risco de morte precoce e estão associados com maior risco de câncer, acidente vascular cerebral (AVC), diabetes, demência, doença pulmonar obstrutiva crônica e doenças da pele (Chilton, O'Brien, & Charchar, 2017). A taxa de alterações no telômero é influenciada geneticamente e interage com influências ambientais de forma complexa ao longo do ciclo de vida (Honig et al., 2015; Dugdale & Richardson, 2018). Fatores ambientais sabidamente associados com doença e mortalidade, incluindo estresse, tabagismo, consumo de álcool e inatividade física, podem afetar a taxa de encurtamento telomérico (Puterman, Lin, Krauss, Blackburn, & Epel, 2015; Shalev et al., 2013; Latifovic, Peacock, Massey, & King, 2016; Astuti, Wardhana, Watkins, & Wulaningsih, 2017; Li et al., 2018; Arsenis, You, Ogawa, Tinsley, & Zuo, 2017).

De acordo com a *teoria endócrina*, o relógio biológico age através dos genes que controlam as mudanças hormonais. Perda da força muscular, acúmulo de gordura e atrofia dos órgãos podem estar relacionados a declínios na atividade hormonal (Lamberts, van den Beld, & van der Lely, 1997). Por exemplo, mutações nos genes que codificam os hormônios envolvidos na regulação do açúcar no sangue foram ligados, em outras espécies, à maior ou menor longevidade, e é provável que tenham funcionamento semelhante nos seres humanos (Van Heemst, 2010). A *teoria imunológica* propõe um processo semelhante; certos genes podem causar problemas no sistema imunológico (Holliday, 2004), o que vai resultar em maior suscetibilidade a doenças, infecções e câncer (Fulop, Witkowski, Pawelec, Alan, & Larbi, 2014).

Segundo a *teoria evolucionista do envelhecimento*, a adequação reprodutiva é a principal meta da seleção natural. Assim, a seleção natural age com mais vigor sobre os indivíduos jovens, que têm diante de si muitos anos de reprodução potencial. Se um traço que favorece a reprodução nos jovens está presente, este se disseminará entre a população, mesmo que os efeitos sejam prejudiciais para o indivíduo mais tarde na vida (Hamilton, 1966; Baltes, 1997). Além disso, a seleção natural resulta na alocação de recursos energéticos para proteger e preservar o corpo até a reprodução, mas não necessariamente depois disso. Após o fim da reprodução, a integridade molecular das células e dos sistemas corporais acaba por se deteriorar além da capacidade do corpo de repará-los (Hayflick, 2004). Essa deterioração ocorre porque não há pressão seletiva para impedi-la após os genes terem sido passados para a próxima geração.

O estilo de vida ativo desta japonesa contribuiu para sua vida longa e saudável e para uma expectativa de vida longeva e saudável em seu país.
Digital Vision/PunchStock

Teorias de taxas variáveis Por que um idoso sofre de artrite, saúde ruim e declínios nas capacidades de percepção e outro permanece ativo e engajado? Por que algumas pessoas envelhecem mais rápida ou lentamente do que as outras? De acordo com as **teorias de taxas variáveis**, o envelhecimento é o resultado de processos randômicos que variam de pessoa para pessoa. Elas também são chamadas de *teorias dos erros*, pois esses processos envolvem danos resultantes de erros aleatórios, ou agressões ambientais, nos sistemas biológicos.

teorias de taxas variáveis
Teorias que explicam o envelhecimento biológico como resultado de processos que envolvem danos a sistemas biológicos e que variam entre as pessoas.

Uma dessas teorias, a *teoria do desgaste normal*, afirma que o corpo envelhece como resultado do acúmulo de danos ao sistema no nível molecular. Assim como as peças de um carro usado, as partes do corpo acabam por se desgastar (Jin, 2010). Alguns teóricos defendem que, apesar de a ideia parecer casar com o senso comum, não há um motivo fundamental para os corpos não poderem se regenerar continuamente, como fazem na juventude (Mitteldorf, 2010).

Outra teoria sobre o envelhecimento, chamada de *teoria dos radicais livres*, propõe que o envelhecimento é o resultado da formação de **radicais livres**, um subproduto dos processos metabólicos (Harman, 1956; 1972). Os radicais livres são moléculas com elétrons desemparelhados. Isso os torna altamente reativos, pois elas buscam emparelhar seus elétrons e "roubam" os elétrons de átomos vizinhos. Com o tempo, o processo pode danificar as membranas celulares, estruturas e proteínas, gorduras, carboidratos e até o DNA. Além disso, os danos provocados pelos radicais livres se acumulam com a idade e têm sido associados com doença cardiovascular, câncer, doenças inflamatórias como a artrite, doenças cardíacas, distúrbios neurológicos como o mal de Parkinson e de Alzheimer, úlceras gástricas e muitas outras (Lobo, Patil, Phatak, & Chandra, 2010).

A teoria dos radicais livres foi expandida para formar a *teoria mitocondrial do envelhecimento*. As mitocôndrias, organismos minúsculos que geram energia química para as células e tecidos, desempenham um papel importante na sobrevivência das células em condições de estresse e no fornecimento de energia ao corpo. Contudo, quando geram energia, as mitocôndrias também criam radicais livres. Estes, por sua vez, podem afetar negativamente os tecidos ao redor, incluindo o próprio DNA mitocondrial. Isso leva à liberação de ainda mais radicais livres, a mais danos e ao processo de envelhecimento (Harman, 2006; 1992; Ziegler, Wiley, & Velarde, 2015).

Apesar de potencialmente nocivos, os radicais livres também podem ter um papel de sinalização ao ajudar a regular os genes necessários para o crescimento e a diferenciação das células (Wojcik, Burzynska-Pedziwiatr, & Wozniak, 2010; Schieber & Chandel, 2014). Alguns pesquisadores defendem que o seu papel no processo de envelhecimento tem sido exagerado (Gladyshev, 2014).

A *teoria da taxa de vida* postula que há um equilíbrio entre metabolismo, ou uso de energia, e ciclo de vida. Quanto mais rápido o metabolismo do corpo, menor é o seu tempo de vida, e vice-versa (Pearl, 1928). Assim, por exemplo, a teoria prevê que um beija-flor teria vida mais curta do que uma preguiça. A teoria é útil para a descrição de alguns fenômenos, como quando comparamos os animais grandes com os pequenos em geral, mas não descreve muitos aspectos do envelhecimento. Por exemplo, a previsão seria que os exercícios físicos, que aumentam a atividade metabólica, encurtariam a vida. Na realidade, eles têm o efeito contrário (Hulbert, Pamplona, Buffenstein, & Buttemer, 2007).

As teorias de taxas variáveis e de programação genética têm implicações práticas. Se os humanos estão programados para envelhecer em uma determinada proporção (ou taxa), pouco podem fazer para retardar o processo. Se, por outro lado, envelhecer é variável, então as práticas de estilo de vida podem influenciá-lo.

Além do mais, alguns pesquisadores sugeriram que, em vez de se preocupar em como estender o tempo de vida humano, faz mais sentido considerar como podemos melhorar a saúde humana *enquanto* envelhecemos (Partridge, 2010). Ainda assim, o interesse por prolongar o ciclo de vida continua. Os fatores ambientais controlados e o estilo de vida podem interagir com os fatores genéticos para determinar por quanto tempo uma pessoa viverá e em quais condições.

radicais livres
Moléculas ou átomos instáveis e altamente reativos, formados durante o metabolismo, que podem causar danos físicos internos.

A francesa Jeanne Calment foi a pessoa com a vida mais longa confirmada, vivendo um total de 122 anos e 164 dias.
Pascal Parrot/Sygma/Getty Images

POR QUANTO TEMPO A VIDA PODE SER PROLONGADA?

A maioria das pessoas entende que mais indivíduos chegam aos 40 do que aos 60 e que mais chegam aos 60 do que aos 80. Em termos estatísticos, o conceito é chamado de **curva de sobrevivência**. A curva representa a porcentagem de pessoas ou animais vivos em diversas idades. Com relação aos seres humanos, a curva atual termina em torno dos 100 anos, o que significa que pouquíssimas pessoas sobrevivem além desse marco.

Mas o tempo de vida pode ser prolongado? Cientistas têm prolongado o tempo de vida saudável de minhocas, moscas-das-frutas e camundongos por meio de pequenas mutações genéticas (Ishii et al., 1998; Kolata, 1999; Lin, Seroude, & Benzer, 1998; Parkes et al., 1998; Pennisi, 1998). Em seres humanos, naturalmente, o controle genético de um processo biológico pode ser muito

curva de sobrevivência
Curva em um gráfico que mostra a porcentagem de pessoas ou animais vivos em diversas idades.

pesquisa em ação

OS IDOSOS MAIS VELHOS

Algumas pessoas terão vidas muito mais longas do que a expectativa média de 78,6 anos dos norte-americanos (Xu, Murphy, Kochanek, Bastian, & Arias, 2018). As pesquisas cada vez mais conseguem identificar os fatores que mantêm os "idosos mais velhos" vivos, muitas vezes por décadas a mais do que os seus pares.

Quase ninguém chega a uma idade avançada sem problemas de saúde, mas uma característica compartilhada por esses idosos é a resiliência contra as doenças. Seus corpos estão sujeitos a processos de envelhecimento prolongados e a riscos de doença muito maiores do que os dos jovens, além de terem maior propensão a serem frágeis ou dependentes (Sole-Auro & Crimmins, 2013).

A genética parece ser importante e pode explicar cerca de 25% da variação na longevidade humana (Passarino, De Rango, & Montesanto, 2016). Acredita-se que os centenários e os supercentenários possuam genes que garantem longevidade, os quais parecem compensar danos moleculares, perda de função e declínio cognitivo relacionados com a idade (Arai et al., 2014; Arai, 2017). A descoberta de variantes genéticas que levam à longevidade pode oferecer pistas para nos ajudar, mas é uma pesquisa difícil de realizar, dado o número muito pequeno de indivíduos disponíveis para conduzi-la (Santos-Lozano et al., 2016).

Fatores de estilo de vida provavelmente também são influências críticas para a longevidade e para o envelhecimento bem-sucedido. Os exercícios físicos provavelmente são o fator de estilo de vida mais importante de todos. Os exercícios são claramente benéficos do ponto de vista físico, pois, por exemplo, reduzem o risco de obesidade e de doença cardiovascular. Entretanto, talvez eles sejam ainda mais importantes com relação à manutenção das habilidades cognitivas. A metanálise recente de Blondell e colaboradores (2014) examinou o impacto longitudinal da atividade física no declínio cognitivo e revelou que a atividade física está associada com uma redução de longo prazo de 18% no risco de demência. O exercício físico está ligado ao maior consumo de oxigênio e fluxo sanguíneo cerebral, o que pode explicar por que ajuda a preservar a saúde cerebral e o desempenho cognitivo (Blondell et al., 2014).

O envelhecimento bem-sucedido tem muito a ver com fatores psicossociais. Cho, Martin e Poon (2015) destacam o papel do afeto positivo, que está ligado a interações sociais. Todas as pessoas se beneficiam de interações sociais, mas aquelas com maior escolaridade e melhor função cognitiva eram capazes de participar de interações sociais mais frequentes e intensas, o que, por sua vez, contribuía para níveis mais elevados de afeto positivo. O contato com a família, especialmente quando essas interações são positivas, pode ajudar a combater os sintomas depressivos e promover o bem-estar (Fuller-Iglesias, Webster, & Antonucci, 2015).

> **qual a sua opinião?** Você já conheceu alguém que viveu mais de 100 anos? Em caso afirmativo, a que essa pessoa atribuía sua longevidade?

mais complexo. Visto que nenhum processo ou gene simples parece ser responsável pelo envelhecimento e pelo fim da vida, é menos provável que encontremos soluções genéticas rápidas para o envelhecimento humano (Holliday, 2004). Além disso, as técnicas que se mostram promissoras em espécies de vida curta podem não se aplicar a humanos.

Os otimistas, entretanto, apontam para dados que mostram aumentos contínuos em longevidade. Nos Estados Unidos, o número de centenários aumentou de cerca de 50.000 pessoas em 2000 para aproximadamente 82.000 em 2016 (Xu, 2016; Administration for Community Living, 2018). Os dados mostram que, apesar da presença de dinâmicas diferentes em países diferentes, o aumento da longevidade não é raro (World Health Organization, 2019g). É interessante notar que as taxas de mortalidade de fato *diminuíram* depois dos 100 (Coles, 2004). As pessoas com 110 anos não têm maior probabilidade de morrer em determinado ano do que aquelas com 80 (Vaupel et al., 1998). Em outras palavras, pessoas suficientemente resistentes para chegar a uma determinada idade provavelmente viverão ainda mais tempo (Administration on Aging, 2016).

Quando examinamos as pessoas que chegam a idades muito avançadas, a morbidade (estar em estado de doença) parece estar comprimida. Em outras palavras, essas pessoas estão chegando à velhice em relativamente boa saúde. Quando começam a se deteriorar, no entanto, o processo é bastante rápido. Assim, embora a taxa geral de envelhecimento permaneça inalterada, o processo de envelhecimento em si parece ter sido adiado, provavelmente devido à boa saúde (Andersen, Sebastiani, Dworkis, Feldman, & Perls, 2012). Tendo em vista esses achados, a questão passa a ser se podemos postergar o envelhecimento ainda mais, atrasá-lo até uma idade ainda mais avançada e, assim, aumentar o ciclo de vida. Esse é o chamado mistério da longevidade (Vaupel, 2010).

> Se você pudesse viver o quanto quisesse, quanto tempo escolheria viver? Quais os fatores que afetariam sua resposta?

> Pessoas que, quando jovens, mantinham estereótipos negativos sobre os idosos estavam mais propensas a ter problemas cardíacos mais tarde.
> Levy et al., 2009

verificador
você é capaz de...

▷ Comparar dois tipos de teorias de envelhecimento biológico e discutir suas implicações e evidências?

▷ Discutir as descobertas feitas em pesquisas sobre extensão da vida e suas limitações em seres humanos?

A pergunta ainda não foi respondida, mas ela levanta algumas questões importantes. Ela sugere que prolongar o ciclo de vida saudável, um objetivo com valor intrínseco, pode aumentar a expectativa de vida. Ela também sugere que a área mais frutífera para intervenções na longevidade deveria focalizar o estilo de vida saudável e a redução de riscos (Fries, Bruce, & Chakravarty, 2011). É possível que essa abordagem tenha benefícios econômicos. A compressão da morbidade pode levar a vidas mais longas ao mesmo tempo que reduz os custos médicos devido à compressão dos problemas de saúde no final do ciclo de vida (Cutler, Ghosh, & Landrum, 2013).

Uma linha de pesquisa – inspirada nas teorias da taxa de vida que consideram o uso de energia como um fator crucial determinante do envelhecimento – é a de restrição dietética. Descobriu-se que uma drástica redução de calorias prolonga muito a vida em minhocas, peixes e macacos – na verdade, em quase todas as espécies animais testadas (Colman et al., 2014; Heilbronn & Ravussin, 2003). Uma análise crítica abrangendo 15 anos de pesquisa sugere que a restrição calórica pode ter efeitos benéficos sobre o envelhecimento humano e a expectativa de vida (Fontana & Klein, 2007). Macacos sob restrição calórica também apresentam menos casos de atrofia cerebral que por vezes acompanha o envelhecimento (Colman et al., 2009), um achado com consequências para a saúde cerebral.

A Sociedade de Restrição Calórica (The Calorie Restriction Society) pratica a restrição calórica voluntária, evitando alimentos industrializados ricos em carboidratos refinados e óleos parcialmente hidrogenados. Em comparação com grupos-controle com dieta caracteristicamente ocidental, os membros da sociedade mostraram uma baixa porcentagem de gordura corporal e redução na incidência de diabetes, câncer e doenças relacionadas à idade. Além disso, um estudo demonstrou que, ao menos no curto prazo, uma intervenção de restrição calórica de 25% promovia mudanças positivas em marcadores relativos ao risco de doença e ao envelhecimento em seres humanos. Não se sabe o quanto isso seria eficaz no longo prazo. Além disso, é interessante notar que o estudo foi composto de participantes altamente motivados, mas a taxa de abandono ainda foi de 18% no grupo de intervenção, além dos participantes adicionais que abandonaram o estudo por motivos médicos (Ravussin et al., 2015).

Visto que uma dieta de baixas calorias exige muita disciplina e não é realista para a maioria das pessoas, há um interesse cada vez maior em desenvolver medicamentos que mimetizem os efeitos da restrição calórica (Fontana, Klein, & Holloszy, 2010). O jejum intermitente, no qual os alimentos são ingeridos apenas durante algumas horas do dia, parece promissor. As pesquisas sugerem que ele pode exercer um efeito semelhante ao da restrição calórica nos processos metabólicos (Martin, Mattson, & Maudsley, 2006), além de ser mais fácil de manter. No entanto, uma abordagem mais geral e holística, com medicamentos utilizados *antes* do advento de doenças relacionadas à idade, poderá ser mais promissora em estender a vida dos humanos (Partridge, 2010).

Mudanças físicas

Algumas mudanças físicas normalmente associadas ao envelhecimento são óbvias para um observador casual. A pele mais velha tende a se tornar mais pálida e menos elástica, e conforme a gordura e os músculos atrofiam, a pele fica enrugada. São comuns varizes nas pernas. O cabelo fica mais fino, grisalho e depois branco, e os pelos do corpo tornam-se mais ralos.

Adultos mais velhos diminuem um pouco de tamanho em razão da atrofia dos discos entre as vértebras da coluna. Além disso, a composição química das alterações ósseas traz um risco maior de fraturas. Mudanças menos visíveis, mas igualmente importantes, afetam os órgãos internos e o organismo em geral, o cérebro e o funcionamento sexual, motor e sensorial.

MUDANÇAS ORGÂNICAS E SISTÊMICAS

As mudanças no funcionamento orgânico e sistêmico são altamente variáveis. Alguns organismos declinam rapidamente, outros quase nada (Figura 17.3). No entanto, ocorrem declínios típicos relacionados à idade na maioria das pessoas. Os pulmões, por exemplo, se tornam menos eficazes devido a reduções de volume, atrofia dos músculos envolvidos com a respiração e reduções na capacidade dos cílios (estruturas parecidas com pelos que removem o muco e a sujeira dos pulmões) de funcionar com eficácia (Lowery, Brubaker, Kuhlmann, & Kovacs, 2013). Apesar de ocorrerem declínios relacionados à idade normativos no funcionamento do sistema imunológico, o estresse pode exacerbar o processo, o que faz com que os idosos sejam mais suscetíveis a infecções respiratórias (Kiecolt-Glaser & Glaser, 2001). A saúde cardíaca também é prejudicada. Os idosos estão mais propensos a sofrer de arritmia (frequência cardíaca irregular), as paredes do músculo cardíaco podem se espessar e as válvulas que controlam o fluxo de sangue que entra e sai do coração podem não se abrir mais completamente. Essas alterações cardíacas levam a deficiências na capacidade de bombear sangue e, assim, diminuem o condicionamento cardiovascular (Lee, Huang, & Shen, 2011). O estresse crônico em adultos mais velhos também está relacionado à inflamação crônica de baixa intensidade, o que os torna mais vulneráveis a doenças (Bauer, Jeckel, & Luz, 2009; Heffner, 2011). Os problemas de deglutição, refluxo gástrico, indigestão, síndrome do intestino irritável, constipação e absorção reduzida dos nutrientes tornam-se mais comuns com a idade (Grassi et al., 2011). Isso aumenta o risco de desnutrição para os idosos (Harris, Davies, Ward, e Haboudi, 2008), especialmente se têm doenças crônicas ou se dependem de terceiros para auxílio com as suas atividades diárias (Ülger et al., 2010; Saka, Kaya, Ozturk, Erten, & Karan, 2010).

A **capacidade de reserva** é uma capacidade extra que ajuda os organismos a funcionar até seus limites em tempos de estresse. Com a idade, os níveis de reserva tendem a cair e muitas pessoas idosas não podem responder às demandas físicas extras tão bem como antes. Por exemplo, uma pessoa que costumava ser capaz de limpar a neve de toda a entrada da garagem com facilidade pode ficar exausta após limpar apenas uma pequena parte dela.

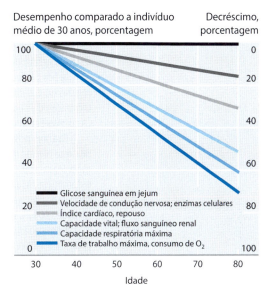

FIGURA 17.3
Declínio no funcionamento de órgãos.
As diferenças na eficiência funcional dos vários sistemas do corpo são mínimas na idade adulta jovem, mas aumentam na velhice.

Fonte: Katchadourian, 1987.

O ENVELHECIMENTO DO CÉREBRO

À medida que envelhecem, as pessoas sofrem declínios na capacidade do cérebro de processar informações rapidamente, no funcionamento executivo e na memória episódica (Fjell & Walhovd, 2010; Hughes, Agrigoroaei, Jeon, Bruzzese, & Lachman, 2018). As mudanças que ocorrem com o envelhecimento do cérebro de pessoas saudáveis e normais geralmente são sutis e fazem pouca diferença em seu funcionamento. Isso ocorre porque o cérebro retém um nível significativo de plasticidade e pode reorganizar os circuitos neurais e contornar o problema de modo a compensar os efeitos do envelhecimento (Cabeza et al., 2018; Park & Gutchess, 2006). Assim, os declínios observados no cérebro em processo de envelhecimento não são tão graves. Por exemplo, há alterações relacionadas à idade na conectividade funcional, os modos como diferentes áreas do cérebro se coordenam umas com as outras durante uma tarefa. Em geral, os estudos de imagem revelaram conectividade funcional reduzida durante as tarefas. No entanto, essa situação é compensada pela maior ativação difusa (mais áreas do cérebro são usadas para completar tarefas). Isso vale particularmente quando as tarefas são desafiadoras (Sala-Llonch, Bartrés-Faz, & Junqué, 2015; Geerligs, Renken, Saliasi, Maurits, & Lorist, 2014).

Algumas áreas do cérebro se tornam mais ativas com a idade para compensar. Por exemplo, há aumentos na atividade pré frontal (associada com tarefas controladas e que envolvem esforço) com a idade (Eyler, Sherzai, Kaup, & Jeste, 2011; Park & Reuter-Lorenz, 2009). O resultado é uma mudança na direção da "cognição semantizada" nos idosos. Em outras palavras, os adultos mais velhos utilizam suas enormes reservas de conhecimento para fortalecer estrategicamente suas capacidades reduzidas de processamento, o que lhes permite compensar com uma tomada de decisões mais lenta, ainda que muitas vezes melhor (Spreng & Turner, no prelo).

Na vida adulta tardia, o cérebro aos poucos diminui de volume e de peso, especialmente nas regiões frontal e temporal (Fjell & Walhovd, 2010; Lockhart & DeCarli, 2014). O hipocampo, a sede da memória, também encolhe (Raz, Ghisletta, Rodrigue, Kennedy, & Lindenberger, 2010). Também há uma redução na espessura cortical (Lemaitre et al., 2012). Esse encolhimento gradual antes foi atribuído à perda de neurônios (células nervosas). No entanto, a maioria dos pesquisadores agora concorda que – exceto em certas áreas específicas do cérebro, como o cerebelo, que coordena a atividade sensorial e motora – a perda neuronal não é substancial e não afeta a cognição (Burke & Barnes, 2006; Finch & Zelinski, 2005). Quando aumenta o ritmo dessas mudanças no cérebro, declínios cognitivos são cada vez mais prováveis (Carlson et al., 2008).

capacidade de reserva
Capacidade dos sistemas e órgãos de acrescentar de 4 a 10 vezes mais energia do que o normal em situação de estresse agudo; também chamada de reserva orgânica.

▷ **verificador**
você é capaz de...
▷ Resumir as alterações e variações comuns no funcionamento sistêmico que ocorrem na velhice?

Outra mudança característica é a diminuição na quantidade, ou densidade, do neurotransmissor dopamina devido à perda de sinapses (conexões neuronais). Os receptores de dopamina são importantes na medida em que ajudam a regular a atenção (Park & Reuter-Lorenz, 2009). Esse declínio geralmente resulta em um tempo de resposta mais lento.

Já aos 50, a bainha de mielina, que permite a rápida transmissão dos impulsos neuronais entre regiões do cérebro, começa a diminuir (Natrajan et al., 2015; Hinman & Abraham, 2007). Essa deterioração da mielina do cérebro, ou substância branca, está associada ao declínio cognitivo e motor (Andrews-Hanna et al., 2007; Finch & Zelinski, 2005).

Exames pós-morte do tecido cerebral constataram danos significativos ao DNA em certos genes que afetam a aprendizagem e a memória na maioria das pessoas muito velhas e algumas de meia-idade (Lu et al., 2004). Essas mudanças estão associadas com doenças neurodegenerativas e demência (Madabhushi, Pan, & Tsai, 2014). Embora adultos com mais de 90 anos tenham uma probabilidade mais de 25 vezes maior de desenvolver demência do que adultos entre 65 e 69 anos (Brayne, 2007), essa deterioração não é inevitável.

Nem todas as mudanças no cérebro são destrutivas. Os pesquisadores descobriram que cérebros mais velhos podem criar novas células nervosas a partir de células-tronco – algo considerado impossível no passado. Evidências de divisão celular foram encontradas no hipocampo, uma região do cérebro envolvida na aprendizagem e na memória (Seib & Martin-Villalba, 2015; Chaker et al., 2016). Parece provável que, em seres humanos, a atividade física combinada aos desafios cognitivos possa promover o crescimento de novas células (Kempermann, 2015; Di Benedetto, Mueller, Wenger, Duezel, & Pawelec, 2017). Além disso, os idosos que mantêm um senso de propósito no final da vida preservam um volume maior de substância cinzenta no córtex insular do que os adultos sem essa orientação (Ryff, Heller, Schaefer, Van Reekum, & Davidson, 2016). Esse tipo de achado destaca a plasticidade e a possibilidade de mudanças positivas no cérebro em processo de envelhecimento, mesmo em idades bastante avançadas.

FUNÇÕES SENSORIAIS E PSICOMOTORAS

Diferenças individuais nas funções sensório-motoras aumentam com a idade. Algumas pessoas mais idosas declinam rapidamente; outras percebem suas habilidades virtualmente inalteradas. Problemas auditivos e visuais podem privá-las de relacionamentos sociais e de independência, e problemas motores podem limitar atividades diárias.

Visão e audição Olhos mais velhos precisam de mais luz para ver, são mais sensíveis ao brilho e podem ter problemas para localizar e ler sinais. Assim, dirigir veículos pode tornar-se perigoso,

> **verificador**
> **você é capaz de...**
>
> ▷ Identificar várias alterações no cérebro relacionadas à idade e seus efeitos nas funções cognitivas e sociais?

Visão normal | Degeneração macular relacionada à idade

Na degeneração macular relacionada à idade, a principal causa de comprometimento visual em adultos mais velhos, o centro da retina gradualmente perde a capacidade de distinguir detalhes. Nestas fotos, à esquerda temos uma imagem como é vista por uma pessoa com visão normal, e à direita a mesma imagem como é vista por uma pessoa com degeneração macular.

Fonte: National Eye Institute, National Institutes of Health.

especialmente à noite. Adultos mais velhos podem ter dificuldade com a percepção de profundidade ou de cor, ou com atividades diárias como ler, costurar, fazer compras e cozinhar (Desai et al., 2001).

Perdas na sensibilidade de contraste visual podem ocasionar dificuldades para ler letras muito pequenas ou impressos muito claros (Owsley, 2011). Problemas de visão também podem causar acidentes e quedas (Lord, Smith, & Menant, 2010). Muitos adultos mais velhos em residências comunitárias relatam dificuldade para tomar banho, vestir-se e andar pela casa, em parte porque estão visualmente debilitados (Desai, Pratt, Lentzner, & Robinson, 2001; Kempen, Ballemans, Ranchor, van Rens, & Zijlstra, 2012).

Pessoas com perdas visuais moderadas geralmente podem ser ajudadas por lentes corretivas ou mudanças no ambiente. Apenas 2,3% dos adultos norte-americanos de 40 a 49 anos de idade têm algum comprometimento visual, mas aos 80 anos, 50% dos adultos (hoje, cerca de 1,61 milhão de pessoas) precisam de óculos para enxergar bem. As mulheres têm probabilidade cerca de um terço maior de ter um comprometimento visual do que os homens (Varma et al., 2016). Globalmente, estima-se que 1,3 bilhão de pessoas sofra de alguma forma de comprometimento visual (World Health Organization, 2018k).

A **catarata**, área turva ou opaca no cristalino dos olhos, é comum em adultos mais velhos e, por fim, causa visão embaçada (Iroku-Malize & Kirsch, 2016). Cerca de 26 milhões de norte-americanos são afetados pela catarata atualmente (Wittenborn & Rein, 2014); em nível mundial, 94 milhões de pessoas têm comprometimentos visuais e 20 milhões são cegas por causa da catarata (Lee & Afshari, 2017; Pascolini & Mariotti, 2012). A cirurgia de remoção de catarata é uma das operações mais comuns entre norte-americanos idosos e quase sempre é bem-sucedida. A cirurgia de catarata está associada com uma redução de até 60% no risco de mortalidade (Tseng et al., 2017; Tseng, Yu, Lum, & Coleman, 2016). Supostamente, a redução do risco de mortalidade é consequência de diversos fatores relacionados à visão, como maior facilidade e precisão no uso de medicamentos, maior probabilidade de permanecer fisicamente ativo e menor risco de acidentes.

catarata
Áreas turvas ou opacas no cristalino dos olhos que causam visão embaçada.

A principal causa de comprometimento visual nos idosos é a **degeneração macular relacionada à idade**. A mácula é um pequeno ponto no centro da retina que nos ajuda a manter os objetos diretamente na nossa linha de visão em foco. Na forma mais comum de degeneração macular, as células retinais dessa área degeneram-se com o tempo, e o centro da retina gradualmente perde a capacidade de distinguir detalhes com clareza. Atividades como ler e dirigir tornam-se extremamente problemáticas, pois a área exata que a pessoa focaliza fica embaçada. Em alguns casos, tratamentos como suplementos de zinco e antioxidantes e medicamentos que bloqueiam o crescimento de vasos sanguíneos anormais sob a retina podem evitar perdas futuras de visão, mas não têm como reverter perdas que já ocorreram. Para indivíduos com degeneração grave, pode ser utilizada a implantação de um "telescópio" minúsculo que amplia e focaliza o conteúdo central da retina em outras áreas ainda saudáveis dela (Foundation Fighting Blindness, 2017).

degeneração macular relacionada à idade
Condição em que o centro da retina perde gradualmente a sua habilidade de discernir detalhes refinados. É a principal causa de comprometimento visual irreversível em adultos idosos.

O **glaucoma** é um dano irreversível ao nervo óptico causado pelo aumento da pressão nos olhos. O glaucoma pode ser tratado com colírios, comprimidos ou cirurgia. O tratamento precoce pode reduzir a pressão elevada nos olhos e retardar a doença. No entanto, mesmo com tratamento, 10% das pessoas que têm glaucoma acabarão ficando cegas. Nos Estados Unidos, cerca de 120.000 pessoas são cegas por causa do glaucoma (Glaucoma Research Foundation, 2017). O glaucoma é a maior causa de cegueira no mundo; em 2013, aproximadamente 64,3 milhões de pessoas eram afetadas pelo glaucoma (Tham et al., 2014).

glaucoma
Dano irreversível ao nervo óptico causado pelo aumento da pressão nos olhos.

Mundialmente, cerca de 466 milhões de adultos sofrem de perda de audição incapacitante – uma perda permanente no ouvido em melhor estado de mais de 40 decibéis (World Health Organization, 2019d). Nos Estados Unidos, cerca de 37,5 milhões de adultos sofrem de alguma forma de perda de audição (Blackwell, Lucas, & Clarke, 2014).

As deficiências auditivas aumentam com a idade. Cerca de 17% dos adultos de 45 a 64 anos têm dificuldade para escutar. Dos 65 aos 74 anos, a proporção afetada aumenta para 30%, depois para 45,7% a partir dos 75 anos (Centers for Disease Control, 2017l). Os homens têm aproximadamente o dobro da probabilidade de sofrer de uma deficiência auditiva, e os brancos têm probabilidade maior do que as pessoas de outras etnias (National Institute on Deafness and Other Communication Disorders, 2016). Aparelhos auditivos podem ajudar, mas são caros e podem amplificar os ruídos de fundo, junto com os sons que a pessoa quer ouvir. Apenas 1 em cada 3 adultos com 70 anos ou mais que se beneficiariam do uso de aparelhos auditivos os utiliza (National Institute on Deafness and Other Communication Disorders, 2016).

Mudanças no projeto do ambiente, assim como luzes mais fortes para leitura, a opção de legenda nos aparelhos de televisão e amplificadores embutidos no telefone podem ajudar muitos adultos mais velhos com limitações sensoriais.

Força, resistência, equilíbrio e tempo de reação Em geral, o envelhecimento produz diversas mudanças relativas às habilidades físicas, incluindo aumento da gordura corporal e perdas de força muscular, capacidade aeróbica, flexibilidade e agilidade. Via de regra, a perda de força é maior nos membros superiores. A perda de força média dos idosos é de aproximadamente 1 a 2% ao ano, uma taxa que tende a aumentar após os 75 anos na ausência de atividades físicas. A flexibilidade também diminui, ainda que menos para as mulheres do que para os homens. Os declínios estão relacionados com a idade assim como com a diminuição nas atividades físicas (Milanović et al., 2013).

Essas mudanças físicas contribuem para as quedas (Trombetti et al., 2016), que são a causa mais comum das fraturas e que se tornam cada vez mais frequentes com a idade (National Center for Injury Prevention and Control, 2013). Dos 65 aos 74 anos, a taxa de fraturas é de cerca de 9 por 1.000 adultos. Com 85 anos ou mais, a taxa de fraturas atinge 51 por 1.000 adultos (Levant, Chari, & DeFrances, 2015). Muitas quedas podem ser evitadas eliminando os perigos domésticos mais comuns (Tabela 17.3). Além disso, algumas mudanças físicas da idade que contribuem para as quedas podem ser revertidas ou desaceleradas. Uma análise recente mostrou que, para os idosos, as intervenções com exercícios utilizando exercícios de componentes múltiplos, musculação, treino de equilíbrio e treinamento de resistência reduziam o risco de quedas e melhoravam o equilíbrio, resistência e facilidade para caminhar (Cadore, Rodríguez-Mañas, Sinclair, & Izquiredo, 2013).

A Organização Mundial da Saúde (World Health Organization, 2019e) definiu a promoção da capacidade funcional como uma prioridade, e as tendências globais mostram um interesse crescente no treinamento funcional (Thompson, 2016). O treinamento em **adequação funcional** se refere a exercícios ou atividades que melhoram as atividades diárias. Apesar de ter consequências para todas as idades, esse tipo de treinamento provavelmente é mais relevante para os idosos, que podem ter dificuldade crescente para realizar as atividades da vida diária necessárias para a independência. Os níveis de adequação funcional diminuem com a idade, acompanhados pela atividade física de forma bidirecional (Milanovic et al., 2013). Em outras palavras, tornar-se menos fisicamente ativo ao longo do tempo resulta em declínios na adequação funcional, que por sua vez levam a reduções nas atividades físicas, pois os movimentos ficam mais difíceis de executar.

Os programas de intervenção que usam treinos de resistência nos idosos mostram que é possível aumentar a força muscular, mas os dados sobre como aumentos simples na força se transferem para os movimentos cotidianos são limitados. Pesquisas mostram que intervenções de treinamento

adequação funcional
A capacidade de realizar as atividades físicas da vida cotidiana.

TABELA 17.3	Lista de verificação para evitar quedas em casa
Escadas, corredores e passagens	Sem impedimentos Boa iluminação, principalmente no topo das escadas Interruptores de luz no topo e na base das escadas Corrimões bem fixados em ambos os lados e ao longo de toda a escada Tapetes bem colados e sem rasgos; faixas de textura áspera e abrasiva para assegurar apoio para os pés
Banheiros	Barras de metal devidamente posicionadas dentro e fora de banheiras e chuveiros e perto dos vasos sanitários Capachos não escorregadios, faixas abrasivas, ou carpetes em todas as superfícies que possam ficar úmidas Luzes noturnas
Quartos	Telefones e luzes noturnas ou interruptores próximos da cama
Todas as áreas da residência	Fios elétricos e fios de telefone fora do caminho Tapetes e carpetes bem presos ao chão Sem pregos expostos ou frisos soltos na soleira da porta Mobília e outros objetos em lugares conhecidos e fora do caminho; bordas das mesas arredondadas ou acolchoadas Sofás e cadeiras de altura apropriada para sentar e levantar com facilidade

Fonte: Adaptada de NIA, 1993.

de força podem ajudar os idosos ativos a melhorarem o equilíbrio e a mobilidade (Copeland, Good, & Dogra, 2018). Contudo, as intervenções de adequação funcional que imitam especificamente as ações desejadas apresentam mais sucesso prático. Por exemplo, em vez de usar a *leg press* sentado, o idoso poderia ser instruído a realizar o exercício com o pedido de que se sentasse e se erguesse de uma cadeira usando um colete com pesos. Uma metanálise de 13 estudos sobre programas de intervenção de adequação funcional mostrou que eles foram efetivos no aumento do desempenho na vida cotidiana e que foram mais eficazes do que focalizar apenas a força muscular (Liu, Shiroy, Jones, & Clark, 2014).

Parte do motivo para esses ganhos é que o principal fator nos adultos idosos é provavelmente uma adaptação, induzida por treinamento, na habilidade do cérebro para coordenar a atividade motora e cerebral (Voss et al., 2010; Barry & Carson, 2004). Por exemplo, o uso do aspirador de pó exige força muscular nos braços e nas pernas, equilíbrio dinâmico, controle da amplitude dos movimentos, habilidades motoras gerais e finas e coordenação de todos os movimentos (Liu et al., 2014). Assim, a adequação funcional é tanto física quanto cognitiva.

Atualmente, uma ampla literatura científica documenta os efeitos positivos dos exercícios físicos sobre a cognição. Os exercícios melhoram a saúde cognitiva dos adultos com doenças crônicas, impedem declínios cognitivos em adultos saudáveis e parecem ter esse efeito independentemente de quando e de qual tipo específico de exercício é realizado (Northey, Cherbuin, Pumpa, Smee, & Rattray, 2018; Cai, Li, Hua, Liu, & Chen, 2017; Gomes-Osman et al., 2018; Bherer, Erickson, & Liu-Ambrose, 2013).

O SONO

Pessoas idosas tendem a dormir menos e sonhar menos do que antes. Suas horas de sono profundo são mais restritas e eles podem acordar mais facilmente e mais cedo pela manhã (Pace-Schott & Spencer, 2014). Em certa medida, essa mudança é motivada por alterações normativas nos ritmos circadianos (diários). Entretanto, a suposição de que distúrbios do sono são normais no idoso pode ser perigosa (Mattis & Sehgal, 2016). O sono de baixa qualidade ou a insônia crônica contribuem para depressão, transtornos neurodegenerativos como a demência e declínios cognitivos (Baglioni et al., 2011; Lee et al., 2013; Miyata et al., 2013). Sono em excesso ou falta de sono estão associados a um risco maior de mortalidade (Gangwisch et al., 2008; Chen, Su, & Chou, 2013).

O American College of Physicians (ACP) recomenda que a primeira linha de defesa contra a insônia e os distúrbios do sono seja o uso de terapia cognitivo-comportamental (Qaseem, Kansagara, Forciea, Cooke, & Denberg, 2016). Essa forma de terapia inclui instruções de, por exemplo, ficar na cama somente quando estiver dormindo, levantar no mesmo horário todas as manhãs e aprender sobre falsas crenças em relação às necessidades de sono. Esse tipo de terapia produz melhorias, com ou sem tratamento medicamentoso (Lovato, Lack, Wright, & Kennaway, 2014; Reynolds, Buysse, & Kupfer, 1999). Contudo, se isso não for eficaz, o ACP recomenda que o uso de medicamentos de curto prazo seja considerado. Os medicamentos mais prescritos incluem benzodiazepínicos (p. ex., triazolam, lorazepam), hipnóticos não benzodiazepínicos (p. ex., zolpidem) e suvorexanto, um medicamento que funciona por meio da alteração da sinalização dos neurotransmissores que regulam o sono.

FUNÇÕES SEXUAIS

Ao contrário do que afirmam os estereótipos, um número significativo de adultos permanece sexualmente ativo na velhice. Em uma pesquisa nacional, 38,9% dos homens norte-americanos de 75 a 85 anos e 16,8% das mulheres declararam ser sexualmente ativos (Lindau & Gavrilova, 2010). Os homens mantêm mais desejo sexual, mas tanto homens quanto mulheres informam um declínio no desejo sexual com a idade (Aggarwal, 2013), sendo que as mulheres relatam um declínio maior em atividade sexual (Lee, Nazroo, O'Connor, Blake, & Pendleton, 2016). O idadismo e os estereótipos sobre os idosos podem influenciar negativamente o desejo sexual (Heywood et al., 2017), mas coortes mais recentes informam uma atitude mais positiva em relação à sexualidade na velhice, maior satisfação com as suas vidas sexuais, menos disfunção sexual e maiores índices de atividade sexual do que as coortes anteriores (DeLamater, 2012).

O sexo na vida adulta tardia é diferente do que era antes. Geralmente, os homens levam mais tempo para ter uma ereção e ejacular, podem precisar de estímulo manual, podem vivenciar intervalos mais longos entre as ereções ou podem ter dificuldade para obter uma ereção. As mulheres informam mais dificuldades para ficarem excitadas e atingir o orgasmo, intumescimento dos seios e outros sinais de excitação sexual menos intensos do que antes, e podem ter problemas com a lubrificação (Lee et al., 2016; Lindau et al., 2007). Problemas de saúde costumam afetar mais a vida sexual das mulheres do que a dos homens, mas saúde mental precária e insatisfação com o relacionamento estão associadas à disfunção sexual tanto nos homens quanto nas mulheres (Laumann, Das, & Waite, 2008).

Familiares e cuidadores devem considerar as necessidades sexuais dos idosos. A satisfação com a vida, o bom funcionamento da cognição e o bem-estar psicológico estão profundamente relacionados com o interesse pelo sexo (Trudel, Villeneuve, Anderson, & Pillon, 2008). Entretanto, os preditores mais consistentes são as condições de saúde e a presença de um parceiro (Schick et al., 2010; DeLamater, 2012). Os médicos devem evitar prescrever medicamentos que interfiram no funcionamento sexual se houver alternativas disponíveis e, quando o medicamento tiver de ser ingerido, o paciente deve ser alertado sobre seus efeitos. Como raramente usam preservativos (Schick et al., 2010), é preciso conversar com os idosos sexualmente ativos sobre saúde sexual e infecções sexualmente transmissíveis.

> **verificador**
> **você** é capaz de...
> ▷ Descrever alterações características nas funções sensório-motoras, na necessidade de sono e dizer como elas podem afetar o dia a dia?
> ▷ Resumir as mudanças que ocorrem nas funções sexuais e as possibilidades de atividade sexual na velhice?

Saúde física e mental

O aumento da expectativa de vida está fazendo surgir questões prementes sobre a relação entre longevidade e saúde, tanto física quanto mental. Como adultos mais velhos e saudáveis podem, hoje em dia, livrar-se dos declínios na saúde?

CONDIÇÕES DE SAÚDE

Uma saúde precária não é consequência inevitável do envelhecimento. Em torno de 78% dos norte-americanos adultos com 65 anos ou mais consideram que têm saúde entre boa e excelente (Federal Interagency Forum on Aging-Related Statistics, 2016). Assim como acontece antes na vida, a pobreza está intimamente relacionada à saúde precária e ao acesso e uso limitado de assistência médica (National Center for Health Statistics, 2018b). Por exemplo, a pobreza está relacionada a uma maior incidência de artrite, diabetes, pressão alta, doença cardíaca, depressão e AVCs nos idosos (Menec, Shooshtari, Nowicki, & Fournier, 2010). Os adultos que vivem na pobreza são menos propensos a engajar-se em comportamentos saudáveis, tais como atividades físicas no lazer, evitar o tabagismo e manter um peso apropriado (Schoenborn & Heyman, 2009).

A exposição a palavras que evocam estereótipos de idosos leva pessoas jovens a caminharem mais lentamente. Como esses estereótipos afetam alguém que é idoso?
Bargh, Chen, & Burrows, 1996

DOENÇAS CRÔNICAS E INCAPACIDADES

Mais de 2 em cada 3 norte-americanos sofrem de múltiplas condições crônicas. Indivíduos que sofrem de condições de saúde crônicas tendem a ter qualidade de vida pior e correm risco de incapacidade e morte (Gill & Moore, 2013).

Doenças crônicas comuns Em 2016, as seis principais causas de morte na velhice nos Estados Unidos (doenças cardíacas, câncer, doenças crônicas do sistema respiratório, AVC, mal de Alzheimer e diabetes) eram doenças crônicas (Federal Interagency Forum on Aging-Related Statistics, 2016). Mais de dois terços dos custos da saúde envolvem o manejo de doenças crônicas (Gill & Moore, 2013). No mundo todo, as principais causas de morte aos 50 anos ou mais são as doenças cardíacas, cânceres, diabetes, doenças do sangue e do sistema endócrino, doenças crônicas do pulmão e doenças hepáticas. Com 70 anos ou mais, a demência torna-se a quarta principal causa de morte (Ritchie & Roser, 2018).

Muitas dessas mortes poderiam ser evitadas com estilos de vida mais saudáveis. Se os norte-americanos parassem de fumar, tivessem uma dieta mais saudável e praticassem mais atividades físicas, as estimativas são de que aproximadamente 35% das mortes poderiam ser evitadas entre os

> **TABELA 17.4** Sinais de alerta para AVC
>
> As iniciais dos quatro sinais de alerta para AVC formam a palavra em inglês **FAST**
>
> Paresia facial (**Face**): Um lado do rosto está caído ou sem sensibilidade? Peça que a pessoa sorria e veja se o seu sorriso é assimétrico.
>
> Fraqueza nos braços (**Arms**): Um braço está fraco ou sem sensibilidade? Peça que a pessoa erga ambos os braços. Um dos braços pende para baixo?
>
> Dificuldade para falar (**Speech**): A fala está lenta? Peça que a pessoa repita uma frase simples.
>
> Hora de ligar para o 192 (**Time**): Se alguém apresentar qualquer um desses sintomas, ligue para o 192 para que a pessoa seja levada ao hospital imediatamente.

Fonte: American Heart Association, 2013.

idosos (Centers for Disease Control & Merck Company Foundation, 2007). Espera-se, nas próximas duas décadas, um acentuado crescimento na demanda por serviços de assistência médica por parte dessa população (Centers for Disease Control, 2013d).

A mortalidade causada pelo diabetes diminuiu recentemente, mas ainda é a sexta maior. Aproximadamente 23% dos homens e 19% das mulheres informam terem sido diagnosticados com diabetes nos Estados Unidos. A hipertensão afeta cerca de 55% dos homens e 58% das mulheres (Federal Interagency Forum on Aging-Related Statistics, 2016). A hipertensão, que pode afetar o fluxo sanguíneo no cérebro, está relacionada a declínios na atenção, aprendizagem, memória, funções executivas, habilidades psicomotoras e habilidades espaciais, perceptivas e visuais, sendo um fator de risco para AVC. A Tabela 17.4 traz uma lista de sinais de alerta para AVC. Além da hipertensão e do diabetes, as doenças crônicas mais comuns são artrite (43% dos homens e 54% das mulheres), doenças cardíacas (35% dos homens e 25% das mulheres) e câncer (26% dos homens e 21% das mulheres) (Federal Interagency Forum on Aging-Related Statistics, 2016).

As doenças crônicas variam no que diz respeito à raça/etnia. Por exemplo, em 2013–2014, 71% dos negros idosos tinham hipertensão, em comparação com 54% dos brancos e hispânicos. Idosos negros e hispânicos eram bem mais propensos do que idosos brancos a ter diabetes – ambos 32%, comparados a 18% em idosos brancos (Federal Interagency Forum on Aging-Related Statistics, 2016).

Incapacidades e limitação de atividades Nos Estados Unidos, a proporção de adultos mais velhos com incapacidades físicas crônicas ou com limitação de atividades tem diminuído desde o final da década de 1990 (Federal Interagency Forum on Aging-Related Statistics, 2016). No entanto, a proporção de pessoas com dificuldades em atividades funcionais aumenta acentuadamente com a idade. Cerca de 34% das pessoas com 65 a 74 anos têm comprometimentos funcionais, comparadas com 48% daquelas com 75 a 84 anos e 74% daquelas com 85 anos ou mais (Federal Interagency Forum on Aging-Related Statistics, 2016).

Entretanto, na presença de estados crônicos e perda da capacidade de reserva, mesmo um pequeno dano ou doença pode ter sérias repercussões. Em um estudo sobre adultos mais velhos hospitalizados após uma queda, esses adultos estavam mais propensos a morrer ou a ser encaminhados para uma casa de repouso do que adultos admitidos em hospitais por motivos não relacionados a quedas (Aitken, Burmeister, Lang, Chaboyer, & Richmond, 2010).

INFLUÊNCIAS DO ESTILO DE VIDA NA SAÚDE E NA LONGEVIDADE

As chances de permanecer saudável e fisicamente capaz em geral dependem das opções de estilo de vida, principalmente em relação ao tabagismo e à prática de exercícios.

Atividade física A prática constante de exercícios físicos pode evitar muitas mudanças físicas associadas ao envelhecimento normal. O exercício regular pode fortalecer o coração e os pulmões

> *Você consegue sentar-se de pernas cruzadas no chão e então erguer-se sem usar as mãos para se apoiar? É o chamado teste sentar-levantar e, em adultos mais velhos, tal capacidade está associada com risco de mortalidade reduzido.*
> de Brito et al., 2014

verificador
você é capaz de...
▷ Resumir a condição de saúde de adultos mais velhos e identificar doenças crônicas comuns na velhice?

O exercício ajuda essas mulheres a viver por mais tempo e com mais saúde, e o aspecto social das suas atividades compartilhadas ajuda a mantê-las mentalmente saudáveis.

Ariel Skelley/Digital Vision/Getty Images

Você pratica exercícios físicos com regularidade? Quantas pessoas idosas você conhece que fazem isso? Que tipo de atividade física você espera manter à medida que for envelhecendo?

e diminuir o estresse. Pode proteger contra hipertensão, endurecimento das artérias, doenças cardíacas, osteoporose e diabetes. Ajuda a manter a velocidade, a força e a resistência. Reduz a chance de lesões ao fortalecer os músculos e articulações e deixá-los mais flexíveis, ajudando a prevenir ou aliviar dores lombares e sintomas de artrite. Pode permitir que pessoas com doenças pulmonares ou que sofrem de artrite permaneçam independentes, e pode ajudar a prevenir o desenvolvimento de limitações na mobilidade. Além disso, pode melhorar o estado de alerta mental e o desempenho cognitivo, aliviar a ansiedade e a depressão moderada, e promover sentimentos de controle e bem-estar (Bauman, Merom, Bull, Buchner, & Fiatarone Singh, 2016; Wilson, Ellison, & Cable, 2016; Stubbs et al., 2017; Colberg et al., 2016; Cartee, Hepple, Bamman, & Zierath, 2016).

A inatividade contribui para as doenças cardíacas, diabetes, câncer de colo do útero e pressão alta. Ela pode levar à obesidade, que afeta o sistema circulatório, os rins e o metabolismo do açúcar. Contribui para os distúrbios degenerativos e tende a encurtar a vida. Uma análise de muitos estudos constatou que a atividade aeróbica de intensidade moderada foi bastante benéfica para o bem-estar (Netz, Wu, Becker, & Tenenbaum, 2005). Infelizmente, muitos idosos não fazem nem isso. As recomendações atuais são de um mínimo de 150 minutos de atividade aeróbica moderada durante a semana, ou um pouco mais de 20 minutos por dia. Exercícios adicionais são ideais, mas qualquer coisa é melhor do que nada (Centers for Disease Control, 2014b). Vinte e oito por cento dos adultos com 50 anos ou mais sem doenças crônicas são fisicamente inativos. Além disso, os adultos que sofrem de doenças crônicas têm probabilidade 30% menor de serem fisicamente ativos (Centers for Disease Control, 2016f).

Nutrição Quase 80% dos norte-americanos de 71 anos ou mais não cumprem os critérios para uma alimentação saudável, especialmente pelo consumo excessivo de calorias vazias (Krebs-Smith, Guenther, Subar, Kirkpatrick, & Dodd, 2010). Em geral, as mulheres mais velhas (em comparação com os homens) e as pessoas de nível econômico mais elevado consomem uma dieta mais saudável. (Ervin, 2008; Wang et al., 2014).

A nutrição é uma parte importante na suscetibilidade a doenças crônicas como aterosclerose, doenças cardíacas e diabetes, assim como nas limitações de atividades e nas limitações funcionais. A gordura corporal excessiva, especialmente advinda de uma dieta com bastante álcool e carnes vermelhas e industrializadas, tem sido associada a vários tipos de câncer (World Cancer Research Fund, 2007). Entretanto, embora o ganho de peso não seja saudável para adultos mais velhos, a perda de peso também não é. A perda excessiva de peso pode resultar em fraqueza muscular e fragilidade geral, e pode ser tão debilitante para adultos mais velhos quanto o ganho de peso (Schlenker, 2010).

Uma dieta saudável pode reduzir os riscos de obesidade, pressão alta e colesterol alto (Federal Interagency Forum on Aging-Related Statistics, 2016). Descobriu-se que uma dieta mediterrânea (rica em azeite de oliva, grãos integrais, vegetais e nozes) reduz o risco de doenças cardiovasculares (Esposito et al., 2004) e – em combinação com atividades físicas, uso moderado de bebidas alcoólicas e abstenção de cigarro – diminui em quase dois terços a mortalidade por todas as causas em 10 anos entre europeus saudáveis de 70 a 90 anos (Rosamund et al., 2008). Comer frutas e vegetais – principalmente aqueles ricos em vitamina C, frutas e sucos cítricos, hortaliças, brócolis, repolho, couve-flor e couve-de-bruxelas – diminui o risco de câncer e doenças cardíacas (Takachi, 2007). No geral, uma alimentação saudável está associada com maior qualidade de vida nos idosos (Govindaraju, Sahle, McCaffrey, McNeil, & Owen, 2018).

A *doença periodontal* é uma inflamação crônica das gengivas causada por placas bacterianas que pode resultar em sensibilidade e sangramento gengival e, por fim, perda de dentes. Embora mais idosos norte-americanos mantenham seus dentes naturais do que nunca, 16% dos adultos de 65 a 74 anos e 31% dos adultos de 75 anos ou mais perderam todos os dentes (Federal Interagency Forum on Aging-Related Statistics, 2016). Os idosos com menos de 20 dentes podem sofrer de desnutrição devido à maior dificuldade de mastigar adequadamente os alimentos (Hassan et al., 2017). Pesquisas também relacionam a doença periodontal com declínios cognitivos e doença cardiovascular (Kaye et al., 2010; Blaizot, Vergnes, Nuwwareh, Amar, & Sixou, 2009). Alguns sugerem que pode prejudicar a regulação do açúcar no sangue também (Zadik, Bechor, Galor, & Levin, 2010).

verificador
você é capaz de...

▷ Apresentar evidências da importância dos exercícios e da nutrição para a saúde e a longevidade?

PROBLEMAS COMPORTAMENTAIS E MENTAIS

Apenas 6,3% dos norte-americanos com 75 anos ou mais relatam perturbações mentais frequentes (Centers for Disease Control and Prevention, 2013d). Entretanto, estima-se que 20% dos moradores das casas de repouso sofram de algum problema mental ou comportamental, e que apenas 3% deles busquem ajuda profissional (American Psychological Association, 2019). Por que tamanha disparidade?

A principal razão para os idosos não procurarem ajuda é a dificuldade de acessar os serviços de apoio necessários (Mackenzie, Scott, Mather, & Sareen, 2008). Há uma escassez de profissionais devidamente treinados na área de saúde mental que possa atender os idosos, e essa escassez provavelmente aumentará na mesma proporção que a estimativa de aumento da população mais velha. Em 1970, cerca de 4 milhões de idosos sofriam de problemas comportamentais e mentais. Projeta-se que esse número atinja 15 milhões em 2030 (American Psychological Association, 2019).

A terapia assistida por animais faz diminuir os sintomas depressivos e melhora as funções cognitivas dos idosos.
Moretti et al., 2010

Depressão Os índices de sintomatologia depressiva informada permaneceram relativamente estáveis desde o final da década de 1990. Em 2016, 10% dos homens idosos e 18% das mulheres idosas relataram sintomas de depressão clínica (Federal Interagency Forum on Aging-Related Statistics, 2016). Estima-se que a hereditariedade represente 37% do risco de depressão maior; contudo, as influências genéticas parecem ser mais importantes nas mulheres do que nos homens (Mullins & Lewis, 2017; Kendler, Gatz, Gardner, & Pedersen, 2006).

A vulnerabilidade parece resultar da influência de múltiplos genes interagindo com fatores ambientais. Por exemplo, um fator de risco para depressão na vida adulta identificado de forma consistente, que mais do que dobra o risco, é a negligência ou abuso na infância (Mandelli, Petrelli, & Serretti, 2015). Fatores especiais de risco na vida adulta tardia incluem doenças crônicas ou incapacidade, declínio cognitivo e divórcio, separação ou viuvez (Harvard Medical School, 2003; Mueller et al., 2004). A depressão tem um papel mais difuso no estado funcional mental, na invalidez e na qualidade de vida do que enfermidades físicas como diabetes ou artrite (Noël et al., 2004).

A depressão pode ser tratada com antidepressivos, psicoterapia, ou ambos, e os antidepressivos parecem funcionar tão bem quanto o fazem para os mais jovens (Blazer, 2009). Exercícios regulares podem reduzir sintomas de depressão leve ou moderada (Stanton & Reaburn, 2014; Dunn, Trivedi, Kampert, Clark, & Chambliss, 2005), ainda que isso não seja verdade para idosos muito frágeis (Underwood et al., 2013).

Demência Rose, 69 anos, está ficando cada vez mais esquecida. Sua memória para eventos distantes continua firme e detalhada, mas ela se repete bastante e muitas vezes fica parada na cozinha sem saber o que foi fazer lá. Sempre responsável no passado, ela está com múltiplas contas atrasadas e se perdeu voltando do mercado na semana passada. É provável que Rose esteja sofrendo os efeitos da demência.

A **demência** é o termo geral para o declínio comportamental e cognitivo de causas fisiológicas capaz de interferir nas atividades diárias. O declínio cognitivo torna-se cada vez mais comum com a idade avançada, afetando 11% dos homens e 13% das mulheres de 75 a 84 anos nos Estados Unidos, e 24% dos homens e 30% das mulheres com 85 anos ou mais (Federal Interagency Forum on Aging-Related Statistics, 2016). Em nível mundial, há cerca de 50 milhões de pessoas com demência e aproximadamente 10 milhões de novos casos todos os anos (World Health Organization, 2017).

Embora existam cerca de 50 causas de demência de origem conhecida, na grande maioria dos casos (dois terços aproximadamente) a causa é o **mal de Alzheimer**, uma doença progressiva e degenerativa que ocorre no cérebro (Hamza et al., 2011). O **mal de Parkinson**, a segunda doença mais comum e que envolve uma degeneração neurológica progressiva, é caracterizado por tremores, rigidez, movimentos lentos e postura instável. Embora as estimativas variem radicalmente, aos 60 anos, um pouco menos de 1% da população é afetado. Aos 80, a proporção dos indivíduos afetados aumenta para um pouco menos de 2%, com a proporção dos homens afetados aumentando com a idade (Pringsheim, Jette, Frolkis, & Steeves, 2014). Essas duas doenças, e mais a *demência por múltiplos infartos*, que é causada por uma série de pequenos AVCs, são responsáveis pelo menos por 8 de cada 10 casos de demência, todos irreversíveis.

demência
Deterioração no funcionamento comportamental e cognitivo em razão de causas fisiológicas.

mal de Alzheimer
Distúrbio cerebral, progressivo, irreversível e degenerativo, caracterizado por deterioração cognitiva e perda do controle das funções corporais, e que leva à morte.

mal de Parkinson
Distúrbio neurológico degenerativo, progressivo e irreversível, caracterizado por tremores, rigidez, movimentos lentos e postura instável.

Como nossa população de animais de estimação também está vivendo por mais tempo, a demência igualmente ocorre em cães e é conhecida como síndrome da disfunção cognitiva canina. Os sinais comuns dessa disfunção incluem acidentes em casa, andar em círculos ou fixar o olhar no vazio, além de alterações no apetite e nos ritmos circadianos.

verificador
você é capaz de...

- Dizer por que a depressão na velhice pode ser mais comum do que geralmente se percebe?
- Citar as três principais causas de demência em adultos mais velhos?

emaranhados neurofibrilares
Massas retorcidas de fibras de proteína encontradas nos cérebros das pessoas com mal de Alzheimer.

placa amiloide
Massas cerosas de tecido insolúvel encontradas nos cérebros de pessoas com mal de Alzheimer.

A demência não é inevitável. Diversos fatores protegem as pessoas de desenvolver demência. Determinados traços de personalidade, especialmente a conscienciosidade e o neuroticismo, parecem conferir proteção (Low, Harrison, & Lackersteen, 2013). As características cognitivas e a educação também são protetoras (Xu et al., 2016; Sharp & Gatz, 2011), assim como um emprego que desafia o indivíduo (Smart, Gow, & Deary, 2014; Seidler et al., 2004) e o bilinguismo, mesmo entre os analfabetos (Bialystok, Craik, & Freeman, 2007; Alladi et al., 2013). Essencialmente, uma mente ativa permanece saudável por mais tempo.

Continuar engajado com os outros pode ser benéfico, mas os resultados não são claros. Alguns estudos, particularmente aqueles que analisam adultos de diferentes idades, mostram reduções no risco de demência com a interação social e o engajamento. Outros, especialmente as pesquisas longitudinais, indicam que as redes sociais têm pouco efeito sobre a demência (Baumgart et al., 2015; Marioni et al., 2015).

A diminuição da capacidade cognitiva é mais provável nas pessoas com saúde ruim, principalmente aquelas que têm ou tiveram AVC ou diabetes (Tilvis et al., 2004). A falta de atividade física regular aumenta o risco de demência posterior (Baumgart et al., 2015), e instituir um programa de exercícios físicos, mesmo em idades avançadas, poderia ajudar a reverter alguns dos primeiros sinais de deficiência cognitiva em adultos saudáveis (Lautenschlager et al., 2008). Na verdade, muitos dos fatores de risco para demência podem ser modificados. Estima-se que 35% dos casos de demência poderiam ser prevenidos com a alteração de uma série de fatores de risco, incluindo educação, perda de audição, obesidade e hipertensão, depressão, tabagismo, inatividade física, diabetes e isolamento social (Yaffe, 2018).

Mal de Alzheimer O mal de Alzheimer (MA) é uma das mais comuns e mais temidas doenças terminais entre as pessoas idosas. Gradualmente, rouba dos pacientes a inteligência, a consciência e até mesmo a habilidade de controlar as funções de seu corpo, e por fim os mata. A doença afetava mais de 50 milhões de pessoas em 2018, e acredita-se que esse número vá mais do que triplicar até 2050, quando atingirá 152 milhões (Patterson, 2018).

O mal de Alzheimer é a sexta principal causa de morte nos Estados Unidos, e estima-se que 5,8 milhões de pessoas vivam com MA, cerca de 200.000 das quais têm menos de 65 anos e podem ter uma forma de início precoce da doença. Quase dois terços dos indivíduos afetados são mulheres. Os afro-americanos mais velhos têm aproximadamente o dobro do risco, e os hispânicos têm uma vez e meia o risco de desenvolver MA ou outras deficiências cognitivas do que os adultos brancos não hispânicos (Alzheimer's Association, 2019).

Sintomas Os sintomas clássicos do mal de Alzheimer são diminuição da capacidade de memória, deterioração da linguagem e deficiências no processamento espacial e visual. O sintoma precoce mais evidente é a incapacidade de lembrar acontecimentos recentes ou absorver novas informações. Uma pessoa pode repetir as perguntas que acabaram de ser respondidas ou deixar uma tarefa do dia a dia inacabada. Esses sinais precoces podem não ser considerados porque parecem esquecimentos ou podem ser interpretados como sinais de envelhecimento normal.

As mudanças de personalidade – por exemplo, rigidez, apatia, egocentrismo e diminuição da capacidade de se controlar emocionalmente – tendem a ocorrer no começo do desenvolvimento da doença (Balsis, Carpenter, & Storandt, 2005). Há indicações de que essas mudanças de personalidade podem ser úteis em prever quais os adultos que poderiam correr o risco de desenvolver demência (Pocnet, Rossier, Antonietti, & von Gunten, 2013). Outros sintomas também surgem: irritabilidade, ansiedade, depressão e, mais tarde, ilusões, delírios e pensamentos desordenados. Memória de longo prazo, julgamento, concentração, orientação e fala, tudo isso é afetado, e os pacientes apresentam problemas ao lidar com as atividades básicas do cotidiano. No final, eles não conseguem usar a linguagem, não reconhecem os membros da família, não comem sem ajuda, não controlam o intestino e a bexiga e perdem a capacidade de andar. O óbito vem de oito a dez anos após o aparecimento dos sintomas (Cummings, 2004). (A Tabela 17.5 compara sinais precoces do mal de Alzheimer com lapsos mentais normais.)

Causas e fatores de risco O acúmulo de uma proteína anormal denominada *peptídeo beta-amiloide* parece ser o principal culpado pelo desenvolvimento do mal de Alzheimer (Sadigh-Eteghad et al., 2015; Selkoe & Hardy, 2016). O cérebro de uma pessoa com MA contém volumes excessivos de **emaranhados neurofibrilares** (massas retorcidas de neurônios mortos) e grandes massas cerosas de **placa amiloide** (tecido não funcional formado pela beta-amiloide nos espaços entre os

TABELA 17.5 Mal de Alzheimer *versus* comportamento normal	
Sintomas da doença	**Comportamento normal**
Esquecimento permanente dos acontecimentos recentes; repetir as mesmas perguntas	Esquecimento temporário das coisas
Incapacidade de executar tarefas rotineiras com muitas etapas, como preparar e servir uma refeição	Incapacidade de executar algumas tarefas desafiadoras
Esquecer palavras simples	Esquecer palavras complexas e incomuns
Perder-se em seu próprio quarteirão	Perder-se em uma cidade estranha
Esquecer o que significam os números em um talão de cheques e o que fazer com eles	Cometer erros ao conferir um talão de cheques
Colocar as coisas em lugares inapropriados (p. ex., um relógio de pulso em um aquário)	Guardar objetos do dia a dia em lugar errado
Rápidas e dramáticas oscilações de humor e mudanças de personalidade	Mudanças ocasionais de humor

neurônios). Como essas placas são insolúveis, o cérebro não consegue se livrar delas. Elas podem se tornar densas, espalhar-se e destruir os neurônios vizinhos, bloquear a sinalização entre as células ou ativar respostas inflamatórias.

Há evidências de que outro mecanismo por trás da progressão da doença neurodegenerativa seja a desagregação da mielina, a substância gordurosa que recobre os axônios e permite que os impulsos nervosos se movam mais rapidamente. A mielina oferece aos nossos cérebros parte da sua grande complexidade, mas também nos torna vulneráveis a doenças neurodegenerativas na velhice, especialmente nas áreas do cérebro com desenvolvimento tardio (Bartzokis, Lu, & Mintz, 2007; Wang et al., 2018). Nessa teoria, a doença neurodegenerativa é o resultado dos esforços do cérebro para consertar a mielina desagregada, o que leva a emaranhados neurofibrilares e placas amiloides. Essas substâncias podem danificar os neurônios diretamente, como descrito antes, mas o cérebro também é afetado pela mielina comprometida (Papuć & Rejdak, 2018; Amlien & Fjell, 2014). Quando as tentativas de reparar a mielina são bem-sucedidas, o avanço da doença é lento. Quando o processo não dá certo, no entanto, a doença neurodegenerativa progride (Bartzokis, 2011).

O mal de Alzheimer é influenciado pela genética. Algumas variantes raras causadas por mutações dominantes, que ocorrem em menos de 1% dos casos, estão associadas com a demência de início precoce (Hsu et al., 2018). Contudo, a maior parte dos casos de demência envolve efeitos multifatoriais, em que diversas variantes genéticas elevam os riscos dos seus portadores. Quanto mais variantes um indivíduo tem e mais fatores de risco ambientais se acumulam durante a vida, maior a probabilidade deste de desenvolver o MA. Modificações epigenéticas que determinam se um gene específico é ativado são importantes (Lord & Cruchaga, 2014).

Por exemplo, descobriu-se que uma variante do gene *APOE* contribui para a suscetibilidade ao MA de início precoce e tardio (Van Cauwenberghe, Van Broeckhoven, & Sleegers, 2015; Gatz, 2007). O sexo modifica essa associação; o gene coloca as mulheres em mais risco do que os homens (Altmann, Tian, Henderson, & Greicius, 2014). Constatou-se que uma variante de outro gene chamado *SORL1* estimula a formação de placas amiloides (Reitz et al., 2011; Meng et al., 2007). Outra variante gênica envolvida na produção de precursores amiloides, a catepsina D, também aumenta moderadamente o risco (Schuur et al., 2011). No entanto, acredita-se que os genes identificados explicam não mais que metade dos casos de MA. Além disso, novos genes estão sendo identificados continuamente (Lambert et al., 2013). Uma metanálise recente de mais de 450.000 pessoas identificou 29 novos lócus gênicos de risco comuns em pessoas com MA (Jansen et al., 2019).

Embora vários fatores relativos ao estilo de vida tenham sido estudados no que diz respeito a seu impacto potencial sobre o MA, os resultados são dúbios e é difícil tirar conclusões. Entretanto, alguns fatores ligados ao estilo de vida, como dieta e atividade física, foram relacionados ao

A batalha de Esther Lipman Rosenthal contra o mal de Alzheimer é evidente em sua arte. Durante os estágios inicial e intermediário de sua doença, ela pintou, aos 55 anos, o quadro no alto, que mostra seu marido jogando golfe; e, aos 75 anos, o quadro abaixo, em que ele está esquiando.

Fotos: cortesia de Linda Goldman.

problema. Alimentos ricos em vitamina E, D e B12, ácidos graxos ômega-3, antioxidantes e gorduras insaturadas desidrogenadas (como nozes, sementes, peixe e ovos) podem proteger contra o MA, enquanto alimentos com alto teor de gorduras saturadas e trans-saturadas, como carnes vermelhas, manteiga e sorvete, podem ser prejudiciais. Verduras, legumes, frutas e grãos integrais devem ser a base da alimentação, e os exercícios físicos incorporados à rotina (Cao et al., 2016; Barnard et al., 2014; Morris, 2004). Os fumantes correm risco maior de ter MA (Saito, Diaz, Chung, & McMurtray, 2017; Durazzo, Mattsson, Weiner, & Alzheimer's Disease Neuroimaging Initiative, 2014). Além disso, a depressão, a pressão alta, a obesidade e a inatividade física também aumentam o risco (Deckers et al., 2015; Bellou et al., 2017). Originalmente, acreditava-se que medicamentos anti-inflamatórios não esteroides, como a aspirina e o ibuprofeno, reduziriam o risco de MA (Vlad, Miller, Kowall, & Felson, 2008), mas estudos controlados randomizados não encontraram uma associação (Wang et al., 2015).

A escolarização e atividades cognitivamente estimulantes têm sido associadas à redução do risco da doença (Sattler, Toro, Schönknecht, & Schröder, 2012; Wilson, Scherr, Schneider, Tang, & Bennet, 2007). O efeito protetor pode não se dever à escolarização em si, mas ao fato de que as pessoas com mais escolaridade tendem a ser mais ativas (Wilson & Bennet, 2003). A atividade cognitiva pode formar **reserva cognitiva** e, assim, postergar o início da demência (Stern, 2012). A reserva cognitiva, assim como a reserva orgânica, pode permitir que um cérebro em deterioração continue funcionando em condições de estresse, até certo ponto, sem mostrar sinais de comprometimento.

Embora a declaração do NIH Consensus Development (Daviglus et al., 2010) tenha afirmado que conclusões seguras sobre modificações no estilo de vida não são possíveis, uma publicação recente da Alzheimer's Association (Baumgart et al., 2015) defende que as evidências são suficientes para que ofereçamos algumas diretrizes gerais. As atividades físicas regulares e o manejo de fatores de risco cardiovascular (diabetes, obesidade, hipertensão e tabagismo), alimentação saudável e manter-se cognitivamente ativo durante toda a vida são todos fatores que oferecem vantagens protetoras.

Diagnóstico e previsão   O MA geralmente é diagnosticado por meio de avaliações médicas. Prepara-se um histórico médico do paciente, incluindo exame do estado mental, exame físico e neurológico e possivelmente exames de sangue e de imagem, para eliminar explicações alternativas (Alzheimer's Association, 2019). Até relativamente pouco tempo atrás, no entanto, o único modo definitivo de diagnosticar o MA era a análise do cérebro afetado após a morte. Os esforços atuais se concentram em diagnosticar a doença no início do processo, quando os sinais de déficits cognitivos são leves.

A neuroimagem está se tornando uma ferramenta cada vez mais útil e parece muito promissora para propósitos diagnósticos futuros. A identificação do MA antes de aparecerem os sintomas tem várias consequências importantes, desde a avaliação daqueles indivíduos com risco de desenvolver demência até o monitoramento de intervenções e tratamento medicamentoso para que as pessoas afetadas tenham tempo de se planejar para o futuro. Diversas organizações, incluindo a Preventive Services Task Force Recommendation Services dos Estados Unidos, a Sociedade de Medicina Nuclear e Imagem Molecular, a Alzheimer's Association Imaging Taskforce e a Federação Europeia de Sociedades de Neurologia, publicaram diretrizes sobre o uso e as aplicações das técnicas de imagem para estudo e diagnóstico. Todas concordam que o imageamento do cérebro ainda não é suficiente para o diagnóstico, mas que é muito promissor (Moyer, 2014; Johnson et al., 2013; Filippi et al., 2012). Um espaço particularmente promissor envolve o uso de métodos de aprendizado de máquina. Atualmente, algoritmos de computador se tornaram proficientes na tarefa de diferenciar cérebros saudáveis daqueles que sofrem dos efeitos da demência, mas ainda não conseguem diferenciar entre os tipos de demência (Ahmed et al., 2019; Pellegrini et al., 2018).

Outra abordagem diagnóstica concentra-se em encontrar biomarcadores – indicadores mensuráveis de um processo biológico – de modo a diagnosticar as manifestações iniciais da doença. Atualmente, três biomarcadores estão fortemente associados com o risco de demência: proteínas tau, placas amiloides e neurofilamentos de cadeia leve (NFLs – *neurofilament light chains*).

reserva cognitiva
Fundo hipotético de energia que pode possibilitar ao cérebro deteriorado continuar funcionando normalmente.

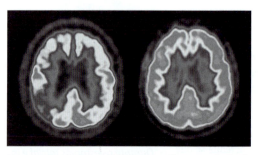

Estes escaneamentos PET (tomografia por emissão de pósitron) mostram redução significativa no metabolismo da glicose cerebral e atividade reduzida (à esquerda) em um paciente com mal de Alzheimer em comparação com os níveis de atividade observados em um cérebro normal (à direita).
ISM/Centre Jean Perrin/Medical Images

As proteínas tau ajudam a levar materiais aos neurônios, mas formam emaranhados neurofibrilares nos pacientes com MA. A proteína amiloide está presente em todo o corpo, mas no MA resulta em placas de acúmulo adesivo. A NFL é uma proteína liberada quando a mielina fica emaranhada. Os pesquisadores usam a tecnologia para detectar todas as três substâncias no líquido cefalorraquidiano de pessoas com MA (Olsson et al., 2016; Georganopoulou et al., 2005). É importante observar que os testes de biomarcadores também são promissores como forma de eliminar o MA em indivíduos que apresentam comprometimentos (Molinuevo et al., 2014).

Apesar da identificação de vários genes associados ao MA (Kim et al., 2014), até agora os testes genéticos tiveram um papel limitado na previsão e no diagnóstico. Ainda assim, podem ser úteis em combinação com testes cognitivos, escaneamentos do cérebro e evidência clínica dos sintomas. Há evidências de que as pessoas alteram seu comportamento em relação à saúde se lhes disserem que possuem genes que os tornam vulneráveis à demência (Chao et al., 2008). Tal informação, portanto, algum dia poderá fazer parte do método com o qual os profissionais de saúde indicam ou anunciam o risco para indivíduos. Os perfis genéticos também podem oferecer uma maneira de prever quais medicamentos serão mais eficazes para cada indivíduo (Roses et al., 2014).

Tratamento Embora não se tenha descoberto a cura, o diagnóstico e o tratamento precoces podem reduzir a progressão do mal de Alzheimer e melhorar a qualidade de vida. Atualmente, a Food and Drug Administration aprovou quatro medicamentos que diminuem o ritmo de progressão do mal de Alzheimer por tempo limitado, sem, porém, detê-lo (Alzheimer's Association, 2019). Um medicamento é a memantina (comercialmente conhecida como Namenda). O uso da memantina é bem tolerado e pesquisas demonstram que ela melhora a cognição e o comportamento e permite que as pessoas possam realizar as atividades da vida diária com eficácia, apesar de o efeito geral ser pequeno (Kishi et al., 2017; Matsunaga, Kishi, & Iwata, 2015).

Outra abordagem experimental envolvia a imunoterapia (Solomon & Frenkel, 2010). Nessa abordagem, foi desenvolvida uma "vacina" que treinava o sistema imunológico para atacar as placas amiloides. Os primeiros testes tiveram algum sucesso, mas foram interrompidos porque alguns pacientes desenvolveram meningoencefalite, ou edema dos tecidos cerebrais, e outros não apresentaram mudanças (Panza, Logroscino, Imbimbo, & Solfrizzi, 2014).

Na ausência da cura, o manejo da doença é crítico. Pesquisas anteriores indicavam que as intervenções com treinamento cognitivo resultavam em ganhos tanto na área cognitiva quanto comportamental (Sitzer, Twamley, & Jeste, 2006). Pesquisas mais atuais sugerem que os ganhos podem ser mais modestos. Metanálises recentes mostram que embora as intervenções cognitivas possam resultar em pequenos ganhos cognitivos, os benefícios em geral não são clinicamente significativos e há poucas melhorias no funcionamento cotidiano (Kallio, Öhman, Kautiainen, Hietanen, & Pitkälä, 2017; Huntley, Gould, Liu, Smith, & Howard, 2015). Além disso, apesar de melhorar o desempenho dos idosos saudáveis, não há muitas evidências de que o treinamento cognitivo retarde os declínios cognitivos ou a demência (Butler et al., 2018).

Contudo, os sintomas comportamentais podem ser manejados. Terapias comportamentais podem reduzir a degeneração, melhorar a comunicação e reduzir o comportamento disruptivo. Medicamentos podem aliviar a agitação e a depressão, além de ajudar os pacientes a dormirem. Nutrição apropriada e ingestão de líquidos, juntamente com exercícios, fisioterapia e controle de outros estados clínicos são importantes, e a cooperação entre o médico e o cuidador é essencial (Alzheimer's Association, 2019).

> **verificador**
> **você é capaz de...**
> ▷ Resumir o que se conhece sobre ocorrência, sintomas, causas, fatores de risco, diagnóstico e tratamento do mal de Alzheimer?

DESENVOLVIMENTO COGNITIVO

Aspectos do desenvolvimento cognitivo

A velhice "acrescenta conforme tira", de acordo com o poeta William Carlos Williams em um de seus três livros de poesia que produziu entre seu primeiro AVC aos 68 anos e sua morte aos 79. De acordo com a sugestão dada pela abordagem evolutiva do ciclo de vida de Baltes, a idade traz ganhos e perdas. Primeiro vamos analisar a inteligência e as habilidades gerais de processamento, depois a memória, e então a sabedoria, que é popularmente associada com a idade mais avançada.

Os efeitos do envelhecimento não são todos ruins. À medida que envelhecemos, estamos mais propensos a prestar atenção e processar faces positivas e felizes do que faces negativas, uma tendência que pode ter implicações para a forma como lidamos com os problemas da vida real.

Mather & Carstenson, 2003

Escala Wechsler de Inteligência Adulta (WAIS, na sigla em inglês)
Teste de inteligência para adultos que apresenta pontuação de execução e verbal, assim como uma pontuação combinada.

INTELIGÊNCIA E HABILIDADES DE PROCESSAMENTO

Será que a inteligência diminui na vida adulta tardia? A resposta depende de quais habilidades estejam sendo medidas, e como. Algumas habilidades, como a velocidade de processamento mental e o raciocínio abstrato, podem declinar com a idade, mas outras tendem a melhorar ao longo da maior parte da vida adulta. Embora mudanças nas habilidades de processamento possam refletir uma degeneração neurológica, existe uma grande variação individual, que sugere que o declínio das funções não é inevitável e pode ser prevenido.

Medindo a inteligência de adultos idosos Para medirem a inteligência de adultos mais velhos, os pesquisadores geralmente usam a **Escala Wechsler de Inteligência Adulta** (WAIS, na sigla em inglês). A WAIS é uma medida padronizada que permite a avaliação do funcionamento intelectual de um indivíduo em diferentes idades. O número de pontos nos subtestes da WAIS revela um QI verbal, um QI de execução e um QI total. Adultos idosos tendem a não ter um desempenho tão bom na WAIS quanto os adultos mais jovens, mas a diferença ocorre principalmente na velocidade de processamento e no desempenho não verbal. Nos cinco subtestes da escala de execução (como identificar a parte que falta de uma figura e resolver um labirinto), os resultados diminuem com a idade; mas nos seis testes da escala verbal – particularmente os testes de vocabulário, informação e compreensão – os resultados sofrem uma queda muito leve (Figura 17.4). Isso é chamado de *padrão clássico de envelhecimento* (Botwinick, 1984). Essa disparidade etária no desempenho, especialmente para a velocidade de processamento, é menor nas coortes mais recentes (Miller, Myers, Prinzi, & Mittenberg, 2009). A variabilidade nas pontuações – ou seja, algumas pessoas têm pontuações maiores do que as outras – aumenta com a idade, especialmente em áreas nas quais os declínios médios são mais evidentes (Wisdom, Mignogna, & Collins, 2012).

Esse padrão provavelmente é consequência da desaceleração muscular e neurológica. Para tarefas que não envolvem velocidade, os declínios são menos prováveis. Por exemplo, os itens verbais mantidos com a idade são baseados no conhecimento e não exigem que a pessoa que se submete ao teste descubra ou faça algo novo. O desempenho das tarefas envolve o processamento de novas informações e exige habilidade motora e velocidade perceptual.

O Estudo Longitudinal de Seattle: use ou perca Em certos sentidos, podemos imaginar a mente como um músculo. Ela também responde ao uso e também se deteriora quando não se engaja com o mundo ao nosso redor. Essa dinâmica "use ou perca" é ilustrada pelas pesquisas do Estudo Longitudinal de Inteligência Adulta de Seattle. Os pesquisadores mediram as seis principais habilidades mentais: significados verbais, fluência verbal, números (habilidade computacional), orientação espacial, raciocínio indutivo e velocidade perceptual. Coerente com outros estudos, a velocidade perceptual tendeu a declinar mais cedo e mais rapidamente. O declínio cognitivo em outros aspectos foi mais lento e mais variável. Pouquíssimas pessoas sofreram declínios em todas as habilidades, e muitas melhoraram em algumas. A maioria dos adultos idosos saudáveis apresenta apenas pequenas perdas até o final dos 60 ou 70 anos. Somente aos 80 é que começam a apresentar desempenho abaixo da média dos adultos mais jovens e, mesmo assim, declínios em habilidades verbais e raciocínio são bem modestos (Schaie & Willis, 2010; Schaie, 2005).

A característica mais surpreendente das pesquisas de Seattle é a tremenda variação entre os indivíduos. Alguns participantes mostraram declínios aos 40 anos, mas alguns poucos se mantiveram em funcionamento pleno até com idade muito avançada. Os mais propensos a apresentar declínios foram os homens com baixos níveis educacionais, que estavam insatisfeitos com suas realizações na vida e exibiam um decréscimo significativo em flexibilidade de personalidade. Algumas variáveis relacionadas à saúde também foram importantes, especialmente hipertensão e diabetes. Participantes envolvidos em trabalhos cognitivamente complexos e que gozavam de boa saúde tenderam a manter suas habilidades por mais tempo. Envolver-se em atividades que desafiam as habilidades cognitivas promove a retenção ou crescimento dessas

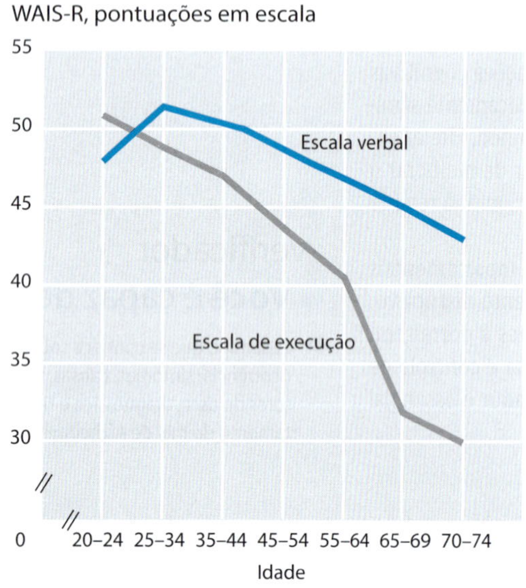

FIGURA 17.4
Padrão clássico de envelhecimento na versão revisada da Escala Wechsler de Inteligência Adulta (WAIS-R).
Pontuações nos subtestes de execução declinam bem mais rapidamente do que pontuações nos subtestes verbais.

Fonte: Botwinick, 1984.

habilidades e, conforme mencionamos antes, parece proteger da demência (Schaie & Willis, 2010; Willis & Schaie, 2005; Lindwall et al., 2012).

Descobertas feitas por estudos longitudinais sugerem que o treinamento cognitivo pode capacitar adultos mais velhos não só a recuperar a competência perdida, mas até mesmo a superar suas realizações anteriores (Schaie & Willis, 1996). No estudo de Seattle, participantes que se submeteram a uma intervenção cujo foco era treiná-los em habilidades com o raciocínio mostraram menor probabilidade de desenvolver demência sete anos após o treinamento (Blaskewicz, Boron, Willis, & Shaie, 2007).

A deterioração cognitiva, portanto, muitas vezes poderá estar relacionada ao desuso. Assim como muitos atletas podem contar com reservas físicas à medida que envelhecem, idosos que recorrem ao treinamento, à prática e obtêm apoio social parecem poder utilizar as reservas mentais.

Solucionando problemas do cotidiano O objetivo da inteligência, naturalmente, não é ficar fazendo testes, mas sim lidar com os desafios da vida diária. Em muitos estudos, a qualidade das decisões práticas (como que carro comprar ou como comparar apólices de seguro) tem apenas uma relação modesta, se tiver alguma, com o desempenho de tarefas como as dos testes de inteligência (Blanchard-Fields, 2007) e, em geral, não tem qualquer relação com a idade (Meyer et al., 1995). Da mesma forma, muitas pesquisas sobre a solução de problemas diários (como o que fazer com a inundação do andar inferior da casa) não encontraram nenhum declínio precoce, como em geral é encontrado em avaliações de inteligência fluida, e algumas pesquisas constataram nítida melhora (Blanchard-Fields, Stein, & Watson, 2004; Mienaltwoski, 2011), especialmente quando os contextos avaliados são aqueles com que os idosos estão familiarizados (Aristico, Orom, Cervone, Krauss, & Houston, 2010).

As diferenças de idade são menos importantes em estudos que se concentram em problemas *interpessoais* – por exemplo, como lidar com uma mãe jovem que insiste em mostrar para sua sogra, mais velha e mais experiente, como segurar o bebê – do que em relação a problemas *instrumentais* – por exemplo, como devolver mercadoria com defeito (Thornton & Dumke, 2005). Adultos mais velhos possuem repertórios de estratégias mais extensos para aplicar em situações interpessoais do que adultos mais jovens, e é mais provável que aqueles escolham uma estratégia altamente eficaz do que estes (Fingerman & Charles, 2010).

Alterações nas habilidades de processamento Em muitos adultos mais velhos, uma diminuição geral na atividade do sistema nervoso central contribui acentuadamente para perdas de eficiência do processamento de informação e alterações nas habilidades cognitivas. A velocidade de processamento, uma das primeiras habilidades a declinar, está relacionada à condição de saúde, equilíbrio e marcha, e ao desempenho de atividades do dia a dia, como procurar números de telefone e conferir o troco (Ball, Edwards, & Ross, 2007; Bezdicek, Stepankova, Novakova, & Kopecek, 2016).

Além disso, os adultos idosos tendem a ter mais dificuldade para deslocar a atenção de uma tarefa para outra (Bucur & Madden, 2010). Essas constatações podem ajudar a explicar por que muitos adultos mais velhos têm dificuldade para dirigir, algo que requer rápidos deslocamentos de atenção e processamento (Duley & Adams, 2013; Bialystok, Craik, Klein, & Viswanathan, 2004). O treinamento pode melhorar o desempenho dos idosos. Foi demonstrado que a participação nesses programas estende o período até os idosos serem forçados a parar de dirigir, lhes dá mais tempo para completar as atividades da vida diária de forma eficaz e independente até uma idade mais avançada e reduz os sintomas de depressão (Edwards, Delahunt, & Mahncke, 2009; Wolinsky et al., 2015).

Embora ocorram declínios relacionados à idade nas habilidades de processamento, não é inevitável que adultos mais velhos apresentem declínios em suas atividades diárias. Muitos adultos mais velhos fazem compensações naturalmente. Por exemplo, eles utilizam seu vasto repertório de conhecimento para compensar declínios que possam ocorrer (Peters, Hess, Västfjäall, & Auman, 2007). Geralmente, adultos mais velhos tendem a se sair melhor em tarefas que dependem de hábitos arraigados e conhecimento (Bialystok et al., 2004). É provável que adultos mais velhos estejam usando circuitos neurais alternativos, embora complementares, para as tarefas mais difíceis, e talvez as intervenções cognitivas estejam exercendo sua influência reestruturando as vias utilizadas para realizar essas tarefas (Park & Reuter-Lorenz, 2009).

Habilidades cognitivas e mortalidade A inteligência psicométrica talvez seja um indicador de quanto tempo e em quais condições os adultos viverão. Em um estudo longitudinal, pessoas com pontuações altas em inteligência quando eram crianças tinham menor probabilidade de sofrer de

Quais são os meios para manter um alto nível de atividade intelectual na velhice? Você acha que precisa desenvolver novos interesses, ou mais amplos, à medida que for envelhecendo?

verificador
você é capaz de...

▷ Comparar o padrão clássico de envelhecimento na WAIS com aquele do Estudo Longitudinal de Seattle em relação às alterações cognitivas na velhice?

▷ Citar evidências da plasticidade das habilidades cognitivas na vida adulta tardia?

▷ Discutir a relação entre solução de problemas práticos (do cotidiano) e idade?

> **verificador**
> **você** é capaz de...
>
> ▷ Discutir as descobertas sobre a diminuição na velocidade do processamento neural e sua relação com o declínio cognitivo?
>
> ▷ Discutir a relação de inteligência com saúde e mortalidade?

problemas de saúde ou ter condições de saúde crônicas aos 50 anos (Wraw, Dearly, Gale, & Der, 2015). Outras pesquisas longitudinais mostram que a alta inteligência na infância estava associada com um menor risco de mortalidade aos 79 anos (Čukić, Brett, Calvin, Batty, & Deary, 2017). O desempenho cognitivo também está ligado à saúde física na vida adulta. Por exemplo, os idosos fisicamente frágeis correm maior risco de diminuição da capacidade cognitiva (Robertson, Savva, & Kenny, 2013), e as pessoas que ficaram seriamente doentes muitas vezes apresentam esse tipo de diminuição até um ano após a sua recuperação (Pandharipande et al., 2013).

Mais recentemente, os pesquisadores começaram a se perguntar se a relação entre inteligência e mortalidade não seria um artefato causado por fatores de confusão metodológica nas pesquisas. Por exemplo, os estudos que incluem a adversidade na infância nos seus modelos têm menos probabilidade de encontrar uma relação entre inteligência e mortalidade (Kilgour, Starr, & Whalley, 2010). É possível que o nível socioeconômico (NSE) também seja importante. Alguns estudos descobriram que o NSE não parece atenuar a relação entre inteligência e saúde (Der, Batty, & Deary, 2009). Contudo, quando o NSE adulto é incluído nos modelos, a força da relação entre saúde e inteligência diminui (Calvin et al., 2010). Outra interpretação é que, já que muitas doenças, como diabetes e hipertensão, podem levar *tanto* a declínios cognitivos prematuros *quanto* à morte prematura, dados que mostram uma ligação entre os dois podem refletir a ação da doença e não uma associação entre QI e mortalidade (Batty, Deary, & Gottfredson, 2007).

MEMÓRIA E ENVELHECIMENTO

A falha de memória geralmente é considerada um sinal de envelhecimento. A perda de memória é a principal preocupação relatada por idosos norte-americanos (National Council on the Aging, 2002). Um pouco menos de 19% dos adultos com 65 anos ou mais sofrem diminuição da capacidade cognitiva sem demência (Langa et al., 2017).

Memória de curto prazo Pesquisadores avaliam a memória de curto prazo pedindo que a pessoa repita uma sequência de números, seja na ordem em que lhe é apresentada (*série direta de dígitos*) ou na ordem inversa (*série inversa de dígitos*). A habilidade para memorizar a série direta de dígitos se mantém com a idade avançada (Craik & Jennings, 1992; Poon, 1985; Wingfield & Stine, 1989), ao contrário do desempenho na habilidade de memorizar a série inversa de dígitos (Craik & Jennings, 1992; Lovelace, 1990). Por quê? Uma razão pode envolver a diferenciação entre memória sensorial e de trabalho. A **memória sensorial** envolve o breve armazenamento de informações sensoriais. Por exemplo, quando vê o rastro deixado por um fogo de artifício, o que você está enxergando é os traços deixados pela sua memória sensorial. A **memória de trabalho** envolve o armazenamento de curto prazo de informações que estão sendo ativamente processadas, como quando você calcula a gorjeta do garçom de cabeça. Alguns teóricos defendem que a repetição direta exige apenas a memória sensorial, que preserva a sua eficiência por toda a vida. Entretanto, a repetição inversa exige a manipulação da informação na memória de trabalho, cuja capacidade diminui gradualmente com a idade (Hale et al., 2011).

Um fator-chave no desempenho da memória é a complexidade da tarefa (Park & Reuter-Lorenz, 2009). Tarefas que exigem somente *ensaio*, ou repetição, mostram muito pouco declínio. Tarefas que exigem *reorganização* ou *elaboração* mostram maior queda (Emery, Heaven, Paxton, & Braver, 2008). Se lhe solicitam que reorganize verbalmente uma série de itens (como "esparadrapo, elefante, jornal") por ordem de tamanho ("esparadrapo, jornal, elefante"), você deve relembrar seu conhecimento anterior sobre esparadrapos, jornais e elefantes (Cherry & Park, 1993). Um esforço mental maior é necessário para manter essa informação adicional na mente, usando mais do que a capacidade limitada da memória de trabalho.

Memória de longo prazo Pesquisadores do processamento de informação dividem a memória de longo prazo em três grandes sistemas: *memória episódica*, *memória semântica* e *memória de procedimento*.

Você se lembra do que comeu no café da manhã hoje? Tais informações são armazenadas na **memória episódica**, o sistema de memória de longo prazo mais provável de se degenerar com a idade (Tromp, Dufour, Lithfous, Pebayle, & Després, 2015). A memória episódica está ligada a acontecimentos específicos; você recupera um item ao reconstruir a experiência original em sua mente.

---

memória sensorial
Armazenamento temporário, breve, inicial das informações sensoriais.

memória de trabalho
Armazenamento de curto prazo das informações que estão sendo ativamente processadas.

memória episódica
Memória de longo prazo de experiências ou acontecimentos específicos, ligados a tempo e lugar.

Os adultos mais velhos têm menor capacidade do que as pessoas jovens de fazer isso, talvez porque eles se concentrem menos no contexto (onde algo aconteceu, quem estava lá) e confiem mais no ponto principal do que nos detalhes (Dodson & Schacter, 2002). Por causa disso, possuem menos conexões para estimular a memória (Lovelace, 1990). Além disso, as pessoas idosas têm muitas experiências semelhantes que tendem a se fundir. Quando pessoas idosas percebem um acontecimento como sendo importante, podem se lembrar dele quase tão bem quanto as mais jovens (Geraci, McDaniel, Manzano, & Roediger, 2009).

Alguns tipos de memória de longo prazo permanecem vigorosos à medida que envelhecemos. A **memória semântica** é composta de significados, fatos e conceitos acumulados ao longo de toda uma vida de aprendizagem. A memória semântica apresenta pouco declínio com a idade, embora possa ser difícil recuperar informações altamente específicas ou usadas com pouca frequência (Luo & Craik, 2008). De fato, alguns aspectos da memória semântica, como o vocabulário e o conhecimento de regras de linguagem, podem até aumentar com a idade (Camp, 1989).

Outro sistema de memória de longo prazo que permanece relativamente inalterado é a memória de procedimento. A **memória de procedimento** inclui habilidades motoras (como andar de bicicleta) e hábitos (como voltar sempre por uma determinada rua) que, uma vez aprendidos, não envolvem muito esforço consciente. Se alguma vez já planejou passar no mercado a caminho de casa e acabou estacionando na própria garagem sem se dar conta do seu lapso, você vivenciou a automaticidade que é característica da memória de procedimento. Ela é pouco afetada pela idade (Fleischman, Wilson, Gabriele, Bienias, & Bennett, 2004).

Andar de bicicleta requer memória de procedimento. Uma vez aprendidas, as habilidades procedurais podem ser ativadas sem esforço consciente, mesmo após um longo período de desuso.

Granger Wootz/Brand X Pictures/Blend Images/Getty Images

memória semântica
Memória de longo prazo de conhecimento prático factual, de linguagem e de costumes sociais.

memória de procedimento
Memória de longo prazo de habilidades motoras, costumes e formas de fazer as coisas, que em geral podem ser relembradas sem esforço consciente; algumas vezes chamada de *memória implícita*.

Fala e memória: efeitos do envelhecimento À medida que envelhecem, as pessoas muitas vezes começam a ter pequenas dificuldades com a linguagem. No entanto, essas experiências geralmente não se devem a problemas relativos à linguagem em si, sendo, na verdade, o resultado de problemas para acessar e recuperar informações da memória. Os processos de linguagem fundamentais permanecem relativamente inalterados com a idade (Shafto & Tyler, 2014). Como consequência, elas são consideradas problemas de memória, não de linguagem. Por exemplo, já lhe aconteceu de não se lembrar de uma palavra que você conhecia perfeitamente bem? Este é o chamado fenômeno na-ponta-da-língua (TOT – *tip-of-the-tongue*), que ocorre entre pessoas de todas as idades, mas se torna mais comum na vida adulta tardia (Burke & Shafto, 2004). Presume-se que o fenômeno TOT seja o resultado de uma falha na memória de trabalho (Schwartz, 2008). Outros problemas em recuperação verbal incluem erros ao nomear imagens de objetos em voz alta, referências mais ambíguas e lapsos na fala do dia a dia, mais uso de não fluências (como "hã" e "hum") na fala e a tendência a cometer erros de ortografia em palavras (como *companhia*) grafadas diferentemente do modo como soam (Burke & Shafto, 2004). Os adultos idosos também podem apresentar declínios na complexidade da gramática usada na fala (Kemper, Thompson, & Marquix, 2001).

Por que alguns sistemas de memória declinam? Como explicar a perda de memória em idosos? Pesquisadores têm apresentado diversas hipoteses. Uma das abordagens concentra-se nas estruturas biológicas que fazem a memória funcionar. Outra abordagem trata dos problemas com os três passos exigidos para processar informação na memória: *codificação, armazenamento* e *recuperação*.

Alteração neurológica Diferentes sistemas de memória dependem de diferentes estruturas cerebrais. Assim, um distúrbio que danifica uma determinada estrutura do cérebro pode prejudicar o tipo de memória a ela associado. Por exemplo, o mal de Alzheimer perturba a memória de trabalho (localizada no córtex pré-frontal à frente dos lobos frontais), bem como as memórias semântica e episódica (localizadas nos lobos frontal e temporal); o mal de Parkinson afeta a memória de procedimento, localizada no cerebelo, nos gânglios basais e em outras áreas (Budson & Price, 2005).

As principais estruturas envolvidas no processamento e armazenamento da memória normal incluem os *lobos frontais* e o *hipocampo*. Os *lobos frontais* são ativos em codificar e recuperar memórias episódicas. A disfunção nessas áreas pode causar falsas memórias – "lembrar-se" de eventos que nunca ocorreram. Mais especificamente, as alterações no córtex pré-frontal e nos lobos mediais temporais parecem ser as maiores responsáveis (Devitt & Schacter, 2016).

A memória pode ser melhorada com uma simples técnica – pronunciar as palavras em voz alta, ou apenas mover os lábios sem emitir som.
McLeod, Gopie, Hourihan, Neary, & Ozubko, 2010

O *hipocampo*, uma pequena estrutura localizada bem no centro do lobo temporal, parece ser fundamental para a capacidade de armazenar novas informações na memória episódica e tem importância geral para os processos de memória. As pesquisas com adultos com mais de 70 anos mostram que uma melhor memória está associada com o maior volume do hipocampo. Em um estudo, os adultos com 75 anos ou mais que se saíam bem nos testes de memória tinham maior volume do hipocampo (Dekhtyar et al., 2017; O'Shea, Cohen, Porges, Nissim, & Woods, 2016).

O cérebro geralmente compensa declínios relacionados à velhice em regiões especializadas solicitando ajuda de outras regiões. Os adultos jovens são mais propensos a usar áreas localizadas do cérebro ao resolver tarefas desafiadoras, enquanto os idosos tendem a ter ativação mais difusa e utilizam mais áreas do cérebro, ou áreas diferentes, como mecanismos para compensação dos declínios (Sala-Llonch, Bartrés-Faz, & Junqué, 2015). A capacidade do cérebro de se reorganizar pode ajudar a explicar por que os sintomas do mal de Alzheimer geralmente só aparecem quando a doença já está bem avançada e quando regiões do cérebro antes não afetadas, que haviam assumido as funções das regiões deficientes, perdem sua própria capacidade de funcionamento. Quando os sinais dos danos tornam-se evidentes, a doença provavelmente já existe há décadas.

Problemas de codificação, armazenamento e recuperação A memória episódica é particularmente vulnerável aos efeitos do envelhecimento; efeitos que são agravados à medida que as tarefas da memória tornam-se mais complexas ou exigentes (Cansino, 2009). Adultos mais idosos parecem ter mais dificuldade em *codificar* novas memórias episódicas, provavelmente por causa das dificuldades em formar e mais tarde recordar um episódio coerente e coeso (Naveh-Benjamin, Brav, & Levy, 2007). Eles tendem a ser menos eficientes e precisos do que os adultos mais jovens no uso de estratégias para facilitar a recordação – por exemplo, organizando o material alfabeticamente ou criando associações mentais (Craik & Byrd, 1982). A maior parte dos estudos descobriu que adultos mais velhos e mais jovens são igualmente informados no que se refere a estratégias de codificação efetiva (Salthouse, 1991). Algumas pesquisas descobriram que, para os idosos, o treinamento em estratégias de memória resulta em menos declínios relacionados à idade e que, quanto maior o número de estratégias ensinadas, maior o efeito sobre a memória (Gross et al., 2012; Naveh-Benjamin, Brav, & Levy, 2007). Entretanto, outros pesquisadores defendem que os ganhos de memória são limitados, não são generalizados para tarefas além daquelas nas quais os participantes treinaram e não resultam em melhorias no desempenho de memória geral (Bellander et al., 2017).

Como exemplo de uma consequência frequente no mundo real, adultos clinicamente frágeis estão mais propensos a ter problemas com a memória, e assim estão menos propensos a tomar seus medicamentos.
Insel, Morrow, Brewer, & Figueredo, 2006

Outra hipótese é que o material *armazenado* pode deteriorar-se a ponto de a recuperação tornar-se difícil ou impossível. Algumas pesquisas sugerem que um pequeno aumento na "falha de armazenamento" pode ocorrer com a idade (Lustig & Flegal, 2008). Entretanto, vestígios de memórias deterioradas podem permanecer, e talvez seja possível reconstruí-los, ou pelo menos reaprender o material rapidamente (Camp & McKitrick, 1989; Chafetz, 1992). Aparentemente, as memórias que contêm um componente emocional são mais resistentes aos efeitos da deterioração (Kensinger, 2009). Por exemplo, estudos constataram que adultos mais velhos são motivados a preservar memórias que tenham um significado emocional positivo para eles (Reed, Chan, & Mikels, 2014; Carstensen & Mikels, 2005). Assim, os fatores emocionais precisam ser considerados no estudo das alterações da memória na velhice.

Devemos ter em mente que a maior parte da pesquisa em codificação, armazenamento e recuperação tem sido feita em laboratório e que os resultados podem não se aplicar ao mundo real (Kempe, Kalicinski, & Memmert, 2015). Por exemplo, em estudos com diários, os adultos idosos estavam mais propensos a relatar falhas de memória em dias estressantes, o que sugere a relevância do estresse (Neupert, Almeida, Mroczek, & Spiro, 2006). Mais um exemplo: as falhas de memória dos adultos no cotidiano muitas vezes incluem falhas de memória prospectiva. A memória prospectiva envolve lembrar de fazer algo no futuro, como lembrar de ligar para um amigo mais tarde. A memória prospectiva declina com a idade e representa um problema significativo para muitos idosos. Contudo, as pesquisas nessa área são incompletas e não esclarecem os processos centrais que regem as falhas (Kliegel et al., 2016).

▶ **verificador**
você é capaz de...

▷ Identificar dois aspectos da memória que tendem a declinar com a idade e dar razões para esse declínio?

▷ Discutir as alterações neurológicas relacionadas à memória?

▷ Explicar como problemas de codificação, armazenamento e recuperação podem afetar a memória na vida adulta tardia e discutir como os fatores emocionais podem afetar a memória?

SABEDORIA

A sabedoria já foi definida como "amplitude excepcional e profundo conhecimento sobre as condições de vida e assuntos humanos e julgamento reflexivo sobre a aplicação desse conhecimento". Talvez envolva *insight* e consciência da natureza paradoxal e incerta da realidade e leve à *transcendência*, afastamento da preocupação consigo mesmo (Kramer, 2003, p. 132). Em outras palavras, sabedoria é a capacidade de navegar pelas complicações da vida. Envolve entender como as pessoas trabalham e como cumprem suas metas. De acordo com os psicólogos, as pessoas sábias também estão à vontade com a incerteza e entendem que pessoas diferentes têm pontos de vista diferentes e que, às vezes, não há uma única resposta certa.

A pesquisa mais extensa sobre sabedoria como habilidade cognitiva foi feita pelo já falecido Paul Baltes e colaboradores. Em uma série de estudos, Baltes e seus associados do Instituto Max Planck, em Berlim, pediram a adultos de várias idades e ocupações que pensassem em voz alta sobre dilemas hipotéticos. As respostas foram classificadas de acordo com sua demonstração de um amplo conhecimento factual e de procedimentos sobre a condição humana e sobre as estratégias para lidar com os problemas da vida. Outros critérios foram a consciência de que o contexto circunstancial pode influir nos problemas, de que os problemas tendem a apresentar múltiplas interpretações e soluções, e de que as escolhas das soluções dependem de valores, objetivos e prioridades individuais (Baltes & Staudinger, 2000; Pasupathi, Staudinger, & Baltes, 2001).

A sabedoria não é necessariamente uma propriedade da velhice – ou de qualquer idade. Ao contrário, parece ser um fenômeno complexo e um tanto raro que mostra relativa estabilidade ou ligeiro crescimento em determinados indivíduos (Staudinger & Baltes, 1996; Staudinger, Smith, & Baltes, 1992). Diversos fatores, incluindo personalidade, experiência de vida e tendências à autorreflexão (Westrate & Glück, 2017; Wink & Staudinger, 2016; Shedlock & Cornelius, 2003), afetam a propensão a ser sábio.

A pesquisa sobre funcionamento físico, cognição e envelhecimento é mais estimulante do que se pode imaginar. Adultos mais velhos tendem a fazer o máximo com suas habilidades, explorando ganhos em uma área para compensar declínios em outra. A pesquisa destaca as diversas vias do desenvolvimento físico e cognitivo entre os indivíduos. Também aponta para a importância do bem-estar emocional na vida adulta tardia.

Pense na pessoa mais sábia que você conhece. Quais dos critérios de sabedoria mencionados neste capítulo, se houver algum, parecem descrever essa pessoa? Se nenhum deles servir, como você definiria e mediria a sabedoria?

verificador
você é capaz de...

▷ Comparar várias abordagens ao estudo da sabedoria?

▷ Discutir as descobertas de Baltes sobre a sabedoria?

resumo e palavras-chave

A velhice hoje

- Esforços para combater o idadismo estão tendo progresso graças à visibilidade de um número cada vez maior de adultos idosos saudáveis e ativos.
- A proporção de pessoas idosas entre populações de todo o mundo é maior do que antes e acredita-se que continuará crescendo. Pessoas acima dos 80 são o grupo de idade que cresce mais rápido.
- Embora os efeitos do envelhecimento primário talvez escapem ao controle das pessoas, é possível evitar os efeitos do envelhecimento secundário.
- Especialistas no estudo do envelhecimento algumas vezes se referem às pessoas da faixa entre 65 e 74 anos como *idosos jovens*, aos de 75 ou mais como *idosos idosos*, e aos acima de 85 anos como *idosos mais velhos*. Entretanto, esses termos talvez sejam mais úteis quando usados para se referirem à idade funcional.

   idadismo (497)
   envelhecimento primário (500)
   envelhecimento secundário (500)
   atividades da vida diária (AVDs) (500)
   idade funcional (500)
   gerontologia (500)
   geriatria (500)

DESENVOLVIMENTO FÍSICO
Longevidade e envelhecimento

- A expectativa de vida aumentou sensivelmente. Quanto mais as pessoas vivem, mais querem viver.
- Em geral, a expectativa de vida é maior em países desenvolvidos do que nos países em desenvolvimento, entre hispânicos e norte-americanos brancos do que entre afro-americanos, e entre as mulheres quando comparadas com os homens.
- Ganhos recentes na expectativa de vida surgiram em grande parte para reduzir as taxas de mortalidade por doenças que afetam as pessoas mais idosas. Futuros grandes progressos na expectativa de vida talvez dependam dos cientistas aprenderem a modificar os processos básicos do envelhecimento.
- As teorias do envelhecimento biológico abrangem duas categorias: teorias de programação genética e de taxas variáveis, ou teorias dos erros.
- A pesquisa sobre prolongamento do tempo de vida por meio da manipulação genética ou restrição calórica tem desafiado a ideia de limite biológico para o ciclo de vida.

   expectativa de vida (500)
   longevidade (500)
   tempo de vida (500)
   senescência (502)
   teorias de programação genética (502)
   limite de Hayflick (503)
   teorias de taxas variáveis (503)
   radicais livres (504)
   curvas de sobrevivência (504)

Mudanças físicas

- Mudanças nos órgãos e sistemas são altamente variáveis. A maioria dos sistemas corporais continua a funcionar muito bem, mas a capacidade de reserva declina.
- Embora o cérebro mude com a idade, as mudanças em geral são modestas. Envolvem perda de volume e peso e uma diminuição na velocidade das respostas. Entretanto, o cérebro pode gerar novos neurônios, mudar o modo como processa informações e construir novas conexões na velhice.
- Problemas visuais e auditivos talvez interfiram na vida diária, mas em geral podem ser corrigidos. Danos irreversíveis podem resultar de glaucoma ou degeneração macular relacionada à idade. Perdas de paladar e olfato podem levar à má nutrição. O treinamento pode melhorar o tempo de reação, equilíbrio e força muscular. Adultos idosos tendem a ser suscetíveis a acidentes e quedas.
- Pessoas mais velhas tendem a dormir menos e a sonhar menos que antes, mas a insônia crônica pode ser uma indicação de depressão.
- Muitos adultos mais velhos permanecem sexualmente ativos.

   capacidade de reserva (507)
   catarata (509)
   degeneração macular relacionada à idade (509)
   glaucoma (509)
   adequação funcional (510)

Saúde física e mental

- A maior parte dos idosos é razoavelmente saudável, principalmente se seguem um estilo de vida saudável. Muitos apresentam problemas crônicos, mas estes em geral não limitam muito suas atividades ou interferem na vida diária.
- Exercício e dieta têm influência importante na saúde. A perda de dentes pode afetar seriamente a nutrição.
- A maior parte dos idosos apresenta boa saúde mental. Depressão, alcoolismo e muitos outros problemas podem ser revertidos com tratamento; alguns poucos, como o mal de Alzheimer, são irreversíveis.
- O mal de Alzheimer torna-se mais frequente com a idade. É altamente hereditário, mas dieta, exercício e outros fatores do estilo de vida podem fazer uma grande diferença. A atividade cognitiva pode ser protegida construindo-se uma reserva cognitiva que possibilite ao cérebro funcionar em condições de estresse. Terapias comportamentais e medicamentosas podem diminuir a velocidade da deterioração. A redução da capacidade cognitiva pode ser um sinal precoce da doença; os pesquisadores estão desenvolvendo instrumentos para diagnóstico precoce.

   demência (515)
   mal de Alzheimer (515)
   mal de Parkinson (515)
   emaranhados neurofibrilares (516)
   placa amiloide (516)
   reserva cognitiva (518)

DESENVOLVIMENTO COGNITIVO
Aspectos do desenvolvimento cognitivo

- Adultos mais velhos têm um desempenho melhor na parte verbal da Escala Wechsler de Inteligência Adulta.
- O Estudo Longitudinal de Seattle descobriu que o funcionamento cognitivo na vida adulta tardia é altamente variável. Poucas pessoas declinam em todas ou na maior parte das áreas, e muitas melhoram em algumas. A hipótese do engajamento procura explicar as diferenças.
- Adultos mais velhos resolvem problemas práticos com mais eficácia se estes tiverem relevância emocional para eles.
- Uma diminuição generalizada no funcionamento do sistema nervoso central pode afetar a velocidade do processamento de informação.
- A inteligência pode ser um preditor de longevidade.
- As memórias sensorial, semântica e de procedimento parecem tão eficientes nos adultos idosos quanto em adultos mais jovens. A capacidade da memória de trabalho e da memória episódica geralmente é menos eficiente.
- Adultos mais velhos têm mais problemas em recuperar palavras oralmente e em soletrar do que adultos jovens. A complexidade gramatical e o conteúdo da fala declinam.
- Alterações neurológicas e problemas de codificação, armazenamento e recuperação podem ser responsáveis por grande parte do declínio da memória funcional em adultos idosos. Entretanto, o cérebro pode compensar alguns declínios relacionados à idade.
- De acordo com os estudos de Baltes, a sabedoria não está relacionada à idade.

   Escala Wechsler de Inteligência Adulta (520)
   memória sensorial (522)
   memória de trabalho (522)
   memória episódica (522)
   memória semântica (523)
   memória de procedimento (523)

capítulo

18

Desenvolvimento Psicossocial na Vida Adulta Tardia

Purestock/SuperStock

Pontos principais

Teoria e pesquisa sobre o desenvolvimento da personalidade

O bem-estar na vida adulta tardia

Questões práticas e sociais relacionadas ao envelhecimento

Relacionamentos pessoais na terceira idade

Relacionamentos conjugais

Estilos de vida e relacionamentos não conjugais

Laços de parentesco não conjugais

Objetivos de aprendizagem

Discutir teorias e pesquisas sobre mudanças de personalidade na vida adulta tardia.

Identificar estratégias e recursos que contribuem para o bem-estar e para a saúde mental dos idosos.

Discutir o envelhecimento e a adaptação ao trabalho e à aposentadoria.

Caracterizar os relacionamentos sociais dos adultos que envelhecem.

Você **sabia** que...

▷ A atividade produtiva parece desempenhar um papel importante para o envelhecimento bem-sucedido?

▷ Na maioria dos países desenvolvidos, as mulheres idosas estão mais propensas a viver sozinhas do que os homens idosos?

▷ Pessoas que podem confiar seus sentimentos e pensamentos aos amigos tendem a lidar melhor com as mudanças e desafios do envelhecimento?

Neste capítulo, tratamos da teoria e da pesquisa sobre o desenvolvimento psicossocial na vida adulta tardia e discutimos as opções de vida nessa fase, como trabalho, aposentadoria e outros aspectos, e também seu impacto sobre a capacidade da sociedade de manter e cuidar daqueles que estão envelhecendo. Por fim, tratamos do relacionamento com a família e com os amigos, algo que afeta, e muito, a qualidade desses últimos anos de vida.

A inda tenho todas as idades que já tive.
—Madeleine L'Engle

Teoria e pesquisa sobre o desenvolvimento da personalidade

A maioria dos teóricos vê a vida adulta tardia como um estágio de desenvolvimento com suas próprias questões e tarefas especiais. É um período em que as pessoas podem reavaliar suas vidas, concluir o que ficou pendente e decidir como melhor canalizar suas energias e passar os dias, meses ou anos que lhes restam.

Vejamos o que as teorias e as pesquisas podem nos dizer sobre a personalidade nessa fase final do ciclo de vida e sobre os desafios psicossociais e as oportunidades do envelhecimento. No próximo segmento, discutimos como os idosos enfrentam o estresse e as perdas, e o que significa envelhecimento bem-sucedido.

Quando começa a "velhice"? Isso depende de para quem você pergunta. Para pessoas com menos de 30 anos, certamente começa um pouco antes dos 60. No entanto, quanto mais velho o indivíduo, mais tarde ele projetará a velhice – aos 75 anos, somente 35% das pessoas consideram-se velhas.
Pew Research Center, 2009a

integridade do ego *versus* desespero
De acordo com Erikson, a oitava e última etapa do desenvolvimento psicossocial, quando as pessoas na vida adulta tardia adquirem um senso de integridade do ego pela aceitação da vida que tiveram, e assim aceitam a morte, ou se entregam ao desespero pela impossibilidade de reviver suas vidas.

ERIK ERIKSON: QUESTÕES E TAREFAS NORMATIVAS

Para Erikson, a conquista culminante da vida adulta tardia é o senso de *integridade do ego*, ou integridade do *self*. No oitavo e último estágio do ciclo de vida, **integridade do ego *versus* desespero**, os adultos mais velhos têm de avaliar e aceitar suas vidas para poderem aceitar a morte. A partir dos resultados dos sete estágios anteriores, lutam para conquistar um senso de coerência e totalidade, em vez de se entregar ao desespero por sua incapacidade de reviver o passado de forma diferente (Erikson, Erikson, & Kivnick, 1986). As pessoas bem-sucedidas nesta tarefa final de integração adquirem o entendimento do significado de suas vidas dentro da ordem social mais ampla. A virtude que pode se desenvolver nessa etapa é a *sabedoria*, um "interesse informado e imparcial pela vida em si diante da morte" (Erikson, 1985, p. 61).

Sabedoria, disse Erikson, significa aceitar a vida que se viveu sem maiores arrependimentos: sem ficar preso ao que "poderia ter sido". Isso significa aceitar imperfeições em si próprio, nos pais, nos filhos e na vida.

Embora a integridade deva superar o desespero para que essa etapa seja resolvida com êxito, Erikson afirmava que algum desespero é inevitável. As pessoas têm necessidade de se lamentar – não apenas pelas próprias desventuras e oportunidades perdidas, mas pela vulnerabilidade e transitoriedade da condição humana.

O MODELO DOS CINCO FATORES: TRAÇOS DE PERSONALIDADE NA VELHICE

A personalidade sofre mudança na terceira idade? A resposta pode depender em parte do modo como a estabilidade e a mudança são medidos.

Medindo estabilidade e mudança na vida adulta tardia Questões sobre a estabilidade da personalidade são foco de um debate que já dura bastante tempo. Em geral, a estabilidade da personalidade segue uma curva em formato de U invertido. A estabilidade é menor na adolescência,

Jimmy Carter, um dos mais ativos ex-presidentes da história dos Estados Unidos, ganhou o Prêmio Nobel aos 78 anos por seu trabalho na área de direitos humanos, educação, pesquisa em saúde preventiva e resolução de conflitos, boa parte deles em países em desenvolvimento. Ele nasceu em 1924.
Nir Levy/Shutterstock

Segundo Erikson, a integridade do ego na vida adulta tardia requer constantes estimulações e desafios, o que vem do trabalho criativo.
kali9/E+/Getty Images

atinge seu auge na vida adulta média e então declina na tardia (Specht, Egloff, & Schmukle, 2011; Terracciano, McCrae, & Costa, 2010). A maioria das mudanças de personalidade observadas na vida adulta seguem na direção da maior estabilidade, adaptabilidade e ajuste (Soto, John, Gosling, & Potter, 2011; Hopwood et al., 2011).

Embora Costa e McCrae tenham registrado uma estabilidade a longo prazo em seus dados, a estabilidade foi em termos médios dos diversos traços da população, e as pessoas geralmente mantinham as suas posições relativas. Em outras palavras, pessoas particularmente extrovertidas tendiam a continuar mais extrovertidas do que os seus pares, mesmo que a extroversão de todos aumentasse ligeiramente com o tempo.

Estudos longitudinais e transversais observaram a continuidade da mudança na vida adulta tardia. As pesquisas observam aumentos na amabilidade, autoconfiança, afetividade, estabilidade emocional e conscienciosidade (Soto et al., 2011; Roberts & Mroczek, 2008; Leszko, Elleman, Bastarche, Graham, & Mrozek, 2016) e declínios no neuroticismo, vitalidade social (gregarismo) e abertura à experiência (Leszko et al., 2016; Roberts & Mroczek, 2008). Ao contrário do que afirmam os estereótipos, de que os idosos são pessoas rígidas e acomodadas, parece não haver nenhuma tendência relacionada à idade no que diz respeito à inflexibilidade. Na verdade, as coortes mais recentes parecem, no geral, ser mais flexíveis (isto é, menos rígidas) que as anteriores (Schaie, 2005).

Por que as pessoas apresentam mudanças normativas nas características de personalidade? Alguns pesquisadores argumentam que esses processos são determinados principalmente por diferenças genéticas intrínsecas entre as pessoas que se multiplicam com o tempo (Costa & McCrae, 2013). Outros pesquisadores defendem que as experiências de vida, como casar-se, começar a trabalhar e assim por diante, são os principais fatores por trás das mudanças na personalidade (Roberts, Wood, & Smith, 2005). Outros, por sua vez, defendem explicitamente que devemos considerar as influências genéticas e ambientais (Hopwood et al., 2011).

Análises mais recentes e detalhadas sugerem que a mudança de personalidade consiste *tanto* em estabilidade *quanto* mudança e diferentes padrões de mudança em diferentes indivíduos, o que pode explicar a diversidade das conclusões na literatura científica (Leszko et al., 2016). Por exemplo, existem diferenças individuais na estabilidade da personalidade que têm seu auge na meia-idade (Schwaba & Bleidorn, 2018). A personalidade é um traço bastante estável durante toda a vida, mas existe apoio parcial para uma tendência em U invertido na estabilidade, com maior instabilidade nas últimas décadas de vida. Além disso, alguns traços, como a extroversão, são relativamente estáveis. Outros, como a amabilidade, têm maior probabilidade de mudar em resposta a eventos transitórios (Wagner, Lüdtke, & Robitzsch, 2019).

A influência da personalidade e da mudança de personalidade na saúde e no bem-estar A personalidade é um forte preditor da saúde e do bem-estar – mais forte em muitos aspectos do que as relações sociais e a saúde (Isaacowitz & Smith, 2003). A ideia de que a *mudança* de personalidade também pode ser preditora afastou as pesquisas do foco primário na análise estática da personalidade, levando-as a explorar como mudanças dinâmicas poderiam impactar indicadores de saúde (Leszko et al., 2016). Ambos os processos são importantes.

Recentemente, uma metassíntese (uma metanálise secundária de 36 metanálises) de mais de 500.000 participantes examinou a influência dos Cinco Grandes traços na saúde mental e física e em comportamentos relacionados à saúde. No geral, havia uma relação forte entre personalidade e saúde mental, uma relação moderada entre personalidade e comportamentos relacionados à saúde e uma relação fraca entre personalidade e saúde física. Além disso, quando os traços de personalidade são examinados de forma independente, a amabilidade, a conscienciosidade e o neuroticismo são preditores mais fortes do que a extroversão e a abertura à experiência (Strickhouser, Zell, & Krizan, 2017).

A personalidade pode afetar a saúde mental por meio de diversos mecanismos. Por exemplo, a baixa extroversão, o alto neuroticismo e a baixa conscienciosidade são indicadores de depressão.

Uma explicação possível para essa associação é que um perfil de personalidade específico e a depressão podem ser oriundos de uma causa comum. Outro modelo defende que a personalidade é um fator de risco que pode contribuir para a depressão. Já outro afirma que embora a personalidade não cause depressão, uma vez que a depressão ocorre, a personalidade pode influenciar a gravidade ou o curso que ela pode tomar (Hakulinen et al., 2015). Outros aspectos da saúde mental poderiam funcionar de forma semelhante.

Como a personalidade afetaria a saúde física? Os traços de personalidade influenciam o comportamento, que, por sua vez, influencia a saúde. Pessoas altamente neuróticas apresentam baixas taxas de sobrevivência, possivelmente porque fumam ou usam álcool ou drogas para ajudar a tranquilizar suas emoções negativas e porque não conseguem administrar o estresse (Mroczek & Spiro, 2007). Por outro lado, a conscienciosidade pode ser preditora da saúde e mortalidade porque pessoas conscienciosas tendem a evitar comportamentos de risco e a se envolver em atividades que promovem sua saúde, como consultar regularmente um médico ou ir à academia (Friedman & Kern, 2014). A combinação mais arriscada parece ocorrer quando indivíduos têm alto neuroticismo e baixa conscienciosidade, ambos padrões associados com risco mais elevado de respostas inflamatórias no corpo (Sutin et al., 2010).

A mudança de personalidade e a estabilidade também são marcadores importantes da saúde e do bem-estar. Por exemplo, as pessoas que permanecem estáveis em termos de abertura à experiência e neuroticismo têm habilidades de raciocínio melhores e tempos de reação mais rápidos do que os indivíduos cujos níveis se alteram (Graham & Lachman, 2012). Além disso, a instabilidade nessas áreas, especificamente quando o neuroticismo aumenta e a abertura à experiência diminui, está associada com a deterioração no processamento cognitivo e maior dificuldade com as atividades da vida diária (Pocnet, Rossier, Antonietti, & von Gunten, 2013).

O neuroticismo parece ser um traço particularmente importante. Pessoas com personalidade neurótica (temperamentais, suscetíveis, ansiosas e inquietas) tendem a relatar emoções negativas, e não positivas, e tendem a se tornar ainda menos positivas à medida que envelhecem (Charles, Reynolds, & Gatz, 2001; Isaacowitz & Smith, 2003). O neuroticismo é um preditor bem mais eficaz do estado de espírito e de transtornos do humor do que variáveis como idade, condição de saúde, educação ou gênero (Siedlecki, Tucker-Drop, Oishi, & Salthouse, 2008; Magee, Heaven, & Miller, 2013).

Algumas mudanças são benéficas. Por exemplo, aumentos em amabilidade, conscienciosidade e extroversão estão associados com melhor saúde física e mental (Magee et al., 2013; Turiano et al., 2011) e melhor bem-estar social (Hill, Turiano, Mroczek, & Roberts, 2012). Além disso, os efeitos parecem ser interativos. Por exemplo, em um estudo longitudinal de 4 anos com mais de 16.000 adultos australianos, a amabilidade, a conscienciosidade e a extroversão prediziam o bem-estar. Os adultos com alto bem-estar tornavam-se então ainda mais amáveis, conscienciosos e extrovertidos com o tempo. Assim, tanto o bem-estar quanto a personalidade exercem influências recíprocas um sobre o outro (Soto, 2015). Esse efeito recíproco entre a personalidade e aspectos da saúde mental e do bem-estar existe nas duas direções, positiva e negativa, e foi identificada uma dinâmica parecida com relação à mudança de personalidade e sintomas depressivos (Hakulinen et al., 2015).

Em janeiro de 2011, os baby-boomers mais velhos começaram a chegar aos 65, e, aparentemente, eles "não se sentem satisfeitos". Segundo os pesquisadores, eles são mais pessimistas do que as gerações anteriores e as gerações mais jovens.

Cohn & Taylor, 2010

O bem-estar na vida adulta tardia

Os adultos mais velhos em geral têm menos transtornos mentais e estão mais felizes e satisfeitos com a vida do que os adultos mais jovens (Yang, 2008). A felicidade tende a ser alta no início da vida adulta, declina até a pessoa chegar aos 50 e depois tende a subir novamente até os 85 anos – nesse ponto alcançando níveis ainda mais altos do que na adolescência (Stone, Schwartz, Broderick, & Deaton, 2010). Quando as pessoas chegam à vida adulta tardia, a prevalência de transtornos psiquiátricos tende a diminuir durante as últimas décadas de vida, enquanto as diferenças de gênero tendem a se equilibrar (Reynolds, Pietrzak, El-Gabalawy, Mackenzie, & Sareen, 2015).

O padrão em U do bem-estar parece ser mais válido para os idosos de regiões ricas e anglófonas; ele não parece ser uma característica universal da psicologia humana. Na África Subsaariana, o bem-estar geralmente é baixo e permanece baixo ao longo do tempo. Na Europa Oriental, o bem-estar é moderado e cai rapidamente na velhice, um padrão que se reproduz, com menor intensidade, na América Latina e no Caribe (Steptoe, Deaton, & Stone, 2015).

verificador
você é capaz de...

▷ Discutir o estágio da integridade do ego *versus* desespero e dizer o que significava *sabedoria* para Erikson?

▷ Resumir as pesquisas sobre a estabilidade e os traços de personalidade e seus efeitos na saúde física e mental e no bem-estar?

O aumento da felicidade observado entre os idosos norte-americanos pode em parte refletir o valor de uma perspectiva madura, mas também pode refletir a sobrevivência seletiva dos mais felizes, especialmente após os 70 anos (Segerstrom, Combs, Winning, Boehm, & Kubzansky, 2016). Ainda assim, existem algumas variações de coortes e disparidades sociais. Por exemplo, os *baby-boomers* relatam níveis mais baixos de felicidade do que coortes anteriores e posteriores, talvez devido ao tamanho imenso de sua geração e às tensões competitivas por escolarização, emprego e segurança econômica, bem como aos turbulentos eventos sociais dos anos de sua formação (Yang, 2008).

Outra explicação possível para esse quadro de um modo geral positivo vem da teoria da seletividade socioemocional: à medida que as pessoas envelhecem, elas tendem a procurar atividades e outras pessoas que lhes proporcionem gratificação emocional (English & Carstensen, 2014). Os adultos idosos também sabem regular melhor suas emoções, então tendem a ser mais felizes e mais alegres do que os adultos mais jovens, e a experimentar emoções negativas com menor frequência e de modo mais fugaz (Urry & Gross, 2010; Jacques, Bessette-Symons, & Cabeza, 2009). Os idosos também demonstram um viés no seu processamento de informações conhecido pelo nome de efeito da positividade. Os adultos mais velhos estão mais propensos a prestar atenção e a lembrar de eventos positivos do que dos negativos (Reed, Chan, & Mikels, 2014).

Em alguns adultos, há um declínio rápido e forte no bem-estar e na satisfação com a vida cerca de 3 a 5 anos antes da morte, chamado de "declínio terminal". Eventos mais comuns nos últimos anos da vida (perda do cônjuge, limitações de mobilidade crescentes, deterioração da saúde ou saber que o fim da vida se aproxima) podem levar aos declínios (Gerstorf et al., 2010). Entretanto, a satisfação com diversas partes da vida precisa ser examinada separadamente. Por exemplo, a satisfação com saúde, moradia e recreação não está associada com risco de mortalidade nas pesquisas, ao contrário da baixa satisfação com a religião, a autoestima e as finanças (St. John, Mackenzie, & Menec, 2015).

ENFRENTAMENTO (*COPING*) E SAÚDE MENTAL

Enfrentamento (*coping*) é o pensamento ou comportamento adaptativo que visa reduzir ou aliviar o estresse resultante de condições prejudiciais, ameaçadoras ou difíceis. É um importante aspecto da saúde mental. Primeiro, analisamos uma abordagem ao estudo do enfrentamento: o modelo de avaliação cognitiva. Em seguida, examinamos um sistema de apoio que muitos adultos mais velhos adotam: a religião.

Modelo de avaliação cognitiva No **modelo de avaliação cognitiva** (Lazarus & Folkman, 1894), as pessoas respondem a situações estressantes ou desafiadoras com base em dois tipos de análise. Na *avaliação primária*, as pessoas analisam a situação e decidem, em algum nível, se esta representa ou não uma ameaça ao seu bem-estar. Na *avaliação secundária*, as pessoas determinam o que pode ser feito para prevenir os danos e escolhem uma estratégia de enfrentamento para lidar com a situação. O enfrentamento inclui qualquer coisa que um indivíduo pense ou faça para se adaptar ao estresse, independentemente de como isso funcione. A escolha da estratégia mais adequada e a adaptação aos diversos estressores da vida exigem uma contínua reavaliação da relação entre a pessoa e o ambiente.

Estratégias de enfrentamento: focalizado no problema versus focalizado na emoção As estratégias de enfrentamento podem ser focalizadas no problema ou focalizadas na emoção. O **enfrentamento focalizado no problema** implica o uso de estratégias instrumentais, ou orientadas para a ação, com o objetivo de eliminar, administrar ou mitigar uma condição estressante. Esse tipo é mais comum quando uma pessoa prevê uma oportunidade real de mudar a situação. Por exemplo, alguns estudantes podem sentir que são capazes de aprender o material relevante e que se sairão bem na prova que se aproxima. Para tanto, podem usar estratégias de enfrentamento focalizadas no problema, como pedir mais ajuda para o professor ou passar mais tempo estudando. Ao trabalharem a fonte do estresse, as pessoas que usam o enfrentamento focalizado no problema buscam reduzir os danos a si mesmas.

O **enfrentamento focalizado na emoção**, por outro lado, envolve tentar administrar a resposta emocional a uma situação de estresse para aliviar seu impacto físico ou psicológico. As pessoas são mais propensas a usar essa estratégia de enfrentamento quando chegam à conclusão de que pouco ou nada pode ser feito no que diz respeito àquela situação específica. Assim, elas canalizam as suas energias na direção de "sentir-se melhor", não de ações que teriam o objetivo de alterar

---

A "linguagem dirigida a idosos" – o emprego de palavras ou frases do tipo "Como estamos indo?" ou "Boa menina" – é usada com frequência na tentativa de ser útil ou gentil, mas é mais provável que seja vista como humilhante ou condescendente.

Balsis & Carpenter, 2006

enfrentamento (*coping*)
É o pensamento ou comportamento adaptativo que visa reduzir ou aliviar o estresse resultante de condições prejudiciais, ameaçadoras ou difíceis.

modelo de avaliação cognitiva
É o modelo de avaliação cognitiva proposto por Lazarus e Folkman, o qual afirma que, com base em contínuas avaliações de sua relação com o ambiente, as pessoas escolhem estratégias adequadas de enfrentamento para lidar com situações que sobrecarregam seus recursos normais.

enfrentamento focalizado no problema
No modelo de avaliação cognitiva, estratégia de enfrentamento orientada para eliminar, administrar ou melhorar uma situação estressante.

enfrentamento focalizado na emoção
No modelo de avaliação cognitiva, estratégia de enfrentamento orientada para administrar a resposta emocional a uma situação estressante, com o objetivo de diminuir seu impacto físico ou psicológico.

a situação. Por exemplo, quando precisam fazer uma prova difícil, os estudantes que se sentem incapazes de aprender o material bem o suficiente para tirarem uma nota boa podem selecionar estratégias de enfrentamento focalizadas nas emoções, não em ações. Eles podem ignorar a prova e sair com os amigos em vez de estudar, decidir que a aula não é importante mesmo ou ter raiva do professor por ser injusto. Existem dois tipos de enfrentamento focalizado na emoção: *proativo* (confrontar ou expressar as emoções ou procurar apoio social) e *passivo* (evitação, negação, supressão das emoções ou aceitação da situação como ela é).

Diferenças de idade na escolha de estilos de enfrentamento Os adultos mais velhos tendem a usar mais o enfrentamento focalizado na emoção do que as pessoas mais jovens (Trouillet, Doan-Van-Hay, Launay, & Martin, 2011; Meléndez, Mayordomo, Sancho, & Tomás, 2012); isso é verdadeiro especialmente quando se observa o idoso mais velho (Martin et al., 2008). Além disso, os adultos com diminuição da capacidade cognitiva e mal de Alzheimer são menos propensos a usar estratégias de enfrentamento focalizadas no problema, provavelmente porque seus prejuízos reduzem a sua capacidade nesse sentido (Meléndez, Satorres, Redondo, Escudero, & Pitarque, 2018).

Em geral, o enfrentamento focalizado na emoção é menos adaptativo do que o enfrentamento focalizado no problema, mas isso é verdadeiro somente quando, realisticamente, algo pode ser feito em relação ao problema. Quando não há solução disponível, talvez seja mais adaptativo controlar as emoções negativas ou desagradáveis. O ideal é que ambos os enfrentamentos estejam disponíveis para serem usados, o que permite uma variedade mais flexível de respostas a eventos estressantes.

Perguntadas sobre como lidariam com vários tipos de problemas, a maioria das pessoas, independentemente da idade, opta por estratégias focalizadas no problema. Entretanto, em situações altamente emocionais ou estressantes (como o caso de um homem divorciado autorizado a ver o filho somente nos finais de semana, mas que queria vê-lo com mais frequência), os adultos de todas as idades tendem a usar o enfrentamento focalizado na emoção, mas os adultos mais velhos escolhem estratégias focalizadas na emoção (p. ex., esperar que a criança cresça ou tentar não se preocupar) com mais frequência do que os adultos mais jovens (Blanchard-Fields, Stein, & Watson, 2004).

Os estilos de enfrentamento estão relacionados ao bem-estar físico. Em geral, as pessoas mais felizes são mais saudáveis. Pesquisas sugerem que o enfrentamento adaptativo está relacionado à saúde por meio dos hormônios do estresse (Carver, 2007). Em um estudo com mais de 500 adultos mais velhos, aqueles que usavam as estratégias de enfrentamento focalizado no problema e procuravam apoio social diante de eventos estressantes apresentavam ao longo do dia níveis mais baixos de cortisol, um dos hormônios do estresse (O'Donnell, Badrick, Kumari, & Steptoe, 2008). Contudo, o enfrentamento não precisa ser focalizado no problema para que os idosos sejam eficazes. Por exemplo, em outro estudo, quando os idosos tinham estressores crônicos relacionados à idade e praticamente incontroláveis, mudar o estado emocional com autocompaixão (bondade e preocupação, não autopiedade e autocrítica) estava associado com níveis de cortisol menores (Herriot, Wrosch, & Gouin, 2018).

Que tipo de enfrentamento você tende a usar mais: focalizado no problema ou focalizado na emoção? Que tipo seus pais usam mais? E seus avós? Em quais situações cada tipo de enfrentamento parece ser mais eficaz?

O manejo dos níveis de hormônios do estresse é importante porque o cortisol mais alto pode levar a declínios na saúde com o tempo. Por exemplo, em outro estudo, os idosos que não usavam estratégias de enfrentamento adaptativas *e* que tinham altos níveis de cortisol apresentavam mais deficiências funcionais (ou seja, mais problemas com as atividades da vida diária) ao longo do tempo. Nem os adultos com alto nível de cortisol e enfrentamento eficaz nem os adultos com baixo nível de cortisol apresentaram declínios semelhantes (Wrosch, Miller, & Schulz, 2009).

O efeito da religião e da espiritualidade na saúde e no bem-estar No geral, os idosos de hoje são mais religiosos do que os adultos jovens. Por exemplo, 43% dos *millennials* mais jovens (nascidos entre 1990 e 1996) dizem que a religião é muito importante nas suas vidas. Entretanto, 59% dos *baby-boomers* (nascidos entre 1946 e 1964) dizem o mesmo, e para indivíduos com mais de

A atividade religiosa parece ajudar muitas pessoas a enfrentar o estresse e as perdas na velhice.

ESB Professional/Shutterstock

72 anos, o número sobe para 67% (Pew Research Center, 2015). Isso é válido nos Estados Unidos e também, de acordo com uma pesquisa recente conduzida em mais de 100 países, em ao menos 46 nações de todo o mundo, incluindo muitas na Europa e na América Latina. Globalmente, cerca de 51% dos adultos jovens informam que a religião é muito importante para eles, em comparação com 57% dos idosos (Kramer & Fahmy, 2018).

A religião parece ter um papel determinante de apoio para muitos idosos e pode ser parte da sua estratégia de enfrentamento (Meléndez et al., 2012). Por exemplo, os adultos diagnosticados com mal de Alzheimer apresentam uso reduzido das estratégias de enfrentamento focalizadas no problema e maior uso da religião, supostamente como forma de enfrentar os seus declínios no funcionamento (Melendez et al., 2018). A religião pode beneficiar os idosos com a presença de apoio social, o encorajamento a estilos de vida saudáveis, a percepção de uma medida de controle sobre a vida por meio da oração, a criação de estados emocionais positivos, a redução do estresse e o uso da fé em Deus como forma de interpretação dos infortúnios (Seybold & Hill, 2001). Mas a religião promove realmente a saúde e o bem-estar?

Muitos estudos sugerem uma ligação positiva entre religião ou espiritualidade e saúde e mortalidade (Lawler-Row & Elliot, 2009; Powell, Shahabi, & Thoresen, 2003). No total, as pessoas que se identificam com a religião e que frequentam serviços religiosos uma vez ao mês ou mais têm maior probabilidade de se descreverem como "muito felizes" em comparação com aquelas que não são ativamente religiosas (Marshall, 2019). Outras pesquisas observaram associações positivas entre religiosidade ou espiritualidade e níveis de saúde, bem-estar, satisfação conjugal e função psicológica; e associações negativas com depressão, suicídio, delinquência, criminalidade e uso de drogas e álcool (Koenig, 2012; Seybold & Hill, 2001; Bjørkløf, Engedal, Selbæk, Kouwenhoven, & Helvik, 2013; Green & Elliott, 2010).

Foram feitas relativamente poucas pesquisas sobre religião e espiritualidade com grupos minoritários raciais e étnicos, mas muitos dos padrões identificados entre os grupos são semelhantes. Por exemplo, os idosos mexicano-americanos que vão à igreja uma vez por semana têm risco de mortalidade 32% menor do que os que nunca vão (Hill, Angel, Ellison, & Angel, 2005). Resultados semelhantes foram encontrados na China, com uma redução de 21% no risco de mortalidade para os idosos que participavam de atividades religiosas regularmente em comparação com os que não participavam (Zeng, Gu, & George, 2011).

Um fator importante pode ser o apoio social oferecido pela participação em uma igreja e em uma comunidade religiosa (Taylor, Chatters, Lincoln, & Woodward, 2017). Ao que parece, esse apoio está relacionado com um risco reduzido de depressão (Chatters, Taylor, Woodward, & Nicklett, 2015). Em um estudo de mais de 2.000 norte-americanos de origem asiática, a frequência à igreja estava associada com um risco menor de depressão. No entanto, a relação era mediada pelo apoio social. Em outras palavras, o apoio social oferecido por comparecer à igreja, não o comparecimento em si, foi o fator crucial na redução do risco (Ai, Huang, Bjorck, & Appel, 2013).

Para minorias étnicas e raciais, que precisam lidar com a influência contínua do racismo e da discriminação, a religião pode ter um papel mais importante nos seus esforços de enfrentamento do que para os norte-americanos brancos (Tabak & Mickelson, 2009). Por exemplo, a religião está intimamente ligada à satisfação com a vida e ao bem-estar entre os idosos negros (Park, Holt, Le, Christie, & Williams, 2018; Krause, 2004a). Um fator é a crença de muitos negros de que a igreja os ajuda a enfrentar as injustiças raciais (Ellison, DeAngelis, & Güven, 2017; Ellison, Musick & Henderson, 2008).

Outro motivo para as relações positivas entre saúde e espiritualidade é porque as pessoas que pertencem a uma igreja estão mais propensas a se envolver em comportamentos saudáveis (Lawler-Row & Elliot, 2009). Pesquisas mostram que isso vale para os adultos negros e que as crenças religiosas estão associadas com maior consumo de frutas e verduras, redução no consumo de álcool e aumento nas atividades físicas (Holt, Clark, Debnam, & Roth, 2014; Debnam, Holt, Clark, Roth, & Southward, 2012). Isso é verdade para quem frequenta a igreja em todo o mundo, não apenas nos Estados Unidos. Por exemplo, em um estudo internacional, indivíduos ativamente religiosos tinham menor probabilidade de fumar em 17 dos 19 países analisados, e de beber várias vezes por semana em 11 dos 19 (Marshall, 2019).

▶ **verificador**
você é capaz de...

▷ Descrever o modelo de enfrentamento por avaliação cognitiva e especificar a relação entre idade e escolha de estratégias de enfrentamento?

▷ Discutir em que medida a religiosidade e a espiritualidade se relacionam com o risco de mortalidade, saúde e bem-estar na fase avançada da vida?

MODELOS DE ENVELHECIMENTO "BEM-SUCEDIDO" OU "IDEAL"

Vários estudos identificaram três componentes principais do envelhecimento bem-sucedido: (1) anulação da doença ou de incapacidade relacionada à doença, (2) manutenção elevada das funções psicológica e cognitiva e (3) engajamento constante e ativo em atividades sociais e produtivas (atividades, remuneradas ou não, criadoras de valor social). Os idosos bem-sucedidos tendem a ter apoio social, emocional e material, o que contribui para a saúde mental; e enquanto permanecem ativos e produtivos não se consideram velhos (Rowe & Kahn, 1997; Moore et al., 2015). Outra abordagem enfatiza o bem-estar e a satisfação com a vida em termos subjetivos (Jopp & Smith, 2006; Cho, Martin, Poon, & Georgia Centenarian Study, 2014). Surpreendentemente, não existe concordância sobre o que constitui um envelhecimento bem-sucedido (Martinson & Berridge, 2014). Entretanto, uma metanálise de estudos que incluíam dados quantitativos e também uma definição de "envelhecimento bem-sucedido" sugere que aproximadamente um terço dos adultos com mais de 60 anos é bem-sucedido ao envelhecer (Depp & Jeste, 2009).

Considerando esses cuidados, vejamos algumas teorias e pesquisas clássicas e atuais sobre o envelhecer bem.

> **verificador**
> **você** é capaz de...
> ▷ Dizer o que significa envelhecimento *bem-sucedido*, ou *ideal*, e por que o conceito é controverso?

Teoria do desengajamento *versus* teoria da atividade Quem tem uma adaptação mais saudável à velhice: aquele que tranquilamente vê o mundo passar sentado em uma cadeira de balanço, ou quem se mantém em atividade da manhã até a noite? De acordo com a **teoria do desengajamento**, uma parte normal de envelhecer inclui uma redução gradual no envolvimento social e maior preocupação consigo mesmo. De acordo com a **teoria da atividade**, quanto mais ativos permanecem os idosos, melhor eles envelhecem.

A *teoria do desengajamento* foi uma das primeiras teorias da gerontologia. Seus proponentes (Cumming & Henry, 1961) entendiam o desengajamento como uma parte normativa, ou seja, típica, do envelhecimento. Segundo eles, a consciência sobre a chegada da morte e os declínios na função física resultavam em um afastamento gradual e inevitável dos papéis sociais. Além do mais, como a sociedade para de oferecer papéis úteis para o idoso, o desengajamento é mútuo – os outros não tentam impedi-lo.

Essa abordagem foi influente por um tempo, porém mais de cinco décadas de pesquisas produziram pouquíssimo suporte para a teoria do desengajamento, de modo que a sua influência praticamente não é mais sentida (Achenbaum & Bengtson, 1994). Essa abordagem pode ter refletido as crenças sobre o envelhecimento quando foi desenvolvida (Moody, 2009), mas não descreveu um processo de desenvolvimento normativo e saudável.

A segunda abordagem, a *teoria da atividade*, opta pelo ponto de vista contrário. De acordo com essa teoria, nós somos o que fazemos (Moody, 2009). Em vez de afastar-se da vida, os adultos que envelhecem com sucesso tendem a permanecer envolvidos com as suas conexões e papéis sociais. Quanto mais ativos permanecem nesses papéis, mais satisfeitos com a vida tendem a ser. Quando perdem um papel, como quando se aposentam, eles encontram um papel substituto, como o voluntariado (Neugarten, Havighurst, & Tobin, 1968). Em geral, as pesquisas apoiam essa abordagem, mostrando que as pessoas que retêm suas principais identificações com papéis sociais tendem a relatar maior bem-estar e melhor saúde mental (Greenfield & Marks, 2004). Por exemplo, os aposentados que continuaram ou começaram a fazer trabalho voluntário durante o período de um estudo longitudinal eram menos propensos a apresentar os declínios no bem-estar vistos em outros adultos (Wahrendorf & Siegrist, 2010).

A teoria da atividade, como originalmente estruturada, é considerada hoje em dia muito simplista. As primeiras pesquisas de fato sugeriam que a atividade estava associada à satisfação com a vida (Neugarten et al., 1968); entretanto, a interpretação desse achado pode ter sido problemática. Em vez de a atividade promover a satisfação, é possível que as relações fossem responsáveis pelo efeito. As pessoas que permanecem ativas têm maior probabilidade de manter relações sociais de alta qualidade, e a presença destas tende a afetar positivamente a satisfação com a vida (Litwing & Shiovitz-Ezra, 2006). Além disso, boa parte dos indivíduos desengajados ainda estavam contentes com a sua vida, e pesquisas recentes sugerem que a tanto teoria da atividade quanto a do desengajamento podem estar relacionadas ao envelhecimento bem-sucedido. Mais especificamente, os adultos que acreditavam estar envelhecendo com sucesso atingiam um equilíbrio entre a autoaceitação e estar felizes consigo mesmos como eram e permanecer, ao mesmo tempo, engajados e envolvidos com a vida (Reichstadt, Sengupta, Depp, Palinkas, & Jeste, 2010). Descobertas como essas sugerem

> **teoria do desengajamento**
> Teoria que sustenta que o envelhecimento bem-sucedido é caracterizado pelo mútuo afastamento entre idosos e sociedade.
>
> **teoria da atividade**
> Teoria que sustenta que, para envelhecer bem, uma pessoa deve permanecer tão ativa quanto possível.

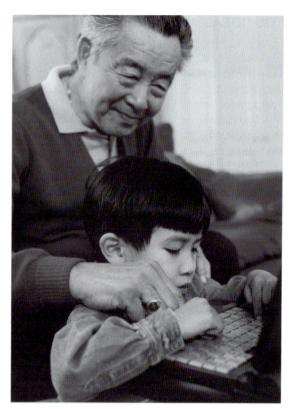

Idosos que se sentem úteis ajudando os outros, como este avô em relação ao neto, estão mais propensos a envelhecer com sucesso.
Steve Mason/Photodisc/Getty Images

teoria da continuidade
Teoria do envelhecimento, descrita por Atchley, que sustenta que, para envelhecer bem, as pessoas devem manter um equilíbrio entre a continuidade e a mudança nas estruturas interna e externa de suas vidas.

verificador
você é capaz de...

▷ Comparar a teoria do desengajamento, a teoria da atividade e a teoria da continuidade?

▷ Discutir a importância da produtividade na vida adulta tardia?

que a atividade pode ser melhor para a maioria das pessoas, mas que o desengajamento pode ser adequado para outras; assim, a generalização de um determinado padrão de envelhecimento bem-sucedido pode não ser o melhor (Moen, Dempster-McClain, & Williams, 1992; Musick, Herzog, & House, 1999).

Teoria da continuidade   O que você prefere antes dos últimos estágios da vida pode influenciar o que você prefere quando os atinge. Em outras palavras, se está feliz em ser ativo agora, provavelmente ficará feliz em ser ativo mais tarde. Mas se está feliz em ser menos ativo agora, pode preferir um estilo de vida mais sossegado posteriormente também (Pushkar et al., 2009). Essa é a premissa fundamental da **teoria da continuidade** (Atchley, 1989). Nessa abordagem, a necessidade das pessoas de manter uma conexão entre o passado e o presente é enfatizada, e a atividade é considerada importante, não em si, mas por representar a continuidade de um estilo de vida anterior. Por exemplo, muitos aposentados são mais felizes mantendo-se em atividades de trabalho ou de lazer semelhantes às que tinham no passado (Pushkar et al., 2010). As mulheres que tinham envolvimento em muitos papéis (como os de esposa, mãe, funcionária e voluntária) tendem a manter esses envolvimentos à medida que envelhecem – e ficam mais felizes por isso (Moen et al., 1992). E pessoas que gostavam de atividades de lazer como a leitura, um *hobby* ou a jardinagem na meia-idade tendiam a praticar essas atividades na velhice também (Agahi, Ahacic, & Parker, 2006). A continuidade nas atividades nem sempre é possível, pois alguns idosos precisam reduzir a sua participação nos seus eventos favoritos devido à diminuição da capacidade cognitiva, motora ou visual. Os idosos tendem a ser mais felizes, no entanto, se conseguem preservar as suas atividades favoritas de alguma forma. Assim, por exemplo, se conseguem encontrar um emprego-ponte (um emprego após a aposentadoria), os adultos forçados a se aposentar apresentam menos declínios no bem-estar (Dingemans & Henkens, 2015).

O papel da produtividade   Alguns pesquisadores concentram-se na atividade produtiva – qualquer ação que contribua para a sociedade – como a chave para envelhecer bem. Seja a atividade produtiva remunerada ou não, as pesquisas indicam que ela tem efeitos positivos para os idosos. Por exemplo, uma metanálise recente observou que, em 73 estudos, o voluntariado estava associado com diversos desfechos positivos, incluindo menos depressão, melhor saúde e capacidade funcional e menor risco de mortalidade. Os autores sugerem que participar de voluntariado mantém os idosos física, cognitiva e socialmente ativos, e esse maior engajamento, por sua vez, afeta positivamente os indicadores de saúde (Anderson et al., 2014). Em geral, em quanto mais atividades os adultos estão envolvidos e quanto mais tempo dedicam a elas, maiores os efeitos positivos (Vozikaki, Linardakis, Micheli, & Philalithis, 2017; Baker, Cahalin, Gerst, & Burr, 2005). Efeitos semelhantes foram identificados para o trabalho, mas não para atividades assistenciais (Choi, Stewart, & Dewey, 2013; Stav, Hallenen, Lane, & Arbesman, 2012; Pinquart & Sörenson, 2003).

Algumas pesquisas sugerem que a participação frequente em atividades de lazer pode ser tão benéfica à saúde e ao bem-estar quanto a participação em atividades produtivas, embora esse efeito possa ser maior para as mulheres (Agahi & Parker, 2008). As relações sociais parecem ser importantes nesse caso (Stav et al., 2012). Os adultos que consideram suas relações sociais positivas têm maior probabilidade de praticar atividades de lazer, que estão, por sua vez, associadas com melhores desfechos de saúde (Chang, Wray, & Lin, 2014). Contudo, isso não significa que as atividades de lazer naturalmente mais solitárias não tragam benefícios. Por exemplo, meditação, jardinagem, leitura e ouvir rádio estão associados com o bem-estar e a qualidade de vida (Geiger et al., 2016; Wang & MacMillan, 2013; Menec, 2003; Machón, Larrañaga, Dorronsoro, Vrotsou, & Vergara, 2017).

Otimização seletiva com compensação De acordo com Baltes e colaboradores (Baltes, 1997), o envelhecimento bem-sucedido envolve estratégias que possibilitam às pessoas adaptar-se ao equilíbrio mutável do crescimento e declínio ao longo da vida. Na infância, os recursos são usados principalmente para o crescimento, e no começo da idade adulta, para maximizar a habilidade reprodutiva. Na velhice, os recursos são cada vez mais dirigidos para a manutenção da saúde e a administração de perdas (Baltes & Smith, 2004; Jopp & Smith, 2006). Os idosos alocam esses recursos por meio de um processo chamado **otimização seletiva com compensação (OSC)**. A OSC envolve desenvolver habilidades que permitem a maximização dos ganhos, assim como o desenvolvimento de habilidades que compensam o declínio e poderiam levar à perda. De acordo com a OSC, os idosos conservam seus recursos pela:

- *Seleção* de atividades ou metas menos numerosas e mais significativas.
- *Otimização*, o máximo aproveitamento, dos recursos que têm para atingir as suas metas.
- *Compensação* das perdas pelo uso de recursos de formas alternativas para atingir as suas metas.

Por exemplo, o famoso pianista concertista Arthur Rubenstein fez seu concerto de despedida aos 89 anos. Ele conseguiu compensar a perda de memória relacionada à idade com a seleção de um repertório menor para as suas apresentações e tocando mais tempo todos os dias para otimizar o seu desempenho. Ele também compensou os declínios em suas habilidades motoras com um estilo mais lento imediatamente antes dos movimentos rápidos, o que intensificava o contraste e fazia a música parecer mais rápida (Baltes & Baltes, 1990).

As mesmas estratégias de administração da vida são aplicadas ao desenvolvimento psicossocial. De acordo com a teoria da seletividade socioemocional de Cartensen (1991, 1995, 1996), os adultos mais velhos tornam-se mais seletivos quanto a contatos sociais, restringindo-os aos amigos e familiares que melhor correspondam às suas necessidades correntes de satisfação emocional. Assim, mesmo que os adultos mais velhos possam ter menos amigos, esses amigos são mais íntimos e proporcionam um contato social mais gratificante (English & Carstensen, 2014).

Pesquisas constataram que o uso da OSC está associado a um desenvolvimento positivo, incluindo maior bem-estar (Baltes & Smith, 2004). Por fim, pessoas idosas podem atingir o limite de seus recursos disponíveis, e esforços compensatórios podem não funcionar mais. Ajustar os padrões pessoais a mudanças no que for possível realizar pode ser essencial para manter uma perspectiva de vida positiva. A discussão sobre envelhecimento bem-sucedido ou ideal e o que contribui para o bem-estar na velhice está longe de ser conclusiva e talvez nunca o seja. Uma coisa é certa: as pessoas são muito diferentes quanto ao modo como podem viver e vivem – e querem viver – nos últimos anos da vida.

otimização seletiva com compensação (OSC)
Fortalecimento das funções cognitivas com o uso de habilidades mais desenvolvidas para compensar aquelas se tornaram mais fracas.

Você concorda com as definições de envelhecimento bem-sucedido, ou ideal, apresentadas nesta seção? Por que sim ou por que não?

verificador
você é capaz de...
▷ Explicar como a otimização seletiva com compensação ajuda os idosos a lidarem com as perdas?

Questões práticas e sociais relacionadas ao envelhecimento

Aposentar-se consiste na mais crítica decisão de estilo de vida que as pessoas têm de tomar à medida que se aproximam da vida adulta tardia. Essa decisão afeta sua situação financeira e seu estado emocional, tanto quanto o modo como elas passam o tempo e se relacionam com a família e os amigos. A necessidade de fornecer apoio financeiro a inúmeros idosos aposentados também tem sérias implicações para a sociedade, sobretudo à medida que a geração do pós-guerra (*baby boom*) nos Estados Unidos começa a se aposentar. Outra questão social é a necessidade de esquemas de vida adequados e de assistência para pessoas que não podem mais se manter sozinhas. (A Seção Janela para o Mundo analisa os estereótipos sobre pessoas idosas ao redor do mundo.)

TRABALHO E APOSENTADORIA

A aposentadoria começou a se firmar em muitos países industrializados no final do século XIX e início do século XX. Nos Estados Unidos, a criação do Sistema de Previdência Social na década de 1930, e mais os planos de aposentadoria patrocinados por empresas, permitiu que muitos trabalhadores idosos se aposentassem com segurança financeira. Finalmente, a aposentadoria obrigatória

Apesar do fato de que um número maior de mulheres desenvolve mal de Alzheimer, os homens tendem a ter mais problemas de esquecimento, e mais cedo, tendência que pode ter consequências práticas mais imediatas para aqueles que estão entrando nas últimas fases da vida.
Petersen et al., 2010

JANELA para o mundo

ESTEREÓTIPOS SOBRE ENVELHECIMENTO AO REDOR DO MUNDO

Nos Estados Unidos, na Austrália e no Reino Unido, além de muitos outros países ao redor do mundo, os idosos muitas vezes são vistos como frágeis, inúteis, mentalmente incompetentes, solitários e um ônus para a sociedade. A vida adulta tardia é considerada um período de decadência, preocupação, medo e perda (Quine, Morrell, & Kendig, 2007).

Esses estereótipos negativos sobre a velhice podem levar à segregação e à discriminação na sociedade e podem minar o apoio político para programas que beneficiam os idosos, incluindo o acesso à saúde e os tratamentos médicos (Cheng & Heller, 2009). O idadismo pode afetar diretamente os idosos, pois estes muitas vezes internalizam as visões da sociedade, o que acelera o declínio físico e mental. As pesquisas mostram que adotar esses estereótipos negativos pode reduzir o tempo de vida em até 7,5 anos (Scheve & Venzon, 2017).

Um estudo norte-americano observou que 84% dos idosos ainda na força de trabalho dizem que foram vítimas de idadismo no trabalho. As histórias incluem piadas ofensivas, comportamento condescendente, atitudes ou gestos desrespeitosos e comentários sobre serem lentos, frágeis e doentes (Roscigno, Mong, Byron, & Tester, 2007). Um estudo semelhante, realizado na Eslovênia, revelou que os funcionários mais velhos sofrem com o estereótipo de serem menos motivados, menos adaptáveis, mais lentos e não inovadores (Rožman, Treven, & Čančer, 2016). É interessante que, apesar dos estereótipos, ambos os estudos concluíram que os funcionários mais velhos muitas vezes são trabalhadores melhores, com menos absenteísmo, maior compromisso, mais conhecimento, mais profissionalismo e maior lealdade à empresa.

A crença de que os idosos são tratados com reverência e respeito nas outras culturas penetra nosso conhecimento sobre os países asiáticos e muitas nações menos industrializadas. As pesquisas mostram, no entanto, que há crenças positivas e negativas sobre os idosos nesses países (Vauclair, Hanke, Huang, & Abrams, 2017). Culturas com altos níveis de pobreza ou condições de vida mais difíceis oferecem menos cuidados para os idosos. O tratamento destinado a eles depende muito da sua utilidade e da contribuição que podem dar aos outros (McGuire, 2017). O abuso contra idosos é comum e, em geral, visto como a regra. Em partes da Índia, viúvas idosas são consideradas "mau agouro" e são mandadas para morar em vilarejos de viúvas, isoladas da família e da sociedade (Cheng & Heller, 2009).

O modo como vemos o processo de envelhecimento influencia a maneira como envelhecemos. Por exemplo, na sociedade tarahumara do México, acredita-se que as pessoas ficam mais fortes à medida que envelhecem. Muitos idosos ainda conseguem correr longas distâncias e levam vidas bastante saudáveis e ativas (Scheve & Venzon, 2017). As pesquisas mostram que os idosos com atitudes positivas em relação ao envelhecimento apresentam taxas menores de doença mental, recuperação mais rápida de doenças e estresse, menor declínio cognitivo e vidas mais longas (McGuire, 2017).

As políticas sociais se concentram em aumentar a educação, desenvolver imagens positivas dos idosos e apoiar a continuidade da independência e dos recursos para eles. Os objetivos são aumentar a esperança para o futuro e reduzir o medo entre os idosos, o que inclui auxiliá-los com as suas dificuldades financeiras e de saúde (Quine et al., 2007).

---

qual a sua opinião

O que você acha que poderíamos fazer para combater os estereótipos negativos sobre os idosos? Como você poderia questionar as suas próprias crenças sobre os idosos?

Embora você possa ter mais tempo para apreciar uma taça de vinho depois de se aposentar, infelizmente pagará mais por ela no dia seguinte. Pessoas mais velhas metabolizam o vinho mais devagar e possuem menos líquido no corpo. Portanto, o nível alcoólico sobe mais rápido e provavelmente resultará em uma ressaca mais forte.

National Institute on Alcohol Abuse and Alcoholism, 2010

aos 65 anos tornou-se quase universal. No entanto, em 1983, a idade para a plena elegibilidade dos benefícios da aposentadoria foi elevada para 67 anos para as pessoas nascidas em 1960 ou depois, e penalidades mais severas foram instituídas para aposentadorias aos 62 anos. Apesar dessas mudanças, o número de pessoas que recebem benefícios continuou a crescer em consonância com as mudanças demográficas ocorridas nos Estados Unidos (Duggan, Singleton, & Song, 2007), atingindo seu auge em 2003 e permanecendo relativamente estável desde então. Em 2017, a idade mediana da aposentadoria era de 62 anos. Os aposentados negros e hispânicos têm maior probabilidade de se aposentar antes dos 62 anos do que os brancos (Larrimore, Durante, Kreiss, Park, & Sahm, 2018).

Hoje, a aposentadoria compulsória foi praticamente proscrita nos Estados Unidos como forma de discriminação etária, e o limite entre trabalho e aposentadoria não é tão nítido como costumava ser. Não há mais normas relativas à época da aposentadoria, como se planejar para ela e o que fazer depois. Muitas vezes, o desejo de se dedicar a atividades que não o trabalho ou de passar tempo com a família são o fator impulsionador para a aposentadoria. Com a idade, no entanto, muitos adultos aposentam-se por motivos de saúde (Larrimore et al., 2018). Há múltiplos fatores inter-relacionados, incluindo estado civil, ativos e passivos correntes, condição dos dependentes, natureza do trabalho e se a idade o torna ou não desafiador, além da situação atual do mercado de trabalho (Gibaldi, 2013). Somente 40% desses adultos mais velhos que param de trabalhar quando estão na faixa dos 50 ou 60 param definitivamente; o restante volta a trabalhar, em tempo parcial ou integral, antes de deixarem permanentemente o mercado de trabalho (Maestas, 2010).

Tendências do trabalho na velhice e na aposentadoria Nos Estados Unidos, a maioria dos adultos que *podem* aposentar-se, de fato *se aposentam*, e, com a longevidade crescente, passam mais tempo aposentados do que no passado (Dobriansky, Suzman, & Hodes, 2007). Entretanto, a proporção de trabalhadores com mais de 65 anos aumentou acentuadamente. É esperado que esse envelhecimento da população trabalhadora continue aumentando até 2024, representando o grupo cuja participação no mercado de trabalho mais cresce. As projeções sugerem que, a essa altura, 41 milhões de pessoas com 55 anos ou mais, 13 milhões das quais terão 65 ou mais, participarão da força de trabalho (Toossi & Torpey, 2017).

Por volta de 500 mil norte-americanos idosos são voluntários do programa Senior Corps. Estes voluntários estão construindo uma casa para uma família de baixa renda através do Habitat for Humanity (Habitação para a Humanidade).
Hill Street Studios/Blend Images/Getty Images

A vida depois da aposentadoria A aposentadoria não é um evento isolado, mas um processo de ajuste dinâmico, uma forma de tomada de decisão. Dentro de um modelo, há cinco categorias amplas de recursos que ajudam a determinar como a pessoa se ajustará à aposentadoria: (1) atributos individuais, como saúde e condição financeira; (2) variáveis de trabalho pré-aposentadoria, como estresse no emprego; (3) variáveis familiares, como qualidade do casamento e dependentes; (4) variáveis relativas à transição para a aposentadoria, como planejamento para a aposentadoria; e (5) atividades pós-aposentadoria, como emprego-ponte e trabalho voluntário (Wang, Henkens, & van Solinge, 2011).

As pesquisas sobre adaptação à aposentadoria apoiam esse modelo. Por exemplo, tanto a saúde física quanto a situação financeira são preditoras da adaptação à aposentadoria (Barbosa, Monteiro, & Murta, 2016; Earl, Gerrans, & Halim, 2015). Além disso, as pessoas que se aposentam de empregos que consideram desagradáveis ou estressantes apresentam melhorias no bem-estar após a aposentadoria (Wang, 2007). Também em apoio a esse modelo, os aposentados em casamentos felizes e com menos dependentes apresentam níveis mais elevados de bem-estar do que outros grupos (Wang & Shi, 2014; Pinquart & Schindler, 2007). Quando um cônjuge morre, o fato afeta negativamente a adaptação à aposentadoria (van Solinge & Henkens, 2008).

Outro fator que influencia a adaptação é se as pessoas conseguem se planejar para a aposentadoria e a forma como o fazem. Aquelas que se aposentam mais cedo do que o planejado ou contra a sua vontade apresentam declínios no bem-estar (Barbosa et al., 2016; Wang & Shi, 2014), enquanto a oportunidade de planejar a aposentadoria está associada com o bem estar e a satisfação com a vida (Wang, 2007). O emprego-ponte também parece ser benéfico, e uma pesquisa recente em 16 países europeus observou que ele é particularmente importante para idosos com nível socioeconômico mais baixo e que não vivem com um companheiro (Dingemans & Henkens, 2019).

As pessoas em transição do trabalho para a aposentadoria são particularmente propensas ao trabalho voluntário (Tang, 2016), e aquelas que o praticam têm maior probabilidade de vivenciar altos níveis de bem-estar durante a aposentadoria (Hao, 2008). O voluntariado durante a aposentadoria está positivamente associado com a saúde e negativamente com a depressão, limitações funcionais e mortalidade (Wahrendorf, Blane, Matthews, & Siegrist, 2016). O voluntariado também prediz emotividade positiva e protege contra o declínio do bem-estar associado à perda das principais identificações com papéis sociais e declínios na saúde mental (Greenfield & Marks, 2004; Hao, 2008).

Assim, a adaptação à aposentadoria não depende apenas de um fator, mas sim de diversos. Além disso, não é algo que acontece imediatamente. Em vez disso, é um processo que ocorre ao longo do tempo, dinamicamente, entre a pessoa, parceiros interacionais importantes e os diversos ambientes com os quais ela está envolvida ou que busca.

COMO OS IDOSOS LIDAM COM O ASPECTO FINANCEIRO?

Desde a década de 1960, a Previdência Social provê a maior parte da renda dos norte-americanos mais velhos – 33% em 2017 (Social Security Administration, 2018). Outras fontes de renda incluem ativos (13%), previdência privada (19%) e vencimentos (30%) (Federal Interagency Forum on Aging Related Statistics, 2010). A dependência da Previdência Social e dos ativos aumenta notavelmente com a idade e diminui com o nível da renda (Federal Interagency Forum on Aging Related Statistics, 2016).

A Previdência Social e outros programas de governo norte-americanos, como o Medicare, que garante seguro básico de saúde para pessoas de 65 anos ou mais, ou incapazes, permitiram que hoje os idosos tenham uma vida financeira razoavelmente confortável. Em 2017, 86% dos aposentados norte-americanos usavam o Medicare (Larrimore, Durante, Kreiss, Park, & Sahm, 2018). A parcela dos idosos que vive na pobreza caiu de 35% em 1959 para 29% em 1966 e então para 10% em 2014 (Administration on Aging, 2016; Federal Interagency Forum on Aging-Related Statistics, 2016). A taxa de pobreza dos idosos ainda é menor que a da população total, mas aumentou em 2016 – o único grupo demográfico para o qual isso aconteceu (Semega, Fontenot, & Kollar, 2017). Com o envelhecimento da população e, proporcionalmente, menos trabalhadores contribuindo para o sistema previdenciário, parece provável que os benefícios declinarão no futuro (Sawicki, 2005).

As mulheres, especialmente se forem solteiras, viúvas, separadas ou divorciadas, ou se antes eram pobres ou trabalhavam apenas em meio turno na meia-idade, estão mais propensas (12%) do que os homens (7%) a viver na pobreza durante a velhice (Federal Interagency Forum on Aging-Related Statistics, 2016). Também há diferenças étnicas. Afro-americanos e norte-americanos hispânicos idosos, 23% e 17%, respectivamente, estão mais propensos a viver na pobreza do que norte-americanos brancos idosos (7,4%) (Federal Interagency Forum on Aging-Related Statistics, 2010). As maiores taxas de pobreza estão entre mulheres hispânicas idosas (20%) e mulheres afro-americanas idosas (27%) que vivem sozinhas (Federal Interagency Forum on Aging Related Statistics, 2016).

ESQUEMAS DE VIDA

Nos países em desenvolvimento, os adultos idosos vivem normalmente com os filhos adultos e os netos em domicílios multigeracionais, embora esse costume esteja declinando. Nos países desenvolvidos, a maioria dos idosos vive sozinha ou com um companheiro ou cônjuge (Kinsella & Phillips, 2005).

Nos Estados Unidos, em 2014, cerca de 7% dos adultos de 65 anos ou mais viviam em casas de repouso de diversos tipos. Em razão da expectativa de vida mais longa das mulheres, cerca de 72% dos homens não institucionalizados, mas apenas aproximadamente 42% das mulheres não institucionalizadas, viviam com o cônjuge. Vinte por cento dos homens e 36% das mulheres viviam sozinhos, embora a proporção dos que vivem sozinhos aumente com o avanço da idade. Aproximadamente 10% dos homens e 19% das mulheres viviam com outros parentes ou não parentes, incluindo companheiros e filhos (Figura 18.1). Idosos de grupos minoritários, como asiáticos e hispano-americanos, mantendo suas tradições, eram mais propensos a viver em domicílios de família estendida (Federal Interagency Forum on Aging-Related Statistics, 2016).

Envelhecer em casa A maioria dos adultos mais velhos em países industrializados preferem ficar em sua própria casa ou na sua comunidade (Aurand, Miles, & Usher, 2014). Essa opção, conhecida como **envelhecer em casa**, faz sentido para aqueles que conseguem cuidar de si mesmos ou necessitam de ajuda mínima. A maior parte dos cuidadores informais, como a família, que presta assistência para que o idoso possa envelhecer em casa, o faz de boa vontade, mas pode tornar-se uma fonte de estresse e preocupação para o idoso (Sanders, Stone, Meador, & Parker, 2010). Nos Estados Unidos, o sistema Medicaid oferece auxílio para permanência em casas de repouso, mas os estados não são obrigados a financiar serviços domésticos e comunitários.

Para adultos com deficiências, para os quais é difícil se manterem sozinhos, qualquer tipo de apoio secundário – como refeições, transporte e amparo à saúde em domicílio – pode ajudá-los a permanecer em seu lar, assim como rampas, barras de apoio e outras modificações domésticas relativamente baratas. Minorias, idosos com baixa escolaridade e adultos com baixos níveis de apoio social, apesar de não necessariamente com rendas mais baixas, têm menor tendência a ter essas modificações (Meucci, Gozalo, Dosa, & Allen, 2016).

▶ **verificador**
você é capaz de...

▷ Descrever as atuais tendências do trabalho na velhice e na aposentadoria?

▷ Discutir como a aposentadoria pode afetar o bem-estar?

▷ Discutir a situação econômica dos idosos e questões referentes à Previdência Social?

envelhecer em casa
A permanência na própria casa, com ou sem assistência, durante a velhice.

Desenvolvimento Humano   541

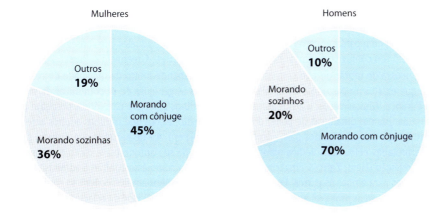

Fonte: Federal Interagency Forum on Aging Related Statistics, 2016.

FIGURA 18.1
Esquemas de vida de homens e mulheres não institucionalizados com 65 anos ou mais, Estados Unidos, 2015. *Em parte por causa da maior expectativa de vida das mulheres, elas estão mais propensas a viver sozinhas (especialmente quando ficam velhas), enquanto os homens estão mais propensos a viver com o cônjuge. A categoria "Outros" inclui aqueles que vivem com os filhos adultos, outros parentes ou não parentes.*

A maioria dos idosos não precisa de muita ajuda, e aqueles que precisam podem muitas vezes permanecer na comunidade se tiverem pelo menos uma pessoa da qual possam depender. Na verdade, o fator mais importante para manter a pessoa fora das instituições de repouso é ser casada (Nihtila & Martikainen, 2008). Cada vez mais, recursos tecnológicos como monitoramento da atividade, detecção de movimentos erráticos e aplicativos de e-saúde são usados para manter os idosos fisicamente seguros e conectados às outras pessoas (Peek et al., 2014). Com isso, envelhecer em casa pode ajudar os idosos a retardar a entrada em casas de repouso (Young, Kalamaras, Kelly, Hornick, & Yucel, 2015).

Vejamos com mais detalhes os dois esquemas de vida mais comuns entre os idosos sem cônjuges – viver sozinho e viver com filhos adultos – e, depois, viver em casas de repouso e as formas alternativas de moradia coletiva.

Morar sozinho O crescimento de domicílios com idosos solteiros tem sido estimulado pela maior longevidade, aumento dos benefícios e das pensões, aumento de propriedade de imóveis, casas mais adequadas para idosos, maior disponibilidade de apoio da comunidade e redução do subsídio público aos custos das casas de repouso. Como as mulheres vivem mais do que os homens e estão mais propensas a ficarem viúvas, as idosas nos países mais desenvolvidos têm maior probabilidade de viverem sozinhas do que os homens idosos (Kinsella & Phillips, 2005). Nos Estados Unidos, cerca de 28% dos idosos não institucionalizados vivem sozinhos, a maioria dos quais são mulheres. Quarenta e quatro por cento das mulheres de 75 anos ou mais moram sozinhas (Administration on Aging, 2018). Os idosos que moram sozinhos estão mais propensos do que os idosos que vivem com o cônjuge a ser pobres e a ir para casas de repouso (Administration on Aging, 2016; Kaspar, Pezzin, & Rice, 2010).

Os idosos que moram sozinhos, especialmente os mais velhos de todos, podem parecer ser solitários. Contudo, fatores como personalidade, habilidades cognitivas, saúde física e o esvaziamento das redes sociais têm papéis mais importantes na solidão (Martin, Kliegel, Rott, Poon, & Johnson, 2007). Atividades sociais, como o trabalho voluntário, podem ajudar os idosos que moram sozinhos a permanecer conectados com a comunidade (Carr, Kail, Matz-Costa, & Shavit, 2017). Além disso, intervenções baseadas em tecnologia, que usam computadores e a internet para atender as suas necessidades sociais e emocionais, também reduzem a solidão (Choi, Kong, & Jung, 2012).

Viver com filhos adultos Historicamente, as pessoas idosas em muitas sociedades africanas, asiáticas e latino-americanas podiam esperar viver e ser cuidadas nos lares de seus filhos ou netos, mas esse padrão está mudando rapidamente. Embora em geral o número de gerações sobreviventes na família seja maior, seus membros são menos propensos a dividir uma única residência (World Health Organization, 2019h). Muitos idosos relutam em sobrecarregar a família e abrir mão de sua liberdade. O pai, ou a mãe, pode se sentir inútil, entediado e isolado dos amigos. Se o filho adulto for casado, e o cônjuge e a mãe, ou pai, não se derem bem, ou se a demanda de cuidados se tornar onerosa, o casamento pode ficar ameaçado (Shapiro & Cooney, 2007). Com frequência, ir morar com os

Um motivo para os idosos preferirem envelhecer em casa é que as instituições de moradia assistida muitas vezes não permitem que levem seus animais de estimação.
Toohey, Hewson, Adams, & Rock, 2017

Quanto mais velho você for, mais provável que diga que a televisão é uma necessidade e não algo supérfluo. Pessoas mais jovens exibem o padrão oposto.
Taylor & Wang, 2010

filhos adultos é uma consequência das pressões econômicas; os pais não vão morar com eles porque querem, mas por falta de opções (Isengard & Szydlik, 2012). Os adultos, especialmente as mulheres, que vão morar com parentes correm risco maior de solidão do que aqueles que conseguem continuar a morar com um cônjuge ou companheiro (Henning-Smith, 2016; Greenfield & Russel, 2011).

O sucesso de morar ou não com os filhos adultos depende muito da qualidade do relacionamento que existiu no passado e da habilidade de ambas as gerações de se comunicar de maneira plena e franca. Muitas vezes, o atrito aumenta quando filhos adultos e pais idosos precisam passar pelas mudanças nas dinâmicas de poder do relacionamento. Ações que os filhos adultos acreditam que preservam a segurança dos pais, como levá-los à loja em vez de permitir que dirijam, podem ser interpretadas pelos mais velhos como uma violação da sua autonomia e recebidas com resistência e rejeição (Heid, Zarit, & Fingerman, 2015). A forma como esse conflito é administrado tem repercussões para ambas as partes. Por exemplo, quando os filhos adultos cedem ao conflito várias e várias vezes, é mais provável que fiquem deprimidos e que a qualidade do relacionamento decaia. Contudo, quando os filhos adultos tentam usar a razão com os pais idosos em vez de cederem, o evento está associado com melhor qualidade do relacionamento. Ser diretamente confrontativo e discutir com os pais está associado com a qualidade negativa do relacionamento, mas também com a maior provisão de apoio (Heid, Zarit, & Fingerman, 2017). É importante observar que o apoio e os benefícios funcionam nos dois sentidos. Os pais idosos também geram benefícios para os filhos adultos, incluindo apoio emocional, conselhos e apoio prático (Huo, Graham, Kim, Zarit, & Fingerman, 2017). Na verdade, apesar de a maioria dos cuidadores informais relatar restrições de tempo e dificuldade para lidar com todos os aspectos do trabalho de cuidado, eles também informam aspectos positivos (Federal Interagency Forum for Aging-Related Statistics, 2016).

Viver em instituições Muitos idosos optam por envelhecer em casa se preveem que a sua saúde será boa, mas preferem morar com parentes se preveem que irão sofrer de fragilidade ou saúde ruim (Fernández-Carro, 2016). A moradia assistida e as comunidades de aposentados muitas vezes são citadas como situações preferenciais também, particularmente por quem já mora nelas (Kasper, Wolff, & Skehan, 2018). Muitos acreditam que a institucionalização é um último recurso e veem a transição para uma casa de repouso com temor, e menos de metade informam boa qualidade de vida após a mudança (Toot, Swinson, Devine, Challis, & Orrell, 2017). Muitos prefeririam não morar em casas de repouso, mas muitos residentes ficam sem escolha por causa de demência, maior fragilidade, doença dos cuidadores ou outros problemas comportamentais (Prince, Prina & Guerchet, 2015; Afram et al., 2014). Às vezes, esses problemas podem levar ao abuso contra idosos (ver Seção Pesquisa em Ação).

O uso de instituições não familiares para cuidar de idosos fragilizados varia grandemente em todo o mundo. A institucionalização tem sido rara em regiões em desenvolvimento, mas está se tornando mais comum até em países como o Japão, com tradição de cuidados de idosos. Além disso, os declínios na fertilidade resultaram em um rápido envelhecimento da população e na falta de cuidadores na família (World Health Organization, 2019e). Em alguns países como Reino Unido, Dinamarca e Austrália, programas geriátricos abrangentes de visitação ao lar são eficazes para conter as admissões em casas de repouso (Stuck, Egger, Hammer, Minder, & Beck, 2002).

Em todos os países, a probabilidade de viver em uma casa de repouso aumenta com a idade – nos Estados Unidos, de aproximadamente 1% entre 65 e 74 anos a 15,4% aos 85 anos ou mais (Administration on Aging, 2018). No mundo todo, a maioria dos residentes mais velhos em casas de repouso é de mulheres (Federal Interagency Forum on Aging-Related Statistics, 2004; Kinsella & Velkoff, 2001). Além do gênero, ser pobre e viver sozinho aumenta significativamente o risco de ser internado em um estabelecimento de cuidados de longo prazo (Martainkainen et al., 2009).

Em 2017, havia cerca de 1,2 milhão de adultos com mais de 65 anos vivendo em contextos institucionais (Administration on Aging, 2018). Esses serviços são caros. Em 2018, a mediana do custo mensal de um quarto privado em uma casa de repouso nos Estados Unidos era de 8.365 dólares (Genworth, 2018). Os custos altos, entre outros fatores, estimularam a mudança da institucionalização para opções de vida alternativas e menos dispendiosas (analisadas na próxima seção) e para o atendimento à saúde em domicílio. No entanto, como a geração do pós-guerra está ficando mais velha, se as taxas atuais de utilização das casas de repouso continuarem aumentando, estima-se

Um movimento recente com vistas à indicação adequada para casas de repouso envolve designar regularmente os mesmos cuidadores para uma pessoa idosa, em vez da rotatividade habitual de cuidadores. Essa consistência permite um melhor monitoramento dos cuidados e da condição do idoso, além de permitir que este tenha a oportunidade de estabelecer relacionamentos com os cuidadores.

Span, 2010

Idosos em uma vila de aposentados com instalações de apoio mantêm a mente ativa. Estes idosos têm aulas de informática em cooperação com uma faculdade comunitária vizinha.

Katarzyna Bialasiewicz/iStock/Getty Images

que o número de residentes aumentará significativamente (Seblega et al., 2010). Tal crescimento sobrecarregaria o Medicaid, o programa de assistência médica para pessoas de baixa renda e a maior fonte de recursos para a utilização de casas de repouso (Ness, Ahmed, & Aronow, 2004).

A lei federal estabelece requisitos rigorosos para as casas de repouso e dá aos residentes o direito de escolha de seus próprios médicos, de serem totalmente informados acerca de sua assistência e tratamento e de estarem a salvo de abuso físico ou mental, punição corporal, reclusão involuntária e restrições físicas ou químicas. Alguns estados treinam *ombudsmen* voluntários para atuarem como defensores de residentes de casas de repouso, explicar-lhes seus direitos e solucionar suas queixas acerca de questões como privacidade, tratamento, alimentação e assuntos financeiros.

Alternativas de moradia   Um segmento relativamente novo, mas em franco crescimento no mercado imobiliário, são as comunidades de adultos ativos restritas por idade. Nessas comunidades, para pessoas de 55 anos ou mais, os residentes podem sair de casa e, caminhando, encontrar uma variedade de opções de lazer, como academias, quadras de tênis e campos de golfe, todos próximos.

Para aqueles que não podem ou preferem não viver completamente independentes, surgiu uma ampla variedade de opções de moradias coletivas, muitas delas descritas na Tabela 18.1. Alguns desses novos esquemas permitem aos idosos com problemas de saúde ou incapacidades receberem os serviços ou cuidados necessários sem sacrificar a autonomia, a privacidade e a dignidade.

Uma opção muito conhecida é a *moradia assistida*, um tipo de moradia específico para idosos (Hawes, Phillips, Rose, Holan, & Sherman, 2003). As instalações da moradia assistida permitem aos moradores viverem em seu próprio espaço doméstico, garantindo-lhes ao mesmo tempo, durante

Quando você ficar mais velho e talvez parcialmente incapacitado, que tipo de esquema de vida irá preferir?

TABELA 18.1   Esquemas de moradia coletiva para idosos

Instalação	Descrição
Hotel para aposentados	Hotel ou prédio de apartamentos remodelado para atender às necessidades de adultos idosos independentes. São oferecidos serviços típicos de hotéis (central telefônica, serviço de arrumadeira, central de recados).
Comunidade de aposentados	Grande empreendimento independente com unidades adquiridas e/ou alugadas. Dispõe frequentemente de serviços de apoio e instalações recreativas.
Moradia compartilhada	A moradia pode ser compartilhada informalmente por pais e filhos adultos ou entre amigos. Em outros momentos, agências sociais colocam pessoas que precisam de um lugar para viver em contato com aquelas que têm cômodos disponíveis. O idoso geralmente tem um quarto particular, mas compartilha as áreas de estar, jantar e cozinha.
Moradia ECHO (oportunidade de moradia em chalé para idosos)	Unidade independente criada para que uma pessoa mais velha possa viver em uma casa remodelada para uma só família ou em uma unidade móvel na área de uma casa de família – muitas vezes, mas não necessariamente, a de um filho adulto. Essas unidades oferecem privacidade, proximidade dos cuidadores e segurança.
Moradia congregada	Complexo de apartamentos ou de parques para casas móveis, para aluguel, privados ou subsidiados pelo governo, onde se oferecem refeições, serviços de manutenção, transporte, atividades sociais e recreativas e, às vezes, assistência médica. Um tipo é o lar coletivo: uma agência social reúne um pequeno número de residentes idosos e contrata auxiliares para fazer compras, cozinhar, fazer a limpeza pesada, dirigir e prestar aconselhamento.
Moradias assistidas	Vida semi-independente em casa ou apartamento próprio. Semelhante à moradia congregada, mas os residentes recebem cuidados pessoais (banho, auxílio para se vestir e para se arrumar) e supervisão protetora. Lares com refeição e assistência são semelhantes, mas são menores e oferecem mais cuidados pessoais e supervisão.
Lares adotivos	Os proprietários de uma residência com família única recebem um idoso sem parentes e fornecem refeições, serviços domésticos e cuidados pessoais, como nas comunidades de adultos ativos.
Comunidade de aposentados com assistência constante	Moradia de longo prazo para idosos abastados à medida que mudam suas necessidades. Um residente pode começar em um apartamento independente e depois mudar-se para uma moradia congregada com serviços de limpeza, lavanderia e refeições; depois passa para uma unidade com assistência e, por fim, muda-se para uma clínica de repouso. Comunidades de assistência à vida são semelhantes, mas garantem moradia e cuidados médicos ou de enfermagem por um período específico ou pela vida toda; exigem uma substancial taxa de ingresso, além de pagamentos mensais.

Fonte: Adaptada de Laquatra e Chi, 1998; Porcino, 1993.

pesquisa em ação

ABUSO CONTRA IDOSOS

Embora os casos tendam a ser subnotificados, estima-se que 15,7% dos adultos com 60 anos ou mais sofrem abuso em todo o mundo (World Health Organization, 2019f). Nos Estados Unidos, a prevalência estimada é de 10% (Pillemer, Connolly, Breckman, Spreng, & Lachs, 2015), e para cada caso relatado, estima-se que 23 não sejam detectados (Centers for Disease Control, 2017m).

O abuso contra idosos pode assumir diversas formas, incluindo abuso físico, abuso sexual ou contato sexual abusivo, abuso emocional ou psicológico e negligência. O abuso contra idosos inclui exploração ou abuso financeiro, que envolve o uso dos recursos da pessoa idosa, como suas economias ou pensão, para ganho próprio (Centers for Disease Control, 2018m).

Diversos fatores aumentam o risco de abuso contra idosos, incluindo ser mulher, ter dificuldade com as atividades da vida diária, saúde fraca, pobreza e ter sido vitimizado no passado. A demência e a diminuição da capacidade cognitiva também são fortes preditores da probabilidade de abuso (Burnes et al., 2015; Friedman, Santos, Liebel, Russ, & Conwell, 2015; Acierno et al., 2010). Os abusadores mais prováveis são familiares, homens, desempregados ou com problemas econômicos e têm histórico de doenças físicas ou mentais, abuso de substâncias, abuso físico ou violência (Lachs & Pillemer, 2015).

O abuso também pode ocorrer no contexto das casas de repouso ou comunidades de assistência residencial. Os baixos salários, jornadas longas, trabalho físico árduo e falta de educação e treinamento contribuem para o esgotamento, desmoralização e altos níveis de estresse entre os membros da equipe. Os residentes também podem ter comportamentos problemáticos e infligir violência contra os funcionários, o que aumenta a probabilidade de negligência ou retaliação (Castle, Ferguson-Rome, & Teresi, 2013). Os residentes também podem ferir uns aos outros. Os maus-tratos verbais são mais comuns, mas confrontos físicos também ocorrem (Lachs et al., 2016). O abuso sexual também está presente, sendo perpetrado mais frequentemente por funcionários ou outros residentes (Malmedal, Iverson & Kilvik, 2005).

O abuso financeiro muitas vezes não é denunciado. A exploração das procurações é uma ocorrência comum. Uma pessoa de confiança recebe o direito legal de tomar decisões financeiras que sirvam aos interesses dos idosos, mas, em vez disso, saca o seu dinheiro ou toma decisões financeiras que beneficiam a si própria. Além de difíceis de detectar, esses crimes quase nunca são processados judicialmente (Gibson & Greene, 2013).

qual a sua opinião? Que ações ou medidas você apoia para a prevenção ou redução do abuso contra idosos? O que pode ser feito para empoderar idosos, familiares ou instituições para que denunciem abusos ou maus-tratos para as autoridades?

---

verificador
você é capaz de...
▷ Comparar os vários tipos de esquemas de vida para idosos, sua relativa predominância, vantagens e desvantagens?

24 horas, um fácil acesso a serviços de assistência médica e pessoal. Na maior parte dessas instalações, a pessoa pode passar, quando e se necessário, de uma relativa independência (com manutenção da casa e fornecimento de refeições) para uma ajuda nos momentos de tomar banho, vestir-se, controlar medicamentos e usar cadeira de rodas para se locomover. Entretanto, as instalações da moradia assistida variam amplamente em termos de acomodação, funcionamento, filosofia e custos, e as que oferecem privacidade e serviços adequados não são acessíveis para pessoas de baixa e média renda (Hawes et al., 2003). De fato, as instalações são desproporcionalmente encontradas em áreas com residentes mais instruídos e de alta renda (Stevenson & Grabowski, 2010).

Relacionamentos pessoais na terceira idade

Nossos estereótipos geralmente nos levam a acreditar que a velhice é um tempo de solidão e isolamento. É verdade que os idosos têm redes sociais muito menos numerosas do que os adultos jovens (English & Carstensen, 2014), sendo as redes sociais dos homens ainda menores do que as das mulheres (McLaughlin, Vagenas, Pachana, Begum, & Dobson, 2010), mas isso não significa que os idosos são necessariamente isolados e solitários. Por exemplo, metanálises que incluem pessoas de diversos países indicam que a solidão permanece basicamente inalterada da adolescência à velhice (Mund, Freuding, Möbius, Horn, & Neyer, 2019), apesar de haver indícios de que pode aumentar entre os extremamente idosos (Luhmann & Hawkley, 2016). Além disso, apesar das suas redes sociais menores, os adultos mais velhos retêm um círculo íntimo de confidentes (Cornwell, Laumann, & Schumm, 2008). Além do mais, seus relacionamentos *são* mais importantes do que nunca para seu bem-estar (Charles & Carstensen, 2007) e ajudam a manter a mente e a memória em pleno funcionamento (Kuiper et al., 2016).

TEORIAS DO CONTATO SOCIAL E DO APOIO SOCIAL

Segundo a *teoria do comboio social*, os adultos, ao envelhecer, mantêm seus níveis de apoio social identificando os membros de seu círculo social que podem ajudá-los e afastando-se daqueles que não lhes dão apoio. Quando os antigos colegas de trabalho e amigos se afastam, a maioria dos idosos retém um círculo mais próximo e estável de comboios sociais: amigos próximos e membros da família com quem eles podem contar e que afetam fortemente seu bem-estar (Antonucci & Akiyama, 1995).

Uma explicação um pouco diferente das mudanças no contato social vem da *teoria da seletividade socioemocional* (Carstensen, 1991, 1995, 1996). Quando o tempo que lhes resta se torna curto, os adultos mais velhos escolhem estar com as pessoas e nas atividades que atendem suas necessidades emocionais mais imediatas. Um estudante universitário pode tolerar um professor que aprecie menos para garantir a aquisição do conhecimento necessário; um adulto mais velho pode não querer despender tempo precioso com um amigo que o aborrece.

Portanto, mesmo que tenham círculos sociais menores do que os de jovens adultos, os adultos mais velhos tendem a ter o mesmo tanto de relacionamentos íntimos (Cornwell et al., 2008) e informam maior satisfação com os seus relacionamentos do que os adultos jovens (Luong, Charles, & Fingerman, 2011). Seus sentimentos para com os velhos amigos são tão fortes quanto os dos jovens adultos, e os sentimentos positivos em relação aos membros da família são mais fortes (Charles & Piazza, 2007).

A IMPORTÂNCIA DOS RELACIONAMENTOS SOCIAIS

A maioria de nós quer e precisa do apoio e do amor dos outros ao nosso redor, e ficamos mais felizes quando pertencemos a uma comunidade social. Por causa dessa necessidade, o isolamento social – ou solidão – é uma variável importante que afeta a saúde física e psicológica. De fato, relacionamentos sociais sólidos são tão importantes para a saúde e a mortalidade quanto fumar, ser obeso e abusar do álcool (Holt-Lunstad, Smith, & Layton, 2010).

Pessoas socialmente isoladas e solitárias tendem a apresentar declínios físicos e cognitivos mais rápidos do que as que não são, mesmo em idades bastante avançadas (Cherry et al., 2013; Shankar, Hamer, McMunn, & Steptoe, 2013; Hawkley & Cacioppo, 2007; Luo, Hawkley, Waite, & Cacioppo, 2012). Além disso, o sentimento de ser inútil para os outros é um fator de risco forte para incapacidades e mortalidade (Tilvis, Laitala, Routasalo, Strandberg, & Pitkala, 2012; Gu, Dupre, & Qiu, 2017). Por outro lado, uma metanálise recente que incluía 10 estudos e mais de 136.000 sujeitos indicou que ter um propósito na vida estava associado com menor risco de ataque cardíaco e morte (Cohen, Bavashi, & Rozanski, 2016).

Vínculos sociais fortes e positivos podem literalmente salvar vidas. Um estudo longitudinal mostrou que os homens mais socialmente isolados estavam 53% mais propensos do que os mais socialmente conectados a morrer de doenças cardiovasculares, e duas vezes mais propensos a morrer por acidente ou suicídio (Eng, Rimm, Fitzmaurice, & Kawachi, 2002). Dados semelhantes para mulheres mostram que as idosas que recebem mais apoio social têm probabilidade duas vezes menor de morrer durante um período de 10 anos do que aquelas que recebem menos apoio (Lyyra & Heikkinen, 2006). Para serem benéficos, no entanto, os relacionamentos devem ser de alta qualidade. Se são marcados por críticas, rejeição, negligência, controle ou comportamentos destrutivos, podem funcionar como estressores crônicos (Rook, 2015).

Com a idade, as pessoas tendem a ganhar inteligência emocional. Elas respondem com mais empatia a eventos ou estímulos tristes, mas conseguem reconfigurar essa informação de modo positivo.

Seider, Shiota, Whalen, & Levenson, 2010

Um novo termo surgiu para designar esses cuidadores: geração sanduíche.

verificador
você é capaz de...

▷ Dizer como o contato social se modifica na velhice e discutir explicações teóricas para essa mudança?

▷ Explicar a importância do contato social positivo e do apoio social, e citar evidências para a relação entre interação social e saúde?

▷ Discutir as questões relativas à nova família multigeracional?

A FAMÍLIA MULTIGERACIONAL

Historicamente, as famílias raramente se estendiam por mais de três gerações. Hoje, muitas famílias em países desenvolvidos podem incluir quatro ou mais gerações, tornando possível a uma pessoa ser avô e neto ao mesmo tempo (Costanzo & Hoy, 2007). Isso levou ao aumento das famílias multigeracionais, nas quais avós, filhos adultos e netos moram sob o mesmo teto. Em 2016, 20% da população norte-americana vivia em famílias multigeracionais, número que aumentou em relação aos 12% de 1980 (Cohn & Passel, 2018).

A presença de tantos familiares pode ser enriquecedora, mas também pode criar certas pressões (McIlvane, Ajrouch, & Antonucci, 2007; Dunifon, Ziol-Guest, & Kopko, 2014). Há bastante variabilidade, mas os idosos têm, enquanto grupo, maior probabilidade de sofrer de enfermidades ou doenças debilitantes, e o seu cuidado pode ser física e emocionalmente exaustivo (Gonyea, 2013). Dado o crescimento rápido da população com 85 anos ou mais (Ortman, Velkoff, & Hogan, 2014), muitas pessoas na faixa dos 65 ou mais, cuja própria saúde e energia começam a vacilar, passam elas mesmas a servir de cuidadoras. Geralmente, o fardo dessa assistência intergeracional cabe às mulheres (Gonyea, 2013; Cook & Cohen, 2018), em parte, devido às normas de papel de gênero das mulheres como cuidadoras.

O modo como as famílias lidam com essas questões muitas vezes têm raízes culturais. Por exemplo, pessoas de culturas que dão grande valor aos laços familiares são mais receptivas às necessidades de seus pais idosos e estão mais propensas a apoiá-los do que aquelas provenientes de culturas mais individualistas (Kalmijin & Saraceno, 2008; Tomassini, Glaser, & Stuchbury, 2007). Por exemplo, a família nuclear e o desejo dos adultos mais velhos de viver separados dos filhos refletem os valores dominantes do individualismo, autonomia e independencia norte-americanos, enquanto as culturas hispânicas e asiáticas nos Estados Unidos tradicionalmente enfatizam obrigações *lineares,* ou intergeracionais (C. L. Johnson, 1995). Não surpreende, então, que norte-americanos de origem asiática, hispânicos, negros e de famílias imigrantes tenham maior probabilidade de viver em lares multigeracionais, apesar de o aumento observado recentemente ser compartilhado por todos os grupos étnicos (Cohn & Passel, 2018; Dunifon et al., 2014). Há sugestões de que o ritmo acelerado da globalização resultará no enfraquecimento dos laços familiares tradicionais encontrados em muitos países e no fortalecimento do estilo individualista mais característico das nações economicamente estáveis (Costanzo & Hoy, 2007).

Relacionamentos conjugais

Diferentemente de outros relacionamentos familiares, o casamento – pelo menos nas culturas ocidentais contemporâneas – em geral é estabelecido por consenso mútuo. Assim, seu efeito sobre o bem-estar tem características tanto de amizade como de laços de parentesco (Antonucci & Akiyama, 1995). Ele tanto pode oferecer as melhores experiências emocionais como as piores que uma pessoa possa experimentar. O que acontece com a qualidade das relações conjugais na terceira idade?

CASAMENTO DE LONGA DURAÇÃO

Como geralmente as mulheres casam com homens mais velhos e vivem mais do que eles, e como os homens estão mais propensos a casar novamente após um divórcio ou a viuvez, no mundo todo uma proporção maior de homens do que mulheres está casada na velhice (Andrew, Ogunwole, Blakesles, & Rabe, 2018; ver Figura 18.2).

Casais que ainda estão juntos na vida adulta tardia são mais propensos que os de meia-idade a descrever seu casamento como mais satisfatório e com menos problemas de ajustamento (Orathinkal & Vansteenwegen, 2007; Tavakol, Nikbakht Nasrabadi, Moghadam, Salehiniya, & Rezaei, 2017). Isso pode ocorrer porque os cônjuges que permanecem juntos em idade avançada tendem a ter solucionado suas diferenças. A satisfação conjugal é importante porque está relacionada a múltiplos índices de saúde positivos e não apenas ao bem-estar psicológico (Carr, Freedman, Cornman, & Schwarz, 2014; Robles, Slatcher, Trombello, & McGinn, 2014; Margelisch, Schneewind, Violette, & Perrig-Chiello, 2017).

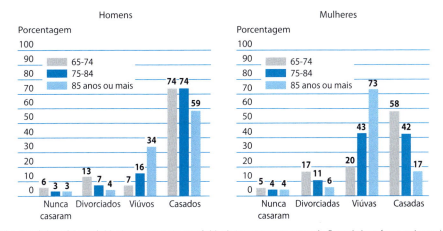

FIGURA 18.2
Status conjugal da população com 65 anos ou mais, por faixa etária e sexo, em 2016, nos Estados Unidos.
Devido à maior longevidade das mulheres, elas estão mais propensas do que os homens a enviuvar na velhice, enquanto os homens são casados ou se casam novamente.

Obs.: Casado(a) inclui casado(a), cônjuge presente; casado(a), cônjuge ausente e separado. Esses dados referem-se à população civil não institucionalizada.

Fonte: Andrew, R. W., S. U. Ogunwole e Blakeslee. Federal Interagency Forum on Aging-Related Statistics. Older Americans Update 2016: Key Indicators of Well-Being. Washington, DC: U.S. Government Publishing Office, 2016.

A maneira como os casais resolvem os conflitos será fundamental para a satisfação conjugal durante a idade adulta. Pessoas com mais desavenças no casamento tendem a ser ansiosas e deprimidas, enquanto aquelas com casamentos menos discordantes tendem a ter autoestima mais elevada e a relatar níveis mais altos de satisfação conjugal (Whisman & Uebelacker, 2009; Whisman, Robustelli, & Labrecque, 2018; Schmitt, Kliegel, & Shapiro, 2007). Os padrões de resolução de conflitos tendem a permanecer constantes ao longo do casamento, e aqueles casais que acreditam fortemente no casamento, dividem as responsabilidades pela tomada de decisões e dividem as tarefas domésticas são mais propensos a informar níveis baixos de conflito e níveis altos de felicidade no seu casamento (Kamp Dush, & Taylor, 2012). O modo de lidar com as emoções também é importante. Os membros do casal, especialmente as esposas, capazes de regular com sucesso suas emoções negativas e se comunicar de forma eficaz têm maior probabilidade de informar alta satisfação conjugal (Bloch, Haase, & Levenson, 2014; Tavakol et al., 2017).

Muitos casais que ainda estão juntos na velhice dizem que são mais felizes no casamento do que quando eram mais jovens. Os importantes benefícios do casamento incluem intimidade, compartilhamento e um senso de pertencimento mútuo.
Stockbyte/Getty Images.

O casamento na terceira idade pode ser severamente testado com o avanço da idade e das doenças físicas, embora um relacionamento conjugal íntimo possa minimizar os efeitos psicológicos negativos das incapacidades funcionais reduzindo o sofrimento psicológico (Jean, 2017). Os cônjuges que têm de cuidar de parceiros incapacitados podem se sentir isolados, nervosos e frustrados, principalmente quando eles próprios têm a saúde abalada. Esses casais podem ser apanhados em um círculo vicioso: a doença traz tensões ao casamento, e essas tensões podem agravar a doença (Karney & Bradbury, 1995), pondo em risco a saúde e o bem-estar do cuidador (Graham et al., 2006). Por exemplo, quando um dos cônjuges está hospitalizado, o risco de o outro morrer aumenta (Christakis & Allison, 2006).

Os cuidados prestados pelo cônjuge no fim da vida muitas vezes acabam em institucionalização ou na morte de um deles. Um estudo longitudinal com mais de 2.000 casais na terceira idade detectou a natureza frágil dos cuidados prestados pelo cônjuge idoso. No início do estudo, todos os casais viviam independentemente na comunidade. Oito anos depois, 20,7% dos maridos e 18,1% das esposas haviam sido institucionalizados. Além disso, 17,1% dos maridos e 33,1% das esposas enviuvaram durante o estudo (Noël-Miller, 2010).

VIUVEZ

Com a idade, a morte de um cônjuge se torna mais comum, e mais para as mulheres do que para os homens. As mulheres tendem a sobreviver aos maridos e estão menos propensas do que os homens a casar novamente. Como mostra a Figura 18.2, as mulheres norte-americanas com 65 anos ou mais são bem mais propensas do que os homens da mesma idade a enviuvar. Aos 65 anos, as mulheres têm probabilidade quase quatro vezes maior de enviuvar (Federal Interagency Forum on Aging-Related Statistics, 2016).

A viuvez foi associada diversas vezes com o aumento da mortalidade, com os declínios mais fortes observados nos 6 primeiros meses após a morte de um cônjuge (Shor et al., 2012; Moon, Kondo, Glymour, & Subramanian, 2011) e nas áreas rurais, em contraponto às urbanas (Wright, Rosato, & O'Reilly, 2015). O risco é maior para as mortes inesperadas (Sullivan & Fenelon, 2013). Enviuvar é um risco para ambos os sexos, mas os homens parecem ser mais afetados pela morte de um cônjuge. Por exemplo, homens idosos viúvos têm maior chance de institucionalização do que mulheres idosas viúvas após a morte do cônjuge (Nihtilä & Martikainen, 2008). Além disso, enquanto o risco de mortalidade após a morte de um cônjuge é de 15% para as mulheres, o risco maior para os homens é de 27% (Shor et al., 2012), e permanece alto para os homens em zonas urbanas, enquanto o das mulheres diminui com o tempo (Wright, Rosato, & O'Reilly, 2015).

DIVÓRCIO E NOVO CASAMENTO

O divórcio ainda é raro para adultos de meia-idade e idosos, mas aumentou. A taxa de divórcio quase dobrou desde a década de 1990 entre os adultos com 50 anos ou mais e quase triplicou para os que têm 65 anos ou mais (Stepler, 2017). O aumento pode ser atribuído a uma série de fatores. Primeiro, o aumento da expectativa de vida aumenta o risco de divórcio, pois as pessoas podem não estar dispostas a passar longos períodos de tempo com um cônjuge que consideram impróprio. Um fator correlacionado é que os novos casamentos, que também se tornaram mais comuns com a idade, têm maior probabilidade de resultar em divórcio do que os primeiros casamentos. Além disso, à medida que se torna mais comum, o divórcio também se torna mais aceitável. Por fim, a participação feminina na força de trabalho gerou maior segurança econômica para elas, o que reduziu o ônus financeiro do divórcio para muitas mulheres (Brown & Lin, 2012).

Em 2013, 67% dos adultos divorciados entre 55 e 64 anos de idade e 50% daqueles com 65 ou mais se casaram novamente, um aumento em relação aos anos anteriores. Os homens são um pouco mais propensos a se casar novamente, uma diferença que surge em algum momento na meia-idade. Essa diferença de gênero diminuiu desde a década de 1960 e é mais forte para as coortes mais jovens. Em 1960, a diferença era de 29% para os adultos de 55 a 64 anos e de 28% para os com 65 anos ou mais. Agora, esses números são, respectivamente, 8 e 26% (Livingston, 2014).

verificador
você é capaz de...

▷ Discutir os fatores que afetam a satisfação conjugal na vida adulta tardia?

▷ Explicar as diferenças de gênero na predominância da viuvez?

▷ Dizer por que o divórcio na velhice é raro e identificar o caráter especial de um novo casamento na vida adulta tardia?

Estilos de vida e relacionamentos não conjugais

VIDA DE SOLTEIRO

Nos Estados Unidos, o número de idosos solteiros cresceu nas últimas décadas. Estes são solteiros porque nunca se casaram ou por terem se divorciado ou enviuvado. Essas mudanças demográficas refletem diversas influências, incluindo a decisão de atrasar ou rejeitar o casamento e a liberalização do divórcio, da coabitação e da parentalidade solteira. Nos Estados Unidos, cerca de 37% dos *baby-boomers*, que começaram a fazer 65 anos em 2011, não são casados (Brown & Wright, 2017).

Na maioria dos países, 5% ou menos dos homens idosos e 10% ou menos das mulheres idosas nunca se casaram. Na Europa, essa diferença de gênero pode refletir a perda de homens que estavam prontos para o casamento por morte na Segunda Guerra Mundial, quando a coorte atual mais velha estava em idade de se casar. Em alguns países latino-americanos e caribenhos, as proporções de pessoas que nunca se casaram são maiores, provavelmente por causa da ocorrência de uniões consensuais (Kinsella & Phillips, 2005). Nos Estados Unidos, cerca de 5% dos homens e 6% das mulheres com 65 anos e mais velhos nunca se casaram (Federal Interagency Forum on Aging-Related Statistics, 2016).

Em comparação com os divorciados e viúvos, os idosos que nunca se casaram estão mais propensos a preferir a vida de solteiro e tendem a se sentir menos solitários (Dykstra, 1995), mesmo que sejam os mais propensos a viver sozinhos e receber o menor nível de apoio social. Eles estão menos propensos a vivenciar o "estresse de solteiro" – estressores crônicos práticos e emocionais atribuídos à falta de um companheiro íntimo (Pudrovska, Schieman, & Carr, 2006).

Entretanto, em comparação com os adultos casados, aqueles que nunca se casaram, especialmente os homens, estão em desvantagem (Lin & Brown, 2012). Eles não se beneficiam dos efeitos protetores do casamento sobre a morbidade e mortalidade, discutidos anteriormente, e têm a mesma probabilidade de ter problemas de saúde (Tamborini, 2007) e de correr risco maior de morte que os divorciados e viúvos (Rendall, Weden, Favreault, & Waldron, 2011). Além disso, eles têm maior probabilidade de viver na pobreza do que os casais casados, assim como os adultos mais velhos divorciados e viúvos (Tamborini, 2007).

Cerca de 14% dos adultos solteiros entre os 57 e 85 anos estão em um relacionamento de namoro (Brown & Shinohara, 2013). Homens idosos previamente casados são mais propensos a namorar do que mulheres mais velhas previamente casadas, provavelmente em razão da maior disponibilidade de mulheres nessa faixa etária. Os homens preferem namorar mulheres mais jovens, enquanto elas preferem homens mais velhos até os 75, idade após a qual preferem homens mais jovens também (Alterovitz & Mendelsohn, 2009). As mulheres obtêm um benefício psicológico com o namoro e apresentam níveis semelhantes de estresse, depressão e solidão, estejam ou não namorando, coabitando ou casadas, em comparação com as solteiras. No entanto, os homens não apresentam o mesmo benefício. Os homens que namoram informam níveis semelhantes e mais elevados de solidão do que os solteiros, em comparação com os homens casados e coabitantes (Wright & Brown, 2017).

Alguns adultos classificados como "solteiros" nos estudos tradicionais estão, ainda assim, em relacionamentos estáveis. Nas últimas décadas, houve um aumento nos relacionamentos de "convivência à distância" na Europa e nos Estados Unidos (Liefbroer, Poortman, & Seltzer, 2015; Strohm, Seltzer, Cochran, & Mays, 2009). São relacionamentos íntimos monogâmicos entre pessoas não casadas que mantêm lares separados. Apesar de os motivos variarem, os idosos têm maior tendência para formar relacionamentos de convivência à distância do que casamento para manter a sua autonomia, preservar o controle sobre suas finanças e, especialmente entre as mulheres, para evitar de assumirem o papel de cuidadores (Upton-Davis, 2012). Em geral, tanto os homens quanto as mulheres informam altos níveis de felicidade e apoio e baixos níveis de tensão nos seus relacionamentos de convivência à distância (Lewin, 2017), talvez porque seja relativamente fácil abandonar o relacionamento quando estão infelizes. As pesquisas sugerem que, apesar de as pessoas em relacionamentos de convivência à distância serem altamente apegadas aos seus companheiros, elas não esperam necessariamente que a relação seja duradoura e demonstram ambivalência quanto à possibilidade de oferecer auxílio caso o companheiro adoeça (van der Wiel, Mulder, & Bailey, 2018; Gierveld, 2015).

COABITAÇÃO

As taxas de coabitação aumentaram rapidamente entre os idosos. Em 2007, cerca de 2,3 milhões de adultos de 50 anos ou mais eram coabitantes. Em 2016, esse número havia crescido para 4 milhões, um aumento de 75% (Stepler, 2017). Alguns adultos mais jovens podem ver a coabitação como prelúdio para o casamento, mas os idosos tendem a considerá-la uma alternativa ao casamento (Brown, Bulanda, & Lee, 2012). Cerca de 90% dos adultos coabitantes foram casados no passado (Brown, Lee, & Bulanda, 2006).

Em geral, os relacionamentos de coabitação tendem a ser bastante estáveis entre os idosos e relativamente pouco prováveis de levar à separação, um achado especialmente válido para mulheres de 65 anos ou mais (Brown et al., 2012; Vespa, 2012). Isso pode ocorrer porque tais relacionamentos geralmente tendem a ser, no mínimo, tão satisfatórios quanto o casamento. As pesquisas mostram que os coabitantes informam níveis iguais de satisfação emocional, prazer, abertura, tempo juntos, crítica e demandas que os casais casados (Brown & Kawamura, 2010). Os benefícios da coabitação valem mais para os homens. As mulheres obtêm os mesmos benefícios do simples namoro, mas, para os homens, morar sob o mesmo teto é fundamental (Wright & Brown, 2017).

Nos adultos jovens, a coabitação muitas vezes é o resultado de preocupações econômicas. Contudo, o mesmo não parece ocorrer entre os idosos. Fatores como patrimônio (Vespa, 2012), ter a própria casa, receber aposentadoria do governo ou uma pensão e ter plano de saúde (Brown et al., 2012) não parecem afetar a probabilidade do casal optar pela coabitação. É possível que os idosos, especialmente as mulheres, hesitem em se casar e prefiram coabitar devido à possibilidade de ter que cuidar de companheiros doentes ou com incapacidades posteriormente (Noël-Miller, 2011). A favor dessa interpretação, vemos que as mulheres coabitantes têm a menor probabilidade de se casarem se estão em boas condições financeiras e de saúde (Vespa, 2013).

RELACIONAMENTOS HOMOSSEXUAIS

Existem poucas pesquisas sobre relacionamentos homossexuais na velhice, sobretudo porque a coorte atual de adultos mais velhos cresceu em uma época em que viver abertamente como homossexual era raro (Fredriksen-Goldsen & Muraco, 2010). Para *gays* e lésbicas que envelheceram e admitiram sua homossexualidade antes do surgimento do movimento de liberação *gay* no final dos anos 1960, seu autoconceito tendia a ser modulado pelo então predominante estigma contra a homossexualidade. Aqueles que atingiram a maioridade após o movimento de liberação estar no apogeu tendem a ver sua homossexualidade simplesmente como uma *condição*: uma característica do *self* como qualquer outra (Rosenfeld, 1999).

As relações de *gays* e lésbicas na terceira idade tendem a ser fortes, solidárias e diversas. Muitos homossexuais têm filhos de casamentos anteriores; outros têm filhos adotivos. Redes de amigos ou grupos de apoio podem substituir, em parte, a família tradicional (Reid, 1995). Aqueles que mantiveram relacionamentos próximos e forte envolvimento na comunidade homossexual tendem a se adaptar ao envelhecimento com relativa facilidade (Friend, 1991; Reid, 1995). Entretanto, morar com um companheiro, seja no casamento ou em coabitação, tem um efeito protetor adicional contra a solidão (Kim & Fredriksen-Goldsen, 2014). Além disso, adultos homossexuais casados e companheiros não casados informam saúde física melhor do que os solteiros (Goldsen et al., 2017).

Muitos problemas dos *gays* e lésbicas de mais idade nascem das atitudes sociais. Muitas vezes, seus relacionamentos com suas famílias de origem são tensos. Um problema comum é a discriminação nas casas de repouso e agências de assistência social e as políticas discriminatórias contra arranjos de moradia homossexuais. Embora a legislação de igualdade no casamento tenha reduzido a amplitude da discriminação, os indivíduos não casados enfrentam barreiras significativas se um companheiro adoece ou morre. Eles podem ter dificuldade ao lidar com profissionais de saúde, tratar de questões de herança e perder o acesso aos benefícios de aposentadoria do companheiro (Orel, 2004; Kim & Fredriksen-Goldsen, 2014; Knochel, Quam, & Croghan, 2011; Rawlings, 2012; Addis, Davies, Green, MacBride-Stewart, & Shepherd, 2009).

A intimidade é importante para os homens gays *idosos, assim como para adultos heterossexuais mais velhos. Contrariamente ao estereótipo, o relacionamento homossexual na velhice é sólido e solidário.*
Thinkstock/Stockbyte/Getty Images

AMIZADES

Manter amizades é importante para o bem-estar. A maioria das pessoas idosas tem amigos íntimos e, como no início e nos meados da vida adulta intermediária, as que têm um círculo ativo de amigos tendem a ser mais saudáveis e mais felizes (Golden, Conroy, & Lawlor, 2009; Huxhold, Miche, & Schüz, 2013). A proximidade emocional parece ser um fator-chave. Quando falta proximidade emocional, o contato mais frequente com os amigos não impacta os sentimentos de solidão (Drageset, Kirkevold, & Espehaug, 2011). Contudo, independentemente da proximidade, as pessoas que não recebem tanto contato quanto desejam tendem a se sentir mais solitárias (Nicolaisen, & Thorsen, 2017).

O elemento de escolha da amizade é principalmente importante para pessoas mais velhas (Golden et al., 2009), que podem ter o sentimento de que a vida está escapando ao seu controle (R. G. Adams, 1986). A amizade também pode ajudar os idosos a lidar com parte da perda de papéis no final da vida; os que têm amigos tendem a ser mais felizes (Adams & Taylor, 2015).

Algumas pesquisas mostram que muitas pessoas mais velhas gostam mais do tempo que passam com os amigos do que do tempo que passam com a família. Como anteriormente na vida, as amizades giram em torno do prazer e do lazer, ao passo que os relacionamentos familiares tendem a envolver necessidades diárias e tarefas (Antonucci & Akiyama, 1995). As pessoas geralmente dependem dos parentes para compromissos de longo prazo, como os cuidados pessoais, mas os amigos podem, ocasionalmente, cumprir essas duas funções. Apesar de os amigos não poderem substituir o cônjuge ou companheiro, podem ajudar a compensar a falta de um (Hartup & Stevens, 1999). Quando os relacionamentos familiares são ruins, os idosos tendem a ser mais próximos dos amigos, o que pode, por sua vez, estar associado com o bem-estar (Wrzus, Wagner, & Neyer, 2012). Por exemplo, idosos divorciados, viúvos ou que nunca se casaram que recebem altos níveis de apoio emocional e prático dos amigos são menos propensos a se sentir solitários (Dykstra, 1995).

Confirmando as teorias da seletividade socioemocional e do comboio social, é frequente que amizades de longa data perdurem até idades muito avançadas (Antonucci, Ajrouch, & Birditt, 2013). No entanto, perder amigos, seja por conflito, morte ou mudança, é uma experiência relativamente comum, sobretudo para indivíduos de camadas socioeconômicas inferiores (Rook & Charles, 2017; Cornwell, 2014). É uma questão particularmente crítica para as mulheres, que têm maior probabilidade de sobreviver aos seus maridos (d'Epinay, Cavalli, & Guillet, 2010). Embora muitos idosos façam novos amigos, até mesmo depois dos 85 anos (Johnson & Troll, 1994), adultos mais velhos estão mais propensos do que adultos mais jovens a atribuir os benefícios trazidos pela amizade (como afeição e lealdade) a indivíduos específicos, que não podem ser substituídos (de Vries, 1996).

verificador
você é capaz de...

▷ Discutir as diferenças na terceira idade entre os solteiros que nunca se casaram e os solteiros casados anteriormente?

▷ Discutir tendências e efeitos da coabitação na velhice?

▷ Discutir os pontos fortes e os problemas dos relacionamentos homossexuais na velhice?

▷ Identificar as características especiais da amizade na velhice?

Laços de parentesco não conjugais

Alguns dos relacionamentos mais duradouros e importantes na terceira idade são os derivados não de escolha mútua (casamentos, coabitações, parcerias homossexuais e amizades), mas de laços de parentesco. Vamos examiná-los.

RELACIONAMENTOS COM FILHOS ADULTOS

A maioria dos idosos tem filhos vivos, mas, por causa das tendências globais a formar famílias menores, tem menos filhos do que as gerações anteriores (Dobriansky et al., 2007; Kinsella & Phillips, 2005). Nos países europeus, quase metade dos adultos na faixa dos 60 vive a uma distância de até 24 quilômetros de um filho adulto, e em torno de um terço vive com um filho adulto (Hank, 2007). Nos Estados Unidos, cerca de 57,1% das pessoas têm o filho adulto mais próximo morando a uma pequena distância de casa, e 19,1% têm um filho adulto que mora com elas (Choi, Seltzer, Schoeni, Wiemers, & Hotz, 2018). A corresidência normalmente é o resultado de pressões econômicas (Isengard & Szydlik, 2012) e é menos comum em países com serviços de bem-estar social mais fortes. Ela é mais comum nos países mediterrâneos mais tradicionais (Grécia, Itália e Espanha) e menos comum nos países escandinavos (Dinamarca e Suécia). A relação entre mãe e filha tende a ser especialmente próxima (Lefkowitz & Fingerman, 2003), e cerca de metade dos pais idosos com menos de 80 anos afirma ter contato com um filho ou filha, geralmente a filha, pelo menos uma vez por semana (Hank, 2007).

Um estudo com participantes entre 60 e 90 anos em que se solicitava a avaliação sobre um homem que se vangloriava de si próprio ou de seu filho mostrou que gabar-se das realizações daqueles que nos são próximos – processo conhecido como polimento – pode levar a percepções de que a pessoa é menos capaz.

Tal-Or, 2010

O equilíbrio de mútuo auxílio que se estabelece entre os pais e seus filhos adultos tende a mudar com o envelhecimento dos pais, tendo os filhos que prover uma parcela maior de apoio. Os idosos que recebem mais ajuda dos filhos do que oferecem a eles têm, com o tempo, maior probabilidade de apresentar sofrimento psicológico (Reczek & Zhang, 2016). A provisão de apoio para os pais idosos pode levar a declínios no bem-estar tanto para os pais quanto para os filhos adultos, mas um relacionamento de alta qualidade e proximidade pode proteger contra esse efeito (Merz & Huxhold, 2010; Merz, Consedine, Schulze, & Schuengel, 2009).

Pais idosos geralmente continuam prestando ajuda financeira aos filhos quando podem fazê-lo. Em países menos desenvolvidos, pais idosos contribuem fazendo tarefas domésticas, cuidando dos filhos e da socialização dos netos (Kinsella & Phillips, 2005). Os adultos com filhos que não estão se saindo tão bem quanto gostariam muitas vezes têm sentimentos contraditórios: eles se preocupam e querem ajudar, mas, ao mesmo tempo, sentem o desejo de não se responsabilizarem pelos filhos adultos ou de encorajar a independência e a autonomia (Birditt, Fingerman, & Zarit, 2010; Smith, 2012). Tendem a se angustiar se os filhos têm problemas sérios e poderão considerar esses problemas um sinal de seu próprio fracasso como pais (Pillemer & Suitor, 1991; Suitor, Pillemer, Keeton, & Robison, 1995; Troll & Fingerman, 1996). Muitas pessoas de idade cujos filhos adultos são mentalmente doentes, deficientes, fisicamente incapazes ou afetados por doenças sérias servem como principais cuidadores enquanto pais e filho estiverem vivos (Greenberg & Becker, 1988; Ryff & Seltzer, 1995). O desgaste desses cuidados se acumula com o tempo. Na meia-idade, os pais de crianças com deficiências intelectuais ou de desenvolvimento têm perfis semelhantes aos dos pais de crianças neurotípicas. Contudo, à medida que se tornam idosos, os pais das crianças deficientes têm saúde física e mental pior (Seltzer, Floyd, Song, Greenberg, & Hong, 2011). Além disso, a perda de um filho adulto, geralmente inesperada, pode causar sofrimento psicológico profundo e luto não resolvido (Van Humbeeck et al., 2013).

E quanto ao número crescente de idosos que não têm filhos? Um pouco mais de 8% dos adultos norte-americanos com 55 anos ou mais não têm filhos (Margolis & Verdery, 2017). Na Europa, cerca de 10% dos adultos com 50 anos ou mais não têm filhos, o que varia de 6% na República Tcheca a 15% na Suíça (Deindl & Brandt, 2017). Uma pesquisa realizada em 66 países descobriu que ter filhos não está associado com maior bem-estar e, na verdade, normalmente está associado com pioras no bem-estar. Mas o contexto é importante. Para as faixas etárias mais idosas, e para os viúvos, a relação se inverte (Stanca, 2016). As variáveis do macrossistema também afetam os desfechos de quem não tem filhos. Nos países mais ricos, os pais têm maior probabilidade de informar menos bem-estar, enquanto nos países em que a paternidade e a maternidade são altamente valorizadas, os adultos sem filhos têm maior probabilidade de relatar menor satisfação com a vida e infelicidade (Stanca, 2016; Tanaka & Johnson, 2014). Portanto, a paternidade não garante o bem-estar na velhice, nem a falta de filhos necessariamente a prejudica.

RELACIONAMENTOS COM IRMÃOS

Irmãos e irmãs desempenham papéis importantes nas redes de apoio de pessoas idosas. Os relacionamentos com os irmãos tendem a ser os mais duradouros de todos; 75% dos adultos com 70 anos de idade ou mais têm um irmão vivo (Settersten, 2007). Os irmãos, mais do que outros amigos e familiares, tendem a oferecer companheirismo e apoio emocional quando se tornam adultos mais velhos (Bedford, 1995). Em geral, o relacionamento entre irmãs é de maior qualidade e está associado com maior influência positiva sobre o bem-estar (Volkom, 2006).

O comprometimento dos irmãos, ou seja, o quanto os irmãos se mantêm em contato e ajudam uns aos outros, é relativamente estável ao longo do ciclo de vida (Rittenour, Myers, & Brann, 2007). Embora cuidar de irmãos doentes ou deficientes seja estressante, tanto dar (Gierveld & Dykstra, 2008) quanto receber apoio (Thomas, 2010) estão associados com desfechos positivos, tais como reduções no sentimento de solidão. Além disso, embora os cuidadores ainda tenham resultados piores do que os não cuidadores, dados de 19 países mostram que cuidar de um irmão está associado com menos estresse e maior bem-estar do que cuidar de um cônjuge, filho ou pai enfermo (Viana et al., 2013).

Irmãos idosos são elementos importantes da rede de apoio de uma pessoa, e as irmãs são especialmente fundamentais em manter as relações familiares.

Hans L Bonnevier/Johner/Getty Images

Quanto mais próximas as pessoas idosas vivem de seus irmãos e quanto mais irmãos elas têm, maior a probabilidade de se confidenciarem com eles (Connidis & Davies, 1992). Recordar as primeiras experiências compartilhadas torna-se mais frequente na velhice, e isso pode ajudar a recapitular a vida e a colocar o significado dos relacionamentos familiares em perspectiva (Cicirelli, 1995; Eaves, McQuiston, & Miles, 2005). As irmãs são especialmente vitais para a manutenção dos relacionamentos familiares e do bem-estar (Bedford, 1995; Cicirelli, 1995).

Apesar de a morte de um irmão ser compreendida como um evento normal dessa etapa da vida e se tornar cada vez mais comum com a idade (d'Epinay et al., 2010), os sobreviventes podem sofrer intensamente e ficar solitários ou deprimidos (Cicirelli, 2009). A perda de um irmão representa não somente a perda de alguém em quem se apoiar e uma mudança na constelação familiar, mas talvez até uma perda parcial da identidade. Chorar a morte de um irmão significa lamentar a integridade perdida da família original dentro da qual viemos a nos conhecer, e isso pode também nos fazer lembrar da nossa própria proximidade com a morte (Cicirelli, 1995).

verificador
você é capaz de...

▷ Dizer como o contato e o auxílio mútuo entre pais e filhos adultos muda durante a vida adulta tardia, e como a falta de filhos pode afetar as pessoas mais velhas?

▷ Discutir a importância dos relacionamentos entre irmãos na velhice?

resumo e palavras-chave

Teoria e pesquisa sobre o desenvolvimento da personalidade

- O estágio final descrito por Erik Erikson, integridade do ego *versus* desespero, culmina na virtude da *sabedoria*, ou na aceitação da vida e da morte iminente.
- Erikson acreditava que as pessoas devem manter um envolvimento vital na sociedade.
- Os traços de personalidade apresentam padrões complexos de estabilidade e mudanças, preditores da saúde física e mental e do bem-estar.

integridade do ego *versus* desespero (529)

O bem-estar na vida adulta tardia

- Em pesquisas baseadas no modelo de avaliação cognitiva, os adultos de todas as idades geralmente preferem o enfrentamento focalizado no problema, mas, quando a situação assim o exige, os adultos mais velhos utilizam mais o enfrentamento focalizado na emoção do que os adultos mais jovens.
- A religião é, para muitos idosos, uma importante fonte de enfrentamento focalizado na emoção. Foram constatados vínculos entre religião ou espiritualidade e saúde, longevidade e bem-estar.
- O conceito de envelhecimento bem-sucedido ou ideal reflete o crescente número de adultos mais velhos saudáveis, revigorados, mas há controvérsias sobre como defini-lo e medi-lo, e sobre a validade do conceito.
- Dois modelos anteriores contrastantes de envelhecimento bem-sucedido ou ideal são a teoria do desengajamento e a teoria da atividade. A teoria do desengajamento tem pouco suporte, e as descobertas sobre a teoria da atividade são ambíguas. Novos refinamentos da teoria da atividade incluem a teoria da continuidade e uma ênfase na atividade produtiva.
- Baltes e colaboradores sugerem que o envelhecimento bem-sucedido pode depender da otimização seletiva com compensação, tanto no âmbito psicossocial quanto no cognitivo.

enfrentamento (*coping*) (532)
modelo de avaliação cognitiva (532)
enfrentamento focalizado no problema (532)
enfrentamento focalizado na emoção (532)
teoria do desengajamento (535)
teoria da atividade (535)
teoria da continuidade (536)
otimização seletiva com compensação (OSC) (537)

Questões práticas e sociais relacionadas ao envelhecimento

- Alguns adultos mais velhos continuam em trabalho remunerado, mas a maioria está aposentada. Entretanto, muitas pessoas aposentadas começam novas carreiras ou trabalham meio turno ou como voluntárias. Frequentemente, a aposentadoria é um processo planejado.
- Os adultos mais velhos tendem a estar mais satisfeitos com seu trabalho e geralmente a ser mais produtivos do que os mais jovens. A idade tem efeitos positivos e negativos no desempenho no trabalho, e as diferenças individuais são mais significativas do que as de idade.
- A aposentadoria é um processo. Recursos pessoais, econômicos e sociais podem afetar o ânimo.
- A situação financeira dos idosos norte-americanos melhorou, e menos pessoas vivem na pobreza. Mulheres norte-americanas hispânicas e afro-americanas estão mais propensas a ser pobres na velhice.
- Em países em desenvolvimento, os idosos frequentemente vivem com os filhos ou netos. Em países desenvolvidos, a maioria das pessoas mais velhas vive com o cônjuge ou sozinha. Os idosos das minorias são mais propensos do que os brancos idosos a viver com membros da família estendida.
- A maior parte dos idosos em nações industrializadas prefere envelhecer em casa. A maioria pode permanecer na comunidade se puder depender do cônjuge ou de outra pessoa para ajudá-los.
- As mulheres mais velhas estão mais propensas do que os homens mais velhos a viver sozinhas.
- Os idosos dos países desenvolvidos normalmente não esperam e não desejam morar com os seus filhos adultos.
- A institucionalização é rara em países em desenvolvimento. Sua extensão varia em países desenvolvidos. Os mais propensos a ser institucionalizados são as mulheres idosas, os idosos que moram sozinhos ou não tomam parte em atividades sociais, aqueles que têm saúde precária ou incapacidades e aqueles cujos cuidadores estão sobrecarregados.
- Alternativas cada vez mais comuns para as institucionalizações são as moradias assistidas e outros tipos de moradia coletiva.

envelhecer em casa (540)

Relacionamentos pessoais na terceira idade

- Os relacionamentos são importantes para as pessoas mais velhas, ainda que a frequência dos contatos sociais diminua na velhice.
- Segundo a teoria do comboio social, as reduções ou as mudanças no contato social na velhice não comprometem o bem-estar porque um círculo interno estável de apoio emocional é mantido. Segundo a teoria da seletividade socioemocional, as pessoas mais velhas preferem passar seu tempo com outras que aumentem seu bem-estar emocional.
- A interação social está associada à boa saúde e à satisfação com a vida, o isolamento sendo um fator de risco para mortalidade.
- A maneira como as famílias multigeracionais funcionam na velhice muitas vezes possui raízes culturais.

Relacionamentos conjugais

- À medida que a expectativa de vida aumenta, também aumenta a longevidade potencial do casamento. Mais homens do que mulheres são casados na vida adulta tardia. Os casamentos que duram até a velhice tendem a ser relativamente satisfatórios.
- Apesar de uma proporção cada vez maior de homens que ficam viúvos, as mulheres tendem a sobreviver ao marido e estão menos propensas a se casar novamente.
- O divórcio não é comum entre os idosos, e a maioria dos adultos mais velhos que se divorciou casou novamente. Os segundos casamentos podem ser mais tranquilos na velhice.

Estilos de vida e relacionamentos não conjugais

- Uma pequena, mas crescente, porcentagem de adultos atinge a velhice sem se casar. Os adultos que nunca se casaram estão menos propensos a ser solitários do que os divorciados e os viúvos.
- Os idosos estão mais propensos a coabitar após um casamento anterior do que antes do casamento.
- Muitos *gays* e lésbicas se adaptam ao envelhecimento com relativa facilidade, especialmente se mantiverem os relacionamentos, bem como o envolvimento, com a comunidade *gay*. Contudo, eles podem enfrentar dificuldades devido à discriminação.
- A maioria dos adultos mais velhos têm amigos íntimos, e aqueles que os têm de fato são mais saudáveis e mais felizes.
- Os idosos apreciam mais o tempo que passam com os amigos do que o tempo que passam com a família, apesar de esta ser a principal fonte de apoio emocional e prático.

Laços de parentesco não conjugais

- Pais idosos e seus filhos adultos se encontram ou têm contato com frequência, preocupam-se e oferecem assistência uns aos outros. Muitos pais idosos cuidam de filhos adultos.
- Em alguns aspectos, a falta de filhos não parece ser uma desvantagem importante na velhice.
- Muitas vezes, os irmãos oferecem apoio emocional uns aos outros e, às vezes, também apoio mais concreto. As irmãs, particularmente, mantêm laços com seus irmãos.

Parte 9 O FINAL DA VIDA

capítulo 19

Lidando com a Morte e o Sentimento de Perda

Daniel Allan/Getty Images

Pontos principais

Os diversos significados da morte e do morrer

Enfrentando a morte e as perdas

Perdas significativas

Questões médicas, legais e éticas: o "direito à morte"

Encontrando significado e propósito para a vida e para a morte

Objetivos de aprendizagem

Descrever os contextos histórico e cultural da morte e do morrer.

Discutir a morte e a perda, assim como as atitudes em relação à morte e ao morrer durante o curso da vida.

Identificar os desafios de enfrentar a morte de outra pessoa.

Avaliar questões envolvidas nas decisões sobre a morte.

Você **sabia** que...

▷ Um acentuado declínio cognitivo na ausência de doença física conhecida pode ser preditor de morte nos próximos 15 anos?

▷ As pesquisas têm desafiado as noções antigas de um padrão "normal" único de luto?

▷ Crianças de 4 anos podem ter alguma compreensão do que acontece após a morte, mas podem não ter um entendimento completo até chegar ao período escolar?

Neste capítulo, discutimos como pessoas de diferentes culturas e idades pensam e se sentem a respeito da morte e do morrer. Examinamos os padrões de luto e como as pessoas lidam com perdas significativas. Focalizamos as questões sobre o apoio à vida e se as pessoas têm o direito de morrer. Por último, consideramos como, ao se encarar a morte, pode-se dar um significado maior à vida.

> **N**ão são os anos da sua vida que contam, mas a vida dos seus anos.
>
> —Adlai Stevenson

Os diversos significados da morte e do morrer

A morte é um fato biológico, mas também apresenta aspectos sociais, culturais, históricos, religiosos, legais, psicológicos, clínicos, éticos e de desenvolvimento que, com frequência, estão intimamente interligados.

Embora a morte e a perda sejam experiências universais, seu contexto é cultural e histórico. Atitudes culturais e religiosas referentes à morte e ao morrer afetam o modo como as pessoas enxergam sua própria morte. A morte pode significar uma coisa para um japonês idoso, imbuído dos ensinamentos budistas que pregam a aceitação do inevitável, e outra para um jovem norte-americano de origem japonesa, da terceira geração, que cresceu com a crença de que pode dirigir seu próprio destino. A morte costumava vir mais cedo e com mais frequência na vida de uma família e de uma comunidade, além de ser uma companheira constante. Hoje, na maior parte dos países, as pessoas vivem mais e a morte é uma ocorrência menos frequente e menos visível.

Examinemos com mais atenção a morte e o luto em seu contexto cultural e histórico.

CONTEXTO CULTURAL

Costumes referentes à remoção e recordação dos mortos, transferência de bens e mesmo à expressão da dor variam muito de uma cultura para outra, e geralmente são regidos por preceitos religiosos ou legais que refletem a visão que uma sociedade tem da morte e do que acontece depois. Aspectos culturais da morte incluem os cuidados relativos aos doentes terminais e aos mortos, o ambiente onde a morte costuma ocorrer, bem como costumes e rituais relativos ao luto – da vigília noturna dos irlandeses, quando amigos e familiares brindam à memória da pessoa morta, até o shiva judeu, que dura toda uma semana, quando então se expressam sentimentos e se compartilham lembranças sobre o falecido. Algumas convenções culturais, como hastear uma bandeira a meio mastro após a morte de uma figura pública, são regulamentadas em lei.

Apesar de haver ampla variação nos costumes em torno da morte, ainda há alguns aspectos em comum nas experiências de todas as culturas. Expressões de pesar, raiva e medo são comuns transculturalmente, e a maioria das culturas possui maneiras socialmente sancionadas de expressar essas emoções no contexto do luto ou das práticas fúnebres (Parkes, Laungani, & Young, 2015; ver Seção Janela para o Mundo).

A REVOLUÇÃO DA MORTALIDADE

Até o século XX, em todas as sociedades ao longo da história, a morte foi um evento frequente e esperado, às vezes bem-vindo como o fim do sofrimento. Cuidar em casa de um ente querido à beira da morte era uma experiência comum, como ainda o é em algumas comunidades rurais.

Grandes mudanças históricas envolvendo a morte e o morrer ocorreram no final do século XIX, principalmente em países desenvolvidos. Avanços na medicina e no saneamento básico, novos tratamentos para doenças outrora fatais e uma população mais informada e mais consciente sobre a saúde resultaram em uma *revolução da mortalidade*. As principais causas de morte na década de 1900 eram, na maior parte das vezes, doenças que afetavam crianças e jovens: pneumonia e gripe, tuberculose, diarreia e enterite. Hoje, a maioria das mortes ocorre entre pessoas de 65 anos ou mais, principalmente devido a males como doenças cardíacas e câncer, as duas maiores causas de morte (Xu et al., 2018).

Mesmo com a morte cerebral, é possível que reflexos da medula espinhal provoquem movimentos. Um exemplo assustador é o chamado sinal de Lázaro, quando o falecido levanta os braços e os cruza sobre o peito.
Urasaki, Tokimura, Kumai, & Yokota, 1992

A maioria dos gladiadores morria de traumatismo craniano.
Kanz & Grossschmidt, 2006

verificador
você é capaz de...

▷ Dar exemplos de diferenças transculturais em termos de costumes e atitudes relacionados à morte?

JANELA para o mundo
VARIAÇÕES CULTURAIS NOS RITUAIS FÚNEBRES

Os velórios nos Estados Unidos e na Europa normalmente acontecem em uma igreja ou funerária. As pessoas se vestem de preto, há uma cerimônia e o falecido é enterrado ou cremado. Muitas vezes, há uma visita antes da cerimônia e uma reunião na casa ou igreja dos familiares. É uma tradição comum em boa parte do mundo ocidentalizado, mas não é a única.

Na Grécia antiga, os corpos dos heróis eram queimados publicamente como sinal de honra. A cremação ainda é muito praticada por hindus na Índia e no Nepal. Em contrapartida, a cremação é proibida pela lei ortodoxa judaica, pois se acredita que os mortos levantarão novamente para o Juízo Final e a oportunidade de vida eterna (Ausubel, 1964).

Nos enterros islâmicos tradicionais, o falecido deve ser enterrado assim que possível, geralmente em menos de 24 horas, para que a alma possa ser liberada do corpo. O corpo é lavado e coberto com uma mortalha. O falecido é colocado virado para Meca, de preferência sem um caixão. As covas não são marcadas, ou recebem lápides simples. Durante o período de luto de três dias, a família ora diariamente pelo ente querido que morreu (Rahman, 2011).

Para os toraja, na Indonésia, o funeral é uma celebração da vida. Os funerais são caros e complexos e envolvem toda a comunidade. A pessoa é embalsamada, alimentada simbolicamente e cuidada durante uma série de cerimônias, permanecendo parte da família até o enterro final ocorrer no 11º dia das cerimônias. Todos os anos, durante um ritual chamado Ma' Nene, os corpos são exumados, limpos, vestidos com roupas novas e passeados pela vila (Holloway, 2014).

No Tibete, os rituais de funeral aéreo se baseiam na crença budista de que o espírito deixa o corpo no instante em que a pessoa morre. O corpo deve ser devolvido à terra e reciclado. No funeral aéreo, o corpo é dissecado e colocado em um penhasco alto, onde é oferecido para abutres famintos, um último ato de bondade para as outras criaturas, contribuindo para o ciclo da vida (Kerala, 2005).

A cremação se tornou mais comum na Coreia do Sul devido à falta de espaço para enterrar os mortos. Em vez de guardar as cinzas, muitas pessoas escolhem transformar os restos mortais dos seus entes queridos em pequenas contas. As pequenas contas coloridas são armazenadas em jarros de vidro, para mantê-los próximos (*The Week*, 2012).

No México e na América Latina, comemora-se em 2 de novembro o Dia de Finados ou *Día de Los Muertos*, quando as famílias se reúnem para lembrar e honrar aqueles que se foram. Em muitos lugares, é um dia celebrado com festivais, em que as famílias comem, cantam e contam histórias sobre aqueles que já morreram. As famílias podem visitar os túmulos ou criar um altar para o familiar, decorado com velas, flores e as comidas favoritas do falecido (Benedetti, 2017).

Todos esses diversos costumes e práticas ajudam as pessoas a lidar com a morte e a perda mediante significados culturais bem definidos que oferecem uma ancoragem estável em meio à turbulência da perda.

> **qual a sua opinião?** O que as tradições fúnebres da sua cultura dizem sobre concepções acerca da morte e do pós-vida? Como elas ajudam as pessoas a lidarem com a morte?

Em meio a todo esse progresso para melhorar a saúde e prolongar a vida, algo importante pode ter se perdido. Vendo a morte de perto, pouco a pouco, dia após dia, as pessoas que viveram nas sociedades tradicionais absorveram uma verdade importante: morrer faz parte do viver. À medida que a morte cada vez mais foi se tornando um fenômeno do final da idade adulta, passou a ser "invisível e abstrata" (Fulton & Owen, 1987-1988, p. 380). Convenções sociais, como colocar o moribundo em um hospital ou asilo e recusar-se a discutir abertamente sua condição, refletiram e perpetuaram atitudes de evitação e negação da morte. A morte – mesmo a dos muito idosos – passou a ser vista como uma falha do tratamento médico e não como o fim natural da vida (McCue, 1995).

Hoje, o quadro está mudando novamente. A **tanatologia**, o estudo da morte e do morrer, desperta interesse, e programas educacionais foram criados para ajudar as pessoas a lidarem com a morte. Em razão do custo proibitivo dos cuidados hospitalares para doentes terminais, aumenta o número de mortes que agora ocorrem em casa, como acontecia antigamente no mundo todo.

tanatologia
Estudo sobre a morte e o morrer.

ASSISTÊNCIA AO DOENTE TERMINAL

Edith, 82 anos, morreu de falência múltipla dos órgãos cinco dias após dar baixa no hospital. Ela morreu sozinha, com medo, presa a máquinas que ajudaram a sustentar a sua vida o máximo de tempo possível, confusa sobre o que estava acontecendo. É assim que você escolheria morrer?

Além da crescente tendência a encarar a morte com mais honestidade, surgiram movimentos para tornar mais humano o morrer. O maior deles é o estabelecimento de **assistência ao doente terminal** para aquelas pessoas que estão morrendo. Esse tipo de assistência é afetuosa e pessoal, centrada no paciente e em sua família. As instalações de assistência ao doente terminal oferecem **cuidados paliativos**, que incluem alívio da dor e do sofrimento, controle dos sintomas, alívio do estresse e tentativas de preservar uma qualidade de vida satisfatória. Contudo, o objetivo dos cuidados paliativos não é curar ou reverter o curso da doença.

As instalações de assistência ao doente terminal oferecem uma forma especializada de cuidados paliativos, direcionada a pessoas cuja expectativa de vida é de 6 meses ou menos. O objetivo é permitir que a pessoa morra em paz e com dignidade e minimizar a dor e o sofrimento. Muitas vezes, elas oferecem grupos de apoio e autoajuda tanto para os doentes terminais quanto para suas famílias.

Essa assistência geralmente ocorre em casa, mas também pode ser prestada em um hospital ou outra instituição, em um centro assistencial ou mediante uma combinação de cuidados domésticos e institucionais. A oferta de assistência e cuidados paliativos ao doente terminal está associada a resultados melhores. Por exemplo, os pacientes que recebem esse tipo de assistência relatam maior satisfação e controle da dor; têm menor probabilidade de informar dificuldade para respirar; passam menos tempo no hospital; e têm menor probabilidade de serem internados em uma unidade de tratamento intensivo e de morrerem no hospital. Suas famílias tendem a informar maior satisfação com os cuidados, maior qualidade dos cuidados no fim da vida e maior conformidade com pedidos sobre preferências em relação ao fim da vida (Kleinpell, Vasilevskis, Fogg, & Ely, 2019; Wright et al., 2016; Kumar, Wright, Hatfield, Temel, & Keating, 2017). Os efeitos da assistência ao doente terminal tendem a ser maiores se ela é oferecida cedo o suficiente para melhorar a qualidade de vida (Gaertner et al., 2017), sobretudo no caso de indivíduos para os quais intervenções médicas provavelmente não trariam benefícios.

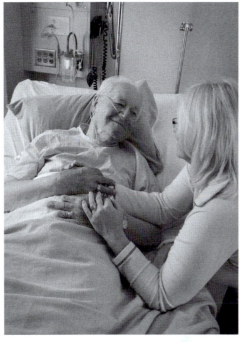

Os cuidados em um hospital para doentes terminais visam aliviar a dor dos pacientes e tratar seus sintomas, mantendo-os assim tão confortáveis e alertas quanto possível. Também ajudam as famílias a lidarem com a doença e a morte.
Ron Nickel/Getty Images

Um estudo dos objetos colocados junto às cabeceiras de pacientes em instalações de assistência ao doente terminal mostra que todos os clientes tinham objetos que o lembravam do lar, uma fonte de conforto nos seus últimos dias.
Kellehear, Pugh, & Atter, 2009

assistência ao doente terminal
Assistência pessoal, centrada no paciente e em sua família, para indivíduos com doença terminal.

cuidados paliativos
Cuidados direcionados para o alívio da dor e do sofrimento e que permitem que os doentes terminais morram em paz, com conforto e dignidade.

verificador
você é capaz de...
▷ Discutir a revolução da mortalidade nos países desenvolvidos?
▷ Identificar as principais metas dos cuidados prestados em um hospital para doentes terminais?

Enfrentando a morte e as perdas

A morte é um capítulo importante do desenvolvimento humano. As pessoas mudam ao reagirem à morte e ao morrer, seja a sua própria ou a de um ente querido. Quais são as mudanças pelas quais as pessoas passam pouco antes da morte? Como elas lidam com a dor? Como as atitudes em relação à morte mudam ao longo do ciclo de vida?

MUDANÇAS FÍSICAS E COGNITIVAS QUE PRECEDEM A MORTE

Mesmo na ausência de qualquer doença identificável, pessoas com idade em torno de 100 anos tendem a experimentar declínios funcionais, a perder o interesse pelo ato de comer e beber e a morrer de morte natural (Johansson et al., 2004; Small, Fratiglioni, von Strauss, & Bäckman, 2003). Mudanças na satisfação com a vida também parecem preceder a morte (Windsor, Gerstorf, & Luszcz,

2015; Gerstorf et al., 2010). Tais mudanças também têm sido notadas em pessoas mais jovens cuja morte está próxima. Em um estudo longitudinal de 22 anos com 1.927 homens, a satisfação com a vida apresentou declínios abruptos no período de um ano que antecedeu a morte, independentemente da autoavaliação da saúde (Mroczeck & Spiro, 2005).

O **declínio terminal** refere-se especificamente a um declínio em várias capacidades cognitivas, amplamente observado pouco antes da morte, mesmo quando fatores demográficos e relativos à saúde são controlados (Gerstorf & Ram, 2013). Constatou-se que perdas na velocidade perceptual podem predizer a morte com 15 anos de antecedência (Thorvaldsson et al., 2008), mas os declínios em geral começam cerca de 7,7 anos antes de a morte ocorrer (Muniz-Terrera, van den Hout, Piccinin, Matthews, & Hofer, 2013). Pessoas com maior nível educacional tendem a ter melhor desempenho em testes cognitivos, mas suas taxas de declínio são semelhantes às das pessoas com menor escolaridade. A demência, no entanto, acelera a taxa de declínio em todas as pessoas (Bendayan et al., 2017). As áreas de declínio incluem a capacidade da memória, velocidade perceptual, habilidades visuoespaciais e cognição cotidiana (Gerstorf & Ram, 2013; Thorvaldsson et al., 2008).

declínio terminal
Declínio em várias capacidades cognitivas, frequentemente observado próximo ao final da vida.

Algumas pessoas que estiveram próximas da morte relataram *experiências de quase-morte (EQM)*, em geral envolvendo uma sensação de estar fora do corpo ou de ser sugado por um túnel, e visões de luzes brilhantes ou encontros místicos. Experiências desse tipo foram informadas em muitas culturas diferentes, tanto na contemporaneidade quanto nas histórias escritas e orais das culturas não industrializadas (Tassell-Matamua, 2013). Os céticos geralmente as interpretam como resultantes de alterações fisiológicas que acompanham o processo de estar morrendo. Alguns pesquisadores afirmam que as experiências de quase-morte refletem as estruturas orgânicas afetadas pelo processo de morrer (Mobbs & Watt, 2011), especialmente a privação de oxigênio que ocorre em 9 entre 10 pessoas que estão morrendo (Woerlee, 2005).

Quando o cérebro é privado de oxigênio, surgem certas imagens devido a alterações no córtex visual que podem resultar na percepção de um túnel, como o das imagens relatadas por pessoas que tiveram experiências de quase-morte.
mark gibbons/Alamy Stock Photo

Diversos dados de seres humanos, incluindo relatos de EQMs em sobreviventes de paradas cardíacas e indivíduos anestesiados; relatos de experiências semelhantes a EQMs em pessoas sob a influência de diversos fármacos, como quetamina, LSD e canabinoides, ou sob a influência da epilepsia ou de estimulação elétrica proposital do córtex; e experimentos com privação de oxigênio leve ou pressão arterial reduzida artificialmente para induzir sensações semelhantes à EQM, sugerem que o fenômeno da EQM está ligado à estimulação ou danos a diversas áreas do cérebro, especialmente nas áreas occipital e frontal bilateral. Teoriza-se que a alteração da sensação de tempo, a impressão de estar voando e a luz vista por algumas pessoas originam-se em uma região do hemisfério direito, a junção temporoparietal (JTP). Por outro lado, acredita-se que as dimensões espirituais muito relatadas, acompanhadas de sons, música e vozes, resultem da JTP do hemisfério esquerdo. As emoções e a revisão da vida, outra experiência comum nas EQMs, se originariam do hipocampo e da amígdala (Blanke, Faivre, & Dieguez, 2016).

Independente da sua origem, as EQMs geralmente são consideradas positivas, e alguns pesquisadores propõem que o efeito ocorra devido à liberação de endorfinas comum durante experiências estressantes (Agrillo, 2011). Algumas pessoas que vivenciam EQMs informam que uma consequência é o crescimento espiritual, e o grau de transformação espiritual está relacionado com a profundidade da EQM (Greyson & Khanna, 2014). Acredita-se que as EQMs ocorrerão mais frequentemente nos próximos anos, pois as taxas de sobrevivência continuam a melhorar com as técnicas modernas de ressuscitação (Agrillo, 2011; Van Lommel, 2011).

Como as pessoas que estão no corredor da morte enfrentam essa situação? Em um levantamento sobre suas últimas palavras, é mais provável que falem sobre perdão, alegações de inocência, silêncio, amor, ativismo e crença na vida após a morte.
Heflick, N. A., 2005.

CONFRONTANDO A PRÓPRIA MORTE

A psiquiatra Elisabeth Kübler-Ross, em seu trabalho pioneiro com doentes terminais, constatou que a maioria deles apreciava a oportunidade de falar abertamente sobre sua condição e tinha consciência de que a morte estava próxima, mesmo quando ninguém lhes havia contado. Depois de conversar com cerca de 500 pacientes terminais, Kübler-Ross (1969, 1970) delineou cinco estágios na relação com a morte: (1) *negação* ("Isso não pode estar acontecendo comigo!"); (2) *raiva* ("Por que eu?");

(3) *barganha por um tempo extra* ("Se pelo menos eu puder viver até minha filha casar, não vou pedir mais nada"); (4) *depressão*; e por fim (5) *aceitação*. Ela também propôs uma progressão semelhante nos sentimentos das pessoas que estão diante de uma perda iminente (Kübler-Ross, 1975).

O modelo de Kübler-Ross tem sido criticado e modificado por outros profissionais que trabalham com pacientes terminais. Embora as emoções que ela descreveu sejam comuns, nem todos passam pelos cinco estágios e não necessariamente na mesma sequência. Uma pessoa poderá oscilar entre a raiva e a depressão, por exemplo, ou então sentir ambos ao mesmo tempo.

Morrer, assim como viver, é uma experiência individual. Para algumas pessoas, a negação ou a raiva podem ser uma maneira mais saudável de enfrentar a morte do que a aceitação tranquila. As descobertas de Kübler-Ross, por mais valiosas que sejam para nos ajudar a entender os sentimentos daqueles que estão diante da morte, não devem ser consideradas o único modelo ou critério para uma "boa morte".

A dor da perda deveria ser medicada? Um estudo mostrou que aproximadamente metade dos médicos acredita que medicar a dor da perda é justificável apesar do risco do uso prolongado ou de adição.

Cook, Biyanova, & Marshall, 2007

PADRÕES DE LUTO

A morte de um ente querido é difícil. Primeiro ocorre o **luto**, a resposta emocional que normalmente vem imediatamente após a morte. Em seguida, o sentimento de **perda**. A perda é uma resposta à perda de alguém de quem somos próximos. Mas a perda não é apenas um evento, e não é apenas o luto; ela é também um processo de ajuste.

A perda muitas vezes leva a uma mudança de papel ou de *status*. Por exemplo, a pessoa pode ter que se ajustar à viuvez após ter sido uma esposa, ou a ser órfão após ter sido um filho. Também pode haver consequências sociais e econômicas – perda de amigos e às vezes de renda. Em suma, a perda pode afetar praticamente todos os aspectos da vida da pessoa.

luto
Resposta emocional vivenciada nos primeiros estágios da perda.

perda
A morte de um ente querido e o processo de adaptação a essa situação de ausência.

elaboração do luto
Resolução de questões psicológicas ligadas ao luto.

O modelo clássico de elaboração do luto Como é o luto? Um padrão clássico de luto são os três estágios em que a pessoa enlutada aceita a dolorosa realidade da perda, aos poucos se liberta do vínculo com o falecido e se readapta à vida desenvolvendo novos interesses e novos relacionamentos. Esse processo de **elaboração do luto**, a resolução de questões psicológicas ligadas a ele, geralmente segue uma sequência – embora, assim como acontece com os estágios de Kübler-Ross, possa haver variação (J. T. Brown & Stoudemire, 1983; R. Schultz, 1978).

1. *Choque e descrença*. Imediatamente após a morte, aqueles que estavam mais ligados ao falecido sentem-se perdidos e confusos. À medida que se aprofunda o sentimento de perda, o entorpecimento inicial dá lugar a sentimentos de tristeza e choro frequente. O primeiro estágio poderá durar várias semanas, principalmente após uma morte súbita ou inesperada.

2. *Preocupação com a memória da pessoa falecida*. No segundo estágio, que poderá durar de seis meses a dois anos, tenta-se resolver o problema da morte, mas ainda não se pode aceitá-la. Essas experiências diminuem com o tempo, embora possam voltar – talvez durante anos.

3. *Resolução*. O estágio final ocorre quando a pessoa que sofreu a perda renova o interesse pelas atividades cotidianas. A lembrança do falecido traz sentimentos de afeto misturados com tristeza, em vez de uma dor aguda e ansiedade.

Que conselho você daria a um amigo sobre o que dizer – e o que não dizer – para uma pessoa em luto?

Luto: múltiplas variações Embora o padrão de luto descrito aqui seja comum, nem sempre o luto segue uma linha reta do choque à resolução. No padrão de *recuperação*, a pessoa enlutada passa do sofrimento intenso ao sofrimento leve. No padrão de *luto atrasado*, pode haver um luto inicial moderado ou elevado, e os sintomas pioram gradualmente com o tempo. No padrão de *luto crônico*, a pessoa enlutada sofre por um longo tempo. O luto crônico pode ser especialmente doloroso e a aceitação, mais difícil, quando a perda é ambígua, como quando um ente querido está ausente e presume-se que tenha morrido. No último padrão, chamado de *resiliência*, a pessoa enlutada demonstra um nível baixo e gradualmente menor de luto em resposta à morte de um ente querido (Bonanno, Westphal, & Mancini, 2011).

Algumas pessoas recuperam-se rapidamente da perda de um ente querido, e outras nunca se recuperam.

Spohn Matthieu/PhotoAlto/Getty Images

TABELA 19.1	Ajudando aquele que perdeu um ente querido

Estas sugestões de profissionais da área de saúde mental podem capacitá-lo a ajudar alguém que você conhece a superar o processo do luto.

- **Compartilhe a dor.** Deixe – ou encoraje – a pessoa que sofreu a perda falar de seus sentimentos e compartilhe as memórias do falecido.

- **Não ofereça falso consolo.** Dizer coisas como "Assim foi melhor" ou "Com o tempo você supera" não ajuda. Em vez disso, simplesmente expresse seu pesar – e ouça.

- **Ofereça ajuda prática.** Cuidar das crianças, cozinhar e fazer pequenos favores são maneiras de ajudar a pessoa enlutada.

- **Seja paciente.** Pode levar tempo para alguém se recuperar de uma perda significativa. Esteja disponível para falar e ouvir.

- **Sugira ajuda profissional quando necessário.** Não hesite em recomendar ajuda profissional quando parecer que alguém está sofrendo demais para lidar com isso sozinho.

Fonte: National Mental Health Association, s/d.

▷ **verificador**
você é capaz de...

▷ Resumir as mudanças que podem ocorrer com uma pessoa que está prestes a morrer?

▷ Citar possíveis explicações para as experiências de quase-morte?

▷ Citar os cinco estágios do confronto com a morte de Kübler-Ross e dizer por que seu trabalho é controverso?

▷ Identificar os três estágios geralmente descritos como elaboração do luto, e discutir as novas descobertas sobre as variações no processo do luto?

Anteriormente, algumas vezes se pressupunha que algo deveria estar errado se uma pessoa que havia sofrido uma perda demonstrava apenas leve sofrimento ou superava rapidamente a morte de um ente querido. Contudo, as pesquisas sugerem que mais da metade das pessoas podem ser classificadas como resilientes (Mancini, Bonnano, & Clark, 2011; Spahni, Morselli, Perrig-Chiello, & Bennett, 2015). Além disso, a resiliência está associada a resultados positivos, incluindo menor depressão e solidão e maior satisfação com a vida (Spahni, Bennett, & Perrig-Chiello, 2016). As pessoas resilientes geralmente têm baixos níveis de neuroticismo e altos de extroversão (Mancini, Sinan, & Bonnano, 2015; Mancini et al., 2011). O apego seguro e um lócus de controle interno também estão associados com a resiliência (Laird, Krause, Funes, & Lavretsky, 2019). Os idosos resilientes também tendem a ter experiências anteriores com a adversidade (Seery, 2011). Em outras palavras, se algo de ruim aconteceu e você conseguiu superá-lo com sucesso, isso o ensina a enfrentar os desafios inevitáveis da vida com mais eficácia.

O conhecimento de que o luto assume várias formas e padrões tem importantes implicações para ajudar as pessoas a lidarem com a perda. A Tabela 19.1 traz algumas sugestões para ajudar aqueles que perderam um ente querido. Pode ser desnecessário e mesmo prejudicial esperar que os enlutados sigam um padrão estabelecido de reações emocionais. Embora a terapia do luto possa ajudar algumas pessoas, as evidências sugerem que muitas pessoas irão se recuperar sozinhas com o tempo (Neimeyer & Currier, 2009).

ATITUDES EM RELAÇÃO À MORTE E AO MORRER DURANTE O CURSO DA VIDA

Cada idade tem sua própria forma de encarar a morte. Como sugere o modelo de momento dos eventos, a morte provavelmente não significa a mesma coisa para um homem idoso de 85 anos com uma artrite extremamente dolorosa, uma mulher de 56 anos no auge de uma brilhante carreira jurídica que descobre que tem câncer de mama, e um jovem de 15 anos que morre por *overdose* de drogas. As mudanças características de atitude em relação à morte ao longo da vida dependem tanto do desenvolvimento cognitivo quanto da época da ocorrência do evento, ou seja, se ele foge ao normal ou não.

Infância e adolescência Em geral, apesar de muitos se sentirem desconfortáveis com isso, a maioria dos pais começa a falar sobre a morte com os filhos em torno dos 3 anos de idade (Nguyen & Rosengren, 2004; Renaud, Engarhos, Schleifer, & Talwar, 2015). Aprender sobre a morte envolve entender que ela é irreversível, universal (acontece com todos), não funcional (envolve a cessação de todas as funções de vida) e inevitável (Speece & Brent, 1984).

Aos 4 anos, as crianças desenvolvem um entendimento parcial da natureza biológica da morte. Por exemplo, crianças de 3 a 5 anos da Alemanha e do povo shuar, na região amazônica rural do

Equador, ouviram uma história e tiveram que responder perguntas sobre um personagem humano ou animal que cansava, pegava no sono e era morto. As crianças de 3 anos quase nunca respondiam corretamente quando questionadas sobre se o personagem da história podia se mover ou ter medo, enquanto as de 4 anos não tinham nenhuma dificuldade com a tarefa (Barrett & Behne, 2005). Contudo, esse entendimento é incompleto. Em outro estudo, crianças da pré-escola e do maternal expressaram o conhecimento de que um rato morto nunca mais vai viver ou crescer e tornar-se um rato velho, mas 54% disseram que o rato ainda precisaria comer. Por volta dos 7 anos, 91% das crianças eram coerentes em seu conhecimento de que processos biológicos como comer e beber cessam com a morte. Em geral, as crianças dominam o entendimento biológico da morte com cerca de 10 anos (Kenyon, 2001).

Embora boa parte da pesquisa sobre o entendimento infantil da morte se concentre na forma como elas compreendem a cessação dos processos biológicos, também é fato que muitos adultos acreditam no pós-vida e, muitas vezes, ensinam os filhos explicitamente sobre isso no contexto da instrução religiosa. No contexto dessas crenças, presume-se que os processos psicológicos continuam após a morte. Assim, respostas afirmativas a perguntas sobre a persistência de ideias, sentimentos e desejos após a morte não são, necessariamente, um reflexo da imaturidade (Harris, 2011). Por exemplo, crianças de 5 anos do povo vezo, da ilha de Madagascar, muitas vezes respondem que uma ave ou pessoa morta continua a fazer coisas como sentar-se ereta ou enxergar. Aos 7, a maioria respondia que uma entidade morta não realizaria nenhuma dessas ações. Quando envelhecem, no entanto, as crianças e os adolescentes, assim como os adultos, tendem cada vez mais a responder que os processos mentais continuam após a morte, apesar do término dos processos biológicos (Astuti & Harris, 2008). Achados semelhantes foram identificados entre crianças espanholas e britânicas em idade escolar (Giménez & Harris, 2005; Hopkins, 2014).

A morte é difícil de entender, até para os adultos. As crianças poderão entender melhor a morte se, desde pequenas, forem apresentadas ao conceito e incentivadas a falar sobre isso. Por exemplo, a morte de um animal de estimação ou conhecer outra criança que morreu podem ser oportunidades naturais. No entanto, muitos pais evitam falar sobre o assunto. Não por acaso, as crianças que vivenciaram a morte de um ente querido possuem uma visão mais realista da morte do que as crianças que não passaram por situações do tipo (Bonoti, Leondari, & Mastora, 2013; Hunter & Smith, 2008). Contudo, o fato de as crianças terem sido criadas de forma religiosa ou leiga não impacta o entendimento sobre a morte (Bering, Blasi, & Bjorklund, 2005).

Com relação ao sentimento de perda, se têm idade para amar, as crianças têm idade também para se enlutar. Contudo, elas podem ter dificuldade para expressar ou entender o seu luto. Assim como acontece com sua compreensão sobre a morte, isso depende do desenvolvimento cognitivo e emocional (Tabela 19.2). Às vezes, as crianças expressam a dor do luto por meio da raiva, do comportamento explícito ou da recusa em aceitar a morte, como se o fato de fingir que uma pessoa está viva pudesse trazê-la de volta. Elas podem sentir-se confusas com os eufemismos

No caso das crianças, a confusão está relacionada ao desenvolvimento cognitivo. No sistema piagetiano discutido nos capítulos anteriores, aprendemos que as crianças têm dificuldade com o pensamento abstrato; portanto, os eufemismos usados para descrever a morte podem lhes parecer confusos.

TABELA 19.2 Manifestações de luto em crianças

Menores de 3 anos	3 a 5 anos	Crianças em idade escolar	Adolescentes
Tristeza	Atividade mais intensa	Deterioração do desempenho escolar causada por perda de concentração, interesse e motivação	Depressão
Medo	Constipação		Queixas somáticas
Perda de apetite	Incontinência		Comportamento delinquente
Ganho ponderal insuficiente	Enurese		Promiscuidade
Perturbação do sono	Acesso de raiva e mau humor	Acessos de choro	Tentativas de suicídio
Retraimento social	Comportamento "descontrolado"	Mentiras	Abandono da escola
Atraso no desenvolvimento	Pesadelos	Roubos	
Irritabilidade	Acessos de choro	Nervosismo	
Choro excessivo		Dores abdominais	
Aumento da dependência		Dores de cabeça	
Perda da fala		Apatia	
		Fadiga	

Fonte: Adaptada do APP Committee on Psychosocial Aspects of Child and Family Health, 1992.

dos adultos: que alguém "se foi" ou que a família "perdeu" alguém, ou que fulano está "dormindo" e nunca mais vai acordar.

Adaptar-se à perda é mais difícil se a criança tinha um relacionamento conturbado com a pessoa que morreu; ou se o pai ou a mãe que ficou com a criança depende muito dela; se a morte foi inesperada, sobretudo se foi assassinato ou suicídio; se a criança já teve problemas comportamentais ou emocionais; ou se falta o apoio da família e da comunidade (AAP Committee on Psychosocial Aspects of Child and Family Health, 1992).

As crianças muito pequenas podem responder inicialmente à morte do pai ou da mãe com choro, desespero e, por fim, desapego patológico. Elas não entendem a morte, mas entendem a perda. Essas crianças podem demonstrar dificuldades de alimentação ou de sono, ou constipação, e crianças de 1 a 3 anos já desfraldadas podem fazer xixi na cama. A depressão pode se manifestar na forma de irritação ou de queixas como dor de estômago (Black, 1998).

Os pais e outros cuidadores adultos podem ajudar a criança a lidar com a perda explicando a ela que a morte é o fim e é inevitável, e que ela não causou a morte por causa de seu mau comportamento ou de seus pensamentos. A criança precisa ser tranquilizada de que continuará recebendo assistência de adultos que gostam dela. Geralmente aconselha-se que se faça o mínimo possível de mudanças no ambiente, nos relacionamentos e nas atividades cotidianas da criança; que se responda às perguntas de maneira simples e com sinceridade; e que se incentive a criança a falar sobre seus sentimentos e sobre a pessoa que morreu (Schonfeld, Demaria, & Committee on Psychosocial Aspects of Family Health, 2016). As crianças podem demonstrar seu luto em períodos breves e então voltar para as suas atividades cotidianas, mas isso não significa que se recuperaram (Gao & Slaven, 2017).

Para os adolescentes, apesar de serem capazes de um entendimento mais maduro sobre a morte, ela não é algo que normalmente ocupe muito o seu pensamento, a não ser que tenham de confrontá-la diretamente. A maioria dos adolescentes está apenas no início da vida e, em geral, o seu contato com a morte envolve o falecimento de um ente querido, não a própria mortalidade. No caso da morte de alguém próximo, os adolescentes se beneficiam de conversas sobre o ocorrido, apesar de o apoio e auxílio aos membros desse grupo nem sempre estarem presentes (Schonfeld et al., 2016). Muitas vezes, os adolescentes buscam o apoio dos seus pares (Dopp & Cain, 2012). Ao mesmo tempo que precisam processar o próprio luto, os adolescentes muitas vezes também precisam assumir responsabilidades mais adultas, como cuidar de irmãos menores ou oferecer apoio emocional para o pai ou mãe sobrevivente (Schonfeld et al., 2016). O processo de perda pode levar a problemas acadêmicos, especialmente para os alunos dos dois últimos anos do ensino médio (Schonfeld & Quackenbush, 2010), e a problemas de saúde mental, especialmente depressão, transtornos da conduta e maior probabilidade de abuso de substâncias (Brent, Melhem, Donohoe, & Walker, 2009; Kaplow, Saunders, Angold, & Costello, 2010).

Felizmente, boa parte da resposta ao luto diminui com o tempo, tanto para as crianças quanto para os adolescentes. Contudo, um subconjunto de jovens tem sentimentos de luto persistentes, ou até crescentes (Melhem, Porta, Shamseddeen, Payne, & Brent, 2011). Uma metanálise revelou que, apesar de o tamanho de efeito ser pequeno ou moderado, as intervenções terapêuticas podem ter um impacto positivo no processo de perda de duração prolongada. As abordagens de tratamento mais promissoras envolviam musicoterapia e psicoterapia breve (Rosner, Kruse, & Hagl, 2010).

Os riscos desnecessários às vezes assumidos pelos adolescentes podem trazer resultados trágicos.
John Lund/Tiffany Schoepp/Blend Images LLC

A idade adulta Jovens adultos geralmente estão ansiosos para viver a vida para a qual se prepararam. Se forem subitamente acometidos por uma doença ou ferimento potencialmente fatal, é provável que fiquem extremamente frustrados e bravos. Pessoas que desenvolvem doenças terminais na faixa dos 20 ou 30 anos enfrentam questões relativas à morte em uma idade em que normalmente estariam lidando com questões como o estabelecimento de relações íntimas. Em vez de uma longa vida de perdas como preparação gradual para a perda final da vida, elas veem todo o seu mundo ruir de repente.

Na meia-idade, o corpo da maioria dos adultos lhes envia sinais de que não são mais jovens, ágeis e vigorosos como outrora. Cada vez mais pensam em quantos anos ainda lhes restam e como aproveitá-los ao máximo (Neugarten,

1967). Geralmente – sobretudo após a morte de ambos os pais – tem-se a consciência de ser a geração mais velha ou a próxima a morrer (Scharlach & Fredriksen, 1993). Adultos de meia-idade e idosos poderão preparar-se emocionalmente para a morte, e também de maneira prática, fazendo um testamento, planejando o próprio funeral e discutindo seus desejos com a família e os amigos.

Os idosos poderão ter sentimentos confusos sobre a perspectiva de morrer. Alguns idosos desistem de metas não cumpridas. Outros se esforçam ainda mais para fazer o que podem com a vida no tempo que lhes resta. Muitos tentam estender o tempo restante adotando estilos de vida mais saudáveis ou lutam para viver mesmo quando estão profundamente doentes (Cicirelli, 2002), às vezes usando a religião para aliviar a ansiedade (Krause, Pargament, & Ironson, 2016). Quando pensam ou falam sobre a morte iminente, alguns idosos expressam medo ou ansiedade, ou então se preocupam com o efeito que sua morte terá nos seus entes queridos (Missler et al., 2012). Em geral, o sofrimento é maior quando a discrepância entre quanto tempo eles querem viver e quanto tempo acham que lhes resta é grande (Cicirelli, 2006).

> *Tente imaginar que você é um doente terminal. Como seriam seus sentimentos? Seriam semelhantes ou diferentes daqueles descritos com referência à sua faixa etária?*

Teoria da gestão do terror Independentemente da idade, a consciência sobre a morte é angustiante e tem o potencial de provocar redução no bem-estar e aumentos na ansiedade (Juhl & Routledge, 2016). Uma abordagem, a teoria da gestão do terror (TGT), propõe que o entendimento específico dos seres humanos sobre a morte, junto com as necessidades de autopreservação e a capacidade de temer, produz respostas emocionais e psicológicas comuns quando a mortalidade e pensamentos sobre a morte se tornam iminentes.

Uma resposta comum a pensamentos sobre a morte é o maior comprometimento com uma visão de mundo cultural (Burke, Martens, & Faucher, 2010). Por exemplo, quando a morte se torna iminente, as pessoas tendem a recorrer às suas crenças religiosas e acreditam mais fervorosamente no pós-vida (Vail et al., 2010). Essa maior adesão à ideologia religiosa oferece conforto psicológico.

Outra consequência da TGT é que a autoestima elevada protege contra a ansiedade e o medo da morte. Sentir-se importante e valioso para os outros pode ajudar as pessoas a acreditar que são mais do que o seu corpo físico. Em geral, as pesquisas apoiam a relação entre a autoestima elevada e a menor ansiedade em relação à morte (Burke et al., 2010).

Por fim, a iminência da mortalidade está associada com processos de apego. Buscar conforto de amigos e familiares é uma resposta comum entre seres humanos ameaçados e representa uma estratégia regulatória para reduzir a ansiedade. Assim, quando a morte se torna iminente, as pessoas dispostas e capazes tendem a recorrer a comportamentos que aumentam o apego, como maior comprometimento, atração, perdão e intimidade, um achado amplamente confirmado pelas pesquisas (Plusnin, Pepping, & Kashima, 2018).

verificador
você é capaz de...
▷ Discutir sobre como pessoas de diferentes idades compreendem e lidam com a morte e a perda?

Perdas significativas

Perdas difíceis que podem ocorrer durante a fase adulta são as do cônjuge, do pai, da mãe ou de um filho. A perda de uma criança em potencial por um aborto espontâneo ou parto de natimorto também pode ser dolorosa, mas geralmente recebe menos apoio social.

A PERDA DO CÔNJUGE

Como as mulheres tendem a viver mais do que os homens e a ser mais novas do que os maridos, é mais provável que fiquem viúvas. Também tendem a enviuvar mais cedo. Um pouco mais de 34% das mulheres norte-americanas, mas somente 11,9% dos homens, perdem o cônjuge até os 65 anos (Federal Interagency Forum on Aging-Related Statistics, 2016).

O estresse da viuvez geralmente afeta a saúde física e mental. A dor da perda pode trazer dores de cabeça, problemas de memória, dificuldade para se concentrar, tontura, indigestão, perda de apetite e dores no peito. Ela também aumenta os riscos de incapacitação, uso de drogas, ansiedade, depressão, insônia, hospitalização e até mesmo de morte (Stroebe, Schut, & Stroebe, 2007). Uma metanálise do risco de mortalidade, incluindo dados de mais de 500 milhões de pessoas, demonstrou que a viuvez está associada com um risco 22% maior de morte em comparação com pessoas casadas, e que o risco é maior para os homens (27%) do que para as mulheres (15%) (Moon, Kondo, Glymour, & Subramanian, 2011). O risco é ainda maior para os adultos mais jovens, caso a morte tenha sido inesperada, e nos primeiros meses após a perda (Shah et al., 2013; Stroebe et al., 2007).

A qualidade da relação conjugal perdida pode afetar o grau em que a viuvez afeta a saúde mental. A maior qualidade do relacionamento durante o casamento está associada com maior raiva, mais ansiedade e depressão e sentimentos de saudade seis meses após a morte do cônjuge (Carr & Boerner, 2009; Schaan, 2013).

Assim, a perda da companhia talvez ajude a explicar o porquê do viúvo ou da viúva morrer logo depois do cônjuge (Ray, 2004). Pode haver, no entanto, uma explicação mais prática. Após a morte do cônjuge, talvez não haja ninguém para lembrar o viúvo ou a viúva de tomar os remédios ou certificar-se de que a pessoa esteja seguindo uma dieta especial. Aqueles que foram lembrados (pelos filhos ou pelos cuidadores) tendiam a melhorar os hábitos de saúde e relataram estar com boa saúde (Williams, 2004).

A viuvez também cria problemas práticos. Para as mulheres, as principais consequências da viuvez provavelmente serão os problemas econômicos, enquanto para os homens, o isolamento social e a perda da intimidade emocional (Pudrovska, Schieman, & Carr, 2006). Mulheres cujos maridos eram os principais provedores poderão passar por dificuldades econômicas ou cair na pobreza (Hungerford, 2001). Os viúvos correm risco maior de isolamento social após a morte do cônjuge do que as viúvas (Isherwood, King, & Luszcz, 2017), enquanto as viúvas idosas estão mais propensas do que os viúvos idosos a permanecer em contato com amigos dos quais recebem apoio social (Kinsella & Velkoff, 2001).

Em última análise, a dor da perda pode ser um catalisador para a introspecção e o crescimento (Lieberman, 1996). Em um estudo, viúvas continuaram a falar do falecido e a pensar nele décadas após a perda, mas esses pensamentos raramente as deixavam perturbadas. Ao contrário, essas mulheres disseram que tinham se tornado mais fortes e mais autoconfiantes como resultado da perda (Carnelley, Wortman, Bolger, & Burke, 2006).

A PERDA DE UM DOS PAIS NA IDADE ADULTA

A perda de um dos pais em qualquer momento é difícil, mesmo na idade adulta (Marks, Jun, & Song, 2007; Nickerson, Bryant, Aderka, Hinton, & Hofmann, 2013). A maioria dos filhos adultos que sofreu perda ainda demonstrava impacto no seu bem-estar e vivenciava um sofrimento emocional após um período de um a cinco anos, principalmente após a perda da mãe, com o efeito sendo maior entre as filhas (Scharlach & Fredricksen, 1993; Leopold & Lechner, 2015). No entanto, a morte de um dos pais pode ser uma experiência que traz amadurecimento, forçando o adulto a resolver importantes questões de desenvolvimento: construir um senso de identidade mais sólido e uma percepção mais urgente e realista de sua própria mortalidade, além de um maior sentido de propósito, responsabilidade, compromisso e inter-relação com os outros (Pope, 2005; Moss & Moss, 1989; Sharlach & Fredriksen, 1993). Também pode levar os adultos de meia-idade a reavaliarem os seus relacionamentos com os filhos adultos, um processo que pode aumentar os efeitos positivos dos seus relacionamentos (Kim et al., 2018).

Mas a estrada pode não ser fácil. Embora as famílias com histórico de conflito tenham maior probabilidade de entrarem novamente em conflito quando um dos pais se aproxima da morte e decisões importantes precisam ser tomadas, quando os pais adultos deixam instruções sobre o tipo de tratamento médico que desejam no fim da vida, o resultado geralmente é um processo menos estressante de tomada de decisão e menos conflito entre os filhos (Tilden, Tolle, Nelson, & Fields, 2001; Kramer & Boelk, 2015). Ainda assim, independente dos desejos do pai que se aproxima da morte, se os irmãos discordam sobre o tratamento a ser oferecido, isso pode prejudicar os seus relacionamentos uns com os outros (Su, McMahan, Williams, Sharma, & Sudore, 2014). Os irmãos tendem menos a se envolver em conflitos sobre os cuidados no fim da vida quando os pais designam uma pessoa de fora da família para tomar as decisões sobre esses cuidados (Khodyakov & Carr, 2009; Kramer, Boelk, & Auer, 2006).

Viúvas idosas estão mais propensas que viúvos idosos a permanecer em contato com os amigos e a se beneficiar do apoio de uma rede social.

Zero Creatives/Getty Images

O impacto da morte de um dos pais nos irmãos é ambíguo. Algumas pesquisas sugerem que, após a morte de um dos pais, os irmãos tendem a se afastar. Isso pode ocorrer porque o vínculo que os unia na vida adulta (o pai ou mãe) desaparece (Walker, Allen, & Connidis, 2005), ou pode ser devido ao conflito após a morte, como aspectos das cerimônias fúnebres ou da distribuição dos bens (Umberson, 2003). Outras pesquisas sugerem que a morte de um dos pais e as emoções intensas envolvidas podem aproximar os irmãos (Aldwin & Levenson, 2001). Uma abordagem longitudinal pode ajudar a explicar esses achados contraditórios. As pesquisas mostram que o contato entre os irmãos se intensifica após a morte de um dos pais, e então diminui com o tempo. Além disso, quando o outro genitor morre, o efeito é intensificado depois que o apoio ao pai sobrevivente deixa de ser necessário (Kalmijn & Leopold, 2019).

A PERDA DE UM FILHO

Os pais raramente estão preparados para a morte de um filho. Tal morte, não importa a idade, é um choque cruel e anormal. Os pais talvez pensem que falharam, não importa o quanto amaram o filho e cuidaram dele, e poderá ser difícil superar a situação.

Se o casamento for sólido, o casal poderá ficar ainda mais unido, um apoiando o outro em sua perda comum. Em outros casos, a perda enfraquece e acaba destruindo o matrimônio (Albuquerque, Pereira, & Narciso, 2016; Lyngstad, 2013). Um fator importante parece ser se os pais sentem níveis semelhantes de luto. Os pais que sentem que o cônjuge está lamentando mais ou menos do que eles próprios informam menos satisfação no relacionamento do que aqueles que relatam maior semelhança na dor que sentem (Buyukcan-Tetik, Finkenauer, Schut, Stroebe, & Stroebe, 2017).

Pais que perderam um filho estão em risco aumentado de serem hospitalizados por doença mental ou sofrerem de depressão e têm qualidade de vida pior em termos de saúde (Rogers, Floyd, Seltzer, Greenberg, & Hong, 2008; Li, Laursen, Precht, Olsen, & Mortensen, 2005; Song, Floyd, Seltzer, Greenberg, & Hong, 2010). O estresse da perda de um filho pode até apressar a morte de um dos pais (Li, Precht, Mortensen, & Olsen, 2003).

O impacto da perda parental pode variar dependendo de diversos fatores. O luto aumenta com a idade da criança (até os 17 anos) e a idade do pai ou da mãe (até 40 anos) (Wijngaards-deMeij et al., 2005; Moor & de Graaf, 2016). Pais cujo filho morre de morte traumática geralmente sofrem mais do que aqueles cujo filho morre de doença, ou cujos filhos são natimortos ou sofrem de morte neonatal, e as mães tendem a se enlutar mais do que os pais (Wijngaards-deMeij et al., 2005; Meert et al., 2010). Os pais que conseguem dar algum sentido à perda normalmente têm um sentimento de luto menos intenso (Keesee, Currier, & Neimeyer, 2008). Com o passar do tempo, o sofrimento tende a diminuir, especialmente entre casais que depois geram outra criança (Wijngaards-deMeij et al., 2005). Contudo, mesmo décadas depois, os pais expressam um sentimento de luto duradouro (Rogers et al., 2008).

Muitos pais hesitam em falar com o filho doente terminal sobre sua morte iminente, mas aqueles que o fazem tendem a experimentar uma sensação de término que os ajuda a enfrentar a perda. Em um estudo, cerca de um terço dos pais disse que havia conversado com o filho sobre a morte iminente, e nenhum deles se arrependeu, ao passo que 27% daqueles que não tinham tocado no assunto se arrependeram (Kreicbergs, Valdimarsdóttir, Onelöv, Henter, & Steineck, 2004).

Quando se perguntou o que mais os ajudou a lidar com a morte do filho, 73% dos pais cujos filhos morreram em unidades de tratamento intensivo deram respostas religiosas ou espiritualistas. Mencionaram a prece, a fé, conversas com clérigos ou a crença de que o relacionamento entre pais e filhos perdura após a morte. Os pais também disseram que eram guiados por *insight* e sabedoria, valores interiores e virtudes espirituais como esperança, confiança e amor (Robinson, Thiel, Backus, & Meyer, 2006).

Você já perdeu o pai ou a mãe, um irmão ou irmã, o cônjuge, um filho ou um amigo? Em caso negativo, quais dessas perdas imagina que seria mais difícil de suportar, e por quê? Se já vivenciou mais de um desses tipos de perda, como diferiram suas reações?

O LUTO DE UM ABORTO ESPONTÂNEO

Estima-se que algo em torno de 1 gravidez em cada 3 termina em aborto espontâneo (Smith, Rissel, Richters, Grulich, & Visser, 2003). As famílias, os amigos e os profissionais da saúde não costumam falar sobre essas perdas, que geralmente são consideradas insignificantes comparadas às de uma criança viva. Além disso, a maioria dos casais não conta aos outros sobre a gravidez até após o primeiro trimestre, período no qual os abortos espontâneos são mais frequentes. Assim, em muitos casos, os amigos e familiares podem nem mesmo perceber que é preciso oferecer apoio (Brier, 2008).

> **verificador**
> **você é capaz de...**
> ▷ Identificar os desafios específicos envolvidos na perda do cônjuge?
> ▷ Discutir maneiras pelas quais a perda do cônjuge ou de um dos pais por parte de um adulto pode ser uma experiência de maturação?
> ▷ Explicar por que é raro os pais estarem preparados emocionalmente para a morte de um filho?
> ▷ Sugerir meios de ajudar pais a lidar com a perda na gravidez?

Como pais em potencial enfrentam a perda de um filho que nunca conheceram? As respostas mais comuns, geralmente informadas com maior intensidade entre as mulheres, incluem luto, depressão, culpa, isolamento e tristeza (Huffman, Schwartz, & Swanson, 2015; Volgsten, Jansson, Svanberg, Darj, & Stavreus-Evers, 2018). Aproximadamente um terço atendem os critérios para o diagnóstico de transtorno de estresse pós-traumático (Farren et al., 2016). Em geral, os resultados negativos são ainda maiores quando a perda da gravidez é um evento recorrente (Kolte, Olsen, Mikkelsen, Christiansen, & Nielsen, 2015).

Sejam casados ou estejam vivendo juntos, os casais que passam pela experiência de um aborto espontâneo antes da vigésima semana de gestação estão 22% mais propensos à separação do que os casais que tiveram uma gravidez bem-sucedida. Quando o aborto espontâneo ocorre depois da vigésima semana de gestação, o risco sobe para 40% (Gold, Sen, & Heyward, 2010).

Questões médicas, legais e éticas: o "direito à morte"

As pessoas têm o direito de morrer? Deve-se permitir ou ajudar um doente terminal que queira cometer suicídio? Quem decide que não vale a pena prolongar uma vida?

SUICÍDIO

Embora o suicídio tenha deixado de ser um crime nas sociedades modernas, ainda há um estigma contra ele, baseado tanto em proibições religiosas quanto no interesse da sociedade em preservar a vida. Uma pessoa que expressa pensamentos suicidas pode ser considerada mentalmente doente, e o desejo de morrer pode ser temporário e desaparecer quando a doença mental se alivia ou quando as circunstâncias mudam. Em contrapartida, um número cada vez maior de pessoas considera a livre decisão, por parte de um adulto maduro, de pôr fim à sua vida uma atitude racional e um direito a ser defendido.

O suicídio é uma questão global. A taxa de suicídio global era de aproximadamente 10,5 por 100.000 pessoas em 2016, o que representava cerca de 800.000 pessoas por ano. O suicídio pode ocorrer em pessoas de quase qualquer idade, mas as taxas são mais elevadas entre os idosos em praticamente todas as regiões do mundo. Os homens também cometem suicídio com mais frequência do que as mulheres. Os países de baixa e média renda sofrem mais com o suicídio, representando 79% do total. Eles também tendem a ter taxas de suicídio mais elevadas entre jovens adultos e mulheres idosas, enquanto os países de renda mais alta têm taxas maiores entre os homens de meia-idade (World Health Organization, 2018l).

As taxas de suicídio nos Estados Unidos atingiram o seu recorde anterior em 1977, com 13,7 mortes por 100.000 pessoas, e então diminuíram para o seu índice mínimo de 10,4 em 2000. Desde então, a taxa tem aumentado, atingindo o pico de 13,9 mortes por 100.000 pessoas em 2016 (Xu et al., 2018; Curtin, Warner, & Hedegaard, 2016). Nos Estados Unidos, quase 45.000 pessoas cometeram suicídio em 2016 (Xu et al., 2018).

As estatísticas provavelmente subestimam o número de suicídios; muitos não são relatados e alguns (como "acidentes" de automóvel e *overdoses* "acidentais" de medicamentos) não são reconhecidos como tais. Também ocorre que os números geralmente não incluem as *tentativas*; estima-se que entre 20 e 60% das pessoas nos Estados Unidos que cometem suicídio já fizeram ao menos uma tentativa antes, e cerca de 10% daquelas que tentaram o suicídio provavelmente vão se matar em um prazo de 10 anos (Harvard Medical School, 2003).

Como na maioria dos países, as taxas de suicídio dos Estados Unidos aumentam com a idade (ver Tabela 19.3) e são mais altas entre os homens do que entre as mulheres (Curtin et al., 2016; World Health Organization, 2018l), embora mais mulheres que homens considerem ou tentem o suicídio (Figura 19.1). Mulheres jovens, não casadas e com pouca instrução, bem como aquelas muito impulsivas, ansiosas ou deprimidas, correm maior risco de ter pensamentos e comportamento suicida (Nock et al., 2008). Historicamente, os homens tiveram uma probabilidade maior de êxito em tirar a própria vida, mas essa distância vem diminuindo nos últimos anos. As taxas de suicídio entre os homens são maiores principalmente porque eles estão muito mais propensos

> *A maioria das pessoas acredita que os terroristas suicidas são motivados pelo extremismo religioso. No entanto, um pequeno e polêmico grupo de pesquisadores argumenta que a motivação é, simplesmente, dirigida pelo mesmo desejo de cometer suicídio e os mesmos fatores de risco encontrados em outras populações clínicas.*
> Lankford, 2010

TABELA 19.3 Mudanças nas taxas de suicídio por idade, Estados Unidos, 1999-2016

TAXA DE SUICÍDIO POR 100.000 PESSOAS

Faixa etária	Taxa em 2000	Taxa em 2016
15 a 24	10,2	13,2
25 a 34	12,0	16,5
35 a 44	14,5	17,4
45 a 54	14,4	19,7
55 a 64	12,1	18,7
65 a 74	12,5	15,4
75 a 84	17,6	18,2
85 anos ou mais	19,6	19,0

Fonte: Xu, J., S. Murphy, K. Kochanek, B. Bastian e E. Arias. "Deaths: Final Data for 2016." National Vital Statistics Reports 67, no. 5. Hyattsville, MD: National Center for Health Statistics, 2018.

A taxa mais alta de suicídio é entre homens brancos com 75 anos ou mais, e o risco aumenta entre homens de 85 anos ou mais. Os idosos estão mais propensos à depressão e ao isolamento social que os mais jovens.

Anna Lurye/Shutterstock

a utilizar métodos mais confiáveis, como armas de fogo, ao passo que as mulheres estão mais propensas a utilizar outros meios, como envenenamento ou enforcamento. Mais da metade dos suicídios bem-sucedidos é por armas de fogo, e os suicídios são mais comuns do que os homicídios com esse método (Xu et al., 2018). As taxas de suicídio com armas de fogo são muito maiores nos Estados Unidos do que em outras nações industrializadas semelhantes (Richardson & Hemenway, 2011); presume-se que o motivo seja o acesso fácil a armas de fogo (Anglemyer, Horvath, & Rutherford, 2014). O suicídio por sufocamento tem aumentado recentemente; cerca de 1 em cada 4 suicídios em 2014 foi causado por sufocamento (Curtin et al., 2016).

O lugar mais conhecido no mundo para suicídio é a ponte Golden Gate, em São Francisco, Califórnia. Por causa disso, as autoridades municipais estão considerando a instalação de uma rede de segurança.

Fleming, 2010; Pogash, 2014

As taxas de suicídio variam entre os grupos étnicos e raciais. Os nativos americanos e nativos do Alasca têm os maiores índices, de 21,4 por 100.000 pessoas. A seguir vêm os brancos (18,1), asiáticos e ilhéus do Pacífico (7,0), afro-americanos (6,4) e hispânicos (6,4) (Xu et al., 2018). Embora algumas pessoas que pretendem se suicidar ocultem cuidadosamente seus planos, a maioria dá sinais de advertência (ver Tabela 19.4).

A morte de um ente querido é sempre difícil, mas os parentes de pessoas que tiraram a própria vida muitas vezes têm uma jornada ainda mais difícil pela frente. Muitos se culpam por não terem identificado os sinais, e sofrem sentimentos de culpa, vergonha, rejeição e isolamento (Hanschmidt, Lehnig, Riedel-Heller, & Kersting, 2016). Por causa do estigma associado ao suicídio, geralmente eles lutam sozinhos com suas emoções, em vez de compartilhá-las com outros que poderiam entendê-los (Schomerus et al., 2015).

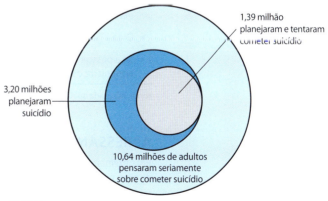

FIGURA 19.1
Cerca de 1,39 milhão de pessoas tentaram suicídio em 2017.
Fonte: Substance Abuse and Mental Health Services Administration. Results from the 2017 National survey on Drug Use and Health. [Tabelas de dados]. 2018. Retirada de https://www.samhsa.gov/data/sites/default/files/cbhsq-reports/NSDUHDetailedTabs2017/NSDUHDetailedTabs2017.pdf.

TABELA 19.4 Prevenção contra o suicídio

SINAIS DE ALERTA DO SUICÍDIO:

- Depressão e muita tristeza
- Sentimentos de desespero, inutilidade ou falta de propósito na vida, e também perda de interesse ou do prazer em fazer as coisas.
- Preocupação com a morte ou com a violência, ou expressar o desejo de morrer.
- Procurar medicamentos, armas ou outros meios para cometer suicídio.
- Grandes oscilações de humor – em um dia se sente extremamente animado e no outro, profundamente triste.
- Sentimentos de muita agitação, fúria, raiva incontrolada ou desejo de se vingar.
- Mudanças envolvendo hábitos alimentares, sono, aparência, comportamento ou personalidade.
- Comportamento arriscado ou autodestrutivo, como dirigir com imprudência ou consumir drogas ilegais.
- Tranquilidade repentina (sinal de que a pessoa tomou a decisão de tentar o suicídio).
- Crises, traumas ou contratempos na vida, incluindo problemas na escola, no trabalho ou relacionamento, perda de emprego, divórcio, morte de um ente querido, dificuldades financeiras, diagnóstico de doença terminal.
- Resolver coisas pendentes, desfazer-se de pertences, visitar membros da família e amigos, redigir um testamento ou escrever uma nota de suicídio.

SE ALGUÉM AMEAÇAR O SUICÍDIO:

- Fique calmo.
- Leve a tentativa a sério.
- Não deixe a pessoa sozinha. Evite que tenha acesso a armas de fogo, facas, medicamentos ou qualquer outra coisa que possa ser usada para cometer suicídio.
- Não tente lidar com a situação sozinho. Ligue para 190 ou para o telefone local de emergência. Ligue para o médico da pessoa, para a polícia ou para outros que sejam treinados para ajudar nesses casos.
- Enquanto espera por ajuda, ouça atentamente o que a pessoa tem a dizer. Mantenha sempre contato visual, chegue mais perto ou segure sua mão, se for apropriado, para que ela perceba que você está ouvindo.
- Faça perguntas para saber qual o método de suicídio que a pessoa está considerando e se ela tem um plano organizado.
- Diga à pessoa que ela terá ajuda.
- Se a pessoa tentar suicidar-se, chame imediatamente a assistência médica de emergência e administre os primeiros socorros, se necessário.

Fonte: Adaptada do American College of Emergency Physicians, 2008

APRESSANDO A MORTE

Em dezembro de 2013, Jahi McMath, de 13 anos, se submeteu a uma cirurgia para correção de apneia do sono na Califórnia. Apesar de acordar alerta, ela sofreu uma parada cardíaca e grande perda de sangue logo em seguida, o que levou à declaração de morte cerebral irreversível. O hospital queria desligar os aparelhos, mas a família tinha esperanças de recuperação e resistiu ao processo. Após uma longa batalha jurídica, a família recebeu o direito de ficar com ela. Como Jahi estava legal e medicamente morta, o seguro de saúde não cobria mais qualquer tratamento, então seus pais arrecadaram dinheiro e a levaram para um local não revelado em Nova Jersey, onde as famílias podem rejeitar a morte cerebral com base nas suas crenças religiosas. Lá, Jahi permaneceu ligada aos aparelhos por 4 anos, sem jamais recuperar a consciência. Em junho de 2018, seu coração parou de bater e seu corpo foi finalmente sepultado. Esse evento trágico ilustra como a tecnologia médica avançou além do nosso sistema jurídico e da ética e nos lembra que nem todos veem a vida e a morte da mesma maneira. A vida está no cérebro ativo ou nas batidas do coração? Como decidimos se alguém está mesmo morto?

Até algumas décadas atrás, a ideia de ajudar um ente querido em sofrimento a abreviar a própria vida era praticamente desconhecida. A mudança de atitudes em relação a esse tipo de ajuda pode ser atribuída em grande parte à reação contra tecnologias que mantêm os pacientes vivos contra a vontade, apesar de intenso sofrimento, e às vezes depois que o cérebro parou de funcionar.

Eutanásia *Eutanásia* significa "boa morte" e tem como objetivo pôr fim ao sofrimento ou permitir que um doente terminal morra com dignidade. As pessoas têm crenças diferentes em relação ao processo, e algumas distinguem entre os tipos de eutanásia utilizada. A **eutanásia passiva** envolve suspender ou interromper tratamento que poderia estender o tempo de vida de um paciente terminal, como, por exemplo, medicação, sistemas de suporte à vida ou sondas de nutrição. Muitas pessoas caracterizam o desligamento dos sistemas de suporte à vida como uma forma de eutanásia passiva, mas tais casos são complicados pelo fato de as pessoas com morte cerebral serem consideradas legalmente mortas mesmo que o coração continue a bater. A eutanásia passiva em geral é legal. A **eutanásia ativa** (por vezes chamada de assassinato por misericórdia) envolve cometer a ação direta e deliberadamente para abreviar a vida, e em geral é ilegal. Uma questão importante relativa a ambas as formas de eutanásia é se elas são o resultado de uma solicitação direta, ou se são feitas para cumprir um desejo explícito, da pessoa que morrerá.

eutanásia passiva
Retirada ou interrupção deliberada do tratamento que prolonga a vida de um doente terminal de modo a pôr fim ao sofrimento ou permitir uma morte com dignidade.

eutanásia ativa
Ação deliberada para abreviar a vida de um doente terminal, de modo a pôr fim ao sofrimento ou permitir uma morte com dignidade; também chamada de assassinato por misericórdia.

Diretivas antecipadas Algumas das questões em torno de quanta tecnologia médica deve ser utilizada para manter uma pessoa viva perto do fim da vida podem ser resolvidas se os seus desejos forem explicitados antes de a pessoa ficar incapacitada. A Suprema Corte dos Estados Unidos sustentou que uma pessoa cujo desejo é claramente conhecido tem o direito constitucional de recusar ou interromper tratamento de manutenção da vida (Cruzan v. Director, Missouri Department of Health, 1990). O desejo de uma pessoa mentalmente sã pode ser expresso de antemão em um documento chamado **diretiva antecipada** (testamento em vida) que contém instruções para quando e como interromper uma assistência médica ineficaz. Todos os 50 estados norte-americanos desde então legalizaram alguma forma de diretiva antecipada ou adotaram outros procedimentos relativos às decisões de pôr fim a vida. Contudo, apenas cerca de 37% das pessoas declaram ter informado por escrito os seus desejos em relação a cuidados no fim da vida, e uma revisão bibliográfica sugere que o número não mudou significativamente nos últimos 6 anos (Yadav et al., 2017).

diretiva antecipada
Documento que especifica o tipo de assistência desejada pela pessoa em caso de incapacitação ou doença terminal.

A diretiva antecipada pode assumir a forma de um *testamento em vida* ou um documento legal mais formal, a procuração com vigência indeterminada. Um testamento em vida poderá conter instruções específicas sobre as circunstâncias em que o tratamento deve ser interrompido, quais as medidas extraordinárias – se precisar de alguma – a serem tomadas para prolongar a vida e qual o tipo desejado de manejo da dor. Uma pessoa também pode especificar, por meio de um cartão de doador ou uma assinatura no verso da carteira de habilitação, que seus órgãos sejam doados a alguém que precise de um transplante.

Na época da morte, mais de um quarto dos pacientes idosos é incapaz de tomar decisões sobre assistência médica. Isso mostra por que as discussões a respeito do fim da vida são importantes, por mais difíceis que possam ser.
Silveira, Kim, & Langa, 2010

Algumas leis sobre "testamento em vida" aplicam-se apenas a pacientes terminais, não àqueles que estejam incapacitados por doença ou lesão, mas que podem viver muitos anos com dores agudas. Assim, as diretivas antecipadas podem não ajudá-los. Da mesma forma, as diretivas antecipadas podem não ajudar pacientes em coma ou em estado vegetativo persistente. Essas situações são cobertas por uma **procuração com vigência indeterminada**, que aponta outra pessoa para tomar decisões se o autor do documento tornar-se incapacitado a fazê-lo. Nos Estados Unidos, diversos estados adotaram uma forma simplificada chamada de *procuração médica com vigência indeterminada* expressamente para decisões sobre saúde.

Em setembro de 2019, mais de 113.000 pessoas esperavam pela doação de um órgão nos Estados Unidos, e uma nova pessoa era adicionada à lista a cada 10 minutos. Você doaria um órgão para um amigo ou membro da família que precisasse? E para um estranho? Por que ou por que não?
www.organdonor.gov

procuração com vigência indeterminada
Instrumento legal que elege um indivíduo para tomar decisões em caso de incapacitação da outra pessoa.

O planejamento desses cuidados antecipados é benéfico não somente para o moribundo, mas também para a família. Ter um plano de ação no caso de morte iminente proporciona melhores cuidados no fim da vida e resulta em níveis mais altos de satisfação para a família, e menos estresse, ansiedade e depressão para os membros da família do paciente terminal (Detering, Hancock, Reade, & Silvester, 2010). Os planos também estão associados com menores taxas de hospitalização, maior uso dos tratamentos médicos preferenciais e menores custos médicos (Martin, Hayes, Gregorevic, & Lim, 2016). Infelizmente, mesmo com o planejamento antecipado, as diretivas antecipadas nem sempre são seguidas. Muitas vezes, elas estão indisponíveis durante uma crise, ou os desejos do adulto doente ou terminal são ignorados naquele momento (Perkins, 2007). Os planos de cuidados no fim da vida tendem a ser seguidos se as decisões são tomadas no contexto de intervenções coordenadas, nas quais a equipe médica, os familiares e facilitadores treinados trabalham em conjunto para determinar um plano de ação (Brinkman-Stoppelenburg, Rietjens, & van der Heide, 2014).

Suicídio assistido: prós e contras O **suicídio assistido** – quando um médico ou outra pessoa qualquer ajuda alguém a provocar a própria morte, por exemplo, prescrevendo ou obtendo medicamentos ou permitindo que o paciente inale um gás letal – geralmente refere-se a situações em que pessoas com doenças terminais incuráveis solicitam ajuda para pôr fim à vida. O suicídio assistido ainda é ilegal na maioria dos lugares, mas recentemente tem sido tema de debate público. Aparentemente, é semelhante, em princípio, à eutanásia ativa voluntária, em que o paciente, por exemplo, solicita, e recebe, uma injeção letal; mas, no suicídio assistido, a própria pessoa que quer morrer executa o ato.

Até setembro de 2019, o suicídio assistido era legal em nove estados dos Estados Unidos (Califórnia, Colorado, Havaí, Montana, Oregon, Vermont, Washington, Nova Jersey e Maine) e em Washington, D.C. (Death with Dignity, 2019). O American College of Physicians (Sulmasy & Mueller, 2017) e a Associação Médica Americana (American Medical Association, 2018) se opõem à possibilidade de que o médico possa ajudar a apressar a morte, pois se trata de algo contrário ao juramento do profissional de "não causar nenhum dano". A American Psychological Association não possui uma posição oficial, de modo que não aprova nem se opõe ao suicídio assistido (American Psychological Association, 2017b). A questão divide o público norte-americano: 47% são a favor de leis que legalizem o suicídio assistido e 49% são contra (Duggan, 2014).

Os *argumentos éticos a favor* do suicídio assistido baseiam-se nos princípios da autonomia e da autodeterminação: pessoas mentalmente competentes devem ter o direito de controlar sua própria vida, o momento e a natureza de sua morte. Aqueles que defendem o suicídio assistido atribuem um alto valor à preservação da dignidade e personalidade do ser humano que está morrendo. Os *argumentos clínicos* sustentam que o médico é obrigado a tomar todas as medidas necessárias para aliviar o sofrimento. Além disso, no suicídio assistido, é o paciente, não o médico, que toma a iniciativa de pôr fim à vida. Um dos *argumentos legais* é que, legalizando o suicídio assistido, permite-se a regulamentação de práticas que hoje ocorrem de qualquer maneira para o paciente que sofre. Argumenta-se que proteções adequadas contra abusos podem ser implementadas mediante uma combinação de legislação e regulamentação profissional (APA Online, 2001).

Alguns acadêmicos da área ética e da área jurídica vão ainda mais longe. Eles são a favor da legalização de todas as formas de *eutanásia voluntária*, com salvaguardas contra a eutanásia involuntária. A questão fundamental, segundo esses acadêmicos, não é como a morte ocorre, mas quem toma a decisão. Eles não veem nenhuma diferença, em princípio, entre desligar um respirador, retirar as sondas de nutrição, dar uma injeção letal ou prescrever uma *overdose* de medicamentos a pedido do paciente. Sustentam que a prática de ajudar a morrer, se abertamente disponível, reduziria o medo e o sentimento de impotência, permitindo aos pacientes controlar seu próprio destino (APA Online, 2001; Orentlicher, 1996).

Os *argumentos éticos contra* o suicídio assistido concentram-se em dois princípios: (1) a crença de que tirar uma vida, mesmo com consentimento, é errado; e (2) a preocupação com a proteção aos menos favorecidos. Os oponentes do suicídio assistido apontam para o fato de que a autonomia geralmente é limitada pela pobreza ou incapacidade, ou por fazer parte de grupo social estigmatizado, e eles temem que pessoas dessas categorias possam ser sutilmente pressionadas a escolher

---

suicídio assistido
Suicídio em que um médico ou qualquer outra pessoa ajuda alguém a tirar a própria vida.

o suicídio, sendo a contenção de custo um fator subjacente. Os *argumentos clínicos* incluem a possibilidade de erro no diagnóstico, uma potencial disponibilidade futura de novos tratamentos, a probabilidade de prognóstico incorreto e a crença de que ajudar alguém a morrer é incompatível com o papel do médico como aquele que cura, além de não ser possível garantir salvaguardas adequadas. Os *argumentos legais* contra o suicídio assistido incluem a preocupação com a execução de salvaguardas e com processos legais quando membros da família discordam sobre o poder de pôr fim a uma vida (APA Online, 2001).

Como os medicamentos autoadministrados nem sempre funcionam, alguns oponentes afirmam que o suicídio assistido pelo médico levaria à eutanásia ativa voluntária (Groenewoud et al., 2000). O próximo passo na descida ao abismo, advertem alguns, seria a eutanásia involuntária – não só para os doentes terminais, mas também para outros, como pessoas com necessidades especiais, cuja qualidade de vida é percebida como reduzida. Os oponentes alegam que pessoas que querem morrer costumam estar temporariamente deprimidas e poderiam mudar de ideia com tratamento ou cuidados paliativos (APA Working Group on Assisted Suicide and End-of-Life Decisions, 2005; Butler, 1996; Quill et al., 1997).

Legalização da ajuda médica para morrer Desde 1997, quando, por unanimidade, a Suprema Corte dos Estados Unidos deixou a regulamentação da ajuda médica para morrer a cargo dos estados da federação, medidas para legalizar essa prática para os doentes terminais têm sido introduzidas em vários estados (ver Seção Pesquisa em Ação). Oregon foi o primeiro estado a aprovar uma lei dessa natureza, a Lei da Morte com Dignidade (DWDA, na sigla em inglês). Em 1994, os habitantes desse estado votaram por deixar pacientes mentalmente competentes, já informados por dois médicos de que têm menos de seis meses de vida, solicitar uma prescrição letal com sólidas salvaguardas garantindo que o pedido é sério e voluntário, e que todas as alternativas foram consideradas.

Como tem sido a experiência sob a lei de Oregon? A legalização do suicídio assistido tem resultado em melhorias nos cuidados paliativos e aumento no número de mortes que ocorrem em casa e não no hospital (88,6%). De 1998 a 2018, 1.459 pacientes terminais tiraram a própria vida, 168 deles em 2018. As preocupações mencionadas com mais frequência pelos pacientes que requisitaram e utilizaram as prescrições letais foram perda de autonomia (91,7%), menor capacidade de participar de atividades que tornam a vida agradável (90,5%) e perda da dignidade (66,7%). A idade mediana no momento da morte era de 74 anos, e a maioria dos que escolheram dar fim à própria vida era branca, com alta escolaridade, em instalações de assistência ao doente terminal e com alguma forma de seguro-saúde (Oregon Health Authority, 2019).

A *eutanásia ativa* continua sendo ilegal nos Estados Unidos, mas não na Holanda, onde, em 2002, foi aprovada uma lei permitindo a eutanásia voluntária para pacientes em estado de sofrimento contínuo, insuportável e incurável. Nesses casos, os médicos podem agora injetar uma dose letal de medicamento. Estima-se que algo entre 1,8 e 2,9% das mortes na Holanda resultem de eutanásia ou de suicídio assistido (Steck, Egger, Maessen, Reisch, & Zwahlen, 2013).

Atualmente, a eutanásia ou o suicídio assistido pelo médico também são permitidos na Bélgica, Luxemburgo, Colômbia e Canadá, com apoio crescente do público na Europa Ocidental, mas em queda na Europa Central e Oriental. Em nenhum lugar, incluindo os Estados Unidos, os dados indicam que pacientes vulneráveis, como pessoas com deficiência, tenham recebido suicídio assistido pelo médico ou eutanásia com mais frequência do que a população geral (Radbruch et al., 2016).

Decisões sobre o fim da vida e atitudes culturais É difícil comparar a experiência da Holanda, que tem uma população homogênea e uma assistência médica universal, com a de outros países grandes e diversificados. O apoio ao suicídio assistido pelo médico (SAM) varia bastante nos Estados Unidos, de 47 a 69%, e permanece basicamente inalterado desde a década de 1990. Menos de 20% dos médicos norte-americanos informavam ter recebido solicitações de SAM, e menos de 5% as atenderam. Mesmo em estados como Oregon e Washington, onde tais solicitações são legais, menos de 1% dos médicos faz prescrições desse tipo todos os anos (Emanuel et al., 2016). A maioria dos norte-americanos – 84% aproximadamente – apoia o direito do

Em setembro de 1996, um australiano de 66 anos com câncer de próstata em estágio avançado foi a primeira pessoa a morrer legalmente por suicídio assistido.

Você acha que o suicídio assistido deveria ser legalizado? Em caso afirmativo, quais as salvaguardas a serem providenciadas? Suas respostas seriam as mesmas ou diferentes para a eutanásia ativa voluntária? Você vê uma distinção ética entre a eutanásia e a supersedação do paciente terminal?

O escritor Aldous Huxley, mais conhecido pelo romance distópico Admirável Mundo Novo, *morreu sob efeito de uma injeção intramuscular de LSD que lhe foi aplicada pela esposa a pedido dele.*

pesquisa em ação

SUICÍDIO ASSISTIDO PELO MÉDICO

O suicídio assistido pelo médico (SAM) envolve a solicitação formal por parte do paciente da prescrição de uma dose letal de medicamento com a intenção de acabar com a própria vida (Sulmasy et al., 2017). É o paciente que administra a dose fatal. Com o passar dos anos, as atitudes do público em relação ao SAM mudaram radicalmente. Cerca de 66% dos norte-americanos apoiam que os pacientes tenham acesso a meios para terminar a própria vida em caso de doença terminal (Emanuel, Onwuteaka-Philipsen, Urwin, & Cohen, 2016).

Os proponentes do SAM defendem a autonomia e autodeterminação do paciente e um fim misericordioso para o sofrimento humano (Levy, Azar, Huberfeld, Siegel, & Strous, 2013; Pormeister, Finley, & Rohack, 2017). O receptor de SAM típico é um homem branco com mais de 65 anos, ensino superior completo e diagnóstico de câncer terminal (Emanuel et al., 2016; Sulmasy et al., 2017). O uso do SAM é relativamente raro, apesar da legalização crescente nos estados dos Estados Unidos, e representa apenas 0,3 a 4,6% de todas as mortes nas jurisdições onde é permitido (Emanuel et al., 2016).

A Associação Médica Americana considera que o SAM vai contra os seus objetivos de restaurar a saúde dos doentes (Yang & Curlin, 2016). Os médicos são fiéis a princípios de justiça social baseados em proteger os direitos humanos dos membros mais vulneráveis da sociedade: doentes, deficientes, pobres e minorias. Questiona-se se esses grupos não seriam afetados desproporcionalmente pelo SAM legalizado (Sulmasy et al., 2017).

Os médicos defendem os padrões de cuidados atuais, incluindo o direito do paciente de recusar tratamentos e a maior expansão dos serviços de cuidados paliativos e de assistência ao doente terminal. Os serviços paliativos oferecem cuidados holísticos para pacientes, cuidadores e parentes, com o objetivo de aliviar a dor e o sofrimento, aumentar o bem-estar espiritual e psicológico, ajudar a família a adaptar-se à situação e permitir uma transição digna para a morte (De Lima et al., 2017). Kelley e Morrison (2015) informam que mais de 90% dos adultos norte-americanos não sabem da existência dos serviços de cuidados paliativos, mas que, quando informados, muitos desejam esses serviços para o fim da vida.

A conscientização sobre opções de planejamento antecipado e cuidados médicos compassivos são considerados essenciais para o apoio aos pacientes terminais. Infelizmente, os médicos enfrentam desafios para oferecer cuidados intensivos no fim da vida, dada a pressão de tempo nos ambientes de serviços de saúde (Sulmasy et al., 2017). Muitos defendem a acessibilidade universal a serviços de cuidados paliativos que lidem com as necessidades físicas, emocionais e psicológicas dos pacientes terminais e dos seus familiares. A tecnologia médica é essencial para prolongar a vida, mas a preservação da qualidade no final da vida é igualmente importante para os pacientes.

> **qual a sua opinião?** Você apoia a expansão das leis sobre morte com dignidade para regulamentar o suicídio assistido pelo médico? Quais medidas devem ser adotadas para proteger mais os pacientes?

paciente terminal de decidir se quer ou não ser mantido vivo com tratamento clínico, e cerca de 70% concordam em que há circunstâncias nas quais se deve deixar a pessoa morrer. Somente 22% dos norte-americanos acreditam que sempre deve ser feito todo o possível para salvar a vida do paciente (Parker, 2009a).

Na Europa, assim como nos Estados Unidos, as crenças em relação ao SAM são bastante diversas. Na Europa Ocidental, o apoio parece estar aumentando, mas a tendência na Europa Central e Oriental é inversa. Sugere-se que essas mudanças estejam relacionadas a mudanças simultâneas nos níveis de religiosidade, especialmente na Europa Oriental pós-comunista. A maioria dos casos de SAM envolve pacientes com câncer, em geral mais velhos e com alta escolaridade. A eutanásia e o SAM são legalizados cada vez mais, mas o medo de um efeito "bola de neve" parece não ter fundamento e não há evidências de que haja um abuso de SAM nas populações vulneráveis (Emanuel et al., 2016).

Opções para o fim da vida e diversidade cultural Um dos resultados positivos da controvérsia em torno do auxílio médico para morrer foi destacar a necessidade de cuidados paliativos de melhor qualidade e mais atenção para a motivação e o estado mental do paciente. Quando os médicos falam abertamente com os pacientes sobre as suas necessidades, podem-se encontrar meios de diminuir essas preocupações que não envolvam acabar com a vida (Bascom & Tolle, 2002).

Nos Estados Unidos, as questões relativas à diversidade social e cultural precisam ser levadas em conta na decisão sobre o fim da vida. O planejamento para a morte é incompatível com os valores tradicionais dos navajo, que evitam pensamentos e conversas negativas. As famílias chinesas podem tentar proteger a pessoa que está morrendo do conhecimento de sua morte iminente. Imigrantes mexicanos e coreanos talvez acreditem menos em autonomia individual do que ocorre na cultura norte-americana dominante (APA Working Group on Assisted Suicide, 2005). Entre alguns grupos minoritários étnicos, o valor da longevidade poderá ter prioridade sobre a saúde. Tanto os afro-americanos quanto os hispânicos estão mais propensos do que os brancos a informar que prefeririam tratamento que prolongue a vida caso tivessem uma doença incurável e com muito sofrimento (Lipka, 2014).

A religião também é um fator importante. Por exemplo, as atitudes dos estudantes de medicina na Grã-Bretanha são baseadas em suas crenças religiosas. A maioria dos estudantes não aprova o suicídio assistido pelo médico (SAM), mas isso vale especialmente para aqueles que acreditam em algum deus, sobretudo entre os muçulmanos (Pomfret, Mufti, & Seale, 2018). Nos Estados Unidos, a religiosidade também está associada com menor apoio ao SAM (Bulmer, Böhnke, & Lewis, 2017). Em termos mais gerais, essa mesma relação também pode ser identificada em nível de país, sendo que os países mais religiosos geralmente aceitam menos o SAM do que os países menos religiosos (Stack & Kposowa, 2011; Verbakel & Jaspers, 2010).

As questões que envolvem apressar a morte tornam-se mais prementes à medida que a população envelhece. No futuro, tanto os tribunais quanto o público serão forçados a lidar com essas questões à medida que um número cada vez maior de pessoas reivindicar o direito de morrer com dignidade e com ajuda.

verificador
você é capaz de...

▷ Explicar por que a intenção de cometer suicídio às vezes não é identificada e citar alguns sinais de advertência?

▷ Discutir as questões éticas, práticas e legais envolvidas nas diretivas antecipadas, na eutanásia e no suicídio assistido?

Encontrando significado e propósito para a vida e para a morte

A luta para encontrar significado na vida e na morte – geralmente dramatizada nos livros e nos filmes – tem sido confirmada pela pesquisa. Estudos sobre a religião e a morte constataram que essas crenças geralmente são benéficas para os que estão morrendo (Edmondson, Park, Chaudoir, & Wortmann, 2008). Em um estudo envolvendo 39 mulheres cuja média de idade era de 76 anos, aquelas que viam mais propósito na vida tinham menos medo da morte (Durlak, 1973). Inversamente, segundo Kübler-Ross (1975), enfrentar a realidade da morte é a chave para viver uma vida que faz sentido:

reavaliação de vida
Recordação da vida da pessoa para ver a sua importância.

> É a negação da morte que é parcialmente responsável pela vida vazia e sem propósito das pessoas; pois quando se vive como se fosse viver para sempre, é fácil adiar as coisas que o indivíduo sabe que deve fazer. Em contrapartida, quando você entende plenamente que cada dia em que você acorda pode ser o último da sua vida, você aproveita o dia para crescer, para se tornar mais daquilo que realmente é, para se comunicar com outros seres humanos. (p. 164)

REAVALIAÇÃO DE VIDA

A **reavaliação de vida** é um processo de recordação que permite à pessoa ver a importância de sua própria vida. A reavaliação de vida pode ocorrer a qualquer momento. No entanto, poderá ter um significado especial na velhice, quando é capaz de promover a integridade do ego – segundo Erikson, a última tarefa crítica de toda uma vida. À medida que se aproxima o fim de sua jornada, a pessoa poderá olhar para trás e ver onde teve sucesso e onde falhou, e perguntar-se qual foi o significado de sua vida. A consciência

Compartilhar lembranças evocadas por um álbum de fotografias é uma das maneiras de reavaliar a vida. A reavaliação de vida pode ajudar as pessoas a recordarem eventos importantes, podendo motivá-las a reconstruir relações abaladas ou concluir tarefas pendentes.
Corbis/VCG/Getty Images

da mortalidade pode servir como impulso para reexaminar valores e ver experiências e ações sob uma nova perspectiva. Algumas pessoas encontram disposição para concluir tarefas inacabadas, como reconciliar-se com membros da família e com amigos com os quais haviam brigado, e assim realizar uma conclusão satisfatória.

A terapia de reavaliação de vida pode ajudar a pessoa a se concentrar no processo natural de retrospecção, tornando-o mais consciente, intencional e eficiente (Westerhof & Bohlmeijer, 2014; Lewis & Butler, 1974). Estudos mostram que essas intervenções reduzem os sintomas de depressão e resultam em maior integridade do ego (Pinquart & Forstmeier, 2012). Os métodos geralmente utilizados para trazer à tona lembranças nessa terapia incluem gravar uma autobiografia; construir uma árvore genealógica; passar o tempo vendo álbuns de recortes ou de fotografias, velhas cartas e outros objetos antigos; fazer uma viagem de volta a cenas da infância e da juventude; reunir-se com ex-colegas de escola ou de trabalho, ou com membros distantes da família; descrever tradições étnicas; e resumir o trabalho de sua vida.

DESENVOLVIMENTO: UM PROCESSO PARA A VIDA TODA

Já com quase 80 anos, o artista Pierre-Auguste Renoir tinha artrite incapacitante e bronquite crônica, e havia perdido a esposa. Ele passava os dias em uma cadeira de rodas e sua dor era tão grande que ele não conseguia dormir à noite. Era incapaz de segurar uma paleta ou um pincel: ele tinha que amarrar o pincel na mão direita. No entanto, continuou produzindo pinturas brilhantes, cheias de cores e de uma vida vibrante. Finalmente, acometido de pneumonia, ficava na cama, admirando algumas anêmonas que seu ajudante havia colhido. Reuniu força suficiente para rascunhar a forma dessas lindas flores e, então – pouco antes de morrer –, recostou-se na cama e sussurrou: "Acho que estou começando a entender alguma coisa sobre isso" (L. Hanson, 1968).

Em um tempo de vida limitado, ninguém pode concretizar todas as capacidades, satisfazer a todos os desejos, explorar todos os interesses ou experimentar todas as possibilidades que a vida tem para oferecer. A tensão entre as possibilidades de crescimento e o tempo finito em que ocorre o crescimento define a vida humana. Escolhendo as possibilidades das quais vai se ocupar e dedicando-se a elas o máximo possível, até o derradeiro momento, cada pessoa contribui para a história inacabada do desenvolvimento humano.

verificador
você é capaz de...
▷ Explicar por que a reavaliação de vida pode ser útil na velhice, e como pode ajudar a superar o medo da morte?
▷ Citar várias atividades utilizadas na terapia de reavaliação de vida?
▷ Explicar como o morrer pode ser uma experiência de desenvolvimento?

resumo e palavras-chave

Os diversos significados da morte e do morrer

- A morte tem aspectos biológicos, sociais, culturais, históricos, religiosos, legais, psicológicos, éticos, clínicos e de desenvolvimento.
- Os costumes que envolvem a morte e o luto variam bastante de uma cultura para outra, e dependem da visão que uma sociedade tem da natureza e das consequências da morte. Alguns costumes modernos evoluíram a partir de crenças e práticas antigas.
- As taxas de mortalidade diminuíram drasticamente durante o século XX, sobretudo nos países desenvolvidos.
- Nos Estados Unidos, quase três quartos das mortes ocorrem entre os idosos, e as principais causas são doenças que afetam principalmente adultos mais velhos.
- À medida que a morte foi se tornando um fenômeno da última fase da idade adulta, passou a ser em grande parte "invisível"; a assistência aos doentes terminais é prestada por profissionais e ocorre em isolamento.
- Agora há um surto de interesse em compreender e lidar de modo realista e compassivo com a morte. Exemplos dessa tendência são o crescente interesse pela tanatologia e uma ênfase cada vez maior na assistência ao doente terminal e nos cuidados paliativos ou de consolo.

tanatologia (558)
assistência ao doente terminal (559)
cuidados paliativos (559)

Enfrentando a morte e as perdas

- As pessoas costumam passar por declínios cognitivos e funcionais pouco antes da morte.
- Algumas pessoas que estiveram próximas de morrer têm experiências de "quase-morte" que podem resultar de alterações fisiológicas.
- Elisabeth Kübler-Ross propôs cinco estágios perante a morte: negação, raiva, barganha, depressão e aceitação. Esses estágios, e sua sequência, não são universais.
- Não há nenhum padrão universal de luto. O padrão mais amplamente estudado vai do choque e descrença até a preocupação com a memória da pessoa morta e, finalmente, à solução. No entanto, a pesquisa constatou amplas variações e a predominância da resiliência.
- A compreensão das crianças em relação à morte desenvolve-se gradualmente. Crianças pequenas podem entender melhor a morte se esta fizer parte de sua própria experiência. As crianças demonstram a dor do luto de acordo com a idade e com base no desenvolvimento cognitivo e emocional.
- Embora os adolescentes geralmente não pensem muito sobre a morte, a violência e a ameaça da morte fazem parte da rotina diária de alguns deles. Adolescentes tendem a assumir riscos desnecessários.
- A percepção e aceitação da inevitabilidade da morte aumenta durante toda a vida adulta.

declínio terminal (560)
luto (561)
perda (561)
elaboração do luto (561)

Perdas significativas

- As mulheres têm maior probabilidade de ficarem viúvas e podem, com menos idade do que os homens, vivenciar a viuvez de maneira um pouco diferente. A saúde física e mental tende a declinar após a viuvez, mas para algumas pessoas a viuvez pode no final das contas tornar-se uma experiência positiva de desenvolvimento.
- A morte de um dos pais pode precipitar mudanças na identidade e no relacionamento com os outros.
- A perda de um filho pode ser difícil porque foge à norma.
- Como o aborto espontâneo e o parto de natimorto não costumam ser considerados perdas significativas na sociedade norte-americana, as pessoas que experimentam esse tipo de perda geralmente têm de lidar com isso sozinhas.

Questões médicas, legais e éticas: o "direito à morte"

- Embora o suicídio não seja mais ilegal nas sociedades modernas, ainda há um estigma associado a ele. Algumas pessoas defendem o "direito de morrer", principalmente aquelas que têm doenças degenerativas de longa duração.
- O número de suicídios provavelmente é subestimado. Frequentemente está relacionado com depressão, isolamento, conflitos familiares, problemas financeiros e doenças debilitantes. Há muito mais tentativas de suicídio do que mortes efetivas.
- A eutanásia e o suicídio assistido envolvem questões éticas, médicas e legais controversas.
- Para evitar sofrimento desnecessário por meio do prolongamento artificial da vida, a eutanásia passiva geralmente é permitida com o consentimento do paciente ou com diretiva antecipada. Entretanto, essa diretiva nem sempre é seguida. Atualmente, a maioria dos hospitais tem comitês de ética para lidar com decisões sobre os cuidados no fim da vida.
- A eutanásia ativa e o suicídio assistido geralmente são ilegais, mas o apoio público ao médico que ajuda o paciente a morrer tem aumentado.
- A controvérsia em torno da ajuda para morrer tem focalizado mais atenção na necessidade de melhores cuidados paliativos e na compreensão do estado mental do paciente. Questões relativas à diversidade social e cultural precisam ser consideradas.

eutanásia passiva (571)
eutanásia ativa (571)
diretiva antecipada (571)
procuração com vigência indeterminada (571)
suicídio assistido (572)

Encontrando significado e propósito para a vida e para a morte

- Quanto mais significado e propósito a pessoa encontrar em sua vida, menos ela tenderá a temer a morte.
- A reavaliação de vida pode ajudar as pessoas a se prepararem para a morte e dar-lhes uma última chance de concluir tarefas inacabadas.
- Até mesmo o morrer pode ser uma experiência de desenvolvimento.

reavaliação de vida (575)

Glossário

abismo visual Aparato projetado para dar a ilusão de profundidade e utilizado para avaliar a percepção de profundidade em bebês.

abordagem behaviorista Abordagem ao estudo do desenvolvimento cognitivo cuja preocupação é conhecer os mecanismos básicos da aprendizagem.

abordagem da linguagem integral Ensino da leitura enfatizando a recuperação visual e o uso de sugestões contextuais.

abordagem da neurociência cognitiva Abordagem ao estudo do desenvolvimento cognitivo que vincula os processos cerebrais aos processos cognitivos.

abordagem de imersão na língua inglesa Abordagem de ensino de inglês como segunda língua na qual a instrução é apresentada apenas em inglês.

abordagem do processamento da informação Abordagem ao estudo do desenvolvimento cognitivo que analisa os processos envolvidos na percepção e no processamento da informação.

abordagem fonética (com ênfase no código) Ensino da leitura enfatizando a decodificação de palavras desconhecidas.

abordagem piagetiana Abordagem ao estudo do desenvolvimento cognitivo que descreve qualitativamente os estágios do funcionamento cognitivo.

abordagem psicométrica Abordagem ao estudo do desenvolvimento cognitivo que procura medir a inteligência quantitativamente.

abordagem sociocontextual Abordagem ao estudo do desenvolvimento cognitivo que focaliza as influências ambientais, particularmente os pais e outros cuidadores.

abordagem tipológica Abordagem teórica que identifica tipos ou estilos amplos de personalidade.

aborto espontâneo Expulsão natural do útero sofrida por um embrião que não pode sobreviver fora do útero.

abuso de substâncias Uso repetido e prejudicial de uma substância, geralmente álcool ou outras drogas.

abuso físico Ação deliberada para pôr em perigo outra pessoa e que envolve possíveis danos corporais.

abuso sexual Atividade sexual física e psicologicamente prejudicial ou qualquer atividade sexual que envolva uma criança e uma pessoa mais velha.

ácido desoxirribonucleico (DNA) Substância química que carrega instruções herdadas para o desenvolvimento de todas as formas de vida celular.

acomodação Termo de Piaget para as mudanças em uma estrutura cognitiva existente para incluir novas informações.

acomodação da identidade Termo de Whitbourne para o ajustamento do autoconceito para adequar-se a novas experiências.

aconselhamento genético Serviço clínico que aconselha futuros pais sobre seus prováveis riscos de ter filhos com anomalias hereditárias.

adaptação Termo de Piaget para a adaptação a novas informações sobre o ambiente, obtida por meio dos processos de assimilação e acomodação.

adequação da educação Adequação das exigências e restrições ambientais ao temperamento da criança.

adequação funcional A capacidade de realizar as atividades físicas da vida cotidiana.

adolescência Transição no desenvolvimento entre a infância e a vida adulta que impõe grandes mudanças físicas, cognitivas e psicossociais.

adultez emergente Período de transição entre a adolescência e a idade adulta, comumente encontrado em países industrializados.

afirmação de poder Estratégia disciplinar destinada a desencorajar o comportamento indesejável por meio da aplicação física ou verbal do controle parental.

agressão explícita (direta) Agressão abertamente direcionada ao seu alvo.

agressão instrumental Comportamento agressivo utilizado como um meio para atingir um objetivo.

agressão relacional Agressão com o intuito de prejudicar ou interferir no relacionamento, reputação ou bem-estar psicológico de outra pessoa.

alcoolismo Doença crônica envolvendo dependência do uso de álcool, que causa interferência no funcionamento normal e no cumprimento de obrigações.

alelos Duas ou mais formas alternativas de um gene que ocupa a mesma posição em cromossomos emparelhados e que afetam o mesmo traço.

alfabetização emergente Desenvolvimento de habilidades, conhecimento e atitudes de crianças em idade pré-escolar subjacentes à capacidade de leitura e escrita.

altruísmo Comportamento que visa ajudar os outros, motivado por uma preocupação interior e sem expectativa de recompensa externa; pode envolver autonegação e autossacrifício.

ambiente Totalidade das influências não hereditárias ou experienciais sobre o desenvolvimento.

amostra Grupo de participantes escolhidos para representar toda uma população a ser estudada.

andaime conceitual (*scaffolding*) Apoio temporário para ajudar uma criança a dominar uma tarefa.

animismo Tendência a atribuir vida a objetos inanimados.

anorexia nervosa Transtorno alimentar caracterizado pela autoinanição.

anóxia Falta de oxigênio que pode causar dano cerebral.

ansiedade de separação Aflição demonstrada por alguém, geralmente um bebê, na ausência do cuidador familiar.

ansiedade diante de estranhos Cautela diante de pessoas e lugares desconhecidos, demonstrada por alguns bebês durante a segunda metade do primeiro ano de vida.

apego Vínculo recíproco e duradouro entre duas pessoas, especialmente entre bebê e cuidador – cada um contribuindo para a qualidade do relacionamento.

apego ambivalente (resistente) Padrão em que o bebê torna-se ansioso antes da ausência do cuidador principal, fica extremamente perturbado com sua ausência e, ao mesmo tempo em que procura o cuidador quando este retorna, resiste ao contato.

apego desorganizado-desorientado Padrão em que o bebê, após a ausência do principal cuidador, demonstra comportamentos contraditórios, repetitivos ou mal direcionados quando ele volta.

apego evitativo Padrão em que o bebê raramente chora quando separado do cuidador principal, evitando o contato quando ele retorna.

apego seguro Padrão no qual o bebê obtém rápida e eficazmente conforto de uma pessoa à qual é apegada em uma situação estressante.

aprendizagem observacional Aprendizagem por meio da observação do comportamento dos outros.

aprendizagem simultânea (bilíngue) Abordagem de ensino de segunda língua na qual os estudantes que estão aprendendo inglês e aqueles que têm o inglês como língua materna aprendem juntos em ambas as línguas.

armazenamento Retenção da informação na memória para uso futuro.

arteterapia Abordagem terapêutica que permite à pessoa expressar sentimentos perturbadores sem o uso de palavras, com diversos materiais e mídias artísticos.

asma Doença respiratória crônica, caracterizada por acessos repentinos de tosse, chiados e dificuldade para respirar.

assimilação Termo de Piaget para a incorporação de novas informações em uma estrutura cognitiva existente.

assimilação da identidade Termo de Whitbourne para o esforço de adaptar uma nova experiência a um autoconceito existente.

assistência ao doente terminal Assistência pessoal, centrada no paciente e em sua família, para indivíduos com doença terminal.

associação rápida Processo pelo qual uma criança absorve o significado de uma palavra nova após ouvi-la uma ou duas vezes em uma conversa.

atenção conjunta Foco de atenção compartilhado, geralmente iniciado com olhar ou apontando.

atividades da vida diária (AVDs) Atividades essenciais que são a base da sobrevivência, como alimentar-se, vestir-se, banhar-se e realizar tarefas domésticas.

autoconceito Senso de identidade; quadro mental descritivo e avaliativo das próprias capacidades e traços.

autoconsciência Percepção de que a própria existência e funcionamento estão separados dos de outras pessoas e coisas.

autodefinição Conjunto de características usadas para descrever a si próprio.

autoeficácia Percepção que a pessoa tem de sua própria capacidade de vencer desafios e atingir metas.

autoestima Julgamento que um indivíduo faz sobre seu valor pessoal.

autonomia *versus* vergonha e dúvida Para Erikson, é o segundo estágio do desenvolvimento psicossocial, quando a criança atinge o equilíbrio entre a autodeterminação e o controle por parte de outros.

autorregulação Controle independente do comportamento que a criança apresenta em conformidade com as expectativas sociais.

autossomos Em humanos, os 22 pares de cromossomos não relacionados à expressão sexual.

auxiliares de memória externos Estratégias mnemônicas usando alguma coisa fora da pessoa.

Bateria de Avaliação de Kaufman para Crianças (K-ABC-II) Teste de inteligência individual não tradicional que visa fornecer avaliações justas de crianças pertencentes a grupos minoritários e de crianças com necessidades especiais.

bebês com baixo peso ao nascer Peso menor que 2,5 kg ao nascer, em razão de prematuridade ou de ser pequeno para a idade gestacional.

bebês pequenos para a idade gestacional Bebês cujo peso ao nascer é menor que o peso de 90% das crianças da mesma idade gestacional, em razão de um crescimento fetal lento.

bebês pré-termo (prematuros) Bebês que nascem antes de completar a 37ª semana de gestação.

behaviorismo Teoria da aprendizagem que enfatiza o papel previsível do ambiente como causa do comportamento observável.

bilíngue Fluente em duas línguas.

binge drinking Consumir 5 ou mais doses de álcool (para homens) ou 4 ou mais doses (para mulheres) em uma única ocasião.

brincadeira de faz de conta Brincadeira envolvendo pessoas e situações imaginárias; também chamada de *jogo de fantasia*, *jogo dramático* ou *jogo imaginativo*.

brincadeiras impetuosas Brincadeira vigorosa envolvendo lutas, chutes e perseguições, com frequência acompanhados por risadas e gritos.

bulimia nervosa Transtorno alimentar no qual a pessoa ingere regularmente grandes quantidades de alimento e depois esvazia o corpo com laxantes, vômito induzido, jejum ou excesso de exercícios.

canalização Limitação na variante de expressão de certas características herdadas.

capacidade de representação Terminologia de Piaget para a capacidade de armazenar imagens mentais ou símbolos de objetos e eventos.

capacidade de reserva Capacidade dos sistemas e órgãos de acrescentar de 4 a 10 vezes mais energia do que o normal em situação de estresse agudo; também chamada de reserva orgânica.

capacidade vital Quantidade de ar que pode ser inspirada e expirada na respiração.

capital conjugal Benefícios emocionais e financeiros construídos ao longo de um casamento, que tendem a manter os casais juntos.

caracteres sexuais primários Órgãos diretamente relacionados à reprodução, que aumentam de tamanho e amadurecem durante a adolescência.

caracteres sexuais secundários Sinais fisiológicos de amadurecimento sexual (como o desenvolvimento dos seios e o crescimento de pelos corporais) que não envolvem os órgãos sexuais.

castigo corporal Utilização da força física com a intenção de causar dor para corrigir ou controlar o comportamento, sem causar ferimentos.

catarata Áreas turvas ou opacas no cristalino dos olhos que causam visão embaçada.

centração Na teoria de Piaget, a tendência da criança pré-operatória a concentrar-se em um aspecto de uma situação e negligenciar outros.

central executiva No modelo de Baddeley, um elemento da memória de trabalho que controla o processamento da informação.

codificação Processo pelo qual a informação é preparada para armazenamento de longo prazo e posterior recuperação.

código genético Sequência de bases que compõem a molécula de DNA; controla a produção de proteínas que determinam a estrutura e as funções das células vivas.

complexidade substantiva Grau com que o trabalho de uma pessoa requer reflexão e julgamento independente.

comportamento altruísta Atividade em que se pretende ajudar outra pessoa sem esperar recompensa.

comportamento inteligente Comportamento que é orientado para uma meta e que se adapta às circunstâncias e condições de vida.

comportamento pró-social Qualquer comportamento voluntário que visa ajudar os outros.

comportamentos externalizantes Comportamentos por meio dos quais uma criança representa suas dificuldades emocionais; por exemplo, agressão e hostilidade.

comportamentos internalizantes Comportamentos por meio dos quais problemas emocionais são voltados para dentro da pessoa; por exemplo, ansiedade ou depressão.

comportamentos reflexos Respostas à estimulação, automáticas, involuntárias e inatas.

compromisso Termo de Marcia para o investimento pessoal em uma ocupação ou em um sistema de crenças.

concordante Termo que descreve a tendência de gêmeos compartilharem o mesmo traço ou distúrbio.

condicionamento clássico Aprendizagem baseada na associação de um estímulo que normalmente não elicia uma resposta com outro que a elicia.

condicionamento operante Aprendizagem baseada na associação do comportamento com suas consequências.

confiança básica *versus* desconfiança Primeiro estágio no desenvolvimento psicossocial, segundo Erikson, quando os bebês desenvolvem um senso de confiança nas pessoas e nos objetos.

conhecimento tácito Termo de Sternberg para a informação que não é ensinada formalmente ou expressa abertamente, mas é necessária para ir adiante.

consciência moral Padrões internos de comportamento que geralmente controlam a conduta, e que ao serem violados produzem desconforto emocional.

conservação Termo de Piaget para a consciência de que dois objetos que são iguais, de acordo com determinada medida, permanecem iguais mesmo em face de alteração da percepção, desde que nada seja acrescentado ou retirado de nenhum deles.

constância de gênero Consciência de que a pessoa sempre será homem ou mulher. Também chamada constância da categoria sexual.

construção social Conceito ou prática que pode parecer natural e óbvio àqueles que o aceitam, mas que na realidade é uma invenção de uma determinada cultura ou sociedade.

consumo de risco Consumir mais de 14 doses de álcool por semana ou 4 doses em um único dia para homens, e mais de 7 doses por semana ou 3 doses em um único dia para mulheres.

controle do ego Autocontrole e autorregulação dos impulsos.

cooperação receptiva Na terminologia de Kochanska, disposição ansiosa para cooperar harmoniosamente com o pai ou a mãe nas interações cotidianas, incluindo rotinas, pequenas tarefas, higiene e brincadeiras.

coorte Grupo de pessoas nascidas aproximadamente na mesma época.

corregulação Estágio de transição no controle do comportamento, quando os pais exercem uma supervisão geral e os filhos exercem a autorregulação a cada momento.

correlação genótipo-ambiente Tendência de certas influências genéticas e ambientais a se reforçarem mutuamente; pode ser passiva, reativa (evocativa) ou ativa. Também chamada de *covariância genótipo-ambiente*.

crianças "difíceis" Crianças de temperamento irritadiço, ritmos biológicos irregulares e respostas emocionais intensas.

crianças "fáceis" Crianças de temperamento alegre, ritmos biológicos regulares e dispostas a aceitar novas experiências.

crianças de "aquecimento lento" Crianças cujo temperamento é geralmente moderado, mas que hesitam em aceitar novas experiências.

crianças resilientes Crianças que resistem a circunstâncias adversas, vivem bem apesar dos desafios ou das ameaças, ou que se recuperam de eventos traumáticos.

criatividade Capacidade de ver as coisas de uma maneira nova, de produzir inovações, ou de reconhecer problemas não identificados e encontrar soluções inovadoras.

crise Termo de Marcia para o período de tomada de decisão consciente relativa à formação de identidade.

crise da meia-idade Em alguns modelos normativos de crise, período estressante da vida desencadeado pela revisão e pela reavaliação do passado, ocorrendo caracteristicamente dos 40 aos 45 anos.

crise filial Na terminologia de Marcoen, o desenvolvimento normativo da meia-idade, no qual os adultos aprendem a equilibrar amor e dever para com seus pais com autonomia dentro de um relacionamento de mão dupla.

cromossomos Espirais de DNA que contêm os genes.

cromossomos sexuais Par de cromossomos que determina o sexo: XX na mulher normal, XY no homem normal.

cuidado de parentesco O cuidado de crianças que vivem sem os pais na casa dos avós ou de outros parentes, com ou sem uma mudança da custódia legal.

cuidados paliativos Cuidados direcionados para o alívio da dor e do sofrimento e que permitem que os doentes terminais morram em paz, com conforto e dignidade.

cultura O modo de vida global de uma sociedade ou de um grupo, que inclui costumes, tradições, crenças, valores, linguagem e produtos materiais – todo comportamento adquirido que é transmitido dos pais para os filhos.

curva de sobrevivência Curva em um gráfico que mostra a porcentagem de pessoas ou animais vivos em diversas idades.

declínio terminal Declínio em várias capacidades cognitivas, frequentemente observado próximo ao final da vida.

decodificação Processo de análise fonética pelo qual uma palavra impressa é convertida para a forma falada antes da recuperação na memória de longo prazo.

deficiência intelectual Função cognitiva significativamente abaixo do normal. Também chamada de retardo mental.

déficit de crescimento não orgânico Crescimento físico mais lento ou atrasado, sem causa clínica conhecida, acompanhado de desenvolvimento precário e problemas emocionais.

definição operacional Definição enunciada apenas em termos das operações utilizadas para medir um fenômeno.

degeneração macular relacionada à idade Condição em que o centro da retina perde gradualmente a sua habilidade de discernir detalhes refinados. É a principal causa de comprometimento visual irreversível em adultos idosos.

demência Deterioração no funcionamento comportamental e cognitivo em razão de causas fisiológicas.

dependência química Dependência (física, psicológica ou ambas) de uma substância química prejudicial.

depressão infantil Transtorno do humor caracterizado por sintomas como sensação prolongada de falta de amigos, incapacidade de se divertir ou se concentrar, fadiga, atividade extrema ou apatia, sentimentos de inutilidade, alteração de peso, queixas físicas e pensamentos de morte ou suicídio.

desabituação Aumento da resposta após a apresentação de um novo estímulo.

descentrar Na terminologia de Piaget, pensar simultaneamente a respeito de diversos aspectos de uma situação.

desenvolvimento cognitivo Padrão de mudança nas habilidades mentais, como aprendizagem, atenção, memória, linguagem, pensamento, raciocínio e criatividade.

desenvolvimento do ciclo de vida Conceito sobre o desenvolvimento humano como um processo que dura a vida toda e que pode ser estudado cientificamente.

desenvolvimento físico Crescimento do corpo e do cérebro, incluindo os padrões de mudança nas capacidades sensoriais, habilidades motoras e saúde.

desenvolvimento humano Estudo científico dos processos de transformação e estabilidade ao longo de todo o ciclo de vida humano.

desenvolvimento psicossexual Na teoria freudiana, uma sequência invariável de fases do desenvolvimento da personalidade na infância, quando a gratificação se desloca da boca para o ânus e depois para os genitais.

desenvolvimento psicossocial (1) Padrão de mudança nas emoções, personalidade e relações sociais. (2) Na teoria dos oito estágios de Erikson, o processo de desenvolvimento do ego, ou *self*, é influenciado por fatores sociais e culturais.

determinismo recíproco Termo usado por Bandura para as forças bidirecionais que afetam o desenvolvimento.

diabetes (1) Uma das doenças mais comuns da infância. É caracterizada por altos níveis de glicose no sangue como resultado de produção deficiente de insulina, ação ineficaz da insulina, ou ambos. (2) Doença na qual o corpo não produz ou não utiliza adequadamente a insulina, um hormônio que converte açúcar, amidos e outros alimentos na energia necessária para a vida.

diferenças individuais Diferenças nas características, nas influências ou nos resultados do desenvolvimento.

diferenciação Processo pelo qual as células adquirem estruturas e funções especializadas.

difusão de identidade Estado de identidade, descrito por Marcia, que é caracterizado por ausência de compromissos e falta de uma consideração séria de alternativas.

diretiva antecipada Documento que especifica o tipo de assistência desejada pela pessoa em caso de incapacitação ou doença terminal.

disciplina Métodos para moldar o caráter das crianças e para ensiná-las a exercer o autocontrole e ter um comportamento aceitável.

discurso particular Conversar em voz alta consigo mesmo, sem nenhuma intenção de comunicar-se com os outros.

discurso social Fala que se destina a ser entendida por um ouvinte.

disfunção erétil Incapacidade de um homem alcançar ou manter o pênis suficientemente ereto para um desempenho sexual satisfatório.

dislexia Transtorno do desenvolvimento no qual a aquisição da leitura é substancialmente mais baixa do que o previsto pelo QI ou pela idade.

dispositivo de aquisição da linguagem (DAL) Na terminologia de Chomsky, mecanismo inato que permite à criança inferir regras linguísticas do idioma que ouve.

distribuição randômica Distribuição dos participantes de um experimento em grupos, de modo que cada pessoa tenha chances iguais de ser colocada em qualquer um dos grupos.

doenças agudas Doenças que duram pouco tempo.

doenças crônicas Doenças ou comprometimentos que persistem por pelo menos três meses.

dominância incompleta Padrão hereditário em que a criança recebe dois alelos diferentes, resultando na expressão parcial de um traço.

doula Uma mentora experiente que oferece apoio emocional e informações para a mulher durante o trabalho de parto.

educação bilíngue Sistema de ensinar crianças que não falam inglês em suas línguas nativas enquanto aprendem o inglês, e mais tarde mudando para instrução totalmente em inglês.

efeitos ambientais não compartilhados O ambiente único em que cada criança cresce e que consiste em influências distintas ou influências que afetam cada uma diferentemente.

egocentrismo Termo usado por Piaget para denominar a incapacidade de considerar o ponto de vista de outra pessoa; uma característica do pensamento das crianças pequenas.

elaboração Estratégia mnemônica de fazer associações mentais envolvendo os itens a serem lembrados.

elaboração do luto Resolução de questões psicológicas ligadas ao luto.

elemento componencial Termo de Sternberg para o aspecto analítico da inteligência.

elemento contextual Termo de Sternberg para o aspecto prático da inteligência.

elemento experiencial Termo de Sternberg para o aspecto introspectivo ou criativo da inteligência.

emaranhados neurofibrilares Massas retorcidas de fibras de proteína encontradas nos cérebros das pessoas com mal de Alzheimer.

emoções Reações subjetivas a experiências que estão associadas a mudanças fisiológicas e comportamentais.

emoções autoavaliadoras Emoções como orgulho, vergonha e culpa, que dependem tanto da autoconsciência quanto do conhecimento de padrões de comportamento socialmente aceitos.

emoções autoconscientes Emoções como constrangimento, empatia e inveja, que dependem da autoconsciência.

emoções sociais Emoções envolvidas na regulação do comportamento social que exigem autoconsciência e a compreensão dos pontos de vista dos outros.

empatia Capacidade de se colocar no lugar de outra pessoa e sentir o que ela sente.

encapsulação Na terminologia de Hoyer, o processo que permite que o conhecimento especializado agrupe conhecimentos relevantes para compensar declínios na capacidade de processamento de informações.

enfrentamento (*coping*) É o pensamento ou comportamento adaptativo que visa reduzir ou aliviar o estresse resultante de condições prejudiciais, ameaçadoras ou difíceis.

enfrentamento focalizado na emoção No modelo de avaliação cognitiva, estratégia de enfrentamento orientada para administrar a resposta emocional a uma situação estressante, com o objetivo de diminuir seu impacto físico ou psicológico.

enfrentamento focalizado no problema No modelo de avaliação cognitiva, estratégia de enfrentamento orientada para eliminar, administrar ou melhorar uma situação estressante.

ensaio Estratégia mnemônica para manter um item na memória de trabalho por meio de repetição consciente.

enurese Urinar repetidamente nas roupas ou na cama.

envelhecer em casa A permanência na própria casa, com ou sem assistência, durante a velhice.

envelhecimento primário Processo gradual inevitável de deterioração física ao longo da vida.

envelhecimento secundário Processo de envelhecimento que resulta de doenças, abusos e maus hábitos físicos e que pode muitas vezes ser evitado.

epigênese Mecanismo que ativa ou desativa os genes e determina funções das células.

equilibração Termo de Piaget para a tendência a procurar um equilíbrio estável entre os elementos cognitivos, obtido por meio do equilíbrio entre assimilação e acomodação.

equilíbrio da identidade Termo de Whitbourne para uma tendência a equilibrar assimilação e acomodação.

Escala Brazelton de Avaliação do Comportamento Neonatal (NBAS) Teste neurológico e comportamental para medir as respostas do neonato ao ambiente.

Escala de Apgar Medida padronizada da condição de um recém-nascido; avalia cor, frequência cardíaca, reflexos, tônus muscular e respiração.

Escala de Inteligência Wechsler para Crianças (WISC-IV) Teste de inteligência para crianças em idade escolar, que produz pontuações verbais e de desempenho bem como uma pontuação combinada.

Escala de Inteligência Wechsler Pré-escolar e Primária Revisada (WPPSI-IV) Teste de inteligência individual para crianças de 2 anos e meio a 7 anos de idade que produz pontuações verbais e de desempenho, bem como uma pontuação combinada.

Escala Wechsler de Inteligência Adulta (WAIS, na sigla em inglês) Teste de inteligência para adultos que apresenta pontuação de execução e verbal, assim como uma pontuação combinada.

Escalas Bayley de Desenvolvimento Infantil Teste padronizado que avalia o desenvolvimento mental e motor de bebês e crianças até 3 anos.

Escalas de Inteligência de Stanford-Binet Testes individuais de inteligência para crianças a partir de 2 anos e usado para medir a fluidez de raciocínio, o conhecimento, o raciocínio quantitativo e a memória de trabalho.

escolha de nicho Tendência de uma pessoa, especialmente após a segunda infância, a procurar ambientes compatíveis com seu genótipo.

esgotamento do cuidador Condição de exaustão física, mental e emocional que afeta adultos que cuidam constantemente de pessoas idosas ou doentes.

espermarca A primeira ejaculação do menino.

esquemas Na terminologia de Piaget, padrões de pensamento e comportamento utilizados em determinadas situações.

esquemas da identidade Percepções acumuladas do *self* moldadas por informação proveniente de relacionamentos íntimos, de situações relacionadas ao trabalho e da comunidade e de outras experiências.

esquizofrenia Transtorno mental marcado pela perda de contato com a realidade. Os sintomas incluem alucinações e delírios.

estado de alerta A condição fisiológica e comportamental de um bebê em um determinado momento no ciclo periódico diário de vigília, sono e atividade.

estágio pré-operatório Na teoria de Piaget, o segundo maior estágio do desenvolvimento cognitivo, no qual o pensamento simbólico se expande, mas as crianças ainda não são capazes de usar a lógica.

estágio sensório-motor Na teoria de Piaget, o primeiro estágio do desenvolvimento cognitivo, durante o qual os bebês aprendem por meio dos sentidos e da atividade motora.

estereótipos de gênero Generalizações preconcebidas sobre o comportamento masculino ou feminino.

estirão de crescimento adolescente Aumento rápido na altura e no peso que precede a maturidade sexual.

estratégia mnemônica Estratégia para ajudar a memória.

estresse (1) Pressões físicas e psicológicas sobre uma pessoa ou organismo. (2) Resposta a demandas físicas ou psicológicas.

estressores Demandas ambientais percebidas que podem produzir estresse.

estudo correlacional Modelo de pesquisa que visa descobrir se existe uma relação estatística entre variáveis.

estudo de caso Estudo de um único sujeito, que pode ser um indivíduo ou uma família.

estudo etnográfico Estudo detalhado de uma cultura; utiliza uma combinação de métodos que inclui a observação participante.

estudo longitudinal Estudo elaborado para avaliar, em uma amostra, mudanças que ocorrem com a idade no decorrer do tempo.

estudo sequencial Modelo de estudo que combina técnicas transversais e longitudinais.

estudo transversal Estudo elaborado para avaliar diferenças relacionadas à idade em que pessoas de diferentes idades são avaliadas em uma determinada ocasião.

etologia Estudo dos comportamentos adaptativos distintivos de espécies de animais, os quais evoluíram para aumentar a sobrevivência da espécie.

eutanásia ativa Ação deliberada para abreviar a vida de um doente terminal, de modo a pôr fim ao sofrimento ou permitir uma morte com dignidade; também chamada de assassinato por misericórdia.

eutanásia passiva Retirada ou interrupção deliberada do tratamento que prolonga a vida de um doente terminal de modo a pôr fim ao sofrimento ou permitir uma morte com dignidade.

eventos de vida normativos No modelo de momento dos eventos, experiências de vida comumente esperadas que ocorrem em épocas habituais.

execução Estado de identidade, descrito por Marcia, no qual uma pessoa que não passou um tempo considerando alternativas (ou seja, não esteve em crise) está comprometida com os planos de outras pessoas para sua vida.

expectativa de vida Idade máxima que uma pessoa em uma determinada coorte provavelmente viverá (dada a sua idade atual e condições de saúde), com base na média de longevidade de uma população.

experimento Procedimento controlado e replicável em que o pesquisador manipula variáveis para avaliar o efeito de uma sobre a outra.

faixa de reação Variabilidade potencial, na expressão de um traço hereditário, que depende das condições ambientais.

fala dirigida à criança (FDC) Tipo de fala geralmente usado para conversar com bebês ou crianças pequenas; trata-se de uma fala lenta e simplificada, com tonalidade alta, sons vocálicos exagerados, palavras e sentenças curtas e muita repetição; também chamada de *manhês*.

fala pré-linguística Precursora da fala linguística; emissão de sons que não são palavras. Inclui choro, arrulho, balbucio e imitação acidental e intencional de sons sem compreensão do significado.

fala telegráfica Forma inicial do uso de sentenças que consiste em falar apenas algumas palavras essenciais.

família extensa Rede de parentesco envolvendo muitas gerações e formada por pais, filhos e outros parentes, às vezes vivendo juntos no mesmo lar.

família nuclear Unidade econômica e doméstica que compreende laços de parentesco envolvendo duas gerações e que consiste em pai e mãe, ou apenas um dos dois, e seus filhos biológicos, adotados ou enteados.

fatores de proteção Fatores que reduzem o impacto de influências potencialmente negativas e tendem a predizer consequências positivas.

fatores de risco Condições que aumentam a probabilidade de uma consequência negativa no desenvolvimento.

fecundação União entre espermatozoide e óvulo para produzir um zigoto; também denominada *concepção*.

fenótipo Características observáveis de uma pessoa.

fidelidade Lealdade constante, fé ou um sentimento de integração resultante da resolução bem-sucedida do estágio de desenvolvimento psicossocial da identidade *versus* confusão de identidade de Erikson.

fobia escolar Medo irreal de ir para a escola; pode ser uma forma de transtorno de ansiedade de separação ou de fobia social.

fobia social Medo extremo e/ou esquiva de situações sociais.

função executiva Controle consciente dos pensamentos, emoções e ações para alcançar objetivos ou solucionar problemas.

função simbólica Termo de Piaget para a capacidade de usar representações mentais (palavras, números ou imagens) às quais uma criança atribui um significado.

gêmeos dizigóticos Gêmeos concebidos pela união de dois óvulos distintos (ou um único óvulo que se dividiu antes da fecundação) com dois espermatozoides diferentes; também chamados de *gêmeos fraternos*; não são mais geneticamente semelhantes do que quaisquer irmãos não gêmeos.

gêmeos monozigóticos Gêmeos resultantes da divisão de um único zigoto após a fecundação; também chamados de *gêmeos idênticos*; são geneticamente semelhantes.

generalização étnica Generalização exagerada a respeito de um grupo étnico ou cultural que obscurece as diferenças existentes dentro do grupo.

generatividade Termo de Erikson para as preocupações dos adultos maduros com encontrar significado através de contribuições para a sociedade e a criação de um legado para as gerações futuras.

generatividade *versus* estagnação
O sétimo estágio do desenvolvimento psicossocial de Erikson, no qual o adulto de meia-idade desenvolve uma preocupação relacionada a estabelecer, orientar e influenciar a próxima geração ou então experimenta a estagnação (um senso de inatividade ou falta de significado para a vida).

gênero O significado de ser homem ou mulher.

genes Pequenos segmentos de DNA localizados em posições definidas em determinados cromossomos; unidades funcionais da hereditariedade.

genética comportamental Estudo quantitativo das influências relativas da hereditariedade e do ambiente no comportamento.

genoma humano Sequência completa dos genes do corpo humano.

genótipo Constituição genética de uma pessoa, contendo tanto as características expressas quanto as não expressas.

geração histórica Grupo de pessoas que, durante seu período de formação, recebeu forte influência de um importante evento histórico.

geração sanduíche Adultos de meia-idade "espremidos" pelas necessidades concorrentes de criar ou orientar os filhos e cuidar de pais idosos.

geriatria Área da medicina relacionada aos processos de envelhecimento e aos problemas de saúde que surgem com a velhice.

gerontologia Estudo dos idosos e dos processos de envelhecimento.

gestação Período de desenvolvimento entre a concepção e o nascimento.

glaucoma Dano irreversível ao nervo óptico causado pelo aumento da pressão nos olhos.

grupo étnico Grupo unido por ancestralidade, raça, religião, língua ou origens nacionais, que contribuem para formar um senso de identidade comum.

grupo experimental Em um experimento, o grupo que recebe o tratamento em estudo.

grupo-controle Em um experimento, grupo de pessoas, semelhante ao grupo experimental, que não recebe o tratamento em estudo.

habilidades motoras finas Habilidades físicas que envolvem os pequenos músculos e a coordenação olhos-mãos.

habilidades motoras grossas Habilidades físicas que envolvem os grandes músculos.

habituação Tipo de aprendizagem em que a familiaridade com um estímulo reduz, torna mais lenta ou faz cessar uma resposta.

herança dominante Padrão de hereditariedade no qual é expresso somente o dominante quando a criança recebe alelos diferentes.

herança ligada ao sexo Padrão hereditário em que certas características contidas no cromossomo X, herdadas da mãe, são transmitidas diferentemente às proles masculina e feminina.

herança poligênica Padrão de herança em que múltiplos genes, em diferentes posições nos cromossomos, afetam um traço complexo.

herança recessiva Padrão de hereditariedade em que a criança recebe alelos recessivos idênticos, resultando na expressão de um traço não dominante.

herdabilidade Estimativa estatística da contribuição da hereditariedade para diferenças individuais em um traço específico e em uma determinada população.

hereditariedade Traços ou características inatas herdadas dos pais biológicos.

heterozigótico Indivíduo que possui alelos diferentes para um determinado traço.

hipertensão Pressão arterial cronicamente alta.

hipótese da dupla representação Hipótese segundo a qual as crianças com menos de 3 anos têm dificuldade para entender relações espaciais devido à necessidade de manter mais de uma representação mental ao mesmo tempo.

hipótese do extravasamento Hipótese de que há uma transferência dos ganhos cognitivos do trabalho para o lazer que explica a relação positiva entre atividades na qualidade do funcionamento intelectual.

hipóteses Possíveis explicações para os fenômenos usadas para prever o resultado da pesquisa.

holofrase Uma única palavra que transmite um pensamento completo.

homozigótico Indivíduo que possui dois alelos idênticos para um determinado traço.

icterícia neonatal Condição de muitos neonatos causada por imaturidade do fígado e evidenciada pela aparência amarelada; pode causar dano cerebral se não for tratada imediatamente.

idade funcional Medida da capacidade de uma pessoa de funcionar efetivamente em seu ambiente físico e social em comparação com outras da mesma idade cronológica.

idade gestacional Idade do nascituro geralmente contada a partir do primeiro dia do último ciclo menstrual da gestante.

idadismo Preconceito ou discriminação contra uma pessoa (geralmente o idoso) baseado na idade.

identidade De acordo com Erikson, uma concepção coerente do *self*, constituída de metas, valores e crenças com os quais a pessoa está solidamente comprometida.

identidade de gênero Consciência, desenvolvida na segunda infância, de ser do sexo masculino ou feminino.

identidade ideal O que a pessoa gostaria de ser.

identidade real O que a pessoa realmente é.

identidade *versus* confusão de identidade
O quinto estágio do desenvolvimento psicossocial de Erikson, no qual o adolescente procura desenvolver uma percepção coerente do *self*,

incluindo o papel que ele precisa desempenhar na sociedade. Também chamado de *confusão de identidade* versus *confusão de papel*.

identificação Na teoria freudiana, processo pelo qual a criança pequena adota características, crenças, atitudes, valores e comportamentos do genitor do mesmo sexo.

imagem corporal Crenças descritivas e avaliativas sobre a própria aparência.

imitação diferida Na terminologia de Piaget, a reprodução de um comportamento observado após algum tempo, evocando-se um símbolo armazenado desse comportamento.

implantação A ligação do blastocisto à parede uterina, que ocorre aproximadamente no sexto dia.

imprinting Forma instintiva de aprendizagem em que um filhote de animal, durante um período crítico no início de seu desenvolvimento, estabelece um vínculo com o primeiro objeto que ele vê em movimento, geralmente a mãe.

inatismo Teoria de que os seres humanos possuem uma capacidade inata para adquirir linguagem.

inclusão de classes Compreensão da relação entre um todo e suas partes.

individuação A luta do adolescente por autonomia e identidade pessoal.

infecções sexualmente transmissíveis (ISTs) Infecções e doenças transmitidas por contato sexual.

inferência transitiva Compreensão da relação entre dois objetos, conhecendo-se a relação de cada um deles com um terceiro.

infertilidade Incapacidade de conceber um filho após 12 meses de tentativas sem o uso de contraceptivos.

iniciativa *versus* culpa O terceiro estágio no desenvolvimento psicossocial de Erikson, quando a criança equilibra o desejo de atingir metas com ressalvas em relação a fazê-lo.

integração Processo pelo qual os neurônios coordenam as atividades de todas as funções e órgãos do corpo.

integridade do ego *versus* desespero De acordo com Erikson, a oitava e última etapa do desenvolvimento psicossocial, quando as pessoas na vida adulta tardia adquirem um senso de integridade do ego pela aceitação da vida que tiveram, e assim aceitam a morte, ou se entregam ao desespero pela impossibilidade de reviver suas vidas.

inteligência cristalizada Tipo de inteligência, proposto por Horn e Cattell, que envolve a capacidade de lembrar e utilizar informações adquiridas; é largamente dependente de educação e cultura.

inteligência emocional (IE) Termo de Salovey e Mayer para a capacidade de entender e regular as emoções; um componente importante do comportamento inteligente efetivo.

inteligência fluida Tipo de inteligência, proposto por Horn e Cattell, que é aplicado a problemas novos e é relativamente independente de influências educacionais e culturais.

interação genótipo-ambiente A parcela de variação fenotípica que resulta das reações de indivíduos geneticamente diferentes a condições ambientais similares.

internalização Durante a socialização, processo em que as crianças aceitam padrões societais de conduta como sendo seus.

intervenção precoce Processo sistemático de acompanhamento que ajuda as famílias a satisfazerem as necessidades de desenvolvimento das crianças pequenas.

intimidação (*bullying*) Agressão deliberada e persistentemente dirigida a um alvo específico, ou vítima, que normalmente é fraco, vulnerável e indefeso.

intimidade *versus* isolamento O sexto estágio do desenvolvimento psicossocial de Erikson, no qual jovens adultos formam vínculos fortes e duradouros com amigos e parceiros afetivos ou enfrentam um possível sentimento de isolamento e autoabsorção.

Inventário HOME de Observação Doméstica Instrumento para medir a influência do ambiente doméstico no desenvolvimento cognitivo da criança.

irreversibilidade Termo de Piaget para o fracasso da criança no estágio pré-operatório em entender que uma operação pode seguir em duas ou mais direções.

jogo construtivo Brincadeira envolvendo o uso de objetos ou materiais para fazer algo.

jogo dramático Brincadeira envolvendo pessoas ou situações imaginárias; também chamado de jogo de faz de conta, jogo de fantasia ou jogo imaginativo.

jogo funcional Brincadeira envolvendo a prática repetida de movimentos dos grandes músculos.

jogos formais com regras Jogos organizados com procedimentos e penalidades conhecidos.

lateralidade manual Preferência por usar uma das mãos.

lateralização Tendência de cada um dos hemisférios cerebrais a apresentar funções especializadas.

lembrança A capacidade de reproduzir material da memória.

letramento (1) Habilidade para ler e escrever. (2) Em um adulto, a capacidade de usar informação impressa e escrita para atuar em sociedade, alcançar objetivos e desenvolver o conhecimento e o potencial.

limite de Hayflick Limite geneticamente controlado, proposto por Hayflick, sobre o número de vezes que as células podem se dividir em membros de uma espécie.

linguagem Sistema de comunicação baseado em palavras e na gramática.

longevidade Duração da vida de um indivíduo.

ludoterapia Abordagem terapêutica que utiliza brinquedos para ajudar uma criança a lidar com o sofrimento emocional.

luto Resposta emocional vivenciada nos primeiros estágios da perda.

mal de Alzheimer Distúrbio cerebral, progressivo, irreversível e degenerativo, caracterizado por deterioração cognitiva e perda do controle das funções corporais, e que leva à morte.

mal de Parkinson Distúrbio neurológico degenerativo, progressivo e irreversível, caracterizado por tremores, rigidez, movimentos lentos e postura instável.

mamografia Exame radiológico de diagnóstico dos seios.

maturação Desdobramento de uma sequência natural de mudanças físicas e comportamentais.

maus-tratos emocionais Rejeição, aterrorização, isolamento, exploração, ridicularização ou negação de apoio emocional, amor e afeição; ou outras ações ou inações que possam causar transtornos comportamentais, cognitivos, emocionais ou mentais.

memória autobiográfica Memória de eventos específicos da própria vida.

memória de longo prazo Depósito com capacidade virtualmente ilimitada que retém informações por longos períodos.

memória de procedimento Memória de longo prazo de habilidades motoras, costumes e formas de fazer as coisas, que em geral podem ser relembradas sem esforço consciente; algumas vezes chamada de *memória implícita*.

memória de reconhecimento visual Capacidade de distinguir um estímulo visual familiar de outro não familiar quando ambos são mostrados ao mesmo tempo.

memória de trabalho Armazenamento de curto prazo das informações que estão sendo ativamente processadas.

memória episódica Memória de longo prazo de experiências ou acontecimentos específicos, ligados a tempo e lugar.

memória explícita Memória intencional e consciente, geralmente de fatos, nomes e eventos.

memória genérica Memória que produz roteiros de rotinas familiares para guiar o comportamento.

memória implícita Recordação inconsciente, geralmente de hábitos e habilidades; às vezes chamada de *memória de procedimentos* ou *procedural*.

memória semântica Memória de longo prazo de conhecimento prático factual, de linguagem e de costumes sociais.

memória sensorial Armazenamento temporário, breve, inicial das informações sensoriais.

menarca A primeira menstruação da menina.

menopausa Cessação da menstruação e da capacidade de gerar filhos.

metabolismo basal Uso de energia para manter as funções vitais.

metacognição Pensar sobre pensar, ou a consciência dos próprios processos mentais.

metamemória O conhecimento e a reflexão sobre os processos de memória.

método canguru Método de contato íntimo em que o recém-nascido é colocado de bruços entre os seios da mãe por cerca de uma hora após o nascimento.*

Glossário

método científico Sistema de princípios estabelecidos e de processos de investigação científica que inclui a identificação do problema a ser estudado, a formulação de uma hipótese a ser testada pela pesquisa, a coleta e análise de dados, a formulação de conclusões provisórias e a divulgação dos resultados.

mielinização Processo de revestimento das vias neurais com uma substância gordurosa (mielina) que permite maior rapidez de comunicação entre as células.

miopia Vista curta.

mistura de código O uso de elementos de duas línguas, às vezes na mesma expressão, por crianças pequenas em lares onde ambas as línguas são faladas.

modelo de avaliação cognitiva É o modelo de avaliação cognitiva proposto por Lazarus e Folkman, o qual afirma que, com base em contínuas avaliações de sua relação com o ambiente, as pessoas escolhem estratégias adequadas de enfrentamento para lidar com situações que sobrecarregam seus recursos normais.

modelo de interação social Modelo, baseado na teoria sociocultural de Vygotsky, que propõe que as crianças constroem memórias autobiográficas por meio da conversação com adultos sobre eventos compartilhados.

modelo de momento dos eventos Modelo teórico do desenvolvimento da personalidade que descreve o desenvolvimento psicossocial adulto como resposta à ocorrência e ao momento previsto ou imprevisto de eventos de vida importantes.

modelo dos cinco fatores Modelo teórico da personalidade, desenvolvido e testado por Costa e McCrae, baseado nos fatores subjacentes a agrupamentos de traços de personalidade relacionados do "Big Five": abertura à experiência, conscienciosidade, extroversão, amabilidade e neuroticismo.

modelo mecanicista Modelo que vê o desenvolvimento humano como uma série de respostas previsíveis a estímulos.

modelo organicista Modelo que vê o desenvolvimento humano como algo iniciado internamente por um organismo ativo e que ocorre em uma sequência de etapas qualitativamente diferentes.

modelos de estágios normativos Modelos teóricos que descrevem o desenvolvimento psicossocial em termos de uma sequência definida de mudanças relacionadas à idade.

modelos de traços Modelos teóricos do desenvolvimento da personalidade que se concentram nos traços, ou atributos, mentais, emocionais, temperamentais e comportamentais.

momentos decisivos Transições psicológicas que envolvem mudanças ou transformações significativas na percepção do significado, propósito ou direção da própria vida.

monitoramento eletrônico fetal Monitoramento mecânico das batidas cardíacas do feto durante o trabalho de parto.

moralidade convencional (ou moralidade em conformidade com o papel convencional) Segundo nível da teoria do raciocínio moral de Kohlberg no qual os padrões das figuras de autoridade são internalizados.

moralidade pós-convencional (ou moralidade dos princípios morais autônomos) Terceiro nível da teoria do raciocínio moral de Kohlberg, em que as pessoas seguem princípios morais internos e podem decidir entre padrões morais conflitantes.

moralidade pré-convencional Primeiro nível da teoria de Kohlberg sobre o julgamento moral em que o controle é externo e as regras são obedecidas para se obter recompensas ou evitar punição, ou por interesse pessoal.

moratória Estado de identidade, descrito por Marcia, no qual uma pessoa está atualmente considerando alternativas (em crise) e parece estar rumando para o compromisso.

mudança qualitativa Mudanças descontínuas de tipo, estrutura ou organização.

mudança quantitativa Mudanças em número ou quantidade, como altura, peso, tamanho do vocabulário ou frequência da comunicação.

mutações Alterações permanentes nos genes ou nos cromossomos que podem produzir características prejudiciais.

não normativo Característico de um evento incomum que acontece com uma determinada pessoa ou de um evento típico que ocorre fora de seu período usual.

natimorto Morte do feto na ou após a 20ª semana de gestação.

negligência Não atendimento das necessidades básicas de um dependente.

neonato O bebê recém-nascido, com até quatro semanas de idade.

neurociência cognitiva Estudos dos vínculos entre processos neurais e capacidades cognitivas.

neurônios Células nervosas.

neurônios-espelho Neurônios que são ativados quando uma pessoa faz alguma coisa ou observa outro fazendo a mesma coisa.

ninho vazio Fase de transição que acompanha a saída do último filho da casa dos pais.

nível socioeconômico (NSE) Combinação de fatores econômicos e sociais que descreve um indivíduo ou uma família, e que inclui renda, educação e ocupação.

normativo Característica de um evento que ocorre de modo semelhante para a maioria das pessoas de um grupo.

obediência comprometida Na terminologia de Kochanska, obediência incondicional às ordens dos pais, sem advertências ou deslizes.

obediência situacional Na terminologia de Kochanska, obediência às ordens parentais somente na presença de sinais de controle constante dos pais.

obesidade Sobrepeso extremo em relação à idade, sexo, altura e tipo corporal, conforme definido por um índice de massa corporal no ou acima do 95º percentil.

observação laboratorial Método de pesquisa em que todos os participantes são observados sob as mesmas condições controladas.

observação naturalista Método de pesquisa em que o comportamento é estudado em ambientes naturais sem intervenção ou manipulação.

observação participante Método de pesquisa em que o observador vive com as pessoas ou participa da atividade que está sendo observada.

operatório-concreto Terceiro estágio do desenvolvimento cognitivo piagetiano (aproximadamente dos 7 aos 12 anos), durante o qual as crianças desenvolvem pensamento lógico, mas não abstrato.

operatório-formal Segundo Piaget, o estágio final do desenvolvimento cognitivo, caracterizado pela capacidade de pensar em termos abstratos.

organização (1) Termo de Piaget para a criação de categorias ou sistemas de conhecimento. (2) Estratégia mnemônica de categorizar o material a ser lembrado.

orientação sexual Foco de interesse sexual, romântico e afetuoso consistente, seja heterossexual, homossexual ou bissexual.

orientação visual O uso dos olhos para orientar movimentos das mãos ou de outras partes do corpo.

osteoporose Condição na qual os ossos se tornam finos e frágeis em consequência da rápida redução de cálcio.

otimização seletiva com compensação (OSC) Fortalecimento das funções cognitivas com o uso de habilidades mais desenvolvidas para compensar aquelas se tornaram mais fracas.

papéis de gênero Comportamentos, interesses, atitudes, habilidades e traços de personalidade que uma cultura considera apropriada para cada sexo diferem para homens e mulheres.

parentalidade autoritária Na terminologia de Baumrind, estilo de parentalidade que enfatiza o controle e a obediência.

parentalidade autoritativa (democrática) Na terminologia de Baumrind, estilo de parentalidade que combina respeito pela individualidade da criança com uma tentativa de incutir valores sociais.

parentalidade permissiva Na terminologia de Baumrind, estilo de parentalidade que enfatiza a autoexpressão e a autorregulação.

parente fictício Amigos que são considerados e se comportam como membros da família.

participação guiada Participação do adulto em uma atividade da criança, ajudando a estruturá-la e a aproximar a compreensão da criança da compreensão do próprio adulto.

parto cesáreo (ou cesariana) Parto em que o bebê é removido cirurgicamente do útero.

parto natural Método que procura evitar a dor eliminando o medo por meio da educação sobre a fisiologia da reprodução e treinando respiração e relaxamento durante o parto.

parto preparado Método que utiliza instrução, exercícios de respiração e apoio social para induzir respostas físicas controladas às contrações uterinas e reduzir o medo e a dor.

parturição O processo de dar à luz.

pensamento convergente Pensamento visando encontrar a resposta correta para um problema.

pensamento divergente Pensamento que produz uma variedade de possibilidades novas e diferentes.

pensamento pós-formal Tipo de pensamento maduro que recorre à experiência subjetiva e à intuição, bem como à lógica, e dá espaço para ambiguidade, incerteza, inconsistência, contradição, imperfeição e tolerância.

pensamento reflexivo Tipo de pensamento lógico que se torna mais proeminente na vida adulta, envolvendo avaliação contínua e ativa das informações e crenças levando em conta as evidências e implicações.

percepção de profundidade Capacidade de perceber objetos e superfícies em três dimensões.

percepção tátil Capacidade de adquirir informação sobre propriedades de objetos, tais como tamanho, peso e textura, por meio de seu manuseio.

perda A morte de um ente querido e o processo de adaptação a essa situação de ausência.

perimenopausa Período de vários anos durante o qual uma mulher enfrenta as mudanças fisiológicas da menopausa; inclui o primeiro ano após o término da menstruação; também denominado *climatério*.

período crítico Intervalo de tempo específico em que um determinado evento ou sua ausência causa um impacto específico sobre o desenvolvimento.

período embrionário Segundo período da gestação (da segunda à oitava semana), caracterizado pelo rápido crescimento e desenvolvimento dos principais sistemas e órgãos do corpo.

período fetal Período final da gestação (da oitava semana até o nascimento), caracterizado pela crescente diferenciação das partes do corpo e grande aumento de seu tamanho.

período germinal As duas primeiras semanas do desenvolvimento pré-natal, caracterizadas por rápida divisão celular, formação do blastocisto e implantação na parede do útero.

período neonatal As primeiras quatro semanas de vida, um período de transição entre a dependência intrauterina e a existência independente.

períodos sensíveis Momentos do desenvolvimento em que a pessoa está particularmente receptiva para certos tipos de experiência.

permanência do objeto Na terminologia de Piaget, compreensão de que uma pessoa ou objeto ainda existe quando está fora do campo de visão.

personalidade Combinação relativamente consistente de emoções, temperamento, pensamentos e comportamentos que torna a pessoa única.

perspectiva cognitiva Visão segundo a qual os processos do pensamento são essenciais para o desenvolvimento.

perspectiva contextual Visão do desenvolvimento humano que entende o indivíduo como inseparável do contexto social.

perspectiva da aprendizagem Visão do desenvolvimento humano segundo a qual as mudanças no comportamento resultam da experiência ou da adaptação ao ambiente.

perspectiva evolucionista/sociobiológica Visão do desenvolvimento humano que se concentra nas bases evolucionistas e biológicas do comportamento.

perspectiva psicanalítica Visão do desenvolvimento humano como moldado por forças inconscientes que motivam o comportamento humano.

pesquisa qualitativa Pesquisa que se concentra em dados não numéricos, como experiências, sentimentos ou crenças subjetivas.

pesquisa quantitativa Pesquisa que trata de dados objetivamente medidos.

placa amiloide Massas cerosas de tecido insolúvel encontradas nos cérebros de pessoas com mal de Alzheimer.

plasticidade (1) Variação da modificabilidade do desempenho. (2) Capacidade do cérebro de se modificar e criar novas conexões a partir da experiência.

poda neural No desenvolvimento cerebral, a eliminação normal do excesso de células cerebrais para obter um funcionamento mais eficiente.

pós-maduro Refere-se ao feto que ainda não nasceu passadas duas semanas da data devida ou 42 semanas após o último ciclo menstrual da mãe.

pragmática (1) O conhecimento prático necessário para usar a linguagem para fins de comunicação. (2) O contexto social da linguagem.

preconceito Atitude desfavorável em relação a membros de certos grupos diferentes do da própria pessoa, principalmente grupos raciais ou étnicos.

preferência visual Tendência dos bebês a passar mais tempo olhando para uma imagem e não para outra.

presbiacusia Perda gradual da audição associada à idade, que se acelera depois dos 55 anos, especialmente em relação a sons de frequências mais altas.

presbiopia Perda progressiva, associada à idade, da capacidade dos olhos de focalizar objetos próximos devido à perda de elasticidade do cristalino.

princípio cefalocaudal As partes superiores do corpo desenvolvem-se antes das partes inferiores.

princípio próximo-distal As partes do corpo próximas ao centro desenvolvem-se antes das extremidades.

procuração com vigência indeterminada Instrumento legal que elege um indivíduo para tomar decisões em caso de incapacitação da outra pessoa.

produtividade *versus* inferioridade Quarto estágio do desenvolvimento psicossocial de Erikson, no qual a criança deve aprender as habilidades produtivas que sua cultura requer ou então enfrentar sentimentos de inferioridade.

programas de aceleração Programas para educação de superdotados que os fazem avançar no currículo em um ritmo excepcionalmente rápido.

programas de enriquecimento Programas para educação de superdotados que ampliam e aprofundam o conhecimento e as habilidades por meio de atividades extras, projetos, estudos de campo ou tutoria.

psicologia evolucionista Aplicação dos princípios de Darwin da seleção natural e sobrevivência dos mais adaptados ao comportamento individual.

psicoterapia individual Tratamento psicológico em que o terapeuta atende cada pessoa com problema individualmente.

puberdade Processo pelo qual o indivíduo atinge a maturidade sexual e a capacidade de se reproduzir.

punição Processo em que um comportamento é enfraquecido, diminuindo a probabilidade de repetição.

raciocínio dedutivo Tipo de raciocínio lógico que parte de uma premissa geral sobre uma classe para uma conclusão sobre um determinado membro ou membros da classe.

raciocínio hipotético-dedutivo Capacidade, segundo Piaget, que acompanha o estágio operatório-formal, de desenvolver, considerar e testar hipóteses.

raciocínio indutivo Tipo de raciocínio lógico que parte de observações particulares sobre membros de uma classe para uma conclusão geral sobre aquela classe.

radicais livres Moléculas ou átomos instáveis e altamente reativos, formados durante o metabolismo, que podem causar danos físicos internos.

reações circulares Na terminologia de Piaget, processos pelos quais o bebê aprende a reproduzir ocorrências desejadas originalmente descobertas ao acaso.

realização de identidade Estado de identidade, descrito por Marcia, que é caracterizado por compromisso com as escolhas feitas após uma crise, um período gasto na exploração de alternativas.

reavaliação de vida Recordação da vida da pessoa para ver a sua importância.

rebeldia adolescente Padrão de tumulto emocional, característico de uma minoria de adolescentes, que pode envolver conflito com a família, alienação da sociedade adulta, comportamento impulsivo e rejeição dos valores adultos.

recentralização Processo subjacente à mudança para uma identidade adulta.

reconhecimento A capacidade de identificar um estímulo encontrado anteriormente.

recuperação Processo pelo qual a informação é acessada ou trazida de volta do armazenamento na memória.

recuperação baseada na visualização Processo de recuperar o som de uma palavra impressa ao ver a palavra inteira.

referenciação social Compreensão de uma situação ambígua baseada na percepção de outra pessoa.

reforço Processo em que um comportamento é fortalecido, aumentando a probabilidade de que seja repetido.

regulação mútua Processo em que o bebê e o cuidador comunicam estados emocionais um para o outro e respondem de acordo.

relógio social Conjunto de normas ou expectativas culturais para os momentos da vida em que certos eventos importantes, como casar, ter filhos, começar a trabalhar e aposentar-se, devem ocorrer.

reserva cognitiva Fundo hipotético de energia que pode possibilitar ao cérebro deteriorado continuar funcionando normalmente.

resiliência do ego (1) A capacidade de adaptar-se flexível e desembaraçadamente a possíveis fontes de estresse. (2) Capacidade dinâmica de modificar o próprio nível de controle do ego em resposta a influências ambientais e contextuais.

retirada do amor Estratégia disciplinar que envolve ignorar, isolar ou mostrar desagrado por uma criança.

revisão da meia-idade Exame introspectivo que frequentemente ocorre na meia-idade, levando à reavaliação e à revisão de valores e prioridades.

roteiro (*script*) Esboço geral memorizado de um evento familiar e repetido, usado para guiar o comportamento.

segregação de gênero Tendência a escolher companheiros de brincadeira do próprio sexo.

seleção randômica Seleção de uma amostra de tal modo que cada pessoa em uma população tenha chances iguais e independentes de ser escolhida.

senescência Período da vida marcado por declínios no funcionamento físico, normalmente associados à idade; começa em idades diferentes para pessoas diferentes.

seriação Capacidade de ordenar itens segundo a sua dimensão.

síndrome alcoólica fetal (SAF) Combinação de anomalias mentais, motoras e do desenvolvimento que afeta os filhos de algumas mulheres que bebem muito durante a gravidez.

síndrome da imunodeficiência adquirida (aids) Doença viral que enfraquece o funcionamento eficaz do sistema imunológico.

síndrome da morte súbita infantil (SMSI) Morte súbita inexplicável de um bebê aparentemente saudável.

síndrome da porta giratória Tendência dos adultos jovens que já deixaram a casa dos pais a voltar quando enfrentam problemas financeiros, conjugais ou outros.

síndrome de Down Distúrbio cromossômico caracterizado por deficiência intelectual em níveis moderados e severos e por diversos sinais físicos como a pele dobrada para baixo nos cantos internos dos olhos. Também chamado de *trissomia-21*.

síndrome de tensão pré-menstrual (STPM ou TPM) Transtorno produzindo sintomas de desconforto físico e tensão emocional por até duas semanas antes do período menstrual.

síndrome do bebê sacudido Forma de maus-tratos em que sacudir um bebê ou uma criança pequena pode causar danos cerebrais, paralisia ou morte.

sintaxe Regras para formar sentenças em uma determinada língua.

sistema nervoso central O cérebro e a medula espinhal.

sistemas de ação Combinações cada vez mais complexas de habilidades motoras que permitem um espectro mais amplo ou mais preciso de movimentos e um maior controle do ambiente.

sistemas representacionais Na terminologia neopiagetiana, o terceiro estágio no desenvolvimento da autodefinição, caracterizado por tolerância, equilíbrio e pela integração e avaliação de vários aspectos da identidade.

Situação Estranha Técnica de laboratório utilizada para estudar o apego do bebê.

socialização O desenvolvimento de hábitos, habilidades, valores e motivações compartilhadas por membros responsáveis e produtivos de uma sociedade.

socialização cultural Práticas parentais que ensinam as crianças sobre sua herança racial/étnica e promovem as práticas culturais e o orgulho cultural.

sorriso antecipatório O bebê sorri ao ver um objeto e depois olha para um adulto enquanto ainda sorri.

sorriso social Começando no segundo mês, bebês recém-nascidos olham para seus pais e sorriem para eles, sinalizando participação positiva no relacionamento.

suicídio assistido Suicídio em que um médico ou qualquer outra pessoa ajuda alguém a tirar a própria vida.

tanatologia Estudo sobre a morte e o morrer.

taxa de mortalidade infantil Proporção de bebês nascidos vivos que morrem no primeiro ano de vida.

técnicas indutivas Técnicas disciplinares destinadas a induzir o comportamento desejável por apelo à racionalidade e ao senso de justiça da criança.

temperamento Disposição característica ou estilo de abordagem e reação a situações.

tempo de vida O período mais longo que os membros de uma espécie podem viver.

tendência secular Tendência que pode ser vista apenas observando diversas gerações, tal como a tendência a alcançar mais cedo a altura adulta e a maturidade sexual, que começou um século atrás em alguns países.

teoria Conjunto coerente de conceitos logicamente relacionados que procura organizar, explicar e prever dados.

teoria bioecológica Abordagem de Bronfenbrenner para entender processos e contextos do desenvolvimento humano e que identifica cinco níveis de influência ambiental.

teoria da aprendizagem social Teoria segundo a qual os comportamentos são aprendidos pela observação e imitação de modelos. Também chamada de teoria social cognitiva.

teoria da atividade Teoria que sustenta que, para envelhecer bem, uma pessoa deve permanecer tão ativa quanto possível.

teoria da continuidade Teoria do envelhecimento, descrita por Atchley, que sustenta que, para envelhecer bem, as pessoas devem manter um equilíbrio entre a continuidade e a mudança nas estruturas interna e externa de suas vidas.

teoria da mente Consciência e entendimento de processos mentais.

teoria da seleção sexual Teoria de Darwin de que os papéis de gênero se desenvolveram em resposta às necessidades reprodutivas diferentes dos homens e das mulheres.

teoria da seletividade socioemocional Teoria, proposta por Carstensen, de que as pessoas selecionam contatos sociais com base na evolução da importância relativa das interações sociais como fonte de informação, auxílio no desenvolvimento e manutenção de um autoconceito e como uma fonte de bem-estar emocional.

teoria das inteligências múltiplas de Gardner Teoria de Gardner de que cada pessoa tem várias formas diferentes de inteligência.

teoria do comboio social Teoria, proposta por Kahn e Antonucci, de que as pessoas passam pela vida cercadas por círculos concêntricos de relacionamentos íntimos, dos quais elas se valem em busca de assistência, bem-estar e apoio social.

teoria do desengajamento Teoria que sustenta que o envelhecimento bem-sucedido é caracterizado pelo mútuo afastamento entre idosos e sociedade.

teoria do esquema de gênero Teoria proposta por Sandra Bem, segundo a qual a criança socializa-se em seus papéis de gênero desenvolvendo uma rede de informações mentalmente organizada sobre o que significa ser masculino ou feminino em uma determinada cultura.

teoria do processo de identidade (TPI) Teoria do desenvolvimento da identidade de Whitbourne baseada em processos de assimilação e acomodação.

teoria dos estágios cognitivos Teoria de Piaget segundo a qual o desenvolvimento cognitivo da criança avança em uma série de quatro estágios que envolvem tipos qualitativamente distintos de operações mentais.

teoria dos sistemas dinâmicos (TSD) Teoria de Esther Thelen, segundo a qual o desenvolvimento motor é um processo dinâmico de coordenação ativa de múltiplos sistemas do bebê em relação ao ambiente.

teoria ecológica da percepção Teoria desenvolvida por Eleanor e James Gibson que descreve o desenvolvimento das habilidades motoras e perceptuais como partes interdependentes de um sistema funcional que orienta o comportamento em diversos contextos.

teoria social cognitiva Expansão da teoria da aprendizagem social, de Albert Bandura; afirma que as crianças aprendem os papéis de gênero por meio da socialização.

teoria sociocultural Teoria de Vygotsky sobre os fatores contextuais que afetam o desenvolvimento da criança.

teoria triangular do amor Teoria de Sternberg de que os padrões de amor dependem do equilíbrio entre três elementos: intimidade, paixão e compromisso.

teoria triárquica da inteligência Teoria de Sternberg descrevendo três elementos da inteligência: componencial, experiencial e contextual.

teorias de programação genética Teorias que explicam o envelhecimento biológico como resultado de uma programação geneticamente determinada.

teorias de taxas variáveis Teorias que explicam o envelhecimento biológico como resultado de processos que envolvem danos a sistemas biológicos e que variam entre as pessoas.

terapia comportamental Abordagem terapêutica que utiliza princípios da teoria da aprendizagem para encorajar comportamentos desejáveis ou eliminar comportamentos indesejáveis; também chamada de *modificação comportamental*.

terapia familiar Tratamento psicológico em que o terapeuta trata toda a família em conjunto para analisar padrões de atividade familiar.

terapia hormonal (TH) Tratamento com estrogênio artificial, às vezes em combinação com a progesterona hormonal, para aliviar ou evitar os sintomas causados pela queda dos níveis de estrogênio após a menopausa.

terapia medicamentosa Administração de medicamentos para tratar transtornos emocionais.

teratógeno Agente ambiental, como, por exemplo, vírus, drogas, radiações, que pode interferir no desenvolvimento pré-natal normal e causar anormalidades.

Teste de Avaliação do Desenvolvimento de Denver Teste aplicado a crianças de 1 mês a 6 anos para determinar se elas estão se desenvolvendo normalmente.

Teste de Habilidade Escolar de Otis-Lennon (OLSAT 8) Teste de inteligência coletivo para crianças desde o jardim da infância até o ensino médio.

testes culturalmente justos Testes de inteligência que lidam com experiências comuns a várias culturas, visando eliminar o viés cultural.

testes de QI (quociente de inteligência) Testes psicométricos que procuram medir a inteligência comparando o desempenho de quem responde ao teste com normas padronizadas.

testes dinâmicos Testes baseados na teoria de Vygotsky que enfatizam mais o potencial do que a aprendizagem passada.

testes livres de aspectos culturais Testes de inteligência que, se fossem possíveis de conceber, não teriam nenhum conteúdo cultural associado.

tipificação de gênero Processo de socialização pelo qual a criança, ainda pequena, aprende a se apropriar dos papéis de gênero.

transdução Termo de Piaget para a tendência de uma criança pré-operatória a vincular mentalmente determinados fenômenos, havendo ou não uma relação causal lógica.

transferência intermodal Capacidade de utilizar informações obtidas por meio de um dos sentidos para orientar outro.

transmissão multifatorial Combinação de fatores genéticos e ambientais que produz certos traços complexos.

transtorno da conduta (TC) Padrão repetitivo e persistente de comportamento agressivo e antissocial violando as normas sociais ou os direitos dos outros.

transtorno de ansiedade de separação Condição envolvendo ansiedade excessiva e prolongada por estar longe de casa ou de pessoas a quem a criança é ligada.

transtorno de ansiedade generalizada Ansiedade que não se concentra em nenhum alvo específico.

transtorno de compulsão alimentar Transtorno alimentar no qual a pessoa perde o controle sobre o que come e consome grandes quantidades de comida de uma vez só.

transtorno de déficit de atenção/hiperatividade (TDAH) Síndrome caracterizada por desatenção e distração persistentes, impulsividade, baixa tolerância à frustração e atividade excessiva inoportuna.

transtorno de oposição desafiante (TOD) Padrão de comportamento que persiste até a terceira infância, marcado por negatividade, hostilidade e desafio.

transtorno obsessivo-compulsivo (TOC) Ansiedade despertada por pensamentos repetitivos e intrusivos, imagens ou impulsos, que em geral levam a comportamentos ritualísticos compulsivos.

transtornos da aprendizagem (TAs) Transtornos que interferem em aspectos específicos da aprendizagem e do desempenho escolar.

troca de código Mudança na fala para corresponder à situação, como acontece com pessoas que são bilíngues.

ultrassom Procedimento clínico pré-natal que utiliza ondas sonoras de alta frequência para detectar os contornos do feto e seus movimentos, de modo a determinar se a gravidez segue normalmente.

variável dependente Em um experimento, a condição que pode ou não se alterar como resultado de mudanças na variável independente.

variável independente Em um experimento, a condição sobre a qual o experimentador exerce controle direto.

viés de atribuição hostil Tendência a perceber os outros como querendo machucá-lo e a revidar como retaliação ou autodefesa.

violação de expectativas Método de pesquisa em que a desabituação a um estímulo que conflita com a experiência é tomada como evidência de que o bebê reconhece o novo estímulo como algo que o surpreende.

zigoto Organismo unicelular resultante da fecundação.

zona de desenvolvimento proximal (ZDP) Termo de Vygotsky para a diferença entre o que uma criança pode fazer sozinha e o que a criança pode fazer com ajuda.

Referências

Aarts, A. A., Anderson, J. E., Anderson, C. J., Attridge, P. R., Attwood, A., Axt, J., . . . & Bartmess, E. (2015). Estimating the reproducibility of psychological science. *Science*, *349*(6251), 253–267.

Abel, E., & Kruger, M. (2010). Smile intensity in photographs predicts longevity. *Psychological Science, 21,* 542–544. doi: 10.1177/0956797610363775.

Aber, J. L., Brown, J. L., & Jones, S. M. (2003). Developmental trajectories toward violence in middle childhood: Course, demographic differences, and response to school-based intervention. *Developmental Psychology, 39,* 324–348.

Abma, J. C., & Martinez, G. M. (2017). Sexual activity and contraceptive use among teenagers in the United States, 2011–2015. *National Health Statistics Reports, 104,* 1–23. Hyattsville, MD: National Center for Health Statistics.

Abma, J. C., Chandra, A., Mosher, W. D., Peterson, L., & Piccinino, L. (1997). Fertility, family planning, and women's health: New data from the 1995 National Survey of Family Growth. *Vital Health Statistics, 23*(19). Washington, DC: National Center for Health Statistics.

Abma, J. C., Martinez, G. M., & Copen, C. E. (2010). Teenagers in the United States: Sexual activity, contraceptive use, and childbearing, National Survey of Family Growth 2006–2008. *Vital Health Statistics, 23*(30). Washington, DC: National Center for Health Statistics.

Abramovitch, R., Corter, C., Pepler, D., & Stanhope, L. (1986). Sibling and peer interactions: A final follow-up and comparison. *Child Development, 57,* 217–229.

Abubakar, I. I., Tillmann, T., & Banerjee, A. (2015). Global, regional, and national age-sex specific all-cause and cause-specific mortality for 240 causes of death, 1990–2013: A systematic analysis for the Global Burden of Disease Study 2013. *Lancet, 385*(9963), 117–171.

Achenbaum, W. A., & Bengtson, V. L. (1994). Re-engaging the disengagement theory of aging: On the history and assessment of theory development in gerontology. *Gerontologist, 34,* 756–763.

Achter, J. A., & Lubinski, D. (2003). Fostering exceptional development in intellectually talented populations. In W. B. Walsh (Ed.), *Counseling psychology and optimal human functioning* (pp. 279–296). Mahwah, NJ: Erlbaum.

Acierno, R., Hernandez, M. A., Amstadter, A. B., Resnick, H. S., Steve, K., Muzzy, W., & Kilpatrick, D. G. (2010). Prevalence and correlates of emotional, physical, sexual, and financial abuse and potential neglect in the United States: The National Elder Mistreatment Study. *American Journal of Public Health, 100*(2), 292–297.

Ackerman, B. P., Kogos, J., Youngstrom, E., Schoff, K., & Izard, C. (1999). Family instability and the problem behaviors of children from economically disadvantaged families. *Developmental Psychology, 35*(1), 258–268.

ACT for Youth Upstate Center of Excellence. (2002). *Adolescent brain development. Research facts and findings* [A collaboration of Cornell University, University of Rochester, and the NYS Center for School Safety]. Retrieved from www.human.cornell.edu/actforyouth.

Adam, E. K., Gunnar, M. R., & Tanaka, A. (2004). Adult attachment, parent emotion, and observed parenting behavior: Mediator and moderator models. *Child Development, 75,* 110–122.

Adams, B. N. (2004). Families and family study in international perspective. *Journal of Marriage and Family, 66,* 1076–1088.

Adams, C. (1991). Qualitative age differences in memory for text: A life-span developmental perspective. *Psychology and Aging, 6,* 323–336.

Adams, K. F., Schatzkin, A., Harris, T. B., Kipnis, V., Mouw, T., Ballard-Barbash, R., . . . Leitzmann, M. F. (2006). Overweight, obesity, and mortality in a large prospective cohort of persons 50 to 71 years old. *New England Journal of Medicine, 355,* 763–778.

Adams, L. A., & Rickert, V. I. (1989). Reducing bedtime tantrums: Comparison between positive routines and graduated extinction. *Pediatrics, 84,* 756–761.

Adams, R. G. (1986). Friendship and aging. *Generations, 10*(4), 40–43.

Adams, R. G., & Taylor, E. M. (2015). Friendship and happiness in the third age. In *Friendship and happiness* (pp. 155–169). Amsterdam: Springer.

Adams-Price, C. E., Nadorff, D. K., Morse, L. W., Davis, K. T., & Stearns, M. A. (2018). The creative benefits scale: Connecting generativity to life satisfaction. *The International Journal of Aging and Human Development, 86*(3), 242–265.

Addis, S., Davies, M., Greene, G., MacBride-Stewart, S., & Shepherd, M. (2009). The health, social care and housing needs of lesbian, gay, bisexual and transgender older people: A review of the literature. *Health & Social Care in the Community, 17*(6), 647–658.

Adey, P., Csapó, B., Demetriou, A., Hautamäki, J., & Shayer, M. (2007). Can we be intelligent about intelligence? Why education needs the concept of plastic general ability. *Educational Research Review, 2*(2), 75–97.

Administration for Children and Families (2019). *Head Start program facts: Fiscal year 2019* [Report]. Retrieved from https://eclkc.ohs.acf.hhs.gov/about-us/article/head-start-program-facts-fiscal-year-2018.

Administration for Children and Families. (2006a). *FACES 2003 research brief and program quality in Head Start*. Washington, DC: Author.

Administration for Children and Families. (2006b). *FACES findings: New research on Head Start outcomes and program quality*. Washington, DC: Author.

Administration for Community Living. (2018). *2017 profile of older Americans* [U.S. Department of Health and Human Services, Administration on Aging report]. Retrieved from https://acl.gov/sites/default/files/Aging%20and%20Disability%20in%20America/2017OlderAmericansProfile.pdf.

Administration on Aging. (2009). *A profile of older Americans: 2009*. Retrieved from http://www.aoa.gov/AoARoot/Aging_Statistics/Profile/2009/2.aspx.

Administration on Aging. (2010). *Aging statistics*. Retrieved from http://www.aoa.gov/AoARoot/Aging_Statistics/index.aspx.

Administration on Aging. (2016). *A profile of older Americans: 2016*. Retrieved from www.acl.gov/sites/default/files/Aging%20and%20Disability%20in%20America/2016-Profile.pdf.

Administration on Aging. (2018). *2018 profile of aging Americans*. Retrieved from https://acl.gov/sites/default/files/Aging%20and%20Disability%20in%20America/2018OlderAmericansProfile.pdf.

Adminstration on Aging. (2006). *A profile of older Americans: 2006*. Washington, DC: U.S. Department of Health and Human Services.

Adolescent Sleep Working Group. (2014). School start times for adolescents. *Pediatrics, 134*(3), 642–649.

Adolph, K. E. (2000). Specificity of learning: Why infants fall over a veritable cliff. *Psychological Science, 11,* 290–295.

Adolph, K. E. (2008). Learning to move. *Current Directions in Psychological Science, 17,* 213–218.

Adolph, K. E., & Eppler, M. A. (2002). Flexibility and specificity in infant motor skill acquisition. In J. Fagen & H. Hayne (Eds.), *Progress in infancy research* (Vol. 2, pp. 121–167). Mahwah, NJ: Erlbaum.

Adolph, K. E., Vereijken, B., & Shrout, P. E. (2003). What changes in infant walking and why. *Child Development, 74,* 475–497.

Advocates for Youth. (2010). *Adolescents and sexually transmitted infections: A costly and dangerous global phenomenon* [Report]. Retrieved from www.advocatesforyouth.org/storage/advfy/documents/thefacts_adolescents_sti.pdf.

Afram, B., Stephan, A., Verbeek, H., Bleijlevens, M. H., Suhonen, R., Sutcliffe, C., . . . & Meyer, G. (2014). Reasons for institutionalization of people with dementia: Informal caregiver reports from 8 European countries. *Journal of the American Medical Directors Association, 15*(2), 108–116.

African Wedding Traditions. (2013). *Jumping the broom ceremony & African wedding traditions*. Retrieved from http://africanweddingtraditions.com/jumping-the-broom-ceremony.html.

Agahi, N., & Parker, M. G. (2008). Leisure activities and mortality: Does gender matter? *Journal of Aging and Health, 20*(7), 855–871.

Agahi, N., Ahacic, K., & Parker, M. G. (2006). Continuity of leisure participation from middle age to old age. *Journal of Gerontology: Social Sciences, 61B,* S340–S346.

Agency for Healthcare Research and Quality and the Centers for Disease Control. (2002). *Physical activity and older Americans: Benefits and strategies.* Retrieved from www.ahrq.gov/ppip/activity.htm.

Aggarwal, K. K. (2013). Sexual desire and sexual activity of men and women across their lifespan. *Indian Journal of Clinical Practice, 24*(3).

Agid, O., Shapira, B., Zislin, J., Ritsner, M., Hanin, B., Murad, H., . . . & Lerer, B. (1999). Environment and vulnerability to major psychiatric illness: A case control study of early parental loss in major depression, bipolar disorder and schizophrenia. *Molecular Psychiatry, 4*(2), 163.

Agrillo, C. (2011). Near-death experience: Out-of-body and out-of-brain? *Review of General Psychology, 15*(1), 1.

Aguilera, M., Arias, B., Wichers, M., Barrantes-Vidal, N., Moya, J., Villa, H., . . . & Fañanás, L. (2009). Early adversity and 5-HTT/BDNF genes: New evidence of gene–environment interactions on depressive symptoms in a general population. *Psychological Medicine, 39*(9), 1425–1432.

Ahern, E. C., Lyon, T. D., & Quas, J. A. (2011). Young children's emerging ability to make false statements. *Developmental Psychology, 47*(1), 61.

Ahmed, M. R., Zhang, Y., Feng, Z., Lo, B., Inan, O. T., & Liao, H. (2019). Neuroimaging and machine learning for dementia diagnosis: Recent advancements and future prospects. *IEEE Reviews in Biomedical Engineering, 12,* 19–33.

Ahmetoglu, G., Swami, V., & Chamorro-Premuzic, T. (2010). The relationship between dimensions of love, personality, and relationship length. *Archives of Sexual Behavior, 39*(5), 1181–1190.

Ahn, D., & Shin, D. H. (2013). Is the social use of media for seeking connectedness or for avoiding social isolation? Mechanisms underlying media use and subjective well-being. *Computers in Human Behavior, 29*(6), 2453-2.

Ahnert, L., & Lamb, M. E. (2003). Shared care: Establishing a balance between home and child care settings. *Child Development, 74,* 1044–1049.

Ahnert, L., Gunnar, M. R., Lamb, M. E., & Barthel, M. (2004). Transition to child care: Associations with infant-mother attachment, infant negative emotion and corticol elevation. *Child Development, 75,* 639–650.

Ahrons, C. R., & Tanner, J. L. (2003). Adult children and their fathers: Relationship changes 20 years after parental divorce. *Family Relations, 52,* 340–351.

Ai, A. L., Huang, B., Bjorck, J., & Appel, H. B. (2013). Religious attendance and major depression among Asian Americans from a national database: The mediation of social support. *Psychology of Religion and Spirituality, 5*(2), 78.

Aichele, S., Rabbitt, P., & Ghisletta, P. (2015). Life span decrements in fluid intelligence and processing speed predict mortality risk. *Psychology and Aging, 30*(3), 598.

Aikens, N., Kopack Klein, A., Tarullo, L., & West, J. (2013). Getting ready for kindergarten: Children's progress during Head Start. *FACES 2009 Report.* OPRE Report 2013-21a. Washington, DC: Office of Planning, Research and Evaluation, Administration for Children and Families, U.S. Department of Health and Human Services.

Ainsworth, M. D. S., Blehar, M. C., Waters, E., & Wall, S. (1978). *Patterns of attachment: A psychological study of the strange situation.* Hillsdale, NJ: Erlbaum.

Aitken, L., Burmeister, E., Lang, J., Chaboyer, W., & Richmond, T. S. (2010). Characteristics and outcomes of injured older adults after hospitalization. *Journal of the American Geriatrics Society, 58*(3), 442–449.

Akin, A. (2012). The relationships between Internet addiction, subjective vitality, and subjective happiness. *CyberPsychology, Behavior, and Social Networking, 15,* 404–410. doi:10.1089/cyber.2011.0609.

Akinbami, L. (2006). The state of childhood asthma, United States, 1980–2005. *Advance Data from Vital and Health Statistics, 381.* Hyattsville, MD: National Center for Health Statistics.

Akinbami, O. J., Moorman, J. E., Bailey, C., Zahran, H. S., King, M., Johnson, C. A., & Liu, X. (2012). Trends in asthma prevalence, health care use, and mortality in the United States, 2001–2010. *NCHS Data Brief, 94.* Hyattsville, MD: National Center for Health Statistics.

Alan Guttmacher Institute (AGI). (1999). *Facts in brief: Teen sex and pregnancy.* Retrieved from www.agi_usa.org/pubs/fb_teen_sex.html#sfd.

Alati, R., Al Mamun, A., Williams, G. M., O'Callaghan, M., Najman, J. M., & Bor, W. (2006). In utero alcohol exposure and prediction of alcohol disorders in early adulthood: A birth cohort study. *Archives of General Psychiatry, 63*(9), 1009–1016.

Albert, D., & Steinberg, L. (2011). Judgment and decision making in adolescence. *Journal of Research on Adolescence, 21*(1), 211–224

Albert, D., Chein, J., & Steinberg, L. (2013). The teenage brain: Peer influences on adolescent decision making. *Current Directions in Psychological Science, 22*(2), 114–120.

Albuquerque, D., Stice, E., Rodríguez-López, R., Manco, L., & Nóbrega, C. (2015). Current review of genetics of human obesity: From molecular mechanisms to an evolutionary perspective. *Molecular Genetics and Genomics, 290*(4), 1191–1221.

Albuquerque, S., Pereira, M., & Narciso, I. (2016). Couple's relationship after the death of a child: A systematic review. *Journal of Child and Family Studies, 25*(1), 30–53.

Al-Dhamit, Y., & Kreishan, L. (2016). Gifted students' intrinsic and extrinsic motivations and parental influence on their motivation: From the self-determination theory perspective. *Journal of Research in Special Educational Needs, 16*(1), 13–23.

Aldwin, C. M., & Levenson, M. R. (2001). Stress, coping, and health at midlife: A developmental perspective. In M. E. Lachman (Ed.), *Handbook of midlife development* (pp. 188–214). New York: Wiley.

Alessandri, G., Eisenberg, N., Vecchione, M., Caprara, G. V., & Milioni, M. (2016). Ego-resiliency development from late adolescence to emerging adulthood: A ten-year longitudinal study. *Journal of Adolescence, 50,* 91–102.

Alessandri, G., Luengo Kanacri, B. P., Eisenberg, N., Zuffianò, A., Milioni, M., Vecchione, M., & Caprara, G. V. (2014). Prosociality during the transition from late adolescence to young adulthood: The role of effortful control and ego-resiliency. *Personality and Social Psychology Bulletin, 40*(11), 1451–1465.

Alexander, G. C., Gallagher, S. A., Mascola, A., Moloney, R. M., & Stafford, R. S. (2011). Increasing off-label use of antipsychotic medications in the United States, 1995–2008. *Pharmacoepidemiology and Drug Safety, 20*(2), 177–184.

Alexander, G. M., & Hines, M. (2002). Sex differences in response to children's toys in nonhuman primates (Cercopithecus aethiops sabaeus). *Evolution and Human Behavior, 23*(6), 467–479.

Alexander, G. M., & Wilcox, T. (2012). Sex differences in early infancy. *Child Development Perspectives, 6*(4), 400–406.

Alexander, G. M., Wilcox, T., & Woods, R. (2009). Sex differences in infants' visual interest in toys. *Archives of Sexual Behavior, 38*(3), 427–433.

Alexander, K. L., Entwisle, D. R., & Olson, L. S. (2007). Lasting consequences of the summer learning gap. *American Sociological Review, 72,* 167–180.

Algren, M. H., Ekholm, O., Nielsen, L., Ersbøll, A. K., Bak, C. K., & Andersen, P. T. (2018). Associations between perceived stress, socioeconomic status, and health-risk behaviour in deprived neighbourhoods in Denmark: A cross-sectional study. *BMC Public Health, 18*(1), 250.

Ali, M. M., & Dwyer, D. S. (2011). Estimating peer effects in sexual behavior among adolescents. *Journal of Adolescence, 34*(1), 183–190.

Alibeik, H., & Angaji, S. A. (2010). Developmental aspects of left handedness. *Australian Journal of Basic and Applied Sciences, 4*(5), 881–977.

Alipuria, L. (2002). Ethnic, racial, and cultural identity/self: An integrated theory of identity/self in relation to large-scale social cleavages. *Dissertation Abstracts International, 63B,* 583. (UMI No. 3039092).

Alkema, L., Chou, D., Hogan, D., Zhang, S., Moller, A. B., Gemmill, A., . . . & Say, L. (2016). Global, regional, and national levels and trends in maternal mortality between 1990 and 2015, with scenario-based projections to 2030: A systematic analysis by the UN Maternal Mortality Estimation Inter-Agency Group. *The Lancet, 387*(10017), 462–474.

Alker, J., & Pham, O. (2018). *Nation's Progress on Children's Health Coverage Reverses Course.* Washington, DC: Georgetown University Center for Children and Families.

All Children Reading (2017). Retrieved from https://allchildrenreading.org/about-us/literacy-statistics.

Alladi, S., Bak, T. H., Duggirala, V., Surampudi, B., Shailaja, M., Shukla, A. K., . . . & Kaul, S. (2013). Bilingualism delays age at onset of dementia, independent of education and immigration status. *Neurology, 81*(22), 1938–1944.

Allemand, M., Hill, P. L., & Lehmann, R. (2015). Divorce and personality development across middle adulthood. *Personal Relationships, 22*(1), 122–137.

Allemand, M., Schaffhuser, K., & Martin, M. (2015). Long-term correlated change between personality traits and perceived social support in middle adulthood. *Personality and Social Psychology Bulletin, 41*(3), 420–432.

Allen, E. S., & Atkins, D. C. (2012). The association of divorce and extramarital sex in a representative US sample. *Journal of Family Issues, 33*(11), 1477–1493.

Allen, I. E., & Seeman, J. (2010). *Learning on demand: Online education in the United States, 2009.* Retrieved from http://sloanconsortium.org/publications/survey/pdf/learningondemand.pdf.

Allen, J. P., Porter, M. R., McFarland, F. C., Marsh, P., & McElhaney, K. B. (2005). The two faces of adolescents' success with peers: Adolescent popularity, social adaptation, and deviant behavior. *Child Development, 76*(3), 747–760.

Allen, N. B., Latham, M. D., Barrett, A., Sheeber, L., & Davis, B. (2016). Pubertal development and the emergence of the gender gap in affective disorders. *Comprehensive Women's Mental Health, 65.*

Allen, T. D., Herst, D. E., Bruck, C. S., & Sutton, M. (2000). Consequences associated with work-to-family conflict: A review and agenda for future research. *Journal of Occupational Health Psychology, 5*(2), 278.

Alloway, T. P. (2006). How does working memory work in the classroom? *Education Research and Reviews, 1,* 134–139.

Alloway, T. P., & Alloway, R. G. (2010). Investigating the predictive roles of working memory and IQ in academic attainment. *Journal of Experimental Child Psychology, 106*(1), 20–29.

Alloway, T. P., Gathercole, S. E., & Elliott, J. (2010). Examining the link between working memory behaviour and academic attainment in children with ADHD. *Developmental Medicine & Child Neurology, 52*(7), 632–636.

Alloway, T. P., Gathercole, S. E., Kirkwood, H., & Elliot, J. (2009). The cognitive and behavioral characteristics of children with low working memory. *Child Development, 80*(2), 606–621.

Almas, A. N., Grusec, J. E., & Tackett, J. L. (2011). Children's disclosure and secrecy: Links to maternal parenting characteristics and children's coping skills. *Social Development, 20*(3), 624–643.

Almeida, D. M., Serido, J., & McDonald, D. (2006). Daily life stressors of early and late baby boomers. In S. K. Whitbourne & S. L. Willis (Eds.), *The baby boomers grow up: Contemporary perspectives on midlife* (pp. 165–183). Mahwah, NJ: Erlbaum.

Almeida, S., Rato, L., Sousa, M., Alves, M. G., & Oliveira, P. F. (2017). Fertility and sperm quality in the aging male. *Current Pharmaceutical Design, 23*(30), 4429–4437.

Almli, C. R., Ball, R. H., & Wheeler, M. E. (2001). Human fetal and neonatal movement patterns: Gender differences and fetal-to-natal continuity. *Developmental Psychobiology, 38*(4), 252–273.

Al-Namlah, A. S., Meins, E., & Fernyhough, C. (2012). Self-regulatory private speech relates to children's recall and organization of autobiographical memories. *Early Childhood Research Quarterly, 27*(3), 441–446.

Als, H., Duffy, F. H., McAnulty, G. B., Rivkin, M. J., Vajapeyam, S., Mulkern, R. V., . . . Eichenwald, E. C. (2004). Early experience alters brain function and structure. *Pediatrics, 113,* 846–857.

Alterovitz, S. S. R., & Mendelsohn, G. A. (2009). Partner preferences across the life span: Online dating by older adults. *Psychology and Aging, 24*(2), 513.

Altmann, A., Tian, L., Henderson, V. W., & Greicius, M. D. (2014). Sex modifies the APOE-related risk of developing Alzheimer disease. *Annals of Neurology, 75*(4), 563–573.

Alzheimer's Association. (2010). *Alzheimer's disease: Facts and figures.* Retrieved from http://www.alz.org/documents_custom/report_alzfactsfigures2010.pdf.

Alzheimer's Association. (2019). *Medical tests* [Information sheet]. Retrieved from www.alz.org/alzheimers-dementia/diagnosis/medical_tests.

Alzheimer's Association. (2019). *Medications for memory* [Information sheet]. Retrieved from www.alz.org/alzheimers-dementia/treatments/medications-for-memory.

Alzheimer's Disease: The search for causes and treatments—Part I. (1998, August). *Harvard Mental Health Letter, 15*(2).

Amato, P. R. (2000). The consequences of divorce for adults and children. *Journal of Marriage and Family, 62,* 1269–1287.

Amato, P. R. (2003). Reconciling divergent perspectives: Judith Wallerstein, quantitative family research, and children of divorce. *Family Relations, 52,* 332–339.

Amato, P. R. (2005). The impact of family formation change on the cognitive, social, and emotional well-being of the next generation. *Future of Children, 15,* 75–96.

Amato, P. R. (2010). Research on divorce: Continuing trends and new developments. *Journal of Marriage and Family, 72*(3), 650–666.

Amato, P. R. (2014). The consequences of divorce for adults and children: An update. *Drustvena Istrazivanja, 23*(1), 5.

Amato, P. R., & Afifi, T. D. (2006). Feeling caught between parents: Adult children's relations with parents and subjective well-being. *Journal of Marriage and Family, 68,* 222–235.

Amato, P. R., & Anthony, C. J. (2014). Estimating the effects of parental divorce and death with fixed effects models. *Journal of Marriage and Family, 76*(2), 370–386.

Amato, P. R., & Cheadle, J. (2005). The long reach of divorce: Divorce and child well-being across three generations. *Journal of Marriage and Family, 67*(1), 191–206.

Amato, P. R., Johnson, D. R., Booth, A., & Rogers, S. J. (2003). Continuity and change in marital quality between 1980 and 2000. *Journal of Marriage and Family, 65,* 1–22.

Amato, P. R., Kane, J. B., & James, S. (2011). Reconsidering the "good divorce." *Family Relations, 60*(5), 511–524.

America's youngest outcasts 2010. (2011). National Center on Family Homelessness, Needham, MA. Retrieved from www.HomelessChildrenAmerica.org.

American Academy of Child & Adolescent Psychiatry (AACAP). (1997). *Children's sleep problems* [Fact Sheet No. 34]. Retrieved from www.aacap.org/publications/.

American Academy of Child & Adolescent Psychiatry. (2003). *Talking to children about terrorism and war* [Facts for Families #87]. Retrieved from www.aacap.org/publications/factsfam/87.htm.

American Academy of Child and Adolescent Psychiatry. (2013a). *Children with oppositional defiant disorder* [Fact sheet]. Retrieved from www.aacap.org/aaCaP/Families_and_Youth/Facts_for_Families/Facts_for_Families_Pages/Children_With_Oppositional_Defiant_Disorder_72.aspx.

American Academy of Child and Adolescent Psychiatry. (2013b). *Children with conduct disorder* [Fact sheet]. Retrieved from www.aacap.org/aacap/families_and_youth/facts_for_families/FFF-Guide/Conduct-Disorder-033.aspx.

American Academy of Child and Adolescent Psychiatry (2017). *Terrorism and war: How to talk to your children.* Retrieved from www.aacap.org/AACAP/Families_and_Youth/Facts_for_Families/FFF-Guide/Talking-To-Children-About-Terrorism-And-War-087.aspx.

American Academy of Pediatrics (AAP). (1986). *Positive approaches to day care dilemmas: How to make it work.* Elk Grove Village, IL: Author.

American Academy of Pediatrics (AAP). (1992, Spring). Bedtime doesn't have to be a struggle. *Healthy Kids,* pp. 4–10.

American Academy of Pediatrics (AAP). (2000). *Shaken baby syndrome.* Retrieved from www.medemcom/search/article_display.cfm?path=\\TANQUERAY\M_ContentItem&mstr=/M_ContentItem/ZZZM8JMMH4C.html&soc5AAP&srch_typ5NAV_SERCH.

American Academy of Pediatrics (AAP). (2004, September 30). *American Academy of Pediatrics (AAP) supports Institute of Medicine's (IOM) childhood obesity recommendation* [Press release].

American Academy of Pediatrics. (1999). Folic acid for the prevention of neural tube defects. *Pediatrics, 104,* 325–327.

American Academy of Pediatrics. (2011). Media use by children under age 2. *Pediatrics, 128,* 1040–1045.

Referências

American Academy of Pediatrics. (2013). Children, adolescents, and the media. *Pediatrics, 132,* 958–961.

American Academy of Pediatrics. (2016). *American Academy of Pediatrics announces new guidelines for children's media use.* Retrieved from www.aap.org/en-us/about-the-aap/aap-press-room/pages/american-academy-of-pediatrics-announces-new-recommendations-for-childrens-media-use.aspx.

American Academy of Pediatrics. (2018). *Infant food and feeding* [Policy guidelines]. Retrieved from www.aap.org/en-us/advocacy-and-policy/aap-health-initiatives/HALF-Implementation-Guide/Age-Specific-Content/Pages/Infant-Food-and-Feeding.aspx.

American Academy of Pediatrics (AAP) and Canadian Paediatric Society. (2000). Prevention and management of pain and stress in the neonate. *Pediatrics, 105*(2), 454–461.

American Academy of Pediatrics (AAP) Committee on Adolescence. (2000). Suicide and suicide attempts in adolescents. *Pediatrics, 105*(4), 871–874.

American Academy of Pediatrics (AAP) Committee on Adolescence. (2003). Policy statement: Identifying and treating eating disorders. *Pediatrics, 111,* 204–211.

American Academy of Pediatrics (AAP) Committee on Adolescence and Committee on Early Childhood, Adoption, and Dependent Care. (2001). Care of adolescent parents and their children. *Pediatrics, 107,* 429–434.

American Academy of Pediatrics (AAP) Committee on Bioethics. (1992, July). Ethical issues in surrogate motherhood. *AAP News,* pp. 14–15.

American Academy of Pediatrics (AAP) Committee on Children with Disabilities and Committee on Drugs. (1996). Medication for children with attentional disorders. *Pediatrics, 98,* 301–304.

American Academy of Pediatrics (AAP) Committee on Drugs. (2000). Use of psychoactive medication during pregnancy and possible effects on the fetus and newborn. *Pediatrics, 105,* 880–887.

American Academy of Pediatrics (AAP) Committee on Drugs. (2001). The transfer of drugs and other chemicals into human milk. *Pediatrics, 108*(3), 776–789.

American Academy of Pediatrics (AAP) Committee on Environmental Health. (2005). Lead exposure in children: Prevention, detection, and management. *Pediatrics, 116,* 1036–1046.

American Academy of Pediatrics (AAP) Committee on Fetus and Newborn & American College of Obstetricians and Gynecologists (ACOG) Committee on Obstetric Practice. (1996). Use and abuse of the Apgar score. *Pediatrics, 98,* 141–142.

American Academy of Pediatrics (AAP) Committee on Genetics. (1996). Newborn screening fact sheet. *Pediatrics, 98,* 1–29.

American Academy of Pediatrics (AAP) Committee on Injury and Poison Prevention. (2000). Firearm-related injuries affecting the pediatric population. *Pediatrics, 105*(4), 888–895.

American Academy of Pediatrics (AAP) Committee on Injury and Poison Prevention. (2001). Bicycle helmets. *Pediatrics, 108*(4), 1030–1032.

American Academy of Pediatrics (AAP) Committee on Injury and Poison Prevention and Committee on Sports Medicine and Fitness. (1999). Policy statement: Trampolines at home, school, and recreational centers. *Pediatrics, 103,* 1053–1056.

American Academy of Pediatrics (AAP) Committee on Nutrition. (2003). Prevention of pediatric overweight and obesity. *Pediatrics, 112,* 424–430.

American Academy of Pediatrics (AAP) Committee on Nutrition. (2006). Dietary recommendations for children and adolescents: A guide for practitioners. *Pediatrics, 117*(2), 544–559.

American Academy of Pediatrics (AAP) Committee on Practice and Ambulatory Medicine and Section on Ophthalmology. (1996). Eye examination and vision screening in infants, children, and young adults. *Pediatrics, 98,* 153–157.

American Academy of Pediatrics (AAP) Committee on Practice and Ambulatory Medicine and Section on Ophthalmology. (2002). Use of photoscreening for children's vision screening. *Pediatrics, 109,* 524–525.

American Academy of Pediatrics (AAP) Committee on Psychosocial Aspects of Child and Family Health. (1992). The pediatrician and childhood bereavement. *Pediatrics, 89*(3), 516–518.

American Academy of Pediatrics (AAP) Committee on Psychosocial Aspects of Child and Family Health. (1998). Guidance for effective discipline. *Pediatrics, 101,* 723–728.

American Academy of Pediatrics (AAP) Committee on Psychosocial Aspects of Child and Family Health. (2000). The pediatrician and childhood bereavement. *Pediatrics, 105,* 445–447.

American Academy of Pediatrics (AAP) Committee on Psychosocial Aspects of Child and Family Health. (2002). Coparent or second-parent adoption by same-sex parents. *Pediatrics, 109*(2), 339–340.

American Academy of Pediatrics (AAP) Committee on Psychosocial Aspects of Child and Family Health and Committee on Adolescence. (2001). Sexuality education for children and adolescence. *Pediatrics, 108*(2), 498–502.

American Academy of Pediatrics (AAP) Committee on Public Education (2001). Policy statement: Children, adolescents, and television. *Pediatrics, 107,* 423–426.

American Academy of Pediatrics (AAP) Committee on Sports Medicine and Fitness. (1992). Fitness, activity, and sports participation in the preschool child. *Pediatrics, 90,* 1002–1004.

American Academy of Pediatrics (AAP) Committee on Sports Medicine and Fitness. (2001). Risk of injury from baseball and softball in children. *Pediatrics, 107*(4), 782–784.

American Academy of Pediatrics (AAP) Committee on Sports Medicine and Fitness and Committee on School Health. (2001). Organized sports for children and preadolescents. *Pediatrics, 107*(6), 1459–1462.

American Academy of Pediatrics (AAP) Committee on Substance Abuse. (2001). Tobacco's toll: Implications for the pediatrician. *Pediatrics, 107,* 794–798.

American Academy of Pediatrics (AAP) Section on Breastfeeding. (2005). Breastfeeding and the use of human milk. *Pediatrics, 115,* 496–506.

American Academy of Pediatrics (AAP) Task Force on Infant Sleep Position and Sudden Infant Death Syndrome. (2000). Changing concepts of sudden infant death syndrome: Implications for infant sleeping environment and sleep position. *Pediatrics, 105,* 650–656.

American Academy of Pediatrics (AAP) Task Force on Sudden Infant Death Syndrome. (2005). The changing concept of sudden infant death syndrome: Diagnostic coding shifts, controversies regarding sleeping environment, and new variables to consider in reducing risk. *Pediatrics, 116,* 1245–1255.

American Academy of Pediatrics (AAP), Stirling, J., Jr., and the Committee on Child Abuse and Neglect and Section on Adoption and Foster Care; American Academy of Child and Adolescent Psychiatry, Amaya-Jackson, L.; & National Center for Child Traumatic Stress, Amaya-Jackson, L. (2008). Understanding the behavioral and emotional consequences of child abuse. *Pediatrics, 122*(3), 667–673.

American Academy of Sleep Medicine. (2016). *Recharge with sleep: Pediatric sleep recommendations promoting optimal health* [Consensus statement]. Retrieved from https://aasm.org/recharge-with-sleep-pediatric-sleep-recommendations-promoting-optimal-health/.

American Association of Retired Persons (AARP). (1993). *Abused elders or battered women?* Washington, DC: Author.

American Association of University Women. (2007). *Behind the pay gap.* Washington, DC: AAUW Educational Foundation.

American Cancer Society. (2001). *Cancer facts and figures.* Atlanta: Author.

American Cancer Society. (2007). What are the risk factors for breast cancer? *Cancer Reference Information.* Oklahoma City, OK: Author.

American Cancer Society. (2011). *Guide to quitting smoking.* Retrieved from www.cancer.org/docroot/PED/content/PED_10_13X_Guide_for_Quitting_Smoking.asp?from5fast.

American Cancer Society. (2017). *Breast cancer facts & figures 2017–2018.* Atlanta: American Cancer Society, Inc. Retrieved from www.cancer.org/content/dam/cancer-org/research/cancer-facts-and-statistics/breast-cancer-facts-and-figures/breast-cancer-facts-and-figures-2017-2018.pdf.

American Cancer Society. (2017b). *How common is breast cancer?* [information sheet]. Retrieved from www.cancer.org/cancer/breast-cancer/about/how-common-is-breast-cancer.html.

American Cancer Society. (2017c). *Lifestyle-related breast cancer risk factors* [Information sheet]. Retrieved from www.cancer.org/cancer/breast-cancer/risk-and-prevention/lifestyle-related-breast-cancer-risk-factors.html.

American Cancer Society. (2017d). *Breast cancer risk and prevention* [Information sheet].

Retrieved from www.cancer.org/content/dam/CRC/PDF/Public/8578.00.pdf.

American College of Cardiology. (2017). New ACC/AHA high blood pressure guidelines lower definition of hypertension [news release]. Retrieved from www.acc.org/latest-in-cardiology/articles/2017/11/08/11/47/mon-5pm-bp-guideline-aha-2017.

American College of Emergency Physicians. (2008, March 10). Know suicide's warning sign [Press release]. Irving, TX: Author.

American College of Nurse-Midwives. (2005). Position statement: Home births. Silver Spring, MD: Author.

American College of Nurse-Midwives. (2016). Planned home births [Position statement]. Retrieved from www.midwife.org/acnm/files/ACNMLibraryData/UPLOADFILENAME/000000000251/Planned-Home-Birth--Dec-2016.pdf.

American College of Obstetricians and Gynecologists. (2013). Weight gain during pregnancy. Committee Opinion No. 548. Obstetrics & Gynecology, 121, 210–212.

American College of Obstetricians and Gynecologists. (2014). Management of late-term and postterm pregnancies. Practice Bulletin No. 146. Obstetrics and Gynecology, 124(2, Pt. 1), 390.

American College of Obstetricians and Gynecologists. (2015). Committee Opinion: The Apgar score. Retrieved from www.acog.org/Clinical--Guidance-and-Publications/Committee-Opinions/Committee-on-Obstetric-Practice/The-Apgar-Score.

American College of Obstetricians and Gynecologists. (2015, May). Early pregnancy loss. Practice Bulletin No. 150. Obstetrics & Gynecology, 125(5), 1258–67.

American College of Obstetricians and Gynecologists. (2017). Exercise during pregnancy. Retrieved from www.acog.org/Patients/FAQs/Exercise-During-Pregnancy?IsMobileSet=false#precautions.

American College of Obstetricians and Gynecologists. (2017) Vaginal birth after cesarean delivery. ACOG Practice Bulletin No. 184. Obstetrics and Gynecology, 130(5), e217–e233.

American College of Obstetricians and Gynecologists (ACOG). (2000). Premenstrual syndrome. ACOG Practice Bulletin, No. 15. Washington, DC: Author.

American College of Obstetricians and Gynecologists (ACOG). (2002). Early pregnancy loss: Miscarriage and molar pregnancy. Washington, DC: Author.

American College of Obstetricians and Gynecologists (ACOG). (2008, February 6). ACOG news release: ACOG statement on home births. Retrieved from www.acog.org/fromhome/publications/pressreleases/ nr02-06-08-2.cfm.

American College of Obstetricians and Gynecologists (ACOG). (2013). Premenstrual syndrome. Retrieved from http://www.acog.org/~/media/For%20Patients/faq057.pdf.

American College of Obstetricians and Gynecologists (ACOG). (2015). Premenstrual syndrome. Retrieved from www.acog.org/Patients/FAQs/Premenstrual-Syndrome-PMS.

American Congress of Obstetricians and Gynecologists. (2002). Exercise during pregnancy and the post partum period. ACOG Committee Opinion No. 267. Obstetrics and Gynecology, 99, 171–173.

American Congress of Obstetricians and Gynecologists. (2010). New VBAC guidelines. Retrieved from http://www.acog.org/~/media/ACOG%20Today/acogToday0810.pdf?dmc=1&ts520140209T2027089834.

American Dental Association (ADA). (2007). Thumb-sucking and pacifier use. The Journal of the American Dental Association, 138(8), 1176.

American Diabetes Association. (1992). Diabetes facts. Alexandria, VA: Author.

American Diabetes Association. (2016). Management of diabetes in pregnancy. Diabetes Care, 39(Supplement 1), S94–S98.

American Heart Association (AHA). (1995). Silent epidemic: The truth about women and heart disease. Dallas: Author.

American Heart Association (AHA). (2011). Tobacco industry's targeting of youth, minorities, and women. Retrieved from http://www.americanheart.org/presenter.jhtml?identifier511226.

American Heart Association (AHA). (2013). Stroke warning signs and symptoms. Retrieved from http://www.strokeassociation.org/STROKEORG/WarningSigns/Stroke-Warning-Signs-and--Symptoms_UCM_308528_SubHomePage.jsp.

American Medical Association (AMA). (1992). Diagnosis and treatment guidelines on elder abuse and neglect. Chicago: Author.

American Medical Association. (2009). AMA policy regarding sexual orientation: H-65.973 health care disparities in same-sex partner households. Retrieved from www.ama-assn.org/ama/pub/about-ama/our-people/member-groups-sections/glbt-advisory-committee/ama-policy-regarding--sexual-orientation.page.

American Medical Association. (2018). Physician assisted suicide: Permitting physicians to engage in assisted suicide would ultimately cause more harm than good [Position statement]. Retrieved from www.ama-assn.org/delivering-care/physician-assisted-suicide.

American Medical Association House of Delegates. (2008, June). Resolution 205: Home deliveries. Proceedings of the American Medical Association House of Delegates, Fifteenth Annual Meeting, Chicago. Retrieved from www.ama-assn.org/ama1/pub/upload/mm/471/205.doc.

American Optometric Association. (2018). Recommended eye examination frequency for pediatric patients and adults. Retrieved from www.aoa.org/patients-and-public/caring-for-your-vision/comprehensive-eye-and-vision-examination/recommended-examination-frequency-for-pediatric-patients-and-adults.

American Psychiatric Association. (2000). Diagnostic and statistical manual of mental disorders (4th ed., Text Revision). Washington, DC: Author.

American Psychiatric Association. (2013). Diagnostic and statistical manual of mental disorders (5th ed.). Arlington, VA: American Psychiatric Publishing.

American Psychological Association. (2007). Sandwich generation moms feeling the squeeze. Retrieved from www.apa.org/helpcenter/sandwich-generation.aspx.

American Psychological Association. (2017a). Stress in America: The state of our nation [Report]. Retrieved from www.apa.org/news/press/releases/stress/2017/state-nation.pdf.

American Psychological Association. (2017b). Resolution on assisted dying. Retrieved from www.apa.org/about/policy/assisted-dying-resolution.

American Psychological Association. (2019). Older adults' health [Information sheet]. Retrieved from www.apa.org/advocacy/health/older-americans.

American Psychological Association (APA). (2002). Ethical principles of psychologists and code of conduct. American Psychologist, 57, 1060–1073.

American Psychological Association (APA). (2004a). Resolution on sexual orientation and marriage. Retrieved from www.apa.org/pi/lgbc/policy/marriage.pdf.

American Psychological Association (APA). (2004b, July). Resolution on sexual orientation, parents, and children. Retrieved from www.apa.org/pi/lgbc/policy/parents.html.

American Psychological Association (APA). (2007). Stress in America. Washington, DC: Author.

American Psychological Association (APA). (2009). Stress in America. Retrieved from http://www.apa.org/news/press/releases/stress-exec--summary.pdf.

American Psychological Association (APA). (2011). Mental and behavioral health and older Americans. Retrieved from http://www.apa.org/about/gr/issues/aging/mental-health.aspx.

American Psychological Association (APA). (2016). Stress in America: Impact of discrimination. Retrieved from www.apa.org/news/press/releases/stress/2015/impact-of-discrimination.pdf.

American Psychological Association (APA). (2018). Stress in America. Retrieved from www.apa.org/news/press/releases/stress/2018/stress-gen-z.pdf.

American Psychological Association (APA). (n.d.). Answers to your questions about sexual orientation and homosexuality [Brochure]. Washington, DC: Author.

American Psychological Association (APA). (n.d.). Depression. Retrieved from http://www.apa.org/topics/depress/index.aspx.

American Psychological Association (APA) Online. (2001). End-of-life issues and care. Retrieved from www.apa.org/pi/eol/arguments.html.

American Psychological Association (APA) Working Group on Assisted Suicide and End-of-Life Decisions. (2005). Orientation to end-of-life decision--making. Retrieved from www.apa.org/pi/aseol/section1.html.

American Public Health Association. (2004). *Disparities in infant mortality* [Fact sheet]. Retrieved from www.medscape.com/ viewarticle/472721.

Amirkhanyan, A. A., & Wolf, D. A. (2006). Parent care and the stress process: Findings from panel data. *Journal of Gerontology: Social Sciences, 61B,* S248–S255.

Amlien, I. K., & Fjell, A. M. (2014). Diffusion tensor imaging of white matter degeneration in Alzheimer's disease and mild cognitive impairment. *Neuroscience, 276,* 206–215.

Amsel, E., Goodman, G., Savoie, D., & Clark, M. (1996). The development of reasoning about causal and noncausal influences on levers. *Child Development, 67,* 1624–1646.

Amso, D., & Casey, B. J. (2006). Beyond what develops when: Neuroimaging may inform how cognition changes with development. *Current Directions in Psychological Science, 15,* 24–29.

Anastasi, A. (1988). *Psychological testing* (6th ed.). New York: Macmillan.

Anastasi, A., & Schaefer, C. E. (1971). Note on concepts of creativity and intelligence. *Journal of Creative Behavior, 3,* 113–116.

Anastasiou, A., Karras, S. N., Bais, A., Grant, W. B., Kotsa, K., & Goulis, D. G. (2017). Ultraviolet radiation and effects on humans: The paradigm of maternal vitamin D production during pregnancy. *European Journal of Clinical Nutrition, 71*(11), 1268.

Anders, Y., Rossbach, H. G., Weinert, S., Ebert, S., Kuger, S., Lehrl, S., & von Maurice, J. (2012). Home and preschool learning environments and their relations to the development of early numeracy skills. *Early Childhood Research Quarterly, 27*(2), 231–244.

Andersen, A. M. N., & Urhoj, S. K. (2017). Is advanced paternal age a health risk for the offspring? *Fertility and Sterility, 107*(2), 312–318.

Andersen, S. L., Sebastiani, P., Dworkis, D. A., Feldman, L., & Perls, T. T. (2012). Health span approximates life span among many supercentenarians: Compression of morbidity at the approximate limit of life span. *Journals of Gerontology Series A: Biomedical Sciences and Medical Sciences, 67*(4), 395–405.

Anderson, A., Moon, J., & Flood, M. (2018). *The effect of unstructured versus structured cardio exercise on mood and physiological reactivity to stress.* McMinnville, OR: Linfield College Student Symposium.

Anderson, A. H., Clark, A., & Mullin, J. (1994). Interactive communication between children: Learning how to make language work in dialog. *Journal of Child Language, 21,* 439–463.

Anderson, C. A., Berkowitz, L., Donnerstein, E., Huesmann, L. R., Johnson, J. D., Linz, D., Malamuth, N. M., & Wartella, E. (2003). The influence of media violence on youth. *Psychological Science in the Public Interest, 4,* 81–110.

Anderson, C. A., Bushman, B. J., Donnerstein, E., Hummer, T. A., & Warburton, W. (2015). SPSSI research summary on media violence. *Analyses of Social Issues and Public Policy, 15*(1), 4–19.

Anderson, C. A., Shibuya, A., Ihori, N., Swing, E. L., Bushman, B. J., Sakamoto, A., . . . & Saleem, M. (2010). Violent video game effects on aggression, empathy, and prosocial behavior in Eastern and Western countries: A meta-analytic review. *Psychological Bulletin, 136*(2), 151.

Anderson, C. A., Suzuki, K., Swing, E. L., Groves, C. L., Gentile, D. A., Prot, S., . . . & Jelic, M. (2017). Media violence and other aggression risk factors in seven nations. *Personality and Social Psychology Bulletin, 43*(7), 986–998.

Anderson, C., & Platten, C. R. (2011). Sleep deprivation lowers inhibition and enhances impulsivity to negative stimuli. *Behavioural Brain Research, 217*(2), 463–466.

Anderson, D. A., & Hamilton, M. (2005). Gender role stereotyping of parents in children's picture books: The invisible father. *Sex Roles, 52,* 145–151.

Anderson, E. L., Steen, E., & Stavropoulos, V. (2017). Internet use and problematic Internet use: A systematic review of longitudinal research trends in adolescence and emergent adulthood. *International Journal of Adolescence and Youth, 22*(4), 430–454.

Anderson, J.L., May, H.T., Lappe, D.L., Bair, T., Le, V., Carlquist, J.F., & Muhlestein, J.B. (2015). Impact of testosterone replacement on myocardial infarction, stroke, and death in men with low testosterone concentrations in an integrated health care system. *American Journal of Cardiology, 117,* 794–799.

Anderson, N. D., Damianakis, T., Kröger, E., Wagner, L. M., Dawson, D. R., Binns, M. A., . . . & Cook, S. L. (2014). The benefits associated with volunteering among seniors: A critical review and recommendations for future research. *Psychological Bulletin, 140*(6), 1505.

Anderson, S. E., & Whitaker, R. C. (2010). Household routines and obesity in US preschool-aged children. *Pediatrics, 125*(3), 420–428. doi: 10.1542/peds.2009-0417.

Anderson, S. E., Dallal, G. E., & Must, A. (2003). Relative weight and race influence average age at menarche: Results from two nationally representative surveys of U.S. girls studied 25 years apart. *Pediatrics, 111,* 844–850.

Andrew, R. W., Ogunwole, S. U., Blakeslee, L., & Rabe, M. A. (2018). The population 65 years and older in the United States: 2016. *American Community Survey Reports, ACS-38.* Washington, DC: U.S. Census Bureau.

Andrews-Hanna, J. R., Snyder, A. Z., Vincent, J. L., Lustig, C., Head, D., Raichie, M. E., & Buckner, R. L. (2007). Disruption of large-scale brain systems in advanced aging. *Neuron, 56,* 924–935.

Andreyeva, T., Kelly, I. R., & Harris, J. L. (2011). Exposure to food advertising on television: Associations with children's fast food and soft drink consumption and obesity. *Economics & Human Biology, 9*(3), 221–233.

Ang, R. P. (2015). Adolescent cyberbullying: A review of characteristics, prevention and intervention strategies. *Aggression and Violent Behavior, 25,* 35–42.

Ang, S., Rodgers, J. L., & Wanstrom, L. (2010). The Flynn Effect within subgroups in the U.S.: Gender, race, income, education, and urbanization differences in the NLSY-Children data. *Intelligence, 38*(4), 367–384.

Anglemyer, A., Horvath, T., & Rutherford, G. (2014). The accessibility of firearms and risk for suicide and homicide victimization among household members: A systematic review and meta-analysis. *Annals of Internal Medicine, 160*(2), 101–110.

Anglim, J., & Grant, S. (2016). Predicting psychological and subjective well-being from personality: Incremental prediction from 30 facets over the Big 5. *Journal of Happiness Studies, 17*(1), 59–80.

Antonarakis, S. E., & Cooper, D. N. (2019). Human genomic variants and inherited disease: Molecular mechanisms and clinical consequences. In R. Pyeritz, B. Korf, & W. Grody (Eds.), *Emery and Rimoin's Principles and Practice of Medical Genetics and Genomics* (pp. 125–200). Cambridge, MA: Academic Press. doi: 10.1016/B978-0-12-812537-3.00006.

Antonio, A. L., Chang, M. J., Hakuta, K., Kenny, D. A., Levin, S., & Milem, J. F. (2004). Effects of racial diversity on complex thinking in college students. *Psychological Science, 15,* 507–510.

Antonucci, T. C., & Akiyama, H. (1995). Convoys of social relations: Family and friendships within a life-span context. In R. Blieszner & V. Hilkevitch (Eds.), *Handbook of aging and the family* (pp. 355–371). Westport, CT: Greenwood Press.

Antonucci, T., & Akiyama, H. (1997). Concern with others at midlife: Care, comfort, or compromise? In M. E. Lachman & J. B. James (Eds.), *Multiple paths of midlife development* (pp. 145–169). Chicago: University of Chicago Press.

Antonucci, T. C., Ajrouch, K. J., & Birditt, K. S. (2013). The convoy model: Explaining social relations from a multidisciplinary perspective. *The Gerontologist, 54*(1), 82–92.

Antonucci, T. C., Akiyama, H., & Merline, A. (2001). Dynamics of social relationships in midlife. In M. E. Lachman (Ed.), *Handbook of midlife development* (pp. 571–598). New York: Wiley.

Antwi, Y. A., Moriya, A. S., & Simon, K. I. (2015). Access to health insurance and the use of inpatient medical care: Evidence from the Affordable Care Act young adult mandate. *Journal of Health Economics, 39,* 171–187.

Apfelbaum, E. P., Pauker, K., Ambady, N., Sommers, S. R., & Norton, M. I. (2008). Learning (not) to talk about race: When older children underperform in social categorization. *Developmental Psychology, 44*(5), 1513–1518. doi:10.1037/ a0012835.

Apgar, V. (1953). A proposal for a new method of evaluation of the newborn infant. *Current Research in Anesthesia and Analgesia, 32,* 260–267.

Aquilino, W. S. (1996). The returning adult child and parental experience at midlife. In C. Ryff & M. M. Seltzer (Eds.), *The parental experience in midlife* (pp. 423–458). Chicago: University of Chicago Press.

Aquilino, W. S. (2006). Family relationships and support systems in emerging adulthood. In J. J. Arnett & J. L. Tanner (Eds.), *Emerging adults in America: Coming of age in the 21st century* (pp.

193–217). Washington, DC: American Psychological Association.

Arai, Y. (2017). The prevalence and risk factors of dementia in centenarians. *Brain Nerve, 69*, 771–780.

Arai, Y., Inagaki, H., Takayama, M., Abe, Y., Saito, Y., Takebayashi, T., Gondo, Y., & Hirose, N. (2014). Physical independence and mortality at the extreme limit of life span: Supercentenarians study in Japan. *Journals of Gerontology, 69*, 486–494.

Aram, D., Abiri, S., & Elad, L. (2014). Predicting early spelling: The contribution of children's early literacy, private speech during spelling, behavioral regulation, and parental spelling support. *Reading and Writing, 27*(4), 685–707.

Archer, J. (2004). Sex differences in aggression in real-world settings: A meta-analytic review. *Review of General Psychology, 8*, 291–322.

Archer, S. L. (1993). Identity in relational contexts: A methodological proposal. In J. Kroger (Ed.), *Discussions on ego identity* (pp. 75–99). Hillsdale, NJ: Erlbaum.

Archuleta, K. L., Britt, S. L., Tonn, T. J., & Grable, J. E. (2011). Financial satisfaction and financial stressors in marital satisfaction. *Psychological Reports, 108*(2), 563–576.

Ardila, A., Rosselli, M., Matute, E., & Inozemtseva, O. (2011). Gender differences in cognitive development. *Developmental Psychology, 47*(4), 984.

Arias, E. (2010). United States life tables by Hispanic origin. *Vital Health Statistics, 2*(152), 1–33. Hyattsville, MD: National Center for Health Statistics.

Arias, E., & Xu, J. (2018). United States life tables, 2015. *National Vital Statistics Reports, 67*(7), 1–64. Hyattsville, MD: National Center for Health Statistics.

Arias, E., MacDorman, M. F., Strobino, D. M., & Guyer, B. (2003). Annual summary of vital statistics—2002. *Pediatrics, 112*, 1215–1230.

Armenta, C. N., Fritz, M. M., & Lyubomirsky, S. (2016). Functions of positive emotions: Gratitude as a motivator of self-improvement and positive change. *Emotion Review* doi: 10.1177/1754073916669596.

Armour, J. A., Davison, A., & McManus, I. C. (2014). Genome-wide association study of handedness excludes simple genetic models. *Heredity, 112*(3), 221.

Arner, P. (2000). Obesity—a genetic disease of adipose tissue? *British Journal of Nutrition, 83*(1), 9–16.

Arnett, J. J. (1999). Adolescent storm and stress, reconsidered. *American Psychologist, 54*, 317–326.

Arnett, J. J. (2000). Emerging adulthood: A theory of development from the late teens through the twenties. *American Psychologist, 55*, 469–480.

Arnett, J. J. (2004). *Emerging adulthood*. New York: Oxford University Press.

Arnett J. J. (2005). The developmental context of substance use in emerging adulthood. *Journal of Drug Issues, 35*, 235–254.

Arnett, J. J. (2006). Emerging adulthood: Understanding the new way of coming of age. In J. J. Arnett & J. L. Tanner (Eds.), *Emerging adults in America: Coming of age in the 21st century* (pp. 3–19). Washington, DC: American Psychological Association.

Arnett, J. J. (2007a). Emerging adulthood: What is it, and what is it good for? *Child Development Perspectives, 1*, 68–73.

Arnett, J. J. (2007b). Suffering, selfish slackers? Myths and reality about emerging adults. *Journal of Youth and Adolescence, 36*, 23–39.

Arnett, J. J. (2010). Oh, grow up! Generational grumbling and the new life stage of emerging adulthood. *Perspectives on Psychological Science, 5*, 89–92.

Arnett, J. J. (2014). *Emerging adulthood: The winding road from the late teens through the twenties*. New York: Oxford University Press, USA.

Arnett, J. J. (2018). Happily stressed: The complexity of well-being in midlife. *Journal of Adult Development, 25*(4), 270–278.

Arsenis, N. C., You, T., Ogawa, E. F., Tinsley, G. M., & Zuo, L. (2017). Physical activity and telomere length: Impact of aging and potential mechanisms of action. *Oncotarget, 8*(27), 45008.

Årseth, A. K., Kroger, J., Martinussen, M., & Marcia, J. E. (2009). Meta-analytic studies of identity status and the relational issues of attachment and intimacy. *Identity: An International Journal of Theory and Research, 9*(1), 1–32.

Artis, J. E. (2007). Maternal cohabitation and child well-being among kindergarten children. *Journal of Marriage and Family, 69*(1), 222–236.

Artistico, D., Orom, H., Cervone, D., Krauss, S., & Houston, E. (2010). Everyday challenges in context: The influence of contextual factors on everyday problem solving among young, middle-aged and older adults. *Experimental Aging Research, 36*(2), 230–247.

Arunachalam, S., & Waxman, S. R. (2011). Grammatical form and semantic context in verb learning. *Language Learning and Development, 7*(3), 169–184.

Asato, M. R., Terwilliger, R., Woo, J., & Luna, B. S. (2010). White matter development in adolescence: A DTI study. *Cerebral Cortex, 20*(9), 2122–2131.

Aschersleben, G., Hofer, T., & Jovanovic, B. (2008). The link between infant attention to goal-directed action and later theory of mind abilities. *Developmental Science, 11*(6), 862–868.

Asher, M. I. (2010). Recent perspectives on global epidemiology of asthma in childhood. *Allergologia et Immunopathologia, 38*(2), 83–87.

Assari, S. (2017). Hostility, anger, and cardiovascular mortality among blacks and whites. *Research in Cardiovascular Medicine, 6*, e34029. doi: 10.5812/cardiovascmed.34029.

Assini-Meytin, L. C., & Green, K. M. (2015). Long-term consequences of adolescent parenthood among African-American urban youth: A propensity score matching approach. *Journal of Adolescent Health, 56*(5), 529–535.

Associated Press. (2004, April 29). *Mom in C-section case received probation: Woman originally charged with murder for delaying operation*. Retrieved from www.msnbc.msn.com/id/4863415/.

Asthana, S., Bhasin, S., Butler, R. N., Fillit, H., Finkelstein, J., Harman, S. M., . . . Urban, R. (2004). Masculine vitality: Pros and cons of testosterone in treating the andropause. *Journal of Gerontology: Medical Sciences, 59A*, 461–466.

Astington, J. W. (1993). *The child's discovery of the mind*. Cambridge, MA: Harvard University Press.

Astuti, R., & Harris, P. L. (2008). Understanding mortality and the life of the ancestors in rural Madagascar. *Cognitive Science, 32*(4), 713–740.

Astuti, Y., Wardhana, A., Watkins, J., & Wulaningsih, W. (2017). Cigarette smoking and telomere length: A systematic review of 84 studies and meta-analysis. *Environmental Research, 158*, 480–489.

Atchley, R. C. (1989). A continuity theory of normal aging. *Gerontologist, 29*, 183–190.

Atherton, O. E., Robins, R. W., Rentfrow, P. J., & Lamb, M. E. (2014). Personality correlates of risky health outcomes: Findings from a large Internet study. *Journal of Research in Personality, 50*, 56–60.

Attar-Schwartz, S., & Fuller-Thomson, E. (2017). Adolescents' closeness to paternal grandmothers in the face of parents' divorce. *Children and Youth Services Review, 77*, 118–126.

Attili, G., Vermigli, P., & Roazzi, A. (2010). Children's social competence, peer status, and the quality of mother-child and father-child relationships. *European Psychologist*.

Attili, G., Vermigli, P., & Roazzi, A. (2011). Rearing styles, parents' attachment mental state, and children's social abilities: The link to peer acceptance. *Child Development Research, 2011*.

Audet, K., & Le Mare, L. (2011). Mitigating effects of the adoptive caregiving environment on inattention/overactivity in children adopted from Romanian orphanages. *International Journal of Behavioral Development, 35*(2), 107–115.

Aunio, P., & Niemivirta, M. (2010). Predicting children's mathematical performance in grade one by early numeracy. *Learning and Individual Differences, 20*(5), 427–435.

Aurand, A., Miles, R., & Usher, K. (2014). Local environment of neighborhood naturally occurring retirement communities (NORCs) in a mid-sized U.S. city. *Journal of Housing for the Elderly, 28*(2), 133–164.

Ausubel, N. (1964). *The book of Jewish knowledge*. New York: Crown.

Auyeng, B., Baron-Cohen, S., Ashwin, E., Kinckmeyer, R., Taylor, K., Hackett, G., & Hines, M. (2009). Fetal testosterone predicts sexually differentiated childhood behavior in girls and in boys. *Psychological Science, 20*, 144–148.

Avis, N. E., & Crawford, S. (2006). Menopause: Recent research findings. In S. K. Whitbourne & S. L. Willis (Eds.), *The baby boomers grow up: Contemporary perspectives on midlife* (pp. 75–109). Mahwah, NJ: Erlbaum.

Avis, N. E., Crawford, S. L., Greendale, G., Bromberger, J. T., Everson-Rose, S. A., Gold, E. B., . . . & Thurston, R. C. (2015). Duration of menopausal vasomotor symptoms over the menopause transition. *JAMA Internal Medicine*, *175*(4), 531–539.

Avolio, B. J., & Sosik, J. J. (1999). A life-span framework for assessing the impact of work on white-collar workers. In S. L. Willis & J. D. Reid (Eds.), *Life in the middle: Psychological and social development in middle age.* San Diego: Academic Press.

Aznar-Casanova, J., Torro-Alves, N., & Fukusima, S. (2010). How much older do you get when a wrinkle appears on your face? Modifying age estimates by number of wrinkles. *Aging, Neuropsychology, and Cognition*, *17*(4), 406–421. doi: 10.1080/ 13825580903420153.

Baas, M., Nijstad, B. A., & De Dreu, C. K. (2015). The cognitive, emotional and neural correlates of creativity. *Frontiers in Human Neuroscience*, *9*, 275.

Babb, S. (2017). Quitting smoking among adults—United States, 2000–2015. *MMWR. Morbidity and Mortality Weekly Report*, *65*.

Baber, R. J., Panay, N., & Fenton, A. (2016). 2016 IMS recommendations on women's midlife health and menopause hormone therapy. *Climacteric*, *19*(2), 109–150.

Bablekou, Z. (2009). Dominant and submissive language in children's conversational acts: A gender comparison. *European Early Childhood Education Research Journal*, *17*(3), 283–296.

Babu, A., & Hirschhorn, K. (1992). *A guide to human chromosome defects* (Birth Defects: Original Article Series, 28[2]). White Plains, NY: March of Dimes Birth Defects Foundation.

Bacchini, D., Licenziati, M. R., Garrasi, A., Corciulo, N., Driul, D., Tanas, R., . . . & Maltoni, G. (2015). Bullying and victimization in overweight and obese outpatient children and adolescents: An Italian multicentric study. *PLoS One*, *10*(11), e0142715.

Back, M. D., Stopfer, J. M., Vazire, S., Gaddis, S., Schmukle, S. C., Egloff, B., & Gosling, S. D. (2010). Facebook profiles reflect actual personality, not self-idealization. *Psychological Science*, *21*(3), 372–374.

Baddeley, A. (1998). Recent developments in working memory. *Current Opinion in Neurobiology*, *8*, 234–238.

Baddeley, A. D. (2001). Is working memory still working? *American Psychologist*, *56*, 851–864.

Badr, L. K., Abdallah, B., & Kahale, L. (2015). A meta-analysis of preterm infant massage: An ancient practice with contemporary applications. *MCN: The American Journal of Maternal/Child Nursing*, *40*(6), 344–358.

Baer, J. (2015). The importance of domain-specific expertise in creativity. *Roeper Review*, *37*(3), 165–178.

Baer, J. S., Sampson, P. D., Barr, H. M., Connor, P. D., & Streissguth, A. P. (2003). A 21-year longitudinal analysis of the effects of prenatal alcohol exposure on young adult drinking. *Archives of General Psychiatry*, *60*, 377–385.

Baglioni, C., Battagliese, G., Feige, B., Spiegelhalder, K., Nissen, C., Voderholzer, U., . . . & Riemann, D. (2011). Insomnia as a predictor of depression: A meta-analytic evaluation of longitudinal epidemiological studies. *Journal of Affective Disorders*, *135*(1), 10–19.

Bagwell, C., & Schmidt, M. E. (2011). *Friendships in childhood and adolescence.* New York: Guilford Press.

Baidal, J. A. W., Locks, L. M., Cheng, E. R., Blake-Lamb, T. L., Perkins, M. E., & Taveras, E. M. (2016). Risk factors for childhood obesity in the first 1,000 days: A systematic review. *American Journal of Preventive Medicine*, *50*(6), 761–779.

Baillargeon, J., Urban, R.J., Ottenbacher, K.J., Pierson, K. S., & Goodwin, J.S. (2013). Trends in androgen prescribing in the United States, 2001 to 2011. *JAMA Internal Medicine*, 173, 1465–1466.

Baillargeon, R. (2004). Infants' reasoning about hidden objects: evidence for event-general and event-specific expectations. *Developmental Science*, *7*(4), 391–414.

Baillargeon, R., & Carey, S. (2012). Core cognition and beyond: The acquisition of physical and numerical knowledge. *Early Childhood Development and Later Outcome*, 33–65.

Baillargeon, R., & DeVos, J. (1991). Object permanence in young infants: Further evidence. *Child Development*, *62*, 1227–1246.

Baillargeon, R., Li, J., Gertner, Y., & Wu, D. (2011). How do infants reason about physical events? In U. Goswami (Ed.), *The Wiley-Blackwell handbook of childhood cognitive development* (pp. 11–48). Malden, MA: Blackwell Publishing.

Baillargeon, R., Scott, R. M., & He, Z. (2010). False-belief understanding in infants. *Trends in Cognitive Sciences*, *14*(3), 110–118.

Baillargeon, R. H., Zoccolillo, M., Keenan, K., Côté, S., Pérusse, D., Wu, H.-X., . . . Tremblay, R. E. (2007). Gender differences in physical aggression: A prospective population-based survey of children before and after 2 years of age. *Developmental Psychology*, *43*, 13–26.

Baiocco, R., Fontanesi, L., Santamaria, F., Ioverno, S., Baumgartner, E., & Laghi, F. (2016). Coming out during adolescence: Perceived parents' reactions and internalized sexual stigma. *Journal of Health Psychology*, *21*(8), 1809–1813.

Baker, C. E. (2013). Fathers' and mothers' home literacy involvement and children's cognitive and social emotional development: Implications for family literacy programs. *Applied Developmental Science*, *17*(4), 184–197.

Baker, J. L., Olsen, L. W., & Sorensen, T. I. A. (2007). Childhood body-mass index and the risk of coronary heart disease in adulthood. *New England Journal of Medicine*, *357*, 2329–2336.

Baker, L., Cahalin, L. P., Gerst, K., & Burr, J. A. (2005). Productive activities and subjective well-being among older adults: The influence of number of activities and time commitment. *Social Indicators Research*, *73*, 431–458.

Balantekin, K. N., Birch, L. L., & Savage, J. S. (2018). Family, friend, and media factors are associated with patterns of weight-control behavior among adolescent girls. *Eating and Weight Disorders-Studies on Anorexia, Bulimia and Obesity*, *23*(2), 215–223.

Bale, T. L., & Epperson, C. N. (2015). Sex differences and stress across the lifespan. *Nature Neuroscience*, *18*(10), 1413.

Ball, K., Edwards, J. D., & Ross, L. A. (2007). The impact of speed of processing training on cognitive and everyday functions [Special issue I]. *Journal of Gerontology: Psychological Sciences*, *62B*, 19–31.

Balluz, L. S., Okoro, C. A., & Strine, T. W. (2004). Access to health-care preventive services among Hispanics and non-Hispanics—United States, 2001–2002. *Morbidity and Mortality Weekly Report*, *53*, 937–941.

Balsam, K. F., Rothblum, E. D., & Wickham, R. E. (2017). Longitudinal predictors of relationship dissolution among same-sex and heterosexual couples. *Couple and Family Psychology: Research and Practice*, *6*(4), 247.

Balsis, S., & Carpenter, B. (2006). Evaluations of elderspeak in a caregiving context. *Clinical Gerontologist*, *29*(1), 79–96. doi: 10.1300/ J018v29n01_07.

Balsis, S., Carpenter, B. D., & Storandt, M. (2005). Personality change precedes clinical diagnosis of dementia of the Alzheimer type. *Journal of Gerontology: Psychological Sciences*, *60B*, P98–P101.

Baltes, P. B. (1997). On the incomplete architecture of human ontogeny: Selection, optimization, and compensation as foundation of developmental theory. *American Psychologist*, *52*, 366–380.

Baltes, P. B., & Baltes, M. M. (1990). Psychological perspectives on successful aging: The model of selective optimization with compensation. In P. B. Baltes & M. M. Baltes (Eds.), *Successful aging: Perspectives from the behavioral sciences* (pp. 1–34). New York: Cambridge University Press.

Baltes, P. B., & Smith, J. (2004). Lifespan psychology: From developmental contextualism to developmental biocultural co-constructivism. *Research in Human Development*, *1*, 123–144.

Baltes, P. B., & Staudinger, U. M. (2000). Wisdom: A metaheuristic (pragmatic) to orchestrate mind and virtue toward excellence. *American Psychologist*, *55*, 122–136.

Baltes, P. B., Lindenberger, U., & Staudinger, U. M. (1998). Life-span theory in developmental psychology. In R. M. Lerner (Ed.), *Handbook of child psychology: Vol. 1. Theoretical models of human development* (pp. 1029–1143). New York: Wiley.

Ban, L., Guo, S., Scherpbier, R. W., Wang, X., Zhou, H., & Tata, L. J. (2017). Child feeding and stunting prevalence in left-behind children: A descriptive analysis of data from a central and western Chinese population. *International Journal of Public Health*, *62*(1), 143–151.

Banderali, G., Martelli, A., Landi, M., Moretti, F., Betti, F., Radaelli, G., . . . & Verduci, E. (2015). Short and long term health effects of parental tobacco smoking during pregnancy and lactation: A descriptive review. *Journal of Translational Medicine*, *13*(1), 327.

Bandura, A. (1986). *Social foundations of thought and action: A social cognitive theory.* Englewood Cliffs, NJ: Prentice Hall.

Bandura, A. (1994). Self-efficacy. In V. S. Ramachaudran (Ed.), *Encyclopedia of human behavior* (Vol. 4, pp. 71–81). New York: Academic Press.

Bandura, A., & Bussey, K. (2004). On broadening the cognitive, motivational, and sociostructural scope of theorizing about gender development and functioning: Comment on Martin, Ruble, and Szkrybalo (2002). *Psychological Bulletin, 130*(5), 691–701.

Bandura, A., & Walters, R. H. (1963). *Social learning and personality development.* New York: Holt, Rinehart & Winston.

Bandura, A., Barbaranelli, C., Caprara, G. V., & Pastorelli, C. (2001). Self-efficacy beliefs as shapers of children's aspirations and career trajectories. *Child Development 72*(1), 187–206.

Banse, R., Gawronski, B., Rebetez, C., Gutt, H., & Bruce Morton, J. (2010). The development of spontaneous gender stereotyping in childhood: Relations to stereotype knowledge and stereotype flexibility. *Developmental Science, 13*(2), 298–306.

Banta, D., & Thacker, S. B. (2001). Historical controversy in health technology assessment: The case of electronic fetal monitoring. *Obstetrical and Gynecological Survey, 56*(11), 707–719.

Bao, A. M., & Swaab, D. F. (2010). Sex differences in the brain, behavior, and neuropsychiatric disorders. *The Neuroscientist, 16*(5), 550–565.

Barac, R., Bialystok, E., Castro, D. C., & Sanchez, M. (2014). The cognitive development of young dual language learners: A critical review. *Early Childhood Research Quarterly, 29*(4), 699–714.

Barbaresco, S., Courtemanche, C. J., & Qi, Y. (2015). Impacts of the Affordable Care Act dependent coverage provision on health-related outcomes of young adults. *Journal of Health Economics, 40,* 54–68.

Barbosa, L. M., Monteiro, B., & Murta, S. G. (2016). Retirement adjustment predictors—A systematic review. *Work, Aging and Retirement, 2*(2), 262–280.

Barclay, S. R., Stoltz, K. B., & Chung, Y. B. (2011). Voluntary midlife career change: Integrating the transtheoretical model and the life-span, life-space approach. *The Career Development Quarterly, 59,* 386–399.

Bargh, J. A., Chen, M., & Burrows, L. (1996). Automaticity of social behavior: Direct effects of trait construct and stereotype activation on action. *Journal of Personality and Social Psychology, 71,* 230–244.

Bariola, E., Lyons, A., Leonard, W., Pitts, M., Badcock, P., & Couch, M. (2015). Demographic and psychosocial factors associated with psychological distress and resilience among transgender individuals. *American Journal of Public Health, 105*(10), 2108–2116.

Barker, E. D., Oliver, B. R., & Maughan, B. (2010). Co-occurring problems of early onset persistent, childhood limited, and adolescent onset conduct problem youth. *Journal of Child Psychology and Psychiatry, 51*(11), 1217–1226.

Barkl, S., Porter, A., & Ginns, P. (2012). Cognitive training for children: Effects on inductive reasoning, deductive reasoning, and mathematics achievement in an Australian school setting. *Psychology in the Schools, 49*(9), 828–842.

Barlett, C., & Coyne, S. M. (2014). A meta-analysis of sex differences in cyber-bullying behavior: The moderating role of age. *Aggressive Behavior, 40*(5), 474–488.

Barnard, N. D., Bush, A. I., Ceccarelli, A., Cooper, J., de Jager, C. A., Erickson, K. I., . . . & Morris, M. C. (2014). Dietary and lifestyle guidelines for the prevention of Alzheimer's disease. *Neurobiology of Aging, 35,* S74–S78.

Barnett, L. M., Van Beurden, E., Morgan, P. J., Brooks, L. O., & Beard, J. R. (2009). Childhood motor skill proficiency as a predictor of adolescent physical activity. *Journal of Adolescent Health, 44*(3), 252–259.

Barnett, R. C., & Hyde, J. S. (2001). Women, men, work, and family. *American Psychologist, 56,* 781–796.

Barnett, W. S., Jung, K., Yarosc, D. J., Thomas, J., Hornbeck, A., Stechuk, R. A., & Burns, M. S. (2008). Educational effects of the tools of the mind curriculum: A randomized trial. *Early Childhood Research Quarterly, 23*(3), 299–313.

Baron-Cohen, S., Leslie, A. M., & Frith, U. (1985). Does the autistic child have a "theory of mind"? *Cognition, 21*(1), 37–46.

Barr, R. (2010). Transfer of learning between 2D and 3D sources during infancy: Informing theory and practice. *Developmental Review, 30*(2), 128–154.

Barr, R., Danziger, C., Hilliard, M., Andolina, C., & Ruskis, J. (2010). Amount, content and context of infant media exposure: A parental questionnaire and diary analysis. *International Journal of Early Years Education, 18,* 107–122.

Barr, R., Lauricella, A., Zack, E., & Calvert, S. L. (2010). Infant and early childhood exposure to adult-directed and child-directed television programming: Relations with cognitive skills at age four. *Merrill-Palmer Quarterly, 56*(1), 21–48.

Barr, R., Muentener, P., & Garcia, A. (2007). Age-related changes in deferred imitation from television by 6- to 18-month-olds. *Developmental Science, 10*(6), 910–921.

Barr, S. M., Budge, S. L., & Adelson, J. L. (2016). Transgender community belongingness as a mediator between strength of transgender identity and well-being. *Journal of Counseling Psychology, 63*(1), 87–97. doi: 10.1037/cou0000127.

Barrett, A. E., & Toothman, E. L. (2017). Multiple "old ages": The influence of social context on women's aging anxiety. *The Journals of Gerontology: Series B, 73*(8), e154–e164.

Barrett, C. B. (2010). Measuring food insecurity. *Science, 327,* 825–828.

Barrett, H. C., & Behne, T. (2005). Children's understanding of death as the cessation of agency: A test using sleep versus death. *Cognition, 96*(2), 93–108.

Barrett-Connor, E., Hendrix, S., Ettinger, B., Wenger, N. K., Paoletti, R., Lenfant, C. J. M., & Pinn, V. W. (2002). *Best clinical practices: Chapter 13. International position paper on women's health and menopause: A comprehensive approach.* Washington, DC: National Heart, Lung, and Blood Institute.

Barroso, C. S., Roncacio, A., Moramarco, M. W., Hinojosa, M. B., Davila, Y. R., Mendias, E., & Reifsnider, E. (2016). Food security, maternal feeding practices, and child weight-for-length. *Applied Nursing Research, 29,* 31–36.

Barry, B. K., & Carson, R. G. (2004). The consequences of resistance training for movement control in older adults. *Journal of Gerontology: Medical Sciences, 59A,* 730–754.

Barry, C. M., Madsen, S. D., Nelson, L. J., Carroll, J. S., & Badger, S. (2009). Friendship and romantic relationship qualities in emerging adulthood: Differential associations with identity development and achieved adulthood criteria. *Journal of Adult Development, 16*(4), 209–222.

Bartel, K. A., Gradisar, M., & Williamson, P. (2015). Protective and risk factors for adolescent sleep: A meta-analytic review. *Sleep Medicine Reviews, 21,* 72–85.

Bartick, M., & Reinhold, A. (2010). The burden of suboptimal breastfeeding in the United States: A pediatric cost analysis. *Pediatrics 125,* e1048–e1056.

Barton, A. W., Yu, T., Brody, G. H., & Ehrlich, K. B. (2018). Childhood poverty, catecholamines, and substance use among African American young adults: The protective effect of supportive parenting. *Preventive Medicine, 112,* 1–5.

Bartz, J. A. (2010). Oxytocin electively improves empathic accuracy. *Psychological Science, 21*(10), 1426–1428. doi: 10.1177/0956797610383439.

Bartzokis, G. (2011). Alzheimer's disease as homeostatic responses to age-related myelin breakdown. *Neurobiology of Aging, 32*(8), 1341–1371.

Bartzokis, G., Lu, P. H., & Mintz, J. (2007). Human brain myelination and amyloid beta deposition in Alzheimer's disease. *Alzheimer's & Dementia, 3*(2), 122–125.

Bartzokis, G., Lu, P. H., Tingus, K., Mendez, M. F., Richard, A., Peters, D. G., . . . & Thompson, P. M. (2010). Lifespan trajectory of myelin integrity and maximum motor speed. *Neurobiology of Aging, 31*(9), 1554–1562.

Barutçu Yıldırım, F., & Demir, A. (2015). Breakup adjustment in young adulthood. *Journal of Counseling & Development, 93*(1), 38–44.

Baruteau, A. E., Tester, D. J., Kapplinger, J. D., Ackerman, M. J., & Behr, E. R. (2017). Sudden infant death syndrome and inherited cardiac conditions. *Nature Reviews Cardiology, 14*(12), 715.

Basch, C. E. (2011). Teen pregnancy and the achievement gap among urban minority youth. *Journal of School Health, 81*(10), 614–618.

Basch, C. H., Zybert, P., Reeves, R., Basch, C. E. (2017). What do popular YouTube videos say about vaccines? *Child: Care, Health and Development, 43,* 499–503.

Bascom, P. B., & Tolle, S. W. (2002). Responding to requests for physician-assisted suicide: "These are uncharted waters for both of us. . . ." *Journal of the American Medical Association, 288,* 91–98.

Bassuk, E. L., DeCandia, C. J., Beach, C. A., & Berman, F. (2014) *America's youngest outcasts.* Washington, DC: American Institutes for Research. Retrieved from www.homelesschildrenamerica.org.

Bassuk, E. L., Murphy, C., Coupe, N. T., Kenney, R. R., Beach, C. A. (2011). America's youngest outcasts 2010: State report card on child homelessness. *The National Center on Family Homelessness.* Retrieved from www.homelesschildrenamerica.org/media/NCFH_AmericaOutcast2010_web.pdf.

Bassuk, E. L., Richard, M. K., & Tsertsvadze, A. (2015). The prevalence of mental illness in homeless children: A systematic review and meta-analysis. *Journal of the American Academy of Child & Adolescent Psychiatry, 54*(2), 86–96.

Baste, V., Moen, B. E., Oftedal, G., Strand, L. Å., Bjørge, L., & Mild, K. H. (2012). Pregnancy outcomes after paternal radiofrequency field exposure aboard fast patrol boats. *Journal of Occupational and Environmental Medicine, 54*(4), 431–438.

Basterfield, L., Adamson, A. J., Frary, J. K., Parkinson, K. N., Pearce, M. S., Reilly, J. J., & Gateshead Millennium Study Core Team. (2011). Longitudinal study of physical activity and sedentary behavior in children. *Pediatrics, 127*(1), e24–e30.

Bates, E., O'Connell, B., & Shore, C. (1987). Language and communication in infancy. In J. D. Osofsky (Ed.), *Handbook of infant development* (2nd ed.). New York: Wiley.

Batterham, P. J., Christensen, H., & Mackinnon, A. J. (2009). Fluid intelligence is independently associated with all-cause mortality over 17 years in an elderly community sample: An investigation of potential mechanisms. *Intelligence, 37*(6), 551–560.

Batty, G. D., Deary, I. J., & Gottfredson, L. S. (2007). Premorbid (early life) IQ and later mortality risk: Systematic review. *Annals of Epidemiology, 17*(4), 278–288.

Baude, A., Pearson, J., & Drapeau, S. (2016). Child adjustment in joint physical custody versus sole custody: A meta-analytic review. *Journal of Divorce & Remarriage, 57*(5), 338–360.

Bauer, J. J., & McAdams, D. P. (2004). Personal growth in adults' stories of life transitions. *Journal of Personality, 72*(3), 573–602.

Bauer, K. W., Hearst, M. O., Escoto, K., Berge, J. M., & Neumark-Sztainer, D. (2012). Parental employment and work-family stress: Associations with family food environments. *Social Science & Medicine, 75*(3), 496–504.

Bauer, M. E., Jeckel, C. M. M., & Luz, C. (2009). The role of stress factors during aging of the immune system. *Annals of the New York Academy of Sciences, 1153*, 39–152. doi: 10.1111/j.1749-6632.2008.03966.x.

Bauer, P. J. (2002). Long-term recall memory: Behavioral and neurodevelopmental changes in the first 2 years of life. *Current Directions in Psychological Science, 11*, 137–141.

Bauer, P. J., DeBoer, T., & Lukowski, A. F. (2007). In the language of multiple memory systems, defining and describing developments in long-term explicit memory. In L. M. Oakes & P. J. Bauer (Eds.). *Short- and long-term memory in infancy and early childhood* (pp. 240–270). New York: Oxford University Press.

Bauer, P. J., Wiebe, S. A., Carver, L. J., Waters, J. M., & Nelson, C. A. (2003). Developments in long-term explicit memory late in the first year of life: Behavioral and electrophysiological indices. *Psychological Science, 14*, 629–635.

Baum, A., Cacioppo, J. T., Melamed, B. G., Gallant, S. J., & Travis, C. (1995). *Doing the right thing: A research plan for healthy living.* Washington, DC: American Psychological Association Science Directorate.

Baum, S., Ma, J., & Payea, K. (2010). *Education pays.* Retrieved from http://trends.collegeboard.org/education_pays.

Bauman, A., Merom, D., Bull, F. C., Buchner, D. M., & Fiatarone Singh, M. A. (2016). Updating the evidence for physical activity: Summative reviews of the epidemiological evidence, prevalence, and interventions to promote "Active Aging." *The Gerontologist, 56*(Suppl_2), S268–S280.

Baumer, E. P., & South, S. J. (2001). Community effects on youth sexual activity. *Journal of Marriage and Family, 63*, 540–554.

Baumgart, M., Snyder, H. M., Carrillo, M. C., Fazio, S., Kim, H., & Johns, H. (2015). Summary of the evidence on modifiable risk factors for cognitive decline and dementia: A population-based perspective. *Alzheimer's & Dementia, 11*(6), 718–726.

Baumgartner, S. E., Weeda, W. D., van der Heijden, L. L., & Huizinga, M. (2014). The relationship between media multitasking and executive function in early adolescents. *Journal of Early Adolescence, 34*, 1120–1144.

Baumrind, D. (1971). Harmonious parents and their preschool children. *Developmental Psychology, 41*, 92–102.

Baumrind, D. (1987). A developmental perspective on adolescent risk taking in contemporary America. *New Directions for Child and Adolescent Development, 1987*(37), 93–125.

Baumrind, D. (1989). Rearing competent children. In W. Damon (Ed.), *Child development today and tomorrow* (pp. 349–378). San Francisco: Jossey-Bass.

Baumrind, D. (1996a). A blanket injunction against disciplinary use of spanking is not warranted by the data. *Pediatrics, 88*, 828–831.

Baumrind, D. (1996b). The discipline controversy revisited. *Family Relations, 45*, 405–414.

Baumrind, D. (2005). Patterns of parental authority and adolescent autonomy. In J. Smetana (Ed.), *Changing boundaries of parental authority during adolescence* (New Directions for Child and Adolescent Development, No. 108, pp. 61–70). San Francisco: Jossey-Bass.

Baumrind, D., & Black, A. E. (1967). Socialization practices associated with dimensions of competence in preschool boys and girls. *Child Development, 38*, 291–327.

Baumrind, D., Larzelere, R. E., & Owens, E. B. (2010). Effects of preschool parents' power assertive patterns and practices on adolescent development. *Parenting: Science and Practice, 10*(3), 157–201.

Bava, S., Thayer, R., Jacobus, J., Ward, M., Jernigan, T. L., & Tapert, S. F. (2010). Longitudinal characterization of white matter maturation during adolescence. *Brain Research, 1327*, 38–46.

Bayley, N. (1969). *Bayley Scales of Infant Development.* New York: Psychological Corp.

Bayley, N. (1993). *Bayley Scales of Infant Development: II.* New York: Psychological Corp.

Bayley, N. (2005). *Bayley Scales of Infant Development, Third Ed. (Bayley-III).* New York: Harcourt Brace.

Bayliss, D. M., Jarrold, C., Baddeley, A. D., Gunn, D. M., & Leigh, E. (2005). Mapping the developmental constraints on working memory span performance. *Developmental Psychology, 41*(4), 579–597.

Beal, S. J., & Crockett, L. J. (2010). Adolescents' occupational and educational aspirations and expectations: Links to high school activities and adult educational achievement. *Developmental Psychology, 46*(1), 258–265.

Beauchamp, G. K., & Mennella, J. A. (2009). Early flavor learning and its impact on later feeding behavior. *Journal of Pediatric Gastroenterology and Nutrition, 48*, 25–30.

Becker, G. S. (1991). *A treatise on the family* (Enlarged ed.). Cambridge, MA: Harvard University Press.

Becker, M., Lüdtke, O., Trautwein, U., Köller, O., & Baumert, J. (2012). The differential effects of school tracking on psychometric intelligence: Do academic-track schools make students smarter? *Journal of Educational Psychology, 104*(3), 682.

Becker, P. E., & Moen, P. (1999). Scaling back: Dual-earner couples' work–family strategies. *Journal of Marriage and Family, 61*, 995–1007.

Beckett, C., Maughan, B., Rutter, M., Castle, J., Colvert, E., Groothues, C., . . . Sonuga-Barke, E. J. S. (2006). Do the effects of severe early deprivation on cognition persist into early adolescence? Findings from the English and Romanian adoptees study. *Child Development, 77*, 696–711.

Bedford, V. H. (1995). Sibling relationships in middle and old age. In R. Blieszner & V. Hilkevitch (Eds.), *Handbook of aging and the family* (pp. 201–222). Westport, CT: Greenwood Press.

Beede, D. N., Julian, T. A., Langdon, D., McKittrick, G., Khan, B., & Doms, M. E. (2011). Women in STEM: A gender gap to innovation. *Economics and Statistics Administration Issue Brief*, (04–11).

Beebe, D. W. (2011). Cognitive, behavioral, and functional consequences of inadequate sleep in children and adolescents. *Pediatric Clinics, 58*(3), 649–665.

Beelmann, A., & Heinemann, K. S. (2014). Preventing prejudice and improving intergroup attitudes: A meta-analysis of child and adolescent training programs. *Journal of Applied Developmental Psychology, 35*(1), 10–24.

Behne, T., Liszkowski, U., Carpenter, M., & Tomasello, M. (2012). Twelve-month-olds' comprehension and production of pointing. *British*

Journal of Developmental Psychology, 30(3), 359–375.

Behne, T., Liszkowski, U., Carpenter, M., & Tomasello, M. (2012). Twelve-month-olds' comprehension and production of pointing. *British Journal of Developmental Psychology, 30*(3), 359–375.

Behnke, M., Smith, V. C., & Committee on Substance Abuse. (2013). Prenatal substance abuse: short-and long-term effects on the exposed fetus. *Pediatrics, 131*(3), e1009–e1024.

Behrman, R. E. (1992). *Nelson textbook of pediatrics* (13th ed.). Philadelphia: Saunders.

Beidel, D. C., & Turner, S. M. (1998). *Shy children, phobic adults: Nature and treatment of social phobia.* Washington, DC: American Psychological Association.

Bell, J. F., Zimmerman, F. J., & Diehr, P. K.(2008). Maternal work and birth outcome disparities. *Maternal & Child Health Journal, 12*, 415–426.

Bell, J. T., & Saffery, R. (2012). The value of twins in epigenetic epidemiology. *International Journal of Epidemiology, 41*(1), 140–150.

Bell, J. T., & Spector, T. D. (2011). A twin approach to unraveling epigenetics. *Trends in Genetics, 27*, 116–125.

Bell, L. G., & Bell, D. C. (2005). Family dynamics in adolescence affect midlife well-being. *Journal of Family Psychology, 19*, 198–207.

Bell, L., Burtless, G., Gornick, J., & Smeedling, T. M. (2007). A cross-national survey of trends in the transition to economic independence. In S. Danzinger & C. Rouse (Eds.), *The price of independence: The economics of early adulthood* (pp. 27–55). New York: Russell Sage Foundation.

Bell, M. A. (2012). A psychobiological perspective on working memory performance at 8 months of age. *Child Development, 83*(1), 251–265.

Bell, M. A., & Fox, N. A. (1992). The relations between frontal brain electrical activity and cognitive development during infancy. *Child Development, 63*, 1142–1163.

Bellander, M., Eschen, A., Lövdén, M., Martin, M., Bäckman, L., & Brehmer, Y. (2017). No evidence for improved associative memory performance following process-based associative memory training in older adults. *Frontiers in Aging Neuroscience, 8*, 326.

Bellieni, C. V., & Buonocore, G. (2012). Is fetal pain a real evidence? *The Journal of Maternal-Fetal & Neonatal Medicine, 25*(8), 1203–1208.

Bellinger, D. C. (2008). Lead neurotoxicity and socioeconomic status: Conceptual and analytic issues. *NeuroToxicology, 29*(5), 828–832.

Bellou, V., Belbasis, L., Tzoulaki, I., Middleton, L. T., Ioannidis, J. P., & Evangelou, E. (2017). Systematic evaluation of the associations between environmental risk factors and dementia: An umbrella review of systematic reviews and meta-analyses. *Alzheimer's & Dementia, 13*(4), 406–418.

Belsky, J. (1984). Two waves of day care research: Developmental effects and conditions of quality. In R. Ainslie (Ed.), *The child and the day care setting.* New York: Praeger.

Belsky, J., & Pluess, M. (2009). Beyond diathesis stress: Differential susceptibility to environmental influences. *Psychological Bulletin, 135*(6), 885–908. doi: 10.1037/a0017376.

Belsky, J., Jaffee, S. R., Caspi, A., Moffitt, T., & Silva, P. A. (2003). Intergenerational relationships in young adulthood and their life course, mental health, and personality correlates. *Journal of Family Psychology, 17*, 460–471.

Belsky, J., Jaffee, S., Hsieh, K., & Silva, P. A. (2001). Childrearing antecedents of intergenerational relations in young adulthood: A prospective study. *Developmental Psychology, 37*, 801–814.

Belsky, J., Ruttle, P. L., Boyce, W. T., Armstrong, J. M., & Essex, M. J. (2015). Early adversity, elevated stress physiology, accelerated sexual maturation, and poor health in females. *Developmental Psychology, 51*(6), 816.

Belsky, J., Steinberg, L. D., Houts, R. M., Friedman, S. L., DeHart, G., Cauffman, E., ... NICHD Early Child Care Research Network. (2007). Family rearing antecedents of pubertal timing. *Child Development, 78*(4), 1302–1321.

Belsky, J., Steinberg, L., Houts, R. M., & Halpern-Felsher, B. L. (2010). The development of reproductive strategy in females: Early maternal harshness—earlier menarch—increased sexual risk taking. *Developmental Psychology, 46*(1), 120–128.

Bem, S. L. (1993). *The lenses of gender: Transforming the debate on sexual inequality.* New Haven, CT: Yale University Press.

Benavides-Varela, S., Gómez, D. M., Macagno, F., Bion, R. A., Peretz, I., & Mehler, J. (2011). Memory in the neonate brain. *PLoS One, 6*(11), e27497.

Benavides-Varela, S., Hochmann, J. R., Macagno, F., Nespor, M., & Mehler, J. (2012). Newborn's brain activity signals the origin of word memories. *Proceedings of the National Academy of Sciences*, 201205413.

Bendayan, R., Piccinin, A. M., Hofer, S. M., Cadar, D., Johansson, B., & Muniz-Terrera, G. (2017). Decline in memory, visuospatial ability, and crystalized cognitive abilities in older adults: Normative aging or terminal decline? *Journal of Aging Research.*

Benedetti, A. M. (2017, Dec. 6). 5 Dia De Los Muertos questions you were too afraid to ask. *Huffingtonpost.com*. Retrieved from www.huffingtonpost.com/2013/11/01/dia-de-los-muertos_n_4184636.html.

Benenson, J. F., Philippoussis, M., & Leeb, R. (1999). Sex differences in neonates' cuddliness. *The Journal of Genetic Psychology, 160*(3), 332–342.

Bener, A., Ehlayel, M. S., Tulic, M. K., & Hamid, Q. (2012). Vitamin D deficiency as a strong predictor of asthma in children. *International Archives of Allergy and Immunology, 157*(2), 168–175.

Bengtson, V. L. (2001). Beyond the nuclear family: The increasing importance of multigenerational bonds. *Journal of Marriage and Family, 63*, 1–16.

Benkhadra, K., Mohammed, K., Al Nofal, A., Carranza Leon, B. G., Alahdab, F., Faubion, S., ... & Murad, M. H. (2015). Menopausal hormone therapy and mortality: A systematic review and meta-analysis. *The Journal of Clinical Endocrinology & Metabolism, 100*(11), 4021–4028.

Benner, A. D., & Graham, S. (2009). The transition to high schools as a developmental process among multiethnic urban youth. *Child Development, 80*(2), 356–376.

Benner, A. D., & Kim, S. Y. (2009). Experiences of discrimination among Chinese American adolescents and the consequences for socioemotional and academic development. *Developmental Psychology, 45*(6), 1682–1694.

Benson, E. (2003). Intelligent intelligence testing. *Monitor on Psychology, 43*(2), 48–51.

Ben-Zur, H. (2012). Loneliness, optimism, and well-being among married, divorced, and widowed individuals. *The Journal of Psychology, 146*(1–2), 23–36.

Beran, T. N., Ramirez-Serrano, A., Kuzyk, R., Fior, M., & Nugent, S. (2011). Understanding how children understand robots: Perceived animism in child–robot interaction. *International Journal of Human-Computer Studies, 69*(7–8), 539–550.

Berchick, E. R., Hood, E., & Barnett, J. C. (2018). Health insurance coverage in the United States: 2017. *Current Population Reports* (60–264). Washington, DC: U.S. Government Printing Office.

Berends, M. (2015). Sociology and school choice: What we know after two decades of charter schools. *Annual Review of Sociology, 41*, 159–180.

Berg, C. A., & Klaczynski, P. A. (1996). Practical intelligence and problem solving: Search for perspectives. In F. Blanchard-Fields & T. M. Hess (Eds.), *Perspectives on cognitive change in adulthood and aging* (pp. 323–357). New York: McGraw-Hill.

Berg, S. J., & Wynne-Edwards, K. E. (2001). Changes in testosterone, cortisol, and estradiol levels in men becoming fathers. *Mayo Clinic Proceedings, 76*(6), 582–592.

Berge, J. M., MacLehose, R. F., Loth, K. A., Eisenberg, M. E., Fulkerson, J. A., & Neumark-Sztainer, D. (2015). Parent-adolescent conversations about eating, physical activity and weight: Prevalence across sociodemographic characteristics and associations with adolescent weight and weight-related behaviors. *Journal of Behavioral Medicine, 38*(1), 122–135.

Bergelson, E., & Swingley, D. (2012). At 6-9 months, human infants know the meanings of many common nouns. *Proceedings of the National Academy of Sciences of the United States of America, 109*, 3253–3259.

Bergeman, C. S., & Plomin, R. (1989). Genotype-environment interaction. In M. Bornstein & J. Bruner (Eds.), *Interaction in human development* (pp. 157–171). Hillsdale, NJ: Erlbaum.

Bergen, D. (2002). The role of pretend play in children's cognitive development. *Early Childhood Research & Practice, 4*(1). Retrieved from http://ecrp.uiuc.edu/v4n1/bergen.html.

Berger, K. S. (2007). Update on bullying at school: Science forgotten? *Developmental Review, 27*, 91–92.

Bering, J. M., Blasi, C. H., & Bjorklund, D. F. (2005). The development of afterlife beliefs in religiously and secularly schooled children. *British Journal of Developmental Psychology, 23*(4), 587–607.

Berk, L. E. (1992). Children's private speech: An overview of theory and the status of research. In R. M. Diaz & L. E. Berk (Eds.), *Private speech: From social interaction to self-regulation* (pp. 17–53). Hillsdale, NJ: Erlbaum.

Berlin, L. J., Ispa, J. M., Fine, M. A., Malone, P. S., Brooks-Gunn, J., Brady-Smith, C., . . . Bai, Y. (2009). Correlates and consequences of spanking and verbal punishment for low income White, African American and Mexican American toddlers. *Child Development, 80*(5), 1403–1420.

Berman, S. L., You, Y. F., Schwartz, S., Teo, G., & Mochizuki, K. (2011, February). Identity exploration, commitment, and distress: A cross national investigation in China, Taiwan, Japan, and the United States. *Child & Youth Care Forum, 40*(1), 65–75.

Bernardi, F., & Martínez-Pastor, J. I. (2011). Divorce risk factors and their variation over time in Spain. *Demographic Research, 24*, 771–800.

Bernardi, F., & Radl, J. (2014). The long-term consequences of parental divorce for children's educational attainment. *Demographic Research, 30*, 1653–1680.

Berndt, T. J., & Perry, T. B. (1990). Distinctive features and effects of early adolescent friendships. In R. Montemayor, G. R. Adams, & T. P. Gullotta (Eds.), *From childhood to adolescence: A transitional period?* (Vol. 2, pp. 269–287). Newbury Park, CA: Sage.

Bernier, A., & Meins, E. (2008). A threshold approach to understanding the origins of attachment disorganization. *Developmental Psychology, 44*, 969–982.

Bernier, A., Carlson, S. M., & Whipple, N. (2010). From external regulation to self-regulation: Early parenting precursors of young children's executive functioning. *Child Development, 81*, 326–339. doi: 10.1111/ j.1467-8624.2009.01397.x.

Bernier, A., Carlson, S. M., Deschênes, M., & Matte-Gagné, C. (2012). Social factors in the development of early executive functioning: A closer look at the caregiving environment. *Developmental Science, 15*(1), 12–24.

Bernstein, L., Patel A. V., Sullivan-Halley, J., Press, M. F., Deapen, D., Berlin, J. A., . . . Spirtas, R. (2005). Lifetime recreational exercise activity and breast cancer risk among black women and white women. *Journal of the National Cancer Institute, 97*, 1671–1679.

Bernstein, P. S. (2003, December 12). Achieving equity in women's and perinatal health. *Medscape Ob/Gyn & Women's Health, 8.*

Berrick, J. D. (1998). When children cannot remain home: Foster family care and kinship care. *Future of Children, 8*, 72–87.

Berry, M., Dylla, D. J., Barth, R. P., & Needell, B. (1998). The role of open adoption in the adjustment of adopted children and their families. *Children and Youth Services Review, 20*, 151–171.

Berteletti, I., Lucangeli, D., Piazza, M., Dehaene, S., & Zorzi, M. (2010). Numerical estimation in preschoolers. *Developmental Psychology, 46*(2), 545.

Bertenthal, B. I., & Campos, J. J. (1987). New directions in the study of early experience. *Child Development, 58*, 560–567.

Bertenthal, B. I., Campos, J. J., & Barrett, K. C. (1984). Self-produced locomotion: An organizer of emotional, cognitive, and social development in infancy. In R. N. Emde & R. J. Harmon (Eds.), *Continuities and discontinuities in development.* New York: Plenum Press.

Bertenthal, B. I., Campos, J. J., & Kermoian, R. (1994). An epigenetic perspective on the development of self-produced locomotion and its consequences. *Current Directions in Psychological Science, 3*(5), 140–145.

Berthiaume, V. G., Shultz, T. R., & Onishi, K. H. (2013). A constructivist connectionist model of transitions on false-belief tasks. *Cognition, 126*(3), 441–458.

Berthier, N. E., & Carrico, R. L. (2010). Visual information and object size in infant reaching. *Infant Behavior and Development, 33*(4), 555–566.

Bertone-Johnson, E. R., Hankinson, S. E., Johnson, S. R., & Manson, J. E. (2008). Cigarette smoking and the development of premenstrual syndrome. *American Journal of Epidemiology, 168*(8), 938–945.

Betancourt, J. R., Green, A. R., Carrillo, J. E., & Ananeh-Firempong, O., II (2016). Defining cultural competence: A practical framework for addressing racial/ethnic disparities in health and health care. *Public Health Reports, 118*(4), 293–302.

Bethell, C. D., Read, D., & Blumberg, S. J. (2005). Mental health in the United States: Health care and well-being of children with chronic emotional, behavioral, or developmental problem—United States, 2001. *Morbidity and Mortality Weekly Report, 54*, 985–989.

Betts, J. R., & Tang, Y. E. (2016). A meta-analysis of the literature on the effect of charter schools on student achievement. *Society for Research on Educational Effectiveness.*

Beyers, W., & Seiffge-Krenke, I. (2010). Does identity precede intimacy? Testing Erikson's theory on romantic development in emerging adults of the 21st century. *Journal of Adolescent Research, 25*(3), 387–415.

Bezdicek, O., Stepankova, H., Novakova, L. M., & Kopecek, M. (2016). Toward the processing speed theory of activities of daily living in healthy aging: Normative data of the Functional Activities Questionnaire. *Aging Clinical and Experimental Research, 28*(2), 239–247.

Bhaskaran, K., Hamouda, O., Sannesa, M., Boufassa, F., Johnson, A. M., Lambert, P. C., & Porter, K., for the CASCADE Collaboration. (2008). Changes in the risk of death after HIV seroconversion compared with mortality in the general population. *Journal of the American Medical Association, 300*, 51–59.

Bhati, S., & Richards, K. (2015). A systematic review of the relationship between postpartum sleep disturbance and postpartum depression. *Journal of Obstetric, Gynecologic & Neonatal Nursing, 44*(3), 350–357.

Bherer, L., Erickson, K. I., & Liu-Ambrose, T. (2013). A review of the effects of physical activity and exercise on cognitive and brain functions in older adults. *Journal of Aging Research.*

Bhutta, Z. A., Yakoob, M. Y., Lawn, J. E., Rizvi, A., Friberg, I. K., Weissman, E., . . . & Lancet's Stillbirths Series steering committee. (2011). Stillbirths: What difference can we make and at what cost? *The Lancet, 377*(9776), 1523–1538.

Bialystok, E., & Codd, J. (2000). Representing quantity beyond whole numbers: Some, none, and part. *Canadian Journal of Experimental Psychology/Revue canadienne de psychologie expérimentale, 54*(2), 117.

Bialystok, E., & Senman, L. (2004). Executive processes in appearance-reality tasks: The role of inhibition of attention and symbolic representation. *Child Development, 75*, 562–579.

Bialystok, E., Craik, F. I. M., & Freeman, M. (2007). Bilingualism as a protection against the onset of symptoms of dementia. *Neuropsychologia, 45*(2), 459–464.

Bialystok, E., Craik, F. I. M., Klein, R., & Viswanathan, M. (2004). Bilingualism, aging, and cognitive control: Evidence from the Simon task. *Psychology and Aging, 19*, 290–303.

Bianchi, S., Robinson, J., & Milkie, M. (2006). *The changing rhythms of American family life.* New York: Russell Sage Foundation.

Biason-Lauber, A., Konrad, D., Navratil, F., & Schoenle, E. J. (2004). A WNT4 mutation associated with Mullerian-duct regression and virilization in a 46,XX woman. *New England Journal of Medicine, 351*, 792–798.

Biblarz, T. J., & Stacey, J. (2010). How does gender of the parent matter? *Journal of Marriage and Family, 72*, 3–22.

Bickart, K. C., Wright, C. I., Duatoff, R. J., Dickerson, B. C., & Feldman, B. L. (2010). Amygdala volume and social network size in humans. *Nature Neuroscience, 14*, 163–164. doi:10.1038/nn.2724.

Biddle, S. J., & Asare, M. (2011). Physical activity and mental health in children and adolescents: A review of reviews. *British Journal of Sports Medicine,* bjsports90185.

Bienvenu, O. J., Nestadt, G., Samuels, J. F., Costa, P. T., Howard, W. T., & Eaton, W. W. (2001). Phobic, panic, and major depressive disorders and the five-factor model of personality. *Journal of Mental Diseases, 189*, 154–161.

Bierman, K. L., Smoot, D. L., & Aumiller, K. (1993). Characteristics of aggressive rejected, aggressive (nonrejected), and rejected (non-aggressive) boys. *Child Development, 64*, 139–151.

Bigelow, A. E., & Dugas, K. (2009). Relations among preschool children's understanding of visual perspective taking, false belief, and lying. *Journal of Cognition and Development, 9*(4), 411–433.

Biggs, W. S., & Demuth, R. H. (2011). Premenstrual syndrome and premenstrual dysphoric disorder. *American Family Physician, 84*(8).

Billari, F. C., Goisis, A., Liefbroer, A. C., Settersten, R. A., Aassve, A., Hagestad, G., & Spéder, Z.

(2010). Social age deadlines for the childbearing of women and men. *Human Reproduction*, *26*(3), 616–622.

Billet, S. (2001). Knowing in practice: Reconceptualising vocational expertise. *Learning and Instruction*, *11*, 431–452.

Binstock, G., & Thornton, A. (2003). Separations, reconciliations, and living apart in cohabiting and marital units. *Journal of Marriage and Family*, *65*, 432–443.

Birditt, K. S., Fingerman, K. L., & Zarit, S. H. (2010). Adult children's problems and successes: Implications for intergenerational ambivalence. *Journals of Gerontology Series B: Psychological Sciences and Social Sciences*, *65*(2), 145–153.

Birditt, K. S., Kim, K., Zarit, S. H., Fingerman, K. L., & Loving, T. J. (2016). Daily interactions in the parent–adult child tie: Links between children's problems and parents' diurnal cortisol rhythms. *Psychoneuroendocrinology*, *63*, 208–216.

Birditt, K. S., Miller, L. M., Fingerman, K. L., & Lefkowitz, E. S. (2009). Tensions in the parent and adult child relationship: Links to solidarity and ambivalence. *Psychology and Aging*, *24*(2), 287–295.

Birmaher, B. (1998). Should we use antidepressant medications for children and adolescents with depressive disorders? *Psychopharmacology Bulletin*, *34*, 35–39.

Birmaher, B., Ryan, N. D., Williamson, D. E., Brent, D. A., Kaufman, J., Dahl, R. E., Perel, J., & Nelson, B. (1996). Childhood and adolescent depression: A review of the past 10 years. *Journal of the American Academy of Child and Adolescent Psychiatry*, *35*, 1427–1440.

Biro, F. M., & Wien, M. (2010). Childhood obesity and adult morbidities. *The American Journal of Clinical Nutrition*, *91*(5), 1499S–1505S.

Biro, F. M., Galvez, M. P., Greenspan, L. C., Succop, P. A., Vangeepuram, N., Pinney, S. N., . . . Wolff, M. S. (2010). Pubertal assessment method and baseline characteristics in a mixed longitudinal study of girls. *Pediatrics*, *126*(3), e583–590.

Biro, F. M., Greenspan, L. C., Galvez, M. P., Pinney, S. M., Teitelbaum, S., Windham, G. C., . . . & Kushi, L. H. (2013). Onset of breast development in a longitudinal cohort. *Pediatrics*, *132*(6), 1019–1027.

Bitler, M. P., Hoynes, H. W., & Domina, T. (2014). *Experimental evidence on distributional effects of Head Start* (No. w20434). Cambridge, MA: National Bureau of Economic Research.

Bixler, E. O., Vgontzas, A. N., Lin, H. M., Liao, D., Calhoun, S., Vela-Bueno, A., . . . & Graff, G. (2009). Sleep disordered breathing in children in a general population sample: Prevalence and risk factors. *Sleep*, *32*(6), 731–736.

Bjarnason, T., Bendtsen, P., Arnarsson, A. M., Borup, I., Iannotti, R. J., Löfstedt, P., . . . & Niclasen, B. (2012). Life satisfaction among children in different family structures: A comparative study of 36 western societies. *Children & Society*, *26*(1), 51–62.

Bjork, J. M., Knutson, B., Fong, G. W., Caggiano, D. M., Bennett, S. M., & Hommer, D. W. (2004). Incentive-elicited brain activities in adolescents: Similarities and differences from young adults. *Journal of Neuroscience*, *24*, 1793–1802.

Bjorkland, D., & Pelligrini, A. (2000). Child development and evolutionary psychology. *Child Development*, *71*, 1687–1708.

Bjørkløf, G. H., Engedal, K., Selbæk, G., Kouwenhoven, S. E., & Helvik, A. S. (2013). Coping and depression in old age: A literature review. *Dementia and Geriatric Cognitive Disorders*, *35*(3–4), 121–154.

Bjorklund, D. F., & Causey, K. B. (2017). *Children's thinking: Cognitive development and individual differences* (p. 572). Thousand Oaks, CA: Sage.

Bjorklund, D. F., & Pellegrini, A. D. (2002). *The origins of human nature: Evolutionary developmental psychology*. Washington, DC: American Psychological Association.

Bjorklund, D. F., Miller, P. H., Coyle, T. R., & Slawinski, J. L. (1997). Instructing children to use memory strategies: Evidence of utilization deficiencies in memory training studies. *Developmental Review*, *17*(4), 411–441.

Black, D. (1998). Coping with loss: Bereavement in childhood. *Bmj*, *316*(7135), 931-933.

Black, J. E. (1998). How a child builds its brain: Some lessons from animal studies of neural plasticity. *Preventive Medicine*, *27*, 168–171.

Black, L. I., Vahratian, A., & Hoffman, H. J. (2015). Communication disorders and use of intervention services among children aged 3–17 years: United States, 2012. *NCHS Data Brief*, *205*. Hyattsville, MD: National Center for Health Statistics.

Black, M. C., Basile, K. C., Breiding, M. J., Smith, S. G., Walters, M. L., Merrick, M. T., Chen, J., & Stevens, M. R. (2011). *The National Intimate Partner and Sexual Violence Survey (NISVS): 2010 summary report*. National Center for Injury Prevention and Control, Centers for Disease Control and Prevention. Retrieved from www.cdc.gov/violenceprevention/pdf/nisvs_report-2010-a.pdf.

Black, R. E., Allen, L. H., Bhutta, Z. A., Caulfield, L. E., De Onis, M., Ezzati, M., . . . & Maternal and Child Undernutrition Study Group. (2008). Maternal and child undernutrition: Global and regional exposures and health consequences. *The Lancet*, *371*(9608), 243–260.

Black, R. E., Morris, S. S., & Bryce, J. (2003). Where and why are 10 million children dying each year? *Lancet*, *361*, 2226–2234.

Black, R. E., Victora, C. G., Walker, S. P., Bhutta, Z. A., Christian, P., De Onis, M., . . . & Uauy, R. (2013). Maternal and child undernutrition and overweight in low-income and middle-income countries. *The Lancet*, *382*(9890), 427–451.

Blackford, J. U., Avery, S. N., Cowan, R. L., Shelton, R. C., & Zald, D. H. (2010). Sustained amygdala response to both novel and newly familiar faces characterizes inhibited temperament. *Social Cognitive and Affective Neuroscience*, *6*(5), 621–629.

Blackwell, D. L., Lucas, J. W., & Clarke, T. C. (2014). Summary health statistics for U.S. adults: National health interview survey, 2012. *Vital and Health Statistics, Series 10*, (260), 1–161.

Hyattsville, MD: National Center for Health Statistics.

Blair, C., & Raver, C. C. (2016). Poverty, stress, and brain development: New directions for prevention and intervention. *Academic Pediatrics*, *16*(3), S30–S36.

Blaizot, A., Vergnes, J. N., Nuwwareh, S., Amar, J., & Sixou, M. (2009). Periodontal diseases and cardiovascular events: Meta-analysis of observational studies. *International Dental Journal*, *59*(4), 197–209.

Blakemore, J. E. O., Berenbaum, S. A., & Liben, L. S. (2009). *Gender development*. New York: Psychology Press.

Blakemore, S. J. (2012). Development of the social brain in adolescence. *Journal of the Royal Society of Medicine*, *105*(3), 111–116.

Blakemore, S., & Choudhury, S. (2006). Development of the adolescent brain: Implications for executive function and social cognition. *Journal of Child Psychology and Psychiatry*, *47*(3), 296–312.

Blakeslee, S. (1997, April 17). Studies show talking with infants shapes basis of ability to think. *New York Times*, p. D21.

Blanchard, R. (2017). Fraternal birth order, family size, and male homosexuality: Meta-analysis of studies spanning 25 years. *Archives of Sexual Behavior*, 1–15.

Blanchard-Fields, F. (2007). Everyday problem solving and emotion: An adult developmental perspective. *Current Directions in Psychological Science*, *16*(1), 26–31.

Blanchard-Fields, F., & Norris, L. (1994). Causal attributions from adolescence through adulthood: Age differences, ego level, and generalized response style. *Aging and Cognition*, *1*, 67–86.

Blanchard-Fields, F., Stein, R., & Watson, T. L. (2004). Age differences in emotion-regulation strategies in handling everyday problems. *Journal of Gerontology: Psychological Sciences*, *59B*, P261–P269.

Blanke, O., Faivre, N., & Dieguez, S. (2016). Leaving body and life behind: Out-of-body and near-death experience. In S. Laureys, O. Gosseries, & G. Tononi (Eds.), *The Neurology of Consciousness* (pp. 323–347). New York: Academic Press.

Blaskewicz, B. J., Willis, S. L., & Schaie, K. W. (2007). Cognitive training gains as a predictor of mental status. *Journal of Gerontology*, *62B*, 45–52.

Blatchford, P., Bassett, P., & Brown, P. (2011). Examining the effect of class size on classroom engagement and teacher–pupil interaction: Differences in relation to pupil prior attainment and primary vs. secondary schools. *Learning and Instruction*, *21*(6), 715–730.

Blatteis, C. M. (2012). Age-dependent changes in temperature regulation—a mini review. *Gerontology*, *58*(4), 289–295.

Blazer, D. G. (2009). Depression in late life: Review and commentary. *Focus*, *7*(1), 118–136.

Bleicher, I., Vitner, D., Iofe, A., Sagi, S., Bader, D., & Gonen, R. (2017). When should pregnancies that extended beyond term be induced? *The Journal* of Maternal-Fetal & Neonatal Medicine, 30(2), 219–223.

Bleil, M. E., Adler, N. E., Appelhans, B. M., Gregorich, S. E., Sternfeld, B., & Cedars, M. I. (2013). Childhood adversity and pubertal timing: Understanding the origins of adulthood cardiovascular risk. Biological Psychology, 93(1), 213–219.

Blencowe, H., Cousens, S., Chou, D., Oestergaard, M., Say, L., Moller, A. B., . . . & Lawn, J. (2013). Born too soon: The global epidemiology of 15 million preterm births. Reproductive Health, 10(1), S2.

Bleske-Rechek, A., Lubinski, D., & Benbow, C. P. (2004). Meeting the educational needs of special populations. Advanced placement's role in developing exceptional human capital. Psychological Sciences, 15, 217–224.

Blieszner, R., & Roberto, K. (2006). Perspectives on close relationships among the baby boomers. In S. K. Whitbourne & S. L. Willis (Eds.), The baby boomers grow up: Contemporary perspectives on midlife (pp. 261–279). Mahwah, NJ: Erlbaum.

Bloch, L., Haase, C. M., & Levenson, R. W. (2014). Emotion regulation predicts marital satisfaction: More than a wives' tale. Emotion, 14(1), 130.

Block, J. (1971). Lives through time. Berkeley, CA: Bancroft.

Block, J. (1991). Prototypes for the California Adult Q-set. Berkeley: University of California, Department of Psychology.

Block, J., & Block, J. H. (2006). Venturing a 30-year longitudinal study. American Psychologist, 61, 315–327.

Block, R. W., Krebs, N. F., Committee on Child Abuse and Neglect, & Committee on Nutrition. (2005). Failure to thrive as a manifestation of child neglect. Pediatrics, 116(5), 1234–1237.

Blondell, S. J., Hammerseley-Mather, R., & Veerman, J. L. (2014). Does physical activity prevent cognitive decline and dementia?: A systematic review and meta-analysis of longitudinal studies. BMC Public Health, 14, doi:10.1186/1471-2458-14-510.

Bloodgood, J. M., Turnley, W. H., & Mudrack, P. (2008). The influence of ethics instruction, religiosity and ethics on cheating behavior. Journal of Business Ethics, 82(3), 0167–4544.

Bloom, B., Cohen, R. A., Vickerie, J.L., & Wondimu, E. A. (2003). Summary health statistics for U.S. children: National Health Interview Survey, 2001. Vital Health Statistics, 10(216). Hyattsville, MD: National Center for Health Statistics.

Bloom, B., Jones, L. I., & Freeman, G. (2013). Summary health statistics for US children: National Health Interview Survey, 2012. Vital Health Statistics, 10(258). Hyattsville, MD: National Center for Health Statistics.

Blum, R., & Reinhart, P. (2000). Reducing the risk: Connections that make a difference in the lives of youth. Minneapolis: University of Minnesota, Division of General Pediatrics and Adolescent Health.

Blum, R. W., & Qureshi, F. (2011). Morbidity and mortality among adolescents and young adults in the United States. Baltimore, MD: Johns Hopkins Bloomberg School of Public Health.

Blumenthal, H., Leen-Feldner, E. W., Babson, K. A., Gahr, J. L., Trainor, C. D., & Frala, J. L. (2011). Elevated social anxiety among early maturing girls. Developmental Psychology, 47(4), 1133.

Blustein, D. L., Juntunen, C. L., & Worthington, R. L. (2000). The school-to-work transition: Adjustment challenge for the forgotten half. In S. D. Brown & R. W. Lent (Eds.), Handbook of counseling psychology (pp. 435–470). New York: Wiley.

Bochukova, E. G., Huang, N., Keogh, J., Henning, E., Plurmann, C., Blaszczyk, K., . . . Faroqui, I. S. (2009). Large, rare chromosomal deletions associated with severe early-onset obesity. Nature, 463, 666–670.

Bocskay, K. A., Tang, D., Orjuela, M. A., Liu, X., Warburton, D. P., & Perera, F. P. (2005). Chromosomal aberrations in cord blood are associated with prenatal exposure to carcinogenic polycyclic aromatic hydrocarbons. Cancer Epidemiology Biomarkers and Prevention, 14, 506–511.

Boden, J. M., Fergusson, D. M., & Horwood, L. J. (2008). Early motherhood and subsequent life outcomes. Journal of Child Psychology and Psychiatry, 49(2), 151–160.

Boden, J. S., Fischer, J. L., & Niehuis, S. (2010). Predicting marital adjustment from young adults' initial levels and changes in emotional intimacy over time: A 25-year longitudinal study. Journal of Adult Development, 17(3), 121–134.

Bodkin, N. L., Alexander, T. M., Ortmeyer, H. K., Johnson, E., & Hansen, B. C. (2003). Mortality and morbidity in laboratory-maintained rhesus monkeys and effects of long-term dietary restriction. Journal of Gerontology: Biological Sciences, 58A, 212–219.

Bodner, E. (2009). On the origins of ageism in older and younger workers. International Psychogeriatrics, 21, 1003–1014.

Bodrova, E. (2008). Make-believe play versus academic skills: A Vygotskian approach to today's dilemma of early childhood education. European Early Childhood Education Research Journal, 16(3), 357–369.

Bodrova, E., & Leong, D. J. (2005). High quality preschool programs: What would Vygotsky say? Early Education & Development, 16(4), 437–446.

Boergers, J., Gable, C. J., & Owens, J. A. (2014). Later school start time is associated with improved sleep and daytime functioning in adolescents. Journal of Developmental & Behavioral Pediatrics, 35(1), 11–17.

Boffetta, P., Couto, E., Wichman, J., Ferrari, P., Trichopoulos, D., Bas Bueno-de-Mesquita, H., . . . Trichopoulou, A. (2010). Fruit and vegetable intake and overall cancer risk in the European Prospective Investigation into Cancer and Nutrition (EPIC). Journal of the National Cancer Institute, 102(8), 529–537.

Bogaert, A. F. (2006). Biological versus nonbiological older brothers and men's sexual orientation. Proceedings of the National Academy of Sciences, 103, 10771–10774.

Bogg, T., & Roberts, B. W. (2013). Duel or diversion? Conscientiousness and executive function in the prediction of health and longevity. Annals of Behavioral Medicine, 45(3), 400–401.

Boggess, A., Faber, S., Kern, J., Kingston, H.M.S. (2016). Mean serum-level of common organic pollutants is predictive of behavioral severity in children with autism spectrum disorders. Scientific Reports, 6, 26185. doi: 10.1038/srep26185.

Bonanno, G. A., Westphal, M., & Mancini, A. D. (2011). Resilience to loss and potential trauma. Annual Review of Clinical Psychology, 7, 511–535.

Bonham, V. L., Warshauer-Baker, E., & Collins, F. S. (2005). Race and ethnicity in the genome era: The complexity of the constructs. American Psychologist, 60(1), 9.

Bonny, J. W., & Lourenco, S. F. (2013). The approximate number system and its relation to early math achievement: Evidence from the preschool years. Journal of Experimental Child Psychology, 114(3), 375–388.

Bonoti, F., Leondari, A., & Mastora, A. (2013). Exploring children's understanding of death: Through drawings and the death concept questionnaire. Death Studies, 37(1), 47–60.

Bönsch, D., Wunschel, M., Lenz, B., Janssen, G., Weisbrod, M., & Sauer, H. (2012). Methylation matters? Decreased methylation status of genomic DNA in the blood of schizophrenic twins. Psychiatry Research, 198(3), 533–537.

Bonuck, K. A., Chervin, R. D., Cole, T. J., Emond, A., Henderson, J., Xu, L., & Freeman, K. (2011). Prevalence and persistence of sleep disordered breathing symptoms in young children: A 6-year population-based cohort study. Sleep, 34(7), 875–884.

Bookwala, J. (2009). The impact of adult care on marital quality and well-being in adult daughters and sons. Journal of Gerontology, 64B(3), 339–347.

Booth, J. L., & Siegler, R. S. (2006). Developmental and individual differences in pure numerical estimation. Developmental Psychology, 41, 189–201.

Borghuis, J., Denissen, J. J., Oberski, D., Sijtsma, K., Meeus, W. H., Branje, S., . . . & Bleidorn, W. (2017). Big Five personality stability, change, and codevelopment across adolescence and early adulthood. Journal of Personality and Social Psychology, 113(4), 641.

Borgogna, N. C., McDermott, R. C., Aita, S. L., & Kridel, M. M. (2018). Anxiety and depression across gender and sexual minorities: Implications for transgender, gender nonconforming, pansexual, demisexual, asexual, queer, and questioning individuals. Psychology of Sexual Orientation and Gender Diversity.

Bornstein, M. H., & Cote, L. R., with Maital, S., Painter, K., Park, S. Y., Pascual, L., . . . Vyt, A. (2004). Cross-linguistic analysis of vocabulary in young children: Spanish, Dutch, French, Hebrew, Italian, Korean, and American English. Child Development, 75, 1115–1139.

Bornstein, M. H., & Putnick, D. L. (2018). Parent–adolescent relationships in global perspective. In

J. Lansford & P. Banati (Eds.), *Handbook of adolescent development research and its impact on global policy*. New York: Oxford University Press.

Bornstein, M. H., Hahn, C. S., & Haynes, O. M. (2004). Specific and general language performance across early childhood: Stability and gender considerations. *First Language*, *24*(3), 267–304.

Bornstein, M. H., Haynes, O. M., O'Reilly, A. W., & Painter, K. (1996). Solitary and collaborative pretense play in early childhood: Sources of individual variation in the development of representational competence. *Child Development*, *67*, 2910–2929.

Bornstein, M. H., Putnick, D. L., Cote, L. R., Haynes, O. M., & Suwalsky, J. T. D. (2015). Mother-infant contingent vocalization in eleven countries. *Psychological Science*, *26*, 1272–1284.

Bornstein, M. H., Putnick, D. L., Gartstein, M. A., Hahn, C. S., Auestad, N., & O'Connor, D. L. (2015). Infant temperament: Stability by age, gender, birth order, term status, and socioeconomic status. *Child Development*, *86*(3), 844–863.

Borowsky, A., Shinar, D., & Oron-Gilad, T. (2010). Age, skill, and hazard perception in driving. *Accident Analysis & Prevention*, *42*(4), 1240–1249.

Borowsky, I. A., Ireland, M., & Resnick, M. D. (2001). Adolescent suicide attempts: Risks and protectors. *Pediatrics*, *107*(3), 485–493.

Borse, N. N., Gilchrist, J., Dellinger, A. M., Rudd, R. A., Ballesteros, M. F., & Sleet, D. A. (2008). *CDC childhood injury report: Patterns of unintentional injuries among 0–19 year olds in the United States, 2000–2006*. Atlanta, GA: Centers for Disease Control and Prevention, National Center for Injury Prevention and Control.

Borst, G., Poirel, N., Pineau, A., Cassotti, M., & Houdé, O. (2013). Inhibitory control efficiency in a Piaget-like class-inclusion task in school-age children and adults: A developmental negative priming study. *Developmental Psychology*, *49*(7), 1366.

Bosch, J., Sullivan, S., Van Dyke, D. C., Su, H., Klockau, L., Nissen, K., . . . Eberly, S. S. (2003). Promoting a healthy tomorrow here for children adopted from abroad. *Contemporary Pediatrics*, *20*(2), 69–86.

Boskey, E. R. (2014). Understanding transgender identity development in childhood and adolescence. *American Journal of Sexuality Education*, *9*(4), 445–463.

Bosman, J. (2010, October). Picture books no longer a staple for children. *The New York Times*. Retrieved from http://www.nytimes.com/2010/10/08/us/08picture.html?emc5etal.

Botwinick, J. (1984). *Aging and behavior* (3rd ed.). New York: Springer.

Bouchard, G. (2014). How do parents react when their children leave home? An integrative review. *Journal of Adult Development*, *21*(2), 69–79.

Bouchard, T. J. (2013). The Wilson effect: The increase in heritability of IQ with age. *Twin Research and Human Genetics*, *16*(5), 923–930.

Bouchey, H. A., & Furman, W. (2003). Dating and romantic experiences in adolescence. In G. R. Adams & M. D. Berzonsky (Eds.), *Blackwell handbook of adolescence* (pp. 313–329). Oxford, UK: Blackwell.

Boulianne, S. (2015). Social media use and participation: A meta-analysis of current research. *Information, Communication & Society*, *18*(5), 524–538.

Boulton, M. J., & Smith, P. K. (1994). Bully/victim problems in middle school children: Stability, self-perceived competence, peer perception, and peer acceptance. *British Journal of Developmental Psychology*, *12*, 315–329.

Boundy, E. O., Dastjerdi, R., Spiegelman, D., Fawzi, W. W., Missmer, S. A., Lieberman, E., . . . & Chan, G. J. (2016). Kangaroo mother care and neonatal outcomes: A meta-analysis. *Pediatrics*, *137*(1), e20152238.

Bowman, J. M. (2009). Gender role orientation and relational closeness: Self-disclosive behavior in same-sex male friendships. *The Journal of Men's Studies*, *16*(3), 316–330.

Bowman, N. (2013). College diversity experiences and cognitive development: A Meta-Analysis. *Educational Studies*, (2), 88–132.

Bowman, N. A. (2010). College diversity experiences and cognitive development: A meta-analysis. *Review of Educational Research*, *80*(1), 4–33.

Boyce J. A., Assa'ad, A., Burks A. W., et al. (2010). Guidelines for the diagnosis and management of food allergy in the United States: Report of the NIAID-sponsored expert panel. *Journal of Allergy and Clinical Immunology*, *126* (suppl 6), S1–S58.

Boyce, C. J., Wood, A. M., Daly, M., & Sedikides, C. (2015). Personality change following unemployment. *Journal of Applied Psychology*, *100*(4), 991.

Boyd, H., & Murnen, S. K. (2017). Thin and sexy vs. muscular and dominant: Prevalence of gendered body ideals in popular dolls and action figures. *Body Image*, *21*, 90–96.

Boylan, J. M., & Ryff, C. D. (2015). Psychological well-being and metabolic syndrome: Findings from the MIDUS national sample. *Psychosomatic Medicine*, *77*(5), 548.

Boyles, S. (2002, January 27). Toxic landfills may boost birth defects. *WebMD Medical News*. Retrieved from www.webmd.com/content/article/25/3606_1181.htm

Bozick, R., & DeLuca, S. (2011). Not making the transition to college: School, work, and opportunities in the lives of American youth. *Social Science Research*, *40*(4), 1249–1262.

Brabeck, M. M., & Shore, E. L. (2003). Gender differences in intellectual and moral development? The evidence refutes the claims. In J. Demick & C. Andreoletti (Eds.), *Handbook of adult development* (pp. 351–368). New York: Plenum Press.

Brackett, M. A., Cox, A., Gaines, S. O., & Salovey, P. (2005). *Emotional intelligence and relationship quality among heterosexual couples*. Unpublished data, Yale University.

Brackett, M. A., Mayer, J. D., & Warner, R. M. (2004). Emotional intelligence and the prediction of behavior. *Personality and Individual Differences*, *36*, 1387–1402.

Bradbery, D. (2012). Using children's literature to build concepts of teaching about global citizenship. Retrieved from http://files.eric.ed.gov/fulltext/ED544512.pdf.

Bradbury, J. (2011). Docosahexaenoic acid (DHA): An ancient nutrient for the modern human brain. *Nutrients*, *3*(5), 529–554.

Bradbury, M., Peterson, M. N., & Liu, J. (2014). Long-term dynamics of household size and their environmental implications. *Population and Environment*, *36*(1), 73–84.

Bradbury, T. N., Fincham, F. D., & Beach, S. R. (2000). Research on the nature and determinants of marital satisfaction: A decade in review. *Journal of Marriage and Family*, *62*(4), 964–980.

Braddick, O., & Atkinson, J. (2011). Development of human visual function. *Vision Research*, *51*(13), 1588–1609.

Bradlee, M. L., Mustafa, J., Singer, M. R., & Moore, L. L. (2017). High-protein foods and physical activity protect against age-related muscle loss and functional decline. *The Journals of Gerontology: Series A*, *73*(1), 88–94.

Bradley, H., Markowitz, L. E., Gibson, T., & McQuillan, G. M. (2013). Seroprevalence of herpes simplex virus types 1 and 2—United States, 1999–2010. *The Journal of Infectious Diseases*, *209*(3), 325–333.

Bradley, R., & Caldwell, B. (1982). The consistency of the home environment and its relation to child development. *International Journal of Behavioral Development*, *5*, 445–465.

Bradley, R., Caldwell, B., & Rock, S. (1988). Home environment and school performance: A ten-year follow-up and examination of three models of environmental action. *Child Development*, *59*, 852–867.

Bradley, R. H. (1989). Home measurement of maternal responsiveness. In M. H. Bornstein (Ed.), *Maternal responsiveness: Characteristics and consequences* (New Directions for Child Development, No. 43). San Francisco: Jossey-Bass.

Bradley, R. H., Caldwell, B. M., Rock, S. L., Ramey, C. T., Barnard, K. E., Gray, C., . . . Johnson, D. L. (1989). Home environment and cognitive development in the first 3 years of life: A collaborative study involving six sites and three ethnic groups in North America. *Developmental Psychology*, *25*, 217–235.

Bradley, R. H., Corwyn, R. F., Burchinal, M., McAdoo, H. P., & Coll, C. G. (2001). The home environment of children in the United States: Part II: Relations with behavioral development through age thirteen. *Child Development*, *72*(6), 1868–1886.

Braithwaite, I., Stewart, A. W., Hancox, R. J., Beasley, R., Murphy, R., Mitchell, E. A., & ISAAC Phase Three Study Group. (2014). Fast-food consumption and body mass index in children and adolescents: An international cross-sectional study. *BMJ Open*, *4*(12), e005813.

Bramlett, M. D., & Mosher, W. D. (2002). Cohabitation, marriage, divorce, and remarriage in the United States. *Vital Health Statistics*, *23*(22). Hyattsville, MD: National Center for Health Statistics.

Brand, J. E., & Simon Thomas, J. (2014). Job displacement among single mothers: Effects on children's outcomes in young adulthood. *American Journal of Sociology, 119*(4), 955–1001.

Brandone, A. C. (2015). Infants' social and motor experience and the emerging understanding of intentional actions. *Developmental Psychology, 51*(4), 512.

Brant, A. M., Munakata, Y., Boomsma, D. I., DeFries, J. C., Haworth, C. M., Keller, M. C., . . . & Wadsworth, S. J. (2013). The nature and nurture of high IQ: An extended sensitive period for intellectual development. *Psychological Science, 24*(8), 1487–1495.

Branum, A., & Lukacs, S. L. (2008). *Food allergy among U.S. children: Trends in prevalence and hospitalizations* (Data Brief No. 10). Hyattsville, MD: National Center for Health Statistics.

Brassai, L., Piko, B. F., & Steger, M. F. (2011). Meaning in life: Is it a protective factor for adolescents' psychological health? *International Journal of Behavioral Medicine, 18*(1), 44–51.

Bratter, J. L., & King, R. B. (2008). "But will it last?": Marital instability among interracial and same-race couples. *Family Relations, 57*(2), 160–171.

Braungart, J. M., Plomin, R., DeFries, J. C., & Fulker, D. W. (1992). Genetic influence on tester-rated infant temperament as assessed by Bayley's Infant Behavior Record: Nonadoptive and adoptive siblings and twins. *Developmental Psychology, 28*, 40–47.

Braungart-Rieker, J. M., Garwood, M. M., Powers, B. P., & Wang, X. (2001). Parental sensitivity, infant affect, and affect regulation: Predictors of later attachment. *Child Development, 72*(1), 252–270.

Braveman, P. A., Cubbin, C., Egerter, S., Williams, D. R., & Pamuk, E. (2010). Socioeconomic disparities in health in the United States: What the patterns tell us. *American Journal of Public Health, 100*(S1), S186–S196.

Brayne, C. (2007). The elephant in the room—Healthy brains in later life, epidemiology and public health. *Neuroscience, 8*(3), 233–239.

Brazelton, T. B. (1973). *Neonatal Behavioral Assessment Scale.* Philadelphia: Lippincott.

Brazelton, T. B. (1984). *Neonatal Behavioral Assessment Scale* (2nd ed.). Philadelphia: Lippincott.

Brazelton, T. B., & Nugent, J. K. (1995). *Neonatal Behavioral Assessment Scale* (3rd ed.). Cambridge: Cambridge University Press.

Brazelton, T. B., & Nugent, J. K. (2011). *Neonatal Behavioral Assessment Scale* (4th ed.). Hoboken, NJ: Wiley.

Breastfeeding and HIV International Transmission Study Group. (2004). Late postnatal transmission of HIV-1 in breast-fed children: An individual patient data meta-analysis. *Journal of Infectious Diseases, 189*, 2154–2166.

Brecklin, L. R., & Ullman, S. E. (2010). The roles of victim and offender substance use in sexual assault outcomes. *Journal of Interpersonal Violence, 25*(8), 1503–1522. doi: 0886260509354584.

Bregman, H. R., Malik, N. M., Page, M. J., Makynen, E., & Lindahl, K. M. (2013). Identity profiles in lesbian, gay, and bisexual youth: The role of family influences. *Journal of Youth and Adolescence, 42*(3), 417–430.

Breheny, M., Stephens, C., & Spilsbury, L. (2013). Involvement without interference: How grandparents negotiate intergenerational expectations in relationships with grandchildren. *Journal of Family Studies, 19*(2), 174–184.

Brendgen, M., Dionne, G., Girard, A., Boivin, M., Vitaro, F., & Perusse, D. (2005). Examining genetic and environmental effects on social aggression: A study of 6-year-old twins. *Child Development, 76*, 930–946.

Brendgen, M., Girard, A., Vitaro, F., Dionne, G., & Boivin, M. (2015). Gene-environment correlation linking aggression and peer victimization: Do classroom behavioral norms matter? *Journal of Abnormal Child Psychology, 43*(1), 19–31.

Brent, D. A., & Birmaher, B. (2002). Adolescent depression. *New England Journal of Medicine, 347*, 667–671.

Brent, D. A., & Mann, J. J. (2006). Familial pathways to suicidal behavior—Understanding and preventing suicide among adolescents. *New England Journal of Medicine, 355*, 2719–2721.

Brent, D., Melhem, N., Donohoe, M. B., & Walker, M. (2009). The incidence and course of depression in bereaved youth 21 months after the loss of a parent to suicide, accident, or sudden natural death. *American Journal of Psychiatry, 166*(7), 786–794.

Brent, M. R., & Siskind, J. M. (2001). The role of exposure to isolated words in early vocabulary development. *Cognition, 81*, 33–34.

Bretherton, I. (1990). Communication patterns, internal working models, and the intergenerational transmission of attachment relationships. *Infant Mental Health Journal, 11*(3), 237–252.

Brezina, P. R., & Zhao, Y. (2012). The ethical, legal, and social issues impacted by modern assisted reproductive technologies. *Obstetrics and Gynecology International.* doi:10.1155/2012/686253.

Bridge, J. A., Iyengar, S., Salary, C. B., Barbe, R. P., Birmaher, B., Pincus, H. A., . . . Brent, D. A. (2007). Clinical response and risk for reported suicidal ideation and suicide attempts in pediatric antidepressant treatment: A meta-analysis of randomized controlled trials. *Journal of the American Medical Association, 297*, 1683–1696.

Bridgett, D. J., Laake, L. M., Gartstein, M. A., & Dorn, D. (2013). Development of infant positive emotionality: The contribution of maternal characteristics and effects on subsequent parenting. *Infant and Child Development, 22*(4), 362–382.

Brier, N. (2008). Grief following miscarriage: A comprehensive review of the literature. *Journal of Women's Health, 17*(3), 451–464.

Briggs, G. G., Freeman, R. K., & Yaffe, S. J. (2012). *Drugs in pregnancy and lactation: A reference guide to fetal and neonatal risk.* Baltimore, MD: Lippincott Williams & Wilkins.

Briggs, J. L. (1970). *Never in anger.* Cambridge, MA: Harvard University Press.

Briley, D. A., & Tucker-Drob, E. M. (2014). Genetic and environmental continuity in personality development: A meta-analysis. *Psychological Bulletin, 140*(5), 1303.

Briley, D. A., & Tucker-Drob, E. M. (2017). Comparing the developmental genetics of cognition and personality over the life span. *Journal of Personality, 85*(1), 51–64.

Brim, O. G., Ryff, C. D., & Kessler, R. C. (2004). The MIDUS National Survey: An overview. In O. G. Brim, C. D. Ryff, & R. C. Kessler (Eds.), *How healthy are we? A national study of well-being at midlife.* Chicago: University of Chicago Press.

Brink, T. T., Urton, K., Held, D., Kirilina, E., Hofmann, M., Klann-Delius, G., . . . & Kuchinke, L. (2011). The role of orbitofrontal cortex in processing empathy stories in 4-to 8-year-old children. *Frontiers in Psychology, 2*, 80.

Brinkman-Stoppelenburg, A., Rietjens, J. A., & van der Heide, A. (2014). The effects of advance care planning on end-of-life care: A systematic review. *Palliative Medicine, 28*(8), 1000–1025.

Briskin, S., LaBotz, M., Brenner, J. S., Benjamin, H. J., Cappetta, C. T., Demorest, R. A., . . . & Martin, S. S. (2012). Trampoline safety in childhood and adolescence. *Pediatrics*, peds-2012.

Brocca, L., McPhee, J. S., Longa, E., Canepari, M., Seynnes, O., De Vito, G., . . . & Bottinelli, R. (2017). Structure and function of human muscle fibres and muscle proteome in physically active older men. *The Journal of Physiology, 595*(14), 4823–4844.

Brochado, S., Soares, S., & Fraga, S. (2017). A scoping review on studies of cyberbullying prevalence among adolescents. *Trauma, Violence, & Abuse, 18*(5), 523–531.

Brody, G. H. (1998). Sibling relationship quality: Its causes and consequences. *Annual Review of Psychology, 49*, 1–24.

Brody, G. H. (2004). Siblings' direct and indirect contributions to child development. *Current Directions in Psychological Science, 13*, 124–126.

Brody, G. H., Chen, Y.-F., Murry, V. M., Ge, X., Simons, R. L., Gibbons, F. X., . . . Cutrona, C. E. (2006). Perceived discrimination and the adjustment of African American youths: A five-year longitudinal analysis with contextual moderation effects. *Child Development, 77*(5), 1170–1189.

Brody, G. H., Gray, J. C., Yu, T., Barton, A. W., Beach, S. R., Galván, A., . . . & Sweet, L. H. (2017). Protective prevention effects on the association of poverty with brain development. *JAMA Pediatrics, 171*(1), 46–52.

Brody, G. H., Kim, S., Murry, V. M., & Brown, A. C. (2004). Protective longitudinal paths linking child competence to behavioral problems among African American siblings. *Child Development, 75*, 455–467.

Brodzinsky, D. M., & Pinderhughes, E. (2002). Parenting and child development in adoptive families. In M. Bornstein (Ed.), *Handbook of Parenting, vol. 1* (pp. 279–312). Mahway, NJ: Lawrence Erlbaum Associates.

Broeren, S., Lester, K. J., Muris, P., & Field, A. P. (2011). They are afraid of the animal, so therefore I am too: Influence of peer modeling on fear beliefs and approach–avoidance behaviors towards animals in typically developing children. *Behaviour Research and Therapy, 49*(1), 50–57.

Broesch, T. L., & Bryant, G. A. (2015). Prosody in infant-directed speech is similar across western and traditional cultures. *Journal of Cognition and Development, 16*, 31–43.

Bromberger, J. T., Harlow, S., Avis, N., Kravitz, H. M., & Cordal, A. (2004). Racial/ethnic differences in the prevalence of depressive symptoms among middle-aged women: The study of women's health across the nation (SWAN). *American Journal of Public Health, 94*, 1378–1385.

Bronfenbrenner, U., & Morris, P. A. (1998). The ecology of developmental processes. In W. Damon (Series Ed.) & R. Lerner (Vol. Ed.), *Handbook of child psychology: Vol. 1. Theoretical models of human development* (5th ed., pp. 993–1028). New York: Wiley.

Brook, J. S., Lee, J. Y., Finch, S. J., Brown, E. N., & Brook, D. W. (2013). Long-term consequences of membership in trajectory groups of delinquent behavior in an urban sample: Violence, drug use, interpersonal, and neighborhood attributes. *Aggressive Behavior, 39*(6), 440–452.

Brooks, R., & Meltzoff, A. N. (2005). The development of gaze following and its relation to language. *Developmental Science, 8*, 535–543.

Brooks, R., & Meltzoff, A. N. (2008). Infant gaze following and pointing predict accelerated vocabulary growth through two years of age: A longitudinal, growth curve modeling study. *Journal of Child Language, 35*(1), 207–220.

Brooks, R., & Meltzoff, A. N. (2015). Connecting the dots from infancy to childhood: A longitudinal study connecting gaze following, language, and explicit theory of mind. *Journal of Experimental Child Psychology, 130*, 67–78.

Brooks-Gunn, J. (2003). Do you believe in magic? What can we expect from early childhood intervention programs? *SRCD Social Policy Report, 17*(1).

Brooks-Gunn, J., Han, W.-J., & Waldfogel, J. (2002). Maternal employment and child cognitive outcomes in the first three years of life: The NICHD study of early child care. *Child Development, 73*, 1052–1072.

Brose, A., Scheibe, S., & Schmiedek, F. (2013). Life contexts make a difference: Emotional stability in younger and older adults. *Psychology and Aging, 28*(1), 148.

Broude, G. J. (1995). *Growing up: A crosscultural encyclopedia.* Santa Barbara, CA: ABC-CLIO.

Brougham, R. R., Zail, C. M., Mendoza, C. M., & Miller, J. R. (2009). Stress, sex differences, and coping strategies among college students. *Current Psychology, 28*(2), 85–97.

Brown, A. (2017). *5 key findings about LGBT Americans* [Pew Research Center news release]. Retrieved from www.pewresearch.org/fact-tank/2017/06/13/5-key-findings-about-lgbt-americans/.

Brown, A. S. (2012). Epidemiologic studies of exposure to prenatal infection and risk of schizophrenia and autism. *Developmental Neurobiology, 72*(10), 1272–1276.

Brown, B. B., & Klute, C. (2003). Friendships, cliques, and crowds. In G. R. Adams & M. D. Berzonsky (Eds.), *Blackwell handbook of adolescence* (pp. 330–348). Malden, MA: Blackwell.

Brown, G. L., Craig, A. B., & Halberstadt, A. G. (2015). Parent gender differences in emotion socialization behaviors vary by ethnicity and child gender. *Parenting, 15*(3), 135–157.

Brown, J. D., & L'Engle, K. L. (2009). X-rated: Sexual attitudes and behaviors associated with US early adolescents' exposure to sexually explicit media. *Communication Research, 36*(1), 129–151.

Brown, J. L. (1987). Hunger in the U.S. *Scientific American, 256*(2), 37–41.

Brown, J. T., & Stoudemire, A. (1983). Normal and pathological grief. *Journal of the American Medical Association, 250*, 378–382.

Brown, S. L. (2004). Family structure and child well-being: The significance of parental cohabitation. *Journal of Marriage and Family, 66*, 351–367.

Brown, S. L. (2010). Marriage and child well-being: Research and policy perspectives. *Journal of Marriage and Family, 72*(5), 1059–1077.

Brown, S. L., & Kawamura, S. (2010). Relationship quality among cohabitors and marrieds in older adulthood. *Social Science Research, 39*(5), 777–786.

Brown, S. L., & Lin, I. F. (2012). The gray divorce revolution: Rising divorce among middle-aged and older adults, 1990–2010. *The Journals of Gerontology: Series B, 67*(6), 731–741.

Brown, S. L., & Shinohara, S. K. (2013). Dating relationships in older adulthood: A national portrait. *Journal of Marriage and Family, 75*(5), 1194–1202.

Brown, S. L., & Wright, M. R. (2017). Marriage, cohabitation, and divorce in later life. *Innovation in Aging, 1*(2), igx015.

Brown, S. L., Bulanda, J. R., & Lee, G. R. (2005). The significance of nonmarital cohabitation: Marital status and mental health benefits among middle-aged and older adults. *Journal of Gerontology: Social Sciences, 60B*, S21–S29.

Brown, S. L., Bulanda, J. R., & Lee, C. R. (2012). Transitions into and out of cohabitation in later life. *Journal of Marriage and Family, 74*(4), 774–793.

Brown, S. L., Lee, G. R., & Bulanda, J. R. (2006). Cohabitation among older adults: A national portrait. *Journal of Gerontology: Social Sciences, 61B*, S71–S79.

Brown, S. L., Manning, W. D., & Payne, K. K. (2017). Relationship quality among cohabiting versus married couples. *Journal of Family Issues, 38*(12), 1730–1753.

Brownell, C. A., Ramani, G. B., & Zerwas, S. (2006). Becoming a social partner with peers: Cooperation and social understanding in one- and two-year-olds. *Child Development, 77*, 803–821.

Brownell, C. A., Svetlova, M., Anderson, R., Nichols, S. R., & Drummond, J. (2013). Socialization of early prosocial behavior: Parents' talk about emotions is associated with sharing and helping in toddlers. *Infancy, 18*(1), 91–119.

Brubacher, S. P., Glisic, U., Roberts, K. P., & Powell, M. (2011). Children's ability to recall unique aspects of one occurrence of a repeated event. *Applied Cognitive Psychology, 25*(3), 351–358.

Bruer, J. T. (2001). A critical and sensitive period primer. In D. B. Bailey, J. T. Bruer, F. J. Symons, & J. W. Lichtman (Eds.), *Critical thinking about critical periods: A series from the National Center for Early Development and Learning* (pp. 289–292). Baltimore, MD: Paul Brooks Publishing.

Bruner, J. S. (1974). From communication to language—A psychological perspective. *Cognition, 3*(3), 255–287.

Bruni, O., & Novelli, L. (2010). Sleep disorders in children. *BMJ Clinical Evidence, 2010*.

Bryant, B. K. (1987). Mental health, temperament, family, and friends: Perspectives on children's empathy and social perspective taking. In N. Eisenberg & J. Strayer (Eds.), *Empathy and its development of competence in adolescence* (pp. 245–270). Cambridge, UK: Cambridge University Press.

Bucchianeri, M. M., Fernandes, N., Loth, K., Hannan, P. J., Eisenberg, M. E., & Neumark-Sztainer, D. (2016). Body dissatisfaction: Do associations with disordered eating and psychological well-being differ across race/ethnicity in adolescent girls and boys? *Cultural Diversity and Ethnic Minority Psychology, 22*(1), 137.

Buchanan, D. W., & Sobel, D. M. (2011). Mechanism-based causal reasoning in young children. *Child Development, 82*(6), 2053–2066.

Buchanan, T. W. (2007). Retrieval of emotional memories. *Psychological Bulletin, 133*(5), 761.

Bucher, B. S., Ferrarini, A., Weber, N., Bullo, M., Bianchetti, M. G., & Simonetti, G. D. (2013). Primary hypertension in childhood. *Current Hypertension Reports, 15*(5), 444–452.

Buchmann, C., & DiPrete, T. A. (2006). The growing female advantage in college completion: The role of family background and academic achievement. *American Sociological Review, 71*, 515–541.

Buck Louis, G., Gray, L., Marcus, M., Ojeda, S., Pescovitz, O., Witchel, S., . . . Euling, S. Y. (2008). Environmental factors and puberty timing: Expert panel research needs. *Pediatrics, 121*, S192–S207.

Buck-Morss, S. (1975). Social-economic bias in Piaget's theories and its implication for cross-cultural study. *Human Development, 18*(1–2), 35–49.

Bucur, B., & Madden, D. J. (2010). Effects of adult age and blood pressure on executive function and speech of processing. *Experimental Aging Research, 36*(2), 153–168.

Budson, A. E., & Price, B. H. (2005). Memory dysfunction. *New England Journal of Medicine, 352*, 692–699.

Buehler, C. (2006). Parents and peers in relation to early adolescent problem behavior. *Journal of Marriage and Family, 68*, 109–124.

Buehler, C., & O'brien, M. (2011). Mothers' part-time employment: Associations with mother and family well-being. *Journal of Family Psychology, 25*(6), 895.

Buehler, C., & Welsh, D. P. (2009). A process model of adolescents' triangulation into parents' marital conflict: The role of emotional reactivity. *Journal of Family Psychology, 23*(2), 167–180.

Buist, K. L. (2010). Sibling relationship quality and adolescent delinquency: A latent growth curve approach. *Journal of Family Psychology, 24*(4), 400.

Buist, K. L., Dekovic, M., & Prinzie, P. (2013). Sibling relationship quality and psychopathology of children and adolescents: A meta-analysis. *Clinical Psychology Review, 33*(1), 97–106.

Bulanda, J. R., & Brown, S. L. (2007). Race-ethnic differences in marital quality and divorce. *Social Science Research, 36*(3), 945–967.

Bulmer, M., Böhnke, J. R., & Lewis, G. J. (2017). Predicting moral sentiment towards physician-assisted suicide: The role of religion, conservatism, authoritarianism, and Big Five personality. *Personality and Individual Differences, 105*, 244–251.

Burchinal, M. R., Roberts, J. E., Nabors, L. A., & Bryant, D. M. (1996). Quality of center child care and infant cognitive and language development. *Child Development, 67*, 606–620.

Burdette, H. L., & Whitaker, R. C. (2005). Resurrecting free play in young children. *Archives of Pediatrics and Adolescent Medicine, 159*, 46–50.

Bureau of Labor Statistics. (2005). *Data on unemployment rate.* Retrieved from www.bls.gov/cps/home.htm.

Bureau of Labor Statistics. (2018). *Employment characteristics of families* [news release]. Retrieved from www.bls.gov/news.release/famee.nr0.htm.

Burgaleta, M., Johnson, W., Waber, D. P., Colom, R., & Karama, S. (2014). Cognitive ability changes and dynamics of cortical thickness development in healthy children and adolescents. *Neuroimage, 84*, 810–819.

Burke, B. L., Martens, A., & Faucher, E. H. (2010). Two decades of terror management theory: A meta-analysis of mortality salience research. *Personality and Social Psychology Review, 14*(2), 155–195.

Burke, D. M., & Shafto, M. A. (2004). Aging and language production. *Current Directions in Psychological Science, 13*, 81–84.

Burke, H., Leonardi-Bee, J., Hashim, A., Pine-Abata, H., Chen, Y., Cook, D. G., . . . & McKeever, T. M. (2012). Prenatal and passive smoke exposure and incidence of asthma and wheeze: Systematic review and meta-analysis. *Pediatrics, 129*(4), 735–744.

Burke, S. N., & Barnes, C. A. (2006). Neural plasticity in the ageing brain. *Nature Review Neuroscience, 7*, 30–40.

Burn, K., & Szoeke, C. (2016). Boomerang families and failure-to-launch: Commentary on adult children living at home. *Maturitas, 83*, 9–12.

Burnes, D., Pillemer, K., Caccamise, P. L., Mason, A., Henderson, C. R., Berman, J., . . . & Salamone, A. (2015). Prevalence of and risk factors for elder abuse and neglect in the community: A population-based study. *Journal of the American Geriatrics Society, 63*(9), 1906–1912.

Burnett, A. L., Nehra, A., Breau, R. H., Culkin, D. J., Faraday, M. M., Hakim, L. S., . . . & Nelson, C. J. (2018). Erectile dysfunction: AUA guideline. *The Journal of Urology, 200*(3), 633–641.

Burns, B. J., Phillips, S. D., Wagner, H. R., Barth, R. P., Kolko, D. J., Campbell, Y., & Landsverk, J. (2004). Mental health need and access to mental health services by youths involved with child welfare: A national survey. *Journal of the American Academy of Child & Adolescent Psychiatry, 43*, 960–970.

Bushman, B. J., Anderson, C. A., Donnerstein, E., Hummer, T. A., & Warburton, W. A. (2016). Reply to comments on SPSSI Research Summary on Media Violence by Cupit (2016), Gentile (2016), Glackin and Gray (2016), Gollwitzer (2016), and Krahé (2016). *Analyses of Social Issues and Public Policy, 16*(1), 443–450.

Bushman, B. J., Gollwitzer, M., & Cruz, C. (2015). There is broad consensus: Media researchers agree that violent media increase aggression in children, and pediatricians and parents concur. *Psychology of Popular Media Culture, 4*(3), 200.

Bushman, B. J.; Huesmann, Rowell. (2001). *Effects of televised violence on aggression.* In Dorothy G. Singer and Jerome L. Singer (Eds.), *Handbook of Children and the Media,* p. 235, Figure 11.5. Sage Publications, Inc.

Bushnell, E. W. (1985). The decline of visually guided reaching during infancy. *Infant Behavior and Development, 8*(2), 139–155.

Bushnell, E. W., & Boudreau, J. P. (1993). Motor development and the mind: The potential role of motor abilities as a determinant of aspects of perceptual development. *Child Development, 64*, 1005–1021.

Bussey, K., & Bandura, A. (1992). Self-regulatory mechanisms governing gender development. *Child Development, 63*, 1236–1250.

Bussey, K., & Bandura, A. (1999). Social cognitive theory of gender development and differentiation. *Psychological Review, 106*, 676–713.

Butler, M., McCreedy, E., Nelson, V. A., Desai, P., Ratner, E., Fink, H. A., . . . & Davila, H. (2018). Does cognitive training prevent cognitive decline? A systematic review. *Annals of Internal Medicine, 168*(1), 63–68.

Butler, R. (1996). The dangers of physician-assisted suicide. *Geriatrics, 51*, 7.

Buttelmann, D., Zmyj, N., Daum, M., & Carpenter, M. (2013). Selective imitation of in-group over out-group members in 14-month-old infants. *Child Development, 84*(2), 422–428.

Button, K. S., Ioannidis, J. P., Mokrysz, C., Nosek, B. A., Flint, J., Robinson, E. S., & Munafò, M. R. (2013). Power failure: Why small sample size undermines the reliability of neuroscience. *Nature Reviews Neuroscience, 14*(5), 365.

Butwick, A. J., Wong, C. A., & Guo, N. (2018). Maternal body mass index and use of labor neuraxial analgesia: A population-based retrospective cohort study. *Anesthesiology: The Journal of the American Society of Anesthesiologists.*

Buyukcan-Tetik, A., Finkenauer, C., Schut, H., Stroebe, M., & Stroebe, W. (2017). The impact of bereaved parents' perceived grief similarity on relationship satisfaction. *Journal of Family Psychology, 31*(4), 409.

Buzalaf, M. A. R., & Levy, S. M. (2011). Fluoride intake of children: Considerations for dental caries and dental fluorosis. In M. A. R. Buzalaf (Ed.), *Fluoride and the Oral Environment* (Vol. 22, pp. 1–19). Basel, Switzerland: Karger Publishers.

Byers-Heinlein, K., Burns, T. C., & Werker, J. F. (2010). The roots of bilingualism in newborns. *Psychological Science, 21*(3), 343–348. doi:10.1177/0956797609360758.

Bystron, I., Rakic, P., Molnar, Z., & Blakemore, C. (2006). The first neurons of the human cerebral cortex. *Nature Neuroscience, 9*(7), 880–886.

Caballero, B. (2006). Obesity as a consequence of undernutrition. *Journal of Pediatrics, 149*(5, Suppl. 1), 97–99.

Cabeza, R., Albert, M., Belleville, S., Craik, F. I., Duarte, A., Grady, C. L., . . . & Rugg, M. D. (2018). Maintenance, reserve and compensation: The cognitive neuroscience of healthy ageing. *Nature Reviews Neuroscience,* 1.

Cabrera, N. J., Tamis-LeMonda, C. S., Bradley, R. H., Hofferth, S., & Lamb, M. E. (2000). Fatherhood in the twenty-first century. *Child Development, 71*, 127–136.

Cabrera, S. M., Bright, G. M., Frane, J. W., Blethen, S. L., & Lee, P. A. (2014). Age of thelarche and menarche in contemporary US females: A cross-sectional analysis. *Journal of Pediatric Endocrinology and Metabolism, 27*(1–2), 47–51.

Cacioppo, J. T., & Cacioppo, S. (2014). Social relationships and health: The toxic effects of perceived social isolation. *Social and Personality Psychology Compass, 8*(2), 58–72.

Cadore, E. L., Rodríguez-Mañas, L., Sinclair, A., & Izquierdo, M. (2013). Effects of different exercise interventions on risk of falls, gait ability, and balance in physically frail older adults: A systematic review. *Rejuvenation Research, 16*(2), 105–114.

Caemmerer, J. M., & Keith, T. Z. (2015). Longitudinal, reciprocal effects of social skills and achievement from kindergarten to eighth grade. *Journal of School Psychology, 53*(4), 265–281.

Caetano, R., Schafer, J., & Cunradi, C.B. (2001). *Alcohol-related intimate partner violence among white, black, and Hispanic couples in the United States.* Retrieved from https://pubs.niaaa.nih.gov/publications/arh25-1/58-65.htm.

Cahalan, M., Perna, L. W., Yamashita, M., Wright, J., & Santillan, S. (2018). *Indicators of Higher Education Equity in the United States: 2018 Historical Trend Report.* Pell Institute for the Study of Opportunity in Higher Education.

Cahill, K. E., Giandrea, M. D., & Quinn, J. F. (2013). Bridge employment. In M. Wang (Ed.), *The Oxford handbook of retirement* (pp. 293–310). New York: Oxford University Press.

Cai, H., Li, G., Hua, S., Liu, Y., & Chen, L. (2017). Effect of exercise on cognitive function in chronic disease patients: A meta-analysis and systematic review of randomized controlled trials. *Clinical Interventions in Aging, 12*, 773.

Cain, M.S., Leonard, J.A., Gabrieli, J.D.E., & Finn, A.S. (2016). Media multitasking in adolescence. *Psychonomic Bulletin & Review.* 23, 1932-1941.

Cairns, G., Angus, K., Hastings, G., & Caraher, M. (2013). Systematic reviews of the evidence on the nature, extent and effects of food marketing to children. A retrospective summary. *Appetite, 62*, 209–215.

Calafat, A., García, F., Juan, M., Becoña, E., & Fernández-Hermida, J. R. (2014). Which parenting style is more protective against adolescent substance use? Evidence within the European context. *Drug and Alcohol Dependence, 138*, 185–192.

Caldwell, B. M., & Bradley, R. H. (1984). *Home observation for measurement of the environment*. Unpublished manuscript, University of Arkansas at Little Rock.

Caldwell, J. T., Ford, C. L., Wallace, S. P., Wang, M. C., & Takahashi, L. M. (2016). Intersection of living in a rural versus urban area and race/ethnicity in explaining access to health care in the United States. *American Journal of Public Health, 106*(8), 1463–1469.

Çalışkan, M., Bochkov, Y. A., Kreiner-Møller, E., Bønnelykke, K., Stein, M. M., Du, G., . . . & Nicolae, D. L. (2013). Rhinovirus wheezing illness and genetic risk of childhood-onset asthma. *New England Journal of Medicine, 368*(15), 1398–1407.

Calkins, S. D., & Fox, N. A. (1992). The relations among infant temperament, security of attachment, and behavioral inhibition at twenty-four months. *Child Development, 63*, 1456–1472.

Callaghan, T., Rochat, P., Lillard, A., Claux, M. L., Odden, H., Itakura, S., . . . & Singh, S. (2005). Synchrony in the onset of mental-state reasoning: Evidence from five cultures. *Psychological Science, 16*(5), 378–384.

Callahan, S. T., & Cooper, W. O. (2005). Uninsurance and health care access among young adults in the United States. *Pediatrics, 116*, 88–95.

Calvin, C. M., Deary, I. J., Fenton, C., Roberts, B. A., Der, G., Leckenby, N., & Batty, G. D. (2010). Intelligence in youth and all-cause-mortality: Systematic review with meta-analysis. *International Journal of Epidemiology, 40*(3), 626–644.

Calzo, J. P., Masyn, K. E., Austin, S. B., Jun, H. J., & Corliss, H. L. (2017). Developmental latent patterns of identification as mostly heterosexual versus lesbian, gay, or bisexual. *Journal of Research on Adolescence, 27*(1), 246–253.

Camarata, S., & Woodcock, R. (2006). Sex differences in processing speed: Developmental effects in males and females. *Intelligence, 34*(3), 231–252.

Camarota, S. A., & Zeigler, K. (2016, October). Immigrants in the United States: A profile of the foreign-born using 2014 and 2015 Census Bureau data. *Center for Immigration Studies*. Retrieved from http://cis.org/sites/cis.org/files/immigrant-profile_0.pdf.

Cameron, L., Rutland, A., Brown, R., & Douch, R. (2006). Changing children's intergroup attitudes towards refugees: Testing different models of extended contact. *Child Development, 77*, 1208–1219.

Camilli, G., Vargas, S., Ryan, S., & Barnett, W. S. (2010). Meta-analysis of the effects of early education interventions on cognitive and social development. *Teachers College Record, 112*(3), 579–620.

Camp, C. J. (1989). World-knowledge systems. In L. W. Poon, D. C. Rubin, & B. A. Wilson (Eds.), *Everyday cognition in adulthood and late life*. Cambridge, UK: Cambridge University Press.

Camp, C. J., & McKitrick, L. A. (1989). The dialectics of remembering and forgetting across the adult lifespan. In D. Kramer & M. Bopp (Eds.), *Dialectics and contextualism in clinical and developmental psychology: Change, transformation, and the social context* (pp. 169–187). New York: Springer.

Campa, M. J., & Eckenrode, J. J. (2006). Pathways to intergenerational adolescent childbearing in a high-risk sample. *Journal of Marriage and Family, 68*, 558–572.

Campbell, A., Shirley, L., & Candy, J. (2004). A longitudinal study of gender-related cognition and behaviour. *Developmental Science, 7*, 1–9.

Campbell, A., Shirley, L., Heywood, C., & Crook, C. (2000). Infants' visual preference for sex-congruent babies, children, toys, and activities: A longitudinal study. *British Journal of Developmental Psychology, 18*, 479–498.

Campbell, K., & Peebles, R. (2014). Eating disorders in children and adolescents: State of the art review. *Pediatrics, 134*(3), 582–592.

Campbell-Yeo, M., Fernandes, A., & Johnston, C. (2011). Procedural pain management for neonates using nonpharmacological strategies: Part 2 mother-driven interventions. *Advances in Neonatal Care, 11*(5), 312–318.

Campione-Barr, N. (2017). The changing nature of power, control, and influence in sibling relationships. *New Directions for Child and Adolescent Development, 2017*(156), 7–14.

Campos, J. J., Sorce, J. F., Emde, R. N., & Svejda, M. A. R. I. L. Y. N. (2013). Emotions as behavior regulators: Social referencing in infancy. *Emotions in Early Development, 2*(57), 123.

Campos, J., Bertenthal, B., & Benson, N. (1980, April). *Self-produced locomotion and the extraction of form invariance*. Paper presented at the meeting of the International Conference on Infant Studies, New Haven, CT.

Canfield, M. A., Mai, C. T., Wang, Y., O'Halloran, A., Marengo, L. K., Olney, R. S., . . . & Copeland, G. (2014). The association between race/ethnicity and major birth defects in the United States, 1999–2007. *American Journal of Public Health, 104*(9), e14–e23.

Cansino, S. (2009). Episodic memory decay along the adult lifespan: A review of behavioral and neurophysiological evidence. *International Journal of Psychophysiology, 71*(1), 64–69.

Cantor, J. (1994). Confronting children's fright responses to mass media. In D. Zillman, J. Bryant, & A. C. Huston (Eds.), *Media, children, and the family: Social scientific, psychoanalytic, and clinical perspectives* (pp. 139–150). Hillsdale, NJ: Erlbaum.

Cao, A., & Kan, Y. W. (2013). The prevention of thalassemia. *Cold Spring Harbor Perspectives in Medicine, 3*(2), a011775.

Cao, H., Zhou, N., Fine, M., Liang, Y., Li, J., & Mills-Koonce, W. R. (2017). Sexual minority stress and same-sex relationship well-being: A meta-analysis of research prior to the U.S. nationwide legalization of same-sex marriage. *Journal of Marriage and Family, 79*(5), 1258–1277.

Cao, L., Tan, L., Wang, H. F., Jiang, T., Zhu, X. C., Lu, H., . . . & Yu, J. T. (2016). Dietary patterns and risk of dementia: A systematic review and meta-analysis of cohort studies. *Molecular Neurobiology, 53*(9), 6144–6154.

Capaldi, D. M., Stoolmiller, M., Clark, S., & Owen, L. D. (2002). Heterosexual risk behaviors in at-risk young men from early adolescence to young adulthood: Prevalence, prediction, and STD contraction. *Developmental Psychology, 38*, 394–406.

Caplan, L. J., & Schooler, C. (2006). Household work complexity, intellectual functioning, and self-esteem in men and women. *Journal of Marriage and Family, 68*, 883–900.

Caprara, G. V., Fida, R., Vecchione, M., Del Bove, G., Vecchio, G. M., Barbaranelli, C., & Bandura, A. (2008). Longitudinal analysis of the role of perceived self-efficacy for self-regulated learning in academic continuance and achievement. *Journal of Educational Psychology, 100*(3), 525–534.

Capute, A. J., Shapiro, B. K., & Palmer, F. B. (1987). Marking the milestones of language development. *Contemporary Pediatrics, 4*(4), 24.

Card, N., Stucky, B., Sawalani, G., & Little, T. (2008). Direct and indirect aggression during childhood and adolescence: A meta-analytic review of gender differences, intercorrelations, and relations to maladjustment. *Child Development, 79*(5), 1185–1229.

Carers Australia Staff. (2012, Sept. 28). *Carers caught in the 'sandwich generation'*. Retrieved from www.carersaustralia.com.au/media-centre/article/?id5carers-caught-in-the-sandwich-generation.

Carers UK Staff. (2012, Nov. 29). *Sandwich caring*. Retrieved from www.carersuk.org/for-professionals/policy/policy-library/sandwich-caring.

Carlo, G. (2014). The development and correlates of prosocial moral behaviors. *Handbook of Moral Development, 2*, 208–234.

Carlo, G., Mestre, M. V., Samper, P., Tur, A., & Armenta, B. E. (2011). The longitudinal relations among dimensions of parenting styles, sympathy, prosocial moral reasoning, and prosocial behaviors. *International Journal of Behavioral Development, 35*(2), 116–124.

Carlson, E. A. (1998). A prospective longitudinal study of attachment disorganization/disorientation. *Child Development, 69*(4), 1107–1128.

Carlson, M. J. (2006). Family structure, father involvement, and adolescent behavioral outcomes. *Journal of Marriage and Family, 68*, 137–154.

Carlson, N. E., Moore, M. M., Dame, A., Howieson, D., Silbert, L. C., Quinn, J. F., & Kaye, J. A. (2008). Trajectories of brain loss in aging and the development of cognitive impairment. *Neurology, 70*(11), 828–833.

Carlson, S. E., Colombo, J., Gajewski, B. J., Gustafson, K. M., Mundy, D., Yeast, J., . . . & Shaddy, D. J. (2013). DHA supplementation and pregnancy outcomes. *The American Journal of Clinical Nutrition, 97*(4), 808–815.

Carlson, S. M., & Taylor, M. (2005). Imaginary companions and impersonated characters: Sex differences in children's fantasy play. *Merrill-Palmer Quarterly, 51*(1), 93–118.

Carmichael, C. L., Reis, H. T., & Duberstein, P. R. (2015). In your 20s it's quantity, in your 30s it's quality: The prognostic value of social activity across 30 years of adulthood. *Psychology and Aging, 30*(1), 95.

Carnelley, K. B., Wortman, C. B., Bolger, N., & Burke, C. T. (2006). The time course of grief reactions to spousal loss: Evidence from a national probability sample. *Journal of Personality and Social Psychology, 91*, 476–492.

Carnevale, A. P., Hanson, A. R., & Gulish, A. (2013). *Failure to launch: Structural shift and the new lost generation*. Washington, DC: Georgetown University Center on Education and the Workforce.

Carothers, S. S., Borkowski, J. G., Lefever, J. B., & Whitman, T. L. (2005). Religiosity and the socioemotional adjustment of adolescent mothers and their children. *Journal of Family Psychology, 19*, 263–275.

Carpenter, C., Eppink, S. T., Gonzales, G., Jr., & McKay, T. (2018). *Effects of access to legal same-sex marriage on marriage and health: Evidence from BRFSS* (No. w24651). Cambridge, MA: National Bureau of Economic Research.

Carr, D., & Boerner, K. (2009). Do spousal discrepancies in marital quality assessments affect psychological adjustment to widowhood? *Journal of Marriage and Family, 71*(3), 495–509.

Carr, D., Freedman, V. A., Cornman, J. C., & Schwarz, N. (2014). Happy marriage, happy life? Marital quality and subjective well-being in later life. *Journal of Marriage and Family, 76*(5), 930–948.

Carr, D. C., Kail, B. L., Matz-Costa, C., & Shavit, Y. Z. (2017). Does becoming a volunteer attenuate loneliness among recently widowed older adults? *The Journals of Gerontology: Series B*.

Carraher, T. N., Schliemann, A. D., & Carraher, D. W. (1988). Mathematical concepts in everyday life. In G. B. Saxe & M. Gearhart (Eds.), *Children's mathematics* (New Directions in Child Development, No. 41, pp. 71–87). San Francisco: Jossey-Bass.

Carrel, L., & Willard, B. F. (2005). X-inactivation profile reveals extensive variability in X-linked gene expression in females. *Nature, 434*, 400–404.

Carrell, S. E., Maghakian, T., & West, J. E. (2011). A's from zzzz's? The causal effect of school start time on the academic achievement of adolescents. *American Economic Journal: Economic Policy, 3*(3), 62–81.

Carrion-Castillo, A., Franke, B., & Fisher, S. E. (2013). Molecular genetics of dyslexia: An overview. *Dyslexia, 19*(4), 214–240.

Carskadon, M. A. (2011). Sleep in adolescents: The perfect storm. *Pediatric Clinics, 58*(3), 637–647.

Carskadon, M. A., Vieira, C., & Acebo, C. (1993). Association between puberty and delayed phase preference. *Sleep, 16*(3), 258–262.

Carstensen, L. L. (1991). Selectivity theory: Social activity in life-span context. In *Annual Review of Gerontology and Geriatrics* (Vol. 11, pp. 195–217). New York: Springer.

Carstensen, L. L. (1995). Evidence for a life-span theory of socioemotional selectivity. *Current Directions in Psychological Science, 4*, 150–156.

Carstensen, L. L. (1996). Socioemotional selectivity: A life-span developmental account of social behavior. In M. R. Merrens & G. G. Brannigan (Eds.), *The developmental psychologists: Research adventures across the life span* (pp. 251–272). New York: McGraw-Hill.

Carstensen, L. L., & Mikels, J. A. (2005). At the intersection of emotion and cognition: Aging and the positivity effect. *Current Directions in Psychological Science, 14*, 117–122.

Carstensen, L. L., Isaacowitz, D. M., & Charles, S. T. (1999). Taking time seriously: A theory of socioemotional selectivity. *American Psychologist, 54*, 165–181.

Carstensen, L. L., Turan, B., Scheibe, S., Ram, N., Ersner-Hershfield, H., Samanez-Larkin, G. R., . . . & Nesselroade, J. R. (2011). Emotional experience improves with age: Evidence based on over 10 years of experience sampling. *Psychology and Aging, 26*(1), 21.

Cartee, G. D., Hepple, R. T., Bamman, M. M., & Zierath, J. R. (2016). Exercise promotes healthy aging of skeletal muscle. *Cell Metabolism, 23*(6), 1034–1047.

Carter, P.M., Bingham, C.R., Zakrajsek, J.S., Shope, J.T., & Sayer, T.B. (2014). Social norms and risk perception: predictors of distracted driving behavior among novice adolescent drivers. *Journal of Adolescent Health, 54*, S32–S41.

Carter, R. C., Jacobson, S. W., Molteno, C. D., Chiodo, L. M., Viljoen, D., & Jacobson, J. L. (2005). Effects of prenatal alcohol exposure on infant visual acuity. *Journal of Pediatrics, 147*(4), 473–479.

Carver, C. S. (2007). Stress, coping, and health. In H. S. Friedman, & R. C. Silver (Eds.), *Foundations of health psychology* (pp. 117–144). New York: Oxford University Press.

Cary, L. A., & Chasteen, A. L. (2015). Age stereotypes and age stigma: Connections to research on subjective aging. *Annual Review of Gerontology and Geriatrics, 35*(1), 99–119.

Casaer, P. (1993). Old and new facts about perinatal brain development. *Journal of Child Psychology and Psychiatry, 34*(1), 101–109.

Casey, B. J., Jones, R. M., & Somerville, L. H. (2011). Braking and accelerating of the adolescent brain. *Journal of Research on Adolescence, 21*(1), 21–33.

Casper, L. M. (1997). My daddy takes care of me: Fathers as care providers. *Current Population Reports* (P70–59). Washington, DC: U.S. Bureau of the Census.

Casper, W. J., Marquardt, D. J., Roberto, K. J., & Buss, C. (2016). The hidden family lives of single adults without dependent children. In T. Allen & L. Eby (Eds.), *The Oxford handbook of work and family* (pp. 182–195). New York: Oxford University Press.

Caspi, A. (1998). Personality development across the life course. In W. Damon (Series Ed.) & N. Eisenberg (Vol. Ed.), *Handbook of child psychology: Vol. 3. Social, emotional, and personality development* (5th ed., pp. 311–388). New York: Wiley.

Caspi, A. (2000). The child is father of the man: Personality continuity from childhood to adulthood. *Journal of Personality and Social Psychology, 78*, 158–172.

Caspi, A., McClay, J., Moffitt, T. E., Mill, J., Martin, J., Craig, I. W., . . . Poulton, R. (2002). Role of genotype in the cycle of violence in maltreated children. *Science, 297*, 851–854.

Caspi, A., Sugden, K., Moffitt, T. E., Taylor, A., Craig, I. W., Harrington, H., . . . Poulton, R. (2003). Influence of life stress on depression: Moderation by a polymorphism in the 5-HTT gene. *Science, 301*, 386–389.

Cassidy, K. W., Werner, R. S., Rourke, M., Zubernis, L. S., & Balaraman, G. (2003). The relationship between psychological understanding and positive social behaviors. *Social Development, 12*, 198–221.

Castle, N., Ferguson-Rome, J.C., & Teresi, J.A. (2013). Elder abuse in residential long-term care: An update to the 2003 National Research Council Report. *Journal of Applied Gerontology*, 34, 407–433.

Castro, M., Expósito-Casas, E., López-Martín, E., Lizasoain, L., Navarro-Asencio, E., & Gaviria, J. L. (2015). Parental involvement on student academic achievement: A meta-analysis. *Educational Research Review, 14*, 33–46.

Castro, V. L., Halberstadt, A. G., Lozada, F. T., & Craig, A. B. (2015). Parents' emotion-related beliefs, behaviours, and skills predict children's recognition of emotion. *Infant and Child Development, 24*(1), 1–22.

Catalano, P. (2015). Maternal obesity and metabolic risk to the offspring: Why lifestyle interventions may have not achieved the desired outcomes. *International Journal of Obesity, 39*(4), 642.

Cattell, R. B. (1965). *The scientific analysis of personality*. Baltimore: Penguin Books.

Caughey, A. B., Hopkins, L. M., & Norton, M. E. (2006). Chorionic villus sampling compared with amniocentesis and the difference in the rate of pregnancy loss. *Obstetrics and Gynecology, 108*, 612–616.

Cavanagh, S. E., & Huston, A. C. (2008). The timing of family instability and children's social development. *Journal of Marriage and Family, 70*(5), 1258–1270.

Caylak, E. (2009). The genetics of sleep disorders in humans: Narcolepsy, restless legs syndrome, and obstructive sleep apnea syndrome. *American Journal of Medical Genetics Part A, 149*(11), 2612–2626.

Ceci, S. J. (1991). How much does schooling influence general intelligence and its cognitive components? A reassessment of the evidence. *Developmental Psychology, 27*, 703–722.

Ceci, S. J., & Williams, W. M. (1997). Schooling, intelligence, and income. *American Psychologist, 52*(10), 1051–1058.

Center for Education Reform. (2004, August 17). *Comprehensive data discounts* New York Times account; reveals charter schools performing at or above traditional schools [Press release]. Retrieved from http://edreform.com/indexcfm?fuseAction5document&documentID51806.

Center for Education Reform. (2008, October 23). *Charter school numbers 2008: Count 'em up* [Press release]. Retrieved from http://www.edreform.com/Press_Box/Press_releases/?Charter_School_Numbers_2008_Count_Em_Up&year52008.

Center for Effective Discipline. (2009). *Discipline and the law*. Available at www. stophitting.com/index.php?page5laws-main.

Center for Substance Abuse Treatment. (2008). Medication-assisted treatment for opioid addiction during pregnancy. *SAHMSA/CSAT treatment improvement protocols*. Rockville, MD: Substance Abuse and Mental Health Services Administration. Available at www.ncbi.nlm.nih.gov/books/NBK26113.

Center on Addiction and Substance Abuse at Columbia University (CASA). (1996, June). *Substance abuse and the American woman*. New York: Author.

Centers for Disease Control. (2018e). *Teen drivers: Get the facts*. [Fact sheet]. Retrieved from www.cdc.gov/motorvehiclesafety/teen_drivers/teendrivers_factsheet.html.

Centers for Disease Control. (2018l). *Provisional number of divorces, annulments and rate: 2000-2017* [Data table]. Retrieved from www.cdc.gov/nchs/data/dvs/national-marriage-divorce-rates-00-17.pdf.

Centers for Disease Control (CDC). (2017b). *Provisional number of divorces and annulments and rate: United States, 2000-2017* [Data table]. Retrieved from https://www.cdc.gov/nchs/data/dvs/national-marriage-divorce-rates-00-17.pdf.

Centers for Disease Control and Prevention (2009a). *2007 assisted reproductive technology success rates: National summary and fertility clinic reports*. Retrieved from http://www.cdc.gov/art/ART2007/PDF/COMPLETE_2007_ART.pdf.

Centers for Disease Control and Prevention (2009b). Prevalence of autism spectrum disorders—Autism and developmental disabilities monitoring network, United States, 2006. *Morbidity and Mortality Weekly Report, 58*(SS10), 1–20.

Centers for Disease Control and Prevention (2009c). *Understanding intimate partner violence* [Fact sheet]. Retrieved from http://www.cdc.gov/violenceprevention/pdf/IPV_factsheet-a.pdf.

Centers for Disease Control and Prevention. (2011a). *Fast stats. Health of Black or African American population*. Retrieved from http://www.cdc.gov/nchs/fastats/black_health.htm.

Centers for Disease Control and Prevention. (2011b). *Understanding intimate partner violence*. Retrieved from http://www.cdc.gov/violenceprevention/pdf/IPV_factsheet-a.pdf.

Centers for Disease Control and Prevention (2017i). *2015 Assisted Reproductive Technology National Summary Report*. Retrieved from www.cdc.gov/art/pdf/2015-report/ART-2015-National-Summary-Report.pdf.

Centers for Disease Control and Prevention. (2018d). *10 leading causes of death by age group: United States—2015*. Retrieved from www.cdc.gov/injury/wisqars/pdf/leading_causes_of_death_by_age_group_2015-a.pdf.

Centers for Disease Control and Prevention (CDC). (2000a). *CDC's guidelines for school and community programs: Promoting lifelong physical activity*. Retrieved from www.cdc.gov/nccdphp/dash/phactaag.htm.

Centers for Disease Control and Prevention (CDC). (2000b). *Tracking the hidden epidemic: Trends in STDs in the U.S., 2000*. Washington, DC: Author.

Centers for Disease Control and Prevention (CDC). (2002). Youth risk behavior surveillance—United States, 2001. *Morbidity and Mortality Weekly Report, 51*(4). Atlanta, GA: Author.

Centers for Disease Control and Prevention (CDC). (2004). National, state, and urban area vaccination coverage among children aged 19–36 months—United States, 2003. *Morbidity and Mortality Weekly Report, 53*, 658–661.

Centers for Disease Control and Prevention (CDC). (2005). *Assisted reproductive technology: Home*. Retrieved from www.cdc.gov/ART/.

Centers for Disease Control and Prevention (CDC). (2006a). Achievements in public health: Reduction in perinatal transmission of HIV infection—United States, 1985–2005. *Morbidity and Mortality Weekly Report, 55*(21), 592–597.

Centers for Disease Control and Prevention (CDC). (2006b). Improved national prevalence estimates for 18 selected major birth defects—United States, 1999–2001. *Morbidity and Mortality Weekly Report, 54*(51–52), 1301–1305.

Centers for Disease Control and Prevention (CDC). (2006c). National, state, and urban area vaccination coverage among children aged 19–35 months—United States, 2005. *Morbidity and Mortality Weekly Report, 55*(36), 988–993.

Centers for Disease Control and Prevention (CDC). (2007a, Summer). *Suicide: Facts at a Glance*. Retrieved from www.cdc.gov/ncipc/dvp/Suicide/SuicideDataSheet.pdf.

Centers for Disease Control and Prevention (CDC). (2007b). *Web-Based Injury Statistics Query and Reporting System*. Retrieved from www.cdc.gov/ncipc/wisqars/default.htm.

Centers for Disease Control and Prevention (CDC). (2007c). Trends in oral health status: United States, 1988–1994 and 1999–2004. *Vital Health Statistics, 11*(248). Hyattsville, MD: National Center for Health Statistics.

Centers for Disease Control and Prevention (CDC). (2008a). *Understanding teen dating violence* [Fact sheet]. Atlanta, GA: Author.

Centers for Disease Control and Prevention (CDC). (2008c). *Surveillance summaries*. Atlanta, GA: Author.

Centers for Disease Control and Prevention (CDC). (2010). Mortality among teenagers aged 12–19 years: United States, 1999–2006. *NCHS Data Brief*. Retrieved from http://www.cdc.gov/nchs/data/databriefs/db37.htm.

Centers for Disease Control and Prevention (CDC). (2011). *How much physical activity do adults need?* Retrieved from http://www.cdc.gov/physicalactivity/everyone/guidelines/adults.html.

Centers for Disease Control and Prevention (CDC). (2012). *Death rates for suicide, by sex, race, Hispanic origin, and age: United States, selected years 1950–2010*. Retrieved from www.cdc.gov/nchs/data/hus/2012/035.pdf.

Centers for Disease Control and Prevention (CDC). (2012a). *Birth rates for U.S. teenagers reach historic lows for all age and ethnic groups*. Retrieved from http://www.cdc.gov/nchs/data/daabriefs/db89.htm.

Centers for Disease Control and Prevention (CDC). (2012b). Sexual experience and contraceptive use among female teens—United States, 1995, 2002, and 2006–2010. *Morbidity and Mortality Weekly Report, 61*(17), 297–301.

Centers for Disease Control and Prevention (CDC). (2012c). *Youth risk behavior survellience–2011*. Retrieved from http://www.cdc.gov/mmwr/pdf/ss/ss6104.pdf.

Centers for Disease Control and Prevention (CDC). (2013a). *HPV (Human Papillomavirus) Gardasil VIS*. Retrieved from http://www.cdc.gov/vaccines/hcp/vis/vis-statements/hpv-gardasil.html#who.

Centers for Disease Control and Prevention (CDC). (2013b). *Pregnancy rates for U.S. women continue to drop*. Retrieved from http://www.cdc.gov/nchs/data/databriefs/db136.pdf, fig. 3.

Centers for Disease Control and Prevention (CDC). (2013c). *Reducing teen pregnancy: Engaging communities*. Retrieved from http://www.cdc.gov/Features/TeenPregnancy/.

Centers for Disease Control and Prevention (CDC). (2013d). *Food desert*. Retrieved from www.cdc.gov/healthcommunication/toolstemplates/entertainmented/tips/fooddesert.html.

Centers for Disease Control and Prevention (CDC). (2013d). *The state of aging and health in America 2013*. Atlanta, GA: Centers for Disease Control and Prevention, U.S. Department of Health and Human Services.

Centers for Disease Control and Prevention (CDC). (2014). *Children's oral health* [Data sheet]. Retrieved from www.cdc.gov/oralhealth/children_adults/child.htm.

Centers for Disease Control and Prevention (CDC). (2014b). *State indicator report on physical activity, 2014*. Atlanta, GA: U.S. Department of Health and Human Services.

Centers for Disease Control and Prevention (CDC). (2016a). *Community Report on Autism 2016*. Retrieved from www.cdc.gov/ncbddd/autism/documents/community_report_autism.pdf.

Centers for Disease Control and Prevention (CDC). (2016b). *Current physical activity guidelines*. Retrieved from www.cdc.gov/cancer/dcpc/prevention/policies_practices/physical_activity/guidelines.htm.

Centers for Disease Control and Prevention (CDC). (2016c). *Physical activity among youth*. Retrieved from www.cdc.gov/cancer/dcpc/

prevention/policies_practices/physical_activity/youth.htm.

Centers for Disease Control and Prevention (CDC). (2016d). *CDC recommends only two HPV shots for younger adolescents*. Retrieved from www.cdc.gov/media/releases/2016/p1020-hpv-shots.html.

Centers for Disease Control and Prevention (CDC). (2016e). *STDs in adolescents and young adults*. Retrieved from www.cdc.gov/std/stats16/adolescents.htm.

Centers for Disease Control and Prevention (CDC). (2016f). Physical inactivity among adults 50 years and older: MMWR data highlights [data report]. *State Indicator Report on Physical Activity, 2014*. Atlanta, GA: U.S. Department of Health and Human Services.

Centers for Disease Control and Prevention (CDC). (2017). *Adult obesity causes and consequences* [Fact sheet]. Retrieved from www.cdc.gov/obesity/adult/causes.html.

Centers for Disease Control and Prevention (CDC). (2017a). National Immunization Survey (NIS): Results. Retrieved from www.cdc.gov/breastfeeding/data/nis_data/results.html.

Centers for Disease Control and Prevention (CDC). (2017c). *Social determinants and eliminating disparities in teen pregnancy*. Retrieved from www.cdc.gov/teenpregnancy/about/social-determinants-disparities-teen-pregnancy.htm.

Centers for Disease Control and Prevention (CDC). (2017d). *Trichomoniasis* [Fact sheet]. Retrieved from www.cdc.gov/std/trichomonas/stdfact-trichomoniasis.htm.

Centers for Disease Control and Prevention (CDC). (2017e). *National diabetes statistics report, 2017: Estimates of diabetes and its burden in the United States* [Report]. Retrieved from www.diabetes.org/assets/pdfs/basics/cdc-statistics-report-2017.pdf.

Centers for Disease Control and Prevention (CDC). (2017f). 10 leading causes of death by age group, United States—2015 [Data graphic]. Retrieved from www.cdc.gov/injury/images/lc-charts/leading_causes_of_death_age_group_2015_1050w740h.gif.

Centers for Disease Control and Prevention (CDC). (2017h). *Sexually transmitted disease surveillance 2016*. Atlanta: U.S. Department of Health and Human Services.

Centers for Disease Control and Prevention (CDC). (2017j). *Intimate partner violence*. Retrieved from www.cdc.gov/violenceprevention/intimatepartnerviolence/index.html.

Centers for Disease Control and Prevention (CDC). (2017k). *FastStats – Marriage and divorce rates* [National Center for Health Statistics data page]. Retrieved from www.cdc.gov/nchs/fastats/marriage-divorce.htm.

Centers for Disease Control and Prevention (CDC). (2017l). Table A-6a. Age-adjusted percentages (with standard errors) of hearing trouble, vision trouble, and absence of teeth among adults aged 18 and over, by selected characteristics: United States, 2016 [Data table]. Retrieved from https://ftp.cdc.gov/pub/Health_Statistics/NCHS/NHIS/SHS/2017_SHS_Table_A-6.pdf.

Centers for Disease Control and Prevention (CDC). (2017m). *Elder abuse: Consequences*. Retrieved from www.cdc.gov/violenceprevention/elderabuse/consequences.html.

Centers for Disease Control and Prevention (CDC). (2018). *Immunization* [Data tables]. Retrieved from www.cdc.gov/nchs/data/hus/2017/066.pdf.

Centers for Disease Control and Prevention (CDC). (2018a). *Birth defects* [Fact Sheet]. Accessed from www.cdc.gov/ncbddd/birthdefects/data.html.

Centers for Disease Control and Prevention (CDC). (2018b). *HIV among pregnant women, infants and children* [Information sheet]. Retrieved from www.cdc.gov/hiv/group/gender/pregnantwomen/index.html.

Centers for Disease Control and Prevention (CDC). (2018c). *Data on selected pregnancy complications in the United States*. [Fact sheet]. Retrieved from www.cdc.gov/reproductivehealth/maternalinfanthealth/pregnancy-complications-data.htm.

Centers for Disease Control and Prevention (CDC). (2018d). *Physical activity facts*. Retrieved from www.cdc.gov/healthyschools/physicalactivity/facts.htm.

Centers for Disease Control and Prevention (CDC). (2018f). *STDs in adolescents and young adults*. [Fact sheet]. Retrieved from www.cdc.gov/std/stats17/adolescents.htm.

Centers for Disease Control and Prevention (CDC). (2018g). *Electronic cigarettes* [Fact sheet]. Retrieved from www.cdc.gov/tobacco/basic_information/e-cigarettes/.

Centers for Disease Control and Prevention (CDC). (2018g). *HPV vaccination coverage data* [Data sheet]. Retrieved from www.cdc.gov/hpv/hcp/vacc-coverage/index.html.

Centers for Disease Control and Prevention (CDC). (2018h). *Antibiotic resistance threats in the United States, 2013* [Report]. Retrieved from www.cdc.gov/drugresistance/threat-report-2013/pdf/ar-threats-2013-508.pdf#page56.

Centers for Disease Control and Prevention (CDC). (2018i). *HIV among youth* [Fact sheet]. Retrieved from www.cdc.gov/hiv/group/age/youth/index.html.

Centers for Disease Control and Prevention (CDC). (2018j). *Sexually transmitted disease surveillance 2017*. Atlanta: U.S. Department of Health and Human Services.

Centers for Disease Control and Prevention (CDC). (2018k). *HIV basics: Basic statistics* [Data reports]. Retrieved from www.cdc.gov/hiv/basics/statistics.html.

Centers for Disease Control and Prevention (CDC). (2018m). *Elder abuse: Definitions* [Fact sheet]. Retrieved from www.cdc.gov/violenceprevention/elderabuse/definitions.html.

Centers for Disease Control and Prevention (CDC). (2019a). *Measles cases and outbreaks* [Data page]. Retrieved from https://www.cdc.gov/measles/cases-outbreaks.html.

Centers for Disease Control and Prevention (CDC). (2019b). *Pregnancy mortality surveillance system*. [Fact sheet]. Retrieved from www.cdc.gov/reproductivehealth/maternalinfanthealth/pregnancy-mortality-surveillance-system.htm#trends.

Centers for Disease Control and Prevention (CDC). (2019c). *Physical activity basics* [Fact sheet]. Retrieved from www.cdc.gov/physicalactivity/basics/index.htm.

Centers for Disease Control and Prevention (CDC). (2019d). *Smoking and tobacco use* [Fact sheet]. Retrieved from www.cdc.gov/tobacco/data_statistics/fact_sheets/index.htm?s_cid5osh-stu-home-spotlight-001.

Centers for Disease Control and Prevention (CDC). (2019e). *Infertility FAQs* [Fact sheet]. Retrieved from www.cdc.gov/reproductivehealth/infertility/index.htm.

Centers for Disease Control and Prevention (CDC). (2019f). *Estimated HIV incidence and prevalence in the United States, 2010–2016. HIV Surveillance Supplemental Report. 24*(1). Retrieved from www.cdc.gov/ hiv/library/reports/hiv-surveillance.html.

Centers for Disease Control and Prevention and The Merck Company Foundation. (2007). *The state of aging and health care in America*. Whitehouse Station, NJ: The Merck Company Foundation. Retrieved from http://www.cdc.gov/Aging/pdf/saha_2007.pdf.

Centers for Medicare and Medicaid Services. (2009). *Low cost health insurance for families and children*. Retrieved from www.cms.hhs.gov/lowcosthealthinsfamchild/.

Central Intelligence Agency. (2015). *Country comparison to the world*. Retrieved from www.cia.gov/library/publications/the-world-factbook/fields/2223.html.

Central Intelligence Agency. (2015). Literacy rates. *CIA World Factbook*. Retrieved from www.cia.gov/library/publications/the-world-factbook/fields/2103.html.

Centre for Educational Research and Innovation. (2004). Education at a Glance: OECD indicators—2004. *Education and Skills, 2004*(14), 1–456.

Cepeda-Benito, A., Reynoso, J. T., & Erath, S. (2004). Meta-analysis of the efficacy of nicotine replacement therapy for smoking cessation: Differences between men and women. *Journal of Consulting and Clinical Psychology, 72*, 712–722.

Ceppi, G., & Zini, M. (1998). *Children, spaces, relations: Metaproject for an environment for young children*. Eggio Emilia, Italy: Municipality of Reggio Emilia Inanzia ricerca.

Cerasoli, C. P., Nicklin, J. M., & Ford, M. T. (2014). Intrinsic motivation and extrinsic incentives jointly predict performance: A 40-year meta-analysis. *Psychological Bulletin, 140*(4), 980.

Cespedes, E. M., Gillman, M. W., Kleinman, K., Rifas-Shiman, S. L., Redline, S., & Taveras, E. M. (2014). Television viewing, bedroom television, and sleep duration from infancy to mid-childhood. *Pediatrics, 133*(5), e1163–e1171.

Chafetz, M. D. (1992). *Smart for life*. New York: Penguin Books.

Chaker, Z., George, C., Petrovska, M., Caron, J. B., Lacube, P., Caillé, I., & Holzenberger, M. (2016). Hypothalamic neurogenesis persists in the aging brain and is controlled by energy-sensing IGF-I pathway. *Neurobiology of Aging, 41,* 64–72.

Chambers, R. A., Taylor, J. R., & Potenza, M. N. (2003). Developmental neurocircuitry of motivation in adolescence: A critical period of addiction vulnerability. *American Journal of Psychiatry, 160,* 1041–1052.

Champagne, F. A. (2014). Epigenetics and developmental plasticity across species. *Developmental Psychobiology, 55,* 33–41.

Champagne, F. A., & Mashoodh, R. (2009). Genes in context: Gene-environment interactions and the origins of individual differences in behavior. *Current Directions in Psychological Science, 18*(3), 127–131.

Chan, W. Y., Ou, S. R., & Reynolds, A. J. (2014). Adolescent civic engagement and adult outcomes: An examination among urban racial minorities. *Journal of Youth and Adolescence, 43*(11), 1829–1843.

Chandra, A., Martin, S., Collins, R., Elliott, M., Berry, S., Kanouse, D., & Miu, A. (2008). Does watching sex on television predict teen pregnancy? Findings from a National Longitudinal Survey of Youth. *Pediatrics, 122*(5), 1047–1054.

Chang, E. S., & Greenberger, E. (2012). Parenting satisfaction at midlife among European-and Chinese-American mothers with a college-enrolled child. *Asian American Journal of Psychology, 3*(4), 263.

Chang, H. K. (2018). Influencing factors on mid-life crisis. *Korean Journal of Adult Nursing, 30*(1), 98–105.

Chang, P. J., Wray, L., & Lin, Y. (2014). Social relationships, leisure activity, and health in older adults. *Health Psychology, 33*(6), 516.

Chang, S. H., Stoll, C. R., Song, J., Varela, J. E., Eagon, C. J., & Colditz, G. A. (2014). The effectiveness and risks of bariatric surgery: An updated systematic review and meta-analysis, 2003-2012. *JAMA Surgery, 149*(3), 275–287.

Chang, Y. K., Pan, C. Y., Chen, F. T., Tsai, C. L., & Huang, C. C. (2012). Effect of resistance-exercise training on cognitive function in healthy older adults: A review. *Journal of Aging and Physical Activity, 20*(4), 497–517.

Chao, C., Klein, N. P., Velicer, C. M., Sy, L. S., Slezak, J. M., Takhar, H., . . . & Emery, M. (2012). Surveillance of autoimmune conditions following routine use of quadrivalent human papillomavirus vaccine. *Journal of Internal Medicine, 271*(2), 193–203.

Chao, R. K. (1994). Beyond parental control and authoritarian parenting style: Understanding Chinese parenting through the cultural notion of training. *Child Development, 65,* 1111–1119.

Chao, R. K. (2001). Extending research on the consequences of parenting style for Chinese Americans and European Americans. *Child Development, 72,* 1832–1843.

Chao, S., Roberts, J. S., Marteau, T. M., Silliman, R., Cupples, L. A., & Green, R. C. (2008). Health behavior changes after genetic risk assessment for Alzheimer disease: The REVEAL study. *Alzheimer Disease Association, 22*(1), 94–97.

Chaplin, T. M., & Aldao, A. (2013). Gender differences in emotion expression in children: A meta-analytic review. *Psychological Bulletin, 139*(4), 735.

Chaplin, T. M., Cole, P. M., & Zahn-Waxler, C. (2005). Parental socialization of emotion expression: Gender differences and relations to child adjustment. *Emotion, 5*(1), 80.

Chapman, C., Laird, J., & Kewal-Ramani, A. (2010). *Trends in high school dropout and completion rates in the United States: 1972–2008* (NCES 2011-012). Retrieved from National Center for Education Statistics website: http://nces.ed.gov/pubsearch.

Charles, S. T., & Carstensen, L. L. (2007). Emotion regulation and aging. In J. J. Gross (Ed.), *Handbook of emotion regulation* (pp. 307–330). New York: Guilford Press.

Charles, S. T., & Piazza, J. R. (2007). Memories of social interactions: Age differences in emotional intensity. *Psychology and Aging, 22,* 300–309.

Charles, S. T., Reynolds, C. A., & Gatz, M. (2001). Age-related differences and change in positive and negative affect over 23 years. *Journal of Personality and Social Psychology, 80,* 136–151.

Charness, N., & Schultetus, R. S. (1999). Knowledge and expertise. In F. T. Durso (Ed.), *Handbook of applied cognition* (pp. 57–81). Chichester, England: Wiley.

Chartier, M. J., Walker, J. R., & Naimark, B. (2010). Separate and cumulative effects of adverse childhood experiences in predicting adult health and health care utilization. *Child Abuse & Neglect, 34*(6), 454–464.

Chatters, L. M., Taylor, R. J., Woodward, A. T., & Nicklett, E. J. (2015). Social support from church and family members and depressive symptoms among older African Americans. *The American Journal of Geriatric Psychiatry, 23*(6), 559–567.

Chaudry, A., & Wimer, C. (2016). Poverty is not just an indicator: The relationship between income, poverty, and child well-being. *Academic Pediatrics, 16*(3), S23–S29.

Chee, M. W., Chen, K. H., Zheng, H., Chan, K. P., Isaac, V., Sim, S. K., . . . & Ng, T. P. (2009). Cognitive function and brain structure correlations in healthy elderly East Asians. *Neuroimage, 46*(1), 257–269.

Chen, A., & Rogan, W. J. (2004). Breast-feeding and the risk of postneonatal death in the United States. *Pediatrics, 113,* e435–e439.

Chen, C., & Stevenson, H. W. (1995). Motivation and mathematics achievement: A comparative study of Asian-American, Caucasian-American, and East Asian high school students. *Child Development, 66,* 1215–1234.

Chen, C. L., Weiss, N. S., Newcomb, P., Barlow, W., & White, E. (2002). Hormone replacement therapy in relation to breast cancer. *Journal of the American Medical Association, 287,* 734–741.

Chen, H. C., Su, T. P., & Chou, P. (2013). A nine-year follow-up study of sleep patterns and mortality in community-dwelling older adults in Taiwan. *Sleep, 36*(8), 1187–1198.

Chen, H., Chauhan, S. P., Ananth, C. V., Vintzileos, A. M., & Abuhamad, A. Z. (2013). Electronic fetal heart rate monitoring and its relationship to neonatal and infant mortality in the United States. *American Journal of Obstetrics and Gynecology, 204*(6), 491–501.

Chen, J., Krahn, H. J., Galambos, N. L., & Johnson, M. D. (2019). Wanting to be remembered: Intrinsically rewarding work and generativity in early midlife. *Canadian Review of Sociology/Revue canadienne de sociologie.*

Chen, L. W., Wu, Y., Neelakantan, N., Chong, M. F. F., Pan, A., & van Dam, R. M. (2014). Maternal caffeine intake during pregnancy is associated with risk of low birth weight: A systematic review and dose-response meta-analysis. *BMC Medicine, 12*(1), 174.

Chen, P. C., & Wang, J. D. (2006). Parental exposure to lead and small for gestational age births. *American Journal of Industrial Medicine, 49*(6), 417–422.

Chen, P.-L., Avramopoulos, D., Lasseter, V. K., McGrath, J. A., Fallin, M. D., Liang, K-Y., . . . Valle, D. (2009). Fine mapping on chromosome 10q22-q23 implicates *Neuregulin 3* in schizophrenia. *American Journal of Human Genetics, 84,* 21–34.

Chen, S., & van Ours, J. C. (2018). Subjective well-being and partnership dynamics: Are same-sex relationships different? *Demography, 55*(6), 2299–2320.

Chen, X. (2010). Socioemotional development in Chinese children. *Handbook of Chinese Psychology,* 37–52.

Chen, X. (2012). Culture, peer interaction, and socioemotional development. *Child Development Perspectives, 6*(1), 27–34.

Chen, Y., & Feeley, T. H. (2014). Social support, social strain, loneliness, and well-being among older adults: An analysis of the Health and Retirement Study. *Journal of Social and Personal Relationships, 31*(2), 141–161.

Cheng, M., & Berman, S. L. (2012). Globalization and identity development: A Chinese perspective. *New Directions for Child and Adolescent Development, 2012*(138), 103–121.

Cheng, S. T., & Heller, K. (2009). Global aging: Challenges for community psychology. *American Journal of Community Psychology, 44*(1–2), 161–173.

Cheng, T. C., Powdthavee, N., & Oswald, A. J. (2015). Longitudinal evidence for a midlife nadir in human well-being: Results from four data sets. *The Economic Journal, 127*(599), 126–142.

Cheng, Y. W., Shaffer, B. L., Nicholson, J. M., & Caughey, A. B. (2014). Second stage of labor and epidural use: A larger effect than previously suggested. *Obstetrics & Gynecology, 123*(3), 527–535.

Cherlin, A., & Furstenberg, F. F. (1986). *The new American grandparent.* New York: Basic Books.

Cherlin, A. J. (2010). Demographic trends in the United States: A review of research in the 2000s. *Journal of Marriage and Family, 72*(3), 403–419.

Cherry, K. E., & Park, D. C. (1993). Individual differences and contextual variables influence spatial memory in younger and older adults. *Psychology and Aging, 8*, 517–526.

Cherry, K. E., Walker, E. J., Brown, J. S., Volaufova, J., LaMotte, L. R., Welsh, D. A., . . . & Frisard, M. I. (2013). Social engagement and health in younger, older, and oldest-old adults in the Louisiana healthy aging study. *Journal of Applied Gerontology, 32*(1), 51–75.

Cheruku, S. R., Montgomery-Downs, H. E., Farkas, S. L., Thoman, E. B., & Lammi-Keefe, C. J. (2002). Higher maternal plasma docosahexaenoic acid during pregnancy is associated with more mature neonatal sleep-state patterning. *American Journal of Clinical Nutrition, 76*, 608–613.

Cheryan, S., Ziegler, S. A., Montoya, A. K., & Jiang, L. (2017). Why are some STEM fields more gender balanced than others? *Psychological Bulletin, 143*(1), 1.

Chesney, E., Goodwin, G. M., & Fazel, S. (2014). Risks of all-cause and suicide mortality in mental disorders: A meta-review. *World Psychiatry, 13*(2), 153–160.

Chetty, R., Stepner, M., Abraham, S., Lin, S., Scuderi, R., Turner, N., . . . & Cutler, D. (2016). The association between income and life expectancy in the United States, 2001-2014. *JAMA, 315*(16), 1750–1766.

Cheung, F., & Lucas, R. E. (2015). When does money matter most? Examining the association between income and life satisfaction over the life course. *Psychology and Aging, 30*(1), 120.

Cheung, P. C., Cunningham, S. A., Narayan, K. V., & Kramer, M. R. (2016). Childhood obesity incidence in the United States: A systematic review. *Childhood Obesity, 12*(1), 1–11.

Chiappe, D., & MacDonald, K. (2005). The evolution of domain-general mechanisms in intelligence and learning. *The Journal of General Psychology, 132*(1), 5–40.

Chida, Y., & Steptoe, A. (2008). Positive psychological well-being and mortality: A quantitative review of prospective observational studies. *Psychosomatic Medicine, 70*(7), 741–756.

Child Trends Databank. (2012). *Sexually active teens: Indicators on children and youth*. Retrieved from http://www.childtrendsdatabank.org/sites/default/files/23_Sexually_Active_Teens.pdf.

Child Trends Databank. (2013a). *Family structure: Indicators on children and youth*. Retrieved from http://www.childtrendsdatabank.org/sites/default/files/59_Family_Structure.pdf.

Child Trends Databank. (2013b). *Sexually transmitted infections (STIs): Indicators on children and youth*. Retrieved from http://www.childtrends.org/?indicators5sexually-transmitted-infections-stis.

Child Trends Databank. (2015). *Teen homicide, suicide and firearm deaths*. Retrieved from www.childtrends.org/wp-content/uploads/2015/12/70_Homicide_Suicide_Firearms.pdf.

Child Trends Databank. (2015a). *Late or no prenatal care* [report]. Retrieved from www.childtrends.org/?late-or-no-prenatal-care

Child Trends Databank. (2016). *Youth employment*. Retrieved from www.childtrends.org/?indicators5youth-employment.

Child Trends Databank. (2017). *Family structure*. Retrieved from https://www.childtrends.org/indicators/family-structure

Child Trends Databank (2019). *Children in Poverty* [Information sheet]. Retrieved from www.childtrends.org/indicators/children-in-poverty.

Child Trends. (2010a). *Children in poverty*. Retrieved from www.childtrendsdatabank.org/?q5node/221.

Child Trends. (2010b). *Physical Fighting by Youth*. Retrieved from www.childtrendsdatabank.org/?q5node/136.

Child Welfare Information Gateway. (2008). *Child abuse and neglect fatalities: Statistics and interventions*. Retrieved from www.childwelfare.gov/pubs/factsheets/fatality.cfm.

Child Welfare Information Gateway. (2011). *How many children were adopted in 2007 and 2008?* Washington, DC: U.S. Department of Health and Human Services, Children's Bureau.

Child Welfare Information Gateway. (2013). *Child abuse and neglect fatalities 2011: Statistics and interventions*. Washington, DC: Author. Retrieved from https://www.childwelfare.gov/pubs/factsheets/fatality.pdf.

Child Welfare Information Gateway. (2013). *Long-term consequences of child abuse and neglect*. Washington, DC: U.S. Department of Health and Human Services, Children's Bureau.

Child Welfare Information Gateway. (2016). *Trends in U.S. Adoptions: 2008–2012*. Washington, DC: U.S. Department of Health and Human Services, Children's Bureau.

Child Welfare Information Gateway. (2017). *Child abuse and neglect fatalities 2015: Statistics and interventions*. Washington, DC: U.S. Department of Health and Human Services, Children's Bureau.

Children in North America Project. (2008). *Growing up in North America: The economic well-being of children in Canada, the United States, and Mexico*. Baltimore, MD: Annie E. Casey Foundation.

Children in U.S. immigrant families. (2016). *Migration Policy Institute*. Retrieved from www.migrationpolicy.org/programs/data-hub/charts/children-immigrant-families.

Children's Defense Fund. (2008). *The state of America's children 2008*. Washington, DC: Author.

Children's Defense Fund. (2012). *The state of America's children handbook 2012*. Retrieved from http://www.childrensdefense.org/child-research-data-publications/data/soac-2012-handbook.pdf.

Children's Defense Fund. (2017). *Ending child poverty now*. Retrieved from www.childrensdefense.org/library/PovertyReport/EndingChildPovertyNow.html.

Children's Defense Fund. (2018). *Child poverty in America 2017: National analysis* [Fact sheet]. Retrieved from www.childrensdefense.org/wp-content/uploads/2018/09/Child-Poverty-in-America-2017-National-Fact-Sheet.pdf.

Children's Defense Fund (CDF). (2004). *The state of America's children, 2004*. Washington, DC: Author.

Children's Legal Defense Fund. (2014). *The state of America's children 2014*. Retrieved from www.childrensdefense.org/library/state-of-americas-children/2014-soac.pdf?utm_source52014-SOAC-PDF&utm_medium5link&utm_campaign-52014-SOAC.

Chilton, W., O'Brien, B., & Charchar, F. (2017). Telomeres, aging and exercise: Guilty by association? *International Journal of Molecular Sciences, 18*(12), 2573.

Chin, H. B., Sipe, T. A., Elder, R., Mercer, S. L., Chattopadhyay, S. K., Jacob, V., . . . & Chuke, S. O. (2012). The effectiveness of group-based comprehensive risk-reduction and abstinence education interventions to prevent or reduce the risk of adolescent pregnancy, human immunodeficiency virus, and sexually transmitted infections: Two systematic reviews for the Guide to Community Preventive Services. *American Journal of Preventive Medicine, 42*(3), 272–294.

Chingos, M. M. (2012). The impact of a universal class-size reduction policy: Evidence from Florida's statewide mandate. *Economics of Education Review, 31*(5), 543–562.

Chiriboga, C. A., Brust, J. C. M., Bateman, D., & Hauser, W. A. (1999). Dose-response effect of fetal cocaine exposure on newborn neurologic function. *Pediatrics, 103*, 79–85.

Chishti, M., & Hipsman, F. (2015). In historic shift, new migration flows from Mexico fall below those from China and India. *Migration Information Source*. Retrieved from.www.migrationpolicy.org/article/historic-shift-new-migration-flows-mexico-fall-below-those-china-and-india.

Cho, H., Glewwe, P., & Whitler, M. (2012). Do reductions in class size raise students' test scores? Evidence from population variation in Minnesota's elementary schools. *Economics of Education Review, 31*(3), 77–95.

Cho, J., Martin, P., & Poon, L. W. (2015). Successful aging and subjective well-being among oldest-old adults. *The Gerontologist, 55*, 132–143.

Cho, J., Martin, P., Poon, L. W., & Georgia Centenarian Study. (2014). Successful aging and subjective well-being among oldest-old adults. *The Gerontologist, 55*(1), 132–143.

Chodirker, B. N., Cadrin, C., Davies, G. A. L., Summers, A. M., Wilson, R. D., Winsor, E. J. T., & Young, D. (2001, July). Canadian guidelines for prenatal diagnosis: Techniques for prenatal diagnosis. *JOGC Clinical Practice Guidelines*, No. 105.

Choi, H., Seltzer, J., Schoeni, R., Wiemers, E., & Hotz, V. J. (2018). Spatial distance between parents and adult children in the United States. *UCLA CCPR Population Working Papers*.

Choi, M., Kong, S., & Jung, D. (2012). Computer and internet interventions for loneliness and depression in older adults: A meta-analysis. *Healthcare Informatics Research, 18*(3), 191–198.

Chomitz, V. R., Cheung, L. W. Y., & Lieberman, E. (1995). The role of lifestyle in preventing low birth weight. *Future of Children, 5*(1), 121–138.

Chomsky, C. S. (1969). *The acquisition of syntax in children from five to ten.* Cambridge, MA: MIT Press.

Chomsky, N. (1957). *Syntactic structures.* The Hague: Mouton.

Chomsky, N. (1972). *Language and mind* (2nd ed.). New York: Harcourt Brace Jovanovich.

Chomsky, N. (1995). *The minimalist program.* Cambridge, MA: MIT Press.

Chopik, W. J., & Kitayama, S. (2018). Personality change across the life span: Insights from a cross-cultural, longitudinal study. *Journal of Personality, 86*(3), 508–521.

Chopra, S., Shaw, M., Shaw, T., Sachdev, P. S., Anstey, K. J., & Cherbuin, N. (2018). More highly myelinated white matter tracts are associated with faster processing speed in healthy adults. *Neuroimage, 171,* 332–340.

Choquet, H., & Meyre, D. (2011). Genetics of obesity: what have we learned? *Current Genomics, 12*(3), 169–179.

Choukas-Bradley, S., Giletta, M., Cohen, G. L., & Prinstein, M. J. (2015). Peer influence, peer status, and prosocial behavior: An experimental investigation of peer socialization of adolescents' intentions to volunteer. *Journal of Youth and Adolescence, 44*(12), 2197–2210.

Chow, C. M., Ruhl, H., & Buhrmester, D. (2013). The mediating role of interpersonal competence between adolescents' empathy and friendship quality: A dyadic approach. *Journal of Adolescence, 36*(1), 191–200.

Christakis, D. A. (2014). Interactive media use at younger than the age of 2 years: Time to rethink the American Academy of Pediatrics Guideline? *JAMA Pediatrics, 168,* 399–400.

Christakis, D. A., Zimmerman, F. J., DiGiuseppe, D. L., & McCarty, C. A. (2004). Early television exposure and subsequent attentional problems in children. *Pediatrics, 113,* 708–713.

Christakis, N. A., & Allison, P. D. (2006). Mortality after the hospitalization of a spouse. *New England Journal of Medicine, 354,* 719–730.

Christian Home Educators Association of California. (2013). *Considering homeschooling?* Norwalk, CA: Christian Home Educators Association of California. Retrieved from www.cheaofca.org/index.cfm?fuseaction5 Page.viewPage&pageId51033.

Chu, S. Y., Bachman, D. J., Callaghan, W. M., Whitlock, E. P., Dietz, P. M., Berg, C. J., . . . Hornbrook, M. C. (2008). Association between obesity during pregnancy and increased use of health care. *New England Journal of Medicine, 358,* 1444–1453.

Chung, G. H., Flook, L., & Fuligni, A. J. (2009). Daily family conflict and emotional distress among adolescents from Latin American, Asian and European backgrounds. *Developmental Psychology, 45*(5), 1406–1415.

Chung, H. L., & Steinberg, L. (2006). Relations between neighborhood factors, parenting behaviors, peer deviance, and delinquency among serious juvenile offenders. *Developmental Psychology, 42,* 319–331.

Chung, W., & Kim, R. (2014). Does marriage really matter to health? Intra-and inter-country evidence from China, Japan, Taiwan, and the Republic of Korea. *PLoS One, 9*(8), e104868.

Cicchetti, D., & Toth, S. L. (1998). The development of depression in children and adolescents. *American Psychologist, 53,* 221–241.

Cicchino, J. B., & Rakison, D. H. (2008). Producing and processing self-propelled motion in infancy. *Developmental Psychology, 44,* 1232–1241.

Cicero, S., Curcio, P., Papageorghiou, A., Sonek, J., & Nicolaides, K. (2001). Absence of nasal bone in fetuses with trisomy 21 at 11–14 weeks of gestation: An observational study. *Lancet, 358,* 1665–1667.

Cicirelli, V. G. (1976). Family structure and interaction: Sibling effects on socialization. In M. F. McMillan & S. Henao (Eds.), *Child psychiatry: Treatment and research.* New York: Brunner/Mazel.

Cicirelli, V. G. (1994). Sibling relationships in cross-cultural perspective. *Journal of Marriage and Family, 56,* 7–20.

Cicirelli, V. G. (1995). *Sibling relationships across the life span.* New York: Plenum Press.

Cicirelli, V. G. (2006). Fear of death in mid-old age. *The Journals of Gerontology Series B: Psychological Sciences and Social Sciences, 61*(2), P75–P81.

Cicirelli, V. G. (2009). Sibling death and death fear in relation to depressive symptomatology in older adults. *Journals of Gerontology Series B: Psychological Sciences and Social Sciences, 64*(1), 24–32.

Cicirelli, V. G. (Ed.). (2002). *Older adults' views on death.* New York: Springer.

Cillessen, A. H. N., & Mayeux, L. (2004). From censure to reinforcement: Developmental changes in the association between aggression and social status. *Child Development, 75,* 147–163.

Ciorba, A., Bianchini, C., Pelucchi, S., & Pastore, A. (2012). The impact of hearing loss on the quality of life of elderly adults. *Clinical Interventions in Aging, 7,* 159.

Clark, L., & Tiggeman, M. (2008). Sociocultural and individual psychology predictors of body image in young girls: A prospective study. *Developmental Psychology, 44,* 1124–1134.

Clark, M. A., Gleason, P. M., Tuttle, C. C., & Silverberg, M. K. (2015). Do charter schools improve student achievement? *Educational Evaluation and Policy Analysis, 37*(4), 419–436.

Clark, S. L. (2012). Strategies for reducing maternal mortality. *Seminars in Perinatology, 36*(1), 42–47.

Clarke, T. C., Norris, T., & Schiller, J. S. (2017). Early release of selected estimates based on data from 2016 National Health Interview Survey. *National Center for Health Statistics.* Retrieved from www.cdc.gov/nchs/nhis.htm.

Clarke-Stewart, K. A. (1987). Predicting child development from day care forms and features: The Chicago study. In D. A. Phillips (Ed.), *Quality in child care: What does the research tell us?* (Research Monographs of the National Association for the Education of Young Children). Washington, DC: National Association for the Education of Young Children.

Clauss, J. A., & Blackford, J. U. (2012). Behavioral inhibition and risk for developing social anxiety disorder: A meta-analytic study. *Journal of the American Academy of Child & Adolescent Psychiatry, 51*(10), 1066–1075.

Clauss, J. A., Avery, S. N., & Blackford, J. U. (2015). The nature of individual differences in inhibited temperament and risk for psychiatric disease: A review and meta-analysis. *Progress in Neurobiology, 127,* 23–45.

Clayton, P. E., Gill, M. S., Hall, C. M., Tillmann, V., Whatmore, A. J., & Price, D. A. (1997). Serum leptin through childhood and adolescence. *Clinical Endocrinology, 46*(6), 727–733.

Cleary, P. D., Zaborski, L. B., & Ayanian, J. Z. (2004). Sex differences in health over the course of midlife. In O. G. Brim, C. E. Ryff, & R. C. Kessler (Eds.), *How healthy are we? A national study of well-being at midlife.* Chicago: University of Chicago Press.

Climo, A. H., & Stewart, A. J. (2003). Eldercare and personality development in middle age. In J. Demick & C. Andreoletti (Eds.), *Handbook of adult development.* New York: Plenum Press.

Clinkenbeard, P. R. (2012). Motivation and gifted students: Implications of theory and research. *Psychology in the Schools, 49*(7), 622–630.

Cloak, C. C., Ernest, T., Fujii, L., Hedemark, B., & Chang, L. (2009). Lower diffusion in white matter of children with prenatal methamphetamine exposure. *Neurology, 72*(24), 2068–2975. doi: 10.1212/01.wnl.0000346516.49126.20 Ch. 3.

Closa-Monasterolo, R., Gispert-Llaurado, M., Canals, J., Luque, V., Zaragoza-Jordana, M., Koletzko, B., Grote, V., Weber, M., Gruszfeld, D., Scott, K., Verduci, E., ReDionigi, A., Hoyos, J., Brasselle, G., & Escribano Subias, J. (2017). The effect of postpartum depression and current mental health problems of the mother on child behavior at eight years. *Maternal and Child Health Journal, 21,* 1563–1572.

Coan, J. A., & Allen, J. J. (2004). Frontal EEG asymmetry as a moderator and mediator of emotion. *Biological Psychology, 67*(1–2), 7–50.

Cobb, L. K., McAdams-DeMarco, M. A., Gudzune, K. A., Anderson, C. A., Demerath, E., Woodward, M., . . . & Coresh, J. (2015). Changes in body mass index and obesity risk in married couples over 25 years: The ARIC cohort study. *American Journal of Epidemiology, 183*(5), 435–443.

Cobb-Clark, D. A., & Schurer, S. (2012). The stability of big-five personality traits. *Economics Letters, 115*(1), 11–15.

Cohen, L. B., & Amsel, L. B. (1998). Precursors to infants' perception of the causality of a simple event. *Infant Behavior and Development, 21,* 713–732.

Cohen, L. B., & Marks, K. S. (2002). How infants process addition and subtraction events. *Developmental Science, 5,* 186–201.

Cohen, L. B., Chaput, H. H., & Cashon, C. H. (2002). A constructivist model of infant cognition. *Cognitive Development, 17,* 1323–1343.

Cohen, O., & Finzi-Dottan, R. (2012). Reasons for divorce and mental health following the breakup. *Journal of Divorce & Remarriage, 53*(8), 581–601.

Cohen, P. (2012). *In our prime: The invention of middle age.* New York: Simon and Schuster.

Cohen, R., Bavishi, C., & Rozanski, A. (2016). Purpose in life and its relationship to all-cause mortality and cardiovascular events: A meta-analysis. *Psychosomatic Medicine, 78*(2), 122–133.

Cohen, S. (2004). Social relationships and health. *American Psychologist, 59,* 676–684.

Cohen, S., & Pressman, S. D. (2006). Positive affect and health. *Current Directions in Psychological Science, 15,* 122–125.

Cohen, S., Gottlieb, B., & Underwood, L. (2000). Social relationships and health. In S. Cohen, L. Underwood, & B. Gottlieb (Eds.), *Measuring and intervening in social support* (pp. 3–25). New York: Oxford University Press.

Cohen, S., Janicki-Deverts, D., & Miller, G. E. (2007). Psychological stress and disease. *Journal of the American Medical Association, 298,* 1685–1687.

Cohen, S., Janicki-Deverts, D., Doyle, W. J., Miller, G. E., Frank, E., Rabin, B. S., & Turner, R. B. (2012). Chronic stress, glucocorticoid receptor resistance, inflammation, and disease risk. *Proceedings of the National Academy of Sciences, 109*(16), 5995–5999.

Cohen, S., Janicki-Deverts, D., Turner, R. B., & Doyle, W. J. (2015). Does hugging provide stress-buffering social support? A study of susceptibility to upper respiratory infection and illness. *Psychological Science, 26*(2), 135–147.

Cohn, D. (2018). *Research from 2018 demographers' conference: Migration, self-identity, marriage, and other key findings* [Pew Research Center press release]. Retrieved from www.pewresearch.org/fact-tank/2018/05/24/research-from-2018-demographers-conference-migration-self-identity-marriage-and-other-key-findings/.

Cohn, D., & Fry, R. (2010). *Women, men and the new economics of marriage.* Retrieved from http://pewsocialtrends.org/2010/01/19/women-men-and-the-new-economics-of-marriage/.

Cohn, D., & Passel, J. S. (2018). *A record 64 million Americans live in multigenerational households* [Pew Research Center news report]. Retrieved from www.pewresearch.org/fact-tank/2018/04/05/a-record-64-million-americans-live-in-multigenerational-households/.

Cohn, D., & Taylor, P. (2010, December 20). *Baby boomers approach 65—glumly.* Retrieved from http://pewsocialtrends.org/2010/12/20/baby-boomers-approach-65-glumly/.

Cohn, D., Passel, J. S., Wang, W., & Livingston, G. (2011). *Barely half of U.S adults are married—a record low.* Pew Research Center. Retrieved from http://www.pewsocialtrends.org/2011/12/14/barely-half-of-u-s-adults-are-married-a-record-low/.

Coie, J. D., & Dodge, K. A. (1998). Aggression and antisocial behavior. In W. Damon (Series Ed.) & N. Eisenberg (Vol. Ed.), *Handbook of child psychology: Vol. 3. Social, emotional, and personality development* (5th ed., pp. 780–862). New York: Wiley.

Coifman, K. G., Flynn, J. J., & Pinto, L. A. (2016). When context matters: Negative emotions predict psychological health and adjustment. *Motivation and Emotion, 40*(4), 602–624.

Col, N. F., Guthrie, J. R., Politi, M., & Dennerstein, L. (2009). Duration of vasomotor symptoms in middle-aged women: A longitudinal study. *Menopause, 16*(3), 453–457.

Colberg, S. R., Sigal, R. J., Yardley, J. E., Riddell, M. C., Dunstan, D. W., Dempsey, P. C., . . . & Tate, D. F. (2016). Physical activity/exercise and diabetes: A position statement of the American Diabetes Association. *Diabetes Care, 39*(11), 2065–2079.

Colby, A., & Damon, W. (1992). *Some do care: Contemporary lives of moral commitment.* New York: Free Press.

Colby, A., Kohlberg, L., Gibbs, J., & Lieberman, M. (1983). A longitudinal study of moral development. *Monographs of the Society for Research in Child Development, 48*(1–2, Serial No. 200).

Colby, S. L., & Ortman, J. M. (2015). Projections of the size and composition of the US population: 2014 to 2060. *Population Estimates and Projections. Current Population Reports* (P25-1143). Washington, DC: U.S. Census Bureau.

Cole, M. (1998). *Cultural psychology: A once and future discipline.* Cambridge, MA: Belknap.

Cole, P. M., Bruschi, C. J., & Tamang, B. L. (2002). Cultural differences in children's emotional reactions to difficult situations. *Child Development, 73*(3), 983–996.

Cole, P. M., Tamang, B. L., & Shrestha, S. (2006). Cultural variations in the socialization of young children's anger and shame. *Child Development, 77*(5), 1237–1251.

Cole, S. W. (2009). Social regulation of human gene expression. *Current Directions in Psychological Science, 18*(3), 132–137.

Coleman-Jensen, A., Rabbit, M. P., Gregory, C. A., & Singh, A. (2016). *Household food security in the United States in 2015, ERR-215.* Washington, DC: United States Department of Agriculture, Economic Research Service.

Colen, C. G., Ramey, D. M., Cooksey, E. C., & Williams, D. R. (2018). Racial disparities in health among nonpoor African Americans and Hispanics: The role of acute and chronic discrimination. *Social Science & Medicine, 199,* 167–180.

Coles, L. S. (2004). Demography of human supercentenarians. *Journal of Gerontology: Biological Sciences, 59A,* 579–586.

Coley, R. L., Morris, J. E., & Hernandez, D. (2004). Out-of-school care and problem behavior trajectories among low-income adolescents: Individual, family, and neighborhood characteristics as added risks. *Child Development, 75,* 948–965.

Coley, R. L., Sims, J., Dearing, E., & Spielvogel, B. (2018). Locating economic risks for adolescent mental and behavioral health: Poverty and affluence in families, neighborhoods, and schools. *Child Development, 89*(2), 360–369.

Coley, R. L., Votruba-Drzal, E., & Schindler, H. S. (2009). Fathers' and mothers' parenting predicting and responding to adolescent sexual risk behaviors. *Child Development, 80*(3), 808–827.

Coll, C. G., Crnic, K., Lamberty, G., Wasik, B. H., Jenkins, R., Garcia, H. V., & McAdoo, H. P. (1996). An integrative model for the study of developmental competencies in minority children. *Child Development, 67*(5), 1891–1914.

Colle, L., & Del Giudice, M. (2011). Patterns of attachment and emotional competence in middle childhood. *Social Development, 20*(1), 51–72.

Collins, R. L. (2011). Content analysis of gender roles in media: Where are we now and where should we go? *Sex Roles, 64*(3–4), 290–298.

Collins, W. A., & van Dulmen, M. (2006). Friendships and romance in emerging adulthood: Assessing the distinctiveness in close relationships. In J. J. Arnett & J. L. Tanner (Eds.), *Emerging adults in America: Coming of age in the 21st century* (pp. 219–234). Washington DC: American Psychological Association.

Collins, W. A., Maccoby, E. E., Steinberg, L., Hetherington, E. M., & Bornstein, M. H. (2000). Contemporary research in parenting: The case for nature and nurture. *American Psychologist, 55*(2), 218–232.

Colman, R. J., Anderson, R. M., Johnson, S. C., Kastman, E. K., Kosmatka, K. J., Beasley, T. M., . . . Weindruch, R. (2009). Caloric restriction delays disease onset and mortality in Rhesus monkeys. *Science, 325*(5937), 201–204.

Colman, R. J., Beasley, T. M., Kemnitz, J. W., Johnson, S. C., Weindruch, R., & Anderson, R. M. (2014). Caloric restriction reduces age-related and all-cause mortality in rhesus monkeys. *Nature Communications, 5,* 3557.

Colombo, J. (2002). Infant attention grows up: The emergence of a developmental cognitive neuroscience perspective. *Current Directions in Psychological Science, 11,* 196–200.

Colombo, J., & Mitchell, D. W. (2009). Infant visual habituation. *Neurobiology of Learning and Memory, 92*(2), 225–234.

Colombo, J., Kannass, K. N., Shaddy, J., Kundurthi, S., Maikranz, J. M., Anderson, C. J., . . . Carlson, S. E. (2004). Maternal DHA and the development of attention in infancy and toddlerhood. *Child Development, 75,* 1254–1267.

Colombo, J., Kapa, L., & Curtindale, L. (2010). Varieties of attention in infancy. *Infant Perception and Cognition: Recent Advances, Emerging Theories, and Future Directions,* 3–26.

Colombo, J., Shaddy, D. J., Anderson, C. J., Gibson, L. J., Blaga, O. M., & Kannass, K. N. (2010). What habituates in infant visual habituation? A psychophysiological analysis. *Infancy, 15*(2), 107–124.

Colonnesi, C., Stams, G. J. J., Koster, I., & Noom, M. J. (2010). The relation between pointing and language development: A meta-analysis. *Developmental Review, 30*(4), 352–366.

Comer, J. S., Bry, L. J., Poznanski, B., & Golik, A. M. (2016). Children's mental health in the context of terrorist attacks, ongoing threats, and possibilities of future terrorism. *Current Psychiatry Reports*, 18. doi: 10.1007/s11920-016-0722-1.

Comer, J. S., Furr, J. M., Beidas, R. S., Weiner, C. L., & Kendall, P. C. (2008). Children and terrorism-related news: Training parents in coping and media literacy. *Journal of Consulting and Clinical Psychology*, 76, 568–578.

Commissioner's Office of Research and Evaluation and Head Start Bureau, Department of Health and Human Services. (2001). *Building their futures: How Early Head Start programs are enhancing the lives of infants and toddlers in low-income families* [Summary report]. Washington, DC: Author.

Committee on Obstetric Practice. (2002). ACOG committee opinion: Exercise during pregnancy and the postpartum period. *International Journal of Gynecology & Obstetrics*, 77(1), 79–81.

Community Paediatrics Committee, Canadian Paediatrics Society. (2005). Management of primary nocturnal enuresis. *Paediatrics and Child Health*, 10, 611–614.

Compas, B. E., & Luecken, L. (2002). Psychological adjustment to breast cancer. *Current Directions in Psychological Science*, 11, 111–114.

Compton, J., & Pollak, R. A. (2014). Family proximity, childcare, and women's labor force attachment. *Journal of Urban Economics*, 79, 72–90.

Conde-Agudelo, A., Rosas-Bermúdez, A., & Kafury-Goeta, A. C. (2006). Birth spacing and risk of adverse perinatal outcomes: A meta-analysis. *Journal of the American Medical Association*, 295, 1809–1823.

Confer, J., & Cloud, M. (2011). Sex differences in response to imagining a partner's heterosexual or homosexual affair. *Personality and Individual Differences*, 50(2), 129–134. doi: 10.1016/j.paid.2010.09.007.

Conference Board. (1999, June 25). *Workplace education programs are benefiting U.S. corporations and workers* [Press release]. Retrieved from www.newswise.com/articles/ 1999/6/WEP.TCB.html.

Conger, K. J., & Little, W. M. (2010). Sibling relationships during the transition to adulthood. *Child Development Perspectives*, 4(2), 87–94.

Congressional Budget Office. (2017). *Repealing the individual health insurance mandate: An updated estimate* [Report]. Retrieved from www.cbo.gov/publication/53300.

Connellan, J., Baron-Cohen, S., Wheelwright, S., Batki, A., & Ahluwalia, J. (2000). Sex differences in human neonatal social perception. *Infant Behavior and Development*, 23(1), 113–118.

Connidis, I. A., & Davies, L. (1992). Confidants and companions: Choices in later life. *Journal of Gerontology: Social Sciences*, 47(30), S115–S122.

Constant, C., Sampaio, I., Negreiro, F., Aguiar, P., Silva, A. M., Salgueiro, M., & Bandeira, T. (2011). Environmental tobacco smoke (ETS) exposure and respiratory morbidity in school age children. *Revista Portuguesa de Pneumologia (English ed.)*, 17(1), 20–26.

Cook, C. R., Williams, K. R., Guerra, N. G., Kim, T. E., & Sadek, S. (2010). Predictors of bullying and victimization in childhood and adolescence: A meta-analytic investigation. *Social Psychology Quarterly*, 25(2), 65–83.

Cook, J. M., Biyanova, T., & Marshall, R. (2007). Medicating grief with benzodiazepines: Physician and patient perspectives. *Archives of Internal Medicine*, 167(18), 2006–2007.

Cook, S. K., & Cohen, S. A. (2018). Sociodemographic disparities in adult child informal caregiving intensity in the United States: Results from the New National Study of Caregiving. *Journal of Gerontological Nursing*, 44(9), 15–20.

Cooke, L., & Fildes, A. (2011). The impact of flavour exposure in utero and during milk feeding on food acceptance at weaning and beyond. *Appetite*, 57(3), 808–811.

Cook-Gumperz, J., & Szymanski, M. (2001). Classroom "families": Cooperating or competing—girls' and boys' interactional styles in a bilingual classroom. *Research on Language and Social Interaction*, 34(1), 107–130.

Cooper, C. L. (2005). *Handbook of stress medicine and health*. London: CRC Press.

Cooper, H., Allen, A. B., Patall, E. A., & Dent, A. L. (2010). Effects of full-day kindergarten on academic achievement and social development. *Review of Educational Research*, 80(1), 34–70.

Cooper, R. P., & Aslin, R. N. (1990). Preference for infant-directed speech in the first month after birth. *Child Development*, 61, 1584–1595.

Cooper, W. O., Hernandez-Diaz, S., Arbogast, P. G., Dudley, J. A., Dyer, S., Gideon, P. S., Hall, K., & Ray, W. A. (2006). Major congenital formations after first-trimester exposure to ACE inhibitors. *New England Journal of Medicine*, 354, 2443–2451.

Copeland, J. L., Good, J., & Dogra, S. (2018). Strength training is associated with better functional fitness and perceived healthy aging among physically active older adults: A cross-sectional analysis of the Canadian Longitudinal Study on Aging. *Aging Clinical and Experimental Research*, 1–7.

Copeland, W., Shanahan, L., Miller, S., Costello, E. J., Angold, A., & Maughan, B. (2010). Outcomes of early pubertal timing in young women: A prospective population-based study. *American Journal of Psychiatry*, 167(10), 1218–1225.

Copen, C. E., Chandra, A., & Febo-Vazquez, I. (2016). Sexual behavior, sexual attraction, and sexual orientation among adults aged 18-44 in the United States: Data from the 2011-2013 National Survey of Family Growth. *National Health Statistics Reports*, (88), 1–14. Hyattsville, MD: National Center for Health Statistics.

Coplan, R. J., Ooi, L. L., & Nocita, G. (2015). When one is company and two is a crowd: Why some children prefer solitude. *Child Development Perspectives*, 9(3), 133–137.

Coplan, R. J., Ooi, L. L., Rose-Krasnor, L., & Nocita, G. (2014). "I want to play alone": Assessment and correlates of self-reported preference for solitary play in young children. *Infant and Child Development*, 23(3), 229–238.

Coplan, R. J., Prakash, K., O'Neil, K., & Armer, M. (2004). Do you "want" to play? Distinguishing between conflicted-shyness and social disinterest in early childhood. *Developmental Psychology*, 40, 244–258.

Corbelli, J., Borrero, S., Bonnema, R., McNamara, M., Kraemer, K., Rubio, D., . . . & McNeil, M. (2014). Physician adherence to U.S. Preventive Services Task Force mammography guidelines. *Women's Health Issues*, 24(3), e313–e319.

Corbetta, D., Thurman, S. L., Wiener, R. F., Guan, Y., & Williams, J. L. (2014). Mapping the feel of the arm with the sight of the object: On the embodied origins of infant reaching. *Frontiers in Psychology*, 5, 576.

Corbin, C. B. (1973). *A textbook of motor development*. Dubuque, IA: W. C. Brown Co.

Corcoran, M., & Matsudaira, J. (2005). Is it getting harder to get ahead? Economic attainment in early adulthood for two cohorts. In R. A. Settersten Jr., F. F. Furstenberg Jr., & R. G. Rumbaut (Eds.), *On the frontier of adulthood: Theory, research, and public policy* (pp. 356–395). Chicago: University of Chicago Press.

Coren, S. (2012). *The left-hander syndrome: The causes and consequences of left-handedness*. New York: Simon and Schuster.

Cornwell, B. (2014). Social disadvantage and network turnover. *Journals of Gerontology Series B: Psychological Sciences and Social Sciences*, 70(1), 132–142.

Cornwell, B., Laumann, E. O., & Schumm, L. P. (2008). The social connectedness of older adults: A national profile. *American Sociological Review*, 73, 185–203.

Corona, G., Rastrelli, G., Morgentaler, A., Sforza, A., Mannucci, E., & Maggi, M. (2017). Meta-analysis of results of testosterone therapy on sexual function based on international index of erectile function scores. *European Urology*. doi: 10.1016/j.eururo.2017.03.032.

Correa, A., Botto, L., Liu, V., Mulinare, J., & Erickson, J. D. (2003). Do multivitamin supplements attenuate the risk for diabetes-associated birth defects? *Pediatrics*, 111, 1146–1151.

Correa, A., Gilboa, S. M., Besser, L. M., Botto, L. D., Moore, C. A., Hobbs, C. A., . . . Reece, E. A. (2008). Diabetes mellitus and birth defects. *American Journal of Obstetrics & Gynecology*, 199(237), e1–e9.

Corriveau, K. H., Chen, E. E., & Harris, P. L. (2015). Judgments about fact and fiction by children from religious and nonreligious backgrounds. *Cognitive Science*, 39(2), 353–382.

Corriveau, K. H., Harris, P. L., Meins, E., Fernyhough, C., Arnott, B., Elliott, L., . . . deRosnay, M. (2009). Young children's trust in their mother's claims: Longitudinal links with attachment security in infancy. *Child Development*, 80(3), 750–761.

Corselli-Nordblad, L & Gereoffy, A. (2015). *Marriage and birth statistics: New ways of living together in the EU* [Eurostat report]. Retrieved from https://ec.europa.eu/eurostat/statistics-explained/index.php/Marriage_and_birth_statistics_-_new_ways_of_living_together_in_the_EU#Mean_age_at_first_marriage.

Cortese, S., Kelly, C., Chabernaud, C., Proal, E., Di Martino, A., Milham, M. P., & Castellanos, F. X.

(2012). Toward systems neuroscience of ADHD: A meta-analysis of 55 fMRI studies. *American Journal of Psychiatry, 169*(10), 1038–1055.

Cosgrove, K. P., Mazure, C. M., & Staley, J. K. (2007). Evolving knowledge of sex differences in brain structure, function, and chemistry. *Biological Psychiatry, 62*(8), 847–855.

Cosman, F., De Beur, S. J., LeBoff, M. S., Lewiecki, E. M., Tanner, B., Randall, S., & Lindsay, R. (2014). Clinician's guide to prevention and treatment of osteoporosis. *Osteoporosis International, 25*(10), 2359–2381.

Costa, P. T., Jr., & McCrae, R. R. (1980). Still stable after all these years: Personality as a key to some issues in adulthood and old age. In P. B. Baltes Jr. & O. G. Brim (Eds.), *Lifespan development and behavior* (Vol. 3, pp. 65–102). New York: Academic Press.

Costa, P. T., Jr., & McCrae, R. R. (1994a). Set like plaster? Evidence for the stability of adult personality. In T. F. Heatherton & J. L. Weinberger (Eds.), *Can personality change?* (pp. 21–41). Washington, DC: American Psychological Association.

Costa, P. T., Jr., & McCrae, R. R. (1994b). Stability and change in personality from adolescence through adulthood. In C. F. Halverson, G. A. Kohnstamm, & R. P. Martin (Eds.), *The developing structure of temperament and personality from infancy to adulthood*. Hillsdale, NJ: Erlbaum.

Costa, P. T., Jr., & McCrae, R. R. (2006). Age changes in personality and their origins: Comments on Roberts, Walton, and Viechtbauer (2006). *Psychological Bulletin, 1,* 26–28.

Costa P. T., Jr., & McCrae, R. R. (2013). *Personality in adulthood: A five-factor theory perspective.* Abingdon-on-Thames, England: Routledge.

Costa, P. T., Jr., McCrae, R. R., Zonderman, A. B., Barbano, H. E., Lebowitz, B., & Larson, D. M. (1986). Cross-sectional studies of personality in a national sample: 2. Stability in neuroticism, extraversion, and openness. *Psychology and Aging, 1,* 144–149.

Costanzo, P. R., & Hoy, M. B. (2007). Intergenerational relations: Themes, prospects, and possibilities. *Journal of Social Issues, 63*(4), 885–902.

Costello, E. J., Compton, S. N., Keeler, G., & Angold, A. (2003). Relationship between poverty and psychopathology: A natural experiment. *Journal of the American Medical Association, 290,* 2023–2029.

Côté, J. E. (2006). Emerging adulthood as an institutionalized moratorium: Risks and benefits to identity formation. In J. J. Arnett & J. L. Tanner (Eds.), *Emerging adults in America: Coming of age in the 21st century* (pp. 85–116). Washington, DC: American Psychological Association.

Cote, L. R., & Bornstein, M. H. (2009). Child and mother play in three U.S. cultural groups: Comparisons and associations. *Journal of Family Psychology, 23*(3), 355–363.

Cotrena, C., Branco, L. D., Cardoso, C. O., Wong, C. E. I., & Fonseca, R. P. (2016). The predictive impact of biological and sociocultural factors on executive processing: The role of age, education, and frequency of reading and writing habits. *Applied Neuropsychology: Adult, 23*(2), 75–84.

Council on Foreign Relations. (2017). *Same-sex marriage: Global comparison* [News brief]. Retrieved from www.cfr.org/backgrounder/same-sex-marriage-global-comparisons.

Council on Sports Medicine and Fitness & Council on School Health. (2006). Active healthy living: Prevention of childhood obesity through increased physical activity. *Pediatrics, 117,* 1834–1842.

Country Financial Security Index. (2018). *Survey: Americans still rely on parents to help with mobile phones, groceries and health insurance* [Report]. Country Mutual Insurance Co. Retrieved from www.countryfinancial.com/en/about-us/newsroom/year2018/Failure-to-Launch-Americans-Still-Rely-on-Parents-to-Help-with-Mobile-Phones-Gas-Groceries-and-Health-Insurance.html.

Courage, M. L., & Howe, M. L. (2002). From infant to child: The dynamics of cognitive change in the second year of life. *Psychological Bulletin, 128,* 250–277.

Courage, M. L., & Howe, M. L. (2010). To watch or not to watch: Infants and toddlers in a brave new electronic world. *Developmental Review, 30,* 101–115.

Courtenay, W. (2011). *Dying to be men: Psychosocial, environmental, and biobehavioral directions in promoting the health of men and boys.* Abingdon-on-Thames, England: Routledge.

Couto, E., Boffetta, P., Lagiou, P., Ferrari, P., Buckland, G., et al. (2011). Mediterranean dietary pattern and cancer risk in the EPIC cohort. *British Journal Cancer, 104*(9), 1493–1499.

Couturier, J., Kimber, M., & Szatmari, P. (2013). Efficacy of family-based treatment for adolescents with eating disorders: A systematic review and meta-analysis. *International Journal of Eating Disorders, 46*(1), 3–11.

Cowan, W. M. (1979). The development of the brain. *Scientific American, 241*(3), 113–133.

Cox, E. P., O'Dwyer, N., Cook, R., Vetter, M., Cheng, H. L., Rooney, K., & O'Connor, H. (2016). Relationship between physical activity and cognitive function in apparently healthy young to middle-aged adults: A systematic review. *Journal of Science and Medicine in Sport, 19*(8), 616–628.

Cox, K. S., Wilt, J., Olson, B., & McAdams, D. P. (2010). Generativity, the Big Five, and psychosocial adaptation in midlife adults. *Journal of Personality, 78*(4), 1185–1208.

Cox, M. J., & Paley, B. (2003). Understanding families as systems. *Current Directions in Psychological Science, 12*(5), 193–196.

Coyne, S. M., Linder, J. R., Rasmussen, E. E., Nelson, D. A., & Birkbeck, V. (2016). Pretty as a princess: Longitudinal effects of engagement with Disney princesses on gender stereotypes, body esteem, and prosocial behavior in children. *Child Development, 87*(6), 1909–1925.

Cozzi, P., Putnam, S. P., Menesini, E., Gartstein, M. A., Aureli, T., Calussi, P., & Montirosso, R. (2013). Studying cross-cultural differences in temperament in toddlerhood: United States of America (US) and Italy. *Infant Behavior and Development, 36*(3), 480–483.

Crăciun, B. (2013). Coping strategies, self-criticism and gender factor in relation to quality of life. *Procedia-Social and Behavioral Sciences, 78,* 466–470.

Craigie, T. A. L., Brooks-Gunn, J., & Waldfogel, J. (2012). Family structure, family stability and outcomes of five-year-old children. *Families, Relationships and Societies, 1*(1), 43–61.

Craik, F. I. M., & Byrd, M. (1982). Aging and cognitive deficits: The role of attentional resources. In F. I. M. Craik & S. Trehub (Eds.), *Aging and cognitive processes* (pp. 191–221). New York: Plenum Press.

Craik, F. I. M., & Jennings, J. M. (1992). Human memory. In F. I. M. Craik & T. A. Salthouse (Eds.), *Handbook of aging and cognition* (pp. 51–110). Hillsdale, NJ: Erlbaum.

Crandall, C. J., Merkin, S. S., Seeman, T. E., Greendale, G. A., Binkley, N., & Karlamangla, A. S. (2012). Socioeconomic status over the life-course and adult bone mineral density: The Midlife in the US Study. *Bone, 51*(1), 107–113.

Crary, D. (2007, January 6). After years of growth, foreign adoptions by Americans decline sharply. *Associated Press.* Retrieved from www.chron.com/disp/story.mpl/nation/ 4452317.html.

Cratty, Bryant J. (1986). *Perceptual and Motor Development in Infants and Children,* 3rd ed. Englewood Cliff, NJ: Prentice Hall

Crawford, J. (2007). The decline of bilingual education: How to reverse a troubling trend? *International Multilingual Research Journal, 1*(1), 33–38.

Creanga, A. A., Syverson, C., Seed, K., & Callaghan, W. M. (2017). Pregnancy-related mortality in the United States, 2011–2013. *Obstetrics & Gynecology, 130*(2), 366–373.

Credé, M., & Niehorster, S. (2012). Adjustment to college as measured by the student adaptation to college questionnaire: A quantitative review of its structure and relationships with correlates and consequences. *Educational Psychology Review, 24*(1), 133–165.

Crick, N. R., & Dodge, K. A. (1996). Social information-processing mechanisms in reactive and proactive aggression. *Child Development, 67,* 993–1002.

Crick, N. R., & Grotpeter, J. K. (1995). Relational aggression, gender, and social psychological adjustment. *Child Development, 66,* 710–722.

Crino, M., Sacks, G., Vandevijvere, S., Swinburn, B., & Neal, B. (2015). The influence on population weight gain and obesity of the macronutrient composition and energy density of the food supply. *Current Obesity Reports, 4*(1), 1–10.

Crippen, M. (2017). The value of children's literature. Retrieved from Luther College: www.luther.edu/oneota-reading-journal/archive/2012/the--value-of-childrens-literatur.

Criss, M. M., Lee, T. K., Morris, A. S., Cui, L., Bosler, C. D., Shreffler, K. M., & Silk, J. S. (2015). Link between monitoring behavior and adolescent adjustment: An analysis of direct and indirect effects. *Journal of Child and Family Studies, 24*(3), 668–678.

Criss, M. M., Smith, A. M., Morris, A. S., Liu, C., & Hubbard, R. L. (2017). Parents and peers as protective factors among adolescents exposed to neighborhood risk. *Journal of Applied Developmental Psychology, 53*, 127–138.

Crockenberg, S. C. (2003). Rescuing the baby from the bathwater: How gender and temperament influence how child care affects child development. *Child Development, 74*, 1034–1038.

Croker, S., & Buchanan, H. (2011). Scientific reasoning in a real-world context: The effect of prior belief and outcome on children's hypothesis-testing strategies. *British Journal of Developmental Psychology, 29*(3), 409–424.

Crosnoe, R., Cavanagh, S., & Elder, G. H. Jr. (2003). Adolescent friendships as academic resources: The intersection of friendship, race, and school disadvantage. *Sociological Perspectives, 46*(3), 331–352.

Crouter, A. C., & Manke, B. (1994). The changing American workplace: Implications for individuals and families. *Family Relations, 43*, 117–124.

Crowley, S. L. (1993, October). Grandparents to the rescue. *AARP Bulletin*, pp. 1, 16–17.

Crump, C., Sundquist, K., Sundquist, J., & Winkleby, M. A. (2011). Gestational age at birth and mortality in young adulthood. *JAMA, 306*(11), 1233–1240.

Cruzan v. Director, Missouri Department of Health, 110 S. Ct. 2841 (1990).

Cuddy, A. J. C., Norton, M. I., & Fiske, S. T. (2005). This old stereotype: The pervasiveness and persistence of the elderly stereotype. *Journal of Social Issues, 61*(2), 267–285.

Cuevas, K., & Bell, M. A. (2010). Developmental progression of looking and reaching performance on the A-not-B task. *Developmental Psychology, 46*(5), 1363.

Cuevas, K., & Bell, M. A. (2014). Infant attention and early childhood executive function. *Child Development, 85*(2), 397–404.

Cui, M., & Fincham, F. D. (2010). The differential effects of parental divorce and marital conflict on young adult romantic relationships. *Personal Relationships, 17*(3), 331–343.

Cui, M., Conger, R. D., & Lorenz, F. O. (2005). Predicting change in adolescent adjustment from change in marital problems. *Developmental Psychology, 41*, 812–823.

Cui, M., Fincham, F. D., & Durtschi, J. A. (2011). The effect of parental divorce on young adults' romantic relationship dissolution: What makes a difference? *Personal Relationships, 18*(3), 410–426.

Čukić, I., Brett, C. E., Calvin, C. M., Batty, G. D., & Deary, I. J. (2017). Childhood IQ and survival to 79: Follow-up of 94% of the Scottish Mental Survey 1947. *Intelligence, 63*, 45–50.

Cumming, E., & Henry, W. (1961). *Growing old.* New York: Basic Books.

Cummings, A. J., Knibb, R. C., King, R. M., & Lucas, J. S. (2010). The psychosocial impact of food allergy and food hypersensitivity in children, adolescents and their families: A review. *Allergy, 65*(8), 933–945.

Cummings, E. M., Koss, K. J., & Davies, P. T. (2015). Prospective relations between family conflict and adolescent maladjustment: Security in the family system as a mediating process. *Journal of Abnormal Child Psychology, 43*(3), 503–515.

Cummings, J. L. (2004). Alzheimer's disease. *New England Journal of Medicine, 351*, 56–67.

Cunniff, C., & Committee on Genetics. (2004). Prenatal screening and diagnosis for pediatricians. *Pediatrics, 114*, 889–894.

Cunningham, M., & Waldock, J. (2016). Consequences of parental divorce during the transition to adulthood: The practical origins of ongoing distress. In G. Gianesini & S. Blair (Eds.), *Divorce, separation, and remarriage: The transformation of family* (pp. 199-228). Bingley, England: Emerald Group Publishing Limited.

Cunningham, R. M., Walton, M. A., & Carter, P. M. (2018). The major causes of death in children and adolescents in the United States. *New England Journal of Medicine, 379*(25), 2468–2475.

Curtin, S. C., Heron, M., Miniño, A. M., & Warner, M. (2018). Recent increases in injury mortality among children and adolescents aged 10-19 years in the United States: 1999-2016. *National Vital Statistics Reports, 67*(4), 1–16. Hyattsville, MD: National Center for Health Statistics.

Curtin, S. C., Warner, M., & Hedegaard, H. (2016). *Increase in suicide in the United States, 1999-2014.* Washington, DC: U.S. Department of Health and Human Services, Centers for Disease Control and Prevention, National Center for Health Statistics.

Cutler, D. M., Ghosh, K., & Landrum, M. B. (2013). *Evidence for significant compression of morbidity in the elderly U.S. population* (No. w19268). Cambridge, MA: National Bureau of Economic Research.

Czaja, S. J. (2006). Employment and the baby boomers: What can we expect in the future? In S. K. Whitbourne & S. L. Willis (Eds.), *The baby boomers grow up: Contemporary perspectives on midlife* (pp. 283–298). Mahwah, NJ: Erlbaum.

D'Aquila, P., Rose, G., Bellizzi, D., & Passarino, G. (2013). Epigenetics and aging. *Maturitas, 74*(2), 130–136

D'Epinay, C. J. L., Cavalli, S., & Guillet, L. A. (2010). Bereavement in very old age: Impact on health and relationships of the loss of a spouse, a child, a sibling, or a close friend. *OMEGA-Journal of Death and Dying, 60*(4), 301–325.

D'Hondt, E., Deforche, B., Gentier, I., De Bourdeaudhuij, I., Vaeyens, R., Philippaerts, R., & Lenoir, M. (2013). A longitudinal analysis of gross motor coordination in overweight and obese children versus normal-weight peers. *International Journal of Obesity, 37*(1), 61.

D'Hondt, E., Deforche, B., Gentier, I., Verstuyf, J., Vaeyens, R., Bourdeaudhuij, I., ... & Lenoir, M. (2014). A longitudinal study of gross motor coordination and weight status in children. *Obesity, 22*(6), 1505–1511.

Da Costa, S., Páez, D., Sánchez, F., Garaigordobil, M., & Gondim, S. (2015). Personal factors of creativity: A second order meta-analysis. *Revista de Psicología del Trabajo y de las Organizaciones, 31*(3), 165–173.

Dabelea, D., Mayer-Davis, E. J., Saydah, S., Imperatore, G., Linder, B., Divers, J., ... & Liese, A. D. (2014). Prevalence of type 1 and type 2 diabetes among children and adolescents from 2001 to 2009. *JAMA, 311*(17), 1778–1786.

Dahl G. B., & Moretti, E. (2004). *The demand for sons: Evidence from divorce, fertility, and shotgun marriage* (Working Paper No. 10281). Cambridge, MA: National Bureau of Economic Research (NBER).

Dahlin, K. I. (2011). Effects of working memory training on reading in children with special needs. *Reading and Writing, 24*(4), 479–491.

Dale, P. S., Simonoff, E., Bishop, D. V. M., Eley, T. C., Oliver, B., Price, T. S., ... Plomin, R. (1998). Genetic influence on language delay in two-year-old children. *Nature Neuroscience, 1*, 324–328.

Danaei, G., Rimm, E. B., Oza, S., Kulkarni, S. C., Murray, C. J. L., & Ezzati, M. (2010). The promise of prevention: The effects of four preventable risk factors on national life expectancy and life expectancy disparities by race and county in the United States. *PLoS Medicine, 7*(3) e1000248. doi:10.1371/journal.pmed.1000248.

Daniel, J. (2012). Making sense of MOOCs: Musing in a maze of myth, paradox and possibility. *Journal of Interactive Media in Education, 18*(3), 1–20.

Danielson, M. L., Bitsko, R. H., Ghandour, R. M., Holbrook, J. R., Kogan, M. D., & Blumberg, S. J. (2018). Prevalence of parent-reported ADHD diagnosis and associated treatment among US children and adolescents, 2016. *Journal of Clinical Child & Adolescent Psychology*, 1–14.

Dariotis, J. K., Pleck, J. H., Astone, N. M., & Sonenstein, F. L. (2011). Pathways of early fatherhood, marriage, and employment: A latent class growth analysis. *Demography, 48*(2), 593.

Darling, N., & Steinberg, L. (1993). Parenting style as context: An integrative model. *Psychological Bulletin, 113*, 487–496.

Dart, R. C., Surratt, H. L., Cicero, T. J., Parrino, M. W., Severtson, S. G., Bucher-Bartelson, B., & Green, J. L. (2015). Trends in opioid analgesic abuse and mortality in the United States. *New England Journal of Medicine, 372*(3), 241–248.

Darwin, C. (1871/2004). *The descent of man.* London, UK: Penguin.

Datar, A., & Sturm, R. (2006). Childhood overweight and elementary school outcomes. *International Journal of Obesity, 30*(9), 1449.

Daugherty, J., & Copen, C. (2016). Trends in attitudes about marriage, childbearing, and sexual behavior: United States, 2002, 2006–2010, and 2011–2013. *National Health Statistics Reports*, (92), 1–10. Hyattsville, MD: National Center for Health Statistics.

Daugherty, M., & White, C. S. (2008). Relationships among private speech and creativity in Head Start and low-socioeconomic status preschool children. *Gifted Child Quarterly, 52*(1), 30–39.

David and Lucile Packard Foundation. (2004). Children, families, and foster care: Executive summary. *Future of Children, 14*(1). Retrieved from www.futureofchildren.org.

Davidson, K. (2001). Late life widowhood, selfishness and new partnership choices: a gendered perspective. *Ageing & Society, 21*(3), 297–317.

Davies, C., & Williams, D. (2002). *The grandparent study 2002 report*. Washington, DC: American Association of Retired Persons.

Daviglus, M. L., Bell, C. C., Berrettini, W., Bowen, P. E., Connolly, E. S., Cox, N. J., . . . Trevisan, M. (2010). Preventing Alzheimer's disease and cognitive decline. *NIH Consensus State-of-the-Science Statements, 27*(4), 1–30.

Davis, A. M., Bennett, K. J., Befort, C., & Nollen, N. (2011). Obesity and related health behaviors among urban and rural children in the United States: Data from the National Health and Nutrition Examination Survey 2003–2004 and 2005–2006. *Journal of Pediatric Psychology, 36*(6), 669–676.

Davis, A. S. (2008). Children with Down syndrome: Implications for assessment and intervention in the school. *School Psychology Quarterly, 23*, 271–281.

Davis, B. E., Moon, R. Y., Sachs, H. C., & Ottolini, M. C. (1998). Effects of sleep position on infant motor development. *Pediatrics, 102*(5), 1135–1140.

Davis, E. L., Levine, L. J., Lench, H. C., & Quas, J. A. (2010). Metacognitive emotion regulation: Children's awareness that changing thoughts and goals can alleviate negative emotions. *Emotion, 10*(4), 498.

Davis, E. M., Kim, K., & Fingerman, K. L. (2016). Is an empty nest best?: Coresidence with adult children and parental marital quality before and after the great recession. *The Journals of Gerontology: Series B, 73*(3), 372–381.

Davis, O. S. P., Haworth, C. M. A., & Plomin, R. (2009). Dramatic increases in heritability of cognitive development from early to middle childhood: An 8-year longitudinal study of 8,700 pairs of twins. *Psychological Science, 20*(10), 1301–1308.

Davis, P. E., Meins, E., & Fernyhough, C. (2013). Individual differences in children's private speech: The role of imaginary companions. *Journal of Experimental Child Psychology, 116*(3), 561–571.

Davis-Kean, P. E. (2005). The influence of parent education and family income on child achievement: The indirect role of parental expectation and the home environment. *Journal of Family Psychology, 19*(2), 294–304.

Davison, K. K., Susman, E. J., & Birch, L. L. (2003). Percent body fat at age 5 predicts earlier pubertal development among girls at age 9. *Pediatrics, 111*, 815–821.

Dawson, M. A., & Kouzarides, T. (2012). Cancer epigenetics: From mechanism to therapy. *Cell, 150*(1), 12–27.

Day, K. L., & Smith, C. L. (2013). Understanding the role of private speech in children's emotion regulation. *Early Childhood Research Quarterly, 28*(2), 405–414.

De Bourdeaudhuij, I., Van Cauwenberghe, E., Spittaels, H., Oppert, J. M., Rostami, C., Brug, J., . . . & Maes, L. (2011). School-based interventions promoting both physical activity and healthy eating in Europe: a systematic review within the HOPE project. *Obesity Reviews, 12*(3), 205–216.

de Brito, L. B. B., Ricardo, D. R., de Araújo, D. S. M. S., Ramos, P. S., Myers, J., & de Araújo, C. G. S. (2014). Ability to sit and rise from the floor as a predictor of all-cause mortality. *European Journal of Preventive Cardiology, 21*(7), 892–898.

de Bruin, E. J., van Run, C., Staaks, J., & Meijer, A. M. (2017). Effects of sleep manipulation on cognitive functioning of adolescents: a systematic review. *Sleep Medicine Reviews, 32*, 45–57.

de Castro, B. O., Veerman, J. W., Koops, W., Bosch, J. D., & Monshouwer, H. J. (2002). Hostile attribution of intent and aggressive behavior: A meta-analysis. *Child Development, 73*, 916–934.

De Cosmi, V., Scaglioni, S., & Agostoni, C. (2017). Early taste experiences and later food choices. *Nutrients, 9*(2), 107.

de Graaf, G., Buckley, F., & Skotko, B. G. (2015). Estimates of the live births, natural losses, and elective terminations with Down syndrome in the United States. *American Journal of Medical Genetics Part A, 167*(4), 756–767.

De Jongh, B. E., Paul, D. A., Hoffman, M., & Locke, R. (2014). Effects of pre-pregnancy obesity, race/ethnicity and prematurity. *Maternal and Child Health Journal, 18*(3), 511–517.

De Lima, L., Woodruff, R., Pettus, K., Downing, J., Buitrago, R., Munyoro, E., Venkateswaran, C., Bhatnagar, S., & Radbruch, L. (2017). International Association for Hospice and Palliative Care position statement: Euthanasia and physician-assisted suicide. *Journal of Palliative Medicine, 20*, 8–14.

De Onis, M., & Branca, F. (2016). Childhood stunting: A global perspective. *Maternal & Child Nutrition, 12*, 12–26.

De Onis, M., Blössner, M., & Borghi, E. (2010). Global prevalence and trends of overweight and obesity among preschool children. *The American Journal of Clinical Nutrition, 92*(5), 1257–1264.

de Roos, S. (2006). Young children's God concepts: Influences of attachment and religious socialization in a family and school context. *Religious Education, 101*(1), 84–103.

De Vaus, D., Gray, M., Qu, L., & Stanton, D. (2017). The economic consequences of divorce in six OECD countries. *Australian Journal of Social Issues, 52*(2), 180–199.

De Villiers, T. J., Gass, M. L. S., Haines, C. J., Hall, J. E., Lobo, R. A., Pierroz, D. D., & Rees, M. (2013). Global consensus statement on menopausal hormone therapy. *Climacteric, 16*(2), 203–204.

De Villiers, T. J., Hall, J. E., Pinkerton, J. V., Pérez, S. C., Rees, M., Yang, C., & Pierroz, D. D. (2016). Revised global consensus statement on menopausal hormone therapy. *Maturitas, 91*, 153–155.

de Vries, B. (1996). The understanding of friendship: An adult life course perspective. In C. Magai & S. H. McFadden (Eds.), *Handbook of emotion, adult development, and aging* (pp. 249–269). San Diego: Academic Press.

Deardorff, J., Gonzales, N. A., Christopher, F. S., Roosa, M. W., & Millsap, R. E. (2005). Early puberty and adolescent pregnancy: The influence of alcohol use. *Pediatrics, 116*(6), 1451–1456.

Deary, I. J., Penke, L., & Johnson, W. (2010). The neuroscience of human intelligence differences. *Nature reviews. Neuroscience, 11*(3), 201.

Death with Dignity. (2019). Take action: Death with dignity around the U.S. [map]. Retrieved from www.deathwithdignity.org/take-action/.

Deave, T., Heron, J., Evans, J., & Emond, A. (2008). The impact of maternal depression in pregnancy on early child development. *BJOG: An International Journal of Obstetrics & Gynaecology, 115*(8), 1043–1051.

Debnam, K., Holt, C. L., Clark, E. M., Roth, D. L., & Southward, P. (2012). Relationship between religious social support and general social support with health behaviors in a national sample of African Americans. *Journal of Behavioral Medicine, 35*(2), 179–189.

Debnath, M., Venkatasubramanian, G., & Berk, M. (2015). Fetal programming of schizophrenia: Select mechanisms. *Neuroscience & Biobehavioral Reviews, 49*, 90–104.

Decety J., Yang, C. Y., & Cheng, Y. (2010). Physicians down-regulate their pain empathy response: An event-related brain potential study. *NeuroImage, 50*(4), 1676–1682.

Decety, J., Michalaska, K., Akitsuki, Y., & Lahey, B. (2009). Atypical empathetic responses in adolescents with aggressive conduct disorder: A functional MRI investigation. *Biological Psychology, 80*, 203–211.

Deckers, K., van Boxtel, M. P., Schiepers, O. J., de Vugt, M., Munoz Sanchez, J. L., Anstey, K. J., . . . & Ritchie, K. (2015). Target risk factors for dementia prevention: A systematic review and Delphi consensus study on the evidence from observational studies. *International Journal of Geriatric Psychiatry, 30*(3), 234–246.

Dee, D. L., Li, R., Lee, L., & Grummer-Strawn, L. M. (2007). Association between breastfeeding practices and young children's language and motor development. *Pediatrics, 119*(Suppl. 1), 592–598.

Dee, T. S., & Jacob, B. (2011). The impact of No Child Left Behind on student achievement. *Journal of Policy Analysis and Management, 30*(3), 418–446.

Degnan, K. A., Almas, A. N., Henderson, H. A., Hane, A. A., Walker, O. L., & Fox, N. A. (2014). Longitudinal trajectories of social reticence with unfamiliar peers across early childhood. *Developmental Psychology, 50*(10), 2311.

DeHaan, L. G., & MacDermid, S. M. (1994). Is women's identity achievement associated with the expression of generativity? Examining identity and generativity in multiple roles. *Journal of Adult Development, 1*, 235–247.

Dehaene-Lambertz, G. (2017). The human infant brain: A neural architecture able to learn language. *Psychonomic Bulletin & Review, 24*(1), 48–55.

Dehaene-Lambertz, G., & Spelke, E. S. (2015). The infancy of the human brain. *Neuron, 88*(1), 93–109.

Dehaene-Lambertz, G., Hertz-Pannier, L., Dubois, J., Mériaux, S., Roche, A., Sigman, M., & Dehaene, S. (2006). Functional organization of perisylvian activation during presentation of sentences in preverbal infants. *Proceedings of the National Academy of Sciences*, 103(38), 14240–14245.

Deindl, C., & Brandt, M. (2017). Support networks of childless older people: Informal and formal support in Europe. *Ageing & Society*, 37(8), 1543–1567.

Dekhtyar, M., Papp, K. V., Buckley, R., Jacobs, H. I., Schultz, A. P., Johnson, K. A., . . . & Rentz, D. M. (2017). Neuroimaging markers associated with maintenance of optimal memory performance in late-life. *Neuropsychologia*, 100, 164–170.

Del Boca, D. (2015). *Child care arrangements and labor supply* (No. IDB-WP-569). IDB Working Paper Series.

del Mar Fernández, M., Saulyte, J., Inskip, H. M., & Takkouche, B. (2018). Premenstrual syndrome and alcohol consumption: A systematic review and meta-analysis. *BMJ Open*, 8(3), e019490.

DeLamater, J. (2012). Sexual expression in later life: A review and synthesis. *Journal of Sex Research*, 49(2-3), 125–141.

DeLoache, J., & Gottlieb, A. (2000). If Dr. Spock were born in Bali: Raising a world of babies. In J. DeLoache & A. Gottlieb (Eds.), *A world of babies: Imagined childcare guides for seven societies* (pp. 1–27). New York: Cambridge University Press.

DeLoache, J. S. (2011). Early development of the understanding and use of symbolic artifacts. In U. Goswami (Ed.), *The Wiley-Blackwell handbook of childhood cognitive development* (pp. 312–336). Malden, MA: Blackwell Publishing.

DeLoache, J. S., Chiong, C., Sherman, K., Islam, N., Vanderborght, M., Troseth, G. L., . . . & O'Doherty, K. (2010). Do babies learn from baby media? *Psychological Science*, 21(11), 1570–1574.

DeLoache, J. S., LoBue, V., Vanderborght, M., & Chiong, C. (2013). On the validity and robustness of the scale error phenomenon in early childhood. *Infant Behavior and Development*, 36(1), 63–70.

DeLoache, J. S., Pierroutsakos, S. L., & Uttal, D. H. (2003). The origins of pictorial competence. *Current Directions in Psychological Science*, 12, 114–118.

DeLoache, J. S., Uttal, D. H., & Rosengren, K. S. (2004). Scale errors offer evidence for a perception-action dissociation early in life. *Science*, 304, 1027–1029.

DeMaris, A. (2009). Distal and proximal influences on the risk of extramarital sex: A prospective study of longer duration marriages. *Journal of Sex Research*, 46(6), 597–607.

Deming, D. (2009). Early childhood intervention and life-cycle skill development: Evidence from Head Start. *American Economic Journal: Applied Economics*, 1(3), 111–134.

Deng, K., Liu, Z., Lin, Y., Mu, D., Chen, X., Li, J., . . . & Li, S. (2013). Periconceptional paternal smoking and the risk of congenital heart defects: A case-control study. *Birth Defects Research Part A: Clinical and Molecular Teratology*, 97(4), 210–216.

Deng, W., Aimone, J. B., & Gage, F. H. (2010). New neurons and new memories: How does adult hippocampal neurogenesis affect learning and memory? *Nature Reviews. Neuroscience*, 11(5), 339.

Denham, S. A., Bassett, H. H., Brown, C., Way, E., & Steed, J. (2015). "I know how you feel": Preschoolers' emotion knowledge contributes to early school success. *Journal of Early Childhood Research*, 13(3), 252–262.

Denissen, J. J. A., van Aken, M. A. G., & Dubas, J. S. (2009). It takes two to tango: How parents' and adolescents' personalities link to the quality of their mutual relationship. *Developmental Psychology*, 45(4), 928–941.

Dennis, T. (2006). Emotional self-regulation in preschoolers: The interplay of child approach reactivity, parenting, and control capacities. *Developmental Psychology*, 42, 84–97.

Deoni, S. C., Dean III, D. C., O'muircheartaigh, J., Dirks, H., & Jerskey, B. A. (2012). Investigating white matter development in infancy and early childhood using myelin water faction and relaxation time mapping. *Neuroimage*, 63(3), 1038–1053.

Deoni, S. C., Mercure, E., Blasi, A., Gasston, D., Thomson, A., Johnson, M., . . . & Murphy, D. G. (2011). Mapping infant brain myelination with magnetic resonance imaging. *Journal of Neuroscience*, 31(2), 784–791.

Department of Homeland Security. (2016). *Consideration of Deferred Action for Childhood Arrivals (DACA)*. Retrieved from www.uscis.gov/humanitarian/consideration-deferred-action-childhood-arrivals-daca.

Department of Immunization, Vaccines, and Biologicals, World Health Organization; United Nations Children's Fund; Global Immunization Division, National Center for Immunization and Respiratory Diseases (proposed); & McMorrow, M. (2006). Vaccine preventable deaths and the global immunization vision and strategy, 2006–2015. *Morbidity and Mortality Weekly Report*, 55, 511–515.

Depp, C. A., & Jeste, D. V. (2009). Definitions and predictors of successful aging: A comprehensive review of larger quantitative studies. *Focus*, 7, 137–150.

Deptula, D. P., & Cohen, R. (2004). Aggressive, rejected, and delinquent children and adolescents: A comparison of their friendships. *Aggression and Violent Behavior*, 9(1), 75–104.

Deptula, D. P., Henry, D. B., & Schoeny, M. E. (2010). How can parents make a difference? Longitudinal associations with adolescent sexual behavior. *Journal of Family Psychology*, 24(6), 731.

Der, G., & Deary, I. J. (2006). Age and sex differences in reaction time in adulthood: Results from the United Kingdom Health and Lifestyle Study. *Psychology and Aging*, 21, 62–73.

Der, G., Batty, G. D., & Deary, I. J. (2009). The association between IQ in adolescence and a range of health outcomes at 40 in the 1979 US National Longitudinal Study of Youth. *Intelligence*, 37(6), 573–580.

Derringer, J., Krueger, R. F., Dick, D. M., Saccone, S., Grucza, R. A., Agrawal, A., . . . Gene Environment Association Studies (GENEVA) Consortium. (2011). Predicting sensation seeking from dopamine genes: A candidate-system approach. *Psychological Science*, 2, 413–415. doi:10.1177/0956797610380699.

Desai, M., Pratt, L. A., Lentzner, H., & Robinson, K. N. (2001). Trends in vision and hearing among older Americans. *Aging Trends*, No. 2. Hyattsville, MD: National Center for Health Statistics.

DeSalvo, K. B., Olson, R., & Casavale, K. O. (2016). Dietary guidelines for Americans. *JAMA*, 315(5), 457–458.

Deshmukh-Taskar, P. R., Nicklas, T. A., O'Neil, C. E., Keast, D. R., Radcliffe, J. D., & Cho, S. (2010). The relationship of breakfast skipping and type of breakfast consumption with nutrient intake and weight status in children and adolescents: The National Health and Nutrition Examination Survey 1999–2006. *Journal of the American Dietetic Association*, 110(6), 869–878.

DeSilver, D. (2016). *In the U.S. and abroad, more young adults are living with their parents*. Washington, DC: Pew Research Center.

Desoete, A. (2015). Predictive indicators for mathematical learning disabilities/dyscalculia in kindergarten children. In S. Chinn (Ed.), *The Routledge international handbook of dyscalculia and mathematical learning difficulties* (pp. 90–100). New York: Routledge.

Detering, K. M., Hancock, A. D., Reade, M. C., & Silvester, W. (2010). The impact of advance care planning on end of life care in elderly patients: Randomised controlled trial. *British Medical Journal*, 340, 1345. doi:10.1136/bmj.c1345.

Deters, F. G., & Mehl, M. R. (2013). Does posting Facebook status updates increase or decrease loneliness? An online social networking experiment. *Social Psychological and Personality Science*, 4(5), 579–586.

Deutsch, F. M., Servis, L. J., & Payne, J. D. (2001). Paternal participation in child care and its effects on children's self-esteem and attitudes toward gender roles. *Journal of Family Issues*, 22(8), 1000–1024.

Devine, R. T., & Hughes, C. (2014). Relations between false belief understanding and executive function in early childhood: A meta-analysis. *Child Development*, 85(5), 1777–1794.

Devitt, A. L., & Schacter, D. L. (2016). False memories with age: Neural and cognitive underpinnings. *Neuropsychologia*, 91, 346–359.

Devoe, J. E., Ray, M., Krois, L., & Carlson, M. J. (2010). Uncertain health insurance coverage and unmet children's health care needs. *Family Medicine*, 42(2), 121–132.

Dew, J. (2011). The association between consumer debt and the likelihood of divorce. *Journal of Family and Economic Issues*, 32(4), 554–565.

Dew, J., & Wilcox, W. B. (2011). If Momma ain't happy: Explaining declines in marital satisfaction among new mothers. *Journal of Marriage and Family*, 73(1), 1–12.

Dew, J., Britt, S., & Huston, S. (2012). Examining the relationship between financial issues and divorce. *Family Relations, 61*(4), 615–628.

Dewald, J. F., Meijer, A. M., Oort, F. J., Kerkhof, G. A., & Bögels, S. M. (2010). The influence of sleep quality, sleep duration and sleepiness on school performance in children and adolescents: A meta-analytic review. *Sleep Medicine Reviews, 14*(3), 179–189.

Dewey, J. (1910/1991). *How we think*. Amherst, NY: Prometheus Books.

Dey, E. L., & Hurtado, S. (1999). Students, colleges and society: Considering the interconnections. In P. G. Altbach, R. O. Berndahl, & P. J. Gumport (Eds.), *American higher education in the twenty-first century: Social, political and economic challenges* (pp. 298–322). Baltimore, MD: Johns Hopkins University Press.

DeYoung, C. G., Hirsh, J. B., Shane, M. S., Papademetris, X., Rajeevan, N., & Gray, J. R. (2010). Testing predictions from personality neuroscience: Brain structure and the Big Five. *Psychological Science, 21*(6), 820–828.

DeYoung, C. G., Quilty, L. C., Peterson, J. B., & Gray, J. R. (2014). Openness to experience, intellect, and cognitive ability. *Journal of Personality Assessment, 96*(1), 46–52.

Dhabhar, F. S. (2014). Effects of stress on immune function: The good, the bad, and the beautiful. *Immunologic Research, 58*(2–3), 193–210.

Di Benedetto, S., Mueller, L., Wenger, E., Duezel, S., & Pawelec, G. (2017). Contribution of neuroinflammation and immunity to brain aging and the mitigating effects of physical and cognitive interventions. *Neuroscience & Biobehavioral Reviews, 75*, 114–128.

Diamond, A. (1991). Neuropsychological insights into the meaning of object concept development. In S. Carey & R. Gelman (Eds.), *Epigensis of mind* (pp. 67–110). Hillsdale, NJ: Erlbaum.

Diamond, A. (2002). Normal development of prefrontal cortex from birth to young adulthood: Cognitive functions, anatomy, and biochemistry. In D. T. Strauss & R. T. Knight (Eds.), *Principles of frontal lobe function* (pp. 466–503). New York: Oxford University Press.

Diamond, A., & Lee, K. (2011). Interventions shown to aid executive function development in children 4 to 12 years old. *Science, 333*(6045), 959–964.

Diamond, L. M., & Savin-Williams, R. C. (2003). The intimate relationships of sexual-minority youths. In G. R. Adams & M. D. Berzonsky (Eds.), *Blackwell handbook of adolescence* (pp. 393–412). Malden, MA: Blackwell.

Diamond, M. (2013). Transsexuality among twins: Identity concordance, transition, rearing, and orientation. *International Journal of Transgenderism, 14*(1), 24–38.

Diamond, M., & Sigmundson, H. K. (1997). Sex reassignment at birth: Longterm review and clinical implications. *Archives of Pediatric and Adolescent Medicine, 151*, 298–304.

Dick, D. M., Rose, R. J., Kaprio, J., & Viken, R. (2000). Pubertal timing and substance use: Associations between and within families across late adolescence. *Developmental Psychology, 36*, 180–189.

Dickens, W. T., & Flynn, J. R. (2006). Black Americans reduce the racial IQ gap: Evidence from standardization samples. *Psychological Science, 17*(10), 913–920.

Dickinson, D. K., & Porche, M. V. (2011). Relation between language experiences in preschool classrooms and children's kindergarten and fourth-grade language and reading abilities. *Child Development, 82*(3), 870–886.

Diehl, M., Hay, E. L., & Berg, K. M. (2011). The ratio between positive and negative affect and flourishing mental health across adulthood. *Aging & Mental Health, 15*(7), 882–893.

Diemand-Yauman, C., Oppenheimer, D., & Vaughan, E. (2011). Fortune favors the bold (and the italicized): Effects of disfluency on educational outcomes. *Cognition, 118*(1), 111–115. doi: 10.1016/j.cognition.2010.09.012.

Dien, D. S. F. (1982). A Chinese perspective on Kohlberg's theory of moral development. *Developmental Review, 2*, 331–341.

Diener, E. (2000). Subjective well-being: The science of happiness and a proposal for a national index. *American Psychologist, 55*, 34–43.

Diener, E., & Chan, M. Y. (2011). Happy people live longer: Subjective well-being contributes to health and longevity. *Applied Psychology: Health and Well-Being, 3*(1), 1–43.

Diener, E., Diener, C., Choi, H., & Oishi, S. (2018). Revisiting "most people are happy"—and discovering when they are not. *Perspectives on Psychological Science, 13*(2), 166–170.

Dietert, R. R. (2005). Developmental immunotoxicology (DIT): Is DIT testing necessary to ensure safety? *Proceedings of the 14th Immunotoxicology Summer School, Lyon, France, October 2005*, 246–257.

Dietrich, A., & Kanso, R. (2010). A review of EEG, ERP, and neuroimaging studies of creativity and insight. *Psychological Bulletin, 136*(5), 822–848.

DiFranza, J. R., Aligne, C. A., & Weitzman, M. (2004). Prenatal and postnatal environmental tobacco smoke exposure and children's health. *Pediatrics, 113*, 1007–1015.

Dijk, D. J., Groeger, J. A., Stanley, N., & Deacon, S. (2010). Age-related reduction in daytime sleep propensity and nocturnal slow wave sleep. *Sleep, 33*(2), 211–223.

Dijkstra, J. K., Berger, C., & Lindenberg, S. (2011). Do physical and relational aggression explain adolescents' friendship selection? The competing roles of network characteristics, gender, and social status. *Aggressive Behavior, 37*(5), 417–429.

Dilworth-Bart, J. E., & Moore, C. F. (2006). Mercy mercy me: Social injustice and the prevention of environmental pollutant exposures among ethnic minority and poor children. *Child Development, 77*(2), 247–265.

Dingemans, E., & Henkens, K. (2015). How do retirement dynamics influence mental well-being in later life? A 10-year panel study. *Scandinavian Journal of Work, Environment & Health, 41*(1), 16–23.

Dingemans, E., & Henkens, K. (2019). Working after retirement and life satisfaction: Cross-national comparative research in Europe. *Research on Aging, 164027519830610*.

DiPietro, J. A. (2004). The role of prenatal maternal stress in child development. *Current Directions in Psychological Science, 13*(2), 71–74.

DiPietro, J. A., Bornstein, M. H., Costigan, K. A., Pressman, E. K., Hahn, C. S., Painter, K., Smith, B. A., & Yi, L. J. (2002). What does fetal movement predict about behavior during the first two years of life? *Developmental Psychobiology, 40*(4), 358–371.

DiPietro, J. A., Hodgson, D. M., Costigan, K. A., Hilton, S. C., & Johnson, T. R. B. (1996). Development of fetal movement—Fetal heart rate coupling from 20 weeks through term. *Early Human Development, 44*, 139–151.

DiPietro, J. A., Kivlighan, K. T., Costigan, K. A., Rubin, S. E., Shiffler, D. E., Henderson, J. L., & Pillion, J. P. (2010). Prenatal antecedents of newborn neurological maturation. *Child Development, 81*(1), 115–130. doi: 10.1111/j.1467-8624.2009.01384.x.

DiPietro, J. A., Novak, M. F. S. X., Costigan, K. A., Atella, L. D., & Reusing, S. P. (2006). Maternal psychological distress during pregnancy in relation to child development at age 2. *Child Development, 77*(3), 573–587.

Dirix, C. E. H., Nijhuis, J. G., Jongsma, H. W., & Hornstra, G. (2009). Aspects of fetal learning and memory. *Child Development, 80*(4), 1251–1258.

Dirks, M. A., Persram, R., Recchia, H. E., & Howe, N. (2015). Sibling relationships as sources of risk and resilience in the development and maintenance of internalizing and externalizing problems during childhood and adolescence. *Clinical Psychology Review, 42*, 145–155.

Dishion, T. J., & Stormshak, E. (2007). *Intervening in children's lives: An ecological, family-centered approach to mental healthcare*. Washington, DC: APA Books.

Dishion, T. J., & Tipsord, J. M. (2011). Peer contagion in child and adolescent social and emotional development. *Annual Review of Psychology, 62*, 189–214.

Dishion, T. J., Shaw, D., Connell, A., Gardner, F., Weaver, C., & Wilson, M. (2008). The family check-up with high-risk indigent families: Preventing problem behavior by increasing parents' positive behavior support in early childhood. *Child Development, 79*, 1395–1414.

Dittmar, H., Halliwell, E., & Ive, S. (2006). Does Barbie make girls want to be thin? The effect of experimental exposure to images of dolls on the body image of 5- to 8-year-old girls. *Developmental Psychology, 42*, 283–292.

Dixon, R. A., & Hultsch, D. F. (1999). Intelligence and cognitive potential in late life. In J. C. Cavanaugh & S. K. Whitbourne (Eds.), *Gerontology: An interdisciplinary perspective*. New York: Oxford University Press.

Doak, C. M., Visscher, T. L. S., Renders, C. M., & Seidell, J. C. (2006). The prevention of overweight and obesity in children and adolescents: A review of interventions and programmes. *Obesity Reviews*, 7(1), 111–136.

Dobriansky, P. J., Suzman, R. M., & Hodes, R. J. (2007). *Why population aging matters: A global perspective*. Washington, DC: U.S. Department of State and Department of Health and Human Services, National Institute on Aging, & National Institutes of Health.

Dodge, K. A., Coie, J. D., & Lynam, D. (2006). Aggression and antisocial behavior in youth. In N. Eisenberg, W. Damon, & R. Lerner (Eds.), *Handbook of Child Psychology: Vol. 3, Social, emotional and personality development* (6th ed., pp. 719–788). Hoboken, NJ: Wiley.

Dodge, K. A., Coie, J. D., Pettit, G. S., & Price, J. M. (1990). Peer status and aggression in boys' groups: Developmental and contextual analysis. *Child Development, 61*, 1289–1309.

Dodge, K. A., Dishion, T. J., & Lansford, J. E. (2006). Deviant peer influences in intervention and public policy for youth. *Social Policy Report, 20*, 3–19.

Dodge, K. A., Pettit, G. S., & Bates, J. E. (1994). Socialization mediators of the relation between socioeconomic status and child conduct problems. *Child Development, 65*, 649–665.

Dodson, C. S., & Schacter, D. L. (2002). Aging and strategic retrieval processes: Reducing false memories with a distinctiveness heuristic. *Psychology and Aging, 17*(3), 405–415.

Doherty, W. J., Kouneski, E. F., & Erickson, M. F. (1998). Responsible fathering: An overview and conceptual framework. *Journal of Marriage and Family, 60*, 277–292.doi: 10.1037/bul0000116.

Dolan, M. A., & Hoffman, C. D. (1998). Determinants of divorce among women: A reexamination of critical influences. *Journal of Divorce and Remarriage, 28*, 97–106.

Dolbin-MacNab, M. L., & Hayslip, B., Jr. (2014). Grandparents raising grandchildren. *Family problems: Stress, risk, and resilience*, 133–149.

Doley, R., Bell, R., Watt, B., & Simpson, H. (2015). Grandparents raising grandchildren: Investigating factors associated with distress among custodial grandparent. *Journal of Family Studies, 21*(2), 101–119.

Dollinger, S. J. (2007). Creativity and conservatism. *Personality and Individual Differences, 43*, 1025–1035.

Dombrowski, S. U., Knittle, K., Avenell, A., Araujo-Soares, V., & Sniehotta, F. F. (2014). Long term maintenance of weight loss with non-surgical interventions in obese adults: Systematic review and meta-analyses of randomised controlled trials. *BMJ, 348*, g2646.

Domellöf, E., Johansson, A. M., & Rönnqvist, L. (2011). Handedness in preterm born children: A systematic review and a meta-analysis. *Neuropsychologia, 49*(9), 2299–2310.

Domènech Rodríguez, M. M., Donovick, M. R., & Crowley, S. L. (2009). Parenting styles in a cultural context: Observations of "protective parenting" in first-generation Latinos. *Family Process, 48*(2), 195–210.

Dominguez-Folgueras, M., & Castro-Martin, T. (2013). Cohabitation in Spain: No longer a marginal path to family formation. *Journal of Marriage and Family, 75*(2), 422–437.

Donnellan, M. B., & Lucas, R. E. (2008). Age differences in the big five across the life span: Evidence from two national samples. *Psychology and Aging, 23*(3), 558–566.

D'onofrio, B. M., Turkheimer, E., Emery, R. E., Slutske, W. S., Heath, A. C., Madden, P. A., & Martin, N. G. (2006). A genetically informed study of the processes underlying the association between parental marital instability and offspring adjustment. *Developmental Psychology, 42*(3), 486.

Donoho, C. J., Seeman, T. E., Sloan, R. P., & Crimmins, E. M. (2015). Marital status, marital quality, and heart rate variability in the MIDUS cohort. *Journal of Family Psychology, 29*(2), 290.

Dopp, A. R., & Cain, A. C. (2012). The role of peer relationships in parental bereavement during childhood and adolescence. *Death Studies, 36*(1), 41–60.

Dornbusch, S. M., Ritter, P. L., Leiderman, P. H., Roberts, D. F., & Fraleigh, M. J. (1987). The relation of parenting style to adolescent school performance. *Child Development*, 1244–1257.

dos Santos, A. P. P., Nadanovsky, P., & de Oliveira, B. H. (2013). A systematic review and meta-analysis of the effects of fluoride toothpastes on the prevention of dental caries in the primary dentition of preschool children. *Community Dentistry and Oral Epidemiology, 41*(1), 1–12.

Doty, R. L. (2018). Age-related deficits in taste and smell. *Otolaryngologic Clinics of North America, 51*(4), 815–825.

Doughty, S. E., Lam, C. B., Stanik, C. E., & McHale, S. M. (2015). Links between sibling experiences and romantic competence from adolescence through young adulthood. *Journal of Youth and Adolescence, 44*(11), 2054–2066.

Downing-Matibag, T. (2009). Parents' perceptions of their adolescent children, parental resources, and parents' satisfaction with the parent-child relationship. *Sociological Spectrum, 29*(4), 467–488.

Dowshen, S., Crowley, J., & Palusci, V. J. (2004). *Shaken baby/shaken impact syndrome*. Retrieved from www.kidshealth.org/parent/medical/brain/shaken.html.

Doyle, L. W., & Anderson, P. J. (2010). Adult outcome of extremely preterm infants. *Pediatrics, 126*(2), 342–351.

Doyle, M., O'Dywer, C., & Timonen, V. (2010). "How can you just cut off a whole side of the family and say move on?" The reshaping of paternal grandparent-grandchild relationships following divorce or separation in the middle generation. *Family Relations, 59*(5), 587–598.

Drabick, D. A., Gadow, K. D., & Sprafkin, J. (2006). Co-occurrence of conduct disorder and depression in a clinic-based sample of boys with ADHD. *Journal of Child Psychology and Psychiatry, 47*(8), 766–774.

Dragan, W. Ś., Kmita, G., & Fronczyk, K. (2011). Psychometric properties of the Polish adaptation of the Infant Behavior Questionnaire—Revised (IBQ-R). *International Journal of Behavioral Development, 35*(6), 542–549.

Drageset, J., Kirkevold, M., & Espehaug, B. (2011). Loneliness and social support among nursing home residents without cognitive impairment: A questionnaire survey. *International Journal of Nursing Studies, 48*(5), 611–619.

Drake, B. (2013). As more Americans have contacts with gays and lesbians, social acceptance rises. *Pew Research Center*.

Drewnowski, A. (2009). Obesity, diets, and social inequalities. *Nutrition Reviews, 67*, S36–S39.

Dreyer, B., Chung, P. J., Szilagyi, P., & Wong, S. (2016). Child poverty in the United States today: Introduction and executive summary. *Academic Pediatrics, 16*(3), S1–S5.

Drijber, B. C., Reijnders, U. J. L., & Ceelen, M. (2013). Male victims of domestic violence. *Journal of Family Violence*, 28, 173–178.

Driscoll, A. K. (2014). Adult outcomes of teen mothers across birth cohorts. *Demographic Research, 30*(44), 1277.

Drury, J., & Williams, R. (2012). Children and young people who are refugees, internally displaced persons or survivors or perpetrators of war, mass violence and terrorism. *Current Opinion in Psychiatry*, 25, 277–284.

Dube, S. R., Felitti, V. J., Dong, M., Chapman, D. P., Giles, W. H., & Anda, R. F. (2003, March). Childhood abuse, neglect, and household dysfunction and the risk of illicit drug use: The Adverse Childhood Experiences Study. *Pediatrics, 111*(3), 564–572.

Dubicka, B., Elvins, R., Roberts, C., Chick, G., Wilkinson, P., & Goodyer, I. M. (2010). Combined treatment with cognitive–behavioural therapy in adolescent depression: Meta-analysis. *The British Journal of Psychiatry, 197*(6), 433–440.

Dubois, J., Dehaene-Lambertz, G., Kulikova, S., Poupon, C., Hüppi, P. S., & Hertz-Pannier, L. (2014). The early development of brain white matter: A review of imaging studies in fetuses, newborns and infants. *Neuroscience, 276*, 48–71.

Dubowitz, H., Kim, J., Black, M. M., Weisbart, C., Semiatin, J., & Magder, L. S. (2011). Identifying children at high risk for a child maltreatment report. *Child Abuse & Neglect, 35*(2), 96–104.

Duckworth, A. L., Gendler, T. S., & Gross, J. J. (2014). Self-control in school-age children. *Educational Psychologist, 49*(3), 199–217.

Duckworth, A. L., Quinn, P. D., & Tsukayama, E. (2012). What No Child Left Behind leaves behind: The roles of IQ and self-control in predicting standardized achievement test scores and report card grades. *Journal of Educational Psychology, 104*(2), 439.

Duckworth, A., & Seligman, M. E. P. (2005). Self-discipline outdoes IQ in predicting academic performance of adolescents. *Psychological Science, 26*, 939–944.

Dugdale, H. L., & Richardson, D. S. (2018). Heritability of telomere variation: It is all about the environment! *Philosophical Transactions of the Royal Society B: Biological Sciences, 373*(1741), 20160450.

Duggan, M. (2014). *5 facts about Americans' views on life-and-death issues*. Retrieved from www.pewresearch.org/

fact-tank/2014/01/07/5-facts-about-americans--views-on-life-and-death-issues/.

Duggan, M., Singleton, P., & Song, J. (2007). Aching to retire? The rise in the full retirement age and its impact on the Social Security disability rolls. *Journal of Public Economics, 91*(7–8), 1327–1350.

Duke, J., Huhman, M., & Heitzler, C. (2003). Physical activity levels among children aged 9–13 years—United States, 2002. *Morbidity and Mortality Weekly Report, 52*, 785–788.

Duley, J., & Adams, R. (2013). Aging and driving II: Implications of cognitive changes. *Human Performance, Situation Awareness, and Automation: Current Research and Trends HPSAA II.*

Duncan, J. R., Paterson, D. S., Hoffman, J. M., Mokler, D. J., Borenstein, N. S., Belliveau, R. A., . . . Kinney, H. C. (2010). Brainstem serotonergic deficiency in sudden infant death syndrome. *Journal of the American Medical Association, 303*(5), 430–437. doi: 10.1001/jama.2010.45.

Dunfield, K., Kuhlmeier, V. A., O'Connell, L., & Kelley, E. (2011). Examining the diversity of prosocial behavior: Helping, sharing, and comforting in infancy. *Infancy, 16*(3), 227–247.

Dunfield, K. A., & Kuhlmeier, V. A. (2013). Classifying prosocial behavior: Children's responses to instrumental need, emotional distress, and material desire. *Child Development, 84*(5), 1766–1776.

Dunham, P., Dunham, F., & O'Keefe, C. (2000). Two-year-olds' sensitivity to a parent's knowledge state: Mind reading or contextual cues? *British Journal of Developmental Psychology, 18*(4), 519–532.

Dunifon, R. E., Ziol-Guest, K. M., & Kopko, K. (2014). Grandparent coresidence and family well-being: Implications for research and policy. *The Annals of the American Academy of Political and Social Science, 654*(1), 110–126.

Dunn, A. L., Trivedi, M. H., Kampert, J. B., Clark, C. G., & Chambliss, H. O. (2005). Exercise treatment for depression: Efficacy and dose response. *American Journal of Preventive Medicine, 28*, 1–8.

Dunn, E. C., Brown, R. C., Dai, Y., Rosand, J., Nugent, N. R., Amstadter, A. B., & Smoller, J. W. (2015). Genetic determinants of depression: Recent findings and future directions. *Harvard Review of Psychiatry, 23*(1), 1.

Dunn, J. (2006). Moral development in early childhood and social interaction in the family. In M. Killen & J. Smetana (Eds.), *Handbook of moral development* (pp. 331–350). Mahwah, NJ: Earlbaum.

Dunn, J., & Hughes, C. (2001). "I got some swords and you're dead!": Violent fantasy, antisocial behavior, friendship, and moral sensibility in young children. *Child Development, 72*, 491–505.

Dunn, J., & Munn, P. (1985). Becoming a family member: Family conflict and the development of social understanding in the second year. *Child Development, 56*, 480–492.

Dunning, D. L., Holmes, J., & Gathercole, S. E. (2013). Does working memory training lead to generalized improvements in children with low working memory? A randomized controlled trial. *Developmental Science, 16*(6), 915–925.

Dunson, D. B., Colombo, B., & Baird, D. D. (2002). Changes with age in the level and duration of fertility in the menstrual cycle. *Human Reproduction, 17*, 1399–1403.

Dunst, C., Gorman, E., & Hamby, D. (2012). Preference for infant-directed speech in preverbal young children. *Center for Early Literacy Learning, 5*(1), 1–13.

Dupierrix, E., de Boisferon, A. H., Méary, D., Lee, K., Quinn, P. C., Di Giorgio, E., . . . & Pascalis, O. (2014). Preference for human eyes in human infants. *Journal of Experimental Child Psychology, 123*, 138–146.

DuPont, R. L. (1983). Phobias in children. *Journal of Pediatrics, 102*, 999–1002.

Durazzo, T. C., Mattsson, N., Weiner, M. W., & Alzheimer's Disease Neuroimaging Initiative. (2014). Smoking and increased Alzheimer's disease risk: A review of potential mechanisms. *Alzheimer's & Dementia, 10*(3), S122–S145.

Durbin, D. R. (2011). Child passenger safety. *Pediatrics, 127*(4), e1050–e1066.

Durlak, J. A. (1973). Relationship between attitudes toward life and death among elderly women. *Developmental Psychology, 8*(1), 146.

Durlak, J. A., Mahoney, J. L., Bohnert, A. M., & Parente, M. E. (2010). Developing and improving after-school programs to enhance youth's personal growth and adjustment. *American Journal of Community Psychology, 45*(3–4), 285–293.

Durlak, J. A., Weissberg, R. P., Dymnicki, A. B., Taylor, R. D., & Schellinger, K. B. (2011). The impact of enhancing students' social and emotional learning: A meta-analysis of school-based universal interventions. *Child Development, 82*(1), 405–432.

Dush, C. M. K., Cohan, C. L., & Amato, P. R. (2003). The relationship between cohabitation and marital quality and stability: Change across cohorts? *Journal of Marriage and Family, 65*, 539–549.

Duthie, J. K., Nippold, M. A., Billow, J. L., & Mansfield, T. C. (2008). Mental imagery of concrete proverbs: A developmental study of children, adolescents, and adults. *Applied Psycholinguistics, 29*(1), 151–173.

Dwairy, M., & Achoui, M. (2010). Adolescents-family connectedness: A first cross-cultural research on parenting and psychological adjustment of children. *Journal of Child and Family Studies, 19*(1), 8–15.

Dweck, C. S. (2008). Mindsets: How praise is harming youth and what can be done about it. *School Library Medical Activities Monthly, 24*(5), 55–58.

Dweck, C. S., & Grant, H. (2008). Self theories, goals, and meaning. In J. Y. Shaw and W. L. Gardner (Eds.), *Handbook of motivation science* (pp. 405–416). New York: Guilford Press.

Dye, B. A., Li, X., & Beltrán-Aguilar, E. D. (2012). Selected oral health indicators in the United States, 2005-2008. *NCHS Data Brief, 96*, 1–8. Hyattsville, MD: National Center for Health Statistics.

Dye, B. A., Thornton-Evans, G., Li, X., & Iafolla, T. J. (2015). *Dental caries and sealant prevalence in children and adolescents in the United States, 2011–2012.* Washington, DC: U.S. Department of Health and Human Services, Centers for Disease Control and Prevention, National Center for Health Statistics.

Dye, J. L. (2010). *Fertility of American women: 2008.* Retrieved from http://www.census.gov/prod/2010pubs/p20-563.pdf.

Dykas, M. J., & Cassidy, J. (2011). Attachment and the processing of social information across the life span: theory and evidence. *Psychological Bulletin, 137*(1), 19.

Dykstra, P. A. (1995). Loneliness among the never and formerly married: The importance of supportive friendships and a desire for independence. *Journal of Gerontology: Social Sciences, 50B*, S321–S329.

Earl, J. K., Gerrans, P., & Halim, V. A. (2015). Active and adjusted: Investigating the contribution of leisure, health and psychosocial factors to retirement adjustment. *Leisure Sciences, 37*(4), 354–372.

Earls, M. (2010). Incorporating recognition and management of perinatal and postpartum depression into pediatric practice. *Pediatrics, 126*, 1032–1039.

Early college high school initiative. (n.d.). Retrieved from www.earlycolleges.org.

East, P. L., & Khoo, S. T. (2005). Longitudinal pathways linking family factors and sibling relationship qualities to adolescent substance use and sexual risk behaviors. *Journal of Family Psychology, 19*, 571–580.

Eating disorders—Part I. (1997, October). *Harvard Mental Health Letter,* pp. 1–5.

Eaton, D. K., Kann, L., Kinchen, S., Shanklin, S., Ross, J., Hawkins, J., . . . Wechsler, H. (2008). Youth risk behavior surveillance—United States, 2007. *Morbidity and Mortality Weekly Report, 57*(SS-4), 1–131.

Eaves, Y. D., McQuiston, C., & Miles, M. S. (2005). Coming to terms with adult sibling grief: When a brother dies from AIDS. *Journal of Hospice & Palliative Nursing, 7*(3), 139–149.

Ebert, S. (2015). Longitudinal relations between theory of mind and metacognition and the impact of language. *Journal of Cognition and Development, 16*(4), 559–586.

Eccles, J. S. (2004). Schools, academic motivation, and stage-environment fit. In R. M. Lerner & L. Steinberg (Eds.), *Handbook of adolescent development* (2nd ed., pp. 125–153). Hoboken, NJ: Wiley.

Eccles, R. (1978). The central rhythm of the nasal cycle. *Acta Oto-laryngologica, 86*(5–6), 464–468.

Eckenrode, J., Smith, E. G., McCarthy, M. E., & Dineen, M. (2014). Income inequality and child maltreatment in the United States. *Pediatrics, 133*(3), 454–461.

Ecker, J. L., & Frigoletto, F. D., Jr. (2007). Cesarean delivery and the risk-benefit calculus. *New England Journal of Medicine, 356*, 885–888.

Eckerman, C. O., & Didow, S. M. (1996). Nonverbal imitation and toddlers' mastery of verbal means of achieving coordinated action. *Developmental Psychology, 32*, 141–152.

Eckerman, C. O., Davis, C. C., & Didow, S. M. (1989). Toddlers' emerging ways of achieving social coordination with a peer. *Child Development, 60*, 440–453.

Eckert, M. A. (2011). Slowing down: Age-related neurobiological predictors of processing speed. *Frontiers in Neuroscience, 5*, 25.

Eckert, P. (2003). Language and adolescent peer groups. *Journal of Language and Social Psychology, 22*(1), 112–118.

Ecochard, R., Duterque, O., Leiva, R., Bouchard, T., & Vigil, P. (2015). Self-identification of the clinical fertile window and the ovulation period. *Fertility and Sterility, 103*(5), 1319–1325.

Eddleman, K. A., Malone, F. D., Sullivan, L., Dukes, K., Berkowitz, R. L., Kharbutli, Y., . . . D'Alton, M. E. (2006). Pregnancy loss rates after midtrimester amniocentesis. *Obstetrics and Gynecology, 108*(5), 1067–1072.

Eden, G. F., Jones, K. M., Cappell, K., Gareau, L., Wood, F. B., Zeffiro, T. A., . . . Flowers, D. L. (2004). Neural changes following remediation in adult developmental dyslexia. *Neuron, 44*, 411–422.

Eder, W., Ege, M. J., & von Mutius, E. (2006). The asthma epidemic. *New England Journal of Medicine, 355*, 2226–2235.

Edmondson, D., Park, C. L., Chaudoir, S. R., & Wortman, J. H. (2008). Death without God: Religious struggle, death concerns, and depression in the terminally ill. *Psychological Science, 19*(8), 754–758.

Edwards, C. P. (2002). Three approaches from Europe: Waldorf, Montessori, and Reggio Emilia. *Early Childhood Research and Practice, 4*(1), 14–38.

Edwards, C. P. (2003). "Fine designs" from Italy: Montessori education and the Reggio Emilia approach. *Montessori Life: Journal of the American Montessori Society, 15*(1), 33–38.

Edwards, J. D., Delahunt, P. B., & Mahncke, H. W. (2009). Cognitive speed of processing training delays driving cessation. *Journals of Gerontology Series A: Biomedical Sciences and Medical Sciences, 64*(12), 1262–1267.

Edwards, K. M., Sylaska, K. M., & Neal, A. M. (2015). Intimate partner violence among sexual minority populations: A critical review of the literature and agenda for future research. *Psychology of Violence, 5*, 112–121.

Eggebeen, D. J., & Knoester, C. (2001). Does fatherhood matter for men? *Journal of Marriage and Family, 63*, 381–393.

Egliston, K. A., & Rapee, R. M. (2007). Inhibition of fear acquisition in toddlers following positive modelling by their mothers. *Behaviour Research and Therapy, 45*(8), 1871–1882.

Ehrenreich, B., & English, D. (2005). *For her own good: Two centuries of the experts' advice to women.* New York: Anchor.

Eiberg, H. (1995). Nocturnal enuresis is linked to a specific gene. *Scandinavian Journal of Urology and Nephrology. Supplementum, 173*, 15.

Eicher, J. D., & Gruen, J. R. (2013). Imaging-genetics in dyslexia: Connecting risk genetic variants to brain neuroimaging and ultimately to reading impairments. *Molecular Genetics and Metabolism, 110*(3), 201–212.

Eimas, P., Siqueland, E., Jusczyk, P., & Vigorito, J. (1971). Speech perception in infants. *Science, 171*, 303–306.

Einarson, A., & Boskovic, R. (2009). Use and safety of antipsychotic drugs during pregnancy. *Journal of Psychiatric Practice, 15*(3), 183–192.

Eisenberg, A. R. (1996). The conflict talk of mothers and children: Patterns related to culture, SES, and gender of child. *Merrill-Palmer Quarterly, 42*, 438–452.

Eisenberg, L. (1998). Is the family obsolete? *Bulletin of the American Academy of Arts and Sciences, 52*(1), 33–46.

Eisenberg, M. E., & Neumark-Sztainer, D. (2010). Friends' dieting and disordered eating behaviors among adolescents five years later: Findings from Project EAT. *Journal of Adolescent Health, 47*(1), 67–73.

Eisenberg, M. E., Ackard, D. M., Resnick, M. D., & Neumark-Sztainer, D. (2009). Casual sex and psychological health among young adults: Is having "friends with benefits" emotionally damaging? *Perspectives on Sexual and Reproductive Health, 41*(4), 231–237.

Eisenberg, N. (1992). *The caring child.* Cambridge, MA: Harvard University Press.

Eisenberg, N. (2000). Emotion, regulation, and moral development. *Annual Review of Psychology, 51*, 665–697.

Eisenberg, N., & Fabes, R. A. (1998). Prosocial development. In W. Damon (Series Ed.) & N. Eisenberg (Vol. Ed.), *Handbook of child psychology: Vol. 3. Social, emotional, and personality development* (5th ed., pp. 701–778). New York: Wiley.

Eisenberg, N., & Morris, A. D. (2004). Moral cognitions and prosocial responding in adolescence. In R. M. Lerner & L. Steinberg (Eds.), *Handbook of adolescent psychology* (2nd ed., pp. 155–188). Hoboken, NJ: Wiley.

Eisenberg, N., Eggum, N. D., & Di Giunta, L. (2010). Empathy-related responding: Associations with prosocial behavior, aggression, and intergroup relations. *Social Issues and Policy Review, 4*(1), 143–180.

Eisenberg, N., Fabes, R. A., & Murphy, B. C. (1996). Parents' reactions to children's negative emotions: Relations to children's social competence and comforting behavior. *Child Development, 67*, 2227–2247.

Eisenberg, N., Fabes, R. A., & Spinrad, T. L. (2006). Prosocial development. In W. Damon & R. M. Lerner (Series Eds.) & N. Eisenberg (Vol. Ed.), *Handbook of child psychology: Vol 3. Social, emotional and personality development* (6th ed., pp. 646–718). Hoboken: NJ: Wiley.

Eisenberg, N., Fabes, R. A., Nyman, M., Bernzweig, J., & Pinuelas, A. (1994). The relations of emotionality and regulation to children's anger-related reactions. *Child Development, 65*, 109–128.

Eisenberg, N., Hofer, C., Sulik, M. J., & Liew, J. (2014). The development of prosocial moral reasoning and a prosocial orientation in young adulthood: Concurrent and longitudinal correlates. *Developmental Psychology, 50*(1), 58.

Eisenberg, N., Spinrad, T. L., Fabes, R. A., Reiser, M., Cumberland, A., Shepard, S. A., . . . Thompson, M. (2004). The relations of effortful control and impulsivity to children's resiliency and adjustment. *Child Development, 75*, 25–46.

Eisend, M. (2010). A meta-analysis of gender roles in advertising. *Journal of the Academy of Marketing Science, 38*(4), 418–440.

Eisenegger, C., Haushofer, J., & Fehr, E. (2011). The role of testosterone in social interaction. *Trends in Cognitive Sciences, 15*(6), 263–271.

Ekinci, B. (2014). The relationships among Sternberg's Triarchic Abilities, Gardner's multiple intelligences, and academic achievement. *Social Behavior and Personality: An International Journal, 42*(4), 625–633.

Elgar, F. J., Pförtner, T. K., Moor, I., De Clercq, B., Stevens, G. W., & Currie, C. (2015). Socioeconomic inequalities in adolescent health 2002–2010: A time-series analysis of 34 countries participating in the Health Behaviour in School-aged Children study. *The Lancet, 385*(9982), 2088–2095.

Eliason, S. R., Mortimer, J. T., & Vuolo, M. (2015). The transition to adulthood: Life course structures and subjective perceptions. *Social Psychology Quarterly, 78*(3), 205–227.

Eliassen, H., Colditz, G. A., Rosner, B., Willett, W. C., & Hankinson, S. E. (2006). Adult weight change and risk of postmenopausal breast cancer. *Journal of the American Medical Association, 296*, 193–201.

Elicker, J., Englund, M., & Sroufe, L. A. (1992). Predicting peer competence and peer relationships in childhood from early parent-child relationships. In R. Parke & G. Ladd (Eds.), *Family peer relationships: Modes of linkage* (pp. 77–106). Hillsdale, NJ: Erlbaum.

Elkind, D. (1967). Egocentrism in adolescence. *Child Development, 38*, 1025–1034.

Elkins, R. K., Kassenboehmer, S. C., & Schurer, S. (2017). The stability of personality traits in adolescence and young adulthood. *Journal of Economic Psychology, 60*, 37–52.

Elledge, L. C., Elledge, A. R., Newgent, R. A., & Cavell, T. A. (2016). Social risk and peer victimization in elementary school children: The protective role of teacher-student relationships. *Journal of Abnormal Child Psychology, 44*(4), 691–703.

Ellis, A., & Oakes, L. M. (2006). Infants flexibly use different dimensions to categorize objects. *Developmental Psychology, 42*, 1000–1011.

Ellis, B. J., & Del Giudice, M. (2014). Beyond allostatic load: Rethinking the role of stress in regulating human development. *Development and Psychopathology, 26*(1), 1–20.

Ellis, B. J., Bates, J. E., Dodge, K. A., Fergusson, D. M., Horwood, L. J., Pettit, G. S., & Woodward, L. (2003). Does father-absence place daughters at special risk for early sexual activity and teenage pregnancy? *Child Development, 74*, 801–821.

Ellis, B. J., McFadyen-Ketchum, S., Dodge, K. A., Pettit, G. S., & Bates, J. E. (1999). Quality of early family relationships and individual differences in the timing of pubertal maturation in girls: A longitudinal test of an evolutionary model. *Journal of Personality and Social Psychology, 77*, 387–401.

Ellis, K. J., Abrams, S. A., & Wong, W. W. (1997). Body composition of a young, multiethnic female population. *American Journal of Clinical Nutrition, 65*, 724–731.

Ellis, W. R., & Dietz, W. H. (2017). A new framework for addressing adverse childhood and community experiences: The Building Community Resilience Model. *Academic Pediatrics, 17*(7), S86–S93.

Ellison, C. G., Musick, M. A., & Henderson, A. K. (2008). Balm in Gilead: Racism, religious involvement, and psychological distress among African American adults. *Journal for the Scientific Study of Religion, 47*, 291–309.

Ellison, C., DeAngelis, R., & Güven, M. (2017). Does religious involvement mitigate the effects of major discrimination on the mental health of African Americans? Findings from the Nashville Stress and Health Study. *Religions, 8*(9), 195.

Ellison, N. B., Steinfield, C., & Lampe, C. (2007). The benefits of Facebook "friends": Social capital and college students' use of online social network sites. *Journal of Computer-Mediated Communication, 12*(4), 1143–1168.

Elmenhorst, D., Elmenhorst, E., Luks, N., Maass, H., Mueller, E., Vejvoda, M., . . . Samuel, A. (2009). Performance impairment after four days partial sleep deprivation compared with acute effects of alcohol and hypoxia. *Sleep Medicine, 10*, 189–197.

Else-Quest, N. M., & Morse, E. (2015). Ethnic variations in parental ethnic socialization and adolescent ethnic identity: A longitudinal study. *Cultural Diversity and Ethnic Minority Psychology, 21*(1), 54.

Else-Quest, N. M., Hyde, J. S., & Linn, M. C. (2010). Cross-national patterns of gender differences in mathematics: A meta-analysis. *Psychological Bulletin, 136*(1), 103.

El-Sheikh, M., Kelly, R. J., Buckhalt, J. A., & Hinnant, J. B. (2010). Children's sleep and adjustment over time: The role of socioeconomic context. *Child Development, 81*, 870–883. doi: 10.1111/j.1467-8624.2010.01439.x.

ElSohly, M. A., Mehmedic, Z., Foster, S., Gon, C., Chandra, S., & Church, J. C. (2016). Changes in cannabis potency over the last 2 decades (1995–2014): Analysis of current data in the United States. *Biological Psychiatry, 79*(7), 613–619.

Elzinga, C. H., & Liefbroer, A. C. (2007). De-standardization of family-life trajectories of young adults: A cross-national comparison using sequence analysis. *European Journal of Population/Revue européenne de Démographie, 23*(3–4), 225–250.

Emanuel, E.J., Onwuteaka-Philipsen, B.D., Urwin, J.W., & Cohen, J. (2016). Attitudes and practices of euthanasia and physician-assisted suicide in the United States, Canada, and Europe. *Journal of the American Medical Association, 316*, 79–90.

Emberson, L. L., Lupyan, G., Goldstein, M. H., & Spivey, M. J. (2010). Overheard cell phone conversations: When speech is more distracting. *Psychological Science, 21*(10), 1383–1388.

Emery, L., Heaven, T. J., Paxton, J. L., & Braver, T. S. (2008). Age-related changes in neural activity during performance matched working memory manipulation. *NeuroImage, 42*(4), 1577–1586.

Endendijk, J. J., Groeneveld, M., Bakermans-Kranenburg, M. J., & Mesman, J. (2016). Gender-differentiated parenting revisited: Meta-analysis reveals very few differences in parental control of boys and girls. *PLoS One, 11,* 0159193. doi: 10.1371/journal.pone.0159193.

Eng, P. M., Rimm, E. B., Fitzmaurice, G., & Kawachi, I. (2002). Social ties and change in social ties in relation to subsequent total and cause-specific mortality and coronary heart disease incidence in men. *American Journal of Epidemiology, 155*, 700–709.

England, D. E., Descartes, L., & Collier-Meek, M. A. (2011). Gender role portrayal and the Disney princesses. *Sex Roles, 64*(7–8), 555–567.

Engle, P. L., & Breaux, C. (1998). Fathers' involvement with children: Perspectives from developing countries. *Social Policy Report, 12*(1), 1–21.

English, T., & Carstensen, L. L. (2014). Selective narrowing of social networks across adulthood is associated with improved emotional experience in daily life. *International Journal of Behavioral Development, 38*(2), 195–202.

Ensor, R., Spencer, D., & Hughes, C. (2011). "You feel sad?" Emotion understanding mediates effects of verbal ability and mother–child mutuality on prosocial behaviors: Findings from 2 years to 4 years. *Social Development, 20*(1), 93–110.

Erath, S. A., El-Sheikh, M., & Cummings, E. M. (2009). Harsh parenting and child externalizing behavior: Skin conductance level reactivity as a moderator. *Child Development, 80*(2), 578–592.

Erdley, C. A., Loomis, C. C., Cain, K. M., & Dumas-Hines, F. (1997). Relations among children's social goals, implicit personality theories, and responses to social failure. *Developmental psychology, 33*(2), 263.

Erdogan, B., Bauer, T. N., Truxillo, D. M., & Mansfield, L. R. (2012). Whistle while you work: A review of the life satisfaction literature. *Journal of Management, 38*(4), 1038–1083.

Erickson, K. I., Leckie, R. L., & Weinstein, A. M. (2014). Physical activity, fitness, and gray matter volume. *Neurobiology of Aging, 35*, S20–S28.

Eriksen, M., Mackay, J., & Ross, H. (2013). *The tobacco atlas* (No. Ed. 4). Atlanta: American Cancer Society.

Erikson, E. H. (1950). *The life cycle completed.* New York: Norton.

Erikson, E. H. (1968). *Identity: Youth and crisis.* New York: Norton.

Erikson, E. H. (1973). The wider identity. In K. Erikson (Ed.), *In search of common ground: Conversations with Erik H. Erikson and Huey P. Newton.* New York: Norton.

Erikson, E. H. (1982). *The life cycle completed.* New York: Norton.

Erikson, E. H. (1985). *The life cycle completed* (Paperback reprint ed.). New York: Norton.

Erikson, E. H., Erikson, J. M., & Kivnick, H. Q. (1986). *Vital involvement in old age: The experience of old age in our time.* New York: Norton.

Eriksson, M., Marschik, P. B., Tulviste, T., Almgren, M., Pérez Pereira, M., Wehberg, S., . . . & Gallego, C. (2012). Differences between girls and boys in emerging language skills: Evidence from 10 language communities. *British Journal of Developmental Psychology, 30*(2), 326–343.

Ervin, R. B. (2008). Healthy Index Eating scores among adults, 60 years of age and over, by sociodemographic and health characteristics: United States, 1999–2002. *Advance Data from Vital and Health Statistics,* No. 395. Hyattsville, MD: National Center for Health Statistics.

Esmaeili, N. S., & Yaacob, S. N. (2011). Post-divorce parental conflict and adolescents' delinquency in divorced families. *Asian Culture and History, 3*(2), 34.

Espeland, M. A., Rapp, S. R., Shumaker, S. A., Brunner, R., Manson, J. E., Sherwin, B. B., . . . Hays, J., for the Women's Health Initiative Memory Study Investigators. (2004). Conjugated equine estrogens and global cognitive function in postmenopausal women: Women's Health Initiative Memory Study. *Journal of the American Medical Association, 21*, 2959–2968.

Esposito, K., Marfella, R., Ciotola, M., DiPalo, C., Giugliano, F., Giugliano, G., . . . Giugliano, D. (2004). Effects of a Mediterranean-style diet on endothelial dysfunction and markers of vascular inflammation in the metabolic syndrome: A randomized trial. *Journal of the American Medical Association, 292*, 1440–1446.

Estes, K. G., & Hurley, K. (2013). Infant-directed prosody helps infants map sounds to meanings. *Infancy, 18*, 797–824.

Etaugh, C.A. (2013). Midlife career transitions for women. In W. Patton (Ed.), *Conceptualising women's working lives: Moving the boundaries of discourse* (pp. 105–118). Rotterdam: Sense Publishers.

Ettehad, D., Emdin, C. A., Kiran, A., Anderson, S. G., Callender, T., Emberson, J., . . . & Rahimi, K. (2016). Blood pressure lowering for prevention of cardiovascular disease and death: A systematic review and meta-analysis. *The Lancet, 387*(10022), 957–967.

Euling, S. Y., Selevan, S. G., Pescovitz, O. H., & Skakkebaek, N. E. (2008). Role of environmental factors in the timing of puberty. *Pediatrics, 121*(Supplement 3), S167–S171.

Evans, A. D., & Lee, K. (2010). Promising to tell the truth makes 8- to 16-year-olds more honest. *Behavioral Sciences and the Law, 28*(6), 801–811.

Evans, A. D., & Lee, K. (2013). Emergence of lying in very young children. *Developmental Psychology, 49*(10), 1958.

Evans, C. E., Christian, M. S., Cleghorn, C. L., Greenwood, D. C., & Cade, J. E. (2012). Systematic review and meta-analysis of school-based interventions to improve daily fruit and vegetable intake in children aged 5 to 12 y. *The American Journal of Clinical Nutrition*, *96*(4), 889–901.

Evans, G. W. (2004). The environment of childhood poverty. *American Psychologist, 59*, 77–92.

Evans, M. A., & Shaw, D. (2008). Home grown for reading: Parental contributions to young children's emergent literacy and word recognition. *Canadian Psychology/Psychologie canadienne*, *49*(2), 89.

Eveleth, P. B. (2017). Timing of menarche: Secular trend and population differences. In J. Lancaster & B. Hamburg (Eds.), *School-age pregnancy and parenthood* (pp. 39–52). New York: Routledge.

Ewing, S. W. F., Sakhardande, A., & Blakemore, S. J. (2014). The effect of alcohol consumption on the adolescent brain: A systematic review of MRI and fMRI studies of alcohol-using youth. *NeuroImage: Clinical, 5*, 420–437.

Exner-Cortens, D., Eckenrode, J., Bunge, J., & Rothman, E. (2017). Revictimization after adolescent dating violence in a matched, national sample of youth. *Journal of Adolescent Health*, *60*(2), 176–183.

Eyler, L. T., Sherzai, A., Kaup, A. R., & Jeste, D. V. (2011). A review of functional brain imaging correlates of successful cognitive aging. *Biological Psychiatry*, *70*(2), 115–122.

Fabes, R. A., & Eisenberg, N. (1992). Young children's coping with interpersonal anger. *Child Development, 63*, 116–128.

Fabes, R. A., Leonard, S. A., Kupanoff, K., & Martin, C. L. (2001). Parental coping with children's negative emotions: Relations with children's emotional and social responding. *Child Development, 72*(3), 907–920.

Fabes, R. A., Martin, C. L., & Hanish, L. D. (2003). Young children's play qualities in same-, other-, and mixed-gender peer groups. *Child Development, 74*(3), 921–932.

Fabricius, W. V. (2003). Listening to children of divorce: New findings that diverge from Wallerstein, Lewis, and Blakeslee. *Family Relations, 52*, 385–394.

Facebook. (2011). *Statistics*. Retrieved from http://www.facebook.com/press/info.php?statistics.

Fagot, B. I. (1997). Attachment, parenting, and peer interactions of toddler children. *Developmental Psychology, 33*, 489–499.

Fagot, B. I., Rogers, C. S., & Leinbach, M. D. (2000). Theories of gender socialization. In T. Eckes & H. M. Trautner (Eds.), *The developmental social psychology of gender*. Mahwah, NJ: Earlbaum.

Falbo, T. (2006). *Your one and only: Educational psychologist dispels myths surrounding only children*. Retrieved from http://www.utexas.edu/features/archive/2004/single.htm.

Falbo, T. (2012). Only children: An updated review. *Journal of Individual Psychology, 68*(1).

Falbo, T., & Hooper, S. Y. (2015). China's only children and psychopathology: A quantitative synthesis. *American Journal of Orthopsychiatry, 85*(3), 259.

Falbo, T., & Poston, D. L. (1993). The academic, personality, and physical outcomes of only children in China. *Child Development, 64*, 18–35.

Falkner, B. (2010). Hypertension in children and adolescents: Epidemiology and natural history. *Pediatric Nephrology*, *25*(7), 1219–1224.

Fallis, E. E., Rehman, U. S., Woody, E. Z., & Purdon, C. (2016). The longitudinal association of relationship satisfaction and sexual satisfaction in long-term relationships. *Journal of Family Psychology*, *30*(7), 822.

Fandakova, Y., Selmeczy, D., Leckey, S., Grimm, K. J., Wendelken, C., Bunge, S. A., & Ghetti, S. (2017). Changes in ventromedial prefrontal and insular cortex support the development of metamemory from childhood into adolescence. *Proceedings of the National Academy of Sciences*, *114*(29), 7582–7587.

Fardouly, J., & Vartanian, L. R. (2016). Social media and body image concerns: Current research and future directions. *Current Opinion in Psychology*, *9*, 1–5.

Farr, R. H., Forssell, S. L., & Patterson, C. J. (2010). Gay, lesbian, and heterosexual adoptive parents: Couple and relationship issues. *Journal of GLBT Family Studies*, *6*(2), 199–213.

Farrell, A. D., Thompson, E. L., & Mehari, K. R. (2017). Dimensions of peer influences and their relationship to adolescents' aggression, other problem behaviors and prosocial behavior. *Journal of Youth and Adolescence*, *46*(6), 1351–1369.

Farren, J., Jalmbrant, M., Ameye, L., Joash, K., Mitchell-Jones, N., Tapp, S., . . . & Bourne, T. (2016). Post-traumatic stress, anxiety and depression following miscarriage or ectopic pregnancy: A prospective cohort study. *BMJ Open*, *6*(11), e011864.

Farver, J. A. M., Kim, Y. K., & Lee, Y. (1995). Cultural differences in Korean and Anglo-American preschoolers' social interaction and play behavior. *Child Development, 66*, 1088–1099.

Farver, J. A. M., Xu, Y., Eppe, S., Fernandez, A., & Schwartz, D. (2005). Community violence, family conflict, and preschoolers' socioemotional functioning. *Developmental Psychology, 41*, 160–170.

Fasig, L. (2000). Toddlers' understanding of ownership: Implications for self-concept development. *Social Development, 9,* 370–382.

Fatima, Y., & Mamun, A. A. (2015). Longitudinal impact of sleep on overweight and obesity in children and adolescents: a systematic review and bias-adjusted meta-analysis. *Obesity Reviews*, *16*(2), 137–149.

Faure, N., Habersaat, S., Harari, M. M., Müller-Nix, C., Borghini, A., Ansermet, F., ... & Urben, S. (2017). Maternal sensitivity: a resilience factor against internalizing symptoms in early adolescents born very preterm?. *Journal of abnormal child psychology*, *45*(4), 671–680.

Favaro, A., Ferrara, S., & Santonastaso, P. (2004). The spectrum of eating disorders in young women: A prevalence study in a general population sample. *Psychosomatic Medicine, 65,* 701–708.

Fay-Stammbach, T., Hawes, D. J., & Meredith, P. (2014). Parenting influences on executive function in early childhood: A review. *Child Development Perspectives*, *8*(4), 258–264.

Fear, J. M., Champion, J. E., Reeslund, K. L., Forehand, R., Colletti, C., Roberts, L., & Compas, B. E. (2009). Parental depression and interparental conflict: Children and adolescents' self-blame and coping responses. *Journal of Family Psychology*, *23*(5), 762–766. doi:10.1037/a0016381

Fearon, R. P., Bakermans-Kranenburg, M. J., Van IJzendoorn, M. H., Lapsley, A.-M., & Roisman, G. I. (2010). The significance of insecure attachment and disorganization in the development of children's externalizing behavior: A meta-analytic study. *Child Development, 81,* 435–456. doi: 10.1111/j.1467-8624.2009.01405.x.

Federal Bureau of Investigation (FBI). (2007). *Crime in the United States, 2005*. Retrieved from www.fbi.gov/ucr/05cius.

Federal Interagency Forum on Aging-Related Statistics. (2004). *Older Americans 2004: Key indicators of well-being*. Washington, DC: U.S. Government Printing Office.

Federal Interagency Forum on Aging-Related Statistics. (2006). *Older Americans update 2006: Key indicators of well-being*. Washington, DC: U.S. Government Printing Office.

Federal Interagency Forum on Aging-Related Statistics. (2010). *Older Americans 2010: Key indicators of well-being*. Washington, DC: U.S. Government Printing Office.

Federal Interagency Forum on Aging-Related Statistics. (2012). *Older Americans 2012: Key indicators of well-being*. Washington, DC: U.S. Government Printing Office.

Federal Interagency Forum on Aging-Related Statistics. (2016). *Older Americans update 2016: Key indicators of well-being*. Washington, DC: U.S. Government Printing Office.

Federal Interagency Forum on Aging-Related Statistics. (2019). *Population aging in the United States* [Infographic]. Retrieved from https://agingstats.gov/images/olderamericans_agingpopulation.pdf.

Federal Interagency Forum on Child and Family Statistics. (2005). *America's children: Key national indicators of well-being, 2005*. Washington, DC: U.S. Government Printing Office.

Federal Interagency Forum on Child and Family Statistics. (2007). *America's children: Key indicators of well-being, 2007*. Washington, DC: U.S. Government Printing Office.

Federal Interagency Forum on Child and Family Statistics. (2008). *Table PHY1a: Outdoor air quality: Percentage of children ages 0–17 living in counties in which levels of one or more air pollutants were above allowable levels, 1999–2007*. Washington, DC: U.S. Government Prining Office. Retrieved from http://www.childstats.gov/americaschildren/tables/phy1a.asp.

Federal Interagency Forum on Child and Family Statistics. (2009). *America's children: Key national indicators of well-being, 2009*. Retrieved from www.childstats.gov/americaschildren/eco3.asp.

Federal Interagency Forum on Child and Family Statistics. (2012). *America's children: Key indicators of well-being*. Retrieved from http://www.childstats.gov/americaschildren/eco.asp.

Federal Interagency Forum on Child and Family Statistics. (2016). *America's children in brief: Key national indicators of well-being, 2016*. Washington, DC: U.S. Government Printing Office.

Federal Interagency Forum on Child and Family Statistics. (2016). *America's children: Key national indicators of well-being, 2015*. Retrieved from www.childstats.gov/pdf/ac2016/ac_16.pdf.

Federal Interagency Forum on Child and Family Statistics. (2017). *America's children: Key national indicators of well-being, 2017*. Washington, DC: U.S. Government Printing Office.

Fedewa, A. L., Black, W. W., & Ahn, S. (2015). Children and adolescents with same-gender parents: A meta-analytic approach in assessing outcomes. *Journal of GLBT Family Studies, 11*(1), 1–34.

Feigenson, L., Dehaene, S., & Spelke, E. (2004). Core systems of number. *Trends in Cognitive Sciences, 8*(7), 307–314.

Feinstein, B. A., Goldfried, M. R., & Davila, J. (2012). The relationship between experiences of discrimination and mental health among lesbians and gay men: An examination of internalized homonegativity and rejection sensitivity as potential mechanisms. *Journal of Consulting and Clinical Psychology, 80*(5), 917.

Feldman, R. (2007). Parent-infant synchrony: Biological foundations and developmental outcomes. *Current Directions in Psychological Science, 16*(6), 340–345.

Feldman, R., Magori-Cohen, R., Galili, G., Singer, M., & Louzoun, Y. (2011). Mother and infant coordinate heart rhythms through episodes of interaction synchrony. *Infant Behavior and Development, 34*(4), 569–577.

Feng, W., Gu, B., & Cai, Y. (2016). The end of China's one-child policy. *Studies in Family Planning, 47*(1), 83–86.

Ferber, R. (1985). *Solve your child's sleep problems*. New York: Simon & Schuster.

Ferber, S. G., & Makhoul, I. R. (2004). The effect of skin-to-skin contact (Kangaroo Care) shortly after birth on the neuro-behavioral responses of the term newborn: A randomized, controlled trial. *Pediatrics, 113*, 858–865.

Ferguson, C. A. (1964). Baby talk in six languages. *American Anthropologist, 66*(6_PART2), 103–114.

Ferguson, C. J. (2010). Genetic contributions to antisocial personality and behavior: A meta-analytic review from an evolutionary perspective. *The Journal of Social Psychology, 150*(2), 160–180.

Ferguson, C. J. (2013). Violent video games and the Supreme Court: Lessons for the scientific community in the wake of Brown vs. Entertainment Merchant's Association. *American Psychologist, 68*(2), 57–74.

Ferguson, C. J. (2015). Does media violence predict societal violence? It depends on what you look at and when. *Journal of Communication, 65*(1).

Ferguson, C. J., & Savage, J. (2012). Have recent studies addressed methodological issues raised by five decades of televised violence research? A critical review. *Aggression and Violent Behavior, 17*, 129–139.

Fergusson, D. M., McLeod, G. F., & Horwood, L. J. (2013). Childhood sexual abuse and adult developmental outcomes: Findings from a 30-year longitudinal study in New Zealand. *Child Abuse & Neglect, 37*(9), 664–674.

Fernald, A., & Marchman, V. A. (2012). Individual differences in lexical processing at 18 months predict vocabulary growth in typically developing and late-talking toddlers. *Child Development, 83*(1), 203–222.

Fernald, A., & Morikawa, H. (1993). Common themes and cultural variations in Japanese and American mothers' speech to infants. *Child Development, 64*, 637–656.

Fernald, A., Perfors, A., & Marchman, V. A. (2006). Picking up speed in understanding: Speech processing efficiency and vocabulary growth across the second year. *Developmental Psychology, 42*, 98–116.

Fernald, A., Swingley, D., & Pinto, J. P. (2001). When half a word is enough: Infants can recognize spoken words using partial phonetic information. *Child Development, 72*, 1003–1015.

Fernández-Carro, C. (2016). Ageing at home, co-residence or institutionalisation? Preferred care and residential arrangements of older adults in Spain. *Ageing & Society, 36*(3), 586–612.

Ferrari, L., Rosnati, R., Manzi, C., & Benet-Martínez, V. (2015). Ethnic identity, bicultural identity integration, and psychological well-being among transracial adoptees: A longitudinal study. *New Directions for Child and Adolescent Development, 2015*(150), 63–76.

Ferraro, A. J., Malespin, T., Oehme, K., Bruker, M., & Opel, A. (2016). Advancing co-parenting education: Toward a foundation for supporting positive post-divorce adjustment. *Child and Adolescent Social Work Journal, 33*(5), 407–415.

Ferrer, E., Shaywitz, B. A., Holahan, J. M., Marchione, K., & Shaywitz, S. E. (2010). Uncoupling of reading and IQ over time: Empirical evidence for a definition of dyslexia. *Psychological Science, 21*(1), 93–101.

Ferry, A. L., Hespos, S. J., & Waxman, S. R. (2010). Categorization in 3- and 4-month-old infants: An advantage of words over tones. *Child Development, 81*(2), 472–479.

Field, A. E., Austin, S. B., Taylor, C. B., Malspeis, S., Rosner, B., Rockett, H. R., ... Colditz, G. A. (2003). Relation between dieting and weight change among preadolescents and adolescents. *Pediatrics, 112*(4), 900–906.

Field, A. E., Robertson, N. A., Wang, T., Havas, A., Ideker, T., & Adams, P. D. (2018). DNA methylation clocks in aging: Categories, causes, and consequences. *Molecular Cell, 71*(6), 882–895.

Field, T. (2010). Postpartum depression effects on early interactions, parenting, and safety practices: A review. *Infant Behavior and Development, 33*, 1–6.

Field, T. (2010). Touch for socioemotional and physical well-being: A review. *Developmental Review, 30*(4), 367–383.

Field, T., Diego, M., & Hernandez-Reif, M. (2007). Massage therapy research. *Developmental Review, 27*, 75–89.

Field, T. M. (1978). Interaction behaviors of primary versus secondary caretaker fathers. *Developmental Psychology, 14*, 183–184.

Field, T. M., & Roopnarine, J. L. (1982). Infant-peer interaction. In T. M. Field, A. Huston, H. C. Quay, L. Troll, & G. Finley (Eds.), *Review of human development*. New York: Wiley.

Fields, J. (2004). America's families and living arrangements: 2003. *Current Population Reports* (P20-553). Washington, DC: U.S. Census Bureau.

Fields, J. M., & Smith, K. E. (1998, April). *Poverty, family structure, and child well-being: Indicators from the SIPP* (Population Division Working Paper No. 23, U.S. Bureau of the Census). Paper presented at the annual meeting of the Population Association of America, Chicago.

Fihrer, I., McMahon, C. A., & Taylor, A. J. (2009). The impact of postnatal and concurrent maternal depression on child behaviour during the early school years. *Journal of Affective Disorders, 119*, 116–123.

Filiano, J. J., & Kinney, H. C. (1994). A perspective on neuropathologic findings in victims of the sudden infant death syndrome: The triple-risk model. *Neonatology, 65*(3–4), 194–197.

Filippi, M., Agosta, F., Barkhof, F., Dubois, B., Fox, N. C., Frisoni, G. B., ... & Scheltens, P. (2012). EFNS task force: The use of neuroimaging in the diagnosis of dementia. *European Journal of Neurology, 19*(12), 1487–1501.

Finch, C. E., & Zelinski, E. M. (2005). Normal aging of brain structure and cognition: Evolutionary perspectives. *Research in Human Development, 2*, 69–82.

Fincham, F. D., & May, R. W. (2017). Infidelity in romantic relationships. *Current Opinion in Psychology, 13*, 70–74.

Finer, L. B., & Philbin, J. M. (2014). Trends in ages at key reproductive transitions in the United States, 1951–2010. *Women's Health Issues, 24*(3), e271–e279.

Fingerman, K., & Dolbin-MacNab, M. (2006). The baby boomers and their parents: Cohort influences and intergenerational ties. In S. K. Whitbourne & S. L. Willis (Eds.), *The baby boomers grow up: Contemporary perspectives on midlife* (pp. 237–259). Mahwah, NJ: Erlbaum.

Fingerman, K., Miller, L., Birditt, K., & Zarit, S. (2009). Giving to the good and to the needy: Parental support of grown children. *Journal of Marriage and Family, 71*, 1220–1233.

Fingerman, K. L., & Charles, S. T. (2010). It takes two to tango: Why older people have the best relationships. *Current Directions in Psychological Science, 19*(3), 172–176.

Fingerman, K. L., Pitzer, L. M., Chan, W., Birditt, K., Franks, M. M., & Zarit, S. (2010). Who gets what and why? Help middle-aged adults provide to parents and grown children. *Journal of Gerontology, 10*, 1–12.

Fink, E., Deighton, J., Humphrey, N., & Wolpert, M. (2015). Assessing the bullying and victimisation experiences of children with special educational needs in mainstream schools: Development and validation of the Bullying Behaviour and

Experience Scale. *Research in Developmental Disabilities*, *36*, 611–619.

Finkel, D., Gerritsen, L., Reynolds, C. A., Dahl, A. K., & Pedersen, N. L. (2014). Etiology of individual differences in human health and longevity. *Annual Review of Gerontology and Geriatrics*, *34*(1), 189–227.

Finn, J. D. (2006). *The adult lives of at-risk students: The roles of attainment and engagement in high school* (NCES 2006-328). Washington, DC: U.S. Department of Education, National Center for Education Statistics.

First 30 Days. (2008). *The change report* (Research conducted by Southeastern Institute of Research). Retrieved from www.first30days.com/pages/the_change_report.html.

Fischer, J. L. (1981). Transitions in relationship style from adolescence to young adulthood. *Journal of Youth and Adolescence*, *10*(1), 11–23.

Fischer, K. W. (2008). Dynamic cycles of cognitive and brain development: Measuring growth in mind, brain, and education. In A. M. Battro, K. W. Fischer, & P. Léna (Eds.), *The educated brain* (pp. 127–150). Cambridge UK: Cambridge University Press.

Fischer, K. W., & Pruyne, E. (2003). Reflective thinking in adulthood. In J. Demick & C. Andreoletti (Eds.), *Handbook of adult development*. New York: Plenum Press.

Fischer, M. J. (2008). Does campus diversity promote friendship diversity? A look at interracial friendships in college. *Social Science Quarterly*, *89*(3), 631–655.

Fishbein, H. D., & Imai, S. (1993). Preschoolers select playmates on the basis of gender and race. *Journal of Applied Developmental Psychology*, *14*(3), 303–316.

Fisher, C., Gertner, Y., Scott, R. M., & Yuan, S. (2010). Syntactic bootstrapping. *Wiley Interdisciplinary Reviews: Cognitive Science*, *1*(2), 143–149.

Fisher, K. R., Hirsh-Pasek, K., Newcombe, N., & Golinkoff, R. M. (2013). Taking shape: Supporting preschoolers' acquisition of geometric knowledge through guided play. *Child Development*, *84*(6), 1872–1878.

Fisher, P. H., Dobbs-Oates, J., Doctoroff, G. L., & Arnold, D. H. (2012). Early math interest and the development of math skills. *Journal of Educational Psychology*, *104*(3), 673.

Fisher, W. A., Donahue, K. L., Long, J. S., Heiman, J. R., Rosen, R. C., & Sand, M. S. (2015). Individual and partner correlates of sexual satisfaction and relationship happiness in midlife couples: Dyadic analysis of the international survey of relationships. *Archives of Sexual Behavior*, *44*(6), 1609–1620.

Fitzpatric, M. J., & McPhearson, B. J. (2010). Coloring within the lines: Gender stereotypes in contemporary coloring books. *Sex Roles*, *62*, 127–137. doi: 10.1008/s11199-009-9703-8.

Fitzpatrick, E. M., Thibert, J., Grandpierre, V., & Johnston, J. C. (2014). How HANDy are baby signs? A systematic review of the impact of gestural communication on typically developing, hearing infants under the age of 36 months. *First Language*, *34*(6), 486–509.

Fitzpatrick, M. D., & Turner, S. E. (2007). Blurring the boundary: Changes in the transition from college participation to adulthood. In S. Danziger & C. Rouse (Eds.), *The price of independence: The economics of early adulthood* (pp. 107–137). New York: Russell Sage Foundation.

Fivush, R. (2011). The development of autobiographical memory. *Annual Review of Psychology*, *62*, 559–582.

Fivush, R., & Haden, C. A. (2006). Elaborating on elaborations: Role of maternal reminiscing style in cognitive and socioemotional development. *Child Development*, *77*, 1568–1588.

Fivush, R., & Nelson, K. (2004). Culture and language in the emergence of autobiographical memory. *Psychological Science*, *15*, 573–577.

Fivush, R., Habermas, T., Waters, T. E., & Zaman, W. (2011). The making of autobiographical memory: Intersections of culture, narratives and identity. *International Journal of Psychology*, *46*(5), 321–345.

Fjell, A. M., & Walhovd, K. B. (2010). Structural brain changes in aging: Courses, causes and cognitive consequences. *Reviews in the Neurosciences*, *21*(3), 187–222.

Fjell, A. M., Grydeland, H., Krogsrud, S. K., Amlien, I., Rohani, D. A., Ferschmann, L., . . . & Bjørnerud, A. (2015). Development and aging of cortical thickness correspond to genetic organization patterns. *Proceedings of the National Academy of Sciences*, *112*(50), 15462–15467.

Fjell, A. M., Westlye, L. T., Amlien, I., Espeseth, T., Reinvang, I., Raz, N., . . . & Dale, A. M. (2009). High consistency of regional cortical thinning in aging across multiple samples. *Cerebral Cortex*, *19*(9), 2001–2012.

Flammarion, S., Santos, C., Guimber, D., Jouannic, L., Thumerelle, C., Gottrand, F., & Deschildre, A. (2011). Diet and nutritional status of children with food allergies. *Pediatric Allergy and Immunology*, *22*(2), 161–165.

Flannagan, C. A., Bowes, J. M., Jonsson, B., Csapo, B., & Sheblanova, E. (1998). Ties that bind: Correlates of adolescents' civic commitment in seven countries. *Journal of Social Issues*, *54*, 457–475.

Flavell, J. H. (2000). Development of children's knowledge about the mental world. *International Journal of Behavioral Development*, *24*(1), 15–23.

Flavell, J. H., Flavell, E. R., & Green, F. L. (1983). Development of the appearance-reality distinction. *Cognitive Psychology*, *15*(1), 95–120.

Flavell, J. H., Green, F. L., & Flavell, E. R. (1986). Development of knowledge about the appearance-reality distinction. *Monographs of the Society for Research in Child Development*, *51*(1, Serial No. 212).

Flavell, J. H., Green, F. L., Flavell, E. R., & Grossman, J. B. (1997). The development of children's knowledge about inner speech. *Child Development*, *68*, 39–47.

Flavell, J. H., Miller, P. H., & Miller, S. A. (2002). *Cognitive development*. Englewood Cliffs, NJ: Prentice Hall.

Flaxman, S. M., & Sherman, P. W. (2008). Morning sickness: Adaptive cause or nonadaptive consequence of embryo viability? *The American Naturalist*, *172*(1), 54–62.

Fleeson, W. (2004). The quality of American life at the end of the century. In O. G. Brim, C. D. Ryff, & R. C. Kessler (Eds.), *How healthy are we? A national study of well-being at midlife* (pp. 252–272). Chicago: University of Chicago Press.

Flegal, K. M., Carroll, M. D., Ogden, C. L., & Curtin, L. R. (2010). Prevalence and trends in obesity among U.S. adults, 1999–2008. *Journal of the American Medical Association*, *303*, 235–241.

Flegal, K. M., Kit, B. K., Orpana, H., & Graubard, B. I. (2013). Association of all-cause mortality with overweight and obesity using standard body mass index categories: A systematic review and meta-analysis. *JAMA*, *309*(1), 71–82.

Fleischman, D. A., Wilson, R. S., Gabrieli, J. D. E., Bienias, J. L., & Bennett, D. A. (2004). A longitudinal study of implicit and explicit memory in old persons. *Psychology and Aging*, *19*(4), 617–625. doi: 10.1037/0882-7974. 19.4.617.

Fleming, B. M. (2010). Suicide from the Golden Gate Bridge. *American Journal of Psychiatry*, *166*(10), 1111–1116.

Flewitt, R., Messer, D., & Kucirkova, N. (2015). New directions for early literacy in a digital age: The iPad. *Journal of Early Childhood Literacy*, *15*(3), 289–310.

Flook, L., & Fuligni, A. J. (2008). Family and school spillover in adolescents' daily lives. *Child Development*, *79*(3), 776–787.

Flook, L., Repetti, R. L., & Ullman, J. B. (2005). Classroom social experiences as predictors of academic performance. *Developmental Psychology*, *41*, 319–327.

Flores, G. (2010). Technical report—racial and ethnic disparities in the health and health care of children. *Pediatrics*, peds-2010.

Flynn, H. K., Felmlee, D. H., & Conger, R. D. (2017). The social context of adolescent friendships: Parents, peers, and romantic partners. *Youth & Society*, *49*(5), 679–705.

Flynn, J. (2013). The changing face of pediatric hypertension in the era of the childhood obesity epidemic. *Pediatric Nephrology*, *28*(7), 1059–1066.

Flynn, J. R. (1984). The mean IQ of Americans: Massive gains 1932 to 1978. *Psychological Bulletin*, *95*, 29–51.

Flynn, J. R. (1987). Massive IQ gains in 14 nations: What IQ tests really measure. *Psychological Bulletin*, *101*, 171–191.

Flynn, J. T., Kaelber, D. C., Baker-Smith, C. M., Blowey, D., Carroll, A. E., Daniels, S. R., . . . & Gidding, S. S. (2017). Clinical practice guideline for screening and management of high blood pressure in children and adolescents. *Pediatrics*, e20171904.

Folmer-Annevelink, E., Doolaard, S., Mascareño, M., & Bosker, R. J. (2010). Class size effects on the number and types of student-teacher interactions in primary classrooms. *The Journal of Classroom Interaction*, 30–38.

Foltz, J. L., Cook, S. R., Szilagyi, P. G., Auinger, P., Stewart, P. A., Bucher, S., & Baldwin, C. D. (2011). US adolescent nutrition, exercise, and screen time baseline levels prior to national recommendations. *Clinical Pediatrics, 50*(5), 424–433.

Fomby, P., & Cherlin, A. J. (2007). Family instability and child well-being. *American Sociological Review, 72*(2), 181–204.

Fong, A., King, E., Duffy, J., Wu, E., Pan, D., & Ogunyemi, D. (2016). Declining VBAC rates despite improved delivery outcomes compared to repeat cesarean delivery [20Q]. *Obstetrics & Gynecology, 127,* 144S.

Fonner, V. A., Armstrong, K. S., Kennedy, C. E., O'Reilly, K. R., & Sweat, M. D. (2014). School based sex education and HIV prevention in low-and middle-income countries: A systematic review and meta-analysis. *PloS One, 9*(3), e89692.

Fontana, L., & Klein, S. (2007). Aging, adiposity, and calorie restriction. *Journal of the American Medical Association, 297,* 986–994.

Fontana, L., Klein, S., & Holloszy, J. (2010). Effects of long-term calorie restriction and endurance exercise on glucose tolerance, insulin action, and adipokine production. *Age, 32*(1), 97–108. doi: 10.1007/s11357-009-9118-z.

Fontanel, B., & d'Harcourt, C. (1997). *Babies, history, art and folklore.* New York: Abrams.

Fontenot, K., Semega, J. L., & Kollar, M. A. (2018). *US Census Bureau, Current Population Reports, P60-263 (RV): Income and poverty in the United States: 2017.* Washington, DC: US Government Printing Office.

Food and Agricultural Organization of the United Nations. (2018). *The state of food security and nutrition in the world* [Report]. Retrieved from www.fao.org/state-of-food-security-nutrition/en/.

Ford, M. T., Heinen, B. A., & Langkamer, K. L. (2007). Work and family satisfaction and conflict: A meta-analysis of cross-domain relations. *Journal of Applied Psychology, 92*(1), 57–80.

Forget-Dubois, N., Dionne, G., Lemelin, J.-P., Pérusse, D., Tremblay, R. E., & Boivin, M. (2009). Early child language mediates the relation between home environment and school readiness. *Child Development, 80,* 736–749. doi: 10.1111/j.1467-8624.2009.01294.x

Forhan, S. E., Gottlieb, S. L., Sternberg, M. R., Xu, F., Datta, D., Berman, S., & Markowitz, L. E. (2008, March 13). *Prevalence of sexually transmitted infections and bacterial vaginosis among female adolescents in the United States: Data from the National Health and Nutritional Examination Survey (NHANES) 2003–2004.* Oral presentation at the meeting of the 2008 National STD Prevention Conference, Chicago.

Forouzanfar, M. H., Alexander, L., Anderson, H. R., Bachman, V. F., Biryukov, S., Brauer, M., . . . & Delwiche, K. (2015). Global, regional, and national comparative risk assessment of 79 behavioural, environmental and occupational, and metabolic risks or clusters of risks in 188 countries, 1990–2013: A systematic analysis for the Global Burden of Disease Study 2013. *The Lancet, 386*(10010), 2287–2323.

Fosco, G. M., & Grych, J. H. (2010). Adolescent triangulation into parental conflicts: Longitudinal implications for appraisals and adolescent-parent relations. *Journal of Marriage and Family, 72*(2), 254–266.

Fosco, G. M., Stormshak, E. A., Dishion, T. J., & Winter, C. E. (2012). Family relationships and parental monitoring during middle school as predictors of early adolescent problem behavior. *Journal of Clinical Child & Adolescent Psychology, 41*(2), 202–213.

Foster, E. M., & Watkins, S. (2010). The value of reanalysis: TV viewing and attention problems. *Child Development, 81*(1), 368–375. doi: 10.1111/j.1467-8624.2009.01400.x.

Foster, G. D., Sherman, S., Borradaile, K. E., Grundy, K. M., Vander Veur, S. S., Nachmani, J., . . . & Shults, J. (2008). A policy-based school intervention to prevent overweight and obesity. *Pediatrics, 121*(4), e794–e802.

Foulstone, A. R., Kelly, A. B., & Kifle, T. (2017). Partner influences on smoking cessation: A longitudinal study of couple relationships. *Journal of Substance Use, 22*(5), 501–506.

Foundation Fighting Blindness. (2005). *Macular degeneration—Treatments.* Retrieved from www.blindness.org/disease/treatmentdetail.asp?typed52&id56.

Foundation Fighting Blindness. (2017). *Macular degeneration: Available treatments.* Retrieved from www.blindness.org/macular-degeneration#available-treatments.

Foundation for Child Development. (2010). *Child and youth well-being index.* Retrieved from http://www.fcd-us.org/sites/default/files/FINAL%202010%20CWI%20Annual%20Release.pdf.

Foundation for Child Development. (2015). *Children's experience with parental employment insecurity and income inequality.* Retrieved from www.fcd-us.org/childrens-experience-parental-employment-insecurity-family-income-inequality/.

Fox, N. A., Hane, A. A., & Pine, D. S. (2007). Plasticity for affective neurocircuitry: How the environment affects gene expression. *Current Directions in Psychological Science, 16*(1), 1–5.

Fox, N. A., Henderson, H. A., Rubin, K. H., Calkins, S. D., & Schmidt, L. A. (2001). Continuity and discontinuity of behavioral inhibition and exuberance: Psychophysiological and behavioral influences across the first four years of life. *Child Development, 72*(1), 1–21.

Franceschi, R., Gaudino, R., Marcolongo, A., Gallo, M. C., Rossi, L., Antoniazzi, F., & Tatò, L. (2010). Prevalence of polycystic ovary syndrome in young women who had idiopathic central precocious puberty. *Fertility and Sterility, 93*(4), 1185–1191.

Francis, P., Mc Cormack, W., Toomey, C., Norton, C., Saunders, J., Kerin, E., . . . & Jakeman, P. (2017). Twelve weeks' progressive resistance training combined with protein supplementation beyond habitual intakes increases upper leg lean tissue mass, muscle strength and extended gait speed in healthy older women. *Biogerontology, 18*(6), 881–891.

Francis-Tan, A., & Mialon, H. M. (2015). "A diamond is forever" and other fairy tales: The relationship between wedding expenses and marriage duration. *Economic Inquiry, 53*(4), 1919–1930.

Franconi, F., Brunelleschi, S., Steardo, L., & Cuomo, V. (2007). Gender differences in drug responses. *Pharmacological Research, 55,* 81–95.

Frankenburg, W. K., Dodds, J., Archer, P., Bresnick, B., Maschka, P., Edelman, N., & Shapiro, H. (1992). *Denver II training manual.* Denver: Denver Developmental Materials.

Frankenburg, W. K., Dodds, J. B., Fandal, A. W., Kazuk, E., & Cohrs, M. (1975). *The Denver Developmental Screening Test: Reference manual.* Denver: University of Colorado Medical Center.

Franks, M. M., Pienta, A. M., & Wray, L. A. (2002). It takes two: Marriage and smoking cessation in the middle years. *Journal of Aging and Health, 14*(3), 336–354.

Franks, P. W., Hanson, R. L., Knowler, W. C., Sievers, M. L., Bennett, P. H., & Looker, H. C. (2010). Childhood obesity, other cardiovascular risk factors and premature death. *New England Journal of Medicine, 362*(6), 485–493.

Franks, S. (2009). Polycystic ovary syndrome. *Medicine, 37*(9), 441–444.

Freak-Poli, R., Kirkman, M., Lima, G. D. C., Direk, N., Franco, O. H., & Tiemeier, H. (2017). Sexual activity and physical tenderness in older adults: Cross-sectional prevalence and associated characteristics. *The Journal of Sexual Medicine, 14*(7), 918–927.

Fredricks, J. A., & Eccles, J. S. (2010). Breadth of extracurricular participation and adolescent adjustment among African-American and European-American youth. *Journal of Research on Adolescence, 20*(2), 307–333.

Fredrickson, B. L., Tugade, M. M., Waugh, C. E., & Larkin, G. R. (2003). What good are positive emotions in crisis? A prospective study of resilience and emotions following the terrorist attacks on the United States on September 11th, 2001. *Journal of Personality and Social Psychology, 84*(2), 365.

Fredriksen-Goldsen, K. I., & Muraco, A. (2010). Aging and sexual orientation: A 25-year review of the literature. *Research on Aging, 32*(3), 372–413.

Freeark, K., Rosenberg, E. B., Bornstein, J., Jozefowicz-Simbeni, D., Linkevich, M., & Lohnes, K. (2005). Gender differences and dynamics shaping the adoption life cycle: Review of the literature and recommendations. *American Journal of Orthopsychiatry, 75,* 86–101.

Freeman, C. (2004). *Trends in educational equity of girls & women: 2004* (NCES 2005-016). Washington, DC: National Center for Education Statistics.

Freid, V. M., & Bernstein, A. B. (2010). Health care utilization among adults aged 55–64 years: How has it changed over the past 10 years? *NCHS*

Data Brief, 32. Hyattsville, MD: National Center for Health Statistics.

Fremont, W. P. (2004). Childhood reactions to terrorism-induced trauma: A review of the past 10 years. *Journal of the American Academy of Child and Adolescent Psychiatry, 43*, 381–392

French, D. C., Purwono, U., & Rodkin, P. C. (2012). Religiosity of adolescents and their friends and network associates: Homophily and associations with antisocial behavior. *Journal of Research on Adolescence, 22*, 326–333. doi:10.1111/j.1532-7795.2012.00778.x.

French, R. M., Mareschal, D., Mermillod, M., & Quinn, P. C. (2004). The role of bottom-up processing in perceptual categorization by 3- to 4-month old infants: Simulations and data. *Journal of Experimental Psychology: General, 133*(3), 382–397.

French, S. E., Seidman, E., Allen, L., & Aber, J. L. (2006). The development of ethnic identity during adolescence. *Developmental Psychology, 42*, 1–10.

Frey, K. S., Hirschstein, M. K., Snell, J. L., Edstrom, L. V. S., MacKenzie, E. P., & Broderick, C. J. (2005). Reducing playground bullying and supporting beliefs: An experimental trial of the Steps to Respect program. *Developmental Psychology, 41*, 479–491.

Friedemann, M. L., & Buckwalter, K. C. (2014). Family caregiver role and burden related to gender and family relationships. *Journal of Family Nursing, 20*(3), 313–336.

Friederici, A. D. (2011). The brain basis of language processing: From structure to function. *Physiological Reviews, 91*(4), 1357–1392.

Friedman, B., Santos, E. J., Liebel, D. V., Russ, A. J., & Conwell, Y. (2015). Longitudinal prevalence and correlates of elder mistreatment among older adults receiving home visiting nursing. *Journal of Elder Abuse & Neglect, 27*(1), 34–64.

Friedman, H. S., & Kern, M. L. (2014). Personality, well-being, and health. *Annual Review of Psychology, 65*.

Friend, R. A. (1991). Older lesbian and gay people: A theory of successful aging. In J. A. Lee (Ed.), *Gay midlife and maturity* (pp. 99–118). New York: Haworth

Fries, A. B. W., Ziegler, T. E., Kurian, J. R., Jacoris, S., & Pollak, S. D. (2005). Early experiences in humans is associated with changes in neuropeptides critical for regulating social behavior. *Proceedings of the National Academy of Sciences, USA, 102*, 17237–17240.

Fries, J. F., Bruce, B., & Chakravarty, E. (2011). Compression of morbidity 1980–2011: A focused review of paradigms and progress. *Journal of Aging Research, 2011*.

Friesen, M. D., John Horwood, L., Fergusson, D. M., & Woodward, L. J. (2017). Exposure to parental separation in childhood and later parenting quality as an adult: Evidence from a 30-year longitudinal study. *Journal of Child Psychology and Psychiatry, 58*(1), 30–37.

Frisoli, T. M., Schmieder, R. E., Grodzicki, T., & Messerli, F. H. (2011). Beyond salt: Lifestyle modifications and blood pressure. *European Heart Journal, 32*(24), 3081–3087.

Froehlich, T. E., Lanphear, B. P., Auinger, P., Hornung, R., Epstein, J. N., Braun, J., & Kahn, R. S. (2009). Association of tobacco and lead exposures with attention-deficit/hyperactivity disorder. *Pediatrics, 124*(6), e1054–e1063. doi: 10.1542/peds.2009-0738.

Fromkin, V., Krashen, S., Curtiss, S., Rigler, D., & Rigler, M. (1974). The development of language in Genie: Acquisition beyond the "critical period." *Brain and Language, 1*(9), 28–34.

Frost, D. M., & Meyer, I. H. (2009). Internalized homophobia and relationship quality among lesbians, gay men and bisexuals. *Journal of Counseling Psychology, 56*(1), 97–109.

Fryar, C. D., Carroll, M. D., & Ogden, C. (2016). Prevalence of overweight and obesity among children and adolescents aged 2–19 Years: United States, 1963–1965 through 2013–2014. *Health E-Stats*.

Fryar, C. D., Carroll, M. D., & Ogden, C. L. (2018b). Prevalence of overweight, obesity, and severe obesity among children and adolescents aged 2–19 years: United States, 1963–1965 through 2015–2016. *Health E-Stats*, 1–6. Hyattsville, MD: National Center for Health Statistics.

Fryar, C. D., Gu, Q., & Flegal, K. M. (2016). Anthropometric reference data for children and adults: United States, 2011–2014. *Vital Health Statistics, 3*(39). Hyattsville, MD: National Center for Health Statistics.

Fryar, C. D., Gu, Q., Ogden, C. L., & Flegal, K. M. (2016). Anthropometric reference data for children and adults; United States, 2011-2014. *Vital Health Statistics, 3*(39), 1–46. Hyattsville, MD: National Center for Health Statistics.

Frye, C., Bo, E., Calamandrei, G., Calza, L., Dessì-Fulgheri, F., Fernández, M., . . . & Patisaul, H. B. (2012). Endocrine disrupters: A review of some sources, effects, and mechanisms of actions on behaviour and neuroendocrine systems. *Journal of Neuroendocrinology, 24*(1), 144–159.

Frye, D. (2014). *Children's theories of mind: Mental states and social understanding*. London: Psychology Press.

Fu, P., Gibson, C. J., Mendes, W. B., Schembri, M., & Huang, A. J. (2018). Anxiety, depressive symptoms, and cardiac autonomic function in perimenopausal and postmenopausal women with hot flashes: A brief report. *Menopause, 25*(12), 1470–1475.

Fuchs, C. S., Stampfer, M. J., Colditz, G. A., Giovannucci, E. L., Manson, J. E., Kawachi, I., . . . Willett, W. C. (1995). Alcohol consumption and mortality among women. *New England Journal of Medicine, 332*, 1245–1250.

Fui, M. N. T., Dupuis, P., & Grossmann, M. (2014). Lowered testosterone in male obesity: Mechanisms, morbidity and management. *Asian Journal of Andrology, 16*(2), 223.

Fui, M. N. T., Prendergast, L. A., Dupuis, P., Raval, M., Strauss, B. J., Zajac, J. D., & Grossmann, M. (2016). Effects of testosterone treatment on body fat and lean mass in obese men on a hypocaloric diet: A randomized controlled trial. *BMC Medicine, 14*. doi: 10.1186/s12916-016-0700-9.

Fuligni, A. J., Eccles, J. S., Barber, B. L., & Clements, P. (2001). Early adolescent peer orientation and adjustment during high school. *Developmental Psychology, 37*(1), 28–36.

Fuller, J. N., Frost, A. M., & Burr, B. K. (2015). Exploring the impact of religiosity and socioeconomic factors on perceived ideal timing of marriage in young adults. *Journal of Student Research, 4*(1), 120–129.

Fuller-Iglesias, H. R., Webster, N. J., & Antonucci, T. C. (2015). The complex nature of family support across the lifespan: Implications for psychological well-being. *Developmental Psychology, 51*, 277–288.

Fulop, T., Witkowski, J. M., Pawelec, G., Alan, C., & Larbi, A. (2014). On the immunological theory of aging. In L. Robert & T. Fulop (Eds.), *Aging: Facts and Theories* (Vol. 39, pp. 163–176). Basel, Switzerland: Karger Publishers.

Fulton, R., & Owen, G. (1987-1988). Death and society in twentieth-century America. *Omega: Journal of Death and Dying, 18*(4), 379–395.

Fung, H. H., Carstensen, L. L., & Lang, F. R. (2001). Age-related patterns in social networks among European-Americans and African-Americans: Implications for socioemotional selectivity across the life span. *International Journal of Aging and Human Development, 52*, 185–206.

Funk, C., & Parker, K. (2018). *Women and men in STEM often at odds over workplace equity*. Retrieved from www.pewsocialtrends.org/2018/01/09/women-and-men-in-stem-often-at-odds-over-workplace-equity/.

Fuqua, J. S. (2013). Treatment and outcomes of precocious puberty: An update. *The Journal of Clinical Endocrinology & Metabolism, 98*(6), 2198–2207.

Furman, W., & Bierman, K. L. (1983). Developmental changes in young children's conception of friendship. *Child Development, 54*, 549–556.

Furman, W., & Buhrmester, D. (1985). Children's perceptions of the personal relationships in their social networks. *Developmental Psychology, 21*, 1016–1024.

Furman, W., & Wehner, E. A. (1997). Adolescent romantic relationships: A developmental perspective. In S. Shulman & A. Collins (Eds.), *Romantic relationships in adolescence: Developmental perspectives* (New Directions for Child and Adolescent Development, No. 78, pp. 21–36). San Francisco: Jossey-Bass.

Furstenberg, F. F., Jr., Rumbaut, R. G., & Setterstein, R. A., Jr. (2005). On the frontier of adulthood: Emerging themes and new directions. In R. A. Settersten Jr., F. F. Furstenberg Jr., & R. G. Rumbaut (Eds.), *On the frontier of adulthood: Theory, research, and public policy* (pp. 3–25). Chicago: University of Chicago Press.

Furukawa, E., Tangney, J., & Higashibara, F. (2012). Cross-cultural continuities and discontinuities in shame, guilt, and pride: A study of children residing in Japan, Korea and the USA. *Self and Identity, 11*(1), 90–113.

Gabbard, C. P. (1996). *Lifelong motor development* (2nd ed.). Madison, WI: Brown & Benchmark.

Gabhainn, S., & François, Y. (2000). Substance use. In C. Currie, K. Hurrelmann, W. Settertobulte, R. Smith, & J. Todd (Eds.), Health behaviour in school-aged children: A WHO cross-national study (HBSC) international report (pp. 97–114). *WHO Policy Series: Healthy Policy for Children and Adolescents, Series No. 1.* Copenhagen, Denmark: World Health Organization Regional Office for Europe.

Gaertner, J., Siemens, W., Meerpohl, J. J., Antes, G., Meffert, C., Xander, C., . . . & Becker, G. (2017). Effect of specialist palliative care services on quality of life in adults with advanced incurable illness in hospital, hospice, or community settings: Systematic review and meta-analysis. *BMJ, 357*, j2925.

Gaffney, M., Gamble, M., Costa, P., Holstrum, J., & Boyle, C. (2003). Infants tested for hearing loss—United States, 1999–2001. *Morbidity and Mortality Weekly Report, 51*, 981–984.

Gagne, J. R., & Saudino, K. J. (2010). Wait for it! A twin study of inhibitory control in early childhood. *Behavioral Genetics, 40*(3), 327–337.

Gaillard, R., Steegers, E. A. P., Franco, O. H., Hofman, A., & Jaddoe, V. W. V. (2015). Maternal weight gain in different periods of pregnancy and childhood cardio-metabolic outcomes. The Generation R Study. *International Journal of Obesity, 39*(4), 677.

Galanaki, E. P. (2012). The imaginary audience and the personal fable: A test of Elkind's theory of adolescent egocentrism. *Psychology, 3*(6), 457.

Gallagher, W. (1993, May). Midlife myths. *Atlantic Monthly*, pp. 51–68.

Galland, B. C., Taylor, B. J., Elder, D. E., & Herbison, P. (2012). Normal sleep patterns in infants and children: A systematic review of observational studies. *Sleep Medicine Reviews, 16*(3), 213–222.

Gallo, L. C., Troxel, W. M., Matthews, K. A., & Kuller, L. H. (2003). Marital status and quality in middle-aged women: Associations with levels and trajectories of cardiovascular risk factors. *Health Psychology, 22*, 453–463.

Gallup News. (2017). *In U.S., 10.2% or LGBT adults now married to same-sex couple.* Retrieved from http://news.gallup.com/poll/212702/lgbt-adults-married-sex-spouse.aspx?utm_source5alert&utm_medium5email&utm_content5morelink&utm_campaign5syndication.

Galobardes, B., Smith, G. D., & Lynch, J. W. (2006). Systematic review of the influence of childhood socioeconomic circumstances on risk for cardiovascular disease in adulthood. *Annals of Epidemiology, 16*, 91–104.

Galotti, K. M., Komatsu, L. K., & Voelz, S. (1997). Children's differential performance on deductive and inductive syllogisms. *Developmental Psychology, 33*, 70–78.

Galvao, T. F., Silva, M. T., Zimmermann, I. R., Souza, K. M., Martins, S. S., & Pereira, M. G. (2014). Pubertal timing in girls and depression: A systematic review. *Journal of Affective Disorders, 155*, 13–19.

Gameiro, S., & Finnigan, A. (2017). Long-term adjustment to unmet parenthood goals following ART: A systematic review and meta-analysis. *Human Reproduction Update, 23*(3), 322–337.

Ganger, J., & Brent, M. R. (2004). Reexamining the vocabulary spurt. *Developmental Psychology, 40*, 621–632.

Gangwisch, J. E., Heymsfield, S. B., Boden-Albala, B., Buijs, R. M., Kreier, F., Opler, M. G., . . . Pickering, T. G. (2008). Sleep duration associated with mortality in elderly, but not middle-aged, adults in a large U.S. sample. *Sleep, 31*(8), 1087–1096.

Gans, J. E. (1990). *America's adolescents: How healthy are they?* Chicago: American Medical Association.

Gao, G. (2015). *Americans' ideal family size is smaller than it used to be* [News brief]. Washington, DC: Pew Research Center. Retrieved from www.pewresearch.org/fact-tank/2015/05/08/ideal-size-of-the-american-family/.

Gao, M., & Slaven, M. (2017). Best practices in children's bereavement. In B. Henry, A. Agarwal, E. Chow, & J. Merrick (Eds.), *Health and human development. Palliative care: Psychosocial and ethical considerations* (pp. 191-204). Hauppauge, NY: Nova Biomedical Books.

Garandeau, C. F., Ahn, H. J., & Rodkin, P. C. (2011). The social status of aggressive students across contexts: The role of classroom status hierarchy, academic achievement, and grade. *Developmental Psychology, 47*(6), 1699.

Garandeau, C. F., Wilson, T., & Rodkin, P. C. (2010). The popularity of elementary school bullies in gender and racial context. In S. Jimerson, S. Swearer, & D. Espelage (Eds.), *International handbook of school bullying: An international perspective* (pp. 119–136). New York: Routledge.

Garces, A., McClure, E., Chomba, E., Patel, A., Pasha, O., Tshefu, A., et al. (2011). Home birth attendants in low income countries: Who are they and what do they do? *BMC Pregnancy and Childbirth.* Retrieved from https://bmcpregnancychildbirth.biomedcentral.com/articles/10.1186/1471-2393-12-34.

Garcia, F., & Gracia, E. (2009). Is always authoritative the optimum parenting style? Evidence from Spanish families. *Adolescence, 44*(173), 101.

Gard, T., Hölzel, B. K., & Lazar, S. W. (2014). The potential effects of meditation on age-related cognitive decline: A systematic review. *Annals of the New York Academy of Sciences, 1307*(1), 89–103.

Gardiner, H. W., & Kosmitzki, C. (2005). *Lives across cultures: Cross-cultural human development.* Boston: Allyn & Bacon.

Gardner, A. T., de Vries, B., & Mockus, D. S. (2014). Aging out in the desert: Disclosure, acceptance, and service use among midlife and older lesbians and gay men. *Journal of Homosexuality, 61*(1), 129–144.

Gardner, H. (1993). *Frames of mind: The theory of multiple intelligences.* New York: Basic Books. (Original work published 1983)

Gardner, H. (1995). Reflections on multiple intelligences: Myths and messages. *Phi Delta Kappan,* pp. 200–209.

Gardner, H. (1998). Are there additional intelligences? In J. Kane (Ed.), *Education, information, and transformation: Essays on learning and thinking.* Englewood Cliffs, NJ: Prentice Hall.

Gardner, M., & Steinberg, L. (2005). Peer influence on risk taking, risk preference, and risky decision making in adolescence and adulthood: An experimental study. *Developmental Psychology, 41*, 625–635.

Garlick, D. (2003). Integrating brain science research with intelligence research. *Current Directions in Psychological Science, 12*, 185–192.

Garn, A. C., Matthews, M. S., & Jolly, J. L. (2010). Parental influences on the academic motivation of gifted students: A self-determination theory perspective. *Gifted Child Quarterly, 54*(4), 263–272.

Garner, A. A., Miller, M. M., Field, J., Noe, O., Smith, Z., & Beebe, D. W. (2015). Impact of experimentally manipulated sleep on adolescent simulated driving. *Sleep Medicine, 16*(6), 796–799.

Garnick, M. B. (2015). Testosterone replacement therapy faces FDA scrutiny. *JAMA*, 313, 563.

Garthe, R. C., Sullivan, T. N., & McDaniel, M. A. (2017). A meta-analytic review of peer risk factors and adolescent dating violence. *Psychology of Violence, 7*(1), 45.

Gartstein, M. A., Bogale, W., & Meehan, C. L. (2016). Adaptation of the infant behavior questionnaire-revised for use in Ethiopia: Expanding cross-cultural investigation of temperament development. *Infant Behavior and Development, 45*, 51–63.

Gartstein, M. A., Slobodskaya, H. R., Olaf Zylicz, P., Gosztyla, D., & Nakagawa, A. (2010). A cross-cultural evaluation of temperament: Japan, USA, Poland and Russia. *International Journal of Psychology and Psychological Therapy, 10*(1).

Garwood, S. K., Gerassi, L., Jonson-Reid, M., Plax, K., & Drake, B. (2015). More than poverty: The effect of child abuse and neglect on teen pregnancy risk. *Journal of Adolescent Health, 57*(2), 164–168.

Gasana, J., Dillikar, D., Mendy, A., Forno, E., & Vieira, E. R. (2012). Motor vehicle air pollution and asthma in children: A meta-analysis. *Environmental Research, 117*, 36–45.

Gates, G. J. (2011). *How many people are lesbian, gay, bisexual, and transgender?* Retrieved from http://williamsinstitute.law.ucla.edu/wp-content/uploads/GatesHow-Many-People-LGBT-Apr-2011.pdf.

aGathercole, S. E., & Alloway, T. P. (2008). *Working memory and learning: A practical guide.* Thousand Oaks, CA: Sage.

Gathercole, S. E., Pickering, S. J., Ambridge, B., & Wearing, H. (2004). The structure of working memory from 4 to 15 years of age. *Developmental Psychology, 40*(2), 177.

Gattis, K. S., Berns, S., Simpson, L. E., & Christensen, A. (2004). Birds of a feather or strange birds? Ties among personality dimensions, similarity, and marital quality. *Journal of Family Psychology, 18*, 564–574.

Gauthier, A. H., & Furstenberg, F. F., Jr. (2005). Historical trends in patterns of time use among young adults in developed countries. In R. A. Settersten Jr., F. F. Furstenberg Jr., & R. G. Rumbaut (Eds.), *On the frontier of adulthood: Theory, research, and public policy* (pp. 150–176). Chicago: University of Chicago Press.

Gazes, R. P., Hampton, R. R., & Lourenco, S. F. (2017). Transitive inference of social dominance by human infants. *Developmental Science, 20*(2).

Gazzaley, A., & Nobre, A. C. (2012). Top-down modulation: Bridging selective attention and working memory. *Trends in Cognitive Sciences, 16*(2), 129–135.

Ge, X., Brody, G. H., Conger, R. D., Simons, R. L., & Murry, V. (2002). Contextual amplification of pubertal transitional effect on African American children's problem behaviors. *Developmental Psychology, 38*, 42–54.

Ge, X., Conger, R. D., & Elder, G. H., Jr. (2001). Pubertal transition, stressful life events, and the emergence of gender differences in adolescent depressive symptoms. *Developmental Psychology, 37*(3), 404.

Geangu, E., Benga, O., Stahl, D., & Striano, T. (2010). Contagious crying beyond the first days of life. *Infant Behavior and Development, 33*(3), 279–288.

Geary, D. C. (2006). Development of mathematical understanding. In W. Damon (Ed.), & D. Kuhl & R. S. Siegler (Vol. Eds.), *Handbook of child psychology: Cognition, perception, and language, Vol 2*. (6th ed., pp. 777–810). Hoboken, NJ: Wiley.

Gee, J., Naleway, A., Shui, I., Baggs, J., Yin, R., Li, R., . . . & Klein, N. P. (2011). Monitoring the safety of quadrivalent human papillomavirus vaccine: Findings from the Vaccine Safety Datalink. *Vaccine, 29*(46), 8279–8284.

Geen, R. (2004). The evolution of kinship care: Policy and practice. *Future of Children, 14*(1). (David and Lucile Packard Foundation.) Retrieved from www.futureofchildren.org.

Geerligs, L., Renken, R. J., Saliasi, E., Maurits, N. M., & Lorist, M. M. (2014). A brain-wide study of age-related changes in functional connectivity. *Cerebral Cortex, 25*(7), 1987–1999.

Geiger, A., & Livingston, G. (2019). *8 facts about love and marriage in America* [Pew Research Center news report]. Retrieved from www.pewresearch.org/fact-tank/2019/02/13/8-facts-about-love-and-marriage/.

Geiger, P. J., Boggero, I. A., Brake, C. A., Caldera, C. A., Combs, H. L., Peters, J. R., & Baer, R. A. (2016). Mindfulness-based interventions for older adults: A review of the effects on physical and emotional well-being. *Mindfulness, 7*(2), 296–307.

Gelman, R. (2006). Young natural-number mathematicians. *Current Directions in Psychological Science, 15*, 193–197.

Gelman, R., Spelke, E. S., & Meck, E. (1983). What preschoolers know about animate and inanimate objects. In D. R. Rogers & J. S. Sloboda (Eds.), *The acquisition of symbolic skills* (pp. 297–326). New York: Plenum Press.

Gelman, S. A., Taylor, M. G., Nguyen, S. P., Leaper, C., & Bigler, R. S. (2004). Mother-child conversations about gender: Understanding the acquisition of essentialist beliefs. *Monographs of the Society for Research in Child Development*, i-142.

Gelstein, S., Yeshurun, Y., Rosenkrantz, S., Shushan, S., Frumin, I., Roth, Y., & Sobel, N. (2011). Human tears contain a chemosignal. *Science, 331*(6014), 226–230. doi: 10.1126/science.1198331.

Genesee, F., Nicoladis, E., & Paradis, J. (1995). Language differentiation in early bilingual development. *Journal of Child Language, 22*, 611–631.

Gentile, D. (2009). Pathological video-game use among youth ages 8 to 18: A national study. *Psychological Science, 20*(5), 594–602.

Gentile, D. A., Bender, P. K., & Anderson, C. A. (2017). Violent video game effects on salivary cortisol, arousal, and aggressive thoughts in children. *Computers in Human Behavior, 70*, 39–43.

Genworth. (2018). Genworth cost of care survey: Median cost data tables. Retrieved from https://pro.genworth.com/riiproweb/productinfo/pdf/282102.pdf.

Georganopoulou, D. G., Chang, L., Nam, J.-M., Thaxton, C. S., Mufson, E. J., Klein, W. L., & Mirkin, C. A. (2005). Nanoparticle-based detection in cerebral spinal fluid of a soluble pathogenic biomarker for Alzheimer's disease. *Proceedings of the National Academy of Sciences, 102*, 2273–2276.

George, C., Kaplan, N., & Main, M. (1985). *The Berkeley Adult Attachment Interview*. [Unpublished protocol]. Department of Psychology, University of California, Berkeley.

Geraci, L., McDaniel, M. A., Manzano, I., & Roediger, H. L. (2009). The influence of age on memory for distinctive events. *Memory & Cognition, 37*(2), 175–180.

Gernhardt, A., Rübeling, H., & Keller, H. (2014). Self- and family-conceptions of Turkish migrant, native German, and native Turkish children: A comparison of children's drawings. *International Journal of Intercultural Relations, 40*, 154–166.

Gershoff, E. T. (2010). More harm than good: A summary of scientific research on the intended and unintended effects of corporal punishment on children. *Law and Contemporary Problems, 73*(2), 31–56.

Gershoff, E. T. (2013). Spanking and child development: We know enough now to stop hitting our children. *Child Development Perspectives, 7*(3), 133–137.

Gershoff, E. T., & Font, S. A. (2016). Corporal punishment in U.S. public schools: Prevalence, disparities in use, and status in state and federal policy. *Social Policy Report, 30*.

Gershoff, E. T., Grogan-Kaylor, A., Lansford, J. E., Chang, L., Zelli, A., Deater-Deckard, K., & Dodge, K. A. (2010). Parent discipline practices in an international sample: Associations with child behaviors and moderation by perceived normativeness. *Child Development, 81*(2), 487–502.

Gershoff, E. T., Lansford, J. E., Sexton, H. R., Davis-Kean, P., & Sameroff, A. J. (2012). Longitudinal links between spanking and children's externalizing behaviors in a national sample of white, black, Hispanic, and Asian American families. *Child Development, 83*(3), 838–843.

Gerstorf, D., & Ram, N. (2013). Inquiry into terminal decline: Five objectives for future study. *The Gerontologist, 53*(5), 727–737.

Gerstorf, D., Ram, N., Mayraz, G., Hidajat, M., Lindenberger, U., Wagner, G. G., & Schupp, J. (2010). Late-life decline in well-being across adulthood in Germany, the United Kingdom, and the United States: Something is seriously wrong at the end of life. *Psychology and Aging, 25*(2), 477.

Gervain, J., & Mehler, J. (2010). Speech perception and language acquisition in the first year of life. *Annual Review of Psychology, 61*, 191–218.

Gest, S. D. (1997). Behavioral inhibition: Stability and associations with adaptation from childhood to early adulthood. *Journal of Personality and Social Psychology, 72*(2), 467.

Getzels, J. W. (1984, March). *Problem finding in creativity in higher education*. The Fifth Rev. Charles F. Donovan, S. J., Lecture, Boston College, School of Education, Boston.

Getzels, J. W., & Jackson, P. W. (1963). The highly intelligent and the highly creative adolescent: A summary of some research findings. In C. W. Taylor & F. Baron (Eds.), *Scientific creativity: Its recognition and development* (pp. 161–172). New York: Wiley.

Geuze, R. H., Schaafsma, S. M., Lust, J. M., Bouma, A., Schiefenhövel, W., & Groothuis, T. G. (2012). Plasticity of lateralization: Schooling predicts hand preference but not hand skill asymmetry in a non-industrial society. *Neuropsychologia, 50*(5), 612–620.

Gibaldi, C. P. (2013). The changing trends of retirement: Baby boomers leading the charge. *Review of Business, 34*(1), 50.

Gibbons, L., Belizan, J. M., Lauer, J. A., Betran, A. P., Merialdi, M., & Althabe, F. (2010). The global numbers and costs of additionally needed and unnecessary caesarean sections performed per year: Overuse as a barrier to universal coverage. *World Health Report, 30*.

Gibbs, J. C. (1991). Toward an integration of Kohlberg's and Hoffman's theories of moral development. In W. M. Kurtines & J. L. Gewirtz (Eds.), *Handbook of moral behavior and development: Advances in theory, research, and application* (Vol. 1). Hillsdale, NJ: Erlbaum.

Gibbs, J. C. (1995). The cognitive developmental perspective. In W. M. Kurtines & J. L. Gewirtz (Eds.), *Moral development: An introduction*. Boston: Allyn & Bacon.

Gibbs, J. C., & Schnell, S. V. (1985). Moral development "versus" socialization. *American Psychologist, 40*(10), 1071–1080.

Gibson, E. J. (1969). *Principles of perceptual learning and development*. New York: Appleton-Century-Crofts.

Gibson, E. J., & Walker, A. S. (1984). Development of knowledge of visual tactual affordances of substance. *Child Development, 55*, 453–460.

Gibson, J. J. (1979). *The ecological approach to visual perception*. Boston: Houghton-Mifflin.

Gibson, S. C., & Greene, E. (2013). Assessing knowledge of elder financial abuse: A first step in enhancing prosecutions. *Journal of Elder Abuse and Neglect, 25*, 162–182.

Giedd, J. N., & Rapoport, J. L. (2010). Structural MRI of pediatric brain development: What have we learned and where are we going? *Neuron, 67*(5), 728–734.

Gierveld, J. D. J. (2015). Intra-couple caregiving of older adults living apart together: Commitment and independence. *Canadian Journal on Aging/La Revue canadienne du vieillissement, 34*(3), 356–365.

Gierveld, J. D. J., & Dykstra, P. A. (2008). Virtue is its own reward? Support-giving in the family and loneliness in middle and old age. *Ageing and Society, 28*(2), 271–287.

Gill, J., & Moore, M. J. (2013). *The state of aging and health in America 2013*. Atlanta, GA: Centers for Disease Control and Prevention, U.S. Department of Health and Human Services.

Gillen, M. M., & Lefkowitz, E. S. (2012). Gender and racial/ethnic differences in body image development among college students. *Body Image, 9*(1), 126–130.

Gillespie, B. J. (2017). Correlates of sex frequency and sexual satisfaction among partnered older adults. *Journal of Sex & Marital Therapy, 43*(5), 403–423.

Gilligan, C. (1982/1993). *In a different voice: Psychological theory and women's development*. Cambridge, MA: Harvard University Press.

Gilligan, M., Suitor, J., Nam, S., Routh, B., Rurka, M., & Con, G. (2017). Family networks and psychological well-being in midlife. *Social Sciences, 6*(3), 94.

Gilmore, J., Lin, W., Prastawa, M. W., Looney, C. B., Vetsa, Y. S. K., Knickmeyer, R. C., . . . Gerig, G. (2007). Regional gray matter growth, sexual dimorphism, and cerebral asymmetry in the neonatal brain. *Journal of Neuroscience, 27*(6), 1255–1260.

Gilovich, T., Kumar, A., & Jampol, L. (2015). A wonderful life: Experiential consumption and the pursuit of happiness. *Journal of Consumer Psychology, 25*(1), 152–165.

Giménez, M., & Harris, P. (2005). Children's acceptance of conflicting testimony: The case of death. *Journal of Cognition and Culture, 5*(1–2), 143–164.

Giménez-Dasí, M., Pons, F., & Bender, P. K. (2016). Imaginary companions, theory of mind and emotion understanding in young children. *European Early Childhood Education Research Journal, 24*(2), 186–197.

Ginsburg, H., & Opper, S. (1979). *Piaget's theory of intellectual development* (2nd ed.). Englewood Cliffs, NJ: Prentice Hall.

Giordano, P. C., Cernkovich, S. A., & DeMaris, A. (1993). The family and peer relations of black adolescents. *Journal of Marriage and Family, 55*, 277–287.

Giordano, P. C., Longmore, M. A., & Manning, W. D. (2006). Gender and the meanings of adolescent romantic relationships: A focus on boys. *American Sociological Review, 71*(2), 260–287.

Giri, B. (2016). Fluoride fact on human health and health problems: A review. *Medical & Clinical Reviews, 2*(1).

Giscombé, C. L., & Lobel, M. (2005). Explaining disproportionately high rates of adverse birth outcomes among African Americans: The impact of stress, racism, and related factors in pregnancy. *Psychological Bulletin, 131*, 662–683.

Gladyshev, V. N. (2014). The free radical theory of aging is dead. Long live the damage theory! *Antioxidants & Redox Signaling, 20*(4), 727–731.

Glaser, D. (2000). Child abuse and neglect and the brain: A review. *Journal of Child Psychiatry, 41*, 97–116.

Glaser, K., Price, D., Di Gessa, G., Ribe, E., Stuchbury, R., & Tinker, A. (2013). *Grandparenting in Europe: Family policy and grandparents' role in providing childcare* [Grandparents plus report].

Glaser, K., Stuchbury, R., Price, D., Di Gessa, G., Ribe, E., & Tinker, A. (2018). Trends in the prevalence of grandparents living with grandchild(ren) in selected European countries and the United States. *European Journal of Ageing, 15*(3), 237–250.

Glass, H. C., Costarino, A. T., Stayer, S. A., Brett, C., Cladis, F., & Davis, P. J. (2015). Outcomes for extremely premature infants. *Anesthesia and Analgesia, 120*(6), 1337.

Glaucoma Research Foundation. (2010). *Four key facts about glaucoma*. Retrieved from http://www.glaucoma.org/learn/glaucoma_facts.php.

Glaucoma Research Foundation. (2017). *Four key facts about glaucoma*. Retrieved from www.glaucoma.org/glaucoma/glaucoma-facts-and-stats.php.

Gleason, T. R., & Kalpidou, M. (2014). Imaginary companions and young children's coping and competence. *Social Development, 23*(4), 820–839.

Gleason, T. R., Sebanc, A. M., & Hartup, W. W. (2000). Imaginary companions of preschool children. *Developmental Psychology, 36*, 419–428.

Glenn, N., & Marquardt, E. (2001). *Hooking up, hanging out, and hoping for Mr. Right: College women on dating and mating today*. New York: Institute for American Values.

Glick, G. C., & Rose, A. J. (2011). Prospective associations between friendship adjustment and social strategies: Friendship as a context for building social skills. *Developmental Psychology, 47*(4), 1117.

Glick, S. N., Cleary, S. D., & Golden, M. R. (2015). Brief report: Increasing acceptance of homosexuality in the United States across racial and ethnic subgroups. *JAIDS Journal of Acquired Immune Deficiency Syndromes, 70*(3), 319–322.

Goble, P., Martin, C. L., Hanish, L. D., & Fabes, R. A. (2012). Children's gender-typed activity choices across preschool social contexts. *Sex Roles, 67*(7–8), 435–451.

Goertz, C., Lamm, B., Graf, F., Kolling, T., Knopf, M., & Keller, H. (2011). Deferred imitation in 6-month-old German and Cameroonian Nso infants. *Journal of Cognitive Education and Psychology, 10*(1), 44.

Goetz, P. J. (2003). The effects of bilingualism on theory of mind development. *Bilingualism: Language and Cognition, 6*, 1–15.

Gogtay, N., & Thompson, P. M. (2010). Mapping gray matter development: Implications for typical development and vulnerability to psychopathology. *Brain and Cognition, 72*(1), 6–15.

Gogtay, N., Giedd, J. N., Lusk, L., Hayashi, K. M., Greenstein, D., Vaituzis, A. C., . . . Thompson, P. M. (2004). Dynamic mapping of human cortical development during childhood through early adulthood. *Proceedings of the National Academy of Sciences, USA, 101*, 8174–8179.

Gold, K. J., Sen, A., & Hayward, R. A. (2010). Marriage and cohabitation outcomes after pregnancy loss. *Pediatrics, 125*(5), e1202–e1207.

Goldberg, A. E. (2007). (How) does it make a difference? Perspectives of adults with lesbian, gay, and bisexual parents. *American Journal of Orthopsychiatry, 77*(4), 550–562.

Goldberg, A. E., & Garcia, R. L. (2016). Gender-typed behavior over time in children with lesbian, gay, and heterosexual parents. *Journal of Family Psychology, 30*(7), 854.

Goldberg, A. E., Kashy, D. A., & Smith, J. Z. (2012). Gender-typed play behavior in early childhood: Adopted children with lesbian, gay, and heterosexual parents. *Sex Roles, 67*(9–10), 503–515.

Goldberg, W. A., Prause, J. A., Lucas-Thompson, R., & Himsel, A. (2008). Maternal employment and children's achievement in context: A meta-analysis of four decades of research. *Psychological Bulletin, 134*, 77–108.

Goldblum, P., Testa, R. J., Pflum, S., Hendricks, M. L., Bradford, J., & Bongar, B. (2012). The relationship between gender-based victimization and suicide attempts in transgender people. *Professional Psychology: Research and Practice, 43*(5), 468.

Golden, J., Conroy, R. M., & Lawlor, B. A. (2009). Social support network structure in older people: Underlying dimensions and association with psychological and physical health. *Psychology, Health & Medicine, 14*(3), 280–290.

Goldenberg, R. L., Kirby, R., & Culhane, J. F. (2004). Stillbirth: A review. *Journal of Maternal-Fetal & Neonatal Medicine, 16*(2), 79–94.

Goldin-Meadow, S. (2007). Pointing sets the stage for learning language—And creating language. *Child Development, 78*(3), 741–745.

Goldman, S. R., Petrosino, A. J., & Cognition and Technology Group at Vanderbilt. (1999). Design principles for instruction in content domains: Lessons from research on expertise and learning. In F. T. Durso (Ed.), *Handbook of applied cognition* (pp. 595–627). Chichester, England: Wiley.

Goldscheider, F., & Sassler, S. (2006). Creating stepfamilies: Integrating children into the study of union formation. *Journal of Marriage and Family, 68*, 275–291.

Goldschmidt, L., Richardson, G. A., Cornelius, M. D., & Day, N. L. (2004). Prenatal marijuana and alcohol exposure and academic achievement at age 10. *Neurotoxicology and Teratology, 26*(4), 521–532.

Goldsen, J., Bryan, A. E., Kim, H. J., Muraco, A., Jen, S., & Fredriksen-Goldsen, K. I. (2017). Who says I do: The changing context of marriage and health and quality of life for LGBT older adults. *The Gerontologist, 57*(suppl_1), S50–S62.

Goldstein, J., McCoach, D. B., & Yu, H. (2017). The predictive validity of kindergarten readiness judgments: Lessons from one state. *The Journal of Educational Research, 110*(1), 50–60.

Goldstein, M., King, A., & West, M. (2003). Social interaction shapes babbling: Testing parallels between birdsong and speech. *Proceedings of the National Academy of Sciences, USA, 100*, 8030–8035.

Goldstein, M. H., Schwade, J. A., & Bornstein, M. H. (2009). The value of vocalizing: Five-month-old infants associate their own noncry vocalizations with responses from caregivers. *Child Development, 80*(3), 636–644.

Goldstein, N. A., Abramowitz, T., Weedon, J., Koliskor, B., Turner, S., & Taioli, E. (2011). Racial/ethnic differences in the prevalence of snoring and sleep disordered breathing in young children. *Journal of Clinical Sleep Medicine: JCSM: Official publication of the American Academy of Sleep Medicine, 7*(2), 163.

Goldstein, S. E., Davis-Kean, P. E., & Eccles, J. E. (2005). Parents, peers, and problem behavior: A longitudinal investigation of the impact of relationship perceptions and characteristics on the development of adolescent problem behavior. *Developmental Psychology, 2*, 401–413.

Goldwater, T., & Klugman, S. (2018). Cell-free DNA for the detection of fetal aneuploidy. *Fertility and Sterility, 109*(2), 195–200.

Goleman, D. (1995). *Emotional intelligence: Why it can matter more than IQ*. New York: Bantam.

Golinkoff, R. M., & Hirsch-Pasek, K. (2006). Baby wordsmith. *Current Directions in Psychological Science, 15*, 30–33.

Golinkoff, R. M., Can, D. D., Soderstrom, M., & Hirsh-Pasek, K. (2015). (Baby) talk to me: The social context of infant-directed speech and its effects on early language acquisition. *Current Directions in Psychological Science, 24*(5), 339–344.

Golmaryami, F. N., Frick, P. J., Hemphill, S. A., Kahn, R. E., Crapanzano, A. M., & Terranova, A. M. (2016). The social, behavioral, and emotional correlates of bullying and victimization in a school-based sample. *Journal of Abnormal Child Psychology, 44*(2), 381–391.

Golombok, S., Mellish, L., Jennings, S., Casey, P., Tasker, F., & Lamb, M. E. (2013). Adoptive gay father families: Parent–child relationships and children's psychological adjustment. *Child Development*. doi: 10.1111/cdev.12155.

Golombok, S., Rust, J., Zervoulis, K., Croudace, T., Golding, J., & Hines, M. (2008). Developmental trajectories of sex-typed behaviors in boys and girls: A longitudinal general population study of children aged 2.5–8 years. *Child Development, 79*, 1583–1593.

Golub, M. S., Collman, G. W., Foster, P. M., Kimmel, C. A., Rajpert-De Meyts, E., Reiter, E. O., . . . & Toppari, J. (2008). Public health implications of altered puberty timing. *Pediatrics, 121*(Supplement 3), S218–S230.

Goman, A. M., & Lin, F. R. (2016). Prevalence of hearing loss by severity in the United States. *American Journal of Public Health, 106*(10), 1820–1822.

Gomes-Osman, J., Cabral, D. F., Morris, T. P., McInerney, K., Cahalin, L. P., Rundek, T., . . . & Pascual-Leone, A. (2018). Exercise for cognitive brain health in aging: A systematic review for an evaluation of dose. *Neurology: Clinical Practice, 8*(3), 257–265.

Gomez, S. H., Tse, J., Wang, Y., Turner, B., Millner, A. J., Nock, M. K., & Dunn, E. C. (2017). Are there sensitive periods when child maltreatment substantially elevates suicide risk? Results from a nationally representative sample of adolescents. *Depression and Anxiety, 34*(8), 734–741.

Gómez-Robles, A., Hopkins, W. D., & Sherwood, C. C. (2013, June). Increased morphological asymmetry, evolvability and plasticity in human brain evolution. *Proceedings of the Royal Society B, 280*(1761), 20130575.

Gomez-Scott, J., & Cooney, T. M. (2014). Young women's education and behavioural risk trajectories: Clarifying their association with unintended-pregnancy resolution. *Culture, Health & Sexuality, 16*(6), 648–665.

Göncü, A., Mistry, J., & Mosier, C. (2000). Cultural variations in the play of toddlers. *International Journal of Behavioral Development, 24*(3), 321–329.

Gonen-Yaacovi, G., De Souza, L. C., Levy, R., Urbanski, M., Josse, G., & Volle, E. (2013). Rostral and caudal prefrontal contribution to creativity: A meta-analysis of functional imaging data. *Frontiers in Human Neuroscience, 7*, 465.

Gonyea, J. G. (2013). Changing family demographics, multigenerational bonds, and care for the oldest old. *Public Policy and Aging Report, 23*(2), 11–15.

Gonzalez, D., Rennard, S. I., Nides, M., Oncken, C., Azouley, S., Billing, C., . . . Reeves, K. R. (2006). Verenicline, an α₄β₂ nicotinic acetylcholine receptor partial agonist, vs. sustained-release bupropion and placebo for smoking cessation. *Journal of the American Medical Association, 296*, 47–55.

Gooch, D., Thompson, P., Nash, H. M., Snowling, M. J., & Hulme, C. (2016). The development of executive function and language skills in the early school years. *Journal of Child Psychology and Psychiatry, 57*(2), 180–187.

Goodman, G. S., Emery, R. E., & Haugaard, J. J. (1998). Developmental psychology and law: Divorce, child maltreatment, foster care, and adoption. In W. Damon (Series Ed.), I. E. Sigel & K. A. Renninger (Vol. Eds.), *Handbook of child psychology* (Vol. 4, pp. 775–874). New York: Wiley.

Gootman, E. (2007, January 22). Taking middle schoolers out of the middle. *The New York Times*, p. A1.

Gorchoff, S. M., John, O. P., & Helson, R. (2008). Contextualizing change in marital satisfaction during middle age. *Psychological Science, 19*(11), 1194–1200.

Gordon, I., Zagoory-Sharon, O., Leckman, J. F., & Feldman, R. (2010). Oxytocin and the development of parenting in humans. *Biological Psychiatry, 68*(4), 377–382.

Gordon, L., Joo, J. E., Andronikos, R., Ollikainen, M., Wallace, E. M., Umstad, M. P., Permezel, M., Oshlack, A., Morley, R., Carlin, J. B., Saffrey, R., Smyth, G. K., & Craig, J. M. (2011). Expression discordance of monozygotic twins at birth: Effect of intrauterine environment and a possible mechanism for fetal programming. *Epigenetics, 6*, 579–592.

Gorman, J. (2006). Gender differences in depression and response to psychotropic medication. *Gender Medicine, 3*(2), 93–109.

Gosselin, P., Perron, M., & Maassarani, R. (2009). Children's ability to distinguish between enjoyment and non-enjoyment smiles. *Infant and Child Development, 19*(3), 297–312. doi: 10.1002/icd.648.

Gottfried, A. E., & Gottfried, A. W. (Eds.). (2013). *Maternal employment and children's development: Longitudinal research*. New York: Springer Science & Business Media.

Gottfried, A. E., Preston, K. S. J., Gottfried, A. W., Oliver, P. H., Delany, D. E., & Ibrahim, S. M. (2016). Pathways from parental stimulation of children's curiosity to high school science course accomplishments and science career interest and skill. *International Journal of Science Education, 38*(12), 1972–1995.

Gottlieb, G. (1991). Experiential canalization of behavioral development theory. *Developmental Psychology, 27*(1), 4–13.

Gottlieb, G. (1997). *Synthesizing nature-nurture: Prenatal roots of instinctive behavior*. Mahwah, NJ: Erlbaum.

Goubet, N., & Clifton, R. K. (1998). Object and event representation in 6½-month-old infants. *Developmental Psychology, 34*, 63–76.

Govindaraju, T., Sable, B., McCaffrey, T., McNeil, L., & Owen, A. (2018). Dietary patterns and quality of life in older adults: A systematic review. *Nutrients, 10*(8), 971.

Grabe, S., Ward, L. M., & Hyde, J. S. (2008). The role of the media in body image concerns among women: A meta-analysis of experimental and correlational studies. *Psychological Bulletin, 134*(3), 460.

Graber, J. A., Brooks-Gunn, J., & Warren, M. P. (2006). Pubertal effects on adjustment in girls: Moving from demonstrating effects to identifying pathways. *Journal of Youth and Adolescence, 35*(3), 391–401.

Graber, J. A., Lewinsohn, P. M., Seeley, J. R., & Brooks-Gunn, J. (1997). Is psychopathology associated with the timing of pubertal development? *Journal of the American Academy of Child & Adolescent Psychiatry, 36*(12), 1768–1776.

Grace, D. M., David, B. J., & Ryan, M. K. (2008). Investigating preschoolers' categorical thinking about gender through imitation, attention, and the use of self-categories. *Child Development*, *79*(6), 1928–1941.

Gracia, C. R., & Freeman, E. W. (2018). Onset of the menopause transition: The earliest signs and symptoms. *Obstetrics and Gynecology Clinics*, *45*(4), 585–597.

Grady, D. (2010, July 21). New guidelines seek to reduce repeat caesareans. *The New York Times*. Retrieved from http://www.nytimes.com/2010/07/22/health/22birth.html?_r5l&emc5etal.

Grady, J. S. (2018). Parents' reactions to toddlers' emotions: Relations with toddler shyness and gender. *Early Child Development and Care*, 1–8.

Graham, C., & Pozuelo, J. R. (2017). Happiness, stress, and age: How the U curve varies across people and places. *Journal of Population Economics*, *30*(1), 225–264.

Graham, E. K., & Lachman, M. E. (2012). Personality stability is associated with better cognitive performance in adulthood: Are the stable more able? *Journals of Gerontology Series B: Psychological Sciences and Social Sciences*, *67*(5), 545–554.

Graham, J. E., Christian, L. M., & Kiecolt-Glaser, J. K. (2006). Marriage, health and immune function: A review of key findings and the role of depression. In S. Beach & M. Wimboldt (Eds.), *Relational processes in mental health* (Vol. 11, pp. 61–76). Arlington, VA: American Psychiatric Publishing.

Graham, K. L., & Burghardt, G. M. (2010). Current perspectives on the biological study of play: Signs of progress. *The Quarterly Review of Biology, 85*, 393–418.

Granier-Deferre, C., Ribeiro, A., Jacquet, A. Y., & Bassereau, S. (2011). Near-term fetuses process temporal features of speech. *Developmental Science, 14*(2), 336–352.

Grant, B. F., Stinson, F. S., Chou, D. A., Raun, P., June, W., & Pickering, R. P. (2007). Co-occurrence of 12-month alcohol and drug use disorders and personality disorders in the United States: Results from the National Epidemiologic Survey on alcohol and related conditions. *Alcohol Research and Health, 29*(2), 121–130.

Grant, N., Hamer, M., & Steptoe, A. (2009). Social isolation and stress-related cardiovascular, lipid, and cortisol responses. *Annals of Behavioral Medicine, 37*(1), 29–37.

Grant, S., Langan-Fox, J., & Anglim, J. (2009). The Big Five traits as predictors of subjective and psychological well-being. *Psychological Reports, 105*(1), 205–231.

Grassi, M., Petraccia, L., Mennuni, G., Fontana, M., Scarno, A., Sabetta, S., & Fraioli, A. (2011). Changes, functional disorders, and diseases in the gastrointestinal tract of elderly. *Nutricion Hospitalaria, 26*(4).

Gray, J. R., & Thompson, P. M. (2004). Neurobiology of intelligence: Science and ethics. *Neuroscience, 5*, 471–492.

Gray, M. R., & Steinberg, L. (1999). Unpacking authoritative parenting: Reassessing a multidimensional construct. *Journal of Marriage and Family, 61*, 574–587.

Gray, P. (2011). The special value of children's age-mixed play. *American Journal of Play*, 500–522.

Graziano, A. M., & Mooney, K. C. (1982). Behavioral treatment of "nightfears" in children: Maintenance and improvement at 2½- to 3-year follow-up. *Journal of Counseling and Clinical Psychology, 50*, 598–599.

Green, M., & Elliott, M. (2010). Religion, health, and psychological well-being. *Journal of religion and health, 49*(2), 149–163.

Green, R. E., Krause, J., Briggs, A. W., Maricic, T., Stenzel, U., Kircher, M., . . . Paabo, S. (2010). A draft sequence of the Neandertal genome. *Science, 7*(328), 710–722. doi: 10.1126/science.1188021.

Greenberg, J., & Becker, M. (1988). Aging parents as family resources. *Gerontologist, 28*(6), 786–790.

Greene, K. M., & Maggs, J. L. (2015). Revisiting the time trade-off hypothesis: Work, organized activities, and academics during college. *Journal of Youth and Adolescence, 44*(8), 1623–1637.

Greene, M. L., Way, N., & Pahl, K. (2006). Trajectories of perceived adult and peer discrimination among Black, Latino, and Asian American adolescents: Patterns and psychological correlates. *Developmental Psychology, 42*(2), 218.

Greenfield, E. A., & Marks, N. F. (2004). Formal volunteering as a protective factor for older adults' psychological well-being. *Journal of Gerontology: Social Sciences, 59B*, S258–S264.

Greenfield, E. A., & Marks, N. F. (2006). Linked lives: Adult children's problems and their parents' psychological and relational well-being. *Journal of Marriage and Family, 68*, 442–454.

Greenfield, E. A., & Russell, D. (2011). Identifying living arrangements that heighten risk for loneliness in later life: Evidence from the U.S. National Social Life, Health, and Aging Project. *Journal of Applied Gerontology, 30*(4), 524–534.

Greenfield, P. M. (2009). Technology and informal education: What is taught, what is learned. *Science, 323*(5910), 69–71. doi: 10.1126/science.1167190.

Greenhouse, L. (2000, June 6). Justices reject visiting rights in divided case: Ruling favors mother over grandparents. *The New York Times* (National ed.), pp. A1, A15.

Greenway, F. L. (2015). Physiological adaptations to weight loss and factors favouring weight regain. *International Journal of Obesity, 39*(8), 1188.

Greenwood, D. C., Thatcher, N. J., Ye, J., Garrard, L., Keogh, G., King, L. G., & Cade, J. E. (2014). Caffeine intake during pregnancy and adverse birth outcomes: A systematic review and dose-response meta-analysis. *European Journal of Epidemiology, 29*(10), 725.

Gregg, E. W., Cheng, Y. J., Cadwell, B. L., Imperatore, G., Williams, D. E., Flegal, K. M., . . . Williamson, D. F. (2005). Secular trends in cardiovascular disease risk factors according to body mass index in U.S. adults. *Journal of the American Medical Association, 293*, 1868–1874.

Gregg, V. R., Winer, G. A., Cottrell, J. E., Hedman, K. E., & Fournier, J. S. (2001). The persistence of a misconception about vision after educational interventions. *Psychonomic Bulletin and Review, 8*, 622–626.

Gregory, E. C. W., Drake, P., & Martin, J. A. (2018). Lack of change in perinatal mortality in the United States, 2014-2016. *NCHS Data Brief, 316*, 1–8. Hyattsville, MD: National Center for Health Statistics.

Gregory, S., Simmons, A., Kumari, V., Howard, M., Hodgins, S., & Blackwood, N. (2012). The antisocial brain: Psychopathy matters: A structural MRI investigation of antisocial male violent offenders. *Archives of General Psychiatry, 69*(9), 962–972.

Grenier, A. (2014, April 11). *Majority of U.S. patents granted to foreign individuals*. American Immigration Council Immigration Impact. Retrieved from http://immigrationimpact.com/2014/04/11/majority-of-u-s-patents-granted-to-foreign-individuals/.

Gress-Smith, J. L., Roubinov, D. S., Andreotti, C., Compas, B. E., & Luecken, L. J. (2015). Prevalence, severity and risk factors for depressive symptoms and insomnia in college undergraduates. *Stress and Health, 31*(1), 63–70.

Greyson, B., & Khanna, S. (2014). Spiritual transformation after near-death experiences. *Spirituality in Clinical Practice, 1*(1), 43.

Griffin, K. W., Botvin, G. J., Scheier, L. M., Diaz, T., & Miller, N. L. (2000). Parenting practices as predictors of substance use, delinquency, and aggression among urban minority youth: moderating effects of family structure and gender. *Psychology of Addictive Behaviors, 14*(2), 174.

Grigorenko, E. L., Meier, E., Lipka, J., Mohatt, G., Yanez, E., & Sternberg, R. J. (2004). Academic and practical intelligence: A case study of the Yup'ik in Alaska. *Learning and Individual Differences, 14*(4), 183–207.

Grigoriadis, S., VonderPorten, E. H., Mamisashvili, L., Tomlinson, G., Dennis, C. L., Koren, G., . . . & Martinovic, J. (2013). The impact of maternal depression during pregnancy on perinatal outcomes: A systematic review and meta-analysis. *Journal of Clinical Psychiatry, 74*(4), e321–e341.

Grigoryeva, A. (2017). Own gender, sibling's gender, parent's gender: The division of elderly parent care among adult children. *American Sociological Review, 82*(1), 116–146.

Grimbos, T., Dawood, K., Burriss, R. P., Zucker, K. J., & Puts, D. A. (2010). Sexual orientation and the second to fourth finger length ratio: A meta-analysis in men and women. *Behavioral Neuroscience, 124*(2), 278–287.

Groen, R. S., Bae, J. Y., & Lim, K. J. (2012). Fear of the unknown: Ionizing radiation exposure during pregnancy. *American Journal of Obstetrics and Gynecology, 206*(6), 456–462.

Groenewoud, J. H., van der Heide, A., Onwuteaka-Philipsen, B. D., Willems, D. L., van der Maas, P. J., & van der Wal, G. (2000). Clinical problems with the performance of euthanasia and physician-assisted suicide in the Netherlands. *New England Journal of Medicine, 342*, 551–556.

Groh, A. M., Fearon, R. P., Bakermans-Kranenburg, M. J., Van IJzendoorn, M. H., Steele, R. D., & Roisman, G. I. (2014). The significance of attachment security for children's social competence with peers: A meta-analytic study. *Attachment & Human Development, 16*(2), 103–136.

Gross, A. L., Parisi, J. M., Spira, A. P., Kueider, A. M., Ko, J. Y., Saczynski, J. S., ... & Rebok, G. W. (2012). Memory training interventions for older adults: A meta-analysis. *Aging & Mental Health, 16*(6), 722–734.

Grossman, A. H., & D'Augelli, A. R. (2007). Transgender youth and life-threatening behaviors. *Suicide and Life-Threatening Behavior, 37*(5), 527–537.

Grossman, A. H., D'Augelli, A. R., & Frank, J. A. (2011). Aspects of psychological resilience among transgender youth. *Journal of LGBT Youth, 8*(2), 103–115.

Grossman, A. H., D'Augelli, A. R., Howell, T. J., & Hubbard, S. (2005). Parents' reactions to transgender youths' nonconforming expression and identity. *Journal of Gay & Lesbian Social Services, 18*(1), 3–16.

Grotevant, H. D. (2012). What works in open adoption. In P. A. Curtis & G. Alexander (Eds.), *What works in child welfare*. Washington, DC: Child Welfare League of America.

Grotevant, H. D., McRoy, R. G., Wrobel, G. M., & Ayers-Lopez, S. (2013). Contact between adoptive and birth families: Perspectives from the Minnesota/Texas Adoption Research Project. *Child Development Perspectives, 7*(3), 193–198.

Grov, C., Bimbi, D. S., Nanin, J. E., & Parsons, J. T. (2006). Race, ethnicity, gender and generational factors associated with the coming-out process among gay, lesbian and bisexual individuals. *Journal of Sex Research, 43*(2), 115–121.

Gruber, J. (2004). Is making divorce easier bad for children? The long-run implications of unilateral divorce. *Journal of Labor Economics, 22*(4), 799–833.

Gruber, K. J., Cupito, S. H., & Dobson, C. F. (2013). Impact of doulas on healthy birth outcomes. *The Journal of Perinatal Education, 22*(1), 49.

Gruenewald, T. L., Liao, D. H., & Seeman, T. E. (2012). Contributing to others, contributing to oneself: Perceptions of generativity and health in later life. *Journals of Gerontology Series B: Psychological Sciences and Social Sciences, 67*(6), 660–665.

Grusec, J. E., & Goodnow, J. J. (1994). Impact of parental discipline methods on the child's internalization of values: A reconceptualization of current points of view. *Developmental Psychology, 30*, 4–19.

Grzywacz, J. G., Almeida, D. M., & McDonald, D. A. (2002). Work–family spillover and daily reports of work and family stress in the adult labor force. *Family Relations, 51*(1), 28–36.

Gu, D., Dupre, M. E., & Qiu, L. (2017). Self-perception of uselessness and mortality among older adults in China. *Archives of Gerontology and Geriatrics, 68*, 186–194.

Guallar, E., & Laine, C. (2014). Controversy over clinical guidelines: Listen to the evidence, not the noise. *Annals of Internal Medicine, 160*(5), 361–362.

Guberman, S. R. (1996). The development of everyday mathematics in Brazilian children with limited formal education. *Child Development, 67*, 1609–1623.

Guberman, S. R. (1999). Cultural aspects of young children's mathematics knowledge. In J. V. Copley (Ed.), *Mathematics in the early years* (pp. 30-36). Reston, VA: National Council of Teachers of Mathematics and the National Association for the Education of Young Children.

Guendelman, S., Kosa, J. L., Pearl, M., Graham, S., Goodman, J., & Kharrazi, M. (2009). Juggling work and breastfeeding: Effects of maternity leave and occupational characteristics. *Pediatrics, 123*, e38–e46.

Guerino, P., Hurwitz, M. D., Noonan, M. E., & Kaffenberger, S. M. (2006). *Crime, violence, discipline, and safety in U.S. public schools: Findings from the School Survey on Crime and Safety: 2003–04. First Look. NCES 2007-302* [Report]. Washington, DC: National Center for Education Statistics.

Guida, A., Gobet, F., Tardieu, H., & Nicolas, S. (2012). How chunks, long-term working memory and templates offer a cognitive explanation for neuroimaging data on expertise acquisition: A two-stage framework. *Brain and Cognition, 79*(3), 221–244.

Guilford, J. P. (1956). Structure of intellect. *Psychological Bulletin, 53*, 267–293.

Guilford, J. P. (1986). *Creative talents: Their nature, uses and development*. Buffalo, NY: Bearly.

Guilleminault, C., Palombini, L., Pelayo, R., & Chervin, R. D. (2003). Sleeping and sleep terrors in prepubertal children: What triggers them? *Pediatrics, 111*, e17–e25.

Guillery, R. W. (2005). Is postnatal neocortical maturation hierarchical? *Trends in Neurosciences, 28*(10), 512–517.

Guiney, H., Lucas, S. J., Cotter, J. D., & Machado, L. (2015). Evidence cerebral blood-flow regulation mediates exercise–cognition links in healthy young adults. *Neuropsychology, 29*(1), 1.

Gunderson, E. A., Gripshover, S. J., Romero, C., Dweck, C. S., Goldin-Meadow, S., & Levine, S. C. (2013). Parent praise to 1- to 3-year-olds predicts children's motivational frameworks 5 years later. *Child Development, 84*(5), 1526–1541.

Gunnar, M. R., Kryzer, E., Van Ryzin, M. J., & Phillips, D. A. (2010). The rise in cortisol in family day care: Associations with aspects of care quality, child behavior, and child sex. *Child Development, 81*, 851–869. doi: 10.1111/j.1467-8624.2010.01438.x.

Gunnar, M. R., Larson, M. C., Hertsgaard, L., Harris, M. L., & Brodersen, L. (1992). The stressfulness of separation among 9-month-old infants: Effects of social context variables and infant temperament. *Child Development, 63*, 290–303.

Gunturkun, O. (2003). Human behaviour: Adult persistence of head-turning asymmetry. *Nature, 421*, 711. doi:10.1038/421711a.

Guo, G., Roettger, M., & Cai, T. (2008). The integration of genetic propensities into social-control models of delinquency and violence among male youths. *American Sociological Review, 73*, 543–568.

Gupta, B. P., Murad, M. H., Clifton, M. M., Prokop, L., Nehra, A., & Kopecky, S. L. (2011). The effect of lifestyle modification and cardiovascular risk factor reduction on erectile dysfunction: A systematic review and meta-analysis. *Archives of Internal Medicine, 171*(20), 1797–1803.

Guralnik, J. M., Butterworth, S., Wadsworth, M. E. J., & Kuh, D. (2006). Childhood socioeconomic status predicts physical functioning a half century later. *Journal of Gerontology: Medical Sciences, 61A*, 694–701.

Gurin, P. Y., Dey, E. L., Gurin, G., & Hurtado, S. (2003). How does racial/ethnic diversity promote education? *Western Journal of Black Studies, 27*(1), 20.

Gurrentz, B. (2018). *Living with an unmarried partner now common for young adults* [U.S. Census Bureau news report]. Retrieved from www.census.gov/library/stories/2018/11/cohabitaiton-is-up-marriage-is-down-for-young-adults.html.

Gurteen, P. M., Horne, P. J., & Erjavec, M. (2011). Rapid word learning in 13- and 17-month-olds in a naturalistic two-word procedure: Looking versus reaching measures. *Journal of Experimental Child Psychology, 109*(2), 201–217.

Gurven, M., Von Rueden, C., Massenkoff, M., Kaplan, H., & Lero Vie, M. (2013). How universal is the Big Five? Testing the five-factor model of personality variation among forager–farmers in the Bolivian Amazon. *Journal of Personality and Social Psychology, 104*(2), 354.

Gusarova, I., Fraser, V., & Alderson, K. G. (2012). A quantitative study of "friends with benefits" relationships. *The Canadian Journal of Human Sexuality, 21*(1), 41.

Gutman, L. M., & Eccles, J. S. (2007). Stage-environment fit during adolescence: Trajectories of family relations and adolescent outcomes. *Developmental Psychology, 43*, 522–537.

Guttmacher Institute. (2013). *Facts on American teens' sexual and reproductive health*. Retrieved from http://www.guttmacher.org/pubs/FB-ATS-RH.html#6.

Guttmacher Institute. (2017a). *Adolescent sexual and reproductive health in the United States* [Fact sheet]. Retrieved from www.guttmacher.org/fact-sheet/american-teens-sexual-and-reproductive-health.

Guttmacher Institute. (2017b). *The looming threat to sex education: A resurgence of federal funding for abstinence-on programs?* [News release]. Retrieved from www.guttmacher.org/gpr/2017/03/looming-threat-sex-education-resurgence-federal-funding-abstinence-only-programs.

Guttmacher Institute. (2018a). *The teen pregnancy prevention program was on the right track and now it's being dismantled* [Blog post]. Retrieved from www.guttmacher.org/article/2018/05/teen-pregnancy-prevention-program-was-right-track-now-its-being-dismantled.

Guttmacher Institute. (2018b). Percent of individuals who have had sexual intercourse, by age [Graph]. Retrieved from www.guttmacher.org/

sites/default/files/images/sexualintercoursebyagegraph.png.

Guttmacher Institute. (2019). *American teens' sexual and reproductive health* [Fact sheet]. Retrieved from www.guttmacher.org/fact-sheet/american-teens-sexual-and-reproductive-health.

Haar, J. M., Russo, M., Suñe, A., & Ollier-Malaterre, A. (2014). Outcomes of work–life balance on job satisfaction, life satisfaction and mental health: A study across seven cultures. *Journal of Vocational Behavior, 85*(3), 361–373.

Haas, A. P., Eliason, M., Mays, V. M., Mathy, R. M., Cochran, S. D., D'Augelli, A. R., . . . & Russell, S. T. (2010). Suicide and suicide risk in lesbian, gay, bisexual, and transgender populations: Review and recommendations. *Journal of Homosexuality, 58*(1), 10–51.

Haas, C., Takayoshi, P., Carr, B., Hudson, K., & Pollock, R. (2011). Young people's everyday literacies: The language features of instant messaging. *Research in the Teaching of English, 45*(4), 378–404.

Hackman, D. A., Farah, M. J., & Meaney, M. J. (2010). Socioeconomic status and the brain: Mechanistic insights from human and animal research. *Nature Reviews Neuroscience, 11*(9), 651.

Hadfield, J. C. (2014). The health of grandparents raising grandchildren: A literature review. *Journal of Gerontological Nursing, 40*(4), 32–42.

Hafford, C. (2010). Sibling caretaking in immigrant families: Understanding cultural practices to inform child welfare practice and evaluation. *Evaluation and Program Planning, 33*(3), 294–302.

Hagan, J. F., Jr., Committee of Psychosocial Aspects of Child and Family Health, & Task Force on Terrorism (2005). Psychosocial implications of disaster or terrorism on children: A guide for the pediatrician. *Pediatrics,* 116, 787–796.

Haglund, K. A., & Fehring, R. J. (2010). The association of religiosity, sexual education, and parental factors with risky sexual behaviors among adolescents and young adults. *Journal of Religion and Health, 49*(4), 460–472.

Hahn, E. A., Cella, D., Chassany, O., Faiclough, D. L., Wong, G. Y., Hays, R. D., & Clinical Significance Consensus Meeting Group. (2007). Precision of health-related quality-of-life data compared with other clinical measures. *Mayo Clinic Proceedings, 82*(10), 1244–1254.

Haider, B. A., & Bhutta, Z. A. (2017). Multiple-micronutrient supplementation for women during pregnancy. *Cochrane Database of Systematic Reviews,* 4.

Hair, N. L., Hanson, J. L., Wolfe, B. L., & Pollak, S. D. (2015). Association of child poverty, brain development, and academic achievement. *JAMA Pediatrics, 169*(9), 822–829.

Haith, M. M. (1986). Sensory and perceptual processes in early infancy. *Journal of Pediatrics, 109*(1), 158–171.

Haith, M. M. (1998). Who put the cog in infant cognition? Is rich interpretation too costly? *Infant Behavior and Development, 21*(2), 167–179.

Hakeem, G. F., Oddy, L., Holcroft, C. A., & Abenhaim, H. A. (2015). Incidence and determinants of sudden infant death syndrome: A population-based study on 37 million births. *World Journal of Pediatrics, 11*(1), 41–47.

Hakulinen, C., Elovainio, M., Pulkki-Råback, L., Virtanen, M., Kivimäki, M., & Jokela, M. (2015). Personality and depressive symptoms: Individual participant meta-analysis of 10 cohort studies. *Depression and Anxiety, 32*(7), 461–470.

Halbower, A. C., Degaonkar, M., Barker, P. B., Earley, C. J., Marcus, C. L., Smith, P. L., . . . & Mahone, E. M. (2006). Childhood obstructive sleep apnea associates with neuropsychological deficits and neuronal brain injury. *PLoS Medicine, 3*(8), e301.

Hale, S., Rose, N. S., Myerson, J., Strube, M. J., Sommers, M., Tye-Murray, N., & Spehar, B. (2011). The structure of working memory abilities across the adult life span. *Psychology and Aging, 26*(1), 92.

Hales, C. M., Carroll, M. D., Fryar, C. D., & Ogden, C. L. (2017). *Prevalence of obesity among adults and youth: United States, 2015-2016.* Atlanta, GA: U.S. Department of Health and Human Services, Centers for Disease Control and Prevention, National Center for Health Statistics.

Halgunseth, L. C., Ispa, J. M., & Rudy, D. (2006). Parental control in Latino families: An integrated review of the literature. *Child Development, 77,* 1282–1297.

Halim, M. L., Ruble, D. N., Tamis-LeMonda, C. S., Zosuls, K. M., Lurye, L. E., & Greulich, F. K. (2014). Pink frilly dresses and the avoidance of all things "girly": Children's appearance rigidity and cognitive theories of gender development. *Developmental Psychology, 50*(4), 1091.

Hall, J. A. (2011). Sex differences in friendship expectations: A meta-analysis. *Journal of Social and Personal Relationships, 28*(6), 723–747.

Hall, J. H., & Fincham, F. D. (2006). Relationship dissolution following infidelity: The roles of attributions and forgiveness. *Journal of Social and Clinical Psychology, 25*(5), 508–522.

Hallers-Haalboom, E. T., Mesman, J., Groeneveld, M. G., Endendijk, J. J., Van Berkel, S. R., Van der Pol, L. D., & Bakermans-Kranenburg, M. J. (2014). Mothers, fathers, sons, and daughters: Parental sensitivity in families with two children. *Journal of Family Psychology, 28,* 138–147. doi: 10.1037/a0036004.

Hallfors, D. D., Iritani, B. J., Miller, W. C., & Bauer, D. J. (2006). Sexual and drug behavior patterns and HIV and STD racial disparities: The need for new directions. *American Journal of Public Health, 97*(1), 125–132.

Hallfors, D. D., Waller, M. W., Bauer, D., Ford, C. A., & Halpern, C. T. (2005). Which comes first in adolescence—Sex and drugs or depression? *American Journal of Preventive Medicine, 29,* 1163–1170.

Halpern, C., Young, M., Waller, M., Martin, S., & Kupper, L. (2003). Prevalence of partner violence in same-sex romantic and sexual relationships in a national sample of adolescents. *Journal of Adolescent Health, 35*(2), 124–131.

Halpern, D. F., Benbow, C. P., Geary, D. C., Gur, R. C., Hyde, J. S., & Gernsbacher, M. A. (2007). The science of sex differences in science and mathematics. *Psychological Science in the Public Interest, 8,* 1–51.

Halpern, S. C., Schuch, F. B., Scherer, J. N., Sordi, A. O., Pachado, M., Dalbosco, C., . . . & Von Diemen, L. (2018). Child maltreatment and illicit substance abuse: A systematic review and meta-analysis of longitudinal studies. *Child Abuse Review, 27*(5), 344–360.

Hamilton, B. E., & Ventura, S. J. (2012). *Birth rates for US teenagers reach historic lows for all age and ethnic groups* (Vol. 89). Atlanta, GA: U.S. Department of Health and Human Services, Centers for Disease Control and Prevention, National Center for Health Statistics.

Hamilton, B. E., Martin, J. A., Osterman, M. J., Driscoll, A. K., & Rossen, L. M. (2018). Births: Provisional data for 2017. *National Vital Statistics Rapid Release,* 4. Hyattsville, MD: National Center for Health Statistics. Retrieved from www.cdc.gov/nchs/data/vsrr/report004.pdf.

Hamilton, M. C., Anderson, D., Broaddus, M., & Young, K. (2006). Gender stereotyping and underrepresentation of female characters in 200 popular children's picture books: A 21st century update. *Sex Roles: A Journal of Research, 55,* 757–765.

Hamilton, S. F., & Hamilton, M. A. (2006). School, work, and emerging adulthood. In J. J. Arnett & J. L. Tanner (Eds.), *Emerging adults in America: Coming of age in the 21st century* (pp. 257–277). Washington, DC: American Psychological Association.

Hamilton, W. D. (1966). The moulding of senescence by natural selection. *Journal of Theoretical Biology, 12*(1), 12–45.

Hamlin, J. K., & Wynn, K. (2011). Young infants prefer prosocial to antisocial others. *Cognitive Development, 26*(1), 30–39.

Hammond, S. I., Müller, U., Carpendale, J. I., Bibok, M. B., & Liebermann-Finestone, D. P. (2012). The effects of parental scaffolding on preschoolers' executive function. *Developmental Psychology, 48*(1), 271.

Hampton, K. N., Goulet, L. S., Rainie, L., & Purcell, K. (2011). *Social networking sites and our lives.* Pew Research Center's Internet and American Life Project. Retrieved from http://www.namingandtreating.com/wp-content/uploads/2011/07/PIP-Social-networking-sites-and-our-lives.pdf.

Hamza, T. H., Chen, H., Hill-Burns, E. M., Rhodes, S. L., Montimurro, J., Kay, D. M., . . . & Yearout, D. (2011). Genome-wide gene-environment study identifies glutamate receptor gene GRIN2A as a Parkinson's disease modifier gene via interaction with coffee. *PLoS Genetics, 7*(8), e1002237.

Han, J. A., Cho, Y., & Kim, J. (2014). Effects of preschool children's gender, temperament, emotional regulation and maternal parenting stress on children's overt aggression and relational aggression. *Korean Journal of Human Ecology, 23*(4), 599–611.

Han, J. Y., Kwon, H. J., Ha, M., Paik, K. C., Lim, M. H., Lee, S. G., . . . & Kim, E. J. (2015). The effects of prenatal exposure to alcohol and environmental tobacco smoke on risk for ADHD: A large population-based study. *Psychiatry Research, 225*(1–2), 164–168.

Han, W. J., Miller, D. P., & Waldfogel, J. (2010). Parental work schedules and adolescent risky behaviors. *Developmental Psychology, 46*(5), 1245.

Handmaker, N. S., Rayburn, W. F., Meng, C., Bell, J. B., Rayburn, B. B., & Rappaport, V. J. (2006). Impact of alcohol exposure after pregnancy recognition on ultrasonographic fetal growth measures. *Alcoholism: Clinical and Experimental Research, 30*, 892–898.

Hank, K. (2007). Proximity and contacts between older parents and their children: A European comparison. *Journal of Marriage and Family, 69*, 157–173.

Hankin, B. L., Mermelstein, R., & Roesch, L. (2007). Sex differences in adolescent depression: Exposure and reactivity models. *Child Development, 78*, 279–295.

Hannigan, J. H., & Armant, D. R. (2000). Alcohol in pregnancy and neonatal outcome. *Seminars in Neonatology, 5*, 243–254.

Hanschmidt, F., Lehnig, F., Riedel-Heller, S. G., & Kersting, A. (2016). The stigma of suicide survivorship and related consequences—a systematic review. *PloS One, 11*(9), e0162688.

Hanscombe, K. B., Trzaskowski, M., Haworth, C. M., Davis, O. S., Dale, P. S., & Plomin, R. (2012). Socioeconomic status (SES) and children's intelligence (IQ): In a UK-representative sample SES moderates the environmental, not genetic, effect on IQ. *PLoS One, 7*(2), e30320.

Hansen, M., Janssen, I., Schiff, A., Zee, P. C., & Dubocovich, M. L. (2005). The impact of school daily schedule on adolescent sleep. *Pediatrics, 115*, 1555–1561.

Hansen, S. N., Schendel, D. E., & Parner, E. T. (2015). Explaining the increase in the prevalence of autism spectrum disorders: The proportion attributable to changes in reporting practices. *JAMA Pediatrics, 169*(1), 56–62.

Hanson, L. (1968). *Renoir: The man, the painter, and his world*. New York: Dodd, Mead.

Hao, Y. (2008). Productive activities and psychological well-being among older adults. *Journals of Gerontology, 63*(2, Series A), S64–S72.

Hara, Y., Waters, E. M., McEwen, B. S., & Morrison, J. H. (2015). Estrogen effects on cognitive and synaptic health over the lifecourse. *Physiological Reviews, 95*(3), 785–807.

Hardway, C., & Fuligni, A. J. (2006). Dimensions of family connectedness among adolescents with Mexican, Chinese, and European backgrounds. *Developmental Psychology, 42*, 1246–1258.

Hareli, S., Kafetsios, K., & Hess, U. (2015). A cross-cultural study on emotion expression and the learning of social norms. *Frontiers in Psychology, 6*, 1501.

Harenski, C. L., Antonenko, O., Shane, M. S., & Keihl, K. A. (2008). Gender differences in neural mechanisms underlying moral sensitivity. *Social Cognitive and Affective Neuroscience, 3*, 313–321.

Harlow, H. F., & Harlow, M. K. (1962). The effect of rearing conditions on behavior. *Bulletin of the Menninger Clinic, 26*, 213–224.

Harman, D. (1956). Aging: A theory based on free radical and radiation chemistry. *Journal of Gerontology, 11*(3), 298–300.

Harman, D. (1972). Free radical theory of aging: Dietary implications. *The American Journal of Clinical Nutrition, 25*(8), 839–843.

Harman, D. (2006). Free radical theory of aging: An update. *Annals of the New York Academy of Sciences, 1067*(1), 10–21.

Harper, G. W., Serrano, P. A., Bruce, D., & Bauermeister, J. A. (2016). The internet's multiple roles in facilitating the sexual orientation identity development of gay and bisexual male adolescents. *American Journal of Men's Health, 10*(5), 359–376.

Harper, J. M., Padilla-Walker, L. M., & Jensen, A. C. (2016). Do siblings matter independent of both parents and friends? Sympathy as a mediator between sibling relationship quality and adolescent outcomes. *Journal of Research on Adolescence, 26*(1), 101–114.

Harris, D. G., Davies, C., Ward, H., & Haboubi, N. Y. (2008). An observational study of screening for malnutrition in elderly people living in sheltered accommodation. *Journal of Human Nutrition and Dietetics, 21*(1), 3–9.

Harris, K. M., Gordon-Larsen, P., Chantala, K., & Udry, J. R. (2006). Longitudinal trends in race/ethnic disparities in leading health indicators from adolescence to young adulthood. *Archives of Pediatric and Adolescent Medicine, 160*, 74–81.

Harris, P. L. (2011). Conflicting thoughts about death. *Human Development, 54*(3), 160–168.

Harrison, Y., & Horne, J. A. (1997). Sleep deprivation affects speech. *Sleep, 20*, 871–877.

Harrison, Y., & Horne, J. A. (2000a). Impact of sleep deprivation on decision making: A review. *Journal of Experimental Psychology, 6*, 236–249.

Harrist, A. W., Zain, A. F., Bates, J. E., Dodge, K. A., & Pettit, G. S. (1997). Subtypes of social withdrawal in early childhood: Sociometric status and social-cognitive differences across four years. *Child Development, 68*, 278–294.

Hart, C. H., DeWolf, M., Wozniak, P., & Burts, D. C. (1992). Maternal and paternal disciplinary styles: Relations with preschoolers' playground behavioral orientation and peer status. *Child Development, 63*, 879–892.

Hart, D., Hofmann, V., Edelstein, W., & Keller, M. (1997). The relation of childhood personality types to adolescent behavior and development: A longitudinal study of Icelandic children. *Developmental Psychology, 33*, 195–205.

Hart, D., Southerland, N., & Atkins, R. (2003). Community service and adult development. In J. Demick & C. Andreoletti (Eds.), *Handbook of adult development* (pp. 585–597). New York: Plenum Press.

Hart, J. L., & Tannock, M. T. (2013). Young children's play fighting and use of war toys. In R. E. Tremblay, M. Boivin, & R. Peters (Eds.), *Encyclopedia on early childhood development* [online]. www.child-encyclopedia.com/play/according-experts/learning-through-play.

Harter, S. (1993). Developmental changes in self-understanding across the 5 to 7 shift. In A. Sameroff & M. Haith (Eds.), *Reason and responsibility: The passage through childhood* (pp. 207–236). Chicago: University of Chicago Press.

Harter, S. (1996). Developmental changes in self-understanding across the 5 to 7 shift. In A. J. Sameroff & M. M. Haith (Eds.), *The five to seven year shift: The age of reason and responsibility* (pp. 207–235). Chicago: University of Chicago Press.

Harter, S. (1998). The development of self-representations. In W. Damon (Series Ed.) & N. Eisenberg (Vol. Ed.), *Handbook of child psychology: Vol. 3. Social, emotional, and personality development* (5th ed., pp. 553–617). New York: Wiley.

Harter, S. (2006). The self. In W. Damon & R. M. Lerner (Series Eds.) & N. Eisenberg (Vol. Ed.), *Handbook of child psychology: Vol 3. Social, emotional and personality development* (pp. 505–570). Hoboken: NJ: Wiley.

Hartl, A. C., Laursen, B., & Cillessen, A. H. (2015). A survival analysis of adolescent friendships: The downside of dissimilarity. *Psychological Science, 26*(8), 1304–1315.

Hartshorn, K., Rovee-Collier, C., Gerhardstein, P., Bhatt, R. S., Wondoloski, R. L., Klein, P., . . . Campos-de-Carvalho, M. (1998). The ontogeny of long-term memory over the first year-and-a-half of life. *Developmental Psychobiology, 32*, 69–89.

Hartup, W. W. (1992). Peer relations in early and middle childhood. In V. B. Van Hasselt & M. Hersen (Eds.), *Handbook of social development: A lifespan perspective* (pp. 257–281). New York: Plenum Press.

Hartup, W. W. (1996b). Cooperation, close relationships, and cognitive development. In W. M. Bukowski, A. F. Newcomb, & W. W. Hartup (Eds.), *The company they keep: Friendship in childhood and adolescence* (pp. 213–237). New York: Cambridge University Press.

Hartup, W. W., & Stevens, N. (1999). Friendships and adaptation across the life span. *Current Directions in Psychological Science, 8*, 76–79.

Harvard Medical School. (2002). The mind and the immune system—Part I. *Harvard Mental Health Letter, 18*(10), 1–3.

Harvard Medical School. (2003, May). Confronting suicide—Part I. *Harvard Mental Health Letter, 19*(11), 1–4.

Harvard Medical School. (2004a, December). Children's fears and anxieties. *Harvard Mental Health Letter, 21*(6), 1–3.

Harvard Medical School. (2004b, April). Countering domestic violence. *Harvard Mental Health Letter, 20*(10), 1–5.

Harvard Medical School. (2004c, May). Women and depression: How biology and society may make women more vulnerable to mood disorders. *Harvard Mental Health Letter, 20*(11), 1–4.

Haskuka, M., Sunar, D., & Alp, I. E. (2008). War exposure, attachment and moral reasoning. *Journal of Cross Cultural Psychology, 39*(4), 381–401.

Hassan, N. M. M., Akhter, R., Staudinger, L., Tarpey, N., Basha, S., Cox, S., & Kashiwazaki, H. (2017). Oral disease and malnutrition in the elderly—impact of oral cancer. *Current Oral Health Reports, 4*(2), 64–69.

Hassett, J. M., Siebert, E. R., & Wallen, K. (2008). Sex differences in rhesus monkey toy preferences parallel those of children. *Hormones and Behavior, 54*(3), 359–364.

Hategan, A., Bourgeois, J. A., Cheng, T., & Young, J. (2018). Caregiver burnout. In *Geriatric Psychiatry Study Guide* (pp. 433–442). Basel, Switzerland: Springer International.

Hauck, F. R., Tanabe, K. O., & Moon, R. Y. (2011, August). Racial and ethnic disparities in infant mortality. *Seminars in Perinatology, 35*(4), 209–220. United Nations Children's Fund (UNICEF). (2018b). *UNICEF data: Vaccination and immunization statistics*. Retrieved from https://data.unicef.org/topic/child-health/immunization/#

Haugaard, J. J. (1998). Is adoption a risk factor for the development of adjustment problems? *Clinical Psychology Review, 18*, 47–69.

Haun, D., & Tomasello, M. (2011). Conformity to peer pressure in preschool children. *Child Development, 82*(6), 1759–1767.

Hawes, C., Phillips, C. D., Rose, M., Holan, S., & Sherman, M. (2003). A national survey of assisted living facilities. *Gerontologist, 43*, 875–882.

Hawkley, L. C., & Cacioppo, J. T. (2007). Aging and loneliness: Downhill quickly? *Current Directions in Psychological Science, 16*, 187–191.

Hawkley, L. C., & Cacioppo, J. T. (2010). Loneliness matters: A theoretical and empirical review of consequences and mechanisms. *Annals of Behavioral Medicine, 40*(2), 218–227.

Hawkley, L. C., Thisted, R. A., Masi, C. M., & Cacioppo, J. T. (2010). Loneliness predicts increased blood pressure: 5-year cross-lagged analyses in middle-aged and older adults. *Psychology and Aging, 25*(1), 132.

Haworth, C. M., Wright, M. J., Luciano, M., Martin, N. G., De Geus, E. J. C., Van Beijsterveldt, C. E. M., ... & Kovas, Y. (2010). The heritability of general cognitive ability increases linearly from childhood to young adulthood. *Molecular Psychiatry, 15*(11), 1112.

Hay, C., Meldrum, R. C., Widdowson, A. O., & Piquero, A. R. (2017). Early aggression and later delinquency: Considering the redirecting role of good parenting. *Youth Violence and Juvenile Justice, 15*(4), 374–395.

Hay, D. F., Pawlby, S., Waters, C. S., Perra, O., & Sharp, D. (2010). Mothers' antenatal depression and their children's antisocial outcomes. *Child Development, 81*(1), 149–165.

Hay, D. F., Pedersen, J., & Nash, A. (1982). Dyadic interaction in the first year of life. In K. H. Rubin & H. S. Ross (Eds.), *Peer relationships and social skills in children*. New York: Springer.

Hay, P. (2013). A systematic review of evidence for psychological treatments in eating disorders: 2005–2012. *International Journal of Eating Disorders, 46*(5), 462–469.

Hayflick, L. (1981). Intracellular determinants of aging. *Mechanisms of Aging and Development, 28*, 177.

Hayflick, L. (2004). "Anti-aging" is an oxymoron. *Journal of Gerontology: Biological Sciences, 59A*, 573–578.

Hayghe, H. (1986). Rise in mothers' labor force activity includes those with infants. *Monthly Labor Review, 109*(2), 43–45.

Hayslip, B., Jr., Blumenthal, H., & Garner, A. (2014). Social support and grandparent caregiver health: One-year longitudinal findings for grandparents raising their grandchildren. *Journals of Gerontology Series B: Psychological Sciences and Social Sciences, 70*(5), 804–812.

Hayslip, B., Jr., Fruhauf, C. A., & Dolbin-MacNab, M. L. (2017). Grandparents raising grandchildren: What have we learned over the past decade? *The Gerontologist, 57*(6), 1196.

He, W., Goodkind, D., & Kowal, P. R. (2016). *U.S. Census Bureau, International Population Reports*, P95/16-1, *An aging world: 2015*. Washington, DC: U.S. Government Printing Office.

Healy, A. J., Malone, F. D., Sullivan, L. M., Porter, T. F., Luthy, D. A., Comstock, C. H., ... D'Alton, M. E. (2006). Early access to prenatal care: Implications for racial disparity in perinatal mortality. *Obstetrics and Gynecology, 107*, 625–631.

Hearing, C. M., Chang, W. C., Szuhany, K. L., Deckersbach, T., Nierenberg, A. A., & Sylvia, L. G. (2016). Physical exercise for treatment of mood disorders: A critical review. *Current Behavioral Neuroscience Reports, 3*(4), 350–359.

Heath, S. B. (1989). Oral and literate tradition among black Americans living in poverty. *American Psychologist, 44*, 367–373.

Heatherington, E. M. (2006). The influence of conflict, marital problem solving and parenting on children's adjustment in nondivorced, divorced and remarried families. In A. Clarke-Stewart & J. Dunn (Eds.), *Families count: Effects on child and adolescent development* (pp. 203–237). New York: Cambridge University Press.

Hebblethwaite, S., & Norris, J. (2011). Expressions of generativity through family leisure: Experiences of grandparents and adult grandchildren. *Family Relations, 60*(1), 121–133.

Heckhausen, J. (2001). Adaptation and resilience in midlife. In M. E. Lachman (Ed.), *Handbook of midlife development* (pp. 345–394). New York: Wiley.

Heckman, J. J., Moon, S. H., Pinto, R., Savelyev, P. A., & Yavitz, A. (2010). The rate of return to the High/Scope Perry Preschool Program. *Journal of Public Economics, 94*(1), 114–128.

Heffner, K. L. (2011). Neuroendocrine effects of stress on immunity in the elderly: implications for inflammatory disease. *Immunology and Allergy Clinics of North America, 31*(1), 95–108.

Heid, A. R., Zarit, S. H., & Fingerman, K. L. (2015). "My parent is so stubborn!"—Perceptions of aging parents' persistence, insistence, and resistance. *Journals of Gerontology Series B: Psychological Sciences and Social Sciences, 71*(4), 602–612.

Heid, A. R., Zarit, S. H., & Fingerman, K. L. (2017). Adult children's responses to parent "stubbornness." *The Gerontologist, 57*(3), 429–440.

Heidenreich, A., Bellmunt, J., Bolla, M., Joniau, S., Mason, M., Matveev, V., ... & Zattoni, F. (2011). EAU guidelines on prostate cancer. Part 1: Screening, diagnosis, and treatment of clinically localised disease. *European Urology, 59*(1), 61–71.

Heikamp, T., Trommsdorff, G., & Fäsche, A. (2013). Development of self-regulation in context. *Acting Intentionally and Its Limits: Individuals, Groups, Institutions*, 193–222.

Heiland, F., & Liu, S. H. (2006). Family structure and well-being of out-of-wedlock children: The significance of the biological parents' relationship. *Demographic Research, 15*, 61–104.

Heilbronn, L. K., & Ravussin, E. (2003). Calorie restriction and aging: Review of the literature and implications for studies in humans. *American Journal of Clinical Nutrition, 78*, 361–369.

Heim, B. T., & Lin, L. (2017). Does health reform lead to an increase in early retirement? Evidence from Massachusetts. *ILR Review, 70*(3), 704–732.

Heiman, J. R., Long, J. S., Smith, S. N., Fisher, W. A., Sand, M. S., & Rosen, R. C. (2011). Sexual satisfaction and relationship happiness in midlife and older couples in five countries. *Archives of Sexual Behavior, 40*(4), 741–753.

Heino, A., Gissler, M., Hindori-Mohangoo, A. D., Blondel, B., Klungsøyr, K., Verdenik, I., ... & Zeitlin, J. (2016). Variations in multiple birth rates and impact on perinatal outcomes in Europe. *PloS One, 11*(3), e0149252.

Heinz, W. (2002). Self-socialization and post-traditional society. *Advances in Life Course Research, 7*, 41–64.

Heiss, G., Wallace, R., Anderson, G. L., Aragaki, A., Beresford, S. A. A., Brzyski, R., ... Stefanick, M. L., for the WHI Investigators. (2008). Health risks and benefits 3 years after stopping randomized treatment with estrogen and progestin. *Journal of the American Medical Association, 299*, 1036–1045.

Helms, H. M., Crouter, A. C., & McHale, S. M. (2003). Marital quality and spouses' marriage work with close friends and each other. *Journal of Marriage and Family, 65*, 963–977.

Helms, J. E. (1992). Why is there no study of cultural equivalence in standardized cognitive ability testing? *American Psychologist, 47*, 1083–1101.

Helms, J. E., Jernigan, M., & Mascher, J. (2005). The meaning of race in psychology and how to change it: A methodological perspective. *American Psychologist, 60*, 27–36.

HelpAge International Staff. (2015). *Global AgeWatch Index 2015: Insight report*. Retrieved from www.ageinternational.org.uk/Documents/Global_AgeWatch_Index_2015_HelpAge.pdf.

Helson, R., & Wink, P. (1992). Personality change in women from the early 40s to the early 50s. *Psychology and Aging, 7*(1), 46–55.

Helwig, C. C., & Jasiobedzka, U. (2001). The relation between law and morality: Children's reasoning about socially beneficial and unjust laws. *Child Development, 72*, 1382–1393.

Henderson, H. A., Marshall, P. J., Fox, N. A., & Rubin, K. H. (2004). Psychophysiological and behavioral evidence for varying forms and functions of nonsocial behavior in preschoolers. *Child Development, 75*, 251–263.

Henning-Smith, C. (2016). Quality of life and psychological distress among older adults: The role of living arrangements. *Journal of Applied Gerontology, 35*(1), 39–61.

Henry, M., Watt, R., Rosenthal., L., & Shivji, A. (2018). *The 2017 Annual Homeless Assessment Report (AHAR) to Congress*. Washington. DC: U.S. Department of Housing and Urban Development.

Hepach, R., Vaish, A., & Tomasello, M. (2012). Young children are intrinsically motivated to see others helped. *Psychological Science, 23*(9), 967–972.

Herbers, J. E., Cutuli, J. J., Supkoff, L. M., Heistad, D., Chan, C. K., Hinz, E., & Masten, A. S. (2012). Early reading skills and academic achievement trajectories of students facing poverty, homelessness, and high residential mobility. *Educational Researcher, 41*(9), 366–374.

Herbig, B., Büssing, A., & Ewert, T. (2001). The role of tacit knowledge in the work context of nursing. *Journal of Advanced Nursing, 34*, 687–695.

Herdt, G., & McClintock, M. (2000). The magical age of ten. *Archives of Sexual Behavior, 29*(6), 587–606. doi: 10.1023/A:1002006521067.

Herek, G. M. (2006). Legal recognition of same-sex unions in the United States: A social science perspective. *American Psychologist, 61*, 607–621.

Herman, J. L., Haas, A. P., & Rodgers, P. L. (2014). *Suicide attempts among transgender and gender non-conforming adults: Findings of the National Transgender Discrimination Survey*. Los Angeles: The Williams Institute.

Herman-Giddens, M. E., Steffes, J., Harris, D., Slora, E., Hussey, M., Dowshen, S. A., . . . & Reiter, E. O. (2012). Secondary sexual characteristics in boys: Data from the Pediatric Research in Office Settings Network. *Pediatrics, 130*(5), e1058–e1068.

Hernandez, D. J. (2004, Summer). Demographic change and the life circumstances of immigrant families. In R. E. Behrman (Ed.), *Children of immigrant families* (pp. 17–48). *Future of Children, 14*(2). Retrieved from www.futureofchildren.org.

Hernandez, D. J., & Macartney, S. E. (2008, January). *Racial-ethnic inequality in child well-being from 1985–2004: Gaps narrowing, but persist* (No. 9). New York: Foundation for Child Development.

Heron, M. (2018). Deaths: Final causes for 2016. *National Vital Statistics Reports, 67*(6), 1–77. Hyattsville, MD: National Center for Health Statistics.

Heron, M. (2018). Deaths: Leading causes for 2016. *National Vital Statistics Reports, 67*(6), 1–77. Hyattsville, MD: National Center for Health Statistics.

Heron, M.P.. (2018). Deaths: Final data for 2016. *National Vital Statistics Reports, 67*(6), 1–77. Hyattsville, MD: National Center for Health Statistics.

Herriot, H., Wrosch, C., & Gouin, J. P. (2018). Self-compassion, chronic age-related stressors, and diurnal cortisol secretion in older adulthood. *Journal of Behavioral Medicine, 41*(6), 850–862.

Herrnstein, R. J., & Murray, C. (1994). *The bell curve: Intelligence and class structure in American life*. New York: Free Press.

Hertenstein, M. J., & Campos, J. J. (2004). The retention effects of an adult's emotional displays on infant behavior. *Child Development, 75*, 595–613.

Hertlein, K. M., & Piercy, F. P. (2006). Internet infidelity: A critical review of the literature. *The Family Journal, 14*(4), 366–371.

Hesketh, T., Lu, L., & Xing, Z. W. (2005). The effect of China's one-child policy after 25 years. *New England Journal of Medicine, 353*, 1171–1176.

Hespos, S. J., & Baillargeon, R. (2008). Young infants' actions reveal their developing knowledge of support variables: Converging evidence for violation-of-expectation findings. *Cognition, 107*(1), 304–316.

Hesso, N. A., & Fuentes, E. (2005). Ethnic differences in neonatal and postneonatal mortality. *Pediatrics, 115*, e44–e51.

Hetherington, E. M., Reiss, D., & Plomin, R. (Eds.). (2013). *Separate social worlds of siblings: The impact of nonshared environment on development*. New York: Routledge.

Heuveline, P., & Timberlake, J. M. (2004). The role of cohabitation in family formation: The United States in comparative perspective. *Journal of Marriage and Family, 66*, 1214–1230.

Hewes, J. (2014). Seeking balance in motion: The role of spontaneous free play in promoting social and emotional health in early childhood care and education. *Children, 1*, 280–301.

Hewlett, B. S. (1987). Intimate fathers: Patterns of paternal holding among Aka pygmies. In M. E. Lamb (Ed.), *The father's role: Cross-cultural perspectives* (pp. 295–330). Hillsdale, NJ: Erlbaum.

Hewlett, B. S. (1992). Husband-wife reciprocity and the father-infant relationship among Aka pygmies. In B. S. Hewlett (Ed.), *Father-child relations: Cultural and biosocial contexts* (pp. 153–176). New York: de Gruyter.

Hewlett, B. S., Lamb, M. E., Shannon, D., Leyendecker, B., & Schölmerich, A. (1998). Culture and early infancy among central African foragers and farmers. *Developmental Psychology, 34*(4), 653–661.

Heymann, J., Siebert, W. S., & Wei, X. (2007). The implicit wage costs of family friendly work practices. *Oxford Economic Papers, 59*(2), 275–300.

Heywood, W., Minichiello, V., Lyons, A., Fileborn, B., Hussain, R., Hinchliff, S., . . . & Dow, B. (2017). The impact of experiences of ageism on sexual activity and interest in later life. *Ageing & Society*.

Hiatt, C., Laursen, B., Mooney, K. S., & Rubin, K. H. (2015). Forms of friendship: A person-centered assessment of the quality, stability, and outcomes of different types of adolescent friends. *Personality and Individual Differences, 77*, 149–155.

Hickling, A. K., & Wellman, H. M. (2001). The emergence of children's causal explanations and theories: Evidence from everyday conversations. *Developmental Psychology, 37*(5), 668–683.

Hickman, M., Roberts, C., & de Matos, M. G. (2000). Exercise and leisure time activities. In C. Currie, K. Hurrelmann, W. Settertobulte, R. Smith, & J. Todd (Eds.), Health and health behaviour among young people: A WHO cross-national study (HBSC) international report (pp. 73–82.). *WHO Policy Series: Health Policy for Children and Adolescents, Series No. 1*. Copenhagen, Denmark: World Health Organization Regional Office for Europe.

Hicks, G. R., & Lee, T. T. (2006). Public attitudes toward gays and lesbians: Trends and predictors. *Journal of Homosexuality, 51*(2), 57–77.

Hiedemann, B., Suhomilinova, O., & O'Rand, A. M. (1998). Economic independence, economic status, and empty nest in midlife marital disruption. *Journal of Marriage and Family, 60*, 219–231.

Hilgard, J., Engelhardt, C. R., Rouder, J. N., Segert, I. L., & Bartholow, B. D. (2019). Null effects of game violence, game difficulty, and 2D: 4D digit ratio on aggressive behavior. *Psychological Science, 30*(4). doi: 10.1177/0956797619829688.

Hill, C., & Holzer, H. (2007). Labor market experiences and the transition to adulthood. In S. Danziger & C. Rouse (Eds.), *The price of independence: The economics of early adulthood* (pp. 141–169). New York: Russell Sage Foundation.

Hill, J. L., Waldfogel, J., Brooks-Gunn, J., & Han, W.-J. (2005). Maternal employment and child development: A fresh look using newer methods. *Developmental Psychology, 41*, 833–850.

Hill, N., & Tyson, D. (2009). Parental involvement in middle school: A metaanalytical assessment of the strategies that promote achievement. *Developmental Psychology, 45*(3), 740–763.

Hill, P. L., Turiano, N. A., Mroczek, D. K., & Roberts, B. W. (2012). Examining concurrent and longitudinal relations between personality traits and social well-being in adulthood. *Social Psychological and Personality Science, 3*(6), 698–705.

Hill, P. L., Weston, S. J., & Jackson, J. J. (2018). The co-development of perceived support and the Big Five in middle and older adulthood. *International Journal of Behavioral Development, 42*(1), 26–33.

Hill, T. D., Angel, J. L., Ellison, C. G., & Angel, R. J. (2005). Religious attendance and mortality: An 8-year follow-up of older Mexican Americans. *Journal of Gerontology: Social Sciences, 60B*, S102–S109.

Hilliard, L. J., & Liben, L. S. (2010). Differing levels of gender salience in preschool classrooms: Effects on children's gender attitudes and intergroup bias. *Child Development, 81*(6), 1787–1798.

Hillis, S. D., Anda, R. F., Dubé, S. R., Felitti, V. J., Marchbanks, P. A., & Marks, J. S. (2004). The association between adverse childhood experiences and adolescent pregnancy, long-term psychosocial consequences, and fetal death. *Pediatrics, 113*, 320–327.

Hingson, R., Heeren, T., Winter, M., & Wechsler, H. (2005). Magnitude of alcohol-related mortality and morbidity among U.S. college students ages 18–24: Changes from 1998–2001. *Annual Reviews, 26,* 259–279.

Hinman, J. D., & Abraham, C. R. (2007). What's behind the decline? The role of white matter in brain aging. *Neurochemical Research, 32*(12), 2023–2031.

Hirschl, T. A., Altobelli, J., & Rank, M. R. (2003). Does marriage increase the odds of affluence? Exploring the life course probabilities. *Journal of Marriage and Family, 65*, 927–938.

Hirsh-Pasek, K. (1991). Pressure or challenge in preschool: How academic environments affect children. In L. Rescorla, M. Hyson, K. Hirsh-Pasek (Eds.), *Academic instruction in early childhood: Challenge or pressure?* (pp. 39–45). San Francisco: Jossey-Bass.

Hirsh-Pasek, K., Adamson, L. B., Bakeman, R., Owen, M. T., Golinkoff, R. M., Pace, A., . . . & Suma, K. (2015). The contribution of early communication quality to low-income children's language success. *Psychological Science, 26*(7), 1071–1083.

Hitchins, M. P., & Moore, G. E. (2002, May 9). Genomic imprinting in fetal growth and development. *Expert Reviews in Molecular Medicine.* Retrieved from www.expertreviews.org/0200457Xh.htm.

Hitlin, S., Brown, J. S., & Elder, G. H. (2006). Racial self-categorization in adolescence: Multiracial development and social pathways. *Child Development, 77,* 1298–1308.

Hitzert, M. M., Van Braeckel, K. N., Bos, A. F., Hunnius, S., & Geuze, R. H. (2014). Early visual attention in preterm and fullterm infants in relation to cognitive and motor outcomes at school age: An exploratory study. *Frontiers in Pediatrics, 2.*

Ho, R. C. M., Neo, L. F., Chua, A. N. C., Cheak, A. A. C., & Mak, A. (2010). Research on psychoneuroimmunology: Does stress influence immunity and coronary artery disease? *Annals Academy of Medicine Singapore, 39,* 191–196.

Ho, S. M., Johnson, A., Tarapore, P., Janakiram, V., Zhang, X., & Leung, Y. K. (2012). Environmental epigenetics and its implication on disease risk and health outcomes. *ILAR Journal, 53*(3–4), 289–305.

Hoang, T. D., Reis, J., Zhu, N., Jacobs, D. R., Launer, L. J., Whitmer, R. A., . . . & Yaffe, K. (2016). Effect of early adult patterns of physical activity and television viewing on midlife cognitive function. *JAMA Psychiatry, 73*(1), 73–79.

Hoban, T. F. (2004). Sleep and its disorders in children. *Seminars in Neurology, 24,* 327–340.

Hobbs, W. R., Burke, M., Christakis, N. A., & Fowler, J. H. (2016). Online social integration is associated with reduced mortality risk. *Proceedings of the National Academy of Sciences, 113*(46), 12980–12984.

Hobson, J. A., & Silvestri, L. (1999, February). Parasomnias. *Harvard Mental Health Letter,* 3–5.

Hodges, E. V. E., Boivin, M., Vitaro, F., & Bukowski, W. M. (1999). The power of friendship: Protection against an escalating cycle of peer victimization. *Developmental Psychology, 35,* 94–101.

Hodgson, J. W., & Fischer, J. L. (1979). Sex differences in identity and intimacy development in college youth. *Journal of Youth and Adolescence, 8*(1), 37–50.

Hoff, E. (2003). The specificity of environmental influence: Socioeconomic status affects early vocabulary development via maternal speech. *Child Development, 74,* 1368–1378.

Hoff, E. (2006). How social contexts support and shape language development. *Developmental Review, 26,* 55–88.

Hofferth, S. L. (2006). Residential father family type and child well-being: Investment versus selection. *Demography, 43*(1), 53–77.

Hofferth, S. L. (2010). Home media and children's achievement and behavior, *Child Development, 81,* 1598–1619. doi: 10.1111/j.1467-8624.2010.01494.x.

Hoffman, G. F., Davies, M., & Norman, R. (2007). The impact of lifestyle factors on reproductive perfomance in the general population and those undergoing infertility treatment: A review. *Human Reproduction Update, 13*(3), 209–223.

Hoffman, M. L. (1970). Conscience, personality, and socialization techniques. *Human Development, 13,* 90–126.

Hofmann, S. G., Asnaani, A., Vonk, I. J., Sawyer, A. T., & Fang, A. (2012). The efficacy of cognitive behavioral therapy: A review of meta-analyses. *Cognitive Therapy and Research, 36*(5), 427–440.

Hogge, W. A. (2003). The clinical use of karyotyping spontaneous abortions. *American Journal of Obstetrics and Gynecology, 189,* 397–402.

Hohmann-Marriott, B. E. (2006). Shared beliefs and the union stability of married and cohabiting couples. *Journal of Marriage and Family, 68,* 1015–1028.

Holland, G., & Tiggemann, M. (2016). A systematic review of the impact of the use of social networking sites on body image and disordered eating outcomes. *Body Image, 17,* 100–110.

Holliday, R. (2004). The multiple and irreversible causes of aging. *Journal of Gerontology: Biological Sciences, 59A,* 568–572.

Hollos, M., & Richards, F. (1993). Gender-associated development of formal operations in Nigerian adolescents. *Ethos, 21*(1), 24–52.

Holloway, A. (2014, Jan. 24). *The Toraja people and the most complex funeral rituals in the world.* Retrieved from www.ancient-origins.net/ancient-places-asia/toraja-people-and-most-complex-funeral-rituals-world-001268.

Holmes E. A., James, E. L., Kilford, E. J., & Deeprose, C. (2010). Key steps in developing a cognitive vaccine against traumatic flashbacks: Visuospatial tetris versus verbal pub quiz. *PLoS ONE, 5*(11), e13706. doi:10.1371/journal.pone.0013706.

Holmes, J., & Gathercole, S. E. (2014). Taking working memory training from the laboratory into schools. *Educational Psychology, 34*(4), 440–450.

Holmes, R. M. (2012). The outdoor recess activities of children at an urban school: Longitudinal and intraperiod patterns. *American Journal of Play, 4*(3), 327.

Holmes, T. H., & Rahe, R. H. (1976). The social readjustment rating scale. *Journal of Psychosomatic Research, 11,* 213.

Holt, C. L., Clark, E. M., Debnam, K. J., & Roth, D. L. (2014). Religion and health in African Americans: The role of religious coping. *American Journal of Health Behavior, 38*(2), 190–199.

Holt-Lunstad, J., Birmingham, W., & Jones, B. Q. (2008). Is there something unique about marriage? The relative impact of marital status, relationship quality, and network social support on ambulatory blood pressure and mental health. *Annals of Behavioral Medicine, 35*(2), 239–244.

Holt-Lunstad, J., Smith, T. B., & Layton, J. B. (2010). Social relationships and mortality risk: A meta-analytic review. *PLoS Medicine, 7*(7), e1000316. doi:10.1371/journal.pmed.1000316.

Holt-Lunstad, J., Smith, T. B., Baker, M., Harris, T., & Stephenson, D. (2015). Loneliness and social isolation as risk factors for mortality: A meta-analytic review. *Perspectives on Psychological Science, 10*(2), 227–237.

Hong, J. S., & Espelage, D. L. (2012). A review of research on bullying and peer victimization in school: An ecological system analysis. *Aggression and Violent Behavior, 17*(4), 311–322.

Hong, Z., Ng, K. K., Sim, S. K., Ngeow, M. Y., Zheng, H., Lo, J. C., . . . & Zhou, J. (2015). Differential age-dependent associations of gray matter volume and white matter integrity with processing speed in healthy older adults. *Neuroimage, 123,* 42–50.

Honig, L. S., Kang, M. S., Cheng, R., Eckfeldt, J. H., Thyagarajan, B., Leiendecker-Foster, C., . . . & Lee, J. H. (2015). Heritability of telomere length in a study of long-lived families. *Neurobiology of Aging, 36*(10), 2785–2790.

Hoorn, J., Dijk, E., Meuwese, R., Rieffe, C., & Crone, E. A. (2016). Peer influence on prosocial behavior in adolescence. *Journal of Research on Adolescence, 26*(1), 90–100.

Hopkins, B., & Westra, T. (1988). Maternal handling and motor development: An intracultural study. *Genetic, Social and General Psychology Monographs, 14,* 377–420.

Hopkins, B., & Westra, T. (1990). Motor development, maternal expectations and the role of handling. *Infant Behavior and Development, 13,* 117–122.

Hopkins, M. (2014). *The development of children's understanding of death.* Doctoral dissertation, University of East Anglia.

Hopwood, C. J., Donnellan, M. B., Blonigen, D. M., Krueger, R. F., McGue, M., Iacono, W. G., & Burt, S. A. (2011). Genetic and environmental influences on personality trait stability and growth during the transition to adulthood: A three-wave longitudinal study. *Journal of Personality and Social Psychology, 100*(3), 545.

Horn, J. C., & Meer, J. (1987, May). The vintage years. *Psychology Today,* pp. 76–90.

Horn, J. L. (1967). Intelligence—Why it grows, why it declines. *Transaction, 5*(1), 23–31.

Horn, J. L. (1968). Organization of abilities and the development of intelligence. *Psychological Review, 75*, 242–259.

Horn, J. L. (1970). Organization of data on life-span development of human abilities. In L. R. Goulet & P. B. Baltes (Eds.), *Life-span developmental psychology: Theory and research* (pp. 424–466). New York: Academic Press.

Horn, J. L. (1982a). The aging of human abilities. In B. B. Wolman (Ed.), *Handbook of developmental psychology* (pp. 847–870). Englewood Cliffs, NJ: Prentice Hall.

Horn, J. L. (1982b). The theory of fluid and crystallized intelligence in relation to concepts of cognitive psychology and aging in adulthood. In F. I. M. Craik & S. Trehub (Eds.), *Aging and cognitive processes* (pp. 237–278). New York: Plenum Press.

Horn, J. L., & Donaldson, G. (1980). Cognitive development: 2. Adulthood development of human abilities. In O. G. Brim & J. Kagan (Eds.), *Constancy and change in human development*. Cambridge, MA: Harvard University Press.

Horn, J. L., & Hofer, S. M. (1992). Major abilities and development in the adult. In R. J. Sternberg & C. A. Berg (Eds.), *Intellectual development*. New York: Cambridge University Press.

Horne, J. (2000). Neuroscience: Images of lost sleep. *Nature, 403*, 605–606.

Hornung, O., & Heim, C. (2014). Gene–environment interactions and intermediate phenotypes: Early trauma and depression. *Frontiers in Endocrinology, 5*, 14.

Horowitz, B. N., Neiderhiser, J. M., Ganiban, J. M., Spotts, E. L., Lichtenstein, P., & Reiss, D. (2010). Genetic and environmental influences on global family conflict. *Journal of Family Psychology, 24*(2), 217–220.

Horton, R., & Shweder, R. A. (2004). Ethnic conservatism, psychological well-being, and the downside of mainstreaming: Generational differences. In O. G. Brim, C. D. Ryff, & R. C. Kessler (Eds.), *How healthy are we? A national study of well-being at midlife* (pp. 373–397). Chicago: University of Chicago Press.

Hoskins, D. H. (2014). Consequences of parenting on adolescent outcomes. *Societies, 4*(3), 506–531.

Houltberg, B. J., Henry, C. S., & Morris, A. S. (2012). Family interactions, exposure to violence, and emotion regulation: Perceptions of children and early adolescents at risk. *Family Relations, 61*, 283–296. doi: 10.1111/j.1741-3729.2011.00699.x.

Howard, K. S., Lefever, J. B., Borkowski, J. G., & Whitman, T. L. (2006). Fathers' influence in the lives of children with adolescent mothers. *Journal of Family Psychology, 20*, 468–476.

Howe, M. L. (2003). Memories from the cradle. *Current Directions in Psychological Science, 12*, 62–65.

Howe, N., Petrakos, H., Rinaldi, C. M., & LeFebvre, R. (2005). "This is a bad dog, you know . . ."
: Constructing shared meanings during sibling pretend play. *Child Development, 76*, 783–794.

Howe, N., Rinaldi, C. M., Jennings, M., & Petrakos, H. (2002). "No! The lambs can stay out because they got cozies": Constructive and destructive sibling conflict, pretend play, and social understanding. *Child Development, 73*(5), 1460–1473.

Howell, R. T., Kern, M. L., & Lyubomirsky, S. (2007). Health benefits: Meta-analytically determining the impact of well-being on objective health outcomes. *Health Psychology Review, 1*(1), 83–136.

Howes, L.M., & Goodman-Delahunty, J. (2014). Life course research design: Exploring career change experiences of former school teachers and police officers. *Journal of Career Development, 41*, 62–84.

Howland, M., Armeli, S., Feinn, R., & Tennen, H. (2017). Daily emotional stress reactivity in emerging adulthood: Temporal stability and its predictors. *Anxiety, Stress, & Coping, 30*(2), 121–132.

Howlett, N., Kirk, E., & Pine, K. J. (2010). Does "wanting the best" create more stress? The link between baby sign classes and maternal anxiety. *Infant and Child Development, 20*. Advance online publication. doi: 10.1002/icd.705.

Hoxby, C. M. (2000). The effects of class size on student achievement: New evidence from population variation. *The Quarterly Journal of Economics, 115*(4), 1239–1285.

Hoyer, W. J., & Rybash, J. M. (1994). Characterizing adult cognitive development. *Journal of Adult Development, 1*(1), 7–12.

Hoyert, D. L., Arias, E., Smith, B. L., Murphy, S. L., & Kochanek, K. D. (2001). Deaths: Final data for 1999. *National Vital Statistics Reports, 49*(8). Hyattsville, MD: National Center for Health Statistics.

Hruby, A., & Hu, F. B. (2015). The epidemiology of obesity: A big picture. *Pharmacoeconomics, 33*(7), 673–689.

Hsu, L. M., Chung, J., & Langer, E. J. (2010). The influence of age-related cues on health and longevity. *Perspectives on Psychological Science, 5*(6), 632–648.

Hsu, S., Gordon, B. A., Hornbeck, R., Norton, J. B., Levitch, D., Louden, A., . . . & McDade, E. (2018). Discovery and validation of autosomal dominant Alzheimer's disease mutations. *Alzheimer's Research & Therapy, 10*(1), 67.

Hu, W. (2011, January 4). Math that moves: Schools embrace the iPad. *The New York Times*. Retrieved from http://www.nytimes.com/2011/01/05/education/05tablets.html?ref5education.

Hudak, M. L., & Tan, R. C. (2012). Neonatal drug withdrawal. *Pediatrics, 129*(2), e540–e560.

Hudd, S., Dumlao, J., Erdmann-Sager, D., Murray, D., Phan, E., & Soukas, N. (2000). Stress at college: Effects on health habits, health status and self-esteem. *College Students Journal, 34*(2), 217–227.

Huesmann, L. R., & Kirwil, L. (2007). Why observing violence increases the risk of violent behavior in the observer. In D. Flannery, A. Vazinsyi, & I. Waldman (Eds.), *The Cambridge handbook of violent behavior and agression* (pp. 545–570). Cambridge, UK: Cambridge University Press.

Huesmann, L. R., Moise-Titus, J., Podolski, C. L., & Eron, L. (2003). Longitudinal relations between children's exposure to TV violence and their aggressive and violent behavior in young adulthood: 1977–1992. *Developmental Psychology, 39*, 201–221.

Huesmann, R. (2007). The impact of electronic media violence: Scientific theory and research. *Journal of Adolescent Health, 41*, S6–S13.

Huffman, C. S., Schwartz, T. A., & Swanson, K. M. (2015). Couples and miscarriage: The influence of gender and reproductive factors on the impact of miscarriage. *Women's Health Issues, 25*(5), 570–578.

Hug, L., Sharrow, D., Zhong, K., & You, D., (2018). *Levels & Trends in Child Mortality: Report 2018*. Estimates developed by the United Nations Inter-agency Group for Child Mortality Estimation, United Nations Children's Fund, New York.

Huge payout in U.S. stuttering case. (2007, August 17). *BBC News*. Retrieved from http://news.bbc.co.uk/2/hi/americas/6952446.stm.

Hughes, C. (2011). Changes and challenges in 20 years of research into the development of executive functions. *Infant and Child Development, 20*(3), 251–271.

Hughes, C., Devine, R. T., Ensor, R., Koyasu, M., Mizokawa, A., & Lecce, S. (2014). Lost in translation? Comparing British, Japanese, and Italian children's theory-of-mind performance. *Child Development Research, 2014*.

Hughes, C. H., & Ensor, R. A. (2009). How do families help or hinder the emergence of early executive function? *New Directions for Child and Adolescent Development, 2009*(123), 35–50.

Hughes, D., Rodriguez, J., Smith, E. P., Johnson, D. J., Stevenson, H. C., & Spicer, P. (2006). Parents' ethnic-racial socialization practices: A review of research and directions for future study. *Developmental Psychology, 42*, 747–770.

Hughes, K. L., Bailey, T. R., & Mechur, M. J. (2001). *School-to-work: Making a difference in education: A research report to America*. New York: Columbia University, Teachers College, Institute on Education and the Economy.

Hughes, M. E., & Waite, L. J. (2009). Marital biography and health at mid-life. *Journal of Health and Social Behavior, 50*, 344–358.

Hughes, M. L., Agrigoroaei, S., Jeon, M., Bruzzese, M., & Lachman, M. E. (2018). Change in cognitive performance from midlife into old age: Findings from the Midlife in the United States (MIDUS) study. *Journal of the International Neuropsychological Society, 24*(8), 805–820.

Hughes, S. M., Harrison, M. A., & Gallup, G. G., Jr. (2007). Sex differences in romantic kissing among college students: An evolutionary perspective. *Evolutionary Psychology, 5*(3), 612–631.

Huizink, A. C. (2014). Prenatal cannabis exposure and infant outcomes: Overview of studies. *Progress in Neuro-Psychopharmacology and Biological Psychiatry, 52*, 45–52.

Huizink, A., Robles de Medina, P., Mulder, E., Visser, G., & Buitelaar, J. (2002). Psychological measures of prenatal stress as predictors of infant temperament. *Journal of the American Academy of Child and Adolescent Psychiatry, 41*, 1078–1085.

Hujoel, P. P., Bollen, A.-M., Noonan, C. J., & del Aguila, M. A. (2004). Antepartum dental radiography and infant low birth weight. *Journal of the American Medical Association, 291*, 1987–1993.

Hulbert, A. J., Pamplona, R., Buffenstein, R., & Buttemer, W. A. (2007). Life and death: Metabolic rate, membrane composition, and life span of animals. *Physiological Reviews, 87*(4), 1175–1213.

Hummel, A., Shelton, K. H., Heron, J., Moore, L., & Bree, M. (2013). A systematic review of the relationships between family functioning, pubertal timing and adolescent substance use. *Addiction, 108*(3), 487–496.

Hunger Notes. (2016). *2016 World hunger and poverty facts and statistics.* Retrieved from www.worldhunger.org/2015-world-hunger-and-poverty-facts-and-statistics/#progress.

Hungerford, T. L. (2001). The economic consequences of widowhood on elderly women in the United States and Germany. *Gerontologist, 41*, 103–110.

Hunter, S. B., & Smith, D. E. (2008). Predictors of children's understandings of death: Age, cognitive ability, death experience and maternal communicative competence. *OMEGA-Journal of Death and Dying, 57*(2), 143–162.

Huntley, J. D., Gould, R. L., Liu, K., Smith, M., & Howard, R. J. (2015). Do cognitive interventions improve general cognition in dementia? A meta-analysis and meta-regression. *BMJ Open, 5*(4), e005247.

Huo, M., Graham, J. L., Kim, K., Birditt, K. S., & Fingerman, K. L. (2017). Aging parents' daily support exchanges with adult children suffering problems. *The Journals of Gerontology: Series B*.

Husby, I. M., Stray, K. M. T., Olsen, A., Lydersen, S., Indredavik, M. S., Brubakk, A. M., . . . & Evensen, K. A. I. (2016). Long-term follow-up of mental health, health-related quality of life and associations with motor skills in young adults born preterm with very low birth weight. *Health and Quality of Life Outcomes, 14*(1), 56.

Hutchinson, E. A., De Luca, C. R., Doyle, L. W., Roberts, G., Anderson, P. J., & Victorian Infant Collaborative Study Group. (2013). School-age outcomes of extremely preterm or extremely low birth weight children. *Pediatrics, 131*(4), e1053–e1061.

Huttenlocher, J., Levine, S., & Vevea, J. (1998). Environmental input and cognitive growth: A study using time period comparisons. *Child Development, 69*, 1012–1029.

Huttenlocher, J., Vasilyeva, M., Cymerman, E., & Levine, S. (2002). Language input and child syntax. *Cognitive Psychology, 45*, 337–374.

Huxhold, O., Miche, M., & Schüz, B. (2013). Benefits of having friends in older ages: Differential effects of informal social activities on well-being in middle-aged and older adults. *Journals of Gerontology Series B: Psychological Sciences and Social Sciences, 69*(3), 366–375.

Hyde, D. C., & Spelke, E. S. (2011). Neural signatures of number processing in human infants: Evidence for two core systems underlying numerical cognition. *Developmental Science, 14*(2), 360–371.

Hyde, J., Lindberg, S., Linn, M., Ellis, A., & Williams, C. (2008). Gender similarities characterize math performance. *Science, 321*, 494–495.

Hyde, J. S. (2005). The gender similarity hypothesis. *American Psychologist, 60*, 581–592.

Hyde, J. S. (2014). Gender similarities and differences. *Annual Review of Psychology, 65*, 373–398.

Hyde, J. S., & Mertz, J. E. (2009). Gender, culture, and mathematics performance. *Proceedings of the National Academy of Sciences, 106*(22), 8801–8807.

Iacoboni, M. (2008). *Mirroring people: The new science of how we connect with others.* New York: Farrar, Straus, & Giroux.

Iacoboni, M., & Mazziotta, J. C. (2007). Mirror neuron system: Basic findings and clinical applications. *Annals of Neurology, 62*, 213–218.

Iacovou, M., & Skew, A. J. (2011). Household composition across the new Europe: Where do the new member states fit in? *Demographic Research, 25*, 465–490.

Ialongo, N. S., Edelsohn, G., & Kellam, S. G. (2001). A further look at the prognostic power of young children's reports of depressed mood and feelings. *Child Development, 72*, 736–747.

Iannotti, R. J., Kogan, M. D., Janssen, I., & Boyce, W. F. (2009). Patterns of adolescent physical activity, screen-based media use, and positive and negative health indicators in the US and Canada. *Journal of Adolescent Health, 44*(5), 493–499.

Iervolino, A. C., Hines, M., Golombok, S. E., Rust, J., & Plomin, R. (2005). Genetic and environmental influences on sex-types behavior during the preschool years. *Child Development, 76*, 826–840.

Iglowstein, I., Jenni, O. G., Molinari, L., & Largo, R. H. (2003). Sleep duration from infancy to adolescence: Reference values and generational trends. *Pediatrics, 111*, 302–307.

Ihmeideh, F. M. (2014). The effect of electronic books on enhancing emergent literacy skills of pre-school children. *Computers & Education, 79*, 40–48.

Ijzerman, H., & Semin, G. R. (2009). The thermometer of social relations: Mapping social proximity on temperature. *Psychological Science, 20*(10), 1214–1220.

Imada, T., Zhang, Y., Cheour, M., Taulu, S., Ahonen, A., & Kuhl, P. (2006). Infant speech perception activates Broca's area: A developmental magnetoencephalography study. *NeuroReport, 17*, 957–962.

Imai, M., Li, L., Haryu, E., Okada, H., Hirsh-Pasek, K., Golinkoff, R. M., & Shigematsu, J. (2008). Novel noun and verb learning in Chinese-, English-, and Japanese-speaking children. *Child Development, 79*(4), 979–1000.

Imdad, A., & Bhutta, Z. A. (2011). Effect of balanced protein energy supplementation during pregnancy on birth outcomes. *BMC Public Health, 11*(3), S17.

Imoscopi, A., Inelmen, E. M., Sergi, G., Miotto, F., & Manzato, E. (2012). Taste loss in the elderly: Epidemiology, causes and consequences. *Aging Clinical and Experimental Research, 24*(6), 570–579.

Imperatore, G., Boyle, J. P., Thompson, T. J., Case, D., Dabelea, D., Hamman, R. F., . . . & Rodriguez, B. L. (2012). Projections of type 1 and type 2 diabetes burden in the US population aged, 20 years through 2050: Dynamic modeling of incidence, mortality, and population growth. *Diabetes Care, 35*(12), 2515–2520.

Imuta, K., Henry, J. D., Slaughter, V., Selcuk, B., & Ruffman, T. (2016). Theory of mind and prosocial behavior in childhood: A meta-analytic review. *Developmental Psychology, 52*(8), 1192

Ingalhalikar, M., Smith, A., Parker, D., Satterthwaite, T. D., Elliott, M. A., Ruparel, K., . . . & Verma, R. (2014). Sex differences in the structural connectome of the human brain. *Proceedings of the National Academy of Sciences, 111*(2), 823–828.

Inguglia, C., Ingoglia, S., Liga, F., Coco, A. L., & Cricchio, M. G. L. (2015). Autonomy and relatedness in adolescence and emerging adulthood: Relationships with parental support and psychological distress. *Journal of Adult Development, 22*(1), 1–13.

Innocenti, G. M., & Price, D. J. (2005). Exuberance in the development of cortical networks. *Nature Reviews Neuroscience, 6*(12), 955.

Insel, K., Morrow, D., Brewer, B., & Figueredo, A. (2006). Executive function, working memory, and medication adherence among older adults. *Journal of Gerontology, 61*(2, Series B), 102–107.

Institute of Medicine (IOM), National Academy of Sciences. (1993, November). *Assessing genetic risks: Implications for health and social policy.* Washington, DC: National Academy of Sciences.

International Committee for Monitoring Assisted Reproductive Technologies (ICMART). (2006, June). *2002 World report on ART.* Report released at meeting of the European Society of Human Reproduction and Embryology, Prague.

International Human Genome Sequencing Consortium. (2004). Finishing the euchromatic sequence of the human genome. *Nature, 431*, 931–945.

International Longevity Center-USA. (2002). Is there an anti-aging medicine? *ILC Workshop Report.* Retrieved from www.ilcusa.org.

Iroku-Malize, T., & Kirsch, S. (2016). Eye conditions in older adults: Cataracts. *FP Essentials, 445*, 17–23.

Irving, C. A., & Chaudhari, M. P. (2012). Cardiovascular abnormalities in Down's syndrome: spectrum, management and survival over 22 years. *Archives of Disease in Childhood, 97*(4), 326–330.

Isaacowitz, D. M., & Smith, J. (2003). Positive and negative affect in very old age. *Journal of Gerontology: Psychological Sciences, 58B*, P143–P152.

Isaacson, W. (2007). *Einstein: His life and universe.* New York: Simon & Schuster.

Isengard, B., & Szydlik, M. (2012). Living apart (or) together? Coresidence of elderly parents and their adult children in Europe. *Research on Aging, 34*(4), 449–474.

Isherwood, L. M., King, D. S., & Luszcz, M. A. (2017). Widowhood in the fourth age: Support exchange, relationships and social participation. *Ageing & Society, 37*(1), 188–212.

Ishida, M., & Moore, G. E. (2013). The role of imprinted genes in humans. *Molecular Aspects of Medicine, 34*(4), 826–840.

Ishii, N., Fujii, M., Hartman, P. S., Tsuda, M., Yasuda, K., Senoo-Matsuda, N., . . . Suzuki, K. (1998). A mutation in succinate dehydrogenase cytochrome b causes oxidative stress and ageing in nematodes. *Nature, 394*, 694–697.

Islam, R. M., Bell, R. J., Rizvi, F., & Davis, S. R. (2017). Vasomotor symptoms in women in Asia appear comparable with women in Western countries: A systematic review. *Menopause, 24*(11), 1313–1322.

Ispa, J. M., Carlo, G., Palermo, F., Su-Russell, C., Harmeyer, E., & Streit, C. (2015). Middle childhood feelings toward mothers: Predictions from maternal directiveness at the age of two and respect for autonomy currently. *Social Development, 24*(3), 541–560.

Ivanova, K. (2019). My children, your children, our children, and my well-being: Life satisfaction of "empty nest" biological parents and stepparents. *Journal of Happiness Studies*, 1–21.

Izard, C. E., Porges, S. W., Simons, R. F., Haynes, O. M., & Cohen, B. (1991). Infant cardiac activity: Developmental changes and relations with attachment. *Developmental Psychology, 27*, 432–439.

Izard, V., Sann, C., Spelke, E. S., & Streri, A. (2009). Newborn infants perceive abstract numbers. *Proceedings of the National Academy of Sciences, 106*(25), 10382–10385.

Izumi-Taylor, S., Samuelsson, I. P., & Rogers, C. S. (2010). Perspectives of play in three nations: A comparative study in Japan, the United States, and Sweden. *Early Childhood Research & Practice, 12*(1), n1.

Jaccard, J., & Dittus, P. J. (2000). Adolescent perceptions of maternal approval of birth control and sexual risk behavior. *American Journal of Public Health, 90*, 1426–1430.

Jackson, A. S., Sui, X., Hébert, J. R., Church, T. S., & Blair, S. N. (2009). Role of lifestyle and aging on the longitudinal change in cardiorespiratory fitness. *Archives of Internal Medicine, 169*(19), 1781–1787.

Jackson, J. B., Miller, R. B., Oka, M., & Henry, R. G. (2014). Gender differences in marital satisfaction: A meta-analysis. *Journal of Marriage and Family, 76*(1), 105–129.

Jackson, J. J., Hill, P. L., Payne, B. R., Roberts, B. W., & Stine-Morrow, E. A. (2012). Can an old dog learn (and want to experience) new tricks? Cognitive training increases openness to experience in older adults. *Psychology and Aging, 27*(2), 286.

Jackson, K. D., Howie, L. D., & Akinbami, L. J. (2013). Trends in allergic conditions among children: United States, 1997–2011. *NCHS Data Brief, 121*. Hyattsville, MD: National Center for Health Statistics.

Jacobi, T. (2012, April 17). Without immigrant labor, the economy would crumble. *The New York Times*. Retrieved from www.nytimes.com/roomfordebate/2011/08/17/could-farms-survive-without-illegal-labor/without-immigrant-labor-the-economy-would-crumble.

Jacobson, J. L., & Wille, D. E. (1986). The influence of attachment pattern on developmental changes in peer interaction from the toddler to the preschool period. *Child Development, 57*, 338–347.

Jacques, P. L. S., Bessette-Symons, B., & Cabeza, R. (2009). Functional neuroimaging studies of aging and emotion: Fronto-amygdalar differences during emotional perception and episodic memory. *Journal of the International Neuropsychological Society, 15*(6), 819–825.

Jadallah, M., Anderson, R. C., Nguyen-Jahiel, K., Miller, B. W., Kim, I. H., Kuo, L. J., . . . & Wu, X. (2011). Influence of a teacher's scaffolding moves during child-led small-group discussions. *American Educational Research Journal, 48*(1), 194–230.

Jadva, V., Hines, M., & Golombok, S. (2010). Infants' preferences for toys, colors, and shapes: Sex differences and similarities. *Archives of Sexual Behavior, 39*(6), 1261–1273.

Jaffari-Bimmel, N., Juffer, F., van IJzendoorn, M. H., Bakermans-Kranenburg, M. J., & Mooijaart, A. (2006). Social development from infancy to adolescence: Longitudinal and concurrent factors in an adoption sample. *Developmental Psychology, 42*, 1143–1153.

Jaffee, S., & Hyde, J. S. (2000). Gender differences in moral orientation: A meta-analysis. *Psychological Bulletin, 126*, 703–726.

Jalovaara, M. (2001). Socio-economic status and divorce in first marriages in Finland 1991-93. *Population Studies, 55*(2), 119–133.

Jalovaara, M. (2003). The joint effects of marriage partners' socioeconomic positions on the risk of divorce. *Demography, 40*(1), 67–81.

Janecka, M., Mill, J., Basson, M. A., Goriely, A., Spiers, H., Reichenberg, A., . . . & Fernandes, C. (2017). Advanced paternal age effects in neurodevelopmental disorders—review of potential underlying mechanisms. *Translational Psychiatry, 7*(1), e1019.

Jankowiak, W. (1992). Father-child relations in urban China. In B. S. Hewlett (Ed.), *Father-child relations: Cultural and bi-social contexts* (pp. 345–363). New York: de Gruyter.

Jankowski, J. J., Rose, S. A., & Feldman, J. F. (2001). Modifying the distribution of attention in infants. *Child Development, 72*, 339–351.

Jansen, I. E., Savage, J. E., Watanabe, K., Bryois, J., Williams, D. M., Steinberg, S., . . . & Voyle, N. (2019). Genome-wide meta-analysis identifies new loci and functional pathways influencing Alzheimer's disease risk. *Nature Genetics*, 1.

Janssen, I., & LeBlanc, A. G. (2010). Systematic review of the health benefits of physical activity and fitness in school-aged children and youth. *International Journal of Behavioral Nutrition and Physical Activity, 7*(1), 40.

Janssen, I., Craig, W. M., Boyce, W. F., & Pickett, W. (2004). Associations between overweight and obesity with bullying behaviors in school-aged children. *Pediatrics, 113*, 1187–1194.

Janssen, S., Murre, J., & Meeter, M. (2007). Reminiscence bump in memory for public events. *European Journal of Cognitive Psychology, 20*(4), 738–764. doi: 10.1080/09541440701554409.

Jansson, L. M., & Velez, M. (2012). Neonatal abstinence syndrome. *Current Opinion in Pediatrics, 24*(2), 252–258.

Jappens, M. (2018). Children's relationships with grandparents in married and in shared and sole physical custody families. *Journal of Divorce & Remarriage, 59*(5), 359–371.

Jappens, M., & Van Bavel, J. (2016). Parental divorce, residence arrangements, and contact between grandchildren and grandparents. *Journal of Marriage and Family, 78*(2), 451–467.

Jardri, R., Houfflin-Debarge, V., Delion, P., Pruvo, J. P., Thomas, P., & Pins, D. (2012). Assessing fetal response to maternal speech using a noninvasive functional brain imaging technique. *International Journal of Developmental Neuroscience, 30*(2), 159–161.

Jarman, H. (2016). Curvy Barbie: A step in the right direction, but is it far enough? *Journal of Aesthetic Nursing, 5*, 396–397.

Jarvis, P. (2010). Born to play: The biocultural roots of rough and tumble play, and its impact upon young children's learning and development. *Play and Learning in the Early Years*, 61–77.

Jarvis, P., Newman, S., & Swiniarski, L. (2014). On becoming social: The importance of collaborative free play in childhood. *International Journal of Play, 3*, 53–68.

Jauk, E., Benedek, M., Dunst, B., & Neubauer, A. C. (2013). The relationship between intelligence and creativity: New support for the threshold hypothesis by means of empirical breakpoint detection. *Intelligence, 41*(4), 212–221.

Jean, R. B. (2017). The influence of health over time on psychological distress among older couples: The moderating role of marital functioning. *Sexuality & Ageing*.

Jee, S. H., Sull, J. W., Park, J., Lee, S., Ohrr, H., Guallar, E., & Samet, J. M. (2006). Body-mass index and mortality in Korean men and women. *New England Journal of Medicine, 355*, 779–787.

Jeha, D., Usta, I., Ghulmiyyah, L., & Nassar, A. (2015). A review of the risks and consequences of adolescent pregnancy. *Journal of Neonatal-Perinatal Medicine, 8*(1), 1–8.

Jenkins, J. V. M., Woolley, D. P., Hooper, S. R., & De Bellis, M. D. (2014). Direct and indirect effects of brain volume, socioeconomic status and family stress on child IQ. *Journal of Child and Adolescent Behavior, 1*(2).

Jennings, K. D., Sandberg, I., Kelley, S. A., Valdes, L., Yaggi, K., Abrew, A., & Macey-Kalcevic, M. (2008). Understanding of self and maternal warmth predict later self-regulation in toddlers. *International Journal of Behavioral Development, 32*, 108–118. doi: 10.1177/0165025407087209.

Jensen, A. R. (1969). How much can we boost IQ and scholastic achievement? *Harvard Educational Review, 39*, 1–123.

Jensen, T. M., & Shafer, K. (2013). Stepfamily functioning and closeness: Children's views on second marriages and stepfather relationships. *Social Work, 58*(2), 127–136.

Jensen, T. M., Shafer, K., & Holmes, E. K. (2017). Transitioning to stepfamily life: The influence of closeness with biological parents and stepparents on children's stress. *Child & Family Social Work, 22*(1), 275–286.

Jenson, L. A. (1997). Different worldviews, different morals: America's culture war divide. *Human Development, 40*, 325–344.

Jewett, A., Shults, R. A., Banerjee, T., & Bergen, G. (2015). Alcohol-impaired driving among adults— United States, 2012. *MMWR. Morbidity and Mortality Weekly Report, 64*(30), 814.

Jeynes, W. H., & Littell, S. W. (2000). A meta-analysis of studies examining the effect of whole language instruction on the literacy of low-SES students. *Elementary School Journal, 101*(1), 21–33.

Ji, B. T., Shu, X. O., Linet, M. S., Zheng, W., Wacholder, S., Gao, Y. T., . . . Jin, F. (1997). Paternal cigarette smoking and the risk of childhood cancer among offspring of nonsmoking mothers. *Journal of the National Cancer Institute, 89*, 238–244.

Jin, K. (2010). Modern biological theories of aging. *Aging and Disease, 1*(2), 72.

Jipson, J. L., & Gelman, S. A. (2007). Robots and rodents: Children's inferences about living and nonliving kinds. *Child Development, 78*(6), 1675–1688.

Jodl, K. M., Michael, A., Malanchuk, O., Eccles, J. S., & Sameroff, A. (2001). Parents' roles in shaping early adolescents' occupational aspirations. *Child Development, 72*(4), 1247–1265.

Johansson, B., Hofer, S. M., Allaire, J. C., Maldonado-Molina, M. M., Piccinin, A. M., Berg, S., ... McClearn, G. E. (2004). Change in cognitive capabilities in the oldest old: The effects of proximity to death in genetically related individuals over a 6-year period. *Psychology and Aging, 19*, 145–156.

Johns, M. M., Lowry, R., Andrzejewski, J., Barrios, L. C., Demissie, Z., McManus, T., . . . & Underwood, J. M. (2019). Transgender identity and experiences of violence victimization, substance use, suicide risk, and sexual risk behaviors among high school students—19 states and large urban school districts, 2017. *Morbidity and Mortality Weekly Report, 68*(3), 67.

Johnson, A. D., & Markowitz, A. J. (2017). Associations between household food insecurity in early childhood and children's kindergarten skills. *Child Development*. doi: 10.1111/cdev.12764.

Johnson, A. J., Becker, J. A. H., Craig, E. A., Gilchrist, E. S., & Haigh, M. M. (2009). Changes in friendship commitment: Comparing geographically close and long-distance young-adult friendships. *Communication Quarterly, 57*(4), 395–415.

Johnson, C. L. (1995). Cultural diversity in the late-life family. In R. Blieszner & V. Hilkevitch (Eds.), *Handbook of aging and the family* (pp. 307–331). Westport, CT: Greenwood Press.

Johnson, C. L., & Troll, L. E. (1994). Constraints and facilitators to friendships in late late life. *Gerontologist, 34*, 79–87.

Johnson, J. A., III, & Johnson, A. M. (2015). Urban-rural differences in childhood and adolescent obesity in the United States: A systematic review and meta-analysis. *Childhood Obesity, 11*(3), 233–241.

Johnson, J. M., Nachtigall, L. B., & Stern, T. A. (2013). The effect of testosterone levels on mood in men: a review. *Psychosomatics, 54*(6), 509–514.

Johnson, K. A., Minoshima, S., Bohnen, N. I., Donohoe, K. J., Foster, N. L., Herscovitch, P., . . . & Hedrick, S. (2013). Appropriate use criteria for amyloid PET: A report of the Amyloid Imaging Task Force, the Society of Nuclear Medicine and Molecular Imaging, and the Alzheimer's Association. *Journal of Nuclear Medicine, 54*(3), 476–490.

Johnson, K., Caskey, M., Rand, K., Tucker, R., & Vohr, B. (2014). Gender differences in adult-infant communication in the first months of life. *Pediatrics, 134*, 1603–1610.

Johnson, M. D., & Galambos, N. L. (2014). Paths to intimate relationship quality from parent–adolescent relations and mental health. *Journal of Marriage and Family, 76*(1), 145–160.

Johnson, M. D., Krahn, H. J., & Galambos, N. L. (2017). Better late than early: Marital timing and subjective well-being in midlife. *Journal of Family Psychology, 31*(5), 635.

Johnson, M. K., & Benson, J. (2012). The implications of family context for the transition to adulthood. In *Early adulthood in a family context* (pp. 87-103). New York: Springer.

Johnson, S., & Marlow, N. (2014, April). Growing up after extremely preterm birth: Lifespan mental health outcomes. *Seminars in Fetal and Neonatal Medicine, 19*(2), 97–104.

Johnson, S., & Marlow, N. (2017). Early and long-term outcome of infants born extremely preterm. *Archives of Disease in Childhood, 102*(1), 97–102.

Johnson, S. J., & Rybash, J. M. (1993). A cognitive neuroscience perspective on age-related slowing: Developmental changes in the functional architecture. In J. Cerella, J. M. Rybash, W. J. Hoyer, & M. L. Commons (Eds.), *Adult information processing: Limits on loss* (pp. 143–175). San Diego: Academic Press.

Johnston, J., Riley, J., Ryan, C., & Kelly-Vance, L. (2015). Evaluation of a summer reading program to reduce summer setback. *Reading & Writing Quarterly, 31*(4), 334–350.

Johnston, L. D., O'Malley, P. M., Bachman, J. G., & Schulenberg, J. E. (2006). *Monitoring the Future: National results on adolescent drug use: Overview of key findings, 2005* (NIH Publication No. 06-5882). Bethesda, MD: National Institute on Drug Abuse.

Johnston, L. D., O'Malley, P. M., Bachman, J. G., & Schulenberg, J. E. (2013). *Monitoring the Future: National results on drug use: 2012 Overview, key findings on adolescent drug use*. Ann Arbor: Institute for Social Research, The University of Michigan.

Johnston, L. D., O'Malley, P. M., Bachman, J. G., Schulenberg, J. E., & Miech, R. A. (2016). *Monitoring the future national survey results on drug use, 1975–2015: Volume II, college students and adults ages 19–55*. Ann Arbor: Institute for Social Research, The University of Michigan.

Johnston, L. D., O'Malley, P. M., Miech, R. A., Bachman, J. G., & Schulenberg, J. E. (2017). *Monitoring the Future National Survey Results on Drug Use, 1975-2016: Overview, key findings on adolescent drug use*. Institute for Social Research.

Jones, A. M. (2004). *Review of gap year provisions*. London: Department of Education and Skills.

Jones, C. L., Tepperman, L., & Wilson, S. J. (1995). *The future of the family*. Englewood Cliffs, NJ: Prentice Hall.

Jones, D. E., Greenberg, M., & Crowley, M. (2015). Early social-emotional functioning and public health: The relationship between kindergarten social competence and future wellness. *American Journal of Public Health, 105*(11).

Jones, E. J., Pascalis, O., Eacott, M. J., & Herbert, J. S. (2011). Visual recognition memory across contexts. *Developmental Science, 14*(1), 136–147.

Jones, E. K., Jurgenson, J. R., Katzenellenbogen, J. M., & Thompson, S. C. (2012, December). Menopause and the influence of culture: Another gap for Indigenous Australian women? Retrieved from www.ncbi.nlm.nih.gov/pmc/articles/PMC3554544/.

Jones, K. M., Whitbourne, S. K., & Skultety, K. M. (2006). Identity processes and the transition to midlife among baby boomers. In S. K. Whitbourne & S. L. Willis (Eds.), *The baby boomers grow up: Contemporary perspectives on midlife* (pp. 149–164). Mahwah, NJ: Erlbaum.

Jones, S., & Rutland, A. (2018). Attitudes toward immigrants among the youth. *European Psychologist*. doi: 10.1027/1016-9040/a000310.

Jopp, D., & Smith, J. (2006). Resources and life management strategies as determinants of successful aging: On the protective effect of selection, optimization, and compensation. *Psychology and Aging, 21*, 253–265.

Jordan, B. (1993). *Birth in four cultures: A cross-cultural investigation of childbirth in Yucatan, Holland, Sweden, and the United States*. Prospect Heights, IL: Waveland Press.

Jordan, N. C., Glutting, J., & Ramineni, C. (2010). The importance of number sense to mathematics achievement in first and third grades. *Learning and Individual Differences, 20*(2), 82–88.

Jordan, N. C., Kaplan, D., Oláh, L. N., & Locuniak, M. N. (2006). Number sense growth in kindergarten: A longitudinal investigation of children at risk for mathematics difficulties. *Child Development, 77*, 153–175.

Jose, A., O'Leary, K. D., & Moyer, A. (2010). Does premarital cohabitation predict subsequent marital stability and marital quality? A meta-analysis. *Journal of Marriage and Family, 72*(1), 105–116.

Joussemet, M., Vitaro, F., Barker, E. D., Côté, S., Nagin, D. S., Zoccolillo, M., & Tremblay, R. E. (2008). Controlling parenting and physical aggression during elementary school. *Child Development*, *79*(2), 411–425.

Juang, L., & Syed, M. (2010). Family cultural socialization practices and ethnic identity in college-going emerging adults. *Journal of Adolescence*, *33*(3), 347–354.

Juffer, F., Palacios, J., Le Mare, L., Sonuga-Barke, E. J., Tieman, W., Bakermans-Kranenburg, M. J., . . . & Verhulst, F. C. (2011). II. Development of adopted children with histories of early adversity. *Monographs of the Society for Research in Child Development*, *76*(4), 31–61.

Juhl, J., & Routledge, C. (2016). Putting the terror in terror management theory: Evidence that the awareness of death does cause anxiety and undermine psychological well-being. *Current Directions in Psychological Science*, *25*(2), 99–103.

Julian, M. M. (2013). Age at adoption from institutional care as a window into the lasting effects of early experiences. *Clinical Child and Family Psychology Review*, *16*(2), 101–145.

Jurewicz, J., & Hanke, W. (2008). Prenatal and childhood exposure to pesticides and neurobehavioral development: Review of epidemiological studies. *International Journal of Occupational Medicine and Environmental Health*, *21*(2), 121–132.

Jusczyk, P. W., & Hohne, E. A. (1997). Infants' memory for spoken words. *Science*, *277*, 1984–1986.

Juster, F. T., Ono, H., & Stafford, F. P. (2004). *Changing times of American youth: 1981–2003 (Child Development Supplement)*. Ann Arbor, MI: University of Michigan Institute for Social Research.

Kaczynski, K. J., Lindahl, K. M., Malik, N. M., & Laurenceau, J. (2006). Marital conflict, maternal and paternal parenting, and child adjustment: A test of mediation and moderation. *Journal of Family Psychology*, *20*, 199–208.

Kagan, J. (1997). Temperament and the reactions to unfamiliarity. *Child Development*, *68*, 139–143.

Kagan, J. (2008). In defense of qualitative changes in development. *Child Development*, *79*, 1606–1624.

Kagan, J. (2012). The biography of behavioral inhibition. In M. Zentner & R. Shiner (Eds.), *Handbook of Temperament* (pp. 69–82). New York: Guilford Press.

Kagan, J., & Snidman, N. (2004). *The long shadow of temperament*. Cambridge, MA: Belknap Press.

Kagan, J., Reznick, J. S., Clarke, C., Snidman, N., & Garcia-Coll, C. (1984). Behavioral inhibition to the unfamiliar. *Child Development*, *55*(6), 2212–2225.

Kagan, J., Reznick, J. S., Snidman, N., Gibbons, J., & Johnson, M. O. (1988). Childhood derivatives of inhibition and lack of inhibition to the unfamiliar. *Child Development*, 1580–1589.

Kahn, R. L., & Antonucci, T. C. (1980). Convoys over the life course: Attachment, roles, and social support. In P. B. Baltes & O. G. Brim Jr. (Eds.), *Life-span development and behavior* (pp. 253–286). New York: Academic Press.

Kahn, S., Zimmerman, G., Csikszentmihalyi, M., & Getzels, J. W. (2014). Relations between identity in young adulthood and intimacy at midlife. In *Applications of flow in human development and education* (pp. 327–338). Amsterdam: Springer Netherlands.

Kaiser Family Foundation (2017). OECD health data: Health status indicators. *OECD Health Statistics Database*.

Kaiser Family Foundation, Hoff, T., Greene, L., & Davis, J. (2003). *National survey of adolescents and young adults: Sexual health knowledge, attitudes and experiences*. Menlo Park, CA: Henry J. Kaiser Foundation.

Kalil, A., & Ziol-Guest, K. M. (2005). Single mothers' employment dynamics and adolescent well-being. *Child Development*, *76*, 196–211.

Kalisch, T., Wilimzig, C., Kleibel, N., Tegenthoff, M., & Dinse, H. R. (2006). Age-related attenuation of dominant hand superiority. *PLoS ONE*, *1*, 1–9.

Kalkbrenner, A. E., Schmidt, R. J., & Penlesky, A. C. (2014). Environmental chemical exposures and autism spectrum disorders: A review of the epidemiological evidence. *Current Problems in Pediatric Adolescent Health Care*, *44*, 277–318.

Kallio, E. (2011). Integrative thinking is the key: An evaluation of current research into the development of adult thinking. *Theory & Psychology*, *21*(6), 785–801.

Kallio, E. L., Öhman, H., Kautiainen, H., Hietanen, M., & Pitkälä, K. (2017). Cognitive training interventions for patients with Alzheimer's disease: A systematic review. *Journal of Alzheimer's Disease*, *56*(4), 1349–1372.

Kalmijn, M., & Leopold, T. (2019). Changing sibling relationships after parents' death: The role of solidarity and kinkeeping. *Journal of Marriage and Family*, *81*(1), 99–114.

Kalmijn, M., & Saraceno, C. (2008). A comparative perspective on intergenerational support: Responsiveness to parental needs in individualistic and familialistic cultures. *European Societies*, *10*(3), 479–508.

Kamp, K. A. (2001). Where have all the children gone? The archaeology of childhood. *Journal of Archaeological Method and Theory*, *8*, 1–34.

Kamp Dush, C. M., & Taylor, M. G. (2012). Trajectories of marital conflict across the life course: Predictors and interactions with marital happiness trajectories. *Journal of Family Issues*, *33*(3), 341–368.

Kandler, C., & Zapko-Willmes, A. (2017). Theoretical perspectives on the interplay of nature and nurture in personality development. In Specht, J. (Ed.), *Personality development across the lifespan* (pp. 101–115). Cambridge, MA: Academic Press.

Kann, L., McManus, T., Harris, W. A., Shanklin, S. L., Flint, K. H., Queen, B., . . . & Lim, C. (2018). Youth risk behavior surveillance—United States, 2017. *MMWR Surveillance Summaries*, *67*(8), 1.

Kanz, F., & Grossschmidt, K. (2006). Head injuries of Roman gladiators. *Forensic Science*, *160*, 207–216.

Kaplan, A., & Herbst, A. (2015). Stratified patterns of divorce: Earnings, education, and gender. *Demographic Research*, *32*, 949–982.

Kaplan, H., & Dove, H. (1987). Infant development among the Ache of East Paraguay. *Developmental Psychology*, *23*, 190–198.

Kaplan, M. K., Crespo, C. J., Huguet, N., & Marks, G. (2009). Ethnic/racial homogeneity and sexually transmitted diseases: A study of 77 Chicago Community Areas. *Sexually Transmitted Diseases*, *36*(2), 108–111.

Kaplan, R. M., & Kronick, R. G. (2006). Marital status and longevity in the United States population. *Journal of Epidemiological Community Health*, *60*, 760–765.

Kaplow, J. B., Saunders, J., Angold, A., & Costello, E. J. (2010). Psychiatric symptoms in bereaved versus nonbereaved youth and young adults: A longitudinal epidemiological study. *Journal of the American Academy of Child & Adolescent Psychiatry*, *49*(11), 1145–1154.

Kaplowitz, P. B. (2008). The link between body fat and the timing of puberty. *Pediatrics*, *121*(2, Suppl. 3), S208–S217.

Karably, K., & Zabrucky, K. M. (2017). Children's metamemory: A review of the literature and implications for the classroom. *International Electronic Journal of Elementary Education*, *2*(1), 32–52.

Karacan, E. (2014). Timing of parenthood and generativity development: An examination of age and gender effects in Turkish sample. *Journal of Adult Development*, *21*(4), 207–215.

Karasik, L. B., Tamis-LeMonda, C. S., & Adolph, K. E. (2011). Transition from crawling to walking and infants' actions with objects and people. *Child Development*, *82*(4), 1199–1209.

Karim, J., & Weisz, R. (2010). Cross-cultural research on the reliability and validity of the Mayer-Salovey-Caruso Emotional Intelligence Test (MSCEIT). *Cross-Cultural Research*, *44*(4), 374–404.

Karney, B. R., & Bradbury, T. N. (1995). The longitudinal course of marital quality and stability: A review of theory, method, and research. *Psychological Bulletin*, *118*, 3–34.

Kärtner, J., Keller, H., Chaudhary, N., & Yovsi, R. D. (2012). The development of mirror self-recognition in different sociocultural contexts. *Monographs of the Society for Research in Child Development*, *77*(4), i–101.

Kashimada, K., & Koopman, P. (2010). SRY: The master switch in mammalian sex determination. *Development*, *137*(23), 3921–3930.

Kasper, J. D., Pezzin, L. E., & Rice, J. B. (2010). Stability and changes in living arrangements: Relationship to nursing home admission and timing of placement. *Journals of Gerontology*, *65B*(Series B), 783–791.

Kasper, J. D., Wolff, J. L., & Skehan, M. (2018). Care arrangements of older adults: What they prefer, what they have, and implications for quality of life. *The Gerontologist*.

Katchadourian, H. (1987). *Fifty: Midlife in perspective.* New York: W. H. Freeman.

Katsiyannis, A., Thompson, M. P., Barrett, D. E., & Kingree, J. B. (2013). School predictors of violent criminality in adulthood: Findings from a nationally representative longitudinal study. *Remedial and Special Education, 34*(4), 205–214.

Katz, A. N., Blasko, D. G., & Kazmerski, V. A. (2004). Saying what you don't mean: Social influences on sarcastic language processing. *Current Directions in Psychological Science, 13*(5), 186–189.

Katz, P. A., & Walsh, V. (1991). Modification of children's genderstereotyped behavior. *Child Development, 62,* 338–351.

Katz, S. J., Conway, C. C., Hammen, C. L., Brennan, P. A., & Najman, J. M. (2011). Childhood social withdrawal, interpersonal impairment, and young adult depression: A mediational model. *Journal of Abnormal Child Psychology, 39*(8), 1227.

Katzman, R. (1993). Education and prevalence of Alzheimer's disease. *Neurology, 43,* 13–20.

Katzmarzyk, P. T., Barreira, T. V., Broyles, S. T., Champagne, C. M., Chaput, J. P., Fogelholm, M., ... & Lambert, E. V. (2015). Relationship between lifestyle behaviors and obesity in children ages 9–11: Results from a 12-country study. *Obesity, 23*(8), 1696–1702.

Kaufman, A. S., & Kaufman, N. L. (1983). *Kaufman Assessment Battery for Children: Administration and scoring manual.* Circle Pines, MN: American Guidance Service.

Kaufman, A. S., & Kaufman, N. L. (2003). *Kaufman Assessment Battery for Children* (2nd ed.). Circle Pines, MN: American Guidance Service.

Kaufman, S. B., Quilty, L. C., Grazioplene, R. G., Hirsh, J. B., Gray, J. R., Peterson, J. B., & DeYoung, C. G. (2016). Openness to experience and intellect differentially predict creative achievement in the arts and sciences. *Journal of Personality, 84*(2), 248–258.

Kaushik, R., Krisch, I. M., Schroeder, D. R., Flick, R., & Nemergut, M. E. (2015). Pediatric bicycle-related head injuries: A population-based study in a county without a helmet law. *Injury Epidemiology, 2*(1), 16.

Kavanaugh, M. L., & Jerman, J. (2018). Contraceptive method use in the United States: Trends and characteristics between 2008, 2012 and 2014. *Contraception, 97*(1), 14–21.

Kawabata, Y., & Crick, N. (2008). The roles of cross-racial/ethnic friendships in social adjustment. *Developmental Psychology, 44*(4), 1177–1183.

Kawabata, Y., Alink, L. R., Tseng, W. L., Van Ijzendoorn, M. H., & Crick, N. R. (2011). Maternal and paternal parenting styles associated with relational aggression in children and adolescents: A conceptual analysis and meta-analytic review. *Developmental Review, 31*(4), 240–278.

Kaye, E. K., Valencia, A., Baba, N., Spiro, A., Dietrich, T., & Garcia, R. I. (2010). Tooth loss and periodontal disease predict poor cognitive function in older men. *Journal of the American Geriatrics Society, 58*(4), 713–718.

Kazdin, A. E., & Benjet, C. (2003). Spanking children: Evidence and issues. *Current Directions in Psychological Science, 12,* 99–103.

Kazemi, A., Ardabili, H. E., & Solokian, S. (2010). The association between social competence in adolescents and mothers' parenting style: A cross sectional study on Iranian girls. *Child and Adolescent Social Work Journal, 27*(6), 395–403.

Kearney, M. S., & Levine, P. B. (2014). *Media Influences on Social Outcomes: The Impact of MTV's 16 and Pregnant on Teen Childbearing* (No. w19795). National Bureau of Economic Research.

Keegan, R. T. (1996). *Creativity from childhood to adulthood: A difference of degree and not of kind* (New Directions for Child Development, No. 72, pp. 57–66). San Francisco: Jossey-Bass.

Keel, P. K., & Klump, K. L. (2003). Are eating disorders culture-bound syndromes? Implications for conceptualizing their etiology. *Psychological Bulletin, 129,* 747–769.

Keesee, N. J., Currier, J. M., & Neimeyer, R. A. (2008). Predictors of grief following the death of one's child: The contribution of finding meaning. *Journal of Clinical Psychology, 64*(10), 1145–1163.

Kefalas, M., Furstenberg, F., & Napolitano, L. (2005, September). *Marriage is more than being together: The meaning of marriage among young adults in the United States.* Network on Transitions to Adulthood Research Working Paper.

Kefalas, M. J., Furstenberg, F. F., Carr, P. J., & Napolitano, L. (2011). "Marriage is more than being together": The meaning of marriage for young adults. *Journal of Family Issues, 32*(7), 845–875.

Kegler, S. R. (2017). Trends in suicide by level of urbanization—United States, 1999–2015. *Morbidity and Mortality Weekly Report, 66.*

Keijsers, L., Branje, S. J. T., Frijns, T., Finkenauer, C., & Meeus, W. (2010). Gender differences in keeping secrets from parents in adolescence. *Developmental Psychology, 46*(1), 293–298.

Keijsers, L., Branje, S. J., VanderValk, I. E., & Meeus, W. (2010). Reciprocal effects between parental solicitation, parental control, adolescent disclosure, and adolescent delinquency. *Journal of Research on Adolescence, 20*(1), 88–113.

Keil, F. C., Lockhart, K. L., & Schlegel, E. (2010). A bump on a bump? Emerging intuitions concerning the relative difficulty of the sciences. *Journal of Experimental Psychology. General, 139*(1), 1–15.

Keizer, R., & Schenk, N. (2012). Becoming a parent and relationship satisfaction: A longitudinal dyadic perspective. *Journal of Marriage and Family, 74*(4), 759–773.

Keleher, A., & Smith, E. R. (2012). Growing support for gay and lesbian equality since 1990. *Journal of Homosexuality, 59*(9), 1307–1326.

Kellehear, A., Pugh, E., & Atter, L. (2009). Home away from home? A case study of bedside objects in a hospice. *International Journal of Palliative Nursing, 15*(3), 148.

Keller, B. (1999, February 24). *A time and place for teenagers.* Retrieved from www.edweek.org/ew/vol-18/24studen.h18.

Kelley, A. S., & Morrison, R.S. (2015). Palliative care for the seriously ill. *New England Journal of Medicine, 373,* 747–755.

Kelley, M. L., Smith, T. S., Green, A. P., Berndt, A. E., & Rogers, M. C. (1998). Importance of fathers' parenting to African-American toddlers' social and cognitive development. *Infant Behavior & Development, 21,* 733–744.

Kellman, P. J., & Arterberry, M. E. (1998). *The cradle of knowledge: Development of perception in infancy.* Cambridge, MA: MIT Press.

Kellman, P. J., & Banks, M. S. (1998). Infant visual perception Handbook of child psychology (Vol. 2).

Kellogg, N., & the Committee on Child Abuse and Neglect. (2005). The evaluation of sexual abuse in children. *Pediatrics, 116*(2), 506–512.

Kelly, D. M., & Jones, T. H. (2014). Testosterone and cardiovascular risk in men. *Cardiovascular Issues in Endocrinology, 43,* 1–20.

Kelly, J. B., & Emery, R. E. (2003). Children's adjustment following divorce: Risk and resiliency perspectives. *Family Relations, 52,* 352–362.

Kelly, Y., Sacker, A., Del Bono, E., Francesconi, M., & Marmot, M. (2011). What role for the home learning environment and parenting in reducing the socioeconomic gradient in child development? Findings from the Millennium Cohort Study. *Archives of Disease in Childhood,* archdischild195917.

Kellymom Breast Feeding and Parenting. (2006). *Average calorie and fat content of human milk.* Retrieved from http://www.kellymom.com/nutrition/milk/change-milkfat.html.

Kelsey, M. M., Zaepfel, A., Bjornstad, P., & Nadeau, K. J. (2014). Age-related consequences of childhood obesity. *Gerontology, 60,* 222–228.

Kemmler, W., Bebenek, M., Kohl, M., & von Stengel, S. (2015). Exercise and fractures in postmenopausal women. Final results of the controlled Erlangen Fitness and Osteoporosis Prevention Study (EFOPS). *Osteoporosis International, 26*(10), 2491–2499.

Kempe, M., Kalicinski, M., & Memmert, D. (2015). Naturalistic assessment of everyday memory performance among older adults. *Experimental Aging Research, 41*(4), 426–445.

Kempen, G. I., Ballemans, J., Ranchor, A. V., van Rens, G. H., & Zijlstra, G. R. (2012). The impact of low vision on activities of daily living, symptoms of depression, feelings of anxiety and social support in community-living older adults seeking vision rehabilitation services. *Quality of Life Research, 21*(8), 1405–1411.

Kemper, S., Thompson, M., & Marquis, J. (2001). Longitudinal change in language production: Effects of aging and dementia on grammatical complexity and propositional content. *Psychology and Aging, 16,* 600–614.

Kempermann, G. (2015). Activity dependency and aging in the regulation of adult neurogenesis. *Cold Spring Harbor Perspectives in Biology, 7*(11), a018929.

Kena, G., Aud, S., Johnson, F., Wang, X., Zhang, J., Rathbun, A., Wilkinson-Flicker, S., and Kristapovich, P. (2014). *The condition of education*

2014 (NCES 2014-083). Washington, DC: U.S. Department of Education, National Center for Education Statistics. Retrieved from http://nces.ed.gov/pubsearch.

Kena, G., Hussar, W., McFarland, J., de Brey, C., Musu-Gillette, L., Wang, X., . . . & Barmer, A. (2016). *The condition of education 2016 (NCES 2016–144)*. Washington, DC: National Center for Education Statistics.

Kendler, K. S., Gatz, M., Gardner, C. O., & Pedersen, N. L. (2006). A Swedish national twin study of lifetime major depression. *American Journal of Psychiatry*, *163*(1), 109–114.

Kennedy, D. E., & Kramer, L. (2008). Improving emotion regulation and sibling relationship quality: The more fun with sisters and brothers program. *Family Relations*, *57*(5), 567–578.

Kennedy, S., & Bumpass, L. (2008). Cohabitation and children's living arrangements: New estimates from the United States. *Demographic Research*, *19*, 1663.

Kennedy, S., & Ruggles, S. (2013). *Breaking up is hard to count: The rise of divorce and cohabitation instability in the United States, 1980–2010*. Working Paper 2013-01. Minneapolis: University of Minnesota, Minnesota Population Center.

Kennedy, S., & Ruggles, S. (2014). Breaking up is hard to count: The rise of divorce in the United States, 1980–2010. *Demography*, *51*(2), 587–598.

Kenny, P. J. (2011). Reward mechanisms in obesity: New insights and future directions. *Neuron*, *69*(4), 664–679.

Kenny, U., O'Malley-Keighran, M. P., Molcho, M., & Kelly, C. (2017). Peer influences on adolescent body image: Friends or foes? *Journal of Adolescent Research*, *32*(6), 768–799.

Kensinger, E. A. (2009). How emotion affects older adults' memories for event details. *Memory*, *17*(2), 208–219.

Kenyon, B. L. (2001). Current research in children's conceptions of death: A critical review. *OMEGA-Journal of Death and Dying*, *43*(1), 63–91.

Kerala, N. (2005). *After death, Tibetans still prefer sky burial*. Retrieved from www.buddhistchannel.tv/index.php?id=1,1614,0,0,1,0#.Wjb-nN-nGCi.

Kerkhof, G. A., & Van Dongen, H. P. A. (2010). Effects of sleep deprivation on cognition. *Human Sleep and Cognition: Basic Research*, *185*, 105.

Kern, M. L., & Friedman, H. S. (2008). Do conscientious individuals live longer?: A quantitative review. *Health Psychology*, *27*(5), 505–512.

Kerns, K. A., Don, A., Mateer, C. A., & Streissguth, A. P. (1997). Cognitive deficits in nonretarded adults with fetal alcohol syndrome. *Journal of Learning Disabilities*, *30*, 685–693.

Kerpelman, J. L., Pittman, J. F., Cadely, H. S. E., Tuggle, F. J., Harrell-Levy, M. K., & Adler-Baeder, F. M. (2012). Identity and intimacy during adolescence: Connections among identity styles, romantic attachment and identity commitment. *Journal of Adolescence*, *35*(6), 1427–1439.

Kerr, D. C. R., Lopez, N. L., Olson, S. L., & Sameroff, A. J. (2004). Parental discipline and externalizing behavior problems in early childhood: The roles of moral regulation and child gender. *Journal of Abnormal Child Psychology*, *32*(4), 369–383.

Kerr, M., Stattin, H., & Özdemir, M. (2012). Perceived parenting style and adolescent adjustment: Revisiting directions of effects and the role of parental knowledge. *Developmental Psychology*, *48*(6), 1540.

Keyes, C. L. M., & Ryff, C. D. (1998). Generativity in adult lives: Social structural contours and quality of life consequences. In D. P. McAdams & E. de St. Aubin (Eds.), *Generativity and adult development* (pp. 227–263). Washington, DC: American Psychological Association.

Keyes, C. L. M., & Ryff, C. D. (1999). Psychological well-being in midlife. In S. L. Willis & J. D. Reid (Eds.), *Life in the middle* (pp. 161–180). San Diego: Academic Press.

Keyes, C. L. M., & Shapiro, A. D. (2004). Social well-being in the United States: A descriptive epidemiology. In O. G. Brim, C. D. Ryff, & R. C. Kessler (Eds.), *How healthy are we? A national study of well-being at midlife* (pp. 350–372). Chicago: University of Chicago Press.

Khaw, K. T., Wareham, N., Bingham, S., Welch, A., Luben, R., & Day, N. (2008). Combined impact of health behaviours and mortality in men and women: The EPIC-Norfolk Prospective Population Study. *PLoS Medicine*, *5*(1), e12. doi: 10.1371/journal.pmed.0050012.

Khodyakov, D., & Carr, D. (2009). The impact of late-life parental death on adult sibling relationships: Do parents' advance directives help or hurt? *Research on Aging*, *31*(5), 495–519.

Kids Count Data Center. (2017). *Children in poverty by race and ethnicity in the United States* [Interactive data table]. Retrieved from https://datacenter.kidscount.org/data/tables/44-children-in-poverty-by-race-and-ethnicity#detailed/1/any/false/871,870,573,869,36,868,867,133,38,35/10,11,9,12,1,185,13/324,323.

Kiecolt-Glaser, J. K., & Glaser, R. (2001). Stress and immunity: Age enhances the risks. *Current Directions in Psychological Science*, *10*, 18–21.

Kiecolt-Glaser, J. K., & Newton, T. L. (2001). Marriage and health: His and hers. *Psychological Bulletin*, *127*, 472–503.

Kiefe, C. I., Williams, O. D., Weissman, N. W., Schreiner, P. J., Sidney, S., & Wallace, D. D. (2000). Changes in U.S. health care access in the 90s: Race and income differences from the CARDIA study. Coronary artery risk development in young adults. *Ethnicity and Disease*, *10*, 418–431.

Kiel, E. J., Premo, J. E., & Buss, K. A. (2016). Maternal encouragement to approach novelty: A curvilinear relation to change in anxiety for inhibited toddlers. *Journal of Abnormal Child Psychology*, *44*(3), 433–444.

Kier, C., & Lewis, C. (1998). Preschool sibling interaction in separated and married families: Are same-sex pairs or older sisters more sociable? *Journal of Child Psychology and Psychiatry*, *39*, 191–201.

Kilgour, A. H., Starr, J. M., & Whalley, L. J. (2010). Associations between childhood intelligence (IQ), adult morbidity and mortality. *Maturitas*, *65*(2), 98–105.

Killen, J. D., Robinson, T. N., Ammerman, S., Hayward, C., Rogers, J., Stone, C., . . . & Schatzberg, A. F. (2004). Randomized clinical trial of the efficacy of bupropion combined with nicotine patch in the treatment of adolescent smokers. *Journal of Consulting and Clinical Psychology*, *72*(4), 729.

Killewald, A. (2016). Money, work, and marital stability: Assessing change in the gendered determinants of divorce. *American Sociological Review*, *81*(4), 696–719.

Kim, D. H., Yeo, S. H., Park, J. M., Choi, J. Y., Lee, T. H., Park, S. Y., . . . & Cha, H. J. (2014). Genetic markers for diagnosis and pathogenesis of Alzheimer's disease. *Gene*, *545*(2), 185–193.

Kim, D. J., Davis, E. P., Sandman, C. A., Sporns, O., O'Donnell, B. F., Buss, C., & Hetrick, W. P. (2016). Children's intellectual ability is associated with structural network integrity. *Neuroimage*, *124*, 550–556.

Kim, G., & Kwak, K. (2011). Uncertainty matters: impact of stimulus ambiguity on infant social referencing. *Infant and Child Development*, *20*(5), 449–463.

Kim, H. J., & Fredriksen-Goldsen, K. I. (2014). Living arrangement and loneliness among lesbian, gay, and bisexual older adults. *The Gerontologist*, *56*(3), 548–558.

Kim, J., McHale, S. M., Osgood, D. W., & Crouter, A. C. (2006). Longitudinal course and family correlates of sibling relationships from childhood through adolescence. *Child Development*, *77*, 1746–1761.

Kim, J. Y., McHale, S. M., Crouter, A. C., & Osgood, D. W. (2007). Longitudinal linkages between sibling relationships and adjustment from middle childhood through adolescence. *Developmental Psychology*, *43*(4), 960.

Kim, K., Bangerter, L. R., Liu, Y., Polenick, C. A., Zarit, S. H., & Fingerman, K. L. (2016). Middle-aged offspring's support to aging parents with emerging disability. *The Gerontologist*, *57*(3), 441–450.

Kim, P., Feldman, R., Mayes, L. C., Eicher, V., Thompson, N., Leckman, J. F., & Swain, J. E. (2011). Breastfeeding, brain activation to own infant cry, and maternal sensitivity. *Journal of Child Psychology and Psychiatry*, *52*(8), 907–915.

Kim, S., Nordling, J. K., Yoon, J. E., Boldt, L. J., & Kochanska, G. (2013). Effortful control in "hot" and "cool" tasks differentially predicts children's behavior problems and academic performance. *Journal of Abnormal Child Psychology*, *41*(1), 43–56.

Kim, S., Wyckoff, J., Morris, A. T., Succop, A., Avery, A., Duncan, G. E., & Jazwinski, S. M. (2018). DNA methylation associated with healthy aging of elderly twins. *GeroScience*, *40*(5–6), 469–484.

Kim, S. Y., Fouad, N., Maeda, H., Xie, H., & Nazan, N. (2017). Midlife work and psychological well-being: A test of the psychology of working theory. *Journal of Career Assessment*, 1–12. doi: 10.1177/1069072717714538.

Kim, Y., Kim, K., Boerner, K., Birditt, K. S., Zarit, S. H., & Fingerman, K. L. (2018). Recent parental death and relationship qualities between midlife adults and their grown children. *Journal of Marriage and Family*.

Kimball, M. M. (1986). Television and sex-role attitudes. In T. M. Williams (Ed.), *The impact of television: A natural experiment in three communities* (pp. 265–301). Orlando, FL: Academic Press.

Kim-Cohen, J., Caspi, A., Moffitt, T. E., Harrington, H., Milne, B. J., & Poulton, R. (2003). Prior juvenile diagnoses in adults with mental disorder: Developmental follow-back of a prospective-longitudinal cohort. *Archives of General Psychiatry, 60*, 709–717.

Kim-Cohen, J., Moffitt, T. E., Caspi, A., & Taylor, A. (2004). Genetic and environmental processes in young children's resilience and vulnerability to socioeconomic deprivation. *Child Development, 75*, 651–668.

Kincaid, C., Jones, D. J., Sterrett, E., & McKee, L. (2012). A review of parenting and adolescent sexual behavior: The moderating role of gender. *Clinical Psychology Review, 32*(3), 177–188.

King, B. M. (1996). *Human sexuality today*. Englewood Cliffs, NJ: Prentice Hall.

King, M., & Bartlett, A. (2006). What same sex civil partnerships may mean for health. *Journal of Epidemiology and Community Health, 60*, 188–191.

King, V., Amato, P. R., & Lindstrom, R. (2015). Stepfather–adolescent relationship quality during the first year of transitioning to a stepfamily. *Journal of Marriage and Family, 77*(5), 1179–1189.

King, W. J., MacKay, M., Sirnick, A., & The Canadian Shaken Baby Study Group. (2003). Shaken baby syndrome in Canada: Clinical characteristics and outcomes of hospital cases. *Canadian Medical Association Journal, 168*, 155–159.

Kingery, J. N., Erdley, C. A., & Marshall, K. C. (2011). Peer acceptance and friendship as predictors of early adolescents' adjustment across the middle school transition. *Merrill-Palmer Quarterly, 57*(3), 215–243.

Kinsella, K., & He, W. (2009). *An aging world: 2008. International Population Reports* (P95/09-1). Washington, DC: U.S. Government Printing. Office.

Kinsella, K., & Phillips, P. (2005, March). Global aging: The challenges of success. *Population Bulletin*, No. 1. Washington, DC: Population Reference Bureau.

Kinsella, K., & Velkoff, V. A. (2001). *An aging world: 2001* (U.S. Census Bureau, Series P95/01-1). Washington, DC: U.S. Government Printing Office.

Kiraly, M., & Humphreys, C. (2013). Family contact for children in kinship care: A literature review. *Australian Social Work, 66*(3), 358–374.

Kirby, D., & Laris, B. (2009). Effective curriculum-based sex and STD/HIV education programs for adolescents. *Child Development Perspectives, 3*, 21–29.

Kirk, E., Howlett, N., Pine, K. J., & Fletcher, B. C. (2013). To sign or not to sign? The impact of encouraging infants to gesture on infant language and maternal mind-mindedness. *Child Development, 84*(2), 574–590.

Kirk, J. K., D'Agostino, R. B., Jr., Bell, R. A., Passmore, L. V., Bonds, D. E., Karter, A. J., & Narayan, K. M. V. (2006). Disparities in HbA1c levels between African-American and Non-Hispanic white adults with diabetes: A meta-analysis. *Diabetes Care, 29*(9), 2130–2136.

Kirkcaldy, R. D. (2016). Neisseria gonorrhoeae antimicrobial susceptibility surveillance—the gonococcal isolate surveillance project, 27 sites, United States, 2014. *MMWR. Surveillance Summaries, 65*(7), 1–19.

Kirkorian, H. L., Wartella, E. A., & Anderson, D. R. (2008). Media and young children's learning. *Future of Children, 18*, 39–61.

Kirschner, S., & Tomasello, M. (2010). Joint music making promotes prosocial behavior in 4-year-old children. *Evolution and Human Behavior, 31*(5), 354–364. doi: 10.1016/j.evolhumbehav.2010.04.004.

Kishi, T., Matsunaga, S., Oya, K., Nomura, I., Ikuta, T., & Iwata, N. (2017). Memantine for Alzheimer's disease: An updated systematic review and meta-analysis. *Journal of Alzheimer's Disease, 60*(2), 401–425.

Kisilevsky, B. S., & Hains, S. M. J. (2010). Exploring the relationship between fetal heart rate and cognition. *Infant and Child Development, 19*, 60–75.

Kisilevsky, B. S., Hains, S. M. J., Jacquet, A. Y., Granier-Deferre, C., & Lecanuet, J. P. (2004). Maturation of fetal responses to music. *Developmental Science, 7*(5), 550–559.

Kisilevsky, B. S., Hains, S. M., Brown, C. A., Lee, C. T., Cowperthwaite, B., Stutzman, S. S., . . . & Ye, H. H. (2009). Fetal sensitivity to properties of maternal speech and language. *Infant Behavior and Development, 32*(1), 59–71.

Kisilevsky, B. S., Muir, D. W., & Low, J. A. (1992). Maturation of human fetal responses to vibroacoustic stimulation. *Child Development, 63*, 1497–1508.

Kitamura, C., Thanavishuth, C., Burnham, D., & Luksaneeyanawin, S. (2001). Universality and specificity in infant-directed speech: Pitch modifications as a function of infant age and sex in a tonal and non-tonal language. *Infant Behavior and Development, 24*(4), 372–392.

Kitzmann, K. M., Dalton, W. T., III, Stanley, C. M., Beech, B. M., Reeves, T. P., Bescemi, J., . . . Midgett, E. L. (2010). Lifestyle interventions for youth who are overweight: A meta-analytic review. *Health Psychology, 29*(1), 91–101.

Klahr, A. M., & Burt, S. A. (2014). Elucidating the etiology of individual differences in parenting: A meta-analysis of behavioral genetic research. *Psychological Bulletin, 140*(2), 544.

Klauer, S. G., Guo, F., Simons-Morton, B. G., Ouimet, M. C., Lee, S. E., & Dingus, T. A. (2014). Distracted driving and risk of road crashes among novice and experienced drivers. *New England Journal of Medicine, 370*(1), 54–59.

Klein, J. D., & the American Academy of Pediatrics Committee on Adolescence. (2005). Adolescent pregnancy: Current trends and issues. *Pediatrics, 116*, 281–286.

Kleinpell, R., Vasilevskis, E. E., Fogg, L., & Ely, E. W. (2019). Exploring the association of hospice care on patient experience and outcomes of care. *BMJ Supportive & Palliative Care, 9*(1), e13–e13.

Klein-Velderman, M., Bakermans-Kranenburg, M. J., Juffer, F., & van IJzendoorn, M. H. (2006). Effects of attachment-based interventions on maternal sensitivity and infant attachment: Differential susceptibility of highly reactive infants. *Journal of Family Psychology, 20*, 266–274.

Kletke, B., Hallford, D.J., & Mellor, D.J. (2014). Sexting prevalence and correlates: A systematic literature review. *Clinical Psychology Review, 34*, 44–53.

Klibanoff, R. S., Levine, S. C., Huttenlocher, J., Vasilyeva, M., & Hedges, L. V. (2006). Preschool children's mathematical knowledge: The effect of teacher "math talk." *Developmental Psychology, 42*, 59–69.

Kliegel, M., Ballhausen, N., Hering, A., Ihle, A., Schnitzspahn, K. M., & Zuber, S. (2016). Prospective memory in older adults: Where we are now and what is next. *Gerontology, 62*(4), 459–466.

Kline, D. W., & Scialfa, C. T. (1996). Visual and auditory aging. In J. E. Birren & K. W. Schaie (Eds.), *Handbook of the psychology of aging* (pp. 191–208). San Diego: Academic Press.

Klingberg, T. (2010). Training and plasticity of working memory. *Trends in Cognitive Sciences, 14*(7), 317–324.

Kloep, M., & Hendry, L. B. (2010). Letting go or holding on? Parents' perceptions of their relationships with their children during emerging adulthood. *British Journal of Developmental Psychology, 28*(4), 817–834.

Klohnen, E. C. (1996). Conceptual analysis and measurement of the construct of ego-resiliency. *Journal of Personality and Social Psychology, 70*, 1067–1079.

Knafo, A., & Plomin, R. (2006). Parental discipline and affection and children's prosocial behavior: Genetic and environmental links. *Journal of Personality and Social Psychology, 90*, 147–164.

Knafo-Noam, A., Vertsberger, D., & Israel, S. (2018). Genetic and environmental contributions to children's prosocial behavior: Brief review and new evidence from a reanalysis of experimental twin data. *Current Opinion in Psychology, 20*, 60–65.

Knickmeyer, R. C., Gouttard, S., Kang, C., Evans, D., Wilber, K., Smith, J. K., . . . Gilmore, J. H. (2008). A structural MRI study of human brain development from birth to 2 years. *Journal of Neuroscience, 28*(47), 12176–12182.

Knochel, K. A., Quam, J. K., & Croghan, C. F. (2011). Are old lesbian and gay people well served? Understanding the perceptions, preparation, and experiences of aging services providers. *Journal of Applied Gerontology, 30*(3), 370–389.

Ko, T. J., Tsai, L. Y., Chu, L. C., Yeh, S. J., Leung, C., Chen, C. Y., ... Hsieh, W. S. (2014). Parental smoking during pregnancy and its association with low birth weight, small for gestational age, and preterm birth offspring: a birth cohort study. Pediatrics & neonatology, 55(1), 20-27.

Kochanek, K. D., Murphy, S. L., Anderson, R. N., & Scott, C. (2004). Deaths: Final data for 2002. *National Vital Statistics Reports, 53*(5). Hyattsville, MD: National Center for Health Statistics.

Kochanek, K. D., Murphy, S. L., Xu, J., & Aria, E. (2019). Deaths: Final data for 2017. *National Vital Statistics Report, 68*(9). Hyattsville, MD: National Center for Health Statistics.

Kochanek, K. D., Murphy, S. L., Xu, J. Q., Tejada-Vera, B. (2016). Deaths: Final data from 2014. *National Vital Statistics Reports, 65*(4). Hyattsville, MD: National Center for Health Statistics.

Kochanska, G. (1993). Toward a synthesis of parental socialization and child temperament in early development of conscience. *Child Development, 64*(2), 325–347.

Kochanska, G. (2001). Emotional development in children with different attachment histories: The first three years. *Child Development, 72,* 474–490.

Kochanska, G. (2002). Mutually responsive orientation between mothers and their young children: A context for the early development of conscience. *Current Directions in Psychological Science, 11,* 191–195.

Kochanska, G., & Aksan, N. (1995). Mother-child positive affect, the quality of child compliance to requests and prohibitions, and maternal control as correlates of early internalization. *Child Development, 66,* 236–254.

Kochanska, G., Aksan, N., & Carlson, J. J. (2005). Temperament, relationships, and young children's receptive cooperation with their parents. *Developmental Psychology, 41,* 648–660.

Kochanska, G., Aksan, N., & Joy, M. E. (2007). Children's fearfulness as a moderator of parenting in early socialization: Two longitudinal studies. *Developmental Psychology, 43,* 222–237.

Kochanska, G., Askan, N., Prisco, T. R., & Adams, E. E. (2008). Mother-child and father-child mutually responsive orientation in the first two years and children's outcomes at preschool age: Mechanisms of influence. *Child Development, 79,* 30–44.

Kochanska, G., Boldt, L. J., Kim, S., Yoon, J. E., & Philibert, R. A. (2015). Developmental interplay between children's biobehavioral risk and the parenting environment from toddler to early school age: Prediction of socialization outcomes in preadolescence. *Development and Psychopathology, 27*(3), 775–790.

Kochanska, G., Coy, K. C., & Murray, K. T. (2001). The development of self-regulation in the first four years of life. *Child Development, 72*(4), 1091–1111.

Kochanska, G., Friesenborg, A. E., Lange, L. A., & Martel, M. M. (2004). Parents' personality and infants' temperament as contributors to their emerging relationship. *Journal of Personality and Social Psychology, 86,* 744–759.

Kochanska, G., Gross, J. N., Lin, M. H., & Nichols, K. E. (2002). Guilt in young children: Development, determinants, and relations with a broader system of standards. *Child Development, 73*(2), 461–482.

Kochanska, G., Tjebkes, T. L., & Forman, D. R. (1998). Children's emerging regulation of conduct: Restraint, compliance, and internalization from infancy to the second year. *Child Development, 69*(5), 1378–1389.

Kochanska, G., Woodard, J., Kim, S., Koenig, J. L., Yoon, J. E., & Barry, R. A. (2010). Positive socialization mechanisms in secure and insecure parent–child dyads: Two longitudinal studies. *Journal of Child Psychology and Psychiatry, 51*(9), 998–1009.

Kocherlakota, P. (2014). Neonatal abstinence syndrome. *Pediatrics, 134*(2), e547–e561.

Koechlin, E., Basso, G., Pietrini, P., Panzer, S., & Grafman, J. (1999). The role of the anterior prefrontal cortex in human cognition. *Nature, 399,* 148–151.

Koenig, H. G. (2012). Religion, spirituality, and health: The research and clinical implications. *ISRN Psychiatry, 2012.*

Koenig, L. B., & Vaillant, G. E. (2009). A prospective study of church attendance and health over the lifespan. *Health Psychology, 28*(1), 117–124.

Kogan, M. D., Newacheck, P. W., Honberg, L., & Strickland, B. (2005). Association between underinsurance and access to care among children with special health care needs in the United States. *Pediatrics, 116,* 1162–1169.

Kohl III, H. W., & Cook, H. D. (2013). *Status and trends of physical activity behaviors and related school policies*. Washington, DC: The National Academies Press.

Kohlberg, L. (1966). A cognitive-developmental analysis of children's sex role concepts and attitudes. In E. E. Maccoby (Ed.), *The development of sex differences*. Stanford, CA: Stanford University Press.

Kohlberg, L. (1969). Stage and sequence: The cognitive-developmental approach to socialization. In D. A. Goslin (Ed.), *Handbook of socialization theory and research*. Chicago: Rand McNally.

Kohlberg, L. (1973). Continuities in childhood and adult moral development revisited. In P. Baltes & K. W. Schaie (Eds.), *Life-span developmental psychology: Personality and socialization* (pp. 180–207). New York: Academic Press.

Kohlberg, L. (1981). *Essays on moral development*. San Francisco: Harper & Row.

Kohlberg, L., & Ryncarz, R. A. (1990). Beyond justice reasoning: Moral development and consideration of a seventh stage. In C. N. Alexander & E. J. Langer (Eds.), *Higher stages of human development* (pp. 191–207). New York: Oxford University Press.

Kohn, J. L., Rholes, S. W., Simpson, J. A., Martin III, A. M., Tran, S., & Wilson, C. L. (2012). Changes in marital satisfaction across the transition to parenthood: The role of adult attachment orientations. *Personality and Social Psychology Bulletin, 38*(11), 1506–1522.

Kohn, M. L. (1980). Job complexity and adult personality. In N. J. Smelser & E. H. Erikson (Eds.), *Themes of work and love in adulthood*. Cambridge, MA: Harvard University Press.

Kolata, G. (1999, March 9). Pushing limits of the human life span. *The New York Times*. Retrieved from www.nytimes.com/library/national/science/030999sci-aging.html.

Kolb, B., Mychasiuk, R., Muhammad, A., Li, Y., Frost, D. O., & Gibb, R. (2012). Experience and the developing prefrontal cortex. *Proceedings of the National Academy of Sciences, 109*(Supplement 2), 17186–17193.

Kolte, A. M., Olsen, L. R., Mikkelsen, E. M., Christiansen, O. B., & Nielsen, H. S. (2015). Depression and emotional stress is highly prevalent among women with recurrent pregnancy loss. *Human Reproduction, 30*(4), 777–782.

Komarraju, M., & Nadler, D. (2013). Self-efficacy and academic achievement: Why do implicit beliefs, goals, and effort regulation matter? *Learning and Individual Differences, 25,* 67–72.

Konrad, C., Seehagen, S., Schneider, S., & Herbert, J. S. (2016). Naps promote flexible memory retrieval in 12-month-old infants. *Developmental Psychobiology, 58*(7), 866–874.

Konrad, K., Firk, C., & Uhlhaas, P. J. (2013). Brain development during adolescence: Neuroscientific insights into this developmental period. *Deutsches Ärzteblatt International, 110*(25), 425.

Kontis, V., Bennett, J. E., Mathers, C. D., Li, G., Foreman, K., & Ezzati, M. (2017). Future life expectancy in 35 industrialized countries: Projections with a Bayesian model ensemble. *The Lancet, 389*(10076), 1323–1335.

Korat, O., & Or, T. (2010). How new technology influences parent-child interaction: The case of e-book reading. *First Language, 30*(2), 139–154.

Korbin, B., & Spilsbury, J. C. (1999). Cultural competence and child neglect. In H. Dubowitz (Ed.), *Neglected children: Research, practice, and policy* (p. 69). Thousand Oaks, CA: Sage Publications.

Korchmaros, J. D., Ybarra, M. L., & Mitchell, K. J. (2015). Adolescent online romantic relationship initiation: Differences by sexual and gender identification. *Journal of Adolescence, 40,* 54–64.

Korda, H., & Itani, Z. (2013). Harnessing social media for health promotion and behavior change. *Health Promotion Practice, 14*(1), 15–23.

Koren, G., Pastuszak, A., & Ito, S. (1998). Drugs in pregnancy. *New England Journal of Medicine, 338,* 1128–1137.

Koropeckyj-Cox, T., Pienta, A. M., & Brown, T. H. (2007). Women of the 1950s and the "normative" life course: The implications of childlessness, fertility timing, and marital status for psychological well-being in late midlife. *International Journal of Aging and Human Development, 64*(4), 299–330.

Kost, K., & Henshaw, S. (2013). *US teenage pregnancies, births and abortions, 2008: State trends by age, race and ethnicity*. New York: Guttmacher Institute.

Kost, K., Maddow-Zimet, I., and Arpaia, A. (2017). *Pregnancies, births and abortions among adolescents and young women in the United States, 2013: National and state trends by age, race and ethnicity*. New York: Guttmacher Institute.

Kosterman, R., Graham, J. W., Hawkins, J. D., Catalano, R. F., & Herrenkohl, T. I. (2001). Childhood risk factors for persistence of violence in the transition to adulthood: A social development perspective. *Violence & Victims. Special Issue:*

Developmental Perspectives on Violence and Victimization, 16(4), 355–369.

Kosterman, R., Mason, W. A., Haggerty, K. P., Hawkins, J. D., Spoth, R., & Redmond, C. (2011). Positive childhood experiences and positive adult functioning: prosocial continuity and the role of adolescent substance use. *Journal of Adolescent Health, 49*(2), 180–186.

Kostović, I., & Judaš, M. (2010). The development of the subplate and thalamocortical connections in the human foetal brain. *Acta Paediatrica, 99*(8), 1119–1127.

Kovachy, B., O'Hara, R., Hawkins, N., Gershon, A., Primeau, M. M., Madej, J., & Carrion, V. (2013). Sleep disturbance in pediatric PTSD: Current findings and future directions. *Journal of Clinical Sleep Medicine, 9*(05), 501–510.

Kovács, Á. M. (2009). Early bilingualism enhances mechanisms of false-belief reasoning. *Developmental Science, 12*(1), 48–54.

Kowal, A. K., & Pike, L. B. (2004). Sibling influences on adolescents' attitudes toward safe sex practices. *Family Relations, 53*, 377–384.

Kowalski, R. M., Giumetti, G. W., Schroeder, A. N., & Lattanner, M. R. (2014). Bullying in the digital age: A critical review and meta-analysis of cyberbullying research among youth. *Psychological Bulletin, 140*(4), 1073–1137.

Kozhimannil, K. B., Hardeman, R. R., Alarid-Escudero, F., Vogelsang, C. A., Blauer-Peterson, C., & Howell, E. A. (2016). Modeling the cost-effectiveness of doula care associated with reductions in preterm birth and cesarean delivery. *Birth, 43*(1), 20–27.

Kozhimannil, K. B., Hardeman, R. R., Attanasio, L. B., Blauer-Peterson, C., & O'Brien, M. (2013). Doula care, birth outcomes, and costs among Medicaid beneficiaries. *American Journal of Public Health, 103*(4), e113–e121.

Kozlowska, K., & Hanney, L. (1999). Family assessment and intervention using an interactive art exercise. *Australia and New Zealand Journal of Family Therapy, 20*(2), 61–69.

Kramer, A. F., Erickson, K. I., & Colcombe, S. J. (2006). Exercise, cognition and the aging brain. *Journal of Applied Physiology, 101*, 1237–1242.

Kramer, B. J., & Boelk, A. Z. (2015). Correlates and predictors of conflict at the end of life among families enrolled in hospice. *Journal of Pain and Symptom Management, 50*(2), 155–162.

Kramer, B. J., Boelk, A. Z., & Auer, C. (2006). Family conflict at the end of life: Lessons learned in a model program for vulnerable older adults. *Journal of Palliative Medicine, 9*(3), 791–801.

Kramer, D. A. (2003). The ontogeny of wisdom in its variations. In J. Demick & C. Andreolett (Eds.), *Handbook of adult development* (pp. 131–151). New York: Plenum Press.

Kramer, L. (2010). The essential ingredients of successful sibling relationships: An emerging framework for advancing theory and practice. *Child Development Perspectives, 4*(2), 80–86.

Kramer, L. (2014). Learning emotional understanding and emotion regulation through sibling interaction. *Early Education and Development, 25*(2), 160–184.

Kramer, L., & Kowal, A. K. (2005). Sibling relationship quality from birth to adolescence: The enduring contributions of friends. *Journal of Family Psychology, 19*, 503–511.

Kramer, M. S., Aboud, F., Mironova, E., Vanilovich, I., Platt, R. W., Matush, L., . . . Shaprio, S., for the Promotion of Breastfeeding Intervention Trial (PROBIT) Study Group. (2008). Breastfeeding and child cognitive development: New evidence from a large randomized trial. *Archives of General Psychiatry, 65*(5), 578–584.

Kramer, S., & Fahmy, D. (2018). *Young people are less religious than older ones in many countries, especially in the U.S. and Europe* [Pew Research Center news report]. Retrieved from www.pewresearch.org/fact-tank/2018/06/13/younger-people-are-less-religious-than-older-ones-in-many-countries-especially-in-the-u-s-and-europe/.

Kraschnewski, J. L., Boan, J., Esposito, J., Sherwood, N. E., Lehman, E. B., Kephart, D. K., & Sciamanna, C. N. (2010). Long-term weight loss maintenance in the United States. *International Journal of Obesity, 34*(11), 1644.

Krashen, S., & McField, G. (2005). What works? Reviewing the latest evidence on bilingual education. *Language Learner 1*(2), 7–10, 34.

Krause, N. (2004a). Common facets of religion, unique facets of religion, and life satisfaction among older African Americans. *Journal of Gerontology: Social Sciences, 59B*, S109–S117.

Krause, N., Pargament, K. I., & Ironson, G. (2016). In the shadow of death: Religious hope as a moderator of the effects of age on death anxiety. *The Journals of Gerontology: Series B, 73*(4), 696–703.

Kraut, R., Kiesler S., Boneva, B., Cummings, J., Helgeson, V., & Crawford, A. (2002). Internet paradox revisited. *Journal of Social Issues, 58*, 49–74.

Krcmar, M. (2011). Word learning in very young children from infant-directed DVDs. *Journal of Communication, 61*(4), 780–794.

Kreager, D. A., Molloy, L. E., Moody, J., & Feinberg, M. E. (2016). Friends first? The peer network origins of adolescent dating. *Journal of Research on Adolescence, 26*(2), 257–269.

Kreager, D. A., Staff, J., Gauthier, R., Lefkowitz, E. S., & Feinberg, M. E. (2016). The double standard at sexual debut: Gender, sexual behavior and adolescent peer acceptance. *Sex Roles, 75*(7-8), 377–392.

Krebs-Smith, S. M., Guenther, P. M., Subar, A. F., Kirkpatrick, S. I., & Dodd, K. W. (2010). Americans do not meet federal dietary recommendations. *The Journal of Nutrition, 140*(10), 1832–1838.

Kreicbergs, U., Valdimarsdóttir, U., Onelöv, E., Henter, J. I., & Steineck, G. (2004). Talking about death with children who have severe malignant disease. *New England Journal of Medicine, 351*(12), 1175–1186.

Kreider, R. M. (2005). Number, timing, and duration of marriages and divorces: 2001. *Household Economic Studies* (P70-97). Washington, DC: U.S. Census Bureau.

Kreider, R. M., & Fields, J. M. (2002). Number, timing, and duration of marriages and divorces: Fall 1996. *Current Population Reports* (P70–80). Washington, DC: U.S. Census Bureau.

Kreider, R. M., & Lofquist, D. A. (2014*). Adopted children and stepchildren: 2010.* Washington, DC: U.S. Department of Commerce, Economics and Statistics Administration, U.S. Census Bureau.

Kremen, A. M., & Block, J. (1998). The roots of ego-control in young adulthood: Links with parenting in early childhood. *Journal of Personality and Social Psychology, 75*(4), 1062–1075.

Kremen, W. S., Lachman, M. E., Pruessner, J. C., Sliwinski, M., & Wilson, R. S. (2012). Mechanisms of age-related cognitive change and targets for intervention: Social interactions and stress. *Journals of Gerontology Series A: Biomedical Sciences and Medical Sciences, 67*(7), 760–765.

Krishnaratne, S., Hensen, B., Cordes, J., Enstone, J., & Hargreaves, J. R. (2016). Interventions to strengthen the HIV prevention cascade: A systematic review of reviews. *The Lancet HIV, 3*(7), e307–e317.

Kroeger, R. A., & Smock, P. J. (2014). Cohabitation: Recent research and implications. In J. Treas, J. Scott, & M. Richards (Eds.), *The Wiley-Blackwell companion to the sociology of families, 2,* (pp. 217–235). Malden, MA: Wiley & Sons.

Kroger, J. (2003). Identity development during adolescence. In G. R. Adams & M. D. Berzonsky (Eds.), *Blackwell handbook of adolescence* (pp. 205–226). Malden, MA: Blackwell.

Kroger, J., & Haslett, S. J. (1991). A comparison of ego identity status transition pathways and change rates across five identity domains. *International Journal of Aging and Human Development, 32*, 303–330.

Kroger, J., Martinussen, M., & Marcia, J. E. (2009). Identity status change during adolescence and young adulthood: A meta-analysis. *Journal of Adolescence, 33*(5), 683–698.

Krogstad, J. (2015). *Facts about American grandparents.* [Pew Research Center news report]. Retrieved from www.pewresearch.org/fact-tank/2015/09/13/5-facts-about-american-grandparents/.

Krogstad, P. (2014). *5 facts about the modern American family.* Retrieved from www.pewresearch.org/fact-tank/2014/04/30/5-facts-about-the-modern-american-family/.

Kross, E., Verduyn, P., Demiralp, E., Park, J., Lee, D. S., Lin, N., . . . & Ybarra, O. (2013). Facebook use predicts declines in subjective well-being in young adults. *PloS One, 8*(8), e69841.

Krumrei-Mancuso, E. J., Newton, F. B., Kim, E., & Wilcox, D. (2013). Psychosocial factors predicting first-year college student success. *Journal of College Student Development*, 54(3), 247–266.

Kübler-Ross, E. (1969). *On death and dying.* New York: Macmillan.

Kübler-Ross, E. (1970). *On death and dying* [Paperback]. New York: Macmillan.

Kübler-Ross, E. (Ed.). (1975). *Death: The final stage of growth.* Englewood Cliffs, NJ: Prentice Hall.

Kuczmarski, R. J., Ogden, C. L., Grummer-Strawn, L. M., Flegal, K. M., Guo, S. S., Wei, R., . . . Johnson, C. L. (2000). *CDC growth charts: United States* (Advance Data, No. 314). Washington, DC: Centers for Disease Control and Prevention, U.S. Department of Health and Human Services.

Kuhl, P., & Rivera-Gaxiola, M. (2008). Neural substrates of language acquisition. *Annual Review of Neuroscience, 31,* 511–534.

Kuhl, P. K. (2004). Early language acquisition: Cracking the speech code. *Nature Reviews Neuroscience, 5,* 831–843.

Kuhl, P. K. (2010). Brain mechanisms in early language acquisition. *Neuron, 67*(5), 713–727.

Kuhl, P. K., Andruski, J. E., Chistovich, I. A., Chistovich, L. A., Kozhevnikova, E. V., Ryskina, V. L., . . . Lacerda, F. (1997). Cross-language analysis of phonetic units in language addressed to infants. *Science, 277,* 684–686.

Kuhl, P. K., Conboy, B. T., Padden, D., Nelson, T., & Pruitt, J. (2005). Early speech perception and later language development: Implications for the "critical period." *Language Learning and Development, 1,* 237–264.

Kuhl, P. K., Williams, K. A., Lacerda, F., Stevens, K. N., & Lindblom, B. (1992). Linguistic experience alters phonetic perception in infants by 6 months of age. *Science, 255,* 606–608.

Kuhn, D. (2006). Do cognitive changes accompany developments in the adolescent brain? *Perspectives on Psychological Science, 1,* 59–67.

Kühnel, J., Zacher, H., De Bloom, J., & Bledow, R. (2017). Take a break! Benefits of sleep and short breaks for daily work engagement. *European Journal of Work and Organizational Psychology, 26*(4), 481–491.

Kuiper, J. S., Zuidersma, M., Zuidema, S. U., Burgerhof, J. G., Stolk, R. P., Oude Voshaar, R. C., & Smidt, N. (2016). Social relationships and cognitive decline: A systematic review and meta-analysis of longitudinal cohort studies. *International Journal of Epidemiology, 45*(4), 1169–1206.

Kumar, P., Wright, A. A., Hatfield, L. A., Temel, J. S., & Keating, N. L. (2017). Family perspectives on hospice care experiences of patients with cancer. *Journal of Clinical Oncology, 35*(4), 432.

Kumwenda, N. I., Hoover, D. R., Mofenson, L. M., Thigpen, M. C., Kafulafula, G., Li, Q., . . . Taha, T. E. (2008). Extended antiretroviral prophylaxis to reduce breast-milk HIV-1 transmission. *New England Journal of Medicine, 359,* 119–129.

Kunzman, R., & Gaither, M. (2013). Homeschooling: A comprehensive survey of the research. *Other Education, 2*(1), 4–59.

Kurdek, L. A. (1999). The nature and predictors of the trajectory of change in marital quality for husbands and wives over the first 10 years of marriage. *Developmental Psychology, 35*(5), 1283.

Kurdek, L. A. (2005). What do we know about gay and lesbian couples? *Current Directions in Psychological Science, 5,* 251–254.

Kurdek, L. A. (2006). Differences between partners from heterosexual, gay, and lesbian cohabiting couples. *Journal of Marriage and Family, 68,* 509–528.

Kurdek, L. A. (2008). A general model of relationship commitment: Evidence from same-sex partners. *Personal Relationships, 15*(3), 391–405.

Kurjak, A., Kupesic, S., Matijevic, R., Kos, M., & Marton, M. (1999). First trimester malformation screening. *European Journal of Obstetrics & Gynecology and Reproductive Biology, 85*(1), 93–96.

Kushnir, T., Xu, F., & Wellman, H. M. (2010). Young children use statistical sampling to infer the preferences of other people. *Psychological Science, 21,* 1134–1140. doi: 10.1177/0956797610376652.

Kusumi, T., Matsuda, K., & Sugimori, E. (2010). The effects of aging on nostalgia in consumers' advertisement processing. *Japanese Psychological Research, 52,* 50–162. doi: 10.1111/j.1468-5884.2010.00431.x.

Kutner, M., Greenberg, E., Jin, Y., Boyle, B., Hsu, Y., & Dunleavy, E. (2007). *Literacy in everyday life: Results from the 2003 National Assessment of Adult Literacy* (NCES 2007-480). Washington, DC: U.S. Department of Education, National Center for Education Statistics.

La Rue, A. (2010). Healthy brain aging: Role of cognitive reserve, cognitive stimulation, and cognitive exercises. *Clinics in Geriatric Medicine, 26*(1), 99–111.

Labbo, L. D., & Kuhn, M. R. (2000). Weaving chains of affect and cognition: A young child's understanding of CD-ROM talking books. *Journal of Literacy Research, 32*(2), 187–210.

Laberge, L., Tremblay, R. E., Vitaro, F., & Montplaisir, J. (2000). Development of parasomnias from childhood to early adolescence. *Pediatrics, 106,* 67–74.

Labouvie-Vief, G. (2006). Emerging structures of adult thought. In J. J. Arnett & J. L. Tanner (Eds.), *Emerging adults in America: Coming of age in the 21st century* (pp. 59–84). Washington, DC: American Psychological Association.

Labrecque, L. T., & Whisman, M. A. (2017). Attitudes toward and prevalence of extramarital sex and descriptions of extramarital partners in the 21st century. *Journal of Family Psychology, 31*(7), 952.

Lachman, M. E. (2001). Introduction. In M. E. Lachman (Ed.), *Handbook of midlife development.* New York: Wiley.

Lachman, M. E. (2004). Development in midlife. *Annual Review of Psychology, 55,* 305–331.

Lachman, M. E., & Firth, K. M. P. (2004). The adaptive value of feeling in control during midlife. In O. G. Brim, C. D. Ryff, & R. C. Kessler (Eds.), *How healthy are we? A national study of well-being at midlife* (pp. 320–349). Chicago: University of Chicago Press.

Lachman, M. E., Teshale, S., & Agrigoroaei, S. (2015). Midlife as a pivotal period in the life course: Balancing growth and decline at the crossroads of youth and old age. *International Journal of Behavioral Development, 39*(1), 20–31.

Lachs, M. S., & Pillemer, K. A. (2015). Elder abuse. *New England Journal of Medicine, 373*(20), 1947–1956.

Lachs, M. S., Teresi, J. A., Ramirez, M., van Haitsma, K., Silver, S., Eimicke, J. P., Boratgis, G., Sukha, G., Kong, J., Besas, A. M., Luna, M. R., Pillemer, K. A. (2016). The prevalence of resident-to-resident elder mistreatment in nursing homes. *Annals of Internal Medicine, 165,* 229–236.

Lack, G. (2008). Epidemiologic risks for food allergy. *Journal of Allergy and Clinical Immunology, 121*(6), 1331–1336.

Lackland, D. T. (2014). Racial differences in hypertension: Implications for high blood pressure management. *The American Journal of the Medical Sciences, 348*(2), 135–138.

Ladd, G. W., Herald-Brown, S. L., & Reiser, M. (2008). Does chronic classroom peer rejection predict the development of children's classroom participation during the grade school years? *Child Development, 79*(4), 1001–1015.

Ladegaard, H. J. (2004). Politeness in young children's speech: Context, peer group influence and pragmatic competence. *Journal of Pragmatics, 36*(11), 2003–2022.

LaFontana, K. M., & Cillessen, A. H. N. (2002). Children's perceptions of popular and unpopular peers: A multi-method assessment. *Developmental Psychology, 38,* 635–647.

LaFreniere, P. (2011). Evolutionary functions of social play: Life histories, sex differences, and emotion regulation. *American Journal of Play, 3*(4), 464–488.

Lagattuta, K. H. (2005). When you shouldn't do what you want to do: Young children's understanding of desires, rules, and emotions. *Child Development, 76,* 713–733.

Lagattuta, K. H. (2014). Linking past, present, and future: Children's ability to connect mental states and emotions across time. *Child Development Perspectives, 8*(2), 90–95.

Lagercrantz, H., & Slotkin, T. A. (1986). The "stress" of being born. *Scientific American, 254*(4), 100–107.

Lahey, B. B. (2009). Public health significance of neuroticism. *American Psychologist, 64*(4), 241–256.

Lai, H. M. X., Cleary, M., Sitharthan, T., & Hunt, G. E. (2015). Prevalence of comorbid substance use, anxiety and mood disorders in epidemiological surveys, 1990–2014: A systematic review and meta-analysis. *Drug and Alcohol Dependence, 154,* 1–13.

Laible, D. J., & Thompson, R. A. (1998). Attachment and emotional understanding in preschool children. *Developmental Psychology, 34*(5), 1038–1045.

Laird, J., Lew, S., DeBell, M., & Chapman, C. (2006). *Dropout rates in the United States: 2002 and 2003* (NCES 2006-062). Washington, DC: U.S. Department of Education, National Center for Education Statistics.

Laird, K. T., Krause, B., Funes, C., & Lavretsky, H. (2019). Psychobiological factors of resilience and depression in late life. *Translational Psychiatry, 9*(1), 88.

Lake, A. (2015, November). *For every child, a fair chance: The promise of equity.* Retrieved from www.unicef.org/publications/files/For_every_child_a_fair_chance.pdf.

Lalonde, C. E., & Werker, J. F. (1995). Cognitive influences on cross-language speech perception in infancy. *Infant Behavior and Development, 18,* 459–475.

Lamb, M. E. (1981). The development of father-infant relationships. In M. E. Lamb (Ed.), *The role of the father in child development* (2nd ed.). New York: Wiley.

Lamb, M. E., Frodi, A. M., Frodi, M., & Hwang, C. P. (1982). Characteristics of maternal and paternal behavior in traditional and non-traditional Swedish families. *International Journal of Behavior Development, 5,* 131–151.

Lambert, J. C., Ibrahim-Verbaas, C. A., Harold, D., Naj, A. C., Sims, R., Bellenguez, C., . . . & Grenier-Boley, B. (2013). Meta-analysis of 74,046 individuals identifies 11 new susceptibility loci for Alzheimer's disease. *Nature Genetics, 45*(12), 1452.

Lamberts, S. W. J., van den Beld, A. W., & van der Lely, A. (1997). The endocrinology of aging. *Science, 278,* 419–424.

Lambeth, G. S., & Hallett, M. (2002). Promoting healthy decision making in relationships: Developmental interventions with young adults on college and university campuses. In C. L. Juntunen & D. R. Atkinson (Eds.), *Counseling across the lifespan: Prevention and treatment* (pp. 209–226). Thousand Oaks, CA: Sage.

Lamela, D., Figueiredo, B., Bastos, A., & Feinberg, M. (2016). Typologies of post-divorce coparenting and parental well-being, parenting quality and children's psychological adjustment. *Child Psychiatry & Human Development, 47*(5), 716–728.

Lamm, C., & Majdandžić, J. (2015). The role of shared neural activations, mirror neurons, and morality in empathy–A critical comment. *Neuroscience Research, 90,* 15–24.

Lamm, C., Zelazo, P. D., & Lewis, M. D. (2006). Neural correlates of cognitive control in childhood and adolescence: Disentangling the contributions of age and executive function. *Neuropsychologia, 44,* 2139–2148.

Lamminmäki, A., Hines, M., Kuiri-Hänninen, T., Kilpeläinen, L., Dunkel, L., & Sankilampi, U. (2012). Testosterone measured in infancy predicts subsequent sex-typed behavior in boys and in girls. *Hormones and Behavior, 61*(4), 611–616.

Lampit, A., Hallock, H., & Valenzuela, M. (2014). Computerized cognitive training in cognitively healthy older adults: A systematic review and meta-analysis of effect modifiers. *PLoS Medicine, 11*(11), e1001756.

Lanciano, T., & Curci, A. (2015). Does emotions communication ability affect psychological well-being? A study with the Mayer–Salovey–Caruso Emotional Intelligence Test (MSCEIT) v2. 0. *Health Communication, 30*(11), 1112–1121.

Landazabal, M. G. (2009). A comparative analysis of empathy in childhood and adolescence: Gender differences and associated socio-emotional variables. *International Journal of Psychology and psychological therapy, 9*(2), 217–235.

Landon, M. B., Hauth, J. C., Leveno, K. J., Spong, C. Y., Leindecker, S., Varner, M. W., . . . Gabbe, S. G., for the National Institute of Child Health and Human Development Maternal-Fetal Medicine Units Network. (2004). Maternal and perinatal outcomes associated with a trial of labor after prior cesarean delivery. *New England Journal of Medicine, 351,* 2581–2589.

Landor, A., Simons, L. G., Simons, R. L., Brody, G. H., & Gibbons, F. X. (2011). The role of religiosity in the relationship between parents, peers, and adolescent risky sexual behavior. *Journal of Youth and Adolescence, 40*(3), 296–309.

Landry, S. H., Smith, K. E., Swank, P. R., & Miller-Loncar, C. L. (2000). Early maternal and child influences on children's later independent cognitive and social functioning. *Child Development, 71,* 358–375.

Langa, K. M., Larson, E. B., Crimmins, E. M., Faul, J. D., Levine, D. A., Kabeto, M. U., & Weir, D. R. (2017). A comparison of the prevalence of dementia in the United States in 2000 and 2012. *JAMA Internal Medicine, 177*(1), 51–58.

Lange, N., Froimowitz, M. P., Bigler, E. D., Lainhart, J. E., & Brain Development Cooperative Group. (2010). Associations between IQ, total and regional brain volumes, and demography in a large normative sample of healthy children and adolescents. *Developmental Neuropsychology, 35*(3), 296–317.

Langeslag, S. J., Schmidt, M., Ghassabian, A., Jaddoe, V. W., Hofman, A., van der Lugt, A., . . . & White, T. J. (2013). Functional connectivity between parietal and frontal brain regions and intelligence in young children: The Generation R study. *Human Brain Mapping, 34*(12), 3299–3307.

Langley, K., Heron, J., Smith, G. D., & Thapar, A. (2012). Maternal and paternal smoking during pregnancy and risk of ADHD symptoms in offspring: Testing for intrauterine effects. *American Journal of Epidemiology, 176*(3), 261–268.

Långström, N., Rahman, Q., Carlström, E., & Lichtenstein, P. (2008). Genetic and environmental effects on same-sex sexual behavior: A population study of twins in Sweden. *Archives of Sexual Behavior.* Retrieved from https://commerce.metapress.com/content/ 2263646523551487/-resource-secured/?target=fulltext.pdf&sid= ur4ndr55ssgnkk550wsdrbuz&sh= www.springerlink.-com.doi: 10.1007/s10508-008- 9386-1.

Lankford, A. (2010). Do suicide terrorists exhibit clinically suicidal risk factors? A review of initial evidence and a call for future research. *Aggression and Violent Behavior, 15*(5), 334–340.

Lansford, J. E. (2009). Parental divorce and children's adjustment. *Perspectives on Psychological Science, 4*(2), 140–152.

Lansford, J. E., Criss, M. M., Dodge, K. A., Shaw, D. S., Pettit, G. S., & Bates, J. E. (2009). Trajectories of physical discipline: Early childhood antecedents and developmental outcomes. *Child Development, 80*(5), 1385–1402. doi: 10.1111/j.1467-8624.2009.01340.x.

Lansford, J. E., Godwin, J., Tirado, L. M. U., Zelli, A., Al-Hassan, S. M., Bacchini, D., . . . & Di Giunta, L. (2015). Individual, family, and culture level contributions to child physical abuse and neglect: A longitudinal study in nine countries. *Development and Psychopathology, 27*(4pt2), 1417–1428.

Lansford, J. E., Malone, P. S., Dodge, K. A., Pettit, G. S., & Bates, J. E. (2010). Developmental cascades of peer rejection, social information processing biases, and aggression during middle childhood. *Development and Psychopathology, 22*(3), 593–602.

Lansford, J. E., Skinner, A. T., Sorbring, E., Giunta, L. D., Deater-Deckard, K., Dodge, K. A., . . . & Uribe Tirado, L. M. (2012). Boys' and girls' relational and physical aggression in nine countries. *Aggressive Behavior, 38*(4), 298–308.

Lantagne, A., & Furman, W. (2017). Romantic relationship development: The interplay between age and relationship length. *Developmental Psychology, 53*(9), 1738.

Lanting, C. I., Fidler, V., Huisman, M., Touwen, B. C. L., & Boersma, E. R. (1994). Neurological differences between 9-year-old children fed breastmilk or formula-milk as babies. *Lancet, 334,* 1319–1322.

Lapierre, M. A., Piotrowski, J. T., & Linebarger, D. L. (2012). Background television in the homes of U.S. children. *Pediatrics, 130.* doi: 10.1542/peds/2011-2581.

Laquatra, J., & Chi, P. S. K. (1998, September). *Housing for an aging-in-place society.* Paper presented at the European Network for Housing Research Conference, Cardiff, Wales.

LaRocque, M., Kleiman, I., & Darling, S. M. (2011). Parental involvement: The missing link in school achievement. *Preventing School Failure, 55*(3), 115–122.

Larrimore, J., Durante, S., Kreiss, K., Park, C., & Sahm, C. (2018). *Report on the economic well-being of U.S. households in 2017–2018.* Washington, DC: Board of Governors of the Federal Reserve System.

Larsen, D. (1990, December–1991, January). Unplanned parenthood. *Modern Maturity,* pp. 32–36.

Larson, R., & Wilson, S. (2004). Adolescents across place and time: Globalization and the changing pathways to adulthood. In R. M. Lerner & L. Steinberg (Eds.), *Handbook of adolescent psychology* (2nd ed., pp. 299–331). Hoboken, NJ: Wiley.

Larson, R. W., & Verma, S. (1999). How children and adolescents spend time across the world: Work, play, and developmental opportunities. *Psychological Bulletin, 125,* 701–736.

Larson, R. W., Moneta, G., Richards, M. H., & Wilson, S. (2002). Continuity, stability, and change in daily emotional experience across adolescence. *Child Development, 73,* 1151–1165.

Laski, E. V., & Siegler, R. S. (2014). Learning from number board games: You learn what you encode. *Developmental Psychology, 50*(3), 853.

Latifovic, L., Peacock, S. D., Massey, T. E., & King, W. D. (2016). The influence of alcohol consumption, cigarette smoking, and physical activity on leukocyte telomere length. *Cancer Epidemiology and Prevention Biomarkers, 25*(2), 374–380.

Laughlin, L. (2013). Who's minding the kids? Child care arrangements: Spring 2011. *Current Population Reports*, P70-135. Washington, DC: U.S. Census Bureau.

Laumann, E. O., & Michael, R. T. (Eds.). (2000). *Sex, love, and health in America: Private choices and public policies*. Chicago: University of Chicago Press.

Laumann, E. O., Das, W., & Waite, L. J. (2008). Sexual dysfunction among older adults: Prevalence and risk factors from a nationally representative U.S. probability sample of men and women 57–85 years of age. *Journal of Sexual Medicine, 5*(10), 2300–2311.

Lauricella, A. R., Wartella, E., & Rideout, V. J. (2015). Young children's screen time: The complex role of parent and child factors. *Journal of Applied Developmental Psychology, 36,* 11–17.

Laursen, B. (1996). Closeness and conflict in adolescent peer relationships: Interdependence with friends and romantic partners. In W. M. Bukowski, A. F. Newcomb, & W. W. Hartup (Eds.), *The company they keep: Friendship in childhood and adolescence* (pp. 186–210). New York: Cambridge University Press.

Lautenschlager, N. T., Cox, K. L., Flicker, L., Foster, J. K., van Bockxmeer, F. M., Xiao, J., . . . Almeida, O. P. (2008). Effects of physical activity on cognitive function in older adults at risk for Alzheimer's disease. *Journal of the American Medical Association, 300*(9), 1027–1037.

Lavee, Y., & Ben-Ari, A. (2004). Emotional expressiveness and neuroticism: Do they predict marital quality? *Journal of Marriage and Family, 18,* 620–627.

Lavelli, M., & Fogel, A. (2005). Developmental changes in the relationship between the infant's attention and emotion during early face-to-face communication: The 2-month transition. *Developmental Psychology, 41,* 265–280.

Lavenex, P., & Lavenex, P. B. (2013). Building hippocampal circuits to learn and remember: Insights into the development of human memory. *Behavioural Brain Research, 254,* 8–21.

Lawler, M., & Nixon, E. (2011). Body dissatisfaction among adolescent boys and girls: The effects of body mass, peer appearance culture and internalization of appearance ideals. *Journal of Youth and Adolescence, 40*(1), 59–71.

Lawler-Row, K. A., & Elliott, J. (2009). The role of religious activity and spirituality in the health and well-being of older adults. *Journal of Health Psychology, 14*(1), 43–52.

Lawrence, E., Rothman, A. D., Cobb, R., Rothman, M. T., & Bradbury, T. (2008). Marital satisfaction across the transition to parenthood. *Journal of Family Psychology, 22*(1), 41–50.

Lazarus, R. S., & Folkman, S. (1984). *Stress, appraisal, and coping*. New York: Springer.

Le Bourdais, C., & LaPierre-Adamcyk, E. (2004). Changes in conjugal life in Canada: Is cohabitation progressively replacing marriage? *Journal of Marriage and Family, 66,* 929–942.

Le, H. N. (2000). Never leave your little one alone: Raising an Ifaluk child. In J. S. DeLoache & A. Gottlieb (Eds.), *A world of babies: Imagined childcare guides for seven societies* (pp. 199–201). Cambridge, UK: Cambridge University Press.

Leahy-Warren, P., McCarthy, G., & Corcoran, P. (2012). First-time mothers: Social support, maternal parental self-efficacy and postnatal depression. *Journal of Clinical Nursing, 21,* 388–397.

Leaper, C., & Smith, T. E. (2004). A meta-analytic review of gender variations in children's language use: Talkativeness, affiliative speech, and assertive speech. *Developmental Psychology, 40,* 993–1027.

Leaper, C., Anderson, K. J., & Sanders, P. (1998). Moderators of gender effects on parents' talk to their children: A meta-analysis. *Developmental Psychology, 34*(1), 3–27.

Leblanc, M., & Ritchie, M. (2001). A meta-analysis of play therapy outcomes. *Counseling Psychology Quarterly, 14,* 149–163.

Lecce, S., Zocchi, S., Pagnin, A., Palladino, P., & Taumoepeau, M. (2010). Reading minds: The relation between children's mental state knowledge and their metaknowledge about reading. *Child Development, 81*(6), 1876–1893.

Lederberg, A. R., Schick, B., & Spencer, P. E. (2013). Language and literacy development of deaf and hard-of-hearing children: Successes and challenges. *Developmental Psychology, 49*(1), 15.

Leduc, K., Williams, S., Gomez-Garibello, C., & Talwar, V. (2017). The contributions of mental state understanding and executive functioning to preschool-aged children's lie-telling. *British Journal of Developmental Psychology, 35*(2), 288–302.

Lee, C., & Orazem, P. F. (2010). High school employment, school performance, and college entry. *Economics of Education Review, 29*(1), 29–39.

Lee, C. M., & Afshari, N. A. (2017). The global state of cataract blindness. *Current Opinion in Ophthalmology, 28*(1), 98–103.

Lee, C. T., Padilla-Walker, L. M., & Memmott-Elison, M. K. (2017). The role of parents and peers on adolescents' prosocial behavior and substance use. *Journal of Social and Personal Relationships, 34*(7), 1053–1069.

Lee, D., & McLanahan, S. (2015). Family structure transitions and child development: Instability, selection, and population heterogeneity. *American Sociological Review, 80*(4), 738–763.

Lee, D. M., Nazroo, J., O'Connor, D. B., Blake, M., & Pendleton, N. (2016). Sexual health and well-being among older men and women in England: Findings from the English Longitudinal Study of Ageing. *Archives of Sexual Behavior, 45*(1), 133–144.

Lee, E., Cho, H. J., Olmstead, R., Levin, M. J., Oxman, M. N., & Irwin, M. R. (2013). Persistent sleep disturbance: A risk factor for recurrent depression in community-dwelling older adults. *Sleep, 36*(11), 1685–1691.

Lee, E. A. E., & Troop-Gordon, W. (2011). Peer processes and gender role development: Changes in gender atypicality related to negative peer treatment and children's friendships. *Sex Roles, 64*(1–2), 90–102.

Lee, G. Y., & Kisilevsky, B. S. (2014). Fetuses respond to father's voice but prefer mother's voice after birth. *Developmental Psychobiology, 56*(1), 1–11.

Lee, H. C., Huang, K. T., & Shen, W. K. (2011). Use of antiarrhythmic drugs in elderly patients. *Journal of Geriatric Cardiology: JGC, 8*(3), 184.

Lee, H. J., & Szinovacz, M. E. (2016). Positive, negative, and ambivalent interactions with family and friends: Associations with well-being. *Journal of Marriage and Family, 78*(3), 660–679.

Lee, I., Djoussé, L., & Sesso, H. D. (2010). Physical activity and weight gain prevention. *Journal of the American Medical Association, 303*(12), 1173–1179.

Lee, J., & Reeves, T. (2012). Revisiting the impact of NCLB high-stakes school accountability, capacity, and resources: State NAEP 1990–2009 reading and math achievement gaps and trends. *Educational Evaluation and Policy Analysis, 34*(2), 209–231.

Lee, J. M., Appugliese, D., Kaciroti, N., Corwyn, R. F., Bradley, R., & Lumeng, J. C. (2007). Weight status in young girls and the onset of puberty. *Pediatrics, 119,* e624–e630.

Lee, J. M., Kaciroti, N., Appugliese, D., Corwyn, R. F., Bradley, R. H., & Lumeng, J. C. (2010). Body mass index and timing of pubertal initiation in boys. *Archives of Pediatrics & Adolescent Medicine, 164*(2), 139–144.

Lee, J. M., Wasserman, R., Kaciroti, N., Gebremariam, A., Steffes, J., Dowshen, S., . . . & Reiter, E. (2016). Timing of puberty in overweight versus obese boys. *Pediatrics*, peds-2015.

Lee, K. (2013). Little liars: Development of verbal deception in children. *Child Development Perspectives, 7*(2), 91–96.

Lee, R., Zhai, F., Brooks-Gunn, J., Han, W. J., & Waldfogel, J. (2014). Head Start participation and school readiness: Evidence from the early childhood longitudinal study–birth cohort. *Developmental Psychology, 50*(1), 202.

Lee, R. M., Grotevant, H. D., Hellerstedt, W. L., Gunnar, M. R., & The Minnesota International Adoption Project Team. (2006). Cultural socialization in families with internationally adopted children. *Journal of Family Psychology, 20*(4), 571–580.

Lee, S. J., & Altschul, I. (2015). Spanking of young children: Do immigrant and US-born Hispanic parents differ? *Journal of Interpersonal Violence, 30*(3), 475–498.

Lee, V. E., Brooks-Gunn, J., Schnur, E., & Liaw, F. R. (1990). Are Head Start effects sustained? A longitudinal follow-up comparison of disadvantaged children attending Head Start, no preschool, and other preschool programs. *Child Development, 61*(2), 495–507.

Lee, Y., & Styne, D. (2013). Influences on the onset and tempo of puberty in human beings and implications for adolescent psychological development. *Hormones and Behavior, 64*(2), 250–261.

Leerkes, E. M., Blankson, A. N., & O'Brien, M. (2009). Differential effects of maternal sensitivity to infant distress and nondistress on social-emotional functioning. *Child Development, 80*(3), 762–775.

Leerkes, E. M., Weaver, J. M., & O'Brien, M. (2012). Differentiating maternal sensitivity to infant distress and non-distress. *Parenting, 12*(2–3), 175–184.

Lefkowitz, E. S., & Fingerman, K. L. (2003). Positive and negative emotional feelings and behaviors in mother-daughter ties in late life. *Journal of Family Psychology, 17,* 607–617.

Lefkowitz, E. S., & Gillen, M. M. (2006). "Sex is just a normal part of life": Sexuality in emerging adulthood. In J. J. Arnett & J. L. Tanner (Eds.), *Emerging adults in America: Coming of age in the 21st century* (pp. 235–255). Washington, DC: American Psychological Association.

Leger, K. A., Charles, S. T., Turiano, N. A., & Almeida, D. M. (2016). Personality and stressor-related affect. *Journal of Personality and Social Psychology, 111*(6), 917.

Legerstee, M., & Varghese, J. (2001). The role of maternal affect mirroring on social expectancies in three-month-old infants. *Child Development, 72,* 1301–1313.

Lehmiller, J. J., VanderDrift, L. E., & Kelly, J. R. (2011). Sex differences in approaching friends with benefits relationships. *Journal of Sex Research, 48*(2–3), 275–284.

Leigh, B. C. (1999). Peril, chance, adventure: Concepts of risk, alcohol use, and risky behavior in young adults. *Addiction, 94*(3), 371–383.

Leinung, M., & Wu, C. (2017). The biologic basis of transgender identity: 2D:4D finger length ratios implicate a role for prenatal androgen activity. *Endocrine Practice, 23*(6), 669–671.

Lemaitre, H., Goldman, A. L., Sambataro, F., Verchinski, B. A., Meyer-Lindenberg, A., Weinberger, D. R., & Mattay, V. S. (2012). Normal age-related brain morphometric changes: Nonuniformity across cortical thickness, surface area and gray matter volume? *Neurobiology of Aging, 33*(3), 617-e1.

Leman, P. J., Ahmed, S., & Ozarow, L. (2005). Gender, gender relations, and the social dynamics of children's conversations. *Developmental Psychology, 41,* 64–74.

Lenehan, M. E., Summers, M. J., Saunders, N. L., Summers, J. J., & Vickers, J. C. (2015). Relationship between education and age-related cognitive decline: A review of recent research. *Psychogeriatrics, 15*(2), 154–162.

Lennartz, C., Arundel, R., & Ronald, R. (2016). Younger adults and homeownership in Europe through the global financial crisis. *Population, Space and Place, 22*(8), 823–835.

Lenneberg, E. H. (1969). On explaining language. *Science, 164*(3880), 635–643.

Lenroot, R. K., & Giedd, J. N. (2006). Brain development in children and adolescents: Insights from anatomical magnetic resonance imaging. *Neuroscience and Biobehavioral Reviews, 30*(6), 718–729.

Leopold, T., & Lechner, C. M. (2015). Parents' death and adult well-being: Gender, age, and adaptation to filial bereavement. *Journal of Marriage and Family, 77*(3), 747–760.

Leppink, E. W., Odlaug, B. L., Lust, K., Christenson, G., & Grant, J. E. (2016). The young and the stressed: Stress, impulse control, and health in college students. *The Journal of Nervous and Mental Disease, 204*(12), 931–938.

Leridon, H. (2008). A new estimate of permanent sterility by age: Sterility defined as the inability to conceive. *Population Studies, 62*(1), 15–24.

Lerman, C., Caporaso, N. E., Audrain, J., Main, D., Bowman, E. D., Lockshin, B., . . . Shields, P. G. (1999). Evidence suggesting the role of specific genetic factors in cigarette smoking. *Health Psychology, 18,* 14–20.

Lesaux, N. K., Crosson, A. C., Kieffer, M. J., & Pierce, M. (2010). Uneven profiles: Language minority learners' word reading, vocabulary, and reading comprehension skills. *Journal of Applied Developmental Psychology, 31*(6), 475–483.

Lesgold, A., Glaser, R., Rubinson, H., Klopfer, D., Feltovich, P., & Wang, Y. (1988). Expertise in a complex skill: Diagnosing X-ray pictures. In M. T. H. Chi, R. Glaser, & M. J. Farr (Eds.), *The nature of expertise* (pp. 311–342). Hillsdale, NJ: Erlbaum.

Leslie, A. M. (1995). A theory of agency. In D. Sperber, D. Premack, & A. J. Premack (Eds.), *Causal cognition* (pp. 121–149). Oxford: Clarendon Press.

Leslie, A. M., Friedman, O., & German, T. P. (2004). Core mechanisms in "theory of mind." *Trends in Cognitive Sciences, 8*(12), 528–533.

Lester, B. M., & Boukydis, C. F. Z. (1985). *Infant crying: Theoretical and research perspectives.* New York: Plenum Press.

Leszko, M., Elleman, L. G., Bastarache, E. D., Graham, E. K., & Mroczek, D. K. (2016). Future directions in the study of personality in adulthood and older age. *Gerontology, 62*(2), 210–215.

Levant, S., Chari, K., & DeFrances, C. J. (2015). Hospitalizations for patients aged 85 and over in the United States, 2000-2010 (No. 2015). *NCHS Data Brief* (182). Hyattsville, MD: National Center for Health Statistics.

LeVay, S. (1991). A difference in hypothalamic structure between heterosexual and homosexual men. *Science, 253,* 1034–1037.

Levine, C. S., Miller, G. E., Lachman, M. E., Seeman, T. E., & Chen, E. (2017). Early life adversity and adult health. In C. D. Ryff & R. F. Krueger (Eds.), *Oxford Handbook of Integrative Health Science.* New York: Oxford University Press.

Levine, L. J., & Edelstein, R. S. (2009). Emotion and memory narrowing: A review and goal-relevance approach. *Cognition and Emotion, 23*(5), 833–875.

LeVine, R. A. (1994). *Child care and culture: Lessons from Africa.* Cambridge, UK: Cambridge University Press.

Levy, B. R. (2003). Mind matters: Cognitive and physical effects of aging self-stereotypes. *Journal of Gerontology: Psychological Sciences, 58B,* P203–P211.

Levy, B., Zonderman, A., Slade, M., & Ferrucci, L. (2009). Age stereotypes held earlier in life predict cardiovascular events in later life. *Psychological Science, 20*(3), 296–298. doi: 10.1111/j.1467-9280.2009.02298.x.

Levy, T. B., Azar, S., Huberfeld, R., Siegel, A. M., & Strous, R.D. (2013). Attitudes towards euthanasia and assisted suicide: A comparison between psychiatrists and other physicians. *Bioethics, 27,* 402–408.

Lewin, A. C. (2017). Health and relationship quality later in life: A comparison of living apart together (LAT), first marriages, remarriages, and cohabitation. *Journal of Family Issues, 38*(12), 1754–1774.

Lewis, B. H., Legato, M., & Fisch, H. (2006). Medical implications of the male biological clock. *Journal of the American Medical Association, 19,* 2369–2371.

Lewis, C., & Lamb, M. E. (2003). Fathers' influences on children's development: The evidence from two-parent families. *European Journal of Psychology of Education, 18*(2), 211–228.

Lewis, M. (1995). Self-conscious emotions. *American Scientist, 83,* 68–78.

Lewis, M. (1997). The self in self-conscious emotions. In S. G. Snodgrass & R. L. Thompson (Eds.), *The self across psychology: Self-recognition, self-awareness, and the self-concept: Vol. 818.* New York: New York Academy of Sciences.

Lewis, M. (1998). Emotional competence and development. In D. Pushkar, W. Bukowski, A. E. Schwartzman, D. M. Stack, & D. R. White (Eds.), *Improving competence across the life-span* (pp. 27–36). New York: Plenum Press.

Lewis, M. (2007). Early emotional development. In A. Slater & M. Lewis (Eds.), *Introduction to infant development.* Malden, MA: Blackwell.

Lewis, M., & Brooks, J. (1974). Self, other, and fear: Infants' reaction to people. In H. Lewis & L. Rosenblum (Eds.), *The origins of fear: The origins of behavior* (Vol. 2). New York: Wiley.

Lewis, M., & Carmody, D. P. (2008). Self-representation and brain development. *Developmental Psychology, 44*(5), 1329.

Lewis, M. I., & Butler, R. N. (1974). Life-review therapy: Putting memories to work in individual and group psychotherapy. *Geriatrics, 29,* 165–173.

Lewis-Morrarty, E., Degnan, K. A., Chronis-Tuscano, A., Rubin, K. H., Cheah, C. S., Pine, D. S., . . . & Fox, N. A. (2012). Maternal over-control moderates the association between early childhood behavioral inhibition and adolescent social anxiety symptoms. *Journal of Abnormal Child Psychology, 40*(8), 1363–1373.

Lewkowicz, D. J. (1996). Perception of auditory–visual temporal synchrony in human infants. *Journal of Experimental Psychology: Human Perception and Performance, 22*(5), 1094.

Lewkowicz, D. J., & Hansen-Tift, A. M. (2012). Infants deploy selective attention to the mouth of a talking face when learning speech. *Proceedings of the National Academy of Sciences, 109*(5), 1431–1436.

Li, A. M., Au, C. T., So, H. K., Lau, J., Ng, P. C., & Wing, Y. K. (2010). Prevalence and risk factors of habitual snoring in primary school children. *Chest, 138*(3), 519–527.

Li, J., Guan, Y., Akhtar, F., Xu, X., Yang, J. J., Chen, S., . . . & Qiu, W. (2018). The association between alcohol consumption and telomere length: A meta-analysis focusing on observational studies. *BioRxiv*, 374280.

Li, J., Laursen, T. M., Precht, D. H., Olsen, J., & Mortensen, P. B. (2005). Hospitalization for mental illness among parents after the death of a child. *New England Journal of Medicine, 352,* 1190–1196.

Li, J., Precht, D. H., Mortensen, P. B., & Olsen, J. (2003). Mortality in parents after death of a child in Denmark: A nationwide follow-up study. *Lancet, 361,* 363–367.

Li, L., Xu, L., Wu, J., Dong, L., Zhao, S., & Zheng, Q. (2016). Comparative efficacy of nonhormonal drugs on menopausal hot flashes. *European Journal of Clinical Pharmacology, 72*(9), 1051–1058.

Li, R., Chase, M., Jung, S., Smith, P. J. S., & Loeken, M. R. (2005). Hypoxic stress in diabetic pregnancy contributes to impaired embryo gene expression and defective development by inducing oxidative stress. *American Journal of Physiology: Endocrinology and Metabolism, 289,* 591–599.

Li, S. X., Yu, M. W. M., Lam, S. P., Zhang, J., Li, A. M., Lai, K. Y. C., & Wing, Y. K. (2011). Frequent nightmares in children: Familial aggregation and associations with parent-reported behavioral and mood problems. *Sleep, 34*(4), 487–493.

Li, Y., Baldassi, M., Johnson, E. J., & Weber, E. U. (2013). Complementary cognitive capabilities, economic decision making, and aging. *Psychology and Aging, 28*(3), 595.

Li, Y., Putallaz, M., & Su, Y. (2011). Interparental conflict styles and parenting behaviors: Associations with overt and relational aggression among Chinese children. *Merrill-Palmer Quarterly, 57*(4), 402–428.

Libertus, M. E., & Brannon, E. M. (2010). Stable individual differences in number discrimination in infancy. *Developmental Science, 13*(6), 900–906.

Lichter, D. T., Turner, R. N., & Sassler, S. (2010). National estimates of the rise in serial cohabitation. *Social Science Research, 39*(5), 754–765.

Lickliter, R., & Honeycutt, H. (2003). Developmental dynamics: Toward a biologically plausible evolutionary psychology. *Psychological Bulletin, 129,* 819–835.

Lickona, T. (Ed.). (1976). *Moral development and behavior.* New York: Holt.

Lidstone, J., Meins, E., & Fernyhough, C. (2011). Individual differences in children's private speech: Consistency across tasks, timepoints, and contexts. *Cognitive Development, 26*(3), 203–213.

Lieberman, M. (1996). *Doors close, doors open: Widows, grieving and growing.* New York: Putnam.

Liefbroer, A. C., Poortman, A. R., & Seltzer, J. A. (2015). Why do intimate partners live apart? Evidence on LAT relationships across Europe. *Demographic Research, 32,* 251.

Lien, Y. J., Chen, W. J., Hsiao, P. C., & Tsuang, H. C. (2015). Estimation of heritability for varied indexes of handedness. *Laterality: Asymmetries of Body, Brain and Cognition, 20*(4), 469–482.

Light, K. C., Girdler, S. S., Sherwood, A., Bragdon, E. E., Brownley, K. A., West, S. G., & Hinderliter, A. L. (1999). High stress responsivity predicts later blood pressure only in combination with positive family history and high life stress. *Hypertension, 33,* 1458–1464.

Light, S. N., Coan, J. A., Zahn-Waxler, C., Frye, C., Goldsmith, H. H., & Davidson, R. J. (2009). Empathy is associated with dynamic change in prefrontal brain electrical activity during positive emotion in children. *Child Development, 80,* 1210–1231. doi: 10.1111/j.1467-8624.2009.01326.x.

Lilgendahl, J. P., & McAdams, D. P. (2011). Constructing stories of self-growth: How individual differences in patterns of autobiographical reasoning relate to well-being in midlife. *Journal of Personality, 79*(2), 391–428.

Lillard, A., & Curenton, S. (1999). Do young children understand what others feel, want, and know? *Young Children, 54*(5), 52–57.

Lillard, A., & Else-Quest, N. (2006). The early years: Evaluating Montessori education. *Science, 313,* 1893–1894.

Lillard, A. S., & Peterson, J. (2011). The immediate impact of different types of television on young children's executive function. *Pediatrics, 128*(4), 644–649.

Lim, J. W. (2011). The changing trends in live birth statistics in Korea, 1970 to 2010. *Korean Journal of Pediatrics, 54*(11), 429–435.

Lin, C. H. (2014). Evaluating services for kinship care families: A systematic review. *Children and Youth Services Review, 36,* 32–41.

Lin, I. F., & Brown, S. L. (2012). Unmarried boomers confront old age: A national portrait. *The Gerontologist, 52*(2), 153–165.

Lin, I. F., Brown, S. L., & Hammersmith, A. M. (2017). Marital biography, social security receipt, and poverty. *Research on Aging, 39*(1), 86–110.

Lin, S., Hwang, S. A., Marshall, E. G., & Marion, D. (1998). Does paternal occupational lead exposure increase the risks of low birth weight or prematurity? *American Journal of Epidemiology, 148,* 173–181.

Lin, Y., Seroude, L., & Benzer, S. (1998). Extended life-span and stress resistance in the Drosophila mutant methuselah. *Science, 282,* 943–946.

Lin, Y. W., & Bratton, S. C. (2015). A meta-analytic review of child-centered play therapy approaches. *Journal of Counseling & Development, 93*(1), 45–58.

Lind, A., & Brzuzy, S. (2008). *Battleground: Women, gender, and sexuality.* Westport, CT: Greenwood Publishing Group.

Lindau, S. T., & Gavrilova, N. (2010). Sex, health, and years of sexually active life gained due to good health: Evidence from two U.S. population based cross sectional surveys of ageing. *BMJ, 340,* c810.

Lindau, S. T., Schumm, P., Laumann, E. O., Levinson, W., O'Muircheartaigh, C. A., & Waite, L. J. (2007). A study of sexuality and health among older adults in the United States. *New England Journal of Medicine, 357,* 762–774.

Lindberg, L., Santelli, J., & Desai, S. (2016). Understanding the decline in adolescent fertility in the United States, 2007–2012. *Journal of Adolescent Health, 59*(5), 577–583.

Lindberg, L. D., Maddow-Zimet, I., & Boonstra, H. (2016). Changes in adolescents' receipt of sex education, 2006–2013. *Journal of Adolescent Health, 58*(6), 621–627.

Lindberg, S. M., Hyde, J. S., Petersen, J. L., & Linn, M. C. (2010). New trends in gender and mathematics performance: a meta-analysis. *Psychological Bulletin, 136*(6), 1123.

Lindblom, J., Flykt, M., Tolvanen, A., Vänskä, M., Tiitinen, A., Tulppala, M., & Punamäki, R. L. (2014). Dynamic family system trajectories from pregnancy to child's first year. *Journal of Marriage and Family, 76*(4), 796–807.

Lindell, A. K., & Campione-Barr, N. (2017). Continuity and change in the family system across the transition from adolescence to emerging adulthood. *Marriage & Family Review, 53*(4), 388–416.

Linder, K. (1990). *Functional literacy projects and project proposals: Selected examples.* Paris: United Nations Educational, Scientific, and Cultural Organization.

Lindsay, D. S. (2015). Replication in psychological science. *Psychological Science, 26,* 1827–1832.

Lindsay, R., Gallagher, J. C., Kleerekoper, M., & Pickar, J. H. (2002). Effect of lower doses of conjugated equine estrogens with and without medroxyprogesterone acetate on bone in early postmenopausal women. *Journal of the American Medical Association, 287,* 2668–2676.

Lindsey, E. W., Cremeens, P. R., & Caldera, Y. M. (2010). Mother–child and father–child mutuality in two contexts: Consequences for young children's peer relationships. *Infant and Child Development: An International Journal of Research and Practice, 19*(2), 142–160.

Lindwall, M., Cimino, C. R., Gibbons, L. E., Mitchell, M. B., Benitez, A., Brown, C. L., . . . & MacDonald, S. W. (2012). Dynamic associations of change in physical activity and change in cognitive function: Coordinated analyses of four longitudinal studies. *Journal of Aging Research, 2012.*

Linnet, K. M., Wisborg, K., Obel, C., Secher, N. J., Thomsen, P. H., Agerbo, E., & Henriksen, T. B. (2005). Smoking during pregnancy and the risk of hyperkinetic disorder in offspring. *Pediatrics, 116,* 462–467.

Lipari, R. N., & Van Horn, S. L. (2017). Trends in substance use disorders among adults aged 18 or older. *The CBHSQ Report.* Rockville, MD: Substance Abuse and Mental Health Services Administration.

Lipka, M. (2014). *Americans of all ages divided over doctor assisted suicide laws* [Pew Research Center data report]. Retrieved from www.pewresearch.org/fact-tank/2014/10/22/americans-of-all-ages-divided-over-doctor-assisted-suicide-laws/.

Lippman, L. H., & McIntosh, H. (2010). The demographics of spirituality and religiosity among youth: International and U. S. patterns (2010–21). Retrieved from http://www.childtrends.org/Files//Child_Trends-2010_09_27_RB_Spirituality.pdf.

Liszkowski, U., Carpenter, M., & Tomasello, M. (2008). Twelve-month-olds communicate helpfully and appropriately for knowledgeable and ignorant partners. *Cognition, 108,* 732–739.

Litt, J. S., Gerry Taylor, H., Margevicius, S., Schluchter, M., Andreias, L., & Hack, M. (2012). Academic achievement of adolescents born with extremely low birth weight. *Acta Paediatrica, 101*(12), 1240–1245.

Littleton, H., Breitkopf, C., & Berenson, A. (2006, August 13). *Correlates of anxiety symptoms during pregnancy and association with perinatal outcomes: A meta-analysis.* Presentation at the 114th annual convention of the American Psychological Association, New Orleans.

Litwin, H., & Shiovitz-Ezra, S. (2006). The association between activity and well-being in later life: What really matters? *Aging and Society, 26*(2), 225–242.

Liu, C. J., Shiroy, D. M., Jones, L. Y., & Clark, D. O. (2014). Systematic review of functional training on muscle strength, physical functioning, and activities of daily living in older adults. *European Review of Aging and Physical Activity, 11*(2), 95.

Liu, D., Sabbagh, M. A., Gehring, W. J., & Wellman, H. M. (2009). Neural correlates of children's theory of mind development. *Child Development, 80*(2), 318–326.

Liu, G., Zong, G., Doty, R. L., & Sun, Q. (2016). Prevalence and risk factors of taste and smell impairment in a nationwide representative sample of the US population: A cross-sectional study. *BMJ Open, 6*(11), e013246.

Liu, H., & Waite, L. (2014). Bad marriage, broken heart? Age and gender differences in the link between marital quality and cardiovascular risks among older adults. *Journal of Health and Social Behavior, 55*(4), 403–423.

Liu, H., Waite, L., & Shen, S. (2016). Diabetes risk and disease management in later life: A national longitudinal study of the role of marital quality. *Journals of Gerontology Series B: Psychological Sciences and Social Sciences, 71*(6), 1070–1080.

Liu, J., Raine, A., Venables, P. H., Dalais, C., & Mednick, S. A. (2003). Malnutrition at age 3 years and lower cognitive ability at age 11 years. *Archives of Pediatric and Adolescent Medicine, 157,* 593–600.

Liu, K., Daviglus, M. L., Loria, C. M., Colangelo, L. A., Spring, B., Moller, A. C., & Lloyd-Jones, D. M. (2012). Healthy lifestyle through young adulthood and the presence of low cardiovascular disease risk profile in middle age. *Circulation, 125*(8), 996–1004.

Liu, S., Xiao, W. S., Xiao, N. G., Quinn, P. C., Zhang, Y., Chen, H., . . . & Lee, K. (2015). Development of visual preference for own-versus other-race faces in infancy. *Developmental Psychology, 51*(4), 500.

Livingston, G. (2014). *Chapter 2: The demographics of remarriage* [Pew Research Center report]. Retrieved from www.pewsocialtrends.org/2014/11/14/chapter-2-the-demographics-of-remarriage/.

Livingston, G. (2014). *Four in ten couples are saying "I do" again.* [Pew Research Center report]. Retrieved from www.pewsocialtrends.org/2014/11/14/four-in-ten-couples-are-saying-i-do-again/.

Livingston, G. (2014). *Less than half of US kids today live in a traditional family* [Pew Research Center press release]. Retrieved from www.pewresearch.org/fact-tank/2014/12/22/less-than-half-of-u-s-kids-today-live-in-a-traditional-family/.

Livingston, G. (2018). *Stay-at-home moms and dads account for about one-in-five U.S. parents* [Pew Social Trends news report]. Retrieved from www.pewresearch.org/fact-tank/2018/09/24/stay-at-home-moms-and-dads-account-for-about-one-in-five-u-s-parents/.

Livingston. G. (2018). *7 facts about U.S. moms* [Pew Research Center news report]. Retrieved from www.pewresearch.org/fact-tank/2018/05/10/facts-about-u-s-mothers/.

Livingston, G., & Parker, K. (2010, September 9). *Since the start of the Great Recession, more children raised by grandparents.* Retrieved from http://pewsocialtrends.org/2010/09/09/since-the-start-of-the-great-recession-more-children-raised-by-grandparents/.

Lloyd, J., Patterson, T., & Muers, J. (2016). The positive aspects of caregiving in dementia: A critical review of the qualitative literature. *Dementia, 15*(6), 1534–1561.

Loane, M., Morris, J. K., Addor, M. C., Arriola, L., Budd, J., Doray, B., . . . & Melve, K. K. (2013). Twenty-year trends in the prevalence of Down syndrome and other trisomies in Europe: Impact of maternal age and prenatal screening. *European Journal of Human Genetics, 21*(1), 27.

Lobo, V., Patil, A., Phatak, A., & Chandra, N. (2010). Free radicals, antioxidants and functional foods: Impact on human health. *Pharmacognosy Reviews, 4*(8), 118.

Lobstein, T., Jackson-Leach, R., Moodie, M. L., Hall, K. D., Gortmaker, S. L., Swinburn, B. A., James, W. P. T., Wang, Y., & McPherson, K. (2015). Child and adolescent obesity: Part of a bigger picture. *The Lancet, 385,* 2510–2520.

LoBue, V. (2013). What are we so afraid of? How early attention shapes our most common fears. *Child Development Perspectives, 7*(1), 38–42.

LoBue, V., & DeLoache, J. (2011). Pretty in pink: The early development of gender-stereotyped colour preferences. *British Journal of Developmental Psychology, 29*(3), 656–667. doi: 10.1111/j.2044-835X. 2011.02027.x.

LoBue, V., Rakison, D. H., & DeLoache, J. S. (2010). Threat perception across the life span: Evidence for multiple converging pathways. *Current Directions in Psychological Science, 19*(6), 375–379.

Lock, A., Young, A., Service, V., & Chandler, P. (1990). Some observations on the origin of the pointing gesture. In V. Volterra & C. J. Erting (Eds.), *From gesture to language in hearing and deaf children.* New York: Springer.

Lock, M. M. (1993). *Encounters with aging: Mythologies of menopause in Japan and North America.* London: University of California Press.

Lockenhoff, C. E., Terracciano, A., & Costa, P. T. (2009). Five-factor model personality traits and the retirement transition: Longitudinal and cross-sectional associations. *Psychology and Aging, 24*(3), 722–728.

Lockhart, S. N., & DeCarli, C. (2014). Structural imaging measures of brain aging. *Neuropsychology Review, 24*(3), 271–289.

Lockwood, P. L., Sebastian, C. L., McCrory, E. J., Hyde, Z. H., Gu, X., De Brito, S. A., & Viding, E. (2013). Association of callous traits with reduced neural response to others' pain in children with conduct problems. *Current Biology, 23*(10), 901–905.

Loeber, R., Farrington, D. P., & Petechuk, D. (2003). *Child delinquency: Early intervention and prevention.* Washington, DC: U.S. Department of Justice, Office of Justice Programs, Office of Juvenile Justice and Delinquency Prevention.

Lohse, N., Hansen, A. E., Pedersen, G., Kronborg, G., Gerstoft, J., Sørensen, H. T., . . . Obel, N. (2007). Survival of persons with and without HIV infection in Denmark, 1995–2005. *Annals of Internal Medicine, 146,* 87–95.

Loke, Y. L., Novaknovic, R., Ollikainen, M., & Wallace, E. M. (2013). The peri/postnatal epigenetic twins study (PETS). *Twin Research and Human Genetics, 16,* 13–20.

Lonczak, H. S., Abbott, R. D., Hawkins, J. D., Kosterman, R., & Catalano, R. F. (2002). Effects of the Seattle Social Development Project on sexual behavior, pregnancy, birth, and sexually transmitted disease. *Archives of Pediatric and Adolescent Medicine, 156,* 438–447.

Longo, M. R., & Haggard, P. (2010). An implicit body representation underlying human position sense. *Proceedings of the National Academy of Sciences of the U.S.A., 107*(26), 11727–11732. doi:10.1073/pnas.1003483107.

Loo, S.Y., Chen, B.Y., Yu, O.H.Y., Azoulay, L., & Renoux, C. (2017). Testosterone replacement therapy and the risk of stroke in men: A systematic review. *Maturitas*, 106, 31–37.

Lopes, P. N., Brackett, M. A., Nezlek, J. B., Schütz, A., Sellin, L., & Salovey, P. (2004). Emotional intelligence and social interaction. *Personality and Social Psychology Bulletin, 30,* 1018–1034.

Lopes, P. N., Grewal, D., Kadis, J., Gall, M., & Salovey, P. (2006). Evidence that emotional intelligence is related to job performance and affect and attitudes at work. *Psicothema, 18*(Suppl. 1), 132–138.

Lopes, P. N., Salovey, P., & Straus, R. (2003). Emotional intelligence, personality, and the perceived quality of social relationships. *Personality and Individual Differences, 35,* 641–658.

Lopes, V. P., Rodrigues, L. P., Maia, J. A., & Malina, R. M. (2011). Motor coordination as predictor of physical activity in childhood. *Scandinavian Journal of Medicine & Science in Sports, 21*(5), 663–669.

Lopez-Gay, A., Esteve, A., López-Colás, J., Permanyer, I., Turu, A., Kennedy, S., . . . &

Lesthaeghe, R. (2014). A geography of unmarried cohabitation in the Americas. *Demographic Research*, *30*, 1621.

Lord, J., & Cruchaga, C. (2014). The epigenetic landscape of Alzheimer's disease. *Nature Neuroscience*, *17*(9), 1138–1140.

Lord, S. R., Smith, S. T., & Menant, J. C. (2010). Vision and falls in older people: Risk factors and intervention strategies. *Clinics in Geriatric Medicine*, *26*(4), 569–581.

Loth, K. A., Watts, A. W., Van Den Berg, P., & Neumark-Sztainer, D. (2015). Does body satisfaction help or harm overweight teens? A 10-year longitudinal study of the relationship between body satisfaction and body mass index. *Journal of Adolescent Health*, *57*(5), 559–561.

Lovato, N., Lack, L., Wright, H., & Kennaway, D. J. (2014). Evaluation of a brief treatment program of cognitive behavior therapy for insomnia in older adults. *Sleep*, *37*(1), 117–126.

Lovelace, E. A. (1990). Basic concepts in cognition and aging. In E. A. Lovelace (Ed.), *Aging and cognition: Mental processes, self-awareness, and interventions* (pp. 1–28). Amsterdam: North-Holland, Elsevier.

Low, J. (2010). Preschoolers' implicit and explicit false-belief understanding: Relations with complex syntactical mastery. *Child Development*, *81*(2), 597–615.

Low, L. F., Harrison, F., & Lackersteen, S. M. (2013). Does personality affect risk for dementia? A systematic review and meta-analysis. *The American Journal of Geriatric Psychiatry*, *21*(8), 713–728.

Low, S., Shortt, J. W., & Snyder, J. (2012). Sibling influences on adolescent substance use: The role of modeling, collusion, and conflict. *Development and Psychopathology*, *24*(1), 287–300.

Lowe, C. J., Safati, A., & Hall, P. A. (2017). The neurocognitive consequences of sleep restriction: A meta-analytic review. *Neuroscience & Biobehavioral Reviews*, *80*, 586–604.

Lowe, J. R., MacLean, P. C., Duncan, A. F., Aragón, C., Schrader, R. M., Caprihan, A., & Phillips, J. P. (2012). Association of maternal interaction with emotional regulation in 4-and 9-month infants during the Still Face Paradigm. *Infant Behavior and Development*, *35*(2), 295–302.

Lowery, E. M., Brubaker, A. L., Kuhlmann, E., & Kovacs, E. J. (2013). The aging lung. *Clinical Interventions in Aging*, *8*, 1489.

Lu, B., Kumar, A., Castellsagué, X., & Giuliano, A. R. (2011). Efficacy and safety of prophylactic vaccines against cervical HPV infection and diseases among women: A systematic review & meta-analysis. *BMC Infectious Diseases*, *11*(1), 13.

Lu, P. H., Lee, G. J., Tishler, T. A., Meghpara, M., Thompson, P. M., & Bartzokis, G. (2013). Myelin breakdown mediates age-related slowing in cognitive processing speed in healthy elderly men. *Brain and Cognition*, *81*(1), 131–138.

Lu, P. J., Yankey, D., Jeyarajah, J., O'Halloran, A., Elam-Evans, L. D., Smith, P. J., . . . & Dunne, E. F. (2015). HPV vaccination coverage of male adolescents in the United States. *Pediatrics*, peds-2015.

Lu, T., Pan, Y., Kao, S.-Y., Li, C., Cohane, I., Chan, J., & Yankner, B. A. (2004). Gene regulation and DNA damage in the ageing human brain. *Nature*, *429*, 883–891.

Lubienski, C., Puckett, T., & Brewer, T. J. (2013). Does homeschooling "work"? A critique of the empirical claims and agenda of advocacy organizations. *Peabody Journal of Education*, *88*(3), 378–392.

Lucas, A. J., & Dyment, J. E. (2010). Where do children choose to play on the school ground? The influence of green design. *Education 3–13*, *38*(2), 177–189.

Lucas, R. E., Clark, A. E., Georgellis, Y., & Diener, E. (2003). Reexamining adaptation and the set point model of happiness: Reactions to changes in marital status. *Journal of Personality and Social Psychology*, *84*, 527–539.

Luciana, M. (2010). Adolescent brain development: Introduction to the special issue. *Brain and Cognition*, *72*(1), 1–5.

Lucile Packard Children's Hospital at Stanford. (2009). *Failure to thrive*. Retrieved from www.lpch.org/DiseaseHealthInfo/Health/Library/growth/thrive.html.

Luders, E., Gaser, C., Narr, K. L., & Toga, A. W. (2009). Why sex matters: Brain size independent differences in gray matter distributions between men and women. *Journal of Neuroscience*, *29*(45), 14265–14270.

Luders, E., Thompson, P. M., & Toga, A. W. (2010). The development of the corpus callosum in the healthy human brain. *Journal of Neuroscience*, *30*(33), 10985–10990.

Luders, E., Toga, A. W., & Thompson, P. M. (2014). Why size matters: Differences in brain volume account for apparent sex differences in callosal anatomy: The sexual dimorphism of the corpus callosum. *Neuroimage*, *84*, 820–824.

Ludwig, D. S. (2018). Epidemic childhood obesity: Not yet the end of the beginning. *Pediatrics*, *141*(3).

Ludwig, J., & Phillips, D. (2007). The benefits and costs of Head Start. *Social Policy Report*, *21*, 3–20.

Lugaila, T. A. (2003). A child's day: 2000 (Selected indicators of child well-being). *Current Population Reports* (P70–89). Washington, DC: U.S. Census Bureau.

Luhmann, M., & Hawkley, L. C. (2016). Age differences in loneliness from late adolescence to oldest old age. *Developmental Psychology*, *52*(6), 943.

Luhmann, M., Hofmann, W., Eid, M., & Lucas, R. E. (2012). Subjective well-being and adaptation to life events: a meta-analysis. *Journal of Personality and Social Psychology*, *102*(3), 592.

Lumey, L. H., Stein, A. D., & Susser, E. (2011). Prenatal famine and adult health. *Annual Review of Public Health*, *32*, 237–262.

Luna, B., Garver, K. E., Urban, T. A., Lazar, N. A., & Sweeney, J. A. (2004). Maturation of cognitive processes from late childhood to adulthood. *Child Development*, *75*, 1357–1372.

Lund, D. A. (1993a). Caregiving. In R. Kastenbaum (Ed.), *Encyclopedia of adult development* (pp. 57–63). Phoenix, AZ: Oryx Press.

Lund, H. D., Reider, B. D., Whiting, A. B., & Prichard, J. R. (2010). Sleep patterns and predictors of disturbed sleep in a large population of college students. *Journal of Adolescent Health*, *46*(2), 125–132.

Lundberg, S., & Pollak, R. A. (2014). Cohabitation and the uneven retreat from marriage in the United States, 1950–2010. In *Human capital in history: The American record* (pp. 241–272). Chicago: University of Chicago Press.

Lundy, B. L. (2003). Father—and mother—infant face-to-face interactions: Differences in mind-related comments and infant attachment? *Infant Behavior and Development*, *26*(2), 200–212.

Luo, L., & Craik, F. I. M. (2008). Aging and memory: A cognitive approach. *Canadian Journal of Psychiatry*, *53*(6), 346–353.

Luo, Y., Hawkley, L. C., Waite, L. J., & Cacioppo, J. T. (2012). Loneliness, health, and mortality in old age: A national longitudinal study. *Social Science & Medicine*, *74*(6), 907–914.

Luong, G., Charles, S. T., & Fingerman, K. L. (2011). Better with age: Social relationships across adulthood. *Journal of Social and Personal Relationships*, *28*(1), 9–23.

Lusardi, A., Mitchell, O. S., & Curto, V. (2009). *Financial literacy among the young: Evidence and implications for consumer policy* (No. 15352). Retrieved from http://papers.nber.org/papers/w15352.

Lustig, C., & Flegal, K. (2008). Age differences in memory: Demands on cognitive control and association processes. *Advances in Psychology*, *139*, 137–149.

Luthar, S. S., & Goldstein, A. S. (2008). Substance use and related behaviors among suburban late adolescents: The importance of perceived parent containment. *Development and Psychopathology*, *20*(2), 591–614.

Luthar, S. S., & Latendresse, S. J. (2005). Children of the affluent: Challenges to well-being. *Current Directions in Psychological Science*, *14*, 49–53.

Lynam, D. R., Caspi, A., Moffitt, T. E., Loeber, R., & Stouthamer-Loeber, M. (2007). Longitudinal evidence that psychopathy scores in early adolescence predict adult psychopathy. *Journal of Abnormal Psychology*, *116*(1), 155.

Lynch, A. D., Lerner, R. M., & Leventhal, T. (2013). Adolescent academic achievement and school engagement: An examination of the role of school-wide peer culture. *Journal of Youth and Adolescence*, *42*(1), 6–19.

Lyngstad, T. H. (2013). Bereavement and divorce: Does the death of a child affect parents' marital stability? *Family Science*, *4*(1), 79–86.

Lynn, R., & Meisenberg, G. (2010). National IQs calculated and validated for 108 nations. *Intelligence*, *38*(4), 353–360.

Lynn, R., & Vanhanen, T. (2012). National IQs: A review of their educational, cognitive, economic, political, demographic, sociological, epidemiological, geographic and climatic correlates. *Intelligence*, *40*(2), 226–234.

Lyons-Ruth, K., Alpern, L., & Repacholi, B. (1993). Disorganized infant attachment classification and maternal psychosocial problems as predictors of hostile-aggressive behavior in the preschool classroom. *Child Development, 64,* 572–585.

Lytton, H., & Romney, D. M. (1991). Parents' differential socialization of boys and girls: A meta-analysis. *Psychological Bulletin, 109*(2), 267.

Lyubomirsky, S., King, L., & Diener, E. (2005). The benefits of frequent positive affect: Does happiness lead to success? *Psychological Bulletin, 131*(6), 803.

Lyyra, T., & Heikkinen, R. (2006). Perceived social support and mortality in older people. *Journal of Gerontology: Social Sciences, 61B,* S147–S152.

Ma, W., Golinkoff, R. M., Houston, D. M., & Hirsh-Pasek, K. (2011). Word learning in infant- and adult-directed speech. *Language Learning and Development, 7,* 185–201.

Ma, X., Jin, Y., Luo, B., Zhang, G., Wei, R., & Liu, D. (2015). Giant pandas failed to show mirror self-recognition. *Animal Cognition, 18*(3), 713–721.

Maccoby, E. E. (1984). Middle childhood in the context of the family. In W. A. Collins (Ed.), *Development during middle childhood.* Washington, DC: National Academy.

Maccoby, E. E. (1990). Gender and relationships: A developmental account. *American Psychologist, 45*(4), 513.

Maccoby, E. E. (1992). The role of parents in the socialization of children: A historical overview. *Developmental Psychology, 28*(6), 1006–1017.

Maccoby, E. E. (2000). Perspectives on gender development. *International Journal of Behavioral Development, 24*(4), 398–406.

Maccoby, E. E. (2002). Gender and group process: A developmental perspective. *Current Directions in Psychological Science, 11,* 54–58.

Maccoby, E. E., & Jacklin, C. N. (1987). Gender segregation in childhood. *Advances in Child Development and Behavior, 20,* 239–287.

Maccoby, E. E., & Martin, J. A. (1983). Socialization in the context of the family: Parent-child interaction. In P. H. Mussen (Series Ed.) & E. M. Hetherington (Vol. Ed.), *Handbook of child psychology: Vol. 4. Socialization, personality, and social development* (pp. 1–101). New York: Wiley.

MacDonald, K. (1998). Evolution and development. In A. Campbell & S. Muncer (Eds.), *Social development* (pp. 21–49). London: UCL Press.

MacDonald, W. L., & DeMaris, A. (1996). Parenting stepchildren and biological children. *Journal of Family Issues, 17,* 5–25.

Macdonald-Wallis, K., Jago, R., Page, A. S., Brockman, R., & Thompson, J. L. (2011). School-based friendship networks and children's physical activity: A spatial analytical approach. *Social Science & Medicine, 73*(1), 6–12.

MacDorman, M. F., & Gregory, E. C. (2015). Fetal and perinatal mortality: United States, 2013. *National Vital Statistics Reports, 64*(8), 1–24. Hyattsville, MD: National Center for Health Statistics.

MacDorman, M. F., & Kirmeyer, S. (2009). Fetal and perinatal mortality, United States, 2005. *National Vital Statistics Reports, 57*(8). Hyattsville, MD: National Center for Health Statistics.

MacDorman, M. F., & Mathews, T. J. (2009). Behind international rankings of infant mortality: How the United States compares with Europe. *NCHS Data Brief, 23.* Hyattsville, MD: National Center for Health Statistics.

Machaalani, R., & Waters, K. A. (2014). Neurochemical abnormalities in the brainstem of the sudden infant death syndrome (SIDS). *Paediatric Respiratory Reviews, 15*(4), 293–300.

Machón, M., Larrañaga, I., Dorronsoro, M., Vrotsou, K., & Vergara, I. (2017). Health-related quality of life and associated factors in functionally independent older people. *BMC Geriatrics, 17*(1), 19.

Mackenzie, C. S., Scott, T., Mather, A., & Sareen, J. (2008). Older adults' help-seeking attitudes and treatment beliefs concerning mental problems. *American Journal of Geriatric Psychiatry, 16*(12), 1010–1019.

MacKenzie, M. J., Nicklas, E., Waldfogel, J., & Brooks-Gunn, J. (2013). Spanking and child development across the first decade of life. *Pediatrics, 132*(5), e1118.

MacKinnon-Lewis, C., Starnes, R., Volling, B., & Johnson, S. (1997). Perceptions of parenting as predictors of boys' sibling and peer relations. *Developmental Psychology, 33,* 1024–1031.

Macmillan, R., McMorris, B. J., & Kruttschnitt, C. (2004). Linked lives: Stability and change in maternal circumstances and trajectories of antisocial behavior in children. *Child Development, 75,* 205–220.

Madabhushi, R., Pan, L., & Tsai, L. H. (2014). DNA damage and its links to neurodegeneration. *Neuron, 83*(2), 266–282.

Madden, D. J., & Langley, L. K. (2003). Age-related changes in selective attention and perceptual load during visual search. *Psychology & Aging, 18,* 54–67.

Madden, M., Lenhart, A., Duggan, M., Cortesi, S., & Gasser, U. (2013). *Teens and technology 2013* (pp. 1–19). Washington, DC: Pew Internet & American Life Project.

Madigan, S., Ly, A., Rash, C. L., Van Ouytsel, J., & Temple, J. R. (2018). Prevalence of multiple forms of sexting behavior among youth: A systematic review and meta-analysis. *JAMA Pediatrics, 172*(4), 327–335.

Madigan, S., Wade, M., Tarabulsy, G., Jenkins, J. M., & Shouldice, N. (2014). Association between abuse history and adolescent pregnancy: A meta-analysis. *Journal of Adolescent Health, 55*(2), 151–159.

Maestas, N. (2010). *Encouraging work at older ages.* Testimony presented before the Senate Finance Committee on July 15, 2010 (CT-350). Rand Corporation. Retrieved from http://france.senate.gov/imo/media/doc/071510nmtest.pdf.

Magee, C. A., Heaven, P. C., & Miller, L. M. (2013). Personality change predicts self-reported mental and physical health. *Journal of Personality, 81*(3), 324–334.

Magnuson, K., & Berger, L. M. (2009). Family structure states and transitions: associations with children's well-being during middle childhood. *Journal of Marriage and Family, 71*(3), 575–591.

Mahalik, J. R., Levine Coley, R., McPherran Lombardi, C., Doyle Lynch, A., Markowitz, A. J., & Jaffee, S. R. (2013). Changes in health risk behaviors for males and females from early adolescence through early adulthood. *Health Psychology, 32*(6), 685.

Mahatmya, D., & Lohman, B. (2011). Predictors of late adolescent delinquency: The protective role of after-school activities in low-income families. *Children and Youth Services Review, 33*(7), 1309–1317.

Maher, J. P., Pincus, A. L., Ram, N., & Conroy, D. E. (2015). Daily physical activity and life satisfaction across adulthood. *Developmental Psychology, 51*(10),

Maheshwari, A. (2010). Overweight and obesity in infertility: Cost and consequences. *Human Reproductive Updates, 16*(3), 229–230.

Main, M., & Solomon, J. (1986). Discovery of an insecure, disorganized/disoriented attachment pattern: Procedures, findings, and implications for the classification of behavior. In M. Yogman & T. B. Brazelton (Eds.), *Affective development in infancy.* Norwood, NJ: Ablex.

Main, M., Kaplan, N., & Cassidy, J. (1985). Security in infancy, childhood and adulthood: A move to the level of representation. In I. Bretherton & E. Waters (Eds.), *Growing points in attachment. Monographs of the Society for Research in Child Development, 50*(1–20), 66–104.

Maisonet, M., Christensen, K. Y., & Rubin, C., Holmes, A., Flanders, A. H., Heron, J., . . . Ong, K. K. (2010). Role of prenatal characteristics and early growth on pubertal attainment of British girls. *Pediatrics, 126*(3), 591–600.

Mäkinen, M., Puukko-Viertomies, L. R., Lindberg, N., Siimes, M. A., & Aalberg, V. (2012). Body dissatisfaction and body mass in girls and boys transitioning from early to mid-adolescence: Additional role of self-esteem and eating habits. *BMC Psychiatry, 12*(1), 35.

Malabarey, O. T., Balayla, J., Klam, S. L., Shrim, A., & Abenhaim, H. A. (2012). Pregnancies in young adolescent mothers: A population-based study on 37 million births. *Journal of Pediatric and Adolescent Gynecology, 25*(2), 98–102.

Malaspina, D., Gilman, C., & Kranz, T. M. (2015). Paternal age and mental health of offspring. *Fertility and Sterility, 103*(6), 1392–1396.

Malik, V. S., Pan, A., Willett, W. C., & Hu, F. B. (2013). Sugar-sweetened beverages and weight gain in children and adults: A systematic review and meta-analysis. *The American Journal of Clinical Nutrition, 98*(4), 1084–1102.

Malik, V. S., Popkin, B. M., Bray, G. A., Després, J. P., Willett, W. C., & Hu, F. B. (2010). Sugar sweetened beverages and risk of metabolic syndrome and type 2 diabetes: A meta-analysis. *Diabetes Care.*

Malik, V. S., Willett, W. C., & Hu, F. B. (2013). Global obesity: Trends, risk factors and policy implications. *Nature Reviews Endocrinology, 9*(1), 13–27.

Malloy, M. H. (2008). Impact of Cesarean section on neonatal mortality rates among very preterm infants in the United States, 2000–2003. *Pediatrics, 122,* 285–292.

Malmedal, W., Iversen, M.H., & Kilvik, A. (2015). Sexual abuse of older nursing home residents: A literature review. *Nursing Research and Practice.* doi: 10.1155/2015/902515.

Malone, F. D., Canick, J. A., Ball, R. H., Nyberg, D. A., Comstock, C. H., Bukowski, R., . . . D'Alton, M. E. (2005). First-trimester or second-trimester screening, or both, for Down's syndrome. *New England Journal of Medicine, 353,* 2001–2011.

Malone, J. C., Liu, S. R., Vaillant, G. E., Rentz, D. M., & Waldinger, R. J. (2016). Midlife Eriksonian psychosocial development: Setting the stage for late-life cognitive and emotional health. *Developmental Psychology, 52*(3), 496.

Mampe, B., Friederici, A. D., Christophe, A., & Wermke, K. (2009). Newborns' cry melody is shaped by their native language. *Current Biology, 19*(23), 1994–1997. doi: 10.1016/j.cub.2009.09.064.

Manago, A. M., Taylor, T., & Greenfield, P. M. (2012). Me and my 400 friends: The anatomy of college students' Facebook networks, their communication patterns, and well-being. *Developmental Psychology, 48*(2), 369.

Mancillas, A. (2006). Challenging the stereotypes about only children: A review of the literature and implications for practice. *Journal of Counseling & Development, 84*(3), 268–275.

Mancini, A. D., Bonanno, G. A., & Clark, A. E. (2011). Stepping off the hedonic treadmill. *Journal of Individual Differences.*

Mancini, A. D., Sinan, B., & Bonanno, G. A. (2015). Predictors of prolonged grief, resilience, and recovery among bereaved spouses. *Journal of Clinical Psychology, 71*(12), 1245–1258.

Mandara, J., Gaylord-Harden, N. K., Richards, M. H., & Ragsdale, B. L. (2009). The effects of change in racial identity and self-esteem on changes in African American adolescents' mental health. *Child Development, 80*(6), 1660–1675.

Mandelli, L., Petrelli, C., & Serretti, A. (2015). The role of specific early trauma in adult depression. A meta-analysis of published literature. Childhood trauma and adult depression. *European Psychiatry, 30*(6), 665–680.

Mandler, J. M. (1998). Representation. In D. Kuhn & R. S. Siegler (Eds.), *Handbook of child psychology: Vol. 2. Cognition, perception, and language* (5th ed., pp. 255–308). New York: Wiley.

Mandler, J. M. (2007). On the origins of the conceptual system. *American Psychologist, 62,* 741–751.

Manlove, J., Ryan, S., & Franzetta, K. (2003). Patterns of contraceptive use within teenagers' first sexual relationships. *Perspectives on Sexual and Reproductive Health, 35,* 246–255.

Manning, W. D. (2013). Trends in cohabitation: Over twenty years of change, 1987–2010. *NCFMR Family Profiles, 54,* 29–41.

Manning, W. D. (2017). Cohabitation and child well-being. In D. Besharov (Ed.), *Family and child well-being after welfare reform* (pp. 113–128). New York: Routledge.

Manning, W. D., Fettro, M. N., & Lamidi, E. (2014). Child well-being in same-sex parent families: Review of research prepared for American Sociological Association Amicus Brief. *Population Research and Policy Review, 33*(4), 485–502.

Manning, W. D., Longmore, M. A., & Giordano, P. C. (2007). The changing institution of marriage: Adolescents' expectations to cohabit and to marry. *Journal of Marriage and Family, 69*(3), 559–575.

Manning, W. D., Smock, P. J., & Fettro, M. N. (2016). Cohabitation and marriage expectations among single women in the U.S. *2015 Working Paper Series.* Center for Family and Demographic Research. Retrieved from www.bgsu.edu/content/dam/BGSU/college-of-arts-and-sciences/center-for-family-and-demographic-research/documents/working-papers/2015/WP-2015-01-v2-Manning-Cohabitation-and-Marriage-Expectations.pdf.

Mannix, L. J. (2008). Menstrual-related pain conditions: Dysmenorrhea and migraine. *Journal of Women's Health, 17*(5), 879–891. doi:10.1089/jwh.2007.0440.

Manson, J. E., & Martin, K. A. (2001). Post-menopausal hormone-replacement therapy. *New England Journal of Medicine, 345,* 34–40.

Manson, J. E., Allison, M. A., Rossouw, J. E., Carr, J. J., Langer, R. D., Hsia, J., . . . the WHI and WHI-CACS Investigators. (2007). Estrogen therapy and coronary-artery calcification. *New England Journal of Medicine, 356,* 2591–2602.

Manson, J. E., Chlebowski, R. T., Stefanick, M. L., Aragaki, A. K., Rossouw, J. E., Prentice, R. L., . . . & Wactawski-Wende, J. (2013). Menopausal hormone therapy and health outcomes during the intervention and extended poststopping phases of the Women's Health Initiative randomized trials. *JAMA, 310*(13), 1353–1368.

Mar, R. A., Tackett, J. L., & Moore, C. (2010). Exposure to media and theory-of-mind development in preschoolers. *Cognitive Development, 25*(1), 69–78.

Maranon, R., & Reckelhoff, J. F. (2013). Sex and gender differences in control of blood pressure. *Clinical Science, 125*(7), 311–318.

March of Dimes Birth Defects Foundation. (1987). *Genetic counseling: A public health information booklet* (Rev. ed.). White Plains, NY: Author.

March of Dimes Birth Defects Foundation. (2004a). *Cocaine use during pregnancy* [Fact sheet]. Retrieved from www.marchofdimes.org, not.com

March of Dimes Birth Defects Foundation. (2004b). *Marijuana: What you need to know.* Retrieved from www.marchofdimes.org, not.com

March of Dimes Foundation. (2002). *Toxo-plasmosis* [Fact sheet]. Wilkes-Barre, PA: Author.

March of Dimes Foundation. (2012). *Toxoplasmosis* [Fact sheet]. Wilkes-Barre, PA: Author.

March of Dimes Foundation. (2016). *Premature birth report card.* Wilkes-Barre, PA: Author.

March of Dimes. (2014). *Low birthweight.* Retrieved from www.marchofdimes.org/complications/low-birthweight.aspx.

March, J., & the TADS Team. (2007). The Treatment for Adolescents with Depression Study (TADS): Long-term effectiveness and safety outcomes. *Archives of General Psychiatry, 64,* 1132–1143.

Marchi, J., Berg, M., Dencker, A., Olander, E. K., & Begley, C. (2015). Risks associated with obesity in pregnancy, for the mother and baby: A systematic review of reviews. *Obesity Reviews, 16*(8), 621–638.

Marchman, V. A., & Fernald, A. (2008). Speed of word recognition and vocabulary knowledge in infancy predict cognitive and language outcomes in later childhood. *Developmental Science, 11,* F9–16.

Marcia, J. E. (1966). Development and validation of ego identity status. *Journal of Personality and Social Psychology, 3*(5), 551–558.

Marcia, J. E. (1979, June). *Identity status in late adolescence: Description and some clinical implications.* Address given at symposium on identity development, Rijksuniversitat Groningen, Netherlands.

Marcia, J. E. (1993). The relational roots of identity. In J. Kroger (Ed.), *Discussions on ego identity* (pp. 101–120). Hillsdale, NJ: Erlbaum.

Marcon, R. A. (2002). Moving up the grades: Relationship between preschool model and later school success. *Early Childhood Research & Practice, 4*(1), n1.

Marcus, L., Lejeune, F., Berne-Audéoud, F., Gentaz, E., & Debillon, T. (2012). Tactile sensory capacity of the preterm infant: Manual perception of shape from 28 gestational weeks. *Pediatrics, 130*(1), e88–e94.

Mares, M. L., & Pan, Z. (2013). Effects of Sesame Street: A meta-analysis of children's learning in 15 countries. *Journal of Applied Developmental Psychology, 34*(3), 140–151.

Margelisch, K., Schneewind, K. A., Violette, J., & Perrig-Chiello, P. (2017). Marital stability, satisfaction and well-being in old age: Variability and continuity in long-term continuously married older persons. *Aging & Mental Health, 21*(4), 389–398.

Margolin, S. J., & Abrams, L. (2007). Individual differences in young and older adults' spelling: Do good spellers age better than poor spellers? *Aging, Neuropsychology, and Cognition, 14,* 529–544.

Margolis, R., & Verdery, A. M. (2017). Older adults without close kin in the United States. *The Journals of Gerontology: Series B, 72*(4), 688–693.

Marioni, R. E., Proust-Lima, C., Amieva, H., Brayne, C., Matthews, F. E., Dartigues, J. F., & Jacqmin-Gadda, H. (2015). Social activity, cognitive decline and dementia risk: A 20-year prospective cohort study. *BMC Public Health, 15*(1), 1089.

Mark, K., Desai, A., & Terplan, M. (2016). Marijuana use and pregnancy: Prevalence, associated characteristics, and birth outcomes. *Archives of Women's Mental Health, 19*(1), 105.

Markant, J., & Amso, D. (2014). Leveling the playing field: Attention mitigates the effects of intelligence on memory. *Cognition, 131*(2), 195–204.

Markopoulou, P., Papanikolaou, E., Analytis, A., Zoumakis, E., & Siahanidou, T. (2019). Preterm birth as a risk factor for metabolic syndrome and cardiovascular disease in adult life: A systematic review and meta-analysis. *The Journal of Pediatrics.*

Markowitz, L. E., Hariri, S., Lin, C., Dunne, E. F., Steinau, M., McQuillan, G., & Unger, E. R. (2013). Reduction in human papillomavirus (HPV) prevalence among young women following HPV vaccine introduction in the United States, National Health and Nutrition Examination Surveys, 2003–2010. *The Journal of Infectious Diseases, 208*(3), 385–393.

Marks, N. F., & Lambert, J. D. (1998). Marital status continuity and change among young and midlife adults. *Journal of Family Issues, 19*, 652–686.

Marks, N. F., Bumpass, L. L., & Jun, H. (2004). Family roles and well-being during the middle life course. In O. G. Brim, C. D. Ryff, & R. C. Kessler (Eds.), *How healthy are we? A national study of well-being at midlife* (pp. 514–549). Chicago: University of Chicago Press.

Marks, N. F., Jun, H., & Song, J. (2007). Death of parents and adult psychological and physical well-being: A prospective U.S. national study. *Journal of Family Issues, 28*(12), 1611–1638.

Markus, H. R., Ryff, C. D., Curhan, K. B., & Palmersheim, K. A. (2004). In their own words: Well-being at midlife among high school-educated and college-educated adults. In O. G. Brim, C. D. Ryff, & R. C. Kessler (Eds.), *How healthy are we? A national study of well-being at midlife* (pp. 273–319). Chicago: University of Chicago Press.

Marmot, M. G., & Fuhrer, R. (2004). Socioeconomic position and health across midlife. In O. G. Brim, C. D. Ryff, & R. C. Kessler (Eds.), *How healthy are we? A national study of well-being at midlife.* Chicago: University of Chicago Press.

Marsh, A. A., Finger, E. C., Schechter, J. C., Jurkowitz, I. T., Reid, M. E., & Blair, R. J. R. (2011). Adolescents with psychopathic traits report reductions in physiological responses to fear. *Journal of Child Psychology and Psychiatry, 52*(8), 834–841.

Marshall, J. (2019). *Are religious people happier, healthier? Our new global study explores this question* [Pew Research Center news report]. Retrieved from www.pewresearch.org/fact-tank/2019/01/31/are-religious-people-happier-healthier-our-new-global-study-explores-this-question/.

Marshall, N. L. (2004). The quality of early child care and children's development. *Current Directions in Psychological Science, 13*, 165–168.

Martikainen, P., Moustgaard, H., Murphy, M., Einio, E. K., Koskinen, S., Martelin, T., & Noro, A. (2009). Gender, living arrangements, and social circumstances as determinants of entry into and exit from long-term institutional care at older ages: A 6-year follow-up study of older Finns. *The Gerontologist, 49*(1), 34–45.

Martin, B., Mattson, M. P., & Maudsley, S. (2006). Caloric restriction and intermittent fasting: Two potential diets for successful brain aging. *Ageing Research Reviews, 5*(3), 332–353.

Martin, C. E., Longinaker, N., & Terplan, M. (2015). Recent trends in treatment admissions for prescription opioid abuse during pregnancy. *Journal of Substance Abuse Treatment, 48*(1), 37–42.

Martin, C. E., Longinaker, N., Mark, K., Chisolm, M. S., & Terplan, M. (2015). Recent trends in treatment admissions for marijuana use during pregnancy. *Journal of Addiction Medicine, 9*(2), 99–104.

Martin, C. L., & Fabes, R. A. (2001). The stability and consequences of young children's same-sex peer interactions. *Developmental Psychology, 37*(3), 431–446.

Martin, C. L., & Ruble, D. (2004). Children's search for gender cues: Cognitive perspectives on gender development. *Current Directions in Psychological Science, 13*, 67–70.

Martin, C. L., Fabes, R. A., Hanish, L., Leonard, S., & Dinella, L. M. (2011). Experienced and expected similarity to same-gender peers: Moving toward a comprehensive model of gender segregation. *Sex Roles, 65*(5–6), 421–434.

Martin, C. L., Kornienko, O., Schaefer, D. R., Hanish, L. D., Fabes, R. A., & Goble, P. (2013). The role of sex of peers and gender-typed activities in young children's peer affiliative networks: A longitudinal analysis of selection and influence. *Child Development, 84*(3), 921–937.

Martin, C. L., Ruble, D. N., & Szkrybalo, J. (2002). Cognitive theories of early gender development. *Psychological Bulletin, 128*, 903–933.

Martin, G. M. (2005). Epigenetic drift in aging identical twins. *Proceedings of the National Academy of Sciences of the United States of America, 102.* doi: 10.1073/pnas.0504743102.

Martin, G. N., & Clarke, R. M. (2017). Are psychology journals anti-replication? A snapshot of editorial practices. *Frontiers in Psychology, 8*, 523.

Martin, J. A., Hamilton, B. E., Osterman, M. J., Curtin, S. C., & Mathews, T.J. (2013). Births: Final data for 2012. *National Vital Statistics Reports, 62*(9), 1–27. Hyattsville, MD: National Center for Health Statistics.

Martin, J. A., Hamilton, B. E., & Osterman, M. J. K. (2018). Births in the United States, 2017. *NCHS Data Brief,* (318), 1–8.Martin, J. A., Hamilton, B. E., Osterman, M. J. K., Driscoll, A. K., & Drake, P. (2018). Births: Final data for 2016. *National Vital Statistics Report, 67*(1). Hyattsville, MD: National Center for Health Statistics.

Martin, J. A., Hamilton, B. E., Osterman, M. J., Driscoll, A. K., & Drake, P. (2018). Births: Final data for 2017. *National Vital Statistics Reports, 67*(8), 1–50. Hyattsville, MD: National Center for Health Statistics.

Martin, J. A., Hamilton, B. E., Osterman, M. J., Driscoll, A. K., & Mathews, T. J. (2017). Births: Final data for 2015. *National Vital Statistics Reports, 66*(1), 1. Hyattsville, MD: National Center for Health Statistics.

Martin, J. A., Hamilton, B. E., Sutton, P. D., Ventura, S. J., Mathews, T. J., & Ostermam M. J. K. (2010). Births: Final data for 2008. *National Vital Statistics Reports, 59*(1). Hyattsville, MD: National Center for Health Statistics.

Martin, J. A., Hamilton, B. E., Sutton, P. D., Ventura, S. J., Mathews, T. J., Kirmeyer, S., & Osterman, M. J. (2010). Births: Final data for 2007. *National Vital Statistics Reports, 59*(1), 1–72. Hyattsville, MD: National Center for Health Statistics.

Martin, J. A., Hamilton, B. E., Sutton, P. D., Ventura, S. J., Menacker, F., & Kirmeyer, S. (2006). Births: Final data for 2004. *National Vital Statistics Reports, 55*(1). Hyattsville, MD: National Center for Health Statistics.

Martin, J. A., Hamilton, B. E., Sutton, P. D., Ventura, S. J., Menacker, F., Kirmeyer, S., & Mathews, T. J. (2009). Births: Final data for 2006. *National Vital Statistics Reports, 57*(7). Hyattsville, MD: National Center for Health Statistics.

Martin, J. A., Hamilton, B. E., Sutton, P. D., Ventura, S. J., Menacker, F., Kirmeyer, S., & Munson, M. (2007). Births: Final data for 2005. *National Vital Statistics Reports, 56*(6). Hyattsville, MD: National Center for Health Statistics.

Martin, J. A., Hamilton, B. E., Ventura, S. J., Menacker, F., & Park, M. M. (2002). Births: Final Data for 2000. *National Vital Statistics Reports, 50*(5). Hyattsville, MD: National Center for Health Statistics.

Martin, J. A., Kirmeyer, S., Osterman, M., & Shepherd, R. A. (2009). Born a bit too early: Recent trends in late preterm births. *NCHS Data Brief, 24.* Hyattsville, MD: National Center for Health Statistics.

Martin, J. A., Martin, B. E., Hamilton, S. J., Ventura, M. J. K., Osterman, E. C. W., & Mathews, T. J. (2012). Births: Final Data for 2010. *National Vital Statistics Reports, 61*(1). Hyattsville, MD: National Center for Health Statistics.

Martin, P., Kliegel, M., Rott, C., Poon, L. W., & Johnson, M. A. (2007). Personality and coping among centenarians. In L. W. Poon & T. T. Perls (Eds.), *Annual review of gerontology and geriatrics, vol. 27: Biopsychosocial approaches to longevity* (pp. 89–106). New York: Springer.

Martin, R. (2017). Gender and emotion stereotypes in children's television. *Journal of Broadcasting & Electronic Media, 61*(3), 499–517.

Martin, R., Noyes, J., Wisenbaker, J., & Huttunen, M. (2000). Prediction of early childhood negative emotionality and inhibition from maternal distress during pregnancy. *Merrill-Palmer Quarterly, 45*, 370–391.

Martin, R. S., Hayes, B., Gregorevic, K., & Lim, W. K. (2016). The effects of advance care planning interventions on nursing home residents: a systematic review. *Journal of the American Medical Directors Association, 17*(4), 284–293.

Martin, S. P., & Parashar, S. (2006). Women's changing attitudes toward divorce, 1974–2002: Evidence for an educational crossover. *Journal of Marriage and Family, 68*, 29–40.

Martinez, G., & Abma, J. (2015). Sexual activity, contraceptive use, and childbearing of teenagers aged 15–19 in the United States. *NCHS Data Brief, 209*, 1–8. Hyattsville, MD: National Center for Health Statistics.

Martínez-Lozano, V., Sánchez-Medina, J. A., & Goudena, P. P. (2011). A cross-cultural study of observed conflicts between young children. *Journal of Cross-Cultural Psychology, 42*(6), 895–907.

Martínez-Ortega, J. M., Carretero, M. D., Gutiérrez-Rojas, L., Díaz-Atienza, F., Jurado, D., & Gurpegui, M. (2011). Winter birth excess in schizophrenia and in non-schizophrenic psychosis: Sex and birth-cohort differences. *Progress in Neuro-Psychopharmacology and Biological Psychiatry*, *35*(7), 1780–1784.

Martino, D., Loke, Y. J., Gordon, L., Ollikainen, M., Cruickshank, M. N., Saffrey, R., Craig, J. M. (2013). Longitudinal, genome-scale analyses of DNA methylation in twins from birth to 18 months of age reveals rapid epigenetic change in early life and pair-specific effects of discordance. *Genome Biology*, *14*, R42. http://doi.org/10.1186/gb-2013-14-5-r4.

Martinson, M., & Berridge, C. (2014). Successful aging and its discontents: A systematic review of the social gerontology literature. *The Gerontologist*, *55*(1), 58–69.

Martorell, R. (2016). Improved nutrition in the first 1000 days and adult human capital and health. *American Journal of Human Biology*, 1–12.

Martorell, R., & Zongrone, A. (2012). Intergenerational influences on child growth and undernutrition. *Paediatric and Perinatal Epidemiology*, *26*, 302–314.

Martorell, R., Melgar, P., Maluccio, J. A., Stein, A. D., & Rivera, J. A. (2009). The nutrition intervention improved adult human capital and economic productivity. *The Journal of Nutrition*, *140*(2), 411–414.

Martorell, S., & Martorell, G. (2006). Bridging uncharted waters: Down syndrome association of Atlanta outreach to Latino/a families. *American Journal of Community Psychology*, *37*, 219–225.

Marver, J. E., Galfalvy, H. C., Burke, A. K., Sublette, M. E., Oquendo, M. A., Mann, J. J., & Grunebaum, M. F. (2017). Friendship, depression, and suicide attempts in Adults: Exploratory analysis of a longitudinal follow-Up atudy. *Suicide and Life-Threatening Behavior*.

Mascarenhas, M. N., Flaxman, S. R., Boerma, T., Vanderpoel, S., & Stevens, G. A. (2012). National, regional, and global trends in infertility prevalence since 1990: A systematic analysis of 277 health surveys. *PLoS Medicine*, *9*(12), e1001356.

Mascaro, O., & Csibra, G. (2014). Human infants' learning of social structures: The case of dominance hierarchy. *Psychological Science*, *25*(1), 250–255.

Masci, D., & DeSilver, D. (2017). *A global snapshot of same-sex marriage* [Pew Research Center news report]. Retrieved from www.pewresearch.org/fact-tank/2017/12/08/global-snapshot-sex-marriage/.

Masci, D., Sciupac, E., & Lipka, M. (2017). *Gay marriage around the world*. Washington, DC: Pew Research Center. Retrieved from www.pewforum.org/2017/08/08/gay-marriage-around-the-world-2013/.

Mashburn, A. J., Justice, L. M., Downer, J. T., & Pianta, R. C. (2009). Peer effects on children's language achievement during prekindergarten. *Child Development*, *80*(3), 686–702.

Masiero, M., Lucchiari, C., & Pravettoni, G. (2015). Personal fable: Optimistic bias in cigarette smokers. *International Journal of High Risk Behaviors & Addiction*, *4*(1).

Mason, M. A. (2011). The roller coaster of child custody law over the last half century. *Journal of the American Academy of Matrimonial Lawyers*, *24*, 451.

Mason, T. B., & Pack, A. I. (2007). Pediatric parasomnias. *Sleep*, *30*(2), 141–151.

Massimiliano, P. (2015). The effects of age on divergent thinking and creative objects production: A cross-sectional study. *High Ability Studies*, *26*(1), 93–104.

Masten, A. S., & Coatsworth, J. D. (1998). The development of competence in favorable and unfavorable environments: Lessons from research on successful children. *American Psychologist*, *53*, 205–220.

Mastin, J. D., & Vogt, P. (2016). Infant engagement and early vocabulary development: A naturalistic observation study of Mozambican infants from 1;1 to 2;1. *Journal of Child Language*, *43*, 235–264.

Mather, M. (2010). *U.S. children in single-mother families*. Washington, DC: Population Reference Bureau.

Mather, M., & Carstensen, L. L. (2003). Aging and attentional biases for emotional faces. *Psychological Science*, *14*, 409–415.

Mathers, M., Canterford, L., Olds, T., Hesketh, K., Ridley, K., & Wake, M. (2009). Electronic media use and adolescent health and well-being: Cross-sectional community study. *Academic Pediatrics*, *9*(5), 307–314.

Mathews, T. J., & Hamilton, B. E. (2016). Mean age of mothers is on the rise: United States, 2000-2014. *NCHS Data Brief*, *232*, 1–8. Hyattsville, MD: National Center for Health Statistics.

Mathews, T. J., & MacDorman, M. F. (2008). Infant mortality statistics from the 2005 period linked birth/infant death data set. *National Vital Statistics Report*, *57*(2). Hyattsville, MD: National Center for Health Statistics.

Mathews, T. J., MacDorman, M. F., Thoma, M. E. (2015). Infant mortality statistics from the 2013 period linked birth/infant death data set. *National Vital Statistics Reports*, *64*(9). Hyattsville, MD: National Center for Health Statistics.

Mathie, A., & Carnozzi, A. (2005). *Qualitative research for tobacco control: A how-to introductory manual for researchers and development practitioners*. Ottawa, Ontario, Canada: International Development Research Centre.

Matsuba, M. K., Pratt, M. W., Norris, J. E., Mohle, E., Alisat, S., & McAdams, D. P. (2012). Environmentalism as a context for expressing identity and generativity: Patterns among activists and uninvolved youth and midlife adults. *Journal of Personality*, *80*(4), 1091–1115.

Matsumoto, D., & Juang, L. (2008). *Culture and psychology* (4th ed.). Belmont, CA: Wadsworth, Cengage Learning.

Matsunaga, S., Kishi, T., & Iwata, N. (2015). Memantine monotherapy for Alzheimer's disease: A systematic review and meta-analysis. *PloS One*, *10*(4), e0123289.

Mattanah, J. F., Ayers, J. F., Brand, B. L., Brooks, L. J., Quimby, J. L., & McNary, S. W. (2010). A social support intervention to ease the college transition: Exploring main effects and moderators. *Journal of College Student Development*, *51*(1), 93–108.

Mattei, T. A., Bond, B. J., Goulart, C. R., Sloffer, C. A., Morris, M. J., & Lin, J. J. (2012). Performance analysis of the protective effects of bicycle helmets during impact and crush tests in pediatric skull models. *Journal of Neurosurgery: Pediatrics*, *10*(6), 490–497.

Matthys, W., & John, E. (2017). *Oppositional defiant disorder and conduct disorder in childhood*. Hoboken, NJ: Wiley & Sons.

Mattis, J., & Sehgal, A. (2016). Circadian rhythms, sleep, and disorders of aging. *Trends in Endocrinology & Metabolism*, *27*(4), 192–203.

Maulik, P. K., Mascarenhas, M. N., Mathers, C. D., Dua, T., & Saxena, S. (2011). Prevalence of intellectual disability: A meta-analysis of population-based studies. *Research in Developmental Disabilities*, *32*(2), 419–436.

Maurer, D., & Lewis, T. L. (1979). Peripheral discrimination by three-month-old infants. *Child Development*, *50*, 276–279.

Mayer, J. D., Salovey, P., & Caruso, D. (2002). *The Mayer-Salovey-Caruso Emotional Intelligence Test (MSCEIT)*. Toronto, Ontario, Canada: Multi-Health Systems.

Mayeza, E. (2017). "It's not right for boys to play with dolls": Young children constructing and policing gender during "free play" in a South African classroom. *Discourse: Studies in the Cultural Politics of Education*, 1–13.

Mayhew, A., Mullins, T. L. K., Ding, L., Rosenthal, S. L., Zimet, G. D., Morrow, C., & Kahn, J. A. (2014). Risk perceptions and subsequent sexual behaviors after HPV vaccination in adolescents. *Pediatrics*, peds-2013.

Maynard, A. E. (2002). Cultural teaching: The development of teaching skills in Maya sibling interactions. *Child Development*, *73*(3), 969–982.

Maynard, S. (2010). The impact of e-books on young children's reading habits. *Publishing Research Quarterly*, *26*(4), 236–248.

Mayo Clinic. (2005, December 7). *Infertility*. Retrieved from www.mayoclinic.com/health/infertility/DS00310.

Mayo Foundation for Medical Education and Research. (2009, January). Beyond the human genome: Meet the epigenome. *Mayo Clinic Health Letter*, *27*(1), pp. 4–5.

Mazloom, A. R., Džakula, Ž., Oeth, P., Wang, H., Jensen, T., Tynan, J., . . . & Bombard, A. T. (2013). Noninvasive prenatal detection of sex chromosomal aneuploidies by sequencing circulating cell-free DNA from maternal plasma. *Prenatal Diagnosis*, *33*(6), 591–597.

Mazzio, E. A., & Soliman, K. F. (2012). Basic concepts of epigenetics: Impact of environmental signals on gene expression. *Epigenetics*, *7*(2), 119–130.

Mazzocco, M. M., Feigenson, L., & Halberda, J. (2011). Impaired acuity of the approximate number system underlies mathematical learning disability (dyscalculia). *Child Development, 82*(4), 1224–1237.

Mbarek, H., Steinberg, S., Nyholt, D. R., Gordon, S. D., Miller, M. B., McRae, A. F., . . . & Davies, G. E. (2016). Identification of common genetic variants influencing spontaneous dizygotic twinning and female fertility. *The American Journal of Human Genetics, 98*(5), 898–908.

McAdams, D. (1993). *The stories we live by*. New York: Morrow.

McAdams, D. P. (2001). Generativity in mid-life. In M. E. Lachman (Ed.), *Handbook of midlife development* (pp. 395–443). New York: Wiley.

McAdams, D. P. (2006). The redemptive self: Generativity and the stories Americans live by. *Research in Human Development, 3*, 81–100.

McAdams, D. P. (2013). The positive psychology of adult generativity: Caring for the next generation and constructing a redemptive life. In *Positive Psychology* (pp. 191–205). New York: Springer.

McAdams, D. P., & de St. Aubin, E. (1992). A theory of generativity and its assessment through self-report, behavioral acts, and narrative themes in autobiography. *Journal of Personality and Social Psychology, 62*, 1003–1015.

McAdams, D. P., Diamond, A., de St. Aubin, E., & Mansfield, E. (1997). Stories of commitment: The psychosocial construction of generative lives. *Journal of Personality and Social Psychology, 72*, 678–694.

McAlister, A. R., & Peterson, C. C. (2013). Siblings, theory of mind, and executive functioning in children aged 3–6 years: New longitudinal evidence. *Child Development, 84*(4), 1442–1458.

McAuley, T., & White, D. A. (2011). A latent variables examination of processing speed, response inhibition, and working memory during typical development. *Journal of Experimental Child Psychology, 108*(3), 453–468.

McCabe, D. P., Roediger III, H. L., McDaniel, M. A., Balota, D. A., & Hambrick, D. Z. (2010). The relationship between working memory capacity and executive functioning: evidence for a common executive attention construct. *Neuropsychology, 24*(2), 222.

McCabe, J., Fairchild, E., Grauerholz, L., Pescosolido, B. A., & Tope, D. (2011). Gender in twentieth-century children's books: Patterns of disparity in titles and central characters. *Gender & Society, 25*(2), 197–226.

McCabe, M. P., Sharlip, I. D., Lewis, R., Atalla, E., Balon, R., Fisher, A. D., . . . & Segraves, R. T. (2016). Incidence and prevalence of sexual dysfunction in women and men: A consensus statement from the Fourth International Consultation on Sexual Medicine 2015. *The Journal of Sexual Medicine, 13*(2), 144–152.

McCall, D. D., & Clifton, R. K. (1999). Infants' means-end search for hidden objects in the absence of visual feedback. *Infant Behavior and Development, 22*(2), 179–195.

McCallum, K. E., & Bruton, J. R. (2003). The continuum of care in the treatment of eating disorders. *Primary Psychiatry, 10*(6), 48–54.

McCarthy, J. (2018). *Two in three Americans support same-sex marriage* [Gallup Poll news release]. Retrieved from https://news.gallup.com/poll/234866/two-three-americans-support-sex-marriage.aspx.

McCarty, M. E., Clifton, R. K., Ashmead, D. H., Lee, P., & Goubet, N. (2001). How infants use vision for grasping objects. *Child Development, 72*, 973–987.

McClain, M. C., & Pfeiffer, S. (2012). Identification of gifted students in the United States today: A look at state definitions, policies, and practices. *Journal of Applied School Psychology, 28*(1), 59–88.

McClelland, E., & McKinney, C. (2016). Disruptive behavior and parenting in emerging adulthood: Mediational effect of parental psychopathology. *Journal of Child and Family Studies, 25*(1), 212–223.

McClintock, M. K., & Herdt, G. (1996). Rethinking puberty: The development of sexual attraction. *Current Directions in Psychological Science, 5*(6), 178–183.

McClure, E. B. (2000). A meta-analytic review of sex differences in facial expression processing and their development in infants, children, and adolescents. *Psychological Bulletin, 126*(3), 424.

McCord, J. (1996). Unintended consequences of punishment. *Pediatrics, 98*(4), 832–834.

McCoy, K., Cummings, E. M., & Davies, P. T. (2009). Constructive and destructive marital conflict, emotional security and children's prosocial behavior. *Journal of Child Psychology and Psychiatry, 50*(3), 270–279.

McCrae, R. R. (2002). Cross-cultural research on the five-factor model of personality. In W. J. Lonner, D. L. Dinnel, S. A. Hayes, & D. N. Sattler (Eds.), *Online readings in psychology and culture* (Unit 6, Chapter 1). Bellingham, WA: Center for Cross-Cultural Research, Western Washington University.

McCrae, R. R., & Costa, P. T., Jr. (1997). Personality trait structure as a human universal. *American Psychologist, 52*(5), 509.

McCrae, R. R., & Terracciano, A. (2005). Universal features of personality traits from the observer's perspective: Data from 50 cultures. *Journal of Personality and Social Psychology, 88*(3), 547.

McCrae, R. R., Costa, P. T., Jr., & Busch, C. M. (1986). Evaluating comprehensiveness in personality systems: The California Q-set and the five-factor model. *Journal of Personality, 54*, 430–446.

McCrae, R. R., Costa, P. T., Jr., Ostendorf, F., Angleitner, A., Hebríčková, M., Avia, M. D., . . . Smith, P. B. (2000). Nature over nurture: Temperament, personality, and lifespan development. *Journal of Personality and Social Psychology, 78*, 173–186.

McCrink, K., & Wynn, K. (2004). Large-number addition and subtraction by 9-month-old infants. *Psychological Science, 15*, 776–781.

McCrink, K., Bloom, P., & Santos, L. R. (2010). Children's and adults' judgments of equitable resource distributions. *Developmental Science, 13*(1), 37–45.

McCue, J. D. (1995). The naturalness of dying. *Journal of the American Medical Association, 273*, 1039–1043.

McDaniel, M., Paxson, C., & Waldfogel, J. (2006). Racial disparities in childhood asthma in the United States: Evidence from the National Health Interview Survey, 1997 to 2003. *Pediatrics, 117*, 868–877.

McDermott, M. R., & Barik, N. (2014). Developmental antecedents of proactive and reactive rebelliousness: The role of parenting style, childhood adversity, and attachment. *Journal of Motivation, Emotion, and Personality: Reversal Theory Studies, 2*(1), 22–31.

McDermott, R., Fowler, J. H., & Christakis, N. A. (2009). Breaking up is hard to do, unless everyone else is doing it too: Social network effects on divorce in a longitudinal sample followed for 32 years. Retrieved from http://ssrn.com/abstract51490708.

McDonald, K. L., Dashiell-Aje, E., Menzer, M. M., Rubin, K. H., Oh, W., & Bowker, J. C. (2013). Contributions of racial and sociobehavioral homophily to friendship stability and quality among same-race and cross-race friends. *Journal of Early Adolescence*. doi:10.1177/0272431612472259.

McDonnell, P. M. (1975). The development of visually guided reaching. *Perception & Psychophysics, 18*(3), 181–185.

McDonough, C., Song, L., Hirsh-Pasek, K., Golinkoff, R. M., & Lannon, R. (2011). An image is worth a thousand words: Why nouns tend to dominate verbs in early word learning. *Developmental Science, 14*(2), 181–189.

McDowell, D. J., & Parke, R. (2009). Parental correlates of children's peer relations: An empirical test of a tripartite model. *Developmental Psychology, 45*(1), 224–235.

McDowell, M., Fryar, C., Odgen, C., & Flegal, K. (2008). Anthropometric reference data for children and adults: United States, 2003–2006. *National Health Statistics Report* (No. 10). Hyattsville, MD: National Center for Health Statistics.

McElwain, N. L., & Volling, B. L. (2005). Preschool children's interactions with friends and older siblings: Relationship specificity and joint contributions to problem behavior. *Journal of Family Psychology, 19*, 486–496.

McFarland, J., Hussar, B., Wang, X., Zhang, J., Wang, K., Rathbun, A., Barmer, A., Forrest Cataldi, E., and Bullock Mann, F. (2018). *The condition of education 2018 (NCES 2018-144)*. U.S. Department of Education. Washington, DC: National Center for Education Statistics. Retrieved from https://nces.ed.gov/pubsearch/pubsinfo.asp?pubid52018144.

McFarland, R. A., Tune, G. B., & Welford, A. (1964). On the driving of automobiles by older people. *Journal of Gerontology, 19*, 190–197.

McGee, R. W. (2016). *In which countries is homosexuality most (and least) acceptable? A ranking of 98 countries* [Social Science Research Network data report]. Retrieved from https://papers.ssrn.com/sol3/papers.cfm?abstract_id=2799845.

McGuffin, P., Riley, B., & Plomin, R. (2001). Toward behavioral genomics. *Science, 291*, 1232–1249.

McGuire, S. L. (2017, Sept. 27). *Aging education: A worldwide imperative*. Retrieved from Scientific Research Publishing: http://file.scirp.org/pdf/CE_2017092615440943.pdf.

McHale, S. M., & Huston, T. L. (1985). The effect of the transition to parenthood on the marriage relationship. *Journal of Family Issues, 6*(4), 409–433.

McHale, S. M., Bissell, J., & Kim, J. Y. (2009). Sibling relationship, family, and genetic factors in sibling similarity in sexual risk. *Journal of Family Psychology, 23*(4), 562.

McHale, S. M., Kim, J. Y., Whiteman, S., & Crouter, A. C. (2004). Links between sex-typed time use in middle childhood and gender development in early adolescence. *Developmental Psychology, 40*(5), 868.

McHale, S. M., Updegraff, K. A., & Whiteman, S. D. (2012). Sibling relationships and influences in childhood and adolescence. *Journal of Marriage and Family, 74*(5), 913–930.

McHale, S. M., Updegraff, K. A., Helms-Erikson, H., & Crouter, A. C. (2001). Sibling influences on gender development in middle childhood and early adolescence: A longitudinal study. *Developmental Psychology, 37*(1), 115.

McIlvane, J. M., Ajrouch, K. J., & Antonucci, T. C. (2007). Generational structure and social resources in mid-life influences on health and well-being. *Journal of Social Issues, 63*, 759–774.

McLanahan, S., Tach, L., & Schneider, D. (2013). The causal effects of father absence. *Annual Review of Sociology, 39*, 399–427.

McLaughlin, D., Vagenas, D., Pachana, N. A., Begum, N., & Dobson, A. (2010). Gender differences in social network size and satisfaction in adults in their 70s. *Journal of Health Psychology, 15*(5), 671–679.

McLaughlin, M. R. (2011). Speech and language delay in children. *American Family Physician, 83*(10).

McLeod, C. M., Gopie, N., Hourihan, K. L., Neary, K. R., & Ozubko, J. D. (2010). The production effect: Delineation of a phenomenon. *Journal of Experimental Psychology: Learning, Memory, and Cognition, 36*(3), 671–685.

McLeod, J. D., Kruttschnitt, C., & Dornfeld, M. (1994). Does parenting explain the effects of structural conditions on children's antisocial behavior? A comparison of blacks and whites. *Social Forces, 73*(2), 575–604.

McLeod, R., Boyer, K., Karrison, T., Kasza, K., Swisher, C., Roizen, N., . . . Toxoplamosis Study Group. (2006). Outcome of treatment for congenital toxoplasmosis, 1981–2004: The national collaborative Chicago-based, congenital toxoplasmosis study. *Clinical Infectious Diseases: An Official Publication of the Infectious Diseases Society of America, 42*(10), 1383–1394.

McLoyd, V. C., & Smith, J. (2002). Physical discipline and behavior problems in African American, European American, and Hispanic children: Emotional support as a moderator. *Journal of Marriage and Family, 64*, 40–53.

McManus, I. C., Davison, A., & Armour, J. A. (2013). Multilocus genetic models of handedness closely resemble single-locus models in explaining family data and are compatible with genome-wide association studies. *Annals of the New York Academy of Sciences, 1288*(1), 48–58.

McNamara, T. K., Pitt-Catsouphes, M., Matz-Costa, C., Brown, M., & Valcour, M. (2013). Across the continuum of satisfaction with work–family balance: Work hours, flexibility-fit, and work–family culture. *Social Science Research, 42*(2), 283–298.

McNeal, R. B., Jr. (2012). Checking in or checking out? Investigating the parent involvement reactive hypothesis. *The Journal of Educational Research, 105*(2), 79–89.

McNulty, J. K., Wenner, C. A., & Fisher, T. D. (2016). Longitudinal associations among relationship satisfaction, sexual satisfaction, and frequency of sex in early marriage. *Archives of Sexual Behavior, 45*(1), 85–97.

McPherson, M., Smith-Lovin, L., & Brashears, M. E. (2006). Social isolation in America: Changes in core discussion networks over two decades. *American Sociological Review, 71*, 353–375.

Mcquaid, N., Bigelow, A. E., McLaughlin, J., & MacLean, K. (2008). Maternal mental state language and preschool children's attachment security: Relation to children's mental state language and expressions of emotional understanding. *Social Development, 17*(1), 61–83.

McQueeny, T., Schweinsburg, B. C., Schweinsburg, A. D., Jacobus, J., Bava, S., Frank, L. R., & Tapert, S. F. (2009). Altered white matter integrity in adolescent binge drinkers. *Alcoholism: Clinical and Experimental Research, 33*(7), 1278–1285.

McTiernan, A., Kooperberg, C., White, E., Wilcox, S., Coates, R., Adams-Campbell, L. L., . . . Ockene, J. (2003). Recreational physical activity and the risk of breast cancer in postmenopausal women: The Women's Health Initiative Cohort Study. *Journal of the American Medical Association, 290*, 1331–1336.

Meade, C. S., & Ickovics, J. R. (2005). Systematic review of sexual risk among pregnant and mothering teens in the USA: Pregnancy as an opportunity for integrated prevention of STD and repeat pregnancy. *Social Science & Medicine, 60*(4), 661–678.

Medland, S. E., Duffy, D. L., Wright, M. J., Geffen, G. M., Hay, D. A., Levy, F., . . . Boomsma, D. I. (2009). Genetic influences on handedness: Data from 25,732 Australian and Dutch twin families. *Neuropsychologica, 47*(2), 333–337.

Mednick, S. C., Nakayama, K., Cantero, J. L., Atienza, M., Levin, A. A., Pathak, N., & Stickgold, R. (2002). The restorative effect of naps on perceptual deterioration. *Nature Neuroscience, 5*, 677–681.

Meeker, M. (2018). *Internet trends*. Kleiner Perkins Caufield Byers. Retrieved from https://cdn.relayto.com/media/files/JzrE69rBRKm9NhkUM-2Fk_internettrendsreport2018.pdf.

Meert, K. L., Donaldson, A. E., Newth, C. J., Harrison, R., Berger, J., Zimmerman, J., . . . & Nicholson, C. (2010). Complicated grief and associated risk factors among parents following a child's death in the pediatric intensive care unit. *Archives of Pediatrics & Adolescent Medicine, 164*(11), 1045–1051.

Meezan, W., & Rauch, J. (2005). Gay marriage, same-sex parenting, and America's children. *Future of Children, 15*, 97–115.

Meier, L. L., Orth, U., Denissen, J. J., & Kühnel, A. (2011). Age differences in instability, contingency, and level of self-esteem across the life span. *Journal of Research in Personality, 45*(6), 604–612.

Meier, R. (1991, January–February). Language acquisition by deaf children. *American Scientist, 79*, 60–70.

Meijer, A. M., & van den Wittenboer, G. L. H. (2007). Contributions of infants' sleep and crying to marital relationship of first-time parent couples in the 1st year after childbirth. *Journal of Family Psychology, 21*, 49–57.

Meinhardt, J., Sodian, B., Thoermer, C., Döhnel, K., & Sommer, M. (2011). True-and false-belief reasoning in children and adults: An event-related potential study of theory of mind. *Developmental Cognitive Neuroscience, 1*(1), 67–76.

Meins, E. (1998). The effects of security of attachment and maternal attribution of meaning on children's linguistic acquisitional style. *Infant Behavior and Development, 21*, 237–252.

Melby, J., Conger, R., Fang, S., Wickrama, K., & Conger, K. (2008). Adolescent family experiences and educational attainment during early adulthood. *Developmental Psychology, 44*(6), 1519–1536.

Melby-Lervåg, M., & Hulme, C. (2013). Is working memory training effective? A meta-analytic review. *Developmental Psychology, 49*(2), 270.

Meléndez, J. C., Mayordomo, T., Sancho, P., & Tomás, J. M. (2012). Coping strategies: Gender differences and development throughout life span. *The Spanish Journal of Psychology, 15*(3), 1089–1098.

Meléndez, J. C., Satorres, E., Redondo, R., Escudero, J., & Pitarque, A. (2018). Well-being, resilience, and coping: Are there differences between healthy older adults, adults with mild cognitive impairment, and adults with Alzheimer-type dementia? *Archives of Gerontology and Geriatrics, 77*, 38–43.

Melhem, N. M., Porta, G., Shamseddeen, W., Payne, M. W., & Brent, D. A. (2011). Grief in children and adolescents bereaved by sudden parental death. *Archives of General Psychiatry, 68*(9), 911–919.

Melhuish, E., Ereky-Stevens, K., Petrogiannis, K., Ariescu, A., Penderi, E., Rentzou, K., . . . & Leseman, P. (2015). *A review of research on the effects of Early Childhood Education and Care (ECEC) upon child development* [monograph, Birkbeck, University of London].

Meltzoff, A. N. (2007). "Like me": A foundation for social cognition. *Developmental Science, 10*, 126–134.

Meltzoff, A. N., & Moore, M. K. (1989). Imitation in newborn infants: Exploring the range of gestures imitated and the underlying mechanisms. *Developmental Psychology, 25*, 954–962.

Meltzoff, A. N., Murray, L., Simpson, E., Heimann, M., Nagy, E., Nadel, J., . . . & Subiaul, F. (2018). Re-examination of Oostenbroek et al. (2016): Evidence for neonatal imitation of tongue protrusion. *Developmental Science, 21*(4), e12609.

Menacker, F., Martin, J. A., MacDorman, M. F., & Ventura, S. J. (2004). Births to 10–14 year-old mothers, 1990–2002: Trends and health outcomes. *National Vital Statistics Reports, 53*(7). Hyattsville, MD: National Center for Health Statistics.

Mendle, J. (2014). Beyond pubertal timing: New directions for studying individual differences in development. *Current Directions in Psychological Science, 23*(3), 215–219.

Mendle, J., & Ferrero, J. (2012). Detrimental psychological outcomes associated with pubertal timing in adolescent boys. *Developmental Review, 32*(1), 49–66.

Mendle, J., Turkheimer, E., D'Onofrio, B. M., Lynch, S. K., Emery, R. E., Slutske, W. S., & Martin, N. G. (2006). Family structure and age at menarche: A children-of-twins approach. *Developmental Psychology, 42*, 533–542.

Menec, V. H. (2003). The relation between everyday activities and successful aging: A 6-year longitudinal study. *Journal of Gerontology: Social Sciences, 58B*, S74–S82.

Menec, V. H., Shooshtari, S., Nowicki, S., & Fournier, S. (2010). Does the relationship between neighborhood socioeconomic status and health outcomes persist into very old age? A population-based study. *Journal of Aging and Health, 22*(1), 27–47.

Menegaux, F., Baruchel, A., Bertrand, Y., Lescoeur, B., Leverger, G., Nelken, B., . . . Clavel, J. (2006). Household exposure to pesticides and risk of childhood acute leukaemia. *Occupational and Environmental Medicine, 63*(2), 131–134.

Meng, Y., Lee, J. H., Cheng, R., St. George-Hyslop, P., Mayeux, R., & Farrer, L. A. (2007). Association between SORL1 and Alzheimer's disease in a genome-wide study. *NeuroReport, 18*(17), 1761–1764.

Mennella, J. A. (2014). Ontogeny of taste preferences: Basic biology and implications for health. *The American Journal of Clinical Nutrition, 99*(3), 704S–711S.

Mennella, J. A., & Beauchamp, G. K. (1996). The early development of human flavor preferences. In E. D. Capaldi (Ed.), *Why we eat what we eat: The psychology of eating* (pp. 83–112). Washington DC: American Psychological Association.

Mennella, J. A., & Bobowski, N. K. (2015). The sweetness and bitterness of childhood: Insights from basic research on taste preferences. *Physiology & Behavior, 152*, 502–507.

Menon, U. (2001). Middle adulthood in cultural perspective: The imagined and the experienced in three cultures. In M. E. Lachman (Ed.), *Handbook of midlife development* (pp. 40–74). New York: Wiley.

Merikangas, K. R., He, J. P., Burstein, M., Swanson, S. A., Avenevoli, S., Cui, L., . . . & Swendsen, J. (2010). Lifetime prevalence of mental disorders in US adolescents: Results from the National Comorbidity Survey Replication–Adolescent Supplement (NCS-A). *Journal of the American Academy of Child & Adolescent Psychiatry, 49*(10), 980–989.

Merrell, K., Gueldner, B., Ross, S., & Isava, D. (2008). How effective are school bullying intervention programs? A meta-analysis of intervention research. *School Psychology Quarterly, 23*(1), 26–42.

Merrill, S. S., & Verbrugge, L. M. (1999). Health and disease in midlife. In S. L. Willis & J. D. Reid (Eds.), *Life in the middle: Psychological and social development in middle age* (pp. 78–103). San Diego: Academic Press.

Merz, E. M., & Huxhold, O. (2010). Well-being depends on social relationship characteristics: Comparing different types and providers of support to older adults. *Ageing & Society, 30*(5), 843–857.

Merz, E. M., Consedine, N. S., Schulze, H. J., & Schuengel, C. (2009). Well-being of adult children and ageing parents: Associations with intergenerational support and relationship quality. *Ageing & Society, 29*(5), 783–802.

Mesman, J., & Groeneveld, M. G. (2018). Gendered parenting in early childhood: Subtle but unmistakable if you know where to look. *Child Development Perspectives, 12*(1), 22–27.

Mesman, J., van IJzendoorn, M. H., & Bakermans-Kranenburg, M. J. (2009). The many faces of the Still-Face Paradigm: A review and meta-analysis. *Developmental Review, 29*(2), 120–162.

Messinger, D. S., Bauer, C. R., Das, A., Seifer, R., Lester, B. M., Lagasse, L. L., . . . Poole, W. K. (2004). The maternal lifestyle study: Cognitive, motor, and behavioral outcomes of cocaine-exposed and opiate-exposed infants through three years of age. *Pediatrics, 113*, 1677–1685.

Metz, T. D., & Stickrath, E. H. (2015). Marijuana use in pregnancy and lactation: A review of the evidence. *American Journal of Obstetrics and Gynecology, 213*(6), 761–778.

Meucci, M. R., Gozalo, P., Dosa, D., & Allen, S. M. (2016). Variation in the presence of simple home modifications of older Americans: Findings from the National Health and Aging Trends Study. *Journal of the American Geriatrics Society, 64*(10), 2081–2087.

Meyer, B. J. F., Russo, C., & Talbot, A. (1995). Discourse comprehension and problem solving: Decisions about the treatment of breast cancer by women across the life-span. *Psychology in Aging, 10*, 84–103.

Meyer, I. H. (2003). Prejudice, social stress, and mental health in lesbian, gay, and bisexual populations: Conceptual issues and research evidence. *Psychological Bulletin, 129*, 674–697.

Meyer, J. D., Koltyn, K. F., Stegner, A. J., Kim, J. S., & Cook, D. B. (2016). Influence of exercise intensity for improving depressed mood in depression: A dose-response study. *Behavior Therapy, 47*(4), 527–537.

Meyer-Bahlburg, H. F. (2005). Gender identity outcome in female-raised 46, XY persons with penile agenesis, cloacal exstrophy of the bladder, or penile ablation. *Archives of Sexual Behavior, 34*(4), 423–438.

Michalska, K. J., Zeffiro, T. A., & Decety, J. (2016). Brain response to viewing others being harmed in children with conduct disorder symptoms. *Journal of Child Psychology and Psychiatry, 57*(4), 510–519.

Mienaltowski, A. (2011). Everyday problem solving across the adult life span: Solution diversity and efficacy. *Annals of the New York Academy of Sciences, 1235*(1), 75–85.

Migeon, B. R. (2006). The role of X inactivation and cellular mosaicism in women's health and sex-specific disorders. *Journal of the American Medical Association, 295*, 1428–1433.

Milanović, Z., Pantelić, S., Trajković, N., Sporiš, G., Kostić, R., & James, N. (2013). Age-related decrease in physical activity and functional fitness among elderly men and women. *Clinical Interventions in Aging, 8*, 549.

Miles, C. L., Matthews, J., Brennan, L., & Mitchell, S. (2010). Changes in the content of children's school lunches across the school week. *Health Promotion Journal of Australia, 21*(3), 196–201.

Milioni, M., Alessandri, G., Eisenberg, N., & Caprara, G. V. (2016). The role of positivity as predictor of ego-resiliency from adolescence to young adulthood. *Personality and Individual Differences, 101*, 306–311.

Milkie, M. A., & Peltola, P. (1999). Playing all the roles: Gender and the work-family balancing act. *Journal of Marriage and Family, 61*, 476–490.

Miller, B., Messias, E., Miettunen, J., Alaräisänen, A., Järvelin, M. R., Koponen, H., . . . & Kirkpatrick, B. (2010). Meta-analysis of paternal age and schizophrenia risk in male versus female offspring. *Schizophrenia Bulletin, 37*(5), 1039–1047.

Miller, D. I., & Halpern, D. F. (2014). The new science of cognitive sex differences. *Trends in Cognitive Sciences, 18*(1), 37–45.

Miller, D. I., Eagly, A. H., & Linn, M. C. (2015). Women's representation in science predicts national gender-science stereotypes: Evidence from 66 nations. *Journal of Educational Psychology, 107*(3), 631.

Miller, D. P. (2011). Maternal work and child overweight and obesity: The importance of timing. *Journal of Family and Economic Issues, 32*(2), 204–218.

Miller, G. E., & Blackwell, E. (2006). Turning up the heat. *Current Directions in Psychological Science, 15*, 269–272.

Miller, K., & Kohn, M. (1983). The reciprocal effects of job condition and the intellectuality of leisure-time activities. In M. L. Kohn & C. Schooler (Eds.), *Work and personality: An inquiry into the impact of social stratification* (pp. 217–241). Norwood, NJ: Ablex.

Miller, K. D., Siegel, R. L., Lin, C. C., Mariotto, A. B., Kramer, J. L., Rowland, J. H., . . . & Jemal, A. (2016). Cancer treatment and survivorship statistics, 2016. *CA: a Cancer Journal for Clinicians, 66*(4), 271–289.

Miller, L. J., Myers, A., Prinzi, L., & Mittenberg, W. (2009). Changes in intellectual functioning associated with normal aging. *Archives of Clinical Neuropsychology, 24*(7), 681–688. doi: 10.1093/arclin/acp072.

Miller, S. A. (2009). Children's understanding of second-order mental states. *Psychological Bulletin, 135*(5), 749.

Millman, R. P., Working Group on Sleepiness in Adolescents/Young Adults, & AAP Committee on Adolescents. (2005). Excessive sleepiness in adolescents and young adults: Causes, consequences, and treatment strategies. *Pediatrics, 115*, 1774–1786.

Mills, K. L., Lalonde, F., Clasen, L. S., Giedd, J. N., & Blakemore, S. J. (2012). Developmental changes in the structure of the social brain in late childhood and adolescence. *Social Cognitive and Affective Neuroscience, 9*(1), 123–131.

Mills, K. T., Bundy, J. D., Kelly, T. N., Reed, J. E., Kearney, P. M., Reynolds, K., . . . & He, J. (2016). Global disparities of hypertension prevalence and control. *Circulation, 134*(6), 441–450.

Milojev, P., & Sibley, C. G. (2017). Normative personality trait development in adulthood: A 6-year cohort-sequential growth model. *Journal of Personality and Social Psychology, 112*(3), 510.

Min, J., Chiu, D. T., & Wang, Y. (2013). Variation in the heritability of body mass index based on diverse twin studies: A systematic review. *Obesity Reviews, 14*(11), 871–882.

Minagawa-Kawai, Y., Van Der Lely, H., Ramus, F., Sato, Y., Mazuka, R., & Dupoux, E. (2010). Optical brain imaging reveals general auditory and language-specific processing in early infant development. *Cerebral Cortex, 21*(2), 254–261.

Mindell, J. A., Li, A. M., Sadeh, A., Kwon, R., & Goh, D. Y. (2015). Bedtime routines for young children: A dose-dependent association with sleep outcomes. *Sleep, 38*(5), 717–722.

Mindell, J. A., Sadeh, A., Kwon, R., & Goh, D. Y. (2013). Cross-cultural differences in the sleep of preschool children. *Sleep Medicine, 14*(12), 1283–1289.

Mindell, J. A., Sadeh, A., Wiegand, B., How, T. H., & Goh, D. Y. T. (2010). Cross-cultural differences in infant and toddler sleep. *Sleep Medicine, 11*, 274–289.

Miner, J. L., & Clarke-Stewart, A. (2009). Trajectories of externalizing behaviors from age 2 to age 9: Relations with gender, temperament, ethnicity, parenting and rater. *Developmental Psychology, 44*(3), 771–786.

Minges, K. E., & Redeker, N. S. (2016). Delayed school start times and adolescent sleep: A systematic review of the experimental evidence. *Sleep Medicine Reviews, 28*, 86–95.

Miniño, A. M., Anderson, R. N., Fingerhut, L. A., Boudreault, M. A., & Warner, M. (2006). Deaths: Injuries, 2002. *National Vital Statistics Reports, 54*(10). Hyattsville, MD: National Center for Health Statistics.

Minkin, M. J., Reiter, S., & Maamari, R. (2015). Prevalence of postmenopausal symptoms in North America and Europe. *Menopause, 22*(11), 1231–1238.

Minkler, M., & Fuller-Thomson, D. E. (2001). Physical and mental health status of American grandparents providing extensive child care to their grandchildren. *Journal of the American Medical Women's Association (1972), 56*(4), 199–205.

Mireault, G., Poutre, M., Sargent-Hier, M., Dias, C., Perdue, B., & Myrick, A. (2012). Humour perception and creation between parents and 3- to 6-month-old infants. *Infant and Child Development, 21*(4), 338–347.

Mireault, G., Sparrow, J., Poutre, M., Perdue, B., & Macke, L. (2012). Infant humor perception from 3-to 6-months and attachment at one year. *Infant Behavior and Development, 35*(4), 797–802.

Mischel, W. (1966). A social learning view of sex differences in behavior. In E. Maccoby (Ed.), *The development of sex differences* (pp. 57–81). Stanford, CA: Stanford University Press.

Missler, M., Stroebe, M., Geurtsen, L., Mastenbroek, M., Chmoun, S., & Van Der Houwen, K. (2012). Exploring death anxiety among elderly people: A literature review and empirical investigation. *OMEGA-Journal of Death and Dying, 64*(4), 357–379.

Mitchell, B. A. (2010). Happiness in midlife parental roles: A contextual mixed methods analysis. *Family Relations, 59*(3), 326–339.

Mitchell, B. A., & Lovegreen, L. D. (2009). The empty nest syndrome in midlife families: A multimethod exploration of parental gender differences and cultural dynamics. *Journal of Family Issues, 30*(12), 1651–1670.

Mitchell, J. P., Banaji, M. R., & MacRae, C. N. (2005). The link between social cognition and self-referential thought in the medial prefrontal cortex. *Journal of Cognitive Neuroscience, 17*(8), 1306–1315.

Mitchell, L. L., & Syed, M. (2015). Does college matter for emerging adulthood? Comparing developmental trajectories of educational groups. *Journal of Youth and Adolescence, 44*(11), 2012–2027.

Mitteldorf, J. (2010). Aging is not a process of wear and tear. *Rejuvenation Research, 13*(2-3), 322-326.

Mix, K. S., Huttenlocher, J., & Levine, S. C. (2002). Multiple cues for quantification in infancy: Is number one of them? *Psychological Bulletin, 128*, 278–294.

Miyake, K., Chen, S., & Campos, J. (1985). Infants' temperament, mothers' mode of interaction and attachment in Japan: An interim report. In I. Bretherton & E. Waters (Eds.), *Growing points of attachment theory and research. Monographs of the Society for Research in Child Development, 50*(1–2, Serial No. 109), 276–297.

Miyata, S., Noda, A., Iwamoto, K., Kawano, N., Okuda, M., & Ozaki, N. (2013). Poor sleep quality impairs cognitive performance in older adults. *Journal of Sleep Research, 22*(5), 535–541.

Mobbs, D., & Watt, C. (2011). There is nothing paranormal about near-death experiences: How neuroscience can explain seeing bright lights, meeting the dead, or being convinced you are one of them. *Trends in Cognitive Sciences, 15*(10), 447–449.

Modecki, K. L., Minchin, J., Harbaugh, A. G., Guerra, N. G., & Runions, K. C. (2014). Bullying prevalence across contexts: A meta-analysis measuring cyber and traditional bullying. *Journal of Adolescent Health, 55*(5), 602–611.

Moen, P., & Wethington, E. (1999). Midlife development in a life course context. In S. L. Willis & J. D. Reid (Eds.), *Life in the middle: Psychological and social development in middle age* (pp. 1–23). San Diego: Academic Press.

Moen, P., Dempster-McClain, D., & Williams, R. M., Jr. (1992). Successful aging: Life-course perspective on women's multiple roles and health. *American Journal of Sociology, 97*, 1612–1638.

Mohai, P., Lantz, P. M., Morenoff, J., House, J. S., & Mero, R. P. (2009). Racial and socioeconomic disparities in residential proximity to polluting industrial facilities: Evidence from the Americans' Changing Lives study. *American Journal of Public Health, 99*, S649–S656.

Mojon-Azzi, S., Kunz, A., & Mojon, D. S. (2010). Strabismus and discrimination in children: Are children with strabismus invited to fewer birthday parties? *British Journal of Ophthalmology, 95*(4), 473–476. doi: 10.1136/bjo.2010.185793.

Molinuevo, J. L., Blennow, K., Dubois, B., Engelborghs, S., Lewczuk, P., Perret-Liaudet, A., . . . & Parnetti, L. (2014). The clinical use of cerebrospinal fluid biomarker testing for Alzheimer's disease diagnosis: A consensus paper from the Alzheimer's Biomarkers Standardization Initiative. *Alzheimer's & Dementia, 10*(6), 808–817.

Moll, H., & Meltzoff, A. N. (2011). How does it look? Level 2 perspective-taking at 36 months of age. *Child Development, 82*(2), 661–673.

Moll, H., & Tomasello, M. (2012). Three-year-olds understand appearance and reality—just not about the same object at the same time. *Developmental Psychology, 48*(4), 1124.

Moller, L. C., & Serbin, L. A. (1996). Antecedents of toddler gender segregation: Cognitive consonance, gender-typed toy preferences and behavioral compatibility. *Sex Roles, 35*(7-8), 445–460.

Molnár, G. (2011). Playful fostering of 6-to 8-year-old students' inductive reasoning. *Thinking Skills and Creativity, 6*(2), 91–99.

Monahan, K. C., Steinberg, L., Cauffman, E., & Mulvey, E. P. (2009). Trajectories of antisocial behavior and psychosocial maturity from adolescence to young adulthood. *Developmental Psychology, 45*(6), 1654.

Mondschein, E. R., Adolph, K. E., & Tamis-LeMonda, C. S. (2000). Gender bias in mothers' expectations about infant crawling. *Journal of Experimental Child Psychology* (Special Issue on Gender), *77*, 304–316.

Money, J., Hampson, J. G., & Hampson, J. L. (1955). Hermaphroditism: Recommendations concerning assignment of sex, change of sex and psychologic management. *Bulletin of the Johns Hopkins Hospital, 97*(4), 284–300.

Monger, G. P. (2013). *Marriage customs of the world: An encyclopedia of dating customs and wedding traditions*. Santa Barbara, CA: ABC-CLIO, LLC.

Monin, J. K., Doyle, M., Van Ness, P. H., Schulz, R., Marottoli, R. A., Birditt, K., . . . & Kershaw, T. (2018). Longitudinal associations between cognitive functioning and depressive symptoms among older adult spouses in the Cardiovascular Health Study. *The American Journal of Geriatric Psychiatry, 26*(10), 1036–1046.

Montague, D. P. F., & Walker-Andrews, A. S. (2001). Peekaboo: A new look at infants' perception of emotion expressions. *Developmental Psychology, 37*, 826–838.

Monte, L. M. (2017). Fertility research brief. *Household Economic Studies Current Population Reports P70BR-147*. Washington, DC: U.S. Census Bureau.

Montenegro, X. P. (2004). *The divorce experience: A study of divorce at midlife and beyond*. Washington, DC: American Association of Retired Persons.

Montesi, L., El Ghoch, M., Brodosi, L., Calugi, S., Marchesini, G., & Dalle Grave, R. (2016). Long-term weight loss maintenance for obesity: A multidisciplinary approach. *Diabetes, Metabolic Syndrome and Obesity: Targets and Therapy, 9*, 37.

Montgomery, M. J., & Côté, J. E. (2003). College as a transition to adulthood. In G. R. Adams & M. D. Berzonsky (Eds.), *Blackwell handbook of adolescence*. Malden, MA: Blackwell.

Montirosso, R., Cozzi, P., Putnam, S. P., Gartstein, M. A., & Borgatti, R. (2011). Studying cross-cultural differences in temperament in the first year of life: United States and Italy. *International Journal of Behavioral Development, 35*(1), 27–37.

Moody, A. K. (2010). Using electronic books in the classroom to enhance emergent literacy skills in young children. *Journal of Literacy and Technology, 11*(4), 22–52.

Moody, H. R. (2009). *Aging: Concepts and controversies*. Thousand Oaks, CA: Pine Forge/Sage.

Mook-Kanamori, D. O., Steegers, E. A., Eilers, P. H., Raat, H., Hofman, A., & Jaddoe, V. W. (2010). Risk factors and outcomes associated with first-trimester fetal growth restriction. *Journal of the American Medical Association, 303*(6), 527–534. doi: 10.1001/jama.2010.78.

Moolchan, E. T., Franken, F. H., & Jaszyna-Gasior, M. (2006). Adolescent nicotine metabolism: Ethnoracial differences among dependent smokers. *Ethnicity and Disease, 16*(1), 239.

Moon, J. R., Kondo, N., Glymour, M. M., & Subramanian, S. V. (2011). Widowhood and mortality: A meta-analysis. *PLoS One, 6*(8), e23465.

Moon, R. Y., & Fu, L. (2012). Sudden infant death syndrome: An update. *Pediatrics in Review-Elk Grove, 33*(7), 314.

Moon, R. Y., & Hauck, F. R. (2016). SIDS risk: It's more than just the sleep environment. *Pediatrics, 137*(1), e20153665.

Mooney, C. J., Elliot, A. J., Douthit, K. Z., Marquis, A., & Seplaki, C. L. (2016). Perceived control mediates effects of socioeconomic status and chronic stress on physical frailty: Findings from the health and retirement study. *The Journals of Gerontology: Series B, 73*(7), 1175–1184.

Moor, N., & de Graaf, P. M. (2016). Temporary and long-term consequences of bereavement on happiness. *Journal of Happiness Studies, 17*(3), 913–936.

Moore, M. (2012). Behavioral sleep problems in children and adolescents. *Journal of Clinical Psychology in Medical Settings, 19*(1), 77–83.

Moore, R. C., Eyler, L. T., Mausbach, B. T., Zlatar, Z. Z., Thompson, W. K., Peavy, G., . . . & Jeste, D. V. (2015). Complex interplay between health and successful aging: Role of perceived stress, resilience, and social support. *The American Journal of Geriatric Psychiatry, 23*(6), 622–632.

Moran, C., & Hughes, L. (2006). Coping with stress: Social work students and humour. *Social Work Education, 25*(5), 501–517.

Moran, L., Lengua, L. J., Zalewski, M., Ruberry, E., Klein, M., Thompson, S., & Kiff, C. (2017). Variable-and person-centered approaches to examining temperament vulnerability and resilience to the effects of contextual risk. *Journal of Research in Personality, 67*, 61–74.

Mordre, M., Groholt, B., Kjelsberg, E., Sandstad, B., & Myhre, A. M. (2011). The impact of ADHD and conduct disorder in childhood on adult delinquency: A 30 years follow-up study using official crime records. *BMC Psychiatry, 11*(1), 57.

Moretti, F., De Ronchi, D., Bernabel, V., Marchetti, L., Ferrari, B., Forlani, C., . . . Atti, A. R. (2010). Pet therapy in elderly patients with mental illness. *Psychogeriatrics*. Advance online publication. doi: 10.1111/j.1479-8301.2010.00329.x.

Morris, A. S., Robinson, L. R., Hays-Grudo, J., Claussen, A. H., Hartwig, S. A., & Treat, A. E. (2017). Targeting parenting in early childhood: A public health approach to improve outcomes for children living in poverty. *Child Development, 88*(2), 388–397.

Morris, M. C. (2004). Diet and Alzheimer's disease: What the evidence shows. *Medscape General Medicine, 6*, 1–5.

Morrison, K. E., Rodgers, A. B., Morgan, C. P., & Bale, T. L. (2014). Epigenetic mechanisms in pubertal brain maturation. *Neuroscience, 264*, 17–24.

Morrissey, T. W. (2013). Trajectories of growth in body mass index across childhood: Associations with maternal and paternal employment. *Social Science & Medicine, 95*, 60–68.

Mortensen, E. L., Michaelson, K. F., Sanders, S. A., & Reinisch, J. M. (2002). The association between duration of breastfeeding and adult intelligence. *Journal of the American Medical Association, 287*, 2365–2371.

Mortimer, J. T., Kim, M., Staff, J., & Vuolo, M. (2016). Unemployment, parental help, and self-efficacy during the transition to adulthood. *Work and Occupations, 43*(4), 434–465.

Morton, H. (1996). *Becoming Tongan: An ethnography of childhood*. Honolulu: University of Hawaii Press.

Moses, L. J., Baldwin, D. A., Rosicky, J. G., & Tidball, G. (2001). Evidence for referential understanding in the emotions domain at twelve and eighteen months. *Child Development, 72*, 718–735.

Mosier, C. E., & Rogoff, B. (2003). Privileged treatment of toddlers: Cultural aspects of individual choice and responsibility. *Developmental Psychology, 39*, 1047–1060.

Moss, M. S., & Moss, S. Z. (1989). The death of a parent. In R. A. Kalish (Ed.), *Midlife loss: Coping strategies*. Newbury Park, CA: Sage.

Motta, V., Bonzini, M., Grevendonk, L., Iodice, S., & Bollati, V. (2017). Epigenetics applied to epidemiology: "nvestigating environmental factors and lifestyle influence on human health. *La Medicina del Lavoro, 108*(1), 10–23.

Mou, Y., Province, J. M., & Luo, Y. (2014). Can infants make transitive inferences? *Cognitive Psychology, 68*, 98–112.

Moulson, M. C., Fox, N. A., Zeanah, C. H., & Nelson, C. A. (2009). Early adverse experiences and the neurobiology of facial emotion processing. *Developmental Psychology, 45*, 17–30.

Mouw, T. (2005). Sequences of early adult transition: A look at variability and consequences. In R. A. Settersten Jr., F. F. Furstenberg Jr., & R. G. Rumbaut (Eds.), *On the frontier of adulthood: Theory, research, and public policy* (pp. 256–291). Chicago: University of Chicago Press.

Moyer, V. A. (2012). Screening for prostate cancer: U.S. Preventive Services Task Force recommendation statement. *Annals of Internal Medicine, 157*(2), 120–134.

Moyer, V. A. (2014). Screening for cognitive impairment in older adults: U.S. Preventive Services Task Force recommendation statement. *Annals of Internal Medicine, 160*(11), 791–797.

Mroczek, D. K. (2004). Positive and negative affect at midlife. In O. G. Brim, C. D. Ryff, & R. C. Kessler (Eds.), *How healthy are we? A national study of well-being at midlife* (pp. 205–226). Chicago: University of Chicago Press.

Mroczek, D. K., & Spiro, A. (2005). Change in life satisfaction during adulthood: Findings from the Veterans Affairs Normative Aging Study. *Journal of Personality and Social Psychology, 88*, 189–202.

Mroczek, D. K., & Spiro, A., III. (2007). Personality change influences mortality in older men. *Psychological Science, 18*(5), 371–376.

Mrug, S., Elliott, M. N., Davies, S., Tortolero, S. R., Cuccaro, P., & Schuster, M. A. (2014). Early puberty, negative peer influence, and problem behaviors in adolescent girls. *Pediatrics, 133*(1), 7–14.

Mrug, S., Molina, B. S., Hoza, B., Gerdes, A. C., Hinshaw, S. P., Hechtman, L., & Arnold, L. E. (2012). Peer rejection and friendships in children with attention-deficit/hyperactivity disorder: Contributions to long-term outcomes. *Journal of Abnormal Child Psychology, 40*(6), 1013–1026.

MTA Cooperative Group. (1999). A 14-month randomized clinical trial of treatment strategies for attention-deficit/hyperactivity disorder. *Archives of General Psychiatry, 56*, 1073–1986.

MTA Cooperative Group. (2004a). National Institute of Mental Health multimodal treatment study of ADHD follow-up: Changes in effectiveness and growth after the end of treatment. *Pediatrics, 113*, 762–769.

MTA Cooperative Group. (2004b). National Institute of Mental Health multimodal treatment study of ADHD follow-up: 24-month outcomes of treatment strategies for attention-deficit/hyperactivity disorder. *Pediatrics, 113*, 754–769.

Mueck, A., & Ruan, X. (2017). Menopausal symptoms–Comparing East and West. *Maturitas, 100*, 111.

Mueller, T. I., Kohn, R., Leventhal, N., Leon, A. C., Solomon, D., Coryell, W., . . . Keller, M. B. (2004). The course of depression in elderly patients. *American Journal of Psychiatry, 12*, 22–29.

Muentener, P., & Carey, S. (2010). Infants' causal representations of state change events. *Cognitive Psychology, 61*(2), 63–86.

Muetzel, R. L., Collins, P. F., Mueller, B. A., Schissel, A. M., Lim, K. O., & Luciana, M. (2008). The development of corpus callosum microstructure and associations with bimanual task performance in healthy adolescents. *Neuroimage, 39*(4), 1918–1925.

Mühlemann, B., Jones, T. C., de Barros Damgaard, P., Allentoft, M. E., Shevnina, I., Logvin, A., . . . & Tashbaeva, K. (2018). Ancient hepatitis B viruses from the Bronze Age to the medieval period. *Nature*, 1.

Mulder, H., Pitchford, N. J., & Marlow, N. (2010). Processing speed and working memory underlie academic attainment in very preterm children. *Archives of Disease in Childhood-Fetal and Neonatal Edition, 95*(4), F267–F272.

Mulford, C., & Giordano, P. (2008). Teen dating violence: A closer look at adolescent romantic relationships. *National Institute of Justice Journal, 261*, 34–41.

Mullan, D., & Currie, C. (2000). Socioeconomic equalities in adolescent health. In C. Currie, K. Hurrelmann, W. Settertobulte, R. Smith, & J. Todd (Eds.), *Health and health behaviour among young people: A WHO cross-national study (HBSC) international report* (pp. 65–72). (WHO Policy Series: Healthy Policy for Children and Adolescents, Series No. 1.) Copenhagen, Denmark: World Health Organization Regional Office for Europe.

Mullins, N., & Lewis, C. M. (2017). Genetics of depression: Progress at last. *Current Psychiatry Reports, 19*(8), 43.

Mumme, D. L., & Fernald, A. (2003). The infant as onlooker: Learning from emotional reactions observed in a television scenario. *Child Development, 74*, 221–237.

Mund, M., Freuding, M. M., Möbius, K., Horn, N., & Neyer, F. J. (2019). The stability and change of loneliness across the lifespan: A meta-analysis of longitudinal studies. *Personality and Social Psychology Review*, June 10. doi:1088868319850738.

Muniz-Terrera, G., van den Hout, A., Piccinin, A. M., Matthews, F. E., & Hofer, S. M. (2013). Investigating terminal decline: Results from a UK population-based study of aging. *Psychology and Aging, 28*(2), 377.

Murachver, T., Pipe, M., Gordon, R., Owens, J. L., & Fivush, R. (1996). Do, show, and tell: Children's event memories acquired through direct experience, observation, and stories. *Child Development, 67*, 3029–3044.

Muraco, A. (2006). Intentional families: Fictive kin ties between cross-gender, different sexual orientation friends. *Journal of Marriage and Family, 68*, 1313–1325.

Murata, A., Moser, J. S., & Kitayama, S. (2012). Culture shapes electrocortical responses during emotion suppression. *Social Cognitive and Affective Neuroscience, 8*(5), 595–601.

Muris, P., Merckelbach, H., & Collaris, R. (1997). Common childhood fears and their origins. *Behaviour Research and Therapy, 35*, 929–937.

Murphy, M. J., & Peterson, M. J. (2015). Sleep disturbances in depression. *Sleep Medicine Clinics, 10*(1), 17–23.

Murphy, S. L., Xu, J., Kochanek, K. D., & Arias, E. (2018). Mortality in the United States, 2017. *NCHS Data Brief, 328*. Hyattsville, MD: National Center for Health Statistics.

Murray, C. J., & Ng, M. (2017). Nearly one-third of the world's population is obese or overweight, new data show. *Institute for Health Metrics and Evaluation*. Retrieved from www.healthdata.org/news-release/nearly-one-third-world%E2%80%99s-population-obese-or-overweight-new-data-show.

Murray, C. J., Abraham, J., Ali, M. K., Alvarado, M., Atkinson, C., Baddour, L. M., . . . & Bolliger, I. (2013). The state of US health, 1990–2010: Burden of diseases, injuries, and risk factors. *JAMA, 310*(6), 591–606.

Murray, J., & Farrington, D. P. (2010). Risk factors for conduct disorder and delinquency: Key findings from longitudinal studies. *The Canadian Journal of Psychiatry, 55*(10), 633–642.

Murray, L., Cooper, P., & Fearon, P. (2014). Parenting difficulties and postnatal depression: Implications for primary healthcare assessment and intervention. *Community Practitioner, 87*, 34–38.

Murray, R., Ramstetter, C., Devore, C., Allison, M., Ancona, R., Barnett, S., . . . & Okamoto, J. (2013). The crucial role of recess in school. *Pediatrics, 131*(1), 183–188.

Murray-Close, M., & Heggeness, M. L. (2018). Manning up and womaning down: How husbands and wives report their earnings when she earns more. *U.S. Census Bureau Social, Economic, and Housing Statistics Division Working Paper* (2018-20).

Musick, M. A., Herzog, A. R., & House, J. S. (1999). Volunteering and mortality among older adults: Findings from a national sample. *Journal of Gerontology: Psychological Sciences, 54B*, S173–S180.

Musil, C. M., Gordon, N. L., Warner, C. B., Zauszniewski, J. A., Standing, T., & Wykle, M. (2010). Grandmothers and caregiving to grandchildren: Continuity, change, and outcomes over 24 months. *The Gerontologist, 51*(1), 86–100.

Mustanski, B. S., DuPree, M. G., Nievergelt, C. M., Bocklandt, S., Schork, N. J., & Hamer, D. H. (2005). A genomewide scan of male sexual orientation. *Human Genetics, 116*, 272–278.

Mustonen, U., Huurre, T., Kiviruusu, O., Haukkala, A., & Aro, H. (2011). Long-term impact of parental divorce on intimate relationship quality in adulthood and the mediating role of psychosocial resources. *Journal of Family Psychology, 25*(4), 615.

Myers, D. G. (2000). The funds, friends, and faith of happy people. *American Psychologist, 55*, 56–67.

Myers, J. E., & Harper, M. C. (2014). Midlife concerns and caregiving experiences: Intersecting life issues affecting mental health. In R. C. Talley, G. L. Fricchione, & B. G. Druss (Eds.), *The challenges of mental health caregiving* (pp. 123–142). New York: Springer.

Myers, J. E., Madathil, J., & Tingle, L. R. (2005). Marriage satisfaction and wellness in India and the United States: A preliminary comparison of arranged marriages and marriages of choice. *Journal of Counseling and Development, 83*(2), 183–190.

Myrick, S. E., & Martorell, G. A. (2011). Sticks and stones may break my bones: Protective factors for the effects of perceived discrimination on social competence in adolescence. *Personal Relationships, 18*(3), 487–501.

Nabi, R. L., Prestin, A., & So, J. (2013). Facebook friends with (health) benefits? Exploring social network site use and perceptions of social support, stress, and well-being. *Cyberpsychology, Behavior, and Social Networking, 16*(10), 721–727.

Nader, P. R., Bradley, R. H., Houts, R. M., McRitchie, S. L., & O'Brien, M. (2008). Moderate-to-vigorous physical activity from ages 9 to 15 years. *Journal of the American Medical Association, 300*, 295–305.

Nagaoka, J., & Roderick, M. (2004, April). *Ending social promotion: The effects of retention*. Chicago: Consortium on Chicago School Research.

Nagaraja, J., Menkedick, J., Phelan, K. J., Ashley, P., Zhang, X., & Lanphear, B. P. (2005). Deaths from residential injuries in US children and adolescents, 1985–1997. *Pediatrics, 116*, 454–461.

Naito, T., & Geilen, U. P. (2005). The changing Japanese family: A psychological portrait. In J. L. Roopnarine & U. P. Gielen (Eds.), *Families in global perspective* (pp. 63–84). Boston: Allyn & Bacon.

Najman, J. M., Hayatbakhsh, M. R., Heron, M. A., Bor, W., O'Callaghan, M. J., & Williams, G. M. (2009). The impact of episodic and chronic poverty on child cognitive development. *Journal of Pediatrics, 154*(2), 284–289.

Nakamoto, J., & Schwartz, D. (2010). Is peer victimization associated with academic achievement? A meta-analytic review. *Social Development, 19*(2), 221–242.

Namkung, E. H., Greenberg, J. S., & Mailick, M. R. (2016). Well-being of sibling caregivers: Effects of kinship relationship and race. *The Gerontologist, 57*(4), 626–636.

Nansel, T. R., Overpeck, M., Pilla, R. S., Ruan, W. J., Simons-Morton, B., & Scheidt, P. (2001). Bullying behaviors among U.S. youth: Prevalence and association with psychosocial adjustment. *Journal of the American Medical Association, 285,* 2094–2100.

Napier, J. L., & Jost, J. T. (2008). Why are conservatives happier than liberals? *Psychological Science, 19*(6), 565–572. doi: 10.1111/ j. 1467-9280.2008.02124.x.

Nardone, S., & Elliott, E. (2016). The interaction between the immune system and epigenetics in the etiology of autism spectrum disorders. *Frontiers in Neuroscience, 10,* 329. doi: 10.3389/ fnins.2016.00329.

Nathanielsz, P. W. (1995). The role of basic science in preventing low birth weight. *Future of Our Children, 5*(1), 57–70.

National Academies of Sciences, Engineering, and Medicine. (2019). *A roadmap to reducing child poverty.* Washington, DC: The National Academies Press. doi: 10.17226/25246.

National Alliance for Caregiving. (2015). *2015 report: Caregiving in the U.S.* [report]. Retrieved from www.caregiving.org/wp-content/uploads/2015/05/2015_CaregivingintheUS_Final--Report-June-4_WEB.pdf.

National Alliance for Public Charter Schools. (2018). *Estimated charter public school enrollment, 2016-17* [Report]. Retrieved from www.publiccharters.org/sites/default/files/migrated/wp-content/uploads/2017/01/EER_Report_V5.pdf.

National Assessment of Educational Progress: The Nation's Report Card. (2004). *America's charter schools: Results from the NAEP 2003 pilot study* (NCES 2005-456). Jessup, MD: U.S. Department of Education.

National Association for Gifted Children (NAGC). (n.d.). *Frequently asked questions.* Retrieved from www.nagc.org/index.aspx?id=548.

National Association of Child Care Resource and Referral Agencies (NACCRRA). (2010). *Parents and the high cost of child care: 2010 update.* Retrieved from http://www.naccrra.org/docs/High_Cost_Report_2010_One_Pager_072910a--final.pdf.

National Association of State Boards of Education. (2000). *Fit, healthy, and ready to learn: A school health policy guide.* Alexandria, VA: Author.

National Center for Chronic Disease Prevention and Health Promotion, Centers for Disease Control and Prevention (CDC). (2016). *Oral health: Working to improve oral health for all Americans; at a glance 2016.* Retrieved from www.cdc.gov/chronicdisease/pdf/aag-oral-health.pdf.

National Center for Complementary and Alternative Medicine (NCCAM). (2008). *Get the facts: Menopausal symptoms and complementary health practices.* Retrieved from http://nccam.nih.gov/sites/nccam.nih.gov/files/ Get_The_Facts_ Menopause_09-19-2013.pdf.

National Center for Education Statistics. (2017). *The condition of education: Children and youth with disabilities.* Retrieved from https://nces.ed.gov/programs/coe/indicator_cgg.asp.

National Center for Education Statistics. (2018a). *Public high school graduation rates* [News release]. Retrieved from https://nces.ed.gov/programs/coe/indicator_coi.asp.

National Center for Education Statistics. (2018b). *Employment and unemployment rates by educational attainment* [News report]. Retrieved from https://nces.ed.gov/programs/coe/indicator_cbc.asp.

National Center for Education Statistics. (2018b). *Nondegree work credentials and work experience programs: 2016* [Data report]. Retrieved from https://nces.ed.gov/programs/coe/indicator_sae.asp.

National Center for Education Statistics. (2019). *Table 1. Public high school 4-year adjusted cohort graduation rate (ACGR), by race/ethnicity and selected demographic characteristics for the United States, the 50 states, and the District of Columbia: School year 2016–17* [Data table]. Retrieved from https://nces.ed.gov/ccd/tables/ACGR_RE_and_characteristics_2016-17.asp.

National Center for Education Statistics. (2019b). *Indicator 19: College participation rates* [Data report]. Retrieved from https://nces.ed.gov/programs/raceindicators/indicator_REA.asp.

National Center for Education Statistics (NCES). (2001). *The condition of education 2001* (NCES 2001-072). Washington, DC: U.S. Government Printing Office.

National Center for Education Statistics (NCES). (2003). *The condition of education, 2003* (NCES 2003-067). Washington, DC: Author.

National Center for Education Statistics (NCES). (2004). *The condition of education 2004* (NCES 2004-077). Washington, DC: U.S. Government Printing Office.

National Center for Education Statistics (NCES). (2005a). *Children born in 2001—First results from the base year of Early Childhood Longitudinal Study, Birth Cohort* (ECLS-B). Retrieved from http://nces.ed.gov/pubs2005/children/index.asp.

National Center for Education Statistics (NCES). (2005b). *The condition of education 2005* (NCES 2005-094). Washington, DC: U.S. Government Printing Office.

National Center for Education Statistics (NCES). (2005c). *Trends in educational equity of girls & women 2004.* Retrieved from http://nces.ed.gov/pubsearch/pubsinfo.asp?pubid=2005016.

National Center for Education Statistics (NCES). (2006a). *Calories in, calories out: Food and exercise in public elementary schools, 2005* (NCES 2006-057). Washington, DC: Author.

National Center for Education Statistics (NCES). (2006b). *The condition of education 2006* (NCES 2006-071). Washington, DC: U.S. Government Printing Office.

National Center for Education Statistics (NCES). (2006c). *National Assessment of Adult Literacy (NAAL): A first look at the literacy of America's adults in the 21st century* (NCES 2006-470). Washington, DC: Author.

National Center for Education Statistics (NCES). (2007). *The Nation's Report Card: Mathematics 2007* (NCES 2007-494). Washington, DC: Author.

National Center for Education Statistics (NCES). (2007a). *College enrollment rate of recent high school completers, by sex: 1960 through 2006. Table 191* [Digest of Education Statistics]. Retrieved from http://nces.ed.gov/programs/digest/d07/tables/dt07_191.asp.

National Center for Education Statistics (NCES). (2007b). *The condition of education 2007* (NCES 2007-064). Washington, DC: Author.

National Center for Education Statistics (NCES). (2007c). *The Nation's Report Card: Mathematics 2007* (NCES 2007-494). Washington, DC: Author.

National Center for Education Statistics (NCES). (2007d). *The Nation's Report Card: Reading 2007* (NCES 2007-496). Washington, DC: Author.

National Center for Education Statistics (NCES). (2007e). *The reading literacy of U.S. fourth-grade students in an international context: Results from the 2001 and 2006 Progress in International Reading Literacy Study (PIRLS)* (NCES 2008-017). Washington, DC: Author.

National Center for Education Statistics (NCES). (2008). *1.5 million homeschooled students in the United States in 2007* (NCES 2009-030). Washington, DC: Author.

National Center for Education Statistics (NCES). (2009a). *Bachelor's degrees conferred by degree-granting institutions, by race/ethnicity and sex of student: Selected years, 1976–77 through 2006–07. Table 284* [Digest of Education Statistics: 2008]. Retrieved from http://nces.ed.gov/programs/digest/d08/tables/dt08_284.asp?referrer=report.

National Center for Education Statistics (NCES). (2009b). *The condition of education 2009* (NCES 2009-081). Washington, DC: Author.

National Center for Education Statistics (NCES). (2012a). *The condition of education 2012.* (NCES 2012-045), Table A-47-2.

National Center for Education Statistics (NCES). (2012b). *Digest of education statistics, 2011* (NCES 2012-001), Chapter 3.

National Center for Education Statistics (NCES). (2013). *The condition of education 2013* (NCES 2013-037). Immediate Transition to College.

National Center for Education Statistics (NCES). (2018a). *Employment and unemployment rates by educational attainment* [Data report]. Retrieved from https://nces.ed.gov/programs/coe/indicator_cbc.asp.

National Center for Education Statistics (NCES). (2019a). *Indicator 23: Postsecondary graduation rates* [Data report]. Retrieved from https://nces.ed.gov/programs/raceindicators/indicator_red.asp.

National Center for Education Statistics (NCES). (2019c). *Annual earnings of young adults* [Data report]. Retrieved from https://nces.ed.gov/programs/coe/indicator_cba.asp.

National Center for Elder Abuse. (2014). *Statistics/ data.* Retrieved from http://www.ncea.aoa.gov/Library/Data/index.aspx#abuser.

National Center for Health Statistics (NCHS). (1999). *Abstract adapted from Births: Final Data*

Referências

for 1999 by Mid-Atlantic Parents of Multiples. Retrieved from www.orgsites.com/va/mapom/_pgg1.php3.

National Center for Health Statistics (NCHS). (2004). *Health, United States, 2004 with chartbook on trends in the health of Americans* (DHHS Publication No. 2004-1232). Hyattsville, MD: Author.

National Center for Health Statistics (NCHS). (2005). *Health, United States, 2005* (DHHS Publication No. 2005-1232). Hyattsville, MD: Author.

National Center for Health Statistics (NCHS). (2006). *Health, United States, 2006*. Hyattsville, MD: Author.

National Center for Health Statistics (NCHS). (2007). *Health, United States, 2007 with chartbook on trends in the health of Americans*. Hyattsville, MD: Author.

National Center for Health Statistics (NCHS). (2008). *Health, United States, 2008, with chartbook*. Retrieved from http://www.cdc.gov/nchs/data/hus/hus08.pdf

National Center for Health Statistics (NCHS). (2009a). Distribution of teen births by age, 2007. *Vital Statistics Reports*. Hyattsville, MD: Author.

National Center for Health Statistics (NCHS). (2009b). Divorce rates by state: 1990, 1995, 1996–2007. *Division of Vital Statistics*. Retrieved from http://www.cdc.gov/nchs/data/nvss/Divorce%20Rates%2090%2095%20and%2099-07.pdf.

National Center for Health Statistics (NCHS). (2010). Table 68. Hypertension and elevated blood pressure among persons 20 years of age and over, by selected characteristics: United States, 1988-1994, 1999-2002, and 2003-2006. *Health, United States, 2009: With special feature on medical technology* (DHHS Publication No. 2010-1232). Hyattsville, MD: Author. Retrieved from http://www.cdc.gov/nchs/data/hus/hus09.pdf#068.

National Center for Health Statistics (NCHS). (2013). *Health, United States, 2012: With special feature on emergency care*. Hyattsville, MD: Author.

National Center for Health Statistics (NCHS). (2016). *Health, United States, 2015: With special feature on racial and ethnic health disparities*. Hyattsville, MD: Author.

National Center for Health Statistics (NCHS). (2017). *Births in the United States, 2016*. [Centers for Disease Control data brief]. Retrieved from www.cdc.gov/nchs/products/databriefs/db287.htm.

National Center for Health Statistics (NCHS). (2017). *Health, United States, 2016: With Chartbook on Long-term Trends in Health*. Hyattsville, MD: Author.

National Center for Health Statistics (NCHS). (2017a). *Health, United States, 2017: With special feature on mortality*. Hyattsville, MD: U.S. Department of Health and Human Services.

National Center for Health Statistics (NCHS). (2017b). *Health, United States, 2016: With chartbook on long-term trends in health*. Hyattsville, MD: Author.

National Center for Health Statistics (NCHS). (2018b). Tables of summary health statistics [data tables]. Retrieved from www.cdc.gov/nchs/nhis/SHS/tables.htm.

National Center for Injury Prevention and Control, Centers for Disease Control and Prevention (CDC), Web-based Injury Statistics Query and Reporting System (WISQARS). (2018). *Unintentional injury deaths, United States, 2016, ages 5–14*. Accessed at www.cdc.gov/injury/wisqars.

National Center for Injury Prevention and Control. (2013). *Home and recreational safety: Hip fractures among older adults*. Retrieved from: www.cdc.gov/homeandrecreationalsafety/falls/adulthipfx.html.

National Center for Learning Disabilities. (2004a). *Dyslexia: Learning disabilities in reading* [Fact sheet]. Retrieved from www.ld.org/LDInfoZone/InfoZone_FactSheet_Dyslexia.cfm.

National Center for Learning Disabilities. (2004b). *LD at a glance* [Fact sheet]. Retrieved from www.ld.org/LDInfoZone/InfoZone_FactSheet_LD.cfm.

National Center for Learning Disabilities. (2014). *The state of learning disabilities, 3rd ed., 2014* [Report]. Retrieved from www.ncld.org/wp-content/uploads/2014/11/2014-State-of-LD-FINAL-FOR-RELEASE.pdf.

National Center on Addiction and Substance Abuse (CASA). (2006, September). *The importance of family dinners III*. New York: Columbia University.

National Center on Addiction and Substance Abuse (CASA). (2007, September). *The importance of family dinners IV*. Retrieved from www.casacolumbia.org/.

National Center on Elder Abuse & Westat, Inc. (1998). *National Elder Abuse Incidence Study: Executive summary*. Washington, DC: American Public Human Services Association.

National Center on Shaken Baby Syndrome. (2000). *SBS questions*. Retrieved from www.dontshake.com/sbsquestions.html.

National Clearinghouse on Child Abuse and Neglect Information (NCCANI). (2004). *Long-term consequences of child abuse and neglect*. Retrieved from http://nccanch.acf.hhs.gov/pubs/factsheets/longtermconsequences.cfm.

National Coalition for the Homeless. (2006). *Education of homeless children and youth* (NCH Fact Sheet No. 10). Washington, DC: Author.

National Coalition for the Homeless. (2009). *Why are people homeless?* [NCH fact sheet #1]. Retrieved from www.nationalhomeless.org/factsheets/why.html.

National Coalition for the Homeless. (2018). *Homelessness in America*. Retrieved from http://nationalhomeless.org/about-homelessness/.

National Conference of State Legislators. (2018). *Health insurance and states: An NCSL overview* [Information Sheet]. Retrieved from www.ncsl.org/research/health/health-insurance-and-states-overview.aspx.

National Council on Aging. (2002). *American perceptions of aging in the 21st century: The NCOA's Continuing Study of the Myths and Realities of Aging (2002 update)*. Washington, DC: Author.

National Diabetes Education Program. (2008). *Overview of diabetes in children and adolescents. A fact sheet from the National Diabetes Education Program*. Retrieved from http://ndep.nih.gov/media/diabetes/youth/youth_FS.htm.

National Diabetes Information Clearinghouse (NDIC). (2007). *National diabetes statistics*. Retrieved from http://diabetes.niddk.nih.gov/DM/PUBS/statistics/#allages.

National Drug Intelligence Center. (2011). *National drug threat assessment*. Washington, DC: U.S. Department of Justice.

National Fatherhood Initiative. (2013). *The father factor: Data on the consequences of father absence*. Retrieved from http://www.fatherhood.org/media/consequences-of-father-absence-statistics.

National Fatherhood Initiative. (2016). *Father Facts 7*. Retrieved from www.fatherhood.org/father-absence-statistics-2016.

National Forum on Early Childhood Policy and Programs (2010). *Understanding the Head Start Impact Study*. Retrieved from http://www.developingchild.harvard.edu/.

National Healthy Marriage Resource Center. (n.d.). *Marriage trends in Western culture: A fact sheet*. Retrieved from http://www.healthymarriageinfo.org/docs/MarriageTrendsinWesternCulture.pdf.

National Highway Traffic Safety Administration. (2009). *Traffic safety facts research note*. Washington, DC: Author.

National Highway Traffic Safety Administration. (2017). *Teen driving*. Retrieved from www.nhtsa.gov/road-safety/teen-driving.

National Institute for Early Education Research (2017). The state of preschool, 2016. [Report]. Retrieved from http://nieer.org/wp-content/uploads/2017/09/Full_State_of_Preschool_2016_9.15.17_compressed.pdf.

National Institute of Child Health and Development. (2008). *Facts about Down syndrome*. Retrieved from www.nichd.nih.gov/publications/pubs/downsyndrome.cfm.

National Institute of Child Health and Human Development (NICHD). (2010). *Phenylketonuria (PKU)*. Retrieved from www.nichd.nih.gov/health/topics/phenylketonuria.cfm.

National Institute of Child Health and Human Development (NICHD). (2017). *Phenylketonuria (PKU)*. Retrieved from www.nichd.nih.gov/health/topics/pku/Pages/default.aspx.

National Institute of Mental Health (NIMH). (1999, April). *Suicide facts*. Retrieved from www.nimh.nih.gov/research/suifact.htm.

National Institute of Mental Health (NIMH). (2001a). *Helping children and adolescents cope with violence and disasters: Fact sheet* (NIH Publication No. 01-3518). Bethesda, MD: Author.

National Institute of Mental Health (NIMH). (2001b). *Teenage brain: A work in progress*.

Retrieved from www.nimh.gov/publicat/teenbrain.cfm.

National Institute of Mental Health (NIMH). (2002). *Preventive sessions after divorce protect children into teens*. Retrieved from www.nimh.nih.gov.

National Institute of Neurological Disorders and Stroke (NINDS). (2006, January 25). *NINDS shaken baby syndrome information page*. Retrieved from www.ninds.nih.gov/disorders/shakenbaby/shakenbaby.htm.

National Institute of Neurological Disorders and Stroke (NINDS). (2007). *NINDS Asperger syndrome information page*. Retrieved from www.ninds.nih.gov/disorders/asperger/asperger.htm.

National Institute on Aging (NIA). (1980). *Senility: Myth or madness*. Washington, DC: U.S. Government Printing Office.

National Institute on Aging (NIA). (1993). *Bound for good health: A collection of age pages*. Washington, DC: U.S. Government Printing Office.

National Institute on Aging (NIA). (2011). *Global health and aging*. Retrieved from http://www.nia.nih.gov/sites/default/files/nia-who_report_booklet_oct-2011_a4__1-12-12_5.pdf.

National Institute on Alcohol Abuse and Alcoholism (NIAAA). (1996, July). *Alcohol alert* (No. 33-1996 [PH 366]). Bethesda, MD: Author.

National Institute on Alcohol Abuse and Alcoholism (NIAAA). (2010). *Alcohol use and older adults*. Retrieved from http://nihseniorhealth.gov/alcoholuse/alcoholandaging/01.html.

National Institute on Alcohol Abuse and Alcoholism (NIAAA). (2016). *Alcohol facts and statistics*. Retrieved from www.niaaa.nih.gov/alcohol-health/overview-alcohol-consumption/alcohol-facts-and-statistics.

National Institute on Alcohol Abuse and Alcoholism (NIAAA). (2017). *Beyond hangovers: Understanding alcohol's impact on your health* [Fact sheet]. Retrieved from https://pubs.niaaa.nih.gov/publications/Hangovers/beyondHangovers.htm.

National Institute on Alcohol Abuse and Alcoholism (NIAAA). (2018). *Alcohol facts and statistics*. Retrieved from www.niaaa.nih.gov/alcohol-health/overview-alcohol-consumption/alcohol-facts-and-statistics.

National Institute on Alcohol Abuse and Alcoholism (NIAAA). (n.d.). *Rethinking drinking: Alcohol and your health*. Retrieved from http://rethinkingdrinking.niaaa.nih.gov/default.asp.

National Institute on Deafness and Other Communication Disorders. (2016). *Quick statistics about hearing* [Fact sheet]. Retrieved from www.nidcd.nih.gov/health/statistics/quick-statistics-hearing.

National Institute on Drug Abuse (NIDA). (2008). *Quarterly report: Potency Monitoring Project* (Report 100, December 16, 2007 through March 15, 2008). University, MS: National Center for Natural Products Research, University of Mississippi.

National Institutes of Health. (2007). *Why populations aging matters: A global perspective*. Retrieved from www.nia.nih.gov/sites/default/files/2017-06/WPAM.pdf.

National Institutes of Health (NIH) Consensus Development Panel. (2001). National Institutes of Health Consensus Development conference statement: Phenyl-ketonuria screening and management. October 16–18, 2000. *Pediatrics, 108*(4), 972–982.

National Institutes of Health (NIH) Consensus Development Panel on Osteoporosis Prevention, Diagnosis, and Therapy. (2001). Osteoporosis prevention, diagnosis, and therapy. *Journal of the American Medical Association, 285*, 785–794.

National Institutes of Health (NIH). (1992, December 7–9). Impotence. *NIH Consensus Statement, 10*(4). Washington, DC: U.S. Government Printing Office.

National Institutes of Health (NIH). (2003). The low-down on osteoporosis: What we know and what we don't. *Word on health*. Bethesda, MD: Author.

National Institutes of Health (NIH). (2005). NIH state-of-the-science conference statement: Management of menopause-related symptoms. *Annals of Internal Medicine, 142*(12, Pt.1), 1003–1013.

National Institutes of Health (NIH). (2010a, February 4). *NIH scientists identify maternal and fetal genes that increase preterm birth risk* [Press release]. Retrieved from http://www.nih.gov/news/health/feb2010/nichd-04.htm.

National Institutes of Health (NIH). (2010b, March 8–10). *Consensus Development Conference on Vaginal Birth after Cesarean: New insights*. Bethesda, MD: Author. Retrieved from http://consensus.nih.gov/2010/vbac.htm.

National Institutes of Health/National Institute on Aging. (1993, May). *In search of the secrets of aging* (NIH Publication No. 93-2756). Washington, DC: National Institutes of Health.

National Institutes of Mental Health. (2016). *Eating Disorders* [Fact sheet]. Retrieved from www.nimh.nih.gov/health/topics/eating-disorders/index.shtml.

National Library of Medicine. (2003). *Medical encyclopedia: Conduct disorder*. Retrieved from www.nlm.nih.gov/medlineplus/ency/article/000919.htm.

National Library of Medicine. (2004). *Medical encyclopedia: Oppositional defiant disorder*. Retrieved from www.nlm.nih.gov/medlineplus/ency/article/001537.htm.

National Mental Health Association. (n.d.). *Coping with loss—bereavement and grief* [Fact sheet]. Alexandria, VA: Author.

National Parents' Resource Institute for Drug Education. (1999, September 8). *PRIDE surveys, 1998–99 national summary: Grades 6–12*. Bowling Green, KY: Author.

National Reading Panel. (2000). *Report of the National Reading Panel. Teaching children to read: An evidence-based assessment of the scientific research literature on reading and its implications for reading instruction: Reports of the subgroups*. Washington, DC: National Institute of Child Health and Human Development.

National Research Council (NRC). (1993a). *Losing generations: Adolescents in high risk settings*. Washington, DC: National Academy Press.

National Research Council (NRC). (1993b). *Understanding child abuse and neglect*. Washington, DC: National Academy Press.

National Research Council (NRC). (2006). *Food insecurity and hunger in the United States: An assessment of the measure*. Washington, DC: National Academies Press.

National Scientific Council on the Developing Child. (2010). *Persistent fear and anxiety can affect young children's learning and development: Working paper #9*. Retrieved from http://www.developingchild.net

National Sleep Foundation. (2001). *2001 Sleep in America poll*. Retrieved from www.sleepfoundation.org/publications/2001poll.html

National Sleep Foundation. (2004). *Sleep in America*. Washington, DC: Author.

National Sleep Foundation. (2016). *National Sleep Foundation recommends new sleep times*. Retrieved from https://sleepfoundation.org/press-release/national-sleep-foundation-recommends-new-sleep-times.

National Survey on Drug Use and Health (NSDUH). (2009, September 17). *Suicidal thoughts and behaviors among adults*. Retrieved from http://www.oas.samhsa.gov/2k9/165/Suicide.htm.

National Survey on Drug Use and Health (NSDUH). (2012). *Results from the 2011 national survey on drug use and health: Mental health findings*. NSDUH Series H-45. HHS Publication No. (SMA) 12-4725. Rockville, MD: Substance Abuse and Mental Health Services Administration. Retrieved from http://www.samhsa.gov/data/NSDUH/2k11MH_FindingsandDetTables/2K11MHFR/NSDUHmhfr2011.htm.

Natrajan, M. S., de la Fuente, A. G., Crawford, A. H., Linehan, E., Nuñez, V., Johnson, K. R., . . . & Franklin, R. J. (2015). Retinoid X receptor activation reverses age-related deficiencies in myelin debris phagocytosis and remyelination. *Brain, 138*(12), 3581–3597.

Naveh-Benjamin, M., Brav, T., & Levy, O. (2007). The associative memory deficit of older adults: The role of strategy utilization. *Psychology and Aging, 22*(1), 202–208.

NCD Factor Collaboration. (2016). Trends in adult body-mass index in 200 countries from 1975 to 2014: A pooled analysis of 1698 population-based measurement studies with 19.2 million participants. *The Lancet, 387*(10026), 1377–1396.

Neely-Barnes, S. L., Graff, J. C., & Washington, G. (2010). The health-related quality of life of custodial grandparents. *Health & Social Work, 35*(2), 87–97.

Nehring, I., Kostka, T., von Kries, R., & Rehfuess, E. A. (2015). Impacts of in utero and early infant taste experiences on later taste acceptance: A systematic review–3. *The Journal of Nutrition, 145*(6), 1271–1279.

Neidorf, S., & Morin, R. (2011). *Four-in-ten Americans have close friends or relatives who are gay*. Retrieved from http://pewresearch.org/pubs/485/friends-who-are-gay.

Neimeyer, R. A., & Currier, J. M. (2009). Grief therapy: Evidence of efficacy and emerging directions.

Current Directions in Psychological Science, 18(6), 352–356.

Neisser, U., Boodoo, G., Bouchard, T. J., Jr., Boykin, A. W., Brody, N., Ceci, S. J., . . . Urbina, S. (1996). Intelligence: Knowns and unknowns. *American Psychologist, 51*(2), 77–101.

Neitzel, C., & Stright, A. D. (2003). Relations between parents' scaffolding and children's academic self-regulation: Establishing a foundation of self-regulatory competence. *Journal of Family Psychology, 17*, 147–159.

Nelson, C. A. (1995). The ontogeny of human memory: A cognitive neuroscience perspective. *Developmental Psychology, 31*, 723–738.

Nelson, C. A. (2008). A neurobiological perspective on early human deprivation. *Child Development Perspectives, 1,* 13–18.

Nelson, C. A., Monk, C. S., Lin, J., Carver, L. J., Thomas, K. M., & Truwit, C. L. (2000). Functional neuroanatomy of spatial working memory in children. *Developmental Psychology, 36,* 109–116.

Nelson, D. I., Nelson, R. Y., Concha-Barrientos, M., & Fingerhut, M. (2005). The global burden of occupational noise-induced hearing loss. *American Journal of Industrial Medicine, 48*(6), 446–458.

Nelson, K. (2005). Evolution and development of human memory systems. In B. J. Ellis & D. F. Bjorklund (Eds.), *Origins of the social mind: Evolutionary psychology and child development* (pp. 319–345). New York: Guilford Press.

Nelson, K., & Fivush, R. (2004). The emergence of autobiographical memory: A social cultural developmental theory. *Psychological Bulletin, 111,* 486–511.

Nelson, K. B., Dambrosia, J. M., Ting, T. Y., & Grether, J. K. (1996). Uncertain value of electronic fetal monitoring in predicting cerebral palsy. *New England Journal of Medicine, 334,* 613–618.

Nelson, L. J., Padilla-Walker, L. M., & Nielson, M. G. (2015). Is hovering smothering or loving? An examination of parental warmth as a moderator of relations between helicopter parenting and emerging adults' indices of adjustment. *Emerging Adulthood, 3*(4), 282–285.

Nelson, M. C., & Gordon-Larsen, P. (2006). Physical activity and sedentary behavior patterns are associated with selected adolescent risk behaviors. *Pediatrics, 117,* 1281–1290.

Nelson, S. K., Kushlev, K., English, T., Dunn, E. W., & Lyubomirsky, S. (2013). In defense of parenthood: Children are associated with more joy than misery. *Psychological Science, 24*(1), 3–10.

Neppl, T. K., Dhalewadikar, J., & Lohman, B. J. (2016). Harsh parenting, deviant peers, adolescent risky behavior: Understanding the meditational effect of attitudes and intentions. *Journal of Research on Adolescence, 26*(3), 538–551.

Neppl, T. K., Donnellan, M. B., Scaramella, L. V., Widaman, K. F., Spilman, S. K., Ontai, L. L., & Conger, R. D. (2010). Differential stability of temperament and personality from toddlerhood to middle childhood. *Journal of Research in Personality, 44*(3), 386–396.

Nesdale, D. (2011). Social groups and children's intergroup prejudice: Just how influential are social group norms? *Anales de Psicología/Annals of Psychology, 27*(3), 600–610.

Ness, J., Ahmed, A., & Aronow, W. S. (2004). Demographics and payment characteristics of nursing home residents in the United States: A 23-year trend. *Journal of Gerontology: Medical Sciences, 59A,* 1213–1217.

Netz, Y., Wu, M., Becker, B. J., & Tenenbaum, G. (2005). Physical activity and psychological well-being in advanced age: A meta-analysis of intervention studies. *Psychology and Aging, 20,* 272–284.

Neuburger, S., Jansen, P., Heil, M., & Quaiser-Pohl, C. (2011). Mental rotation in pre-adolescence: Does the gender difference in elementary-school children depend on grade and stimulus type. *Personality and Individual Differences, 50,* 1238–1242.

Neugarten, B. L. (1967). The awareness of middle age. In R. Owen (Ed.), *Middle age.* London: BBC.

Neugarten, B. L., & Neugarten, D. A. (1987, May). The changing meanings of age. *Psychology Today,* pp. 29–33.

Neugarten, B. L., Havighurst, R., & Tobin, S. (1968). Personality and patterns of aging. In B. Neugarten (Ed.), *Middle age and aging.* Chicago: University of Chicago Press.

Neugarten, B. L., Moore, J. W., & Lowe, J. C. (1965). Age norms, age constraints, and adult socialization. *American Journal of Sociology, 70,* 710–717.

Neupert, S. D., Almeida, D. M., Mroczek, D. K., & Spiro, A. (2006). Daily stressors and memory failures in a naturalistic setting; Findings from the VA Normative Aging Study. *Psychology and Aging, 21,* 424–429.

Newbury, D. F., & Monaco, A. P. (2010). Genetic advances in the study of speech and language disorders. *Neuron, 68*(2), 309–320.

Newcomb, A. F., & Bagwell, C. L. (1995). Children's friendship relations: A meta-analytic review. *Psychological Bulletin, 117*(2), 306–347.

Newman, K. S. (2008, December). Ties That Bind: Cultural Interpretations of Delayed Adulthood in Western Europe and Japan 1. In *Sociological Forum* (Vol. 23, No. 4, pp. 645–669). Oxford, UK: Blackwell Publishing Ltd.

Newman, R. S. (2005). The cocktail party effect in infants revisited: Listening to one's name in noise. *Developmental Psychology, 41,* 352–362.

Neyfakh, L. (2014, Aug. 31). What "age segregation" does to America. *Boston Globe.* Retrieved from www.bostonglobe.com/ideas/2014/08/30/what-age-segregation-does-america/o568E8xoAQ7VG6F4grjLxH/story.html.

Ng, M., De Montigny, J. G., Ofner, M., Do, M. T. (2017). Environmental factors associated with autism spectrum disorder: A scoping review for the years 2003–2013. *Health Promotion and Chronic Disease Prevention in Canada, 37,* 1–23.

Ng, M., Fleming, T., Robinson, M., Thomson, B., Graetz, N., Margono, C., . . . & Abraham, J. P. (2014). Global, regional, and national prevalence of overweight and obesity in children and adults during 1980–2013: A systematic analysis for the Global Burden of Disease Study 2013. *The Lancet, 384*(9945), 766–781.

Ng, T. W., & Feldman, D. C. (2013). A meta-analysis of the relationships of age and tenure with innovation-related behaviour. *Journal of Occupational and Organizational Psychology, 86*(4), 585–616.

Ng, W., & Diener, E. (2018). Affluence and subjective well-being: Does income inequality moderate their associations? *Applied Research in Quality of Life,* 1–16.

Ngangana, P. C., Davis, B. L., Burns, D. P., McGee, Z. T., & Montgomery, A. J. (2016). Intra-family stressors among adult siblings sharing caregiving for parents. *Journal of Advanced Nursing, 72*(12), 3169–3181.

Ngun, T. C., & Vilain, E. (2014). The biological basis of human sexual orientation: Is there a role for epigenetics. *Advances in Genetics, 86,* 167–184.

Nguyen, S., & Rosengren, K. (2004). Parental reports of children's biological knowledge and misconceptions. *International Journal of Behavioral Development, 28*(5), 411–420.

NICHD Early Child Care Research Network. (1996). Characteristics of infant child care: Factors contributing to positive caregiving. *Early Childhood Research Quarterly, 11,* 269–306.

NICHD Early Child Care Research Network. (1997). The effects of infant child care on infant-mother attachment security: Results of the NICHD Study of Early Child Care. *Child Development,* 860–879.

NICHD Early Child Care Research Network. (1999a). Child outcomes when child care center classes meet recommended standards for quality. *American Journal of Public Health, 89,* 1072–1077.

NICHD Early Child Care Research Network. (1999b). Chronicity of maternal depressive symptoms, maternal sensitivity, and child functioning at 36 months. *Developmental Psychology, 35,* 1297–1310.

NICHD Early Child Care Research Network. (2000). The relation of child care to cognitive and language development. *Child Development, 71,* 960–980.

NICHD Early Child Care Research Network. (2002). Child-care structure, process, and outcome: Direct and indirect effects of child-care quality on young children's development. *Psychological Science, 13,* 199–206.

NICHD Early Child Care Research Network. (2003). Does amount of time spent in child care predict socioemotional adjustment during the transition to kindergarten? *Child Development, 74,* 976–1005.

NICHD Early Child Care Research Network. (2004a). Are child developmental outcomes related to before- and afterschool care arrangement? Results from the NICHD Study of Early Child Care. *Child Development 75,* 280–295.

NICHD Early Child Care Research Network. (2004b). Does class size in first grade relate to children's academic and social performance or observed classroom processes? *Developmental Psychology, 40*, 651–664.

NICHD Early Child Care Research Network. (2005a). Duration and developmental timing of poverty and children's cognitive and social development from birth through third grade. *Child Development, 76*, 795–810.

NICHD Early Child Care Research Network. (2005b). Pathways to reading: The role of oral language in the transition to reading. *Developmental Psychology, 41*, 428–442.

NICHD Early Child Care Research Network. (2005c). Predicting individual differences in attention, memory, and planning in first graders from experiences at home, child care, and school. *Developmental Psychology, 41*, 99–114.

Nickerson, A. B., & Nagel, R. J. (2005). Parent and peer attachment in late childhood and early adolescence. *Journal of Early Adolescence, 25*, 223–249.

Nickerson, A., Bryant, R. A., Aderka, I. M., Hinton, D. E., & Hofmann, S. G. (2013). The impacts of parental loss and adverse parenting on mental health: Findings from the National Comorbidity Survey-Replication. *Psychological Trauma: Theory, Research, Practice, and Policy, 5*(2), 119.

Nicolaisen, M., & Thorsen, K. (2017). What are friends for? Friendships and loneliness over the lifespan—From 18 to 79 years. *The International Journal of Aging and Human Development, 84*(2), 126–158.

Nielsen, G., Pfister, G., & Andersen, L. B. (2011). Gender differences in the daily physical activities of Danish school children. *European Physical Education Review, 17*(1), 69–90.

Nielsen, M., & Tomaselli, K. (2010). Overimitation in Kalahari Bushman children and the origins of human cultural cognition. *Psychological Science, 21*(5), 729–736.

Nielsen, M., Dissanayake, C., & Kashima, Y. (2003). A longitudinal investigation of self-other discrimination and the emergence of mirror self-recognition. *Infant Behavior & Development, 26*, 213–226.

Nielsen, M., Suddendorf, T., & Slaughter, V. (2006). Mirror self-recognition beyond the face. *Child Development, 77*, 176–185.

Nieuwenhuijsen, M. J., Dadvand, P., Grellier, J., Martinez, D., & Vrijheid, M. (2013). Environmental risk factors of pregnancy outcomes: A summary of recent meta-analyses of epidemiological studies. *Environmental Health, 12*(1), 6.

Nihtilä, E., & Martikainen, P. (2008). Why older people living with a spouse are less likely to be institutionalized: The role of socioeconomic factors and health characteristics. *Scandinavian Journal of Public Health, 36*, 35–43.

Nilsen, E. S., & Graham, S. A. (2009). The relations between children's communicative perspective-taking and executive functioning. *Cognitive Psychology, 58*, 220–249.

Nirmala, A., Reddy, B. M., & Reddy, P. P. (2008). Genetics of human obesity: An overview. *International Journal of Human Genetics, 8*, 217–226.

Nisbett, R. E., Aronson, J., Blair, C., Dickens, W., Flynn, J., Halpern, D. F., & Turkheimer, E. (2012). Intelligence: new findings and theoretical developments. *American Psychologist, 67*(2), 130.

Niv, S., Ashrafulla, S., Tuvblad, C., Joshi, A., Raine, A., Leahy, R., & Baker, L. A. (2015). Childhood EEG frontal alpha power as a predictor of adolescent antisocial behavior: A twin heritability study. *Biological Psychology, 105*, 72–76.

Noble, Y., & Boyd, R. (2012). Neonatal assessments for the preterm infant up to 4 months corrected age: A systematic review. *Developmental Medicine & Child Neurology, 54*(2), 129–139.

Nock, M. K., Borges, G., Bromet, E. J., Alonso, J., Angermeyer, M., Beautrais, A., . . . Williams, D. (2008). Cross-national prevalence and risk factors for suicidal ideation, plans and attempts. *British Journal of Psychiatry, 192*, 98–105.

Nock, M. K., Green, J. G., Hwang, I., McLaughlin, K. A., Sampson, N. A., Zaslavsky, A. M., & Kessler, R. C. (2013). Prevalence, correlates, and treatment of lifetime suicidal behavior among adolescents: Results from the National Comorbidity Survey Replication Adolescent Supplement. *JAMA Psychiatry, 70*(3), 300–310.

Noël, P. H., Williams, J. W., Unutzer, J., Worchel, J., Lee, S., Cornell, J., . . . Hunkeler, E. (2004). Depression and comorbid illness in elderly primary care patients: Impact on multiple domains of health status and well-being. *Annals of Family Medicine, 2*, 555–562.

Noël-Miller, C. (2010). Spousal loss, children, and the risk of nursing home admission. *Journals of Gerontology Series B: Psychological Sciences and Social Sciences, 65*(3), 370–380.

Noël-Miller, C. M. (2011). Partner caregiving in older cohabiting couples. *Journals of Gerontology Series B: Psychological Sciences and Social Sciences, 66*(3), 341–353.

Noirot, E., & Alegria, J. (1983). Neonate orientation towards human voice differs with type of feeding. *Behavioural Processes, 8*(1), 65–71.

Nolen-Hoeksema, S., & Aldao, A. (2011). Gender and age differences in emotion regulation strategies and their relationship to depressive symptoms. *Personality and Individual Differences, 51*(6), 704–708.

Noller, P. (2005). Sibling relationships in adolescence: Learning and growing together. *Personal Relationships, 12*(1), 1–22.

Noriuchi, M., Kikuchi, Y., & Senoo, A. (2008). The functional neuroanatomy of maternal love: Mother's response to infant's attachment behaviors. *Biological Psychiatry, 63*, 415–423.

Northey, J. M., Cherbuin, N., Pumpa, K. L., Smee, D. J., & Rattray, B. (2018). Exercise interventions for cognitive function in adults older than 50: A systematic review with meta-analysis. *British Journal of Sports Medicine, 52*(3), 154–160.

Northwestern University Center on Human Development. (2014). Revised parenting in the age of digital technology: A national survey. Retrieved from http://cmhd.northwestern.edu/wp-content/uploads/2015/06/ParentingAgeDigitalTechnology.REVISED.FINAL_.2014.pdf.

Norton, A. J., & Moorman, J. E. (1987). Current trends in marriage and divorce among American women. *Journal of Marriage and the Family, 49*(1), 3–14.

Norton, D. E. (2010). *Through the eyes of a child: An introduction to children's literature* (8th ed.). Boston: Prentice-Hall.

Nucci, L., Hasebe, Y., & Lins-Dyer, M. T. (2005). Adolescent psychological well-being and parental control. In J. Smetana (Ed.), *Changing boundaries of parental authority during adolescence* (New Directions for Child and Adolescent Development, No. 108, pp. 17–30). San Francisco: Jossey-Bass.

Nugent, J. K., Lester, B. M., Greene, S. M., Wieczorek-Deering, D., & O'Mahony, P. (1996). The effects of maternal alcohol consumption and cigarette smoking during pregnancy on acoustic cry analysis. *Child Development, 67*, 1806–1815.

O'Brien, C. M., & Jeffery, H. E. (2002). Sleep deprivation, disorganization and fragmentation during opiate withdrawal in newborns. *Pediatric Child Health, 38*, 66–71.

O'Connor, T., Heron, J., Golding, J., Beveridge, M., & Glover, V. (2002). Maternal antenatal anxiety and children's behavioural/emotional problems at 4 years. *British Journal of Psychiatry, 180*, 502–508.

O'Donnell, K., Badrick, E., Kumari, M., & Steptoe, A. (2008). Psychological coping styles and cortisol over the day in healthy older adults. *Psychoneuroendocrinology, 33*(5), 601–611.

O'Flynn O'Brien, K. L., Varghese, A. C., & Agarwal, A. (2010). The genetic causes of male factor infertility: A review. *Fertility and Sterility, 93*, 1–12.

O'Hara, M. W., & McCabe, J. E. (2013). Postpartum depression: Current status and future directions. *Annual Review of Clinical Psychology, 9*, 379–407.

O'Higgins, M., Roberts, I. S., Glover, V., & Taylor, A. (2013). Mother-child bonding at 1 year: Associations with symptoms of postnatal depression and bonding in the first few weeks. *Archives of Women's Mental Health, 16*, 381–389.

O'Keefe, L. (2014, June 24). Parents who read to their children nurture more than literary skills. *AAP News*. Retrieved from www.aappublications.org/content/early/2014/06/24/aapnews.20140624-2.

O'Shea, D. M., Fieo, R., Woods, A., Williamson, J., Porges, E., & Cohen, R. (2018). Discrepancies between crystallized and fluid ability are associated with frequency of social and physical engagement in community dwelling older adults. *Journal of Clinical and Experimental Neuropsychology, 40*(10), 963–970.

Oberle, E., Schonert-Reichl, K. A., & Thomson, K. C. (2010). Understanding the link between social and emotional well-being and peer relations in early adolescence: Gender-specific predictors of peer acceptance. *Journal of Youth and Adolescence, 39*(11), 1330–1342.

Oberman, L. M., & Ramachandran, V. S. (2007). The simulating social mind: The role of the mirror neuron system and simulation in the social and communicative deficits of autism spectrum disorders. *Psychological Bulletin, 133*, 310–327.

Obradovic, J., Stamperdahl, J., Bush, N. R., Adler, N. E., & Boyce, W. T. (2010). Biological sensitivity to context: The interactive effects of stress reactivity and family adversity on socioemotional behavior and school readiness. *Child Development, 81*, 270–289.

Odden, H., & Rochat, P. (2004). Observational learning and enculturation. *Educational and Child Psychology, 21*(2), 39–50.

Odgers, C. L., Donley, S., Caspi, A., Bates, C. J., & Moffitt, T. E. (2015). Living alongside more affluent neighbors predicts greater involvement in antisocial behavior among low-income boys. *Journal of Child Psychology and Psychiatry, 56*(10), 1055–1064.

Odgers, C. L., Moffitt, T. E., Tach, L. M., Sampson, R. J., Taylor, A., Matthews, C. L., & Caspi, A. (2009). The protective effects of neighborhood collective efficacy on British children growing up in deprivation: A developmental analysis. *Developmental Psychology, 45*(4), 942.

Oesterle, S., David Hawkins, J., Hill, K. G., & Bailey, J. A. (2010). Men's and women's pathways to adulthood and their adolescent precursors. *Journal of Marriage and Family, 72*(5), 1436–1453.

Oesterle, S., Hawkins, J. D., & Hill, K. G. (2011). Men's and women's pathways to adulthood and associated substance misuse. *Journal of Studies on Alcohol and Drugs, 72*(5), 763–773.

Offer, D., & Church, R. B. (1991). Generation gap. In R. M. Lerner, A. C. Petersen, & J. Brooks-Gunn (Eds.), *Encyclopedia of adolescence* (pp. 397–399). New York: Garland.

Offer, D., Kaiz, M., Ostrov, E., & Albert, D. B. (2002). Continuity in family constellation. *Adolescent and Family Health, 3*, 3–8.

Office for National Statistics. (2015). *Internet Access—Households and Individuals 2015*. Retrieved from http://webarchive.nationalarchives.gov.uk/20160106051923/; http://www.ons.gov.uk/ons/dcp171778_412758.pdf.

Office of Management and Budget. (2011). *Fiscal year 2012 budget of the U.S. government*. Washington, DC: Executive Office of the President.

Office of Minority Health, Centers for Disease Control and Prevention. (2005). Health disparities experienced by Black or African Americans—United States. *Morbidity and Mortality Weekly Report, 54*, 1–3.

Office of National Drug Control Policy. (2004). *The economic costs of drug abuse in the United States, 1992–2002* (No. 207303). Washington, DC: Executive Office of the President.

Office of National Drug Control Policy. (2008). *Teen marijuana use worsens depression: An analysis of recent data shows "self-medicating" could actually make things worse*. Washington, DC: Executive Office of the President.

Office on Smoking and Health, Centers for Disease Control and Prevention. (2006). *The health consequences of involuntary exposure to tobacco smoke: A report of the surgeon-general* (No. 017-024-01685-3). Washington, DC: U.S. Department of Health and Human Services.

Offit, P. A., Quarles, J., Gerber, M. A., Hackett, C. J., Marcuse, E. K., Kollman, T. R., . . . Landry, S. (2002). Addressing parents' concerns: Do multiple vaccines overwhelm or weaken the infant's immune system? *Pediatrics, 109*, 124–129.

Ofori, B., Oraichi, D., Blais, L., Rey, E., & Berard, A. (2006). Risk of congenital anomalies in pregnant users of non-steroidal anti-inflammatory drugs: A nested case-control study. *Birth Defects Research Part B: Developmental and Reproductive Toxicology, 77*(4), 268–279.

Ogden, C. L., Carroll, M. D., Curtin, L. R., Lamb, M. M., & Flegal, K. M. (2010). Prevalence of high body mass index in U.S. children and adolescents, 2007–2008. *Journal of the American Medical Association, 303*(3), 242–249.

Ogden, C. L., Carroll, M. D., Fryar, C. D., & Flegal, K. M. (2015). Prevalence of obesity among adults and youth: United States, 2011–2014. *NCHS Data Brief, 219*, 1–8. Hyattsville, MD: National Center for Health Statistics.

Ogden, C. L., Carroll, M. D., Kit, B. K., & Flegal, K. M. (2014). Prevalence of childhood and adult obesity in the United States, 2011-2012. *JAMA, 311*(8), 806–814.

Ogden, C. L., Carroll, M. D., Lawman, H. G., Fryar, C. D., Kruszon-Moran, D., Kit, B. K., & Flegal, K. M. (2016). Trends in obesity prevalence among children and adolescents in the United States, 1988–1994 through 2013–2014. *JAMA, 315*(21), 2292–2299.

Ogden, C. L., Carroll, M. D., McDowell, M. A., & Flegal, K. M. (2007). Obesity among adults in the United States: No change since 2003–2004. *NCHS Data Brief*. Hyattsville, MD: National Center for Health Statistics.

Ogden, C. L., Lamb, M. M., Carroll, M. D., & Flegal, K. M. (2010). Obesity and socioeconomic status in children and adolescents: United States, 2005–2008. *NCHS Data Brief, 51*. Hyattsville, MD: National Center for Health Statistics.

Okahana, H., & Zhou, E. (2017). *Graduate enrollment and degrees: 2006 to 2016*. Washington, DC: Council of Graduate Schools.

Olds, S. W. (1989). *The working parents' survival guide*. Rocklin, CA: Prima.

Olfson, M., Blanco, C., Liu, L., Moreno, C., & Laje, G. (2006). National trends in the outpatient treatment of children and adolescents with antipsychotic drugs. *Archives of General Psychiatry, 63*, 679–685.

Olfson, M., Crystal, S., Huang, C., & Gerhard, T. (2010). Trends in antipsychotic drug use by very young, privately insured children. *Journal of Child and Adolescent Psychiatry, 49*(1), 13–23.

Olson, M. E., Diekema, D., Elliott, B. A., & Renier, C. M. (2010). Impact of income and income inequality on infant health outcomes in the United States. *Pediatrics, 126*(6), 1165–1173.

Olsson, B., Lautner, R., Andreasson, U., Öhrfelt, A., Portelius, E., Bjerke, M., . . . & Wu, E. (2016). CSF and blood biomarkers for the diagnosis of Alzheimer's disease: A systematic review and meta-analysis. *The Lancet Neurology, 15*(7), 673–684.

Olthof, T., Schouten, A., Kuiper, H., Stegge, H., & Jennekens-Schinkel, A. (2000). Shame and guilt in children: Differential situational antecedents and experiential correlates. *British Journal of Developmental Psychology, 18*, 51–64.

Olweus, D. (1995). Bullying or peer abuse at school: Facts and intervention. *Current Directions in Psychological Science, 4*, 196–200.

Omodei, D., & Fontana, L. (2011). Calorie restriction and prevention of age-associated chronic disease. *FEBS Letters, 585*(11), 1537–1542.

Ono, M., & Harley, V. R. (2013). Disorders of sex development: New genes, new concepts. *Nature Reviews Endocrinology, 9*(2), 79–91.

Ooi, L. L., Baldwin, D., Coplan, R. J., & Rose-Krasnor, L. (2018). Young children's preference for solitary play: Implications for socio-emotional and school adjustment. *British Journal of Developmental Psychology, 36*(3), 501–507.

Oostenbroek, J., Redshaw, J., Davis, J., Kennedy-Costantini, S., Nielsen, M., Slaughter, V., & Suddendorf, T. (2018). Re-evaluating the neonatal imitation hypothesis. *Developmental Science, Early View*, e12720.

Opfer, J. E., & Gelman, S. A. (2011). Development of the animate-inanimate distinction. In U. Goswami (Ed.), *The Wiley-Blackwell handbook of childhood cognitive development* (pp. 213–238). Malden, MA: Blackwell Publishing.

Orathinkal, J., & Vansteenwegen, A. (2007). Do demographics affect marital satisfaction? *Journal of Sex & Marital Therapy, 33*(1), 73–85.

Orbuch, T. L., House, J. S., Mero, R. P., & Webster, P. S. (1996). Marital quality over the life course. *Social Psychology Quarterly, 59*, 162–171.

Oregon Health Authority. (2019). *Death with dignity act: 2018 data summary* [Public Health Division, Center for Health Statistics report]. Retrieved from www.oregon.gov/oha/PH/PROVIDERPARTNERRESOURCES/EVALUATIONRESEARCH/DEATHWITHDIGNITYACT/Documents/year21.pdf.

Oregon Health Authority. (n.d.). *Death with Dignity Act*. Retrieved from http://public.health.oregon.gov/ProviderPartnerResources/EvaluationResearch/DeathwithDignityAct/Pages/index.aspx.

Orel, N. A. (2004). Gay, lesbian, and bisexual elders: Expressed needs and concerns across focus groups. *Journal of Gerontological Social Work, 43*(2–3), 57–77.

Orentlicher, D. (1996). The legalization of physician-assisted suicide. *New England Journal of Medicine, 335*, 663–667.

Organisation for Economic Cooperation and Development (OECD). (2008). *Education at a glance*. Paris, France: Author.

Organisation for Economic Co-operation and Development. (2018). *Marriage and divorce rates*. [Data sheet]. Retrieved from www.oecd.org/els/family/SF_3_1_Marriage_and_divorce_rates.pdf.

Organisation for Economic Cooperation and Development (OCED). (2004). Education at a glance: OECD indicators—2004. *Education & Skills, 2004*(14), 1–456.

Organisation for Economic Cooperation and Development. (2013). *Cohabitation rate and prevalence of other forms of partnership* [Data report]. Retrieved from

Organisation for Economic Cooperation and Development. (2015). *The ABC of gender equity in education: Aptitude, behavior, confidence.* Retrieved from www.oecd.org/pisa/keyfindings/pisa-2012-results-gender-eng.pdf.

Organisation for Economic Cooperation and Development. (2016). *PISA 2015 results in focus.* Retrieved from www.oecd.org/pisa/pisa-2015-results-in-focus.pdf.

Ornoy, A., Reece, E. A., Pavlinkova, G., Kappen, C., & Miller, R. K. (2015). Effect of maternal diabetes on the embryo, fetus, and children: congenital anomalies, genetic and epigenetic changes and developmental outcomes. *Birth Defects Research Part C: Embryo Today: Reviews, 105*(1), 53–72.

Orr, D. P., & Ingersoll, G. M. (1995). The contribution of level of cognitive complexity and pubertal timing to behavioral risk in young adolescents. *Pediatrics, 95*(4), 528–533.

Orth, U., Trzesniewski, K. H., & Robins, R. W. (2010). Self-esteem development from young adulthood to old age: A cohort-sequential longitudinal study. *Journal of Personality and Social Psychology, 98,* 645–658. doi: 10.1037/a0018769.

Ortman, J. M., Velkoff, V. A., & Hogan, H. (2014). *An aging nation: The older population in the United States*, P25-1140. Washington, DC: U.S. Census Bureau, Economics and Statistics Administration, U.S. Department of Commerce.

Osborne, C., Manning, W. D., & Smock, P. J. (2007). Married and cohabiting parents' relationship stability: A focus on race and ethnicity. *Journal of Marriage and Family, 69*(5), 1345–1366.

O'Shea, A., Cohen, R., Porges, E. C., Nissim, N. R., & Woods, A. J. (2016). Cognitive aging and the hippocampus in older adults. *Frontiers in Aging Neuroscience, 8,* 298.

Oshima-Takane, Y., Goodz, E., & Derevensky, J. L. (1996). Birth order effects on early language development: Do secondborn children learn from overheard speech? *Child Development, 67*(2), 621–634

Ossorio, P., & Duster, T. (2005). Race and genetics: Controversies in biomedical, behavioral, and forensic sciences. *American Psychologist, 60,* 115–128.

Osterberg, E.C., Bernie, A.M., & Ramasamy, R. (2014). Risks of testosterone replacement therapy in men. *Indian Journal of Urology*, 30, 2–7.

Ouellette, G. P., & Sénéchal, M. (2008). A window into early literacy: Exploring the cognitive and linguistic underpinnings of invented spelling. *Scientific Studies of Reading, 12*(2), 195–219.

Out of sight, out of mind: Hidden cost of neglected tropical diseases. (2010, November 25). *The Guardian.* Retrieved from http://www.guardian.co.uk/science/blog/2010/nov/25/neglected-tropical-diseases.

Overstreet, S., Devine, J., Bevans, K., & Efreom, Y. (2005). Predicting parental involvement in children's schooling within an economically disadvantaged African American sample. *Psychology in the Schools, 42*(1), 101–111.

Owen, C. G., Whincup, P. H., Odoki, K., Gilg, J. A., & Cook, D. G. (2002). Infant feeding and blood cholesterol: A study in adolescents and a systematic review. *Pediatrics, 110,* 597–608.

Owen, J., & Fincham, F. D. (2011). Effects of gender and psychosocial factors on "friends with benefits" relationships among young adults. *Archives of Sexual Behavior, 40*(2), 311–320.

Owens, J., & Adolescent Sleep Working Group. (2014). Insufficient sleep in adolescents and young adults: An update on causes and consequences. *Pediatrics, 134*(3), e921–e932.

Owens, J. A., Chervin, R. D., & Hoppin, A. G. (2019). *Behavioral sleep problems in children* [Fact sheet]. Retrieved from www.uptodate.com/contents/behavioral-sleep-problems-in-children.

Owens, R. E. (1996). *Language development* (4th ed.). Boston: Allyn & Bacon.

Owsley, C. (2011). Aging and vision. *Vision Research, 51*(13), 1610–1622.

Oyserman, D., Coon, H. M., & Kemmelmeier, M. (2002). Rethinking individualism and collectivism: Evaluation of theoretical assumptions and meta-analyses. *Psychological Bulletin, 128*(1), 3.

Özçalışkan, Ş., & Goldin-Meadow, S. (2010). Sex differences in language first appear in gesture. *Developmental Science, 13*(5), 752–760.

Özen, S., & Darcan, Ş. (2011). Effects of environmental endocrine disruptors on pubertal development. *Journal of Clinical Research in Pediatric Endocrinology, 3*(1), 1.

Ozmeral, E. J., Eddins, A. C., Frisina, D. R., & Eddins, D. A. (2016). Large cross-sectional study of presbycusis reveals rapid progressive decline in auditory temporal acuity. *Neurobiology of Aging, 43,* 72–78.

Ozonoff, S., Young, G.S., Carter, A., Messinger, D., Yirimiya, N., Zwaigenbaum, L., . . . & Stone, W.L. (2011). Recurrence risk for autism spectrum disorders: A baby siblings research consortium study. *Pediatrics, 128.* doi: 10.1542/peds.2010-2825.

Pace, G. T., Shafer, K., Jensen, T. M., & Larson, J. H. (2015). Stepparenting issues and relationship quality: The role of clear communication. *Journal of Social Work, 15*(1), 24–44.

Pace-Schott, E. F., & Spencer, R. M. (2014). Sleep loss in older adults: Effects on waking performance and sleep-dependent memory consolidation with healthy aging and insomnia. In M. Bianchi (Ed.), *Sleep Deprivation and Disease* (pp. 185–197). New York: Springer.

Padilla, A. M., Lindholm, K. J., Chen, A., Duran, R., Hakuta, K., Lambert, W., & Tucker, G. R. (1991). The English-only movement: Myths, reality, and implications for psychology. *American Psychologist, 46*(2), 120–130.

Padilla-Walker, L. M., Nielson, M. G., & Day, R. D. (2016). The role of parental warmth and hostility on adolescents' prosocial behavior toward multiple targets. *Journal of Family Psychology, 30*(3), 331.

Padmanabhan, V., Cardoso, R. C., & Puttabyatappa, M. (2016). Developmental programming, a pathway to disease. *Endocrinology, 157*(4), 1328–1340.

Pagani, L. S., Fitzpatrick, C., Barnett, T. A., & Dubow, E. (2010). Prospective associations between early childhood television exposure and academic, psychosocial, and physical well-being by middle childhood. *Archives of Pediatrics & Adolescent Medicine, 164*(5), 425–431.

Painter, J. N., Willemsen, G., Nyholt, D., Hoekstra, C., Duffy, D. L., Henders, A. K., . . . & Martin, N. G. (2010). A genome wide linkage scan for dizygotic twinning in 525 families of mothers of dizygotic twins. *Human Reproduction, 25*(6), 1569–1580.

Pak, J. (2019, July 1). 5 states are restoring the individual mandate to buy health insurance [Blog post]. Retrieved from www.healthcare.com/blog/states-with-individual-mandate/.

Pal, S., & Tyler, J. K. (2016). Epigenetics and aging. *Science Advances, 2*(7), e1600584.

Palacios, J., & Brodzinsky, D. (2010). Adoption research: Trends, topics, outcomes. *International Journal of Behavioral Development, 34*(3), 270–284.

Paley, B., & O'Connor, M. J. (2011). Behavioral interventions for children and adolescents with Fetal Alcohol Spectrum Disorders. *Alcohol Research and Health, 34,* 64–75.

Pamuk, E., Makuc, D., Heck, K., Reuben, C., & Lochner, K. (1998). Socioeconomic status and health chartbook. In *Health, United States, 1998.* Hyattsville, MD: National Center for Health Statistics.

Pan, B. A., Rowe, M. L., Singer, J. D., & Snow, C. E. (2005). Maternal correlates of growth in toddler vocabulary production in low-income families. *Child Development, 76,* 763–782.

Pandharipande, P. P., Girard, T. D., Jackson, J. C., Morandi, A., Thompson, J. L., Pun, B. T., . . . & Moons, K. G. (2013). Long-term cognitive impairment after critical illness. *New England Journal of Medicine, 369*(14), 1306–1316.

Panigrahy, A., Filiano, J., Sleeper, L. A., Mandell, F., Valdes-Dapena, M., Krous, H. F., . . . Kinney, H. C. (2000). Decreased serotonergic receptor binding in rhombic lip-derived regions of the medulla oblongata in the sudden infant death syndrome. *Journal of Neuropathology and Experimental Neurology, 59,* 377–384.

Panza, F., Logroscino, G., Imbimbo, B. P., & Solfrizzi, V. (2014). Is there still any hope for amyloid-based immunotherapy for Alzheimer's disease? *Current Opinion in Psychiatry, 27*(2), 128–137.

Papadatou-Pastou, M., Martin, M., Munafo, M., & Jones, G. (2008). Sex differences in left-handedness: A meta-analysis of 144 studies. *American Psychological Association Bulletin, 134*(5), 677–699.

Papadimitriou, A. (2016). Timing of puberty and secular trend in human maturation. In P. Kumanov & A. Agarwal (Eds.), *Puberty: Physiology and abnormalities* (pp. 121–136). Basel, Switzerland: Springer International Publishing.

Papadopoulos, S., & Brennan, L. (2015). Correlates of weight stigma in adults with overweight and obesity: A systematic literature review. *Obesity, 23*(9), 1743–1760.

Papuć, E., & Rejdak, K. (2018). The role of myelin damage in Alzheimer's disease pathology. *Archives of Medical Science, 14*(1).

Parish-Morris, J., Mahajan, N., Hirsh-Pasek, K., Golinkoff, R. M., & Collins, M. F. (2013). Once upon a time: Parent–child dialogue and storybook reading in the electronic era. *Mind, Brain, and Education, 7*(3), 200–211.

Park, C. L., Holt, C. L., Le, D., Christie, J., & Williams, B. R. (2018). Positive and negative religious coping styles as prospective predictors of well-being in African Americans. *Psychology of Religion and Spirituality, 10*(4), 318.

Park, D., & Gutchess, A. (2006). The cognitive neuroscience of aging and culture. *Current Directions in Psychological Science, 15*, 105–108.

Park, D. C., & Reuter-Lorenz, P. (2009). The adaptive brain: Aging and neurocognitive scaffolding. *Annual Review of Psychology, 60*(1), 173–176.

Park, J. M., Metraux, S., & Culhane, D. P. (2010). Behavioral health services use among heads of homeless and housed poor families. *Journal of Health Care for the Poor and Underserved, 21*(2), 582–590.

Park, M. J., Mulye, T. P., Adams, S. H., Brindis, C. D., & Irwin, C. E. (2006). The health status of young adults in the United States. *Journal of Adolescent Health, 39*, 305–317.

Park, S., Belsky, J., Putnam, S., & Crnic, K. (1997). Infant emotionality, parenting, and 3-year inhibition: Exploring stability and lawful discontinuity in a male sample. *Developmental Psychology, 33*, 218–227.

Park, S., Sappenfield, W. M., Huang, Y., Sherry, B., & Bensyl, D. M. (2010). The impact of the availability of school vending machines on eating behavior during lunch: The Youth Physical Activity and Nutrition Survey. *Journal of the American Dietetic Association, 110*(10), 1532–1536.

Park, Y., & Killen, M. (2010). When is peer rejection justifiable? Children's understanding across two cultures. *Cognitive Development, 25*(3), 290–301. doi: 10.1016/j.cogdev.2009.10.004.

Parke, R. D. (2004a). Development in the family. *Annual Review of Psychology, 55*, 365–399.

Parke, R. D. (2004b). The Society for Research in Child Development at 70: Progress and promise. *Child Development, 75*, 1–24.

Parke, R. D., & Buriel, R. (1998). Socialization in the family: Ethnic and ecological perspectives. In W. Damon (Series Ed.) & N. Eisenberg (Vol. Ed.), *Handbook of child psychology: Vol. 3. Social, emotional, and personality development* (5th ed., pp. 463–552). New York: Wiley.

Parker, A. E., Mathis, E. T., & Kupersmidt, J. B. (2013). How is this child feeling? Preschool-aged children's ability to recognize emotion in faces and body poses. *Early Education & Development, 24*(2), 188–211.

Parker, J. D., Woodruff, T. J., Basu, R., & Schoendorf, K. C. (2005). Air pollution and birth weight among term infants in California. *Pediatrics, 115*, 121–128.

Parker, K. (2009a). *End-of-life decisions: How Americans cope*. Retrieved from www.pewresearch.org/.

Parker, K. (2012, March 15). *The boomerang generation: Feeling OK about living with mom and dad*. Retrieved from www.pewsocialtrends.org/2012/03/15/the-boomerang-generation/.

Parker, K., & Patten, E. (2013, Jan. 30). *The sandwich generation: Rising financial burdens for middle-aged Americans*. Retrieved from www.pewsocialtrends.org/2013/01/30/the-sandwich-generation/.

Parker, K., & Wang, W. (2013). Modern parenthood. *Pew Research Center's Social & Demographic Trends Project, 14*.

Parker, K., Horowitz, J. M., & Rohal, M. (2015). Parenting in America: Outlook, worries, aspirations are strongly linked to financial situation. Pew Research Center. Retrieved from www.pewsocialtrends.org/2015/12/17/parenting-in-america/.

Parker, L., Pearce, M. S., Dickinson, H. O., Aitkin, M., & Craft, A. W. (1999). Stillbirths among offspring of male radiation workers at Sellafield Nuclear Reprocessing Plant. *The Lancet, 354*, 1407–1414.

Parkes, A., Henderson, M., Wight, D., & Nixon, C. (2011). Is parenting associated with teenagers' early sexual risk-taking, autonomy and relationship with sexual partners? *Perspectives on Sexual and Reproductive Health, 43*(1), 30–40.

Parkes, C. M., Laungani, P., & Young, W. (Eds.). (2015). *Death and bereavement across cultures*. Abingdon-on-Thames, England: Routledge.

Parkes, T. L., Elia, A. J., Dickinson, D., Hilliker, A. J., Phillips, J. P., & Boulianne, G. L. (1998). Extension of Drosophila lifespan by overexpression of human SOD1 in motorneurons. *Nature Genetics, 19*, 171–174.

Parkinson, J. R., Hyde, M. J., Gale, C., Santhakumaran, S., & Modi, N. (2013). Preterm birth and the metabolic syndrome in adult life: A systematic review and meta-analysis. *Pediatrics, 131*(4), e1240–e1263.

Parmar, P., Harkness, S., & Super, C. M. (2004). Asian and Euro-American parents' ethnotheories of play and learning: Effects on preschool children's home routines and school behaviour. *International Journal of Behavioral Development, 28*(2), 97–104.

Parsons, C. E., Young, K. S., Rochat, T. J., Kringelbach, M. L., & Stein, A. (2012). Postnatal depression and its effects on child development: A review of evidence from low- and middle-income countries. *British Medical Bulletin, 101*, 57–79.

Parten, M. B. (1932). Social play among preschool children. *Journal of Abnormal and Social Psychology, 27*, 243–269.

Partridge, L. (2010). The new biology of ageing. *Philosophical Transactions, 365*(1537), 147–154.

Partridge, S., Balayla, J., Holcroft, C. A., & Abenhaim, H. A. (2012). Inadequate prenatal care utilization and risks of infant mortality and poor birth outcome: A retrospective analysis of 28,729,765 US deliveries over 8 years. *American Journal of Perinatology, 29*(10), 787–794.

Pascalis, O., & Kelly, D. J. (2009). The origins of face processing in humans: Phylogeny and ontogeny. *Perspectives on Psychological Science, 4*(2), 200–209.

Pascarella, E. T., Edison, M. I., Nora, A., Hagedorn, L. S., & Terenzini, P. T. (1998). Does work inhibit cognitive development during college? *Educational Evaluation and Policy Analysis, 20*, 75–93.

Pascolini, D., & Mariotti, S. P. (2012). Global estimates of visual impairment: 2010. *British Journal of Ophthalmology, 96*(5), 614–618.

Passarino, G., De Rango, F., & Montesanto, A. (2016). Human longevity: Genetics or lifestyle? It takes two to tango. *Immunity and Aging, 13*. doi: 10.1186/s12979-016-0066-z.

Pasterski, V., Geffner, M. E., Brain, C., Hindmarsh, P., Brook, C., & Hines, M. (2011). Prenatal hormones and childhood sex segregation: Playmate and play style preferences in girls with congenital adrenal hyperplasia. *Hormones and Behavior, 59*(4), 549–555.

Pasterski, V. L., Geffner, M. E., Brain, C., Hindmarsh, P., Brook, C., & Hines, M. (2005). Prenatal hormones and postnatal socialization by parents as determinants of male-typical toy play in girls with congenital adrenal hyperplasia. *Child Development, 76*(1), 264–278.

Pastor, P. N., & Reuben, C. A. (2008). Diagnosed attention deficit hyperactivity disorder and learning disability, United States, 2004–2006. *Vital and Health Statistics, 10*(237). Hyattsville, MD: National Center for Health Statistics.

Pastor, P. N., Duran, C., & Reuben, C. (2015). Quickstats: Percentage of children and adolescents aged 5–17 years with diagnosed attention-deficit/hyperactivity disorder (ADHD), by race and hispanic ethnicity—National health interview survey, United States, 1997–2014. *Morbidity and Mortality Weekly Report (MMWR), 64*(33), 925–925.

Pasupathi, M., Staudinger, U. M., & Baltes, P. B. (2001). Seeds of wisdom: Adolescents' knowledge and judgment about difficult life problems. *Developmental Psychology, 37*(3), 351–361.

Patel, H., Rosengren, A., & Ekman, I. (2004). Symptoms in acute coronary syndromes: Does sex make a difference? *American Heart Journal, 148*, 27–33.

Patel, K. V., Coppin, A. K., Manini, T. M., Lauretani, F., Bandinelli, S., Ferrucci, L., & Guralnik, J. M. (2006, August 10). Midlife physical activity and mobility in older age: The InCHIANTI Study. *American Journal of Preventive Medicine, 31*(3), 217–224.

Pathak, P., West, D., Martin, B. C., Helm, M. E., & Henderson, C. (2010). Evidence-based use of second-generation antipsychotics in a state Medicaid pediatric population, 2001–2005. *Psychiatric Services, 61*(2), 123–129.

Paton, G. (2012, Oct. 26). Overexposure to technology "makes children miserable." *The Telegraph*. Retrieved from www.telegraph.co.uk/education/educationnews/9636862/Overexposure-to-technology-makes-children-miserable.html#disqus_thread uk/201601060.

Patrick, S. W., & Schiff, D. M. (2017). A public health response to opioid use in pregnancy. *Pediatrics*, e20164070.

Patterson, C. (2018). *World Alzheimer Report 2018: The state of the art of dementia research: New frontiers*. London: Alzheimer's Disease International.

Patterson, C. J. (1992). Children of lesbian and gay parents. *Child Development, 63*, 1025–1042.

Patterson, C. J. (1995a). Lesbian mothers, gay fathers, and their children. In A. R. D'Augelli & C. J. Patterson (Eds.), *Lesbian, gay, and bisexual identities over the lifespan: Psychological perspectives* (pp. 293–320). New York: Oxford University Press.

Patterson, C. J. (1995b). Sexual orientation and human development: An overview. *Developmental Psychology, 31*, 3–11.

Patterson, T. (2017, June 15). Why does America have so many hungry kids? *CNN.* Retrieved from www.cnn.com/2017/06/09/health/champions-for-change-child-hunger-in-america/index.html.

Patton, G. C., Coffey, C., Cappa, C., Currie, D., Riley, L., Gore, F., ... & Mokdad, A. (2012). Health of the world's adolescents: A synthesis of internationally comparable data. *The Lancet, 379*(9826), 1665–1675.

Patton, G. C., Coffey, C., Sawyer, S. M., Viner, R. M., Haller, D. M., Bose, K. (2009, September 12). Global patterns of mortality in young people: A systematic analysis of population health data. *The Lancet.* Retrieved from www.thelancet.com/journals/lancet/article/PIIS0140-6736(09)60741-8/fulltext.

Pauen, S. (2002). Evidence for knowledge-based category discrimination in infancy. *Child Development, 73*, 1016–1033.

Pauli-Pott, U., Mertesacker, B., Bade, U., Haverkock, A., & Beckmann, D. (2003). Parental perceptions and infant temperament development. *Infant Behavior and Development, 26*(1), 27–48.

Pawelski, J. G., Perrin, E. C., Foy, J. M., Allen, C. E., Crawford, J. E., Del Monte, M., ... Vickers, D. L. (2006). The effects of marriage, civil union, and domestic partnership laws on the health and well-being of children. *Pediatrics, 118*, 349–364.

Pearl, R. (1928). *The rate of living.* New York: Alfred A. Knopf.

Peck, J. D., Leviton, A., & Cowan, L. D. (2010). A review of the epidemiologic evidence concerning the reproductive health effects of caffeine consumption: A 2000–2009 update. *Food and Chemical Toxicology, 48*(10), 2549–2576.

Pedersen, D. E. (2017). Which stressors increase the odds of college binge drinking? *College Student Journal, 51*(1), 129–141.

Pedersen, M., Giorgis-Allemand, L., Bernard, C., Aguilera, I., Andersen, A. M. N., Ballester, F., ... & Dedele, A. (2013). Ambient air pollution and low birthweight: A European cohort study (ESCAPE). *The Lancet Respiratory Medicine, 1*(9), 695–704.

Peek, S. T., Wouters, E. J., van Hoof, J., Luijkx, K. G., Boeije, H. R., & Vrijhoef, H. J. (2014). Factors influencing acceptance of technology for aging in place: A systematic review. *International Journal of Medical Informatics, 83*(4), 235–248.

Pegg, J. E., Werker, J. F., & McLeod, P. J. (1992). Preference for infant-directed over adult-directed speech: Evidence from 7-week-old infants. *Infant Behavior and Development, 15*, 325–345.

Pekel-Uludağlı, N., & Akbaş, G. (2016). Young adults' perceptions of social clock and adulthood roles in the Turkish population. *Journal of Adult Development*, 1–11.

Pellegrini, A. D., & Archer, J. (2005). Sex differences in competitive and aggressive behavior: A view from sexual selection theory. In B. J. Ellis & D. F. Bjorklund (Eds.), *Origins of the social mind: Evolutionary psychology and child development* (pp. 219–244). New York: Guilford Press.

Pellegrini, A. D., & Long, J. D. (2002). A longitudinal study of bullying, dominance, and victimization during the transition from primary school through secondary school. *British Journal of Developmental Psychology, 20*, 259–280.

Pellegrini, A. D., Dupuis, D., & Smith, P.K. (2007). Play in evolution and development. *Developmental Review, 27*, 261–276.

Pellegrini, A. D., Kato, K., Blatchford, P., & Baines, E. (2002). A short-term longitudinal study of children's playground games across the first year of school: Implications for social competence and adjustment to school. *American Educational Research Journal, 39*, 991–1015.

Pellegrini, A. D., Long, J. D., Roseth, C. J., Bohn, C. M., & Van Ryzin, M. (2007). A short-term longitudinal study of preschoolers (Homo sapiens) sex segregation: The role of physical activity, sex, and time. *Journal of Comparative Psychology, 121*(3), 282.

Pellegrini, E., Ballerini, L., Hernandez, M. D. C. V., Chappell, F. M., González-Castro, V., Anblagan, D., ... & Mair, G. (2018). Machine learning of neuroimaging for assisted diagnosis of cognitive impairment and dementia: A systematic review. *Alzheimer's & Dementia: Diagnosis, Assessment & Disease Monitoring, 10*, 519–535.

Pelphrey, K. A., Reznick, J. S., Davis Goldman, B., Sasson, N., Morrow, J., Donahoe, A., & Hodgson, K. (2004). Development of visuospatial short-term memory in the second half of the 1st year. *Developmental Psychology, 40*(5), 836.

Peng, S., Suitor, J. J., & Gilligan, M. (2016). The long arm of maternal differential treatment: Effects of recalled and current favoritism on adult children's psychological well-being. *The Journals of Gerontology: Series B, 73*(6), 1123–1132.

Penning, M. J., & Wu, Z. (2019). Caregiving and union instability in middle and later life. *Journal of Marriage and Family.*

Pennington, B. F., Moon, J., Edgin, J., Stedron, J., & Nadel, L. (2003). The neuropsychology of Down syndrome: Evidence for hippocampal dysfunction. *Child Development, 74*, 75–93.

Pennisi, E. (1998). Single gene controls fruit fly life-span. *Science, 282*, 856.

Pepper, S. C. (1942). *World hypotheses.* Berkeley: University of California Press.

Pepper, S. C. (1961). *World hypotheses.* Berkeley: University of California Press.

Pereira, M. A., Kartashov, A. I., Ebbeling, C. B., Van Horn, L., Slattery, M. L., Jacobs, D. R., Jr., & Ludwig, D. S. (2005). Fast-food habits, weight gain, and insulin resistance (the CARDIA study): 15-year prospective analysis. *Lancet, 365*, 36–42.

Perelli-Harris, B., Styrc, M. E., Addo, F., Hoherz, S., Lappegard, T., Sassler, S., & Evans, A. (2017). Comparing the benefits of cohabitation and marriage for health in mid-life: Is the relationship similar across countries? *ESRC Centre for Population Change working paper 84.*

Perera, F., Tang, W-y., Herbstman, J., Tang, D., Levin, L., Miller, R., & Ho, S.-m. (2009). Relation of DNA methylation of 5'-CpG island of *ACSL3* to transplacental exposure to airborne polycyclic aromatic hydrocarbons and childhood asthma. *PloS ONE, 4,* e44–e48.

Pérez-Edgar, K., Bar-Haim, Y., McDermott, J. M., Chronis-Tuscano, A., Pine, D. S., & Fox, N. A. (2010). Attention biases to threat and behavioral inhibition in early childhood shape adolescent social withdrawal. *Emotion, 10*(3), 349.

Pérez-Edgar, K., Hardee, J. E., Guyer, A. E., Benson, B. E., Nelson, E. E., Gorodetsky, E., ... & Ernst, M. (2013). DRD4 and striatal modulation of the link between childhood behavioral inhibition and adolescent anxiety. *Social cognitive and affective neuroscience, 9*(4), 445–453.

Perkins, H. S. (2007). Controlling death: The false promise of advance directives. *Annals of Internal Medicine, 147*(1), 51–57.

Perlman, M., & Ross, H. S. (2005). If-then contingencies in children's sibling conflicts. *Merrill-Palmer Quarterly (1982)*, 42–66.

Perou, R., Bitsko, R. H., Blumberg, S. J., Pastor, P., Ghandour, R. M., Gfroerer, J. C., ... & Parks, S. E. (2013). Mental health surveillance among children—United States, 2005–2011. *MMWR Surveillance Summaries, 62*(Suppl 2), 1–35.

Perrin, A. (2015). *Social media usage: 2005-2015: 65% of adults now use social networking sites—a nearly tenfold jump in the past decade* [Pew Research Trust report]. Retrieved from www.pewinternet.org/2015/10/08/2015/Social-Networking-Usage-2005-2015/.

Perrin, E. C., Siegel, B. S., & Committee on Psychosocial Aspects of Child and Family Health. (2013). Promoting the well-being of children whose parents are gay or lesbian. *Pediatrics, 131*(4), e1374–e1383.

Perry, W. G. (1970). *Forms of intellectual and ethical development in the college years.* New York: Holt.

Pesonen, A., Raïkkönen, K., Keltikangas-Järvinen, L., Strandberg, T., & Järvenpää, A. (2003). Parental perception of infant temperament: Does parents' joint attachment matter? *Infant Behavior and Development, 26*, 167–182.

Pesowski, M. L., & Friedman, O. (2015). Preschoolers and toddlers use ownership to predict basic emotions. *Emotion, 15*(1), 104.

Peters, E., Hess, T. M., Västfjäll, D., & Auman, C. (2007). Adult age differences in dual information processes: Implications for the role of affective and deliberative processes in older adults' decision making. *Perspectives on Psychological Science, 2*(1), 1–23.

Petersen, A. C. (1993). Presidential address: Creating adolescents: The role of context and process in developmental transitions. *Journal of Research on Adolescents, 3*(1), 1–18.

Petersen, R. C., Roberts, R. O., Knopman, D. S., Geda, Y. E., Cha, R. H., Pankratz, V. S., . . . Rocca, W. A. (2010). Prevalence of mild cognitive impairment is higher in men: The Mayo Clinic Study of Aging. *Neurology, 75*(10), 889–897. doi: 10.1212/WNL.0b013e3181f11d85.

Peterson, B. E. (2002). Longitudinal analysis of midlife generativity, intergenerational roles, and caregiving. *Psychology and Aging, 17*, 161–168.

Peterson, B. E., & Duncan, L. E. (2007). Midlife women's generativity and authoritarianism: Marriage, motherhood and 10 years of aging. *Psychology and Aging, 22*(3), 411–419.

Peterson, B. E., & Stewart, A. J. (1996). Antecedents and contexts of generativity motivation at midlife. *Psychology and Aging, 11*(1), 21.

Peterson, C. (2011). Children's memory reports over time: Getting both better and worse. *Journal of Experimental Child Psychology, 109*(3), 275–293.

Petit, D., Pennestri, M. H., Paquet, J., Desautels, A., Zadra, A., Vitaro, F., . . . & Montplaisir, J. (2015). Childhood sleepwalking and sleep terrors: A longitudinal study of prevalence and familial aggregation. *JAMA Pediatrics, 169*(7), 653–658.

Petit, D., Touchette, E., Tremblay, R. E., Boivin, M., & Montplaisir, J. (2007). Dyssomnias and parasomnias in early childhoold. *Pediatrics, 119*(5), e1016–e1025.

Petitclerc, A., Gatti, U., Vitaro, F., & Tremblay, R. E. (2013). Effects of juvenile court exposure on crime in young adulthood. *Journal of Child Psychology and Psychiatry, 54*(3), 291–297.

Petitto, L. A., & Kovelman, I. (2003). The bilingual paradox: How signing-speaking bilingual children help us to resolve it and teach us about the brain's mechanisms underlying all language acquisition. *Learning Languages, 8*, 5–18.

Petitto, L. A., & Marentette, P. F. (1991). Babbling in the manual mode: Evidence for the ontogeny of language. *Science, 251*, 1493–1495.

Petitto, L. A., Holowka, S., Sergio, L., & Ostry, D. (2001). Language rhythms in babies' hand movements. *Nature, 413*, 35–36.

Petrill, S. A., Lipton, P. A., Hewitt, J. K., Plomin, R., Cherry, S. S., Corley, R., & DeFries, J. C. (2004). Genetic and environmental contributions to general cognitive ability through the first 16 years of life. *Developmental Psychology, 40*, 805–812.

Petrosino, A., Turpin-Petrosino, C., Hollis-Peel, M. E., & Lavenberg, J. G. (2013). Scared Straight and other juvenile awareness programs for preventing juvenile delinquency. *Cochrane Database of Systematic Reviews*, (4).

Petrosino, A. J., Guckenburg, S., & Turpin-Petrosino, C. (2013). *Formal system processing of juveniles: Effects on delinquency.* (Vol. 9). Washington, DC: U.S. Department of Justice, Office of Community Oriented Policing Services.

Pettee Gabriel, K., Sidney, S., Jacobs, D. R., Jr. Whitaker, K. M., Carnethon, M. R., Lewis, C. E., . . . & Sternfeld, B. (2018). Ten-year changes in accelerometer-based physical activity and sedentary time during midlife: The CARDIA Study. *American Journal of Epidemiology, 187*(10), 2145–2150.

Pettit, G. S., & Arsiwalla, D. D. (2008). Commentary on special section on "bidirectional parent–child relationships": The continuing evolution of dynamic, transactional models of parenting and youth behavior problems. *Journal of Abnormal Child Psychology, 36*(5), 711.

Pettit, G. S., Bates, J. E., & Dodge, K. A. (1997). Supportive parenting, ecological context, and children's adjustment: A seven-year longitudinal study. *Child Development, 68*, 908–923.

Pew Research Center. (2007a). *As marriage and parenthood drift apart, public is concerned about social impact.* Retrieved from http://pewsocialtrends.org/2007/07/01/as-marriage-and-parenthood-drift-apart-public-is-concerned-about-social-impact/.

Pew Research Center. (2007b). *Modern marriage.* Retrieved from http://pewsocialtrends.org/2007/07/18/modern-marriage/.

Pew Research Center. (2009a). *Growing old in America: Expectations vs. reality.* Retrieved from http://pewsocialtrends.org/2009/06/29/growing-old-in-america-expectations-vs-reality/.

Pew Research Center. (2010a). *The millennials: Confident. Connected. Open to change.* Retrieved from http://pewresearch.org/pubs/1501/millennials-new-survey-generational- personality-upbeat-open-new-ideas-technology-bound.

Pew Research Center. (2010b). *The return of the multi-generational family household.* Retrieved from http://pewsocialtrends.org/2010/03/18/the-return-of-the-multi-generational-family-household/.

Pew Research Center. (2011). *How millennial are you? The quiz.* Retrieved from http://pewresearch.org/millennials/quiz/

Pew Research Center. (2012). *More support for gun rights, gay marriage, than in 2008 or 2004.* Retrieved from http://www.people-press.org/2012/04/25/more-support-for-gun-rights-gay-marriage-than-in-2008-or-2004/.

Pew Research Center. (2012). *Parents, teens and online privacy: Main report.* Retrieved from www.pewinternet.org/2012/11/20/main-report-10/.

Pew Research Center. (2013). *Gay marriage around the world.* Retrieved from http://www.pewforum.org/2013/12/19/gay-marriage-around-the-world-2013/.

Pew Research Center. (2013a). *A survey of LGBT Americans: Attitudes, experiences and values in changing times* [Report]. Retrieved from www.pewsocialtrends.org/wp-content/uploads/sites/3/2013/06/SDT_LGBT-Americans_06-2013.pdf.

Pew Research Center. (2015). *Parenting in America: Outlook, worries, aspirations linked to financial situation.* Retrieved from www.pewresearch.org/wp-content/uploads/sites/3/2015/12/2015-12-17_parenting-in-america_FINAL.pdf.

Pew Research Center. (2015). *U.S. public becoming less religious: Modest drop in overall rates of belief, but religiously affiliated Americans are as observant as ever* [report]. Retrieved from www.pewforum.org/2015/11/03/u-s-public-becoming-less-religious/.

Pew Research Center. (2017). *Support for same-sex marriage grows, even among groups that had been skeptical.* Retrieved from www.people-press.org/2017/06/26/support-for-same-sex-marriage-grows-even-among-groups-that-had-been-skeptical/.

Pew Research Center. (2018). *Social media fact sheet* [Data report]. Retrieved from www.pewinternet.org/fact-sheet/social-media/.

Pew Social Trends. (2013). Modern parenthood: Roles of moms and dads converge as they balance work and family. [Report]. Retrieved from http://www.pewsocialtrends.org/2013/03/14/modern-parenthood-roles-of-moms-and-dads-converge-as-they-balance-work-and-family/5/

Phillips, J. A., & Sweeney, M. M. (2005). Premarital cohabitation and marital disruption among white, black, and Mexican American women. *Journal of Marriage and Family, 67*, 296–314.

Phinney, J. S. (1989). Stages of ethnic identity development in minority group of adolescents. *Journal of Early Adolescence, 9*, 34–49.

Phinney, J. S. (1998). Stages of ethnic identity development in minority group adolescents. In R. E. Muuss & H. D. Porton (Eds.), *Adolescent behavior and society: A book of readings* (pp. 271–280). Boston: McGraw-Hill.

Phinney, J. S. (2003). Ethnic identity and acculturation. In K. Chun, P. B. Organista, & G. Marin (Eds.), *Acculturation: Advances in theory, measurement, and applied research* (pp. 63–81). Washington DC: American Psychological Association.

Phinney, J. S., & Ong, A. D. (2007). Conceptualization and measurement of ethnic identity: Current status and future directions. *Journal of Counseling Psychology, 54*(3), 271.

Phinney, J. S., Ferguson, D. L., & Tate, J. D. (1997). Intergroup attitudes among ethnic minorities. *Child Development, 68*(3), 955–969.

Phinney, J. S., Jacoby, B., & Silva, C. (2007). Positive intergroup attitudes: The role of ethnic identity. *International Journal of Behavioral Development, 31*(5), 478–490.

Piaget, J. (1929). *The child's conception of the world.* New York: Harcourt Brace.

Piaget, J. (1932). *The moral judgment of the child.* New York: Harcourt Brace.

Piaget, J. (1952). *The origins of intelligence in children.* New York: International Universities Press. (Original work published 1936)

Piaget, J. (1962). *The language and thought of the child* (M. Gabain, Trans.). Cleveland, OH: Meridian. (Original work published 1923)

Piaget, J. (1964). *Six psychological studies.* New York: Vintage Books.

Piaget, J. (1969). *The child's conception of time* (A. J. Pomerans, Trans.). London: Routledge & Kegan Paul.

Piaget, J. (1972). Intellectual evolution from adolescence to adulthood. *Human Development, 15*, 1–12.

Piaget, J., & Inhelder, B. (1967). *The child's conception of space.* New York: Norton.

Piernas, C., & Popkin, B. M. (2010). Trends in snacking among U.S. children. *Health Affairs, 29*(3), 398–404.

Pike, A., Coldwell, J., & Dunn, J. F. (2005). Sibling relationships in early/middle childhood: Links with individual adjustment. *Journal of Family Psychology, 19*, 523–532.

Pillemer, K., & Suitor, J. J. (1991). "Will I ever escape my child's problems?" Effects of adult children's problems on elderly parents. *Journal of Marriage and Family, 53*, 585–594.

Pillemer, K., Connolly, M., Breckman, R., Spreng, N., & Lachs, M.S. (2015). Elder mistreatment: Priorities for consideration by the White House Conference on Aging. *The Gerontologist*, 55, 320–327.

Pillow, B. H. (2002). Children's and adult's evaluation of the certainty of deductive inferences, inductive inferences and guesses. *Child Development, 73*(3), 779–792.

Pinkerton, J. A. V., Aguirre, F. S., Blake, J., Cosman, F., Hodis, H., Hoffstetter, S., . . . & Marchbanks, P. (2017). The 2017 hormone therapy position statement of the North American Menopause Society. *Menopause, 24*(7), 728–753.

Pino, O. (2016). Fetal memory: The effects of prenatal auditory experience on human development. *BAOJ Med Nursing, 2*, 20.

Pinquart, M. (2016). Associations of parenting styles and dimensions with academic achievement in children and adolescents: A meta-analysis. *Educational Psychology Review, 28*(3), 475–493.

Pinquart, M. (2017). Associations of parenting dimensions and styles with externalizing problems of children and adolescents: An updated meta-analysis. *Developmental Psychology, 53*(5), 873–932.

Pinquart, M., & Forstmeier, S. (2012). Effects of reminiscence interventions on psychosocial outcomes: A meta-analysis. *Aging & Mental Health, 16*(5), 541–558.

Pinquart, M., & Schindler, I. (2007). Changes of life satisfaction in the transition to retirement: A latent-class approach. *Psychology and Aging, 22*(3), 442.

Pinquart, M., & Sörensen, S. (2003). Associations of stressors and uplifts of caregiving with caregiver burden and depressive mood: A meta-analysis. *The Journals of Gerontology Series B: Psychological Sciences and Social Sciences, 58*(2), P112–P128.

Pinquart, M., & Sörensen, S. (2006). Gender differences in caregiver stressors, social resources, and health: An updated meta-analysis. *Journal of Gerontology: Psychological and Social Sciences, 61B*, P33–P45.

Pinto, A. I., Pessanha, M., & Aguiar, C. (2013). Effects of home environment and center-based child care quality on children's language, communication, and literacy outcomes. *Early Childhood Research Quarterly, 28*(1), 94–101.

Piperno, F. (2012). The impact of female emigration on families and the welfare state in countries of origin: The case of Romania. *International Migration, 50*(5), 189–204.

Piquero, A. R., Jennings, W. G., Diamond, B., Farrington, D. P., Tremblay, R. E., Welsh, B. C., & Gonzalez, J. M. R. (2016). A meta-analysis update on the effects of early family/parent training programs on antisocial behavior and delinquency. *Journal of Experimental Criminology, 12*(2), 229–248.

Pleck, J. H. (1997). Paternal involvement: Levels, sources, and consequences. In M. E. Lamb (Ed.), *The role of the father in child development* (3rd ed., pp. 66–103). New York: Wiley.

Pleis, J. R., & Lucas, J. W. (2009). Summary health statistics for U.S. adults: National health interview survey 2007. *Vital Health Statistics, 10*(240). Hyattsville, MD: National Center for Health Statistics.

Plomin, R. (1996). Nature and nurture. In M. R. Merrens & G. G. Brannigan (Eds.), *The developmental psychologist: Research adventures across the life span* (pp. 3–19). New York: McGraw-Hill.

Plomin, R. (2011). Commentary: Why are children in the same family so different? Non-shared environment three decades later. *International Journal of Epidemiology, 40*(3), 582–592.

Plomin, R., & Daniels, D. (2011). Why are children in the same family so different from one another? *International Journal of Epidemiology, 40*(3), 563–582.

Plomin, R., & Deary, I. J. (2015). Genetics and intelligence differences: Five special findings. *Molecular Psychiatry, 20*(1), 98.

Plomin, R., & DeFries, J. C. (1999). The genetics of cognitive abilities and disabilities. In S. J. Ceci & W. M. Williams (Eds.), *The nature-nurture debate: The essential readings* (pp. 178–195). Malden, MA: Blackwell.

Plomin, R., & Kovas, Y. (2005). Generalist genes and learning disabilities. *Psychological Bulletin, 131*, 592–617.

Plomin, R., & Spinath, F. M. (2004). Intelligence: genetics, genes, and genomics. *Journal of personality and social psychology, 86*(1), 112.

Plusnin, N., Pepping, C. A., & Kashima, E. S. (2018). The role of close relationships in terror management: A systematic review and research agenda. *Personality and Social Psychology Review, 22*(4), 307–346.

Pocnet, C., Rossier, J., Antonietti, J. P., & von Gunten, A. (2013). Personality traits and behavioral and psychological symptoms in patients at an early stage of Alzheimer's disease. *International Journal of Geriatric Psychiatry, 28*(3), 276–283.

Pocnet, C., Rossier, J., Antonietti, J. P., & von Gunten, A. (2013). Personality features and cognitive level in patients at an early stage of Alzheimer's disease. *Personality and Individual Differences, 54*(2), 174–179.

Poehlmann-Tynan, J., Gerstein, E. D., Burnson, C., Weymouth, L., Bolt, D. M., Maleck, S., & Schwichtenberg, A. J. (2015). Risk and resilience in preterm children at age 6. *Development and Psychopathology, 27*(3), 843–858.

Pogarsky, G., Thornberry, T. P., & Lizotte, A. J. (2006). Developmental outcomes for children of young mothers. *Journal of Marriage and Family, 68*, 332–344.

Pogash, C. (2014, March 27). Suicides mounting, Golden Gate looks to add a safety net. *The New York Times*. Retrieved May 14, 2014, from http://www.nytimes.com/2014/03/27/us/suicides-mounting-golden-gate-looks-to-add-a-safety-net.html?_r=0

Polanczyk, G. V., Salum, G. A., Sugaya, L. S., Caye, A., & Rohde, L. A. (2015). Annual research review: A meta-analysis of the worldwide prevalence of mental disorders in children and adolescents. *Journal of Child Psychology and Psychiatry, 56*(3), 345–365.

Polhamus, B., Dalenius, K., Mackintosh, H., Smith, B., and Grummer-Strawn, L. (2011). *Pediatric Nutrition Surveillance 2009 Report*. Atlanta: Department of Health and Human Services, Centers for Disease Control and Prevention.

Pomerantz, E. M., & Saxon, J. L. (2001). Conceptions of ability as stable and self-evaluative processes: A longitudinal examination. *Child Development, 72*, 152–173.

Pomerantz, E. M., & Wang, Q. (2009). The role of parental control in children's development in Western and Asian countries. *Current Directions in Psychological Science, 18*(5), 285–289.

Pomery, E. A., Gibbons, F. X., Gerrard, M., Cleveland, M. J., Brody, G. H., & Wills, T. A. (2005). Families and risk: Prospective analyses of familial and social influences on adolescent substance use. *Journal of Family Psychology, 19*, 560–570.

Pomfret, S., Mufti, S., & Seale, C. (2018). Medical students and end-of-life decisions: the influence of religion. *Future Hospital Journal, 5*(1), 25–29.

Ponappa, S., Bartle-Haring, S., & Day, R. (2014). Connection to parents and healthy separation during adolescence: A longitudinal perspective. *Journal of Adolescence, 37*(5), 555–566.

Ponce, N. A., Cochran, S. D., Pizer, J. C., & Mays, V. M. (2010). The effects of unequal access to health insurance for same-sex couples in California. *Health Affairs, 29*(8), 1539–1548.

Pons, F., Harris, P. L., & de Rosnay, M. (2004). Emotion comprehension between 3 and 11 years: Developmental periods and hierarchical organization. *European Journal of Developmental Psychology, 1*(2), 127–152.

Pope, A. (2005). Personal transformation in midlife orphanhood: An empirical phenomenological study. *OMEGA-Journal of Death and Dying, 51*(2), 107–123.

Pope, A. L., Murray, C. E., & Mobley, A. K. (2010). Personal, relational, and contextual resources and relationship satisfaction in same-sex couples. *Family Journal, 18*, 163–168.

Popenoe, D., & Whitehead, B. D. (2003). *The state of our unions 2003: The social health of marriage in America*. Piscataway, NJ: National Marriage Project.

Popenoe, D., & Whitehead, B. D. (Eds.). (2004). *The state of our unions 2004: The social health of marriage in America*. Piscataway, NJ: National Marriage Project, Rutgers University.

Pormeister, K., Finley, M., & Rohack, J.J. (2017). Physician assisted suicide as a means of mercy: A comparative analysis of possible legal implications in Europe and the United States. *Virginia Journal of Social Policy and the Law, 24*, 1–24.

Porter, C., Hurren, N. M., Cotter, M. V., Bhattarai, N., Reidy, P. T., Dillon, E. L., . . . & Sidossis, L. S. (2015). Mitochondrial respiratory capacity and coupling control decline with age in human skeletal muscle. *American Journal of Physiology-Heart and Circulatory Physiology*.

Porter, P. (2008). "Westernizing" women's risks? Breast cancer in lower-income countries. *New England Journal of Medicine, 358*, 213–216.

Portes, P. R., Dunham, R., & Del Castillo, K. (2000). Identity formation and status across cultures: Exploring the cultural validity of Eriksonian Theory. In A. L. Communian & U. Geilen (Eds.), *International perspectives on human development* (pp. 449–460). Berlin: abst Science.

Portnoy, J., & Farrington, D. P. (2015). Resting heart rate and antisocial behavior: An updated systematic review and meta-analysis. *Aggression and Violent Behavior, 22*, 33–45.

Posada, G., Gao, Y., Wu, F., Posada, R., Tascon, M., Schoelmerich, A., . . . Synnevaag, B. (1995). The secure-base phenomenon across cultures: Children's behavior, mothers' preferences, and experts' concepts. In E. Waters, B. E. Vaughn, G. Posada, & K. Kondo-Ikemura (Eds.), *Caregiving, cultural, and cognitive perspectives on secure-base behavior and working models: New growing points of attachment theory and research* (pp. 27–48). *Monographs of the Society for Research in Child Development, 60*(2–3, Serial No. 244).

Posthuma, D., & de Geus, E. J. C. (2006). Progress in the molecular-genetic study of intelligence. *Current Directions in Psychological Science, 15*(4), 151–155.

Poushter, J. (2014). *What's morally acceptable? It depends on where you live.* [Pew Research Center news report]. Retrieved from www.pewresearch.org/fact-tank/2014/04/15/what-s-morally-acceptable-it-depends-on-where-in-the--world-you-live/.

Povinelli, D. J., & Giambrone, S. (2001). Reasoning about beliefs: A human specialization? *Child Development, 72*, 691–695.

Powell, L. H., Calvin, J. E., III, & Calvin, J. E., Jr. (2007). Effective obesity treatments. *American Psychologist, 62*, 234–246.

Powell, L. H., Shahabi, L., & Thoresen, C. E. (2003). Religion and spirituality: Linkages to physical health. *American Psychologist, 58*, 36–52.

Powell, S. G., Frydenberg, M., & Thomsen, P. H. (2015). The effects of long-term medication on growth in children and adolescents with ADHD: An observational study of a large cohort of real-life patients. *Child and Adolescent Psychiatry and Mental Health, 9*(1), 50.

Pratt, L. A., Dey, A. N., & Cohen, A. J. (2007). Characteristics of adults with serious psychological distress as measured by the K6 Scale: United States, 2001–04. *Advance Data from Health and Vital Statistics, No. 382.* Hyattsville, MD: National Center for Health Statistics.

Prechtl, H. F. R., & Beintema, D. J. (1964). The neurological examination of the full-term newborn infant. *Clinics in Developmental Medicine* (No. 12). London: Heinemann.

Preissler, M., & Bloom, P. (2007). Two-year-olds appreciate the dual nature of pictures. *Psychological Science, 18*(1), 1–2.

Prentice, P., & Viner, R. M. (2013). Pubertal timing and adult obesity and cardiometabolic risk in women and men: A systematic review and meta-analysis. *International Journal of Obesity, 37*(8), 1036.

Pressley, J. C., Barlow, B., Kendig, T., & Paneth--Pollak, R. (2007). Twenty-year trends in fatal injuries to very young children: The persistence of racial disparities. *Pediatrics, 119*, 875–884.

Price, J. H., & Khubchandani, J. (2017). Adolescent homicides, suicides, and the role of firearms: A narrative review. *American Journal of Health Education, 48*(2), 67–79.

Primack, B. A., Shensa, A., Escobar-Viera, C. G., Barrett, E. L., Sidani, J. E., Colditz, J. B., & James, A. E. (2017). Use of multiple social media platforms and symptoms of depression and anxiety: A nationally representative study among US young adults. *Computers in Human Behavior, 69*, 1–9.

Prince, M., Prina, M., & Guerchet, M. (2015). *World Alzheimer Report 2013: Journey of caring—analysis of long-term care for dementia.* London: Alzheimer's Disease International.

Pringsheim, T., Jette, N., Frolkis, A., & Steeves, T. D. (2014). The prevalence of Parkinson's disease: A systematic review and meta-analysis. *Movement Disorders, 29*(13), 1583–1590.

Pruden, S. M., Hirsch-Pasek, K., Golinkoff, R. M., & Hennon, E. A. (2006). The birth of words: Ten-month-olds learn words through perceptual salience. *Child Development, 77*, 266–280.

Pudrovska, T., Schieman, S., & Carr, D. (2006). Strains of singlehood in later life: Do race and gender matter? *Journal of Gerontology: Social Sciences, 61B*, S315–S322.

Pulgarón, E. R. (2013). Childhood obesity: A review of increased risk for physical and psychological comorbidities. *Clinical Therapeutics, 35*(1), A18–A32.

Pulkkinen, L. (1996). Female and male personality styles: A typological and developmental analysis. *Journal of Personality and Social Psychology, 70*, 1288–1306.

Puma, M., Bell, S., Cook, R., Heid, C., Broene, P., Jenkins, F., . . . Downer, J. (2012). *Third grade follow-up to the Head Start impact study: Final report.* OPRE Report 2012-45. Administration for Children & Families.

Purcell, K., Heaps, A., Buchanan, J., & Fried, L. (2013). *How teachers are using technology in the classroom.* Washington, DC: Pew Internet & American Life Project.

Purdue-Smithe, A. C., Manson, J. E., Hankinson, S. E., & Bertone-Johnson, E. R. (2016). A prospective study of caffeine and coffee intake and premenstrual syndrome. *The American Journal of Clinical Nutrition, 104*(2), 499–507.

Pushkar, D., Chaikelson, J., Conway, M., Etezadi, J., Giannopoulus, C., Li, K., & Wrosch, C. (2010). Testing continuity and activity variables as predictors of positive and negative affect in retirement. *Journals of Gerontology Series B: Psychological Sciences and Social Sciences, 65*(1), 42–49.

Putallaz, M., & Bierman, K. L. (Eds.). (2004). *Aggression, antisocial behavior, and violence among girls: A developmental perspective.* New York: Guilford Press.

Puterman, E., Lin, J., Krauss, J., Blackburn, E. H., & Epel, E. S. (2015). Determinants of telomere attrition over 1 year in healthy older women: Stress and health behaviors matter. *Molecular Psychiatry, 20*(4), 529.

Putnam, S. P., & Gartstein, M. A. (2017). Aggregate temperament scores from multiple countries: Associations with aggregate personality traits, cultural dimensions, and allelic frequency. *Journal of Research in Personality, 67*, 157–170.

Putney, N. M., & Bengtson, V. L. (2001). Families, intergenerational relationships, and kin-keeping in midlife. In M. E. Lachman (Ed.), *Handbook of midlife development* (pp. 528–570). New York: Wiley.

Qaseem, A., Forciea, M. A., McLean, R. M., & Denberg, T. D. (2017). Treatment of low bone density or osteoporosis to prevent fractures in men and women: A clinical practice guideline update from the American College of Physicians. *Annals of Internal Medicine, 166*(11), 818–839.

Qaseem, A., Kansagara, D., Forciea, M. A., Cooke, M., & Denberg, T. D. (2016). Management of chronic insomnia disorder in adults: A clinical practice guideline from the American College of Physicians management of chronic insomnia disorder in adults. *Annals of Internal Medicine, 165*(2), 125–133.

Qian, J., Hu, Q., Wan, Y., Li, T., Wu, M., Ren, Z., & Yu, D. (2013). Prevalence of eating disorders in the general population: A systematic review. *Shanghai Archives of Psychiatry, 25*(4), 212.

Qiu, A., Mori, S., & Miller, M. I. (2015). Diffusion tensor imaging for understanding brain development in early life. *Annual Review of Psychology, 66*, 853–876.

Quamie, L. (2010, February 2). *Paid family leave funding included in budget.* Center for Law and Social Policy. Retrieved from http://www.clasp.org/issues/in_focus?type=work_life_and_job_quality&id=0009.

Quattrin, T., Liu, E., Shaw, N., Shine, B., & Chiang, E. (2005). Obese children who are referred to the pediatric oncologist: Characteristics and outcome. *Pediatrics, 115*, 348–351.

Quill, T. E., Lo, B., & Brock, D. W. (1997). Palliative options of the last resort. *Journal of the American Medical Association, 278*, 2099–2104.

Quine, S., Morrell, S., & Kendig, H. (2007). The hopes and fears of older Australians: For self, family, and society. *Australian Journal of Social Issues, 42*(3), 321–335.

Quinn, C., & Toms, G. (2018). Influence of positive aspects of dementia caregiving on caregivers' well-being: A systematic review. *The Gerontologist*.

Quinn, P. C., Westerlund, A., & Nelson, C. A. (2006). Neural markers of categorization in

6-month-old infants. *Psychological Science, 17*, 59–66.

Quirk, K., Owen, J., & Fincham, F. (2014). Perceptions of partner's deception in friends with benefits relationships. *Journal of Sex & Marital Therapy, 40*(1), 43–57.

Raabe, T., & Beelmann, A. (2011). Development of ethnic, racial, and national prejudice in childhood and adolescence: A multinational meta-analysis of age differences. *Child Development, 82*(6), 1715–1737.

Radbruch, L., Leget, C., Bahr, P., Müller-Busch, C., Ellershaw, J., De Conno, F., . . . & board members of the EAPC. (2016). Euthanasia and physician--assisted suicide: A white paper from the European Association for Palliative Care. *Palliative Medicine, 30*(2), 104–116.

Radesky, J. S., Silverstein, M., Zuckerman, B., & Christakis, D. A. (2014). Infant self-regulation and early childhood media exposure. *Pediatrics, 133*. doi: 10.1542/peds.2013-2367.

Radler, B. T., Rigotti, A., & Ryff, C. D. (2018). Persistently high psychological well-being predicts better HDL cholesterol and triglyceride levels: Findings from the midlife in the US (MIDUS) longitudinal study. *Lipids in Health and Disease, 17*(1), 1.

Rahim, S. A., Kadir, N. B. Y. A., Mahmud, W. A. W., Mohamed, R. H., & Kee, C. P. (2011). Media time vs. active time: Leisure time among the youth in disadvantaged community. *International Journal of Human and Social Sciences, 6*(3), 153–158.

Rahman, R. (2011, Oct. 25). Who, what, why: What are the burial customs in Islam? *BBC.* Retrieved from www.bbc.com/news/magazine-15444275.

Rai, R., Mitchell, P., Kadar, T., & Mackenzie, L. (2016). Adolescent egocentrism and the illusion of transparency: Are adolescents as egocentric as we might think? *Current Psychology, 35*(3), 285–294.

Raikes, H., Pan, B. A., Luze, G., Tamis-LeMonda, C. S., Brooks-Gunn, J., Constantine, J., . . . Rodriguez, E. T. (2006). Mother-child bookreading in low-income families: Correlates and outcomes during three years of life. *Child Development, 77*, 924–953.

Raizada, R., Richards, T., Meltzoff, A., & Kuhl, P. (2008). Socioeconomic status predicts hemispheric specialisation of the left inferior frontal gyrus in young children. *NeuroImage, 40*(3), 1392–1401. doi: 10.1016/j.neuroimage.2008.01.021.

Rakison, D. H. (2005). Infant perception and cognition. In B. J. Ellis & D. F. Bjorklund (Eds.), *Origins of the social mind* (pp. 317–353). New York: Guilford Press.

Rakison, D. H., & Krogh, L. (2012). Does causal action facilitate causal perception in infants younger than 6 months of age? *Developmental Science, 15*(1), 43–53.

Rakoczy, H., Tomasello, M., & Striano, T. (2004). Young children know that trying is not pretending: A test of the "behaving-as-if" construal of children's early concept of pretense. *Developmental Psychology, 40*, 388–399.

Rakyan, V., & Beck., S. (2006). Epigenetic inheritance and variation in mammals. *Current Opinion in Genetics and Development, 16*(6), 573–577.

Ramage, S., Farmer, A., Apps Eccles, K., & McCargar, L. (2013). Healthy strategies for successful weight loss and weight maintenance: A systematic review. *Applied Physiology, Nutrition, and Metabolism, 39*(1), 1–20

Ramey, C. T. (2018). The Abecedarian approach to social, educational, and health disparities. *Clinical Child and Family Psychology Review*, 1–18.

Ramey, C. T., & Ramey, S. L. (1998a). Early intervention and early experience. *American Psychologist, 53*, 109–120.

Ramey, C. T., & Ramey, S. L. (2003, May). *Preparing America's children for success in school.* Paper prepared for an invited address at the White House Early Childhood Summit on Ready to Read, Ready to Learn, Denver, CO.

Ramey, G., & Ramey, V. (2010). The rug rat race. In D. H. Romer & J. Wolfers (Eds.), *Brookings papers on economic activity* (pp. 129–200). Washington, DC: Brookings Institution.

Ramey, S. L., & Ramey, C. T. (1992). Early educational intervention with disadvantaged children— To what effect? *Applied and Preventive Psychology, 1*, 131–140.

Rampey, B.D., Finnegan, R., Goodman, M., Mohadjer, L., Krenzke, T., Hogan, J., and Provasnik, S. (2016). *Skills of U.S. unemployed, young, and older adults in sharper focus: Results from the Program for the International Assessment of Adult Competencies (PIAAC) 2012/2014: First Look (NCES 2016-039rev).* U.S. Department of Education. Washington, DC: National Center for Education Statistics. Retrieved from http://nces.ed.gov/pubsearch.

Ramsey, P. G., & Lasquade, C. (1996). Preschool children's entry attempts. *Journal of Applied Developmental Psychology, 17*, 135–150.

Rapoport, J. L., Giedd, J. N., & Gogtay, N. (2012). Neurodevelopmental model of schizophrenia: Update 2012. *Molecular Psychiatry, 17*(12), 1228–1238.

Rapport, M. D., Orban, S. A., Kofler, M. J., & Friedman, L. M. (2013). Do programs designed to train working memory, other executive functions, and attention benefit children with ADHD? A meta-analytic review of cognitive, academic, and behavioral outcomes. *Clinical Psychology Review, 33*(8), 1237–1252.

Rasberry, C. N., Lee, S. M., Robin, L., Laris, B. A., Russell, L. A., Coyle, K. K., & Nihiser, A. J. (2011). The association between school-based physical activity, including physical education, and academic performance: a systematic review of the literature. *Preventive Medicine, 52*, S10–S20.

Rathbun, A., West, J., & Germino-Hausken, E. (2004). *From kindergarten through third grade: Children's beginning school experiences* (NCES 2004-007). Washington, DC: National Center for Education Statistics.

Rauh, V. A., Whyatt, R. M., Garfinkel, R., Andrews, H., Hoepner, L., Reyes, A., . . . Perera, F. P. (2004). Developmental effects of exposure to environmental tobacco smoke and material hardship among inner-city children. *Neurotoxicology and Teratology, 26*, 373–385.

Raver, C. C. (2002). Emotions matter: Making the case for the role of young children's emotional development for early school readiness. *Social Policy Report, 16*(3).

Raver, C. C., Blair, C., & Willoughby, M. (2013). Poverty as a predictor of 4-year-olds' executive function: New perspectives on models of differential susceptibility. *Developmental Psychology, 49*(2), 292.

Ravussin, E., Redman, L. M., Rochon, J., Das, S. K., Fontana, L., Kraus, W. E., . . . & Smith, S. R. (2015). A 2-year randomized controlled trial of human caloric restriction: Feasibility and effects on predictors of health span and longevity. *The Journals of Gerontology: Series A, 70*(9), 1097–1104.

Rawlings, D. (2012). End-of-life care considerations for gay, lesbian, bisexual, and transgender individuals. *International Journal of Palliative Nursing, 18*(1), 29–34.

Ray, B. D. (2010). Academic achievement and demographic traits of homeschool students: A nationwide study. *Academic Leadership, 8*(1).

Ray, D. C., Armstrong, S. A., Balkin, R. S., & Jayne, K. M. (2015). Child-centered play therapy in the schools: Review and meta-analysis. *Psychology in the Schools, 52*(2), 107–123.

Ray, O. (2004). How the mind hurts and heals the body. *American Psychologist, 59*, 29–40.

Rayfield, S., & Plugge, E. (2017). Systematic review and meta-analysis of the association between maternal smoking in pregnancy and childhood overweight and obesity. *Journal of Epidemiology and Community Health, 71*(2), 162–173.

Raymo, J. M., Iwasawa, M., & Bumpass, L. (2009). Cohabitation and family formation in Japan. *Demography, 46*(4), 785–803.

Raz, N., Ghisletta, P., Rodrigue, K. M., Kennedy, K. M., & Lindenberger, U. (2010). Trajectories of brain aging in middle-aged and older adults: Regional and individual differences. *Neuroimage, 51*(2), 501–511.

Raznahan, A., Shaw, P., Lalonde, F., Stockman, M., Wallace, G. L., Greenstein, D., . . . & Giedd, J. N. (2011). How does your cortex grow? *Journal of Neuroscience, 31*(19), 7174–7177.

Reardon, S. F. (2011). The widening academic achievement gap between the rich and the poor: New evidence and possible explanations. *Whither Opportunity*, 91–116.

Reby, D., Levréro, F., Gustafsson, E., & Mathevon, N. (2016). Sex stereotypes influence adults' perception of babies' cries. *BMC Psychology, 4*(1), 19.

Recchia, H. E., & Howe, N. (2009). Associations between social understanding, sibling relationship quality, and siblings' conflict strategies and outcomes. *Child Development, 80*(5), 1564–1578.

Reczek, C., & Zhang, Z. (2016). Parent–child relationships and parent psychological distress: How do social support, strain, dissatisfaction, and equity matter? *Research on Aging, 38*(7), 742–766.

Reddy, U. M., Davis, J. M., Ren, Z., & Greene, M. F. (2017). Opioid use in pregnancy, neonatal abstinence syndrome, and childhood outcomes: Executive summary of a joint workshop by the Eunice Kennedy Shriver National Institute of Child Health and Human Development, American College of Obstetricians and Gynecologists, American Academy of Pediatrics, Society for Maternal-Fetal Medicine, Centers for Disease Control and Prevention, and the March of Dimes Foundation. *Obstetrics & Gynecology*, *130*(1), 10–28.

Reddy, U. M., Wapner, R. J., Rebar, R. W., & Tasca, R. J. (2007). Infertility, assisted reproductive technology, and adverse pregnancy outcomes: Executive summary of a National Institute of Child Health and Human Development Workshop. *Obstetrics and Gynecology*, 109, 967–977.

Redford, J., Battle, D., and Bielick, S. (2016). *Homeschooling in the United States: 2012 (NCES 2016-096)*. Washington, DC: National Center for Education Statistics, Institute of Education Sciences, U.S. Department of Education.

Reed, A. E., Chan, L., & Mikels, J. A. (2014). Meta-analysis of the age-related positivity effect: Age differences in preferences for positive over negative information. *Psychology and Aging*, *29*(1), 1–15.

Reef, S. E., Strebel, P., Dabbagh, A., Gacic-Dobo, M., & Cochi, S. (2011). Progress toward control of rubella and prevention of congenital rubella syndrome—worldwide, 2009. *Journal of Infectious Diseases*, *204*(1), 24–27.

Reese, D. (1998, May). Mixed-age grouping: What does the research say, and how can parents use this information. *Kidsource.com*. Retrieved from www.kidsource.com/mixed-age-grouping-what-does-research-say-and-how-can-parents-use-information#sthash.2Ywwka9z.7w0B5qlt.dpbs.

Reese, E. (1995). Predicting children's literacy from mother-child conversations. *Cognitive Development*, *10*, 381–405.

Reese, E., Sparks, A., & Leyva, D. (2010). A review of parent interventions for preschool children's language and emergent literacy. *Journal of Early Childhood Literacy*, *10*(1), 97–117.

Regan, P. C., Lakhanpal, S., & Anguiano, C. (2012). Relationship outcomes in Indian-American love-based and arranged marriages. *Psychological Reports*, *110*(3), 915–924.

Reichstadt, J., Sengupta, G., Depp, C. A., Palinkas, L. A., & Jeste, D. V. (2010). Older adults' perspectives on successful aging: Qualitative interviews. *American Journal of Geriatric Psychiatry*, *18*(7), 567–575.

Reid, I. R. (2014). Should we prescribe calcium supplements for osteoporosis prevention? *Journal of Bone Metabolism*, *21*(1), 21–28.

Reid, J. D. (1995). Development in late life: Older lesbian and gay life. In A. R. D'Augelli & C. J. Patterson (Eds.), *Lesbian, gay, and bi-sexual identities over the lifespan: Psychological perspectives* (pp. 215–240). New York: Oxford University Press.

Reilly, D., Neumann, D. L., & Andrews, G. (2015). Sex differences in mathematics and science achievement: A meta-analysis of National Assessment of Educational Progress assessments. *Journal of Educational Psychology*, *107*(3), 645.

Reiner, M., Niermann, C., Jekauc, D., & Woll, A. (2013). Long-term health benefits of physical activity–a systematic review of longitudinal studies. *BMC Public Health*, *13*(1), 813.

Reiner, W. G. (2005). Gender identity and sex-of-rearing in children with disorders of sexual differentiation. *Journal of Pediatric Endocrinology and Metabolism*, *18*(6), 549–554.

Reiner, W. G., & Gearhart, J. P. (2004). Discordant sexual identity in some genetic males with cloacal exstrophy assigned to female sex at birth. *New England Journal of Medicine*, *350*(4), 333–341.

Reiss, A. L., Abrams, M. T., Singer, H. S., Ross, J. L., & Denckla, M. B. (1996). Brain development, gender and IQ in children: A volumetric imaging study. *Brain*, *119*, 1763–1774.

Reissland, N., Francis, B., & Mason, J. (2013). Can healthy fetuses show facial expressions of "pain" or "distress"? *PLoS One*, *8*(6), e65530.

Reitz, C., Cheng, R., Rogaeva, E., Lee, J. H., Tokuhiro, S., Zou, F., . . . & Shibata, N. (2011). Meta-analysis of the association between variants in SORL1 and Alzheimer disease. *Archives of Neurology*, *68*(1), 99–106.

Reitzes, D. C., & Mutran, E. J. (2004). Grandparenthood: Factors influencing frequency of grandparent-grandchildren contact and role satisfaction. *Journal of Gerontology: Social Sciences*, *59*, S9–S16.

Rekalidou, G., & Petrogiannis, K. (2012). Criteria for selection and rejection of social relationships among children in urban and rural kindergartens in Greece. *Education 3–13*, *40*(2), 173–188.

Rekker, R., Pardini, D., Keijsers, L., Branje, S., Loeber, R., & Meeus, W. (2015). Moving in and out of poverty: The within-individual association between socioeconomic status and juvenile delinquency. *PLoS One*, *10*(11), e0136461.

Remez, L. (2000). Oral sex among adolescents: Is it sex or is it abstinence? *Family Planning Perspectives*, *32*, 298–304.

Ren, Q., & Treiman, D. J. (2014, January). *Population Studies Center research reports*. Retrieved from www.psc.isr.umich.edu/pubs/pdf/rr14-814.pdf.

Renaud, S. J., Engarhos, P., Schleifer, M., & Talwar, V. (2015). Children's earliest experiences with death: Circumstances, conversations, explanations, and parental satisfaction. *Infant and Child Development*, *24*(2), 157–174.

Rendall, M. S., Weden, M. M., Favreault, M. M., & Waldron, H. (2011). The protective effect of marriage for survival: A review and update. *Demography*, *48*(2), 481.

Rende, R., Slomkowski, C., Lloyd-Richardson, E., & Niaura, R. (2005). Sibling effects on substance use in adolescence: Social contagion and genetic relatedness. *Journal of Family Psychology*, *19*, 611–618.

Resing, W. C. (2013). Dynamic testing and individualized instruction: Helpful in cognitive education? *Journal of Cognitive Education and Psychology*, *12*(1), 81.

Resnick, L. B. (1989). Developing mathematical knowledge. *American Psychologist*, *44*, 162–169.

Retschitzki, J. (1989). Evidence of formal thinking in baoule awele players. *Heterogeneity in Cross-Cultural Psychology*, 234–243.

Reuter, M., Roth, S., Holve, K., & Hennig, J. (2006). Identification of first candidate genes for creativity: A pilot study. *Brain Research*, *1069*, 190–197.

Revenson, T. A., Griva, K., Luszczynska, A., Morrison, V., Panagopoulou, E., Vilchinsky, N., & Hagedoorn, M. (2016). Gender and caregiving: The costs of caregiving for women. In *Caregiving in the illness context* (pp. 48–63). London: Palgrave Pivot.

Reynolds, A. J., Temple, J. A., Ou, S. R., Arteaga, I. A., & White, B. A. (2011). School-based early childhood education and age-28 well-being: Effects by timing, dosage, and subgroups. *Science*, *333*(6040), 360–364.

Reynolds, C. F., III, Buysse, D. J., & Kupfer, D. J. (1999). Treating insomnia in older adults: Taking a long-term view. *Journal of the American Medical Association*, *281*, 1034–1035.

Reynolds, G. D., Guy, M. W., & Zhang, D. (2011). Neural correlates of individual differences in infant visual attention and recognition memory. *Infancy*, *16*(4), 368–391.

Reynolds, K., Pietrzak, R. H., El-Gabalawy, R., Mackenzie, C. S., & Sareen, J. (2015). Prevalence of psychiatric disorders in U.S. older adults: Findings from a nationally representative survey. *World Psychiatry*, *14*(1), 74–81.

Ricciuti, H. N. (2004). Single parenthood, achievement, and problem behavior in white, black, and Hispanic children. *Journal of Educational Research*, *97*, 196–206.

Rice, K. G., & Van Arsdale, A. C. (2010). Perfectionism, perceived stress, drinking to cope, and alcohol-related problems among college students. *Journal of Counseling Psychology*, *57*(4), 439–450. doi: 10.1037/a00200221.

Rice, K., Prichard, I., Tiggemann, M., & Slater, A. (2016). Exposure to Barbie: Effects on thin-ideal internalization, body esteem, and body dissatisfaction among young girls. *Body Image*, *19*, 142–149.

Rice, M. L. (1982). Child language: What children know and how. In T. M. Field, A. Hudson, H. C. Quay, L. Troll, & G. E. Finley (Eds.), *Review of human development research*. New York: Wiley.

Rice, M. L., Smolik, F., Perpich, D., Thompson, T., Rytting, N., & Blossom, M. (2010). Mean length of utterance levels in 6-month intervals for children 3 to 9 years with and without language impairments. *Journal of Speech, Language, and Hearing Research*, *53*(2), 333–349.

Rice, M. L., Taylor, C. L., & Zubrick, S. R. (2008). Language outcomes of 7-year-old children with or without a history of late language emergence at 24 months. *Journal of Speech, Language, and Hearing Research*, *51*, 394–407.

Richards, J. B., Zheng, H. F., & Spector, T. D. (2012). Genetics of osteoporosis from genome-wide association studies: Advances and challenges. *Nature Reviews Genetics*, *13*(8), 576.

Richards, R., Merrill, R. M., & Baksh, L. (2011). Health behaviors and infant health outcomes in homeless pregnant women in the United States. *Pediatrics*, *128*(3), 438–446.

Richardson, C. R., Kriska, A. M., Lantz, P. M., & Hayward, R. A. (2004). Physical activity and mortality across cardiovascular disease risk groups. *Medicine and Science in Sports and Exercise*, *36*, 1923–1929.

Richardson, E. G., & Hemenway, D. (2011). Homicide, suicide, and unintentional firearm fatality: Comparing the United States with other high-income countries, 2003. *Journal of Trauma and Acute Care Surgery*, *70*(1), 238–243.

Richardson, J. (1995). *Achieving gender equality in families: The role of males* (Innocenti Global Seminar, Summary Report). Florence, Italy: UNICEF International Child Development Centre, Spedale degli Innocenti.

Richardson, T. J., Lee, S. J., Berg-Weger, M., & Grossberg, G. T. (2013). Caregiver health: Health of caregivers of Alzheimer's and other dementia patients. *Current Psychiatry Reports*, *15*(7), 367.

Richert, R. A., Robb, M. B., Fender, J. G., & Wartella, E. (2010). Word learning from baby videos. *Archives of Pediatrics & Adolescent Medicine*, *164*(5), 432–437.

Richman, A. L., Miller, P. M., & LeVine, P. A. (2010). Cultural and educational variations in maternal responsiveness. In R. A. LeVine (Ed.), *Psychological anthropology: A reader on self in culture* (pp. 181–192). Malden, MA: Wiley-Blackwell.

Richman, L. S., Kubzansky, L., Maselko, J., Kawachi, I., Choo, P., & Bauer, M. (2005). Positive emotion and health: Going beyond the negative. *Health Psychology*, *24*, 422–429.

Riddell, R. R. P., Racine, N. M., Gennis, H. G., Turcotte, K., Uman, L. S., Horton, R. E., . . . & Lisi, D. M. (2015). Non-pharmacological management of infant and young child procedural pain. *Cochrane Database of Systematic Reviews*, *12*.

Rideout, V. J., Foehr, U. G., & Roberts, D. F. (2010). *Generation M²: Media in the lives of 8- to 18-year-olds*. Menlo Park, CA: Henry J. Kaiser Family Foundation.

Rideout, V., Foehr, U., & Roberts, D. (2010). Generation M2: Media in the lives of 8- to 18-year-olds. *Kaiser Family Foundation Study*. Retrieved from www.kff.org/entmedia/8010.cfm.

Ridgers, N. D., Fairclough, S. J., & Stratton, G. (2010). Variables associated with children's physical activity levels during recess: The A-CLASS project. *International Journal of Behavioral Nutrition and Physical Activity*, *7*(1), 74.

Riegle-Crumb, C., Farkas, G., & Muller, C. (2006). The role of gender and friendship in advanced course taking. *Sociology of Education*, *79*(3), 206–228.

Riem, M. M., Bakermans-Kranenburg, M. J., van IJzendoorn, M. H., Out, D., & Rombouts, S. A. (2012). Attachment in the brain: Adult attachment representations predict amygdala and behavioral responses to infant crying. *Attachment & Human Development*, *14*(6), 533–551.

Rietzschel, E. F., Zacher, H., & Stroebe, W. (2016). A lifespan perspective on creativity and innovation at work. *Work, Aging and Retirement*, *2*(2), 105–129.

Riggle, E. D. B., Rotosky, S. S., & Riggle, S. G. (2010). Psychological distress, well-being and legal recognition in same-sex couple relationships. *Journal of Family Psychology*, *24*(1), 82–86.

Rindermann, H., & Pichelmann, S. (2015). Future cognitive ability: US IQ prediction until 2060 based on NAEP. *PloS One*, *10*(10), e0138412.

Rious, J. B., & Cunningham, M. (2018). Altruism as a buffer for antisocial behavior for African American adolescents exposed to community violence. *Journal of Community Psychology*, *46*(2), 224–237.

Ritchie, H., & Roser, M. (2018). *Causes of death* [Our World in Data fact sheet]. Retrieved from https://ourworldindata.org/causes-of-death.

Ritchie, S. J., & Tucker-Drob, E. M. (2018). How much does education improve intelligence? A meta-analysis. *Psychological Science*, *29*(8), 1358–1369.

Ritchie, S. J., Bates, T. C., & Deary, I. J. (2015). Is education associated with improvements in general cognitive ability, or in specific skills? *Developmental Psychology*, *51*(5), 573.

Ritchie, S. J., Bates, T. C., Der, G., Starr, J. M., & Deary, I. J. (2013). Education is associated with higher later life IQ scores, but not with faster cognitive processing speed. *Psychology and Aging*, *28*(2), 515.

Rittenour, C. E., Myers, S. A., & Brann, M. (2007). Commitment and emotional closeness in the sibling relationship. *Southern Communication Journal*, *72*(2), 169–183.

Ritz, B. R., Chatterjee, N., Garcia-Closas, M., Gauderman, W. J., Pierce, B. L., Kraft, P., . . . & McAllister, K. (2017). Lessons learned from past gene-environment interaction successes. *American Journal of Epidemiology*, *186*(7), 778–786.

Rivas-Drake, D., Syed, M., Umaña-Taylor, A., Markstrom, C., French, S., Schwartz, S. J., . . . & Ethnic and Racial Identity in the 21st Century Study Group. (2014a). Feeling good, happy, and proud: A meta-analysis of positive ethnic–racial affect and adjustment. *Child Development*, *85*(1), 77–102.

Rivas-Drake, D., Seaton, E. K., Markstrom, C., Quintana, S., Syed, M., Lee, R. M., . . . & Ethnic and Racial Identity in the 21st Century Study Group. (2014b). Ethnic and racial identity in adolescence: Implications for psychosocial, academic, and health outcomes. *Child Development*, *85*(1), 40–57.

Robards, J., Evandrou, M., Falkingham, J., & Vlachantoni, A. (2012). Marital status, health and mortality. *Maturitas*, *73*(4), 295–299.

Roberts, B., & Mroczek, D. (2008). Personality trait change in adulthood. *Current Directions in Psychological Science*, *17*(1), 31–35.

Roberts, B. W., Caspi, A., & Moffitt, T. E. (2003). Work experiences and personality development in young adulthood. *Journal of Personality and Social Psychology*, *84*, 582–593.

Roberts, B. W., Walton, K. E., & Viechtbauer, W. (2006). Patterns of mean-level change in personality traits across the life course: A meta-analysis of longitudinal studies. *Psychological Bulletin*, *132*(1), 1–25.

Roberts, B. W., Wood, D., & Smith, J. L. (2005). Evaluating five factor theory and social investment perspectives on personality trait development. *Journal of Research in Personality*, *39*(1), 166–184.

Roberts, G., Quach, J., Spencer-Smith, M., Anderson, P. J., Gathercole, S., Gold, L., . . . & Wake, M. (2016). Academic outcomes 2 years after working memory training for children with low working memory: a randomized clinical trial. *JAMA Pediatrics*, *170*(5), e154568–e154568.

Roberts, H., Kruszon-Moran, D., Ly, K. N., Hughes, E., Iqbal, K., Jiles, R. B., & Holmberg, S. D. (2016). Prevalence of chronic hepatitis B virus (HBV) infection in US households: National Health and Nutrition Examination Survey (NHANES), 1988–2012. *Hepatology*, *63*(2), 388–397.

Robertson, D. A., Savva, G. M., & Kenny, R. A. (2013). Frailty and cognitive impairment—a review of the evidence and causal mechanisms. *Ageing Research Reviews*, *12*(4), 840–851.

Robin, D. J., Berthier, N. E., & Clifton, R. K. (1996). Infants' predictive reaching for moving objects in the dark. *Developmental Psychology*, *32*, 824–835.

Robins, R. W., John, O. P., Caspi, A., Moffitt, T. E., & Stouthamer-Loeber, M. (1996). Resilient, overcontrolled, and undercontrolled boys: Three replicable personality types. *Journal of Personality and Social Psychology*, *70*, 157–171.

Robinson M., Thiel, M. M., Backus, M. M., & Meyer, E. C. (2006). Matters of spirituality at the end of life in the pediatric intensive care unit. *Pediatrics*, *118*, 719–729.

Robinson, O. C., & Wright, G. R. (2013). The prevalence, types and perceived outcomes of crisis episodes in early adulthood and midlife: A structured retrospective-autobiographical study. *International Journal of Behavioral Development*, *37*(5), 407–416.

Robles, T. F., Slatcher, R. B., Trombello, J. M., & McGinn, M. M. (2014). Marital quality and health: A meta-analytic review. *Psychological Bulletin*, *140*(1), 140.

Rochat, P., & Striano, T. (2002). Who's in the mirror? Self-other discrimination in specular images by 4- and 9-month-old infants. *Child Development*, *73*, 35–46.

Rocke, C., & Lachman, M. E. (2008). Perceived trajectories of life satisfaction across past, present and future: Profiles and correlates of subjective change in young, middle-aged, and older adults. *Psychology and Aging*, *23*(4), 833–847.

Röcke, C., Li, S. C., & Smith, J. (2009). Intraindividual variability in positive and negative affect over 45 days: Do older adults fluctuate less than young adults? *Psychology and Aging*, *24*(4), 863.

Rodgers, E., D'Agostino, J. V., Harmey, S. J., Kelly, R. H., & Brownfield, K. (2016). Examining the nature of scaffolding in an early literacy intervention. *Reading Research Quarterly, 51*(3), 345–360.

Rodin, J., & Ickovics, J. (1990). Women's health: Review and research agenda as we approach the 21st century. *American Psychologist, 45*, 1018–1034.

Rodkin, P. C., Farmer, T. W., Pearl, R., & Van Acker, R. (2000). Heterogeneity of popular boys: Antisocial and prosocial configurations. *Developmental Psychology, 36*(1), 14.

Roess, A. A., Jacquier, E. F., Catellier, D. J., Carvalho, R., Lutes, A. C., Anater, A. S., & Dietz, W. H. (2018). Food consumption patterns of infants and toddlers: Findings from the Feeding Infants and Toddlers Study (FITS) 2016. *The Journal of Nutrition, 148*(9S), 1525S–1535S.

Rogers, C. H., Floyd, F. J., Seltzer, M. M., Greenberg, J., & Hong, J. (2008). Long-term effects of the death of a child on parents' adjustment in midlife. *Journal of Family Psychology, 22*(2), 203.

Rogler, L. H. (2002). Historical generations and psychology: The case of the Great Depression and World War II. *American Psychologist, 57*(12), 1013–1023.

Rogoff, B. (2003). *The cultural nature of human development*. Oxford, England: Oxford University Press.

Rogoff, B., & Morelli, G. (1989). Perspectives on children's development from cultural psychology. *American Psychologist, 44*, 343–348.

Rogoff, B., Mistry, J., Göncü, A., & Mosier, C. (1993). Guided participation in cultural activity by toddlers and caregivers. *Monographs of the Society for Research in Child Development, 58*(8, Serial No. 236).

Roisman, G. I., Clausell, E., Holland, A., Fortuna, K., & Elieff, C. (2008). Adult romantic relationships as contexts of human development: A multimethod comparison of same-sex couples with opposite-sex dating, engaged, and married dyads. *Developmental Psychology, 44*, 91–101.

Roisman, G. I., Masten, A. S., Coatsworth, J. D., & Tellegen, A. (2004). Salient and emerging developmental tasks in the transition to adulthood. *Child Development, 75*, 123–133.

Röll, J., Koglin, U., & Petermann, F. (2012). Emotion regulation and childhood aggression: Longitudinal associations. *Child Psychiatry & Human Development, 43*(6), 909–923.

Rollins, B. C., & Feldman, H. (1970). Marital satisfaction over the family life cycle. *Journal of Marriage and the Family*, 20–28.

Roman C. (2018). Connecting volunteering to psychological well-being through perceived generativity. *Innovation in Aging, 2*(Suppl 1), 75. doi:10.1093/geroni/igy023.284.

Romano, E., Babchishin, L., Marquis, R., & Fréchette, S. (2015). Childhood maltreatment and educational outcomes. *Trauma, Violence, & Abuse, 16*(4), 418–437.

Romano, E., Tremblay, R. E., Boulerice, B., & Swisher, R. (2005). Multi-level correlates of childhood physical aggression and prosocial behavior. *Journal of Abnormal Child Psychology, 33*(5), 565–578.

Romero, A. P. (2017). 1.1 million LGBT adults are married to someone of the same sex at the two-year anniversary of Obergefell v. Hodges. The Williams Institute, UCLA School of Law.

Ronfard, S., & Corriveau, K. H. (2016). Teaching and preschoolers' ability to infer knowledge from mistakes. *Journal of Experimental Child Psychology, 150*, 87–98.

Rook, K. S. (2015). Social networks in later life: Weighing positive and negative effects on health and well-being. *Current Directions in Psychological Science, 24*(1), 45–51.

Rook, K. S., & Charles, S. T. (2017). Close social ties and health in later life: Strengths and vulnerabilities. *American Psychologist, 72*(6), 567.

Roopnarine, J., & Honig, A. S. (1985, September). The unpopular child. *Young Children*, pp. 59–64.

Roopnarine, J. L., & Davidson, K. L. (2015). Parent-child play across cultures: Advancing play research. *American Journal of Play, 7*(2), 228–252.

Roopnarine, J. L., Hooper, F. H., Ahmeduzzaman, M., & Pollack, B. (1993). Gentle play partners: Mother-child and father-child play in New Delhi, India. In K. MacDonald (Ed.), *Parent-child play* (pp. 287–304). Albany: State University of New York Press.

Root, A. K., & Stifter, C. (2010). Temperament and maternal emotion socialization beliefs as predictors of early childhood social behavior in the laboratory and classroom. *Parenting: Science and Practice, 10*(4), 241–257.

Rosamond, W., Flegal, K., Furie, K., Go, A., Greenlund, K., Haase, N., . . . Hong, Y. (2008). Heart disease and stroke statistics—2008 update: A report from the American Heart Association Statistics Committee and Stroke Statistics Subcommittee. *Circulation, 117*(4), e25–e146.

Rosario, M., Schrimshaw, E. W., & Hunter, J. (2011). Different patterns of sexual identity development over time: Implications for the psychological adjustment of lesbian, gay, and bisexual youths. *Journal of Sex Research, 48*(1), 3–15.

Roscigno, V. J., Mong, S., Byron, R., & Tester, G. (2007). Age discrimination, social closure and employment. *Social Forces, 86*(1), 313–334.

Rose, A. J., & Rudolph, K. D. (2006). A review of sex differences in peer relationship processes: Potential trade-offs for the emotional and behavioral development of girls and boys. *Psychological Bulletin, 132*(1), 98.

Rose, S., Jankowski, J., & Feldman, J. (2002). Speed of processing and face recognition at 7 and 12 months. *Infancy, 3*(4), 435–455.

Rose, S. A., Feldman, J. F., & Jankowski, J. J. (2002). Processing speed in the 1st year of life: A longitudinal study of preterm and full-term infants. *Developmental Psychology, 38*, 895–902.

Rose, S. A., Feldman, J. F., Jankowski, J. J., & Van Rossem, R. (2012). Information processing from infancy to 11 years: Continuities and prediction of IQ. *Intelligence, 40*(5), 445–457.

Roseberry, S., Hirsh-Pasek, K., & Golinkoff, R. M. (2014). Skype me! Socially contingent interactions help toddlers learn language. *Child Development, 85*(3), 956–970.

Rosen, R. C., & Kupelian, V. (2016). Epidemiology of erectile dysfunction and key risk factors. In T. Köhler & K. McVary (Eds.), *Contemporary treatment of erectile dysfunction* (pp. 45–56). New York: Humana Press.

Rosenbaum, J. E. (2009). Patient teenagers? A comparison of the sexual behavior of virginity pledgers and matched nonpledgers. *Pediatrics, 123*, e110–e120.

Rosenberg, S. D., Rosenberg, H. J., & Farrell, M. P. (1999). The midlife crisis revisited. In S. L. Willis & J. D. Reid (Eds.), *Life in the middle* (pp. 47–73). San Diego: Academic Press.

Rosenbluth, S. C., & Steil, J. M. (1995). Predictors of intimacy for women in heterosexual and homosexual couples. *Journal of Social and Personal Relationships, 12*(2), 163–175.

Rosenfeld, D. (1999). Identity work among lesbian and gay elderly. *Journal of Aging Studies, 13*, 121–144.

Rosenfeld, M. J. (2014). Couple longevity in the era of same-sex marriage in the United States. *Journal of Marriage and Family, 76*(5), 905–918.

Rosenthal, B. P., & Fischer, M. (2014). Functional vision changes in the normal and aging eye. *A Comprehensive Guide to Geriatric Rehabilitation*, 381.

Roses, A. D., Saunders, A. M., Lutz, M. W., Zhang, N., Hariri, A. R., Asin, K. E., . . . & Brannan, S. K. (2014). New applications of disease genetics and pharmacogenetics to drug development. *Current Opinion in Pharmacology, 14*, 81–89.

Rosner, B., Cook, N. R., Daniels, S., & Falkner, B. (2013). Childhood blood pressure trends and risk factors for high blood pressure novelty and significance: The NHANES Experience 1988–2008. *Hypertension, 62*(2), 247–254.

Rosner, R., Kruse, J., & Hagl, M. (2010). A meta-analysis of interventions for bereaved children and adolescents. *Death Studies, 34*(2), 99–136.

Rossi, A. S. (2004). The menopausal transition and aging process. In O. G. Brim, C. D. Ryff, & R. C. Kessler (Eds.), *How healthy are we? A national study of well-being at midlife*. Chicago: University of Chicago Press.

Roth, G., Assor, A., Niemiec, C. P., Ryan, R. M., & Deci, E. L. (2009). The emotional and academic consequences of parental conditional regard: Comparing conditional positive regard, conditional negative regard, and autonomy supports as parenting practices. *Developmental Psychology, 45*(4), 1119–1142.

Rothbart, M. K., Ahadi, S. A., & Evans, D. E. (2000). Temperament and personality: Origins and outcomes. *Journal of Personality and Social Psychology, 78*, 122–135.

Rothbart, M. K., Ahadi, S. A., Hershey, K. L., & Fisher, P. (2001). Investigations of temperament at three to seven years: The Children's Behavior Questionnaire. *Child Development, 72*(5), 1394–1408.

Rothbart, M. K., Sheese, B. E., Rueda, M. R., & Posner, M. I. (2011). Developing mechanisms of self-regulation in early life. *Emotion Review, 3*(2), 207–213.

Rouse, C., Brooks-Gunn, J., & McLanahan, S. (2005). Introducing the issue. *Future of Children, 15*(1), 5–14.

Roussotte, F. F., Bramen, J. E., Nunez, C., Quandt, L. C., Smith, L., O'Connor, M. J., . . . Sowell, E. R. (2011). Abnormal brain activation during working memory in children with prenatal exposure to drugs of abuse: The effects of methamphetamine, alcohol, and polydrug exposure. *NeuroImage, 54*(4), 3067–3075.

Rovee-Collier, C. (1996). Shifting the focus from what to why. *Infant Behavior and Development, 19*, 385–400.

Rovee-Collier, C. (1999). The development of infant memory. *Current Directions in Psychological Science, 8*, 80–85.

Rowe, J. W., & Kahn, R. L. (1997). Successful aging. *Gerontologist, 37*, 433–440.

Rowe, M. L. (2008). Child-directed speech: Relation to socioeconomic status, knowledge of child development and child vocabulary skill. *Journal of Child Language, 35*(1), 185–205.

Rowe, M. L., Özçalışkan, Ş., & Goldin-Meadow, S. (2008). Learning words by hand: Gesture's role in predicting vocabulary development. *First Language, 28*(2), 182–199.

Roy, S., Aggarwal, A., Dhangar, G., & Aneja, A. (2016). Mercury in vaccines: A review. *Global Vaccines and Immunology, 1*. doi: 10.15761/GVI.1000119.

Rožman, M., Treven, S., & Čančer, V. (2016). Stereotypes of older employees compared to younger employees in Slovenian companies. *Management: Journal of Contemporary Management Issues, 21*(2), 165–179.

Rübeling, H., Keller, H., Yovsi, R. D., Lenk, M., Schwarzer, S., & Kühne, N. (2011). Children's drawings of the self as an expression of cultural conceptions of the self. *Journal of Cross-Cultural Psychology, 42*(3), 406–424.

Rubin, D. H., Krasilnikoff, P. A., Leventhal, J. M., Weile, B., & Berget, A. (1986, August 23). Effect of passive smoking on birth weight. *The Lancet*, 415–417.

Rubin, K. H., Bukowski, W., & Parker, J. G. (1998). Peer interactions, relationships, and groups. In W. Damon (Series Ed.) & N. Eisenberg (Vol. Ed.), *Handbook of child psychology: Vol. 3. Social, emotional, and personality development* (5th ed., pp. 619–700). New York: Wiley.

Rubin, K. H., Burgess, K. B., & Hastings, P. D. (2002). Stability and social-behavioral consequences of toddlers' inhibited temperament and parenting behaviors. *Child Development, 73*(2), 483–495.

Rubin, K. H., Burgess, K. B., Dwyer K. M., & Hastings, P. D. (2003). Predicting preschoolers' externalizing behavior from toddler temperament, conflict, and maternal negativity. *Developmental Psychology, 39*(1), 164–176.

Rubio-Fernández, P., & Geurts, B. (2013). How to pass the false-belief task before your fourth birthday. *Psychological Science, 24*(1), 27–33.

Ruble, D. N., & Martin, C. L. (1998). Gender development. In W. Damon (Series Ed.) & N. Eisenberg (Vol. Ed.), *Handbook of child psychology: Vol. 3. Social, emotional, and personality development* (5th ed., pp. 933–1016). New York: Wiley.

Ruble, D. N., Martin, C. L., & Berenbaum, S. A. (2006). Gender development. In W. Damon & R. M. Lerner (Series Eds.) & D. Kuhn & R. S. Seigler (Vol. Eds.), *Handbook of child psychology: Vol 2. Cognition, perception, and language* (pp. 858–932). Hoboken: NJ: Wiley.

Rudasill, K. M., Hawley, L. R., LoCasale-Crouch, J., & Buhs, E. S. (2017). Child temperamental regulation and classroom quality in Head Start: Considering the role of cumulative economic risk. *Journal of Educational Psychology, 109*(1), 118.

Rudolph, K. D., Lambert, S. F., Clark, A. G., & Kurlakowsky, K. D. (2001). Negotiating the transition to middle school: The role of self-regulatory processes. *Child Development, 72*(3), 929–946.

Rudy, D., & Grusec, J. E. (2006). Authoritarian parenting in individualistic and collectivistic groups: Associations with maternal emotion and cognition and children's self-esteem. *Journal of Family Psychology, 20*, 68–78.

Rueda, M. R., Posner, M. I., & Rothbart, M. K. (2005). The development of executive attention: Contributions to the emergence of self-regulation. *Developmental Neuropsychology, 28*(2), 573–594.

Rueter, M. A., & Conger, R. D. (1995). Antecedents of parent-adolescent disagreements. *Journal of Marriage and Family, 57*, 435–448.

Ruigrok, A. N., Salimi-Khorshidi, G., Lai, M. C., Baron-Cohen, S., Lombardo, M. V., Tait, R. J., & Suckling, J. (2014). A meta-analysis of sex differences in human brain structure. *Neuroscience & Biobehavioral Reviews, 39*, 34–50.

Ruitenberg, A., van Swieten, J. C., Witteman, J. C., Mehta, K. M., van Duijn, C. M., Hofman, A., & Breteler, M. M. (2002). Alcohol consumption and risk of dementia: The Rotterdam Study. *The Lancet, 359*, 281–286.

Runco, M. A., Noble, E. P., Reiter-Palmon, R., Acar, S., Ritchie, T., & Yurkovich, J. M. (2011). The genetic basis of creativity and ideational fluency. *Creativity Research Journal, 23*(4), 376–380.

Runyan, D. K., Shankar, V., Hassan, F., Hunter, W. M., Jain, D., Paula, C. S., . . . & Bordin, I. A. (2010). International variations in harsh child discipline. *Pediatrics, 126*(3), e701–e711.

Ruppanner, L., Brandén, M., & Turunen, J. (2018). Does unequal housework lead to divorce? Evidence from Sweden. *Sociology, 52*(1), 75–94.

Rushton, J. P., & Ankney, C. D. (2009). Whole brain size and general mental ability: A review. *International Journal of Neuroscience, 119*(5), 692–732.

Rushton, J. P., & Jensen, A. R. (2005). Thirty years of research on race differences in cognitive ability. *Psychology, Public Policy, and Law, 11*, 235–294.

Russ, S. A., Larson, K., Franke, T. M., & Halfon, N. (2009). Associations between media use and health in US children. *Academic Pediatrics, 9*(5), 300–306.

Russ, S. W., & Wallace, C. E. (2013). Pretend play and creative processes. *American Journal of Play, 6*, 136–148.

Rust, J., Golombok, S., Hines, M., Johnston, K., Golding, J., & ALSPAC Study Team. (2000). The role of brothers and sisters in the gender development of preschool children. *Journal of Experimental Child Psychology, 77*(4), 292–303.

Rutter, M. (2002). Nature, nurture, and development: From evangelism through science toward policy and practice. *Child Development, 73*, 1–21.

Rutter, M. (2012). Gene–environment interdependence. *European Journal of Developmental Psychology, 9*(4), 391–412.

Rutter, M., Caspi, A., Fergusson, D., Horwood, L. J., Goodman, R., Maughan, B., . . . & Carroll, J. (2004b). Sex differences in developmental reading disability: New findings from 4 epidemiological studies. *JAMA, 291*(16), 2007–2012.

Rutter, M., O'Connor, T. G., & English & Romanian Adoptees (ERA) Study Team. (2004). Are there biological programming effects for psychological development? Findings from a study of Romanian adoptees. *Developmental Psychology, 40*, 81–94.

Ryan, C., Russell, S. T., Huebner, D., Diaz, R., & Sanchez, J. (2010). Family acceptance in adolescence and the health of LGBT young adults. *Journal of Child and Adolescent Psychiatric Nursing, 23*(4), 205–213.

Rybash, J. M., Hoyer, W. J., & Roodin, P. A. (1988). *Adult cognition and aging: Developmental changes in processing, knowing and thinking.* New York: Pergamon.

Ryff, C., Friedman, E., Fuller-Rowell, T., Love, G., Miyamoto, Y., Morozink, J., . . . & Tsenkova, V. (2012). Varieties of resilience in MIDUS. *Social and Personality Psychology Compass, 6*(11), 792–806.

Ryff, C. D. (1995). Psychological well-being in adult life. *Current Directions in Psychological Science, 4*, 99–104.

Ryff, C. D. (2014). Psychological well-being revisited: Advances in the science and practice of eudaimonia. *Psychotherapy and Psychosomatics, 83*(1), 10–28

Ryff, C. D., & Keyes, C. L. M. (1995). The structure of psychological well-being revisited. *Journal of Personality and Social Psychology, 69*, 719–727.

Ryff, C. D., & Seltzer, M. M. (1995). Family relations and individual development in adulthood and aging. In R. Blieszner & V. Hilkevitch (Eds.), *Handbook of aging and the family* (pp. 95–113). Westport, CT: Greenwood Press.

Ryff, C. D., & Singer, B. (1998). Middle age and well-being. *Encyclopedia of Mental Health, 2*, 707–719.

Ryff, C. D., Heller, A. S., Schaefer, S. M., Van Reekum, C., & Davidson, R. J. (2016). Purposeful engagement, healthy aging, and the brain. *Current Behavioral Neuroscience Reports, 3*(4), 318–327.

Ryff, C. D., Keyes, C. L., & Hughes, D. L. (2004). Psychological well-being in MIDUS: Profiles of ethnic/racial diversity and life-course uniformity. In O. G. Brim, C. D. Ryff, & R. C. Kessler (Eds.), *How healthy are we? A national study of well-being at midlife* (pp. 398–424). Chicago: University of Chicago Press.

Ryff, C. D., Radler, B. T., & Friedman, E. M. (2015). Persistent psychological well-being predicts improved self-rated health over 9–10 years: Longitudinal evidence from MIDUS. *Health Psychology Open*, 2(2), 2055102915601582.

Ryff, C. D., Singer, B. H., & Palmersheim, K. A. (2004). Social inequalities in health and well-being: The role of relational and religious protective factors. In O. G. Brim, C. D. Ryff, & R. C. Kessler (Eds.), *How healthy are we? A national study of well-being at midlife*. Chicago: University of Chicago Press.

Saarni, C., Campos, J. J., Camras, A., & Witherington, D. (2006). Emotional development: Action, communication, and understanding. In N. Eisenberg, W. Damon, & R. Lerner (Eds.), *Handbook of child psychology: Vol. 3, Social, emotional and personality development* (6th ed., pp. 226–299). Hoboken, NJ: Wiley.

Sabol, S. Z., Nelson, M. L., Fisher, C., Gunzerath, L., Brody, C. L., Hu, S., . . . Hamer, D. H. (1999). A genetic association for cigarette smoking behavior. *Health Psychology*, 18, 7–13.

Sacks, J. J., Gonzales, K. R., Bouchery, E. E., Tomedi, L. E., & Brewer, R. D. (2015). 2010 national and state costs of excessive alcohol consumption. *American Journal of Preventive Medicine*, 49(5), e73–e79.

Sadeh, A., De Marcas, G., Guri, Y., Berger, A., Tikotzky, L., & Bar-Haim, Y. (2015). Infant sleep predicts attention regulation and behavior problems at 3–4 years of age. *Developmental Neuropsychology*, 40(3), 122–137.

Sadeh, A., Tikotzky, L., & Scher, A. (2010). Parenting and infant sleep. *Sleep Medicine Reviews*, 14(2), 89–96.

Sadigh-Eteghad, S., Sabermarouf, B., Majdi, A., Talebi, M., Farhoudi, M., & Mahmoudi, J. (2015). Amyloid-beta: A crucial factor in Alzheimer's disease. *Medical Principles and Practice*, 24(1), 1–10.

Saez, M. (2011). Same-sex marriage, same-sex cohabitation, and same-sex families around the world: Why "same" is so different? *American University Journal of Gender, Social Policy & the Law*, 19, 1.

Saffran, J. R., Pollak, S. D., Seibel, R. L., & Shkolnik, A. (2007). Dog is a dog is a dog: Infant rule learning is not specific to language. *Cognition*, 105(3), 669–680.

Saffrey, R., Morley, R., Carlin, J. B., Joo, J. E., Ollikainen, M., Novakovic, B., Andronikos, R., Li, X., Loke, Y. J., Carson, N., Wallace, E. M., Umstad, M. P., Permezel, M., Galati, J. C., & Craig, J.M. (2012). Cohort profile: The peri/post-natal epigenetic twins study. *International Journal of Epidemiology*, 41, 55–61.

Sahoo, K., Sahoo, B., Choudhury, A. K., Sofi, N. Y., Kumar, R., & Bhadoria, A. S. (2015). Childhood obesity: Causes and consequences. *Journal of Family Medicine and Primary Care*, 4(2), 187.

Saigal, S., Stoskopf, B., Streiner, D., Boyle, M., Pinelli, J., Paneth, N., & Goddeeris, J. (2006). Transition of extremely low-birth-weight infants from adolescence to young adulthood: Comparison with normal birth-weight controls. *Journal of the American Medical Association*, 295, 667–675.

Saito, E. K., Diaz, N., Chung, J., & McMurtray, A. (2017). Smoking history and Alzheimer's disease risk in a community-based clinic population. *Journal of Education and Health Promotion*, 6.

Saka, B., Kaya, O., Ozturk, G. B., Erten, N., & Karan, M. A. (2010). Malnutrition in the elderly and its relationship with other geriatric syndromes. *Clinical Nutrition*, 29(6), 745–748.

Sala-Llonch, R., Bartrés-Faz, D., & Junqué, C. (2015). Reorganization of brain networks in aging: A review of functional connectivity studies. *Frontiers in Psychology*, 6.

Salami, A., Eriksson, J., Nilsson, L. G., & Nyberg, L. (2012). Age-related white matter microstructural differences partly mediate age-related decline in processing speed but not cognition. *Biochimica et Biophysica Acta (BBA)-Molecular Basis of Disease*, 1822(3), 408–415.

Salas, E., Rosen, M. A., & Diaz Granados, D. (2010). Expertise-based intuition and decision making in organizations. *Journal of Management*, 36(4), 941–973.

Salk, R. H., Hyde, J. S., & Abramson, L. Y. (2017). Gender differences in depression in representative national samples: Meta-analyses of diagnoses and symptoms. *Psychological Bulletin*, 143(8), 783–822.

Salk, R. H., Petersen, J. L., Abramson, L. Y., & Hyde, J. S. (2016). The contemporary face of gender differences and similarities in depression throughout adolescence: Development and chronicity. *Journal of Affective Disorders*, 205, 28–35.

Salkind, N. J. (Ed.). (2005). Smiling. *The encyclopedia of human development*. Thousand Oaks, CA: Sage.

Sallmen, M., Sandler, D. P., Hoppin, J. A., Blair, A., & Day, D. (2006). Reduced fertility among overweight and obese men. *Epidemiology*, 17(5), 520–523.

Salovey, P., & Mayer, J. D. (1990). Emotional intelligence. *Imagination, Cognition, and Personality*, 9, 185–211.

Salovey, P., Rothman, A. J., Detweiler, J. B., & Steward, W. T. (2000). Emotional states and physical health. *American Psychologist*, 55, 110–121.

Salthouse, T. (2012). Consequences of age-related cognitive declines. *Annual Review of Psychology*, 63, 201–226.

Salthouse, T. A. (1991). *Theoretical perspectives on cognitive aging*. Hillsdale, NJ: Erlbaum.

Salthouse, T. A. (2010). *Major issues in cognitive aging*. New York: Oxford University Press.

Salthouse, T. A., & Maurer, T. J. (1996). Aging, job performance, and career development. In J. E. Birren & K. W. Schaie (Eds.), *Handbook of the psychology of aging* (pp. 353–364). San Diego: Academic Press.

Salvig, J. D., & Lamont, R. F. (2011). Evidence regarding an effect of marine n−3 fatty acids on preterm birth: A systematic review and meta-analysis. *Acta Obstetricia et Gynecologica Scandinavica*, 90(8), 825–838.

Samdal, O., & Dür, W. (2000). The school environment and the health of adolescents. In C. Currie, K. Hurrelmann, W. Settertobulte, R. Smith, & J. Todd (Eds.), *Health and health behaviour among young people: A WHO cross-national study (HBSC) international report* (pp. 49–64). (WHO Policy Series: Health Policy for Children and Adolescents, Series No. 1.) Copenhagen, Denmark: World Health Organization Regional Office for Europe.

Samuelson, L. K., & McMurray, B. (2017). What does it take to learn a word? *Wiley Interdisciplinary Reviews: Cognitive Science*, 8(1–2), e1421.

Samuelson, Y. M., Hodgins, S., Larsson, A., Larm, P., & Tengström, A. (2010). Adolescent antisocial behavior as predictor of adverse outcomes to age 50: A follow-up study of 1,947 individuals. *Criminal Justice and Behavior*, 37(2), 158–174.

Sandberg-Thoma, S. E., Snyder, A. R., & Jang, B. J. (2015). Exiting and returning to the parental home for boomerang kids. *Journal of Marriage and Family*, 77(3), 806–818.

Sanders, A., Stone, R., Meador, R., & Parker, V. (2010). Aging in place partnerships: A training program for family caregivers of residents living in affordable senior housing. *Cityscape: A Journal of Policy Development and Research*, 12(2), 85–104.

Sanders, A. R., Martin, E. R., Beecham, G. W., Guo, S., Dawood, K., Rieger, G., . . . & Duan, J. (2015). Genome-wide scan demonstrates significant linkage for male sexual orientation. *Psychological Medicine*, 45(7), 1379–1388.

Sanders, L. D., Stevens, C., Coch, D., & Neville, H. J. (2006). Selective auditory attention in 3-to 5-year-old children: An event-related potential study. *Neuropsychologia*, 44(11), 2126–2138.

Sandin, S., Lichtenstein, P., Kuja-Halkola, R., Larsson, H., Hultman, C.M., & Reichenberg, A. (2014). The familial risk of autism. *Journal of the American Medical Association*, 311, 1770–1777

Sandnabba, H. K., & Ahlberg, C. (1999). Parents' attitudes and expectations about children's cross-gender behavior. *Sex Roles*, 40, 249–263.

Sann, C., & Streri, A. (2007). Perception of object shape and texture in human newborns: Evidence from cross-modal transfer tasks. *Developmental Science*, 10(3), 399–410.

Santelli, J., Carter, M., Orr, M., & Dittus, P. (2007). Trends in sexual risk behaviors, by nonsexual risk behavior involvement. *Journal of Adolescent Health*, 44(4), 372–379.

Santelli, J. S., & Melnikas, A. J. (2010). Teen fertility in transition: Recent and historic trends in the United States. *Annual Review of Public Health*, 31, 371–383.

Santelli, J. S., Kantor, L. M., Grilo, S. A., Speizer, I. S., Lindberg, L. D., Heitel, J., . . . & Heck, C. J.

(2017). Abstinence-only-until-marriage: An updated review of US policies and programs and their impact. *Journal of Adolescent Health, 61*(3), 273–280.

Santos-Lozano, A., Santamarina, A., Pareja-Galeano, H., Sanchis-Gomar, F., Fiuza-Luces, C., Cristi-Montero, C., Bernal-Pino, A., Lucia, A., & Garatachea, N. (2016). The genetics of exceptional longevity: Insights from centenarians. *Maturitas, 90,* 49–57.

Sapolsky, R. M. (1992). Stress and neuroendocrine changes during aging. *Generations, 16*(4), 35–38.

Sapp, F., Lee, K., & Muir, D. (2000). Three-year-olds' difficulty with the appearance-reality distinction: Is it real or apparent? *Developmental Psychology, 36,* 547–560.

Saraiya, A., Garakani, A., & Billick, S.B. (2013). Mental health approaches to child victims of acts of terrorism. *Psychiatric Quarterly, 84,* 115–124.

Sarnecka, B. W., & Carey, S. (2007). How counting represents number: What children must learn and when they learn it. *Cognition, 108*(3), 662–674.

Sartorius, G., Spasevska, S., Idan, A., Turner, L., Forbes, E., Zamojska, A., . . . & Handelsman, D. J. (2012). Serum testosterone, dihydrotestosterone and estradiol concentrations in older men self-reporting very good health: The healthy man study. *Clinical Endocrinology, 77*(5), 755–763.

Satcher, D. (2001). *Women and smoking: A report of the surgeon general.* Washington, DC: Department of Health and Human Services.

Sattler, C., Toro, P., Schönknecht, P., & Schröder, J. (2012). Cognitive activity, education and socioeconomic status as preventive factors for mild cognitive impairment and Alzheimer's disease. *Psychiatry Research, 196*(1), 90–95.

Saudino, K. J., & Micalizzi, L. (2015). Emerging trends in behavioral genetic studies of child temperament. *Child Development Perspectives, 9*(3), 144–148.

Saunders, N. (1997). Pregnancy in the 21st century: Back to nature with a little assistance. *The Lancet, 349,* S7–S9.

Sauter, D. A., Panattoni, C., & Happé, F. (2013). Children's recognition of emotions from vocal cues. *British Journal of Developmental Psychology, 31*(1), 97–113.

Savage, J. E., Jansen, P. R., Stringer, S., Watanabe, K., Bryois, J., de Leeuw, C. A., . . . & Grasby, K. L. (2018). Genome-wide association meta-analysis in 269,867 individuals identifies new genetic and functional links to intelligence. *Nature Genetics, 50*(7), 912.

Savage, J. S., Fisher, J. O., & Birch, L. L. (2007). Parental influence on eating behavior: Conception to adolescence. *Journal of Law, Medicine, and Ethics, 35*(1), 22–34.

Savic, I., & Lindström, P. (2008). PET and MRI show differences in cerebral asymmetry and functional connectivity between homo- and heterosexual subjects. *Proceedings of the National Academy of Sciences, USA, 105,* 9403–9408. doi: 10.1073/pnas.0801566105.

Savic, I., Berglund, H., & Lindström, P. (2005). Brain response to putative pheromones in homosexual men. *Proceedings of the National Academy of Sciences, 102,* 7356–7361.

Savin-Williams, R. C. (2006). Who's gay? Does it matter? *Current Directions in Psychological Science, 15,* 40–44.

Sawicki, M. B. (2005, March 16). *Collision course: The Bush budget and Social Security* (EPI Briefing Paper No. 156). Retrieved from www.epinet.org/content.cfm/bp156.

Saxe, R., Tenenbaum, J. B., & Carey, S. (2005). Secret agents: Inferences about hidden causes by 10- and 12-month old infants. *Psychological Science, 16,* 995–1001.

Sbarra, D. A., & Coan, J. A. (2017). Divorce and health: Good data in need of better theory. *Current Opinion in Psychology, 13,* 91–95.

Sbarra, D. A., Hasselmo, K., & Bourassa, K. J. (2015). Divorce and health: Beyond individual differences. *Current Directions in Psychological Science, 24*(2), 109–113.

Scales, P. C., Benson, P. L., Oesterle, S., Hill, K. G., Hawkins, J. D., & Pashak, T. J. (2016). The dimensions of successful young adult development: A conceptual and measurement framework. *Applied Developmental Science, 20*(3), 150–174.

Scarr, S. (1992). Developmental theories for the 1990s: Development and individual differences. *Child Development, 63,* 1–19.

Scarr, S. (1998). American child care today. *American Psychologist, 53,* 95–108.

Scarr, S., & McCartney, K. (1983). How people make their own environments: A theory of genotype-environment effects. *Child Development, 54,* 424–435.

Schaan, B. (2013). Widowhood and depression among older Europeans—The role of gender, caregiving, marital quality, and regional context. *Journals of Gerontology Series B: Psychological Sciences and Social Sciences, 68*(3), 431–442.

Schaap, L. A., Koster, A., & Visser, M. (2012). Adiposity, muscle mass, and muscle strength in relation to functional decline in older persons. *Epidemiologic Reviews, 35*(1), 51–65.

Schafft, K. A., Jensen, E. B., & Hinrichs, C. C. (2009). Food deserts and overweight school children: Evidence from Pennsylvania. *Rural Sociology, 74,* 153–177.

Schaie, K. W. (1977-1978). Toward a stage theory of adult cognitive development. *Journal of Aging and Human Development, 8*(2), 129–138.

Schaie, K. W. (1984). Midlife influences upon intellectual functioning in old age. *International Journal of Behavioral Development, 7,* 463–478.

Schaie, K. W. (1990). Intellectual development in adulthood. In J. E. Birren & K. W. Schaie (Eds.), *Handbook of the psychology of aging* (pp. 291–309). San Diego: Academic Press.

Schaie, K. W. (1994). The course of adult intellectual development. *American Psychologist, 49*(4), 304–313.

Schaie, K. W. (1996a). Intellectual development in adulthood. In J. E. Birren & K. W. Schaie (Eds.), *Handbook of the psychology of aging* (4th ed., pp. 266–286). San Diego: Academic Press.

Schaie, K. W. (1996b). *Intellectual development in adulthood: The Seattle Longitudinal Study.* Cambridge, UK: Cambridge University Press.

Schaie, K. W. (2005). *Developmental influences on adult intelligence: The Seattle Longitudinal Study.* New York: Oxford University Press.

Schaie, K. W., & Willis, S. L. (1996). Psychometric intelligence and aging. In F. Blanchard-Fields & T. M. Hess (Eds.), *Perspectives on cognitive change in adulthood and aging* (pp. 293–322). New York: McGraw-Hill.

Schaie, K. W., & Willis, S. L. (2000). A stage theory model of adult cognitive development revisited. In B. Rubinstein, M. Moss, & M. Kleban (Eds.), *The many dimensions of aging: Essays in honor of M. Powell Lawton* (pp. 173–191). New York: Springer.

Schaie, K. W., & Willis, S. L. (2010). The Seattle Longitudinal Study of adult cognitive development. *ISSBD Bulletin, 57*(1), 24.

Scharf, M., Mayseless, O., & Kivenson-Baron, I. (2004). Adolescents' attachment representations and developmental tasks in emerging adulthood. *Developmental Psychology, 40,* 430–444.

Scharlach, A. E., & Fredriksen, K. I. (1993). Reactions to the death of a parent during midlife. *Omega, 27,* 307–319.

Scheiber, C., Reynolds, M. R., Hajovsky, D. B., & Kaufman, A. S. (2015). Gender differences in achievement in a large, nationally representative sample of children and adolescents. *Psychology in the Schools, 52*(4), 335–348.

Scheid, V. (2007, March). *Traditional Chinese medicine—What are we investigating?: The case of menopause.* Retrieved from www.ncbi.nlm.nih.gov/pmc/articles/PMC2233879/.

Scheidt, P., Overpeck, M. D., Whatt, W., & Aszmann, A. (2000). Adolescents' general health and wellbeing. In C. Currie, K. Hurrelmann, W. Settertobulte, R. Smith, & J. Todd (Eds.), *Health and health behaviour among young people: A WHO cross-national study (HBSC) international report* (pp. 24–38). (WHO Policy Series: Healthy Policy for Children and Adolescents, Series No. 1). Copenhagen, Denmark: World Health Organization Regional Office for Europe.

Scher, A., Epstein, R., & Tirosh, E. (2004). Stability and changes in sleep regulation: A longitudinal study from 3 months to 3 years. *International Journal of Behavioral Development, 28*(3), 268–274.

Schetter, C. D. (2009). Stress processes in pregnancy and preterm birth. *Current Directions in Psychological Science, 18*(4), 205–209.

Scheve, T., & Venzon, C. (2017). *10 stereotypes about aging (that just aren't true).* Retrieved from https://health.howstuffworks.com/wellness/aging/aging-process/5-stereotypes-about-aging.htm.

Schick, V., Herbenick, D., Reece, M., Sanders, S. A., Dodge, B., Middlestadt, S. E., & Fortenberry, J. D. (2010). Sexual behaviors, condom use, and sexual health of Americans over 50: Implications for sexual health promotion for older adults. *The Journal of Sexual Medicine, 7*, 315–329.

Schickedanz, A., Dreyer, B. P., & Halfon, N. (2015). Childhood poverty: Understanding and preventing the adverse impacts of a most-prevalent risk to pediatric health and well-being. *Pediatric Clinics, 62*(5), 1111–1135.

Schieber, M., & Chandel, N. S. (2014). ROS function in redox signaling and oxidative stress. *Current Biology, 24*(10), R453–R462.

Schlenker, E. D. (2010). Healthy aging: Nutrition concepts for older adults. In T. Wilson, N. J. Temple, G. A. Bray, & M. B. Struble (Eds.), *Nutrition guide for physicians* (pp. 215–226). New York: Humana Press.

Schlotz, W., Jones, A., Phillips, D. I. W., Gale, C. R., Robinson, S. M., & Godfrey, K. M. (2009). Lower maternal folate status in early pregnancy is associated with childhood hyperactivity and peer problems in offspring. *Journal of Child Psychology and Psychiatry, 51*(5), 594–602. doi: 10.1111/j.1469-7610.2009.02182.x.

Schmidt, J. A., Shumow, L., & Kackar, H. (2007). Adolescents' participation in service activities and its impact on academic, behavioral, and civic outcomes. *Journal of Youth and Adolescence, 36*(2), 127–140.

Schmitt, D. P., Realo, A., Voracek, M., & Allik, J. (2008). Why can't a man be more like a woman? Sex differences in big five personality traits across 55 cultures. *Journal of Personality and Social Psychology, 94*(1), 168–182.

Schmitt, M., Kliegel, M., & Shapiro, A. (2007). Marital interaction in middle and old age: A predictor of marital satisfaction? *International Journal of Aging & Human Development, 65*(4), 283–300.

Schmitt, M. T., Branscombe, N. R., Postmes, T., & Garcia, A. (2014). The consequences of perceived discrimination for psychological well-being: A meta-analytic review. *Psychological Bulletin, 140*(4), 921.

Schmitt, S. A., Simpson, A. M., & Friend, M. (2011). A longitudinal assessment of the home literacy environment and early language. *Infant and Child Development, 20*(6), 409–431.

Schmitz, S., Saudino, K. J., Plomin, R., Fulker, D. W., & DeFries, J. C. (1996). Genetic and environmental influences on temperament in middle childhood: Analyses of mother and tester ratings. *Child Development, 67*, 409–422.

Schnaas, L., Rothenberg, S. J., Flores, M., Martinez, S., Hernandez, C., Osorio, E., . . . Perroni, E. (2006). Reduced intellectual development in children with prenatal lead exposure. *Environmental Health Perspectives, 114*(5), 791–797.

Schnack, H. G., Van Haren, N. E., Brouwer, R. M., Evans, A., Durston, S., Boomsma, D. I., . . . & Hulshoff Pol, H. E. (2014). Changes in thickness and surface area of the human cortex and their relationship with intelligence. *Cerebral Cortex, 25*(6), 1608–1617.

Schneider, B. H., Atkinson, L., & Tardif, C. (2001). Child-parent attachment and children's peer relations: A quantitative review. *Developmental Psychology, 37*, 86–100.

Schneider, J. P., Weiss, R., & Samenow, C. (2012). Is it really cheating? Understanding the emotional reactions and clinical treatment of spouses and partners affected by cybersex infidelity. *Sexual Addiction & Compulsivity, 19*(1–2), 123–139.

Schneider, M. (2002). *Do school facilities affect academic outcomes?* Washington, DC: National Clearinghouse for Educational Facilities.

Schneider, W. (2008). The development of metacognitive knowledge in children and adolescents: Major trends and implications for education. *Mind, Brain, and Education, 2*(3), 114–121.

Schöber, C., Schütte, K., Köller, O., McElvany, N., & Gebauer, M. M. (2018). Reciprocal effects between self-efficacy and achievement in mathematics and reading. *Learning and Individual Differences, 63*, 1–11.

Schoenborn, C. A. (2004). Marital status and health: United States, 1999–2002. *Advance Data from Vital and Health Statistics, No. 351*. Hyattsville, MD: National Center for Health Statistics.

Schoenborn, C. A., & Heyman, K. M. (2009). Health characteristics of adults aged 55 years and older: United States, 2004–2007. *National Health Statistics Reports, 16*, 1–31. Hyattsville, MD: National Center for Health Statistics.

Schoeni, R. F., & Ross, K. E. (2005). *Material assistance from families during the transition to adulthood*. Chicago: University of Chicago Press.

Schoeni, R., & Ross, K. (2005). Maternal assistance from families during the transition to adulthood. In R. A. Settersten Jr., F. F. Furstenberg Jr., & R. G. Rumbaut (Eds.), *On the frontier of adulthood: Theory, research, and public policy* (pp. 396–416). Chicago: University of Chicago Press.

Scholten, C. M. (1985). *Childbearing in American society: 1650–1850*. New York: New York University Press.

Schomerus, G., Evans-Lacko, S., Rüsch, N., Mojtabai, R., Angermeyer, M. C., & Thornicroft, G. (2015). Collective levels of stigma and national suicide rates in 25 European countries. *Epidemiology and Psychiatric Sciences, 24*(2), 166–171.

Schondelmyer, E. (2017). *Demographics and Living Arrangements, 2013*. Washington, DC: U.S. Department of Commerce, Economic and Statistics Administration, U.S. Census Bureau.

Schonert-Reichl, K. A., Smith, V., Zaidman-Zait, A., & Hertzman, C. (2012). Promoting children's prosocial behaviors in school: Impact of the "Roots of Empathy" program on the social and emotional competence of school-aged children. *School Mental Health, 4*(1), 1–21.

Schonfeld, D. J., & Quackenbush, M. (2010). *The grieving student: A teacher's guide*. Baltimore, MD: Paul H. Brookes Publishing Co.

Schonfeld, D. J., Demaria, T., & Committee on Psychosocial Aspects of Child and Family Health, Disaster Preparedness Advisory Council. (2016). Supporting the grieving child and family. *Pediatrics*, e20162147.

Schooler, C. (1990). Psychosocial factors and effective cognitive functioning in adulthood. In J. E. Burren & K. W. Schaie (Eds.), *The handbook of aging* (pp. 347–358). San Diego: Academic Press.

Schredl, M., Anders, A., Hellriegel, S., & Rehm, A. (2008). TV viewing, computer game playing and nightmares in school children. *Dreaming, 18*(2), 69–76. doi: 10.1037/1053-0797.18.2.69.

Schredl, M., Fricke-Oerkermann, L., Mitschke, A., Wiater, A., & Lehmkuhl, G. (2009). Longitudinal study of nightmares in children: stability and effect of emotional symptoms. *Child Psychiatry and Human Development, 40*(3), 439–449.

Schug, J., Yuki, M., & Maddux, W. (2010). Relational mobility explains between- and within-culture differences in self-disclosure to close friends. *Psychological Science, 21*(10), 1471–1478.

Schulenberg, J. E., & Zarrett, N. R. (2006). Mental health during emerging adulthood: Continuity and discontinuity in courses, causes, and functions. In J. J. Arnett & J. L. Tanner (Eds.), *Emerging adults in America: Coming of age in the 21st century* (pp. 135–172). Washington, DC: American Psychological Association.

Schulenberg, J. E., Johnston, L. D., O'Malley, P. M., Bachman, J. G., Miech, R. A., & Patrick, M. E. (2017). *Monitoring the Future national survey results on drug use, 1975–2016: Volume II, College students and adults ages 19–55*. Ann Arbor: Institute for Social Research, The University of Michigan. Available at http://monitoringthefuture.org/ pubs.html#monographs.

Schulenberg, J., O'Malley, P., Backman, J., & Johnston, L. (2005). Early adult transitions and their relation to well-being and substance use. In R. A. Settersten Jr., F. F. Furstenberg Jr., & R. G. Rumbaut (Eds.), *On the frontier of adulthood: Theory, research, and public policy* (pp. 417–453). Chicago: University of Chicago Press.

Schulz, M. S., Cowan, C. P., & Cowan, P. A. (2006). Promoting healthy beginnings: A randomized controlled trial of a preventive intervention to preserve marital quality during the transition to parenthood. *Journal of Consulting and Clinical Psychology, 74*, 20–31.

Schulz, M. S., Cowan, P. A., Cowan, C. P., & Brennan, R. T. (2004). Coming home upset: Gender, marital satisfaction, and the daily spillover of workday experience into couple interactions. *Journal of Family Psychology, 18*, 250–263.

Schulz, R. (1978). *A psychology of death, dying, and bereavement*. Reading, MA: Addison-Wesley.

Schulz, R., & Martire, L. M. (2004). Family caregiving of persons with dementia: Prevalence, health effects, and support strategies. *American Journal of Geriatric Psychiatry, 12*, 240–249.

Schummers, L., Hutcheon, J. A., Bodnar, L. M., Lieberman, E., & Himes, K. P. (2015). Risk of adverse pregnancy outcomes by prepregnancy body mass index: A population-based study to inform prepregnancy weight loss counseling. *Obstetrics and Gynecology, 125*(1), 133.

Schurz, M., Aichhorn, M., Martin, A., & Perner, J. (2013). Common brain areas engaged in false belief reasoning and visual perspective taking: A meta-analysis of functional brain imaging studies. *Frontiers in Human Neuroscience, 7*.

Schuur, M., Ikram, M. A., van Swieten, J. C., Isaacs, A., Vergeer-Drop, J. M., Hofman, A., . . . & Van

Duijn, C. M. (2011). Cathepsin D gene and the risk of Alzheimer's disease: A population-based study and meta-analysis. *Neurobiology of Aging, 32*(9), 1607–1614.

Schwab, S. G., & Wildenauer, D. B. (2013). Genetics of psychiatric disorders in the GWAS era: an update on schizophrenia. *European Archives of Psychiatry and Clinical Neuroscience, 263*, 147.

Schwaba, T., & Bleidorn, W. (2018). Individual differences in personality change across the adult life span. *Journal of Personality, 86*(3), 450–464.

Schwartz, B. L. (2008). Working memory load differentially affects tip-of-the-tongue states and feeling-of-knowing judgments. *Memory & Cognition, 36*(1), 9–19.

Schwartz, D., Chang, L., & Farver, J. M. (2001). Correlates of victimization in Chinese children's peer groups. *Developmental Psychology, 37*(4), 520–532.

Schwartz, D., Dodge, K. A., Pettit, G. S., Bates, J. E., & Conduct Problems Prevention Research Group. (2000). Friendship as a moderating factor in the pathway between early harsh home environment and later victimization in the peer group. *Developmental Psychology, 36*, 646–662.

Schwartz, D., McFadyen-Ketchum, S. A., Dodge, K. A., Pettit, G. S., & Bates, J. E. (1998). Peer group victimization as a predictor of children's behavior problems at home and in school. *Development and Psychopathology, 10*, 87–99.

Schwartz, E., & Litwin, H. (2018). Social network changes among older Europeans: The role of gender. *European Journal of Ageing, 15*(4), 359–367.

Schwartz, S. J., Zamboanga, B. L., Luyckx, K., Meca, A., & Ritchie, R. A. (2013). Identity in emerging adulthood: Reviewing the field and looking forward. *Emerging Adulthood, 1*(2), 96–113.

Schweinhart, L. J. (2007). Crime prevention by the High/Scope Perry preschool program. *Victims & Offenders, 2*(2), 141–160.

Schweinhart, L. J., Barnes, H. V., & Weikart, D. P. (1993). *Significant benefits: The High/Scope Perry Preschool Study through age 27* (Monographs of the High/Scope Educational Research Foundation No. 10). Ypsilanti, MI: High/Scope.

Schwenck, C., Bjorklund, D. F., & Schneider, W. (2009). Developmental and individual differences in young children's use and maintenance of a selective memory strategy. *Developmental Psychology, 45*(4), 1034.

Scola, C., & Vauclair, J. (2010). Infant holding side biases displayed by fathers in maternity hospitals. *Journal of Reproductive and Infant Psychology, 28*(1), 3–10.

Scott, M. E., Booth, A., King, V., & Johnson, D. R. (2007). Postdivorce father-adolescent closeness. *Journal of Marriage and Family, 69*(5), 1194–1209.

Scott, S., Doolan, M., Beckett, C., Harry, S., & Cartwright, S. (2012). *How is parenting style related to child antisocial behaviour? Preliminary findings from the Helping Children Achieve study* [Research report]. Retrieved from http://dera.ioe.ac.uk/13827/1/DFE-RR185a.pdf.

Seaman, J. E., Allen, I. E., & Seaman, J. (2018). Grade increase: Tracking distance education in the United States. *Babson Survey Research Group*.

Searing, D. A., Zhang, Y., Murphy, J. R., Hauk, P. J., Goleva, E., & Leung, D. Y. (2010). Decreased serum vitamin D levels in children with asthma are associated with increased corticosteroid use. *Journal of Allergy and Clinical Immunology, 125*(5), 995–1000.

Sebanc, A. M. (2003). The friendship features of preschool children: Links with prosocial behavior and aggression. *Social Development, 12*(2), 249–268.

Seblega, B. K., Zhang, N. J., Unruh, L. Y., Breen, G. M., Paek, S. C., & Wan, T. T. (2010). Changes in nursing home staffing levels, 1997 to 2007. *Medical Care Research and Review, 67*(2), 232–246.

Sedgh, G., Finer, L. B., Bankole, A., Eilers, M. A., & Singh, S. (2015). Adolescent pregnancy, birth, and abortion rates across countries: Levels and recent trends. *Journal of Adolescent Health, 56*(2), 223–230.

Sedlak, A. J., & Broadhurst, D. D. (1996). *Executive summary of the third national incidence study of child abuse and neglect* (NIS-3). Washington, DC: U.S. Department of Health and Human Services.

Seehagen, S., & Herbert, J. S. (2011). Infant imitation from televised peer and adult models. *Infancy, 16*(2), 113–136.

Seeman, T. E., Merkin, S. S., Crimmins, E. M., & Karlamangla, A. (2009). Disability trends among older Americans: National health and nutrition examination surveys, 1988–1994 and 1999–2004. *American Journal of Public Health, 100*(1), 100–107.

Seery, M. D. (2011). Resilience: A silver lining to experiencing adverse life events? *Current Directions in Psychological Science, 20*(6), 390–394.

Segerstrom, S. C., & Miller, G. E. (2004). Psychological stress and the human immune system: A meta-analytic study of 30 years of inquiry. *Psychological Bulletin, 130*, 601–630.

Segerstrom, S. C., Combs, H. L., Winning, A., Boehm, J. K., & Kubzansky, L. D. (2016). The happy survivor? Effects of differential mortality on life satisfaction in older age. *Psychology and Aging, 31*(4), 340.

Seib, D. R., & Martin-Villalba, A. (2015). Neurogenesis in the normal ageing hippocampus: A mini-review. *Gerontology, 61*(4), 327–335.

Seider, B. H., Shiota, M. N., Whalen, P., & Levenson, R. W. (2010). Greater sadness reactivity in late life. *Social Cognitive and Affective Neuroscience, 6*(2), 186–194. doi: 10.1093/scan/nsq069.

Seidler, A., Neinhaus, A., Bernhardt, T., Kauppinen, T., Elo, A. L., & Frolich, L. (2004). Psychosocial work factors and dementia. *Occupational and Environmental Medicine, 61*, 962–971.

Seidler, Z. E., Dawes, A. J., Rice, S. M., Oliffe, J. L., & Dhillon, H. M. (2016). The role of masculinity in men's help-seeking for depression: A systematic review. *Clinical Psychology Review, 49*, 106–118.

Seiffge-Krenke, I. (2016). Leaving home: Antecedents, consequences, and cultural patterns. In J. Arnett (Ed.), *The Oxford handbook of emerging adulthood* (pp. 177–189). New York: Oxford University Press.

Selkie, E. M., Fales, J. L., & Moreno, M. A. (2016). Cyberbullying prevalence among US middle and high school–aged adolescents: A systematic review and quality assessment. *Journal of Adolescent Health, 58*(2), 125–133.

Selkoe, D. J., & Hardy, J. (2016). The amyloid hypothesis of Alzheimer's disease at 25 years. *EMBO Molecular Medicine, 8*(6), 595–608.

Selman, R. L. (1980). *The growth of interpersonal understanding: Developmental and clinical analyses*. New York: Academic Press.

Selman, R. L., & Selman, A. P. (1979, April). Children's ideas about friendship: A new theory. *Psychology Today*, pp. 71–80.

Seltzer, J. A. (2000). Families formed outside of marriage. *Journal of Marriage and Family, 62*, 1247–1268.

Seltzer, J. A. (2004). Cohabitation in the United States and Britain: Demography, kinship, and the future. *Journal of Marriage and Family, 66*, 921–928.

Seltzer, M. M., Floyd, F., Song, J., Greenberg, J., & Hong, J. (2011). Midlife and aging parents of adults with intellectual and developmental disabilities: Impacts of lifelong parenting. *American Journal on Intellectual and Developmental Disabilities, 116*(6), 479–499.

Semega, J. L., Fontenol, K. R., & Kollar, M. A. (2017). *U.S. Census Bureau, Current Population Reports, P60-259, Income and Poverty in the United States: 2016*. Washington, DC: U.S. Government Printing Office.

Sen, A., Partelow, L., & Miller, D. C. (2005). *Comparative indicators of education in the United States and other G8 countries: 2004* (NCES 2005–021). Washington, DC: National Center for Education Statistics.

Serdiouk, M., Rodkin, P., Madill, R., Logis, H., & Gest, S. (2015). Rejection and victimization among elementary school children: The buffering role of classroom-level predictors. *Journal of Abnormal Child Psychology, 43*(1), 5–17.

Sethi, A., Mischel, W., Aber, J. L., Shoda, Y., & Rodriguez, M. L. (2000). The role of strategic attention deployment in development of self-regulation: Predicting preschoolers' delay of gratification from mother-toddler interactions. *Developmental Psychology, 36*, 767–777.

Settersten, R. A., Jr. (2005). Social policy and the transition to adulthood: Toward stronger institutions and individual capacities. In R. A. Settersten Jr., F. F. Furstenberg Jr., & R. G. Rumbaut (Eds.), *On the frontier of adulthood: Theory, research, and public policy* (pp. 534–560). Chicago: University of Chicago Press.

Settersten, R. A., Jr. (2007). Social relationships in the new demographic regime: Potentials and risks, reconsidered. *Advances in Life Course Research, 12*, 3–28.

Sexton, C. E., Betts, J. F., Demnitz, N., Dawes, H., Ebmeier, K. P., & Johansen-Berg, H. (2016). A systematic review of MRI studies examining the relationship between physical fitness and activity and the white matter of the ageing brain. *Neuroimage*, *131*, 81–90.

Seybold, K. S., & Hill, P. C. (2001). The role of religion and spirituality in mental and physical health. *Current Directions in Psychological Science*, *10*, 21–24.

Shafto, M. A., & Tyler, L. K. (2014). Language in the aging brain: The network dynamics of cognitive decline and preservation. *Science*, *346*(6209), 583–587.

Shafto, M. A., Burke, D. M., Stamatakis, E. A., Tam, P. P., & Tyler, L. K. (2007). On the tip-of-the-tongue: Neural correlates of increased word-finding failures in normal aging. *Journal of Cognitive Neuroscience*, *19*(2), 2060–2070.

Shager, H. M., Schindler, H. S., Magnuson, K. A., Duncan, G. J., Yoshikawa, H., & Hart, C. M. (2013). Can research design explain variation in Head Start research results? A meta-analysis of cognitive and achievement outcomes. *Educational Evaluation and Policy Analysis*, *35*(1), 76–95.

Shah, S. M., Carey, I. M., Harris, T., DeWilde, S., Victor, C. R., & Cook, D. G. (2013). The effect of unexpected bereavement on mortality in older couples. *American Journal of Public Health*, *103*(6), 1140–1145.

Shah, T., Sullivan, K., & Carter, J. (2006). Sudden infant death syndrome and reported maternal smoking during pregnancy. *American Journal of Public Health*, *96*(10), 1757–1759.

Shahaeian, A., Nielsen, M., Peterson, C. C., & Slaughter, V. (2014). Cultural and family influences on children's theory of mind development: A comparison of Australian and Iranian school-age children. *Journal of Cross-Cultural Psychology*, *45*(4), 555–568.

Shalev, I., Entringer, S., Wadhwa, P. D., Wolkowitz, O. M., Puterman, E., Lin, J., & Epel, E. S. (2013). Stress and telomere biology: A lifespan perspective. *Psychoneuroendocrinology*, *38*(9), 1835–1842.

Shamir, A., & Shlafer, I. (2011). E-books effectiveness in promoting phonological awareness and concept about print: A comparison between children at risk for learning disabilities and typically developing kindergartners. *Computers & Education*, *57*(3), 1989–1997.

Shamir, A., Korat, O., & Fellah, R. (2012). Promoting vocabulary, phonological awareness and concept about print among children at risk for learning disability: Can e-books help? *Reading and Writing*, *25*(1), 45–69.

Shammas, M. A. (2011). Telomeres, lifestyle, cancer, and aging. *Current Opinion in Clinical Nutrition and Metabolic Care*, *14*(1), 28.

Shankar, A., Hamer, M., McMunn, A., & Steptoe, A. (2013). Social isolation and loneliness: Relationships with cognitive function during 4 years of follow-up in the English Longitudinal Study of Ageing. *Psychosomatic Medicine*, *75*(2), 161–170.

Shankaran, S., Das, A., Bauer, C. R., Bada, H. S., Lester, B., Wright, L. L., & Smeriglio, V. (2004). Association between patterns of maternal substance use and infant birth weight, length, and head circumference. *Pediatrics*, *114*, e226–e234.

Shannon, J. D., Tamis-LeMonda, C. S., London, K., & Cabrera, N. (2002). Beyond rough and tumble: Low income fathers' interactions and children's cognitive development at 24 months. *Parenting: Science & Practice*, *2*(2), 77–104.

Shao, H., Breitner, J. C., Whitmer, R. A., Wang, J., Hayden, K., Wengreen, H., . . . & Welsh-Bohmer, K. (2012). Hormone therapy and Alzheimer disease dementia: New findings from the Cache County Study. *Neurology*, *79*(18), 1846–1852.

Shapiro, A., & Cooney, T. M. (2007). Interpersonal relations across the life course. *Advances in Life Course Research*, *12*, 191–219.

Sharma, A. R., McGue, M. K., & Benson, P. L. (1996a). The emotional and behavioral adjustment of United States adopted adolescents, Part I: An overview. *Children and Youth Services Review*, *18*, 83–100.

Sharma, A. R., McGue, M. K., & Benson, P. L. (1996b). The emotional and behavioral adjustment of United States adopted adolescents, Part II: Age at adoption. *Children and Youth Services Review*, *18*, 101–114.

Sharma, M., Kupferman, J. C., Brosgol, Y., Paterno, K., Goodman, S., Prohovnik, I., . . . & Pavlakis, S. G. (2010). The effects of hypertension on the paediatric brain: A justifiable concern. *The Lancet Neurology*, *9*(9), 933–940.

Sharma, R., Agarwal, A., Rohra, V. K., Assidi, M., Abu-Elmagd, M., & Turki, R. F. (2015). Effects of increased paternal age on sperm quality, reproductive outcome and associated epigenetic risks to offspring. *Reproductive Biology and Endocrinology*, *13*(1), 35.

Sharp, E. H., Tucker, C. J., Baril, M. E., Van Gundy, K. T., & Rebellon, C. J. (2015). Breadth of participation in organized and unstructured leisure activities over time and rural adolescents' functioning. *Journal of Youth and Adolescence*, *44*(1), 62–76.

Sharp, E. S., & Gatz, M. (2011). The relationship between education and dementia: An updated systematic review. *Alzheimer Disease and Associated Disorders*, *25*(4), 289.

Sharp, E. S., Reynolds, C. A., Pedersen, N. L., & Gatz, M. (2010). Cognitive engagement and cognitive aging: Is openness protective? *Psychology and Aging*, *25*(1), 60–73.

Shatz, M., & Gelman, R. (1973). The development of communication skills: Modifications in the speech of young children as a function of listener. *Monographs of the Society for Research in Child Development*, *38*(5, Serial No. 152).

Shaw, B. A., Krause, N., Liang, J., & Bennett, J. (2007). Tracking changes in social relations throughout late life. *Journal of Gerontology: Social Sciences*, *62B*, S90–S99.

Shaywitz, S. (2003). *Overcoming dyslexia: A new and complete science-based program for overcoming reading problems at any level*. New York: Knopf.

Shaywitz, S. E., Mody, M., & Shaywitz, B. A. (2006). Neural mechanisms in dyslexia. *Current Directions in Psychological Science*, *15*, 278–281.

Shea, K. M., Little, R. E., & the ALSPAC Study Team. (1997). Is there an association between preconceptual paternal X-ray exposure and birth outcome? *American Journal of Epidemiology*, *145*, 546–551.

Shedlock, D. J., & Cornelius, S. W. (2003). Psychological approaches to wisdom and its development. In J. Demick & C. Andreoletti (Eds.), *Handbook of adult development* (pp. 153–167). New York: Plenum Press.

Sheldon, K. M., & Kasser, T. (2001). Getting older, getting better? Personal strivings and psychological maturity across the life span. *Developmental Psychology*, *37*, 491–501.

Shepherd, J. (2010, September 1). Girls think they are cleverer than boys from age four, study finds. *The Guardian*. Retrieved from www.guardian.co.uk/education/2010/sep/01/girls-boys-schools-gender-gap.

Shetgiri, R., Espelage, D. L., & Carroll, L. (2015). Bullying trends, correlates, consequences, and characteristics. In *Practical strategies for clinical management of bullying* (pp. 3–11). Basel, Switzerland: Springer International Publishing.

Shigehara, K., Konaka, H., Koh, E., Izumi, K., Kitagawa, Y., & Mizokami, A. (2015). Effects of testosterone replacement therapy on nocturia and quality of life with hypogonadism: A subanalysis of a previous prospective randomized controlled study in Japan. *The Aging Male*, *18*, 169–174.

Shin, M., Besser, L. M., Kucik, J. E., Lu, C., Siffel, C., Correa, A., & the Congenital Anomaly Multistate Prevalence and Survival (CAMPS) Collaborative. (2009). Prevalence of Down syndrome among children and adolescents in 10 regions of the United States. *Pediatrics*, *124*(6), 1565–1571.

Shin, N., Vaughn, B. E., Akers, V., Kim, M., Stevens, S., Krzysik, L., . . . & Korth, B. (2011). Are happy children socially successful? Testing a central premise of positive psychology in a sample of preschool children. *The Journal of Positive Psychology*, *6*(5), 355–367.

Shin, Y., & Raudenbush, S. W. (2011). The causal effect of class size on academic achievement: Multivariate instrumental variable estimators with data missing at random. *Journal of Educational and Behavioral Statistics*, *36*(2), 154–185.

Shinan-Altman, S., & Werner, P. (2019). Subjective age and its correlates among middle-aged and older adults. *The International Journal of Aging and Human Development*, *88*(1), 3–21.

Shiner, R. L., Buss, K. A., McClowry, S. G., Putnam, S. P., Saudino, K. J., & Zentner, M. (2012). What is temperament now? Assessing progress in temperament research on the twenty-fifth anniversary of Goldsmith et al. *Child Development Perspectives*, *6*(4), 436–444.

Shinya, Y., Kawai, M., Niwa, F., & Myowa-Yamakoshi, M. (2016). Associations between respiratory arrhythmia and fundamental frequency of spontaneous crying in preterm and term infants at term-equivalent age. *Developmental Psychobiology*, *58*(6), 724–733.

Shiono, P. H., & Behrman, R. E. (1995). Low birth weight: Analysis and recommendations. *Future of Children, 5*(1), 4–18.

Shonkoff, J., & Phillips, D. (2000). Growing up in child care. In I. Shonkoff & D. Phillips (Eds.), *From neurons to neighborhoods* (pp. 297–327). Washington, DC: National Research Council/Institute of Medicine.

Shor, E., Roelfs, D. J., Curreli, M., Clemow, L., Burg, M. M., & Schwartz, J. E. (2012). Widowhood and mortality: A meta-analysis and meta-regression. *Demography, 49*(2), 575–606.

Short, S. E., Yang, Y. C., & Jenkins, T. M. (2013). Sex, gender, genetics, and health. *American Journal of Public Health, 103*(S1), S93–S101.

Shriver, L. H., Marriage, B. J., Bloch, T. D., Spees, C. K., Ramsay, S. A., Watowicz, R. P., & Taylor, C. A. (2018). Contribution of snacks to dietary intakes of young children in the United States. *Maternal & Child Nutrition, 14*(1).

Shuey, K., & Hardy, M. A. (2003). Assistance to aging parents and parents-in-law: Does lineage affect family allocation decisions? *Journal of Marriage and Family, 65*, 418–431.

Shulman, S., & Connolly, J. (2013). The challenge of romantic relationships in emerging adulthood: Reconceptualization of the field. *Emerging Adulthood, 1*(1), 27–39.

Shulman, S., Scharf, M., Lumer, D., & Maurer, O. (2001). Parental divorce and young adult children's romantic relationships: Resolution of the divorce experience. *American Journal of Orthopsychiatry, 71*, 473–478.

Shumaker, S. A., Legault, C., Kuller, L., Rapp, S. R., Thal, L., Lane, D. S., ... Coker, L. H., for the Women's Health Initiative Memory Study Investigators. (2004). Conjugated equine estrogens and incidence of probable dementia and mild cognitive impairment in postmenopausal women: Women's Health Initiative Memory Study. *Journal of the American Medical Association, 291*, 2947–2958.

Shutts, K., Banaji, M. R., & Spelke, E. S. (2010). Social categories guide young children's preferences for novel objects. *Developmental Science, 13*(4), 599–610.

Shwe, H. I., & Markman, E. M. (1997). Young children's appreciation of the mental impact of their communicative signals. *Developmental Psychology, 33*(4), 630–636.

Shweder, R. A., Goodnow, J., Hatano, G., Levine, R. A., Markus, H., & Miller, P. (2006). The cultural psychology of development: One mind, many mentalities. In W. Damon (Ed.), *Handbook of child development* (pp. 865–937). New York: Wiley.

Sicherer, S. H., & Sampson, H. A. (2018). Food allergy: A review and update on epidemiology, pathogenesis, diagnosis, prevention, and management. *Journal of Allergy and Clinical Immunology, 141*(1), 41–58.

Siedlecki, K. L., Salthouse, T. A., Oishi, S., & Jeswani, S. (2014). The relationship between social support and subjective well-being across age. *Social Indicators Research, 117*(2), 561–576.

Siedlecki, K., Tucker-Drop, E. M., Oishi, S., & Salthouse, T. A. (2008). Life satisfaction across adulthood: Different determinants at different ages? *Journal of Positive Psychology, 3*(3), 153–164.

Siegel, M. B., Tanwar, K. L., & Wood, K. S. (2011). Electronic cigarettes as a smoking-cessation tool: Results from an online survey. *American Journal of Preventive Medicine.* doi: 10.1016/j.amepre.2010.12.006.

Siegel, R. L., Miller, K. D., & Jemal, A. (2015). Cancer statistics, 2015. *CA: A Cancer Journal for Clinicians, 65*(1), 5–29.

Siegler, I. C., & Brummett, B. H. (2000). Associations among NEO personality assessments and well-being at midlife: Facet-level analyses. *Psychology and Aging, 15*, 710–714.

Siegler, R. S. (1998). *Children's thinking* (3rd ed.). Upper Saddle River, NJ: Prentice Hall.

Siegler, R. S. (2000). The rebirth of children's learning. *Child Development, 71*(1), 26–35.

Siegler, R. S. (2009). Improving the numerical understanding of children from low-income families. *Child Development Perspectives, 3*(2), 118–124.

Siegler, R. S., & Booth, J. L. (2004). Development of numerical estimation in young children. *Child Development, 75*, 428–444.

Siegler, R. S., & Opfer, J. E. (2003). The development of numerical estimation: Evidence for multiple representations of numerical quantity. *Psychological Science, 14*, 237–243.

Siennick, S. E. (2011). Tough love? Crime and parental assistance in young adulthood. *Criminology, 49*(1), 163–195.

Sierra, M., Fernández, A., & Fraga, M. (2015). Epigenetics of aging. *Current Genomics, 16*(6), 435–440.

Sieving, R. E., McNeely, C. S., & Blum, R. W. (2000). Maternal expectations, mother-child connectedness, and adolescent sexual debut. *Archives of Pediatric & Adolescent Medicine, 154*, 809–816.

Sijtsema, J. J., Ojanen, T., Veenstra, R., Lindenberg, S., Hawley, P. H., & Little, T. D. (2010). Forms and functions of aggression in adolescent friendship selection and influence: A longitudinal social network analysis. *Social Development, 19*(3), 515–534.

Silberg, J. L., Maes, H., & Eaves, L. J. (2012). Unraveling the effect of genes and environment in the transmission of parental antisocial behavior to children's conduct disturbance, depression and hyperactivity. *Journal of Child Psychology and Psychiatry, 53*(6), 668–677.

Silveira, M. J., Kim, S. Y. H., & Langa, K. M. (2010). Advance directives and outcomes of surrogate decision making before death. *New England Journal of Medicine, 362,* 1211–1218.

Silventoinen, K., Rokholm, B., Kaprio, J., & Sørensen, T. I. A. (2010). The genetic and environmental influences on childhood obesity: A systematic review of twin and adoption studies. *International Journal of Obesity, 34*(1), 29.

Simmonds, M., Llewellyn, A., Owen, C. G., & Woolacott, N. (2016). Predicting adult obesity from childhood obesity: A systematic review and meta-analysis. *Obesity Reviews, 17,* 95–107.

Simmons, R. G., Blyth, D. A., & McKinney, K. L. (1983). The social and psychological effect of puberty on white females. In J. Brooks-Gunn & A. C. Petersen (Eds.), *Girls at puberty: Biological and psychological perspectives.* New York: Plenum Press.

Simons, E., To, T., Moineddin, R., Stieb, D., & Dell, S. D. (2014). Maternal second-hand smoke exposure in pregnancy is associated with childhood asthma development. *The Journal of Allergy and Clinical Immunology: In Practice, 2*(2), 201–207.

Simons, R. L., Chao, W., Conger, R. D. B., & Elder, G. H. (2001). Quality of parenting as mediator of the effect of childhood defiance on adolescent friendship choices and delinquency: A growth curve analysis. *Journal of Marriage and Family, 63,* 63–79.

Simons-Morton, B. G., & Farhat, T. (2010). Recent findings on peer group influences on adolescent smoking. *The Journal of Primary Prevention, 31*(4), 191–208.

Simonton, D. K. (1990). Creativity and wisdom in aging. In J. E. Birren & K. W. Schaie (Eds.), *Handbook of the psychology of aging* (pp. 320–329). New York: Academic Press.

Simonton, D. K. (2000). Creativity: Cognitive, personal, developmental, and social aspects. *American Psychologist, 55,* 151–158.

Simpson, J. A., Collins, A., Tran, S., & Haydon, K. C. (2007). Attachment and the experience and expression of emotions in romantic relationships: A developmental perspective. *Journal of Personality and Social Psychology, 92,* 355–367.

Sines, E., Syed, U., Wall, S., & Worley, H. (2007). Postnatal care: A critical opportunity to save mothers and newborns. *Policy Perspectives on Newborn Health.* Washington, DC: Save the Children and Population Reference Bureau.

Singer, D. G., & Singer, J. L. (1990). *The house of make-believe: Play and the developing imagination.* Cambridge, MA: Harvard University Press.

Singer, J. L. (2004). Narrative identity and meaning-making across the adult lifespan. *Journal of Personality, 72,* 437–459.

Singer, J. L., & Singer, D. G. (1998). Barney & Friends as entertainment and education: Evaluating the quality and effectiveness of a television series for preschool children. In J. K. Asamen & G. L. Berry (Eds.), *Research paradigms, television, and social behavior* (pp. 305–367). Thousand Oaks, CA: Sage.

Singer, L. T., Minnes, S., Short, E., Arendt, K., Farkas, K., Lewis, B., ... Kirchner, H. L. (2004). Cognitive outcomes of preschool children with prenatal cocaine exposure. *Journal of the American Medical Association, 291,* 2448–2456.

Singh, A. S., Mulder, C., Twisk, J. W., Van Mechelen, W., & Chinapaw, M. J. (2008). Tracking of childhood overweight into adulthood: A systematic review of the literature. *Obesity Reviews, 9*(5), 474–488.

Singh, G. K., & Kenney, M. K. (2013). Rising prevalence and neighborhood, social, and behavioral determinants of sleep problems in US children and adolescents, 2003–2012. *Sleep Disorders, 2013.*

Singh, G. K., Stella, M. Y., Siahpush, M., & Kogan, M. D. (2008). High levels of physical inactivity and sedentary behaviors among US immigrant children and adolescents. *Archives of Pediatrics & Adolescent Medicine, 162*(8), 756–763.

Singh, L., Nestor, S., Parikh, C., & Yull, A. (2009). Influences of infant-directed speech on early world recognition. *Infancy, 14,* 654–666.

Singh, T. (2016). Tobacco use among middle and high school students—United States, 2011–2015. *MMWR. Morbidity and mortality weekly report, 65.*

Singhal, A., Cole, T. J., Fewtrell, M., & Lucas, A. (2004). Breastmilk feeding and lipoprotein profile in adolescents born preterm: Follow-up of a prospective randomised study. *Lancet, 363,* 1571–1578.

Sink, A., & Mastro, D. (2017). Depictions of gender on primetime television: A quantitative content analysis. *Mass Communication and Society, 20*(1), 3–22.

Sinnott, J. D. (2003). Postformal thought and adult development. In J. Demick & C. Andreoletti (Eds.), *Handbook of adult development.* New York: Plenum Press.

Siris, E. S., Miller, P. D., Barrett-Connor, E., Faulkner, K. G., Wehren, L. E., Abbott, T. A., Berger, M. L., . . . Sherwood, L. M. (2001). Identification and fracture outcomes of undiagnosed low bone mineral density in postmenopausal women: Results from the National Osteoporosis Risk Assessment. *Journal of the American Medical Association, 286,* 2815–2822.

Sisson, S. B., Broyles, S. T., Newton, R. L., Baker, B. L., & Chernausek, S. D. (2011). TVs in the bedrooms of children: Does it impact health and behavior? *Preventive Medicine, 52*(2), 104–108.

Sitzer, D. I., Twamley, E. W., & Jeste, D. V. (2006). Cognitive training in Alzheimer's disease: A meta-analysis of the literature. *Acta Psychiatrica Scandinavica, 114*(2), 75–90.

Skaalvik, E. M., Federici, R. A., & Klassen, R. M. (2015). Mathematics achievement and self efficacy: Relations with motivation for mathematics. *International Journal of Educational Research, 72,* 129–136.

Skalicky, A., Meyers, A. F., Adams, W. G., Yang, Z., Cook, J. T., & Frank, D. A. (2006). Child food insecurity and iron deficiency anemia in low-income infants and toddlers in the United States. *Maternal and Child Health Journal, 10.* doi: 10.1007/s10995-005-0036-0.

Skinner, A. C., Perrin, E. M., Moss, L. A., & Skelton, J. A. (2015). Cardiometabolic risks and severity of obesity in children and young adults. *New England Journal of Medicine, 373*(14), 1307–1317.

Skinner, A. C., Ravanbakht, S. N., Skelton, J. A., Perrin, E. M., & Armstrong, S. C. (2018). Prevalence of obesity and severe obesity in US children, 1999–2016. *Pediatrics,* e20173459.

Skinner, B. F. (1957). *Verbal behavior.* New York: Appleton-Century-Crofts.

Skolnick Weisberg, D., & Bloom, P. (2009). Young children separate multiple pretend worlds. *Developmental Science, 12*(5), 699–705. doi: 10.1111/j.1467-7687.2009.00819.x.

Skoric, M. M., Zhu, Q., Goh, D., & Pang, N. (2016). Social media and citizen engagement: A meta-analytic review. *New Media & Society, 18*(9), 1817–1839.

Skorska, M. N., Blanchard, R., VanderLaan, D. P., Zucker, K. J., & Bogaert, A. F. (2017). Gay male only-children: Evidence for low birth weight and high maternal miscarriage rates. *Archives of Sexual Behavior, 46*(1), 205–215.

Slaby, R. G., & Frey, K. S. (1975). Development of gender constancy and selective attention to same-sex models. *Child Development,* 849–856.

Slagt, M., Dubas, J. S., Deković, M., & van Aken, M. A. (2016). Differences in sensitivity to parenting depending on child temperament: A meta-analysis. *Psychological Bulletin, 142*(10), 1068.

Slattery, T. L., & Meyers, S. A. (2014). Contextual predictors of adolescent antisocial behavior: the developmental influence of family, peer, and neighborhood factors. *Child and Adolescent Social Work Journal, 31*(1), 39–59.

Slaughter, V., Imuta, K., Peterson, C. C., & Henry, J. D. (2015). Meta-analysis of theory of mind and peer popularity in the preschool and early school years. *Child Development, 86*(4), 1159–1174.

Slayton, S. C., D'Archer, J., & Kaplan, F. (2010). Outcome studies on the efficacy of art therapy: A review of findings. *Art Therapy, 27*(3), 108–118.

Sliwinska-Kowalska, M., & Davis, A. (2012). Noise-induced hearing loss. *Noise and Health, 14*(61), 274.

Slobin, D. (1971). Universals of grammatical development in children. In W. Levitt & G. B. Flores d' Arcais (Eds.), *Advances in psycholinguistic research.* Amsterdam: New Holland.

Slobin, D. (1983). Universal and particular in the acquisition of grammar. In E. Wanner & L. Gleitman (Eds.), *Language acquisition: The state of the art.* Cambridge, UK: Cambridge University Press.

Slobin, D. (1990). The development from child speaker to native speaker. In J. W. Stigler, R. A. Schweder, & C. H. Herdt (Eds.), *Cultural psychology: Essays on comparative human development* (pp. 233–258). New York: Cambridge University Press.

Slomko, H., Heo, H. J., & Einstein, F. H. (2012). Minireview: Epigenetics of obesity and diabetes in humans. *Endocrinology, 153*(3), 1025–1030.

Slyper, A. H. (2006). The pubertal timing controversy in the USA, and a review of possible causative factors for the advance in timing of onset of puberty. *Clinical Endocrinology, 65,* 1–8.

Small, B. J., Fratiglioni, L., von Strauss, E., & Bäckman, L. (2003). Terminal decline and cognitive performance in very old age: Does cause of death matter? *Psychology and Aging, 18,* 193–202.

Small, G. W., Moody, T. D., Siddarth, P., & Bookheimer, S. Y. (2009). Your brain on Google: Patterns of cerebral activation during Internet searching. *American Journal of Geriatric Psychiatry, 17*(2), 116–126. doi: 10.1097/JGP.0b013e3181953a02.

Smart, E. L., Gow, A. J., & Deary, I. J. (2014). Occupational complexity and lifetime cognitive abilities. *Neurology, 83*(24), 2285–2291.

Smedley, A., & Smedley, B. D. (2005). Race as biology is fiction, racism as a social problem is real: Anthropological and historical perspectives on the social construction of race. *American Psychologist, 60,* 16–26.

Smetana, J., Crean, H., & Campione-Barr, N. (2005). Adolescents' and parents' changing conceptions of parental authority. In J. Smetana (Ed.), *Changing boundaries of parental authority during adolescence* (New Directions for Child and Adolescent Development, No. 108, pp. 31–46). San Francisco: Jossey-Bass.

Smetana, J. G., Metzger, A., Gettman, D. C., & Campione-Barr, N. (2006). Disclosure and secrecy in adolescent-parent relationships. *Child Development, 77,* 201–217.

Smilansky, S. (1968). *The effects of sociodramatic play on disadvantaged preschool children.* New York: Wiley.

Smith, A., Rissel, C. E., Richters, J., Grulich, A. E., & Visser, R. O. (2003). Sex in Australia: Reproductive experiences and reproductive health among a representative sample of women. *Australian and New Zealand Journal of Public Health, 27*(2), 204–209.

Smith, A. E., & Powers, S. I. (2009). Off-time pubertal timing predicts physiological reactivity to postpuberty interpersonal stress. *Journal of Research on Adolescence, 19*(3), 441–458.

Smith, A. M., Mioduszewski, O., Hatchard, T., Byron-Alhassan, A., Fall, C., & Fried, P. A. (2016). Prenatal marijuana exposure impacts executive functioning into young adulthood: An fMRI study. *Neurotoxicology and Teratology, 58,* 53–59.

Smith, A. P. (2009). Chewing gum, stress, and health. *Stress and Health, 5*(5), 445–451.

Smith, A. R., Chein, J., & Steinberg, L. (2014). Peers increase adolescent risk taking even when the probabilities of negative outcomes are known. *Developmental Psychology, 50*(5), 1564.

Smith, C. L., & Bell, M. A. (2010). Stability in infant frontal asymmetry as a predictor of toddlerhood internalizing and externalizing behaviors. *Developmental Psychobiology, 52*(2), 158–167.

Smith, E. A. (2001). The role of tacit and explicit knowledge in the workplace. *Journal of Knowledge Management, 5,* 311–321.

Smith, G. C. S., Pell, J. P., Cameron, A. D., & Dobbie, R. (2002). Risk of perinatal death associated with labor after previous cesarean delivery in uncomplicated term pregnancies. *Journal of the American Medical Association, 287,* 2684–2690.

Smith, J. R. (2012). Listening to older adult parents of adult children with mental illness. *Journal of Family Social Work, 15*(2), 126–140.

Smith, L. B., & Thelen, E. (2003). Development as a dynamic system. *Trends in Cognitive Sciences, 7,* 343–348.

Smith, L. M., LaGasse, L. L., Derauf, C., Grant, P., Shah, R., Arria, A., . . . Lester, B. M. (2006). The infant development, environment, and lifestyle study: Effects of prenatal methamphetamine exposure, polydrug exposure, and poverty on intrauterine growth. *Pediatrics, 118*, 1149–1156.

Smith, P. J., Blumenthal, J. A., Hoffman, B. M., Cooper, H., Strauman, T. A., Welsh-Bohmer, K., . . . & Sherwood, A. (2010). Aerobic exercise and neurocognitive performance: A meta-analytic review of randomized controlled trials. *Psychosomatic Medicine, 72*(3), 239.

Smith, P. K. (2005a). Play: Types and functions in human development. In A. D. Pellegrini & P. K. Smith (Eds.), *The nature of play* (pp. 271–291). New York: Guilford Press.

Smith, P. K. (2005b). Social and pretend play in children. In A. D. Pellegrini & P. K. Smith (Eds.), *The nature of play* (pp. 173–209). New York: Guilford Press.

Smith, P. K., & Pellegrini, A. D. (2013). Learning through play. In R. E. Tremblay, M. Boivin, & R. Peters, R. (Eds.), *Encyclopedia on early childhood development* [online]. www.child-encyclopedia.com/play/according-experts/learning-through-play.

Smith, R., & Chan, S. (2017, May 22). Ariana Grande Manchester concert ends in explosion, panic and death. *The New York Times*. Retrieved from www.nytimes.com/2017/05/22/world/europe/ariana-grande-manchester-police.html.

Smith, S. L., Pieper, K. M., Granados, A., & Choueiti, M. (2010). Assessing gender-related portrayals in top-grossing G-rated films. *Sex Roles, 62*, 774–786. doi: 10-1007/s11199- 009-9736z.

Smith, T. B., & Silva, L. (2011). Ethnic identity and personal well-being of people of color: A meta-analysis. *Journal of Counseling Psychology, 58*(1), 42.

Smith, T. W. (2003). *American sexual behavior: Trends, socio-demographic differences, and risk behavior* (GSS Topical Report No. 25). Chicago: National Opinion Research Center, University of Chicago.

Smith, T. W. (2006). Personality as risk and resilience in physical health. *Current Directions in Psychological Science, 15*, 227–231.

Smithsonian. (2014, Dec. 8). *Queen Victoria dreamed up the white wedding dress in 1840*. Retrieved from www.smithsonianmag.com/smart-news/queen-victoria-sparked-white-wedding-dress-trend-1840-180953550.

Smits, A., Van Gaalen, R. I., & Mulder, C. H. (2010). Parent–child coresidence: Who moves in with whom and for whose needs? *Journal of Marriage and Family, 72*(4), 1022–1033.

Smits, J., & Monden, C. (2011). Twinning across the developing world. *PLoS One, 6*(9), e25239.

Smock, P. J., Manning, W. D., & Porter, M. (2005). "Everything's there except money"; How money shapes decisions to marry among cohabitors. *Journal of Marriage and Family, 67*, 680–696.

Snow, M. E., Jacklin, C. N., & Maccoby, E. E. (1983). Sex-of-child differences in father-child interaction at one year of age. *Child Development, 54*, 227–232.

Snyder, E. E., Walts, B., Perusse, L., Chagnon, Y. C., Weisnagel, S. J., Raniken, T., & Bouchard, C. (2004). The human obesity gene map. *Obesity Research, 12*, 369–439.

Snyder, J., Bank, L., & Burraston, B. (2005). The consequences of antisocial behavior in older male siblings for younger brothers and sisters. *Journal of Family Psychology, 19*, 643–653.

Snyder, J., Cramer, A., Afrank, J., & Patterson, G. R. (2005). The contributions of ineffective discipline and parental hostile attributions of child misbehavior to the development of conduct problems at home and school. *Developmental Psychology, 41*, 30–41.

Snyder, J., West, L., Stockemer, V., Gibbons, S., & Almquist-Parks, L. (1996). A social learning model of peer choice in the natural environment. *Journal of Applied Developmental Psychology, 17*, 215–237.

Snyder, T. D., de Brey, C., and Dillow, S. A. (2016). *Digest of education statistics 2015 (NCES 2016-014)*. Washington, DC: National Center for Education Statistics, Institute of Education Sciences, U.S. Department of Education.

Snyder, T. D., de Brey, C., and Dillow, S. A. (2018). *Digest of education statistics 2016 (NCES 2017-094)*. Washington, DC: National Center for Education Statistics, Institute of Education Sciences, U.S. Department of Education.

Sobolewski, J. M., & Amato, P. J. (2005). Economic hardship in the family of origin and children's psychological well-being in adulthood. *Journal of Marriage and Family, 67*, 141–156.

Sobolewski, J. M., & King, V. (2005). The importance of the coparental relationship for nonresident fathers' ties to children. *Journal of Marriage and Family, 67*, 1196–1212.

Social Security Administration. (2013). *Fact sheet*. Retrieved from http://www.ssa.gov/pressoffice/basicfact.htm.

Social Security Administration. (2018). *Fact sheet*. Retrieved from www.ssa.gov/news/press/factsheets/basicfact-alt.pdf.

Society for Assisted Reproductive Technology & American Society for Reproductive Medicine. (2002). Assisted reproductive technology in the United States: 1998 results generated from the American Society for Reproductive Medicine/Society for Assisted Reproductive Technology Registry. *Fertility & Sterility, 77*(1), 18–31.

Society for Neuroscience. (2008). Neural disorders: Advances and challenges. In *Brain facts: A primer on the brain and nervous system* (pp. 36–54). Washington, DC: Author.

Society for Research in Child Development (SRCD). (2007). *Ethical standards for research with children*. (Updated by SRCD Governing Council, March 2007.) Retrieved from www.srcd.org/ethicalstandards.html.

Soderstrom, M. (2007). Beyond baby talk: Re-evaluating the nature and content of speech input to preverbal infants. *Developmental Review, 27*(4), 501–532.

Soenens, B., Vansteenkiste, M., Luyckx, K., & Goossens, L. (2006). Parenting and adolescent problem behavior: An integrated model with adolescent self-disclosure and perceived parental knowledge as intervening variables. *Developmental Psychology, 42*, 305–318.

Sofi, F., Valecchi, D., Bacci, D., Abbate, R., Gensini, G. F., Casini, A., & Macchi, C. (2011). Physical activity and risk of cognitive decline: A meta-analysis of prospective studies. *Journal of Internal Medicine, 269*(1), 107–117.

Sokol, R. J., Delaney-Black, V., & Nordstrom, B. (2003). Fetal alcohol spectrum disorder. *Journal of the American Medical Association, 209*, 2996–2999.

Sokol, R. Z., Kraft, P., Fowler, I. M., Mamet, R., Kim, E., & Berhane, K. T. (2006). Exposure to environmental ozone alters semen quality. *Environmental Health Perspectives, 114*(3), 360–365.

Sole-Auro, A., & Crimmins, E. M. (2013). The oldest old: Health in Europe and the United States. In J. Robine, C. Jagger, & E. M. Crimmins (Eds.), *Annual review of gerontology and geriatrics: health longevity, a global approach, Vol. 33* (pp. 3–34). New York: Springer.

Soley, G., & Hannon, E. E. (2010). Infants prefer the musical meter of their own culture: A cross-cultural comparison. *Developmental Psychology, 46*(1), 286.

Soliman, A., De Sanctis, V., & Elalaily, R. (2014). Nutrition and pubertal development. *Indian Journal of Endocrinology and Metabolism, 18*(Suppl 1), S39.

Solmeyer, A. R., McHale, S. M., & Crouter, A. C. (2014). Longitudinal associations between sibling relationship qualities and risky behavior across adolescence. *Developmental Psychology, 50*(2), 600.

Solomon, B., & Frenkel, D. (2010). Immunotherapy for Alzheimer's disease. *Neuropharmacology, 59*(4–5), 303–309.

Solomon, J., Beetz, A., Schöberl, I., Gee, N., & Kotrschal, K. (2018). Attachment security in companion dogs: Adaptation of Ainsworth's strange situation and classification procedures to dogs and their human caregivers. *Attachment & Human Development*, 1–29.

Sommers, B. D., Gunja, M. Z., Finegold, K., & Musco, T. (2015). Changes in self-reported insurance coverage, access to care, and health under the Affordable Care Act. *JAMA, 314*(4), 366–374.

Sommerville, J. A., Schmidt, M. F., Yun, J. E., & Burns, M. (2013). The development of fairness expectations and prosocial behavior in the second year of life. *Infancy, 18*(1), 40–66.

Son, S. H., & Morrison, F. J. (2010). The nature and impact of changes in home learning environment on development of language and academic skills in preschool children. *Developmental Psychology, 46*(5), 1103.

Song, J., Floyd, F. J., Seltzer, M. M., Greenberg, J. S., & Hong, J. (2010). Long-term effects of child death on parents' health-related quality of life: A dyadic analysis. *Family Relations, 59*(3), 269–282.

Sontag, L. M., Graber, J. A., & Clemans, K. H. (2011). The role of peer stress and pubertal timing on symptoms of psychopathology during early adolescence. *Journal of Youth and Adolescence, 40*(10), 1371–1382.

Sood, B., Delaney-Black, V., Covington, C., Nordstrom-Klee, B., Ager, J., Templin, T., . . . Sokol, R. J. (2001). Prenatal alcohol exposure and childhood behavior at age 6 to 7 years: I. Dose-response effect. *Pediatrics, 108*(8), e461–e462.

Sophian, C., & Wood, A. (1997). Proportional reasoning in young children: The parts and the whole of it. *Journal of Educational Psychology, 89*, 309–317.

Sophian, C., Wood, A., & Vong, K. I. (1995). Making numbers count: The early development of numerical inferences. *Developmental Psychology, 31*, 263–273.

Soto, C. J. (2015). Is happiness good for your personality? Concurrent and prospective relations of the big five with subjective well-being. *Journal of Personality, 83*(1), 45–55.

Soto, C. J., John, O. P., Gosling, S. D., & Potter, J. (2011). Age differences in personality traits from 10 to 65: Big Five domains and facets in a large cross-sectional sample. *Journal of Personality and Social Psychology, 100*(2), 330.

South, S. J., & Lei, L. (2015). Failures-to-launch and boomerang kids: Contemporary determinants of leaving and returning to the parental home. *Social Forces, 94*(2), 863–890.

Sova, C., Feuling, M. B., Baumler, M., Gleason, L., Tam, J. S., Zafra, H., & Goday, P. S. (2013). Systematic review of nutrient intake and growth in children with multiple IgE-mediated food allergies. *Nutrition in Clinical Practice, 28*(6), 669–675.

Spahni, S., Bennett, K. M., & Perrig-Chiello, P. (2016). Psychological adaptation to spousal bereavement in old age: The role of trait resilience, marital history, and context of death. *Death Studies, 40*(3), 182–190.

Spahni, S., Morselli, D., Perrig-Chiello, P., & Bennett, K. M. (2015). Patterns of psychological adaptation to spousal bereavement in old age. *Gerontology, 61*(5), 456–468.

Span, P. (2010, December 13). Getting to know you. *The New York Times*. Retrieved from http://newoldage.blogs.nytimes.com/2010/12/13/getting-to-know-you/?ref=elderly.

Sparks, A. B., Struble, C. A., Wang, E. T., Song, K., & Oliphant, A. (2012). Noninvasive prenatal detection and selective analysis of cell-free DNA obtained from maternal blood: Evaluation for trisomy 21 and trisomy 18. *American Journal of Obstetrics and Gynecology, 206*(4), 319-e1.

Spear, L. P. (2014). Adolescents and alcohol: Acute sensitivities, enhanced intake, and later consequences. *Neurotoxicology and Teratology, 41*, 51–59.

Specht, J., Egloff, B., & Schmukle, S. C. (2011). Stability and change of personality across the life course: The impact of age and major life events on mean-level and rank-order stability of the Big Five. *Journal of Personality and Social Psychology, 101*(4), 862.

Speece, M. W., & Brent, S. B. (1984). Children's understanding of death: A review of three components of a death concept. *Child Development, 55*, 1671–1686.

Spelke, E. S. (2005). Sex differences in intrinsic aptitude for mathematics and science? A critical review. *American Psychologist, 60*, 950–958.

Spelke, E. S. (2017). Core knowledge, language, and number. *Language Learning and Development, 13*(2), 147–170.

Spencer, J. P., Clearfield, M., Corbetta, D., Ulrich, B., Buchanan, P., & Schöner, G. (2006). Moving toward a grand theory of development: In memory of Esther Thelen. *Child Development, 77*, 1521–1538.

Sperling, M. A. (2004). Prematurity—A window of opportunity? *New England Journal of Medicine, 351*, 2229–2231.

Spiegel, C., & Halberda, J. (2011). Rapid fast-mapping abilities in 2-year-olds. *Journal of Experimental Child Psychology, 109*(1), 132–140.

Spinath, F. M., Price, T. S., Dale, P. S., & Plomin, R. (2004). The genetic and environmental origins of language disability and ability. *Child Development, 75*, 445–454.

Spinelli, M., Fasolo, M., & Mesman, J. (2017). Does prosody make the difference? A meta-analysis on relations between prosodic aspects of infant-directed speech and infant outcomes. *Developmental Review, 44*, 1–18.

Spinrad, T. L., Eisenberg, N., Harris, E., Hanish, L., Fabes, R. A., Kupanoff, K., . . . Holmes, J. (2004). The relation of children's everyday nonsocial peer play behavior to their emotionality, regulation, and social functioning. *Developmental Psychology, 40*, 67–80.

Spirduso, W. W., & MacRae, P. G. (1990). Motor performance and aging. In J. E. Birren & K. W. Schaie (Eds.), *Psychology of aging* (3rd ed., pp. 183–200). New York: Academic Press.

Spiro, A., III. (2001). Health in midlife: Toward a life-span view. In M. E. Lachman (Ed.), *Handbook of midlife development* (pp. 156–187). New York: Wiley.

Spitz, R. A. (1945). Hospitalism: An inquiry into the genesis of psychiatric conditioning in early childhood. In D. Fenschel et al. (Eds.), *Psychoanalytic studies of the child* (Vol. 1, pp. 53–74). New York: International Universities Press.

Spitz, R. A. (1946). Hospitalism: A follow-up report. In D. Fenschel et al. (Eds.), *Psychoanalytic studies of the child* (Vol. 1, pp. 113–117). New York: International Universities Press.

Spitze, G., & Trent, K. (2006). Gender differences in adult sibling relations in two-child families. *Journal of Marriage and Family, 68*, 977–992.

Spohr, H. L., Willms, J., & Steinhausen, H.-C. (1993). Prenatal alcohol exposure and long-term developmental consequences. *Lancet, 341*, 907–910.

Spraggins, C. E. (2003). Women and men in the United States: March 2002. *Current Population Reports* (P20-544). Washington, DC: U.S. Census Bureau.

Spreng, R. N., & Turner, G. R. (in press). The shifting architecture of cognition and brain function in older adulthood. *Perspectives on Psychological Science*.

Springer, K. W., Pudrovska, T., & Hauser, R. M. (2011). Does psychological well-being change with age? Longitudinal tests of age variations and further exploration of the multidimensionality of Ryff's model of psychological well-being. *Social Science Research, 40*(1), 392–398.

Sprung, M., Münch, H. M., Harris, P. L., Ebesutani, C., & Hofmann, S. G. (2015). Children's emotion understanding: A meta-analysis of training studies. *Developmental Review, 37*, 41–65.

Sroufe, L. A. (1979). Socioemotional development. In J. Osofsky (Ed.), *Handbook of infant development* (pp. 462–516). New York: Wiley.

Sroufe, L. A. (1997). *Emotional development*. Cambridge, UK: Cambridge University Press.

Sroufe, L. A., Carlson, E., & Shulman, S. (1993). Individuals in relationships: Development from infancy through adolescence. In D. C. Funder, R. D. Parke, C. Tomlinson-Keasey, & K. Widaman (Eds.), *Studying lives through time: Personality and development* (pp. 315–342). Washington, DC: American Psychological Association.

Sroufe, L. A., Coffino, B., & Carlson, E. A. (2010). Conceptualizing the role of early experience: Lessons from the Minnesota Longitudinal Study. *Developmental Review, 30*(1), 36–51.

Sroufe, L. A., Egeland, B., Carlson, E. A., & Collins, W. A. (2005). *The development of the person: The Minnesota study of risk and adaptation from birth to adulthood*. New York: Guilford Press.

St. John, P. D., Mackenzie, C., & Menec, V. (2015). Does life satisfaction predict five-year mortality in community-living older adults? *Aging & Mental Health, 19*(4), 363–370.

Stack, S., & Kposowa, A. J. (2011). Religion and suicide acceptability: A cross-national analysis. *Journal for the Scientific Study of Religion, 50*(2), 289–306.

Staff, J., Mortimer, J. T., & Uggen, C. (2004). Work and leisure in adolescence. In R. M. Lerner & L. Steinberg (Eds.), *Handbook of adolescent development* (2nd ed., pp. 429–450). Hoboken, NJ: Wiley.

Staff, J., Schulenberg, J. E., & Bachman, J. G. (2010). Adolescent work intensity, school performance, and academic engagement. *Sociology of Education, 83*(3), 183–200.

Stallman, H. M., & Kohler, M. (2016). Prevalence of sleepwalking: A systematic review and meta-analysis. *PloS One, 11*(11), e0164769.

Stallman, H. M., & Ohan, J. L. (2016). Parenting style, parental adjustment, and co-parental conflict: Differential predictors of child psychosocial adjustment following divorce. *Behaviour Change, 33*(2), 112–126.

Stanca, L. (2016). The geography of parenthood and well-being: Do children make us happy, where and why. *World Happiness report*, 88–102.

Stanton, R., & Reaburn, P. (2014). Exercise and the treatment of depression: A review of the exercise program variables. *Journal of Science and Medicine in Sport, 17*(2), 177–182.

Stark, P., & Noel, A. M. (2015). *Trends in high school dropout and completion rates in the United States: 1972–2012*. Compendium Report. NCES 2015-015. Washington, DC: National Center for Education Statistics, Institute of Education Sciences, U.S. Department of Education.

Starr, J. M., Deary, I. J., Lemmon, H., & Whalley, L. J. (2000). Mental ability age 11 years and health status age 77 years. *Age and Ageing, 29,* 523–528.

State of Texas v. United States of America (Southern District of Texas, August 31, 2018).

Staudinger, U. M., & Baltes, P. B. (1996). Interactive minds: A facilitative setting for wisdom-related performance? *Journal of Personality and Social Psychology, 71,* 746–762.

Staudinger, U. M., & Bluck, S. (2001). A view of midlife development from life-span theory. In M. E. Lachman (Ed.), *Handbook of midlife development* (pp. 3–39). New York: Wiley.

Staudinger, U. M., Smith, J., & Baltes, P. B. (1992). Wisdom-related knowledge in a life review task: Age differences and the role of professional specialization. *Psychology and Aging, 7,* 271–281.

Stav, W. B., Hallenen, T., Lane, J., & Arbesman, M. (2012). Systematic review of occupational engagement and health outcomes among community-dwelling older adults. *American Journal of Occupational Therapy, 66*(3), 301–310.

Steck, N., Egger, M., Maessen, M., Reisch, T., & Zwahlen, M. (2013). Euthanasia and assisted suicide in selected European countries and US states: Systematic literature review. *Medical Care,* 938–944.

Steensma, T. D., McGuire, J. K., Kreukels, B. P., Beekman, A. J., & Cohen-Kettenis, P. T. (2013). Factors associated with desistence and persistence of childhood gender dysphoria: A quantitative follow-up study. *Journal of the American Academy of Child & Adolescent Psychiatry, 52*(6), 582–590.

Steffen, L. M., Kroenke, C. H., Yu, X., Pereira, M. A., Slattery, M. L., Van Horn, L., . . . Jacobs, D. R., Jr. (2005). Associations of plant food, dairy product, and meat intakes with 15-y incidence of elevated blood pressure in young black and white adults: The Coronary Artery Risk Development in Young Adults (CARDIA) Study. *American Journal of Clinical Nutrition, 82,* 1169–1177.

Steinberg, L. (2005). Psychological control: Style or substance? In J. Smetana (Ed.), *Changing boundaries of parental authority during adolescence* (New Directions for Child and Adolescent Development, No. 108, pp. 71–78). San Francisco: Jossey-Bass.

Steinberg, L., & Darling, N. (1994). The broader context of social influence in adolescence. In R. Silberstein & E. Todt (Eds.), *Adolescence in context.* New York: Springer.

Steinberg, L., & Morris, A. S. (2001). Adolescent development. *Annual Review of Psychology, 52*(1), 83–110.

Steinberg, L., Dornbusch, S. M., & Brown, B. B. (1992). Ethnic differences in adolescent achievement: An ecological perspective. *American Psychologist, 47,* 723–729.

Steinberg, L., Eisengard, B., & Cauffman, E. (2006). Patterns of competence and adjustment among adolescents from authoritative, authoritarian, indulgent, and neglectful homes: A replication in a sample of serious juvenile offenders. *Journal of Research on Adolescence, 16*(1), 47–58.

Steinberg, L., Lamborn, S. D., Dornbusch, S. M., & Darling, N. (1992). Impact of parenting practices on adolescent achievement: Authoritative parenting, school involvement, and encouragement to succeed. *Child Development, 63*(5), 1266–1281.

Steinhausen, H. C. (2002). The outcome of anorexia nervosa in the 20th century. *American Journal of Psychiatry, 159,*1284–1293.

Stelmach, A., & Nerlich, B. (2015). Metaphors in search of a target: The curious case of epigenetics. *New Genetics and Society, 34*(2), 196–218.

Stennes, L. M., Burch, M. M., Sen, M. G., & Bauer, P. J. (2005). A longitudinal study of gendered vocabulary and communicative action in young children. *Developmental Psychology, 41,* 75–88.

Stepanikova, I., Nie, N. H., & He, X. (2010). Time on the Internet at home, loneliness, and life satisfaction: Evidence from panel time-diary data. *Computers in Human Behavior, 26*(3), 329–338.

Stepler, R. (2017). *Led by baby boomers, divorce rates climb for America's 50+ population* [Pew Research Center news report]. Retrieved from www.pewresearch.org/fact-tank/2017/03/09/led-by-baby-boomers-divorce-rates-climb-for-americas-50-population/.

Stepler, R. (2017a). *Number of U.S. adults cohabiting with a partner continues to rise, especially among those 50 and older* [Pew Research Center news release]. Retrieved from www.pewresearch.org/fact-tank/2017/04/06/number-of-u-s-adults-cohabiting-with-a-partner-continues-to-rise-especially-among-those-50-and-older/.

Stepler, R. (2017b). Led by baby boomers, divorce rates climb for America's 50+ population. [Pew Research Center news report]. Retrieved from www.pewresearch.org/fact-tank/2017/03/09/led-by-baby-boomers-divorce-rates-climb-for-americas-50-population/.

Steptoe, A., Deaton, A., & Stone, A. A. (2015). Psychological wellbeing, health and ageing. *The Lancet, 385*(9968), 640.

Stern, Y. (2012). Cognitive reserve in ageing and Alzheimer's disease. *The Lancet Neurology, 11*(11), 1006–1012.

Sternberg, R. J. (1985). *Beyond IQ: A triarchic theory of human intelligence.* New York: Cambridge University Press.

Sternberg, R. J. (1986). A triangular theory of love. *Psychological Review, 93,* 119–135.

Sternberg, R. J. (1987, September 23). The use and misuse of intelligence testing: Misunderstanding meaning, users over-rely on scores. *Education Week,* pp. 22, 28.

Sternberg, R. J. (1993). *Sternberg Triarchic Abilities Test.* Unpublished manuscript.

Sternberg, R. J. (1995). Love as a story. *Journal of Social and Personal Relationships, 12*(4), 541–546.

Sternberg, R. J. (1997). The concept of intelligence and its role in lifelong learning and success. *American Psychologist, 52,* 1030–1037.

Sternberg, R. J. (1998a). *Cupid's arrow.* New York: Cambridge University Press.

Sternberg, R. J. (1998b). *Love is a story: A new theory of relationships.* New York: Oxford University Press.

Sternberg, R. J. (2004). Culture and intelligence. *American Psychologist, 59,* 325–338.

Sternberg, R. J. (2005). There are no public policy implications: A reply to Rushton and Jensen (2005). *Psychology, Public Policy, and Law, 11,* 295–301.

Sternberg, R. J. (2006). A duplex theory of love. In R. J. Sternberg & K. Weis (Eds.), *The new psychology of love* (pp. 184–199). New Haven, CT: Yale University Press.

Sternberg, R. J., & Clinkenbeard, P. (1995). A triarchic view of identifying, teaching, and assessing gifted children. *Roeper Review, 17,* 255–260.

Sternberg, R. J., & Horvath, J. A. (1998). Cognitive conceptions of expertise and their relations to giftedness. In R. C. Friedman & K. B. Rogers (Eds.), *Talent in context: Historical and social perspectives on giftedness* (pp. 177–191). Washington, DC: American Psychological Association.

Sternberg, R. J., & Lubart, T. I. (1995). *Defying the crowd: Cultivating creativity in a culture of conformity.* New York: Free Press.

Sternberg, R. J., Castejón, J. L., Prieto, M. D., Hautamäki, J., & Grigorenko, E. L. (2001). Confirmatory factor analysis of the Sternberg Triarchic Abilities Test in three international samples: An empirical test of the triarchic theory of intelligence. *European Journal of Psychological Assessment, 17*(1), 1.

Sternberg, R. J., Grigorenko, E. L., & Kidd, K. K. (2005). Intelligence, race, and genetics. *American Psychologist, 60,* 46–59.

Sternberg, R. J., Grigorenko, E. L., & Oh, S. (2001). The development of intelligence at midlife. In M. E. Lachman (Ed.), *Handbook of midlife development* (pp. 217–247). New York: Wiley.

Sternberg, R. J., Wagner, R. K., Williams, W. M., & Horvath, J. A. (1995). Testing common sense. *American Psychologist, 50,* 912–927.

Sterns, H. L., & Huyck, M. H. (2001). The role of work in midlife. In M. E. Lachman (Ed.), *Handbook of midlife development* (pp. 447–486). New York: Wiley.

Stevens, J. C., Cain, W. S., Demarque, A., & Ruthruff, A. M. (1991). On the discrimination of missing ingredients: Aging and salt flavor. *Appetite, 16,* 129–140.

Stevens, J. H., & Bakeman, R. (1985). A factor analytic study of the HOME scale for infants. *Developmental Psychology, 21,* 1106–1203.

Stevens, W. D., Hasher, L., Chiew, K. S., & Grady, C. L. (2008). A neural mechanism underlying memory failure in older adults. *Journal of Neuroscience, 28*(48), 12820–12824.

Stevenson, D. G., & Grabowski, D. C. (2010). Sizing up the market for assisted living. *Health Affairs, 29*(1), 35–43.

Stevenson, D. K., Verter, J., Fanaroff, A. A., Oh, W., Ehrenkranz, R. A., Shankaran, S., . . . & Korones, S. B. (2000). Sex differences in outcomes of very low birthweight infants: The newborn male disadvantage. *Archives of Disease in Childhood-Fetal and Neonatal Edition, 83*(3), F182–F185.

Stevenson-Hinde, J., & Shouldice, A. (1996). Fearfulness: Developmental consistency. In A. J. Sameroff & M. M. Haith (Eds.), *The five- to seven-year* shift: The age of reason and responsibility (pp. 237–252). Chicago: University of Chicago Press.

Stevenson-Hinde, J., Shouldice, A., & Chicot, R. (2011). Maternal anxiety, behavioral inhibition, and attachment. *Attachment & Human Development, 13*(3), 199–215.

Stewart, A. J., & Vandewater, E. A. (1998). The course of generativity. In D. P. McAdams & D. de St. Aubin (Eds.), *Generativity and adult development: How and why we care for the next generation.* Washington, DC: American Psychological Association.

Stewart, A. M., Lewis, G. F., Heilman, K. J., Davila, M. I., Coleman, D. D., Aylward, S. A., & Porges, S. W. (2013). The covariation of acoustic features of infant cries and autonomic state. *Physiology & Behavior, 120*, 203–210.

Stewart, E. A., & Simons, R. L. (2010). Race, code of the street, and violent delinquency: A multilevel investigation of neighborhood street culture and individual norms of violence. *Criminology, 48*(2), 569–605.

Stiles, J., & Jernigan, T. L. (2010). The basics of brain development. *Neuropsychology Review, 20*(4), 327–348.

Stipek, D., Feiler, R., Daniels, D., & Milburn, S. (1995). Effects of different instructional approaches on young children's achievement and motivation. *Child Development, 66*(1), 209–223.

Stipek, D. J., Gralinski, H., & Kopp, C. B. (1990). Self-concept development in the toddler years. *Developmental Psychology, 26*, 972–977.

Stock, H., Devries, K., Rotstein, A., Abrahams, N., Campbell, J., Watts, C., & Moreno, C.G. (2013). The global prevalence of intimate partner homicide: A systematic review. *Lancet, 382*, 859–865.

Stock, P., Desoete, A., & Roeyers, H. (2010). Detecting children with arithmetic disabilities from kindergarten: Evidence from a 3-year longitudinal study on the role of preparatory arithmetic abilities. *Journal of Learning Disabilities, 43*(3), 250–268.

Stone, A. A., Schwartz, J. E., Broderick, J. E., & Deaton, A. (2010). A snapshot of the age distribution of psychological well-being in the United States. *Proceedings of the National Academy of Sciences of the U.S.A., 107*(22), 9985–9990.

Storebø, O. J., & Simonsen, E. (2016). The association between ADHD and antisocial personality disorder (ASPD) a review. *Journal of Attention Disorders, 20*(10), 815–824.

Stout, H. (2010). Toddlers' favorite toy: The iPhone. *The New York Times, 15*(10).

Strathearn, L. (2011). Maternal neglect: Oxytocin, dopamine and the neurobiology of attachment. *Journal of Neuroendocrinology, 23*(11), 1054–1065.

Strathearn, L., Fonagy, P., Amico, J., & Montague, P. R. (2009). Adult attachment predicts maternal brain and oxytocin response to infant cues. *Neuropsychopharmacology, 34*(13), 2655.

Straus, M. A. (1994). *Beating the devil out of them: Corporal punishment in American families.* San Francisco: Jossey-Bass.

Straus, M. A., & Stewart, J. H. (1999). Corporal punishment by American parents: National data on prevalence, chronicity, severity, and duration, in relation to child and family characteristics. *Clinical Child and Family Psychology Review, 2*(21), 55–70.

Strauss, N., Giessler, K., & McAllister, E. (2015). How doula care can advance the goals of the Affordable Care Act: A snapshot from New York City. *The Journal of Perinatal Education, 24*(1), 8.

Strayer, D. L., Drews, F. A., & Crouch, D. F. (2006). A comparison of the cell phone driver and the drunk driver. *Human Factors, 48*, 381–391.

Streissguth, A. P., Aase, J. M., Clarren, S. K., Randels, S. P., LaDue, R. A., & Smith, D. F. (1991). Fetal alcohol syndrome in adolescents and adults. *Journal of the American Medical Association, 265*, 1961–1967.

Streissguth, A. P., Bookstein, F. L., Barr, H. M., Sampson, P. D., O'Malley, K., & Young, J. K. (2004). Risk factors for adverse life outcomes in fetal alcohol syndrome and fetal alcohol effects. *Journal of Developmental and Behavioral Pediatrics, 25*, 228–238.

Strenze, T. (2007). Intelligence and socioeconomic success: A meta-analytic review of longitudinal research. *Intelligence, 35*(5), 401–426.

Strickhouser, J. E., Zell, E., & Krizan, Z. (2017). Does personality predict health and well-being? A metasynthesis. *Health Psychology, 36*(8), 797.

Striegel-Moore, R. H., & Bulik, C. (2007). Risk factors for eating disorders. *American Psychologist, 62*, 181–198.

Stright, A. D., Gallagher, K. C., & Kelley, K. (2008). Infant temperament moderates relations between maternal parenting in early childhood and children's adjustment in first grade. *Child Development, 79,* 186–200.

Stroebe, M., Schut, H., & Stroebe, W. (2007). Health outcomes of bereavement. *Lancet, 370,* 1960–1973.

Stroebe, W. (2010). The graying of academia: Will it reduce scientific productivity? *American Psychologist, 65,* 660–673.

Strohm, C. Q., Seltzer, J. A., Cochran, S. D., & Mays, V. M. (2009). "Living apart together" relationships in the United States. *Demographic Research, 21,* 177.

Strohschein, L. (2012). Parental divorce and child mental health: Accounting for predisruption differences. *Journal of Divorce & Remarriage, 53,* 489–502. doi:10.1080/10502556.2012.682903

Strömland, K., & Hellström, A. (1996). Fetal alcohol syndrome—An ophthalmological and socioeducational prospective study. *Pediatrics, 97,* 845–850.

Stromwall, L. A., Granhag, P. A., & Landstrom, S. (2007). Children's prepared and unprepared lies: Can adults see through their strategies? *Applied Cognitive Psychology, 21,* 457–471.

Strouse, G. A., & Ganea, P. A. (2017). Toddlers' word learning and transfer from electronic and print books. *Journal of Experimental Child Psychology, 156,* 129–142.

Stubbs, B., Vancampfort, D., Rosenbaum, S., Firth, J., Cosco, T., Veronese, N., . . . & Schuch, F. B. (2017). An examination of the anxiolytic effects of exercise for people with anxiety and stress-related disorders: A meta-analysis. *Psychiatry Research, 249,* 102–108.

Stuck, A. E., Egger, M., Hammer, A., Minder, C. E., & Beck, J. C. (2002). Home visits to prevent nursing home admission and functional decline in elderly people: Systematic review and meta-regression analysis. *Journal of the American Medical Association, 287,* 1022–1028.

Stutzer, A., & Frey, B. S. (2006). Does marriage make people happy, or do happy people get married? *Journal of Socioeconomics, 35*(2), 326–347.

Su, C. T., McMahan, R. D., Williams, B. A., Sharma, R. K., & Sudore, R. L. (2014). Family matters: Effects of birth order, culture, and family dynamics on surrogate decision-making. *Journal of the American Geriatrics Society, 62*(1), 175–182.

Suanda, S. H., Tompson, W., & Brannon, E. M. (2008). Changes in the ability to detect ordinal numerical relationships between 9 and 11 months of age. *Infancy, 13*(4), 308–337.

Subbotsky, E., Hysted, C., & Jones, N. (2010). Watching films with magical content facilitates creativity in children. *Perceptual and Motor Skills, 111*(1), 261–277.

Subrahmanyam, K., & Greenfield, P. (2008). Online communication and adolescent relationships. *The Future of Children, 18,* 119–146.

Subrahmanyam, K., Reich, S. M., Waecheter, N., & Espinoza, G. (2008). Online and offline social networks: Use of social networking sites by emerging adults. *Journal of Applied Developmental Psychology, 29*(6), 420–433.

Substance Abuse and Mental Health Services Administration (SAMHSA). (2004a, October 22). Alcohol dependence or abuse and age at first use. *The NSDUH Report.* Retrieved from http://oas.samhsa.gov/2k4/ageDependence/ageDependence.htm.

Substance Abuse and Mental Health Services Administration (SAMHSA). (2004b). *Results from the 2003 National Survey on Drug Use & Health: National findings* (Office of Applied Studies, NSDUH Series H-25, DHHS Publication No. SMA 04-3964). Rockville, MD: U.S. Department of Health and Human Services.

Substance Abuse and Mental Health Services Administration (SAMHSA), Office of Applied Studies. (2006a). Academic performance and substance use among students aged 12 to 17: 2002, 2003, and 2004. *NSDUH Report* (Issue 18). Rockville, MD: Author.

Substance Abuse and Mental Health Services Administration (SAMHSA), Office of Applied Studies. (2007a). *Results from the 2006 National Survey on Drug Use and Health: National findings* (NSDUH Series H-32, DHHS Publication No. SMA 07-4293). Rockville, MD: Author.

Substance Abuse and Mental Health Services Administration (SAMHSA), Office of Applied Studies. (2007b, March 30). Sexually transmitted diseases and substance use. *NSDUH Report.* Rockville, MD: Author.

Substance Abuse and Mental Health Services Administration (SAMHSA), Office of Applied Studies.

(2008, April 18). State estimates of persons aged 18 or older driving under the influence of alcohol or illicit drugs. *NSDUH Report*. Rockville, MD: Author.

Substance Abuse and Mental Health Services Administration (SAMHSA). (2009a). *Results from the 2008 National Survey on Drug Use and Health: National findings* (Office of Applied Studies, NSDUH Series H-36, HHS Publication No. SMA 09-4434). Rockville, MD: Author.

Substance Abuse and Mental Health Services Administration (SAMHSA). (2013). *Behavioral health, United States, 2012*. HHS Publication No. (SMA) 13-4797. Rockville, MD: Substance Abuse and Mental Health Services Administration.

Substance Abuse and Mental Health Services Administration (SAMHSA). (2013). *Results from the 2012 national survey on drug use and health: Mental health findings*. NSDUH Series H-47, HHS Publication No. (SMA) 13-4805. Rockville, MD: Author. Retrieved from http://www.samhsa.gov/data/NSDUH/2k12MH_FindingsandDetTables/2K12MHF/NSDUHmhfr2012.htm#fig3-2.

Substance Abuse and Mental Health Services Administration (SAMHSA). (2013). *Results from the 2012 national survey on drug use and health: Summary of national findings*. NSDUH Series H-46, HHS Publication No. (SMA) 13-4795. Rockville, MD: Author.

Substance Abuse and Mental Health Services Administration (SAMHSA). (2017). *National survey on drug use and health* [Report]. Retrieved from www.samhsa.gov/data/data-we-collect/nsduh-national-survey-drug-use-and-health.

Substance Abuse and Mental Health Services Administration (SAMHSA). (2018). *Key substance use and mental health indicators in the United States: Results from the 2017 National Survey on Drug Use and Health* (HHS Publication No. SMA 17-5044, NSDUH Series H-52). Rockville, MD: Center for Behavioral Health Statistics and Quality, Substance Abuse and Mental Health Services Administration. Retrieved from https://www.samhsa.gov/data/sites/default/files/cbhsq-reports/NSDUHFFR2017/NSDUHFFR2017.pdf.

Substance Abuse and Mental Health Services Administration (SAMHSA). (2018). *Key substance use and mental health indicators in the United States: Results from the 2017 National Survey on Drug Use and Health* (HHS Publication No. SMA 18-5068, NSDUH Series H-53). Rockville, MD: Center for Behavioral Health Statistics and Quality, Substance Abuse and Mental Health Services Administration. Retrieved from www.samhsa.gov/data/.

Substance Abuse and Mental Health Services Administration (SAMHSA). (2018b). *Results from the 2017 national survey on drug use and health* [Data tables]. Retrieved from www.samhsa.gov/data/sites/default/files/cbhsq-reports/NSDUHDetailedTabs2017/NSDUHDetailedTabs2017.pdf.

Sugden, N. A., & Marquis, A. R. (2017). Meta-analytic review of the development of face discrimination in infancy: Face race, face gender, infant age, and methodology moderate face discrimination. *Psychological Bulletin*, 143(11), 1201–1244.

Suicide—Part I. (1996, November). *Harvard Mental Health Letter*, pp. 1–5.

Suitor, J. J., & Pillemer, K. (1993). Support and interpersonal stress in the social networks of married daughters caring for parents with dementia. *Journal of Gerontology: Social Sciences, 41*(1), S1–S8.

Suitor, J. J., Gilligan, M., Peng, S., Jung, J. H., & Pillemer, K. (2015). Role of perceived maternal favoritism and disfavoritism in adult children's psychological well-being. *Journals of Gerontology Series B: Psychological Sciences and Social Sciences, 72*(6), 1054–1066.

Suitor, J. J., Pillemer, K., Keeton, S., & Robison, J. (1995). Aged parents and aging children: Determinants of relationship quality. In R. Blieszner & V. Hilkevitch (Eds.), *Handbook of aging and the family* (pp. 223–242). Westport, CT: Greenwood Press.

Suitor, J. J., Seechrist, J., Plikuhn, M., & Pillemer, K. (2008). Within-family differences in parent-child relations across the life course. *Current Directions in Psychological Science, 17*(5), 334–338.

Sullivan, A. R., & Fenelon, A. (2013). Patterns of widowhood mortality. *Journals of Gerontology Series B: Psychological Sciences and Social Sciences, 69*(1), 53–62.

Sullivan, K. T., Pasch, L. A., Johnson, M. D., & Bradbury, T. N. (2010). Social support, problem solving, and the longitudinal course of newlywed marriage. *Journal of Personality and Social Psychology, 98*(4), 631–644.

Sulloway, F. J., & Zweigenhaft, R. L. (2010). Birth order and risk taking in athletics: A meta-analysis and study of major league baseball. *Personality and Social Psychology Review, 14*(4), 402–416. doi: 10.1177/1088868310361241.

Sulmasy, L. S., & Mueller, P. S. (2017). Ethics and the legalization of physician-assisted suicide: An American College of Physicians position paper. *Annals of Internal Medicine, 167*(8), 576–578.

Sumter, S. R., Valkenburg, P. M., & Peter, J. (2013). Perceptions of love across the lifespan: Differences in passion, intimacy, and commitment. *International Journal of Behavioral Development, 37*(5), 417–427.

Sun, Y. (2001). Family environment and adolescents' well-being before and after parents' marital disruption. *Journal of Marriage and Family, 63*, 697–713.

Sundet, J., Barlaug, D., & Torjussen, T. (2004). The end of the Flynn Effect? A study of secular trends in mean intelligence test scores of Norwegian conscripts during half a century. *Intelligence, 32*, 349–362.

Sung, J., Beijers, R., Gartstein, M. A., de Weerth, C., & Putnam, S. P. (2015). Exploring temperamental differences in infants from the USA and the Netherlands. *European Journal of Developmental Psychology, 12*(1), 15–28.

Suomi, S., & Harlow, H. (1972). Social rehabilitation of isolate-reared monkeys. *Developmental Psychology, 6*, 487–496.

SUPPORT Principal Investigators. (1995). A controlled trial to improve care for seriously ill hospitalized patients: The Study to Understand Prognoses and Preferences for Outcomes and Risks of Treatments (SUPPORT). *Journal of the American Medical Association, 274*, 1591–1598.

Susman, E. J., & Rogol, A. (2004). Puberty and psychological development. In R. M. Lerner & L. Steinberg (Eds.), *Handbook of adolescent psychology* (2nd ed., pp. 15–44). Hoboken, NJ: Wiley.

Susperreguy, M. I., & Davis-Kean, P. E. (2016). Maternal math talk in the home and math skills in preschool children. *Early Education and Development, 27*(6), 841–857.

Suss, C., Gaylord, S., & Fagen, J. (2012). Odor as a contextual cue in memory reactivation in young infants. *Infant Behavior and Development, 35*(3), 580–583.

Sutin, A. R., Terracciano, A., Deiana, B., Naitza, S., Ferrucci, L., Uda, M., . . . & Costa, P. T. (2010). High neuroticism and low conscientiousness are associated with interleukin-6. *Psychological Medicine, 40*(9), 1485–1493.

Swain, I., Zelazo, P., & Clifton, R. (1993). Newborn infants' memory for speech sounds retained over 24 hours. *Developmental Psychology, 29*, 312–323.

Swain, J. E., Lorberbaum, J. P., Kose, S., & Strathearn, L. (2007). Brain basis of early parent–infant interactions: Psychology, physiology, and in vivo functional neuroimaging studies. *Journal of Child Psychology and Psychiatry, 48*(3–4), 262–287.

Swain, J. E., Tasgin, E., Mayes, L. C., Feldman, R., Constable, R. T., & Leckman, J. F. (2008). Maternal brain response to own baby cry is affected by cesarean section delivery. *Journal of Child Psychology and Psychiatry, 49*, 1042–1052.

Swallen, K. C., Reither, E. N., Haas, S. A., & Meier, A. M. (2005). Overweight, obesity, and health-related quality of life among adolescents: The National Longitudinal Study of Adolescent Health. *Pediatrics, 115*, 340–347.

Swamy, G. K., Ostbye, T., & Skjaerven, R. (2008). Association of preterm birth with long-term survival, reproduction, and next-generation preterm birth. *Journal of the American Medical Association, 299*,1429–1436.

Swan, S. H., Kruse, R. L., Liu, F., Barr, D. B., Drobnis, E. Z., Redmon, J. B., . . . Study for Future Families Research Group. (2003). Semen quality in relation to biomarkers of pesticide exposure. *Environmental Health Perspectives, 111*, 1478–1484.

Swanson, S. A., Crow, S. J., Le Grange, D., Swendsen, J., & Merikangas, K. R. (2011). Prevalence and correlates of eating disorders in adolescents: Results from the national comorbidity survey replication adolescent supplement. *Archives of General Psychiatry, 68*(7), 714–723.

Swanston, H. Y., Tebbutt, J. S., O'Toole, B. I., & Oates, R. K. (1997). Sexually abused children 5 years after presentation: A case-control study. *Pediatrics, 100*, 600–608.

Sweeney, M. M. (2010). Remarriage and stepfamilies: Strategic sites for family scholarship in the

21st century. *Journal of Marriage and Family*, *72*(3), 667–684

Sweeney, M. M., & Phillips, J. A. (2004). Understanding racial differences in marital disruption: Recent trends and explanations. *Journal of Marriage and Family, 66*, 639–650.

Swift, D. L., McGee, J. E., Earnest, C. P., Carlisle, E., Nygard, M., & Johannsen, N. M. (2018). The effects of exercise and physical activity on weight loss and maintenance. *Progress in Cardiovascular Diseases, 61*(2), 206–213.

Swingley, D., & Fernald, A. (2002). Recognition of words referring to present and absent objects by 24-month-olds. *Journal of Memory and Language, 46*, 39–56.

Syed, M., & Juan, M. J. D. (2012). Birds of an ethnic feather? Ethnic identity homophily among college-age friends. *Journal of Adolescence, 35*(6), 1505–1514.

Symoens, S., Bastaits, K., Mortelmans, D., & Bracke, P. (2013). Breaking up, breaking hearts? Characteristics of the divorce process and well-being after divorce. *Journal of Divorce & Remarriage, 54*(3), 177–196.

Tabak, M. A., & Mickelson, K. D. (2009). Religious service attendance and distress: The moderating role of stressful life events and race/ethnicity. *Sociology of Religion, 70*(1), 49–64.

Tach, L., & Halpern-Meekin, S. (2009). How does premarital cohabitation affect trajectories of marital quality? *Journal of Marriage and Family, 71*(2), 298–317.

Tackett, J. L., Krueger, R. F., Iacono, W. G., & McGue, M. (2005). Symptom-based subfactors of DSM-defined conduct disorder: Evidence for etiologic distinctions. *Journal of Abnormal Psychology, 114*, 483–487.

Tackett, J. L., Kushner, S. C., Herzhoff, K., Smack, A. J., & Reardon, K. W. (2014). Viewing relational aggression through multiple lenses: Temperament, personality, and personality pathology. *Development and Psychopathology, 26*(3), 863–877.

Tajfel, H. (1981). *Human groups and social categories*. Cambridge, UK: Cambridge University Press.

Takachi, R., Inoue, M., Ishihara, J., Kurahashi, N., Iwasaki, M., Sasazuki, S., ... Tsugane, S. (2007). Fruit and vegetable intake and risk of total cancer and cardiovascular disease: Japan Public Health Center-based Prospective Study. *American Journal of Epidemiology, 167*(1), 59–70.

Taki, Y., Hashizume, H., Thyreau, B., Sassa, Y., Takeuchi, H., Wu, K., ... & Fukuda, H. (2013). Linear and curvilinear correlations of brain gray matter volume and density with age using voxel-based morphometry with the Akaike information criterion in 291 healthy children. *Human Brain Mapping, 34*(8), 1857–1871.

Taliaferro, L. A., & Muehlenkamp, J. J. (2014). Risk and protective factors that distinguish adolescents who attempt suicide from those who only consider suicide in the past year. *Suicide and Life-Threatening Behavior, 44*(1), 6–22.

Tallent-Runnels, M., Thomas, J. A., Lan, W. Y., Cooper, S., Ahern, T. C., Shaw, S. M., & Liu, X. (2006). Teaching courses online: A review of the research. *Review of Educational Research, 76*(1), 93–135.

Tal-Or, N. (2010). Direct and indirect self-promotion in the eyes of the perceivers. *Social Influence, 5*(2), 87–100. doi: 10.1080/15534510903306489.

Talwar, V., & Lee, K. (2002). Development of lying to conceal a transgression: Children's control of expressive behaviour during verbal deception. *International Journal of Behavioral Development, 26*(5), 436–444.

Talwar, V., & Lee, K. (2008). Social and cognitive correlates of children's lying behavior. *Child Development, 79*(4), 866–881.

Tamborini, C. R. (2007). The never-married in old age: Projections and concerns for the near future. *Social Security Buletin., 67*, 25.

Tamnes, C. K., Østby, Y., Walhovd, K. B., Westlye, L. T., Due-Tønnessen, P., & Fjell, A. M. (2010). Intellectual abilities and white matter microstructure in development: A diffusion tensor imaging study. *Human Brain Mapping, 31*(10), 1609–1625.

Tanaka, K., & Johnson, N. E. (2016). Childlessness and mental well-being in a global context. *Journal of Family Issues, 37*(8), 1027–1045.

Tang, F. (2016). Retirement patterns and their relationship to volunteering. *Nonprofit and Voluntary Sector Quarterly, 45*(5), 910–930.

Tanner, J. L. (2006). Recentering during emerging adulthood: A critical turning point in life span human development. In J. J. Arnett & J. L. Tanner (Eds.), *Emerging adults in America: Coming of age in the 21st century* (pp. 21–55). Washington DC: American Psychological Association.

Tassell-Matamua, N. (2013). Phenomenology of near-death experiences: An analysis of a Maori case study. *Journal of Near-Death Studies, 32*, 107–117.

Tau, G. Z., & Peterson, B. S. (2010). Normal development of brain circuits. *Neuropsychopharmacology, 35*(1), 147.

Taumoepeau, M., & Reese, E. (2014). Understanding the self through siblings. Self-awareness mediates the sibling effect on social understanding. *Social Development, 23*(1), 1–18.

Tavakol, Z., Nikbakht Nasrabadi, A., Behboodi Moghadam, Z., Salehiniya, H., & Rezaei, E. (2017). A review of the factors associated with marital satisfaction. *Galen Medical Journal, 6*(3).

Taveras, E. M., Capra, A. M., Braveman, P. A., Jensvold, N. G., Escobar, G. J., & Lieu, T. A. (2003). Clinician support and psychosocial risk factors associated with breastfeeding discontinuation. *Pediatrics, 112*, 108–115

Taylor, C. A., Al-Hiyari, R., Lee, S. J., Priebe, A., Guerrero, L. W., & Bales, A. (2016). Beliefs and ideologies linked with approval of corporal punishment: A content analysis of online comments. *Health Education Research, 31*(4), 563–575.

Taylor, C. A., Lee, S. J., Guterman, N. B., & Rice, J. C. (2010). Use of spanking for 3-year-old children and associated intimate partner aggression or violence. *Pediatrics, 126*(3), 415–424. doi: 10.1542/peds.2010-0314.

Taylor, E. V. (2009). The purchasing practice of low-income students: The relationship to mathematical development. *The Journal of the Learning Sciences, 18*(3), 370–415.

Taylor, H. S. (2000). The role of HOX genes in the development and function of the female reproductive tract. *Seminars in Reproductive Medicine, 18*(1), 81–90.Ceci, S. J., & Gilstrap, L. L. (2000). Determinants of intelligence: Schooling and intelligence. *Encyclopedia of Psychology, 2*, 496–498.

Taylor, J. G. (2007). Psychosocial and moral development of PTSD-diagnosed combat veterans. *Journal of Counseling and Development, 85*(3), 364–369.

Taylor, L. E., Swerdfeger, A. L., & Eslick, G. D. (2014). Vaccines are not associated with autism: An evidence-based meta-analysis of case-control and cohort studies. *Vaccine, 32*(29), 3623–3629.

Taylor, M., Cartwright, B. S., & Carlson, S. M. (1993). A developmental investigation of children's imaginary companions. *Developmental Psychology, 28*, 276–285.

Taylor, P., & Wang, W. (2010). *The fading glory of the television and telephone*. Retrieved from http://pewsocialtrends.org/2010/08/19/the-fading-glory-of-the-television-and-telephone/.

Taylor, R. J., Chatters, L. M., Lincoln, K. D., & Woodward, A. T. (2017). Church-based exchanges of informal social support among African Americans. *Race and Social Problems, 9*(1), 53–62.

Taylor, S. E. (2006). Tend and befriend: Biobehavioral bases of affiliation under stress. *Current Directions in Psychological Science, 15*, 273–276.

Taylor, S. E., Lehman, B. J., Kiefe, C. I., & Seeman, T. E. (2006). Relationship of early life stress and psychological functioning to adult C-reactive protein in the coronary artery risk development in young adults study. *Biological Psychiatry, 60*(8), 819–824.

Taylor, Z. E., Doane, L. D., & Eisenberg, N. (2014). Transitioning from high school to college: Relations of social support, ego-resiliency, and maladjustment during emerging adulthood. *Emerging Adulthood, 2*(2), 105–115.

Teachers Resisting Unhealthy Children's Entertainment (TRUCE). (2008). *Media action guide*. Retrieved from www.truceteachers.org/media-violence.html.

Teachman, J. (2003). Premarital sex, premarital cohabitation, and the risk of subsequent marital dissolution among women. *Journal of Marriage and Family, 65*, 444–455.

Teasdale, T. W., & Owen, D. R. (2008). Secular declines in cognitive test scores: A reversal of the Flynn effect. *Intelligence, 36*, 121–126.

Teffer, K., & Semendeferi, K. (2012). Human prefrontal cortex: Evolution, development, and pathology. In *Progress in brain research* (Vol. 195, pp. 191–218). Amsterdam: Elsevier.

Telzer, E. H., & Fuligni, A. J. (2009). Daily family assistance and the psychological well-being of adolescents from Latin American, Asian and

European backgrounds. *Developmental Psychology, 45*(4), 1177–1189.

Temple, J. A., Reynolds, A. J., & Miedel, W. T. (2000). Can early intervention prevent high school dropout? Evidence from the Chicago Child-Parent Centers. *Urban Education, 35*(1), 31–57.

Tenenbaum, H., & Leaper, C. (2002). Are parents' gender schemas related to their children's gender-related cognitions? A meta-analysis. *Developmental Psychology, 38*(4), 615–630.

Tepper, P. G., Brooks, M., Randolph, J., Jr., Crawford, S., El Khoudary, S., Gold, E., ... Thurston, R.. (2016). Characterizing the trajectories of vasomotor symptoms across the menopausal transition. *Menopause,* 23(10), 1067–1074.

Terracciano, A., McCrae, R. R., & Costa, P. T. (2010). Intra-individual change in personality stability and age. *Journal of Research in Personality, 44*(1), 31–37.

Terriquez, V., & Gurantz, O. (2015). Financial challenges in emerging adulthood and students' decisions to stop out of college. *Emerging Adulthood, 3*(3), 204–214.

Testa, R. J., Jimenez, C. L., & Rankin, S. (2014). Risk and resilience during transgender identity development: The effects of awareness and engagement with other transgender people on affect. *Journal of Gay & Lesbian Mental Health, 18*(1), 31–46.

Teti, D. M., Bo-Ram, K., Mayer, G., & Countermine, M. (2010). Maternal emotional availability at bedtime predicts infant sleep quality. *Journal of Family Psychology, 24*(3), 307–315.

Teubert, D., & Pinquart, M. (2010). The association between coparenting and child adjustment: A meta-analysis. *Parenting: Science and Practice, 10*(4), 286–307.

Tezanos-Pinto, P., Bratt, C., & Brown, R. (2010). What will the others think? In-group norms as a mediator of the effects of intergroup contact. *British Journal of Social Psychology, 49*(3), 507–523.

Thabes, V. (1997). A survey analysis of women's long-term, postdivorce adjustment. *Journal of Divorce & Remarriage, 27*, 163–175.

Tham, Y. C., Li, X., Wong, T. Y., Quigley, H. A., Aung, T., & Cheng, C. Y. (2014). Global prevalence of glaucoma and projections of glaucoma burden through 2040: A systematic review and meta-analysis. *Ophthalmology, 121*(11), 2081–2090.

The Aspen Institute. (2018). *Sport participation and physical activity rates* [Data sheet]. Retrieved from www.aspenprojectplay.org/kids-sports-participation-rates.

The effects of immigration on the United States' economy. (2016, June 27). Wharton School at the University of Pennsylvania. Retrieved from www.budgetmodel.wharton.upenn.edu/issues/2016/1/27/the-effects-of-immigration-on--the-united-states-economy.

The need is real. (n.d.) Retrieved from www.organdonor.gov.

The Week. (2012). Turning the dead into beads: South Korea's "odd" new trend. Retrieved from theweek.com/articles/478701/turning-dead-into-beads-south-koreas-odd-new-trend.

Thelen, E. (1995). Motor development: A new synthesis. *American Psychologist, 50*(2), 79–95.

Thelen, E., & Fisher, D. M. (1982). Newborn stepping: An explanation for a "disappearing" reflex. *Developmental Psychology, 18*, 760–775.

Thelen, E., & Fisher, D. M. (1983). The organization of spontaneous leg movements in newborn infants. *Journal of Motor Behavior, 15*, 353–377.

Thibodeau, R. B., Gilpin, A. T., Brown, M. M., & Meyer, B. A. (2016). The effects of fantastical pretend-play on the development of executive functions: An intervention study. *Journal of Experimental Child Psychology, 145*, 120–138.

Thoits, P. A. (2010). Stress and health: Major findings and policy implications. *Journal of Health and Social Behavior, 51*(1_suppl), S41–S53.

Thoits, P. A. (2011). Mechanisms linking social ties and support to physical and mental health. *Journal of Health and Social Behavior, 52*(2), 145–161.

Thomas, A., & Chess, S. (1977). *Temperament and development.* New York: Brunner/Mazel.

Thomas, A., & Chess, S. (1984). Genesis and evolution of behavioral disorders: From infancy to early adult life. *American Journal of Psychiatry, 141*(1), 1–9.

Thomas, A., Chess, S., & Birch, H. G. (1968). *Temperament and behavior disorders in children.* New York: New York University Press.

Thomas, H. N., Hamm, M., Borrero, S., Hess, R., & Thurston, R. C. (2018). Body image, attractiveness, and sexual satisfaction among midlife women: A qualitative study. *Journal of Women's Health, 28*(1), 100–106.

Thomas, H. N., Hess, R., & Thurston, R. C. (2015). Correlates of sexual activity and satisfaction in midlife and older women. *The Annals of Family Medicine, 13*(4), 336–342.

Thomas, P. A. (2009). Is it better to give or to receive? Social support and the well-being of older adults. *Journals of Gerontology Series B: Psychological Sciences and Social Sciences, 65*(3), 351–357.

Thomas, P. A. (2010). Is it better to give or to receive? Social support and the well-being of older adults. *Journals of Gerontology Series B: Psychological Sciences and Social Sciences, 65*(3), 351–357.

Thomas, P. A., Liu, H., & Umberson, D. (2017). Family relationships and well-being. *Innovation in Aging, 1*(3), igx025.

Thomas, R., Sanders, S., Doust, J., Beller, E., & Glasziou, P. (2015). Prevalence of attention-deficit/hyperactivity disorder: A systematic review and meta-analysis. *Pediatrics, 135*(4), e994–e1001.

Thomas, S. P. (1997). Psychosocial correlates of women's self-rated physical health in middle adulthood. In M. E. Lachman & J. B. James (Eds.), *Multiple paths of midlife development* (pp. 257–291). Chicago: University of Chicago Press.

Thomee, S., Harenstam, A., & Hagberg, M. (2011, Jan. 31). Mobile phone use and stress, sleep disturbances, and symptoms of depression among young adults—prospective cohort study. *BMC Public Health.* Retrieved from https://bmcpublichealth.biomedcentral.com/articles/10.1186/1471-2458-11-66.

Thompson, L. A., Goodman, D. C., Chang, C-H., & Stukel, T. A. (2005). Regional variation in rates of low birth weight. *Pediatrics, 116*, 1114–1121.

Thompson, P. M., Cannon, T. D., Narr, K. L., van Erp, T., Poutanen, V., Huttunen, M., ... Toga, A. W. (2001). Genetic influences on brain structure. *Nature Neuroscience, 4*, 1253–1258.

Thompson, P. M., Giedd, J. N., Woods, R. P., MacDonald, D., Evans, A. C., & Toga, A. W. (2000). Growth patterns in the developing brain detected by using continuum mechanical tensor maps. *Nature, 404*, 190–193.

Thompson, R. A. (2011). Emotion and emotion regulation: Two sides of the developing coin. *Emotion Review, 3*(1), 53–61.

Thompson, W. R. (2016). Worldwide survey of fitness trends for 2017. *ACSM's Health & Fitness Journal, 20*(6), 8–17.

Thomsen, M. R., Nayga, R. M., Jr., Alviola, P. A., & Rouse, H. L. (2016). The effect of food deserts on the body mass index of elementary schoolchildren. *American Journal of Agricultural Economics, 98*, 1–18.

Thomson, E., & McLanahan, S. S. (2012). Reflections on "Family structure and child well-being: Economic resources vs. parental socialization." *Social Forces, 91*(1), 45–53.

Thornberry, T. P., Henry, K. L., Ireland, T. O., & Smith, C. A. (2010). The causal impact of childhood-limited maltreatment and adolescent maltreatment on early adult adjustment. *Journal of Adolescent Health, 46*(4), 359–365.

Thornton, W. J. L., & Dumke, H. A. (2005). Age differences in everyday problem-solving and decision-making effectiveness: A meta-analytic review. *Psychology and Aging, 20*, 85–99.

Thorvaldsson, V., Hofer, S. M., Berg, S., Skoog, I., Sacuiu, S., & Johansson, B. (2008). Onset of terminal decline in cognitive abilities in individuals without dementia. *Neurology.* Advance online publication. doi: 10.1212/01.wnl.0000312379.02302.ba.

Thurston, R. C., Johnson, B. D., Shufelt, C. L., Braunstein, G. D., Berga, S. L., Stanczyk, F. Z., ... & Kelsey, S. F. (2017). Menopausal symptoms and cardiovascular disease mortality in the Women's Ischemia Syndrome Evaluation (WISE). *Menopause, 24*(2), 126.

Tilden, V. P., Tolle, S. W., Nelson, C. A., & Fields, J. (2001). Family decision-making to withdraw life--sustaining treatments from hospitalized patients. *Nursing Research, 50*(2), 105–115.

Tilvis, R. S., Kahonen-Vare, M. H., Jolkkonen, J., Valvanne, J., Pitkala, K. H., & Stradnberg, T. E. (2004). Predictors of cognitive decline and mortality of aged people over a 10-year period. *Journal of Gerontology: Medical Sciences, 59A*, 268–274.

Tilvis, R. S., Laitala, V., Routasalo, P., Strandberg, T. E., & Pitkala, K. H. (2012). Positive life orientation predicts good survival prognosis in old age. *Archives of Gerontology and Geriatrics, 55*(1), 133–137.

Tindle, H. A., Chang, Y., Kuller, L. H., Manson, J. E., Robinson, J. G., Rosal, M. C., . . . Matthews, K. A. (2009). Optimism, cynical hostility and incident coronary heart disease and mortality in the women's health initiative. *Circulation, 120*(8), 656–662.

Tippett, N., & Wolke, D. (2015). Aggression between siblings: Associations with the home environment and peer bullying. *Aggressive Behavior, 41*(1), 14–24.

Tisdale, S. (1988). The mother. *Hippocrates, 2*(3) 64–72.

Tither, J., & Ellis, B. (2008). Impact of fathers on daughter's age at menarche: A genetically and environmentally controlled sibling study. *Developmental Psychology, 44*(5), 1409–1420.

Titz, C., & Karbach, J. (2014). Working memory and executive functions: effects of training on academic achievement. *Psychological Research, 78*(6), 852–868.

Tiznobek, A., Mirmolaei, S. T., Momenimovahed, Z., Kazemnejad, A., & Taheri, S. (2017). Effect of counseling on sexual function and behavior in postmenopausal women and their spouses: A randomized, controlled trial (RCT) study. *Menopausal Review/Przeglad Menopauzalny, 16*(3).

Toga, A., & Thompson, P. M. (2005). Genetics of brain structure and intelligence. *Annual Review of Neurology, 28*, 1–23.

Toga, A. W., Thompson, P. M., & Sowell, E. R. (2006). Mapping brain maturation. *Trends in Neurosciences, 29*(3), 148–159.

Tokariev, A., Videman, M., Palva, J. M., & Vanhatalo, S. (2016). Functional brain connectivity develops rapidly around term age and changes between vigilance states in the human newborn. *Cerebral Cortex, 26*(12), 4540–4550.

Tolan, P. H., Gorman-Smith, D., & Henry, D. B. (2003). The developmental ecology of urban males' youth violence. *Developmental Psychology, 39*, 274–291.

Tolppanen, A. M., Solomon, A., Kulmala, J., Kåreholt, I., Ngandu, T., Rusanen, M., . . . & Kivipelto, M. (2015). Leisure-time physical activity from mid-to late life, body mass index, and risk of dementia. *Alzheimer's & Dementia, 11*(4), 434–443.

Toma, C. L., Hancock, J. T., & Ellison, N. B. (2008). Separating fact from fiction: An examination of deceptive self-presentation in online dating profiles. *Personality and Social Psychology Bulletin, 34*(8), 1023–1036.

Tomasello, M. (2007). Cooperation and communication in the 2nd year of life. *Child Development Perspectives, 1*(1), 8–12.

Tomasello, M., & Moll, H. (2010). The gap is social: Human shared intentionality and culture. In P. M. Kappeler & J. Silk (Eds.), *Mind the Gap* (pp. 331–349). Heidelberg: Springer.

Tomassini, C., Glaser, K., & Stuchbury, R. (2007). Family disruption and support in later life: A comparative study between the United Kingdom and Italy. *Journal of Social Issues, 63*(4), 845–863.

Tomiyama, A. J. (2014). Weight stigma is stressful. A review of evidence for the Cyclic Obesity/Weight-Based Stigma model. *Appetite, 82*, 8–15.

Tooby, J., & Cosmides, L. (1992). The psychological foundations of culture. In J. H. Barkow, L. Cosmides, & J. Tooby (Eds.), *The adapted mind: Evolutionary psychology and the generation of culture* (p. 19). New York: Oxford University Press.

Toohey, A. M., Hewson, J. A., Adams, C. L., & Rock, M. J. (2017). When places include pets: Broadening the scope of relational approaches to promoting aging-in-place. *Journal of Sociology & Social Welfare, 44*, 119.

Toossi, M., & Torpey, E. (2017). Older workers: Labor force trends and career options. *Career outlook*. Washington, DC: U.S. Bureau of Labor Statistics.

Toot, S., Swinson, T., Devine, M., Challis, D., & Orrell, M. (2017). Causes of nursing home placement for older people with dementia: A systematic review and meta-analysis. *International Psychogeriatrics, 29*(2), 195–208.

Toothman, E. L., & Barrett, A. E. (2011). Mapping midlife: An examination of social factors shaping conceptions of the timing of middle age. *Advances in Life Course Research, 16*(3), 99–111.

Topor, D. R., Keane, S. P., Shelton, T. L., & Calkins, S. D. (2010). Parent involvement and student academic performance: A multiple mediational analysis. *Journal of Prevention & Intervention in the Community, 38*(3), 183–197.

Torrance, E. P. (1988). The nature of creativity as manifest in its testing. In R. J. Sternberg (Ed.), *The nature of creativity: Contemporary psychological perspectives* (pp. 43–75). Cambridge, UK: Cambridge University Press.

Torrance, E. P., & Ball, O. E. (1984). *Torrance Tests of Creative Thinking: Streamlined (revised) manual, Figural A and B*. Bensonville, IL: Scholastic Testing Service.

Totsika, V., & Sylva, K. (2004). The Home Observation for Measurement of the Environment revisited. *Child and Adolescent Mental Health, 9*, 25–35.

Towfighi, A., Zheng, L., & Ovbiagele, B. (2009). Sex--specific trends in midlife coronary heart disease risk and prevalence. *Archives of Internal Medicine, 169*(19), 1762–1766.

Townsend, N. W. (1997). Men, migration, and households in Botswana: An exploration of connections over time and space. *Journal of Southern African Studies, 23*, 405–420.

Trabulsi, J. C., & Mennella, J. A. (2012). Diet, sensitive periods in flavour learning, and growth. *International Review of Psychiatry, 24*. doi:/10.3109.09540261.2012.675573.

Trachtenberg, F. L., Haas, E. A., Kinney, H. C., Stanley, C., & Krous, H. F. (2012). Risk factor changes for sudden infant death syndrome after initiation of Back-to-Sleep campaign. *Pediatrics*, peds-2011.

Traditional Chinese weddings. (2014). Retrieved from http://traditions.cultural-china.com/en/14Traditions30.html.

Trahan, L. H., Stuebing, K. K., Fletcher, J. M., & Hiscock, M. (2014). The Flynn effect: A meta-analysis. *Psychological Bulletin, 140*(5), 1332.

Trautner, H. M., Ruble, D. N., Cyphers, L., Kirsten, B., Behrendt, R., & Hartmann, P. (2005). Rigidity and flexibility of gender stereotypes in childhood: Developmental or differential? *Infant and Child Development, 14*(4), 365–381.

Treas, J., Lui, J., & Gubernskaya, Z. (2014). Attitudes on marriage and new relationships: Cross-national evidence on the deinstitutionalization of marriage. *Demographic Research, 30*, 1495.

Tremblay, R. E., Nagin, D. S., Séguin, J. R., Zoccolillo, M., Zelazo, P. D., Boivin, M., . . . Japel, C. (2004). Physical aggression during early childhood: Trajectories and predictors. *Pediatrics, 114*(1), e43–e50.

Trenholm, C., Devaney, B., Fortson, K., Quay, L., Wheeler, J., & Clark, M. (2007). *Impacts of four Title V, Section 510 abstinence education programs: Final report*. Princeton, NJ: Mathematica Policy Research.

Trionfi, G., & Reese, E. (2009). A good story: Children with imaginary companions create richer narratives. *Child Development, 80*(4), 1301–1313.

Troll, L. E. (1985). *Early and middle adulthood* (2nd ed.). Monterey, CA: Brooks/Cole.

Troll, L. E., & Fingerman, K. L. (1996). Connections between parents and their adult children. In C. Magai & S. H. McFadden (Eds.), *Handbook of emotion, adult development, and aging* (pp. 185–205). San Diego: Academic Press.

Trombetti, A., Reid, K. F., Hars, M., Herrmann, F. R., Pasha, E., Phillips, E. M., & Fielding, R. A. (2016). Age-associated declines in muscle mass, strength, power, and physical performance: Impact on fear of falling and quality of life. *Osteoporosis International, 27*(2), 463–471.

Tromp, D., Dufour, A., Lithfous, S., Pebayle, T., & Després, O. (2015). Episodic memory in normal aging and Alzheimer disease: Insights from imaging and behavioral studies. *Ageing Research Reviews, 24*, 232–262.

Tronick, E. (1972). Stimulus control and the growth of the infant's visual field. *Perception and Psychophysics, 11*, 373–375.

Tronick, E. Z. (1989). Emotions and emotional communication in infants. *American Psychologist, 44*(2), 112–119.

Tronick, E. Z., Morelli, G. A., & Ivey, P. (1992). The Efe forager infant and toddler's pattern of social relationships: Multiple and simultaneous. *Developmental Psychology, 28*, 568–577.

Tropp, L. R., O'Brien, T. C., & Migacheva, K. (2014). How peer norms of inclusion and exclusion predict children's interest in cross-ethnic friendships. *Journal of Social Issues, 70*(1), 151–166.

Troseth, G. L., & DeLoache, J. S. (1998). The medium can obscure the message: Young children's understanding of video. *Child Development, 69*, 950–965.

Troseth, G. L., Saylor, M. M., & Archer, A. H. (2006). Young children's use of video as a source of socially relevant information. *Child Development, 77*, 786–799.

Trost, S. G., Rosenkranz, R. R., & Dzewaltowski, D. (2008). Physical activity levels among children attending after-school programs. *Medicine & Science in Sports & Exercise, 40*(4), 622–629.

Trotter, R. J. (1986, August). Profile: Robert J. Sternberg: Three heads are better than one. *Psychology Today*, pp. 56–62.

Trouillet, R., Doan-Van-Hay, L. M., Launay, M., & Martin, S. (2011). Impact of age, and cognitive and coping resources on coping. *Canadian Journal on Aging/La Revue canadienne du vieillissement, 30*(4), 541–550.

Trudel, G., Villeneuve, V., Anderson, A., & Pilon, G. (2008). Sexual and marital aspects of old age: An update. *Sexual and Relationship Therapy, 23*(2), 161–169.

Tsao, F. M., Liu, H. M., & Kuhl, P. K. (2004). Speech perception in infancy predicts language development in the second year of life: A longitudinal study. *Child Development, 75*, 1067–1084.

Tseng, V. L., Chlebowski, R. T., Yu, F., Cauley, J. A., Li, W., Thomas, F., . . . & Coleman, A. L. (2017). Association of cataract surgery with mortality in older women: Findings from the women's health initiative. *JAMA Ophthalmology*.

Tseng, V. L., Yu, F., Lum, F., & Coleman, A. L. (2016). Cataract surgery and mortality in the United States Medicare population. *Ophthalmology, 123*(5), 1019–1026.

Tubert-Jeannin, S., Auclair, C., Amsallem, E., Tramini, P., Gerbaud, L., Ruffieux, C., . . . & Ismail, A. (2011). Fluoride supplements (tablets, drops, lozenges or chewing gums) for preventing dental caries in children. *Cochrane Database Systemic Review, 12*.

Tucker, M. A., Morris, C. J., Morgan, A., Yang, J., Myers, S., Pierce, J. G., . . . & Scheer, F. A. (2017). The relative impact of sleep and circadian drive on motor skill acquisition and memory consolidation. *Sleep, 40*(4).

Tucker-Drob, E. M., & Bates, T. C. (2016). Large cross-national differences in gene× socioeconomic status interaction on intelligence. *Psychological Science, 27*(2), 138–149.

Tugade, M. M., Fredrickson, B. L., & Feldman Barrett, L. (2004). Psychological resilience and positive emotional granularity: Examining the benefits of positive emotions on coping and health. *Journal of Personality, 72*(6), 1161–1190.

Turati, C., Simion, F., Milani, I., & Umilta, C. (2002). Newborns' preference for faces: What is crucial? *Developmental Psychology, 38*, 875–882.

Turcotte Benedict, F., Vivier, P. M., & Gjelsvik, A. (2015). Mental health and bullying in the United States among children aged 6 to 17 years. *Journal of Interpersonal Violence, 30*(5), 782–795.

Turiano, N. A., Chapman, B. P., Agrigoroaei, S., Infurna, F. J., & Lachman, M. (2014). Perceived control reduces mortality risk at low, not high, education levels. *Health Psychology, 33*(8), 883.

Turiano, N. A., Pitzer, L., Armour, C., Karlamangla, A., Ryff, C. D., & Mroczek, D. K. (2011). Personality trait level and change as predictors of health outcomes: Findings from a national study of Americans (MIDUS). *Journals of Gerontology Series B: Psychological Sciences and Social Sciences, 67*(1), 4–12.

Turkheimer, E., Haley, A., Waldron, J., D'Onofrio, B., & Gottesman, I. I. (2003). Socioeconomic status modifies heritability of IQ in young children. *Psychological Science, 14*, 623–628.

Turkle, S. (2011). *Alone together: Why we expect more from technology and less from each other*. New York: Basic Books.

Turner, C. F., Ku, L., Rogers, S. M., Lindberg, L. D., Pleck, J. H., & Sonenstein, F. L. (1998). Adolescent sexual behavior, drug use, and violence: Increased reporting with computer survey technology. *Science, 280*, 867–873.

Turner, P. J., & Gervai, J. (1995). A multi-dimensional study of gender typing in preschool children and their parents: Personality, attitudes, preferences, behavior, and cultural differences. *Developmental Psychology, 31*, 759–772.

Twenge, J. M., Campbell, W. K., & Foster, C. A. (2003). Parenthood and marital satisfaction: A meta-analytic review. *Journal of Marriage and Family, 65*, 574–583.

Twenge, J. M., Sherman, R. A., & Wells, B. E. (2015). Changes in American adults' sexual behavior and attitudes, 1972–2012. *Archives of Sexual Behavior, 44*(8), 2273–2285.

U.S. Bureau of Labor Statistics. (2008a, May 30). *Employment characteristics of families in 2007* [News release]. Washington, DC: U.S. Department of Labor.

U.S. Bureau of Labor Statistics. (2008b). *Spotlight on statistics. Older workers*. Washington, DC: Author. Retrieved from http://stats.bls.gov/spotlight/2008/older_workers/.

U.S. Bureau of Labor Statistics. (2012, April 26). Employment characteristics of families in 2011. [News release]. Washington, DC: U.S. Department of Labor. Retrieved from http://www.bls.gov/news.release/famee.nr0.htm.

U. S. Bureau of Labor Statistics. (2014). *Mothers and families* [Data report]. Retrieved from www.dol.gov/wb/stats/mother_families.htm.

U.S. Bureau of Labor Statistics. (2017). *Highlights of women's earnings in 2017* [Report]. Retrieved from www.bls.gov/opub/reports/womens-earnings/2017/pdf/home.pdf.

U.S. Bureau of Labor Statistics. (2018, April). *Employment characteristics of families summary* [News release]. Washington, DC: U.S. Department of Labor.

U.S. Bureau of the Census. (1991a). *Household and family characteristics, March 1991* (Publication No. AP-20–458). Washington, DC: U.S. Government Printing Office.

U.S. Bureau of the Census. (1991b). *1990 census of population and housing*. Washington, DC: Data User Service Division.

U.S. Bureau of the Census. (1992). *Marital status and living arrangements: March 1991* (Current Population Reports, Series P-20-461). Washington, DC: U.S. Government Printing Office.

U.S. Bureau of the Census. (1993). *Sixty-five plus in America*. Washington, DC: U.S. Government Printing Office.

U.S. Census Bureau. (2000, November). *Resident population estimates of the United States by age and sex*. Washington, DC: Author.

U.S. Census Bureau. (2004). *Global population profile, 2002. International population reports WP/02*. Washington, DC: U.S. Government Printing Office.

U.S. Census Bureau. (2006). Educational attainment in the United States, 2006. Data from *2006 Current Population Survey's Social and Economic Supplement*. Washington, DC: Author.

U.S. Census Bureau. (2007a, March 15). *Earnings gap highlighted by Census Bureau data on educational attainment* [Press release]. Retrieved from www.census.gov/Press-Release/www/releases/archives/education/009749.html.

U.S. Census Bureau. (2007b). *The population profile of the United States: Dynamic version*. Retrieved from www.census.gov/population/www/pop-profile/profiledynamic.html.

U.S. Census Bureau. (2008a). *Population profile of the United States*. Retrieved from www.census.gov/population/www/pop-profile/ profiledynamic.html.

U.S. Census Bureau. (2008b). *Who's minding the kids? Child care arrangements: Spring 2005*. Washington, DC: U.S. Census Bureau, Housing and Household Economic Statistics Division, Fertility & Family Statistics Branch.

U.S. Census Bureau. (2009a). *Births, deaths, and life expectancy by country or area, Table 3*. Washington, DC: U.S. Census Bureau, International Data Base. Retrieved from www.census.gov/compendia/statab/2010/tables/10s1303.xls.

U.S. Census Bureau. (2009b). School enrollment in the United States, 2007, Table 1: Enrollment status of the population 3 years old and over, by sex, age, race, Hispanic origin, foreign born, and foreign-born parentage: October 2007, Hispanic. *School enrollment—Social and economic characteristics of students: October 2007*. Washington, DC: Author.

U.S. Census Bureau. (2009c). School enrollment in the United States, 2007, Table 3. Nursery and primary school enrollment of people 3 to 6 years old, by control of school, attendance status, age, race, Hispanic origin, mother's labor force status and education, and family income. *School enrollment—Social and economic chracteristics of students: October 2007*. Washington, DC: Author.

U.S. Census Bureau. (2009d). *Census bureau estimates nearly half of children under age 5 are minorities*. Retrieved from http://www.census.gov/newsroom/releases/archives/population/cb09-75.html.

U.S. Census Bureau. (2010a). *America's families and living arrangements: 2010*. Retrieved from http://www.census.gov/population/www/socdemo/hh-fam/cps2010.html.

U.S. Census Bureau. (2010b). *Poverty. Highlights*. Retrieved from http://www.census.gov/hhes/www/poverty/about/overview/index.html.

U.S. Census Bureau. (2014). 10 percent of grandparents live with a grandchild [News report]. Retrieved from www.census.gov/newsroom/press-releases/2014/cb14-194.html.

U.S. Census Bureau. (2014). Coresident grandparents and their grandchildren: 2012 [Report]. Retrieved from www.census.gov/content/dam/

Census/library/publications/2014/demo/p20-576.pdf.

U.S. Census Bureau. (2016). *America's families and living arrangements: 2016* [Data tables]. Retrieved from www.census.gov/data/tables/2016/demo/families/cps-2016.html.

U. S. Census Bureau. (2016). *The majority of children live with two parents, Census Bureau reports* [Press release]. Retrieved from www.census.gov/newsroom/press-releases/2016/cb16-192.html?#.

U.S. Census Bureau. (2017). *More children live with just their fathers than a decade ago* [Press release]. Retrieved from www.census.gov/newsroom/press-releases/2017/living-arrangements.html.

U.S. Census Bureau. (2018a). *Percent married among 18- to 34-year-olds: 1978 and 2018* [Census Library graph]. Retrieved from www.census.gov/library/visualizations/2018/comm/percent-married.html.

U.S. Census Bureau. (2018b). *Median age at first marriage: 1890 to present* [Graph]. Retrieved from www.census.gov/content/dam/Census/library/visualizations/time-series/demo/families-and-households/ms-2.pdf.

U.S. Census Bureau. (2018c). *Annual estimates of the resident population for selected age groups by sex for the United States, states, counties and Puerto Rico Commonwealth and Municipios: April 1, 2010, to July 1, 2017* [U.S. Census Bureau, Population Division interactive data table]. Retrieved from https://factfinder.census.gov/faces/tableservices/jsf/pages/productview.xhtml?pid=PEP_2017_PEPAGESEX&prodType=table.

U.S. Census Bureau. (2019). *American fact finder: American community survey* [Searchable database]. Retrieved from https://factfinder.census.gov/faces/tableservices/jsf/pages/productview.xhtml?src=bkmk.

U.S Census Bureau. (2019b). Current population survey table creator (Interactive data tool). Retrieved from www.census.gov/cps/data/cpstablecreator.html?#.

U.S. Department of Agriculture (USDA). (2010). *Dietary guidelines*. Retrieved from http://www.cnpp.usda.gov/Publications/DietaryGuidelines/2010/PolicyDoc/ExecSumm.pdf.

U.S. Department of Agriculture Economic Research Service. (2011). *Food security in the United States*. Retrieved from http://www.ers.usda.gov/topics/food-nutrition-assistance/food-security-in-the-us/key-statistics-graphics.aspx#.

U.S. Department of Education. (2017). *Number and percentage of public school students enrolled in gifted/talented programs, by race/ethnicity, disability status, and English proficiency, by state, school year, 2013-14* [Data file]. Retrieved from https://ocrdata.ed.gov/StateNationalEstimations/Estimations_2013_14.

U.S. Department of Education. (2017). *School discipline laws and regulation by category* [interactive database]. Retrieved from https://safesupportivelearning.ed.gov/node/3510.

U.S. Department of Education, Office of Special Education Programs. (2016). *Individuals with Disabilities Education Act (IDEA) database*. Retrieved from www2.ed.gov/programs/osepidea/618-data/state-level-data-files/index.html#bcc.

U.S. Department of Energy Office of Science, Office of Biological and Environmental Research, Human Genome Program. (2008a). *Human genome project information: Gene testing*. Retrieved from www.ornl.gov/sci/techresources/Human_Genome/medicine/genetest.shtml.

U.S. Department of Energy Office of Science, Office of Biological and Environmental Research, Human Genome Program. (2008b). *Human genome project information: Gene therapy*. Retrieved from www.ornl.gov/sci/techresources/Human_Genome/medicine/ genetherapy.shtml.

U.S. Department of Health and Human Services. (2013). *Managing overweight and obesity in adults* [Evidence report]. Retrieved from www.nhlbi.nih.gov/sites/www.nhlbi.nih.gov/files/obesity-evidence-review.pdf.

U.S. Department of Health and Human Services (2014). *Child Health USA, 2014*. Rockville, MD: U.S. Department of Health and Human Services.

U.S. Department of Health and Human Services. (2014). *Facts about bullying*. Retrieved from www.stopbullying.gov/media/facts/index.html.

U.S. Department of Health and Human Services. (2017). *Recommended Uniform Screening Panel*. Retrieved from www.hrsa.gov/advisorycommittees/mchbadvisory/heritabledisorders/recommendedpanel/index.html.

U.S. Department of Health and Human Services, (2018). *Fact sheet: FY 2018 Funding opportunity announcement for teen pregnancy prevention program* [Press release]. Retrieved from www.hhs.gov/ash/oah/fact-sheet-fy-2018-funding-opportunity-announcements-tpp.html.

U.S. Department of Health and Human Services, Administration on Children, Youth, and Families. (2012). *Child maltreatment 2011*. Retrieved from http://www.acf.hhs.gov/ programs/cb/research-data-technology/ statistics-research/child-maltreatment.

U.S. Department of Health and Human Services, Health Resources and Services Administration, Maternal and Child Health Bureau. (2015). *Child health USA 2014*. Rockville, MD: U.S. Department of Health and Human Services.

U.S. Department of Health and Human Services (USDHHS), Administration on Children, Youth, and Families. (2006). *Child maltreatment 2004*. Washington, DC: U.S. Government Printing Office.

U.S. Department of Health and Human Services (USDHHS), Administration on Children, Youth and Families. (2008). *Child maltreatment 2006*. Washington, DC: U.S. Government Printing Office.

U.S. Department of Health and Human Services (USDHHS), Administration on Children and Families, Children's Bureau. (2017). *Child maltreatment 2016*. Available from www.acf.hhs.gov/sites/default/files/cb/cm2016.pdf.

U.S. Department of Health & Human Services (USDHHS), Administration on Children, Youth, and Families, Children's Bureau. (2017). *Child maltreatment 2015*. Available from www.acf.hhs.gov/programs/cb/research-data-technology/statistics-research/child-maltreatment.

U.S. Department of Health & Human Services (USDHHS), Administration for Children and Families, Children's Bureau. (2019). *Child Maltreatment 2017*. Available from www.acf.hhs.gov/cb/research-data-technology/ statistics-research/child-maltreatment.

U.S. Department of Health and Human Services (USDHHS), Health Resources and Services Administration, Maternal and Child Health Bureau. (2008). *Child health USA 2007*. Rockville, MD: U.S. Department of Health and Human Services, 2008.

U.S. Department of Health and Human Services (USDHHS). (1992). *Health, United States, 1991, and Prevention Profile* (DHHS Publication No. PHS 92–1232). Washington, DC: U.S. Government Printing Office.

U.S. Department of Health and Human Services (USDHHS). (1996). *Health, United States, 1995* (DHHS Publication No. PHS 96-1232). Washington, DC: U.S. Government Printing Office.

U.S. Department of Health and Human Services (USDHHS). (1999a). *Blending perspectives and building common ground: A report to Congress on substance abuse and child protection*. Washington, DC: U.S. Government Printing Office.

U.S. Department of Health and Human Services (USDHHS). (1999b). *Mental health: A report of the surgeon general*. Rockville, MD: U.S. Department of Health and Human Services, Substance Abuse and Mental Health Services Administration, National Institutes of Health, National Institute of Mental Health.

U.S. Department of Health and Human Services (USDHHS). (2004). *Child maltreatment 2002*. Retrieved from www.acf.hhs.gov/programs/cb/publications/cm02/index.htm.

U.S. Department of Health and Human Services (USDHHS). (2010). *How tobacco smoke causes disease: The biology and behavioral basis for smoking-attributable disease*. A Report of the Surgeon General. Atlanta, GA; U.S. Department of Health and Human Services, Centers for Disease Control and Prevention, National Center for Chronic Disease Prevention and Health Promotion, Office on Smoking and Health.

U.S. Department of Health and Human Services (USDHHS). (2012). Youth risk behavior surveillance: United States 2011. *MMWR Surveillance Summaries, 61*(4): Table 65. Retrieved from http://www.cdc.gov/mmwr/pdf/ss/ss6104.pdf.

U.S. Department of Labor. (2018). *Women in the labor force* [Interactive data file]. Retrieved from www.dol.gov/wb/stats/NEWSTATS/facts/women_lf.htm#one.

U.S. Department of Labor, Bureau of Labor Statistics. (2013). Tabulations retrieved from www.bls.gov/cps/cpsaat07.htm.

U.S. Food and Drug Administration. (2016). FDA Communication: FDA cautions about using testosterone products for low testosterone due to aging; requires labeling change to inform of possible increased risk of heart attack and stroke with use. Retrieved from www.fda.gov/Drugs/DrugSafety/ucm436259.htm.

U.S. Preventive Services Task Force. (2002). *Screening for breast cancer: Recommendations and rationale*. Rockville, MD: Agency for Healthcare Research and Quality. Retrieved from www.ahrq.gov/clinic/3rduspstf/breastcancer/brcanrr.htm.

U.S. Preventive Services Task Force. (2006). Screening for speech and language delay in preschool children: Recommendation statement. *Pediatrics, 117*, 497–501.

U.S. Preventive Services Task Force. (2010). Screening for obesity in children and adolescents: Recommendation statement. *Pediatrics, 125*(2), 361–367. doi: 10.1542/peds.2009-2037.

Uecker, J. E., & Stokes, C. E. (2008). Early marriage in the United States. *Journal of Marriage and Family, 70*(4), 835–846.

Uematsu, A., Matsui, M., Tanaka, C., Takahashi, T., Noguchi, K., Suzuki, M., & Nishijo, H. (2012). Developmental trajectories of amygdala and hippocampus from infancy to early adulthood in healthy individuals. *PloS One, 7*(10), e46970.

Uher, R. (2014). Gene–environment interactions in common mental disorders: An update and strategy for a genome-wide search. *Social Psychiatry and Psychiatric Epidemiology, 49*(1), 3–14.

Uhlenberg, P., & Cheuk, M. (2010). The significance of grandparents to grandchildren: An international perspective. In D. Dannefer & C. Phillipson (Eds.), *The SAGE handbook of social gerontology* (pp. 447–458). Thousand Oaks, CA: SAGE Publications.

Ülger, Z., Halil, M., Kalan, I., Yavuz, B. B., Cankurtaran, M., Güngör, E., & Arıoğul, S. (2010). Comprehensive assessment of malnutrition risk and related factors in a large group of community-dwelling older adults. *Clinical Nutrition, 29*(4), 507–511.

Umana-Taylor, A. J., Gonzalez-Backen, M. A., & Guimond, A. B. (2009). Latino adolescents' ethnic identity: Is there a developmental progression and does growth in ethnic identity predict growth in self-esteem? *Child Development, 80*(2), 391–405.

Umberson, D. (2003). *Death of a parent*. New York: Cambridge University Press.

Umberson, D., Williams, K., Powers, D. A., Liu, H., & Needham, B. (2006). You make me sick: Marital quality and health over the life course. *Journal of Health and Social Behavior, 47*, 1–16.

Umlauf, M., & Chasens, E. (2003). Sleep disordered breathing and nocturnal polyuria: Nocturia and enuresis. *Sleep Medicine Reviews, 7*(5), 403–411.

UNAIDS. (2013). *UNAIDS report on the global AIDS epidemic*. Retrieved from http://www.unaids.org/en/media/unaids/contentassets/documents/epidemiology/2013/gr2013/UNAIDS_Global_Report_2013_en.pdf.

UNAIDS/WHO Joint United Nations Programme on HIV/AIDS and World Health Organization. (2004). *AIDS epidemic update* (Publication No. UNAIDS/04.45E). Geneva: Author.

Underwood, M., Lamb, S. E., Eldridge, S., Sheehan, B., Slowther, A. M., Spencer, A., . . . & Diaz-Ordaz, K. (2013). Exercise for depression in elderly residents of care homes: A cluster-randomised controlled trial. *The Lancet, 382*(9886), 41–49.

UNESCO. (2017). Literacy rates continue to rise from one generation to the next [Fact sheet]. Retrieved from http://uis.unesco.org/sites/default/files/documents/fs45-literacy-rates-continue-rise-generation-to-next-en-2017.pdf.

UNICEF. (2013). *Improving child nutrition: The achievable imperative for global progress*. Retrieved from www.unicef.org/media/files/nutrition_report_2013.pdf.

UNICEF. (2015b). *Goal: Reduce child mortality*. Retrieved from www.un.org/sustainabledevelopment.

UNICEF. (2016b). *Under-five and infant mortality rates and number of deaths*. Retrieved from https://data.unicef.org/topic/child-survival/under-five-mortality.

UNICEF. (2018c). *Every child alive: The urgent need to end newborn deaths* [Report]. Retrieved from https://data.unicef.org/wp-content/uploads/2018/02/Every-Child-Alive-report_FINAL-1.pdf.

UNICEF Millennium Development Goals. (2015). *Goal: Reduce child mortality*. Retrieved from www.un.org/sustainabledevelopment.

UNICEF/WHO/World Bank Group Joint Child Malnutrition Estimates (2019). *Levels and trends in child malnutrition: Key findings of the 2019 Edition of the Joint Child Malnutrition Estimates*. Geneva: World Health Organization. Licence: CC BY-NC-SA 3.0 IGO.

United Nations. (2007). *World population ageing*. Retrieved from www.un.org/en/development/desa/population/publications/pdf/ageing/WorldPopulationAgeingReport2007.pdf.

United Nations. (2007, April). An ageing world poses new challenges for development strategists. *DESA (Department of Economic and Social Affairs) News, 11*(4). Retrieved from www.un.org/esa/desa/desaNews/v11n04/feature.html.

United Nations. (2009). *Rethinking poverty: Report on the world social situation* (No. E.09.IV.10). Retrieved from http://www.un.org/esa/socdev/rwss/docs/2010/fullreport.pdf.

United Nations. (2018). *ICTs, LCDs and the SDGs: Achieving universal and affordable Internet in the least developed countries* [Report]. Retrieved from http://unohrlls.org/custom-content/uploads/2018/01/D-LDC-ICTLDC-2018-PDF-E.pdf.

United Nations. (2018). *United Nations demographic yearbook 2017*. [Data report]. Retrieved from https://unstats.un.org/unsd/demographic-social/products/dyb/dyb_2017/.

United Nations Children's Fund (UNICEF). (2005, March). *Measles deaths plummet*. Retrieved from www.unicef.org/immunization/index_25339.html United States.

United Nations Children's Fund (UNICEF). (2007). *The state of the world's children 2008: Child survival*. New York: Author.

United Nations Children's Fund (UNICEF). (2008). *State of the world's children 2009: Maternal and newborn health*. New York: Author.

United Nations Children's Fund (UNICEF). (2009). *Worldwide deaths of children under five decline, continuing positive trend*. Retrieved from www.unicef.org/childsurvival/index_51095.html.

United Nations Children's Fund (UNICEF). (2014, September). *Hidden in plain sight: A statistical analysis of violence against children*. Retrieved from www.unicef.org/publications/index_74865.html.

United Nations Children's Fund (UNICEF). (2015). *Goal: Eradicate extreme poverty and hunger*. Retrieved from www.unicef.org/mdg/poverty.html.

United Nations Children's Fund (UNICEF). (2016). *Committing to child survival: A promise renewed, progress report 2015*. New York: Author.

United Nations Children's Fund (UNICEF). (2017). *UNICEF data: Monitoring the situation for children and women: Maternal mortality*. Retrieved from https://data.unicef.org/topic/maternal-health/maternal-mortality/#.

United Nations Children's Fund (UNICEF). (2017, May 16). *Joint child malnutrition estimates 2017 edition*. Retrieved from https://data.unicef.org/topic/nutrition/malnutrition.

United Nations Children's Fund (UNICEF). (2018a). *UNICEF data: Monitoring the situation for children and women: Neonatal mortality*. Retrieved from https://data.unicef.org/topic/child-survival/neonatal-mortality/#.

United Nations Children's Fund (UNICEF) and World Health Organization (WHO). (2004). *Low birthweight: Country, regional and global estimates*. New York: UNICEF.

United Nations Educational, Scientific, and Cultural Organization (UNESCO). (2004). *Education for All Global Monitoring Report 2005—The quality imperative*. Retrieved from www.unesco.org/education/GMR2005/press

United Nations Educational, Scientific, and Cultural Organization (UNESCO). (2007). *Literacy portal: United Nations Literacy Decade: Why the Literacy Decade?* Retrieved from http://portal.unesco.org/education/en/ev.php-URL_ID=53899&URL_DO=DO_TOPIC&URL_SECTION=201.htm.

United Nations Educational, Scientific, and Cultural Organization (UNESCO). (2017). *School violence and bullying: Global status report*. Retrieved from http://unesdoc.unesco.org/images/0024/002469/246970e.pdf.

United Nations High Commissioner for Human Rights. (1989, November 20). *Convention on the Rights of the Child*. General Assembly Resolution 44/25.

United Nations Statistics Division. (2007). *Population and vital statistics report: Series A*. Table 3: Live births, deaths, and infant deaths, latest available year. Retrieved from http:// unstats.

un.org/unsd/demographic/products/ vitstats/seriesa2.htm.

United Generations. (2016). *Raising the children of the opioid epidemic: Solutions and support for grandfamilies*. [Generations United report]. Retrieved from www.grandfamilies.org/Portals/0/2016%20State%20of%20Grandfamilies%20Report%20FINAL.pdf.

United States Breastfeeding Committee. (2002). *Benefits of breastfeeding*. Raleigh, NC: Author.

Uphoff, E., Cabieses, B., Pinart, M., Valdés, M., Antó, J. M., & Wright, J. (2015). A systematic review of socioeconomic position in relation to asthma and allergic diseases. *European Respiratory Journal, 46*(2), 364–374.

Uphold-Carrier, H., & Utz, R. (2012). Parental divorce among young and adult children: A long-term quantitative analysis of mental health and family solidarity. *Journal of Divorce & Remarriage, 53*(4), 247–266.

Upton-Davis, K. (2012). Living apart together relationships (LAT): Severing intimacy from obligation. *Gender Issues, 29*(1–4), 25–38.

Urasaki, E., Tokimura, T., Kumai, J., & Yokota, A. (1992). Preserved spinal dorsal horn potentials in a brain dead patient with Lazarus sign. Case report. *Journal of Neurosurgery, 77*(5), 823–824.

Urry, H. L., & Gross, J. J. (2010). Emotion regulation in older age. *Current Directions in Psychological Science, 19*(6), 352–357.

Uttal, D. H., Meadow, N. G., Tipton, E., Hand, L. L., Alden, A. R., Warren, C., & Newcombe, N. S. (2013). The malleability of spatial skills: A meta-analysis of training studies. *Psychological Bulletin*, 139, 352–402. doi:10.1037/a0028446.

Vaccarino, V., Parsons, L., Peterson, E. D., Rogers, W. J., Kiefe, C. I., & Canto, J. (2009). Sex differences in mortality after acute myocardial infarction: Changes from 1994 to 2006. *Archives of Internal Medicine, 169*(19), 1767–1774.

Vagi, K. J., Olsen, E. O. M., Basile, K. C., & Vivolo-Kantor, A. M. (2015). Teen dating violence (physical and sexual) among US high school students: Findings from the 2013 National Youth Risk Behavior Survey. *JAMA Pediatrics, 169*(5), 474–482.

Vagi, K. J., Rothman, E. F., Latzman, N. E., Tharp, A. T., Hall, D. M., & Breiding, M. J. (2013). Beyond correlates: A review of risk and protective factors for adolescent dating violence perpetration. *Journal of Youth and Adolescence, 42*(4), 633–649.

Vail, K. E., Rothschild, Z. K., Weise, D. R., Solomon, S., Pyszczynski, T., & Greenberg, J. (2010). A terror management analysis of the psychological functions of religion. *Personality and Social Psychology Review, 14*(1), 84–94.

Vaillancourt, T., & Hymel, S. (2006). Aggression and social status: The moderating roles of sex and peer-valued characteristics. *Aggressive Behavior, 32*(4), 396–408.

Valero, S., Daigre, C., Rodríguez-Cintas, L., Barral, C., GomÃ -i-Freixanet, M., Ferrer, M., . . . & Roncero, C. (2014). Neuroticism and impulsivity: Their hierarchical organization in the personality characterization of drug-dependent patients from a decision tree learning perspective. *Comprehensive Psychiatry, 55*(5), 1227–1233.

Valiante, A. G., Barr, R. G., Zelazo, P. R., Papageorgiou, A. N., & Young, S. N. (2006). A typical feeding enhances memory for spoken words in healthy 2-to 3-day-old newborns. *Pediatrics, 117*(3), e476–e486.

Valkenburg, P. M., & Peter, J. (2008). Adolescents' identity experiments on the Internet: Consequences for social competence and self-concept unity. *Communication Research, 35*(2), 208–231.

Valkenburg, P. M., & Peter, J. (2009). Social consequences of the Internet for adolescents: A decade of research. *Current Directions in Psychological Science, 18*(1), 1–5.

Vall, E., & Wade, T. D. (2015). Predictors of treatment outcome in individuals with eating disorders: A systematic review and meta-analysis. *International Journal of Eating Disorders, 48*(7), 946–971.

Van Cauwenberghe, C., Van Broeckhoven, C., & Sleegers, K. (2015). The genetic landscape of Alzheimer disease: Clinical implications and perspectives. *Genetics in Medicine, 18*(5), 421–430.

Van de Bongardt, D., Reitz, E., Sandfort, T., & Deković, M. (2015). A meta-analysis of the relations between three types of peer norms and adolescent sexual behavior. *Personality and Social Psychology Review, 19*(3), 203–234.

Van den Boom, D. C. (1994). The influence of temperament and mothering on attachment and exploration: An experimental manipulation of sensitive responsiveness among lower-class mothers with irritable infants. *Child Development, 65*, 1457–1477.

Van den Eijnden, R. J., Meerkerk, G. J., Vermulst, A. A., Spijkerman, R., & Engels, R. C. (2008). Online communication, compulsive Internet use, and psychosocial well-being among adolescents: A longitudinal study. *Developmental Psychology, 44*(3), 65

Van der Graaff, J., Branje, S., De Wied, M., Hawk, S., Van Lier, P., & Meeus, W. (2014). Perspective taking and empathic concern in adolescence: Gender differences in developmental changes. *Developmental Psychology, 50*(3), 881.

van der Stel, M., & Veenman, M. V. (2014). Metacognitive skills and intellectual ability of young adolescents: A longitudinal study from a developmental perspective. *European Journal of Psychology of Education, 29*(1), 117–137

van der Wiel, R., Mulder, C. H., & Bailey, A. (2018). Pathways to commitment in living-apart-together relationships in the Netherlands: A study on satisfaction, alternatives, investments and social support. *Advances in Life Course Research, 36*, 13–22.

Van Dongen, H. P. A., Maislin, G., Mullington, J. M., & Dinges, D. F. (2003). The cumulative cost of additional wakefulness: Dose-response effects on neurobehavioral functions and sleep physiology from chronic sleep restriction and total sleep deprivation. *Sleep, 26*, 117–126.

van Dyk, D. (2005, January 24). Parlez-vous twixter? *Time*, p. 50.

Van Geel, M., Vedder, P., & Tanilon, J. (2014). Relationship between peer victimization, cyberbullying, and suicide in children and adolescents: A meta-analysis. *JAMA Pediatrics, 168*(5), 435–442.

van Goozen, S., Fairchild, G., Snoek, H., & Harold, G. (2007). The evidence for a neurobiological model of childhood antisocial behavior. *Psychological Bulletin, 133*, 149–182.

Van Humbeeck, L., Piers, R. D., Van Camp, S., Dillen, L., Verhaeghe, S. T., & Van Den Noortgate, N. J. (2013). Aged parents' experiences during a critical illness trajectory and after the death of an adult child: A review of the literature. *Palliative Medicine, 27*(7), 583–595.

van IJzendoorn, M. H., & Kroonenberg, P. M. (1988). Cross-cultural patterns of attachment: A meta-analysis of the Strange Situation. *Child Development, 59*, 147–156.

van IJzendoorn, M. H., & Sagi, A. (1999). Cross-cultural patterns of attachment: Universal and contextual dimensions. In J. Cassidy & P. R. Shaver (Eds.), *Handbook of attachment: Theory, research, and clinical applications* (pp. 713–734). New York: Guilford Press.

Van IJzendoorn, M. H., Bakermans-Kranenburg, M. J., & Ebstein, R. P. (2011). Methylation matters in child development: Toward developmental behavioral epigenetics. *Child Development Perspectives, 5*, 305–310.

van IJzendoorn, M. H., Schuengel, C., & Bakermans-Kranenburg, M. J. (1999). Disorganized attachment in early childhood: Meta-analysis of precursors, concomitants, and sequelae. *Development and Psychopathology, 11*, 225–250.

van Lier, P. A., Vitaro, F., Barker, E. D., Brendgen, M., Tremblay, R. E., & Boivin, M. (2012). Peer victimization, poor academic achievement, and the link between childhood externalizing and internalizing problems. *Child Development, 83*(5), 1775–1788.

van Lieshout, C. F. M., Haselager, G. J. T., Riksen-Walraven, J. M., & van Aken, M. A. G. (1995, April). Personality development in middle childhood. In D. Hart (Chair), *The contribution of childhood personality to adolescent competence: Insights from longitudinal studies from three societies*. Symposium conducted at the biennial meeting of the Society for Research in Child Development, Indianapolis, IN.

Van Lommel, P. (2011). Near-death experiences: The experience of the self as real and not as an illusion. *Annals of the New York Academy of Sciences, 1234*(1), 19–28.

Van Ouystel, J., Van Gool, E., Walrave, M., Ponnet, K., & Peeters, E. (2016). Exploring the role of social networking sites within adolescent romantic relationships and dating experiences. *Computers in Human Behavior, 55*, 76–86.

Van Ryzin, M. J., Stormshak, E. A., & Dishion, T. J. (2012). Engaging parents in the family check-up in middle school: Longitudinal effects on family conflict and problem behavior through the high school transition. *Journal of Adolescent Health, 50*(6), 627–633.

Van Solinge, H., & Henkens, K. (2008). Adjustment to and satisfaction with retirement: Two of a kind? *Psychology and Aging*, *23*(2), 422.

Van Steenbergen, E. F., Kluwer, E. S., & Karney, B. R. (2011). Workload and the trajectory of marital satisfaction in newlyweds: Job satisfaction, gender, and parental status as moderators. *Journal of Family Psychology*, *25*(3), 345.

van Zalk, M. H. W., & Kerr, M. (2014). Developmental trajectories of prejudice and tolerance toward immigrants from early to late adolescence. *Journal of Youth and Adolescence*, *43*(10), 1658–1671.

Vandell, D. L., & Bailey, M. D. (1992). Conflicts between siblings. In C. U. Shantz & W. W. Hartup (Eds.), *Conflict in child and adolescent development* (pp. 242–269). New York: Cambridge University Press.

VanderLaan, D. P., Blanchard, R., Wood, H., Garzon, L. C., & Zucker, K. J. (2015). Birth weight and two possible types of maternal effects on male sexual orientation: A clinical study of children and adolescents referred to a Gender Identity Service. *Developmental Psychobiology*, *57*(1), 25–34.

Vandewater, E. A., Ostrove, J. M., & Stewart, A. J. (1997). Predicting women's well-being in midlife: The importance of personality development and social role involvements. *Journal of Personality and Social Psychology*, *72*(5), 1147.

Vandivere, S., Malm, K., & Radel, L. (2009). *Adoption USA: A chartbook based on the 2007 National Survey of Adoptive Parents*. Washington, DC: U.S. Department of Health and Human Services, Office of the Assistant Secretary for Planning and Evaluation.

Vandorpe, B., Vandendriessche, J., Vaeyens, R., Pion, J., Matthys, S., Lefevre, J., . . . & Lenoir, M. (2012). Relationship between sports participation and the level of motor coordination in childhood: A longitudinal approach. *Journal of Science and Medicine in Sport*, *15*(3), 220–225.

van't Veer, A. E., & Giner-Sorolla, R. (2016). Pre-registration in social psychology—A discussion and suggested template. *Journal of Experimental Social Psychology*, *67*, 2–12

Varela, R. E., Vernberg, E. M., Sanchez-Sosa, J. J., Riveros, A., Mitchell, M., & Mashunkashey, J. (2004). Parenting style of Mexican, Mexican American, and Caucasian-non-Hispanic families: Social context and cultural influences. *Journal of Family Psychology*, *18*(4), 651.

Varma, R., Vajaranant, T. S., Burkemper, B., Wu, S., Torres, M., Hsu, C., . . . & McKean-Cowdin, R. (2016). Visual impairment and blindness in adults in the United States: demographic and geographic variations from 2015 to 2050. *JAMA Ophthalmology*, *134*(7), 802–809.

Vasilyeva, M., Huttenlocher, J., & Waterfall, H. (2006). Effects of language intervention on syntactic skill levels in preschoolers. *Developmental Psychology*, *42*, 164–174.

Vasylenko, O., Gorecka, M. M., & Rodríguez-Aranda, C. (2018). Manual dexterity in young and healthy older adults. 1. Age-and gender-related differences in unimanual and bimanual performance. *Developmental Psychobiology*, *60*(4), 407–427.

Vaterlaus, J.M., Tulane, S., Porter, B.D., & Beckert, T.E. (2017). The perceived influence of media and technology on adolescent romantic relationships. *Journal of Adolescent Research*. doi: 10.1177/0743558417712611.

Vauclair, C. M., Hanke, K., Huang, L. L., & Abrams, D. (2017). Are Asian cultures really less ageist than Western ones? It depends on the questions asked. *International Journal of Psychology*, *52*(2), 136–144.

Vaupel, J. W. (2010). Biodemography of human ageing. *Nature*, *464*(7288), 536–542.

Vaupel, J. W., Carey, J. R., Christensen, K., Johnson, T. E., Yashin, A. I., Holm, N. V., . . . Curtsinger, J. W. (1998). Biodemographic trajectories of longevity. *Science*, *280*, 855–860.

Veenstra, R., Lindenberg, S., Oldehinkel, A. J., De Winter, A. F., Verhulst, F. C., & Ormel, J. (2005). Bullying and victimization in elementary schools: A comparison of bullies, victims, bully/victims, and uninvolved preadolescents. *Developmental Psychology*, *41*, 672–682.

Vélez, C. E., Wolchik, S. A., Tein, J. Y., & Sandler, I. (2011). Protecting children from the consequences of divorce: A longitudinal study of the effects of parenting on children's coping processes. *Child Development*, *82*(1), 244–257.

Venkatraman, A., Garg, N., & Kumar, N. (2015). Greater freedom of speech on Web 2.0 correlates with dominance of views linking vaccines to autism. *Vaccine*, *33*, 1422–1425.

Vennemann, M. M., Hummel, T., & Berger, K. (2008). The association between smoking and smell and taste impairment in the general population. *Journal of Neurology*, *255*(8), 1121–1126.

Ventola, C. L. (2016). Immunization in the United States: Recommendations, barriers, and measures to improve compliance: Part 1: Childhood vaccinations. *Pharmacy and Therapeutics*, *41*(7), 426.

Ventura, A. K., & Mennella, J. A. (2011). Innate and learned preferences for sweet taste during childhood. *Current Opinion in Clinical Nutrition and Metabolic Care*, *14*(4), 379–384.

Ventura, A. K., & Worobey, J. (2013). Early influences on the development of food preferences. *Current Biology*, *23*(9), R401–R408.

Ventura, S. J., Hamilton, B. E., & Mathews, T. J. (2014). National and state patterns of teen births in the United States, 1940–2013. *National Vital Statistics Reports*, *63*(4), 1–34. Hyattsville, MD: National Center for Health Statistics.

Verbakel, E., & Jaspers, E. (2010). A comparative study on permissiveness toward euthanasia: Religiosity, slippery slope, autonomy, and death with dignity. *Public Opinion Quarterly*, *74*(1), 109–139.

Vereecken, C., & Maes, L. (2000). Eating habits, dental care and dieting. In C. Currie, K. Hurrelmann, W. Settertobulte, R. Smith, & J. Todd (Eds.), *Health and health behaviour among young people: A WHO cross-national study (HBSC) international report* (pp. 83–96). WHO Policy Series: Healthy Policy for Children and Adolescents, Series No. 1. Copenhagen, Denmark: World Health Organization Regional Office for Europe.

Verhulst, B., Neale, M. C., & Kendler, K. S. (2015). The heritability of alcohol use disorders: A meta-analysis of twin and adoption studies. *Psychological Medicine*, *45*(5), 1061–1072.

Verlinsky, Y., Rechitsky, S., Verlinsky, O., Masciangelo, C., Lederer, K., & Kuliev, A. (2002). Preimplantation diagnosis for early-onset Alzheimer disease caused by V717L mutation. *Journal of the American Medical Association*, *287*, 1018–1021.

Verma, S., & Larson, R. (2003). Editors' notes. In S. Verma & R. Larson (Eds.), Chromosomal congenital anomalies and residence near hazardous waste landfill sites. *The Lancet*, *359*, 320–322.

Véronneau, M. H., & Dishion, T. J. (2011). Middle school friendships and academic achievement in early adolescence: A longitudinal analysis. *The Journal of Early Adolescence*, *31*(1), 99–124.

Véronneau, M. H., Vitaro, F., Brendgen, M., Dishion, T. J., & Tremblay, R. E. (2010). Transactional analysis of the reciprocal links between peer experiences and academic achievement from middle childhood to early adolescence. *Developmental Psychology*, *46*(4), 773.

Verschueren, K., Buyck, P., & Marcoen, A. (2001). Self-representations and socioemotional competence in young children: A 3-year longitudinal study. *Developmental Psychology*, *37*, 126–134.

Verschueren, K., Marcoen, A., & Schoefs, V. (1996). The internal working model of the self, attachment, and competence in five-year-olds. *Child Development*, *67*, 2493–2511.

Vespa, J. (2012). Union formation in later life: Economic determinants of cohabitation and remarriage among older adults. *Demography*, *49*(3), 1103–1125.

Vespa, J. (2013). Relationship transitions among older cohabitors: The role of health, wealth, and family ties. *Journal of Marriage and Family*, *75*(4), 933–949.

Vgontzas, A. N., & Kales, A. (1999). Sleep and its disorders. *Annual Review of Medicine*, *50*, 387–400.

Viana, M. C., Gruber, M. J., Shahly, V., Alhamzawi, A., Alonso, J., Andrade, L. H., . . . & Girolamo, G. D. (2013). Family burden related to mental and physical disorders in the world: Results from the WHO World Mental Health (WMH) surveys. *Revista Brasileira de Psiquiatria*, *35*(2), 115–125.

Victor, J. L. (2015). Young people housing in Hong Kong: Why failure to launch? *Proceedings of the Korean Housing Association Conference*, 305–309.

Victora, C. G., Adair, L., Fall, C., Hallal, P. C., Martorell, R., Richter, L., . . . & Maternal and Child Undernutrition Study Group. (2008). Maternal and child undernutrition: consequences for adult health and human capital. *The Lancet*, *371*(9609), 340–357.

Vieno, A., Nation, M., Pastore, M., & Santinello, M. (2009). *Developmental Psychology*, *45*(6), 1509–1519.

Vikraman, S., Fryar, C. D., & Ogden, C. L. (2015). Caloric intake from fast food among children and adolescents in the United States, 2011-2012. *NCHS Data Brief*, 213. Hyattsville, MD: National Center for Health Statistics.

Viner, R. M., & Cole, T. J. (2005). Television viewing in early childhood predicts adult body mass index. *Journal of Pediatrics, 147*, 429–435

Vinkhuyzen, A. A., Pedersen, N. L., Yang, J., Lee, S. H., Magnusson, P. K., Iacono, W. G., . . . & Payton, A. (2012). Common SNPs explain some of the variation in the personality dimensions of neuroticism and extraversion. *Translational Psychiatry, 2*(4), e102.

Virtala, P., Huotilainen, M., Partanen, E., Fellman, V., & Tervaniemi, M. (2013). Newborn infants' auditory system is sensitive to Western music chord categories. *Frontiers in Psychology, 4*.

Vita, A. J., Terry, R. B., Hubert, H. B., & Fries, J. F. (1998). Aging, health risk, and cumulative disability. *New England Journal of Medicine, 338*, 1035–1041.

Viteri, O. A., Soto, E. E., Bahado-Singh, R. O., Christensen, C. W., Chauhan, S. P., & Sibai, B. M. (2015). Fetal anomalies and long-term effects associated with substance abuse in pregnancy: A literature review. *American Journal of Perinatology, 32*(05), 405–416.

Vittone, M. (2010, June 16). *Drowning doesn't look like drowning*. Retrieved from http://gcaptain.com/maritime/blog/drowning/?10981.

Vittrup, B., Snider, S., Rose, K. K., & Rippy, J. (2016). Parental perceptions of the role of media and technology in their young children's lives. *Journal of Early Childhood Research, 14*, 43–54.

Vlachou, M., Andreou, E., Botsoglou, K., & Didaskalou, E. (2011). Bully/victim problems among preschool children: A review of current research evidence. *Educational Psychology Review, 23*(3), 329.

Vlad, S. C., Miller, D. R., Kowall, N. W., & Felson, D. T. (2008). Protective effects of NSAIDs on the development of Alzheimer disease. *Neurology, 70*, 1672–1677.

Vliegen, N., Casalin, S., & Luyten, P. (2014). The course of postpartum depression: A review of longitudinal studies. *Harvard Review of Psychiatry, 22*, 1–22.

Voegtline, K. M., Costigan, K. A., Pater, H. A., & DiPietro, J. A. (2013). Near-term fetal response to maternal spoken voice. *Infant Behavior and Development, 36*(4), 526–533.

Volgsten, H., Jansson, C., Svanberg, A. S., Darj, E., & Stavreus-Evers, A. (2018). Longitudinal study of emotional experiences, grief and depressive symptoms in women and men after miscarriage. *Midwifery, 64*, 23–28.

Volkom, M. V. (2006). Sibling relationships in middle and older adulthood: A review of the literature. *Marriage & Family Review, 40*(2–3), 151–170

Volkow, N. D., Baler, R. D., Compton, W. M., & Weiss, S. R. (2014). Adverse health effects of marijuana use. *New England Journal of Medicine, 370*(23), 2219–2227.

von Gontard, A., Heron, J., & Joinson, C. (2011). Family history of nocturnal enuresis and urinary incontinence: Results from a large epidemiological study. *The Journal of Urology, 185*(6), 2303–2307.

Von Gontard, A., Schmelzer, D., Seifen, S., & Pukrop, R. (2001). Central nervous system involvement in nocturnal enuresis: Evidence of general neuromotor delay and specific brainstem dysfunction. *The Journal of Urology, 166*(6), 2448–2451.

Von Korff, L., Grotevant, H. D., & McRoy, R. G. (2006). Openness arrangements and psychological adjustment in adolescent adoptees. *Journal of Family Psychology, 20*, 531–534.

Vondra, J. I., & Barnett, D. (1999). A typical attachment in infancy and early childhood among children at developmental risk. *Monographs of the Society for Research in Child Development, 64*(3, Serial No. 258).

Voorveld, H. A. M., & van der Goot, M. (2013). Age differences in media multitasking: A diary study. *Journal of Broadcasting & Electronic Media, 57*, 392–408.

Voss, M. W., Prakash, R. S., Erickson, K. I., Basak, C., Chaddock, L., Kim, J. S., . . . & Wójcicki, T. R. (2010). Plasticity of brain networks in a randomized intervention trial of exercise training in older adults. *Frontiers in Aging Neuroscience, 2*.

Voss, W., Jungmann, T., Wachtendorf, M., & Neubauer, A. P. (2012). Long-term cognitive outcomes of extremely low-birth-weight infants: The influence of the maternal educational background. *Acta Paediatrica, 101*(6), 569–573.

Votruba-Drzal, E., Li-Grining, C. R., & Maldonado-Carreno, C. (2008). A developmental perspective on full- versus part-day kindergarten and children's academic trajectories through fifth grade. *Child Development, 79*, 957–978.

Voydanoff, P. (2004). The effects of work demands and resources on work-to-family conflict and facilitation. *Journal of Marriage and Family, 66*, 398–412.

Voyer, D., & Voyer, S. D. (2014). Gender differences in scholastic achievement: A meta-analysis. *Psychological Bulletin, 140*(4), 1174.

Vozikaki, M., Linardakis, M., Micheli, K., & Philalithis, A. (2017). Activity participation and well-being among European adults aged 65 years and older. *Social Indicators Research, 131*(2), 769–795.

Vrijenhoek, T., Buizer-Voskamp, J. E., van der Stelt, I., Strengman, E., Sabatti, C., van Kessel, A. G., . . . Veltman, J. A. (2008). Recurrent CNVs disrupt three candidate genes in schizophrenia patients. *American Journal of Human Genetics, 83*, 504–510.

Vrugt, A., & Oort, F. J. (2008). Metacognition, achievement goals, study strategies and academic achievement: Pathways to achievement. *Metacognition and Learning, 3*(2), 123–146.

Vukasović, T., & Bratko, D. (2015). Heritability of personality: A meta-analysis of behavior genetic studies. *Psychological Bulletin, 141*(4), 769.

Vulpe, A., & Dafinoiu, I. (2012). Positive emotions, coping strategies and ego-resiliency: A mediation model. *Procedia-Social and Behavioral Sciences, 33*, 308–312.

Vuoksimaa, E., Eriksson, C. P., Pulkkinen, L., Rose, R. J., & Kaprio, J. (2010). Decreased prevalence of left-handedness among females with male co-twins: Evidence suggesting prenatal testosterone transfer in humans? *Psychoneuroendocrinology, 35*(10), 1462–1472.

Vuori, L., Christiansen, N., Clement, J., Mora, J., Wagner, M., & Herrera, M. (1979). Nutritional supplementation and the outcome of pregnancy: 2. Visual habitation at 15 days. *Journal of Clinical Nutrition, 32*, 463–469.

Vygotsky, L. S. (1962). *Thought and language*. Cambridge, MA: MIT Press. (Original work published 1934)

Wadsworth, M. E., Raviv, T., Reinhard, C., Wolff, B., Santiago, C. D., & Einhorn, L. (2008). An indirect effects model of the association between poverty and child functioning: The role of children's poverty related stress. *Journal of Loss and Trauma: International Perspectives on Stress and Coping, 13*(2–3), 156–185.

Waggoner, L. W. (2015). *With marriage on the decline and cohabitation on the rise, what about marital rights for unmarried partners?* University of Michigan Public Law Research Paper No. 477.

Waggoner, L. W. (2016). Marriage is on the decline and cohabitation is on the rise: At what point, if ever, should unmarried partners acquire marital rights? *Family Law Quarterly, 50*(2), 215.

Wagle, K. C., Carrejo, M. H., & Tan, R. S. (2012). The implications of increasing age on erectile dysfunction. *American Journal of Men's Health, 6*(4), 273–279.

Wagner, J., Lüdtke, O., & Robitzsch, A. (2019). Does personality become more stable with age? Disentangling state and trait effects for the Big Five across the life span using local structural equation modeling. *Journal of Personality and Social Psychology, 11*(4), 666–680.

Wahrendorf, M., & Siegrist, J. (2010). Are changes in productive activities of older people associated with changes in their well-being? Results of a longitudinal European study. *European Journal of Ageing, 7*(2), 59–68.

Wahrendorf, M., Blane, D., Matthews, K., & Siegrist, J. (2016). Linking quality of work in midlife to volunteering during retirement: A European study. *Journal of Population Ageing, 9*(1–2), 113–130.

Wainright, J. L., & Patterson, C. J. (2006). Delinquency, victimization, and substance use among adolescents with female same-sex parents. *Journal of Family Psychology, 20*(3), 526.

Wainright, J. L., Russell, S. T., & Patterson, C. J. (2004). Psychosocial adjustment, school outcomes, and romantic relationships of adolescents with same-sex parents. *Child Development, 75*, 1886–1898.

Waite, L. J., & Joyner, K. (2000). Emotional and physical satisfaction with sex in married, cohabiting, and dating sexual unions: Do men and women differ? In E. O. Laumann & R. T. Michael (Eds.), *Sex, love, and health in America: Private choices and public policies* (pp. 239–269). Chicago: University of Chicago Press.

Waite, L. J., Luo, Y., & Lewin, A. C. (2009). Marital happiness and marital stability: Consequences for psychological well-being. *Social Science Research, 38*(1), 201–212.

Wald, N. J. (2004). Folic acid and the prevention of neural-tube defects. *New England Journal of Medicine, 350*, 101–103.

Waldfogel, J., Craigie, T. A., & Brooks-Gunn, J. (2010). Fragile families and child wellbeing. *The Future of children/Center for the Future of Children, the David and Lucile Packard Foundation, 20*(2), 87.

Waldman, I. D. (1996). Aggressive boys' hostile perceptual and response biases: The role of attention and impulsivity. *Child Development, 67*, 1015–1033.

Walk, R. D., & Gibson, E. J. (1961). A comparative and analytical study of visual depth perception. *Psychology Monographs, 75*(15).

Walker, A. J., Allen, K. R., & Connidis, I. A. (2005). Theorizing and studying sibling ties in adulthood. *Sourcebook of Family Theory and Research*, 167–190.

Walker, C. M., Walker, L. B., & Ganea, P. A. (2013). The role of symbol-based experience in early learning and transfer from pictures: Evidence from Tanzania. *Developmental Psychology, 49*(7), 1315.

Walker, L. (1995). Sexism in Kohlberg's moral psychology? In W. M. Kurtines & J. L. Gewirtz (Eds.), *Moral development: An introduction* (pp. 83–107). Boston: Allyn & Bacon.

Walker, R. E., Keane, C. R., & Burke, J. G. (2010). Disparities and access to healthy food in the United States: A review of food deserts literature. *Health & Place, 16*, 876–884.

Walker, W. R., Skowronski, J. J., & Thompson, C. P. (2003). Life is pleasant—And memory helps to keep it that way! *Review of General Psychology, 7*, 203–210.

Wallace, J. M., Bachman, J. G., O'Malley, P. M., Johnson, L. D., Schulenberg, J. E., & Cooper, S. M. (2005). Tobacco, alcohol and illicit drug use: Racial and ethnic differences among U.S. high school seniors 1976-2000. *Public Health Reports, 117*, S67–S75.

Walle, J. V., Rittig, S., Bauer, S., Eggert, P., Marschall-Kehrel, D., & Tekgul, S. (2012). Practical consensus guidelines for the management of enuresis. *European Journal of Pediatrics, 171*(6), 971–983.

Wallentin, M. (2009). Putative sex differences in verbal abilities and language cortex: A critical review. *Brain and Language, 108*(3), 175–183.

Waller, M. W., Hallfors, D. D., Halpern, C. T., Iritani, B., Ford, C. A., & Guo, G. (2006). Gender differences in associations between depressive symptoms and patterns of substance use and risky sexual behavior among a nationally representative sample of U.S. adolescents. *Archives of Women's Mental Health, 9*, 139–150.

Waller, N. G., Kojetin, B. A., Bouchard, T. J., Jr., Lykken, D. T., & Tellegen, A. (1990). Genetic and environmental influences on religious interests, attitudes, and values: A study of twins reared apart and together. *Psychological Science, 1*(2), 138–142.

Wallis, C. (2011). Performing gender: A content analysis of gender display in music videos. *Sex Roles, 64*(3–4), 160–172.

Wallis, C.J.D., Lo, K., Lee, Y., Krakowsky, Y., Garbens, A., Satkunasivam, R., Herschorn, S., Kodama, R.T., Cheung, P., Narod, S.A., & Nam, R.K. (2016). Survival and cardiovascular events in men treated with testosterone replacement therapy: An intention-to-treat observational cohort study. *The Lancet Diabetes & Endocrinology, 4*, 498–506.

Walsh, T., McClellan, J. M., McCarthy, S. E., Addington, A. M., Pierce, S. B., Cooper, G. M., ... Sebat, J. (2008). Rare structural variants disrupt multiple genes in neurodevelopmental pathways in schizophrenia. *Science, 320*, 539–543.

Wang, D. D., Leung, C. W., Li, Y., Ding, E. L., Chiuve, S. E., Hu, F. B., & Willett, W. C. (2014). Trends in dietary quality among adults in the United States, 1999 through 2010. *JAMA Internal Medicine, 174*(10), 1587–1595.

Wang, D., & MacMillan, T. (2013). The benefits of gardening for older adults: A systematic review of the literature. *Activities, Adaptation & Aging, 37*(2), 153–181.

Wang, J., Tan, L., Wang, H. F., Tan, C. C., Meng, X. F., Wang, C., ... & Yu, J. T. (2015). Anti-inflammatory drugs and risk of Alzheimer's disease: An updated systematic review and meta-analysis. *Journal of Alzheimer's Disease, 44*(2), 385–396.

Wang, L., Wang, X., Wang, W., Chen, C., Ronnennberg, A. G., Guang, W., ... Xu, X. (2004). Stress and dysmenorrhea: A population-based prospective study. *Occupational and Environmental Medicine, 61*, 1021–1026.

Wang, M. (2007). Profiling retirees in the retirement transition and adjustment process: Examining the longitudinal change patterns of retirees' psychological well-being. *Journal of Applied Psychology, 92*(2), 455.

Wang, M., & Shi, J. (2014). Psychological research on retirement. *Annual Review of Psychology, 65*, 209–233.

Wang, M., Henkens, K., & van Solinge, H. (2011). Retirement adjustment: A review of theoretical and empirical advancements. *American Psychologist, 66*(3), 204.

Wang, M. T., & Degol, J. L. (2017). Gender gap in science, technology, engineering, and mathematics (STEM): Current knowledge, implications for practice, policy, and future directions. *Educational Psychology Review, 29*(1), 119–140.

Wang, M. T., Eccles, J. S., & Kenny, S. (2013). Not lack of ability but more choice: Individual and gender differences in choice of careers in science, technology, engineering, and mathematics. *Psychological Science, 24*(5), 770–775.

Wang, N., Cheng, J., Han, B., Li, Q., Chen, Y., Xia, F., ... & Lu, Y. (2017). Exposure to severe famine in the prenatal or postnatal period and the development of diabetes in adulthood: An observational study. *Diabetologia, 60*(2), 262–269.

Wang, Q. (2004). The emergence of cultural self-constructs: Autobiographical memory and self-description in European American and Chinese children. *Developmental Psychology, 40*(1), 3.

Wang, S. S., Zhang, Z., Zhu, T. B., Chu, S. F., He, W. B., & Chen, N. H. (2018). Myelin injury in the central nervous system and Alzheimer's diseases. *Brain Research Bulletin*.

Wang, W., & Parker, K. (2014). Record share of Americans have never married as values, economics and gender patterns change. *Pew Research Social and Demographic Trends*. Retrieved from www.pewsocialtrends.org/2014/09/24/record-share-of-americans-have-never-married/.

Wang, Y. (2002). Is obesity associated with early sexual maturation? A comparison of the association in American boys versus girls. *Pediatrics-English Edition, 110*(5), 903–910.

Wang, Y., Liu, G., Canfield, M. A., Mai, C. T., Gilboa, S. M., Meyer, R. E., ... & Kirby, R. S. (2015). Racial/ethnic differences in survival of United States children with birth defects: A population-based study. *The Journal of Pediatrics, 166*(4), 819–826.

Wang, Y., Wu, Y., Wilson, R. F., Bleich, S., Cheskin, L., Weston, C., ... & Segal, J. (2013). *Childhood obesity prevention programs: Comparative effectiveness review and meta-analysis* [Internet report]. Rockville, MD: Agency for Healthcare Research and Quality.

Wardle, J., Carnell, S., Haworth, C. M., & Plomin, R. (2008). Evidence for a strong genetic influence on childhood adiposity despite the force of the obesogenic environment. *The American Journal of Clinical Nutrition, 87*(2), 398–404.

Ware, J. J., & Munafò, M. R. (2015). Genetics of smoking behaviour. In *The Neurobiology and Genetics of Nicotine and Tobacco* (pp. 19–36). New York: Springer International Publishing.

Warneken, F., & Tomasello, M. (2006). Altruistic helping in human infants and young chimpanzees. *Science, 311*, 1301–1303.

Warneken, F., & Tomasello, M. (2009). The roots of human altruism. *British Journal of Psychology, 100*(3), 455–471.

Warren, J. A., & Johnson, P. J. (1995). The impact of workplace support on work-family role strain. *Family Relations, 44*, 163–169.

Warren, J. R., & Lee, J. C. (2003). The impact of adolescent employment on high school dropout: Differences by individual and labor-market characteristics. *Social Science Research, 32*(1), 98–128.

Warshak, R. A. (2014). Social science and parenting plans for young children: A consensus report. *Psychology, Public Policy, and Law, 20*(1), 46.

Wartella, E., Richert, R. A., & Robb, M. B. (2010). Babies, television and videos: How did we get here? *Developmental Review, 30*, 116–127.

Wasik, B. H., Ramey, C. T., Bryant, D. M., & Sparling, J. J. (1990). A longitudinal study of two early intervention strategies: Project CARE. *Child Development, 61*, 1682–1696.

Wass, S., Porayska-Pomsta, K., & Johnson, M. (2011). Training attentional control in infancy. *Current Biology.* doi:10.1016/j.cub.2011.08.00.

Wasserman, D. (2006). *Depression: The facts*. Oxford, UK: Oxford University Press.

Watamura, S. E., Donzella, B., Alwin, J., & Gunnar, M. R. (2003). Morning-to-afternoon increases in cortisol concentrations for infants and toddlers at child care: Age differences and behavioral correlates. *Child Development, 74*, 1006–1020.

Waters, E., & Deane, K. E. (1985). Defining and assessing individual differences in attachment relationships: Q-methodology and the organization of behavior in infancy and early childhood. *Monographs of the Society for Research in Child Development, 50*, 41–65.

Watson, J. B., & Rayner, R. (1920). Conditioned emotional reactions. *Journal of Experimental Psychology, 3*, 1–14.

Watson, K., Handal, B., Maher, M., & McGinty, E. (2013). Globalising the class size debate: Myths and realities. *Journal of International and Comparative Education (JICE)*, 72–85.

Watson, N. F., Martin, J. L., Wise, M. S., Carden, K. A., Kirsch, D. B., Kristo, D. A., . . . & Rowley, J. A. (2017). Delaying middle school and high school start times promotes student health and performance: An American Academy of Sleep Medicine position statement. *Journal of Clinical Sleep Medicine, 13*(4), 623–625.

Waugh, W. E., & Brownell, C. A. (2015). Development of body-part vocabulary in toddlers in relation to self-understanding. *Early Child Development and Care, 185*(7), 1166–1179.

Waxman, S., Fu, X., Arunachalam, S., Leddon, E., Geraghty, K., & Song, H. J. (2013). Are nouns learned before verbs? Infants provide insight into a long-standing debate. *Child Development Perspectives, 7*(3), 155–159.

Wayne, J., Musisca, N., & Fleeson, W. (2004). Considering the role of personality in the work-family experience: Relationships of the big five to work–family conflict and facilitation. *Journal of Vocational Behavior, 64*(1), 108–130.

Weaver, J. M., & Schofield, T. J. (2015). Mediation and moderation of divorce effects on children's behavior problems. *Journal of Family Psychology, 29*(1), 39.

Weber, A., Fernald, A., & Diop, Y. (2017). When cultural norms discourage talking to babies: Effectiveness of a parenting program in rural Senegal. *Child Development*. doi:10.1111/cdev.12882.

Weber, J. (2010). Assessing the "tone at the top": The moral reasoning of CEOs in the automobile industry. *Journal of Business Ethics, 92*(2), 167–182.

Weber, S., Jud, A., & Landolt, M. A. (2016). Quality of life in maltreated children and adult survivors of child maltreatment: A systematic review. *Quality of Life Research, 25*(2), 237–255.

Webster, A. L., Yan, M. S. C., & Marsden, P. A. (2013). Epigenetics and cardiovascular disease. *Canadian Journal of Cardiology, 29*(1), 46–57.

Weeden, K. A., Cha, Y., & Bucca, M. (2016). Long Work Hours, Part-Time Work, and Trends in the Gender Gap in Pay, the Motherhood Wage Penalty, and the Fatherhood Wage Premium. *Russell Sage Foundation.*

Wegienka, G., Johnson, C. C., Havstad, S., Ownby, D. R., Nicholas, C., & Zoratti, E. M. (2011). Lifetime dog and cat exposure and dog- and cat-specific sensitization at age 18 years. *Clinical & Experimental Allergy, 41*(7), 979–986.

Weinberg, M. K., Tronick, E. Z., Cohn, J. F., & Olson, K. L. (1999). Gender differences in emotional expressivity and self-regulation during early infancy. *Developmental Psychology, 35*(1), 175.

Weinmayr, G., Forastiere, F., Büchele, G., Jaensch, A., Strachan, D. P., Nagel, G., & ISAAC Phase Two Study Group. (2014). Overweight/obesity and respiratory and allergic disease in children: International study of asthma and allergies in childhood (ISAAC) phase two. *PloS One, 9*(12), e113996.

Weinraub, M. (1978). The effects of height on infants' social responses to unfamiliar persons. *Child Development, 49*(3), 598–603.

Weinstein, A. R., Sesso, H. D., Lee, I. M., Cook, N. R., Manson, J. E., Buring, J. E., & Gaziano, J. M. (2004). Relationship of physical activity vs body mass index with type 2 diabetes in women. *Journal of the American Medical Association, 292*, 1188–1194.

Weinstock, H., Berman, S., & Cates, W., Jr. (2004). Sexually transmitted diseases among American youth: Incidence and prevalence estimates, 2000. *Perspectives on Sexual and Reproductive Health, 36*(1), 6–10.

Weisberg, D. S., Sobel, D. M., Goodstein, J., & Bloom, P. (2013). Young children are reality-prone when thinking about stories. *Journal of Cognition and Culture, 13*(3–4), 383–407.

Weisgram, E. S., Fulcher, M., & Dinella, L. M. (2014). Pink gives girls permission: Exploring the roles of explicit gender labels and gender-typed colors on preschool children's toy preferences. *Journal of Applied Developmental Psychology, 35*(5), 401–409.

Weisleder, A., & Fernald, A. (2013). Talking to children matters: Early language experience strengthens processing and builds vocabulary. *Psychological Science, 24*(11), 2143–2152.

Weisman, O., Magori-Cohen, R., Louzoun, Y., Eidelman, A. I., & Feldman, R. (2011). Sleep-wake transitions in premature neonates predict early development. *Pediatrics, 128*(4), 706–714.

Weisner, T. S. (1993). Ethnographic and ecocultural perspectives on sibling relationships. In Z. Stoneman & P. W. Berman (Eds.), *The effects of mental retardation, visibility, and illness on sibling relationships* (pp. 51–83). Baltimore, MD: Brooks.

Weiss, A., Bates, T. C., & Luciano, M. (2008). Happiness is a personal(ity) thing. The genetics of personality and well-being in a representative sample. *Psychological Science, 19*, 205–210.

Weiss, A., King, J. E., Inoue-Murayama, M., Matsuzawa, T., & Oswald, A. J. (2012). Evidence for a midlife crisis in great apes consistent with the U-shape in human well-being. *Proceedings of the National Academy of Sciences, 109*(49), 19949–19952.

Weiss, B., Amler, S., & Amler, R. W. (2004). Pesticides. *Pediatrics, 113*, 1030–1036.

Weiss, B., Dodge, K. A., Bates, J. E., & Pettit, G. S. (1992). Some consequences of early harsh discipline: Child aggression and a maladaptive social information processing style. *Child Development, 63*, 1321–1335.

Weiss, R. B., Baker, T. B., Cannon, D. S., vonNeiderhausern, A., Dunn, D. M., Matsunami, N., . . . Leppert, M. F. (2008). A candidate gene approach identifies the CHRNA5-A3 B4 region as a risk factor for age dependent nicotine addiction. *Public Library of Science, 4*(7), e1000125.

Weisz, J. R., McCarty, C. A., & Valeri, S. M. (2006). Effects of psychotherapy for depression in children and adolescents: A meta-analysis. *Psychological Bulletin, 132*, 132–149.

Weisz, J. R., Weiss, B., Han, S. S., Granger, D. A., & Morton, T. (1995). Effects of psychotherapy with children and adolescents revisited: A meta-analysis of treatment outcome studies. *Psychological Bulletin, 117*(3), 450–468.

Welch-Ross, M. K., & Schmidt, C. R. (1996). Gender-schema development and children's story memory: Evidence for a developmental model. *Child Development, 67*, 820–835.

Wellman, H. M. (2014). *Making minds: How theory of mind develops.* Oxford: Oxford University Press.

Wellman, H. M., Lopez-Duran, S., LaBounty, J., & Hamilton, B. (2008). Infant attention to intentional action predicts preschool theory of mind. *Developmental Psychology, 44*, 618–623.

Welsh, J. A., Nix, R. L., Blair, C., Bierman, K. L., & Nelson, K. E. (2010). The development of cognitive skills and gains in academic school readiness for children from low-income families. *Journal of Educational Psychology, 102*(1), 43.

Welt, C. K. (2008). Primary ovarian insufficiency: A more accurate term for premature ovarian failure. *Clinical Endocrinology, 68*(4), 499–509.

Wen, X., Wen, S. W., Fleming, N., Demissie, K., Rhoads, G. G., & Walker, M. (2007). Teenage pregnancy and adverse birth outcomes: A large population based retrospective cohort study. *International Journal of Epidemiology, 36*(2), 368–373.

Wendelken, C., Baym, C. L., Gazzaley, A., & Bunge, S. A. (2011). Neural indices of improved attentional modulation over middle childhood. *Developmental Cognitive Neuroscience, 1*(2), 175–186.

Wentzel, K. R. (2002). Are effective teachers like good parents? Teaching styles and student adjustment in early adolescence. *Child Development, 73*, 287–301.

Wentzel, K. R., & Muenks, K. (2016). Peer influence on students' motivation, academic achievement, and social behavior. *Handbook of social influences in school contexts: Social-emotional, motivation, and cognitive outcomes* (pp. 13–30). New York: Routledge.

Werker, J. F., Yeung, H. H., & Yoshida, K. A. (2012). How do infants become experts at native-speech perception? *Current Directions in Psychological Science, 21*(4), 221–226.

Werner, E. E. (1993). Risk and resilience in individuals with learning disabilities: Lessons learned from the Kauai longitudinal study. *Learning Disabilities Research and Practice, 8*, 28–34.

Westby, E. L., & Dawson, V. L. (1995). Creativity: Asset or burden in the classroom? *Creativity Research Journal, 8*(1), 1–10.

Westen, D. (1998). The scientific legacy of Sigmund Freud: Toward a psychodynamically informed psychological science. *Psychological Bulletin, 124*, 333–371.

Westerhof, G. J., & Bohlmeijer, E. T. (2014). Celebrating fifty years of research and applications in reminiscence and life review: State of the art and new directions. *Journal of Aging studies, 29*, 107–114.

Westling, E., Andrews, J. A., Hampson, S. E., & Peterson, M. (2008). Pubertal timing and substance use: The effects of gender, parental monitoring and deviant peers. *Journal of Adolescent Health, 42*(6), 555–563.

Weststrate, N. M., & Glück, J. (2017). Hard-earned wisdom: Exploratory processing of difficult life experience is positively associated with wisdom. *Developmental Psychology, 53*(4), 800.

Wethington, E. (2000). Expecting stress: Americans and the "midlife crisis." *Motivation and Emotion, 24*(2), 85–103.

Whalley, L. J., & Deary, I. J. (2001). Longitudinal cohort study of childhood IQ and survival up to age 76. *British Medical Journal, 322*, 819.

Whalley, L. J., Starr, J. M., Athawes, R., Hunter, D., Pattie, A., & Deary, I. J. (2000). Childhood mental ability and dementia. *Neurology, 55*, 1455–1459.

Wheaton, A. G., Jones, S. E., Cooper, A. C., & Croft, J. B. (2018). Short sleep duration among middle school and high school students—United States, 2015. *Morbidity and Mortality Weekly Report, 67*(3), 85.

Whisman, M. A., & Uebelacker, L. A. (2009). Prospective associations between marital discord and depressive symptoms in middle-aged and older adults. *Psychology and Aging, 24*(1), 184.

Whisman, M. A., Robustelli, B. L., & Labrecque, L. T. (2018). Specificity of the association between marital discord and longitudinal changes in symptoms of depression and generalized anxiety disorder in The Irish Longitudinal Study on Ageing. *Family Process, 57*(3), 649–661.

Whitbourne, S. K. (1987). Personality development in adulthood and old age: Relationships among identity style, health, and well-being. In K. W. Schaie (Ed.), *Annual review of gerontology and geriatrics* (pp. 189–216). New York: Springer.

Whitbourne, S. K. (1996). *The aging individual: Physical and psychological perspectives.* New York: Springer.

Whitbourne, S. K. (2001). The physical aging process in midlife: Interactions with psychological and sociocultural factors. In M. E. Lachman (Ed.), *Handbook of midlife development* (pp. 109–155). New York: Wiley.

Whitbourne, S. K., Sneed, J. R., & Sayer, S. (2009). Psychosocial development from college through midlife: A 34-year sequential study. *Developmental Psychology, 45*(5), 1328–1340.

White, A. (2001). *Alcohol and adolescent brain development.* Retrieved from www.duke.edu/~amwhite/alc_adik_pf.html.

White, B. L. (1971, October). *Fundamental early environmental influences on the development of competence.* Paper presented at the third Western Symposium on Learning: Cognitive Learning, Western Washington State College, Bellingham, WA.

White, B. L., Castle, P., & Held, R. (1964). Observations on the development of visually-directed reaching. *Child Development, 35*(2).

White, B. L., Kaban, B., & Attanucci, J. (1979). *The origins of human competence.* Lexington, MA: Heath.

White, H. R., McMorris, B. J., Catalano, R. F., Fleming, C. B., Haggerty, K .P., & Abbott, R. D. (2006). Increases in alcohol and marijuana use during the transition out of high school into emerging adulthood: The effects of leaving home, going to college, and high school protective factors. *Journal of Studies on Alcohol, 67*(6), 810–822.

White, L., & Edwards, J. N. (1990). Emptying the nest and parental well-being: An analysis of national panel data. *American Sociological Review*, 235–242.

White, L. K., Degnan, K. A., Henderson, H. A., Pérez-Edgar, K., Walker, O. L., Shechner, T., . . . & Fox, N. A. (2017). Developmental relations among behavioral inhibition, anxiety, and attention biases to threat and positive information. *Child Development, 88*(1), 141–155.

Whitebread, D., Basilio, M., Kuvalja, M., & Verma, M. (2012) *The importance of play: A report on the value of children's play with a series of policy recommendations* [written for Toy Industries of Europe]. Retrieved from www.importanceofplay.eu/IMG/pdf/dr_david_whitebread_the_importance_of_play.pdf.

Whitebread, D., Coltman, P., Pasternak, D. P., Sangster, C., Grau, V., Bingham, S., . . . & Demetriou, D. (2009). The development of two observational tools for assessing metacognition and self-regulated learning in young children. *Metacognition and Learning, 4*(1), 63–85.

Whitehurst, G. J., & Lonigan, C. J. (1998). Child development and emergent literacy. *Child Development, 69*, 848–872.

Whitehurst, G. J., & Lonigan, C. J. (2001). Emergent literacy: Development from prereaders to readers. In S. B. Neuman & D. K. Dickinson (Eds.), *Handbook of early literacy research* (pp. 11–29). New York: Guilford Press.

Whitmer, R. A., Quesenberry, C. P., Zhou, J., & Yaffe, K. (2011). Timing of hormone therapy and dementia: The critical window theory revisited. *Annals of Neurology, 69*(1), 163–169.

Whitty, M. T. (2003). Pushing the wrong buttons: Men's and women's attitudes toward online and offline infidelity. *CyberPsychology & Behavior, 6*(6), 569–579.

Whyatt, R. M., Rauh, V., Barr, D. B., Camann, D. E., Andrews, H. F., Garfinkel, R., . . . Perera, F. P. (2004). Prenatal insecticide exposures and birth weight and length among an urban minority cohort. *Environmental Health Perspectives, 112*(110), 1125–1132.

Whyte, J. C., & Bull, R. (2008). Number games, magnitude representation, and basic number skills in preschoolers. *Developmental Psychology, 44*(2), 588.

Wichstrøm, L., & von Soest, T. (2016). Reciprocal relations between body satisfaction and self-esteem: A large 13-year prospective study of adolescents. *Journal of Adolescence, 47*, 16–27.

Widen, S. C., & Russell, J. A. (2008). Children acquire emotion categories gradually. *Cognitive Development, 23*(2), 291–312.

Widom, C. S. (2017). Long-term impact of childhood abuse and neglect on crime and violence. *Clinical Psychology: Science and Practice, 24*(2), 186–202.

Wight, R. G., LeBlanc, A. J., & Lee Badgett, M. V. (2013). Same-sex legal marriage and psychological well-being: Findings from the California Health Interview Survey. *American Journal of Public Health, 103*(2), 339–346.

Wijngaards-de Meij, L., Stroebe, M., Schut, H., Stroebe, W., van den Bout, J., van der Heijden, P., & Dijkstra, I. (2005). Couples at risk following the death of their child: Predictors of grief versus depression. *Journal of Consulting and Clinical Psychology, 73*, 617–623.

Wilcox, W. B., & Nock, S. L. (2006). What's love got to do with it? Equality, equity, commitment and women's marital quality. *Social Forces, 84*, 1321–1345.

Wilder, S. (2014). Effects of parental involvement on academic achievement: A meta-synthesis. *Educational Review, 66*(3), 377–397.

Wildsmith, E., Schelar, E., Peterson, K., & Manlove, J. (2010). *Sexually transmitted diseases among young adults: Prevalence, perceived risk and risk-taking behaviors* (2010-21). Retrieved from http://www.childtrends.org/Files/Child_Trends-2010_05_01_RB_STD.pdf.

Willcox, B. J., Donlon, T. A., He, Q., Chen, R., Grove, J. S., Yano, K., . . . Curb, J. D. (2008). FOXO3A genotype is strongly associated with human longevity. *Proceedings of the National Academy of Sciences of the United States of America, 105*(37), 13987–13992.

Williams, D. R., Priest, N., & Anderson, N. B. (2016). Understanding associations among race, socioeconomic status, and health: Patterns and prospects. *Health Psychology, 35*(4), 407.

Williams, E. P., Mesidor, M., Winters, K., Dubbert, P. M., & Wyatt, S. B. (2015). Overweight and obesity: Prevalence, consequences, and causes of a growing public health problem. *Current Obesity Reports, 4*(3), 363–370.

Williams, J., Mai, C. T., Mulinare, J., Isenburg, J., Flood, T. J., Ethen, M., . . . & Kirby, R. S. (2015). Updated estimates of neural tube defects prevented by mandatory folic acid fortification-United States, 1995–2011. *Morbidity and Mortality Weekly Report, 64*(1), 1–5.

Williams, J., Wake, M., Hesketh, K., Maher, E., & Waters, E. (2005). Health-related quality of life of overweight and obese children. *Journal of the American Medical Association, 293*, 70–76.

Williams, K. (2004). The transition to widowhood and the social regulation of health: Consequences for health and health risk behavior. *Journal of Gerontology: Social Sciences, 59B*, S343–S349.

Williams, K., & Dunne-Bryant, A. (2006). Divorce and adult psychological well-being: Clarifying the role of gender and child age. *Journal of Marriage and Family, 68*, 1178–1196.

Williams, L. R., & Steinberg, L. (2011). Reciprocal relations between parenting and adjustment in a sample of juvenile offenders. *Child Development, 82*(2), 633–645.

Willingham, D. T. (2004). Reframing the mind. *Education Next, 4*, 19–24.

Willis, S. L., & Schaie, K. W. (1999). Intellectual functioning in midlife. In S. L. Willis & J. D. Reid (Eds.), *Life in the middle: Psychological and social development in middle age* (pp. 233–247). San Diego: Academic Press.

Willis, S. L., & Schaie, K. W. (2005). Cognitive trajectories in midlife and cognitive functioning in old age. In S. L. Willis & M. Martin (Eds.), *Middle adulthood: A lifespan perspective* (pp. 243–276). Thousand Oaks, CA: Sage.

Willis, S. L., & Schaie, K. W. (2006). Cognitive functioning in the baby boomers: Longitudinal and cohort effects. In S. K. Whitbourne & S. L. Willis (Eds.), *The baby boomers grow up: Contemporary perspectives on midlife* (pp. 205–234). Mahwah, NJ: Erlbaum.

Willis, S. L., Martin, M., & Röcke, C. (2010). Longitudinal perspectives on midlife development: Stability and change. *European Journal of Ageing, 7*(3), 131–134.

Willoughby, B. J., & Belt, D. (2016). Marital orientation and relationship well-being among cohabiting couples. *Journal of Family Psychology, 30*(2), 181.

Willoughby, B. J., Farero, A. M., & Busby, D. M. (2014). Exploring the effects of sexual desire discrepancy among married couples. *Archives of Sexual Behavior, 43*(3), 551–562.

Willoughby, B. J., Hall, S. S., & Goff, S. (2015). Marriage matters but how much? Marital centrality among young adults. *The Journal of Psychology, 149*(8), 796–817.

Willson, A. E., Shuey, K. M., & Elder, G. H. (2003). Ambivalence in the relationship of adult children to aging parents and in-laws. *Journal of Marriage and Family, 65*, 1055–1072.

Willyard, C. (2014). Heritability: The family roots of obesity. *Nature, 508*(7496), S58–S60.

Wilmoth, J., & Koso, G. (2002). Does marital history count? Marital status and wealth outcomes among preretirement adults. *Journal of Marriage and Family, 64*, 254–268.

Wilmoth, J. R. (2000). Demography of longevity: Past, present, and future trends. *Experimental Gerontology, 35*, 1111–1129.

Wilson, B. J. (2008). Media and children's aggression, fear, and altruism. *Future of Children, 18*, 87–118.

Wilson, D. R. (2010). Health consequences of childhood sexual abuse. *Perspectives in Psychiatric Care, 46*(1), 56–64.

Wilson, G. T., Grilo, C. M., & Vitousek, K. M. (2007). Psychological treatment of eating disorders. *American Psychologist, 62*, 199–216.

Wilson, M. G., Ellison, G. M., & Cable, N. T. (2016). Basic science behind the cardiovascular benefits of exercise. *British Journal of Sports Medicine, 50*(2), 93-99.

Wilson, R. S., & Bennett, D. A. (2003). Cognitive activity and risk of Alzheimer's disease. *Current Directions in Psychological Science, 12*, 87–91.

Wilson, R. S., Scherr, P. A., Schneider, J. A., Tang, Y., & Bennett, D. A. (2007). Relation of cognitive ability to risk of developing Alzheimer disease. *Neurology, 69*, 1911–1920.

Windle, M., Spear, L. P., Fuligni, A. J., Angold, A., Brown, J. D., Pine, D., . . . & Dahl, R. E. (2008). Transitions into underage and problem drinking: developmental processes and mechanisms between 10 and 15 years of age. *Pediatrics, 121*(Supplement 4), S273–S289.

Windsor, T. D., Gerstorf, D., & Luszcz, M. A. (2015). Social resource correlates of levels and time-to-death-related changes in late-life affect. *Psychology and Aging, 30*(1), 136.

Wingfield, A., & Stine, E. A. L. (1989). Modeling memory processes: Research and theory on memory and aging. In G. C. Gilmore, P. J. Whitehouse, & M. L. Wykle (Eds.), *Memory, aging, and dementia: Theory, assessment, and treatment* (pp. 4–40). New York: Springer.

Wink, P., & Staudinger, U. M. (2016). Wisdom and psychosocial functioning in later life. *Journal of Personality, 84*(3), 306–318.

Winner, E. (1997). Exceptionally high intelligence and schooling. *American Psychologist, 52*(10), 1070–1081.

Winner, E. (2000). The origins and ends of giftedness. *American Psychologist, 55*, 159–169.

Wisdom, N. M., Mignogna, J., & Collins, R. L. (2012). Variability in Wechsler Adult Intelligence Scale-IV subtest performance across age. *Archives of Clinical Neuropsychology, 27*(4), 389–397.

Wittenborn, J. S., & Rein, D. B. (2014). The future of vision: Forecasting the prevalence and cost of vision problems. *Prevent Blindness*. Retrieved from http://forecasting.preventblindness.org.

Wittstein, I. S., Thiemann, D. R., Lima, J. A. C., Baughman, K. L., Schulman, S. P., Gerstenblith, G., . . . Champion, H. C. (2005). Neurohumoral features of myocardial stunning due to sudden emotional stress. *New England Journal of Medicine, 352*, 539–548.

Woerlee, G. M. (2005). *Mortal minds: The biology of the near-death experience*. New York: Prometheus Books.

Wohlfahrt-Veje, C., Mouritsen, A., Hagen, C. P., Tinggaard, J., Mieritz, M. G., Boas, M., . . . & Main, K. M. (2016). Pubertal onset in boys and girls is influenced by pubertal timing of both parents. *The Journal of Clinical Endocrinology & Metabolism, 101*(7), 2667–2674.

Wojcik, M., Burzynska-Pedziwiatr, I., & Wozniak, L. A. (2010). A review of natural and synthetic antioxidants important for health and longevity. *Current Medicinal Chemistry, 17*(28), 3262–3288.

Wolf, S., Magnuson, K. A., & Kimbro, R. T. (2017). Family poverty and neighborhood poverty: Links with children's school readiness before and after the Great Recession. *Children and Youth Services Review, 79*, 368–384.

Wolff, M. S., & IJzendoorn, M. H. (1997). Sensitivity and attachment: A meta-analysis on parental antecedents of infant attachment. *Child Development, 68*(4), 571–591.

Wolff, P. H. (1966). The causes, controls, and organizations of behavior in the newborn. *Psychological Issues, 5*(1, Whole No. 17), 1–105.

Wolff, P. H. (1969). The natural history of crying and other vocalizations in early infancy. In B. M. Foss (Ed.), *Determinants of infant behavior* (Vol. 4). London: Methuen.

Wolinsky, F. D., Vander Weg, M. W., Howren, M. B., Jones, M. P., & Dotson, M. M. (2015). The effect of cognitive speed of processing training on the development of additional IADL difficulties and the reduction of depressive symptoms: Results from the IHAMS randomized controlled trial. *Journal of Aging and Health, 27*(2), 334–354.

Wolraich, M. L., Wibbelsman, C. J., Brown, T. E., Evans, S. W., Gotlieb, E. M., Knight, J. R., Ross, C., . . . Wilens, T. (2005). Attention-deficit/hyperactivity disorder among adolescents: A review of the diagnosis, treatment, and clinical implications. *Pediatrics, 115*, 1734–1746.

Wong, C. A., Scavone, B. M., Peaceman, A. M., McCarthy, R. J., Sullivan, J. T., Diaz, N. T., . . . Grouper, S. (2005). The risk of cesarean delivery with neuraxial analgesia given early versus late in labor. *New England Journal of Medicine, 352*, 655–665.

Wong, C. C. Y., Caspi, A., Williams, B., Craig, I. W., Houts, R., Ambler, A., . . . & Mill, J. (2010). A longitudinal study of epigenetic variation in twins. *Epigenetics, 5*(6), 516–526.

Wong, C. C. Y., Meaburn, E. L., Ronald, A., Price, T. S., Jeffries, A. R., Schalkwyk, L. C., . . . & Mill, J. (2014). Methylomic analysis of monozygotic twins discordant for autism spectrum disorder and related behavioural traits. *Molecular Psychiatry, 19*(4), 495–503.

Wong, C. T., Wais, J., & Crawford, D. A. (2015). Prenatal exposure to common environment factors affects brain lipids and increases risk of developing autism spectrum disorders. *European Journal of Neuroscience, 42*, 2742–2760.

Wong, K. M., Mastenbroek, S., & Repping, S. (2014). Cryopreservation of human embryos and its contribution to in vitro success rates. *Fertility and Sterility, 102*, 19–26.

Wong, S. S., Zhou, B., Goebert, D., & Hishinuma, E. S. (2013). The risk of adolescent suicide across patterns of drug use: A nationally representative study of high school students in the United States from 1999 to 2009. *Social Psychiatry and Psychiatric Epidemiology, 48*(10), 1611–1620.

Wood, R. M., & Gustafson, G. E. (2001). Infant crying and adults' anticipated caregiving responses: Acoustic and contextual influences. *Child Development, 72*, 1287–1300.

Wood, W., & Eagly, A. (2002). A cross-cultural analysis of the behavior of women and men: Implications for the origins of sex differences. *Psychological Bulletin, 128*, 699–727.

Wood, W., & Eagly, A. H. (2012). Biosocial construction of sex differences and similarities in behavior. *Advances in Experimental Social Psychology, 46*(1), 55–123.

Woodruff, T. J., Axelrad, D. A., Kyle, A. D., Nweke, O., Miller, G. G., & Hurley, B. J. (2004). Trends in environmentally related childhood illnesses. *Pediatrics, 113*, 1133–1140.

Woodward, A. L., Markman, E. M., & Fitzsimmons, C. M. (1994). Rapid word learning in 13- and 18-month olds. *Development Psychology, 30*, 553–566.

Woolley, J. D. (1997). Thinking about fantasy: Are children fundamentally different thinkers and believers from adults? *Child Development, 68*(6), 991–1011.

Woolley, J. D., & Cox, V. (2007). Development of beliefs about storybook reality. *Developmental Science, 10*(5), 681–693.

World Bank. (2006). *Repositioning nutrition as central to development*. Washington, DC: Author.

World Bank. (2016). *Poverty and shared prosperity 2016: Taking on inequality*. Washington, DC: Author.

World Bank. (2018). *Poverty* [Data sheet]. Retrieved from www.worldbank.org/en/topic/poverty/overview.

World Bank. (n.d.). *Life expectancy at birth, total (years)*. Retrieved from http://data.worldbank.org/indicator/SP.DYN.LE00.IN.

World Cancer Research Fund. (2007, November). *Food, nutrition, physical activity, and the prevention of cancer: A global perspective*. London: Author.

World Health Organization & WHO Management of Substance Abuse Unit. (2014). *Global status report on alcohol and health, 2014*. Geneva, Switzerland: World Health Organization.

World Health Organization. (2011). *World health statistics 2011*. Geneva: Author.

World Health Organization. (2014). *Maternal, child and adolescent health* [Fact sheet]. Retrieved from www.who.int/maternal_child_adolescent/epidemiology/adolescence/en/.

World Health Organization. (2016). *Sexually transmitted infections (STIs)* [Fact sheet]. Retrieved from www.who.int/en/news-room/fact-sheets/detail/sexually-transmitted-infections-(stis).

World Health Organization. (2016a). *Maternal mortality*. Retrieved from www.who.int/mediacentre/factsheets/fs348/en.

World Health Organization. (2016b). *New guidelines on antenatal care for a positive pregnancy experience*. Retrieved from www.who.int/reproductivehealth/news/antenatal-care/en.

World Health Organization. (2017). *Dementia* [Fact sheet]. Retrieved from www.who.int/en/news-room/fact-sheets/detail/dementia.

World Health Organization. (2017a). *Global Health Observatory (GHO) data: Skilled attendants at birth*. Retrieved from http://www.who.int/gho/maternal_health/skilled_care/skilled_birth_attendance/en/

World Health Organization. (2017b). *Newborns: Reducing mortality* [data sheet]. Retrieved from http://www.who.int/mediacentre/factsheets/fs333/en/.

World Health Organization. (2018). *Commission on ending childhood obesity*. Retrieved from www.who.int/end-childhood-obesity/en/.

World Health Organization. (2018a). *Adolescence: Health risks and solutions* [Data sheet]. Retrieved from www.who.int/en/news-room/fact-sheets/detail/adolescents-health-risks-and-solutions.

World Health Organization. (2018a). *Maternal mortality* [Fact sheet]. Retrieved from www.who.int/news-room/fact-sheets/detail/maternal-mortality.

World Health Organization. (2018b). *Global Health Observatory (GHO) data: Under five mortality*. Retrieved from www.who.int/gho/child_health/mortality/mortality_under_five_text/en/

World Health Organization. (2018b). *Obesity and overweight* [Fact sheet]. Retrieved from www.who.int/mediacentre/factsheets/fs311/en/.

World Health Organization. (2018c). *Global nutrition report* [Report]. Retrieved from https://globalnutritionreport.org/reports/global-nutrition-report-2018/.

World Health Organization. (2018d). *What is hepatitis B?* [Fact sheet]. Retrieved from www.wpro.who.int/hepatitis/hepatitis_b/en/.

World Health Organization. (2018e). *Adolescent pregnancy* [Fact sheet]. Retrieved from www.who.int/en/news-room/fact-sheets/detail/adolescent-pregnancy.

World Health Organization. (2018f). *Obesity and overweight* [Fact sheet]. Retrieved from www.who.int/news-room/fact-sheets/detail/obesity-and-overweight.

World Health Organization. (2018h). *HIV/AIDS: Key facts* [Fact sheet]. Retrieved from www.who.int/news-room/fact-sheets/detail/hiv-aids.

World Health Organization. (2018i). *Aging and health* [Fact sheet]. Retrieved from www.who.int/en/news-room/fact-sheets/detail/ageing-and-health.

World Health Organization. (2018j). Healthy life expectancy (HALE) at birth [interactive graph]. Retrieved from www.who.int/gho/mortality_burden_disease/life_tables/hale/en/.

World Health Organization. (2018k). *Blindness and vision impairment* [Fact sheet]. Retrieved from www.who.int/en/news-room/fact-sheets/detail/blindness-and-visual-impairment.

World Health Organization. (2018l). *National suicide prevention strategies: Progress, examples, indicators* [Report]. Geneva: World Health Organization. Licence: CC BY-NC-SA 3.0 IGO. Retrieved from https://apps.who.int/iris/bitstream/handle/10665/279765/9789241515016-eng.pdf?ua=1.

World Health Organization. (2019). *Child maltreatment* [Fact sheet]. Retrieved from www.who.int/news-room/fact-sheets/detail/child-maltreatment.

World Health Organization. (2019a). *Tobacco* [Fact sheet]. Retrieved from www.who.int/news-room/fact-sheets/detail/tobacco.

World Health Organization. (2019c). *Breast cancer* [Data sheet]. Retrieved from www.who.int/cancer/prevention/diagnosis-screening/breast-cancer/en/.

World Health Organization. (2019d). *Deafness and hearing loss* [Fact sheet]. Retrieved from www.who.int/news-room/fact-sheets/detail/deafness-and-hearing-loss.

World Health Organization. (2019f). *Aging and life-course: Elder abuse* [Information sheet]. Retrieved from www.who.int/ageing/projects/elder_abuse/en/.

World Health Organization. (2019h). *Aging and Health* [Information sheet]. Retrieved from www.who.int/news-room/fact-sheets/detail/ageing-and-health.

World Health Organization (WHO). (2000, June 4). *WHO issues new healthy life expectancy rankings: Japan number one in new "healthy life" system* [Press release]. Washington, DC: Author.

World Health Organization (WHO). (2003). *The world health report—Shaping the future*. Retrieved from www.who.int/wrh/2003/chapter1en/index2.html.

World Health Organization (WHO). (2005). *WHO multi-country study on women's health and domestic violence against women: Summary report of initial results of prevalence, health outcomes and women's responses*. Geneva: Author.

World Health Organization (WHO). (2007a). *Neonatal and perinatal mortality: Country, regional and global estimates 2004*. Geneva: Author.

World Health Organization (WHO). (2007b). *World health statistics 2007*. Geneva: Author.

World Health Organization (WHO). (2008). *Preventable injuries kill 2000 children every day*. Retrieved from www.who.int/mediacentre/news/releases/2008/pr46/en/print.html.

World Health Organization (WHO). (2010). *Causes of child mortality*. Retrieved from http://www.who.int/gho/child_health/mortality/causes/en/index.html

World Health Organization (WHO). (2012). *Trends in maternal mortality: 1990–2010*. Retrieved from http://whqlibdoc.who.int/publications/2012/9789241503631_eng.pdf.

World Health Organization (WHO). (2013). *Essential nutrition actions: Improving maternal, newborn, infant and young child health and nutrition*. [Report]. Retrieved from www.who.int/nutrition/publications/infantfeeding/essential_nutrition_actions/en/.

World Health Organization (WHO). (2013). *Levels and trends in child mortality*. Retrieved from http://www.who.int/maternal_child_adolescent/documents/levels_trends_child_mortality_2013.

World Health Organization (WHO). (2016b). *World health statistics 2016: Monitoring health for the SDGs sustainable development goals*. Geneva: Author.

World Health Organization (WHO). (2018). *Levels and trends in child malnutrition: UNICEF/WHO/World Bank Group joint child malnutrition estimates: Key findings of the 2018 Edition of the Joint Child Malnutrition Estimates*.

Geneva: World Health Organization. Licence: cc BY-NC-SA 3.0 IGO.

World Health Organization (WHO). (2018c). *The AIDS epidemic continues to take a staggering toll but progress is possible* [Data tables]. Retrieved from https://data.unicef.org/topic/hivaids/global-regional-trends/.

World Health Organization (WHO). (2019e). *Ageing and life course* [Report]. Retrieved from www.who.int/ageing/healthy-ageing/en/.

World Health Organization (WHO). (2019g). *World health statistics overview 2019: Monitoring health for the SDGs sustainable development goals*. Geneva: Author. Retrieved from https://apps.who.int/iris/bitstream/handle/10665/311696/WHO-DAD-2019.1-eng.pdf?ua=1.

World Health Organization (WHO). (n.d.). *Global health observatory: Life expectancy*. Retrieved from http://www.who.int/gho/mortality_burden_disease/life_tables/ situation_trends/en/.

World Literacy Foundation (2018). [Fact sheet]. Retrieved from https://worldliteracyfoundation.org/.

Wörmann, V., Holodynski, M., Kärtner, J., & Keller, H. (2012). A cross-cultural comparison of the development of the social smile: A longitudinal study of maternal and infant imitation in 6-and 12-week-old infants. *Infant Behavior and Development, 35*(3), 335–347.

Worobey, J., & Worobey, H. S., (2014). Body-size stigmatization by preschool girls: In a doll's world, it is good to be "Barbie." *Body Image, 11*, 171–174.

Worth, K., Gibson, J., Chambers, M. S., Nassau, D., Balvinder, K., Rakhra, A. B., & Sargent, J. (2008). Exposure of U.S. adolescents to extremely violent movies. *Pediatrics, 122*(2), 306–312.

Wraw, C., Deary, I. J., Gale, C. R., & Der, G. (2015). Intelligence in youth and health at age 50. *Intelligence, 53*, 23–32.

Wright, A. A., Keating, N. L., Ayanian, J. Z., Chrischilles, E. A., Kahn, K. L., Ritchie, C. S., . . . & Landrum, M. B. (2016). Family perspectives on aggressive cancer care near the end of life. *JAMA, 315*(3), 284–292.

Wright, D. M., Rosato, M., & O'Reilly, D. (2015). Urban/rural variation in the influence of widowhood on mortality risk: A cohort study of almost 300,000 couples. *Health & Place, 34*, 67–73.

Wright, J. D., Hirsch, R., & Wang, C. (2009). One--third of adults embraced most heart healthy behaviors in 1999–2002. *NCHS Data Brief, 17*. Hyattsville, MD: National Center for Health Statistics.

Wright, M. R., & Brown, S. L. (2017). Psychological well-being among older adults: The role of partnership status. *Journal of Marriage and Family, 79*(3), 833–849.

Wright, T. E., Schuetter, R., Tellei, J., & Sauvage, L. (2015). Methamphetamines and pregnancy outcomes. *Journal of Addiction Medicine, 9*(2), 111.

Writing Group for the Women's Health Initiative Investigators. (2002). Risks and benefits of estrogen plus progestin in healthy postmenopausal women: Principal results from the Women's Health Initiative randomized controlled trial. *Journal of the American Medical Association, 288*, 321–333.

Wrosch, C., Miller, G. E., & Schulz, R. (2009). Cortisol secretion and functional disabilities in old age: Importance of using adaptive control strategies. *Psychosomatic Medicine, 71*(9), 996.

Wrzus, C., Hänel, M., Wagner, J., & Neyer, F. J. (2013). Social network changes and life events across the life span: A meta-analysis. *Psychological Bulletin, 139*(1), 53.

Wrzus, C., Wagner, J., & Neyer, F. J. (2012). The interdependence of horizontal family relationships and friendships relates to higher well-being. *Personal Relationships, 19*(3), 465–482.

Wrzus, C., Zimmermann, J., Mund, M., & Neyer, F. J. (2015). Friendships in young and middle adulthood: Normative patterns and personality differences. In M. Hojjat and A. Moyer (Eds.), *Psychology of Friendship*. New York: Oxford University Press.

Wu, C., & Leinung, M. C. (2015). The biologic basis of transgender identity: Finger length ratios in transgender individuals implicates a role for prenatal androgen activity. *Basic and Clinical Aspects of Sexual Development*, SAT-081.

Wu, T., Mendola, P., & Buck, G. M. (2002). Ethnic differences in the presence of secondary sex characteristics and menarche among U.S. girls: The Third National Health and Nutrition Survey, 1988–1994. *Pediatrics, 11*, 752–757.

Wu, Z., & Hart, R. (2002). The effects of marital and nonmarital union transition on health. *Journal of Marriage and Family, 64*, 420–432.

Wulczyn, F. (2004). Family reunification. In David and Lucile Packard Foundation, Children, families, and foster care. *Future of Children, 14*(1). Retrieved from www.futureofchildren.org.

Wynn, K. (1992). Evidence against empiricist accounts of the origins of numerical knowledge. *Mind and Language, 7*, 315–332.

Wyrobek, A. J., Eskenazi, B., Young, S., Arnheim, N., Tiemann-Boege, I., Jabs, E. W., . . . & Evenson, D. (2006). Advancing age has differential effects on DNA damage, chromatin integrity, gene mutations, and aneuploidies in sperm. *Proceedings of the National Academy of Sciences, 103*(25), 9601–9606.

Xiao, W. S., Xiao, N. G., Quinn, P. C., Anzures, G., & Lee, K. (2013). Development of face scanning for own-and other-race faces in infancy. *International Journal of Behavioral Development, 37*(2), 100–105.

Xie, X., Ding, G., Cui, C., Chen, L., Gao, Y., Zhou, Y., . . . & Tian, Y. (2013). The effects of low-level prenatal lead exposure on birth outcomes. *Environmental Pollution, 175*, 30–34.

Xu, F., Bao, X., Fu, G., Talwar, V., & Lee, K. (2010). Lying and truth-telling in children: From concept to action. *Child Development, 81*(2), 581–596.

Xu, J. (2016). Mortality among centenarians in the United States, 2000–2014. *NCHS Data Brief, 233*, 1–8. Hyattsville, MD: National Center for Health Statistics.

Xu, J. Q., Murphy, S. L., Kochanek, K. D., Bastian, B., Arias, E. (2018). Deaths: Final data for 2016. *National Vital Statistics Reports, 67*(5), 1–76. Hyattsville, MD: National Center for Health Statistics.

Xu, W., Tan, L., Wang, H. F., Tan, M. S., Tan, L., Li, J. Q., . . . & Yu, J. T. (2016). Education and risk of dementia: Dose-response meta-analysis of prospective cohort studies. *Molecular Neurobiology, 53*(5), 3113–3123.

Xu, X., Hudspeth, C. D., & Bartkowski, J. P. (2006). The role of cohabitation in remarriage. *Journal of Marriage and Family, 68*, 261–274.

Yadav, K. N., Gabler, N. B., Cooney, E., Kent, S., Kim, J., Herbst, N., . . . & Courtright, K. R. (2017). Approximately one in three U.S. adults completes any type of advance directive for end-of-life care. *Health Affairs, 36*(7), 1244–1251.

Yaffe, K. (2018). Modifiable risk factors and prevention of dementia: What is the latest evidence? *JAMA Internal Medicine, 178*(2), 281–282.

Yamaguchi, A., Kim, M. S., Oshio, A., & Akutsu, S. (2016). Relationship between bicultural identity and psychological well-being among American and Japanese older adults. *Health Psychology Open, 3*(1), 2055102916650093.

Yamamoto, Y., & Holloway, S. D. (2010). Parental expectations and children's academic performance in sociocultural context. *Educational Psychology Review, 22*(3), 189–214.

Yaman, A., Mesman, J., van IJzendoorn, M. H., & Bakermans-Kranenburg, M. J. (2010). Parenting and toddler aggression in second-generation immigrant families: The moderating role of child temperament. *Journal of Family Psychology, 24*(2), 208.

Yang, B., Ollendick, T. H., Dong, Q., Xia, Y., & Lin, L. (1995). Only children and children with siblings in the People's Republic of China: Levels of fear, anxiety, and depression. *Child Development, 66*, 1301–1311.

Yang, L., Neale, B. M., Liu, L., Lee, S. H., Wray, N. R., Ji, N., . . . & Faraone, S. V. (2013). Polygenic transmission and complex neuro developmental network for attention deficit hyperactivity disorder: Genome-wide association study of both common and rare variants. *American Journal of Medical Genetics Part B: Neuropsychiatric Genetics, 162*(5), 419–430.

Yang, Y. (2008). Social inequalities in happiness in the United States, 1972 to 2004: An age-period--cohort analysis. *American Sociological Review, 73*, 204–226.

Yang, Y. T., & Curlin, F.A. (2016). Why physicians should oppose assisted suicide. *Journal of the American Medical Association*, 315, 247–248.

Yarkoni, T. (2010). Personality in 100,000 words: A large-scale analysis of personality and word use among bloggers. *Journal of Research in Personality, 44*(33), 363–373.

Yatsenko, A. N., & Turek, P. J. (2018). Reproductive genetics and the aging male. *Journal of Assisted Reproduction and Genetics, 35*(6), 933–941.

Yau, J. P., Tausopoulos-Chan, M., & Smetana, J. G. (2009). Disclosure to parents about everyday activities among American adolescents from

Mexican, Chinese and European backgrounds. *Child Development, 80*(5), 1481–1498.

Ybarra, M. L., & Mitchell, K. J. (2014). "Sexting" and its relation to sexual activity and sexual risk behavior in a national survey of adolescents. *Journal of Adolescent Health, 55*(6), 757–764.

Ybarra, M. L., Strasburger, V. C., & Mitchell, K. J. (2014). Sexual media exposure, sexual behavior, and sexual violence victimization in adolescence. *Clinical Pediatrics, 53*(13), 1239–1247.

Yeh, H., Lorenz, F. O., Wickrama, K. A. S., Conger, R. D., & Elder, G. H. (2006). Relationships among sexual satisfaction, marital quality, and marital instability at midlife. *Journal of Family Psychology, 20*, 339–343.

Yeung, W. J., Sandberg, J. F., Davis-Kean, P. E., & Hofferth, S. L. (2001). Children's time with fathers in intact families. *Journal of Marriage and Family, 63*, 136–154.

Yip, T. (2014). Ethnic identity in everyday life: The influence of identity development status. *Child Development, 85*(1), 205–219.

Yip, T., Seaton, E. K., & Sellers, R. M. (2006). African American racial identity across the lifespan: Identity status, identity content, and depressive symptoms. *Child Development, 77*, 1504–1517.

Yokota, F., & Thompson, K. M. (2000). Violence in G-rated animated films. *Journal of the American Medical Association, 283*, 2716–2720.

Yoon, P. W., Bastian, B., Anderson, R. N., Collins, J. L., & Jaffe, H. W. (2014). Potentially preventable deaths from the five leading causes of death—United States, 2008–2010. *MMWR. Morbidity and Mortality Weekly Report, 63*(17), 369.

Yoon, S. S., Gu, Q., Nwankwo, T., Wright, J. D., Hong, Y., & Burt, V. (2015). Trends in blood pressure among adults with hypertension: United States, 2003 to 2012. *Hypertension, 65*(1), 54–61.

Yoon, V., Maalouf, N. M., & Sakhaee, K. (2012). The effects of smoking on bone metabolism. *Osteoporosis International, 23*(8), 2081–2092.

Yorbik, O., Mutlu, C., Koc, D., & Mutluer, T. (2014). Possible negative effects of snoring and increased sleep fragmentation on developmental status of preschool children. *Sleep and Biological Rhythms, 12*(1), 30–36.

Yoshikawa, H. (1994). Prevention as cumulative protection: Effects of early family support and education on chronic delinquency and its risks. *Psychological Bulletin, 115*(1), 28–54.

Yoshikawa, H., Aber, J. L., & Beardslee, W. R. (2012). The effects of poverty on the mental, emotional, and behavioral health of children and youth: Implications for prevention. *American Psychologist, 67*(4), 272.

Yoshikawa, H., Weisner, T. S., Kalil, A., & Way, N. (2008). Mixing qualitative and quantitative research in developmental science: Uses and methodological choices. *Developmental Psychology, 44*, 344–354.

Young, K. A., Holcomb, L. A., Bonkale, W. L., Hicks, P. B., Yazdani, U., & German, D. C. (2007). 5HTTLPR polymorphism and enlargement of the pulvinar: Unlocking the backdoor to the limbic system. *Biological Psychiatry, 61*(1), 813–818.

Young, Y., Kalamaras, J., Kelly, L., Hornick, D., & Yucel, R. (2015). Is aging in place delaying nursing home admission? *Journal of the American Medical Directors Association, 16*(10), 900-e1.

Youngblade, L. M., & Belsky, J. (1992). Parent-child antecedents of 5-year-olds' close friendships: A longitudinal analysis. *Developmental Psychology, 28*, 700–713.

Youth violence: A report of the surgeon general (2001, January). Retrieved from www.surgeongeneral.gov/library/youthviolence/default.htm.

Yu, J., & Xie, Y. (2015). Cohabitation in China: Trends and determinants. *Population and Development Review, 41*(4), 607–628.

Yu, S. M., Huang, Z. J., & Singh, G. K. (2004). Health status and health services utilization among U.S. Chinese, Asian Indian, Filipino, and other Asian/Pacific Islander children. *Pediatrics, 113*(1), 101–107.

Yu, T., & Adler-Baeder, F. (2007). The intergenerational transmission of relationship quality: The effect of parental remarriage quality on young adults relationships. *Journal of Divorce and Remarriage, 3–4*, 87–102.

Yunger, J. L., Carver, P. R., & Perry, D. G. (2004). Does gender identity influence children's psychological well-being? *Developmental Psychology, 40*, 572–582.

Zadik, Y., Bechor, R., Galor, S., & Levin, L. (2010). Periodontal disease might be associated even with impaired fasting glucose. *British Dental Journal, 208*(10), E20–E20.

Zahn-Waxler, C., Friedman, R. J., Cole, P. M., Mizuta, I., & Hiruma, N. (1996). Japanese and U.S. preschool children's responses to conflict and distress. *Child Development, 67*, 2462–2477.

Zahn-Waxler, C., Radke-Yarrow, M., Wagner, E., & Chapman, M. (1992). Development of concern for others. *Developmental Psychology, 28*, 126–136.

Zahodne, L. B., Glymour, M. M., Sparks, C., Bontempo, D., Dixon, R. A., MacDonald, S. W., & Manly, J. J. (2011). Education does not slow cognitive decline with aging: 12-year evidence from the Victoria Longitudinal Study. *Journal of the International Neuropsychological Society, 17*(6), 1039–1046.

Zajdel, R. T., Bloom, J. M., Fireman, G., & Larsen, J. T. (2013). Children's understanding and experience of mixed emotions: The roles of age, gender, and empathy. *The Journal of Genetic Psychology, 174*(5), 582–603.

Zanardo, V., Svegliado, G., Cavallin, F., Giustardi, A., Cosmi, E., Litta, P., & Trevisanuto, D. (2010). Elective cesarean delivery: Does it have a negative effect on breastfeeding? *Birth, 37*(4), 275–279.

Zandi, P. P., Anthony, J. C., Hayden, K. M., Mehta, K., Mayer, L., & Breitner, J. C. S. (2002). Reduced incidence of AD with NSAID but no H_2 receptor antagonists. *Neurology, 59*, 880–886.

Zangl, R., & Mills, D. L. (2007). Increased brain activity to infant-directed speech in 6- and 13-month old infants. *Infancy, 11*, 31–62.

Zanto, T. P., & Gazzaley, A. (2014). Attention and ageing. In A. Nobre & S. Kastner (Eds.), *The Oxford handbook of attention* (pp. 927–971). New York: Oxford University Press.

Zare, B. (2011, July). Review of studies on infidelity. *3rd International Conference on Advanced Management Science IPEDR, 19*, 182–186.

Zaval, L., Li, Y., Johnson, E. J., & Weber, E. U. (2015). Complementary contributions of fluid and crystallized intelligence to decision making across the life span. In T. Hess, J. Strough, & C. Löckenhoff (Eds.), *Aging and Decision Making* (pp. 149–168). San Diego, CA: Elsevier Academic Press.

Zeiger, J. S., Beaty, T. H., & Liang, K. (2005). Oral clefts, maternal smoking, and TGFA: A meta-analysis of gene-environment interaction. *The Cleft Palate-Craniofacial Journal, 42*(1) 58–63.

Zeitlin, M. (2011). *New information on West African traditional education and approaches to its modernization*. Dakar, Senegal: Tostan.

Zelazo, P. D., & Carlson, S. M. (2012). Hot and cool executive function in childhood and adolescence: Development and plasticity. *Child Development Perspectives, 6*(4), 354–360.

Zelazo, P. D., Müller, U., Frye, D., & Marcovitch, S. (2003). The development of executive function in early childhood. *Monographs of the Society for Research in Child Development, 68*(3, Serial No. 274).

Zelazo, P. R., Kearsley, R. B., & Stack, D. M. (1995). Mental representations for visual sequences: Increased speed of central processing from 22 to 32 months. *Intelligence, 20*, 41–63.

Zelkowitz, P., Na, S., Wang, T., Bardin, C., & Papageorgiou, A. (2011). Early maternal anxiety predicts cognitive and behavioural outcomes of VLBW children at 24 months corrected age. *Acta Paediatrica, 100*(5), 700–704.

Zeng, Y., Gu, D., & George, L. K. (2011). Association of religious participation with mortality among Chinese old adults. *Research on Aging, 33*(1), 51–83.

Zentall, S. R., & Morris, B. J. (2010). "Good job, you're so smart": The effects of inconsistency of praise type on young children's motivation. *Journal of Experimental Child Psychology, 107*(2), 155–163.

Zhai, F., Brooks-Gunn, J., & Waldfogel, J. (2014). Head Start's impact is contingent on alternative type of care in comparison group. *Developmental Psychology, 50*(12), 2572.

Zhang, K., & Wang, X. (2013). Maternal smoking and increased risk of sudden infant death syndrome: A meta-analysis. *Legal Medicine, 15*(3), 115–121.

Zhang, S., Grenhart, W. C., McLaughlin, A. C., & Allaire, J. C. (2017). Predicting computer proficiency in older adults. *Computers in Human Behavior, 67*, 106–112.

Zhang, Z. (2006). Marital history and the burden of cardiovascular disease in midlife. *Gerontologist, 46*, 266–270.

Zhao, Y. (2002, May 29). Cultural divide over parental discipline. *The New York Times.* Retrieved from www.nytimes.com/2002/05/29/nyregion/29DISC.html?ex

Zheng, Y., Manson, J. E., Yuan, C., Liang, M. H., Grodstein, F., Stampfer, M. J., . . . & Hu, F. B. (2017). Associations of weight gain from early to middle adulthood with major health outcomes later in life. *JAMA, 318*(3), 255–269.

Zhou, J. N., Hofman, M. A., Gooren, L. J., & Swaab, D. F. (1995). A sex difference in the human brain and its relation to transsexuality. *Nature, 378*(6552), 68.

Ziegler, D. V., Wiley, C. D., & Velarde, M. C. (2015). Mitochondrial effectors of cellular senescence: Beyond the free radical theory of aging. *Aging Cell, 14*(1), 1–7.

Zigler, E., & Styfco, S. J. (2001). Extended childhood intervention prepares children for school and beyond. *Journal of the American Medical Association, 285*, 2378–2380.

Zigler, E., Taussig, C., & Black, K. (1992). Early childhood intervention: A promising preventative for juvenile delinquency. *American Psychologist, 47*, 997–1006.

Zigman, W. B. (2013). Atypical aging in Down syndrome. *Developmental Disabilities Research Reviews, 18*(1), 51–67.

Zizza, C., Siega-Riz, A. M., & Popkin, B. M. (2001). Significant increase in young adults' snacking between 1977–1978 and 1994–1996 represents a cause for concern! *Preventive Medicine, 32*, 303–310.

Zlotnick, C., Tam, T. W., & Soman, L. A. (2012). Life course outcomes on mental and physical health: the impact of foster care on adulthood. *American Journal of Public Health, 102*(3), 534–540.

Zlotnick, C., Tam, T., & Zerger, S. (2012). Common needs but divergent interventions for US homeless and foster care children: Results from a systematic review. *Health & Social Care in the Community, 20*(5), 449–476.

Zmyj, N., & Seehagen, S. (2013). The role of a model's age for young children's imitation: A research review. *Infant and Child Development, 22*(6), 622-641.

Zolotor, A. J., Theodore, A. D., Runyan, D. K., Chang, J. J., & Laskey, A. L. (2011). Corporal punishment and physical abuse: Population-based trends for three-to-11-year-old children in the United States. *Child Abuse Review, 20*(1), 57–66.

Zong, J., Batalova, J., & Hallock, J. (2018). Frequently requested statistics on immigrants and immigration in the United States. *Migration Information Source*. Retrieved from www.migrationpolicy.org/article/frequently-requested-statistics-immigrants-and-immigration-united-states?gclid=EAIaIQobChMIzrXlgu6V3gIVmNdkCh2Y7AgwEAAYASAAEgIfAvD_BwE#Numbers.

Zosuls, K. M., Andrews, N. C., Martin, C. L., England, D. E., & Field, R. D. (2016). Developmental changes in the link between gender typicality and peer victimization and exclusion. *Sex Roles, 75*(5–6), 243–256.

Zosuls, K. M., Ruble, D. N., Tamis-LeMonda, C. S., Shrout, P. E., Bornstein, M. H., & Greulich, F. K. (2009). The acquisition of gender labels in infancy: Implications for gender-typed play. *Developmental Psychology, 45*(3), 688–701. doi: 10.1037/a0014053.

Zucker, A. N., Ostrove, J. M., & Stewart, A. J. (2002). College-educated women's personality development in adulthood: Perceptions and age differences. *Psychology and Aging, 17*, 236–244.

Zuffianò, A., Alessandri, G., Gerbino, M., Kanacri, B. P. L., Di Giunta, L., Milioni, M., & Caprara, G. V. (2013). Academic achievement: The unique contribution of self-efficacy beliefs in self-regulated learning beyond intelligence, personality traits, and self-esteem. *Learning and Individual Differences, 23*, 158–162.

Zylke, J., & DeAngelis, C. (2007). Pediatric chronic diseases—Stealing childhood. *Journal of the American Medical Association, 297*(24), 2765–2766.

Zylstra, R. G., Prater, C. D., Walthour, A. E., & Aponte, A. F. (2014). Autism: Why the rise in rates? Our improved understanding of the disorder and increasingly sensitive diagnostic tools are playing a role—but so are some other factors. *Journal of Family Practice, 63*, 316–320.

Zyngier, D. (2014). Class size and academic results, with a focus on children from culturally, linguistically and economically disenfranchised communities. *Evidence Base, 1ss*(3), 1–24.

Índice Onomástico

Aalberg, V., 331
Aarts, A. A., 39
Abbott, R. D., 366
Abdallah, B., 99
Abel, E., 455
Abenhaim, H. A., 79, 81, 83, 103
Aber, J. L., 10, 180, 298, 309, 356
Abiri, S., 220
Abma, J., 361
Abma, J. C., 360, 361
Abraham, C. R., 508
Abramovitch, R., 182, 251, 252
Abrams, D., 538
Abrams, L., 456
Abrams, M. T., 234
Abrams, S. A., 257
Abramson, L. Y., 393
Abubakar, I. I., 448
Abuhamad, A. Z., 90
Acebo, C., 329
Achenbaum, W. A., 535
Achoui, M., 369
Achter, J. A., 288
Acierno, R., 544
Ackard, D. M., 423
Ackerman, B. P., 316
Ackerman, M. J., 103
Adam, E. K., 174
Adams, B. N., 434
Adams, C., 460
Adams, C. L., 541
Adams, E. E., 296
Adams, K. F., 449
Adams, L. A., 195
Adams, R., 521
Adams, R. G., 551
Adams, S. H., 384
Adams-Price, C. E., 469
Addis, S., 550
Adelson, J. L., 360
Aderka, I. M., 566
Adey, P., 274
Adler, N. E., 17
Adler-Baeder, F., 434
Adolph, K. E., 118, 120, 169
Afifi, T. D., 414
Afram, B., 542
Afrank, J., 378
Afshari, N. A., 509
Agahi, N., 536
Agarwal, A., 396
Aggarwal, A., 111
Aggarwal, K. K., 511
Agid, O., 384
Agostoni, C., 72
Agrigoroaei, S., 439, 454, 472, 507
Agrillo, C., 560
Aguiar, C., 128
Aguilera, M., 315
Ahacic, K., 536

Ahadi, S. A., 163, 164, 165, 173
Ahern, E. C., 211
Ahlberg, C., 239
Ahluwalia, J., 168
Ahmed, A., 543
Ahmed, M. R., 518
Ahmed, S., 279
Ahmeduzzaman, M., 170
Ahmetoglu, G., 421
Ahn, D., 421
Ahn, H. J., 309
Ahn, S., 303, 371
Ahnert, L., 174, 185
Ahrons, C. R., 299, 300
Ai, A. L., 534
Aichele, S., 458
Aichhorn, M., 211
Aikens, N., 223
Aimone, J. B., 112
Ainsworth, M. D. S., 171, 172
Aita, S. L., 359
Aitken, L., 513
Aitkin, M., 80
Ajrouch, K. J., 546, 551
Akbaş, G., 470, 471
Akin, A., 374
Akinbami, L., 265
Akinbami, L. J., 200
Akinbami, O. J., 265
Akitsuki, Y., 295, 377
Akiyama, H., 478, 479, 484, 485, 486, 487, 488, 545, 546, 551
Aksan, N., 180, 181
Akutsu, S., 477
Alan, C., 502
Alati, R., 76
Albert, D., 328, 340
Albert, D. B., 367
Albuquerque, D., 385
Albuquerque, S., 567
Aldao, A., 160, 168, 388
Alderson, K. G., 423
Aldwin, C. M., 482, 567
Alegria, J., 73
Alessandri, G., 419
Alexander, G. C., 316
Alexander, G. M., 168, 169
Alexander, K. L., 282
Alexander, T. M., 386
Algren, M. H., 449
Ali, M. M., 361
Alibeik, H., 197
Aligne, C. A., 76
Alink, L. R., 245, 309
Alipuria, L., 413
Alkema, L., 88
Alker, J., 202
Alladi, S., 516
Allaire, J. C., 463

Allemand, M., 468
Allen, A. B., 224
Allen, E. S., 427
Allen, I. E., 402
Allen, J. J., 166
Allen, J. P., 373
Allen, K. R., 567
Allen, L., 356
Allen, N. B., 393
Allen, S. M., 540
Allen, T. D., 474
Allik, J., 468
Allison, P. D., 548
Alloway, R. G., 214, 272, 273
Alloway, T. P., 214, 215, 272, 273
Almas, A. N., 295
Almeida, D. M., 346, 418, 455, 524
Almeida, S., 446
Almli, C. R., 72
Almquist-Parks, L., 254
Al-Namlah, A. S., 220
Alp, I. E., 400
Alpern, L., 174
Als, H., 114
Alterovitz, S. S. R., 549
Altmann, A., 517
Altobelli, J., 429
Altschul, I., 12
Alves, M. G., 446
Alviola, P. A., 199
Alwin, J., 185
Amar, J., 514
Amato, P. J., 371
Amato, P. R., 299, 300, 301, 302, 414, 425, 428, 432, 433, 434, 481
Amaya-Jackson, L., 114
Ambady, N., 294
Ambridge, B., 214
Amico, J., 175
Amirkhanyan, A. A., 488
Amler, R. W., 204
Amler, S., 204
Amlien, I. K., 517
Amsel, E., 267
Amsel, L. B., 140
Amso, D., 138, 259, 260
Analytis, A., 99
Ananeh-Firempong, O., 202
Ananth, C. V., 90
Anastasi, A., 40, 288
Anastasiou, A., 74
Anders, A., 195
Anders, Y., 128
Andersen, A. M. N., 80
Andersen, L. B., 233
Andersen, S. L., 505
Anderson, A., 387, 512
Anderson, A. H., 279

Anderson, C., 388
Anderson, C. A., 250, 309, 310, 311, 325
Anderson, D., 240
Anderson, D. A., 240
Anderson, D. R., 222
Anderson, E. L., 374
Anderson, J. L., 446
Anderson, K. J., 170
Anderson, N. B., 390, 450
Anderson, N. D., 536
Anderson, P. J., 99
Anderson, R., 181
Anderson, R. N., 336, 384, 385
Anderson, S. E., 198, 324
Andolina, C., 139
Andreotti, C., 388, 389
Andreou, E., 252
Andrew, R. W., 546, 547
Andrews, G., 282
Andrews, J. A., 326
Andrews, N. C., 239
Andrews-Hanna, J. R., 508
Andreyeva, T., 258
Aneja, A., 111
Ang, R. P., 374
Ang, S., 275
Angaji, S. A., 197
Angel, J. L., 534
Angel, R. J., 534
Anglemyer, A., 337, 569
Anglim, J., 476
Angold, A., 314, 564
Anguiano, C., 427
Angus, K., 258
Ankney, C. D., 274
Anthony, C. J., 299, 300
Antonarakis, S. E., 450
Antonenko, O., 401
Antonietti, J. P., 516, 531
Antonio, A. L., 404
Antonucci, T., 478, 479, 484, 545
Antonucci, T. C., 470, 479, 404, 485, 486, 487, 488, 505, 546, 551
Antwi, Y. A., 384
Anzures, G., 116
Apfelbaum, E. P., 294
Apgar, V., 93
Aponte, A. F., 111
Appel, H. B., 534
Apps Eccles, K., 386
Aquilino, W. S., 413, 414, 486, 487
Arai, Y., 505
Aram, D., 220
Araujo-Soares, V., 386
Arbesman, M., 536
Archer, A. H., 134
Archer, J., 233, 236, 244, 249, 250, 306, 308

Archer, S. L., 355
Archuleta, K. L., 482
Ardabili, H. E., 297
Ardila, A., 233
Aria, E., 452
Arias, E., 87, 98, 101, 103, 266, 321, 448, 450, 451, 501, 502, 505, 558, 568, 569
Armant, D. R., 76
Armeli, S., 387
Armenta, B. E., 343
Armenta, C. N., 456
Armer, M., 242
Armour, J. A., 197
Armstrong, J. M., 325
Armstrong, K. S., 366
Armstrong, S. A., 315
Armstrong, S. C., 264
Arner, P., 65
Arnett, J. J., 367, 383, 387, 411, 414, 417, 479
Arnold, D. H., 14, 208
Aro, H., 301
Aronow, W. S., 543
Arpaia, A., 364
Arsenis, N. C., 502
Årseth, A. K., 355
Arsiwalla, D. D., 245
Arteaga, I. A., 224, 379
Arterberry, M. E., 116
Artis, J. E., 299
Artistico, D., 521
Arunachalam, S., 148
Arundel, R., 414
Asare, M., 328
Asato, M. R., 327
Aschersleben, G., 213
Asher, M. I., 265
Ashmead, D. H., 119
Asimov, I., 21
Askan, N., 296
Aslin, R. N., 153
Asnaani, A., 315
Assari, S., 456
Assini-Meytin, L. C., 411
Assor, A., 369
Asthana, S., 445, 446
Astington, J. W., 210
Astone, N. M., 411
Astuti, R., 563
Astuti, Y., 502
Aszmann, A., 328
Atchley, R. C., 536
Atella, L. D., 79
Atherton, O. E., 418
Atkins, D. C., 427
Atkins, R., 469
Atkinson, J., 115
Atkinson, L., 174
Attanasio, L. B., 92
Attanucci, J., 129
Attar-Schwartz, S., 491
Atter, L., 559
Attili, G., 307
Audet, K., 114
Auer, C., 566
Auman, C., 521

Aumiller, K., 307
Aunio, P., 268
Aurand, A., 540
Austin, S. B., 359
Ausubel, N., 558
Auyeng, B., 234
Avenell, A., 386
Avery, S. N., 166
Avis, N., 456
Avis, N. E., 443, 444
Avolio, B. J., 462
Ayanian, J. Z., 451
Ayers-Lopez, S., 303
Azar, S., 574
Aznar-Casanova, J., 443
Azoulay, L., 446

Baas, M., 460
Babb, S., 389
Baber, R. J., 445
Bablekou, Z., 279
Babu, A., 60
Bacchini, D., 312
Bachman, J. G., 333, 334, 335, 350, 392
Back, M. D., 419
Backman, J., 383, 412
Bäckman, L., 559
Backus, M. M., 567
Baddeley, A., 214
Baddeley, A. D., 214, 272
Bade, U., 165
Badger, S., 421
Badr, L. K., 99
Badrick, E., 533
Bae, J. Y., 80
Baer, J., 461
Baer, J. S., 76
Baglioni, C., 511
Bagwell, C., 307
Bagwell, C. L., 307
Baidal, J. A. W., 107
Bailey, A., 549
Bailey, J. A., 411
Bailey, M. D., 182
Bailey, T. R., 350
Baillargeon, J., 446
Baillargeon, R., 141, 142, 211
Baillargeon, R. H., 169, 233, 249
Baines, E., 260–261
Baiocco, R., 359
Baird, D. D., 395
Bakeman, R., 129
Baker, B. L., 258
Baker, C. E., 221
Baker, J. L., 264
Baker, L., 536
Baker, M., 391
Bakermans-Kranenburg, M. J., 55, 169, 172, 174, 175, 250, 303
Baksh, L., 204
Balantekin, K. N., 331
Balaraman, G., 213
Balayla, J., 79, 81, 83
Baldassi, M., 458
Baldwin, D., 242
Baldwin, D. A., 176

Bale, T. L., 56, 168
Baler, R. D., 335
Balkin, R. S., 315
Ball, K., 521
Ball, O. E., 288
Ball, R. H., 72
Ballemans, J., 509
Balluz, L. S., 450
Balota, D. A., 214
Balsam, K. F., 424, 432
Balsis, S., 516, 532
Baltes, M. M., 537
Baltes, P. B., 14, 17–18, 502, 519, 525, 537
Bamman, M. M., 514
Ban, L., 491
Banaji, M. R., 213, 238
Banderali, G., 77
Bandura, A., 24, 29, 238, 305, 349
Banerjee, A., 448
Banerjee, T., 390
Bank, L., 372
Bankole, A., 361
Banse, R., 238
Banta, D., 90
Bao, A. M., 358
Bao, X., 211
Barac, R., 150
Barbano, H. E., 418
Barbaranelli, C., 349
Barbaresco, S., 384
Barber, B. L., 373
Barbosa, L. M., 539
Barclay, S. R., 473
Bardin, C., 99
Bargh, J. A., 512
Barik, N., 367
Baril, M. E., 368, 371
Bariola, E., 359
Barker, E. D., 377
Barkl, S., 269
Barlaug, D., 217
Barlett, C., 312
Barlow, B., 103
Barlow, W., 453
Barnard, N. D., 518
Barnes, C. A., 507
Barnes, H. V., 366
Barnett, D., 171, 172
Barnett, J. C., 102, 450
Barnett, L. M., 196
Barnett, R. C., 431
Barnett, T. A., 221
Barnett, W. S., 31, 129, 223
Baron-Cohen, S., 168, 213
Barr, H. M., 76
Barr, R., 134, 139, 221
Barr, R. G., 137
Barr, S. M., 360
Barrett, A., 393
Barrett, A. E., 470, 471
Barrett, C. B., 199
Barrett, D. E., 379
Barrett, H. C., 563
Barrett, K. C., 118
Barrett-Connor, E., 451, 453
Barroso, C. S., 199

Barry, B. K., 511
Barry, C. M., 421
Bartel, K. A., 329
Barth, R. P., 303
Barthel, M., 174, 185
Bartholow, B. D., 311
Bartick, M., 106
Bartkowski, J. P., 425
Bartle-Haring, S., 367, 485
Bartlett, A., 424
Barton, A. W., 11
Bartrés-Faz, D., 507, 524
Bartz, J. A., 90, 374
Bartzokis, G., 112, 517
Barutçu Yıldırım, F., 434
Baruteau, A. E., 103
Bas Bueno-de-Mesquita, H., 385
Basch, C. E., 111, 365
Basch, C. H., 111
Bascom, P. B., 574
Basile, K. C., 375
Basilio, M., 240
Bassereau, S., 73
Bassett, H. H., 232
Bassett, P., 284
Basso, G., 406
Bassuk, E. L., 202, 204
Bastaits, K., 434
Bastarache, E. D., 530
Baste, V., 80
Basterfield, L., 260
Bastian, B., 87, 101, 103, 266, 321, 385, 505, 558, 568, 569
Bastos, A., 300, 434
Basu, R., 80
Batalova, J., 13
Bateman, D., 77
Bates, C. J., 378
Bates, E., 145
Bates, J. E., 242, 245, 247, 250, 309, 311, 312, 325
Bates, T. C., 218, 274, 275, 442, 476
Batki, A., 168
Batterham, P. J., 458
Battle, D., 284
Batty, G. D., 522
Baude, A., 300
Bauer, D., 336
Bauer, D. J., 394
Bauer, J. J., 472
Bauer, K. W., 371
Bauer, M. E., 507
Bauer, P. J., 133, 143, 237
Bauer, T. N., 476
Bauermeister, J. A., 359
Baum, A., 455
Baum, S., 402
Bauman, A., 441, 514
Baumer, E. P., 360
Baumert, J., 275
Baumgart, M., 516, 518
Baumgartner, S. E., 348
Baumrind, D., 245, 246, 247–248, 369
Bava, S., 327
Bavishi, C., 545

Índice Onomástico

Bayley, N., 127
Bayliss, D. M., 272
Baym, C. L., 259
Beach, C. A., 202
Beach, S. R., 480
Beal, S. J., 345
Beard, J. R., 196
Beardslee, W. R., 10, 298
Beaty, T. H., 73
Beauchamp, G. K., 72, 115
Bebenek, M., 452
Bechor, R., 514
Beck, J. C., 542
Beck., S., 56
Becker, B. J., 514
Becker, G. S., 481
Becker, J. A. H., 420
Becker, M., 275, 552
Becker, P. E., 431
Beckert, T. E., 376
Beckett, C., 114, 245
Beckmann, D., 165
Becoña, E., 297
Bedford, V. H., 552, 553
Beebe, D. W., 259
Beede, D. N., 403
Beekman, A. J., 235
Beelmann, A., 305, 306
Beetz, A., 173
Befort, C., 262
Begley, C., 73
Begum, N., 545
Behboodi Moghadam, Z., 546, 547
Behne, T., 137, 563
Behnke, M., 76, 77
Behr, E. R., 103
Behrman, R. E., 98, 264
Beidas, R. S., 317
Beidel, D. C., 314
Beijers, R., 165
Beintema, D. J., 95
Bell, D. C., 369
Bell, J. F., 75
Bell, J. T., 50, 55
Bell, L., 405
Bell, L. G., 369
Bell, M. A., 133, 137, 143, 166
Bell, R., 492
Bell, R. J., 445
Bellander, M., 524
Beller, E., 286
Bellieni, C. V., 71
Bellinger, D. C., 391
Bellizzi, D., 502
Bellou, V., 518
Belsky, J., 17, 165, 166, 174, 185, 325, 326, 414
Belt, D., 425
Beltrán-Aguilar, E. D., 258
Bem, S. L., 238
Ben-Ari, A., 429
Benavides-Varela, S., 137
Benbow, C. P., 288
Bendayan, R., 560
Bender, P. K., 243, 310
Benedek, M., 288, 460
Benedetti, A. M., 558

Benenson, J. F., 168
Bener, A., 265
Benet-Martínez, V., 477
Benga, O., 162
Bengtson, V. L., 486, 490, 491, 535
Benjet, C., 246
Benkhadra, K., 453
Benner, A. D., 347, 357
Bennett, D. A., 518, 523
Bennett, J., 287
Bennett, K. J., 262
Bennett, K. M., 562
Benson, E., 273
Benson, J., 486
Benson, N., 118
Benson, P. L., 303, 304
Bensyl, D. M., 258
Benzer, S., 504
Ben-Zur, H., 427
Beran, T. N., 207
Berard, A., 75
Berchick, E. R., 102, 450
Berenbaum, S. A., 239, 401
Berends, M., 284
Berenson, A., 78
Berg, C. A., 398
Berg, K. M., 475
Berg, M., 73
Berg, S. J., 168, 430
Berge, J. M., 331, 371
Bergelson, E., 16, 147
Bergeman, C. S., 64
Bergen, D., 242
Bergen, G., 390
Berger, C., 309
Berger, K., 441
Berger, K. S., 311, 312
Berger, L. M., 299
Berget, A., 80
Berglund, H., 359
Berg-Weger, M., 488
Bering, J. M., 563
Berk, L. E., 220
Berk, M., 66
Berlin, L. J., 246
Berman, F., 202
Berman, S., 362, 363
Berman, S. L., 413
Bernardi, F., 300, 433
Berndt, A. E., 168, 170
Berndt, T. J., 373
Berne-Audéoud, F., 119
Bernie, A. M., 446
Bernier, A., 172, 180, 181, 271
Berns, S., 418
Bernstein, A. B., 448
Bernstein, L., 387
Bernstein, P. S., 98
Bernzweig, J., 250
Berrick, J. D., 188
Berridge, C., 535
Berry, M., 303
Berteletti, I., 270
Bertenthal, B., 118
Bertenthal, B. I., 118
Berthiaume, V. G., 211
Berthier, N. E., 119

Bertone-Johnson, E. R., 395
Bessette-Symons, B., 532
Betancourt, J. R., 202
Bethell, C. D., 313
Betts, J. R., 284
Bevans, K., 282
Beveridge, M., 79
Beyers, W., 355
Bezdicek, O., 521
Bhaskaran, K., 395
Bhati, S., 389
Bherer, L., 511
Bhutta, Z. A., 75, 100
Bialystok, E., 150, 213, 269, 516, 521
Bianchi, S., 430
Bianchini, C., 441
Biason-Lauber, A., 52
Biblarz, T. J., 303
Bibok, M. B., 271
Bickart, K. C., 420
Biddle, S. J., 328
Bielick, S., 284
Bienias, J. L., 523
Bienvenu, O. J., 418
Bierman, K. L., 183, 215, 249, 254, 307
Bigelow, A. E., 174, 211
Biggs, M., 12
Biggs, W. S., 395
Bigler, E. D., 274
Bigler, R. S., 237
Billari, F. C., 471
Billet, S., 459
Billick, S. B., 317
Billow, J. L., 340
Bimbi, D. S., 394
Binet, A., 127
Bingham, C. R., 348
Binstock, G., 425
Birch, H. G., 66, 164
Birch, L. L., 72, 325, 331
Birditt, K., 486
Birditt, K. S., 486, 542, 551, 552
Birkbeck, V., 240
Birmaher, B., 314, 335
Birmingham, W., 391, 483
Biro, F. M., 198, 323
Bissell, J., 305
Bitler, M. P., 323
Bixler, E. O., 194
Biyanova, T., 561
Bjarnason, T., 301
Bjork, J. M., 328
Bjorkland, D., 236, 240, 241, 242
Bjørkløf, G. H., 534
Bjorklund, D. F., 138, 215, 242, 244, 272, 563
Bjornstad, P., 199
Black, A. E., 247
Black, D., 564
Black, J. E., 114
Black, K., 379
Black, L. I., 221
Black, M. C., 433
Black, R. E., 74, 106

Black, W. W., 303, 371
Blackburn, E. H., 502
Blackford, J. U., 166
Blackwell, D. L., 509
Blackwell, E., 454
Blair, A., 396
Blair, C., 215, 271, 283
Blair, S. N., 449
Blais, L., 75
Blaizot, A., 514
Blake, M., 511, 512
Blakemore, C., 110
Blakemore, J. E. O., 401
Blakemore, S., 327
Blakemore, S. J., 328, 334
Blakeslee, L., 546, 547
Blakeslee, S., 129
Blanchard, R., 358
Blanchard-Fields, F., 398, 521, 533
Blanco, C., 315
Blane, D., 539
Blanke, O., 560
Blankson, A. N., 160
Blasi, C. H., 563
Blaskewicz, B. J., 521
Blasko, D. G., 340
Blatchford, P., 260–261, 284
Blatteis, C. M., 443
Blauer-Peterson, C., 92
Blazer, D. G., 515
Bledow, R., 389
Blehar, M. C., 171, 172
Bleicher, I., 100
Bleidorn, W., 530
Bleil, M. E., 325
Blencowe, H., 50
Bleske-Rechek, A., 288
Blethen, S. L., 324
Blieszner, R., 485, 486, 487, 490, 492
Bloch, L., 547
Block, J., 419, 474
Block, J. H., 419
Block, R. W., 185
Blondell, S. J., 449, 505
Bloodgood, J. M., 400
Bloom, B., 200, 201
Bloom, J. M., 294
Bloom, P., 134, 212, 214, 269
Blössner, M., 190
Bluck, S., 17
Blum, R., 367
Blum, R. W., 336, 361
Blumberg, S. J., 313
Blumenthal, H., 326, 492
Blustein, D. L., 406
Blyth, D. A., 326
Bobowski, N. K., 115
Bochukova, E. G., 65
Bocskay, K. A., 80
Boden, J. M., 411
Boden, J. S., 416
Bodkin, N. L., 386
Bodnar, L. M., 73
Bodner, E., 497
Bodrova, E., 144, 244
Boehm, J. K., 532

Boelk, A. Z., 566
Boergers, J., 329
Boerma, T., 395
Boerner, K., 566
Boersma, E. R., 106
Boffetta, P., 385
Bogaert, A. F., 358
Bogale, W., 165
Bögels, S. M., 259
Bogg, T., 418
Boggess, A., 111
Bohlmeijer, E. T., 576
Bohn, C. M., 306
Bohnert, A. M., 297
Böhnke, J. R., 575
Boivin, M., 194, 195, 311, 378
Boldt, L. J., 165, 231, 295
Bolger, N., 566
Bollati, V., 384
Bollen, A.-M., 80
Bonanno, G. A., 481, 561, 562
Bonham, V. L., 14
Bonny, J. W., 142
Bonoti, F., 563
Bönsch, D., 66
Bonuck, K. A., 259
Bonzini, M., 384
Bookheimer, S. Y., 442
Bookwala, J., 488
Boonstra, H., 364, 365
Booth, A., 371, 428
Booth, J. L., 270
Bo-Ram, K., 172
Borgatti, R., 165
Borghi, E., 198
Borghuis, J., 418
Borgogna, N. C., 359
Borkowski, J. G., 365
Bornstein, M. H., 16, 63, 131, 148, 160, 164, 234, 244, 369, 377
Borowsky, A., 443
Borowsky, I. A., 337
Borrero, S., 447
Borse, N. N., 103
Borst, G., 268
Bos, A. F., 138
Bosch, J., 304
Bosch, J. D., 309
Bosker, R. J., 284
Boskey, E. R., 359
Boskovic, R., 75
Bosman, J., 222
Botsoglou, K., 252
Botto, L., 78
Botvin, G. J., 371
Botwinick, J., 520
Bouchard, G., 480, 486
Bouchard, T., 49
Bouchard, T. J., 66, 217
Bouchard, T. J., Jr., 66, 275
Bouchery, E. E., 76
Bouchey, H. A., 359, 375
Boudreau, J. P., 17, 116, 119
Boudreault, M. A., 336
Boukydis, C. F. Z., 146
Boulerice, B., 250
Boulianne, S., 421

Boulton, M. J., 311
Boundy, E. O., 99
Bourassa, K. J., 481
Bourgeois, J. A., 489
Bowes, J. M., 343
Bowlby, J., 24, 34, 172
Bowman, J. M., 420
Bowman, N., 404
Bowman, N. A., 404
Boyce, C. J., 468
Boyce, J. A., 200
Boyce, W. F., 312, 374
Boyce, W. T., 17, 325
Boyd, H., 263
Boyd, R., 112
Boylan, J. M., 439
Boyle, C., 115
Boyles, S., 80
Bozick, R., 349
Brabeck, M. M., 343, 401
Bracke, P., 434
Brackett, M. A., 400
Bradbery, D., 154
Bradbury, J., 74
Bradbury, M., 10
Bradbury, T., 431
Bradbury, T. N., 429, 480, 548
Braddick, O., 115
Bradlee, M. L., 441
Bradley, H., 363
Bradley, R., 129
Bradley, R. H., 128, 129, 168, 262, 299, 329
Braithwaite, I., 262
Bramlett, M. D., 425, 432
Branca, F., 74
Branco, L. D., 442
Brand, J. E., 371
Brandén, M., 433
Brandone, A. C., 140
Brandt, M., 552
Branje, S. J., 370
Branje, S. J. T., 370
Brann, M., 552
Brannon, E. M., 207
Branscombe, N. R., 305
Brant, A. M., 114
Branum, A., 200
Brashears, M. E., 421
Brassai, L., 361
Bratko, D., 66
Bratt, C., 306
Bratter, J. L., 432
Bratton, S. C., 315
Braungart, J. M., 164
Braungart-Rieker, J. M., 172
Brav, T., 524
Braveman, P. A., 201, 384
Braver, T. S., 522
Brayne, C., 508
Brazelton, T. B., 94
Breaux, C., 168
Brecklin, L. R., 390
Breckman, R., 544
Bree, M., 326
Bregman, H. R., 359
Breheny, M., 491

Breitkopf, C., 78
Brendgen, M., 249, 250, 346, 378
Brennan, L., 262, 386
Brennan, P. A., 314
Brennan, R. T., 431
Brent, D., 564
Brent, D. A., 335, 337, 564
Brent, M. R., 148, 152
Brent, S. B., 562
Bretherton, I., 174
Brett, C. E., 522
Brewer, B., 524
Brewer, R. D., 76
Brewer, T. J., 284
Brezina, P. R., 397
Bridge, J. A., 336
Bridgett, D. J., 161
Brier, N., 568
Briggs, G. G., 75
Briggs, J. L., 5
Bright, G. M., 324
Briley, D. A., 66, 419
Brim, O. G., 439
Brindis, C. D., 384
Brink, T. T., 295
Brinkman-Stoppelenburg, A., 572
Briskin, S., 266
Britt, S., 482
Britt, S. L., 482
Broaddus, M., 240
Broadhurst, D. D., 187
Brocca, L., 441
Brochado, S., 375
Brock, D. W., 573
Brockman, R., 307
Broderick, J. E., 531
Brodersen, L., 173
Brody, E., 71
Brody, G. H., 11, 182, 298, 305, 326, 357, 361
Brodzinsky, D., 303, 304
Brodzinsky, D. M., 304
Broeren, S., 251
Broesch, T. L., 16
Bromberger, J. T., 456
Bronfenbrenner, U., 24, 32, 295, 379
Brook, D. W., 379
Brook, J. S., 379
Brooks, J., 178
Brooks, L. O., 196
Brooks, R., 137
Brooks-Gunn, J., 128, 129, 184, 223, 224, 246, 282, 301, 302, 326
Brose, A., 476
Broude, G. J., 5, 96, 193
Brougham, R. R., 387, 388
Brown, A., 358
Brown, A. C., 298
Brown, A. S., 66
Brown, B. B., 346, 373, 374
Brown, C., 232
Brown, E. N., 379
Brown, G. L., 170
Brown, J. D., 365
Brown, J. L., 75, 309

Brown, J. S., 14
Brown, J. T., 561
Brown, M., 431
Brown, M. M., 243
Brown, P., 284
Brown, R., 305, 306
Brown, S. L., 299, 301, 302, 371, 425, 432, 478, 480, 481, 482, 548, 549, 550
Brown, T. H., 471, 479
Brownell, C. A., 178, 181, 183
Brownfield, K., 218
Broyles, S. T., 258
Brubacher, S. P., 216
Brubaker, A. L., 506
Bruce, B., 506
Bruce, D., 359
Bruce Morton, J., 238
Bruck, C. S., 474
Bruer, J. T., 15, 17
Bruker, M., 300
Brummett, B. H., 476
Brunelleschi, S., 393
Bruner, J. S., 148
Bruni, O., 194
Bruschi, C. J., 160, 294
Brust, J. C. M., 77
Bruton, J. R., 332, 333
Bruzzese, M., 507
Bry, L. J., 317
Bryant, B. K., 294
Bryant, D. M., 128, 185
Bryant, G. A., 16
Bryant, R. A., 566
Bryce, J., 106
Brzuzy, S., 263
Bucca, M., 297
Bucchianeri, M. M., 331
Buchanan, D. W., 207
Buchanan, H., 268
Buchanan, J., 347
Buchanan, T. W., 216
Bucher, B. S., 265
Buchmann, C., 402
Buchner, D. M., 441, 514
Buck, G. M., 323
Buckhalt, J. A., 259
Buckley, F., 59, 79
Buck Louis, G., 322
Buck-Morss, S., 31
Buckwalter, K. C., 488
Bucur, B., 521
Budge, S. L., 360
Budson, A. E., 523
Buehler, C., 297, 378, 414
Buffenstein, R., 504
Buhrmester, D., 308, 373
Buhs, E. S., 11
Buist, K. L., 305, 372
Buitelaar, J., 79
Bukowski, W., 242, 254
Bukowski, W. M., 311
Bulanda, J. R., 432, 478, 480, 481, 482, 550
Bulik, C., 332
Bull, F. C., 441, 514
Bull, R., 270

Índice Onomástico

Bulmer, M., 575
Bumpass, L., 302, 424
Bumpass, L. L., 483, 485, 486
Bunge, J., 376
Bunge, S. A., 259
Buonocore, G., 71
Burch, M. M., 237
Burchinal, M., 128
Burchinal, M. R., 185
Burdette, H. L., 241
Burgaleta, M., 274
Burgess, K. B., 250
Burghardt, G. M., 241
Buriel, R., 296
Burke, B. L., 565
Burke, C. T., 566
Burke, D. M., 442, 523
Burke, H., 265
Burke, J. G., 199
Burke, M., 391
Burke, S. N., 507
Burmeister, E., 513
Burn, K., 414, 487
Burnes, D., 544
Burnett, A. L., 447
Burnham, D., 153
Burns, B. J., 188
Burns, D. P., 490
Burns, M., 162
Burns, T. C., 146
Burr, B. K., 426
Burr, J. A., 536
Burraston, B., 372
Burriss, R. P., 358
Burrows, L., 512
Burt, S. A., 370
Burtless, G., 405
Burts, D. C., 183, 254
Burzynska-Pedziwiatr, I., 504
Busby, D. M., 428
Busch, C. M., 418
Bush, N. R., 17
Bushman, B. J., 309, 310, 311
Bushnell, E. W., 17, 116, 119
Buss, C., 420
Buss, K. A., 166
Bussey, K., 238
Büssing, A., 399
Butler, M., 510
Butler, O., 3
Butler, R., 573
Butler, R. N., 576
Buttelmann, D., 133
Buttemer, W. A., 504
Butterworth, S., 441
Button, K. S., 40
Butwick, A. J., 91
Buyck, P., 230
Buysse, D. J., 511
Buyukcan-Tetik, A., 567
Buzalaf, M. A. R., 201
Byers-Heinlein, K., 146
Byrd, M., 524
Byron, R., 538
Bystron, I., 110

Caballero, B., 73
Cabeza, R., 507, 532
Cable, N. T., 514
Cabrera, N., 168
Cabrera, N. J., 168, 299
Cabrera, S. M., 324
Cacioppo, J. T., 450, 455, 484, 545
Cacioppo, S., 450
Cade, J. E., 258
Cadore, E. L., 510
Caemmerer, J. M., 283
Caetano, R., 433
Cahalan, M., 403
Cahalin, L. P., 536
Cahill, K. E., 462
Cai, H., 511
Cai, T., 377
Cai, Y., 252
Cain, A. C., 564
Cain, M. S., 348
Cain, W. S., 441
Cairns, G., 258
Calafat, A., 297
Caldera, Y. M., 170
Caldwell, B., 129
Caldwell, B. M., 128
Caldwell, J. T., 384
Çalışkan, M., 265
Calkins, S. D., 166, 174, 282
Callaghan, T., 213
Callaghan, W. M., 102
Callahan, S. T., 384
Calvert, S. L., 221
Calvin, C. M., 522
Calvin, J. E., III, 386
Calvin, J. E., Jr., 386
Calzo, J. P., 359
Camarata, S., 270, 282
Camarota, S. A., 13
Cameron, A. D., 90
Cameron, L., 305
Camilli, G., 129, 223
Camp, C. J., 523, 524
Campa, M. J., 364
Campbell, A., 169, 234
Campbell, K., 387
Campbell, W. K., 430, 480
Campbell-Yeo, M., 115
Campione-Barr, N., 370, 372, 414
Campos, J., 118, 172
Campos, J. J., 118, 177, 232, 294
Campos-de-Carvalho, M., 127
Camras, A., 232, 294
Can, D. D., 153
Čančer, V., 538
Candy, J., 234
Canfield, M. A., 56
Cansino, S., 524
Cantor, J., 251
Cao, A., 60
Cao, H., 483
Cao, L., 518
Capaldi, D. M., 360
Caplan, L. J., 462
Caprara, G. V., 281, 349, 419
Capute, A. J., 145
Caraher, M., 258

Card, N., 308
Cardoso, C. O., 442
Cardoso, R. C., 56
Carey, S., 140, 141, 142, 208
Carlo, G., 249, 343
Carlson, E., 174
Carlson, E. A., 172, 173, 174
Carlson, J. J., 181
Carlson, M. J., 202, 371
Carlson, N. E., 507
Carlson, S. E., 74
Carlson, S. M., 180, 181, 214, 243, 271
Carlström, E., 358
Carmichael, C. L., 479, 484
Carmody, D. P., 178
Carnell, S., 330
Carnelley, K. B., 566
Carnevale, A. P., 414
Carnozzi, A., 37
Carothers, S. S., 365
Carpendale, J. I., 271
Carpenter, B., 532
Carpenter, B. D., 516
Carpenter, C., 484
Carpenter, M., 133, 137, 147
Carr, B., 340
Carr, D., 546, 549, 566
Carr, D. C., 541
Carr, P. J., 426
Carraher, D. W., 270
Carraher, T. N., 270
Carrejo, M. H., 447
Carrel, L., 52
Carrell, S. E., 329
Carrico, R. L., 119
Carrillo, J. E., 202
Carrion-Castillo, A., 286
Carroll, J. S., 421
Carroll, L., 312
Carroll, M. D., 65, 102, 107, 198, 262, 264, 330, 385, 386, 449
Carskadon, M. A., 329
Carson, R. G., 511
Carstensen, L. L., 475, 479, 520, 524, 532, 537, 544, 545
Cartee, G. D., 514
Carter, J., 76
Carter, M., 394
Carter, P. M., 336, 348
Carter, R. C., 76
Cartwright, B. S., 243
Cartwright, S., 245
Caruso, D., 399
Carver, C. S., 533
Carver, L. J., 133
Carver, P. R., 238, 306
Cary, L. A., 497
Casaer, P., 109
Casalin, S., 176
Casavale, K. O., 258
Casey, B. J., 259, 260, 327, 328
Cashon, C. H., 140
Caskey, M., 16
Casper, L. M., 168
Casper, W. J., 420

Caspi, A., 164, 313, 315, 316, 378, 384, 414, 419
Cassidy, J., 174
Cassidy, K. W., 213
Cassotti, M., 268
Castejón, J. L., 278
Castellsagué, X., 362
Castle, N., 544
Castle, P., 119
Castro, D. C., 150
Castro, M., 346
Castro, V. L., 294
Castro-Martin, T., 425
Catalano, P., 73
Catalano, R. F., 366, 378, 379
Cates, W., Jr., 362, 363
Cattell, R. B., 458
Cauffman, E., 247, 377, 378
Caughey, A. B., 81, 91
Causey, K. B., 138
Cavalli, S., 551, 553
Cavanagh, S., 346
Cavanagh, S. E., 299
Cavell, T. A., 283
Caye, A., 313, 314
Caylak, E., 194
Ceci, S. J., 66, 273, 274
Ceelen, M., 433
Cepeda-Benito, A., 389
Ceppi, G., 223
Cerasoli, C. P., 344
Cernkovich, S. A., 368
Cervone, D., 521
Cespedes, E. M., 259
Cha, Y., 297
Chaboyer, W., 513
Chafetz, M. D., 524
Chaker, Z., 508
Chakravarty, E., 506
Challis, D., 542
Chambers, R. A., 328
Chambliss, H. O., 515
Chamorro-Premuzic, T., 421
Champagne, F. A., 51, 55
Chan, L., 524, 532
Chan, M. Y., 456
Chan, S., 317
Chan, W. Y., 343
Chandel, N. S., 504
Chandler, P., 147
Chandra, A., 360, 365, 393, 394
Chandra, N., 504
Chang, E. S., 485
Chang, H. K., 472
Chang, J. J., 188, 245, 246
Chang, L., 77, 311
Chang, P. J., 536
Chang, S. H., 386
Chang, Y. K., 442
Chantala, K., 384
Chao, C., 362
Chao, R. K., 248
Chao, S., 519
Chao, W., 378
Chaplin, T. M., 160, 168, 170
Chapman, B. P., 439
Chapman, C., 347, 377

Chapman, M., 162
Chaput, H. H., 140
Charchar, F., 502
Chari, K., 510
Charles, S. T., 418, 479, 521, 531, 545, 551
Charness, N., 459
Chartier, M. J., 189
Chase, M., 78
Chasens, E., 195
Chasteen, A. L., 497
Chatters, L. M., 534
Chaudhari, M. P., 60
Chaudhary, N., 178
Chaudoir, S. R., 575
Chaudry, A., 11, 298
Chauhan, S. P., 90
Cheadle, J., 300
Cheak, A. A. C., 387
Chee, M. W., 442
Chein, J., 328, 373
Chen, A., 106
Chen, B. Y., 446
Chen, C., 346
Chen, C. L., 453
Chen, E., 189
Chen, E. E., 212
Chen, F. T., 442
Chen, H., 90
Chen, H. C., 511
Chen, J., 469
Chen, L., 511
Chen, L. W., 77
Chen, M., 512
Chen, P. C., 80
Chen, P-L., 66
Chen, S., 172, 484
Chen, W. J., 197
Chen, X., 244, 250
Chen, Y., 479
Cheng, M., 413
Cheng, R., 517
Cheng, S. T., 538
Cheng, T., 489
Cheng, T. C., 472
Cheng, Y., 400
Cheng, Y. W., 91
Cherbuin, N., 511
Cherlin, A., 491
Cherlin, A. J., 299
Chernausek, S. D., 258
Cherry, K. E., 522, 545
Cheruku, S. R., 74
Chervin, R. D., 194
Cheryan, S., 349
Chesney, E., 333
Chess, S., 66, 164
Chetty, R., 502
Cheuk, M., 491
Cheung, F., 477
Cheung, L. W. Y., 98
Cheung, P. C., 107
Chi, P. S. K., 543
Chiang, E., 198
Chiappe, D., 34
Chicot, R., 173
Chida, Y., 456

Chiew, K. S., 442
Chilton, W., 502
Chin, H. B., 366
Chinapaw, M. J., 198, 330
Chingos, M. M., 283
Chiong, C., 134
Chiriboga, C. A., 77
Chishti, M., 13
Chisolm, M. S., 77
Chiu, D. T., 65
Cho, H., 283
Cho, J., 505, 535
Cho, Y., 250
Chodirker, B. N., 82
Choi, H., 476, 536, 551
Choi, M., 541
Chomitz, V. R., 98
Chomsky, C. S., 220, 278
Chomsky, N., 151
Chopik, W. J., 468
Chopra, S., 442
Choquet, H., 385
Chou, P., 511
Choudhury, S., 327
Choueiti, M., 240
Choukas-Bradley, S., 343
Chow, C. M., 373
Christakis, D. A., 138, 139
Christakis, N. A., 391, 434, 548
Christensen, A., 418
Christensen, H., 458
Christenson, G., 388
Christian, L. M., 482, 548
Christian, M. S., 258
Christiansen, O. B., 568
Christie, J., 534
Christophe, A., 73
Christopher, F. S., 326
Chu, S. Y., 73
Chua, A. N. C., 387
Chung, G. H., 367
Chung, H. L., 378
Chung, J., 471, 518
Chung, P. J., 298
Chung, W., 482
Chung, Y. B., 473
Church, R. B., 367
Church, T. S., 449
Cicchetti, D., 245, 315
Cicchino, J. B., 140
Cicero, S., 82
Cicirelli, V. G., 304, 305, 553, 565
Cillessen, A. H., 373
Cillessen, A. H. N., 306, 307, 309
Ciorba, A., 441
Clark, A., 279
Clark, A. E., 434, 476, 481, 562
Clark, A. G., 315
Clark, C. G., 515
Clark, D. O., 511
Clark, E. M., 534
Clark, L., 262
Clark, M., 267
Clark, M. A., 284
Clark, S., 360
Clark, S. L., 88
Clarke, C., 165

Clarke, R. M., 40
Clarke, T. C., 390, 509
Clarke-Stewart, A., 313, 314
Clarke-Stewart, K. A., 185
Clasen, L. S., 328
Clausell, E., 424
Clauss, J. A., 166
Clayton, P. E., 325
Cleary, M., 392
Cleary, P. D., 451
Cleary, S. D., 358
Cleghorn, C. L., 258
Clemans, K. H., 326
Clements, P., 373
Clifton, R., 115, 137
Clifton, R. K., 119, 142
Climo, A. H., 488, 490
Clinkenbeard, P., 277
Clinkenbeard, P. R., 288
Cloak, C. C., 77
Closa-Monasterolo, R., 176
Cloud, M., 432
Coan, J. A., 166, 481
Coatsworth, J. D., 306, 307, 309, 316, 317, 417
Cobb, L. K., 483
Cobb, R., 431
Cobb-Clark, D. A., 418
Coch, D., 271
Cochi, S., 78
Cochran, S. D., 484, 549
Coco, A. L., 485
Codd, J., 269
Coffino, B., 173
Cohan, C. L., 425
Cohen, A. J., 456
Cohen, B., 173
Cohen, G. L., 343
Cohen, J., 573, 574
Cohen, L. B., 140, 142
Cohen, O., 482
Cohen, P., 439
Cohen, R., 308, 524, 545
Cohen, R. A., 201
Cohen, S., 391, 454, 455, 456
Cohen, S. A., 546
Cohen-Kettenis, P. T., 235
Cohn, D., 10, 422, 423, 426, 531, 546
Cohn, J. F., 168
Cohrs, M., 116
Coie, J. D., 249, 250, 307, 308, 309, 310, 378
Coifman, K. G., 455
Col, N. F., 444
Colberg, S. R., 514
Colby, A., 342
Colby, S. L., 12
Colcombe, S. J., 387
Colditz, G. A., 453
Coldwell, J., 182, 252, 305
Cole, M., 276
Cole, P. M., 160, 170, 250, 294
Cole, S. W., 56
Cole, T. J., 106, 198
Coleman, A. L., 509
Coleman-Jensen, A., 199

Colen, C. G., 450
Coles, L. S., 505
Coley, R. L., 11, 361, 371
Coll, C. G., 128, 346
Collaris, R., 251
Colle, L., 295
Collier-Meek, M. A., 240
Collins, A., 174
Collins, F. S., 14
Collins, J. L., 385
Collins, M. F., 221
Collins, R. L., 240, 520
Collins, W. A., 63, 174, 377, 420
Colman, R. J., 506
Colom, R., 274
Colombo, B., 395
Colombo, J., 74, 136, 137, 138
Colonnesi, C., 137, 147
Combs, H. L., 532
Comer, J. S., 317
Compas, B. E., 388, 389, 455
Compton, J., 491
Compton, S. N., 314
Compton, W. M., 335
Conboy, B. T., 15, 146
Concha-Barrientos, M., 441
Conde-Agudelo, A., 98
Confer, J., 432
Conger, K., 346
Conger, K. J., 490
Conger, R., 346
Conger, R. D., 326, 369, 370, 374, 480
Conger, R. D. B., 378
Connellan, J., 168
Connidis, I. A., 553, 567
Connolly, J., 423
Connolly, M., 544
Connor, P. D., 76
Conroy, D. E., 477
Conroy, R. M., 551
Consedine, N. S., 552
Constant, C., 204
Conway, C. C., 314
Conwell, Y., 544
Cook, C. R., 311
Cook, D. B., 387
Cook, D. G., 106
Cook, H. D., 264
Cook, J. M., 561
Cook, N. R., 265
Cook, S. K., 546
Cooke, L., 115
Cooke, M., 511
Cook-Gumperz, J., 279
Cooksey, E. C., 450
Coon, H. M., 230
Cooney, T. M., 411, 542
Cooper, A. C., 329
Cooper, C. L., 454
Cooper, D. N., 450
Cooper, H., 224
Cooper, P., 176
Cooper, R. P., 153
Cooper, W. O., 75, 384
Copeland, J. L., 511
Copeland, W., 326

Índice Onomástico **721**

Copen, C., 383, 393, 394
Copen, C. E., 361, 393, 394
Coplan, R. J., 242
Corbelli, J., 453
Corbetta, D., 119
Corbin, C. B., 196
Corcoran, M., 405
Corcoran, P., 176
Cordal, A., 456
Cordes, J., 395
Coren, S., 197
Corliss, H. L., 359
Cornelius, M. D., 77
Cornelius, S. W., 525
Cornman, J. C., 546
Cornwell, B., 545, 551
Corona, G., 446
Correa, A., 78
Corriveau, K. H., 177, 210, 212
Corselli-Nordblad, L., 426
Corter, C., 182, 251, 252
Cortese, S., 287
Cortesi, S., 347
Corwyn, R. F., 128
Cosgrove, K. P., 234
Cosman, F., 452
Cosmides, L., 236
Costa, P., 115
Costa, P. T., 468, 530
Costa, P. T., Jr., 418–419, 468, 530
Costanzo, P. R., 546
Costello, E. J., 314, 564
Costigan, K. A., 72, 79
Côté, J. E., 402, 403, 404, 412
Cote, L. R., 16, 244
Cotrena, C., 442
Cotter, J. D., 387
Cottrell, J. E., 338
Countermine, M., 172
Coupe, N. T., 202
Courage, M. L., 138, 139, 177
Courtemanche, C. J., 384
Courtenay, W., 450
Couto, E., 385
Couturier, J., 333
Cowan, C. P., 430, 431
Cowan, L. D., 77
Cowan, P. A., 430, 431
Cowan, R. L., 166
Cowan, W. M., 109
Cowley, J., 154
Cox, A., 400
Cox, E. P., 442
Cox, K. S., 469
Cox, M. J., 430
Cox, V., 212
Coy, K. C., 181
Coyle, T. R., 272
Coyne, S. M., 240, 312
Cozzi, P., 165
Crăciun, B., 388
Craft, A. W., 80
Craig, A. B., 170, 294
Craig, E. A., 420
Craig, W. M., 312
Craigie, T. A., 301, 302
Craigie, T. A. L., 301

Craik, F. I. M., 516, 521, 522, 523, 524
Cramer, A., 378
Crandall, C. J., 443
Crary, D., 304
Cratty, B. J., 261
Crawford, D. A., 111
Crawford, J., 280
Crawford, S., 443
Crean, H., 370
Creanga, A. A., 102
Credé, M., 403
Cremeens, P. R., 170
Crespo, C. J., 394
Cricchio, M. G. L., 485
Crick, N., 307
Crick, N. R., 245, 308, 309
Crimmins, E. M., 448, 476, 505
Crino, M., 198
Crippen, M., 154
Criss, M. M., 378
Crnic, K., 166
Crockenberg, S. C., 185
Crockett, L. J., 345
Croft, J. B., 329
Croghan, C. F., 550
Croker, S., 268
Crone, E. A., 343
Crook, C., 169
Crosnoe, R., 346
Crosson, A. C., 340
Crouch, D. F., 348
Crouter, A. C., 182, 239, 304, 305, 306, 372, 420, 431
Crow, S. J., 331, 332
Crowley, J., 187
Crowley, M., 224
Crowley, S. L., 297, 492
Cruchaga, C., 517
Crump, C., 99
Cruz, C., 310
Crystal, S., 315
Csapo, B., 343
Csapó, B., 274
Csibra, G., 268
Csikszentmihalyi, M., 416
Cubbin, C., 201, 384
Cuddy, A. J. C., 497
Cuevas, K., 133, 137
Cui, M., 370, 375
Čukić, I., 522
Culhane, D. P., 202
Culhane, J. F., 100
Cumming, E., 535
Cummings, A. J., 200
Cummings, E. M., 245, 296, 369
Cummings, J. L., 516
Cunniff, C., 82
Cunningham, M., 378, 414
Cunningham, R. M., 336
Cunningham, S. A., 107
Cunradi, C. B., 433
Cuomo, V., 393
Cupito, S. H., 92
Curci, A., 400
Curcio, P., 82
Curenton, S., 211, 213

Curhan, K. B., 479
Curlin, F. A., 574
Currie, C., 328
Currier, J. M., 562, 567
Curtin, L. R., 65, 385, 449
Curtin, S. C., 100, 336, 568
Curtindale, L., 138
Curtiss, S., 152
Curto, V., 402
Cutler, D. M., 506
Cymerman, E., 219
Czaja, S. J., 461, 462, 463

Dabbagh, A., 78
Dabelea, D., 265
Da Costa, S., 460
Dadvand, P., 80
Dafinoiu, I., 419
D'Agostino, J. V., 218
D'Agostino, R. B., Jr., 391
Dahl, A. K., 502
Dahl, G. B., 482
Dahlin, K. I., 215
Dalais, C., 200
Dale, P. S., 221
Dalenius, K., 107
Dallal, G. E., 324
Dalton, W. T., III, 264
Daly, M., 468
Dambrosia, J. M., 90
Damon, W., 342
Danaei, G., 448
Daniel, J., 402
Daniels, D., 64, 144
Daniels, S., 265
Danielson, M. L., 286
Danziger, C., 139
D'Aquila, P., 502
Darcan, Ş., 325
D'Archer, J., 315
Dariotis, J. K., 411
Darj, E., 568
Darling, N., 247, 248, 369
Darling, S. M., 282
Dart, R. C., 333
Darwin, C., 33, 236
Das, W., 512
Datar, A., 263
D'Augelli, A. R., 359
Daugherty, J., 383, 393, 394
Daugherty, M., 220
Daum, M., 133
David, B. J., 133
Davidson, K. L., 170
Davidson, R. J., 508
Davies, C., 491, 507
Davies, L., 553
Davies, M., 396, 550
Davies, P. T., 296, 369
Daviglus, M. L., 518
Davila, J., 483
Davis, A., 441
Davis, A. M., 262
Davis, A. S., 59
Davis, B., 393
Davis, B. E., 103
Davis, B. L., 490

Davis, C. C., 183
Davis, E. L., 210
Davis, E. M., 487
Davis, J., 360
Davis, J. M., 76
Davis, K. T., 469
Davis, O. S. P., 274
Davis, P. E., 243
Davis, S. R., 445
Davis-Kean, P., 246
Davis-Kean, P. E., 208, 282, 368, 430
Davison, A., 197
Davison, K. K., 325
Dawes, A. J., 451
Dawood, K., 358
Dawson, M. A., 54
Dawson, V. L., 288
Day, D., 396
Day, K. L., 220
Day, N. L., 77
Day, R., 367, 485
Day, R. D., 343
Deacon, S., 443
Dean, D. C., III, 112
Deane, K. E., 172
DeAngelis, C., 265
DeAngelis, R., 534
Deardorff, J., 326
Dearing, E., 11
Deary, I. J., 66, 259, 273, 274, 442, 460, 516, 521, 522
Deaton, A., 531
Deave, T., 79
DeBell, M., 347
De Bellis, M. D., 217
Debillon, T., 119
De Bloom, J., 389
Debnam, K., 534
Debnam, K. J., 534
Debnath, M., 66
DeBoer, T., 143
De Bourdeaudhuij, I., 258
de Brey, C., 284, 402, 403
de Brito, L. B. B., 513
de Bruin, E. J., 388
DeCandia, C. J., 202
DeCarli, C., 507
de Castro, B. O., 309
Decety, J., 295, 314, 377, 400
Deci, E. L., 369
Deckers, K., 518
De Cosmi, V., 72
De Dreu, C. K., 460
Dee, D. L., 106
Dee, T. S., 283
Deeprose, C., 335
DeFrances, C. J., 510
DeFries, J. C., 64, 65, 164–165
de Geus, E. J. C., 65
Degnan, K. A., 242
Degol, J. L., 403
de Graaf, G., 59, 79
de Graaf, P. M., 567
DeHaan, L. G., 474
Dehaene, S., 142, 270
Dehaene-Lambertz, G., 115, 152

Deighton, J., 311
Deindl, C., 552
De Jongh, B. E., 102
Dekhtyar, M., 524
Deković, M., 165, 305, 361, 372
del Aguila, M. A., 80
Delahunt, P. B., 521
DeLamater, J., 511, 512
Delaney-Black, V., 76
Del Boca, D., 491
Del Bono, E., 128
Del Castillo, K., 356
Del Giudice, M., 295, 325
De Lima, L., 574
Dell, S. D., 80
del Mar Fernández, M., 395
DeLoache, J., 43, 167, 168
DeLoache, J. S., 134, 135, 152, 207, 251
De Luca, C. R., 99
DeLuca, S., 349
Demaria, T., 564
DeMaris, A., 368, 427, 434
Demarque, A., 441
de Matos, M. G., 329
Demetriou, A., 274
Deming, D., 224
Demir, A., 434
De Montigny, J. G., 111
Dempster-McClain, D., 536
Demuth, R. H., 395
Denberg, T. D., 452, 511
Dencker, A., 73
Denckla, M. B., 234
Deng, K., 80
Deng, W., 112
Denham, S. A., 232
Denissen, J. J., 475
Denissen, J. J. A., 369
Dennerstein, L., 444
Dennis, T., 231
Dent, A. L., 224
de Oliveira, B. H., 201
Deoni, S. C., 112
De Onis, M., 74, 198
D'Epinay, C. J. L., 551, 553
Depp, C. A., 535
Deptula, D. P., 308, 361
Der, G., 442, 521, 522
De Rango, F., 505
Derevensky, J. L., 153
de Roos, S., 245
de Rosnay, M., 232
Derringer, J., 17, 374
Desai, A., 77
Desai, M., 508, 509
Desai, S., 364
DeSalvo, K. B., 258
De Sanctis, V., 324
Descartes, L., 240
Deschênes, M., 271
Deshmukh-Taskar, P. R., 258
DeSilver, D., 415, 423
Desoete, A., 268
Després, O., 522
de St. Aubin, E., 470, 475
Detering, K. M., 572

Deters, F. G., 421
Detweiler, J. B., 455
Deutsch, F. M., 239
De Vaus, D., 429, 434
De Villiers, T. J., 445, 452, 453, 454
Devine, J., 282
Devine, M., 542
Devine, R. T., 211
Devitt, A. L., 523
Devoe, J. E., 202
DeVos, J., 141
de Vries, B., 483, 551
Dew, J., 430, 482
Dewald, J. F., 259
de Weerth, C., 165
Dewey, J., 396
DeWolf, M., 183, 254
Dey, A. N., 456
Dey, E. L., 403, 404
DeYoung, C. G., 418, 468
Dhabhar, F. S., 482
Dhalewadikar, J., 378
Dhangar, G., 111
d'Harcourt, C., 87, 91
Dhillon, H. M., 451
D'Hondt, E., 196
Diamond, A., 143, 215, 475
Diamond, L. M., 358
Diamond, M., 235, 236
Diaz, N., 518
Diaz, R., 359
Diaz, T., 371
Diaz Granados, D., 459
Di Benedetto, S., 508
Dick, D. M., 326
Dickens, W. T., 275
Dickerson, B. C., 420
Dickinson, D. K., 221
Dickinson, H. O., 80
Didaskalou, E., 252
Didow, S. M., 183
Diego, M., 99
Dieguez, S., 560
Diehl, M., 475
Diehr, P. K., 75
Diekema, D., 201
Diemand-Yauman, C., 348
Dien, D. S. F., 401
Diener, C., 476
Diener, E., 434, 456, 476, 477
Dietert, R. R., 80
Dietrich, A., 397
Dietz, W. H., 298
DiFranza, J. R., 76
Di Giunta, L., 295
DiGiuseppe, D. L., 138
Dijk, D. J., 443
Dijk, E., 343
Dijkstra, J. K., 309
Dillikar, D., 265
Dillow, S. A., 284, 402, 403
Dilworth-Bart, J. E., 204
Dineen, M., 10
Dinella, L. M., 168, 238, 243–244
Dingemans, E., 536, 539
Dinges, D. F., 389

Dinse, H. R., 462
Dionne, G., 378
Diop, Y., 16
DiPietro, J. A., 72, 78, 79
DiPrete, T. A., 402
Dirix, C. E. H., 73
Dirks, H., 112
Dirks, M. A., 372
Dishion, T. J., 247, 297, 305, 307, 346, 367, 378, 379
Dissanayake, C., 178
Dittmar, H., 263
Dittus, P., 394
Dittus, P. J., 361
Dixon, R. A., 461
Djoussé, L., 449
Do, M. T., 111
Doak, C. M., 330
Doane, L. D., 419
Dobbie, R., 90
Dobbs-Oates, J., 14, 208
Dobriansky, P. J., 539, 551
Dobson, A., 545
Dobson, C. F., 92
Doctoroff, G. L., 14, 208
Dodd, K. W., 514
Dodds, J. B., 116
Dodge, K. A., 242, 245, 247, 249, 250, 307, 308, 309, 310, 311, 312, 325, 378, 379
Dodson, C. S., 523
Doherty, W. J., 167
Döhnel, K., 211
Dolan, M. A., 432
Dolbin-MacNab, M., 488
Dolbin-MacNab, M. L., 492
Doley, R., 492
Dollinger, S. J., 339
Dombrowski, S. U., 386
Domellöf, E., 197
Domènech Rodríguez, M. M., 297
Domina, T., 223
Dominguez-Folgueras, M., 425
Don, A., 76
Donaldson, G., 458
Dong, Q., 252
Donley, S., 378
Donnellan, M. B., 468
Donnerstein, E., 309, 310, 311
D'Onofrio, B., 217
D'onofrio, B. M., 300
Donoho, C. J., 476
Donohoe, M. B., 564
Donovick, M. R., 297
Donzella, B., 185
Doolaard, S., 284
Doolan, M., 245
Dopp, A. R., 564
Dorn, D., 161
Dornbusch, S. M., 248, 346
Dornfeld, M., 248
Dorronsoro, M., 536
Dosa, D., 540
dos Santos, A. P. P., 201
Dotson, M. M., 521
Doty, R. L., 441

Douch, R., 305
Doughty, S. E., 372
Douglass, F., 257
Doust, J., 286
Douthit, K. Z., 449
Dove, H., 121
Downer, J. T., 219
Downing-Matibag, T., 485
Dowshen, S., 187
Doyle, L. W., 99
Doyle, M., 491
Doyle, W. J., 391
Drabick, D. A., 377
Dragan, W. Ł., 165
Drageset, J., 551
Drake, B., 188, 423
Drake, P., 79, 90, 91, 100, 364, 417, 429, 533
Drapeau, S., 300
Drewnowski, A., 199
Drews, F. A., 348
Dreyer, B., 298
Dreyer, B. P., 10
Drijber, B. C., 433
Driscoll, A. K., 50, 79, 81, 87, 90, 91, 96–97, 98, 364, 411, 417, 429, 533
Drummond, J., 181
Drury, J., 317
Dua, T., 285
Duatoff, R. J., 420
Dubas, J. S., 165, 369
Dubbert, P. M., 386
Dube, S. R., 188
Duberstein, P. R., 479, 484
Dubicka, B., 336
Dubocovich, M. L., 329
Dubois, J., 112
Dubow, E., 221
Dubowitz, H., 187
Duckworth, A., 344
Duckworth, A. L., 180, 273
Duezel, S., 508
Dufour, A., 522
Dugas, K., 211
Dugdale, H. L., 502
Duggan, M., 347, 538, 572
Duke, J., 261
Duley, J., 521
Dumke, H. A., 521
Duncan, J. R., 103
Duncan, L. E., 474
Dunfield, K., 162
Dunfield, K. A., 162
Dunham, F., 149
Dunham, P., 149
Dunham, R., 356
Dunifon, R. E., 492, 546
Dunn, A. L., 515
Dunn, E. C., 315
Dunn, E. W., 430, 431
Dunn, J., 182, 213, 243
Dunn, J. F., 182, 252, 305
Dunne-Bryant, A., 434
Dunning, D. L., 215
Dunson, D. B., 395

Dunst, B., 288, 460
Dunst, C., 153
Dupierrix, E., 116
DuPont, R. L., 250
Dupre, M. E., 545
Dupuis, D., 241
Dupuis, P., 446
Dür, W., 347
Duran, C., 287
Durante, S., 538, 539, 540
Durazzo, T. C., 518
Durbin, D. R., 201
Durlak, J. A., 297, 298, 575
Durtschi, J. A., 375
Dush, C. M. K., 425
Duster, T., 14
Duterque, O., 49
Duthie, J. K., 340
Dwairy, M., 369
Dweck, C. S., 231
Dworkis, D. A., 505
Dwyer, D. S., 361
Dye, B. A., 258
Dye, J. L., 148
Dykas, M. J., 174
Dykstra, P. A., 549, 551, 552
Dylla, D. J., 303
Dyment, J. E., 261
Dymnicki, A. B., 298
Dzewaltowski, D., 306

Eacott, M. J., 127
Eagly, A., 236
Eagly, A. H., 236, 403
Earl, J. K., 539
Earls, M., 176
East, P. L., 372
Eaton, D. K., 321, 329
Eaves, L. J., 377
Eaves, Y. D., 553
Ebert, S., 273
Ebesutani, C., 295
Ebstein, R. P., 55
Eccles, J. E., 368
Eccles, J. S., 343, 344, 347, 349, 367, 368, 369, 373, 403
Eccles, R., 95
Eckenrode, J., 10, 376
Eckenrode, J. J., 364
Ecker, J. L., 90
Eckerman, C. O., 183
Eckert, M. A., 442
Eckert, P., 340
Ecochard, R., 49
Eddins, A. C., 441
Eddins, D. A., 441
Eddleman, K. A., 81
Edelsohn, G., 315
Edelstein, R. S., 216
Edelstein, W., 419
Eden, G. F., 286
Eder, W., 265
Edgin, J., 59
Edison, M. I., 406
Edmondson, D., 575
Edwards, C. P., 223
Edwards, J. D., 521

Edwards, K. M., 433
Efreom, Y., 282
Ege, M. J., 265
Egeland, B., 174
Egerter, S., 201, 384
Eggebeen, D. J., 430
Egger, M., 542, 573
Eggum, N. D., 295
Egliston, K. A., 251
Egloff, B., 418, 419, 530
Ehlayel, M. S., 265
Ehrenreich, B., 5
Ehrlich, K. B., 11
Eiberg, H., 195
Eicher, J. D., 286
Eid, M., 481, 482
Eidelman, A. I., 94
Eilers, M. A., 361
Eimas, P., 115
Einarson, A., 75
Einstein, F. H., 54
Eisenberg, A. R., 296
Eisenberg, L., 433
Eisenberg, M. E., 331, 423
Eisenberg, N., 180, 181, 231, 249, 250, 254, 294, 295, 316, 342, 343, 401, 419
Eisend, M., 240
Eisenegger, C., 234
Eisengard, B., 247
Ekinci, B., 278
Ekman, I., 448
Ekono, M., 10
Elad, L., 220
Elalaily, R., 324
Elder, D. E., 95, 96
Elder, G. H., 14, 378, 480, 488
Elder, G. H., Jr., 326, 346
El-Gabalawy, R., 531
Elgar, F. J., 328
Eliason, S. R., 411
Eliassen, H., 453
Elicker, J., 174
Elieff, C., 424
Elkind, D., 338–340
Elkins, R. K., 419
Elledge, A. R., 283
Elledge, L. C., 283
Elleman, L. G., 530
Elliot, A. J., 449
Elliot, J., 272
Elliott, B. A., 201
Elliott, E., 111
Elliott, J., 215, 534
Elliott, M., 534
Ellis, A., 140, 345
Ellis, B., 325
Ellis, B. J., 325, 361, 364
Ellis, K. J., 257
Ellis, W. R., 298
Ellison, C., 534
Ellison, C. G., 534
Ellison, G. M., 514
Ellison, N. B., 391, 403, 422
Elmenhorst, D., 389
Else-Quest, N., 223
Else-Quest, N. M., 282, 357

El-Sheikh, M., 245, 259
ElSohly, M. A., 334
Ely, E. W., 559
Elzinga, C. H., 383
Emanuel, E. J., 573, 574
Emberson, L. L., 396
Emde, R. N., 118
Emery, L., 522
Emery, R. E., 299, 300, 303
Emond, A., 79
Endendijk, J. J., 169
Eng, P. M., 545
Engarhos, P., 562
Engedal, K., 534
Engelhardt, C. R., 311
Engels, R. C., 374
England, D. E., 239, 240
Engle, P. L., 168
English, D., 5
English, T., 430, 431, 479, 532, 537, 544
Englund, M., 174
Ensor, R., 248
Ensor, R. A., 271
Enstone, J., 395
Entwisle, D. R., 282
Epel, E. S., 502
Eppe, S., 250
Epperson, C. N., 168
Eppink, S. T., 484
Eppler, M. A., 118, 120
Epstein, R., 94
Erath, S., 389
Erath, S. A., 245
Erdley, C. A., 308
Erdogan, B., 476
Erickson, J. D., 78
Erickson, K. I., 387, 442, 511
Erickson, M. F., 167
Eriksen, M., 335
Erikson, E. H., 24, 26–27, 170, 178, 233, 293, 353, 412, 416, 421, 468, 472, 473, 529, 575
Erikson, J. M., 26, 529
Eriksson, C. P., 197
Eriksson, J., 442
Eriksson, M., 234
Erjavec, M., 148
Ernest, T., 77
Eron, L., 310
Erten, N., 507
Ervin, R. B., 514
Escoto, K., 371
Escudero, J., 533
Eslick, G. D., 104, 111
Esmaeili, N. S., 300
Espehaug, B., 551
Espelage, D. L., 311, 312
Espeland, M. A., 453
Espinoza, G., 420, 421
Esposito, K., 514
Essex, M. J., 325
Estes, K. G., 16
Etaugh, C. A., 473
Ettehad, D., 448
Euling, S. Y., 324
Evandrou, M., 482

Evans, A. D., 211, 279
Evans, C. E., 258
Evans, D. E., 163, 164, 165, 173
Evans, G. W., 282
Evans, J., 79
Evans, M. A., 221
Eveleth, P. B., 324
Ewert, T., 399
Ewing, S. W. F., 334
Exner-Cortens, D., 376
Eyler, L. T., 507

Faber, S., 111
Fabes, R. A., 231, 239, 243–244, 249, 250, 254, 294, 295, 343
Fabricius, W. V., 300
Fagen, J., 127
Fagot, B. I., 174, 239
Fahmy, D., 534
Fairchild, E., 239
Fairchild, G., 314, 377
Fairclough, S. J., 261
Faivre, N., 560
Falbo, T., 252, 253
Fales, J. L., 375
Falkingham, J., 482
Falkner, B., 265
Fallis, E. E., 480
Fandakova, Y., 273
Fandal, A. W., 116
Fang, A., 315
Fang, S., 346
Farah, M. J., 283
Fardouly, J., 331
Farero, A. M., 428
Farhat, T., 335
Farkas, G., 346
Farkas, S. L., 74
Farmer, A., 386
Farmer, T. W., 309
Farr, R. H., 424
Farrell, A. D., 343
Farrell, M. P., 475
Farren, J., 568
Farrer, L. A., 517
Farrington, D. P., 314, 377, 379
Farver, J. A. M., 244, 250
Farver, J. M., 311
Fäsche, A., 232
Fasig, L., 178
Fasolo, M., 153
Fatima, Y., 259
Faucher, E. H., 565
Favaro, A., 387
Favreault, M. M., 482, 549
Fay-Stammbach, T., 271
Fazel, S., 333
Fear, J. M., 296
Fearon, P., 176
Fearon, R. P., 174
Febo-Vazquez, I., 393, 394
Fedewa, A. L., 303, 371
Feeley, T. H., 479
Fehr, E., 234
Fehring, R. J., 361
Feigenson, L., 142, 208
Feiler, R., 144

Feinberg, M., 300, 434
Feinberg, M. E., 375, 394
Feinn, R., 387
Feinstein, B. A., 483
Feldman, B. L., 420
Feldman, D. C., 461
Feldman, H., 480
Feldman, J., 137
Feldman, J. F., 99, 136, 137, 138
Feldman, L., 505
Feldman, R., 94, 175
Feldman Barrett, L., 472
Fellah, R., 281
Fellman, V., 115, 140
Felmlee, D. H., 374
Felson, D. T., 518
Fender, J. G., 152
Fenelon, A., 548
Feng, W., 252
Fenton, A., 445
Ferber, R., 194
Ferber, S. G., 93
Ferguson, C. A., 153
Ferguson, C. J., 310, 377
Ferguson, D. L., 413
Ferguson-Rome, J. C., 544
Fergusson, D. M., 189, 301, 411
Fernald, A., 16, 146, 148, 153, 177
Fernandes, A., 115
Fernandez, A., 250
Fernández, A., 502
Fernández-Carro, C., 542
Fernández-Hermida, J. R., 297
Fernyhough, C., 220, 243
Ferrara, S., 387
Ferrari, L., 477
Ferraro, A. J., 300
Ferrer, E., 286
Ferrero, J., 326
Ferrucci, L., 506
Ferry, A. L., 140
Fettro, M. N., 303, 425
Fewtrell, M., 106
Fiatarone Singh, M. A., 441, 514
Fidler, V., 106
Field, A. E., 330, 502
Field, A. P., 251
Field, R. D., 239
Field, T., 99, 115, 176
Field, T. M., 183
Fields, J., 301, 429, 566
Fields, J. M., 284, 434
Figueiredo, B., 300, 434
Figueredo, A., 524
Fihrer, I., 176
Fildes, A., 115
Filiano, J. J., 103
Filippi, M., 518
Finch, C. E., 507, 508
Finch, S. J., 379
Fincham, F., 423
Fincham, F. D., 375, 423, 427, 432, 480
Finegold, K., 384
Finer, L. B., 360, 361
Fingerhut, L. A., 336
Fingerhut, M., 441

Fingerman, K., 486, 488
Fingerman, K. L., 486, 487, 521, 542, 545, 551, 552
Fink, E., 311
Finkel, D., 502
Finkenauer, C., 370, 567
Finley, M., 574
Finn, A. S., 348
Finn, J. D., 348
Finnigan, A., 396
Finzi-Dottan, R., 482
Fior, M., 207
Fireman, G., 294
Firk, C., 327, 328
Firth, K. M. P., 449
Fisch, H., 445–446
Fischer, J. L., 355, 416
Fischer, K. W., 143, 342, 396, 397
Fischer, M., 440
Fischer, M. J., 404
Fishbein, H. D., 183
Fisher, C., 148
Fisher, D. M., 121
Fisher, J. O., 72
Fisher, K. R., 144
Fisher, P., 164
Fisher, P. H., 14, 208
Fisher, S. E., 286
Fisher, T. D., 428
Fisher, W. A., 447
Fiske, S. T., 497
Fitzmaurice, G., 545
Fitzpatric, M. J., 240
Fitzpatrick, C., 221
Fitzpatrick, E. M., 147
Fitzpatrick, M. D., 402
Fitzsimmons, C. M., 148
Fivush, R., 215, 216
Fjell, A. M., 274, 442, 507, 517
Flammarion, S., 200
Flannagan, C. A., 343
Flavell, E. R., 211, 212
Flavell, J. H., 210, 211, 212, 268, 272
Flaxman, S. M., 34
Flaxman, S. R., 395
Fleeson, W., 418, 439, 440
Flegal, K., 105, 524
Flegal, K. M., 65, 107, 168, 193, 198, 257, 264, 330, 385, 386, 449
Fleischman, D. A., 523
Fleming, B. M., 569
Fletcher, B. C., 147
Fletcher, J. M., 217
Flewitt, R., 281
Flick, R., 266
Flood, M., 387
Flook, L., 283, 346, 367
Flores, G., 202
Floyd, F., 552
Floyd, F. J., 567
Flynn, H. K., 374
Flynn, J., 330
Flynn, J. J., 455
Flynn, J. R., 217, 275
Flynn, J. T., 266

Foehr, U. G., 309, 348, 368
Fogel, A., 175
Fogg, L., 559
Folkman, S., 388, 532
Folmer-Annevelink, E., 284
Foltz, J. L., 329
Fomby, P., 299
Fonagy, P., 175
Fong, A., 91
Fonner, V. A., 366
Fonseca, R. P., 442
Font, S. A., 246
Fontana, L., 386, 506
Fontanel, B., 87, 91
Fontenol, K. R., 540
Fontenot, K., 298
Forciea, M. A., 452, 511
Ford, C. A., 336
Ford, C. L., 384
Ford, M. T., 344, 431
Forget-Dubois, N., 153, 154
Forhan, S. E., 362
Forman, D. R., 181
Forno, E., 265
Forouzanfar, M. H., 448
Forssell, S. L., 424
Forstmeier, S., 576
Fortuna, K., 424
Fosco, G. M., 297, 300
Foster, C. A., 430, 480
Foster, E. M., 138
Foster, G. D., 264
Fouad, N., 473
Foulstone, A. R., 483
Fournier, J. S., 338
Fournier, S., 512
Fowler, J. H., 391, 434
Fox, N. A., 114, 143, 166, 174, 242
Fraga, M., 502
Fraga, S., 375
Fraleigh, M. J., 248
Franceschi, R., 326
Francesconi, M., 128
Francis, B., 72
Francis, P., 441
Francis-Tan, A., 480
Franco, O. H., 73
François, Y., 335
Franconi, F., 393
Frane, J. W., 324
Frank, J. A., 359
Franke, B., 286
Franke, T. M., 374
Franken, F. H., 335
Frankenburg, W. K., 116, 117
Franks, M. M., 483
Franks, P. W., 198, 264
Franks, S., 396
Franzetta, K., 361
Fraser, V., 423
Fratiglioni, L., 559
Freak-Poli, R., 447
Fredricks, J. A., 368
Fredrickson, B. L., 472
Fredriksen, K. I., 565, 566
Fredriksen-Goldsen, K. I., 550

Freeark, K., 303, 304
Freedman, V. A., 546
Freeman, C., 282
Freeman, E. W., 444
Freeman, G., 200
Freeman, M., 516
Freeman, R. K., 75
Freid, V. M., 448
Fremont, W. P., 317
French, D. C., 308
French, R. M., 138
French, S. E., 356
Frenkel, D., 519
Freud, A., 25
Freud, S., 24–25, 27, 236–237
Freuding, M. M., 545
Frey, B. S., 429
Frey, K. S., 237, 313
Fricke-Oerkermann, L., 195
Fried, L., 347
Friedemann, M. L., 488
Friederici, A. D., 73, 151
Friedman, B., 544
Friedman, E. M., 439
Friedman, H. S., 456, 531
Friedman, L. M., 215, 272
Friedman, O., 210, 211
Friedman, R. J., 250
Friend, M., 152
Friend, R. A., 550
Fries, A. B. W., 188
Fries, J. F., 449, 506
Friesen, M. D., 301
Friesenborg, A. E., 181, 418
Frigoletto, F. D., Jr., 90
Frijns, T., 370
Frisina, D. R., 441
Frisoli, T. M., 448
Frith, U., 213
Fritz, M. M., 456
Frodi, A. M., 170
Frodi, M., 170
Froehlich, T. E., 76, 77
Froimowitz, M. P., 274
Frolkis, A., 515
Fromkin, V., 152
Fronczyk, K., 165
Frost, A. M., 426
Frost, D. M., 483
Fruhauf, C. A., 492
Fry, R., 426
Fryar, C., 105
Fryar, C. D., 102, 168, 193, 198, 257, 258, 262, 385, 449
Frydenberg, M., 287
Frye, C., 325
Frye, D., 210, 214
Fu, G., 211
Fu, L., 103
Fu, P., 444
Fuchs, C. S., 390
Fuentes, E., 102
Fuhrer, R., 449
Fui, M. N. T., 446
Fujii, L., 77
Fukusima, S., 443
Fulcher, M., 168, 238

Índice Onomástico

Fuligni, A. J., 346, 367, 368, 373
Fulker, D. W., 164–165
Fuller, J. N., 426
Fuller-Iglesias, H. R., 505
Fuller-Thomson, D. E., 492
Fuller-Thomson, E., 491
Fulop, T., 502
Fulton, R., 558
Funes, C., 562
Fung, H. H., 479
Funk, C., 402
Fuqua, J. S., 326
Furman, W., 183, 254, 308, 359, 375
Furr, J. M., 317
Furstenberg, F., 426
Furstenberg, F. F., 426, 491
Furstenberg, F. F., Jr., 383, 402, 406, 431
Furukawa, E., 232, 294

Gabbard, C. P., 196
Gabhainn, S., 335
Gable, C. J., 329
Gabrieli, J. D. E., 348, 523
Gacic-Dobo, M., 78
Gadow, K. D., 377
Gaertner, J., 559
Gaffney, M., 115
Gage, F. H., 112
Gagne, J. R., 66
Gaillard, R., 73
Gaines, S. O., 400
Gaither, M., 284
Galambos, N. L., 375, 469, 471
Galanaki, E. P., 340
Gale, C., 99
Gale, C. R., 521
Galili, G., 175
Gall, M., 400
Gallagher, J. C., 453
Gallagher, K. C., 165
Gallagher, S. A., 316
Gallagher, W., 443
Galland, B. C., 95, 96
Gallant, S. J., 455
Gallo, L. C., 483
Gallup, G. G., Jr., 393
Galobardes, B., 390
Galor, S., 514
Galotti, K. M., 269
Galvao, T. F., 326, 335
Gamble, M., 115
Gameiro, S., 396
Ganea, P. A., 134
Ganger, J., 148
Gangwisch, J. E., 511
Gans, J. E., 324
Gao, G., 252
Gao, M., 564
Garaigordobil, M., 460
Garakani, A., 317
Garandeau, C. F., 309
Garces, A., 83
Garcia, A., 134, 305
Garcia, F., 297
García, F., 297

Garcia, R. L., 239
Garcia-Coll, C., 165
Gard, T., 442
Gardiner, H. W., 87, 121, 339
Gardner, A. T., 483
Gardner, C. O., 515
Gardner, H., 275–277, 287
Gardner, M., 373
Garg, N., 111
Garlick, D., 114
Garn, A. C., 288
Garner, A., 492
Garner, A. A., 329
Garnick, M. B., 446
Garthe, R. C., 376
Gartstein, M. A., 161, 165
Garver, K. E., 271
Garwood, M. M., 172
Garwood, S. K., 188
Garzon, L. C., 358
Gasana, J., 265
Gaser, C., 234, 236
Gasser, U., 347
Gates, G. J., 302, 359
Gathercole, S. E., 214, 215, 272
Gatti, U., 379
Gattis, K. S., 418
Gatz, M., 458, 462, 515, 516, 531
Gauthier, A. H., 431
Gauthier, R., 394
Gavrilova, N., 511
Gawronski, B., 238
Gaylord, S., 127
Gaylord-Harden, N. K., 356
Gazes, R. P., 268
Gazzaley, A., 259, 271, 442
Ge, X., 326
Geangu, E., 162
Gearhart, J. P., 235
Geary, D. C., 269
Gebauer, M. M., 282
Gee, J., 362
Gee, N., 173
Geen, R., 188
Geerligs, L., 507
Gehring, W. J., 213
Geiger, A., 426
Geiger, P. J., 536
Gellen, U. P., 427
Gelman, R., 207, 208, 220
Gelman, S. A., 207, 237
Gelstein, S., 421
Gendler, T. S., 180
Genesee, F., 150
Gentaz, E., 119
Gentile, D., 310
Gentile, D. A., 310
Georganopoulou, D. G., 519
George, C., 174
George, L. K., 534
Georgellis, Y., 434, 476
Geraci, L., 523
Gerassi, L., 188
Gereoffy, A., 426
Gerhard, T., 315
German, T. P., 211
Germino-Hausken, E., 224, 282

Gernhardt, A., 230
Gerrans, P., 539
Gerritsen, L., 502
Gershoff, E. T., 245, 246
Gerst, K., 536
Gerstorf, D., 532, 559–560
Gertner, Y., 142, 148
Gervai, J., 239
Gervain, J., 146
Gest, S., 283
Gest, S. D., 166
Gettman, D. C., 370
Getzels, J. W., 288, 416
Geurts, B., 211
Geuze, R. H., 138, 197
Ghisletta, P., 458, 507
Ghosh, K., 506
Ghulmiyyah, L., 365
Giambrone, S., 211
Giandrea, M. D., 462
Gibaldi, C. P., 539
Gibbons, F. X., 361
Gibbons, J., 166
Gibbons, L., 90
Gibbons, S., 254
Gibbs, J., 342
Gibbs, J. C., 342, 400
Gibson, C. J., 444
Gibson, E. J., 119–120, 137
Gibson, J. J., 119
Gibson, S. C., 544
Gibson, T., 363
Giedd, J. N., 66, 75, 196, 259, 260, 328
Gierveld, J. D. J., 549, 552
Giessler, K., 92
Gilchrist, E. S., 420
Giletta, M., 343
Gilg, J. A., 106
Gill, J., 512
Gillen, M. M., 331, 394
Gillespie, B. J., 447
Gilligan, C., 343, 401
Gilligan, M., 479, 490
Gilman, C., 80
Gilmore, J., 110, 114, 168
Gilovich, T., 477
Gilpin, A. T., 243
Gilstrap, L. L., 66
Giménez, M., 563
Giménez-Dasí, M., 243
Giner-Sorolla, R., 40
Ginns, P., 269
Ginsburg, H., 338
Giordano, P., 376
Giordano, P. C., 368, 375, 425
Girard, A., 378
Giri, B., 201
Giscombé, C. L., 98
Giuliano, A. R., 362
Giumetti, G. W., 312
Gjelsvik, A., 312
Gladyshev, V. N., 504
Glaser, D., 188
Glaser, K., 491, 492, 546
Glaser, R., 507
Glass, H. C., 97, 98

Glasziou, P., 286
Gleason, P. M., 284
Gleason, T. R., 243
Glenn, N., 301, 433
Glewwe, P., 283
Glick, G. C., 307
Glick, S. N., 358
Glisic, U., 216
Glover, V., 79, 176
Glück, J., 475, 525
Glutting, J., 208
Glymour, M. M., 548, 566
Gobet, F., 459
Goble, P., 239, 244
Goebert, D., 337
Goertz, C., 133
Goetz, P. J., 213
Goff, S., 426
Gogtay, N., 66, 75, 259, 260, 327, 334
Goh, D., 421
Goh, D. Y., 96, 194
Goh, D. Y. T., 96
Gold, K. J., 568
Goldberg, A. E., 239, 244
Goldberg, W. A., 297
Goldblum, P., 359
Golden, J., 551
Golden, M. R., 358
Goldenberg, R. L., 100
Goldfried, M. R., 483
Golding, J., 79, 239
Goldin-Meadow, S., 147
Goldman, S. R., 459
Goldscheider, F., 434
Goldschmidt, L., 77
Goldsen, J., 550
Goldstein, A. S., 11
Goldstein, J., 224
Goldstein, M., 152
Goldstein, M. H., 160, 396
Goldstein, N. A., 259
Goldstein, S. E., 368
Goldwater, T., 81
Goleman, D., 195
Golik, A. M., 317
Golinkoff, R. M., 16, 144, 148, 152, 153, 221
Gollwitzer, M., 310
Golmaryami, F. N., 312
Golombok, S., 168, 233, 237, 239, 302
Golombok, S. E., 234, 239
Golub, M. S., 325, 326
Goman, A. M., 441
Gomes-Osman, J., 511
Gomez, S. H., 188
Gomez-Garibello, C., 211
Gómez-Robles, A., 112
Gomez-Scott, J., 411
Göncü, A., 144
Gondim, S., 460
Gonen-Yaacovi, G., 461
Gonyea, J. G., 546
Gonzales, G., Jr., 484
Gonzales, K. R., 76
Gonzales, N. A., 326

Gonzalez, D., 389
Gonzalez-Backen, M. A., 356
Gooch, D., 271
Good, J., 511
Goodkind, D., 497, 498, 501
Goodman, D. C., 98
Goodman, G., 267
Goodman, G. S., 303
Goodman-Delahunty, J., 473
Goodnow, J. J., 180, 245, 250
Goodstein, J., 212
Goodwin, G. M., 333
Goodwin, J. S., 446
Goodz, E., 153
Gooren, L. J., 236
Goossens, L., 370
Gootman, E., 347
Gopie, N., 524
Gorchoff, S. M., 485, 486
Gordon, I., 175
Gordon, L., 55
Gordon, R., 216
Gordon-Larsen, P., 328, 384
Gorecka, M. M., 441
Gorman, E., 153
Gorman, J., 393
Gorman-Smith, D., 378, 379
Gornick, J., 405
Gosling, S. D., 418, 530
Gosselin, P., 231
Gosztyla, D., 165
Gottesman, I. I., 217
Gottfredson, L. S., 522
Gottfried, A. E., 288, 297
Gottfried, A. W., 297
Gottlieb, A., 167
Gottlieb, B., 391
Gottlieb, G., 62
Goubet, N., 119, 142
Goudena, P. P., 244
Gouin, J. P., 533
Gould, R. L., 519
Goulet, L. S., 421
Govindaraju, T., 514
Gow, A. J., 442, 516
Gozalo, P., 540
Grabe, S., 331
Graber, J. A., 326
Grable, J. E., 482
Grabowski, D. C., 544
Grace, D. M., 133
Gracia, C. R., 444
Gracia, E., 297
Gradisar, M., 329
Grady, C. L., 442
Grady, D., 90
Grady, J. S., 170
Graff, J. C., 492
Grafman, J., 406
Graham, C., 472
Graham, E. K., 530, 531
Graham, J. E., 482, 548
Graham, J. L., 486, 542
Graham, J. W., 378, 379
Graham, K. L., 241
Graham, S., 347
Graham, S. A., 209

Gralinski, H., 178
Granados, A., 240
Grande, A., 317
Grandpierre, V., 147
Granger, D. A., 315
Granhag, P. A., 295
Granier-Deferre, C., 72, 73
Grant, B. F., 392
Grant, H., 231
Grant, J. E., 388
Grant, N., 391
Grant, S., 476
Grassi, M., 507
Graubard, B. I., 449
Grauerholz, L., 239
Gray, J. R., 274, 275, 418
Gray, M., 429, 434
Gray, M. R., 369
Gray, P., 253
Graziano, A. M., 195
Green, A. P., 168, 170
Green, A. R., 202
Green, F. L., 211, 212
Green, K. M., 411
Green, M., 534
Green, R. E., 52
Greenberg, J., 552, 567
Greenberg, J. S., 490, 567
Greenberg, M., 224
Greenberger, E., 485
Greene, E., 544
Greene, G., 550
Greene, K. M., 406
Greene, L., 360
Greene, M. F., 76
Greene, M. L., 357
Greene, S. M., 76
Greenfield, E. A., 486, 535, 539, 542
Greenfield, P., 376
Greenfield, P. M., 347, 348, 421
Greenhouse, L., 492
Greenway, F. L., 386
Greenwood, D. C., 77, 258
Gregg, E. W., 386
Gregg, V. R., 338
Gregorevic, K., 572
Gregory, C. A., 199
Gregory, E. C., 100
Gregory, E. C. W., 100
Gregory, S., 377
Greicius, M. D., 517
Grellier, J., 80
Grenhart, W. C., 463
Grenier, A., 13
Gress-Smith, J. L., 388, 389
Grether, J. K., 90
Grevendonk, L., 384
Grewal, D., 400
Greyson, B., 560
Griffin, K. W., 371
Grigorenko, E. L., 275, 278, 399
Grigoriadis, S., 79
Grigoryeva, A., 488
Grilo, C. M., 331, 332, 333, 387
Grimbos, T., 358
Grodzicki, T., 448

Groeger, J. A., 443
Groen, R. S., 80
Groeneveld, M., 169
Groeneveld, M. G., 169
Groenewoud, J. H., 573
Groh, A. M., 174
Groholt, B., 313
Gross, A. L., 524
Gross, J. J., 180, 532
Gross, J. N., 246
Grossberg, G. T., 488
Grossman, A. H., 359
Grossman, J. B., 211
Grossmann, M., 446
Grossschmidt, K., 557
Grotevant, H. D., 303, 304
Grotpeter, J. K., 308
Grov, C., 394
Gruber, J., 300
Gruber, K. J., 92
Gruen, J. R., 286
Gruenewald, T. L., 469, 475
Grulich, A. E., 567
Grummer-Strawn, L., 107
Grummer-Strawn, L. M., 106
Grusec, J. E., 180, 245, 250, 295, 297
Grych, J. H., 300
Grzywacz, J. G., 346
Gu, B., 252
Gu, D., 534, 545
Gu, Q., 168, 193, 257
Guallar, E., 452
Guan, Y., 119
Guberman, S. R., 270
Gubernskaya, Z., 424–425
Guckenburg, S., 379
Gueldner, B., 313
Guendelman, S., 106
Guenther, P. M., 514
Guerchet, M., 542
Guerino, P., 311
Guerra, N. G., 311, 312
Guida, A., 459
Guilford, J. P., 288, 460
Guilleminault, C., 194
Guillery, R. W., 112
Guillet, L. A., 551, 553
Guimond, A. B., 356
Guiney, H., 387
Gulish, A., 414
Gunderson, E. A., 231
Gunja, M. Z., 384
Gunn, D. M., 272
Gunnar, M. R., 173, 174, 185, 304
Gunturkun, O., 118
Guo, G., 377
Guo, N., 91
Gupta, B. P., 451
Guralnik, J. M., 441
Gurantz, O., 414
Gurin, G., 404
Gurin, P. Y., 404
Gurrentz, B., 425
Gurteen, P. M., 148
Gurven, M., 468
Gusarova, I., 423

Gustafson, G. E., 160
Gustafsson, E., 169
Gutchess, A., 507
Guterman, N. B., 245
Guthrie, J. R., 444
Gutman, L. M., 367, 369
Gutt, H., 238
Güven, M., 534
Guy, M. W., 137
Guyer, B., 98, 101

Haar, J. M., 432
Haas, A. P., 337, 359
Haas, C., 340
Haas, E. A., 103
Haas, S. A., 330
Haase, C. M., 547
Habermas, T., 216
Haboubi, N. Y., 507
Hackman, D. A., 283
Haden, C. A., 216
Hadfield, J. C., 492
Hafford, C., 304
Hagan, J. F., Jr., 317
Hagberg, M., 388
Hagedorn, L. S., 406
Haggard, P., 440
Hagl, M., 564
Haglund, K. A., 361
Hahn, C. S., 234
Hahn, E. A., 448
Haider, B. A., 75
Haigh, M. M., 420
Hains, S. M. J., 72
Hair, N. L., 10, 283
Haith, M. M., 115, 142
Hajovsky, D. B., 282
Hakeem, G. F., 103
Hakulinen, C., 531
Halberda, J., 148, 208, 219
Halberstadt, A. G., 170, 294
Halbower, A. C., 259
Hale, S., 522
Hales, C. M., 102, 198
Haley, A., 217
Halfon, N., 10, 374
Halgunseth, L. C., 297
Halim, M. L., 237, 243
Halim, V. A., 539
Hall, J. A., 420
Hall, J. H., 432
Hall, P. A., 388
Hall, S. S., 426
Hallenen, T., 536
Hallers-Haalboom, E. T., 169
Hallett, M., 420
Hallford, D. J., 376
Hallfors, D. D., 336, 394
Halliwell, E., 263
Hallock, H., 442
Hallock, J., 13
Halpern, C., 375
Halpern, C. T., 336
Halpern, D. F., 233, 282, 345, 402, 403
Halpern, S. C., 188
Halpern-Felsher, B. L., 325, 326

Índice Onomástico

Hambrick, D. Z., 214
Hamby, D., 153
Hamer, M., 391, 545
Hamid, Q., 265
Hamilton, B., 213
Hamilton, B. E., 50, 79, 81, 87, 90, 91, 96, 100, 237, 238, 239, 364, 417, 429, 533
Hamilton, B. F., 90, 96–97, 98
Hamilton, M., 240
Hamilton, M. A., 402, 403, 405
Hamilton, M. C., 240
Hamilton, S. F., 402, 403, 405
Hamilton, W. D., 502
Hamlin, J. K., 162
Hamm, M., 447
Hammen, C. L., 314
Hammer, A., 542
Hammerseley-Mather, R., 449, 505
Hammersmith, A. M., 482
Hammond, S. I., 271
Hampson, J. G., 235
Hampson, J. L., 235
Hampson, S. E., 326
Hampton, K. N., 421
Hampton, R. R., 268
Hamza, T. H., 515
Han, J. A., 250
Han, J. Y., 76
Han, S. S., 315
Han, W. J., 128, 129, 223, 371
Han, W.-J., 184
Hancock, A. D., 572
Hancock, J. T., 422
Handal, B., 284
Handmaker, N. S., 76
Hane, A. A., 166
Hänel, M., 420, 479
Hanish, L., 243–244
Hanish, L. D., 239, 244
Hank, K., 551
Hanke, K., 538
Hanke, W., 204
Hankin, B. L., 335
Hankinson, S. E., 395, 453
Hanney, L., 315
Hannigan, J. H., 76
Hannon, E. E., 115
Hanschmidt, F., 569
Hanscombe, K. B., 217, 275
Hansen, B. C., 386
Hansen, M., 329
Hansen, S. N., 111
Hansen-Tift, A. M., 116
Hanson, A. R., 414
Hanson, J. L., 10, 283
Hanson, L., 576
Hao, Y., 539
Happé, F., 232
Hara, Y., 450
Harbaugh, A. G., 312
Hardeman, R. R., 92
Hardway, C., 368
Hardy, J., 516
Hardy, M. A., 488, 489
Hareli, S., 160

Harenski, C. L., 401
Harenstam, A., 388
Hargreaves, J. R., 395
Harkness, S., 244
Harley, V. R., 52
Harlow, H., 167
Harlow, H. F., 167
Harlow, M. K., 167
Harlow, S., 456
Harman, D., 504
Harmey, S. J., 218
Harold, G., 314, 377
Harper, G. W., 359
Harper, J. M., 372
Harper, M. C., 473
Harris, D. G., 507
Harris, J. L., 258
Harris, K. M., 384
Harris, M. L., 173
Harris, P., 563
Harris, P. L., 212, 232, 295, 563
Harris, T., 391
Harrison, F., 516
Harrison, M. A., 393
Harrison, Y., 388
Harrist, A. W., 242
Harry, S., 245
Hart, C. H., 183, 254
Hart, D., 419, 469
Hart, J. L., 241
Hart, R., 391, 434
Harter, S., 177, 229, 230, 231, 232, 293
Hartl, A. C., 373
Hartshorn, K., 127
Hartup, W. W., 183, 243, 254, 305, 307, 308, 373, 484, 551
Hasebe, Y., 367, 369
Haselager, G. J. T., 419
Hasher, L., 442
Haskuka, M., 400
Haslett, S. J., 355
Hassan, N. M. M., 514
Hasselmo, K., 481
Hassett, J. M., 169
Hastings, G., 258
Hastings, P. D., 250
Hategan, A., 489
Hatfield, J. A., 559
Hauck, F. R., 103
Haugaard, J. J., 303
Haukkala, A., 301
Haun, D., 183
Hauser, R. M., 477
Hauser, W. A., 77
Haushofer, J., 234
Hautamäki, J., 274, 278
Haverkock, A., 165
Havighurst, R., 535
Hawes, C., 543, 544
Hawes, D. J., 271
Hawkins, J. D., 366, 378, 379, 411
Hawkley, L. C., 484, 545
Hawley, L. R., 11
Haworth, C. M., 217, 330
Haworth, C. M. A., 274
Hay, C., 308

Hay, D. F., 79, 183
Hay, E. L., 475
Hay, P., 333
Haydon, K. C., 174
Hayes, B., 572
Hayflick, L., 502
Hayghe, H., 184
Haynes, O. M., 16, 131, 173, 234
Hayslip, B., Jr., 492
Hayward, R. A., 449, 568
He, W., 497, 498, 500, 501
He, X., 43
He, Z., 211
Healy, A. J., 83
Heaps, A., 347
Hearing, C. M., 387
Hearst, M. O., 371
Heath, S. B., 276
Heatherington, E. M., 434
Heaven, P. C., 531
Heaven, T. J., 522
Hebblethwaite, S., 469
Hébert, J. R., 449
Heck, K., 390
Heckhausen, J., 472
Heckman, J. J., 224
Hedegaard, H., 568
Hedemark, B., 77
Hedges, L. V., 208
Hedman, K. E., 338
Heeren, T., 390
Heffner, K. L., 507
Heflick, N. A., 560
Heggeness, M. L., 426, 431
Heid, A. R., 542
Heidenreich, A., 451
Heikamp, T., 232
Heikkinen, R., 545
Heil, M., 282
Heiland, F., 301
Heilbronn, L. K., 506
Heim, B. T., 462
Heim, C., 385
Heiman, J. R., 480
Heinemann, K. S., 306
Heinen, B. A., 431
Heino, A., 50
Heinz, W., 412
Heiss, G., 453
Heitzler, C., 261
Held, R., 119
Heller, A. S., 508
Heller, K., 538
Hellerstedt, W. L., 304
Hellriegel, S., 195
Hellström, A., 76
Helm, M. E., 316
Helms, H. M., 420
Helms, J. E., 14, 276
Helms-Erikson, H., 239
Helson, R., 477, 485, 486
Helvik, A. S., 534
Helwig, C. C., 342
Hemenway, D., 569
Henderson, A. K., 534
Henderson, C., 316
Henderson, H. A., 166, 242

Henderson, M., 361
Henderson, V. W., 517
Hendry, L. B., 485
Henkens, K., 536, 539
Hennig, J., 460
Henning-Smith, C., 542
Hennon, E. A., 148
Henry, C. S., 296
Henry, D. B., 361, 378, 379
Henry, J. D., 183, 249
Henry, K. L., 369
Henry, M., 202
Henry, R. G., 427
Henry, W., 535
Hensen, B., 395
Henshaw, S., 364
Henter, J. I., 567
Heo, H. J., 54
Hepach, R., 163
Hepple, R. T., 514
Herald-Brown, S. L., 307
Herbers, J. E., 204
Herbert, J. S., 127, 133, 143
Herbig, B., 399
Herbison, P., 95, 96
Herbst, A., 482
Herdt, G., 323, 358
Herek, G. M., 424
Herman, J. L., 337
Herman-Giddens, M. E., 323
Hernandez, D., 371
Hernandez, D. J., 12, 283
Hernandez-Reif, M., 99
Heron, J., 79, 80, 195, 326
Heron, M., 336
Heron, M. P., 103, 201, 336, 337
Herrenkohl, T. I., 378, 379
Herriot, H., 533
Herrnstein, R. J., 275
Hershey, K. L., 164
Herst, D. E., 474
Hertenstein, M. J., 177
Hertlein, K. M., 427
Hertsgaard, L., 173
Hertzman, C., 295
Herzhoff, K., 250
Herzog, A. R., 536
Hesketh, K., 264
Hesketh, T., 252
Hespos, S. J., 140, 141
Hess, R., 447
Hess, T. M., 521
Hess, U., 160
Hesso, N. A., 102
Hetherington, E. M., 63, 65, 377
Heuveline, P., 425
Hewes, J., 241
Hewlett, B. S., 167, 168, 170
Hewson, J. A., 541
Heyman, K. M., 512
Heymann, J., 432
Heywood, C., 169
Heywood, W., 511
Hiatt, C., 373
Hickling, A. K., 207
Hickman, M., 329
Hicks, G. R., 483

Hiedemann, B., 482
Hietanen, M., 519
Higashibara, F., 232, 294
Hilgard, J., 311
Hill, C., 414
Hill, J. L., 184
Hill, K. G., 411
Hill, N., 282, 346
Hill, P. C., 534
Hill, P. L., 462, 468, 476, 531
Hill, T. D., 534
Hilliard, L. J., 244
Hilliard, M., 139
Hillis, S. D., 364
Hilton, S. C., 72
Himes, K. P., 73
Himsel, A., 297
Hines, M., 168, 169, 234, 237, 239
Hingson, R., 390
Hinman, J. D., 508
Hinnant, J. B., 259
Hinrichs, C. C., 199
Hinton, D. E., 566
Hipsman, F., 13
Hirsch, R., 449
Hirschhorn, K., 60
Hirschl, T. A., 429
Hirsch-Pasek, K., 148
Hirsh-Pasek, K., 16, 144, 148, 152, 153, 221
Hiruma, N., 250
Hiscock, M., 217
Hishinuma, E. S., 337
Hitchins, M. P., 56
Hitlin, S., 14
Hitzert, M. M., 138
Ho, R. C. M., 387
Ho, S. M., 56
Hoang, T. D., 449
Hoban, T. F., 95, 193, 194, 195, 329
Hobbs, W. R., 391
Hobson, J. A., 194
Hochmann, J. R., 137
Hodes, R. J., 539, 551
Hodges, E. V. E., 311
Hodgins, S., 379
Hodgson, D. M., 72
Hodgson, J. W., 355
Hofer, C., 401
Hofer, S. M., 458, 560
Hofer, T., 213
Hoff, E., 150, 152
Hoff, T., 360
Hofferth, S., 168, 299
Hofferth, S. L., 285, 302, 430
Hoffman, C. D., 432
Hoffman, G. F., 396
Hoffman, H. J., 221
Hoffman, M., 102
Hoffman, M. L., 246
Hofman, A., 73
Hofman, M. A., 236
Hofmann, S. G., 295, 315, 566
Hofmann, V., 419
Hofmann, W., 481, 482

Hogan, H., 546
Hogge, W. A., 70
Hohler, F., 154
Hohmann-Marriott, B. E., 425
Hohne, E. A., 146
Holahan, J. M., 286
Holan, S., 543, 544
Holcroft, C. A., 81, 83, 103
Holland, A., 424
Holland, G., 421
Holliday, R., 502, 504
Hollis-Peel, M. E., 379
Hollos, M., 339
Holloszy, J., 506
Holloway, A., 558
Holloway, S. D., 294
Holmes, E. A., 335
Holmes, E. K., 302
Holmes, J., 215
Holmes, R. M., 260, 261
Holmes, T. H., 454
Holodynski, M., 161
Holowka, S., 150
Holstrum, J., 115
Holt, C. L., 534
Holt-Lunstad, J., 391, 483, 484, 545
Holve, K., 460
Hölzel, B. K., 442
Holzer, H., 414
Honberg, L., 265
Honeycutt, H., 62
Hong, J., 552, 567
Hong, J. S., 311
Hong, Z., 442
Honig, A. S., 183, 254
Honig, L. S., 502
Hood, E., 102, 450
Hooper, F. H., 170
Hooper, S. R., 217
Hooper, S. Y., 252
Hoorn, J., 343
Hopkins, B., 121
Hopkins, L. M., 81
Hopkins, M., 563
Hopkins, W. D., 112
Hoppin, A. G., 194
Hoppin, J. A., 396
Hopwood, C. J., 530
Horn, J. C., 500
Horn, J. L., 458
Horn, N., 545
Horne, J., 388
Horne, J. A., 388
Horne, P. J., 148
Hornick, D., 541
Hornstra, G., 73
Hornung, O., 385
Horowitz, B. N., 64
Horowitz, J. M., 245
Horton, R., 477
Horvath, J. A., 399, 460
Horvath, T., 337, 569
Horwood, L. J., 189, 301, 411
Hoskins, D. H., 369
Hotz, V. J., 536, 551
Houdé, O., 268

Houltberg, B. J., 296
Hourihan, K. L., 524
House, J. S., 391, 480, 536
Houston, D. M., 16, 153
Houston, E., 521
Houts, R. M., 262, 325, 326, 329
How, T. H., 96
Howard, K. S., 365
Howard, R. J., 519
Howe, M. L., 138, 139, 177, 216
Howe, N., 182, 251, 372
Howell, R. T., 456
Howell, T. J., 359
Howes, L. M., 473
Howie, L. D., 200
Howland, M., 387
Howlett, N., 147, 170
Howren, M. B., 521
Hoxby, C. M., 283
Hoy, M. B., 546
Hoyer, W. J., 459
Hoyert, D. L., 448
Hoynes, H. W., 223
Hruby, A., 386
Hsiao, P. C., 197
Hsieh, K., 414
Hsu, L. M., 471
Hsu, S., 517
Hu, F. B., 262, 330, 386
Hu, W., 282
Hua, S., 511
Huang, A. J., 444
Huang, B., 534
Huang, C., 315
Huang, C. C., 442
Huang, K. T., 507
Huang, L. L., 538
Huang, Y., 258
Huang, Z. J., 202
Hubbard, R. L., 378
Hubbard, S., 359
Huberfeld, R., 574
Hubert, H. B., 449
Hudak, M. L., 75
Hudd, S., 388
Hudson, K., 340
Hudspeth, C. D., 425
Huebner, D., 359
Huesmann, L. R., 310
Huesmann, R., 310, 311
Huffman, C. S., 568
Hug, L., 201, 203
Hughes, C., 211, 213, 243, 248, 271
Hughes, C. H., 271
Hughes, D., 357
Hughes, D. L., 477
Hughes, K. L., 350
Hughes, L., 387
Hughes, M. E., 481
Hughes, M. L., 507
Hughes, S. M., 393
Huguet, N., 394
Huhman, M., 261
Huisman, M., 106
Huizinga, M., 348
Huizink, A., 79

Huizink, A. C., 77
Hujoel, P. P., 80
Hulbert, A. J., 504
Hulme, C., 215, 271, 272
Hultsch, D. F., 461
Hummel, A., 326
Hummel, T., 441
Hummer, T. A., 309, 310, 311
Humphrey, N., 311
Humphreys, C., 492
Hungerford, T. L., 566
Hunnius, S., 138
Hunt, G. E., 392
Hunter, J., 359
Hunter, S. B., 563
Huntley, J. D., 519
Huo, M., 486, 542
Huotilainen, M., 115, 140
Hurley, K., 16
Hurtado, S., 403, 404
Hurwitz, M. D., 311
Husby, I. M., 99
Huston, A. C., 299
Huston, S., 482
Huston, T. L., 430
Hutcheon, J. A., 73
Hutchinson, E. A., 99
Huttenlocher, J., 142, 208, 219, 220, 274
Huttunen, M., 79
Huurre, T., 301
Huxhold, O., 551, 552
Huyck, M. H., 462
Hwang, C. P., 170
Hwang, S. A., 80
Hyde, D. C., 142
Hyde, J., 345
Hyde, J. S., 233, 249, 282, 331, 343, 346, 393, 431
Hyde, M. J., 99
Hymel, S., 309
Hysted, C., 212

Iacoboni, M., 163
Iacono, W. G., 377
Iacovou, M., 491
Iafolla, T. J., 258
Ialongo, N. S., 315
Iannotti, R. J., 374
Ickovics, J., 450
Ickovics, J. R., 360
Iervolino, A. C., 234, 239
Iglowstein, I., 194
Ihmeideh, F. M., 281
IJzendoorn, M. H., 172
Ijzerman, H., 486
Imada, T., 151
Imai, M., 148, 219
Imai, S., 183
Imbimbo, B. P., 519
Imdad, A., 75
Imoscopi, A., 441
Imperatore, G., 265
Imuta, K., 183, 249
Inelmen, E. M., 441
Infurna, F. J., 439
Ingalhalikar, M., 345

Índice Onomástico

Ingersoll, G. M., 326
Ingoglia, S., 485
Inguglia, C., 485
Inhelder, B., 208, 268
Innocenti, G. M., 196
Inoue-Murayama, M., 472
Inozemtseva, O., 233
Insel, K., 524
Inskip, H. M., 395
Iodice, S., 384
Ireland, M., 337
Ireland, T. O., 369
Iritani, B. J., 394
Iroku-Malize, T., 509
Ironson, G., 565
Irving, C. A., 60
Irwin, C. E., 384
Isaacowitz, D. M., 479, 530, 531
Isaacson, W., 220
Isava, D., 313
Isengard, B., 542, 551
Isherwood, L. M., 566
Ishida, M., 56
Ishii, N., 504
Islam, R. M., 445
Ispa, J. M., 296, 297
Israel, S., 249
Itani, Z., 421
Ito, S., 75
Ivanova, K., 486
Ive, S., 263
Iversen, M. H., 544
Ivey, P., 167, 170
Iwasawa, M., 424
Iwata, N., 519
Izard, C., 316
Izard, C. E., 173
Izard, V., 142
Izquierdo, M., 510
Izumi-Taylor, S., 244

Jaccard, J., 361
Jacklin, C. N., 170, 243
Jackson, A. S., 449
Jackson, J. B., 427
Jackson, J. J., 462, 468
Jackson, K. D., 200
Jackson, P. W., 288
Jacob, B., 283
Jacobi, T., 13
Jacobs, D. R., Jr., 385, 449
Jacobson, J. L., 174
Jacoby, B., 413
Jacoris, S., 188
Jacques, P. L. S., 532
Jacquet, A. Y., 72, 73
Jadallah, M., 218
Jaddoe, V. W. V., 73
Jadva, V., 168, 237
Jaffari-Bimmel, N., 174
Jaffe, H. W., 385
Jaffee, S., 343, 414
Jaffee, S. R., 414
Jago, R., 307
Jalovaara, M., 482
James, E. L., 335
James, S., 300

Jampol, L., 477
Janecka, M., 66, 80
Jang, B. J., 486
Janicki-Deverts, D., 391, 455
Jankowiak, W., 168
Jankowski, J., 137
Jankowski, J. J., 99, 136, 137, 138
Jansen, I. E., 517
Jansen, P., 282
Janssen, I., 312, 328, 329, 374
Janssen, S., 399
Jansson, C., 568
Jansson, L. M., 76
Jappens, M., 491
Jardri, R., 72
Jarman, H., 263
Jarrold, C., 272
Järvenpää, A., 174
Jarvis, P., 241, 261
Jasiobedzka, U., 342
Jaspers, E., 575
Jaszyna-Gasior, M., 335
Jauk, E., 288, 460
Jayne, K. M., 315
Jean, R. B., 548
Jeckel, C. M. M., 507
Jee, S. H., 449
Jeffery, H. E., 77
Jeha, D., 365
Jekauc, D., 387
Jemal, A., 451
Jenkins, J. M., 364
Jenkins, J. V. M., 217
Jenkins, T. M., 52
Jennekens-Schinkel, A., 294
Jenni, O. G., 194
Jennings, J. M., 522
Jennings, K. D., 169
Jennings, M., 182
Jensen, A. C., 372
Jensen, A. R., 275
Jensen, E. B., 199
Jensen, T. M., 302, 434
Jenson, L. A., 401
Jeon, M., 507
Jerman, J., 394
Jernigan, M., 14
Jernigan, T. L., 196
Jerskey, D. A., 112
Jeste, D. V., 507, 519, 535
Jeswani, S., 479
Jette, N., 515
Jewett, A., 390
Jeynes, W. H., 280
Ji, B. T., 80
Jiang, L., 349
Jiang, Y., 10
Jimenez, C. L., 359
Jin, K., 504
Jipson, J. L., 207
Jodl, K. M., 349
Johansson, A. M., 197
Johansson, B., 559
John, E., 313
John, O. P., 418, 419, 485, 486, 530
Johns, M. M., 359

Johnson, A. D., 199
Johnson, A. J., 420
Johnson, A. M., 263
Johnson, C. L., 546, 551
Johnson, D. R., 371, 428
Johnson, E., 386
Johnson, E. J., 458
Johnson, J. A., III, 263
Johnson, J. M., 446
Johnson, K., 16
Johnson, K. A., 518
Johnson, M., 41
Johnson, M. A., 541
Johnson, M. D., 375, 429, 469, 471
Johnson, M. K., 486
Johnson, M. O., 166
Johnson, N. E., 552
Johnson, P. J., 431
Johnson, S., 99, 250
Johnson, S. J., 442
Johnson, S. R., 395
Johnson, T. R. B., 72
Johnson, W., 259, 274
Johnston, C., 115
Johnston, J., 282
Johnston, J. C., 147
Johnston, K., 239
Johnston, L., 383, 412
Johnston, L. D., 333, 334, 335, 392
Joinson, C., 195
Jolly, J. L., 288
Jones, A. M., 402
Jones, B. Q., 391, 483
Jones, C. L., 481
Jones, D. E., 224
Jones, D. J., 361
Jones, E. J., 127
Jones, E. K., 445
Jones, G., 197
Jones, K. M., 473
Jones, L. I., 200
Jones, L. Y., 511
Jones, M. P., 521
Jones, N., 212
Jones, R. M., 327, 328
Jones, S., 306
Jones, S. E., 329
Jones, S. M., 309
Jones, T. H., 446
Jongsma, H. W., 73
Jonson-Reid, M., 188
Jonsson, B., 343
Jopp, D., 535, 537
Jordan, B., 87
Jordan, N. C., 208
Jose, A., 425
Jost, J. T., 339
Joussemet, M., 309
Jovanovic, B., 213
Joy, M. E., 181
Joyner, K., 428
Juan, M., 297
Juan, M. J. D., 356
Juang, L., 276, 357
Jud, A., 189
Judaš, M., 71

Juffer, F., 174, 175, 303, 304
Juhl, J., 565
Julian, M. M., 303
Jun, H., 483, 485, 486, 566
Jun, H. J., 359
Jung, D., 541
Jung, J. H., 490
Jung, S., 78
Jungmann, T., 99
Junqué, C., 507, 524
Juntunen, C. L., 406
Jurewicz, J., 204
Jurgenson, J. R., 445
Jusczyk, P., 115
Jusczyk, P. W., 146
Juster, F. T., 260, 295
Justice, L. M., 219

Kaban, B., 129
Kackar, H., 343
Kaczynski, K. J., 296
Kadar, T., 340
Kadir, N. B. Y. A., 368
Kadis, J., 400
Kafetsios, K., 160
Kaffenberger, S. M., 311
Kafury-Goeta, A. C., 98
Kagan, J., 132, 142, 165, 166
Kahale, L., 99
Kahn, R. L., 478, 535
Kahn, S., 416
Kail, B. L., 541
Kaiz, M., 367
Kalamaras, J., 541
Kales, A., 195
Kalicinski, M., 524
Kalil, A., 38, 371
Kalisch, T., 462
Kalkbrenner, A. E., 111
Kallio, E., 460
Kallio, E. L., 519
Kalmijn, M., 546, 567
Kalpidou, M., 243
Kamp, K. A., 241
Kamp Dush, C. M., 547
Kampert, J. B., 515
Kan, Y. W., 60
Kandler, C., 66
Kane, I. B., 300
Kann, L., 348, 360, 361
Kansagara, D., 511
Kanso, R., 397
Kanz, F., 557
Kapa, L., 138
Kaplan, A., 482
Kaplan, D., 208
Kaplan, F., 315
Kaplan, H., 121, 468
Kaplan, M. K., 394
Kaplan, N., 174
Kaplan, R. M., 482, 483
Kaplow, J. B., 564
Kaplowitz, P. B., 325
Kappen, C., 78
Kapplinger, J. D., 103
Kaprio, J., 197, 326, 330
Karably, K., 272

Karacan, E., 469
Karama, S., 274
Karan, M. A., 507
Karasick, L. B., 118
Karbach, J., 215
Karim, J., 399
Karlamangla, A., 448
Karney, B. R., 431, 548
Kärtner, J., 161, 178
Kashima, E. S., 565
Kashima, Y., 178
Kashimada, K., 52
Kashy, D. A., 239, 244
Kasper, J. D., 541, 542
Kassenboehmer, S. C., 419
Kasser, T., 469
Katchadourian, H., 501, 507
Kato, K., 260–261
Katsiyannis, A., 379
Katz, A. N., 340
Katz, P. A., 306
Katz, S. J., 314
Katzenellenbogen, J. M., 445
Katzman, R., 39
Katzmarzyk, P. T., 262
Kaufman, A. S., 278, 282
Kaufman, N. L., 278
Kaufman, S. B., 418
Kaup, A. R., 507
Kaushik, R., 266
Kautiainen, H., 519
Kavanaugh, M. L., 394
Kawabata, Y., 245, 307, 309
Kawachi, I., 545
Kawai, M., 160
Kawamura, S., 550
Kaya, O., 507
Kaye, E. K., 514
Kazdin, A. E., 246
Kazemi, A., 297
Kazemnejad, A., 444
Kazmerski, V. A., 340
Kazuk, E., 116
Keane, C. R., 199
Keane, S. P., 282
Kearney, M. S., 365
Kearsley, R. B., 136, 137
Keating, N. L., 559
Kee, C. P., 368
Keegan, R. T., 461
Keel, P. K., 332
Keeler, G., 314
Keesee, N. J., 567
Keeton, S., 552
Kefalas, M., 426
Kefalas, M. J., 426
Kegler, S. R., 337
Keihl, K. A., 401
Keijsers, L., 370
Keil, F. C., 281
Keith, T. Z., 283
Keizer, R., 480
Keleher, A., 483
Kellam, S. G., 315
Kellehear, A., 559
Keller, B., 5
Keller, H., 161, 178, 230

Keller, M., 419
Kelley, A. S., 574
Kelley, E., 162
Kelley, K., 165
Kelley, M. L., 168, 170
Kellman, P. J., 116
Kellogg, N., 187
Kelly, A. B., 483
Kelly, C., 331
Kelly, D. J., 116
Kelly, D. M., 446
Kelly, I. R., 258
Kelly, J. B., 299, 300
Kelly, J. R., 423
Kelly, L., 541
Kelly, R. H., 218
Kelly, R. J., 259
Kelly, Y., 128
Kelly-Vance, L., 282
Kelsey, M. M., 199
Keltikangas-Järvinen, L., 174
Kemmelmeier, M., 230
Kemmler, W., 452
Kempe, M., 524
Kempen, G. I., 509
Kemper, S., 523
Kempermann, G., 508
Kena, G., 224, 405
Kendall, P. C., 317
Kendig, H., 538
Kendig, T., 103
Kendler, K. S., 392, 515
Kennaway, D. J., 511
Kennedy, C. E., 366
Kennedy, D. E., 304
Kennedy, K. M., 507
Kennedy, S., 302, 432
Kenney, M. K., 259
Kenney, R. R., 202
Kenny, P. J., 264
Kenny, R. A., 522
Kenny, S., 349, 403
Kenny, U., 331
Kensinger, E. A., 524
Kenyon, B. L., 563
Kerala, N., 558
Kerkhof, G. A., 259, 388
Kermoian, R., 118
Kern, J., 111
Kern, M. L., 456, 531
Kerns, K. A., 76
Kerpelman, J. L., 355
Kerr, D. C. R., 246
Kerr, M., 306, 370
Kersting, A., 569
Kessler, R. C., 439
Kewal-Ramani, A., 377
Keyes, C. L., 477
Keyes, C. L. M., 469, 475, 477, 478
Khanna, S., 560
Khaw, K. T., 449
Khodyakov, D., 566
Khoo, S. T., 372
Khubchandani, J., 336, 337
Kidd, K. K., 275

Kiecolt-Glaser, J. K., 482, 483, 507, 548
Kiefe, C. I., 384, 391
Kieffer, M. J., 340
Kiel, E. J., 166
Kier, C., 182, 252
Kifle, T., 483
Kikuchi, Y., 173
Kilford, E. J., 335
Kilgour, A. H., 522
Killen, J. D., 335
Killen, M., 305
Killewald, A., 433
Kilvik, A., 544
Kim, D. H., 519
Kim, D. J., 274
Kim, E., 403
Kim, G., 177
Kim, H. J., 550
Kim, J., 182, 250, 305, 372
Kim, J. S., 387
Kim, J. Y., 304, 305, 306
Kim, K., 486, 487, 488, 542
Kim, M., 487
Kim, M. S., 477
Kim, P., 160
Kim, R., 482
Kim, S., 165, 231, 295, 298, 502
Kim, S. Y., 357, 473
Kim, S. Y. H., 571
Kim, T. E., 311
Kim, Y., 566
Kim, Y. K., 244
Kimball, M. M., 240
Kimber, M., 333
Kimbro, R. T., 10
Kim-Cohen, J., 217, 316
Kincaid, C., 361
King, A., 152
King, B. M., 396
King, D. S., 566
King, J. E., 472
King, L., 476
King, M., 424
King, R. B., 432
King, R. M., 200
King, V., 300, 302, 371
King, W. D., 502
King, W. J., 187
Kingery, J. N., 308
Kingree, J. B., 379
Kingston, H. M. S., 111
Kinney, H. C., 103
Kinsella, K., 10, 488, 490, 500, 501, 540, 541, 542, 549, 551, 552, 566
Kiraly, M., 492
Kirby, D., 364
Kirby, R., 100
Kirk, E., 147, 170
Kirk, J. K., 391
Kirkcaldy, R. D., 362
Kirkevold, M., 551
Kirkorian, H. L., 222
Kirkpatrick, S. I., 514
Kirkwood, H., 272
Kirmeyer, S., 50, 70, 71

Kirsch, S., 509
Kirschner, S., 249
Kirwil, L., 310
Kishi, T., 519
Kisilevsky, B. S., 72, 137
Kit, B. K., 107, 198, 264, 449
Kitamura, C., 153
Kitayama, S., 231, 468
Kitzmann, K. M., 264
Kivenson-Baron, I., 417
Kiviruusu, O., 301
Kivnick, H. Q., 26, 529
Kjelsberg, E., 313
Klaczynski, P. A., 398
Klahr, A. M., 370
Klam, S. L., 79
Klauer, S. G., 336, 348
Kleerekoper, M., 453
Kleibel, N., 462
Kleiman, I., 282
Klein, J. D., 361, 364, 365, 366
Klein, R., 521
Klein, S., 506
Kleinpell, R., 559
Klein-Velderman, M., 175
Kletke, B., 376
Klibanoff, R. S., 208
Kliegel, M., 524, 541, 547
Kline, D. W., 440
Klingberg, T., 215, 272
Kloep, M., 485
Klohnen, E. C., 472, 474
Klugman, S., 81
Klump, K. L., 332
Klute, C., 373, 374
Kluwer, E. S., 431
Kmita, G., 165
Knafo, A., 249
Knafo-Noam, A., 249
Knibb, R. C., 200
Knickmeyer, R. C., 109
Knittle, K., 386
Knochel, K. A., 550
Knoester, C., 430
Koc, D., 259
Kochanek, K. D., 87, 88, 97, 101, 103, 266, 321, 384, 448, 450, 451, 452, 505, 558, 568, 569
Kochanska, G., 165, 174, 180, 181, 231, 245, 246, 295, 296, 418
Kocherlakota, P., 75
Koechlin, E., 406
Koenig, H. G., 534
Koenig, L. B., 449
Kofler, M. J., 215, 272
Kogan, M. D., 263, 265, 374
Koglin, U., 250
Kogos, J., 316
Kohl, H. W., III, 264
Kohl, M., 452
Kohlberg, L., 237, 341–343, 400, 401
Kohler, M., 194
Kohn, J. L., 431
Kohn, M., 406
Kohn, M. L., 406, 462
Kojetin, B. A., 66

Índice Onomástico

Kolata, G., 504
Kolb, B., 143
Kollar, M. A., 298, 540
Köller, O., 275, 282
Kolte, A. M., 568
Koltyn, K. F., 387
Komarraju, M., 281, 344
Komatsu, L. K., 269
Kondo, N., 548, 566
Kong, S., 541
Konrad, C., 143
Konrad, D., 52
Konrad, K., 327, 328
Kontis, V., 501
Koopman, P., 52
Koops, W., 309
Kopack Klein, A., 223
Kopecek, M., 521
Kopko, K., 492, 546
Kopp, C. B., 178
Korat, O., 221, 281
Korbin, B., 187
Korchmaros, J. D., 374, 376
Korda, H., 421
Koren, G., 75
Koropeckyj-Cox, T., 471, 479
Kos, M., 82
Kose, S., 160
Kosmitzki, C., 87, 121, 339
Koso, G., 482
Koss, K. J., 369
Kost, K., 364
Koster, A., 441
Koster, I., 137, 147
Kosterman, R., 366, 378, 379
Kostka, T., 72
Kostović, I., 71
Kotrschal, K., 173
Kouneski, E. F., 167
Kouwenhoven, S. E., 534
Kouzarides, T., 54
Kovachy, B., 195
Kovács, Á. M., 213
Kovacs, E. J., 506
Kovas, Y., 286
Kovelman, I., 150
Kowal, A. K., 183, 252, 365
Kowal, P. R., 497, 498, 501
Kowall, N. W., 518
Kowalski, R. M., 312
Kozhimannil, K. B., 92
Kozlowska, K., 315
Kposowa, A. J., 575
Krahn, H. J., 469, 471
Kramer, A. F., 387
Kramer, B. J., 566
Kramer, D. A., 525
Kramer, L., 183, 251, 252, 304
Kramer, M. R., 107
Kramer, M. S., 106
Kramer, S., 534
Kranz, T. M., 80
Kraschnewski, J. L., 386
Krashen, S., 152, 280
Krasilnikoff, P. A., 80
Krause, B., 562
Krause, N., 287, 534, 565

Krauss, J., 502
Krauss, S., 521
Kraut, R., 374
Kravitz, H. M., 456
Krcmar, M., 152
Kreager, D. A., 375, 394
Krebs, N. F., 185
Krebs-Smith, S. M., 514
Kreicbergs, U., 567
Kreider, R. M., 303, 432, 434
Kreishan, L., 288
Kreiss, K., 538, 539, 540
Kremen, A. M., 419
Kremen, W. S., 472
Kreukels, B. P., 235
Kridel, M. M., 359
Kringelbach, M. L., 176
Krisch, I. M., 266
Krishnaratne, S., 395
Kriska, A. M., 449
Krizan, Z., 418, 530
Kroeger, R. A., 302
Kroger, J., 354, 355, 412
Krogh, L., 140
Krogstad, J., 490, 491
Krogstad, P., 10
Krois, L., 202
Kronick, R. G., 482, 483
Kroonenberg, P. M., 171
Kross, E., 421
Krous, H. F., 103
Krueger, R. F., 377
Kruger, M., 455
Krumrei-Mancuso, E. J., 403
Kruse, J., 564
Kruttschnitt, C., 248, 378
Kryzer, E., 185
Kübler-Ross, E., 560–561, 575
Kubzansky, L. D., 532
Kucirkova, N., 281
Kuczmarski, R. J., 105
Kuh, D., 441
Kuhl, P., 146, 147, 151, 152, 219
Kuhl, P. K., 15, 145, 146, 148, 150, 151, 152, 153
Kuhlmann, E., 506
Kuhlmeier, V. A., 162
Kuhn, D., 260, 327
Kuhn, M. R., 281
Kühnel, A., 475
Kühnel, J., 389
Kuiper, H., 294
Kuiper, J. S., 545
Kuller, L. H., 483
Kumai, J., 557
Kumar, A., 362, 477
Kumar, N., 111
Kumar, P., 559
Kumari, M., 533
Kumwenda, N. I., 107
Kunz, A., 306
Kunzman, R., 284
Kupanoff, K., 295
Kupelian, V., 447
Kupersmidt, J. B., 232
Kupesic, S., 82
Kupfer, D. J., 511

Kupper, L., 375
Kurdek, L. A., 424, 480
Kurian, J. R., 188
Kurjak, A., 82
Kurlakowsky, K. D., 315
Kushlev, K., 430, 431
Kushner, S. C., 250
Kushnir, T., 142
Kusumi, T., 475
Kutner, M., 463
Kuvalja, M., 240
Kuzyk, R., 207
Kwak, K., 177
Kwon, R., 96, 194

Laake, L. M., 161
Labbo, L. D., 281
Laberge, L., 194
LaBounty, J., 213
Labouvie-Vief, G., 397
Labrecque, L. T., 427, 547
Lacerda, F., 146
Lachman, M., 439
Lachman, M. E., 189, 439, 440, 449, 454, 467, 470, 472, 477, 479, 507, 531
Lachs, M. S., 488, 544
Lack, G., 200
Lack, L., 511
Lackersteen, S. M., 516
Lackland, D. T., 102
Ladd, G. W., 307
Ladegaard, H. J., 279
LaFontana, K. M., 306, 307
LaFreniere, P., 233
Lagattuta, K. H., 210, 232, 294
Lagercrantz, H., 90
Lahey, B., 295, 377
Lahey, B. B., 456
Lai, H. M. X., 392
Laible, D. J., 182
Laine, C., 452
Lainhart, J. E., 274
Laird, J., 347, 377
Laird, K. T., 562
Laitala, V., 545
Laje, G., 315
Lake, A., 108
Lakhanpal, S., 427
Lalonde, C. E., 145
Lalonde, F., 328
Lam, C. B., 372
Lamaze, F., 91
Lamb, M. E., 167, 168, 170, 174, 185, 299, 418
Lamb, M. M., 65, 198, 330
Lambert, J. C., 517
Lambert, J. D., 481, 482
Lambert, S. F., 315
Lamberts, S. W. J., 502
Lambeth, G. S., 420
Lamborn, S. D., 248
Lamela, D., 300, 434
Lamidi, E., 303
Lamm, C., 163, 270
Lammi-Keefe, C. J., 74
Lamminmäki, A., 169

Lamont, R. F., 74
Lampe, C., 391, 403
Lampit, A., 442
Lanciano, T., 400
Landazabal, M. G., 343
Landolt, M. A., 189
Landon, M. B., 90
Landor, A., 361
Landrum, M. B., 506
Landry, S. H., 218
Landstrom, S., 295
Lane, J., 536
Lang, F. R., 479
Lang, J., 513
Langa, K. M., 522, 571
Langan-Fox, J., 476
Lange, L. A., 181, 418
Lange, N., 274
Langer, E. J., 471
Langeslag, S. J., 274
Langkamer, K. L., 431
Langley, I. K., 442
Langley, K., 80
Långström, N., 358
Lankford, A., 568
Lannon, R., 148
Lansford, J. E., 188, 246, 249, 296, 299, 300, 309, 379
Lantagne, A., 375
Lanting, C. I., 106
Lantz, P. M., 391, 449
Lapierre, M. A., 139
LaPierre-Adamcyk, E., 425
Lapsley, A.-M., 174
Laquatra, J., 543
Larbi, A., 502
Largo, R. H., 194
Laris, B., 364
Larkin, G. R., 472
Larm, P., 379
LaRocque, M., 282
Larrañaga, I., 536
Larrimore, J., 538, 539, 540
Larsen, D., 492
Larsen, J. T., 294
Larson, D. M., 418
Larson, J. H., 434
Larson, K., 374
Larson, M. C., 173
Larson, R., 344, 345, 368
Larson, R. W., 260, 367, 368
Larsson, A., 379
La Rue, A., 462
Larzelere, R. E., 246
Laskey, A. L., 188, 245, 246
Laski, E. V., 270
Lasquade, C., 183, 254
Latendresse, S. J., 11
Latham, M. D., 393
Latifovic, L., 502
Lattanner, M. R., 312
Laughlin, L., 184, 297, 491
Laumann, E. O., 427, 512, 545
Launay, M., 533
Laungani, P., 557
Laurenceau, J., 296
Lauricella, A., 221

Lauricella, A. R., 139
Laursen, B., 372, 373
Laursen, T. M., 567
Lautenschlager, N. T., 516
Lavee, Y., 429
Lavelli, M., 175
Lavenberg, J. G., 379
Lavenex, P., 143
Lavenex, P. B., 143
Lavretsky, H., 562
Lawler, M., 331
Lawler-Row, K. A., 534
Lawlor, B. A., 551
Lawrence, E., 431
Layton, J. B., 391, 484, 545
Lazar, N. A., 271
Lazar, S. W., 442
Lazarus, R. S., 388, 532
Le, D., 534
Le, H. N., 16
Leahy-Warren, P., 176
Leaper, C., 170, 234, 237, 239
LeBlanc, A. G., 328
LeBlanc, A. J., 484
Leblanc, M., 315
Le Bourdais, C., 425
Lebowitz, B., 418
Lecanuet, J. P., 72
Lecce, S., 273
Lechner, C. M., 566
Leckie, R. L., 442
Leckman, J. F., 175
Lederberg, A. R., 150
Leduc, K., 211
Lee, C., 350
Lee, C. M., 509
Lee, C. T., 343
Lee, D., 301
Lee, D. M., 511, 512
Lee, E., 511
Lee, E. A. E., 239, 306
Lee, G. R., 478, 480, 481, 482, 550
Lee, G. Y., 72
Lee, H. C., 507
Lee, H. J., 479
Lee, I., 449
Lee, J., 283
Lee, J. C., 350
Lee, J. H., 517
Lee, J. M., 325
Lee, J. Y., 379
Lee, K., 116, 211, 212, 215, 279
Lee, L., 106
Lee, P., 119
Lee, P. A., 324
Lee, R., 128, 129, 223
Lee, R. M., 304
Lee, S. J., 12, 245, 488
Lee, T. T., 483
Lee, V. E., 129
Lee, Y., 244, 325
Leeb, R., 168
Lee Badgett, M. V., 484
Leerkes, E. M., 146, 160
LeFebvre, R., 182, 251
Lefever, J. B., 365

Lefkowitz, E. S., 331, 394, 486, 551
Legato, M., 445–446
Leger, K. A., 418
Legerstee, M., 175
Le Grange, D., 331, 332
Lehman, B. J., 384
Lehmann, R., 468
Lehmiller, J. J., 423
Lehmkuhl, G., 195
Lehnig, F., 569
Lei, L., 486
Leiderman, P. H., 248
Leigh, B. C., 390
Leigh, E., 272
Leinbach, M. D., 239
Leinung, M., 235
Leinung, M. C., 236
Leiva, R., 49
Lejeune, F., 119
Lemaitre, H., 507
Leman, P. J., 279
Le Mare, L., 114
Lemmon, H., 273
Lench, H. C., 210
Lenehan, M. E., 442
L'Engle, K. L., 365
Lenhart, A., 347
Lennartz, C., 414
Lenneberg, E. H., 145
Lenroot, R. K., 196, 259, 260
Lentzner, H., 508, 509
Leonard, J. A., 348
Leonard, S., 243–244
Leonard, S. A., 295
Leondari, A., 563
Leong, D. J., 244
Leopold, T., 566, 567
Leppink, E. W., 388
Leridon, H., 471
Lerman, C., 389
Lerner, R. M., 347
Lero Vie, M., 468
Lesaux, N. K., 340
Lesgold, A., 459
Leslie, A. M., 140, 211, 213
Lester, B. M., 76, 146
Lester, K. J., 251
Leszko, M., 530
Levant, S., 510
LeVay, S., 359
Levenson, M. R., 482, 567
Levenson, R. W., 545, 547
Leventhal, J. M., 80
Leventhal, T., 347
Levin, L., 514
Levine, C. S., 189
Levine, L. J., 210, 216
LeVine, P. A., 16
Levine, P. B., 365
LeVine, R. A., 167
Levine, S., 219, 274
Levine, S. C., 142, 208
Leviton, A., 77
Levréro, F., 169
Levy, B., 506
Levy, B. R., 497

Levy, O., 524
Levy, S. M., 201
Levy, T. B., 574
Lew, S., 347
Lewin, A. C., 434, 549
Lewinsohn, P. M., 326
Lewis, B. H., 445–446
Lewis, C., 170, 182, 252
Lewis, C. M., 515
Lewis, G. J., 575
Lewis, M., 161, 162, 173, 178, 180
Lewis, M. D., 270
Lewis, M. I., 576
Lewis, T. L., 115
Lewis-Morrarty, E., 166
Lewkowicz, D. J., 116, 137
Leyendecker, B., 167
Leyva, D., 221
Li, A. M., 194, 259
Li, G., 511
Li, J., 142, 502, 567
Li, L., 445
Li, R., 78, 106
Li, S. C., 476
Li, S. X., 195
Li, X., 258
Li, Y., 307, 458
Liang, J., 287
Liang, K., 73
Liao, D. H., 469, 475
Liaw, F. R., 129
Liben, L. S., 244, 401
Libertus, M. E., 207
Lichtenstein, P., 358
Lichter, D. T., 425
Lickliter, R., 62
Lickona, T., 342
Lidstone, J., 220
Liebel, D. V., 544
Lieberman, E., 73, 98
Lieberman, M., 342, 566
Liebermann-Finestone, D. P., 271
Liefbroer, A. C., 383, 549
Lien, Y. J., 197
Liew, J., 401
Liga, F., 485
Light, K. C., 455
Light, S. N., 295
Li-Grining, C. R., 224
Lilgendahl, J. P., 475
Lillard, A., 211, 213, 223
Lillard, A. S., 222
Lim, J. W., 50
Lim, K. J., 80
Lim, W. K., 572
Lin, C. H., 492
Lin, F. R., 441
Lin, I. F., 482, 548, 549
Lin, J., 502
Lin, L., 252, 462
Lin, M. H., 246
Lin, S., 80
Lin, Y., 504, 536
Lin, Y. W., 315
Linardakis, M., 536
Lincoln, K. D., 534

Lind, A., 263
Lindahl, K. M., 296, 359
Lindau, S. T., 511, 512
Lindberg, L., 364
Lindberg, L. D., 364, 365
Lindberg, N., 331
Lindberg, S., 345
Lindberg, S. M., 282
Lindblom, B., 146
Lindblom, J., 431
Lindell, A. K., 414
Lindenberg, S., 309
Lindenberger, U., 17, 507
Linder, J. R., 240
Linder, K., 463
Lindsay, D. S., 40
Lindsay, R., 453
Lindsey, E. W., 170
Lindström, P., 359
Lindstrom, R., 302
Lindwall, M., 520
Linebarger, D. L., 139
Linn, M., 345
Linn, M. C., 282, 403
Linnet, K. M., 76
Lins-Dyer, M. T., 367, 369
Lipari, R. N., 392
Lipka, M., 423, 575
Lippman, L. H., 355
Liszkowski, U., 137, 147
Lithfous, S., 522
Litt, J. S., 99
Littell, S. W., 280
Little, R. E., 80
Little, T., 308
Little, W. M., 490
Littleton, H., 78
Litwin, H., 479, 535
Liu, C., 378
Liu, C. J., 511
Liu, D., 213
Liu, E., 198
Liu, G., 441
Liu, H., 479, 483
Liu, H. M., 146
Liu, J., 10, 200
Liu, K., 384, 519
Liu, L., 315
Liu, S., 116
Liu, S. H., 301
Liu, S. R., 469
Liu, V., 78
Liu, Y., 511
Liu-Ambrose, T., 511
Livingston, G., 302, 422, 426, 430, 431, 434, 548
Lizotte, A. J., 365
Llewellyn, A., 199, 264
Lloyd, J., 490
Lloyd-Richardson, E., 372
Lo, B., 573
Loane, M., 79
Lobel, M., 98
Lobo, V., 504
Lobstein, T., 199
LoBue, V., 43, 134, 168, 250, 251
LoCasale-Crouch, J., 11

Lochner, K., 390
Lock, A., 147
Lock, M. M., 445
Locke, J., 22
Locke, R., 102
Lockenhoff, C. E., 468
Lockhart, K. L., 281
Lockhart, S. N., 507
Lockwood, P. L., 314
Locuniak, M. N., 208
Loeber, R., 313, 379
Loeken, M. R., 78
Lofquist, D. A., 303
Logis, H., 283
Logroscino, G., 519
Lohman, B., 371
Lohman, B. J., 378
Lohse, N., 395
Loke, Y. L., 55
Lonczak, H. S., 366
London, K., 168
Long, J. D., 306, 311
Longinaker, N., 75, 77
Longmore, M. A., 375, 425
Longo, M. R., 440
Lonigan, C. J., 221, 281
Loo, S. Y., 446
Lopes, P. N., 400
Lopes, V. P., 196
Lopez, N. L., 246
Lopez-Duran, S., 213
Lopez-Gay, A., 424
Lorberbaum, J. P., 160
Lord, J., 517
Lord, S. R., 509
Lorenz, F. O., 370, 480
Lorenz, K., 15
Lorist, M. M., 507
Loth, K. A., 331
Lourenco, S. F., 142, 268
Louzoun, Y., 94, 175
Lovato, N., 511
Lovegreen, L. D., 485
Lovelace, E. A., 522, 523
Loving, T. J., 486
Low, J., 211
Low, J. A., 72
Low, L. F., 516
Low, S., 305
Lowe, C. J., 388
Lowe, J. C., 417
Lowe, J. R., 175
Lowery, E. M., 506
Lozada, F. T., 294
Lu, B., 362
Lu, L., 252
Lu, P. H., 442, 517
Lu, P. J., 362
Lu, T., 508
Lubart, T. I., 460
Lubienski, C., 284
Lubinski, D., 288
Lucangeli, D., 270
Lucas, A., 106
Lucas, A. J., 261
Lucas, J. S., 200
Lucas, J. W., 440, 509

Lucas, R. E., 434, 468, 476, 477, 481, 482
Lucas, S. J., 387
Lucas-Thompson, R., 297
Lucchiari, C., 340
Luciana, M., 406
Luciano, M., 476
Luders, E., 196, 234, 236, 345
Lüdtke, O., 275, 530
Ludwig, D. S., 264
Ludwig, J., 224
Luecken, L., 455
Luecken, L. J., 388, 389
Lugaila, T. A., 284
Luhmann, M., 481, 482, 545
Lui, J., 424–425
Lukacs, S. L., 200
Lukowski, A. F., 143
Luksaneeyanawin, S., 153
Lum, F., 509
Lumer, D., 301, 433
Lumey, L. H., 75
Luna, B., 271
Luna, B. S., 327
Lund, D. A., 488
Lund, H. D., 388
Lundberg, S., 383
Lundy, B. L., 172
Luo, L., 523
Luo, Y., 268, 434, 545
Luong, G., 545
Lupyan, G., 396
Lusardi, A., 402
Lust, K., 388
Lustig, C., 524
Luszcz, M. A., 559, 566
Luthar, S. S., 11
Luyckx, K., 370, 413
Luyten, P., 176
Luz, C., 507
Ly, A., 376
Lykken, D. T., 66
Lynam, D., 307, 308
Lynam, D. R., 313
Lynch, A. D., 347
Lynch, J. W., 390
Lyngstad, T. H., 567
Lynn, R., 274
Lyon, T. D., 211
Lyons-Ruth, K., 174
Lytton, H., 170
Lyubomirsky, S., 430, 431, 456, 476
Lyyra, T., 545

Ma, J., 402
Ma, W., 16, 153
Ma, X., 178
Maalouf, N. M., 443
Maamari, R., 445
Maassarani, R., 231
Macagno, F., 137
Macartney, S. E., 283
MacBride-Stewart, S., 550
Maccoby, E. E., 63, 169, 170, 237, 239, 243, 247, 296, 377
MacDermid, S. M., 474

MacDonald, K., 34
MacDonald, W. L., 434
Macdonald-Wallis, K., 307
MacDorman, M. F., 56, 70, 71, 97, 98, 100, 101, 102, 365
Machaalani, R., 103
Machado, L., 387
Machón, M., 536
Mackay, J., 335
MacKay, M., 187
Macke, L., 161
Mackenzie, C., 532
Mackenzie, C. S., 515, 531
Mackenzie, L., 340
MacKenzie, M. J., 246
Mackinnon, A. J., 458
MacKinnon-Lewis, C., 250
Mackintosh, H., 107
MacLean, K., 174
Macmillan, R., 378
MacMillan, T., 536
MacRae, C. N., 213
MacRae, P. G., 443
Madabhushi, R., 508
Madathil, J., 427
Madden, D. J., 442, 521
Madden, M., 347
Maddow-Zimet, I., 364, 365
Maddux, W., 11
Madigan, S., 364, 376
Madill, R., 283
Madsen, S. D., 421
Maeda, H., 473
Maes, H., 377
Maes, L., 331
Maessen, M., 573
Maestas, N., 539
Magee, C. A., 531
Maggs, J. L., 406
Maghakian, T., 329
Magnuson, K., 299
Magnuson, K. A., 10
Magori-Cohen, R., 94, 175
Mahajan, N., 221
Mahalik, J. R., 450
Mahatmya, D., 371
Maher, E., 264
Maher, J. P., 477
Mahon, M., 284
Maheshwari, A., 396
Mahmud, W. A. W., 368
Mahncke, H. W., 521
Mahoney, J. L., 297
Maia, J. A., 196
Mailick, M. R., 490
Main, M., 172, 174
Maislin, G., 389
Maisonet, M., 325
Majdandžić, J., 163
Mak, A., 387
Makhoul, I. R., 93
Mäkinen, M., 331
Makuc, D., 390
Makynen, E., 359
Malabarey, O. T., 79
Malanchuk, O., 349
Malaspina, D., 80

Maldonado-Carreno, C., 224
Malespin, T., 300
Malik, N. M., 296, 359
Malik, V. S., 262, 263, 330
Malina, R. M., 196
Malloy, M. H., 90
Malm, K., 304
Malmedal, W., 544
Malone, F. D., 81
Malone, J. C., 469
Malone, P. S., 309
Maluccio, J. A., 200
Mampe, B., 73
Mamun, A. A., 259
Manago, A. M., 421
Mancillas, A., 252
Mancini, A. D., 481, 561, 562
Manco, L., 385
Mandara, J., 356
Mandelli, L., 515
Mandler, J. M., 139
Manke, B., 431
Manlove, J., 361, 362
Mann, J. J., 337
Manning, W. D., 302, 303, 371, 375, 425, 480
Mannix, L. J., 395
Mansfield, E., 475
Mansfield, L. R., 476
Mansfield, T. C., 340
Manson, J. E., 395, 453
Manzano, I., 523
Manzato, E., 441
Manzi, C., 477
Mar, R. A., 213
Maranon, R., 451
March, J., 336
Marchi, J., 73
Marchione, K., 286
Marchman, V. A., 146, 148
Marcia, J. E., 354, 355, 412
Marcoen, A., 174, 230
Marcon, R. A., 144
Marcovitch, S., 214
Marcus, L., 119
Marentette, P. F., 150
Mares, M. L., 222
Mareschal, D., 138
Margelisch, K., 546
Margolin, S. J., 456
Margolis, R., 552
Marion, D., 80
Marioni, R. E., 516
Mariotti, S. P., 509
Mark, K., 77
Markant, J., 138
Markman, E. M., 148, 149
Markopoulou, P., 99
Markowitz, A. J., 199
Markowitz, L. E., 362, 363
Marks, G., 394
Marks, K. S., 142
Marks, N. F., 481, 482, 483, 485, 486, 535, 539, 566
Markus, H. R., 479
Marlow, N., 99, 215
Marmot, M., 128

Marmot, M. G., 449
Marquardt, D. J., 420
Marquardt, E., 301, 433
Marquis, A., 449
Marquis, A. R., 116
Marquis, J., 523
Marsden, P. A., 54
Marsh, A. A., 377
Marsh, P., 373
Marshall, E. G., 80
Marshall, J., 534
Marshall, K. C., 308
Marshall, N. L., 185
Marshall, P. J., 242
Marshall, R., 561
Martel, M. M., 181, 418
Martens, A., 565
Martikainen, P., 541, 542, 548
Martin, A., 211
Martin, A. M., III, 431
Martin, B., 506
Martin, B. C., 316
Martin, C. E., 75, 77
Martin, C. L., 169, 234, 237, 238, 239, 243–244, 295, 429
Martin, G. M., 55
Martin, G. N., 40
Martin, J. A., 50, 67, 71, 73, 76, 79, 80, 81, 83, 87, 90, 91, 93, 96–97, 98, 100, 237, 238, 239, 247, 364, 365, 417, 429, 533
Martin, K. A., 453
Martin, M., 197, 467, 468
Martin, P., 505, 535, 541
Martin, R., 79, 240
Martin, R. S., 572
Martin, S., 375, 533
Martin, S. P., 432
Martinez, D., 80
Martinez, G., 361
Martinez, G. M., 361
Martínez-Lozano, V., 244
Martínez-Ortega, J. M., 66
Martínez-Pastor, J. I., 433
Martino, D., 55
Martinson, M., 535
Martinussen, M., 355, 412
Martin-Villalba, A., 508
Martire, L. M., 488
Marton, M., 82
Martorell, G., 450
Martorell, G. A., 357
Martorell, R., 74, 108, 200
Martorell, S., 450
Marver, J. E., 484
Mascarenhas, M. N., 285, 395
Mascareño, M., 284
Mascaro, O., 268
Mascher, J., 14
Masci, D., 423
Mascola, A., 316
Mashburn, A. J., 219
Mashoodh, R., 51
Masi, C. M., 484
Masiero, M., 340
Mason, J., 72
Mason, M. A., 492

Mason, T. B., 194
Massenkoff, M., 468
Massey, T. E., 502
Massimiliano, P., 461
Masten, A. S., 306, 307, 309, 316, 317, 417
Mastenbroek, S., 397
Mastin, J. D., 16
Mastora, A., 563
Mastro, D., 240
Masyn, K. E., 359
Mateer, C. A., 76
Mather, A., 515
Mather, M., 302, 520
Mathers, C. D., 285
Mathers, M., 374
Mathevon, N., 169
Mathews, T. J., 50, 56, 79, 81, 87, 96, 97, 98, 100, 101, 102, 364
Mathie, A., 37
Mathis, E. T., 232
Matijevic, R., 82
Matsuba, M. K., 469, 475
Matsuda, K., 475
Matsudaira, J., 405
Matsumoto, D., 276
Matsunaga, S., 519
Matsuzawa, T., 472
Mattanah, J. F., 403
Matte-Gagné, C., 271
Mattei, T. A., 266
Matthews, F. E., 560
Matthews, J., 262
Matthews, K., 539
Matthews, K. A., 483
Matthews, M. S., 288
Matthys, W., 313
Mattis, J., 511
Mattson, M. P., 506
Mattsson, N., 518
Matute, E., 233
Matz-Costa, C., 431, 541
Maudsley, S., 506
Maughan, B., 377
Maulik, P. K., 285
Maurer, D., 115
Maurer, O., 301, 433
Maurer, T. J., 443
Maurits, N. M., 507
May, R. W., 427
Mayer, G., 172
Mayer, J. D., 399, 400
Mayeux, L., 306, 309
Mayeux, R., 517
Mayeza, E., 243
Mayhew, A., 362
Maynard, A. E., 253
Maynard, S., 281
Mayordomo, T., 533, 534
Mays, V. M., 484, 549
Mayseless, O., 417
Mazloom, A. R., 81
Mazure, C. M., 234
Mazzio, E. A., 54
Mazziotta, J. C., 163
Mazzocco, M. M., 208
Mbarek, H., 50

McAdams, D., 475
McAdams, D. P., 469, 470, 472, 475
McAdoo, H. P., 128
McAlister, A. R., 213
McAllister, E., 92
McAuley, T., 271
McCabe, D. P., 214
McCabe, J., 239
McCabe, J. E., 176
McCabe, M. P., 447
McCaffrey, T., 514
McCall, D. D., 119
McCallum, K. E., 332, 333
McCargar, L., 386
McCarthy, G., 176
McCarthy, J., 423
McCarthy, M. E., 10
McCartney, K., 64
McCarty, C. A., 138, 336
McCarty, M. E., 119
McClain, M. C., 287
McClelland, E., 414
McClintock, M., 358
McClintock, M. K., 323
McClure, E. B., 168
McCoach, D. B., 224
McCord, J., 246
McCoy, K., 296
McCrae, R. R., 418–419, 468, 530
McCrink, K., 142, 269
McCue, J. D., 558
McDaniel, M., 265
McDaniel, M. A., 214, 376, 523
McDermott, M. R., 367
McDermott, R., 434
McDermott, R. C., 359
McDonald, D., 455
McDonald, D. A., 346
McDonald, K. L., 307
McDonnell, P. M., 119
McDonough, C., 148
McDowell, D. J., 307
McDowell, M., 105
McDowell, M. A., 386
McElhaney, K. B., 373
McElvany, N., 282
McElwain, N. L., 183, 252
McEwen, B. S., 450
McFadyen-Ketchum, S., 325
McFadyen-Ketchum, S. A., 312
McFarland, F. C., 373
McFarland, J., 402, 403, 404, 405
McFarland, R. A., 442
McField, G., 280
McGee, R. W., 423
McGee, Z. T., 490
McGinn, M. M., 391, 482, 546
McGinty, E., 284
McGue, M., 377
McGue, M. K., 303, 304
McGuffin, P., 64
McGuire, J. K., 235
McGuire, S. L., 538
McHale, S. M., 182, 239, 304, 305, 306, 372, 420, 430
McIlvane, J. M., 546

McIntosh, H., 355
McKay, T., 484
McKee, L., 361
McKinney, C., 414
McKinney, K. L., 326
McKitrick, L. A., 524
McLanahan, S., 282, 299, 301
McLanahan, S. S., 302
McLaughlin, A. C., 463
McLaughlin, D., 545
McLaughlin, J., 174
McLaughlin, M. R., 221
McLean, R. M., 452
McLeod, C. M., 524
McLeod, G. F., 189
McLeod, J. D., 248
McLeod, P. J., 16
McLeod, R., 78
McLoyd, V. C., 246
McMahan, R. D., 566
McMahon, C. A., 176
McManus, I. C., 197
McMorris, B. J., 378
McMunn, A., 545
McMurray, B., 148
McMurtray, A., 518
McNamara, T. K., 431
McNeal, R. B., Jr., 282
McNeely, C. S., 361
McNeil, J., 514
McNulty, J. K., 428
McPhearson, B. J., 240
McPherson, M., 421
McQuaid, N., 174
McQueeny, T., 334
McQuillan, G. M., 363
McQuiston, C., 553
McRitchie, S. L., 262, 329
McRoy, R. G., 303
McTiernan, A., 453
Meade, C. S., 360
Meador, R., 540
Meaney, M. J., 283
Meca, A., 413
Mechur, M. J., 350
Meck, E., 207
Medland, S. E., 197
Mednick, S. A., 200
Mednick, S. C., 389
Meehan, C. L., 165
Meeker, M., 388
Meer, J., 500
Meerkerk, G. J., 374
Meert, K. L., 567
Meeter, M., 399
Meeus, W., 370
Meezan, W., 303
Mehari, K. R., 343
Mehl, M. R., 421
Mehler, J., 137, 146
Meier, A. M., 330
Meier, L. L., 475
Meier, R., 150
Meijer, A. M., 259, 388, 430
Meinhardt, J., 211
Meins, E., 172, 174, 220, 243
Meisenberg, G., 274

Índice Onomástico

Melamed, B. G., 455
Melby, J., 346
Melby-Lervåg, M., 215, 272
Meldrum, R. C., 308
Meléndez, J. C., 533, 534
Melgar, P., 200
Melhem, N., 564
Melhem, N. M., 564
Melhuish, E., 129
Mellor, D. J., 376
Melnikas, A. J., 364
Meltzoff, A., 219
Meltzoff, A. N., 132, 137, 212
Memmert, D., 524
Memmott-Elison, M. K., 343
Menacker, F., 237, 238, 239, 365
Menant, J. C., 509
Mendel, G., 52
Mendelsohn, G. A., 549
Mendes, W. B., 444
Mendle, J., 324, 325, 326
Mendola, P., 323
Mendoza, C. M., 387, 388
Mendy, A., 265
Menec, V., 532
Menec, V. H., 512, 536
Menegaux, F., 80
Meng, Y., 517
Mennella, J. A., 72, 115
Menon, U., 439
Merckelbach, H., 251
Meredith, P., 271
Merikangas, K. R., 313, 331, 332
Merkin, S. S., 448
Merline, A., 479, 484, 485, 486, 487, 488
Mermelstein, R., 335
Mermillod, M., 138
Mero, R. P., 391, 480
Merom, D., 441, 514
Merrell, K., 313
Merrill, R. M., 204
Merrill, S. S., 440, 441, 443
Mertesacker, B., 165
Mertz, J. E., 346
Merz, E. M., 552
Mesidor, M., 386
Mesman, J., 153, 169, 250, 303
Messer, D., 281
Messerli, F. H., 448
Messinger, D. S., 77
Mestre, M. V., 343
Metraux, S., 202
Metz, T. D., 77
Metzger, A., 370
Meucci, M. R., 540
Meuwese, R., 343
Meyer, B. A., 243
Meyer, B. J. F., 521
Meyer, E. C., 567
Meyer, I. H., 358, 483
Meyer, J. D., 387
Meyer-Bahlburg, H. F., 235
Meyers, S. A., 378
Meyre, D., 385
Mialon, H. M., 480
Micalizzi, L., 66

Michael, A., 349
Michael, R. T., 427
Michaelson, K. F., 106
Michalaska, K., 295, 377
Michalska, K. J., 314
Miche, M., 551
Micheli, K., 536
Mickelson, K. D., 534
Miech, R. A., 333, 334, 335
Miedel, W. T., 284
Mienaltowski, A., 521
Migacheva, K., 306
Migeon, B. R., 52
Mignogna, J., 520
Mikels, J. A., 524, 532
Mikkelsen, E. M., 568
Milani, I., 136
Milanović, Z., 510
Milburn, S., 144
Miles, C. L., 262
Miles, M. S., 553
Miles, R., 540
Milioni, M., 419
Milkie, M., 430
Milkie, M. A., 431
Miller, B., 66, 80
Miller, D. C., 402
Miller, D. I., 233, 403
Miller, D. P., 371
Miller, D. R., 518
Miller, G. E., 189, 454, 455, 533
Miller, J. R., 387, 388
Miller, K., 406
Miller, K. D., 451, 453
Miller, L., 486
Miller, L. J., 520
Miller, L. M., 486, 531
Miller, M. I., 112
Miller, N. L., 371
Miller, P. H., 268, 272
Miller, P. M., 16
Miller, R. B., 427
Miller, R. K., 78
Miller, S. A., 210, 211, 268, 272
Miller, W. C., 394
Miller-Loncar, C. L., 218
Millman, R. P., 329
Mills, D. L., 16
Mills, K. L., 328
Mills, K. T., 448
Millsap, R. E., 326
Milojev, P., 476
Min, J., 65
Minagawa-Kawai, Y., 115
Minchin, J., 312
Mindell, J. A., 96, 194
Minder, C. E., 542
Miner, J. L., 313, 314
Minges, K. E., 3
Miniño, A. M., 336
Minkin, M. J., 445
Minkler, M., 492
Mintz, J., 517
Miotto, F., 441
Mireault, G., 161
Mirmolaei, S. T., 444
Mischel, W., 180, 238

Missler, M., 565
Mistry, J., 144
Mitchell, B. A., 485, 486
Mitchell, D. W., 136
Mitchell, J. P., 213
Mitchell, K. J., 365, 374, 376
Mitchell, L. L., 411
Mitchell, O. S., 402
Mitchell, P., 340
Mitchell, S., 262
Mitschke, A., 195
Mitteldorf, J., 504
Mittenberg, W., 520
Mix, K. S., 142
Miyake, K., 172
Miyata, S., 511
Mizuta, I., 250
Mobbs, D., 560
Möbius, K., 545
Mobley, A. K., 424
Mochizuki, K., 413
Mockus, D. S., 483
Modecki, K. L., 312
Modi, N., 99
Mody, M., 286
Moen, P., 431, 467, 472, 536
Moffitt, T., 414
Moffitt, T. E., 313, 316, 378, 419
Mohai, P., 391
Mohamed, R. H., 368
Moineddin, R., 80
Moise-Titus, J., 310
Mojon, D. S., 306
Mojon-Azzi, S., 306
Molcho, M., 331
Molinari, L., 194
Molinuevo, J. L., 519
Moll, H., 163, 212
Moller, L. C., 169
Molloy, L. E., 375
Molnár, G., 269
Molnar, Z., 110
Moloney, R. M., 316
Momenimovahed, Z., 444
Monaco, A. P., 221
Monahan, K. C., 377, 378
Monden, C., 50
Mondschein, E. R., 169
Monota, G., 367
Money, J., 235, 236
Mong, S., 538
Monger, G. P., 428
Monin, J. K., 483
Monshouwer, H. J., 309
Montague, D. P. F., 175
Montague, P. R., 175
Monte, L. M., 490
Monteiro, B., 539
Montenegro, X. P., 481
Montesanto, A., 505
Montesi, L., 386
Montgomery, A. J., 490
Montgomery, M. J., 402, 403, 404
Montgomery-Downs, H. E., 74
Montirosso, R., 165
Montoya, A. K., 349
Montplaisir, J., 194, 195

Moody, A. K., 281
Moody, H. R., 535
Moody, J., 375
Moody, T. D., 442
Mooijaart, A., 174
Mook-Kanamori, D. O., 77
Moolchan, E. T., 335
Moon, J., 59, 387
Moon, J. R., 548, 566
Moon, R. Y., 103
Moon, S. H., 224
Mooney, C. J., 449
Mooney, K. C., 195
Mooney, K. S., 373
Moor, N., 567
Moore, C., 213
Moore, C. F., 204
Moore, G. E., 56
Moore, J. W., 417
Moore, L., 326
Moore, L. L., 441
Moore, M., 195
Moore, M. J., 512
Moore, M. K., 132
Moore, R. C., 535
Moorman, J. E., 482
Moran, C., 387
Moran, L., 11
Mordre, M., 313
Morelli, G., 40
Morelli, G. A., 167, 170
Moreno, C., 315
Moreno, M. A., 375
Morenoff, J., 391
Moretti, E., 482
Moretti, F., 515
Morgan, C. P., 56
Morgan, P. J., 196
Mori, S., 112
Morikawa, H., 16
Morin, R., 423
Moriya, A. S., 384
Morrell, S., 538
Morris, A. D., 342, 343
Morris, A. S., 11, 296, 298, 328, 378
Morris, B. J., 231
Morris, J. E., 371
Morris, M. C., 518
Morris, P. A., 32
Morris, S. S., 106
Morrison, F. J., 128
Morrison, J. H., 450
Morrison, K. E., 56
Morrison, R. S., 574
Morrissey, T. W., 371
Morrow, D., 524
Morse, E., 357
Morse, L. W., 469
Morselli, D., 562
Mortelmans, D., 434
Mortensen, E. L., 106
Mortensen, P. B., 567
Mortimer, J. T., 350, 411, 487
Morton, H., 5
Morton, T., 315
Moser, J. S., 231

Moses, L. J., 176
Mosher, W. D., 360, 425, 432
Mosier, C., 144
Mosier, C. E., 178, 179
Moss, L. A., 263
Moss, M. S., 566
Moss, S. Z., 566
Motta, V., 384
Mou, Y., 268
Moulson, M. C., 114
Mouw, T., 486
Moyer, A., 425
Moyer, V. A., 451, 518
Mroczek, D., 418, 419, 468, 530
Mroczek, D. K., 475, 476, 477, 524, 530, 531, 560
Mrug, S., 307, 326
Mudrack, P., 400
Mueck, A., 445
Muehlenkamp, J. J., 337
Mueller, L., 508
Mueller, P. S., 572, 574
Mueller, T. I., 515
Muenks, K., 307
Muentener, P., 134, 140
Muers, J., 490
Muetzel, R. L., 260
Mufti, S., 575
Mühlemann, B., 363
Muir, D., 212
Muir, D. W., 72
Mulder, C., 198, 330
Mulder, C. H., 486, 549
Mulder, E., 79
Mulder, H., 215
Mulford, C., 376
Mulinare, J., 78
Mullan, D., 328
Muller, C., 346
Müller, U., 214, 271
Mullin, J., 279
Mullington, J. M., 389
Mullins, N., 515
Mulvey, E. P., 377, 378
Mulye, T. P., 384
Mumme, D. L., 177
Munafo, M., 197
Munafò, M. R., 389
Münch, H. M., 295
Mund, M., 420, 545
Muniz-Terrera, G., 560
Munn, P., 182
Murachver, T., 216
Muraco, A., 420, 550
Murata, A., 231
Muris, P., 251
Murnen, S. K., 263
Murphy, B. C., 294, 295
Murphy, C., 202
Murphy, M. J., 389
Murphy, S. L., 87, 88, 97, 101, 103, 266, 321, 384, 448, 450, 451, 452, 505, 558, 568, 569
Murray, C., 275
Murray, C. E., 424
Murray, C. J., 202, 330
Murray, J., 314

Murray, K. T., 181
Murray, L., 176
Murray, R., 261
Murray-Close, M., 426, 431
Murre, J., 399
Murry, V., 326
Murry, V. M., 298
Murta, S. G., 539
Musco, T., 384
Musick, M. A., 534, 536
Musil, C. M., 492
Musisca, N., 418
Must, A., 324
Mustafa, J., 441
Mustanski, B. S., 358
Mustonen, U., 301
Mutlu, C., 259
Mutluer, T., 259
Mutran, E. J., 491
Myers, A., 520
Myers, D. G., 420, 427, 476
Myers, J. E., 427, 473
Myers, S. A., 552
Myhre, A. M., 313
Myowa-Yamakoshi, M., 160
Myrick, S. E., 357

Na, S., 99
Nabi, R. L., 421
Nabors, L. A., 185
Nachtigall, L. B., 446
Nadanovsky, P., 201
Nadeau, K. J., 199
Nadel, L., 59
Nader, P. R., 262, 329
Nadler, D., 281, 344
Nadorff, D. K., 469
Nagaoka, J., 284
Nagaraja, J., 201
Nagel, R. J., 373
Naimark, B., 189
Naito, T., 427
Najman, J. M., 298, 314
Nakagawa, A., 165
Nakamoto, J., 283, 346
Namkung, E. H., 490
Nanin, J. E., 394
Nansel, T. R., 311
Napier, J. L., 339
Napolitano, L., 426
Narayan, K. V., 107
Narciso, I., 567
Nardone, S., 111
Narr, K. L., 234, 236
Nash, A., 183
Nash, H. M., 271
Nassar, A., 365
Nathanielsz, P. W., 98
Nation, M., 379
Natrajan, M. S., 508
Naveh-Benjamin, M., 524
Navratil, F., 52
Nayga, R. M., Jr., 199
Nazan, N., 473
Nazroo, J., 511, 512
Neal, A. M., 433
Neal, B., 198

Neale, M. C., 392
Neary, K. R., 524
Needell, B., 303
Needham, B., 483
Neely-Barnes, S. L., 492
Nehring, I., 72
Neidorf, S., 423
Neimeyer, R. A., 562, 567
Neisser, U., 275
Neitzel, C., 218
Nelson, C. A., 114, 133, 138, 143, 214, 566
Nelson, D. A., 240
Nelson, D. I., 441
Nelson, K., 132, 143, 215, 216
Nelson, K. B., 90
Nelson, K. E., 215
Nelson, L. J., 414, 421
Nelson, M. C., 328
Nelson, R. Y., 441
Nelson, S. K., 430, 431
Nelson, T., 15, 146
Nemergut, M. E., 266
Neo, L. F., 387
Neppl, T. K., 164, 378
Nerlich, B., 54
Nesdale, D., 306
Nespor, M., 137
Ness, J., 543
Nestor, S., 16
Netz, Y., 514
Neubauer, A. C., 288, 460
Neubauer, A. P., 99
Neuburger, S., 282
Neugarten, B. L., 417, 535, 564
Neugarten, D. A., 417
Neumann, D. L., 282
Neumark-Sztainer, D., 331, 371, 423
Neupert, S. D., 524
Neville, H. J., 271
Newacheck, P. W., 265
Newbury, D. F., 221
Newcomb, A. F., 307
Newcomb, P., 453
Newcombe, N., 144
Newgent, R. A., 283
Newman, R. S., 145, 147
Newman, S., 241
Newton, F. B., 403
Newton, R. L., 258
Newton, T. L., 483
Neyer, F. J., 420, 479, 545, 551
Neyfakh, L., 253
Ng, M., 111, 198, 330
Ng, T. W., 461
Ng, W., 477
Ngangana, P. C., 490
Ngun, T. C., 358
Nguyen, S., 562
Nguyen, S. P., 237
Niaura, R., 372
Nichols, K. E., 246
Nichols, S. R., 181
Nicholson, J. M., 91
Nickerson, A., 566
Nickerson, A. B., 373

Nicklas, E., 246
Nicklett, E. J., 534
Nicklin, J. M., 344
Nicoladis, E., 150
Nicolaides, K., 82
Nicolaisen, M., 484, 551
Nicolas, S., 459
Nie, N. H., 43
Niehorster, S., 403
Niehuis, S., 416
Nielsen, G., 233
Nielsen, H. S., 568
Nielsen, M., 163, 178, 213
Nielson, M. G., 343, 414
Niemiec, C. P., 369
Niemivirta, M., 268
Niermann, C., 387
Nieuwenhuijsen, M. J., 80
Nihtilä, E., 541, 548
Nijhuis, J. G., 73
Nijstad, B. A., 460
Nikbakht Nasrabadi, A., 546, 547
Nilsen, E. S., 209
Nilsson, L. G., 442
Nippold, M. A., 340
Nirmala, A., 65
Nisbett, R. E., 66, 233, 275, 282
Nissim, N. R., 524
Niv, S., 377
Niwa, F., 160
Nix, R. L., 215
Nixon, C., 361
Nixon, E., 331
Noble, Y., 112
Nobre, A. C., 271
Nóbrega, C., 385
Nocita, G., 242
Nock, M. K., 337, 569
Nock, S. L., 429
Noel, A. M., 348
Noël, P. H., 515
Noël-Miller, C., 548
Noël-Miller, C. M., 481, 550
Noirot, E., 73
Nolen-Hoeksema, S., 388
Nollen, N., 262
Noller, P., 304
Noom, M. J., 137, 147
Noonan, C. J., 80
Noonan, M. E., 311
Nora, A., 406
Nordling, J. K., 231, 295
Nordstrom, B., 76
Noriuchi, M., 173
Norman, R., 396
Norris, J., 469
Norris, L., 398
Norris, T., 390
Northey, J. M., 511
Norton, A. J., 482
Norton, D. E., 154
Norton, M. E., 81
Norton, M. I., 294, 497
Novak, M. F. S. X., 79
Novaknovic, R., 55
Novakova, L. M., 521
Novelli, L., 194

Nowicki, S., 512
Noyes, J., 79
Nucci, L., 367, 369
Nugent, J. K., 76, 94
Nugent, S., 207
Nuwwareh, S., 514
Nyberg, L., 442
Nyman, M., 250

Oakes, L. M., 140
Oates, R. K., 189
Oberle, E., 306
Oberman, L. M., 163
Obradovic, J., 17
O'Brien, B., 502
O'Brien, C. M., 77
O'Brien, K. L., 396
O'brien, M., 297
O'Brien, M., 92, 146, 160, 262, 329
O'Brien, T. C., 306
O'Connell, B., 145
O'Connell, L., 162
O'Connor, D. B., 511, 512
O'Connor, M. J., 76
O'Connor, T., 79
O'Connor, T. G., 286
Odden, H., 253
Oddy, L., 103
Odent, M., 91
Odgen, C., 105
Odgers, C. L., 378
Odlaug, B. L., 388
Odoki, K., 106
O'Donnell, K., 533
O'Dywer, C., 491
Oehme, K., 300
Oesterle, S., 411
Offer, D., 367
Offit, P. A., 104
Ofner, M., 111
Ofori, B., 75
Ogawa, E. F., 502
Ogden, C., 262
Ogden, C. L., 65, 102, 107, 168, 198, 257, 258, 262, 264, 330, 385, 386, 449
Ogunwole, S. U., 546, 547
Oh, S., 399
Ohan, J. L., 299, 300
O'Hara, M. W., 176
O'Higgins, M., 176
Öhman, H., 519
Oishi, S., 476, 479, 531
Oka, M., 427
Okahana, H., 346
O'Keefe, C., 149
O'Keefe, L., 154
Okoro, C. A., 450
Olaf Zylicz, P., 165
Oláh, L. N., 208
Olander, E. K., 73
Olds, S. W., 185
O'Leary, K. D., 425
Olfson, M., 315
Oliffe, J. L., 451
Oliphant, A., 81

Oliveira, P. F., 446
Oliver, B. R., 377
Ollendick, T. H., 252
Ollier-Malaterre, A., 432
Ollikainen, M., 55
Olsen, E. O. M., 375
Olsen, J., 567
Olsen, L. R., 568
Olsen, L. W., 264
Olson, B., 469
Olson, K. L., 168
Olson, L. S., 282
Olson, M. E., 201
Olson, R., 258
Olson, S. L., 246
Olsson, B., 519
Olthof, T., 294
Olweus, D., 311
O'Mahony, P., 76
O'Malley, P., 383, 412
O'Malley, P. M., 333, 334, 335, 392
O'Malley-Keighran, M. P., 331
Omodei, D., 386
O'muircheartaigh, J., 112
O'Neil, K., 242
Onelöv, E., 567
Ong, A. D., 356
Onishi, K. H., 211
Ono, H., 260, 295
Ono, M., 52
Onwuteaka-Philipsen, B. D., 573, 574
Ooi, L. L., 242
Oort, F. J., 259, 273
Oostenbroek, J., 132
Opel, A., 300
Opfer, J. E., 207, 270
Oppenheimer, D., 348
Opper, S., 338
Or, T., 221
Oraichi, D., 75
O'Rand, A. M., 482
Orathinkal, J., 546
Orazem, P. F., 350
Orban, S. A., 215, 272
Orbuch, T. L., 480
O'Reilly, A. W., 131
O'Reilly, D., 548
O'Reilly, K. R., 366
Orel, N. A., 550
Orentlicher, D., 572
Ornoy, A., 78
Orom, H., 521
Oron-Gilad, T., 443
Orpana, H., 449
Orr, D. P., 326
Orr, M., 394
Orrell, M., 542
Orth, U., 475, 477
Ortman, J. M., 12, 546
Ortmeyer, H. K., 386
Osborne, C., 425
Osgood, D. W., 182, 304, 305, 372
O'Shea, A., 524
O'Shea, D. M., 458
Oshima-Takane, Y., 153

Oshio, A., 477
Ossorio, P., 14
Ostbye, T., 99
Osterberg, E. C., 446
Osterman, M., 50
Osterman, M. J., 50, 79, 81, 87, 90, 91, 96–97, 98, 100, 364, 417, 429, 533
Osterman, M. J. K., 79
Ostrov, E., 367
Ostrove, J. M., 474
Ostry, D., 150
Oswald, A. J., 472
O'Toole, B. I., 189
Ottenbacher, K. J., 446
Ottolini, M. C., 103
Ou, S. R., 224, 343, 379
Ouellette, G. P., 281
Out, D., 175
Ovbiagele, B., 451
Overpeck, M. D., 328
Overstreet, S., 282
Owen, A., 514
Owen, C. G., 106, 199, 264
Owen, D. R., 217
Owen, G., 558
Owen, J., 423
Owen, L. D., 360
Owens, E. B., 246
Owens, J., 329
Owens, J. A., 194, 329
Owens, J. L., 216
Owens, R. E., 219, 220, 278, 279, 340
Owsley, C., 509
Oyserman, D., 230
Ozarow, L., 279
Özçalışkan, Ş., 147
Özdemir, M., 370
Özen, S., 325
Ozmeral, E. J., 441
Ozonoff, S., 111
Ozturk, G. B., 507
Ozubko, J. D., 524

Pace, G. T., 434
Pace-Schott, E. F., 511
Pachana, N. A., 545
Pack, A. I., 194
Padden, D., 15, 146
Padilla, A. M., 280
Padilla-Walker, L. M., 343, 372, 414
Padmanabhan, V., 56
Páez, D., 460
Pagani, L. S., 221
Page, A. S., 307
Page, M. J., 359
Pagnin, A., 273
Pahl, K., 357
Painter, J. N., 50
Painter, K., 131
Pak, J., 384
Pal, S., 502
Palacios, J., 303, 304
Paley, B., 76, 430
Palinkas, L. A., 535

Palladino, P., 273
Palmer, F. B., 145
Palmersheim, K. A., 450, 479
Palombini, L., 194
Palusci, V. J., 187
Palva, J. M., 94
Pamplona, R., 504
Pamuk, E., 201, 384, 390
Pan, A., 262
Pan, B. A., 152
Pan, C. Y., 442
Pan, L., 508
Pan, Z., 222
Panattoni, C., 232
Panay, N., 445
Pandharipande, P. P., 522
Paneth-Pollak, R., 103
Pang, N., 421
Panigrahy, A., 103
Panza, F., 519
Panzer, S., 406
Papadatou-Pastou, M., 197
Papadimitriou, A., 323, 324
Papadopoulos, S., 386
Papageorgiou, A., 82, 99
Papageorgiou, A. N., 137
Papanikolaou, E., 99
Papuć, E., 517
Paradis, J., 150
Parashar, S., 432
Parente, M. E., 297
Pargament, K. I., 565
Parikh, C., 16
Parish-Morris, J., 221
Park, C., 538, 539, 540
Park, C. L., 534, 575
Park, D., 507
Park, D. C., 507, 508, 521, 522
Park, J. M., 202
Park, M. J., 384
Park, M. M., 237, 238, 239
Park, S., 166, 258
Park, Y., 305
Parke, R., 307
Parke, R. D., 4, 12, 296, 297
Parker, A. E., 232
Parker, J. D., 80
Parker, J. G., 242, 254
Parker, K., 245, 402, 422, 430, 489, 574
Parker, L., 80
Parker, M. G., 536
Parker, V., 540
Parkes, A., 361
Parkes, C. M., 557
Parkes, T. L., 504
Parkinson, J. R., 99
Parmar, P., 244
Parner, E. T., 111
Parsons, C. E., 176
Parsons, J. T., 394
Partanen, E., 115, 140
Partelow, L., 402
Parten, M. B., 242, 243
Partridge, L., 504, 506
Partridge, S., 81, 83
Pascalis, O., 116, 127

Pascarella, E. T., 406
Pasch, L. A., 429
Pascolini, D., 509
Passarino, G., 502, 505
Passel, J. S., 10, 422, 546
Pasterski, V., 169, 233
Pasterski, V. L., 234
Pastor, P. N., 286, 287
Pastore, A., 441
Pastore, M., 379
Pastorelli, C., 349
Pastuszak, A., 75
Pasupathi, M., 525
Patall, E. A., 224
Patel, H., 448
Patel, K. V., 449
Pater, H. A., 72
Pathak, P., 316
Patil, A., 504
Paton, G., 388
Patrick, S. W., 76
Patten, E., 489
Patterson, C. J., 303, 358, 371, 424
Patterson, G. R., 378
Patterson, T., 108, 490
Patton, G. C., 83, 330
Pauen, S., 139
Pauker, K., 294
Paul, D. A., 102
Pauli-Pott, U., 165
Pavlinkova, G., 78
Pavlov, I., 24, 28
Pawelec, G., 502, 508
Pawelski, J. G., 303
Pawlby, S., 79
Paxson, C., 265
Paxton, J. L., 522
Payea, K., 402
Payne, B. R., 462
Payne, J. D., 239
Payne, K. K., 425
Payne, M. W., 564
Peacock, S. D., 502
Pearce, M. S., 80
Pearl, R., 309, 504
Pearson, J., 300
Pebayle, T., 522
Peck, J. D., 77
Pedersen, D. E., 387
Pedersen, J., 183
Pedersen, M., 80
Pedersen, N. L., 458, 462, 502, 515
Peebles, R., 387
Peek, S. T., 541
Peeters, E., 376
Pegg, J. E., 16
Pekel-Uludağlı, N., 470, 471
Pelayo, R., 194
Pell, J. P., 90
Pellegrini, A. D., 233, 236, 241, 242, 244, 249, 250, 260–261, 306, 308, 311
Pellegrini, E., 518
Pelligrini, A., 236, 240, 241, 242
Pelphrey, K. A., 143
Peltola, P., 431

Pelucchi, S., 441
Pendleton, N., 511, 512
Peng, S., 490
Penke, L., 259
Penlesky, A. C., 111
Penning, M. J., 488
Pennington, B. F., 59
Pennisi, E., 504
Pepler, D., 182, 251, 252
Pepper, S. C., 22
Pepping, C. A., 565
Perdue, B., 161
Pereira, M., 567
Pereira, M. A., 385
Perelli-Harris, B., 481
Perera, F., 80
Pérez-Edgar, K., 166
Perfors, A., 146, 148
Perkins, H. S., 572
Perlman, M., 251
Perls, T. T., 505
Perna, L. W., 403
Perner, J., 211
Perou, R., 313, 314, 315
Perra, O., 79
Perrig-Chiello, P., 546, 562
Perrin, A., 421
Perrin, E. C., 303
Perrin, E. M., 263, 264
Perron, M., 231
Perry, D. G., 238, 306
Perry, T. B., 373
Perry, W. G., 404
Persram, R., 372
Pescosolido, B. A., 239
Pescovitz, O. H., 324
Pesonen, A., 174
Pesowski, M. L., 210
Pessanha, M., 128
Petechuk, D., 379
Peter, J., 374, 421
Petermann, F., 250
Peters, E., 521
Petersen, A. C., 326, 367
Petersen, J. L., 282, 393
Petersen, R. C., 537
Peterson, B. E., 474
Peterson, B. S., 271
Peterson, C., 216
Peterson, C. C., 183, 213
Peterson, J., 222
Peterson, J. B., 418
Peterson, K., 362
Peterson, L., 360
Peterson, M., 326
Peterson, M. J., 389
Peterson, M. N., 10
Petit, D., 194, 195
Petitclerc, A., 379
Petitto, L. A., 150
Petrakos, H., 182, 251
Petrelli, C., 515
Petrill, S. A., 65
Petrogiannis, K., 254
Petrosino, A., 379
Petrosino, A. J., 379, 459
Pettee Gabriel, K., 449

Pettit, G. S., 242, 245, 247, 250, 307, 309, 311, 312, 325
Pezzin, L. E., 541
Pfeiffer, G., 233
Pfister, G., 233
Pham, O., 202
Phatak, A., 504
Philalithis, A., 536
Philbin, J. M., 360
Philibert, R. A., 165
Philippoussis, M., 168
Phillips, C. D., 543, 544
Phillips, D., 185, 224
Phillips, D. A., 185
Phillips, J. A., 425, 432
Phillips, P., 10, 540, 541, 549, 551, 552
Phinney, J. S., 355–356, 413
Piaget, J., 24, 26, 29–31, 127, 130–135, 207–211, 220, 268, 338, 339, 362, 396, 473
Pianta, R. C., 219
Piazza, J. R., 545
Piazza, M., 270
Piccinin, A. M., 560
Piccinino, L., 360
Pichelmann, S., 275
Pickar, J. H., 453
Pickering, S. J., 214
Pickett, W., 312
Pienta, A. M., 471, 479, 483
Pieper, K. M., 240
Pierce, M., 340
Piercy, F. P., 427
Piernas, C., 258, 263
Pierroutsakos, S. L., 134
Pierson, K. S., 446
Pietrini, P., 406
Pietrzak, R. H., 531
Pike, A., 182, 252, 305
Pike, L. B., 365
Piko, B. F., 361
Pillemer, K., 484, 486, 490, 544, 552
Pillemer, K. A., 488, 544
Pillow, B. H., 269
Pilon, G., 512
Pincus, A. L., 477
Pinderhughes, E., 304
Pine, D. S., 166
Pine, K. J., 147, 170
Pineau, A., 268
Pinkerton, J. A. V., 445
Pino, O., 73
Pinquart, M., 297, 300, 346, 369, 488, 536, 539, 576
Pinto, A. I., 128
Pinto, J. P., 148
Pinto, L. A., 455
Pinto, R., 224
Pinuelas, A., 250
Piotrowski, J. T., 139
Pipe, M., 216
Piperno, F., 491
Piquero, A. R., 308, 379
Pitarque, A., 533
Pitchford, N. J., 215

Pitkälä, K., 519
Pitkala, K. H., 545
Pitt-Catsouphes, M., 431
Pizer, J. C., 484
Platten, C. R., 388
Plax, K., 188
Pleck, J. H., 168, 411
Pleis, J. R., 440
Plikuhn, M., 486
Plomin, R., 64, 65, 66, 164–165, 221, 234, 239, 249, 274, 286, 330, 460
Pluess, M., 17, 165
Plugge, E., 77
Plusnin, N., 565
Pocnet, C., 516, 531
Podolski, C. L., 310
Poehlmann-Tynan, J., 99
Pogarsky, G., 365
Pogash, C., 569
Poirel, N., 268
Polanczyk, G. V., 313, 314
Polhamus, B., 107
Politi, M., 444
Pollack, B., 170
Pollak, R. A., 383, 491
Pollak, S. D., 10, 147, 188, 283
Pollock, R., 340
Pomerantz, E. M., 231, 297
Pomery, E. A., 372
Pomfret, S., 575
Ponappa, S., 367, 485
Ponce, N. A., 484
Ponnet, K., 376
Pons, F., 232, 243
Poon, L. W., 505, 535, 541
Poortman, A. R., 549
Pope, A., 566
Pope, A. L., 424
Popenoe, D., 429, 432
Popkin, B. M., 258, 263, 385
Porayska-Pomsta, K., 41
Porche, M. V., 221
Porges, E. C., 524
Porges, S. W., 173
Pormeister, K., 574
Porta, G., 564
Porter, A., 269
Porter, B. D., 376
Porter, C., 441
Porter, M., 425
Porter, M. R., 373
Porter, P., 452
Portes, P. R., 356
Portnoy, J., 377
Posada, G., 172
Posner, M. I., 180, 231
Posthuma, D., 65
Postmes, T., 305
Poston, D. L., 253
Potenza, M. N., 328
Potter, J., 418, 530
Poushter, J., 427
Poutre, M., 161
Povinelli, D. J., 211
Powdthavee, N., 472
Powell, L. H., 386, 534

Índice Onomástico

Powell, M., 216
Powell, S. G., 287
Powers, B. P., 172
Powers, D. A., 483
Powers, S. I., 326
Poznanski, B., 317
Pozuelo, J. R., 472
Prakash, K., 242
Prater, C. D., 111
Pratt, L. A., 456, 508, 509
Prause, J. A., 297
Pravettoni, G., 340
Precht, D. H., 567
Prechtl, H. F. R., 95
Preissler, M., 134
Premo, J. E., 166
Prentice, P., 326
Pressley, J. C., 103
Pressman, S. D., 456
Prestin, A., 421
Price, B. H., 523
Price, D. J., 196
Price, J. H., 336, 337
Price, J. M., 307
Price, T. S., 221
Prichard, I., 263
Prichard, J. R., 388
Priest, N., 390, 450
Prieto, M. D., 278
Primack, B. A., 421
Prina, M., 542
Prince, M., 542
Pringsheim, T., 515
Prinstein, M. J., 343
Prinzi, L., 520
Prinzie, P., 305, 372
Prisco, T. R., 296
Province, J. M., 268
Pruden, S. M., 148
Pruessner, J. C., 472
Pruitt, J., 15, 146
Pruyne, E., 342, 396, 397
Puckett, T., 284
Pudrovska, T., 477, 549, 566
Pugh, E., 559
Pukrop, R., 195
Pulgarón, E. R., 330
Pulkkinen, L., 197, 419
Puma, M., 224
Pumpa, K. L., 511
Purcell, K., 347, 421
Purdon, C., 480
Purdue-Smithe, A. C., 395
Purwono, U., 308
Pushkar, D., 536
Putallaz, M., 249, 307
Puterman, E., 502
Putnam, S., 166
Putnam, S. P., 165
Putney, N. M., 486, 490, 491
Putnick, D. L., 16, 369
Puts, D. A., 358
Puttabyatappa, M., 56
Puukko-Viertomies, L. R., 331

Qaseem, A., 452, 511
Qi, Y., 384

Qian, J., 387
Qiu, A., 112
Qiu, L., 545
Qu, L., 429, 434
Quackenbush, M., 564
Quaiser-Pohl, C., 282
Quam, J. K., 550
Quamie, L., 432
Quas, J. A., 210, 211
Quattrin, T., 198
Quesenberry, C. P., 454
Quill, T. E., 573
Quilty, L. C., 418
Quine, S., 538
Quinn, C., 490
Quinn, J. F., 462
Quinn, P. C., 116, 138
Quinn, P. D., 273
Quirk, K., 423
Qureshi, F., 336

Raabe, T., 305
Rabbit, M. P., 199
Rabbitt, P., 458
Rabe, M. A., 546, 547
Radbruch, L., 573
Radel, L., 304
Radesky, J. S., 139
Radke-Yarrow, M., 162
Radl, J., 300
Radler, B. T., 439
Ragsdale, B. L., 356
Rahe, R. H., 454
Rahim, S. A., 368
Rahman, O., 358
Rahman, R., 558
Rai, R., 340
Raikes, H., 153
Raïkkönen, K., 174
Raine, A., 200
Rainie, L., 421
Raizada, R., 219
Rakic, P., 110
Rakison, D. H., 115, 132, 136, 140, 251
Rakoczy, H., 212
Rakyan, V., 56
Ram, N., 477, 560
Ramachandran, V. S., 163
Ramage, S., 386
Ramani, G. B., 183
Ramasamy, R., 446
Ramey, C. T., 128, 129, 152
Ramey, D. M., 450
Ramey, G., 184
Ramey, S. L., 128, 129, 152
Ramey, V., 184
Ramineni, C., 208
Ramirez-Serrano, A., 207
Rampey, B. D., 463
Ramsey, P. G., 183, 254
Ranchor, A. V., 509
Rand, K., 16
Randolph, J., Jr., 445
Rank, M. R., 429
Rankin, S., 359
Rapee, R. M., 251

Rapoport, J. L., 66, 75, 196, 260
Rapport, M. D., 215, 272
Rasberry, C. N., 261
Rash, C. L., 376
Rasmussen, E. E., 240
Rathbun, A., 224, 282
Rato, L., 446
Rattray, B., 511
Rauch, J., 303
Raudenbush, S. W., 284
Rauh, V. A., 77
Ravanbakht, S. N., 264
Raver, C. C., 224, 271, 283
Ravussin, E., 506
Rawlings, D., 550
Ray, B. D., 284
Ray, D. C., 315
Ray, M., 202
Ray, O., 455, 566
Rayfield, S., 77
Raymo, J. M., 424
Rayner, R., 28
Raz, N., 507
Raznahan, A., 260
Reaburn, P., 515
Read, D., 313
Reade, M. C., 572
Realo, A., 468
Reardon, K. W., 250
Reardon, S. F., 282
Rebar, R. W., 397
Rebellon, C. J., 368, 371
Rebetez, C., 238
Reby, D., 169
Recchia, H. E., 182, 372
Reckelhoff, J. F., 451
Reczek, C., 552
Reddy, B. M., 65
Reddy, P. P., 65
Reddy, U. M., 76, 397
Redeker, N. S., 3
Redford, J., 284
Redondo, R., 533
Reece, E. A., 78
Reed, A. E., 524, 532
Reef, S. E., 78
Reese, D., 253
Reese, E., 178, 205, 212, 221, 243
Reeves, R., 111
Reeves, T., 283
Regan, P. C., 427
Rehfuess, E. A., 72
Rehm, A., 195
Rehman, U. S., 480
Reich, S. M., 420, 421
Reichstadt, J., 535
Reid, I. R., 452
Reid, J. D., 550
Reider, B. D., 388
Reijnders, U. J. L., 433
Reilly, D., 282
Rein, D. B., 509
Reiner, M., 387
Reiner, W. G., 235
Reinhart, P., 367
Reinhold, A., 106
Reinisch, J. M., 106

Reis, H. T., 479, 484
Reisch, T., 573
Reiser, M., 307
Reiss, A. L., 234
Reiss, D., 65
Reissland, N., 72
Reiter, S., 445
Reither, E. N., 330
Reitz, C., 517
Reitz, E., 361
Reitzes, D. C., 491
Rejdak, K., 517
Rekalidou, G., 254
Rekker, R., 378
Remez, L., 362
Ren, Q., 489
Ren, Z., 76
Renaud, S. J., 562
Rendall, M. S., 482, 549
Rende, R., 372
Renders, C. M., 330
Renier, C. M., 201
Renken, R. J., 507
Renoux, C., 446
Rentfrow, P. J., 418
Rentz, D. M., 469
Repacholi, B., 174
Repetti, R. L., 283
Repping, S., 397
Resing, W. C., 278
Resnick, L. B., 269, 270
Resnick, M. D., 337, 423
Retschitzki, J., 339
Reuben, C., 287, 390
Reuben, C. A., 286, 287
Reusing, S. P., 79
Reuter, M., 460
Reuter-Lorenz, P., 507, 508, 521, 522
Revenson, T. A., 479
Rey, E., 75
Reynolds, A. J., 224, 284, 343, 379
Reynolds, C. A., 458, 462, 502, 531
Reynolds, C. F., III, 511
Reynolds, G. D., 137
Reynolds, K., 531
Reynolds, M. R., 282
Reynoso, J. T., 389
Rezaei, E., 546, 547
Reznick, J. S., 165, 166
Rholes, S. W., 431
Ribeiro, A., 73
Ricciuti, H. N., 301, 371
Rice, J. B., 541
Rice, J. C., 245
Rice, K., 263
Rice, K. G., 387
Rice, M. L., 149, 220, 221
Rice, S. M., 451
Richard, M. K., 204
Richards, F., 339
Richards, J. B., 452
Richards, K., 389
Richards, M. H., 356, 367
Richards, R., 204
Richards, T., 219

Richardson, C. R., 449
Richardson, D. S., 502
Richardson, E. G., 569
Richardson, G. A., 77
Richardson, J., 168
Richardson, T. J., 488
Richert, R. A., 139, 152
Richman, A. L., 16
Richman, L. S., 455, 456
Richmond, T. S., 513
Richters, J., 567
Rickert, V. I., 195
Riddell, R. R. P., 115
Rideout, V. J., 139, 309, 348, 368
Ridgers, N. D., 261
Riedel-Heller, S. G., 569
Rieffe, C., 343
Riegle-Crumb, C., 346
Riem, M. M., 175
Rietjens, J. A., 572
Rietzschel, E. F., 461
Riggle, E. D. B., 424
Riggle, S. G., 424
Rigler, D., 152
Rigler, M., 152
Rigotti, A., 439
Riksen-Walraven, J. M., 419
Riley, B., 64
Riley, J., 282
Rimm, E. B., 545
Rinaldi, C. M., 182, 251
Rindermann, H., 275
Rious, J. B., 378
Rippy, J., 139
Rissel, C. E., 567
Ritchie, H., 512
Ritchie, M., 315
Ritchie, R. A., 413
Ritchie, S. J., 274, 442
Rittenour, C. E., 552
Ritter, P. L., 248
Ritz, B. R., 384
Rivas-Drake, D., 356, 413
Rivera, J. A., 200
Rivera-Gaxiola, M., 146, 147, 151, 152
Rizvi, F., 445
Roazzi, A., 307
Robards, J., 482
Robb, M. B., 139, 152
Roberto, K., 485, 486, 487, 490, 492
Roberto, K. J., 420
Roberts, B., 418, 419, 468, 530
Roberts, B. W., 418, 419, 462, 476, 530, 531
Roberts, C., 329
Roberts, D. F., 248, 309, 348, 368
Roberts, G., 99, 215
Roberts, H., 363
Roberts, I. S., 176
Roberts, J. E., 185
Roberts, K. P., 216
Robertson, D. A., 522
Robin, D. J., 119
Robins, R. W., 418, 419, 477
Robinson, J., 430

Robinson, K. N., 508, 509
Robinson, O. C., 472
Robison, J., 552
Robitzsch, A., 530
Robles, T. F., 391, 482, 546
Robles de Medina, P., 79
Robustelli, B. L., 547
Rochat, P., 177, 253
Rochat, T. J., 176
Rock, M. J., 541
Rock, S., 129
Rocke, C., 477
Röcke, C., 467, 476
Roderick, M., 284
Rodgers, A. B., 56
Rodgers, E., 218
Rodgers, J. L., 275
Rodgers, P. L., 337
Rodin, J., 450
Rodkin, P., 283
Rodkin, P. C., 308, 309
Rodrigue, K. M., 507
Rodrigues, L. P., 196
Rodriguez, M. L., 180
Rodríguez-Aranda, C., 441
Rodríguez-López, R., 385
Rodríguez-Mañas, L., 510
Roediger, H. L., 523
Roediger, H. L., III, 214
Roesch, L., 335
Roess, A. A., 107
Roettger, M., 377
Roeyers, H., 268
Rogan, W. J., 106
Rogers, C. H., 567
Rogers, C. S., 239, 244
Rogers, M. C., 168, 170
Rogers, S. J., 428
Rogler, L. H., 14, 15
Rogoff, B., 40, 144, 178, 179, 244, 253
Rogol, A., 322, 323, 324, 325, 326, 331, 335
Rohack, J. J., 574
Rohal, M., 245
Rohde, L. A., 313, 314
Roisman, G. I., 174, 417, 424
Rokholm, B., 330
Röll, J., 250
Rollins, B. C., 480
Roman, C., 469
Romano, E., 250
Rombouts, S. A., 175
Romero, A. P., 424
Romney, D. M., 170
Ronald, R., 414
Ronfard, S., 210
Rönnqvist, L., 197
Rook, K. S., 545, 551
Roopnarine, J., 183, 254
Roopnarine, J. L., 170, 183
Roosa, M. W., 326
Root, A. K., 181
Rosamond, W., 514
Rosario, M., 359
Rosas-Bermúdez, A., 98
Rosato, M., 548

Roscigno, V. J., 538
Rose, A. J., 260, 306, 307
Rose, G., 502
Rose, K. K., 139
Rose, M., 543, 544
Rose, R. J., 197, 326
Rose, S., 137
Rose, S. A., 99, 136, 137, 138
Roseberry, S., 152
Rose-Krasnor, L., 242
Rosen, M. A., 459
Rosen, R. C., 447
Rosenbaum, J. E., 366
Rosenberg, H. J., 475
Rosenberg, S. D., 475
Rosenbluth, S. C., 420
Rosenfeld, D., 550
Rosenfeld, M. J., 484
Rosengren, A., 448
Rosengren, K., 562
Rosengren, K. S., 135
Rosenkranz, R. R., 306
Rosenthal, B. P., 440
Roser, M., 512
Roses, A. D., 519
Roseth, C. J., 306
Rosicky, J. G., 176
Rosnati, R., 477
Rosner, B., 265, 453
Rosner, R., 564
Ross, H., 335
Ross, H. S., 251
Ross, J. L., 234
Ross, K. E., 402, 486
Ross, L. A., 521
Ross, S., 313
Rosselli, M., 233
Rossen, L. M., 90, 96–97, 98
Rossi, A. S., 447
Rossier, J., 516, 531
Roth, D. L., 534
Roth, G., 369
Roth, S., 460
Rothbart, M. K., 163, 164, 165, 173, 180, 231
Rothblum, E. D., 424, 432
Rothman, A. D., 431
Rothman, A. J., 455
Rothman, E., 376
Rothman, M. T., 431
Rotosky, S. S., 424
Rott, C., 541
Roubinov, D. S., 388, 389
Rouder, J. N., 311
Rourke, M., 213
Rouse, C., 282
Rouse, H. L., 199
Rousseau, J. J., 22
Roussotte, F. F., 77
Routasalo, P., 545
Routledge, C., 565
Rovee-Collier, C., 127
Rowe, J. W., 535
Rowe, M. L., 147, 152
Roy, S., 111
Rozanski, A., 545
Rožman, M., 538

Ruan, X., 445
Rübeling, H., 230
Rubin, D. H., 80
Rubin, K. H., 166, 242, 250, 254, 373
Rubio-Fernández, P., 211
Ruble, D., 237, 238
Ruble, D. N., 169, 234, 238, 239, 429
Rudasill, K. M., 11
Rudolph, K. D., 260, 306, 315
Rudy, D., 297
Rueda, M. R., 180, 231
Rueter, M. A., 369
Ruffman, T., 249
Ruggles, S., 432
Ruhl, H., 373
Ruigrok, A. N., 168, 234, 345
Ruitenberg, A., 390
Rumbaut, R. G., 383, 402, 406
Runco, M. A., 460
Runions, K. C., 312
Runyan, D. K., 188, 245, 246
Ruppanner, L., 433
Rushton, J. P., 274, 275
Ruskis, J., 139
Russ, A. J., 544
Russ, S. A., 374
Russ, S. W., 241
Russell, D., 542
Russell, J. A., 232
Russell, S. T., 303, 359
Russo, C., 521
Russo, M., 432
Rust, J., 234, 239
Rutherford, G., 337, 569
Ruthruff, A. M., 441
Rutland, A., 305, 306
Rutter, M., 64, 114, 234, 286
Ruttle, P. L., 325
Ryan, C., 282, 359
Ryan, M. K., 133
Ryan, R. M., 369
Ryan, S., 129, 223, 361
Rybash, J. M., 442, 459
Ryff, C., 471, 472
Ryff, C. D., 439, 450, 469, 477, 478, 479, 508, 552
Ryncarz, R. A., 341, 400

Saarni, C., 232, 294
Sabbagh, M. A., 213
Sabol, S. Z., 389
Sachs, H. C., 103
Sacker, A., 128
Sacks, G., 198
Sacks, J. J., 76
Sadeh, A., 96, 194
Sadek, S., 311
Sadigh-Eteghad, S., 516
Saez, M., 423
Safati, A., 388
Saffery, R., 50, 55
Saffran, J. R., 147
Sagi, A., 171
Sahle, B., 514
Sahm, C., 538, 539, 540

Sahoo, K., 198, 262, 263, 264, 330
Saigal, S., 99
Saito, E. K., 518
Saka, B., 507
Sakhaee, K., 443
Sakhardande, A., 334
Sala-Llonch, R., 507, 524
Salami, A., 442
Salas, E., 459
Salehiniya, H., 546, 547
Saliasi, E., 507
Salk, R. H., 393
Salkind, N. J., 161
Sallmen, M., 396
Salovey, P., 399, 400, 455
Salthouse, T., 458
Salthouse, T. A., 443, 458, 479, 524, 531
Salum, G. A., 313, 314
Salvig, J. D., 74
Samdal, O., 347
Samenow, C., 427
Sameroff, A., 349
Sameroff, A. J., 246
Samper, P., 343
Sampson, H. A., 200
Sampson, P. D., 76
Samuelson, L. K., 148
Samuelson, Y. M., 379
Samuelsson, I. P., 244
Sánchez, F., 460
Sanchez, J., 359
Sanchez, M., 150
Sánchez-Medina, J. A., 244
Sancho, P., 533, 534
Sandberg, J. F., 430
Sandberg-Thoma, S. E., 486
Sanders, A., 540
Sanders, A. R., 358
Sanders, L. D., 271
Sanders, P., 170
Sanders, S., 286
Sanders, S. A., 106
Sandfort, T., 361
Sandin, S., 111
Sandler, D. P., 396
Sandler, I., 301
Sandnabba, H. K., 239
Sandstad, B., 313
Sann, C., 137, 142
Santelli, J., 364, 394
Santelli, J. S., 364, 366
Santhakumaran, S., 99
Santillan, S., 403
Santinello, M., 379
Santonastaso, P., 387
Santos, E. J., 544
Santos, L. R., 269
Santos-Lozano, A., 505
Sapolsky, R. M., 455
Sapp, F., 212
Sappenfield, W. M., 258
Saraceno, C., 546
Saraiya, A., 317
Sareen, J., 515, 531
Sarnecka, B. W., 208
Sartorius, G., 447

Sassler, S., 425, 434
Satcher, D., 366
Satorres, E., 533
Sattler, C., 518
Saudino, K. J., 66, 164–165
Saulyte, J., 395
Saunders, J., 564
Saunders, N., 87
Saunders, N. L., 442
Sauter, D. A., 232
Sauvage, L., 77
Savage, J., 310
Savage, J. E., 65
Savage, J. S., 72, 331
Savelyev, P. A., 224
Savic, I., 359
Savin-Williams, R. C., 357, 358
Savoie, D., 267
Savva, G. M., 522
Sawalani, G., 308
Sawicki, M. B., 540
Sawyer, A. T., 315
Saxe, R., 140
Saxena, S., 285
Saxon, J. L., 231
Sayer, S., 469
Sayer, T. B., 348
Saylor, M. M., 134
Sbarra, D. A., 481
Scaglioni, S., 72
Scales, P. C., 411
Scarr, S., 64, 65, 185
Schaan, B., 566
Schaap, L. A., 441
Schacter, D. L., 523
Schaefer, C. E., 288
Schaefer, S. M., 508
Schafer, J., 433
Schaffhuser, K., 468
Schafft, K. A., 199
Schaie, K. W., 398, 456–458, 462, 467, 520, 521
Scharf, M., 301, 417, 433
Scharlach, A. E., 565, 566
Scheibe, S., 476
Scheiber, C., 282
Scheid, V., 445
Scheidt, P., 328
Scheier, L. M., 371
Schelar, E., 362
Schellinger, K. B., 298
Schembri, M., 444
Schendel, D. E., 111
Schenk, N., 480
Scher, A., 94, 194
Scherr, P. A., 518
Schetter, C. D., 79
Scheve, T., 538
Schick, B., 150
Schick, V., 512
Schickedanz, A., 10
Schieber, M., 504
Schieman, S., 549, 566
Schiff, A., 329
Schiff, D. M., 76
Schiller, J. S., 390
Schindler, H. S., 361

Schindler, I., 539
Schlegel, E., 281
Schleifer, M., 562
Schlenker, E. D., 514
Schliemann, A. D., 270
Schlotz, W., 74
Schmelzer, D., 195
Schmidt, C. R., 238
Schmidt, J. A., 343
Schmidt, L. A., 166
Schmidt, M. E., 307
Schmidt, M. F., 162
Schmidt, R. J., 111
Schmiedek, F., 476
Schmieder, R. E., 448
Schmitt, D. P., 468
Schmitt, M., 547
Schmitt, M. T., 305
Schmitt, S. A., 152
Schmitz, S., 164–165
Schmukle, S. C., 418, 419, 530
Schnaas, L., 80
Schnack, H. G., 274
Schneewind, K. A., 546
Schneider, B. H., 174
Schneider, D., 299
Schneider, J. A., 518
Schneider, J. P., 427
Schneider, M., 283
Schneider, S., 143
Schneider, W., 215, 272
Schnell, S. V., 342
Schnur, E., 129
Schöber, C., 282
Schöberl, I., 173
Schoefs, V., 174
Schoenborn, C. A., 391, 512
Schoendorf, K. C., 80
Schoeni, R., 536, 551
Schoeni, R. F., 402, 486
Schoenle, E. J., 52
Schoeny, M. E., 361
Schoff, K., 316
Schofield, T. J., 299
Schölmerich, A., 167
Scholten, C. M., 87
Schomerus, G., 569
Schondelmyer, E., 429
Schonert-Reichl, K. A., 295, 306
Schonfeld, D. J., 564
Schönknecht, P., 518
Schooler, C., 462
Schouten, A., 294
Schredl, M., 195
Schrimshaw, E. W., 359
Schröder, J., 518
Schroeder, A. N., 312
Schroeder, D. R., 266
Schuengel, C., 172, 552
Schuetter, R., 77
Schug, J., 11
Schulenberg, J., 383, 412
Schulenberg, J. E., 333, 334, 335, 350, 377, 379, 392, 393
Schultetus, R. S., 459
Schulz, M. S., 430, 431
Schulz, R., 488, 533, 561

Schulze, H. J., 552
Schumm, L. P., 545
Schummers, L., 73
Schurer, S., 418, 419
Schurz, M., 211
Schut, H., 566, 567
Schütte, K., 282
Schuur, M., 517
Schüz, B., 551
Schwab, S. G., 66
Schwaba, T., 530
Schwade, J. A., 160
Schwartz, B. L., 523
Schwartz, D., 250, 283, 311, 312, 346
Schwartz, E., 479
Schwartz, J. E., 531
Schwartz, S., 413
Schwartz, S. J., 413
Schwartz, T. A., 568
Schwarz, N., 546
Schweinhart, L. J., 224, 366
Schwenck, C., 215
Scialfa, C. T., 440
Sciupac, E., 423
Scola, C., 429
Scott, C., 384
Scott, M. E., 371
Scott, R. M., 148, 211
Scott, S., 245
Scott, T., 515
Seale, C., 575
Seaman, J., 402
Seaman, J. E., 402
Searing, D. A., 265
Seaton, E. K., 356
Sebanc, A. M., 183, 243
Sebastiani, P., 505
Seblega, B. K., 543
Sedgh, G., 361
Sedikides, C., 468
Sedlak, A. J., 187
Seechrist, J., 486
Seed, K., 102
Seehagen, S., 133, 143
Seeley, J. R., 326
Seeman, J., 402
Seeman, T. E., 189, 384, 448, 469, 475, 476
Seery, M. D., 562
Segerstrom, S. C., 455, 532
Segert, I. L., 311
Sehgal, A., 511
Seib, D. R., 508
Seibel, R. L., 147
Seidell, J. C., 330
Seider, B. H., 545
Seidler, A., 516
Seidler, Z. E., 451
Seidman, E., 356
Seifen, S., 195
Seiffge-Krenke, I., 355, 414
Seinfeld, J., 87
Selbæk, G., 534
Selcuk, B., 249
Selevan, S. G., 324
Seligman, M. E. P., 344

Selkie, E. M., 375
Selkoe, D. J., 516
Sellers, R. M., 356
Selman, A. P., 307, 308
Selman, R. L., 307, 308
Seltzer, J., 536, 551
Seltzer, J. A., 301, 425, 549
Seltzer, M. M., 552, 567
Semega, J. L., 298, 540
Semendeferi, K., 143
Semin, G. R., 486
Sen, A., 402, 568
Sen, M. G., 237
Sendak, M., 125
Sénéchal, M., 281
Sengupta, G., 535
Senman, L., 213
Senoo, A., 173
Seplaki, C. L., 449
Serbin, L. A., 169
Serdiouk, M., 283
Sergi, G., 441
Sergio, L., 150
Serido, J., 455
Seroude, L., 504
Serrano, P. A., 359
Serretti, A., 515
Service, V., 147
Servis, L. J., 239
Sesso, H. D., 449
Sethi, A., 180
Setterstein, R. A., Jr., 383, 402, 406, 552
Sexton, C. E., 442
Sexton, H. R., 246
Seybold, K. S., 534
Shafer, K., 302, 434
Shaffer, B. L., 91
Shafto, M. A., 442, 523
Shager, H. M., 129
Shah, S. M., 566
Shah, T., 76
Shahabi, L., 534
Shahaeian, A., 213
Shalev, I., 502
Shamir, A., 281
Shammas, M. A., 502
Shamseddeen, W., 564
Shane, M. S., 401
Shankar, A., 545
Shankaran, S., 77
Shannon, D., 167
Shannon, J. D., 168
Shao, H., 454
Shapiro, A., 542, 547
Shapiro, A. D., 475
Shapiro, B. K., 145
Sharma, A. R., 303, 304
Sharma, M., 266
Sharma, R., 66, 80
Sharma, R. K., 566
Sharp, D., 79
Sharp, E. H., 368, 371
Sharp, E. S., 458, 462, 516
Sharrow, D., 201, 203
Shatz, M., 220
Shavit, Y. Z., 541

Shaw, B. A., 287
Shaw, D., 221
Shaw, N., 198
Shayer, M., 274
Shaywitz, B. A., 286
Shaywitz, S. E., 286
Shea, K. M., 80
Sheblanova, E., 343
Shedlock, D. J., 525
Sheeber, L., 393
Sheese, B. E., 180, 231
Sheldon, K. M., 469
Shelton, K. H., 326
Shelton, R. C., 166
Shelton, T. L., 282
Shen, S., 479
Shen, W. K., 507
Shepherd, J., 138
Shepherd, M., 550
Shepherd, R. A., 50
Sherman, M., 543, 544
Sherman, P. W., 34
Sherman, R. A., 423, 427
Sherry, B., 258
Sherwood, C. C., 112
Sherzai, A., 507
Shetgiri, R., 312
Shi, J., 539
Shigehara, K., 446
Shin, D. H., 421
Shin, M., 59
Shin, N., 254
Shin, Y., 284
Shinan-Altman, S., 470
Shinar, D., 443
Shine, B., 198
Shiner, R. L., 165
Shinohara, S. K., 549
Shinya, Y., 160
Shiono, P. H., 98
Shiota, M. N., 545
Shiovitz-Ezra, S., 535
Shirley, L., 169, 234
Shiroy, D. M., 511
Shivji, A., 202
Shkolnik, A., 147
Shlafer, I., 281
Shoda, Y., 180
Shonkoff, J., 185
Shooshtari, S., 512
Shope, J. T., 348
Shor, E., 548
Shore, C., 145
Shore, E. L., 343, 401
Short, S. E., 52
Shortt, J. W., 305
Shouldice, A., 173, 250, 251
Shouldice, M., 364
Shrestha, S., 294
Shrim, A., 79
Shriver, L. H., 258
Shrout, P. E., 120
Shuey, K., 488, 489
Shuey, K. M., 488
Shulman, S., 174, 301, 423, 433
Shults, R. A., 390
Shultz, T. R., 211

Shumaker, S. A., 453
Shumow, L., 343
Shutts, K., 238
Shwe, H. I., 149
Shweder, R. A., 343, 401, 477
Siahanidou, T., 99
Siahpush, M., 263
Sibley, C. G., 476
Sicherer, S. H., 200
Siddarth, P., 442
Siebert, E. R., 169
Siebert, W. S., 432
Siedlecki, K., 531
Siedlecki, K. L., 479
Siega-Riz, A. M., 385
Siegel, A. M., 574
Siegel, B. S., 303
Siegel, M. B., 389
Siegel, R. L., 451
Siegler, I. C., 476
Siegler, R. S., 208, 214, 270, 281
Siegrist, J., 535, 539
Siennick, S. E., 486
Sierra, M., 502
Sieving, R. E., 361
Sigmundson, H. K., 235
Siimes, M. A., 331
Sijtsema, J. J., 309
Silberg, J. L., 377
Silva, C., 413
Silva, L., 356, 413
Silva, P. A., 414
Silveira, M. J., 571
Silventoinen, K., 330
Silverberg, M. K., 284
Silverstein, M., 139
Silvester, W., 572
Silvestri, L., 194
Simion, F., 136
Simmonds, M., 199, 264
Simmons, R. G., 326
Simon, K. I., 384
Simon, T., 127
Simons, E., 80
Simons, L. G., 361
Simons, R. F., 173
Simons, R. L., 326, 361, 378
Simonsen, E., 377
Simons-Morton, B. G., 335
Simon Thomas, J., 371
Simonton, D. K., 460, 461
Simpson, A. M., 152
Simpson, H., 492
Simpson, J. A., 174, 431
Simpson, L. E., 418
Sims, J., 11
Sinan, B., 562
Sinclair, A., 510
Sines, E., 88, 101
Singer, B., 477
Singer, B. H., 450
Singer, D. G., 243, 249
Singer, H. S., 234
Singer, J. D., 152
Singer, J. L., 243, 249, 475
Singer, L. T., 77
Singer, M., 175

Singer, M. R., 441
Singh, A., 199
Singh, A. S., 198, 330
Singh, G. K., 202, 259, 263
Singh, L., 16
Singh, S., 361
Singhal, A., 106
Singleton, P., 538
Sink, A., 240
Sinnott, J. D., 398, 460
Siqueland, E., 115
Siris, E. S., 451
Sirnick, A., 187
Siskind, J. M., 152
Sisson, S. B., 258
Sitharthan, T., 392
Sitzer, D. I., 519
Sixou, M., 514
Skakkebaek, N. E., 324
Skalicky, A., 199
Skehan, M., 542
Skelton, J. A., 263, 264
Skew, A. J., 491
Skinner, A. C., 263, 264
Skinner, B. F., 24, 28, 29, 150
Skinner, C., 10
Skjaerven, R., 99
Skolnick Weisberg, D., 214
Skoric, M. M., 421
Skorska, M. N., 358
Skotko, B. G., 59, 79
Skowronski, J. J., 476
Skultety, K. M., 473
Slaby, R. G., 237
Slade, M., 506
Slagt, M., 165
Slatcher, R. B., 391, 482, 546
Slater, A., 263
Slattery, T. L., 378
Slaughter, V., 178, 183, 213, 249
Slaven, M., 564
Slawinski, J. L., 272
Slayton, S. C., 315
Sleegers, K., 517
Sliwinska-Kowalska, M., 441
Sliwinski, M., 472
Sloan, R. P., 476
Slobin, D., 149
Slobodskaya, H. R., 165
Slomko, H., 54
Slomkowski, C., 372
Slotkin, T. A., 90
Slyper, A. H., 324
Smack, A. J., 250
Small, B. J., 559
Small, G. W., 442
Smart, E. L., 442, 516
Smedley, A., 14, 450
Smedley, B. D., 14, 450
Smee, D. J., 511
Smeedling, T. M., 405
Smetana, J., 370
Smetana, J. G., 370
Smilansky, S., 241
Smith, A., 567
Smith, A. E., 326
Smith, A. M., 77, 378

Índice Onomástico 743

Smith, A. P., 454
Smith, A. R., 373
Smith, B., 107
Smith, B. L., 448
Smith, C. A., 369
Smith, C. L., 166, 220
Smith, D. E., 563
Smith, E. A., 399
Smith, E. G., 10
Smith, E. R., 483
Smith, G. C. S., 90
Smith, G. D., 80, 390
Smith, J., 14, 17, 246, 476, 525, 530, 531, 535, 537
Smith, J. L., 530
Smith, J. R., 552
Smith, J. Z., 239, 244
Smith, K. E., 218, 284
Smith, L. B., 120
Smith, L. M., 76
Smith, M., 519
Smith, P. J., 442
Smith, P. J. S., 78
Smith, P. K., 241, 242, 243, 244, 261, 311
Smith, R., 317
Smith, S. L., 240
Smith, S. T., 509
Smith, T. B., 356, 391, 413, 484, 545
Smith, T. E., 170, 234
Smith, T. S., 168, 170
Smith, T. W., 427, 456
Smith, V., 295
Smith, V. C., 76, 77
Smith-Lovin, L., 421
Smits, A., 486
Smits, J., 50
Smock, P. J., 302, 425
Smoot, D. L., 307
Sneed, J. R., 469
Snider, S., 139
Snidman, N., 165, 166
Sniehotta, F. F., 386
Snoek, H., 314, 377
Snow, C. E., 152
Snow, M. E., 170
Snowling, M. J., 271
Snyder, A. R., 486
Snyder, E. E., 65
Snyder, J., 254, 305, 372, 378
Snyder, T. D., 284, 402, 403
So, J., 421
Soares, S., 375
Sobel, D. M., 207, 212
Sobolewski, J. M., 300, 371
Soderstrom, M., 16, 153
Sodian, B., 211
Soenens, B., 370
Sofi, F., 442
Sokol, R. J., 76
Sokol, R. Z., 80
Sole-Auro, A., 505
Soley, G., 115
Solfrizzi, V., 519
Soliman, A., 324
Soliman, K. F., 54

Solmeyer, A. R., 305, 372
Solokian, S., 297
Solomon, B., 519
Solomon, J., 172, 173
Soman, L. A., 188
Somerville, L. H., 327, 328
Sommer, M., 211
Sommers, B. D., 384
Sommers, S. R., 294
Sommerville, J. A., 162
Son, S. H., 128
Sonek, J., 82
Sonenstein, F. L., 411
Song, J., 538, 552, 566, 567
Song, K., 81
Song, L., 148
Sontag, L. M., 326
Sood, B., 76
Sophian, C., 215, 269
Sorce, J. F., 118
Sörensen, S., 488, 536
Sorensen, T. I. A., 264
Sørensen, T. I. A., 330
Sosik, J. J., 462
Soto, C. J., 418, 530, 531
Sousa, M., 446
South, S. J., 360, 486
Southerland, N., 469
Southward, P., 534
Sova, C., 200
Sowell, E. R., 109, 196
Spahni, S., 562
Span, P., 542
Sparks, A., 221
Sparks, A. B., 81
Sparling, J. J., 128
Sparrow, J., 161
Spear, L. P., 334
Specht, J., 418, 419, 530
Spector, T. D., 55, 452
Speece, M. W., 562
Spelke, E., 142
Spelke, E. S., 142, 152, 207, 233, 238
Spencer, D., 248
Spencer, J. P., 120
Spencer, P. E., 150
Spencer, R. M., 511
Sperling, M. A., 99
Spiegel, C., 148, 219
Spielvogel, B., 11
Spijkerman, R., 374
Spilsbury, J. C., 187
Spilsbury, L., 491
Spinath, F. M., 221
Spinelli, M., 153
Spinrad, T. L., 231, 242, 343
Spirduso, W. W., 443
Spiro, A., 476, 477, 524, 560
Spiro, A., III, 455, 531
Spitz, R. A., 173
Spitze, G., 490
Spivey, M. J., 396
Spohr, H. L., 76
Sprafkin, J., 377
Spraggins, C. E., 71
Spreng, N., 544

Spreng, R. N., 507
Springer, K. W., 477
Sprung, M., 295
Sroufe, L. A., 159, 161, 173, 174
Staaks, J., 388
Stacey, J., 303
Stack, D. M., 136, 137
Stack, S., 575
Staff, J., 350, 394, 487
Stafford, F. P., 260, 295
Stafford, R. S., 316
Stahl, D., 162
Staley, J. K., 234
Stallman, H. M., 194, 299, 300
Stamatakis, E. A., 442
Stamperdahl, J., 17
Stams, G. J. J., 137, 147
Stanca, L., 552
Stanhope, L., 182, 251, 252
Stanik, C. E., 372
Stanley, C., 103
Stanley, N., 443
Stanton, D., 429, 434
Stanton, R., 515
Stark, P., 348
Starnes, R., 250
Starr, J. M., 273, 442, 522
Stattin, H., 370
Staudinger, U. M., 17, 525
Stav, W. B., 536
Stavreus-Evers, A., 568
Stavropoulos, V., 374
Steardo, L., 393
Stearns, M. A., 469
Steck, N., 573
Stedron, J., 59
Steed, J., 232
Steegers, E. A. P., 73
Steen, E., 374
Steensma, T. D., 235
Steeves, T. D., 515
Steffen, L. M., 385
Steger, M. F., 361
Stegge, H., 294
Stegner, A. J., 387
Steil, J. M., 420
Stein, A., 176
Stein, A. D., 75, 200
Stein, R., 521, 533
Steinberg, L., 63, 247, 248, 325, 326, 328, 340, 346, 368, 369, 373, 377, 378
Steineck, G., 567
Steinfield, C., 391, 403
Steinhausen, H.-C., 76
Steinhausen, H. C., 333
Stella, M. Y., 263
Stelmach, A., 54
Stennes, L. M., 237
Stepanikova, I., 43
Stepankova, H., 521
Stephens, C., 491
Stephenson, D., 391
Stepler, R., 425, 480, 481, 548, 550
Steptoe, A., 391, 456, 531, 533, 545

Stern, T. A., 446
Stern, Y., 518
Sternberg, R. J., 273, 275, 276, 277–278, 349, 399, 421, 422, 460
Sterns, H. L., 462
Sterrett, E., 361
Stevens, C., 271
Stevens, G. A., 395
Stevens, J. C., 441
Stevens, J. H., 129
Stevens, K. N., 146
Stevens, N., 183, 254, 307, 308, 373, 484, 551
Stevens, W. D., 442
Stevenson, D. G., 544
Stevenson, D. K., 168
Stevenson, H. W., 346
Stevenson-Hinde, J., 173, 250, 251
Steward, W. T., 455
Stewart, A. J., 469, 474, 488, 490
Stewart, A. M., 160
Stewart, E. A., 378
Stewart, J. H., 246
St. George-Hyslop, P., 517
Stice, E., 385
Stickrath, E. H., 77
Stieb, D., 80
Stifter, C., 181
Stiles, J., 196
Stine, E. A. L., 522
Stine-Morrow, E. A., 462
Stipek, D., 144
Stipek, D. J., 178
Stirling, J., Jr., 114
St. John, P. D., 532
Stock, H., 433
Stock, P., 268
Stockemer, V., 254
Stokes, C. E., 426
Stoltz, K. B., 473
Stone, A. A., 531
Stone, R., 540
Stoolmiller, M., 360
Storandt, M., 516
Storebø, O. J., 377
Stormshak, E., 247
Stormshak, E. A., 297, 367
Stoudemire, A., 561
Stout, H., 15
Stouthamer-Loeber, M., 313, 419
Strandberg, T., 174
Strandberg, T. E., 545
Strasburger, V. C., 365
Strathearn, L., 160, 173, 175
Stratton, G., 261
Straus, M. A., 245, 246
Straus, R., 400
Strauss, N., 92
Strayer, D. L., 348
Strebel, P., 78
Streissguth, A. P., 76
Strenze, T., 217
Streri, A., 137, 142
Striano, T., 162, 177, 212
Strickhouser, J. E., 418, 530
Strickland, B., 265

Striegel-Moore, R. H., 332
Stright, A. D., 165, 218
Strine, T. W., 450
Strobino, D. M., 98, 101
Stroebe, M., 566, 567
Stroebe, W., 461, 566, 567
Strohm, C. Q., 549
Strohschein, L., 299
Strömland, K., 76
Stromwall, L. A., 295
Strous, R. D., 574
Strouse, G. A., 134
Struble, C. A., 81
Stubbs, B., 514
Stuchbury, R., 546
Stuck, A. E., 542
Stucky, B., 308
Stuebing, K. K., 217
Stukel, T. A., 98
Sturm, R., 263
Stutzer, A., 429
Styfco, S. J., 224
Styne, D., 325
Su, C. T., 566
Su, T. P., 511
Su, Y., 307
Suanda, S. H., 207
Subar, A. F., 514
Subbotsky, E., 212
Subrahmanyam, K., 376, 420, 421
Subramanian, S. V., 548, 566
Suddendorf, T., 178
Sudore, R. L., 566
Sugaya, L. S., 313, 314
Sugden, N. A., 116
Sugimori, E., 475
Suhomilinova, O., 482
Sui, X., 449
Suitor, J. J., 484, 486, 490, 552
Sulik, M. J., 401
Sullivan, A. R., 548
Sullivan, K., 76
Sullivan, K. T., 299
Sullivan, T. N., 376
Sulloway, F. J., 251
Sulmasy, L. S., 572, 574
Summers, J. J., 442
Summers, M. J., 442
Sumter, S. R., 421
Sun, Q., 441
Sun, Y., 371
Sunar, D., 400
Sundet, J., 217
Sundquist, J., 99
Sundquist, K., 99
Suñe, A., 432
Sung, J., 165
Suomi, S., 167
Super, C. M., 244
Susman, E. J., 322, 323, 324, 325, 326, 331, 335
Susperreguy, M. I., 208
Suss, C., 127
Susser, E., 75
Sutin, A. R., 531
Sutton, M., 474
Suwalsky, J. T. D., 16

Suzman, R. M., 539, 551
Svanberg, A. S., 568
Svejda, M. A. R. I. L. Y. N., 118
Svetina, P., 154
Svetlova, M., 181
Swaab, D. F., 236, 358
Swain, I., 115, 137
Swain, J. E., 90, 160
Swallen, K. C., 330
Swami, V., 421
Swamy, G. K., 99
Swan, S. H., 80
Swank, P. R., 218
Swanson, K. M., 568
Swanson, S. A., 331, 332
Swanston, H. Y., 189
Sweat, M. D., 366
Sweeney, J. A., 271
Sweeney, M. M., 302, 425, 432
Swendsen, J., 331, 332
Swerdfeger, A. L., 104, 111
Swift, D. L., 387
Swinburn, B., 198
Swingley, D., 16, 147, 148
Swiniarski, L., 241
Swinson, T., 542
Swisher, R., 250
Syed, M., 356, 357, 411
Syed, U., 88, 101
Sylaska, K. M., 433
Sylva, K., 128
Symoens, S., 434
Syverson, C., 102
Szatmari, P., 333
Szilagyi, P., 298
Szinovacz, M. E., 479
Szkrybalo, J., 169, 429
Szoeke, C., 414, 487
Szydlik, M., 542, 551
Szymanski, M., 279

Tabak, M. A., 534
Tach, L., 299
Tackett, J. L., 213, 250, 295, 377
Taheri, S., 444
Tajfel, H., 413
Takachi, R., 514
Takahashi, L. M., 384
Takayoshi, P., 340
Taki, Y., 259
Takkouche, B., 395
Talbot, A., 521
Taliaferro, L. A., 337
Tallent-Runnels, M., 402
Tal-Or, N., 552
Talwar, V., 211, 562
Tam, P. P., 442
Tam, T., 204
Tam, T. W., 188
Tamang, B. L., 160, 294
Tamborini, C. R., 549
Tamis-LeMonda, C. S., 118, 168, 169, 299
Tamnes, C. K., 274
Tan, R. C., 75
Tan, R. S., 447
Tanabe, K. O., 103

Tanaka, A., 174
Tanaka, K., 552
Tang, F., 462, 539
Tang, Y., 518
Tang, Y. E., 284
Tangney, J., 232, 294
Tanilon, J., 312, 313
Tanner, J. L., 299, 300, 412
Tannock, M. T., 241
Tanwar, K. L., 389
Tarabulsy, G., 364
Tardieu, H., 459
Tardif, C., 174
Tarullo, L., 223
Tasca, R. J., 397
Tassell-Matamua, N., 560
Tate, J. D., 413
Tau, G. Z., 271
Taumoepeau, M., 178, 273
Tausopoulos-Chan, M., 370
Taussig, C., 379
Tavakol, Z., 546, 547
Taylor, A., 176, 316
Taylor, A. J., 176
Taylor, B. J., 95, 96
Taylor, C. A., 12, 245
Taylor, C. L., 221
Taylor, E. M., 551
Taylor, H. S., 52
Taylor, J. G., 400
Taylor, J. R., 328
Taylor, L. E., 104, 111
Taylor, M., 243
Taylor, M. G., 237, 547
Taylor, P., 531, 541
Taylor, R. D., 298
Taylor, R. J., 534
Taylor, S. E., 384, 454
Taylor, T., 421
Taylor, Z. E., 419
Teachman, J., 425
Teasdale, T. W., 217
Tebbutt, J. S., 189
Teffer, K., 143
Tegenthoff, M., 462
Tein, J. Y., 301
Tejada-Vera, B., 88, 97
Tellegen, A., 66, 417
Tellei, J., 77
Telzer, E. H., 368
Temel, J. S., 559
Temple, J. A., 224, 284, 379
Temple, J. R., 376
Tenenbaum, G., 514
Tenenbaum, H., 239
Tenenbaum, J. B., 140
Tengström, A., 379
Tennen, H., 387
Teo, G., 413
Tepper, P. G., 445
Tepperman, L., 481
Terenzini, P. T., 406
Teresi, J. A., 544
Terplan, M., 75, 77
Terracciano, A., 468, 530
Terriquez, V., 414
Terry, R. B., 449

Tervaniemi, M., 115, 140
Terwilliger, R., 327
Teshale, S., 439, 454, 472
Testa, R. J., 359
Tester, D. J., 103
Tester, G., 538
Teti, D. M., 172
Teubert, D., 300
Tezanos-Pinto, P., 306
Thabes, V., 434
Thacker, S. B., 90
Tham, Y. C., 509
Thanavishuth, C., 153
Thapar, A., 80
Thelen, E., 120, 121
Theodore, A. D., 188, 245, 246
Thibert, J., 147
Thibodeau, R. B., 243
Thiel, M. M., 567
Thisted, R. A., 484
Thoermer, C., 211
Thoits, P. A., 391, 455
Thoma, M. E., 56
Thoman, E. B., 74
Thomas, A., 66, 164
Thomas, H. N., 447
Thomas, P. A., 479, 490, 552
Thomas, R., 286
Thomas, S. P., 479, 486
Thomee, S., 388
Thompson, C. P., 476
Thompson, E. L., 343
Thompson, J. L., 307
Thompson, K. M., 309
Thompson, L. A., 98
Thompson, M., 523
Thompson, M. P., 379
Thompson, P., 271
Thompson, P. M., 65, 109, 196, 259, 260, 274, 275, 345
Thompson, R. A., 160, 182
Thompson, S. C., 445
Thompson, W. R., 510
Thomsen, M. R., 199
Thomsen, P. H., 287
Thomson, E., 302
Thomson, K. C., 306
Thoresen, C. E., 534
Thornberry, T. P., 365, 369
Thornton, A., 425
Thornton, W. J. L., 521
Thornton-Evans, G., 258
Thorsen, K., 484, 551
Thorvaldsson, V., 560
Thurman, S. L., 119
Thurston, R. C., 444, 447
Tian, L., 517
Tidball, G., 176
Tiggeman, M., 262
Tiggemann, M., 263, 421
Tikotzky, L., 194
Tilden, V. P., 566
Tillmann, T., 448
Tilvis, R. S., 516, 545
Timberlake, J. M., 425
Timonen, V., 491
Tindle, H. A., 456

Índice Onomástico

Ting, T. Y., 90
Tingle, L. R., 427
Tinsley, G. M., 502
Tippett, N., 182
Tipsord, J. M., 305, 307, 378
Tirosh, E., 94
Tisdale, S., 57
Tither, J., 325
Titz, C., 215
Tiznobek, A., 444
Tjebkes, T. L., 181
To, T., 80
Tobin, S., 535
Toga, A., 65, 259
Toga, A. W., 109, 196, 234, 236, 345
Tokariev, A., 94
Tokimura, T., 557
Tolan, P. H., 378, 379
Tolle, S. W., 566, 574
Tolppanen, A. M., 449
Toma, C. L., 422
Tomás, J. M., 533, 534
Tomaselli, K., 163
Tomasello, M., 137, 147, 161, 162, 163, 183, 212, 249
Tomassini, C., 546
Tomedi, L. E., 76
Tomiyama, A. J., 386
Tompson, W., 207
Toms, G., 490
Tonn, T. J., 482
Tooby, J., 236
Toohey, A. M., 541
Toossi, M., 539
Toot, S., 542
Toothman, E. L., 470, 471
Tope, D., 239
Topor, D. R., 282
Torjussen, T., 217
Toro, P., 518
Torpey, E., 539
Torrance, E. P., 288, 460
Torro-Alves, N., 443
Toth, S. L., 315
Totsika, V., 128
Touchette, E., 194, 195
Touwen, B. C. L., 106
Towfighi, A., 451
Townsend, N. W., 168
Trabulsi, J. C., 115
Trachtenberg, F. L., 103
Trahan, L. H., 217
Tran, S., 174, 431
Trautner, H. M., 238
Trautwein, U., 275
Travis, C., 455
Treas, J., 424–425
Treiman, D. J., 489
Tremblay, R. E., 194, 195, 249, 250, 346, 379
Trenholm, C., 366
Trent, K., 490
Treven, S., 538
Trionfi, G., 205, 212, 243
Trivedi, M. H., 515
Troll, L. E., 440, 551, 552

Trombello, J. M., 391, 482, 546
Trombetti, A., 510
Trommsdorff, G., 232
Tromp, D., 522
Tronick, E., 115
Tronick, E. Z., 167, 168, 170, 175
Troop-Gordon, W., 239, 306
Tropp, L. R., 306
Troseth, G. L., 134
Trost, S. G., 306
Trotter, R. J., 399
Trouillet, R., 533
Troxel, W. M., 483
Trudel, G., 512
Truxillo, D. M., 476
Trzesniewski, K. H., 477
Tsai, C. L., 442
Tsai, L. H., 508
Tsao, F. M., 146
Tseng, V. L., 509
Tseng, W. L., 245, 309
Tsertsvadze, A., 204
Tsuang, H. C., 197
Tsukayama, E., 273
Tubert-Jeannin, S., 201
Tucker, C. J., 368, 371
Tucker, M. A., 389
Tucker, R., 16
Tucker-Drob, E. M., 66, 218, 274, 275, 419, 531
Tugade, M. M., 472
Tulane, S., 376
Tulic, M. K., 265
Tune, G. B., 442
Tur, A., 343
Turati, C., 136
Turcotte Benedict, F., 312
Turek, P. J., 446
Turiano, N. A., 418, 439, 476, 531
Turkheimer, E., 217
Turkle, S., 181
Turner, C. F., 37
Turner, G. R., 507
Turner, P. J., 239
Turner, R. B., 391
Turner, R. N., 425
Turner, S. E., 402
Turner, S. M., 314
Turnley, W. H., 400
Turpin-Petrosino, C., 379
Turunen, J., 433
Tuttle, C. C., 284
Twamley, E. W., 519
Twenge, J. M., 423, 427, 430, 480
Twisk, J. W., 198, 330
Tyler, J. K., 502
Tyler, L. K., 442, 523
Tyson, D., 282, 346

Udry, J. R., 384
Uebelacker, L. A., 547
Uecker, J. E., 426
Uematsu, A., 143
Uggen, C., 350
Uher, R., 384
Uhlenberg, P., 491

Uhlhaas, P. J., 327, 328
Ülger, Z., 507
Ullman, J. B., 283
Ullman, S. E., 390
Umana-Taylor, A. J., 356
Umberson, D., 479, 483, 567
Umilta, C., 136
Umlauf, M., 195
Underwood, L., 391
Underwood, M., 515
United, G., 492
Updegraff, K. A., 239, 304, 305
Uphoff, E., 200
Uphold-Carrier, H., 300
Upton-Davis, K., 549
Urasaki, E., 557
Urban, R. J., 446
Urban, T. A., 271
Urhoj, S. K., 80
Urry, H. L., 532
Urwin, J. W., 573, 574
Usher, K., 540
Usta, I., 365
Uttal, D. H., 134, 135, 267
Utz, R., 300

Vaccarino, V., 451
Vagenas, D., 545
Vagi, K. J., 375, 376
Vahratian, A., 221
Vail, K. E., 565
Vaillancourt, T., 309
Vaillant, G. E., 449, 469
Vaish, A., 163
Valcour, M., 431
Valdimarsdóttir, U., 567
Valenzuela, M., 442
Valeri, S. M., 336
Valero, S., 418
Valiante, A. G., 137
Valkenburg, P. M., 374, 421
Vall, E., 333
Van Acker, R., 309
van Aken, M. A., 165
van Aken, M. A. G., 369, 419
Van Arsdale, A. C., 387
Van Bavel, J., 491
Van Beurden, E., 196
Van Braeckel, K. N., 138
Van Broeckhoven, C., 517
Van Cauwenberghe, C., 517
Van de Bongardt, D., 361
Vandell, D. L., 182
van den Beld, A. W., 502
Van Den Berg, P., 331
Van den Boom, D. C., 173
Van den Eijnden, R. J., 374
van den Hout, A., 560
van den Wittenboer, G. L. H., 430
Vanderborght, M., 134
VanderDrift, L. E., 423
van der Goot, M., 348
Van der Graaff, J., 340, 343
van der Heide, A., 572
van der Heijden, L. L., 348
VanderLaan, D. P., 358
van der Lely, A., 502

Vanderpoel, S., 395
van der Stel, M., 272
VanderValk, I. E., 370
Vander Weg, M. W., 521
van der Wiel, R., 549
Vandevijvere, S., 198
Vandewater, E. A., 469, 474
Vandivere, S., 304
Van Dongen, H. P. A., 388, 389
Vandorpe, B., 196
van Dulmen, M., 420
van Dyk, D., 429
Van Gaalen, R. I., 486
Van Geel, M., 312, 313
Van Gool, E., 376
van Goozen, S., 314, 377
Van Gundy, K. T., 368, 371
Vanhanen, T., 274
Vanhatalo, S., 94
Van-Hay, L. M., 533
Van Horn, S. L., 392
Van Humbeeck, L., 552
van IJzendoorn, M. H., 55, 171, 172, 174, 175, 245, 250, 303, 309
van Lier, P. A., 283
van Lieshout, C. F. M., 419
van Lommel, P., 560
Van Mechelen, W., 198, 330
van Ours, J. C., 484
Van Ouytsel, J., 376
Van Reekum, C., 508
van Rens, G. H., 509
Van Rossem, R., 136, 138
van Run, C., 388
Van Ryzin, M., 306
Van Ryzin, M. J., 185, 367
van't Veer, A. E., 40
van Solinge, H., 539
Van Steenbergen, E. F., 431
Vansteenkiste, M., 370
Vansteenwegen, A., 546
van Zalk, M. H. W., 306
Varela, R. E., 248
Vargas, S., 129, 223
Varghese, A. C., 396
Varghese, J., 175
Varma, R., 509
Vartanian, L. R., 331
Vasilevskis, E. E., 559
Vasilyeva, M., 208, 219, 220
Västfjäll, D., 521
Vasylenko, O., 441
Vaterlaus, J. M., 376
Vauclair, C. M., 538
Vauclair, J., 429
Vaughan, E., 348
Vaupel, J. W., 505
Vecchione, M., 419
Vedder, P., 312, 313
Veenman, M. V., 272
Veenstra, R., 311, 312
Veerman, J. L., 449, 505
Veerman, J. W., 309
Velarde, M. C., 504
Vélez, C. E., 301
Velez, M., 76

Índice Onomástico

Velkoff, V. A., 488, 490, 542, 546, 566
Venables, P. H., 200
Venkatasubramanian, G., 66
Venkatraman, A., 111
Vennemann, M. M., 441
Ventola, C. L., 104
Ventura, A. K., 115
Ventura, S. J., 79, 237, 238, 239, 364, 365
Venzon, C., 538
Verbakel, E., 575
Verbrugge, L. M., 440, 441, 443
Verdery, A. M., 552
Vereecken, C., 331
Vereijken, B., 120
Vergara, I., 536
Vergnes, J. N., 514
Verhulst, B., 392
Verlinsky, Y., 82
Verma, M., 240
Verma, S., 260, 368
Vermigli, P., 307
Vermulst, A. A., 374
Véronneau, M. H., 346
Verschueren, K., 174, 230
Vertsberger, D., 249
Vespa, J., 550
Vevea, J., 274
Vgontzas, A. N., 195
Viana, M. C., 553
Vickerie, J. L., 201
Vickers, J. C., 442
Victor, J. L., 414
Victora, C. G., 74
Videman, M., 94
Viechtbauer, W., 418, 476
Vieira, C., 329
Vieira, E. R., 265
Vieno, A., 379
Vigil, P., 49
Vigorito, J., 115
Viken, R., 326
Vikraman, S., 258, 262
Vilain, E., 358
Villeneuve, V., 512
Vilorio, D., 405
Viner, R. M., 198, 326
Vinkhuyzen, A. A., 66
Vintzileos, A. M., 90
Violette, J., 546
Virtala, P., 115, 140
Visscher, T. L. S., 330
Visser, G., 79
Visser, M., 441
Visser, R. O., 567
Viswanathan, M., 521
Vita, A. J., 449
Vitaro, F., 194, 311, 346, 378, 379
Viteri, O. A., 77
Vitousek, K. M., 331, 332, 333, 387
Vittone, M., 266
Vittrup, B., 139
Vivier, P. M., 312
Vivolo-Kantor, A. M., 375
Vlachantoni, A., 482

Vlachou, M., 252
Vlad, S. C., 518
Vliegen, N., 176
Voegtline, K. M., 72
Voelz, S., 269
Vogt, P., 16
Vohr, B., 16
Volgsten, H., 568
Volkom, M. V., 552
Volkow, N. D., 335
Volling, B., 250
Volling, B. L., 183, 252
Vondra, J. I., 171, 172
Vong, K. I., 215
von Gontard, A., 195
von Gunten, A., 516, 531
Vonk, I. J., 315
Von Korff, L., 303
von Kries, R., 72
von Mutius, E., 265
Von Rueden, C., 468
von Soest, T., 331
von Stengel, S., 452
von Strauss, E., 559
Voorveld, H. A. M., 348
Voracek, M., 468
Voss, M. W., 511
Voss, W., 99
Votruba-Drzal, E., 224, 361
Voydanoff, P., 431
Voyer, D., 234, 282
Voyer, S. D., 234, 282
Vozikaki, M., 536
Vrijenhoek, T., 66
Vrijheid, M., 80
Vrotsou, K., 536
Vrugt, A., 273
Vukasović, T., 66
Vulpe, A., 419
Vuoksimaa, E., 197
Vuolo, M., 411, 487
Vuori, L., 75
Vygotsky, L. S., 24, 31, 143–144, 216, 218, 220, 278

Waber, D. P., 274
Wachtendorf, M., 99
Wade, M., 364
Wade, T. D., 333
Wadsworth, M. E., 298
Wadsworth, M. E. J., 441
Waecheter, N., 420, 421
Waggoner, L. W., 426
Wagle, K. C., 447
Wagner, E., 162
Wagner, J., 420, 479, 530, 551
Wagner, R. K., 399
Wahrendorf, M., 535, 539
Wainright, J. L., 303, 371
Wais, J., 111
Waite, L., 479
Waite, L. J., 428, 434, 481, 512, 545
Wake, M., 264
Wakefield, A., 104
Wald, N. J., 74

Waldfogel, J., 128, 129, 184, 223, 246, 265, 301, 302, 371
Waldinger, R. J., 469
Waldman, I. D., 309
Waldock, J., 414
Waldron, H., 482, 549
Waldron, J., 217
Walhovd, K. B., 507
Walk, R. D., 119–120
Walker, A. J., 567
Walker, A. S., 137
Walker, C. M., 134
Walker, J. R., 189
Walker, L., 401
Walker, L. B., 134
Walker, M., 564
Walker, R. E., 199
Walker, W. R., 476
Walker-Andrews, A. S., 175
Wall, S., 88, 101, 171, 172
Wallace, C. E., 241
Wallace, E. M., 55
Wallace, J. M., 390
Wallace, S. P., 384
Walle, J. V., 195
Wallen, K., 169
Wallentin, M., 234
Waller, M., 375
Waller, M. W., 336
Waller, N. G., 66
Wallis, C., 240
Wallis, C. J. D., 446
Walrave, M., 376
Walsh, T., 66
Walsh, V., 306
Walters, R. H., 29
Walthour, A. E., 111
Walton, K. E., 418, 476
Walton, M. A., 336
Wang, C., 449
Wang, D., 536
Wang, D. D., 514
Wang, E. T., 81
Wang, J., 518
Wang, J. D., 80
Wang, L., 395
Wang, M., 539
Wang, M. C., 384
Wang, M. T., 349, 403
Wang, N., 75
Wang, Q., 230, 297
Wang, S. S., 517
Wang, T., 99
Wang, W., 422, 430, 541
Wang, X., 103, 172
Wang, Y., 56, 65, 325, 330
Wanstrom, L., 275
Wapner, R. J., 397
Warburton, W., 309, 310, 311
Warburton, W. A., 310
Ward, H., 507
Ward, L. M., 331
Wardhana, A., 502
Wardle, J., 330
Ware, J. J., 389
Warneken, F., 161, 162
Warner, M., 336, 568

Warner, R. M., 400
Warren, J. A., 431
Warren, J. R., 350
Warren, M. P., 326
Warshak, R. A., 300
Warshauer-Baker, E., 14
Wartella, E., 139, 152
Wartella, E. A., 222
Washington, G., 492
Wasik, B. H., 128
Wass, S., 41
Wasserman, D., 393
Watamura, S. E., 185
Waterfall, H., 220
Waters, C. S., 79
Waters, E., 171, 172, 264
Waters, E. M., 450
Waters, J. M., 133
Waters, K. A., 103
Waters, T. E., 216
Watkins, J., 502
Watkins, S., 138
Watson, J. B., 24, 28
Watson, K., 284
Watson, N. F., 3
Watson, T. L., 521, 533
Watt, B., 492
Watt, C., 560
Watt, R., 202
Watts, A. W., 331
Waugh, C. E., 472
Waugh, W. E., 178
Waxman, S., 148
Waxman, S. R., 140, 148
Way, E., 232
Way, N., 38, 357
Wayne, J., 418
Wearing, H., 214
Weaver, J. M., 146, 299
Weber, A., 16
Weber, E. U., 458
Weber, J., 343
Weber, S., 189
Webster, A. L., 54
Webster, N. J., 505
Webster, P. S., 480
Wechsler, H., 390
Weden, M. M., 482, 549
Weeda, W. D., 348
Weeden, K. A., 297
Wegienka, G., 63
Wehner, E. A., 375
Wei, X., 432
Weikart, D. P., 366
Weile, B., 80
Weinberg, M. K., 168
Weiner, C. L., 317
Weiner, M. W., 518
Weinmayr, G., 265
Weinraub, M., 173
Weinstein, A. M., 442
Weinstein, A. R., 448
Weinstock, H., 362, 363
Weisberg, D. S., 212
Weisgram, E. S., 168, 238
Weisleder, A., 153
Weisman, O., 94

Índice Onomástico

Weisner, T. S., 38, 304
Weiss, A., 472, 476
Weiss, B., 204, 245, 309, 315
Weiss, N. S., 453
Weiss, R., 427
Weiss, R. B., 389
Weiss, S. R., 335
Weissberg, R. P., 298
Weisz, J. R., 315, 336
Weisz, R., 399
Weitzman, M., 76
Welch-Ross, M. K., 238
Welford, A., 442
Wellman, H. M., 142, 207, 210, 213
Wells, B. E., 423, 427
Welsh, D. P., 414
Welsh, J. A., 215
Welt, C. K., 396
Wen, X., 365
Wendelken, C., 259
Wenger, E., 508
Wenner, C. A., 428
Wentzel, K. R., 307, 347
Werker, J. F., 16, 145, 146
Wermke, K., 73
Werner, E. E., 316
Werner, P., 470
Werner, R. S., 213
West, D., 316
West, J., 223, 224, 282
West, J. E., 329
West, L., 254
West, M., 152
Westby, E. L., 288
Westen, D., 25
Westerhof, G. J., 576
Westerlund, A., 138
Westling, E., 326
Weston, S. J., 468
Westphal, M., 561
Westra, T., 121
Weststrate, N. M., 475, 525
Wethington, E., 467, 472
Whalen, P., 545
Whalley, L. J., 273, 522
Whatt, W., 328
Wheaton, A. G., 329
Wheeler, M. E., 72
Wheelwright, S., 168
Whincup, P. H., 106
Whipple, N., 180, 181
Whisman, M. A., 427, 547
Whitaker, R. C., 198, 241
Whitbourne, S. K., 443, 469, 473–474
White, A., 490
White, B. A., 224, 379
White, B. L., 119, 129
White, C. S., 220
White, D. A., 271
White, E., 453
White, E. B., 49
White, H. R., 387
White, L. K., 166
Whitebread, D., 215, 240
Whitehead, B. D., 429, 432

Whitehurst, G. J., 221, 281
Whiteman, S., 306
Whiteman, S. D., 304, 305
Whiting, A. B., 388
Whitler, M., 283
Whitman, T. L., 365
Whitmer, R. A., 454
Whitty, M. T., 427
Whyatt, R. M., 80
Whyte, J. C., 270
Wiater, A., 195
Wichstrøm, L., 331
Wickham, R. E., 424, 432
Wickrama, K., 346
Wickrama, K. A. S., 480
Widdowson, A. O., 308
Widen, S. C., 232
Widom, C. S., 188
Wiebe, S. A., 133
Wieczorek-Deering, D., 76
Wiegand, B., 96
Wiemers, E., 536, 551
Wien, M., 198
Wiener, R. F., 119
Wight, D., 361
Wight, R. G., 484
Wijngaards-de Meij, L., 567
Wikoff, D., 77
Wilcox, D., 403
Wilcox, T., 168
Wilcox, W. B., 429, 430
Wildenauer, D. B., 66
Wilder, S., 282
Wildsmith, E., 362
Wiley, C. D., 504
Wilimzig, C., 462
Willard, B. F., 52
Willcox, B. J., 502
Wille, D. E., 174
Willett, W. C., 262, 330, 453
Williams, B. A., 566
Williams, B. R., 534
Williams, C., 345
Williams, D., 491
Williams, D. R., 201, 384, 390, 450
Williams, E. P., 386
Williams, J., 74, 264
Williams, J. L., 119
Williams, K., 434, 483, 566
Williams, K. A., 146
Williams, K. R., 311
Williams, L. R., 378
Williams, R., 317
Williams, R. M., Jr., 536
Williams, S., 211
Williams, W. M., 274, 399
Williamson, P., 329
Willingham, D. T., 277
Willis, S. L., 398, 457, 458, 467, 520, 521
Willms, J., 76
Willoughby, B. J., 425, 426, 428
Willoughby, M., 271
Willson, A. E., 488
Willyard, C., 65
Wilmoth, J., 482
Wilmoth, J. R., 501

Wilson, B. J., 249
Wilson, C. L., 431
Wilson, D. R., 189
Wilson, E. O., 33
Wilson, G. T., 331, 332, 333, 387
Wilson, M. G., 514
Wilson, R. S., 472, 518, 523
Wilson, S., 344, 345, 367, 368
Wilson, S. J., 481
Wilson, T., 309
Wilson, W., 92
Wilt, J., 469
Wimer, C., 11, 298
Windle, M., 327
Windsor, T. D., 559
Winer, G. A., 338
Wingfield, A., 522
Wink, P., 477, 525
Winkleby, M. A., 99
Winner, E., 288
Winning, A., 532
Winter, C. E., 297
Winter, M., 390
Winters, K., 386
Wisdom, N. M., 520
Wisenbaker, J., 79
Witherington, D., 232, 294
Witkowski, J. M., 502
Wittenborn, J. S., 509
Wittstein, I. S., 455
Woerlee, G. M., 560
Wohlfahrt-Veje, C., 325
Wojcik, M., 504
Wolchik, S. A., 301
Wolf, D. A., 488
Wolf, S., 10
Wolfe, B. L., 10, 283
Wolff, J. L., 542
Wolff, M. S., 172
Wolff, P. H., 95, 160
Wolinsky, F. D., 521
Wolke, D., 182
Woll, A., 387
Wolpert, M., 311
Wolraich, M. L., 286, 287
Wondimu, F. A., 201
Wong, C. A., 91
Wong, C. C. Y., 50, 54, 55
Wong, C. E. I., 442
Wong, C. T., 111
Wong, K. M., 397
Wong, S., 298
Wong, S. S., 337
Wong, W. W., 257
Woo, J., 327
Wood, A., 215, 269
Wood, A. M., 468
Wood, D., 530
Wood, H., 358
Wood, K. S., 389
Wood, R. M., 160
Wood, W., 236
Woodcock, R., 270, 282
Woodruff, T. J., 80, 204, 285
Woods, A. J., 524
Woods, R., 168
Woodward, A. L., 148

Woodward, A. T., 534
Woodward, L. J., 301
Woody, E. Z., 480
Woolacott, N., 199, 264
Woolley, D. P., 217
Woolley, J. D., 212
Worley, H., 88, 101
Wörmann, V., 161
Worobey, H. S., 263
Worobey, J., 115, 263
Worth, K., 310
Worthington, R. L., 406
Wortman, C. B., 566
Wortman, J. H., 575
Wozniak, L. A., 504
Wozniak, P., 183, 254
Wraw, C., 521
Wray, L., 536
Wray, L. A., 483
Wright, A. A., 559
Wright, C. I., 420
Wright, D. M., 548
Wright, G. R., 472
Wright, H., 511
Wright, J., 403
Wright, J. D., 449
Wright, M. R., 549, 550
Wright, T. E., 77
Wrobel, G. M., 303
Wrosch, C., 533
Wrzus, C., 420, 479, 551
Wu, C., 235, 236
Wu, D., 142
Wu, M., 514
Wu, T., 323
Wu, Z., 391, 434, 488
Wulaningsih, W., 502
Wulczyn, F., 188
Wyatt, S. B., 386
Wynn, K., 142, 162
Wynne-Edwards, K. E., 168, 430
Wyrobek, A. J., 80

Xia, Y., 252
Xiao, N. G., 116
Xiao, W. S., 116
Xie, H., 473
Xie, X., 80
Xie, Y., 425
Xing, Z. W., 252
Xu, F., 142, 211
Xu, J., 450, 451, 452, 501, 505
Xu, J. Q., 87, 88, 97, 101, 103, 266, 321, 505, 558, 568, 569
Xu, W., 516
Xu, X., 425
Xu, Y., 250

Yaacob, S. N., 300
Yadav, K. N., 571
Yaffe, K., 454, 516
Yaffe, S. J., 75
Yamaguchi, A., 477
Yamamoto, Y., 294
Yaman, A., 250
Yamashita, M., 403
Yan, M. S. C., 54

Yang, B., 252
Yang, C. Y., 400
Yang, L., 54
Yang, Y., 531, 532
Yang, Y. C., 52
Yang, Y. T., 574
Yarkoni, T., 418
Yatsenko, A. N., 446
Yau, J. P., 370
Yavitz, A., 224
Ybarra, M. L., 365, 374, 376
Yeh, H., 480
Yeung, H. H., 146
Yeung, W. J., 430
Yip, T., 356, 413
Yokota, A., 557
Yokota, F., 309
Yoon, J. E., 165, 231, 295
Yoon, P. W., 385
Yoon, S. S., 448
Yoon, V., 443
Yorbik, O., 259
Yoshida, K. A., 146
Yoshikawa, H., 10, 38, 298, 379
You, D., 201, 203
You, T., 502
You, Y. F., 413
Young, A., 147
Young, J., 489
Young, K., 240
Young, K. A., 315
Young, K. S., 176
Young, M., 375
Young, S. N., 137
Young, W., 557
Young, Y., 541
Youngblade, L. M., 174

Youngstrom, E., 316
Yovsi, R. D., 178
Yu, F., 509
Yu, H., 224
Yu, J., 425
Yu, O. H. Y., 446
Yu, S. M., 202
Yu, T., 11, 434
Yuan, S., 148
Yucel, R., 541
Yuki, M., 11
Yull, A., 16
Yun, J. E., 162
Yunger, J. L., 238, 306

Zaborski, L. B., 451
Zabrucky, K. M., 272
Zacher, H., 389, 461
Zack, E., 221
Zadik, Y., 514
Zaepfel, A., 199
Zagoory-Sharon, O., 175
Zahn-Waxler, C., 162, 170, 250
Zahodne, L. B., 442
Zaidman-Zait, A., 295
Zail, C. M., 387, 388
Zain, A. F., 242
Zajdel, R. T., 294
Zakrajsek, J. S., 348
Zald, D. H., 166
Zaman, W., 216
Zamboanga, B. L., 413
Zanardo, V., 90
Zandi, P. P., 453
Zangl, R., 16
Zanto, T. P., 442
Zapko-Willmes, A., 66

Zare, B., 427
Zarit, S., 486
Zarit, S. H., 486, 542, 552
Zarrett, N. R., 377, 379, 392, 393
Zaval, L., 458
Zeanah, C. H., 114
Zee, P. C., 329
Zeffiro, T. A., 314
Zeiger, J. S., 73
Zeigler, K., 13
Zeitlin, M., 16
Zelazo, P., 115, 137
Zelazo, P. D., 214, 270
Zelazo, P. R., 136, 137
Zelinski, E. M., 507, 508
Zelkowitz, P., 99
Zell, E., 418, 530
Zeng, Y., 534
Zentall, S. R., 231
Zerger, S., 204
Zerwas, S., 183
Zhai, F., 128, 129, 223
Zhang, D., 137
Zhang, K., 103
Zhang, S., 463
Zhang, Z., 482, 552
Zhao, Y., 248, 397
Zheng, H. F., 452
Zheng, L., 451
Zheng, Y., 441
Zhong, K., 201, 203
Zhou, B., 337
Zhou, E., 346
Zhou, J., 454
Zhou, J. N., 236
Zhu, Q., 421
Ziegler, D. V., 504

Ziegler, S. A., 349
Ziegler, T. E., 188
Zierath, J. R., 514
Zigler, E., 224, 379
Zigman, W. B., 60
Zijlstra, G. R., 509
Zimmerman, F. J., 75, 138
Zimmerman, G., 416
Zimmermann, J., 420
Zini, M., 223
Ziol-Guest, K. M., 371, 492, 546
Zizza, C., 385
Zlotnick, C., 188, 204
Zmyj, N., 133
Zocchi, S., 273
Zolotor, A. J., 188, 245, 246
Zonderman, A., 506
Zonderman, A. B., 418
Zong, G., 441
Zong, J., 13
Zongrone, A., 74
Zorzi, M., 270
Zosuls, K. M., 169, 237, 239
Zoumakis, E., 99
Zubernis, L. S., 213
Zubrick, S. R., 221
Zucker, A. N., 474
Zucker, K. J., 358
Zuckerman, B., 139
Zuffianò, A., 344
Zuo, L., 502
Zwahlen, M., 573
Zweigenhaft, R. L., 251
Zybert, P., 111
Zylke, J., 265
Zylstra, R. G., 111
Zyngier, D., 284

Índice Remissivo

Obs.: Os números de página em **negrito** indicam definições de palavras-chave. Os números de página seguidos pela letra *t* indicam tabelas; os seguidos pela letra *f*, figuras.

AAP. *Ver* American Academy of Pediatrics
AARP. *Ver* American Association of Retired Persons
abertura à experiência, 418–419, 418f
   e desenvolvimento cognitivo, 462
   e saúde, 531
   na adultez emergente, 418–419
   na vida adulta intermediária, 462, 467–468
abismo visual, **119**
abordagem com ênfase no código. *Ver* fonética, abordagem
aborto
   entre adolescentes, 364, 364f
   espontâneo, 70, 79
aborto espontâneo, 70, 79, 567–568
abstinência, 365–366
abstinência neonatal, síndrome de, 75–76
abstrato, pensamento, 338, 340
abuso. *Ver também* abuso físico; abuso sexual
   contra idosos, 499, 538, 544
   de drogas, 333
   do cônjuge, 432, 433
   financeiro, 544
abuso de substâncias, **333**. *Ver também* drogas ilícitas
abuso físico, **186**
   de adolescentes, 375
   de bebês e crianças pequenas, 186–189
   do cônjuge, 432, 433
   na vida adulta tardia, 544
abuso sexual, **186**
   de adolescentes, 375
   de bebês e crianças pequenas, 186–189
   na vida adulta tardia, 544
Ação Diferida para Chegadas na Infância. *Ver* DACA, programa
aceitação da morte, 561
aceleração, programas de, **288**
acidente vascular cerebral (AVC), 513, 513t
acidentes de automóvel
   na adolescência, 329, 336, 348
   na segunda infância, 201
   privação de sono em, 329
ácido fólico, 74
acne, 323
acomodação, **30**
   identidade, 473–474
   na teoria dos estágios cognitivos, 30

acomodação da identidade, **473**–474
acondroplasia, 56
aconselhamento genético, **60**–61
ACP. *Ver* American College of Physicians
aculturação, 13
adaptação, **30**
   cognitiva, 34
adaptações cognitivas, 34
adenina, 50, 50f
adequação. *Ver também* atividade física
   funcional, 510–511
   na adultez emergente, 383–393
adequação da educação, **165**
admissão como membro da turma, 373
adoção por outros membros da família, 188
adoção temporária, 188, 492, 543t
adoções abertas, 303
adolescência, 320–381, **321**
   aspectos imaturos do pensamento na, 338–340
   atitudes em relação à morte durante, 563t, 564
   comportamento antissocial na, 377–379
   comportamento de risco na, 321, 327–328, 360–361, 373
   comportamento pró-social na, 343
   construção social da, 5, 321
   crescimento físico na, 323–324
   desenvolvimento da linguagem na, 340
   desenvolvimento do cérebro na, 326–328, 327f
   educação na, 344–350
   gravidez na, 79, 79f, 364–366, 364f
   identidade na, busca da, 353–357, 416
   irmãos na, 372
   nutrição na, 324, 329–330
   pais na, 366–371, 485
   pares na, 343, 372–376
   puberdade na, 321, 322–326
   raciocínio moral na, 340–343
   resumo do desenvolvimento na, 7t, 8
   saúde física na, 328–337
   saúde mental na, 335–336
   sexualidade na, 357–366
   sono na, 329
   uso de drogas na, 333–335, 333f
adolescentes. *Ver* adolescência
adotivos, filhos, 65, 303–304

adrenarca, 322–323
adultez emergente, 382–437, **383**
   amizade na, 420–421
   aspectos sexuais e reprodutivos na, 393–396
   atitudes em relação à morte durante, 564
   caminhos variados para a vida adulta na, 411–412
   casamento na, 426–429
   educação na, 401–404
   identidade na, 412–413
   incapacidade de "soltar as amarras" na, 414, 415f
   inteligência emocional na, 399–400
   paternidade/maternidade na, 429–432
   pensamento pós-formal na, 397–398
   pensamento reflexivo na, 396–397
   personalidade na, 415–419
   raciocínio moral na, 400–401
   relacionamentos com os pais na, 413–414, 486–487
   resumo do desenvolvimento na, 7t, 8
   saúde física na, 383–391
   saúde mental na, 392–393
   teoria triárquica da inteligência na, 399
   trabalho na, 405–406
aéreo, funeral, 558
afiliação política, e casamento homossexual, 423
afirmação de poder, **246**
afogamento, 266
África, expectativa de vida na, 501
afro-americanos, 12–14. *Ver também* diferenças étnicas e raciais
   diversidade de, 12–14
   formação da identidade em, 356
   pobreza entre, 450
   socialização cultural em, 357
agência, 177
agressão direta. *Ver* explícita, agressão
agressão do cônjuge, 432, 433
agressão hostil, 308, 309
agressividade, 249–250
   diferenças de gênero em, 249–250
   e *bullying*, 311
   na segunda infância, 249–250
   na terceira infância, 308–313
   parentalidade e, 245, 250, 309

   tipos de, 249, 308–309
   violência na mídia e, 309–311, 310f
agrupamento por habilidade, 288
agudas, doenças, **264**
aids. *Ver* síndrome da imunodeficiência adquirida
álcool, consumo de
   de risco, 390
   durante a gravidez, 76
   na adolescência, 334
   na adultez emergente, 389–390, 390f
   na vida adulta tardia, 538
alcoolismo, **392**
alegorias, 278
alelos, **53**
alergias
   alimentares, 200, 200f
   ambientais, 63
alergias alimentares, 200, 200f
alerta
   estados de, 94–96, 95t
   na inibição comportamental, 165–166
   no comportamento antissocial, 377
alfa-1-antitripsina, deficiência de, 57t
alfabetização digital, 285, 463
alfabetização emergente, **221**
alfa-talassemia, 57t
alimentação por fórmulas, 106–107, 106t
almoço, na terceira infância, 262
alterações hormonais
   na menopausa, 443–445
   na puberdade, 322–323, 322f
Alto Comissariado das Nações Unidas para os Direitos Humanos, 240
altruísta, comportamento, **161**–163, **248**–249
altura
   de bebês e crianças pequenas, 105–106, 105f
   de recém-nascidos, 92
   e ansiedade diante de estranhos, 173
   na adolescência, 323–324
   na segunda infância, 193, 193t
   na terceira infância, 257, 257t
   na vida adulta tardia, 506
Alzheimer, mal de (MA), **515**, 516–519
   causas e fatores de risco para, 516–518
   diagnóstico do, 518–519

memória no, 516, 523
sintomas do, 516, 517t
tratamento do, 519
amabilidade, 418–419, 418f
na vida adulta intermediária, 467
na vida adulta tardia, 531
amamentação, 106–107, 106t, 115
ambidestreza, 462
ambiente, **8**–**9**
interação entre hereditariedade e, 61–66
na expressão do gene, 54–56
na função executiva, 271
na inteligência, 217–218, 274–275
na obesidade, 65, 198, 262, 330
na orientação sexual, 358
na puberdade, 324–325
na saúde na adultez emergente, 383–384
na saúde na segunda infância, 201–204
no comportamento antissocial, 377–378
no desenvolvimento pré-natal, 73–80
ambíguos, órgãos sexuais, 235
ambivalente (resistente), apego, **171**
American Academy of Child and Adolescent Psychiatry, 317
American Academy of Pediatrics (AAP)
sobre amamentação, 106
sobre pais e mães homossexuais, 303
sobre sono de crianças pequenas, 103
sobre uso de mídia, 222
sobre ver televisão, 139, 222
American Academy of Sleep Medicine, 329
American Association of Retired Persons (AARP), 481
American Association of University Women, 405
American College of Physicians (ACP), 452, 511, 572
American Psychological Association, 489, 572
amígdala, 166
amiloides, placas, **516**–**517**, 518–519
amizade
amigos imaginários, 205, 212, 242–243
e formação da identidade, 356
estágios da, 307, 308t
na adolescência, 373–374
na adultez emergente, 420–421
na segunda infância, 253–254
na terceira infância, 306–308
na vida adulta intermediária, 478–479, 484
na vida adulta tardia, 551
amizade, 422t

amizade colorida (FWB — *friends with benefits*), 423
âmnio, 70
amniocentese, 81, 82t
amniótica, cavidade (saco), 70
amor. *Ver também* relacionamentos amorosos
retirada do, 246
teoria triangular do, 421, 422t
amor companheiro, 422t
amor romântico, 422t
amor vazio, 422t
amostra das vilosidades coriônicas, 81, 82t
amostra do cordão umbilical, 81, 82t
amostras, **35**
anal, fase, 25, 26t
analgésicos, no parto, 91
ancilostomose, 265
andaime conceitual (*scaffolding*), **31**, **218**
andrógenos, 169, 234
andropausa, 446
anemia
de Cooley, 57t
falciforme, 57t
anemia falciforme, 57t
anencefalia, 57t, 74
anestesia, no parto, 91
animais, terapia assistida por, 515
animal, pesquisa
ética na, 230
limites da, 75
animismo, 206t, **207**
anomalias genéticas, 56–60, 57t
na mortalidade infantil, 101
teste para, 60–61, 81, 82t
anorexia nervosa, **331**–**333**, 332t
anóxia, 93
ansiedade
de separação, 173
diante de estranhos, 173
materna, 78–79
ansiedade de separação, **173**
ansiedade de separação, transtorno de, **314**
ansiedade diante de estranhos, **173**
ansiedade generalizada, transtorno de, **314**
ansiedade social, 314
ansiedade, transtornos de, 313, 314
aparência, diferenciação entre realidade e, 206t, 211–212
apego, **171**
desenvolvimento de, 170–175
e ansiedade de separação e diante de estranhos, 173
e temperamento, 173
efeitos de longo prazo de, 173–174
padrões de, 171–172
transmissão intergeracional de, 174–175
apego inseguro. *Ver* apego ambivalente; apego evitativo
Apgar, escala de, **93**, 94t

APOE, gene, 517
apoio à vida, 570–571
apoio social
e saúde, 391
na vida adulta tardia, 545
apontar, 147
aposentadoria gradual, 461
aposentadoria, 537–539
idade da, 461–462, 538
vida depois da, 539
aposentados, comunidades de, 542, 543, 543t
aprendida, incapacidade, 230–231
aprendizados, 349
aprendizagem. *Ver também* educação
andaime conceitual (*scaffolding*) na, 218
associativa, 27–29
de uma segunda língua, 279–280
definição de, 27
observacional, 28, 29
para aprender, 120
plasticidade cerebral na, 114
por fetos, 73
social (*Ver* aprendizagem social)
zona de desenvolvimento proximal na, 218
aprendizagem bilíngue. *Ver* aprendizagem simultânea
aprendizagem simultânea (bilíngue), **280**
aprendizagem social, teoria da, **28**, 29
no desenvolvimento da linguagem, 150
no desenvolvimento de gênero, 235t, 238–240
aprendizes da língua inglesa (ELLs — *English-language learners*), 279–280
AQS. *Ver* Questionário de Classificação do Apego
"aquecimento lento", crianças de, **164**, 164t
aquisitivo, estágio, do desenvolvimento cognitivo, 398
aréolas, 323
arma de fogo, mortes por, 336–337, 569
armazenamento da memória, **214**, 524
arranjados, casamentos, 426–427
arrulho, 146
arteterapia, **315**
"As Coisas Vão Melhorar" ("It Gets Better"), campanha, 358
asiática, norte-americanos de origem. *Ver também* diferenças étnicas e raciais
diversidade de, 14
asma, **265**
aspectos reprodutivos
na adultez emergente, 395–396
na vida adulta intermediária, 443–447, 444t

Asperger, síndrome de, 111
assentos para automóveis, 201
assimilação, **30**
cultural, 477
identidade, 473–474
moradia assistida, 542, 543–544, 543t
na teoria dos estágios cognitivos, 30
assimilação cultural, 477
assimilação da identidade, **473**–**474**
assistência ao doente terminal, **559**
Associação Médica Americana (American Medical Association), 483–484, 572, 574
associação rápida, **219**
associativa, aprendizagem, 27–29
ataques terroristas
experiências infantis com, 317
suicídio, 568
atenção
conjunta, 137
em bebês e crianças pequenas, 137–138
na terceira infância, 271
na vida adulta tardia, 521
recém-nascidos, avaliação da, 94
seletiva, 271
atenção conjunta, **137**
atenção, regulação da, 180
ativas, genótipo-ambiente, correlações, 64
atividade física
diferenças de gênero na, 233
durante a gravidez, 75
e cognição, 505, 511
e envelhecimento, 505, 513–514
e satisfação com a vida, 477
na adolescência, 328–329
na adultez emergente, 387
na segunda infância, 196–197
na terceira infância, 260–261, 262–264
na vida adulta intermediária, 441, 442, 449, 477
na vida adulta tardia, 505, 510–511, 513–514
atividade, teoria da, do envelhecimento, **535**–**536**
atividades da vida diária (AVDs), **500**
ativo, desenvolvimento, 22
atmosférica, poluição
durante a gravidez, 79–80
e asma, 265
na segunda infância, 204
atrasado, luto, 561
audição
de bebês e crianças pequenas, 115, 137
desenvolvimento pré-natal da, 72–73, 137
na vida adulta intermediária, 440–441
na vida adulta tardia, 509–510
autismo, 111
fatores ambientais no, 111

Índice Remissivo 751

teoria da mente no, 213
vacinas e, 104, 111
autista grave, transtorno, 111
autoaceitação, no bem-estar, 477, 478t
autoavaliadoras, emoções, **161**
autocoerência, 177
autoconceito, **177**, **229**. *Ver também* identidade
  de bebês e crianças pequenas, 177–178
  na segunda infância, 229–230
  na terceira infância, 293–294
autoconsciência, **161**
  desenvolvimento da, 161, 177–178
  e emoções, 161
autoconsciência, na adolescência, 339
autoconscientes, emoções, **161**
autocontrole, de bebês e crianças pequenas, 178
autodefinição, **229**
  diferenças culturais em, 230
  na segunda infância, 229–230
autoeficácia, **29**
  nas aspirações vocacionais, 349
  no desempenho acadêmico, 281–282, 344–345
autoestima, **230**
  atitudes em relação à morte, 565
  contingente, 230–231
  na adolescência, 331
  na segunda infância, 230–231
  na terceira infância, 293–294
  na vida adulta intermediária, 475, 477
  satisfação corporal e, 331
autogestão, 399
autoinanição. *Ver* anorexia nervosa
autolocomoção, 118
autonomia
  na adolescência, 367–370
  na primeira infância, 178
  na terceira infância, 296
  no bem-estar, 477, 478t
autonomia *versus* vergonha e dúvida, estágio da, 26t, **178**
autônomos, moralidade dos princípios morais, 341
autoridade parental, 369–370, 370t
autoritária, parentalidade, **247**–248, 247t
  e desempenho acadêmico, 346
  na adolescência, 346
  na segunda infância, 247–248
  na terceira infância, 296–297
autoritativa (democrática), parentalidade, **247**–248, 247t
  e desempenho acadêmico, 346
  na adolescência, 346, 369, 370
  na segunda infância, 247–248
autorreconhecimento no espelho, 178
autorregulação, **180**
  de bebês e crianças pequenas, 180

discurso particular na, 220
emocional, 180, 231–232, 295
na segunda infância, 220, 231–232
na terceira infância, 271, 295
autorrelatos, 36–37, 36t
autossomos, **51**
autovalor geral, 293
auxiliares de memória externos, **272**
avaliação cognitiva do enfrentamento, modelo de, **532**–533
avaliação comportamental de recém-nascidos, 93–94
avaliação médica de recém-nascidos, 93–94
Avaliação Nacional de Progresso Educacional (NAEP), 283
avaliações primárias, 532
avaliações secundárias, 532
avanços tecnológicos
  e alfabetização digital, 285, 463
  e desempenho acadêmico, 347
  e multitarefa, 348
  e namoro na adolescência, 376
  nas pesquisas, 4
AVDs. *Ver* atividades da vida diária
avós, adultos de meia-idade como, 490–492
axônios, 110
azul, 239

Babinski, reflexo de, 113t
Babkin, reflexo de, 113t
baby-boomers
  coabitação por, 480
  felicidade dos, 532
  pessimismo dos, 531
  saúde física dos, 448
  solteiros, 549
Back-to-Sleep (dormindo de costas), campanha, 103
baixo peso ao nascer, bebês com, 96–99, 97f
balbucio, 146, 150, 152
balbucio manual, 150
Barbie, bonecas, 263
barganha, 560–561
bariátrica, cirurgia, 386
bases, 50–51, 50f
Bateria de Avaliação de Kaufman para Crianças (K-ABC-II), **278**
bebês e crianças pequenas, 104–191
  apego em, 170–175
  atitudes em relação à morte, 563t, 564
  autoconceito de, 177–178
  autonomia em, 178
  baixo peso ao nascer, 96–99, 97f
  com pais que trabalham fora, 183–185
  confiança de, 170
  crescimento físico de, 105–106, 105f
  desenvolvimento da linguagem em, 144–154, 145t

desenvolvimento do cérebro em, 107–114, 143
desenvolvimento motor em, 116–121, 117t
emoções em, 159–163
gênero em, 168–170
inteligência de, 127–128
intervenção precoce para, 128–130
manhês com, 16, 152–153
maus-tratos de, 186–189
memória de, 126–127, 132–133, 143
mudanças epigenéticas em, 55
nutrição em, 106–107
outras crianças e, 182–183
papéis familiares com, 167–168
princípios do desenvolvimento físico de, 104–105
recém-nascido, 92–96
referenciação social em, 175–177
regulação mútua em, 175
resumo do desenvolvimento em, 6t, 8, 159t
sentidos de, 114–116, 118–119
socialização de, 179–183
sono em, 94–96
temperamento de, 163–166
teste do desenvolvimento em, 127–128
vacinações para, 104
ver televisão em, 138, 139
behaviorismo, **27**–29
behaviorista, abordagem, ao desenvolvimento cognitivo, **125**–127
beijo, 393
bem-estar
  estado civil e, 482–483
  múltiplas dimensões do, 477, 478t
  na vida adulta intermediária, 475–477, 482–483
  na vida adulta tardia, 530–537
  personalidade no, 530–531
  relacionamentos no, 476, 477, 478t, 479
  religiosidade no, 533–534
  subjetivo, 476
beneficência, 45
beta-amiloide, peptídeo, 516
beta-talassemia, 57t, 60
bilíngue, educação, **279**–280
bilíngues, crianças, **279**
  aprendizagem da linguagem por, 279–280
  desenvolvimento da teoria da mente em, 213
  mistura e troca de código por, 150
  prevalência de, 279
binge drinking, **334**
  na adolescência, 334
  na adultez emergente, 390, 390f
binocular, visão, 116

bioecológica, teoria, **32**–33, 32f
  na Zona das Crianças do Harlem, 223
  sobre desempenho acadêmico, 281
  sobre maus-tratos, 187–188
biológica, abordagem, ao desenvolvimento cognitivo, 234–236, 235t
biomarcadores, do mal de Alzheimer, 518–519
bissexualidade, 357
blastocistos, 70
blogs, escolha de palavras em, 418
bloqueio pudendo, 91
bonecas Barbie, 263
Bradley, método, 91
brancos, americanos. *Ver também* diferenças étnicas e raciais
  formação da identidade em, 355
  porcentagem da população norte-americana, 12, 12f
Braxton-Hicks, contrações de, 89
BRCA1, gene, 452
BRCA2, gene, 452
brincadeira
  andaime conceitual (*scaffolding*) na, 218
  diferenças culturais na, 170, 244
  diferenças de gênero na, 168–169, 233, 243–244
  dimensão social da, 240, 242–243, 243t
  em bebês e crianças pequenas, 168–169
  faz de conta (*Ver* brincadeira de faz de conta)
  funções da, 240
  na segunda infância, 240–244
  na terceira infância, 260–261
  natureza adaptativa da, 241
  níveis cognitivos da, 240–242
  segregação de gênero na, 169, 239, 243
  segregação por idade na, 253
brincadeira de faz de conta, **206**, **242**
  com irmãos, 182, 251
  diferenças de gênero na, 244
  dimensão social da, 242–243
  na primeira infância, 178, 182
  na segunda infância, 241–244
  no desenvolvimento da teoria da mente, 212, 213, 242
brinquedos tipificados por gênero, preferências por, 168–169, 233
brinquedos tipificados por gênero, preferências por, 168–169, 233
bulimia nervosa, **332**–333, 332t
bullying (intimidação), **311**
  na adolescência, 374–375
  na terceira infância, 311–313
bumerangue, fenômeno, 486–487

cabelo
  cor do, 53–54, 53f

na vida adulta intermediária, 443
na vida adulta tardia, 506
cães
  apego em, 173
  demência em, 516
cafeína, durante a gravidez, 77
CAH. Ver hiperplasia congênita da suprarrenal
calorias, consumo de
  e envelhecimento, 506
  na gravidez, 73, 74
  na terceira infância, 258
caminhada, 63, 118
campo, experimentos de, 42
canalização, **63**
câncer de mama, 452–453
câncer, na vida adulta intermediária, 448, 451, 452–453
canhoto (lateralidade manual), 197
capacetes, 266
capital conjugal, **481**
caracteres sexuais
  primários, 323
  secundários, 323
cardinalidade, princípios da, 207–208
cárie
  na segunda infância, 200–201
  na terceira infância, 257–258
cariótipos, 60, 60f
carreira, aconselhamento de, 349
carreiras. Ver também trabalho
  mudanças na meia-idade, 473
  preparação de adolescentes para, 349–350
casamento, 426–429. Ver também divórcio
  arranjado, 426–427
  cuidado de pais idosos e, 488
  efeitos na saúde do, 391, 482–483
  homossexual, 302–303, 423–424, 483–484
  idade no, 417, 422, 426, 432
  impacto da paternidade/maternidade no, 430–431, 480
  morte do cônjuge, 548, 565–566
  na adultez emergente, 426–429
  na vida adulta intermediária, 480, 482–483
  na vida adulta tardia, 546–548, 547f
  ninho vazio e, 486
  sexo extraconjugal e, 427
  significado do, 426
  taxas de, 422, 423f, 424f, 426
casas de repouso, 540
castigo corporal, **245**
  diferenças culturais em, 188
  na primeira infância, 188
  na segunda infância, 245–246
  na terceira infância, 296
catarata, **509**
categorias, 138

categorização
  abordagem do processamento da informação à, 138–140
  abordagem piagetiana à, 132t, 138, 205t, 207, 267t, 268
  em bebês e crianças pequenas, 132t, 138–140
  na segunda infância, 205t, 207
  na terceira infância, 267t, 268
catepsina D, 517
causa, versus correlação, 39
causalidade
  abordagem do processamento da informação à, 140
  abordagem piagetiana à, 132t, 140, 205t, 207, 267–268, 267t
  em bebês e crianças pequenas, 132t, 140
  na segunda infância, 205t, 207
  na terceira infância, 267–268, 267t
cefalocaudal, princípio, **67**–69, 104–105, 105f
celulares, telefones, 396
Centers for Disease Control and Prevention, 104, 328, 362
centração, 206t, **208**, 210
central executiva, **214**
cerebelo, 109, 119
cérebro
  estrutura do, 109–110, 109f
  na inibição comportamental, 166
  na memória, 523–524
  na orientação sexual, 358–359
  nas experiências de quase-morte, 560
  no comportamento antissocial, 377
  no mal de Alzheimer, 516–519
  plasticidade do, 112–114
  surtos de crescimento no, 109, 110, 143
  tamanho do, 109, 196, 234, 507
cérvix, 49, 89
cesáreo, parto (cesariana), **90**–91
chiclete, 454
China
  cuidados de idosos na, 499
  filhos únicos na, 252
  raciocínio moral na, 401
choro, 146, 160
choro de dor, 160
choro de fome, 160
choro de frustração, 160
choro de raiva, 160
ciclismo, capacetes de, 266
ciclo de vida, desenvolvimento do, **3**
  arcabouço conceitual para estudo do, 17–18
  cognitivo, 398
  períodos do, 5–8, 6t–7t
cigarros. Ver tabagismo
cigarros eletrônicos, 335, 389
cílios, 49

cinco fatores, modelo dos, de personalidade, **418**–419, 418f
  na adultez emergente, 418–419
  na vida adulta tardia, 529–531
Cinco Grandes fatores, 418–419, 418f, 468
cinéticos, indicativos, 119
circulares, reações, 130t, **131**, 131f
citosina, 50, 50f
clamídia, 362, 363f
classificação. Ver categorização
classificação do comportamento, escala de, 127
climatério, 443–444
coabitação, 424–426
  comparações internacionais de, 424–425, 424f
  crianças na, 301–302, 371
  na vida adulta intermediária, 480–481
  na vida adulta tardia, 550
  padrões de, 425–426
cocaína, durante a gravidez, 77
cochilos
  na segunda infância, 193
  por bebês e crianças pequenas, 95
codificação, **214**, 524
código genético, **50**–51, 50f
coercitiva, parentalidade, 245, 296
cognitiva, neurociência, **37**
cognitiva, perspectiva, 23, 24t, **29**–32
  no desenvolvimento de gênero, 235t, 237–238
cognitivo, funcionamento
  antes da morte, 559–560
  na resiliência, 316
  na vida adulta intermediária, 442–443
cognitivo-comportamental, terapia, 315, 333
cognitivo-desenvolvimental, teoria, do desenvolvimento de gênero, 235t, 237
colaborativas, atividades, 163
colegas de brincadeira, 253–254
coletivismo
  e autodefinição, 230
  e brincadeiras, 244
  e conexão familiar, 369
  e estilos de parentalidade, 297
  e formação da identidade, 413
  e regulação emocional, 231
comboio social, teoria do, **478**–479, 545
Come-Come (personagem de Vila Sésamo), 264
comida. Ver dieta; nutrição
compartilhada, moradia, 543t
compartilhar, 162
compensatórios, programas pré-escolares, 223–224
competência imagética, 134
complexidade cognitiva da brincadeira, 240–242

componencial, elemento, da inteligência, **277**–278, 399
comportamental, terapia, **315**
comportamento animal
  brincadeira no, 240, 241
  estudo do, 34
comportamento antissocial
  na adolescência, 377–379
  na terceira infância, 313–314
comportamento de risco
  e irmãos, 251
  hereditariedade no, 374
  na adolescência, 321, 327–328, 360–361, 373
  sexo inseguro, 360–361
comportamento inteligente, **127**
comportamento sexual
  extraconjugal, 427
  na adolescência, 360–361, 360f
  na adultez emergente, 393–394
  na vida adulta intermediária, 447
  na vida adulta tardia, 511–512
  no casamento, 427–429
  pré-conjugal, 360, 360f, 393
  versus orientação sexual, 357–358
comportamento social, diferenças de gênero no, 168
comportamentos, problemas, na vida adulta tardia, 515–519
compromisso, **354**
  na teoria triangular do amor, 421, 422t
compromisso ocupacional, 354, 354t
computacionais, modelos, 32
comunicação, regulação mútua na, 175
concepção, 49–50, 51, 51f
concordante, **61**
condicionamento
  clássico, 27–28, 125–126
  operante, 27–29, 126–127
condicionamento clássico, 27–**28**, **125**–126
condicionamento operante, 27, **28**–29, **126**–127
condições médicas. Ver também tipos específicos
  agudas, 264
  crônicas, 264
  durante a gravidez, 98
  na terceira infância, 264–265
conduta, transtornos da, 313–314
confiabilidade, de testes, 37
confiança
  desenvolvimento da, em bebês, 170
  e apego, 172
  em confiança básica versus desconfiança, 26t, 27, 170
confiança básica versus desconfiança, 26t, 27, **170**
confidencialidade, nas pesquisas, 45
conflito familiar
  construtivo, 181–182, 296
  e divórcio, 299–300

entre irmãos, 182, 251, 304–305
   na adolescência, 367–369, 370–371
   na adultez emergente, 414
   na primeira infância, 181–182
   na segunda infância, 251
   na terceira infância, 296, 304–305
   na vida adulta tardia, 547
conhecimento
   especializado, 459
   essencial, 142
   tácito, 278, 399
conhecimento especializado, 459
conjugal, capital, 481
cônjuge, cuidados prestados pelo, 548
conjunta, guarda, 300
consciência moral, **180**
conscienciosidade, 418–419, 418f
   e saúde, 531
   na adultez emergente, 418–419
   na vida adulta intermediária, 467–468
consentimento informado, 45
conservação, **209**
   na segunda infância, 209–210
   na terceira infância, 267t, 269
   testes de, 209–210, 209t
conservadorismo étnico, 477
consistência de gênero, 237
constância de gênero, **237**
construção social, **5**
   da adolescência, 5, 321
   da meia-idade, 439
   da raça, 14
   da vida adulta tardia, 500
   de períodos do ciclo de vida, 5
construcionistas sociais, abordagens, à educação, 144
construtivo, conflito, 181–182, 296
construtivo, jogo, **241**
consumo de risco de álcool, **390**
contato social, teorias do, 478–479, 479f, 545
contexto histórico, 14
contexto social. *Ver* perspectiva contextual
contextual, elemento, da inteligência, **277**–278, 399
contextual, perspectiva, 23, 24t, **32**–33
contingente, autoestima, 230–231
continuidade, teoria da, do envelhecimento, **536**
contínuo, desenvolvimento, 22–23, 23f
contraceptivos
   na adultez emergente, 394
   uso por adolescentes de, 361
contrações, do parto, 89
controle da cabeça, 118
controle da mão, 118
Convenção Internacional sobre os Direitos da Criança, 246
convencional, moralidade, **341**, 342t

convergente, pensamento, **288**
conversa. *Ver* linguagem
conversação, habilidades de, 220, 279
convivência à distância, relacionamentos de, 549
Cooley, anemia de, 57t
cooperação receptiva, 181
cooperativadas, escolas, 284
coordenação
   motora, 196
   olhos-mãos, 119
coordenação olhos-mãos, 119
coortes, **15**
coparentalidade, por pais divorciados, 300
cor, gênero, associação com, 239
coração
   na vida adulta intermediária, 443, 448, 451
   na vida adulta tardia, 507
cordão umbilical, 70, 89
cores tipificadas por gênero, preferências por, 168
córion, 70
corpo caloso, 109, 196
corporal-cinestésica, inteligência, 276, 277t
corredor da morte, 560
corregulação, **296**
correlação genótipo-ambiente, 63–64
correlação perfeita, 39
correlacionais, estudos, 38t, **39**
correlações, 39–40
   genótipo-ambiente, 63–64
   versus causas, 39
córtex cerebral
   em bebês e crianças pequenas, 110
   na terceira infância, 259–260, 260f
cortisol, 533
crânio, de recém-nascidos, 92
creches e cuidado de crianças
   de bebês e crianças pequenas, 184–185
   efeitos de, 184–185
   na terceira infância, 297
   por avós, 490–491
   qualidade de, 185, 185t, 297
cremação, 558
crença religiosa
   declínio na, 533–534
   e casamento homossexual, 423–424
   e comportamento sexual, 361
   e decisões sobre o fim da vida, 575
   e diferenciação entre realidade e fantasia, 212
   e saúde, 449, 533–534
   hereditariedade na, 66
   na formação da identidade, 355
crenças, falsas, 211

crescimento físico
   de bebês e crianças pequenas, 105–106, 105f
   na adolescência, 323–324
   na segunda infância, 193, 193t
   na terceira infância, 257, 257t
crescimento físico. *Ver* crescimento
crescimento pessoal, no bem-estar, 477, 478t
criação de herança, estágio, do desenvolvimento cognitivo, 398
crianças superdotadas, 287–288
crianças surdas
   desenvolvimento da linguagem em, 149–150
   gestos de, 146, 147
criatividade, **288**
   características de pessoas com, 460–461
   e cérebro direito, 397
   e desempenho acadêmico, 288, 349
   e idade, 461
   medição, 288
   na vida adulta intermediária, 460–461
   versus inteligência, 460
criopreservação, 397
crise(s), **354**
   de meia-idade, 471–472
   filial, 487
   no desenvolvimento psicossocial, 26–27, 416
   reprodutibilidade, 39
cristalizada, inteligência, **458**, 459
cromossômicas, anomalias, 59–60, 59t
   aborto espontâneo com, 70
   teste para, 60–61, 81, 82t
cromossomos, **50–51**
   sexo, 51–52, 52f, 59, 59t
cromossomos sexuais, **51**–52, 52f
   anomalias nos, 59, 59t
crônicas, doenças, **264**
   na terceira infância, 264–265
   na vida adulta tardia, 512–513
cronossistema, 33
cuidado de parentesco, **492**
cuidador, esgotamento do, 489
cuidados, 468
cuidados de idosos, comparação internacional de, 499
cuidados dentários
   na segunda infância, 200–201
   na terceira infância, 257–258
   na vida adulta tardia, 514
cuidados pré-natais, disparidades em, 81–83
cuidados, prestação de
   para crianças com deficiências, 552
   para irmãos, 552–553
   para os que estão morrendo, 559
   para pais idosos, 487–490, 552
   pelo cônjuge, 548
cuidar e ajudar, 454

culpa, 162, 232–233, 294
cultura, **11**
   e inteligência, 276
   e maus-tratos, 187–188
   e morte, 557
   estudos etnográficos de, 39
   influência no desenvolvimento, 11–14
   no desempenho acadêmico, 346
   no desenvolvimento cognitivo, 143–144
   no desenvolvimento de gênero, 239–240
   transmissão de, 163
culturalmente justos, testes, **276**
cursos avançados no ensino médio, 288
cursos *on-line* abertos e massivos (MOOCs — *massive, open, online courses*), 402
curva de sobrevivência, **504**

DACA, programa, 13
dados
   coleta de, 36–37, 36t
   definição de, 21
DAL. *Ver* dispositivo de aquisição da linguagem
daltonismo, 58
danos, em pesquisas, 45
darwiniano (de preensão), reflexo, 112, 113t
DAs. *Ver* distúrbios de aprendizagem
DCT. *Ver* difteria-coqueluche-tétano
DE. *Ver* disfunção erétil
declínio terminal, 532, **560**
decodificação, **280**
dedutivo, raciocínio, 267t, **268**–269
defeitos congênitos, 56–60, 57t
   na mortalidade infantil, 101
   nascimento pré-termo e, 97
   no período embrionário, 70, 71f
   nutrição materna e, 74
   teste para, 60–61, 81, 82t
   uso de drogas e, 75, 76
deficiência cognitiva. *Ver* deficiência intelectual
deficiência intelectual, **285**
deficiência matemática, 286
deficiências
   cuidado de crianças com, 552
   de aprendizagem, 285–287
   na vida adulta tardia, 513
déficit de atenção/hiperatividade (TDAH), transtorno de, **286**–287, 286f, 377
déficit de crescimento não orgânico, **186**
definição operacional, 41
degeneração macular relacionada à idade, 508, **509**
dehidroepiandrosterona (DHEA), 322–323
delinquência juvenil, 377–379
demência, **515**–516
   causas da, 515

cérebro na, 508
cuidado de pais idosos com, 488
fatores de risco para, 516
demência por múltiplos infartos, 515
demografia
   da vida adulta tardia, 497–499, 498f
   e bebês com baixo peso ao nascer, 98
dendritos, 110
dentes. *Ver* desenvolvimento dos dentes
dentição, 106
dependência de drogas, 333
dependência química, **333**
dependentes, variáveis, **41**, 42
depressão
   autodescrições com, 229
   diferenças de gênero na, 335, 393
   fatores de risco para, 335–336
   genética na, 384–385, 515
   materna, 78–79
   na adolescência, 335–336, 335f, 337, 393
   na adultez emergente, 392–393
   na infância, 314–315, 392–393
   na primeira infância, 188, 232
   na vida adulta intermediária, 456
   na vida adulta tardia, 515
   personalidade na, 530–531
   pós-parto, 176
   sobre a morte, 561
depressão infantil, **314**–315, 392–393
depressão pós-parto (DPP), 176
depressiva, síndrome, 393
depressivo maior, transtorno, 393
desabituação, **136**
desamor, 422t
descentrar, 206t, **208**, 210, 269
descontínuo, desenvolvimento, 22–23, 23f
desempenho acadêmico
   diferenças de gênero no, 282, 345–346
   distúrbios de aprendizagem e, 285–287
   influências sobre, 281–285, 344–347
   memória de trabalho no, 272
   metamemória no, 273
   na adolescência, 344–346
   na terceira infância, 281–288
   por crianças superdotadas, 287–288
   recreio e, 261
desempenho escolar. *Ver* desempenho acadêmico
desemprego, abandono da escola e, 348
desengajamento, teoria do, do envelhecimento, **535**–536
desenvolvimento. *Ver* desenvolvimento humano

desenvolvimento cognitivo, **4**–5. *Ver também aspectos específicos e abordagens ao estudo*
   abordagens ao estudo do, 125
   aspectos do, 4
   desenvolvimento moral em relação ao, 342
   em bebês e crianças pequenas, 124–157
   modelo do ciclo de vida de, 398
   na adolescência, 337–350
   na adultez emergente, 396–406
   na segunda infância, 205–224
   na terceira infância, 266–288
   na vida adulta intermediária, 456–463
   na vida adulta tardia, 519–525
desenvolvimento da linguagem
   atrasos no, 220–221
   avaliação do, 116
   canalização no, 63
   características da fala inicial, 149
   com exposição a múltiplas línguas, 146–147, 150
   diferenças de gênero no, 234
   em bebês e crianças pequenas, 144–154, 145t
   imitação no, 145, 146, 150, 151
   influências sobre, 151–153
   leitura em voz alta no, 153–154
   na adolescência, 340
   na segunda infância, 219–222
   na terceira infância, 278–281
   no debate genética-ambiente, 150–151
   variações no, 149–150
Desenvolvimento de Capacidade da Educação, 463
desenvolvimento de gênero
   em bebês e crianças pequenas, 168–170
   na segunda infância, 233–240
   perspectivas sobre, 234–240, 235t
desenvolvimento do cérebro
   com síndrome de Down, 59
   com TDAH, 287
   e desenvolvimento de gênero, 234
   e nível socioeconômico, 282–283
   em bebês e crianças pequenas, 107–114, 143
   na adolescência, 326–328, 327f
   na adultez emergente, 397, 406
   na inteligência, 274
   na segunda infância, 196
   na terceira infância, 259–260, 260f, 270
   na vida adulta intermediária, 442–443
   na vida adulta tardia, 507–508
   no desenvolvimento da linguagem, 151–152
   no desenvolvimento da teoria da mente, 213
   pré-natal, 109–112, 109f

desenvolvimento dos dentes
   em bebês e crianças pequenas, 106
   na segunda infância, 200–201
   na terceira infância, 257–258
desenvolvimento físico, **4**–5. *Ver também aspectos específicos*
   aspectos do, 4
   de bebês e crianças pequenas, 104–116
   na adolescência, 322–337
   na adultez emergente, 383–396
   na segunda infância, 193–204
   na terceira infância, 257–266
   na vida adulta intermediária, 440–456
   na vida adulta tardia, 500–519
desenvolvimento humano, **3**
   contextos do, 9–14
   domínios do, 4–5
   evolução do campo, 3–4
   influências no, 8–17
   objetivos do campo, 3–4
   períodos do, 5–8, 6t–7t
desenvolvimento moral
   emoções no, 232
   Kohlberg, teoria de, 340–343, 342t, 400–401
desenvolvimento motor
   canalização no, 63
   e percepção sensorial, 118–120
   em bebês e crianças pequenas, 116–121, 117t
   influências culturais sobre, 121
   na segunda infância, 196–197, 196t
   na terceira infância, 260–261, 261t
   teoria dos sistemas dinâmicos do, 120–121
desenvolvimento pré-natal, 67–83
   desenvolvimento de gênero no, 234
   disparidades entre cuidados pré-natais no, 81–83
   do cérebro, 109–112, 109f
   dos sentidos, 72–73, 114–116
   e orientação sexual, 235, 358
   estágios do, 67–73, 68t–69t
   fatores maternos no, 73–80
   fatores paternos no, 80
   mudanças epigenéticas no, 55
   resumo do, 6t
   teste de anomalias no, 59, 60–61, 81, 82t
desenvolvimento, teorias do. *Ver* teorias do desenvolvimento
desequilíbrio, 30
desertos alimentares, 199
desgaste normal, teoria do, do envelhecimento, 504
desnutrição
   durante a gravidez, 74–75
   em bebês e crianças pequenas, 108
   na segunda infância, 199–200

desnutrição crônica, 108
desorganizado-desorientado, apego, **172**
desoxirribonucleico (DNA), ácido, **50**–51, 50f
destreza manual, 441–442
destro (lateralidade manual), 197
determinismo recíproco, **28**, 29
DHA. *Ver* docosahexaenoico, ácido
DHEA. *Ver* dehidroepiandrosterona
diabetes, **265**, **448**
   na gravidez, 78
   na terceira infância, 265
   na vida adulta intermediária, 448
   na vida adulta tardia, 512–513
   tipo 1, 265
   tipo 2, 265, 448
diádicas, relações, 373
diários, 36
dieta
   com insegurança alimentar, 199
   de bebês, 106–107
   e mal de Alzheimer, 518
   e obesidade, 198
   na adolescência, 329–330
   na adultez emergente, 385
   na segunda infância, 198–200
   na terceira infância, 258
   na vida adulta tardia, 514
dieta, fazer
   na adolescência, 330, 331
   na vida adulta, 386
diferença de gênero, na renda, 405
diferenças culturais
   e diferenças de gênero, 170, 234
   em brincadeiras, 170, 244
   em estilos de parentalidade, 248, 296–297
   em lares multigeracionais, 10, 546
   em papéis de gênero, 234
   em períodos do ciclo de vida, 5
   na agressividade, 250
   na autodefinição, 230
   na conexão familiar, 368, 369
   na formação da identidade, 413
   na inteligência, 276
   na menopausa, 445
   nas decisões sobre o fim da vida, 573–575
   nas emoções, 160, 231–232, 294
   nas práticas educativas, 167
   nas tradições de casamento, 428
   no bem-estar, 531
   no *bullying*, 312
   no comportamento pró-social, 249
   no desempenho acadêmico, 345
   no desenvolvimento da teoria da mente, 213
   no desenvolvimento motor, 121
   no manhês, 16, 153
   no papel do pai, 167–168, 170
   no raciocínio formal, 31, 339
   no raciocínio moral, 343, 401
   no sono, 193

no temperamento, 165
no tempo livre, 368
nos costumes do parto, 87
nos estereótipos sobre envelhecimento, 538
nos horários de sono de recém-nascidos, 95–96
nos rituais fúnebres, 558
nos "terríveis dois anos", 178–179
nos traços de personalidade, 468
pesquisa sobre, 40
diferenças de gênero
definição de, 233
e diferenças culturais, 170, 234
em bebês e crianças pequenas, 168–170
em brincadeiras, 168–169, 233, 243–244
em grupos de pares, 306
na agressividade, 249–250
na atividade fetal, 72
na depressão, 335, 393
na expectativa de vida, 450–451, 501
na formação da identidade, 355, 356, 416
na inteligência, 138
na memória, 537
na saúde na vida adulta intermediária, 450–454
na segunda infância, 233–234
nas demandas dos relacionamentos, 479
nas escolhas de carreira, 349
nas habilidades de conversação, 279
nas taxas de suicídio, 568–569
no desempenho acadêmico, 282, 345–346
no ensino superior, 402–403
no raciocínio moral, 343, 401
nos relacionamentos íntimos, 420, 421
nos traços de personalidade, 468
diferenças étnicas e raciais
em bebês com baixo peso ao nascer, 98
em estilos de parentalidade, 248
em lares multigeracionais, 546
na conexão familiar, 368
na expectativa de vida, 501–502, 501t
na formação da identidade, 355–358, 413
na idade materna no primeiro parto, 429
na inteligência, 275
na menopausa, 445
na obesidade/sobrepeso, 262, 449
na religiosidade, 534
na satisfação corporal, 331
na saúde na adultez emergente, 390–391

na saúde na segunda infância, 201–202
na saúde na vida adulta intermediária, 450
na saúde na vida adulta tardia, 513
nas decisões sobre o fim da vida, 575
nas doenças crônicas, 513
nas taxas de coabitação, 425
nas taxas de defeitos congênitos, 56
nas taxas de divórcio, 432
nas taxas de evasão escolar no ensino médio, 347
nas taxas de homicídio, 336
nas taxas de mortalidade infantil, 83, 101–102, 102f
nas taxas de mortalidade materna, 83
nas taxas de pobreza, 298, 540
nas taxas de suicídio, 337, 569
no aborto espontâneo, 70
no acesso a serviços de saúde, 202, 450
no bem-estar, 477
no consumo de álcool, 390
no desempenho acadêmico, 346
no desenvolvimento puberal, 323, 326
no ensino superior, 403
no HIV, 394
no nível socioeconômico, 10
nos cuidados dentários, 258
diferenças internacionais. Ver diferenças culturais
diferenças regionais, na expectativa de vida, 502
diferenciação, **110**
diferenciação sexual, 51–52, 52f
diferida, imitação, **132**–133, 143, 206
"difíceis", crianças, **164**, 164t
difteria-coqueluche-tétano (DCT), vacina, 104
difusão. Ver difusão de identidade
difusão de identidade, 354–**355**, 356t
dignidade
morte com, 559, 571–575
nas pesquisas, 45
dilatação da cérvix, 89
dinâmicos, testes de inteligência, 218, **278**
direção de automóveis. Ver também acidentes de automóvel
distrações ao volante, 336, 348
na vida adulta intermediária, 442–443
na vida adulta tardia, 521
direito à morte, 570–575
diretas, correlações, 39
diretiva antecipada, **571**–572
dirigida ao bebê (ID — *infant-directed*), fala, 16

disciplina, **245**
na segunda infância, 245–246
na terceira infância, 296
disco embrionário, 70
discriminação
contra homossexuais, 423, 483, 550
de idade, 497, 511, 538
perceptual, 177
racial, 357, 454
discriminação racial
estresse da, 454
na formação da identidade, 357
discurso particular, **220**
discurso social, **220**
disfunção cognitiva canina, síndrome da, 516
disfunção erétil (DE), **446**–447
dislexia, **285**–286
dismenorreia, 395
Disney, filmes da, 240
dispositivo de aquisição da linguagem (DAL), 151
distrações ao volante, 336, 348
distribuição randômica, **41**–42
distúrbios de aprendizagem (DAs), 285–287, **286**
divergente, pensamento, **288**, 461
diversidade
dentro de grupos étnicos e raciais, 12–14
na experiência universitária, 404
diversidade racial, na experiência universitária, 404
divórcio, 432–434
ajuste ao, 434
e famílias reconstituídas, 302
efeitos de saúde do, 481
fatores de risco para, 432
influência entre adolescentes, 370–371
influência nas crianças, 299–301
na vida adulta intermediária, 481–482
na vida adulta tardia, 548
no contexto do desenvolvimento, 9–10
razões para, 432–434, 482
ser avô/avó após, 491–492
taxas de, 299, 432, 481
dizigóticos, gêmeos (fraternos), **49**–50
epigênese em, 55
medindo a herdabilidade em, 61
DNA. Ver ácido desoxirribonucleico
doação de órgãos, 571
docosahexaenoico, ácido (DHA), 74
doenças. Ver também tipos específicos
durante a gravidez, 77–78
na terceira infância, 264–265
na vida adulta tardia, 512–513
2D:4D, razão, 358
domicílios com idosos solteiros, 541
dominância incompleta, **58**
dominância nasal, ciclos de, 95

dominante, herança, 52–**53**, 53f
de defeitos de nascimento, 56–58
domínio sobre o ambiente, no bem-estar, 477, 478t
domínios do desenvolvimento humano, 4–5
dopamina, 508
dor
do parto, 91–92
em bebês, 114–115, 160
fetal, 71
doulas, **91**–92
Down, síndrome de, **59**–60, 60f
idade materna e, 59, 79
testes pré-natais para, 59, 81
DPP. Ver depressão pós-parto
dramático, jogo. Ver brincadeira de faz de conta
drogas ilícitas
na adolescência, 333–335, 333f
na adultez emergente, 392
na gravidez, 75–77, 80
Duchenne, distrofia muscular de, 57t, 59
dupla representação, hipótese da, **135**
duplo-cego, 41
DWDA. Ver Lei da Morte com Dignidade

EAA. Ver Entrevista de Apego do Adulto
ECHO. Ver oportunidade de moradia em chalé para idosos
ecológica da percepção, teoria, **119**–120
econômica de 2008, recessão, 487
ectoderma, 70
Édipo, complexo de, 25
educação. Ver também aprendizagem
abordagens construcionistas sociais à, 144
alternativas à, pública, 284
bilíngue, 279–280
castigo corporal na, 246
de aprendizes da língua inglesa, 279–280
de crianças com distúrbios de aprendizagem, 285–287
de crianças superdotadas, 287–288
decodificação, **280**–281
e mal de Alzheimer, 518
e programas de intervenção precoce, 128–130
horário de início das aulas na, 3, 329
inteligência afetada por, 274–275
letramento, 463
métodos de, no desempenho acadêmico, 283
na adolescência, 344–350
na adultez emergente, 401–404
na pré-escola, 208, 222–224
na segunda infância, 222–224
na terceira infância, 281–288
para adultos, 462–463

qualidade da escola na, 347
segregação por idade na, 253
sexual, 365-366
superior (*Ver* faculdade)
tamanho da classe na, 283-284
Educação de Indivíduos com Necessidades Especiais, Lei de (Individuals with Disabilities Education Act), 287
Edwards, síndrome de, 56
efeitos ambientais não compartilhados, **64**-65
ego, 25
ego, controle do, **419**
egocentrismo, **208**
na adolescência, 338, 340
na segunda infância, 206t, 208-209
elaboração, **272**
elaboração do luto, **561**
Electra, complexo de, 25
ELLs. *Ver* aprendizes da língua inglesa
elogio, e autoestima, 230-231
embriões
desenvolvimento de, 67-69
diferenciação sexual em, 51-52, 52f
embrionário, período, 67, **70**-71
defeitos congênitos no, 70, 71f
mudanças epigenéticas no, 55
embrioscopia, 81, 82t
emoção(ões), **160**
de bebês e crianças pequenas, 159-163
diferenças culturais em, 160, 231-232
diferenciação da(s), 161, 162f
e saúde física, 455-456
e temperamento, 163
moral, 181
na segunda infância, 231-233
na terceira infância, 294-295, 313-315
na vida adulta intermediária, 455-456, 475-476
regulação das, 180, 231-232, 295
sociais, 232-233
emoções positivas
e idade, 475
e saúde física, 456
emoções sociais, **232**-233
empatia, **162**
em bebês e crianças pequenas, 161-163
na segunda infância, 205t
na terceira infância, 295
no trabalho, 400
emprego. *Ver* desemprego; trabalho
emprego-ponte, 462
empregos. *Ver* trabalho
encapsulação, **459**
encéfalo, 109-110
encefalocele, 56

endócrina, teoria, do envelhecimento, 503
endócrinos, disruptores, 325
endoderma, 70
enfrentamento (*coping*), **532**
com estresse, 388, 532-534
na vida adulta tardia, 532-534
enfrentamento focalizado na emoção, 388, **532**-533
engatinhar, 118
enjoo matinal, 34
enriquecimento, programas de, **288**
ensaio, **272**
ensaio, memória, 216
ensino a distância, 402
ensino em casa, 284
ensino médio
abandono do, 347-348, 377
taxas de formatura para, 344, 346
ensino superior. *Ver* faculdade
Entrevista de Apego do Adulto (EAA), 174
entrevistas
do estado de identidade, 354, 354t
em pesquisas, 36
entrevistas estruturadas, 36
enurese, **195**
envelhecer em casa, **540**-541
envelhecimento. *Ver também* vida adulta tardia
biológico, 502-504, 502t
estereótipos sobre, 497, 506, 512, 538
modelos de, bem-sucedido, 535-537
primário, 500
secundário, 500
envelhecimento bem-sucedido, modelos de, 535-537
envelhecimento biológico, 502-504, 502t
envelhecimento da população, 497-499. *Ver também* vida adulta tardia
epidurais, anestesias, 91
epigênese, **54**-56
em gêmeos, 50, 55, 56
no envelhecimento, 502-503
epigenética. *Ver* epigênese
episódica, memória, **215**, **522**
na segunda infância, 215
na vida adulta tardia, 522-523, 524
EQMs. *Ver* experiências de quase-morte
equilibração, **30**
equilíbrio
entre trabalho e família, 431-432, 474
identidade, 473
na vida adulta tardia, 510-511
equilíbrio da identidade, **473**
equilíbrio entre trabalho e família, 431-432, 474

erros, teoria dos, do envelhecimento, 503-504
Escala Brazelton de Avaliação do Comportamento Neonatal (NBAS), **93**-94
Escala de Inteligência Wechsler para Crianças (WISC-IV), **273**
Escala de Inteligência Wechsler Pré-escolar e Primária Revisada (WPPSI-IV), **217**
escala, erros de, 134-135
Escala Wechsler de Inteligência Adulta (WAIS), **520**, 520f
Escalas Bayley de Desenvolvimento Infantil, **127**-128
escassez de alimentos, e gravidez, 74-75
escolar, fobia, **314**
escolas. *Ver* educação
escolha de nicho, **64**, 66
escolha de palavras, personalidade e, 418
escrita, habilidades de, 281
esgotamento do cuidador, **489**
ESL. *Ver* inglês como segunda língua
espacial, inteligência, 276-277, 277t
espacial, pensamento, na terceira infância, 267, 267t
espaço, entendimento de objetos no, 206-207
espermarca, 324
espermatozoide, 49
espinha bífida, 57t, 74
espontâneo, aborto, 70, 79
esportes
na segunda infância, 197
na terceira infância, 261
esquema de gênero, teoria do, 235t, **238**
esquemas, **30**, 130, **131**
gênero, 238
identidade, 473
esquemas da identidade, **473**
esquemas de vida
na vida adulta tardia, 540-544, 541f, 546
tipos de, 9-10
esquistossomose, 265
esquizofrenia, **66**
hereditariedade *versus* ambiente na, 66
idade paterna e, 66, 80
ESSA. *Ver* Lei Todos os Alunos são Bem-Sucedidos
essencial, conhecimento, 142
estabilidade de gênero, 237
estado de identidade, entrevistas do, 354, 354t
estados de alerta, **94**-96, 95t
estados mentais
compreensão das crianças sobre, 210-213
e emoções, 232
estágios normativos, modelos de, de desenvolvimento da personalidade, **415**-417, 416t, 468-469

estáticos, testes de inteligência, 278
estatística, significância, 40
estereótipos
de gênero, 234, 238, 239-240
sobre envelhecimento, 497, 506, 512, 538
sobre filhos únicos, 252
estereótipos de gênero, **234**
em livros, 239-240
no desenvolvimento de gênero, 238, 239-240
estimativa, 270
estimativa computacional, 270
estimativa de medida, 270
estímulo-resposta, teorias de, 28
estirão de crescimento adolescente, **323**-324
estrangeiras, adoção de crianças, 304
estresse, **79**, **454**
casamento como proteção contra, 482
crônico, 454-455
de ataques terroristas, 317
de cuidado para pais idosos, 488-490
do divórcio, 299
e desempenho acadêmico, 346
e início do desenvolvimento puberal, 325
e nível socioeconômico, 449
enfrentamento com, 388, 532-534
fontes de, 454-455, 455f
materna, 78-79
na adultez emergente, 387-388
na vida adulta intermediária, 454-455
estresse crônico, 454-455
estresse de solteiro, 549
estressores, **454**
estrogênios
no desenvolvimento de gênero, 234
nos recém-nascidos, 92
Estudo Longitudinal de Nova York (NYLS), 163-164, 164t, 165
Estudo Longitudinal Nacional sobre a Juventude (NLSY), 184
estudos de caso, **38**, 38t
ética
do suicídio assistido, 572-573
na pesquisa, 45, 230, 279
etnográficos, estudos, 38t, **39**
etologia, **34**
eufemismos, para a morte, 563, 564
eutanásia, **571**-573
eutanásia ativa, **571**-573
eutanásia involuntária, 572
eutanásia passiva, **571**
eutanásia voluntária, 572
eventos de vida normativos, 417, 469-471
evitação de logro, 45
evitativo, apego, **171**
evocativas, genótipo-ambiente, correlações, 64

Índice Remissivo

evolucionista, teoria, 33
   sobre desenvolvimento de gênero, 235t, 236
   sobre envelhecimento, 503
evolutivos, prazos, 472
EVS. *Ver* expectativa de vida saudável
exames de sangue, maternos, 81, 82t
execução (estado de identidade), **354**–356, 356t, 413
executivo, estágio, do desenvolvimento cognitivo, 398
exercício. *Ver* atividade física
exossistema, 33, 379
expectativa de vida, **500**–502
   gênero e, 450–451, 501
   tendências e fatores na, 501–502, 501f
expectativa de vida saudável (EVS), 502
expectativas
   no apego, 172
   no desempenho acadêmico, 282
   violação de, 140–141
experiencial, elemento, da inteligência, **277**–278, 399
experiências de quase-morte (EQMs), 560
experimentais, grupos, **41**
experimentos, 38t, **39**–42
expertise, na vida adulta intermediária, 459
explícita (direta), agressão, 249, 308
explícita, memória, **143**
exposição a pesticidas, na segunda infância, 204
exposição ao chumbo, na segunda infância, 204
expressivo, vocabulário, 148
expressões faciais, emoções associadas com, 232
externos, reforços, 245
extinção, 126
extraconjugal, sexo, 427
extravasamento, hipótese do, **406**
extravasamento, no desempenho acadêmico, 346
extroversão, 418–419, 418f
   e saúde, 531
   na adultez emergente, 418–419
   na vida adulta intermediária, 468

fábulas pessoais, 339–340, 362
Facebook, 419. *Ver também* mídias sociais
"fáceis", crianças, **164**, 164t
faculdade, 401–406
   consumo de álcool na, 390
   crescimento cognitivo na, 404
   preparação para, 349
   renda após, 405, 405f
   taxas de formatura na, 404
   taxas de matrículas na, 402
   trabalho durante, 405–406
   transição para, 402–404
faixas de reação, **62**, 63f

fala (discurso). *Ver também* linguagem
   dirigida à criança, 152–153
   dirigida ao bebê, 16
   figuras de linguagem, 278
   inicial, características da, 149
   na vida adulta tardia, 523
   particular, 220
   pré-linguística, 145–146
   social, 220
   telegráfica, 149
fala dirigida à criança (FDC), **152**–153
fálica, fase, 25, 26t
falsas, crenças, 211
falsas memórias, 523
falta de moradia, na segunda infância, 202–204
família(s). *Ver também* pai(s) e mãe(s); relacionamentos de irmãos
   abusivas e negligentes, 187
   clima familiar, 295–298, 370–371
   conflito em (*Ver* conflito familiar)
   de adolescentes, 367–372
   de bebês e crianças pequenas, 167–168
   e função executiva, 271
   e inteligência, 217
   efeitos ambientais não compartilhados em, 64–65
   estruturas de, 298–304, 298f, 370–371
   extensas, 10, 490–491, 546
   imigrantes, 10, 13
   influência no desenvolvimento, 9–10
   na popularidade, 307
   na resiliência, 316, 316t
   na segunda infância, 244–248
   na terceira infância, 295–305
   no desempenho acadêmico, 345, 346
   no desenvolvimento de gênero, 239
   nuclear, 9–10
   padrastos e madrastas, 302, 371, 434
   sem moradia, 202–204
familiar, conflito. *Ver* conflito familiar
famílias extensas, **10**
   avós nas, 490–491
   em lares multigeracionais, 10, 546
famílias nucleares, **9**–10
famílias recompostas, 302, 371
Family and Medical Leave, lei federal, dos EUA, 492
fantasia, diferenciação entre realidade e, 212
fantasia, jogo de. *Ver* brincadeira de faz de conta
fármacos. *Ver* medicamentos
fast-food
   e obesidade, 262
   na terceira infância, 258, 262
   na vida adulta, 385

fator alfa de crescimento transformador, 73
fatores de risco, **11**
fatores maternos no desenvolvimento pré-natal, 59, 73–80
fatores paternos no desenvolvimento pré-natal, 66, 80
fatual, amor, 422t
favoritismo, 486
FDC. *Ver* fala dirigida à criança
fecundação, **49**–50, 51, 51f
felicidade
   conjugal, 427
   dimensões da, 477
   e bem-estar, 477
   na vida adulta tardia, 531–532
fenda palatina, 73
fenilcetonúria (PKU), 57t, 94
fenótipos, **53**–54
fertilidade
   na vida adulta intermediária, 443–447
   problemas com, 395–396, 397
   taxas de, 429
   tratamentos para, 79, 396, 397
fertilização *in vitro* (FIV), 50, 397
fetal, período, 67, **71**–73, 71f
feto, 67
fetoscopia, 82t
fibrose cística, 57t
fictício, parente, **420**
fidelidade, **353**
   na adolescência, 353
   na adultez emergente, 412
figuras de linguagem, 278
figurativa, inteligência, 277
filial, crise, **487**
filmes
   no desenvolvimento de gênero, 240
   violência nos, e agressividade, 310
filosofia, 22
fim da vida, decisões sobre o, 573–575
Finados, Dia de, 558
finanças
   e divórcio, 482
   na vida adulta tardia, 540
financeiro, abuso, 544
financeiro, conhecimento, 402
física, agressão, 308–309
FIV. *Ver* fertilização *in vitro*
fixação, 25
fluida, inteligência, **458**
flúor, 201
fMRI. *Ver* imageamento por ressonância magnética funcional
fobia social, **314**
focalizado no problema, enfrentamento, 388, **532**–533
folato, 74
folículo-estimulante, hormônio (FSH), 322
folículos, 49
fonemas, 146–147

fonética (com ênfase no código), abordagem, ao ensino da leitura, **280**–281
fonologia, 146, 221
fontanelas, 92
fontes, 348
Food and Drug Administration, EUA, 446, 519
força muscular
   na vida adulta intermediária, 441
   na vida adulta tardia, 510–511
formação da identidade
   diferenças de gênero na, 355, 356, 416
   em crianças, 205t, 207
   na adolescência, 353–357, 416
   na adultez emergente, 412–413
   na vida adulta intermediária, 472–475
formais, jogos, com regras, **242**
fotografias, sorriso em, 455
fragmentos (*chunks*), 29, 459
fraternos, gêmeos. *Ver* dizigóticos, gêmeos
frontais, lobos, 109–110
   na adolescência, 327
   na memória, 523
FSH. *Ver* folículo-estimulante, hormônio
função executiva, **214**, **270**
   na segunda infância, 214–215
   na terceira infância, 270–271
funcional, adequação, **510**–511
funcional, idade, **500**
funcional, jogo, **241**
funcionamento de órgãos, na vida adulta tardia, 506–507, 507f
Fundo das Nações Unidas para a Infância (UNICEF), 108
funerais, costumes culturais para, 558
FWB. *Ver* amizade colorida

gagueira, 279
gametas, 49
gangues, 379
Gates Foundation, 347
gatos, e toxoplasmose, 78
gêmeos. *Ver também* dizigóticos, gêmeos; monozigóticos, gêmeos
   concepção de, 49–50
   epigênese em, 50, 55
   raça de, 12
genderqueer, 359
gene(s), 50–**51**
   alelos de, 53
   ambiente na expressão de, 54–56
generalizações étnicas, **14**
generatividade, **468**–469
   e identidade, 474–475
   teste de autoavaliação para, 470t
generatividade, roteiros de, 475
generatividade *versus* estagnação, estágio de, 26t, **468**–469
genérica, memória, **215**
gênero, **168**
   de irmãos, 305

e aborto espontâneo, 71
na herança ligada ao sexo, 58–59, 58f
genética. *Ver também* hereditariedade
  comportamental, 61–66
  em fatores maternos no desenvolvimento pré-natal, 73
  na depressão, 384–385, 515
  na inteligência, 65–66, 217, 274–275, 460
  na obesidade, 65, 198, 262, 330
  na orientação sexual, 358
  na saúde na adultez emergente, 384
  na saúde por raça e etnia, 450
  no autismo, 111
  no câncer de mama, 452
  no comportamento antissocial, 377
  no comportamento de risco, 374
  no envelhecimento, 502–503, 505
  no início do desenvolvimento puberal, 325
  no mal de Alzheimer, 517, 519
genética comportamental, **61–66**
genética *versus* ambiente, debate, 61–66. *Ver também* ambiente; genética
  desenvolvimento da linguagem no, 150–151
  e envelhecimento primário *versus* secundário, 500
  lateralidade manual no, 197
genital, fase, 25, 26t
genoma humano, **51**
genomas
  humanos, 51
  neandertais, 52
genótipos, **53–54**
gerações históricas, **14–15**
geral, autovalor, 293
geriatria, **500**
germinal, período, 67, **69–70**
gerontologia, **500**
gestação, **67**. *Ver também* desenvolvimento pré-natal
gestão da tarefa, 399
gestão do terror, teoria da (TGT), 565
gestos
  de crianças surdas, 146, 147
  no desenvolvimento da linguagem, 147
gestos simbólicos, 147
gestos sociais, 147
gíria adolescente, 340
glaucoma, 509
gliais, células, 110, 112, 259
Global Age Watch, 499
globalização, e lares multigeracionais, 546
GnRH. *Ver* gonadotrofina, hormônio liberador de
Golden Gate, ponte, 569
gonadarca, 322–323

gonadotrofina coriônica, 67
gonadotrofina, hormônio liberador de (GnRH), 322
gonorreia, 362, 363f
gordura corporal, na puberdade, 324–325
gramática
  na segunda infância, 219–220
  na terceira infância, 278–279
Grande Recessão de 2008, 487
gravidez. *Ver também* desenvolvimento pré-natal
  atividades durante, 75
  doenças na, 77–78
  duração da, 67
  enjoo matinal na, 34
  fatores paternos na, 66, 80
  idade materna na, 59, 79, 79f
  na adolescência, 79, 79f, 364–366, 364f
  nutrição e peso na, 73–75
  primeiros sinais da, 67, 67t
  saúde mental na, 78–79
  uso de drogas na, 75–77, 80
gravidez, testes de, 67
grupos étnicos, 12. *Ver também* raça e etnia; *grupos específicos*
  diversidade dentro de, 12–14
  porcentagem da população norte-americana, 12, 12f
grupos experimentais, 41
grupos-controle, **41**
guanina, 50, 50f
guarda dos pais, 300
guiada, participação, **143**–144

habilidades motoras finas, **116, 197**
  em bebês e crianças pequenas, 116
  na segunda infância, 197
habilidades motoras grossas, **116, 196**
  em bebês e crianças pequenas, 116
  na segunda infância, 196–197, 196t
habituação, **135**–136
Hayflick, limite de, **503**
Head Start, programa, 22, 223–224, 223f
Heinz, dilema de, 341
hemisférios cerebrais, 109
hemofilia, 57t, 58–59
hepatite B, 363
herança. *Ver* hereditariedade
herança ligada ao sexo, 56, **58–59**, 58f
herança recessiva, 52–**53**, 53f
  de defeitos congênitos, 56–58
herdabilidade, **61**–62
hereditariedade, **8**, 50–66. *Ver também* genética
  anomalias genéticas e cromossômicas na, 56–60
  influência no desenvolvimento, 8–9

interação entre ambiente e, 61–66
  mecanismos de, 50–61
  padrões de, 52–56
heroína, 333
herpes genital, 363
heterossexualidade, 357–360
heterozigóticos, organismos, **53**–54
hiperplasia congênita da suprarrenal (CAH), 169, 234, 358
hipertensão, **265, 448**
  na infância, 265–266
  na vida adulta intermediária, 448
  na vida adulta tardia, 513
hipocampo, 143, 523–524
hipospadias, 56
hipóteses, **21**
hipotético-dedutivo, raciocínio, **338**
hipóxia, 93
hispânicos e latinos, americanos, 12. *Ver também* diferenças étnicas e raciais
  diversidade de, 12
  porcentagem da população norte-americana, 12
história, influências normativas reguladas pela, 14
históricas, gerações, 14–15
HIV. *Ver* vírus da imunodeficiência humana
holofrases, **148**
HOME. *Ver* Inventário HOME de Observação Doméstica
homens. *Ver também* pais; gênero
  infertilidade em, 395–396
homicídios
  parceiros íntimos vítimas de, 433
  vítimas adolescentes de, 336–337
homofobia, 483
homossexuais, adolescentes, 357–360
  desenvolvimento da identidade entre, 359–360
  suicídio entre, 337, 358
homossexuais, adultos
  abertura em relação à identidade sexual de, 394, 423
  casamento de, 302–303, 423–424, 483–484
  de meia-idade, 483–484
  discriminação contra, 423, 483
  jovens, 394
  mais velhos, 550
  parentalidade de, 239, 302–303, 371
  violência nas relações íntimas entre, 433
homossexual, casamento, 302–303, 423–424, 483–484
homossexualidade. *Ver também verbetes sobre temas homossexuais*
  origens da, 358–359
  taxa de, 357–358, 360, 394
homozigóticos, organismos, **53**–54
hotéis para aposentados, 543t
HOX, genes, 52

HPV. *Ver* papilomavírus humano
humor, 161, 387
humor depressivo, 393
Huntington, doença de, 56

IBQ. *Ver* Questionário sobre o Comportamento Infantil
icterícia neonatal, **93**
id, 25
ID. *Ver* dirigida ao bebê, fala
idade
  e criatividade, 461
  e estilos de enfrentamento, 533
  e satisfação com a vida, 476–477
  funcional, 500
  gestacional, 67, 100
  materna (*Ver* materna, idade)
  na adoção, 303
  na aposentadoria, 461–462, 538
  no casamento, 417, 422, 426, 432
  paterna, 66, 80
  taxas de suicídio por, 568, 569t
idade escolar, crianças em. *Ver* terceira infância
idade gestacional, **67**, 100
idade, influências normativas reguladas pela, 14
idadismo, **497**, 511, 538
idênticos, gêmeos. *Ver* monozigóticos, gêmeos
identidade, 353. *Ver também* identidade de gênero; autoconceito
  bicultural, 477
  compreensão das crianças sobre, 205t, 207
  étnica, 356–358, 356t, 413
  narrativa, 475
  sexual, 357–360, 394
identidade bicultural, 477
identidade de gênero, **233**
  abordagem biológica à, 235–236
  abordagem cognitiva à, 237
  de pessoas transgênero, 235–236, 359–360
identidade étnica, 356–358, 356t, 413
identidade ideal, **229**, 293
identidade real, **229**, 293
identidade, real *versus* ideal, 229, 293
identidade, realização de, **354**
  na adolescência, 354–356, 356t
  na adultez emergente, 412
identidade sexual
  na adolescência, 357–360
  na adultez emergente, 394
identidade *versus* confusão de identidade, estágio de, 26t, **353**
identificação, **236**–237
ideológico, compromisso, 354, 354t
idosos. *Ver* vida adulta tardia
idosos, abuso contra, 499, 538, 544
idosos idosos, 500
idosos jovens, 500
idosos, linguagem dirigida a, 532

Índice Remissivo 759

idosos mais velhos, 500, 505
IE. *Ver* inteligência emocional
igreja, frequência à. *Ver também*
 crença religiosa
 e saúde, 449, 534
imageamento do cérebro
 coleta de dados com, 37, 38
 do apego, 173
 do desenvolvimento cognitivo,
  143, 151
 no mal de Alzheimer, 518
imageamento por ressonância
 magnética funcional (fMRI), 38
imagem corporal, **262**, **330**
 na adolescência, 330–331
 na terceira infância, 262–263
 na vida adulta intermediária, 447
imaginário, público, 339
imaginários, amigos, 205, 212,
 242–243
imaginativo, jogo. *Ver* brincadeira de
 faz de conta
IMC. *Ver* índice de massa corporal
imersão na língua inglesa, abordagem
 de, **279**–280
imigrantes
 aculturação de, 13
 bem-estar de, 477
 famílias de, 10, 13
 mudança nas origens de, 12, 13
 porcentagem da população
  norte-americana, 12, 13
 preconceito contra, 305–306
imitação
 de pares, 183
 diferida, 132–133, 143, 206
 na segunda infância, 206
 no desenvolvimento da
  linguagem, 145, 146, 150, 151
 por bebês e crianças pequenas,
  132–133, 132t
 super, 163
impetuosas, brincadeiras, **261**
implantação, **70**
implícita, memória, **143**
imprinting, **15**
 genoma, 56
impulso (*drift*) epigenético, 55
imunização. *Ver* vacinações
imunológica, teoria, do
 envelhecimento, 503
imunoterapia, para mal de
 Alzheimer, 519
inatismo, **151**
inatos de aprendizagem,
 mecanismos, 142
INCAP. *Ver* Instituto de Nutrição da
 América Central e Panamá
incapacidade aprendida, 230–231
inclusão de classes, **268**
inclusão, programas de, 287
incubadoras, 98–99
Índia, cuidados de idosos na, 499
indicações sociais, no
 desenvolvimento da linguagem, 148

indicativos
 cinéticos, 119
 sociais, 148
Índice de Alimentação Saudável
 (*Healthy Eating Index*), 329
índice de massa corporal (IMC), 65
 na adolescência, 330
 na segunda infância, 198
 na terceira infância, 262
indireta, agressão. *Ver* social,
 agressão
individuação, **367**–369
individuais, diferenças, **8**
individual, psicoterapia, **315**
individualismo
 e autodefinição, 230
 e brincadeiras, 244
 e conexão familiar, 369
 e estilos de parentalidade, 297
 e formação da identidade, 413
 e regulação emocional, 231
indução do parto, 100
indutivas, técnicas, **246**, 296
indutivo, raciocínio, 246, 267t,
 268–269
infância. *Ver também* segunda
 infância; terceira infância
 atitudes em relação à morte
  durante, 562–564, 563t
 construção social da, 5
 domínios do desenvolvimento em,
  4–5
 ética na pesquisa sobre, 45
 resumo do desenvolvimento na,
  6t, 8
infecções sexualmente transmissíveis
 (ISTs), **362**
 na adolescência, 362–364, 363f
 na adultez emergente, 394–395
inferências transitivas, 268
inferioridade, sentimento de, 26t,
 293–294
infertilidade, 395–396, 397
infidelidade, 427, 432
influências comportamentais sobre
 a saúde
 e longevidade, 513–514
 na adultez emergente, 385–390
 na vida adulta intermediária,
  448–449
 na vida adulta tardia, 513–514
influências do estilo de vida
 na saúde. *Ver* influências
 comportamentais
informado, consentimento, 45
inglês como segunda língua (ESL
 — *English as a second language*),
 279–280
inibição comportamental, 165–166
inibição comportamental, 165–166
inibitório, controle, 271
iniciativa *versus* culpa, estágio de,
 26t, **233**
insegurança alimentar, 199–200
insônia, 511

institucionalização, na vida adulta
 tardia, 542–543
Instituto de Nutrição da América
 Central e Panamá (INCAP), 108
Instituto Nacional de Saúde Infantil
 e Desenvolvimento Humano
 (NICHD), 184
instrumentais, estratégias de
 enfrentamento, 532
instrumental, agressão, **249**, 308,
 309
instrumental, solução de problemas,
 521
insuficiência respiratória, síndrome
 de, 98
integração de neurônios, **110**
integração social, e saúde, 391
integrativo, pensamento, 459–460
integridade do ego *versus* desespero,
 estágio de, 26t, **529**
inteligência(s)
 cristalizada, 458, 459
 de bebês e crianças pequenas,
  127–128
 de crianças superdotadas, 287
 definição de, 127, 216
 e cultura, 276
 e gênero, 138
 emocional, 399–400, 545
 faixas de reação e, 62, 63f
 fluida, 458
 genética na, 460
 hereditariedade *versus* ambiente
  na, 65–66, 217, 274–275, 460
 múltiplas, 275–277, 277t
 na adultez emergente, 399–400
 na segunda infância, 216–218
 na terceira infância, 273–278
 na vida adulta intermediária,
  457–458, 457f, 457t
 na vida adulta tardia, 520–522
 processamento da informação
  como indicador de, 138
 teoria triárquica da, 277–278,
  399
 transtornos da aprendizagem e,
  286
 versus criatividade, 460
inteligência emocional (IE), **399**
 na adultez emergente, 399–400
 na vida adulta tardia, 545
inteligência interpessoal, 276, 277t
inteligência, testes de. *Ver também*
 QI, testes de
 dinâmicos, 218, 278
 na segunda infância, 216–218
 na terceira infância, 273–274,
  277–278
 para bebês e crianças pequenas,
  127
inteligências múltiplas, teoria das,
 275–277, 277t
interação genótipo-ambiente, **63**
interação social
 no desenvolvimento da
  linguagem, 152

 no letramento, 221
 teoria da seletividade
  socioemocional sobre, 479
interação social, modelo de, **216**
interações eletrônicas, na
 adolescência, 374–375
intermodal, transferência, **137**
internacionais, adoções, 304
internalização, **179**–182
internet, uso da
 e cérebro na vida adulta
  intermediária, 442
 por adolescentes, 374–375
 por adultos, 388
internos, reforços, 245
interpessoais, solução de problemas,
 521
intervenção precoce, **128**–130
intimidação pela internet
 (*cyberbullying*), 311, 312–313,
 374–375
intimidade
 diferenças de gênero na, 355, 421
 na adolescência, 355, 373
 na adultez emergente, 416–417
 na teoria triangular do amor, 421,
  422t
 nas amizades, 373
intimidade *versus* isolamento, estágio
 de, 26t, **416**–417
intrapessoal, inteligência, 276, 277t
Inventário HOME de Observação
 Doméstica, **128**, 129t
inversas, correlações, 39
iPads, 282
irreversibilidade, 206t, **210**
Islã, rituais fúnebres no, 558
isolamento, na vida adulta tardia,
 544–545
isolamento social, na vida adulta
 tardia, 544–545
ISTs. *Ver* infecções sexualmente
 transmissíveis

Japão, envelhecimento da população
 do, 497
jardim de infância, 224
jejum, 506
jogos formais com regras, 242
jovens adultos. *Ver* adultez
 emergente
Judaísmo, rituais fúnebres no, 558
junk food, 199
justiça, 162
 nas pesquisas, 45
 no raciocínio moral, 341, 400

K-ABC-II. *Ver* Bateria de Avaliação de
 Kaufman para Crianças
Klinefelter, síndrome de, 59, 59t

laboratoriais, experimentos, 42
lágrimas, 421
Lamaze, método, 91
lanches, na terceira infância, 258,
 263
lanugo, 92

lares, 9–10
lares multigeracionais, 10, 546
latência, fase de, 25, 26t
lateralidade manual, **197**, 462
lateralização, **109**
latinos. *Ver* hispânicos e latinos, americanos
Lázaro, sinal de, 557
lazer, atividades de, na vida adulta tardia, 536
LeBoyer, método, 91
Lei da Morte com Dignidade (DWDA), 573
Lei de Cortes de Tributos e Geração de Empregos de 2017, 202
Lei de Discriminação de Idade no Emprego, 462
Lei de Proteção e Cuidado ao Paciente dos EUA de 2010, 202, 384, 462
Lei Todos os Alunos são Bem-Sucedidos (ESSA) de 2015, 283
leis *versus* teorias, 21
leite de bruxa, 92
leitura. *Ver* letramento
leitura, dificuldade de, 286
leitura em voz alta, 153–154, 221
lembrança, **215**
   na segunda infância, 215
   na terceira infância, 271
leptina, 325
lesões. *Ver* mortes e lesões acidentais
letramento (alfabetização), **153**, **463**
   abordagens ao ensino, 280–281
   adulto, 463
   ambiente no, 63
   digital, 285, 463
   emergente, 221
   na segunda infância, 221
   na terceira infância, 280–281
   preparação para, 153, 221
   taxas internacionais de, 154
LGBTQ, pessoas. *Ver* homossexuais, adolescentes; homossexuais, adultos
LH. *Ver* luteinizante, hormônio
licença familiar, 432
licença-maternidade, 106, 432
licença-paternidade, 432
lineares, obrigações, 546
linguagem, **144**
   exposição pré-natal à, 72–73, 137, 146
   na categorização, 140
   na memória autobiográfica, 216
   na teoria sociocultural, 31
   na vida adulta tardia, 523
   sons e estrutura da, 146–147
linguagem de sinais
   para bebês normais, 147, 170
   para bebês surdos, 147, 149–150
linguagem integral, abordagem da, ao ensino da leitura, **280**–281
linguagem oral, habilidades de, na alfabetização, 221
linguagem, prejuízo de, 286

linguística, inteligência, 276, 277t
linha de números, estimativa da, 270
líquidos, conservação de, 209–210, 209t
livros de aspectos culturais, testes, **276**
livros
   com gravuras, 134, 222
   eletrônicos, 281
   estereótipos de gênero nos, 239–240
   infantis, 222
   leitura em voz alta, 153–154, 221
livros eletrônicos, 281, 346
livros infantis, 222
locomoção, 118
locomotor, jogo, 241
locomotores, reflexos, 112
lógica. *Ver também* raciocínio
   diferenças culturais em, 31
lógico-matemática, inteligência, 276–277, 277t
longevidade, **500**–506
   genética na, 505
   influências do estilo de vida na, 513–514
   inteligência na, 521–522
   tendências e fatores na, 501–502, 505–506
longitudinais, estudos, **42**–44, 43f, 44t
ludoterapia, **315**
luta ou fuga, 454
luteinizante, hormônio (LH), 322
luto, **561**
   em crianças, 563–564, 563t
   estratégias para ajudar as pessoas a lidar com, 562, 562t
   padrões de, 561–562
luto, práticas culturais do, 557

MA. *Ver* Alzheimer, mal de
maconha
   aplicações médicas da, 334–335
   durante a gravidez, 77
   na adolescência, 334–335
   na adultez emergente, 392
macrossistema, 33
macular, degeneração, 508, **509**
mães. *Ver também* materna, idade; pai(s) e mãe(s); gravidez
   adolescentes, 364–365
   apego dos bebês às, 170–175
   depressão pós-parto nas, 176
   envolvimento das, 429–430
   nas diferenças de gênero das crianças, 169–170
   no desenvolvimento psicossocial, 167
   que trabalham, 183–184, 184f, 297, 371, 429–430
   solteiras, 298, 301, 371
mamografia, **453**
manejo, rotinas de, 121
manhês, 16, 152–153
marcação genética, 56
marcação genômica, 56

marcha automática, reflexo de, 113t, 121
marcha, reflexo de, 121
matemáticas, habilidades
   diferenças de gênero em, 233
   na segunda infância, 208, 233
   na terceira infância, 267t, 269–270
   nível socioeconômico e, 208
matéria, conservação da, 269
materna, idade
   como fator no desenvolvimento pré-natal, 59, 79, 79f
   e síndrome de Down, 59, 79
   no primeiro parto, 417, 429
   normas para, 471
   taxas de natalidade por, 79, 79f
materna, taxas de mortalidade, 83, 87–88, 88f, 101
matrícula dupla, 288
maturação, **9**
maturidade sexual, sinais de, 324
maus-tratos
   de bebês e crianças pequenas, 186–189, 186f
   emocionais, 186–189, 375
maus-tratos emocionais, **186**
   de adolescentes, 375
   de bebês e crianças pequenas, 186–189
mecanicista, modelo, de desenvolvimento, **22**
mecônio, 93
médica, procuração com vigência indeterminada, 571
Medicaid, 202
medicamentos
   na gravidez, 75
   no parto, 91–92
medidas comportamentais, coleta de dados através de, 36, 36t, 37
medidas de desempenho, coleta de dados através de, 36, 36t, 37
medo, 250–251
medula espinhal, 107
meia-idade, 439. *Ver também* vida adulta intermediária
meia-idade, crise da, **471**–472
Meia-Idade nos EUA (MIDUS — *Midlife in the United States*), 439, 451, 475, 483
meiose, 51
melatonina, 329
memantina, 519
memória. *Ver também* tipos específicos
   abordagem do processamento da informação à, 213–216
   da adultez emergente, 399
   diferenças de gênero na, 537
   e desempenho acadêmico, 272, 273
   e sono, 143
   em bebês, 126–127, 132–133, 143

   estratégias para ajudar, 272–273, 524
   fetal, 73
   na demência, 515
   na imitação diferida, 132–133
   na segunda infância, 213–216
   na terceira infância, 271–273
   na vida adulta tardia, 522–524
   no mal de Alzheimer, 516, 523
memória autobiográfica, **215**–216
memória de curto prazo, na vida adulta tardia, 522
memória de longo prazo, **214**
   na segunda infância, 214
   na vida adulta tardia, 522–523
memória de trabalho, **143**, **214**, **522**
   em bebês e crianças pequenas, 143
   na segunda infância, 214–215
   na terceira infância, 271–272
   na vida adulta intermediária, 458
   na vida adulta tardia, 522, 523
memória declarativa. *Ver* explícita, memória
memorização de série direta de dígitos, capacidade de, 522
memorização de série inversa de dígitos, capacidade de, 522
menarca, **324**
menopausa, **443**–445, 444t
menopausa, terapia hormonal na (MHT — *menopause hormone therapy*), 444–445, 452, 453–454
menopáusica, transição, 443–444
menstruação, 324
menstruais, transtornos, 395
mente, teoria da, **210**
   brincadeiras de faz de conta e, 212, 213, 242
   diferença no desenvolvimento da, 212–213
   na segunda infância, 205t, 210–213
   no desenvolvimento da linguagem, 220
mentiras
   capacidade dos adultos de identificar, 295
   como marco no desenvolvimento, 161, 211
   na segunda infância, 211
   na terceira infância, 279
   nas pesquisas, 45
mesoderma, 70
mesossistema, 33, 379
metabolismo
   basal, 441
   e envelhecimento, 504
metabolismo basal, **441**
metacognição, **281**
   metamemória na, 272–273
   na segunda infância, 272–273
   na terceira infância, 281
metáforas, 278
metamemória, **272**–273

metanfetamina, durante a gravidez, 77
método canguru, 99
método científico, **35**
México, imigrantes do, 13
MHT. *Ver* menopausa, terapia hormonal na
micronutrientes, 74-75
microssistema, 33
mídia(s). *Ver também tipos específicos*
   comportamento sexual representado na, 365
   dicas para uso responsável de, 222, 222t
   e cognição, 221-222
   e desempenho acadêmico, 284-285
   e satisfação corporal, 331
   envelhecimento na, 497
   multitarefa com, 348
   nas escolhas alimentares, 258
   no desenvolvimento de gênero, 240
   para bebês, 139
   violência na, e agressividade, 309-311, 310f
mídia para bebês, 139
mídias eletrônicas
   e desempenho acadêmico, 347
   multitarefa com, 348
   na adolescência, 374-375
mídias sociais
   e amizade, 420-421
   e satisfação corporal, 331
   na adolescência, 374-375, 376
   na terceira infância, 331
   na transição para a faculdade, 403
   personalidade em perfis nas, 419
MIDUS. *Ver* Meia-Idade nos EUA
mielina
   na segunda infância, 196
   na vida adulta intermediária, 442
   na vida adulta tardia, 508
   no mal de Alzheimer, 517
mielinização, 112
miopia, **440**
misericórdia, assassinato por, 571
mistura de código, **150**
mitocondrial, teoria, do envelhecimento, 504
mitose, 51
mnemônicas, estratégias, **272**
modelamento. *Ver* observacional, aprendizagem
modelos de trabalho do apego, 172
modificação comportamental, 28, 315
momento dos eventos, modelo de, de desenvolvimento da personalidade, 416t, **417**, 469-471
momentos decisivos, **472**
monitoração parental, 370, 370t
monitoramento eletrônico fetal, **90**

monozigóticos, gêmeos (idênticos), **50**
   epigênese em, 50, 55, 56
   medindo a herdabilidade em, 61
Montessori, método, 222-223
MOOCs. *Ver* cursos *on-line* abertos e massivos
moradia coletiva, para idosos, 543-544, 543t
morais, emoções, 181
moral, cognição, 181
moral, conduta, 181
moralidade
   convencional, 341, 342t
   pós-convencional, 341, 342t, 400
   pré-convencional, 341, 342t
moralidade pré-convencional, **341**, 342t
morar sozinho, na vida adulta tardia, 541
moratória (estado de identidade), **354**
   na adolescência, 353, 354-356, 356t
   na adultez emergente, 412
morbidade, compressão da, 505, 506
Moro, reflexo de, 112, 113t
mortalidade, iminência da, 565
mortalidade infantil, 100-103
   causas comuns de, 100-101
   cuidados pré-natais e, 83
   em bebês com baixo peso ao nascer, 97
   por lesões, 103
   por maus-tratos, 186, 186f
   por SMSI, 102-103
mortalidade, revolução da, 557-559
mortalidade, taxas de. *Ver também* taxas de mortalidade infantil
   com transtornos alimentares, 333
   e expectativa de vida, 500
   maternas, 83, 87-88, 88f, 101
morte, 556-578
   apressando, 570-575
   assistência ao doente terminal antes da, 559
   atitudes em relação à, durante o curso da vida, 562-565
   causas na adolescência, 336-337, 336f
   causas na adultez emergente, 384
   causas na segunda infância, 201, 203
   causas na terceira infância, 266, 266f
   causas na vida adulta tardia, 512-513
   de cônjuges, 548, 565-566
   de crianças, 567
   direito à morte, 570-575
   dos pais, 564, 566-567
   enfrentando, 559-565
   estágios para lidar com, 560-561
   estratégias para ajudar as pessoas a lidar com, 562, 562t
   infantil (*Ver* mortalidade infantil)

   mudanças físicas e cognitivas que precedem, 559-560
   padrões de luto após, 560-562
   por suicídio, 568-569
   reavaliação de vida antes, 575-576
   significados da, 557-559
morte no berço. *Ver* síndrome da morte súbita infantil
mortes e lesões acidentais. *Ver também* acidentes de automóvel
   em bebês, 103
   na adolescência, 336-337, 336f
   na segunda infância, 201
   na terceira infância, 266, 266f
motivação, no desempenho acadêmico, 344-345
movimentos rápidos dos olhos (REM), sono de, 95
MSCEIT. *Ver* Teste de Inteligência Emocional de Mayer-Salovey-Caruso
mudanças de estado, avaliação do recém-nascido, 94
mulheres. *Ver também* gênero; mães
   como cuidadores para pais idosos, 488
   infertilidade em, 395-396
   saúde na vida adulta intermediária, 450-454
   violência nas relações íntimas contra, 433
multifatorial, transmissão, **54**
multirraciais, indivíduos, formação da identidade entre, 413
multitarefa
   na adolescência, 348
   na vida adulta intermediária, 442
música
   e comportamento pró-social, 249
   exposição pré-natal à, 72-73
musical, inteligência, 276, 277t
mutações genéticas, **51**

NAEP. *Ver* Avaliação Nacional de Progresso Educacional
não compartilhados, efeitos ambientais, 64-65
não normativas, influências, **15**
não orgânico, déficit de crescimento, 186
não social, jogo, 242, 243t
na-ponta-da-língua (TOT), fenômeno, 523
narrativa, identidade, 475
narrativa, psicologia, 475
nascimento. *Ver* parto
nascimentos múltiplos, 49-50. *Ver também* gêmeos
   parto prematuro com, 81
   taxas de, 50, 81
natatório, reflexo, 113t
natimorto, 70, 71, 79, **100**
National Center for Health Statistics, 100
National Drug Intelligence Center, 392

National Institutes of Health (NIH), 518
National Literacy Act (Lei Nacional de Alfabetização), 463
nativos americanos. *Ver também* diferenças étnicas e raciais
   diversidade de, 14
naturais, experimentos, 42
naturalista, inteligência, 276, 277t
naturalista, observação, 36t, **37**, 39
NBAS. *Ver* Escala Brazelton de Avaliação do Comportamento Neonatal
NCLB. *Ver* Nenhuma Criança Deixada para Trás
neandertal, genoma, 52
necessidades especiais, educação de crianças com, 285-288
negação, sobre a morte, 560-561
negativa, nomeação, 306-307
negativas, correlações, 39
negativas, emoções
   e idade, 475
   e saúde física, 455-456
negativismo, 178
negligência, **186**
   de bebês e crianças pequenas, 186-189
   na segunda infância, 247, 247t
negligente, parentalidade, 247, 247t
Nenhuma Criança Deixada para Trás (NCLB), Lei, de 2001, 283
neonatal, icterícia, **93**
neonatal, período, **92**-96. *Ver também* recém-nascidos
neonatal, triagem, 94
neonatos, **92**. *Ver também* recém-nascidos
neurociência cognitiva, abordagem da, ao desenvolvimento cognitivo, **125**, 143
neurofibrilares, emaranhados, **516**-517
neurofilamentos de cadeia leve (NFLs — *neurofilament light chains*), 518-519
neurônios, 110-112
   integração de, 110
neurônios-espelho, **163**
neuroticismo, 418-419, 418f
   e saúde, 531
   na adultez emergente, 418-419
   na vida adulta intermediária, 468
neurotransmissores, 110
NFLs. *Ver* neurofilamentos de cadeia leve
NICHD. *Ver* Instituto Nacional de Saúde Infantil e Desenvolvimento Humano
nicotina. *Ver* tabagismo
NIH. *Ver* National Institutes of Health
ninho vazio, **485**-486
nível educacional, e renda, 405, 405f

nível socioeconômico (NSE), **10**
   e bebês com baixo peso ao nascer, 98
   e cuidados dentários, 258
   e desempenho acadêmico, 282-283
   e desenvolvimento da linguagem, 152, 153
   e desenvolvimento do cérebro, 282-283
   e divórcio, 482
   e ensino superior, 403
   e estresse, 449
   e habilidades matemáticas, 208
   e inteligência, 217-218, 275
   e participação em esportes, 261
   e saúde na adultez emergente, 390-391
   e saúde na segunda infância, 201-202
   e saúde na vida adulta intermediária, 449-450
   influência no desenvolvimento, 10-11
   na vida adulta intermediária, 479
   na vida adulta tardia, 532, 537, 545
   seletividade socioemocional, teoria da, **479**, 479f
NLSY. *Ver* Estudo Longitudinal Nacional sobre a Juventude
nomes, reconhecimento de, pelos bebês, 147
normativas, influências, **14**-15
normativos, eventos de vida, **417**, 469-471
norte-americanos de origem europeia. *Ver* brancos, americanos
nostalgia, 475
novo casamento, 434
   condição de padrasto/madrasta no, 434
   na vida adulta tardia, 548
   ser avô/avó após, 491-492
NSE. *Ver* nível socioeconômico
numérico, sentido
   abordagem do processamento da informação ao, 142
   abordagem piagetiana ao, 132t, 205t, 207-208, 267t, 269-270
   de bebês e crianças pequenas, 132t, 142
   na segunda infância, 205t, 207-208
   na terceira infância, 267t, 269-270
numerosidade, estimativa de, 270
nutrição
   durante a gravidez, 73-75
   e início do desenvolvimento puberal, 324
   na adolescência, 324, 329-330
   na adultez emergente, 385
   na segunda infância, 198-200
   na terceira infância, 258
   na vida adulta tardia, 514

   para bebês e crianças pequenas, 106-107
NYLS. *Ver* Estudo Longitudinal de Nova York

obediência
   comprometida, 180-181
   situacional, 180-181
obediência comprometida, 180-**181**
obesidade, **65**
   durante a gravidez, 72, 73-74
   e início do desenvolvimento puberal, 325, 326
   em bebês e crianças pequenas, 107
   estratégias para prevenção da, 198, 264
   estratégias para tratamento da, 264
   hereditariedade *versus* ambiente na, 65, 198, 262, 330
   na adolescência, 330
   na adultez emergente, 385-386
   na segunda infância, 198, 199
   na terceira infância, 262-264
   na vida adulta, 264
   tendências internas na, 385, 386f
objetivo de vida, no bem-estar, 477, 478t
objeto, conceito de, 133
objetos no espaço, entendimento de, 206-207
objetos, jogo com, 241
observação, coleta de dados através de, 36, 36t, 37, 39
observação laboratorial, 36t, **37**
observação participante, **39**
observacional, aprendizagem, **28**, 29
observador, viés do, 37
occipital, lobo, 109-110
olfação. *Ver* olfato
olfato
   desenvolvimento pré-natal do, 72, 115
   em bebês e crianças pequenas, 115
   na vida adulta intermediária, 441
olhos. *Ver também* visão
   dos recém-nascidos, 115
   interesse dos bebês pelos, 116, 213
OLSAT 8. *Ver* Teste de Habilidade Escolar de Otis-Lennon
ondas de calor, 444, 445
operatório-concreto, estágio, 26t, **266**-270, 267t
operatório-formal, estágio, 26t, **337**-338, 396
opioides
   durante a gravidez, 75-76
   na adolescência, 333
oportunidade de moradia em chalé para idosos (ECHO), 543t
oral, fase, 25, 26t
oral, sexo, 362
ordenados pela idade, eventos normativos, 417

Oregon, ajuda médica para morrer no, 573
órfãos romenos, 114
organicista, modelo, de desenvolvimento, **22**
organização, como estratégia de memorização, **272**
Organização das Nações Unidas para a Educação, a Ciência e a Cultura (UNESCO), 463
organização motora, avaliação do recém-nascido, 94
Organização Mundial da Saúde, 385, 510
organização, na teoria dos estágios cognitivos, **30**
organogênese, 70, 71f
orgulho, 232-233, 294
orientação sexual, **357**
   desenvolvimento pré-natal e, 358
   na adolescência, 357-360
   na adultez emergente, 394
   origens da, 358-359
   versus comportamento sexual, 357-358
orientação visual, **119**
ortografia, 456
OSC. *Ver* otimização seletiva com compensação
ossos
   na segunda infância, 193
   na vida adulta intermediária, 443, 451-452
   na vida adulta tardia, 506
osteoporose, 443, **451**-452
otimização seletiva com compensação (OSC), **537**
outras pessoas, gestão de, 399
ouvido, defeitos de, 56
ovário policístico, síndrome do, 326
ovários, 49
ovulação, 49
óvulos, 49
oxitocina, 90, 175, 374

padrão clássico de envelhecimento, 520
padronização, de testes, 37
pai(s) e mãe(s), 429-432. *Ver também* família(s); pais; mães
   abusivas e negligentes, 187
   adolescentes, 364-365
   adultos emergentes como, 429-432
   apego dos bebês a, 170-175
   autorrelatos de, 36
   avós que atuam como, 492
   coabitação, 301-302, 371
   cuidados para, idosos, 487-490
   de adolescentes homossexuais, 359
   de adultos de meia-idade, 487-490
   de bebês de baixo peso ao nascer, 99
   de meia-idade, 485-487
   disciplina por, 245-246, 296

   e agressividade, 245, 250, 309
   e início do desenvolvimento puberal, 325
   e sexo inseguro, 361
   homossexuais, 239, 302-303, 371
   morte de, 564, 566-567
   na adultez emergente, 413-414, 486-487
   na estrutura familiar, 298-304
   na segunda infância, 244-248
   na terceira infância, 295-304
   nas diferenças de gênero, 169-170
   no desempenho acadêmico, 282, 345, 346
   no desenvolvimento da linguagem, 152
   no desenvolvimento de gênero, 239
   padrastos e madrastas, 302, 371, 434
   que trabalham foram (*Ver* pais que trabalham fora)
   relação dos adolescentes com, 366-371, 485
   solteiros (*Ver* pais solteiros)
Painel de Testagem Uniforme Recomendada (*Recommended Uniform Screening Panel*), 94
pais
   adolescentes, 364-365
   após o divórcio, 300
   de adolescentes, 371
   de bebês e crianças pequenas, 167-168
   de crianças, 299
   diferenças culturais no papel dos, 167-168, 170
   envolvimento dos, 429-430
   idade dos, 66, 80
   nas diferenças de gênero das crianças, 169-170
   solteiros, 301
pais que trabalham fora
   adolescentes com, 371
   bebês e crianças pequenas com, 183-185
   em famílias de renda dupla, 431-432
   envolvimento na parentalidade, 429-430
   na terceira infância, 297
pais solteiros
   de adolescentes, 371
   e terceira infância, 301
   pobreza entre, 298, 371
paixão, 422t
paixão, na teoria triangular do amor, 421, 422t
paladar
   desenvolvimento pré-natal do, 72, 115
   em bebês e crianças pequenas, 115
   na vida adulta intermediária, 441

PALB2, gene, 452
palhaçadas, 161
paliativos, cuidados, **559**, 574
palmadas. *Ver* castigo corporal
panelinhas, 373
papéis de gênero, **234**. *Ver também* desenvolvimento de gênero
 e desempenho acadêmico, 346
papilomavírus humano (HPV), 362
Paraplush, 313
paraquedas, reflexo de, 112
parasitas, 265
parentalidade, estilos de
 diferenças culturais em, 248, 296-297
 modelo de Baumrind de, 247-248, 247t
 na adolescência, 369-370
 na segunda infância, 247-248
 na terceira infância, 296-297
parente fictício, 420
pares
 aceitação por, no desempenho acadêmico, 283
 diferenças de gênero em, 306
 e comportamento sexual, 361
 na adolescência, 343, 372-376
 na formação da identidade, 356
 na segunda infância, 239
 na terceira infância, 283, 305-313
 no desenvolvimento de gênero, 239
 popularidade com, 306-307
 relacionamentos de bebês e crianças pequenas com, 183
parietal, lobo, 109-110
Parkinson, mal de, **515**, 523
parteiras, 83
participação de mães no mercado de trabalho, 183-184, 184f, 297, 429-430
participação guiada, 143-144
parto, 87-92
 complicações do, 96-100
 diferenças culturais nos costumes do, 87
 estágios do, 89, 89f
 medicado *versus* não medicado, 91-92
 monitoramento eletrônico fetal do, 90
 mortalidade infantil no, 83, 87-88, 88f
 mortalidade materna no, 83, 87-88, 88f
 vaginal *versus* cesáreo, 90-91
parto natural, **91**
parto preparado, **91**
parto vaginal após cesariana (PVAC), 90-91
partos domésticos, 88
parturição, **89**. *Ver também* parto
passivas, genótipo-ambiente, correlações, 64
passivo, enfrentamento, 533

Passos para o Respeito, programa, 313
paterna, idade
 como fator no desenvolvimento pré-natal, 66, 80
 e esquizofrenia, 66, 80
pele
 na vida adulta intermediária, 443, 474
 na vida adulta tardia, 506
pêndulo, problema do, 338, 339
pensamento. *Ver também* desenvolvimento cognitivo
 convergente, 288
 divergente, 288, 461
 integrativo, 459-460
 pós-formal, 397-398, 459-460
 pré-operatório, 205-213
 reflexivo, 396-397
 relativista, 398
 simbólico, 132t, 134, 205-206, 205t
pensamento mágico, 212
pensamento simbólico
 no estágio pré-operatório, 205-206, 205t
 no estágio sensório-motor, 132t, 134
pequenos para a idade gestacional, bebês, **96**
percepção. *Ver também* sensorial, percepção
 dos sons e estrutura da linguagem, 146-147
 na abordagem do processamento da informação, 136-138
 teoria ecológica da, 119-120
percepção de profundidade, **119**
perceptual, discriminação, 177
perda, **561**-562
perguntas abertas, entrevistas de, 36
perimenopausa, **443**-444
perinatal, transmissão, 77-78
periodontal, doença, 514
períodos críticos, **15**-17
períodos sensíveis, **17**
permanência do objeto, **133**
 abordagem do processamento da informação à, 140-141, 141f
 abordagem piagetiana à, 132t, 133, 140
 em bebês e crianças pequenas, 132t, 133, 140-141, 141f
permissiva, parentalidade, **247**-248, 247t
 e desempenho acadêmico, 346
 na segunda infância, 247-248
 na terceira infância, 297
personalidade, **159**
 de bebês e crianças pequenas, 159
 hereditariedade *versus* ambiente na, 66
 modelos do desenvolvimento da, 415-419, 416t, 467-471
 na adultez emergente, 415-419
 na resiliência, 316

 na terceira infância, 316
 na vida adulta intermediária, 467-471, 476
 na vida adulta tardia, 529-531
 no desenvolvimento psicossexual, 25
 no desenvolvimento psicossocial, 26-27
 no mal de Alzheimer, 516
perspectiva da aprendizagem, 23, 24t, **27**-29
perspectiva evolucionista/sociobiológica, 23, 24t, **33**-34
perspectiva social, 340
perspectivas. *Ver* teorias
pesadelos, 194, 195
peso. *Ver também* obesidade; sobrepeso
 de bebês e crianças pequenas, 105-106, 105f, 107
 de recém-nascidos, 92
 durante a gravidez, 72, 73-74
 e início do desenvolvimento puberal, 325, 326
 na adolescência, 323-324
 na adultez emergente, 385-386
 na segunda infância, 193, 193t
 na terceira infância, 257, 257t
 na vida adulta intermediária, 441, 449
peso corporal. *Ver* peso
pesquisa, 34-45
 avaliação de, 37-38
 avanços tecnológicos na, 4
 coleta de dados na, 36-37
 ética em, 45, 230, 279
 modelos usados em, 38-44, 38t
 qualitativa *versus* quantitativa, 34-35
 teoria em relação a, 21
 transcultural, 40
pesquisa transcultural, 40
pessimismo, de *baby-boomers*, 531
pessoais, fábulas, 339-340, 362
pessoal, crescimento, no bem-estar, 477, 478t
Pew Research Center, 489
p-hacking, 40
piagetiana, abordagem, ao desenvolvimento cognitivo, 29-31, **125**
 avaliação, 135
 diferenças culturais e, 339
 em bebês e crianças pequenas, 130-135, 138-142
 estágio operatório-formal da, 337-338, 396
 estágio pré-operatório da, 205-213, 205t
 estágio sensório-motor da, 26t, 130-135, 130t, 132t
 limitações da, 31, 135
 na adolescência, 337-338
 na segunda infância, 205-213
 na terceira infância, 266-270

 operatório-concreto, estágio, 266-270, 267t
 resumo dos estágios na, 26t, 30
 versus abordagem do processamento da informação, 138-142
PKU. *Ver* fenilcetonúria
placenta, 70, 89, 89f
plasticidade, **17**
 cérebro, 112-114
pleno, amor, 422t
pobreza, 10-11
 e comportamento antissocial, 378
 e cuidados pré-natais, 83
 e desempenho acadêmico, 282-283
 e desnutrição, 199-200
 e insegurança alimentar, 199
 e inteligência, 217-218
 e saúde na segunda infância, 201-202
 e saúde na vida adulta intermediária, 449-450
 e saúde na vida adulta tardia, 512
 em famílias de pais solteiros, 298, 371
 entre afro-americanos, 450
 fatores de risco para, 11
 imigrantes vivendo na, 13
 influência no desenvolvimento, 10-11
 na vida adulta tardia, 512, 540
 prevalência de, 10, 11f, 298
poda neural, **110**
policística renal, doença, 57t
poligênica, herança, **53**
polimento, 552
polução noturna, 324
poluição
 e asma, 265
 e gravidez, 79-80
 e segunda infância, 204
poluição ambiental
 exposição durante a gravidez, 79-80
 exposição na segunda infância, 204
ponte, 151
população, EUA
 65 anos em diante, 498-499, 498f
 grupos étnicos enquanto porcentagem de, 12, 12f
 imigrantes enquanto porcentagem de, 12, 13
população global, 65 anos em diante, 497-498, 498f
população, pesquisa, 35
popularidade, 306-307
popularidade sociométrica, 306-307
porta giratória, síndrome da, **486**-487
pós-convencional, moralidade, **341**, 342t, 400
pós-formal, pensamento, 397-**398**, 459-460

positiva, nomeação, 306–307
positiva, saúde mental, 475–477
positivas, correlações, 39
positividade, efeito da, 532
pós-maduros, bebês, **100**
pós-traumático, estresse, 317
posturais, reflexos, 112
pós-vida, 563
Prader-Willi, síndrome de, 56
pragmática, **220**, **279**
    na segunda infância, 220
    na terceira infância, 279
prazer, princípio do, 25
prazos evolutivos, 472
precisão, das autodescrições, 229
preconceito, **305**
pré-conjugal, sexo, 360, 360f, 393
preensão, 116
preensão em pinça, 116, 118
preensão, reflexo de, 112, 113t, 118
pré-escolar, educação, 222–224
    compensatória, 223–224
    e habilidades matemáticas, 208
    tipos de, 222–223
preferência visual, **136**
preferências de cores tipificadas por gênero, 168
pré-frontal, córtex, 143, 270
pré-implantação, diagnóstico genético de, 82t
pré-leitura, habilidades de, 221
pré-linguística, fala, **145**–146
pré-natal, exame de DNA fetal livre, 81
pré-operatório do desenvolvimento cognitivo, estágio, 26t, **205**–213
    aspectos imaturos do pensamento durante, 206t, 208–210
    avanços no pensamento durante, 205–208, 205t
    teoria da mente no, 210–213
presbiacusia, **440**–441
presbiopia, **440**
preservativos, 361
pressão alta. *Ver* hipertensão
pressão arterial. *Ver* hipertensão
pré-termo (prematuros), bebês, **96**–99, 97f
Previdência Social, 462, 537–538, 540
primário, envelhecimento, **500**
primários, caracteres sexuais, **323**
primeiras palavras, 147–148
primeiras sentenças, 148–149
primitivos, reflexos, 112
princesa, filmes de, 240
princípio da identidade, 269
privacidade, na pesquisa, 45
proativa, agressão. *Ver* instrumental, agressão
proativa, intimidação, 311
proativo, enfrentamento, 533
procedimento, memória de, **523**

processamento da informação, abordagem do, ao desenvolvimento cognitivo, **31**–32, **125**
    avaliação da, 142
    em bebês e crianças pequenas, 135–142
    habituação na, 135–136
    memória na, 213–216
    na segunda infância, 213–216
    na terceira infância, 270–273
    na vida adulta tardia, 520–521
    processos perceptuais na, 136–138
    versus abordagem piagetiana, 138–142
processamento de informações sociais
    e agressão, 309
    na adolescência, 328
processo de identidade, teoria do (TPI), **473**–474
procura de proximidade, 34
procuração, 544
    com vigência indeterminada, 571
procuração com vigência indeterminada, **571**
produtiva, atividade, 536
produtividade *versus* inferioridade, estágio de, 26t, **293**–294
programação genética, teorias de, do envelhecimento, **502**–503, 502t
promessas, 279
propaganda, e escolhas alimentares, 258
pró-social, comportamento, **248**
    na adolescência, 343
    na segunda infância, 248–249
    na terceira infância, 295
prospectiva, memória, 524
próstata, câncer de, 451
proteção, fatores de, **316**
proteína, 108
próximo-distal, princípio, **69**, 105
psicanalítica, perspectiva, 23, **24**–27, 24t
    no desenvolvimento de gênero, 235t, 236–237
psicologia
    do desenvolvimento, 3–4
    em bebês e crianças pequenas, 127–130
    evolucionista, 34, 241
    intervenção precoce na, 128–130
    métodos de avaliação na, 127–128
    na segunda infância, 216–218
    na terceira infância, 273–278
    narrativa, 475
    psicométrica, abordagem, ao desenvolvimento cognitivo, **125**
psicologia do desenvolvimento
    evolução do campo, 3–4
    objetivos do campo, 3–4
psicologia evolucionista, **34**
    sobre a natureza adaptativa da brincadeira, 241

psicomotor, funcionamento
    na vida adulta intermediária, 440–442
    na vida adulta tardia, 510–511
psicossexual, desenvolvimento, **25**, 26t
psicossocial, desenvolvimento, **4**, **26**.
    Ver também aspectos específicos
    aspectos do, 4
    em bebês e crianças pequenas, 158–191, 159t
    ligação com outros domínios de desenvolvimento, 4–5
    na adolescência, 352–381
    na adultez emergente, 410–437
    na segunda infância, 228–255
    na terceira infância, 292–319
    na vida adulta intermediária, 466–495
    na vida adulta tardia, 528–555
    teoria de Erikson sobre, 26–27, 26t, 233
psicoterapia
    individual, 315
    para depressão, 336
    para transtornos alimentares, 333
puberdade, **321**, 322–326
    alterações hormonais na, 322–323, 322f
    momento de início da, 323–326
    sinais da, 323–324
pulmões
    na vida adulta intermediária, 443
    na vida adulta tardia, 506–507
punição, **28**
    na disciplina, 245–246, 296
    no condicionamento operante, 28
    no desenvolvimento de gênero, 239
punição física. *Ver* castigo corporal
PVAC. *Ver* parto vaginal após cesariana

QDs. *Ver* quocientes de desenvolvimento
QI, testes de, **127**
    aumento nas pontuações nos, 217
    criatividade e, 288
    limitações dos, 273–274, 275, 276
    na segunda infância, 217–218
    na terceira infância, 273–274
    na vida adulta tardia, 520
    viés cultural e, 276
qualidade de vida, na vida adulta intermediária, 439, 440f, 448, 479
qualitativa, mudança, 22, **23**, 23f
qualitativa, pesquisa, 34–**35**
    avaliação de, 37–38
    coleta de dados na, 36
    modelos usados em, 38–39
qualitativas, estatísticas, 23
quantitativa, inteligência, 277
quantitativa, mudança, 22, **23**, 23f
quantitativa, pesquisa, 34–**35**
    avaliação de, 37–38

    coleta de dados na, 36–37
    modelos usados em, 38–42
quantitativas, estatísticas, 23
quase-experimentos, 42
quedas, na vida adulta tardia, 510, 510t, 513
Questionário de Classificação do Apego (AQS), 172
Questionário sobre o Comportamento Infantil (IBQ), 164
questionários, coleta de dados com, 36–37
quociente de inteligência. *Ver* QI, testes de
quocientes de desenvolvimento (QDs), 127

raça e etnia, 12–14. *Ver também grupos específicos*
    da população que está envelhecendo, 498–499
    de filhos adotivos, 304
    diversidade dentro de grupos, 12–14
    influência no desenvolvimento, 12–14
    na formação da identidade, 355–358, 413
    reconhecimento pelos bebês de, 116
raça, como construção social, 14
raciocínio
    dedutivo, 267t, 268–269
    diferenças culturais de, 31, 339, 343
    hipotético-dedutivo, 338
    indutivo, 246, 267t, 268–269
    moral, 340–343, 400–401
raciocínio formal, diferenças culturais no, 31, 339
raciocínio moral
    diferenças culturais no, 343, 401
    diferenças de gênero no, 343, 401
    Kohlberg, teoria de, 340–343, 342t, 400–401
    na adolescência, 340–343
    na adultez emergente, 400–401
radiação, exposição a, na gravidez, 80
radicais livres, **504**
radicais livres, teoria dos, do envelhecimento, 504
raios X, na gravidez, 80
raiva
    na terceira infância, 294
    sobre a morte, 560–561
randômica, seleção, **35**
randômicas, amostras, 35
realidade
    diferenciação entre aparência e, 206t, 211–212
    diferenciação entre fantasia e, 212
realidade, princípio da, 25
realização de identidade, **354**–356, 356t
    e relacionamentos amorosos, 421
    raça e etnia na, 413

Índice Remissivo

realizador, estágio, do desenvolvimento cognitivo, 398
reativa, agressão. *Ver* agressão hostil
reativa, intimidação, 311
reativas, genótipo-ambiente, correlações, 64
reativo, desenvolvimento, 22
reavaliação de vida, 473, **575**–576
reavaliações
   da meia-idade, **472**, 473
   de vida, 473, **575**–576
rebeldia adolescente, **366**–367
recém-nascidos, 92–96
   avaliação de, 93–94, 94t
   baixo peso ao nascer, 96–99, 97f
   estados de alerta em, 94–96, 95t
   habituação em, 136
   sistemas corporais de, 92–93
   tamanho e aparência de, 92
recentralização, **412**
receptiva, cooperação, **181**
receptivo, vocabulário, 148
recessão de 2008, 487
reconhecimento visual, memória de, **136**
reconhecimento, **215**
reconstituídas, famílias, 302, 371, 434
recreio, na terceira infância, 260–261
recuperação baseada na visualização, **280**
recuperação da memória, **214**
   baseada na visualização, 280
   na vida adulta tardia, 524
   tipos de, 215
redenção, 475
referenciação social, 118, 175–177, **176**
reflexivo, pensamento, **396**–397
reflexos, comportamentos, **112**
   de bebês, 112, 113t, 130t, 131
   de recém-nascidos, avaliação de, 94
reforço, **28**
   na disciplina, 245–246
   no condicionamento operante, 28
   no desenvolvimento de gênero, 239
refrigerantes, 258
Reggio Emilia, abordagem de, 222–223
regulação mútua, **175**
reintegrativo, estágio, do desenvolvimento cognitivo, 398
relacional, agressão, **249**, 309
relacionamentos. *Ver também tipos específicos*
   gênero e demandas de, 479
   na adultez emergente, 391, 420–429
   na vida adulta intermediária, 478–489
   na vida adulta tardia, 536, 544–553

no bem-estar, 476, 477, 478t, 479
relacionamentos amorosos. *Ver também* coabitação; casamento
   na adolescência, 375–376
   na adultez emergente, 421–429
   na vida adulta intermediária, 478–484
   na vida adulta tardia, 546–550
relacionamentos de irmãos
   com a morte dos pais, 566–567
   de adolescentes, 372
   de bebês e crianças pequenas, 182–183
   e orientação sexual, 358
   efeitos ambientais não compartilhados em, 64–65
   na segunda infância, 251–253
   na terceira infância, 304–305
   na vida adulta intermediária, 490
   na vida adulta tardia, 552–553
   no desenvolvimento de gênero, 239
relacionamentos íntimos. *Ver também tipos específicos*
   na adultez emergente, 420–421
   na vida adulta intermediária, 478–484
relacionamentos pessoais. *Ver* relacionamentos
relacionamentos sociais. *Ver* relacionamentos; *tipos específicos*
relativista, pensamento, 398
REM. *Ver* movimentos rápidos dos olhos
reminiscência, curva de, 399
renda
   diplomas do ensino médio e, 348
   e expectativa de vida, 502
   e nível educacional, 405, 405f
   e satisfação com a vida, 476–477
   em famílias de renda dupla, 431–432
   na vida adulta tardia, 540
renda dupla, famílias de, 431–432
reorganizativo, estágio, do desenvolvimento cognitivo, 398
replicação, 39–40
reposição de testosterona, terapia de (TRT), 446
reposição hormonal, terapia de (TRH), 452
repouso, casas de, 542–543
representação, capacidade de, **131**
representação visual, técnicas de, 36
representacionais, gestos, 147
representacionais, sistemas, **293**
reprodutibilidade, crise de, 39
reserva, capacidade de, **507**
reserva cognitiva, **518**
resiliência
   ego, 419, 472, 474t
   no luto, 561–562
resiliência do ego, **419**, **472**, 474t
resilientes, crianças, **316**–317, 316t

resistência, na vida adulta tardia, 510–511
resistente, apego. *Ver* apego ambivalente
respeito, na pesquisa, 45
respiração desordenada no sono (SDB – *sleep-disordered breathing*), 259
responsável, estágio, do desenvolvimento cognitivo, 398
ressaca, 538
restrição, 149
retardo mental. *Ver* deficiência intelectual
reticente, jogo, 242
retirada do amor, **246**
reversibilidade, 269
revezamento, 152
revisão da meia-idade, **472**, 473
rimas, 219
risada, 161, 387
Roacutan, 77
ronco, na terceira infância, 259
Rorschach de manchas de tinta, teste, 39
rosa, 239
rostos, afinidade dos bebês por, 116
roteiros (*scripts*), **215**
rubéola, 78
rugas, 443, 474
Ruge, Tarefa do, 178
Ryff, Inventário do Bem-Estar de, 477

sabático, ano, 402
sabedoria, 525, 529
SAF. *Ver* síndrome alcoólica fetal
"sair do armário" (revelação), 483
SAM. *Ver* suicídio assistido pelo médico
sanduíche, geração, **487**–488, 489, 546
sarampo, 78, 104
sarampo-caxumba-rubéola (SCR), vacina, 104
satisfação com a vida
   antes da morte, 559–560
   e idade, 476–477
   na vida adulta tardia, 532, 535
   relacionamentos na, 479
satisfação corporal, na adolescência, 330–331
satisfação dos pais, 485
saúde bucal. *Ver* cuidados dentários; desenvolvimento dos dentes
Saúde e Serviços Humanos dos EUA, Departamento de, 313
saúde física. *Ver também* saúde mental
   casamento e, 391, 482–483
   divórcio e, 481
   estresse e, 454–455
   influências do estilo de vida na, 513–514
   na adolescência, 328–337
   na adultez emergente, 383–393
   na segunda infância, 198–204

   na terceira infância, 262–266
   na vida adulta intermediária, 447–456
   na vida adulta tardia, 512–514, 530–531
   personalidade e, 530–531
   religiosidade e, 449, 533–534
saúde mental
   durante a gravidez, 78–79
   na adolescência, 335–336
   na adultez emergente, 392–393
   na terceira infância, 313–317
   na vida adulta intermediária, 456, 475–477
   na vida adulta tardia, 515, 532–534
   personalidade na, 530–531
saúde, serviços de
   na adultez emergente, 384
   na segunda infância, 201–202
   raça no acesso a, 202, 450
Scared Straight ("Endireitado no Susto"), 379
SCHIP. *Ver* State Children's Health Insurance Program
SCR. *Ver* sarampo-caxumba-rubéola
SDB. *Ver* respiração desordenada no sono
Seattle, estudo longitudinal de inteligência adulta de, 457–458, 457f, 457t, 520–521
seculares, tendências, **324**
secundário, envelhecimento, **500**
secundários, caracteres sexuais, **323**
segregação. *Ver também* segregação por idade; segregação de gênero
segregação de gênero, **243**
   em brincadeiras, 169, 239, 243
   em grupos de pares, 306
segregação por idade nas brincadeiras, 253
segregação sexual. *Ver* segregação de gênero
segunda infância, 192–255
   agressividade na, 249–250
   atitudes em relação à morte durante, 562–564, 563t
   autoconceito na, 229–230
   autoestima na, 230–231
   brincadeira na, 240–244
   comportamento pró-social na, 248–249
   crescimento físico na, 193, 193t
   desenvolvimento da linguagem na, 219–222
   desenvolvimento do cérebro na, 196
   desenvolvimento motor na, 196–197, 196t
   educação na, 222–224
   emoções na, 231–233
   gênero na, 233–240
   inteligência na, 216–218
   medo na, 250–251
   memória na, 213–216
   nutrição na, 198–200

outras crianças na, 251–254
pais na, 244–248
resumo do desenvolvimento na, 6t, 8
saúde física na, 198–204
sono na, 193–195, 194f
ver televisão na, 221–222
seguro, apego, **171**
seguro-saúde
e aposentadoria, 462
na adultez emergente, 384
na segunda infância, 202
para casais homossexuais, 484
seios, 323
seleção natural, 33–34, 503
seleção sexual, teoria da, **236**
seletiva, atenção, 271
sem filhos por opção, 429
semântica, memória, **523**
senescência, **502**
sensorial, memória, **214**, **522**
sensorial, percepção
e desenvolvimento motor, 118–120
na vida adulta intermediária, 440–441
na vida adulta tardia, 508–510
sensório-motor do desenvolvimento cognitivo, estágio, 26t, **130**–132
desenvolvimentos fundamentais no, 132–135, 132t
subestágios do, 130–132, 130t
sentar-levantar, teste, 513
sentidos. *Ver também sentidos específicos*
de bebês e crianças pequenas, 114–116
desenvolvimento pré-natal dos, 72–73, 114–116
e desenvolvimento motor, 118–120
sequenciais, estudos, **42**–44, 44f, 44t
seriação, 267t, **268**
serviço de proteção à criança, agências de, 188
severa, parentalidade, 245–246, 309
sexting, 376
sexual, educação, 365–366
sexualidade
na adolescência, 357–366
na adultez emergente, 393–394
na vida adulta intermediária, 443–447
na vida adulta tardia, 511–512
sífilis, 363f
significância estatística, 40
simbólica, função, 205–**206**, 205t
sinapses, 110
síndrome alcoólica fetal (SAF), 76
síndrome da imunodeficiência adquirida (aids)
em adolescentes, 363
materna, 77–78, 107
síndrome da morte súbita infantil (SMSI), **102**–103

síndrome do bebê sacudido, **186**–187
sintaxe, **149**
na primeira infância, 149
na segunda infância, 219–220
na terceira infância, 278–279
sistema de desenvolvimento, 62
sistema nervoso central, **107**
avaliação do recém-nascido, 94
sistemas de ação, **116**, **197**
sistemas dinâmicos, teoria dos, **120**–121
Situação Estranha, **171**, 172, 173
situacional, obediência, **180**–181
SMSI. *Ver* síndrome da morte súbita infantil
sobrepeso
definição de, 262
hereditariedade *versus* ambiente no, 65
na adolescência, 330, 331
na adultez emergente, 385–386
na gravidez, 73–74
na segunda infância, 198
na terceira infância, 262–264
na vida adulta intermediária, 449
satisfação corporal e, 331
sociais, brincadeiras, 241, 242–243, 243t
sociais, relógios, **417**, 469–471
social (indireta), agressão, 308
social, promoção, 284
socialização, **179**–183
autorregulação na, 180
cultural, 357
fatores para o sucesso da, 181–182
irmãos em, 182–183, 251–252
no desenvolvimento de gênero, 239–240
obediência comprometida na, 180–181
socialização cultural, **357**
socialização emocional, 181
Sociedade de Restrição Calórica (Calorie Restriction Society), 506
Sociedade para a Pesquisa do Desenvolvimento da Criança, 45
sociobiológica, perspectiva. *Ver* perspectiva evolucionista/sociobiológica
sociocontextual, abordagem, ao desenvolvimento cognitivo, **125**, 143–144
sociocultural, teoria, **31**, 143
soletração, competição de, 271
solidão
na vida adulta intermediária, 484
na vida adulta tardia, 544–545
"soltar as amarras", incapacidade de, 414, 415f
solteiros, adultos
de meia-idade, 483
jovens, 422–423
mais velhos, 549

que nunca casaram, 549
saúde de, 483
solução de problemas, na vida adulta tardia, 521
sonambulismo, 194–195
sonho molhado, 324
sonilóquio, 194–195
sono
bons hábitos para, 194, 195t
e memória, 143
e SMSI, 103
em recém-nascidos, 94–96, 95t
na adolescência, 329
na adultez emergente, 388–389
na segunda infância, 193–195, 194f, 195t
na terceira infância, 258–259
na vida adulta intermediária, 443
na vida adulta tardia, 511
sono, privação de
na adolescência, 329
na adultez emergente, 388–389
sons. *Ver também* audição
linguagem, percepção da, 146–147
SORL1, gene, 517
sorriso, 160–161
antecipatório, 161
em fotos, 455
real *versus* falso, 231
social, 161
sorriso antecipatório, **161**
sorriso social, **161**
SRY, gene, 51
Stanford-Binet, Escalas de Inteligência de, **216**–217
STAT. *Ver* Teste de Habilidades Triárquicas de Sternberg
State Children's Health Insurance Program (SCHIP), 202
subcontrolada, personalidade, 419
subjetivo, bem-estar, 476
subnutrição, na segunda infância, 199–200
sub-rogada, parentalidade, dos avós, 492
substância branca
na terceira infância, 259, 260
na vida adulta intermediária, 442
na vida adulta tardia, 508
substância cinzenta, 260f
na terceira infância, 259–260
na vida adulta intermediária, 442
substantiva, complexidade, **406**
substantivos, 148
sucção, reflexo de, 113t
sucesso, autoestima contingente ao, 230–231
sugar o dedo, 200–201
Suíça, cuidados de idosos na, 499
suicídio, 568–569
assistido, 572–574
entre adolescentes, 337, 358
raça e etnia e, 337, 569
resposta a ameaças de, 570t
sinais de alerta do, 570t

taxas de, norte-americanas, 568–569, 569t
taxas globais de, 568
suicídio assistido, **572**–574
suicídio assistido pelo médico (SAM), 572–574
suores noturnos, 444
supercontrolada, personalidade, 419
superego, 25
supergeneralização, 149
superimitação, 163
super-regularização, 149
Suprema Corte dos EUA
e o direito à morte, 571, 573
sobre o casamento homossexual, 424
sobre o programa DACA, 13

tabaco. *Ver* tabagismo
tabagismo
e segunda infância, 204
fábulas pessoais sobre, 340
na adolescência, 335
na adultez emergente, 389
na gravidez, 76–77, 80
tabula rasa, 22, 27
tácito, conhecimento, **278**, 399
talassemia, 57t, 60
talidomida, 75
tamanho da classe, no desempenho acadêmico, 283–284
tanatologia, **558**–559
tátil, percepção, **119**
tato, em bebês, 114–115
tau, proteínas, 518
taxa de vida, teoria da, do envelhecimento, 504
taxas de mortalidade infantil, **101**–102
diferenças étnicas e raciais em, 83, 101–102, 102f
EUA, 87, 88f, 101–102
internacionais, 87–88, 100, 101f
taxas de natalidade
para adolescentes, 364, 364f
por idade materna, 79, 79f
taxas variáveis, teorias de, do envelhecimento, 502t, **503**–504
Tay-Sachs, doença de, 57t, 60
TC. *Ver* transtorno da conduta
TCA. *Ver* transtorno de compulsão alimentar
TDAH. *Ver* déficit de atenção/hiperatividade, transtorno de
TEA. *Ver* transtorno do espectro autista
tecnologias de reprodução assistida (TRAs), 397
telegráfica, fala, **149**
televisão, assistir
e desempenho acadêmico, 284–285
e obesidade, 198, 262
na segunda infância, 221–222
na terceira infância, 260–261, 262–264

Índice Remissivo   767

no desenvolvimento de gênero, 240
  por bebês e crianças pequenas, 138, 139
  programas educacionais, 222
  violência na, e agressividade, 309–311
telômeros, 503
temperamento, **66**, **163**–166
  adequação da educação no, 165
  e agressão, 250
  e apego, 173
  e estilos de parentalidade, 248
  e socialização, 181
  estabilidade do, 164–165
  hereditariedade *versus* ambiente no, 63, 66
  inibição comportamental no, 165–166
  na resiliência, 316
  padrões de, 163–164, 164t
tempo de vida, **500**
  limites do, 504–506
tempo livre, cultura e, 368
temporal, lobo, 109–110
temporária, assistência, 489
tempos de reação
  na vida adulta intermediária, 442
  na vida adulta tardia, 510–511
tensão pré-menstrual (STPM ou TPM), síndrome de, **395**
tentativas de suicídio, 568–569, 569f
teoria da aprendizagem
  clássica, 150–151
  social, 28, 29, 150
teoria da mente. *Ver* mente, teoria da
teoria dos estágios cognitivos, 26t, **29**–31. *Ver também* piagetiana, abordagem
teoria social cognitiva, 29, **238**–239
teorias, **21**
teorias de estágios do desenvolvimento, 23, 23f
teorias do desenvolvimento, 21–34
  aprendizagem, 23, 24t, 27–29
  ativo *versus* reativo, 22
  cognitivo, 23, 24t, 29–32
  contextual, 23, 24t, 32–33
  contínuo *versus* descontínuo, 22–23
  evolucionistas/sociobiológicas, 23, 24t, 33–34
  psicanalíticas, 23, 24–27, 24t
terapia familiar, **315**, 333
terapia hormonal (TH), 444–445, 452, **453**–454
terapia medicamentosa, **315**
  na adolescência, 336
  na terceira infância, 315–316
  para depressão, 336
  para mal de Alzheimer, 519
  para o sentimento de perda, 561
teratógenos, **73**
terceira infância, 256–319
  atitudes em relação à morte durante, 562–564, 563t

autoconceito na, 293–294
crescimento físico na, 257, 257t
dentes na, 257–258
desenvolvimento da linguagem na, 278–281
desenvolvimento do cérebro na, 259–260, 260f, 270
desenvolvimento motor na, 260–261, 261t
educação na, 281–287
emoções na, 294–295, 313–315
inteligência na, 273–278
irmãos na, 304–305
memória na, 271–273
nutrição na, 258
pais na, 295–304
pares na, 305–313
resumo do desenvolvimento na, 6t, 8
saúde física na, 262–266
saúde mental na, 313–317
sono na, 258–259
"terríveis dois anos", 178–179
terrores noturnos, 194–195
terroristas suicidas, 568
testamentos em vida, 571
Teste de Avaliação do Desenvolvimento de Denver, **116**–117
Teste de Habilidade Escolar de Otis-Lennon (OLSAT 8), **273**
Teste de Habilidades Triárquicas de Sternberg (STAT), 277–278
Teste de Inteligência Emocional de Mayer-Salovey-Caruso (MSCEIT), 399–400
testes
  genéticos, 60–61, 81, 82t
  neonatais, 94
  pré-natais, 59, 81, 82t
testes, coleta de dados com, 37
testes genéticos
  antes da gravidez, 60–61
  para mal de Alzheimer, 519
testes pré-natais, 59, 81, 82t
testículos, 49
testosterona
  na diferenciação sexual, 52
  na vida adulta intermediária, 445–446
  no desenvolvimento de gênero, 234
TGT. *Ver* gestão do terror, teoria da.
TH. *Ver* terapia hormonal
timerosal, 111
timidez, e brincadeiras, 242
timina, 50, 50f
tipificação de gênero, **170**, **234**
tipológica, abordagem, de desenvolvimento da personalidade, 416t, **419**
TOC. *Ver* transtorno obsessivo-compulsivo
TOD. *Ver* transtorno de oposição desafiante

tônico assimétrico do pescoço, reflexo, 113t
TOT. *Ver* na-ponta-da-língua, fenômeno
toxinas, ambientais, gravidez e, 79–80
toxoplasmose, 78
TPI. *Ver* processo de identidade, teoria do
TPM. *Ver* síndrome de tensão pré-menstrual
trabalho
  durante a adolescência, 350
  durante a faculdade, 405–406
  durante a gravidez, 75
  e divórcio, 433
  educação adulta e, 462–463
  empatia no, 400
  inteligência emocional no, 400
  mudanças na meia-idade, 473
  na adultez emergente, 405–406
  na vida adulta intermediária, 461–462
  na vida adulta tardia, 537–539
traços, 418
traços, modelos de, de desenvolvimento da personalidade, 416t, 417–419, **418**, 467–468
tradições de casamento, 428
transcendência, 525
transdução, 206t, **207**
transgênero, indivíduos, 235–236, 359–360
transição escola-para-trabalho, programas de, 349–350
transitivas, inferências, **268**
transmissão intergeracional de padrões de apego, 174–175
transsexuais, indivíduos, 359
transtorno da conduta (TC), **313**, 377
transtorno de compulsão alimentar (TCA), **332**
transtorno de oposição desafiante (TOD), **313**
transtorno do espectro autista (TEA), 111
transtorno obsessivo-compulsivo (TOC), **314**
transtornos alimentares
  na adolescência, 331–333
  na adultez emergente, 386–387
  sintomas de, 331–332, 332t
  tratamento de, 332–333, 387
transtornos do humor. *Ver também* depressão
  na terceira infância, 313, 314–315
transversais, estudos, **42**–44, 43f, 44t
TRAs. *Ver também* tecnologias de reprodução assistida
tratamento, grupos de, 41
trauma de nascimento, 93
treinamento higiênico, 178
treinamento para alfabetização, 463

três montanhas, tarefa das, 208–209, 209f
TRH. *Ver* reposição hormonal, terapia de
triangular do amor, teoria, **421**, 422t
triárquica da inteligência, teoria, **277**–278, 399
tricomoníase, 363
trimestres, 70
triplo risco, modelo de, da SMSI, 103
triplo X, síndrome, 59t
trissomia-18, 56
trissomia-21. *Ver* Down, síndrome de
troca de código, **150**
tronco encefálico, 109, 151
TRT. *Ver* reposição de testosterona, terapia de
Turner, síndrome de, 59, 59t

ultrassom, **72**, 81, 82t
UNESCO. *Ver* Organização das Nações Unidas para a Educação, a Ciência e a Cultura
UNICEF. *Ver* Fundo das Nações Unidas para a Infância
únicos, filhos, 252–253
uniformes, 471
uniões civis, 424
"use ou perca", 520

vacinações, 104
  autismo e, 104, 111
  contra HPV, 362
  e doenças maternas, 78
  na infância, 104
vaginais, partos, 90–91
validade, de testes, 37
variáveis, 39
  dependentes, 41, 42
  independentes, 41
variáveis independentes, **41**
vegetarianas, dietas, na segunda infância, 198
velhice, definições de, 529
venenos, na segunda infância, 201
verbal, inteligência, 277
verbal, recuperação, 523
verbos, 148
vergonha, 232–233, 294
vernix caseosa, 92
verrugas genitais, 362
vestuário, e idade, 471
vida adulta. *Ver também* adultez emergente; vida adulta tardia; vida adulta intermediária
  caminhos variados para, 411–412
  critérios que definem, 383
  resumo do desenvolvimento na, 7t, 8
vida adulta intermediária, 438–495
  amizade na, 478–479, 484
  aspectos sexuais e reprodutivos na, 443–447, 444t
  atitudes em relação à morte durante, 564–565
  casamento na, 480, 482–483
  construção social da, 439

contato social na, 478–479, 479f
criatividade na, 460–461
crise da meia-idade na, 471–472
cuidado de pais idosos durante, 487–490
definição de, 439
expertise na, 459
habilidades cognitivas na, 456–458, 457f, 457t
identidade na, 472–475
irmãos na, 490
mudanças físicas na, 440–447
nova pesquisa sobre, 467
paternidade/maternidade na, 485–487
pensamento integrativo na, 459–460
personalidade na, 467–468, 476
qualidade de vida na, 439, 440f, 448, 479
relacionamentos amorosos na, 478–484
relacionamentos com os pais na, 487–490
resumo do desenvolvimento na, 7t, 8
saúde física na, 447–456
saúde mental na, 456, 475–477
tornar-se avô na, 490–492
trabalho na, 461–462
vida adulta tardia, 496–555
amizade na, 551
atitudes em relação à morte durante, 565
atividade física na, 505, 510–511, 513–514
bem-estar na, 530–537
demografia da, 497–499, 498f
esquemas de vida na, 540–544, 541f, 546

estereótipos sobre, 497, 506, 512, 538
filhos adultos cuidando dos pais na, 487–490, 552
filhos adultos morando com os pais na, 541–542, 546, 551
finanças na, 540
inteligência na, 520–522
irmãos na, 552–553
longevidade e, 500–506
memória na, 522–524
modelos de envelhecimento "bem-sucedido" na, 535–537
mudanças físicas na, 506–512
personalidade na, 529–531
problemas comportamentais na, 515–519
relacionamentos amorosos na, 546–550, 547f
relacionamentos com filhos adultos na, 551–552
resumo do desenvolvimento na, 7t, 8
sabedoria na, 525
saúde física na, 512–514, 530–531
saúde mental na, 515, 532–534
tamanho das redes sociais na, 544–545
teorias do contato social na, 545
teorias do envelhecimento biológico sobre, 502–504, 502t
trabalho e aposentadoria na, 537–539
vida, testamentos em, 571
videogames
na adolescência, 374
violência nos, e agressividade, 310–311
viés
cultural, 40, 276

de atribuição hostil, 309
do observador, 37
viés cultural
em pesquisas, 40
nos testes de QI, 276
viés de atribuição hostil, **309**
Vila Sésamo (programa de televisão), 222
violação de expectativas, **140**–141
violência
mídia, e agressividade, 309–311, 310f
nas relações íntimas, 432, 433
no namoro, 375–376
violência nas relações íntimas (VRI), 432, 433
violência no namoro, na adolescência, 375–376
virtudes, no desenvolvimento psicossocial, 27
vírus da imunodeficiência humana (HIV)
em adolescentes, 363–364
infecção materna, 77–78, 107
na adultez emergente, 394–395
prevenção de, 363–364, 395
taxas de, 363
visão
de bebês e crianças pequenas, 115–116, 119
e desenvolvimento motor, 119
na vida adulta intermediária, 440
na vida adulta tardia, 508–509
percepção de profundidade na, 119
visitação, 300
vista. *Ver* visão
vital, capacidade, **443**
vitamina D, 265
vítimas, de intimidação (*bullying*), 311–313

viuvez, 548, 565–566
vocabulário
expressivo, 148
na adolescência, 340
na primeira infância, 148
na segunda infância, 219
na terceira infância, 278–279
receptivo, 148
vocações, preparação de adolescentes para, 349–350
vocalização inicial, 146
volume, conservação do, 269
voluntariado
na adolescência, 343
na vida adulta tardia, 536, 539
vontade, emergência da, 178
vozes, exposição pré-natal a, 72–73, 137, 146
VRI. *Ver* violência nas relações íntimas

WAIS. *Ver* Escala Wechsler de Inteligência Adulta
Wall-E (filme), 198
WISC-IV. *Ver* Escala de Inteligência Wechsler para Crianças
Wnt-4, molécula, 52
World Hunger Education Service, 108
WPPSI-IV. *Ver* Escala de Inteligência Wechsler Pré-escolar e Primária Revisada

X, cromossomos, 51–52, 52f
xixi na cama, 195

Y, cromossomos, 51, 52f

zigotos, **49**, 51, 51f
Zona das Crianças do Harlem, 223
zona de desenvolvimento proximal (ZDP), **31**, **218**